HISTOIRE UNIVERSELLE

DE

L'ÉGLISE CATHOLIQUE

VII

HISTOIRE UNIVERSELLE

DE

L'ÉGLISE CATHOLIQUE

PAR

ROHRBACHER

CONTINUÉE JUSQU'A NOS JOURS PAR M. L'ABBÉ GUILLAUME

PROFESSEUR AU GRAND SÉMINAIRE DE VERDUN

NOUVELLE ÉDITION

AVEC DES NOTES ET ÉCLAIRCISSEMENTS D'APRÈS LES DERNIERS TRAVAUX

TOME SEPTIÈME

PARIS

LETOUZEY ET ANÉ, ÉDITEURS

RUE DU VIEUX-COLOMBIER, 17

HISTOIRE UNIVERSELLE

DE

L'ÉGLISE CATHOLIQUE.

LIVRE SOIXANTE-NEUVIÈME.

L'Eglise de Dieu, en maintenant sa liberté et son indépendance contre les hommes qui mettent la force au-dessus de la vérité et de la justice, maintient la liberté et l'indépendance de tous les peuples chrétiens.

(De la mort de saint Bernard [1153], à la mort du pape Alexandre III [1181].)

§ I.

Pontificats d'Anastase IV et d'Adrien IV.

Depuis deux ou trois siècles, bien des savants reprochent aux siècles du moyen-âge, notamment au XIIe, une faute énorme, et qui, suivant eux, a été la source funeste de maux incalculables : c'est *la scholastique*. Depuis deux ou trois siècles, ce mot seul apparaît à bien du monde comme un hideux fantôme; il est surtout des savants qui lui en veulent beaucoup. Pour plusieurs, méthode *scholastique*, philosophie *scholastique*, est synonyme de méthode absurde, philosophie ridicule. Si, pendant bien des siècles, on n'a point fait de progrès dans les sciences, c'est la *scholastique* qui en est coupable. Voyons si ce mot est aussi criminel qu'on le suppose.

Les vocabulaires nous apprennent que *scholastique* vient du latin *schola*, en français *école*, et que méthode scholastique veut dire méthode ordinaire dans les écoles, méthode pour enseigner ce que l'on sait à des écoliers qui l'ignorent.

Or, quels sont les caractères essentiels d'une bonne méthode d'enseignement ?

Avoir et donner une idée nette et précise de ce que l'on enseigne; pour cela, poser des principes certains, en déduire les conséquences par des raisonnements justes, n'employer que des expressions claires ou nettement définies, éviter les digressions inutiles, les idées vagues, les termes équivoques; mettre dans tout l'ensemble un ordre qui éclaircisse les questions les unes par les autres.

Telle est la méthode géométrique. La méthode scholastique n'est pas autre chose.

La méthode scholastique est opposée à la méthode oratoire. Si un géomètre délayait ses théorèmes en des harangues cicéroniennes, il serait ridicule. Un avocat qui réduirait son plaidoyer en formules algébriques, ne le serait pas moins. Chaque méthode est bonne, appliquée où et comme elle doit l'être.

Exemple : la religion catholique embrasse tous les siècles, tous les peuples, toutes les vérités. Les Pères de l'Eglise, qui en ont traité les différentes parties d'une manière oratoire, forment peut-être plus de cent volumes in-folio; les auteurs plus récents forment des bibliothèques; par la méthode scholastique, Thomas d'Aquin a réduit le tout en un volume, et, plus tard a réduit ce volume en une petite brochure nommée le *catéchisme*, qui lui-même se trouve résumé, depuis dix-neuf siècles, dans une assez courte prière, qu'on appelle le *Credo*.

Un résumé pareil des autres connaissances humaines est à désirer et à faire. Aristote l'a fait pour les connaissances de son temps. A la fois conquérant et législateur des régions de l'intelligence, il les a distribuées par provinces, par cantons, par communes, assignant à chaque science, souvent à chaque mot, ses limites naturelles.

Dans les siècles du moyen-âge, lorsque les Goths, les Francs, les Lombards, les Saxons, devenus chrétiens, commencèrent à prendre goût aux sciences, le plus simple et le plus pressé fut d'apprendre d'abord ce que l'on savait avant eux. L'encyclopédie d'Aristote fut un bienfait immense, surtout en Occident, où trois philosophes catholiques l'avaient encore résumée en latin, savoir, Boëce et Cassiodore, tous deux consuls romains, et saint Isidore, évêque de Séville.

Mais, depuis ce temps, les sciences d'observation en particulier ont fait des progrès considérables. Il faudrait donc aujourd'hui un nouvel Aristote pour résumer, avec la clarté et la précision du premier, dans un langage intelligible au commun des hommes, toutes les sciences actuelles, et les coordonner entre elles de manière à présenter au lecteur un ensemble exact de ce que l'on sait aujourd'hui. Une gloire immortelle attend cet homme; une gloire d'autant plus grande, qu'il aura une difficulté plus grande à vaincre. Dans les siècles du moyen-âge, les savants avaient tous la même langue et pour toutes les sciences, la langue de Cicéron, de Pline, de Boëce, de Cassiodore. Aujourd'hui, chaque savant, et dans chaque science, se forme une langue à part, qui n'est proprement d'aucune langue, mais un mélange informe, une confusion barbare de mots ou de débris de mots grecs, latins, arabes, italiens, anglais, français, allemands.

Mais, dit-on, la méthode scholastique n'a rien inventé. Ce reproche suppose des idées peu nettes de ce que l'on dit. La méthode scholastique est une méthode d'enseignement, et non pas une méthode d'invention. Pour enseigner bien, il faut donner des idées nettes et précises de ce que l'on enseigne; pour les donner, il faut les avoir. Avant d'enseigner aux autres, il faut savoir soi-même. Enseigner ce qu'on ne sait, enseigner bien ce qu'on sait mal, est un secret qu'on ignorait dans les siècles d'ignorance. Peut-être qu'on l'a découvert depuis, comme tant d'autres; peut-être est-ce là le secret de tant de cours de philosophie qu'on imprime, où des idées vagues, confuses, souvent contradictoires, sont délayées dans un style d'orateur et de poète; peut-être est-ce là le secret de cette confusion d'idées et de langues dont on se plaint jusque dans les tribunes législatives, où même plus d'une fois on a vu donner l'exemple de cette confusion?

Mais, dit-on encore, la méthode scholastique tue l'éloquence et la poésie. Autre idée peu nette; car elle suppose que c'est à la méthode scholastique ou géométrique à former les orateurs et les poètes. La méthode géométrique est bonne pour former des géomètres, des esprits exacts, qui raisonnent juste sur ce qu'ils savent. Mais vouloir qu'elle leur apprenne en même temps à revêtir tout cela des ornements de l'éloquence ou de la poésie, c'est vouloir que l'anatomie nous enseigne à nous vêtir avec goût et à nous présenter avec grâce. Si des scholastiques l'ont prétendu, le tort en est à eux, non pas à leur méthode; si un géomètre a dit, après avoir entendu une belle tragédie de Racine : Qu'est-ce que cela prouve? c'est le fait du géomètre, et non de la géométrie.

Mais, ajoute-t-on, lorsque régnait la méthode scholastique, il n'était pas permis de faire de nouvelles découvertes. — Vraiment? — Et pourtant c'est dans les siècles du moyen-âge, c'est dans les siècles et les pays où régnait la scholastique qu'on a inventé la gamme musicale, l'usage de la boussole, la poudre à canon, les moulins à vent et à eau, l'emploi de la vapeur, le télescope, l'art de peindre sur verre et à l'huile, les horloges à roue; et pourtant c'est dans les siècles et chez les peuples où régnait la scholastique qu'on a découvert et le nouveau monde, et la route maritime aux Indes, et la rondeur de la terre; et pourtant c'est dans les siècles et chez les peuples où régnait la scholastique que se trouvent les chefs-d'œuvre de la peinture, de la sculpture et de l'architecture chrétiennes. Voilà comme la méthode scholastique empêche les nouvelles découvertes. Mais supposons tout le contraire. La cause en serait-elle à la méthode ou à ceux qui en abusaient? De ce que cette méthode est bonne pour bien enseigner ce que nous savons, en conclure que nous savons tout et qu'il n'est pas permis d'apprendre davantage, si jamais personne l'a dit, assurément ce n'est ni Aristote ni sa méthode. Au contraire, pour découvrir ce que l'on ne sait pas encore, le meilleur moyen n'est-il pas d'avoir une idée nette de ce que l'on sait déjà?

Mais enfin, les scholastiques ont traité bien des questions oiseuses, ridicules. Les scholastiques, soit, mais non la scholastique. Encore les questions qui travaillent le plus les penseurs des derniers temps sont précisément de ces questions oiseuses qu'on reproche aux scholastiques d'avoir traitées et que peut-être on ne traite soi-même d'oiseuses et ridicules, que parce que l'on se tient à la surface et dans le vague, et qu'on n'approfondit rien. Un fait, c'est que, depuis que dans l'enseignement de la philosophie ou des vérités générales de l'ordre naturel, on ne suit plus la méthode scholastique, la méthode qui demande avant tout la netteté dans les idées, la précision dans le langage, une suite rigoureuse dans tout l'ensemble; il est de fait que, depuis ce temps, l'anarchie des idées, la confusion même du langage est arrivée au point qu'on se croirait à la tour de Babel, et que les sociétés politiques sont menacées de retomber dans le chaos.

Quant à la théologie, science de Dieu et des choses divines, science de la doctrine chrétienne, elle a commencé à être enseignée d'une manière scholastique, d'une manière convenable aux écoles, dès qu'il y a eu des écoles spéciales de théologie; ce qui arriva principalement dans le XII° siècle.

L'enseignement, soit familier, soit oratoire, de la doctrine chrétienne, n'a jamais cessé dans l'Eglise. L'abrégé de cet enseignement plus populaire, aussi bien que de l'enseignement plus scientifique, se trouve dans le Symbole des apôtres, que les fidèles apprenaient par cœur et que les pasteurs leur expliquaient, soit dans des instructions familières nommées *catéchismes*, soit dans des instructions plus oratoires nommées *sermons* ou *homélies*. Un article de la croyance commune était-il attaqué par des hérétiques? aussitôt les docteurs de l'Eglise en défendaient la vérité, et par les Ecritures saintes, et par la tradition chrétienne, et par la raison même, avec une logique et une dialectique si pressantes, qu'il ne restait à l'erreur aucun moyen d'échapper : nous l'avons vu généralement dans tous les Pères de l'Eglise, notamment dans Tertullien et dans saint Athanase. Dès lors quelques-uns commencèrent à présenter en raccourci tout l'ensemble de la doctrine chrétienne, divisé en ses principales vérités, appuyée chacune de ses principales preuves, tirées de l'Ecriture et de la Tradition. Nous en avons vu une esquisse dans saint Cyprien, nous en avons vu le travail beaucoup plus avancé dans saint Jean de Damas, qui, aux preuves de l'Ecriture et de la Tradition, joint les secours de la philosophie naturelle. Les docteurs du moyen-âge, notamment ceux du XIIe siècle, n'ont fait que compléter l'œuvre des Pères, auxquels ils ont succédé dans l'enseignement scientifique de la doctrine chrétienne, pour la défendre avec plus d'ensemble et de vigueur contre toutes les ruses et les subtilités de l'hérésie.

L'autorité des docteurs de l'école et l'autorité des Pères de l'Eglise est ainsi la même. Là, où ils sont partagés d'une manière égale, la question reste douteuse; les raisons seules peuvent faire pencher la balance. Mais quand, sur une question de foi ou de mœurs, ils sont généralement d'accord, c'est une témérité d'aller contre leur sentiment commun. En troisième lieu, contredire le sentiment unanime de tous les théologiens, touchant la foi ou les mœurs, si ce n'est pas une hérésie, c'est en approcher du moins. Telles sont les trois conclusions de Melchior Canus, théologien qui jouit dans toute l'Eglise d'une grande et juste renommée. Il confirme la troisième par les considérations suivantes. Si, dans une question où ils sont tous d'accord, les théologiens se trompaient, ils exposeraient l'Eglise même au péril d'errer, et si Dieu ne découvrait leur erreur, il manquerait au peuple chrétien dans des choses nécessaires; car, depuis trois cents ans, chaque fois que l'Eglise a condamné des hérésies ou porté des décrets sur la foi et les mœurs, elle s'est grandement aidée du secours des scholastiques. Enfin, le mépris de l'école et la peste des hérésies vont toujours ensemble (1).

Et de fait, nous verrons Luther et les autres hérétiques du XVIe siècle dire pis que pendre contre la théologie scholastique. Nous verrons même certains catholiques plus ou moins équivoques, plus ou moins inconsidérés, se faire plus ou moins les échos de l'hérésie. Tel est entre autres Richard Simon, contre lequel Bossuet se vit obligé d'écrire en ces termes : « Pour ce qui est de la scholastique et de saint Thomas, que M. Simon voudrait décrier à cause du siècle barbare où il a vécu, je lui dirai en deux mots que ce qu'il y a à considérer dans les scholastiques et dans saint Thomas, est ou le fond ou la méthode. Le fond, c'est-à-dire les décrets, les dogmes et les maximes constantes de l'école, n'est autre chose que le pur esprit de la Tradition et des Pères; la méthode, qui consiste dans cette manière contentieuse et didactique de traiter les questions, aura son utilité, pourvu qu'on la donne, non comme le but de la science, mais comme un moyen pour y avancer ceux qui commencent; ce qui est aussi le dessein de saint Thomas dès le commencement de sa *Somme*, et ce qui doit être celui de ceux qui suivent sa méthode. On voit aussi par expérience que ceux qui n'ont pas commencé par là et qui ont mis tout leur fort dans la critique, sont sujets à s'égarer beaucoup, lorsqu'ils se jettent sur les matières théologiques. Erasme, dans le siècle passé, Grotius et M. Simon dans le nôtre, en sont un grand exemple. Pour ce qui regarde les Pères, loin d'avoir méprisé la dialectique, un saint Basile, un saint Cyrille d'Alexandrie, un saint Augustin, dont je ne cesserai point d'opposer l'autorité à M. Simon et aux critiques, quoi qu'ils puissent dire, pour ne point parler d'un saint Jean de Damas et des autres Pères grecs et latins, se sont servis souvent et utilement de ses définitions, de ses divisions, de ses syllogismes, et, pour tout dire en un mot, de sa méthode, qui n'est autre que la scholastique dans le fond. Que le critique se taise donc et qu'il ne se jette plus sur les matières théologiques, où jamais il n'entendra que l'écorce (1). »

Pour en revenir au XIIe siècle, plus d'un auteur recommandable y entreprit de rédiger un corps de théologie : tel Hugues, chanoine régulier de Saint-Victor, tel encore Hildebert, évêque du Mans, l'un et l'autre savants et pieux; aussi leurs travaux sont-ils dans le sens de l'Eglise. Mais, au même temps se rencontraient des esprits inquiets et téméraires, qui, avec une connaissance superficielle, incomplète du dogme et de la tradition, prétendaient bâtir une théologie complète, non pas tant sur les autorités bien entendues de l'Ecriture, des conciles et des Pères, que sur les arguties d'une philosophie plus païenne que chrétienne. Tel était Abailard.

Une des causes est celle-ci. Emerveillés de la logique, de la dialectique, en un mot de la méthode d'Aristote, pour classer et faire valoir ce que l'on sait, certains esprits s'imaginaient que le fond même de la science ne consistait que dans la méthode. Autant vaudrait conclure que l'arithmétique, parce qu'elle sert à compter les écus, fait les écus mêmes. Quelques-uns, éblouis de la renommée de Platon ou d'Aristote, s'imaginaient qu'on ne pourrait rien savoir de plus ni de mieux, semblables à des écoliers qui, pour savoir les premiers éléments de la grammaire, s'imaginent tout savoir. Les vrais docteurs de l'école n'ont jamais donné dans ces hallucinations puériles.

Ils estimaient la méthode dialectique comme méthode de la science, non pas comme le fond. Ils aimaient, ils admiraient Platon et Aristote, comme les représentants les plus honorables de l'intelligence humaine, abandonnée plus ou moins à elle-même; mais l'admiration pour ce qui est bien ne les empêchait pas de voir ce qui est mal ou défectueux; car, bien au-dessus de Platon et d'Aristote, ils avaient l'enseignement direct et toujours vivant de Dieu, de son Christ, de son Eglise; les paroles des patriarches, des prophètes, des apôtres, des martyrs, des saints Pères et docteurs; les définitions des Pontifes et des conciles, dictées par l'Esprit de Dieu, qui est toujours avec l'Eglise de Dieu.

Le porte-enseigne, le porte-croix de cette nouvelle série, de cette nouvelle procession de docteurs continuant la succession des Pères, des apôtres, des prophètes, des patriarches, est un enfant pauvre d'entre les Lombards, cette nation farouche que le pape saint Grégoire le Grand et ses successeurs ont eu tant de peine à appriviser. Pierre, surnommé Lombard, du nom de sa patrie, naquit en Lombardie, près de Novarre. Sa famille était pauvre et obscure. Ses heureuses dispositions lui méritèrent un protecteur, et on l'envoya faire ses premières études à Bologne. De là, pour les perfectionner, il se ren-

---

(1) *Connexœ sunt ac fuere semper, post natam scholam, scholœ contemptus et hæresum pestes* (Melchior Canus, *De loc. theolog.*, l. 8, c. 8).

(1) Bossuet, *Défense de la tradition et des saints Pères*, l. 3, c. 20.

dit en France, avec une lettre de recommandation de l'évêque de Lucques à saint Bernard. Celui-ci l'envoya dans l'école de Reims, où pour lors enseignait vraisemblablement Lotulfe, qui, étant Novarrais lui-même, dut prendre un soin particulier de son compatriote. La renommée des professeurs de Paris l'attira depuis en cette ville. Son dessein n'était pas d'y faire une longue résidence. Ainsi le mandait saint Bernard à Gilduin, abbé de Saint-Victor, par une lettre où il le priait de pourvoir pendant quelques mois à son entretien. Mais le plaisir qu'il goûtait avec des condisciples animés de la même ardeur pour l'étude, ne lui permit plus de quitter ce séjour. On croit qu'il est le premier qui ait reçu, à l'Université de Paris, le grade de docteur. Il fut pourvu d'une chaire de théologie, qu'il remplit plusieurs années avec beaucoup de succès. Une distinction plus glorieuse encore était réservée à son mérite.

L'an 1157, Thibaut, évêque de Paris, étant mort, ce siège fut offert unanimement à Philippe, frère du roi Louis le Jeune. Le prince Philippe était archidiacre de l'Église de Paris. Vertueux et modeste, il trouva la charge de premier pasteur au-dessus de ses forces, et fit tomber les suffrages sur Pierre Lombard (1), qui avait été son maître. Devenu évêque de Paris en 1157, Pierre Lombard, d'après son épitaphe en l'église collégiale de Saint-Marcel, mourut le 20 juillet 1164. Mais il paraît qu'il avait abdiqué l'épiscopat dès l'an 1160; car, dès cette année-là, on trouve un acte de son successeur, Maurice de Sully. Quoi qu'il en soit de la durée de son épiscopat, Pierre Lombard s'y montra un digne évêque. Un auteur, Ricobald de Ferrare, écrivain du commencement du XIVᵉ siècle, raconte de lui le trait suivant :

Pierre Lombard étant évêque de Paris, quelques nobles du lieu de sa naissance se rendirent en cette ville pour le saluer, amenant avec eux sa mère ; et, comme elle était pauvre, ils la revêtirent d'habits tels qu'ils crurent convenir à la mère d'un si grand prélat. La bonne femme, en les laissant faire, leur dit : « Je connais mon fils, cette parure ne lui plaira pas. » Étant donc arrivés à Paris, ils présentent à l'évêque sa mère. Celui-ci, l'ayant envisagée, ce n'est point là ma mère, dit-il ; car je suis le fils d'une pauvre femme, et il détourna les yeux de dessus elle. Hélas! dit-elle à ceux qui l'accompagnaient, je vous l'avais bien dit, que je connaissais mon fils et sa façon de penser! Qu'on me rende mes habits ordinaires, et il me reconnaîtra. Ayant repris ses habits de paysanne, elle revint trouver son fils, qui dit alors en la voyant : Ah! pour le coup, voilà ma mère! voilà cette pauvre mère qui m'a enfanté, qui m'a allaité, entretenu. Et s'étant levé de son siège, il l'embrassa tendrement et la fit asseoir à côté de lui (*Gallia Christiana*, t. VII).

Mais ce qui surtout a rendu célèbre Pierre Lombard, c'est son *Cours de Théologie*. Il est divisé en quatre livres, chaque livre en plusieurs distinctions,

chaque distinction en plusieurs questions. Dans le premier livre, il traite de Dieu; dans le second, de la création; dans le troisième, de l'incarnation; dans le quatrième, des sacrements. L'auteur résout chaque question par l'autorité de l'Écriture et des Pères, notamment saint Augustin; il ne cite point Aristote, ne s'abandonne point au raisonnement humain; il s'applique à rapporter les sentiments des Pères, renfermant dans un petit volume leurs témoignages, pour épargner au lecteur la peine de feuilleter un grand nombre de volumes. C'est ainsi qu'il s'en explique lui-même dans sa préface; il y dit que son but a été de combattre ceux qui s'attachent à soutenir leurs pensées propres au préjudice de la vérité.

Dans la distinction ou section première, divisée en neuf questions, Pierre Lombard observe avec saint Augustin que toute la doctrine de l'Ancien et du Nouveau Testament a pour objet les choses et les signes. Les choses se divisent en celles dont on doit jouir, comme étant le souverain bonheur, et celles dont il faut user pour parvenir à la première : cette première est Dieu, les autres sont les créatures. Il y a des choses qui jouissent et qui usent, ce sont l'ange et l'homme : parmi celles dont on peut user, il y en a par lesquelles on jouit, comme les vertus et les puissances de l'âme. Les signes sont également de deux sortes : les uns se bornent à signifier, sans conférer ce qu'ils signifient, tels sont les sacrements de l'ancienne loi ; les autres le donnent, ce sont les sacrements de la loi nouvelle. Voilà les quatre parties principales de la théologie de Pierre Lombard.

La première partie ou le premier livre est divisé en quarante-huit sections. Les choses dont nous devons jouir sont celles qui nous rendent heureux. Jouir, c'est s'attacher par amour à la chose dont on jouit, et l'aimer pour elle-même. Il n'y en a pas d'autre que Dieu le Père, le Fils, et le Saint-Esprit; d'où vient que les anges qui jouissent déjà de Dieu, sont bienheureux : en cette vie, nous n'avons que le désir d'en jouir ; ou, si nous en jouissons, ce n'est qu'en le voyant comme en un miroir ou en des énigmes.

Cette Trinité est un et seul vrai Dieu, d'une et même substance ou essence, le souverain bien, qui n'est vu que par les âmes très-purifiées. Les Grecs donnent à cette unité d'essence le nom de *consubstantielle*, parce que, encore que, personnellement, le Père soit autre que le Fils, le Fils autre que le Saint-Esprit, ces trois personnes sont substantiellement la même chose et la même nature.

Les grandeurs invisibles de Dieu, sa puissance éternelle et sa divinité nous deviennent comme sensibles, en se faisant connaître par ses ouvrages depuis la création du monde. On voit dans ses œuvres l'excellence de l'ouvrier ; nous y voyons même des images de la Trinité sainte. Quoique l'âme ne soit pas Dieu, elle en est toutefois l'image, et l'on peut trouver en elle une image de la Trinité. Il y a dans l'âme la mémoire, l'intelligence, l'amour : ces trois choses sont distinguées, et néanmoins ne sont qu'une même chose avec l'âme, et une seule âme ; mais il ne faut pas trop presser cette comparaison, ni plusieurs autres qu'on tire des créatures. Ce n'est qu'en quelque chose que l'âme est semblable à la sainte Trinité ; quoique l'âme se souvienne, qu'elle con-

---

(1) Paul Jove (*Hist.*, l. 3) dit que Pierre Lombard est né dans le bourg de Lumello, dans le Milanais, que les géographes prennent pour l'ancienne ville de *Laumellum*. Ce bourg était situé sur la rivière de Grogna, entre Valence et Vigevano.

Baronius s'est mépris en confondant cet évêque de Paris avec Pierre Lombard, ami de saint Thomas de Cantorbéry et de Jean de Salisbury qui lui écrivit en 1167. Ce Pierre Lombard était sous-diacre de l'Église romaine et devint cardinal-évêque de Bénévent (Cf. *Hist. litt. de la France*, t. XII, p. 585 et seqq.). R. H.

naisse, qu'elle aime, la mémoire n'est pas l'âme ; c'est une de ses facultés, comme l'intelligence et l'amour.

Sur la génération éternelle du Verbe, Pierre Lombard examine plusieurs questions que des critiques modernes ont qualifiées de frivoles, et soulevées mal à propos par les scholastiques. En parlant ainsi, ces critiques font voir qu'ils n'ont lu attentivement ni les Pères de l'Eglise ni Pierre Lombard. Ces questions avaient été soulevées bien des siècles auparavant par les différentes sectes ariennes, les Pères de l'Eglise y avaient répondu depuis bien des siècles : une preuve bien simple, c'est que Pierre Lombard ne fait que citer les réponses et les solutions des Pères. Il semblerait que, toutes les fois qu'il est question des scholastiques du moyen-âge, les critiques aient le privilége de parler à tort et à travers.

Pierre Lombard dit de la troisième personne de la Trinité : « Le Saint-Esprit est l'amour mutuel du Père et du Fils ; c'est pourquoi il procède, non pas du Père seul ni du Fils seul, mais des deux. Il prouve par l'autorité de l'Ecriture, des conciles et des Pères, même des Grecs, que le Saint-Esprit procède de l'un et de l'autre, sans aucune priorité de temps. Il convient toutefois qu'on peut dire en un sens que le Saint-Esprit procède proprement du Père parce que le Fils, dont il procède aussi, reçoit du Père et sa propre nature et d'être le principe de l'Esprit-Saint, au lieu que le Père a l'un et l'autre de lui-même. » Il observe que les Grecs, en convenant avec nous que le Saint-Esprit est du Fils, quoiqu'ils ne veuillent pas dire qu'il en procède, s'accordent avec nous pour le sens, encore qu'ils diffèrent pour les mots (*Distinct.* 11). »

Après avoir, dans son premier livre, résumé la doctrine de l'Ecriture et des Pères sur Dieu, et quant à la trinité des personnes, et quant à l'unité de nature, Pierre Lombard examine dans le second ce que Dieu a fait par la création.

Quelques-uns ont supposé que le monde avait plusieurs principes. Platon lui en supposait trois : Dieu, l'idée et la matière. L'Ecriture nous apprend qu'il n'y a qu'un principe de toutes choses, qui est Dieu, qu'il a créé tout de rien, les choses célestes comme les terrestres. Souverainement bon, il a voulu faire part de sa félicité éternelle à deux de ses créatures, à l'ange et à l'homme ; c'est pour cela qu'il les a créés raisonnables, afin qu'ils connaissent le souverain bien, qu'ils l'aiment et qu'ils le possèdent en l'aimant. L'ange est d'une substance incorporelle ; l'homme, composé d'un corps et d'une âme raisonnable. Ils sont l'un et l'autre créés pour louer et servir Dieu, non que Dieu ait besoin de leur service, mais afin qu'en le servant ils jouissent de lui, parce que le servir, c'est régner. Comme l'homme a été fait pour Dieu, le monde a été fait pour l'homme. Il est même dit en quelques endroits de l'Ecriture, que les anges servent les hommes, c'est-à-dire qu'ils sont quelquefois envoyés pour le service de l'homme. Mais quand il est dit que l'homme a été créé pour remplacer les anges apostats, il ne faut pas s'imaginer que l'homme n'aurait pas été créé si les anges ne fussent tombés ; c'est une des causes de la création de l'homme, mais non la seule. Dieu a uni une âme au corps de l'homme, afin que, le servant dans ces deux substances, il en reçût une couronne plus grande. Telle est en résumé la doctrine contenue dans la première distinction ou section du second livre, qui en a quarante-quatre.

Dans les dix sections suivantes, Pierre Lombard traite ce qui regarde les anges. De la distinction 12 à 15, il parle de la création et s'arrête à l'ouvrage des six jours, sur lesquels il fait une espèce de commentaire, avec ceux de saint Ambroise, de saint Augustin et autres anciens. Dans le reste du livre, il traite de l'homme. Quant à ces paroles de l'Ecriture : *Faisons l'homme à notre image et ressemblance*, il y prouve que l'opération des trois personnes est une, leur substance ou nature une et égale ; que l'homme n'étant fait qu'à l'image de la Trinité, il suit de là qu'il ne lui est point égal, mais seulement semblable en un certain sens, c'est-à-dire selon son âme, qui est raisonnable et spirituelle.

L'âme n'est pas une partie de la substance de Dieu, autrement elle serait incapable de pécher et de souffrir ; c'est le souffle par lequel Dieu anima le corps d'Adam : l'âme est créée de rien, et dans le moment même que Dieu l'unit au corps pour l'animer. Dieu forma la femme, non d'une partie de la tête ni des pieds d'Adam, mais de son côté, pour marquer qu'elle ne devrait être ni sa maîtresse ni sa servante, mais sa compagne. Pierre Lombard réfute ceux qui disent que l'âme, comme le corps, se communique par la propagation, et ceux qui enseignent que toutes les âmes ont été créées dès le commencement.

Dans le troisième livre, divisé en quarante sections, il traite de l'incarnation, des trois vertus théologales, des quatre vertus cardinales, des dix commandements et de la différence des deux alliances.

Il était plus convenable que le Fils de Dieu se fît chair que le Père et le Saint-Esprit, parce que Dieu ayant tout créé par sa sagesse, il devait encore, par sa sagesse, réparer la perte que l'homme avait faite de son innocence. Il convenait aussi que celui qui était le Fils de Dieu par nature, fût encore Fils de l'homme, Dieu et homme tout ensemble par l'union personnelle des deux natures ; néanmoins, il était au pouvoir du Père et du Saint-Esprit de s'incarner, comme il l'est encore.

Toute la nature humaine était corrompue par le péché, l'âme et le corps ; le Fils de Dieu s'est uni l'une et l'autre pour les guérir et les sanctifier. Cette union s'est faite dès le moment même que la chair a été conçue et l'âme unie au corps, l'union du Fils de Dieu à l'humanité ne s'étant faite que par le moyen de l'âme. La chair que le Verbe a prise de la Vierge était exempt de la corruption du péché ; la Vierge en était exempte elle-même par une grâce singulière dont elle avait été prévenue. Ce n'est pas la personne, mais la nature humaine que le Verbe s'est unie : tels sont la doctrine et le langage des Pères et des conciles ; comme il n'y a point eu d'instant entre la conception de l'humanité et son union avec le Verbe, on ne peut point dire que le Verbe se soit uni la personne, puisqu'il n'y en avait point. Lombard, examinant si l'on peut dire que Jésus-Christ, en tant qu'homme, est une personne, répond négativement. Examinant ensuite si l'on peut dire que Jésus-Christ, en tant qu'homme, est quelque chose, il apporte les raisons pour et contre, et semble pencher pour la négative, laquelle a été condamnée depuis (*Distinct.* 10, l. 3).

Le quatrième livre, divisé en cinquante distinctions, embrasse les sacrements de l'ancienne et de la nouvelle loi, le jugement dernier, la résurrection des morts, le bonheur des saints dans le ciel et les peines des damnés en enfer.

Quant au sacrement de l'autel, Pierre Lombard dit entre autres : La manne dont les Israélites furent nourris dans le désert, le pain et le vin offerts par Melchisédech, étaient la figure de l'Eucharistie. Jésus-Christ l'institua le jour de la dernière cène. Les paroles qu'il prononça alors : *Ceci est mon Corps, ceci est mon Sang*, sont les mêmes par lesquelles se fait le changement du pain et du vin au corps et au sang de Jésus-Christ par le ministère du prêtre; elles sont donc la forme de ce sacrement; le pain et le vin en sont la matière. Il combat fortement l'hérésie de ceux qui disent que le corps de Jésus-Christ n'est sur l'autel qu'en figure, puis il prouve qu'il est réellement présent, et que le pain et le vin sont véritablement changés au corps et au sang de Jésus-Christ. Il rapporte sur cela les autorités de saint Ambroise, de saint Augustin et d'Eusèbe d'Emèse, qui dit : Le prêtre invisible change, par sa parole et sa puissance secrète, les créatures visibles en la substance de son corps et de son sang. Il conclut de ces témoignages, et de plusieurs autres qu'il aurait pu citer, qu'il est constant que le vrai corps de Jésus-Christ et son vrai sang sont sur l'autel, et même que Jésus-Christ y est tout entier sous chacune des deux espèces; que la substance du pain est changée au corps, et celle du vin au sang (L. 4, *Distinct*. 10).

Pour s'expliquer encore plus nettement sur la présence réelle, il examine de quelle nature est la conversion des substances du pain et du vin, si elle est formelle ou substantielle. Il se décide pour la conversion substantielle, et dit qu'après la consécration le pain et le vin sont tellement changés au corps et au sang de Jésus-Christ; qu'il ne reste plus sur l'autel ni la substance du pain ni celle du vin, mais seulement les espèces, comme la saveur, en sorte que l'on voit une chose, et que l'on en conçoit une autre (*Ibid.*, *Distinct*. 11).

Comme, dans ces quatre livres de théologie, Pierre Lombard résout toutes les questions par les sentences de l'Ecriture et des Pères, son ouvrage a été nommé généralement les quatre livres *Des Sentences*, et lui-même le Maître des sentences. Il y a cependant seize articles sur lesquels son sentiment n'est pas généralement suivi. En voici deux : 1° les schismatiques, les hérétiques, les excommuniés et ceux qui sont dégradés ne consacrent point le corps de Jésus-Christ; 2° les évêques qui sont dans le même cas n'ont pas le pouvoir de conférer les ordres. On lui reproche, outre cela, des omissions importantes, comme sur l'Ecriture sainte, l'Eglise, la primauté du Pape, les conciles : toutes matières qu'il ne touche point.

Malgré ces taches, disent les auteurs de l'*Histoire littéraire de France* (t. XII), Pierre Lombard a toujours été regardé, et ne cessera de l'être, comme le chef et le modèle de l'école. Il mérite effectivement ce double titre, soit par l'excellence de sa méthode, la meilleure, pour ne pas dire la seule, à laquelle on puisse s'attacher, soit par la justesse et la sagacité de son esprit, qui se manifestent dans presque toutes ses décisions; soit par l'étendue et le choix de son érudition, dont on voit des traits frappants dans ce nombre prodigieux de passages de l'Ecriture et des Pères qu'il emploie pour l'ordinaire avec goût et discernement dans ses livres; soit enfin par la netteté de son style, qui, à quelques endroits près est le mieux assorti au genre des matières qu'il traite.

L'ouvrage de Pierre Lombard eut un succès immense; il devint le manuel de tous les théologiens, le texte de tous les professeurs de théologie. Un docteur, Baudin, en fit de bonne heure un abrégé. Il existe des manuscrits où les quatre livres *Des Sentences* sont mis en vers. (Les bibliothèques de Caio Gonvelen et de Saint-Pierre de Cambrige.) Quant aux commentaires qu'on en a faits, ils sont innombrables. On en compte jusqu'à cent soixante, composés par les seuls Anglais. Et, parmi ses commentateurs, nous verrons saint Thomas d'Aquin et saint Bonaventure.

Outre les quatre livres *Des Sentences*, Pierre Lombard est auteur d'un Commentaire sur les Psaumes et les Cantiques, dans lequel il emploie et amplifie la glose interlinéaire d'Anselme de Laon. Ce Commentaire, dit Albéric des Trois-Fontaines, est ce que les écoles appellent aujourd'hui la *Grande Glose*. Il a fait encore un Commentaire sur la concorde des Evangiles. Enfin, nous avons de lui un autre Commentaire sur les Epîtres de saint Paul, tiré en grande partie des Pères, notamment de saint Jérôme, de saint Ambroise et de saint Augustin. Cet ouvrage est clair, méthodique, et renferme, outre les pensées des Pères, de fort bonnes vues propres à l'auteur. Ces trois ouvrages ont été imprimés. Ceux de Pierre Lombard, qui n'ont pas encore vu le jour, sont : 1° *Des Gloses sur Job;* 2° *Des Sermons sur les dimanches et les fêtes de l'année;* 3° deux lettres à Philippe, archidiacre de Paris, et une à Arnulphe, prévôt de l'église de Metz; 4° *Une Méthode de Théologie pratique*.

Pierre Lombard eut pour successeur sur le siège de Paris, un homme également né pauvre, et qui éleva dans la capitale de la France l'église cathédrale que l'on y admire encore. Nous voulons parler de Maurice Sully, né de parents très-pauvres dans le village de Sully, sur les bords de la Loire. Il n'appartenait point à la famille illustre dont il portait ainsi le nom. Des écrivains du temps rapportent que, réduit dans sa jeunesse à mendier son pain, il refusa une aumône à laquelle on mettait pour condition qu'il renoncerait à devenir jamais évêque. Il vint étudier, et bientôt enseigner à Paris; il y prêchait avec un éclatant succès, lorsqu'on le nomma chanoine de Bourges. Peu d'années après, il reparut dans la capitale, où il obtint un canonicat et la dignité d'archidiacre. A la mort ou à l'abdication de Pierre Lombard, le clergé de Paris ne put s'accorder sur le choix d'un successeur. On convint de s'en rapporter à trois commissaires, l'un desquels fut Maurice de Sully. Les trois n'ayant pu s'entendre sur le choix à faire, concentrèrent leurs pouvoirs sur l'un d'entre eux. Cet électeur unique fut Maurice de Sully, qui dit à ses collègues : « Je ne dois choisir qu'un sujet qui me soit parfaitement connu, et quoique je veuille bien supposer que, parmi les candidats, il y en a de très-dignes, je ne saurais en répondre. Je ne puis sonder leurs consciences; je ne lis que dans la mienne; et, pour ne rien hasarder, c'est Maurice de Sully que je nomme; car je me propose, Dieu aidant, de gouverner ce diocèse d'une manière irréprochable. » Ce qu'il fit en effet; car ce fut un prélat de sainte vie, un père des pauvres, qui fit beaucoup de bien et par sa parole et par son exemple. Tel est le récit d'un auteur contemporain (*Gallia Christ.*, t. VII). En 1165, l'évêque Maurice baptisa Philippe-Auguste, fils et successeur de Louis le Jeune; mais le principal fait de son épiscopat, qui fut de trente-six ans, est la cathédrale de Paris. Il en fit poser la première pierre par le pape Alexandre III, en 1163, et durant les trente-trois années suivantes, il consacra tous ses soins à cette entreprise.

Pierre Lombard a rassemblé sous une forme scientifique tout ce que l'Eglise de Dieu enseigne à croire: un de ses contemporains et de ses compatriotes avait rassemblé sous une forme scientifique toutes les règles d'après lesquelles l'Eglise se gouverne. Son nom est Gratien. Il était né à *Clusium* ou Chiusi, petite ville de Toscane dans le Siennois. Il avait, selon l'opinion la plus commune, embrassé la vie religieuse à Bologne dans le monastère de Saint-Félix et de Saint-Nabor; et il y composa l'ouvrage auquel il dut sa célébrité, et qui est connu sous le nom de *Décret*. Cet ouvrage parut en 1151; et l'on dit qu'il lui coûta vingt-quatre ans de travail. C'est un recueil méthodique qui consiste dans des textes de l'Ecriture sainte; dans les canons dits des Apôtres et dans ceux d'environ cent cinq conciles; dont les neuf premiers sont œcuméniques; dans les décrétales des Papes; dans des extraits des saints Pères, comme saint Grégoire, saint Jérôme, saint Augustin, etc., et dans d'autres extraits des auteurs ecclésiastiques, des livres pontificaux, du *Code théodosien*, des capitulaires des rois de France, etc.; Gratien avait intitulé ce livre *Concorde des canons discordants*, parce qu'il s'attache à y concilier, soit par l'autorité, soit par le raisonnement, les canons qui se contredisent.

D'autres écrivains avaient avant lui entrepris des compilations analogues. Dès la fin du IX° et au commencement du X° siècle, Reginon, abbé de Prum, composait un recueil de canons et de règlements ecclésiastiques. Burchard ou Bourchard, évêque de Worms, en l'an 1000, donna aussi un recueil de canons en vingt livres. Enfin Yves de Chartres, mort en 1115, avait formé un recueil semblable. Gratien profita de leur travail, il évita surtout dans son recueil la confusion dont ils n'avaient pas su garantir les leurs. Il le distribua par ordre de matières, et le divisa en trois parties: dans la première, il réunit tout ce qui regarde le droit et les ministres de l'Eglise; il parle des jugements dans le deuxième, et, dans le troisième, de tout ce qui concerne les sacrements et les cérémonies.

La première partie renferme cent et une distinctions ou sections. Les vingt premières établissent d'abord l'origine, l'autorité et les différentes espèces de droit. Il indique ensuite les principales sources du droit ecclésiastique, sur lesquelles il s'étend depuis la quinzième distinction jusqu'à la vingtième; dans la vingtième jusqu'à la quatre-vingt-douzième, il traite de l'ordination des clercs et des évêques, et dans les autres distinctions, jusqu'à la fin, il parle de la hiérarchie et des différents degrés de juridiction.

La seconde partie contient trente-six causes, ainsi nommées de ce qu'elles sont autant de causes particulières sur chacune desquelles Gratien élève plusieurs questions. Il les discute ordinairement en alléguant les canons pour et contre, et les termine par l'exposition de son sentiment. Cette partie roule tout entière sur la matière et la forme des jugements.

La troisième partie est divisée en cinq distinctions et est intitulée *de Consecratione*. Dans la première, il s'agit de la consécration des églises et des autels; dans la seconde, du sacrement de l'eucharistie; dans la troisième, des fêtes solennelles; dans la quatrième, du sacrement de baptême; et dans la dernière, du sacrement de confirmation, de la célébration du service divin, de l'observation des jeûnes, et enfin de la très-sainte Trinité.

L'ouvrage de Gratien éclipsa, dès qu'il parut, les collections qui l'avaient précédé, même celle d'Yves de Chartres, laquelle avait joui d'une grande autorité. On prétend, sans toutefois en rapporter des preuves suffisantes, que le pape Eugène III l'approuva. Il est certain du moins que le *Décret* fut reçu avec une sorte d'enthousiasme dans l'école de Bologne au sein de laquelle il était né en quelque sorte, et que de cette école, l'une des plus fameuses de ce temps, il passa en France et fut enseigné à Paris, à Orléans et dans les autres universités. Bientôt il devint le seul texte que les professeurs en droit canon commentaient dans leurs leçons et dans leurs écrits.

Cependant il est échappé à Gratien plus d'une faute. On a reconnu dans son ouvrage plusieurs fausses citations: comme d'attribuer à saint Chrysostome une sentence de saint Ambroise; à saint Martin, pape, un canon de saint Martin de Brague; au concile de Carthage, ce qui appartient au concile de Chalcédoine, etc.; comme encore de fondre en un deux passages divers d'un même auteur. Mais ces inexactitudes ne changent rien au fond des choses. D'ailleurs, quand on pense qu'avant l'invention de l'imprimerie, Gratien ne pouvait pas, comme les modernes, consulter à loisir les éditions correctes des Pères, des conciles, des auteurs, soit ecclésiastiques soit séculiers, ce qui étonne, ce n'est pas qu'il lui soit échappé des inexactitudes, c'est qu'il ne lui en soit pas échappé un plus grand nombre; d'autant plus, qu'aucun moderne n'a su profiter des fautes de Gratien et des nombreux avantages qu'il avait sur lui pour mieux faire.

Mais une faute bien plus considérable que des auteurs gallicans lui reprochent, c'est d'avoir cité les fausses décrétales, c'est d'avoir ainsi favorisé les nouvelles prétentions de la cour de Rome, c'est d'avoir ainsi changé l'ancien droit en un droit nouveau, abusif, inconnu aux premiers siècles de l'Eglise. Telles sont les doléances dont Fleury, entre autres, ne cesse de remplir son *Histoire*, et ses *Discours*, et son *Institution au droit ecclésiastique*.

Le point capital pour cet auteur, sont les nouvelles prétentions de la cour de Rome. Il y revient une infinité de fois. En bonne logique et en bonne conscience, il aurait dû; au moins une fois pour toutes, établir d'une manière nette et précise, d'après l'Ecriture, la Tradition et la nature des choses, quelles sont les prérogatives légitimes, anciennes et véritables du chef de l'Eglise catholique, et prouver ensuite, d'une manière incontestable, que ce qu'il appelle les *nouvelles prétentions*, ne sont réellement que des prétentions nouvelles, illégitimes et fausses. L'occasion de le faire se présentait naturellement et dans son *Histoire*, et dans ses *Discours*, et dans son *Institution au droit canonique*. Nulle part il ne l'a fait. Dans son discours sur les six premiers siècles, il y a un paragraphe ayant pour titre : *Gouvernement de l'Eglise*. Il n'y est pas même question du Pape. Comme si, dans le gouvernement de l'Eglise catholique, le chef, la tête, n'y entrait pour rien. Dans son *Institution au droit ecclésiastique*, les simples tonsurés ont un chapitre à part : le chef de l'Eglise, pas un alinéa. Dans son *Histoire*, il reproche à Pierre Lombard d'avoir omis la primauté du Pape : ce reproche tombe d'aplomb sur lui-même. On dirait un mauvais avocat, qui, au lieu d'aller au fond de l'affaire et d'éclaircir la question, se jette dans de vagues récriminations contre la partie adverse. Ce qui est d'autant plus grave, que la partie adverse de Fleury est la sainte Eglise romaine, et par là même toute l'Eglise de Dieu.

Quant à la nature et à l'influence des fausses décrétales, Fleury n'est pas bien d'accord avec lui-même. Voici comment. Dans le premier chapitre de son *Institution au droit ecclésiastique*, après avoir parlé du code des canons de l'Eglise d'Orient, il ajoute : « Ce peu de lois suffit pendant huit cents ans à toute l'Eglise catholique. Les Occidentaux en avaient moins que les Orientaux; encore en avaient-ils emprunté d'eux la plus grande partie; mais il n'y en avait point qui eussent été faites pour l'Eglise romaine en particulier. Elle avait jusque-là conservé si constamment la tradition de la discipline apostolique, qu'elle n'avait presque pas eu besoin de faire aucun règlement pour se réformer, et ce que les Papes en avaient écrit, était pour l'instruction des autres Eglises. On peut nommer le droit qui eut cours pendant ces huit cents ans, *l'ancien droit ecclésiastique* (Fleury, *Instit. au droit ecclésiastique*, l. 1, c. 1). »

Voilà donc que, pendant huit siècles, l'Eglise romaine se trouve le modèle accompli de toutes les Eglises, par sa fidélité à observer et à faire observer l'ancien droit, la discipline des apôtres. Comment donc alors ce qu'on appelle *les fausses décrétales*, ont-elles eu la puissance de faire adopter à cette même Eglise romaine un droit nouveau, abusif et tout différent de celui des huit premiers siècles? Qu'est-ce donc au juste que ces décrétales si merveilleuses ? Ecoutons Fleury, disant dans le même chapitre :

« On a reconnu, dans le dernier siècle, que ces décrétales, depuis saint Clément jusqu'au pape Sirice, ne sont point de ceux dont elles portent les noms. Elles sont toutes d'un même style, et d'un style fort éloigné de la noble simplicité de ces premiers siècles; elles sont composées de grands passages des Pères qui ont vécu longtemps après, comme de saint Léon, de saint Grégoire et d'autres plus modernes : on y voit même des lois des empereurs chrétiens; les choses dont elles parlent ne conviennent point aux époques où on les rapporte; les dates sont fausses. Comme ces décrétales ont passé pour bonnes durant plusieurs siècles, elles ont apporté un grand changement dans la discipline ecclésiastique, principalement pour les appellations au Pape, qu'elles établissent comme ayant été ordinaires dans les premiers siècles, et pour les jugements des évêques, car elles tendent à les rendre plus difficiles, et Isidore ne dissimule pas qu'il les a publiées à ce dessein (Fleury, *Instit. au droit ecclésiastique*, l. 1, c. 1).

Ainsi les décrétales en question sont fausses pour la date et le nom qu'elles portent; mais le sont-elles pour le fond des choses mêmes? C'est ici le point capital. Ces grands passages dont ces décrétales sont composées, sont-ils des huit premiers siècles, où régnait l'ancien droit, où l'Eglise romaine observait et faisait observer dans toute sa pureté la discipline des apôtres, ou bien sont-ils d'une époque plus récente? Fleury même nous apprend que ces décrétales sont composées de grands passages du pape saint Léon, du pape saint Grégoire et de plusieurs autres, qui, à la vérité, ont vécu après les trois premiers siècles, mais tous avant la fin du huitième. Ainsi donc, ces grands passages avec lesquels on a fabriqué les fausses décrétales, sont précisément de cette heureuse période de huit cents ans, où régnait l'ancien droit ecclésiastique, où l'Eglise romaine conservait si constamment la tradition de la discipline ecclésiastique, qu'elle n'avait presque pas eu besoin de faire aucun règlement pour se réformer. Ces grands passages sont, en dernière analyse, de précieux fragments de l'ancien droit ecclésiastique, et, chose étrange! c'est l'ancien droit qui se trouve avoir détruit l'ancien droit. Si Gratien ou Pierre Lombard s'étaient permis de raisonner de la sorte dans le XIIe siècle, ils eussent été deux scholastiques ignorants et barbares. Fleury raisonne ainsi dans le XVIIe siècle; il ne cesse pas d'être, pour cela même, un écrivain judicieux, qu'on admire sur parole. Et voilà pourquoi le siècle de Gratien et de Pierre Lombard est un siècle d'ignorance et de barbarie.

D'après tout cela, il nous semble que les définitions suivantes ne seraient pas mauvaises : les siècles d'ignorance sont ceux que nous ignorons, et les siècles de ténèbres, ceux où nous ne voyons pas clair.

Mais enfin, lequel des deux, de Fleury ou de Gratien, connaît le mieux et suit le plus fidèlement la doctrine des huit premiers siècles, touchant l'autorité de l'Eglise et de son chef? Pour trouver la réponse, il faut résumer cette doctrine en peu de mots.

Le Fils de Dieu fait homme a dit à ses apôtres, ayant Pierre à leur tête, aux évêques, ayant à tête le successeur de saint Pierre : *Il m'a été donné toute puissance au ciel et sur la terre. Allez donc, enseignez toutes les nations, leur apprenant à observer tout ce que je vous ai commandé. Et voilà que moi je suis avec vous tous les jours jusqu'à la consommation des siècles* (Matth., 28, 18-20). Il leur a dit encore : *Et moi je prierai le Père, et il vous donnera un autre Paraclet, afin que l'Esprit de vérité demeure avec vous éternellement* (Joan., 14, 16). *J'ai encore beaucoup de choses à vous dire, mais vous ne pouvez les porter maintenant. Mais lorsque l'Esprit de vérité sera venu, il vous enseignera toute vérité* (Ibid., 16, 12 et 13). Le Fils de Dieu ajoutait ailleurs : *Le ciel et la terre passeront, mais mes paroles ne passeront point* (Matth., 24,

35). D'après cela, le moine Gratien, l'évêque Anselme de Havelsberg et les autres chrétiens du moyen-âge croyaient fermement que Jésus-Christ est avec son Eglise tous les jours; que l'Esprit-Saint, l'Esprit de vérité demeure avec elle éternellement, pour lui enseigner en temps et lieu toute vérité, pour être le principe toujours vivant de son enseignement et de sa conduite, et ils en concluaient que, si l'Eglise change quelque chose dans sa discipline, ce n'est point par un effet de l'ignorance ou de la corruption, mais par l'inspiration de Jésus-Christ et de l'Esprit-Saint, qui, l'un et l'autre, sont toujours avec elle. Fleury convient que cela est vrai pour les huit premiers siècles; mais que, depuis cette époque, malgré les promesses du Fils de Dieu, l'Eglise est tombée, par ignorance et par défaut de critique, dans une foule d'erreurs et d'abus très-graves, qui ont renversé la doctrine et la discipline des apôtres, à tel point que la doctrine ancienne est demeurée à des docteurs souvent moins pieux et moins exemplaires en leurs mœurs que ceux qui enseignent la nouvelle. Quelquefois même ceux qui ont résisté aux nouveautés ont été des jurisconsultes ou des politiques profanes et libertins. Ce sont les paroles de Fleury, qui ajoute : C'est une merveille que l'ancienne et saine doctrine se soit conservée au milieu de tant d'obstacles (*Nouv. opusc.* de Fleury, p. 155).

Le Fils de Dieu a dit à saint Pierre : *Tu es Pierre, et sur cette pierre je bâtirai mon Eglise, et les portes de l'enfer ne prévaudront pas contre elle. Et à toi je donnerai les clés du royaume des cieux, et tout ce que tu lieras sur la terre sera lié dans les cieux, et tout ce que tu délieras sur la terre sera délié dans les cieux* (Matth., 16, 17-19). *J'ai prié pour toi, afin que ta foi ne défaille point; lors donc que tu seras converti, affermis tes frères* (Luc., 22, 32). Il lui dit jusqu'à trois fois : *Pais mes agneaux, pais mes brebis* (Joan., 21, 15-17).

De ces paroles du Fils de Dieu, les docteurs du moyen-âge ont conclu ce que concluaient les docteurs des premiers siècles. Tertullien, si près de la tradition apostolique, et, avant sa chute, si soigneux de la recueillir, disait : « Le Seigneur a donné les clés à Pierre, et PAR LUI à l'Eglise (1). » Saint Optat de Milève répète : « Saint Pierre a reçu SEUL les clés du royaume des cieux, pour les communiquer aux autres (2). » Saint Cyprien, après avoir rapporté ces paroles : « *Tu es Pierre*, etc., ajoute : C'est de là que découlent l'ordination des évêques et la forme de l'Eglise (3). » Saint Augustin, instruisant son peuple, et avec lui toute l'Eglise, ne s'exprime pas moins clairement : « Le Seigneur, dit-il, a confié ses brebis, PARCE qu'il les a confiées à Pierre (4). » Saint Grégoire de Nysse confesse la même doctrine à la face de l'Orient : « Jésus-Christ, dit-il, a donné PAR PIERRE, aux évêques, les clés du royaume des cieux (5). » Et il ne fait en cela que professer la foi du Siége apostolique, qui prononce, par la bouche de saint Léon, « que tout ce que Jésus-Christ a donné aux autres évêques, il le leur a donné par Pierre (1). » Et encore : « Le Seigneur a voulu que le ministère de la prédication appartînt à tous les apôtres; mais il l'a néanmoins PRINCIPALEMENT confié à saint Pierre, le premier des apôtres, afin que de lui, comme du chef, ses dons se répandissent dans tout le corps (2). » Avant saint Léon, Innocent Ier écrivait aux évêques d'Afrique : « Vous n'ignorez pas ce qui est dû au Siége apostolique, d'où découle l'épiscopat et toute son autorité (3). » Et un peu plus loin : « Quand on agite des matières qui intéressent la foi, je pense que nos frères et coévêques ne doivent en référer qu'à Pierre, c'est-à-dire à l'auteur de leur nom et de leur dignité (4). » Et dans une autre lettre adressée à Victrice de Rouen : Je commencerai avec le secours de l'apôtre saint Pierre, par qui l'apostolat et l'épiscopat ont pris leur commencement en Jésus-Christ (5). »

Voilà donc les plus anciens et les plus illustres Pères de l'Eglise, enseignant de concert, avec le Siége apostolique, qu'après Jésus-Christ et en vertu de son institution, l'épiscopat, l'autorité ecclésiastique tout entière, réside principalement dans saint Pierre, dans le Pape, et qu'il en est la source. Or, suivant Fleury, c'est là une nouveauté introduite par les fausses décrétales, et il rejette nommément la proposition suivante : *Toute l'autorité ecclésiastique réside principalement dans le Pape, qui en est la source* (6).

L'épiscopat, l'autorité ecclésiastique résidant ainsi principalement dans le Pontife romain, on en a conclu dès les premiers siècles que c'est à lui qu'appartient le jugement définitif des causes majeures, notamment celles des évêques. Ignorez-vous, écrivait l'an 342, le pape saint Jules aux évêques d'Orient qui avaient condamné plusieurs de leurs collègues, entre autres saint Athanase, ignorez-vous que la coutume est qu'on nous écrive d'abord et que l'on décide ici ce qui est juste?... Je vous notifie ce que nous avons reçu du bienheureux apôtre Pierre, et je ne vous l'aurais pas écrit, le croyant connu de tout le monde, si ce que l'on a fait ne nous avait jeté dans l'étonnement (7). »

Les historiens grecs Socrate et Sozomène avouent que le pape Jules se plaignit avec justice qu'on ne lui eût pas déféré le jugement de saint Athanase, et

---

(I) Memento claves Dominum Petro, et *per eum* Ecclesiæ reliquisse (Tert., *Scorpiac.*, c. 10).
(2) Bono unitatis B. Petrus... et præferri apostolis omnibus meruit, et claves regni cœlorum communicandas cœteris solus accepit (*Lib. 7, cont. Parm.*, n. 3).
(3) Inde... episcoporum ordinatio et Ecclesiæ ratio decurrit (Cyp., *epist.* 33, *alias* 27).
(4) Commendavit nobis Dominus oves suas, *quia* Petro commendavit (*Sermo* 295, n. 11).
(5) Διὰ Πέτρου ἔδωκε ταῖς ἐπισκόποις τὴν κλεῖδα τῶν ἐπουρανίων τίμων (Greg. de Nyss., t. III, p. 314, édit. Paris.).

(1) Si quid cum eo commune cœteris voluit esse principibus, numquam nisi per ipsum dedit quidquid aliis non negavit (*Sermo* 4, *in Ann. Assum.*, c. 2, t. II, col. 16, édit. Ballerini).
(2) Hujus muneris sacramentum ita Dominus ad omnium apostolorum officium pertinere voluit, ut in beatissimo Petro, apostolorum omnium summo, *principaliter* collocarit; ut per ipsum, quasi quodam capite, dona sua velit in corpus omne manare (*Ibid.*, col. 633, *epist* 10, *ad ep. prov. Vienn.*).
(3) Scientes quid apostolicæ sedi... debeatur, a quo ipse episcopatus et tota auctoritas nominis emersit (Inn. Ier, *epist.* 29; Coustant, col. 888).
(4) Quoties fidei ratio ventilatur, arbitror omnes fratres et coepiscopos nostros non nisi ad Petrum, id est, sui nominis et honoris auctorem referre debere (*Ibid.*, *epist.* 30, col. 896).
(5) Incipiamus igitur, adjuvante apostolo Petro, per quem et apostolatus et episcopatus in Christo cœpit exordium (*Ibid., epist.* 2, col. 747).
(6) Nouv. opusc., p. 90.
(7) An ignoratis hanc esse consuetudinem, ut primùm nobis scribatur et hinc quod justum decernatur... Quæ accepimus a beato Petro apostolo, ea vobis significo; non scripturus tamen, quod nota apud omnes ea esse existimem, nisi quæ gesta sunt nos conturbassent (Jul., *epist.* 1, *apud* Labb., Mansi, Coustant et S. Athan.).

ils ne balancent point à déclarer nul tout ce qu'avait fait le concile d'Antioche, et cela « parce que la règle ecclésiastique défend de rien décider, de s'assembler en concile et de faire aucun canon sans le consentement de l'évêque de Rome (1). » C'est ainsi que parlent Socrate, Sozomène et Epiphane dans l'*Histoire tripartite.*

Ce qui se passa sous le même Pape confirme la règle par le fait. Dans le même temps, dit Socrate, Paul de Constantinople, Asclepas de Gaze, Marcel d'Ancyre et Lucius d'Andrinople, chargés chacun de différentes accusations et chassés de leurs Eglises, se rendirent dans la ville de Rome. Ayant instruit Jules de ce qui les concernait, celui-ci, selon la prérogative de l'Eglise romaine, les munit de lettres où il s'exprimait avec une grande autorité, et les renvoya en Orient, après avoir rendu à chacun d'eux son siège et blâmé fortement ceux qui avaient eu la témérité de les déposer. Etant donc partis de Rome et appuyés sur les rescrits de l'évêque Jules, ils reprirent possession de leurs Eglises et envoyèrent les lettres à ceux à qui elles étaient adressées (Socrate, l. 2, c. 15). Sozomène, qui confirme pleinement le récit de Socrate, ajoute que le Pape remit ces évêques dans leur siège, « parce que le soin de l'Eglise universelle lui appartient en vertu de la dignité de son trône (Sozom., l. 3, c. 8). » Ainsi donc, de l'aveu des Grecs, c'est à raison de sa primauté que le Pape dépose ou rétablit les évêques.

En conséquence, dès l'an 347, le concile de Sardique en Illyrie écrivait au pape saint Jules : « C'est une chose excellente et très-convenable que les pontifes du Seigneur réfèrent de toutes les provinces au chef, c'est-à-dire au siège de l'apôtre Pierre (Mansi, t. III, p. 40). » Le pape saint Léon écrivait, l'an 446, à l'archevêque Anastase de Thessalonique : « Entre les bienheureux apôtres il y eut, dans une similitude d'honneur, un discernement de puissance, et, quoique l'élection de tous fût pareille, il a été donné à un d'avoir la prééminence sur les autres. De cette forme naît la distinction des évêques; et il a été pourvu, par une grande disposition, à ce que tous ne s'attribuassent pas tout, mais que, dans chaque province, il y eût quelqu'un dont la sentence fût la première entre ses frères; ensuite, que quelques-uns, établis dans les villes plus considérables, reçussent une sollicitude plus étendue, et que, par ceux-ci, le soin de l'Eglise universelle confluât à la Chaire unique de Pierre, et que rien ne fût jamais en dissidence avec son chef (S. Léon, *apud Labb.*, t. III, *Epist.* 84; *apud Mansi et Ballerini, Epist.* 14). » Dans la même lettre, le même ajoutait : « Comme il vous était libre de suspendre la décision des affaires majeures et des causes les plus difficiles, pour attendre notre sentence, il n'y avait pour vous ni raison ni nécessité d'excéder vos pouvoirs ; d'autant plus que, si l'accusé méritait une peine de cette nature (la déposition), vous deviez attendre notre réponse à votre consultation. Lors même qu'il aurait commis quelque chose de très-grave, il fallait attendre notre censure et ne rien préjuger avant notre avis. Le pape saint Gélase écrivait aux évêques de Dardanie, l'an 494 : « Nous ne voulons pas entièrement passer sous silence ce que l'Eglise sait par tout le monde : c'est que le Siège du bienheureux apôtre Pierre a le droit de délier ce qui a été lié par les sentences de quel pontife que ce soit, attendu que ce Siège a le pouvoir de juger de toute l'Eglise, et qu'il n'est permis à personne de juger de son jugement ; car les canons ont voulu qu'on appelât à lui de toutes les parties du monde, et personne n'a droit d'appeler de lui ailleurs (Gelas., *Epist.* 13). » En 865, le pape saint Nicolas Ier cite et rappelle ces anciennes règles aux évêques des Gaules, qui avaient condamné injustement l'un d'entre eux (Labbe, t. VIII). En 1150, Gratien résume dans son *Décret* la lettre du pape Nicolas, pour montrer que les décrétales des Papes ont force de loi dans l'Eglise (*Decreti pars prima., Distinctio* 19).

Or, que dit à cela Fleury? En résumant la lettre du pape saint Nicolas, il passe sous silence les citations du concile de Sardique, ainsi que des papes saint Léon et saint Gélase, qui rappellent si nettement la règle de l'Eglise de rapporter au Pape toutes les causes majeures, notamment celles des évêques, pour le jugement définitif ; puis il soutient hardiment que les décrétales sur lesquelles s'appuient le pape Nicolas et le moine Gratien pour établir ces prétentions nouvelles, sont les fausses décrétales d'Isidore, dont l'ignorance critique ne leur permettait pas d'apercevoir l'imposture (Fleury, l. 50, n. 37 ; l. 70, n. 28). Voilà comme Fleury fait preuve de science et de bonne foi. En quoi il est d'autant plus inexcusable, que, de son temps déjà et dans un ouvrage qui était à sa connaissance, le ministre protestant Blondel, non-seulement avouait, mais démontrait positivement que les décrétales dont parle Nicolas Ier ne sont pas les fausses décrétales d'Isidore, mais les décrétales vraies des Papes précédents (Blondel, *Pseudo Isidor., Prolog.*, c. 19).

Fleury en veut encore beaucoup à Gratien d'avoir dit que l'Eglise romaine est au-dessus des canons (L. 70, n. 28). Mais, à vrai dire, ce n'est là qu'une chicane de mots. « Ce n'est, dit le docte Thomassin, qu'une contradiction apparente, de dire que le Pape est au-dessus des canons, ou qu'il y est assujéti ; qu'il est le maître des canons, ou qu'il ne l'est pas. Ceux qui le mettent au-dessus des canons et l'en font maître, prétendent seulement qu'il en peut dispenser ; et ceux qui nient qu'il soit au-dessus des canons ou qu'il en soit le maître, veulent seulement dire qu'il n'en peut dispenser que pour l'utilité et dans les nécessités de l'Eglise (Thomass., *Discipl. de l'Egl.*, part. 2, l. 3, c. 28). » Ailleurs, il ajoute avec une égale sagesse : « Rien n'est plus conforme aux canons que la violation des canons, qui se fait pour un plus grand bien que l'observation même des canons (*Ibid.*, n. 5). » Bossuet dit de son côté : « Il n'y a rien que le Pape ne puisse dans le droit ecclésiastique, lorsque la nécessité ou bien une évidente utilité le demande (*Défens.*, l. 2, c. 20).

Ce que Fleury ne reproche pas moins au pape saint Nicolas, à Gratien et à toute l'Eglise du moyen-

---

(1) Τοῦ ἐκκλησιαστικοῦ κανόνος κελεύοντος, μὴ δεῖν παρὰ γνώμην τοῦ ἐπισκόπου ῥώμης κανονίζειν τὰς ἐκκλησίας (Socrat., l. 2, c. 17.)

Εἶναι γὰρ νόμον ἱερατικόν, ἄκυρα ἀποφαίνειν τὰ παρὰ γνώμην πραττόμενα τοῦ ῥωμαίων ἐπισκόπου (Sozom., l. 3, c. 10).

Synodus Antiochena irrita fuit, quia neque Julius ei interfuit, neque in locum suum aliquem destinavit; cum utique regula ecclesiastica jubeat, non oportere præter sententiam romani Pontificis concilia celebrari (*Hist. tripartit.*, l. 4, c. 9).

âge, ce sont trois maximes qui, pour lui, sont très-nouvelles. La première, qu'on ne doit l'obéissance qu'au prince qui a droit de commander; la seconde, qu'on ne lui doit cette obéissance que dans les choses qui ne sont pas contre Dieu; la troisième, que c'est au pape et aux évêques à décider ce qui est contraire ou non à la loi divine (Nicolas, *Epist.* 4; Labbe, t. VIII; Fleury, l. 50, n. 34). Mais pour blâmer ces maximes de tous les siècles chrétiens, il faut supposer nécessairement : 1° que l'on doit obéir à l'usurpateur comme au prince légitime; 2° qu'on doit lui obéir même dans les choses qui sont contre Dieu; 3° que ce n'est point au Pape et aux évêques à expliquer la loi divine; en un mot, pour blâmer ces maximes, il faut renverser et l'Evangile et le bon sens.

Déjà du temps de Salomon les impies disaient : *Que notre force soit la loi de la justice* (1). L'empereur Caligula disait de même à sa grand'mère : *Souvenez-vous que tout m'est permis, et envers tout le monde* (2). Chaque fois qu'il donnait le baiser à sa femme, il ajoutait : *Et pourtant cette belle tête sera coupée aussitôt que je l'ordonnerai* (3). Ces maximes, aussi anciennes que la première rébellion envers Dieu, ne sont point encore oubliées parmi les puissants de la terre. Vers l'an 1120, pendant le démêlé de l'empereur teutonique, Henri V, avec le chef de l'Eglise de Dieu, l'avocat de l'empereur disait : « L'empereur, telle est la loi vivante qui commande aux rois. Sous cette loi vivante sont tous les droits possibles. C'est elle qui les châtie, qui les dissout, qui les lie. L'empereur est l'auteur de la loi, et n'y est tenu qu'autant qu'il veut bien. Son bon plaisir est la règle du droit (4). » Ces maximes se retrouvent et chez les empereurs de Constantinople, et chez les empereurs de Germanie, et chez les Normands d'Angleterre : chez les Grecs, avec plus d'hypocrisie; chez les Allemands, avec plus de brutalité; chez les Normands, avec plus de chicane.

En Allemagne, le siège de Magdebourg était vacant par le décès de l'archevêque Frédéric, arrivé le 15 janvier 1152, et il y eut partage dans l'élection. Les uns élisaient le prévôt Gérard, les autres le doyen. Pour terminer le différend, ils allèrent trouver le roi Frédéric Barberousse, qui était en Saxe. Frédéric, n'ayant pu les réunir, persuada au doyen et à son parti d'élire Guicman, évêque de Ceitz, encore jeune, mais noble; et, l'ayant fait venir, il lui donna l'investiture de l'archevêché de Magdebourg, sans attendre la confirmation du Pape. Une chronique ajoute que Guicman ou Wicman, d'un côté, gagna quelques voix par ses présents (*Chron. mont. Ser.*). Cependant les principaux évêques et archevêques d'Allemagne, par complaisance pour le roi, écrivirent au pape Eugène III en faveur de Guicman; mais le Pape, informé d'ailleurs par le prévôt Gérard, comment les choses s'étaient passées, leur répondit par la lettre suivante :

(1) Sit fortitudo nostra lex justitiæ (Sap., 2, 11).
(2) Memento omnia mihi, et in omnes licere (Sueton., n. 29).
(3) Tam bona cervix, simul ac jussero, demetur (*Ibid.*, n. 33).
(4) Cæsar lex viva stat regibus imperativa.
Legeque sub vivâ sunt omnia jura dativa.
Lex ea castigat, solvit, et ipsa ligat.
Conditor est legis, neque debet lege teneri.
Sed sibi complacuit sub lege libenter haberi.
Quidquid ei placuit, juris ad instar erit.
(*Chron.*, part. 17, *apud Baron.*, an. 1111; Gottfr. Viterb.).

« Eugène, évêque, serviteur des serviteurs de Dieu, à ses vénérables frères, les archevêques Eberhard de Salzbourg, Hartwic de Brême et Hillin de Trèves; les évêques Eberhard de Bamberg, Herman de Constance, Henri de Ratisbonne, Othon de Frisingue, Conrad de Passau, Daniel de Prague, Anselme de Havelberg et Burcard d'Eichstedt, salut et bénédiction apostolique. Les lettres que Votre Prudence nous a adressées pour l'affaire de l'Eglise de Magdebourg, nous les avons reçues avec la bonté qui se doit; mais, en ayant pris lecture et connaissance, nous avons été rempli d'une surprise et d'un étonnement extrême, de ce que nous y avons vu contenues des choses bien différentes de ce que le pontificat vous impose pour devoir. Vous êtes établis par la divine Providence au sommet de l'Eglise, pour expulser du milieu d'elle ce qui est nuisible, et y conserver soigneusement ce qui est utile. Or, dans cette affaire, comme nous l'avons vu par vos lettres, vous avez été attentifs, non à ce qui est expédient pour l'Eglise de Dieu, non à ce qui s'accorde avec les ordonnances des saints canons, et qui, par là, mérite d'être approuvé du ciel, mais à ce qui plaît aux princes de la terre; et vous, qui deviez ramener leurs esprits de leur intention moins droite, et leur montrer la voie du Seigneur, vous ne leur avez point persuadé la droiture, vous ne vous êtes point opposés à eux comme un mur pour la maison d'Israël; au contraire, les autres bâtissant la muraille, vous l'avez crépie avec de la boue sans chaume, suivant la comparaison du prophète (Ezech., 13), que nous ne rappelons pas sans un amer chagrin. Ce n'est point ainsi que pensait le prince des apôtres, qui, par sa confession de la foi, a mérité d'être le fondement de toute l'Eglise. Comme les enfants du siècle menaçaient les apôtres du dernier supplice, s'ils prêchaient encore au nom de Jésus, Pierre, se confiant en la vertu du Seigneur, répondit : *Il faut obéir à Dieu plutôt qu'aux hommes* (Act., 5); mais vous, pour n'avoir pas l'air de penser autrement que les princes de la terre, vous favorisez une cause que l'on regarde certainement comme contraire à la constitution de l'Eglise et à la volonté divine : la loi de Dieu ne permet point les translations d'évêques sans une utilité manifeste et même sans nécessité; de plus, elles doivent être précédées d'une concorde bien plus grande du clergé et du peuple que dans les autres élections; or, rien de tout cela dans la translation de notre vénérable frère, l'évêque de Ceitz : la seule chose qu'on y envisage, c'est la faveur du prince; sans considérer la nécessité de cette Eglise, ni l'utilité de la personne, sans que le clergé le veuille, et même, on le dit, quoique la plus grande partie réclame, vous dites qu'il faut le transplanter dans l'Eglise de Magdebourg. Ce qui nous étonne d'autant plus, que nous n'ignorons pas de quelle gravité et de quelle science est la personne, et combien elle peut être utile à cette Eglise. Que d'autres se laissent aller çà et là au souffle de la faveur temporelle, nous, affermis sur la solidité de cette pierre qui a mérité d'être posée pour fondement de l'Eglise, nous ne voulons pas plus que nous ne devons nous laisser emporter à tout vent de doctrine, ni nous laisser écarter de la rectitude des saints canons : en conséquence, nous vous mandons par les présentes, de ne plus favoriser cette cause, mais de faire en sorte, par vos exhortations auprès de notre très-cher fils Frédéric, que Dieu a élevé de nos jours à la royauté pour conserver la liberté de l'Eglise, qu'il se désiste de cette entreprise et cesse de favoriser cette cause contre Dieu, contre les saints canons et contre son devoir de roi; mais qu'il laisse à l'Eglise de Magdebourg, aussi bien qu'aux autres Eglises du royaume que Dieu lui a commis, la libre faculté d'élire selon Dieu quiconque elle voudra, et de soutenir ensuite cette élection par sa faveur, comme il convient à la majesté royale. Quant à nous, si nous voyions que ce qu'il veut faire de notre frère susdit, fût fondé en raison, nous n'aurions garde de nous opposer ni à sa volonté, ni à votre demande; mais nous ne pouvons acquiescer à aucune requête contre Dieu et contre les saints canons (Othon Fris., l. 2, c. 8; *apud Baron.*, an. 1152). »

Dans cette lettre, qui est du 17 août 1152, ce que le Pape reproche aux évêques d'Allemagne, c'est qu'ils ne lui indiquaient aucune raison canonique pour la translation de l'évêque de Ceitz à Magdebourg, et qu'ils n'agissaient en cela que par complaisance pour le roi, ce dont convient naïvement Othon de Frisingue (L. 2, c. 8). Cette complaisance humaine des évêques paraît en soi peu de chose; elle sera néanmoins, pour l'Eglise et pour l'empire, une source de maux incalculables.

L'an 1153, le pape Eugène envoya deux légats en Allemagne. C'était pour juger la cause de Henri, archevêque de Mayence, accusé depuis longtemps de dissiper les biens de son Eglise, et d'avoir reçu plusieurs réprimandes sans se corriger. Les deux légats se trouvèrent avec le roi Frédéric à Bamberg, où il célébra la fête de Pâques, qui, cette année 1153, fut le 19 avril. Saint Bernard ayant appris que l'archevêque de Mayence avait été cité devant les légats, leur écrivit en sa faveur, les priant, autant que la justice le permettait, de ne pas pousser à bout ce malheureux prélat, et d'avoir égard à sa simplicité, dont on disait que de faux frères avaient abusé pour le surprendre (Bern., *Epist.* 302). Toutefois il fut déposé à la cour que le roi tint à Worms à la Pentecôte de la même année; et le roi fit mettre à sa place, dans le siége de Mayence, Arnold, son chancelier, par l'élection de quelques députés du clergé et du peuple, qui étaient venus à cette cour. Les légats y déposèrent aussi, par la permission du roi, Burcard, évêque d'Eichsteldt, accablé de vieillesse, comme incapable d'agir; mais, lorsqu'ils voulurent porter aussi leur jugement contre l'archevêque de Magdebourg et quelques autres, le roi les en empêcha et les renvoya chez eux. Henri, déposé de Mayence, se retira en Saxe, dans un monastère de cisterciens, où il mourut pieusement le 1er septembre de la même année (Othon, l. 2, c. 9; Baron., an 1153).

Le pape Anastase IV ayant succédé à Eugène III, le 9 juillet 1153, l'archevêque Wicman de Magdebourg se rendit à Rome avec les ambassadeurs du roi Frédéric. Comme il ne se présentait point d'accusateurs, le nouveau Pape ne lui refusa pas le *pallium*, mais il ne le lui accorda pas non plus : il le mit sur l'autel de Saint-Pierre, et dit : « Si vous êtes certain que votre élection a été canonique, prenez sur le saint autel les insignes de l'archiépiscopat. » Wicman hésitait; mais un chanoine, qui l'accompagnait, s'approcha de l'autel, y prit le *pallium* et le remit à son archevêque (Raumer, t. II).

Le pape Anastase IV mourut l'année 1154, le 2 décembre, après avoir tenu le Saint-Siége un an quatre mois et vingt-quatre jours. Le lendemain, 3 décembre, fut élu pape, d'une voix unanime, le cardinal Nicolas, évêque d'Albane, qui prit le nom d'Adrien IV. Il tint le Saint-Siége quatre ans et neuf mois. Ce Pape était Anglais de nation, et c'est le seul Anglais qui jusqu'à présent soit devenu Pape. Il monta, par son seul mérite, d'une des situations les plus basses de la vie à la situation la plus élevée de la chrétienté. Il se nommait Nicolas Breck-Spère ou Brise-Lance. Son père Robert était un pauvre serviteur d'église, qui se fit moine à Saint-Alban, laissant ce fils en bas âge avec peu de bien. Etant devenu plus grand et n'ayant pas de quoi aller aux écoles, il subsistait des aumônes du monastère, où il venait tous les jours. Son père en eut honte, et, lui ayant fait des reproches de son peu de courage, il le chassa avec indignation. Le jeune homme, pressé par la nécessité, passa la mer, et, ne trouvant pas son avantage en France, il alla jusqu'en Provence, où il s'arrêta au monastère de Saint-Ruf, près d'Avignon, occupé par des chanoines réguliers. Il s'appliqua à gagner leurs bonnes grâces par tous les services qu'il pouvait leur rendre, et, comme il était bien fait de sa personne, sage en ses discours, prompt à exécuter les commissions, il se rendit agréable à toute la communauté. Ils le prièrent même de prendre leur habit, et il vécut plusieurs années parmi eux, avec un grand zèle pour la régularité. Il s'appliqua aux études et à la lecture, et, comme il avait l'esprit pénétrant et grande facilité à parler, il fit beaucoup de progrès dans la science et dans l'éloquence. Enfin, il se fit tellement estimer, que l'abbé Guillaume II étant mort, il fut élu pour lui succéder.

Mais, quelques années après, ils se repentirent d'avoir mis un étranger à leur tête; ils inventèrent contre lui des calomnies, et l'accusèrent devant le pape Eugène. Le Pape, ayant ouï leurs plaintes et voyant la sagesse et la modestie avec lesquelles Nicolas se défendait, s'appliqua paternellement à les mettre en paix, et, les ayant réconciliés, il les renvoya contents. Mais cette paix ne fut pas de longue durée; il s'éleva bientôt une tempête plus violente, et les chanoines de Saint-Ruf revinrent porter leurs plaintes au pape Eugène, qui finit par leur dire : « Je sais quelle est la cause de cet orage : allez et choisissez quelqu'un avec qui vous puissiez vivre en paix; celui-ci ne vous sera plus à charge, je le nomme cardinal-évêque d'Albane. »

Le nouveau cardinal fut envoyé légat apostolique dans les royaumes du Nord, le Danemarck, la Suède et la Norwége. Ami de saint Henri, évêque d'Upsal, et d'Eskil, archevêque de Lunden, il instruisit avec soin dans la loi de Dieu ces nations encore barbares. Il était bon, doux, patient, très-instruit dans le grec et le latin, éloquent, habile dans le chant ecclésiastique, excellent prédicateur, lent à se fâcher, facile à pardonner, donnant avec joie et avec largesse, estimable en tout. Il n'est pas surprenant que, doué de tant de vertus, il fut élu pape d'une voix unanime (*Apud Baron.*, 1154).

Cependant Arnaud de Bresce était à Rome, où il continuait à tenir publiquement des discours séditieux, soutenu par des citoyens puissants, principalement par des sénateurs. Quelques-uns de ceux qu'il avait séduits attaquèrent Gérard, prêtre-cardinal du titre de Sainte-Pudentienne, comme il passait dans la rue Sacrée, allant trouver le Pape, et le blessèrent dangereusement; de quoi toutefois il guérit. C'est pourquoi le pape Adrien mit la ville de Rome en interdit, et on y cessa les offices divins jusqu'au mercredi de la semaine sainte 1155. Le Pape demeurait cependant à Saint-Pierre, dans la cité Léonine. Alors les sénateurs, pressés par le clergé et le peuple, vinrent trouver le Pape, et lui jurèrent sur les Evangiles qu'ils chasseraient de Rome et de son territoire Arnaud et ses sectateurs, s'ils ne rentraient dans l'obéissance du Pape. Ils furent chassés, l'interdit levé, et tout le peuple en bénit Dieu. Le lendemain, qui était le jeudi saint, on accourut de toutes parts, selon la coutume, pour recevoir l'absolution des péchés, et il vint aussi une grande multitude de pèlerins. Alors le Pape, accompagné d'évêques, de cardinaux et d'une grande troupe de nobles, sortit de la ville Léonine, où il était demeuré depuis son exaltation, et, passant au travers de Rome avec les applaudissements de tout le peuple, il arriva au palais de Latran, où il célébra solennellement la fête de Pâques, qui, cette année, était le 27 mars (Baron., an 1154 et 1155).

Le roi d'Angleterre (c'était Henri II ou Henri Plantagenet), écrivit au nouveau Pape la lettre suivante : « Une agréable nouvelle est venue à nos oreilles. Votre récente exaltation, comme une radieuse aurore, a dissipé le sombre deuil de l'Eglise romaine. La Chaire apostolique se réjouit, consolée de sa viduité. Toutes les Églises se réjouissent, voyant s'élever une lumière nouvelle, et attendant qu'elle grandisse jusqu'au jour parfait. Mais notre Occident surtout se réjouit d'avoir mérité de produire à l'univers cette lumière nouvelle, ce soleil de la chrétienté. Nous donc, Saint-Père, nous conjouissant extrêmement de votre élévation, et en bénissant la Majesté divine, nous découvrons familièrement à Votre Paternité les vœux que nous formons pour Elle avec une dévotion filiale ; car si un fils charnel découvre avec confiance de charnels sentiments à son père, avec combien plus de confiance le fils spirituel ne peut-il pas lui découvrir de spirituels désirs ?

» Nous souhaitons entre autres, avec une ardeur non médiocre, que, comme la main de Dieu a transplanté notre terre dans le milieu de son paradis Votre Révérendissime Personne, comme un arbre de vie, vous vous appliquiez à nourrir si bien toutes les Eglises de vos fruits salutaires, les bonnes œuvres et les bonnes doctrines, que toutes les nations appellent *bienheureuse la nation de Votre Béatitude*. Ce que nous ne souhaitons pas moins vivement, c'est que le souffle des tempêtes, qui a coutume d'assaillir les dignités suprêmes, ne vous détourne jamais de l'amour de la sainteté, de peur, ce qu'à Dieu ne plaise, qu'une dignité plus haute ne mène à un précipice plus profond. Voici encore ce que nous désirons du fond de notre cœur : comme l'ordonnance de toutes les Eglises vous appartient, que vous ordonniez sans retard des cardinaux tels qu'ils sachent, qu'ils veuillent et qu'ils puissent vous aider à porter votre fardeau, sans aucun égard à la parenté, à la noblesse, à la puissance, mais craignant Dieu, haïssant l'avarice, ayant soif de la justice et brûlant du zèle des âmes. De plus, comme l'indignité des ministres nuit excessivement aux Eglises, que vous veilliez avec une souveraine sollicitude, lorsqu'on s'adresse à Votre Providence pour la collation des dignités et des prébendes, à ce que nul indigne ne se jette dans le patrimoine du Crucifié. Ensuite, comme la terre bienheureuse, qui a été consacrée par la naissance, la vie et le sang du Rédempteur, et que tous les chrétiens doivent vénérer avec une dévotion spéciale, est troublée sans cesse par les incursions des infidèles, et profanée par leurs abominations, ainsi que vous l'avez vu de vos yeux, nous désirons vivement que vous employiez toutes les forces de votre sollicitude à sa délivrance. Quant à l'empire de Constantinople, autrefois si illustre, maintenant si désolé, qui est-ce qui ne doit pas désirer que, par les soins de votre prudence, il ne reçoive une consolation opportune ? Car, et pour votre honneur et pour l'utilité commune, nous devons désirer que vous, qui, par la promotion divine, présidez à l'Eglise universelle, vous veilliez assidûment au bon règlement et à la réformation de toutes les Eglises. Nous espérons du Seigneur que, comme par le passé, élevé par la main de Dieu de vertu en vertu et d'honneur en honneur, vous avez brillé d'un éclat toujours plus grand, arrivé maintenant au faîte de la sublimité apostolique, vous aurez soin d'éclairer et d'échauffer si bien les Eglises qui vous sont soumises, que nul ne puisse se cacher de votre lumière et de votre chaleur, et, qu'après votre décès, vous laisserez de telles traces de sainteté, que la terre de votre naissance, qui se réjouit de votre heureuse origine, puisse se glorifier plus heureusement encore dans le Seigneur de votre fin bienheureuse. Enfin, nous supplions Votre Paternité de vouloir bien, et devant Dieu et devant les hommes, se souvenir de nous, de nos amis et de notre royaume (*Apud Baron.*, an 1154; *Inter epist.*; Pet. Blesens., *Epist.* 168). »

On voit, par cette lettre, quelle idée les rois de la terre avaient du Pape, fût-il de la plus humble extraction. Il était le chef de la chrétienté, il était le père des rois et des peuples, il était le médiateur entre l'Orient et l'Occident, il devait pourvoir à la paix du monde, défendre la chrétienté au dehors contre les infidèles, l'édifier au dedans par l'exemple de toutes les vertus, par le choix d'évêques et de prélats dignes de leur haut rang ; ses conseillers, les cardinaux, devaient être aussi éminents par leurs bonnes qualités que par leur place.

Adrien IV, cet enfant réduit à mendier son pain, parvenu à la dignité suprême, se montra aussi grand que sa dignité. Les richesses, les honneurs ne l'éblouirent point ; il n'en profita ni pour lui ni pour sa famille. Quand il mourut, en 1159, après avoir enrichi l'Eglise romaine, sa mère vivait encore aussi pauvre : il n'avait fait autre chose pour elle que de la recommander aux charités de l'Eglise de Cantorbéry (Baron., an 1159).

Comme la lettre du roi d'Angleterre au Pape se trouve parmi les lettres de Pierre de Blois, on peut croire qu'il en fut le rédacteur. Pierre, surnommé *de Blois*, du lieu de sa naissance, se distingua dans le monde et dans l'Eglise par son savoir et sa vertu. Dès qu'il fut en âge de s'appliquer, il vint à Paris se former dans les arts libéraux et dans les belles-lettres. Il se trouva du goût pour la poésie, mais il abusa de son talent à cet égard, l'employant à composer des chansons érotiques. Dieu, par sa grâce, le tira de ce piège. Pierre l'en remercie dans une de ses lettres. Il réussit aussi dans l'art oratoire et dans la jurisprudence; c'est pourquoi, étant à Bologne, il faisait souvent, à la prière de ses disciples, des discours d'éloquence en présence des jeunes jurisconsultes. Il s'appliqua encore à la médecine et aux mathématiques. De Bologne il retourna à Paris, où, renonçant pour toujours aux beaux-arts, il fit de la théologie son unique étude. Avec un esprit solide, il devint en peu d'années un des bons théologiens de son époque. On voit, par ses écrits, qu'il avait fait de grands progrès dans l'étude de l'Ecriture sainte. Sans tirer vanité de ses talents, mais uniquement pour en donner une preuve, il dit qu'il lui était arrivé, en présence de plusieurs personnes, nommément de l'archevêque de Cantorbéry, de dicter en même temps trois lettres sur diverses matières à trois scribes différents, et qui écrivaient avec célérité (Voir Ceillier, t. XIII, p. 206, et *Biblioth. Pat.*, t. XXIV).

La lettre du roi d'Angleterre fut portée au pape Adrien par un autre savant que Pierre avait eu pour maître, Jean de Salisbury, docteur célèbre, depuis évêque de Chartres. Il était né en Angleterre, dans la ville de Sarisbéry ou Salisbury, dont il porta le nom. Etant encore jeune, il vint étudier à Paris, l'an 1137, où il apprit les premiers éléments de la dialectique sous Abailard, qui tenait alors son école sur la montagne de Sainte-Geneviève, avec beaucoup de réputation. Abailard s'étant retiré, Jean suivit les leçons d'Albéric de Reims, grand dialecticien, et de Robert de Melun, Anglais, depuis évêque d'Herford. Il étudia ensuite la grammaire dans l'école de Guillaume de Conques, et la rhétorique sous Richard l'évêque. Pour se fortifier dans toutes ses études, il en donna lui-même des leçons à quelques enfants nobles, qui, de leur côté, lui fournissaient sa subsistance; puis il étudia de nouveau la logique et la théologie sous Gilbert de la Porée, et la théologie seule sous Robert Pullus et Jean de Poissy. Jean de Salisbury s'occupa de toutes ces diverses études pendant près de douze ans, c'est-à-dire jusqu'en 1149. Il retourna alors en Angleterre, où Thibaud, archevêque de Cantorbéry, le fit son chapelain et son secrétaire : cela se voit par les vingt-deux premières et plusieurs autres de ses lettres, qu'il écrivit, au nom de Thibaud, au pape Adrien IV, qui tint le Saint-Siège depuis l'an 1154 jusqu'en 1159. Jean de Salisbury avait déjà fait le voyage de Rome, et le pape Eugène III l'avait honoré de son estime. Il fut donc chargé, l'an 1154, de porter la lettre du roi d'Angleterre à son ami et son compatriote le pape Adrien.

Il trouva le Pape à Bénévent, et demeura près de lui environ trois mois. Adrien l'avait en telle affection, qu'il l'admettait à sa table et qu'il voulait qu'ils eussent le même verre et la même assiette (*Metalogicus*). Dans leurs entretiens d'amis, le Pape, lui ouvrant son cœur, lui avoua qu'il avait trouvé tant de misères dans le Saint-Siège, que toutes les peines qu'il avait souffertes précédemment lui semblaient, en comparaison, une douceur et une félicité. Il aurait mieux aimé n'être jamais sorti d'Angleterre, ou être demeuré perpétuellement caché dans le cloître de Saint-Ruf, que de s'être jeté dans de tels embarras; mais il n'avait osé résister à la Providence. Pour montrer qu'en s'élevant par degrés il n'était pas devenu plus heureux, il disait : « Le Seigneur m'a toujours fait croître entre le marteau et l'enclume, et maintenant il me mettra, s'il lui plaît, sa main sous le fardeau dont il m'a chargé; car il m'est insupportable. »

Un jour le Pape demanda familièrement à Jean de Salisbury ce que l'on disait de lui et de l'Eglise romaine. Jean lui répondit avec liberté : « Plusieurs disent que l'Eglise romaine, qui est la mère de toutes les autres, ne s'en montre pas tant la mère que la marâtre. On y voit des scribes et des pharisiens, qui mettent sur les épaules des autres des fardeaux excessifs, auxquels eux-mêmes ne touchent pas du bout du doigt. Ils dominent sur le clergé, sans se rendre l'exemple du troupeau; ils amassent des meubles précieux et chargent leurs tables d'or et d'argent, et toutefois ils sont avares pour eux-mêmes. Ils ne donnent point d'accès aux pauvres, sinon quelquefois par vanité. Ils font des concessions sur les églises, ils excitent des procès et commettent ensemble le clergé et le peuple, et croient que toute la religion consiste à s'enrichir. Tout y est vénal, la justice même, et ils imitent les démons, en ce qu'ils semblent faire bien quand ils cessent de nuire; on en excepte un petit nombre, qui remplissent l'office de pasteur. Le Pontife romain lui-même est à charge à tout le monde, et presque intolérable. On se plaint qu'il bâtit des palais, tandis que les églises tombent en ruine, et qu'il marche orné d'or et de pourpre, tandis que les autels sont négligés. Les palais des pontifes sont magnifiques, tandis que l'Eglise du Christ se salit entre leurs mains. Ils dépouillent les provinces, comme s'ils voulaient renouveler les trésors de Crésus. Mais le Très-Haut sait bien les trouver; car ils ont été livrés eux-mêmes en proie à d'autres, et souvent aux plus vils des hommes. Et je pense que tant qu'ils s'égareront ainsi hors de la bonne voie, la verge du Seigneur ne leur manquera pas; car, suivant sa parole, ils seront jugés comme ils auront jugé les autres, on se servira envers eux de leur propre mesure. Voilà, Saint-Père, ce que dit le peuple, puisque vous voulez que j'expose ce qu'il pense. »

« Et vous-même, dit le Pape, qu'en pensez-vous? — Je suis bien embarrassé, répondit Jean. Je crains de passer pour flatteur, si je m'oppose seul à ce que dit le peuple; et, de l'autre côté, je crains de manquer au respect. Toutefois, puisque Gui Clément, cardinal de Sainte-Potentienne, parle comme le public, je n'ose le contredire; car il soutient qu'il y a dans l'Eglise romaine un fond de duplicité et d'avarice qui est la source de tous les maux; et il le dit un jour publiquement dans l'assemblée des cardinaux, où présidait le saint pape Eugène. Je dirai toutefois hardiment, et selon ma conscience, que je n'ai vu nulle part des ecclésiastiques plus vertueux et plus ennemis de l'avarice que dans l'Eglise romaine. Qui n'admirera le mépris des richesses en

Bernard de Rennes, cardinal-diacre de Saint-Côme et de Saint-Damien? Celui dont il a reçu quelque présent est encore à naître. Qui n'admirera le scrupule de l'évêque de Preneste, qui s'abstenait même de ce qu'on reçoit en commun? Plusieurs ont la gravité et la modération de Fabricius, avec l'avantage de la véritable religion. Puis donc que vous me pressez, je déclare que l'on doit faire ce que vous enseignez, quoiqu'il ne faille pas imiter en tout ce que vous faites; car celui qui s'écarte de votre doctrine est ou hérétique ou schismatique. Mais, grâce à Dieu, il en est qui n'imitent point les œuvres de vous tous. C'est donc le mauvais exemple d'un petit nombre qui imprime une tache aux plus vertueux et à l'Eglise universelle. Aussi meurent-ils fréquemment, de peur qu'ils ne corrompent toute l'Eglise. Il y en a aussi quelquefois de bons qui sont enlevés de peur qu'ils ne soient changés par la malice, et parce que Rome, corrompue devant Dieu, en est indigne. Vous donc qui en avez la charge, introduisez-y des hommes humbles, éloignés de la vaine gloire, et des hommes qui méprisent l'argent; mais je crains qu'en cherchant ce que vous voulez, vous n'entendiez d'un imprudent ami ce que vous ne voulez pas. Pourquoi, Saint-Père, scruter la vie des autres, si vous ne vous examinez pas vous-même? Tout le monde vous applaudit et vous flatte, on vous nomme Père et Seigneur. Si vous êtes Père, pourquoi attendez-vous des présents de vos enfants? Si vous êtes Seigneur, pourquoi ne vous faites-vous pas craindre des Romains, vos sujets? Mais vous voulez conserver Rome à l'Eglise par vos présents : est-ce ainsi que saint Silvestre l'a acquise? Vous êtes, Saint-Père, hors du droit chemin. Ce que vous avez reçu gratuitement, donnez-le de même. »

Le Pape se prit à sourire, et loua Jean de Salisbury de la liberté avec laquelle il lui parlait, lui ordonnant même de lui rapporter aussitôt ce qu'il entendrait dire de mal sur son compte. Il répondit encore plusieurs choses, les unes pour se justifier, les autres pour s'accuser, et finit par cet apologue. « Un jour tous les membres du corps conspirèrent contre l'estomac, comme engloutissant à lui seul les travaux de tous les autres. L'œil ne cesse de voir, l'oreille d'entendre, les mains de travailler, les pieds de marcher, la langue même de parler et de se taire. Tous les membres veillent à l'intérêt public, et, dans cette grande sollicitude et travail de tous, le seul estomac repose, et, lorsque tout a été préparé par ce multiple travail, c'est lui seul qui dévore et consume tout. Que dirai-je encore? Tous convinrent de ne plus travailler, et de ruiner par la famine ce paresseux, cet ennemi public. On passa ainsi le premier jour; le second fut plus pénible; le troisième fut si funeste, qu'il annonçait la défaillance à presque tous les membres. Contraints par la nécessité, les frères se réunirent pour délibérer de leur salut commun, et du sort de l'ennemi public. Lorsqu'ils furent assemblés, les yeux languirent, les pieds ne purent soutenir le poids du corps, les bras étaient sans force, la langue même, attachée au palais que brûlait la soif, n'eut pas le courage d'exposer la cause commune. Tout fut donc renvoyé au conseil du cœur; et, la délibération y ayant été ouverte, la raison fit voir que ces maux venaient de celui-là même qu'on avait dénoncé comme ennemi public; car, depuis qu'on lui refusait les tributs, lui aussi, comme dispensateur public, refusait les aliments à tous. Et, comme nul ne peut faire la guerre sans solde, dès que la solde n'est plus payée, le soldat s'affaiblit et se brise. Et la faute n'en peut pas être rejetée sur le dispensateur; car, ce qu'il n'a pas reçu, il ne peut pas le donner aux autres. Il vaut donc beaucoup mieux, pour la sûreté commune, lui donner de quoi distribuer, que d'affamer tous les membres en le laissant à vide. Et ainsi fut fait : de l'avis de la raison, l'estomac fut rempli, les membres restaurés et la paix rétablie partout. On acquitta donc l'estomac, qui, quoique glouton et avide du bien d'autrui, ne le demande pas pour lui-même, mais pour les autres, qui ne peuvent se soutenir s'il est réduit à l'inanition. Tel est, mon frère, si vous faites bien attention, tel est, dans le corps de la république, le magistrat suprême; s'il demande beaucoup, ce n'est pas tant pour lui que pour les autres qu'il amasse; car, s'il est épuisé, il ne peut rien départir aux autres membres. L'office de l'estomac dans le corps, c'est l'office du prince dans la république, suivant ce mot du poète Sérénus : Ceux qui prétendent que le roi de tout le corps est l'estomac, semblent avoir raison, car un estomac bien portant fortifie tous les membres; au contraire, est-il souffrant, tous les membres en souffrent; et même, si on n'y porte remède, on assure qu'il vicie la cervelle et qu'il en affaiblit les sens. Ne veuillez donc plus considérer simplement notre dureté ou celle des princes, mais la commune utilité de tous (Polycratius, Joan. Salisb., l. 6, c. 24; *Bibl. Pat.*, t. XXIII). »

Voilà comme le pape Adrien IV s'expliquait familièrement à son ami et compatriote Jean de Salisbury, qui se déclara satisfait. Et il n'avait pas tort de l'être. Nous avons vu, par la lettre du roi d'Angleterre, que c'est au Pape que l'on demandait sans cesse de toutes parts de quoi défendre et fortifier la chrétienté entière, le monde entier, et temporellement et spirituellement, et au dedans et au dehors. Pour cela il lui fallait de tous les moyens, non-seulement spirituels, mais encore temporels. Défenseur, dispensateur suprême de l'humanité chrétienne, il fallait bien que cette humanité lui fournît de quoi la défendre et au dedans et au dehors, car qui veut la fin, doit vouloir les moyens. La chose est si simple, que bien des historiens ne l'ont pas vue.

Jean de Salisbury était encore chargé d'une négociation secrète auprès du pape Adrien. Le roi d'Angleterre pensait à s'emparer de l'Irlande, pour en extirper, disait-il, certains désordres fort graves, et y seconder les progrès de la civilisation chrétienne; il sollicitait pour ce dessein l'approbation du Pape. A ce propos, bien des auteurs modernes répètent que les premiers chrétiens d'Irlande ne reconnaissaient point la primauté du Pontife romain (Entre autres, Aug. Thierry, *Hist. de la conq. de l'Anglet.*, l. 10). Cela prouve seulement que ces auteurs ne savent pas bien ce dont ils parlent. Dans l'*Histoire ecclésiastique de la nation anglaise*, par le vénérable Bède, on trouve, dès l'an 640, une réponse de l'Eglise romaine à la consultation de cinq évêques, cinq prêtres et plusieurs docteurs et abbés d'Irlande (Beda, *Hist.*, l. 2, c. 19). Peu après, on y voit qu'une grande partie de l'île rectifia sa manière de célébrer la Pâque, sur les instructions qui lui étaient venues de Rome

(Beda, *Hist.*, l. 3, c. 3). Enfin on a une lettre d'un évêque irlandais qui écrivait, dès l'an 630, à un de ses amis, que, pour obtenir le jugement de la Chaire apostolique, il y avait envoyé des personnes sages, comme des enfants à leur mère (Usser. Syl., *Epist.*, p. 34).

Une chose empêchait que la hiérarchie n'y prît une organisation assez ferme et assez complète : c'était la division de l'Irlande en un grand nombre de principautés ou de royaumes. Chaque tribu, et il y en avait beaucoup, avait son chef, qui bien souvent prenait le titre de roi; parmi ces rois ou princes, il y en avait un qui prenait le titre de roi en chef. Ces petites et nombreuses royautés n'étaient point héréditaires, mais électives : ce qui occasionnait souvent des guerres civiles, et entretenait une certaine barbarie dans les mœurs. Le siége épiscopal d'Armagh, illustré par saint Patrice, l'apôtre de l'Irlande, était bien la métropole ecclésiastique de toute l'île, et entretenait ainsi l'unité religieuse et nationale entre toutes les tribus; mais pendant près de deux siècles, jusqu'à saint Malachie, ce siége était devenu comme l'héritage d'une famille. L'an 1152, un légat du Siége apostolique y établit les quatre archevêchés d'Armagh, de Dublin, de Cassel et de Tuam; mais les divisions et les rivalités de tant de petits rois entravaient les efforts de l'Eglise pour la réforme des mœurs et de la discipline. Les saintes lois du mariage n'étaient guère bien observées : les divorces, les mariages incestueux étaient fréquents. Le désir de remédier à ces désordres et à d'autres semblables, fut la raison ou le prétexte que le roi d'Angleterre mit en avant pour obtenir du pape Adrien l'autorisation de se rendre maître de l'Irlande, comme Guillaume le Conquérant avait obtenu du pape Alexandre II l'autorisation de se rendre maître de l'Angleterre même.

Le roi Henri II fit donc entendre au pape Adrien, par Jean de Salisbury, qu'il songeait à conquérir l'Irlande, afin d'y fortifier l'action de l'Eglise, pourvoir à l'instruction d'un peuple ignorant, en extirper les vices et étendre à ce pays le paiement annuel du denier de saint Pierre; mais que, comme toutes les îles chrétiennes étaient la propriété de l'Eglise romaine, il ne se permettrait pas d'entreprendre cette expédition sans l'avis et le consentement du successeur de saint Pierre. Le Pape consentit à la demande du roi, aux conditions proposées. Avec la bulle, il lui envoya un anneau d'or orné d'une émeraude, en signe d'investiture, comme le pape Alexandre II avait envoyé à Guillaume le Conquérant un étendard de saint Pierre.

Tout le monde reconnaissait alors au Pontife romain un droit spécial sur les îles. Les Grecs étaient d'accord là-dessus avec les Latins. Théodore Balsamon, patriarche grec d'Antioche, composait alors son corps de droit canonique, où il a inséré la donation de Constantin, qui donne toutes les îles à l'Eglise romaine. Jean de Salisbury se réfère à cette pièce (*Metalogicus, c. ultim.*), dont nous avons vu ailleurs quels sont le sens et la valeur. Au reste, le Pape était alors, pour la chrétienté entière, ce que serait aujourd'hui un congrès de tous les souverains pour aviser aux moyens d'étendre la civilisation par toute la terre. Ce qui surprendra peut-être encore plus de nos jours, c'est que l'an 1173, nous verrons le même roi Henri II écrire au pape Alexandre III en ces termes : « Le royaume d'Angleterre est de votre juridiction, et, quant à l'obligation du droit féodal, je ne me reconnais sujet qu'à vous. Que l'Angleterre apprenne ce que peut le Pontife romain, et puisqu'il n'use pas d'armes matérielles, qu'il défende par le glaive spirituel le patrimoine de saint Pierre (Baron., an 1173). »

Le roi Henri II ne put point exécuter aussitôt la concession du Pape touchant l'Irlande. Nous verrons les Irlandais eux-mêmes la mettre à exécution un peu plus tard.

Henri d'Angleterre avait alors pour ami et pour chancelier un homme dont la naissance eut quelque chose de singulier. Un citoyen distingué de Londres, puisqu'il en fut nommé vicomte, Gilbert était son nom, prit la croix dans sa jeunesse et fit le pèlerinage de la terre sainte avec un parent nommé Richard, qui lui servait d'écuyer. Comme ils visitaient les saints lieux, ils tombèrent dans une embuscade de Sarrasins avec plusieurs autres, furent faits prisonniers, et donnés à un émir ou commandant des infidèles. Ils restèrent ainsi une année et demie dans l'esclavage. Comme Gilbert, surnommé Becket, passait pour le plus considérable des captifs, et que d'ailleurs il avait fort bonne mine, l'émir, sans lui ôter ses fers, le traitait avec assez d'humanité, le faisait venir pendant qu'il était à table, pour causer ensemble de la situation, des mœurs et des coutumes des différentes nations et contrées. Charmé de sa conversation, l'émir fit plus d'une fois du bien à ses compagnons de captivité. La fille unique de l'émir leur en faisait secrètement le plus qu'elle pouvait. Cette jeune musulmane avait pris Gilbert en affection. Un jour, ayant trouvé l'occasion de lui parler, elle lui demanda d'où il était en en quoi consistait la religion chrétienne. Gilbert lui répondit qu'il était Anglais, de la ville de Londres, et lui expliqua la foi chrétienne le mieux qu'il put. Alors elle lui demanda : Souffrirais-tu volontiers la mort pour ton Dieu ou pour la foi du Christ ? Il répondit : Je mourrais de grand cœur pour mon Dieu. Aussitôt la jeune musulmane déclare qu'elle voulait devenir chrétienne à cause de lui, pourvu qu'il lui promit sa foi de la prendre pour épouse. Gilbert, fort embarrassé, garda le silence et différa de jour en jour sa réponse. Dans l'intervalle, il trouva moyen de s'échapper de prison avec ses compatriotes et de revenir en Angleterre et à Londres. Quelque temps après, la jeune musulmane, enfant unique de l'émir, s'enfuit également de la maison paternelle, s'embarque avec quelques pèlerins du nord de l'Europe, qui la débarquent en Angleterre au passage. Pour se guider dans ce nouveau pays, elle ne savait que deux mots : Londres et Gilbert. Arrivée ainsi à Londres, elle répétait le nom de Gilbert par les rues, lorsque l'écuyer Richard la reconnut et en avertit son ami et son maître. Etonné au delà de toute mesure, Gilbert Becket la fit mettre chez une veuve respectable, alla trouver l'évêque de Londres, lui raconta toute l'histoire et lui demanda conseil. Six évêques s'y trouvaient réunis pour les affaires du royaume et de l'Eglise. Tous ils furent émerveillés d'une aventure si singulière, et y reconnurent une intervention spéciale de la Providence. De leur avis, la jeune musulmane fut solennellement baptisée à la cathédrale de Saint-Paul, reçut le nom de Mathilde, épousa Gilbert Becket, et, le 21 décembre 1117, jour de Saint-Thomas, lui donna un fils qui reçut au baptême le nom de cet apôtre.

Quelque temps avant la naissance de son fils, Gilbert avait pris de nouveau la croix et avait repassé en Orient. Il y resta trois ans et demi. A son retour en Angleterre, il fut nommé schérif ou vicomte de Londres. Il ne tira jamais d'intérêt de son argent, ne se mêla d'aucun commerce et se contenta du revenu annuel de son patrimoine. Il mourut en 1138, et laissa son fils exposé à tous les dangers que court dans le monde la jeunesse sans expérience.

Heureusement pour le jeune Thomas, sa mère lui inspira dès son enfance la crainte de Dieu et une tendre dévotion pour la sainte Vierge. En même temps, il avait été accoutumé à la pratique de l'obéissance et du renoncement. Il connaissait assez les maximes de l'Evangile pour se tenir sur ses gardes et ne rien faire sans consulter des personnes éclairées et vertueuses. Il avait commencé ses études dans un monastère de chanoines réguliers, il alla les continuer à Londres. Les trois principales églises de cette ville avaient alors chacune une grande école où des déclamations publiques et des disputes littéraires entretenaient une grande émulation entre les maîtres et les disciples. Thomas fréquenta ces écoles jusqu'à l'âge de vingt et un ans. Ayant alors perdu sa mère, il discontinua ses études pendant une année; mais il résolut de les reprendre pour se prémunir contre les dangers qu'entraîne une vie oisive et désœuvrée. Il se rendit donc à Oxford, puis à Paris, où il se perfectionna dans la connaissance du droit canonique et dans les différentes parties de la littérature.

De retour à Londres, il s'attacha, en qualité de clerc ou de secrétaire, à la cour de ville, et fit paraître une grande capacité pour les affaires. Il se retira ensuite chez un jeune seigneur qui vivait à la campagne et qui était extrêmement passionné pour la chasse. Il prit insensiblement les mêmes goûts, et l'amour du plaisir le rendit plus négligent dans le service de Dieu. Mais un accident, ménagé par la Providence, le fit rentrer en lui-même. Un jour qu'il chassait au vol, son faucon s'abattit sur un canard et plongea avec lui dans la rivière. Craignant de le perdre, il se précipita dans l'eau, et le courant l'entraîna jusqu'à un mille. C'en était fait de sa vie, il allait passer sous la roue d'un moulin, lorsque la roue s'arrêta tout à coup. Cet événement fut regardé comme un miracle. Thomas, pénétré de reconnaissance envers le Seigneur, prit la résolution de mener une vie plus chrétienne et retourna à Londres. Ses vertus et ses talents lui acquirent beaucoup de réputation; il était surtout universellement estimé pour cette intégrité et cette droiture inflexibles qui le caractérisaient. Dès son enfance même, il aurait tout souffert plutôt que de parler contre la vérité, et jamais il ne lui arriva de se rendre coupable du plus léger mensonge.

Thibaud, qui fut élevé sur le siége archiépiscopal de Cantorbéry en 1138, avait été lié d'une amitié fort étroite avec le père de Thomas. Ils étaient tous deux originaires de Normandie et du même canton. L'archevêque auquel Thomas fut recommandé, lui offrit une place dans sa maison. Thomas alla le joindre au village de Harrow. Il était grand, bien fait, d'une figure qui prévenait en sa faveur. Il parlait avec autant de grâce que de facilité. Il avait embrassé l'état ecclésiastique quelque temps avant l'époque dont nous parlons. Thibaud reconnut bientôt qu'il était capable de lui rendre les services les plus éminents. Il lui permit de faire un voyage en Italie, et d'étudier pendant un an le droit canonique à Bologne. Thomas passa aussi quelque temps à Auxerre. Après son retour en Angleterre, il reçut le diaconat. L'archevêque lui donna successivement la prévôté de Beverley, et deux canonicats, l'un à Lincoln, et l'autre à Saint-Paul de Londres. Il le nomma aussi archidiacre de Cantorbéry: c'était la première dignité ecclésiastique d'Angleterre, et celui qui en était revêtu siégeait, dans la cour des lords, après les évêques et les abbés (Fitz-Stephens ou Stephanides, p. 12). Thibaud le chargeait des affaires les plus difficiles, et n'entreprenait rien sans prendre son avis. Il l'envoya plusieurs fois à Rome pour des négociations importantes, et jamais il ne se repentit de lui avoir donné sa confiance.

La contestation qui s'était élevée entre le roi Etienne et l'impératrice Mathilde, mère de Henri II, annonçait les suites les plus fâcheuses pour l'Angleterre. Les choses cependant s'arrangèrent à l'amiable, et le traité fut ratifié par tout le royaume. Il y fut stipulé qu'Etienne régnerait pendant sa vie, mais qu'à sa mort la couronne reviendrait à Henri II. Mais, au mépris de ce traité, Etienne fit tous ses efforts pour assurer le trône à Eustache, son fils. Thibaud refusa d'y consentir, et fut exilé du royaume. On le rappela cependant d'une manière honorable peu de temps après. L'archevêque n'agit, dans toute cette affaire, que par les avis de Thomas Becket; en sorte que ce fut lui qui assura la possession de la couronne à Henri II.

Ce prince monta sur le trône le 20 décembre 1154. Thibaud lui parla de son archidiacre; il le lui représenta comme un homme qui avait autant d'expérience que de capacité; qui était supérieur à toutes les considérations, quand il s'agissait de son devoir; qui avait une prudence extraordinaire dans le maniement des affaires, et qui pouvait remplir avec distinction les places les plus éminentes. D'après un témoignage aussi avantageux, Henri nomma Thomas chancelier d'Angleterre, en 1157. L'intégrité, la douceur et les autres belles qualités du nouveau chancelier le firent aimer et estimer de tout le royaume. Le roi lui rendait la même justice que ses sujets; il aimait à s'entretenir avec lui; il en agissait à son égard avec une sorte de familiarité. Il le chargea de l'éducation du prince Henri, son fils, afin qu'il le formât dans le grand art de régner, et qu'il lui inspirât surtout l'amour de la vertu. Il l'envoya en France pour y négocier un traité entre les deux couronnes, et pour y arrêter le mariage de Henri, son fils, avec Marguerite de France, fille de Louis le Jeune.

Les relations de famille entre les deux cours étaient assez singulières. Eléonore de Guyenne, première femme du roi de France, était devenue la femme du roi d'Angleterre. Voici comment. Pendant la seconde croisade, où elle accompagna son mari, le roi Louis le Jeune, Eléonore fut loin de se conduire avec la sagesse d'une épouse fidèle et d'une grande reine. Nous avons vu les historiens du temps l'accuser d'infidélités graves. Le mécontentement entre les deux époux alla toujours croissant. L'an 1152, après la mort de Suger, un concile assemblé à Beaugency reçut une dénonciation de quelques parents d'Eléonore, qui déclarèrent, par serment, qu'elle et son mari étaient parents dans un degré prohibé par l'Eglise. Saint Bernard en avait déjà fait la remarque dans quelques-unes de ses lettres. Louis ne chercha ni à confirmer ni à détruire cette allégation : il se contenta de déclarer qu'il se soumettait au jugement de l'Eglise, et qu'il ferait ce que les évêques assemblés à Beaugency jugeraient convenable. Ceux-ci prononcèrent la nullité du mariage le 18 mars 1152. D'après les règles du droit canon, comme c'était une affaire majeure, qui intéressait tout un royaume, la décision finale devait en être réservée au Pontife romain. Les évêques ne le firent point, et firent mal. Il est bien à croire que le Pape eût accommodé ces brouilleries de ménage, et accordé les dispenses nécessaires, d'autant plus que la parenté était assez éloignée. Il eût ainsi épargné à la France un démembrement fâcheux, et des guerres plus fâcheuses encore. En renvoyant Eléonore, Louis lui rendit sa dot, qui était la Guyenne. Quelques mois après elle épousa Henri Plantagenet, duc de Normandie, comte d'Anjou, qui, devenant ainsi duc d'Aquitaine ; devint encore roi d'Angleterre, et plus puissant que son suzerain le roi de France. Après le départ d'Eléonore, Louis le Jeune épousa, l'an 1154, la princesse Constance, fille d'Alphonse VII, roi de Léon et de Castille, qui se faisait nommer empereur des Espagnes, et qui reçut avec beaucoup de pompe son gendre, lorsque celui-ci vint, peu de mois après, en pèlerinage à Saint-Jacques de Compostelle. Constance mourut en 1160, après avoir mis au monde une fille nommée Marguerite, la même que le roi d'Angleterre fit demander pour son fils par son chancelier, Thomas Becket. Comme Louis le Jeune n'avait point de fils, il épousa, la même année 1160, la princesse Adélaïde, fille de Thibaud, comte de Champagne. Ce ne fut que cinq ans après, au mois d'août 1165, que la nouvelle reine accoucha d'un fils, qui reçut le nom de Philippe, et le surnom de *Dieu-Donné*, parce qu'on crut l'avoir obtenu du ciel par des prières et des aumônes; ses hauts faits lui ont acquis dans la postérité le titre d'*Auguste*. Il fut l'aïeul de Louis IX ou de saint Louis, dont les descendants règnent encore sur plusieurs trônes de la chrétienté.

En 1159, le roi d'Angleterre, duc d'Aquitaine, vint assiéger Toulouse, sous prétexte que cette ville appartenait à sa femme Eléonore par droit d'héritage. Le comte de Toulouse, qui avait épousé la sœur du roi de France, n'entendait nullement se laisser dépouiller. Il en appela au roi de France, seigneur suzerain de l'un et de l'autre, qui se jeta effectivement dans la ville pour la défendre mieux. Le siège fut levé après trois mois, et la paix rétablie par la médiation de l'Eglise. Henri II laissa en Aquitaine son chancelier Thomas Becket, pour achever la conquête de quelques forteresses et régler définitivement les affaires.

Voici quel était alors le train de vie du chancelier d'Angleterre. Il était le compagnon le plus intime et le plus assidu du roi Henri ; il partageait ses amusements les plus mondains et les plus frivoles. Elevé en dignité au-dessus de tous les seigneurs, il affectait de les surpasser en luxe et en pompe seigneuriale. Il entretenait à sa solde sept cents cavaliers complètement armés. Le harnais de ses chevaux était couvert d'or et d'argent; sa vaisselle était magnifique, et il tenait table ouverte pour les personnes de haut rang. Ses pourvoyeurs faisaient venir de loin, à grands frais, les choses les plus rares et les plus délicates. Les comtes et les barons tenaient à honneur de lui rendre visite, et aucun étranger, venant à son hôtel, ne s'en retournait sans un présent, soit de chiens ou d'oiseaux de chasse, soit de chevaux ou de riches vêtements. Les seigneurs lui envoyaient leurs jeunes fils pour servir dans sa maison et être élevés près de lui; il les gardait quelque temps, puis les armait chevaliers, et, à ses propres dépens, leur fournissait tout le harnais des gens de guerre (1).

Quant à sa façon de voyager en France, voici le tableau qu'en fait un de ses biographes contemporains. Quand il entrait dans une ville, le cortége s'ouvrait par deux cent cinquante jeunes hommes chantant des airs nationaux ; ensuite venaient ses chiens accouplés. Ils étaient suivis de huit chariots traînés chacun par cinq chevaux et menés par cinq cochers en habits neufs. Chaque chariot était couvert de peaux et protégé par deux gardes et un gros chien, tantôt enchaîné, tantôt en liberté. Deux de ces chariots étaient chargés de tonneaux de bière pour distribuer à la populace; un autre portait tous les objets nécessaires à la chapelle du chancelier, un autre encore le mobilier de sa chambre à coucher, un troisième celui de sa cuisine, un quatrième portait sa vaisselle d'argent et sa garde-robe; les deux autres étaient destinés à l'usage de ses suivants. Après eux venaient douze chevaux de somme, sur chacun desquels était un singe, avec un valet derrière; paraissaient ensuite les écuyers, portant les boucliers et conduisant les chevaux de bataille de leurs chevaliers ; puis encore d'autres écuyers, des enfants de gentilshommes, des fauconniers, les officiers de la maison, les chevaliers et les ecclésiastiques, deux à deux et à cheval, et, le dernier de tous enfin, arrivait le chancelier lui-même, conversant avec quelques amis. Comme il passait, on entendait les habitants du pays s'écrier : Quel homme doit donc être le roi d'Angleterre, quand son chancelier voyage en tel équipage (Stephanides ou Fitz-Steph., 20, 2).

Toutefois, au milieu des délices de la vanité, le chancelier Thomas Becket se conserva toujours pur à l'égard des femmes. Il eut beaucoup à souffrir de la part des courtisans; en sorte qu'il disait souvent avec larmes à l'archevêque de Cantorbéry et à ses amis intimes, qu'il ne souhaitait rien plus que de pouvoir sortir de la cour sans se déshonorer (*Vit. quadrip.*, l. 1, c. 5).

Pendant que le chancelier Thomas Becket était au siège de Toulouse, Jean de Salisbury, lui adressa son grand ouvrage intitulé : *Polycratique, ou amusements des courtisans*. Il est divisé en huit livres.

_____
(1) *Vit. B. Thomæ quadripartita*, l. 1, c. 4 et 5; Will., *Filii Stephani vita S. Thomæ*, p. 14, apud *Hist. anglic. Scrip.*, edit. *Sparke*.

Jean y cite indistinctement les écrivains sacrés, les auteurs ecclésiastiques, les profanes, soit poëtes, soit orateurs; preuve bien constante de sa grande érudition, et surtout de sa science profonde, la belle littérature. Il cite même plusieurs anciens, qui ne sont pas venus jusqu'à nous, entre autres Trogue-Pompée. Son objet est de traiter des occupations ou des amusements des grands du monde, d'entrer dans le détail des devoirs attachés à cette condition, à leurs emplois, et de parler de leurs vertus et de leurs vices. Il se propose encore de combattre l'ambition des ecclésiastiques trop avides de bénéfices; la facilité avec laquelle on accordait à Rome les exemptions aux moines et autres religieux. Le *Polycratique* fait donc un composé d'une infinité de matières dont la lecture ne peut être que très-agréable. Mais on reproche à l'auteur trois choses : que son érudition n'est point assez digérée; qu'il y a parfois peu de justesse dans ses raisonnements; qu'il y a beaucoup d'affectation dans son style; qu'il ne fait pas attention à la différence des mœurs et des temps; en sorte qu'il parle de la discipline militaire et de l'ordre judiciaire comme s'il eût été du temps des anciens Romains, ou que le monde n'eût pas changé.

Supposant, dans le premier livre, que chacun doit vivre selon sa condition et travailler au bien de la république, il entreprend de montrer que les vains amusements dont s'occupent les princes et les autres grands du siècle, les éloignent de leurs devoirs. Il met parmi ces amusements le jeu, la chasse, la musique, les bouffons, la magie, l'astrologie, les divinations, les prestiges, et traite en particulier de toutes ces choses. Il fait voir, dans le second, que l'on ne doit pas mépriser les signes naturels que la Providence nous donne quelquefois pour nous faire connaître les choses à venir; sur quoi il nomme ceux qui précédèrent et annoncèrent la ruine de Jérusalem. Il cite le passage de Josèphe concernant Jésus-Christ, et paraît croire que l'empereur Vespasien guérit réellement le boiteux et l'aveugle qui lui furent présentés. Quoique, dans le troisième livre, il fasse envisager les flatteurs comme ce qu'il y a de plus pernicieux dans la république, ennemis de Dieu et des hommes, il ne laisse pas d'enseigner qu'il est permis de flatter les tyrans, parce qu'il est permis, dit-il, de les tuer; mais il entend par tyran celui qui a usurpé la puissance du glaive, et ne l'a pas reçue de Dieu. Il veut qu'on regarde cet homme comme un ennemi public dont personne ne doit venger la mort.

Il enseigne, dans le quatrième livre, que toute puissance légitime vient de Dieu; que c'est en son nom et à sa place que le prince temporel exerce la justice; qu'il reçoit de l'Eglise le glaive et la puissance coactive; que, quoiqu'elle l'ait, elle ne peut s'en servir elle-même, mais seulement par le ministère du prince, à qui elle donne cette puissance sur les corps, réservant aux évêques le pouvoir sur les âmes et sur les choses spirituelles. Jean de Salisbury regarde donc le pouvoir temporel comme le ministre des prêtres; d'où il conclut qu'il leur est inférieur. Il confirme ce qu'il dit là-dessus par l'exemple du grand Constantin, qui, dans le concile de Nicée, céda la première place aux évêques, et reçut leurs décrets comme les oracles de Dieu. Il ajoute que, les prêtres ayant le pouvoir de donner l'autorité aux princes, ils peuvent conséquemment la leur ôter; comme Samuël prononça contre Saül une sentence de déposition, et lui subrogea le fils d'Isaï, c'est-à-dire David. Après quoi il traite des vertus et des devoirs des princes, auxquels il donne d'excellents conseils. Il leur recommande d'être les sujets de la loi, quoiqu'ils puissent s'en affranchir; d'être les amis constants de la justice, en se souvenant que leur justice doit toujours être celle de Dieu; de fuir la débauche et l'avarice, d'aimer les lettres et de rechercher les lumières de ceux qui les cultivent; de lire sans cesse les livres divins; d'avoir une humilité qui n'aille pas jusqu'à la faiblesse et l'abandon de son pouvoir; de n'être pas cléments au préjudice de l'Etat; de craindre Dieu, et de se souvenir toujours que l'arrogance et l'injustice des rois sont les causes nécessaires de la chute des empires.

Dans le cinquième livre, il copie la lettre de Trajan, qui est sous le nom de Plutarque, et l'instruction qu'il fit, dit-on, à ce prince sur les maximes du gouvernement; il cite pareillement les lois des empereurs contre ceux qui manquaient de respect aux ministres des autels, aux lieux saints et aux choses saintes, et après avoir montré quelle est la force de l'exemple des princes, soit pour le bien, soit pour le mal, il fait voir, par le détail de la vie de Trajan, qu'on peut le préférer à tous les empereurs. Ce qui lui donne occasion de rapporter ce qu'on dit de saint Grégoire le Grand, que, touché des vertus de ce prince, il délivra par ses prières, l'âme de Trajan des peines de l'enfer.

Le sixième traite de la guerre et de la discipline militaire. On peut y remarquer qu'avant le XIIe siècle de l'Eglise, il était d'usage que le jour même où le soldat recevait le ceinturon, il allât solennellement à l'église, et que, mettant son épée sur l'autel et l'offrant, il s'engageait au service et à la défense de l'autel. Cette coutume ne subsistait plus au temps de Jean de Salisbury. Dans le septième, il est parlé des philosophes et de leurs différentes opinions, de l'avantage de lire de bons livres, surtout l'Ecriture sainte, qui est comme le trésor de l'Esprit-Saint, où sont renfermés des mystères infinis. Jean de Salisbury parle de la piété sincère et du désintéressement dont les chartreux et les habitants du Grand-Mont faisaient profession; mais il blâme l'ardeur des Templiers à obtenir du Saint-Siège des exemptions et des priviléges.

Le huitième livre est le plus varié. La vraie gloire et la fausse gloire, l'avarice et la libéralité, l'amour de ce qui est juste opposé à l'amour de ce qui nous est le plus commode, d'où l'auteur fait naître et place également en opposition l'amour de la domination et celui de la liberté, la gourmandise et la tempérance, la continence et la débauche, les différentes sortes de volupté, le luxe, les lois somptuaires, les règles de la civilité, les obligations du mariage, la société des gens de bien, la fuite des méchants, la tyrannie, l'usage légitime de la puissance souveraine, les principes sur lesquels un bon gouvernement doit être appuyé, la conduite à tenir envers ceux qui disputent sans droit le pontificat suprême; les seuls moyens de vivre heureux et tranquille, sont les principales matières qu'y traite l'écrivain.

Il y expose la différence entre le roi et le tyran. D'après la définition des philosophes, celui-là est un tyran qui écrase le peuple par une domination violente, et roi celui qui le régit par les lois. Le roi combat pour les lois et pour la liberté du peuple ; le tyran croit n'avoir rien fait s'il ne détruit les lois et ne réduit le peuple en servitude. Le roi est une image de la Divinité ; le tyran, de Lucifer ; car il imite celui qui a voulu devenir semblable au Très-Haut, moins la bonté. Image de la Divinité, le roi doit être aimé, honoré et servi; image de la méchanceté, le tyran doit souvent même être mis à mort. La tyrannie est l'abus de la royauté. Il y a des tyrans, non-seulement parmi les rois, mais encore parmi les particuliers, non-seulement dans le monde, mais encore dans l'Eglise ; car est tyran, quiconque abuse de la force pour faire le mal (L. 8, c. 17).

Jean de Salisbury observe que Jules-César a passé pour tyran, mais qu'il n'en avait point l'odieux ni les qualités ; non plus qu'Auguste ; qu'ils étaient aimés et dignes de régner. Ensuite il s'explique sur chacun de leurs successeurs dans l'empire, suivant le mérite de leur règne. Il avance de nouveau, et cherche à prouver par l'exemple d'Aod, de Jahel et de Judith, qu'il est permis de tuer un tyran public, pourvu qu'on ne lui soit point engagé par serment ou par honneur. Cependant, quoique les païens aient employé le poison dans ce cas, il ne voit aucun principe de droit qui le permette. Non pas, dit-il, que je ne croie qu'il faut se débarrasser des tyrans; mais j'ajoute, sans préjudice de la religion et de l'honnêteté. Ainsi David, ayant eu plusieurs fois l'occasion de tuer Saül, tyran insupportable, ne le fit cependant pas, se reposant sur la miséricorde de Dieu, qui pouvait le délivrer sans aucun péché. Aussi la manière d'exterminer les tyrans, la meilleure et la plus sûre, c'est que ceux qui sont opprimés s'humilient devant Dieu, qu'ils recourent à sa clémence, et que, levant à lui des mains pures, ils détournent, par de ferventes prières, le fléau qui les afflige, car les péchés de ceux qui font mal sont la force des tyrans (*Ibid.*, c. 20; *Bibl. Pat.*, t. XXIII; Ceillier, t. XXIII; *Hist. litt. de France*, t. XIV).

Ces dernières réflexions de Jean de Salisbury, que négligent de mentionner les auteurs modernes, corrigent singulièrement sa dangereuse doctrine sur le tyrannicide, doctrine qu'il avait empruntée aux philosophes. Dans le chapitre suivant, il montre par l'histoire que lors même que les tyrans sont épargnés par les hommes, la justice divine ne les épargne pas et leur réserve toujours une fin malheureuse.

En 1159, et lorsque la guerre de Toulouse durait encore, Jean de Salisbury adressa un second ouvrage au chancelier Thomas, sous le titre de *Métalogique*. C'est une apologie de la bonne dialectique et de la véritable éloquence, contre un mauvais sophiste, qu'il désigne par le nom de Cornificius. Elle est divisée en quatre livres. L'auteur y traite avec esprit les matières philosophiques, et tout ce qui appartient à la logique ou l'art de raisonner bien. Il observe que, encore que cette partie de la philosophie fût fort recherchée de son temps, on ne l'étudiait pas suivant les bonnes règles ; que de la part des maîtres ce n'était qu'ostentation et vanité, et que dans leurs écoles on n'apprenait qu'à subtiliser sur les mots, et à résoudre des questions très-inutiles. Il fait grand cas d'Aristote, mais il ne croit pas qu'on doive le suivre aveuglément ; il marque même plusieurs de ses erreurs. On avait, dans ce siècle même, publié plusieurs traductions de ce philosophe, les unes d'après le grec, les autres d'après l'arabe : Jean de Salisbury se plaint de leur peu de mérite, et de ce que pourtant on n'étudiait plus que là les sentiments d'Aristote. Parmi ceux que le sophiste Cornificius décriait, et que Jean aime à louer, sont Abaïlard, Thierry l'Armoricain, Anselme et Raoul de Laon, Gilbert de la Porée, Albéric de Reims, Simon de Paris, Guillaume de Champeaux. C'étaient les hommes les plus célèbres du siècle, toutefois après saint Bernard et Pierre le Vénérable (Ceillier, t. XXIII; *Hist. littér. de France*, t. XIV).

Ce dernier mourut à Cluny le jour de Noël de l'année 1156, que, selon l'usage du pays on comptait pour le premier jour de l'année suivante. Il avait gouverné ce monastère et tout l'ordre avec une grande sagesse pendant trente-cinq ans, et fut enterré au chevet de la grande église, par Henri, évêque de Winchester. Ce prélat avait été moine de Cluny ; et, après la mort du roi Etienne, son frère, il se retira secrètement d'Angleterre et vint à Cluny, où il avait envoyé auparavant son trésor, à qui il donna de grandes sommes; aussi fut-il compté parmi les bienfaiteurs du monastère. Du temps de l'abbé Pierre, il y avait à Cluny environ quatre cents moines : l'observance de l'ordre était établie en plus de trois cents maisons, et en avait environ deux mille en sa dépendance. Il en avait dans les pays les plus éloignés, comme, près de Jérusalem, l'abbaye de la vallée de Josaphat, où était le tombeau de la sainte Vierge, et un autre monastère sur le mont Thabor. Pierre le Vénérable est le dernier homme célèbre parmi les abbés de Cluny, et cet ordre tomba depuis dans une grande obscurité. Après sa mort, les moines de la maison élurent tumultuairement Robert le Gros, parent du comte de Flandre, homme demi-laïque ; mais il fut déposé et mourut, et on élut, en 1158, Hugues, 3º du nom, prieur claustral, qui fut le 10ᵉ abbé de Cluny (*Chron. Clun.*). Quant à Pierre, la pureté de ses mœurs et ses autres vertus lui firent donner le titre de saint presque au moment de sa mort, par Pierre de Celle, personnage justement célèbre du même temps ; et, s'il n'a point encore été mis au nombre des saints dont le culte est public, ce n'est pas qu'il ne l'ait mérité. Il ne manque, ce semble, à son culte, que l'autorité de l'Eglise, où il est connu sous le nom de Pierre le Vénérable (Mabill., l. 80, *Annal.*; n. 106).

Pierre de Celle, ainsi nommé du titre de sa première abbaye, était d'une des plus illustres familles de Champagne. Sa cousine, Agnès de Braine, épousa en premières noces Milon, comte de Bar-sur-Seine, et, en secondes noces, Robert de France, comte de Dreux, frère de Louis le Jeune (*Inter Epist. S. Thomæ, Cant.*, l. 1, *ep.* 31). Dès son enfance, Pierre fut placé dans le monastère de Saint-Martin-des-Champs, près de Paris, pour y recevoir sa première éducation. De là il passa à l'abbaye de Moutier-la-Celle, près de Troyes, où il embrassa la vie religieuse, et acheva le cours de ses études. Sa manière d'étudier était fort louable, et mérite d'être rapportée dans ses propres termes. « J'avais, dit-il, un désir insatiable d'apprendre; mes yeux ne se lassaient point de voir des livres, ni mes oreilles d'entendre lire; mais, dans cette ardeur extrême, Dieu était toujours le principe, le centre et la fin de mes études. Elles avaient plus d'un objet ; je m'adonnai même à la science des lois, sans préjudice toutefois des devoirs de mon état, de l'assiduité à l'office divin, et de mes prières accoutumées (Petr. Cellens., l. 7, *Epist.* 7; *Bibl. Pat.*, t. XXIII). »

Avec de telles dispositions, ses progrès furent rapides, ses talents et ses vertus ne tardèrent pas à se manifester, et bientôt il fut choisi, non-seulement pour diriger les études des autres, mais encore pour remplir le siége abbatial, qui était devenu vacant vers l'an 1147. La sagesse de son gouvernement et la supériorité de ses lumières lui concilièrent l'estime des personnes les plus distinguées dans l'Eglise et dans le siècle. Saint Bernard l'admit en communion de prières, lui et son ordre. Sa réputation se répandit au delà des monts et des mers; il jouit d'une très-grande considération auprès des Papes, en Angleterre, en Danemarck et en Suède, comme on le voit par ses lettres. Son monastère fut l'asile des hommes à talents que poursuivait l'indigence. Pour n'en citer qu'un exemple, Jean de Salisbury lui rend ce témoignage, qu'il lui avait tenu lieu de père lorsqu'il était dans la détresse, qu'il l'avait fait connaître dans le monde, et lui avait procuré tous les avantages dont il jouissait dans sa patrie (Joan. Sarisber., *Epist.* 85).

Son mérite reconnu le fit appeler, l'an 1162, pour gouverner le monastère de Saint-Remi de Reims, qui avait besoin de réforme. En quittant sa première demeure, il emmena avec lui quelques-uns de ses meilleurs élèves pour l'aider dans cette entreprise, entre autres un nommé Foulques, qui, bientôt après, fut sacré évêque des Estoniens, pour porter la foi dans la Livonie. Son zèle n'éprouva aucune résistance de la part de ses nouveaux religieux; la communauté se plia sans effort aux nouveaux exercices qu'il voulut y établir. Le temporel se ressentit aussi de sa vigilance et de son habileté dans le maniement des affaires. Les lieux réguliers ayant été rétablis par Hugues, son prédécesseur, il porta son attention à l'embellissement de l'église, dont il fit construire le portail et le chœur; mais ce ne fut que sur la fin de sa prélature (*Gallia Christ.*, t. IX).

Au milieu de tant de soins, il était accablé de visites et de messages de personnes qui le consultaient de toutes parts; l'affluence était si grande que souvent il n'avait pas, dit-il, le loisir d'écrire deux syllabes de suite sans être interrompu. En effet, dans un voyage que fit à Rome, l'an 1166, Henri, archevêque de Reims, l'abbé de Saint-Remi fut chargé du gouvernement du diocèse pendant l'absence du prélat; et le pape Alexandre III, dans l'espace d'une ou de deux années seulement, lui délégua la connaissance de cinquante-six affaires.

On a de Pierre de Celle un grand nombre de lettres, divisées en neuf livres. Sa lettre aux religieux de Molesme, sur le relâchement qui s'était introduit dans cette maison, jadis si célèbre, d'où était sortie la réforme de Cîteaux, contient un bel éloge de la profession monastique, et prouve combien l'abbé Pierre était profondément religieux (L. 7, *Epist.* 14). Aux clunistes, il représente les grands biens que leur ordre, comme un astre brillant, avait procurés à la chrétienté; rappelant ensuite ce dont il avait été témoin, lorsque, dans sa jeunesse, il était élevé à Saint-Martin-des-Champs, il étale de grandes plaintes sur la décadence de cet ordre : « Ne dois-je pas, dit-il, être pénétré de douleur jusqu'à la moelle des os, en voyant la ruine de la mère des filles de Sion? J'entends le monastère de Cluny. N'est-ce pas là notre ville forte, d'où sortaient autrefois mille hommes pour les évêchés, mille pour les abbayes, pour les palais des rois et des grands? Et maintenant il n'y a qu'un très-petit nombre d'habitants. N'est-ce pas ce grand corps de lumière qui a dissipé dans plusieurs pays les ténèbres qui couvraient la face de la religion, en rétablissant l'ordre, en enseignant l'honnêteté des mœurs, en renouvelant les autres devoirs de la piété? Mais maintenant, hélas! une si grande ferveur s'est ralentie; le froid de la vieillesse y a succédé; cette maison si célèbre tend à sa fin. » Il les exhorte donc à réformer les abus, et, en particulier, celui de se livrer aux plaisirs de la table après l'heure de complies (L. 7, *Epist.* 23).

Comme les hommes se peignent ordinairement dans leurs lettres, celles qui nous restent de Pierre décèlent un caractère franc, ennemi de l'artifice et du déguisement; un cœur tendre, généreux et compatissant; un esprit judicieux, cultivé par de bonnes études; une âme élevée, instruite de bonnes règles et zélée pour leur observation. A l'égard du style, on souhaiterait qu'il fût plus naturel et moins chargé de ces allégories qui obscurcissent souvent la pensée. C'était le caractère ou le défaut de son siècle, profondément chrétien, de ne pouvoir rien écrire sans faire allusion à quelque endroit de l'Ecriture sainte, qu'on appliquait tant bien que mal. Le plus habile était celui qui savait le mieux s'approprier, non-seulement les pensées, mais les expressions de la Bible.

On a de Pierre de Celle quatre traités ascétiques, dont le premier, intitulé *Des Pains*, est adressé à son ami Jean de Salisbury, alors évêque de Chartres : c'est une explication mystique de toutes les sortes de pains dont il est parlé dans la sainte Ecriture; 2° *Exposition mystique et morale du tabernacle de Moïse*; 3° *Traité de la conscience*; composé à la prière d'Alcher, moine de Clairvaux; 4° *Traité de la discipline claustrale*, dédié à Henri, comte de Champagne.

Il reste encore des sermons de Pierre de Celle, au nombre de quatre-vingt-seize, la plupart fort courts. Dans le sermon sur la fête de la Purification, on voit que l'usage était dès lors de porter des cierges à la procession. Il se sert du mot de transsubstantiation (*transsubstantiabitur*) au sermon huitième du jeudi saint. Dans le premier des neuf sermons sur l'Assomption de la sainte Vierge, il dit qu'on croit pieusement, quoiqu'on n'en ait pas l'assurance, qu'elle a été élevée corporellement au ciel. Dans le quatrième des neuf sermons pour les synodes, il avertit les prêtres de s'appliquer plutôt à la piété qu'à la dispute, et de ne pas planter auprès de l'autel une forêt de questions inutiles; car il est bien plus sûr, ajoute-t-il, de procurer le repos de son esprit après avoir adoré le Seigneur, que de s'ingénier à vouloir pénétrer la profondeur des mystères. Il pose en principe dans le neuvième, que Jésus-Christ a voulu former son Église, comme un nouveau ciel et une nouvelle terre, sur le modèle des chœurs des anges, par les différents ordres et ministères qu'il y a établis. Le Pape ou l'Apostolique est à la tête et représente Dieu. Descendant de ce chef en rétrogradant, viennent les patriarches, les métropolitains, les évêques, les prêtres, les diacres, les sous-diacres, jusqu'aux simples clercs.

Un moine de Saint-Bertin l'ayant prié de lui communiquer ses sermons, Pierre lui répond avec une modestie sans exemple : « Vous me demandez mes sermons, que les quatre vents du ciel ont enlevés comme des plumes inutiles et superflues. Si vous les avez lus déjà, vous les devez avoir trouvés dépourvus de pensées, faibles et languissants par la bassesse du style. Si vous ne les avez pas lus, qui vous a persuadé de rechercher avec tant d'empressement ce que vous rejetterez avec dédain dès que vous l'aurez trouvé? Est-ce la curiosité ou la passion de l'étude qui vous porte à mendier les herbes et les écorces insipides du dernier des pauvres, pendant que vous êtes assis à la table du riche Augustin, de l'excellent Grégoire, de l'opulent Jérôme, du glorieux Ambroise, de Bède, si riche en tout genre de monnaies, d'Hilaire, profond comme l'Océan, d'Origène, au délicieux langage, et d'autres sans nombre, dont je ne suis pas digne de ramasser les miettes sous la table? Aimez-vous ce qui est nouveau? Voici les écrits de maître Hugues, voici ceux de saint Bernard, de maître Gilbert, de maître Pierre. »

Il parle ici de Hugues de Saint-Victor, et probablement de Gilbert d'Auxerre, qui, pour sa science, devint évêque de Londres, et de Pierre Comestor, chancelier de l'Église de Paris, fameux par ses sermons et par une espèce d'*Histoire universelle* à l'usage des écoles.

« Quant à nos écrits à nous, continue Pierre de Celle dans sa lettre au moine de Saint-Bertin, ils n'ont rien de profond ni d'élevé ; ce sont des paroles arides, peut-être stériles. Ce qui bien souvent m'a fait écrire, c'est que la veille des grandes fêtes je désirais m'appliquer au moins une demi-heure à la contemplation des joies du lendemain, et me dérober à la foule des sollicitudes séculières qui m'accablaient sans cesse. Vous trouverez donc beaucoup de mes sermons inachevés, parce que bien des fois, à cause de ma négligence ou d'une occupation désagréable, ce que j'avais à peine conçu depuis une heure, je l'enfantais informe et imparfait, et je n'achevais point ensuite, comme l'ourse, à force de lécher, de lui donner la forme convenable. Voici donc à quel signalement vous reconnaîtrez mes sermons, si jamais ils vous tombent sous la main. Sont-ils inachevés, sales, rustiques, mal vêtus, ce sont les nôtres. Cependant, ne leur en voulez pas ; car ils ont honte de se produire eux-mêmes et ne paraissent en public que forcément (L. 7, *Epist.* 19). »

En général, depuis le renouvellement des sciences sous le règne de Charlemagne, la littérature n'eut point en France de siècle plus heureux, plus brillant, plus fertile en beaux esprits que le douzième. Les hommes de lettres s'y multiplièrent presque à l'infini, et l'on vit éclore un nombre prodigieux d'écrits sur toutes sortes de matières, souvent très-intéressantes.

L'impulsion avait été donnée dès le siècle précédent par les écoles de Reims, de Chartres, du Bec, de Liége, de Tournai et d'autres moins célèbres. Un motif entre autres qui engagea les Français à étudier, fut la multiplication prodigieuse des maisons religieuses, dont l'entrée exigeait ordinairement que ceux qui y aspiraient eussent quelque teinture des lettres. Chaque monastère devenait ainsi une école de littérature. Il y avait en outre les écoles épiscopales, qui étaient en même temps autant de séminaires où les parents mettaient leurs enfants dès le bas âge, pour y être instruits dans les lettres et formés aux bonnes mœurs. Suivant les progrès qu'ils y faisaient, l'Église les demandait pour les élever aux ordres sacrés. A mesure qu'ils avançaient en âge, ils formaient différentes classes. Il y avait toujours un maître qui veillait sur l'éducation des plus jeunes; mais c'était ordinairement l'évêque qui se chargeait lui-même d'instruire ceux qui étaient plus avancés, et qui leur montrait jusqu'au chant et aux cérémonies de l'Église. Au moins cela se faisait encore dans l'Église du Mans les premières années du XIIe siècle. Dans le XIe, plusieurs grands évêques, Fulbert de Chartres, Notger et Vazon de Liége, Gilbert de Lisieux et autres, se faisaient un mérite de diriger eux-mêmes les écoles de leurs cathédrales. D'autres avaient des scholastiques ou écolâtres qui enseignaient à leur place. Lorsque ceux-ci étaient habiles et avaient un talent supérieur pour l'enseignement, leurs écoles devenaient célèbres et attiraient même des pays éloignés une affluence d'étrangers qui venaient profiter de leurs leçons. Les écoles les plus renommées étaient celles de Reims, de Laon, de Tours, du Mans, d'Angers, de Liége (*Hist. litt. de France*, t. IX, p. 1-30 ; Martène, *Vet. Script.*, t. IX; Mabill., *Annal.*, t. III).

Mais nulle part les écoles n'étaient plus nombreuses et plus florissantes qu'à Paris. Une impulsion rapide et forte s'était communiquée à tous les esprits : l'université de cette capitale ne fut peut-être jamais plus florissante et par le nombre des disciples et par la réputation des maîtres. De toutes les régions de l'Europe on venait étudier à Paris, et tellement, que sous le règne de Louis le Jeune ou du moins au commencement du règne suivant, les Anglais et les Danois y eurent des collèges fondés pour eux. On a conservé plusieurs lettres adressées au roi lui-même par des princes ou des magistrats d'Italie, pour recommander des jeunes gens qui venaient s'instruire à Paris. La France était dès lors regardée comme la nation la plus polie, la mieux policée. Thomas Becket, chancelier d'Angleterre, lui rend cet hommage dans une de ses lettres et d'autres écrivains étrangers confirment ses éloges; ils la proclamaient mère de la philosophie et des sciences. Les étudiants étaient si nombreux, on mettait tant de prix à les augmenter encore, que les lois sont pleines de dispositions qui les favorisent (*Hist. litt. de France*, t. IX et XIV).

Cette activité intellectuelle des chrétiens se communiqua aux Juifs eux-mêmes. Ils avaient négligé les études depuis le Ve siècle ; au XIIe, ils eurent des académies ou écoles célèbres à Narbonne, à Béziers, à Montpellier, à Marseille, à Lunel, au diocèse de Maguelonne et ailleurs. Leurs plus fameux rabbins ou docteurs sont du XIIe siècle. Rabbi Salomon

Iarchi, plus connu sous le nom de Raschi, composé des initiales de ces trois noms. Il naquit à Lunel, suivant quelques-uns, mais plus probablement à Troyes en Champagne. Doué d'heureuses dispositions pour l'étude, il apprit les langues anciennes, la philosophie, la médecine et l'astronomie; il devint très-habile dans l'Ecriture sainte et dans la jurisprudence hébraïque; ses progrès furent si rapides dans l'intelligence des livres saints et du Talmud, que ses contemporains le regardèrent comme un prodige, et qu'il a été appelé, par excellence et par antonomase, l'interprète de la loi, le prince des commentateurs. Non content d'avoir entendu les hommes les plus instruits que la France possédait alors, il voulut profiter des lumières des étrangers, et, dans ce dessein, il voyagea en Italie, en Grèce, en Palestine, en Egypte, en Perse, en Allemagne; il visita toutes les villes où il y avait des académies hébraïques et où florissaient les études. Il eut pour maître en Espagne, Aben-Ezra. On a de Raschi des commentaires sur le Pentateuque, le Cantique, l'Ecclésiaste, Ruth, Esther, Daniel, Esdras, Néhémie, et sur le Talmud. Il ne s'y borne pas à recueillir les historiettes des anciens rabbins et les allégories des talmudistes, il s'attache principalement aux explications littérales des auteurs les plus accrédités, dont il rapporte les expressions mêmes. Son style est concis, obscur, énigmatique. Le mélange continuel des termes empruntés à différentes langues, à l'hébreu, au chaldaïque, au rabbinique, au français de ces temps reculés, augmente l'obscurité et la difficulté de l'entendre. Nicolas de Lyra, Siméon de Muis et plusieurs autres chrétiens l'ont souvent mis à contribution dans leurs écrits.

Trois rabbins du nom de Kimchi, originaires de Narbonne : Joseph et ses deux fils Moïse et David. L'acharnement contre le christianisme était héréditaire. Joseph et Moïse ont écrit sur la langue hébraïque, ainsi que des commentaires sur certaines parties de la Bible. David surpassa de beaucoup en science son père et son frère. On a de lui 1° une grammaire hébraïque, intitulée *Miclol*, ou perfection. Elle a servi de modèle à toutes celles qui ont paru depuis, tant à cause de la méthode qui y règne que pour la netteté du style. Elle a été traduite à l'usage des chrétiens et même des juifs; 2° un lexicon hébraïque, intitulé *Sépher sorasaïn*, ou livre des racines, qui n'est pas moins estimé que la grammaire, et qui a servi également de modèle aux dictionnaires subséquents.

Aben-Ezra, fameux rabbin espagnol, surnommé, à cause de la multitude de ses connaissances, le Sage, le Grand, l'Admirable, naquit, suivant l'opinion commune, à Tolède, en 1119. Il fut à la fois astronome, philosophe, médecin, philologue et grammairien, possédant à fond toutes les langues savantes, et très-versé dans la littérature arabe. Les autres Juifs le vantent, en outre, comme habile cabaliste et l'un des plus fameux interprètes de l'Ecriture sainte. Aben-Ezra embrassa effectivement toutes les connaissances, et les perfectionna par de longs voyages en Angleterre, en Italie et en Grèce. Son commentaire complet sur les livres saints a été publié à Venise, en 1526. Aben-Ezra s'y attache plus au sens grammatical des mots, qu'aux allégories cabalistiques des rabbins.

Mais le plus célèbre rabbin qu'aient eu les Juifs, c'est Maïmonide, ou Moïse, fils de Maimon, souvent désigné sous le nom de Rambam. Il naquit à Cordoue, l'an 1139, suivant le comput le plus probable. Il étudia la philosophie et la médecine sous le fameux Averroès, qui le prit en amitié, à cause de sa pénétration et de ses heureuses dispositions. Lorsque celui-ci eut encouru la disgrâce du souverain de Cordoue, et se tint caché pour mettre sa vie en sûreté, Maïmonide, qui seul connaissait le lieu de sa retraite, s'enfuit en Egypte, de peur de succomber à la tentation de le révéler, et il en reçut le surnom d'*Egyptien*. Après avoir fait pendant quelque temps le commerce des pierreries, il exerça la médecine avec tant de réputation, qu'il fut appelé à la cour du sultan Saladin pour être son premier médecin; charge qu'il remplit également sous les deux successeurs de ce prince. La profession de la médecine ne l'empêcha pas de cultiver les autres sciences. Il excella dans la philosophie; il approfondit la théologie et la jurisprudence des Juifs. Il connaissait les mathématiques, entendait plusieurs langues, et écrivait très-bien l'arabe et l'hébreu. Il mourut en 1209, et fut enterré à Tibériade, conformément à ses dernières volontés. Il fut pleuré de tous ses compatriotes, et même des musulmans, qui avaient souvent recours à ses lumières et qui le consultaient dans leurs maladies. La synagogue ordonna un deuil et un jeûne de trois jours, et l'année de sa mort fut nommée, dans les annales hébraïques, une année de lamentations.

Les principaux ouvrages qu'on a de Maïmonide, sont : 1° *Pérusch Ha-Mischna*, ou commentaire sur la mischana. Il est écrit en arabe, mais a été traduit en hébreu par d'autres rabbins; 2° *Iad chazakah*, ou la main-forte. C'est un bon abrégé du Talmud, divisé en quatre parties, écrit en hébreu, d'un style très-pur, très-clair, et débarrassé de toutes les rêveries rabbiniques. Tout ce qu'il y avait de plus habile parmi les Juifs l'accueillit avec transport; mais les superstitieux le regardèrent comme la ruine des traditions les plus saintes, et accusèrent l'auteur de témérité et d'irréligion; 3° *Moréh Névokim*, ou le *Docteur des Perplexes*. Maïmonide composa cet ouvrage en faveur d'un de ses disciples, pour lui apprendre comment il faut entendre les locutions de l'Ecriture sainte qui s'éloignent de l'usage ordinaire et qui ne sont pas susceptibles du sens littéral. Il l'écrivit en arabe, et le divisa en trois livres; on y trouve des choses très-belles, mais un peu obscurcies par les idées des pythagoriciens, des platoniciens et des cabalistes. Le *Docteur des Perplexes*, traduit en hébreu, sous les yeux et avec l'approbation de Maïmonide, fut apporté en France. Les rabbins de Montpellier le condamnèrent, et en firent brûler tous les exemplaires qu'ils purent se procurer. Cependant les rabbins de Narbonne et de Béziers, qui avaient approuvé l'ouvrage, se prononcèrent hautement contre les adversaires, et les frappèrent d'anathème. En peu de temps le feu de la discorde s'alluma entre les synagogues de France. Et le schisme ne fut éteint que quarante ans après, par l'intervention des synagogues d'Espagne et de David Kimchi. En 1520, Justiniani, évêque de Nebbio, fit imprimer à Paris une version latine du *Moréh Névokim* (1).

(1) Voir les différents articles dans la *Biographie universelle*.

Dans le moment où nous écrivons ces dernières paroles, nous arrive la livraison d'un journal asiatique, où se trouvent des circonstances curieuses sur Maïmonide et son époque, et qui modifieraient un peu ce qui vient d'être dit. La dynastie musulmane des Almohades, qui s'empara du Magreb ou du Maroc, en 1146, et de Cordoue en Espagne, en 1148, força aussitôt les Juifs et les chrétiens, ou d'embrasser le mahométisme ou de quitter le pays. Ceux qui ne firent ni l'un ni l'autre furent massacrés, les synagogues et les églises abattues. Presque tous les chrétiens de Magreb se retirèrent en Espagne, très-peu apostasièrent. Il n'en fut pas de même des Juifs; la plupart d'entre eux embrassèrent extérieurement la religion de Mahomet. De ce nombre fut la famille de Maïmonide, et Maïmonide lui-même. Mahométans en public, fréquentant les mosquées, y lisant l'Alcoran, ils continuèrent à être Juifs en secret.

Un souverain almohade, se défiant de ces Juifs apostats, leur fit porter une mise particulière, savoir, des vêtements jaunes et des turbans de même couleur. Si j'étais sûr, disait-il, qu'ils sont de vrais musulmans, je leur permettrais de se confondre avec les musulmans par les mariages et sous tous les autres rapports; si, au contraire, j'étais sûr que ce sont des infidèles, je ferais tuer les hommes, je réduirais leurs enfants en servitude et je confisquerais leurs biens au profit des musulmans. Mais je balance à leur égard. Cet état de choses durait encore en 1224. Voilà ce qui, d'après les historiens arabes et d'autres indices, porta Maïmonide à quitter l'Occident pour l'Egypte, et non point son dévouement pour Averroès, qu'il paraît avoir eu plutôt pour condisciple que pour maître (*Journal asiatique de Paris*, 3e série, n. 76, juillet 1842).

Averroès est le premier et le dernier des cinq ou six mahométans auxquels on peut donner le nom de philosophes; le premier en renommée, le dernier en date. Il naquit à Cordoue, au XIIe siècle; on ne sait quelle année, et mourut à Maroc l'an 1198. Il se rendit célèbre comme philosophe et comme médecin. Sa grande réputation vient surtout de ce qu'il est le premier traducteur arabe de toutes les œuvres d'Aristote. On a supposé longtemps que les docteurs chrétiens du moyen-âge, en particulier saint Thomas d'Aquin, ne connaissaient Aristote que par une traduction latine de la traduction arabe d'Averroès. Il est reconnu aujourd'hui que c'est une erreur, et que saint Thomas avait à sa disposition, non seulement des versions latines faites sur le grec, mais le texte grec lui-même.

Avicebron est un philosophe arabe, qui n'est connu que par quelques citations qu'en font trois docteurs chrétiens: Albert le Grand, saint Thomas et Guillaume de Paris. Algazel, qui naquit l'an 1058 et mourut l'an 1111, a laissé une philosophie réfutée par Averroès. Avicenne, qui vécut dans le Xe siècle, est plus connu, mais moins comme philosophe que comme médecin. Alfarabi, qui mourut en 950, était Turc d'origine; il a laissé plusieurs ouvrages philosophiques, dont quelques-uns ont été imprimés. Voilà tous les mahométans qui se sont fait un nom dans les sciences. Après Averroès, il n'est plus question d'aucun. Encore la première impulsion des mahométans pour les études, leur vint-elle des chrétiens, en particulier de saint Jean Damascène. Les encouragements de plusieurs califes n'ont rien produit qui ait passé à la postérité. Entre les sciences et l'Alcoran, il existe une antipathie naturelle et incurable. Toute la science, comme toute la religion de Mahomet, est à la pointe de l'épée; l'intelligence n'y est pour rien. Aussi les cinq ou six musulmans qui se sont occupés de sciences intellectuelles, n'en ont-ils pas traité le fond ni l'ensemble: Dieu et sa providence, considérés dans l'ensemble de ses œuvres et dans l'ensemble des siècles. Tout leur mérite fut d'emprunter la métaphysique et la logique d'Aristote, d'en subtiliser encore les subtilités, moins dans le but d'aucune utilité réelle, que par un vain et souvent pénible amusement de l'esprit.

Le christianisme seul est de sa nature une science, mais une science vivante et inépuisable. Son objet est infini, Dieu et ses œuvres, tant dans l'ordre de la nature que dans l'ordre de la grâce et de la gloire, soit dans le temps, soit dans l'éternité. Et dans cette infinité, il y a une multitude de vérités certaines, exprimées en termes précis et authentiques; vérités qui éclairent, élèvent, agrandissent les intelligences, purifient, embrasent, dilatent les cœurs; cœurs et intelligences qui peuvent sans crainte s'épanouir à la science et à l'amour, ayant toujours, pour ne s'égarer pas, une règle vivante et divine dans l'Eglise de Dieu; Eglise de Dieu, noviciat de science et d'amour divin pour le ciel; Eglise de Dieu, où le pasteur suprême est toujours un savant, choisi par des savants, qu'il choisit à son tour de toutes les parties de l'humanité chrétienne. C'est ce que voyait le XIIe siècle dans la personne d'Adrien IV, ce jeune mendiant d'autrefois, qui, pour sa science et sa vertu, se voit établi unanimement le père des rois et des peuples, le chef et le docteur de l'univers chrétien. En général, dans l'Eglise catholique, la science et la vertu ont le premier rang, et même la vertu l'emporte sur la science; car l'Eglise honore d'un culte public bien des hommes vertueux qui n'étaient pas savants, tandis qu'elle n'honore pas un savant qui n'ait été vertueux à un degré héroïque. Dans le monde, c'est différent; pour lui, le principal, c'est la force et l'adresse, mais surtout le succès.

Depuis le règne d'Othon Ier, il y avait deux siècles, l'Italie septentrionale ou la Lombardie n'avait plus senti d'une manière durable l'action de la puissance impériale, et même, depuis le règne de Henri IV, environ quatre-vingts ans, elle avait été laissée à peu près à elle-même. De là était résulté naturellement un nouvel état de choses. Sous la souveraineté ou la suzeraineté réelle ou nominale d'un empereur éventuel d'Allemagne, presque toujours absent, il s'était formé en Lombardie, naturellement et par là même légitimement, un grand nombre de villes plus ou moins indépendantes, qui faisaient la guerre et la paix, sans qu'on crût nécessaire, de part ni d'autre, d'avoir l'assentiment de l'empereur, tout comme les Allemands choisissaient leur roi sans consulter les Italiens. La plus puissante de ces villes était Milan. Depuis quarante-deux ans, elle avait soumis à sa domination celle de Lodi. Au mois de mars 1153, deux citoyens de Lodi se trouvèrent par hasard à la diète que tenait à Constance le roi d'Allemagne Frédéric Ier, autrement Frédéric Barberousse. Ces deux hommes, sans aucune mission de leurs compatriotes, allèrent à l'église, y prirent deux grandes croix, se présentèrent en larmes devant Frédéric, se plaignirent des Milanais, et supplièrent le roi allemand d'avoir pitié de leur patrie, qui n'était plus. Aussitôt le roi Frédéric fait expédier un ordre aux Milanais, de rétablir les Lodésans dans leurs anciens priviléges, et de renoncer à la juridiction qu'ils s'étaient arrogée sur eux. Il chargea un officier de sa cour, Zwiker d'Apremont, de porter sans délai cet ordre aux consuls et au peuple de Milan.

Ceux de Lodi furent épouvantés de ce qu'avaient fait leurs deux compatriotes; car, en attendant le lointain secours du roi allemand, ils se voyaient exposés à la prochaine vengeance des Milanais. Ils supplièrent l'officier de ne point faire connaître pour le moment les ordres de son maître. Malgré leurs prières, il se rendit à Milan, et remit aux magistrats la lettre de Frédéric. Mais à peine eut-elle été lue dans l'assemblée du peuple, qu'on la mit en pièces et qu'on la foula aux pieds; l'officier n'eut qu'à se sauver par la fuite. Cependant les Milanais ne se vengèrent point sur ceux de Lodi; au contraire, ils envoyèrent à Frédéric, avec les autres Lombards, le présent que les villes étaient dans l'usage d'offrir à un nouveau souverain. Seulement, ayant appris que ceux de Pavie et de Crémone les avaient desservis à la cour allemande, ils essayèrent, en 1154, de s'en venger par des incursions sur leur territoire.

Ces nouvelles firent hâter à Frédéric son expédition d'Italie, ordonnée à la diète de Constance. Vers le mois de novembre 1154, à la tête d'une armée formidable, il campa dans les plaines de Roncaille, près de Plaisance, et y tint l'assemblée générale du royaume de Lombardie. Il commença par priver de leurs fiefs ceux des feudataires qui ne se trouvèrent point à la revue, puis il se déclara prêt à juger les différends de ses sujets italiens, ainsi qu'à écouter leurs plaintes. Guillaume, marquis de Montferrat, fut le premier à demander justice; il accusa la ville d'Asti et la bourgade du Cairo. L'une et l'autre se gouvernaient en république, et, n'ayant pu forcer le marquis de Montferrat à se mettre sous leur protection, elles faisaient la guerre à ses vassaux. L'évêque d'Asti se joignit au marquis pour accuser son troupeau. Toutes les nouvelles républiques excitaient la défiance ou la colère de Frédéric; il promit donc au prélat et au marquis de tirer une vengeance exemplaire des peuples qui les avaient offensés. Ceux de Côme et de Lodi renouvelèrent leurs plaintes contre les Milanais; ceux-ci étaient prêts à répondre, et avaient de leur côté ceux de Crême, de Brescia, de Plaisance, d'Asti et de Tortone. Du parti opposé était Pavie, Crémone et Novare. Frédéric, avant de rien décider, demanda aux consuls milanais de le conduire eux-mêmes à travers leur territoire.

Dans la route, il les accusa de le laisser manquer de vivres, leur donna ordre de s'éloigner de son camp et de faire évacuer auparavant le château milanais de Rosate, qu'il fit piller par son armée et raser de fond en comble. Entré dans les fertiles campagnes du Milanais, il les abandonna à la discrétion de ses soldats. Ayant traversé deux ponts que les Milanais avaient jetés sur le Tésin, il y mit le feu. Plus loin, il prit deux de leurs châteaux, et, après les avoir livrés au pillage, il les fit détruire jusque dans les fondements. Il livra aux flammes la bourgade du Cairo et la ville d'Asti, que leurs habitants avaient abandonnées à son approche. Ceux de Pavie qui accompagnaient Frédéric dans cette cruelle expédition, lui représentèrent la ville de Tortone comme encore plus dangereuse que Milan. S'en étant donc approché, Frédéric lui fit signifier l'ordre de renoncer à l'alliance des Milanais, et d'en contracter une avec les Pavésans. Les magistrats de Tortone répondirent qu'ils n'avaient point coutume d'abandonner leurs amis dans le malheur. Aussitôt la ville fut mise au ban de l'empire et assiégée. C'était le 13 février 1155.

Le siège dura deux mois. Les habitants se défendirent en braves contre toute l'armée de Frédéric. Ce qui les incommodait le plus, était la soif. Il n'y avait qu'une seule fontaine où ils pussent prendre de l'eau, elle était près des remparts. Chaque jour assiégés et assiégeants se battaient pour en demeurer maîtres. A la fin, pour en rendre l'eau impotable, Frédéric y fit jeter des cadavres d'hommes et d'animaux. Cela ne suffisant pas encore, il y fit jeter du soufre et de la poix enflammés; ce qui la rendit si amère, qu'il n'était plus possible d'en boire. Approchait la fête de Pâques, qui, cette année 1155, tombait le 10 avril. Il y eut une suspension d'armes pour la célébration de la fête, depuis le jeudi saint jusqu'au lundi suivant. Tout à coup, le vendredi saint, les portes de la ville s'ouvrent, les clercs et les moines, revêtus des ornements sacrés, s'avancent avec les croix et les encensoirs et se dirigent vers la tente du roi. Frédéric leur envoie des évêques pour savoir le motif de leur venue. Ils répondirent: « Portion infortunée de Tortone, nous désirions venir aux pieds de la Royale Excellence, déplorer les calamités que nous souffrons et que nous n'avons pas méritées. Mais, puisque nous ne sommes point admis en la présence du prince, qu'il nous soit permis du moins de nous prosterner aux pieds de Votre Charité, et de vous supplier par l'humanité qui nous est commune. Nous ne venons pas prier pour une ville mise au ban de l'empire, pour des hommes coupables de lèse-majesté. Plût à Dieu que nous n'eussions jamais vu une ville où, innocents, nous souffrons avec les coupables, où le moindre bruit nous épouvante au milieu des exercices de la piété, où les traits ennemis atteignent les serviteurs de Dieu à l'autel! Qu'avons-nous fait? de quoi nous punit-on? Est-ce donc nous qui avons porté les armes contre Pavie? C'est sans nous consulter qu'on contracte des alliances, qu'on prend les armes, qu'on fait la guerre. Ceux qui ordonnent ces choses, ce sont les magistrats; ceux qui les occasionnent, dit-on, ce sont les grands. Pour nous, nous ne faisons que prier Dieu chaque jour pour la paix et la concorde des rois et des princes. Direz-vous que, nous trouvant avec des coupables, nous devons subir le même châtiment? Mais est-ce donc la nécessité qui fait le crime, ou la volonté? Est-ce par notre libre arbitre et non par la disposition de la Providence que nous demeurons avec les habitants de cette ville? David ne dit-il point que le *Dieu d'Israël est bon envers ceux qui ont le cœur droit; car vous sauverez le peuple qui est humble et vous humilierez les yeux des superbes* (Psalm. 73)! Roi de la terre, imitez le Roi du ciel. Si vous trouvez dans la même ville un homme humble avec un superbe, ne punissez pas l'un avec l'autre.

» Mais, hélas ! voici le sort des mortels. Tortone subit la peine, non pas de ses crimes, mais des intrigues de Pavie. Pavie accuse Tortone d'avoir fait mal, et Pavie a fait beaucoup pis. Mais, direz-vous, Tortone s'étant alliée à une ville méchante et rebelle, qui opprime ses voisins, doit subir de justes peines sous un prince juste. Soit : Tortone s'est alliée avec Milan. Mais pourquoi? ce n'est pas pour l'amour de Milan, mais par crainte de Pavie ; ce n'est pas pour dominer par la puissance de la première, mais, avec son assistance, échapper à la violence de la seconde. Tortone a senti ce qui l'attendait, lorsque, dans son voisinage, elle a vu Lunel livré aux flammes. Tu condamnes Milan, parce qu'elle a détruit Côme dans une occasion légitime. Mais, ô Pavie, tu ne fais pas attention à ce que tu as fait toi-même à Lunel, place impériale, occupée par une cavalerie nombreuse, illustrée par le séjour d'un comte palatin; tu en appelas insidieusement les habitants à une conférence, sous prétexte de paix; tu les fis frauduleusement prisonniers, et ne craignis pas de renverser leur ville jusque dans les fondements. Celui qui était le plus noble d'entre les grands d'Italie, celui qui devait être ton seigneur est devenu ton vassal. Il te paya tribut, celui à qui tu avais coutume de le payer, comme lieutenant du prince. Que le prince considère s'il sied à l'honneur de sa personne et de son empire qu'un tel siége avec lui pour juger les Italiens. Que ton tributaire examine s'il convient que la hache qui doit frapper les criminels en Italie, soit portée devant celui qui milite sous tes étendards. Qu'on juge donc premièrement Pavie, et qu'à son exemple on corrige les excès des autres villes. Mais est-ce à nous de parler de ces choses? Revenons à nous-mêmes, pauvre peuple, dévoué à l'unique service de Dieu. Nous n'avons rien fait, nous sommes punis pour des fautes étrangères. De grâce, que la piété du prince nous épargne, s'il ne veut pas épargner la malheureuse ville. Qu'il nous permette d'en sortir, nous qui ne portons point d'armes. » Ils dirent et se prosternèrent en pleurant devant les évêques.

Dans des occasions semblables, le plus féroce des Huns, Attila, se montrait humain et traitable, et épargnait une ville et même une province entière. L'Allemand Frédéric ne se laissa toucher ni à l'innocence des suppliants, ni à la sainteté du jour; au contraire, souriant à l'infortune de cette ville, il força les serviteurs de Dieu à rentrer, comme des criminels dans la geôle, en attendant le jour de l'exécution. La ville se défendit encore trois semaines. Mais enfin, contrainte par la soif, la peste et la famine, elle fut obligée de se rendre. Les princes et les évêques obtinrent de Frédéric, mais avec grande peine, que les habitants eussent la vie sauve avec ce qu'ils pourraient emporter sur leurs épaules (1). On les vit donc sortir de leur ville, pâles et défaits, comme des morts sortiraient d'un tombeau. Ils se réfugièrent à Milan, où ils furent accueillis comme les martyrs de la liberté et de l'indépendance italienne. Quant à Tortone, leur patrie, Frédéric la livra au pillage, puis aux flammes, et enfin la ruina de fond en comble. Le Goth Alaric s'était montré plus humain au sac de Rome (1).

Cependant Frédéric avait hâte de recevoir la couronne de la monarchie de Rome et du monde (2). Ce sont les paroles significatives de l'historien Othon, évêque de Frisingue, son oncle. On y voit que les rois allemands, en recevant la couronne impériale, prétendaient bien recevoir l'empire du monde et réduire les rois de France, d'Espagne et d'Angleterre au rang de simples vassaux.

Après avoir donc porté solennellement la couronne royale à Pavie, le troisième dimanche après Pâques, il marcha en diligence vers Rome. Le pape Adrien IV était à Viterbe, lorsqu'il apprit son arrivée prochaine. Comme Frédéric ne s'était encore fait connaître en Italie que par l'incendie et la destruction des villes, le Pape eut peur. Il assembla son conseil et envoya au devant du prince trois cardinaux avec des articles suivant lesquels ils devaient traiter avec lui. Ils le trouvèrent à Saint-Quirice en Toscane, où il les reçut avec honneur et les mena dans sa tente. Là ils lui exposèrent les ordres qu'ils avaient du Pape, et lui demandèrent, entre autres choses, qu'il leur rendît Arnaud de Bresce. Car il avait été pris par Gérard, cardinal-diacre de Saint-Nicolas, à qui les vicomtes de Campanie l'avaient enlevé; en sorte qu'il était tombé entre les mains du roi.

Frédéric, cédant aux désirs du Pape, remit sans délai Arnaud, qui fut conduit à Rome, où déjà précédemment il avait été déclaré hérétique par le jugement du clergé. En conséquence, le préfet de la ville le fit attacher à un poteau et brûler publiquement; puis on jeta ses cendres dans le Tibre, de peur que la populace n'honorât ses reliques comme d'un martyr; telle fut la fin de ce séditieux (Othon, l. 2, c. 20 ; Ligurin, l. 3).

De son côté, le roi Frédéric avait envoyé au Pape, Arnold, archevêque de Cologne, et Anselme, évêque d'Havelberg, nouvellement nommé archevêque de Ravenne, pour convenir avec lui des conditions de son couronnement. C'est pourquoi il ne voulut point donner de réponse aux cardinaux, que les archevêques ne fussent revenus. Mais le Pape, qui se défiait de Frédéric, et pour cause, en usa de même; il refusa de rendre réponse aux archevêques jusqu'au retour de ses cardinaux. En attendant, il se tenait enfermé à Citta di Castello, forteresse estimée imprenable. Les députés ainsi renvoyés de part et d'autre se rencontrèrent, et, d'un commun accord, ils allèrent trouver le roi près de Viterbe, où il était campé. Il convint de donner au Pape ses sûretés, et, par le conseil des seigneurs et des chevaliers de sa suite, assemblés en grand nombre, on apporta, en présence des cardinaux, les reliques, la croix et l'Evangile, sur chacun desquels un chevalier, choisi d'entre les autres, jura sur son âme et sur celle du roi de conserver au pape Adrien et aux cardinaux la vie, les membres, la liberté, l'honneur, tous les biens et droits; de s'opposer à qui voudrait leur y nuire, et de réparer le tort qui leur serait fait. Les deux cardinaux en ayant fait leur rapport au Pape, il promit de donner au roi la couronne impériale, et

---

(1) Tantumque reis pro munere summo. Idque vix procerum precibus multoque rogato, est concessa salus (Gunther Ligurinus, l. 3).

(1) Othon Fris., De gest. Freder., l. 2, c. 16-20.
(2) Anhelabat enim ad accipiendam orbis et urbis monarchiæ coronam (Ibid., l. 2, c. 16, p. 457.

ils convinrent du jour et du lieu de leur entrevue.

Le roi étant campé à Sutri, le Pape y vint de Népi le second jour, et fut reçu par beaucoup de princes allemands, avec une grande multitude de laïques et de clercs. Ils le conduisirent jusqu'à la tente du roi, avec les évêques et les cardinaux de sa suite. Mais, comme le roi ne vint point pour tenir l'étrier au Pape, les cardinaux, indignés, se retirèrent à Citta di Castello. Le Pape, fort embarrassé de cet incident, ne laissa pas de descendre de cheval et de s'asseoir dans le fauteuil qui lui était préparé. Alors le roi vint se prosterner devant lui, et, après lui avoir baisé les pieds, il s'approcha pour recevoir le baiser de paix. Mais le Pape lui dit qu'il ne l'y admettrait point jusqu'à ce qu'il lui eût rendu l'honneur que tous les empereurs orthodoxes avaient rendu à ses prédécesseurs par respect pour les saints apôtres. Le roi soutint qu'il ne le devait point, et tout le jour suivant se passa en diverses conférences sur ce sujet. Enfin le roi, ayant interrogé les vieux seigneurs qui avaient accompagné l'empereur Lothaire à l'entrevue du pape Innocent, et, s'étant informé soigneusement de la coutume, tant par leur rapport que par les anciens monuments, il fut résolu que le roi ferait les fonctions d'écuyer auprès du Pape. Ce qui fut exécuté le lendemain, à la vue de toute l'armée; il lui tint l'étrier de bonne grâce pendant la longueur d'un jet de pierre, et le Pape ensuite le reçut au baiser de paix (*Acta Adr., apud Baron.*, an 1155).

Cependant les Romains ayant appris l'arrivée du roi, lui envoyèrent des députés, gens habiles et lettrés, qui, ayant reçu sauf-conduit, se présentèrent devant lui entre Rome et Sutri, et lui firent une harangue, où ils disaient en substance : « Nous venons, grand roi, de la part du sénat et du peuple romains, vous offrir la couronne impériale, dans l'espérance que vous nous délivrerez du joug injuste des clercs, et que vous rendrez à Rome l'empire du monde et son ancienne splendeur, en rétablissant le sénat et l'ordre des chevaliers. Nous vous avons fait notre citoyen et notre prince, d'étranger que vous étiez. Vous devez, de votre côté, nous promettre la confirmation de nos anciennes coutumes et des lois accordées par vos prédécesseurs; donner à nos officiers, qui vous recevront dans le Capitole, jusqu'à la somme de cinq mille livres d'argent, et nous défendre de toute insulte jusqu'à effusion de sang. Nous vous demandons sur tout cela vos lettres et votre serment. »

Ils en auraient dit davantage; mais le roi, surpris et indigné, leur répondit : « Rome n'est plus ce qu'elle a été; sa puissance a passé premièrement aux Grecs, puis aux Francs. Il n'est pas vrai que vous m'ayez appelé, ni fait votre citoyen et votre prince; nos rois Charles et Othon ont conquis, par leur valeur, Rome et l'Italie sur les Grecs et les Lombards, sans en avoir obligation à personne, et ils les ont jointes à l'empire des Francs. Il est vrai que vous avez imploré notre secours contre les ennemis dont vous ne pouviez vous délivrer, ni par vous-mêmes, ni par le secours des Grecs trop amollis. Enfin je suis votre maître par une possession légitime, et le Sicilien en qui vous avez confiance ne vous affranchira pas de mon pouvoir. Quant au serment que vous demandez, ce n'est pas aux sujets à faire la loi aux princes. Je conviens que je vous dois justice et protection, sans qu'il soit besoin d'en faire le serment, et, pour l'argent, je ne suis pas votre prisonnier pour marchander avec moi, je fais mes libéralités comme il me plaît. »

Quelques-uns des assistants demandèrent aux députés s'ils avaient encore quelque chose à dire. Après avoir un peu délibéré, ils répondirent qu'ils voulaient auparavant rapporter à leurs concitoyens ce qu'ils avaient entendu, et que, suivant leur conseil, ils reviendraient vers le roi. Ils s'en retournèrent ainsi. Le roi, se doutant de leur artifice, consulta le Pape, qui lui dit : « Mon fils, vous connaîtrez encore mieux, par expérience, les artifices des Romains, et qu'ils ne sont venus et retournés que pour vous tromper. Mais il faut les prévenir. Envoyez promptement de vos meilleures troupes se saisir de la cité Léonine et de l'église de Saint-Pierre, que je vous ferai remettre. » La chose fut ainsi exécutée, et le roi envoya pour cet effet mille chevaliers dès la nuit même.

Le lendemain matin, le pape Adrien partit le premier avec les cardinaux et le clergé, pour aller attendre le roi à Saint-Pierre. Le roi suivit avant l'heure de tierce, accompagné d'une grande multitune de gens armés, marchant en bon ordre. Etant arrivé, il quitta ses habits ordinaires pour en prendre d'autres de cérémonie, et vint à l'église de Sainte-Marie-de-la-Tour, où le Pape l'attendait devant l'autel. Là, il fit le serment ordinaire pour la sûreté du Pape, indiqué par le cérémonial. Le Pape l'y laissa et monta à l'autel de Saint-Pierre; le roi le suivit avec la procession, et, quand il fut dans l'église, le premier des évêques-cardinaux dit sur lui la première oraison, deux évêques dirent la seconde, et un troisième dit la dernière et lui fit l'onction devant la confession de Saint-Pierre. On dit la messe de la sainte Vierge, parce que c'était un samedi. Le graduel étant chanté, le roi s'approcha du Pape, et reçut de sa main l'épée, le sceptre et enfin la couronne impériale; à ce moment, les Allemands poussèrent de tels cris de joie, qu'il semblait que ce fût un tonnerre. Ainsi fut couronné l'empereur Frédéric Ier, le samedi 18 juin 1155, la 4e année de son règne. La cérémonie fut achevée paisiblement avant l'heure de none, et l'empereur se retira dans son camp sous les murs de la ville, le Pape demeurant au palais, près de Saint-Pierre.

Mais les Romains, irrités de ce qu'il n'avait pas attendu leur consentement pour couronner Frédéric, sortirent du château Saint-Ange, dont ils étaient maîtres, se jetèrent en furie sur quelques-uns des écuyers de l'empereur qui étaient demeurés à Saint-Pierre, et les tuèrent dans l'église même. L'empereur vint avec ses troupes; on combattit depuis environ quatre heures du soir jusqu'à la nuit; les Romains furent battus. Il y en eut près de mille de tués et deux cents de pris; mais le Pape fit tant par ses prières, qu'il obtint leur liberté (*Acta;* Baron., 1155).

Après quoi le Pape et l'empereur s'éloignèrent de Rome, et s'arrêtèrent à Ponte-Lucano, près de Tibur, pour y célébrer la Saint-Pierre. Pendant la messe, le Pape donna l'absolution à tous ceux qui avaient répandu le sang dans le combat contre les Romains, comme l'ayant fait en guerre juste (Othon, l. 2, c. 23).

Alors les Tiburtins apportèrent à l'empereur les

clés de leur ville, déclarant qu'ils se donnaient à lui; mais le Pape et le clergé de Rome qui l'accompagnait le trouvèrent fort mauvais, et représentèrent à l'empereur que cette ville appartenait à l'Eglise romaine et que les Tiburtins avaient fait serment au pape Adrien. L'empereur en ayant délibéré avec les seigneurs de sa cour, reconnut la vérité du fait et rendit aussitôt la ville. Il considéra de plus, qu'ayant déjà les Romains contre 'ui, il ne devait pas s'indisposer encore le Pape, qui pouvait lui rendre ennemis le prince de Capoue, le duc d'Apulie, et même traiter à son désavantage avec le roi de Sicile. Il rendit donc Tibur au Pape et lui en donna ses lettres, où toutefois on mit la clause : sauf le droit impérial (*Acta*; Baron., 1155). Comme empereur d'Occident, Frédéric était le défenseur titulaire et armé de l'Eglise romaine, et avait, en cette qualité, certains droits et prérogatives.

Cependant les chaleurs de l'été et les maladies qui se mirent dans l'armée de l'empereur l'obligèrent à quitter l'Italie. En chemin, il prit et ruina par le feu la ville de Spolète, pour avoir usé de fraude dans le paiement des tributs, mais surtout pour avoir arrêté et refusé de remettre en liberté un de ses ambassadeurs, qui venait le rejoindre. Etant à Ancône, il reçut deux ambassadeurs de Manuel Comnène, empereur de Constantinople, qui voulurent lui persuader de passer en Apulie pour faire la guerre à Guillaume, roi de Sicile, leur ennemi commun, lui promettant, pour cet effet, de grandes sommes d'argent; le Pape l'y excitait de son côté. Mais l'état de l'armée de Frédéric ne le lui permit pas. Il se contenta d'envoyer à Constantinople Guibald, abbé de Corbie et de Stavelo, et retourna en Allemagne (Othon, l. 2, c. 24).

A Vérone, son armée courut un grand danger. C'était l'usage des Véronais de ne point accorder aux armées impériales un passage au travers de leur ville. Pour s'en dispenser et se mettre à l'abri du pillage des Allemands, ils leur bâtissaient un pont sur l'Adige, en dehors des murs. Mais Frédéric et son armée, depuis Asti jusqu'à Spolète, avaient marqué leur route par l'incendie et le massacre. Les Véronais voulurent venger la cause des Lombards. Le pont sur l'Adige allait être un piège. Les barques qui le composaient étaient à peine assez liées pour résister à la force du courant; et tandis que l'armée allemande le traversait, d'énormes masses de bois, qu'on faisait descendre le long du fleuve, devaient le frapper et le rompre; mais les Allemands le passèrent plus tôt et plus vite qu'on ne s'y attendait. Le pont ne se rompit qu'après leur passage, et plusieurs Véronais y périrent en poursuivant les Allemands (*Ibid.*, l. 2, c. 25).

Frédéric avait du caractère et de l'énergie. Avec l'intelligence du rôle providentiel d'un empereur d'Occident, avec plus de sagesse dans le choix des moyens, il eût été un autre Charlemagne. Faute de cette intelligence et de cette sagesse, il ne déploiera qu'une énergie brute, et souvent brutale. Il croyait, par ses sanglantes rigueurs, avoir dompté les Italiens; il se trompait. A peine eut-il quitté Pavie pour aller à Rome, que les Milanais rebâtirent les maisons et les murs de Tortone, et ensuite ceux de Lunel, malgré l'opposition des Pavésans. Ils rebâtirent et fortifièrent les ponts que Frédéric avait brûlés, prirent une vingtaine de châteaux qui avaient embrassé le parti de l'empereur, forcèrent les Pavésans à une paix humiliante, et battirent le marquis de Montferrat. A leur exemple, la Lombardie entière prit un aspect hostile pour les Allemands; et Frédéric apprit bientôt que, loin d'avoir affermi sur sa tête la couronne d'Italie, sa première expédition n'avait servi qu'à le rendre plus odieux et moins respecté qu'aucun de ses prédécesseurs (Sigon., *De regn. Ital.*, l. 12; Sire Raul., *De gestis Freder.*; Tristan. Calchus, l. 8).

Dans l'Italie méridionale, Roger, premier roi de Sicile, était mort dès le 27 février de l'année précédente 1154, après avoir régné vingt-deux ans. Il avait fait couronner deux ans auparavant, son fils Guillaume, qui lui succéda, et régna encore douze ans; il est connu sous le nom de Guillaume le Mauvais, que lui méritèrent sa mollesse et sa lâcheté. Il se laissait gouverner par un de ses favoris. A la mort de son père, il demanda au pape Adrien la confirmation de son royaume. Ne l'ayant pas obtenue, il attaqua les terres de l'Eglise romaine, assiégea Bénévent, et prit plusieurs places en Campanie. C'est pourquoi le Pape l'excommunia : ce qui, joint aux autres causes, le rendit méprisable aux seigneurs d'Apulie. Ils envoyèrent donc des députés au Pape, comme à leur seigneur souverain, l'invitant à venir recevoir leurs hommages. Pour cet effet, il passa en Campanie avec une armée, vers la Saint-Michel 1155, et se fit reconnaître dans tout le pays jusqu'à Bénévent. Dans le même temps, il reçut une lettre de l'empereur Manuel, qui lui demandait trois villes maritimes en Apulie, offrant de l'aider de troupes et d'argent, pour faire la guerre à Guillaume et le chasser de la Sicile.

Le roi Guillaume, voyant le péril qui le menaçait, envoya au Pape l'évêque de Catane, avec pouvoir de traiter de la paix. Il demandait premièrement d'être absous de l'excommunication; puis il offrait de faire au Pape foi et hommage, de rendre la liberté à toutes les églises de ses terres, de donner trois places en propriété à l'Eglise romaine, d'aider au Pape à soumettre les Romains, et enfin de lui donner autant d'argent que les Grecs lui en offraient. Le Pape, voyant ces propositions si avantageuses, envoya à Salerne, où étaient les députés du roi, Hurald, cardinal-évêque d'Ostie, pour s'en assurer; et, trouvant qu'elles étaient sérieuses, il voulait les accepter; mais la plus grande partie des cardinaux, pleins de hauteur et de vaines espérances, n'en furent pas d'avis. Comme le Pape ne voulut pas aller contre l'avis du grand nombre, les conditions furent refusées. On eut lieu de s'en repentir.

L'année suivante 1156, le roi Guillaume vint de Sicile avec une armée, qui battit les Grecs près de la ville de Brindes, prit et rasa celle de Bari, et enfin vint assiéger le Pape dans Bénévent. Le Pape, ne se voyant pas en état de résister, fut contraint de faire la paix à des conditions désavantageuses, au lieu de celles qu'il avait refusées l'année d'auparavant. Les conditions du traité furent différentes pour les terres d'Italie et pour la Sicile.

Quant à la Pouille, la Calabre et les autres pays voisins, il fut dit : Si un clerc a un différend avec un autre clerc en matière ecclésiastique, et qu'il ne puisse être terminé par le chapitre, l'évêque ou une autre personne ecclésiastique dans la province, alors il pourra appeler au Pape. Dans ces mêmes provinces, on pourra faire des translations d'une église à l'autre, en cas de nécessité ou d'utilité, par la permission du Pape. Il pourra consacrer les églises de ces provinces et les visiter, excepté celle où le roi se trouvera en personne. Il pourra aussi y envoyer des légats, à condition qu'ils ne pilleront point les terres ecclésiastiques.

Quant à la Sicile, l'Eglise romaine y aura droit de consacrer et de visiter les églises ; et si le Pape appelle quelques personnes ecclésiastiques, le roi pourra retenir ceux qu'il jugera à propos, soit pour le service de l'Eglise, soit pour le couronner lui-même. L'Eglise romaine aura en Sicile les mêmes droits que dans le reste du royaume, excepté l'appellation et la légation, qui n'y auront lieu qu'à la prière du roi. Pour les élections, le clergé les tiendra secrètes, jusqu'à ce qu'il les ait déclarées au roi, qui y donnera son consentement, s'il n'a pas quelque puissante raison d'exclusion contre la personne élue.

A ces conditions, le roi promit de faire hommage au Pape du royaume de Sicile, du duché de Pouille, de la principauté de Capoue et de toutes leurs dépendances, et de payer le tribut annuel, comme ses prédécesseurs; il en donna sa bulle d'or, datée devant Bénévent au mois de juin 1156. Le pape Adrien donna sa bulle de la même date, par laquelle il déclare avoir fait ce traité étant à Bénévent en sûreté et en liberté, et y donner son consentement. Ensuite le roi vint à l'église de Saint-Marcien, près de la ville, s'y prosterna aux pieds du Pape et lui fit hommage-lige en présence de plusieurs évêques, cardinaux, comtes, barons et autres. Ce fut Othon Frangipane qui fit le serment pour le roi, que le Pape reçut au baiser de paix; et ce prince fit de grands présents au Pape, aux cardinaux et à toute la cour romaine, en or, en argent et en draps de soie. Le Pape et le roi se séparèrent contents; mais les cardinaux attachés à l'empereur Frédéric furent mal satisfaits de ce traité, comme lui étant préjudiciable et honteux à l'Eglise romaine. C'étaient les mêmes qui avaient empêché le Pape d'accepter les conditions plus avantageuses de l'année précédente (Baron., 1156; Adrian., *Epist.* 8; Radevic, l. 2, c. 52).

Les propositions que l'empereur Manuel fit au pape Adrien et à l'empereur Frédéric contre le roi de Sicile, furent une occasion pour le Pape de travailler à la réunion de l'Eglise de Constantinople. Il en écrivit à Basile d'Acride, archevêque de Thessalonique, par les deux nonces qu'il envoyait à l'empereur Manuel, en l'exhortant à travailler à cette réunion. « Il n'y a, dit-il à Basile, qu'une Eglise, qu'une arche de sanctification, où chacun des fidèles doit entrer pour se sauver du déluge, sous la conduite de saint Pierre. Vous n'ignorez pas que, selon la doctrine des saints Pères, l'Eglise romaine a la primauté sur toutes les Eglises, et qu'il en a été ordonné ainsi pour ôter entre elles toute division. Revenez donc premièrement à l'unité, et ensuite donnez vos soins à y faire revenir votre peuple avec votre Eglise, et faites que tous ceux qui sont chargés du soin des brebis du Seigneur retournent au troupeau de saint Pierre, à qui Jésus-Christ en a confié la garde, comme celle des autres (Mansi, *Concil.*). »

L'archevêque de Thessalonique répondit en ces termes : « Très-saint Pape, nous avons vu vos lettres et nous y avons reconnu la sublimité de votre intelligence, la profondeur de votre humilité, la largeur de votre dilection envers Dieu. Aussi votre cœur apostolique ne se rétrécit point, il dilate au contraire ses entrailles pour accueillir et reconquérir les chrétiens de toutes les Eglises. Par les caractères écrits, nous avons entendu votre voix nous parlant et aux oreilles et à l'âme. Nous vous avons entendu nous parlant et comme père et comme pasteur, ou plutôt comme archipasteur (ἠκούσαμεν λαλοῦντος ὡς πατρὸς, ὡς ποιμένος, μᾶλλον ὡς δὲ ἀρχιποιμένος). Père, vous rassemblez dans votre sein paternel ceux de vos enfants qui semblent s'éloigner de vous, et vous ne cessez d'en avoir soin ; pasteur, vous les rappelez comme des brebis errantes ; pasteur des pasteurs (ποιμένων ποιμὴν), vous nous enseignez la science pastorale que vous avez apprise de Dieu, à ne pas négliger nos troupeaux, mais à y veiller de toutes nos forces et à guérir soigneusement ce qui est malade. Nous vous avons entendu nous rappelant à vous, et nous nous sommes retournés à votre voix. Si nous nous regardions comme des fils étrangers à Votre Sainteté, si nous avions voulu nous séparer de votre sollicitude pastorale, nous n'en aurions pas reconnu la voix comme la voix paternelle, nous ne nous serions pas retournés comme au rappel du pasteur ; car, suivant la parole du Seigneur, *Nul ne reconnaîtra jamais la voix des étrangers ; au contraire, il s'enfuira d'elle.* En quoi donc, très-saint Père, peut nous regarder la parabole de la brebis égarée ou l'image de la drachme perdue ? car nous ne convenons pas que nous soyons sortis de votre sein, nous ne repoussons ni la qualité de vos enfants, ni votre autorité pastorale, pour mériter ce reproche. Par la grâce de Dieu, nous sommes fermes dans la confession du bienheureux Pierre. Celui qu'il a confessé et prêché, nous le confessons et nous le prêchons. Nous n'innovons rien contre les décrets des Pères ; nous ne retranchons rien des paroles de l'Evangile, ni des Epîtres des apôtres. Nous prêchons et nous enseignons les mêmes choses que vous, moi et tous ceux qui sont du siége de Constantinople. Nous n'avons avec vous qu'un même langage sur la foi ; le sacrifice que nous offrons dans les églises d'Orient, est le même qu'on offre dans les églises d'Occident, auxquelles vous présidez. Si quelques petits sujets de scandale nous ont éloignés les uns des autres, c'est à Votre Sainteté à les faire disparaître et à rendre parfaite l'union des Eglises ; c'est à Votre Sainteté, qui, à l'exemple du Christ, regarde comme du haut du ciel, et a tout à la fois et la volonté et le pouvoir de réunir ce qui est séparé. Quant à nous, nous sommes petits, nous présidons à un petit troupeau ; nous n'avons qu'une science médiocre, une petite goutte de science, sans aucune vertu, et si Votre Sainteté a soupçonné de nous quelque chose de grand, c'est qu'elle a été abusée par la charité de quelques pèlerins qui nous ont parlé ; mais pour votre perfection, qui, par le trône et la science, l'illustration de la vie, reproduit une image et une ressemblance du Christ infiniment parfait, elle a toute puissance pour ôter tous les sujets de dissension et pour rendre aux Eglises une union solide;

en quoi vous serez parfaitement secondé par notre pieux et puissant empereur à la volonté de qui nous nous empresserons d'obéir (Mansi, *Concil.*, t. XXI). »

Ainsi, dans la seconde moitié du XIIe siècle, d'après le témoignage de l'archevêque de Thessalonique, les Grecs n'avaient pas encore rompu formellement avec l'Eglise romaine ; ils reconnaissaient encore le Pontife romain pour leur père, leur pasteur et même le pasteur des pasteurs ; les évêques mêmes se disaient encore ses enfants et ses ouailles. Ceci est d'autant plus vrai et plus remarquable, que ces deux lettres se trouvent et dans le code du droit grec et dans les Commentaires de Zonare sur les canons des conciles.

Jean Zonare, historien et canoniste grec dans le XIIe siècle, fut élevé, par sa naissance et son mérite, à la place de secrétaire d'Etat sous Jean et Manuel Comnène ; mais la mort de sa femme l'ayant dégoûté du monde, il se retira dans une île éloignée pour y prendre l'habit monastique. Les ouvrages qui restent de lui prouvent qu'il sut mettre à profit le loisir que lui procura la vie solitaire. Ce sont 1° des *Annales* qui vont depuis le commencement du monde jusqu'à la mort d'Alexis Comnène, en 1118. Il est moins diffus que plusieurs autres historiens de sa nation ; aussi n'a-t-il prétendu écrire qu'un abrégé ; 2° des Commentaires estimés sur les canons des apôtres, des conciles, et sur les épîtres canoniques des Papes ; 3° divers traités ou discours, et enfin plusieurs ouvrages manuscrits.

L'archevêque Basile de Thessalonique étant mort quelque temps après, des clercs pillèrent ses biens, par un abus qui avait lieu en Orient, comme nous l'avons vu quelquefois en Occident. Constantin, son successeur, s'en plaignit dans un concile de Constantinople du mois de mars 1156, sous le patriarche Luc Chrysoberge, successeur de Constantin Chliarène. Le concile rappela et renouvela les canons de l'Eglise et les lois impériales qui défendaient ces pillages (Mansi, *Concil.*, t. XXI). Dès l'année précédente, au mois de septembre, l'empereur Manuel avait fait une constitution sur le même objet, mais principalement contre les laïques. « Nous avons appris, dit-il, qu'à la mort des évêques, quelquefois même avant qu'ils soient enterrés, les officiers des lieux entrent dans leurs maisons, en emportent tout ce qu'ils y trouvent et se mettent en possession des immeubles de leurs églises. C'est pourquoi nous défendons aux ducs ou à quelques autres officiers que ce soit, d'en user de la sorte. Mais si l'évêque a fait un testament, il sera exécuté quant aux meubles trouvés en sa maison ; s'il n'en a point fait, tout sera réglé selon les canons et les lois. Quant aux immeubles de l'Eglise vacante, les ducs ni les autres officiers n'y mettront pas le pied et n'en enlèveront rien, mais tout sera administré selon les canons, jusqu'à ce que le successeur en prenne le gouvernement. Le tout sous peine de punition corporelle, même de mutilation de membres, de long exil et de restitution au double (*Const.* 3. *Jus græco rom.*, l. 2). »

Au mois de janvier de l'année 1156, il y avait eu à Constantinople un autre concile, auquel assista Basile de Thessalonique, qui vivait encore. L'objet de cette assemblée était une question de doctrine. Quatre ecclésiastiques, parmi lesquels un nommé Sotéricus, élu patriarche d'Antioche, soutenaient que le sacrifice de la messe était offert au Père et au Saint-Esprit, mais non pas au Fils. Tous les évêques disaient, au contraire, que ce sacrifice adorable s'offrait à la Trinité tout entière. La question ayant été proposée, le métropolitain de Russie se leva et protesta hautement que la foi qu'il avait toujours eue et qu'il aurait toujours, c'est que le saint sacrifice de l'autel s'offre au Père, au Fils et au Saint-Esprit, en un mot à la Trinité tout entière. Le métropolitain d'Ephèse s'expliqua dans le même sens, et, après lui, tous les autres évêques et même les sénateurs qui étaient présents. Des quatre ecclésiastiques, trois se rétractèrent sincèrement et de bonne grâce, mais le quatrième, Sotéricus, montra tant d'opiniâtreté, donna une déclaration si équivoque, qu'il fut déclaré indigne du sacerdoce, ainsi que du siège d'Antioche (Mansi, *Concil.*, t. XXI).

Quelque temps auparavant, le patriarche Constantin Chliarène vivant encore, on avait examiné, dans un autre concile de Constantinople, le cas de ceux qui tueraient des voleurs. Après avoir rappelé les lois civiles et les lois ecclésiastiques à ce sujet, il fut résolu que ceux qui tuaient un voleur en se défendant, feraient la même pénitence que ceux qui tuaient à la guerre ; mais que ceux qui tueraient un voleur, pouvant se sauver sans cela, seraient punis plus sévèrement. Voilà pour les laïques. Quant aux clercs, quiconque d'entre eux a tué quelqu'un, n'importe comment, il sera déposé (*Ibid.*).

A cette époque, la république de Venise était déjà puissante. Elle avait sous sa domination la ville de Zara en Dalmatie, et de plus des établissements nombreux et à Constantinople et dans le reste de l'empire. En 1154, la ville de Zara avait été soustraite à la juridiction de l'archevêché de Spalatro, et érigée en archevêché par le pape Anastase IV. Mais, depuis un siècle, la ville de Grade, dans la Vénétie, avait été érigée en église patriarcale par le pape saint Léon IX. Les Vénitiens, étant donc maîtres de Zara, députèrent à Rome Henri Dandolo, noble vénitien, patriarche de Grade depuis l'an 1130, et qui le fut pendant cinquante ans. Le pape Adrien, à leur prière, lui accorda plusieurs bulles, une entre autres où il confirme tous les privilèges de l'Eglise de Grade, et lui soumet l'archevêché de Zara et les évêchés qui en dépendent, lui donnant le pouvoir de sacrer cet archevêque, avec le *pallium* qu'il recevra du Pape. La bulle, souscrite de treize cardinaux, est du 13 juin 1157. Par une autre de la même date, le Pape accorde au patriarche la faculté d'ordonner un évêque à Constantinople et dans toutes les autres villes de l'empire grec, sauf à lui dans les lieux où le patriarche grec n'aurait pas ses officiers, ou où les Vénitiens ont plusieurs églises (Adrian, *Epist.* 36, 37, 38, 39).

Vers ce temps, Foucher, patriarche de Jérusalem, accompagné de deux archevêques, Pierre de Tyr et Baudouin de Césarée, et de cinq évêques, Frédéric d'Acre, Amauri de Sidon, Constantin de Lydda, Renier de Sébaste ou Samarie, et Hébert de Tibériade, vint devant le pape Adrien se plaindre que les chevaliers de Saint-Jean abusaient des privilèges que le Siège apostolique leur avait accordés. Les chevaliers soutenaient que non. La cause fut plaidée devant le Pape pendant plusieurs jours, sans être jugée. Le patriarche, voyant qu'il n'avançait en rien, se retira peu content. De tous les cardinaux, il n'en trouva que deux qui lui fussent favorables : l'un avait été son archidiacre du temps qu'il était archevêque de Tyr, l'autre était le cardinal Octavien, qui fut depuis antipape. Ce qui ne prouve pas beaucoup en faveur de la cause du patriarche Foucher (Guill. de Tyr, l. 18, c. 3 et 8).

Cependant l'empereur Frédéric, de retour en Allemagne, y déployait son autorité pour réprimer bien des désordres. L'archevêque Arnold de Mayence, et Herman, comte palatin, se faisaient une guerre cruelle, sans égard aux remontrances de Frédéric. Seulement, à son retour d'Italie, ils cessèrent les hostilités, et voulurent faire valoir devant lui leurs prétentions respectives Mais Frédéric, n'envisageant dans ceci que l'attentat de s'être fait justice à eux-mêmes, les condamna l'un et l'autre, avec les seigneurs de leur parti, à une punition singulière, d'après une ancienne coutume, mais qui, depuis un temps immémorial, n'avait plus été appliquée : c'était de porter un chien à une certaine distance. Et la sentence fut exécutée sur tous, excepté l'archevêque, qui trouva grâce à cause de son caractère et de sa vieillesse. Le comte palatin, qui avait été condamné à porter un chien une lieue de long, s'en trouva si humilié, qu'il entra dans un monastère et mourut peu de temps après. C'était en 1156 (Latomus, 502; *Ussermani episcop.*; Wirzburg., 1, 350; Raumer, t. II, p. 54).

Cette rigueur pouvait faire espérer que les étrangers ne seraient point insultés, du moins impunément, en Allemagne. On vit la même année un exemple du contraire. L'un des personnages les plus respectables de ce temps, Eskil, archevêque de Lunden, revenait de Rome, où le pape Adrien, son ancien ami, l'avait établi légat apostolique en Danemarck et en Suède. Arrivé en Allemagne, il se vit arrêté, maltraité, lui et les siens, dépouillé de tout et jeté en prison. Frédéric, au lieu de punir ce brigandage sacrilège, qui retentit bientôt par tout le monde, fit semblant d'en ignorer. Le Pape lui en écrivit une première fois. Il ne fit ni justice ni réponse (Pagi, an 1157, n. 3). Une autre affaire vint se joindre à celle-ci. Adélaïde, la première femme de Frédéric, était stérile. Frédéric la répudia, par la raison ou sous le prétexte qu'elle était sa parente. Le pape Adrien l'en réprimanda vivement; malgré cela, Frédéric épousa, l'an 1156, Béatrix, héritière de Bourgogne (*Ibid.*, an 1156, n. 8; Dodechin, an 1156 et 1159). Ces deux faits furent les deux principales causes des graves événements qui vont suivre.

A la mi-octobre de l'année 1157, l'empereur Frédéric vint à Besançon recueillir le riche héritage de sa seconde femme, qui comprenait tout l'ancien royaume de Bourgogne, entre autres Lyon, Vienne, Valence, Arles et Avignon. Il s'y trouva des ambassadeurs de différentes nations, entre autres de France, d'Espagne et d'Angleterre. Il y avait surtout deux légats du pape Adrien; les cardinaux-prêtres, Roland, du titre de Saint-Marc, et Bernard, du titre de Saint-Clément, tous deux considérables par leurs richesses, leur âge, leur prudence, leur autorité, qui les mettaient presque au-dessus de tous les autres. Un jour que l'empereur s'était retiré de la foule dans un oratoire particulier, on les amena devant lui; il les reçut avec honneur et bienveillance. Les légats lui dirent : Notre bienheureux Père le pape Adrien vous salue, ainsi que tous les cardinaux de la sainte Eglise romaine, lui comme père, eux comme frères. Puis ils lui présentent une lettre du Pape, qui était conçue en ces termes :

« Adrien, évêque, serviteur des serviteurs de Dieu, à notre cher fils Frédéric, illustre empereur des Romains, salut et bénédiction apostolique. Nous nous rappelons avoir écrit, il y a peu de jours, à Votre Majesté Impériale, pour lui remettre en mémoire le crime horrible et exécrable, l'odieux attentat commis de notre temps, et, nous le croyons, jusque-là inouï en Allemagne, voyant avec un étonnement non médiocre. que jusqu'à présent vous laissez passer un forfait aussi pernicieux, sans le punir avec la sévérité qu'il mérite; car, de quelle façon notre vénérable frère Eskil, archevêque de Lunden, revenant d'auprès du Siége apostolique, a été, chose que nous ne pouvons dire sans un grand chagrin, fait prisonnier dans ces quartiers-là, par quelques scélérats et impies, qui le tiennent encore en prison; de quelle façon ces hommes d'impiété, cette race perverse, ces enfants de crime, en le faisant prisonnier, se sont jetés violemment sur lui et sur les siens l'épée à la main, et les ont traités indignement, après leur avoir tout ôté, et Votre Altesse Sérénissime le connaît, la renommée de ce crime est déjà parvenue aux régions les plus reculées et les plus lointaines. Pour punir un attentat aussi criant, vous à qui nous sommes persuadé que le bien fait plaisir et que le mal déplaît, vous auriez dû vous lever avec plus de constance, tirer l'épée que la Providence divine vous a donnée pour la punition des malfaiteurs et la louange des bons, vous en servir pour exercer la sévérité de la justice contre ces impies, et pour abattre leur audace Cependant on dit que vous l'avez tellement dissimulé, vous avez tellement négligé la justice, que les coupables n'ont pas lieu de se repentir, sentant déjà qu'ils ont trouvé l'impunité de leur sacrilège. De cette dissimulation et de cette négligence, nous ignorons absolument la cause; car notre conscience ne nous reproche point d'avoir offensé en rien la gloire de Votre Sérénité; au contraire, nous vous avons toujours aimé avec une charité sincère, et traité avec la bienveillance affectueuse qui se doit, comme notre très-cher et spécial fils et comme un prince très-chrétien, que nous ne doutons pas que Dieu n'ait affermi par sa grâce sur la pierre de la confession apostolique; car vous devez vous remettre devant les yeux, très-glorieux fils, combien votre mère, la sainte Eglise romaine, vous reçut agréablement l'autre année, avec quelle affection cordiale elle vous traita, quelle plénitude de dignité et d'honneur elle vous communiqua, de combien bon cœur elle vous conféra l'insigne de la couronne impériale, vous favorisant de toute sa tendresse, et ne faisant rien qu'elle sût le moins du monde vous déplaire. Toutefois, nous ne nous repentons pas d'avoir rempli en tout les désirs de votre volonté; au contraire, si Votre Excellence, au cas que cela fût possible, avait reçu de notre main de plus grands bienfaits encore (1), nous nous en réjouirions, en considération des biens immenses que vous pouvez procurer à l'Eglise de Dieu et à nous. Maintenant donc, comme vous paraissez né-

(1) Au lieu de *plus grands bienfaits*, Fleury met de *plus grands bénéfices*; c'est écrire le français en allemand.

gliger et dissimuler cet immense attentat, commis à l'affront de l'Eglise universelle et de votre empire, nous soupçonnons et nous craignons que votre esprit ne se soit laissé aller à cette dissimulation et à cette négligence, parce que vous aurez conçu quelque indignation, ce qu'à Dieu ne plaise ! ou quelque mécontentement contre votre mère très-clémente, la sainte Eglise romaine, et contre nous-même, par la suggestion de quelques hommes pervers semant la zizanie. »

Le Pape conclut la lettre en disant que, et pour cette affaire et pour toutes les autres qui étaient pendantes, il lui envoie les deux cardinaux-légats et les lui recommande (Radevic, l. 1, c. 9; Mansi, *Epist.* 2, p. 789).

Quand on se rappelle que le pape Adrien avait conféré la couronne impériale à Frédéric, malgré le sénat et le peuple romains; quand on pense qu'il ne lui demande que de punir des brigands qui avaient maltraité, dépouillé, emprisonné un archevêque, un légat apostolique, on ne peut s'empêcher de convenir que la querelle que lui firent les Allemands pour une lettre aussi raisonnable et aussi modérée, ne fût, de toute manière, une querelle d'Allemands. Voici comme arriva la chose.

Le Pape disait à l'empereur : « Toutefois, nous ne nous repentons pas d'avoir rempli en tout les désirs de votre volonté ; au contraire, si Votre Excellence, au cas que cela fût possible, avait reçu de notre main de plus grands bienfaits encore, nous nous en réjouirions. » Eh bien ! ces paroles si bienveillantes irritèrent les Allemands au dernier point. Et pourquoi ? C'est que, dans le latin des Allemands, le mot *beneficia*, bienfaits, signifiait quelquefois *fiefs*, *bénéfices féodaux*. Le chancelier de l'empereur, qui traduisait en allemand la lettre du Pape, la leur traduisit donc de manière à leur faire entendre que, dans la pensée du Pape, l'empire était un fief de l'Eglise romaine. De quoi leurs têtes s'échauffèrent prodigieusement. Une autre équivoque acheva d'allumer leur colère. Comme les Allemands n'ont pas le même mot (*Reich*) pour dire royaume et empire, ils s'imaginèrent que le Pape, en disant qu'il avait donné à Frédéric la couronne de l'empire, voulait dire aussi qu'il lui avait donné la couronne du royaume d'Italie ou même d'Allemagne. Une peinture vint jeter de l'huile sur ce feu. A Rome, au palais de Latran, on avait représenté l'empereur Lothaire II recevant, à genoux, la couronne de la main du Pape, avec une inscription en ces termes : *Le roi s'arrête à la porte, et, après avoir juré les droits de Rome, il devient l'homme du Pape, de qui il reçoit la couronne :*

Rex venit ante fores, jurans prius urbis honores
Post homo fit Papæ, sumit quo dante coronam.

Tout cela causa comme un violent incendie. La discussion fut très-orageuse. Le légat Roland ayant demandé, dit-on : De qui donc Frédéric tient-il l'empire, s'il ne le tient du Pape ? Le comte palatin de Bavière, Othon de Wittelsbach, tira presque son épée pour lui couper la tête. L'empereur arrêta le tumulte par son autorité ; mais il fit mener les légats à leurs logis, avec escorte, et leur ordonna de partir le lendemain de grand matin et de retourner droit à Rome, sans s'arrêter nulle part dans les terres des évêques ou des abbés (Radevic, l. 1, c. 10).

Voilà ce que nous apprenons d'un auteur allemand de l'époque, Radevic, chanoine de Frisingue, continuateur de l'histoire de Frédéric Ier par l'évêque Othon de la même ville.

Dans tout ceci, ce qu'il y a de plus clair, c'est l'ignorance des Allemands et leur violence. Le saint empereur Henri, avant de recevoir, l'an 1014, du pape Benoît VIII, la couronne impériale dans la basilique de Saint-Pierre, promit dévotement d'être le fidèle patron et défenseur de l'Eglise romaine, et de garder au Pape et à ses successeurs la fidélité en toutes choses. Ce sont les paroles d'un personnage contemporain, Ditmar, des comtes de Waldeck et évêque de Mersebourg (Baron., an 1014, n. 1). Les princes et les évêques allemands n'auraient pas mal fait de se rappeler ce témoignage d'un prince et d'un évêque allemands. C'est à cette occasion du couronnement de saint Henri que l'historien bourguignon Glaber dit ces autres paroles : « Ce nous paraît un décret extrêmement convenable et excellent pour maintenir la paix, savoir : Qu'aucun prince n'entreprenne audacieusement de porter le sceptre de l'empire romain ; qu'aucun ne puisse s'appeler empereur ni l'être, sinon celui que le Pape du Siège romain aura choisi pour son mérite, comme propre à la république, et auquel il aura donné les insignes de l'empire (Glaber, l. 1, *in fin.*; Baron., an 1013, n. 5). » Les seigneurs et les évêques de Bourgogne, réunis à Besançon, auraient bien fait de se rappeler, en 1157, ce que l'auteur bourguignon disait un siècle auparavant.

Ce n'est pas tout : et Allemands et Bourguignons, et évêques et princes auraient bien fait de se rappeler ce que l'empereur Louis II écrivait, dès l'an 871, à l'empereur Basile de Constantinople. Ce dernier avait demandé à Louis par quel droit il portait le titre d'empereur. Dans sa réponse, expliquant la raison pour laquelle, soit lui, soit ses ancêtres depuis Charlemagne, s'appelaient légitimement empereurs, Louis ne dit pas que la dignité impériale fût accordée à Charlemagne par les Romains, et qu'elle passait à ses descendants par droit de succession, mais il attribue la juste origine et la continuation de cet honneur dans les princes francs, au Siège apostolique. Parlant de lui-même, il dit qu'il était reconnu empereur par les rois, ses oncles, non parce qu'il avait été élu par son père, ou que cette dignité lui appartînt par droit de succession, mais parce qu'il avait été élevé à la dignité impériale par le Pontife romain (*Epist. Ludov.*, 11, *ad Basil. imp.*, *apud Baron.*, an 871, n. 58). Répondant à ce que Basile objectait, que cette appellation d'empereur était nouvelle en lui, il dit que ce titre n'était pas nouveau dans sa famille, mais que son aïeul Charlemagne l'avait déjà eu, non par usurpation, mais par l'autorité du souverain Pontife et le jugement de l'Eglise (*Ibid.*, n. 60). Quant à la surprise que témoignait Basile de ce que Louis ne se disait pas empereur des Francs, mais des Romains, il répond que, s'appelant empereur, il ne pouvait se nommer qu'empereur des Romains, parce que ce nom avait commencé chez les Romains, dont lui gouvernait le peuple et la ville, et dont il avait entrepris de défendre l'Eglise, mère de toutes les autres, *et de laquelle sa famille avait reçu d'abord l'autorité de la royauté, et ensuite celle de l'empire* (1).

Si les évêques et les princes de Frédéric s'étaient rappelé ces anciens faits et paroles, ils auraient trouvé toutes naturelles et la lettre du pape Adrien et même la peinture du palais de Latran. Mais, à vrai dire, voici quel était le fond de cette querelle. Frédéric et les Allemands, se voyant ou se croyant les plus forts, supposaient en principe qu'il n'y avait d'autre loi que la force; que, par conséquent, leur empereur était la loi vivante d'après laquelle tout devait se régler et partout. Frédéric lui-même venait encore d'écrire, l'année précédente 1156, à son oncle l'évêque Othon de Frisingue : « Puisque, par la clémence de la Providence divine, nous tenons le gouvernement de la ville et du monde, nous devons, suivant les éléments et les temps, pourvoir au sacré empire et à la divine république (2). » Cette pensée de Frédéric était bien arrêtée dans sa tête. Elle n'avait point échappé à Jean de Salisbury, qui écrivit un peu plus tard à un de ses amis de France : « Je sais ce que médite le Teuton; j'étais à Rome, sous le pontificat d'Eugène, lorsqu'une langue imprudente découvrit ces orgueilleux desseins. Il ne demandait, pour changer la face de l'empire, soumettre l'univers à Rome, réduire le monde sous ses lois, que le concours du Pape, c'est-à-dire que le Pape voulût frapper du glaive spirituel tous ceux contre lesquels serait tiré le glaive matériel de l'empereur. Aucun Pontife, jusqu'à présent, n'a voulu consentir à cette iniquité (Joan. Sarisb., *Epist.* 59). » Voilà ce que dit Jean de Salisbury, ajoutant que telle était la vraie cause de l'opposition de Frédéric contre les Papes légitimes.

Cette opposition éclata dès l'affaire de Besançon. Frédéric envoya par tous ses Etats une lettre où il se glorifiait de son zèle pour la paix des Eglises, accusait le Pape de semer la discorde entre le sacerdoce et l'empire, et en donnait pour preuve la conduite des légats à Besançon et les lettres du Pape, dont la teneur, dit-il, était telle : « *Que nous devons avoir toujours devant les yeux de notre esprit, de quelle manière le seigneur Pape nous a conféré l'insigne de la couronne impériale, et que cependant il ne se repentirait pas, si Notre Excellence avait reçu de lui de plus grands bienfaits encore.* A cette parole exécrable et mensongère, non-seulement Notre Majesté Impériale s'est justement indignée, mais tous les princes qui étaient là en furent irrités à tel point, qu'ils eussent condamné à mort les deux méchants prêtres, si notre présence ne les en eût empêchés. De plus, on les a trouvés porteurs de plusieurs lettres scellées en blanc, pour y écrire ce qu'ils voudraient et s'en servir, suivant leur coutume, à dépouiller les églises du royaume teutonique, y répandre le venin de leur iniquité et en emporter les vases sacrés et l'or des croix; c'est pourquoi nous les avons renvoyés par le même chemin qu'ils sont venus. Or, comme par l'élection des seigneurs, nous tenons le royaume et l'empire de Dieu seul, qui, lors de la passion de son Fils, a soumis le monde au gouvernement nécessaire des deux glaives; et comme l'apôtre saint Pierre a dit : *Craignez Dieu, honorez le roi,* quiconque dira que nous avons reçu du seigneur Pape la couronne impériale comme un bénéfice (bienfait), s'oppose à l'institution divine et est coupable de mensonge. Or, comme jusqu'à présent nous nous sommes appliqué à délivrer de la main des Egyptiens l'honneur et la liberté des Eglises, liberté depuis longtemps opprimée sous le joug d'une injuste servitude, et que nous cherchons à leur conserver tous les droits de leurs dignités, nous vous prions tous de ressentir avec nous l'énorme outrage fait à nous et à l'empire, nous persuadant que votre fidélité sincère et indivisible ne souffrira point que l'honneur de l'empire, qui depuis la fondation de Rome et l'institution de la religion chrétienne, est demeuré jusqu'à vos temps glorieux et intact, soit diminué par une nouveauté tellement inouïe, par un orgueil aussi présomptueux, sachant de votre côté que nous aimerions mieux nous exposer à la mort que de souffrir de nos jours un pareil opprobre (Radevic, l. 1, c. 10). » Tel fut le langage de Frédéric dans son manifeste contre le Pape.

Un emportement aussi peu digne, pour une phrase en soi bienveillante, même malgré la mutilation qu'on lui fait subir, montre à lui seul de quel côté était le bon droit et la bonne foi. Ce n'était certainement pas du côté de Frédéric. Le Pape lui avait envoyé deux légats pour lui demander la mise en liberté de l'archevêque de Lunden et la punition des brigands qui l'avaient maltraité, dépouillé et le tenaient en prison. Frédéric n'en dit mot; mais en revanche, par une impudente calomnie, il accuse publiquement le Pape de semer la discorde entre le sacerdoce et l'empire; il accuse le Pape d'un orgueil exécrable, parce qu'il lui rappelle avec simplicité et bonté le bien qu'il lui a fait, l'affection qu'il lui a témoignée l'année précédente; il signale comme des brigands deux cardinaux, deux ambassadeurs du chef de l'Eglise, non sur aucun fait ni preuve, mais sur des intentions éventuelles qu'il leur prête; il se vante d'avoir arraché à la servitude d'Egypte la liberté des Eglises, dans le temps même qu'il cherchait à leur enlever la liberté des élections et qu'il faisait jurer au clergé de Mayence de ne pas faire d'élection que lui-même ne fût présent (Dodechin, an 1158); il se vante de son zèle pour la paix des Eglises, lui que nous verrons déchirer l'Eglise et l'empire par un schisme renouvelé trois fois, et qui dès lors pensait à faire déposer le pape Adrien IV (Innocent IV, *Regist. imper.*, 29).

Cependant les deux légats, Roland et Bernard, étant retournés à Rome, racontèrent les mauvais traitements qu'ils avaient soufferts et le péril qu'ils avaient couru. Sur quoi le clergé de Rome se trouva partagé : quelques-uns étaient pour l'empereur et accusaient les légats d'ignorance et d'imprudence; c'étaient sans doute les trois cardinaux que nous verrons successivement antipapes; les autres étaient pour le pape Adrien et pour l'Eglise.

Le Pape écrivit sur ce sujet aux évêques d'Allemagne en ces termes : « Chaque fois que dans l'Eglise on tente quelque chose contre l'honneur de Dieu et contre le salut des fidèles, nos frères et coévêques, principalement ceux que l'esprit de Dieu anime, doivent faire en sorte que ce qui a été mal fait soit corrigé d'une manière que Dieu ait pour

---

(1)... *Ex quâ et regnandi priùs et post modum imperandi auctoritatem prosapia nostra seminarium sumpsit* (*Epist. Ludov*, n. 63).

(2) *Quia... Urbis et orbis gubernacula tenemus* (Othon. Fris., l. 2, c. 30, *De gest. Frid.*).

agréable. Or, de notre temps, ce que nous ne disons pas sans un chagrin extrême, notre très-cher fils Frédéric, empereur des Romains, a fait une chose que nous ne lisons qu'ait faite aucun de ses prédécesseurs. Nous lui avions envoyé deux de nos meilleurs frères : le premier jour, il parut les recevoir avec bienveillance; le lendemain, pendant qu'on lui lisait nos lettres, à l'occasion de ces mots : *Nous vous avons conféré l'insigne bienfait de la couronne*, il s'emporta tellement de colère, que c'est une chose lamentable de redire les injures qu'il lança contre nous et contre nos légats, et la manière outrageuse dont il les contraignit de sortir promptement et de sa présence et de ses terres. On dit que, comme ils sortaient de sa présence, il a fait un édit pour défendre que personne ne vienne de chez vous à Rome pour recevoir la bénédiction apostolique, et qu'il a mis des gardes à toutes les frontières du royaume. Cependant, dans ce fait désagréable, nous avons une grande consolation : c'est que l'empereur ne s'y est point porté de votre avis, non plus que de celui des princes. C'est pourquoi, comme c'est ici non-seulement mon affaire, mais encore la vôtre et celle de toutes les Eglises, nous avertissons et exhortons Votre Charité de vous opposer, comme un boulevard, pour la maison du Seigneur et de vous appliquer à ramener le plus tôt possible notre dit fils au droit chemin, et surtout à ce qu'il oblige son chancelier Rainald et le comte palatin à faire une réparation équivalente aux injures qu'ils ont osé vomir contre nos légats et contre votre mère la sainte Eglise romaine. Que notre fils n'acquiesce point aux conseils des méchants; qu'il considère l'avenir et le passé et marche dans la voie des empereurs catholiques. C'est le moyen d'avoir tout à la fois et l'honneur sur la terre, et la félicité dans les cieux. Vous-mêmes, si vous le ramenez au bon sentier, vous rendrez une obéissance agréable au prince des apôtres et vous vous conserverez la liberté, à vous et à vos Eglises. Autrement, notre dit fils saura par votre admonition, il saura par la promesse de l'Evangile, que la sainte Eglise romaine, fondée par la main de Dieu sur la pierre immuable, malgré toutes les tempêtes qui peuvent l'assaillir, subsistera sans chanceler, par la protection divine, jusque dans les siècles des siècles. Du reste, vous le savez, il n'aurait pas dû tenter une entreprise aussi difficile sans votre conseil. Aussi pensons-nous que vos avertissements pourront très-facilement le ramener à un parti plus sage, étant, comme il est, un homme sensé et un empereur catholique. (Radevic, l. 1, c. 15). »

Les prélats d'Allemagne, après s'être concertés ensemble, répondirent au pape Adrien en ces termes :
« Quoique nous sachions et soyons certain que l'Eglise de Dieu, fondée sur la pierre ferme, ne peut être renversée ni par les vents, ni par les tempêtes, toutefois, faibles et pusillanimes comme nous sommes, chaque fois qu'il arrive un orage de cette espèce, nous sommes ébranlés et nous tremblons. Aussi avons-nous été grièvement troublés, même épouvantés, sur des choses qui paraissent devoir être la source de grands maux entre Votre Sainteté, et votre très-dévot fils, et notre Seigneur l'empereur; car les paroles contenues dans vos lettres, apportées par vos légats Bernard et Roland, ont ému tout notre empire, les oreilles de Sa Majesté impériale n'ont pu les entendre, ni les oreilles des princes les supporter; à tel point que, sauf la grâce de votre très-sainte Paternité, nous n'osons ni ne pouvons les défendre à cause de la sinistre interprétation d'un sens équivoque, ni les approuver de quelque consentement, parce qu'elles sont insolites et inouies jusqu'à présent. Quant aux lettres que vous nous avez envoyées, nous les avons reçues et embrassées avec le respect qui se doit, et, suivant vos ordres, nous avons averti votre fils, notre seigneur l'empereur, qui, grâces à Dieu, nous a répondu comme il convenait à un prince catholique, en cette manière :

« Il y a deux règles par lesquelles notre empire doit être régi, les saintes lois des empereurs, et le bon usage de nos prédécesseurs et de nos pères. Ces bornes de l'Eglise, nous ne voulons ni ne pouvons les excéder : quoi que ce soit qui s'en éloigne, nous ne le recevons pas. Nous rendons volontiers à notre père le respect qui lui est dû, mais nous rapportons la libre couronne de notre empire au seul bienfait (bénéfice) de Dieu. Nous reconnaissons à l'archevêque de Mayence la première voix dans l'élection, ensuite aux autres seigneurs, selon leur rang; nous recevons l'onction royale du pontife de Cologne, et l'onction suprême, qui est l'impériale, du souverain Pontife : ce qui est au delà vient du mauvais. Nous n'avons pas contraint, au mépris de notre bien-aimé et révérendissime père et consécrateur, les cardinaux de sortir de nos terres; mais, nous ne leur avons pas permis de passer plus avant, avec ce qu'ils avaient écrit et devaient écrire, au déshonneur et au scandale de notre empire. Nous n'avons point fait d'édit pour fermer l'entrée et la sortie d'Italie; et nous ne prétendons point la fermer aux pèlerins, ni aux autres qui vont à Rome pour des causes raisonnables, avec le témoignage de leurs évêques ou de leurs supérieurs; mais nous prétendons nous opposer aux abus par lesquels toutes les Eglises de notre royaume sont surchargées et amoindries, et la discipline des cloîtres presque détruite. Dieu s'est servi de l'empire pour élever l'Eglise à la tête de l'univers; et l'Eglise, à la tête de l'univers, veut à présent détruire l'empire : ce que nous ne croyons pas qui vienne de Dieu. On a commencé par une peinture, la peinture a passé en écriture, l'écriture s'efforce de passer en autorité. Nous ne le souffrirons pas; nous déposerons plutôt la couronne que de consentir à ce que la couronne de l'empire soit ainsi déposée avec nous. Qu'on efface les peintures, qu'on rétracte les écrits, afin qu'il ne reste pas de monuments éternels d'inimitié entre le royaume et le sacerdoce.

» Ces choses et d'autres, que nous n'osons pas rapporter entièrement, sur l'accord avec Roger et Guillaume de Sicile et d'autres traités faits en Italie, nous les avons entendues de la bouche de notre seigneur l'empereur. Quant au comte palatin, il est absent et est occupé à préparer l'expédition d'Italie. Pour le chancelier, qui était présent, il ne nous a rien dit qui ne respire l'humilité et la paix, assurant qu'il a défendu de tout son pouvoir les légats contre le peuple, qui en voulait à leur vie, et tous ceux qui étaient présents en rendent témoignage. Au reste, nous supplions instamment Votre Sainteté d'épargner notre faiblesse, et, comme un bon pasteur, d'adoucir la magnanimité de votre fils par des écrits qui, par leur suavité mielleuse, fassent oublier les premiers; afin que l'Eglise de Dieu jouisse d'une tranquille dévotion, et l'empire de son élévation glorieuse, par la médiation et la grâce de Jésus-Christ, médiateur de Dieu et des hommes (Radevic, l. 1, c. 16). »

Ce qui manquait à ces bons évêques d'Allemagne, c'était le courage et la pénétration : le courage, ils en conviennent; la pénétration, on le voit par leur lettre. Ils trouvent que Frédéric a parlé en prince catholique; et Frédéric reconnaît pour unique règle de son gouvernement, non la loi de Dieu interprétée par l'Eglise de Dieu, mais les lois et les usages des empereurs précédents; telles sont les bornes qu'il pose à l'Eglise même. Et ses prédécesseurs dans l'empire, il les fait remonter, nous l'avons vu, jusqu'à la fondation de Rome. D'où restait à conclure que désormais, comme sous Romulus ou Numa, César ou Néron, la religion, l'Eglise, le souverain Pontife, devaient servir d'instrument à la politique temporelle, pour dominer l'univers par la force. Que telle fut la pensée de Frédéric, nous le verrons de plus en plus.

C'était, entre autres, le but de sa seconde expédition en Italie, qui eut lieu en 1158; Frédéric campa près d'Augsbourg, où ses troupes s'assemblaient, et envoya en avant Rainald, son chancelier, et Othon, comte palatin de Bavière, qui s'avancèrent en Lombardie, le faisant partout reconnaître. Le Pape, l'ayant appris, envoya à ce prince, d'après le conseil de Henri, duc de Bavière et de Saxe, deux nouveaux légats, Henri, prêtre-cardinal du titre de Saint-Nérée, et Hyacinthe, cardinal-diacre de Sainte-Marie, en l'école grecque. Arrivés à Trente, ils prirent avec eux l'évêque de cette ville, pour plus grande sûreté; car, comme on savait que l'empereur n'était pas content du Pape, plusieurs voulaient prendre ce prétexte pour piller les légats au passage des montagnes. En effet, deux comtes puissants dans ces quartiers-là prirent les cardinaux et l'évêque, les dépouillèrent et les mirent aux fers, jusqu'à ce qu'un noble romain, frère du cardinal Hyacinthe, les délivra en se donnant lui-même pour otage; mais Henri, duc de Bavière et de Saxe, vengea, peu de temps après, cette violence.

Les légats étant donc arrivés au camp de l'empereur, près d'Augsbourg, furent admis à son audience. Ils le saluèrent respectueusement de la part du Pape et des cardinaux, comme seigneur et empereur de Rome et du monde (1); c'est du moins ce que dit l'Allemand Radevic, et l'on voit combien Frédéric tenait à ce titre de maître du monde, empereur de l'univers. Les légats lui témoignèrent le déplaisir que sentait le Pape d'avoir encouru son indignation, quoiqu'il ne crût pas l'avoir méritée, et présentèrent une lettre qui fut lue et interprétée par Othon de Frisingue, à qui cette division entre l'empire et le sacerdoce causait une douleur singulière, comme l'atteste Radevic, son disciple. La lettre était conçue en ces termes :

« Depuis que, par la volonté divine, nous avons reçu le gouvernement de l'Eglise universelle, nous avons eu soin d'honorer votre magnificence en toutes choses, de manière à augmenter de jour en jour votre amour envers nous et votre vénération pour le Siége apostolique. Ayant donc appris que, par la suggestion de quelques-uns, votre esprit était ému quelque peu contre nous, nous vous envoyâmes deux de nos frères les meilleurs et les plus illustres, les cardinaux Roland et Bernard, qui ont toujours montré beaucoup de zèle pour l'honneur de Votre Majesté, afin de savoir de vous-même vos intentions; nous avons été grandement surpris et peiné d'apprendre qu'ils ont été traités tout autrement qu'il ne convenait à la majesté impériale; car on dit que votre esprit s'est ému à l'occasion d'un certain mot, le mot *beneficium*, bienfait; qui n'a pas de quoi émouvoir, je ne dis pas seulement un aussi grand personnage, mais le moindre particulier. En effet, quoique ce mot reçoive chez quelques-uns une signification autre que celle de son étymologie, il fallait cependant le prendre dans le sens que nous le prenions nous-même, et que l'on sait qu'il a de sa nature; car ce mot est composé de *bien* et de *fait*, et on appelle chez nous *bienfait*, *beneficium*, non pas un fief; mais un *bien fait*, *bonum factum*. C'est dans ce sens qu'il est pris dans toute l'Ecriture sainte. Or, Votre Majesté sait que nous avons placé sur votre tête l'insigne de la dignité impériale, si bien et si honorablement, que cela peut être jugé par tout le monde un *bien fait*. Si donc quelques-uns ont détourné à un autre et ce mot et ceux-ci : *Nous vous avons conféré l'insigne de la couronne impériale*, ils ne l'ont pas fait par raison, mais par leur volonté propre et à la suggestion de ceux qui n'aiment aucunement la paix du royaume et de l'Eglise; car par cette expression : *Nous vous avons conféré la couronne*, nous n'avons entendu autre chose, sinon ce que nous venons de dire. *Nous vous l'avons placée sur la tête:* Quant à ce que vous empêchez ensuite des personnes ecclésiastiques de visiter la sainte Eglise romaine, comme elles le doivent, si cela est comme on le dit, vous sentez vous-même, très-cher fils en Jésus-Christ, combien c'est inconvenant; car si vous aviez quelque amertume contre nous, il fallait nous le faire connaître par vos envoyés et vos lettres, et nous aurions eu soin de pourvoir à votre honneur, comme à celui d'un très-cher fils. Maintenant donc que, d'après le conseil de notre cher fils Henri, duc de Bavière et de Saxe, nous vous envoyons deux de nos frères, les cardinaux-diacres Henri et Hyacinthe, nous vous engageons dans le Seigneur à les recevoir avec honneur et bienveillance, à les écouter avec une confiance entière, comme vous parlant du fond de notre cœur, et à faire en sorte, de concert avec eux et avec le duc déjà mentionné, qu'il ne reste plus aucun germe de discorde entre vous et notre mère la sainte Eglise romaine (Radevic, l. 1, c. 22). »

Cette lettre ayant été lue et interprétée d'une manière bienveillante, l'empereur s'apaisa. Devenu ainsi plus traitable, il expliqua aux légats quelques autres articles qui pourraient causer de la désunion, si l'on n'y portait remède. Les légats lui répondirent sur toutes choses d'une manière satisfaisante, assurant que le Pape ne dérogerait en rien à la dignité royale, et conserverait intacts l'honneur et les droits de l'empire. Alors l'empereur déclara qu'il rendait son amitié au souverain Pontife et à tout le clergé de Rome; en signe de quoi il donna aux lé-

(1) *Tanquam dominum et imperatorem urbis et orbis.*

gats le baiser de paix, tant pour eux que pour les absents. Il leur fit des présents, et les renvoya pleins de joie (Radevic, l. 1, c. 23).

Othon, évêque de Frisingue, qui venait de servir si bien l'empereur, son neveu, et l'Eglise tout entière, en les réconciliant l'un avec l'autre, devait suivre l'empereur en Italie. Il lui était en effet très-utile pour les affaires de l'empire. Mais il le pria de le dispenser de ce voyage, et, en le quittant, il lui recommanda les intérêts de son Eglise, particulièrement la liberté de l'élection après sa mort, qu'il croyait proche, à cause des avis qu'il en avait reçus, fondés sur quelques révélations. Etant retourné chez lui, il en partit pour se rendre au chapitre de Cîteaux, et arriva déjà malade à Morimond, dont il avait été abbé. Il s'y arrêta, et, la maladie augmentant, après avoir reçu l'extrême-onction et fait son testament, il se fit apporter le livre qu'il avait composé de l'histoire de l'empereur Frédéric, et le donna à des hommes doctes et pieux, pour y corriger ce qu'il pouvait avoir dit en faveur de l'opinion de Gilbert de la Porée, dont quelqu'un pût être scandalisé, déclarant qu'il voulait soutenir la foi catholique suivant la règle de l'Eglise romaine, ou plutôt de l'Eglise universelle. Ce qui lui donnait du scrupule, était apparemment la manière dont il avait parlé de saint Bernard, comme prévenu contre Gilbert. Après cette déclaration, Othon reçut le viatique, et mourut au milieu d'une multitude d'évêques et d'abbés, le 21 septembre 1158. Il avait gouverné pendant vingt ans l'Eglise de Frisingue. Nous avons de lui deux ouvrages historiques, fort estimables l'un et l'autre : premièrement une *Chronique*, ou histoire universelle divisée en sept livres, qui commence à la création du monde et finit à l'an 1146. L'auteur y ajouta un huitième livre, qui est un traité théologique de la fin du monde, présentant ainsi le commencement, le milieu et la fin de toute l'histoire humaine. Il entreprit ensuite l'histoire de l'empereur Frédéric, dont il composa deux livres, commençant à l'an 1076 et au schisme de Guibert contre le pape saint Grégoire VII, et finissant l'an 1156. Cette histoire fut continuée par Radevic, son disciple et chanoine de son Eglise (*Ibid.*, l. 2, c. 11).

L'expédition de l'empereur Frédéric était dirigée contre la ville ou commune de Milan. Arrivé en Italie, il comptait dans son armée plus de quinze mille chevaux et plus de cent mille hommes de pied. Les Milanais ne se découragèrent point. Avertis de la marche prochaine de cette armée formidable, ils n'avaient rien négligé pour se mettre en état de lui opposer une vigoureuse résistance. Surtout ils avaient cherché à s'assurer de la fidélité et de l'obéissance des Lodésans, dont ils se défiaient avec raison. Les précautions qu'ils prirent dans ce but témoignent en faveur des mœurs et de la bonne foi des Italiens du douzième siècle. Ils ne demandèrent point d'otages; ils ne mirent point de garnison dans leurs châteaux; mais les consuls milanais s'étant rendus à Lodi, au mois de janvier 1158, exigèrent que tous les habitants du district, sans exception, jurassent devant eux d'obéir en toutes choses aux ordres de la commune de Milan. Les Lodésans, déterminés à la révolte, ne voulurent jamais consentir à prêter un serment qui leur en aurait ôté les moyens; ils se récrièrent sur ce qu'on n'y insérait pas la clause, *sauf la fidélité due à l'empereur*, qu'ils déclaraient nécessaire à l'acquit de leur conscience, puisqu'un serment antérieur les liait à ce monarque. Les consuls, pour forcer l'obéissance des Lodésans, marchèrent contre eux, à la tête des milices milanaises, et leur enlevèrent leurs meubles, sans rencontrer de leur part aucune résistance. Au bout de deux jours, le dernier terme qu'ils leur avaient accordé étant écoulé, ils se présentèrent de nouveau devant les bourgades de Lodi; mais tous les habitants, hommes, femmes et enfants, avaient quitté leurs demeures et s'étaient retirés plus loin. Les Milanais, après les avoir pillées, y mirent le feu (Othon Morena, *Hist. Laudens.*; Muratori, *Script. rerum italic.*, t. VI).

Les Bressans étaient alliés des Milanais. Ils furent attaqués les premiers par l'armée impériale. Au bout de quinze jours, effrayés de leur situation, ils livrèrent des otages et une grosse somme d'argent pour acheter la paix (Radevic, l. 1, c. 25).

Frédéric tint, sur le territoire, au milieu de son camp, une espèce de diète, où il proclama un règlement sur la discipline militaire, que confirmèrent les archevêques, évêques et abbés, et dont ils promirent de punir les violateurs par les censures ecclésiastiques. En voici les articles les plus curieux :

« Nous statuons que ni chevalier ni sergent n'excitera de querelle. Que si l'un se dispute avec l'autre, aucun d'eux ne poussera le cri de guerre, pour ne point engager les siens au combat. S'il s'élève une querelle, nul n'y accourra avec des armes, c'est-à-dire l'épée, la lance ou des flèches; mais revêtu de la cuirasse, du bouclier et du casque, il n'y portera qu'un bâton, pour dirimer la querelle. Nul ne se réclamera du drapeau du camp, si ce n'est pour trouver son logis. Si un soldat, en se réclamant du drapeau excite une querelle, on lui ôtera tout son harnais et on le chassera de l'armée. Si c'est un serf, on lui coupera les cheveux, on le battra de verges et on lui brûlera la mâchoire, à moins que le maître ne le rachète avec tout son harnais.

» Celui qui en blesse un autre, s'il en est convaincu par deux témoins valables, aura la main coupée. S'il n'y a pas de témoins et que l'accusé veuille se purger par le serment, l'accusateur peut s'y refuser et le provoquer en duel. Celui qui fait un homicide, s'il est convaincu par deux témoins légitimes, subira la peine capitale; s'il n'y a pas de témoins, et que l'homicide veuille se purger par serment, le parent du mort peut s'y refuser et l'attaquer en duel. Si quelqu'un offense ou blesse un soldat étranger qui s'approche pacifiquement du camp, assis sur son palefroi, sans bouclier ni armes, il sera jugé violateur de la paix. Mais si l'étranger a le bouclier au bras et la lance à la main, celui qui l'offense n'aura point violé la paix.

» Le soldat qui dépouillera un marchand restituera le double, et jurera qu'il ignorait que ce fût un marchand. Si c'est un serf, on lui coupera les cheveux, on le brûlera à la mâchoire; et son maître restituera le dommage. Quiconque en voit un autre piller une église ou une boutique, doit l'en empêcher, toutefois sans querelle; s'il ne peut, il doit l'accuser en cour. Personne n'aura de femme dans son gîtement ; si quelqu'un ose en avoir une, on lui ôtera tout son harnais, il sera excommunié et on coupera le nez à la femme.

» Un serf qui commet un larcin, si c'est la première fois, on ne le pendra pas, mais on lui coupera les cheveux, on le frappera de verges, on le brûlera à la mâchoire et on le chassera de l'armée, à moins que le maître ne le rachète avec tout son harnais. S'il a déjà volé auparavant, il sera pendu. Le serf accusé de vol, sans avoir été pris sur le fait, se purgera par un fer chaud, ou bien son maître fera serment pour lui. L'accusateur jurera de son côté qu'il ne l'actionne pour vol que parce qu'il le croit coupable. Si quelqu'un trouve le cheval d'un autre, il ne le tondra pas ni ne le rendra méconnaissable, mais il en informera le maréchal; il ne le tiendra pas en cachette et le chargera de son bagage. Si celui qui l'a perdu le retrouve chargé par le chemin, il ne jettera point la charge bas, mais le suivra au logis et recevra son cheval. Si quelqu'un brûle une maison à la ville ou à la campagne, il sera fustigé, tondu et brûlé à la mâchoire.

» Si un marchand teutonique revend plus cher au camp qu'il n'a acheté dans la ville, le chambrier lui ôtera toute sa marchandise, le frappera de verges, le tondra et le brûlera à la mâchoire. Nul Teuton, n'aura pour compagnon de Latin, à moins qu'il ne sache le teutonique ; que s'il en a un, on lui ôtera tout ce qu'il a. Si un soldat dit des injures à un autre, il peut le nier par serment; s'il ne le nie pas, il lui paiera dix livres de monnaie ayant cours dans l'armée. Si quelqu'un trouve des vases pleins de vin, il en prendra du vin avec précaution, sans briser les vases et sans couper les cercles des tonneaux, de peur que tout le vin ne se répande au préjudice de l'armée. Lorsque l'armée s'emparera d'un château, les soldats enlèveront tout ce qu'il contiendra, mais ils ne le brûleront point sans l'ordre du maréchal. Lorsqu'un Allemand aura blessé un Italien, si celui-ci peut prouver par deux témoins honnêtes qu'il avait juré la paix, l'Allemand sera puni (Radevic, l. 1, c. 26, et Gunther Ligurin, l. 7). »

Dans cette même diète, les Milanais furent cités à comparaître pour se justifier de leur rébellion. Ils n'avaient point tellement secoué le joug de l'empire; qu'ils ne reconnussent encore leur allégeance envers son chef, en sorte qu'ils obéirent à la citation. Leurs députés, après avoir défendu leur conduite, offrirent, en guise de rançon, une somme d'argent considérable, que l'empereur refusa. La diète les déclara ennemis de l'empire, et l'armée reçut l'ordre de se préparer au siège de Milan.

Sur la route, l'empereur étant campé près des ruines de l'ancien Lodi, les Lodésans se présentèrent à lui, portant des croix à leurs mains : c'était la marque distinctive des suppliants. Ils réclamaient un nouvel emplacement pour bâtir leur ville, les Milanais avaient détruite. Frédéric leur en assigna un sur le bord de l'Adda, et y fit poser, en sa présence, la première pierre du nouveau Lodi, qui subsiste encore (Othon Morena).

Les Milanais se virent assiégés, le 25 juillet 1158, par toute l'armée impériale. Ils se défendirent vigoureusement, firent des sorties, eurent quelques succès, mais plus souvent des revers. Le plus grand fut de se voir abandonnés de leurs alliés, qui servaient même dans le camp ennemi. Les Crémonais et les Pavésans abusaient de l'appui de l'empereur pour ruiner les campagnes; ils arrachaient ou brûlaient les vignes, les figuiers, les oliviers ; ils renversaient les maisons; ils égorgeaient les prisonniers; enfin ils faisaient la guerre avec la barbarie à laquelle s'abandonnent souvent les faibles, lorsqu'une longue oppression les a aigris et que le succès les enivre (Radevic, l. 1, c. 39).

Enfin, par la médiation du comte de Blandrate, un des plus puissants seigneurs du Milanais, qui avait l'estime et la confiance des deux partis, un traité fut signé le 7 septembre, entre la ville de Milan et l'empereur Frédéric. Il commence en ces termes :

« Au nom de Notre Seigneur Jésus-Christ. Voici la convention par laquelle les Milanais rentreront et demeureront dans la grâce de l'empereur. Suivent les conditions, qui furent encore assez avantageuses pour que les Milanais pussent s'y soumettre sans honte. Ils s'obligèrent à rendre la liberté aux villes de Como et de Lodi ; à prêter serment de fidélité à l'empereur ; à lui bâtir un palais à leurs frais, à lui payer en trois termes, dans l'année, neuf mille marcs d'argent, pour laquelle somme ils devaient donner des otages ; enfin à renoncer aux droits régaliens qu'ils possédaient. De son côté, l'empereur promit que son armée n'entrerait point à Milan, et qu'elle s'éloignerait des murs de cette ville, trois jours après qu'on lui aurait livré les otages convenus. » Il comprit dans le traité les alliés des Milanais, les Tortonais, les Crémasques et les insulaires du lac de Como; il donna sa sanction à la continuation de leur alliance; il confirma le droit des Milanais d'élire eux-mêmes leurs consuls dans l'assemblée du peuple; mais il exigea que les consuls lui prêtassent serment de fidélité, et que des députés, pris entre ceux qui leur succéderaient, vinssent auprès de lui, aux calendes de février, répéter cet engagement. Enfin, il promit de s'entremettre pour faire la paix entre Milan et ses alliés, d'une part, et les villes de Crémone, Pavie, Novare, Como, Lodi et Verceil, de l'autre, sous condition qu'on relâcherait les prisonniers de part et d'autre ; mais il permit que, dans le cas où il ne réussirait pas à faire la paix, les Italiens gardassent les captifs qu'ils se seraient faits réciproquement, reconnaissant que lui-même n'aurait point droit de s'en plaindre (Ibid., c. 41).

Le traité ainsi convenu de part et d'autre, le clergé et les magistrats de Milan vinrent, nu-pieds, à la tente de l'empereur; le clergé, présidé par l'archevêque Obert, était précédé de la croix; les magistrats portaient l'épée nue à la main. Les articles du traité ayant été lus et ratifiés, l'empereur présenta sa main aux députés de Milan, et les reçut en ses bonnes grâces (Ibid., c. 42 et 43).

Le 23 novembre de la même année 1158, Frédéric tint une assemblée générale ou diète à Roncaille. Son but était d'y faire valoir son titre de maître du monde. Les légistes de Bologne entraient dans ses vues. Ces nouveaux docteurs, enthousiasmés du droit romain, ne voyaient en tout que l'empereur, comme Arnaud de Bresce, enthousiasmé de l'histoire romaine, ne voyait en tout que le sénat et le peuple romains. Pour les uns et les autres, les changements qui, depuis dix-huit siècles, avaient eu lieu dans le monde, dans les empires, dans la religion, dans les mœurs, dans les relations des individus et des peuples, ne comptaient pour rien. Une seule idée, l'empereur, voilà à quelle règle de fer les légistes de Bologne voulaient ramener et réduire, non-seulement l'Italie et l'Allemagne, mais toute l'humanité chrétienne. Quatre docteurs fameux enseignaient alors à Bologne le droit romain, savoir : Bulgare, Martin, Jacques et Hugues, disciples tous les quatre de Garnier ou Yrnerius, qui avait renouvelé cette étude. Frédéric les manda tous les quatre à la diète de Roncaille, pour en être l'âme.

Un jour que l'empereur allait à cheval entre le docteur Bulgare et le docteur Martin, il leur demanda s'il était de droit le maître du monde. Bulgare répondit qu'il ne l'était point quant à la propriété; mais Martin soutint qu'il l'était. Alors l'empereur, descendant de son cheval, en fit présent à Martin. Sur quoi Bulgare fit ce jeu de mots : *Amisi equum, quia dixi æquum, quod non fuit æquum*; c'est-à-dire, autant que cela peut se traduire en français : J'ai manqué un cheval, pour avoir dit juste, ce qui n'est pas juste (Othon Morena, *Hist. Laud.*; Muratori, *Script. rer. ital.*, t. VI). L'auteur contemporain qui rapporte cette anecdote est Othon Morena, magistrat de Lodi, ami et confident de l'empereur Frédéric. On y voit que les jurisconsultes étaient d'accord à soutenir que Frédéric était le maître du monde, quant à la souveraineté; ils différaient seulement sur la question de savoir s'il l'était quant à la propriété. En un mot, que l'empereur allemand fut l'unique souverain du monde, et que, conséquemment, les rois de France, d'Angleterre, d'Espagne, les empereurs des Grecs et même des Chinois, n'étaient que ses feudataires ou des usurpateurs, c'était là une chose hors de doute parmi les jurisconsultes de Bologne; mais qu'il fût l'unique propriétaire de chaque maison, de chaque fauchée de pré, c'est sur quoi il y avait encore quelque dissentiment.

L'empereur Frédéric ayant donc fait venir à Roncaille les quatre docteurs de Bologne, leur ordonna de lui déclarer en vérité tous les droits régaliens qui lui appartenaient en Lombardie, comme empereur. Ils s'excusèrent de le faire sans prendre conseil des autres juges. L'empereur leur en adjoignit encore vingt-huit, deux de chaque ville de Lombardie. Les trente-deux jurisconsultes, ayant conféré ensemble, déclarèrent à l'empereur, en présence des seigneurs et des consuls des villes, que les régales n'appartenaient qu'à lui seul, et que, sous le nom de régales, on devait entendre les duchés, les marquisats, les comtés, les consulats, le droit de battre monnaie, les péages, le droit d'approvisionnement, les tributs, les ports, les moulins, les pêches et tous les revenus qui pouvaient provenir des fleuves (Othon Morena, p. 1017-1020; Radevic, l. 2, c. 5).

Comme les arguments des légistes étaient appuyés de cent mille épées allemandes, on n'y trouva rien à reprendre. Au contraire, c'était à qui louerait la condescendance du prince. L'archevêque de Milan, dans sa harangue, le qualifia d'*empereur unique de Rome et du monde*. « Votre Majesté, ajoute-t-il, a daigné nous consulter, nous, les fidèles et votre peuple, sur les lois et la justice, ainsi que sur l'honneur de l'empire. Sachez que tout le droit du peuple pour établir des lois nouvelles vous a été accordé. Votre volonté est le droit, suivant ce que l'on dit : *Ce qui plaît au prince a force de loi*, attendu que c'est à lui et en lui que le peuple a remis tout son empire et sa puissance; car tout ce que l'empereur constitue, décrète ou ordonne par une lettre, par une sentence, par un édit, devient à l'instant une loi. Il est selon la nature, en effet, que la récompense suive le travail, et que, chargé du fardeau de nous protéger tous, vous puissiez aussi nous commander à tous (Radevic, l. 2, c. 4). »

D'après la décision de jurisconsultes, l'archevêque de Milan, et les consuls de la ville, ainsi que tous les autres évêques et seigneurs de Lombardie, renoncèrent publiquement, entre les mains de l'empereur, à tous ces droits qui avaient été déclarés régaliens. Mais l'empereur en confirma la possession à tous ceux qui purent montrer des titres valables; et, toutefois, il s'en trouva d'usurpés pour trente mille marcs d'argent de revenus annuels (*Ibid.*, c. 5).

En cette assemblée de Roncaille, l'empereur Frédéric fit plusieurs lois, principalement pour établir la paix et la sûreté publiques. Il en fit une en particulier pour les étudiants, à l'occasion, sans doute, de l'école de Bologne, qui était célèbre. Cette constitution porte : « Que les écoliers qui voyagent à cause de leurs études, et principalement les professeurs des lois divines et impériales, pourront venir et habiter sûrement, eux et leurs messagers, aux lieux où l'on exerce les études; que personne ne soit assez osé pour leur faire injure, ni user de représailles contre eux pour les crimes ou les dettes de quelque autre province; de quoi les gouverneurs des lieux seront responsables. Si quelqu'un intente un procès contre eux, ils auront le choix de plaider devant leur seigneur, ou leur professeur, ou l'évêque de la ville, sous peine, à celui qui voudrait les traduire devant un autre juge, de perdre sa cause (Radevic, l. 2, c. 7; *Authent. ad tit. ne fil., propat.* 4, *cod.* 13).

Comme la diète de Roncaille avait admis en principe que la volonté du prince faisait loi, Frédéric songea tout de bon à en tirer les conséquences. La ville de Plaisance avait été alliée de Milan; il en fit raser les murailles, combler les fossés et abattre les tours. Son ambition croissant avec le succès, il revendiqua les îles de Corse et de Sardaigne, envoya aux Pisans et aux Génois des commissaires impériaux, avec ordre de les transporter dans ces îles. Ces deux peuples s'en dispensèrent : la colère de Frédéric s'enflamma contre eux, et il menaça les Génois de tout son courroux (Radevic, l. 2, c. 9). Les Génois, de leur côté, réclamèrent contre la loi portée à la diète sur les droits régaliens. Ils faisaient valoir d'anciens priviléges des empereurs, en vertu desquels ils étaient dispensés de tout impôt et de tout service, en raison de la pauvreté de leurs montagnes et du soin dont ils se chargeaient de défendre les côtes contre les infidèles. Cependant, dès qu'on apprit à Gênes les menaces de Frédéric, on vit hommes, femmes et enfants travailler nuit et jour, avec une ardeur égale, à relever et à fortifier les murs de la ville, à les couvrir de machines de guerre. En même temps, l'historien Caffara, ainsi que plusieurs des magistrats, furent envoyés en députation vers l'empereur ; ils employèrent tour à tour, avec adresse, les raisonnements, le courage et la soumission ; ils apaisèrent sa colère, et l'engagèrent à se contenter d'une somme de douze cents marcs d'argent, qu'ils lui payèrent (Caffari, *Annal. Genuens.*, l. 1 ; Muratori, *Script. rer. ital.*, t. VI).

Dès que la volonté du prince est la règle de la justice, il peut se dispenser de tenir sa parole toutes les fois qu'il lui plaît. Frédéric usa largement de ce privilége pour s'affranchir des obligations que lui imposait son traité avec les Milanais. Il se permit donc de soustraire Monza à leur juridiction, quoique, par ce traité, il les eût expressément confirmés dans la possession de tout leur territoire, à la réserve de Lodi et de Como. Peu après, il leur enleva également les deux comtés de la Martésana et de Séprio, dont il investit un nouveau seigneur ; puis il mit une garnison allemande dans le château de Trezzo ; enfin il donna ordre de détruire celui de Crême, pour complaire aux Crémonais. Vers le même temps, il avait envoyé à Milan son chancelier, pour y établir un juge impérial ou podestat à la place des consuls ; ce qui était contraire à la lettre même du traité de paix (Sire Raul ; Othon Morena ; Radevic, l. 2, c. 21 ; Muratori, t. VI). Le peuple ne put supporter ce nouvel outrage ; il prit les armes avec un mouvement de fureur, et força le chancelier à sortir en hâte de la ville. Les Crémasques avaient traité de même les messagers qui leur avaient porté l'ordre d'abattre leurs murs.

Frédéric n'entreprit point une seconde fois le siège de Milan, mais il dévasta les campagnes du Milanais, à plusieurs reprises, pendant toute la durée de l'été 1159 ; il brûla les moissons, il fit abattre les arbres fruitiers ou enlever leur écorce, il détruisit toute espèce de comestible ; en même temps il fit garder toutes les routes qui conduisaient à Milan, et soumit aux peines les plus sévères ceux qui porteraient des munitions dans cette ville (Radevic, l. 2, c. 33).

Vers la mi-août, à la persuasion des Crémonais, qui lui promirent pour cela onze mille livres d'argent, Frédéric alla assiéger la ville de Crême, parce qu'elle demeurait fidèle à l'alliance des Milanais. Les Crémasques se défendirent avec un courage incroyable. Une de leurs sorties, pendant l'absence de l'empereur, fut si violente, que, quoiqu'ils n'eussent guère que six cents chevaux, ils conservèrent l'avantage, jusqu'à la fin de la journée, sur l'armée impériale. Frédéric fut si outré de l'insolence des Crémasques qui avaient osé battre ses troupes, qu'il fit pendre, en face des murs, un certain nombre de prisonniers. Les assiégés usèrent de représailles et livrèrent au même supplice, du haut de leurs créneaux, le même nombre de prisonniers allemands (*Ibid.*, c. 45).

Frédéric les fit alors avertir, par un héraut, que désormais, à aucune condition, il ne les recevrait en grâce, et qu'il était résolu à les traiter avec la dernière rigueur. En même temps il envoya au supplice quarante otages qu'il avait levés précédemment dans Crême ; il fit pendre également six députés des Milanais envoyés à Plaisance, et dont l'un était neveu de l'archevêque de Milan. Ce n'est pas tout. Il restait encore d'autres otages de Crême entre les mains de Frédéric : c'étaient des enfants ; il les fit attacher à une tour qu'il faisait avancer contre la ville, tandis que les assiégés, avec neuf catapultes, s'efforçaient de la repousser. Les pères de ces malheureuses victimes, en armes sur la muraille, poussaient des cris lamentables, et ne cessaient cependant de combattre et de diriger les catapultes contre la tour qu'on faisait approcher. L'un d'eux, élevant la voix, criait à ses enfants : « Bienheureux ceux qui meurent pour la patrie et la liberté ! Ne craignez point la mort, elle seule peut désormais vous rendre libres ; si vous étiez parvenus à notre âge, ne l'auriez-vous pas bravée avec nous pour la patrie ? Heureux de la rencontrer avant d'avoir, comme nous, à redouter l'infamie pour vos épouses, ou à résister aux gémissements de vos enfants qui vous demandent de les épargner ! oh ! puissions-nous bientôt vous suivre ! Puisse aucun vieillard d'entre nous n'être assis sur les cendres de sa cité ! puissent nos yeux être fermés avant d'avoir vu notre sainte patrie tomber entre les mains impies des Crémonais et des Pavésans (Radevic, l. 2, 47 ; Gunther Ligur., l. 10) ! »

Tels sont les détails qui se lisent dans deux panégyristes allemands de l'empereur Frédéric, Radevic de Frisingue et le poète Gunther. Un souverain qui, contre ses peuples mêmes, foule aux pieds le droit des gens et de l'humanité en égorgeant les otages ; un souverain qui foule aux pieds les plus saintes lois de la nature, en réduisant les pères à tuer leurs enfants pour se défendre eux-mêmes, non, il n'y a rien de plus atroce dans l'histoire des sauvages. Et cet homme se donnait pour l'unique souverain légitime de l'univers, pour le réformateur nécessaire de l'Église !

Il y avait déjà six mois que le siège durait, lorsque Frédéric parvint à corrompre le principal ingénieur des Crémasques, qui passa dans son camp et dirigea la construction de nouvelles machines pour attaquer la ville longtemps défendue par lui. Après plusieurs combats acharnés, les habitants s'adressèrent au patriarche d'Aquilée et au duc de Bavière, et demandèrent, par leur entremise, à entrer en négociation. Ces deux personnages leur obtinrent des conditions qui furent acceptées. L'empereur leur permit de sortir de leur ville avec leurs femmes et leurs enfants, et d'emporter sur leurs épaules ceux de leurs effets dont ils pourraient se charger en une seule fois. Ce fut le 26 janvier 1160 que les habitants de Crême, hommes, femmes et enfants, au nombre de vingt mille environ, sortirent de cette ville malheureuse et s'acheminèrent vers Milan. L'empereur livra Crême au pillage de ses soldats, qui y mirent ensuite le feu. Les Crémonais prirent soin de raser jusqu'aux fondements tout ce qui avait échappé à l'incendie. Frédéric notifia son triomphe à tout l'empire par une lettre où il relève sa souveraine clémence, qui a bien voulu laisser la vie là ceux qu'il dépouillait, sans sujet, de tout le reste (Radevic, l. 2, c. 58-63).

Après cette singulière clémence de Frédéric, ce qui étonne le plus, c'est la constance des Italiens à défendre leur liberté et leurs droits, surtout depuis la diète de Roncaille, où leurs évêques, leurs abbés et leurs seigneurs avaient reconnu le nouveau dogme des légistes : que l'empereur était le seul maître de l'univers, la seule loi de l'empire, le seul propriétaire de l'Italie. C'est qu'au-dessus des évêques et des abbés se trouve le Pontife romain, qui, avec la liberté et les droits de l'Eglise universelle, protége naturellement la liberté et les droits des individus et des peuples.

Le pape Adrien IV blâma donc la faiblesse des évêques et des abbés de Lombardie, et leur fit connaître son mécontentement de ce qu'ils avaient reconnu tenir de l'empereur tous les droits régaliens. De plus, comme les officiers du prince, animés de l'esprit de leur maître, exigeaient avec insolence les nouveaux droits, jusque sur les terres de l'Eglise romaine, le Pape s'en plaignit à l'empereur lui-même par une lettre qui n'est pas venue jusqu'à nous. Suivant l'Allemand Radevic, elle était douce en apparence; mais en la lisant avec attention, on y trouvait une admonition bien âpre; en outre, elle fut apportée par une personne peu considérable, qui disparut avant que la lettre fût lue (Radevic, l. 2, c. 15).

Quelque temps auparavant, Anselme, archevêque de Ravenne, précédemment évêque d'Havelsberg, étant mort, Frédéric fit élire à sa place Gui, fils du comte de Blandrate, jeune homme que le Pape avait reçu dans le clergé de Rome à la prière de l'empereur, et ordonné sous-diacre. A son élection pour l'archevêché de Ravenne, assista le cardinal Hyacinthe de la part du Pape. Deux fois l'empereur pria le Pape de confirmer cette élection, deux fois le Pape s'y refusa, disant qu'il ne pouvait se résoudre à éloigner de lui le fils du comte de Blandrate, tant à cause de son mérite que des avantages que ses parents pourraient procurer à l'Eglise romaine, et qu'il se proposait d'élever ce jeune homme, avec le temps, à de plus hautes dignités, lui ayant déjà assigné un titre comme s'il était diacre (Ibid., c. 16 et 17).

Irrité de ce refus, mais plus encore de la lettre mentionnée tout à l'heure, Frédéric, suivant l'ardeur de sa jeunesse, résolut de rendre au Pape la pareille, non par la qualité de l'envoyé, qui fut une personne honorable, mais par le style de la réponse. Il ordonna donc à son secrétaire de suivre le style des anciens Romains, mettant à la tête de la lettre le nom de l'empereur avant celui du Pape, et, dans la suite, mettant *toi* au lieu de *vous;* car l'usage était établi depuis longtemps de nommer au pluriel, par honneur, à qui on parle. Or, l'empereur disait que le Pape, en lui écrivant, devait suivre l'usage de ses prédécesseurs, ou qu'il devait lui-même observer le style des anciens empereurs (Ibid., c. 15 et 18). Nous n'avons pas la lettre où le Teuton Frédéric donnait des leçons de politesse littéraire au Pontife romain.

Le Pape y répondit en ces termes : « Adrien, évêque, serviteur des serviteurs de Dieu, à Frédéric, empereur romain, salut et bénédiction apostolique. La loi divine, de même qu'elle promet une longue vie à ceux qui honorent leurs parents, de même aussi elle prononce une sentence de mort contre ceux qui maudissent leurs père et mère. Nous savons de plus, de la bouche même de la vérité, que quiconque s'élève sera humilié. C'est pourquoi, cher fils dans le Seigneur, nous ne sommes pas médiocrement étonné de votre prudence, en ce que vous paraissez ne pas rendre au bienheureux Pierre et à la sainte Eglise romaine tout le respect que vous devriez. Car, dans les lettres que vous avez envoyées, vous mettez votre nom avant le nôtre; par où vous encourez la note d'insolence, pour ne pas dire d'arrogance. Que dirons-nous de la fidélité que vous avez promise et jurée au bienheureux Pierre et à nous? de quelle manière vous l'observez? puisque, de ceux qui sont des dieux et les fils du Très-Haut, à savoir des évêques, vous requérez l'hommage, vous exigez le serment féodal, mettant leurs mains sacrées entre les vôtres; puisque, nous étant devenu manifestement contraire, vous fermez l'entrée non-seulement des églises, mais des villes de votre royaume aux cardinaux envoyés d'auprès de nous. Rentrez donc, rentrez en vous-même, nous vous le conseillons; car, après avoir mérité de nous la consécration et la couronne, nous craignons pour votre *nobilité,* qu'en cherchant à prendre ce qu'on ne vous accorde pas, vous ne perdiez ce qui vous a été accordé (*Post. Radevic.,* p. 562; *apud Baron.,* 1159; Mansi, p. 796). »

L'empereur répliqua par la lettre suivante : « Frédéric, par la grâce de Dieu, empereur des Romains, toujours auguste, à Adrien, pontife de l'Eglise catholique, de s'attacher à tout ce que Jésus a commencé d'enseigner et de faire. — La loi de la justice rend à chacun le sien. Nous ne dérogeons point à nos parents, à qui nous rendons en ce royaume l'honneur qui leur est dû ; car c'est d'eux, nos ancêtres, que nous avons reçu et la dignité et la couronne royales. Est-ce que Silvestre, au temps de Constantin avait quelque chose de royal? C'est par la concession de sa piété, que la liberté et la paix ont été rendues à l'Eglise, et tout ce que votre Papauté a de royal, vient de la libéralité des princes. Ainsi, quand nous écrivons au Pontife romain, c'est d'après l'ancien droit que nous mettons notre nom le premier, et que nous lui accordons d'en faire de même quand il nous écrit. Relisez les annales, si vous avez négligé de le faire, vous y trouverez ce que nous disons. Et pourquoi n'exigerions-nous pas l'hommage et le serment féodal de ceux qui sont dieux par adoption et qui tiennent nos régales? puisque celui qui est notre maître et le vôtre, n'avait rien reçu de l'homme-roi, au contraire lui avait tout donné, a toutefois payé le cens à César pour lui et pour Pierre, vous donnant l'exemple de faire de même, et vous disant : *Apprenez de moi, que je suis doux et humble de cœur.* Qu'ils nous laissent donc nos régales, ou bien, s'ils jugent qu'elles leur sont utiles, qu'ils rendent à Dieu ce qui est à Dieu, et à César ce qui est à César. Nos églises et nos villes sont fermées à vos cardinaux, parce que nous ne voyons pas qu'ils viennent prêcher l'Evangile et affermir la paix, mais piller et amasser de l'or et de l'argent avec une avidité insatiable. Quand nous les verrons tels que l'Eglise désire, nous ne leur refuserons pas le salaire et la subsistance. Vous blessez l'humilité et la douceur, en proposant aux séculiers des questions peu utiles à la religion. Que Votre Paternité prenne donc garde, en remuant ces choses qui nous paraissent indignes, qu'elle ne cause un scandale à ceux qui reçoivent vos paroles comme une rosée bienfaisante. Car nous ne pouvons dispenser de répondre à ce qu'on nous dit, quand nous voyons que l'orgueil, cette bête détestable, s'est glissée jusque sur le Siège de saint Pierre. Pourvoyez toujours bien à la paix de l'Eglise, et portez-vous toujours bien (*Post Radevic.,* p. 563). »

Dans cette missive, Frédéric engage le Pape à

relire les annales de l'histoire. Mais Frédéric aurait bien fait de relire ses propres lettres. Dans une lettre précédente au même Pape, il rappelle que sa couronne est élective, et que l'archevêque de Mayence en est le premier électeur ; ici il prétend qu'elle est héréditaire, et qu'il l'a reçue de ses ancêtres, à partir de Constantin. Quand on veut remontrer un Pape, il faut au moins être d'accord avec soi-même. Si Frédéric ou ses conseillers avaient bien lu les annales de l'histoire, ils y auraient vu que la dignité impériale rétablie en Occident par le Pontife romain, n'était plus du tout l'institution païenne de Romulus, de César, de Néron, mais une institution essentiellement chrétienne, et que l'empereur d'Occident n'était autre chose que le défenseur armé de l'Eglise romaine et du Pontife romain ; que, par conséquent, c'était à l'Eglise romaine et à son Pontife à se choisir ce défenseur parmi les divers princes de la chrétienté ; ils auraient vu et compris que, vouloir ramener cette institution à l'idée païenne de Dioclétien et de Nabuchodonosor, c'était la rendre non-seulement inutile, mais nuisible et odieuse, c'était en provoquer l'abolition. C'est à quoi travaillaient, sans s'en douter, les légistes de Bologne avec leur principe d'idolâtrie politique. L'empereur est l'unique souverain, l'unique propriétaire, l'unique loi du monde. De là le raisonnement de Frédéric : « Les biens de l'Eglise romaine et des autres Eglises leur ont été donnés par les princes ; donc j'ai droit de les reprendre, et de les reprendre sans aucun égard à l'intention des donateurs, aux modifications plus ou moins importantes qu'y ont apportées les temps et les circonstances. »

Les Bédouins et les Juifs font des raisonnements semblables pour justifier leurs pillages et leurs usures. Les Bédouins disent : « Ismaël, notre père, est le premier-né d'Abraham, à qui Dieu a promis l'univers : c'est injustement que notre père Ismaël a été privé de son héritage par Isaac, son cadet. Il est donc juste que nous reprenions notre bien et sur les Juifs et sur les autres. » Les Juifs disent de leur côté : « C'est à nous, enfants d'Abraham, qu'a été donnée la terre promise, et qu'a été promise la possession du monde ; ce sont les chrétiens surtout qui nous privent de l'un et de l'autre ; il est donc juste que nous reprenions notre bien, principalement sur eux. » Au XIXe siècle, un soldat heureux dira, comme Frédéric du XIIe : « Je suis le successeur de Charlemagne ; or, Charlemagne a donné à l'Eglise romaine et Rome et le patrimoine de saint Pierre ; donc il est juste que je reprenne l'un et l'autre. » C'est toujours le même raisonnement, le droit du plus fort. Et les Papes, en s'y opposant avec un courage invincible, ont bien mérité de l'humanité, car ils ont conservé sur la terre l'idée et le règne de la justice.

Cependant, entre Frédéric et Adrien, les esprits s'échauffaient de plus en plus, et l'on prétendait même avoir intercepté des lettres du Pape, par lesquelles il excitait à l'insurrection et Milan et quelques autres villes. Alors Henri, cardinal de Saint-Nérée, qui avait été à Augsbourg un des médiateurs de la paix entre le Pape et l'empereur, écrivit à son ami Eberhard, évêque de Bamberg, qui avait travaillé avec lui à ce traité en cette même qualité de médiateur, pour l'exhorter à combattre, par ses conseils, pour l'honneur et la liberté de l'Eglise. Car, ajoute-t-il, tant que les affaires seront gouvernées par des seigneurs laïques, qui ne savent ni les canons ni les règles de la religion, la paix ne pourra s'affermir. L'évêque de Bamberg était un des conseillers intimes de l'empereur, mais on lui avait caché toute cette affaire. Il répondit donc au cardinal qu'il était sensiblement affligé de ce commencement de division, dont il attribue la première origine, de la part des conseillers de l'empereur, à une connaissance mal dirigée et mal comprise de l'antiquité, qu'ils voulaient appliquer à tort et à travers. Toutefois, il cherche à excuser l'empereur même, et pense que le plus grand mal vient de ce que personne ne veut faire les avances de la réconciliation. Il insinue que c'est aux Romains, comme mieux instruits, à prévenir les autres et à les instruire avec douceur. Il écrivit dans le même sens au Pape, usant d'une liberté respectueuse, et lui dit : « Il est à craindre que les paroles dures de part et d'autre, venant à se choquer, ne produisent un feu qui s'étende bien loin dans le sacerdoce et l'empire ; de quoi Dieu nous préserve. Votre fils, comme vous le savez, est notre seigneur ; vous, de votre côté, comme le Christ, vous êtes notre Seigneur et notre maître. Personne d'entre nous n'ose dire ni d'ici ni de là : Pourquoi faites-vous ou dites-vous cela ? Seulement, nous faisons des vœux pour la paix. S'il m'était permis de dire ce que je pense : Il me semble qu'il ne serait pas expédient de tant peser les paroles et d'en tant demander raison, parce qu'il vaut mieux éteindre le feu au plus vite que de disputer de quel côté il est venu. Je sais que je parle de choses qui sont au-dessus de moi, mais je parle dans la sincérité de mon cœur devant celui qui est au-dessus de tous et qui connaît ce qu'il y a de plus caché, et, puisque j'ai commencé, je continuerai de vous parler avec confiance, comme à mon père et à mon seigneur. Laissant de côté les paroles qui peuvent être prises diversement, selon la diversité des auditeurs et des interprètes, daigne Votre Paternité écrire de nouveau, avec douceur et bonté, à votre fils, notre seigneur l'empereur, et le rappeler avec une affection paternelle ; il est disposé à vous rendre toute sorte de respect. Que Samuël embrasse son David, qu'il ne permette pas qu'il se sépare de lui, de peur que le manteau ne se déchire, mais que Dieu soit honoré et que l'Eglise catholique jouisse d'une tranquille dévotion (Radevic, l. 2, c. 19, 20 et 21). »

L'évêque de Bamberg, qui écrivit ces lettres, était un prélat distingué par sa doctrine et la pureté de ses mœurs. Il avait une telle affection pour l'étude de l'Ecriture sainte, qu'il en méditait continuellement les divers sens, même à la guerre, et en faisait sa consolation au milieu des soins dont il était occupé pour les affaires publiques ; car l'empereur avait une confiance particulière en ses conseils, et partageait avec lui la conduite de ses Etats ; aussi le prélat était-il singulièrement affectionné au bien et à l'honneur de l'empire (*Ibid.*, c. 29).

Après les fêtes de Pâques, qui, l'an 1159, furent le 29 mars, l'empereur Frédéric tint une assemblée en son camp près de Bologne, pour juger les Milanais, qui avaient repris les armes pour les raisons que nous avons vues. A cette assemblée se trouvèrent quatre cardinaux, légats du pape Adrien, savoir : deux cardinaux-prêtres, Octavien, du titre de Sainte-Cécile, et Henri, de Saint-Nérée, et deux cardinaux-diacres, Guillaume, auparavant archidiacre de Pavie, et Gui de Crême. Il y eut aussi des députés du sénat et du peuple romain. Les cardinaux dirent que le Pape demandait l'exécution du traité de paix fait avec le pape Eugène, puis ils firent les propositions suivantes : « L'empereur n'enverra pas de nonce à Rome à l'insu du Pape, puisque toute la magistrature y appartient à saint Pierre avec toutes les régales. Il ne lèvera point de droits de fourrages sur les domaines du Pape, sinon au temps de son couronnement. Les évêques d'Italie ne lui feront que serment de fidélité, sans hommage. Les nonces de l'empereur ne logeront point dans les palais des évêques. « De plus, le Pape demandait la restitution de plusieurs terres, et les tributs de Ferrare, de Massa, de toutes les terres de la comtesse Mathilde, de tout le pays depuis Aquapendente jusqu'à Rome, du duché de Spolète et des îles de Sardaigne et de Corse.

A ces propositions du Pape, l'empereur dit : « Quoique je ne doive pas répondre sur des articles si importants sans le conseil des seigneurs, je ne laisse pas de vous dire à présent que je ne demande point d'hommage aux évêques d'Italie, s'ils veulent ne rien posséder de mes régales. Mais s'ils écoutent volontiers le Pontife romain, quand il leur dit : Qu'avez-vous à faire du roi ? je leur dirai aussi : Qu'avez-vous à faire de possession ? Il dit que nos nonces ne doivent pas être reçus dans les palais des évêques; j'en conviens, pourvu que ces palais soient bâtis sur le fonds des évêques et non sur le nôtre; car la superficie cède au fonds. Il dit que la magistrature et les régales de Rome appartiennent à saint Pierre. Cet article est important, et aurait besoin d'une plus mûre délibération ; car, puisque je suis empereur romain par l'ordination divine, je ne porte qu'un vain titre, si Rome n'est point en ma puissance (Radevic, l. 2, c. 30). »

On voit, dans tout ceci, que Frédéric, aheurté à l'idée païenne d'un empereur tel que César, Tibère ou Néron, ne comprenait rien à l'institution chrétienne de la dignité impériale en Occident; ne comprenait rien au rôle providentiel d'un empereur catholique, tel que Charlemagne et saint Henri, qui mettaient leur gloire et leur prérogative à être *les dévots défenseurs et les humbles auxiliaires de l'Eglise romaine*.(1). On voit que Frédéric, endoctriné par les légistes de Bologne, se regardait sérieusement comme l'unique propriétaire du sol, et les évêques et les églises comme incapables de posséder en propre une maison.

Toutefois, selon Radevic de Frisingue, Frédéric offrait de rendre justice au Pape sur tous les chefs dont il se plaignait, pourvu que le Pape la lui rendît aussi de son côté sur plusieurs griefs qu'il proposait; mais les légats ne voulaient point mettre les droits du Pape en compromis, par la raison qu'il ne se pouvait soumettre au jugement de personne. Les griefs de l'empereur étaient que le Pape avait manqué au traité par lequel il avait promis de ne se réconcilier avec les Grecs, le roi de Sicile et les Romains, que du consentement de l'empereur; que les cardinaux passaient librement sur son royaume, sans sa permission, qu'ils entraient dans les palais des évêques qui appartenaient au roi, et qu'ils étaient à charge aux églises. Enfin il se plaignait des appellations injustes et de plusieurs autres désordres. Les légats dirent qu'ils ne pouvaient rien faire sans savoir la volonté du Pape ; ainsi on résolut qu'il choisirait six cardinaux, et l'empereur six évêques, pour examiner et terminer cette affaire. On en fit la proposition; mais il la rejeta, disant toujours qu'il ne voulait point d'autre paix que celle qui avait été faite avec le pape Eugène. L'empereur, de son côté, refusa de s'en tenir à ce traité, et prit à témoin tous les évêques et les seigneurs allemands et lombards, qu'il offrait de rendre en tout justice au Pape, à condition que le Pape aussi la lui rendrait. Protestations qui ne coûtaient guère : la difficulté était de convenir d'un arbitre ou d'un juge. Les députés du sénat et du peuple romains, qui ne durent pas être fâchés de cette mésintelligence, se montrèrent étonnés et indignés de ce qu'ils entendaient ; et l'empereur résolut d'envoyer à Rome pour faire la paix, du moins avec eux, si le Pape persistait à la refuser (Radevic, l. 2, c. 31).

Mais, si Frédéric n'était point disposé à céder, Adrien l'était beaucoup moins. Le 19 mars de la même année 1159, il écrivait aux archevêques de Mayence, de Trèves et de Cologne : « Gloire à Dieu au plus haut des cieux, si vous demeurez fidèles; tandis que les moucherons de Pharaon, échappés à l'abîme de l'enfer et emportés par le tourbillon, sont changés en poussière, au lieu d'obscurcir le ciel, comme ils souhaitaient. Gloire à Dieu, qui sans doute vous fait comprendre qu'entre nous et le roi, dont la part est hors de l'héritage du Seigneur, il ne peut pas y avoir de communion. Cette division, qu'il a provoquée, retombera toutefois sur sa tête ; il est semblable au dragon, qui voulut voler à travers le ciel et entraîner avec sa queue la troisième partie des étoiles, mais qui tomba dans l'abîme, ne laissant à ses imitateurs que cet enseignement : *Quiconque s'élève sera humilié*. C'est ainsi que ce renard cherche à ravager la vigne du Seigneur; c'est ainsi que ce fils criminel, issu d'une race injuste et d'un tronc inutile, a oublié toute reconnaissance et toute crainte de Dieu. De ses promesses, il n'a tenu aucune, partout il nous a trompé, et pour cela, comme un rebelle envers Dieu, comme un vrai païen, il mérite l'excommunication. Et non-seulement lui, mais encore, nous vous avertissons, quiconque lui est en aide, quiconque l'approuve par sa parole ou par son silence. Il égale sa puissance à la nôtre, comme si la nôtre était bornée à un coin comme l'Allemagne ; l'Allemagne, le dernier des royaumes, jusqu'au moment où les Papes l'ont élevé. Les rois teutoniques, avant que Zacharie eût sacré Charles, ne se promenaient-ils pas philosophiquement sur un chariot traîné par des bœufs ? Les misérables ! possédaient-ils autre chose que ce que le maire de leur palais leur accordait par grâce? N'ont-ils pas encore maintenant leur résidence à Aix-la-Chapelle, dans une forêt gauloise, et nous à Rome? Autant Rome est au-dessus d'Aix-la-Chapelle, autant le sommes-nous au-dessus d'un roi qui affiche la domination universelle, tandis qu'il peut à peine contenir dans l'ordre un de ses indociles princes, ou seulement dompter la tribu sauvage et insensée des Frisons ! Enfin la dignité impériale, c'est par nous

---
(1) Voir les titres que prend Charlemagne à la tête de plusieurs de ses lois.

qu'il la possède, et nous avons droit de reprendre ce que nous n'avons conféré qu'en présupposant la reconnaissance. Instruisez votre roi là-dessus, et ramenez au bon chemin et à se réconcilier avec nous; celui qui s'éloignait de nous par vous ; car, vous aussi, il vous précipitera dans la perdition, s'il y a division entre l'empire et l'Eglise (Hahn, *Collectio monumentorum*, t. I). »

Lorsque le pape Adrien tenait ce langage, il venait de conclure un traité de paix et d'alliance avec le roi Guillaume de Sicile : il venait de cimenter la paix et l'alliance entre Henri, roi d'Angleterre, et le roi de France, Louis le Jeune, par le mariage conclu entre le fils aîné du premier et une fille du second.

Hugues de Champ-Fleuri, chancelier du roi de France, avait efficacement travaillé à l'union du roi, son maître, avec celui d'Angleterre. Le pape Adrien lui en écrivit, pour lui témoigner sa satisfaction. Par plusieurs autres lettres, on voit le soin qu'il prenait de lui procurer et de lui conserver des bénéfices. Hugues était chanoine de Paris et d'Orléans, et le Pape ordonna à l'un et à l'autre chapitre de lui conférer les revenus de sa prébende en quelque lieu qu'il fût. Par une autre lettre, il prie Thibaut, évêque de Paris, de lui donner le premier personnat ou dignité qui vaquera dans son Eglise ; et, par une autre, il ordonne aux chanoines de Paris d'accorder au chancelier Hugues la première dignité dans leur église, et les premières maisons dans leur cloître qui viendront à vaquer. Le Pape lui confirma aussi la possession du grand archidiaconé d'Arras, dont il avait été pourvu par l'évêque Godefroi ; mais parce que l'évêque, en lui donnant ce bénéfice, l'avait fait jurer de lui résigner la chancellerie, le Pape l'absout de ce serment comme illicite. Le Pape se plaint encore à l'évêque d'Arras de ce qu'en donnant à Hugues l'archidiaconé, il lui avait ôté une église dont il était en possession. Il en ordonne la restitution, et prie l'archevêque de Reims d'y tenir la main (Adrian., *Epist.* 20, 11, 14, 13, 24, 10, 12; 16; 17, 18, 19). Il est bien à croire que le Pape se portait à tout cela non pas uniquement de lui-même, et que les sollicitations directes ou indirectes du chancelier y entraient pour quelque chose. Ce sont les premiers ou des premiers exemples connus de dispense du Pape pour la résidence ou la pluralité des bénéfices; et des recommandations ou mandats, pour engager les ordinaires à promettre des bénéfices avant qu'ils soient vacants. La suite fera voir l'importance de ce précédent. Hugues de Champ-Fleuri fut pourvu de l'évêché de Soissons, après la mort d'Anscuife, arrivée le 19 septembre 1159, et demeura toutefois chancelier de France (*Gallia Christiana*).

Il y a toute apparence que ce fut à l'occasion de leur alliance de famille et de leur entrevue à Paris, 1158, que les deux rois de France et d'Angleterre résolurent d'aller ensemble en Espagne faire la guerre aux infidèles. Le roi Louis assemblait déjà ses troupes et faisait les préparatifs de son voyage, quand, pour y mieux réussir, il envoya demander au pape Adrien son conseil et sa faveur, c'est-à-dire une bulle d'indulgence pour exciter les Français à cette guerre. Le Pape lui répondit, louant son zèle, mais reprenant son empressement : « Il ne paraît, ajoute-t-il, ni prudent ni sûr d'entrer dans un pays étranger sans avoir demandé l'avis des seigneurs et du peuple du pays. Or, comme nous l'avons appris, vous vous disposez à y aller sans en avoir consulté ni l'Eglise ni les princes, au lieu d'attendre qu'ils vous en eussent prié eux-mêmes. C'est pourquoi nous vous conseillons de savoir auparavant leur volonté; autrement il serait à craindre que votre voyage ne fût même à charge, et qu'on ne vous accusât de légèreté ; car vous devez vous souvenir que vous entreprîtes autrefois avec le roi Conrad le voyage de Jérusalem, sans avoir consulté ceux qui étaient sur les lieux, ni pris assez de précaution. Vous savez le mauvais succès de ce voyage, et les reproches que s'attira l'Eglise romaine pour vous l'avoir conseillé. Toutes ces considérations nous ont fait différer l'exhortation au peuple de votre royaume, que Rotrou, évêque d'Evreux, nous demandait de votre part ; nous l'enverrons quand vous serez prêt à partir à la prière des princes et du peuple de la contrée. Mais, suivant votre demande, nous vous avons accordé, dès à présent, les lettres par lesquelles nous recevons votre royaume sous la protection de saint Pierre, contre ceux qui voudraient attaquer votre royaume en votre absence; car l'affection que nous avons pour Votre Majesté est si grande, que, ne nous eussiez-vous rien dit ni demandé, nous ferions toujours, avec un empressement cordial, tout ce qui est en notre pouvoir, pour l'honneur et l'exaltation de votre personne et de votre royaume (Adrian., *Epist.* 23).

Cette lettre où l'on respire avec délice l'affection paternelle du Pape pour le roi de France, et la confiance filiale du roi pour le Pape, est datée du 18 février, apparemment de l'année 1159. Le Pape y loue singulièrement la vertu et la prudence de l'évêque d'Evreux, et engage le roi à l'écouter comme si c'était lui-même. Rotrou était fils de Henri, comte de Warwick, et de Marguerite, fille du comte de Perche. Ses parents le firent élever dans le prieuré de la Charité-sur-Loire. Il en sortit pour étudier la théologie sous Gilbert de la Porée, et devint archidiacre de Rouen, dont il fut plus tard archevêque.

Vers le même temps, commencèrent en Espagne et en Portugal plusieurs nouveaux ordres militaires. L'an 1147, le roi Alphonse de Castille, surnommé le Batailleur, s'étant emparé, sur les Sarrasins, de la ville de Calatrava, la donna aux chevaliers du Temple, pour la garder et repousser de ce côté les irruptions des infidèles. Huit ans après, les Sarrasins assemblèrent une armée formidable pour reprendre cette place. Les Templiers, ne se croyant point assez forts pour la défendre contre des ennemis si puissants, la remirent entre les mains du roi Sanche II, successeur d'Alphonse. Le roi fit publier dans sa cour, que, s'il y avait quelque seigneur qui voulût entreprendre la défense de cette place, il la lui donnerait en propriété, et qu'elle passerait à ses héritiers. Personne ne se présenta ; les armements formidables des Sarrasins faisaient peur à tous les guerriers et les nobles. A la fin, il se présenta un moine, Diégo Velasquez, religieux de l'ordre de Cîteaux et de l'abbaye de Fitero, dans le royaume de Navarre; homme noble, il avait été élevé dans sa jeunesse auprès du roi, avait longtemps porté les armes avant que d'embrasser l'état monastique. Il accompagnait à la cour, Raymond, son abbé, qui y venait pour quelques affaires. Ce moine donc, voyant le roi en peine du danger où se trouvait la ville de Calatrava, conseilla à son abbé de la demander. L'abbé y eut d'abord de la répugnance; mais, vaincu par les sollicitations du moine, il demanda au roi la ville menacée. On le regarda d'abord comme un fou; cependant le roi, comme par inspiration divine, lui accorda sa demande et donna cette ville à l'ordre de Cîteaux, particulièrement aux religieux de Fitero en Navarre, à condition qu'ils la défendraient contre les infidèles. L'acte de concession est de l'année 1158.

L'abbé Raymond et son compagnon Velasquez proposèrent ensuite au roi de fonder à Calatrava un ordre militaire. Ayant obtenu le consentement de ce prince, ils communiquèrent leur dessein à Jean, archevêque de Tolède, qui non-seulement l'approuva, mais leur donna une grosse somme d'argent pour fortifier cette ville; il accorda, de plus, de grandes indulgences à ceux qui voudraient prendre les armes pour sa défense, ou qui voudraient y contribuer en envoyant de l'argent, des armes et des chevaux. Plusieurs personnes se joignirent aux deux moines. Ceux-ci, avec le secours du ciel, levèrent en peu de temps une armée considérable, entrèrent à Calatrava, et en prirent possession la même année 1158. Ils firent travailler d'abord aux fortifications; elles furent achevées avec tant de succès et de promptitude, que les Sarrasins, voyant cette ville si bien secourue et fortifiée, quittèrent le dessein qu'ils avaient de l'attaquer.

L'abbé Raymond, n'ayant plus rien à craindre de la part de ces infidèles, s'appliqua à former le nouvel ordre militaire, qui prit le nom de cette ville. Le chapitre général de Cîteaux prescrivit aux chevaliers une manière de vie, et leur donna un habit convenable à des personnes destinées à la guerre. Comme le territoire de Calatrava contenait plus de vingt lieues de circuit, et qu'il y avait peu d'habitants, l'abbé Raymond alla dans son abbaye de Fitero, n'y laissa que les religieux infirmes, envoya tous les autres à Calatrava, avec des troupeaux et des meubles; il y conduisit en outre plus de vingt mille hommes pour peupler son territoire. Il gouverna cet ordre six ans, et mourut en odeur de sainteté l'an 1163.

Après sa mort, les chevaliers de Calatrava, quoique la plupart ne fussent que des frères convers de Cîteaux, auquel il avait fait prendre les armes, ne voulurent plus avoir de moines avec eux ni être gouvernés par un abbé, et élurent pour premier grand-maître Don Garcia, l'un d'entre eux; les religieux de Cîteaux, qui étaient à Calatrava, élurent pour abbé Don Rodolphe, et se retirèrent à Cirvelos. Cette séparation en deux communautés produisit d'abord quelque mésintelligence; mais les choses s'accommodèrent bientôt, et, l'an 1164, sur leur demande, le pape Alexandre approuva l'ordre des chevaliers, ainsi que la règle de vie qui leur avait été prescrite par le chapitre général de Cîteaux (Hélyot, *Histoire des ordres monastiques, religieux et militaires*, t. VI).

L'an 1177, le même pape Alexandre approuva l'ordre religieux et militaire d'Alcantara. Il eut pour fondateurs, en 1156, deux frères nommés Suarèz et Gomèz, qui, par le conseil d'un ermite, bâtirent une forteresse sur les frontières de Castille, dans le diocèse de Cividad Rodrigo, pour résister aux Sarrasins, et lui donnèrent le nom de Saint-Julien-du-Poirier. Ils y mirent des chevaliers pour la garder, et, l'an 1158, Odon, archevêque de Salamanque, qui était de l'ordre de Cîteaux, leur prescrivit une manière de vie. Ils prirent plus tard le nom d'*Alcantara*, quand cette ville leur fut donnée en garde.

En 1147, sous le règne d'Alphonse, premier roi de Portugal, quelques gentilshommes, s'étant unis ensemble pour combattre contre les Maures, firent entre eux comme une espèce de société, sans s'engager à aucun vœu ni à aucune manière de vie particulière, sinon l'obligation de combattre les infidèles et de suivre le roi dans ses armées. En 1162, cet ordre fut établi sous forme de religion militaire, et le premier grand-maître fut un prince français, nommé Pierre, parent du roi et pair de France, ainsi qu'on le voit dans l'acte même d'institution. On y voit encore que la nouvelle milice religieuse fut établie en présence du roi Alphonse, des seigneurs de sa cour et des légats du Pape, par Jean Zirita, abbé de Tarouca, qui prescrivit aux chevaliers leur règle de vie; leurs obligations consistaient à défendre par les armes la religion catholique, exercer la charité, garder la chasteté, porter un habit de religion fait de telle sorte, qu'il ne les empêchât pas de combattre. En temps de paix, ils devaient se lever de grand matin pour faire oraison et entendre la messe; ils étaient obligés de jeûner les vendredis, de dormir avec leurs capuces, de garder le silence, de manger en commun, de recevoir les pèlerins et de suivre la règle de saint Benoît. Ils prirent successivement le nom de chevaliers d'Évora et d'Avis, ce dernier d'une forteresse qu'ils bâtirent sur les frontières du royaume pour résister aux incursions des Maures.

L'an 1167, le même roi Alphonse de Portugal institua l'ordre religieux et militaire de Saint-Michel, à l'occasion que voici. C'est lui qui le rapporte dans l'acte d'institution. Alphonse était à Santarem, quand Albarc, roi musulman de Séville, vint pour l'y assiéger avec une armée puissante. Alphonse, qui ne s'y attendait pas, n'avait que une poignée de monde.

De plus, il apprit que le roi de Léon, avec lequel il n'était pas en trop bonne intelligence, marchait sur le Portugal de son côté, peut-être pour se joindre aux infidèles. Dans cette incertitude, le roi Alphonse, avec le peu de monde qu'il avait, marcha d'abord contre les Sarrasins. Leur multitude ne put ébranler son courage. Au contraire, persuadé que Dieu, qui avait exterminé par un de ses anges cent quatre-vingt-cinq mille soldats de l'armée de Sennachérib, n'était pas moins puissant pour le délivrer de ses ennemis qu'il ne l'avait été pour sauver Israël, il le pria avec ferveur de lui envoyer un bon ange qui marchât devant lui et portât la crainte et l'épouvante dans le cœur de ces blasphémateurs de son saint nom, qui ne venaient que pour opprimer son peuple et profaner ses saints temples. Sa prière fut exaucée; il battit les ennemis complètement. Mais, au fort de la bataille, s'apercevant que les Sarrasins avaient enlevé le grand étendard du royaume, il se fait jour à travers leurs rangs pour le reprendre, et, dans cette action périlleuse, se voit visiblement assisté par l'archange saint Michel. Plein de reconnaissance, Alphonse bâtit une chapelle dans le couvent d'Alcobaza, et institua un ordre militaire en son honneur.

Alphonse resta trente jours dans ce couvent pour y rendre grâces à Dieu, de cette victoire sur les Sarrasins, et parce que le roi de Léon, qu'il croyait n'être venu en Portugal que pour donner secours à ces infidèles, était venu au contraire pour l'aider à les vaincre et faire la paix avec lui. Ce fut pendant le séjour qu'il fit dans ce monastère, qu'il prescrivit aux chevaliers de l'ordre leurs obligations.

Personne n'y pouvait entrer qu'il ne fût noble et de la cour de ce prince; ceux qui avaient combattu avec lui étaient préférés. Le récipiendaire devait jurer entre les mains de l'abbé d'Alcobaza qu'il serait fidèle à Dieu, au Pape et au roi; l'abbé d'Alcobaza, qui était de l'ordre de Cîteaux, avait seul le pouvoir de donner les insignes de l'ordre. Les chevaliers devaient réciter tous les jours, soit en temps de guerre, soit en temps de paix, les mêmes prières que les convers de l'ordre de Cîteaux. Leur principale obligation était d'être doux et humbles, de réprimer les superbes, de protéger les femmes, principalement les nobles, les filles et les veuves, de défendre la foi, de combattre ses ennemis et d'obéir à leurs supérieurs (Hélyot, *Hist. des ordres monast.*, t. VI).

Vers la même époque, les courses des Maures incommodaient souvent les pèlerins de Saint-Jacques en Galice. Pour y porter remède, les chanoines de Saint-Eloi, qui avaient un monastère dans ce royaume, bâtirent plusieurs hôpitaux ou hôtelleries chrétiennes le long du chemin, qu'on appelait communément *la voie française*, pour y loger les pèlerins. Peu de temps après, treize gentilshommes, prenant comme eux saint Jacques pour leur patron, s'obligèrent par vœu de garder et d'assurer les chemins contre les incursions des infidèles. Ils communiquèrent leur dessein à ces chanoines de Saint-Eloi, leur proposant de ne faire qu'un corps entre eux, de mettre en commun le revenu du monastère et ce qu'ils pouvaient avoir et pourraient acquérir dans la suite. Cette union se fit en 1170. Le nouvel ordre militaire de Saint-Jacques fut approuvé, l'an 1175, par le pape Alexandre III.

L'ordre se composait de clercs et de chevaliers; de ceux-ci, les uns gardaient le célibat, les autres étaient mariés; les femmes de ces derniers étaient comptées pour sœurs de l'ordre. Leur but était de combattre les Sarrasins, tant pour garantir les chrétiens de leurs incursions, que pour les attirer eux-mêmes au christianisme. Ces chevaliers avaient un maître nommé Pierre Fernandès et plusieurs commandeurs; ils vivaient en commun, sans avoir rien en propre, à l'exemple des premiers fidèles de Jérusalem; ils étaient liés à l'ordre, et ne pouvaient revenir au siècle ni passer à un autre ordre sans la permission du maître; mais les veuves des chevaliers pouvaient convoler à de secondes noces. Tout ce qu'ils avaient conquis ou qui leur avait été donné appartenait à l'ordre, pourvu qu'il eût été possédé par les Sarrasins de temps immémorial, nonobstant les titres anciens que l'on eût pu produire. Les clercs de l'ordre devaient vivre en communauté portant le surplis, administrer les sacrements aux chevaliers et instruire leurs enfants. Ils devaient gouverner les églises nouvellement bâties par l'ordre, et elles étaient exemptes, à l'égard des évêques, de dîmes et de toutes redevances. Tout l'ordre était exempt des interdits généraux, et ceux qui le composaient ne pouvaient être interdits ni excommuniés que par un légat *à latere*; ce qui s'étendait à leurs familles et à leurs serviteurs. En reconnaissance de ces privilèges, l'ordre devait payer au Pape, tous les ans, dix malaquins, sorte de monnaie d'Espagne (Hélyot, t. II; Labbe, t. X).

Dans une partie de l'Espagne, le comte Raymond de Barcelone, roi d'Aragon, quoiqu'il ne voulût pas en porter le titre, continuait ses exploits contre les mahométans. Quelques chrétiens, soit inimitié, soit amour de l'argent, se mettaient contre lui avec les infidèles. Raymond en informa le chef de l'Eglise par les évêques de Pampelune et de Sarragosse. Sur quoi le pape Adrien écrivit à l'archevêque de Narbonne, son légat, à l'archevêque de Tarragone et à leurs suffragants, qu'il prenait sous la protection spéciale de saint Pierre et du Siège apostolique, la personne et tous les Etats du comte, et qu'il ordonnait aux évêques d'excommunier la personne et d'interdire les terres de tous ceux qui oseraient le molester, lui ou ses domaines, pendant qu'il serait occupé contre les Sarrasins (Adrian., *Epist.* 42).

Si l'empereur Frédéric et les Allemands s'étaient entendus, comme les Espagnols, avec le chef de l'Eglise, pour porter leurs armes et leur influence vers le septentrion, parmi les Slaves et les Russes, ils auraient pu accélérer prodigieusement la conquête et la civilisation chrétienne du monde. Mais Frédéric et les Allemands, au lieu de s'entendre avec le chef de l'Eglise, comme des fils avec leur père, ne cherchaient qu'à le contrarier et à l'asservir, et cela pour s'asservir à eux-mêmes tout le monde, moins encore par la force de leurs armes que par le moyen plus commode de l'autorité pontificale. Comme le pape Adrien IV n'entendait pas du tout se faire l'instrument servile de l'Allemand Frédéric pour l'asservissement des autres rois et peuples, une rupture était imminente entre le sacerdoce et l'empire, lorsque ce Pape mourut, le 1er septembre 1159, dans la ville d'Anagni, d'où son corps fut porté à Rome et enterré à Saint-Pierre, près du pape Eugène III.

L'empereur Frédéric était alors au siège de la ville de Crème, où nous l'avons vu foulant aux pieds toutes les lois divines et humaines, égorgeant les prisonniers et les otages, attachant des prêtres et des enfants à ses tours mouvantes et à ses machines, pour que les assiégés n'osassent tirer contre. A la mort d'Adrien, la Chaire de saint Pierre lui parut une place à prendre par des moyens pareils. Il pouvait compter sur quelques cardinaux, notamment sur le cardinal Octavien de Sainte-Cécile, qui, dès l'an 1155, pendant qu'on négociait l'affaire du couronnement, était venu, sans l'aveu du Pape, trouver l'empereur pour le porter à la rébellion et empêcher la paix (*Acta Adrian.*, *apud Baron.*, an 1155, n. 6). Aussi disait-on généralement que l'empereur, même du vivant d'Adrien, cherchait à introduire Octavien sur le Siège de saint Pierre (Alex. III, *Epist. ad Arnulph. Luxoviens*). Lorsque le pape Adrien mourut, il y avait à Rome deux envoyés de l'empereur, le comte de Blandrate et Othon de Bavière, comte palatin, le même qui, à l'assemblée de Besançon, avait tiré l'épée contre le légat Roland, pour avoir demandé : Mais si l'empereur ne tient pas l'empire du Pape, de qui le tient-il donc? Ces deux ambassadeurs ne cédaient point au Pape même en pompe extérieure, afin de faire plus d'impression sur le sénat et le peuple romains (Radevic, l. 2; c. 41; Gunther, l. 10, v. 70).

L'empereur tenait deux cardinaux dans une assez douce prison; il leur rendit la liberté, dans l'espoir qu'ils voteraient pour son candidat. De plus, se souvenant que, peu avant sa mort, le pape Adrien avait voulu le frapper d'excommunication; il écrivit à tous les archevêques et évêques, entre autres à saint Eberhard, archevêque de Salzbourg, qu'il fallait un pape qui ramenât la paix dans les Eglises, et qui traitât plus honorablement l'empire et les fidèles serviteurs de l'empire. Mais, hélas! nous apprenons qu'il y a déjà des divisions à Rome pour l'élection du Pontife. C'est pourquoi nous vous prions et vous exhortons, si l'on vous demande de reconnaître quelqu'un qu'on y aurait élu, de ne pas le faire précipitamment et sans nous consulter. Enfin, vous saurez que notre ambassadeur en France doit disposer les rois de France et d'Angleterre de telle sorte qu'ils auront à cet égard un même penser et un même vouloir avec nous, et qu'ils ne reconnaîtront de leur côté aucun pape, sinon celui qui aura été agréé par nous trois (Bouquet; t. XVI).

§ II.

Pontificat d'Alexandre III.

Après les funérailles du Pape défunt, les évêques et les cardinaux s'assemblèrent à Saint-Pierre pour l'élection du successeur. Voici quels étaient alors les principaux règlements en vigueur touchant l'élection du Pontife romain. D'après la règle ancienne et commune, il fallait le consentement du plus grand nombre des cardinaux. De plus, en 1059, il y avait juste un siècle, le pape Nicolas II avait rendu en concile le décret suivant : « Appuyé de l'autorité de nos prédécesseurs et de celle des saints Pères, nous statuons et ordonnons que, le Pape venant à mourir, les cardinaux-évêques traitent ensemble, les premiers, de l'élection, qu'ils y appellent ensuite les cardinaux-clercs, et enfin que le reste du clergé et du peuple y donne son consentement. Nous devons surtout nous souvenir de cette sentence de Léon, notre prédécesseur : Aucune raison ne permet de compter parmi les évêques ceux qui ne sont ni élus par le clergé, ni demandés par le peuple, ni consacrés par les évêques de la province, avec le jugement du métropolitain. Or, comme le Siège apostolique est supérieur à toutes les Eglises du monde, et qu'il ne peut pas avoir de métropolitain, les cardinaux-évêques en tiennent la place (Labbe, t. IX). »

Les cardinaux assemblés à Saint-Pierre, ayant donc délibéré pendant trois jours, ils s'accordèrent tous, hormis trois, à choisir le cardinal Roland, chancelier de l'Eglise romaine. Il était de Sienne, fils de Rainuce, et fut premièrement chanoine de Pise. Comme il était en grande réputation, chéri de tout le monde, enseignant la théologie à Bologne, dans le temps même que le fameux Gratien y était (Sarti, l. 1, c. 2 et 5), le bienheureux pape Eugène le fit venir à Rome et l'ordonna d'abord diacre du titre de Saint-Côme, puis prêtre du titre de Saint-Marc, et enfin chancelier; car il était éloquent, bien instruit et bien exercé dans les sciences divines et humaines; en outre, prudent, débonnaire, patient, miséricordieux, doux, sobre, chaste, libéral envers les pauvres et toujours appliqué à de bonnes œuvres. Son élection fut approuvée par le clergé et le peuple de Rome; et on le nomma Alexandre III. Aussitôt les évêques d'Ostie, d'Albane, de Porto, de Sabine, avec les cardinaux-prêtres et diacres, le revêtirent de la chape d'écarlate, qui était l'ornement particulier du Pape; et cette cérémonie était comme l'investiture du pontificat. Alexandre résistait et s'enfuyait, protestant de son indignité; mais enfin il fut revêtu de la chape rouge par Odon, le premier des diacres.

Les trois cardinaux qui ne consentirent pas à son élection furent Octavien, du titre de Sainte-Cécile; Jean de Morson, du titre de Saint-Martin, et Gui de Crême, du titre de Saint-Calixte, tous trois cardinaux-prêtres. Les deux derniers donnèrent leur voix à Octavien, le cardinal impérial. Octavien donc, qui depuis longtemps aspirait à la Chaire apostolique, se voyant frustré dans son espérance, ne se posséda plus de dépit; à tel point que, de ses propres mains, comme un frénétique, il arracha la chape des épaules d'Alexandre, et la voulut emporter. Un sénateur, qui était présent, indigné de cette violence, lui ôta la chape d'entre les mains; mais Octavien, hors de lui-même, tourna les yeux avec furie vers son chapelain, criant et lui faisant signe de lui apporter la chape rouge qu'il avait apportée exprès; puis ayant ôté son bonnet et baissant la tête, il s'en revêtit avec tant de précipitation que, ne pouvant trouver le capuce, il mit le devant derrière : ce qui fit rire tous les assistants, et dire aux catholiques qu'il était élu à rebours. Aussitôt on ouvrit les portes de l'église, que les sénateurs avaient fermées, et des troupes de gens armés, qu'Octavien avait engagés, à prix d'argent, entrèrent avec grand bruit l'épée à la main, pour lui prêter main-forte. Le schismatique, n'ayant pour lui ni évêques ni cardinaux, se fit entourer d'une populace en armes. Comme il était d'une famille puissante de Rome et qu'il avait pour lui les deux envoyés de l'empereur, cette violence brutale et concertée n'a rien qui surprenne (*Acta et vita Alexand. III*, *apud Baron.*, an 1159, et Muratori, *Scriptores rerum italic.*, t. III).

Alexandre et les cardinaux qui l'avaient élu, craignant cette violence tyrannique, se retirèrent dans la forteresse de l'église de Saint-Pierre, où ils demeurèrent neuf jours enfermés et gardés jour et nuit par des gens armés, du consentement de quelques sénateurs, gagnés par l'argent d'Octavien. Ensuite, pressés par les clameurs du peuple, les mêmes sénateurs les tirèrent de la forteresse; mais, grâces à l'argent d'Octavien, ce fut pour les transférer dans une prison plus étroite au delà du Tibre, où ils furent environ trois jours. Toute la ville en fut émue, les enfants mêmes criaient contre Octavien : « Maudit! fils de maudit! Arracheur de chape! tu ne seras point pape! Nous voulons Alexandre, que Dieu a choisi! » Les femmes répétaient les mêmes paroles, l'appelant hérétique, le chargeant d'injures et faisant contre lui des chansons. Un nommé Brito s'approcha de lui et lui dit hardiment ce distique : « Quo fais-tu, insensé Octavien, fléau de la patrie? Pourquoi oses-tu déchirer la robe du Christ? Bientôt tu seras poussière : aujourd'hui vivant, demain tu mourras! » Enfin le peuple, ne pouvant plus souffrir cette horrible iniquité, marcha au lieu où les cardinaux étaient enfermés, conduit par Hector Frangipane et d'autres nobles romains. Ils obligèrent les sénateurs à en ouvrir les portes, et mirent en liberté Alexandre et les cardinaux, qui traversèrent la ville avec des acclamations de joie et au son de toutes les cloches, accompagnés de grandes troupes de Romains en armes; et, le 20 septembre, veille de Saint-Matthieu, ils arrivèrent au lieu nommé les Nymphes, aujourd'hui *Sancta-Nympha*, à treize milles ou quatre lieues de Rome. Le même jour, qui était un dimanche, le pape Alexandre fut sacré, suivant la coutume, par Hubald, évêque d'Ostie, assisté de cinq autres évêques, savoir : Grégoire de Sabine, Bernard de Porto, Gautier d'Albane, ceux de Ségni et de Terracine, de plusieurs cardinaux-prêtres et diacres, de plusieurs abbés et prieurs, en présence d'un grand nombre d'avocats, de scriniaires, de chantres, de nobles, et d'une grande partie du peuple romain. En cette cérémonie, on mit sur la tête du Pape, suivant la coutume, le signe du règne, c'est-à-dire la mitre ronde et pointue en cône, entourée d'une couronne (*Acta et vita Alex. apud Baron. et Muratori*).

Les deux ambassadeurs impériaux, le comte palatin Othon et le comte Gui de Blandrate, ayant été témoins de ce qui s'était passé, ne doutaient nullement de l'élection canonique d'Alexandre; mais ils avaient peur de l'empereur, qu'ils savaient très-ami d'Octavien, et hostile aux fauteurs de l'Eglise romaine : ils en agissaient donc avec le nouveau Pape d'une manière dissimulée et frauduleuse. Alexandre cependant était à Terracine. De là, par le conseil des évêques et des cardinaux, il envoya des nonces à l'empereur Frédéric, encore occupé au siége de Crème. Dans sa lettre, que nous n'avons point, le Pape employait tous les moyens de douceur pour ramener l'empereur à l'amour de l'Eglise; mais Frédéric était tellement bouffi d'orgueil, que non-seulement il dédaigna de lire la lettre, mais que, comme un furieux, il allait faire pendre les nonces, sans la résistance du duc Guelfe et du duc de Saxe. A la persuasion de ces deux princes, il consentit à donner audience aux nonces, écouta la lecture des lettres du Pontife, mais ne daigna pas leur adresser une parole agréable. (*Acta et vita Alexand., apud Baron. et Muratori*). Tels sont les détails consignés dans les actes et dans la vie du pape Alexandre, actes et vie qui se trouvent confirmés par les autres monuments de l'époque.

Si nous n'avons pas la lettre du Pape à l'empereur, nous en avons une grande qu'il écrivit à Gérard, évêque de Bologne, aux chanoines de son Eglise, aux docteurs en droit et aux autres de la même ville, où d'ailleurs lui-même avait enseigné. Dans cette lettre, Alexandre rapporte les mêmes faits et de la même manière qu'ils sont rapportés dans ses actes et dans sa vie. Il ajoute qu'Octavien, quoiqu'il eût employé les menaces de l'empereur et la violence des laïques, n'avait pas encore pu trouver d'évêque qui voulût lui imposer les mains et se rendre complice de son impiété. Les deux auteurs de sa présomption sacrilège, Jean et Gui, ne venaient point à résipiscence; mais, obstinés dans leur perfidie et se séparant de l'unité de l'Eglise, continuaient d'adorer leur idole. Lui-même, préfigurant les temps de l'antechrist, s'est tellement élevé au-dessus de lui-même, qu'il s'est assis dans le temple de Dieu; comme s'il était Dieu; en sorte que beaucoup de fidèles, voyant de leurs yeux l'abomination de la désolation dans le lieu saint, ne pouvaient s'empêcher de verser des larmes. C'est que l'antipape occupait sacrilégement l'église de Saint-Pierre. Le pape Alexandre finit sa lettre par exhorter le clergé et les docteurs de Bologne à demeurer fermes dans l'unité de l'Eglise romaine et à rejeter tous les écrits qui pourraient leur venir de la part de l'apostat et du schismatique. Sachez, ajoute-t-il, sachez aussi que, huit jours après notre sacre, qui est le terme que nous lui avions donné pour se reconnaître, du conseil et de la volonté de nos frères les évêques et les cardinaux, nous l'avons excommunié solennellement, les cierges allumés, lui et tous ceux qui oseront lui imposer les mains pour lui donner une ordination sacrilége, et que nous les avons condamnés avec Satan, leur auteur (Alexandre III, *Epist.* 1).

Comme l'ordination du pape Alexandre est du 20 septembre, l'excommunication de l'antipape fut prononcée le 28, et alors même il n'avait pas encore trouvé de consécrateur.

Les cardinaux catholiques, c'est-à-dire les cardinaux attachés au pape Alexandre, écrivirent aussi une lettre à l'empereur Frédéric, dans l'inscription de laquelle ils se nomment au nombre de vingt-deux, savoir, cinq évêques : Grégoire de Sabine, Ubald d'Ostie, Jules de Préneste, Bernard de Porto, Walter ou Gautier d'Albane, c'est-à-dire tous les cardinaux-évêques, excepté Imar de Tusculum, qui, après avoir reconnu d'abord Alexandre, s'était ensuite tourné vers Octavien. Après quoi viennent les noms de huit cardinaux-prêtres et de neuf diacres. C'est tout ce qu'il y avait alors de cardinaux, avec les cinq du parti d'Octavien; car il n'y en avait pas de neutres. Voici en quels termes les vingt-deux cardinaux fidèles parlent à l'empereur Frédéric :

« Plus est grande la puissance que Dieu a conférée à Votre Excellence et plus vous êtes élevé en dignité au-dessus des autres mortels, plus aussi Votre Majesté Impériale doit honorer en tout la sainte Eglise romaine, votre mère spéciale et unique, la secourir en tout temps, mais surtout dans le temps de la nécessité. Il nous a paru digne, et même très-digne, de mander par lettres à Votre Altesse Impériale, ce qui est arrivé ces jours derniers dans cette même Eglise romaine; et quel attentat inouï y a été commis depuis peu par ceux qu'elle regardait comme ses enfants: Notre seigneur, de bonne mémoire, le pape Adrien, ayant payé la dette de la nature le 1er septembre, et étant passé de la terre au ciel, trois faux frères, savoir, Octavien, Jean de Saint-Martin et Gui de Crème, qui sont sortis de nous, se transfigurant en anges de lumière, quoiqu'ils soient de Satan, ont cherché à déchirer et à mettre en pièces la tunique sans couture du Christ, cette robe que le Christ lui-même demande à son Père, dans les psaumes, de délivrer des lions et des chiens. Mais le Christ, l'auteur et le chef de l'Eglise, la protégé par sa providence, comme son unique épouse, et il ne permet pas que la barque de l'illustre pêcheur, quoique souvent battue des flots, essuie un naufrage. »

Les cardinaux racontent ensuite ce qui s'était passé dans l'élection, employant les mêmes termes que le pape Alexandre dans sa lettre à l'évêque et aux docteurs de Bologne. Après quoi ils ajoutent : « Votre Majesté doit savoir de plus que le comte palatin Othon, prenant occasion de l'intrusion d'Octavien, nous a persécutés, le pape Alexandre et nous tous, et s'est efforcé de diviser et de troubler de mille manières, sans aucune cause raisonnable, l'Eglise de Dieu. Car il est entré violemment, avec l'intrus et apostat Octavien, dans la Campanie et le patrimoine de saint Pierre, et a fait tous ses efforts pour lui soumettre ces provinces. Nous donc, et avec nous toute l'Eglise de Dieu, supplions Votre Majesté, qu'après avoir bien compris et pesé toute la violence de cette intrusion, vous regardiez mûrement de quelle manière vous avez à procéder dans cette affaire, pour le salut de votre âme et l'honneur de l'empire. Considérez de quelle manière vous devez vous conduire envers la sainte Eglise romaine et envers son époux, Notre Seigneur Jésus-Christ, sans lequel nul ne peut ni obtenir le royaume terrestre, ni acquérir le royaume éternel; considérez jusqu'à quel point vous devez, par l'office de la dignité impériale, protéger et défendre cette Eglise, par tous les moyens, contre ceux qui l'attaquent, principalement contre les schismatiques et les hérétiques. Quant à nous, nous cherchons à vous honorer de toutes manières comme le spécial défenseur et patron de l'Eglise romaine, et nous souhaitons, avec l'aide de Dieu, augmenter votre gloire par tous les moyens possibles. Mais aussi nous vous supplions instamment d'aimer et d'honorer votre mère, la sainte Eglise romaine, de procurer sa paix et sa tranquillité par tous les moyens au pouvoir de Votre Excellence Impériale, et de ne favoriser d'aucune façon l'énorme iniquité de l'envahisseur et du schismatique (Radevic, l. 2, c. 53). »

D'après le concert de ces divers monuments, il est certain : 1° que le pape Alexandre fut élu par tous les cardinaux présents, à l'exception de trois; 2° que les cardinaux qui le reconnurent comme seul Pape légitime étaient au nombre de vingt-deux, désignés chacun par son nom et son titre; 3° que le pape Alexandre fut élu et sacré canoniquement avant l'antipape. Il n'y avait donc aucun doute raisonnablement possible sur la légitimité de l'un et l'intrusion de l'autre.

L'antipape Octavien, ayant travaillé pendant un mois à trouver des évêques qui voulussent le sacrer, en trouva enfin trois, et fut sacré le premier dimanche d'octobre, quatrième jour du mois, quinze jours après le pape Alexandre, par Imar, évêque de Tusculum, assisté des évêques de Melfi et de Férentine. Imar avait d'abord reconnu le pape Alexandre. C'est lui qui avait été moine à Saint-Martin-des-Champs, à Paris, avant que de devenir cardinal; saint Bernard le comptait entre ses amis.

Ce ne fut que le 28 octobre que l'antipape Octavien, sous le nom de Victor, écrivit une lettre adressée aux patriarches, archevêques, évêques, abbés, ducs, marquis, comtes et autres seigneurs de la cour de l'empereur Frédéric. Il y proteste de son dévouement pour l'empire, et les prie d'exhorter ce prince à prendre la protection de l'Eglise en ce temps de trouble. Il raconte succinctement sa promotion, sans en marquer les circonstances, et de manière à faire croire que lui seul a été élu primitivement; puis il ajoute : « Quant à ce Roland, ci-devant chancelier, qui, étant attaché à Guillaume de Sicile par une conjuration contre l'Eglise et l'empire, s'est intrus douze jours après notre élection, ce qui est chose inouïe depuis des siècles, s'il vous vient quelques écrits de sa part, rejetez-les comme pleins de mensonges et envoyés par un schismatique et un hérétique (Radevic, l. 2, c. 20). » Telle est en somme la lettre de l'antipape. Il n'ose y articuler combien de cardinaux étaient pour lui et combien pour Alexandre : le contraste eût été trop humiliant pour le parti du schisme.

Les cardinaux de l'antipape écrivirent aussi une lettre adressée à tous les prélats, à la tête de laquelle ils mettaient ainsi leurs noms : Imar, évêque de Tusculum, le premier des évêques; Jean, du titre de Saint-Silvestre et de Saint-Martin, et Gui de Crème, du titre de Saint-Calixte, cardinaux-prêtres; Raimond, cardinal-diacre, de Sainte-Marie *in viâ latâ*, et Simon, de Sainte-Marie *in Dominicâ*, et l'abbé de Sublac. Ce ne sont en tout que cinq cardinaux. C'est là un fait capital et décisif. Il est donc certain qu'après plus de deux mois d'intrigues, de promesses et de menaces, l'empereur et son antipape ne purent gagner que cinq cardinaux en tout, tandis que, malgré les intrigues, les promesses, les menaces, les persécutions, vingt-deux cardinaux tenaient pour le pape légitime Alexandre III. Cette proportion de vingt-deux à cinq suffit à qui a des yeux pour voir de quel côté était le vicaire du Christ, de quel côté le vicaire de l'antechrist; le premier avait plus des trois quarts des voix, le second n'en avait pas le quart. A cela, le comte palatin Othon, principal ambassadeur de Frédéric à Rome, opposait ce principe plus nouveau : une majorité de cardinaux, qui se montre hostile à l'empereur teutonique, n'est pas une majorité (Raumer, t. II, p. 130, 2e édit.). Othon était violent et brusque, mais il était franc. Son mot décèle la vraie cause des violences de Frédéric contre l'Eglise romaine. L'empire allemand et son chef devaient être la règle de l'Eglise et du monde.

La lettre des cinq cardinaux schismatiques le fait voir également. Elle commence ainsi : « Dès le temps que le pape Adrien fit alliance à Bénévent avec Guillaume de Sicile contre l'honneur de l'Eglise et de l'empire, il y eut une assez grande division entre les cardinaux, c'est-à-dire entre nous qui n'approuvions point ce traité et les autres qui le soutenaient, étant engagés au Sicilien par l'argent et les promesses dont il les avait aveuglés, et qui en attiraient à leur parti plusieurs autres. Quand donc on eut avis que l'empereur était entré en Italie et qu'il en avait subjugué une partie considérable, ces partisans du Sicilien commencèrent à solliciter puissamment le Pape de prendre quelque prétexte pour excommunier l'empereur et ses adhérents. Nous disions, au contraire, qu'il fallait excommunier le Sicilien, qui avait ôté à l'Eglise, par violence, tous ses droits spirituels, plutôt que l'empereur, qui travaillait à recouvrer les droits de l'empire et à tirer l'Église de servitude. Ensuite, pendant que notre frère Octavien, alors cardinal, maintenant Pontife du Siége apostolique, était en légation près de l'empereur avec Guillaume, cardinal de Saint-Pierre-aux-Liens, le Pape sortit de Rome, et vint à Anagni avec les partisans du Sicilien. Ce fut là que, par une conspiration manifeste, ils s'engagèrent avec serment à faire excommunier l'empereur et à s'opposer jusqu'à la mort à sa volonté, et que, si le Pape mourait, ils n'éliraient, pour lui succéder, qu'un de ceux qui avaient fait ce serment. Ils firent aussi jurer aux évêques voisins de ne sacrer pour Pape que celui qui serait élu par la faction du Sicilien. »

Voilà ce que disent les cinq cardinaux schismatiques et impérialistes contre les vingt-deux cardinaux catholiques. Supposé le tout vrai, il s'ensuit que les vingt-deux cardinaux fidèles, non-seulement avaient pénétré les vues ambitieuses de Frédéric qui se posait comme le roi, comme le maître du monde et de l'Église, mais qu'ils avaient encore pris tous les moyens en leur pouvoir pour s'opposer à ce despotisme teutonique, et conserver la liberté et l'indépendance de l'Église et du monde : en quoi certainement ils ont bien mérité de l'un et de l'autre.

Voici comme les cardinaux schismatiques racontent l'histoire de l'élection. « Le pape Adrien étant mort et son corps porté à Rome, avant que de l'enterrer, nous convînmes tous par écrit que l'élection se ferait selon la coutume de l'Église romaine, c'est-à-dire que l'on séparerait quelques personnes d'entre nous pour recevoir les suffrages et les écrire, et que tout se ferait d'un commun consentement. Nous étant assemblés dans l'église de Saint-Pierre, l'élection procéda lentement, et le troisième jour étant presque passé, quatorze cardinaux de la conjuration nommèrent le chancelier Roland ; et nous, au nombre de neuf, nous élûmes Octavien, sachant qu'il était le plus convenable pour la paix et pour l'union entre l'Église et l'empire. Alors, voyant que le parti contraire voulait violer la convention que nous avions faite, nous leur défendîmes, de la part de Dieu, d'investir personne de la chape, sinon du commun consentement de tous, et à Roland, de la recevoir. Et comme, au mépris de cette protestation, ils se mettaient en devoir de le revêtir, avant qu'ils l'eussent fait, nous revêtîmes notre élu, à la prière du peuple romain, sur l'élection de tout le clergé et du consentement de presque tout le sénat, de tous les capitaines, les barons et les nobles ; nous l'intronisâmes dans la Chaire de saint Pierre, et nous le menâmes au palais, avec les acclamations du peuple et toutes les solennités requises. Les cardinaux du parti opposé se retirèrent au château de Saint-Pierre et y demeurèrent enfermés plus de huit jours ; puis, en ayant été tirés par des sénateurs, ils sortirent de Rome, et, étant au château nommé la Citerne, entre Aricie et Terracine, ils y revêtirent de la chape le chancelier Roland, et, le dimanche suivant, ils le sacrèrent. Aussitôt ils envoyèrent par toute l'Italie, pour détourner les évêques de venir au sacre de notre élu, les menaçant d'excommunication et de déposition, et toutefois il a été sacré le premier dimanche d'octobre. » Tel est le récit des cardinaux schismatiques ; ils ajoutent qu'ils omettent encore beaucoup de choses, pour n'être pas trop longs (Radevic, l. 2, c. 52).

Nous avons vu que chez les catholiques, et dans la vie et dans les actes du pape Alexandre, et dans les lettres de ce Pape et dans celles des cardinaux fidèles, tout se tient, tout est d'accord, tout est clair et précis ; ce sont les mêmes faits, dans le même ordre, presque toujours dans les mêmes termes. Dans les récits des schismatiques, qui furent pourtant un mois à les rédiger, rien n'est clair ni précis, il y a des variantes d'une pièce à l'autre et quelquefois dans la même. Ainsi l'antipape Octavien, dans sa lettre aux prélats et aux seigneurs de la cour de l'empereur, insinue que lui seul fut élu primitivement et que Roland ne le fut que douze jours après. Et voici les cinq cardinaux schismatiques qui conviennent, bon gré malgré eux, que Roland ou Alexandre fut élu le premier et par le plus grand nombre ; qu'il fut sacré le premier et par le plus grand nombre, et que leur antipape put à peine, au bout d'un mois, trouver trois évêques qui consentissent à le sacrer. Ils objectent à leurs adversaires une convention vraie ou prétendue, et ils conviennent l'avoir violée eux-mêmes, quoiqu'ils fussent la minorité. Voici qui est plus singulier peut-être : Dans l'inscription, ou certes ils n'ont dû omettre personne, ils se nomment eux-mêmes jusqu'au nombre de cinq en tout ; et, dans le corps de la lettre, ils disent : *Mais nous, au nombre de neuf.* A moins que le schisme n'ait une arithmétique à part, cinq ne font pas neuf.

Cette division, dit un historien anglais de l'époque, aurait pu certainement cesser en peu de temps, et le petit nombre céder et se réunir à la multitude, si l'empereur Frédéric, par une vieille haine contre Roland, n'eût entrepris de protéger et favoriser de toutes manières le parti d'Octavien. Après quoi il ordonna aux évêques de ses États, c'est-à-dire aux Italiens et aux Allemands, de se réunir à Pavie comme pour discuter et examiner quel parti était le meilleur, mais, dans la réalité, pour écraser le parti d'Alexandre, approuver l'autre et célébrer prématurément la victoire du soi-disant Victor. Il manda également les parties pour recevoir le décret du concile de Wilhem. Ainsi s'exprimait, dans le temps même, Guillaume de Neubrige, né en 1156 dans le comté d'York, chanoine régulier dans le monastère de Neubourg et auteur estimé d'une *Histoire d'Angleterre*, qui va de l'an 1166 à 1197.

Que le jugement de cet auteur anglais sur l'empereur Frédéric fût très-juste, la suite des événements le fait voir. Ce prince, qui était encore occupé au siége de Crême, voulut profiter de l'occasion pour anéantir la liberté que le Seigneur lui-même a donnée à son Église, et faire un Pape à son gré. Ce sont les paroles des actes du pape Alexandre. Frédéric manda donc, le 23 octobre, aux évêques de ses États de se trouver à Pavie pour l'octave de l'Épiphanie de l'année suivante 1160, époque qui fut reculée jusqu'au 2 février, fête de la Purification. Il ajoutait dans sa lettre qu'il priait également les évêques de France, d'Angleterre, d'Espagne, de Hongrie et de Danemarck de s'y trouver, afin de juger en commun quel était le Pape légitime. Mais c'étaient là des paroles en l'air ; car nous le verrons plus tard déclarer nettement que c'était aux évêques allemands, ou plutôt à lui seul, à décider cette affaire.

Il écrivit en même temps au pape Alexandre et à l'antipape Octavien, pour leur ordonner de se rendre au concile avec leurs cardinaux; mais il affectait une différence essentielle entre l'un et l'autre ; dans sa lettre à Octavien, il lui donnait le nom de Pape, tandis qu'il n'écrivait au pape Alexandre que comme au chancelier Roland. Cette affectation seule montrait clair comme le jour que la convocation du concile n'était qu'un jeu pour tromper le monde chrétien et le faire servir à son ambition sacrilège ; cette affectation seule, qui préjugeait la question, suffisait pour le récuser, et lui et son concile, y eût-il raison d'en convoquer un. La conduite de ses ambassadeurs le confirme.

Ils étaient deux, l'évêque de Prague et celui de Verden. Arrivés à Anagni, où était le pape Alexandre, ils entrèrent dans son palais, s'assirent devant lui avec les cardinaux et plusieurs autres, tant clercs que laïques, sans lui rendre le respect convenable à sa dignité, parce qu'ils ne le reconnaissaient point pour pape. Ils dirent leur commission et présentèrent la lettre scellée d'or, où Frédéric parlait, non comme avocat et défenseur de l'Eglise, mais comme juge et maître, et comme ayant puissance sur le Pape et sur l'antipape. On y lut comme quoi l'empereur avait convoqué les personnes catholiques de cinq royaumes, et comme quoi il ordonnait aux deux contendants de se trouver à Pavie en sa présence, en l'octave de l'Epiphanie, afin d'y entendre et recevoir ce qui serait décidé dans cette cour.

A cette lecture, les cardinaux furent troublés. Ils voyaient à craindre de toutes parts ; d'un côté, la persécution d'un prince si puissant ; de l'autre, la liberté de l'Eglise détruite. Ce qui les contristait surtout, c'est que l'empereur, dans ses lettres, nommait Octavien le pontife romain, et Alexandre le chancelier Roland. Après une longue délibération, ils furent tellement inspirés et fortifiés tous par la grâce de Dieu dans l'unité de la foi catholique et dans l'obéissance du souverain Pontife, qu'ils résolurent unanimement, s'il était nécessaire, de s'exposer aux plus grands périls pour maintenir la liberté de l'Eglise. Comme les envoyés du roi pressaient pour avoir réponse, le pape Alexandre répondit ainsi devant tout le monde : « Nous reconnaissons l'empereur, suivant le devoir de sa dignité, pour avocat et défenseur de la sainte Eglise romaine, et, si lui-même n'y met obstacle, nous prétendons l'honorer par-dessus tous les princes de la terre, sauf l'honneur du Roi des rois, du Seigneur des seigneurs, qui peut perdre le corps et l'âme et précipiter dans la géhenne éternelle du feu. C'est pourquoi, l'aimant et désirant l'honorer comme nous faisons, nous sommes étonné qu'il nous refuse, ou plutôt à saint Pierre, l'honneur qui nous est dû. Car il s'est écarté bien loin de la coutume de ses prédécesseurs et a passé les bornes de sa dignité, en convoquant un concile à l'insu du Pontife romain, et en nous ordonnant de nous trouver en sa présence, comme un homme qui aurait puissance sur nous. Or, Jésus-Christ a donné à saint Pierre, et par lui à l'Eglise romaine, ce privilège transmis aux saints Pères et conservé jusqu'à présent à travers la prospérité et l'adversité, et jusqu'à effusion du sang lorsqu'il a fallu : *c'est qu'elle juge les causes de toutes les Eglises sans avoir été jamais soumise au jugement de personne.* Nous ne pouvons donc assez nous étonner que ce privilège soit attaqué par celui qui devrait le défendre contre les autres : la tradition canonique et l'autorité des Pères ne nous permettent pas d'aller à sa cour et de subir son jugement; les avoués des moindres églises et les seigneurs particuliers ne s'attribuent pas la décision de ces sortes de causes, mais ils attendent le jugement de leur métropolitain ou du Siège apostolique. C'est pourquoi nous serions très-coupables devant Dieu, si, par notre ignorance ou notre faiblesse, nous laissions réduire en servitude l'Eglise que le Christ a rachetée au prix de son sang. Nos Pères ont versé le leur pour défendre sa liberté : nous sommes prêts, s'il le faut, à subir les derniers périls, à l'exemple de nos Pères (*Acta Alex. III, apud Barom.,* 1159). »

Les deux évêques allemands envoyés par l'empereur Frédéric, étant irrités de la réponse ferme du pape Alexandre, allèrent à Ségni trouver l'antipape Octavien, et lui baisèrent les pieds. Othon, comte palatin, qui commandait tous les Allemands à Rome, en fit autant ; ce qui rehaussa beaucoup le courage de l'antipape, mais aussi justifiait de plus en plus le refus du Pape véritable, de soumettre la cause de l'Eglise romaine et de l'Eglise universelle au tribunal de pareilles gens.

Frédéric, s'étant déclaré d'avance pour l'antipape, fit beaucoup d'efforts pour entraîner dans la même erreur les autres rois, spécialement le roi d'Angleterre, avec lequel il était lié d'amitié et même de parenté ; mais ce fut en vain. Un digne évêque, Arnoul de Lisieux, avait pris les devants et gagné ce prince à la cause de l'Eglise. Il s'était déjà distingué par ses lumières, son zèle et son courage, au temps de saint Bernard, pour le pape Innocent II contre l'antipape Anaclet. Dès qu'il apprit la promotion d'Alexandre, il lui écrivit une lettre remarquable, et par la beauté du style et par l'élévation chrétienne des pensées.

« Béni soit Dieu le Père et Notre Seigneur Jésus-Christ, qui aime et conserve son Eglise, savoir, l'Epouse immaculée de son bien-aimé Fils, avec une bonté toujours merveilleuse ; car, encore qu'il souffre qu'elle soit vexée de temps en temps par quelques injures, il fait cependant de telle sorte que la tentation lui profite, et il ne permet jamais que les portes de l'enfer prévalent contre elle. En effet, il n'est pas expédient que l'état d'une prospérité continue la rende insolente, ou l'oisiveté négligente, mais que l'affliction conserve l'humilité et que la vexation donne l'intelligence. Tout lui coopère pour le bien, lorsqu'elle est éprouvée comme l'or dans la fournaise, et lui profite pour augmenter sa couronne lorsque la violence de l'adversité la rend forte et l'infestation de la malignité plus circonspecte. Quant à ce Dieu de bonté et de miséricorde, il procure et forme d'avance, pour les temps de la tribulation, des hommes de vertu et de conseil, qui puissent repousser l'audace de la témérité et sachent déjouer l'astuce de la malignité. C'est ce qui a paru assez manifeste dans le pape Innocent, de sainte et glorieuse mémoire, lequel a renversé un hérétique qui s'élevait contre tout ce qu'on appelle Dieu ou qu'on adore comme tel; un hérétique, que soutenaient cependant et la noblesse de sa famille et la grandeur des richesses, et une éloquence insidieuse, et la prudence du siècle, et la faveur du monde. Dans cet athlète de Dieu, la vérité a prévalu sur la fausseté, la superbe ambition a cédé à l'humilité courageuse, la justice a triomphé de l'iniquité. Nous avons vu son adversaire exalté et élevé comme les cèdres du Liban; nous avons passé, et le voilà qui n'était plus; nous avons cherché, et l'on n'a pas même trouvé sa place, parce qu'il n'a pas même, parmi les morts, un monument et une inscription sépulcrale. Quant à Innocent, je me souviens et je pense que vous n'avez point oublié avec quelle sensation respectueuse ses ordonnances étaient reçues des princes, combien il était élevé en gloire, de quelle majesté a resplendi l'Eglise, combien la religion pure et sans tache a fait de progrès sous son règne, à tel point que les déserts contiennent aujourd'hui plus de religieux qu'ils n'avaient autrefois de bêtes sauvages. Il pensait que dans le gouvernement des hommes, il faut user plutôt de la discipline d'une sévérité sobre, que de la douceur d'une miséricorde relâchée, désirant plaire à Dieu plutôt qu'aux hommes, pour ne point, en cherchant la faveur humaine, devenir peut-être méprisable devant Dieu. Aussi sa vertu a-t-elle toujours paru plus grande au milieu des conjonctures les plus fâcheuses, et les succès de sa prospérité subséquente n'ont jamais eu autant d'éclat que n'en ont aujourd'hui les merveilles de sa précédente adversité. Car il ne se confiait point à l'homme, il ne s'appuyait point sur un bras de chair; il se confiait au Seigneur, le Seigneur était son appui.

» Or, que ces schismes soient arrivés plus fréquemment dans l'Eglise romaine, on le voit par les peintures du palais de Latran, où les usurpateurs schismatiques servent de marchepied aux Pères catholiques, où la sagesse, par sa propre vertu, brise et écrase le cou des superbes. Ce qui a été fait sans doute pour rehausser la glorieuse victoire des saints Pères, en montrant les usurpateurs ou punis de leur tyrannie ou demandant pardon de leur usurpation. C'est pourquoi la Chaire de votre apostolat a dû n'être pas sans marchepied, mais être illustrée par un marchepied plus noble. Car, pour vous, la victoire n'est ni incertaine ni éloignée; mais l'humilité de votre modestie est punie un moment, pour avoir différé d'obéir aux Pères assemblés dans le Saint-Esprit; car c'est se rendre également coupable, de prévenir la vocation de Dieu, et d'y résister quand elle se fait entendre. Cependant nous, Dieu le voulant, la sérénité reparaîtra, et ce petit nuage se fondra aux rayons du soleil véritable; l'unité catholique rétablie, l'universalité fidèle se rassemblera de toutes parts à vos pieds.

» En attendant, quelles que soient les affections qui arrêtent les autres, quels que soient les désirs qui entraînent la profane ambition, quelle que soit la témérité qui pousse la détestable envie, moi, le moindre de tous, je salue avec non moins de joie que les autres votre glorieuse promotion, je vous reconnais pour l'apôtre du Christ, le vicaire de Pierre, le pasteur et l'évêque de tous les chrétiens, et je professe avec vous l'unité catholique. Je me réjouis donc, parce qu'il a lui le jour tant désiré, le jour de l'allégresse qui rend effectivement, nous le croyons, la faveur à la vertu, la verge au vice, la terreur aux princes, la liberté à l'Eglise. Je me réjouis, parce que désormais la parole de Dieu ne sera plus enchaînée, mais cette parole, qui est véritable dans votre bouche, effectuera facilement ce que l'on croyait impossible.

» Je serais donc accouru déjà pour embrasser les pieds de Votre Béatitude, afin que l'abondance de votre bénédiction arrosât de plus près l'aridité de mon âme, si le zèle même de vos intérêts ne m'avait retenu; car, si tôt que j'ai appris la vérité de votre promotion et l'erreur de l'usurpation opposée, je me suis hâté d'en donner connaissance à notre prince, pour le prévenir en votre faveur et empêcher qu'il ne se laissât surprendre par le parti mauvais; car il est plus facile d'occuper un esprit encore libre, que de le faire revenir de préventions une fois reçues. Il a hésité quelque temps; mais aussitôt, affermi par la grâce de l'Esprit-Saint, il a promis, avec une joyeuse constance et une constante joie, qu'il ne recevrait d'autre que vous. Depuis peu il a reçu des lettres de l'empereur, qui le prie de différer à vous reconnaître, et, comme il est lié d'une étroite amitié avec ce prince, il n'a pas voulu paraître le mépriser ni se hâter à son préjudice. C'est pourquoi il s'est abstenu de faire une ordonnance générale; mais il n'a pas laissé de vous reconnaître de parole et de fait, et n'empêche aucun d'entre nous de le faire. Il pense que l'éclat d'une ordonnance vaudrait moins pour vous que la réalité même. Auprès de lui, l'autorité de votre apostolat est ferme et indubitable, et quelque parti que prenne l'empereur, il ne le suivra pas dans l'erreur. Quant à moi, j'aurai soin de veiller autour de lui, de prévenir les mauvais discours et de faire en sorte qu'il persévère dans votre obédience. Heureux si jamais je puis, en cette occasion ou dans une autre, me montrer reconnaissant de vos bienfaits, et si vous daignez vous souvenir un jour de mon dévouement. De votre côté, toutes les fois que l'occasion s'en présente, c'est à vous de visiter fréquemment toutes les provinces par vos ordres, afin que, de toute part, on s'accoutume à votre nom et à votre obédience, parce qu'il n'y aura personne qui ose ne pas recevoir vos lettres ni résister à vos ordres (Arnulph. Lexoviens., *Epist. Biblioth. Pat.*, t. XXII; *et apud Baron.*, an 1159). »

La lettre de l'évêque de Lisieux, on le voit, fut écrite avant qu'il fût question du concile de Pavie et avant qu'on sût que l'empereur s'était déclaré pour l'antipape. Suivant les conseils de l'évêque Arnoul, le pape Alexandre envoya des légats de tous côtés : en France et en Espagne trois cardinaux, deux prêtres, Antoine, du titre de Saint-Marc, et Guillaume, de Saint-Pierre-aux-Liens, et avec eux Odon, diacre du titre de Saint-Nicolas; en Orient, Jean du titre de Saint-Pierre et de Saint-Paul; en Hongrie, Jules, évêque de Palestrine, et Pierre, de Saint-Eustache, diacre; à Constantinople, Tiburce avec Arderic, diacre de Saint-Théodore. La vérité de l'élection pontificale ayant été ainsi divulguée et mise hors de doute, le roi très-chrétien, Louis de France, dont le royaume n'avait jamais été pollué par le schisme, conjointement avec Henri, roi d'Angleterre, reconnurent Alexandre pour père et pasteur de leurs âmes. Les rois d'Espagne, de Sicile, de Jérusalem, de

Hongrie, et l'empereur des Grecs, avec les patriarches, les évêques, les princes, tout le clergé et le peuple qui leur était soumis, s'accordèrent pareillement à reconnaître en lui le pape, le vicaire du Christ et le successeur catholique du bienheureux Pierre. Le seul Frédéric, dit empereur, avec ses complices, demeura dans l'obstination de son erreur, attaquant avec violence et persécutant avec fureur le même Pontife, ainsi que tous ceux qui tenaient courageusement..... pour lui (*Acta apud Baron.*, an 1159, n. 63). Voilà comme les actes s'expriment sur les légations que le pape Alexandre envoya dans les diverses parties du monde.

Quant aux légats envoyés aux rois de France et d'Angleterre, Arnoul de Lisieux parle du succès de leur mission dans une lettre adressée aux cardinaux qui étaient avec le pape Alexandre. Après avoir marqué les diligences qu'il avait faites pour le faire reconnaître par le roi d'Angleterre, il dit qu'il était toujours avec les légats, pour procurer avec eux l'avantage de l'Eglise romaine. Il rend témoignage à leur vertu, à leur doctrine et à la douceur avec laquelle ils traitaient les affaires. Ensuite il ajoute : « Quant au fait pour lequel le roi de France a été scandalisé contre eux, ne doutez point qu'ils ne soient excusables; car jamais on ne les aurait fait consentir à cette dispense, s'ils n'y avaient été engagés par une nécessité invincible et par l'assurance de procurer un bien inestimable. On s'était assemblé par ordre du roi pour traiter de la réception du Pontife romain, question dont on n'avait encore rien ordonné publiquement. Les légats voyaient l'affaire de l'Eglise en grand péril, parce que plusieurs, n'osant ouvertement combattre la vérité, disaient, par une politique humaine, qu'il fallait différer et attendre l'événement, plutôt que d'exposer la réputation de deux si grands princes ; que l'Eglise romaine avait toujours été à charge aux souverains, et qu'il fallait profiter de l'occasion pour secouer le joug; que la question serait décidée par la mort de l'un ou de l'autre, et qu'en attendant, l'autorité des évêques pouvait suffire en chaque royaume. Les envoyés de l'empereur insistaient sur ces raisons, avec les cardinaux schismatiques Jean et Gui, émissaires de l'antipape, et ils auraient triomphé du moindre délai, d'autant plus que tout le monde croyait que les deux princes étaient favorables à Alexandre. D'ailleurs le roi de France se rapportait au roi d'Angleterre pour la décision de l'affaire, et avait déclaré publiquement qu'il suivrait son avis. Ainsi fallait-il plutôt accorder la dispense au roi d'Angleterre, que l'éloigner par la sévérité d'un refus, puisque, dès qu'il s'est déclaré pour vous, vous avez gagné la France, l'Angleterre, l'Espagne, l'Irlande, et en dernier lieu la Norwége. »

On ne sait trop de quelle dispense il est question dans cette lettre. Du reste, voici comme l'évêque de Lisieux y parle de l'élection de l'antipape par ses complices : La divine Sagesse a pourvu à son Eglise avec une bonté particulière, en rendant la vérité manifeste à tout le monde, de telle sorte que la simplicité ne peut alléguer à l'ignorance ni la malignité quoi que ce soit de plausible. Si ceux qu'une profane ambition a séparés de l'unité catholique étaient défendus, soit par le nombre, soit par la renommée, soit par une forme quelconque d'élection, il y aurait peut-être pu avoir quelque occasion d'erreur ; mais, de toute l'universalité, il n'y a eu que trois de séduits, et ceux-là encore que l'Eglise semblait plutôt supporter que de s'en glorifier en rien, attendu qu'ils ne se recommandaient ni par la vertu ni par la science. Celui qui les précédait par l'âge et par l'ordre, je dis l'évêque de Tusculum, accoutumé à ne bien observer que l'heure du repos et du repas, n'était-il pas réputé un autre Epicure ; négligeant absolument tout, excepté quand on faisait briller à ses yeux l'espérance de quelque profit ? Ce qui est tellement vrai que, pendant que les autres en étaient tout occupés, lui seul, dit-on, s'en alla de l'élection prématurément, parce que l'heure du dîner lui semblait proche. Un second, honteux de n'avoir pas obtenu la chancellerie qu'il convoitait, et humilié de la préférence donnée à un autre, a tourné sa haine personnelle contre l'Eglise. Le troisième, fier du privilége de la parenté charnelle, crut ne devoir rien refuser au sang, ni rien accorder aux saints canons. Comment d'ailleurs les respecterait-il, lui qui les ignore ? Stupide, il a élu son semblable, afin qu'ils fussent aussi profonds en ignorance l'un que l'autre. De plus, la discipline de la sévérité apostolique les épouvantant, ils avaient peur qu'elle ne réprimât leur audace et leur cupidité téméraires. Tel est le nombre, telle est la sagesse, tel est le vénérable et sacré collège, qui, malgré l'opposition de tout le monde, a prétendu faire servir l'Eglise de Dieu, l'Epouse sans tache de son bien-aimé Fils, à leur volupté propre, et la transporter de la droite du Monarque suprême dans les embrassements exécrables de Satan. La liberté que le Christ a rachetée au prix de son sang, eux l'ont prostituée, afin que l'Eglise, qui, par son droit, a toujours dominé sur les princes, fût asservie au caprice de son officier (Arnulph. Lexoviens, *Epist. ad cardinales; Pat.*, t. XXII, *et apud Baron.*, an 1159). Ainsi parlait d'Octavien et de ses complices le savant évêque de Lisieux.

En Angleterre, où l'on ne connaissait pas si bien l'état des choses, il y avait encore de l'incertitude dans les esprits. On le voit par la lettre que l'archevêque Thibaut de Cantorbéry, ou plutôt Jean de Salisbury, son secrétaire, écrivit au roi d'Angleterre, en Normandie. « Le schisme de l'Eglise romaine, y est-il dit, excite ceux qui aiment la nouveauté et encourage les audacieux. Car chez nous, les uns prétendent aller trouver Alexandre, les autres Victor. Pour nous, nous ne savons lequel des deux a la meilleure cause : nous ne pouvons retenir ceux qui vont par légèreté vers l'un ou l'autre, et nous ne croyons pas permis de reconnaître l'un des deux dans votre royaume sans votre conseil, tant que la chose est en suspens. Que ferons-nous donc, nous qui sommes plus soumis à vos ordres que les autres, et plus engagés à l'Eglise romaine, étant obligés par notre serment à la visiter en certain temps ? Or, il serait dangereux pour nous d'être prévenus auprès du Pape qui l'emportera, par ceux qui ont reçu moins d'honneur que nous de l'Eglise romaine. Nous attendons et désirons sur cela votre conseil et votre secours. » En cette lettre, l'archevêque Thibaut témoigne qu'il n'a plus guère à vivre, à cause de son grand âge et de ses infirmités (*Apud Joan. Sarisb., Epist.* 44, *Biblioth. Patr.*).

Dans une lettre subséquente, l'archevêque supplie le roi de lui faire connaître l'état réel des choses, et dit : « Nous avons appris certainement que l'Église gallicane a reçu Alexandre et rejeté Octavien ; et, autant qu'on peut connaître humainement, il semble qu'elle ait pris le meilleur parti. Car tout le monde convient qu'Alexandre a plus de réputation, de prudence, de lettres, d'éloquence ; tous ceux qui viennent de là disent que sa cause est plus juste ; et, quoique nous n'ayons reçu ni nonce, ni lettres de l'un ni de l'autre, nous savons que tous les Anglais ont plus d'inclination pour Alexandre, si vous y joignez votre consentement. Or, nous avons ouï dire que l'empereur s'efforce de vous attirer au parti d'Octavien. Mais à Dieu ne plaise que, dans un si grand péril de l'Eglise, vous fassiez, par respect humain, autre chose que ce qui doit lui être agréable, en soumettant toute l'Eglise de votre royaume à un homme qui, comme on le dit publiquement, a envahi le Saint-Siège, sans élection, sans vocation divine, par la faveur de l'empereur seul ; car presque toute l'Eglise romaine est du côté d'Alexandre. Or, il est incroyable qu'un parti puisse durer et prévaloir par un homme, si la justice lui manque et si le Seigneur lui est contraire ; et nous avons appris par la lecture, qu'en cas pareil, ceux que l'Eglise gallicane a reçus ont prévalu, tandis que ceux qui avaient été intrus par le flot de la tentation ont eu une fin malheureuse. Ainsi, de nos temps, Innocent a prévalu contre Pierre, Calixte contre Bourdin, Urbain contre Guibert, Pascal contre trois papes, et plusieurs autres du temps de nos Pères. Que Votre Majesté y prenne donc garde, et que Dieu incline votre assentiment pour le parti qui s'appuie sur la vérité de la justice, et qui triomphera par la grâce de Jésus-Christ. Enfin s'il vous plaît, dans un si grand péril de l'Eglise de Dieu, il vous faut consulter votre royaume, et ne rien statuer à son préjudice sans le conseil de votre clergé (*Apud Joan. Sarisb., Epist.* 48). »

Par ces deux lettres de l'archevêque de Cantorbéry, on voit que s'il y a eu de l'hésitation en Angleterre, ce ne fut que dans les premiers moments et lorsqu'on ne savait pas encore comme les choses s'étaient passées. A mesure qu'on a des renseignements certains, l'hésitation diminue : tout le monde incline pour Alexandre, la seule inquiétude qui reste, c'est que le roi ne se laisse prévenir par l'empereur. Ce que l'on remarque surtout avec plaisir dans les lettres de l'archevêque, c'est l'amour de Dieu et de son Eglise ; c'est la crainte de faire quelque chose contre la justice et la vérité. Quand un homme est dans des dispositions pareilles, jamais Dieu ne permet qu'il s'égare.

En Orient, le légat du pape Alexandre, nommé Jean, cardinal-prêtre du titre de Saint-Jean et de Saint-Paul, vint à Biblus ou Giblet avec quelques Génois, vers la fin de l'an 1159. Pour avoir la permission d'entrer dans le royaume de Jérusalem, comme légat, il fit sonder auparavant l'esprit du roi Baudouin et des autres seigneurs tant ecclésiastiques que séculiers. Après une grande délibération, on lui manda de demeurer et de ne pas entrer dans le royaume jusqu'à ce qu'on lui fît savoir, par l'avis commun des prélats et des seigneurs, ce qu'il devrait faire. Cependant on convoqua un concile à Nazareth, où se trouvèrent Amauri, patriarche de Jérusalem, avec les autres prélats, et le roi avec quelques seigneurs. Aucun des pontifes latins d'Orient, ni du patriarcat de Jérusalem, ni de celui d'Antioche, ne s'était encore déclaré ouvertement pour aucun parti ; mais ils ne laissaient pas, en secret, de favoriser l'un ou l'autre. Lors donc qu'on eut commencé à délibérer sur une affaire aussi grave, comme il arrive d'ordinaire en ces cas, les avis furent partagés ; les uns disaient qu'il fallait reconnaître Alexandre et recevoir son légat comme soutenant la meilleure cause, et Pierre, archevêque de Tyr, était à leur tête : les autres préférèrent Victor, disant qu'il avait toujours été ami et protecteur du royaume de Jérusalem, et ne voulurent point absolument que le légat fût reçu. Le roi prenait un avis moyen avec les seigneurs et quelques prélats ; et, de peur de faire un schisme dans l'Eglise d'Orient, il proposait de ne prendre parti ni pour l'un ni pour l'autre ; d'accorder au légat de visiter les saints lieux comme pèlerin, sans marques de légation, et de demeurer dans le royaume jusqu'à la première occasion de repasser, à laquelle il serait obligé de partir. Le roi disait pour son avis : « Le schisme est nouveau, et le monde ne connaît pas encore quelle cause est la meilleure : il est dangereux de se déterminer dans une affaire douteuse. D'ailleurs, on n'a pas besoin d'un légat dans ce royaume, pour être à charge, par sa dépense, aux églises et aux monastères, et les appauvrir par ses exactions. » C'était l'avis du roi ; et, quoiqu'il parût le plus utile, l'avis de ceux qui voulaient que le légat fût reçu l'emporta. Il fut donc appelé et vint dans le royaume, où, plus tard, il fut incommode à plusieurs qui s'étaient réjouis de son arrivée. Ce sont les paroles de Guillaume, archevêque de Tyr (L. 18, c. 29).

Le patriarche Amauri écrivit, en son nom et au nom de ses suffragants, la lettre synodale que voici : « A son seigneur et père, le très-révérend Alexandre, par la grâce de Dieu, pape universel de l'Eglise romaine et apostolique, Amauri, humble ministre de la sainte église de la Résurrection, avec tous ses suffragants : hommage d'une entière obéissance, aussi dû qu'il est dévoué. Nous avons reçu la lettre de votre sainte et catholique élection, avec toute la vénération qui se doit ; et, à jour préfixe, après avoir convoqué nos vénérables frères et nos fils, qui tous, de grand cœur, ou s'y présentèrent, ou envoyèrent des lettres d'excuse, avec leur consentement, nous avons lu et relu avec attention cette lettre en présence de tout le monde, des archevêques de Tyr et de Nazareth, ainsi que de nos autres frères et fils. Mais ayant entendu la perversité contumace et téméraire, et la perverse témérité d'Octavien et de ses faux frères Jean et Gui, nous avons été saisis de crainte ; et, parce qu'ils s'étaient séparés de l'unité de la sainte mère Eglise, nous avons été affligés. Mais ayant compris ensuite la paisible et saine unanimité de nos vénérables frères et seigneurs les évêques et des autres cardinaux, ayant connu de plus l'assentiment, le désir et les acclamations du clergé et du peuple touchant votre élection et votre consécration si sainte et si canonique, nous avons respiré et nous nous sommes réjouis d'une grande joie. Du reste, tous tant que nous sommes, nous avons loué et approuvé votre sainte et légitime élection et consécration, nous la louons et nous l'approuvons d'un parfait concert; et, après avoir excommunié les schismatiques Octavien, Jean et Gui, avec leurs fauteurs, nous vous avons élu unanimement et reçu volontairement pour Seigneur temporel et Père spirituel (Labbe, t. X). » Ce titre de *Seigneur temporel* donné au Pape est d'autant plus remarquable, que le roi de Jérusalem et les seigneurs étaient présents à ce concile.

Il y avait trois ans qu'Amauri était patriarche de Jérusalem; car Foucher, son prédécesseur, mourut le 21 novembre 1157, la douzième année de son pontificat. Les prélats s'étant assemblés à Jérusalem pour lui donner un successeur, on élut Amauri, disait-on, contre les règles, par le crédit de deux princesses sœurs du roi, Mélisende et Sibylle, comtesse de Flandre. Il était Français, natif de Nèele, dans le diocèse de Noyon; c'était un homme assez lettré, mais trop simple et peu capable de remplir une si grande place. Il y fut mis nonobstant l'opposition d'Hernèse, archevêque de Césarée, et de Raoul, évêque de Bethléhem, qui même en appelèrent à Rome. Amauri y envoya Frédéric, évêque d'Acre, qui, en l'absence de ses adversaires, obtint du pape Adrien, et, du moins à ce que l'on disait, par de grands présents, la confirmation du patriarche, et lui apporta le *pallium* (Guill. de Tyr, l. 18, c. 19 et 20). Amauri fut le huitième patriarche latin de Jérusalem, et tint le siège vingt-deux ans. De son temps, le royaume changea de maître. Le roi Baudouin III mourut le 11 février 1162, la vingtième année de son règne et la trente-troisième année de son âge, vivement regretté de tous les chrétiens de Syrie. Comme il ne laissait point d'enfants, son frère Amauri lui succéda. Il fut couronné dans l'église du Saint-Sépulcre, huit jours après la mort de Baudouin, et régna douze ans et demi (*Ibid.*, l. 18, cap. *ultim.*, et l. 19, c. 1).

Cependant le concile, ou plutôt le conciliabule que l'empereur Frédéric avait convoqué à Pavie pour l'octave de l'Epiphanie 1160, se tint en effet, non point à l'époque indiquée, mais un mois plus tard. La cause de ce retardement fut la ville de Crème, que Frédéric ne prit qu'après six mois de siège, et qu'il brûla le 27 janvier 1160, ce qui l'obligea de remettre son concile à la Chandeleur; mais il ne commença de fait que le 5 février, qui était le vendredi avant le jour des Cendres.

Comme les actes que nous avons de ce conciliabule contiennent des faussetés manifestes, il n'est pas facile de savoir au juste comme les choses se sont passées. Quant à l'opinion générale des contemporains, il est, entre plusieurs autres, trois écrivains non suspects pour nous la faire connaître: l'Anglais Guillaume, de Neubrige; l'Allemand Radevic, de Frisingue, et le poète Gunther. Le premier s'exprime en ces termes: « Le soi-disant Victor y vint comme pour subir le jugement; mais Alexandre, à qui, sous le nom de *jugement*, on préparait un préjugé et un préjudice, s'y refusa, non-seulement avec prudence, mais encore avec liberté. Des évêques donc, tant du royaume teutonique que de celui d'Italie, avec une grande multitude de prélats inférieurs, par ordonnance impériale, s'assemblèrent à Pavie pour plaire à l'empereur, qui s'y montra terrible, avec ses ducs. Tout ce qui pouvait aider la cause d'Alexandre, personne ne l'alléguait, ou même les évêques le supprimaient par le silence; quant à ce que la vérité ne fournissait point à l'autre parti, ils y suppléaient par l'artifice (Guill. de Tyr, l. 18, *cap. ultim.*, et l. 19, c. 1). » Ainsi s'exprime le contemporain Guillaume de Neubrige. L'honnête Radevic de Frisingue, qui continuait l'histoire du règne de Frédéric, commencée par son évêque Othon, et qui adressait cette continuation à Frédéric lui-même, arrivé à l'affaire du schisme et du conciliabule de Pavie, rapporte les pièces principales de part et d'autre, en protestant qu'il ne veut point faire le juge, et puis, comme honteux de son héros, il termine brusquement son histoire. Le poète Gunther ou Gonthier, qui chantait en dix livres d'assez beaux vers les grandes actions de Frédéric, va plus loin: il passe sous silence le conciliabule de Pavie, approuve l'élection d'Alexandre, et blâme hardiment celle d'Octavien (*Apud Baron.*, an. 1160, n. 30). Cette conduite des deux écrivains allemands dit beaucoup et leur fait honneur.

Nous avons déjà vu, avec Guillaume de Neubrige, que Frédéric mandait ses évêques à son concile, beaucoup moins pour examiner et discuter l'affaire, que pour enregistrer et exécuter la décision impériale déjà prise. En effet, et dans ses lettres d'invitation, et par ses ambassadeurs, Frédéric avait qualifié et traité Octavien de pape, et Alexandre de simple chancelier, ce qui était bien décider la chose. Or, de combattre cette décision une fois prise par un despote à la tête de cent mille hommes, de contredire un despote habitué à brûler des villes, à pendre les prisonniers et les otages, à clouer à ses machines de guerre des enfants et des prêtres, cela n'eût pas été prudent à des évêques de cour: ils n'eurent donc garde de le faire.

Comme, dans ses lettres de convocation, l'empereur annonçait à ses prélats qu'il invitait également les évêques de France, d'Angleterre et d'Espagne, on devait croire naturellement que, dans une occasion aussi solennelle et pour une affaire aussi grave, les évêques arriveraient par centaines de tous les pays. Deux écrivains non suspects, l'Allemand Radevic et l'Italien Othon Morena, tous deux, le second surtout, favorables à Frédéric, nous apprennent qu'il s'y en trouva, tout compté, environ cinquante, savoir: un patriarche, neuf archevêques et trente-huit ou trente-neuf évêques. Encore verrons-nous que sur ces cinquante, ou plutôt ces quarante-huit, il y en eut plus d'un, non-seulement d'absent, mais encore d'opposant. Et toutefois, le conciliabule, dans sa lettre synodale, avance que le nombre des évêques qui furent présents et qui consentirent par écrit, fut de cent cinquante-trois; ce qui montre quelle confiance mérite cette pièce; car de quarante-huit ou quarante-neuf à cent cinquante-trois, il n'y a que cent cinq ou cent quatre de différence (1).

L'empereur Frédéric étant donc arrivé à Pavie, après avoir brûlé Crème, exhorta les évêques à se préparer au concile par des jeûnes et des prières; puis, les ayant assemblés et s'étant assis, il leur dit: Quoique je sache que j'ai, comme empereur, le pouvoir d'assembler les conciles, principalement en si grand péril de l'Eglise, je vous laisse toutefois la

(1) Radovic, l. 2, c. 64. Voir Othon Morena et la lettre synodale tout entière. Mansi, *Concil.*, t. XXI.

décision de cette affaire importante. Dieu vous a donné l'autorité de nous juger nous-mêmes, et ce n'est pas à nous à vous juger en ce qui regarde Dieu. Conduisez-vous donc en cette affaire comme n'ayant à en rendre compte qu'à lui. L'empereur, ayant ainsi parlé, sortit du concile, qui était composé de cinquante, tant archevêques qu'évêques, et d'une grande multitude d'abbés et de prévôts. Il y avait aussi des envoyés du roi de France et du roi d'Angleterre, et des députés de divers pays, lesquels promettaient, dit-on, que tout ce que le concile aurait décidé serait reçu chez eux sans difficulté (Radevic, l. 2, c. 62, 64, 71 et 72 ; *apud Baron., Labbe et Mansi*).

Pour l'examen sérieux et l'éclaircissement de cette affaire, il y avait deux pièces importantes et officielles : les deux lettres respectives et contradictoires, d'un côté, des cinq cardinaux de l'antipape Octavien, et, de l'autre, des vingt-deux cardinaux du pape Alexandre. Le bon sens et la bonne foi demandaient que l'on commençât par confronter et vérifier ces deux pièces capitales : ce qui était d'autant plus aisé, qu'il y avait présent au moins un signataire de chacune d'elles. L'évêque Imar de Tusculum, le premier signataire des cinq, assistait au concile ; Guillaume de Pavie, cardinal-prêtre de Saint-Pierre-aux-Liens, un des vingt-deux signataires, se trouvait à Pavie dans sa famille, et assistait, comme curieux, à l'assemblée des évêques impériaux. On avait donc un moyen facile de vérifier ces deux pièces décisives et d'en éclaircir les contradictions. Le bon sens et la bonne foi demandaient avant tout qu'on en profitât : il n'en fut pas même question, au moins d'après la teneur des actes.

L'unique pièce dont on s'occupât à Pavie, fut une espèce de factum ou de mémoire, au nom de certains chanoines, prêtres ou clercs de l'église de Saint-Pierre de Rome, apporté par deux d'entre eux, et adressé à l'empereur et aux prélats du concile. Ce mémoire contient à peu près les mêmes choses que la lettre des cinq cardinaux schismatiques. Il y a cependant ceci de plus : les chanoines conviennent qu'Othon, cardinal-diacre de Saint-Georges ; Adeldald, cardinal des Saints-Apôtres, et Jean de Naples avaient pris la chape et s'étaient efforcés d'en revêtir le chancelier Roland ; mais ils soutiennent que la plus saine et la meilleure partie des cardinaux les en avaient empêchés pour élire Octavien. Ils disent la plus saine partie, n'osant dire la plus grande. Par où l'on voit, d'après le témoignage même des schismatiques, que le pape Alexandre fut élu le premier, qu'il le fut par le plus grand nombre, que les cardinaux de la majorité s'efforcèrent de le revêtir de la chape, que la minorité s'y opposa de force, et qu'Octavien fut élu par cette minorité factieuse. Telle est la conclusion que le bon sens et la bonne foi tireront naturellement de ce fait. Les chanoines schismatiques citaient pour témoins de ce qui s'était passé, Othon, comte palatin, Gui, comte de Blandrate, et le prévôt Hébert, envoyés de l'empereur, c'est-à-dire qu'ils citaient pour témoins leurs complices.

Après qu'on eût agité pendant cinq jours la question importante des deux élections, le sixième, on lut publiquement une espèce d'information assez singulière. On n'y examine point lequel avait été élu le premier et par le plus grand nombre, seul moyen et moyen facile de terminer l'affaire : on s'y attache uniquement à soutenir qu'Alexandre n'avait pas été revêtu solennellement de la chape rouge ; on cite pour cela plusieurs témoins, tant clercs que laïques, mais dont la plupart ne parlent que par ouï-dire. Certainement, quand des évêques réunis en concile, au lieu de s'attacher aux points capitaux, décisifs et certains d'une affaire, ne s'attachent qu'à une circonstance minutieuse et équivoque, ils prouvent contre eux-mêmes et contre le parti qu'ils prennent.

Après que l'affaire eut été examinée de cette façon pendant sept jours, le conciliabule prononça contre le pape Alexandre, absent et non représenté, et en faveur de l'antipape Octavien, qui était présent et avait des défenseurs de sa cause. La sentence fut portée à l'empereur, qui ne manqua pas, le lendemain, 12 février 1160, de la recevoir et de l'approuver : c'était la sienne. On appela l'antipape à l'église ; l'empereur le reçut à la porte, lui tint l'étrier comme il descendait de cheval, le prit par la main, le conduisit jusqu'à l'autel et lui baisa les pieds : les évêques schismatiques en firent autant. Le jour d'après, ils firent plus, et lancèrent contre le véritable chef de l'Eglise un anathème qui ne tomba que sur eux. De tout quoi ils écrivirent une lettre synodale à tous les rois, princes, évêques et simples fidèles. Ils y prétendent, comme les cinq cardinaux schismatiques dans leur lettre, qu'Alexandre avait été élu seulement par quatorze cardinaux, et Octavien par neuf, ce qui donnait toujours la majorité au premier et tranchait la question. Ils ajoutent que, si plusieurs de ces neuf se sont ensuite attachés à Alexandre, ce fut par la séduction de l'argent. Oui, pour excuser son petit nombre, le parti de l'empereur, c'est-à-dire le parti de la force, de la richesse, de la faveur, accuse le parti d'Alexandre, le parti de la faiblesse, de la pauvreté et des souffrances, de s'attirer le grand nombre par la faveur, la richesse et la force. Certes, se défendre par de pareilles raisons, c'est se condamner soi-même (Mansi, t. XXI).

La lettre synodale du conciliabule de Pavie porte les souscriptions du patriarche d'Aquilée, des archevêques de Mayence, de Brême, de Trèves, de Cologne, de Magdebourg, d'Arles, de Lyon, de Vienne, de Ravenne ; des rois d'Angleterre, de Hongrie, de Bohême et de Danemarck, ainsi que des évêques de Fermo, de Ferentine, de Mantoue, de Bergame et de Fayence. Mais plusieurs de ces souscriptions sont certainement fausses : ce qui rend douteuses la plupart des autres. Ainsi nous avons vu et nous verrons encore le roi d'Angleterre reconnaître le pape Alexandre et rejeter l'antipape Octavien. Nous verrons tout à l'heure que l'archevêque de Trèves, demeuré malade en chemin, envoya seulement des lettres d'excuse. Nous verrons encore que le patriarche d'Aquilée, plusieurs évêques d'Italie, ainsi que ceux de Bamberg, de Passau et de Ratisbonne, ne souscrivirent pas purement et simplement, mais avec cette clause : *sauf la censure à venir de l'Eglise catholique*, qu'ils n'obéiront qu'à raison des nécessités de l'empire. C'est qu'on ne cessait de leur dire que le pape Alexandre, le roi de Sicile et les Milanais avaient fait une conspiration contre l'empereur ; conspiration qui se réduisait tout au plus à une ligue défensive : chose très-permise et très-sage contre un pareil homme.

L'empereur Frédéric écrivit lui-même à saint Eberhard, archevêque de Salzbourg, et à ses suffragants, une lettre où il insiste principalement sur cette prétendue conjuration faite contre lui du vivant du pape Adrien, par le chancelier Roland, et il en apporte cette preuve : « Comme nous délibérions sur ce qu'il y avait à faire touchant le schisme, l'archevêque de Tarentaise, les abbés de Clairvaux, de Morimond et dix autres survinrent, comme si Dieu les eût envoyés, demandant la paix pour les Milanais. Nous leur dîmes notre intention, et ils retournèrent à Milan pour savoir celle du peuple, qui leur répondit : Nous sommes engagés par serment au Pape et aux cardinaux, de ne point faire de paix avec l'empereur sans leur consentement. Les abbés répliquèrent : Vous n'êtes plus engagés au Pape, puisqu'il est mort. Mais, reprirent les Milanais, nous sommes engagés aux cardinaux, et eux à nous. L'empereur avoue ensuite qu'on reprochait à son pape Victor d'avoir été élu par le plus petit nombre des cardinaux, et ne donne aucune réponse à ce reproche. La lettre est du 15 février 1160 (Radevic, l. 2, c. 69).

Eberhard, évêque de Bamberg, qui était auprès de l'empereur, écrivit en son particulier au saint archevêque de Salzbourg, ce qui s'était passé à Pavie. D'abord, dit-il, presque tous étaient d'avis de différer jusqu'à une plus grande connaissance de l'affaire et un concile plus général; toutefois, le parti du seigneur Victor a fini par l'emporter, principalement à cause de la conjuration contre l'empire. Ainsi nous l'avons reçu, par l'espérance de la paix et de l'union entre le royaume et le sacerdoce. L'évêque de Bamberg convient que les neuf cardinaux que l'on prétendait avoir consenti à l'élection d'Octavien, l'avaient abandonné ensuite. Il ajoute : L'envoyé du roi de France a promis que son maître ne reconnaîtra ni l'un ni l'autre, jusqu'à ce qu'il ait reçu les envoyés de l'empereur; l'envoyé du roi d'Angleterre a promis qu'il ferait la même chose (1). Les archevêques d'Arles, de Vienne, de Lyon et de Besançon ont consenti par leurs lettres et leurs députés. Celui de Trèves est le seul de cette partie d'Allemagne qui n'ait pas encore consenti (2), mais ses suffragants l'ont tous fait. Il ne reste que vous.

Henri, prévôt de Berthesgade, écrivit aussi à l'archevêque de Salzbourg sur le même sujet, et sa lettre contient les particularités suivantes : « Le patriarche d'Aquilée et quelques autres ont obéi à cause des besoins et des périls de l'empire dont il a été parlé, et sauf la censure à venir de l'Eglise catholique. Les évêques de Bamberg, de Passau et de Ratisbonne ont imité le patriarche. Pour la confirmation de ce qui a été fait, on envoie des députés, savoir : l'archevêque de Cologne, en France; l'évêque de Verdun, en Espagne, et celui de Prague, en Hongrie. L'empereur Frédéric envoya aussi aux rois d'Angleterre, de Danemarck et de Bohême, et à l'empereur Manuel (Ibid., l. 2, c. 71). »

Quant à ses propres Etats, c'est-à-dire l'Allemagne et l'Italie, il y publia un édit par lequel il ordonnait à tous les évêques de reconnaître son antipape Victor, sous peine de bannissement perpétuel. Cette ordonnance retentit durement par toute l'Italie. Alors tous ceux qui avaient l'esprit de ferveur aimèrent mieux souffrir l'exil et la persécution pour Dieu et pour maintenir l'unité de la foi, que d'adhérer pacifiquement aux schismatiques, et de jouir des honneurs et des richesses de ce siècle. Il se fit donc un trouble extrême dans l'Eglise, les catholiques fuyant et abandonnant leurs églises et leur patrie. A leur place, on introduisait par violence les complices de l'antipape. Mais le pape Alexandre ne faiblit point; au contraire, plus la persécution devenait violente, plus il se montra ferme. Il avertit l'empereur plusieurs fois et avec bonté de revenir de son erreur : il le trouva rebelle et opiniâtre. Alors, le jeudi saint 1160, dans la ville d'Anagni, assisté des évêques et des cardinaux, il l'excommunia solennellement comme le principal persécuteur de l'Eglise; et, jusqu'à ce qu'il vînt à résipiscence (Joan. Sarisb., Epist.), il délia du serment de fidélité tous ceux qui le lui avaient prêté, et cela, suivant l'ancienne coutume de ses prédécesseurs. En même temps il renouvela l'excommunication contre Octavien et ses complices; et, pour dissiper les mensonges qu'ils avaient répandus de tous côtés, il envoya des légats en diverses provinces (Acta et vita apud Baron., an 1160, apud Muratori, t. IV).

Si, dans cette persécution, comme dans toutes les autres, l'Eglise vit parmi ses ministres et ses pontifes plus d'un individu faible, équivoque, mercenaire, plus courtisan que prêtre ou évêque, Dieu y suscita de son côté plus d'un homme puissant en œuvres et en paroles, comme les prophètes d'autrefois, comme les Athanase et les Basile des premiers siècles chrétiens. De ce nombre et à leur tête se montra saint Eberhard, archevêque de Salzbourg, dont il a déjà été question.

Il était né vers l'an 1090, d'une des plus nobles familles de Franconie. Son père était très-chrétien, mais dans les honneurs du siècle. Sa mère, presque continuellement appliquée à l'aumône, à la prière et au jeûne, mangeait rarement autre chose que des légumes. Voici un trait de sa vertu. Ayant résolu avec son mari de bâtir dans leur château une église en l'honneur de la sainte Vierge, elle avait coutume d'aller elle-même, nu-pieds, à près d'un quart d'heure de loin, chercher les pierres sur ses épaules. Son exemple entraîna non-seulement ses suivantes, mais encore un grand nombre de femmes, tant de la noblesse que du peuple. La pieuse dame formait les autres à son image et à sa ressemblance. On en sentit les heureux effets au loin dans tous les environs. Telle fut la mère de saint Eberhard, digne mère d'un digne fils. Placé tout jeune aux écoles de Bamberg, il s'y rendit bientôt habile dans les trois parties de la philosophie, savoir la physique, la morale et la logique. Enfant par l'âge, il paraissait vieillard par la douce gravité des mœurs. Devenu chanoine de l'église cathédrale, probablement encore du vivant de saint Othon, évêque de Bamberg, il embrassa, quelque temps après, la vie monastique dans l'abbaye de Saint-Michel, que le même saint évêque avait considérablement agrandie. Mais les chanoines l'en retirèrent malgré lui et l'envoyèrent, avec son précepteur, étudier en France, jusqu'à ce que ses cheveux, qu'il avait coupés pour se faire moine, lui fussent revenus. Parti savant, il

---

(1) Donc c'est un faux, ce qu'on lit à la suite de la lettre synodale : Henricus, rex Anglorum, per litteras et legatos consensit.
(2) Donc c'est encore un faux, ce qu'on lit parmi les souscriptions : Ego Hellinus, Treverensis archiepiscopus, cum meis suffraganeis consensi (Apud Radevic., l. 2, c. 70).

revint plus savant encore. De retour dans sa famille, la vocation religieuse ne le quitta point. Enfin, vers l'an 1130, à l'âge de quarante ans, ayant obtenu l'agrément de saint Othon et des chanoines, il rentra dans le monastère. Il y macérait son corps par les jeûnes, passait les nuits en prières, tout occupé des choses divines : bien loin de murmurer de n'avoir pas de superflu, il ambitionnait d'être pauvre avec Jésus pauvre. Cependant ses frères Conrad et Erpon, avec sa sœur Berthe, ayant fondé un monastère dans une de leurs terres nommée Bibourg, le demandèrent pour abbé; mais ils furent cinq ans sans pouvoir l'obtenir. Son unique pensée était de former des religieux, de bâtir des églises, puis d'aller se cacher dans un désert; car l'humilité est insatiable. Enfin, emmené à Rome par l'évêque de Bamberg, ce saint prélat le fit connaître au pape Innocent II, ainsi que le désir des moines de Bibourg de l'avoir pour abbé. Le Pape l'obligea d'accepter, et lui donna lui-même la bénédiction abbatiale. Il gouverna cette maison naissante avec beaucoup de régularité et de prudence, exerçant libéralement l'hospitalité, et répandant au dehors de grandes aumônes, en sorte qu'il ne gardait de provisions que ce qui était nécessaire d'une récolte à l'autre.

Dès lors un pieux abbé du voisinage, nommé Eppon, eut révélation du schisme qui tourmenterait l'Eglise, et du service que notre saint rendrait à l'Eglise affligée. Il lui sembla voir une veuve que persécutait un roi, et il n'y avait personne à secourir cette veuve, qu'un moine de Salzbourg. Ce moine avait les traits d'Eberhard. Seul il paraissait combattre pour la veuve, et la lutte était vive de part et d'autre, jusqu'à ce que le moine fût changé en fer : ce qui marquait sa fermeté invincible. Le roi ne s'emportait pas moins contre lui que contre la veuve, jusqu'à ce que lui-même parut changé en chien. L'abbé, comprenant le sens de cette vision, dit à Eberhard, dont il était l'ami intime : « En vérité, vous occuperez le siège de Salzbourg, et il y aura un temps où, seul d'entre les ecclésiastiques de ces quartiers, vous soutiendrez la cause de l'Eglise. A ce temps-là suffira son mal. »

Cependant Eberhard était petit à ses propres yeux, et, vivant dans la chair, il paraissait n'en avoir point. Sa nouvelle communauté augmentait en ferveur et en nombre, aussi bien qu'une communauté de religieuses dont il avait la direction. L'abbé, par sa charité, sa prudence, sa discrétion, sa miséricorde et toutes les autres vertus, était pour tous un objet d'amour, de crainte, et un modèle. On le craignait, mais d'une crainte filiale; pour la crainte servile, on ne la connaissait pas. Ses délices étaient le travail, et non le repos; il comprenait cette maxime d'un philosophe : *Le travail nourrit les caractères généreux.* Il visitait fréquemment par lui-même la demeure des pauvres. Il avait coutume de laver et de peigner sur ses genoux la tête des malheureux, surtout des malades, de laver et de baiser leurs pieds, de leur donner à manger et à boire de sa main. « Dieu sait, s'écrie ici son disciple et son biographe que nous ne faisons que traduire, Dieu sait que je ne mens en rien de ce que je dis. Au contraire, je passe beaucoup de choses, pour n'être pas trop long; je dirai ce que j'ai vu, ce que j'ai appris par l'attestation d'un grand nombre et par ma propre expérience. La vertu de sa prédication était merveilleuse; elle allait au cœur, et faisait répandre des larmes. Il portait l'amour de l'hospitalité jusqu'au scrupule. Un chanoine de Frisingue, passant à cheval près du monastère, envoya son valet demander à boire. Le frère hôtelier répondit que le maître n'avait qu'à venir lui-même. Le saint abbé, informé de cette faute, obligea l'hôtelier, qui était un vieillard, de faire trois lieues à pied, pour porter jusqu'à Ratisbonne un verre de vin au voyageur, bien surpris et bien humilié d'une charité aussi délicate. »

Il y avait quatorze ans que saint Eberhard gouvernait ainsi l'abbaye de Bibourg, lorsque le siège de Salzbourg vint à vaquer par la mort de l'archevêque Conrad, et il fut élu pour lui succéder, d'un commun consentement des évêques de la province, du clergé et du peuple de l'Eglise vacante. A cette nouvelle, il voulut s'enfuir et se cacher, mais en vain : il fut découvert, emmené à Salzbourg, sacré solennellement, et revêtu de la mitre métropolitaine. Mais plus il se voyait élevé, plus il s'humiliait en toutes choses. Il s'adonnait aux veilles, aux oraisons, à l'abstinence : les Ecritures ne sortaient de ses mains et de ses yeux ni jour ni nuit, sinon quand il était à table ou à cheval. Il partageait son pain avec les affamés, introduisait dans sa maison ceux qui n'avaient point d'asile, revêtait ceux qu'il voyait nus, nourrissait les orphelins comme leur père, et arrachait les veuves à leur affliction. Contrairement à la coutume des pharisiens, il s'étudiait à faire toutes ses œuvres de manière qu'on ne le vit pas. Ses serviteurs, qui depuis embrassèrent la vie monastique, rapportaient que, dans les pénitences secrètes qu'il faisait à l'église, les jambes nues, ses genoux frottaient si rudement le pavé, qu'ils étaient tout en sang. Les domestiques ne s'en apercurent que quand, par hasard, ils le trouvaient endormi de lassitude. Quant à sa compassion pour les malheureux, elle surpassait toutes ses autres vertus (*Vita S. Eberh., Acta Sanct.*, 22 *junii*).

Tel était saint Eberhard de Salzbourg, lorsque, par la politique antichrétienne de l'empereur Frédéric, éclata le schisme d'Octavien. Frédéric mit tout en œuvre pour le gagner au parti de son antipape : il ne put y réussir. Le saint archevêque, après une longue délibération, reconnut et suivit toujours le pape Alexandre; et la raison qu'il en rendait, était le consentement de toute l'Eglise. Il lui écrivit en ces termes : « Le Dieu de gloire se montre toujours aussi admirable que tout-puissant dans ses œuvres; car il dépose les puissants du trône, et élève les humbles; il appelle ce qui n'est pas, comme ce qui est; nul n'ose lui dire : Pourquoi faites-vous ainsi ? quoiqu'il y en ait beaucoup qui tentent de regimber contre ce qu'il fait. Aussi ces prodigieux soulèvements de la mer qui pensaient briser la barque de Pierre, c'est-à-dire la sainte Eglise catholique, il les a apaisés par un signe de sa puissance, et a établi un port tranquille là où la tempête était la plus menaçante. Car cette statue de Babylone, nous voyons que les fils de la captivité non-seulement ne l'adorent pas, mais qu'ils s'en moquent, et que l'incendie des menaces est tempéré sur les trois enfants par la rosée de la consolation divine. Voilà, très-saint Père, ce que nous vous écrivons pour le moment, désirant que Votre Paternité sache que nous, et plusieurs autres qui avons l'intelligence plus saine, prévenus et secondés par la grâce de Dieu, nous ne nous écarterons point de l'unité de l'Eglise à qui Dieu vous a donné pour chef. Que le Seigneur conserve Votre Sainteté longtemps bien portante (Martène, *Thesaur. nov. anecdot.*, t. I, p. 452 et 453)! »

Quoique l'empereur Frédéric fût irrité de tout cela contre le saint Pontife, il n'osait toutefois faire éclater son ressentiment; et, quand il était en sa présence, la dignité angélique qui paraissait sur son visage le retenait et lui imprimait une crainte respectueuse. Ce prince l'avouait lui-même; et le saint prélat, de son côté, désirait ardemment de souffrir pour Dieu l'exil ou la mort, soit en cette occasion, soit en quelque autre. Il mourut quatre ans après le concile de Pavie, la nuit du dimanche au lundi 22 juin 1164, âgé de soixante-dix-neuf ans, après dix-huit ans d'épiscopat. Il fit plusieurs miracles avant et après sa mort. Sa vie fut très-bien écrite par un de ses disciples, témoin oculaire de la plupart des faits.

Une autre colonne de l'Eglise, une autre lumière, brillait dans le royaume de Bourgogne : nous voulons parler de saint Pierre de Tarentaise. Il était né dans le diocèse de Vienne, l'an 1102, de parents d'une condition médiocre, mais d'une vertu éminente, qui, après avoir élevé leurs enfants, s'appliquèrent entièrement à l'aumône et à l'hospitalité, pratiquant en leur particulier la vie érémitique, sous la direction des chartreux et des moines cisterciens de Bonnevaux. Le frère aîné de Pierre, nommé Lambert, fut destiné à l'Eglise et mis aux études; pour lui, il était destiné à une autre profession; mais il ne laissait pas d'étudier par émulation de son frère et par inclination; en sorte qu'il fit en peu de temps de grands progrès. Les deux frères devinrent donc tous deux clercs. Pierre étant venu en âge de prendre parti, embrassa la vie monastique à Bonnevaux. Avec le temps, toute sa famille suivit son exemple. Son père et ses deux frères choisirent le même monastère de Bonnevaux pour leur retraite; sa mère et sa sœur entrèrent chez les cisterciennes qui étaient dans le voisinage.

Il y avait un an que Pierre avait pris l'habit monastique, lorsque dix-sept sujets de la plus haute qualité vinrent prier l'abbé de Bonnevaux de les recevoir dans sa communauté. De ce nombre était Amédée, proche parent de l'empereur Conrad III. Ils firent tous profession, après les épreuves ordinaires. Mais Amédée, de l'avis de personnes sages et vertueuses, se retira depuis à Cluny et y passa quelque temps, pour veiller à l'éducation de son fils, qui était élevé dans l'école de cette abbaye. De retour à Bonnevaux, il demanda comme une grâce d'être employé aux plus bas offices de la maison; l'abbé lui accorda sa demande, afin de lui fournir l'occasion de pratiquer l'humilité et la pénitence. Le comte d'Albion, son oncle, étant venu le voir un jour, le trouva tout en sueur, occupé à nettoyer les souliers des moines, et si fortement appliqué à la prière, qu'il ne fut point aperçu de lui. La comparaison qu'il fit de ce spectacle avec l'éclat que son neveu avait eu dans le monde, le toucha de la manière la plus vive. Il quitta Bonnevaux pénétré d'admiration, et alla publier à la cour le prodige d'humilité qui s'était offert à ses yeux. Amédée fonda quatre monastères de son ordre, du nombre desquels fut celui de Tamiés, au diocèse de Tarentaise. Il en fit nommer premier abbé, Pierre, son ami intime, qui n'avait point encore trente ans accomplis. Pendant qu'on bâtissait ces monastères, il se mêlait lui-même parmi les ouvriers, et travaillait avec eux. Il mourut à Bonnevaux, en odeur de sainteté, l'an 1140. Son fils, nommé aussi Amédée, qu'il avait fait élever dans la piété avec tant de soin, passa quelques années à la cour de l'empereur. Il prit ensuite l'habit à Clairvaux, sous saint Bernard, et mourut évêque de Lausanne.

Les religieux de Tamiés étaient comme autant d'anges terrestres; ils étaient continuellement unis à Dieu par la ferveur de leur oraison. Pierre, avec le secours d'Amédée III, comte de Savoie et de Maurienne, qui l'appelait souvent dans ses conseils, fonda, dans le monastère, un hôpital pour les étrangers et les pauvres malades, et il se faisait un plaisir de les servir lui-même.

Le siège de Tarentaise étant devenu vacant, le saint abbé de Tamiés fut élu en 1142 pour en être archevêque. Un autre Pierre, de l'ordre de Cîteaux et abbé de La Ferté, avait déjà rempli ce siège depuis 1124 jusqu'en 1132, qu'il mourut en odeur de sainteté. Mais, depuis, cette Eglise avait été envahie et occupée pendant dix ans par un nommé Idraël, qui ruina tout le bien qu'avait fait son prédécesseur, tant pour le temporel que pour le spirituel. Cet indigne archevêque ayant été déposé par l'autorité du Pape, l'abbé de Tamiés fut élu unanimement pour lui succéder. Comme il ne voulait point y consentir, le clergé de Tarentaise attendit le chapitre général de Cîteaux, où l'abbé Pierre s'étant trouvé comme les autres, ne put résister à l'autorité de tout l'ordre, et principalement de saint Bernard, pour lequel il eut toujours un respect singulier. Il fut donc mis entre les mains du clergé qui le demandait, et ordonné archevêque de Tarentaise. Il gouverna cette Eglise pendant trente-trois ans.

Pierre ne changea guère sa manière de vivre dans l'épiscopat. Son habit était pauvre, et, si on lui en donnait un meilleur, il ne le gardait guère sans le donner. Sa nourriture était du pain bis et des légumes de la même marmite que l'on mettait pour les pauvres. Il compensait par des prières secrètes le long office du monastère, dont il s'affligeait d'être privé, et suppléait au travail des mains par la fatigue des voyages et des fonctions épiscopales, donnant quelquefois la confirmation depuis le matin jusqu'au soir. Il prêchait assidûment; mais il laissait à d'autres les sermons étudiés pour les auditeurs plus délicats, et s'appliquait à instruire les simples, à consoler, à exhorter, à reprendre et intimider les pécheurs. Il trouva dans son Eglise un clergé composé de nobles, mais peu réglés, et qui faisaient le service négligemment. Il fit si bien que, sans grand scandale, il mit à leur place des chanoines réguliers, qu'il instruisit et gouverna comme ses enfants, assistant avec eux au chœur, au cloître, au chapitre. Il leur donna un revenu suffisant, et ne laissa pas d'augmenter celui de sa mense par les dîmes et les autres biens usurpés qu'il retira des seigneurs, soit par la crainte des censures ecclésiastiques, soit à prix d'argent. Il pourvut les églises de meubles et d'ornements nécessaires, et fit en sorte, nonobstant la pauvreté du pays, qu'il ne laissa presque pas une chapelle dans son diocèse qui n'eût une calice d'argent. Il rebâtit ses maisons et celles de son clergé, mais de telle manière que, sans attirer l'admiration, elles étaient commodes et passablement agréables.

Le plus grand soin du saint prélat était pour les pauvres et les malades. Sa maison était un hôpital, principalement les trois derniers mois avant la moisson, où les vivres manquent le plus dans ces montagnes. Dans ses visites, il prévenait les besoins, sans attendre qu'on lui demandât. Deux fois, en passant les Alpes, il ôta sa tunique pour en revêtir de pauvres femmes qui mouraient de froid, s'exposant à périr lui-même, et ne gardant que son cilice et sa coule. En un seul voyage, il dépensa en aumônes deux mille pièces d'argent. Des miracles sans nombre accompagnaient sa charité. On accourait de toutes parts pour lui demander les remèdes du corps et de l'âme, pour obtenir la faveur de le toucher, de recevoir sa bénédiction.

A une époque, des affaires le firent séjourner plus d'un mois au monastère de Saint-Eugend, autrement Saint-Claude, dans le Jura; il guérit tant de malades, qu'il accourut une multitude incroyable, paraissant avoir juré sa perte, tant elle s'empressait à le voir et à l'entendre. Pour empêcher qu'il ne fût étouffé par la foule, on ne trouva que ce moyen. Il monta dans la tour de l'église, où conduisaient deux escaliers; en haut il s'assit sur un siège, entouré d'une forte balustrade; les pèlerins, les malades montaient par un des escaliers, recevaient sa bénédiction, l'imposition de ses mains et ses conseils, puis descendaient par l'autre escalier, sans se gêner les uns les autres. Là, il rendit la vue à tant d'aveugles, l'ouïe à tant de sourds, la parole à tant de muets, la santé à tant de malades ou d'infirmes de toute espèce, qu'il serait difficile de les dénombrer ou de les écrire. Ce sont les paroles de son biographe, qui ne rapporte les faits que pour les avoir vus, ou du moins appris de témoins oculaires.

Il était encore au monastère de Saint-Claude, lorsqu'y arrivèrent de Lausanne trois hommes, pour le remercier d'avoir rompu leurs fers. Ils étaient tous les trois enchaînés dans un cachot lorsque tout le monde vint à parler dans la ville des miracles du saint archevêque de Tarentaise. Les prisonniers, rentrant en eux-mêmes et se convertissant, se mirent à invoquer son nom. Un jour donc, en plein midi, les gardes jouaient aux dés devant la porte du cachot : les prisonniers déplorant leur misère, invoquent le saint pontife. Tout à coup il apparaît, rompt leurs chaînes, leur donne la main, ouvre la porte et leur commande de sortir. Eux le suivant, passent sur les planches où jouaient les gardes, sans en être vus, et ne voient disparaître leur libérateur que quand ils sont en lieu de sûreté. Aussitôt ils font vœu de ne manger ni boire qu'ils n'aient été le trouver en personne, pour raconter les grandes merveilles de Dieu. C'est ce qui amena ces trois hommes à Saint-Claude.

Comme ce lieu était bien stérile et l'apport des vivres malaisé, le saint homme, touché de compassion pour cette grande multitude, faisait venir des provisions de chez lui et de son diocèse. Or, il arriva qu'un samedi le mauvais temps empêcha les vivres d'arriver. Cependant il y avait plusieurs milliers de pèlerins et de pauvres; pour toute provision, il ne restait qu'un jambon et une médiocre quantité de vesces. Il y avait de quoi remplir une bonne marmite; mais qu'était-ce pour tant de monde? Le saint commanda de faire ce qu'on pouvait et de donner ce qu'on avait, puisqu'il n'y avait pas moyen de se procurer davantage. Le matin, ayant fait cuire le tout, on fit entrer dans la cour le nombre de pauvres à qui l'on pensait que cela pouvait suffire. Ceux-là repus, comme il restait encore de quoi manger, on en fit entrer d'autres, et ainsi successivement jusqu'à la fin de la journée, où la nourriture manqua avec les pauvres.

Cependant, affligé et épouvanté de la vénération que lui attirait la multitude de ses miracles, le saint pontife se retira de sa ville épiscopale, secrètement et de nuit, avec un seul compagnon, par des chemins difficiles et des lieux inaccessibles, et, après avoir changé plusieurs fois de guides pour mieux dérouter les recherches, il arriva seul dans un monastère de Cîteaux en Allemagne, où il était inconnu, n'entendait point la langue ni n'était point entendu. Il y fut reçu comme simple moine, et y goûta quelque temps le repos qu'il désirait. Cependant ses domestiques et son peuple, ne sachant ce qu'il était devenu, étaient dans une extrême affliction; on le cherchait de tous côtés, sans en découvrir aucune trace. Enfin, dans le nombre de ceux qui le cherchaient de toutes parts, un jeune homme qu'il avait élevé dès son enfance, arrive au monastère où il s'était caché. Au moment que les frères vont au travail, il les examine l'un après l'autre, le reconnaît, l'arrête aussitôt et pousse un grand cri. Tous les religieux de s'étonner. Mais quand ils eurent appris son nom, toute la communauté se jette à ses pieds et lui demande pardon de ne lui avoir point rendu le respect qui lui était dû. Tous fondaient en larmes et louaient son obéissance et son humilité; mais lui pleurait plus que tous les autres, de ce qu'il ne lui était plus donné de jouir des douceurs de la retraite. La nouvelle de cette merveille se répandit dans tout le pays; partout on publiait qu'on avait découvert le prophète, puissant en œuvres et en paroles. Le concours du peuple fut plus considérable et plus pressé que jamais. Impossible surtout de dire les transports de joie avec lesquels on le revit dans son diocèse. A son retour, il éteignit des inimitiés invétérées et implacables; il réconcilia les seigneurs et termina des guerres qui ruinaient le pays. Il fit encore des miracles sans nombre.

Le schisme ayant éclaté, comme il était dans les terres de l'empire, il fut presque le seul archevêque qui résistât ouvertement aux schismatiques et demeurât paisible dans son Église. Il en ramena même un grand nombre à l'unité catholique, allant dans les provinces voisines et prêchant avec une grande liberté. L'empereur le respectait autant qu'il persécutait cruellement les autres catholiques. Et comme les schismatiques lui en faisaient des reproches et lui disaient que c'était ruiner sa propre cause que d'honorer un homme qui la combattait, qui les signalait comme des hérétiques et les frappait d'anathème, il leur répondit : Si je résiste aux hommes qui le méritent, voulez-vous que je m'oppose aussi à Dieu? Herbert, archevêque de Besançon, était, en ces quartiers-là, le plus ardent des schismatiques. L'empereur étant venu dans cette ville, l'archevêque Pierre l'y vint trouver, et l'exhorta à cesser la persécution contre les catholiques, particulièrement contre les religieux. Et, comme le peuple de la ville et des lieux voisins venait en foule honorer le saint prélat, il leur ordonna de prier en commun que Dieu convertît l'archevêque Herbert, ou qu'il en délivrât l'Eglise. Ils prièrent, et Herbert mourut quatre ou cinq jours après.

Le pape Alexandre étant informé du zèle avec lequel le saint archevêque de Tarentaise s'était déclaré contre les schismatiques, le fit venir auprès de lui. Pierre, se rendant auprès du Pape, consolait les catholiques dans la Toscane et le reste de l'Italie, comme il avait fait en Bourgogne et en Lorraine, et confondait partout les schismatiques, prêchant publiquement contre eux dans les villes mêmes dont les évêques étaient du schisme; car il était écouté du peuple avec une dévotion merveilleuse, et soutenait ses discours par des miracles. Le Pape lui rendit plus d'honneur qu'à aucun autre, et il n'y eut point alors d'évêque si admiré, si respecté, si chéri de l'Eglise romaine : personne, en cette cour, n'attendait de lui des libéralités, elles n'étaient que pour les pauvres. Il y eut toutefois un seigneur qui l'attaqua au retour, voulant profiter d'environ cinq chevaux qu'il avait, et de son petit équipage; mais, comme il courait après, son cheval tomba et se rompit la jambe. Cet accident le fit rentrer en lui-même; il suivit le saint prélat, se jeta à ses pieds et lui demanda pardon, attribuant à sa bonté de ce qu'il n'était pas péri lui-même au lieu de son cheval (*Vita S. Petri Tarent.*, *Acta Sanct.*, 8 *maii*).

Tout l'ordre de Citeaux, dont était saint Pierre de Tarentaise, s'était déclaré comme lui pour le pape Alexandre. Cet ordre avait alors plusieurs évêques, plus de sept cents abbés et une multitude innombrable de moines. Leur autorité fut très-utile au Pape. De quoi l'empereur irrité publia une ordonnance que tous les cisterciens qui étaient dans son royaume en sortissent, ou reconnussent l'antipape Victor. Ce qui obligea un grand nombre d'abbés, avec leurs communautés entières, à se réfugier en France (Helmold, *Chron. Sclav.*, l. 1, c. 91).

L'autorité des chartreux fut aussi d'un très-grand poids contre les schismatiques. Cet ordre fut le premier qui reconnut le pape Alexandre, et il se décida principalement par les soins de deux de ses religieux ; l'un se nommait Geoffroi, l'autre était saint Anthelme. Ils travaillèrent si utilement, que les prieurs et les autres moines de leur institut, après avoir longtemps hésité, promirent obéissance au pape Alexandre, et ils affermirent dans le bon parti plusieurs prélats. L'empereur l'ayant su, prit saint Anthelme en aversion et le fit excommunier par l'antipape.

Anthelme était de la première noblesse de Savoie, né vers l'an 1107. Ses parents le firent étudier dès sa jeunesse, et lui procurèrent deux bénéfices considérables à Genève et un à Belley : c'étaient les principales dignités de ces deux Eglises. Elles lui donnaient une grande considération et d'amples revenus, dont il usait magnifiquement, prenant plaisir à bien recevoir ceux qui allaient le voir, et à leur rendre toutes sortes de services; ce qui lui acquit beaucoup d'amis. Il était aussi très-libéral envers les pauvres, et sa vie était pure, mais dissipée et occupée de soins temporels. Ayant passé la première jeunesse, il s'adonna à visiter les religieux, particulièrement les chartreux, plus par curiosité qu'à dessein de se convertir. Un jour, étant allé avec quelques jeunes gens de son âge à la chartreuse des Portes, dont le vénérable Bernard était alors prieur, ce saint homme, qui avait déjà fait un grand nombre de conversions, exhorta fortement Anthelme à penser à son salut, et quelques autres chartreux firent de même. Anthelme ne se rendit pas pour lors, seulement il se recommanda à leurs prières et se retira. Etant venu à la maison d'en bas de cette chartreuse, il fut retenu pour y passer la nuit par les frères convers et le procureur Boson, qui était son parent et homme d'une industrie merveilleuse. Le lendemain, il remonta à la maison d'en haut, visita les logements des moines, et fut tellement touché de leur manière de vie et de leurs discours, qu'il demanda à être reçu parmi eux. Ils l'exhortèrent à régler ses affaires et à prendre jour pour revenir; mais il leur dit : « J'ai résolu de demeurer ici dès aujourd'hui; je laisse de quoi payer mes dettes, et j'ai de bons amis pour tout exécuter. » Il prit donc l'habit, et embrassa leur observance avec une grande ferveur.

Il était encore novice quand il fut envoyé à la grande Chartreuse, où le nombre des moines était très-petit. Là, il s'appliquait à la prière, à la méditation, au travail des mains, à la mortification, prenant tous les jours la discipline, et il avait un grand don de larmes. Etant fait procureur, il s'acquitta très-dignement de cet emploi, soit pour la conduite des frères convers, soit pour les aumônes et le soin du temporel. Ensuite on le fit prieur. Le vénérable Guigues, après avoir exercé cette charge vingt-sept ans, mourut en 1136, laissant une telle réputation, qu'on l'appelait simplement *le bon prieur*. Son successeur fut Hugues, sixième prieur de la grande Chartreuse, qui, après avoir gouverné deux ans, se démit de sa supériorité, et fit élire à sa place saint Anthelme, en 1138. Quelques années auparavant, des avalanches de neige tombant du haut des montagnes, et entraînant de la terre et des pierres, avaient accablé plusieurs chartreux sous les ruines de leurs cellules. Cet accident emporta en un jour la plus grande partie de cette sainte communauté, et le peu de moines qui restèrent se relâchèrent de l'observance après la mort du bienheureux Guigues. Saint Anthelme s'appliqua donc à la rétablir, suivant les constitutions écrites par ce saint prieur. Il employa la douceur et la sévérité, et chassa quelques indociles qui lui résistaient : en même temps il répara les bâtiments, et remit la chartreuse dans un état florissant. Un de ses deux frères l'avait précédé dans cette communauté sainte, le second l'y suivit ainsi que leur père. Saint Anthelme reçut encore au nombre des frères convers un des plus grands seigneurs de son temps, le comte Guillaume de Nevers, le même que les évêques et les seigneurs de France avaient désigné, par la bouche de saint Bernard, pour gouverner le royaume avec l'abbé Suger, pendant le voyage du roi Louis le Jeune en Orient.

Après avoir gouverné douze ans la grande Chartreuse, saint Anthelme fit mettre à sa place Basile, qui en fut le huitième prieur, et rentra dans le silence de sa cellule. Mais, quelque temps après, Bernard, prieur des Portes, le demanda pour son successeur, ne se croyant plus en état de gouverner cette maison à cause de son grand âge. Anthelme devint donc prieur des Portes. Y ayant trouvé beaucoup d'argent et de blé, il en fit de grandes distributions aux laboureurs du voisinage, pour leur donner de quoi semer dans une année de disette, et ne laissa pas ensuite d'augmenter les revenus du monastère en défrichant des bois. En ce temps-là, c'est-à-dire vers l'an 1158, Gui, comte de Forès, ayant surpris la ville de Lyon, la pilla, et fit sentir son indignation principalement au clergé, prétendant que l'Église avait usurpé sur sa famille la seigneurie de la ville, au moins pour la plus grande partie. En cette occasion, l'archevêque Héraclius et les principaux de son clergé se réfugièrent à la chartreuse des Portes, où le prieur Anthelme les reçut à bras ouverts et les défraya libéralement tant que dura cette tempête. Mais à peine avait-il gouverné deux ans cette maison, qu'il se retira encore et retourna à sa cellule de la grande Chartreuse.

Tel était saint Anthelme, quand il eut l'occasion et la gloire de combattre courageusement pour l'unité catholique, contre l'antipape Octavien, qui, aveuglé par une ambition diabolique, envahit le siège du prince des apôtres, et, ce qui est plus exécrable encore, livra l'Église à la puissance impériale. Ces réflexions sont du biographe contemporain de saint Anthelme.

L'an 1163, l'évêché de Belley en Bourgogne étant venu à vaquer, le parti le plus puissant du chapitre élut un jeune homme noble, et le mit en possession de la maison épiscopale; mais l'autre parti élut un moine, et l'envoya au pape Alexandre, qui était alors en France, pour faire confirmer l'élection. Le Pape différa de donner réponse aux députés, ne doutant point que l'autre parti n'envoyât aussi les siens; ce qui ne manqua pas. Cependant quelques chanoines plus modérés, quoique en petit nombre, voulant réunir les deux partis, proposèrent d'élire le chartreux Anthelme. Tous s'y accordèrent avec joie, même celui qui avait été élu le premier; car il était parent de saint Anthelme. Mais ils savaient tous qu'il serait très-difficile de le tirer de sa solitude; ils allèrent promptement trouver le pape Alexandre, qui, plein de joie, les félicita d'avoir pris un si bon parti, et leur dit qu'ils seraient heureux sous un tel pasteur. Il y fit consentir, quoique avec peine, les premiers députés, et, les ayant tous réunis, il écrivit à saint Anthelme, lui ordonnant, par l'autorité du Siége apostolique, de se charger de l'Église de Belley, et manda au prieur et aux religieux de la grande Chartreuse de le donner à ceux qui le demandaient, et, s'il refusait d'accepter, de l'y contraindre par autorité.

Mais saint Anthelme ayant appris ce qui se passait, et l'arrivée de ceux qui devaient l'emmener, résolut de s'enfuir et se cacha. Les chartreux le cherchèrent si bien qu'ils le trouvèrent; et, l'ayant amené avec bien de la peine à la communauté assemblée, ils lui exposèrent l'ordre du Pape et lui montrèrent ses lettres. Le prieur y ajouta son commandement, les religieux leurs exhortations, les députés leurs prières au nom de toute l'Église de Belley. Mais Anthelme demeura ferme à refuser, protestant qu'il ne sortirait jamais de son désert. Enfin, par un pieux artifice, on lui proposa le choix, ou d'obéir au Pape et d'accepter, ou d'aller trouver le Pape même, qui, lui disait-on, connaissant votre résolution définitive, ne vous fera point de violence. Flatté de cette espérance, il se mit en chemin; mais les députés se gardèrent bien de le quitter.

Quand il fut arrivé auprès du pape Alexandre, il fut reçu avec honneur de lui et de toute sa cour : car on l'y connaissait pour un homme de grand mérite. Ayant eu audience du Pape, il dit qu'il n'était venu que pour lui demander grâce et le supplier de ne pas le contraindre à faire ce qui n'était avantageux ni à lui-même, ni à l'Église qui le demandait; qu'il était un ignorant, un homme sans expérience, un misérable; enfin, qu'il avait fait vœu de ne point sortir de son désert. Ces paroles étaient accompagnées de beaucoup de larmes. Le Pape lui répondit : « Ne veuillez pas, mon fils, prétendre nous en imposer par de mauvaises excuses, nous connaissons votre capacité. Pourquoi vous découragez-vous ? Il faut obéir. Ce que j'ai écrit, je l'ai écrit. Faites attention à cette parole de l'Écriture : *C'est comme immoler aux idoles, que de n'obéir pas; et c'est comme un péché de divination, que de ne vouloir pas se soumettre.* Considérez jusqu'où s'étend la vertu d'obéissance dont vous avez fait profession. Vous avez fait vœu de vous renoncer vous-même et de suivre Jésus-Christ; vous devez donc faire, non pas votre volonté, mais la sienne. » Par ces paroles et d'autres, le Pape tâcha de l'encourager et de le persuader. Anthelme demeura confus, gardant le silence, sans oser rien dire. Enfin, le jour de la Nativité de la sainte Vierge, le pape Alexandre le sacra solennellement de sa main. Il le retint quelques jours auprès de lui; et, comme les prélats de la cour de Rome s'entretenaient familièrement de diverses choses avec saint Anthelme, il leur citait souvent l'Écriture sainte fort à propos; ce qui leur faisait dire entre eux : Certes, ce n'est pas là un ignorant et un homme sans lettres, comme il voulait le faire accroire, mais un homme prudent et docte. Lui, désirant se retirer le plus tôt possible, le Pape le congédia gracieusement avec sa bénédiction et quelques petits présents (1).

Ainsi, dans l'empire d'Allemagne, où le schisme s'appuyait de toute la puissance impériale, Dieu suscite, pour combattre le schisme et diriger les hommes de bonne volonté dans la voie du salut et de l'unité catholique, trois saints pontifes qui, par leurs seules vertus, sont plus puissants que l'empereur et que l'empire. Ailleurs, l'Église voyait d'autres hommes de zèle défendre sa cause.

Henri, cardinal-prêtre, qui avait été moine à Clairvaux; Odon, cardinal-diacre, et Philippe, abbé de l'Aumône, monastère de l'ordre de Cîteaux, au diocèse de Chartres, écrivirent une lettre générale à tous les prélats et à tous les fidèles, pour servir de préservatif contre la lettre synodale du conciliabule de Pavie. Ils insistaient principalement sur l'incompétence des juges, disant : Si l'Église romaine

(1) Voir la *Vie de saint Anthelme*, Acta Sanct., 26 junii.

doit être jugée sur quelque article, elle devait l'être à Rome, par les évêques de la province et un concile général de toute l'Eglise. On aurait pu connaître à Rome avec plus de facilité et de liberté ce qui s'était passé à l'élection d'Alexandre. Ils soutiennent ensuite que l'élection du Pape est réservée aux trois ordres de cardinaux, évêques, prêtres et diacres, et ajoutent : Si on admet à cette élection le chapitre de Saint-Pierre, pourquoi n'y admettra-t-on pas les chanoines de Latran, qui est la première église de Rome ; le clergé de Sainte-Marie-Majeure, les abbés de Saint-Paul et de Saint-Laurent, qui sont toutes des églises patriarcales ? Ils ajoutent des reproches particuliers contre le doyen de Saint-Pierre, ancien schismatique attaché à Pierre de Léon. Ils réfutent ce qu'avançaient les schismatiques, qu'Alexandre avait reconnu dans sa bulle qu'Octavien avait été élu par deux cardinaux, au lieu qu'elle portait seulement qu'il avait été nommé, ce qui ne faisait pas une élection.

Ils relèvent le mérite d'Alexandre et accusent Octavien de plusieurs violences. Et, sur ce qu'on prenait avantage de ce que personne ne s'était présenté pour Alexandre à l'assemblée de Pavie, ils disent : « Nous étions envoyés en ces quartiers-là pour les affaires du Pape. Mais quand nous avons voulu aller vers l'empereur pour ce sujet, nous n'avons trouvé aucune sûreté : ce n'étaient que menaces et périls de mort. Nous étions prêts à paraître devant l'empereur, non pour subir un jugement au nom de l'Eglise, mais pour expliquer la vérité de ce qui s'était passé ; mais nous n'avons jamais pu, Dieu le sait, en obtenir la permission (*Biblioth. Cisterc.*, t. III). » Cette protestation solennelle de trois personnages éminents nous révèle des particularités importantes.

Une lettre du pape Alexandre à l'évêque Arnoul de Lisieux nous en révèle d'autres. Cet évêque avait écrit au Pape, dès qu'il eut appris sa promotion. Le Pape la fit lire aux cardinaux en plein consistoire, et fit à l'évêque une réponse où il l'exhorte à continuer ses soins auprès du roi d'Angleterre et auprès des évêques et des seigneurs du pays. « Vous savez, ajoute-t-il, comment l'empereur Frédéric, marchant sur les traces perverses de ses ancêtres, dès le commencement de son règne et du vivant de notre prédécesseur Adrien, a cherché les moyens d'opprimer l'Eglise romaine comme un tyran, au lieu d'en être le défenseur. Des archevêques et des évêques revenaient du Siège apostolique ; il les a fait arrêter et emprisonner, à la honte et au détriment de l'Eglise ! De quelle manière il nous a traité nous-mêmes pendant la légation de Besançon, il n'est pas besoin de vous le rappeler. Du vivant de notre prédécesseur, il envahit violemment le patrimoine de saint Pierre, et s'efforça par tous les moyens de fouler aux pieds l'Eglise romaine : à tel point que, suivant le bruit général, il voulait, du vivant de notre prédécesseur, faire pape, ou plutôt apostat, Octavien, qui toujours a été l'ennemi domestique de l'Eglise.

» Ce qu'il ne put faire du vivant d'Adrien, il l'a fait après sa mort. Cet Octavien schismatique, simoniaque et envahisseur très-manifeste, qui avec seulement trois complices de sa méchanceté, comme tout le monde sait, après notre élection canonique et unanime, s'est emparé du manteau pontifical, et ainsi s'est intrus par une damnable présomption ; l'empereur l'a soutenu dans une si grande iniquité par tous les moyens ; c'est par la seule faveur, puissance et autorité de l'empereur et de ses ambassadeurs à Rome, que l'autre a fait tout ce qu'il a fait, nous en avons l'entière certitude. De là, pour le confirmer, ou plutôt pour se donner l'air d'avoir toute autorité dans l'Eglise de Dieu, il a convoqué les archevêques, les évêques et les autres prélats à Pavie, contre les ordonnances des canons, suivant son bon plaisir. Mais l'autre, comme un homme qui ne se confiait ni en Dieu, ni en la justice, déposa pendant plusieurs jours, nous l'avons appris pour certain, les insignes du pontificat en présence de l'empereur, comme, reconnaissant son injustice, lorsqu'il nous tenait enfermé à Rome, il avait déjà voulu le faire en notre présence et en celle de nos frères, à condition que nous lui rendrions ces insignes par après. Et comme nous nous y refusâmes, il s'obstina dans sa damnable usurpation.

» Au reste, le même empereur, pour se donner l'air de subjuguer et de soumettre à sa puissance l'Eglise de Dieu, et de la réduire à la dernière servitude, rendit audit apostat les insignes pontificaux, et, chose à jamais inouïe, lui donna, dit-on, l'investiture de la papauté par l'anneau. Et, comme les évêques les plus sages se retiraient secrètement de ce conciliabule, il en contraignit quelques-uns, par une oppression tyrannique, à rendre respect à son antipape ; car voilà comme il cherche, tant par le glaive spirituel que par le glaive matériel, à se soumettre les rois et les princes des divers pays, si, ce qu'à Dieu ne plaise, il vient à l'emporter dans l'entreprise actuelle. Enfin, suivant votre conseil, nous écrivons à l'archevêque de Rouen et aux autres évêques de Normandie. Sachez, au reste, que, de l'avis commun de nos frères, nous avons solennellement excommunié, le jeudi saint, et ledit empereur Frédéric, et le schismatique Octavien, avec leurs principaux fauteurs (Alexand., *Epist.* 2 ; Labbe, t. X ; Mansi, t. XXI). »

Cette lettre est datée d'Anagni, le 1er avril 1160. On y voit que le pape Alexandre et les cardinaux fidèles pénétraient bien les projets ambitieux de Frédéric, qui étaient de subjuguer d'abord l'Eglise par la ruse et par la force, afin de subjuguer ensuite plus facilement par elle tous les rois et tous les peuples chrétiens. Nous n'avons trouvé jusqu'à présent aucune histoire qui ait saisi ce point capital de la lutte entre les empereurs allemands et les Pontifes romains. Fleury a soin de supprimer ou d'altérer tout ce qui pourrait le faire reconnaître.

En conséquence des ordres du pape Alexandre, l'évêque Arnoul de Lisieux écrivit aux évêques d'Angleterre une lettre où il marque la différence des deux personnes et des deux élections. « La science et la vertu exemplaire d'Alexandre étaient attestées par les adversaires eux-mêmes. Octavien n'avait pour lui que la noblesse de sa race et la faveur des grands. Son élection était l'œuvre de trois cardinaux, l'un évêque, les deux autres prêtres. Ces trois devaient-ils l'emporter sur l'unanimité des autres cardinaux, sur l'universalité de l'Eglise ? La paix de l'Eglise était parfaite, si l'intrus n'avait imploré l'assistance préparée de l'empereur, qui saisit avec joie l'occasion d'exécuter le projet de ses ancêtres.

Vous savez que depuis longtemps ses prédécesseurs aspirent à subjuguer l'Eglise romaine, suscitent ou fomentent sans cesse des schismatiques contre elle, afin de s'en rendre les maîtres au lieu d'en être les auxiliaires. Heureusement quiconque l'a entrepris est devenu sa propre ruine et un exemple qui confond l'orgueil des téméraires et assure la dignité et le respect de l'Eglise de Dieu; mais celui-ci a été séduit par la flatteuse humiliation du schismatique désespéré, qui remit sa personne et sa cause à son arbitrage, ne voulant tenir rien que de sa seule volonté. C'est pour cela qu'il résigna, dit-on, les insignes de l'apostolat à ses pieds, pour en recevoir l'investiture de sa main par l'anneau, afin que, par un arrangement nouveau de la vieille querelle, l'empire triomphât du sacerdoce, le temporel du spirituel, le siècle de l'Eglise. Attentat exécrable, car c'était renverser l'ordre divin et détruire la liberté rachetée par le sang du Christ. Ledit prince, faisant donc ses propres affaires sous l'ombre de la piété, convoqua une assemblée ecclésiastique par une puissance séculière, afin d'affermir, par son assentiment, l'usurpation du schismatique, et d'amener à son obéissance, par les terreurs de la tyrannie, tous ceux qu'il pourrait; et cela avec l'intention, l'autorité des deux glaives étant réunie et confondue, de rétablir l'ancienne majesté de l'empire, et, par la coopération des deux glaives, de soumettre tous les royaumes à sa propre domination.

» D'ailleurs, ajoute l'évêque de Lisieux, tout se fût-il passé à Pavie selon la vérité, au lieu des mensonges qui remplissent sa prétendue lettre synodale, sa décision ne sortirait encore de droit aucun effet. Ce n'est pas un arbitrage, auquel vous astreint le compromis volontaire des parties, ce n'est non plus une sentence judiciaire, ne procédant ni d'une juridiction ordinaire ni d'une juridiction déléguée. Et puis, avec quelle arrogance n'ont-ils pas osé, par leur autorité privée, décider la cause commune, et nous imposer un magistrat comme à des inférieurs, nous que la bonté divine a faits leurs égaux, et même élevés en dignité? Mais on ne peut pas même appeler cause une affaire où, tout le monde étant d'accord, il n'y a pas de litige; et, s'il n'y a pas contradiction, on ne peut ni former une question, ni la résoudre.

» Mais béni soit le Père des miséricordes et le Dieu de toute consolation, qui a fait à l'Eglise gallicane sa miséricorde ordinaire, de reconnaître toujours la vérité et de ne point s'écarter du chemin de la justice; car, comme la puissance manifeste du Très-Haut a renversé tous ceux que l'envie enragée de la fureur teutonique a élevés pour opprimer l'Eglise romaine, de même elle a toujours donné, à ceux que la dévotion gallicane a reçus, la victoire et le triomphe.

» Les autres pays ont produit bien des monstres : la Gaule seule n'en a pas eu, mais toujours elle a resplendi par la sincérité de la foi, la vérité de la doctrine, l'éclat des vertus et la multitude des bonnes œuvres. Aussi, à présent même, ayant examiné à fond les personnes et les élections, sont-ils convenus de reconnaître le très-saint père Alexandre, du consentement de leur roi vraiment catholique, et reçoivent-ils partout avec honneur ses lettres et ses nonces. Mais parce que, Dieu aidant, l'union vient d'être rétablie entre le roi de France et le nôtre, on a résolu de différer un peu à publier l'édit de la réception d'Alexandre, jusqu'à ce que notre roi puisse consulter l'Eglise de son royaume, et confirmer par votre consentement ce qu'il a dans l'esprit; car il ne convenait ni à sa prudence ni au respect qui vous est dû, de rien faire sans vous consulter en une affaire de cette importance. Il s'est toutefois, dès le commencement, assez déclaré sur ce sujet; il a toujours reçu les nonces et les lettres du pape Alexandre avec respect et bonne grâce, et a souvent déclaré en public qu'il n'en recevrait point d'autre. Au contraire, quand la lettre d'Octavien lui fut présentée, il ne voulut pas la toucher de sa main, la regardant comme quelque chose d'immonde; il la reçut sur un morceau de bois qu'il ramassa dans la poussière, et la jeta derrière son dos le plus haut qu'il put, en présence du nonce : ce qui fit rire tous les assistants (Arnulph. Lexov., *Epist.* 20, *Bibl. Pat.*, t. XXII; *Item apud Labbe, Mansi et Baron.*).

Ainsi parlait Arnoul, évêque de Lisieux, alors sujet du roi d'Angleterre, comme duc de Normandie. L'éloge qu'il fait de l'Eglise de France en est d'autant plus remarquable. Puisse-t-elle le mériter toujours !

Quand on eut appris en Angleterre ce qui s'était passé à Pavie, Jean de Salisbury, que nous avons déjà appris à connaître, en écrivit ainsi à un docteur anglais de ses amis, nommé Raoul de Serre, qui, étant à Reims, lui avait écrit au sujet du schisme : « Nous craignons extrêmement, dit-il, que l'empereur teutonique ne surprenne notre prince par ses artifices; mais il me semble que le conventicule de Pavie, loin de toucher une personne raisonnable, affermit l'élection d'Alexandre par le témoignage de ses adversaires. Car, pour ne point parler de la témérité d'avoir osé juger l'Eglise romaine, réservée au jugement de Dieu seul, ni des autres nullités de la procédure, tout ce qui s'est fait à Pavie est contre l'équité, les lois et les canons. On a condamné des absents, sans avoir examiné la cause, qui devait même l'être ailleurs et par d'autres. Mais, dira-t-on, ils ont affecté de s'absenter. C'est ignorer ou dissimuler le privilége de l'Eglise romaine. Qui a soumis l'Eglise universelle au jugement d'une Eglise particulière ? qui a établi les Allemands juges des autres nations? qui a autorisé des hommes brutaux et emportés, pour donner à leur fantaisie un chef à tous les hommes? Leur fureur l'a tenté déjà bien souvent; mais, par la grâce de Dieu, chaque fois elle a été confondue. Je connais le dessein du Teuton. J'étais à Rome sous le pape Eugène, lorsqu'à la première ambassade qu'il envoya au commencement de son règne, une langue indiscrète, une intolérable présomption, découvrit l'impudence de son audacieux projet. Il promettait de rétablir l'empire de l'univers, de soumettre l'univers à Rome, et tout cela facilement, pourvu que le Pontife romain lui aidât, en excommuniant tous ceux à qui l'empereur déclarerait la guerre. Il n'en a pas trouvé jusqu'à présent qui voulût consentir à une telle iniquité : trouvant, au contraire, de l'opposition dans Moïse et dans la loi du Seigneur, il appelle à son aide un pontife de Baal pour maudire le peuple du Seigneur.

» Tous les jugements doivent être libres, mais surtout les jugements ecclésiastiques : au lieu qu'en celui-ci, ce n'a été que violence d'une part et artifice de l'autre. Les juges, assemblés en présence d'une armée, menacés, intimidés, ont précipité leur sentence. On prétend avoir prouvé que l'élection de Victor a été la première et la plus canonique; mais comment l'a-t-on prouvé? Le doyen de Saint-Pierre et deux chanoines au nom de tout le chapitre avec les recteurs du clergé de Rome, l'ont affirmé par serment; le préfet de Rome et d'autres citoyens ont offert de jurer de même, mais on n'a reçu que le serment des ecclésiastiques, parce que l'affaire a passé par leurs mains. Qui est assez aveugle pour ne pas voir un artifice si grossier? Tout le monde sait de quelle considération sont, principalement dans l'élection du Pape, ces recteurs que l'on fait tant valoir. Personne ne croira qu'ils y aient eu part comme ils se vantent; mais je veux qu'ils aient été présents au commencement de la querelle : ont-ils suivi Roland jusqu'à son sacre pendant douze jours? Le chapitre de Saint-Pierre l'a-t-il vu? et le préfet qui est exilé et à qui il n'est pas permis d'entrer dans Rome, lui et les autres citoyens ont-ils approché des terres du roi de Sicile et du lieu où s'est fait ce sacre? On les a donc dispensés exprès du serment, parce qu'ils ne l'auraient pas fait, pour ne pas blesser leur conscience, ou du moins leur réputation.

» Au reste, qu'est devenu ce grand nombre de la plus saine partie des cardinaux? Ont-ils été corrompus par l'argent que les sénateurs ont confessé avoir reçu, pour promettre avec serment la promotion d'Octavien, et qui a été destiné par le peuple à la réparation des murailles, attendu, criait-on, que le prix du sang ne devait pas être mis dans le trésor? De ce grand nombre, il n'est resté que trois cardinaux dignes d'être jugés par les Teutons dans leur camp. Guillaume de Pavie, cardinal de Saint-Pierre-aux-Liens, a été informé de tout; pourquoi ne l'a-t-on pas interrogé au concile de Pavie? C'est qu'il n'aurait pas parlé en faveur de Victor, et il a exprès gardé le silence dans ce tumulte, où il ne voyait que de l'emportement, sachant que ce que l'on y faisait ne pouvait préjudicier à la liberté de l'Eglise. Mais si l'élection de Victor a été si canonique, pourquoi tous les cardinaux-évêques, hors ces trois, n'ont-ils point assisté à son sacre? Et qui en a empêché les évêques de Toscane, qui y étaient appelés, sinon la crainte de commettre un sacrilège? J'admire que tout le monde suit le pauvre Alexandre, et qu'on aime mieux souffrir l'exil avec lui, loin des princes, que de régner avec les princes en s'attachant à son adversaire. Tous les évêques, tous les prêtres, tous les diacres, tous les ordres des cardinaux, toute l'Eglise romaine est avec lui. Ils ne craignent point la sentence du concile de Pavie; au contraire, ils ont prononcé anathème contre l'empereur même, son idole, et tous ses adorateurs.

» Je passe aux souscriptions de ce concile, où, faute d'évêque, on fait paraître des comtes, et où l'on met au premier rang des évêques dont l'élection est nulle ou rejetée. Rainald, chancelier de l'empereur, s'est dit archevêque de Cologne, quoiqu'il soit certain que son élection a été condamnée par le pape Adrien, et je ne vois pas pourquoi il a différé de se faire sacrer par son Victor, si ce n'est qu'il craint sa chute prochaine. Gui, comte de Blandrate, a tenu la place de l'archevêque de Ravenne, quoique son fils, qui est un bon jeune homme, mais dont l'élection a été cassée, ne puisse passer pour archevêque. Qui n'en voit le ridicule? C'est un jeu de théâtre plutôt qu'un concile. Que dirai-je de ce grand nombre, quoique faux, de royaumes et de provinces ramassés dans ces souscriptions, pour imposer aux ignorants? Nous sommes bien heureux que l'empereur a eu plus de honte d'exiger des injustices que ce concile de les souffrir.

» J'estime que ceci suffit pour persuader l'archevêque de Reims de recevoir Alexandre, à condition de différer, s'il le juge à propos, à publier son consentement; car je suis bien persuadé qu'il ne reconnaîtra pas l'antipape. Il ne faut rien précipiter dans les affaires importantes. L'évêque de Pavie et l'évêque de Plaisance ont été sollicités outre mesure pour le parti qui met sa confiance dans l'homme; mais ils n'ont cédé ni l'un ni l'autre, parce qu'ils craignent Dieu. Toutefois, l'empereur les presse, et Dieu le permet, afin que leur exemple encourage ceux qui sont plus éloignés. » Jean de Salisbury ajoute : « Quoique l'archevêque soit, comme vous savez, considérablement malade, toutefois la nécessité de cette affaire l'a obligé de partir pour se trouver à l'assemblée des évêques et du clergé de tout le royaume, et rendre réponse sur ce qu'il a consulté sur ce qu'il doit faire. On dit que l'évêque de Winchester et celui de Durham prendraient volontiers, s'ils osaient, le parti d'Octavien; au contraire, l'archevêque d'York et notre trésorier soutiennent Alexandre de toutes leurs forces, et c'est le parti du plus grand nombre et des plus honnêtes gens. » Ainsi parlait Jean de Salisbury (*Epist.* 59, *Bibl. Part.*, t. XXIII).

Philippe, abbé de l'Aumône ou de Bonne-Espérance, de l'ordre de Cîteaux, au diocèse de Chartres, contribua aussi beaucoup à faire reconnaître le pape Alexandre en France et en Angleterre. Comme sa vertu lui donnait une grande autorité, le Pape lui avait écrit de travailler à cette affaire, et il lui répondit en ces termes : « J'ai présenté votre lettre au roi Henri d'Angleterre, qui l'a reçue avec bienveillance, et, après en avoir délibéré avec les siens et avec nous, il vous a reconnu avec une entière allégresse pour Père spirituel et souverain Pontife, et vous présente humblement par nous sa soumission et son obéissance. Il vous enverra dans peu ses députés; mais il a voulu que je vous en écrivisse le premier, afin que vous appreniez ses intentions plus secrètement et plus promptement. J'ai envoyé votre lettre générale aux évêques d'Angleterre par un homme fidèle, avec Gilbert, évêque d'Herford, et Hilaire de Chichester, fort affectionnés à votre personne et à votre cause. Je suis allé tout de suite vers le roi de France, qui, comme prince catholique, vous est aussi très-affectionné; il vous aurait montré déjà les effets, si plusieurs affaires importantes ne l'en avaient empêché. Il vous envoie, par mon ministère, une lettre de compliment, mais qui doit demeurer secrète jusqu'à ce que les deux rois assemblés vous donnent une déclaration publique de leur obéissance; ce qui se fera incessamment parce qu'ils sont prêts à faire la paix entre eux.

LIVRE LXIX. — PONTIFICAT D'ALEXANDRE III.

Sachez enfin que tous les archevêques, les évêques et les autres prélats sont unanimement d'accord à recevoir votre élection (D'Achery, *Spicileg.*, t. III, *Epist. Philipp.*). »

L'assemblée de l'Eglise anglicane se tint en effet. On y lut plusieurs pièces par lesquelles les deux partis cherchaient à soutenir leur droit; on lut ensuite les canons, et il survint des témoins que l'on n'attendait point, qui rendirent la vérité plus manifeste. L'assemblée, toutefois, ne forma aucun jugement, réservant la décision au roi; mais elle dressa son avis, que l'archevêque Thibaut envoya au roi par Rainald, son archidiacre, et Guillaume de Ner, son chapelain (Joan. Sarisb., *Epist.* 64, *Biblioth. Pat.*, t. XXIII). Ensuite, l'archevêque ayant reçu la réponse du roi, fit un mandement adressé à tous les évêques d'Angleterre, par lequel il leur déclare qu'Alexandre est le Pape légitime, reçu par l'Eglise anglicane et l'Eglise gallicane, et qu'Octavien est condamné avec ses fauteurs, comme manifestement schismatiques. C'est pourquoi il leur ordonne de rendre respect et obéissance au seigneur Alexandre, comme étant leur Père et le Pontife romain (*Ibid., Epist.* 65).

Le roi d'Angleterre, de son côté, fit une autre assemblée au mois de juillet 1160, au Neuf-Marché, dans le pays de Caux, à six lieues de Beauvais, où il assembla tous les évêques de Normandie, avec les abbés et les barons. En même temps, le roi de France assembla les siens à Beauvais; dans l'une et l'autre assemblée, on traita de l'affaire du schisme, et tous s'accordèrent à reconnaître le pape Alexandre et à rejeter Victor (Labbe, t. X, et Robert de Mont., an 1160).

Cependant les deux rois, celui de France et celui d'Angleterre, ayant fait la paix, assemblèrent des deux royaumes un grand concile, pour y reconnaître le pape Alexandre plus solennellement que dans les assemblées qu'ils avaient faites chacun de son côté à Beauvais, à Neuf-Marché et à Londres. Ce concile se tint à Toulouse en 1161. Il s'y trouva cent prélats, tant évêques qu'abbés; les deux rois y étaient en personne avec plusieurs seigneurs; il y avait des envoyés de l'empereur Frédéric et du roi d'Espagne, et des légats du pape Alexandre et de l'antipape Octavien. De la part d'Alexandre, trois cardinaux, Henri de Pise, Guillaume de Pavie et Odon, diacre; de la part d'Octavien, Gui de Crème et Jean de Saint-Martin, les seuls cardinaux qui lui restassent: car Imar, évêque de Tusculum, qui l'avait sacré, s'était déjà séparé de lui (1).

Nous apprenons le détail de ce concile par une lettre de Fastrade, abbé de Clairvaux, à Omnibon, évêque de Vérone, qui l'avait prié de l'en instruire. Fastrade y parle ainsi : « Après plusieurs exhortations aux rois et aux seigneurs, qui différaient de suivre la vérité, par crainte ou par affection pour l'empereur; après plusieurs conseils que nous avons tenus avec des archevêques, des évêques et des personnes de piété qui parlaient tous les jours au roi; après un long délai occasionné par les cardinaux Henri et Guillaume, prêtres, et Odon, diacre, que le pape Alexandre avait envoyés dans la Gaule; après plusieurs prières accompagnées de larmes répandues devant Dieu, principalement dans notre ordre, lorsqu'il n'y avait presque plus d'espérance, les choses, par la grâce de Dieu, ont tourné mieux que nous n'osions espérer. Deux cardinaux, les seuls qu'Octavien avait auprès de lui, sont venus en grande pompe, accompagnés de gens de l'empereur, au jour et au lieu que les rois de France et d'Angleterre leur avaient marqués, avec toute leur Eglise.

» Les cardinaux Jean et Gui ont été entendus les premiers, les autres leur ont répondu. Et on a reconnu par leurs réponses, par des témoins présents et sans reproche, et par les propres expressions des schismatiques, à qui Dieu, par un miracle visible, faisait dire la vérité, que l'élection d'Octavien était nulle, qu'il s'était lui-même revêtu de la chape, qu'il s'était mis dans la Chaire pontificale par le secours des laïques, comme je l'ai ouï dire publiquement à Gui de Crème. Qu'Octavien, excommunié depuis huit jours, avait été sacré par l'évêque de Tusculum, et celui de Férentine, excommuniés avec lui, et par celui de Melfe, déjà condamné et déposé pour ses crimes notoires, ce dont le roi d'Angleterre et ses évêques et les gens mêmes du pays ont rendu témoignage.

» Au contraire, il a été prouvé qu'Alexandre a été élu par tous les autres cardinaux qui étaient présents, et que, sans sa fuite et sa résistance, et la violence de Jean et de Gui de Crème, comme celui-ci en est convenu devant tout le monde, il aurait été solennellement revêtu de la chape : ce qui fut depuis achevé en temps et lieu. Il a aussi été prouvé que, longtemps avant le concile de Pavie, l'empereur avait reconnu Octavien pour pape, par ses envoyés et ses lettres scellées d'or. Quant à ce qu'ils ont écrit qu'au concile de Pavie il y avait cent cinquante-trois évêques, il n'y en avait que quarante-quatre. Et sur ce que l'empereur leur déclara qu'étant laïque, il ne lui appartenait pas de juger l'Eglise romaine, ni d'examiner l'élection des souverains Pontifes, tous ces évêques, avec le cardinal Guillaume de Pavie, qui alors était neutre, et qui aujourd'hui est avec deux autres légats du pape Alexandre dans la Gaule, après avoir longtemps délibéré, résolurent, à cause de leur petit nombre, de ne recevoir ni l'un ni l'autre Pape, jusqu'à ce qu'on assemblât un concile général, au moins de plusieurs royaumes, ou que l'on vît plus clairement lequel serait reçu par la plus grande et la plus saine partie de l'Eglise. Ils résolurent aussi de donner ce conseil à l'empereur, mais il ne l'approuva pas; au contraire, les prenant en particulier, il contraignit ceux qu'il put, par menaces et par prières, à recevoir celui qu'il avait reçu lui-même auparavant. Toutefois il n'y en avait que vingt; les vingt-quatre autres n'y étaient plus, même l'évêque de Pavie, quoique la chose se passât dans sa ville. C'est ce que témoignait le cardinal Guillaume.

» Ainsi, par l'avis commun des deux rois et de toute leur Eglise, on a rejeté le schismatique Octavien et reçu le pape Alexandre, ainsi que ses légats, avec l'honneur et le respect convenables. L'archevêque de Trèves demeure dans l'unité. Quelques-uns de ceux qui avaient suivi Octavien reviennent. Nous-mêmes, à la prière des chartreux, nous avons intercédé pour l'évêque de Grenoble, leur évêque, afin qu'il pût rentrer en grâce.

(1) *Jam vitaverat hominem*, dit Guillaume de Neubrige, l. 2, c. 9.

» Odon, cardinal-diacre de Saint-Nicolas, assura, en présence des cardinaux Jean et Gui, lesquels ne le contredirent point, que ces deux étaient venus le trouver lorsqu'il était enfermé avec les autres, pour les exhorter à se joindre à Octavien. Odon leur répondit que, s'ils voulaient jurer sur les saints Evangiles de juger selon la justice, tous s'en rapporteraient à leur jugement. Eux répondirent que le Pape ne devait être jugé par personne, et dirent que, si les autres voulaient se rallier à Octavien, eux rendraient la chape qu'on l'accusait d'avoir prise injustement, s'en remettraient à leur conseil, et que lui recevrait de nouveau la chape de leurs mains (Labbe, t. X; Mansi, t. XXI). »

Telle est la lettre de l'abbé Fastrade à l'évêque de Vérone, touchant le concile de Toulouse. Elle nous révèle plus d'une particularité curieuse sur le conciliabule de Pavie. On voit quelle confiance méritent des relations officielles écrites sous la terreur du sabre.

Frédéric avait livré aux flammes la ville de Crème, le 26 janvier 1160. Obligé de congédier la plus grande partie de ses troupes allemandes, il se borna le reste de l'année à une guerre de détail aux Milanais et à leurs alliés. Il fut même battu au mois d'août et obligé de fuir. Mais, pendant l'été suivant, ayant reçu d'Allemagne une armée de près de cent mille hommes, il résolut de se venger.

En attendant et pour y préparer les voies, l'antipape Victor indiqua un conciliabule à Pavie, puis à Crémone, et le tint enfin à Lodi, suivant la volonté de l'empereur, qui était présent. Ce conciliabule commença le 19 juin 1161; l'armée allemande venait justement de passer les Alpes et d'arriver en Lombardie, pour soutenir les décrets du concile impérial. L'empereur y assista avec les seigneurs de sa cour et le duc de Bohême. Il y eut, dit vaguement l'impérialiste Othon Morena, il y eut grand nombre d'évêques, dont les deux premiers étaient Pérégrin, patriarche d'Aquilée, et Gui de Blandrate, élu archevêque de Ravenne; il y eut aussi un grand nombre d'abbés, de prieurs, de prévôts et d'autres ecclésiastiques. Ils confirmèrent tout d'une voix l'élection de Victor, comme on avait fait l'année précédente au conciliabule de Pavie. En celui-ci on lut des lettres des rois de Danemarck, de Norwège et de Hongrie, de six archevêques, de vingt évêques, de quantité d'abbés, même de l'ordre de Cîteaux, qui tous, du moins si l'on peut en croire Othon Morena, reconnaissaient Victor pour pape, et promettaient de ratifier tout ce qu'il ordonnerait en ce conciliabule. Cette assemblée schismatique excommunia ou plutôt prétendit excommunier Hubert, archevêque de Milan, attaché au pape Alexandre, qu'il alla trouver à Gênes et suivit en France l'année suivante. On excommunia aussi les consuls de Milan, qui défendaient la ville contre l'empereur; car il l'assiégeait alors. Le parti schismatique excommunia les évêques catholiques de Plaisance et de Bresce, et les consuls de ces deux villes; il déposa l'évêque catholique de Bologne, et suspendit celui de Padoue jusqu'au premier jour du mois d'août. Le conciliabule de Lodi dura jusqu'au 25 juillet (Labbe, t. X; Mansi, t. XXI).

Fort de son conciliabule schismatique et de son armée allemande, Frédéric entreprit une seconde fois de punir Milan de sa fermeté à repousser le schisme et le despotisme teutoniques. Deux fois dans l'été et l'automne 1161, il brûla les campagnes du Milanais; il faisait couper les mains aux prisonniers, ou les livrait au dernier supplice; les paysans qui portaient des vivres à Milan éprouvaient le même sort; en un seul jour, il fit couper le poing à vingt-cinq. Tel était Frédéric Barberousse. Les Milanais, pour surcroît de malheur, avaient vu leur ville en proie à un cruel incendie. Deux quartiers, qui contenaient presque toutes leurs provisions, avaient été consumés par les flammes, à tel point que, dès l'entrée de l'hiver, ils commencèrent à manquer de vivres. Ce que la force des armes n'avait pu faire, la faim seule put l'opérer. Contraints par le peuple découragé, les magistrats de Milan se présentèrent, le 1er mars 1162, au palais de l'empereur, à Lodi, et, l'épée nue à la main, se rendirent à discrétion au nom de la ville. Toute la cour, toute l'armée pleuraient de compassion; Frédéric seul se montra sans entrailles. Après deux semaines, il expédia, le 16 mars, aux magistrats de Milan, l'ordre de faire sortir tous les habitants de l'enceinte des murs. A cette injonction mystérieuse, plusieurs citoyens se réfugièrent à Pavie, à Lodi, à Bergame, à Como et dans toutes les villes de Lombardie; le plus grand nombre cependant attendit l'empereur en dehors des fortifications; hommes, femmes et enfants, tous quittèrent le toit paternel, et Milan resta complètement désert. Ils étaient tous dans une anxiété cruelle, lorsque, le 25 mars arrivé, Frédéric publia la sentence si longtemps suspendue. Milan devait être rasé jusqu'en ses fondements, et le nom milanais effacé d'entre les noms des peuples. La sentence fut exécutée à l'instant même. Voici comme Frédéric en parle dans une lettre au comte de Soissons : « Nous comblons les fossés, nous renversons les murailles, nous détruisons toutes les tours, nous faisons de toute la ville une ruine et une désolation. » Avec cela, dans la même lettre, il se glorifie comme d'un prodige de clémence, d'avoir accordé la vie aux habitants (D'Achery, *Spicileg.*, t. III).

Cette cruelle vengeance de Barberousse répandit la terreur de son nom; cette terreur devint bientôt de l'horreur : ce fut le commencement d'une réaction puissante, qui humiliera Frédéric à son tour. La destruction de Milan fit cesser l'inimitié des cités rivales; les réfugiés milanais furent accueillis, et excitèrent la compassion partout; les villes qui avaient tenu pour l'empereur se virent traitées elles-mêmes avec une dureté toujours croissante. Pendant que Frédéric triomphait d'avoir, par sa sévérité, anéanti la ligue lombarde, cette sévérité même rendait cette ligue plus compacte et plus formidable.

Le pape Alexandre III triomphera d'une manière plus humaine et plus honorable. Dès l'année précédente 1161, il était revenu à Rome, mais il ne put y demeurer longtemps en repos, à cause des schismatiques; car la famille de l'antipape y était puissante, et l'empereur, en la protégeant, voulait s'attirer les Romains. Alexandre donc, cédant aux prières du peuple, retourna en Campanie sous la protection du roi de Sicile, et, comme les Allemands occupaient la plus grande partie du patrimoine de saint Pierre, il résolut de passer en France par mer, d'autant plus que les schismatiques étaient maîtres des chemins; en sorte que ceux qui allaient trouver Alexandre s'exposaient à être pris, dépouillés et emprisonnés, et que lui-même ne pouvait convenablement exercer la puissance apostolique. Ayant donc établi pour vicaire à Rome, Jules, cardinal-évêque de Préneste, et réglé le gouvernement de l'Eglise, il se rendit avec les cardinaux à Terracine, où il trouva quatre galères du roi de Sicile bien préparées. S'y étant embarqué avec toute sa suite, il arriva à Gênes le 21 janvier 1162. Il y fut reçu et traité avec honneur par le seigneur et le peuple, malgré la défense de l'empereur Frédéric. Il en sortit le dimanche de la Passion, 25 mars. Le samedi suivant, il fut obligé, par la tempête, de s'arrêter dans une île, où il célébra la fête de Pâques, et le mercredi, 11 avril, il arriva à Maguelone. Mais parce que cette ville, située dans une île, était trop petite pour recevoir les survenants, et que le Pape était attendu hors de l'île avec impatience par une grande multitude de prélats, il crut à propos de passer à Montpellier, ville voisine et dès lors très-peuplée.

Il y entra monté sur un cheval blanc, et revêtu des ornements pontificaux. Mais à peine put-il monter à cheval, tant était grande la foule de ceux qui s'empressaient à lui baiser les pieds. Le seigneur de Montpellier vint au devant avec les barons du pays, et lui servit d'écuyer pendant mille pas. Le Pape entra dans la ville en procession. Avec la noblesse qui venait à ses pieds, se présenta un seigneur sarrasin, bien accompagné, qui se mit aussi à genoux, lui baisa les pieds et l'adora, comme si c'eût été le Dieu des chrétiens. Puis, parlant par interprète, il le harangua pompeusement en sa langue, au nom du roi, son maître. A quoi le Pape répondit avec bonté, rendant beaucoup d'honneur à l'ambassadeur, qu'il fit asseoir à ses pieds parmi les personnes de distinction. Tous ses assistants le regardaient avec étonnement, et se disaient l'un à l'autre cette parole du psaume 71, v. 11 : *Tous les rois de la terre l'adoreront; toutes les nations lui seront soumises.* Le comte de Saint-Gilles et la vicomtesse de Narbonne se rendirent également auprès du Pontife (*Acta apud Baron.*, an 1162).

Quatre archevêques se trouvèrent à Montpellier, savoir : ceux de Sens, de Tours, d'Aix et de Narbonne, et ce dernier fut sacré de la main du Pape. Il s'y trouva aussi six évêques, savoir : ceux d'Auxerre, de Saint-Malo, de Nevers, de Térouane, de Maguelone et de Toulon. Avec ces dix prélats, Alexandre récita publiquement l'excommunication contre l'antipape et ses complices, le jour de l'Ascension, qui était le 17 mai. C'est ce qu'il témoigne dans une lettre à Omnibon, évêque de Vérone, datée du même jour, où il ajoute : Nous attendons les cardinaux Henri et Guillaume, nos légats, avec les évêques d'Evreux et de Bayeux, envoyés du roi d'Angleterre, et les archevêques de Bourges et de Reims, espérant que Dieu rendra bientôt la paix à son Eglise (Alex., *Appendix tert.*, *Epist.* 5; Labbe, t. X).

Dès que le roi Louis le Jeune eût appris que le pape Alexandre était arrivé à Montpellier, il lui envoya Thibaut, abbé de Saint-Germain-des-Prés, et un de ses clercs. Après avoir exécuté la commission du roi, Thibaut s'en retournait avec les bonnes grâces du Pape et de toute la cour romaine; mais il tomba malade en route et mourut à Vézelai, où il avait pris l'habit monastique. Voilà ce que raconte le biographe de Louis le Jeune (Duchesne, t. IV). De plus, nous avons la lettre que le Pape leur donna pour le roi, où il témoigne les avoir accueillis avec beaucoup de bienveillance et d'allégresse (*Appendix secunda*, *Ep.* 36). Un autre chroniqueur prétend, ce qui n'est guère probable, que le Pape reçut froidement Thibaut, que le roi en fut irrité et se repentit d'avoir reconnu Alexandre, et le manda par Manassès, évêque d'Orléans, à Henri, comte de Troyes, qui allait trouver l'empereur Frédéric (*Ibid.*, p. 424). Quoi qu'il en soit, quelque temps après, le Pape envoya au roi Louis, Henri, archevêque de Reims, frère de ce prince, avec les évêques de Langres et de Senlis, et l'abbé de Grandselve, de l'ordre de Cîteaux, comme on le voit par ses lettres du dernier jour d'avril (*Ibid.*, *Epist.* 33 et 37).

Le pape Alexandre était encore à Montpellier, quand il reçut les députés du nouvel archevêque de Cantorbéry, qui lui envoyait demander le *pallium*. Il y avait d'un an que l'archevêque Thibaut était mort après une longue maladie. Il avait résolu, quelque temps auparavant, d'abolir toutes les mauvaises coutumes qui s'étaient introduites de son temps dans son archevêché, et avait déjà ôté une seconde contribution que l'archidiacre avait imposée sur les églises. Se voyant près de sa fin, il écrivit au roi, qui était en Normandie, pour lui donner sa bénédiction et lui recommander l'Eglise de Cantorbéry et le choix d'un digne successeur. Il le prie aussi de confirmer son testament par lettres patentes, et de tenir la main à l'exécution. Par ce testament, il laisse aux pauvres le reste de ses meubles, promet quarante jours d'indulgence à ceux qui en procureront l'exécution, et menace d'anathème les officiers du roi, s'ils touchent aux biens des moines de Cantorbéry. L'archevêque Thibaut mourut le mardi de Pâques, 18 avril 1161, après avoir tenu pendant vingt-deux ans et trois mois le siège de Cantorbéry, qui vaqua treize mois (*Apud Joan. Sarisb.*, *Epist.* 49, 54 et 57; *Chron. Gervas.*, 1161).

Sitôt que la nouvelle de cette mort eut été portée au roi, toute la cour jeta les yeux sur le chancelier Thomas Becket, qui était aussi archidiacre de la même métropole. Le peuple en faisait le même jugement; car Thomas était le premier ministre et la seconde personne du royaume, d'une grande capacité et d'une noblesse de courage qui le faisaient admirer de tout le monde. Le roi lui-même forma le dessein de le placer sur le siège de Cantorbéry, mais il le dissimula pour un temps; seulement il lui laissa la garde de cette église, suivant l'usage qui donnait au chancelier le soin des évêchés et des abbayes pendant la vacance. Le roi, qui était en Normandie, envoya le chancelier en Angleterre pour quelques affaires du royaume. Comme il vint à Falaise prendre congé, le roi le prit à part et lui dit : Vous ne savez pas bien encore le sujet de votre voyage; je veux que vous soyez archevêque de Cantorbéry! Le chancelier lui montra, en souriant, l'habit qu'il portait et qui était peu ecclésiastique, disant : « Vous voulez mettre un homme bien édifiant sur ce grand siège et à la tête de ces moines si réguliers! Sachez que, si cela arrive, vous m'ôterez bientôt votre amitié, et elle se changera en une haine mortelle. Vous demanderez de moi des choses et vous faites déjà sur l'Église des entreprises que je ne pourrai souffrir : les envieux en profiteront, et mettront entre nous une division éternelle. »

Le roi demeura ferme dans son dessein et donna ordre de le déclarer aux moines de Cantorbéry et au clergé d'Angleterre. Quand il fut arrivé, les moines de l'église métropolitaine s'assemblèrent, suivant la volonté du roi, avec quelques évêques, pour procéder à l'élection. Les avis furent partagés : les uns disaient qu'un prélat chéri du roi procurerait la paix entre le royaume et le sacerdoce ; les autres soutenaient que cette faveur nuirait à l'Église, et que, sous un archevêque tiré de la cour, les officiers du roi la pilleraient plus librement. Ils ajoutaient qu'il était absurde et contre les règles de donner pour chef à ce vénérable monastère et à toute l'Église anglicane, un homme plus laïque qu'ecclésiastique, un chasseur et un courtisan plein de faste. Il fut néanmoins élu, suivant l'intention du roi, par les évêques de la province et les moines de Cantorbéry, assemblés à Westminster, près de Londres. Thomas résista longtemps; mais enfin il céda au conseil de ses amis et aux instances pressantes du cardinal Henri de Pise, légat du Pape. Il y avait cinq ans qu'il était chancelier, et il était dans la quarante-quatrième année de son âge.

Aussitôt il fut présenté au jeune roi Henri, dont il avait été précepteur, qui était présent à l'assemblée, et qui donna son consentement à l'élection au nom du roi son père. Thomas fut aussi, de la part du roi, déclaré libre de tous les engagements de la cour. Il partit ensuite de Londres pour aller à Cantorbéry, être sacré suivant la coutume. Presque toutes les personnes considérables du royaume s'y rendirent; le clergé par devoir, les seigneurs pour faire leur cour au roi et au nouvel archevêque. Il fut premièrement ordonné prêtre le samedi d'après la Pentecôte, 2 juin 1162, et le lendemain, dimanche de l'octave, il fut sacré évêque par Henri, évêque de Winchester, en présence du jeune roi. En mémoire de son sacre, Thomas institua au jour de l'octave de la Pentecôte la fête de la sainte Trinité, qui n'était pas encore établie par toute l'Église.

De ce moment, il devint un autre homme. Les chanoines de sa cathédrale étant moines, il prit leur habit, qu'il porta toujours sous celui qui était propre à sa dignité. Il se revêtit aussi d'un rude cilice, qu'il ne quitta point jusqu'à sa mort. Le genre de vie auquel il s'assujétit était très-austère. Tous les jours il se levait à deux heures du matin, et, après avoir récité l'office de la nuit, il lavait les pieds à treize pauvres, auxquels il donnait ensuite une somme d'argent. Rien n'était plus édifiant que de le voir prosterné devant eux, et de l'entendre implorer avec larmes le secours de leurs prières. A l'heure de prime, son aumônier lavait les pieds à douze autres pauvres, et leur distribuait du pain et des viandes. Après matines, l'archevêque prenait un peu de repos; mais il se levait toujours de grand matin pour prier et lire l'Écriture sainte. Il avait tant de respect pour ce livre divin, il y trouvait tant d'onction, qu'il le portait toujours avec lui, même dans ses voyages, et qu'il eût désiré vivre dans la solitude, pour en faire l'unique objet de sa lecture et de ses méditations. Il avait continuellement auprès de lui une personne instruite, qui lui en expliquait les passages difficiles; et il ne craignait rien tant que de s'en rapporter à ses propres lumières, quoique tout le monde admirât son savoir et sa sagesse. Lorsqu'il avait fait la méditation du matin, il visitait les malades qu'il y avait parmi ses moines et son clergé. A neuf heures, il disait la messe ou il l'entendait, quand, par respect ou par humilité, il ne célébrait point. A dix heures, il faisait une nouvelle distribution d'aumônes; en sorte qu'ils assistaient cent pauvres tous les jours. Il doubla les charités ordinaires de son prédécesseur. Il dînait à trois heures, et se faisait lire à table quelque livre de piété. Jamais on ne lui présentait de mets recherchés. Sa table était cependant servie avec décence, à cause de ceux qu'il y invitait. Pour lui, il ne mangeait que ce qu'il y avait de plus commun, et se renfermait dans les bornes de la plus exacte sobriété. Un moine l'ayant vu un jour en compagnie, manger quelque chose de délicat, en fut scandalisé comme le pharisien, et dit qu'il le croyait plus mortifié. Le saint archevêque lui répondit avec douceur, que, comme on pouvait se rendre coupable de gourmandise en mangeant des choses les plus communes, on pouvait aussi manger les plus délicates sans tomber dans ce vice, et même en user avec indifférence.

Après le dîner, il s'entretenait quelque temps avec des ecclésiastiques pieux et savants sur des matières relatives à la religion. Il était fort sévère dans l'examen de ceux qui se présentaient pour recevoir les saints ordres, et rarement il s'en rapportait aux autres pour cet objet. L'ordre établi dans sa maison prévenait tous les abus, et aucun de ceux qui lui étaient attachés n'osait recevoir de présents, sous quelque prétexte que ce fût. Il regardait tous les pauvres comme ses enfants, et ses revenus paraissaient leur appartenir bien plus qu'à lui. Il reprenait avec une courageuse liberté les vices des grands, et retirait de leurs mains les biens de l'Église qu'ils avaient usurpés. Le roi l'aimait toujours, et le protégeait contre les injustices des seigneurs puissants (1).

Les îles britanniques voyaient fleurir d'autres saints à cette époque, entre autres saint Godric, ermite fameux, qui avait le don de prophétie. C'était un homme simple et sans lettres, né de parents pauvres, et qui, dans sa jeunesse, avait fait quelque petit commerce par mer. Ayant renoncé au monde, il fit le pèlerinage de Rome et celui de Jérusalem, nu-pieds; étant revenu en son pays, il se retira en un lieu solitaire près de Durham, où il cultivait un petit champ dans les bois et en tirait de quoi se nourrir et exercer l'hospitalité. Les moines de la cathédrale de Durham, connaissant la pureté de sa vie, députèrent un de leurs anciens pour l'instruire et lui administrer les saints mystères à certains jours. Le démon l'attaqua par diverses tentations, qu'il surmonta par sa foi et son courage. Sa mortification était incroyable. Il porta cinquante ans durant une tunique de mailles de fer sous son cilice, et un habit de laine par-dessus. Sa nourriture était du pain d'orge mêlé de cendres, et des herbes sauvages cuites et roulées par pelotons. Il ne parlait que trois fois la semaine, et gardait le silence pen-

(1) Voir la *Vie de saint Thomas*, par Jean de Salisbury, son chapelain, ainsi que sa *Vie quadripartite*.

dant tout l'Avent et depuis la Septuagésime jusqu'à l'Octave de Pâques; mais quand il parlait, c'était avec une grande édification. Il passa ainsi soixante ans dans son désert.

Un moine de Westminster étant venu le voir peu de temps après que Thomas eût été ordonné archevêque de Cantorbéry, le saint homme lui demanda s'il était connu du nouveau prélat. Oui, répondit-il, il me connaît; mais vous, mon père, le connaissez-vous? Godric répondit : Je ne l'ai jamais vu des yeux du corps, mais souvent de ceux de l'esprit, et, si je le voyais, je le reconnaîtrais entre plusieurs autres. Le moine surpris de ce discours, n'osait plus l'interroger, et le saint ajouta : Saluez-le de ma part, et lui dites qu'il n'abandonne pas son dessein, car il est agréable à Dieu. Il souffrira de rudes traverses, on le chassera de son Eglise, il sera longtemps exilé en pays étrangers; mais, après avoir achevé le temps de sa pénitence, il rentrera dans son siège avec plus d'honneur qu'il n'en sera sorti. Le moine rapporta ce discours au saint archevêque, qui écrivit à saint Godric, le priant de demander à Dieu la rémission de ses péchés. Nous verrons plus tard l'accomplissement de ces prédictions (*Acta Sanct.*, 21 *maii*).

Saint Godric avait pour ami et pour directeur de sa conscience, saint Robert, abbé de Neuminster. Robert était né dans le comté d'York. Il se montra, dès son enfance, ennemi de tous les amusements du premier âge. Il n'avait de goût que pour les occupations sérieuses, pour la prière et la lecture des livres de piété. Ses études finies, il fut ordonné prêtre et chargé du gouvernement d'une paroisse dans son diocèse. Quelque temps après, il se démit de sa cure, et alla prendre l'habit chez les bénédictins de Notre-Dame d'York. Il se joignit à Richard, prieur de cette maison, et à douze religieux qui désiraient observer leur règle selon son austérité primitive. Tous ces fidèles serviteurs de Dieu quittèrent le monastère avec la permission de leur abbé. Mais il leur en coûta des peines incroyables pour exécuter leur projet. Enfin le pieux Turstan, archevêque d'York, leur ayant donné une vallée, ils y fondèrent, en 1123 avec des travaux infinis, la célèbre abbaye des Fontaines, qui fut ainsi nommée à cause des sources qui étaient en ce lieu.

Les cisterciens s'étaient depuis peu introduits en Angleterre, et ils avaient une maison à Rievalle. Nos fervents religieux, trouvant dans cet ordre le genre de vie qu'ils désiraient mener, prièrent saint Bernard de recevoir le monastère des Fontaines. Ce qu'ils demandaient leur fut accordé.

On voit, par les lettres de saint Bernard, que cette nouvelle pépinière de saints tendait à la perfection avec une ardeur extraordinaire. Dès son commencement, elle fut pour tout l'ordre de Cîteaux un modèle de mortification, de ferveur dans le chant des psaumes et des autres exercices de piété, d'amour pour le travail, de zèle pour les austérités de la pénitence. Aucun murmure ne venait troubler la paix dont jouissaient ces moines. Il régnait parmi eux une sainte émulation, à qui l'emporterait en charité et en humilité. Jamais ils ne se permettaient de repos qu'ils ne fussent entièrement épuisés de fatigues. Quelques légumes et quelques racines faisaient toute leur nourriture; encore n'en mangeaient-ils point suffisamment pour apaiser toute leur faim.

Robert se distingua au-dessus des frères par sa piété; tous avaient les yeux fixés sur lui, et le prenaient pour modèle dans chacune de leurs actions.

Ranulphe, baron de Morpeth, visita le monastère des Fontaines cinq ans après sa fondation. Il fut si touché de la vie édifiante de ceux qui l'habitaient, qu'il demanda à l'abbé Richard un certain nombre de ses religieux. Les ayant obtenus, il fit bâtir pour eux, en 1137, le monastère de Neuminster, près de Morpeth, dans le comté de Northumberland. Robert en fut le premier abbé.

Le saint, se voyant constitué en dignité, se crut plus que jamais obligé de donner l'exemple à ses frères. La place qu'il occupait semblait ajouter une nouvelle force et un nouveau degré de perfection à ses vertus. On ne peut exprimer jusqu'où allait son amour pour la prière. Sans cesse il recommandait à Dieu les âmes de ceux dont il était chargé; nuit et jour il demandait avec larmes leur sanctification. Il fut favorisé du don de prophétie et de celui des miracles. Il fonda un monastère à Rivebelle, dans le comté de Nortampton. Une amitié également sainte et étroite l'unit toute sa vie avec saint Bernard et Godric. Robert mourut le 7 juin 1159. Divers miracles attestèrent aux hommes sa sainteté et la gloire dont il jouissait auprès de Dieu. L'Eglise honore sa mémoire le jour de sa mort (*Acta Sanct.*, 7 *junii*).

Dans ce temps, l'Irlande admirait saint Laurent, archevêque de Dublin. Il était le plus jeune des fils de Maurice Otuathaile, prince riche et puissant de la province de Leinster. Maurice profita de la naissance de son fils pour terminer ses querelles avec Donald, comte de Kildare. Il le pria de tenir cet enfant sur les fonts sacrés, et le fit porter à Kildare, afin qu'il y reçût le baptême. Lorsque Laurent était dans sa dixième année, son père le donna en otage à Dermith, roi de Meath. Ce prince se conduisit en barbare envers l'enfant qu'on lui avait remis, et il le fit garder dans un lieu désert, où il fut traité avec la dernière inhumanité, sa santé fut bientôt réduite à l'état le plus fâcheux. Maurice, informé de tout, força Dermith à remettre son fils entre les mains de l'évêque de Glendenoc, qui eut soin de l'élever dans la piété, et qui le renvoya depuis à son père.

Maurice alla remercier l'évêque, et crut devoir mener avec lui Laurent, qui avait alors douze ans. Il dit au prélat qu'il avait quatre fils, que son dessein était d'en consacrer un au service de Dieu, et qu'il voulait en laisser le choix à la décision du sort. Laurent entendit ce discours. Charmé de trouver cette occasion de faire connaître ses sentiments; et jugeant d'ailleurs qu'il y avait de la superstition dans le projet de son père, il s'écria avec empressement : Il est inutile d'avoir recours au sort. Je ne désire rien tant que de prendre Dieu pour mon héritage, en me dévouant au service de l'Eglise. Maurice le prit alors par la main pour l'offrir au Seigneur; puis il le présenta à l'évêque, après l'avoir mis sous la protection de saint Coëmgin, patron du diocèse. C'est un saint abbé qui vivait au VIe siècle, dans le même lieu, et qui est honoré le 3 juin. Le maître prit un soin extrême de son disciple, qu'il voyait avancer chaque jour dans la pratique de toutes les vertus.

Laurent n'avait encore que vingt-cinq ans, lorsque la mort enleva l'évêque de Glendenoc, qui était en même temps abbé du monastère de cette ville. On l'élut abbé, mais il ne voulut point accepter l'épiscopat, alléguant pour cause de son refus la disposition des canons, qui exigeaient qu'un évêque eût trente ans. Ils gouverna sa communauté, qui était fort nombreuse, avec une piété et une sagesse admirables; et durant les ravages d'une famine qui dura quatre mois, il devint, comme un autre Joseph le sauveur du pays, par ses immenses charités. Mais Dieu voulut que sa vertu fût perfectionnée par les épreuves. De faux frères, qui ne pouvaient souffrir la régularité de sa conduite, ni le zèle avec lequel il condamnait leurs désordres, employèrent la calomnie pour noircir sa réputation. Il n'en repoussa les traits que par le silence et la patience. Ses ennemis furent confondus, et on rendit à sa vertu la justice qu'elle méritait.

Cependant Grégoire, archevêque de Dublin, mourut. On lui donna pour successeur Laurent, qui ne pouvait plus alléguer le défaut d'âge, parce qu'il avait trente ans. Il fut sacré par Gélase, archevêque d'Armagh. Il se fit un devoir de remplir ses obligations avec une application infatigable, et de veiller tout à la fois sur lui-même et sur son troupeau. Toujours il avait présent à l'esprit le compte qu'il devait rendre au souverain Pasteur des âmes confiées à ses soins. Il réforma d'abord les mœurs du clergé, et ne choisit que de dignes ministres. Ses exhortations pleines de force produisaient partout de grands fruits, et on eût rougi de ne pas pratiquer les vertus dont il donnait lui-même l'exemple.

Sa cathédrale, dite de la Sainte-Trinité, était desservie par des chanoines séculiers. Il les engagea, vers l'an 1163, à recevoir la règle des chanoines réguliers de l'abbaye d'Arouaise, fondée, depuis quatre-vingts ans, dans le diocèse d'Arras, et qui jouissait d'une si haute réputation de sainteté, qu'elle devint le chef-lieu d'une congrégation nombreuse. Laurent prit lui-même l'habit de chanoine régulier, et il le portait toujours sous celui qui était propre à sa dignité. Il mangeait au réfectoire, gardait le silence aux heures prescrites, assistait aux matines, qui se disaient à minuit. Ordinairement, il restait dans l'église jusqu'au jour, puis il allait prier pour les morts dans le cimetière. Jamais il ne mangeait de viande. Il jeûnait tous les vendredis au pain et à l'eau, et souvent il ne prenait ces jours-là aucune nourriture. Il portait un rude cilice, et prenait fréquemment la discipline. Indépendamment des malheureux qu'il assistait par ses aumônes, il nourrissait chaque jour dans son palais trente pauvres, et souvent plus. Il avait le même zèle pour les besoins spirituels de son troupeau; il était surtout très-exact à leur annoncer la parole de Dieu. Pour ranimer sa ferveur, il passait de temps en temps quelques jours dans la solitude. Il se retirait ordinairement au monastère de Glendenoc, dont un de ses neveux était abbé; mais il le logeait de préférence dans une grotte située à quelque distance du monastère, et dans laquelle saint Coëmgin avait autrefois vécu. Lorsqu'il sortait de la retraite, comme un autre Moïse qui vient de s'entretenir avec Dieu, il paraissait rempli d'un feu céleste et d'une lumière toute divine. Tel était saint Laurent de Dublin (*Apud Surium et Godescard*, 14 *novemb.*).

Pour obtenir son *pallium* du pape Alexandre, le nouvel archevêque de Cantorbéry, saint Thomas Becket, députa à Montpellier Jean de Salisbury que déjà nous avons appris à connaître. Les députés obtinrent le *pallium* plus facilement et plus promptement qu'à l'ordinaire.

A la fin du mois de juin 1162, ayant appris les plus heureuses nouvelles du roi de France, par les deux légats qu'il lui avait envoyés, le pape Alexandre partit de Montpellier, et, passant par Alais, Mende et le Puy, il vint à Clermont en Auvergne le 14 août, veille de l'Assomption de la sainte Vierge. Tout allait au mieux, lorsqu'il se forma un orage qui menaça de tout détruire.

L'empereur Frédéric voyait tout l'univers courir après Alexandre, tous les rois et les princes orthodoxes l'honorer et le respecter comme Pontife romain. Il en rougissait en lui-même; et, accusé par sa propre conscience, il en était effrayé. Mais il avait honte de se désister de sa mauvaise entreprise, parce qu'il était plus puissant que ses prédécesseurs et qu'il avait subjugué déjà presque toute l'Italie. D'un autre côté il craignait de perdre la couronne impériale, si le pape Alexandre venait à prévaloir. Pour le perdre, voici la ruse qu'il imagina. Les rois de France et d'Angleterre avaient solennellement reconnu le pape Alexandre au concile de Toulouse. Mais le roi de France, suivant les monuments de l'époque, était d'une simplicité de colombe. Il venait d'épouser en troisièmes noces la princesse Adèle, sœur de Henri, comte de Troyes : Henri était allié et partisan de l'empereur Frédéric. Celui-ci profita de toutes ces circonstances. Par les manœuvres du comte de Troyes, par des lettres qu'il écrivit lui-même et d'autres qu'il fit écrire par l'antipape à certaines personnes qui entouraient le roi de France, il travaillait à détacher ce dernier du Pape légitime, non pas directement, mais par le biais que voici. Il proposa au roi de s'assembler sur les confins de leurs Etats respectifs, avec les évêques et les seigneurs, d'y examiner l'élection d'Octavien et d'Alexandre, et de s'en rapporter à la décision des Eglises des Gaules, d'Italie et d'Allemagne. Le bon roi Louis, qui ne soupçonnait pas plus la malice à autrui qu'il n'en avait lui-même, trouva la proposition raisonnable. Le comte de Troyes, envoyé de sa part, promit à l'empereur plus même qu'il n'en était convenu, entre autres d'amener le pape Alexandre au lieu de la conférence. Ce lieu fut marqué à Saint-Jean-de-Lône, petite ville de Bourgogne sur la Saône, et alors la frontière de la France; et le jour, la Décollation de saint Jean-Baptiste, 29 août. Le bruit de cette conférence s'étant répandu dans les villes d'Italie, mit les catholiques dans une grande consternation : tous conjuraient Dieu de dissiper les complots formés contre l'antique liberté de son Eglise. En allant au lieu indiqué, le roi Louis se rencontra avec le pape Alexandre, au prieuré de Souvigny, et le pria de venir au rendez-vous. Mais le Pape jugea indigne et contraire aux décrets des saints Pères, que le chef de l'Eglise et le premier Siège dût subir aucun jugement humain. Seulement, de l'avis de tout le monde, il y envoya cinq des meilleurs cardinaux, à l'unique fin d'y démontrer la légitimité de son élection et la nullité de celle de l'antipape.

Louis, obligé de partir sans le Pape, fut bien

étonné en arrivant à Dijon, d'y apprendre pour la première fois du comte de Champagne, à quelles conditions il venait traiter avec l'empereur. « Mon seigneur et mon roi, lui dit le comte, j'ai engagé une conférence sur la Saône, pour l'honneur de Votre Majesté et pour l'utilité de votre royaume, afin que vous et l'empereur Frédéric, avec les évêques, les abbés et les seigneurs des deux royaumes, en présence de votre Pape et du Pape de l'empereur, vous fassiez choisir de part et d'autre les juges les plus intègres, ecclésiastiques et militaires, que vous chargerez de prononcer sur les deux élections. Si l'élection de Roland est trouvée la plus saine, on annulera celle d'Octavien, et l'empereur se prosternera aux pieds de Roland; si Octavien prévaut, Roland sera rejeté, et vous, mon seigneur et mon roi, vous viendrez vous prosterner devant Octavien. Que si l'un des deux prétendants était absent, son absence tournerait à l'avantage de son concurrent, reconnu seul en ce cas pour vrai Pape par les deux partis. Votre Majesté refuserait-elle d'acquiescer à ces conditions? Lié que je suis par mon serment, je dois me ranger du côté de l'empereur, et tenir désormais lui tout ce que je tiens en fief du fisc de Votre Majesté. » Le roi, étonné d'un pareil discours : « J'admire votre hardiesse, dit-il au comte, de me lier moi-même par des conditions dont je n'ai pas eu la moindre connaissance. » L'évêque d'Orléans me les a dictées en votre nom, répliqua le comte de Champagne, et, sur les mauvaises défaites que donnait l'évêque aux questions du roi, il montra la lettre même écrite par le prélat. Quoiqu'elle ne portât pas en termes exprès ce que le comte voulait faire entendre qu'il y avait lu, elle en disait assez pour l'autoriser au moins à disculper sa démarche. L'évêque avait ajouté aux ordres du roi par forme d'interprétation, et le comte, pour ne pas perdre le fruit de sa médiation, avait pareillement ajouté à l'énoncé de l'évêque.

La conférence devait se tenir au milieu du pont qui séparait les deux pays. L'empereur y parut un instant avec son antipape, pour faire acte de présence. Le roi, de son côté, y parut en habit de chasse, et comme par hasard; ensuite, parce qu'on ne l'avait informé que la veille des conditions du traité dressé par le comte de Champagne, il députa l'archevêque de Tours, l'évêque de Paris, l'abbé de Vézelai et quelques autres, avec commission d'obtenir du temps, et de traîner en longueur le plus qu'ils pourraient, avant que de rien toucher d'essentiel. Il n'en fallait pas tant pour mettre Frédéric en fureur, surtout quand il apprit qu'Alexandre n'était pas au camp. Ses refus et ses menaces faisaient attendre un éclat qui romprait la conférence, et on le souhaitait. Mais le comte de Champagne, piqué sur le point d'honneur, ourdissait une tout autre trame. Il revint le lendemain dès le grand matin déclarer au roi qu'ils n'étaient point quittes de leurs promesses ni l'un ni l'autre; que, pour lui, il n'aurait déjà pu se dispenser de s'avouer vassal, si ce prince, à sa prière et par considération pour le roi, n'avait accordé trois semaines de délai, à condition que le roi lui donnât des otages, pour l'assurer qu'il se trouverait à la conférence avec Alexandre au jour prescrit, et qu'il s'en tiendrait à la décision des arbitres qui seraient choisis des deux royaumes; sinon, qu'il irait se rendre son prisonnier à Besançon. Le bon roi Louis était si délicat sur sa parole, qu'il consentit à tout.

La conjoncture était des plus critiques. L'empereur était accompagné des rois de Danemarck et de Bohême, et d'une armée puissante; il avait formé le dessein de s'emparer du roi de France et du pape Alexandre, au lieu même de la conférence. Si le Pape refusait de s'y rendre, le roi semblait manquer à son engagement. La Providence vint au secours de l'Eglise et du roi très-chrétien. Le roi d'Angleterre, son vassal, accourut à son aide avec des troupes considérables. D'un autre côté, la famine régnait dans l'armée impériale, à tel point qu'un modique pain se payait une livre d'argent. De plus, l'empereur s'aperçut que les évêques français n'étaient pas si faciles à intimider ou à corrompre que ceux d'Allemagne. Dès lors il ne cherchea plus qu'un moyen honnête de se retirer au plus tôt. Il employa le suivant.

Au jour indiqué, le roi Louis se rendit fidèlement au lieu de la conférence. Il demanda d'abord qu'on lui lût les articles dont le comte de Champagne était convenu avec l'empereur, et en vertu desquels on devait choisir des juges dans les deux royaumes. A ce propos, le chancelier Rainald, archevêque élu de Cologne, répondit que l'empereur ne l'entendait pas de la sorte, et dit au roi : « Notre seigneur Frédéric, empereur des Romains et spécial avocat de l'Eglise romaine, vous mande qu'il n'appartient à aucun prélat de juger de l'élection du Pontife romain, sinon à ceux qui vivent sous l'empire romain. En conséquence, il est bon et juste que, avec vos évêques et votre clergé, vous veniez trouver l'empereur comme votre ami et votre allié, et que vous écoutiez sa sentence. »

A ces mots, le roi, souriant quelque peu, se prit à dire : « Je m'étonne qu'un homme prudent nous envoie conter des fables. L'empereur ignore-t-il que Notre Seigneur Jésus-Christ, étant sur la terre, a chargé le bienheureux Pierre, et par lui tous ses successeurs de paître ses ouailles? N'a-t-il pas entendu dans l'Evangile que le même Fils de Dieu a dit au même prince des apôtres : *Simon, m'aimes-tu? Pais mes brebis.* Est-ce que les rois et les prélats de France sont ici exceptés? Est-ce que les évêques de mon royaume ne sont pas des brebis que le Fils de Dieu a confiées au bienheureux Pierre? »

Puis, se tournant vers le comte de Champagne : « Les conditions que vous avez acceptées, lui dit-il, ne sont-ce pas les mêmes que vous m'avez proposées? — Ce sont les mêmes, répondit le comte de Champagne. — Voilà cependant, dit le roi, que l'empereur n'est point ici, comme vous me l'aviez promis. Voilà, de plus, que ses envoyés changent devant vous les clauses de votre arrêté. — Je n'en puis disconvenir, dit encore le comte. — Je suis donc dégagé de ma parole, répliqua le roi. — Vous en êtes dégagé, continua le comte. » Le roi, là-dessus, s'adressant aux évêques et aux autres seigneurs: « Vous l'avez entendu, ajouta-t-il, vous l'avez vu, comme j'ai rempli de bonne grâce tout ce qu'on pouvait exiger de moi; prononcez, si je ne suis pas libre à présent. » Tous dirent qu'ils le jugeaient parfaitement libre. A l'instant même le roi, qui était monté sur un cheval, tourna bride et piqua subitement de l'autre côté du pont. Les impériaux, fort déconcertés de ce brusque adieu, courent à sa suite, le priant de revenir et l'assurant qu'il serait satisfait de l'empereur. Mais le roi était trop heureux de s'être tiré d'un mauvais pas, où sa confiante bonhomie l'avait engagé imprudemment (*Acta Alex.*, *apud Baron.*, an 1162; *Hist. monast. Vizel.*, *apud Pagi.*, an 1162; *Hist. de l'Eglise gall.*, l. 26).

Au milieu de ses ruses et de ses violences, Frédéric Barberousse avait toujours en vue de réaliser ce principe du despotisme impérial, que l'empereur était l'unique souverain de toute la terre; que l'empereur était la loi vivante, d'où dérivent tous les droits des rois et des peuples. Frédéric, avec sa politique sans foi ni loi, se croyait bien plus sage que Louis, avec sa délicatesse excessive sur sa parole et sa promesse. Mais il est un Dieu juste par-dessus les rois et les empereurs. La postérité de Frédéric Barberousse s'éteignit à la quatrième génération; la postérité du bon roi Louis règne encore sur plusieurs trônes.

Pendant les conférences de Saint-Jean-de-Lône, le pape Alexandre s'était retiré au monastère de Bourg-Dieu, près de Châteauroux en Berri. Le roi d'Angleterre y vint lui rendre visite, se prosterna devant lui, lui baisa les pieds, lui offrit des présents d'or et le baisa à la bouche. On lui avait préparé un fauteuil, mais il le refusa humblement et s'assit à terre aux pieds du Pape, avec ses barons. Il se retira trois jours après, fort content, ayant fait encore des présents considérables au Pape et aux cardinaux. Quelque temps après la conférence de Saint-Jean-de-Lône, le roi de France et le roi d'Angleterre se trouvèrent ensemble à Touci-sur-Loire, et y reçurent le pape Alexandre avec l'honneur convenable; ils le conduisirent à sa tente, marchant à pied à côté de lui, et tenant à droite et à gauche la bride de son cheval (*Apud Baron.*, an 1162).

C'était certainement un spectacle digne du ciel et de la terre, que ces deux rois puissants, toujours rivaux, souvent en guerre, qui se disputent pacifiquement à qui rendra le plus d'honneur au vicaire du Christ, dans le moment même qu'il est le plus persécuté par l'empereur, le défenseur titulaire de l'Eglise.

Le pape Alexandre, après avoir séjourné longtemps au monastère de Bourg-Dieu, dont il dédia le grand autel, se rendit à Tours, où il arriva pour la Saint-Michel et célébra la fête de Noël. Au commencement de l'année suivante 1163, il vint à Paris pour conférer avec le roi de France. Toujours pieux et prévenant, Louis, accompagné de ses barons et de ses chevaliers, alla au devant de lui jusqu'à deux lieues. Dès qu'il l'aperçut, il descendit de cheval, et courut lui tenir l'étrier et lui baiser les pieds, après quoi ils s'embrassèrent. Ils entrèrent dans la ville, marchant ensemble : le clergé vint au devant avec une immense procession, et, au milieu de la joie publique, conduisit le Pape et les cardinaux à l'église cathédrale. Le Pape demeura à Paris pendant le carême, et y célébra la fête de Pâques, qui fut le 24 mars. Il y bénit et posa la première pierre de l'église de Notre-Dame, que l'évêque Maurice de Sully entreprit de bâtir. Il en partit peu après Pâques, passa par Chartres, et revint à Tours, où il avait convoqué un concile général pour l'octave de la Pentecôte, c'est-à-dire le 19 mai (*Acta, apud Baron.*, 1163).

Le concile se tint effectivement le jour indiqué. On y compta dix-sept cardinaux, cent vingt-quatre évêques et quatre cent quatorze abbés de tous les pays où Alexandre était reconnu, mais particulièrement de France et d'Angleterre, avec un nombre presque infini d'ecclésiastiques les plus distingués du monde chrétien. Arnoul, évêque de Lisieux, que déjà nous avons appris à connaître, fut chargé par le Pape de faire l'ouverture du concile par un discours : il s'en acquitta dignement.

Avant que de rien toucher des conjonctures du temps, qui étaient son objet, il s'excuse modestement sur les ordres du Pape de la hardiesse qu'il a de se produire dans une assemblée si auguste. Il dit que trois choses sont nécessaires à un prédicateur : la sainteté, la science et l'éloquence; la sainteté pour édifier, la science pour instruire, l'éloquence pour plaire; mais que lui, ne se connaissant aucune de ces qualités, avait au moins pour ressource l'autorité du Pontife qui lui commandait de parler, et les mérites de ceux devant qui il parlait.

Il se représente l'Eglise de Dieu cruellement attaquée par deux sortes d'ennemis, l'ambition des schismatiques qui s'efforcent de déchirer son unité, la violence des tyrans qui s'efforcent de lui ravir sa liberté : unité et liberté sans lesquelles l'Eglise ne serait plus; unité que Dieu le Père a rendue impérissable par l'union indissoluble entre le Christ et son Eglise; liberté qu'il est impossible de ravir à l'Eglise de Dieu, Jésus-Christ la lui ayant acquise et assurée au prix de son sang. Les schismatiques qui, voulant la déchirer, se séparent d'elle, c'est la paille qui s'envole de l'aire, le bon grain y reste, y devient même plus pur : l'Eglise, cette aire mystérieuse, n'en demeure pas moins une. Les tyrans ont beau lui ravir ses biens et tourmenter les corps, leur impuissance n'en paraît pas moins; l'Eglise de Dieu n'en fait pas moins librement ce qu'elle juge devoir faire : ces tyrans superbes, elle les enchaîne comme des esclaves dans les liens de l'anathème, et les voue à un opprobre éternel. Unité et liberté de l'Eglise, tels sont les deux principaux points que l'évêque de Lisieux propose au concile de Tours.

Il traite au long des obligations de l'épiscopat dans la triste situation où l'on était; point de peines qu'il ne fallût prendre, point de vexations qu'il ne fallût supporter, point de périls qu'il ne fallût braver, sur l'espérance de regagner ceux que leur ambition ou quelque autre passion arrachait à la communion de leurs frères. Nous sommes évêques, disait-il; c'est pour cela que nous voulons être sanctifiés par les sacrements de l'Eglise, enrichis par ses bénéfices, relevés par les honneurs qu'elle nous confère. C'est pour cela qu'elle nous autorise à occuper les premiers rangs, et qu'inclinés devant nous, en nous demandant notre bénédiction, les peuples nous demandent l'écoulement de la plénitude que Jésus-Christ répand sur nous.... Mais que lui rendons-nous pour tant de bienfaits? S'il nous a confié son héritage, qui est le prix de son sang, sommes-nous prêts à le lui conserver au prix du nôtre? Y travaillons-nous avec une application et un courage que nulle menace, nulle persécution, nulle tribulation ne ralentisse?.... Prévenons-nous, sacrifionsnous seulement les chagrins réciproques qui pourraient altérer notre union? Demeurons unis, et nous serons invincibles; demeurons unis, et nous serons réellement cette Eglise de Dieu, aussi terrible à ses adversaires qu'une armée rangée en bataille.

Arnoul rassure les plus timides par l'assistance qui leur était assurée. Nous avons pour nous les habitants du ciel; nous avons pour nous vos mérites et vos prières; nous avons pour nous le dévouement des rois catholiques; nous avons pour nous presque tous ceux qui portent le nom de chrétien. Auprès de cette multitude, qu'est-ce que l'exception d'un seul? Encore, par la miséricorde de Dieu, celui-là même se convertira et vivra; car, entre les princes de la terre, il serait louable pour sa grande prudence et vertu, s'il n'avait mis sa gloire avant la gloire divine. Puisse-t-il s'humilier sous la main puissante de Dieu, et reconnaître que la principauté de l'Eglise est au-dessus de la sienne! Puisse-t-il comprendre que, s'il reconnaît pour son Seigneur l'époux divin de l'Eglise, il doit nécessairement reconnaître pour sa dame l'Eglise elle-même, qui est l'épouse! D'ailleurs, il a un motif spécial de reconnaître la seigneurie de l'Eglise romaine; autrement il se rend manifestement coupable d'ingratitude; car l'histoire nous apprend que ses prédécesseurs n'ont reçu l'empire que par la seule grâce de l'Eglise romaine. Enfin nous avons l'assistance toujours présente de Jésus-Christ, qui a dit : *Je ne vous laisserai point orphelins; je m'en vais, et je viens à vous* (Joan., 14), pour demeurer avec vous jusqu'à la consommation des siècles.

Arnoul encourage les évêques par l'exemple de Jésus-Christ, des apôtres et des martyrs, qui ont tant souffert pour l'Eglise de Dieu. Qu'est-ce, en comparaison, demande-t-il, que les épreuves où l'on nous met? On nous tolère encore la somptuosité du train et de la table, on nous laisse encore abonder en richesses; nous prêchons de paroles la pauvreté de Jésus-Christ, mais nous n'en donnons pas l'exemple, à moins qu'un renoncement spirituel et l'humilité intérieure ne suppléent à la pauvreté réelle qui nous manque. Il est vrai que ce n'est point le retranchement entier, c'est le mépris des biens d'ici-bas que l'on exige de nous. Nous pouvons donc licitement les posséder, pourvu que notre cœur n'y soit pas attaché; pourvu que, simples dispensateurs, nous comprenions qu'ils appartiennent à l'Eglise et aux pauvres; et pourvu que l'Eglise et les pauvres, dans leurs nécessités, en retrouvent dans nos mains une fidèle distribution.

Ces nécessités, par rapport à l'Eglise, s'énonçaient d'elles-mêmes, à la vue des cardinaux, des évêques et des autres ecclésiastiques réfugiés en France avec Alexandre, Arnoul exhortait pathétiquement à fixer sur eux des libéralités dont on ne pouvait faire un emploi plus chrétien; et, dans tout ce qu'il dit, il fut très-favorablement écouté (Baron. an 1163).

Le concile de Tours fit dix canons, la plupart répétés des conciles précédents; en voici les dispositions les plus notables. Défense de diviser les prébendes et les dignités ecclésiastiques, particulièrement les moindres bénéfices. Défense aux évêques et aux autres prélats, sous peine de déposition, de donner à aucun laïque, ni église, ni dîme, ni oblation. Défense de donner à ferme, pour un prix annuel, le gouvernement des Eglises, comme la mauvaise coutume s'en était introduite en plusieurs lieux. On défend aussi de vendre les prieurés ou les chapelles des moines et des clercs; de rien demander pour l'entrée en religion; de rien exiger pour la sépulture, l'onction des malades ou le saint chrême, sous prétexte même d'ancienne coutume, puisque la longueur de l'abus ne le rend que plus criminel. On défend aux clercs et aux religieux toute espèce d'usure; même le contrat pignoratif, par lequel on reçoit en gage un fonds de terre pour profiter des revenus, sans les imputer sur le sort principal de l'argent prêté. En quelques diocèses, les évêques et les archidiacres mettaient à leur place des doyens ou des archiprêtres pour juger les causes ecclésiastiques, moyennant un certain prix annuel. Le concile condamne cet abus, comme tendant à la charge des curés et au renversement des jugements (Can. 1, 3, 5, 6, 2, 7).

Quelques religieux sortaient de leurs cloîtres sous prétexte de charité, pour exercer la médecine, étudier les lois civiles et poursuivre des affaires, prétendant s'en acquitter plus fidèlement que les séculiers. Le concile défend absolument à aucun religieux profès de sortir pour ce sujet, et ordonne que, s'il ne rentre dans deux mois, il soit évité de tout le monde comme excommunié; et que, s'il se présente pour faire fonction d'avocat, toute audience lui soit déniée. Etant rentré dans son cloître, il aura le dernier rang et ne pourra espérer de promotion (*Ibid.*, 8).

Le concile ordonne aux chapelains des châteaux, sitôt qu'ils auront connaissance que l'on y aura apporté quelque chose de pillé sur l'Eglise, d'en avertir le seigneur ou celui qui commande dans le château; et, s'il ne donne ordre à la restitution du butin, on cessera dans le château tout office divin, excepté le baptême, la confession et le viatique. Que si les gens du château demeurent incorrigibles quarante jours après l'excommunication portée contre eux, les chapelains s'en retireront; et, sous la même loi, sont compris les écrivains, qui étaient tous clercs. Les clercs des châteaux ne pourront être changés qu'en faisant serment, à la diligence de l'archidiacre, d'observer ce canon. Les marchands et les autres habitants des villes et des bourgs ne logeront aucun excommunié, et n'auront aucun commerce avec lui. Dans les lieux du domaine du roi, si le connétable, c'est-à-dire le gouverneur, est excommunié, l'office divin cessera quand il sera présent dans ce lieu (*Ibid.*, 10).

Les ordinations faites par Octavien et par les autres schismatiques sont déclarées nulles. Il est ordonné aux évêques et aux prêtres de veiller sur les hérétiques qui, s'étant depuis longtemps élevés à Toulouse et aux environs, se sont étendus en Gascogne et en d'autres pays. C'étaient les manichéens, depuis nommés *albigeois*. Il est défendu à ceux qui les connaîtront de leur donner retraite ni protection dans leurs terres; d'avoir aucun commerce avec eux, soit pour vendre ou acheter, soit autrement; le tout sous peine d'excommunication. Lorsqu'ils seront découverts, les seigneurs catholiques les feront emprisonner, avec confiscation de leurs biens, et on fera toutes les diligences possibles pour empêcher leurs conventicules (*Ibid.*, 9, 4; Labbe,

t. X; Mansi, t. XXI). Tels sont les dix canons du concile de Tours.

Quand ce concile fut terminé, les deux rois de France et d'Angleterre, prièrent le pape Alexandre, que, s'il voulait séjourner dans l'un de leurs royaumes, il eût à choisir la ville qui lui plairait davantage, pour y faire sa résidence. Il choisit la ville de Sens, métropolitaine, et située dans un pays fertile et agréable, et il y demeura depuis le 1er octobre 1163 jusqu'à Pâques de 1165, y expédiant les affaires de toute l'Eglise, comme s'il eût été à Rome (*Acta, apud Baron.*, an 1163).

Saint Thomas, archevêque de Cantorbéry, partit exprès d'Angleterre avec ses suffragants pour venir au concile de Tours; et, comme il était dans sa plus grande faveur, il fut reçu en Normandie, et partout où il passa, comme si c'eût été le roi lui-même. Quand il approcha de Tours, les prélats, qui y étaient déjà pour la plupart, vinrent au devant de lui; de plus, contre la coutume de l'Eglise romaine, tous les cardinaux s'avancèrent, pour le recevoir, assez loin hors de la ville : il n'y en eut que deux qui demeurèrent auprès du Pape. Alexandre, qui, sur sa réputation, désirait de le voir depuis longtemps, le reçut avec beaucoup d'amitié. Dans le concile, saint Thomas, avec ses suffragants, était assis à la droite du souverain Pontife, et Roger, archevêque d'York, à la gauche. Le concile terminé, Thomas resta encore quelques jours, fit renouveler quelques priviléges de son Eglise, et se retira avec la bénédiction et les bonnes grâces du Pape. Il repassa en Angleterre, où il fut reçu par le roi comme un père par son fils. C'était la seconde année de son épiscopat, c'est-à-dire 1163.

Il y avait alors deux évêchés vacants, Worchester et Herford ; car une coutume profane s'était déjà établie dans plusieurs royaumes, que les rois retenaient à leur volonté les évêchés et les monastères vacants pendant des années entières, et appliquaient au fisc le patrimoine de Jésus-Christ et les biens des pauvres. C'est ainsi qu'en parle Hébert, biographe et ami du saint archevêque. Ce prélat crut qu'il était de son devoir de ne pas souffrir un tel abus; et il fit tant, par ses prières et ses exhortations, qu'il persuada au roi de remplir ces deux sièges, lui représentant les mauvais effets de la longue vacance, tant pour le temporel que pour le spirituel. L'évêque de Worchester fut Roger, fils du comte de Glavor, jeune homme, mais d'un mérite singulier pour la pureté de ses mœurs, sa fermeté pour la justice et son attachement au saint archevêque. L'évêché d'Herford vaquait par la translation de Gilbert Foliot à l'évêché de Londres. On mit à sa place Robert de Melun, docteur fameux, mais plus recommandable encore par sa vertu que par sa doctrine. Ce furent les premiers que sacra l'archevêque Thomas, suivant la résolution qu'il avait prise de n'imposer les mains qu'à de dignes sujets, principalement pour l'épiscopat (*Vita quadripartita*).

Pendant, avant et après le concile de Tours, beaucoup d'évêques allemands écrivirent secrètement au pape Alexandre, et lui rendirent humblement l'obéissance et le respect suivant les temps et les lieux (*Hist. Vizel.*, l. 4, *apud Baron.*, Labbe et Mansi). Il y eut quelque chose de plus remarquable encore. Conrad de Wittelsbach, cousin de l'empereur, frère du comte palatin et archevêque élu de Mayence, ne voulant plus communiquer avec l'antipape et un empereur schismatique, quitta son Eglise à l'insu de l'empereur, et vint en France auprès du pape Alexandre. Le Pape le reçut avec beaucoup de bienveillance, l'emmena depuis avec lui à Rome, et le fit cardinal-évêque de Sabine (Romuald, *Salernit. apud Baron.*, Labbe et Mansi).

Une circonstance est encore à remarquer. Au concile de Tours, il ne fut pas question d'excommunier de nouveau l'empereur Frédéric. Au contraire, dans son discours d'ouverture, l'évêque de Lisieux parle de ses bonnes qualités, prédit sa future conversion, et fait des vœux pour qu'elle arrive bientôt. Comme cet évêque parlait au nom du Pape plutôt qu'au sien propre, on voit quels étaient les espérances et les sentiments généreux d'Alexandre. Il faudra encore douze ans et plus pour que Frédéric se réconcilie sincèrement à l'Eglise.

A la conférence de Saint-Jean-de-Lône, il avait amené le roi de Danenarck. C'était Waldemar, fils du roi saint Canut, le martyr. Un légat de l'antipape étant venu dans son royaume, cherchait à gagner les évêques : il y réussit peu. Pour réparer cet échec, il indiqua un concile; mais il y vint si peu de monde, qu'il en retira plus de mépris que de considération. Cependant le roi Waldemar, pour savoir que penser de la cause de l'antipape, envoya son secrétaire à l'empereur Frédéric. Le secrétaire se laissa circonvenir par l'empereur et l'antipape. Sur son rapport, Waldemar eut envie d'aller lui-même trouver l'empereur, moins pour l'intérêt de la religion que par la curiosité de voir du pays. Il s'en ouvrit à Absalom, évêque de Rotschild, son frère de lait, qu'il avait fait élire pour remplir ce siége en 1158. Ce prélat n'était pas moins recommandable par sa prudence et sa valeur que par ses vertus chrétiennes, et avait étendu la religion chez les Rugiens et les autres Slaves, autant par les armes que par la prédication. Il fit ce qu'il put pour détourner le roi Waldemar du voyage d'Allemagne ; et, n'ayant pu le persuader, il ne laissa pas de l'y suivre. Mais quand ils furent arrivés à la cour de l'empereur, qui était à Metz, le roi s'aperçut bien qu'il s'était engagé témérairement ; car l'empereur lui fit des reproches qu'il était venu bien tard, et prétendit qu'il devait lui faire hommage du royaume de Danemarck, et le reconnaître pour son souverain : ce que le roi ne put éviter de faire à certaines conditions.

Si quelque chose pouvait consoler Waldemar, c'était la vénération que les populations allemandes témoignèrent pour sa vertu. Comme il était accompagné d'une suite nombreuse, les bonnes gens en eurent peur d'abord, et se réfugiaient dans les églises à son approche; mais quand ils virent sa bonté et sa justice, leur vénération ne connut plus de bornes. Les mères de famille lui apportaient leurs petits enfants, afin que son attouchement leur portât bonheur. Les paysans lui présentaient leur blé de semence, afin que touché et répandu de sa main, il fructifiât mieux. Bientôt les princes pensèrent comme les peuples, et jugèrent heureux les sujets d'un pareil roi.

Cependant l'antipape Octavien tint un conciliabule où il s'efforça de montrer par de grands discours la validité de son élection, et, pour se rendre les évêques favorables, il ordonna que l'on n'appellerait au Saint-Siége que dans le cas que l'affaire ne pût être décidée à leur tribunal. Après qu'il eût parlé, l'empereur dit qu'il avait invité les rois des provinces à la conférence, pour finir la question du schisme, étant résolu de s'en tenir à leur avis; mais que ces rois n'étaient pas venus, parce qu'ils prétendaient, au mépris de l'empereur romain, créer un Pontife romain, quoiqu'ils n'eussent aucun droit sur Rome.

Ensuite Rainald, archevêque élu de Cologne, s'efforça de montrer aussi l'injustice de ces rois de provinces, ainsi qualifiait-on les rois de France et d'Angleterre; car, disait-il, si l'empereur voulait juger un différend touchant l'évêché de quelque ville de leur obéissance, ils le trouveraient très-mauvais; et cependant ils veulent faire la même chose à Rome. L'archevêque crut cette preuve si convaincante, qu'il la proposa en latin, en français et en allemand. Mais autant elle fut applaudie des Allemands, autant déplut-elle aux Danois (*Apud Baron.*, an 1162).

Ces derniers entrevoyaient sans doute à quoi tendaient toutes ces manœuvres : à soumettre tous les rois à l'empereur teuton, et toute l'Eglise à l'empire teutonique. Ils avaient sans doute remarqué cette dénomination significative de *rois de provinces*, appliquée par l'empereur et son chancelier aux rois de France et d'Angleterre. L'Angleterre et la France n'étaient plus, aux yeux des Allemands, que des provinces de leur empire; les souverains de ces deux royaumes, que des vassaux de leur empereur. Le roi Waldemar en était une preuve. Ayant eu l'imprudence de venir à la cour de Frédéric, il y fut réduit à lui faire une espèce d'hommage pour le royaume de Danemarck. Le même piège était tendu aux rois de France et d'Angleterre, dans la conférence de Saint-Jean-de-Lône. Frédéric protestait vouloir s'en rapporter à eux touchant l'élection du Pape. Ce n'était qu'un leurre pour les attirer dans le piège; car nous l'avons vu déclarer bientôt nettement, que lui seul avait le droit de désigner le Pontife romain, et qu'eux n'avaient d'autres priviléges que d'acquiescer à son impériale décision. C'était toujours le principe mis en avant par les légistes de Bologne : *L'empereur est le seul propriétaire du monde; l'empereur est la loi vivante d'où dérivent les droits des rois et des peuples.* Tel était le vrai fond de la politique astucieuse et cruelle de Frédéric; telle était la cause principale de la guerre qu'il faisait à la liberté et à l'indépendance de l'Eglise, et en elle, à la liberté et à l'indépendance de tous les peuples et de tous les rois.

A la fin du conciliabule de l'antipape, quand on eut allumé les flambeaux pour prononcer l'excommunication contre le pape Alexandre, le roi Waldemar, suivant le conseil de l'évêque Absalom, sortit de l'assemblée. Absalom le suivit; et, comme l'antipape Octavien le priait de demeurer, il dit qu'il ne pouvait quitter le roi, à la suite duquel il était venu. Ainsi ne prirent-ils aucune part à cette action schismatique (*Apud Baron.*, an 1162).

De retour en Danemarck, le roi Waldemar envoya, l'an 1164, des ambassadeurs au pape Alexandre, pour lui demander la canonisation de son père, saint Canut, le martyr. La même année, le même pape prononça la canonisation de sainte Hélène, martyre en Suède. Elle était d'une illustre famille du Gothland. Devenue veuve, après avoir saintement vécu dans le mariage; elle s'appliqua plus que jamais aux œuvres de piété et de miséricorde. Sa maison était ouverte à tous les malheureux; elle avait un grand zèle pour la construction et la décoration des églises. Elle eut la dévotion de visiter les lieux saints, comme la mère de Constantin dont elle portait le nom. A son retour, elle fut mise à mort par quelques méchants, comme si elle avait été coupable du meurtre de son gendre, tué par ses propres domestiques à cause de sa brutalité. Dieu ayant manifesté par des miracles l'innocence de sainte Hélène, le pape Alexandre la canonisa l'an 1164. Sa vie fut écrite par saint Brynolphe, évêque de Scare, et l'Eglise honore sa mémoire le 30 juin (*Acta Sanct.*, *30 junii*).

Quant à la canonisation du saint roi Canut, surnommé le Jeune, pour le distinguer de saint Canut, son oncle, elle fut prononcée plus tard. Son fils Waldemar en ayant reçu la nouvelle en 1168 ou 1169, mit tout en œuvre pour la célébrer avec la pompe la plus solennelle. On y vit le vénérable Eskil, archevêque de Lunden, légat du Saint-Siége pour le nord de l'Europe; Absalom, évêque de Rotschild, avec sept autres. Il y avait de plus un nonce du pape Alexandre, pour promulguer la bulle de canonisation. Ce qui doubla la joie publique de tous les Danois, c'est que le roi Waldemar célébra, le même jour, et la canonisation du roi saint Canut son père, et le sacre du jeune roi Canut son fils. Pour y mettre le comble, on publia, le même jour, la paix entre le Danemarck et la Norwége (*Saxo gramm. et alii*; *apud Baron.*, *Pagi et Mansi*, an 1164).

Vers le même temps, le pape Alexandre soumit à l'évêque de Rotschild l'île de Rugen, nouvellement convertie; car le roi Waldemar leva des troupes et arma des vaisseaux pour subjuguer les Sclaves rugiens, habitants de cette île. Il assiégea leur capitale, nommée Arcon, mais inconnue aujourd'hui, et la prit à composition. Les premiers articles de la capitulation furent qu'ils livreraient au roi leur idole, nommée Santovit, avec tout son trésor; qu'ils délivreraient sans rançon les chrétiens captifs, et embrasseraient eux-mêmes la religion chrétienne; qu'ils donneraient aux Eglises les terres consacrées à leurs faux dieux.

Santovit ou Sant-Vit, que ces barbares tenaient pour la première de leurs divinités, était originairement le martyr saint Vit, que l'Eglise honore le 15 juin. Les premiers qui portèrent la foi chrétienne dans l'île de Rugen, étaient des moines de Corbie en Saxe, où les reliques de ce martyr avaient été transférées. Ces moines, y ayant fait quelques conversions du temps de Louis de Germanie, y fondèrent une église sous l'invocation de leur saint patron; mais ces peuples, manquant plus tard de pasteurs pour continuer à les instruire, retombèrent dans l'idolâtrie, oublièrent le vrai Dieu et mirent à sa place ce martyr, dont ils firent une idole sous le nom allemand de *Sant-Vit*, c'est-à-dire saint Vit ou Vitus.

Sant-Vit avait un temple magnifique pour le pays, au milieu de la ville d'Arcon; son idole était de taille gigantesque et avait quatre têtes, dont deux regardaient devant et deux derrière. A sa main droite il tenait une corne ornée de différentes sortes de métaux : le pontife l'emplissait de vin tous les ans; et, selon que le vin diminuait ou non, il prédisait la stérilité ou la fertilité de l'année. On sacrifiait à cette idole des animaux dont on faisait ensuite de grands festins; on lui immolait même des hommes, mais seulement des chrétiens. Tout le pays lui apportait des offrandes et des tributs : son pontife était beaucoup plus considéré que le roi.

Le lendemain que la ville d'Arcon eut capitulé, Waldemar envoya deux officiers pour la démolition de ce colosse; et ils recommandèrent bien à leurs gens d'user de précaution pour n'être pas accablés de sa chute : ce que les Barbares n'auraient pas manqué d'attribuer à la puissance de leur dieu et à la punition du sacrilège. L'idole étant tombée avec un grand fracas, fut tirée hors de la ville et traînée dans le camp des Danois, où elle fut le spectacle de toute l'armée; le soir, on la mit en pièces, et le bois dont elle était composée servit au feu des cuisines. Ensuite on brûla le temple, qui était aussi de bois. Quant au bois des machines qui avaient servi au siège, il fut employé à bâtir une église. On en fonda jusqu'à douze dans le pays, et on y établit des prêtres.

Le roi Waldemar fut secondé en cette occasion par deux évêques qui l'accompagnaient, Absalom de Rotschil et Bernon de Mecklenbourg. Le prince des Rugiens, nommé Jaremar, aida beaucoup à la conversion de ses sujets; car, dès qu'il fut instruit de la religion, il courut avec ardeur au baptême, et ordonna à tous les siens de le recevoir avec lui; ensuite il prêchait lui-même ce peuple farouche, pour l'amener, soit par raisons, soit par menaces, à la douceur du christianisme; car, de toute la nation des Scandinaves, les Rugiens seuls étaient demeurés jusqu'alors dans les ténèbres de l'idolâtrie, leur habitation dans une île étant d'un difficile accès. Leur conversion eut lieu l'an 1168, et c'est le dernier événement considérable de la Chronique des Slaves, composée par le prêtre Helmold, et commençant à Charlemagne (Helmold, *Chron. Saxo*, *apud Baron. et Pagi*).

Le pape Alexandre, ayant appris par les lettres du roi Waldemar l'heureux succès de son entreprise et la conversion des Rugiens, écrivit une lettre à Absalom, évêque de Rotschild, où il dit : « Comme cette île est trop petite pour avoir un évêque particulier, le roi, à la prière de ce peuple, nous a priés de vous en donner la conduite pour le spirituel; nous en avons aussi été priés par Eskil, archevêque de Lunden et légat du Siége apostolique; par les évêques et les seigneurs du royaume, et par l'archevêque d'Upsal; c'est pourquoi nous vous commettons à perpétuité le gouvernement spirituel de cette île. » La lettre est datée de Bénévent, le 4 novembre 1168 (*Apud Pagi*, 1164, n. 13).

Vers l'an 1171, Foulque, évêque d'Esthonie, alla trouver le pape Alexandre, alors en Italie, afin d'obtenir des lettres qui l'autorisassent dans son ministère. Foulque avait été moine à Moutier-la-Celle, au diocèse de Troyes, sous la conduite du fameux abbé Pierre de Celle, qu'il suivit à Saint-Remi de Reims; car Pierre y passa en 1162. Ensuite Eskil, archevêque de Lunden en Danemarck et primat de Suède, par le privilège d'Adrien IV, fit le moine Foulque évêque d'Esthonie, province située au fond de la mer Baltique, et qu'un roi de Danemarck avait autrefois cédée à la Suède. Foulque allant donc à Rome, l'abbé Pierre lui donna une lettre de recommandation pour le pape Alexandre, où il reconnaît ce prélat pour son élève, et marque les périls où il s'expose en ce voyage, tant à cause de la chaleur de l'été que de la puissance de l'empereur schismatique (Pedr. Cellens., l. 6, *Epist.* 15; l. 5, *Epist.* 19).

Foulque obtint du Pape plusieurs lettres, toutes datées de Tusculum, depuis le 7 septembre jusqu'au 18 : ce qui semble montrer qu'elles sont de l'année 1171. Car on voit d'ailleurs que, cette année, le Pape était à Tusculum à la fin de mars et à la fin d'octobre (*Epist. S. Thom.*, l. 5, *Epist.* 83, 85). Dans une de ces lettres, adressée à tous les fidèles de Danemarck, le Pape leur recommande de soulager la pauvreté de l'évêque Foulque, afin qu'il puisse s'acquitter plus facilement de son ministère (*Appendix prima*, *Epist.* 20). Dans une autre, il excite les rois et les seigneurs de Danemarck, de Norwège et de Gothie à réprimer par les armes la férocité du peuple d'Esthonie et des autres païens de ces quartiers, leur accordant, pour cet effet, l'indulgence d'une année, semblable à celle des pèlerins qui visitent le saint Sépulcre (*Ibid.*, *Epist.* 21). Par une autre lettre, le Pape prie l'archevêque de Drontheim en Norwège, et l'ancien évêque de Staffenger, d'accorder à Foulque le moine Nicolas, originaire d'Esthonie, pour travailler avec lui à la conversion de la province (*Ibid.*, *Epist.* 26).

Il y a deux grandes lettres à l'archevêque d'Upsal, métropolitain de Suède, et à ses suffragants, pour réprimer plusieurs abus. Les laïques donnaient les églises à qui ils voulaient, sans consulter les évêques, et les donnaient pour de l'argent ou par faveur. De là il arrivait que toutes sortes de prêtres, de quelque part qu'ils vinssent, étaient admis sans examen à faire leurs fonctions, par la seule autorité des laïques, et qu'on les laissait exercer quelquefois par des moines fugitifs chargés de crimes ou qui n'étaient pas prêtres. Il arrivait encore que ceux qui n'avaient point de bénéfice ou en voulaient un meilleur, dépossédaient aisément les titulaires, en gagnant les puissances par argent. On obligeait les clercs, même pour les différends qu'ils avaient entre eux, à plaider devant les juges laïques, en demandant et en défendant; on les jugeait suivant les lois séculières, et on les soumettait à l'épreuve du fer chaud et du duel, sans en excepter les évêques; enfin on les frappait et on les tuait impunément.

Ailleurs, les femmes corrompues faisaient périr les enfants qui étaient le fruit de leur débauche, d'autres commettaient des incestes ou des bestialités. Il y avait des prêtres qui employaient à la messe de la lie de vin ou des miettes de pain trempées dans du vin. Fréquemment des laïques, quoique chrétiens, se mariaient sans la bénédiction du prêtre : ce qui produisait souvent des divorces et des mariages illicites. Le Pape exhorte les évêques de Suède à corriger tous ces abus, et observe que l'ignorance en était la principale cause; car elle est ordinairement plus grande dans les pays plus éloignés de la source de la religion et des études. C'est pourquoi il insère dans ces deux lettres les autorités de l'Ecriture, des décrétales et des Pères de l'Eglise, les plus précis sur chaque matière. Il ordonne aux mères qui auront fait périr leurs enfants baptisés, trois ans de pénitence, et cinq ans, s'ils n'étaient pas baptisés, et veut que l'on envoie à Rome ceux qui seront coupables de ce crime ou des autres abominations qu'il a marquées, afin que la fatigue du voyage fasse partie de la pénitence. C'est un nouvel exemple des réserves au Pape de certains cas plus atroces (*Appendix prima, Epist.* 19 et 22).

Par une autre lettre adressée à l'archevêque d'Upsal, à ses suffragants et au duc Gutherme, il dit avoir appris que, quand les Finlandais se trouvent pressés par les armées de leurs ennemis, ils promettent d'embrasser la foi chrétienne et demandent avec empressement des missionnaires pour les instruire; mais sitôt que l'armée est retirée, ils renoncent à la foi et maltraitent les missionnaires. C'est pourquoi le Pape exhorte ce duc et ces évêques à ne plus exposer le christianisme à une telle dérision, à se faire livrer les places des Finlandais, ou à prendre si bien d'ailleurs leurs sûretés, que ces peuples ne puissent plus les tromper et soient contraints de garder la foi chrétienne, quand ils l'auront une fois embrassée (*Appendix prima, Epist.* 25).

Il est encore deux lettres du pape Alexandre, touchant l'évêché de Lincop en Suède. Stenar, évêque de cette ville, aspirant au repos de la vie monastique, résigna la dignité épiscopale entre les mains d'Eskil, archevêque de Lunden, légat du Saint-Siége. Un autre fut élu à sa place par le clergé et le peuple, de l'assentiment de l'archevêque et du roi, ainsi que du duc de la province. Le Pape lui écrivit pour l'assurer de son affection paternelle. Quoique son prédécesseur n'eût pas dû se démettre sans l'autorité du Pontife romain, néanmoins, pour le bien de cette Eglise et en considération des hauts personnages qui s'y intéressaient, le Pape confirme le tout par l'autorité apostolique. Il écrivit en même temps au clergé et au peuple de Lincop, pour les exhorter à obéir au nouvel évêque avec la même docilité qu'ils avaient fait à son prédécesseur (*Ibid., Epist.* 23 et 27).

A son retour de la cour de Rome, l'évêque Foulque demeura quelque temps à Reims avec l'abbé Pierre, que l'archevêque Henri, allant à Rome, avait laissé comme vicaire général. Il retint donc Foulque pour exercer dans le diocèse de Reims les fonctions épiscopales, et pour profiter plus longtemps lui-même d'une occasion de le voir, qu'il n'espérait pas retrouver. C'est ainsi qu'il en écrit au roi de Suède et à l'archevêque d'Upsal; en le renvoyant, il le recommande à Eskil, archevêque de Lunden, qui l'avait ordonné évêque et assisté de ses libéralités, principalement dans ses voyages (Petr. Cellens., l. 6, *Epist.* 8 et 15).

On le voit, les ruses et les violences de l'empereur Frédéric envers le roi Waldemar n'eurent aucun succès. Le Danemarck, la Norwége et la Suède demeurèrent dans l'unité de l'Eglise et dans l'obéissance au Pape légitime. Ils firent plus : sous son autorité apostolique, ils travaillèrent efficacement à la propagation de l'Evangile chez les nations infidèles. Puissent les peuples actuels de la Suède, de la Norwége et du Danemarck, se rappeler et reprendre l'antique foi de leurs pères!

Les ruses de Frédéric ne réussirent pas davantage auprès de l'empereur des Grecs. Dès l'année 1162, lorsque le pape Alexandre arriva en France, il y vint deux envoyés de Manuel, empereur de Constantinople, avec des lettres et des ordres secrets, tant pour lui que pour le roi Louis de France. Manuel écrivit que, sur son témoignage, il reconnaissait Alexandre pour pape légitime, lui rendait le respect qui lui était dû et désirait participer à ses prières (Labbe, t. X, *Epist.* 65, 69, 74, 81, 93; Duchesne, t. IV, *Epist.* 126, 129, 142, 148, 160). Par où l'on voit que l'empereur grec se tenait dans la communion de l'Eglise romaine. En 1166, le pape Alexandre étant à Rome, Manuel y envoya Jourdain, fils de Robert, prince de Capoue, auquel il avait donné le titre de Sébaste. Il se présenta avec grand respect devant le pape Alexandre, et mit à ses pieds de grands présents, lui offrant le secours de l'empereur grec contre la persécution injuste de Frédéric. Il assura le Pape que Manuel voulait réunir l'Eglise grecque avec l'Eglise romaine, comme elle l'avait été dans la meilleure antiquité, en sorte que les Latins et les Grecs ne fissent plus qu'un seul peuple chrétien sous un seul chef. Mais il demandait que, puisque l'occasion se présentait si favorable, le Pape lui rendît la couronne impériale, qui lui appartenait de droit, et non pas à l'Allemand Frédéric. Il promettait au Pape, pour cet effet, de si grandes sommes d'argent et des troupes si bonnes et si nombreuses, qu'elles suffiraient pour soumettre à l'Eglise, non-seulement Rome, mais l'Italie tout entière. Or, quoique ces promesses parussent de difficile exécution, toutefois le Pape, de l'avis des cardinaux, jugea à propos d'envoyer à l'empereur Manuel l'évêque d'Ostie et le cardinal de Saint-Jean de Saint-Paul, avec le Sébaste Jourdain (*Acta, apud Baron.*, an. 1166).

On voit ici la continuation de la bonne intelligence entre l'empereur Manuel et le pape Alexandre, et les Grecs mêmes disaient que c'était lui qui avait rétabli ce Pape sur le Saint-Siége, pour s'opposer aux entreprises de Frédéric (Allat., *Consens.*, 11, n. 3; Cinnam, l. 5, n. 1).

La même année 1166, 23ᵉ de son règne, Manuel fit tenir à Constantinople un grand concile, dont voici l'occasion. Un nommé Démétrius, natif de Lampé, bourgade d'Asie, avait peu de connaissance des sciences humaines, mais étudiait continuellement la religion et en discourait sans fin : ayant été envoyé plusieurs fois en Occident, il revint d'Italie encore plus présomptueux. Un jour, s'entretenant avec l'empereur Manuel, il lui dit : Les Allemands osent dire que le Fils de Dieu est tout ensemble et moindre que le Père et égal au Père. Mais, répondit l'empereur, ne reconnaissons-nous pas qu'il est Dieu et homme, et par conséquent moindre comme homme et égal comme Dieu ? et c'est en ce sens que le Sauveur a dit : *Le Père est plus grand que moi* (Joan., 14-28); car il serait absurde de l'entendre de la nature divine. Ainsi il me paraît que ces gens-là ont raison. Démétrius, demeurant dans son opinion que les Allemands erraient dans la foi, apporta, peu de temps après, à l'empereur, un livre où il l'avait mise par écrit, et que l'empereur lui conseilla de cacher sous terre, pour n'être pas cause de la perte de plusieurs personnes.

Mais Démétrius, encore plus insolent, débitait son erreur et en particulier et en public, même avec des évêques et des diacres, et y attirait plusieurs personnes, déclamant ouvertement contre ceux qui disaient que le Fils était moindre; en sorte qu'il s'éleva une grande dispute à ce sujet, et que personne n'osait plus le contredire. Le patriarche même de Constantinople, Luc Chrysoberge, quoiqu'il condamnât cette erreur, n'osait en parler ouvertement. La dispute dura six ans. Enfin l'empereur, ayant ramené en particulier plusieurs évêques aux sentiments catholiques, fit tenir un concile où présida le patriarche Luc, assisté d'Athanase, patriarche d'Antioche, Nicéphore de Jérusalem, Etienne, métropolitain de Césarée en Cappadoce, Nicolas d'Ephèse et plusieurs autres évêques, au nombre de cinquante-six en tout. Ceux qui avaient soutenu l'erreur de Démétrius, sachant que le patriarche Luc leur était contraire, proposaient contre lui des accusations, disaient qu'il fallait le déposer comme incapable du gouvernement; mais l'empereur dit qu'il fallait commencer par décider sur la doctrine, et qu'on viendrait ensuite aux accusations personnelles.

Le concile fit neuf canons rédigés en cette forme :

Anathème à ceux qui ne prennent pas bien les paroles des saints docteurs de l'Eglise, et qui détournent par de fausses interprétations ce qu'ils ont nettement expliqué par la grâce du Saint-Esprit!

Eternelle mémoire à ceux qui reçoivent cette parole de Notre Seigneur Jésus-Christ : *Le Père est plus grand que moi*, suivant les interprétations des Pères, selon son humanité, par laquelle il a souffert!

Anathème à ceux qui pensent et qui disent qu'en prenant la nature humaine, il l'a changée en la divinité, et qui ne croient pas que, par cette union, le Corps du Seigneur participe à la dignité divine, en sorte qu'il est l'objet d'une seule adoration avec le Verbe qui l'a pris, et par conséquent honoré et glorifié avec le Père et le Saint-Esprit, quoiqu'il ne soit pas consubstantiel à Dieu, et ne cesse pas d'être créé et circonscrit, suivant ses propriétés naturelles; mais qui disent qu'il est changé en la substance de la divinité; d'où il s'ensuit, ou que l'incarnation n'a été qu'imaginaire, ou que la divinité a souffert!

Eternelle mémoire à ceux qui disent que la chair du Seigneur, élevée par l'union hypostatique à la souveraine dignité, sans altération ni confusion, est honorée avec le Verbe par une seule adoration, et assise avec lui sur le trône, à la droite de Dieu le Père, enrichie des avantages de la divinité, sans préjudice des propriétés de chaque nature!

Anathème à ceux qui rejettent les expressions par lesquelles les Pères établissent la doctrine de l'Eglise : Athanase, Cyrille, Ambroise, Amphiloque, Léon, très-saint archevêque de l'ancienne Rome et les autres, et qui ne reçoivent pas les actes du quatrième et du sixième concile œcuménique!

Anathème à ceux qui ne reçoivent pas cette parole de Notre Seigneur : *Mon Père est plus grand que moi*, comme les saints l'ont expliquée en différentes manières; les uns, selon la divinité, parce que le Père est le principe de sa génération; les autres, selon les propriétés naturelles de la chair qu'il a prise, comme d'être créée, bornée et mortelle; mais qui disent que cette expression ne s'entend que de la chair séparée de la divinité par la simple pensée, comme si elle ne lui était pas unie, et qui ne prennent pas cette séparation par la simple pensée comme les Pères l'ont prise en parlant de la servitude ou de l'ignorance, et non pour faire injure à la chair de Jésus-Christ. Au lieu que ceux-ci comprennent dans cette séparation les propriétés naturelles qui sont véritablement dans la chair unie à la divinité.

Anathème au prétendu métropolitain de Corfou, Constantin de Bulgarie, qui dit que cette parole de Notre Seigneur ne se doit point entendre par rapport à l'union hypostatique des deux natures, mais par rapport à la chair séparée de la divinité par la simple pensée, et semblable à celle des autres hommes, quoique saint Jean Damascène ne parle de cette séparation par la pensée qu'au sujet de la servitude et de l'ignorance, et non des propriétés naturelles de la chair de Jésus-Christ. Constantin n'a pas voulu suivre la doctrine du quatrième du sixième concile, et est ainsi tombé en diverses hérésies.

Anathème à tous ceux qui sont dans les sentiments du même Constantin, déposés et odieux comme lui !

Anathème au très-ignorant et faux moine Jean Irénique, à ses écrits contraires à la sainte doctrine, et à ceux qui les embrassent et qui disent que, quand Notre Seigneur a dit : *Le Père est plus grand que moi*, il ne l'a pas dit en tant que son humanité est unie hypostatiquement à la divinité, mais en tant qu'elle en est séparée par la pensée, comme si jamais elle n'y avait été unie.

Ces canons furent souscrits par l'empereur et gravés sur des pierres que l'on mit dans l'église de Sainte-Sophie, à gauche en entrant. Ils furent aussi insérés dans le synodique que les Grecs lisent à la fête de l'orthodoxie ou du rétablissement des saintes images, qui se célèbre le premier dimanche de carême, comme on voit dans leur livre nommé *Trisodion*. Théodore Balsamon, auteur du temps, ajoute que ce concile de Constantinople, qu'il nomme le *grand concile*, déposa plusieurs ecclésiastiques, pour avoir seulement vu les écrits d'Irénique, sans les avoir ouvertement condamnés. Quant aux accusations proposées contre le patriarche Luc, elles furent trouvées si peu considérables, qu'il demeura sur son siége (Mansi, *Concil.*, t. XXII, p. 1; Allat, *Consens.*, 11, c. 12, n. 4; Nicet., l. 7, n. 5; Cinnam., l. 6, n. 2).

L'empereur Manuel et le patriarche Luc Chrysoberge firent encore quelques autres constitutions pour réprimer certains abus. Vers le même temps, en Egypte, dans la ville d'Alexandrie, un prêtre nommé Marc, fils d'Elcambar, par son zèle et ses prédications, ramena à la doctrine et à la communion catholiques plusieurs jacobites ou semi-eutychiens : ce qui le fit excommunier par les patriarches hérétiques d'Alexandrie et d'Antioche (*Hist. patriarch.*, Alex. Solleri; *Acta Sanct.*, t. V, *junii*).

Quelque temps après, il y eut sur ces matières une conférence célèbre en Arménie : voici à quelle occasion. Les Arméniens avaient pour *catholique*, c'est-à-dire patriarche ou primat, un respectable personnage appelé Mersès ou Norsésis. Il écrivit à l'empereur Manuel une lettre où il traitait quelques points de foi et de discipline, sur lesquels les Arméniens n'étaient pas d'accord avec les Grecs, témoignant désirer s'en éclaircir. L'empereur lui envoya un philosophe ou plutôt un théologien habile, nommé Théorien, avec une lettre où il disait que, si les Arméniens voulaient quitter leurs erreurs, il était prêt, avec l'Eglise catholique, à les recevoir comme ses confrères. Théorien arriva près du catholique Nersès, le 15 mai 1170. Il salua le catholique de la part de l'empereur, lui marquant le désir qu'avait ce prince de la réunion des Arméniens; Nersès répondit par des remercîments.

Le lendemain, il manda Théorien et lui dit : J'ai lu la lettre du très-pieux empereur, et j'ai vu le désir qu'il a, lui, et la sainte Eglise des Romains, pour notre réunion. Apprenez-nous donc quelles sont nos erreurs, et, si on nous les montre, nous nous en corrigerons volontiers. Théorien répondit : « Je prie votre Grande Sainteté de m'écouter avec sa douceur naturelle, et de ne pas se choquer de mes questions. Convenons ensemble que, si nous entendons quelque proposition qui ne nous paraisse pas bonne, nous ne nous presserons pas de la qualifier d'hérétique, mais nous nous informerons soigneusement du sens des paroles, de l'intention de celui qui les emploie. Nous devons aussi nous défier de la grossièreté de l'interprète, qui, non-seulement ignore la grammaire, mais ne sait pas bien même le grec le plus commun, afin qu'on ne nous impute pas ses fautes. » Le catholique ou patriarche convint de ces règles pour leur conférence.

Théorien lui demanda ensuite si la lettre qu'il avait écrite à l'empereur contenait ses véritables sentiments, et, après qu'il eût dit que oui, Théorien ajouta : Quels conciles recevez-vous ? Nersès répondit : Celui de Nicée, celui de Constantinople et celui d'Éphèse, où Nestorius fut déposé. Théorien : De quels docteurs embrassez-vous les écrits et la doctrine ? Nersès : De saint Athanase, de saint Grégoire le Théologien, de saint Basile, de saint Grégoire de Nysse, de saint Jean Chrysostome, de saint Éphrem, de saint Cyrille d'Alexandrie et de plusieurs autres. Théorien : Commençons maintenant à lire votre lettre, et en examinons le sens fraternellement, pour voir si elle est conforme à ces Pères et à ces conciles.

On vint à l'endroit où il était écrit : Nous disons qu'il n'y a qu'une nature en Jésus-Christ, non par confusion comme Eutychès, ou par diminution comme Apollinaire, mais dans le sens orthodoxe de saint Cyrille d'Alexandrie, comme il a dit dans son livre contre Nestorius, qu'il n'y a qu'une nature du Verbe incarné. Théorien dit : Saint Cyrille n'a pas dit : Une nature en Jésus-Christ, ni une nature de Jésus-Christ, mais une nature du Verbe, et a ajouté : Incarné, et Votre Sainteté dit : Une nature en Jésus-Christ. C'est la même chose, dit Nersès. Non pas, reprit Théorien. Le nom de *Christ* signifie proprement l'un et l'autre, Dieu et homme tout ensemble. C'est pourquoi nous disons : *Le Verbe s'est fait chair*, et non pas, le Christ s'est fait chair. Aussi aucun des Pères n'a dit : Une nature du Christ ; mais saint Athanase a dit avant saint Cyrille : Une nature du Verbe, c'est-à-dire la nature divine du Fils, et en ajoutant : Incarnée, comme saint Cyrille dans la seconde lettre à Successus, on exprime tout le mystère de l'incarnation. Nersès : Et qui d'entre les Pères en a ainsi parlé expressément après l'union ? Théorien : Tous ceux que vous avez nommés. Nersès : Un seul me suffit ; car ce que dit un des Pères, tous le disent, comme étant tous inspirés par l'Esprit de Dieu, qui est le même.

Mais avant que de rapporter les passages des Pères, Théorien jugea nécessaire de définir les quatre termes de *substance, nature, hypostase* et *personne* : ce qu'il fit, tant selon les philosophes païens que selon les théologiens chrétiens, dont il montra la différence quant à l'usage de ces termes. Or, dans la philosophie, il suivait les principes d'Aristote. Il établit les définitions théologiques de ces quatre termes, par l'autorité des Pères, savoir : de saint Basile qu'il qualifie de très-philosophe, et de saint Grégoire de Nazianze. Ensuite, il vient aux Pères qui ont reconnu deux natures en Jésus-Christ après l'union ; il commence par saint Athanase, dont il rapporte un passage de la lettre à Epictète contre ceux qui disaient que *le Corps de Jésus-Christ était consubstantiel au Verbe*. Sur quoi Théorien raisonne ainsi : *Substance* et *nature* ont le même sens chez les théologiens. Or, selon la doctrine de saint Athanase, le Corps de Jésus-Christ n'est pas de même substance que le Verbe : donc il n'est pas de même nature, donc il y a deux natures en Jésus-Christ. Théorien cite ensuite saint Cyrille même, sur lequel les Arméniens s'appuyaient le plus ; saint Grégoire de Nazianze, saint Grégoire de Nysse, saint Basile, saint Ambroise, le seul des Pères latins qu'il cite, et enfin saint Chrysostome ; il montre que l'Eglise tient le milieu entre l'erreur de Nestorius et celle d'Eutychès. Alors, un évêque arménien, nommé Grégoire, qui était présent à la dispute, s'écria : Je suis Romain ! Anathème à qui ne reconnaît pas deux natures en Jésus-Christ !

Le lendemain, arriva Pierre, évêque de Sappirion, à qui le patriarche Nersès communiqua ce que Théorien lui avait dit, et lui montra combien il y avait de passages des Pères qui reconnaissaient deux natures en Jésus-Christ. Mais l'évêque, qui était instruit, les détournait à son sens. Le patriarche, voyant donc qu'il résistait vivement, fit venir Théorien et lui dit : Cet évêque désire de conférer avec nous sur notre question. Mais Théorien lui ferma bien vite la bouche, et l'évêque Grégoire déclara une seconde fois qu'il était du sentiment des Romains.

Deux jours après, le patriarche Nersès eut encore une conférence avec Théorien, où il lui dit : Il n'y a point de difficulté d'admettre deux natures en Jésus-Christ, pourvu qu'on les reconnaisse inséparablement unies en une seule hypostase, et ce ne serait pas agir en chrétien de combattre une vérité manifeste. Mais qui empêche de reconnaître en Jésus-Christ une nature composée de deux, comme la nature de l'homme est composée de l'âme et du corps, qui sont de deux natures différentes ? et c'est la comparaison qu'apporte saint Cyrille. Pour répondre à cette objection, Théorien cita premièrement un passage de saint Grégoire de Nazianze ; mais Nersès dit qu'il ne se trouvait point dans la traduction arménienne. Elle est donc fautive, dit Théorien, et il lui donna le même passage en syriaque. Nersès appela un de ceux qui savaient lire en cette langue, et il trouva le passage tel que l'avait cité Théorien. Il y avait longtemps que les Pères grecs étaient traduits en syriaque et en arménien.

Théorien continua : Saint Cyrille n'emploie l'exemple de la composition qui est en nous, que pour montrer qu'il est possible que, de deux natures différentes, il se fasse un suppôt ou individu, comme Pierre ou Paul, d'une âme et d'un corps; car c'est ce que niait Nestorius. Mais il y aurait contradiction à dire en même temps qu'en Jésus-Christ il y a deux natures et une seule nature : ce qu'il démontre géométriquement. Et comme Nersès en revenait toujours à cette expression de saint Cyrille : *Une nature du Verbe incarné*, Théorien dit qu'elle est de saint Athanase même, contre l'erreur d'Arius, qui admettait deux Verbes de natures différentes; l'une incréée, qui avait toujours été en Dieu; l'autre créée dans le temps, laquelle s'était incarnée. C'est donc de là, dit-il, que saint Cyrille a tiré cette expression. Or, encore qu'elle soit vraie, nous ne devons pas nous en servir, à cause du mauvais sens qu'on lui donne; comme nous n'appelons pas Marie mère du Christ, quoiqu'elle le soit en effet, parce que Nestorius abusait de cette expression. A la fin de cette conférence, Nersès demanda à Théorien la définition de foi du concile de Chalcédoine, qu'il lui donna.

Le lendemain, arriva Jean, Syrien, évêque de Cessounion. Il apprit que le patriarche des Arméniens avait eu plusieurs conférences avec des Grecs, et était entré dans leurs sentiments; car, disait le patriarche, ils prouvent ce qu'ils disent par l'Ecriture et par les Pères, que nous honorons comme eux. L'évêque Jean alla donc le trouver, et lui dit : Qu'est-ce que j'apprends, seigneur ? on dit que vous suivez le sentiment des Romains, qui sont nestoriens. Nersès répondit : Je ne me serais rendu ni à l'autorité du patriarche de Constantinople, ni à celle de l'empereur, si je n'avais reconnu la vérité par moi-même; mais je ne puis la désavouer ni résister aux Pères. L'évêque Jean reprit : J'ai ouï dire que vous avez confessé deux natures en Jésus-Christ. Or, vous savez que, si nous confessons deux natures, nous serons nestoriens et nous admettrons une quaternité, au lieu de la trinité. Nersès répondit : Hier et avant-hier, et presque toute la semaine, nous avons beaucoup travaillé en conférant tous les jours, et nous voulons nous reposer aujourd'hui et demain. Après-demain, si vous voulez, vous assisterez à notre conférence, où vous direz ce qu'il vous plaira, et nous vous écouterons volontiers.

Le soir, un docteur nommé Bartan vint trouver Théorien à l'insu du patriarche, et lui dit : L'évêque syrien et notre catholique ont conféré tout aujourd'hui sur l'une et les deux natures. Je voudrais savoir, dit Théorien, quelles preuves l'évêque apporte de son opinion. Bartan, répondit : Il n'emploie ni passages ni raisonnements, et ne fait que crier sans ordre et sans rien écouter, pour faire paraître à ses prêtres qu'il dit quelque chose. Quelques jours après, Théorien étant appelé, monta à la chambre où ils avaient déjà conféré précédemment. Il y trouva l'évêque syrien assis à la droite du patriarche, et à la gauche les évêques arméniens, au-dessus desquels il fit mettre Théorien; car ils lui cédaient la place la plus honorable. Après que l'on eût gardé longtemps le silence. Théorien dit : J'ai appris qu'il y en a qui disent que, si nous reconnaissons deux natures en Jésus-Christ, nous serons nestoriens et nous admettrons une quaternité. Et je m'étonne qu'ils n'aient pas compris que Nestorius n'a point été condamné parce qu'il soutenait deux natures, puisque les Pères l'enseignent nettement, mais parce qu'il les soutenait séparées, et par conséquent deux Fils et deux Christ, l'un Fils de Dieu, l'autre de la Vierge. Il vint ensuite à la prétendue quaternité, et réfuta cette objection par les paroles de saint Athanase dans sa lettre à Epictète, et par la raison, montrant que le Verbe n'a pas pris une nouvelle hypostase, mais qu'il a uni l'humanité à la sienne.

Alors Nersès regarda l'évêque syrien, et, voyant qu'il tenait les yeux baissés vers la terre, sans les relever, il fit signe à Théorien, qui en sourit et continua de parler. Enfin le Syrien, se sentant pressé, se leva sans rien dire, et descendit de la chambre avec ses prêtres; et, comme ils lui demandèrent pourquoi il n'avait point parlé à ce philosophe, il répondit : Il ne m'est pas permis de parler de ces matières dans une province étrangère.

Théorien réfuta ensuite les monothélites; puis, continuant de lire la lettre de Nersès à l'empereur, on vint à l'endroit où il disait que *Jésus-Christ avait été dans le sein de la Vierge neuf mois et cinq jours*, et Théorien lui montra que cette addition des *cinq jours* était sans fondement. Il lui fit voir de même qu'ils n'avaient aucune raison solide pour ne faire qu'une seule fête de la nativité de Jésus-Christ et de son baptême, et Nersès convint que ces questions touchant les divers usages des Eglises sont peu importantes, pourvu qu'on s'accorde sur la foi. Théorien vint ensuite au Trisagion, et montre que l'addition, *crucifié pour nous*, introduite par Pierre le Foulon, a été justement rejetée par l'Eglise catholique et n'a aucun fondement dans les Pères.

Continuant la lecture de la lettre, on trouva que les Arméniens prétendaient que, pour les onctions sacrées, ils pouvaient user d'huile de Sésam ou blé d'Inde, à cause de la rareté des oliviers en Arménie. Mais Théorien soutint qu'on ne devait user, pour les sacrements, que d'huile d'olives; comme, pour le saint sacrifice, on n'emploie que du vin de vigne, non du cidre ou d'autres liqueurs approchantes. Nersès passa encore condamnation sur cet article. Comme ils en étaient là, les prêtres arméniens commencèrent à chanter vêpres hors de l'église, suivant leur coutume, et Théorien en ayant demandé la raison, Nersès dit que ceux qui avaient réglé chez eux l'office divin, avaient ordonné qu'on ne ferait dans l'église que la liturgie, pendant laquelle même les prêtres seuls seraient à l'intérieur, le peuple demeurant dehors; mais qu'on célébrerait dehors les autres offices, et il en donna quelques raisons de convenance. Théorien montra, par le concile de Nicée, que; demeurer hors de l'église, était une peine imposée aux pénitents pour les plus grands crimes, et Nersès se rendit aussi sur ce point.

On lut ensuite, comme ils étaient convenus, la définition de foi du concile de Chalcédoine. On trouva que l'exemplaire arménien était conforme au grec, et Théorien satisfit Nersès sur quelques expressions qui lui paraissaient obscures. Alors Théorien, reprenant la définition de Chalcédoine, article par article, lui fit voir qu'elle est toute tirée des expressions des Pères plus anciens, particulièrement de saint Cyrille. Après quoi Nersès dit : Je m'étonne comment nos ancêtres ont si imprudemment calomnié cette définition. Théorien lui fit encore voir, dans le détail, toutes les hérésies qui y sont condamnées. Alors Nersès ajouta : Je veux maintenant vous découvrir une chose qui a été cachée jusqu'ici. Il y a deux cents ans que vivait un catholique ou patriarche d'Arménie, nommé Jean, comparable en doctrine et en vertu aux plus grands d'entre les Pères, quoiqu'il n'eût aucune connaissance des sciences profanes, même de la philosophie. Il était fort zélé contre les monophysites, et ne cessa de les combattre, par ses écrits et par ses discours, pendant tout son pontificat. Nous en célébrons la fête comme d'un saint. Or, j'ai par-devers moi un écrit de lui contre les monophysites, plein de passages de l'Ecriture et de raisonnements très-puissants, approuvé par Grégoire, qui a rempli ce siège peu avant moi ; car il a écrit à la fin : Je crois ainsi, et j'anathématise ceux qui croient le contraire. Si vous voulez, je vous lirai le commencement de cet écrit. Théorien ayant ouï cette lecture, pria Nersès de lui donner une copie de l'écrit entier et l'emporta à Constantinople.

Nersès dit ensuite : Je veux faire mon possible pour sauver mes frères, et, dès aujourd'hui, je commencerai à écrire des lettres à tous les évêques d'Arménie pour convoquer un concile. Je leur proposerai les passages qu'ils croient leur être favorables, puis ceux que vous m'avez cités ; et d'abord je prendrai le parti des Arméniens, puis le leur découvrirai leur erreur petit à petit et avec beaucoup de ménagement ; et j'emploierai, pour les convaincre, l'écrit du catholique ou patriarche Jean, dont je vous ai donné copie. J'espère fermement que mes ouailles écouteront ma voix ; mais si je ne puis les ramener toutes, je ferai, avec celles qui me suivront, un décret que j'enverrai à l'empereur et au patriarche par les plus considérables de mes évêques, souscrit de ma main et de tous les évêques orthodoxes de ma dépendance, et ce décret portera, entre autres choses, que nous recevons le concile de Chalcédoine et les Pères qu'il reçoit, et que nous anathématisons ceux qu'il condamne, savoir : Eutychès et Dioscore ; de plus, Sévère, Timothée Elure et tous ceux qui ont attaqué ce concile. Après que ce décret aura été approuvé synodalement à Constantinople et que mes prélats seront revenus, j'irai moi-même, si l'empereur l'ordonne, lui rendre mes respects, à lui et au patriarche.

Ayant ainsi parlé, Nersès fit sortir tous ceux qui étaient dans la chambre, et, ayant le cœur serré et les yeux baignés de larmes, il dit à Théorien : Je conjure notre pieux empereur que quand mes évêques seront à Constantinople et auront obtenu la confirmation que j'ai dite, il fasse en sorte que le patriarche, étant assis sur sa chaire pendant la liturgie, revêtu de ses ornements et tenant à sa main la vraie croix, donne sa bénédiction à la nation arménienne en présence de tout le clergé et de tout le peuple, et prie pour les Arméniens défunts, qui n'ont péché que par ignorance. Théorien, attendri du sentiment que témoignait Nersès, ne put retenir ses larmes, et, après qu'ils se furent un peu remis, il lui promit de rapporter cette prière à l'empereur, pour lequel Nersès lui donna une lettre contenant qu'il recevait le concile de Chalcédoine ; puis il donna sa bénédiction à Théorien en lui touchant la tête, et le renvoya en paix. Ainsi Théorien, rendant grâces à Dieu de l'heureux succès de son voyage, revint à Constantinople (Mansi, *Concil.*, t. XXII).

Il y eut un concile à Tarse en 1177, dans le même but de la réunion. Il fut présidé par le patriarche Nersès, qui exhorta fortement ses compatriotes à se réunir à l'Eglise catholique, attendu que ce n'était pas elle qui s'était séparée d'eux, mais eux d'elle. Depuis cette séparation, ils ont été sans roi, sans prince, la proie des nations étrangères. Et même, quand ils ont eu des princes ou des rois, ce n'était le plus souvent que pour augmenter la confusion de l'Eglise et du royaume.

Le fond des actes est le même que dans la conférence avec Théorien. Quant à l'usage de célébrer l'office devant la porte des églises, le concile convient que c'est un abus ; mais il en reporte l'origine au refus des Grecs d'admettre dans leurs églises les Arméniens réfugiés, ce qui fit prendre à ceux-ci, après les autres, la coutume de prier devant la porte.

Quant à la demande des Grecs, que les Arméniens célébrassent désormais le saint sacrifice avec du pain fermenté, le concile répond : Sur cet article, nous engageons Votre Révérence, ce qui d'ailleurs est très-juste, à vous accorder avec le Siége apostolique de Pierre, et avec notre humilité, et à rétablir ainsi par votre soumission la loi de la charité ; car, non moins que vous, ils sont les disciples de cette tradition apostolique, ceux avec qui nous consacrons le pain azyme dans le sacrifice de Jésus-Christ. Que si Dieu vous donne assez d'humilité pour vous accorder en ceci avec nous, notre devoir à nous sera, pour qu'il n'y ait plus aucun obstacle à l'unité de l'Eglise, de mêler de l'eau au vin pur, à la gloire de Dieu. Enfin le concile demande formellement aux Grecs d'offrir le très-saint sacrifice avec du pain azyme, suivant la vraie tradition de la grande Eglise de Rome et de la nôtre (*Ibid.*).

Quant à l'état politique des Arméniens, il avait subi bien des révolutions. Pendant que les sultans Seldjoukides dominaient sur la grande Arménie, les montagnes de la Cilicie et de la Comagène se peuplaient d'Arméniens qui abandonnaient leur patrie pour se soustraire au joug des infidèles. En 1072, un certain Abelkarib était prince de Tarse, et Oschin, qui avait abandonné la province d'Artsak, possédait le fort de Lampron, auprès de Tarse ; ils étaient sujets ou vassaux de l'empereur de Constantinople. Un autre Arménien, nommé Vasil, fonda une petite souveraineté à Kesoun et fit beaucoup de mal aux Musulmans des environs par ses fréquentes incursions. Il soutint, dans toutes leurs guerres, les autres seigneurs arméniens qui possédaient des forteresses dans les montagnes de la Cilicie et de la Mésopotamie, fit alliance avec les princes francs d'Antioche et fonda une souveraineté considérable. Il mourut en 1112, sans laisser d'enfants, et fut remplacé par un certain Vasil Degha, qui fut dépouillé en 1116 par Baudouin, comte d'Edesse. Vasil se retira alors à Constantinople, où il fut fort bien traité par l'empereur.

Vers l'an 1080, peu après le meurtre de Kakig II, dernier roi de la race des Pagratides d'Arménie, un certain Roupen, qui était parent de ce malheureux prince, rassembla quelques-uns de ses compatriotes et vengea sur les Grecs l'assassinat du roi d'Arménie. Soutenu par les chefs arméniens de ces contrées, il se rendit indépendant et fixa sa résidence dans la forteresse de Pardserpert, situé dans les gorges du mont Taurus, où il fonda une petite souveraineté qu'il transmit à ses descendants.

Son fils, Constantin Ier, lui succéda l'an 1095, fit de nouvelles conquêtes sur les Grecs et s'empara du fort de Vahga, près de Tarse, où il transporta son séjour. Quand les croisés traversèrent la Cilicie pour entrer en Syrie, Constantin fit alliance avec eux et leur fournit de grands secours de vivres pendant qu'ils étaient occupés au siège d'Antioche. Il mourut après un règne de cinq ans. Son fils, Thoros ou Théodore Ier, lui succéda l'an 1100; il suivit constamment la même politique que son père et fut toujours l'allié des princes chrétiens de Syrie, qui lui fournirent souvent des secours dans les guerres entreprises contre les Grecs et les sultans Seldjoukides de l'Asie Mineure. Cette dynastie des Roupéniens s'alliant aux Lusignan de Chypre, régnera jusqu'à l'extinction de l'Arménie politique, et son dernier roi, Léon ou Livon II, viendra mourir à Paris l'an 1393 (Saint-Martin, *Mémoires sur l'Arménie*, t. I).

Ainsi, pour en revenir à la conférence de Théorien et au concile de Tarse, dans la seconde moitié du XIIe siècle, les Arméniens s'unissaient dans la foi orthodoxe aux Grecs de Constantinople, qui, par l'organe de leur empereur, demandaient à se réunir plus étroitement à l'Eglise romaine. Car, vers ce même temps, l'empereur de Constantinople envoya une troisième ambassade au pape Alexandre. Un des grands de l'empire grec, en qualité d'apocrisiaire, vint trouver le Pape à Bénévent, lui offrit des sommes immenses, et lui parla en ces termes : « L'empereur, mon maître, désire depuis longtemps et ardemment d'exalter et d'honorer l'Eglise romaine, sa mère, et votre personne. Mais maintenant, voyant que l'empereur Frédéric, son avocat, qui, par son office, devrait la protéger et la défendre contre les autres, s'en fait l'adversaire et le persécuteur, il veut d'autant servir et secourir cette même Eglise. Et pour que s'accomplisse de nos jours cette parole de l'Evangile : *Et il n'y aura qu'un bercail et qu'un pasteur*, il désire unir et soumettre son Eglise grecque à la même Eglise romaine, comme on sait que cela était anciennement, pourvu que vous vouliez lui rendre ses droits. Il vous prie donc que, l'adversaire de ladite Eglise étant déjà privé de la couronne impériale à raison du schisme, vous la lui rendiez à lui-même, comme la raison et la justice le demandent. Pour l'accomplissement, tout ce que vous jugerez nécessaire, soit en argent, soit en troupes, il est prêt à le fournir sans délai, suivant votre bon plaisir. »

Le Pape, par le conseil des cardinaux et des nobles romains, répondit : « Nous rendons grâces à l'empereur, votre maître, comme à un très-cher prince et à l'heureux fils du bienheureux Pierre, pour sa fréquente et affectueuse visite, et les témoignages de sa bonne volonté envers l'Eglise romaine. C'est pourquoi nous recevons avec plaisir ses affectueuses paroles, et voulons admettre avec une bonté paternelle ses demandes, dans tout ce que nous pouvons selon Dieu. Mais ce qu'il demande touchant l'empire est si important, si difficile et si dangereux, que les décrets des Pères ne nous permettent pas d'y consentir, puisque, par le devoir de notre charge, nous devons être les auteurs et les conservateurs de la paix. » Il congédia ainsi l'ambassadeur avec tout l'argent qu'il avait apporté, et le fit suivre par deux cardinaux qu'il envoya à l'empereur Manuel (*Acta, apud Baron.*, an 1170, n. 54).

L'empereur des Grecs ne voyait que soi et les Grecs. Mais le Pape avait des vues plus hautes et plus grandes. Chef de l'Eglise universelle, père et pasteur de l'humanité chrétienne, il voit l'humanité entière, il y voit surtout l'ensemble des rois et des peuples chrétiens. Si Frédéric, le plus puissant de ces rois, le défenseur titulaire de l'Eglise, tourne son épée contre elle, le Père commun des rois et des peuples espère toujours que ce fils emporté finira par reconnaître sa faute. Pour hâter cette conversion, il emploie tous les moyens : les prières, les conseils, les remontrances, les bons procédés; mais aussi les menaces et les châtiments. La Providence y travaille de son côté.

Le principal auteur du schisme, l'antipape Octavien, tomba malade à Lucques, vers la fête de Pâques 1164, et y mourut impénitent et excommunié, le mercredi d'après l'octave, 22 avril. On disait cependant qu'il avait demandé un prêtre catholique, mais que les schismatiques l'empêchèrent d'approcher. Les chanoines de la cathédrale et ceux de Saint-Frigidien refusèrent de l'enterrer chez eux, déclarant qu'ils abandonneraient leurs églises plutôt que d'y mettre le corps d'un schismatique qu'ils croyaient enseveli dans les enfers. Il fut donc enterré dans un monastère hors de la ville. Il avait usurpé le nom de pape quatre ans et demi. On porta à l'empereur sa chapelle et on lui mena ses chevaux; car c'était tout le bien qui lui restait. Quelques-uns disaient que l'empereur pensait revenir à l'unité de l'Eglise : mais il n'en fut rien. Des quatre cardinaux qui avaient formé le schisme, le cardinal Imar, évêque de Tusculum, était mort; l'antipape Octavien venait de mourir : il ne restait plus que Jean de Saint-Martin, et Gui de Crème. Ils craignirent, s'ils reconnaissaient le pape Alexandre, qu'il ne voulût pas les recevoir, ou que, s'il les recevait, il ne les traitât comme Innocent II avait traité les cardinaux de Pierre de Léon. C'est pourquoi, ayant appelé les schismatiques d'Italie et d'Allemagne qui étaient venus aux funérailles d'Octavien, ils élurent pour antipape le cardinal Gui de Crème, l'un des deux, sous le nom de Pascal III, et envoyèrent aussitôt à l'empereur, qui était en Allemagne, pour faire confirmer l'élection. L'empereur le fit, et, ajoutant au schisme un nouveau crime, jura sur les Evangiles qu'il reconnaîtrait toujours pour papes légitimes Pascal et ses successeurs, Alexandre et les siens pour schismatiques; et il fit faire le même serment sacrilège à tous les ecclésiastiques qu'il put y obliger. Pascal fut ordonné par Henri, évêque de Liège, le dimanche 26 avril, et usurpa le nom de pape trois ans. Le pape Alexandre pleura la mort d'Octavien, considérant la perte irréparable de son âme, et reprit sévèrement les cardinaux qui s'en réjouissaient (*Acta, apud Baron.*, an 1164).

A Rome, Jules, cardinal-évêque de Preneste ou

de Palestrine, vicaire du pape Alexandre, mourut, et on mit à sa place Jean, cardinal-prêtre du titre de Saint-Jean et de Saint-Paul. Il fit tant, par ses exhortations, qu'il ramena à l'obéissance d'Alexandre la plus grande partie du peuple romain, moyennant des sommes d'argent considérables que donnèrent ceux qui étaient demeurés fidèles au Pape. Les Romains donc promirent avec serment de reconnaître le pape Alexandre; ils établirent un nouveau sénat qui était à sa dévotion; ils remirent entre les mains de son vicaire l'église de Saint-Pierre et le comté de Sabine, que les schismatiques occupaient par les forces de l'empereur. Ainsi la ville de Rome étant presque tout entière revenue à l'obéissance d'Alexandre, le cardinal-vicaire assembla à Saint-Jean-de-Latran les plus affectionnés, tant clercs que laïques, avec lesquels il résolut de le rappeler, et lui envoya en France une députation pour cet effet. Le Pape en délibéra avec les évêques et les cardinaux qui étaient auprès de lui à Sens, et, quoiqu'il y vît de grandes difficultés, toutefois, de l'avis du roi de France et du roi d'Angleterre et des évêques du pays, il rendit au cardinal-vicaire une réponse certaine de son retour, et se pressa de faire les préparatifs de son voyage. On rapporte à cette occasion la lettre de l'archevêque de Rouen aux évêques et aux abbés de sa province, par laquelle il les exhorte à donner au Pape un subside pour l'entretien de sa maison, dans l'espérance prochaine de son rétablissement à Rome et de la fin du schisme (*Acta, apud Baron.*, an 1164, n. 48).

Des événements politiques survenus en Italie facilitèrent le retour du pape Alexandre à Rome. Les Lombards, même ceux qui avaient tenu pour l'empereur Frédéric, se voyaient tyrannisés de plus en plus par les magistrats et les commandants impériaux. Vainement ils lui en demandèrent justice lors de son voyage, en 1164. Dès lors les villes de Lombardie commencèrent à se réunir en congrès. Vérone, Vicence, Padoue et Trévise s'engagèrent réciproquement par serment à se soutenir dans le projet de restreindre les droits de l'empire, et de les réduire à ceux qu'avaient exercés les empereurs orthodoxes, prédécesseurs de Frédéric. Les confédérés se promettaient également et de résister à toute usurpation du monarque et de reconnaître les prérogatives qui lui appartenaient de droit (*Ib., Vita Alex. III à card. Aragon.*). Les Vénitiens s'engagèrent aussi dans cette ligue. Dès lors elle se crut assez forte pour faire cesser les vexations des gouverneurs allemands, et mit en fuite les officiers de l'empereur les plus odieux au peuple. Aussitôt Frédéric, rassemblant ceux des Lombards en qui il mettait le plus de confiance, s'avança sur le territoire de Vérone pour le dévaster. La ligue véronaise mit, de son côté, son armée en campagne, et l'envoya courageusement au devant de lui. Frédéric s'aperçut bientôt que les Lombards qu'il conduisait ne le suivaient que contre leur gré. Effrayé de se trouver entre leurs mains, il abandonna son camp avec précipitation, et s'enfuit devant les Véronais. Depuis cette époque, toutes les cités lui furent également suspectes, et, comme les marquis, les comtes et les capitaines étaient les ennemis naturels des villes libres, il fit alliance avec eux, et il logea dans leurs forteresses ses meilleurs soldats allemands (*Acerbus Morena. apud Muratori; Acta, apud Baron.; Vita Alex. III*). Ce fut après cet humiliant échec que Frédéric vint à la conférence de Saint-Jean-de-Lône, où ses ruses politiques ne réussirent pas mieux.

Quant au pape Alexandre, après la fête de Pâques 1165, qui fut le 4 avril, il quitta Sens et vint à Paris, puis à Bourges, où saint Thomas de Cantorbéry, qui l'avait accompagné jusque-là, lui fit ses derniers adieux. De Bourges, le Pape vint à Clermont, au Puy en Velai et enfin à Montpellier, où il demeura jusqu'à la Notre-Dame d'août. Il en partit dans l'octave de la fête, et, après une navigation assez dangereuse, il arriva à Messine. Guillaume, roi de Sicile, l'ayant appris à Palerme, où il était, donna ordre que le Pape, qu'il reconnaissait pour son père et son seigneur, fût traité avec l'honneur convenable, et lui envoya de magnifiques présents. Il fit armer une galère rouge pour la personne du Pape, et quatre autres pour les évêques et les cardinaux, et envoya un archevêque et d'autres seigneurs pour conduire le Pape jusqu'à Rome. Alexandre partit de Messine au mois de novembre, passa par Salerne et Gaëte, puis, par l'embouchure du Tibre, arriva à Ostie, où il passa la nuit. Le lendemain matin, les sénateurs avec les nobles, et une grande multitude de clergé et de peuple, sortirent de Rome, vinrent le recevoir, et, portant des branches d'oliviers, le conduisirent avec joie jusqu'à la porte de Latran, où tout le reste du clergé l'attendait, revêtu solennellement. Les Juifs s'y trouvèrent aussi, portant leur loi sur leurs bras, suivant la coutume, les gonfaloniers avec leurs enseignes, les écuyers, les secrétaires, les juges et les avocats. Ainsi, marchant en procession et chantant à deux chœurs, ils le conduisirent au palais patriarcal de Latran. C'était le 21 novembre 1165. Trois jours après, le Pape écrivit au frère du roi de France, Henri, archevêque de Reims, et à ses suffragants, pour leur faire part de son arrivée à Rome, marquant que dans son voyage il avait échappé à de grands périls de la part de ses ennemis (*Acta, apud Baron.*, 1165; *Vita apud Muratori et Pagi*).

Cependant les villes libres de Lombardie continuaient leurs préparatifs pour défendre leur liberté et celle de l'Église. Les Véronais et les Padouans se rendirent maîtres des passages des montagnes par lesquels ils s'attendaient à voir descendre l'empereur. C'était en 1166. A la fin de l'automne, Frédéric, avec une armée considérable, pénétra en Italie par des passages où on ne l'attendait pas. Toutefois il n'osa combattre les Lombards; au contraire, dans les comices qu'il fit assembler à Lodi, au mois de novembre, il promit de redresser les injustices dont les communes se plaignaient et, après avoir accueilli leurs députés d'une manière favorable et les avoir congédiés avec des témoignages de bienveillance, il s'avança vers Ferrare et Bologne, sans livrer de combat. Il voulait auparavant diviser les cités les unes contre les autres. Le contraire arriva (*Vita Alex. III à card. Arag.; Acerb. Morena; Othon de S. Blas.*).

Les Véronais, toujours plus vexés par les ministres impériaux, envoyèrent des députés à toutes les villes qui partageaient leurs souffrances. On s'assembla, le 7 avril 1167, dans un monastère. A cette diète assistèrent des députés de Crémone, de Bergame, de Brescia, de Mantoue et de Ferrare. Depuis la destruction de leur ville, les Milanais étaient dispersés dans quatre bourgades, où les ministres impériaux les traitaient à peu près comme des ilotes. Les députés de toutes les villes, se souvenant de la valeureuse résistance des Milanais, promirent d'engager leurs concitoyens à relever les murailles de Milan et à protéger ce peuple jusqu'à ce qu'il se fût mis en état de se défendre lui-même. Par un serment de confédération, les villes contractèrent une alliance de vingt ans; elles s'engagèrent à s'assister réciproquement contre quiconque voudrait attaquer les priviléges dont elles étaient en possession depuis le règne de Henri IV jusqu'à l'avènement de Frédéric, et elles promirent, de plus, de contribuer à la compensation des dommages que les membres de la ligue pourraient éprouver en défendant leur liberté (Muratori, *Antiq. ital.*, t. IV, p. 261).

Cependant, à cause de la proposition même qu'on avait faite de rebâtir leur ville, les pauvres Milanais, dispersés dans leurs quatre bourgades, étaient dans les transes continuelles. Leurs ennemis, les Pavésans, par exemple, dans une demi-journée de marche, pouvaient les surprendre et les exterminer. Chaque nuit pouvait être marquée par le massacre et l'incendie. La consternation était à son comble, lorsque, le matin du 27 avril 1167, ils virent arriver les bannières de Bergame, de Brescia, de Crémone, de Mantoue, de Vérone et de Trévise; ces bannières étaient suivies des milices de chacune de ces villes, et ces milices apportaient des armes pour les distribuer aux Milanais. Tous les habitants des quatre bourgades, hommes, femmes, enfants, s'assemblent aussitôt et s'avancent vers la ville détruite; les hommes pleuraient de joie, les femmes et les enfants poussaient des cris d'allégresse; on assigne à chaque troupe une portion des remparts, on déblaie les fossés, on relève les murailles avant de songer à rebâtir les maisons. Les troupes de la ligue lombarde ne se retirent que quand les Milanais sont en état de repousser les insultes de leurs ennemis, et de résister à un coup de main (*Acta S. Galdini*, 18 *april.*).

Ce qui détermina puissamment les Italiens à cette entreprise, ce fut l'excommunication et la déposition de l'empereur Frédéric, prononcées par le pape Alexandre. Nous le voyons par deux lettres de Jean de Salisbury. Dans l'une, il représente Frédéric, persécuteur de l'Eglise, déchu de sa dignité d'Auguste et réduit à souhaiter de n'avoir jamais possédé l'Italie, qu'il ne pouvait plus retenir. Dans l'autre, il dit : « Le Pontife romain ayant attendu longtemps en patience le tyran teutonique, pour l'exciter à pénitence, et ce schismatique continuant d'ajouter péché sur péché, le vicaire de Pierre, établi de Dieu sur les nations et les royaumes, a délié les Italiens et tous les autres du serment de fidélité par lequel ils lui étaient engagés à cause de l'empire ou du royaume, et lui a ainsi enlevé presque toute l'Italie. Il lui a ôté également la dignité royale, l'a frappé d'anathème, et a défendu, par l'autorité de Dieu, qu'il ait à l'avenir aucune force dans les combats, qu'il remporte la victoire sur aucun chrétien, ou qu'il ait nulle part ni paix ni repos, jusqu'à ce qu'il fasse de dignes fruits de pénitence. En quoi il a suivi l'exemple de Grégoire VII, son prédécesseur, qui, de notre temps, a déposé de même l'empereur Henri dans un concile romain. Et cette sentence a sorti son effet : le Seigneur paraît l'avoir confirmée, portée qu'elle est par le priviIége de saint Pierre; car, à cette nouvelle, les Italiens, se détachant de lui, ont rebâti Milan, expulsé les schismatiques, ramené les évêques catholiques et adhéré unanimement au Saint-Siége (Joan. Sarisb., l. 2, *Epist.* 89 et 211; Labbe, t. X; Mansi, t. XXII). » Ainsi parle Jean de Salisbury. On voit que la déposition de Frédéric n'était point définitive, mais plutôt suspensive jusqu'à résipiscence.

Lorsque la ville de Milan fut ruinée, en 1162, l'archevêque Hubert de Pirovane se retira près du pape Alexandre, le suivit en France, revint avec lui en Italie, et mourut à Bénévent, le 28 mars 1166, après avoir été vingt ans archevêque de Milan. Il eut un saint pour successeur, le cardinal Galdin, né à Milan, de la noble famille des Vavasseurs de Sale. Ayant été instruit des saintes lettres et élevé dans le clergé de la grande église, il en fut archidiacre sous l'archevêque Ribalde et sous Hubert, son successeur. Il fut toujours attaché à ce dernier et le suivit dans son exil : ce qui donna lieu au pape Alexandre de connaître son mérite, en sorte que, quand ils furent de retour en Italie, il appela Galdin à Rome, du consentement de l'archevêque qui était à Bénévent, et, au mois de décembre 1165, il l'ordonna prêtre-cardinal de Sainte-Sabine. Tous les jours saint Galdin demandait à Dieu, avec beaucoup de larmes, le rétablissement de sa patrie. Après la mort de Hubert, le clergé de Milan, qui était dispersé, ne pouvant procéder à l'élection d'un archevêque, le Pape appela le trésorier Algise, de la famille de Pirovane, le cardinal Galdin et les autres de ce clergé qu'il put trouver. A leur prière, il sacra saint Galdin archevêque de Milan, le 8 mai 1166. Il tint ce siége dix ans, jour pour jour. Quand il eut appris que Dieu avait exaucé ses prières, et que la ville de ses pères était rebâtie, il se mit en chemin pour y retourner avec la qualité de légat du Pape, et, pour éviter les partisans de l'empereur, il s'embarqua en habit de pèlerin et vint par mer à Venise; puis, entré en Lombardie, il reprit le costume et les marques d'évêque. Quand il fut près de Milan, tous les citoyens et le clergé vinrent au devant de lui, le reçurent avec une joie extrême, et le conduisirent, au milieu de la jubilation universelle, jusqu'à la basilique de Saint-Ambroise. C'était le 5 septembre 1167.

Les difficultés étaient grandes, saint Galdin se montra plus grand que les difficultés. Les biens de son Eglise étaient devenus la proie d'usurpateurs puissants, il sut leur arracher cette proie de la gueule. Les ennemis avaient ruiné le palais épiscopal, il le rebâtit plus magnifique qu'il n'avait jamais été. Affligé d'infirmités fréquentes et pour ainsi dire continuelles, il surpassait néanmoins tous ses clercs par son exactitude à la psalmodie, aux veilles et aux oraisons. Sachant qu'il n'est rien de durable en ce monde, toujours il pensait à la mort, suivant cette parole du sage : *Souvenez-vous de vos fins dernières, et vous ne pécherez point à jamais.* Il avait reçu de Dieu un tel don de la parole, que quand il parlait au peuple du culte divin, ce n'était pas un homme, mais l'esprit de Dieu qui semblait parler en lui. Il aimait tellement les pauvres, qu'il paraissait ne vivre que pour eux. D'une humilité si profonde que quelques-uns le méprisaient, il était d'une fermeté invincible contre les superbes. Il répara les maux du schisme dans sa province, et sacra presque tous ses suffragants. Il eut la consolation, entre autres, de ramener à l'obéissance du Pape légitime la ville de Lodi, d'en chasser l'évêque schismatique, et d'y sacrer saint Albert, que les Lodésans honorent le 4 juillet. Saint Galdin est honoré lui-même le 4 avril (*Acta Sanct.*, 18 *april.* et 4 *junii*).

L'année 1160, l'Italie envoya au ciel un autre saint évêque : saint Ubald, évêque de Gubbio, ville de l'état ecclésiastique, non loin d'Ancône. Il était issu d'une famille noble, à Gubbio même. Devenu orphelin de père, tout jeune encore, il fut élevé dans l'école de la cathédrale, et y fit de grands progrès dans la littérature sacrée et profane. L'étude des divines Ecritures eut toujours pour lui beaucoup de charmes. Lorsqu'il fut en âge de penser à un établissement, on lui proposa des partis considérables ; mais il les refusa tous, résolu de passer sa vie dans un pieux célibat. Dieu le préserva de la contagion du vice, et le fortifia contre les mauvais exemples de plusieurs de ses compagnons d'études. Ne pouvant, à la fin, supporter certains abus qu'il voyait tolérer, il quitta l'école de la cathédrale, et entra dans celle d'une autre église de la ville, où il acheva ses études.

L'évêque de Gubbio, qui eut bientôt connu son mérite, le nomma prieur du chapitre de sa cathédrale, afin qu'il pût réformer plusieurs désordres qui régnaient parmi les chanoines. Saint Ubald se prépara à cet important ouvrage par le jeûne, la prière et d'autres exercices de piété. Il gagna d'abord trois des chanoines qui paraissaient mieux disposés que les autres, et leur persuada de vivre avec lui en communauté. Leur exemple ne tarda pas à faire impression sur tout le chapitre.

Saint Ubald alla, quelque temps après, visiter des chanoines réguliers renommés pour leur sainteté. Ils étaient dans le territoire de Ravenne, et avaient pour instituteur Pierre *de Honestis*, homme de grande vertu. Le saint passa trois mois avec eux pour bien connaître la discipline qu'ils observaient. Il prit leur règle, qui lui parut fort sage, l'apporta à Gubbio, et vint à bout de la faire suivre par tout son chapitre.

La maison canoniale et le cloître ayant été consumés par un incendie, il regarda cet événement comme une occasion que Dieu lui présentait pour se décharger de son prieuré et se retirer dans quelque solitude. Il prit sa route vers le désert de Font-Avellane. Il y trouva Pierre de Rimini, auquel il communiqua le dessein qu'il avait de quitter le monde. Mais ce grand serviteur de Dieu lui dit que son dessein était une tentation, et l'exhorta fortement à retourner à son Eglise parmi ses frères, pour continuer d'y faire du bien en suivant sa première vocation. Ubald revint à Gubbio, où il rétablit les bâtiments de son chapitre, qui devint plus florissant que jamais.

L'évêque de Pérouse étant mort en 1126, notre saint fut élu d'une voix unanime pour remplir son siège. Il n'en eut pas plus tôt appris la nouvelle, qu'il alla se cacher dans un lieu fort retiré, en sorte qu'il fut impossible de le découvrir. Après le départ des députés de Pérouse, il se rendit à Rome. Il s'y jeta aux pieds du pape Honorius II, le conjura avec larmes de le dispenser de l'épiscopat, et employa les raisons les plus pressantes pour obtenir cette grâce. Honorius se laissa fléchir, et lui accorda ce qu'il demandait. Mais il le nomma lui-même évêque de Gubbio en 1128, et donna ordre au clergé de la ville de procéder à son élection suivant la forme ordinaire. Il fit la cérémonie de son sacre au commencement de l'année suivante.

Le nouvel évêque parut animé d'un esprit vraiment apostolique. Mort au monde et à lui-même, il vivait dans la mortification de tous ses sens. Il était infatigable dans les travaux de la pénitence et dans ceux du ministère épiscopal, sobre, humble, sincère, plein de compassion pour tout le monde. Mais entre les vertus qui le caractérisaient, on distinguait principalement la patience avec laquelle il supportait les injures et les affronts. En voici un trait.

Pendant qu'on réparait les murailles de Gubbio, il arriva que les ouvriers empiétèrent sur la vigne du saint. Il leur représenta doucement le tort qu'ils lui faisaient, et les pria de cesser. L'inspecteur des travaux ne lui répondit que par des insultes ; puis, le poussant avec brutalité, il le fit tomber dans un tas de mortier. Le bon évêque se releva en silence, et se retira sans faire la moindre plainte. Mais le peuple, indigné de l'outrage fait à son pasteur, demanda qu'on lui fît justice en bannissant le coupable, en confisquant ses biens et en démolissant sa maison.

L'évêque apaisa doucement le tumulte, en réclamant la connaissance de cette affaire, comme pour punir plus sévèrement le coupable. Le malheureux inspecteur est amené devant l'évêque, qui lui demande s'il est prêt à se soumettre à ses ordres. Le coupable, touché de repentir, répond qu'il subira tout, même la peine de mort. L'évêque témoigne de la défiance, renouvelle sa question, attendu que la sentence serait bien dure. Le coupable, prosterné à ses pieds, proteste avec les plus horribles serments qu'il est prêt à tout faire et à tout souffrir. Tout le monde était dans l'étonnement et dans l'attente. Alors, le saint évêque, se levant de son siège, s'approcha de l'homme prosterné à terre, et lui dit : Embrassez-moi, mon fils, et que le Seigneur vous pardonne ce péché, ainsi que tous les autres !

Le bon pasteur oubliait le soin de sa propre vie dès que quelques-uns de ses diocésains se trouvaient en danger. Ayant appris un jour qu'il s'était élevé une sédition dans la ville, que l'on avait pris les armes avec fureur, et que déjà il y avait eu beaucoup de sang répandu, il courut à l'endroit où étaient les combattants ; il se jeta entre eux et tomba au milieu des épées nues. Les mutins, le croyant mort, quittent aussitôt les armes, s'abandonnent à la plus vive douleur, s'arrachent les cheveux et s'accusent tous d'être les meurtriers de leur évêque et de leur père. Le saint, après avoir remercié Dieu de la cessation du tumulte, calma les frayeurs du peuple en l'assurant qu'il était non-seulement plein de vie, mais qu'il n'avait pas même reçu de blessure.

En 1155, l'empereur Frédéric venait de prendre et de saccager Spolète. Il menaçait Gubbio d'un traitement semblable. Le saint, qui avait une tendresse de père pour son troupeau, alla au devant du vainqueur, désarma sa colère, et obtint la grâce de son peuple. Frédéric lui fit même de riches présents, se recommanda à ses prières, et lui demanda humblement sa bénédiction.

Les deux dernières années de sa vie ne furent qu'un tissu de maladies cruelles qu'il supporta avec une patience héroïque. Le jour de Pâques de l'année 1160, il fit un effort pour se lever et dire la messe. Il prononça même un discours sur la vie éternelle. Au sortir de sa cathédrale, on le transporta dans un appartement qu'il avait auprès de l'église de Saint-Laurent. Il y resta jusqu'à la fête de l'Ascension, pour se préparer à la mort. Il se fit ensuite reporter à l'évêché, où il continua d'instruire son clergé et son peuple qui venaient le visiter et lui demander sa bénédiction. Enfin, ayant reçu les sacrements de l'Eglise, il mourut le 16 mai 1160, jour auquel l'Eglise honore sa mémoire.

Les habitants des provinces voisines assistèrent en foule à ses funérailles et furent témoins d'un grand nombre de prodiges qui s'opérèrent à son tombeau. Ce spectacle remplit tous les cœurs d'une tendre dévotion et ranima les plus vifs sentiments de christianisme. L'esprit de charité étouffa les divisions et les animosités; on oublia les injures reçues, et l'union fut rétablie entre les villes, que de longs différends avaient aigries les unes contre les autres. A Gubbio même, ce fut toute l'année un jubilé continuel : tous les jours, les habitants, hommes et femmes venaient en procession à son tombeau avec des cierges allumés; ceux qui ne pouvaient y venir eux-mêmes s'y faisaient porter. Les rues, illuminées, retentissaient partout de cantiques d'allégresse; on ne s'entretenait que de saint Ubald. Il y eut surtout comme une effusion de charité envers les pauvres et les malades. Ce n'étaient plus les pauvres qui demandaient l'aumône, mais on les priait de vouloir bien accepter quelque chose. On vit bien des fois jusqu'à deux cents et même trois et quatre cents pauvres à qui on servait à manger dans l'église. Pour l'amour de leur saint, les habitants de Gubbio étaient prêts à tout donner. Leur charité passa en proverbe. La vie de saint Ubald, avec les nombreux miracles qu'il fit avant et après sa mort, fut écrite avec beaucoup de fidélité par Tébald, son successeur, et dédiée à l'empereur Frédéric (*Acta Sanct.*, 16 *maii*).

Tandis que Milan, sous son archevêque, saint Galdin, sortait de ses ruines, l'empereur Frédéric assiégeait Ancône, dont l'empereur de Constantinople s'était emparé moyennant de grandes sommes d'argent données aux citoyens. Une autre armée allemande, commandée par Rainald et Christian, archevêques élus de Cologne et de Mayence, marchait sur Rome pour y introduire l'antipape Pascal et en chasser le pape Alexandre. Bientôt l'alarme fut grande dans Rome, parce que les Allemands s'étaient rendus maîtres de toutes les villes d'alentour, et, ne pouvant prendre Rome par force, essayèrent de la gagner par argent, en sorte que plusieurs d'entre le peuple, cédant à leurs largesses, jurèrent fidélité à l'antipape Pascal et à l'empereur Frédéric.

Le pape Alexandre, de son côté, exhortait les Romains à lui demeurer fidèles et à ramener les villes voisines. Il leur offrit même de l'argent pour cet effet; mais il ne put rien gagner sur ce peuple, qui, feignant de vouloir plaire aux deux partis, n'était fidèle à aucun. Or, Alexandre avait reçu de Sicile un secours d'argent considérable; car le roi Guillaume Ier, surnommé le Mauvais, était mort à Palerme, sa capitale, le dernier jour d'avril 1166, après avoir régné douze ans, et avait laissé pour successeur son fils, âgé de douze ans, nommé aussi Guillaume, et depuis surnommé le Bon. Le père, en mourant, laissa au Pape quarante mille livres sterling, et le fils lui en envoya encore autant l'année suivante. C'était une monnaie d'Angleterre, dès lors très-connue. Ce fut vers le même temps que l'empereur Manuel envoya au Pape la seconde ambassade que nous avons déjà vue.

En 1167, les Romains sortirent au nombre de quarante mille, le 27 mai, qui était la veille de la Pentecôte, et attaquèrent Tusculum, qui tenait pour l'empereur Frédéric. Christian, archevêque élu de Mayence, l'ayant appris, vint camper auprès des Romains avec ses troupes, composées de Flamands et de Brabançons; mais elles étaient prêtes à fuir, quand Rainald, chancelier de l'empereur et archevêque élu de Cologne, vint au secours et battit les Romains; en sorte que, suivant une chronique, il y en eut huit mille de tués, quatre mille de pris, et le reste mit en fuite. D'autres chroniqueurs rapportent que le nombre des morts et des prisonniers fut beaucoup plus grand ou beaucoup plus petit. Il en est tel qui ne met que quinze cents morts et dix-sept cents prisonniers (Muratori, *Annali d'Italia*, an 1167). Cette victoire des Allemands arriva le lundi de la Pentecôte. A cette nouvelle, l'empereur leva le siège d'Ancône, après s'être fait payer une certaine somme par les habitants, pour couvrir son honneur, et marcha sur Rome, où il arriva le 16 juillet. Le lendemain, il attaqua le château Saint-Ange et ensuite l'église de Saint-Pierre, où il fit mettre le feu, ce qui obligea de la rendre. Alors le pape Alexandre quitta le palais de Latran et se retira avec les cardinaux et leurs familles dans les forteresses des Frangipane. Le jeune roi de Sicile lui envoya deux galères avec de l'argent, pour le tirer des mains de l'empereur. Elles arrivèrent à Rome par le Tibre; mais le Pape les renvoya et prit seulement l'argent, qu'il distribua dans Rome pour encourager le peuple à défendre la ville.

L'empereur voyant qu'il ne pouvait la prendre de force, s'adressa aux évêques et aux cardinaux qui étaient venus le trouver de la part du Pape, et leur fit dire : « Si vous pouvez persuader à Alexandre de renoncer au pontificat, sans préjudice de son ordination, je ferai que Pascal y renonce aussi, et on élira pour Pape un troisième. Alors je donnerai à l'Eglise une paix solide et je ne me mêlerai plus de l'élection du Pape; je rendrai aux Romains tous leurs prisonniers et tout ce qui se trouvera de butin fait sur eux. » Cette proposition parut très-favorable au peuple de Rome, fatigué de la guerre; ils dirent tout d'une voix qu'il fallait l'accepter, et qu'Alexandre, pour racheter ses citoyens, aurait dû faire encore plus que de renoncer au pontificat; mais les évêques et les cardinaux, après en avoir délibéré, répondirent unanimement à Frédéric : « Il ne nous appartient pas de juger le souverain Pontife que Dieu a réservé à son jugement; car, comme l'atteste l'Ecriture, le disciple n'est pas au-dessus du maître. »

Après quoi, de concert avec eux, le Pape sortit de Rome en habit de pèlerin. Il passa successivement à Terracine, à Gaëte, à Bénévent, où il arriva dès le 22 août et où les cardinaux le rejoignirent.

Cependant l'antipape, qui était à Viterbe, attendant l'arrivée de l'empereur, s'approcha de Rome et célébra la messe solennellement à Saint-Pierre, le dimanche 30 juillet. Le mardi suivant, jour de Saint-Pierre-aux-Liens, il couronna dans la même église l'empereur Frédéric et l'impératrice Béatrix, son épouse, avec des couronnes d'or, ornées de pierreries. Alors, les Romains, voyant qu'ils ne pouvaient plus tenir contre l'empereur, en sorte qu'ils n'osaient même passer le Tibre, résolurent de traiter avec lui, et lui prêtèrent serment de fidélité, promettant de reconnaître Pascal pour pape. Toutefois, les Frangipane et quelques autres nobles qui avaient dans Rome des tours et des maisons-fortes difficiles à prendre si promptement, n'entrèrent point dans ce traité. Pour recevoir le serment des autres, l'empereur envoya au delà du Tibre des commissaires, entre lesquels était Acerbo Morena, citoyen de Lodi et juge de la cour impériale, qui a écrit l'histoire de son temps, continuée par son fils Othon.

L'empereur Frédéric semblait triompher de l'Eglise et de son chef; mais le fléau de Dieu était proche. Le lendemain même, 2 août, après un peu de pluie, survint un coup de soleil qui causa dans l'armée impériale une mortalité effroyable. A peine pouvait-on suffire à enterrer ceux qui mouraient chaque jour, et on voyait tomber morts ceux qu'on avait vus marcher le matin dans les rues. Les personnages les plus distingués de l'armée et de l'empire furent victimes de ce fléau : l'empereur vit périr son propre cousin, Frédéric, duc de Rothenbourg, fils du roi Conrad; Guelfe, duc de Bavière, Rainald, archichancelier, archevêque élu de Cologne; les évêques de Liège, de Spire, de Ratisbonne, de Verden; les comtes de Nassau, d'Altemont, de Lippe, de Sultzbach, de Tubing; plus de deux mille gentilshommes, et un nombre de soldats proportionné à celui de ces victimes illustres. L'empereur se retira d'auprès de Rome, avec ses troupes mourantes et découragées; mais le fléau de Dieu le suivit le long de la route.

Saint Thomas de Cantorbéry ayant appris la nouvelle de cette retraite honteuse de Frédéric, par le bruit qui en courait en France, écrivit au pape Alexandre, pour le prier de lui en apprendre la vérité et pour l'en féliciter. Il compare cette défaite à celle de Sennachérib, et semble ne plus regarder Frédéric comme prince (L. 2, *Epist.* 22). Il conclut ainsi : « Qui osera désormais, tenant en terre la place de Jésus-Christ, se soumettre à la volonté des princes, pour la confusion de l'Eglise, en ne punissant pas les coupables? L'ose qui voudra : ce ne sera pas moi, pour ne pas m'attirer la peine du coupable, en dissimulant la juste punition. »

Cependant l'empereur Frédéric, ayant perdu ses troupes et voyant les villes de Lombardie liguées contre lui, ne savait comment se tirer d'Italie. En cette extrémité, il écouta le conseil d'un chartreux qui avait été très-familier auprès de lui, mais l'avait quitté à cause du schisme. Ce religieux lui représenta avec larmes qu'il n'aurait jamais de paix s'il ne se réconciliait à l'Eglise, et obtint de lui qu'il manderait le prieur de la grande Chartreuse, l'abbé de Cîteaux, et l'évêque de Pavie qu'il avait chassé, et qu'il promettrait en tout de suivre leur conseil, pourvu qu'ils prissent sur eux le serment qu'il avait fait de ne jamais reconnaître le pape Alexandre. Cette proposition donna bien de la joie à tous ceux qui l'apprirent, et les Lombards commencèrent à s'adoucir, espérant la conversion de Frédéric.

Le prieur de la Chartreuse se mit donc en chemin avec l'évêque de Pavie, et Geoffroi, évêque d'Auxerre, qui avait été abbé de Clairvaux, et que l'abbé de Cîteaux envoyait à sa place, parce qu'il était grièvement malade; et ils envoyèrent en avant un religieux, pour savoir de l'empereur le lieu et le temps de la conférence. Mais cependant le marquis de Montferrat avait traité avec le comte de Maurienne, son parent, et avait obtenu de lui qu'il donnerait passage à l'empereur. Alors ce prince, se trouvant en sûreté, répondit qu'il était inutile que les prélats vinssent, à moins qu'ils n'amenassent avec eux visiblement un ange du ciel, ou qu'ils n'eussent le pouvoir de faire des miracles, comme de guérir des lépreux ou de ressusciter des morts. Ainsi, ils s'en retournèrent. L'empereur se retira donc au mois de mars 1168, mais de nuit et déguisé en valet; et, passant par le comté de Bourgogne, il revint en Allemagne (Joan. Sarisb., l. 2, *Epist.* 66, et Morena, *apud Baron.*, 1168).

Cette retraite ou cette fuite de l'empereur encouragea puissamment les villes de Lombardie liguées contre lui pour défendre leur liberté commune et celle de l'Eglise. Non contentes d'avoir rebâti Milan, elles résolurent de fonder une nouvelle ville à l'entrée du pays, pour s'opposer aux premiers efforts des Allemands. Ce dessein fut exécuté le 1er mai 1168. Les Lombards fondèrent la nouvelle ville au confluent du Tanaro et de la Bormida, deux des plus grandes rivières qui découlent des montagnes à la droite du Pô. En l'honneur du Pape, chef de leur ligue et père des fidèles, ils la nommèrent Alexandrie. Les remparts, formés de boue, et liés avec de la paille, lui firent donner le surnom qu'elle garde encore, d'*Alexandrie de la paille* (Romualdi Salernitati, *Chron.*, p. 213). Ses fondateurs l'entourèrent d'un large fossé, dans lequel ils firent entrer l'eau des deux rivières voisines; et, pour la rendre tout d'un coup peuplée et puissante, ils y transportèrent tous les habitants des villages environnants, entre autres, de Marengo; ils leur bâtirent des maisons; ils les autorisèrent à se constituer un gouvernement libre et républicain; ils leur assurèrent tous les privilèges pour lesquels ils combattaient eux-mêmes, et ils engagèrent le souverain Pontife à fonder en leur faveur un nouvel évêché.

Dès la première année, Alexandrie put mettre en campagne une armée de quinze mille combattants de toutes armes. L'année suivante, ses consuls allèrent trouver le pape Alexandre à Bénévent, lui offrant leur ville en propriété, à lui et à l'Eglise romaine, à qui ils la rendirent tributaire (*Acta, apud Baron., Vita Alex. III; Othon de S. Blasio*, etc.). C'est sans doute un spectacle curieux de voir, d'un côté, l'empereur des Allemands pillant, brûlant, détruisant les villes, pour opprimer et anéantir les peuples; et, d'un autre côté, ces mêmes peuples, ayant à leur tête le chef de l'Eglise catholique, rebâtir les villes détruites, fonder une nouvelle ville et un nouveau peuple, et lui donner un nom qui éternise à jamais leur amour pour l'Eglise et la liberté.

L'antipape Gui de Crême était toujours à Saint-Pierre de Rome; mais il mourut cette année 1168, le 20 septembre, après avoir porté le nom de Pascal quatre ans et cinq mois. Son parti élut à sa place, Jean, abbé de Strum, élu évêque d'Albane, et le nomma Calixte III.

La mort de l'antipape Gui de Crême était pour l'empereur Frédéric une occasion naturelle de se réconcilier à l'Eglise. Mais outre la difficulté pour un esprit superbe d'avouer ses torts, Frédéric avait alors quelque espérance de voir un souverain puissant se détacher du pape légitime, Alexandre, pour reconnaître l'antipape impérial. Ce souverain était le roi normand d'Angleterre, Henri II.

Nous avons vu avec quelle ardeur ce roi fit placer sur le siége de Cantorbéry son chancelier Thomas Becket; nous avons vu quelle sainte vie Thomas de Cantorbéry mena dès lors. La bonne intelligence entre le roi et le saint archevêque était fort utile au royaume et à l'Eglise : malheureusement elle ne dura guère.

Dès l'an 1163, l'archevêque se démit de la dignité de chancelier qu'il n'avait gardée jusque-là que par complaisance; cette démission déplut au roi, et il en témoigna son mécontentement. En second lieu, Henri s'appropriait les revenus des évêchés et des autres bénéfices, lorsqu'ils étaient vacants, et il différait longtemps d'y nommer, afin de garder le temporel dans ses mains : en quoi il imitait quelques-uns de ses prédécesseurs. C'était un abus que toutes les lois proscrivaient, et contre lequel l'archevêque Thomas s'éleva avec force. En troisième lieu, l'archevêque s'opposait aux entreprises des juges laïques, qui, au mépris des immunités de l'Eglise anglicane, citaient les personnes ecclésiastiques à leur tribunal. Enfin, l'archevêque montra un zèle intrépide contre les officiers ou seigneurs qui opprimaient l'Eglise et usurpaient ses biens. Telles furent les sources des brouilleries qui s'élevèrent entre le roi et l'archevêque de Cantorbéry, et qui finirent par le martyre du second.

Henri exigea que les évêques fissent serment de maintenir toutes les coutumes du royaume. Thomas vit bien que, sous le nom de *coutumes*, qui d'ailleurs n'étaient ni énumérées, ni définies, le prince entendait des abus notoires et des injustices criantes. Aussi, dans l'assemblée générale des évêques qui se tint à Westminster, déclara-t-il qu'il ne ferait le serment qu'avec la clause : *Sauf notre ordre*, c'est-à-dire sauf les droits de l'épiscopat; clause qui se trouvait d'ailleurs dans le serment de fidélité. C'était donc une chose simple et toute naturelle; néanmoins le roi s'en montra tellement irrité, qu'il quitta brusquement l'assemblée, sans saluer les prélats. Un seul évêque, plus courtisan que les autres, avait dit de son chef, qu'il observerait les coutumes royales de bonne foi. Le saint archevêque lui fit de grands reproches, d'avoir changé de son propre mouvement la clause dont ils étaient tous convenus. Un autre évêque, pour se réconcilier avec le roi dont il avait perdu les bonnes grâces, lui conseilla de diviser les prélats pour affaiblir l'archevêque : ce qui eut lieu. Plusieurs évêques se laissèrent gagner ou intimider l'un après l'autre, et promirent individuellement d'obéir à la volonté du roi. L'archevêque, à l'insu duquel ils faisaient ces promesses si peu épiscopales, resta avec un petit nombre, que la crainte obligeait encore à se cacher. Le roi, de son côté, s'efforçait de gagner l'archevêque par promesses et par caresses : plusieurs des grands s'entremettaient pour les réconcilier, et représentaient au prélat les obligations qu'il avait au roi, les maux que produirait leur division, et l'imprudence qu'il y avait de tout perdre pour un petit mot; car il ne s'agissait que de cette clause : *Sauf notre ordre*. Un abbé cistercien, entre autres, le pressait, disant qu'il avait charge du Pape de le faire consentir au désir du roi, et que ce prince avait assuré avec serment qu'il ne voulait que sauver son honneur devant les grands, par quelque apparence de consentement de la part du prélat. Enfin, Thomas alla trouver le roi à Oxford, et lui promit de changer ce mot qui le choquait. Le roi parut fort radouci; mais il voulait qu'on lui promît l'observation des coutumes, publiquement, dans l'assemblée des évêques et des seigneurs.

Sur la fin de janvier 1164 de l'année suivante, il se tint à cet effet une assemblée à Clarendon. Le roi y pressa l'archevêque d'exécuter la promesse qu'il avait faite à Oxford, d'approuver les coutumes royales, sans y ajouter la restriction : *Sauf notre ordre*. Mais l'archevêque, craignant, et non sans raison, qui si on accordait au roi ce qu'il désirait, il ne gardât pas de mesure dans l'exécution et l'extension des prétendues coutumes, ne pouvait se résoudre à les accorder. Cependant les évêques de Salisbury et de Norvic, craignant les effets de l'ancienne indignation du roi, priaient l'archevêque avec larmes d'avoir pitié de son clergé et de ne pas s'exposer à la prison, son clergé à être détruit, et eux à perdre la vie. Il était encore pressé par deux comtes très-puissants dans le royaume, qui disaient que, si lui n'acquiesçait à la volonté du roi, celui-ci les contraindrait d'user de violence, ce qui attirerait au roi et à eux une infamie éternelle. Richard, maître des Templiers, homme d'un grand nom, vint à la charge pour la troisième fois, et avertit l'archevêque de prendre garde à lui et d'avoir pitié du clergé. Il leur semblait à tous voir les épées déjà levées sur sa tête. C'est que le roi, doux comme un agneau quand il était calme, était pire qu'un lion dans sa colère. L'archevêque se rendit enfin à leurs conseils et à leurs prières, et s'obligea le premier à observer les coutumes royales *de bonne foi*, sans autre addition. Il y joignit le serment, promettant en parole de vérité de faire ainsi; et tous les évêques le jurèrent en la même forme.

Chose étonnante! ce fut seulement alors que l'archevêque demanda au roi de l'informer en quoi consistaient ces coutumes. Une commission fut nommée pour les rédiger par écrit. Le lendemain, elle présenta une espèce de constitution civile du clergé en seize articles dont voici les plus importants :

« Vacance survenant d'un archevêché, évêché, abbaye ou prieuré du domaine du roi, il sera en sa main, et il en recevra tous les revenus, comme domaniaux. Et quand il faudra pourvoir à cette Eglise, le roi en mandera les principales personnes, et l'élection se fera en sa chapelle, de son consentement et par le conseil des personnes qu'il y aura appelées de sa part. Et, là même, l'élu fera hommage-lige au roi, avant que d'être sacré, promettant, sauf son ordre, de lui conserver la vie, les membres et sa dignité temporelle. » Tel est l'article onzième. La coutume mentionnée dans la première partie de cet article ne pouvait remonter plus haut qu'au règne de Guillaume le Roux, qui l'avait introduite. Elle avait été abandonnée, après sa mort, par tous ses successeurs, par Henri Ier, par Etienne, et, dernièrement, par le roi lui-même. Henri Ier dit dans sa charte : « J'accorde une entière liberté à la sainte Eglise de Dieu, en sorte que je ne la vendrai pas, ni ne la donnerai à ferme; et, à la mort d'un évêque ou abbé, je ne recevrai rien du domaine de l'Eglise ni de ses hommes (Ric., *Hagul.*, 310). » Etienne confirma toutes les libertés de l'Eglise, et promit qu'au décès des évêques, il ne retiendrait point les Eglises en sa main (Hunt., 221). Henri II confirma les priviléges et les libertés accordés par Henri Ier (Spelm., 2, 51); et, pour plus de solennité, il signa lui-même sa charte et la posa sur l'autel (*Epist. S. Thom. apud Hoveden*). Il trouva néanmoins que la garde des évêchés vacants donnait trop de profit pour l'abandonner. On voit, d'après les comptes de l'échiquier, que, dans sa seizième année, il avait dans les mains un archevêché, cinq évêchés et trois abbayes; dans sa dix-neuvième année, un archevêché, cinq évêchés et six abbayes; et, dans sa trente et unième année, un archevêché, six évêchés et sept abbayes (Madox., 209-212). Ainsi donc, quand le roi présente cet article comme une ancienne coutume, c'est un mensonge contraire à la charte qu'il avait signée lui-même : ce n'était au fond qu'une ruse normande pour confisquer la liberté, les élections et les revenus des Eglises.

L'article troisième portait : « Les clercs cités et accusés de quelque cas que ce soit, étant avertis par le justicier du roi, viendront à sa cour, pour y répondre sur ce qu'elle jugera à propos. En sorte que le justicier du roi enverra à la cour de l'Eglise, pour voir de quelle manière l'affaire s'y traitera; et si le clerc est convaincu, l'Eglise ne doit plus le protéger. » Ces points, dit Lingard, ne devaient pas être appelés une ancienne coutume; c'était, à coup sûr, une innovation. Elle renversait la loi qui subsistait invariablement depuis le règne du conquérant, sans rétablir la jurisprudence de la dynastie anglo-saxonne.

En un mot, les principaux articles tendaient à confisquer la liberté et la juridiction de l'Eglise au profit du roi. Le premier, par exemple : « S'il s'émeut un différend touchant le patronage et la présentation des Eglises, soit entre laïques, soit entre clercs et laïques, il sera traité et terminé dans la cour du roi. » Le quatrième défendait aux archevêques, évêques et autres ecclésiastiques constitués en dignité, de traverser la mer sans la permission du roi. On voulait les empêcher de porter des plaintes au Pape sur l'asservissement des Eglises par les dominateurs normands. Le huitième article tendait au même but : « Les appellations doivent aller de l'archidiacre à l'évêque, de l'évêque à l'archevêque; et si l'archevêque manque à faire justice, on doit venir enfin au roi, pour terminer l'affaire par son ordre dans la cour de l'archevêque, en sorte qu'on n'aille point plus avant sans le consentement du roi. »

A la lecture de ces articles et d'autres semblables, l'archevêque Thomas fut pénétré de douleur. Le roi lui demandait, ainsi qu'aux évêques, d'y mettre leurs sceaux pour plus grande sûreté. L'archevêque, dissimulant sa douleur pour ne pas affliger le roi, répondit au nom de tous, que, encore qu'ils fussent résolus à le faire, la chose était assez importante pour prendre un petit délai et la faire avec plus de décence, après y avoir un peu pensé. Il prit toutefois un exemplaire de la constitution, l'archevêque d'York en prit un autre, et le roi prit le troisième pour le mettre dans les archives du royaume. Saint Thomas se retira ainsi pour aller à Winchester.

Pendant le chemin, il s'émut une contestation parmi les gens de sa suite; les uns disaient que l'archevêque n'avait pu faire autrement, vu la circonstance du temps; les autres témoignaient leur indignation, de ce que la liberté ecclésiastique périssait par la fantaisie d'un seul homme. Un de ceux-ci, qui portait la croix du prélat, parlait avec plus d'ardeur que les autres, se plaignant que la puissance séculière troublait tout; que l'on n'estimait plus que ceux qui avaient pour les princes une complaisance sans bornes, et il conclut en ces termes : « Que deviendra l'innocence? qui combattra pour elle, après que le chef est vaincu? quelle vertu a gardée celui qui a perdu la constance? — A qui en voulez-vous, mon fils, lui demanda tout à coup l'archevêque? — A vous-même, reprit le porte-croix, à vous qui avez, aujourd'hui, perdu votre conscience et votre réputation, laissant un exemple odieux à la postérité, quand vous avez étendu vos mains sacrées pour promettre l'observation de ces coutumes détestables. » Le saint archevêque dit en soupirant : « Je m'en repens, et profondément, j'ai horreur de ma faute, et je me juge désormais indigne des fonctions du sacerdoce et d'approcher de celui dont j'ai si lâchement trahi l'Eglise : je demeurerai dans la tristesse et le silence jusqu'à ce que j'aie reçu l'absolution de Dieu et du Pape. » Dès lors il se suspendit du service de l'autel et s'imposa pour pénitence des jeûnes et des vêtements rudes; et, peu de jours après, il envoya au Pape en diligence (*Vita apud Baron.*, an 1164).

Ce fut ainsi qu'un simple porte-croix qui releva le saint archevêque de sa chute momentanée; c'était comme le chant du coq qui réveilla et fit pleurer saint Pierre. Quant au fond de la question même, Bossuet pensera comme le bon porte-croix. « Cependant Henri second, roi d'Angleterre, dit-il, se déclare l'ennemi de l'Eglise; il l'attaque au spirituel et au temporel, en ce qu'elle tient de Dieu et en ce qu'elle tient des hommes; il usurpe ouvertement sa puissance; il met la main dans son trésor, qui enferme la substance des pauvres; il flétrit l'honneur de ses ministres par l'abrogation de leurs priviléges, et opprime leur liberté par des lois qui lui sont contraires. Prince téméraire et mal avisé, que ne peut-il découvrir de loin les renversements étranges que fera un jour dans son Etat le mépris de l'autorité ecclésiastique et les excès inouïs où les peuples seront emportés, quand ils auront secoué ce joug nécessaire ! Mais rien ne peut arrêter ses emportements; les mauvais conseils ont prévalu, et c'est en vain qu'on s'y oppose : il a tout fait fléchir à sa volonté, et il n'y a plus que le saint archevêque de Cantorbéry qu'il n'a pu encore ni corrompre par ses caresses, ni abattre par ses menaces. » Ainsi parle Bossuet dans le panégyrique qu'il a fait du saint.

Le pape Alexandre, qui était à Sens, avait déjà appris d'ailleurs ce qui était arrivé de fâcheux à saint Thomas, lorsqu'il reçut ses envoyés et ses lettres. Il le consola dans sa réponse, lui envoya l'absolution qu'il demandait, mais en lui faisant remarquer qu'il y a une grande différence entre une faute d'ignorance ou de nécessité telle que la sienne, et un péché complètement volontaire, l'exhortant du reste à reprendre ses fonctions et à s'acquitter courageusement des devoirs d'un bon pasteur. Mais le roi d'Angleterre fut outré de colère quand il apprit que l'archevêque voulait revenir sur la convention faite à Clarendon, et quand il vit lui-même qu'il refusait en sa présence d'apposer son sceau à l'acte qui y avait été dressé. Le roi commença à l'accabler de grandes vexations, et il parut qu'il en voulait même à sa vie (*Apud Baron.*, an 1164).

On s'étonnera peut-être que dès le commencement de cette querelle, tout le monde craignit pour la vie de l'archevêque. C'est que l'on connaissait le caractère de Henri II. En voici quelques traits : « Il était éloquent, affable, facétieux, joignant à la dignité de prince toutes les manières d'un gentilhomme; mais, sous ce dehors trompeur, il cachait un cœur capable de descendre aux plus vils artifices et de se jouer de son propre honneur, de sa propre véracité. Nul ne pouvait croire à ses assertions, ni se fier à ses promesses; il justifiait ses habitudes de duplicité par la maxime : « qu'il vaut mieux se repentir » de ses paroles que de ses actions; être coupable » de fausseté que de faire échouer ses entreprises » favorites (Girald., p. 783, 784; Petr. Bles., *Epist.* » 66)...... » S'il était pour quelques-uns de ses favoris un maître plein de bonté, c'était aussi l'ennemi le plus vindicatif. Son tempérament ne pouvait supporter la contradiction. Quiconque hésitait à servir sa volonté, quiconque osait traverser ses désirs, était, dès l'instant, marqué comme sa victime et poursuivi avec toute l'ardeur d'une vengeance inexorable. Sa colère était la frénésie d'un insensé; sa furie, celle d'une bête féroce. Au milieu de ses accès de rage, ses yeux se remplissaient de sang, ses regards paraissaient enflammés, sa langue vomissait des torrents d'injures et d'imprécations, ses mains portaient sa vengeance sur tout ce qu'il pouvait atteindre. Dans une occasion, Humet, son ministre favori, se risqua à lui présenter quelques notes en faveur du roi d'Ecosse; Henri s'emporta sur-le-champ. Il appela Humet traître, s'arracha son bonnet, détacha son épée, déchira ses vêtements, enleva la couverture de son lit, et, ne pouvant faire un plus grand dommage, s'assit par terre et se mit à ronger les nattes de paille du plancher (*Ibid., et Epist. S. Thomas.*, l. 1, *Epist.* 44 et 45). » Ainsi parle un historien anglais, Lingard, d'après les auteurs mêmes qui vécurent à la cour du roi (*Hist. d'Angl.*, t. II).

Le saint archevêque Thomas, voyant donc qu'il ne pouvait plus faire aucun fruit dans son Eglise, voulut passer en France pour aller trouver le Pape, et s'embarqua secrètement; mais il fut rejeté par le vent contraire, et le roi ayant appris qu'il avait voulu sortir sans congé, en fut encore plus irrité contre lui. Cependant Rotrou, évêque d'Evreux, travaillait à réconcilier le roi et l'archevêque. Et comme le roi ne voulait rien écouter sans la confirmation des coutumes, l'archevêque envoya au Pape, comme pour le prier de les confirmer; mais en effet pour l'en faire juge, en décharger sa conscience sur son supérieur et apaiser ainsi le roi. Le Pape ne se laissa pas surprendre et refusa de confirmer les coutumes.

Le roi, voyant donc qu'il n'avançait rien de ce côté-là, entreprit, par le conseil de gens mal intentionnés, de faire passer la légation d'Angleterre à Roger, archevêque d'York, de tout temps jaloux de Thomas. Le Pape le refusa une première fois, ne voulant pas ôter à l'Eglise de Cantorbéry cet ancien privilège. Mais le roi lui ayant envoyé une seconde députation sur ce sujet, le Pape craignit qu'un refus absolu ne l'irritât trop, et que Thomas lui-même ne ressentît les effets de son indignation. C'est pourquoi, tenant ferme pour le refus des coutumes, il accorda à Roger le titre de légat, mais avec des restrictions qui le rendaient presque inutile; car il ne soumettait ni la personne de Thomas ni son diocèse à la personne du nouveau légat, et il avait tiré parole que les lettres de légation ne seraient point rendues à Roger sans un nouveau consentement de sa part. C'est ce que l'on voit par ses lettres à Thomas, dont la première est datée du 5 mars à Sens (L. 1, *Epist.* 4, 5, 43).

Par cette lettre et par une autre encore, il l'exhorte à se conduire envers le roi avec grande circonspection, et à faire tous ses efforts pour recouvrer les bonnes grâces de ce prince, sans préjudice de la liberté de l'Eglise. « Gardez-vous bien, ajoute-t-il, d'user d'aucune rigueur contre le roi ni son royaume jusqu'à Pâques prochain. Dieu nous donnera alors un meilleur temps, et nous pourrons, vous et moi, agir plus sûrement en cette affaire. » Il semble qu'Alexandre prévoyait la mort de l'antipape. Il écrivit aussi au roi d'Angleterre, l'exhortant à abandonner ses coutumes contraires à la liberté de l'Eglise, par la considération du jugement de Dieu et par les punitions que Dieu a exercées contre les rois qui ont empiété sur le sacerdoce (*Epist.* 42).

Toutefois, le différend s'envenimait de plus en plus. On venait tous les jours rapporter au roi que l'archevêque n'observait point les coutumes jurées; d'autres se plaignaient que, appuyé de son crédit, il les avait dépouillés de leurs biens, et les courtisans, jaloux, exagéraient son ingratitude après tant de bienfaits du roi. On empoisonnait même ses vertus et le changement de ses mœurs. Son zèle pour la justice était traité de cruauté, son application à procurer l'utilité de l'Eglise était avarice : c'était par orgueil qu'il méprisait l'estime du monde, pour ne s'attacher qu'à la volonté de Dieu, c'était témérité de vouloir soutenir les droits de son siège au delà de ses prédécesseurs; il ne pouvait rien dire ni rien faire qui ne fût mal interprété. Enfin on persuada au roi que sa puissance allait s'anéantir, si celle de l'archevêque continuait de croître, et que, s'il n'y donnait ordre, il n'y aurait plus à l'avenir de roi en Angleterre, que celui qui serait élu par le clergé, et autant qu'il plairait à l'archevêque (*Vita quadrip.*, c. 24).

Le roi le fit donc citer à Northampton, où il appela, par un ordre très-exprès, tous les prélats et les seigneurs du royaume. Les évêques, à l'exception de deux, s'y montrèrent serviles courtisans, particulièrement l'évêque Gilbert Foliot de Londres. Ils condamnèrent leur primat sur plusieurs chefs d'accusation portés contre lui par le roi, accusations qui ressemblaient plus aux chicanes d'un plaideur normand qu'aux procédés dignes d'un monarque. Il lui réclama, entre autres, une somme considérable qu'il lui devait, disait-il, comme chancelier. Mais il était notoire que dans son sacre, il avait été déclaré, de la part du roi, libre de tous les engagements qu'il avait à la cour.

Le lundi 12 octobre, le bruit se répandit, et on le dit à l'archevêque lui-même, que, s'il se présentait à la cour du roi, il serait tué ou mis en prison. Comme il ne se sentait pas encore assez préparé au martyre, il suivit l'avis d'une personne pieuse, qui lui conseilla de dire le lendemain une messe votive en l'honneur de saint Étienne, premier martyr. Le mardi matin, les évêques vinrent le trouver, alarmés du bruit qui courait, et ils lui conseillèrent lâchement de se soumettre en tout à la volonté du roi, disant que, sans cela, on l'accuserait de parjure dans cette cour, comme ayant violé le serment de fidélité qu'il avait fait au roi, en refusant d'observer les coutumes qu'il avait même jurées par un serment particulier. Il leur répondit : « Mes frères, le monde, vous le voyez, frémit contre moi; mais ce qui m'est le plus sensible, c'est que vous m'êtes vous-mêmes contraires. Quand je me tairais, les siècles futurs raconteront comment vous m'avez abandonné dans le combat. Vous m'avez déjà jugé pendant deux jours de suite, moi qui suis votre archevêque et votre père, et je conjecture encore, par vos discours, que vous êtes prêts à me juger dans le for séculier, non-seulement au civil, mais au criminel. Or, je vous défends à tous, en vertu de l'obéissance et sous peine de perdre votre ordre, d'assister au jugement où on prétend me juger, et, de peur que vous ne le fassiez, j'en appelle à l'Église romaine. Que si les séculiers mettent les mains sur moi, je vous ordonne de même d'employer pour ma défense les censures ecclésiastiques. Sachez, au reste, que, encore que le monde frémisse, que l'ennemi s'élève, qu'il brûle mon corps, toutefois, avec l'aide de Dieu, je ne céderai pas mon troupeau. »

A ces paroles d'un courage vraiment apostolique, l'évêque de Londres, se hâta de répondre par une lâcheté. Il appela aussitôt de cette sentence de l'archevêque, et ils le quittèrent tous pour se rendre à la cour. Seulement il y en eut deux qui demeurèrent encore quelque temps avec lui pour le consoler et l'encourager secrètement, savoir : Henri, évêque de Winchester, et Joscelin de Salisbury.

Aussitôt que les évêques se furent retirés, saint Thomas entra dans l'église et célébra la messe de saint Étienne, portant même le *pallium*, quoique ce ne fût pas fête; puis, l'ayant ôté ainsi que la mitre, et gardant le reste de ses ornements, avec la chape pontificale par-dessus, il alla à la cour. Mais, sachant le péril où il était, il prit sur lui secrètement l'Eucharistie. A la porte de la chambre où le roi l'attendait, il prit la croix de la main de celui qui la portait devant, et entra ainsi, suivi des évêques.

Robert, évêque d'Herford, s'offrit à lui servir de porte-croix. Mais il répondit : Il faut que je la porte moi-même; c'est ma sauvegarde, et elle me fait voir sous quel prince je combats. L'évêque de Londres lui dit au contraire : Si le roi vous voit entrer armé, il tirera contre vous son épée, et vous verrez alors de quoi vous servent vos armes. Je m'en remets à Dieu ! dit l'archevêque. L'évêque courtisan ajouta : Je vois bien que vous ne quitterez pas votre entêtement.

Le roi, sachant que l'archevêque venait avec sa croix, se retira dans une autre chambre; et l'archevêque s'assit seul d'un côté, et les évêques devant lui. Un héraut appela tous les prélats et les seigneurs, et on proposa, de la part du roi, une grande plainte contre l'archevêque, de ce qu'il était ainsi entré dans la cour du prince portant sa croix, pour lui faire affront. Tous prirent le parti du roi, et traitèrent le saint pontife de traître, d'ingrat et de parjure, criant hautement contre lui. Les assistants furent saisis d'horreur. Roger, archevêque d'York, sortit en disant à deux de ses clercs qu'il trouva là : Retirons-nous de céans, il ne nous convient pas de voir ce qu'on va faire à l'archevêque de Cantorbéry.

Alors des huissiers, avec leurs baguettes, descendirent à grand bruit de la chambre où était le roi, et se tournèrent vers le saint archevêque, en étendant les mains et le regardant d'un air menaçant. Tous ceux qui étaient présents firent le signe de la croix. Barthélemi, évêque d'Excester, se jetant aux pieds du saint, lui dit : Mon père, ayez pitié de vous et de nous ! Nous allons tous périr aujourd'hui à cause de vous ! En effet, il y avait ordre du roi, que, quiconque demeurerait avec l'archevêque, serait jugé ennemi public et puni de mort. On disait aussi que les évêques de Salisbury et de Norvic, qui étaient demeurés, allaient être menés au supplice pour être mutilés, et ils priaient aussi l'archevêque de les sauver. Mais le saint répondit à l'évêque d'Excester : Retirez-vous d'ici, vos pensées ne sont pas de Dieu.

Les évêques, séparés des seigneurs par la permission du roi, délibérèrent entre eux. Leur embarras était extrême. Il fallut encourir l'indignation du roi, ou condamner leur archevêque pour crime, conjointement avec les seigneurs, ce qui leur paraissait manifestement contraire aux canons. Enfin, après avoir bien cherché comment ils se tireraient de cette fâcheuse nécessité, ils résolurent d'appeler l'archevêque devant le Pape, comme coupable de parjure, et de s'engager envers le roi à faire tout leur possible pour procurer sa déposition, à condition que le roi les déchargerait de la condamnation dont l'archevêque était menacé. Ayant pris cette résolution, ils vinrent trouver le saint pontife, et l'un d'eux lui dit au nom de tous : « Jusqu'ici vous avez été notre archevêque, et nous avons été tenus de vous obéir; mais, parce que vous avez juré fidélité au roi et promis de conserver sa dignité, ce qui comprend l'observation des coutumes que vous voulez aujourd'hui détruire, nous soutenons que vous êtes coupable de parjure, et comme tel nous ne devons plus vous obéir. Nous nous mettons sous la protection du Pape, et vous appelons en sa présence. » Et il lui marqua le jour. Après quoi les évêques so placèrent comme auparavant vis-à-vis de lui, et demeurèrent longtemps dans un profond silence : ce qui augmenta la terreur des assistants; car comme le roi était enfermé avec les seigneurs pour juger le saint prélat, on tenait pour certain qu'il allait être arrêté, s'il ne lui arrivait pis.

En effet, il fut jugé parjure et traître; et plusieurs seigneurs étant sortis d'avec le roi, Robert, comte de Leicester, dit au saint archevêque : Le roi vous mande de venir lui rendre compte de tous les chefs dont vous êtes chargé; sinon, écoutez votre jugement. Mon jugement! reprit le pontife en se levant avec la croix. Comte, mon fils, écoutez vous-même auparavant. Le roi m'a fait archevêque de Cantorbéry, parce que je l'avais bien servi. Il l'a fait malgré moi, Dieu le sait, et j'y ai consenti pour l'amour de lui, plus que pour l'amour de Dieu, qui m'en punit en ce jour. Toutefois, lorsqu'on procédait à mon élection, en présence du prince Henri et par ordre du roi, on déclara que l'on me rendait à l'Eglise de Cantorbéry, libre et quitte de tout engagement de la cour. Je ne suis donc pas tenu de répondre sur ce sujet. Le comte dit : Ceci est différent de ce que l'évêque de Londres avait dit au roi. Le saint ajouta : Ecoutez encore, mon fils. Autant l'âme est plus digne que le corps, autant devez-vous plus obéir à Dieu et à moi, qu'à un roi terrestre : d'ailleurs, ni la loi ni la raison ne permettent que des enfants jugent leur père. C'est pourquoi je décline sa juridiction et la vôtre, pour être jugé de Dieu seul, par le ministère du Pontife romain, à qui j'en appelle en présence de vous tous ; et je mets sous sa protection l'Eglise de Cantorbéry, ma dignité et tout ce qui en dépend. Et vous, mes frères les évêques, qui obéissez à un homme plutôt qu'à Dieu, je vous appelle aussi au jugement du seigneur Pape; et ainsi je me retire, garanti par l'autorité de l'Eglise catholique et du Siége apostolique. Cela dit, il éleva sa croix et sortit de l'assemblée.

Les courtisans lui dirent beaucoup d'injures, l'appelant parjure et traître. Mais quand il fut dehors, la presse était si grande pour recevoir sa bénédiction, qu'à peine pouvait-il conduire son cheval. C'étaient principalement les pauvres qui bénissaient Dieu de l'avoir délivré de ce péril ; car on le croyait déjà mort.

On le conduisit ainsi en triomphe à son logis, qui était le monastère de Saint-André. Il ordonna de faire entrer tous les pauvres et de leur donner à manger : toutes les salles et toutes les cours en furent pleines. Comme il dînait, les évêques de Londres et de Chichester vinrent lui dire qu'ils avaient trouvé un moyen d'accommodement, savoir : de donner au roi deux terres de l'archevêché, pour sûreté des sommes qu'il demandait. Le saint archevêque dit que le roi retenait déjà une terre de l'Eglise de Cantorbéry, et qu'il s'exposerait à tout plutôt que d'y renoncer. Les deux évêques, indignés de ce qu'il repoussait ainsi leur proposition mercantile, rapportèrent au roi cette réponse, qui l'échauffa encore plus. Au même dîner, la lecture de table était de la persécution du pape Libère dans l'*Histoire tripartite*. Et sur ce passage de l'Evangile : *Quand on vous persécutera dans cette ville, fuyez à une autre*, le saint prélat regarda le docteur Hébert, qui comprit depuis que sa fuite était dès lors résolue. Au sortir de la table, il envoya au roi trois évêques, lui demander sûreté pour sortir du royaume. Ils rapportèrent la réponse du roi, qu'il en parlerait le lendemain au concile.

Vers la nuit, deux des plus grands seigneurs vinrent trouver le saint, tout en pleurs et se frappant la poitrine, l'assurant que des hommes considérables et accoutumés au crime s'étaient engagés ensemble, par serment, à le tuer. Cet avis détermina l'héroïque pontife à s'enfuir, pour ne pas faire périr la cause de l'Eglise, qui n'était pas encore bien éclaircie. Il se fit donc préparer un lit dans l'église de Saint-André, entre deux autels ; il s'y prosterna avec quelques-uns des siens, et commença à chanter les psaumes pénitentiaux avec les litanies, faisant une génuflexion au nom de chaque saint ; puis, étant fatigué, il se coucha, feignant de vouloir prendre du repos ; mais il se déroba secrètement, et sortit un peu avant le chant du coq.

Marchant toujours de nuit, avec un religieux et le docteur Hébert, un de ses biographes, il vint jusqu'à la mer, s'embarqua le jour des Morts, 2 novembre, dans une barque, et arriva à Boulogne en France, lui quatrième. Il allait à pied, portant un habit blanc de moine et se faisant nommer frère Chrétien. Mais comme il était fatigué de la mer et peu accoutumé à marcher ainsi par la pluie et par la boue, après avoir fait un peu de chemin, il se coucha par terre et dit à ses compagnons : Il faut que vous me portiez ou que vous me cherchiez une voiture. Ils lui trouvèrent un cheval qui n'avait ni selle ni bride, mais seulement un licou ; ils mirent un manteau dessus, et l'y firent monter. Un peu après, ils trouvèrent des gens armés qui demandèrent s'il était l'archevêque de Cantorbéry. Il leur répondit : Est-ce là l'équipage de cet archevêque ? Et ils ne le reconnurent point.

Il arriva le soir à Graveline, et se mit à table avec ses trois compagnons, qui lui donnèrent la dernière place, et affectaient en tout de le faire paraître comme le moindre d'entre eux. Toutefois, l'hôte remarqua qu'il se distinguait des autres par sa bonne mine et par ses manières nobles. Il était de belle taille, avait le front large, le regard sévère, le visage long, les mains belles et grandes ; et il donnait aux enfants et aux gens de la maison, du peu qu'il y avait sur la table. Comme le bruit s'était déjà répandu de la fuite du saint prélat, l'hôte, ayant fait ces observations, tira sa femme à part et lui dit ce qu'il soupçonnait. La femme, impatiente, alla aussitôt voir le prélat à table ; et, après l'avoir un peu regardé, elle revint en souriant dire à son mari : C'est lui assurément. Aussitôt elle alla chercher avec empressement des noix, des pommes, du fromage, et les mit devant le frère Chrétien, qui eût mieux aimé n'être pas si bien servi. Après le souper, l'hôte s'approcha de lui, et ne voulut jamais s'asseoir qu'à terre à ses pieds. Puis il lui dit : Seigneur, je rends grâces à Dieu de ce que vous m'avez fait l'honneur d'entrer chez moi. Et qui suis-je donc ? dit le prélat. Ne suis-je pas un pauvre frère nommé Chrétien ? L'hôte reprit : Assurément, quelque nom que l'on vous donne, je sais que vous êtes l'archevêque de Cantorbéry. Le saint, ne pouvant plus dissimuler, caressa l'hôte, de peur qu'il ne le découvrît, et l'emmena le lendemain avec lui.

Or, saint Thomas avait à craindre non-seulement Philippe d'Alsace, comte de Flandre, mais encore Matthieu, comte de Boulogne, son frère. Ils étaient cousins-germains du roi d'Angleterre, qui venait de leur mander que Thomas s'était enfui de son royaume comme un traître. Le saint partit donc de Graveline avant le jour, et, ayant fait douze lieues à pied, il arriva à Clair-Marais, monastère de Cîteaux, près Saint-Omer. Le même jour, arrivèrent à Saint-Omer les prélats que le roi d'Angleterre envoyait au Pape : c'est pourquoi l'archevêque partit de Clair-Marais la nuit même, après matines, et se retira au monastère de Saint-Bertin.

Cependant les envoyés du roi d'Angleterre, qui étaient l'archevêque d'York, avec quatre évêques, parmi lesquels celui de Londres, allèrent trouver le roi de France, Louis le Jeune, à Compiègne, et lui remirent les lettres de leur maître, portant que Thomas, ci-devant archevêque de Cantorbéry, s'était enfui de son royaume comme un traître ; c'est pourquoi il priait Louis, son seigneur, de ne pas le recevoir dans ses terres. Le roi de France se récria sur ces mots : *ci-devant archevêque*, et demanda qui l'avait déposé. Puis il ajouta : Assurément je suis roi, aussi bien que le roi d'Angleterre, et toutefois je ne pourrais pas déposer le moindre des clercs de mon royaume.

Le docteur Hébert et un autre de la compagnie de l'archevêque suivaient pas à pas les prélats envoyés du roi, sans qu'ils le sussent ; ces prélats les précédaient toujours d'une journée. Hébert et son compagnon vinrent donc aussi trouver le roi de France, qui connaissait et estimait Thomas dès le temps qu'il était chancelier. Il s'informa s'ils étaient de sa famille, et, l'ayant appris, il les salua par le baiser, et les écouta favorablement. Quand ils lui eurent raconté, suivant l'ordre du saint prélat, l'histoire lamentable de ses peines et de ses périls, le bon prince en fut attendri, et leur dit que, de son côté, le roi d'Angleterre lui avait écrit contre le prélat, et ce qu'il lui avait répondu. Il ajouta : Avant que de traiter aussi durement un homme d'un si grand rang et son ami, il devait se souvenir de ce verset : *Mettez-vous en colère, et ne péchez point* (Ps. 4). A quoi l'un des envoyés répondit : Sire, il s'en serait peut-être souvenu, s'il l'avait ouï chanter à l'office aussi souvent que vous ; et le roi sourit. Le lendemain, le bon roi Louis ayant tenu conseil avec ceux qu'il avait auprès de lui, accorda au saint archevêque de Cantorbéry la paix et la sûreté dans son royaume, et, en congédiant ses envoyés, il ajouta : « Il est de l'ancienne dignité de la couronne de
» France, que les exilés, principalement les per-
» sonnes ecclésiastiques, trouvent dans le royaume
» sûreté et protection. »

Les envoyés de l'archevêque se retirèrent très-contents, et, suivant leurs ordres, ils se pressèrent d'aller trouver le Pape à Sens, où les envoyés du roi d'Angleterre étaient arrivés le jour précédent.

La venue de ces derniers ébranla plusieurs cardinaux, tant par l'espérance du gain que par la crainte du trouble que la colère du roi pourrait causer dans les affaires publiques. Les uns disaient que Thomas était le défenseur de la liberté de l'Église, que sa cause était juste, et qu'il fallait le soutenir ; les autres, que c'était un brouillon dont il fallait réprimer les entreprises. La prévention fut telle, que ses envoyés ne purent obtenir des cardinaux d'être reçus seulement au baiser de paix. Toutefois, dès le jour de leur arrivée, ils eurent, le soir, audience du Pape, qui les écouta favorablement et fut touché jusqu'aux larmes du récit qu'ils lui firent des souffrances de l'archevêque. Il leur dit : Votre maître a déjà acquis de son vivant la gloire du martyre. Et comme il était fort tard, il leur donna sa bénédiction et les renvoya à leur logis.

Le lendemain, le Pape tint consistoire avec les cardinaux, qui étaient presque tous à sa cour. On appela les envoyés de part et d'autre. Gilbert, évêque de Londres, parla pour ceux du roi d'Angleterre, mais avec si peu de mesure, qu'il compara son saint archevêque à l'impie qui s'enfuit sans que personne ne le poursuive. Modérez-vous, lui dit alors le Pape. L'évêque ajouta : Voulez-vous que je l'épargne ? Je ne dis pas, reprit le Pape, que vous l'épargniez, mais que vous vous épargniez vous-même. L'archevêque d'York et l'évêque de Chichester parlèrent dans le même sens que celui de Londres. Ils se montrèrent courtisans passionnés, bien plus que dignes évêques. Cela fut d'autant plus étrange, que le comte d'Arondel, parlant ensuite au nom des seigneurs, s'exprima avec une modestie et une discrétion qui furent louées de tout le monde. Comme les évêques avaient parlé en latin : « Nous ne savons, dit le comte, nous ne savons, nous autres gens sans lettres, ce qu'ont dit les évêques. C'est pourquoi il faut que nous disions aussi, comme nous pouvons, pourquoi nous sommes envoyés. Ce n'est ni pour disputer, ni pour injurier personne, principalement en présence de celui à qui, de droit, tout le monde est soumis. Nous sommes venus vous offrir la dévotion et l'affection de notre roi pour vous : il a choisi pour cet effet tout ce qu'il a de plus grand dans son royaume ; et vous avez déjà, Saint-Père, éprouvé la fidélité du roi, au commencement de votre promotion. Nous ne croyons pas qu'il y ait dans la chrétienté un prince plus religieux et plus propre à conserver la paix, en ce qui le regarde. L'archevêque de Cantorbéry est aussi, de son côté, sage et discret ; mais quelques-uns le trouvent trop subtil, et, sans la division qui est survenue entre le roi et lui, nous serions heureux sous un si bon prince et un si bon pasteur. C'est pourquoi nous vous supplions de vous appliquer à rétablir la paix. »

Le Pape, déjà instruit d'ailleurs de la cause du différend, déclara aux envoyés du roi qu'il ne pouvait rien ordonner sur cette affaire en l'absence de l'archevêque de Cantorbéry ; mais les envoyés refusaient de l'attendre, disant qu'ils n'osaient demeurer à la cour du Pape au delà du terme prescrit par le roi ; et ils pressaient le Pape de nommer un légat pour juger l'affaire en Angleterre. Le Pape était fort embarrassé. Il voyait un roi jeune et puissant, et craignait, s'il était refusé, qu'il n'embrassât le schisme : de quoi aussi les envoyés le menaçaient, particulièrement les laïques. D'un autre côté, il ne pouvait se résoudre à renvoyer l'archevêque dans un pays où il était regardé comme un ennemi public, et d'où il n'était sorti que comme par miracle ; il lui semblait que c'était l'envoyer en prison combattre contre son geôlier. Les cardinaux augmentaient son embarras ; car la plupart, accoutumés à la complaisance pour les princes, voulaient que l'on accordât au roi ce qu'il demandait. Enfin le Pape tint ferme à ne rien ordonner au préjudice de l'archevêque en son absence; et les envoyés du roi, ne voulant pas l'attendre, s'en retournèrent en Angleterre sans avoir reçu la bénédiction du Pape. Ils se pressèrent même de sortir de France, où ils ne se trouvaient pas en sûreté, tant parce que l'on croyait qu'ils portaient beaucoup d'argent, que parce que tout le monde était favorable à l'archevêque. Le Pape, de son côté, cassa la sentence donnée à Northampton contre lui par les évêques et les barons d'Angleterre.

Cependant saint Thomas partit de Saint-Bertin, accompagné de l'abbé du monastère et de Milon, évêque de Térouanne, qui le conduisirent à Soissons. Le roi Louis y arriva le lendemain, et, apprenant que l'archevêque était dans la ville, il alla descendre de cheval à son logis, et le visita le premier. Il lui témoigna la joie qu'il éprouvait de le recevoir en son royaume, lui promit sûreté, et l'obligea à recevoir de sa libéralité tout ce qui lui serait nécessaire.

Thomas partit quelques jours après, accompagné des officiers du roi, pour aller trouver le Pape à Sens. Il fut reçu froidement par les cardinaux, mais il ne laissa pas d'avoir audience du Pape, qui témoigna compatir beaucoup à ses peines, et lui ordonna d'expliquer le lendemain, en présence des cardinaux, les causes de son exil. Ce jour-là donc, étant assis le premier après le Pape, il voulut se lever, mais le Pape voulut qu'il parlât assis. Il parla donc en ces termes : « Quoique je ne sois pas fort habile, je n'ai pas toutefois assez peu de sens pour quitter sans sujet le roi d'Angleterre ; car si j'avais voulu lui être complaisant en tout, il n'y aurait personne en ses Etats qui ne m'obéit absolument; et si je voulais, à présent encore, changer de conduite, je n'aurais pas besoin de médiateur pour rentrer en ses bonnes grâces. Mais parce qu'on a obscurci en nos jours la dignité de l'Eglise de Cantorbéry, j'aimerais mieux mourir mille fois que de dissimuler les maux que nous souffrons. Voyez vous-mêmes de vos yeux ce qui en est. » Alors il tira l'écrit des *coutumes* dont il était question, et ajouta en pleurant : « Voilà ce que le roi d'Angleterre a ordonné contre la liberté de l'Eglise; c'est à vous de juger si on peut le dissimuler en conscience. »

L'écrit ayant été lu, tous en furent touchés jusqu'aux larmes; et ceux mêmes qui étaient auparavant d'avis différents, convinrent alors qu'il fallait secourir l'Eglise universelle en la personne de l'archevêque. Mais le Pape ayant lu et relu attentivement chaque article des coutumes, entra en grande colère, et reprit vivement le prélat d'y avoir consenti avec les autres évêques. Puis il ajouta : « Quoiqu'il n'y ait rien de bon en ces articles, il y en a toutefois que l'Eglise peut tolérer en quelque manière; mais la plupart sont condamnés par les anciens conciles et contraires aux saints canons. » Puis, se tournant vers l'archevêque, il ajouta : « Il faut vous traiter plus doucement, parce que vous vous êtes relevé aussitôt après votre chute, et que vous avez obtenu notre absolution. C'est pourquoi nous vous la donnons encore, en considération de vos pertes et de vos souffrances. »

Le lendemain, le Pape étant assis avec les cardinaux dans une chambre plus secrète, Thomas se présenta et dit : « Je confesse que c'est par ma faute que j'ai excité ces troubles dans l'Eglise d'Angleterre. Je ne suis point entré dans la bergerie par la porte, mais à la faveur de la puissance séculière, quoique j'y sois entré malgré moi. Plus tard, si j'avais renoncé à l'épiscopat sur les menaces du roi, comme mes confrères voulaient me le persuader, j'aurais laissé dans l'Eglise un pernicieux exemple. Mais, à présent, je le fais en votre présence, et, craignant de plus fâcheuses suites de mon entrée irrégulière et de mon incapacité, je remets entre vos mains, Saint-Père, l'archevêché de Cantorbéry. » Aussitôt il tira l'anneau de son doigt, priant le Pape avec larmes de pourvoir cette Eglise d'un plus digne pasteur : ce qui attendrit tous les assistants jusqu'aux larmes.

Saint Thomas se retira ensuite, et le Pape délibéra sur ce sujet avec les cardinaux. Les uns étaient d'avis de profiter de l'occasion pour apaiser la colère du roi, mettant un autre sujet à Cantorbéry, et pourvoyant d'ailleurs Thomas de quelque place plus convenable. Les autres ne jugeaient pas raisonnable que celui qui, pour défendre la liberté de l'Eglise, avait exposé ses biens, sa dignité et sa vie, fût privé de son droit, au gré du roi. Ils voulaient que l'on donnât un exemple aux autres évêques, de résister en pareil cas; autrement personne n'oserait plus s'opposer à la volonté des princes, et l'Eglise et l'autorité du Pape seraient en péril. Ils concluaient qu'il fallait rétablir Thomas malgré le monde, et le soutenir en toutes manières. Cet avis l'emporta; et le Pape ayant fait rappeler le saint archevêque, lui ordonna de reprendre de sa main les fonctions de pasteur dans lesquelles il le rétablissait, lui promettant de ne l'abandonner de sa vie; « mais, ajouta-t-il, afin que vous appreniez à mener une vie pauvre et convenable à votre état présent, je vous mets entre les mains de cet abbé, chez qui vous demeurerez jusqu'à un temps plus favorable. » C'était Guichard, abbé de Pontigni, depuis archevêque de Lyon, que le Pape avait fait venir exprès. Saint Thomas se rendit donc à Pontigni avec quelques-uns des siens; mais il crut que, pour être digne archevêque de Cantorbéry, il fallait aussi prendre l'habit monastique, ayant lu dans les histoires, qu'il n'était jamais arrivé de division dans le royaume d'Angleterre, sinon quand ce siège avait été occupé par des personnes d'une autre profession. Il envoya donc au Pape, dont il reçut un habit monastique béni de sa main, de grosse étoffe et de laine crue. Ainsi l'archevêque, se trouvant à Pontigni, commença à y goûter du repos et à regarder cette retraite comme une école de vertu.

Mais la douceur de cette retraite fut troublée quelque temps après par les exilés qui venaient trouver l'archevêque; car le roi d'Angleterre, irrité de la bonne réception que le roi de France et le Pape lui avaient faite, et de la protection qu'ils lui donnaient, fit confisquer tous les biens de l'archevêque et des siens, et bannit tous ses parents, ses domestiques et ceux qui avaient quelque liaison avec lui; et cela, sans épargner ni les vieillards décrépits, ni les enfants au berceau, ni les femmes en couches. Il fit jurer à tous ceux qui étaient en âge de le faire, d'aller trouver l'archevêque en quelque lieu qu'il fût, pour l'affliger par leur présence; enfin il défendit de prier pour lui dans l'église. Il venait donc tous les jours au saint prélat un grand nombre de ces exilés, desquels toutefois plusieurs demeurèrent en Flandre, ayant été absous par le Pape de leur serment, en considération de leur sexe, de leur âge et de la rigueur de la saison. Les autres venaient à Pontigni fatiguer le saint archevêque par leurs cris et leurs plaintes des maux qu'ils souffraient pour sa cause. Ne pouvant les garder tous auprès de lui, il les envoyait en divers pays avec des lettres de recommandation; et ils trouvaient partout du secours, tant par la compassion que l'on avait d'eux, que par l'indignation qu'excitait la cruauté du roi d'Angleterre. Il y eut même de ces bannis qui se trouvèrent mieux au lieu de leur exil que dans leur patrie.

Parmi ceux qui furent persécutés à cause du saint archevêque, on remarque la fermeté de saint Gilbert de Simpringham. On rapporta au roi que lui et les siens avaient envoyé à Thomas, en France, depuis son exil, de grandes sommes d'argent. Or, quoique ce rapport fût faux, toutefois parce qu'on le croyait, on obligea Gilbert, tous les supérieurs et tous les procureurs de son ordre, à se présenter devant les juges du roi, pour être tous bannis, s'ils étaient convaincus du fait. Les juges ayant pitié de Gilbert, dont ils connaissaient la sainteté, lui offrirent de se purger par serment de cette accusation, promettant de le renvoyer absous, lui et les siens. Mais Gilbert déclara qu'il aimait mieux aller en exil que de prêter ce serment; car, encore qu'il sût bien qu'un serment contenant la vérité ne peut nuire à qui le fait, mais tout au plus à qui l'exige; toutefois, il crut de mauvais exemple de se justifier d'une telle accusation, comme si c'eût été un crime de secourir, dans un cas pareil, un prélat souffrant pour l'Eglise. Comme donc il refusait le serment et que les juges n'osaient le condamner, il demeura quelque temps à Londres avec les siens. Ceux-ci, se voyant à la veille d'abandonner leurs maisons pour un serment qu'ils étaient prêts à faire, étaient dans la crainte et l'affliction, pendant que Gilbert affectait de témoigner sa joie en toutes manières. Le dernier jour du terme, comme ils s'attendaient tous à être bannis, arrivèrent des messagers du roi, qui était deçà la mer, avec ordre de remettre l'affaire de Gilbert jusqu'à ce qu'il en prît par lui-même une plus ample connaissance. Aussitôt Gilbert fut renvoyé avec les siens, et alors, se voyant libre, il déclara aux juges, mais sans aucune forme de serment, que ce qu'on lui avait reproché était entièrement faux. Cette fermeté fut admirée de tout le monde. Saint Gilbert vécut encore vingt-trois ans, et mourut âgé de cent six ans, l'année 1189, 4 février, jour auquel l'Eglise honore sa mémoire (*Acta Sanct.*, 4 *febr.*).

Saint Thomas, de son côté, touché de ce que les siens souffraient à cause de lui, commença, à Pontigni, de mener une vie plus pénitente. Outre le cilice qu'il portait continuellement et les disciplines qu'il se faisait souvent donner en secret, il ordonna au moine qui le servait à table, de lui donner tous les jours, sans que l'on s'en aperçût, avec les mets délicats qu'on lui servait, la portion de la communauté, ayant résolu d'en faire sa seule nourriture. Ainsi, pendant quelques jours, il ne vécut que de légumes secs et insipides, suivant qu'on l'observait alors dans l'ordre de Citeaux. Mais cette nourriture, si différente de celle à laquelle il était accoutumé de jeunesse, lui causa une grave maladie, et il fut obligé de revenir à des aliments plus convenables.

Cependant on portait des paroles de paix entre le Pape et le roi d'Angleterre, pour tenir une conférence où l'on traitât de la paix. Le roi dit qu'il s'y trouverait, mais à condition que Thomas n'y serait point, autrement qu'il ne verrait pas le Pape même. Thomas, au contraire, manda au Pape de ne pas entrer sans lui en conférence avec le roi. Je connais, disait-il, ses manières, il lui sera plus facile de vous surprendre, s'il n'y a un interprète exact qui puisse pénétrer ses sentiments. Sur cette réponse, le Pape manda au roi : Il est inouï que l'Eglise romaine ait éloigné quelqu'un de sa compagnie au gré d'un prince, particulièrement un homme exilé pour la justice; au contraire, le Saint-Siége est en droit de protéger les opprimés, même contre les princes. Ainsi la conférence fut rompue (*Vita quadrip.*, l. 2, c. 15).

Furieux de n'avoir pu tromper le Pape, le roi Henri publia des ordonnances atroces contre ceux qui apporteraient en Angleterre des lettres d'interdit pontifical. Si c'est un religieux, on lui coupera les pieds; si c'est un clerc, on lui arrachera les yeux et les parties génitales; un laïque, on le pendra; un lépreux, on le brûlera (*Apud Baron.*, an 1164, n. 24). Outre les seize articles de Clarendon, il en publia dix autres en Normandie, où il défend expressément tout appel, soit au Pape, soit à l'archevêque; le paiement au Pape du denier de saint Pierre, qui était confisqué au profit du trésor. Il y ordonnait de punir sur-le-champ, comme traître, quiconque porterait en Angleterre des lettres d'interdiction de la part du Pape ou de l'archevêque; il prononçait le bannissement et la confiscation contre tous ceux qui observeraient l'interdit ou favoriseraient le parti, soit de l'archevêque, soit du Pape (*Ibid.*, n. 42).

Non content de ces mesures tyranniques envers ses sujets, il voulut tyranniser le Pape même, qui retournait alors à Rome. Il lui envoya de nouveaux députés pour le menacer d'embrasser le parti de l'antipape, s'il ne consentait à déposer l'archevêque de Cantorbéry, à casser tout ce qu'il avait fait, à jurer même et à faire jurer tous les cardinaux que les coutumes royales d'Angleterre seraient conservées inviolablement par l'autorité apostolique. Le principal de ces députés était Jean d'Oxford. Ils eurent ordre d'éviter la France et de passer par l'Allemagne. C'était en 1165. Rainald, archevêque élu de Cologne, grand fauteur du schisme, les conduisit au conciliabule que l'empereur Frédéric tenait en ce moment à Wurtzbourg. Les deux députés anglais, qui étaient clercs l'un et l'autre, eurent la hardiesse d'y jurer obéissance à l'antipape Pascal, au nom de leur maître. Ils passèrent ensuite en Italie, et présentèrent les lettres de leur roi au pape Alexandre, auquel ils cachèrent soigneusement ce qu'ils avaient fait à Wurtzbourg. Le Pape, sans s'émouvoir des menaces de ce prince, lui récrivit avec tant de vigueur, qu'il protesta de nouveau de son obéissance, et désavoua publiquement ce que ses députés avaient fait en Allemagne.

Le Pape fit plus encore : arrivé à Rome, il déclara le saint archevêque de Cantorbéry son légat dans toute l'Angleterre, excepté le diocèse d'York. La lettre est du 7 décembre 1165. Thomas, l'ayant reçue, chargea les évêques d'Herford et de Worchester de notifier sa légation à tous les autres. L'évêque de Londres en reçut la signification le jour de la Conversion de saint Paul, patron de sa cathédrale, c'est-à-dire le 25 janvier 1166. Il en fut extrêmement alarmé, et en écrivit au roi en ces termes : « Quand le Pape commande, il n'y a ni appellation ni autre remède, il faut obéir. Le jour de Saint-Paul, comme j'étais à l'autel dans Londres, je reçus de la main d'un homme qui m'était entièrement inconnu, une lettre du Pape, par laquelle il accorde et confirme au seigneur archevêque de Cantorbéry la légation par toute l'Angleterre, excepté le diocèse d'York. Il nous est ordonné de lui obéir en cette qualité, et d'obliger ceux qui, par votre ordre, ont reçu, en son absence, les fruits des bénéfices de ses clercs, à les restituer dans deux mois, sous peine d'excommunication. Il m'est aussi ordonné d'exiger de mes confrères le denier de saint Pierre, et de leur faire tenir les lettres de l'archevêque, sous peine de déposition. Nous nous jetons donc à vos pieds, pour vous supplier d'empêcher que nous ne soyons honteusement réduits au néant, et de nous permettre d'obéir aux ordres du Pape; de faire rendre le denier à saint Pierre et les revenus aux clercs, et de demander à tous les évêques que, s'ils trouvent dans les lettres de l'archevêque quelque grief contre l'usage du royaume, ils en appellent au Pape ou aux légats qu'on nous envoie (L. 1, *Epist.* 131). »

Saint Thomas était cependant à Pontigni, où, profitant de la solitude, il s'appliquait entièrement aux exercices spirituels, en sorte que, après l'office divin, à peine l'Ecriture sainte sortait-elle de ses mains. Il ne laissait pas de sortir avec les moines pour le travail, de moissonner et d'amasser le foin comme les autres, tout faible qu'il était. Cependant, pour ne pas abandonner l'intérêt de l'Eglise, la seconde année de son exil, c'est-à-dire en 1166, il envoya au roi d'Angleterre, par un abbé de l'ordre de Citeaux, une lettre remplie de douceur, pour servir de premier monitoire. Il y représente que son devoir ne lui permet pas de garder le silence, et exhorte le roi à rendre la liberté à l'Eglise d'Angleterre. Quoique cette lettre n'eût fait qu'aigrir le roi, le saint archevêque lui en écrivit une autre plus forte, où, sans entrer dans le fond de la question, il relève la dignité sacerdotale et menace le roi de la colère de Dieu. Mais cette seconde lettre n'attira que des injures aux religieux qui en furent porteurs.

Toutefois, le roi d'Angleterre eut une conférence à Chinon en Touraine, avec les seigneurs et ses conseillers les plus intimes, pour savoir ce qu'il devait faire en cette occasion. Là, il se plaignit amèrement de l'archevêque, disant, avec larmes et soupirs, qu'il lui enlevait le corps et l'âme, et qu'ils étaient tous des traîtres qui ne voulaient pas s'appliquer à le délivrer de la persécution d'un seul homme. L'archevêque de Rouen, qui était présent, s'échauffa un peu contre le roi, et le reprit de cet emportement, mais avec douceur, selon son naturel. Ce qui aigrissait le roi, c'étaient les lettres que Thomas lui avait écrites, à lui et à l'impératrice, sa mère, et il craignait qu'il ne prononçât incessamment l'interdit sur son royaume et l'excommunication contre sa personne, par son autorité de légat. Pour le tirer d'embarras, Arnoul, évêque de Lisieux, dit que l'unique remède était de prévenir la sentence par une application. Ainsi le roi, qui prétendait que les appellations au Pape étaient contraires à l'usage de son royaume, et qui venait de les défendre sévèrement, se trouvait réduit à y avoir recours lui-même.

Les évêques de Lisieux et de Séez partirent donc pour aller trouver l'archevêque de Cantorbéry, et lui signifier un appel qui suspendit sa sentence jusqu'à l'octave de Pâques de l'année suivante. L'archevêque de Rouen se joignit à eux pour servir de médiateur à la paix. Mais quand ils furent arrivés à Pontigni, ils n'y trouvèrent point saint Thomas ; il était allé à Soissons, pour implorer les suffrages de la sainte Vierge, de saint Drausin et de saint Grégoire. Il voulait ainsi se fortifier pour le combat qu'il allait livrer au roi d'Angleterre, en portant sa sentence contre lui. Car saint Drausin était invoqué par les champions à la veille d'un combat. Ayant passé trois nuits en prières aux églises de ces saints, il partit le lendemain de l'Ascension pour aller à Vézelai et y prononcer, le jour de la Pentecôte, l'excommunication contre le roi et les siens. Mais le vendredi d'avant la fête, il apprit avec certitude que le roi d'Angleterre était grièvement malade, au point qu'il avait envoyé s'excuser d'une conférence qu'il avait demandée au roi de France. Cette nouvelle obligea Thomas à différer l'excommunication du roi d'Angleterre, comme on le lui avait déjà conseillé.

Cependant, le jour de la Pentecôte, dans la grande église de Vézelai, devant un grand concours de diverses nations, il excommunia Jean d'Oxford, pour avoir participé au schisme dans l'assemblée de Wurtzbourg, et pour quelques autres griefs. Quant au roi, après avoir déclaré comme il l'avait averti satisfaire à l'Eglise, il l'invita de nouveau à faire pénitence, menaçant de le frapper dans peu de l'excommunication. Enfin, il condamna publiquement l'écrit contenant les prétendues coutumes d'Angleterre, déclara excommuniés ceux qui, à l'avenir, emploieraient l'autorité de cet écrit, et déchargea les évêques de la promesse qu'ils avaient faite de l'observer. Il écrivit ensuite à tous les évêques de la province de Cantorbéry, pour les instruire de ce qu'il venait de faire, enjoignant à l'évêque de Londres de notifier sa lettre aux autres. Il en écrivit à l'archevêque de Rouen, et il en donna avis au Pape, auquel il en demanda la confirmation. Cependant le roi envoya en Angleterre porter une lettre de la conférence de Chinon, pour avertir les Anglais de l'appellation proposée, faire garder les ports et défendre au clergé d'obéir à l'archevêque (L. 1, *Epist.* 96, 143, 138).

Peu de temps après, les évêques, par ordre du roi, s'assemblèrent à Londres avec quelques abbés, et résolurent d'interjeter appel au Pape contre l'archevêque. L'évêque d'Excester s'y refusa; celui de Rochester s'excusa sur une maladie, que l'on crut feinte. Le vieil évêque de Winchester, qui occupait ce siège depuis trente-sept ans, et qui était frère du roi Etienne, écrivit en ces termes : « Je suis appelé par le souverain Pontife, et je ne veux point en appeler. On crut qu'il voulait dire que le Pape l'avait mandé; mais il entendait qu'il allait comparaître devant le tribunal de Jésus-Christ, à cause de son grand âge. Les autres évêques notifièrent leur appel au Pape et à l'archevêque par deux lettres assez longues, où ils s'efforcent d'excuser le roi et de faire retomber la cause du mal sur l'archevêque, qui réfuta leurs allégations par une lettre non moins longue (Baron., an 1166).

Après l'appel interjeté à Chinon et à Londres, le roi de son côté et l'archevêque du sien envoyèrent au Pape, de qui le roi obtint enfin, par ses députés, qu'il enverrait deux légats *à latere*, pour négocier la paix entre lui et l'archevêque. En même temps il envoya des lettres menaçantes au chapitre général de Citeaux, se plaignant qu'ils avaient reçu Thomas, son ennemi, dans une de leurs maisons, et leur défendant de le garder davantage, s'ils ne voulaient perdre tout ce qu'ils possédaient de leurs terres, tant deçà que delà la mer. Après donc que le chapitre fût fini, l'abbé de Citeaux lui-même vint à Pontigni, accompagné de l'évêque de Parme, autrefois moine de l'ordre, et de quelques abbés. Ils déclarèrent au saint archevêque, de la part du chapitre, l'ordre qu'ils avaient reçu du roi, et ajoutèrent : « Seigneur, le chapitre ne vous chasse pas pour cela, mais il vous prie de considérer, avec votre sage conseil, ce que vous avez à faire. » Le saint prélat, ayant délibéré avec les siens, répondit aussitôt : « Je serais bien fâché que l'ordre qui m'a reçu avec tant de charité souffre aucun préjudice à mon occasion ; c'est pourquoi, quelque part que j'aille, je m'éloignerai promptement de vos maisons. Mais j'espère que celui qui nourrit les oiseaux du ciel aura soin de moi et des compagnons de mon exil. »

Il envoya donner part de cette nouvelle au roi de France, Louis, qui en fut fort étonné, et la communiqua à ceux qui se trouvèrent auprès de lui ; puis, il s'écria : « O religion ! religion ! où es-tu ? Voilà ces gens que nous croyions morts au monde, qui craignent les menaces du monde ! et qui, pour des biens temporels qu'ils prétendent avoir méprisés pour Dieu, abandonnent l'œuvre de Dieu, en chassant ceux qui sont bannis pour sa cause ! » Ces réflexions du bon roi sont bien justes, et l'ordre de Citeaux, par sa lâche conduite, s'est imprimé une tache éternelle. Après avoir ainsi exprimé sa juste indignation, le roi, se tournant vers l'envoyé du saint prélat, lui dit : « Saluez votre maître de ma part, et dites-lui hardiment que, quand il serait abandonné de tout le monde, même de ceux qui paraissent morts au monde, je ne l'abandonnerai point, et, quoi que fasse contre lui le roi d'Angleterre, mon vassal, je le protégerai toujours, parce qu'il souffre pour la justice. Qu'il me fasse donc savoir en quel lieu de mes Etats il aime mieux se retirer, et il le trouvera prêt. »

Le saint prélat choisit la ville de Sens, tant pour sa situation commode que pour la douceur de ses habitants et leur honnêteté envers les étrangers, et le roi envoya au devant de lui un seigneur qualifié, avec trois cents hommes, pour l'amener de Pontigni. Il en sortit le jour de la Saint-Martin, l'an 1166 ; après y avoir demeuré deux ans. Et comme il prenait congé de la communauté, touchée jusqu'aux larmes, il commença tout à coup à en répandre lui-même abondamment. Sur quoi l'abbé qui l'accompagnait lui dit : « J'admire cette faiblesse dans un homme si ferme. Vous manque-t-il quelque chose pour votre dépense ? Nous y suppléerons suivant notre pouvoir. — Ce n'est pas cela, répondit-il ; mais Dieu m'a fait connaître cette nuit la fin de ma vie : je mourrai par l'épée. — Quoi ! répondit l'abbé, vous serez martyr, vous nourrissant délicatement comme vous faites ? » Et il le pressa de lui raconter sa révélation. « Je ne vous la dirai point, dit le saint prélat, si vous ne me promettez de ne point en parler de mon vivant. » L'abbé l'ayant promis, le saint continua : « Il m'a semblé cette nuit que j'étais dans une église, où je soutenais la cause de la religion contre le roi d'Angleterre, devant le Pape et les cardinaux : le Pape m'était favorable, et les cardinaux contraires, quand, tout à coup, sont venus quatre chevaliers, qui, m'ayant tiré de l'auditoire sans sortir de l'église, m'ont écorché le haut de la tête, à l'endroit de ma couronne ; ce qui m'a fait une telle douleur, que j'ai cru tomber en défaillance. Ce n'est pas toutefois une telle mort qui m'afflige ; au contraire, j'en rends grâces à Dieu : c'est ce qu'auront à souffrir ceux qui m'auront suivi. » Il raconta cette même vision, sous le même secret, à l'abbé de Vauluisant, et les deux abbés la racontèrent de même après sa mort.

Arrivé à Sens, saint Thomas y fut reçu avec honneur et joie par Hugues, qui en était archevêque, ainsi que par le clergé et le peuple. Il logea au monastère de Sainte-Colombe, et y demeura quatre ans, défrayé libéralement par le roi Louis. Chaque fois que ce bon prince venait à Sens, et il y venait souvent, après avoir été faire sa prière à l'église, il allait voir le saint archevêque, avait avec lui de longues conversations, et prenait son conseil sur les matières les plus importantes, comme d'un homme exercé dans les affaires d'Etat (*Vita quadrip.*, l. 2, c. 18).

Peu de jours après que saint Thomas fut arrivé à Sens, ses députés revinrent de Rome et lui apprirent que deux cardinaux viendraient incessamment pour négocier sa paix. Jean d'Oxford, que le roi d'Angleterre y avait envoyé, revint aussi, publiant fièrement que les légats venaient pour la gloire du roi et la confusion de l'archevêque. Ce qui est vrai, c'est que Jean d'Oxford étant arrivé à Rome, employa l'or dont le roi d'Angleterre l'avait chargé, à gagner les cardinaux, et réussit auprès de plusieurs, comme s'en plaignaient depuis saint Thomas et Jean, évêque de Poitiers. Ce dernier dit que l'on nommait chez le roi les cardinaux qui n'avaient point reçu de cet or, et ceux qui en avaient reçu plus ou moins. Entre ceux qui le refusèrent, furent les cardinaux Humbald et Hyacinthe, comme on le voit par les lettres que saint Thomas leur écrivit. Après les cardinaux, Jean d'Oxford s'appliqua par tous les moyens à surprendre le pape Alexandre, jusqu'à lui jurer qu'il n'avait rien fait contre lui à Wurtzbourg, et que le roi d'Angleterre était prêt à souscrire à toutes les conditions que Sa Sainteté prescrivait pour sa paix avec l'archevêque. C'est par ces protestations et autres artifices, qu'il obtint du Saint-Père l'envoi de deux légats, qui furent les cardinaux Guillaume de Pavie et Othon de Saint-Nicolas. Ils partirent de Rome le 1er janvier 1167, mais n'arrivèrent en Normandie, où était le roi, que vers la fin de l'été.

Depuis leur départ, le pape Alexandre apprit que le négociateur anglais triomphait du bon succès de sa négociation à Rome, et qu'il oubliait que ses légats venaient pour juger l'archevêque et le condamner, et que le Pape avait déjà exempté de sa juridiction plusieurs prélats et plusieurs autres personnes considérables d'Angleterre. Le Pape apprit de plus que ces bruits troublaient non-seulement l'archevêque, mais le roi de France et les seigneurs de son royaume. C'est pourquoi il écrivit aux deux cardinaux-légats, qu'ils travaillassent de tout leur pouvoir à consoler l'archevêque, à lui ôter tout soupçon et à le réconcilier avec le roi d'Angleterre; et que, jusqu'à ce que cette réconciliation fût entièrement faite, ils ne fissent rien d'important dans les terres du roi et n'entrassent point dans son royaume, quand même il le voudrait; autrement, ajoute-t-il, vous nous exposeriez, vous aussi, à plusieurs mauvais discours. La lettre est du 7 mai (L. 2, *Epist.* 23).

Le Pape écrivit en même temps au roi de France, pour lui donner part de l'envoi des légats et le prier d'employer ses bons offices pour la réconciliation de l'archevêque avec le roi d'Angleterre. « Et en cas, ajoute-t-il, qu'elle ne puisse se faire, nous voudrions bien, si vous l'aviez agréable, et s'il se pouvait sans choquer les personnes considérables de votre royaume, que l'archevêque y exerçât nos pouvoirs en qualité de légat. » C'était pour consoler Thomas de la suspension de son pouvoir de légat en Angleterre, que le Pape voulait lui donner cette légation en France.

On voit les plaintes de saint Thomas sur l'envoi des légats Guillaume et Othon, par les lettres qu'il écrivit lui-même dès qu'il en eut la première nouvelle; par une lettre du sous-diacre Pierre Lombard au Pape, où il marque l'indignation du roi de France, qui menaçait de défendre aux légats l'entrée de son royaume; enfin par une lettre de Jean de Salisbury, où il dit que le roi d'Angleterre se vantait d'avoir le Pape et tous les cardinaux dans sa bourse, et de jouir des mêmes privilèges que son aïeul, qui était, dans ses États, roi, légat, patriarche, empereur, et tout ce qui lui plaisait. Puis il ajoute : Qu'auraient pu lui donner de plus les antipapes Octavien et Gui de Crème ? On écrira ceci dans les *Annales de l'Église romaine* : Que le Pape, touché des prières et des menaces du roi d'Angleterre, dont il a souffert si longtemps les excès intolérables, a dépouillé de ses pouvoirs, sans forme juridique, un prélat exilé depuis près de quatre ans, avec une infinité d'innocents, pour la cause de Dieu et la défense de la liberté, non parce qu'il l'a mérité, mais parce qu'il a plu au tyran. C'est au Pape à pourvoir à sa conscience, à sa réputation et au salut de l'Église. Les deux légats étaient suspects au saint archevêque, mais particulièrement Guillaume de Pavie, qu'il regardait comme son ennemi déclaré et entièrement livré au roi. Il lui écrivit à lui-même qu'il ne le recevait point pour juge (*Vita*, l. 2, c. 22; L. 1, *Epist.* 163; L. 2, *Epist.* 10, 19, 20, 25).

Cette année 1167, la guerre se ralluma entre les deux rois de France et d'Angleterre, pour la ville de Toulouse et pour d'autres causes, entre lesquelles on comptait, comme la principale, l'affaire de saint Thomas de Cantorbéry. Le Pape, l'ayant appris, écrivit aux deux légats Guillaume et Othon, d'employer tous les moyens possibles pour rétablir la paix entre ces deux princes, dont l'union était si importante à l'Église. Il leur défend expressément d'entrer en Angleterre et de se mêler des affaires de ce royaume, principalement des consécrations des évêques, avant la pleine réconciliation de l'archevêque Thomas avec le roi. La lettre est du 22 août 1167. Pour cet effet, les légats vinrent à Sens conférer avec l'archevêque de Cantorbéry, afin de négocier sa paix. De là, ils allèrent vers le roi d'Angleterre, et, le trouvant trop opiniâtre dans son sentiment, ils prirent jour pour une conférence entre lui et l'archevêque, à l'octave de la Saint-Martin.

Elle se tint, au jour marqué, à Gisors, sur les frontières de France et de Normandie. Après bien des explications, des allées et des venues, elle n'eut d'autre résultat final qu'une nouvelle appellation au Pape, faite au nom du royaume et du clergé d'Angleterre, par les évêques que le roi avait jugé à propos d'appeler à la conférence. Ces évêques demandaient qu'il fût défendu à l'archevêque de rien innover ni contre le clergé ni contre le royaume, et les mettaient sous la protection du Pape jusqu'au terme de l'appel, qui était la Saint-Martin de l'année suivante 1168. Après quoi les légats envoyèrent à l'archevêque une lettre du 14 décembre, par laquelle ils lui ordonnaient de déférer à cet appel, et lui défendaient, de la part du Pape, de jeter en Angleterre aucun interdit ou excommunication, jusqu'à ce que l'on allât en la présence du Pape et que l'on connût sa volonté. Les évêques envoyèrent également deux députés à l'archevêque pour lui dénoncer leur appel; mais il ne voulut pas leur parler, parce qu'ils avaient communiqué avec ceux qu'il avait excommuniés, entre autres l'évêque de Londres. Quant aux légats, Thomas leur écrivit qu'il savait bien, et eux aussi, jusqu'à quel point il devait leur obéir, et qu'il ferait ce qui serait expédient à l'Église.

Il écrivit cependant au Pape une grande lettre, où, après avoir raconté ce qui s'était passé à Gisors, il se plaint que le roi n'eût appelé que les évêques d'Angleterre qui lui étaient les plus opposés, et déclare qu'il ne lui est ni sûr ni possible de subir aucun jugement qu'en présence de Sa Sainteté. Il ajoute ensuite : « Et parce que vous êtes chargé du soin de toutes les Églises, tournez, s'il vous plaît, vos yeux vers l'Occident, et voyez comment l'Église y est traitée. Que le cardinal Othon vous dise ce qu'il a vu en Touraine et en Normandie, et ce qu'il a ouï dire d'Angleterre; car, pour ne point parler de l'Église de Cantorbéry et de celle de Tours, que le roi traite comme vous savez, il tient en sa main, depuis longtemps, sept évêchés vacants dans notre province et dans celle de Rouen, et ne permet point qu'on y ordonne d'évêques. Le clergé du royaume est donné en proie à ses satellites. Si nous dissimulons ces désordres, que répondrons-nous à Jésus-Christ au jour du jugement ? et qui résistera à l'antechrist, si on souffre si patiemment ses précurseurs ? C'est par ces tolérances que les rois dégénèrent en tyrans et ne laissent ni droits ni privilèges à l'Église, qu'autant qu'il leur plaît (L. 2, *Epist.* 30). »

Trois jours après, ayant reçu le mandement des légats qui suspendait ses pouvoirs, il écrivit au Pape une autre lettre où il dit : « Nous sommes devenus la risée de nos voisins par l'autorité de vos légats, qui n'ont gardé aucune mesure avec nous. Pourquoi, Seigneur, avez-vous donné la légation à un homme dont l'entrée vous devait faire juger de l'issue de sa commission ; qui, dès le commencement, n'a songé qu'à faire sa cour aux princes, aux dépens de la dignité de l'Eglise et de la vôtre (L. 2, *Epist.* 47). » C'est de Guillaume de Pavie dont il parle.

En même temps saint Thomas écrivit à tous les cardinaux encore plus fortement, leur disant entre autres choses : « En quelle conscience pouvez-vous dissimuler l'injure faite à Jésus-Christ en ma personne, ou plutôt à vous qui devez tenir en terre la place de Jésus-Christ ? Feignez-vous d'ignorer que le roi d'Angleterre usurpe tous les jours les biens de l'Eglise et détruit sa liberté ? Il étend les mains sur tout le clergé sans distinction, emprisonnant les uns, mutilant les autres, leur arrachant les yeux, les contraignant au duel ou à l'épreuve du feu ou de l'eau. Il empêche les évêques d'obéir à leur métropolitain, les moindres clercs à leurs prélats, et ceux qui sont excommuniés légitimement, de se tenir pour tels. Enfin il veut ôter à l'Eglise toute sa liberté, à l'exemple du grand schismatique, votre persécuteur. C'est l'empereur Frédéric. Si notre roi fait tout cela impunément, que feront ses successeurs ? Prenez garde que les maux croissent tous les jours aussi bien que les occasions et les artifices pour les faire. Ne vous fiez ni à la faveur des princes, ni aux richesses périssables ; faites-vous un trésor dans le ciel, pour secourir les opprimés. Autrement que Dieu nous juge, vous et moi, et tous les compagnons de mon exil ! Qu'il vous demande donc compte du sang de ceux qui sont morts pour ma cause, et qu'il venge vos dissimulations et vos injustices ! Bon Dieu ! quelle vigueur peut-on espérer dans les membres, si elle manque dans le chef ? On dit déjà hautement partout, qu'on ne fait point justice à Rome des puissants. Cette dissimulation, si vous n'y prenez garde, infectera tous les rois ; le nôtre est déjà venu au point de suivre les Siciliens, ou plutôt de les précéder. Le clergé d'Angleterre s'empresse de venir à sa cour de toutes parts ; les prêtres deviennent courtisans, et, sous ce prétexte, s'engagent au roi par serment, afin d'obtenir plus aisément dans son royaume les droits qu'il y établit à sa volonté... Croyez-moi donc, reprenez vos forces, employez le glaive de saint Pierre, et vengez l'injure de Jésus-Christ sans épargner personne : c'est là le grand chemin qui mène à la vie. L'Eglise ne doit pas être gouvernée par la dissimulation et par l'artifice, mais par la justice et la vérité (L. 2, *Epist.* 46). »

Vers la fête de Noël 1168, il y eut des propositions de paix entre le roi de France et le roi d'Angleterre, portées de part et d'autre par des ecclésiastiques et des religieux, leurs sujets ; et, pour conclure le traité, on marqua une conférence au jour de l'Epiphanie de l'année suivante. Ce jour donc les deux rois s'assemblèrent à Montmirail, dans le Maine, et la paix y fut confirmée. Le roi d'Angleterre dit au roi de France : « Seigneur, en ce jour où trois rois ont offert des présents au Roi des rois, je me mets sous votre protection avec mes enfants et mes Etats. » Alors Henri, son fils aîné, s'approcha, et reçut du roi de France la seigneurie de la Bretagne, de l'Anjou et du Maine, dont il lui fit hommage, comme il l'avait déjà fait pour le duché de Normandie ; son frère Richard, surnommé dans la suite *Cœur de Lion*, fut fiancé avec Alix, seconde fille du roi de France, et lui fit hommage du duché d'Aquitaine.

Cependant quelques personnes nobles et pieuses, même celles que le Pape avait envoyées pour faire la paix, persuadèrent au saint archevêque de Cantorbéry d'adoucir le roi d'Angleterre par quelque soumission, en présence du roi de France et des seigneurs des deux royaumes, et de remettre entièrement à la discrétion de son roi la décision de leur différend, sans aucune condition, l'assurant que c'était le moyen de rentrer dans ses bonnes grâces. C'est qu'il courait un bruit parmi le peuple, que le roi d'Angleterre voulait se croiser pour aller à Jérusalem, quand il aurait fait la paix de l'Eglise à son honneur. Or, quoique ce fût une feinte de la part du roi, comme il parut clairement depuis, on pressa tellement l'archevêque, qu'il se laissa persuader.

Etant donc conduit par les médiateurs de la paix, comme les deux rois étaient encore ensemble et attendaient la conclusion du traité, il commença par se prosterner aux pieds du roi d'Angleterre, qui le releva aussitôt. Alors le prélat implora humblement la clémence de son roi pour l'Eglise d'Angleterre, attribuant à ses péchés le trouble dont elle était affligée. Puis il ajouta : « Seigneur, en présence du roi de France, des prélats et des seigneurs, je remets tout le sujet de notre différend à votre discrétion, *sauf l'honneur de Dieu.* » A ces derniers mots, le roi d'Angleterre s'emporta contre l'archevêque, lui dit des injures et lui fit de grands reproches ; le traita de superbe et d'ingrat, qui, lorsqu'il était chancelier, était capable de lui ôter la couronne. L'archevêque l'écouta en patience, et lui répondit avec tant de modération, que les assistants en étaient contents. Mais le roi d'Angleterre l'interrompit, et dit au roi de France : « Seigneur, écoutez, s'il vous plaît. Tout ce qui lui déplaira, il dira qu'il est contraire à l'honneur de Dieu, et ainsi il s'attribuera tous ses droits et les miens. Mais pour montrer que je ne veux en rien m'opposer à l'honneur de Dieu, voici ce que je lui offre. Il y a eu avant moi plusieurs rois en Angleterre, plus ou moins puissants que je ne suis : il y a eu avant lui plusieurs grands et saints archevêques de Cantorbéry. Qu'il m'accorde ce que le plus grand et le plus saint de ses prédécesseurs a accordé au moindre des miens, et je suis content. »

On s'écria de tous côtés : Le roi s'humilie assez ! Et comme Thomas ne disait mot, le roi de France lui dit avec émotion : « Seigneur archevêque, voulez-vous être meilleur ou plus sage que les saints ? Que craignez-vous ? voici la paix à la porte. » Le saint archevêque répondit : « Il est vrai que mes prédécesseurs valaient mieux que moi. Chacun d'eux a retranché de son temps quelques abus, mais non pas tous ; ils nous en ont laissé à retrancher, pour que nous ayons part à leur gloire. Que si quelqu'un d'entre eux a été trop facile, ce n'est point en cela que nous devons l'imiter. Nos pères ont souffert le martyre pour ne pas taire le nom de Jésus-Christ, et je supprimerais *son honneur* pour rentrer dans les bonnes grâces d'un homme ! »

A ces mots, les grands des deux royaumes s'élevèrent contre lui, disant que, par son arrogance, il mettait obstacle à la paix. Ils ajoutèrent : « Puisqu'il résiste à la volonté des deux rois, il mérite d'être abandonné de l'un et de l'autre. » La nuit termina la conférence, et les deux rois montèrent promptement à cheval, sans saluer l'archevêque ni recevoir son salut. Le roi d'Angleterre, en s'en retournant, disait : Je me suis vengé aujourd'hui de mon traître. Les courtisans et les médiateurs de la paix reprochaient en face à Thomas qu'il avait toujours été superbe, hautain et attaché à son sens, ajoutant que c'était un grand malheur pour l'Eglise de l'avoir fait évêque.

Thomas gardait le silence. Toutefois il répondit ces mots à Jean, évêque de Poitiers, anglais de naissance, son ami particulier, qui lui reprochait de détruire l'Eglise : Mon frère, lui dit-il, prenez garde que vous ne la détruisiez vous-même. Il retourna coucher à Montmirail, où le roi Louis, qui y logeait pareillement, n'alla point le visiter, suivant sa coutume ; ce qui fit juger que ce prince était refroidi à son égard ; et d'autant plus que, pendant les trois jours de marche jusqu'à Sens, le roi ne lui envoya personne, et ne lui fournit point sa subsistance à l'ordinaire.

Le troisième jour, Thomas étant à Sens avec les siens, comme ils étaient en peine où ils se retireraient, il leur dit d'un visage tranquille et gai : « On n'en veut qu'à moi, et quand je me serai retiré, on ne vous persécutera plus. Ce m'abandonne à la Providence, et puisque l'Angleterre et la France nous sont fermées, il ne nous convient pas non plus d'avoir recours aux Romains : ce sont des voleurs qui pillent les misérables sans distinction. Il faut prendre un autre chemin. J'ai ouï dire que vers la Saône et jusqu'en Provence, les gens sont plus humains ; j'irai là à pied, avec un compagnon : peut-être auront-ils pitié de nous, et nous donneront-ils de quoi vivre, jusqu'à ce que Dieu y pourvoie autrement. »

Comme le saint prélat parlait ainsi, un officier du roi de France accourut, et lui dit que le roi le demandait. Un des assistants dit : C'est pour nous chasser du royaume. Ne faites pas le prophète, dit l'archevêque. Arrivés chez le roi, ils le trouvèrent assis, le visage triste, et il ne se leva point devant l'archevêque, à son ordinaire ; ce qui parut de mauvais augure. Il les invita faiblement à s'asseoir, et ils demeurèrent longtemps en silence, le roi ayant la tête baissée et l'air affligé : ce qui leur faisait croire qu'il le chassait à regret.

Enfin il se leva, fondant en larmes et en sanglotant, et se jeta aux pieds du saint archevêque, au grand étonnement des assistants. Le prélat se pencha pour relever le roi, qui, pouvant à peine parler, lui dit : « Mon Père, vous êtes le seul qui avez vu clair ; oui, vous êtes le seul : nous avons été des aveugles, en vous conseillant dans votre cause, qui est celle de Dieu, d'abandonner *son honneur* pour contenter un homme. Je m'en repens, mon Père, et vivement ; je vous en demande l'absolution. Je vous offre mon royaume, à Dieu et à vous, et vous promets que, tant qu'il me fera la grâce de vivre, je ne vous abandonnerai jamais, ni vous ni les vôtres. » Le saint prélat donna au roi l'absolution qu'il désirait et sa bénédiction, et s'en retourna plein de joie à Sens, où ce bon prince le défraya royalement jusqu'à son retour en Angleterre. La réputation de saint Thomas en augmenta beaucoup : on disait dans tout le pays que c'était un grand homme, et qu'il n'avait pas son pareil en courage et en prudence.

Quelques jours après, le roi de France apprit que le roi d'Angleterre avait déjà rompu les conventions qu'il venait de faire à Montmirail, par sa médiation avec les Poitevins et les Bretons. Ce qui lui fit dire : « O que l'archevêque de Cantorbéry est prudent, de nous avoir résisté à tous, pour ne pas faire sa paix comme on voulait ! Nous devrions lui avoir toujours demandé conseil, puisqu'il connaît si bien le caractère d'esprit de ce prince. » Le roi Henri, de son côté, manda au roi Louis : « J'admire de quel droit vous protégez contre moi cet archevêque, après qu'en votre présence je me suis humilié, comme vous savez, et qu'il n'a pas tenu à moi que je ne lui donnasse la paix, qu'il a refusée arrogamment et injurieusement. Vous ne devez pas l'entretenir plus longtemps dans votre royaume, à la honte de votre vassal. » Louis répondit aux envoyés de Henri : « Dites à votre maître que, s'il ne veut abandonner les coutumes qu'il dit avoir reçues de ses ancêtres, quoiqu'on prétende qu'elles ne s'accordent pas avec la loi de Dieu, je veux encore moins perdre l'ancien droit de ma couronne. Car la France a de tout temps accoutumé de protéger les misérables et les affligés, et principalement de recevoir ceux qui sont exilés pour la justice. J'ai reçu l'archevêque de Cantorbéry de la main du Pape, que je reconnais seul pour seigneur sur la terre : c'est pourquoi je ne l'abandonnerai, ni pour empereur, ni pour roi, ni pour aucune puissance au monde. »

Alors saint Thomas voyant qu'il ne pouvait avoir la paix par la douceur, voulut essayer de l'obtenir par la sévérité. Ainsi, par son autorité d'archevêque et par celle qu'il avait reçue du Pape, comme légat, il envoya des lettres de tous côtés, par lesquelles il suspendait et excommuniait tous ceux qui agissaient contre l'Eglise, exprimant les noms des personnes et les causes de la censure. Il excommunia spécialement ceux qui avaient pillé les biens de l'Eglise de Cantorbéry, ou qui les retenaient, et renouvela l'excommunication contre Gilbert, évêque de Londres, lui enjoignant de l'observer.

Ces censures étant répandues partout, à peine le roi trouvait-il quelqu'un dans sa chapelle qui pût lui donner à la messe le baiser de paix ; car presque tous étaient excommuniés, ou directement, ou pour avoir communiqué avec les autres. Le reste des évêques et des seigneurs, craignant de pareilles censures, réitérèrent leurs appellations au Pape contre l'archevêque. Le roi lui-même, ne pouvant souffrir la condamnation de ses domestiques, envoya à Rome deux archidiacres, se plaignant de cette injure et demandant de nouveaux légats, pour absoudre les excommuniés et faire la paix, de peur qu'il ne fût obligé de pourvoir d'ailleurs à sa sûreté et à son honneur. Saint Thomas envoya aussi à Rome de son côté, et fit écrire au Pape par le roi Louis et par les évêques et les seigneurs de France qui avaient assisté à la conférence de Montmirail, afin que le Pape fût informé à quoi il avait tenu que la paix ne se fît.

Le roi Henri ne se contenta pas d'agir directement

auprès du Pape; il envoya aux villes d'Italie, et promit aux Milanais trois mille marcs d'argent pour la réparation de leurs murailles, afin que, avec les autres villes qu'il s'efforçait de gagner, ils obtinssent du Pape la déposition ou la translation de Thomas. Car il avait promis, pour la même cause, deux mille marcs aux Crémonais, mille aux Parmésans, et autant aux Bolonais. Il offrait au Pape de l'argent pour le délivrer de l'exaction des Romains, et dix mille marcs de plus, avec liberté de disposer comme il lui plairait des Eglises vacantes d'Angleterre. Mais l'excès de ses promesses et l'injustice de ces demandes empêchèrent qu'il ne fût écouté. Il fit encore agir au nom du roi de Sicile, dont le crédit était grand à Rome : ce fut en vain ; tout ce qu'il put obtenir fut que le Pape enverrait des nonces pour procurer la paix.

Cependant saint Thomas, sachant les mouvements que le roi se donnait contre lui, et qu'il sollicitait le Pape de l'appeler en Italie, écrivit aussi à Humbald, cardinal-évêque d'Ostie, son ami, qui fut depuis le pape Lucius III : « Comme il est évident que le roi d'Angleterre ne cherche qu'à opprimer la liberté de l'Eglise et à bannir de ses Etats l'autorité du Saint-Siège, tous les hommes sages et craignant Dieu admirent comment l'Eglise romaine l'a souffert si longtemps avec tant de patience. Quelle gloire est-ce devant Dieu et devant les hommes de juger les pauvres et de ne réprimer point les crimes des puissants, que la vraie justice punit plus rigoureusement que les autres ? Qui jamais, au vu et au su du Pape, a tant abusé des biens de l'Eglise, que fait à présent le roi d'Angleterre ? Il y a cinq ans qu'il possède mon évêché ; il a tourné à son usage ceux de Lincoln, de Bath, d'Herford et d'Ely ; il a distribué à ses chevaliers presque toutes les terres de l'Eglise de Landaf, et il ne permet point d'ordonner d'évêque à Bangor, vacant depuis près de dix ans. Je ne parle point des abbayes, dont je ne sais pas le nombre. Il se vante de faire cela en vertu de ses coutumes, que l'Eglise romaine devrait avoir publiquement condamnées dès le commencement.

» C'est donc parce que je ne veux pas abaisser l'Eglise, que le roi demande ma déposition ; parce que je ne veux pas abandonner la cause de Dieu, il demande que vous m'appelliez, afin que, dans le passage, il puisse trafiquer de mon sang ; car à quel autre dessein sollicite-t-il pour me perdre, les Milanais, les Crémonais et les Parmésans, qu'il a corrompus par argent ? Quel mal ai-je fait à Pavie et aux autres villes d'Italie, pour procurer mon exil ?.. N'a-t-on pas attiré les Frangipane, les Latron, la famille de Pierre de Léon et les autres Romains les plus puissants, pour soumettre l'Eglise romaine ? On promet même de lui donner la paix avec l'empereur et les Saxons, et d'obliger par argent tous les Romains à prêter serment de fidélité au Pape, pourvu qu'il satisfasse le roi d'Angleterre par ma déposition. Vous voyez quelle sûreté et quel agrément il me préparait en ce voyage. Et il ne se mettait pas en peine où je prendrais de quoi faire les frais et de quoi satisfaire à mes créanciers. Enfin on a beau m'appeler, je ne m'exposerai jamais à ce voyage, où ma vie serait en péril (L. 3, *Epist.* 79). »

Les nonces que le Pape envoya au roi d'Angleterre, furent Gratien, neveu du pape Eugène III, sous-diacre et notaire de l'Eglise romaine, avec le docteur Vivien, archidiacre d'Orviète et avocat en cour de Rome. Le Pape leur donna la formule de la paix qu'ils devaient traiter, et leur fit promettre, par serment, de n'en point excéder les termes. Il leur défendit de souffrir que le roi les défrayât, jusqu'à ce que la paix fût conclue, et de faire aucun séjour au delà du terme qui leur était prescrit, savoir la Saint-Michel de la même année 1169. Les nonces étaient chargés de deux lettres, l'une à l'archevêque de Cantorbéry, par laquelle le Pape lui conseillait et lui ordonnait de ne porter aucune sentence contre le roi, le royaume ou les personnes distinguées, jusqu'au retour de ses nonces, et, s'il avait porté quelque sentence, de la suspendre jusqu'à ce terme. Par la lettre au roi, il lui enjoignit, de la part de Dieu et pour la rémission de ses péchés, de rétablir l'archevêque de Cantorbéry dans son Eglise, et de lui rendre ses bonnes grâces. La lettre est du 10 mai. Ils avaient aussi pour le roi de France des lettres, qu'ils lui rendirent à Souvigny en Bourgogne, où ils le rencontrèrent, et il ne leur conseilla pas d'aller chercher le roi d'Angleterre, qui était en Gascogne avec son armée, parce qu'ils ne pouvaient y arriver sans grand péril. Ils allèrent donc à Sens attendre le retour de ce prince.

Quand il fut revenu en Normandie, les deux nonces allèrent le trouver. Il y eut des conférences à Domfront et à Caen : les deux nonces s'y conduisirent d'une manière véritablement romaine. Dans un moment que le roi s'emportait et menaçait, le nonce Gratien lui dit : Seigneur, ne faites point de menaces, nous ne les craignons point ; nous sommes d'une cour qui a l'habitude de commander aux empereurs et aux rois. Enfin, après bien des négociations, la paix allait se conclure, les conditions étaient écrites, lorsque le roi voulut qu'on y ajoutât cette clause : *Sauf la dignité de notre royaume.* Les nonces s'y refusèrent, à moins qu'on ne mît aussi : *Sauf la liberté de l'Eglise.* Le roi s'entêta, la conférence fut rompue, sans autre résultat qu'une lettre du roi au Pape pour se plaindre des nonces.

Laissant son collègue Vivien en France, le nonce Gratien se rendit à Rome avec le nouvel archevêque de Sens. C'était Guillaume aux Blanches-Mains, beau-frère du roi Louis le Jeune, qui, dès l'année 1165, avait été élu évêque de Chartres ; mais le pape Alexandre l'avait dispensé de se faire sacrer pendant cinq ans, à cause de sa jeunesse. Durant cet intervalle, l'archevêché de Sens vint à vaquer, en 1168, par le décès de Hugues, et Guillaume fut élu pour lui succéder, sans quitter l'évêché de Chartres, que le pape Alexandre lui permit de garder encore deux ans. Il fut sacré archevêque de Sens, le 22 décembre de la même année, par Maurice de Sully, évêque de Paris. Outre l'autorité que lui donnaient sa naissance et la dignité du son siège, il n'y avait personne dans le clergé de France plus prudent et plus éloquent, au jugement de Jean de Salisbury, son successeur au siège de Chartres. Guillaume était, après le roi de France, le plus grand protecteur de l'archevêque de Cantorbéry, et il eut part à la négociation des nonces Gratien et Vivien avec le roi d'Angleterre.

Ce prince ayant donc appris que l'archevêque de Sens allait à Rome, et Gratien avec lui, en fut extrèmement alarmé, appréhendant que le Pape ne donnât à cet archevêque la légation de ses Etats de deçà la mer; car il n'y avait personne qu'il craignît davantage que ce prélat dans l'Eglise gallicane, et Gratien dans l'Eglise romaine.

Il envoya donc publier en Angleterre les dix articles additionnels que nous lui avons vu décréter plus haut en Normandie, avec les peines atroces pour les contrevenants. Tous les juges d'Angleterre devaient faire jurer l'observation de cette ordonnance. Les laïques furent contraints à faire ce serment; mais les évêques et les abbés refusèrent même de se trouver à l'assemblée de Londres, où ils avaient été convoqués par les officiers du roi pour faire la même chose. Au contraire, l'évêque de Winchester déclara publiquement qu'il obéirait toute sa vie aux ordres du Pape et de l'archevêque de Cantorbéry, auquel il avait promis fidélité et obéissance, il ordonna à son clergé de faire de même. Telle fut la fermeté de ce vénérable vieillard, qui avait autrefois résisté si courageusement au roi Étienne, son frère. Il fut imité par l'évêque d'Excester, qui se retira dans une maison religieuse jusqu'à ce que la tempête fût passée. L'évêque de Norvic, nonobstant la défense du roi, excommunia le comte Hugues en présence des officiers, suivant l'ordre qu'il en avait reçu; puis il descendit de l'ambon, mit sa crosse sur l'autel, et dit qu'il verrait qui étendrait les mains sur les biens de son Eglise; après quoi il se retira dans le cloître avec les moines. L'évêque de Chester se mit en sûreté dans la partie de son diocèse habitée par les Gaulois.

La nouvelle de ces violences étant venue en France, plusieurs évêques en écrivirent au Pape, accusant Gilbert, évêque de Londres, d'en être l'auteur, et louant les évêques d'Angleterre de la fermeté avec laquelle ils lui ont résisté, à lui et aux officiers du roi, qui voulaient les faire renoncer à l'obéissance de Thomas, leur archevêque. Enfin ils priaient le Pape de réprimer ce schismatique et les autres, que Thomas avait excommuniés.

Cependant le roi d'Angleterre, voulant renouer la négociation ou du moins gagner du temps, manda le nonce Vivien, et lui promit avec serment qu'il suivrait son conseil et l'ordre du Pape pour rendre la paix à l'Eglise. Sur cette parole, Vivien, croyant la paix déjà faite, écrivit à l'archevêque de Cantorbéry de se rendre à Paris le 16 novembre, parce que ce jour-là les deux rois avaient projeté une conférence à Saint-Denys, où le roi d'Angleterre devait se rendre, sous prétexte d'un pèlerinage de dévotion. Thomas répondit à Vivien que, sa commission étant finie, il n'avait dû aller trouver le roi d'Angleterre qu'avec grande circonspection. Pour moi, ajoute-t-il, je ne suis plus obligé de me rendre à vos ordres, et je ne comprends pas sur quelle assurance vous avez été si facile à m'appeler. Je ne laisserai pas, par respect pour le Saint-Siége et par amitié pour vous, de me trouver à votre rencontre à Corbeil, pour apprendre de votre bouche ce que nous devons espérer de ce voyage. C'est que Thomas connaissait mieux que Vivien les artifices du roi d'Angleterre. Saint Thomas fut aussi pressé par le roi de France et d'autres personnes sages de venir à cette conférence (L. 3, *Epist.* 9 et 10).

Vivien s'étant donc rendu à Saint-Denys, pressa le roi Henri de tenir sa parole; mais le Normand se dédit, en sorte que Vivien lui reprocha publiquement sa duplicité et l'article dont il avait usé pour le surprendre, et depuis, il dit à saint Thomas que jamais il n'avait vu un si grand menteur. Au retour de Saint-Denys, le roi Henri passa près de Montmartre, où saint Thomas le trouva, et, par l'entremise de plusieurs évêques, le pria, pour l'amour de Dieu et du Pape, de lui rendre, à lui et aux siens, sa paix, ses bonnes grâces et les biens qui leur avaient été ôtés, offrant de lui rendre tout ce qu'un archevêque doit à son prince. Le roi répondit que, de sa part, il remettrait de bon cœur tous les sujets de plainte qu'il pouvait avoir contre l'archevêque, et, quant à ce que le prélat voudrait proposer contre lui, il s'en tiendrait au jugement de la cour du roi de France, de l'Eglise gallicane ou de l'école de Paris.

Saint Thomas répondit qu'il ne récusait pas le jugement de la cour de France ou de l'Eglise gallicane; mais il ajouta qu'il aimait mieux composer amiablement avec le roi, son maître, que plaider. Il présenta un écrit où il avait rédigé ce qu'il demandait au roi; et ajouta de vive voix qu'il désirait être reçu au baiser de paix, et avoir la restitution de la moitié des meubles pour payer ses dettes, réparer les bâtiments et les dommages que l'Eglise avait soufferts depuis son absence. On lit la lecture de l'écrit, et tous les assistants le trouvaient raisonnable; mais le roi d'Angleterre répondit avec un ordinaire avec un circuit de paroles si embarrassées, qu'il paraissait aux plus simples accorder tout, et que les plus pénétrants jugeaient qu'il mêlait des conditions intolérables. Quant au baiser de paix, il dit qu'il l'aurait donné volontiers; mais, qu'étant en colère, il avait juré publiquement de ne jamais le donner à l'archevêque, quelque paix qu'il fît avec lui. Il s'opiniâtra à ce refus, quelque prière qu'on lui fît. Et comme Vivien pressait le roi Louis de l'en prier instamment, Louis répondit qu'il ne voulait pas faire de la peine à un roi pendant qu'il le tenait sur ses terres; mais il dit à saint Thomas : « Je ne voudrais, pour mon pesant d'or, vous conseiller de rentrer dans ses Etats, qu'il ne vous eût donné le baiser de paix. » Ainsi le traité fut rompu.

Toutefois, pour le renouer, le roi d'Angleterre envoya offrir à Vivien vingt marcs d'argent, le priant de s'entremettre encore; mais Vivien le refusa, et lui reprocha d'avoir voulu le déshonorer par cette offre. Ce qui pressait ainsi le roi Henri de faire la paix, était l'alarme que lui avait donnée le voyage de l'archevêque de Sens et de Gratien; et il envoya en cour de Rome pour empêcher que ce prélat n'eût la légation dans ses Etats. Saint Thomas envoya de son côté pour instruire le Pape de tout ce qui s'était passé en cette dernière conférence; le roi Louis envoya aussi les siens, priant le Pape de ne donner plus de délais au roi Henri; et l'archevêque de Sens, en personne, le pria de mettre en interdit les Etats de ce prince, s'il ne rendait pas la paix à l'Eglise.

Après que le pape Alexandre eût envoyé en France les nonces Gratien et Vivien, il essaya encore de ramener le roi d'Angleterre par des personnes d'une vertu distinguée : premièrement saint Anthelme, évêque de Bellai, et par le prieur de la grande Chartreuse; puis par Simon, prieur de la

Chartreuse du Mont-Dieu, au diocèse de Reims, et Bernard du Coudrai, moine de Grand-Mont. Il manda à ces derniers : « Nous vous enjoignons d'aller ensemble trouver le roi d'Angleterre, deux mois après la réception de cette lettre, s'il est deçà la mer, et de lui donner les avis nécessaires, en lui présentant nos lettres monitoires. Que s'il ne vous écoute pas, vous lui donnerez nos lettres comminatoires, et lui déclarerez que, si avant le commencement du carême prochain, il ne se réconcilie pas avec l'archevêque de Cantorbéry, nous n'empêcherons plus ce prélat d'employer la sévérité des censures ecclésiastiques. » La lettre est datée de Bénévent, le 25 mai 1169, et le premier jour de carême de l'année suivante 1170, devait être le 18 février (L. 4, *Epist*. 1, 2, 4).

Simon et Bernard virent deux fois le roi d'Angleterre : la première pour lui présenter la lettre monitoire du Pape, et la seconde avec la lettre comminatoire ; mais, ni en l'une ni en l'autre occasion ils n'avancèrent rien. Le roi voulait toujours que Thomas promît l'observation des coutumes, sans restriction de l'honneur de Dieu ni de son ordre ; et saint Thomas refusait constamment de lui faire un serment que ses prédécesseurs n'avaient point fait, et d'approuver des coutumes que le Pape avait condamnées.

Saint Thomas s'était plaint amèrement de ce qu'à la sollicitation du roi d'Angleterre, le Pape avait suspendu son autorité ; mais le Pape ayant levé cette suspense, en cas que le roi ne satisfît pas avant le carême, Thomas avança ce terme de quinze jours, et manda à tout le clergé de la province de Kant, que, si le roi ne satisfaisait dans la Chandeleur, ils eussent à cesser dès lors entièrement l'office divin, excepté le baptême des enfants, la pénitence et le viatique, pour lequel on disait la messe à huis-clos, sans son de cloches, et les excommuniés mis dehors. Il leur ordonne encore de dénoncer excommuniés plusieurs individus, particulièrement ceux qui retiennent le bien des Eglises ou reçoivent des bénéfices de la main des laïques. Il écrivit de même au couvent de la cathédrale de Cantorbéry, au chapitre de Douvres et aux monastères de la province, à l'archevêque de Rouen, à son clergé et à son peuple. Il écrivit à l'évêque de Winchester ; et, après avoir marqué qu'il a déjà passé cinq ans en exil et que la négociation des nonces Gratien et Vivien a été inutile, il ordonne à ce vénérable évêque, son suffragant, de faire cesser l'office divin dans tout son diocèse, si le roi ne satisfait à l'Eglise dans la Purification. Il écrivit de même aux autres évêques, ses suffragants, et joignit à cette lettre les noms des excommuniés, au nombre de vingt-huit, dont le premier, Gilbert, évêque de Londres (L. 4, *Epist*. 14, 15, 16 ; L. 3, *Epist*. 33, 34, 38, 35, 36, 52).

Saint Thomas, écrivant au Pape et aux cardinaux, s'était plaint, entre autres choses, que le roi d'Angleterre tournait à son profit les revenus des évêchés et des abbayes vacantes, et ne souffrait pas que l'on y ordonnât des pasteurs. Le Pape en écrivit à ce prince une lettre du 9 octobre 1169, où il dit : « Nous avons appris que vous tenez en vos mains les évêchés vacants de Lincoln, Bath et Herford, et que vous empêchez que l'on y fasse élection libre, vous attribuant non-seulement ce qui est à César, mais encore ce qui est à Dieu. C'est pourquoi nous vous prions et vous enjoignons, pour la rémission de vos péchés, d'avertir le clergé de ces Eglises d'y faire des élections canoniques, et de leur donner la protection nécessaire pour cet effet, sans leur nommer les personnes qu'ils doivent élire ; autrement nous serons obligé d'exercer contre vous l'autorité de saint Pierre (L. 3, *Epist*. 11). »

Après que le nonce Vivien fût retourné en cour de Rome, le pape Alexandre, pleinement informé de ce qui s'était passé entre le roi d'Angleterre et l'archevêque de Cantorbéry, particulièrement à la conférence de Montmartre, comprit qu'il fallait presser ce prince d'exécuter ses promesses, par la crainte des censures ecclésiastiques. Pour cet effet, il envoya, le 19 janvier 1170, une nouvelle commission à Rotrou, archevêque de Rouen, et à Bernard, évêque de Nevers, par laquelle il leur enjoint d'aller ensemble trouver le roi, dans un mois après la lettre reçue, pour l'admonester de rendre à l'archevêque la paix et la sûreté entière, et de le recevoir au baiser ; de lui rendre, à lui et aux siens, tous leurs biens, et de le faire retourner à son Eglise. Le Pape ajoute : « Si le roi, dans quarante jours après l'admonition, n'accomplit pas ce qu'il nous a promis, vous mettrez en interdit tous ses Etats de deçà la mer ; en sorte qu'il ne s'y fasse aucune fonction ecclésiastique, hors le baptême des enfants et la pénitence des mourants. Quelque temps après la paix faite, vous exhorterez encore le roi à abolir les mauvaises coutumes, principalement celles qu'il a introduites de nouveau ; et, s'il le refuse, vous nous en donnerez avis. Si vous avez une espérance certaine de faire la paix, vous pourrez absoudre tous les excommuniés, à la charge que, si la paix ne s'ensuit pas, vous les remettrez dans l'excommunication. Si le roi ne peut se résoudre au baiser de paix, à cause de son serment, vous exhorterez l'archevêque à se contenter du baiser du prince, son fils. » Le Pape nomma l'archevêque de Rouen pour l'exécution de cette paix, afin de ne pas donner sujet au roi d'Angleterre de se plaindre qu'il n'eût donné cette commission qu'à des étrangers ; mais il manda en particulier à l'évêque de Nevers d'y procéder seul, en cas que l'archevêque de Rouen ne pût ou ne voulût pas y procéder avec lui. Le Pape écrivit au roi d'Angleterre, pour lui donner avis de cette commission. Il en écrivit aussi, le 18 février, aux évêques de la province de Kant, à l'archevêque d'York et à ses suffragants (L. 5, *Epist*. 3, 6, 1, 7, 8).

Cependant le Pape fut averti que le roi d'Angleterre voulait faire couronner Henri, son fils aîné, par l'archevêque d'York, au préjudice de celui de Cantorbéry, auquel le sacre des rois d'Angleterre appartenait, suivant l'ancienne coutume. C'est pourquoi le Pape écrivit, le 26 février, à Roger, archevêque d'York, et aux autres évêques d'Angleterre, pour leur défendre, sous peine de déposition, de se mêler de cette cérémonie, tant que l'archevêque Thomas serait en exil. Le Pape écrivit aussi à saint Thomas, pour lui défendre de sacrer le prince ou de permettre à un autre de le sacrer, s'il ne prêtait auparavant le serment que les rois avaient coutume de prêter à l'Eglise de Cantorbéry, et s'il ne déchargeait tout le monde de l'observation de ses coutumes et du serment qu'il avait exigé en dernier lieu. Saint

Thomas avait lui-même fait solliciter ces lettres en cour de Rome; et, les ayant reçues, il les adressa à Robert, évêque de Worcester, son suffragant, lui enjoignant de les montrer à l'archevêque d'York, aux autres évêques, et de leur défendre, de la part du Pape, de sacrer le prince. Saint Thomas en écrivit aussi directement à tous les évêques d'Angleterre et de Galles, et en particulier à l'évêque de Winchester (L. 4, *Epist.* 42-45).

Vers le même temps, le saint archevêque envoya secrètement en Angleterre consulter le saint ermite Godric, que déjà nous avons appris à connaître, et qui avait le don de prophétie. Il lui fit demander quelle serait la fin de ses maux. L'envoyé fut près de huit jours sans pouvoir parler au saint ermite, qui enfin lui fit ouvrir sa porte, et lui dit : « Dites à votre maître qu'il ne se trouble point : il rentrera bientôt dans les bonnes grâces du roi, il sera rétabli avec honneur dans son Eglise, et les Anglais en auront plus de joie qu'ils n'ont été affligés de son exil. Il est vrai que cette sérénité feinte sera troublée par une injustice et une cruauté inouïes; mais Godric ne sera plus en ce monde. Dites-lui encore et répétez-lui que, dans neuf mois, ce qui le regarde sera entièrement fini. » Godric fit plusieurs autres prédictions que l'événement vérifia, et découvrit souvent les pensées secrètes; il guérit des malades et fit plusieurs autres miracles. Enfin, accablé de vieillesse et d'infirmités, il mourut le 21 mai 1170, jour auquel l'Eglise honore sa mémoire (*Acta Sanct.*).

Les précautions que le pape Alexandre avait prises touchant le couronnement du jeune roi d'Angleterre n'eurent pas leur effet, et ce prince ne laissa pas d'être sacré par l'archevêque d'York. Les lettres du Pape arrivèrent en Angleterre, mais elles n'y furent montrées à personne. Cependant le roi Henri passa en ce royaume dès le troisième jour de mars, et, quelque temps après, il ordonna que tous les évêques et les seigneurs se rendissent à Londres le 14 juin. L'archevêque de Rouen et l'évêque de Nevers, prenant le chemin d'Angleterre, écrivirent au roi l'ordre qu'ils avaient reçu du Pape, et le roi leur manda de ne point s'exposer à la mer, leur promettant de repasser bientôt et d'accorder le projet de paix avec l'archevêque de Cantorbéry. Le dimanche, 14 juin 1170, tous se trouvèrent à Londres, les évêques et les abbés de toute l'Angleterre, les comtes, les vicomtes, les barons, les prévôts et les aldermans, tous en grande crainte, ne sachant quel était le dessein du roi. Le dimanche suivant, 21 juin, le roi créa chevalier, Henri, son fils, qu'il avait mandé de Normandie la même semaine, et il le fit sacrer et couronner roi à Westminster. Ce fut Roger, archevêque d'York, qui lui imposa les mains, assisté des évêques de Londres, de Salisbury et de Rochester; ceux-ci, toutefois, protestèrent que cette fonction ne porterait aucun préjudice à l'Eglise de Cantorbéry, leur métropole. Au festin du couronnement, le roi servit à table son fils, déclarant qu'il n'était plus roi. Le jeune roi n'avait que quinze ans, et son père lui donna pour conseils les plus grands ennemis de l'archevêque de Cantorbéry. Ensuite il passa la mer, pour se trouver à la conférence qu'il devait avoir avec le roi de France, à la fête de Sainte-Madeleine.

Quand saint Thomas apprit la nouvelle de ce couronnement, il en fut sensiblement affligé, et en fit des plaintes amères au Pape et à tous ses amis de Rome. Il avait déjà un grand sujet de mécontentement, en ce que l'archevêque de Rouen avait absous de l'excommunication l'évêque de Londres, prétendant le devoir faire en vertu de la commission du Pape. Saint Thomas s'en était plaint à l'archevêque même, soutenant qu'il avait excédé son pouvoir, en ce qu'il n'avait point observé les conditions prescrites; et, joignant ces deux sujets de plainte, il écrivit ainsi au cardinal Albert :

« Plût à Dieu, mon cher ami, que vous puissiez entendre ce que l'on dit en ce pays-ci à la honte de l'Eglise romaine! Nos derniers envoyés semblaient avoir rapporté quelque consolation dans les lettres du Pape; mais elles ont été anéanties par d'autres lettres, en vertu desquelles l'évêque de Londres et celui de Salisbury ont été absous. Je ne sais comment il arrive toujours à la cour de Rome que Barabbas est délivré et Jésus-Christ mis à mort. C'est par l'autorité de cette cour que notre proscription a été prolongée jusqu'à la fin de la sixième année. On condamne chez vous de pauvres exilés et on ne les condamne que parce qu'ils sont pauvres et faibles : au contraire, on absout des sacriléges, des homicides, des voleurs, que saint Pierre même ne pourrait absoudre; je le dis hardiment, puisque Jésus-Christ n'ordonne d'absoudre le pécheur qu'en cas qu'il se convertisse et qu'il fasse pénitence. Ici on les absout, même sans restitution : au contraire, c'est de nos dépouilles que les envoyés du roi font des présents aux cardinaux et aux courtisans. » Et ensuite : « Je ne veux plus fatiguer la cour de Rome : que ceux-là y aillent, qui en reviennent triomphant de la justice. Plût à Dieu que le voyage de Rome n'eût pas fait périr inutilement tant d'innocents malheureux! » Saint Thomas écrit sur le même ton à Gratien, qui était venu en France l'année précédente en qualité de nonce (L. 5, *Epist.* 20 et 21). »

Les compagnons de son exil écrivirent de même au cardinal Albert et à Gratien, insistant sur le trop d'indulgence dont le Pape avait usé envers le roi d'Angleterre. Saint Thomas, écrivant au Pape même, lui représente le caractère de ce prince, qu'il était plus facile de vaincre par la sévérité que par la douceur. Enfin, Guillaume, archevêque de Sens, écrivit au Pape que le roi de France et toute l'Eglise gallicane étaient scandalisés de cette conduite du Saint-Siège, où Satan était délié et Jésus-Christ crucifié de nouveau. Il se plaint que le sacre du jeune Henri était une insulte au roi Louis, dont la fille, fiancée à ce prince, n'avait pas été couronnée avec lui, et finit en exhortant le Pape à punir les évêques qui ont commis cet attentat. Le Pape, dans sa réponse à l'archevêque de Sens, lui enjoint de presser l'archevêque de Rouen et l'évêque de Nevers d'exécuter leur commission (*Ibid.*, *Epist.* 22, 23, 24, 26).

Mais avant que le Pape eût fait cette réponse ou même reçu les lettres précédentes, la paix était conclue entre le roi d'Angleterre et le saint archevêque de Cantorbéry. Ce prélat en avait marqué les conditions essentielles dans une ample instruction qu'il envoya à l'évêque de Nevers, et qui commence par les avis nécessaires pour se précautionner contre les artifices du roi. Le roi, de son côté, manda à l'archevêque de Rouen qu'il voulait faire la paix suivant le projet que le Pape en avait donné. C'est qu'il voyait qu'il ne pouvait plus reculer, et que les deux prélats de Rouen et de Nevers avaient ordre de mettre en interdit ses États, s'il ne s'accordait dans les quarante jours prescrits.

Les deux prélats donc, ayant appris les intentions du roi d'Angleterre, allèrent à Sens trouver saint Thomas, le 16 juillet 1170, pour les lui expliquer et lui marquer le jour de la réconciliation. Les deux rois avaient fixé celui de leur conférence au 20 du même mois, sur la frontière de leurs États, en Touraine. L'archevêque de Sens avait conseillé à saint Thomas de venir avec lui et avec les deux prélats de Rouen et de Nevers, à la conférence des rois, disant qu'il ne pourrait jamais faire sa paix de loin. Thomas avait répugnance d'aller à cette conférence sans y être mandé; toutefois il céda, et les quatre prélats y allèrent ensemble, les trois archevêques de Cantorbéry, de Sens et de Rouen, et l'évêque de Nevers. Les deux rois tinrent leur conférence le lundi 20 juillet et le mardi suivant, sans faire aucune mention de Thomas, ce qui alarma beaucoup les clercs de sa suite, qui avaient assisté à cette conférence et qui craignaient qu'il n'eût la confusion d'y être venu inutilement. Toutefois, l'archevêque de Sens vint lui dire qu'avec les prélats de Rouen et de Nevers, il avait obtenu du roi d'Angleterre qu'il le verrait et le lendemain, ajoutant qu'il lui avait paru, à son visage et à ses paroles, entièrement adouci et résolu à se réconcilier de bonne foi.

En effet, le lendemain, jour de Sainte-Madeleine, le roi d'Angleterre vint dès le grand matin au rendez-vous avec une suite nombreuse. Saint Thomas y vint plus tard, accompagné de l'archevêque de Sens et de plusieurs Français, qui étaient venus à la conférence avec lui. Dès que le roi Henri aperçut Thomas, il se détacha de sa troupe, alla au devant et le salua le premier, la tête nue. Après s'être donné la main et s'être embrassés tout à cheval, ils se tirèrent à part, le roi, l'archevêque de Cantorbéry et celui de Sens. Le premier se plaignit au roi des torts qu'on lui avait faits, à lui et à son Église, usant de paroles touchantes et convenables à la chose. Ensuite l'archevêque de Sens se retira, et le roi s'entretint seul avec Thomas, mais si familièrement, qu'il ne paraissait pas qu'ils eussent jamais été mal ensemble, ce qui surprit agréablement les assistants, jusqu'à leur faire verser des larmes de joie; mais la conversation fut si longue, que quelques-uns s'ennuyaient.

L'archevêque représenta au roi modestement la mauvaise conduite qu'il avait tenue et les périls où il s'était exposé, et l'exhorta paternellement à rentrer en lui-même, à satisfaire l'Église, à décharger sa conscience et à rétablir sa réputation, attribuant ses fautes aux mauvais conseils plutôt qu'à sa mauvaise volonté. Le roi l'écoutait, non-seulement avec patience, mais avec bonté, promettant de se corriger. L'archevêque ajouta : « Il est nécessaire pour votre salut, pour le bien de vos enfants et la sûreté de votre puissance, que vous répariez le tort que vous venez de faire à l'Église de Cantorbéry, en faisant couronner votre fils par l'archevêque d'York. » Le roi résista un peu à cette proposition, et, protestant qu'il ne dirait rien par esprit de dispute, il ajouta :

« Qui a couronné Guillaume le Conquérant et les rois suivants ? N'est-ce pas l'archevêque d'York ou tel autre évêque qu'il a plu au roi qui devait être couronné ? » L'archevêque répondit pertinemment à cette objection par la déduction historique de ce qui s'était passé en Angleterre depuis la conquête des Normands, et montra que, hors certains cas extraordinaires, les archevêques de Cantorbéry avaient toujours sacré les rois, sans que ce droit leur eût été disputé par les archevêques d'York.

Après que saint Thomas eut longtemps parlé sur ce sujet, le roi lui dit : « Je ne doute point que l'Église de Cantorbéry ne soit la plus noble de toutes celles d'Occident, et, loin de vouloir la priver de son droit, je suivrai votre conseil et ferai en sorte que, sur ce point et sur tout autre, elle recouvre son ancienne dignité; mais pour ceux qui jusqu'à présent vous ont trahi, vous et moi, je les traiterai, Dieu aidant, comme ils méritent. » A ces mots, Thomas descendit de cheval pour se jeter aux pieds du roi; mais le roi, prenant l'étrier, l'obligea de remonter. Il parut même répandre des larmes, et lui dit : « Enfin, seigneur archevêque, rendons-nous de part et d'autre notre ancienne amitié, faisons-nous tout le bien que nous pourrons, et oublions entièrement le passé; mais, je vous prie, faites-moi honneur devant ceux qui nous regardent de loin. » Et comme il voyait entre ces spectateurs quelques-uns de ceux qui fomentaient la division, il s'approcha d'eux et dit, pour leur fermer la bouche : « Comme je trouve l'archevêque parfaitement bien disposé, si de mon côté je n'en use pas bien avec lui, je serai le plus méchant de tous les hommes et je montrerai la vérité de tout le mal qu'on dit de moi. Mais je ne vois point de parti plus honnête ni plus utile, que de m'étudier à le surpasser en amitié et en bons offices. » Tous les assistants donnèrent de grands applaudissements à ce discours du roi.

Alors il envoya au saint archevêque des évêques de sa suite, lui dire de proposer publiquement sa demande. Quelques-uns lui conseillèrent de remettre le tout à la discrétion du roi; mais le saint ne jugea pas à propos de compromettre la cause de l'Église. Ayant donc tenu conseil avec l'archevêque de Sens et les compagnons de son exil, il résolut de ne point remettre à la discrétion du roi la question des *coutumes*, les dommages que son Église avait soufferts, ni la plainte touchant le sacre du jeune prince. Ainsi, se rapprochant du roi, il le pria humblement, par la bouche de l'archevêque de Sens, de lui rendre ses bonnes grâces, de lui donner paix et sûreté, à lui et aux siens, de lui restituer l'Église de Cantorbéry et les terres de sa dépendance, et de réparer l'entreprise du sacre de son fils. Le roi accepta la proposition, et reçut à ses bonnes grâces Thomas et ceux de sa suite, qui étaient présents. Mais la restitution des biens fut différée, parce que le Pape ne l'avait pas ordonnée expressément. Le roi s'entretint encore longtemps avec l'archevêque, suivant leur ancienne familiarité, en sorte que leur conférence dura presque jusqu'au soir. Le roi voulait l'emmener avec lui, disant qu'il lui était avantageux que leur paix fût connue de tout le monde; mais le saint prélat répondit qu'il passerait pour un ingrat, s'il ne prenait congé du roi de France et de ses autres bienfaiteurs, et le roi d'Angleterre en convint.

Comme saint Thomas était prêt à se retirer, Arnoul, évêque de Lisieux, le pressa vivement, en présence du roi, des évêques et des seigneurs, d'absoudre les excommuniés, disant : « Comme le roi a reçu en grâce tous ceux qui vous ont suivi, vous devez aussi recevoir en grâce tous ceux qui ont été attachés au roi. » Saint Thomas répondit : « Il faut nécessairement faire distinction. Entre ceux pour qui vous parlez, les uns sont plus coupables que les autres ; les uns sont excommuniés directement, les autres par communication ; les uns par nous ou par leurs évêques, les autres par le Pape, et ceux-ci ne peuvent être absous que par son autorité. Quant à nous, comme nous avons de la charité pour eux tous, quand nous aurons ouï le conseil du roi, nous espérons travailler de telle sorte à leur réconciliation, que, si quelqu'un n'y est pas compris, il ne devra l'imputer qu'à soi-même. » Un des excommuniés répondit à ce discours avec hauteur, et le roi, craignant que l'on ne s'échauffât de part et d'autre, tira à part l'archevêque, et le pria de ne pas s'arrêter aux discours de telles gens. Ainsi on se sépara pacifiquement, après que saint Thomas eût donné sa bénédiction au roi.

Ce récit est tiré de la lettre que saint Thomas écrivit au Pape, pour lui faire part de sa réconciliation avec le roi. Il y ajoute : « J'ai appris depuis que l'archevêque de Rouen et l'évêque de Nevers ont chargé l'évêque de Séez, qui passe en Angleterre, d'absoudre ceux que j'ai excommuniés ; mais je ne sais s'ils lui ont prescrit la formule que vous leur avez donnée, ou s'il la suivra. S'ils sont absous autrement, il sera nécessaire que vous y portiez remède ; car rien n'affaiblit tant l'Eglise que l'impunité de pareils attentats contre la tolérance du Saint-Siége. » Il avait dit auparavant : « J'attendrai en France jusqu'au retour de ceux que j'ai envoyés pour recevoir la restitution de nos domaines, n'étant pas d'avis de retourner auprès du roi ; tant qu'il aura un pied de terre à l'Eglise ; car c'est par cette restitution que je verrai s'il agit sincèrement. Je ne crains pas toutefois qu'il manque à tenir sa parole, s'il n'en est empêché par les conseils de ceux à qui leur conscience ne permet pas de se tenir en repos. » Il paraît en effet que le roi était bien intentionné pour l'exécution de cette paix, par l'ordre qu'il envoya au jeune roi, son fils (L. 5, *Epist.* 45 et 43).

En écrivant au Pape, saint Thomas écrivit aussi à quatre cardinaux de ses amis, pour leur faire part de cette heureuse nouvelle ; mais surtout au sous-diacre Gratien, qui s'était si bien conduit dans sa nonciature. Il lui dit en confidence ces paroles remarquables, qui respirent si bien toute la foi des saints : « Parce que l'Eglise romaine a mis sa sûreté dans la crainte, elle a égard aux personnes et ne s'oppose point aux injustices. C'est pour ce sujet que les fléaux de Dieu les plus rudes et les plus insupportables viennent sur elle, en sorte qu'elle est errante, qu'elle fuit devant ses persécuteurs et subsiste à peine dans les maux qui l'accablent. » Et ensuite : « Ayez soin que les lettres les plus pressantes et les plus efficaces que le Pape a écrites au roi d'Angleterre pour la cause de l'Eglise, soient insérées dans le registre, afin de servir d'exemple à la postérité (L. 5, *Epist.* 48, 49, 50, 51, 47 ; Baron., an 1170).

Cependant le Pape, ayant appris le couronnement du jeune Henri, écrivit au saint archevêque Thomas, pour lui déclarer que cette entreprise de l'archevêque d'York, faite contre sa défense, ne porterait aucun préjudice au droit de l'Eglise de Cantorbéry. Ensuite il écrivit à Roger, archevêque d'York, et à Hugues, évêque de Durham ; et, après s'être plaint de la persécution que le roi d'Angleterre faisait souffrir à l'Eglise, il se plaint en particulier de ce que Roger a sacré le jeune prince dans une autre province, au mépris de l'archevêque absent, et de ce qu'en cette cérémonie, loin de faire promettre au nouveau roi de conserver la liberté de l'Eglise, on lui a fait confirmer, par serment, les prétendues coutumes du royaume. Il reproche aux prélats leur faiblesse de l'avoir souffert, et, pour punition, les suspend de toute fonction épiscopale. Quant aux évêques de Londres et de Salisbury, il déclara qu'ils étaient retombés dans l'excommunication, permettant toutefois à l'archevêque Thomas de les absoudre (L. 5, *Epist.* 34, 67, 66, 65).

Mais quand le souverain Pontife eût appris la réconciliation du roi et de l'archevêque, il écrivit à ce prince pour lui en témoigner sa joie et l'exhorter à rendre ses biens à l'Eglise de Cantorbéry, à réparer les torts qu'il lui avait faits, et à faire donner satisfaction à l'archevêque par le roi, son fils. Les cardinaux auxquels saint Thomas avait donné part de cette paix, lui en firent aussi leurs compliments, témoignant toutefois qu'ils se défiaient de l'exécution, et l'exhortant à la faciliter par sa douceur. Le Pape lui manda de plus, au mois d'octobre, que, si le roi n'exécutait pas la paix, il lui donnait pouvoir d'exercer les censures ecclésiastiques sur les personnes et les lieux de sa légation, excepté le roi, la reine, son épouse et ses enfants, et il manda dans le même temps aux archevêques de Sens et de Rouen, d'avertir le roi dans vingt jours d'exécuter la paix, et, s'il ne le faisait dans un mois après la monition, de mettre en interdit tous les terres de deçà la mer (*Ibid.*, *Epist.* 59, 56, 57, 60, 61, 29, 31).

Saint Thomas vit encore deux fois le roi d'Angleterre ; premièrement à Tours, où le roi était venu conférer avec Thibaut, comte de Blois. Le roi vint au devant de l'archevêque, mais il ne parut pas le regarder de bon œil, et le lendemain il fit dire dans sa chapelle une messe des morts : ce que l'on crut qu'il avait fait de peur que l'archevêque ne lui offrît le baiser de paix. Ils allèrent ensuite à la conférence avec le comte Thibaut, et le roi, pressé par ce comte et par le prélat, promit positivement la restitution des terres de l'Eglise ; mais il voulait que l'archevêque retournât auparavant en Angleterre, pour voir comment il s'y conduirait. Quelques jours après, saint Thomas vint encore trouver le roi à Chaumont, entre Blois et Amboise, non pour rien lui demander, mais pour essayer de regagner ses bonnes grâces. En effet, le roi lui fit moins d'honneur, mais lui témoigna plus d'amitié, et ils convinrent qu'il irait incessamment prendre congé du roi de France, pour passer au plus tôt en Angleterre (*Vita*, l. 3, c. 2 ; L. 5, *Epist.* 63).

Cependant il reçut une lettre des agents qu'il avait envoyés en Angleterre, et qui lui rendaient ainsi compte de leur commission : « Nous nous présentâmes au jeune roi dans sa chambre, à Westminster, le lundi d'après la Saint-Michel, 5 octobre 1170. Avec lui étaient assis le comte Renaud, l'archidiacre de Cantorbéry, celui de Poitiers, Guillaume de Saint-Jean et plusieurs autres. (Les deux archidiacres étaient des plus grands ennemis du saint archevêque). Quelques-uns, du nombre desquels était le comte Renaud, ayant ouï la nouvelle de la paix, en rendirent dévotement grâces à Dieu. Après que les lettres du roi eurent été lues, le roi, son fils, dit qu'il en prendrait conseil, et on nous fit retirer. Puis on nous rappela, et votre archidiacre nous dit de la part du jeune roi : Raoul de Broc et ses serviteurs se sont mis en possession, par ordre du roi, mon père, des terres de l'archevêché et des revenus des clercs de l'archevêque : nous ne pouvons savoir l'état des lieux que par le rapport de ses officiers; c'est pourquoi nous vous marquons le jeudi, lendemain de Saint-Calixte, 15 octobre, pour l'exécution plus entière de ce mandement. » La lettre ajoute : « Le roi a mandé à l'archevêque d'York, aux évêques de Londres et de Salisbury, et à quatre ou six personnes des Eglises vacantes, d'élire des évêques, suivant le conseil de ces prélats, et de les envoyer au Pape pour les sacrer au préjudice de votre Eglise. « Les agents conclurent, en priant instamment saint Thomas de ne point revenir en Angleterre que sa paix avec le roi ne soit mieux affermie. Le saint envoya au Pape cette lettre de ses agents, lui demandant de nouveaux pouvoirs pour presser le roi d'Angleterre (L. 5, Epist. 53).

Il écrivit aussi à ce prince, se plaignant, mais d'une manière très-amicale et paternelle, que les effets ne répondaient pas aux promesses ni à l'ordre qu'il avait envoyé au roi, son fils. « La restitution, dit-il, a été différée au dixième jour, sous prétexte de Raoul (Ranulfe), qui, en attendant, ravage les biens de l'Eglise, et serre publiquement nos provisions de bouche dans le château de Saltwode. Il s'est vanté devant plusieurs personnes que je ne jouirai pas longtemps de votre paix, et que je ne mangerai pas un pain entier en Angleterre, avant qu'il m'ôte la vie. Vous le savez, seigneur, c'est se rendre participant d'un crime, que de ne pas le réprimer quand on peut. Et que peut ledit Ranulfe, s'il n'est armé de votre autorité? Ce qu'il a répondu au roi, votre fils, Votre Discrétion, quand elle le voudra, pourra le savoir et en juger. Enfin, il est manifeste que la sainte Eglise de Cantorbéry, la mère de toute la Bretagne, périt par lui en haine de notre tête. Eh bien! pour qu'elle ne périsse pas, mais qu'elle échappe, nous présenterons notre tête pour elle, Dieu aidant, et à Ranulfe et à ses complices, prêt non-seulement à mourir pour Jésus-Christ, mais à souffrir mille morts, avec tous les tourments, s'il daigne nous en faire la grâce. J'avais résolu, seigneur, de retourner vers vous; mais la nécessité me presse, malheureux, de me rendre à cette malheureuse Eglise; j'y retournerai par votre permission; peut-être, pour qu'elle ne périsse, y périrai-je, à moins que Votre Piété ne me donne promptement une autre consolation. Mais soit que je vive ou que je meure, je suis et serai toujours à vous dans le Seigneur, et, quoi qu'il nous arrive, à moi et aux miens, je prie Dieu qu'il répande ses bénédictions sur vous et sur vos enfants (L. 5, Epist. 54; Baron., an 1170). » C'est la dernière lettre que nous ayons de ce saint prélat au roi Henri II, lettre faite pour adoucir le cœur même d'un Pharaon.

Il envoya en avant, Jean de Salisbury, qui arriva le 15 novembre. Il trouva que, trois jours auparavant, on avait saisi les biens de l'archevêque, après en avoir ôté la régie à ses agents, et que l'on avait publié dans les ports une défense de passer aucun des siens pour sortir d'Angleterre. D'un autre côté, les officiers du roi avaient donné ordre que l'archevêque et les siens ne trouvassent à leur retour que des maisons vides et des granges ruinées; de plus, ils avaient pris, au nom du roi, tous les revenus jusqu'à la Saint-Martin, quoique la paix eût été faite à la Sainte-Madeleine. En même temps, chose bien peu épiscopale, l'archevêque d'York et l'évêque de Londres, se joignant aux autres ennemis de saint Thomas, avaient envoyé au roi, pour le prier de ne pas le laisser revenir en Angleterre qu'il n'eût renoncé à sa légation, qu'il n'eût rendu au roi toutes les lettres obtenues du Pape, et promis d'observer inviolablement les droits du royaume, c'est-à-dire ces coutumes condamnables, première cause de la persécution. Ces prélats courtisans disaient que, sans ces précautions, son retour serait préjudiciable au roi. Par une autre manœuvre, ils avaient fait appeler de chacune des Eglises vacantes six personnes ayant pouvoir d'élire un évêque au nom de la communauté, afin que les élections fussent faites au gré du roi, et que, si Thomas s'y opposait, il encourût sa disgrâce (L. 5, Epist. 64, 73).

Cependant plusieurs seigneurs français fournirent au saint homme l'argent et les autres choses nécessaires pour son voyage. Avant de partir, il vint à Paris pour remercier le roi de France, et logea dans l'abbaye canoniale de Saint-Victor, où l'on a conservé jusque dans ces derniers temps un de ses cilices. Comme on était dans l'octave de Saint-Augustin, patron de l'abbaye, on le pria de prêcher, et il fit un beau discours sur ces paroles du psaume 75e : Il a choisi pour sa demeure le lieu de la paix. Et prenant congé du roi de France, il lui dit : Je vais chercher la mort en Angleterre. Le bon roi lui répondit qu'il le croyait de même, et le pressa beaucoup de rester dans ses Etats, lui promettant de pourvoir à tout ce qui lui serait nécessaire. Le saint archevêque, en le remerciant de sa royale bienveillance, lui dit que la volonté de Dieu devait s'accomplir avant tout.

Enfin il vint à Rouen, par ordre du roi d'Angleterre, espérant, comme on le lui avait promis, y acquitter ses dettes, et être renvoyé en Angleterre avec honneur. Mais Jean d'Oxford, que déjà nous avons appris à connaître pour un homme peu loyal, lui apporta une lettre du roi, par laquelle il le priait de retourner incessamment en Angleterre, et lui donnait le même Jean pour l'accompagner. Saint Thomas obéit, et apprit en route les mauvais desseins de ses ennemis, qui étaient déjà venus à la mer et attendaient le vent favorable, comme lui-même l'attendait de son côté. Ces ennemis étaient l'archevêque d'York et les évêques de Londres et de Salisbury, de plus, pour leur prêter main-forte, il y avait Gervais, vicomte de Kant, Raoul ou Ranulfe de Broc, et Renauld de Varennes, qui menaçaient de lui couper la tête, s'il osait passer. Quelques-

amis conseillèrent à saint Thomas de ne point s'exposer à ce passage, que la paix ne fût mieux affermie. Mais il répondit : Je vois l'Angleterre, et j'y entrerai, Dieu aidant, quoique je sache certainement que je vais y souffrir le martyre. La veille de son embarquement, il envoya les lettres du Pape, portant suspense contre l'archevêque d'York et l'évêque de Durham, avec d'autres lettres qui remettaient dans l'excommunication l'évêque de Londres et celui de Salisbury, et portaient suspense contre tous les évêques qui avaient assisté au sacre du jeune roi. Ces lettres furent rendues à ces mêmes prélats dans le port de Douvres, où ils croyaient que saint Thomas dût aborder (*Vita*, l. 3, c. 3).

Le vent étant devenu favorable, il s'embarqua à Witsand, près de Calais, la nuit du second jour de l'Avent, jour de Saint-André, dernier de novembre 1170, la septième année de son exil. Il arriva heureusement au port de Sandwich, pour éviter ceux qui l'attendaient à Douvres. Le vaisseau qui le portait était remarquable par la croix archiépiscopale qui y était dressée. Et, dès qu'on l'aperçut, une multitude de pauvres qui étaient venus au devant du saint prélat, se mirent à crier : Béni soit celui qui vient au nom du Seigneur, le père des orphelins et le juge des veuves! Ils pleuraient tous, les uns de compassion, les autres de joie; les uns se prosternaient à terre; les autres, ayant leurs habits retroussés, s'avançaient dans la mer pour le prendre au sortir du vaisseau et recevoir les premiers sa bénédiction. Voilà ce que disaient et faisaient les pauvres.

Mais les gentilshommes qui avaient cru qu'il aborderait à Douvres, apprenant son arrivée à Sandwich, y accoururent promptement. Ils s'approchèrent armés du bâtiment où était le saint archevêque, comme pour lui faire violence. Ce que voyant Jean d'Oxford, il craignit que la honte n'en retombât sur le roi et qu'on ne l'accusât de trahison; c'est pourquoi il s'avança, et leur défendit, de la part du roi, de faire aucune insulte à l'archevêque ou aux siens, et leur persuada de poser les armes. Ils demandèrent toutefois que les étrangers qui étaient venus avec l'archevêque fissent serment de fidélité au roi et au royaume. Il ne paraissait d'autre étranger que Simon, archidiacre de Sens, qui aurait facilement consenti à prêter le serment. Mais saint Thomas ne le permit pas, craignant les conséquences de ce serment pour le clergé d'Angleterre, et dit qu'il était contre les bonnes mœurs et le droit des gens, d'exiger des étrangers de pareils serments. Or, il voyait bien que les officiers du roi étaient en trop petit nombre pour faire violence, parce que le peuple, ravi de son retour, avait pris les armes et aurait été le plus fort.

Ces officiers, ayant à peine salué l'archevêque, lui demandèrent, en colère, pourquoi, à son entrée dans le pays, qui devait être pacifique, il avait excommunié et suspendu les évêques du roi, ajoutant que, quand le roi l'apprendrait, il en serait fort irrité. Le prélat répondit doucement qu'il ne l'avait fait que par la permission du roi, pour ne pas laisser impunie l'injure faite à lui et à son Église au sacre du jeune roi, et empêcher que cette entreprise ne fût tirée à conséquence. Le nom du roi retint les officiers; ils commencèrent à parler plus modestement, demandant toutefois avec instance l'absolution des évêques. L'archevêque remit à en délibérer à Cantorbéry, où il serait le lendemain, et les officiers se retirèrent.

Le lendemain mardi, premier jour de décembre, saint Thomas partit de Sandwich pour aller à Cantorbéry, qui n'en est qu'à six milles. A peine put-il faire le jour même ce peu de chemin, tant le peuple et principalement les pauvres s'empressaient autour de lui. Les curés venaient au devant en procession avec des paroisses entières. Etant arrivé à Cantorbéry, il y fut reçu par les moines avec l'honneur convenable, au son des cloches et des orgues, et avec des cantiques de joie; il leur donna à tous le baiser de paix, ayant pris la précaution de faire auparavant absoudre ceux qui avaient communiqué avec les excommuniés.

Les officiers du roi vinrent le jour suivant savoir sa réponse, et, avec eux, les clercs des trois prélats excommuniés, demandant l'absolution de leurs maîtres. Saint Thomas répondit qu'il n'avait pas le pouvoir de lever les censures imposées par le Pape. Toutefois, comme ils le pressaient et le menaçaient de l'indignation du roi, il répondit que, si les évêques de Londres et de Salisbury juraient, selon la forme de l'Église, d'obéir au mandement du Pape, il ferait, pour la paix de l'Église, par le respect du roi et par le conseil des autres évêques, tout ce qui dépendrait de lui, et traiterait les trois prélats avec toute sorte de douceur et de charité, se confiant en la clémence du Pape. Les deux évêques étaient prêts à accepter la condition et à venir se faire absoudre. Mais l'archevêque d'York les en détourna, et leur dit : « J'ai encore huit mille livres d'argent comptant que j'emploierai, s'il est besoin, pour réprimer l'arrogance et l'opiniâtreté de Thomas. Ne vous laissez pas séduire. Allons plutôt trouver le roi, qui nous a si fidèlement protégés jusqu'ici. Si vous le quittez pour vous attacher à son adversaire, car il n'y aura jamais entre eux de réconciliation parfaite, il vous regardera toujours comme des transfuges, et vous chassera de vos terres. Que deviendrez-vous alors? En quel pays irez-vous mendier votre pain? Au contraire, si vous demeurez avec le roi, que peut faire contre vous Thomas plus que ce qu'il a fait? »

Tel était le raisonnement de l'archevêque d'York, raisonnement plus digne d'un païen que d'un évêque catholique. Les deux évêques de Londres et de Salisbury en furent entraînés, et ils partirent tous les trois aussitôt pour aller trouver le roi en Normandie. En même temps, par une perfidie qui les déshonore à jamais, ils envoyèrent au roi, son fils, qui était à Londres, l'excommunié Geoffroi Ridel et quelques autres, pour lui persuader que Thomas voulait le déposer. Mais rien n'était plus loin de sa pensée, comme il l'assure lui-même dans la lettre qu'il écrivit au Pape, contenant la relation de son retour en Angleterre, et qui est sa dernière au pape Alexandre.

Peu de jours après son arrivée à Cantorbéry, il envoya à Londres Richard, prieur de Saint-Martin de Douvres, qui fut son successeur, donner part au jeune roi de son arrivée et lui faire ses excuses touchant la suspense des prélats. Ce député fut mal reçu par le jeune prince, dont les ministres ne consultaient que la volonté du roi, son père. Saint Thomas ne laissa pas de se mettre en chemin peu de jours après, voulant voir le jeune roi qui avait été son disciple, et ensuite visiter sa province abandonnée depuis si longtemps. Comme il approchait de Londres, tous les bourgeois vinrent au devant de lui et le reçurent avec grande joie. Mais il vint deux chevaliers de la part du prince, lui défendre de passer outre et lui ordonner de retourner à son Eglise. Ses ennemis en devinrent plus fiers, et Robert de Broc, frère de Raoul ou Ranulfe, pour insulter au prélat, coupa la queue d'un cheval qui portait quelques ustensiles de sa cuisine.

Le jour de Noël, le saint archevêque monta en chaire et fit un sermon, à la fin duquel il prédit sa mort prochaine, fondant lui-même en larmes, ainsi que tout son auditoire. Mais il prit un ton d'indignation et parla avec véhémence contre les ennemis de l'Eglise, et en particulier contre plusieurs courtisans du roi-père. Il les excommunia, et nommément les deux frères Raoul et Robert de Broc. Après la messe, il tint table, comme il avait accoutumé aux grandes fêtes, avec gaîté, et, quoique le jour de Noël fût cette année-là le vendredi, il mangea de la viande comme les autres. On voit ici l'antiquité de cette dispense de l'abstinence au jour de Noël.

Cependant l'archevêque d'York et les deux évêques de Londres et de Salisbury étant arrivés en Normandie peu de jours avant la fête, se jetèrent aux pieds du roi, implorant sa justice, et se plaignant amèrement que Thomas abusait de la paix qu'il lui avait accordée, et que, dès qu'il était arrivé, il avait troublé le royaume par les censures qu'il avait publiées contre eux. Le roi dit : « Si tous ceux qui ont consenti au sacre de mon fils sont excommuniés, par les yeux de Dieu ! je le suis aussi. » Et il entra dans une furieuse colère. Excité donc par les trois prélats courtisans, il commença à maudire tous ceux qu'il avait nourris et comblés de bienfaits, dont aucun ne le vengeait d'un prêtre qui troublait son royaume et voulait le dépouiller lui-même de sa dignité, ajoutant plusieurs reproches contre le saint archevêque.

Alors quatre chevaliers de sa chambre, croyant ne pouvoir rien faire qui lui fût plus agréable que de tuer le pontife, en formèrent ensemble la résolution. Ces quatre étaient : Hugues de Morville, Guillaume de Traci, Richard le Breton, et Renaud, fils de l'Ours. Ils firent leur conjuration la nuit de Noël, s'engageant par serment à ce meurtre, et, le jour même de la fête, ils se retirèrent secrètement de la cour. Ils firent telle diligence et eurent le temps si favorable, qu'ils arrivèrent en Angleterre le lundi, jour des Innocents. Ils furent joints par Raoul de Broc, qui les conduisit à son château de Saltwode, à six milles de Cantorbéry. Ils s'associèrent quelques complices, et passèrent la nuit à concerter l'exécution de leur forfait.

Le lendemain mardi, 29 décembre, ils vinrent à Cantorbéry, et allèrent à l'archevêché, où ils trouvèrent le saint prélat qui avait déjà dîné, et s'entretenait de quelques affaires avec ses moines et ses clercs. Les quatre chevaliers entrèrent dans sa chambre, et, sans le saluer, s'assirent à terre à ses pieds. Après un peu de silence, Renaud dit au nom de tous : Nous venons de la part du roi vous apporter ses ordres. Voulez-vous les entendre en secret ou en public? Comme il vous plaira, dit le saint archevêque. Et Renaud reprit : Nous les dirons donc en secret. L'archevêque fit retirer ceux qui étaient avec lui; mais l'huissier laissa la porte ouverte, afin que ceux qui étaient dehors pussent voir ce qui se passait. Après que les chevaliers eurent dit ce qu'ils voulurent, le saint prélat dit qu'il voulait que plusieurs personnes l'entendissent, et fit appeler les moines et les clercs, mais non les laïques.

Alors Renaud dit : Nous vous ordonnons, de la part du roi, d'aller trouver le roi, son fils, et de lui rendre ce que vous lui devez. Je crois l'avoir fait, dit l'archevêque. Non, dit Renaud, puisque vous avez suspendu ses évêques; ce qui fait croire que vous voulez lui ôter la couronne de dessus la tête. Le saint répondit : Au contraire, je voudrais pouvoir lui donner encore d'autres couronnes, et, quant aux évêques, ce n'est pas moi qui les ai suspendus, c'est le Pape. C'est bien vous, dit Renaud, puisque c'est à votre poursuite. Saint Thomas reprit : J'avoue que je ne suis pas fâché si le Pape venge les injures faites à mon Eglise. Ensuite il se plaignit des torts et des insultes qu'il avait reçues depuis la conclusion de la paix, et dit à Renaud : Vous étiez présent, vous et plus de deux cents chevaliers, quand le roi m'accorda de contraindre, par les censures, ceux qui avaient troublé l'Eglise, à lui faire satisfaction, et je ne puis me dispenser de remplir mon devoir de pasteur. A ces mots, les chevaliers se levèrent en criant : Voilà des menaces ! et dirent aux moines : Nous vous commandons de la part du roi de le garder; s'il échappe, on s'en prendra à vous. Ils sortirent aussitôt, et Thomas les suivit jusqu'à la porte de son antichambre, en disant : Sachez que je ne suis pas venu pour m'enfuir, et que je ne crains pas vos menaces. Ils répondirent : Il y aura autre chose que des menaces.

Etant sortis du palais, ils ôtèrent leurs manteaux, et on les vit revêtus de cuirasses. Ceux de leur suite s'armèrent aussi, et, outre leurs épées, ils portèrent des arcs, des flèches, des haches et d'autres instruments pour ouvrir les portes ou les briser. Thomas était tranquille dans sa chambre. Les gens de sa maison, entendant les coups de hache contre la porte le supplièrent de se réfugier dans l'église par un cloître ou par une galerie. Lui, craignant de manquer l'occasion du martyre, s'y refuse. On allait l'y entraîner de force, quand un des assistants fit remarquer que l'heure de vêpres avait sonné. « Puisque c'est l'heure de mon devoir, dit l'archevêque, j'irai à l'église. » Et, faisant porter sa croix devant lui, il traversa le cloître à pas lents, puis marcha vers le grand autel, séparé de la nef par une grille entr'ouverte. On voulut la fermer, quand on entendit le cri des assassins. L'archevêque s'y opposa, et dit : « L'église de Dieu ne doit pas être barricadée comme une citadelle humaine. C'est en souffrant, non en repoussant les attaques, que nous triompherons. » On le supplia avec de grandes instances de se mettre en sûreté dans l'église souterraine, ou de monter l'escalier par lequel, à travers beaucoup de détours, on parvenait au faîte de l'édifice : l'archevêque refusa l'un et l'autre. Pendant ce temps, les quatre assassins entrèrent dans l'église, l'épée à la main. Le premier s'écria : Où est le traître ? Personne ne répondit. Il cria de nouveau : Où est l'archevêque? Aussitôt l'intrépide pontife descendit les degrés du chœur, et dit à haute voix :

Me voici ! je suis l'archevêque, mais je ne suis point un traître. Que voulez-vous ? — Que tu meures ! — « Je suis prêt à mourir pour Dieu, pour la justice et pour la liberté de l'Eglise; mais je vous défends, au nom du Dieu tout-puissant, de faire le moindre mal à aucun de mes religieux, de mes clercs ou de mon peuple. Tant que j'ai vécu, j'ai pris la défense de l'Eglise lorsque je l'ai vue opprimée. Puisse-t-elle, par mon sang, recouvrer la paix et la liberté. » Ayant ainsi parlé, il se mit à genoux, et dit : « Je recommande mon âme et la cause de l'Eglise à Dieu, à la sainte Vierge et aux saints patrons de ce lieu, aux martyrs saint Denys et saint Elphège. » Ayant ensuite prié pour les assassins, il inclina un peu la tête et la leur présenta en silence. Comme ils voulaient le tirer de l'église, il leur dit : « Je ne sortirai point; faites ce que vous voudrez. » Dans la crainte que le peuple qui s'attroupait ne mît obstacle à leur dessein, ils se hâtèrent de l'exécuter. L'un des assassins déchargea un coup sur la tête de l'archevêque; Edouard Grim, qui était auprès du saint et qui depuis écrivit sa vie, voulut parer le coup en étendant le bras, qui lui fut presque emporté. Thomas, qui en avait été étourdi, tomba sur ses genoux, soutint sa tête de ses deux mains, resta immobile comme auparavant, et offrit à Dieu de nouveau le sacrifice de sa vie. Alors deux autres assassins lui donnèrent chacun un coup d'épée, et il tomba sur le pavé, près de l'autel de Saint-Benoît. Comme il était près d'expirer, Richard le Breton lui enleva le haut du crâne. Enfin, un exécrable sous-diacre, nommé Hugues et surnommé *Mauvais-Clerc*, lui posa le pied sur le cou, et, avec la pointe de son épée, lui tira la cervelle, qu'il répandit sur le pavé. Ainsi mourut saint Thomas, archevêque de Cantorbéry, dans la cinquante-troisième année de son âge, le mardi 29 décembre 1170, sur les cinq heures du soir. Il reçut tous ces coups sans proférer une seule parole et sans faire aucun mouvement des pieds ni des mains.

Pendant que les assassins gentilshommes le massacraient dans l'église, d'autres pillaient son palais. Ils rompirent les portes et les serrures, enlevèrent ses chevaux, battirent ses domestiques, ouvrirent les coffres, partagèrent entre eux l'argent, les habits et les autres meubles. Ils emportèrent même les titres de l'Eglise de Cantorbéry, et les donnèrent à Ranulfe de Broc, pour les porter au roi, en Normandie, afin qu'il pût supprimer ceux qu'il trouverait contraires à ses prétentions (*Vita S. Thom.*).

« Chrétiens, soyez attentifs, s'écrie à cette occasion Bossuet; s'il y eut jamais un martyre qui ressembla parfaitement à un sacrifice, c'est celui que je vous dois représenter. Voyez les préparatifs : l'évêque est à l'église avec son clergé, et ils sont déjà revêtus. Il ne faut pas chercher bien loin la victime : le saint pontife est préparé, et c'est la victime que Dieu a choisie. Ainsi tout est prêt pour le sacrifice, et je vois entrer dans l'église ceux qui doivent donner le coup. Le saint homme va au devant d'eux, à l'imitation de Jésus-Christ, et, pour imiter en tout ce divin modèle, il défend à son clergé toute résistance, et se contente de demander sûreté pour les siens. *Si c'est moi que vous cherchez, laissez*, dit Jésus, *retirer ceux-ci* (Joan., 18, 8). Ces choses étant accomplies, et l'heure du sacrifice arrivée, voyez comme saint Thomas en commence la cérémonie. Victime et pontife tout ensemble, il présente sa tête et fait sa prière. Voici les vœux solennels et les paroles mystiques de ce sacrifice : *Je suis prêt à mourir*, dit-il, *pour la cause de Dieu et de son Eglise, et, toute la grâce que je demande, c'est que mon sang lui rende la paix et la liberté qu'on veut lui ravir.* Il se prosterne devant Dieu, et comme dans le sacrifice solennel nous appelons les saints pour être nos intercesseurs, il n'omet pas une partie si considérable de cette cérémonie sacrée; il appelle les saints martyrs et la sainte Vierge au secours de l'Eglise opprimée; il ne parle que de l'Eglise; il n'a que l'Eglise dans le cœur et dans la bouche; et, abattu par le coup, sa langue, froide et inanimée, semble encore nommer l'Eglise (Bossuet, *Panég. de S. Thomas de Cantorbéry*, t. XVI, p. 591, édit. de Versailles). »

Un homme qui n'a pas la foi, ou qui n'a pas une foi bien vive et bien éclairée, serait porté à croire que tout fut perdu pour l'Eglise par la mort du saint archevêque. Ce sera tout le contraire. « C'est une loi établie, dit encore Bossuet dans le panégyrique de notre saint, que l'Eglise ne peut jouir d'aucun avantage qui ne lui coûte la mort de ses enfants, et que, pour affermir ses droits, il faut qu'elle répande du sang. Son Epoux l'a rachetée par le sang qu'il a versé pour elle, et il veut qu'elle achète par un prix semblable les grâces qu'il lui accorde. C'est par le sang des martyrs qu'elle a étendu ses conquêtes bien au delà de l'empire romain; son sang lui a procuré et la paix dont elle a joui sous les empereurs chrétiens, et la victoire qu'elle a remportée sur les empereurs infidèles. Il paraît donc qu'elle devait du sang à l'affermissement de son autorité, comme elle en avait donné à l'établissement de sa doctrine, et ainsi la discipline, aussi bien que la foi de l'Eglise, a dû avoir des martyrs. C'est pour cette cause que notre glorieux saint a donné sa vie. Nous avons honoré ces derniers jours, le premier martyr de la foi; aujourd'hui nous célébrons le triomphe du premier martyr de la discipline, et, afin que tout le monde comprenne combien ce martyre a été semblable à ceux que nous ont fait voir les anciennes persécutions, je m'attacherai à vous montrer que la mort de notre saint archevêque a opéré les mêmes merveilles dans la cause de la discipline, que celle des autres martyrs a autrefois opérées lorsqu'il s'agissait de la croyance (*Ibid.*, p. 579). »

A la nouvelle du meurtre, toute la ville de Cantorbéry fut consternée. Les riches, saisis de crainte, demeurèrent dans leurs maisons, mais les pauvres et les gens du peuple accoururent aussitôt à l'église pleurer leur père. Ils lui baisaient les mains et les pieds, ils recueillaient son sang, s'en frottaient les yeux et y trempaient des lambeaux de leurs habits. Ce qui en demeura sur le pavé fut ramassé soigneusement et mis dans un vase précieux, pour être gardé dans l'église. Les moines mirent le corps sur un brancard devant l'autel, et passèrent la nuit auprès, en larmes et en prières. Mais, le lendemain matin, on leur vint dire qu'il y avait hors de la ville une grande troupe de gens armés qui voulaient enlever le corps du saint prélat, pour le traîner par les rues à la queue des chevaux, le pendre au gibet ou le mettre en pièces et le jeter dans un bourbier. Les moines, alarmés de ce bruit, résolurent de l'enterrer promptement. Ils fermèrent les portes de l'église et portèrent le corps dans la chapelle souterraine, où, l'ayant dépouillé, ils trouvèrent que, sous son habit monastique, il portait un rude cilice, et, ce qui était sans exemple, des fémoraux de même étoffe. Ce spectacle attira de nouveau des torrents de larmes; car on avait ignoré jusque-là qu'il pratiquait cette austérité. On le revêtit par-dessus ses habits pontificaux; on le mit dans un tombeau de marbre tout neuf, qui se trouva dans cette chapelle, et on en ferma les portes soigneusement. L'église demeura interdite près d'une année : on couvrit les croix et on dépouilla les autels comme au vendredi saint, et les moines récitèrent l'office dans leur chapitre, sans chanter.

Le roi d'Angleterre, ayant appris la mort de saint Thomas, envoya peu de jours après quelques-uns de ses clercs, qui, étant arrivés à Cantorbéry, assemblèrent les moines de la cathédrale, et leur dirent : « Le malheur qui est arrivé chez vous, mes frères, a tellement affligé le roi, que, pendant trois jours, il s'est abstenu d'entrer dans l'église, et n'a pris aucune nourriture que du lait d'amande. Il n'a point reçu de consolation et n'a point paru en public, sachant le tort que fait à sa réputation cette cruelle action des siens, et qu'on ne se persuaderait point aisément qu'il n'ait point désiré la mort d'un homme dont il s'est plaint si souvent comme du seul qui s'opposât à ses volontés. L'action est détestable et inouïe, et la conduite que le roi a tenue jusqu'ici le justifie assez de n'en être pas complice; mais, ce qui lui donne quelques remords, c'est qu'ayant appris l'excommunication de tous ceux qui avaient assisté au sacre de son fils, lorsqu'il croyait tous les ressentiments étouffés par la paix, il ne put dissimuler sa douleur, ni s'empêcher de s'en plaindre à ses confidents. Ceux-ci partageant son ressentiment et d'autant plus animés que le prélat lui avait plus d'obligation, il s'en trouva quatre parmi eux qui se retirèrent secrètement et vinrent commettre ce crime, croyant plaire au roi. Or, comme il les connaissait pour les plus emportés et les plus méchants de son royaume, il envoya en diligence après eux pour prévenir ce malheur; mais ils étaient déjà passés, et firent leur coup le jour que le roi croyait les avoir auprès de lui. Voilà, mes frères, ce que nous avons charge de vous dire, afin que vous n'ayez aucun mauvais soupçon du roi, et que vous demandiez à Dieu le pardon de la faute qu'il peut avoir faite, en donnant, par ses discours, occasion à ce crime. Donnez au corps une sépulture honorable; le roi n'a plus de ressentiment contre le mort (*Gesta post mart.*, c. 1). » Ainsi parlèrent les envoyés du roi d'Angleterre.

Cependant deux docteurs, Alexandre le Gallois et Gontier de Flandre, qui avaient été auprès de saint Thomas jusqu'à sa mort, allèrent en porter la nouvelle au Pape, chargés de plusieurs lettres de recommandation du roi de France, de Thibaut, comte de Blois, et de Guillaume, archevêque de Sens, qui tous demandaient justice au Pape de ce meurtre, traitant le saint prélat de martyr, et témoignant qu'il se faisait déjà des miracles à son tombeau (L. 5, *Epist.* 78, 80, 81). Le roi d'Angleterre envoya au Pape de son côté, et Arnoul, évêque de Lisieux, un des plus éloquents prélats de son obéissance, écrivit en sa faveur une lettre où il représente la douleur du roi si violente, que l'on craignait même pour sa vie, et prie le Pape de punir les coupables suivant l'énormité de leur crime, mais d'avoir égard à l'innocence de ce prince. La lettre était au nom de tous les évêques d'Angleterre (L. 5, *Epist.* 79).

Ceux d'entre ces évêques qui étaient excommuniés ou suspens, avaient envoyé des députés à Rome pour solliciter leur absolution. Leurs députés avaient quelque espoir de l'obtenir, lorsqu'arriva à Rome la nouvelle du meurtre de l'archevêque de Cantorbéry. Le pape Alexandre en fut troublé à tel point, que, pendant près de huit jours, les siens mêmes ne purent lui parler. Il y eut une défense générale de donner aux Anglais aucun accès auprès de lui, et toutes leurs affaires demeurèrent en suspens. C'est que le Pape se reprochait d'avoir mal soutenu la cause de l'Eglise, pour laquelle Thomas avait tant souffert pendant six ans, et d'avoir enfin livré ce prélat entre les mains de ses persécuteurs (L. 5, *Epist.* 84).

Ceux que le roi d'Angleterre envoya pour s'excuser de sa mort, furent les évêques de Worcester et d'Evreux, l'abbé de Vallace, l'archidiacre de Salisbury et cinquante autres, parmi lesquels était un templier. Ils furent arrêtés à Sienne, où le comte Macaire ne leur permit pas de passer outre. Cependant ils craignaient fort de ne pas arriver auprès du Pape assez tôt pour empêcher qu'il ne prononçât excommunication contre le roi d'Angleterre, et interdit sur son royaume; car c'est de quoi ce prince était le plus en peine, à cause des suites que ces censures avaient pour le temporel. Or, c'était la coutume de l'Eglise romaine de dater les excommunications du jeudi saint, qui n'était pas éloigné. Les envoyés du roi d'Angleterre résolurent donc, par délibération commune, que quatre d'entre eux prendraient les devants pour prévenir le jour fatal à quelque prix que ce fût.

Ces quatre étaient l'abbé de Valace, les archidiacres de Salisbury et de Lisieux, et un docteur nommé Henri. Ils partirent de Sienne secrètement, à minuit; et, ayant à grand'peine traversé des montagnes escarpées et des lieux impraticables, ils arrivèrent à Tusculum, où était le Pape, le samedi avant le dimanche des Rameaux, qui, cette année 1171, était le 22 mars, Pâques étant le 28. Le Pape ne voulut point les voir, et la plupart des cardinaux daignèrent à peine leur parler. Toutefois, ils firent tant par les amis du roi, leur maître, que l'abbé de Vallace et l'archidiacre de Lisieux furent admis à l'audience du Pape, comme les moins suspects. Mais, sitôt qu'ils prononcèrent le nom du roi d'Angleterre en saluant le Pape de sa part, toute la cour romaine s'écria : Arrêtez, arrêtez! comme si le Pape n'eût pu entendre ce nom sans horreur. Le soir, ils eurent une audience particulière du Pape, où ils lui exposèrent leur mission, relevant les bienfaits dont le roi avait comblé le défunt archevêque, et les injures qu'il prétendait en avoir reçues. Ce qu'ils répétèrent encore devant tous les cardinaux, et en présence des deux députés, Alexandre et Gontier, qui demandaient justice de la mort du saint prélat.

Les députés du roi, voyant approcher le jeudi saint, et sachant certainement que l'on avait très-longtemps délibéré touchant les censures que l'on devait jeter sur lui et sur son royaume, s'adressèrent à quelques cardinaux qu'ils savaient être les plus affectionnés au roi, leur maître, et les conjurèrent de leur découvrir l'intention du Pape. Ils ne leur rapportèrent rien que de sinistre; et les envoyés surent que ce jour-là, le Pape, de l'avis de tous les cardinaux, avait résolu de prononcer l'interdit contre le roi et contre tous ses Etats. En cette extrémité, ils essayèrent, par le moyen des cardinaux et des domestiques du Pape, d'obtenir du moins un délai jusqu'à l'arrivée des deux évêques de Worchester et d'Evreux. N'y ayant pu réussir, ils résolurent de prendre sur eux le péril, et, par le moyen des mêmes cardinaux bien intentionnés pour eux, ils firent dire au Pape : « Nous avons ordre du roi de jurer en votre présence qu'il s'en tiendra à votre commandement, et qu'il le jurera en personne. » Ce jour du jeudi saint, qui, cette année 1171, était le 25 mars, vers l'heure de none, les envoyés du roi et ceux des évêques furent appelés au consistoire général. Les envoyés du roi firent le serment qu'ils avaient offert; les envoyés de l'archevêque d'York et des évêques de Londres et de Salisbury jurèrent de même que leurs maîtres exécuteraient l'ordre du Pape. Et, le même jour, le Pape excommunia généralement les meurtriers de l'archevêque, tous ceux qui leur avaient donné conseil, aide ou consentement, et tous ceux qui leur donneraient retraite dans leurs terres, ou quelque sorte de protection.

Après Pâques, arrivèrent les évêques de Worchester et d'Evreux, qui, après avoir été à la cour de Rome plus de quinze jours, furent appelés pour entendre la réponse du Pape. Il confirma la sentence de l'interdit que l'archevêque de Sens avait prononcé sur les terres de l'obéissance du roi, de deçà la mer, et la sentence de suspense d'excommunication contre les évêques d'Angleterre, et ajouta qu'il enverrait des légats au roi pour connaître sa soumission. Ensuite après bien des sollicitations, par l'intercession de quelques cardinaux, et, à ce que l'on disait, moyennant beaucoup d'argent, les envoyés obtinrent que le Pape écrirait à l'archevêque de Bourges que si, dans un mois après le retour des envoyés du roi en Normandie, il n'avait point de nouvelle que les légats aient passé les Alpes, il absoudrait de l'excommunication les évêques de Londres et de Salisbury, après leur avoir fait prêter serment d'obéir aux ordres du Pape : bien entendu qu'eux et les autres demeureraient suspens. C'est ainsi que les envoyés du roi d'Angleterre se retirèrent de la cour de Rome, et ils eurent bien de la peine à obtenir que le Pape lui écrivit (L. 5, *Epist.* 83 et 84).

Le roi Henri, ayant appris la résolution du Pape de lui envoyer des légats, se pressa de passer en Angleterre, et donna ordre de garder soigneusement, tant deçà que delà la mer, si quelqu'un se trouvait chargé de lettres d'interdit, de l'arrêter et de le mettre en prison; et de ne laisser passer aucun clerc, qu'il ne jurât n'avoir aucun mauvais dessein contre le roi et le royaume. Le roi arriva à Portsmouth le 3 août, et assembla une armée considérable pour passer en Irlande, où il était appelé pour en être reconnu souverain. Il croyait y être aussi plus en sûreté qu'en Angleterre, contre l'interdit qu'il craignait. En passant, il visita le frère du roi Etienne, Henri, évêque de Winchester, malade à l'extrémité; ce vénérable prélat lui fit de grands reproches de la mort du saint archevêque, et lui prédit qu'elle lui attirerait plusieurs adversités. Il mourut chargé d'années, le 8 du même mois d'août, ayant rempli le siège de Winchester quarante-deux ans. Il avait, deux ans avant sa mort, distribué tous ses biens en aumônes, ne gardant que la subsistance absolument nécessaire (Gervas, p. 1419; Radulph., *Dicet.*, p. 457; Gir., *Cambr.*).

Le roi d'Angleterre passa en Irlande avec une flotte de quatre cents voiles, et, le lendemain de son arrivée, 18 octobre, il vint avec son armée à Waterford, où il séjourna quinze jours. Là vinrent, à ses ordres, les quatre rois de Corck, de Limeric, d'Oxeric et de Mida, et presque tous les seigneurs d'Irlande, hors le roi de Connaught, qui prétendait en être seul le monarque suprême. Tous les prélats y vinrent aussi; savoir, les quatre archevêques, Gélase d'Armagh, Donal de Cassel, saint Laurent de Dublin, Catholique de Tuam, les évêques leurs suffragants, au nombre de huit, et les abbés. Ils reçurent tous Henri pour seigneur et roi d'Irlande, et lui firent serment de fidélité, à lui et à ses successeurs, à perpétuité. Dans la suite, le roi d'Angleterre envoya au Pape les lettres des prélats d'Irlande, et obtint la confirmation de ce royaume pour lui et ses successeurs, par l'autorité du Siège apostolique, comme il avait déjà obtenu du pape Adrien IV en 1156, la permission d'y entrer et de s'en rendre maître (Guill. Neubrig., l. 2, c. 26; Roger Hoveden, p. 627; Labbe, t. X).

Pendant que le roi Henri était en Irlande et vers le 6 novembre 1171, il envoya Nicolas, son chapelain, et Raoul, archidiacre de Landaf, tenir un concile général à Cassel, avec les prélats du pays, sous le bon plaisir du Pape. L'archevêque d'Armagh, primat d'Irlande, ne put s'y trouver à cause de ses infirmités et de son grand âge. Il était en réputation de sainteté, et ne vivait que du lait d'une vache blanche, qu'il faisait mener partout avec lui. En ce concile présida Christian, évêque de Lismor, en qualité de légat du Saint-Siège : on y fit publiquement le rapport des désordres qui régnaient dans le pays, et on les rédigea par écrit sous le sceau du légat; puis on dressa huit canons, pour y apporter le remède convenable.

On ordonna premièrement que les mariages ne seraient contractés que suivant les lois de l'Église, au lieu que la plupart des Irlandais prenaient autant de femmes qu'ils en voulaient, et souvent leurs proches parentes. Que les enfants seraient portés à l'église pour être faits catéchumènes à la porte, et ensuite baptisés aux fonts par les prêtres, dans de l'eau pure, avec les trois immersions, hors le péril de mort. Au lieu qu'auparavant la coutume était, en divers lieux d'Irlande, que, sitôt qu'un enfant était né, son père ou le premier venu le plongeait trois fois dans l'eau, ou dans du lait, si c'était l'enfant d'un riche; puis on jetait cette eau ou ce lait, comme sale. On ordonna encore que l'on paierait à l'église paroissiale la dîme du bétail, des fruits et de tous les autres revenus. C'est que plusieurs n'en avaient jamais payé, et ne savaient pas même si elles étaient dues. Que toutes les terres ecclésiastiques seraient exemptes de toute exaction des séculiers, particulièrement des repas et de l'hospitalité qu'ils se faisaient donner par violence. Que les clercs ne seraient point obligés de contribuer avec les autres parents, pour la composition d'un meurtre commis par un laïque. Que tous les fidèles, étant malades, feraient testament en présence de leur confesseur et de leurs voisins, et diviseraient leurs biens en trois parts : une pour leurs enfants, l'autre pour leur femme, la troisième pour leurs funérailles, et aussi pour qu'on prie pour eux. Que ceux qui mourraient avec une bonne confession seraient enterrés suivant l'usage de l'Eglise, avec les messes et les vigiles. Enfin on ordonna que l'office divin serait partout célébré suivant l'usage de l'Eglise anglicane. Depuis ce temps, l'Irlande prit une nouvelle forme pour le temporel et pour le spirituel.

Pendant la tenue de ce concile, le roi Henri vint à Dublin vers la Saint-Martin de l'an 1171, et y demeura jusqu'à la Purification de l'année suivante. Là il confirma les décrets du concile de Cassel, et l'archevêque d'Armagh, qui n'y avait pas assisté, y vint trouver le roi et témoigner qu'il se conformait entièrement à ses volontés. Les Irlandais bâtirent au roi un palais de perches à la manière du pays, hors la ville de Dublin, près de l'église de Saint-André, et il y tint sa cour à la fête de Noël. On tint, vers le même temps, à Armagh, un autre concile général d'Irlande, où l'on ordonna de mettre en liberté tous les Anglais qui se trouveraient en esclavage par toute l'île. C'est que le concile fut persuadé que les Irlandais étaient alors soumis à la domination des Anglais en punition de leurs crimes, et particulièrement de ce qu'ils avaient accoutumé d'acheter les Anglais des marchands et des pirates, pour les mettre en servitude (Labbe, t. X).

Le roi d'Angleterre était encore en Irlande quand les légats que le Pape avait promis d'envoyer pour connaître sa soumission, arrivèrent en Normandie. C'étaient deux cardinaux-prêtres, Théoduin, du titre de Saint-Vital; et Albert, chancelier de l'Eglise romaine, recommandables l'un et l'autre par leur doctrine et par leur vertu. Odon, prieur de l'Eglise du Christ, cathédrale de Cantorbéry, et toute la communauté des moines qui la desservaient, affligés que cette Eglise demeurât si longtemps privée des divins offices, et sachant que les légats attendaient en Normandie le retour du roi, envoyèrent leur demander la permission de la faire réconcilier par les évêques d'Angleterre. Les légats l'accordèrent, et l'Eglise du Christ fut réconciliée par les évêques d'Excester et de Chichester, le jour de Saint-Thomas, apôtre, le 21 décembre 1171, après avoir été interdite depuis le 29 du même mois de l'année précédente. Elle ne laissait pas d'être fréquentée par un grand concours de peuple, à cause des miracles qui se faisaient au tombeau du saint archevêque Thomas, et qui commencèrent vers la fête de Pâques 1171 (*Vita S. Thom.*, l. 4, c. 3; *Chron.*, Gervas, an 1171; *L.* 5, *Epist.* 96; Rad., *Dicet.*, p. 557).

Sans l'arrivée des légats, le roi d'Angleterre serait demeuré en Irlande pour achever de la soumettre, en faisant la guerre au roi de Connaught, qu'il aurait aisément vaincu; mais, étant pressé d'aller trouver les légats, il s'embarqua le 17 avril 1172, qui était le lendemain de Pâques, et arriva à Saint-David, au pays de Galles. D'Angleterre il passa en Normandie; et, le 17 mai, il rejoignit les légats, qui lui donnèrent le baiser de paix. Le lendemain, ils vinrent à l'abbaye de Savigny, près d'Avranches, où tous les évêques et les seigneurs étaient assemblés. Après que l'on y eût longtemps traité de la paix, le roi refusa absolument de prêter le serment que les légats lui demandaient, et se sépara d'eux avec indignation, disant : « Je m'en retourne en Irlande, où j'ai beaucoup d'affaires; allez en paix dans mes terres, où il vous plaira, et exécutez votre légation. » Les légats s'étant consultés en particulier, rappelèrent les évêques de Lisieux, de Poitiers et de Salisbury; et, par leur moyen, firent convenir le roi de se trouver avec eux à Avranches, le vendredi suivant. Là il s'accordèrent entièrement, et le roi convint de tout ce que les légats lui proposèrent. Mais, parce qu'il voulait que son fils y fût pour faire les mêmes promesses, on remit au dimanche suivant, qui était le 22 mai.

Ce jour, le roi fit publiquement ce serment en touchant les saints Evangiles : « Je n'ai ni pensé, ni su, ni commandé la mort de Thomas, archevêque de Cantorbéry; et, quand je l'ai apprise, j'en ai été plus affligé que si j'avais perdu mon propre fils. Mais je ne puis m'excuser d'avoir donné occasion au meurtre par l'animosité et la colère que j'avais conçues contre le saint homme. Or, pour la réparation de cette faute, j'enverrai incessamment à Jérusalem deux cents chevaliers pour la défense de la chrétienté, et ils y serviront un an à mes dépens. Je prendrai même la croix pour trois ans et je ferai le voyage en personne, à moins que le Pontife romain ne me permette de demeurer. Je casse absolument les coutumes que j'ai introduites de mon temps en tous mes Etats, et défends de les observer à l'avenir. Je permettrai désormais de porter librement les appellations au Siége apostolique, sans en empêcher personne. Le roi promit encore de rendre à l'Eglise de Cantorbéry toutes ses terres et ses autres biens, comme elle les possédait un an avant que l'archevêque encourût sa disgrâce, et de rendre ses bonnes grâces et leurs biens à tous ceux contre lesquels il avait été irrité à cause de ce prélat. Enfin, il ajouta ces paroles d'autant plus remarquables que les historiens modernes les ont passées sous silence : De plus, moi le roi, mon fils aîné, nous jurons que nous recevrons et tiendrons le royaume d'Angleterre du seigneur pape Alexandre et de ses successeurs catholiques, et que nous et nos successeurs à perpétuité nous ne nous réputerons rois d'Angleterre qu'autant qu'ils nous tiendront rois catholiques (1). »

Les légats lui enjoignirent de plus, en secret, des jeûnes, des aumônes et d'autres œuvres pénales dont le public n'eut point de connaissance. Le roi accepta tout avec grande soumission, puis il dit devant tout le monde : « Seigneurs légats, ma personne est entre vos mains; sachez certainement que, quoi que vous m'ordonniez, soit d'aller à Jérusalem, à Rome ou à saint Jacques, soit autre chose, je suis prêt à obéir. » Ces paroles touchèrent les assistants jusqu'aux larmes. Ensuite les légats menèrent le roi, de son bon gré, hors la porte de l'Eglise; là il reçut

(1) Præterea, ego et major filius meus, rex, juramus quòd à Domino Alexandro Papa et ejus catholicis successoribus, recipiemus et tenebimus regnum Angliæ; et nos et successores nostri in perpetuum non reputabimus nos Angliæ reges, donec ipsi nos catholicos reges tenuerint (*Apud Baron.*, an 1172, n. 5).

l'absolution à genoux, mais sans ôter ses habits ni être fustigé, puis ils le firent entrer dans l'église.

Pour donner connaissance de tout ce qui s'était passé à quelques personnes du royaume de France, ils ordonnèrent que l'archevêque de Tours et ses suffragants se présenteraient à Caen devant le roi d'Angleterre et ses légats, le mardi après l'Ascension. Le jeune roi Henri promit, entre les mains du cardinal Albert, d'observer ce que le roi, son père, avait juré, et d'accomplir sa pénitence, si le père ne le pouvait par mort ou autrement (*Acta Alex. apud Baron.*, 1172).

Quatre mois après, le 27 septembre 1172, on assembla dans la même ville d'Avranches un concile où se trouvèrent les deux rois, le père et le fils; Rotrou, archevêque de Rouen, et tous les évêques et abbés de Normandie. Le roi-père y réitéra le serment qu'il avait fait, y ajoutant quelques clauses. Que jamais il ne se retirerait de l'obéissance du pape Alexandre et de ses successeurs, tant qu'ils le tiendraient pour roi catholique. Qu'à Noël prochain, il prendrait la croix pour trois ans, et partirait l'été suivant pour Jérusalem, si le Pape ne l'en dispensait; mais s'il était obligé d'aller en Espagne contre les Sarrasins, son voyage de Jérusalem serait d'autant différé. Que cependant il donnerait aux Templiers l'argent nécessaire, suivant leur estimation, pour entretenir à la terre sainte deux cents chevaliers pendant un an. Les légats donnèrent au roi leurs lettres, contenant toutes les clauses de son serment, et il y fit aussitôt mettre son sceau (Labbe, t. X).

Le lendemain, les légats tinrent au même lieu le concile avec les prélats et le clergé de Normandie, où l'on publia douze canons, savoir: On ne donnera point à des enfants, de bénéfices à charge d'ames; ni aux enfants de prêtres les églises de leurs pères. Les églises ne seront point données à ferme, ni à des vicaires annuels; mais on obligera les curés qui le peuvent, d'avoir un vicaire. On n'ordonnera point de prêtres sans un titre certain. Le prêtre qui sert une église aura du moins le tiers des dîmes, et les laïques ne prendront rien des oblations. Ceux qui possèdent des dîmes par droit héréditaire peuvent les donner à un clerc, à condition qu'après lui elles retourneront à l'Eglise. Les clercs n'exerceront point les juridictions séculières, sous peine d'être exclus des bénéfices. Le mari ou la femme ne pourra entrer en religion, l'autre demeurant dans le siècle, s'ils n'ont pas l'âge d'user de leur mariage. On propose l'abstinence et le jeûne de l'Avent à tous ceux qui peuvent l'observer, principalement aux ecclésiastiques et aux nobles. On voulait aussi défendre aux prêtres plusieurs exactions sur les biens des mourants, pour les mariages et les baptêmes, et pour l'absolution des excommunications dont ils exigeaient quarante-huit livres; mais les évêques normands ne voulurent pas recevoir ce décret. En ce même concile, l'archevêque de Tours renouvela ses plaintes contre le prétendu archevêque de Dol, mais le clergé breton de Dol lui résista opiniâtrement (Labbe, t. X).

Cependant il s'opérait une infinité de miracles au tombeau de saint Thomas de Cantorbéry: on voyait des morts ressuscités, la vue rendue aux aveugles, l'ouïe aux sourds, des lépreux et d'autres malades guéris, des démoniaques délivrés. Les ennemis mêmes du saint, ses anciens persécuteurs, y accouraient, pour obtenir par son intercession le pardon de leurs fautes, ainsi que d'autres grâces. Le pape Alexandre fut informé de ces miracles, premièrement par la voix publique, puis par le témoignage de plusieurs personnes dignes de foi, et enfin par celui de ses deux légats, Albert et Théoduin, qui en étaient d'autant mieux instruits qu'ils étaient plus près du lieu. Sur ces assurances donc, et sur la connaissance que le Pape avait d'ailleurs des vertus du saint prélat, après avoir pris le conseil des cardinaux, il le canonisa solennellement dans l'église, le jour des Cendres, 21 février 1173, en présence d'une grande multitude de clercs et de laïques. Il ordonna qu'il serait mis au nombre des martyrs, et que sa fête serait célébrée tous les ans le jour de sa mort, 29 décembre, comme elle l'est encore par toute l'Eglise catholique. C'est ce que l'on voit par deux bulles datées de Ségni, le 12 mars, et adressées, l'une aux moines de l'église métropolitaine de Cantorbéry, l'autre au clergé et au peuple de toute l'Angleterre (L. 5, *Epist.* 92 et 93, et *apud Bar.*, an. 1173).

Tandis que le Tout-Puissant glorifiait son serviteur et son martyr par de nombreux et éclatants miracles, il punissait ses meurtriers d'une manière également surprenante. Ils périrent tous les quatre dans les trois ans qui suivirent le martyre du saint pontife, et qui finissent cette année 1173. Dès qu'ils eurent commis le crime, n'osant plus retourner à la cour, ils se retirèrent dans une terre de Hugues de Morville, l'un d'entre eux, dans la partie occidentale d'Angleterre. Ils y demeurèrent jusqu'à ce que l'horreur que les gens du pays avaient pour eux leur devînt intolérable. Personne ne voulait manger avec eux, ni leur parler. Les restes de leurs repas étaient jetés aux chiens, qui même, à ce qu'on disait, n'y touchaient pas. Après bien du temps, ces quatre homicides, pressés du remords de leur conscience, allèrent trouver le pape Alexandre, qui leur imposa pour pénitence le pèlerinage de Jérusalem. Guillaume de Traci, l'un d'entre eux, demeura en Italie, prétendant faire sa pénitence deçà la mer. Il tomba malade à Cosence en Calabre, d'une maladie horrible, où les chairs, principalement des bras et des mains, tombaient par pièces et laissaient les os à découvert. Il témoignait un grand regret de son crime et invoquait incessamment le nouveau martyr, comme le rapporta depuis l'évêque de Cosence, qui avait été son confesseur en cette maladie. Les trois autres allèrent jusqu'à Jérusalem, où peu de temps après, ils moururent pénitents, et furent enterrés devant la porte du temple, avec cette épitaphe: *Ci-gisent les malheureux qui ont martyrisé le bienheureux Thomas, archevêque de Cantorbéry* (Roger, *Annal.*, p. 522; *Gesta post mart.*, c. 9).

Cependant le siège du saint archevêque était toujours vacant, quoique Odon, prieur du chapitre, eût fait dès l'année précédente tout son possible pour procurer une élection canonique. Le roi craignait qu'on ne donnât pour successeur à saint Thomas quelque homme ferme et imitateur de sa conduite, et il voulait faire élire l'évêque de Bayeux, homme simple et auquel il était facile de faire changer de sentiment.

Enfin on tint à Londres une assemblée des évê-

LIVRE LXIX. — PONTIFICAT D'ALEXANDRE III.

ques d'Angleterre, au mois de février 1173, où le prieur Odon se trouva avec quelques-uns de ses moines, et ils élurent solennellement Roger, abbé du Bec. Les évêques y consentirent : on eut aussi l'agrément du roi; mais on ne put jamais persuader l'abbé Roger d'accepter, quoique le roi et les légats l'en pressassent instamment, et il fut déchargé de l'élection le 5 avril. Vers la fin du même mois, les évêques et le clergé d'Angleterre furent encore convoqués à Londres, pour remplir les sièges vacants, au nombre de sept. On élut premièrement six évêques au gré du roi et des courtisans, savoir, Richard, archidiacre de Poitiers, pour Winchester; pour Eli, Geoffroi Ridel, archidiacre de Cantorbéry; pour Herford, Foliot, archidiacre d'Oxford; pour Bath, Renaud, archidiacre de Salisbury; pour Lincoln, Geoffroi, fils naturel du roi, qui jouit sept ans des revenus de cette Eglise, dont il était archidiacre, sans être sacré évêque; pour Chichester, on élut Jean de Grenlord, doyen de la même Eglise.

A la fin on parla d'élire un archevêque de Cantorbéry. Le prieur Odon demanda qu'il fût tiré du sein de l'Eglise même. Après plusieurs propositions, on convint de consulter le roi, qui était en Normandie. Puis, dans un autre concile de Londres, qui fut tenu à Westminster, on élut canoniquement Richard, prieur de Douvres. Il était né en Normandie, et, après avoir étudié les arts libéraux, il fut reçu moine dans l'Eglise de Cantorbéry. Il servit l'archevêque Thibaut en qualité de chapelain, avec saint Thomas, et, comme il se rendait agréable à tout le monde, on lui donna le prieuré de Saint-Martin de Douvres, dépendant de l'Eglise de Cantorbéry. Il fut élu archevêque le dimanche de l'octave de la Pentecôte, qui était le 3 juin. Le samedi suivant, il fut reçu solennellement à Cantorbéry, où tout était prêt pour le sacrer le lendemain, quand on apporta une lettre du jeune roi, adressée au chapitre de Cantorbéry, dans laquelle il disait : « J'ai appris que mon père prétend établir dans votre Eglise et dans celles de la province, des personnes peu convenables, et, parce qu'on ne le peut faire sans mon consentement, puisque je suis sacré roi, j'en ai appelé au Saint-Siège et dénoncé mon appel aux cardinaux-légats, Albert et Théoduin, qui, comme personnes prudentes, y ont déféré. J'ai encore signifié mon appel aux évêques de Londres, d'Excester et de Worchester, et je le réitère en votre présence. » Cet appel obligea de différer le sacre de Richard. Il envoya des députés au Pape, et peu de temps après alla lui-même le trouver (Gervas., *Chron.*, an 1172).

Le roi Henri II avait donné longtemps à sa famille l'exemple de l'insubordination envers l'Eglise, sa mère, et de la persécution envers l'archevêque de Cantorbéry, son père spirituel. Dieu permit que ce mauvais exemple portât des fruits qui en fussent la punition. Henri avait montré à ses enfants, dans leur plus jeune âge, une tendresse portée à l'excès; mais comme ils grandissaient, le père indulgent s'était changé graduellement en souverain despotique et soupçonneux. La reine Eléonore lui avait donné quatre fils, à chacun desquels ses vastes domaines offraient un ample héritage. Henri, l'aîné, était déjà couronné roi d'Angleterre; le duché d'Aquitaine était assuré à Richard, surnommé *Cœur de Lion*; le duché de Bretagne, à Geoffroi; et Jean, le plus jeune, quoique les courtisans lui donnassent le surnom de *Sans-Terre*, était destiné par son père à être roi d'Irlande. Nous avons vu qu'après avoir fait couronner son fils aîné l'an 1170, le roi Henri le servit à table, *déclarant qu'il n'était plus roi* (*Vita S. Thom.*, c. 31). Cette déclaration ne fut point oubliée par le fils. Une autre circonstance était venue s'y joindre. En faisant couronner son fils aîné, Henri n'avait pas fait couronner sa jeune femme, Marguerite, fille du roi de France. Celui-ci s'en plaignit comme d'une impardonnable insulte. Pour l'apaiser, on recommença la cérémonie à Winchester, le 27 août 1172. Bientôt après, le jeune roi et la jeune reine allèrent voir leur père, Louis le Jeune, à Paris. A leur retour, ils demandèrent l'immédiate possession de l'Angleterre ou de la Normandie. Le vieux roi, qui ne se souvenait plus de sa déclaration, écouta la demande avec colère et la repoussa avec mépris. Mais depuis longtemps il avait profondément blessé la reine Eléonore. Cette princesse, qu'il avait épousée pour ses vastes domaines plus que pour sa personne, lui avait été passionnément attachée autrefois; mais depuis quelques années, il l'avait délaissée pour une foule de maîtresses qui se succédaient. Pour se venger de cet affront, Eléonore fomenta le mécontentement de ses fils. A son instigation, le jeune roi Henri, au moment où la cour revenait de Limoges, s'échappa du palais de son beau-père, à Chartres. Avant que trois jours se fussent écoulés, Richard et Geoffroi suivirent les traces de leur frère, et, peu de temps après, il fut certain que la reine Eléonore elle-même, premier moteur de tout ce désordre, avait disparu. Le vieux roi vit donc inopinément s'insurger contre lui toute sa famille (Guill. Neubr., n. 27; *Dicet.*, p. 559, 561; Hoved., p. 305).

Il envoya l'archevêque de Rouen et l'évêque de Lisieux à Paris, pour demander le retour de ses fils et proposer au roi de France de se faire arbitre entre eux et lui. Louis le Jeune repoussa la proposition d'une manière bien mortifiante. Voici comme les deux prélats s'en expriment dans une lettre au roi d'Angleterre : Il parle de votre caractère avec franchise et sévérité. Il dit qu'il a déjà été trop souvent dupe de vos artifices et de votre hypocrisie; que vous avez souvent, et sous le prétexte le plus léger, violé vos plus sacrés engagements, et que, d'après l'expérience qu'il a de votre duplicité, il est déterminé à ne plus ajouter foi désormais à vos promesses (Petr. Bles., *Epist.* 153, 154).

Il y eut donc une guerre civile entre le roi Henri père et le roi Henri fils. Ce dernier était soutenu par sa mère, la reine Eléonore; par ses deux frères, Richard et Geoffroi; par son beau-père, le roi Louis de France; par Guillaume, roi d'Ecosse; Thibaut, comte de Champagne; Philippe, comte de Flandre, et son frère Mathieu, comte de Boulogne. Cette guerre, commencée au mois de juin 1173, dura jusqu'à l'automne de l'année suivante. Le roi Henri II, ainsi attaqué par ses enfants, écrivit au pape Alexandre une lettre mémorable, où il dit : « Puisque Dieu vous a élevé à l'éminence de l'office pastoral pour donner la science du salut à son peuple, absent de corps, mais présent d'esprit, je me prosterne à vos genoux pour vous demander un salutaire conseil.

Le royaume d'Angleterre est de votre juridiction, et, quant à l'obligation du droit féodal, je ne me reconnais sujet qu'à vous. Que l'Angleterre apprenne ce que peut le Pontife romain, et, puisqu'il n'use pas d'armes matérielles, qu'il défende par le glaive spirituel le patrimoine de saint Pierre (1). »

Une chose surtout est ici à remarquer. Quand Henri II dit dans sa lettre que le royaume d'Angleterre est de la juridiction du Pape, que le roi d'Angleterre ne reconnaît de seigneur féodal que le Pape, il n'en parle pas du tout comme de quelque chose de nouveau, mais comme d'une dépendance ancienne, connue et avouée de part et d'autre.

Cependant saint Pierre, archevêque de Tarentaise, que nous avons vu se cacher au fond de l'Allemagne, puis ramené malgré lui dans sa ville épiscopale, continuait à pratiquer les plus hautes vertus et à opérer d'éclatants miracles. Plus il cherchait à fuir le monde, plus le monde l'aimait et le vénérait. Cette affection universelle le remplissait de crainte; il se rappelait cette parole du Sauveur : *Si vous étiez du monde, le monde vous aimerait comme étant à lui.* Il délibérait donc avec les hommes les plus parfaits, s'il ne vendrait pas le peu de chevaux qu'il avait, pour avoir de quoi mieux assister les pauvres. Henri, abbé de Haute-Combe, depuis de Clairvaux, et enfin cardinal-évêque d'Albane, consulté à ce sujet, représenta au saint archevêque qu'il pourrait bien faire ses visites à pied dans l'étendue de sa province, mais qu'il lui serait impossible de faire ainsi les voyages plus longs, qu'il ne pourrait éviter. La délibération durait encore, lorsqu'arriva un courrier du pape Alexandre, avec des ordres pressants au saint archevêque, d'aller bien vite en France travailler à réconcilier les deux rois de France et d'Angleterre, dont la division causait tant de maux, la mort des hommes, la désolation des pays, la ruine des églises. Pierre, dont une des vertus était d'obéir toujours et en tout à l'autorité apostolique, partit aussitôt pour la France, accompagné de l'abbé de Citeaux.

Arrivé à Prully, dans le diocèse de Sens, il y fut retenu malade près d'un mois, rendant toutefois la santé à beaucoup d'autres malades. Comme les peuples accouraient de toutes parts, le saint avertit les religieux du monastère de ne pas s'inquiéter pour la distribution des vivres, attendu que le Seigneur bénirait leurs greniers. Et de fait, les religieux témoignèrent depuis que, quoique l'on cuisît moins de pain qu'à l'ordinaire, il suffisait néanmoins à toute la multitude. Un chevalier, voyant tout le monde courir au saint pontife, y alla lui-même avec son fils devenu aveugle. Mais avant d'arriver à Prully, son fils voyait déjà. Ils avaient rencontré un homme qui remportait un pain que le saint homme avait béni. Le chevalier, plein de foi, prit un peu de mie, en fit un collyre qu'il plaça sur les yeux de son fils, et celui-ci aussitôt recouvra la vue. Ils allèrent néanmoins tous deux à Prully, non pour demander au saint la guérison, mais pour l'en remercier.

A Corbeil, saint Pierre de Tarentaise fut logé dans le palais du roi, d'après les ordres du prince. Le commandant du palais avait une fille de cinq ans, boiteuse de naissance. Le saint la guérit par la prière et l'imposition des mains. A Chaumont en Vexin, il trouva le roi Louis et le jeune roi d'Angleterre, Henri, son gendre. Ce dernier accourut au devant du saint prélat, et, dès qu'il l'aperçut, il descendit de cheval, courut lui embrasser les pieds, et, malgré sa résistance, lui ôta sa chape ou son manteau, dont plusieurs avaient déjà coupé des pièces. Et comme les moines qui accompagnaient l'archevêque demandaient au jeune prince ce qu'il voulait faire de ce vieil habit dans son trésor : Vous parleriez autrement, répliqua-t-il, si vous saviez combien de malades ont été guéris par sa ceinture, que j'ai reçue ces années passées.

Le saint prélat fit plusieurs miracles après son arrivée, entre autres le suivant. Un jour qu'il traitait familièrement de la paix avec les deux rois et le comte de Flandre, il vit une pauvre femme qui faisait effort pour arriver jusqu'à lui, mais que les officiers du roi repoussaient. Il la fit approcher, avec son fils de douze ans, mais aveugle depuis sept. Prenant les cheveux de l'enfant et le caressant avec bonté, il lui demanda ce qu'il voulait: Seigneur, lui dit-il, que je voie ! Le saint lui mit dans la main un denier, et, ayant mouillé ses doigts de sa salive, lui fit le signe de la croix sur les yeux et sur la tête, et pria un peu. Les deux rois et les autres le regardaient, et se demandaient s'il le faisait sérieusement. Cependant l'enfant commença à voir, à regarder le denier qu'il tenait, ainsi que les hommes, et s'écria : Je vois, ma mère, je vois! je vois les hommes et tout ce qu'il y a par ici. La pauvre mère se tourna vers l'archevêque, comme si c'eût été un autel, se mit à genoux, étendit les mains et leva les yeux au ciel, priant ardemment. Le roi de France examina le miracle, et, en ayant reconnu la vérité, se mit à genoux devant l'enfant, en qui il adorait la puissance de Dieu, lui baisa la tête et les yeux, et lui donna son offrande dans la main.

Le jour des Cendres, qui, cette année 1174, fut le 6 février, les deux rois se rendirent au monastère de Mortemer, de l'ordre de Citeaux, dans la forêt de Lions en Normandie. Le saint archevêque y officia et donna les cendres aux deux rois. Il y guérit un chevalier, qui depuis longtemps avait perdu un œil par une blessure. Il fit encore d'autres miracles à Gisors, dans l'abbaye de Lierre et à Haute-Bruyère. Mais ce fut tout le fruit de son voyage, et il ne réussit pas dans la négociation de la paix pour laquelle le Pape l'avait envoyé. A son retour, il tomba malade, et fut obligé de s'arrêter au monastère de Belleval, dans le diocèse de Besançon. Il y mourut le jour de l'Exaltation de la Sainte-Croix, 14 septembre de la même année 1174, et fut enterré le troisième jour par Evrard, archevêque de Besançon, accompagné de plusieurs abbés. Il avait vécu soixante-treize ans, et rempli pendant trente-trois ans le siège de Tarentaise. L'Eglise honore sa mémoire le 8 mai. Sa vie fut écrite, d'après l'ordre du Pape, par l'abbé Geoffroi de Haute-Combe, témoin oculaire (*Acta Sanct.*, 8 *maii*).

Pendant ce temps, Richard, élu archevêque de Cantorbéry, et Renaud, élu évêque de Bath, arrivèrent à la cour de Rome, pour demander au Pape

---

(1) Vestræ jurisdictionis est regnum Angliæ; et quantum ad feudatarii juris obligationem, vobis duntaxat obnoxius teneor et obstringor. Experiatur Anglia quid possit romanus Pontifex : et quia materialibus armis non utitur, patrimonium beati Petri spirituali gladio tueatur (*Apud Baron.*, an 1173, n. 10, *et inter epist. Petr. Bles.*, 136).

la confirmation de leur élection,et de celle des autres évèques d'Angleterre. Ils y trouvèrent de puissants adversaires, savoir : les envoyés du roi de France et ceux du jeune roi d'Angleterre, à la tête desquels était un docteur d'Orléans nommé Bertier. Le Pape se plaignit fortement de l'absence des autres évêques élus, particulièrement de Geoffroi Ridel, évêque d'Eli. Enfin, après plusieurs contestations, il confirma l'élection de l'archevêque Richard, le dimanche de *Quasimodo*, dernier jour de mars 1174, et, le dimanche suivant, il le sacra de ses mains; puis un autre jour il lui donna le *pallium*, et, quelque temps après, la primatie et la légation en Angleterre, afin de pouvoir réprimer par les censures les rebelles contre le roi Henri père (Roger Hoved., p. 538; Gervas, an 1174).

Mais la guerre ne laissait pas de continuer, et les Ecossais et les Gallois, peuples féroces et anciens ennemis des Anglais, la faisaient avec la dernière cruauté, jusqu'à massacrer les prêtres sur les autels, ouvrir les femmes enceintes et en tirer les enfants à la pointe de leurs lances. Le vieux roi se voyait abandonné de presque tous ses sujets, et n'avait plus guère à sa suite que des étrangers, qui ne le servaient que pour de l'argent. Ainsi pressé de tous côtés, et désespérant presque de conserver ses Etats de deçà la mer, il voulut sauver au moins l'Angleterre, et y passa au commencement de juillet. Ses affaires n'y étaient guère mieux que sur le continent. Il n'avait pour lui qu'une poignée de monde, tandis que le roi d'Ecosse s'avançait avec une armée formidable.

Dans cette extrémité, il eut recours à celui qu'il avait tant aimé, et tant persécuté pendant sa vie. Toutes les contrées de l'Europe retentissaient du bruit des miracles qui s'opéraient par les reliques du saint archevêque Thomas. Henri, pour expier son offense, se détermina secrètement à faire un pèlerinage à la tombe du martyr. Ayant pris terre à Southampton, et sans se reposer de ses fatigues, il se mit en route pour Cantorbéry. Il voyagea à cheval toute la nuit, sans prendre d'autre nourriture que du pain et de l'eau, et, au point du jour, il aperçut dans le lointain les tours de l'église métropolitaine. Aussitôt il descendit de cheval, se revêtit sur la chair d'un habit de pénitent, une pauvre tunique de laine, et marcha pieds nus vers la ville, sur un pavé rocailleux et plein de boue. Quand il passa sous les portes, les spectateurs remarquèrent que les traces de ses pas étaient teintes de sang. Il entra dans la cathédrale, descendit dans l'église souterraine, et se jeta au pied de la tombe, tandis que l'évêque de Londres montait en chaire et s'adressait aux fidèles présents. Le prélat les conjura de croire aux assertions d'un prince qui en appelait aussi solennellement au ciel pour prouver son innocence; Henri n'avait ni ordonné ni concerté la mort du primat; un seul délit était, une expression passionnée, qui avait suggéré aux assassins l'idée du meurtre, et, pour ce délit, commis sans intention, il venait maintenant faire pénitence et implorer le pardon du Très-Haut. A la fin de ce discours, le roi se leva et se rendit au chapitre, où les moines du couvent et quelques évêques et abbés s'étaient réunis, au nombre de quatre-vingts. Le pénitent royal, à genoux, confessa devant eux son offense, et chacun d'eux, sur sa demande expresse, tenant une corde à nœuds à la main, en appliqua trois ou cinq coups de discipline sur les épaules du monarque. Ensuite il retourna dans l'église souterraine, devant le tombeau du saint, y demeura prosterné, sans tapis ni quoi que ce soit, pendant tout le jour et la nuit suivante, en prière, et sans prendre aucune nourriture. Après les matines, il visita tous les autels de l'église haute et les corps saints qui y étaient; puis il revint au tombeau de saint Thomas dans le souterrain. Le samedi 12 juillet, au point du jour, il demanda et entendit une messe en l'honneur du même saint Thomas; puis, le cœur léger et plein de joie, il remonta à cheval et se rendit à Londres, où il arriva le dimanche 13 juillet.

Mais le défaut de nourriture, joint à ses fatigues d'esprit et de corps, lui causèrent une fièvre qui le retint quelques jours dans son appartement. La cinquième nuit de sa maladie, il fut réveillé par le bruit que l'on faisait à la porte de sa chambre. Un courrier venait d'arriver avec des dépêches importantes de la part de Ranulfe de Glanville, commandant des troupes anglaises contre les Ecossais. Glanville se porte-t-il bien, demanda le roi? Mon maître se porte bien, répondit le courrier, et il tient actuellement sous sa garde votre ennemi, le roi d'Ecosse! Répète ces mots, s'écria Henri dans un transport de joie. Le courrier les répéta et donna ses lettres, où Glanville mandait que, le samedi 12 du mois, dans la matinée, il avait fait prisonnier le roi d'Ecosse, avec soixante de ses plus illustres seigneurs, avec lesquels il s'amusait à joûter à quelque distance du camp. Henri remarqua et fit remarquer avec une joie extrême que ce glorieux événement avait eu lieu le matin même du jour où, après avoir entendu la messe, il avait quitté, repentant et réconcilié, les reliques de saint Thomas (Neubr., l. 2, c. 36; Gervas, p. 1427; Hoved., p. 308).

D'un autre côté, le jeune roi Henri, qui était prêt à passer en Angleterre avec le comte de Flandre, apprenant que son père y était, demeura en Normandie, et s'attacha au siège de Rouen avec le roi de France. Ainsi, trois semaines après le pèlerinage du roi au tombeau de saint Thomas, la guerre cessa dans toute l'Angleterre, et les rebelles se soumirent. Henri II repassa en Normandie, vers la Saint-Laurent, 10 août, pour venir au secours de Rouen, bénissant Dieu et saint Thomas, et menant avec lui le roi d'Ecosse et trois comtes, ses prisonniers.

Il fut reçu par le nouvel archevêque de Cantorbéry, Richard, revenu de Rome, et qui se trouva à son débarquement près de Caen ; le jour même, il l'obligea de dîner avec lui. Ce prélat, étant à Caen, excommunia, par l'autorité du Pape, tous les ennemis du roi, sans en excepter personne, pas même le roi, son fils, qui en avait été averti auparavant. L'archevêque passa ensuite en Angleterre; et arriva le 5 octobre à Cantorbéry, où le lendemain il sacra les quatre évêques de Winchester, d'Eli, d'Herford et de Chichester. Il se contenta de prendre le serment de Renauld, évêque de Bath, qui avait été sacré à Saint-Jean-de-Maurienne, en revenant d'Italie. En même temps, le roi d'Angleterre fit lever le siège de Rouen, et reçut en ses bonnes grâces ses enfants rebelles, dans une conférence tenue le lendemain de la Saint-Michel, dernier jour de septembre. Ainsi la paix fut rétablie dans tous ses États. Quant au roi d'Écosse, il n'obtint sa liberté qu'en se déclarant vassal du roi d'Angleterre (Petr. Bles., *Epist.* 69, 47; Gervas, *Rymer.*, l. 1, c. 37; Hoved., *Dicet.*).

Henri II se vit ainsi bien récompensé de sa pénitence et de son pèlerinage à saint Thomas de Cantorbéry. Le roi Louis le Jeune fit le même pèlerinage en 1179. Voici à quelle occasion. Ce prince, marié en troisièmes noces à la princesse Adèle ou Adélaïde, fille de Thibaut IV, comte de Champagne, et sœur de Guillaume, archevêque de Sens, n'avait point encore de fils vers l'an 1164, et en désirait ardemment un. Il demandait pour cet effet les prières de toutes les personnes pieuses, et, au chapitre général de Cîteaux, il vint se présenter à l'assemblée, se prosterna les mains étendues, et ne voulut point se lever que tous les assistants ne se fussent mis en prières et ne l'eussent assuré, de la part de Dieu, qu'il aurait bientôt un fils. Il naquit en effet à Paris, la nuit du samedi au dimanche, 22 août 1165. Il fut baptisé le jour même par Maurice de Sully, évêque de Paris. Ses parrains furent Hugues, abbé de Saint-Germain des Prés, Hervé, abbé de Saint-Victor, et Eudes, abbé de Sainte-Geneviève; ses marraines, Constance, sœur du roi, comtesse de Toulouse, et deux veuves de Paris. Il fut nommé Philippe et surnommé *Dieu-Donné*; il est plus connu dans l'histoire sous le nom de *Philippe-Auguste* (*Contin. Aimoin.*, c. *ultim.*; Alber., an 1165).

En 1179, le roi Louis, se sentant infirme et déjà avancé en âge, car il avait près de soixante ans, assembla à Paris tous les prélats et les seigneurs de son royaume dans le palais de l'évêque Maurice. Lui-même, étant entré seul dans la chapelle, commença par faire sa prière à Dieu, comme il avait accoutumé dans toutes ses actions. Puis, appelant l'un après l'autre les prélats et les seigneurs, il leur communiqua le dessein qu'il avait de faire couronner roi son fils Philippe, le jour de l'Assomption de la sainte Vierge; et tous approuvèrent sa résolution; mais, le temps de la cérémonie étant venu, le jeune prince, qui n'avait que quatorze ans, s'égara à la chasse, et, s'étant trouvé seul dans la forêt, fut saisi d'une frayeur qui lui donna la fièvre. La maladie devint considérable, et le sacre fut différé.

Cependant le roi Louis, sensiblement affligé, fut averti en songe d'aller en pèlerinage à saint Thomas de Cantorbéry, s'il voulait obtenir la guérison de son fils. Il envoya donc demander au roi Henri la permission et la sûreté pour passer en Angleterre. Les ayant obtenues, il se mit en chemin, contre l'avis de plusieurs, accompagné de Philippe, comte de Flandre; Baudouin, comte de Guines; Henri, duc de Louvain; et d'autres seigneurs. Il arriva à Douvres le mercredi 22 août 1179, et trouva sur le rivage le roi d'Angleterre, qui le reçut avec grande joie et grand honneur, comme son seigneur et son ami, et le défraya magnifiquement, lui et toute sa suite. Le lendemain, veille de la Saint-Barthélemi, il le conduisit à Cantorbéry jusqu'à la tombe de saint Thomas, où le roi Louis offrit une grande coupe d'or; et, pour les moines, cent muids de vin par an, à perpétuité, payables en France, à Poissy; avec exemption de tous droits pour tout ce qui serait désormais acheté en France à leur usage. Le roi Louis s'en retourna trois jours après, et, arriva à Guissand le dimanche 26 août.

Il trouva le prince, son fils, guéri, et ordonna à tous les prélats et les seigneurs de son royaume de se trouver à Reims à la Toussaint pour son sacre. L'archevêque de Reims, Henri de France, frère du roi et disciple de saint Bernard, était mort l'an 1175, et avait eu pour successeur Guillaume aux Blanches-Mains, archevêque de Sens, le même que nous avons vu se conduire si noblement. Le pape Alexandre venait, en 1179, de le faire cardinal de Sainte-Sabine et légat du Saint-Siège. Ce fut ce nouveau cardinal, oncle maternel du jeune prince, qui fit la cérémonie du sacre, assisté des archevêques de Tours, de Bourges et de Sens, et de presque tous les évêques du royaume. Le jeune Henri, roi d'Angleterre, comme duc de Normandie, porta devant Philippe, depuis sa chambre jusqu'à l'église, la couronne qu'il devait recevoir. Philippe, comte de Flandre, portait l'épée, et d'autres seigneurs marchaient en avant et en arrière, faisant d'autres fonctions (*Rigord. de gestis Philipp.*; Roger Hoved., p. 592).

Le précédent archevêque de Reims, Henri de France, fut toujours pieux et exemplaire; mais il paraît qu'il n'eut pas toujours la prudence et la modération nécessaires dans son gouvernement. Il eut de grandes difficultés avec les bourgeois de Reims, au sujet de leur commune. Ces difficultés dégénérèrent une fois en guerre ouverte. La paix se rétablit néanmoins assez tôt. Son successeur, Guillaume de Champagne, pour affermir cette paix de plus en plus, accorda aux habitants de Reims une charte, dont voici le préambule : « De même que les seigneurs terriens, en respectant les droits et la liberté de leurs sujets, peuvent acquérir l'amour de Dieu et du prochain, de même aussi, en violant ou altérant les privilèges obtenus depuis longues années, ils peuvent encourir l'indignation du Très-Haut, perdre la faveur du peuple, et charger leurs âmes d'un fardeau éternel. Nous donc, déterminé par ces motifs, et considérant la soumission et le dévouement que vous, nos chers fils et nos fidèles bourgeois, vous nous avez témoignés jusqu'à ce jour, nous avons jugé à propos de restituer et de confirmer pour toujours, par la garantie de notre autorité, à vous et à vos descendants, les coutumes octroyées il y a longtemps, mais mal gardées, à cause des fréquents changements de seigneurs. Nous voulons que les échevins soient rétablis en la ville, qu'ils soient élus au nombre de douze, entre les habitants de notre ban, par votre consentement commun; qu'ils nous soient ensuite présentés, et soient renouvelés chaque année, le vendredi saint; enfin qu'ils prêtent serment de vous juger selon la justice, et de garder fidèlement nos droits en tant qu'il leur appartiendra (Marloti, *Metrop. Rem. Hist.*, p. 417). » Cette charte, comprenant un grand nombre d'articles relatifs à la police municipale, fut signée l'an 1182 par l'archevêque Guillaume, qui prononça l'anathème contre tout homme qui irait à l'encontre.

Toutefois, malgré ses intentions bienveillantes, il éprouva, sur la fin de sa vie, des dégoûts qui lui furent suscités par des querelles de parti qu'aucune charte ne pouvait éteindre. C'est qu'outre la juridiction de l'archevêque et celle de la commune, le chapitre de la cathédrale avait encore la sienne. De là de fréquents conflits. L'archevêque Guillaume s'en plaignait vivement dans les lettres qu'il écrivait à ses amis. L'un d'entre eux, Etienne, évêque de Tournai, le consolait par cette plaisanterie : « Il y a en ce monde trois troupes criardes et une quatrième qu'on ne fait pas taire aisément; c'est une commune qui veut dominer, des femmes qui se querellent, un troupeau de porcs, et un chapitre divisé d'opinions. Nous nous moquons de la seconde, nous méprisons la troisième ; mais, Seigneur, délivrez-nous de la première et de la dernière (*Hist. de Reims*, par Anquetil, t. I, p. 333). »

L'empereur Frédéric s'était flatté de séduire et de gagner à son schisme et à son antipape les républiques italiennes de Lombardie, les rois de France, d'Angleterre et de Danemarck ; puis, par le moyen de son schisme et de son antipape, de s'assujétir ces républiques et ces rois de telle sorte qu'il fût, lui, le seul souverain et la seule loi sur la terre. Malgré ses ruses et ses violences, il vit avorter tous ses projets. Les rois de Danemarck et de France, avec leur confiante loyauté, n'approchèrent du piège qu'on leur tendait que pour s'en éloigner davantage et s'attacher plus étroitement au centre de l'unité catholique.

Le roi d'Angleterre, malgré toute son animosité contre le primat de son royaume et par suite contre le Pape légitime, malgré les avances schismatiques que font ses envoyés au conciliabule de Wurtzbourg, finit par se reconnaître vassal du Saint-Siège et du pape Alexandre. Les républiques italiennes, malgré leurs innombrables et inconciliables rivalités, ne s'en unissent pas moins pour défendre leur liberté commune avec celle de l'Eglise, relever Milan de ses ruines, bâtir Alexandrie en l'honneur du pape Alexandre, et forcer Frédéric à s'enfuir honteusement par-dessus les Alpes.

Sept ans s'écoulent, de 1168 à 1175, avant qu'il songe à repasser les montagnes. L'an 1165, peut-être pour donner quelque relief à son parti, qu'il voyait condamné et combattu par tous les saints personnages, il convoqua une cour plénière à Aix-la-Chapelle, aux fêtes de Noël, pour lever le corps de Charlemagne et faire prononcer sa canonisation. D'après un diplôme de Frédéric, cette canonisation se fit par l'autorité de l'antipape Gui de Crème, soi-disant Pascal III ; d'après une ancienne chronique, elle se fit par l'autorité du pape Alexandre, ce qui ne peut être vrai, à moins qu'on ne l'entende d'une ratification subséquente, dont on ne trouve point de traces. Tout ce qu'on peut alléguer de plus fort en faveur de cette canonisation provoquée par un empereur schismatique et prononcée par un antipape, c'est que les Pontifes romains n'ont jamais réclamé. Aussi le culte de Charlemagne demeura-t-il douteux. Dans des Eglises particulières, comme celle de Cologne, on faisait sa fête comme d'un saint ; dans d'autres, comme celle de Metz, on continua de prier pour le repos de son âme (*Acta Sanct.*, 28 jan.; Pagi, an 1165).

En Bavière, l'excellent archevêque de Salzbourg, Conrad, fils de saint Léopold, margrave d'Autriche, et frère d'Othon de Frisingue, mourut en l'année 1168, le 28 septembre, après avoir beaucoup souffert pour la défense de l'Eglise catholique, de la part des schismatiques, particulièrement de l'empereur Frédéric, son cousin-germain ; car ce saint prélat avait toujours combattu le schisme et reconnu le pape Alexandre. On élut, pour lui succéder, son neveu Adalbert, fils de Ladislas, roi de Bohême, par un commun consentement du clergé, des magistrats et du peuple. Adalbert n'était que diacre et encore jeune. Il fut intronisé dans le siège de Salzbourg, le jour de la Toussaint ; et, l'année suivante 1169, il fut ordonné prêtre et ensuite archevêque, le 15 mars, par Udalric, patriarche d'Aquilée. Peu de temps après, on lui apporta le *pallium* de la part du pape Alexandre (*Chron. Reichersp.*, an 1168 ; Pagi, an 1167).

En la même année 1169, l'empereur Frédéric tint à Bamberg une diète générale à la Pentecôte, le 8 juin. On y vit les prétendus cardinaux, légats du prétendu pape Calixte III, Jean Strum, qui venait d'être substitué au prétendu pape Pascal, Gui de Crème, mort le 20 septembre 1166. Dans cette assemblée de Bamberg, du consentement de tous les seigneurs présents, Frédéric fit élire pour roi et couronner comme tel, son fils Henri, sixième du nom, âgé seulement de cinq ans.

Le nouvel archevêque de Salzbourg, ayant été appelé auparavant par l'empereur, vint à cette diète avec le roi de Bohême, son père, et demanda une audience ; mais elle lui fut refusée. C'est que l'empereur avait résolu de s'emparer de l'archevêché de Salzbourg. Il y vint en effet au commencement du mois d'août. L'archevêque, à la persuasion des seigneurs et principalement du duc d'Autriche, son oncle, voyant la ruine dont étaient menacés les églises et les monastères, céda au temps et se mit à la discrétion de l'empereur. Il lui résigna l'archevêché et tous les droits régaliens, en présence des seigneurs. Ainsi l'empereur disposa à son gré de tous les biens de cette Eglise (*Ibid.*, an 1169).

La même année et le 27 juin, mourut Gerhoh, abbé de Reichersperg, dans la même province, après avoir gouverné ce monastère pendant près de trente-huit ans, et en avoir vécu soixante-seize. Il était fameux par sa doctrine et sa vertu, et avait soutenu avec un grand courage la cause de l'Eglise contre les hérétiques et les schismatiques, sous le pape Innocent II et ses successeurs, jusqu'à Alexandre III (*Apud Tegnagel*). Il reste de lui quelques écrits.

En 1170, Frédéric feignit de vouloir se réconcilier avec l'Eglise ; mais ce n'était que pour séparer le pape Alexandre de la ligue des républiques italiennes. Le Pape reçut avec plaisir les ouvertures de la paix, mais il ne donna point dans le piège.

Quatre ans après, en 1174, le 26 mai, Frédéric tint à Ratisbonne la cour la plus célèbre que l'on se souvint d'avoir jamais vue en Bavière. Il s'agissait de fixer l'état de l'Eglise de Salzbourg, dont l'archevêque Adalbert, attaché au pape Alexandre et odieux à l'empereur, s'était inutilement présenté deux ans auparavant à une diète que l'empereur avait tenue dans la ville même de Salzbourg. Il se présenta à celle-ci avec son oncle Henri, duc d'Autriche. Ce prélat n'avait plus de demeure fixe depuis la mort de Ladislas, roi de Bohême, son père, arrivée l'année 1173 ; car l'empereur s'était emparé de la Bohême. D'ailleurs, plusieurs prélats de Bavière s'étaient élevés contre leur métropolitain, et avaient envoyé secrètement au pape Alexandre des accusations contre lui, demandant sa déposition. Mais le Pape, mieux instruit par la plupart des prélats de la province, soutenait l'archevêque Adalbert.

En cette diète de Ratisbonne, le plus grand adversaire d'Adalbert était Richer, évêque de Brixen. Ayant été élu sans son consentement, il fut aussi sacré malgré lui en cette même assemblée, par l'évêque de Gurck. Le lendemain, Richer engagea tous les prélats qui étaient présents à déposer Adalbert, suivant l'intention de l'empereur, et tous les seigneurs y consentirent, excepté le duc d'Autriche. Aussitôt on élut pour remplir le siège de Salzbourg, Henri, prévôt de Berthesgad. On l'introniser; l'empereur lui donna l'investiture, et tous les seigneurs qui tenaient des fiefs de cette Eglise lui en firent hommage, à commencer par le duc de Bavière et le duc de Saxe. Il y eut quelque peu de prélats et d'ecclésiastiques qui ne prirent point de part à cette élection, à cause de son irrégularité; car la personne de Henri leur eût été agréable, si le siège eût été vacant. Il témoignait beaucoup de piété, il avait de la prudence et de l'éloquence, et avait été élevé dès l'enfance dans la discipline de l'Eglise; en sorte que ces qualités lui attiraient l'estime, tant des ecclésiastiques que des séculiers.

L'archevêque Adalbert, ainsi opprimé, porta ses plaintes au pape Alexandre, et lui envoya Archembaud, son chapelain, chanoine de Reicherperg, qui avait déjà été deux fois en cour de Rome pour la même affaire. Il rapporta trois lettres du Pape, datées d'Anagni, le 8 septembre. La première à l'archevêque Adalbert, la seconde à Conrad, archevêque de Mayence et son légat en Allemagne, la troisième au prévôt et au chapitre de Salzbourg. Par ces lettres, le souverain Pontife cassa la déposition d'Adalbert, comme faite contre tout droit divin et humain, et par attentat sur l'autorité du Saint-Siège. Il ordonne à son légat de fixer à l'évêque de Gurck et à celui de Brixen, ainsi qu'au prévôt Henri, un terme dans lequel cet intrus soit obligé de retourner à son Eglise sous l'obéissance de son archevêque, au chapitre de Salzbourg, de revenir incessamment à cette obéissance. L'opposition de l'empereur empêcha encore quatre ans l'exécution de ces ordres; mais on voit toujours, particulièrement par ces lettres, que les évêques de Gurck et de Brixen se regardaient comme de l'obéissance du pape Alexandre (*Chron. Reichersp.*, an 1172 et 1174).

Un autre fait nous montre l'autorité du Pape légitime reconnue sur les terres de l'empire. Raoul, évêque de Liége, était possédé d'une telle avarice, qu'il faisait vendre les prébendes en plein marché, et cela par la main d'un vieux boucher. Un saint prêtre nommé Lambert et surnommé le Bègue, parce qu'il l'était en effet, ne put souffrir ce scandale et commença à déclamer contre cet abus, ainsi que contre les mœurs corrompues du clergé. Il avait peu de lettres, mais il était animé d'un grand zèle : toute la ville fut émue de ses prédications; on le suivait en foule, et il convertit un grand nombre de pécheurs. Les principaux du clergé en furent irrités, et, ayant délibéré ensemble, ils s'adressèrent à l'évêque, qui envoya l'arrêter prisonnier. Comme on le menait par l'église de Notre-Dame, quelques prêtres et quelques clercs le piquaient de leurs stilets à écrire, et l'égratignaient avec les ongles. Il leva les yeux vers l'autel, et dit en soupirant : *Hélas! le temps approche où les pourceaux fouilleront la terre sous toi.* Ce qui fut confirmé par l'événement. L'évêque le fit donc enfermer dans le château de Rivogne, où il traduisit les *Actes des Apôtres* du latin en français. Ensuite, d'après le conseil du clergé, l'évêque consentit que Lambert fût envoyé à Rome, pour le punir de la présomption qu'il avait montrée en s'attribuant le droit de prédication. Mais le pape Alexandre, connaissant ses bonnes intentions et qu'on ne le poursuivait que par envie, lui donna la permission de prêcher et le renvoya honorablement chez lui.

Ce pieux prêtre avait assemblé des femmes et des filles auxquelles il avait persuadé de vivre en continence, et que, de son nom, on appelle *Béguines*. Cette institution subsiste encore dans la Belgique, où l'on voit avec édification plusieurs communautés de personnes de ce sexe, qui, sans engagement de vœu perpétuel, vivent ensemble, s'appliquant à la prière et au travail. Dans le moment où nous écrivons ces paroles (1842), il y a dans la seule ville de Gand deux béguinages ou communautés de Béguines, l'un de onze cents personnes, l'autre de trois cents. Lambert le Bègue mourut à Liége, en 1177, et fut enterré dans l'église de Saint-Christophe, qu'il avait bâtie, et où il fonda sa première communauté de Béguines (Regid., c. 52; *M. Chron. Belg.*, p. 195; *Gallia Christ.*, t. III, p. 875; *Hist. eccl. Leod.*, l. 10, an 1176).

Ce qu'il y a peut-être de plus merveilleux encore, c'est que les prédications du saint prêtre contre les désordres du clergé ne demeurèrent pas tout à fait sans fruit. Quelques années plus tard (1188), le cardinal Henri, évêque d'Albane, que déjà nous avons appris à connaître comme abbé de Haute-Combe, étant venu à Liége, prêcha si fortement contre les mêmes désordres du clergé, particulièrement la simonie, que soixante-six chanoines résignèrent leurs bénéfices, et que l'évêque Raoul prit la croix pour l'expiation de ses péchés, et partit pour la terre sainte en 1190 (*Hist. eccl. Leod.*, l. 10, an 1176; *Egid. et Gall. Christ.*).

Cependant l'empereur Frédéric avait laissé en Italie l'archevêque élu de Mayence, Christian, pour soutenir son parti. Ce prélat guerrier, avec une armée d'Allemands et d'Italiens impérialistes, alla mettre le siège devant Ancône, le 1er avril 1174 : une flotte de Vénitiens attaquait au même temps la ville par mer. Venise était jalouse d'Ancône pour le commerce du Levant. Les Ancônitains, quoique surpris et mal approvisionnés, se défendirent avec une valeur héroïque. Dans un assaut général, ils repoussèrent tout à la fois et l'armée de terre et l'armée de mer. Au milieu de la mêlée, une femme, la veuve Samura, une torche et une épée à la main, alla mettre le feu aux machines des assiégeants, qui toutes furent réduites en cendres. Les assiégés ramassèrent comme un riche butin tous les chevaux tués, et s'en nourrirent quelque temps. D'un autre côté, à la vue des habitants et des ennemis, un prêtre nommé Jean se jette à la nage, au moment de la marée montante et d'un vent très-fort, s'approcha du vaisseau amiral des Vénitiens, et, malgré une grêle de traits, coupa le câble qui tenait à l'ancre. L'équipage se vit aussitôt en péril de mort, et obligé de jeter à la mer une grande partie de la charge du navire. Les habitants, encouragés par cette action hardie du prêtre, attaquèrent la flotte et firent submerger sept galères.

Cependant, comme la famine était extrême dans leur ville, les Ancônitains offrirent à Christian de se racheter par une grosse rançon. Christian en dit en souriant : « Voici que les Ancônitains nous offrent l'argent que nous avons déjà! En vérité, nous serions bien sots de ne demander qu'une partie, quand nous avons le tout. Ecoutez-moi, dit-il au député. Un chasseur poursuivait dans une grande forêt une lionne, qui paraissait dominer sur un grand nombre d'animaux. Il y avait déjà perdu beaucoup de chiens, et même déchiré ses vêtements. Enfin il enferma la lionne dans un antre, où elle ne pouvait plus échapper. Là, pressée de la faim, elle se mit à rugir et voulut composer pour un ongle de son pied. Conseillerais-tu au chasseur de laisser aller la lionne pour un de ses ongles ? » Le député, après y avoir réfléchi un instant, répliqua : « Si la lionne n'offre qu'un de ses ongles, je ne conseillerais pas de la laisser aller. Mais si, avec une de ses ongles, elle offrait encore le bout de ses oreilles, je le conseillerais ; car, avec cela, le chasseur aurait bientôt tout le corps. Il arrive souvent que, voulant avoir le tout, on perd même la partie qu'on tenait déjà. En effet, un certain oiseleur avait tendu son filet dans les champs pour prendre des colombes ; déjà sept colombes y mangeaient la graine qu'il y avait mise pour appât ; il ne voulut pas tirer son filet pour si peu, mais attendre que toutes les colombes qui étaient sur les arbres eussent rejoint les premières. Il attendait toujours, lorsque survint un faucon qui fit envoler toutes les colombes, et l'oiseleur n'en eut pas une. »

Le député ayant rendu compte de sa mission, douze magistrats visitèrent soigneusement toute la ville, pour savoir ce qu'il y avait de vivres. Ils ne trouvèrent en tout que deux muids de froment et trois d'autres graines, et cela pour douze mille habitants. A ce résultat, tout le monde se mit à pleurer : on parlait de nouveau de se rendre, lorsqu'un vieillard de près d'une centaine d'années leur rappela comment ils avaient repoussé les armées de l'empereur Lothaire et de ses successeurs, et combien il serait honteux de se rendre à un clerc. Il leur rappela surtout le sort de Milan, et leur conseilla d'employer leur argent à obtenir des secours de leurs alliés, ou bien de le jeter à la mer et de s'en aller tous au devant de l'ennemi pour trouver la mort dans les combats. Le conseil du noble vieillard fut suivi. Trois hommes furent envoyés dans la Romagne pour procurer des secours à leur ville.

Cependant la famine devenait de plus en plus intolérable. Elle fut bientôt comme au siège de Jérusalem ; mais on vit des exemples bien différents. Une veuve avait deux fils qui se battaient contre l'ennemi toute la journée, sans avoir mangé quoi que ce fût. Leur mère, rentrée à la maison, se fait ouvrir une veine, en tire du sang qu'elle fait frire avec quelques mauvaises herbes, et le porte à ses enfants sur la muraille. Une autre dame, de la première noblesse, qui tenait un petit enfant dans les bras, rencontre un arbalétrier couché par terre. Interrogé, il répond qu'il meurt de faim. Depuis quinze jours, reprend la noble dame, je n'ai mangé que des cuirs bouillis, et le lait commence à manquer à mon enfant ; lève-toi, cependant, et si mon sein en contient encore, approche tes lèvres et reprends de la force pour défendre ton pays. Le soldat, qui lève la tête et reconnait la noble dame, rougit de honte, reprend ses armes, retourne à l'ennemi et en abat quatre dans un instant. Enfin, lorsqu'on était le plus en peine et à cause de la famine et parce qu'on n'avait aucune nouvelle des trois envoyés, les filles et les femmes se présentèrent devant l'assemblée des hommes et leur dirent : *Est-ce que nos chairs ne valent pas celles des ânes et des chiens ? Eh bien ! mangez-nous, ou bien jetez-nous à la mer ; car nous aimons mieux mourir que de tomber entre les mains de gens qui ne savent ni pardonner, ni garder leur parole.*

Au milieu de ces angoisses, des émissaires des trois députés pénètrent dans la ville et donnent l'heureuse assurance qu'une armée d'auxiliaires approche. Mais en même temps, on reçoit des lettres par lesquelles les trois députés déclarent, à leur grand regret, qu'ils n'ont pu obtenir aucun secours. Entre des nouvelles si opposées, on ne sait plus que croire. C'est que les lettres étaient fausses, fabriquées par l'ennemi, pour jeter le découragement dans la ville. Des troupes alliées approchaient réellement : elles étaient commandées par un noble seigneur et une noble dame qui les avaient levées à leurs frais, et qui, pour y parvenir, avaient engagé non-seulement leurs biens, mais encore ceux de leurs amis. Arrivés au milieu de la nuit sur les hauteurs qui entourent Ancône, chaque soldat d'après l'ordre des chefs, alluma deux ou trois flambeaux au bout de sa lance. A la vue de tant de feux, les Ancônitains reconnaissent leurs libérateurs ; les assiégeants décampent, pour n'être pas enveloppés par une armée innombrable ; les alliés en profitent pour jeter des vivres dans la ville : le siége est levé (*Magistri Boncompagni de obsidione Anconæ*, Muratori, *Script. rer. ital.*, t. VI).

Mais à l'automne de la même année 1174, l'empereur Frédéric revint en Italie pour la cinquième fois, avec une armée formidable. A la descente des Alpes, il livra aux flammes la ville de Suse. Il avait surtout à cœur de prendre et de ruiner la ville d'Alexandrie, bâtie récemment à son déshonneur. Il l'assiégea donc avec toute son armée. Comme les fortifications n'en étaient pas encore complètes, il croyait s'en emparer facilement. Il y fut bien trompé. Outre le courage des habitants, il trouva de grands obstacles dans les pluies, les inondations, les froids de l'hiver. Il s'y opiniâtra néanmoins quatre mois. Toutes les ruses de guerre furent employées de part et d'autre. Un citoyen d'Alexandrie, par exemple, fit manger à sa vache tant qu'elle put, et puis la mit à la porte de la ville. Les impériaux s'en saisirent, et la tuèrent pour la manger. Quand ils virent tout ce qu'elle avait de grain et de foin dans le ventre, ils restèrent persuadés que la ville avait des provisions immenses, et qu'il n'y avait pas moyen de la réduire. Dès lors, beaucoup commencèrent à déserter. Le prudent et généreux citoyen eut une statue en récompense (Ghilini, 4, 5).

L'empereur Frédéric n'employait pas toujours des moyens aussi licites; par exemple, il faisait crever les yeux aux prisonniers, comme traîtres et rebelles. Un jour qu'il en avait pris trois, il en fit d'abord aveugler deux, puis demanda au troisième, qui était le plus jeune, pourquoi donc il s'était révolté. Le jeune homme répondit : « Je ne me battais pas contre vous ni contre l'empire; mais j'obéissais aux ordres de mon maître dans la ville, comme je vous aurais obéi si j'avais été dans votre camp. Et lors même que j'aurai perdu les yeux, je lui obéirai encore. » Cette naïve réponse était propre à faire sentir combien il était cruel à un empereur de se venger sur de simples particuliers. Frédéric fit grâce au jeune homme (*Vit. Alex. III*, p. 466).

Cependant une armée de Lombards venait au secours d'Alexandrie. C'était dans la semaine sainte. Frédéric offrit aux assiégés une trêve pour célébrer le vendredi saint. C'était une trahison pour surprendre la ville avant que ses alliés ne fussent sur les lieux. Dans le moment même que les citoyens se reposaient sur la foi des serments, Frédéric fait donner un assaut général, pendant que de ses soldats pénètrent dans la ville par une mine. Les Alexandrins sont surpris, mais ne se déconcertent pas. Les uns repoussent les assaillants du haut des murs, les autres mettent en pièces ceux qui étaient entrés dans la ville, et font ébouler de la terre sur ceux qui se trouvent encore dans la mine, et sont étouffés. Frédéric, non-seulement est repoussé honteusement, mais, pour n'être pas enfermé entre la ville et l'armée des Lombards, il se vit réduit à mettre lui-même le feu à son camp, la nuit suivante, et à se retirer. Les deux armées se trouvèrent bientôt en présence. Quelques personnes nobles s'entremirent pour rétablir la paix. L'empereur répondit aux propositions qui lui furent faites, que, sauf les droits de l'empire, il était prêt à soumettre les différends qu'il avait avec ses sujets au jugement d'arbitres choisis entre les deux partis. L'armée lombarde répondit, de son côté, que, sauf sa dévotion à l'Église romaine, et à la liberté pour laquelle elle combattait, elle était prête à se soumettre au même arbitrage. On élut en conséquence six commissaires, entre les mains desquels les deux partis remirent la décision de leurs différends. C'était en 1175, dans les temps de Pâques (*Vit. Alex. III*, p. 464; Sire Raul, p. 1192; Rom. Salern., *Chron.*, p. 213; *Tristani Calch.*, l. 12, p. 227, etc.).

Afin que la même négociation qui devait rétablir la concorde entre l'empire et les Lombards rendît aussi la paix à l'Église, Frédéric écrivit au pape Alexandre de lui envoyer trois légats chargés de traiter avec lui; et il les lui désigna lui-même. Ce furent l'évêque de Porto, celui d'Ostie et le cardinal de Saint-Pierre-aux-Liens.

Le Pape, de son côté, récompensait la ville d'Alexandrie de sa fidélité envers le Saint-Siège. A la prière de saint Galdin, archevêque de Milan, des évêques de la province et des magistrats de Lombardie, il érigea cette nouvelle ville en évêché, et lui donna pour premier évêque, Ardouin, sous-diacre de l'Église romaine. Au contraire, pour punir la ville de Pavie d'avoir adhéré longtemps à l'antipape Octavien et à l'empereur Frédéric excommunié, le Pape priva son évêque du droit de faire porter la croix devant lui et du *pallium* (*Italia sacra*, t. IV, p. 449; *Acta, apud Baron.*, an 1175).

Mais pendant qu'on négociait pour la paix en Italie, Frédéric faisait lever une nouvelle armée en Allemagne. Dès qu'elle eut passé les Alpes, il se mit à sa tête et marcha sur Milan, qu'il croyait surprendre. Les Milanais n'avaient pas encore reçu les secours de leurs confédérés, mais cependant ils s'étaient préparés à la défense. Ils avaient formé deux compagnies d'élite : l'une, appelée *de la Mort*, était composée de neuf cents soldats, qui s'étaient engagés par serment à mourir pour la patrie plutôt que de reculer; l'autre, nommée *du Caroccio*, l'Etendard de Milan planté sur un char, était composée de trois cents jeunes gens des premières familles, qui s'étaient liés, par un serment semblable, à la défense de cet étendard de la patrie. Le reste des citoyens, divisé en six bataillons, suivait les étendards des six portes, et devait combattre sous les officiers de quartier.

Le samedi 3 juin 1176 (Baron., Mansi, an 1176, dans une note sur le n° 4 de Pagi), les Milanais marchèrent contre Frédéric. Leur avant-garde attaqua vigoureusement l'ennemi, mais fut obligée par le nombre à se replier sur le bataillon sacré de l'Etendard. Ceux-ci, voyant la cavalerie allemande qui s'avance au galop, se jettent à genoux, adressent à haute voix leur prière à Dieu, à saint Pierre et à saint Ambroise; puis, levant leurs drapeaux, ils marchent hardiment contre les Allemands. La compagnie de l'Etendard commençait à plier, lorsque la cohorte de la Mort, répétant à haute voix son serment de se dévouer pour sa patrie, se jette sur les troupes allemandes avec tant d'impétuosité, que l'étendard de Frédéric est enlevé. Frédéric lui-même qui combattait au premier rang, est renversé de cheval et disparaît dans la mêlée; bientôt toute la colonne qu'il conduisait est mise en fuite; les Lombards la poursuivent jusqu'à dix milles de distance, et forcent un grand nombre de fuyards à se précipiter dans le Tésin. Un butin immense fut la récompense des vainqueurs. Bientôt même ils apprirent que Frédéric ne se trouvait point au milieu de ses soldats; que ses amis avaient recherché vainement ou sa personne ou son cadavre, et que l'impératrice qu'il avait laissée à Pavie, ne doutant plus de sa perte, avait déjà pris le deuil.

Frédéric, cependant, n'avait point été tué à la bataille de Lignano, comme on le supposait; au bout de quelques jours, on le vit reparaître à Pavie, mais seul, mais humilié, mais séparé de l'armée florissante avec laquelle il avait cru soumettre l'Italie, et qui fuyait à présent en désordre au delà des monts : abandonné sur le champ de bataille, parmi ses ennemis, ce n'était qu'en se dérobant à toutes les recherches qu'il avait réussi à regagner la seule ville qui lui fût restée dévouée (*Vit. Alex. III*, p. 467; Sire Raul, p. 1192; Othon de S. Blas., *Chron.*, c. 23; *apud Murat.*, t. VI, etc.).

Frédéric fut d'autant plus frappé de ce coup, que les seigneurs, tant ecclésiastiques que séculiers, qui l'avaient suivi jusqu'alors, menacèrent de l'abandonner, s'il ne faisait sa paix avec l'Église.

Le plus puissant d'entre eux, Henri le Lion, duc de Saxe, s'était déjà retiré, même avant la dernière guerre. L'empereur résolut donc de se réconcilier sincèrement avec le pape Alexandre, et pour cet effet il lui envoya Wicman, archevêque de Magdebourg; Christian de Mayence; Conrad, élu évêque de Worms, et Wéremond, protonotaire de son royaume. Ils arrivèrent à Anagni le 21 octobre 1176. Le lendemain le Pape leur donna audience en plein consistoire. Les ambassadeurs se présentèrent avec grand respect, et, demeurant debout, ils dirent : « L'empereur, notre maître, désire ardemment de donner la paix à l'Eglise romaine et à la ville de Rome; c'est pourquoi il nous a envoyés vers vous avec un plein pouvoir, vous priant instamment que le traité qui fut commencé l'année dernière et demeura imparfait pour nos péchés, soit terminé maintenant. » Le Pape, ravi de cet heureux changement, répondit d'un visage tranquille : « Nous ressentons une grande joie de votre arrivée, et nous ne pouvons apprendre en ce monde de plus agréable nouvelle que celle de la paix; s'il est vrai, comme vous l'assurez, que notre empereur, que nous reconnaissons pour le plus grand parmi les princes du monde, veuille nous la donner véritable; mais, afin qu'elle soit entière, il faut qu'il la donne aussi à nos alliés, principalement au roi de Sicile, aux Lombards et à l'empereur de Constantinople. »

Les ambassadeurs louèrent le discours du Pape, et ajoutèrent : « Nous avons ordre de l'empereur de conférer en secret avec vous et avec vos frères, parce que nous savons que, de part et d'autre, il y a des gens mal intentionnés qui ne souhaitent pas la paix. » Alors tous les assistants se retirèrent, et le Pape, avec les cardinaux et les ambassadeurs, passèrent dans la chambre du conseil, où ils entrèrent en conférence; mais comme l'affaire était difficile, à cause du grand nombre de personnes puissantes qui étaient entrées dans le schisme, la négociation dura plus de quinze jours. On allégua les autorités des Pères, les priviléges des empereurs, les anciennes coutumes; on disputa longtemps et subtilement. Enfin on convint de tous les articles entre l'Eglise et l'empire, laissant les Lombards en l'état où ils étaient, jusqu'à ce que l'empereur en personne eût une conférence avec eux, et il fut résolu que, pour faciliter les négociations, le Pape irait lui-même en Lombardie. En même temps les envoyés de l'empereur donnèrent sa part une pleine sûreté à tous les membres de l'Eglise romaine, et pour leurs personnes et pour leurs biens. Ils promirent que l'empereur rendrait au Pape la préfecture de Rome et les terres de la comtesse Mathilde, et qu'il donnerait sûreté au Pape, aux cardinaux et à leur suite, pour aller à Venise, à Ravenne et aux autres lieux où ils avaient dessein d'aller, avec une trève de trois mois, en cas que la paix fût rompue. Les choses ainsi réglées, les envoyés retournèrent contents vers l'empereur (*Acta, apud Baron. et Pagi*, an 1176).

Avant que de partir d'Anagni, le pape Alexandre envoya Humbald, évêque d'Ostie, et Rainier, cardinal-diacre de Saint-Georges, pour faire ratifier à l'empereur, dans le conseil des Lombards, la sûreté qu'il avait promise au Pape par ses envoyés. Les deux cardinaux trouvèrent l'empereur près de Modène. Il les reçut avec honneur, et, en leur présence et en celle des Lombards, il fit jurer pour lui le fils du marquis de Monferrat; enfin, pour témoigner mieux encore ses bonnes intentions, il fit faire le même serment par tous les seigneurs allemands qui se trouvaient là. On convint de part et d'autre que la conférence du Pape avec l'empereur se ferait à Bologne. D'un autre côté, le Pape fit prier Guillaume, roi de Sicile, de lui envoyer quelques-uns des grands de sa cour, pour assister à cette conférence. Le roi chargea de cette commission, Romuald, archevêque de Salerne, et Roger, comte d'Andri. L'archevêque Romuald nous a laissé l'histoire fidèle de cette négociation à la fin de sa *Chronique* (*Apud Muratori, Script. rer. ital.*, t. VII, *et apud Baron.*, an 1176).

Le Pape partit d'Anagni le 6 décembre, et vint à Bénévent, où il demeura depuis Noël jusqu'à l'Epiphanie. Il attendit un mois le vent favorable, à Guast, sur la mer Adriatique, avec les galères du roi de Sicile. Enfin, le mercredi des Cendres, 9 mars 1177, après la messe et la distribution des cendres, il s'embarqua avec cinq cardinaux et les ambassadeurs du roi de Sicile, sur onze galères de ce prince. Le dimanche suivant, ils arrivèrent à Zara en Dalmatie, où commençait alors le royaume de Hongrie, et où ils furent reçus avec d'autant plus de joie que jamais Pape n'y était entré. On lui prépara un cheval blanc, sur lequel il monta suivant l'usage de Rome, et on le mena ainsi en procession par le milieu de la ville, jusqu'à la grande église dédiée à sainte Anastasie, vierge et martyre, dont le corps y repose : en même temps on chantait les louanges de Dieu en sclavon, qui est la langue du pays. Quatre jours après, le Pape partit de Zara, et arriva à Venise le 23 mars. Il alla descendre au monastère de Saint-Nicolas, et, le lendemain, le doge de Venise vint le recevoir avec le patriarche d'Aquilée et tous ses suffragants, ainsi qu'un grand peuple dans une infinité de barques. Après s'être mis humblement aux pieds du Pape, ils le conduisirent en procession à l'église de Saint-Marc, où, ayant fait sa prière, il donna la bénédiction au peuple. Puis le doge le conduisit dans sa barque au palais du patriarche, où il le logea. Le jour de l'Annonciation, à la prière du doge et des grands, il célébra la messe solennellement avec ses cardinaux dans l'église de Saint-Marc.

L'empereur Frédéric, qui était à Césène, ayant appris que le Pape était à Venise, lui envoya l'archevêque de Magdebourg, l'évêque élu de Worms et son protonotaire, pour le prier de changer le lieu de la conférence, attendu que Christian, son chancelier, ne croyait pas pouvoir être en sûreté à Bologne, à cause des maux qu'il y avait faits pendant la guerre. Le Pape répondit : C'est de l'avis de nos légats et des Lombards que l'empereur a réglé que le lieu de la conférence serait à Bologne; nous ne pouvons donc le changer sans le consentement des Lombards et des cardinaux qui sont en ces quartiers-là. » C'est qu'une partie des cardinaux étaient allés par terre en Lombardie, avant que le Pape s'embarquât avec les autres. Le Pape ajouta : « Toutefois, pour accélérer la paix, nous irons incessamment jusqu'à Ferrare, avec nos frères les cardinaux, pour y résoudre avec les magistrats des Lombards, ce qui sera le plus convenable ; » et il marqua le dimanche de la Passion, 10 avril, pour le jour du rendez-vous à Ferrare. Cependant, voulant satisfaire le peuple qui accourait de tous côtés avec empressement pour le voir, il célébra solennellement la messe à Saint-Marc, le quatrième dimanche de carême, prêcha après l'évangile, et, après la messe, donna la rose d'or au doge de Venise.

Le Pape partit de cette ville la même semaine, sur onze galères, et, remontant le Pô, arriva dans sa ville de Ferrare le dimanche de la Passion. Le lendemain y arrivèrent le patriarche d'Aquilée, les archevêques de Ravenne et de Milan, avec les évêques de leurs provinces; de plus, les magistrats des villes de Lombardie, les marquis et les comtes. Ils s'assemblèrent le jour suivant dans la grande église dédiée à saint Georges, avec une multitude innombrable de peuple, et le Pape leur dit : « Vous savez, mes chers enfants, la persécution que l'Eglise a soufferte de la part de l'empereur, qui devait la protéger. Vous savez que l'autorité de l'Eglise romaine en a été affaiblie, parce que les péchés demeuraient impunis et les canons sans exécution; outre les autres maux, la destruction des églises et des monastères, les pillages, les incendies, les meurtres et les crimes de toutes sortes. Dieu a permis ces maux pendant dix-huit ans; mais enfin il a apaisé la tempête et tourné le cœur de l'empereur à demander la paix. C'est un miracle de sa puissance, qu'un prêtre vieux et désarmé ait pu résister à la fureur teutonique et vaincre sans guerre un empereur si puissant; mais c'est afin que tout le monde connaisse qu'il est impossible de combattre contre Dieu. Or, quoique l'empereur nous ait fait demander la paix à Anagni, pour l'Eglise et pour le roi de Sicile, et qu'il ait voulu la faire sans vous, nous, cependant, considérant avec quelle dévotion et quel courage vous avez combattu pour l'Eglise et pour la liberté de l'Italie, nous n'avons pas voulu la recevoir sans vous, afin que, comme vous avez partagé notre tribulation, vous partagiez aussi notre joie. C'est pourquoi, sans avoir égard ni à notre dignité ni à la faiblesse de notre âge avancé, nous nous sommes exposé à la mer et aux périls, pour venir délibérer avec vous si nous devons accepter la paix qui nous est offerte. »

Après que le Pape eût parlé, les Lombards, qui n'étaient pas moins éloquents que guerriers, lui répondirent ainsi par la bouche d'un de leurs sages : « Vénérable Père et Seigneur, toute l'Italie se jette à vos pieds pour vous rendre grâces et vous témoigner sa joie de l'honneur que vous faites à vos enfants et à vos sujets, de venir à eux et de chercher les brebis égarées pour les ramener. Nous connaissons par notre propre expérience la persécution que l'empereur a faite à l'Eglise et à vous; nous nous sommes, les premiers, opposés à sa fureur, et nous nous sommes mis au devant pour l'empêcher de détruire l'Italie et d'opprimer la liberté de l'Eglise, et, pour une si bonne cause, nous n'avons fui ni la dépense, ni les travaux, ni les pertes, ni les périls. C'est pourquoi, vénérable Père, il est convenable que vous n'acceptiez point, sans nous, la paix qu'il vous offre; comme nous avons refusé celle qu'il nous a souvent offerte, sans l'Eglise. Au reste, nous la ferons volontiers avec l'empereur et nous ne lui refuserons rien de ses anciens droits sur l'Italie, mais, pour notre liberté, que nous avons reçue de nos pères, nous ne l'abandonnerons qu'avec la vie. Quant au roi de Sicile, nous sommes très-aises qu'il soit compris dans ce traité, parce que c'est un prince qui aime la paix et la justice. Nos voyageurs le savent par expérience, car il y a plus de sûreté dans les bois de son royaume que dans les villes des autres (Romuald Salern.). »

Trois jours après, arrivèrent à Ferrare, Christian, chancelier de l'empereur, les archevêques de Cologne, de Magdebourg et de Trèves, l'évêque élu de Worms, Godefroi, autre chancelier, et le protonotaire. Le Pape leur donna audience dans un consistoire où étaient les envoyés du roi de Sicile et les députés des Lombards, et ils déclarèrent que l'empereur leur avait donné pouvoir, à eux sept, de conclure la paix avec le Pape, le roi de Sicile et les Lombards, comme il avait promis à Anagni. Le Pape en fut très-content, et nomma de son côté sept cardinaux; les Lombards nommèrent aussi sept commissaires, dont quatre évêques, et le Pape voulut que les deux envoyés du roi de Sicile assistassent aux conférences. On commença par disputer sur le lieu de l'entrevue entre le Pape et l'empereur, et, après plusieurs jours de contestations, on convint qu'elle se ferait à Venise, à condition que le Pape prendrait ses sûretés de la part des Vénitiens. Le chancelier Christian, qui ne se croyait pas en sûreté à Ferrare, en partit le jeudi saint et se retira en diligence à Venise; mais le Pape célébra solennellement à Ferrare la fête de Pâques, qui, cette année 1174, fut le 24 avril.

Il en partit le 9 mai sur les galères du roi de Sicile, et fut reçu à Venise avec les mêmes honneurs que la première fois. Il ordonna aux commissaires de s'assembler dans la chapelle du palais patriarcal, où il logeait, et de commencer par la paix des Lombards, qui était de plus longue discussion. On ne put tomber d'accord, et le Pape proposa alors une paix de quinze ans avec le roi de Sicile et une trève de six ans avec les Lombards. L'empereur ne voulut point y entendre, du moins ostensiblement; car sous main il fit dire au Pape que, pour l'amour de lui, il acceptait l'une et l'autre, moyennant une condition secrète. Le Pape lui envoya deux cardinaux pour savoir cette condition. L'empereur la dit aux cardinaux, mais il voulait que le Pape y consentît sans la connaître. Comme le Pape s'y refusait, on la lui dit enfin. Dans les premières propositions de paix, l'empereur avait promis de rendre à l'Eglise romaine les terres de la comtesse Mathilde; maintenant, il demandait d'en conserver la jouissance pendant quinze ans, et de les restituer ensuite si l'Eglise prouvait y avoir droit. Le Pape consentit à lui en laisser la jouissance pendant quinze ans, mais à condition de les rendre alors, sauf à l'Eglise à lui faire justice pour les droits qu'il prouverait y avoir. L'empereur, qui n'y allait pas encore de bonne foi, élevait une difficulté après l'autre. Il se défiait de ses négociateurs publics, et en avait d'occultes.

Pour abréger les allées et les venues des négociateurs, le Pape, d'accord avec les députés du roi de Sicile et des Lombards, permit à l'empereur de se rapprocher de Venise. Il vint alors de Césène à Cloze, actuellement Chioggia; mais une partie du peuple vénitien, qui favorisait l'empereur, le sachant si proche, prétendit le faire entrer dans Venise même, malgré le Pape. Le doge et les plus sages de la république, qui avaient fait serment du contraire, ne savaient plus trop comment retenir le peuple. Les députés des Lombards se retirèrent du côté de Trévise; les ambassadeurs du roi de Sicile firent appareiller leurs galères, annonçant aux Vénitiens que leur conduite déloyale leur ferait perdre assurément tous les avantages que leur commerce trouvait dans les terres du roi. Ces menaces eurent leur effet. Le doge, à la demande du peuple même, pria le Pape d'engager les députés du roi à demeurer, et ceux des Lombards à revenir. Enfin, le chancelier Christian et les autres commissaires de l'empereur déclarèrent librement à ce prince qu'ils ne voulaient point fausser les serments qu'ils avaient faits au Pape à Anagni, sur la foi desquels il était venu à Venise. Nous sommes prêts, suivant les lois de l'empire, à vous obéir dans les choses temporelles et à vous rendre les services que nous imposent les régales; mais comme vous êtes le seigneur de nos corps et non pas de nos âmes, nous ne voulons pas perdre nos âmes pour vous, ni préférer les choses de la terre aux choses du ciel. Votre Majesté saura donc que, dorénavant, nous recevons Alexandre pour Pape catholique, et que nous lui obéissons comme à notre père dans les choses spirituelles. Quant à l'idole que vous avez dressée en Toscane, nous ne l'adorons aucunement.

Ce fut alors, mais alors seulement, que l'empereur se rendit sincèrement à la paix avec l'Église, le roi de Sicile et les Lombards, suivant les conditions proposées en dernier lieu par le pape Alexandre. Il les fit jurer à Venise, en son nom et au nom des princes d'Allemagne. Aussitôt, d'après le mandement du Pape, les Vénitiens se rendirent à Cloze avec six galères, et en amenèrent l'empereur, qui arriva à Venise le samedi, 23 juillet. Le lendemain dimanche, veille de Saint-Jacques, le Pape envoya de grand matin six cardinaux, savoir, deux évêques, trois prêtres et un diacre, vers l'empereur, pour l'absoudre. Il renonça au schisme d'Octavien, de Gui de Crème et de Jean de Strume, et promit obéissance au pape Alexandre et à ses successeurs légitimes; en conséquence de quoi il fut absous par les cardinaux, et réuni à l'Église catholique. Les prélats et les seigneurs d'Allemagne en firent autant, et reçurent pareillement l'absolution. Alors le doge de Venise, avec le patriarche de Grade et une grande multitude de clergé et de peuple, vint à Saint-Nicolas du Lido, où était l'empereur. Le doge, l'ayant pris dans sa barque, le conduisit processionnellement et en grande pompe jusqu'à l'église de Saint-Marc. Le Pape l'y attendait à la porte avec ses cardinaux, ses évêques, le patriarche d'Aquilée, les archevêques et les évêques de Lombardie, tous assis et revêtus pontificalement, en présence d'un peuple innombrable. L'empereur, s'étant approché, ôta son manteau impérial, et se prosterna tout du long aux pieds du Pape. Celui-ci, touché jusqu'aux larmes, le releva avec bonté, le bénit et lui donna le baiser de paix. A cette vue, tous les assistants, Allemands et Italiens, d'une voix qui retentit jusqu'au ciel, entonnèrent le *Te Deum* avec une joie indicible. En même temps l'empereur, prenant le Pape par la main droite, le mena jusque dans le chœur de l'église; puis, baissant la tête, il reçut sa bénédiction et se retira au palais du doge.

Le soir, il envoya prier affectueusement le Pape de vouloir bien célébrer la messe à Saint-Marc, le lendemain, fête de Saint-Jacques, parce qu'il avait un grand désir et une grande dévotion de l'entendre. Le Pape l'accorda de grand cœur. L'empereur vint le recevoir à la porte de l'église, et, quand il sortit de la sacristie, revêtu des ornements pontificaux, il marcha devant lui, sans manteau impérial, faisant les fonctions d'huissier, une verge à la main, pour chasser les laïques du chœur et lui faire place. Il demeura lui-même dans le chœur, avec les prélats et le clergé d'Allemagne, qui chanta l'office en ce jour. Après l'évangile, le Pape monta sur l'ambon pour prêcher le peuple. L'empereur s'approcha, et se mit à écouter avec une attention merveilleuse. Le Pape, qui parlait latin, chargea le patriarche d'Aquilée d'expliquer son sermon en allemand, pour satisfaire à la dévotion de l'empereur. Après le sermon et le *Credo*, l'empereur, avec les seigneurs de sa cour, vint baiser les pieds du Pape et faire son offrande; il communia de sa main, et, après la messe, il le prit par la main et le mena jusqu'à la porte de l'église. Quand il monta à cheval, il lui tint l'étrier et le conduisit par la bride quelque temps, jusqu'à ce que le Pape lui donna sa bénédiction et lui permit de se retirer, le dispensant du reste du chemin jusqu'à la mer, qui était trop long. Le lendemain, vers l'heure de none, l'empereur rendit au Pape une visite d'amitié, et vint avec peu de suite jusqu'à sa chambre, où il s'entretenait familièrement avec les cardinaux. La conversation entre le Pape et l'empereur fut affectueuse et gaie, mêlée de quelques plaisanteries, sans préjudice de leur dignité.

Six jours après, c'est-à-dire le lundi premier jour d'août, la paix fut jurée solennellement. L'empereur, accompagné des prélats et des seigneurs de sa cour, vint au palais patriarcal où logeait le Pape. La séance se tint dans une salle qui était longue et spacieuse. Le Pape s'assit au fond, sur une estrade élevée, ayant des deux côtés ses évêques et ses cardinaux. Il fit asseoir l'empereur à sa droite, au-dessus de ses évêques et des cardinaux-prêtres, et Romuald, archevêque de Salerne, ambassadeur du roi de Sicile, à sa gauche, au-dessus des cardinaux-diacres. Quand on eut fait silence, le Pape fit un petit discours où il témoigna sa joie de la conversion de l'empereur, et finit en déclarant qu'il le recevait comme son cher fils, avec l'impératrice, son épouse, et leur fils, Henri. Ensuite l'empereur, ayant ôté son manteau, se leva de son fauteuil et commença à parler en allemand, son chancelier Christian expliquant en italien vulgaire ce qu'il disait. En ce discours, l'empereur reconnut publiquement qu'il s'était trompé en suivant de mauvais conseils, et qu'il avait attaqué l'Église croyant la défendre. Il remercia Dieu de l'avoir tiré d'erreur, et déclara qu'il quittait le schisme, qu'il reconnaissait Alexandre pour pape légitime, qu'il voulait lui obéir comme à son père, et qu'il rendait sa paix au roi de Sicile et aux Lombards.

Ce discours fut suivi de grandes acclamations à la louange de l'empereur. Puis on apporta les Évangiles, les reliques et la vraie croix; et, par ordre de l'empereur, Henri, comte de Dessau, jura sur l'âme de ce prince, qu'il observerait fidèlement la paix entre l'Église et l'empire, la paix avec le roi de Sicile, pour quinze ans, et la trêve de six ans avec les

Lombards, comme les commissaires l'avaient accordée et rédigée par écrit. Douze princes de l'empire, tant ecclésiastiques que séculiers, firent le même serment. Aussitôt Romuald, archevêque de Salerne, se leva et jura sur les Evangiles, que, quand les envoyés de l'empereur seraient arrivés en Sicile, le roi ferait jurer pour lui, par quelqu'un des seigneurs, l'observation de la paix pour quinze ans, et ferait faire le même serment par dix autres seigneurs. Le comte Roger jura comme l'archevêque de Salerne. Les magistrats des villes de Lombardie, qui étaient présents, firent aussi le serment pour leur trêve de six ans, et promirent de le faire faire par les consuls et les nobles de chaque ville (*Acta Alex. III et Romuald Salernit.; apud Baron. et Muratori*).

Telle est l'histoire détaillée de cette mémorable pacification, d'après la biographe du pape Alexandre et la Chronique de Romuald, archevêque de Salerne, témoins oculaires. La circonstance que le Pape mit le pied sur la tête de l'empereur prosterné devant lui, cette circonstance et d'autres non moins romanesques, dont les auteurs contemporains ne savent pas le premier mot, qu'ils détruisent même d'avance par les détails qu'ils rapportent, sont une invention de peintre et de poète, et non pas un fait de l'histoire.

Le chancelier Christian se fit alors confirmer l'archevêché de Mayence. Comme il avait beaucoup travaillé à la conclusion de la paix, il sollicita l'empereur et les seigneurs allemands de demander au Pape sa confirmation. Conrad, qui avait été avant lui élu et sacré archevêque de Mayence, s'en aperçut, et, étant venu trouver le Pape, il lui dit : « Votre Sainteté sait que c'est pour l'amour d'Elle que j'ai quitté mes parents, ma patrie et l'Eglise de Mayence, à laquelle j'avais été canoniquement élu, et que je suis venu vous trouver en France, me condamnant moi-même à un exil volontaire. Vous pouvez vous souvenir combien mon arrivée a servi l'Eglise, en affermissant votre parti encore chancelant. Vous m'en avez témoigné votre reconnaissance en me faisant cardinal-prêtre, puis évêque de Sabine, sans préjudice de l'archevêché de Mayence. Aujourd'hui j'apprends que vous voulez maintenir dans ce siège le chancelier Christian, qui l'a usurpé par violence et a suivi le schisme : ce qui ne paraît pas raisonnable. » Le Pape lui répondit : « Vous devez vous souvenir de nous avoir témoigné souvent que, si la paix entre l'Eglise et l'empire ne pouvait se faire sans que vous quittiez l'archevêché de Mayence, vous sacrifieriez votre intérêt à celui de l'Eglise. Or, l'empereur déclare hautement qu'il ne veut pas de paix si le chancelier est chassé de ce siège; mais nous n'avons point voulu lui faire de réponse sur ce sujet sans votre participation. » Alors Conrad se rendit, et déclara au Pape que, pour le bien de la paix, il remettait à sa disposition l'archevêché de Mayence.

Le Pape, bien content, en conféra avec l'empereur; et ils convinrent de donner à Conrad l'archevêché de Salzbourg. Adalbert, fils du roi de Bohême, qui en était pourvu, était alors à Venise. Le Pape, qui l'y avait fait venir, lui représenta qu'il ne serait jamais agréable à l'empereur, et lui persuada de remettre l'archevêché entre ses mains. Après quoi, l'évêque de Gurck et celui de Passau, avec quelques dignitaires de l'Eglise de Salzbourg, élurent pour archevêque Conrad, par ordre du Pape, qui confirma l'élection, sans lui ôter la dignité de cardinal. Il lui donna même la légation d'Allemagne durant sa vie. En même temps, il confirma au chancelier Christian l'archevêché de Mayence; et ce prélat brûla de sa propre main, en présence du Pape et des cardinaux, le *pallium* qu'il avait reçu de l'antipape Gui de Crême. Le Pape lui donna un autre *pallium*. Il en donna également un à Philippe, archevêque de Cologne; car l'un et l'autre, quoique sacrés pendant le schisme, l'avaient été par des évêques catholiques, leurs suffragants (*Chron. Reichersp.*, an 1177; Labbe, t. X; Roger Hoveden).

Entre les conditions du traité, il était dit encore : « L'empereur Frédéric et le roi Henri, son fils, rendront la paix à l'empereur de Constantinople et aux auxiliaires de l'Eglise romaine, et ne leur feront point de mal, ni par eux ni par les leurs, pour le service qu'ils ont rendu à cette Eglise. Le pontife ou son légat couronnera le roi Henri roi catholique des Romains. Quant au soi-disant Calixte, on lui donnera une abbaye. Les soi-disant cardinaux retourneront aux lieux qu'ils avaient d'abord, et on les laissera dans les ordres qu'ils avaient avant le schisme (Mansi, *Conc.*, t. XXII). »

Le Pape écrivit aux principaux évêques de la chrétienté, pour leur faire part de cette heureuse paix et de la réunion de l'empereur à l'Eglise. Il écrivit aussi au roi de France. Fleury remarque qu'il ne fut pas question de réhabiliter l'empereur, comme déposé par le Pape. La raison en est bien simple. Le Pape avait délié ses sujets du serment de fidélité, jusqu'à ce qu'il vînt à résipiscence. Il ne leur avait pas défendu, il les avait seulement dispensés de lui obéir. Ce n'était pas une déposition proprement dite et définitive, mais plutôt une suspension temporaire et conditionnelle. La condition étant remplie et l'empereur venu à résipiscence, la suspension cessait par là même.

Le dimanche, 14 août, veille de l'Assomption, le pape Alexandre tint un concile à Venise, dans l'église de Saint-Marc, avec ses évêques et ses cardinaux, les évêques et les abbés d'Allemagne, de Lombardie et de Toscane. L'empereur, le doge de Venise et les ambassadeurs du roi de Sicile y assistèrent, avec une grande multitude de peuple. Après les litanies et les prières accoutumées, ainsi qu'un long sermon sur la paix, le Pape fit donner des cierges allumés à l'empereur et aux autres assistants, tant clercs que laïques, puis il fulmina l'excommunication contre quiconque troublerait la paix qui venait d'être faite. Aussitôt tout le monde jeta et éteignit les cierges, en disant : *Ainsi soit-il! ainsi soit-il* (*Acta Alex. III; Romuald Salernit.; apud Baron., Labb. et Mansi*) !

Quelque temps après, tout le monde étant retourné chez soi, le clergé et le peuple de Rome voyant que l'empereur Frédéric s'était soumis au pape Alexandre et que le schisme était fini, jurèrent tous ensemble, par délibération commune, de rappeler le Pape dans leurs murs, pour faire cesser les maux que sa longue absence avait causés, tant au temporel que spirituel. Ils envoyèrent donc à Anagni, où le Pape était revenu, sept des principaux citoyens romains, avec des lettres du clergé, du sénat et du peuple, pour le prier de revenir.

Mais le Pape, considérant qu'après l'avoir rappelé de France, ils avaient bientôt recommencé à le maltraiter, ne crut pas devoir rentrer à Rome sans avoir pris ses sûretés. Pour cet effet, il envoya, avec les sept députés romains, trois cardinaux, qui, après une longue négociation, firent régler par délibération de tout le peuple : Que les sénateurs, à leur élection, feraient foi et hommage au Pape; que les Romains lui restitueraient l'église de Saint-Pierre et les droits régaliens dont ils s'étaient emparés; qu'ils observeraient inviolablement la paix et la sûreté, tant à l'égard du Pape que des cardinaux, leurs biens et tous ceux qui viendraient vers le Pape, ou qui en retourneraient.

Cela fait, les sénateurs vinrent trouver le Pape avec les trois cardinaux; et, après lui avoir baisé les pieds, ils jurèrent publiquement l'observation de toutes ces conventions. Le Pape se prépara donc à retourner à Rome; et, le dimanche 12 mars, jour de Saint-Grégoire-le-Grand, il partit de Tusculum après la messe. Le clergé de Rome vint bien loin au devant de lui avec les bannières et les croix, ce qu'on ne se souvenait point d'avoir vu pour aucun Pape. Les sénateurs et les magistrats venaient au son des trompettes, les nobles et la milice en bel équipage, le peuple à pied avec des rameaux d'olivier, chantant les acclamations ordinaires de louanges. La presse était si grande à lui baiser les pieds, qu'à peine son cheval pouvait-il marcher, et sa main était fatiguée de donner des bénédictions. On le conduisit ainsi jusqu'à l'église de Latran. Ayant congédié le peuple et les cardinaux, il monta au palais et se mit au lit avant le repas, tant il était fatigué; car il était avancé en âge. Le lendemain il tint un consistoire et reçut au baisement des pieds une multitude infinie de clercs et de laïques, puis il fit les stations ordinaires du carême; et le dimanche suivant, qui était *Lætare*, il alla en procession à Sainte-Croix. Enfin, le jour de Pâques, il porta la tiare avec la couronne nommée le *règne* (*Acta, apud Baron.*, an 1178).

Dès la fin de l'année précédente, l'antipape Jean de Strum, autrement Calixte, ayant appris la réconciliation de l'empereur avec Alexandre, quitta secrètement sa résidence de Viterbe, et vint au mont d'Albane, sous la protection de Jean, seigneur du château. Mais l'empereur, pour montrer qu'il n'y prenait point de part, mit au ban de l'empire et l'antipape et ses défenseurs, s'ils ne venaient au plus tôt à l'obéissance du Pape. Depuis son rétablissement à Rome, Alexandre était à Tusculum, le jour de la Décollation de saint Jean-Baptiste, 29 août 1178, lorsque Jean de Strum le vint trouver avec quelques-uns de ses clercs; et, en présence des cardinaux et de plusieurs autres, confessa publiquement son péché, demanda pardon et abjura le schisme. Le pape Alexandre, suivant sa douceur naturelle, ne lui fit aucun reproche, et lui déclara que l'Eglise romaine le recevait avec joie pour son fils, et lui rendrait le bien pour le mal. En effet, le Pape le traita toujours depuis avec honneur dans sa cour, et le reçut même à sa table (*Ibid.*, an 1177; Romuald).

Dans toutes ces affaires du schisme, nous avons vu l'empereur Manuel de Constantinople reconnaître le pape Alexandre pour chef légitime de l'Eglise, se déclarer son fils et son auxiliaire, et le Pape, de son côté, le reconnaître pour tel et le comprendre en cette qualité dans le traité de pacification. Ainsi, il n'y avait pas rupture entre l'Eglise romaine et les Grecs de Constantinople, mais il n'y avait pas non plus union complète. Nous le voyons par une lettre du même Pape à un écrivain de ce temps, Hugues Etérien.

Il était de Pise en Toscane, et demeurait à Constantinople avec son frère Léon, interprète de la cour impériale. L'empereur Manuel Comnène le fit venir un jour, et lui manda si les Latins avaient quelques autorités des Pères qui assurassent que le Saint-Esprit procède aussi du Fils. Hugues lui apporta des passages de saint Basile, de saint Athanase et de saint Cyrille, qui prouvaient cette vérité. Voyant ensuite que l'empereur s'appliquait sérieusement à l'examen de cette question, il résolut de la traiter à fond. Il y fut encore exhorté par Hubald ou Humbald, évêque d'Ostie, depuis pape sous le nom de Lucius III, Bernard, évêque de Porto, et Jean, du titre de Saint-Jean et de Saint-Paul. Il entreprit donc de réfuter les reproches des Grecs contre les Latins à ce sujet, tant par des raisonnements que par les passages des Pères qu'il avait recueillis pendant un long séjour à Constantinople. L'ouvrage est divisé en trois livres : la question du Saint-Esprit y est traitée fort au long et avec beaucoup de subtilité. L'auteur, dans ses raisonnements, suit les principes d'Aristote; mais il serait à désirer qu'il y eût plus d'ordre et de choix dans ses preuves, plus de clarté et moins d'affectation dans son style; en un mot, que l'auteur ressemblât davantage à l'évêque Anselme de Havelberg, que nous avons vu traiter les mêmes matières quelques années auparavant, avec un ordre et un style parfaits.

Hugues Etérien adressa son ouvrage au pape Alexandre, dans le moment qu'il était à Troie en Campanie, à son retour de Venise. Le Pape l'en remercia par une lettre du 13 novembre, où il dit : « Comme vous avez composé ce livre pour l'amour de Dieu et de son Eglise, nous vous prions et vous exhortons, en ce qui concerne notre très-cher fils en Jésus-Christ, l'illustre et glorieux empereur de Constantinople, de l'exciter, par vos remontrances et vos exhortations, à la dévotion et au respect envers la sainte Eglise romaine, et à l'unité de cette Eglise. »

Nous avons un autre ouvrage de Hugues, fait à la prière du clergé de Pise, touchant l'état de l'âme séparée du corps, contre l'erreur de quelques Pisans, qui disaient que les prières ni les sacrifices ne servaient de rien aux morts, et qui doutaient même de la résurrection. Ce traité de Hugues est divisé en vingt-sept chapitres, et composé du même style que le précédent [1].

Le pape Alexandre III eut des relations encore plus étonnantes avec un chef du mahométisme, le sultan d'Icône, qui lui envoya des lettres et des ambassadeurs. On en connaîtra le sujet par la réponse suivante du Pape, que nous donnerons tout entière, parce que, de nos jours, la divine Providence met bien des catholiques en position d'en profiter dans leurs relations avec les mahométans d'Afrique et d'ailleurs.

[1] Voir les ouvrages de cet auteur, avec la lettre du Pape, dans le t. XXII de la *Biblioth. des Pères*, édit. de Lyon, p. 1176-1260.

« Alexandre, serviteur des serviteurs de Dieu, au sultan d'Icône, souhaite de connaître la vérité et de la garder une fois connue.

» Nous avons appris, par vos lettres et par la relation fidèle de vos envoyés, que vous désirez vous convertir au Christ, et que, ayant déjà reçu le Pentateuque de Moïse, les prophéties d'Isaïe et de Jérémie, les épîtres de Paul, les évangiles de Jean et de Matthieu, vous demandez un homme orthodoxe, qui vous instruise plus amplement, à notre place, de la loi du Christ. Comme votre demande est très-agréable au Seigneur, nous y avons acquiescé avec plaisir, et nous aurons soin de vous envoyer des personnes qui puissent suppléer auprès de vous la présence de l'autorité apostolique pour la saine doctrine et les avertissements salutaires, et dont les mœurs et les mérites ne seront point en désaccord avec l'honnêteté et la pureté de l'érudition évangélique. En attendant, comme vous demandez instamment par vos lettres une exposition de notre foi, en vous félicitant de vos désirs, nous vous la donnons en abrégé.

» Vous devez donc croire pieusement et tenir fidèlement qu'il est un seul Dieu, de telle sorte néanmoins que, dans l'assignation de la divinité, il y ait unité dans la substance et trinité dans les personnes. Car il y a Dieu le Père, Dieu le Fils, et Dieu le Saint-Esprit; mais le Père, et le Fils, et le Saint-Esprit, sont une même chose. Or, il y a cette distinction dans les personnes, que le Père n'est pas le Fils, ni le Fils le Saint-Esprit, ni le Saint-Esprit le Père ou le Fils. C'est une chose difficile à entendre et qui surpasse la pénétration de la raison humaine; mais la foi en a d'autant plus de mérite que cela est plus difficile à croire. Toutefois, encore que nous ne puissions rien trouver qui ait une image expresse de l'unité et de la trinité souveraine qui est en Dieu, et que nous ne trouvions pas même des expressions pour parler dignement de cette souveraine essence, nous faisons ce que nous pouvons, et, comme en balbutiant et empruntant des paroles aux choses qui passent, nous vous découvrirons ce qui est ineffable.

» Paul, l'apôtre, dit que *les perfections invisibles de Dieu, devenues intelligibles par les choses qui ont été faites, peuvent se voir, comme son éternelle puissance et divinité*. Considérez donc l'âme de l'homme et le corps du soleil, et vous verrez en quelque manière, quoique faiblement et par une espèce de connivence de l'œil, une certaine similitude de la Trinité; car, dans l'âme de l'homme, il y a *intelligence*, *mémoire* et *volonté*. Nous appelons l'âme *mémoire*, nous appelons l'âme *intelligence*, nous appelons l'âme *volonté*; la mémoire, l'intelligence et la volonté sont une même âme, mais la mémoire n'est ni l'intelligence ni la volonté. Dans le même corps du soleil, je vois le rayon, je sens la chaleur et je reconnais la splendeur : ces trois choses sont d'une même essence; cependant aucune d'elles n'est l'autre. Ainsi, dans cette ineffable et incirconscriptible gloire de la Déité, le Fils est du Père, et le Saint-Esprit de tous les deux. Et quoique le Père, et le Fils, et le Saint-Esprit soient d'une même substance, d'une même puissance et gloire, ce ne sont cependant pas trois dieux; mais, dans les trois personnes, il y a une même substance et une même puissance, et dans une même substance il y a trois personnes. Cette profession de notre foi n'a pas commencé seulement au Christ et à ses disciples, mais elle a son fondement dans Moïse, et les patriarches et les prophètes.

» Dans le livre de Moïse est déclarée l'unité de l'essence, quand il est dit : *Ecoute, Israël, l'Eternel, ton Dieu, est un Dieu un* (Deut., 6). Et encore : *Je suis l'Eternel, ton Dieu, qui t'ai tiré de l'Egypte; tu n'auras point d'autres dieux que moi* (Ibid., 5). Mais il insinue clairement la pluralité des personnes, quand il dit : *Faisons l'homme à notre image et à notre ressemblance* (Genes., 1). Car le Verbe étant le Fils de Dieu, comme l'attestent ces paroles de Jean, dont vous recevez l'évangile : *Dans le principe était le Verbe, et le Verbe était en Dieu, et le Verbe était Dieu. Il était dans le principe en Dieu, et toutes choses ont été faites par lui, et sans lui rien n'a été fait* (Joan., 1). Vous voyez que c'est au Fils et au Saint-Esprit que s'adresse ce discours du Père, quand il dit au pluriel : *Faisons*, et, *notre*. Car c'est par le Verbe et l'Esprit-Saint que le Seigneur Dieu a fait toutes choses. Le prophète David le rappelle : *C'est par le Verbe de l'Eternel qu'ont été affermis les cieux, et par l'Esprit de sa bouche toute leur vertu* (Psalm., 12). Le même prophète insinue encore élégamment le mystère de la Trinité, quand il répète le nom de *Dieu* jusqu'à trois fois dans le même verset : *Nous bénisse Dieu, notre Dieu, nous bénisse Dieu! et que tous les confins de la terre le craignent* (Ibid., 66). Jean, déjà nommé, dit dans son épître canonique : *Il y en a trois qui rendent témoignage dans le ciel, le Père, le Verbe et l'Esprit-Saint, et ces trois sont une même chose* (Joan., 5). Le prophète Isaïe, que vous recevez, atteste avoir entendu les séraphins criant : *Il est saint, il est saint, il est saint, l'Eternel, le Dieu des armées!* Pourquoi répète-t-il trois fois, *il est saint*, si ce n'est pour insinuer que, dans l'Eternel, le Dieu des armées, il y a une trinité de personnes? Il y a donc, dans la souveraine et bienheureuse Trinité, le Père, qui engendre le Fils; le Fils, qui est engendré par le Père; le Saint-Esprit, qui procède de l'un et de l'autre.

» Et, dans cette génération et procession, la substance divine n'a souffert ni retranchement ni diminution dans le Père ou le Fils; car comme la lumière se tire sans diminution de la lumière d'où on la prend, de même le Fils procède du Père égal au Père, et le Saint-Esprit procède de tous les deux, égal à l'un et à l'autre. Toutefois, quant au mode de cette génération et de cette procession, la raison humaine ne peut y atteindre. C'est pourquoi Isaïe, certain de la génération du Fils, mais sachant que le mode de la génération est inénarrable, s'écrie : *Qui est-ce qui racontera sa génération* (Isaï., 53)? Le prophète David, en la personne du Fils, parle ainsi de cette génération :

» *L'Eternel m'a dit : Tu es mon Fils; je t'ai engendré aujourd'hui* (Psalm. 2). Egalement Salomon, fils de David, que Dieu éclaira d'une science et d'une intelligence merveilleuses, parlant en la personne du Christ, *qui est*, selon Paul, *la vertu et la sagesse de Dieu* (1. Cor., 1), dit au livre de la *Sagesse* (si pourtant vous recevez ce livre) : *Le Seigneur m'a possédée au commencement de ses voies, avant* qu'il fît rien ; les abîmes n'étaient pas encore, et j'étais déjà conçue. Quand il préparait les cieux, j'étais présente. Quand il équilibrait les fondements de la terre, j'étais avec lui, disposant toutes choses (Prov., 8). L'apôtre Paul rend aussi témoignage à l'Esprit-Saint, même à la Trinité entière, disant : *Dieu a envoyé l'Esprit de son Fils dans vos cœurs* (Gal., 4). Et ailleurs : *Si l'Esprit de Celui qui a ressuscité Jésus habite en vous, il vivifiera aussi vos corps mortels à cause de son Esprit qui habite en vous* (Rom., 8).

» Que si vous désirez le témoignage du Christ sur l'unité de l'essence et la trinité des personnes, lui-même dit dans l'Evangile : *Moi et le Père, nous sommes une même chose* (Joan., 10). Le Christ dit encore à ses disciples : *Allez, baptisez-les tous au nom du Père, et du Fils, et du Saint-Esprit* (Matth., 28).

» L'homme ayant donc, par sa désobéissance, perdu le paradis et mérité éternellement les misères infernales, le Fils a été envoyé du Père ; et il était digne que le Fils fût envoyé, et non le Père ; car le Père n'étant d'aucun autre et le Fils étant de quelqu'un, il était plus convenable qu'il eût une mère dans le temps, lui qui a un Père de toute éternité. Comme il était écrit dans le psaume de David : *Il n'en est point qui rachète ni qui sauve ; il n'en est point qui fasse le bien, il n'en est pas un* (Psalm. 7 et 13). Il n'en est point qui présente une propitiation pour son âme, combien moins pour celle d'un autre : le Fils a été envoyé par Dieu le Père, afin de mourir homme pour l'homme, de payer comme homme le tribut de la mort pour l'homme captif, et de le racheter comme Dieu par la puissance céleste. Son avénement a été désiré par les patriarches, prédit par les prophètes, qui, supportant avec impatience les délais, formaient ces plaintes : *Quand viendra-t-il ? quand le verrons-nous ? Seigneur, donnez leur récompense à ceux qui vous attendent, afin que vos prophètes soient trouvés fidèles* (Eccli., 36) ! *Puissiez-vous, Seigneur,* s'écrie Isaïe, *déchirer les cieux et venir* (Isaï., 64) ! Et David : *Inclinez les cieux, et descendez* (Psalm. 143). Enfin, Isaïe en est témoin, les anges de la paix pleuraient amèrement sur le retardement de notre salut.

» Le même Isaïe, parlant plus manifestement de la nativité du Christ : *Voici*, dit-il, *que la Vierge concevra, et elle enfantera un Fils, et son nom sera Emmanuel* (Isaï., 7). Et comme Marie tire son origine de Jessé, le même prophète déclare manifestement la naissance de Marie, et par Marie celle du Christ, ainsi que la plénitude de la grâce spirituelle dans le Christ, en disant : *Une tige sortira de la racine de Jessé, et une fleur montera de sa racine ; et sur lui reposera l'Esprit du Seigneur, l'Esprit de sagesse et d'intelligence, l'Esprit de conseil et de force, l'Esprit de science et de piété, et il sera rempli de l'Esprit du Seigneur* (Ibid., 3). Le Fils de Dieu est donc né de la Vierge incorrompue, comme le premier Adam a été formé d'une terre vierge, l'Esprit-Saint opérant en elle, et procurant d'une manière ineffable l'affaire de notre salut ; car c'est un abîme insondable, que le mystère de l'incarnation du Seigneur.

» Cependant bien des choses sont arrivées aux anciens Pères, où précédait une figure de cette nativité. La toison de Gédéon, trempée de la rosée du ciel, pendant que l'aire d'alentour demeurait sèche, désignait la rosée de l'Esprit-Saint dans la Vierge, qui, à cause de son humilité, a été spécialement préélue du Seigneur. Le psalmiste s'y accorde, quand il dit : *Il descendra comme la pluie sur la toison* (Psalm. 7). Et le feu qui apparaît à Moïse dans le buisson, sans que le buisson soit altéré par le feu, montre l'intégrité de la virginité dans Marie. Et si, pendant que les verges des autres tribus demeurent arides, la verge d'Aaron, de la souche duquel la Bienheureuse tire son origine, a poussé des feuilles et des fleurs, elle indiquait cette fleur dans la tige de Jessé, qu'avait prédite Isaïe, savoir : l'enfantement de la Vierge sans tache.

» Lorsque nous étions ennemis de Dieu, nous lui avons été réconciliés par la venue du Christ, selon que le prophète l'avait prédit : *Et la paix sera sur la terre quand il viendra* (Michée, 5). C'est pourquoi, dans sa nativité, les anges ont chanté le cantique de la glorieuse paix : *Gloire à Dieu dans les hauteurs, et paix sur la terre aux hommes de bonne volonté* (Luc., 2). Une nouvelle étoile apparut aux mages et à Rome, d'après le témoignage des histoires, une fontaine d'huile coula de la terre dans le Tibre. Un ancien temple de Rome qui, selon les idoles, ne devait tomber que lorsqu'enfanterait la Vierge, s'écroula de fond en comble cette nuit-là même. A Jérusalem, la piscine probatique commença alors à être agitée par l'arrivée de l'ange, et à opérer des guérisons.

» Le vieil Adam nous a nui grandement, mais le nouvel Adam nous a profité. L'humilité de celui-ci nous a valu plus d'avantages que l'orgueil de l'autre ne nous en avait ôté ; car, selon le témoignage de Paul, *il n'en est pas du don comme de la faute* (Rom., 5), la grandeur du bienfait ayant surpassé la valeur du dommage. Celui qui était d'abord pour nous un maître et un juge terrible, est maintenant un humble frère et un prochain. Ainsi donc le Christ, parcourant la carrière de notre mortalité, dans la faim et dans la soif, dans la lassitude et la douleur, et dans toutes les misères de cette vie ; trahi enfin par un disciple, vendu comme un vil esclave, flagellé, conspué, couronné d'épines, bafoué, cloué à un gibet et condamné à une mort infâme ; le Christ a payé ce qu'il n'avait pas ravi, et, s'offrant volontairement à la mort, il a tout souffert dans l'humilité, comme Isaïe l'a prédit. *Dans l'humilité*, dit-il, *son jugement a été enlevé. Il a été conduit comme un agneau à la boucherie, et il n'a pas plus ouvert la bouche qu'une brebis devant celui qui la tond* (Isaï., 53). Celui-là donc qui, jeune encore, avait été offert une fois dans le temple par le juste Siméon, celui-là même, au soir de la loi et à la fin des cérémonies, a levé ses mains au Père sur la croix pour notre rédemption, suivant le mot de David : *L'élévation de mes mains est le sacrifice du soir* (Psalm. 140). C'est ainsi que la faute qu'Adam avait contractée par l'orgueil en la délectation du fruit défendu, a été ôtée par l'humilité du Christ dans l'amertume de la mort, et l'effusion de ce sang innocent a effacé la cédule de tous les crimes.

» Le Seigneur pouvait sans doute employer un autre mode de rédemption ; mais nul n'était plus convenable à sa bonté et à notre salut. L'homme étant retenu captif par le diable, suivant l'exigence de sa prévarication, la justice demandait qu'il ne lui fût point arraché par violence, mais que, tombé par l'orgueil, il se relevât par son humilité, s'il pouvait; et, comme il ne le pouvait par la sienne, du moins par celle d'autrui. C'est ainsi que le Christ innocent, que l'Agneau pascal signalait dans la loi, s'est offert pour nous en victime de salut.

» La loi de Moïse avait établi une chèvre ou une brebis comme le prix pour racheter l'homme du péché. Le Christ, considérant que les ombres cérémonielles de la loi ne suffisaient point pour le salut, et portant le prix de l'homme plus haut que celui d'une brebis, d'un bouc ou d'un veau, a offert son sang et sa mort pour notre salut, et ainsi, souverain et véritable Pontife, il est entré une fois dans le sanctuaire, après avoir trouvé la rédemption éternelle. Il a donc ouvert le livre, et, lion de la tribu de Juda, il en a rompu les sceaux, et, ce que les hosties légales n'avaient pu, il a détourné l'épée flamboyante, et rouvert l'entrée du paradis, qui était fermé à tous les anciens. C'est ainsi qu'autrefois, à la mort du souverain Pontife, on avait coutume d'accorder un sûr et libre retour chez soi, à ceux qui s'étaient sauvés dans les villes de refuge.

» Jadis l'homme avait coutume de raisonner et de dire : Pourquoi le Seigneur exige-t-il plus de moi que des autres créatures ? Qu'a-t-il fait pour moi ? quel travail ? Il a dit, et j'ai été fait : comme les animaux, les arbres, et tout le reste, il m'a créé par un acte de sa puissance, par un simple commandement de sa volonté. Mais maintenant ceux qui parlaient ainsi l'iniquité ont la bouche close; car l'homme ne peut plus dissimuler combien a fait pour lui le Seigneur, lui qui, pour racheter le serviteur, n'a pas épargné son propre Fils. Or, pour la rédemption de l'homme, il a trouvé le travail et la douleur, parce qu'il a souffert la faim, la soif, la fatigue, les embûches, les opprobres, les fouets, la couronne d'épines, les clous et la lance, l'ignominie de la croix et les angoisses de la mort; il a souffert tout cela à cause de notre impiété et de sa piété, à cause de notre nécessité et de son humilité. *Est-ce que mon âme ne sera donc pas soumise à Dieu? Est-ce que tous mes os ne diront pas : Seigneur, qui est-ce qui vous est semblable* (Psalm. 61 et 34)? afin que désormais l'action de grâces et la voix de la louange ne cessent plus ni dans ma bouche ni dans mon cœur. Comment la sagesse de Dieu eût-elle pu en user plus miséricordieusement avec moi, et m'inviter à l'aimer d'une manière plus douce et plus efficace ?

» De plus, les âmes des justes, qui, quant à la prérogative de l'origine, ne le cèdent guère en dignité aux esprits célestes, descendaient toutes aux enfers, et il convenait que Dieu se souvînt un jour de son image, et que, selon les oracles des prophètes, il réparât, par les âmes élues, la diminution des anges tombés.

» Ainsi, dans la dispensation de notre salut, la dilection du Christ nous est infiltrée jusqu'à la moelle. Dans la loi de Moïse, déjà il nous commande l'amour de Dieu et du prochain; mais, à l'école de l'Evangile, il nous inculque et plus fréquemment et plus fortement, par les paroles et enfin par les œuvres : *Car personne n'a de plus grande marque d'amour que de donner sa vie pour ses amis* (Joan., 15). Il nous a ainsi donné matière à l'aimer, lui qui nous a prévenus dans ses dilections, et il n'exige autre chose de nous, sinon que nous l'aimions de cœur. Certes, il est inhumain et cruel, celui qui ne se rappelle point sa miséricorde, celui qui n'aime point d'affection un Seigneur si clément, celui qui ne s'expose point volontiers pour lui à la mort, s'il en est besoin.

» Or, le Christ est mort, a été enseveli, est ressuscité des morts le troisième jour, comme il avait prédit à ses disciples; il leur a fréquemment apparu, il a parlé et mangé avec eux, leur a montré les plaies de ses mains, de ses pieds et de son côté, pour ôter, par l'exhibition de ces plaies, la plaie du doute des cœurs de quelques-uns qui hésitaient encore. Ayant ainsi conversé visiblement avec eux pendant quarante jours, il vint, en leur compagnie, à la montagne des Oliviers, et, eux le voyant, il s'éleva et monta au Père, où il est assis à sa droite, et d'où nous l'attendons, à la résurrection générale, comme le juge des vivants et des morts.

» Comme donc Notre Seigneur Jésus-Christ a voulu et dû mourir pour un temps, parce qu'il est homme, il a pu et dû ressusciter après sa mort, afin que le diable, qui avait vaincu l'homme, fût vaincu par l'homme et confondu par cette défaite. Qu'ils rougissent donc les infidèles et les prévaricateurs qui s'emportent à proférer de ces extravagances : Si le Christ est Dieu, comment a-t-il pu mourir? s'il est homme, comment a-t-il pu ressusciter ? car il est Dieu et homme : étant homme, il a dû mourir; étant Dieu, il a pu ressusciter.

» De plus, il nous a été avantageux que celui qui daignait mourir volontairement sous un juge inique, ait pu et voulu vaincre la mort en ressuscitant. Et comme le diable, par ses ministres, a porté témérairement une main violente sur son maître, il a perdu juridiquement à jamais le domaine et la tyrannie qu'il exerçait sur l'homme : de cette manière convenable, celui qui avait vaincu l'homme a été vaincu par l'homme, et qui avait vaincu moyennant le bois, a été vaincu moyennant le bois de la croix par Jésus-Christ, Dieu et homme, afin que l'homme l'aime comme frère et le craigne comme Dieu.

» D'ailleurs, il était nécessaire que le même qui nous a créés, nous créât de nouveau, et qui nous a fait, nous refît en nous rachetant, et nous reparât, perdus que nous étions, de peur que nous ne fussions obligés d'adorer un Dieu comme créateur, et de vénérer un autre rédempteur, et de servir ainsi deux maîtres. Et que le Fils se soit incarné, non le Père, non le Saint-Esprit, cela était nécessaire et convenable; car c'est au Fils que l'homme, savoir Adam, a prétendu se rendre semblable, en aspirant à connaître le bien et le mal, comme Dieu. Le Fils semblait en être cause, comme la sainteté d'Abel fut cause de l'envie de Caïn, et, par là, de sa propre mort. Le Fils a donc dit comme notre Jonas : *C'est moi qui ai péché, jetez-moi dans la mer* (Joan., 1). Pour l'expiation du crime qu'a commis l'homme, ce n'est point assez d'un chétif sacrifice ou holocauste : *Voici que je viens, que je viens moi-même, selon qu'il est écrit de moi à la tête du livre, pour faire votre volonté* (Hebr., 10).

» En outre, si une si grande affaire, la rédemption de l'homme, eût été commise à un ange, elle n'eût pas été sûre, parce que, dans Lucifer, l'orgueil a rendu l'ange infâme et suspect; si à un homme, elle n'eut pas été sûre non plus, puisque la désobéissance a rendu le premier homme coupable et justement condamnable. L'ange ne suffit donc pas, et l'homme encore moins. C'est donc avec une grande convenance que l'homme, soutenu de la divinité, a délivré l'homme de la gueule du diable, en sorte que cette difficile et noble affaire ne courût aucun risque, mais qu'elle eût plus infailliblement une heureuse issue, et que l'ordre des anges, mutilé par la chute de Lucifer et de ses complices, fût heureusement restauré.

» Elle est donc grande et très-digne de toute louange, la bienheureuse Mère et Vierge Marie, elle qui a mis au monde le grand médiateur de Dieu et de l'homme, et mérité d'enfanter notre Sauveur; elle qui, entre toutes les femmes qu'a vues le monde, a mérité de n'avoir ni première, ni semblable, ni suivante; car elle a conçu sans honte, enfanté sans douleur, trépassé sans corruption, suivant la parole de l'ange ou plutôt de Dieu par l'ange, afin qu'elle fût démontrée remplie et non demi-remplie de grâce, et que Dieu, son Fils, accomplît fidèlement l'antique commandement qu'il a lui-même enseigné, de prévenir d'honneur son père et sa mère, et afin que la chair virginale du Christ, qui avait été prise de la chair d'une mère vierge, ne différât point de la totalité de cette chair.

» C'est donc de ces chefs de la foi chrétienne que le précieux fondement s'élève jusqu'au faîte le plus sublime. Telle est l'échelle de la religion catholique, par laquelle il est donné à l'homme de monter à la patrie de la gloire éternelle. Si donc vous désirez de passer des ténèbres à la lumière, et d'embrasser la loi très-salutaire du Christ, il faut que les prémices de la vie chrétienne soient consacrées par les eaux du baptême, afin que, déposant dans les eaux de la régénération la vieillesse du péché, vous renaissiez à la nouvelle innocence de l'âme et à l'enfance de la vie, pour devenir participant de la gloire céleste, que l'oreille n'a point ouïe, que l'œil n'a point vue, qui n'est point montée dans le cœur de l'homme; gloire si copieuse, qu'on ne peut l'annuler; si grande, qu'on ne peut la comprendre; si multiple, qu'on ne peut la nombrer; si précieuse, qu'on ne saurait l'estimer; si durable, qu'il ne peut y être mis de terme; gloire que Dieu a promise à ceux qui l'aiment et qui marchent fidèlement sur ses traces. Vivez et portez-vous bien, et vive en vous le Christ (Alex. III, Epist. 32; apud Labb., t. X; Mansi, t. XXI, et Baron., an 1169)! »

Le sultan d'Icône, à qui le pape Alexandre écrivit, se nommait Azeddin Soliman. En 1159, il vint à Constantinople, où il fut reçu magnifiquement par l'empereur Manuel. Sa mère, étant au lit de mort, lui révéla qu'elle était chrétienne, et le conjura d'embrasser la même foi. Ce fut pour cette raison qu'il écrivit au pape Alexandre, dont la solide instruction le détermina à recevoir le baptême, mais en secret, à cause de l'insurrection qu'il avait à craindre de la part de son peuple. C'est ce que rapportent deux auteurs du temps, Matthieu Paris et Robert, abbé du Mont-Saint-Michel (Matth. Paris, an 1169; Robert de Monte, an 1181; Lebeau, Hist. du Bas-Empire, l. 88 et 90).

Parmi les nombreuses sectes du mahométisme, une des plus fameuses était celle des assassins. En voici l'origine. Vers l'an 892 de l'ère chrétienne, un prétendu prophète nommé Carmat s'éleva en Arabie, près de Coufa, et attira un grand nombre de sectateurs, jeûnant, travaillant de ses mains et faisant la prière cinquante fois par jour. Il promettait d'établir un iman ou pontife d'Ali, prêchant la dévotion à ce prétendu saint, et la révolte contre les califes successeurs, pour venger son sang. Il déchargea ses sectateurs des observances les plus pénibles, leur permettant de boire du vin, de manger de toutes sortes de viandes, et, par cette licence, jointe à l'espérance du butin, il forma une armée immense et fit de grands ravages sur les terres du calife. Il mourut, laissant douze disciples principaux en l'honneur des douze imans descendus d'Ali, et eut plusieurs successeurs, dont le plus fameux fut Abou-Taher, qui, après avoir ravagé les provinces avec une armée de cent mille hommes, et enlevé les caravanes de pèlerins, prit la Mecque, en 929, fit égorger les pèlerins dans le temple, emporta la pierre noire, objet de leur dévotion, et fit cesser le pèlerinage pendant douze ans. Depuis, les Carmatiens étant devenus plus faibles, dissimulèrent leur religion, se mêlant avec les autres musulmans; ce qui les fit nommer *Batenis*, c'est-à-dire inconnus. Ils commencèrent à être désignés par ce nom, et à se fortifier en Perse, l'an 1090. Hacem ou Hassan, leur chef, ayant été menacé par le sultan Gelaled-Doulet, commanda à un de ses sujets, en présence de l'envoyé du sultan, de se précipiter du haut d'une tour, et à un autre de se tuer : ce qu'ils firent aussitôt. Alors Hacem dit à l'envoyé : « Dites à votre maître que j'ai soixante-dix mille hommes prêts à en faire autant. » Les Batenis, ainsi cachés et déterminés à tout, commencèrent à attenter à la vie des princes, et en tuèrent un grand nombre, sans qu'on pût se garantir de leurs coups. Ils s'appelaient aussi *Ismaëliens*, du nom d'Ismaël, l'un des derniers imans légitimes, suivant eux. Quant au nom d'*assassins*, corruption du mot arabe *hachichi*, on croit maintenant qu'il fut donné à cause de l'usage qu'ils faisaient de la boisson appelée *hachicha*. C'est au moyen de ce breuvage que le chef des Ismaëliens, procurant à ses jeunes adeptes des visions agréables, les transportait dans des lieux enchantés, exaltait leur fanatisme et leur dévouement à un tel point, que la mort leur paraissait le premier degré de la félicité; enfin les amenait à se soumettre aveuglément à tous les ordres de leurs chefs. C'était à l'aide de ces mêmes hommes, connus sous le nom de *Fédaï*, que Hassan se défit, par le poignard, des personnages dont il avait le plus à craindre (1). Comme ils se tenaient en grande partie sur le mont Liban, nos historiens ont nommé leur chef le *Vieux* ou *le Seigneur de la montagne*, traduisant mot à mot le titre qu'on lui donnait en arabe (Elmacin).

Cependant, vers l'an 1173, il y avait en Phénicie un prince de ces assassins, qui, s'étant procuré un Évangile avec les Épîtres des apôtres, les étudiait avec soin. Comme il avait l'esprit pénétrant, il goûta bientôt la sagesse de la doctrine chrétienne, et se

(1) *Biographie universelle*, t. XIX, art. HACAN; Michaud, *Histoire des Croisades*, t. II, p. 465 et seqq., lettre de M. Jourdain; D'Herbelot, *Bibliothèque orientale*.

désabusa de plus en plus des rêveries de Mahomet. Comme il était éloquent, il commença même par inspirer sa manière de voir à son peuple. Enfin, l'année 1173, il envoya un de ses confidents à Amauri III, roi de Jérusalem, lui faire des propositions secrètes, dont la principale était que si les Templiers, qui avaient des châteaux près de son État, voulaient remettre deux mille écus d'or que ses sujets leur payaient tous les ans, et les traiter désormais charitablement, ils recevraient le baptême. Le roi Amauri reçut avec joie cette ambassade, et lui accorda la décharge des deux mille écus, résolu d'indemniser lui-même les Templiers s'il était besoin. Après avoir donc retenu longtemps l'envoyé du prince des assassins, il le renvoya avec un de ses gardes pour le conduire. Mais quand il eut passé Tripoli, comme il était près d'entrer sur les terres de son maître, il survint des Templiers l'épée à la main, qui tuèrent cet envoyé, sans aucun égard à la foi publique ni à la sauvegarde du roi : action plus convenable à des bandits qu'à des religieux militaires.

Le roi Amauri, l'ayant apprise, entra dans une furieuse colère, et assembla les seigneurs, qui furent tous d'avis de ne point négliger cette affaire, attendu qu'il y allait non-seulement de l'autorité royale, mais de l'honneur du nom chrétien et de l'intérêt de l'Église. On envoya donc deux seigneurs au maître des Templiers, nommé Eudes de Saint-Amand, pour lui demander satisfaction de cet attentat, que l'on disait avoir été commis par un certain frère Guillaume Dumesnil, borgne, méchant homme, violent et emporté, mais qui l'avait fait avec la participation de ses camarades. Le maître du Temple répondit qu'il avait mis le coupable en pénitence, et qu'il l'enverrait au Pape en cet état; que, cependant, il défendait de la part du Pape que personne fût assez hardi pour mettre la main sur ce religieux; à quoi, suivant son humeur hautaine, il ajouta plusieurs paroles insolentes. Après cela, le roi étant venu à Sidon, fit tirer par force de la maison du Temple le chevalier Guillaume Dumesnil, qu'il mit en prison à Tyr; et cette affaire pensa renverser le royaume de Jérusalem, tant ce royaume était faible ou les Templiers puissants.

Le roi Amauri se justifia auprès du prince des assassins, auquel il fit connaître son innocence; mais la mort qui l'enleva peu de temps après ne lui permit pas d'exécuter le dessein qu'il avait de communiquer cette affaire à tous les princes, pour réprimer les excès des Templiers et des Hospitaliers. Il n'y avait pas soixante ans que ces religieux militaires étaient institués, et ils avaient déjà tellement dégénéré, que les écrivains chrétiens et mahométans, d'ailleurs peu conformes dans leurs jugements, s'accordent à les dépeindre comme les plus méchants de tous les hommes. Dans leurs brigandages, ils n'épargnaient pas plus les chrétiens que les infidèles, avec lesquels ils ne gardaient ni traité, ni parole. Le roi Amauri mourut de la dyssenterie, le 11 juillet 1173, la douzième année de son règne et la trente-huitième de son âge, et fut enterré près de son frère Baudouin III, dans l'église du Saint-Sépulcre. Son fils, Baudouin IV, lui succéda à l'âge de treize ans, et fut sacré dans la même église, le dimanche 15 juillet, par le patriarche Amauri, assisté de plusieurs prélats. Le comte de Tripoli eut la régence du royaume pendant le bas âge de Baudouin (Guill. de Tyr, l. 20, c. 31, 32 et 33; *Vie manusc. de Saladin*; Fleury, l. 72, n. 42 et 43).

Un fait encore plus mémorable que la conversion du prince des assassins et du sultan d'Icône, c'est qu'à la même époque, au fond de l'Asie, le grand khan, le souverain principal des Tartares, était chrétien, et même prêtre, mais de la secte des nestoriens. Les écrivains occidentaux en parlent sous le nom du prêtre Jean. Son nom ou ses noms tartares étaient Thogrul Ong-Khan ou Vang-Khan. Il dominait particulièrement sur les Tartares kéraïtes; sa capitale était Caracorom. Son empire s'étendait à droite et à gauche dans la grande Tartarie jusqu'aux confins de la Chine, et peut-être même de la Corée ou du Japon (D'Herbelot, *Biblioth. orient.*, art. UNG ou AVENK). Il eut pour gendre un prince mogol, nommé Timoudgin, plus connu sous le nom de Ginguiskhan, qui, tant par lui-même que par ses fils, conquit ou ravagea toutes les terres et tous les royaumes, depuis la Pologne et la Hongrie jusqu'à la Chine et la Corée, et parmi les successeurs duquel il y aura plusieurs chrétiens, l'un desquels enverra son ambassadeur au concile général de Lyon. Quant au prêtre Jean, autrement le khan Thogrul-Ong, il écrivit, l'an 1167, des lettres d'amitié aux monarques chrétiens de l'Europe. Le pape Alexandre savait par la renommée que ce prince tartare était chrétien et prêtre, et qu'il avait du zèle pour la piété. Une circonstance particulière le lui fit connaître encore mieux.

Un médecin du Pape, son nom était Philippe, se trouvant au fond de l'Inde, dans l'empire de ce monarque, apprit de plusieurs illustres personnages de sa cour, qu'il avait un grand désir d'être bien instruit de la foi catholique et apostolique, ayant fortement à cœur de ne s'écarter en rien, ni lui ni son peuple, de la doctrine du Saint-Siège. Il souhaitait surtout avoir une église à Rome, un autel à Saint-Pierre, et un à Jérusalem dans l'église du Saint-Sépulcre, afin que les hommes sages de son royaume pussent y demeurer pour s'y instruire à fond de la doctrine des apôtres, et en instruire à leur tour et le roi et le peuple.

Informé de ces heureuses dispositions par son médecin Philippe, le pape Alexandre le renvoya dans l'Inde en qualité de légat, avec une lettre au roi et prêtre Jean, datée de Venise le 28 septembre 1177, Elle était conçue en ces termes :

« Alexandre, évêque, serviteur des serviteurs de Dieu, à son très-cher fils en Jésus-Christ, l'illustre et magnifique roi des Indiens, salut et bénédiction apostolique. La Chaire apostolique, à laquelle nous présidons sans aucun mérite de notre part, est la tête et la maîtresse de tous ceux qui croient en Jésus-Christ, d'après le témoignage du Seigneur qui a dit au bienheureux Pierre, à qui, bien qu'indigne, nous avons succédé : *Tu es Pierre, et sur cette pierre je bâtirai mon Église* (Matth., 16). Car c'est cette pierre que le Christ a établie le fondement de l'Église, qu'il prédit devoir être ébranlée par aucun tourbillon ni tempête. Et c'est pourquoi, non sans raison, le bienheureux Pierre, sur lequel il a fondé l'Église, a mérité de recevoir spécialement et singulièrement, entre les autres apôtres, la puissance de lier et de délier. Il lui a été dit par le Seigneur : *Je te donnerai les clés du royaume des cieux, et les portes de l'enfer ne prévaudront point contre elles. Et tout ce que tu lieras sur la terre sera lié dans les cieux, et tout ce que tu délieras sur la terre sera délié dans les cieux* (Matth., 16). »

Le Pape, après avoir ainsi, avec beaucoup de raison, rappelé au chef chrétien des Tartares le centre de l'unité divine pour l'humanité chrétienne et la civilisation véritable, le félicite de ses bonnes dispositions, de son désir d'être plus parfaitement instruit dans la doctrine de la foi catholique, et d'avoir, pour cela, une église à Rome et à Jérusalem. Le Pape acquiesce à tous ses vœux, et, pour l'exécution, il lui envoie son ami et son médecin, Philippe, comme légat *à latere*, avec une ample instruction sur les points où les chrétiens de Tartarie semblent s'écarter de la doctrine apostolique, et avec la promesse au monarque d'une église à Rome, d'un autel à Saint-Pierre et à Saint-Paul, et d'un autre dans l'église du Saint-Sépulcre à Jérusalem. En conséquence, il le prie de bien recevoir le légat Philippe, et de renvoyer avec lui des ambassadeurs, pour l'exécution de ces demandes et des autres semblables qu'il jugerait à propos de faire (Alex. III, *Epist.* 48).

On ne sait point quelles furent les suites particulières de cette légation ; mais on voit par les historiens du moyen-âge, que, même après la mort du prêtre Jean, le christianisme continua de dominer dans son royaume, que son fils David y régnait dans le XIIIe siècle. Nous verrons, dans le même siècle, un religieux franciscain, Jean de Monte Corvino, être reçu avec beaucoup d'honneur auprès du successeur de Ginguiskhan, le grand khan des Mogols, comme envoyé du Pape, et devenir archevêque de Pékin, capitale de la Chine (1).

Après tout, la conversion des Tartares n'est pas plus difficile à la grâce de Dieu et au zèle des apôtres, que ne fut, dans leur temps, celle des Huns, des Sarmates et des terribles hommes du Nord, dont nous voyons les souverains s'adresser au pape Alexandre, comme des enfants à leur père, et pour réparer le mal et pour faire le bien dans leurs royaumes.

Ainsi, l'an 1169, Etienne III, roi de Hongrie, donne une charte adressée aux archevêques de Strigonie et de Colocza, à leurs suffragants et à tous les ecclésiastiques de son royaume, où il dit que, par les exhortations du légat du Pape, et pour imiter la dévotion du roi Geisa, son père (bisaïeul), envers le pape Alexandre II, il confirme la constitution de ce prince, qui avait promis de ne faire ni déposition, ni translation d'évêques, sans l'autorité du Pape. De plus, abandonnant la coutume de ses prédécesseurs, il ordonne qu'au décès des évêques, on ne mettra plus des économes laïques pour régir les biens de l'Eglise, mais des clercs de vie exemplaire, qui les emploieront aux réparations des bâtiments et à la subsistance des pauvres, sans que rien tourne au profit du roi. Les prévôts, les abbés et les autres ecclésiastiques constitués en dignité ne seront déposés que pour crime et par jugement canonique. Le

(1) Pagi, an 1167; Abel Rémusat, *Nouveaux mélanges asiatiques*, t. II, art. JEAN DE MONTE CORVINO; Roger Hoveden, p. 581; Radulph. de Dicet, p. 908; Joan. Brompton., p. 1132; Marc Paul, l. 1, c. 64, etc., etc.

roi déclare qu'il fait cette constitution par le conseil de la reine, sa mère, et de tous les prélats et seigneurs. Le roi Etienne III mourut le dimanche 30 janvier 1172. Son frère, Etienne IV, lui succéda pendant quelques mois, puis Béla III, qui était aussi son frère (*Apud Baron.*, an 1169, n. 40 et 41 ; Pagi, an 1172).

En 1180, le duc ou roi de Pologne, Casimir, ayant fait, de l'avis des prélats et des seigneurs du pays, une constitution pour réprimer divers abus qui se commettaient au préjudice des églises et du pauvre peuple, envoya au même pape Alexandre une ambassade tirée du clergé et de la noblesse. C'était pour lui demander qu'il voulût bien confirmer cette constitution par l'autorité apostolique, et accorder un corps saint à l'Eglise de Cracovie. Le Pape, qui était à Tusculum, reçut les ambassadeurs polonais avec une bienveillance extraordinaire. Dans l'assemblée des cardinaux, il remercia hautement la nation polonaise de l'inviolable attachement qu'elle avait toujours eu pour lui pendant le dernier schisme. Par une lettre du 28 mars au duc Casimir, il confirme sa constitution comme juste et louable, et menace de l'anathème les contrevenants. Quant au corps saint, il invita les ambassadeurs de le suivre à Rome, où il s'empresserait de les satisfaire (Longin, *apud Baron.*, an 1180, n. 13 et 14).

En Danemarck, d'où sortaient autrefois ces terribles hommes du Nord qui portaient partout le fer et le feu, on voyait un roi et des évêques donner l'exemple de toutes les vertus chrétiennes. Le vénérable Eskil, archevêque de Lunden, et légat du Saint-Siège, se voyant avancé en âge, désirait depuis longtemps quitter sa charge, et en fit un jour confidence au roi Waldemar. Ce bon prince voulut l'en détourner, et lui présenta qu'il ne le pouvait sans l'autorité du Pape ; mais le pieux archevêque répondit qu'il avait obtenu du Pape, non-seulement la permission de renoncer à l'archevêché, mais encore le pouvoir de le transmettre à qui il voudrait, outre l'autorité qu'il en avait comme légat. Pour rendre sa renonciation plus solennelle, il pria le roi d'assembler les évêques dans un mois, mais de tenir la chose secrète, de peur que quelqu'un ne s'absentât, craignant d'être élu archevêque.

Cependant un jour de fête, il fit un sermon à son peuple ; il y représenta combien il les avait aimés et combien il en avait été aimé ; il déclara que son grand âge lui avait fait prendre la résolution de se retirer ; qu'il les recommandait à la Providence, et déchargeait tous ses vassaux de leur serment ; enfin il leur demanda leurs prières. Ce discours fit répandre des larmes à tous les assistants. Absalom, évêque de Rotschild, qui vint alors loger chez lui, lui ayant demandé la raison de sa retraite, il allégua, outre sa vieillesse, un vœu qu'il avait fait entre les mains de saint Bernard. Le lendemain, les évêques étant arrivés, s'assemblèrent dès le matin dans l'église de Saint-Laurent. L'archevêque fit tirer les ornements de la sacristie, pour montrer combien la splendeur de l'office divin avait augmenté par ses libéralités. Il ajouta combien il avait travaillé pour la paix de son troupeau, combien de peines et de périls il avait essuyés pendant tout son pontificat, et que, ne se sentant plus capable d'en remplir les fonctions, il avait résolu de le quitter.

Le roi Waldemar, qui craignait que la renonciation de l'archevêque ne fût attribuée à quelque mécontentement et quelque ressentiment contre lui, lui ordonna de déclarer s'il renonçait de son propre mouvement. Alors Eskil, étendant les mains vers l'autel, jura qu'il ne le faisait par aucun chagrin contre le roi, mais par le dégoût des honneurs périssables et le désir de la gloire éternelle. On lut ensuite la bulle pontificale, où le pape Alexandre disait qu'après avoir longtemps refusé d'accepter la renonciation de l'archevêque, il l'accordait enfin à sa persévérance, en considération de son grand âge et de ses infirmités. Le roi déclara qu'on ne pouvait résister à l'autorité du Pape ; et l'archevêque, se levant de son siège, mit sa crosse et son anneau sur l'autel. Alors toute l'église retentit de gémissements ; et le roi Waldemar pria Eskil de choisir son successeur, comme connaissant mieux que personne le clergé du royaume. Le prélat fit lire une autre bulle, qui lui laissait le choix, en qualité de légat ; mais il déclara qu'il cédait son pouvoir à ceux qui avaient droit de faire cette élection. Ceux-ci prièrent le roi de dire son sentiment. Il nomma, comme parlant au nom du peuple, Absalom, évêque de Rotschild ; et ce choix fut approuvé par une acclamation publique.

Mais Absalom se leva, protestant que ce fardeau était trop pesant pour lui, et que, d'ailleurs, il ne pouvait se résoudre à quitter son Église, après l'avoir amenée, par un grand travail, d'une extrême pauvreté à l'état florissant où elle se trouvait. Ceux qui avaient droit d'élection, excités par Eskil, élurent Absalom tout d'une voix, et le prirent pour le mettre de force sur le trône pontifical. En même temps, le clergé commença à chanter et le peuple le suivait ; mais la résistance d'Absalom fut telle, qu'il fit tomber par terre quelques-uns de ceux qui le traînaient ; et cette pieuse violence se tourna presque en querelle. Enfin, ayant obtenu liberté de parler, il appela au Pape. Nicolas, doyen du chapitre de Rotschild, appela aussi de la violence qu'on faisait à son évêque, mais Eskil protesta qu'il soutiendrait l'élection, et qu'Absalom verrait qui serait plus écouté à Rome. Après la messe, il voulut obliger Absalom à donner la bénédiction ; mais il s'en défendit, aussi bien que de recevoir l'hommage des vassaux de l'archevêché, ni de rien faire qui pût marquer le moindre consentement à son élection.

On envoya donc de part et d'autre des députés en cour de Rome, de la part du roi et de l'Église de Lunden, pour appuyer l'élection ; de la part d'Absalom et de l'Église de Rotschild, pour la combattre. Le pape Alexandre trouva moyen de contenter les uns et les autres en ordonnant à Absalom d'accepter l'archevêché de Lunden, avec la permission de garder l'évêché de Rotschild. C'était en 1177. Les députés rapportèrent cette heureuse nouvelle en Danemarck, avec la nouvelle non moins heureuse de la fin du schisme et de la réconciliation de l'empereur avec le Pape. Pour exécuter sa décision, Alexandre envoya en Danemarck un légat nommé Galand, qui, ayant appelé à Rotschild le clergé de Lunden, fit lire la bulle qui ordonnait à Absalom de se soumettre à l'élection, et le menaça de l'excommunier, s'il résistait encore.

Il lui fit prêter serment par son nouveau clergé ; ensuite il lui donna, dans l'église de Lunden, le *pallium* qu'il avait apporté ; et le lendemain, il assista au sacre qu'il fit d'Homère, évêque de Ripen. Galand s'acquitta de cette légation avec beaucoup d'intégrité, et, ayant passé l'hiver en Danemarck, il s'en revint à Rome. Quant au vénérable Eskil, il se retira, l'année suivante 1178, à l'abbaye de Clairvaux, où il prit l'habit monastique et finit saintement ses jours trois ans après, en 1181 (*Saxo grammat.*, l. 14).

Quelques années auparavant, Absalom avait fait venir en Danemarck saint Guillaume, chanoine régulier de Sainte-Geneviève de Paris, pour y établir l'observance de cette communauté. Guillaume naquit vers l'an 1105, et fut placé dès l'enfance à Saint-Germain des Prés, pour y être élevé sous la conduite de l'abbé Hugues, son oncle, qui lui procura une prébende dans l'église de Sainte-Geneviève, occupée alors par des chanoines séculiers. Guillaume fut un des plus zélés à embrasser la réforme qui fut établie dans ce monastère par l'autorité du pape Eugène, l'an 1147 ; Absalom, étant venu étudier à Paris, lia une étroite amitié avec lui. Devenu évêque de Rotschild, il trouva, dans une île de son diocèse, un monastère de chanoines qui n'avaient de réguliers que le nom et menaient une vie scandaleuse. Il conçut le dessein d'y rétablir l'observance, en y mettant pour abbé Guillaume de Sainte-Geneviève.

Pour cet effet, il envoya en France, Saxon, prévôt de son Église, surnommé le Grammairien, le même qui a écrit l'histoire de Danemarck d'un très-bon style et d'un latin très-élégant. Arrivé à Paris, il rendit à l'abbé de Sainte-Geneviève les lettres de l'évêque Absalom, où il le priait instamment de lui envoyer Guillaume, avec trois autres de ses religieux. Ce que l'abbé lui accorda, du consentement du chapitre. Ils furent reçus à bras ouverts par le roi Waldemar et par l'évêque Absalom, qui, peu de jours après, fit élire Guillaume, abbé de l'île en question, qui se nommait Eskil. Mais il trouva d'extrêmes difficultés en ce nouvel établissement, en sorte que ses trois compagnons revinrent en France, ne pouvant s'accommoder de la pauvreté du lieu, ni de la rigueur du froid. Saint Guillaume voulait également revenir, si l'évêque ne l'eût retenu. Enfin, par sa patience et sa persévérance, il établit la discipline régulière dans ce monastère et dans un autre dédié à saint Thomas, qu'il fonda dans le voisinage. Il portait continuellement le cilice, couchait sur la paille et jeûnait tous les jours. Pénétré d'un respect profond pour la grandeur et la sainteté de nos mystères, il versait des larmes abondantes toutes les fois qu'il s'approchait de l'autel. Après avoir eu la consolation, pendant les trente ans qu'il gouverna son abbaye, de voir plusieurs de ses frères marcher avec ferveur dans les voies de la perfection, il mourut le 6 avril 1203, jour auquel l'Église honore sa mémoire (*Acta Sanct.*, 6 *april.*).

L'Allemagne, au milieu même des troubles du schisme, continuait d'admirer en sainte Hildegarde le don de prophéties et de miracles, reconnu déjà par saint Bernard, ainsi que par les papes Eugène III, Anastase IV et Adrien IV. Au plus fort du schisme de l'empereur Frédéric, la sainte abbesse resta inviolablement attachée au pape légitime Alexandre III, et, vers l'an 1168, recourut à son autorité tutélaire pour maintenir la liberté des élections dans son monastère.

Dans sa lettre au Pape, elle le suppliait, comme son père, de se montrer plein de miséricorde envers les schismatiques qui reviendraient, et de les recevoir comme ce père de l'Evangile reçut son enfant prodigue (*Acta Sanct.*, 17 sept., *Vit. S. Hildeg., Dissertat. prævia*, n. 157-159). Sans cesse, de tous côtés, des personnes de toute condition, papes et empereurs, archevêques et évêques, abbés et docteurs, des communautés entières, écrivaient à la sainte, soit pour se recommander à ses prières, soit pour la consulter sur leur intérieur, sur leur avenir, sur des passages de l'Ecriture, sur des points difficiles de théologie.

Un docteur de l'université de Paris l'ayant consultée sur le sentiment de Gilbert de la Porée, qui soutenait qu'en Dieu la paternité et la divinité n'étaient pas Dieu, elle répondit qu'elle avait appris dans une vision, que la paternité et la divinité sont Dieu, parce qu'il n'y a rien en Dieu qui ne soit Dieu (*Epist.* 66). L'abbé et les moines du mont de Saint-Disibode la prièrent avec instance de composer la vie de ce saint, leur patron, et qui était aussi le sien, puisqu'elle avait été instruite dès son enfance dans le monastère sous l'invocation de saint Disibode; elle fit ce qu'ils demandaient (Voir la *Vie de S. Disibode*, au 8 juillet).

Elle composa pour ses sœurs une explication du Symbole qui porte le nom de saint Athanase. Sa doctrine sur les mystères de la Trinité et de l'Incarnation est très-pure; et, pour en donner l'intelligence autant que l'homme en est capable, elle propose divers exemples ou comparaisons que l'on ne trouve pas ailleurs. Elle donne à la fin un précis de la vie de saint Robert, patron de son monastère, et quelques traits de l'histoire de la famille de ce saint (Voir cette vie au 15 mai).

Outre un très-grand nombre de lettres, on a de sainte Hildegarde un volume considérable de ses premières révélations, commençant par ces mots : *Sci vias* ou *Sciens vias*. A peine elle finissait de les écrire en 1163, pendant que l'empereur Frédéric persécutait encore le Siége apostolique, quand, cette même année, elle eut un ensemble de révélations nouvelles, qu'elle écrivit d'après le conseil de deux personnes et malgré ses grandes infirmités. Ce nouveau recueil, qui est également considérable, a pour titre : *Livre des œuvres divines*, et contient, en trois parties, des visions et des explications sur les œuvres de Dieu, depuis la création du monde jusqu'à la défaite de l'antechrist. C'est le docte Mansi, archevêque du Lucques, qui a retrouvé et publié ce livre dans son édition des *Mélanges de Baluze* (T. II, p. 336 et seqq.). Sainte Hildegarde commence ordinairement ses révélations par quelques images sensibles, qu'elle dit avoir vues et dont elle donne des explications mystérieuses; ensuite elle en tire une morale saine et solide, d'un style vif et figuré, où elle combat fortement les vices qui régnaient alors, et excite les pécheurs à pénitence. Une idée qui revient plus d'une fois dans ses écrits, c'est que Dieu est la raison vivante et essentielle dont la participation rend l'homme raisonnable.

Sainte Hildegarde fit une infinité de miracles, dont son biographe contemporain rapporte en particulier jusqu'à vingt. Elle mourut le 17 septembre 1179, dans la nuit du dimanche au lundi, âgée de quatre-vingts ans. Sa vie fut écrite par Théodoric, religieux bénédictin, environ trente ans après sa mort, sur les mémoires d'un autre religieux nommé Godefroi, auxquels il ajouta les révélations et les miracles. L'Eglise honore la sainte le jour de sa mort (*Acta Sanct.*, 17 *septembr.*).

Sainte Hildegarde était liée d'amitié avec une autre sainte d'Allemagne qui la visitait quelquefois et qui avait des révélations semblables. C'est sainte Elisabeth, abbesse de Schönaug, c'est-à-dire Belle-Vue, dans le diocèse de Trèves, à seize milles de celui de sainte Hildegarde. En l'année 1152, étant âgée de vingt-trois ans, Elisabeth commença d'avoir des extases et des visions, ce qui lui arrivait ordinairement les dimanches et les fêtes, aux heures de l'office divin. Comme plusieurs personnes désiraient savoir ce que Dieu lui révélait, elle le découvrit par ordre de l'abbé Hildelin, à un frère qu'elle avait, nommé Ecbert, chanoine de l'Eglise de Bonn, que déjà nous avons appris à connaître; mais elle eut bien de la peine à s'y résoudre, craignant que les uns ne la prissent pour une sainte, les autres pour une hypocrite qui voulût imposer, ou pour une folle. Enfin, de peur de résister à la volonté de Dieu, elle racontait à son frère ce qu'elle voyait et entendait de jour en jour, et il l'écrivait d'un style simple, où il ne paraît rien ajouter du sien.

Il en composa quatre livres, dont le troisième, intitulé : *Les voies du Seigneur*, contient plusieurs exhortations utiles pour les différents états des chrétiens : la vie contemplative, la vie active, le mariage, la continence parfaite. Elisabeth y fait de terribles reproches aux prélats de son temps, qui vivaient la plupart dans le faste et la pompe séculière, dans les richesses et les délices, oubliant leurs devoirs essentiels et ne songeant plus qu'ils étaient les successeurs de Jésus-Christ et des apôtres; mais dans le quatrième livre de ce recueil, il se trouve, sur l'histoire de sainte Ursule, des erreurs historiques qui viennent on ne sait d'où : si c'est de la sainte, qui n'aurait point démêlé ses opinions particulières des révélations surnaturelles; si c'est de son frère, qui les aurait ajoutées au récit de sa sœur, ou bien d'une main étrangère, qui les aurait insérées après coup. Mais, de quelque part que viennent ces erreurs ou ces difficultés, toujours est-il qu'elles nuisent beaucoup à l'autorité de tout le recueil. En général, ces révélations particulières n'ayant pas été examinées ni approuvées d'une manière spéciale par l'Eglise, on ne peut guère s'en appuyer pour établir soit des dogmes théologiques, soit des faits d'histoire.

On a de plus de sainte Elisabeth quinze lettres, dont la plus considérable est à sainte Hildegarde. Elle l'écrivit vers l'an 1160, étant déjà supérieure des religieuses de Schonaug. Elle s'y plaint des mauvais discours que tenaient d'elle les religieux mêmes, et de quelques fausses lettres que l'on faisait courir sous son nom; elle assure qu'elle n'a découvert les grâces que Dieu lui a faites que par l'ordre exprès d'un ange, plusieurs fois réitéré. Après avoir reçu de ces grâces surnaturelles pendant treize ans, elle mourut le 18 juin 1165, dans sa trente-sixième année. Quoiqu'elle n'ait pas été formellement canonisée, son nom a été inséré dans le Martyrologe romain l'an 1584, et, depuis ce temps, elle est honorée comme sainte au monastère d'hommes de Schönaug, car celui de filles a été ruiné par les Suédois (*Acta Sanct.*, 18 *junii*).

Le 20 ou le 27 juin 1169, comme déjà nous avons vu, mourut un autre saint personnage d'Allemagne, le bienheureux Gerhoé, prévôt de Reichersperg en Bavière. Né en 1093, il fut un des hommes les plus savants et les plus zélés de son temps, et eut beaucoup à souffrir pour la cause de l'Eglise, durant les troubles du règne de Henri V et le schisme de Frédéric Ier. On a de lui une douzaine d'opuscules contre les erreurs et les abus de son temps. Il fut toujours fidèle aux pontifes romains, depuis Calixte II jusqu'à Alexandre III, qui tous l'honorèrent de leur estime et de leur confiance (Godescard, 24 juin, édit. 1835).

Un autre saint de la même époque est le bienheureux Gerlach, ermite en Belgique. Sainte Hildegarde ayant connu sa sainteté dans une révélation, lui envoya, par l'archevêque Henri de Mayence, la couronne qu'elle portait le jour de sa profession religieuse. Gerlach, issu d'une noble famille de Maëstricht, reçut une éducation toute militaire, et ne rêvait que les armes. D'une haute stature, d'une complexion vigoureuse, il aimait à briller dans les tournois. La piété envers Dieu, la charité et même la justice envers le prochain, c'est à quoi il pensait le moins. Un jour, dans un tournoi fameux, Gerlach, monté sur un coursier frémissant et revêtu d'armes éclatantes, attendait le signal pour entrer dans la lice. Dans ce moment néanmoins, on vint lui annoncer la mort subite de sa femme, qu'il aimait tendrement. Accablé par ce cruel événement, il jette aussitôt ses armes et court s'enfermer dans sa maison, pour donner un libre cours à sa douleur et à ses larmes. Mais, en pleurant son épouse morte, il apprit à se pleurer lui-même vivant, vivant de la vie du corps, mais mort à la vie de l'âme. Il frémit à la vue de l'abîme éternel où une mort subite l'eût précipité. Il résolut enfin de renoncer à la vie militaire et d'embrasser les rigueurs de la pénitence. Dans ce dessein, il mit ordre à ses affaires, et prit congé de sa famille, sous prétexte de voyager pour faire diversion à sa douleur; puis, couvert d'un rude cilice qu'il cachait sous ses vêtements ordinaires, il partit pour aller visiter les tombeaux des saints apôtres.

Arrivé à Rome, il court se prosterner aux pieds du pape Eugène III, auquel il fit un aveu sincère de ses fautes, et qui lui imposa l'obligation de visiter la terre sainte et d'y servir les pauvres et les malades dans l'hôpital de Jérusalem. Gerlach obéit sans hésiter et montra tant de zèle, de dévouement et de courage dans le soin des malheureux, tant d'humilité et d'abnégation de lui-même, tant de ferveur et d'austérité, qu'il devint bientôt l'objet d'une vénération universelle. Dieu se plut à le récompenser par des bénédictions abondantes, et, lorsqu'après avoir achevé les sept années de sa pénitence, il vint demander au pape Adrien IV de lui tracer le genre de vie qu'il devait suivre à l'avenir, il accueillit avec une joie sensible le conseil qu'il lui donna de passer le reste de ses jours dans la retraite. En conséquence, Gerlach, étant retourné dans sa patrie, distribua ses biens aux pauvres, ne conservant pour lui-même que le plus strict nécessaire, fit vœu de s'abstenir de viande et de vin, et de porter le cilice jusqu'à la fin de sa vie, et se retira dans le creux d'un chêne situé dans une des terres qu'il avait naguère possédées. C'est dans cette solitude qu'il passa presque tout son temps, n'en sortant que de nuit pour se rendre à Maëstricht, et assister à l'office que célébraient, dans l'église de Saint-Servais, les moines du couvent fondé sous l'invocation de ce saint. Il allait aussi le dimanche faire ses dévotions à Aix-la-Chapelle.

Une telle conduite de la part d'un homme autrefois si répandu dans le monde et si avide de ses fausses joies causa un étonnement général, et quelques personnes crurent même qu'elle cachait un coupable mystère : les moines de l'abbaye de Mersen allèrent jusqu'à dénoncer Gerlach à l'évêque de Liège, et l'accusèrent de rendre un culte au chêne qui lui servait de demeure. L'évêque fit abattre cet arbre; mais bientôt détrompé sur le compte du pieux solitaire, et mieux informé des particularités édifiantes de sa vie, il le recommanda à la bienveillante sollicitude de l'abbé de Closteret. Peu de temps après, Gerlach s'attira de nouvelles persécutions par son zèle à reprendre et à flétrir les vices et les désordres de son temps; mais cette fois l'évêque de Liège le soutenant contre ses ennemis, qui, malgré leur haine, et leurs préventions, ne pouvaient s'empêcher de vénérer les vertus du saint homme.

Les austères rigueurs de sa pénitence n'empêchèrent pas Gerlach de parvenir à un âge fort avancé. Il rendit son âme à Dieu, vers l'an 1170, le 5 janvier, et, à l'endroit où furent déposés ses restes, on construisit plus tard une abbaye célèbre qui porta son nom. Cet homme, qu'on avait persécuté pendant sa vie, devint bientôt après sa mort l'objet de la vénération publique. Le peuple s'empressa de recourir à son intercession, et son culte se répandit en peu de temps dans les diocèses de Liège, d'Aix-la-Chapelle et dans les pays circonvoisins (*Acta Sanct.*, et Godescard, 5 janvier).

Au nord de la Belgique, la Frise admirait le bienheureux Frédéric, abbé de Mariengarten. Né à Hallum, village de la Frise, de parents honnêtes, il perdit son père dès son bas âge. Sa mère, qui était pleine de piété, mit tous ses soins à l'élever chrétiennement. Pour veiller de plus près sur ses premières années, elle lui fit commencer ses études dans le village même où il était né. Il alla ensuite les terminer à Munster en Westphalie, où il se distingua par de brillants succès; mais il ne négligea pas la pratique de la vertu et la mit toujours au-dessus de ses autres devoirs. Ses prières étaient assidues et ferventes, ses mortifications continuelles. Jamais il ne se relâcha dans sa vigilance sur lui-même et la fuite des moindres occasions. Il avait une dévotion particulière envers la sainte Vierge, saint Jean l'Evangéliste et sainte Cécile, par l'intercession desquels il demandait tous les jours la grâce de se conserver chaste et pur au milieu des dangers du monde.

Devenu prêtre plus tard, il fut demandé par ses concitoyens, édifiés de sa fervente piété, pour aider leur curé dans l'exercice de son ministère, et lorsque celui-ci mourut, l'évêque diocésain le nomma pour lui succéder. Dans ce poste modeste, le bienheureux Frédéric passa plusieurs années, tout occupé de ses pénibles fonctions, et donnant à ses paroissiens l'exemple de toutes les vertus; mais enfin il céda au désir qu'il nourrissait depuis longtemps de fonder un monastère dans les lieux où il avait vu le jour. Il se rendit en conséquence auprès de l'évêque d'Utrecht, pour lui communiquer son dessein; l'évêque l'approuva et le renvoya en lui donnant sa bénédiction. Frédéric alla passer ensuite quelque temps dans le monastère de Marienward, de l'ordre de Prémontré, pour s'y former à la discipline et aux habitudes de la vie religieuse. Enfin, après une absence trop longue au gré de ses compatriotes, il revint à Hallum, et, aidé des secours de quelques dames nobles et vertueuses, il fonda, non loin de ce village, un monastère avec une église attenante. C'était vers l'année 1163. Telle fut l'origine de la célèbre abbaye de Mariengarten (Jardin de Marie), de l'ordre de Prémontré.

A peine cet établissement était-il formé, qu'il ne tarda pas à se trouver trop petit pour contenir le grand nombre d'hommes pieux qui se présentaient pour s'y vouer à la prière et à la retraite. On fut obligé de construire de nouveaux bâtiments. Plusieurs monastères s'élevèrent même dans les environs, dépendants du premier: l'un près de Groningue, sur le bord de la mer, surnommé le Vieux-Cloître, qui fut converti plus tard en une maison de religieuses; l'autre, près de Déhum, sous l'invocation de saint Boniface, à l'endroit où, selon la tradition du pays, ce grand homme reçut la palme du martyre. On établit aussi plusieurs maisons pour des religieuses.

Ce fut au milieu des soins et des pieuses occupations qu'imposait au bienheureux Frédéric la charge de supérieur de toutes ces saintes maisons, qu'il passa les treize dernières années de sa vie. Il mourut saintement le 3 mars 1175, jour auquel les prémontrés des Pays-Bas et de l'Espagne célèbrent sa fête, avec la permission du Saint-Siège (*Acta Sanct.*, et Godescard, 3 mars).

L'Angleterre, outre les saints que nous y avons déjà comptés à cette époque, voyait l'île de Farn, sanctifiée autrefois par saint Cutbert, continuer à être habitée par de saints personnages. Le principal était le saint ermite Barthélemi, dont la vie a été écrite par un contemporain, avec une élégance et une modestie charmantes. Barthélemi, né à Whitebi, dans le comté d'York, fut d'abord nommé *Tost* par ses parents, nom qui dès lors signifiait *rôti*, en anglais. Comme ses camarades d'enfance le plaisantaient d'un nom pareil, ses parents l'appelèrent Guillaume. Il reçut enfin le nom de Barthélemi, quand il se fit religieux au monastère de Dunelm ou Durham; ce qui n'arriva pas tout de suite. Quoique prévenu de bonne heure de grâces extraordinaires, Barthélemi ne s'en livra pas moins à toute la dissipation de la jeunesse. Pour y mieux réussir, il se mit à voyager d'un pays dans un autre, se dégoûtant de tout aussi promptement qu'il examinait tout superficiellement. Arrivé en Norwége, on lui offrit un mariage avantageux: il s'y refusa. Au contraire, il s'attacha à un prêtre, demeura trois ans avec lui, et fut lui-même ordonné diacre et prêtre par l'évêque du diocèse. Nous avons vu que déjà saint Olaüs, roi de Norwége, y avait attiré beaucoup d'évêques et de prêtres d'Angleterre.

De retour dans sa patrie, Barthélemi remplit quelque temps les fonctions de prêtre dans une église de Northumberland; mais la grâce divine lui rappelait à la mémoire les visions qu'il avait eues dans sa jeunesse, et qui l'appelaient à une vie plus parfaite. Il n'y résista plus, et embrassa la vie monastique dans l'abbaye de Durham. Après qu'il y eut pratiqué une année toutes les vertus d'un bon religieux, saint Cutbert lui apparut et lui recommanda d'aller habiter l'île de Farn. Barthélemi, en ayant obtenu la permission de son supérieur, y mena, pendant quarante-deux ans et six mois, une vie solitaire semblable à celle de saint Antoine en Egypte, et mourut en 1183 ou 1193 (*Acta Sanct.*, 24 *junii*).

L'Ecosse avait des saints non moins illustres. Aelred naquit l'an 1109, dans la partie septentrionale de l'Angleterre. Ceux dont il reçut le jour étaient distingués dans le monde par la noblesse de l'extraction. Ils prirent un soin extrême de l'éducation de leur fils, qui répondit parfaitement à leurs vues. Sa réputation l'ayant fait connaître à David, roi d'Ecosse et fils de sainte Marguerite, ce prince religieux voulut se l'attacher, et lui confia le gouvernement de son palais. Aelred remplit cette charge avec une supériorité qui lui attira l'estime du prince et de tous les courtisans. La corruption du monde ne put gagner jusqu'à son âme: incapable d'être ébloui par les grandeurs passagères, il conserva toujours l'humilité, cette vertu favorite de Jésus-Christ, sans laquelle il n'y a point de vrai chrétien. Il possédait encore dans un degré éminent cette douceur qui, selon l'esprit de l'Evangile, est inséparable de l'humilité: un ou deux traits en seront la preuve.

Un jour qu'une personne de qualité lui faisait des reproches injurieux en présence du roi, il l'écouta avec patience, puis le remercia de la charité qu'elle avait eue de l'avertir de ses fautes. Cette conduite fit tant d'impression sur son ennemi, qu'il lui demanda pardon aussitôt. Une autre fois, étant occupé à discuter quelque matière, il fut interrompu par quelqu'un de la compagnie, qui l'accabla d'invectives: il les reçut avec un profond silence, et reprit ensuite le fil de son discours, sans témoigner la moindre émotion.

Aelred sentait en lui un ardent désir de quitter le monde pour se consacrer uniquement au service de Dieu; mais les charmes de l'amitié, auxquels il était fort sensible, l'y retinrent encore quelque temps. Cependant, à force de réfléchir que la mort le séparerait tôt ou tard de ceux qu'il chérissait le plus tendrement, il s'accusa de lâcheté et prit enfin la généreuse résolution de briser ces liens, quoiqu'ils lui fussent infiniment plus agréables que tous les autres plaisirs de la vie. Voici de quelle manière il décrit la situation de son âme au milieu des combats que la nature livrait à la grâce. « Ceux qui ne me voyaient que par l'éclat extérieur qui m'environnait, et qui jugeaient de ma situation sans connaître ce qui se passait au dedans de moi, ne pouvaient s'empêcher de s'écrier: *O que le sort de cet homme est digne d'envie! ô qu'il est heureux!* Mais ils ne voyaient pas l'accablement de mon esprit ; ils ne savaient pas que la plaie profonde de mon cœur me causait mille tourments et qu'il m'était impossible de supporter l'infection de mes péchés. » Il ajoute, en parlant du temps où il résolut de renoncer au monde : « Ce fut alors, ô mon Dieu ! que je connus par expérience le plaisir ineffable qui se trouve dans votre service, et que je goûtai cette aimable paix qui en est la compagne inséparable (*Speculum charitatis*, l. 1, c. 28).

Le saint, pour se dégager de plus en plus de tout attachement au siècle, quitta l'Ecosse et se rendit à Riéval, où il embrassa l'ordre de Citeaux, sous la conduite de Guillaume, disciple de saint Bernard et premier abbé de ce monastère. Il n'avait pas vingt-quatre ans lorsqu'il prit l'habit. On eût dit que la ferveur fortifiait son corps naturellement faible et délicat, tant il montrait de joie dans la pratique des plus grandes austérités. La prière et les lectures pieuses emportaient presque tout son temps ; les ardeurs de l'amour divin embrasaient tellement son cœur, qu'il ne trouvait rien que de doux dans ce qui contrarie le plus les inclinations de la nature. *Ce joug*, s'écriait-il, *ne m'accable point, il ne fait qu'élever mon âme ; ce fardeau est léger et n'a rien de pesant* (*Ibid.*, l. 1, c. 6). Il parle avec une sorte de transport de la divine charité, et l'on doit juger, par ses exclamations fréquentes et toutes de feu, que son occupation la plus ordinaire et la plus agréable était de produire des actes de cette vertu. Ecoutons-le : « Puisse votre voix, ô bon Jésus ! se faire entendre à mes oreilles, afin que mon cœur apprenne à vous aimer, afin que mon esprit vous aime, afin que toutes les puissances, et, pour ainsi dire, les entrailles de mon âme et la moelle de mon cœur soient toutes pénétrées du feu de votre amour ; afin que toutes mes affections puissent vous embrasser, vous qui êtes mon unique bien, ma joie et mes délices ! Qu'est-ce que l'amour, ô mon Dieu ? C'est, si je ne me trompe, ce plaisir ineffable de l'âme, qui est d'autant plus doux qu'il est plus pur, d'autant plus sensible qu'il est plus ardent. Celui qui vous aime, vous possède, et il vous possède à proportion de ce qu'il vous aime, parce que vous êtes amour. C'est là ce torrent de volupté dont vous enivrez vos élus, en les transformant en vous par votre amour (*Ibid.*, c. 1). »

Comme notre saint avait fait d'excellentes études dans sa jeunesse, et qu'il était doué d'un goût exquis, il sentait mieux que personne toute la beauté des anciens auteurs. De là, ce plaisir qu'il avait trouvé autrefois dans la lecture des ouvrages de Cicéron. Mais il ne se fut pas plus tôt consacré à Dieu dans la retraite, que tous les livres profanes lui parurent insipides et ennuyeux : c'est qu'il n'y voyait ni le saint nom de Jésus, ni la parole de Dieu ; il nous en assure lui-même dans la préface de son livre intitulé : *L'Amitié spirituelle*.

La seule vue des religieux qui se distinguaient par leur ferveur piquait Aelred d'une sainte émulation. Un d'entre eux, nommé Simon, fixa particulièrement son attention. L'amour de la pénitence l'avait fait renoncer aux avantages que lui promettaient dans le monde une naissance illustre, des biens immenses, les plus rares talents de l'esprit et tous les agréments du corps. On le voyait toujours recueilli et absorbé en Dieu. Son exactitude à garder le silence était extraordinaire. Il ne parlait que rarement, toujours en peu de mots, et jamais qu'à ses supérieurs ; encore fallait-il des raisons bien pressantes pour l'y déterminer. Son extérieur, toutefois, n'avait rien que de doux, d'agréable et d'édifiant. Voici le témoignage que lui rend Aelred : « La vertu seule de son humilité confondait mon orgueil ; il me faisait rougir de l'immortification de mes sens. La loi du silence qui s'observe parmi nous m'empêchait de lui parler de propos délibéré ; mais un mot m'étant échappé une fois par inadvertance, je m'aperçus, à l'air de son visage, du déplaisir que cette infraction de la loi lui avait causé. Je me jetai à ses pieds, et il m'y laissa quelque temps pour expier ma faute : je me la suis toujours reprochée, et jamais je n'ai pu me la pardonner (*Specul.*, l. 1, cap. ultim.). »

Ce saint religieux ne se démentit point pendant les huit années qu'il passa dans le monastère de Riéval ; il y mourut l'an 1142, en prononçant ces paroles : « *Seigneur, mon Dieu, je chanterai éternellement votre miséricorde, votre miséricorde, votre miséricorde !*

Cette même année, Aelred fut élu, malgré lui, abbé de Revesby, dans le comté de Lincoln, et on l'obligea, l'année suivante, de prendre le gouvernement de l'abbaye de Riéval, où il y avait alors trois cents moines. Il décrit ainsi leur manière de vivre : « Ils ne buvaient que de l'eau, ne mangeaient que des choses fort communes, et en très-petite quantité ; ils dormaient peu, encore ne le faisaient-ils que sur des planches ; ils s'exerçaient à des travaux durs et pénibles ; ils portaient de pesants fardeaux sans craindre la fatigue, et allaient partout où on voulait les conduire. Le repos et les amusements leur étaient inconnus. A toutes ces pratiques, ils joignaient un silence rigoureux ; ils ne parlaient qu'à leurs supérieurs, et seulement quand la nécessité l'exigeait ; ils détestaient les disputes et les procès (*Specul.*, l. 2, c. 27). » Le saint parle encore de cette paix et de cette charité qui les unissaient ensemble par les liens les plus doux. Il s'exprime sur cet article de la manière la plus touchante ; on voit que les termes lui manquent pour donner une idée de la joie que lui causait la vue de chacun de ses religieux.

On offrit à notre saint plusieurs évêchés ; mais son humilité et son amour pour la solitude les lui firent tous refuser. Son unique plaisir était de vaquer à l'exercice de la prière, s'entretenir dans la ferveur par de pieuses lectures. Venait-il à tomber dans la sécheresse, il ouvrait les divines Ecritures, et aussitôt son âme était toute pénétrée des lumières de l'Esprit-Saint ; ses yeux se baignaient de larmes, et son cœur ressentait les plus vives impressions de l'amour divin. Pour achever de caractériser le saint, nous citerons les paroles d'un célèbre abbé du même ordre, Gilbert de Oillandia. « Quelle vie fut jamais plus pure que celle d'Aelred ? qui fut plus circonspect dans ses discours ? Les paroles qui sortaient de sa bouche avaient la douceur du miel ; son corps était faible et languissant, mais son âme était forte et vigoureuse. Semblable à l'épouse des Cantiques, il languissait dans l'attente des biens éternels ; son cœur était comme un autel sacré sur lequel il offrait continuellement à Dieu le feu de son amour, la mortification de sa chair et l'ardeur de ses brûlants désirs... Sous un corps maigre et décharné, il cachait une âme engraissée de l'onction et des douceurs de la grâce; de là, cette joie ineffable avec laquelle il louait Dieu... Il souffrait patiemment ceux qui l'importunaient, et ne se rendait jamais importun à personne... Il écoutait volontiers les autres et ne se pressait point trop de répondre à ceux qui le consultaient. On ne le vit jamais en colère; ses paroles et ses actions portaient la douce empreinte de cette onction et de cette paix dont son âme était remplie. »

Saint Aelred mourut en 1166, à l'âge de cinquante-sept ans; il y en avait vingt-deux qu'il était abbé. Le chapitre général tenu à Citeaux en 1250 le mit au nombre des saints de l'ordre et ordonna qu'on ferait solennellement sa fête le 12 janvier, jour de sa mort, et c'est en ce jour qu'elle est marquée dans le Ménologe de Citeaux; mais on la trouve au 2 de mars dans le nouveau Martyrologe que Benoît XIV a publié à l'usage de cet ordre. On y lit un bel éloge du savoir, de l'innocence, de l'humilité et de la patience de saint Aelred. Le même Pape ajoute que Dieu couronna les vertus de son serviteur par le don de prophétie et par celui des miracles (P. 304).

Nous avons de saint Aelred des ouvrages ascétiques et des ouvrages historiques. Les principaux de ces derniers sont : 1° *Description de la guerre de l'étendard*, sous le roi Etienne; 2° *Généalogie des rois d'Angleterre*; 3° *la Vie de saint Edouard*, roi et confesseur; *la Vie de sainte Marguerite, reine d'Ecosse*; *la Vie d'une religieuse de Wathun*. Ses ouvrages ascétiques sont : 1° *les sermons du temps et des saints*; 2° *trente-un sermons sur Isaïe*; 3° *le Miroir de la Charité*, en trois livres, avec un abrégé de l'ouvrage; 4° *de l'Amitié spirituelle*; 5° *un traité de l'Enfant Jésus à l'âge de douze ans*. Tous ces ouvrages, écrits avec élégance et avec goût, respirent la piété la plus tendre. Le *Traité de l'Amitié spirituelle* surtout mériterait d'être traduit. Saint Aelred distingue trois sortes d'amitiés : l'amitié charnelle, l'amitié mondaine, l'amitié spirituelle. La première tire son origine du consentement aux mêmes vices; la seconde, de l'espérance du gain et du désir des biens temporels; la troisième, qui est la seule véritable, n'a pour but ni les voluptés ni les richesses; c'est une union qui se forme entre des personnes de probité et de bonnes mœurs. Cette amitié est un degré de l'amour de Dieu : aussi ne se trouve-t-elle qu'entre les bons; elle ne peut être entre les méchants, et l'on doit détester le sentiment de ceux qui croient qu'il est permis de manquer à son devoir pour faire plaisir à un ami. En effet, l'amour de Dieu étant le fondement de l'amitié chrétienne, il est nécessaire aussi que Dieu en soit la fin, et que les amis lui rapportent tout ce que l'amour leur suggère. Les ouvrages historiques de saint Aelred se trouvent dans les recueils des historiens d'Angleterre, et ses ouvrages ascétiques dans le 23° volume de la *Bibliothèque des Pères* (*Acta Sanct.*, et Godescard, 12 janvier).

Saint Aelred, qui aimait si bien Dieu et les hommes, eut entre autres un saint pour ami : saint Walthen ou Waltheof. Walthen était le second fils de Simon, comte de Huntingdon. Il eut pour mère Mathilde, fille de Judith, nièce de Guillaume le Conquérant. Judith avait épousé Waltheof, comte de Northumberland, lequel était fils du brave Siward, qui fut de son temps le bouclier de sa patrie. Simon, frère aîné de notre saint, hérita des biens et des titres de son père; il sut, comme lui, se distinguer par son courage et son habileté dans le métier de la guerre. Walthen prit une route bien différente. On le vit, dès son enfance, singulièrement porté aux exercices de la religion; il était doux, humble et modeste; il obéissait volontiers à tous ceux qui avaient quelque autorité sur lui; il aimait à faire du bien, et montrait une prudence au-dessus de son âge; il avait une vive horreur pour le vice opposé à la pureté. Il avait été formé à toutes ces vertus par sa pieuse mère, que le roi Henri Ier maria en secondes noces à David, ce digne fils de sainte Marguerite, lequel régnait alors sur les Ecossais.

Walthen suivit à la cour sa mère, devenue reine. Il se lia d'une étroite amitié avec saint Aelred; et ce fut celui-ci qui le prépara à cette conversion éclatante qui édifia tout le monde. Les vertus de Walthen charmaient le roi David, son beau-père, ou plutôt son père véritable, qui aimait à converser avec lui et qui, en toutes circonstances, lui donnait des marques de son affection. Son humilité était trop solide pour qu'il se laissât corrompre par l'orgueil; plus il était élevé au-dessus des autres, plus il se croyait obligé à la pratique de la mortification. Pour se prémunir contre l'air contagieux qu'on respire dans les cours, il se revêtait des armes de Dieu, et travaillait sans relâche à être parfait en toutes choses. Uniquement occupé des biens célestes, et croissant tous les jours en ferveur, il semblait voler dans la carrière de toutes les vertus. Il avait coutume de se dire dans toutes ses actions : *A quoi ceci me servira-t-il pour la vie éternelle?*

Tel était son amour pour la prière, qu'il trouvait moyen d'y vaquer dans les circonstances mêmes où les autres ne pensent point à Dieu. Quand le roi le menait à la chasse, il s'enfonçait inaperçu dans quelque épaisseur de la forêt, et s'y mettait à lire ou à prier. Le roi l'ayant surpris un jour dans cette pieuse occupation, dit à la reine : « Votre fils n'est pas de notre espèce; il n'y a rien de commun entre lui et le siècle : ou bien il s'en ira bientôt de cette vie, ou bien il renoncera au monde et entrera dans quelque religion. » La reine conservait toutes ces paroles dans son cœur, en rendait grâces à Dieu, et lui recommandait son fils.

La chasteté de Walthen fut mise à l'épreuve. Une dame de la cour conçut de l'amour pour lui; et, n'osant lui faire ouvertement l'aveu de sa passion, elle tâcha de gagner insensiblement son cœur. Dans cette vue, elle lui envoya un jour une bague où était un diamant d'un prix extraordinaire. Walthen la reçut comme une simple marque de civilité, et la mit à son doigt, ne pensant pas même qu'il pût y avoir le moindre mal. Un des courtisans s'en étant aperçu, dit avec une maligne joie aux autres : « Voilà que Walthen est devenu comme un d'entre nous, amoureux et galant; la preuve en est à son doigt. » Ce qu'ayant entendu, Walthen gémit au dedans de lui-même, et, sans faire semblant de rien, sortit de l'assemblée, et, trouvant un grand feu, y jeta la bague. Dès ce jour, il évita les familiarités, les entretiens et les petits cadeaux des femmes, et songea sérieusement à entrer dans un monastère.

Mais il pensait que, s'il le faisait dans le royaume de son père ou dans le comté de son frère, on aurait bientôt l'idée de l'élever à quelque dignité ecclésiastique. Il quitta donc l'Ecosse, et passa dans le comté d'York, où il fit profession parmi les chanoines réguliers de Saint-Augustin, à Nostel, près de Pontefract, dans le monastère de Saint-Oswald. Inconnu au monde, il y vivait dans la compagnie de Jésus crucifié, et s'humiliait à proportion du rang qu'il avait eu autrefois. Si les grands de la terre étaient surpris de son humilité, les religieux marquaient encore bien plus d'étonnement de voir un homme élevé à la cour, déjà si parfait dans les maximes de la croix. Ayant été ordonné prêtre, on le fit sacristain, place qui lui était fort agréable, parce qu'elle le mettait à portée d'approcher souvent de l'autel. Quelque temps après, on l'obligea d'accepter le priorat de Kirkham. Ce monastère, situé aussi dans le comté d'York, renfermait une communauté nombreuse.

Walthen se voyant obligé de travailler non-seulement à sa propre sanctification, mais encore à celle des autres, redoubla de zèle pour la pratique de toutes les vertus. On admirait en lui une tendresse de dévotion singulière, qui lui faisait verser une grande abondance de larmes dans la prière, et surtout dans la célébration du divin sacrifice. Disant la messe le jour de Noël, il éprouva des transports d'amour extraordinaires, et mérita que le Sauveur se fît voir à lui sous une forme sensible. Il tint cette faveur cachée, et ne la découvrit qu'à son confesseur. Celui-ci la divulgua après la mort du saint, la raconta à un grand nombre de personnes, et confirma par un serment la vérité de ce qu'il disait.

La réputation de sainteté dont jouissait l'ordre de Citeaux lui inspira le désir de s'y retirer. Il fut confirmé dans sa résolution par saint Aelred, son ami, alors abbé de Rieval. Il alla donc prendre l'habit dans le monastère de Wardon, au comté de Bedford. Les chanoines réguliers de Kirkham, qui l'aimaient autant qu'ils le respectaient, firent tous leurs efforts pour le retenir dans leur communauté. Simon, frère du saint, prétendant qu'il était d'une complexion trop faible pour soutenir les austérités prescrites par la règle de Citeaux, employa le concours réuni de la puissance ecclésiastique et de la puissance civile, pour le faire sortir de Wardon; il menaça même de détruire le monastère, si on l'y laissait plus longtemps. Les religieux, effrayés, l'envoyèrent à Rieval, dans le comté d'York, pour le mettre à l'abri de la persécution de son frère. Leur monastère était une filiation de celui de Rieval.

Walthen, durant son noviciat, fut éprouvé par de grandes peines intérieures, qui toutefois ne servirent qu'à son avancement spirituel. Malgré la permission que l'Eglise donne aux religieux de passer dans un ordre plus austère et plus parfait, il tomba dans une perplexité désolante. Il lui venait dans l'esprit, tantôt qu'il aurait mieux fait de persister dans sa première vocation, tantôt que les austérités de Citeaux surpassaient ses forces. Son corps paraissait succomber sous le poids du travail, des veilles et des jeûnes. Il ne trouvait que du dégoût dans tous ses exercices; et son âme, plongée dans l'amertume, ne pouvait goûter aucune consolation. Il était dans une sécheresse si grande, que la prière semblait lui être devenue impossible; il priait cependant toujours, s'excitant de plus en plus à la ferveur; et, prosterné devant le Père céleste, il lui témoignait un désir ardent de le louer et de l'aimer comme ses plus fidèles serviteurs. Ses peines ne diminuaient pas pour cela; elles ne faisaient, au contraire, qu'augmenter. Mais, à la fin, sa persévérance fut récompensée. Un jour que, selon sa coutume, il était prosterné par terre, et que, baigné de larmes, il priait Dieu de lui faire connaître sa volonté, afin qu'il pût l'accomplir, ses ténèbres se dissipèrent tout à coup; le calme revint dans son âme; il ressentit une joie intérieure qui le transportait hors de lui-même, et qui lui donnait comme un avant-goût de la céleste béatitude. Depuis ce moment, le joug du Seigneur n'eut plus rien que de doux et de facile pour lui; et il disait souvent, après saint Bernard, que les mondains qui regardent comme pénibles les austérités des âmes pieuses, voient à la vérité leurs croix, mais qu'ils ne voient pas l'onction intérieure de l'Esprit-Saint qui les leur fait trouver légères. Ils ne connaissent pas non plus la force que l'amour divin communique à l'âme, ni la consolation que procure l'espérance d'une couronne immortelle.

Quatre ans après sa profession, Walthen fut élu abbé du célèbre monastère de Melros, bâti sur la Tweed, en Ecosse. Il n'accepta cette dignité que par obéissance pour ses supérieurs. La conduite qu'il tenait en corrigeant ceux qui n'observaient pas la règle était accompagnée de sévérité et de douceur; en sorte qu'il faisait aimer la correction et chérir le devoir. Quand le coupable avait fait pénitence de sa faute, il ne voulait plus qu'il en fût parlé; et il disait qu'en faire mention en ce cas, serait une action qui dégraderait au-dessous des démons, puisque ceux-ci oublient nos péchés dès qu'ils ont été effacés par les larmes d'un sincère repentir. Lorsqu'il était au confessionnal, il témoignait à ses pénitents une compassion pleine de tendresse; il tirait des larmes de leurs yeux par celles qu'il répandait lui-même, et parlait d'une manière si touchante, qu'il gagnait les pécheurs les plus endurcis. S'il tombait dans quelque faute d'inadvertance, il avait aussitôt recours au sacrement de pénitence, et s'en accusait avec la plus vive componction; souvent aussi il se faisait donner la discipline jusqu'au sang. Il employait tous les moyens propres à purifier son âme de plus en plus, afin de pouvoir paraître sans tache devant un Dieu qui est la sainteté même, et dont les yeux ne peuvent souffrir la moindre souillure. La vive componction dont il était sans cesse pénétré n'empêchait pas qu'on ne remarquât sur son visage une certaine gaîté spirituelle qui charmait tous ceux qui le voyaient. On ne pouvait l'entendre parler des choses du ciel sans être attendri; son ton de voix avait quelque chose de doux et d'insinuant qui allait jusqu'au cœur et le gagnait. Il ne cherchait en tout que la gloire de Dieu; et ce fût dans le dessein de multiplier le nombre de ses véritables adorateurs qu'il fonda le monastère de Kylos en Ecosse, et celui de Holm-Coltrum dans le Cumberland.

Ses aumônes étaient extraordinaires, et il pourvoyait à la subsistance de tous les malheureux du pays situé autour de Melros. Durant une famine qui arriva en 1154, il nourrit plusieurs mois environ quatre mille pauvres étrangers, qui étaient venus le trouver, et qui s'étaient construit des cabanes auprès de son monastère. Souvent il engageait ses religieux à se retrancher la moitié du pain qu'on leur donnait, pour assister ceux qui étaient dans le besoin. Deux fois il multiplia miraculeusement les provisions qui lui restaient; il lui arriva aussi de donner les troupeaux qui appartenaient à l'abbaye.

Son amour pour la pauvreté se faisait remarquer dans toutes ses actions. Lorsqu'il voyageait, il portait son propre bagage avec celui de ses compagnons, et quelquefois celui des domestiques. Les affaires de sa communauté l'obligeant d'aller voir Étienne, roi d'Angleterre, il se présenta à la cour avec un paquet sur ses épaules. Simon, son frère, qui était avec le prince, fut indigné de le voir en cet état, et dit au roi : « Faut-il que cet homme, qui est mon frère et qui a l'honneur d'être parent à Votre Majesté, déshonore ainsi sa famille ? — Vous vous trompez, répliqua le roi; rappelons-nous ce que c'est que la grâce de Dieu, et nous verrons qu'il fait notre gloire, ainsi que celle de notre famille. » Étienne accorda au saint tout ce qu'il lui demandait, et le pria de lui donner sa bénédiction. Il marqua, après son départ, qu'il avait été singulièrement touché de sa présence, et que son exemple l'avait fortement porté à mépriser le monde pour l'amour de Dieu.

En 1154, Walthen fut élu archevêque de Saint-André, en Écosse; mais il refusa d'accepter cette dignité; et, comme on le pressait d'acquiescer à son élection, il eut recours aux prières et aux larmes pour qu'on le laissât dans son monastère. Ses instances réitérées auprès de saint Aelred, son supérieur, qui voulait aussi qu'il se rendît, lui obtinrent à la fin ce qu'il désirait.

Il fit plusieurs guérisons par ses prières; mais il tâchait d'écarter tout ce qui pouvait rappeler l'idée de miracle. Il fut souvent favorisé de visions et d'extases. Dans une de ces visions, Dieu lui montra la gloire dont les bienheureux jouissent dans le ciel, pour récompenser l'ardent désir qu'il avait de lui être réuni pour toujours. Exhortant depuis ses religieux au détachement des choses de la terre, il leur rapporta comme d'une autre personne ce qui lui était arrivé; mais à la fin, il lui échappa des réflexions qui firent juger que c'était de lui-même qu'il parlait. Il ne s'en fut pas plus tôt aperçu, qu'il se hâta de finir son discours; et, quand il se trouva seul, il répandit beaucoup de larmes de ce que, par inadvertance, il s'était trahi lui-même.

Dieu était continuellement l'objet de ses désirs enflammés, et ces désirs avaient encore plus de vivacité dans le temps de la consolation que dans les temps d'épreuves. Sa dernière maladie fut longue et douloureuse; mais il souffrit ses peines avec patience et avec joie. Ayant exhorté ses religieux à la charité et à l'observance de leur règle, il reçut les sacrements de l'Église; après quoi il se fit étendre sur un cilice couvert de cendre, où il expira tranquillement le 3 août 1160. Il s'opéra un grand nombre de miracles à son tombeau. Sa vie fut écrite quarante ans après, sur le témoignage de ceux qui l'avaient vu; elle est adressée au roi Guillaume d'Écosse (*Acta Sanct.*, et Godescard, 3 août).

Vers l'an 1176, on trouve des légats du pape Alexandre en divers pays : le cardinal Vivien, en Écosse et en Irlande; le cardinal Hugues de Léon, en Angleterre; le cardinal Hyacinthe, en Espagne (Mansi, t. XXII, p. 146). Ces légats y tenaient des conciles pour régler des affaires particulières, comme en Angleterre, les droits respectifs des archevêques de Cantorbéry et d'York.

En 1176, l'Angleterre donna même à la France un bon et savant évêque. Le 22 juillet, jour de Sainte-Madeleine, arrivèrent à Cantorbéry le doyen, le chantre et le chancelier de l'Église de Chartres, pour demander, au nom de tout le chapitre, Jean de Salisbury, qu'ils avaient élu leur évêque. Ce fut Guillaume, d'abord évêque de Chartres, puis archevêque de Sens, et enfin de Reims, qui fit faire cette élection, tant à cause du mérite personnel de Jean qu'en considération de saint Thomas de Cantorbéry, dont il avait été un des principaux confidents, comme compagnon de son exil et de ses souffrances. Les députés de Chartres étant donc arrivés à Cantorbéry, et ayant lu publiquement les lettres de leur chapitre, du roi de France et de l'archevêque de Sens, le chapitre de Cantorbéry, en l'absence de l'archevêque, leur remit Jean de Salisbury, affranchi de tous les engagements qu'il avait en Angleterre. Ils l'amenèrent en France; il fut sacré à Sens, par Maurice, évêque de Paris, le dimanche 8 août; et le dimanche suivant, jour de l'Assomption de Notre-Dame, il fut intronisé solennellement à Chartres, dont il tint le siège quatre ans (*Gallia Christiana*). Cette ambassade du roi de France, de l'archevêque, son beau-frère, et du chapitre de Chartres, pour obtenir d'un royaume étranger un homme de mérite, leur fait certainement honneur à tous.

Mais tandis que le ciel multipliait les saints dans l'Église, et ramenait à leur devoir ceux mêmes des princes qui s'en étaient écartés, l'enfer travaillait aussi à renouveler sa vieille hérésie du manichéisme. L'an 1167, on en découvrit des sectaires dans la Flandre et dans la Bourgogne (Duchesne, t. IV; d'Achery, t. III, *Hist. Vizel.*). Ceux de Flandre portaient le nom de *Publicains* ou *Poplicains*. Deux ans auparavant, en 1165, on en avait découvert à Lombers, petite ville à deux lieues d'Albi. Ils se faisaient nommer les *Bons-hommes*. Ils rejetaient l'Ancien Testament, et condamnaient le mariage : ce qui est un caractère manifeste des manichéens. Les évêques et les seigneurs du pays s'assemblèrent à Lombers même. Les Bons-hommes y furent convaincus d'hérésie, et condamnés. On ne sait pas s'ils finirent par se soumettre (Labbe, t. X). Il y avait aussi des manichéens en Lombardie, connus sous le nom de *Cathares*. Ils s'étaient introduits et autorisés à Milan, pendant que cette ville était au pouvoir des schismatiques. Ils s'y maintenaient et y faisaient du progrès, même depuis qu'elle eut été rétablie sous l'obédience du vrai Pape, et donnèrent ample matière au zèle de saint Galdin, qui en était archevêque. Il prêchait souvent contre eux, pour tirer son peuple de cette erreur insensée, et les instruisait ensuite des vérités de la foi (*Acta Sanct.*, 18 april.).

Mais où les manichéens se fortifiaient le plus, c'était à Toulouse et dans les environs. On le voit par une lettre du comte Raimond V, à l'abbé et au chapitre général de Cîteaux, où il dit : « Cette hérésie a gagné jusqu'aux prêtres; les églises sont abandonnées et ruinées; on refuse le baptême, l'eucharistie est en abomination, la pénitence méprisée; on rejette la création de l'homme, la résurrection de la chair, et tous les mystères; enfin on introduit deux principes. Personne ne songe à s'opposer à ces méchants. Pour moi, je suis prêt à employer contre eux le glaive que Dieu m'a mis en main; mais je reconnais que mes forces ne sont pas suffisantes, parce que les plus nobles de mes Etats sont infectés de cette erreur, et entraînent une très-grande multitude. J'ai donc recours à vous et vous demande votre conseil, votre secours et vos prières. Le glaive spirituel ne suffira pas, il faut y joindre le matériel; et, pour cet effet, je voudrais que le roi de France vînt ici, espérant que sa présence mettrait fin à ces maux. Je lui ouvrirai les villes; je mettrai en son pouvoir les bourgs et les châteaux, je lui montrerai les hérétiques, et je l'aiderai jusqu'à répandre mon sang pour écraser les ennemis du Christ (Gervas., *apud Pagi*, an 1177).

Sur cet avis, le roi de France et le roi d'Angleterre, qui venaient de se réconcilier par la médiation du cardinal-légat Pierre de Saint-Chrysogone, résolurent, en 1178, d'aller en personne chasser ces hérétiques de la province de Toulouse; mais, quelque temps après, ils jugèrent plus à propos de ne pas commettre leur autorité, et d'envoyer des hommes savants et capables de les convertir. Ils y envoyèrent le cardinal-légat Pierre; Guérin, archevêque de Bourges; Pons, archevêque de Narbonne; Renaud, évêque de Bath, en Angleterre; Jean, évêque de Poitiers, et Henri, abbé de Clairvaux, avec plusieurs autres ecclésiastiques, pour ramener ces hérétiques ou du moins les convaincre et les condamner. Et pour prêter main-forte aux prélats et exécuter leurs jugements, les deux rois choisirent Raimond, comte de Toulouse, le vicomte de Turenne, Raimond de Castelnau, et d'autres seigneurs (Roger Hoveden, p. 573; Rob. de Monte, an 1178; *apud Baron.*, an 1178).

Le légat et les autres prélats, arrivés à Toulouse, y trouvèrent que le chef des hérétiques était un nommé Pierre Moran, homme avancé en âge, qui avait deux châteaux, un dans la ville et l'autre dehors, de grandes richesses, beaucoup de parents et d'amis, et était distingué entre les plus considérables de la ville. Il se disait saint Jean l'Évangéliste, et séparait le Verbe qui était avec Dieu au commencement, d'avec un autre principe, comme d'avec un autre Dieu. Quoiqu'il fût laïque et ignorant, les sectaires le regardaient comme leur docteur, ils s'assemblaient dans sa maison la nuit, et il les prêchait, revêtu d'une espèce de dalmatique. Il était tellement craint, que personne n'osait lui résister, et les hérétiques étaient si insolents que, quand les prélats catholiques entrèrent à Toulouse, ils se moquaient d'eux publiquement dans les rues, les montraient au doigt et les appelaient hautement apostats, hypocrites et hérétiques; mais, quelques jours après, un des prélats ayant eu ordre de prêcher devant le peuple, les hérétiques commencèrent à se cacher; et ils résolurent entre eux que, s'ils étaient interrogés juridiquement, ils feindraient de croire tout ce que croient les catholiques.

Ensuite, par ordre du légat, l'évêque de Toulouse, quelques-uns du clergé, les consuls et d'autres catholiques jurèrent de dénoncer par écrit aux commissaires tous ceux qu'ils connaîtraient infectés de cette hérésie, sans épargner personne; et, comme la liste grossissait tous les jours, Pierre Moran s'y trouva entre les autres. Les commissaires résolurent de commencer leurs procédures par lui, et le comte de Toulouse envoya des appariteurs l'appeler. Il méprisa la première citation; mais le comte, moitié par douceur, moitié par crainte, fit en sorte de l'amener. Alors un des commissaires lui dit: « Pierre, vos concitoyens vous accusent d'être tombé dans l'hérésie arienne (car plusieurs nommaient ainsi ces manichéens), et d'y entraîner les autres. » Pierre Moran, jetant un grand soupir, protesta qu'il n'en était point; et, comme on lui demanda s'il en ferait serment, il dit qu'il était homme d'honneur et qu'on devait le croire sur sa simple affirmation. Toutefois on le pressa tant, qu'il promit de jurer, craignant que le refus même qu'il en ferait ne fût une conviction de cette hérésie, qui condamnait le serment. Aussitôt on apporta des reliques avec grande solennité, et, comme on chantait l'hymne du Saint-Esprit, Pierre pâlit et demeura tout interdit.

Il jura publiquement qu'il dirait la vérité sur tous les articles de foi dont on l'interrogerait. On lui demanda donc, en vertu de son serment, ce qu'il croyait touchant le sacrement de l'autel; et il soutint que le pain consacré par le prêtre n'était point le corps de Jésus-Christ. Il fut pareillement trouvé contraire à tous les articles de la foi catholique. Alors les commissaires se levèrent fondant en larmes, et déclarèrent au comte qu'ils le condamnaient comme hérétique, et aussitôt il fut mis dans la prison publique, sous la caution de ses parents. Le bruit s'en étant répandu, les catholiques furent encouragés et reprirent le dessus dans la ville. Cependant Pierre Moran, voyant la mort présente, revint à lui et promit de se convertir. On le fit venir; il se reconnut publiquement hérétique, et promit, par serment et sous caution, au comte, à la noblesse et aux principaux bourgeois, de se soumettre à tous les ordres du légat. On avertit le peuple de se trouver le lendemain à Saint-Saturnin pour voir la pénitence de Pierre.

Le concours y fut tel, qu'à peine y avait-il de l'espace autour de l'autel pour donner au légat la liberté de dire la messe. Pierre entra par la grande porte de l'église, au milieu de cette foule: il marchait en simple tunique et pieds nus, frappé d'une discipline, d'un côté par l'évêque de Toulouse, de l'autre par l'abbé de Saint-Saturnin, jusqu'à ce qu'il vînt aux pieds du légat sur les degrés de l'autel. Là il fit son abjuration et fut réconcilié à l'Église. Tous ses biens furent confisqués, et on lui donna pour pénitence de quitter le pays dans quarante jours, pour aller servir les pauvres à Jérusalem pendant trois ans, au bout desquels, s'il revenait, on lui rendrait ses biens. Cependant il devait tous les dimanches, parcourir les églises de Toulouse, nu-pieds et en simple tunique, recevant la discipline; restituer les biens de l'Église qu'il avait pris et les usures, réparer les torts qu'il avait faits aux pauvres, et abattre de fond en comble son château, où se tenaient les assemblées des hérétiques. Pierre promit le tout avec serment. Après quoi beaucoup d'hérétiques, craignant le même sort, vinrent trouver le cardinal et les autres commissaires, leur confessèrent secrètement leur erreur, en demandèrent pardon et obtinrent miséricorde (1).

Henri, abbé de Clairvaux, obtint la permission de s'en retourner à cause du chapitre général de son ordre qui approchait ; mais à condition de passer dans le diocèse d'Albi, avec Renaud, évêque de Bath, et d'admonester Roger de Béders, seigneur du pays, de mettre en liberté l'évêque d'Albi, qu'il tenait prisonnier sous la garde des hérétiques, et de chasser ceux-ci de tout l'Albigeois. L'abbé de Clairvaux et l'évêque de Bath étant donc entrés dans cette province, qui était le principal refuge de l'hérésie, Roger se retira dans des lieux inaccessibles ; mais l'évêque et l'abbé vinrent à un château très-fort, où sa femme demeurait avec un grand nombre de domestiques et de gens de guerre, et dont tous les habitants étaient partisans ou fauteurs de l'hérésie. Les deux prélats leur prêchèrent la foi, sans qu'ils osassent rien répondre, et déclarèrent Roger traître, hérétique et parjure, pour avoir violé la sûreté promise à l'évêque. Enfin ils l'excommunièrent publiquement et lui déclarèrent la guerre de la part du Pape et des deux rois de France et d'Angleterre, en présence de sa femme et de ses chevaliers.

L'évêque de Bath, accompagné du vicomte de Turenne et de Raymond de Castelnau, trouva dans l'Albigeois deux autres chefs des hérétiques, nommés Raymond de Baimiac et Bernard de Raymond, qui se plaignaient d'avoir été proscrits injustement par le comte de Toulouse et les autres seigneurs, et ils offraient de venir en présence du cardinal-légat et d'y soutenir leur créance, si on leur donnait sûreté pour aller et revenir. L'évêque et les deux seigneurs la leur promirent, pour ne pas scandaliser les faibles, si on refusait d'entendre ces deux prétendus docteurs. Ils vinrent donc à Toulouse. Le cardinal Pierre et l'évêque de Poitiers, tous deux légats du Pape, s'y assemblèrent dans l'église cathédrale de Saint-Etienne, avec le comte de Toulouse et environ trois cents personnes, tant clercs que laïques.

Les légats ayant ordonné aux deux hérétiques de déclarer leur créance, ils lurent un papier où elle était écrite au long. Le légat Pierre y ayant remarqué quelques mots qui lui étaient suspects, les invita de s'expliquer en latin. L'un d'eux l'ayant tenté, put à peine dire deux mots de suite, et demeura court, tant il était ignorant, tout docteur qu'il se faisait, Pour s'accommoder à leur ignorance, il fallut traiter ces hautes questions en langue vulgaire, langue encore bien imparfaite.

Raymond et Bernard renoncèrent donc à l'erreur des deux principes, et confessèrent publiquement qu'il n'y a qu'un Dieu créateur de toutes choses : ce qu'ils prouvèrent même par le Nouveau Testament. Ils confessèrent qu'un prêtre, soit bon, soit mauvais, peut consacrer l'eucharistie, et que le pain et le vin y sont véritablement changés en la substance du Corps et du Sang de Jésus-Christ. Que ceux qui reçoivent notre baptême, soit enfants, soit adultes, sont sauvés, et que personne ne peut être sauvé sans l'avoir reçu, niant qu'ils eussent aucun autre baptême ou imposition des mains. Ils reconnurent encore que l'usage du mariage ne nuit point au salut ;

(1) Voir la lettre de l'abbé de Clairvaux et autres monuments, dans Baronius, an 1178.

que les évêques, les prêtres, les moines, les chanoines, les ermites, les Templiers et les Hospitaliers peuvent se sauver. Qu'il est juste de visiter avec dévotion les églises fondées en l'honneur de Dieu et des saints, d'honorer les prêtres, de leur donner les dîmes et les prémices, et de s'acquitter de ses autres devoirs de paroissien. Enfin, qu'il est louable de faire des aumônes aux églises et aux pauvres. C'est qu'on les accusait de nier tous ces articles.

Après quoi on les conduisit à l'église de Saint-Jacques, où, en présence d'une multitude innombrable de peuple, on lut dans le même papier leur confession de foi écrite en langue vulgaire. Et comme elle paraissait catholique, on leur demanda encore si elle était sincère, et ils répondirent qu'ils croyaient ainsi et qu'ils n'avaient jamais rien enseigné de contraire. Alors le comte de Toulouse et plusieurs autres, tant clercs que laïques, s'élevèrent contre eux avec zèle, les accusant de mensonge. Les uns déclarèrent leur avoir ouï dire qu'il y avait deux dieux, un bon et un mauvais ; un bon, qui fait seulement les choses invisibles, immuables et incorruptibles ; un mauvais, qui avait fait le ciel, la terre, l'homme et les autres choses visibles. D'autres soutinrent leur avoir ouï prêcher que le corps de Jésus-Christ n'est point consacré par le ministère d'un prêtre indigne ou criminel. Plusieurs attestèrent qu'ils leur avaient ouï dire que l'homme et la femme, se rendant le devoir conjugal, ne pouvaient être sauvés. D'autres leur soutenaient en face qu'ils avaient dit que le baptême ne sert de rien aux enfants, et plusieurs autres blasphèmes abominables.

Comme Raymond et Bernard disaient que c'étaient de faux témoins, on les pressa de confirmer par serment leur confession de foi. Mais ils le refusèrent, disant que Notre Seigneur, dans l'Evangile, défend absolument de jurer. On leur représenta que saint Paul dit *que le serment est la fin de toute dispute, et qu'il relève le serment de Dieu, touchant le sacerdoce de son Fils* (Hebr., 6, 16). On allégua plusieurs autres passages de l'Ecriture, pour montrer qu'il est permis de jurer, à cause de la faiblesse de ceux que nous voulons persuader. Enfin, ces ignorants hérétiques ne s'apercevaient pas qu'ils avaient eux-mêmes apposé un serment à leur confession de foi écrite, en disant : Par la vérité, qui est Dieu, nous croyons ainsi. Et ils ne savaient pas que c'est jurer que d'appeler en témoignage de nos discours la vérité et la parole de Dieu, comme fait l'apôtre quand il dit : *Nous vous disons dans la parole de Dieu* (1. Thessal., 4, 14) ; et ailleurs : *Dieu m'est témoin* (Rom., 1, 9). Ce sont les réflexions du légat Pierre.

Raymond et Bernard parurent suffisamment convaincus par tant de témoins, et plusieurs autres se préparaient encore à déposer contre eux. Toutefois, pour user de miséricorde, suivant l'esprit de l'Eglise, le légat les exhorta d'abjurer leur hérésie et de se faire absoudre de l'excommunication prononcée contre eux par le Pape, par les archevêques de Bourges et de Narbonne, l'évêque de Toulouse et le légat lui-même. Mais ils refusèrent, et demeurèrent dans leur endurcissement. C'est pourquoi les deux légats les excommunièrent de nouveau avec les cierges allumés, en présence de tout le peuple, qui était furieusement animé contre ces hérétiques, comme il le marquait par ses acclamations continuelles. C'est ce que témoigne le légat Pierre dans sa lettre adressée à tous les fidèles, où il leur enjoint d'éviter Raymond et Bernard et leurs complices, comme excommuniés et livrés à Satan, et de les chasser de leurs terres. Le comte de Toulouse et les autres seigneurs du pays promirent par serment devant tout le peuple, de ne point favoriser les hérétiques (1).

Dans cette affaire, qui aura des suites considérables, il y a surtout une chose à remarquer. Ce sont les princes séculiers, le comte de Toulouse, le roi de France et le roi d'Angleterre, qui commencent par implorer le secours de l'Eglise contre ces hérétiques. Et ces princes n'avaient pas tort de prendre l'alarme. Ces hérétiques ruinaient tous les fondements de la société humaine. Ils ruinaient la société domestique ou la famille, en condamnant le mariage. Ils ruinaient la confiance et la société publique, en proscrivant le serment et en se permettant toute espèce de mensonge. Ils ruinaient toute religion et toute morale, en faisant un dieu auteur du mal et en détruisant la liberté humaine. Ils ruinaient par là même tout droit de propriété. Et de fait, il y avait dès lors parmi eux des bandes armées, sous le nom de *Cottereaux*, de *Brabançons*, qui, de leurs châteaux-forts, comme d'autant de repaires, couraient dévaster les églises et les campagnes, et contre lesquels il fallut faire la guerre dans toutes les formes (2). Ceci est un point capital de l'histoire de cette époque. Les princes, qui imploraient le secours de l'Eglise et qui lui offraient celui de leurs armes, combattaient réellement pour l'existence et la conservation de la société humaine. Bien des auteurs modernes ne l'ont pas vu. C'est qu'il y a des hommes qui ont des yeux pour ne pas voir.

Tel n'était point le pape Alexandre. Pour remédier à ces désordres et à d'autres abus qu'avait pu introduire le schisme d'Allemagne, et que d'ailleurs l'ennemi de tout bien ne cesse de renouveler dans l'Eglise, ce grand Pontife convoqua un concile général, autrement les états généraux de la chrétienté. Ce concile, onzième œcuménique, se tint à Rome, dans l'église de Latran, au mois de mars 1179. Il s'y trouva trois cent deux évêques, avec un nombre proportionné d'abbés et d'autres prélats. Il y avait dans ce nombre dix-neuf évêques d'Espagne, six d'Irlande, un d'Ecosse, sept d'Angleterre, cinquante-neuf de France, dix-sept d'Allemagne, dont trois de la province de Magdebourg et un de celle de Brême; un évêque de Danemarck; un de Hongrie et huit des diocèses latins d'Orient, parmi lesquels le plus illustre était Guillaume, archevêque de Tyr. Les évêques d'Irlande avaient à leur tête saint Laurent, archevêque de Dublin. Dans le concile même, le Pape sacra deux évêques anglais et deux écossais, dont l'un était venu à Rome avec un seul cheval, l'autre à pied avec un seul compagnon. Il s'y trouva aussi un évêque irlandais, qui n'avait d'autre revenu que le lait de trois vaches, et, quand elles manquaient de lait, ses diocésains lui en fournissaient trois autres. Parmi les prélats de France, on distinguait Guillaume, archevêque de Reims, beau-frère du roi, et Henri, abbé : le Pape les fit tous deux cardinaux, Guillaume, de Sainte-Sabine, et Henri, cardinal-évêque d'Albane.

Le concile eut trois sessions : la première le 5 mars, la seconde le 14, et la troisième le 19 du même mois. Le souverain Pontife était assis sur un siège élevé, avec les cardinaux, les préfets, les sénateurs et les consuls de Rome.

L'Eglise éternelle de Dieu, les sociétés temporelles de l'homme, c'est sur quoi le concile ou conseil général de la chrétienté avait à porter ses regards. L'Eglise immortelle, dans son chef mortel et dans ses principaux membres : dans son chef, dont il fallait assurer l'élection contre les dangers du schisme ; dans ses principaux membres, dont il fallait garantir la sainteté contre les séductions de la chair, du monde et de l'enfer, afin de sanctifier par eux tout le peuple fidèle. Les sociétés temporelles de l'homme, dont il fallait raffermir les bases contre les efforts de l'hérésie ou de l'anarchie ; car, au fond, ces deux choses sont la même. Pour le moment, le troisième concile général de Latran y pourvut par les vingt-sept canons ou règles qui suivent.

Pour prévenir les schismes, si dans l'élection du souverain Pontife les cardinaux ne s'accordent pas assez pour la faire unanimement, celui-là sera reconnu Pontife romain, qui aura les deux tiers des voix. Et celui qui, n'ayant que le tiers, en prendra le nom, sera privé, tant lui que ceux qui l'auront reconnu, de tout ordre sacré, et excommuniés, en sorte qu'on ne leur accordera que le viatique à la fin de la vie, et que, s'ils ne viennent à résipiscence, la terre les engloutira vivants, avec Dathan et Abiron. Que si quelqu'un est élu à l'office de l'apostolat par moins des deux tiers, à moins qu'il n'intervienne un plus grand accord, il ne sera point reçu, mais soumis à la même peine, s'il ne s'abstient humblement. Le tout sans préjudice des canons et des autres Eglises, où la plus grande et la plus saine partie doit l'emporter; attendu que, s'il y élève quelque difficulté, elle peut être terminée par le jugement du supérieur. Mais dans l'Eglise romaine quelque chose de spécial est établi, parce qu'il n'y a point de supérieur auquel on puisse avoir recours.

Renouvelant ce qui a été fait par notre prédécesseur d'heureuse mémoire, Innocent, nous déclarons nulles les ordinations faites par les hérésiarques Octavien et Gui de Crème, et par Jean de Strume, qui les a suivis, et nous ordonnons de plus que ceux qui ont reçu d'eux des dignités ecclésiastiques ou des bénéfices en soient privés. Nous cassons les aliénations ou usurpations par eux faites des biens ecclésiastiques. Si quelqu'un ose y contrevenir, qu'il sache qu'il est soumis à l'excommunication. Quant à ceux qui, spontanément, ont fait serment de tenir le schisme, nous les déclarons suspens des ordres sacrés et des dignités.

Personne ne sera élu évêque qu'il n'ait trente ans accomplis, qu'il ne soit né en légitime mariage et recommandable par ses mœurs et sa doctrine. Sitôt que son élection aura été confirmée et qu'il aura l'administration des biens de l'Eglise, les bénéfices

---

(1) Voir le récit de Roger Hoveden, la lettre du légat Pierre et autres documents, dans Baronius, sur l'an 1178.
(2) *Gesta Lemovic. episcoporum, apud Labb. Bibliotheca nova*, t. II, p. 269; *Pagi*, an 1177, n. 16; *Rigord. de gestis Philipp. Nangius*, etc., apud *Pagi*, an 1183, n. 7 et 8; *Baron.*, an 1183, n. 7.

qu'il avait pourront être conférés librement par celui auquel il appartiendra. Quant aux dignités, comme doyennés, archidiaconés et autres bénéfices à charge d'âmes, personne ne pourra en être pourvu qu'il n'ait atteint l'âge de vingt-cinq ans, et il en sera privé, si, dans le temps marqué par les canons, il n'est point promu aux ordres convenables, savoir, le diaconat pour les archidiacres, et la prêtrise pour les autres. Les clercs qui auront fait une élection contre cette règle seront privés du droit d'élire et suspens de leurs bénéfices pendant trois ans; l'évêque qui aura consenti perdra le droit de conférer ces dignités.

Puisque l'apôtre se nourrissait, lui et les siens, du travail de ses mains, pour ôter tout prétexte aux faux apôtres et n'être point à charge aux fidèles, nous ne pouvons souffrir que quelques-uns de nos frères les évêques obligent leurs inférieurs, par les grands frais des visites, à vendre les ornements des églises et à consumer en un moment ce qui aurait suffi pour les faire subsister longtemps. C'est pourquoi nous ordonnons que les archevêques, dans leurs visites, auront tout au plus quarante ou cinquante chevaux, les cardinaux vingt-cinq, les évêques vingt ou trente, les archidiacres sept, les doyens et les inférieurs deux. Ils ne mèneront point de chiens ou d'oiseaux pour la chasse, et se contenteront, pour leur table, d'être servis suffisamment et modestement. Les évêques n'imposeront ni tailles ni exactions sur leur clergé; ils pourront seulement, en cas de besoin, lui demander un secours charitable. Quant à ce qui est dit du nombre de chevaux toléré pour les visites, on peut l'observer dans les lieux où les facultés et les revenus de l'Eglise sont plus considérables; mais dans les lieux plus pauvres, nous voulons qu'on tienne une mesure telle, que les inférieurs ne soient pas grevés par la venue des supérieurs, de peur que, sous prétexte de cette tolérance, quelques-uns qui, jusqu'à présent, avaient coutume d'employer moins de chevaux, ne se croient permis d'en avoir un plus grand nombre.

Si un évêque ordonne un prêtre ou diacre, sans lui assigner un titre certain dont il puisse subsister, il lui donnera de quoi vivre, jusqu'à ce qu'il lui assigne un revenu ecclésiastique, à moins que le clerc ne puisse subsister de son patrimoine.

Il s'est introduit en quelques quartiers une coutume bien répréhensible : c'est que des évêques et même des archidiacres prononcent sentence de suspense ou d'excommunication, sans monitions précédentes, contre ceux qu'ils pensent qui appelleront dans leurs causes. D'autres, craignant la sentence du supérieur et la discipline canonique, opposent l'appel sans aucun grief et usurpent pour la défense de l'iniquité ce que l'on sait avoir été établi pour le refuge des innocents. C'est pourquoi, afin que les prélats ne puissent grever leurs sujets sans cause, ni les sujets éluder à leur gré la correction des prélats sous prétexte d'appellation, nous ordonnons, par le présent décret, que les prélats ne prononceront point de sentence de suspense ou d'excommunication sans monition préalable, à moins que la faute ne soit telle qu'elle emporte la peine de sa nature; d'un autre côté, les inférieurs ne parleront point d'appel contre la discipline ecclésiastique, avant l'entrée de la cause.

Si quelqu'un se croit obligé d'appeler, on lui fixera un terme convenable pour poursuivre son appel. Si, dans ce terme, il en néglige la poursuite, l'évêque usera librement alors de son autorité. Si l'appelant ne vient point poursuivre son appel, il sera condamné aux dépens envers l'intimé qui se sera présenté, afin que cette crainte du moins empêche d'appeler facilement, au préjudice d'autrui. Le concile défend en particulier aux religieux d'appeler des concessions de discipline imposées par leurs supérieurs ou leurs chapitres (Can. 6).

Il défend, comme des abus horribles, de rien exiger pour l'intronisation des évêques ou des abbés, pour l'installation des autres ecclésiastiques, ou la prise de possession des curés; pour les sépultures, les mariages et les autres sacrements; en sorte qu'on les refuse à ceux qui n'ont pas de quoi donner : « Et il ne faut point, dit le concile, alléguer la longue coutume qui ne rend l'abus, que plus criminel. » Il défend aussi aux évêques et aux abbés d'imposer aux Eglises de nouveaux cens, ou de s'approprier une partie de leurs revenus. Il leur défend d'établir à certain prix des doyens pour exercer leur juridiction. Défense de conférer ou de promettre les bénéfices avant qu'ils vaquent, pour ne pas donner lieu de souhaiter la mort du titulaire. Les bénéfices vacants seront conférés dans six mois; autrement le chapitre suppléera à la négligence de l'évêque; l'évêque à celle du chapitre; et le métropolitain à celle de l'un et de l'autre (Ibid. 7, 8, 15).

Il y avait de grandes plaintes des évêques contre les nouveaux ordres militaires des Templiers et des Hospitaliers. Ils recevaient des églises de la main des laïques, et dans les leurs ils instituaient et destituaient des prêtres à l'insu des évêques; ils recevaient aux sacrements les excommuniés, les interdits, et leur donnaient la sépulture. Ils abusaient de la permission donnée à leurs frères quêteurs, de faire ouvrir une fois l'an les églises interdites et d'y faire célébrer l'office divin; car, sous ce prétexte, plusieurs de ces quêteurs venaient exprès aux lieux interdits. Ils s'associaient des confrères en plusieurs lieux, auxquels ils communiquaient leurs priviléges. Ces abus venaient moins de l'ordre des supérieurs que de l'indiscrétion des particuliers; et le concile les condamna tous, non-seulement à l'égard des ordres militaires, mais de tous les autres religieux (Ibid. 9).

Les religieux, de quelque institut qu'ils soient, ne seront point reçus pour de l'argent, sous peine au supérieur de privation de sa charge, et au particulier de n'être jamais élevé aux ordres sacrés. On ne permettra point à un religieux d'avoir de pécule, si ce n'est pour l'exercice de son obéissance. Celui qui sera trouvé avoir un pécule, sera excommunié et privé de la sépulture commune et on ne fera point d'oblation pour lui. L'abbé, trouvé négligent sur cet article, sera déposé. On ne donnera point, pour de l'argent, les prieurés ou les obédiences, et on ne changera point les prieurs conventuels, sinon pour des causes graves, ou pour les élever à un plus haut rang (Ibid. 10).

On renouvelle les règlements pour la continence des clercs, et les défenses à ceux qui sont dans les ordres sacrés de se charger d'affaires temporelles, comme d'intendance des terres, de juridictions séculières, ou de la fonction d'avocats devant les juges laïques. On défend la pluralité des bénéfices, qui dès lors était venue à tel excès, que quelques-uns en avaient jusqu'à six et possédaient plusieurs cures; d'où il arrivait qu'ils ne pouvaient ni résider ni faire leurs fonctions, et que plusieurs dignes ministres de l'Eglise manquaient de subsistance. On défend aux laïques, sous peine d'anathème, d'instituer ou de destituer des clercs dans les églises, sans l'autorité de l'évêque, ou d'obliger les ecclésiastiques à comparaître en jugement devant eux. On règle le droit des patrons, en sorte que, s'ils sont plusieurs, ils s'accordent à nommer un seul prêtre pour desservir l'église, ou que celui-là soit préféré, qui aura la pluralité des suffrages. Autrement l'évêque y pourvoira; comme aussi en cas de question pour le droit de patronage, qui ne soit pas terminé dans trois mois. Défense aux laïques de transférer à d'autres laïques les dîmes qu'ils possèdent au péril de leurs âmes. C'est sur ce fondement que l'on conserve aux laïques les dîmes dont on juge qu'ils étaient en possession dès le temps de ce concile, et que l'on nomme *dîmes inféodées* (Can. 11, 12, 13, 14, 17).

Les biens que les clercs ont acquis par le service de l'Eglise lui demeureront après leur mort, soit qu'ils en aient disposé par testament ou non. Dans la disposition des affaires communes, on suivra la conclusion de la grande et de la plus saine partie du chapitre, nonobstant tout serment ou coutume contraire. Afin de pourvoir à l'instruction des pauvres clercs en chaque église cathédrale, il y aura un maître, à qui on assignera un bénéfice suffisant et qui enseignera gratuitement : ce que l'on rétablira dans les autres églises et dans les monastères, où il y a eu autrefois quelques fonds destinés à cet effet. On n'exigera rien pour la permission d'enseigner, et on ne la refusera point à celui qui en sera capable; ce serait empêcher l'utilité de l'Eglise. Les contrevenants seront privés du bénéfice ecclésiastique (*Ibid.* 15, 16, 18).

On défend, sous peine d'anathème, aux magistrats des villes d'imposer aux églises aucune charge, soit pour fournir aux fortifications ou expéditions de guerre, soit autrement; ni de diminuer la juridiction temporelle des évêques et des autres prélats sur leurs sujets. On permet toutefois au clergé d'accorder quelque subside volontaire pour subvenir aux nécessités publiques, quand les facultés des laïques n'y suffisent pas (*Ibid.*, 19).

On renouvelle la défense des tournois, et l'injonction d'observer la *trêve de Dieu*, telle que nous l'avons expliquée en son temps. On défend d'établir de nouveaux péages ou d'autres exactions, sans l'autorité des souverains. C'est que chaque petit seigneur s'en donnait l'autorité. On renouvelle l'excommunication contre les usuriers, avec défense de recevoir leurs offrandes, ni de leur donner la sépulture chrétienne. On condamne la dureté de quelques ecclésiastiques, qui ne permettaient pas aux lépreux d'avoir des églises particulières, quoiqu'ils ne fussent pas reçus aux églises publiques. Le concile ordonne donc que partout où les lépreux seront en assez grand nombre, vivant en commun pour avoir une église, un cimetière et un prêtre particulier, on ne fasse point de difficulté de le leur permettre; et il les exempte de donner la dîme des fruits de leurs jardins et des bestiaux qu'ils nourrissent. C'est la première constitution qu'on remarque touchant les léproseries (Can. 20, 21, 22, 23, 25).

On défend aux chrétiens, sous peine d'excommunication, de porter aux Sarrasins des armes, du fer ou du bois pour la construction des galères; comme aussi d'être patrons ou pilotes de leurs bâtiments. Cette excommunication doit être souvent publiée dans les églises des villes maritimes. Les seigneurs et les consuls des villes sont exhortés à confisquer les biens des coupables, et on les déclare esclaves de ceux qui les prendront. On excommunie aussi ceux qui prennent ou dépouillent les chrétiens allant sur mer pour le commerce ou pour d'autres causes légitimes, ou qui pillent ceux qui ont fait naufrage. Défense aux Juifs et aux Sarrasins d'avoir chez eux des esclaves chrétiens, sous quelque prétexte que ce soit. Les chrétiens seront reçus en témoignage contre les Juifs, comme les Juifs contre les chrétiens. Les biens des Juifs convertis leur seront conservés, et il est défendu, sous peine d'excommunication, aux seigneurs et aux magistrats, de leur en rien ôter (*Ibid.* 24 et 26).

Le dernier canon du concile de Latran est conçu en ces termes : « L'Eglise, comme dit saint Léon, bien qu'elle rejette les exécutions sanglantes, ne laisse pas d'être aidée par les lois des princes chrétiens; et la crainte du supplice corporel fait quelquefois recourir au remède spirituel. Or, les hérétiques que l'on nomme *Cathares*, *Patarins* ou *Publicains*, se sont tellement fortifiés dans la Gascogne, l'Albigeois, le territoire de Toulouse et en d'autres lieux, qu'ils ne se cachent plus, mais enseignent publiquement leurs erreurs. C'est pourquoi nous les anathématisons, eux et ceux qui leur donnent protection ou retraite; et, s'ils meurent dans ce péché, nous défendons de faire d'oblation pour eux, ni de leur donner la sépulture parmi les chrétiens.

Quant aux Brabançons, Aragonais, Navarrais, Basques, Cottereaux et Triaverdins, qui ne respectent ni les églises ni les monastères, et n'épargnent ni veuves ni orphelins, ni âge ni sexe, mais pillent et désolent tout comme des païens, nous ordonnons pareillement que ceux qui les auront soudoyés, retenus ou protégés, soient dénoncés excommuniés dans les églises, les dimanches et les fêtes, et ne soient absous qu'après avoir renoncé à cette pernicieuse société. Or, tous ceux qui se sont engagés à eux par quelque traité doivent savoir qu'ils sont quittes de tout hommage ou serment qu'ils pourraient leur avoir fait. Au contraire, nous leur enjoignons, à eux et à tous les fidèles, pour la rémission de leurs péchés, de s'opposer courageusement à ces ravages et de défendre les chrétiens contre ces malheureux dont nous désirons que les biens soient confisqués, et qu'il soit libre aux seigneurs de réduire les personnes en servitude. Quant à ceux qui mourront vraiment pénitents en leur faisant la guerre, ils ne doivent point douter qu'ils ne reçoivent le pardon de leurs péchés et la récompense éternelle. Nous remettons aussi à tous ceux qui prendront les armes contre eux, deux années de leur pénitence, laissant à la discrétion des évêques de leur accorder, selon leur travail, une plus grande indulgence ; et, en attendant, nous les prenons sous la protection de l'Eglise, comme ceux qui visitent le saint sépulcre. Mais ceux qui mépriseront les exhortations des évêques pour prendre les armes contre ces méchants, seront excommuniés (Can. 27).

Dans ce canon, le concile de Latran joint ensemble les *Patarins* et les *Cottereaux* : c'était en effet comme deux branches du même tronc. Les uns propageaient parmi le peuple les principes d'anarchie et d'impiété ; les autres les mettaient en pratique par le fer et le feu. C'était vraiment le mystère d'iniquité auquel l'enfer ne cesse de travailler, et auquel se réunissaient naturellement les bandits de toute nation.

Au concile de Latran, vinrent plusieurs ecclésiastiques d'Allemagne, ordonnés par les schismatiques, espérant obtenir grâce du Pape. Il y vint principalement des clercs et des moines de l'Eglise d'Halberstadt, que l'évêque avait déchirée. Le Pape usa d'indulgence à leur égard, parce que Géron n'avait pas été ordonné par un schismatique, mais par Hartwic, archevêque catholique de Brême. Il fut donc permis à ceux qu'il avait ordonnés, non-seulement d'exercer leurs fonctions, mais de monter aux ordres supérieurs. Géron lui-même obtint la liberté d'exercer partout les fonctions épiscopales. Christian, archevêque de Mayence, et Philippe de Cologne, ayant abjuré le schisme et quitté les *palliums* qu'ils avaient reçus des antipapes, en reçurent de nouveaux du cardinal Hyacinthe. A la mort de l'archevêque Baudouin de Brême, arrivée l'année précédente 1178, on avait élu pour lui succéder le docteur Bertold, qui se présenta au Pape durant le concile. Mais son élection ayant été examinée, fut trouvée irrégulière et cassée. Sifrid, évêque de Brandebourg, et fils du marquis Albert, fut élu ensuite archevêque de Brême (Arnold, *Chron. Slav.*, l. 2, c. 28 ; Alb. Stad., an 1179).

Dans le même concile, le pape Alexandre III nomma saint Laurent, archevêque de Dublin, son légat en Irlande. Ce bon archevêque avait failli être tué, quelques années auparavant, d'une manière assez étrange. Il était venu trouver à Cantorbéry le roi Henri d'Angleterre pour des affaires de son diocèse. Les moines de l'église métropolitaine, qui le vénéraient comme un saint, le prièrent de leur chanter la messe solennelle le jour suivant. Ayant acquiescé à leur demande, il passa la nuit en prières devant les reliques de saint Thomas. Le lendemain, comme il allait à l'autel, voilà qu'un homme perce la foule, et, armé d'un énorme bâton, lui assène sur la tête un coup si terrible, qu'il le renverse par terre. Le meurtrier était un fou qui, entendant dire à tout le monde que c'était un saint, alla s'imaginer que ce serait une œuvre méritoire d'en faire un martyr et un autre saint Thomas. Les moines et les autres assistants, le croyant blessé à mort, se prosternèrent sur le visage, fondant en larmes. Le saint évêque, revenu à lui-même, demanda de l'eau, la bénit et s'en fit laver la plaie. Le sang s'arrêta aussitôt, et le saint prélat se trouva si bien guéri, qu'il commença et acheva tranquillement la messe. L'auteur qui rapporte ce miracle et qui en fut témoin oculaire, assure qu'on remarqua, à la mort du saint, qu'il avait une fracture au crâne. Le roi voulut faire mettre à mort l'assassin ; mais Laurent intercéda pour lui, et obtint sa grâce.

Arrivé donc à Rome pour le concile général de Latran, il exposa au Pape l'état de l'Eglise d'Irlande, le priant de remédier aux abus qui y régnaient et d'en maintenir les libertés. Alexandre, connaissant sa sainteté, sa prudence et son courage, non-seulement lui donna des règlements convenables, mais le nomma lui-même son légat pour les exécuter. De retour en Irlande, avec l'autorité de légat apostolique, il s'en servit efficacement pour retrancher les abus. Il signala surtout son zèle contre l'incontinence des clercs. Quoiqu'il eût bien pu absoudre les coupables, il les renvoyait à Rome, au Pape même, afin qu'ils sentissent plus vivement leur faute.

Cependant une grande famine affligea l'Irlande pendant trois années entières. La charité du bon pasteur fut encore plus grande que la famine. Tous les jours il nourrissait cinq cents pauvres du dehors, sans compter trois cents de son diocèse, auxquels il procurait la nourriture et le vêtement. Bien des mères qui ne pouvaient plus nourrir leurs enfants, les exposaient à la porte du palais de l'archevêque, ou dans les lieux où il devait passer. Elles savaient qu'il avait une tendresse maternelle, et qu'il ne leur manquerait pas. En effet, se souvenant de cette parole du Seigneur : *Si quelqu'un reçoit un de ces petits en mon nom*, il les recueillit tous, et leur servit à tous de père nourricier. Il en plaça environ deux cents chez les vassaux de l'archevêché, sans compter ceux qu'il nourrissait dans la ville et dans son propre palais.

A la famine vint se joindre un autre fléau, la multitude des brigands. Comme le saint archevêque allait de Dublin à Watterford, un chevalier, puis un écrivain avec sa femme et son petit enfant, se joignirent à sa compagnie, persuadés qu'il y aurait moins à craindre, s'ils venaient à tomber entre les mains des malfaiteurs. En effet, comme ils traversaient une forêt, une troupe de brigands vinrent tout à coup les assaillir, en disant à l'archevêque qu'il n'avait rien à craindre, pourvu qu'il leur livrât le soldat du roi. Il répondit qu'il aimait mieux mourir que de ne pas le défendre, et il lui fit un rempart de son corps. Le soldat eut la vie sauve, mais l'écrivain fut tué, et tous les ecclésiastiques dépouillés. Arrivé dans la ville la plus proche l'archevêque fit avertir les larrons qu'ils eussent à cesser leur brigandage et à en faire pénitence, sans quoi il les excommunierait. Comme ils s'y refusèrent, il les excommunia effectivement. Eux, ayant appris comment la chose s'était faite, se dirent les uns aux autres : Excommunions nous-mêmes l'archevêque ! Ils prirent les boyaux d'un bœuf qu'ils avaient volé et s'en firent des étoles, des tisons enflammés en guise de cierges, hurlèrent dans un livre pour se moquer des anathèmes de l'Eglise, et puis éteignirent leurs tisons dans l'eau. Mais, dès le lendemain, l'un d'eux mourut de froid, quoiqu'il eût quatre vêtements sur le corps et que le froid fût très-supportable. Le chef de la bande périt le troisième jour, et successivement tous les autres dans l'année. Quant à la femme et à l'enfant de l'écrivain qui avait été tué, le saint archevêque fournit à la veuve de quoi subsister, et adopta son enfant.

Il s'était élevé un grand différend entre Henri II, roi d'Angleterre, et Déronog, le plus puissant roi d'Irlande. Laurent fit un voyage en Angleterre, dans l'espérance de les réconcilier. Mais Henri ne voulut point y entendre, défendit même de laisser retourner le saint prélat en Irlande, et s'embarqua pour la Normandie. Laurent se retira dans le monastère d'Abingdon, où il passa trois semaines. Ensuite, pressé par le désir de procurer la paix, il partit pour la France, afin de faire de nouvelles tentatives auprès du roi d'Angleterre. Henri persistait toujours dans son refus. Il se lassa cependant, et le saint archevêque obtint tout ce qu'il demandait. Le roi s'en rapporta même à lui sur les conditions.

Au milieu de ces négociations charitables pour la paix publique, le saint tomba malade, et la fièvre l'obligea de s'arrêter en route. Il se retira dans le monastère des chanoines réguliers de la ville d'Eu, qui est à l'entrée de la Normandie. Le bon archevêque dit en y entrant : *C'est ici le lieu de mon repos pour toujours, j'y demeurerai, parce que je l'ai choisi.* Il se confessa à l'abbé, qu'il pria même de le recevoir au nombre de ses religieux, et reçut de lui l'extrême-onction et le saint viatique. Quelqu'un lui ayant proposé de faire son testament, il répondit : De quoi me parlez-vous ? Je remercie Dieu de n'avoir pas un sou dans le monde dont je puisse disposer. Il mourut le 14 novembre 1181, et fut enterré dans l'église de l'abbaye. Thibaud, archevêque de Rouen, et trois autres commissaires firent, par ordre du pape Honorius III, une information juridique sur plusieurs miracles opérés par l'intercession du saint archevêque de Dublin, et envoyèrent leur procès-verbal à Rome. Honorius canonisa le serviteur de Dieu en 1226, et il parle dans sa bulle de sept morts ressuscités. La vie du saint fut écrite en très-bon style par un religieux du monastère d'Eu, sur les mémoires des témoins oculaires et sur ce qu'il avait vu lui-même (1).

Un autre saint évêque avait terminé sa carrière trois ans auparavant, saint Anthelme, évêque de Belley, autrefois prieur de la grande Chartreuse. Depuis son épiscopat, il ajouta plutôt à ses austérités corporelles qu'il n'en diminua. Il faisait l'office divin, non dans sa chapelle, mais dans la cathédrale, avec les chanoines, pour s'en acquitter avec plus de dignité. Il eut un grand soin de purifier son clergé, et, après les exhortations charitables, il déposa six ou sept prêtres concubinaires. Il n'avait pas moins de zèle pour le bien de son peuple. Par la négligence du comte Humbert de Savoie, les malfaiteurs se multipliaient, non-seulement dans le diocèse de Belley, mais dans la Savoie entière. Ils vexaient sans crainte les clercs, les veuves, les orphelins et les pauvres. Seul, Anthelme entreprit de réprimer leurs brigandages, ce que n'avait osé tenter aucun des évêques. Il menaça d'abord les coupables, et les frappa de l'excommunication. Ils avaient beau le menacer à leur tour, lui qui ne demandait pas mieux que d'endurer le martyre pour la justice, ils étaient réduits finalement à se soumettre malgré qu'ils en eussent, et à faire pénitence. On en vit une preuve dans le comte même de Savoie.

(1) *Apud Surium*, 14 novembr., et la bulle de sa canonisation : *Bullarium Rom.*, t. I, p. 96.

Ce prince ayant fait emprisonner injustement un prêtre du diocèse de Belley, le saint évêque le redemanda, et, sur son refus, il excommunia le prévôt qui l'avait fait arrêter. Il fit ensuite sortir le prêtre de prison, par le moyen de l'évêque de Saint-Jean de Maurienne. Les gens du prévôt tuèrent ce prêtre, et saint Anthelme, qui avait d'ailleurs quelque différend avec le comte Humbert touchant les droits de son Eglise, le menaça de l'excommunier, s'il ne se désistait de ses injustes entreprises, et s'il ne faisait faire satisfaction pour le meurtre du prêtre. Le comte, en colère, le menaça de son côté. L'évêque réitéra ses admonitions ; le comte s'en moqua, disant qu'il avait un privilège du Pape pour ne pouvoir être excommunié. L'évêque excommunia le prince, en sa présence même. Le prince, furieux, le menace de tous les maux, les courtisans ajoutent qu'il mérite d'être puni sur-le-champ. L'évêque, plus intrépide que jamais, excommunie une seconde fois le prince, le livre à Satan et le frappe d'anathème. Tous les assistants tremblaient pour l'évêque, qui ne tremblait pas. Le comte se plaignit au Pape Alexandre de l'infraction de son privilège. Le Pape manda au bienheureux Anthelme, par saint Pierre, archevêque de Tarentaise, et un autre évêque, de lever cette excommunication comme ayant été faite légèrement. Il leur donna en même temps commission d'absoudre le comte, si le saint, dont il connaissait la fermeté, refusait de le faire. Les évêques pressèrent Anthelme d'obéir au souverain Pontife et d'apaiser le prince. Mais il répondit : Celui qui a été lié justement ne doit pas être délié qu'il n'ait satisfait par la pénitence à celui qu'il a offensé. Saint Pierre lui-même n'a pas reçu le pouvoir de lier ou de délier ce qui ne doit pas l'être. Soyez donc assurés que je ne me relâcherai point de la sentence que j'ai prononcée justement, à moins qu'il ne satisfasse pour son offense. Les deux prélats se retirèrent sans oser passer outre. Mais le Pape, l'ayant appris, donna lui-même l'absolution au comte, et le fit savoir à Anthelme.

Il en fut touché au point qu'il quitta son évêché, et se retira dans la cellule de la Chartreuse, pour ne plus penser qu'à servir Dieu dans le silence. Tout le pays fut alarmé de sa retraite, et on députa au Pape, qui le contraignit de revenir à son Eglise. Cependant le comte, quoique absous par le Pape, n'osait se croire véritablement absous ni se présenter jusqu'à ce que, s'étant humilié devant le saint évêque et ayant promis de satisfaire à la pénitence qu'il lui ordonna, il eût reçu de lui l'absolution. Anthelme, qui l'avait toujours beaucoup aimé, même dans le moment qu'il le séparait de l'Eglise, l'exhorta depuis avec plus d'affection et de familiarité à faire le bien. Mais le voyant retomber dans sa négligence, manquer à ses promesses, et, au lieu de réprimer les désordres, en laisser commettre de plus grands encore, il lui fit de sévères reproches. Le comte le prit en haine, et disait souvent que nul homme sous le ciel ne lui était aussi odieux. Il lui faisait de grandes menaces, mais le respectait malgré lui, à cause de sa sainteté. Si un autre lui avait fait du mal, il en eût été bien aise. Un jour que l'évêque le sommait d'accomplir ses promesses et de réparer ses torts : « Je suis prêt à vous répondre devant un tribunal séculier, » répondit le comte. L'évêque répliqua : « Vous me citez devant un tribunal de la terre, et moi je vous cite devant le tribunal du ciel, au dernier jour, devant le juste juge, qui est Dieu ! »

Anthelme s'était acquis par sa vertu une autorité merveilleuse. Tout l'ordre des chartreux le regardait comme son supérieur général, et tous les prieurs étaient sous sa dépendance : aussi veillait-il avec un grand zèle pour y prévenir le moindre relâchement. Quand il se trouvait dans des conciles ou dans des assemblées pour affaires temporelles, il n'y avait ni évêque ni autre, de quelque rang qu'il fût, qui ne lui cédât : la cour de Rome elle-même le respectait. Aussi ne craignit-il point de reprendre, en qui que ce fût, ce qui était répréhensible, et, comme on voyait que ses corrections n'avaient pour principe que la charité, la plupart les recevaient de bon cœur. Quant aux pécheurs qui venaient à pénitence, il était plein de miséricorde, et mêlait ses larmes avec les leurs. Sa compassion pour les pauvres ne pouvait être plus grande. Il n'avait rien qui ne fût à eux ; ne se réservant que ce qu'il fallait pour sa subsistance, il leur distribuait tout le reste. Sa prédilection était pour deux communautés très-pauvres de son diocèse, l'une de veuves et de vierges, l'autre de lépreux. L'année de sa mort fut une année de famine, où il régla de bonne heure tout ce qu'il ferait d'aumônes chaque jour, jusqu'au 26 juin, qui fut celui-là même où il passa de la terre au ciel.

Dans sa dernière maladie, comme on l'exhortait à pardonner au comte de Savoie, il répondit : « Je n'en ferai rien, à moins qu'il ne se désiste de son injuste prétention, qu'il me promette de ne jamais rien demander à cette Église, et ne se reconnaisse coupable de la mort de ce prêtre. » Personne n'osait rapporter ce discours au comte, qui était dans le même lieu. Il n'y eut que deux chartreux, autrefois grands seigneurs dans le monde, qui s'en chargèrent. Le comte Humbert, touché de Dieu, fondit en larmes, vint trouver le saint homme, reconnut sa faute, renonça à sa prétention et demanda pardon. L'homme de Dieu lui imposa les mains, et, le bénissant, il dit : « Que le Dieu tout-puissant, Père, Fils et Saint-Esprit vous accorde l'abondance de sa bénédiction et de sa grâce, qu'il vous fasse croître et multiplier, vous et votre fils. » Comme le comte n'avait qu'une fille, les assistants crurent que le saint vieillard se méprenait, et voulurent lui faire dire votre fille. Mais il répéta jusqu'à trois fois avec insistance, vous et votre fils. L'événement justifia la prophétie du pontife mourant. Le comte eut dans l'année un fils, de qui descend la maison de Savoie. Saint Anthelme mourut le 26 juin 1178, âgé de plus de soixante-dix ans, et dans la quinzième année de son épiscopat. L'Église honore sa mémoire le jour de sa mort (*Acta Sanct.*, 26 *junii*).

Le roi de France, Louis le Jeune, devenu paralytique à son retour d'Angleterre, mourut à Paris, le 18 septembre 1180, âgé de soixante ans ; il en avait régné quarante-trois depuis la mort de son père. Il mourut, méritant l'éloge qui lui est donné par un de ses contemporains, Guillaume de Neubrige, d'avoir été un homme d'une dévotion fervente envers Dieu, et d'une extrême douceur pour ses sujets, plein de vénération pour les ordres sacrés, mais plus simple qu'il n'aurait convenu à un prince : car, se fiant plus qu'il n'aurait dû aux conseils des grands seigneurs, qui ne se souciaient point de ce qui est honnête ou équitable, il imprima plus d'une tache grave à son caractère louable (Guill. Neubrig., l. 3).

Cet éloge peint assez bien Louis VII, autrement Louis le Jeune. Ce prince avait peu de ce que l'on admire, mais beaucoup de ce que l'on aime. Sa piété était celle d'un religieux. Il observait trois carêmes.. celui de Saint-Martin, celui de l'Avent et le grand carême devant Pâques ; il faisait de plus une abstinence particulière tous les vendredis. C'est ce qu'on voit par une lettre que lui écrivit, en 1164, le pape Alexandre (Alex., *Epist.* 53 ; Labbe, t. X). Louis VII fut enterré dans le monastère cistercien de Barbeau, près de Melun, qu'il avait fondé en 1147. Son fils unique, Philippe-Auguste, âgé de quinze ans, régna à sa place.

Le 25 octobre de la même année 1180, mourut le docte Jean de Salisbury, évêque de Chartres, ami, disciple et confident de saint Thomas de Cantorbéry, dont il a écrit entre autres la vie. Jean eut pour successeur sur le siège de Chartres son ami particulier, Pierre de Celle, qui n'était ni moins pieux ni moins savant (*Gallia Christiana*).

La même année vit encore mourir l'empereur Manuel de Constantinople. Quelque temps auparavant, il avait eu une contestation avec le patriarche Théodose et d'autres évêques, au sujet d'un anathème contre le dieu de Mahomet, qui se trouvait dans le catéchisme des Grecs. L'empereur désapprouvait cet anathème, et apportait des raisons pour l'abolir. Le patriarche et les évêques furent d'un avis différent. L'empereur, déjà malade, se plaignit de leur résistance et les menaça d'assembler un plus grand concile, et même de faire examiner cette question par le Pape. Enfin, après trois mois de contestations, on convint, de part et d'autre, que l'on effacerait des catéchismes l'anathème au dieu de Mahomet, et que l'on mettrait seulement : *Anathème à Mahomet et à toute sa doctrine et à sa secte* (Nicétas, l. 7, p. 142).

Le patriarche Théodose voyant l'empereur dangereusement malade, lui conseillait, pendant qu'il était encore temps et qu'il avait l'esprit sain, de donner ordre aux affaires de l'empire et de chercher un homme capable de conduire son fils Alexis, qu'il laissait en bas âge. Mais l'empereur lui répondit qu'il était assuré de ne pas mourir de cette maladie, et de vivre encore quatorze ans. C'est qu'il croyait à des astrologues, qui lui promettaient une prompte guérison et de grandes conquêtes. Toutefois la maladie augmentant toujours, il vit enfin s'évanouir ces espérances, et, par le conseil du patriarche, il signa un écrit contre l'astrologie. Ensuite, s'étant lui-même tâté le pouls, il se frappa la cuisse, en jetant un grand soupir, et demanda subitement l'habit monastique. Dans cette surprise, on en prit un tel qu'on put le trouver, et on l'en revêtit par-dessus ses habits ordinaires, quoiqu'il se trouvât trop court et indécent.

L'empereur Manuel mourut ainsi le 24 septembre 1180, après trente-sept ans et demi de règne. Son fils, Alexis Comnène, qu'il avait fiancé avec Agnès de France, fille du roi Louis le Jeune, lui succéda, âgé d'environ treize ans, sous la conduite de sa mère Marie, fille de Raymond, prince d'Antioche, laquelle était gouvernée elle-même par Alexis Comnène, protovestiaire ou grand-maître de la garde-robe, cousin du défunt empereur (Nicétas, l. 7).

Guillaume, archevêque de Tyr, revenant du concile de Latran, passa l'hiver à Constantinople, et n'en partit que le mercredi de Pâques, 23 avril de cette année 1180. Il loue extrêmement la magnificence de l'empereur Manuel, particulièrement ses aumônes, et dit que son âme est allée au ciel et que sa mémoire est en bénédiction (Guill. Tyr, l. 22, n. 4 et 5). Ce qui montre que ce prélat, tout Latin qu'il était, le tenait pour catholique. Aussi avons-nous vu que l'empereur Manuel entretenait commerce avec le pape Alexandre, comme un fils avec son père; et on ne peut dire que, de son temps, le schisme des Grecs fût encore formé.

Encore la même année 1180, mourut Amauri, patriarche latin de Jérusalem; à cause de sa simplicité, il avait été peu utile à son Eglise. Son successeur fut Héraclius, auparavant archevêque de Césarée, homme de si mauvais exemple, qu'il entretenait publiquement une femme que le peuple nommait la *patriarche*, lorsqu'il la voyait passer dans les rues magnifiquement parée. A l'élection de cet indigne prélat, on disait tout haut : *La croix sera perdue sous le patriarche Héraclius, comme elle a été recouvrée sous l'empereur Héraclius*; ce qui fut confirmé par l'événement. Il tint le siége de Jérusalem onze ans.

Les affaires de ce royaume dépérissaient à vue d'œil, par l'accroissement de la puissance de Saladin, fils d'Ayoub, qui, après s'être rendu maître de l'Egypte, s'étendait dans la Syrie, avait pris Damas, et menaçait tout le reste de la succession de Noureddin, fils de Zengui. Ainsi les forces des infidèles étaient réunies, au lieu que quatre-vingts ans auparavant, quand les Francs entrèrent dans le pays, elles étaient divisées entre un grand nombre de seigneurs. Les Francs étaient d'ailleurs affaiblis en eux-mêmes par l'extrême corruption de leurs mœurs et leur incapacité dans la guerre et les exercices militaires. C'est ainsi qu'en parle Guillaume de Tyr, qui prévoyait avec douleur la ruine prochaine de cet état (*Ibid.*, l. 21, n. 5, 6, 7). On en donna la régence, pendant le bas âge du roi Baudouin IV, à Raymond III, comte de Tripoli, descendu de Raymond, comte de Toulouse, et parent du jeune roi; et on résolut de s'opposer avec toutes les forces du royaume aux progrès de Saladin. En effet, ce prince étant venu attaquer Ascalon, en 1177, le roi Baudouin marcha contre lui, et il y eut une grande bataille où Saladin fut entièrement défait; mais, peu de temps après, le comte de Tripoli, qui assiégeait Harenc, c'est-à-dire Harem, château dépendant d'Alep, leva le siége lorsque la place était prête à se rendre; et il le fit pour de l'argent, qu'il reçut du jeune sultan Saleh Ismaël : ce qui confirma l'opinion que l'on avait que le comte s'entendait avec les Sarrasins, chez lesquels il avait été longtemps captif, et même avec Saladin (*Ibid.*, l. 21, n. 20, 23, 25; Vie manuscrite de Saladin).

L'année suivante 1178, le roi Baudouin entreprit de bâtir un château sur le bord du Jourdain, au lieu nommé le *Gué de Jacob*, pour s'opposer aux courses des voleurs arabes et des garnisons des places voisines. Ce lieu était ainsi nommé, parce que l'on croyait que c'était l'endroit où Jacob, revenant de Mésopotamie, avait passé le Jourdain; et on le nommait aussi *la maison de Jacob*. La forteresse étant bâtie, le roi en donna la garde aux Templiers; mais; comme ce prince croyait surprendre les ennemis, ils le surprirent lui-même dans des rochers; le combat fut rude, plusieurs hommes de marque y furent tués, et on eut bien de la peine à sauver le roi. Cependant Saladin assiégea la nouvelle forteresse; et, durant le siége, il vint avec une partie de son armée vers Sidon, où il y eut encore un rude combat. Les croisés y furent battus et plusieurs pris, entre autres Odon de Saint-Amand, maître des Templiers, homme méchant, superbe et arrogant, qui n'avait ni crainte de Dieu, ni égard pour les hommes, tant cet ordre avait déjà dégénéré. Cette perte arriva le 10 avril 1179. Ensuite Saladin prit la forteresse du Gué de Jacob, et la démolit (Guillaume de Tyr, l. 21, n. 26-29).

Le pape Alexandre, ayant appris ces tristes nouvelles, écrivit, le 16 janvier 1181, deux lettres, l'une à tous les princes et à tous les fidèles, l'autre à tous les prélats. Il y représente, avec une profonde douleur, l'extrême danger où se trouve le royaume de Jérusalem, dont le roi Baudouin, affligé d'une lèpre toujours croissante, est peu en état d'agir, et où l'on manque à la fois et d'hommes braves et d'hommes de bon conseil. Il exhorte donc à marcher au secours, disant que ce n'est pas être chrétien, que de n'être pas touché des malheurs de la terre sainte. Il adresse, entre autres, ces paroles aux rois et aux peuples de l'Europe : « Pourvoyez de tous vos efforts à ce que la chrétienté ne succombe point devant la gentilité; car il vaut mieux prévenir à temps un malheur à venir, que d'y porter remède quand il est venu. » Ces paroles du chef de l'Eglise sont remarquables. On y voit la lutte dans toute sa grandeur : la chrétienté d'un côté, la gentilité de l'autre, et le champ de bataille dans la Palestine. Le Pape promet à ceux qui feront le voyage l'indulgence accordée par Urbain II et Eugène III, et met sous la protection de l'Eglise leurs femmes, leurs enfants et leurs biens. Il leur permet, pour emprunter l'argent nécessaire à ce voyage, d'engager leurs héritages aux ecclésiastiques ou d'autres, au refus des parents et des seigneurs féodaux. La lettre aux prélats est pour leur enjoindre de prêcher la croisade et de faire tenir partout la lettre précédente (Alex. III, *Epist.* 59 et 60). Les porteurs de ces lettres étaient des Templiers et des Hospitaliers, qui les présentèrent aux deux rois Philippe de France et Henri d'Angleterre, dans une conférence, en Normandie, le 27 avril 1181. Les deux rois furent extrêmement touchés de la désolation de la terre sainte, et promirent d'y envoyer un prompt secours (Roger Hoved., p. 611).

Le pape Alexandre III ne vit pas les résultats de ses efforts. Il mourut le 30 août de cette même année 1181, après avoir tenu le Saint-Siége près de vingt-deux ans : Pontife si accompli, que Voltaire lui-même n'a pu s'empêcher d'écrire à la tête d'un chapitre de son histoire : *Belle conduite du pape Alexandre III, vainqueur de l'empereur par la politique, et bienfaiteur du genre humain* (*Essai sur l'histoire générale*, c. 44).

LIVRE SOIXANTE-DIXIÈME.

Caractère et mouvement général des différents peuples de l'univers, à la fin du XIIe siècle.

(De la mort du pape Alexandre III [1181], à l'avénement du pape Innocent III [1198].)

Le voyageur qui navigue sur l'Océan ne s'étonne pas d'y rencontrer des vents et des tempêtes; il s'étonnerait, au contraire, s'il n'en rencontrait point. Les vents lui sont même nécessaires pour faire sa route. Les tempêtes qui remuent l'Océan jusque dans ses abîmes sont utiles, nécessaires peut-être pour en empêcher la corruption et pour entretenir la salubrité de l'atmosphère; l'homme y apprend à déployer toutes les ressources de son intelligence et de sa force, pour échapper au naufrage; il y apprend surtout à reconnaître par expérience que l'intelligence et la force de l'homme sont bien vite à bout, et qu'il n'y a de salut que dans la protection de celui qui commande aux vents et à la mer.

Le chrétien y voit de près, avec le psalmiste, *combien le Seigneur est grand, admirable dans ces prodigieux élancements de la mer, dans ces voix mugissantes des flots, dans les hauteurs et les profondeurs de l'Océan soulevé* (Psalm. 92). *Coup sur coup, le navire monte jusqu'aux cieux, descend jusqu'aux abîmes; le pilote et les nautonniers chancellent comme des hommes ivres, toute leur sagesse est engloutie, leur âme se consume d'angoisse* (*Ibid.* 106). Au plus fort de la tourmente, le chrétien, résigné entre les mains de celui qui a compté tous les cheveux de notre tête, de celui qui a dit à l'Océan: *Tu viendras jusqu'ici, et tu n'iras pas au delà; c'est ici que tu briseras l'orgueil de tes flots* (Job); le chrétien, au plus fort de la tourmente, fait tranquillement et courageusement ce qui est à faire; son corps travaille, son âme prie, et plus d'une fois il se trouve que c'est la tempête même qui l'a sauvé du naufrage et conduit au port.

Embarqué dans le vaisseau de l'Eglise, sur la mer orageuse du monde, pour arriver au port de l'éternité bienheureuse, le chrétien ne s'étonne pas de rencontrer sur sa route des vents, des tempêtes, des monstres marins; les vents déchaînés des passions humaines, les tempêtes suscitées par l'enfer; des schismes, des hérésies, des scandales, des guerres, des révolutions qui agitent et brisent les nations comme les flots de la mer, et remuent le genre humain jusque dans ses abîmes. Il sait que tout cela est utile, nécessaire même pour éprouver les individus et les nations, comme les métaux dans la fournaise. Il sait que tout cela est utile, nécessaire même pour glorifier Dieu et son Eglise.

Sans les siècles de persécution de l'empire des Romains et de l'empire des Perses contre l'Eglise naissante, le monde eût-il jamais vu cette multitude innombrable de martyrs, glorifiant Dieu et son Eglise par le témoignage de leur sang? le monde eût-il jamais pu croire que l'Eglise naissante, l'Eglise dans sa faiblesse, était plus forte que les deux plus forts empires de la terre? Sans les terribles invasions des Barbares au Nord et au Midi, qui ont brisé et mis en pièces, et l'empire des Perses, et l'empire des Romains, le monde se fût-il imaginé jamais que l'Eglise, non-seulement ne succomberait point à ce déluge de Barbares, mais qu'elle en ferait ses plus fidèles enfants, mais qu'elle en ferait un monde nouveau, plus humain, plus éclairé, et en même temps plus durable que l'ancien? Parmi les empereurs chrétiens, si tous avaient été des Théodose et des Charlemagne, si l'Eglise n'avait pas été attaquée plus d'une fois dans sa liberté et son indépendance, et par les empereurs de Constantinople, et par les empereurs de Germanie, le monde n'eût-il pas eu lieu de penser que l'Eglise ne se soutenait que par l'autorité des princes? le monde aurait-il pu se convaincre par l'expérience que l'Eglise, plus puissante à elle seule que les peuples et les rois, était également la mère, la règle souveraine, la conseillère fidèle et le plus ferme appui des uns et des autres? Si, dans le cours des siècles, des hérésies de toute espèce n'étaient venues attaquer l'Eglise, et sur l'ensemble des vérités qu'elle enseigne, et sur chacune de ces vérités, le monde n'eût-il pas dit que la doctrine chrétienne, reçue de confiance, ne pouvait soutenir l'examen de la raison humaine? eût-il jamais soupçonné que plus elle est attaquée et contredite, plus elle se montre brillante, comme l'or de la fournaise? Si les schismes et les divisions, fomentés bien souvent par la puissance séculière, n'avaient pas fait tant d'efforts pour déchirer l'unité de l'Eglise, principalement dans l'unité de son chef, le monde n'eût-il pas pu croire que l'unité de l'Eglise n'est qu'une unité purement politique et humaine, et non pas une unité vivante et divine, de laquelle tout ce qui se détache languit et meurt? Si la corruption originelle de l'homme ne s'était pas fait sentir bien des fois dans l'Eglise même, par le relâchement des mœurs, par des abus et des scandales, le monde eût-il pu soupçonner à l'Eglise la vertu surhumaine de se servir à elle-même de remède et de tirer de ses plaies mêmes une vie nouvelle? Voilà comme le chrétien envisage l'histoire de l'Eglise et l'histoire du monde.

Vers la fin du XIIe siècle, une grande révolution, dont les suites ont subsisté jusqu'au XIXe, commença parmi les peuples du fond de l'Asie: révolution qui dès lors servit au catholicisme pour pénétrer parmi les Tartares, les Mogols, les Chinois et les Hindous; révolution qui, de nos jours, vers le milieu du XIXᵉ siècle, semble en appeler une autre pour faire entrer tous ces peuples dans l'orbite de la chrétienté européenne, et les amener insensiblement à l'unité de l'Eglise catholique.

Les Tartares et les Mogols ou Mongols, suivant leur tradition, descendent de Tatar et de Mogol, fils de Turk, fils de Japhet, fils de Noé. Souvent ils donnent à Japhet le nom d'*Aboul-Turk* ou *Père de Turk*, et à Turk le nom de *Japhet-Oglan* ou Fils de Japhet. Aussi les Mogols et les Tartares sont-ils souvent désignés par les historiens orientaux sous le nom commun d'*Atrak*, pluriel de Turk.

C'est à Japhet que les Mogols et les Tartares rapportent leur législation primitive. Ces deux grandes nations sont divisées en plusieurs tribus. Leurs rois s'appellent ordinairement *khan* ou *kakhan*. Le chef ou le suzerain de ces rois était le grand khan. Parmi les tribus de ces peuples, quelques-unes étaient nomades, les autres locales; vers la fin du XIIᵉ siècle, il y avait des tribus chrétiennes (D'Herbelot, *Biblioth. orient.*, art. Turk). A cette époque même, le grand khan des Tartares et des Mogols était Avenk ou Ung-Khan, prince chrétien de la tribu de Kerit. Abulfarage, auteur chrétien de l'époque et qui mourut primat des chrétiens jacobites d'Orient, l'appelle *Malek Johanna*, le *roi Jean*, dans son *Histoire universelle*. C'est celui que nos historiens et nos voyageurs ont appelé le *prêtre Jean*, parce qu'il était en effet prêtre. Il eut pour gendre le fameux Ginguiskhan, nommé d'abord Temoudjin.

Ginguiskhan naquit l'année 1163 de l'ère chrétienne. A l'âge de 13 ans, il perdit son père, qui était chef ou khan d'une tribu mogole. Temoudjin succédait à son père; mais les chefs de tribus et de familles qui étaient dans la dépendance de ce jeune khan, imaginèrent qu'il serait facile de l'écarter ou même de le supplanter. Il n'hésita pas à conduire lui-même trente mille hommes contre les rebelles. L'avantage ayant été indécis dans une première action, Temoudjin revint à la charge et remporta une victoire complète.

Après le combat, il prodigua les récompenses aux officiers et aux soldats, leur distribua les prisonniers qu'ils emmenèrent en esclavage, ne se réservant que les principaux rebelles, qu'il fit plonger dans soixante-dix chaudières bouillantes, la tête la première. Voilà ce que disent quelques historiens. Suivant d'autres, Temoudjin s'était réfugié chez Ung-Khan, prince chrétien des Keraïtes et grand khan des Tartares, dont il épousa une fille, et chez lequel il resta jusqu'à l'âge de vingt ans. Ce ne fut qu'après cela qu'il remporta cette grande victoire et exerça cette terrible vengeance contre les rebelles. Plus tard, le gendre et le beau-père se brouillèrent; une grande bataille eut lieu l'an 1202. Temoudjin remporta la victoire. Ung-Khan, son beau-père, perdit quarante mille hommes et fut lui-même tué dans la fuite. Une ligue plus formidable se forma contre le vainqueur, qui la défit dans une bataille non moins sanglante. Il fut alors proclamé grand khan et reçut le nom de Ginguiskhan ou roi des rois, et publia un code de lois civiles et militaires, dont les Mogols font remonter l'origine à Japhet. Il y fut ordonné de croire qu'il n'y a qu'un Dieu, créateur du ciel et de la terre, qui seul donne la vie et la mort, les biens et la pauvreté, qui accorde et refuse tout ce qui lui plaît, et qui a sur toutes choses un pouvoir absolu. Ginguiskhan avait alors une quarantaine d'années et faisait habituellement sa résidence à Caracoroum, capitale de la tribu des Keraïtes. Il accueillait tellement les hommes de toutes les religions, qu'on ne sait point au juste laquelle il professait lui-même. Il voulait que chacun eût la liberté de professer celle qui lui plairait davantage, pourvu qu'on crût qu'il n'y a qu'un seul Dieu. Parmi ses enfants et les princes de sa famille, il y en avait de chrétiens, de juifs et de mahométans (1).

La vie entière de Ginguiskhan fut une suite non interrompue de guerres, de batailles, de victoires et de conquêtes. Il subjugua successivement les divers peuples et royaumes des Mogols et des Tartares. En 1209, il franchit la grande muraille de la Chine; la capitale, nommée alors *Khan-Balec* ou Yen-King; et aujourd'hui Péking, fut prise d'assaut en 1215, saccagée, et l'incendie dura un mois. La Corée est rendue tributaire.

En 1218, Ginguiskhan, à la tête d'une armée de sept cent mille hommes, marche contre le sultan de Kharisme : cent soixante mille Kharismiens sont tués à la première bataille. Sans parler d'un grand nombre d'autres villes qui éprouvèrent le même sort, la fameuse Samarcande, capitale de la grande Boukharie, est emportée d'assaut, livrée au pillage et aux flammes, ses habitants massacrés, et le reste condamné à l'esclavage.

En 1231, les habitants de Balkh offrirent de se rendre; mais le conquérant mogol voulut jouir du spectacle d'un assaut, la population fut exterminée et la ville rasée. La prise de Bomyan lui coûta la vie d'un de ses petits-fils. Pour consoler la mère, il mit à sa discrétion les malheureux habitants. Elle les fit tous massacrer sans distinction d'âge ni de sexe; elle poussa même la cruauté jusqu'à vouloir qu'on ouvrît le ventre des femmes enceintes; enfin, les animaux furent égorgés. C'est ainsi que Ginguiskhan, et par lui-même et par ses fils, faisait la guerre, prenait les villes, subjuguait les royaumes, depuis l'extrémité de la Chine et de la Corée, à travers la Tartarie et l'Inde, jusqu'à Tauris, dans la Perse, et Kiow, dans la Russie. Car, en 1223, le grand-duc de Kiow fut fait prisonnier. Enfin, l'an 1227, Ginguiskhan, plus que sexagénaire, s'occupait à réduire la capitale et le royaume de Hia, ou Tangout, au nord de la Chine. Le roi de Tangout étant sorti de sa capitale assiégée, pour implorer la clémence du conquérant, fut pris par les assiégeants et mis à mort. La ville tomba en leur pouvoir et devint le théâtre de cruautés inouïes qui s'exercèrent ensuite dans toute l'étendue du royaume. On ne rencontrait partout que des ruines et des cadavres; les bois, les montagnes et les cavernes étaient remplis de malheureux qui cherchaient à se soustraire à la fureur du vainqueur. Enfin, les quatre-vingt-dix-huit centièmes de la population périrent. Ginguiskhan voulait, par cette exécution terrible, achever la soumission de la Chine entière, lorsqu'il

(1) D'Herbelot, *Biograph. univ.*, *Hist. univ.* par des Anglais t. VI et VII de l'*Hist. moderne*.

tomba malade, et, après avoir réglé les affaires de son empire avec ses enfants et ses généraux, mourut le 24 août 1227, après un règne de vingt-deux ans, âgé de soixante-six, maître absolu de Tauris jusqu'à Péking, c'est-à-dire d'un territoire de plus de mille cinq cents lieues de long.

Le caractère froidement atroce de ces guerres interminables est bien propre à nous faire sentir quel esprit de douceur et d'humanité le christianisme a introduit, jusque dans la guerre, entre peuples chrétiens. Comparez aux guerres de Ginguiskhan celles des guerres de l'Europe chrétienne, qui sont les plus cruelles de leur nature, les guerres civiles, et encore les guerres civiles de siècles réputés les plus barbares, celle du IXe entre Louis le Débonnaire et ses fils, celle du Xe entre la seconde et la troisième dynastie de France. Dans l'une et dans l'autre guerre, il n'y eut qu'une bataille; et la victoire, une fois décidée, bien loin de poursuivre les vaincus, les vainqueurs s'imposèrent eux-mêmes une pénitence pour expier la mort de leurs frères.

Les conquêtes de Ginguiskhan, continuées par ses fils, tout en ruinant bien des villes, en ravageant bien des royaumes, donnèrent toutefois à l'esprit humain une impulsion nouvelle, et l'occasion de faire les découvertes les plus étonnantes. Comme le conquérant mogol et ses descendants accordaient, non-seulement une entière sûreté, mais encore un accueil favorable, aux marchands, aux voyageurs, aux ambassadeurs de toutes les nations, la renommée en attirera de toutes parts à leur cour. Nous y verrons arriver des religieux envoyés par le Pape et par le roi de France. Des négociants, des voyageurs chrétiens de l'Occident y emploieront bien des années à visiter la Tartarie, l'Inde, la Chine; en étudiant les curiosités et les mœurs; ils verront le grand océan des Indes; ils en examineront les côtes; ils rapporteront en Europe des notions plus exactes sur l'Asie centrale et orientale, sur ses peuples, ses montagnes, ses fleuves, ses mers : l'Europe, étonnée, connaîtra comme un nouveau monde : les récits des premiers voyageurs paraîtront presque des fables; ils seront confirmés par des récits subséquents; on cherchera à se frayer une route par mer pour aller voir ces merveilleux pays : on inventera la boussole; on fera le tour de l'Afrique, et on trouvera la route maritime de l'Inde, de la Chine, de la Corée et du Japon; enfin, on découvrira tout un nouveau monde : l'Amérique. On fera par eau le tour de toute la terre; on se convaincra par le fait qu'elle est ronde, comme l'avaient pensé des anciens. Ces grandes découvertes de géographie et de navigation en feront faire de non moins importantes à l'astronomie.

Pendant que l'Asie du centre, du nord et de l'est servait ainsi de champ de bataille aux Mogols et aux Tartares, l'Asie occidentale, la Syrie et la Palestine servaient de champ de bataille à une autre lutte, moins sanglante et moins cruelle, mais non moins importante, lutte entre le mahométisme et la chrétienté. Ici, les forces étaient à peu près égales de part et d'autre; l'esprit était différent. Le mahométisme, religion de guerre, de pillage et de luxure, ne respire que guerre, que pillage et que luxure : pour le mahométisme, la paix, le bon ordre, des mœurs douces et honnêtes, c'est la mort : sa seule vie, c'est la guerre. Le christianisme, religion de paix, de pureté, d'intelligence et d'amour, ne respire que paix, que pureté, qu'intelligence et amour. La paix, le bon ordre, les bonnes mœurs, les bonnes études, c'est son état naturel, c'est sa vie. Il ne fait la guerre et ne peut la faire, que pour arriver à cette paix si désirable et si glorieuse. Aussi, dans sa lutte contre le mahométisme, la chrétienté n'a-t-elle jamais fait que se défendre. Les combats de Charles-Martel en France, les combats des chrétiens d'Italie et d'Espagne, les exploits de Godefroi de Bouillon n'étaient que pour repousser les invasions mahométanes, et mettre la chrétienté en assurance. Les chrétiens songeaient si peu à faire des conquêtes sans termes, que, le péril écarté par la victoire, ils remettaient l'épée dans son fourreau, et négligeaient de profiter de leurs avantages. L'approche du péril même ne suffisait pas toujours pour les faire courir au devant. Chaque prince ne voyait souvent que l'intérêt particulier de son royaume. Un seul homme avait l'œil toujours ouvert sur les intérêts communs de la chrétienté : c'était le père et le pasteur de la chrétienté entière, le Pontife romain. Alexandre III, peu avant sa mort, avait donné le signal d'alarmes; c'est que réellement il y avait péril, non-seulement pour les chrétiens de Syrie et de Palestine, mais pour la chrétienté tout entière.

Des montagnes du Kurdistan, l'ancienne Chaldée, d'où étaient descendus autrefois ces cruels Chaldéens qui, sous la conduite de Nabuchodonosor, servirent à Dieu de verge de fer pour châtier le peuple d'Israël et tous les peuples d'alentour, et réduire Jérusalem en un monceau de ruines, sous les yeux de Jérémie, qui l'avait prédit : de ces mêmes montagnes était descendu naguère un Kurde ou Chaldéen moderne, nommé Aïoub, autrement Job. Il s'était successivement attaché à divers princes musulmans pour faire la guerre, et avait fini par devenir gouverneur de Damas, sous le sultan Noureddin, fils de Zengui, dont il a déjà été question. Aïoub avait un fils né en 1137, qui, jusqu'à l'an 1164, ne s'occupa que des plaisirs du libertinage : son nom était Saladin. Une circonstance vint le tirer, malgré lui, de cette vie ignoble, et lui faire changer la face de l'Orient.

Depuis plus de deux siècles, les mahométans étaient divisés entre deux califes ou vicaires de Mahomet, le calife abasside de Bagdad et le calife fatimite au Caire en Egypte. L'un et l'autre, mais surtout ce dernier, n'avaient plus qu'un fantôme de pouvoir. Les émirs, mais surtout les grands-visirs ou premiers ministres, faisaient tout en leur nom. De là, dans l'Egypte, des désordres, des révolutions, des guerres civiles sans fin. L'an 1164, le visir Chawer, pour se défendre contre la faction des émirs, implora le secours de Noureddin, sultan de Damas. Noureddin envoya le plus habile de ses généraux, Chirkouh, frère d'Aïoub. Chawer triompha de ses adversaires; mais bientôt, brouillé avec son libérateur, il appela contre lui les chrétiens de Palestine. Chirkouh fut obligé d'évacuer l'Egypte. Il voulut y rentrer un peu plus tard, mais son entreprise échoua par l'arrivée subite des chrétiens. Dans cette dernière expédition il avait emmené avec lui son neveu Saladin, qui avait alors trente ans, et qui montra de l'habileté et de la bravoure.

L'an 1168, Amauri, roi de Jérusalem, voulut profiter de l'anarchie de l'Egypte, avec laquelle il était en paix, pour s'en rendre maître. Le visir Chawer implora contre lui le secours de Noureddin, qui envoya de nouveau Chirkouh, en exigeant qu'il emmenât avec lui son neveu Saladin. Ce dernier s'en alla bien à contre-cœur, et, suivant son expression, comme un homme qu'on mène à la mort. Chirkouh mit Amauri en fuite, mais, de concert avec Saladin, fit couper la tête à Chawer, et prit sa place; et comme il mourut deux mois après, Saladin lui succéda. Tout cela se faisait du consentement du calife, qui se nommait Aded, et qui était à peine sorti de l'adolescence.

De ce moment, Saladin devint tout différent de ce qu'il était jusqu'alors. Il commença par s'attacher les troupes, en les comblant de largesses, et sut en imposer à la multitude par une grande dévotion. D'une vie licencieuse, il passa au régime le plus austère, et garda toutes les abstinences prescrites par la loi musulmane. Il avait à ceci un but : c'était de se concilier assez d'autorité parmi le peuple pour pouvoir supprimer le calife fatimite d'Egypte, et ne plus laisser reconnaître que le calife abasside de Bagdad. Il y réussit et abolit le califat d'Egypte. Il se préparait une insurrection; mais elle fut étouffée par la mort du calife, qui arriva si fort à propos, que Guillaume de Tyr, auteur grave du temps et du pays, en accuse expressément Saladin lui-même.

Le sultan de Damas, Noureddin, qui avait envoyé Saladin en Egypte pour la subjuguer comme son lieutenant, commençait à craindre pour lui-même sa puissance. Il l'appela plusieurs fois en Syrie, pour l'associer, disait-il, à ses entreprises contre les chrétiens. Saladin, de l'avis de son père, redoubla extérieurement de soumission, et offrit de se faire traîner aux pieds de Noureddin, la corde au cou, comme un vil criminel; mais, au fond, il se préparait à repousser la force par la force, résolu à mourir plutôt que de céder seulement une canne à sucre. D'un côté, il ménagea les chrétiens; il reçut même, soit alors, soit plus tard, l'ordre de la chevalerie chrétienne; de l'autre, il conquit, par un de ses frères, la Nubie et l'Arabie Heureuse.

Noureddin, qui n'était pas dupe de ses protestations d'obéissance, se disposait à marcher en Egypte à la tête d'une puissante armée, lorsqu'il mourut tout à coup l'an 1173, ne laissant qu'un fils âgé de onze ans. Saladin protesta de son dévouement pour le jeune prince; mais, sous prétexte de rétablir la tranquillité troublée par les émirs, il se fit livrer Damas, prit Hamsah, Emèse, et enfin alla assiéger le fils de Noureddin même, dans Alep, où il le força de lui céder Damas et la Syrie méridionale. Saladin obtint même du calife de Bagdad le titre de sultan d'Egypte et de Syrie. Dès lors il tourna ses armes contre les chrétiens. C'était l'an 1177. Son armée fut d'abord surprise et mise en déroute par les Francs, dans les campagnes de Ramla. Il revint presque seul en Egypte sur un dromadaire; mais les années suivantes, il vainquit plusieurs fois les chrétiens près de Panéas, vers les sources du Jourdain.

L'an 1182, le fils de Noureddin étant mort sans laisser d'enfants, Saladin, et par ses intrigues, et par son argent, et par ses armes, s'empara de toute la Syrie musulmane, jusqu'à l'Euphrate. Pendant ce temps, Renaud de Châtillon, seigneur de Karak, sur les frontières de l'Idumée, tenta une invasion du côté de la Mecque et de Médine, voulant abolir la loi de Mahomet, au lieu même où elle avait pris naissance. Quand Saladin en reçut la nouvelle, il ordonna le massacre de tous les chrétiens que l'on pourrait prendre. On a encore la lettre qu'il écrivit à ce sujet, à son frère Mélik-Adel, qui avait le gouvernement de l'Egypte. En conséquence, tous les chrétiens qui furent pris à cette époque se virent conduits les uns à la Mecque, où les pèlerins musulmans les immolèrent, en place des brebis et des agneaux qu'ils ont coutume de sacrifier chaque année; les autres, menés en Egypte, où ils périrent de la main des docteurs et des dévots du mahométisme. Enfin, maître de la Syrie et de l'Egypte, Saladin se livra tout entier à son ancien projet d'expulser les Francs de la Palestine, et puis d'aller les attaquer chez eux (1).

Le royaume chrétien de Jérusalem s'affaiblissait de plus en plus, tant au dedans par la division des seigneurs, qu'au dehors par leur mauvaise conduite avec les infidèles. Son roi, Baudouin IV, jeune encore, mais déjà lépreux, devint encore aveugle. Ayant conçu des soupçons contre Bohémond, prince d'Antioche, et Raymond, comte de Tripoli, comme s'ils voulaient lui ôter le royaume, il résolut de marier sa sœur Sybille, veuve du marquis de Montferrat. Mais, au lieu de la donner à un des plus puissants seigneurs du pays, il la maria précipitamment à un chevalier sans renommée et sans gloire personnelle, le jeune Gui de Lusignan, récemment arrivé du Poitou, et fils de Hugues Lebrun, comte de Lamarche. Ce mariage se fit l'an 1182, pendant l'octave de Pâques, contre la coutume (Guill. Tyr, l. 22, n. 1).

Dès l'année précédente, Bohémond, prince d'Antioche, avait quitté sa femme légitime pour une concubine. Le patriarche Aimeri, après deux monitions qui furent inutiles, l'excommunia et jeta l'interdit sur ses domaines. Le prince, irrité, se mit à persécuter le patriarche, les évêques et les autres prélats du pays, mettant la main sur eux avec violence, méprisant les franchises des églises et des monastères, pillant leurs biens et désolant leurs terres. Il assiégea même le patriarche et son clergé dans une forteresse appartenant à l'église. Quelques seigneurs du pays, ne pouvant souffrir les emportements du prince, se retirèrent de son service. Cette division fit craindre aux hommes les plus sensés, que les infidèles ne s'en prévalussent pour remettre le pays sous leur obéissance. Le roi de Jérusalem, avec le patriarche, les prélats et les seigneurs du royaume, ayant délibéré sur cette fâcheuse affaire, ménagèrent un accommodement. Les conditions furent que l'on rendrait au patriarche, aux évêques et aux églises tout ce qu'ils avaient perdu, et que l'interdit serait levé; mais que le prince demeurerait excommunié s'il ne quittait sa concubine. Le mal fut ainsi apaisé quelque peu; mais le prince continua dans son désordre, et, sans considérer le péril où il exposait son Etat, il chassa ses meilleurs amis, uniquement parce qu'on disait qu'ils n'approuvaient pas sa conduite, savoir, son connétable, son chambellan et

(1) *Biographie univers.*, art. SALADIN; Michaud, *Hist des Croisades*, t. II; D'Herbelot.

rois autres seigneurs. Ils furent contraints de se retirer auprès de Rupin, prince d'Arménie, qui les reçut magnifiquement, leur donnant d'abord de grands présents, et leur assignant à chacun une subsistance honnête (Guill. Tyr, l. 22, n. 7).

Aimeri, qui était le troisième patriarche latin d'Antioche, eut, peu de temps après, une grande consolation : ce fut de réunir la nation des Maronites à l'Eglise romaine. C'était, comme nous l'avons observé dans le temps, des anciens chrétiens de Syrie, qui, à l'invasion des mahométans, s'étaient réfugiés dans les montagnes inaccessibles du Liban, où ils avaient conservé leur religion et leur indépendance. Leur nom, suivant eux, leur vient du saint abbé Maron, ami et contemporain de saint Chrysostome, dont ils se glorifiaient de suivre fidèlement la saine doctrine. Mais, vers le milieu du XIIe siècle, des monothélites, venus d'ailleurs, en infectèrent plusieurs de leur hérésie. Il y eut même deux ou trois patriarches de suite qui s'y laissèrent entraîner. Sur quoi il y eut de grandes divisions parmi les Maronites. Les plus considérables d'entre les ecclésiastiques et les séculiers de la nation, ayant tenu conseil, se séparèrent de la communion du patriarche suspect, le déposèrent et en élurent un autre à sa place; mais ce dernier fut tué par les partisans de l'hérétique. Ce fut alors qu'intervint le patriarche Aimeri d'Antioche. Il leur reprocha leurs divisions et leurs erreurs. Les Maronites se soumirent à tout, ainsi que le nouveau patriarche qu'ils élurent; non-seulement ils embrassèrent tous la foi catholique, mais encore les traditions de l'Eglise romaine. Pour mieux se conformer aux Latins, leurs évêques prirent des mitres, des anneaux et des crosses, et introduisirent dans leurs églises l'usage des cloches; car les Grecs et les Orientaux n'usent que de tables de bois, sur lesquelles ils frappent pour appeler à l'office, à peu près comme nous faisons le vendredi saint. Comme les Maronites étaient gens de guerre, braves et fort utiles aux Latins contre les infidèles, leur conversion causa une grande joie. Et cette joie dure encore (*Oriens christianus*, de Le Quien, t. III; Guill. Tyr, l. 22, c. 8).

Aujourd'hui encore, inviolable dans son orthodoxie comme dans son indépendance, la nation maronite descend du mont Liban, son berceau et son asile, pour se répandre sur les côtes de Syrie, où elle donne partout le consolant spectacle de sa foi, de son intelligence et de son courage. Elle est soumise à un patriarche qui prend le titre d'Antioche, et qui a sous sa juridiction neuf diocèses. Le clergé se compose de cinq cents prêtres séculiers et de seize cents moines, dont six cents revêtus du sacerdoce, divisés en trois ordres distincts, sous la règle diversement modifiée de saint Antoine. — Cinq cent mille catholiques, tous fidèles aux observances extérieures de la religion, tous remplissent le devoir pascal. — Trois cent vingt églises, cent neuf couvents, dont plusieurs renferment des presses typographiques pour la multiplication des bons livres. Cinq séminaires patriarcaux, gratuitement ouverts à la jeunesse de toutes les nations; une maison de noviciat pour les missions; un collège par diocèse; dans chaque village, une école où l'on enseigne la lecture, l'écriture, le calcul et les éléments de la doctrine chrétienne. Les Maronites sont la nation modèle de l'Orient (1) (*Ann. de la propagation de la foi.*)

Quand on voit le dépérissement du royaume chrétien de Jérusalem, les désastres qu'éprouvent si souvent les armées chrétiennes, on est tenté de croire que tant de travaux et de souffrances n'ont servi de rien pour la religion. On se trompe. Les Maronites en sont une preuve. C'est la présence des chrétiens d'Occident en Syrie qui les a confirmés pour jamais dans la foi catholique et dans l'unité de l'Eglise. Et ils ne sont pas les seuls. Auprès d'eux sont les Syriens catholiques de deux sortes : les Melkites, qui suivent le rite grec; les Syriens, qui suivent le rite syriaque. Les premiers ont un patriarche avec neuf évêchés; les seconds, un patriarche avec cinq évêchés. Quant aux Grecs répandus dans la Syrie, la Palestine et l'Egypte, on s'imagine vulgairement qu'ils sont à peu près tous séparés de l'Eglise romaine. C'est une erreur. Voici ce qu'on lit dans un document authentique, publié l'an 1840, sous le nom de *Mémoire sur l'état actuel de l'Eglise grecque catholique dans le Levant* : « Les trois patriarches grecs schismatiques d'Antioche, d'Alexandrie et de Jérusalem, ainsi que tous leurs coreligionnaires, dans toute la Syrie et dans toute l'Egypte, peuvent à peine former le tiers de la nation grecque catholique, et cependant ils persécutent celle-ci avec force (*Ibid.*)! »

Vers le même temps où les Maronites se réunirent complètement à l'Eglise romaine, les Arméniens s'en rapprochaient de leur côté, du moins une partie considérable d'entre eux. Leur prince, Rupin ou Rhoupen, deuxième du nom, dont il a été parlé plus haut, était ami des Latins. Il avait considérablement augmenté ses Etats par les conquêtes sur les Grecs et sur les mahométans. Dans l'année 1185,

(1) L'organisation politique des Maronites est celle d'une république militaire, régie par un ancien droit coutumier. Ils se divisent en deux classes : les scheiks (noblesse héréditaire) et le peuple. Quatre scheiks suprêmes gouvernent patriarcalement : ils sont tenus de diriger la guerre quand elle éclate. Défendus contre les attaques du dehors par leur position même, ils se suffisent dans l'intérieur de leurs montagnes par la culture de leurs terres, de leurs vignes, par celle du tabac et du coton. La nourriture des familles, dans les villages, est très-simple. Par leurs mœurs, leur tempérance, leur hospitalité, leur probité, ils ressemblent aux anciens Arabes. Les haines de famille se perpétuent facilement chez eux. En signe de noblesse, ils portent un turban vert, privilège que les Turcs se réservaient autrefois. Les Maronites sont un peuple très-belliqueux, toujours prêt à faire la guerre; ils comptent environ trente ou quarante mille hommes capables de porter les armes. Ils marchent tous armés et sont toujours prêts à défendre leurs propriétés. Ils vivent indépendants dans leurs montagnes. Le tribut qu'ils paient à la Porte, dont la valeur varie suivant la récolte annuelle, est l'unique marque d'une dépendance quelconque. Ils sont demeurés, jusque dans les derniers temps, en parfait rapport avec leurs voisins les Druses, dont ils ont été souvent les alliés fidèles. Ces rapports pacifiques ont duré jusqu'à l'époque où Méhémet-Ali, par l'intervention des puissances occidentales, en 1840, et par sa défaite près de Saint-Jean d'Acre, fut obligé de se retirer du vice-royauté de l'Egypte, sous la suzeraineté de la Porte. La France seule se sépara des autres puissances et vint en aide à Méhémet-Ali.

Les puissances occidentales eurent-elles une influence purement négative, ou directe ou positive, dans les malheurs qui bientôt accablèrent les Maronites : c'est ce que nous ne pouvons décider. Il est certain que vers la fin de 1841, la guerre éclata entre les Maronites et les Druses, et que leur haine réciproque n'a fait que s'accroître depuis. On connaît les déplorables événements de 1860, les massacres de Damas, de Beyrouth, d'Alep, l'intervention courageuse d'Abd-el-Kader, celle des troupes françaises débarquées en Syrie sous le commandement du général d'Hautpoul, retirées depuis, à la suite d'une convention des puissances occidentales; on se souvient des promesses récentes faites par la Porte à ces mêmes puissances, de maintenir la paix et la justice au milieu des populations du Liban; promesses déjà fort compromises par l'arrestation de Joseph Bey-Karam, jeté dans les prisons de Beyrouth par ordre du gouverneur turc Daoud-Pacha. (Cf. Goschler, t. XIV, p. 340; Fr. Lenormant, *Les derniers Evénements de Syrie*, Paris, Douniol, 1861.)

il abdiqua la puissance souveraine en faveur de son frère Léon II, embrassa la vie monastique, et mourut quelques jours après. Le prince Léon, qui augmenta beaucoup sa puissance et jouit d'une très-grande réputation, envoya, l'année 1197, des ambassadeurs au pape Célestin III et à l'empereur d'Occident, pour leur demander le titre de roi. Sa demande fut accueillie favorablement, et Conrad, archevêque de Mayence, fut chargé de lui porter le diadème et la couronne en présence des principaux de la nation. Il fut sacré à Tarse, le 6 janvier 1198, par le patriarche d'Arménie, Grégoire VI (Saint-Martin, *Mémoires sur l'Arménie*, 1818, t. I).

Depuis cette époque jusqu'à nos jours, les Arméniens ont subi bien des vicissitudes ; mais toujours il leur est demeuré une tendance filiale vers l'Église romaine. Depuis bien des années, une partie considérable d'entre eux s'y sont réunis cordialement, et puisent dans son sein une nouvelle vie. Les études commencent à refleurir parmi eux; ils ont des écoles célèbres à Vienne et à Venise, où se forment des docteurs pleins de zèle et de science. De nos jours, les Arméniens catholiques ont montré en masse un héroïsme peut-être unique dans l'histoire. En 1829, on les a vus sortir de Constantinople, au nombre de trente mille, et partir pour l'exil avec leurs femmes et leurs enfants, en abandonnant leurs biens, leurs maisons et leur commerce, plutôt que de communiquer avec le patriarche schismatique, qui avait provoqué contre eux à cet effet cette violence du sultan. Dieu a récompensé leur fidélité. Depuis cette époque, ils ont à Constantinople même un archevêque catholique à eux. Ils ont de plus un patriarche catholique qui réside au mont Liban. Unis par eux à la source de vie, à la Chaire de saint Pierre, ils semblent destinés à servir d'instrument à la Providence dans la régénération de l'Orient.

Tandis que les Maronites et les Arméniens se réunissaient à l'Église romaine, au centre de l'unité catholique, les Grecs de Constantinople s'en détachaient par la perfidie et le meurtre. L'empereur Manuel avait été très-favorable aux Latins, et ne confiait qu'à eux les plus grandes affaires, y trouvant plus de fidélité et de vigueur que dans les Grecs amollis et efféminés. Il répandait sur eux abondamment ses libéralités, ce qui les attirait auprès de lui de toutes parts. Mais les Grecs, principalement les nobles et les parents de l'empereur, n'en étaient que plus irrités et plus confirmés dans la haine qu'ils avaient déjà contre les Latins. Ils étaient encore échauffés par les différends de religion; car, d'une arrogance extrême et séparés de l'Église romaine par leur insolence, ils regardent comme hérétique quiconque ne suit pas leurs frivoles traditions, tandis que le nom d'hérétiques leur convient à eux, lorsque, au mépris de l'Eglise romaine et de la foi des apôtres Pierre et Paul, contre laquelle les portes de l'enfer ne sauraient prévaloir, ils enfantent ou suivent des opinions nouvelles et empestées. C'est ainsi qu'en parle Guillaume, archevêque de Tyr, qui avait été plusieurs fois à Constantinople. Il ajoute qu'après la mort de l'empereur Manuel, les Grecs cherchaient l'occasion d'assouvir leur haine et d'exterminer les Latins dans tout leur empire. Ils ne la trouvèrent pas, tant que l'autorité fut entre les mains d'Alexis, protovestiaire et protosébaste, qui gouvernait l'impératrice Marie et le jeune empereur Alexis, son fils; car Alexis, le régent, se servait aussi du conseil et du secours des Latins.

Mais son arrogance et son avarice le rendirent bientôt odieux. Les mécontents appelèrent Andronic, de la même famille des Comnène, homme inquiet et perfide, qui, sous l'empereur Manuel, avait été en prison pour ses crimes, puis fugitif dans tout l'Orient, entre autres à la cour de Saladin. Enfin Manuel, trois mois avant sa mort, l'avait rappelé, et, pour le tenir dans un exil honorable, lui avait donné le gouvernement du Pont. Etant donc invité par les mécontents, il vint avec une armée camper sur l'Hellespont. Tout lui céda; on prit le régent de l'empire, on le lui envoya, et il lui fit crever les yeux. Ensuite il fit passer à Constantinople des troupes contre les Latins, qui toutefois furent avertis du mauvais dessein des Grecs. Les plus vigoureux s'embarquèrent sur quarante-quatre galères et plusieurs vaisseaux qu'ils trouvèrent au port, emmenant leurs familles et ce qu'ils pouvaient emporter; les plus faibles et les plus négligents furent attaqués dans leur quartier par les troupes d'Andronic et par le peuple de Constantinople. Le peu de ces pauvres Latins qui purent prendre les armes résistèrent longtemps et vendirent chèrement leur vie; les autres, c'est-à-dire les femmes, les enfants, les vieillards et les malades, furent brûlés impitoyablement dans leurs maisons, et tout le quartier réduit en cendres. C'était au mois d'avril 1182. Les Grecs n'épargnèrent pas même les églises et les autres lieux de piété, qui furent brûlés avec ceux qui s'y étaient réfugiés. Ils ne distinguèrent les prêtres et les moines d'avec les laïques, qu'en les traitant plus cruellement.

Entre eux se trouva le cardinal Jean, sous-diacre de l'Eglise romaine, que le pape Alexandre, à la prière de l'empereur Manuel, avait envoyé travailler à la réunion des deux Eglises. Comme il était dans son logis pendant ce massacre, quelques personnes pieuses vinrent l'exhorter à se retirer. A Dieu ne plaise! dit-il, je suis ici pour l'union de l'Eglise et par l'ordre du Pape, mon maître (Rob. de Monte, an 1182). Alors les Grecs entrèrent, lui coupèrent la tête, et, en mépris de l'Eglise romaine, l'attachèrent à la queue d'un chien et la traînèrent ainsi par les rues. Non contents de tuer et d'outrager ceux qui étaient en vie, ils déterrèrent même les morts, et traînèrent par la ville leurs cadavres. Ils entrèrent enfin dans l'hôpital de Saint-Jean, appartenant aux chevaliers hospitaliers de Jérusalem, et égorgèrent tous les malades qu'ils y trouvèrent. Les plus ardents à exciter au massacre, étaient les prêtres et les moines grecs; ils cherchaient les Latins dans le fond de leurs maisons et dans les lieux les plus cachés, de peur que quelqu'un n'échappât, et les livraient aux bourreaux, à qui même ils donnaient de l'argent pour les encourager. Les plus humains vendaient aux Turcs ou autres infidèles ceux qui s'étaient réfugiés chez eux, et à qui ils avaient promis de les sauver: on en comptait plus de quatre mille de tout âge, de tout sexe et de toute condition, réduits ainsi en esclavage. Comme les Latins étaient à Constantinople depuis longtemps, ils avaient contracté bien des alliances; on vit les Grecs égorger leurs gendres, leurs beaux-pères, leurs beaux-frères : rien ne put arrêter leur bras parricide.

Les Latins, qui s'étaient sauvés par mer, usèrent, dit-on, de cruelles représailles. Ils s'assemblèrent près de Constantinople et s'y arrêtèrent quelque temps, attendant l'issue du tumulte. Mais quand ils eurent appris ce qui s'était passé, ils partirent, enflammés de colère, et, faisant le tour de l'Hellespont depuis l'embouchure de la mer Noire jusqu'à celle de la Méditerranée, ils descendirent dans les villes et les places, et firent main-basse sur tous les habitants. Ils attaquèrent aussi les monastères de ces côtes et des villes voisines, tuèrent les moines et les prêtres, et brûlèrent les monastères avec ceux qui s'y étaient réfugiés. Ils enlevèrent des richesses immenses, et réparèrent ainsi leurs pertes; car, outre ce que les citoyens de Constantinople avaient donné depuis longtemps à ces monastères, ils y avaient encore mis en dépôt une grande quantité d'or et d'argent, que les Latins emportèrent. Ils firent, dit-on, les mêmes ravages aux côtes de Thessalie et des autres provinces maritimes, pillant et brûlant les villes et les bourgades. Ils rassemblèrent aussi les galères qu'ils trouvèrent en divers lieux, et armèrent une flotte formidable contre les Grecs. Quelques-uns, ayant horreur de prendre part à ces violences, s'embarquèrent sur un vaisseau, avec leurs femmes et leurs enfants, et se retirèrent en Syrie (Guill. Tyr, l. 22, n. 10-13).

Cependant tout ce qu'il y avait de grand à Constantinople passait le détroit pour aller saluer Andronic. Le patriarche Théodose y alla le dernier, avec les principaux du clergé; et Andronic, apprenant qu'il approchait de sa tente, alla au devant, vêtu d'une robe violette ouverte par devant, qui ne descendait que jusqu'aux genoux et ne lui couvrait les bras que jusqu'aux coudes. Il portait un bonnet d'un brun foncé, qui s'élevait en pointe, et rehaussait encore sa grande taille. Le patriarche était à cheval : Andronic se prosterna devant lui, et, s'étant relevé, lui baisa les pieds, lui prodiguant les titres les plus hyperboliques, l'appelant le sauveur de l'empereur, l'ami du bien, le défenseur de la vérité, et un second Chrysostome pour l'éloquence. Le patriarche, qui voyait alors Andronic pour la première fois, le trouva tel que l'empereur Manuel le lui avait dépeint : la taille au-dessus de l'ordinaire, le regard farouche, les sourcils d'un homme superbe, caché, soucieux et toujours pensif; la démarche fière, les manières artificielles et affectées. Leur conversation fut civile en apparence, et ils se dirent des vérités qu'ils feignaient ne pas entendre (Nicétas, *Alex., Manuel, filius*).

Dès qu'il se vit maître à Constantinople et dans tout l'empire, Andronic donna un libre cours à ses méchancetés. S'étant mis en possession de tous les palais, qu'il voulut tous habiter, mais en passant, il ne laissa au jeune empereur, Alexis II, que les divertissements et la chasse, le tenant toujours environné de gardes qui suivaient tous ses pas et ne permettaient à personne de l'approcher. Il chassa du palais tous ceux dont le courage ou la prudence pouvaient lui donner quelque ombrage. Tous les honneurs, toutes les grâces furent réservés à ceux qui avaient servi son ambition. Les personnages recommandables par leur mérite furent les plus maltraités. La noblesse, les actions de valeur, la réputation de vertu, étaient des crimes. Il n'y avait pas jusqu'aux avantages de la figure qui piquaient sa jalousie. Malheur à ceux dont il avait autrefois reçu le moindre déplaisir! Il n'oubliait rien que les bienfaits. Tous ces gens-là, quelque irréprochables qu'ils fussent, étaient chassés de leurs maisons, bannis de leur patrie : encore était-ce leur faire grâce; la plupart avaient les yeux arrachés, ou périssaient dans les fers. La barbarie du prince ouvrit la barrière à tous les crimes. On vit des frères, des fils, des pères, non-seulement abandonner au tyran ceux qui leur étaient les plus chers, mais les trahir eux-mêmes, s'accuser d'avoir censuré la conduite du prince, de le haïr, de plaindre le jeune Alexis. Souvent les accusés se retournaient contre leurs accusateurs, les accusaient à leur tour, et les entraînaient avec eux dans les prisons. Jean Cantacuzène attaquait un eunuque, nommé Zita, comme ayant entretenu le jeune empereur du triste état de l'empire; et, dans la chaleur de sa délation, il sauta sur lui en présence d'Andronic, lui meurtrit le visage à coups de poing, lui rompit toutes les dents et lui déchira les lèvres. Cet emportement ne lui mérita que des louanges. Mais bientôt Cantacuzène fut lui-même coupable : on le convainquit d'avoir fait donner le bonjour par un geôlier à son beau-frère Constantin l'Ange, détenu en prison pour une accusation politique. Ce fut un crime de lèse-majesté; on lui creva les yeux et on le jeta dans un cachot ténébreux.

Personne n'était assuré de sa liberté, ni même de sa vie. Les courtisans, les adorateurs d'Andronic tremblaient eux-mêmes, et croyaient à tout moment entendre la foudre gronder sur leurs têtes. Ceux qu'il avait embrassés la veille étaient menacés le lendemain. Rien n'était plus commun que de voir décapiter le soir un homme qu'on avait couronné le matin : aussi les gens éclairés redoutaient les caresses d'Andronic comme l'annonce de quelque outrage; ses largesses, comme un pronostic de confiscation; ses éloges, comme une sentence de mort. On ne s'était pas encore douté qu'il fût habile empoisonneur. Marie, fille de Manuel et sœur d'Alexis, en fit épreuve la première. Elle avait, la première, signalé son empressement pour le retour d'Andronic, jusqu'à exposer sa propre vie : un de ses eunuques la fit mourir par un poison lent qu'Andronic lui avait mis entre les mains. Le césar Jean-Rainier de Monferrat, son mari, la suivit de près.

Affectant un zèle ardent pour le jeune empereur Alexis, il trouvait fort mauvais qu'on ne l'eût pas encore couronné, quoiqu'il eût déjà reçu la couronne du vivant de son père, au moment de son mariage avec Agnès de France, fille de Louis le Jeune et sœur de Philippe-Auguste. Il fit tout préparer pour rendre la cérémonie très-solennelle; et, comme si le char le plus magnifique n'eût pas été digne de l'empereur, il le porta lui-même sur ses épaules à l'église, et le rapporta de même au palais versant des larmes de tendresse. Le peuple admirait cet excès d'un amour plus que paternel : et c'étaient les caresses du tigre.

La mère du jeune empereur, l'impératrice Marie,

dès qu'elle eut vu l'empereur Manuel sans espérance, s'était retirée dans un monastère et y avait pris l'habit de religieuse; mais, jeune encore, aussi légère et ambitieuse qu'elle était belle, elle eut bientôt essuyé ses larmes. Sous prétexte de guider son fils dans un âge aussi tendre, elle quitta, au bout de peu de jours, l'habit modeste de religieuse, et reparut à la cour avec la pompe d'impératrice. Elle prit donc en main la tutelle de son fils; mais l'histoire ajoute que la tendresse maternelle n'était pas sa passion dominante, et que, du vivant même de son mari, elle en avait conçu une autre beaucoup plus vive pour le régent Alexis. Cette conduite l'avait rendue méprisable. Andronic, que sa présence gênait à la cour, prit soin de la rendre odieuse même à son fils. Il ne cessait de lui insinuer que sa mère était ennemie de sa personne et de son empire, qu'elle traversait par ses intrigues les desseins les plus salutaires. Il feignit même de vouloir se retirer, et, par ses émissaires, il sut si bien animer les esprits contre cette princesse, qu'on l'insultait en face par les injures les plus atroces. Andronic, devenu plus hardi avec le temps, la fit arrêter, juger et condamner à mort.

Cette injuste sentence fut présentée par Andronic au jeune empereur, qui, tremblant lui-même, signa de sa propre main la condamnation de sa mère. Andronic chargea son fils aîné, Manuel, de l'exécution; le jeune homme refusa généreusement à son père de faire le métier de bourreau. Un eunuque, le même qui avait empoisonné la princesse Marie, fille de l'impératrice et sœur de l'empereur actuel, se fit un mérite d'étrangler aussi la mère. Le cadavre fut jeté dans les flots (Nicétas, *in Alex. II et in Andron.*).

De son vivant, l'empereur Manuel et Andronic vivaient en concubinage avec les deux sœurs, qui étaient en même temps leurs nièces. De cette liaison criminelle, Andronic avait eu une fille nommée Irène, et Manuel un fils nommé Alexis. Arrivé au pouvoir, il entreprit de marier ensemble ces deux fruits de l'inceste. Comme ils étaient doublement parents, le mariage était contraire aux lois de l'Eglise. Andronic en dressa un cas de conscience signé de sa main, et l'envoya au concile des évêques qui se trouvaient à Constantinople. L'Eglise grecque ne connaissait guère de dispenses sur l'article des mariages, et faisait profession d'une rigidité inflexible à observer les canons; mais les prélats courtisans, et ce fut le plus grand nombre, accoutumés aux tables des grands, et qui, aspirant à de plus riches évêchés, étaient toujours prêts à vendre l'Evangile à la fortune, trouvaient que ce n'était pas même une question, et que les empêchements de la parenté ne concernaient pas les bâtards. D'autres, plus scrupuleux, parce qu'ils étaient moins intéressés, rejetant ces sophismes de cour et s'attachant à la loi naturelle, condamnaient ce mariage comme incestueux. C'était le sentiment du petit nombre, à la tête duquel était le patriarche Théodose. Celui-ci, voyant que le mauvais parti l'emportait, sortit de Constantinople et se retira dans l'île de Térébinthe, où il s'était bâti un hospice et un tombeau. Andronic n'eut garde de le retenir; charmé de cette démission volontaire, il fit célébrer le mariage par l'archevêque de Bulgarie, qui se trouvait alors à la cour. Il s'agissait de remplir le siège patriarcal. Les aspirants ne manquaient pas. Basile Camatère emporta la place, en promettant par écrit de se prêter sans exception à toutes les volontés d'Andronic, et de ne rejeter comme illégal que ce qui pourrait lui déplaire. Telles étaient les mœurs du clergé grec et de la cour de Constantinople, quand ils rompirent avec l'Eglise romaine (Nicétas; Roger Hoved.; Pagi, an 1183).

Tant de crimes ouvraient un large passage à l'ambition d'Andronic. Il ne lui restait plus à détruire qu'un enfant auquel il avait enlevé toutes ses défenses. L'artificieux usurpateur voulut qu'on parût lui faire violence à lui-même, et que le jeune prince fût l'artisan de sa propre ruine. Il fit représenter au sénat, par ses émissaires, que tout était en feu dans l'empire, et que, pour l'éteindre, on avait besoin d'un chef habile, expérimenté, capable de réunir le pouvoir souverain avec les qualités qui en font toute la force; que la Bithynie était soulevée, Isaac l'Ange et Théodore Cantacuzène dans Nicée, Théodore l'Ange dans Pruse, ayant levé l'étendard de la révolte; que l'Etat ne voyait de ressources que dans la tête d'Andronic; que pour l'armer de l'autorité nécessaire, il fallait le ceindre du diadème et forcer ce prince trop modeste à partager la puissance avec le jeune empereur, qui soupirait lui-même après un collègue dont il attendait son salut. Cette proposition était à peine énoncée, qu'on s'écria de toutes parts : « C'est ce que nous désirons tous depuis longtemps! ce serait un crime de différer! Vivent, vivent Alexis et Andronic Comnène! qu'ils soient immortels, toujours puissants, toujours heureux ! » A ces cris, tout Constantinople accourt au palais : jeunes et vieux, nobles, bourgeois, artisans, confondus ensemble, répètent avec transport cette acclamation tumultueuse. Deux magistrats, esclaves secrets d'Andronic, s'élancent hors du sénat, et, pour signaler leur zèle par la plus indécente folie, ils jettent les marques de leur dignité, et s'étant couverts d'une robe blanche, comme des danseurs de théâtre, ils vont danser au milieu des carrefours, et font danser tout le peuple, menant ce branle extravagant, et entonnant à la louange d'Andronic une chanson ridicule, que mille voix répètent. Andronic, feignant d'être étonné de ces clameurs imprévues, vient au palais de Blaquernes, et entre dans l'appartement d'Alexis, comme pour lui en demander la cause. Le jeune empereur, se voyant environné d'une foule de peuple qui proclamait Andronic, l'invite lui-même à partager sa couronne. Andronic s'y refuse. Pour vaincre son hypocrite résistance, les plus échauffés le prennent entre leurs bras et le portent sur le trône. On le dépouille de ses habits, pour le revêtir des marques de la dignité impériale.

Le lendemain, les deux empereurs vont à Sainte-Sophie. Andronic portait naturellement, dans son air, quelque chose de sombre et de farouche; mais ce jour-là, tout, dans son visage et ses regards, annonçait la douceur et la bienveillance. Le peuple en concevait le plus favorable augure. Au moment de la proclamation, on changea l'ordre observé la veille, Andronic fut nommé avant Alexis. Il n'était pas raisonnable, dit-on, de préférer un enfant à un vieillard respectable par sa prudence et par la supériorité de son génie, autant que par ses cheveux blancs. Le patriarche Basile fit la cérémonie du couronnement; et, lorsqu'on en fut venu à la participation des saints mystères, Andronic, après avoir communié sous l'espèce du pain, prit en main le calice, et levant les yeux au ciel, puis les abaissant vers les assistants : « Je proteste, dit-il d'une voix haute et entrecoupée de soupirs, et je prends à témoin le Corps et le Sang de mon Sauveur, que je n'accepte le diadème que pour aider mon cousin Alexis à en soutenir le poids, et pour affermir son pouvoir. » Telle fut la protestation solennelle d'Andronic. Jamais scélérat ne se joua plus hypocritement de ce qu'il y a de plus saint parmi les hommes.

Au mois d'octobre de la même année 1183, Andronic ordonne la mort de ce même Alexis. Trois satellites du tyran l'étranglent dans son lit avec la corde d'un arc. Ils portent son cadavre devant Andronic, qui, le poussant du pied : « Ton père, dit-il, a été un perfide, ta mère une prostituée, et toi un imbécile. » On lui coupa la tête, que le tyran fit jeter dans une fosse profonde, où l'on précipitait les cadavres des criminels. Le corps, enfermé dans une caisse de plomb, fut mis entre les mains de deux officiers du premier rang, avec ordre de l'aller jeter dans la mer; et, par un raffinement de barbarie sans exemple, la barque chargée du tronc impérial portait en même temps une troupe de musiciens qui chantaient et jouaient des airs de réjouissance.

Aussitôt après la mort d'Alexis, Andronic voulut engager Manuel, son fils aîné, à prendre pour femme Agnès, mariée à ce prince, mais encore séparée de lui, à cause de son bas âge. Manuel, moins hardi à mépriser les lois de l'Eglise, refusant de lui obéir, en fut puni par la prison. Andronic lui destinait la couronne selon l'ordre de la nature : irrité de sa résistance, il le déclara inhabile à succéder à l'empire, et désigna Jean, son cadet, pour son successeur. Ensuite, sans renoncer au commerce incestueux avec sa parente, il épousa lui-même la jeune princesse, comme si cette alliance lui apportait un nouveau droit à l'empire. Ainsi la fille d'un roi de France, âgée seulement de onze ans, se vit livrée à un vieillard dissolu, meurtrier de son jeune époux.

Andronic n'avait point de remords, mais il craignait ceux des ministres de ses crimes. Pour les tranquilliser, il demanda au patriarche et au synode épiscopal d'être relevé du serment qu'il avait prêté à Manuel et à son fils, avec une absolution générale pour tous ceux qui avaient contribué, de quelque manière que ce fût, à son élévation. Il obtint tout de la servile complaisance des prélats. On afficha publiquement, de la part du ciel, les lettres de rémission; et, pour récompense de leur facilité, il leur accorda, à son tour, quelques grâces de peu de conséquence, dont la plus considérable fut le privilége d'être assis sur des bancs à droite et à gauche, à côté du trône de l'empereur; mais cette distinction ne dura pas longtemps : Andronic s'ennuya bientôt de donner à ses séances l'air d'un concile; il cessa de les admettre près de sa personne; on leur refusait même l'entrée; et ces prélats courtisans, qui s'étaient payés d'un honneur si frivole, se retirèrent confus d'avoir vendu leur conscience à si bas prix (1).

Cependant les villes de Nicée et Pruse refusaient de reconnaître Andronic. Dans la première s'étaient renfermés Théodore Cantacuzène et Isaac l'Ange. Andronic vint les assiéger. Les habitants, pleins de courage, faisaient de fréquentes sorties, brûlaient ses machines et repoussaient tous les assauts. Andronic, au désespoir, fit venir de Constantinople la mère d'Isaac l'Ange, la fit lier sur le bélier dont il se servait pour battre la muraille, croyant garantir ainsi cette machine contre les feux qu'on y lançait du haut des murs. Mais les assiégés, dans une sortie, détachèrent cette femme, l'enlevèrent dans la ville et brûlèrent le bélier. Cependant Cantacuzène étant mort, dans une autre sortie, par la chute de son cheval, Isaac l'Ange perd courage : secondé par l'évêque, qui n'était pas moins timide, ils déterminent les habitants à se rendre. Aussitôt l'évêque sort de la ville, revêtu de ses habits pontificaux, portant en main le livre des Evangiles, suivi de son clergé et de tous les habitants, hommes, femmes, enfants, tête et pieds nus, portant tous des branches d'olivier et criant miséricorde. Andronic, étonné d'une si prompte soumission, les reçoit avec un feint attendrissement, il les rassure par des paroles de paix, il pleure même avec eux; mais, dès qu'il est dans la ville, il lâche bride à sa barbarie; Nicée est saccagée; peu d'habitants, surtout des plus illustres, évitent la mort; les uns sont passés au fil de l'épée, les autres précipités du haut des murailles. Il ne fait grâce qu'à l'évêque et à Isaac l'Ange. Les villes de Pruse et de Lopade furent traitées, s'il se pouvait, plus cruellement encore : Andronic fit pendre un si grand nombre d'habitants de la dernière, que les arbres des campagnes environnantes étaient plus chargés de cadavres que de fruits; il défendit même de leur donner la sépulture, et voulut qu'on les laissât pourrir sur les arbres où ils étaient attachés.

Dans l'île de Chypre, Isaac Comnène, petit-fils, par sa mère, d'Isaac Comnène, frère de Manuel, s'étant rendu maître du pays, prit le titre d'empereur. Les habitants de l'île n'en devinrent que plus malheureux; au lieu d'un tyran éloigné, ils en eurent un sur leurs têtes. Isaac, non moins méchant qu'Andronic, traitait les peuples avec une cruauté inouïe. Non content de les dépouiller par des impôts onéreux, par des confiscations injustes, il enlevait leurs femmes et leurs filles, et leur faisait souffrir les tourments les plus inhumains.

L'usurpation d'Isaac l'Ange en Chypre, fut, pour l'usurpateur Andronic, une nouvelle occasion de cruautés à Constantinople. Malheur à quiconque était ou avait jamais été l'ami d'Isaac ! Les deux courtisans les plus attachés à Andronic furent condamnés à mort, uniquement parce que, autrefois, ils avaient obtenu le retour d'Isaac de son exil, en répondant de sa fidélité. Le jour de l'Ascension 1184, comme on les menait au supplice, ils passèrent devant le palais de l'empereur, assis sur le balcon, au milieu de sa cour. Les deux infortunés élevèrent des regards suppliants vers le prince, comme pour implorer sa miséricorde. Mais un des courtisans, nommé Etienne, assis sur le balcon, saisissant une grosse pierre, la décharge sur la tête de ses deux confrères enchaînés, et dit à tous les autres : Quiconque épargnera ces scélérats, n'est pas ami de l'empereur ! Aussitôt tous les courtisans deviennent autant de bourreaux. Ils

(1) Nicet., *in Andronic.*, l. 1, c. 1; Roger Hoveden; Rob. de Monte, et Lebeau, *Hist. du Bas-Empire*, l. 91.

accablent leurs deux confrères d'une grêle de pierres et de cailloux; leur corps en fut bientôt couvert. Andronic, qui regardait froidement cette exécution, ordonne de les retirer de dessous ce monceau et de les transporter ailleurs. Trempés de sang, brisés dans tous les membres et entièrement méconnaissables, ils respiraient encore. On les transporta dans une autre place, où ils expirèrent attachés à un gibet. Quelqu'un s'étant hasardé à supplier Andronic de permettre qu'on les ensevelît, il demanda d'un ton de douceur s'ils étaient morts. Les bourreaux lui en ayant donné l'assurance; il ajouta, en versant ses larmes accoutumées, qu'il plaignait leur sort, et qu'il se plaignait lui-même d'être obligé d'obéir aux lois et de faire exécuter la sentence des juges, qui leur refusaient la sépulture.

Le lendemain, on pendit au delà du golfe deux autres seigneurs, accusés d'avoir voulu faire monter sur le trône Alexis, fils naturel de Manuel et mari d'Irène, fille naturelle d'Andronic. Alexis lui-même eut les yeux crevés par ordre de son beau-père, qui défendit à sa fille de le pleurer, et qui, la voyant pleurer malgré sa défense, la chassa du palais (Nicet., *in Andr.*, l. 1, c. 10, *et in Isaac.*, l. 3, c. 2).

Un autre Alexis Comnène, neveu de Manuel, avait été relégué en Russie. Ennuyé de son exil, il repasse le Danube, et, traversant la Macédoine, accompagné d'un habitant de Philippes, s'en vient en Sicile. Guillaume II, surnommé le Bon, y régnait avec gloire. Ces deux étrangers s'insinuent dans sa cour, et publient le mauvais état de l'empire et la facilité qu'on trouverait à l'envahir. Guillaume, qui n'avait pas oublié la manière barbare dont les Latins avaient été massacrés à Constantinople, arme une flotte et en donne le commandement à son cousin Tancrède. On s'embarque le 11 juin 1185, et, le 24, Durazzo est pris d'assaut. Jean Branas, que l'empereur avait envoyé pour défendre la ville, est fait prisonnier et conduit en Sicile. On fait voile à Thessalonique, qu'on assiége par terre et par mer. Cette ville était la plus considérable de l'empire, après Constantinople. L'attaque commença le 6 août; la ville fut prise le 15 du même mois, après un assaut général. Elle éprouva, dans cette occasion, les désastres inévitables dans une place emportée de force. Peut-être même qu'elle fut traitée avec plus d'insolence qu'il n'est ordinaire, parce que le mépris de la lâcheté des Grecs se joignait à l'animosité des Latins. L'historien grec Nicétas en fait une description longue et emphatique, et représente les Latins comme les hommes les plus impies et les plus barbares. Cependant il ne cite contre eux que des circonstances communes à toutes les prises de villes, et encore ne les attribue-t-il qu'au simple soldat; car, pour les chefs siciliens, il leur rend le témoignage qu'ils intervinrent et qu'ils réprimèrent l'emportement de la multitude; il nous montre même un de ces chefs, entrant à cheval dans l'église de Saint-Théodore, et frappant de son épée à droite et à gauche sur les soldats, jusqu'à ce qu'il les eût ramenés à l'ordre (Nicet., *in Andron.*, l. 1, n. 7, *aliàs*). Eustathe, archevêque de Thessalonique, remarque de son côté, à la louange des Latins, que, même dans le premier emportement, pour massacrer ceux qui étaient dans les églises, ils avaient soin de les en faire sortir d'abord (*Opusc.*, p. 281 et suiv.).

Cet archevêque de Thessalonique est le savant Eustathe, si fameux par son commentaire sur Homère, qu'il avait compilé d'anciens critiques, avant son épiscopat, et qui lui acquit dès lors une immense réputation. Ce prélat fut d'un grand secours à son troupeau dans cette calamité. Il ne voulut point se retirer, comme il eût pu le faire avant le siége, mais il s'enferma volontairement avec son peuple, pour le consoler et l'exhorter à la patience; et, après la prise de la ville, il allait souvent trouver les comtes qui commandaient les troupes de Sicile et en obtenait des édits favorables; car ces étrangers le respectaient, se levaient à son abord, l'écoutaient avec bienveillance et avaient égard à ses prières. C'est ce que Nicétas n'a pu s'empêcher d'écrire, malgré sa haine contre les Latins (Nicet., l. 1, n. 9).

Quant à l'empereur Andronic, dès qu'il eut appris que le roi de Sicile se disposait à lui faire la guerre, il pratiqua une alliance avec Saladin, sultan d'Egypte et de Syrie, le plus mortel ennemi des chrétiens. Il avait connu autrefois ce Kurde redoutable lorsqu'il traversait l'Asie en fugitif avec sa concubine Théodora. Il l'invita à renouveler leur ancienne amitié; et Saladin, qui ne cherchait qu'à s'agrandir, s'y prêta volontiers. Ce traité honteux et criminel par lui-même, le devenait davantage par les conditions. Ils s'engageaient réciproquement, par serment, à se secourir l'un l'autre toutes les fois qu'ils en seraient requis. Andronic devait aider Saladin à la conquête de la Palestine. Le sultan devait demeurer maître de Jérusalem et de la côte maritime jusqu'à Ascalon, mais à condition de tenir ce pays en fief de l'empire. Saladin, de son côté, devait seconder Andronic pour s'emparer d'Icône et de la Cilicie, jusqu'à Antioche (*Chronic. de Reichersp.*; *Hist. du Bas-Emp.*, l. 9, n. 38).

Après avoir conclu ce traité et fait quelques préparatifs de défense, Andronic se renferma dans son palais et dans ses plaisirs, au milieu d'un troupeau de prostituées. Cette inaction souleva tout le peuple; on parlait de se choisir un autre défenseur. Les courtisans qui avaient flatté Andronic pendant tout son règne précipitèrent sa perte par une dernière flatterie. Ils lui persuadèrent que ces clameurs n'étaient excitées que par les parents de ceux qu'il tenait en prison; que sa trop grande clémence encourageait les séditieux; qu'au lieu de garder dans les fers ceux qui avaient mérité son indignation, il fallait en faire des exemples capables d'intimider leurs semblables, et ne pas même épargner leurs parents; qu'en vain trancherait-on quelques têtes de l'hydre, si on ne les abattait toutes d'un seul coup. Sur cet avis, il assemble son conseil et déclare qu'il y a plus d'ennemis au dedans qu'au dehors; que ce sont les malintentionnés qui ont appelé les Siciliens et qui sont prêts à leur livrer le prince et la patrie; mais, ajouta-t-il, Andronic, dont ils insultent la vieillesse, a encore assez de force pour les écraser, et, s'il faut que je périsse, ils périront avant moi. Et, abusant, à son ordinaire, d'un passage de saint Paul: *Je ne fais pas*, dit-il, *le bien que je veux, mais je fais le mal que je ne veux pas*. Lorsqu'il eut prononcé ces mots d'un ton terrible, tous s'écrièrent qu'il fallait sans miséricorde ôter la vie à tous ceux qui étaient détenus dans les prisons, y joindre les exilés dont on pourrait se saisir et ceux auxquels on avait fait cre-

LIVRE LXX. — RÈGNE SANGUINAIRE D'ANDRONIC.

ver les yeux; étendre cette juste sévérité sur leurs amis, sur leurs parents, et porter, en forme légale, une sentence de mort qui les enveloppât tous.

La sentence fut dressée sur-le-champ par le courtisan Etienne, le même qui avait jeté la première pierre à ses deux confrères condamnés à mort; il la dicta d'une voix triomphante au greffier criminel; elle était en forme d'édit et commençait en ces termes : « Poussés par l'inspiration divine, sans y être en aucune sorte excités par notre puissant et saint empereur, nous déclarons et prononçons qu'il est, en général, de l'intérêt de l'État, et en particulier de celui d'Andronic, le sauveur de l'empire, de ne laisser vivre aucun de ceux qui sont détenus dans les prisons ou condamnés à l'exil pour leur félonie, ou déjà punis de leurs crimes par la perte de leurs yeux, non plus que ceux qui sont liés avec eux par le sang, l'affinité ou l'amitié. Ce sera l'unique moyen de procurer la sûreté au prince, toujours partagé entre les soins qu'exigent les affaires publiques et les dangers perpétuels qui menacent sa vie, si précieuse à l'État. Ce sera en même temps ôter à nos ennemis du dehors la funeste correspondance de ces traîtres, qui les appellent à notre destruction et les instruisent des moyens de nous nuire. L'expérience nous a fait connaître que ni la prison, ni l'exil, ni la peine de l'aveuglement ne suffisent pour corriger leur malice, et que leur fureur est irrémédiable. »

Ce préambule sanguinaire était suivi d'une liste de ceux qu'on devait faire mourir, et le supplice de chacun était spécifié. L'édit fut approuvé et signé de tous, excepté de Manuel, fils aîné d'Andronic. Ce prince, plus humain que son père et ses indignes conseillers, protesta qu'il ne donnerait jamais de consentement à une proscription cruelle, qui s'annonçait elle-même comme n'étant point émanée de l'autorité impériale, et qui allait inonder de sang la ville et les provinces. Cette sage remontrance acheva d'indisposer Andronic contre ce fils généreux. Cependant il serra l'édit, pour attendre sans doute l'occasion de le publier. Il n'en eut pas le temps.

Ce malheureux voyait ses affaires aller de plus en plus mal. Le roi de Sicile le menaçait d'un côté; de l'autre, ses propres sujets désiraient sa mort comme un bienfait du ciel et le remède à tous leurs maux. Se jugeant abandonné de Dieu à cause de ses meurtres innombrables, quoiqu'il se dît chrétien, il eut recours, comme autrefois Saül, au culte des démons. Il envoya jusqu'à deux fois le courtisan Etienne consulter un magicien qui avait été aveuglé par ordre de Manuel, mais qui n'en était devenu que plus fameux. Interrogé qui serait le successeur d'Andronic, et en quel temps, le magicien répondit que le nom du successeur commençait par J S, et que la révolution s'accomplirait avant le milieu de septembre. C'est du moins ce que rapporte le courtisan Etienne, d'après le récit de l'historien Nicétas, qui rapporte la chose longuement et sérieusement. Car les Grecs étaient fort adonnés à ces superstitions : leurs histoires en sont pleines, tandis que, dans celles de l'Occident, on n'en voit point de traces. La réponse équivoque de l'astrologue fut appliquée par Andronic à Isaac Commène, qui, revenu d'Isaurie en Chypre, s'y était déclaré empereur. Un de ses favoris lui nomma Isaac l'Ange, et lui conseilla de s'en défaire; mais Andronic, qui connaissait Isaac pour un poltron et un imbécile, ne fit qu'en rire.

Cependant le courtisan Etienne, pour montrer qu'il avait plus de soin de la sûreté de son maître, que son maître n'en avait lui-même, résolut d'arrêter Isaac l'Ange, de le conduire en prison et de le faire périr au gré d'Andronic. Ce fut cette précaution même qui décida la révolution. Le soir du 11 septembre 1185, Etienne se transporte à la demeure d'Isaac et lui ordonne de descendre et de le suivre. Isaac, à qui la seule vue du ministre annonçait la mort, ne se pressait pas d'obéir. Des satellites s'avancent pour le saisir aux cheveux et l'entraîner de force, quand il saute à demi nu sur un cheval, fond sur Etienne qui fuit effrayé, l'atteint à la porte de sa maison et lui fend la tête d'un coup de sabre. Il tombe ensuite sur sa troupe, qu'il met en fuite. Il court de là à Sainte-Sophie, en criant le long des rues : A moi, citoyens! j'ai tué le diable! On crut qu'il avait tué Andronic. Il entre dans l'église et se place dans le lieu où les meurtriers avaient coutume de se tenir pour demander grâce à ceux qui entraient et qui sortaient. A cette nouvelle, tout le peuple accourt pour voir ce qui en arriverait. On ne doutait pas qu'avant la fin de la nuit ce malheureux ne fût puni par les plus affreux supplices. Plusieurs seigneurs, qui craignaient le même sort, se rendent au même asile, suppliant le peuple, qui déjà remplissait l'église, de ne pas les abandonner. Comme on ne voyait dans cette foule ni courtisans ni gardes d'Andronic, chacun parlait en liberté, chacun maudissait le tyran et promettait son secours contre toute violence. Isaac passa ainsi la nuit, ne songeant qu'à sauver sa vie, et croyant à tout moment entendre Andronic ordonner de le mettre en pièces. Il fit apporter des flambeaux, fermer les portes de l'église, et obtint de la plus grande partie du peuple de passer toute la nuit avec lui.

Au point du jour, toute la ville accourt à l'église; on prie Dieu, à grands cris, de sauver Isaac, de le mettre sur le trône et de délivrer l'empire d'un tyran barbare altéré de sang. Andronic, qui était au delà du Bosphore, envoie une ordonnance d'amnistie pour apaiser la sédition. Mais ni ses amis, ni son ordonnance, ni son retour à Constantinople n'y purent plus rien. On avait forcé les prisons : il était sorti une multitude de misérables, la plupart exempts de crimes, mais enfermés sur de faux soupçons d'Andronic, ou par la malice de ses ministres. Le peuple s'était procuré des armes et des chefs. Au milieu du tumulte, il s'éleva des voix qui proclamèrent Isaac empereur; elles sont répétées dans un concert unanime. Un des sacristains détache de dessus l'autel la couronne d'or qui y était suspendue depuis le règne du grand Constantin, et la pose sur la tête d'Isaac. Celui-ci se défend de la recevoir, n'étant pas encore trop assuré, et craignant d'irriter davantage Andronic. Un des seigneurs réfugiés dans le même asile, Jean Ducas, moins timide, qui se trouvait à côté de lui, découvrant sa tête chauve, la présente à cet ornement dangereux. A cette vue, tout le peuple s'écria : Point de tête pelée! Dieu nous garde d'un vieil empereur! Andronic nous en a dégoûtés pour jamais : vive l'empereur Isaac! En ce moment, un des chevaux d'Andronic, qu'on transportait d'au delà du Bosphore, s'étant détaché des autres et courant par les rues, est arrêté par le peuple et amené avec sa housse aux armes de l'empire. Isaac, étant sorti de l'église, monte dessus, escorté de tout le peuple; et même du patriarche Basile, qu'on avait forcé malgré lui de consentir à la proclamation.

Andronic, arrivé au grand palais, est effrayé des cris confus qu'il entend de toutes parts. Sa première pensée est de combattre; il fait sonner l'appel des troupes qu'il avait à Constantinople. Se voyant mal obéi, il prend son arc, monté au haut d'une tour et tire des flèches sur le peuple. S'apercevant bientôt du peu d'effet d'une pareille défense, il essaie de calmer par des paroles l'emportement de la multitude; il offre de renoncer à l'empire et de mettre à sa place son fils Manuel, qu'il savait être le moins odieux de ses deux fils. Il était trop tard; on ne lui répond que par des injures contre lui et contre le prince, qu'on aurait accepté avec joie deux jours auparavant. Le peuple enfonce les portes; Andronic n'a que le temps de se dépouiller des marques de sa dignité et de se jeter dans une barque avec sa femme et une fille de théâtre qu'il aimait éperdûment. Il vogue vers le Pont-Euxin, à dessein de se sauver dans la Chersonèse taurique, persuadé qu'il n'y avait point de salut pour lui dans aucune province de l'empire.

Isaac entre dans le palais, le peuple s'y jette en foule avec lui, et criant toujours : Vive l'empereur Isaac! il ne lui laisse que le diadème et pille tout le reste. On fonce toutes les portes; on enlève l'or, l'argent, le cuivre monnayé et non monnayé; la vaisselle, les vases, les meubles précieux disparaissent en un moment; on n'épargne pas même la chapelle. C'étaient, disait-on, les dépouilles de la tyrannie. Chacun se charge, et ce qu'un seul ne peut emporter, plusieurs se joignent ensemble et l'enlèvent, n'oubliant jamais de saluer profondément le nouvel empereur en passant sous ses yeux avec les meubles de l'empire.

Peu de jours après, on apprit l'arrestation d'Andronic. Isaac avait envoyé courir après lui, et le fugitif, faisant force de rames, était parvenu à Chêlé, à l'entrée du Pont-Euxin. Les habitants, tremblant à sa vue, quoiqu'il n'eût plus rien de redoutable que la mémoire de sa férocité, qui respirait encore dans ses regards; et, n'osant l'arrêter, lui avaient donné un vaisseau pour gagner la Chersonèse. La tempête l'avait repoussé plusieurs fois, et enfin fait échouer au rivage, comme si le Pont-Euxin, qui avait souvent porté sur ses eaux les cadavres des innocents qu'il faisait égorger, eût refusé de favoriser sa fuite. Il fut pris et enchaîné dans le vaisseau qui le poursuivait. Il employa vainement tous les ressorts de son éloquence et les larmes de ses deux femmes pour attendrir les soldats qui le tenaient dans les fers. On le conduisit à Constantinople, et on l'enferma dans une tour, chargé d'un carcan et de deux chaînes pesantes qui lui serraient les mains et les pieds.

On le présenta dans cet état au nouvel empereur Isaac, qui le fit exposer en public, où il essuya toute la rage d'un peuple trop longtemps en proie à sa tyrannie. On lui meurtrit les joues à coups de poing, on lui arracha la barbe, on lui fit sauter les dents hors de la bouche. Les femmes surtout, dont il avait fait mourir ou aveugler les maris, signalaient leur vengeance. Enfin, on lui coupa la main droite qu'on pendit à un gibet, et on le renferma dans la tour, où on le laissa deux jours sans nourriture. On l'en retira le troisième pour lui arracher un œil, et, l'ayant attaché sur un méchant chameau, on le promena par toute la ville, dans l'équipage d'un vil esclave. Ce spectacle hideux, qui devait toucher les âmes les moins sensibles, ne fit qu'enflammer la fureur. Libres de lui faire tous les maux dont ils purent s'aviser, il n'y eut sorte d'outrages et d'infâmes traitements qu'ils ne lui fissent souffrir. Chacun cherchait à se distinguer par quelque trait d'inhumanité. Une femme publique lui jeta sur la face une chaudière d'eau bouillante. On le conduisit dans cet affreux triomphe au cirque, où il fut pendu par les pieds. Au milieu de ces horreurs, Andronic, sans laisser échapper aucune injure, aucune plainte, se contentait de répéter de temps en temps : Seigneur, ayez pitié de moi! pourquoi froissez-vous encore un roseau déjà brisé?

Pendant qu'il était suspendu, on continua de le tourmenter sans pitié et sans pudeur. Enfin, un misérable lui plongea dans la gorge une longue épée, qu'il lui enfonça jusqu'au fond des entrailles. Ainsi périt, le 12 septembre 1185, après deux ans de règne, l'empereur Andronic Comnène, dont la vie entière apparaît dans l'histoire comme un tissu de crimes (Nicet., *in Andron.*, l. 2).

Et tels étaient, à Constantinople, l'empereur grec et le peuple grec, lorsqu'ils consommèrent, par le meurtre des chrétiens d'Occident établis parmi eux, le schisme avec l'Église romaine. Empereur digne d'un tel peuple, et peuple digne d'un tel empereur.

Comme il n'est point de bon prince dont la vertu ne soit mêlée de quelques défauts, il n'en est point de méchant qui n'ait quelque mérite. Parmi les vices les plus noirs, on vit dans Andronic quelques rayons de vertu. Il était sobre, et les historiens disent qu'un morceau de pain et un peu de vin, qu'il prenait à la fin de la journée, faisaient toute sa nourriture. Il assistait les indigents, et réprimait l'injustice des hommes puissants. Gratuitement cruel, il ne touchait pas aux biens de ceux dont il n'épargnait pas la vie. Trop fier pour vendre les magistratures, il ne les donnait qu'au mérite. Il donnait de larges appointements aux magistrats, leur défendant, sous des peines très-sévères, de rien prendre sur leurs inférieurs, ni même de recevoir aucun présent. Ennemi déclaré des monopoleurs, les vivres se maintinrent à bas prix pendant son règne. Les oppresseurs ne trouvaient de ressources ni dans leurs richesses ni dans leur crédit. Un de ses satellites, qui avait étranglé l'empereur Alexis, s'étant permis de ruiner un pauvre paysan en logeant chez lui, Andronic le fit rouer de coups, et l'obligea de rendre beaucoup plus qu'il n'avait pris.

Chose étonnante! si cruel que fût Andronic, il se montra plus humain que son peuple, et cela dans un point capital, et qui intéresse l'humanité entière. S'il est un désastre qui nous émeuve de nos jours, c'est de voir de nos frères, luttant avec la tempête qui brise leur navire contre les rochers. Comme les habitants de l'île de Malte, qui accueillirent avec tant d'humanité saint Paul et ses compagnons de naufrage, nous mettons tout en œuvre pour voler à leur secours et les consoler de leur malheur. Or, après douze siècles de christianisme, les Grecs, et eux seuls, à ce que pense le grec Nicétas, étaient encore plus barbares envers les naufragés, que les barbares païens de l'île de Malte au temps de saint Paul. Non-seulement ils ne cherchaient point à secourir leurs semblables dans les désastres de cette nature, mais, comme de vrais pirates, ils les dépouillaient encore du peu que leur avait laissé la tempête, à tel point qu'ils achevaient de briser le navire que la tempête avait épargné. Bien des empereurs avaient fait des ordonnances pour abolir cette barbarie, mais inutilement. Suivant la comparaison de Nicétas, ces ordonnances n'avaient pas fait plus d'impression sur les Grecs, que si on les avait écrites sur les flots de la mer. Andronic entreprit d'apporter au mal un remède plus efficace. Les courtisans lui représentèrent que le mal était incurable, autorisé qu'il était par la longueur du temps. Mais Andronic, en plein sénat, taxa de négligence les empereurs précédents, de ce qu'ils ne s'étaient pas servis du glaive pour réprimer cette coutume inhumaine. Pour lui, il ordonna que les seigneurs, dans le domaine desquels s'exercerait cette détestable piraterie, seraient pendus au mât du vaisseau échoué, ou aux branches de l'arbre le plus élevé du rivage, pour avertir les navigateurs, disait-il, qu'ils n'avaient plus rien à craindre des habitants des côtes, comme Dieu annonce à la terre, par l'arc-en-ciel, qu'elle n'a plus à redouter un nouveau déluge. Comme tout le monde savait que, quand il menaçait, Andronic ne badinait pas, sa défense fut mieux observée que celle de ses prédécesseurs, et les Grecs apprirent par force, d'un de leurs tyrans, à être un peu plus humains (Nicet., in Andron., l. 2, n. 3, 4 et 5).

Enfin, quoiqu'il observât si peu la morale du christianisme, il en connaissait bien la doctrine, si toutefois il est l'auteur d'un ouvrage qui porte son nom dans la *Bibliothèque des Pères*. C'est un dialogue entre un chrétien et un juif, où l'on démontre assez bien, par l'Ancien Testament, qu'en Dieu il y a trois personnes; que le Christ est à la fois Dieu et homme; qu'il devait naître, vivre, mourir et ressusciter; que les Juifs devaient être rejetés et les gentils appelés à leur place (*Biblioth. Pat.*, t. XXVI).

A cette même époque, les Juifs avaient une bien mauvaise renommée en Occident. Le jeune roi de France, Philippe-Auguste, avait une grande aversion pour eux, quoiqu'ils fussent puissants dans son royaume, et particulièrement à Paris. Voici la cause qu'en assigne son biographe et son chapelain, Rigord. Ce prince avait souvent ouï dire aux seigneurs qui avaient été élevés avec lui à la cour, que, tous les ans, le jeudi saint ou quelque autre jour de la semaine sainte, ces Juifs de Paris, au mépris de la religion chrétienne, égorgeaient un chrétien comme en sacrifice, dans des lieux souterrains. Comme ils persévèrent longtemps dans cette méchanceté diabolique, ils en avaient été convaincus bien des fois du temps de son père, et consumés par le feu. C'est ainsi que fut tué et crucifié par les Juifs saint Richard, dont le corps repose à Paris dans l'église des Saints-Innocents, au lieu nommé Champeaux, et où nous avons ouï qu'il se fit beaucoup de miracles par l'intercession de saint Richard. Voilà ce que dit Rigord dans sa *Vie de Philippe-Auguste* : ceci est confirmé par Guillaume l'Armoricain, autre chapelain du même roi.

Un autre contemporain, Robert, abbé du Mont-Saint-Michel, atteste la même chose sous l'an 1171. « Thibaut, comte de Chartres, dit-il, fit brûler plusieurs Juifs demeurant à Blois, parce que, ayant crucifié un enfant au temps de Pâques, au mépris des chrétiens, ils l'avaient mis dans un sac et jeté dans la Loire, où il avait été trouvé. Les Juifs, convaincus de ce crime, furent livrés au feu, excepté ceux qui reçurent la foi chrétienne. Ils ont fait la même chose de saint Guillaume, à Norvic en Angleterre, au temps du roi Etienne; il est enterré dans l'église cathédrale, et il se fait beaucoup de miracles à son tombeau. Autant en a été fait à un autre à Glocester, au temps du roi Henri II. Enfin, en France, les Juifs impies ont fait de même dans le château de Pontoise, à saint Richard, qui, transporté à Paris et enseveli dans l'église, y brille par un grand nombre de miracles (Robert de Monte, *ad an.* 1171). Brompton, auteur anglais, rapporte le martyre du jeune Guillaume à la 9ᵉ année du roi Etienne, qui est l'an 1144, et celui de l'enfant crucifié à Glocester, sous la 6ᵉ année de Henri II, qui est l'an 1160 (*Chron. Joan. Brompt.*). Enfin, on trouve encore dans la Chronique de l'anglais Gervais et dans les *Annales de l'abbaye de Mailros*, un enfant nommé Robert, tué en Angleterre par les Juifs, à Pâques, l'an 1181, et enterré dans l'église de Saint-Edmond, où l'on disait qu'il se faisait des miracles en grand nombre (Gervas., *Chron.*, 1181; Pagi, an 1179, n. 15 et an 1181, n. 15; *Acta Sanct.*, 27 *mart.*). Voilà ce que disent, d'un commun accord, les auteurs français et anglais de l'époque (1).

Dans les temps modernes, des Juifs et autres ont prétendu que ce sont des calomnies; mais, d'après les historiens de l'époque même, les Juifs ont été convaincus juridiquement. Dire, pour toute réponse, que les témoins et les juges sont des calomniateurs, c'est ne rien dire; car tout criminel en dira autant. Dire, comme on a fait de nos jours, que les Juifs n'ont pu commettre de pareils crimes, par la raison que la loi du Dieu qu'ils professent y est contraire, c'est supposer que l'homme ne saurait violer la loi de Dieu, et qu'un criminel ne peut l'être; mais ici il y a bien autre chose. Au-dessus de la loi divine, au-dessus de la Bible, le Juif met une loi humaine, une loi rabbinique, le Talmud. Or, le Talmud, non-seulement permet au Juif, mais lui commande et lui recommande de tromper et de tuer le chrétien, quand il en trouve l'occasion. C'est un fait hors de doute et qui mérite toute l'attention des peuples et des rois.

(1) Voici comme, en vieux français, *Les gestes de Philippe-Auguste* rapportent le principal fait : « Après ce que li Rois fu coronez, il vint à Paris. Lors commanda à faire une besoigne que il avoit conçue lonc tens devant en son cuer; car il avoit oï dire maintes foiz aus enfanz qui estoient norri ovec lui, ou palais, que li Juis qui à Paris manoient, prenoient chascun an un crestien, le jor dou grant venredi qui est en la semaine peneuse et le menoient en leur crostes souz terre, et, en dépit de Nostre Seigneur, en cil jor fut crucifiez, le tormentoient et crucifioient, et en derrenier l'estrangloient en dépit de la foi crestiene; et ceste chose avoientil fait maintes foiz en tens de son père, et avoient esté convaincu dou fait et ars, et en tel manière fut saint Richard, martyriez, dont li cors gist à Saint-Innocent de Champian, pour cui Nostre Sires a puis fait maintes miracles en l'église où li cors de lui repose. Diligemment fist li Rois enquerre ce se estoit voirs ou non, avant que il en feist plus. Il trova que ce estoit veritez, si come renommée le rapportoit (*Script. rerum Francisc.*, t. XVII, p. 350). »

Sixte de Sienne, juif converti du XVIᵉ siècle, dans sa *Bibliothèque sainte* (p. 124), indique les endroits du Talmud auxquels il emprunte les passages suivants : 1° Nous ordonnons que tout Juif maudisse trois fois par jour tout le peuple chrétien, et prie Dieu de le confondre et de l'exterminer avec ses rois et ses princes; et que les prêtres surtout fassent cela en priant dans la synagogue, en haine de Jésus le Nazaréen (*Ord.* 1, *tract.* 1, *distinct.* 4). 2° Dieu a ordonné aux Juifs de s'approprier les biens des chrétiens, autant de fois qu'ils le pourront, soit par fraude, par violence, par usure, ou par vol (*Ibid.*). 3° Il est ordonné à tous les Juifs de regarder tous les chrétiens comme des brutes, et de ne pas les traiter autrement que des animaux (*Ord.* 4, *tract.* 8). 4° Que les Juifs ne fassent aucun mal, ni aucun bien aux païens; mais qu'ils tâchent, par tous les moyens, de tuer les chrétiens (*Ibid., tract.* 4 et 9). 5° Si un Hébreu, en voulant tuer un chrétien, tue par hasard un Juif, il mérite le pardon (*Ibid.*). 6° Si un Juif voit un chrétien sur le bord d'un précipice, il est tenu de l'y précipiter aussitôt (*Ibid., tract.* 8).

Un rabbin converti de nos jours atteste le même fait en d'autres termes, y ajoutant une remarque qui le prouve à elle seule. Voici ses paroles :

« Ce serait ici le lieu de faire connaître les maximes intolérantes et inhumaines que les rabbins professent à l'égard des Juifs convertis, des chrétiens, des païens et des Juifs qui trahissent les secrets de la Synagogue. Mais la charité chrétienne me défend de publier, si ce n'est en cas de nécessité absolue, la traduction des passages révoltants que je pourrais citer dans cette note. Je me bornerai à en indiquer une partie à ceux de mes frères qui les ignorent, et qui savent assez la langue rabbinique pour les lire dans les livres originaux. Les citations que je vais faire m'obligent à consigner ici une remarque importante.

» Le Talmud et les autres ouvrages des rabbins contiennent une foule de sorties contre les chrétiens et contre le christianisme, et des blasphèmes contre notre divin Rédempteur. Depuis que la connaissance de la langue hébraïque s'est répandue en Europe, les imprimeurs juifs ont pris la précaution de supprimer tous ces passages, en laissant des lacunes à leur place. Les rabbins enseignent verbalement ce qu'indiquent ces lacunes, et ils rectifient les mots changés à dessein. Quelquefois aussi ils rétablissent à la main, dans leurs exemplaires, les suppressions et les corrections politiques des éditeurs juifs. Ce dernier cas est arrivé dans l'exemplaire du Talmud que je possède. » Ainsi parle ce rabbin, avant de donner l'indication des passages, que nous mettons nous-même en note (1).

---
(1) *Talmud*. Traités suivants. *Gnabodazara*, fol. 4, verso (*in thocephot*); fol. 10, verso *ibid.*; fol. 26, verso. *Sanhédrin*, fol. 7, recto. *Horiot*, fol. 11, recto (*in glossâ yarhhi*). *Hhoulin*, fol. 13, verso. *Baba-Kamma*, fol. 117, recto.
Maïmonides. Traités suivants. *De l'homicide*, chap. 4, § 10. *De l'idoldtrie*, ch. 10, § 1. *Des docteurs rebelles*, ch. 8, § 1, seqq.; ch. 9, § 1, seqq. *De la royauté*, ch. 9, § 2. *Des blessures*, ch. 8, § 11.
Le même. Annotations sur le mischna du premier chapitre du *Traité Hhoulin* du Talmud.
Correspondance théologique de *R. Ascher*, classe 17ᵉ, n. 1, 3, 6. Tour et Schoulhhan-gnarouh. *Yoré-dégna*, n. 158, § 2. *Hhoschen-mischpat*, n. 388, § 9, et n. 425, § 5. *Deuxième lettre d'un Rabbin converti aux Israélites ses frères, sur les motifs de sa conversion*, Paris, 1827, p. 300 et 301.

D'après ces principes de leur Talmud et l'enseignement conforme de leurs docteurs, les Juifs ne peuvent et ne doivent pas plus se faire un scrupule de tromper et de tuer les chrétiens, qu'ils n'ont de remords et de repentir d'avoir tué le Christ. Dans les principes talmudiques de leur morale, il n'y a que la prudence qui puisse les obliger à s'en abstenir.

Que tel soit encore le secret enseignement de la Synagogue, un fait épouvantable est venu nous le révéler de nos jours : l'assassinat du Père Thomas, capucin, par les principaux Juifs de Damas, par ceux qui passaient pour les plus hommes de bien, et qui, depuis beaucoup d'années, témoignaient à ce religieux toutes sortes de politesse et de prévenances. Le 5 février 1840, il est appelé dans une maison juive sous prétexte de vacciner un enfant, opération dans laquelle il était fort habile. Le Père, trouvant l'enfant fort malade, veut se retirer : on l'invite à entrer dans la maison voisine, qui était celle de Daoud Harrari, le plus pieux des Juifs de Damas, et que les chrétiens mêmes regardaient comme un honnête homme. Le Père Thomas, qui le comptait au nombre de ses amis, y entre sans aucune défiance, et y est reçu avec les amitiés ordinaires. C'était le soir. Bientôt s'y trouvent deux frères de Daoud, un de leurs oncles, et deux autres Juifs des plus notables de la ville. Tout d'un coup ils se jettent sur le Père Thomas, lui mettent un bâillon dans la bouche, lui lient les pieds et les mains, et le transportent dans un appartement éloigné de la rue, en attendant que la nuit fût tombée et que tous les préparatifs fussent faits. Un rabbin étant survenu, on appelle un barbier israélite nommé Soliman : Viens, lui dit-on, égorger cet homme. Lui prétexte qu'il n'aura pas le courage de commettre ce meurtre, et s'y refuse. Alors on étend le Père Thomas : le plus pieux et le plus honnête des Juifs de Damas, Daoud Harrari, lui scie la gorge avec un couteau; cependant la main lui tremble, et il est remplacé par son frère Aaron.

Le sang de la victime, dont Soliman tenait la barbe, est reçu dans un vase, mis dans une bouteille et envoyé au grand rabbin. Pour faire disparaître les traces du meurtre, on brûle les habits du Père, ses chairs sont hachées en mille pièces, ses os brisés sous un pilon, et le tout jeté dans un égout qui passe sous la maison.

Cependant le domestique du Père Thomas, ne le voyant pas revenir, s'informait de ce qu'il était devenu. On lui apprit qu'il était allé dans le quartier des Juifs. Il y alla lui-même en demander des nouvelles dans une maison connue. Là, sept Juifs des plus nobles, et parmi eux trois rabbins, lui firent subir tout à fait le même sort qu'à son maître.

La disparition subite du Père Thomas et de son domestique éveilla bientôt l'attention générale. La voix publique des indigènes, chrétiens et mahométans, en accusa aussitôt les Juifs, leur imputant de faire des sacrifices humains. On citait telle et telle personne qui, avant l'arrivée des troupes égyptiennes en Syrie, avaient disparu dans leur quartier; telle et telle autre qui avaient failli devenir victimes du fanatisme de cette secte. Plusieurs de ces divers attentats, quoique connus et prouvés, étaient restés sans poursuite de la part de la justice, à cause de la prépondérance qu'avaient certains Juifs dans le gouvernement. Cependant la justice du pays, informée par le consul de France à Damas, interroge d'abord le barbier Soliman, qui, après quelques dénégations, révèle les circonstances et les complices de l'assassinat. Ceux-ci, interrogés à leur tour suivant les procédures ordinaires et légales du pays, font les mêmes aveux. On trouve dans l'égout indiqué par les coupables, les débris du Père Thomas, entre autres une partie de son crâne avec un morceau de sa calotte. Toutes les pièces du procès sont envoyées à la cour de France.

A cette nouvelle, les Juifs d'Europe jettent de hauts cris, non contre les coupables, mais contre la victime, mais contre le consul français, mais contre la justice. Ce vieillard vénérable, aimé et estimé des chrétiens et des musulmans, ils s'efforcent de le faire passer pour un mauvais homme, comme pour le tuer deux fois. Le consul français, qui a fait courageusement son devoir, en dépit de leurs offres, de leurs promesses et de leurs menaces, ils en demandent la flétrissure et la destitution à son gouvernement. La justice de Damas, qui, suivant les formes ordinaires et légales du pays, met les assassins à la question, ils la traitent d'injustice. En même temps, ils offrent des sommes énormes aux employés des consultats français, pour supprimer les pièces de la procédure. Ils envoient des négociateurs sur les lieux, qui finissent par obtenir des lettres du vice-roi d'Égypte, où il accorde la grâce des coupables, et défend de poursuivre le procès (1).

Il y a surtout un point de vue qui mérite d'être relevé. Les Juifs d'Europe ont voulu représenter cette affaire comme une calomnie pareille à celles qu'on débitait contre les premiers chrétiens. Mais il s'y trouve une différence qui n'est pas médiocre. Malgré toutes les calomnies, les premiers chrétiens étaient poursuivis comme chrétiens, non pas comme assassins ni voleurs; tandis que les Juifs de Damas ont été poursuivis, non pas comme Juifs, mais comme assassins. Et puis, ce qui n'est pas moins capital, les avocats des premiers chrétiens, tels que saint Justin et Tertullien dans leurs célèbres Apologies, demandaient publiquement aux empereurs et aux magistrats, s'il se trouvait un chrétien coupable de vol ou d'homicide, de ne pas l'épargner, mais de le punir dans toute la rigueur des lois, comme ayant violé et les lois de l'État, et plus encore la loi du Christ.

On aurait souhaité que les Juifs d'Europe eussent tenu le même langage et la même conduite; car alors on aurait pu croire qu'ils repoussent sincèrement les principes inhumains de leur Talmud : alors, au lieu de l'aversion pour eux, que leur conduite et leur langage n'ont fait qu'augmenter dans bien des âmes, on aurait pu leur accorder l'estime et la considération qu'ils ambitionnent.

Pour en revenir au jeune roi de France, Philippe-Auguste, d'autres raisons l'indisposaient encore contre les Juifs. La renommée dont jouissaient les rois de France, d'être fiers envers leurs ennemis, mais très-débonnaires envers leurs sujets, avait attiré à Paris, depuis longtemps, des Juifs de toutes les parties du monde : leurs plus fameux docteurs s'y étaient établis avec leurs écoles. Le bon roi Louis VII leur avait même accordé des privilèges extraordinaires. Donc, avec le temps, les Juifs s'étaient tellement enrichis, qu'ils possédaient près de la moitié de la ville. De plus, au mépris des lois et des canons de l'Église, ils avaient dans leurs maisons des chrétiens et des chrétiennes pour esclaves, qu'ils faisaient apostasier et judaïser avec eux. En outre, ils exerçaient envers les chrétiens, nobles, bourgeois et paysans, des usures si énormes, qu'un grand nombre furent contraints de vendre leurs héritages; d'autres, à Paris, étaient réduits à demeurer dans les maisons des Juifs, comme prisonniers, leur étant engagés par serment. A tout ceci se joignait un autre grief. Lorsque, pour le besoin des Églises, on leur empruntait de l'argent, ils prenaient en gage le crucifix et les vases sacrés, les profanaient en mépris de la religion chrétienne, et buvaient dans les calices, ou bien ils les cachaient dans les lieux les plus infects de leurs maisons. Pour toutes ces causes, le roi Philippe-Auguste était fortement indisposé contre les Juifs de Paris et du royaume, et cherchait de quelle manière il en tirerait vengeance.

Il consulta sur ce sujet un ermite nommé Bernard, qui vivait dans la forêt de Vincennes, en réputation de sainteté. Par son conseil, il déchargea tous les chrétiens de son royaume de ce qu'ils devaient aux Juifs, en retenant à son profit la cinquième partie. Enfin, au mois d'avril 1182, il publia un édit portant que tous les Juifs se tinssent prêts à sortir de son royaume à la Saint-Jean, leur donnant ce délai pour vendre leurs meubles, et confisquant à son profit leurs maisons, leurs terres et leurs autres biens immeubles. Quelques-uns se firent baptiser : le roi leur rendit leurs biens, et leur accorda une liberté perpétuelle. Les autres gagnèrent, par présents et par promesses, des prélats et des seigneurs, pour solliciter le roi de révoquer son édit. Ce moyen leur avait toujours réussi auprès des rois précédents; mais ni prières ni promesses ne purent fléchir Philippe-Auguste : il demeura ferme dans sa résolution. Ce qui étonna si fort les Juifs, qu'ils se dirent l'un à l'autre : *Schema, Israël !* Écoute, ô Israël ! Ayant donc réduit leurs meubles en argent, ils sortirent au mois de juillet de la même année, 1182, avec leurs femmes, leurs enfants et toute leur suite.

L'année suivante, le roi fit purifier et dédier toutes leurs synagogues pour les changer en églises. Ces divers actes lui attirèrent la bénédiction de tout son peuple. Seigneurs, bourgeois, paysans, tous admiraient cette vigueur de résolution dans un roi de seize ans (Rigord., Guill., Armoric., etc., t. XVII *des Historiens de France*).

Dès la première année de son règne (1181), il ordonna que tous ceux qui, dans le jeu ou ailleurs, échapperaient quelques blasphèmes contre Dieu ou ses saints, paieraient vingt pièces d'argent aux pauvres, ou bien qu'ils seraient plongés dans une rivière ou un marais (*Ibid.*, p. 126).

Les nouveaux manichéens, albigeois, patarins,

(1) Voir les détails de cette affaire dans *l'Ami de la religion*, t. CV, comprenant les mois d'avril, mai et juin 1840; et t. CVI, comprenant les trois mois qui suivent; notamment une lettre écrite de Damas, le 5 mars 1840, par le Père François de Sardaigne, capucin (*Ami de la religion*, t. CV, p. 328), et une autre écrite de la même ville, le 21 avril, par M. Tustet, lazariste (*Ibid.*, p. 385). On peut voir encore les mêmes pièces et quelques autres, dans le journal *l'Univers* des mêmes mois.

cathares, dont nous avons déjà plus d'une fois appris à connaître les doctrines subversives de tout christianisme et de toute société, continuaient leurs séductions et leurs ravages, particulièrement dans le midi de la France. Toutes les fois qu'ils étaient vaincus par les catholiques, ils abjuraient leurs impiétés, pour y retourner bientôt après. Partout, dans la France méridionale, on voyait des églises brûlées et ruinées jusque dans les fondements, et les habitations des hommes devenues la retraite des animaux sauvages. C'est ce qu'un envoyé du roi de France remarqua spécialement dans la province de Narbonne. Ces calamités étaient dues à la fureur des Albigeois et des Cottereaux. Ces derniers, comme nous l'avons déjà vu, étaient des bandes ou plutôt des armées de brigands, qui, réalisant à la lettre toute l'horreur du manichéisme, mettaient tout à feu et à sang, n'ayant de respect ni pour Dieu ni pour les hommes. Dans l'année 1183, les peuples catholiques du Berri, s'étant confédérés pour leur défense commune, en tuèrent plus de dix mille dans une bataille, près de Châteaudun, et cela, d'après le témoignage d'un témoin oculaire (Gaufrid Vosiens, t. XVII des *Historiens de France*, p. 11, note 6). Cette victoire ne mettait pas encore les peuples à l'abri de ces brigands; il fallut que Philippe-Auguste envoyât une armée auxiliaire pour achever le reste (*Ibid.*, p. 11 et 12).

Vers le même temps, parut à Lyon une nouvelle secte, connue généralement sous le nom de Vaudois. En voici l'origine. L'an 1160, Pierre Valdo, marchand de Lyon, se trouvait, selon sa coutume, dans une assemblée avec les autres riches trafiquants. Tout à coup l'un d'eux meurt subitement. Pierre Valdo en est si frappé, qu'il distribue aussitôt tout son bien, qui était grand, aux pauvres de la ville. Il était touché des paroles de l'Evangile où la pauvreté est si hautement recommandée, et crut que la vie apostolique ne se trouvait plus sur la terre. Résolu de la renouveler, il vendit donc tout ce qu'il avait. D'autres en firent autant, touchés de componction, et ils s'unirent ensemble dans ce dessein. Il s'amassa autour d'eux un grand nombre de pauvres : Pierre Valdo, qui avait quelque peu de littérature, leur apprit la pauvreté volontaire, et à imiter la vie de Jésus-Christ et des apôtres. On les appelait les Pauvres de Lyon, Léonistes ou Lionistes, comme qui eût dit les Lyonnais; *Valdenses* ou Vaudois, de Pierre Valdo, leur chef; insabbatés, parce qu'ils portaient une espèce de savates, un peu par affectation. Dans les commencements, on aimait leur douceur et leur simplicité : la seule chose qu'on blâmait en eux, c'était que leur pauvreté fût absolument oisive, et qu'ils y mettaient de l'ostentation et de l'orgueil. On ne leur reprochait aucune doctrine particulière. Leur objet, dit le protestant Mosheim, ne fut point d'introduire de nouvelles doctrines dans l'Eglise, ni de proposer de nouveaux articles de foi aux chrétiens, mais seulement de réformer le gouvernement ecclésiastique, de ramener le clergé et le peuple à la simplicité et à la pureté primitives des siècles apostoliques (*Hist. ecclésiastique*, XII° siècle, 2° partie, c. 5, § 11 et 12).

Si les Pauvres de Lyon, suivant le nom d'*humilité* qu'ils prenaient encore, avaient réellement eu ou du moins conservé l'humilité chrétienne, leur bon exemple eût pu faire beaucoup de bien dans l'Eglise. Mais l'orgueil s'en mêla bientôt. Parce qu'ils étaient pauvres comme les apôtres, ils se crurent le droit de prêcher comme eux, quoique laïques et sans mission, sans penser que les apôtres avaient été envoyés pour cela, et qu'ils en avaient envoyé d'autres à leur place. Ce n'est pas tout : comme les évêques et les prêtres possédaient quelque chose en propre, les Vaudois prétendirent que, par là même, ils avaient perdu le pouvoir de prêcher, de consacrer et de conférer les autres sacrements. Enfin, s'enhardissant de plus en plus, ils prétendirent, quant à eux-mêmes, que, par là seul qu'ils étaient pauvres, ils avaient tout pouvoir, non-seulement de prêcher, mais de confesser et de consacrer. C'est ainsi que ces bonnes gens, qu'il ne faut nullement confondre avec les Cathares ou les Albigeois, s'égarèrent peu à peu, non par l'orgueil de la science, non par l'orgueil des richesses, mais, chose assez nouvelle, par l'orgueil de la pauvreté (1).

En Lombardie, il y avait, depuis plus d'un siècle, un ordre d'Humiliés, mais d'un esprit meilleur et approuvé par l'Eglise. Vers l'an 1036, dans une des guerres entre les Allemands et les Lombards, quelques gentilshommes d'entre ces derniers furent emmenés prisonniers en Allemagne. Ils profitèrent chrétiennement de leur infortune. Sur les exhortations du bienheureux Gui, l'un d'entre eux, ils prirent un habit pauvre, et s'abandonnèrent aux exercices de piété, de charité et de mortification. L'empereur, ayant appris leur conversion et leur genre de vie, leur accorda la liberté. De retour en Lombardie, ils continuèrent leur pieuse association, vivant du travail de leurs mains, et établirent des fabriques en étoffes de laine, auxquelles ils travaillèrent eux-mêmes. Leurs femmes voulurent imiter leur exemple, et s'occupaient à filer la laine. Cette association de gentilshommes devenus manufacturiers et ouvriers en étoffe, par humilité et charité chrétienne, pour procurer du travail à une infinité de pauvres, et leur en distribuer le profit, subsista sur ce pied jusqu'à l'an 1134, que saint Bernard vint à Milan. Le saint, auquel ils demandèrent quelques règlements de conduite, leur conseilla de se séparer de leurs femmes et de vivre en commun. Il les exhorta aussi à se mettre sous la protection de la sainte Vierge; et, pour cet effet, de changer leurs habits cendrés en habits blancs, pour marquer la pureté de leur âme.

Sur cela, les uns continuèrent leur ancienne manière de vie, les autres embrassèrent le conseil de saint Bernard et vécurent en commun, les hommes à part et les femmes aussi, tous dans une grande pauvreté et portant des habits forts rudes. Dans leur contenance, leurs discours et toutes leurs manières d'agir, ils témoignaient une grande humilité. Ils subsistaient principalement du travail de leurs mains. Il y avait parmi eux beaucoup d'hommes lettrés, et ils disaient tout l'office canonial du jour et de la nuit : plusieurs ne mangeaient point de chair, à moins qu'ils ne fussent grièvement malades. Les femmes de cet institut étaient tellement éloignées des hommes, qu'ils ne les voyaient pas même à l'église, et un mur les séparait au sermon.

(1) Ebrard, *Cont. Vald.*, t. XXIV, *Bibl. Pat.*; Reiner, *Lib. cont. Vald.*, *ibid.*, t. XXV; Petrus de Pilicdorf., *ibid.*; Bossuet, *Hist. des variations*, l. 11; Bergier, *Dict. théolog.*, art. *Vaudois*).

LIVRE LXX. — ÉLECTION DU PAPE LUCIUS III.

Quelque temps après, un troisième ordre se forma dans cette association. L'auteur en fut saint Jean de Méda, ainsi nommé du lieu de sa naissance dans le pays de Milan. Il était d'une illustre famille. Il fut le premier prêtre de l'ordre des Humiliés. Comme il en voyait le merveilleux accroissement, il eut la pensée d'en faire des religieux proprement dits. Dans ce dessein, il vint à Côme, bâtit une église et quelques cellules dans un lieu plein de roseaux; dans peu de temps, il y assembla un grand nombre de frères, auxquels il donna la tonsure monastique. Il établit bientôt plusieurs monastères semblables, tant pour les hommes que pour les femmes. Depuis cette époque, ils cessèrent la fabrication des étoffes. Après l'office divin, les frères travaillaient au jardin, les religieuses au fuseau et à l'aiguille. Cependant les trois ordres continuèrent à subsister ensemble, approuvés par les souverains Pontifes.

Saint Jean de Méda fut le premier de l'ordre des Humiliés qui remplit le ministère de la prédication. Il le fit avec un succès prodigieux. On accourait à ses discours de presque toute l'Italie. Touchés de la grâce de Dieu, les uns embrassaient le même institut, les autres contribuaient de leurs biens à en fonder de nouveaux monastères. Ce que voyant, le Pape permit aux clercs et même aux laïques lettrés de cette congrégation de prêcher, non-seulement dans leurs maisons, mais dans les places publiques et dans les églises, toutefois avec le consentement des évêques. Les conversions furent alors sans nombre. Ces Humiliés étaient formidables aux manichéens ou cathares, qu'ils confondaient publiquement et dont ils découvraient les artifices : ils en convertirent même un bon nombre. Saint Jean de Méda mourut à Côme, le 26 septembre 1159, illustre par ses miracles et avant et après sa mort (1). Voilà ce qu'auraient pu faire en France les Humiliés ou les Pauvres de Lyon, si leur pauvreté même ne les eût enflés d'orgueil.

Pour remédier aux maux que faisaient à la chrétienté les manichéens en Occident et les Sarrasins en Orient, le pape Lucius III tint un concile à Vérone. Il se nommait auparavant Hubald, cardinal-évêque d'Ostie, était fort âgé, médiocrement lettré, mais d'une grande expérience dans les affaires. Il fut élu pape le 1er septembre 1181, un jour après la mort d'Alexandre III. A cette élection, on commença de mettre en pratique le décret du concile de Latran, qui demandait les deux tiers des suffrages, et les cardinaux commencèrent à réduire à eux seuls l'élection du Pape, à l'exclusion du peuple et du reste du clergé. Lucius III était de Lucques en Toscane, et tint le Saint-Siège quatre ans.

Dès les premiers jours de son pontificat, il vit arriver un ancien ami de saint Thomas de Cantorbéry, Jean aux Blanches-Mains, évêque de Poitiers, élu archevêque de Narbonne. Il venait demander au Pape sa confirmation pour ce dernier siége. Lucius, qui connaissait son rare mérite, lui donna mieux, l'archevêché de Lyon, et le nomma son légat en France. Le Pape reçut, vers le même temps, une ambassade de Guillaume, roi d'Ecosse, qui lui demandait d'être relevés, le roi de l'excommunication,

(1) *Acta Sanct.*, 23 septembr.; Hélyot, *Hist. des ordres religieux*, t. VI; Jacques de Vitry, *Hist. occidentale*, n. 28.

et son royaume de l'interdit qu'avait prononcés le défunt archevêque d'York, parce que le roi s'était opposé à l'installation d'un évêque élu de Saint-André, voulant y en faire mettre un autre. Le Pape accorda la levée de l'excommunication et de l'interdit, et envoya un légat en Ecosse pour arranger l'affaire entre les deux compétiteurs. Comme elle ne put se terminer sur les lieux, ils vinrent tous deux en Italie, résignèrent leurs droits entre les mains du Pape, qui, pour tout concilier, donna l'évêché de Saint-André à l'un, et l'évêché de Dunkelden à l'autre (Baron., an 1182 et 1183). A la prière de Guillaume le Bon, roi de Sicile, le pape Lucius érigea aussi, l'an 1183, l'Eglise de Mont-Réal en métropole.

Un fait bien plus mémorable, c'est la correspondance du Pape avec Saladin. Lucius III lui écrivit touchant la rédemption des captifs. Nous n'avons pas sa lettre, mais bien la réponse du sultan. Elle est conçue en ces termes : « Le roi Saladin, le plus puissant de tous les rois orientaux, au seigneur Pape. On nous a rendu la lettre de Votre Sainteté, parce que nous savons et nous croyons que vous occupez le premier emploi en ce monde, et parce que nous savons que Dieu vous a donné une telle gloire, que vous êtes assis dans une grandeur sans égale. Nous savons aussi que tous les chrétiens vous obéissent et vous craignent. Cette lettre nous a été remise et présentée par la main d'Olivier Vital, votre légat, auquel, à cause du respect et de la vénération que nous vous portons, nous avons fait honneur, en lui donnant audience dans l'intérieur de notre palais, et faisant d'abord tout ce qu'il a été en notre pouvoir de lui accorder. Tout ce qui est marqué dans votre lettre, et ce que votre légat nous a dit touchant la paix à faire avec les chrétiens et la délivrance des prisonniers, nous a été très-agréable. Que les chrétiens, qui sont sous votre obéissance, renvoient nos sujets qu'ils tiennent prisonniers, et nous renverrons de même volontiers tous les chrétiens que nous tenons captifs. Mais Votre Grandeur doit savoir que les chrétiens que nous tenons sont des gentilshommes et de nobles personnages, au lieu que nos soldats, qui sont prisonniers chez les chrétiens, ne sont que des paysans et des personnes très-viles. Ainsi nous apprécierons, s'il vous plaît, les prisonniers que nous avons, et les chrétiens apprécieront ceux qu'ils tiennent, et ceux qui auront de la perte seront indemnisés par les autres. Dieu sait que, quand nous avons vu vos lettres et les légats de Votre Grandeur, nous en avons ressenti une joie parfaite, et nous en remercions Dieu (*Apud Radulph. de Diceto, in imaginum; Hist.*, p. 621; Pagi, an 1184). »

Le pape Lucius écrivit encore sur le même sujet au frère de Saladin, qui lui répondit le 26 mai 1182 : « J'ai compris, par les paroles de votre légat, que vous voulez observer en tout le traité que le roi Saladin a conclu avec votre prédécesseur Alexandre, de sainte mémoire, touchant la délivrance des prisonniers entre les chrétiens et les Sarrasins. » On voit, par ces paroles de Malek-Adhel, qu'il y avait déjà eu une négociation et un traité à cet égard entre le pape Alexandre et le sultan Saladin. Il ajoute : « Que si les chrétiens qui habitent Jérusalem avec leur roi et ceux du pays de Tyr obéissent, à vos ordres avec toute la chrétienté, et s'ils observent, selon votre volonté, l'arrangement fait entre nous pour la paix et la rédemption des captifs qui sont en nos prisons, nous promettons aussi de faire tout ce que vous demandez pour cette paix. Que Dieu vous inspire, ainsi qu'à nous, de faire, par sa grâce, ce qui est avantageux au salut de tous les chrétiens et Sarrasins. Ainsi soit-il (*Apud Radulph. de Diceto, et Pagi*, an 1184)! » C'est sans doute quelque chose de bien remarquable que d'entendre les chefs des musulmans parler avec ce respect et cette vénération au chef spirituel de la chrétienté, et proclamer, dans leurs lettres officielles, qu'il occupe la première dignité dans l'univers.

A Rome même, il y avait encore des esprits turbulents qui ne comprenaient pas cela. En 1183, le pape Lucius ne put demeurer à Rome, à cause de la révolte des Romains. Leur différend venait de quelques coutumes qu'il jura de n'observer jamais, quoique les Papes, ses prédécesseurs, les eussent gardées. Les Romains en furent irrités au point qu'ils pillèrent et brûlèrent les terres du Pape, en sorte qu'il fut obligé de fuir de place en place dans ses forteresses. Christian, archevêque de Mayence, chancelier de l'empereur, vint au secours du Pontife avec une grande armée d'Allemands; il incommoda fort les Romains, mais tomba malade à Tusculum. Le Pape, qui était proche, vint le voir. L'archevêque était si mal, qu'il ne put se lever pour le recevoir; mais il se confessa à lui, reçut de ses mains les sacrements et l'indulgence, et mourut ainsi au mois d'août 1183. Le Pape en écrivit à tous les prélats d'Allemagne, pour le recommander à leurs prières. On prétendit que les Romains avaient procuré sa mort par l'eau d'une fontaine qu'ils avaient empoisonnée. Son armée se dissipa, et les Romains s'élevèrent plus fortement contre le Pape (*Apud Baron. et Pagi*).

Celui-ci, voyant qu'il ne pouvait résister aux Romains, envoya des nonces aux rois et aux seigneurs, tant laïques qu'ecclésiastiques, pour demander des secours d'argent. Ceux qui vinrent en Angleterre ayant fait leur proposition, le roi consulta les évêques et le reste du clergé. Ceux-ci lui conseillèrent de donner le subside au Pape, tel qu'il le jugerait à propos, tant pour lui que pour eux; car, ajoutèrent-ils, nous aimons mieux vous rembourser, si vous le voulez, de ce que vous aurez donné, que de souffrir que le Pape envoie ses nonces en Angleterre lever sur nous un subside; ce qui pourrait tourner en coutume, au préjudice du royaume. Le roi suivit ce conseil, et envoya au Pape une grande somme d'argent, avec laquelle, ainsi qu'avec celles qu'il reçut de toutes parts des autres princes, il fit ou acheta la paix avec les Romains (Roger Hoveden, *apud Baron.*).

Cette paix ne dura guère. Les Romains la violèrent effrontément, et, par leurs insultes, forcèrent le Pape à quitter Rome. La plus cruelle de ces insultes est, qu'ayant trouvé plusieurs de ses clercs hors de la ville, ils leur crevèrent les yeux à tous, hormis un, leur mirent des mitres par dérision, et leur firent promettre avec serment de se présenter au Pape dans cet état. Profondément affligé, le Pape anathématisa les auteurs de ce crime, sortit de la ville avec les siens, et se rendit à Vérone, où il espérait que l'empereur Frédéric viendrait à son secours (*Apud Baron. et Pagi*, an 1184).

L'an 1183, le 25 juin, ce prince avait signé à Constance un traité de paix définitive avec les villes ou républiques de Lombardie; traité qui, pendant longtemps, a formé la base du droit public parmi les Italiens, et qui, en conséquence, est inséré dans le corps du *Droit romain*, qu'il termine.

Par le traité de Constance, l'empereur céda aux villes, sans exceptions, tous les droits régaliens qu'il avait possédés dans l'intérieur de leurs murs. Il leur céda de même, dans le district qui dépendait d'elles, tous ceux de ces droits qu'elles avaient acquis par l'usage ou la prescription; il leur assura nommément le droit de lever des armées, de se fortifier par des murs, et d'exercer, dans leur enceinte, la juridiction, tant civile que criminelle.

Il fut convenu que dans tous les cas de contestation sur les droits régaliens, réclamés par les communes en vertu d'une prescription, l'évêque de chaque ville aurait l'autorité de nommer des arbitres choisis parmi les citoyens et les habitants de la banlieue, exempts d'animosité contre l'empereur ou contre la cité. Si ces arbitres cependant croyaient ne pouvoir décider sur les réclamations contradictoires qui leur seraient adressées, ils étaient autorisés à échanger toutes les redevances contestées contre un cens annuel de deux mille marcs d'argent, que l'empereur pourrait encore réduire, si l'équité l'exigeait.

Toutes les inféodations, faites depuis la guerre au préjudice des cités, furent annulées; toutes les possessions, saisies et confisquées sur elles, furent rendues sans fruits ni dommage. L'empereur promit de ne pas séjourner assez longtemps dans une ville ou son territoire, pour lui causer un préjudice, et il consentit que les villes conservassent leur confédération, et la renouvelassent aussi souvent qu'elles le voudraient.

D'autre part, quelques prérogatives furent conservées à l'empire, dans l'intérieur même des nouvelles républiques. Le consulat fut confirmé; mais les consuls durent recevoir, gratuitement il est vrai, l'investiture de leur charge, d'un lieutenant de l'empereur, à moins cependant que, d'après une coutume légale, ils ne la reçussent de l'évêque, comme de la ville. L'empereur fut autorisé à établir dans chaque cité un juge d'appel, auquel on pourrait porter les causes civiles dont l'objet surpasserait la valeur de vingt-cinq livres impériales. La livre valait alors soixante-cinq de nos francs. Ce juge devait jurer, lorsqu'il entrait en charge, qu'il se conformerait aux coutumes de la ville, et qu'il ne laisserait aucune cause se prolonger pendant plus de deux mois.

Chaque ville devait prêter serment de maintenir les droits impériaux en Italie envers ceux qui n'étaient pas membres de la ligue. Elle promettait à l'empereur de lui fournir le fourrage royal à son entrée en Lombardie; de rétablir les ponts et les chaussées, tant pour son arrivée que pour son retour, et de lui préparer un marché suffisamment approvisionné pour lui et pour son armée; enfin elle s'engageait à renouveler, tous les dix ans, son serment de fidélité (*Corpus juris civilis, ad calcem liber de pace Constantiæ*).

C'est ainsi que se termina la longue lutte pour l'établissement de la liberté italienne, et que les républiques lombardes, dont l'existence avait jusqu'alors été chancelante, furent légalement reconnues et constituées.

Dès l'année qui suivit la paix de Constance, Frédéric revint en Italie avec son fils Henri, auquel il destinait la couronne de l'empire. Les villes qui lui avaient résisté avec le plus de courage ne rivalisèrent cette fois entre elles que par leur empressement à l'honorer. Les Milanais, plus qu'aucun autre peuple, prirent à tâche de rentrer en grâce auprès de lui; et l'empereur, de son côté, après avoir éprouvé la faiblesse des communes auxquelles il s'était précédemment allié, crut devoir s'appuyer sur une ligue plus puissante, et s'assurer de l'affection des Milanais. Il leur accorda de nouveaux priviléges, et leur permit de rebâtir la ville de Crème, dont les murailles n'avaient point été relevées depuis que lui-même les avait rasées, vingt-quatre ans auparavant. Les Crémonais s'y étaient opposés dans le temps du plus grand pouvoir de la ligue lombarde; et ils témoignèrent leur humeur et leur ressentiment d'une manière si offensante pour l'empereur, lorsque celui-ci céda aux sollicitations des Milanais et pardonna aux malheureux Crémasques, que Frédéric, irrité, se mit à la tête des milices milanaises, et que, faisant marcher devant lui le *carrocio* ou étendard de la ville, il entra sur le territoire de Crémone, brûla plusieurs châteaux de ce peuple mutiné, et le réduisit enfin à implorer sa clémence (Sicardi episc. Cremon., *Chron.*, t. VII de Muratori, p. 602).

L'empereur Frédéric passa toute l'année 1184 en Italie, la plupart du temps à Vérone, pour s'entretenir avec le Pape sur les intérêts de l'empire et de l'Église, tant en Europe qu'en Asie. Il y arriva de toutes parts un grand nombre d'archevêques, d'évêques et de princes, entre autres les ambassadeurs du roi d'Angleterre. D'après le conseil de l'archevêque de Cologne, ils venaient supplier le Pape, de la part du roi, leur maître, de vouloir bien obtenir de l'empereur qu'il reçût en grâce le duc Henri le Lion, privé à la fois de ses duchés de Saxe et de Bavière, et condamné à un exil perpétuel. Sur les instances du Pape, l'empereur permit au duc de revenir dans sa patrie, et le dégagea du serment qu'il lui avait fait faire de rester toujours en exil. Le Pape, de son côté, dégagea l'empereur du serment qu'il avait fait lui-même de ne jamais lui faire grâce (Roger Hoveden, *apud Baron.*, an 1184, n. 2).

Une autre conciliation eut lieu pour le bien de l'Église et de l'empire en Allemagne. En 1177, pour faciliter la paix de Venise et la fin du schisme, le pape Alexandre engagea l'archevêque Adalbert de Salzbourg, fils du roi de Bohême, à lui résigner son siège, qu'il donna au cardinal Conrad, archevêque élu de Mayence, pour laisser ce dernier siège à son compétiteur Christian, chancelier de l'empereur, dont il avait la confiance, tandis qu'Adalbert lui était odieux. Christian étant mort l'an 1183, Conrad demanda et obtint de retourner de Salzbourg à Mayence. Adalbert, de son côté, étant venu à Vérone, fut très-bien reçu de l'empereur et du Pape. Non-seulement ils lui permirent de reprendre le siége de Salzbourg, mais lui accordèrent beaucoup de priviléges. Le Pape le nomma même, lui et ses successeurs, légat apostolique dans toute la Bavière C'est Adalbert lui-même qui nous apprend ces particularités dans une lettre qu'il écrivit là-dessus à son chapitre (Mansi, *Concil.*, t. XXII).

Il vint encore à Vérone des ecclésiastiques de divers pays, qui avaient été ordonnés par les schismatiques au temps du pape Alexandre. L'empereur pria instamment le pape Lucius de leur faire grâce et de les réhabiliter. Le Pape y condescendit d'abord; en sorte qu'il leur permit de présenter leurs requêtes, afin de d'accorder à chacun la dispense selon la différence des cas. Mais, le lendemain, il changea d'avis, et dit que la suspense, ayant été prononcée à Venise, dans le concile général, en 1177, ne pouvait être révoquée que dans un concile pareil; et il promit d'en tenir un à Lyon pour cette affaire. On attribua ce changement à Conrad, archevêque de Mayence, et à Conrad, évêque de Worms; et les Allemands s'en plaignirent hautement, en sorte que les cardinaux disaient qu'ils demandaient grâce en menaçant.

Une autre affaire occupa le Pape et l'empereur. Après la mort d'Arnold, archevêque de Cologne, il y avait eu une double élection dans cette Église. L'empereur s'était prononcé pour l'un des élus, mais l'autre en avait appelé au Pape. Leur affaire fut discutée à Vérone, mais n'y put être terminée : elle traîna encore sept ans. On discuta encore l'affaire des biens de la comtesse Mathilde, dont l'empereur avait obtenu la jouissance pour quinze ans, mais qui, après ce terme, devaient revenir à l'Église romaine, à moins que l'empereur ne prouvât y avoir des droits légitimes. On discuta donc la chose de part et d'autre, mais il n'y eut point de conclusion. Enfin l'empereur Frédéric demandait que le Pape couronnât empereur son fils Henri; mais le Pape ne voulut y consentir que dans le cas où Frédéric quitterait lui-même la couronne, attendu qu'il ne pouvait y avoir deux empereurs ensemble (*Apud Baron. et Pagi*).

Outre ces affaires particulières, deux affaires générales occupèrent le Pape et l'empereur, les évêques et les princes, dans le concile qui se tint en cette occasion à Vérone : l'une était de réprimer en Occident les hérésies manichéennes, qui attaquaient à la fois et la religion et l'ordre social; l'autre, d'opposer une barrière aux puissances mahométanes, qui menaçaient de nouveau la chrétienté entière. Sur le premier point, le pape Lucius III publia la constitution suivante :

« Pour abolir les diverses hérésies qui ont commencé à pulluler de notre temps dans la plupart des lieux, la vigueur des ecclésiastiques doit se réveiller, vu principalement qu'elle se trouve appuyée de la puissance impériale. C'est pourquoi, en la présence de notre cher fils, l'empereur Frédéric, de l'avis de nos frères, les cardinaux, des patriarches, archevêques et évêques, et de beaucoup de princes assemblés de diverses parties du monde, nous condamnons, de l'autorité apostolique et par la présente constitution, tous les hérétiques, quelque nom qu'ils portent, principalement les Cathares et Patarins, et ceux qui se disent faussement Humiliés ou Pauvres de Lyon; les Passagins, Joséphins et Arnaudistes. Nous les soumettons tous à un anathème perpétuel. Et parce que quelques-uns, sous prétexte de piété, s'attribuent l'autorité de prêcher, quoique l'apôtre dise : *Comment prêcheront-ils, s'ils ne sont envoyés?* nous comprenons sous un pareil anathème tous ceux qui oseront prêcher en public ou en particulier, sans avoir mission et autorité de nous ou de l'évêque du lieu ; tous ceux qui pensent ou enseignent autrement que l'Eglise romaine, touchant le sacrement du Corps et du Sang de Notre Seigneur Jésus-Christ, le baptême, la rémission des péchés, le mariage et les autres sacrements ; et généralement tous ceux qui auront été jugés hérétiques par l'Eglise romaine, par chaque évêque dans son diocèse, avec le conseil de son clergé, ou par le clergé même, le siège vacant, avec le conseil, s'il est besoin, des évêques voisins. Nous condamnons de même tous ceux qui donneront retraite ou protection à ces hérétiques, soit qu'on les nomme Consolés, Croyants, Parfaits ou de quelque autre nom superstitieux.

» Et parce que la sévérité de la discipline ecclésiastique est quelquefois méprisée par ceux qui n'en comprennent pas les vertus, nous ordonnons que ceux qui seront manifestement convaincus des erreurs susdites, s'ils sont clercs ou religieux, soient dépouillés de tout ordre et bénéfice, et abandonnés à la puissance séculière, pour recevoir la punition convenable ; si ce n'est que le coupable, sitôt qu'il sera découvert, fasse abjuration entre les mains de l'évêque du lieu. Il en sera de même du laïque, et il sera puni par le juge séculier, s'il ne fait abjuration. Ceux qui seront seulement trouvés suspects, seront punis de même, s'ils ne prouvent leur innocence par une purgation convenable ; mais ceux qui retomberont après l'abjuration ou la purgation, seront laissés au jugement séculier, sans être écoutés davantage. Et les biens des clercs condamnés seront appliqués, selon les lois, aux églises qu'ils servaient. Cette excommunication contre tous les hérétiques sera renouvelée par tous les évêques aux grandes solennités, ou quand l'occasion s'en présentera, sous peine d'être suspens, trois années, des fonctions épiscopales.

» Nous ajoutons, par le conseil des évêques, sur la remontrance de l'empereur et des seigneurs de sa cour, que chaque évêque visitera une ou deux fois l'année, par lui-même, par son archidiacre ou par d'autres personnes capables, les lieux de son diocèse où le bruit commun sera que les hérétiques demeurent ; et il fera jurer trois ou quatre hommes, ou plus, de bonne réputation, et même, s'il le juge à propos, tout le voisinage, que, s'ils apprennent qu'il y ait là des hérétiques ou des gens qui tiennent des conventicules secrets, ou qui mènent une vie différente du commun des fidèles, ils les dénonceront à l'évêque ou à l'archidiacre. L'évêque ou l'archidiacre appellera devant lui les accusés ; et, s'ils ne se purgent suivant la coutume du pays, ou s'ils retombent, ils seront punis par le jugement des évêques. Que, s'ils refusent de jurer, ils seront dès là jugés hérétiques.

» Nous ordonnons de plus que les comtes, les barons, les recteurs et les consuls des villes et des autres lieux promettent par serment, suivant la monition des évêques, d'aider efficacement l'Eglise en tout ce que dessus, contre les hérétiques et les complices, quand ils en seront requis ; et qu'ils s'appliqueront de bonne foi à exécuter, selon leur pouvoir, ce que l'Eglise et l'empire ont statué sur cette matière ; sinon, ils seront dépouillés de leurs charges, et ne seront admis à aucune autre, outre qu'ils seront excommuniés et leurs terres mises en interdit. La ville qui résistera à ce décret, ou qui, avertie par l'évêque, négligera de punir les contrevenants, sera privée du commerce des autres villes, et perdra la dignité épiscopale. Tous les fauteurs d'hérétiques seront notés d'infamie perpétuelle, et, comme tels, ne pourront être avocats et témoins, et seront exclus des autres fonctions publiques. Ceux qui sont exempts de la juridiction de l'évêque et soumis seulement au Saint-Siège, ne laisseront pas, pour ce que dessus, de subir le jugement des évêques, comme délégués du Siège apostolique, nonobstant leurs privilèges (Labbe, t. X ; Mansi, t. XXII). »

On voit ici, par le concours de l'Eglise et des princes, l'établissement durable de l'inquisition contre les hérétiques, que nous avons vu établir, au moins temporairement, à Rome, dès le Ve siècle, par le pape saint Léon le Grand, et contre les mêmes manichéens. Ici on ordonne aux évêques de s'informer par eux-mêmes ou par commissaires, des personnes suspectes d'hérésie, suivant la commune renommée et les dénonciations particulières ; on distingue les degrés de suspects, convaincus, pénitents et relaps, suivant lesquels les peines sont différentes. Enfin, après que l'Eglise a employé contre les hérétiques les peines spirituelles, elle les abandonne au bras séculier, pour exercer encore contre eux les peines temporelles, ayant reconnu par expérience que plusieurs chrétiens, et particulièrement ces nouveaux hérétiques, n'étaient plus sensibles aux peines spirituelles. L'Eglise, comme le bon sens, proportionne les remèdes au progrès du mal.

Quant à cette inquisition en elle-même, elle existe naturellement et nécessairement, sous un nom ou sous un autre, dans toute société qui veut sa propre conservation. Toute société quelconque surveille et poursuit ceux qui conspirent ou travaillent à son renversement. Elle recherche et punit non-seulement ceux qui conspirent ou travaillent à renverser sa constitution tout entière, mais encore ceux-là qui n'en attaquent qu'une partie, qui n'en violent qu'une loi, ne fût-ce que par un seul acte, comme la loi sur la sécurité publique et individuelle par le meurtre, la loi sur la propriété par le vol. Et nul ne s'étonne qu'elle le fasse : tout le monde s'étonnerait si elle ne le faisait pas ; car une société qui voudrait ne pas le faire, se détruirait par là même.

Or, la constitution de l'humanité chrétienne, c'est l'Eglise catholique. Les peuples chrétiens, empires, royaumes, républiques, sont des membres vivants de cette Eglise et vivent de sa vie. La loi fondamentale des uns et des autres, et quant à leur existence, et quant à leur conservation, et quant à leur perfectionnement, c'est la loi catholique. Au moyen-âge, cette loi écrite à la tête de toutes les autres. Qui n'était pas catholique, n'était pas citoyen. Il était donc naturel que ces républiques, ces royaumes, ces empires, que l'humanité chrétienne tout entière veillât à la conservation de la foi catholique, et qu'elle y veillât par tous les moyens qui appartiennent naturellement, soit à l'individu, soit à la nation, soit à la chrétienté entière ; car c'était veiller à sa propre conservation; c'était veiller au dépôt de la civilisation véritable; car c'est un fait de toute l'histoire : où la foi catholique disparaît, là reviennent l'ignorance et la barbarie : témoins les peuples abrutis par le mahométisme; témoins les populations grecques, dégradées depuis tant de siècles par le schisme et l'hérésie. Grâces donc soient rendues aux peuples et aux rois, à la chrétienté entière du moyen-âge, d'avoir repoussé d'une part le joug abrutissant du mahométisme, et d'avoir réprimé de l'autre une hérésie, une secte plus abrutissante encore, une secte qui ne corrompait pas moins la raison que la foi, l'intelligence que la volonté, la morale que le dogme, l'empire que l'Eglise; car tel était le manichéisme, tant ancien que moderne.

Quant à la seconde affaire générale qui fut agitée à Vérone, voici ce que divers monuments nous en apprennent. Pendant la tenue du concile, le quatrième jour de novembre, comme le Pape, l'empereur et la plupart des évêques étaient assemblés dans la grande église, l'archevêque Gérard de Ravenne exposa publiquement le triste état du royaume de Jérusalem, exhortant toutes sortes de personnes à le secourir pour la rémission de leurs péchés. Le roi Baudouin IV sentait son mal s'accroître de jour en jour; il avait perdu la vue, la corruption de la lèpre lui ôtait l'usage des pieds et des mains, et de plus il fut attaqué d'une grosse fièvre à Nazareth. Il ne pouvait toutefois se résoudre à quitter la couronne; mais, en présence des seigneurs, de la reine, sa mère, et du patriarche, il établit régent du royaume, Gui de Lusignan, comte de Joppé et d'Ascalon, se réservant la dignité royale et une pension de dix mille écus d'or; mais, quelque temps après, le roi, connaissant l'incapacité de ce jeune seigneur, et d'ailleurs mal satisfait de lui, retira le pouvoir qu'il lui avait donné; et, pour lui ôter même l'espérance de sa succession, il fit couronner solennellement Baudouin, son neveu, fils de Sybille et du marquis de Monferrat, son premier mari, quoique ce ne fût qu'un enfant qui avait à peine cinq ans. Il fut couronné le 20 novembre 1181, et les plus sages n'approuvèrent cette action qu'en tant qu'elle ôtait l'autorité à Gui de Lusignan; car le royaume demeurait toujours sans gouvernement, par la maladie du premier roi et le bas âge du second. Gui de Lusignan s'enferma dans Ascalon, et refusa ouvertement d'obéir au roi, son beau-frère, qui donna la régence du royaume au comte de Tripoli.

Alors ce pauvre roi, voyant les progrès de Saladin, et en craignant de plus grands, envoya en Occident Héraclius, patriarche de Jérusalem; Arnaud, maître des Templiers, et Roger, maître des Hospitaliers. Ils arrivèrent heureusement à Brindes, et se rendirent à Vérone, où ils apprirent qu'étaient ensemble le Pape et l'empereur. Ils sollicitèrent vivement l'un et l'autre de procurer une expédition contre les infidèles d'au delà des mers, assurant que le sépulcre du Seigneur et toutes les églises étaient dans le plus grand péril, à cause de la puissance toujours croissante de Saladin. L'empereur, avec beaucoup de bonté, opina pour qu'on acquiesçât à leur demande, et promit de concerter l'expédition avec les princes, dès qu'il serait de retour en Allemagne; de telle sorte que, à partir de la fête de Noël, qui était proche, ceux qui voudraient en être pussent s'y préparer pendant l'année. C'est ce que nous apprend un témoin oculaire, l'archevêque Adalbert de Prague, dans la lettre déjà mentionnée (Mansi, *Concil.*, t. XXII; Guill. de Tyr, l. 22 et 23; Radulph. de Diceto).

Le pape Honorius, de son côté, donna aux trois envoyés d'Orient des lettres de recommandation pour les rois de France et d'Angleterre. Le maître des Templiers mourut à Vérone : le patriarche et le maître de l'Hôpital passèrent en France, et arrivèrent à Paris le 16 janvier 1185. Maurice de Sully, évêque de Paris, les reçut en procession avec le clergé et le peuple; et, le lendemain, le patriarche célébra la messe dans Notre-Dame, et y prêcha. Le roi Philippe-Auguste, ayant appris l'arrivée des ambassadeurs, quitta toutes ses autres affaires pour venir promptement les trouver. Il les reçut avec honneur, leur donna le baiser de paix, et ordonna à ses préposés et à ses intendants de les défrayer partout sur ses terres. Ils lui présentèrent les clés de la ville de Jérusalem et du saint Sépulcre; et quand ils eurent expliqué le sujet de leur voyage, le roi assembla à Paris un concile général des évêques et des seigneurs; et, par leur conseil, il ordonna à tous les prélats d'exhorter ses sujets, par de fréquentes prédications, à faire le voyage de Jérusalem pour la défense de la foi; mais on ne lui conseilla pas d'y aller en personne, parce qu'il n'avait pas encore d'enfants. Il y envoya seulement, à ses dépens, de braves chevaliers avec une grande multitude de gens de pied.

Les deux ambassadeurs de Jérusalem passèrent promptement en Angleterre, et y arrivèrent vers le commencement de février 1185. Le roi Henri les reçut à Réding. Ils se jetèrent à ses pieds, et lui présentèrent la bannière royale, avec les clés du saint Sépulcre, de la tour de David et de la ville de Jérusalem. Ils le saluèrent de la part du roi Baudouin, des seigneurs et de tout le peuple de son royaume, et lui exposèrent avec larmes le sujet de leur voyage. Ils lui rendirent aussi une lettre du pape Lucius, qui représentait l'état déplorable où la terre sainte se trouvait réduite par les victoires de Saladin et la maladie du roi de Jérusalem, recommandait au roi d'Angleterre le patriarche et le maître de l'Hôpital, et le faisait souvenir de la promesse qu'il avait faite de donner du secours à la terre sainte. C'est quand il reçut l'absolution du meurtre de saint Thomas de Cantorbéry. Le roi répondit que, Dieu aidant, la chose irait bien, et donna terme aux ambassadeurs, pour apprendre sa résolution, au premier dimanche de carême, qui, cette année 1185, était le 10 mars.

Ce jour se trouvèrent à Londres le roi Henri, le patriarche Héraclius, les évêques, les abbés, les comtes et les barons d'Angleterre; Guillaume, roi d'Ecosse, avec David, son frère, et les seigneurs du pays. Huit jours après, on délibéra sur la proposition des ambassadeurs. On mit en question lequel était le plus à propos, que le roi allât en personne au secours de Jérusalem, ou qu'il demeurât en Angleterre, dont il avait reçu la couronne en la face de l'Eglise. Quelques-uns insistaient sur le serment qu'il avait fait à son sacre, et soutenaient qu'il était plus obligé à maintenir la paix dans son royaume et à le défendre contre les insultes des étrangers, qu'à marcher en personne à la défense de l'Orient; car, en quittant l'Angleterre, il avait beaucoup à craindre de la part des Français et de la part des princes, ses enfants. Le roi Henri se rendit à ces avis, et répondit au patriarche de Jérusalem qu'il n'irait point, mais qu'il aiderait de son argent ceux qui voudraient y aller. Le patriarche, mal content de cette réponse, dit : « Vous ne faites rien, seigneur, nous cherchons un prince, et non de l'argent; on nous en envoie de tous les pays, mais nous demandons un homme. » En quoi le patriarche disait très-vrai : c'est un homme qui manquait en Palestine; lui-même, comme nous l'avons vu, n'était pas l'homme qu'il fallait à sa place. Il insistait donc pour que le roi envoyât au moins un de ses fils. Mais le roi répondit qu'il ne pouvait les engager à ce voyage en leur absence. Le patriarche, frustré de son espérance, le menaça que Dieu l'abandonnerait, et s'emporta jusqu'à lui reprocher ses infidélités envers le roi de France et la mort de saint Thomas de Cantorbéry. Et, comme il voyait le roi fort irrité de ce discours, il lui tendit le cou, en disant : « Faites de moi ce que vous avez fait de mon frère Thomas ; j'aime mieux que vous me fassiez mourir en Angleterre, que les Sarrasins en Syrie, puisque vous êtes pire qu'un Sarrasin. » La querelle s'apaisa cependant, et tout le monde fut d'avis que le roi irait consulter le roi Philippe de France, son seigneur suzerain (Roger Hoveden, Radulphe de Diceto, Girald, Brompton, Baronius, an 1185).

Le roi Henri, le patriarche Héraclius et le maître de l'Hôpital passèrent donc en Normandie, et célébrèrent à Rouen la fête de Pâques, qui, cette année 1185, fut le 21 avril. Le roi de France, ayant appris l'arrivée du roi d'Angleterre, vint en diligence le trouver à Vaudreuil, près de Rouen, où ils conférèrent pendant trois jours, et promirent d'envoyer à la terre sainte un grand secours, tant d'hommes que d'argent. Comme le roi d'Angleterre avait permis à tous ses sujets de se croiser en cette occasion, il y eut plusieurs prélats et plusieurs seigneurs qui le firent. Les plus remarquables entre les prélats furent les deux nouveaux archevêques Baudouin de Cantorbéry et Gautier de Rouen. Mais ils ne se pressèrent pas de partir, et le patriarche de Jérusalem retourna en Palestine, sans rapporter grand résultat de son voyage.

Le roi de Jérusalem, Baudouin IV, mourut de la lèpre la même année 1185, laissant pour successeur son neveu Baudouin V, âgé de huit ans, qui mourut l'année suivante 1186. Le bon pape Lucius III mourut, de son côté, à Vérone, le 24 novembre 1185. Le lendemain, jour de son enterrement, il eut pour successeur le cardinal Hubert Crivelli, archevêque de Milan, où il était né, et qui fut élu par une voix unanime par tous les cardinaux. Il prit le nom d'Urbain III. Il fit part de son élection à tous les évêques et prélats de la chrétienté, par une lettre datée de Vérone, le 12 janvier 1186.

L'empereur Frédéric reçut avec bienveillance les lettres pacifiques du nouveau Pape, et promit de protéger les domaines de l'Eglise. Mais ses actions ne répondirent guère à ses paroles. Il sembla même revenir à sa vieille prétention d'être le seul maître du monde, et de faire servir l'Eglise à ce but de son ambition. Il maria le roi Henri, son fils, avec Constance, fille posthume de Roger, roi de Sicile, et tante de Guillaume II, qui régnait alors. Elle avait plus de trente et un ans, et Henri n'était que dans sa vingt et unième année. Comme le royaume de Sicile était un fief de l'Eglise romaine et que le Pape en était seigneur suzerain, ce mariage ne devait pas se faire sans son assentiment. Non-seulement il se fit sans le Pape, mais contre le Pape et contre l'Eglise. Comme la princesse Constance était l'unique héritière du roi Guillaume de Sicile, qui n'avait point d'enfants, ce royaume courait grand risque d'être réuni à l'empire. Cette concentration de puissance menaçait tout à la fois et la liberté de l'Italie et la liberté de l'Eglise, de la part d'une dynastie qui jusqu'alors avait compris et respecté assez peu l'une et l'autre. On en vit bientôt des signes non équivoques. L'empereur Frédéric, dans la célébration du mariage, fit couronner son fils comme roi de Lombardie, à Milan, dans l'église de Saint-Ambroise, le 27 janvier 1186. Comme le Pape était encore archevêque de Milan, c'était à lui de couronner le jeune roi, ou du moins de désigner quelqu'un pour le faire à sa place. Sans qu'on l'eût même consulté, Frédéric fut couronné par l'archevêque de Vienne, le roi Henri par le patriarche d'Aquilée, et la reine Constance par un évêque allemand. Pour punir ces prélats de leur oubli des règles et des convenances, le Pape les suspendit de leurs fonctions.

L'empereur Frédéric se permit quelque chose de plus significatif encore. Depuis son couronnement à Milan, il fit prendre à son fils le titre de *césar* ou d'*empereur;* ce qui était une innovation capitale dans la constitution de la chrétienté et dans les rapports de l'Eglise romaine avec l'empire d'Occident et même les autres empires ou royaumes. Les empereurs d'Occident, nous l'avons vu dans le cours de cette histoire, étaient les défenseurs titulaires de l'Eglise romaine contre les infidèles, les hérétiques, les schismatiques et les séditieux. Défendre l'Eglise romaine, voilà ce qu'ils promettaient avec serment à leur sacre. D'après cela, il était naturel que le chef de l'Eglise romaine, le Pape, choisît celui des princes chrétiens qu'elle devait avoir pour protecteur. Cette réflexion, l'historien Glaber, ainsi que nous l'avons vu, la faisait déjà dans le XIe siècle. Il est un décret, dit-il, qui paraît très-convenable et très-raisonnable, excellent surtout pour maintenir la paix, à savoir : « Aucun prince ne se permettra de porter prématurément le sceptre de l'empire romain, ni ne pourra être ou s'appeler empereur, sinon celui que le Pape de l'Eglise romaine aura choisi pour la probité de ses mœurs, comme propre à la république, et auquel il aura donné l'insigne de l'empire (Glab., l. 1, *sub fin.*). »

Lors donc que, contrairement à cette ancienne constitution de la chrétienté et à l'autorité du chef de l'Eglise universelle, l'empereur Frédéric, de sa seule autorité, déclara son fils empereur, n'était-ce pas annoncer à l'empire et à l'Eglise que l'empereur d'Allemagne était au-dessus des constitutions et des lois, qu'il était lui seul la loi unique et vivante? N'était-ce pas annoncer à l'Eglise que, désormais, elle aurait en lui, non plus un défenseur, mais un maître et un tyran ? N'était-ce pas annoncer à la terre entière que le Pontife romain, au lieu d'être le père commun, le pasteur universel, le médiateur impartial des peuples et des rois, ne serait plus que le premier chapelain de l'empereur teutonique ? En un mot, n'était-ce pas déclarer à l'Eglise de Dieu une guerre plus funeste que celle que lui faisaient les Mahométans ? Car c'était l'attaquer au dedans et dans son essence même.

Le pape Urbain III et l'empereur Frédéric eurent plusieurs conférences touchant les affaires que le pape Lucius avait laissées indécises. Mais, dans les dispositions où était l'empereur, ces conférences pouvaient difficilement aplanir les difficultés. Le pape Urbain, zélé pour les droits de l'Eglise, comme il le devait en conscience, se plaignait que ce prince s'était emparé injustement des biens que la princesse Mathilde avait donnés à l'Eglise romaine; qu'il prenait les dépouilles des évêques morts, en sorte que leurs successeurs, trouvant les Eglises dénuées de tout, étaient réduits à faire des extorsions injustes; enfin que l'empereur avait dissipé plusieurs monastères de filles, dont il avait pris les revenus, sous prétexte de la conduite déréglée des abbesses, sans en mettre à leur place de plus régulières. L'empereur, de son côté, s'irrita fort de ce que le Pape, soutenant Volmar, élu archevêque de Trèves, l'ordonna prêtre-cardinal, le 31 mai de cette année 1186, et le lendemain le sacra archevêque. L'empereur soutenait Rodolphe, compétiteur de Volmar.

Le roi Henri, que son père avait annoncé au Pape comme un protecteur spécial de l'Eglise romaine, ne contribua pas peu, par ses violences, à fomenter la division entre le Pape et l'empereur, son père. Car, étant encore en Lombardie, il fit venir un évêque, et lui demanda de qui il avait reçu l'investiture. Du Pape, répondit l'évêque. Le jeune roi lui fit trois fois la même question, et l'évêque ajouta : « Seigneur, je ne possède ni régales, ni officiers, ni cours royales : c'est pourquoi j'ai reçu du Pape le diocèse que je gouverne. Alors le roi le fit battre à coups de poing par ses gens, et traîner dans la boue. Une autre fois, ayant rencontré un serviteur du pape Urbain, qui portait une grande somme d'argent, il la lui ôta et lui fit couper le nez. Il faut avouer que c'étaient de singuliers protecteurs de l'Eglise, que ces rois teutons.

Excédé de ces avanies et de plusieurs autres, le pape Urbain III cita l'empereur, menaçant de l'excommunier. Il avait pour lui plusieurs des principaux évêques d'Allemagne, savoir, Philippe, archevêque de Cologne, fort malcontent de ce qu'après la mort des évêques, on confisquait tous leurs meubles; Conrad de Mayence, Volmar de Trèves et douze évêques, dont le principal était Bertold de Metz.

L'empereur Frédéric étant de retour en Allemagne et voyant le Pape résolu à le pousser, ferma tous les passages des Alpes et des pays voisins, pour empêcher que personne n'allât à la cour de Rome, ce qui obligea le Pape à établir légat en Allemagne, Philippe, archevêque de Cologne. L'empereur fit venir ce prélat et lui demanda s'il lui serait fidèle. Le prélat répondit : « Seigneur, vous n'en devez point douter, vous m'avez éprouvé assez souvent. Toutefois, pour vous parler au nom de tous les évêques, si vous vouliez nous traiter un peu plus doucement, nous vous serions plus dévoués. Le Pape croit se plaindre avec raison, de ce qu'après la mort des évêques, on dépouille les églises, on enlève tous les meubles et les revenus de l'année courante, en sorte que le successeur ne trouve rien. Si vous voulez nous faire justice sur ce point, nous serons les médiateurs entre vous et le Pape; sinon, nous ne pouvons abandonner la vérité. »

Dans une diète subséquente, mais où n'assista point l'archevêque Philippe de Cologne, l'empereur déduisit aux évêques tous ses griefs contre le Pape, et leur demanda leur avis sur ce sujet. Alors Conrad, archevêque de Mayence, se leva et dit : « Cette affaire est importante, et il ne nous appartient pas de terminer ce différend. Je suis d'avis que nous écrivions au Pape, pour l'exhorter à faire la paix et à vous rendre justice. » Ce conseil fut suivi, et on écrivit une lettre au nom de tous les évêques d'Allemagne, où ils exposent tous les griefs que l'empereur avait articulés, et finissent par prier instamment le Pape de satisfaire à ces plaintes et de prendre confiance aux députés qu'ils lui envoient (*Apud Radulph. de Diceto*).

Nous avons du pape Urbain III deux lettres sur cette affaire : l'une à l'empereur, l'autre à l'archevêque. Dans celle de l'empereur, qu'il appelle son très-cher fils, il rappelle avec quelle bienveillance le prince avait reçu ses premières lettres, et promis que son fils serait le défenseur spécial de l'Eglise romaine; il montre par les faits combien peu la suite avait répondu à ces beaux commencements; il répond aux plaintes de l'empereur avec beaucoup de modération et de supériorité. Par exemple, l'empereur s'était plaint que le Pape eût encouragé les Crémonais dans leur résistance. « Nous nous en étonnons d'autant plus, dit le Pontife, que nous nous attendions à des actions de grâces. Les Crémonais sont venus nous trouver plusieurs fois, nous suppliant humblement de vouloir bien les recevoir sous la protection du Siége apostolique. Quoique nous puissions le faire en sûreté de conscience, puisque nous devons la faveur apostolique à tous ceux qui l'implorent dévotement, nous n'avons cependant pas admis leur demande, de peur qu'ils ne devinssent, envers Votre Excellence, plus insolents par notre faveur. Tout ce que nous avons recommandé à l'évêque de Crémone, c'est de travailler de tous ses soins au rétablissement de la concorde. » Le Pape répond de même aux autres griefs. Cette lettre, dont il ne paraît pas que nous ayons la fin, ne porte aucune trace d'animosité, mais est tout à fait calme et modérée. La lettre à l'archevêque de Magdebourg est dans le même sens et du même ton. Le Pape l'y engage à profiter de l'occasion pour se porter médiateur de la paix (*Apud Mansi, Concil.*, t. XXII).

Quant à l'issue de cette affaire, Arnold de Lubeck dit que le Pape, résolu d'excommunier l'empereur après les citations légitimes, alla de Vérone à Ferrare, où il fut prévenu par la mort. Deux autres historiens, le chronographe Saxon et Gervais de Tibérie, assurent positivement qu'un concordat fut négocié et signé entre l'empereur et le Pape, après l'arrivée de ce dernier à Ferrare où il mourut le 19 octobre 1187. La cause de sa mort fut la douleur que lui causèrent les tristes nouvelles d'Orient (Muratori, *Annali d'Italia*, an 1187).

Après la mort de Baudouin V, en 1186, Gui de

Lusignan se fit couronner roi de Jérusalem par le crédit de sa femme Sybille, héritière du royaume; et, poussant son ressentiment contre Raymond, comte de Tripoli, il voulut lui faire rendre compte de l'administration des finances pendant sa régence : de quoi le comte, irrité, fit un traité particulier avec Saladin et se mit sous sa protection.

Quelque temps auparavant, Renaud de Châtillon, seigneur de Carac, continuant ses courses contre les Musulmans, enleva une grande caravane qui passait d'Egypte en Arabie, et fit mettre aux fers tous les passagers, sans avoir égard à la trève qui subsistait alors. Saladin, l'ayant appris, envoya demander la liberté de ces prisonniers, menaçant de traiter de même les chrétiens qui passeraient sur ses terres. Renaud, suivant la coutume des Templiers, dont sa place était pleine, refusa de rendre les prisonniers, et s'emporta jusqu'à dire mille indignités contre Mahomet. Ce qui mit Saladin en telle colère, que, prenant Dieu à témoin de la perfidie de ses ennemis, il jura sur-le-champ de leur faire la guerre de tout son pouvoir, déclara la trève rompue, et fit vœu de tuer Renaud de sa main. Saladin était alors maître de l'Egypte, de l'Arabie, de la Syrie et de la Mésopotamie, et les places qui restaient aux chrétiens se trouvaient enfermées dans ses Etats.

Saladin entra donc sur les terres des chrétiens en 1187, avec une armée de plus de cinquante mille hommes. Une division, commandée par un de ses fils, approchait de Nazareth, lorsque tout le peuple des campagnes accourut à la ville en criant : Voilà les Turcs! voilà les Turcs! Des crieurs publics parcouraient la cité en criant à haute voix : Hommes de Nazareth, armez-vous pour défendre la ville du vrai Nazaréen. Les Templiers et les Hospitaliers qui purent être avertis du danger, accoururent couverts de leurs armes et prêts au combat.

Il se rassembla ainsi jusqu'à cent trente chevaliers, auxquels se réunirent trois ou quatre cents hommes de pied. Cette troupe intrépide n'hésita point à marcher au devant des cavaliers turcs, dont le nombre s'élevait à sept mille. Les soldats de la croix se précipitèrent les premiers au combat. Les chroniques du temps, en célébrant la bravoure des chevaliers chrétiens, en ont raconté des prodiges qu'on a peine à croire : elles s'arrêtent surtout à nous décrire la mort glorieuse de Jacques de Maillé, maréchal du Temple. Cet indomptable défenseur du Christ, monté sur un cheval blanc, restait seul debout, et combattait parmi des monceaux de morts. Quoiqu'il fût assailli de toutes parts, il refusait de se rendre. Le cheval qu'il montait, épuisé de fatigue, s'abattit et l'entraîna dans sa chute. Aussitôt l'intrépide chevalier se relève, et, la lance à la main, couvert de sang et de poussière, tout hérissé de flèches, se précipite dans les rangs ennemis; enfin il tombe percé de coups et combat encore. Les Musulmans le prirent pour saint Georges, que les chrétiens croyaient voir descendre du ciel au milieu de leurs batailles. Après sa mort, les Turcs s'approchèrent avec respect de son corps meurtri de mille blessures; ils essuyaient son sang, se partageaient les lambeaux de ses habits, les débris de ses armes, et même ses parties viriles, comme un talisman pour se donner de la bravoure (Michaud, *Croisades*, t. II).

Le grand-maître du Temple et deux chevaliers échappèrent seuls au carnage. Ce combat eut lieu le premier jour de mai. Tous les chrétiens furent dans l'affliction. Le roi de Jérusalem, qui avait le projet de faire la guerre au comte de Tripoli, ne songea plus qu'à s'en rapprocher, et sentit le besoin d'agir par ses conseils; de son côté, Raymond jura d'oublier ses propres injures, et se rendit à Jérusalem. Guy de Lusignan vint au devant de lui, et le reçut avec les témoignages d'une sincère affection. Les deux princes s'embrassèrent à la vue de tout le peuple, et promirent de combattre ensemble jusqu'à la mort pour l'héritage du Christ.

L'armée de Saladin augmentait sans cesse; elle était de quatre-vingt mille hommes quand il entra dans Tibériade et assiégea la citadelle où s'était réfugiée la comtesse de Tripoli. L'armée chrétienne, réunie en Galilée, dans la plaine de Séphoris, pour secourir la place, était de cinquante mille hommes; pour faire ce nombre, on avait dégarni toutes les places fortes. Le comte de Tripoli, à qui appartenait Tibériade, disait qu'il valait mieux laisser perdre cette ville que d'exposer l'armée chrétienne, unique espoir du royaume, à périr dans l'aride désert qui séparait Tibériade de Séphoris. Bientôt les Musulmans, sortant de Tibériade, étant obligés de traverser eux-mêmes d'arides déserts, l'armée chrétienne, pourvue de vivres et d'eau, pourrait les attaquer avec avantage, sans s'exposer elle-même à une ruine totale. Ce conseil, combattu par d'autres, fut approuvé par le roi de Jérusalem, Gui de Lusignan. Mais pendant la nuit, sur les instances particulières que lui fit le maître du Temple, qui accusait le comte de trahison, il changea d'avis et donna ordre de marcher en avant. C'était le 3 juillet 1187. Arrivé à trois milles de Tibériade, l'armée rencontra les Sarrasins, et commença à souffrir de la soif et de la chaleur. Comme il fallait franchir des défilés étroits et des lieux couverts de rochers pour arriver à la mer de Galilée, le comte de Tripoli, qui commandait l'avant-garde, fit dire au roi de se hâter, afin de pouvoir atteindre les bords du lac. Lusignan répondit qu'il allait suivre le comte. Cependant les Turcs se précipitèrent tout à coup sur les derrières de l'armée, de telle manière que les Templiers et les Hospitaliers, qui formaient l'arrière-garde, en furent ébranlés. Alors le roi, n'osant plus avancer et ne sachant plus que faire, donna l'ordre de planter les tentes. On l'entendit en même temps s'écrier : Hélas! hélas! tout est fini pour nous; nous sommes tous morts, et le royaume est perdu! On lui obéit avec désespoir. Ce fut une nuit affreuse. Les Turcs mirent le feu à la plaine, couverte d'herbes sèches et de bruyères; les chrétiens furent toute la nuit tourmentés par la flamme et la fumée, par une nuée de flèches, par la faim et la soif.

Le lendemain, au lever du jour, Saladin sortit de Tibériade, et vint offrir le combat à l'armée chrétienne. L'important pour celle-ci était de traverser les défilés et de se rapprocher du lac, où l'on trouverait de l'eau, avec de la place pour combattre à l'épée. Quand tous les corps furent rangés en bataille, les fantassins, au lieu de soutenir les cavaliers, se retirèrent sur une colline, disant qu'ils étaient accablés par la soif et n'avaient plus la force de combattre. Les frères du Temple et de l'Hôpital, et tous ceux de l'arrière-garde se battirent vigoureusement; mais, accablés par la multitude des Sarrasins, qui croissait d'heure en heure, ils appelaient le roi à leur secours. Mais le roi, voyant que les gens de pied ne voulaient pas revenir, et que lui-même, par là, restait sans défense contre les archers turcs, fit de nouveau déployer les tentes pour arrêter, s'il se pouvait, les charges impétueuses de l'ennemi. Les bataillons quittèrent leurs rangs et revinrent autour de la vraie croix, confus et mêlés ensemble. Lorsque le comte de Tripoli s'aperçut que le roi, les Templiers, les Hospitaliers et toute l'armée chrétienne ne présentaient plus qu'une multitude confuse; lorsqu'il reconnut qu'une nuée de Barbares se portaient de tous les côtés et qu'il se trouvait séparé des autres corps, il s'ouvrit un chemin à travers les rangs ennemis, et se retira avec son avant-garde. De moment en moment il arrivait des milliers de Sarrasins qui accablaient les chrétiens avec leurs flèches. L'évêque d'Acre ou d'Accon, qui portait la croix du Sauveur, reçut une blessure mortelle, et laissa le bois sacré à l'évêque de Lydda. Alors les gens de pied, qui avaient fui sur la colline, virent s'avancer contre eux les Sarrasins, et furent tous tués ou faits prisonniers. Balian de Naplouse et ceux qui purent échapper à la mort passèrent, pour s'enfuir, sur un pont de cadavres. Toute l'armée des Turcs accourut au lieu où se trouvaient le bois de la vraie croix et le roi de Jérusalem. La croix fut prise avec l'évêque de Lydda et tous ceux qui la défendaient; le roi, son frère Geoffroi de Lusignan, le marquis de Monferrat tombèrent entre les mains de l'ennemi; tous les Templiers et Hospitaliers furent tués ou faits prisonniers. Ainsi Dieu humilia son peuple, et versa sur lui jusqu'à la lie le calice de sa colère.

Tel est le récit abrégé d'un pèlerin, Raoul Gogueshale, qui assistait à cette bataille, et fut témoin des derniers malheurs du peuple chrétien. Sa narration est confirmée par celle des auteurs arabes.

Saladin fit dresser au milieu de son camp une tente où il reçut le roi de Jérusalem et les principaux chefs de l'armée chrétienne, que la victoire venait de mettre entre ses mains. Il traita le roi avec bonté, et lui fit servir une boisson rafraîchie dans la neige. Comme le monarque, après avoir bu, présentait la coupe à Renaud de Châtillon, qui se trouvait près de lui, le sultan l'arrêta et lui dit : Ce traître ne doit point boire en ma présence, car je ne veux pas lui faire grâce. S'adressant ensuite à Renaud, il lui fit les reproches les plus sanglants sur la violation des traités, et le menaça de la mort, s'il n'embrassait la religion du prophète qu'il avait outragé. Renaud répondit avec fermeté qu'il voulait mourir chrétien, et ne témoigna que du mépris, tant pour les offres avantageuses que lui faisait le sultan, que pour les tourments dont il le menaçait. Alors Saladin, se levant en colère, le frappa de son sabre. Des soldats musulmans, au signal de leur maître, se jetèrent sur le prisonnier désarmé, et la tête du martyr alla tomber aux pieds du roi de Jérusalem.

Le lendemain, le sultan fit amener les chevaliers du Temple et de Saint-Jean, qui se trouvaient au nombre des prisonniers, et dit, en les voyant passer devant lui : Je veux délivrer la terre de ces deux races immondes. Il fit grâce au grand-maître des Templiers, sans doute parce que ses conseils imprudents avaient livré l'armée chrétienne aux coups des Musulmans. Un grand nombre d'émirs, de docteurs de la loi entouraient le trône de Saladin; le sultan permit à chacun d'eux de tuer un chevalier chrétien. Quelques-uns s'y refusèrent; mais les autres massacrèrent sans pitié des chevaliers couverts de chaînes, tandis que Saladin, assis sur son trône, applaudissait à cette horrible exécution. Les chevaliers reçurent avec joie la palme du martyre; la plupart des prisonniers désiraient la mort; plusieurs d'entre eux, quoiqu'ils n'appartinssent point aux ordres militaires, criaient à haute voix qu'ils étaient Hospitaliers ou Templiers; et, comme s'ils eussent craint de manquer de bourreaux, on les voyait se presser à l'envi les uns des autres, pour tomber les premiers sous le glaive des infidèles (Michaud, t. II).

Saladin s'occupa ensuite de mettre à profit sa victoire. Maître de la citadelle de Tibériade, il envoya la femme de Raymond à Tripoli, et bientôt la ville de Ptolémaïs le vit devant ses remparts. Cette ville, pleine de marchands, ne résista que deux jours. La terreur qui précédait son armée ouvrit au sultan les portes de Naplouse, de Jéricho, de Ramla et d'un grand nombre d'autres villes qui restaient presque sans habitants. Les villes de Césarée, d'Arsur, de Joppé, de Beyrouth eurent le sort de Ptolémaïs, et virent flotter sur les murailles les étendards jaunes de Saladin. Sur les rivages de la mer, les seules villes de Tyr, de Tripoli, d'Ascalon restaient encore aux chrétiens.

Saladin attaqua la ville de Tyr. Il allait la prendre comme les autres, quand arriva un pèlerin qui l'en empêcha. C'était Conrad, fils de ce même marquis de Monferrat qui avait été fait prisonnier par Saladin à la bataille de Tibériade. Conrad s'était signalé dans les guerres d'Italie en faveur du Pape contre l'empereur Frédéric Barberousse, son parent. Pour mériter tous les genres de gloire, il voulut aussi combattre les infidèles. Il prit la croix et s'embarqua pour la Syrie, en 1186, avec plusieurs chevaliers; mais, ayant été poussé sur les rives du Bosphore, il fut accueilli à Constantinople par l'empereur Isaac l'Ange, et y dissipa une sédition qui menaçait le trône impérial, et tua, sur le champ de bataille, le chef des rebelles. La sœur de l'empereur et le titre de césar furent le prix de son courage et de ses services. Conrad, peu touché de tous ces honneurs, résolut d'aller en Palestine chercher de nouvelles aventures. Il fit équiper un vaisseau, abandonna sa femme et l'empereur grec, et fit voile pour les côtes de Syrie. Il arriva dans le port de Tyr au moment où les habitants se disposaient à rendre la ville à Saladin. Conrad ranima leur courage, se mit à leur tête et les força, par ses prières et surtout par son exemple, à résister aux infidèles. Saladin lui promit de lui rendre son père et de lui donner de riches possessions en Syrie, s'il lui ouvrait les portes de Tyr. Il le menaça en même temps de faire placer le vieux marquis de Monferrat devant les rangs des Musulmans, et de l'exposer aux traits des assiégés. Conrad répondit avec fierté qu'il méprisait les présents des infidèles, que la vie de son père lui était moins chère que la cause des chrétiens. Il ajouta que rien n'arrêterait ses coups, et que, si les Musulmans étaient assez barbares pour faire mourir un vieillard qui s'était rendu sur sa parole, lui se ferait gloire de descendre d'un martyr. Commandée par un pareil héros, la ville se défendit avec opiniâtreté, et Saladin, obligé deux fois de lever le siège, finit par y renoncer. Quelque temps après, le brave Conrad obtint la liberté de son père, qui fut échangé contre un chef des Musulmans pris par les Tyriens.

Ascalon présentait à Saladin une conquête plus importante, en assurant ses communications avec l'Égypte. Cette ville fut assiégée par les Musulmans; mais elle opposa d'abord à Saladin une résistance qu'il ne prévoyait point. Quand la brèche fut ouverte, le sultan leur fit proposer la paix; les habitants renvoyèrent les députés sans les entendre. Le roi de Jérusalem, que Saladin conduisait avec lui en triomphe, engagea lui-même les défenseurs d'Ascalon à ne pas compromettre le sort de leurs familles et celui des chrétiens par une défense inutile. Alors les principaux d'entre eux vinrent dans la tente du sultan : « Ce n'est point pour nous, lui dirent-ils, que nous venons vous implorer, mais pour nos femmes et nos enfants. Que nous importe une vie périssable? Nous désirons un bien plus solide, et c'est la mort qui doit nous le procurer. Dieu seul, maître des événements, vous a donné la victoire sur les malheureux chrétiens; mais vous n'entrerez point dans Ascalon, si vous ne prenez pitié de nos familles, et si vous ne promettez de rendre la liberté au roi de Jérusalem. »

Telles furent les paroles de ces généreux chrétiens. Certes, si la prospérité les avait amollis, on ne peut que bénir une adversité qui leur inspira de si héroïques sentiments; car ils font plus d'honneur à la nature humaine que cent mille batailles gagnées. Saladin lui-même en fut touché, et accepta les conditions. Un pareil dévouement méritait de racheter un prince plus habile et plus digne de l'amour de ses sujets que Gui de Lusignan. Au reste, Saladin ne consentit à briser les fers du monarque captif qu'après le délai d'une année.

Après avoir pris Gaza et plusieurs forteresses du voisinage, Saladin rassembla son armée et marcha vers Jérusalem. Une reine en pleurs, les enfants des guerriers morts à la bataille de Tibériade, quelques soldats fugitifs, quelques pèlerins venus de l'Occident étaient les seuls gardiens du saint Sépulcre. Un grand nombre de familles chrétiennes, qui avaient quitté les provinces dévastées de la Palestine, remplissaient la capitale, et, bien loin d'apporter du secours, ne faisaient qu'augmenter le trouble et la consternation qui régnaient dans la ville.

Lorsque Saladin s'approcha de la cité sainte, il fit venir auprès de lui les principaux des habitants, et leur dit : « Je sais, comme vous, que Jérusalem est la maison de Dieu; je ne veux point la profaner par l'effusion du sang; abandonnez ses murailles, et je vous livrerai une partie de mes trésors, je vous donnerai autant de terres que vous pourrez en cultiver. — Nous ne pouvons, lui répondirent-ils, vous céder une ville où notre Dieu est mort; nous pouvons encore moins vous la vendre. » — Saladin, irrité de leur refus, jura sur l'Alcoran de renverser les tours et les remparts de Jérusalem, et de venger la mort des Musulmans égorgés par les compagnons et les soldats de Godefroi de Bouillon.

Cependant les habitants, encouragés par le clergé, se préparaient à défendre la ville; ils avaient choisi pour leur chef Baléan d'Ibelin, qui s'était trouvé à la bataille de Tibériade. Ce vieux guerrier, dont l'expérience et les vertus inspiraient la confiance et le respect, s'occupa de faire réparer les fortifications de la place et de former à la discipline les nouveaux défenseurs de Jérusalem. Comme il manquait d'officiers, il créa cinquante chevaliers parmi les bourgeois de la ville; tous les chrétiens en état de combattre prirent les armes et jurèrent de verser leur sang pour la cause de Jésus-Christ. On n'avait point d'argent pour payer les frais de la guerre, on convertit en monnaie le métal précieux qui couvrait la chapelle du saint Sépulcre.

Les assiégés opposèrent d'abord une vive résistance, et firent de fréquentes sorties, dans lesquelles on les voyait tenir d'une main la lance ou l'épée, et de l'autre une pelle, avec laquelle ils jetaient de la poussière aux Musulmans. Beaucoup de chrétiens trouvèrent dans ces combats une mort glorieuse.

Cependant les tours et les remparts, minés par les Musulmans, étaient prêts à s'écrouler au premier signal d'un assaut général. Alors la consternation s'empara des habitants, qui ne trouvèrent plus pour leur défense que des larmes et des prières. Les soldats couraient aux églises au lieu de voler aux armes; la promesse de cent pièces d'or ne pouvait les retenir pendant une nuit sur les remparts menacés. Le clergé faisait des processions dans les rues pour invoquer la protection du ciel. Les uns se frappaient la poitrine avec des pierres; les autres se déchiraient le corps avec des cilices en criant : *Miséricorde!* On n'entendait que gémissements dans Jérusalem; mais *notre sire Jésus-Christ*, dit une vieille chronique, *ne les voloit ouir, car la luxure et l'impureté qui en la Cisté estoient, ne laissoient monter oraison ni prière devant Dieu.*

Au milieu du trouble et de l'agitation générale, on découvrit que les chrétiens grecs, syriens et melchites, qui supportaient avec peine l'autorité des Latins, avaient formé le complot de livrer Jérusalem aux Musulmans; cette découverte redoubla les alarmes, et détermina les principaux de la ville à demander une capitulation à Saladin. Accompagnés de Baléan d'Ibelin, ils vinrent proposer au sultan de lui rendre la place aux conditions qu'il avait lui-même imposées avant le siège; mais Saladin se rappela qu'il avait fait le serment de prendre la ville d'assaut et de passer au fil de l'épée tous les habitants. Il renvoya les députés sans leur donner aucune espérance. Baléan d'Ibelin revint plusieurs fois, renouvela ses supplications et ses prières, et trouva toujours Saladin inexorable. Une dernière fois, pour toute réponse, le sultan lui montra ses étendards qui flottaient déjà sur les murailles, et dit : Comment voulez-vous que j'accorde des conditions pour une ville prise?

Les Musulmans étaient effectivement sur les murailles de Jérusalem; mais ils furent repoussés. Alors Baléan dit à Saladin : « Vous voyez que Jérusalem ne manque pas de défenseurs; si nous ne pouvons obtenir de vous aucune miséricorde, nous prendrons une résolution terrible, et les excès de notre désespoir vous rempliront d'épouvante. Ces temples et ces palais que vous voulez conquérir seront

LIVRE LXX. — PONTIFICAT D'URBAIN III.

renversés de fond en comble ; toutes nos richesses qui excitent l'ambition et l'avidité des Sarrasins, deviendront la proie des flammes. Nous détruirons la mosquée d'Omar ; la pierre mystérieuse de Jacob, objet de votre culte, sera brisée et mise en poussière. Jérusalem renferme cinq mille prisonniers musulmans ; ils périront tous par le glaive. Nous égorgerons de nos propres mains nos femmes, nos enfants, et nous leur épargnerons ainsi la honte de devenir vos esclaves. Quand la ville sainte ne sera plus qu'un amas de ruines, un vaste tombeau, nous en sortirons le fer et la flamme à la main. Aucun de nous n'ira en paradis sans avoir envoyé en enfer dix Musulmans. Nous obtiendrons ainsi un trépas glorieux, et nous mourrons en appelant sur vous la malédiction du Dieu de Jérusalem. »

Effrayé de ces menaces, Saladin invita les députés à revenir le jour suivant. Il consulta les docteurs de la loi musulmane, qui décidèrent qu'il pouvait accepter la capitulation proposée par les assiégés, sans violer son serment. Les conditions furent signées le lendemain, dans la tente du sultan. Ainsi Jérusalem retomba au pouvoir des infidèles, après avoir été quatre-vingt-huit ans sous la domination des chrétiens. Le siège avait commencé le 20 septembre 1187, et la prise eut lieu treize jours après, et non vingt-trois, savoir, le 3 octobre, le samedi, et non le vendredi. C'est ce que dit expressément un témoin oculaire, Raoul, abbé cistercien de Cogueshale, en Angleterre (Martène, *Veter Script.*, t. V).

Le vainqueur accorda la vie aux habitants, et leur permit de racheter leur liberté. La rançon fut fixée à dix pièces d'or pour les hommes, à cinq pour les femmes, à deux pour les enfants. Ceux qui ne pouvaient se racheter devaient rester dans l'esclavage. Tous les guerriers qui se trouvaient à Jérusalem lors de la capitulation obtinrent la permission de se retirer à Tyr ou à Tripoli. Ces conditions parurent assez favorables à ceux qui avaient de quoi se racheter ; mais le pauvre peuple, qui n'avait pas d'argent, et qui, pour cela, se voyait réduit à devenir l'esclave des infidèles, remplissait les rues de Jérusalem de cris lamentables et de plaintes ; ils regrettaient de n'être pas morts au pied du saint Sépulcre.

Enfin arriva le jour fatal où les chrétiens devaient s'éloigner de Jérusalem. On ferma toutes les portes de la ville, excepté celle de David. Saladin, élevé sur un trône, vit passer devant lui un peuple désolé. Le patriarche, suivi du clergé, emporta tous les ornements de son église, l'argenterie du saint Sépulcre, les lames d'or et d'argent dont il était couvert, et plus de deux cent mille écus d'or. La reine de Jérusalem, accompagnée des principaux barons et chevaliers, venait ensuite ; Saladin respecta sa douleur, et lui adressa des paroles pleines de bonté. Cette princesse était suivie d'un grand nombre de femmes qui portaient leurs enfants dans leurs bras et qui faisaient entendre des cris déchirants. Leurs pères, leurs frères, leurs époux, leurs fils, avaient été tués ou faits prisonniers à la bataille de Tibériade. Saladin eut pitié d'elles ; il rendit aux mères leurs enfants, aux épouses leurs maris, qui se trouvaient parmi les captifs. Plusieurs chrétiens avaient abandonné leurs meubles et leurs effets les plus précieux, et portaient sur leurs épaules, les uns leurs parents affaiblis par l'âge, les autres leurs amis infirmes et malades. Touché de ce spectacle, Saladin récompensa par ses aumônes la vertu et la piété de ses ennemis ; prenant pitié de toutes les infortunes, il permit aux Hospitaliers de rester dans la ville pour soigner les pèlerins et ceux que des maladies graves empêchaient de sortir de Jérusalem. Et, chose honorable pour le christianisme, cette générosité de Saladin est célébrée avec plus d'éclat par les auteurs chrétiens que par les historiens arabes.

Lorsque les Turcs avaient commencé le siège, Jérusalem renfermait plus de cent mille chrétiens. La multitude de ceux qui s'y étaient réfugiés était si grande, que, ne trouvant plus de place dans les maisons, ils se logeaient dans les rues. Le plus grand nombre d'entre eux rachetèrent leur liberté. Baléan d'Ibelin, avec l'argent destiné aux dépenses du siège, donna trente mille pièces d'or pour la rançon de dix-huit mille pauvres. Malek-Adhel, frère de Saladin, paya la rançon de deux mille captifs ; Saladin suivit son exemple, en brisant les fers d'une grande quantité de pauvres et d'orphelins. Cependant il resta encore dans l'esclavage seize mille chrétiens, parmi lesquels se trouvaient quatre à cinq mille enfants en bas âge, qui ne sentaient point leur infortune, mais dont les fidèles déploraient d'autant plus le sort, que ces innocentes victimes de la guerre allaient être élevées dans l'impiété de Mahomet.

Généralement, dans cette triste circonstance, tout le monde se fit honneur, excepté l'indigne patriarche Héraclius. Dans des calamités semblables, saint Ambroise, saint Césaire, saint Jean l'Aumônier vendaient jusqu'aux calices des églises pour racheter les captifs. Avec les deux cent mille écus d'or qu'il emportait, que dis-je ? avec la moitié de cette somme, Héraclius aurait pu racheter tout son pauvre peuple, particulièrement les petits enfants ; mais non, après avoir corrompu son troupeau par le scandale de ses mœurs, il l'abandonne par avarice à l'esclavage et à la séduction des infidèles. Cependant c'est dans ces lieux mêmes que le Sauveur a dit : *Malheur à celui par qui le scandale arrive ! Si quelqu'un scandalise un de ces petits qui croient en moi ; il vaudrait mieux pour lui qu'on lui pendît une meule de moulin au cou et qu'on le précipitât au fond de la mer* (Matth., 18, 7). Cependant c'est à Jérusalem, c'est en parlant de sa ruine et de celle du monde, que le Sauveur a promulgué d'avance la sentence qu'il prononcera au dernier jour : *Retirez-vous de moi, maudits, allez au feu éternel ; car j'ai été nu, et vous ne m'avez point revêtu ; j'ai été sans asile, et vous ne m'avez point recueilli. En vérité, je vous le déclare, chaque fois que vous n'avez pas fait ceci à un des miens, c'est à moi-même que vous ne l'avez pas fait* (*Ibid.*, 25, 35). Ainsi donc, honte au dernier patriarche de Jérusalem, honte éternelle, non point au pasteur, mais au loup corrupteur et rapace ! Que son argent périsse avec lui !

Aussitôt que les chrétiens d'Occident furent sortis de Jérusalem, les Musulmans jetèrent de grands cris et donnèrent toutes les marques d'une extrême joie. Ils commencèrent par abattre les croix élevées par les premiers croisés en plusieurs quartiers de la ville. La plus remarquable était une grande croix de cuivre doré, posée sur le dôme de l'église des Templiers. En la voyant abattre, les chrétiens d'Orient,

Grecs, Syriens et Melchites, demeurés dans la ville, ne purent retenir leurs larmes. Saladin l'envoya depuis au calife de Bagdad, qui la reçut comme un hommage rendu au successeur du faux prophète, la fit traîner dans les rues, fouler aux pieds, couvrir de boue, et enfin enterrer au lieu où l'on portait les immondices de la ville. Saladin fit briser les cloches de toutes les églises de Jérusalem. Quant à l'église patriarcale, qui avait été la grande mosquée bâtie à la place du temple du Salomon, après en avoir ôté toutes les marques du christianisme, il la fit laver d'eau de rose par dedans et par dehors, avant que d'y entrer, et y rétablit le service de sa religion le vendredi suivant. Il y fit placer une chaire magnifique, que Noureddin avait commencée autrefois dans Alep, et à laquelle ce prince travaillait souvent de ses mains, ayant fait vœu de la mettre dans l'église de Jérusalem, quand il en aurait chassé les chrétiens, comme il espérait. Saladin exécuta donc ce vœu.

Toutes les autres églises furent aussi changées en mosquées, excepté celle du Saint-Sépulcre, que les chrétiens de Syrie rachetèrent. Dans les autres, on contraignit les esclaves chrétiens à effacer les images et les peintures dont elles étaient ornées, à en laver les murailles et frotter le pavé par un pénible travail. Saladin rétablit à Jérusalem les collèges fondés autrefois par les califes et les sultans, ses prédécesseurs, et y fit recommencer les exercices publics de théologie et de jurisprudence musulmanes.

Quelques zélés Musulmans lui conseillèrent de ruiner l'église du Saint-Sépulcre et toutes les autres des lieux saints, par la raison qu'en les laissant, on favoriserait l'idolâtrie des chrétiens et l'injure qu'ils font au Messie en honorant les marques de sa passion; car les Musulmans croient que ce ne fut pas Jésus qui fut crucifié, mais Judas à sa place. Ils ajoutaient qu'en ôtant aux chrétiens cet objet de leur dévotion, on leur ôterait le prétexte de leurs croisades; mais d'autres, plus habiles, jugèrent plus convenable d'épargner ce monument religieux, parce que ce n'était pas l'église, mais le calvaire et le tombeau qui excitaient la dévotion des chrétiens, et que, lors même que la terre eût été jointe au ciel, les nations chrétiennes n'auraient pas cessé d'affluer à Jérusalem. Ils firent observer que quand le calife Omar, dans le premier siècle de l'islamisme, se rendit maître de la ville sainte, il permit aux chrétiens d'y demeurer et respecta l'église du Saint-Sépulcre. Ils ajoutèrent que les lieux saints étant ruinés, la ville de Jérusalem souffrirait un grand préjudice par la diminution ou la cessation des pèlerinages, d'où venait toute sa richesse; enfin, que cette injure qu'on voulait faire aux chrétiens d'Occident ne serait pas moins sensible à ceux d'Orient, qu'elle pourrait exciter à la révolte et se joindre aux autres pour l'intérêt commun de la religion. Saladin se rendit à ces raisons, et permit, comme auparavant, de visiter les lieux saints, pourvu que l'on y vînt sans armes et que l'on payât certains droits.

C'est ainsi que Jérusalem retomba sous la puissance des infidèles, après avoir été sous celle des chrétiens d'Occident pendant quatre-vingt-huit ans. Ils furent les seuls qui en sortirent; car les chrétiens de Syrie, de Géorgie, d'Arménie et les Grecs continuèrent à y demeurer. La reine Sybille et le patriarche Héraclius se retirèrent à Antioche, avec les Templiers, les Hospitaliers et quantité de peuple. Plusieurs autres se retirèrent à Tripoli, où le comte et ses gens leur ôtèrent ce que les Sarrasins leur avaient laissé; une femme ainsi dépouillée de tout, entra en un tel désespoir que, n'ayant plus de quoi nourrir son enfant, elle le jeta à la mer. Le comte mourut peu de temps après, également détesté des chrétiens et des Musulmans. Quelques-uns de ces chrétiens, chassés de Jérusalem, passèrent à Alexandrie, où les Musulmans eux-mêmes eurent compassion d'eux, et de là en Sicile, où le roi Guillaume le Bon prit le deuil et le cilice à la nouvelle de ces désastres. Il ne resta aux Latins, en Orient, que trois places considérables : Antioche, Tyr et Tripoli.

Le pape Urbain III venait de conclure avec l'empereur Frédéric une paix et un concordat qui paraissaient à la gloire de Dieu et de l'Eglise romaine; il venait de faire ses adieux aux habitants de Vérone, et se rendait à Ferrare, lorsqu'il apprit les fâcheuses nouvelles d'Orient, les désastres de la bataille de Tibériade, la perte inévitable, peut-être déjà consommée de Jérusalem. Le bon Pape, qui déjà était consumé de vieillesse, tomba malade de douleur, et mourut le 19 octobre 1187, après avoir tenu le Saint-Siège un an et près de onze mois. Il fut enterré le lendemain dans l'église cathédrale de Ferrare, et, le 21 du même mois, on élut pape, d'une voix unanime, le cardinal Albert, natif de Bénévent et chancelier de l'Eglise romaine. Il fut nommé Grégoire VIII et sacré le dimanche, 25. Il était savant et éloquent, d'une vie pure et austère et d'un grand zèle; mais il ne tint le Saint-Siège qu'environ deux mois.

Dans ce peu de temps, il fit tout ce qui fut possible pour animer les fidèles au recouvrement de la terre sainte, comme on le voit par une grande lettre donnée à Ferrare le 29 octobre, où il les exhorte à apaiser la colère de Dieu par la pénitence et les bonnes œuvres, et promet à ceux qui feront le voyage les mêmes grâces que ses prédécesseurs, c'est-à-dire l'indulgence plénière de leurs péchés et la protection de l'Eglise pour leurs biens temporels. Par une autre lettre de la même date, il marque en particulier la pénitence que l'on doit faire sur ce sujet. « Nous ordonnons, dit-il, par le conseil de nos frères, les cardinaux, et avec l'approbation de plusieurs évêques, que tous les fidèles, pendant cinq ans, jeûnent au moins les vendredis comme en carême, et que les messes ne se dient qu'à none. Tous ceux qui se portent bien s'abstiendront de manger de la chair le mercredi et le samedi; pour nous et nos frères, nous nous en abstiendrons encore le lundi avec nos domestiques, et quiconque y manquera sera traité comme s'il avait rompu l'abstinence du carême (Labbe, t. X, et Mansi, t. XXII; Grég. VIII, *Epist.* 1 et 2). » Un auteur du temps, Roger de Hoveden, ajoute que les cardinaux promirent entre eux de renoncer à toutes les richesses et les délices; de ne plus recevoir aucun présent de ceux qui avaient des affaires en cour de Rome; de ne point monter à cheval tant que la terre sainte serait au pouvoir des infidèles, mais de se croiser tous les premiers et d'aller demandant l'aumône à la tête des pèlerins.

Comme, selon les règles du droit, les commissions cessent par le décès du commettant, le pape Grégoire craignit que ceux qui avaient obtenu à grands frais des lettres du pape Urbain, pour faire juger les affaires sur les lieux, ne fussent obligés d'en obtenir de nouvelles. C'est pourquoi, deux jours après son sacre, il fit expédier une lettre adressée à tous les prélats de l'Eglise, pour valider toutes les commissions de cette nature, accordées par son prédécesseur trois mois avant sa mort (Grég. VIII, *Ep.* 3).

Le même jour, 27 octobre, il écrivit une lettre à tous les évêques et prélats d'Allemagne, pour leur notifier son élection, leur recommander d'être toujours bien unis et fidèles à l'Eglise romaine, et d'exhorter son très-cher fils, l'empereur Frédéric, les princes et tout le peuple d'Allemagne à venir au secours de l'Eglise d'Orient. Cette lettre respire une humilité et une modestie toute cordiale (Mansi, t. XXII). Quelque temps après, le nouveau Pape reçut de la part de l'empereur Frédéric et de son fils, le roi Henri, des ambassadeurs et des lettres, mais adressées au pape Urbain, son prédécesseur. Cette ambassade et ces lettres étaient dans un sens tout pacifique et pour consolider la bonne intelligence qui avait déjà commencé à se rétablir. Le pape Grégoire répondit dans le même sens, avec beaucoup de cordialité, aux deux princes, par deux lettres datées de Parme, le 29 novembre. « Cependant, dit-il à Frédéric, avant l'arrivée de vos lettres touchant notre promotion, nous n'avons pas jugé convenable de traiter de cette affaire avec vos ambassadeurs, pour n'avoir pas l'air de chercher la faveur impériale d'une manière qui ne convient point au sacerdoce. Dans sa lettre au roi Henri, il donne à ce jeune prince le titre d'*empereur élu*; c'était peut-être le moyen terme qu'on avait trouvé pour concilier et les droits de l'Eglise romaine et l'honneur de Frédéric, qui avait donné prématurément le titre d'*empereur* à son fils (*Ibid.*).

Il y avait une ancienne inimitié entre les Pisans et les Génois, dont les villes étaient alors très-riches et très-puissantes par terre et par mer. L'excellent pape Grégoire entreprit de les réconcilier, afin de les faire agir ensemble pour le recouvrement de la terre sainte. Pour cet effet, il se rendit à Pise, où il fut reçu avec grand honneur, le 9 décembre. Y ayant fait venir les premiers d'entre les Génois, il parla aux uns et aux autres avec tant de sagesse, qu'ils commençaient à s'adoucir; et la paix était en bon chemin, quand ce Pontife, si digne de vivre longtemps, fut pris de la fièvre et mourut le 16 du même mois, n'ayant occupé le Saint-Siège qu'un mois et vingt-sept jours (Baronius et Pagi). Trois jours après, c'est-à-dire, le 19 décembre 1187, on élut à Pise, pour lui succéder, Paul ou Paulin, Romain de naissance, cardinal-évêque de Palestrine, qui fut nommé Clément III, et couronné le lendemain dimanche, 28 décembre. Il tint le Saint-Siège trois ans et trois mois.

Aussitôt après son couronnement, il envoya des députés aux Romains, ses compatriotes, pour établir avec eux une paix solide. L'occasion de la discorde était la ville de Tusculum, à dix milles ou trois lieues de Rome, appartenant au Pape, à laquelle les Romains faisaient une guerre implacable pour se la soumettre : ce qui causa une cruelle division entre eux et le Pape, depuis le temps d'Alexandre III. Les députés de Clément, étant arrivés à Rome, exhortèrent les Romains à le recevoir comme leur père et à se réunir à lui. « Nous le souhaitons plus que lui, répondirent-ils, à condition toutefois qu'il nous aidera à réparer la perte et la honte que nous avons reçue à l'occasion de la guerre de Tusculum, et qu'il fera marcher ses troupes, s'il est besoin, contre cette ville, en cas que nous ne puissions pas faire avec elle une paix honorable; enfin qu'il nous la livrera, s'il en est un jour le maître, pour en disposer à notre volonté. »

A ces conditions fut fait ce traité, où le sénat et le peuple romain, adressant la parole au Pape, disent en substance : « Nous vous rendons, dès à présent, le sénat, la ville et la monnaie. Nous vous rendons l'église de Saint-Pierre et les autres, qui étaient engagées pour la guerre, à condition que vous céderez au sénat le tiers de la monnaie, sur quoi l'on déchargera tous les ans une partie de la somme pour laquelle les églises étaient engagées, jusqu'à ce qu'elle soit entièrement acquittée, et dont les intérêts diminueront à proportion du principal. Nous vous jurerons fidélité tous les ans, nous et les sénateurs, nos successeurs ; et vous donnerez aux sénateurs et à leurs officiers les distributions ordinaires, aussi bien qu'aux juges, aux avocats et aux scriniaires que vous aurez établis.

» De quelque manière que Tusculum soit détruit, l'Eglise romaine y gardera tous ses domaines et mouvances; mais vous nous donnerez dans six mois tous les murs de la ville et de la forteresse, pour les détruire, sans que vous puissiez jamais les rétablir. Et si Tusculum ne tombe pas entre nos mains d'ici au 1er janvier, vous en excommunierez les habitants, et les contraindrez par vos vassaux de la Campanie et de la Romagne, avec notre secours, d'accomplir, touchant leur ville, ce qui a été dit. Moyennant ce que dessus, nous jurerons de vous donner sûreté, à vous, aux évêques, aux cardinaux, à toute votre cour, et à ceux qui y viendront, y séjourneront ou en retourneront, sauf les droits des Romains, qu'ils demanderont de bonne foi. Si vous les appelez pour la défense du patrimoine de saint Pierre, ils iront, défrayés de votre part, comme leurs prédécesseurs avaient accoutumé de l'être. » Ce sont les principales clauses de ce traité, qui porte la date du 31 mai 1188. Le pape Clément III était à Rome, dès le 13 mars (*Apud Baron.*, an 1188, n. 22-26).

Avant que de partir pour Pise, il exhorta le peuple assemblé dans la grande église, à travailler au recouvrement de la terre sainte ; et, pour les y conduire, il donna l'étendard de saint Pierre à leur archevêque Ubald, avec le titre de légat. Ce prélat partit à la mi-septembre de la même année 1188, avec une flotte de cinquante vaisseaux, passa l'hiver à Messine, et arriva à Tyr, le 6 avril de l'année suivante, où il aida le marquis Conrad de Monferrat à repousser les attaques de Saladin. Ce fut apparemment à Pise que le pape Clément ordonna des prières particulières par toute l'Eglise pour la paix, la délivrance de la terre sainte et des chrétiens retenus captifs chez les Sarrasins.

Cependant les deux rois de France et d'Angleterre eurent une conférence près de Gisors, depuis la Saint-Hilaire, 13 janvier, jusqu'à la Sainte-Agnès, qui est le 21, où assistèrent les évêques et les seigneurs des deux royaumes. Là se trouva Guillaume, archevêque de Tyr, le même qui, dix ans auparavant, était venu pour le concile de Latran. Prélat vertueux et éloquent, de plus légat du Pape, il parla si fortement en cette assemblée de la désolation de l'Eglise d'Orient et des maux dont elle était menacée, que les deux rois, laissant là leurs différends, qui étaient le sujet de cette conférence, se réconcilièrent et reçurent la croix de sa main. Avec eux se croisèrent Walter ou Gautier, archevêque de Rouen, et Richard de Cantorbéry, ou plutôt ils renouvelèrent le vœu qu'ils en avaient déjà fait. Les évêques de Beauvais et de Chartres se croisèrent aussi, avec Hugues III, duc de Bourgogne; Richard Cœur-de-Lion, comte de Poitou, fils aîné du roi d'Angleterre; Philippe, comte de Flandre; Thibaut, comte de Blois, et plusieurs autres seigneurs. Pour se distinguer, le roi de France et ses sujets prirent la croix rouge, le roi d'Angleterre et les siens la croix verte.

Ensuite le roi d'Angleterre vint au Mans, où il ordonna que chacun donnerait, pendant cette année 1188, la dîme de ses revenus et de ses meubles pour le secours de la terre sainte, excepté les armes, les chevaux et les habits des chevaliers; les chevaux, les livres, les habits et les chapelles des clercs, et les pierreries des uns et des autres. On publia des excommunications contre ceux qui ne paieraient pas ce décime. Pour faire la collecte en chaque paroisse, on établit des commissaires, entre lesquels étaient un Templier et un Hospitalier, un sergent du roi et un clerc de l'évêque. Les croisés étaient exempts de ce décime et recevaient celui de leurs vassaux; mais les bourgeois et les paysans qui se croisaient sans la permission de leurs seigneurs ne payaient pas moins le décime.

On défendit les jurements énormes, les dés ou autres jeux de hasard, les fourrures précieuses, l'écarlate et les habits décolletés; de se faire servir à table plus de deux mets achetés, et de mener en voyage des femmes, sinon quelque lavandière à pied hors de soupçon. Celui qui, avant de se croiser, a engagé ses revenus, ne laissera pas de jouir du revenu de cette année; et la dette ne portera point d'intérêt pendant tout le voyage, depuis la croix prise. Tous les croisés pourront engager pour trois ans leurs revenus, même ecclésiastiques. Ceux qui mourront dans le voyage disposeront de l'argent qu'ils auront avec eux pour leurs domestiques, pour le secours de la terre sainte et pour les pauvres. C'est l'ordonnance que le roi d'Angleterre fit au Mans, de l'avis des prélats et des seigneurs.

Après avoir établi les commissaires pour recevoir le décime deçà la mer, il passa en Angleterre, et tint, près de Northampton, une grande assemblée de prélats et de seigneurs, où il fit lire l'ordonnance faite au Mans. Baudouin, archevêque de Cantorbéry, et Gilbert, évêque de Rochester, son vicaire, prêchèrent la croisade, et plusieurs prirent la croix. Alors le roi envoya ses officiers par tous les comtés pour lever le décime; ce qui fut exécuté avec rigueur à l'égard des bourgeois, jusques à emprisonner ceux qui résistaient. On le leva même sur les Juifs;

et le roi amassa par ce moyen des sommes immenses. Il envoya Hugues, évêque de Durham, pour faire la même levée en Ecosse; le roi offrit, pour s'en racheter, cinq mille marcs d'argent; mais le roi d'Angleterre ne s'en contenta pas (Roger et Gervais, *apud Baron. et Pagi*).

De son côté, le roi de France, Philippe-Auguste, tint à Paris une grande assemblée des prélats et des seigneurs de son royaume, le dimanche 27 mars. On fit une ordonnance semblable à celle du roi d'Angleterre, portant que tous ceux qui n'étaient pas croisés donneraient cette année au moins la dîme de tous leurs meubles et de tous leurs revenus, excepté les trois ordres de Cîteaux, des Chartreux et de Fontevrault, et les lépreux. On accorda aux croisés un répit pour le paiement de leurs dettes, en donnant les sûretés qui sont spécifiées. Le décime se lèvera avant les dettes. On nomma cette subvention *le décime saladin* (Rigord; Labbe, t. X; Mansi, t. XXII, *et apud Baron.*).

Pierre de Blois écrivit sur ce sujet à Henri de Dreux, évêque d'Orléans, cousin-germain du roi Philippe-Auguste, l'exhortant à remontrer à ce prince que les ecclésiastiques devaient être exempts de cette subvention. Il est temps, dit-il, de parler; et vous ne devez pas suivre l'exemple des autres évêques, qui flattent votre roi. Si le respect vous retient, prenez avec vous quelques-uns de vos confrères qui soient poussés par l'Esprit de Dieu, et parlez avec force, mais avec douceur. Si le roi veut faire ce voyage, qu'il n'en prenne pas les frais sur les dépouilles des églises et des pauvres, mais sur ses revenus particuliers ou sur les dépouilles des ennemis, dont on devrait enrichir l'Eglise, au lieu de la piller elle-même, sous prétexte de la défendre. Le prince ne doit exiger des évêques et du clergé que des prières continuelles pour lui. Représentez au vôtre qu'il a reçu le glaive des mains de l'Eglise pour la protéger, et que, s'il a maintenant besoin de ses prières, il en aura encore plus grand besoin après sa mort, à laquelle s'évanouira toute sa puissance (*Epist.* 112). Pierre écrivit sur le même sujet à Jean de Coutances, doyen de l'Eglise de Rouen et neveu de l'archevêque Gautier. Il l'exhorte à employer le crédit qu'il avait auprès du roi d'Angleterre, pour maintenir la dignité de l'Eglise. Elle est libre, dit-il, par la liberté que Jésus-Christ nous a acquise; mais si on l'accable d'exactions, c'est la réduire en servitude comme Agar. Si vos princes, sous prétexte de ce nouveau pèlerinage, veulent rendre l'Eglise tributaire, quiconque est fils de l'Eglise doit s'y opposer et mourir plutôt que de la soumettre à la servitude (*Epist.* 121).

Fleury fait à ce propos la réflexion suivante : « On voit ici les équivoques ordinaires en ce temps-là, sur les mots d'Eglise et de Liberté, comme si l'Eglise, délivrée par Jésus-Christ, ne comprenait que le clergé, ou qu'il nous eût délivrés d'autre chose que du péché et des cérémonies légales (Fleury, l. 74, n. 15).» Ainsi donc, d'après Fleury, non-seulement Pierre de Blois, mais les évêques et les Papes de son temps, ne savaient pas ce que c'est que l'Eglise et la liberté chrétienne; ils abusaient de l'équivoque de ces mots, pour accréditer une idée fausse. Voilà, certes, une accusation bien grave contre toute l'Eglise enseignante. Fleury y a-t-il bien pensé? A-t-il bien pensé à cette promesse du Fils de Dieu à son

Eglise, quand il l'envoya enseigner toutes les nations : *Voici que je suis avec vous tous les jours jusqu'à la consommation des siècles?* Ce n'est pas tout. Saint Paul, parlant aux fidèles de Corinthe de la liberté et de la servitude temporelle, dit expressément : *Vous avez été rachetés à un grand prix, ne devenez donc point esclaves des hommes* (1. Cor., 7, 20). C'est au fond le même raisonnement que celui de Pierre de Blois, ainsi que des Papes et des évêques du moyen-âge. Il y a plus : Jésus-Christ même, avant de payer le didrachme à Capharnaüm pour lui et pour Pierre, le futur chef de son Eglise, lui fait sentir par un raisonnement, qu'ils en étaient exempts, et il ne paya que pour éviter un scandale (Matth., 17, 23-26). Enfin, jamais ni Pape, ni évêque, ni Pierre de Blois n'a dit ou pensé que l'Eglise ne fût que le clergé ; mais que le clergé en est la partie principale, qui est l'Eglise enseignante, et pour remplir son ministère, ce clergé doit conserver, au prix de son sang, la liberté et l'indépendance qu'il a reçues pour cela du Fils de Dieu. Bref, pour accuser d'équivoque et d'erreur les docteurs, les évêques et les Papes du moyen-âge, autrement l'Eglise entière, Fleury s'appuie lui-même sur des équivoques, sur des idées incomplètes, des suppositions fausses, et même des altérations de faits et de doctrine. Tel est l'esprit général de son histoire, mais surtout de ses discours. Il n'y a peut-être pas de livre au monde qui ait tant faussé les idées et les esprits parmi les catholiques.

Pierre de Blois dit encore un mot contre la dîme saladine, ou plutôt contre les abus qui s'y mêlaient, dans le traité du voyage de Jérusalem. Les ennemis de la croix, dit-il, qui devraient être ses enfants, anéantissent leur vœu, sous le prétexte d'une damnable collecte, et tournent la croix en scandale. Ce traité tend principalement à hâter le départ des croisés, et à blâmer les seigneurs qui différaient pour leurs intérêts particuliers (*Biblioth. Patr.*, tome XXIV).

Le même jour que le roi Philippe-Auguste tenait son parlement à Paris, savoir, le dimanche de la mi-carême, 27 mars, l'empereur Frédéric tint à Mayence une diète solennelle, qui fut appelée la *diète de Dieu*. Le cardinal-légat Henri, évêque d'Albane, de concert avec l'empereur, y avait invité, par une lettre-circulaire, tous les prélats et les seigneurs d'Allemagne. On y lut publiquement la relation de la prise de Jérusalem. L'empereur Frédéric, avec son fils Frédéric, duc de Souabe, y reçut la croix des mains du légat et de l'évêque de Wurtzbourg : leur exemple fut suivi par soixante-huit des plus grands seigneurs, tant ecclésiastiques que séculiers. On exhorta généralement tout le monde à la croisade. On fixa le rendez-vous pour le départ, à Ratisbonne, à la Saint-Georges, 23 avril de l'année suivante 1189. Pour éviter la trop grande multitude, l'empereur fit défendre, sous peine d'excommunication, à ceux qui ne pouvaient faire la dépense de trois marcs d'argent, de marcher avec son armée. Pour assurer le repos de l'Allemagne pendant son absence, l'empereur réforma plusieurs abus, concilia plusieurs différends entre les princes, détruisit plusieurs repaires de brigands, se réconcilia lui-même, par l'entremise du légat, avec l'archevêque de Cologne, et désigna le roi Henri, son fils, pour gouverner l'empire jusqu'à son retour. L'Allemagne profitait dès lors de la croisade, par la paix générale dont elle jouit.

Pour attirer les bénédictions du Ciel sur l'expédition, le cardinal-légat adressa une lettre à tous les prélats de l'Eglise, où il les exhorte à la réforme de leurs mœurs, particulièrement du luxe, de la vanité, de la bonne chère. Eux qui auraient dû prévenir les laïques par le bon exemple, il les presse au moins de les suivre. Ainsi, dans les assemblées du Mans et de Paris, la nation anglaise et la nation française s'étaient interdit toute fourrure précieuse et toute somptuosité dans les repas. Il leur propose encore l'exemple du Pape et des cardinaux, qui s'étaient imposé de plus des abstinences et des jeûnes (Mansi, t. XXII). De Mayence, le légat Henri vint à Liège, où il prêcha si fortement contre les vices du clergé, particulièrement contre la simonie, que soixante-six chanoines résignèrent leurs prébendes, et il les pourvut en d'autres églises. L'évêque Raoul se croisa pour l'expiation de ses péchés, et partit en 1190.

Le voyage des deux rois de France et d'Angleterre pour la croisade fut retardé par la guerre qui survint entre eux. Depuis le meurtre de saint Thomas de Cantorbéry, son père spirituel, le roi Henri II n'éprouva que des chagrins et des révoltes de la part de ses enfants. Plus d'une fois ses trois fils, Henri, Richard et Geoffroi, se faisaient la guerre entre eux ou la faisaient à lui-même. En 1173, ils la lui firent, d'accord avec leur mère Eléonore. En 1183, son fils Henri, déjà roi, la lui faisait en Limousin, et plusieurs fois avait cherché à le surprendre par de faux serments et des promesses trompeuses. Enfin, le chagrin de ne pouvoir réussir dans ses mauvais desseins le fit tomber grièvement malade. Se voyant près de sa fin, ce prince envoya au roi, son père, qui refusa de l'aller trouver, ne s'y fiant pas. Mais, ôtant une bague de son doigt, il ordonna à l'archevêque de Bordeaux de la porter au prince, comme un témoignage de sa tendresse et de son pardon. Le malade la pressa sur ses lèvres, appela les évêques et les autres ecclésiastiques qui se trouvèrent auprès de lui, leur confessa ses péchés, premièrement en secret, puis publiquement. Après avoir reçu l'absolution, il donna à Guillaume Maréchal, son ami, la croix qu'il avait prise pour aller à Jérusalem, le chargeant d'accomplir son vœu. Puis, ayant ôté ses habits, il se revêtit d'un cilice, se mit une corde au cou, et dit aux évêques et aux autres ecclésiastiques : Je me livre, indigne pécheur que je suis, à vous, qui êtes les ministres de Dieu, priant Notre Seigneur Jésus-Christ, qui pardonna au larron sur la croix, d'avoir pitié de ma pauvre âme, par vos prières et par son ineffable miséricorde. Tous répondirent : *Amen*, et il ajouta : Tirez-moi de mon lit avec cette corde, et mettez-moi sur ce lit de cendre. Ils le firent, et mirent deux grosses pierres cassées, l'une à sa tête, l'autre à ses pieds. Alors il reçut le viatique, et mourut âgé de vingt-huit ans, le jour de Saint-Barnabé, 11 juin 1183. Il fut enterré à Notre-Dame de Rouen, comme il l'avait ordonné. Son frère Geoffroi mourut quelque temps après, dans un tournoi. Renversé de son coursier, il fut foulé aux pieds des chevaux et expira entre les bras du roi de France, son suzerain, qui le fit inhumer avec une pompe extraordinaire.

Henri leur père, eut de temps en temps la guerre avec Philippe-Auguste. Voici à quel sujet. Le roi d'Angleterre avait reçu la princesse Alix, sœur du roi de France, pour la marier à son fils Richard Cœur-de-Lion ; mais il différait toujours d'exécuter la promesse ; ce qui fit soupçonner qu'il avait lui-même pour elle une passion coupable. Le roi de France lui déclarait donc la guerre, et voyait presque toujours de son côté le prince Richard, qui, l'an 1189, se mit sous sa protection contre son père. Pour les accorder, le pape Clément III envoya le cardinal-légat Henri, évêque d'Albane, qui y travaillait quand il mourut à Arras, le premier jour de l'an 1189. Son corps fut porté à Clairvaux, dont il avait été abbé, et il y fut enterré entre saint Malachie et saint Bernard. Le Pape, ayant appris sa mort, envoya pour la même négociation le cardinal Jean d'Anagni, qui fit si bien, tant par la douceur que par la force de ses discours, qu'il fit promettre aux deux rois de s'en rapporter au jugement des archevêques de Reims, de Bourges, de Rouen et de Cantorbéry : et ils marquèrent le lieu de la conférence à la Ferté-Bernard, et le jour de l'octave de la Pentecôte. Aussitôt le cardinal et les quatre archevêques prononcèrent sentence d'excommunication contre tous ceux qui mettraient obstacle à la paix, tant clercs que laïques, excepté les seules personnes des rois.

Le jour de la conférence étant venu, les deux rois se trouvèrent près de la Ferté-Bernard, avec le comte Richard, le cardinal et les quatre archevêques et les seigneurs des deux royaumes. Le roi de France demanda qu'on accomplît le mariage promis entre sa sœur Alix et Richard, comte de Poitiers ; que ce prince lui fît hommage de ses terres, et que Jean, son frère, prît la croix. Le roi d'Angleterre le refusa, offrant seulement de faire épouser Alix à son fils Jean, qu'il ne craignait pas comme Richard, et qui cependant complotait contre lui dans ce temps-là même. Ainsi on ne put s'accorder, et le cardinal Jean d'Anagni protesta que, si le roi de France ne convenait entièrement avec le roi d'Angleterre, il mettrait l'interdit sur toutes ses terres. Le roi de France répondit qu'il ne craignait point sa sentence, et ne l'observerait pas parce qu'elle n'était pas juste. Car, ajouta-t-il, il n'appartient pas à l'Église romaine de porter aucune censure contre le royaume de France, quand le roi se met en devoir de réprimer des vassaux rebelles, et de venger ses injures et le mépris de sa couronne. Il dit encore que le cardinal avait déjà flairé les sterlings d'Angleterre. Ce sont les paroles de Roger de Hoveden, auteur anglais. Richard, dont l'intérêt se trouvait bien plus fortement compromis dans cette affaire, ne s'en tint pas à des railleries contre l'envoyé pontifical ; il tira son épée, et se serait porté à quelque violence, si les assistants ne l'eussent retenu (Roger Hoveden et Matthieu Paris).

Le vieux roi, forcé de combattre, rassembla son armée ; mais ses meilleurs soldats l'avaient abandonné pour aller se joindre à son fils. Il perdit en peu de mois les villes du Mans et de Tours avec tout leur territoire. Sans moyens de défense et sans autorité, il prit le parti de solliciter la paix, en offrant de se résigner à tout. La conférence entre les deux rois eut lieu dans une plaine entre Ambroise et Tours.

Les demandes de Philippe-Auguste furent que le roi d'Angleterre s'avouât expressément son hommelige, et se remît entre ses mains, à merci et à miséricorde ; qu'Alix fût donnée en garde à cinq personnes au choix de Richard, jusqu'à son retour de la croisade, où il devait se rendre avec le roi de France, à la mi-carême ; que le roi d'Angleterre renonçât à tout droit de suzeraineté sur les villes du Berri, qui anciennement relevaient des ducs d'Aquitaine, et qu'il payât au roi de France vingt mille marcs d'argent pour la restitution de ses conquêtes ; que tous ceux qui s'étaient attachés au parti du fils contre le père demeurassent vassaux du fils et non du père, à moins que, de leur propre mouvement, ils ne voulussent revenir à ce dernier ; qu'enfin le roi reçût son fils Richard en grâce par le baiser de paix, et abjurât sincèrement et de bon cœur toute rancune et toute animosité contre lui.

Il n'y avait pour le vieux roi ni moyen ni espoir d'obtenir des conditions moins dures ; il s'arma donc de patience autant qu'il put, et conversa avec le roi Philippe, écoutant ses paroles d'un air docile, et comme un homme qui reçoit la loi d'un autre. Tous deux étaient à cheval en plein champ ; et, tandis qu'ils s'entretenaient bouche à bouche, dit un contemporain, il tonna subitement, quoique le ciel fût sans nuages, et la foudre tomba entre eux sans leur faire aucun mal. Ils se séparèrent aussitôt, extrêmement effrayés l'un et l'autre, et, après un petit intervalle, ils revinrent de nouveau ; mais un second coup de tonnerre, aussi fort que le premier, se fit entendre presque au même moment. Le roi d'Angleterre fut tellement troublé qu'il abandonna les rênes de son cheval et chancela sur la selle, de manière qu'il serait tombé à terre si ceux qui l'entouraient ne l'eussent soutenu. La conférence fut suspendue ; et comme Henri II se trouva trop malade pour assister à une seconde entrevue, on lui porta à son quartier les conditions de la paix rédigées par écrit, pour qu'il y donnât son consentement formel.

Ceux qui vinrent de la part du roi de France le trouvèrent couché sur un lit, et lui lurent le traité de paix, article par article. Quand ils en vinrent à celui qui regardait les personnes engagées secrètement ou ostensiblement dans le parti de Richard, le roi demanda leurs noms, pour savoir combien il y avait d'hommes à la foi desquels on l'obligeait de renoncer. Le premier qu'on lui nomma fut Jean, son plus jeune fils, connu de tout le monde sous le nom de Jean Sans-Terre. En entendant prononcer ce nom, le vieux roi, saisi d'un mouvement presque convulsif, se leva sur son séant, et promenant autour de lui ses yeux pénétrants et hagards : Est-ce bien vrai, dit-il, que Jean, mon cœur, mon fils de prédilection, et pour l'amour duquel je me suis attiré tous mes malheurs, s'est aussi séparé de moi ? On lui répondit qu'il en était ainsi, qu'il n'y avait rien de plus vrai. Eh bien ! dit-il, en retombant sur son lit et en tournant son visage contre le mur, que tout aille dorénavant comme il pourra, je n'ai plus de souci ni de moi ni du monde. Quelques moments après, Richard s'approcha du lit, et demanda à son père le baiser de paix en exécution du traité. Le roi le lui donna avec un air de calme apparent ; mais au moment où Richard s'éloignait, il entendit son père murmurer à voix basse : « Si seulement Dieu me faisait la grâce de ne point mourir avant de m'être vengé de toi ! » A son arrivée au camp français, le comte de Poitiers redit ces paroles au roi Philippe et à ses courtisans, qui tous firent de grands éclats de rire, et plaisantèrent sur la bonne paix qui venait de se conclure entre le père et le fils.

Le roi d'Angleterre, sentant son mal s'aggraver, se fit transporter à Chinon, où, en peu de jours, il tomba dans un état voisin de la mort. On l'entendait proférer des paroles entrecoupées, qui faisaient allusion à ses malheurs et à la conduite de ses fils : « Honte, s'écria-t-il, honte à un roi vaincu ! Maudit soit le jour où je suis né, et maudits soient de Dieu les fils que je laisse ! » Les évêques et les personnes pieuses qui l'entouraient firent tous leurs efforts pour lui faire rétracter cette malédiction ; mais il ne voulut jamais. Se voyant à l'extrémité, il se fit porter à l'église, devant l'autel, confessa ses péchés aux évêques et aux prêtres, reçut l'absolution, communia dévotement avec le Corps et le Sang de Notre Seigneur, et mourut le 6 juillet 1189, après avoir régné trente-quatre ans et sept mois.

Quand il eut expiré, son corps fut traité par ses serviteurs comme l'avait été autrefois celui de Guillaume le Conquérant ; tous l'abandonnèrent, après l'avoir dépouillé de ses derniers vêtements et avoir enlevé ce qu'il avait de plus précieux dans la chambre et dans la maison. Le roi Henri avait souhaité d'être enterré à Fontevrault, à quelques lieues de Chinon, on eut peine à trouver des gens pour l'envelopper d'un linceul, et des chevaux pour le transporter. Le cadavre se trouvait déjà déposé dans la grande église de l'abbaye, en attendant le jour de la sépulture ; lorsque le comte Richard apprit par le bruit public la mort de son père. Il vint à l'église, et trouva le roi gisant dans un cercueil, la face découverte, et montrant encore, par la contraction de ses traits, les signes d'une violente agonie. Cette vue causa au comte de Poitiers un frémissement involontaire. Il se mit à genoux et pria devant l'autel ; mais il se leva après quelques moments, après l'intervalle d'un *Pater noster*, suivant la remarque naïve de quelques historiens contemporains, et sortit pour ne plus revenir. On assure que depuis l'instant où Richard entra dans l'église jusqu'à celui où il s'éloigna, le sang ne cessa de s'échapper en abondance, des deux narines du mort. On ajoute aussi, et nous aimons à le croire, qu'à ce spectacle, Richard éprouva de vifs remords, et s'accusa publiquement d'être le meurtrier de son père (Cf. *Histoire de Richard Cœur-de-Lion*, p. 26, par J.-B.-J. Champagnac). Le lendemain eut lieu la cérémonie de la sépulture ; on voulut décorer le cadavre de quelques-uns des insignes de la royauté, mais les gardiens du trésor de Chinon les refusèrent ; et, après beaucoup de supplications, ils envoyèrent seulement un vieux sceptre et un anneau de peu de valeur. Faute de couronne, on coiffa le roi d'une espèce de diadème fait avec la frange d'or d'un vêtement de femme ; et ce fut dans cet attirail bizarre que Henri Plantagenet, roi d'Angleterre, duc de Normandie, d'Aquitaine et de Bretagne, comte de l'Anjou et du Maine, seigneur de Tours et d'Amboise, descendit à sa dernière demeure (Roger Hoveden et Girald Cambresis).

Richard Cœur-de-Lion, son fils aîné, lui succéda dans tous ses Etats. A Rouen, il se fit reconnaître solennellement duc de Normandie le 20 juillet 1189, dans l'église de Notre-Dame, en présence des évêques, des comtes et des barons du pays. Richard prit sur l'autel l'épée ducale, que l'archevêque Gautier lui ceignit, et il reçut de sa main l'étendard.

Avant de passer en Angleterre, il ordonna de rendre à la liberté sa mère Eléonore, détenue en prison pour avoir pris son parti contre le roi défunt, et, de plus, il la nomma régente du royaume. La reine usa de son autorité avec prudence et modération. En voyageant avec tout l'appareil de la royauté, de district en district, elle distribua des aumônes pour le repos de l'âme de son dernier époux, relâcha les prisonniers incarcérés sans jugement, pardonna tous les délits commis envers la couronne, restreignit la sévérité des forestiers, et révoqua les bannissements prononcés d'après la rumeur publique. Elle ordonna par proclamation, à tous les hommes libres, de prêter serment de fidélité à Richard.

Arrivé en Angleterre le 13 août, Richard fut solennellement couronné à Londres, dans l'église de Westminster, le dimanche 3 septembre, par Baudouin, archevêque de Cantorbéry, assisté de trois archevêques, de quatorze évêques et de presque tous les abbés et prieurs d'Angleterre. Le nouveau roi fit serment devant l'autel de conserver toute sa vie la paix et l'honneur de l'Eglise, de rendre bonne justice à son peuple, d'abolir les mauvaises lois et les mauvaises coutumes, et d'en établir de bonnes. Ensuite l'archevêque Baudouin lui fit les onctions ; et, après qu'il fût revêtu des habits royaux, il lui donna l'épée pour réprimer les ennemis de l'Eglise. Le roi prit lui-même la couronne sur l'autel, et la remit à l'archevêque, qui la lui mit sur la tête.

Après la messe, suivit le festin solennel : les évêques étaient à table avec le roi ; les barons servaient. Le roi avait fait publier par la ville que ce jour il n'entrât dans son palais ni Juifs ni femmes, pour éviter les maléfices dont on les soupçonnait. Toutefois, pendant le repas, les premiers d'entre les Juifs vinrent apporter au roi des présents : de quoi un chrétien indigné, donna un soufflet à un Juif pour l'empêcher d'entrer. D'autres, à son exemple, commencèrent à repousser les Juifs avec insulte. Le peuple y accourut ; et, croyant qu'on le faisait par ordre du roi, ils se jetèrent sur les Juifs, qui étaient en grand nombre à la porte du palais. On commença par les coups de poing, d'où l'on en vint aux pierres et aux bâtons ; il y en eut de tués et de laissés pour morts. En même temps, le bruit se répandit par toute la ville de Londres que le roi avait commandé d'exterminer tous les Juifs, ce qui fit accourir en armes une infinité de peuple, tant de la ville que de ceux qui étaient venus des provinces pour le sacre. On tuait donc les Juifs ; et comme ils se retiraient dans les maisons-fortes, on y mettait le feu. Le roi, qui était encore à table, ayant appris ce désordre, envoya pour apaiser quelques-uns des principaux seigneurs ; mais, n'étant pas écoutés par le peuple en furie, ils furent contraints de se retirer.

Le lendemain, le roi fit prendre quelques-uns des coupables, dont trois furent pendus pour avoir mis le feu, qui brûla des maisons de chrétiens. De plus, il envoya ses lettres par tous les comtés d'Angleterre pour défendre qu'on fît aucun mal aux Juifs. Mais, avant que cet ordre fût publié, plusieurs villes avaient suivi l'exemple de Londres, plutôt par avidité du gain que par zèle de religion. Plusieurs Juifs, pour éviter ces violences, reçurent le baptême et épousèrent leurs femmes à la manière des chrétiens.

Tous les Juifs d'York périrent au mois de mars de l'année suivante 1190. Le 16 du même mois, avant le coucher du soleil, une troupe de forcenés entrèrent dans la ville ; ils attaquèrent, dans les ténèbres, la maison d'un Juif opulent, qui avait péri dans l'émeute de Londres. Sa femme et ses enfants furent massacrés, ses propriétés pillées et tous ses bâtiments brûlés. La nuit suivante, la maison désignée pour la destruction fut celle d'un autre Juif, également riche, qui s'était sauvé du massacre de ses frères dans la métropole. Il eut cependant la prudence de se retirer dans la citadelle, avec ses trésors et sa famille ; la plupart des Juifs d'York et du voisinage suivirent cet exemple. Malheureusement, le gouverneur étant sorti un matin de la citadelle, les Juifs réfugiés, dont le nombre montait à cinq cents hommes, indépendamment des femmes et des enfants, refusèrent de le laisser rentrer. C'était se constituer en rebellion ouverte. Le gouverneur, de concert avec les magistrats, appela le peuple à son secours. La forteresse fut assiégée jour et nuit ; une rançon considérable fut offerte et rejetée. Enfin les Juifs, réduits au désespoir, enterrent leur or et leur argent, jettent dans les flammes tout ce qui peut être brûlé, massacrent leurs femmes et leurs enfants, et finissent par s'égorger l'un l'autre : les quelques survivants furent tués par le peuple. Les vainqueurs alors se dirigent vers la cathédrale, arrachent aux dignitaires de l'église les obligations que les Juifs avaient déposées dans leurs mains pour plus grande sécurité, et les brûlent au milieu de la nef. On voit que la religion et le clergé n'étaient pour rien dans cette fureur du peuple contre les Juifs, mais plutôt la haine de leurs usures, et l'envie d'éteindre leurs créances. Ces violences appelèrent le chancelier à York ; mais les principaux coupables s'étaient déjà réfugiés en Ecosse ; il se contenta de déposer le gouverneur et le shérif, de prendre l'engagement des citoyens de comparaître et de répondre à la cour du roi (Hoved., 379, Radulphe de Dicet., 651 ; Heming., 515 et 516 ; Brompt., 1172 ; Neubrige, l. 4, c. 7-11).

Cependant le roi Richard, après son sacre, vint à l'abbaye de Pipevel, et y assembla un grand concile vers la mi-septembre 1189. Il y nomma des évêques à plusieurs Eglises vacantes. Il envoya, de plus, au pape Clément, et obtint de lui des lettres par lesquelles tous ceux qu'il voudrait laisser pour la garde de ses terres seraient dispensés de la croisade : ce qui lui donna moyen d'amasser des sommes immenses. Il en amassa encore de grandes par les terres qu'il vendit à des évêques, et par ses droits et ceux d'autrui qu'il vendit à quiconque les voulait acheter. C'est ainsi que ce prince se préparait à la croisade.

Il partit d'Angleterre au mois de décembre 1189, laissant le gouvernement du royaume à Guillaume de Longchamp, évêque d'Eli, son chancelier ; et, pour lui donner plus d'autorité, il obtint pour lui, du pape Clément, la légation d'Angleterre. L'archevêque Gautier de Rouen, qui devait accompagner le roi à la croisade, tint auparavant son concile provincial dans l'église métropolitaine, le 11 février 1190. Tous les évêques ses suffragants y assistèrent, avec un grand nombre d'abbés. On y publia trente-deux canons, ayant pour but la tenue convenable des églises et des vases sacrés, la bonne vie des clercs, la répression de certains désordres plus graves. Les calices seront d'or ou d'argent, et non d'étain ; on ne portera point le Corps de Notre Seigneur sans luminaire, croix et eau bénite, et sans qu'il y ait un prêtre présent, sinon en cas d'extrême nécessité. Les prêtres et les clercs auront des couronnes ou tonsures patentes, sous peine d'être suspendus de leur bénéfice ou privés du privilège clérical. Les clercs qui, pour éviter l'examen de leurs évêques, se font ordonner outre-mer ou hors de leur province, ne seront point admis par leurs évêques aux fonctions de leurs ordres. Les évêques et leurs officiers ne se montreront pas difficiles pour les appellations au Siège apostolique ; ils les offriront même à certaines gens simples, qui ne les demanderaient pas. Sont excommuniés les incendiaires, les empoisonneurs, les sorciers, ceux qui falsifient les sceaux ; mais surtout on excommuniera solennellement, tous les dimanches, dans toutes les églises, ceux qui font de faux serments pour faire préjudice à l'Eglise ou déshériter une personne quelconque. Pour leur absolution, ces parjures seront envoyés à Rome, ainsi que les prêtres excommuniés qui célébreraient encore (Labbe, t. X ; Mansi, t. XXII).

Le roi Richard, ayant fait quelque séjour en Normandie, vint à Tours, où il reçut la panetière et le bourdon et le bâton de pèlerin, de la main de l'archevêque Guillaume. Mais le bourdon se rompit comme le roi s'appuyait dessus, et il en prit un autre à Vézelai, où les deux rois de France et d'Angleterre s'étaient donné rendez-vous, et où ils se trouvèrent en effet.

Le roi Philippe-Auguste laissa le gouvernement du royaume de France à la reine Adèle, sa mère, et à son oncle Guillaume, archevêque de Reims et légat du Saint-Siège. Avant de quitter Paris, il fit un testament, dont voici les principaux passages : « Au nom de la sainte et indivisible Trinité, amen. Philippe, par la grâce de Dieu, roi des Français. L'office du roi est de pourvoir au bien des sujets et de préférer l'utilité publique à son utilité privée. Comme nous désirons de tout notre cœur accomplir le vœu de notre pèlerinage pour secourir de toutes nos forces la terre sainte, nous avons résolu, par le conseil du Très-Haut, de régler comment doivent s'administrer les affaires du royaume en notre absence, et de disposer nos dernières volontés en cas d'événement. » Suivent divers articles pour maintenir le bon ordre et la bonne justice par tout le royaume. « Nous voulons et commandons, dit-il en l'article trois, que notre chère mère et l'archevêque Guillaume, notre oncle, fixent tous les quatre mois un jour à Paris, pour y entendre les clameurs et les plaintes des hommes de notre royaume, et qu'ils y fassent terminer leurs affaires pour l'honneur de Notre Seigneur et pour l'avantage de la couronne de France ; nous commandons, en outre, que tous nos baillis qui tiennent les assises dans les villes, se présentent ce jour-là devant eux, pour exposer toutes les affaires en leur présence. Notre très-chère mère et l'archevêque nous informeront trois fois par an de l'état des choses. Ils ne pourront déposer aucun bailli, si ce n'est pour meurtre, rapt, homicide ou trahison; mais ils nous en informeront trois fois par an, et, avec l'aide de Dieu, nous en ferons une telle justice, que les autres seront épouvantés.

» S'il vient à vaquer un évêché ou abbaye royale, nous voulons que les chanoines ou les moines viennent trouver la reine et l'archevêque, comme ils viendraient devant nous, et qu'ils demandent l'élection libre, qui leur sera accordée sans difficulté. Or, la reine et l'archevêque tiendront la régale en leur main, jusqu'à ce que l'élu soit sacré ou béni, et alors elle lui sera rendue sans nul empêchement. Si une prébende ou un autre bénéfice vient à vaquer pendant que la régale sera en notre main, la reine et l'archevêque les conféreront à des hommes vertueux et lettrés, par le conseil de frère Bernard. » C'est le pieux ermite de la forêt de Vincennes, dont il a déjà été question.

Philippe-Auguste avait alors un fils, Louis, huitième du nom, âgé de trois ans. « S'il arrivait que Dieu disposât de nous pendant notre voyage, nous commandons que la reine, l'archevêque, l'évêque de Paris, les abbés de Saint-Victor et de Vaux-Cernai et le frère Bernard divisent notre trésor en deux parts. Ils en emploieront la moitié à réparer les églises qui ont été détruites par nos guerres, à soulager ceux qui ont été appauvris par nos tailles, et à faire d'autres bonnes œuvres pour le bien de notre âme, de Louis, notre père, et de tous nos ancêtres. Quant à l'autre moitié, nous commandons à tous ceux qui gardent notre trésor et à nos hommes de Paris, qu'elle soit gardée pour la nécessité du royaume et de Louis, notre fils, jusqu'à ce qu'il vienne en âge où il puisse, par le conseil de Dieu, gouverner le royaume lui-même. S'il arrivait que nous et notre fils vinssions à mourir, nous commandons que notre avoir soit départi pour Dieu, pour notre âme et pour celle de notre fils, par la main et par le jugement des sept personnes que nous avons ci-dessus nommées (Rigord, *Script. rer. Franc.*, t. XVII; et *les Gestes de Philippe-Auguste*, t. XVII).

Après avoir ainsi pourvu au gouvernement du royaume, Philippe-Auguste vint à Saint-Denys, le jour de la Saint-Jean, prendre l'étendard nommé l'oriflamme, suivant la coutume des rois, ses prédécesseurs, quand ils allaient à la guerre; car on était persuadé que la vue de cet étendard avait souvent mis en fuite les ennemis. Le roi, prosterné sur le pavé du temple, devant les corps des saints martyrs Denys, Rustique et Eleuthère, se recommanda à Dieu, à la sainte Vierge, aux saints martyrs et à tous les saints; puis, tout baigné de larmes, il se leva de l'oraison, et reçut la panetière et le bourdon des mains de son oncle, l'archevêque de Reims. Ensuite il prit deux étendards de dessus les corps des saints martyrs; il se recommanda aux prières des moines, reçut la bénédiction du clou, de la couronne d'épines et du bras de saint Siméon. Après quoi il partit et se rendit à Vézelai avec le roi Richard, le 4 juillet 1190.

Les deux rois se séparèrent à Lyon et allèrent s'embarquer, Philippe-Auguste à Gênes, Richard à Marseille, et se rejoignirent à Messine, où ils passèrent l'hiver.

Guillaume le Bon, roi de Sicile, était en état et en disposition de rendre de grands services à la cause des chrétiens d'Orient. Quand il apprit leurs désastres, il en prit le deuil et le cilice. Il avait la marine la plus puissante alors; son amiral Marguerit, que les Sarrasins eux-mêmes appelaient le *roi de la mer*, avait forcé Saladin, l'an 1188, à lever le siège de Tyr; mais le roi Guillaume mourut l'année suivante 1189, à l'âge de trente-six ans, après en avoir régné vingt-cinq. Il ne laissait point d'enfants et avait marié sa tante, la princesse Constance, à Henri VI, roi d'Allemagne, qui devait ainsi hériter du royaume de Sicile; mais le Pape, suzerain de ce royaume, n'avait consenti ni à ce mariage, ni à cette translation de royauté. Les Siciliens, habitués à la dynastie normande, sous laquelle leur pays était devenu très-florissant, n'aimaient point de passer à un prince étranger, surtout à un Allemand. Ils jetèrent les yeux sur Tancrède, comte de Lecce, fils de Roger, duc de Pouille et petit-fils du roi Roger II, mais né, hors de mariage, d'une demoiselle noble avec qui l'on disait que son père était secrètement marié. Sa bravoure, sa générosité, sa prudence le rendaient cher aux Siciliens; il cultiva les lettres, les mathématiques, l'astronomie, la musique. Les Etats de Sicile, convoqués à Palerme après la mort de Guillaume, le proclamèrent roi, après des débats assez vifs, et il fut couronné au mois de janvier 1190. Le Pape, suzerain de Sicile, donna son approbation. Tancrède sut se défendre contre le roi d'Allemagne, Henri VI, battit ses généraux, fit même prisonnière la reine Constance, la traita royalement et la renvoya généreusement sans condition aucune.

Ce fut avec Tancrède que le roi Richard traita pour le douaire de Jeanne, sa sœur, veuve du dernier roi Guillaume, et pour les autres différends; il fit confirmer le traité par le pape Clément III. Richard avait de grandes qualités, mais aussi de grands défauts. Il était d'une valeur indomptable, d'une magnificence vraiment royale, mais fier, hautain, quelquefois même outrageux; ses mœurs n'étaient pas sans reproche, mais il avait une religion sincère, qui lui inspirait quelquefois de vifs sentiments de repentir. Ainsi, pendant son séjour à Messine, il assembla dans une chapelle tous les évêques qui l'accompagnaient, se prosterna à leurs pieds, sans autre vêtement qu'une simple tunique, confessa ses débauches et sa vie débordée, témoignant une grande contrition, et reçut la pénitence qu'ils lui imposèrent.

Durant ce même séjour, le roi Richard fit connaissance et s'entretenait volontiers avec un saint personnage qui vivait alors en Calabre. C'était l'abbé Joachim, né en Calabre même, à Célique, près de Cosence, vers l'an 1145. Son père se nommait Maur, sa mère Gemme. Il était bien fait de corps, d'un esprit pénétrant, d'une mémoire très-heureuse et d'une grande douceur dans ses mœurs. Après avoir étudié la grammaire, il passa au service de la cour. Il en connut bientôt les dangers, et pria Dieu de l'en préserver.

La pensée lui vint d'aller visiter les saints lieux. Ce lui parut un moyen que Dieu lui inspirait pour se soustraire aux vanités et aux plaisirs du monde. Il suivit cette pensée, s'associa quelques personnes qu'il défraya du voyage, s'habilla de blanc, d'une étoffe grossière, et fit une partie du chemin pieds nus. Ayant visité avec dévotion tous les lieux que Jésus-Christ a sanctifiés par sa présence, il passa dans la Thébaïde pour s'y édifier par la conduite des saints anachorètes, occupés jour et nuit des louanges de Dieu.

Il fit quelque séjour à Jérusalem, et fut quarante jours entiers sur le mont Thabor, s'y occupant du chant des hymnes et des psaumes, et de la méditation du mystère de la Transfiguration.

En revenant par la Syrie, il logea chez une veuve, qui le voulut corrompre; mais, s'étant aperçu de son mauvais dessein, il laissa le lit qu'elle lui avait préparé, et, ayant passé la nuit en prière, s'enfuit dès qu'il fût jour; aussi eut-il toute sa vie un grand zèle pour la pureté. De retour en Calabre, il entra dans le monastère cistercien de Sambucine, sans y faire profession; mais il le fit plus tard dans celui de Curace, du même ordre.

Il en fut élu abbé; et, ayant voulu inutilement se cacher, il accepta cette charge sur les instances de l'archevêque de Cosence, de l'abbé de Sambucine et des personnes les plus considérables du pays. Mais comme il avait un attrait tout particulier pour la méditation et l'explication des saintes Ecritures, il alla trouver le pape Lucius III, l'an 1182, et en obtint la permission de les expliquer, et de vive voix et par écrit. Quelque temps après, il lui présenta son ouvrage de la concorde de l'Ancien et du Nouveau Testament. Il travailla aussi dès lors à l'explication de l'Apocalypse, et continua ces ouvrages par l'autorité du Pape. Enfin Clément III l'exhorta à les achever, à venir ensuite les lui apporter, et à les soumettre à l'examen du Saint-Siège. C'est ce qui paraît par la lettre du Pape, du 18 juin 1188. Il déchargea même Joachim de l'abbaye de Curace, et lui permit de se retirer où il voudrait pour vaquer plus librement à la composition de ses livres.

Alors l'abbé Joachim se retira, avec Rainier, son disciple, dans les montagnes de Calabre, aux environs de Cosence, en un lieu nommé Flore. Il s'y bâtit d'abord un oratoire et une cellule; puis, le nombre de ses disciples étant augmenté, il fonda, vers l'an 1189, un nouveau monastère, dont l'observance était plus étroite que celle de Cîteaux, et qui devint chef d'une congrégation particulière. Ce monastère fut d'abord protégé par le roi Guillaume le Bon; mais ensuite l'abbé Joachim fut inquiété par Tancrède, dont les officiers prétendaient que le lieu appartenait au domaine. Tancrède lui offrit le monastère de Matine, près la ville épiscopale de Saint-Marc; mais Joachim le refusa, ne voulant pas profiter du travail des autres, et le roi défendit de l'inquiéter davantage.

Luc, depuis archevêque de Cosence, qui avait connu particulièrement l'abbé Joachim, en a rendu ce témoignage : « La seconde année du pontificat de Lucius, c'est-à-dire l'an 1183, je vis pour la première fois, à Casemaire, un homme nommé Joachim, alors abbé de Curace. Il était moine de la maison de Sambucine, fille de Casemaire; c'est pourquoi il y était aimé et honoré, mais encore plus à cause du don de sagesse et d'intelligence qu'il avait reçu de Dieu. Alors il commença de découvrir au Pape et à son consistoire la connaissance qu'il avait des Ecritures et la concorde des deux Testaments; il en obtint la permission d'écrire, et commença à le faire. Or, je m'étonnais de voir qu'un homme d'un si grand nom et si puissant en parole, portât de vieux habits très-pauvres et brûlés par les bords. Mais je connus depuis que, pendant toute sa vie, il n'eut aucune attention à la manière dont il était vêtu. Il demeura à Casemaire environ un an et demi, dictant et corrigeant tout à la fois le livre sur l'Apocalypse et la concorde. Il commença en même temps le livre du Psaltérion à dix cordes.

» L'abbé donna à lui pour lui servir de secrétaire, et j'écrivais jour et nuit dans des cahiers ce qu'il dictait et corrigeait sur des brouillons, avec deux autres moines, ses écrivains. Je lui servais aussi la messe, admirant toutes ses manières; car quand il bénissait l'hostie, il levait la main plus haut que les autres prêtres, et faisait toutes les cérémonies avec plus d'attention. En cette action, son visage ordinairement pâle, changeait de couleur et paraissait angélique. Il disait la messe tous les jours pendant les octaves de Pâques et de la Pentecôte. Il avait grand soin de la propreté de l'autel. Son visage s'animait de même quand il nous prêchait en chapitre : ce qu'il faisait souvent, par commission de l'abbé. Il commençait d'un ton assez bas, l'élevait peu à peu, continuait avec force et vivacité, faisant une impression telle qu'on ne le trouvait jamais trop long. Il passait les nuits à écrire et à prier, sans manquer à l'office de la communauté, ni s'y endormir. Il ne se mettait point en peine de la qualité ni de la quantité de la nourriture. Il avait un zèle merveilleux pour la chasteté, de quoi plusieurs évêques et plusieurs moines lui rendaient témoignage. Je l'ai vu quelquefois à genoux, les mains et les yeux levés au ciel, parlant à Jésus-Christ comme s'il l'eût vu face à face. J'ai passé avec lui un carême, pendant lequel, hors les dimanches et les fêtes, il ne prenait tous les jours qu'un peu de pain et d'eau; et plus il faisait d'abstinence, plus il paraissait avoir de force et de gaîté.

» Etant abbé de Curace, il allait souvent nettoyer lui-même l'infirmerie, faire les lits, visiter la cuisine et pourvoir à tous les besoins des malades. En voyage, il descendait quelquefois de cheval et y faisait monter son valet, pour le délasser : dans un grand hiver, il donnait aux pauvres jusqu'à ses habits. Il exerçait l'hospitalité libéralement : il n'y avait que ses parents à qui il était dur, ne leur donnant jamais rien. Il se plaisait au travail des mains, principalement en commun, et il s'en acquittait avec une force incroyable, ayant un corps robuste et qui souffrait aisément le froid, le chaud, la faim et la soif. » Tel était l'abbé Joachim, suivant le témoignage de l'archevêque de Cosence (*Acta Sanct.*, 29 *maii*; Fleury, l. 74; Ceillier, t. XXIII).

Le bienheureux abbé jouissait de l'estime et de la confiance de tous les grands personnages : il passait même pour avoir le don de prophétie. Le roi Richard le fit donc venir à Messine, et l'écoutait avec plaisir, principalement dans ses explications sur l'Apocalypse. Un auteur anglais, Roger de Hoveden, en cite quelques-unes, dont on ne trouve aucune trace dans le commentaire écrit. On peut donc croire que ces explications ou prédictions lui ont été faussement attribuées.

Cependant le roi de France, Philippe-Auguste, partit de Messine vers la fin du mois de mars 1191, et arriva le 20 avril devant Ptolémaïs, appelé Accon du temps de Josué, et Acre ou Saint-Jean d'Acre dans les temps modernes. Depuis près de deux ans, les chrétiens de Palestine et les pèlerins venus d'Europe en faisaient le siège; et, depuis près de deux ans, ce siège était comme une bataille continuelle contre toutes les forces de Saladin, qui campait sur une montagne du voisinage. Voici l'histoire de cette bataille ou de cette lutte de deux années entre la chrétienté et le mahométisme en armes, sous les murs de Ptolémaïs.

Saladin avait enfin rendu la liberté au roi de Jérusalem, Gui de Lusignan, suivant la condition expresse que les généreux citoyens d'Ascalon avaient mise à la reddition de leur ville. Toutefois Saladin, abusant de la victoire, avait fait jurer au roi captif de renoncer à son royaume et de retourner en Europe. Gui de Lusignan se fit délier, par les évêques, de cet engagement forcé et contraire à ce qui avait été stipulé avec les habitants d'Ascalon.

Le roi de Jérusalem était donc libre et dans son royaume, mais n'ayant ni armée, ni capitale, ni même une place forte qui pût lui servir d'asile. Il voulut se retirer à Tyr; mais le marquis Conrad de Monferrat, qui en était le maître, refusa de l'y recevoir; seulement il lui donna quelque peu de troupes, avec lesquelles il lui conseilla de faire quelque entreprise. Lusignan entreprit donc, l'an 1189, par désespoir, le siège de Ptolémaïs, qui s'était rendue à Saladin quelques jours après la bataille de Tibériade. Cette entreprise parut d'abord si téméraire à Saladin, qu'il ne se pressa point de venir au secours. En effet, lorsqu'à la fin du mois, le jour de Saint-Augustin, Lusignan vint camper devant la ville, à peine avait-il neuf mille hommes sous ses drapeaux. Mais les croisés d'Occident arrivaient ou pouvaient arriver d'un jour à l'autre. Les Pisans, venus sur leur flotte, s'emparèrent d'abord du rivage et fermèrent toutes les avenues de la place du côté de la mer. La petite armée des chrétiens alla dresser ses tentes sur la colline de Thuron. Trois jours après leur arrivée, ils commencèrent leurs attaques et montèrent à l'assaut. D'après un auteur du temps (Gauthier Vinisauf), la ville allait tomber en leurs mains, lorsque le bruit se répandit tout à coup que Saladin approchait. Cette nouvelle les remplit d'une terreur panique; ils abandonnèrent à la hâte l'attaque des remparts, et se retirèrent sur la colline où ils avaient établi leur camp.

Bientôt on vit s'avancer cinquante vaisseaux voguant à pleines voiles. En les apercevant des hauteurs de Thuron, les chrétiens ne savaient qu'en croire. De leur côté, ceux qui étaient sur les navires ne savaient que penser de ce camp qui s'offrait à leur vue, mais, à mesure qu'ils approchaient, ils reconnurent les étendards de la croix : un cri de joie s'éleva sur la flotte et dans le camp des chrétiens; tous les yeux se remplissaient de larmes; on accourt sur le rivage; on se précipite dans les flots pour embrasser plus tôt ceux qui arrivent. On se félicite réciproquement, on débarque les armes, les vivres, les munitions de guerre; et douze mille guerriers de la Frise et du Danemarck, sortis de leurs vaisseaux, viennent planter leurs étendards entre la colline de Thuron et la ville de Ptolémaïs.

La flotte danoise, partie des mers du Nord, avait partout excité sur son passage l'enthousiasme et le zèle impatient des peuples qui habitent les côtes de l'Océan. Elle fut suivie d'une autre flotte portant un grand nombre de guerriers anglais et flamands. L'archevêque de Cantorbéry, qui avait prêché la guerre de la croix en Angleterre, conduisait les croisés anglais. Ceux de la Flandre étaient dirigés par Jacques d'Avesnes, déjà célèbre par ses exploits, et que les palmes du martyre attendaient dans la terre sainte.

Tandis que la mer apportait aux chrétiens de nombreux renforts, Saladin, abandonnant ses conquêtes de la Phénicie, accourut avec son armée. Il plaça ses tentes et ses pavillons aux extrémités de la plaine, sur la colline de Kisan, qui s'élevait derrière la colline de Thuron. Les Musulmans attaquèrent plusieurs fois les chrétiens; mais ils les trouvèrent toujours semblables à une montagne qu'on ne peut abattre ni faire reculer. Saladin, pour animer ses soldats, résolut de livrer une bataille générale, un vendredi, à l'heure même où les peuples mahométans sont en prières.

Les chrétiens ne cessaient de creuser des fossés autour de leur camp et de s'entourer de retranchements formidables. Tous ces préparatifs de défense donnaient sans doute quelques alarmes aux Musulmans; mais ce qui devait surtout les remplir d'effroi, c'était la vue de cette foule de vaisseaux francs qui, semblables à une vaste forêt, couvraient le rivage de la mer. A mesure que quelques-uns de ces navires s'éloignaient, il en arrivait d'autres en plus grand nombre, et tous amenaient en Syrie des guerriers de l'Occident. On vit d'abord débarquer des croisés accourus de toutes les villes d'Italie, conduits par leurs consuls et leurs évêques. Ils furent suivis d'un grand nombre de guerriers venus de la Champagne et de plusieurs provinces de France. Après les croisés français, parurent des guerriers d'Allemagne, qui obéissaient au landgrave de Thuringe. Conrad, marquis de Tyr, ne voulut point rester oisif dans cette guerre. Il arma des vaisseaux, leva des troupes, et vint réunir ses forces à celles de l'armée chrétienne. Enfin, de toutes les parties du monde, on voyait accourir des défenseurs de la croix, et plus de cent mille guerriers se trouvèrent rassemblés devant Ptolémaïs, lorsque les puissants monarques qui s'étaient mis à la tête de la croisade s'occupaient encore des préparatifs de leur départ.

L'arrivée de ces innombrables auxiliaires ranima l'ardeur des croisés. Les chevaliers, suivant l'expression d'un historien arabe, revêtus de leurs longues cuirasses à écailles de fer, apparaissaient de loin comme des serpents qui couvraient la plaine; lorsqu'ils volaient aux armes, ils ressemblaient à des oiseaux de proie, et, dans la mêlée, à des lions indomptables. Plusieurs émirs avaient proposé à Saladin de se retirer devant un ennemi aussi nombreux, disaient-ils, que les sables de la mer, plus violent que les tempêtes, plus impétueux que les torrents.

Une vaste plaine, qui s'étendait entre les collines occupées par les deux camps ennemis, avait été le théâtre des combats les plus sanglants. Depuis quarante jours les Francs assiégeaient Ptolémaïs, et, sans cesse, ils avaient à repousser la garnison ou les troupes de Saladin. Le 4 octobre, leur armée descendit dans la plaine et se rangea en bataille. Elle couvrait un espace immense. Les chevaliers et les barons d'Occident avaient déployé tout leur appareil de guerre, et marchaient à la tête de leurs soldats, couverts d'un casque de fer, armés de la lance et de l'épée. Le clergé lui-même avait pris les armes. Les archevêques de Ravenne, de Pise, de Cantorbéry, de Besançon, de Nazareth, de Mont-Réal; les évêques de Beauvais, de Salisbury, de Cambrai, de Ptolémaïs, de Bethléem, s'étaient revêtus du casque et de la cuirasse, et conduisaient les guerriers du Christ. L'armée chrétienne présentait un aspect si redoutable et paraissait si pleine de confiance, qu'un chevalier franc s'écria dans son enthousiasme : Que Dieu reste neutre, et la victoire est à nous !

En effet, dès le premier choc, l'aile gauche des Musulmans se retire en désordre. Les Francs se répandent partout comme un déluge. Bientôt leurs étendards flottent sur la colline de la Mosquée. Le comte de Bar pénètre jusque dans la tente de Saladin. Les Francs victorieux descendent sur le revers de la colline, et chassent devant eux les Musulmans éperdus. La terreur fut si grande parmi les infidèles, qu'un grand nombre d'entre eux s'enfuirent jusqu'à Tibériade. Les esclaves qui suivaient l'armée musulmane prirent la fuite, emportant les bagages et tout ce qu'ils avaient trouvé dans le camp. Cette fuite des esclaves augmenta la confusion, et Saladin, qui commandait le centre de son armée, ne put retenir autour de lui que quelques-uns de ses mameluks. La victoire des chrétiens eût été complète, s'ils n'avaient pas méconnu les lois de la discipline. Maîtres du camp des Turcs, ils se répandent dans les tentes pour les piller, et bientôt le désordre est plus grand parmi les vainqueurs que parmi les vaincus. Les Musulmans, s'apercevant qu'ils ne sont pas poursuivis, reviennent de leur effroi et se rallient à la voix de Saladin : la bataille recommence, et les croisés, dispersés dans la plaine et sur la colline, s'étonnent d'être de nouveau aux prises avec une armée qu'ils croyaient avoir anéantie. Un incident singulier vint augmenter leur trouble. Un cheval arabe pris sur l'ennemi s'étant échappé au milieu de la mêlée, quelques soldats se mettent à le poursuivre; on croit qu'ils fuient devant les Musulmans; le bruit se répand aussitôt que la garnison de Ptolémaïs a fait une sortie et que le camp des chrétiens est livré au pillage, que les infidèles sont partout victorieux. Dès lors les Francs ne combattent plus pour la victoire ni pour le butin, mais pour défendre leur vie ; la campagne est couverte de croisés qui fuient et jettent leurs armes. En vain leurs chefs les plus intrépides s'efforcent de les retenir et de les ramener au combat ; les chefs eux-mêmes sont entraînés par la multitude. Le marquis de Tyr, abandonné des siens, resté seul dans la mêlée, dut son salut à la généreuse bravoure de Gui de Lusignan. Gérard d'Avesnes avait perdu son cheval de bataille, et ne pouvait plus ni fuir ni combattre. Un jeune guerrier, dont l'histoire ne dit pas le nom, lui offrit alors son propre cheval, et chercha la mort dans les rangs ennemis, satisfait d'avoir sauvé la vie de son illustre chef.

Ainsi, dans la même bataille, les chrétiens et les mahométans avaient été tour à tour vainqueurs et vaincus. Le lendemain, les chrétiens n'osaient sortir de leurs retranchements ; la victoire elle-même ne put rassurer Saladin, qui, pendant plusieurs heures, avait vu fuir toute son armée. Le plus grand désordre régnait dans le camp des Turcs, pillé par les esclaves. Les soldats et les émirs s'étaient mis à la poursuite de ces esclaves fugitifs ; chacun cherchait ses bagages ; tout le camp retentissait de plaintes. Au milieu de la confusion et du tumulte, le sultan ne put poursuivre l'avantage qu'il venait de remporter sur les Francs. Il tomba lui-même malade : l'hiver approchait ; il résolut donc, d'après le conseil de ses émirs, d'aller camper avec son armée sur la montagne de Karouba.

Les chrétiens, attribuant cette retraite à la crainte, sentirent se ranimer leur courage, et reprirent avec ardeur les travaux du siège. Leurs machines battaient jour et nuit les remparts de la ville. La garnison opposait une résistance opiniâtre. Ainsi se passa la saison des pluies. Aux approches du printemps, plusieurs Musulmans de la Mésopotamie et de la Syrie vinrent se ranger avec leurs troupes sous les étendards du sultan. Alors Saladin quitta la montagne de Karouba. Sans cesse il attaquait les Francs et ne leur laissait point de repos.

La rade de Ptolémaïs était souvent couverte de vaisseaux venus d'Europe, et de navires musulmans sortis des ports d'Égypte et de la Syrie. Les uns apportaient des secours à l'armée chrétienne, les autres à la ville. De loin on voyait s'élever dans les airs et se mêler ensemble les mâts surmontés de l'étendard de la croix, et les mâts qui portaient les drapeaux de Mahomet. Plusieurs fois les Francs et les Turcs furent témoins des combats que leurs flottes, chargées d'armes et de vivres, se livraient près du rivage ; la victoire ou la défaite apportaient tour à tour l'abondance ou la famine dans la ville ou dans le camp des chrétiens. A la vue d'une bataille navale, les guerriers de la croix et ceux de Saladin, frappant sur leurs boucliers, annonçaient par leurs cris leurs espérances ou leurs alarmes ; quelquefois même les deux armées s'ébranlaient, s'attaquaient dans la plaine, pour assurer la victoire ou venger la défaite de ceux qui combattaient sur les flots.

Dans ces combats, les Musulmans tendaient souvent des embûches aux chrétiens, et ne dédaignaient pas d'employer toutes les ruses de la guerre. Les croisés, au contraire, n'avaient de confiance qu'en leur valeur et dans les armes. Chaque bataille commençait au lever du jour ; les croisés étaient presque toujours victorieux jusqu'au milieu de la journée ; quelquefois ils avaient envahi et pillé les tentes des Musulmans, et le soir, lorsqu'ils revenaient chargés de dépouilles, leur camp se trouvait attaqué, envahi par l'armée de Saladin ou par la garnison de la place.

Depuis que le sultan avait quitté la montagne de Karouba, une flotte égyptienne était entrée dans le port de Ptolémaïs. En même temps, Saladin avait reçu dans son camp son frère Malek-Adhel, qui lui amenait des troupes levées en Égypte. Ce double renfort donnait aux infidèles l'espérance de triompher des chrétiens ; mais leur joie ne tarda pas à être troublée par les bruits qui se répandaient alors en Orient. On venait d'apprendre que l'empereur d'Allemagne avait quitté l'Europe à la tête d'une nombreuse armée, et qu'il s'avançait vers la Syrie (Michaud, *Croisades*, t. II).

Avant de partir, l'empereur Frédéric avait envoyé des ambassadeurs, avec des instructions convenables, au roi de Hongrie, à l'empereur grec, au sultan d'Icône et à Saladin. Le roi de Hongrie, Béla III, accorda volontiers le passage, avec des vivres pour un prix convenu d'avance. Jean Ducas, ambassadeur de l'empereur Isaac l'Ange, vint à Nuremberg, et conclut un traité par lequel les Grecs accordaient également le passage libre. Il fut convenu que les pèlerins seraient reçus dans les villes et logés dans les maisons des Grecs; on devait leur fournir les fruits des arbres, les légumes des jardins et du bois pour le feu; de la paille et du foin pour les chevaux, mais rien autre. Le reste devait s'acheter à un prix raisonnable, selon l'état du pays et l'exigence du temps. Les croisés s'engageaient à ne commettre aucun dégât, à n'exercer aucune violence. Le duc de Souabe, Frédéric, second fils de l'empereur, et les autres chefs de la croisade, reçurent la promesse du libre passage, et, de leur côté, jurèrent de faire respecter la paix et les lois de l'hospitalité. Le souverain de Servie envoya faire des promesses non moins favorables. Le sultan d'Icône répondit que, par affection pour Frédéric, il l'aiderait de toute manière, et qu'il se réjouissait de pouvoir le connaître personnellement. Frédéric glorifiait Dieu de se voir si estimé par des rois dont il avait à peine appris le nom (Godofr., *Mon.*, an 1188). La seule réponse de Saladin était, non pas telle qu'on pouvait désirer, mais telle qu'on devait l'attendre. L'empereur avait jugé indigne de lui faire la guerre sans déclaration préalable, et avait demandé satisfaction pour les chrétiens mis à mort, avec la restitution de la sainte croix et de toutes les conquêtes faites sur les Francs. Saladin s'y refusa, et la guerre fut ainsi déclarée.

Dans le temps même, le sultan Saladin et l'empereur de Constantinople négociaient ensemble pour combattre chacun de son côté les chrétiens d'Occident. Il y eut un traité conclu. Les Grecs devaient avoir la possession de toutes les églises en Palestine, à condition qu'ils permettraient l'érection d'une mosquée à Constantinople, et qu'ils promettraient de repousser les croisés de tout leur pouvoir. Cette alliance des Grecs et des Mahométans contre les guerriers de la croix est attestée, non-seulement par les historiens arabes mais par les lettres mêmes de l'empereur grec au chef des Musulmans (Bohadin, 130; Matth. Paris, 104; Innocent III, *Epist.* 13, 184 ; Raumer, *Hist. des Hohenstauffen*, t. II, p. 427).

Au commencement du mois de mai 1189, les pèlerins s'assemblèrent de toutes les parties de l'Allemagne, à Ratisbonne. L'empereur n'admit personne dans son armée, qui n'eût de quoi s'entretenir pendant deux ans. On compta vingt mille chevaliers, sans y comprendre les bourgeois, les clercs, les domestiques et les fantassins. Tous descendirent le Danube, et se réunirent à Vienne; à d'autres divisions qui, impatientes d'attendre, avaient pris les devants par d'autres chemins. Là, on fit une nouvelle revue, aussi nécessaire que louable; on renvoya près de quinze cents, tant invalides que voleurs et prostituées, et on réitéra la défense d'emmener des chiens et des oiseaux de chasse (Guill. Neubr., l. 3, c. 21). Le duc d'Autriche, Léopold VI, reçut son empereur avec de grands honneurs, pourvut abondamment à tous les vivres : Frédéric descendit le Danube; l'armée suivait par terre, où les voitures ne manquaient pas pour transporter ceux qui étaient fatigués ou malades. A Presbourg, sur les frontières de la Hongrie, les croisés se rassemblèrent pour la seconde fois; jusqu'alors aucun désordre n'avait été commis, si ce n'est que les habitants d'une petite ville sur le Danube, en voulant extorquer des péages, provoquèrent une vive résistance de la part des pèlerins. Pour prévenir de pareils accidents, l'empereur, avec son conseil, fit de nouveaux règlements de discipline, dont la sévère et immanquable exécution produisit la terreur et l'obéissance; car, peu après, deux nobles de l'Alsace furent exécutés auprès de Belgrade, pour avoir rompu la paix.

A Gran, l'ancienne Strigonie, le roi Béla III, avec la reine, son épouse, sœur du roi de France Philippe-Auguste, reçut l'empereur, le 4 juin, avec la plus grande magnificence, et donna, en son honneur, bien des fêtes et des chasses sur les bords du Danube. L'union et la confiance devinrent encore bien plus intimes lorsque le duc Frédéric de Souabe se fiança à une des filles de Béla, et que beaucoup de Hongrois, comme déjà précédemment des Bohêmes, furent reçus amicalement dans les rangs de l'armée. Celle-ci, traversant des contrées fertiles et abondamment pourvues de vivres, avait atteint la Drave, qu'elle fut obligée de passer lentement sur des bateaux. Au delà des ruines de Sirmium (Mitrowitz), on arriva à Belgrade, ensuite à la Morave, où on laissa au roi de Hongrie les bateaux qu'on avait amenés de Ratisbonne. L'armée s'avançait vers le sud, divisée en quatre corps; le premier se composait de Hongrois et de Bohêmes, le second et le troisième étaient conduits par le duc Frédéric et trois évêques, le dernier par l'empereur lui-même.

En entrant dans les pays au midi du Danube, on éprouva des attaques de la part des Bulgares qui les habitaient; ils tuèrent plus d'un pèlerin avec leurs flèches, empalèrent plus d'un prisonnier, et ne furent intimidés que quand l'empereur Frédéric fit user de sévères représailles et ruiner une de leurs villes. D'abord on ne soupçonna nullement les Grecs de ces hostilités, car on savait bien que ces tribus étrangères ne leur obéissaient pas; mais quand les prisonniers déclarèrent que c'était de Constantinople qu'on avait excité les Bulgares, on conçut des soupçons. Ils augmentèrent encore lorsque les princes de Servie et de Rascie se présentèrent eux-mêmes à l'empereur, lui procurèrent des vivres et lui offrirent leurs fidèles services contre les Grecs toujours artificieux. Frédéric répondit avec calme et à propos qu'il n'était pas venu attaquer des chrétiens, mais que seulement il repousserait la force par la force. Afin de prévenir de pareils maux et écarter tout sujet de collision, il avait déjà envoyé à Constantinople, avec une suite considérable, l'évêque de Munster, les comtes de Nassau et de Dietz, et Marcward, son chambellan.

L'empereur Isaac et les plénipotentiaires qu'il

avait envoyés pour servir de guides à la marche de Frédéric se montraient versatiles et équivoques, et donnaient sujet aux pèlerins de former de justes plaintes. A dessein, ils n'avaient point pourvu à des vivres suffisants, ils avaient rompu les chemins, occupé ou muré les passages étroits, et traités hostilement les pèlerins, qui, pour se procurer de la nourriture, s'écartaient de la grande armée. Après avoir patienté bien longtemps, le duc Frédéric emporta de vive force un défilé occupé par les Grecs, et s'empara de beaucoup de provisions. Dans le même temps, on apprit de Constantinople la nouvelle que l'empereur grec, après avoir reçu les ambassadeurs avec une honnêteté passagère, les avait ensuite, contre tout droit des gens, jetés en prison. Pour justifier cette conduite, un envoyé grec alléguait que les négociations avec le prince de Servie étaient d'autant plus suspectes, que les rois de France et d'Angleterre annonçaient que Frédéric voulait détruire l'empire grec et en mettre la couronne sur la tête de son fils; d'ailleurs, la marche dévastatrice des pèlerins était une violation ouverte des plus saintes promesses. Le libre passage ne pouvait être accordé qu'autant qu'on donnerait des otages et qu'on céderait aux Grecs la moitié des pays à conquérir sur les Sarrasins. Ainsi parlaient les Grecs, comptant sur l'assistance des Turcs, en cas d'une entière rupture avec les croisés. L'empereur Frédéric, qui ne voulait point épuiser ses forces en Europe ni mettre en péril la vie de ses ambassadeurs, fit réponse qu'il n'avait aucune vue hostile contre l'empire grec, qu'il garderait volontiers les conventions antérieures; que même, aussitôt que ses ambassadeurs seraient en liberté, il se montrerait disposé à tout ce qui ne serait pas contraire à l'honneur de Dieu et de l'empire.

Pendant ces allées et venues des négociateurs, les Allemands atteignirent Philippopolis le 25 août 1189, et campèrent devant les portes, jusqu'à ce que de grandes pluies les contraignirent, après une répartition des plénipotentiaires grecs, à se loger dans les maisons; mais la plupart des habitants avaient pris la fuite. Dans les commencements, l'abondance des vivres fut telle, qu'on échangeait contre huit bœufs une seule poule, parce qu'elle avait meilleur goût. Il y en eut toutefois quelques-uns qui volèrent et pillèrent par insolence, ce qui fut cause qu'on cessa d'amener des provisions et que la disette se fit sentir. L'empereur Frédéric obligea les malfaiteurs à rendre tout ce qu'ils avaient pris, et en fit exécuter quelques-uns qui avaient volé sur le marché, ce qui rassura les marchands et les fit revenir à la ville.

Si Isaac l'Ange avait désiré la paix aussi sincèrement que l'empereur d'Allemagne, c'eût été doublement avantageux à son empire; mais il avait donné sa confiance à un moine nommé Dosithée, qui faisait le devin ou le prophète. Ce moine persuadait à Isaac que Frédéric en voulait à Constantinople; il lui avait même prédit par quelle porte il y entrerait et les désordres qu'il y ferait, ajoutant que Dieu en ferait une punition exemplaire et le frapperait de mort avant Pâques. Isaac croyait tellement aux prédictions du moine, qu'il fit murer la porte où Frédéric devait entrer. Dans cette disposition, Isaac ne prenait de tous côtés que des demi-mesures. Ainsi, à la fin d'octobre, il renvoya les ambassadeurs allemands, que Frédéric reçut avec beaucoup de joie et en s'écriant : Je rends grâces à Dieu de ce que j'ai retrouvé mes fils ! Frédéric avait alors soixante-dix ans. Au lieu de profiter d'une disposition aussi favorable, Isaac envoyait en même temps des lettres dont le langage et la teneur devaient offenser de nouveau, ne fût-ce que par ce titre, fastueux d'une part et méprisant de l'autre : « Isaac, établi de Dieu, empereur très-saint, très-excellent, très-puissant, le maître des Romains, l'ange de toute la terre, l'héritier de la couronne du grand Constantin; au cher frère de Sa Majesté, le plus grand prince de l'Allemagne. » Dans la lettre même, il se donnait, après Dieu, pour le seigneur des seigneurs, et demandait que Frédéric, qu'il n'appelait que le premier prince d'Allemagne, le reconnût pour son seigneur suzerain, s'il voulait avoir le libre commerce et le libre passage. Frédéric rendit les lettres avec cette remarque : « Isaac peut s'appeler empereur de la Romanie, mais il ne doit pas s'appeler empereur des Romains. Qu'il ait délivré les ambassadeurs allemands, cela est bien; mais quant aux otages qu'il demande, mon fils, le duc de Souabe, avec six évêques et d'autres seigneurs à son choix, je ne puis les donner que quand les Grecs en présenteront eux-mêmes de la plus haute dignité. Au reste, je me confie dans le Christ, pour qui je combats, et en mes compagnons, que je ne serai jamais réduit à subir des conditions telles que Isaac l'Ange a osé me proposer. »

Malgré cette déclaration, on pensait toujours à la guerre à Constantinople, et le patriarche disait du haut de la chaire, en présence de beaucoup de Latins : « Un Grec qui aurait tué dix Grecs, mais qui tuerait cent pèlerins, obtiendra de Dieu la rémission de ses péchés (*Epist. Frid. apud Martene*, t. I). » Isaac écrivit en même temps à son allié Saladin que les pèlerins de l'Occident étaient réduits à l'impuissance « et qu'il avait coupé les ailes à leurs victoires. » Saladin s'était plaint d'Isaac, qui avait promis d'arrêter les croisés dans leur marche, et Isaac, se vantant du mal qu'il n'avait pas fait, lui montrait les Latins si affaiblis par leurs misères et leurs défaites, qu'ils n'atteindraient par les frontières musulmanes. « S'ils y arrivent, disait Isaac à Saladin, ils seront hors d'état de faire le moindre mal à Votre Excellence. » Cette lettre, rapportée par l'arabe Boha-Eddin, ne permet pas de douter de la trahison des Grecs, et nous fait voir jusqu'à quel degré d'abaissement et de dégénération étaient tombés les maîtres de Byzance. Qui pourra s'étonner que la Providence efface un jour un pareil peuple du rang des nations ?

Sur tous ces différends avec les Grecs, l'empereur Frédéric écrivit une lettre de plaintes à son fils Henri, roi des Romains, et y ajouta : « Ayez soin que Venise, Gênes et Pise, au futur printemps, envoient vers Constantinople des vaisseaux, afin qu'on puisse attaquer cette ville par terre et par mer, et la prendre, si l'empereur Isaac n'acquiesce à tout ce qui est équitable. Faites rentrer toutes les contributions arriérées, et envoyez-les par Venise à Tyr. Quoique nous ayons le plaisir de voir sous la bannière de la croix vivifiante une multitude de guerriers d'élite, il faut cependant implorer le secours du ciel par de ferventes prières; car ce n'est pa grande force qui sauvera le roi, mais la grâce du Roi éternel, grâce qui surpasse tout mérite. C'est pourquoi nous recommandons affectueusement à votre bonté royale, que, par vos instances, vous obteniez des personnes pieuses de notre empire, qu'elles adressent continuellement pour nous d'abondantes prières au Seigneur. Nous vous conseillons aussi de déployer beaucoup de zèle pour la répression des malfaiteurs, parce que c'est par là que vous acquerrez la grâce de Dieu et la faveur du peuple. Ne négligez pas d'écrire tout ceci au Pape, afin qu'il envoie quelques religieux par les provinces, pour exhorter le peuple de Dieu contre les ennemis de la croix, principalement contre les Grecs, à qui, en présence de nos ambassadeurs, l'évêque de Munster et ses collègues, dans l'église de Sainte-Sophie, le patriarche de Constantinople a prêché publiquement que tout Grec qui tuerait cent pèlerins, fût-il coupable de dix meurtres sur les Grecs, en obtiendra le pardon de Dieu. Nous avons perdu plus de cent guerriers, qui sont ainsi allés au Christ (*Epist. Frid. apud Martene*, p. 909-911). »

Des sentiments si chrétiens étaient, dans le vieil empereur, le fruit précieux de l'adversité. C'est l'adversité qui le rendra de plus en plus dignes du ciel.

Frédéric, qui, dans l'espérance d'une prompte et parfaite conciliation avec l'empereur Isaac, avait accordé du repos à son armée, se remit enfin en route, las d'attendre, et arriva le 22 novembre à Andrinople, tandis que son fils, le duc Frédéric, prenait de force Bérée avec quelques autres villes, et battait partout les Grecs qui voulaient faire de la résistance. De quoi effrayé, Isaac consentit enfin à laisser avancer tranquillement les pèlerins. Mais comme ceux-ci ne devaient passer en Asie qu'au printemps, il revint de nouveau à ses vieilles chimères, et crut entre autres, suivant la prédiction du moine Dosithée, que l'empereur Frédéric mourrait avant Pâques. De plus, il traita les ambassadeurs d'une manière inconvenante, comme s'ils étaient ses sujets, et, quoiqu'il y eût parmi eux des évêques et des comtes, ne leur permit pas de s'asseoir.

Frédéric se vengea de cette impolitesse par un procédé tout contraire. Ayant fait venir devant lui les ambassadeurs grecs avec toute leur suite, il les fit asseoir, et, parmi eux, leurs domestiques sans distinction, jusqu'à leurs cuisiniers et leurs palefreniers. Comme ceux-ci, par respect pour l'empereur, et plus encore pour leurs maîtres, refusaient de prendre une place si honorable : Asseyez-vous ! leur dit l'empereur : tous les Grecs sont si grands seigneurs qu'on ne peut faire entre eux distinction de rang. Comme toutefois un des ambassadeurs ne nomma Frédéric que l'*avocat* ou *le défenseur de Rome*, et ajouta « qu'il devait obéir au saint empereur l'Ange comme à son supérieur, d'autant plus qu'il était pris comme dans un filet, avec tous les pèlerins, Frédéric lui répondit avec une dignité atterrante : « Je suis empereur par l'élection des princes et par la confirmation du Pape ; mais, me souvenant de mes péchés, je ne m'appelle pas un saint. Quant à présent, la grâce de Dieu nous a donné, même dans l'empire grec, toute la puissance et domination qu'il nous faut pour notre but, et ce filet dont vous vous faites gloire, nous le romprons comme une toile d'araignée. » Quoique Frédéric se trouvât de nouveau dans des rapports hostiles avec les Grecs, il fit néanmoins observer constamment la plus sévère discipline ; la débauche même fut punie par une fustigation et une exposition flétrissantes (*Belgic. Chron. magn.*, p. 198 ; *Append. ad Radev.*, etc. ; Raumer, t. II).

Pendant l'hiver, les croisés campaient entre Philadelphie et Constantinople ; insensiblement, Frédéric s'approcha de la capitale, fit raser les fortifications de Philadelphie, et donna audience aux envoyés de la reine Sybille de Jérusalem, et de Pierre, prince de Valachie. Ceux-ci prétendaient que les Grecs étaient résolus à empoisonner tous les pèlerins par le vin et la farine, et Pierre promit une troupe auxiliaire de quarante mille hommes, si Frédéric, empereur romain, voulait encore se placer sur la tête la couronne de Byzance. De nouveau, Frédéric, avec le calme d'un véritable héros, déclina ces invitations flatteuses, afin de poursuivre son but primordial ; mais difficilement il se serait soumis davantage aux caprices des Grecs, quand Isaac se convainquit enfin de la nécessité pressante de conduire promptement les pèlerins à travers ses États et de conclure une nouvelle paix. Jurée solennellement dans l'église de Sainte-Sophie, cette paix portait que l'empereur grec indemniserait les envoyés allemands faits prisonniers, d'après la décision ultérieure de Frédéric ; qu'il supporterait et remettrait tous les dommages causés par le pillage, par la ruine des villes et les autres accidents de la guerre ; qu'il pourvoirait à ce que partout il y eût en vente les vivres nécessaires, et qu'il fournirait, près de Gallipoli, suffisamment de navires pour passer l'armée en Asie. Les deux parties se firent alors de mutuels présents : Isaac donna vingt-quatre otages, et fiança sa fille avec Philippe, fils de l'empereur Frédéric (Dandelot, p. 314).

Le transport des troupes sur les côtes d'Asie dura six jours, depuis le 23 jusqu'au 29 mars 1190. Quant au nombre, les historiens ne sont pas d'accord. L'un compte quatre-vingt-deux mille pèlerins (Vinisauf, l. 1, n. 22) ; d'autres, cinquante mille cavaliers et cent mille fantassins (Tageno et Frid., *Exped. Orient.*) ; un troisième, trois cent mille hommes, dont quinze mille cavaliers d'élite (Godofr., *Mon.*, an 1189) ; enfin un auteur Arabe dit qu'il y avait cent quarante mille cavaliers, et que, pour l'infanterie, Dieu seul en connaît le nombre (Gihannuma, *Hist. des Seldjoucides*). L'empereur Frédéric resta sur le rivage d'Europe, jusqu'à ce qu'il se fût convaincu que pas un des siens ne restait en arrière ; puis, mettant le pied sur l'Asie, il s'écria : « Chers frères, ayez confiance, tout le pays est entre nos mains. » L'armée fut partagée de nouveau : le duc Frédéric de Souabe conduisit l'avant-garde ; on mit le bagage au centre, et, à cause des montagnes, on le transporta des voitures sur les bêtes de somme ; l'empereur couvrait l'arrière-garde. Toutefois des bandits grecs, malgré les promesses de leur empereur, inquiétaient les pèlerins de bien des manières ; ceux-ci, manque de fourrage, coupèrent plus d'une fois les blés en herbe et par là provoquaient la colère des habitants. On arriva ainsi, à travers les escarmouches, jusqu'à Philadelphie en Lydie, et on entra sur le territoire turc près de Laodicée.

Comme les envoyés du sultan d'Icône avaient promis des vivres, et qu il s'en trouva effectivement à Laodicée, Frédéric défendit tout pillage, toute violence sur les terres du sultan; mais bientôt on se trouva dans des contrées arides, où tous les vivres avaient été transportés dans des forteresses écartées. Des nuées de Turcs harcelaient nuit et jour l'armée des pèlerins. Frédéric s'en plaignit aux envoyés du sultan, qui répondirent que c'étaient des tribus indépendantes de leur maître; mais c'était un mensonge, et l'on apprit par expérience que les Turcs dissimulaient encore mieux que les Grecs. Pendant plusieurs jours, on se battit depuis le matin jusqu'au soir. Le 5 mai, les envoyés du sultan d'Icône demandèrent la permission de se rendre, accompagnés d'un chevalier allemand, auprès des chefs de ces bandes turques, pour les empêcher d'inquiéter l'armée davantage. Frédéric accorda volontiers la permission, mais il ne revint ni envoyés ni chevalier, et le bruit se répandit qu'ils avaient été faits prisonniers par les Turcs. Peu après, la trahison parut au grand jour; le 14 mai 1190, on aperçut l'armée du sultan d'Icône, à laquelle les bandes turques s'étaient réunies, et que l'on estima pour le moins à trois cent mille hommes. Perspective terrible pour les chrétiens, beaucoup moins nombreux et harassés de toutes manières ! Aussi élevèrent-ils leurs pensées au ciel, et l'évêque de Würtzbourg leur recommanda de ne point perdre la confiance, mais de se rappeler l'exemple des martyrs : alors l'Esprit et le secours de Dieu les soutiendraient tous. Frédéric parla lui-même avec cette force d'âme qui ne l'abandonna jamais, et leur rappela que le brave seul pouvait espérer d'échapper; mais quiconque fuyait le péril, y périrait inévitablement. — Alors tous entonnèrent leur chant de guerre, et, oubliant leurs souffrances, rentrèrent dans leurs tentes pour y prendre un frugal repas. La nuit fut employée à se réconcilier avec Dieu, et, dès le point du jour, les évêques leur distribuèrent le Corps du Seigneur, et aussitôt l'armée se rangea en bataille.

Mélec, général de l'armée ennemie et gendre du sultan, voulut attaquer tout de suite. Mais un de ses conseillers les plus habiles apporta dans l'assemblée le bras d'un Turc, qui, malgré son armure, avait été coupé par un pèlerin, et dit : « Seigneur, avec des hommes de cette force et qui ont des armes de cette trempe, il n'est pas bon de combattre de près; nous en deviendrons plutôt les maîtres en les affamant et en les harcelant, que dans une bataille rangée. Plusieurs conseillers furent du même avis; mais Mélec, se fiant à la supériorité du nombre, persista pour une prompte décision. Il l'obtint; car les chrétiens enfoncèrent avec tant de vigueur tous les rangs des Turcs, que dix mille de ces derniers restèrent sur le champ de bataille; le reste s'enfuit à Icône, et Mélec, tombé avec son cheval, put à peine sauver sa vie. Mais, quelque grande renommée que valût cette victoire aux pèlerins, elle ne changeait rien à leur situation extérieure. Le soir, revenus sous leurs tentes, ils ne trouvaient ni eau ni vivres pour apaiser la faim et la soif qui les dévoraient : les uns buvaient le sang des chevaux tués, les autres appliquaient leurs lèvres sur des mottes de terre pour en humer la fraîcheur. Ce ne fut que le lendemain qu'ils trouvèrent un peu d'eau marécageuse et de l'herbe pour les chevaux. De la viande de cheval ou d'âne, cuite sans sel, paraissait un excellent repas, et, comme on manquait de bois, on faisait du feu avec des selles et de vieux habits.

Voici en quels termes, dans une lettre à Saladin, le patriarche d'Arménie parlait des compagnons de Frédéric : « Les Allemands sont des hommes extraordinaires; ils ont une volonté inébranlable, l'armée est soumise à la discipline la plus sévère, jamais une faute ne reste impunie. Chose singulière! ils s'interdisent tout plaisir; malheur à celui qui se permettrait quelque volupté! Tout cela vient de la tristesse où ils sont d'avoir perdu Jérusalem; ils rejettent pour leurs vêtements toute étoffe précieuse, et ne veulent être habillés que de fer; quant à leur patience dans la fatigue et l'adversité, elle passe toute croyance (Michaud, *Hist. des Croisades*, t. II). »

Bien informé de la détresse des pèlerins, Mélec fit dire à l'empereur : « Si vous payez trois cents quintaux d'or ou bien une pièce d'or pour chaque croisé, vous aurez la paix et des vivres. » Frédéric répondit : « Il n'est pas d'usage dans notre empire ni chez les guerriers de la croix, de s'ouvrir un chemin avec l'argent. C'est avec l'épée et avec le secours de Notre Seigneur Jésus-Christ, que nous nous en fraierons un. » L'envoyé turc répondit en colère : « Si je ne reviens pas cette nuit, attendez-vous à être attaqués à la troisième heure par toute l'armée. »

Les croisés étaient partagés d'avis : les uns voulaient que l'on gagnât le plus tôt possible les contrées chrétiennes; les autres pensaient que l'unique moyen de se tirer de peine, était de marcher sur Icône et d'en faire la conquête. Frédéric se décida pour ce parti, voua une église à saint Georges, et publia cet ordre du jour : « Demain, avec l'aide de Dieu, nous camperons dans les jardins du sultan, et nous y trouverons des rafraîchissements en abondance; mais personne, sous les peines les plus graves, ne se permettra, que la victoire ne soit complète, de piller, de panser les blessés, ou de se rendre suspect de quelque retardement. »

L'envoyé ne revint pas, et au point du jour, les pèlerins se virent environnés par les Turcs dans un demi-cercle. Cependant, ce jour, leurs cris furent plus effrayants que leurs armes, et le soir, les chrétiens atteignirent effectivement les jardins du sultan, et y trouvèrent de l'herbe, de l'eau et des vivres. Nul ennemi n'apparaissait, mais un orage épouvantable troubla le repos de la nuit. Le lendemain, 18 mai, parurent des envoyés turcs, et offrirent la paix, sans qu'on sût si c'était sincèrement ou seulement pour gagner du temps. L'empereur répondit qu'avant tout, son envoyé, que ceux du sultan avaient emmené dans leur fuite, fût remis en liberté, et qu'ensuite des hommes sages pourraient examiner les conditions. Là-dessus l'envoyé de Frédéric revint, et annonça que le sultan voulait livrer sa capitale; mais comme, dans l'intervalle, soixante mille Turcs serraient les chrétiens toujours de plus près, ceux-ci craignirent qu'on n'eût le dessein perfide de les attaquer dans la chaleur brûlante du midi. C'est pourquoi l'empereur sépara aussitôt l'armée en deux divisions; lui-même se tourna contre ces ennemis de dehors; le duc Frédéric et le comte de Hollande marchèrent vers Icône; dans le milieu restèrent les malades, les prêtres et le bagage.

De tous les côtés, les Turcs avançaient sur les

pèlerins, et l'imminence du danger arracha ce vœu à l'empereur même, d'ailleurs si ferme : « Je souffrirais volontiers toute autre extrémité, si seulement l'armée était saine et sauve à Antioche! » Mais lorsque les siens commencèrent effectivement à plier, le vieillard s'écria à haute voix, et comme rajeuni par son héroïque valeur : « Pourquoi hésitez-vous? pourquoi êtes-vous consternés? Grâce à Dieu, les ennemis risquent la bataille! C'est pour gagner le ciel par votre sang, que vous avez quitté la patrie; voici le moment! Suivez-moi! Au Christ la victoire! au Christ l'empire! » Il dit, et s'élance sur les ennemis; ses guerriers le suivent, et à l'instant même on aperçoit les bannières chrétiennes sur les tours d'Icône. Le duc Frédéric était maître de la ville. Dès lors les Turcs fuient de toutes parts, dix mille périssent dans cette journée.

L'empereur, victorieux, reçut avec grande joie son fils victorieux; le butin en vivres et en argent changea la disette en richesse. On trouva surtout beaucoup d'or et d'argent dans la maison de Mélec : c'était la dot que le sultan avait donnée à sa fille, et l'argent que Saladin avait envoyé pour enrôler des soldats contre les croisés. Le sultan lui-même, qui, pendant le combat, s'était retiré dans une forteresse, sur une montagne, demanda la paix le troisième jour, en s'excusant sur ce qu'étant vieux, il avait été, contre son inclination, entraîné à la guerre par les plus jeunes. Frédéric répondit : Un empereur ne doit jamais manquer de bonté; qu'on donne des otages, des guides sûrs, des vivres suffisants, et toute hostilité cessera.

Nonobstant leurs victoires, les croisés n'étaient pas de beaucoup aussi nombreux que les Turcs, et souhaitaient de toutes manières d'atteindre au plus vite leur but principal : ce qui contribua sans doute à ce qu'on ne demanda rien que d'équitable. Aussi le sultan accepta sur-le-champ les conditions, et envoya à l'empereur, ainsi que Mélec au duc Frédéric, de grands présents. L'armée chrétienne, pour éviter les exhalaisons, campa hors de la ville dans de beaux jardins, se pourvut abondamment de toutes les choses nécessaires, et enfin se remit en route vers le sud. Çà et là, des bandes de Turcs inquiétaient encore les pèlerins, quelques secousses de tremblement de terre effrayèrent une fois pendant la nuit; on ne pouvait franchir le sommet des montagnes sans beaucoup d'efforts et sans quelques pertes; mais enfin on aperçut le long des chemins le signe consolant de la croix; par delà Pyrgos et Laranda, on était entré dans le territoire du prince chrétien d'Arménie, Léon, le même qui naguère avait sollicité et obtenu du Pape et de l'empereur le titre de roi; il eut soin de procurer des vivres, et ses ambassadeurs accompagnèrent l'empereur jusqu'à Séleucie sur le Calicadnus ou Saleph.

Tous les ennemis étaient domptés, le chemin de la Syrie libre et ouvert, le terme de l'entreprise tout proche, et Saladin tellement dans l'inquiétude, qu'il fit par ses ambassadeurs, de la manière la plus polie, l'offre suivante : L'empereur et les princes décideront eux-mêmes ce que je possède légitimement (*Belgic. Chron. mag.*, 198). De jour en jour croissait la renommée de Frédéric, et toutes ses actions précédentes étaient glorifiées par cette grande entreprise. Ses différends avec les Papes lui avaient attiré bien des reproches; mais son projet actuel de rétablir le christianisme dans les lieux où il avait pris naissance, ne lui attirait qu'un concert unanime de louanges, et paraissait couronner dignement une vie aussi active.

Le 10 juin 1190, l'armée se mit en route pour Séleucie. Le duc Frédéric conduisait l'avant-garde au delà du Calicadnus, le bagage suivait, et l'empereur se trouvait à l'arrière-garde. Mais comme le pont sur le fleuve était étroit, le passage avançait très-lentement; d'autres retardements et embarras vinrent encore s'y joindre. C'est pourquoi l'empereur, qui avait plusieurs motifs de rejoindre son fils promptement, résolut de passer la rivière à la nage. Beaucoup des siens l'avertirent de ne pas se fier à une eau inconnue : ce fut vainement; sans crainte, comme toujours, il s'élança dans le fleuve avec son cheval. Mais, avec l'ardeur de la jeunesse, le vieillard n'en avait plus la vigueur. Les flots l'entraînèrent, et quand on vint à son secours et qu'on le ramena sur le rivage, il était sans vie (Raumer, t. II). C'est ainsi que, suivant la plupart des historiens de l'époque, mourut l'empereur Frédéric Barberousse, à l'âge de 70 ans, au moment où il méritait l'estime et l'affection de toute la chrétienté.

La consternation, la désolation, le désespoir de l'armée ne sauraient se décrire. Tous les cœurs se tournaient vers Frédéric comme les plantes vers le soleil; l'empereur, le général, le père, nous l'avons perdu, s'écriait-on de toutes parts, il n'y a plus de bonheur pour nous! Là consternation fut semblable dans l'Europe entière. Du fond de la Syrie un pèlerin de l'armée manda cette fâcheuse nouvelle au pape Clément III. A mesure qu'elle se répandait, la terreur et la tristesse se répandaient avec elle. « Une nouvelle terrible, disait à un de ses amis Pierre de Blois, une nouvelle effroyable, funeste, vient de retentir à nos oreilles; plus perçante qu'une épée à deux tranchants, elle a tellement blessé à mort les parties vitales de nos cœurs et de nos âmes, qu'on y voit à peine quelque remède, quelque espoir de vivre et de subsister. Nous avons entendu, et en l'entendant nous avons failli expirer de douleur, que cette colonne immobile de l'empire, ce ferme soutien du royaume d'Italie, cette étoile du matin dont la splendeur surpassait la splendeur des plus brillantes étoiles, cette immense chrysolithe plus éclatante qu'aucun jaspe, aucune pierre précieuse, en un mot, Frédéric, notre sérénissime empereur, a terminé, hélas! le dernier jour de sa destinée. A sa mort, particulièrement pour les sujets de son empire, qui, défendus par son bras, vivaient sans crainte, le soleil, la lune et tous les luminaires des cieux se sont comme enveloppés de ténèbres, par l'extinction de cette brillante lumière. Hélas? que ferons-nous? à qui recourir? de qui attendrons-nous l'assistance? qui sera désormais le grand boulevard? Livrez-vous au deuil, vous, fidèles de son royaume, destitués de la protection d'un si grand prince; poussez des cris lamentables, jeunes hommes; pleurez, vieillards, épouses et vierges! car le guide et le régulateur de votre vie, votre vie et votre salut, votre lumière et votre défense, votre sûreté et votre force, l'ancre de votre espérance, votre refuge et votre secours, tout cela, hélas! est abattu sous l'empire de la mort (Petr. Bles., *epist.* 72; *Bibl. Pat.*). »

Pierre de Blois n'était pas sujet de l'empereur Frédéric, mais du roi d'Angleterre : sa lettre est l'expression spontanée de la consternation et de la douleur communes en Europe. On y voit quelle touchante fraternité la foi chrétienne, spécialement les croisades, avait établie entre tous les peuples catholiques. C'étaient comme les enfants d'une même famille, qui parfois se disputent entre eux, mais qui tous se réjouissent ou s'affligent de ce qui réjouit ou afflige la famille entière.

Quant à l'armée allemande en Syrie, elle reconnut pour chef le duc Frédéric de Souabe, qui la conduisit, sans désastre notable, jusque dans Antioche. Mais avec l'empereur Frédéric disparut la sévère discipline, et, après une longue disette, plusieurs usèrent de l'abondance avec si peu de modération, qu'il en périt un plus grand nombre de maladie, qu'il n'en périt dans toute l'expédition par le fer des Grecs et des Turcs. D'autres, oubliant leur vœu, se rembarquèrent pour l'Allemagne, ou se dispersèrent en différentes directions, ou vendirent leurs armes faute d'argent; et ce fut seulement un petit reste, peu propre au combat, qui suivit le duc à Antioche. Là, on ensevelit solennellement le corps de l'empereur Frédéric, et on se réunit aux chrétiens devant Ptolémaïs. Le duc Frédéric y combattit en brave, fonda, au mois de novembre 1190, un nouvel ordre religieux, tomba malade et mourut le 20 janvier 1191. Un historien raconte que, dans sa dernière maladie, les médecins lui firent entendre qu'il pourrait guérir, s'il voulait avoir commerce avec une femme. Le duc répondit qu'il aimait mieux mourir que de profaner son corps dans ce divin pèlerinage (1).

Cependant les pèlerins qui assiégeaient Ptolémaïs, excités par la renommée toujours croissante de l'empereur Frédéric, tenaient à prendre la ville avant l'arrivée de ce prince. Le jour de la fête de Saint-Jacques, la foule innombrable des soldats, malgré les généraux et le clergé, livra une bataille aux infidèles, pénétra jusque dans leur camp et se mit à le piller. Les Musulmans, revenus de leur effroi, se rallient et battent à leur tour tous les pillards dont les tentes étaient au même temps envahies par la garnison. Quelques jours après, les deux armées se préparaient de nouveau, l'une à la défense, l'autre à l'attaque, lorsqu'on apprit que l'empereur Frédéric était mort. On resta toute la journée sans combattre, les Musulmans se livrant à la joie, les chrétiens à la douleur. Les chefs des pèlerins ne songeaient qu'à retourner en Europe, quand une flotte parut dans la rade de Ptolémaïs, et débarqua un grand nombre de Français, d'Anglais, d'Italiens, conduits par Henri, comte de Champagne.

Alors l'espérance fut rendue aux croisés; les chrétiens se trouvèrent de nouveau maîtres de la mer, et purent à leur tour faire trembler Saladin, qui se retira une seconde fois sur les hauteurs de Karouba. Leurs attaques recommencèrent contre la ville : on faisait de part et d'autre des prodiges de valeur. Une fois le duc Léopold d'Autriche était déjà monté, l'épée à la main, dans une tour des infidèles, lorsqu'un accident imprévu fit manquer le succès. A l'approche de l'hiver, comme les flottes chrétiennes arrivaient plus rarement, la disette des vivres se fit sentir dans le camp des pèlerins; la faim, les pluies, occasionnèrent une grande mortalité; le duc Frédéric de Souabe, fils de l'empereur, y succomba lui-même, mais après avoir institué un ordre religieux et militaire, pour en diminuer et sanctifier les désastres.

Quelques pèlerins allemands de Brême et de Lubeck, touchés de compassion pour les malades de l'armée, qui manquaient de tout, établirent un hôpital sous leurs tentes, qui n'étaient couvertes que de voiles de vaisseau, et y servaient charitablement ces pauvres malades. Déjà auparavant il y avait à Jérusalem un hôpital de la nation teutonique; car, depuis que la ville fut habitée par les chrétiens d'Occident, les Allemands, qui y venaient en grand nombre, n'entendant point la langue qui s'y parlait, c'est-à-dire le français, ne savaient à qui s'adresser. Alors Dieu inspira à un vertueux Allemand, qui y était établi avec sa femme, de bâtir à ses dépens un hôpital pour les pauvres et les malades de sa nation; ensuite, du consentement du patriarche, il y joignit un oratoire en l'honneur de la sainte Vierge. Il entretint longtemps cette bonne œuvre, tant de ses biens que des quêtes qu'il faisait, et quelques autres, touchés de son bon exemple, se donnèrent à cet hôpital, et, quittant l'habit séculier, s'engagèrent par vœu au service des pauvres. Avec le temps, il s'y joignit des chevaliers et des nobles, qui crurent plus agréable à Dieu de prendre aussi les armes pour la défense de la terre sainte.

Cette dévotion s'étant donc renouvelée au siège de Ptolémaïs, à l'occasion de l'hôpital dressé dans le camp, on prit la résolution de former un troisième ordre militaire, à l'imitation des Templiers et des Hospitaliers de Saint-Jean. Ce dessein fut approuvé par le patriarche, par les archevêques de Nazareth, de Tyr et de Césarée, par les évêques de Bethléhem et de Ptolémaïs, par le roi de Jérusalem et par les seigneurs du pays. Les prélats et les seigneurs qui se trouvèrent à la terre sainte y donnèrent aussi les mains; et, d'un commun consentement, le duc Frédéric de Souabe, qui était à leur tête, envoya des ambassadeurs avec son frère Henri, roi des Romains, pour le prier d'obtenir du Pape la confirmation de ce nouvel ordre. Le pape Célestin III, qui venait de succéder à Clément III, l'accorda par sa bulle du 23 février 1192. Le nouvel ordre fut nommé l'ordre des chevaliers Teutoniques de la maison de Sainte-Marie de Jérusalem : leur habit était un manteau blanc chargé d'une croix rouge. Le Pape leur donna tous les priviléges des Templiers et des Hospitaliers de Saint-Jean, dont ils imitèrent l'institut; mais ils étaient soumis au patriarche et aux autres prélats, et payaient la dîme de tous leurs biens. Le premier maître fut Henri de Valpot, qui fut élu pendant le siège de Ptolémaïs. Il gouverna l'ordre pendant dix ans, et mourut en 1200 (Jacques de Vitry, *Hist. de Jérusalem*, c. 66; Hélyot, t. III).

La charité qui porta les pèlerins de Lubeck et de Brême à servir les blessés et les malades sous les murs de Ptolémaïs en Palestine, et fonda ainsi l'ordre des chevaliers Teutoniques, la même charité porta ailleurs deux Français, saint Jean de Matha et saint Félix de Valois, à se dévouer au rachat des captifs, et fonda en France l'ordre des Trinitaires.

---

(1) Respondit malle se mori, quàm in peregrinatione divinâ corpus suum per libidinem maculare (Godofr. Monach.).

LIVRE LXX. — PONTIFICAT DE CLÉMENT III. — TROISIÈME CROISADE.

Jean de Matha naquit vers le milieu du XIIe siècle, à Faucon, sur les frontières de la Provence, et reçut le nom de Jean à son baptême. Ses parents étaient distingués par leur noblesse et leur piété. Sa mère le consacra au Seigneur, dès sa naissance, par un vœu. Son père, nommé Euphémius, prit un soin particulier de son éducation et l'envoya dans la ville d'Aix, afin qu'il y fît ses études et qu'il y apprît tout ce que doit savoir un jeune homme de qualité. Jean s'appliquait à profiter des leçons de ses différents maîtres; mais il avait une tout autre ardeur pour se perfectionner dans la pratique des vertus chrétiennes. Il avait une charité extraordinaire pour les pauvres, et il employait au soulagement de leurs misères une partie considérable de l'argent qu'il recevait de sa famille pour fournir à des plaisirs innocents. Il allait régulièrement tous les vendredis à l'hôpital; là, il servait les malades, pansait leurs plaies et leur procurait tous les secours qui étaient en son pouvoir.

De retour dans la maison de son père, il demanda la permission de continuer ses pieux exercices, et, après l'avoir obtenue, il se retira dans un petit ermitage qui n'était pas éloigné de Faucon. Son dessein était d'y vivre séparé du commerce du monde, pour ne converser plus qu'avec Dieu. Il n'y trouva pas cette solitude entière après laquelle il soupirait. Les fréquentes visites de ses amis lui donnant des distractions continuelles, il crut devoir quitter sa cellule; il alla donc trouver son père et le pria de l'envoyer à Paris pour y étudier la théologie. Euphémius approuva le dessein de son fils, et lui permit volontiers de se rendre dans la capitale. Jean fit son cours avec le plus grand succès, prit les degrés ordinaires, et enfin le bonnet de docteur, quoique sa modestie lui inspirât de la répugnance pour cette sorte d'honneur. Ayant été ordonné prêtre quelque temps après, il célébra sa première messe dans la chapelle de l'évêché de Paris; Maurice de Sully, qui occupait alors le siège de la capitale, les abbés de Saint-Victor et de Sainte-Geneviève, et le recteur de l'université voulurent y assister. Il leur fut facile de juger, à la ferveur angélique avec laquelle le saint célébrait l'auguste sacrifice, que l'Esprit de Dieu résidait en lui avec la plénitude de ses grâces.

Ce fut le jour même qu'il dit sa première messe que notre saint, par une inspiration particulière du ciel, forma la généreuse résolution de travailler à racheter les chrétiens infortunés qui gémissaient dans l'esclavage chez les nations infidèles. Il envisageait deux choses dans cette bonne œuvre, la délivrance des corps et le salut des âmes, qui courent les plus grands risques parmi les peuples barbares. Il ne voulut cependant rien entreprendre avant d'avoir consulté le Seigneur d'une manière spéciale. Ce fut ce qui le détermina à se retirer dans un lieu solitaire, afin d'attirer sur lui les lumières de l'Esprit-Saint par une prière fervente et continuelle et par tous les exercices de la pénitence.

Dans le même temps vivait dans la solitude saint Félix de Valois, ainsi surnommé parce qu'il était né dans la province de ce nom, ou parce qu'il était de la branche royale de Valois, comme le pensent plusieurs critiques. Il vint au monde l'année 1127, quitta la Sicile, où il avait des biens considérables, et se retira dans une forêt au diocèse de Meaux. Il choisit cette solitude dans la vue de vivre inconnu aux hommes, de ne penser qu'à Dieu et de s'occuper uniquement de sa sanctification. Il joignait à la prière et à la contemplation les plus rigoureuses austérités de la pénitence.

Jean de Matha ayant donc entendu parler de lui, alla le trouver aussitôt et le pria de le recevoir dans son ermitage et de l'instruire des voies de la perfection. Félix découvrit aisément qu'il n'avait point affaire à un novice dans la vie spirituelle; aussi le regarda-t-il moins comme son disciple que comme un compagnon que Dieu lui avait envoyé. Il serait impossible d'exprimer jusqu'où nos deux ermites portèrent l'esprit d'oraison, et avec quel zèle ils embrassèrent les plus rigoureuses austérités. Leurs veilles étaient longues et leurs jeûnes presque continuels. Leur occupation la plus ordinaire était la contemplation, et ils n'avaient d'autre but, dans tous leurs entretiens, que d'allumer de plus en plus dans leur cœur le feu sacré de l'amour divin.

Un jour qu'ils s'entretenaient ensemble sur le bord d'une fontaine, Jean s'ouvrit à Félix sur la pensée qui lui était venue le jour de sa première messe, de se consacrer à la délivrance des chrétiens captifs chez les mahométans. Il parla de la fin et de l'utilité de cette entreprise d'une manière si vive et si touchante, que Félix ne douta point qu'un tel projet ne vînt de Dieu; il en loua l'exécution et s'offrit même pour y concourir autant qu'il serait en lui. Les deux saints n'étaient plus embarrassés que sur le choix des moyens à prendre pour effectuer le noble désir à eux inspiré par la charité. Ils se recommandèrent à Dieu et redoublèrent leurs mortifications et leurs prières, afin d'obtenir de nouvelles lumières sur la conduite qu'ils avaient à tenir. Quelques jours après, ils se mirent en chemin pour Rome. Ils partirent vers la fin de l'année 1197, sans pouvoir être retenus par les incommodités d'une saison rigoureuse. En arrivant à Rome, ils y trouvèrent Innocent III sur la Chaire de saint Pierre. Ce souverain Pontife, ayant été instruit de leur sainteté et de leur pieux dessein par des lettres de recommandation, qui lui furent présentées de la part de l'évêque de Paris, les reçut comme deux anges envoyés du ciel, les fit loger dans son palais et leur accorda plusieurs audiences particulières, afin qu'ils lui expliquassent dans le plus grand détail les rapports et la nature de leur projet. Il assembla ensuite les cardinaux et quelques évêques dans le palais de Saint-Jean de Latran, pour prendre leurs avis sur une affaire de cette importance. Après leurs délibérations, on indiqua un jeûne et des prières particulières pour obtenir de Dieu qu'il manifestât sa volonté. Enfin, ne pouvant douter que les deux ermites français ne fussent conduits par l'Esprit de Dieu, et considérant l'utilité que l'Église retirerait de l'institut qu'ils avaient projeté, il le reçut et en forma un nouvel ordre religieux dont Jean fut déclaré le premier ministre général. L'évêque de Paris et l'abbé de Saint-Victor furent chargés d'en dresser la règle, et le Pape l'approuva par une bulle donnée l'an 1198. Le souverain Pontife voulut que les nouveaux religieux portassent l'habit blanc, avec une croix rouge et bleue sur la poitrine, et qu'ils prissent le nom de frères de l'ordre de la sainte Trinité (*Acta Sanct.*, et Godescard, 8 févr. et 20 nov.). Nous verrons avec quel zèle et quel succès les deux saints remplirent et propagèrent cette nouvelle milice de la charité chrétienne.

Cependant les chrétiens sous les murs de Ptolémaïs avaient à supporter tout à la fois et les maux de la famine, et les maux de la contagion, et les maux de la guerre. Pour comble de malheur, la reine Sybille, femme de Gui de Lusignan, mourut avec ses deux enfants, et sa mort jeta la discorde parmi les croisés. Conrad, marquis de Tyr, et Gui de Lusignan prétendirent tous deux à la couronne de Jérusalem. Le premier, pour autoriser ses prétentions, épousa, contre les règles de l'Église, Isabelle, sœur de Sybille. Les dissensions passèrent des chefs aux soldats; on allait s'égorger pour savoir à qui appartiendrait un sceptre brisé et le vain titre de roi. Les évêques calmèrent enfin les esprits, et déterminèrent les deux partis à remettre cette affaire au jugement des rois Richard d'Angleterre et Philippe de France, dont on attendait la prochaine arrivée.

Dès que le printemps eût rendu la mer navigable, Philippe-Auguste s'embarqua, le 30 mars 1191, pour la Palestine. Il y fut reçu la veille de Pâques, 13 avril, comme l'ange du Seigneur; sa présence ranima la valeur et l'espérance des chrétiens, qui, depuis deux ans, assiégeaient Ptolémaïs. Les Français placèrent leur quartier à portée du trait de l'ennemi, et, dès qu'ils eurent déployé leurs tentes, ils s'occupèrent de livrer un assaut. Ils auraient pu, dit-on, se rendre maîtres de la ville; mais Philippe voulut que Richard fût présent à cette première conquête. Leur amitié était telle, du moins autrefois, que chaque jour, dit un historien du temps, ils mangeaient à la même table et au même plat, et la nuit, ils couchaient dans le même lit (Roger Hoveden).

Richard se fit un peu attendre. Parti de Messine le 13 avril, il essuya une tempête, qui l'obligea de faire en passant la conquête d'un royaume. Voici comment. Sa flotte fut assaillie d'une violente tempête le vendredi saint, et dispersée sur différents rivages. Trois de ses vaisseaux, poussés sur les côtes de Chypre, y périrent devant le port de Limisso, ville bâtie près du terrain où était l'ancienne Amathonte. Les malheureux qui échappèrent au naufrage trouvèrent sur le bord un nouveau danger plus inévitable que la tempête. Isaac Comnène, qui s'était déclaré empereur de Chypre et l'allié de Saladin, y étant accouru avec son armée, fit saisir ces malheureux au sortir des eaux. On les dépouille, on les jette dans des cachots pour y mourir de faim. Arrive un autre bâtiment qui portait la sœur de Richard et sa nouvelle fiancée, Bérengère, fille du roi de Navarre. Leur bâtiment se présente devant le port, on leur en refuse l'entrée. Elles allaient périr à la vue d'Isaac, lorsque Richard survient avec la plus grande partie de sa flotte, et les sauve. Trois fois il redemande au tyran ses gens injustement détenus. Isaac répond que, loin de les rendre, il fera le même traitement à Richard, s'il ose mettre le pied dans son île. A ces mots, Richard débarque à la tête de ses troupes, taille en pièces une partie des Grecs, et met les autres en fuite, y compris Isaac. Après un nouveau massacre, Isaac se soumet à toutes les conditions que le vainqueur lui impose, lui jure fidélité comme à son roi, et reconnaît tenir de lui le royaume de Chypre comme son vassal. Ayant rompu le traité peu de jours après, il est fait prisonnier, chargé de chaînes d'argent, et Richard, s'étant emparé de toute l'île, y célèbre son mariage avec Bérengère de Navarre.

Parti de Chypre pour les côtes de Syrie, il rencontre un vaisseau musulman monté par des guerriers intrépides et chargé de toutes sortes de provisions de guerre. A la suite d'un combat meurtrier, le vaisseau disparaît, englouti dans les flots, et la nouvelle de cette victoire précéda Richard au camp des chrétiens. Son arrivée fut célébrée par des feux de joie allumés dans les campagnes de Ptolémaïs.

Ce que la poésie ancienne raconte du siège de Troie, on le vit alors au siège de Ptolémaïs, mais avec des proportions beaucoup plus grandes. D'un côté, l'Europe chrétienne en armes; de l'autre, l'Égypte et l'Asie mahométane. Il s'agissait bien moins de la prise d'une ville que de l'empire du monde. Le monde sera-t-il dominé par la civilisation chrétienne ou par la barbarie musulmane? Le mahométisme, qui déjà avait étendu sur l'Asie et l'Afrique les ténèbres de l'ignorance et de la barbarie qui les enveloppent encore, allait-il, comme le pensait Saladin, étouffer jusqu'en Europe les lumières et la civilisation du christianisme, et replonger l'univers dans l'antique chaos alors que les ténèbres couvraient la face de l'abîme? Voilà de quoi il est question entre la chrétienté et le mahométisme, depuis les jours de Charles-Martel jusqu'à nos jours.

Devant Ptolémaïs la lutte fut longue, et, de part et d'autre, glorieuse. Les principaux champions étaient dignes de leur poste. C'était le roi de France, Philippe-Auguste, brave et magnifique; c'était le roi d'Angleterre, Richard Cœur-de-Lion, brave et magnifique jusqu'à l'excès; c'était le sultan Saladin, admirateur de l'un et de l'autre, et digne de rivaliser avec eux.

On se battait à peu près tous les jours, et tout de bon; les rois y étaient des premiers. Cependant, au milieu de ces combats, une atmosphère de politesse chrétienne pénétrait jusque dans le camp des Turcs. Les deux rois de France et d'Angleterre étant tombés malades, Saladin leur offrit des fruits de Damas, et eux lui donnèrent en présent des bijoux d'Europe. Pendant le cours du siège, on célébra, dans la plaine de Ptolémaïs, plusieurs tournois ou jeux militaires: on y invitait les Musulmans. Les champions des deux partis, avant d'entrer en lice, se haranguaient les uns les autres; le vainqueur était porté en triomphe, et le vaincu racheté comme prisonnier de guerre. Dans ces fêtes guerrières qui réunissaient les deux nations, les Francs dansaient souvent au son des instruments arabes, et leurs ménestrels chantaient ensuite pour faire danser les Musulmans. Enfin, les Musulmans conçurent une si haute idée de la bravoure et de la générosité des chevaliers chrétiens, que plusieurs d'entre eux, y compris Saladin, voulurent être armés chevaliers de leurs mains.

Dans l'armée chrétienne, il y eut quelques dissensions, premièrement, entre les rois de France et d'Angleterre. Philippe n'avait pas voulu prendre une ville, afin d'en partager la conquête avec Richard: Richard venait de prendre un royaume, sans vouloir en partager la conquête avec Philippe. Tous deux amis intimes tant que Richard ne fut que prince, leur amitié souffrit des intérêts politiques quand ils furent tous deux rois. Ils étaient jeunes, avides de gloire l'un et l'autre ; Richard était vassal de Philippe, mais vassal plus puissant et plus riche que son suzerain, et d'une fierté qui plus d'une fois blessa les autres. Une seconde cause de dissensions parmi les chrétiens, étaient les prétentions opposées de Gui de Lusignan et de Conrad de Monferrat à la royauté de Jérusalem. Après de longues discussions, on décida que Gui conserverait le titre de roi pendant sa vie, et que Conrad et ses descendants lui succéderaient. On convint en même temps que, lorsqu'un des deux monarques de France et d'Angleterre attaquerait la ville, l'autre veillerait à la sûreté du camp et contiendrait l'armée de Saladin. Cette convention rétablit l'harmonie; les guerriers chrétiens, qui avaient été sur le point de prendre les armes les uns contre les autres, ne se disputèrent plus que la gloire de vaincre les infidèles.

Le siège fut repris avec une nouvelle ardeur. Chaque jour les croisés redoublaient d'efforts, et tour à tour repoussaient l'armée de Saladin ou menaçaient la ville de Ptolémaïs. Dans un de leurs assauts, on les vit combler les fossés de la place avec leurs chevaux morts et les cadavres de leurs compagnons tombés sous le fer de l'ennemi ou moissonnés par les maladies. Enfin, les assiégés ne recevant plus de secours et ne voyant plus de moyens de résistance, ne songèrent plus qu'à sauver leur vie par une capitulation qui fut acceptée. Ils promettaient de rendre aux Francs le bois de la vraie croix, avec seize cents prisonniers; ils s'engagèrent en outre à payer deux cent mille pièces d'or aux chefs de l'armée chrétienne. Des otages et tout le peuple de Ptolémaïs devaient rester au pouvoir du vainqueur jusqu'à l'entière exécution du traité.

Un soldat musulman s'échappa de la ville et vint annoncer à Saladin que la garnison était forcée de capituler. Le sultan, qui se proposait de tenter un dernier effort, apprit cette nouvelle avec une profonde douleur. Il convoqua son conseil pour savoir s'il approuverait la capitulation; mais à peine les principaux émirs étaient réunis dans sa tente, qu'on vit flotter sur les murs et les tours de Ptolémaïs les étendards des croisés. C'était le 13 juillet 1191, après plus de deux ans de siège.

Après la reddition de la place, les chrétiens firent nettoyer par leurs prisonniers les églises changées en mosquées, et elles furent réconciliées le 16 du même mois, par Alard, évêque de Vérone, cardinal-légat du Saint-Siége, assisté des archevêques de Tyr, de Pise et d'Auch, avec les évêques de Salisbury, d'Evreux, de Bayonne, de Tripoli, de Chartres et de Beauvais. Les deux rois avaient ordonné que tous les Musulmans qui se feraient baptiser seraient mis en liberté; mais comme on vit qu'ils ne le faisaient que par la crainte de la mort, et qu'ils allaient aussitôt trouver Saladin, renonçant au christianisme, on défendit d'en baptiser davantage.

Après la prise de Ptolémaïs, le roi de France se trouvant malade, et d'ailleurs mal satisfait du roi d'Angleterre, se rembarqua pour l'Europe le 31 juillet, laissant le commandement de dix mille pèlerins français à Hugues III, duc de Bourgogne, qui mourut à Tyr l'année suivante 1192. Le roi Philippe-Auguste prit terre à Otrante le 10 octobre 1191, et vint à Rome, où le pape Célestin le reçut avec honneur et le défraya pendant huit jours. Il fit de grandes plaintes contre le roi d'Angleterre, et se fit absoudre de son vœu, lui et les siens, parce qu'ils n'en avaient pas accompli le temps. Le Pape leur donna même des palmes et des croix pendues au cou, les déclarant pèlerins. Le roi Philippe arriva en France vers la fête de Noël, qu'il célébra à Fontainebleau.

A Ptolémaïs, le roi Richard, par sa hauteur, offensa encore d'autres princes, particulièrement le duc Léopold d'Autriche, qui alors dissimula son ressentiment, mais, depuis, se vengea d'une manière cruelle.

Richard restait seul chargé de faire exécuter la capitulation. Plus d'un mois s'était écoulé, et Saladin ne payait point les deux cent mille pièces d'or qu'on avait promises en son nom : il n'avait point rendu le bois de la vraie croix, et les prisonniers chrétiens qu'il devait délivrer étaient encore dans les fers; plusieurs même avaient été tués à coups de traits et de flèches. D'après les chroniques arabes, Saladin fut sommé plusieurs fois d'accomplir ses promesses; les chrétiens le menacèrent plusieurs fois de mettre à mort les Musulmans qu'ils avaient entre les mains, s'il ne remplissait pas les conditions des traités. A la fin, voyant que les menaces ne produisaient aucun effet, ils firent sortir de la ville deux mille sept cents prisonniers musulmans, et, à la vue du camp de Saladin, leur firent subir la peine du talion, pour venger la mort des prisonniers chrétiens. Cette exécution des traités nuisit à Saladin dans l'esprit des siens mêmes. Ils lui reprochèrent, et à lui seul, la mort de leurs frères. Les plaintes qui s'élevèrent à ce sujet contre lui, parmi ses émirs et ses soldats, nuisirent beaucoup, dans la suite, au succès de ses armes, et le forcèrent enfin de terminer la guerre, sans avoir pu, comme il en avait le projet, anéantir les colonies chrétiennes de la Syrie (Michaud, t. II).

De Ptolémaïs, les chrétiens, au nombre de cent mille, s'avancèrent vers Joppé, sous le commandement de Richard. Leur marche fut une suite continuelle d'escarmouches contre les Musulmans, qui les harcelaient sans cesse de tous côtés et leur fermaient tous les passages. Dans cette marche pénible, l'armée perdit un grand nombre de chevaux blessés par les traits de l'ennemi; plusieurs soldats périrent de fatigue. Lorsqu'un pèlerin rendait le dernier soupir, la troupe à laquelle il appartenait l'ensevelissait au lieu même où il avait expiré, et poursuivait sa route en chantant les hymnes des morts. L'armée faisait à peine trois lieues par jour; chaque soir elle dressait les tentes, avant que les soldats se livrassent au sommeil, un héraut d'armes criait dans tout le camp : Seigneur, secourez le saint Sépulcre! Il prononçait trois fois ces paroles; toute l'armée les répétait, en levant les yeux et les mains vers le ciel. Le lendemain, à la pointe du jour, le char qui portait l'étendard de l'armée s'ébranlait au signal des chefs; les croisés s'avançaient en silence, et les prêtres, dans leurs chants religieux, rappelaient les voyages, les souffrances, les périls d'Israël marchant à la conquête de la terre promise.

A peu de distance de Césarée, Richard fut atteint

d'une flèche au côté gauche. L'armée chrétienne avait toujours la mer à sa droite ; à sa gauche s'élevaient des montagnes couvertes de guerriers musulmans. Les croisés traversèrent une forêt de chênes que les chroniqueurs appellent la *forêt d'Arsur* ; et, toujours serrant leurs rangs, toujours prêts à combattre, ils arrivèrent à la rivière de Rochetalis, appelée *Leddar* par les Arabes. Dans ces plaines, deux cent mille Musulmans attendaient l'armée chrétienne pour lui disputer le passage ou lui livrer une bataille décisive.

Lorsqu'on aperçut les ennemis, le roi Richard se prépara au combat, sans interrompre sa marche. Il donna l'ordre de rester sur la défensive et de ne se porter contre l'ennemi qu'au signal qui devait être donné par six trompettes : deux à la tête de l'armée, deux au centre, deux à l'arrière-garde. Ce signal était impatiemment attendu ; les barons et les chevaliers pouvaient tout supporter, excepté la honte de rester ainsi sans combattre en présence d'un ennemi qui redoublait à chaque instant ses attaques. Ceux de l'arrière-garde reprochaient à Richard de les abandonner ; ils appelaient à leur secours saint Georges, le patron des braves. A la fin, quelques-uns des plus ardents et des plus intrépides, oubliant l'ordre qu'ils avaient reçu, se précipitent sur les Musulmans : leur exemple entraîne la valeureuse milice des Hospitaliers. Aussitôt le comte de Champagne avec sa troupe d'élite, Jacques d'Avesnes avec ses Flamands, Robert de Dreux et son frère, l'évêque de Beauvais, accourent vers le lieu où le péril était le plus pressant. Après eux, s'ébranlent les Bretons, les Angevins, les Poitevins ; la bataille devient générale, et les scènes du carnage s'étendent depuis la mer jusqu'aux montagnes. Le roi Richard se montrait partout où les chrétiens avaient besoin de secours ; partout la fuite des Turcs annonçait sa présence et marquait son passage. La mêlée était si confuse et la poussière si épaisse, que plusieurs croisés tombèrent sous les coups de leurs compagnons, qui les prenaient pour des Musulmans. Des étendards déchirés, des lances rompues, des épées brisées jonchaient la plaine. Vingt chariots, dit un témoin oculaire, n'auraient pu porter les javelots et les traits qui couvraient la terre.

A chaque moment le combat s'animait davantage et devenait plus sanglant ; toute l'armée chrétienne se trouvait engagée dans la bataille ; et, rebroussant chemin, le char qui portait le grand étendard s'était rapproché du fort de la mêlée. Bientôt les Musulmans ne peuvent plus supporter le choc impétueux des Francs. L'historien arabe Boha-Eddin, témoin oculaire, nous apprend lui-même qu'ayant quitté l'armée musulmane, mise en déroute, il voulut se retirer à l'aile gauche qui prenait la fuite, et qu'il se réfugia enfin vers le pavillon de Saladin, où il trouva le sultan, n'ayant plus autour de lui que dix-sept mameluks. Tandis que leurs ennemis fuyaient ainsi, les chrétiens, croyant à peine à leur victoire, restent immobiles dans le lieu où ils avaient vaincu. Ils s'occupaient de soigner les blessés et de ramasser les armes éparses sur le champ de bataille, lorsque tout à coup vingt mille Musulmans, que leur chef avait ralliés, accourent pour recommencer le combat. Les chrétiens, qui s'étaient repliés autour de leur étendard, eurent besoin, pour résister au choc de l'ennemi, d'être encouragés par la présence et l'exemple de Richard, devant lequel aucun Musulman ne pouvait rester debout, et qui, selon les chroniques contemporaines, ressemblait, dans l'horrible mêlée, au moissonneur abattant des épis.

Au moment où les chrétiens victorieux se remettaient en marche vers Arsur, les Musulmans, poussés par le désespoir, vinrent encore attaquer l'arrière-garde. Richard, qui avait repoussé deux fois l'ennemi, vole au lieu du combat, suivi seulement de quinze chevaliers et répétant à haute voix le cri de guerre des chrétiens : Dieu, secourez le saint Sépulcre ! Les plus braves suivent le roi ; les Musulmans sont dispersés au premier choc, et leur armée, vaincue trois fois, eût été détruite, si les bois n'en eussent recueilli les débris et dérobé leur retraite précipitée.

Dans cette bataille, Saladin perdit plus de huit mille de ses soldats et trente-deux de ses émirs. La victoire de Césarée coûta aux chrétiens mille de leurs guerriers. Ce fut avec une profonde douleur que les croisés reconnurent parmi les morts un de leurs chefs les plus habiles et les plus intrépides, l'illustre Jacques d'Avesnes. On le trouva couvert de blessures au milieu de ses compagnons et de ses parents tués à ses côtés. Après avoir eu un bras et une jambe coupés, il n'avait point cessé de combattre ; il s'écria en mourant : *O Richard, venge ma mort!* Le lendemain du combat, il fut enseveli à Arsur, dans l'église de la Vierge. Tous les soldats de la croix assistèrent en pleurant à ses funérailles.

Malgré cette glorieuse victoire des chrétiens, les Turcs restaient maîtres de la plupart des villes et des places fortes de la Palestine ; mais, d'un côté, les forteresses qu'ils venaient de conquérir pouvaient avoir besoin d'être réparées pour soutenir l'attaque des ennemis ; de l'autre, les soldats musulmans, effrayés par les souvenirs du siège de Ptolémaïs, hésitaient à se renfermer dans des remparts. Ces considérations réunies donnèrent à Saladin la pensée de détruire les villes et les châteaux qu'il ne pouvait défendre, et, lorsque l'armée chrétienne arriva à Joppé, elle en trouva les murailles et les tours abattues.

Les chefs de l'armée se réunirent en conseil pour délibérer sur le parti qu'ils avaient à prendre. Les uns voulaient qu'on marchât sur Jérusalem, persuadés que la terreur qui s'était emparée des Musulmans en faciliterait la conquête. Les autres pensaient que, pour assurer leur marche et le succès de leur entreprise, les croisés devaient, avant tout, fortifier les cités et relever les places démolies qu'ils trouveraient sur leur passage. Ce dernier avis l'emporta, et l'on se mit à relever les murailles de Joppé.

Ce fut à cette époque que le roi d'Angleterre courut le danger de tomber entre les mains des Musulmans. Etant un jour à la chasse dans la forêt de Saron, il s'arrêta et s'endormit sous un arbre. Tout à coup il est réveillé par les cris de ceux qui l'accompagnent : une troupe de Musulmans accouraient pour le surprendre ; il monte à cheval et se met en défense ; mais, entouré de toutes parts, il allait succomber sous le nombre, lorsqu'un chevalier de sa suite, que les chroniques nomment Guillaume de Pratelles, s'écrie dans la langue des Musulmans : *Je suis le roi ! sauvez ma vie !* A ces mots, ce généreux guerrier est entouré par les Musulmans, qui le font prisonnier et le conduisent à Saladin. Le roi d'Angleterre, sauvé ainsi par le dévouement d'un chevalier français, échappe à la poursuite des ennemis et revient à Joppé, où son armée apprend avec effroi qu'elle a couru le danger de perdre son chef. Guillaume de Pratelles fut conduit dans les prisons de Damas, et Richard ne crut point, dans la suite, trop payer la liberté de son fidèle serviteur, en rendant à Saladin dix de ses émirs tombés au pouvoir des croisés.

Après avoir relevé les murs de Joppé, l'armée chrétienne fit une marche vers Jérusalem, mais revint sur ses pas, et se remit à relever les fortifications d'autres places, notamment d'Ascalon. Quelques exploits guerriers se mêlaient encore aux travaux. Un jour que les Templiers cherchaient du fourrage à travers les plaines et les vallées, ils furent surpris par une troupe de Musulmans. Malgré leur bravoure, ils étaient près de céder au nombre, et par leurs cris ils appelaient à leur secours leurs compagnons d'armes restés au camp. Aussitôt Richard s'élance sur son cheval et vole au lieu du péril; son escorte était si peu nombreuse, qu'on voulut le retenir en lui disant qu'il s'exposait inutilement à une mort certaine. « Quand tous ces guerriers, répondit le monarque en colère, ont suivi une armée dont je suis le chef, je leur ai promis de ne jamais les abandonner; s'ils trouvaient la mort sans être secourus, serais-je digne de les commander et pourrais-je encore prendre le titre de roi ? » En proférant ces paroles, Richard s'élance contre les ennemis; de toutes parts les Musulmans tombent sous ses coups; son exemple relève le courage des guerriers chrétiens; les bataillons des infidèles se dispersent et prennent la fuite; les Templiers victorieux retournent à leur camp, traînant à leur suite un grand nombre de captifs et célébrant les louanges de Richard. Dans une autre excursion, Richard délivra douze cents prisonniers chrétiens qu'on menait en Égypte.

Telle était la terreur que le nom seul de Richard inspirait à tous les Sarrasins, que plus d'un demi-siècle après, les femmes musulmanes, pour apaiser les larmes de leurs enfants, avaient coutume de leur dire : *Tais-toi, voici le roi Richard!* De même les cavaliers eux-mêmes, quand leurs chevaux s'effarouchaient à la vue d'un buisson, leur demandaient : *Penses-tu donc que c'est le roi Richard* (Joinville, *Vie de saint Louis*)?

Au printemps 1192, il vint à Richard, dans les plaines d'Ascalon, des messagers d'Angleterre, lui annonçant que son royaume était troublé par les complots de son frère Jean, surnommé *Sans-Terre*. D'après les avis qu'il reçut, il annonça, dans un conseil des chefs, que les intérêts de sa couronne le rappelleraient bientôt en Occident; mais il déclara en même temps que, s'il quittait la Palestine, il y laisserait trois cents cavaliers et deux mille fantassins d'élite. Tous les chefs, déplorant la nécessité de son départ, proposèrent d'élire un roi qui pût rallier les esprits et faire cesser les discordes. Richard leur demanda quel prince pourrait mériter leur confiance, et tous s'accordèrent à désigner Conrad, qu'ils n'aimaient point, mais dont ils estimaient l'habileté et la bravoure. Richard, qui s'étonna d'un pareil choix, n'hésita pas néanmoins à y donner son adhésion;

son neveu, le comte de Champagne, fut chargé d'aller annoncer au marquis qu'il venait d'être nommé roi de Jérusalem.

Conrad, sans qu'on le sût, venait de contracter une alliance offensive et défensive avec les Musulmans. Quand il reçut donc l'ambassade chrétienne, qui lui déférait la royauté de Jérusalem, il ne put retenir sa surprise et sa joie; levant les yeux au ciel, il adressa à Dieu cette prière : « Seigneur, vous qui êtes le Roi des rois, permettez que je sois couronné si vous m'en trouvez digne; sinon, éloignez la couronne du front de votre serviteur. » Peu de jours après, au milieu des réjouissances publiques, comme il revenait d'un festin, deux individus l'attaquent et le tuent, en lui disant : Tu ne seras plus ni marquis ni roi ! C'étaient deux assassins envoyés par le *Vieux de la montagne* : depuis six mois ils attendaient l'occasion. Étant arrivés à Tyr, pour mieux cacher leur projet, ils reçurent le baptême, s'attachèrent au prince de Sidon, et restèrent six mois auprès de lui; ils s'étaient faits religieux dévots, dit un auteur arabe, et ne paraissaient occupés que de prier le Dieu des chrétiens. Comme le roi Richard s'était fait haïr de beaucoup par sa hauteur, plusieurs le soupçonnèrent de ce meurtre. Mais un historien arabe, Ibn-Alatir, dit positivement que Saladin avait offert dix mille pièces d'or au *Vieux de la montagne*, s'il faisait assassiner le marquis de Tyr et le roi d'Angleterre; mais le Prince de la montagne, ajoute le même historien, ne jugea pas à propos de délivrer tout à fait Saladin de la guerre des Francs, et ne fit que la moitié de ce qu'on lui demandait. Voilà ce que les Arabes attribuent à Saladin, le plus estimable de leurs sultans.

Au milieu du trouble occasionné par la mort de Conrad, le peuple de Tyr, qui restait sans chef et sans maître, jeta les yeux sur Henri, comte de Champagne; les principaux habitants le supplièrent de prendre les rênes du gouvernement et d'épouser la veuve du prince qu'ils avaient perdu : Isabelle vint elle-même lui offrir les clés de la ville. Henri s'excusa d'abord, en disant qu'il voulait consulter Richard; mais il céda enfin aux instances qu'on lui faisait, et le mariage fut célébré solennellement en présence du clergé et du peuple. Cette union convenait également aux Français et aux Anglais, parce que le comte Henri était neveu du roi d'Angleterre et du roi de France.

Richard donna son approbation à ce qui avait été fait, et céda au nouveau roi toutes les villes chrétiennes qu'il avait conquises. Henri, qu'il appela auprès de lui, ne tarda pas à se mettre en marche avec ses chevaliers, et se rendit d'abord à Ptolémaïs, accompagné du duc de Bourgogne et de sa nouvelle épouse. Plus de soixante mille hommes, couverts de leurs armes, allèrent au-devant du nouveau roi de Jérusalem; les rues étaient tapissées d'étoffes de soie; l'encens brûlait sur les places publiques; les femmes et les enfants dansaient en chœur. Le clergé conduisit à l'église le successeur de David et de Godefroi, et célébra son avènement par des cantiques et des actions de grâces.

Cependant Richard flottait dans l'incertitude : tantôt il voulait s'embarquer pour l'Angleterre qui réclamait sa présence, tantôt il voulait rester en Palestine, où sa présence ne paraissait pas moins nécessaire. Une fois, il conduisit l'armée vers Jérusalem, où Saladin lui-même s'était enfermé. Un jour même, en poursuivant les Musulmans, Richard arriva jusque sur les hauteurs d'Emmaüs, d'où il aperçut les murailles et les tours de Jérusalem. A cette vue, il se mit à fondre en larmes; et, se couvrant le visage de son bouclier, il s'avoua indigne de contempler cette ville sainte que ses armes n'avaient pu délivrer. L'armée revint sur ses pas.

Au milieu de toutes ces incertitudes, qui excitèrent bien des plaintes et des murmures, Richard ne passait pas un jour qu'il ne signalât par quelques exploits contre les Musulmans. Il ne revenait jamais au camp, dit un témoin oculaire, l'historien Vinisauf, sans être suivi d'un grand nombre de prisonniers, et sans apporter avec lui dix, vingt ou trente têtes de Musulmans tombés sous ses coups. Jamais un seul homme ne détruisit autant de Musulmans dans les croisades; en lisant la relation de ses travaux, on croit lire les pages dans lesquelles l'épopée antique raconte les exploits des héros et des demi-dieux. En voici un exemple.

Un jour Saladin, ayant reçu des renforts considérables, sortit de Jérusalem pour aller surprendre Joppé. Après plusieurs assauts, la ville est prise; les Musulmans égorgent tous ceux qu'ils rencontrent, et commettent d'horribles cruautés sur les malades. Déjà la citadelle, où s'était réfugiée la garnison, proposait de capituler, lorsque Richard, venant par mer de Ptolémaïs, parut tout à coup dans le port avec plusieurs navires montés par des guerriers chrétiens. Aussitôt il fait tourner ses barques vers la ville; et, se jetant dans l'eau jusqu'à la ceinture, il atteint le premier le rivage défendu par une multitude de Musulmans. Les plus braves suivent Richard, à qui rien ne résiste : cette généreuse troupe pénètre dans la place, en chasse les Turcs, les poursuit jusque dans la plaine, et va dresser ses tentes au lieu même où Saladin avait eu les siennes quelques heures auparavant.

Gauthier Vinisauf nous dit que les annales des temps anciens n'offrent pas un tel prodige, et l'auteur arabe, Boha-Eddin, ne peut s'empêcher de rendre hommage à cet exploit presque fabuleux du roi d'Angleterre.

Mais, quoiqu'il eût mis en fuite ses ennemis, Richard était loin encore d'avoir triomphé de tous les périls. Après avoir réuni à ses guerriers la garnison de la citadelle, il comptait à peine deux mille combattants.

Le troisième jour après la délivrance de Joppé, les Turcs résolurent de le surprendre dans son camp. Un Génois, qui était sorti au crépuscule du matin, aperçut dans la plaine des bataillons musulmans, et revint en criant : Aux armes! aux armes! Richard s'éveille en sursaut, endosse sa cuirasse. Déjà les Musulmans accouraient en foule. Le roi et la plupart des siens marchèrent au combat les jambes nues, quelques-uns en chemise. On ne trouva dans l'armée chrétienne que dix chevaux : un d'eux fut donné à Richard; les Musulmans sont forcés à la retraite. Le roi d'Angleterre profite de ce premier avantage pour ranger ses soldats en bataille dans la plaine, et pour les exhorter à de nouveaux combats. Bientôt les Turcs, revenant à la charge au nombre de sept mille cavaliers, se précipitent sur les chrétiens. Ceux-ci, prenant leurs rangs et présentant la pointe de leurs lances, résistent à l'impétuosité de l'ennemi, semblables à une muraille de fer ou d'airain. Les cavaliers musulmans reculent d'abord, reviennent ensuite en poussant des cris affreux, et s'éloignent encore sans oser combattre : enfin Richard s'ébranle avec les siens, et fond sur les Turcs étonnés de son audace.

Alors on vient lui annoncer que l'ennemi est rentré dans la ville de Joppé, et que le glaive musulman moissonne ceux des chrétiens qui étaient restés à la garde des portes. Richard vole à leur secours. Les mameluks se dispersent à son approche; il tue tout ce qui résiste : il n'avait cependant avec lui que deux cavaliers et quelques balistaires. Quand la ville est délivrée de la présence des ennemis, il revient dans la plaine, où sa troupe est aux prises avec la cavalerie musulmane.

C'est ici que son historien ne sait quelles expressions employer pour rendre la surprise que leur cause un spectacle si nouveau. Au seul aspect de Richard, les plus braves des Musulmans frémissaient, et leurs cheveux se hérissaient sur leurs fronts. Un émir qui se distinguait par sa taille et l'éclat de ses armes, ose le défier au combat : d'un seul coup, Richard lui abat la tête, l'épaule droite et le bras droit. Au fort de la mêlée, l'intrépide comte de Leicester et plusieurs de ses valeureux compagnons allaient succomber, accablés sous le nombre; mais Richard, toujours invincible, toujours invulnérable, les sauve du péril en renversant autour d'eux la foule des Musulmans; enfin il se précipite avec tant d'ardeur dans les rangs ennemis, que personne ne peut le suivre et qu'il disparaît aux yeux de tous ses guerriers. Lorsqu'il revint au milieu des croisés, qui le croyaient mort, son cheval était couvert de sang et de poussière; et lui-même, tout hérissé de flèches, paraissait semblable à une pelotte couverte d'aiguilles. C'est la comparaison de Vinisauf, témoin oculaire.

Quelques historiens rapportent que Maleh-Adhle, plein d'admiration pour la bravoure de Richard, lui envoya deux chevaux arabes sur le champ de bataille. Lorsqu'après le combat, Saladin reprochait à ses émirs d'avoir fui devant un seul homme : « Personne, répondit un d'entre eux, ne peut supporter les coups qu'il porte; son impétuosité est terrible, sa rencontre est mortelle et ses actions sont au-dessus de la nature humaine. » Les chrétiens eux-mêmes ne pouvaient s'expliquer cette victoire extraordinaire qu'en l'attribuant à la puissance divine (Gauthier Vinisauf).

Tant de prodiges de valeur déterminèrent Saladin à conclure les négociations pour la paix, qui se continuaient au milieu des combats. On adopta une trêve de trois ans et huit mois. On convint que Jérusalem serait ouverte à la dévotion des chrétiens, et que ceux-ci posséderaient toute la côte maritime depuis Joppé jusqu'à Tyr. Les Turcs et les croisés avaient des prétentions sur Ascalon, qu'on regardait comme la clé de l'Egypte. Pour terminer les débats, on résolut que cette ville serait de nouveau démolie. Les principaux chefs des deux armées jurèrent, les uns sur l'Alcoran, les autres sur l'Evangile, d'observer les conditions du traité. Richard se contenta de donner sa parole et de toucher la main des ambassadeurs.

Quand la paix eut été proclamée, les pèlerins, avant de retourner en Europe, voulurent visiter le tombeau de Jésus-Christ, et voir cette Jérusalem qu'ils n'avaient pu délivrer. La plupart des croisés de l'armée de Richard se partagèrent en plusieurs caravanes, et se mirent en route pour la ville sainte. Quoiqu'ils fussent sans armes, leur présence réveilla parmi les Musulmans les sentiments qu'avait nourris la guerre. Saladin fut obligé d'employer son pouvoir pour faire respecter les droits de l'hospitalité. L'évêque de Salisbury, dont le sultan avait éprouvé la bravoure et qui faisait le pèlerinage au nom de Richard, fut accueilli avec distinction, Saladin lui montra le bois de la vraie croix, et s'entretint longtemps avec lui sur la guerre sainte.

Pendant que le roi d'Angleterre était devant Ptolémaïs, Richard Camville, un des deux seigneurs auxquels il avait confié la garde de l'île de Chypre, vint à mourir. Les Grecs se révoltèrent et se donnèrent pour roi un moine, parent d'Isaac Comnène. Robert de Turnham, le second des deux seigneurs, marcha contre eux, les défit dans un combat, prit le moine et le fit pendre. Le roi Richard avait besoin de ses troupes et manquait d'argent. Il engagea l'île aux chevaliers du Temple pour la somme de vingt-cinq mille marcs. Ils furent bientôt avertis que les Grecs, ennemis jurés des Latins plus encore qu'ils ne l'étaient de leur tyran, avaient formé dans toute l'étendue de l'île une conjuration pour les massacrer. Sur cet avis, les Templiers, seulement au nombre de cent, s'enfermèrent dans le château de Nicosie, capitale de l'île. Les Grecs vinrent en grand nombre les y assiéger. Ces braves guerriers, voyant qu'ils ne pouvaient tenir longtemps sans mourir, résolurent de périr en hommes de cœur. Le jour de Pâques 1191, après avoir participé au saint mystère, ils font une sortie et tombent l'épée à la main sur les assiégeants. Ils ne cherchaient qu'une mort honorable, ils trouvèrent la victoire qu'ils n'attendaient pas. Cette multitude prit aussitôt la fuite. Ils en firent un carnage qui dura tout le jour, et ne laissèrent dans Nicosie ni homme ni femme; tout fut passé au fil de l'épée. Leurs confrères, qui étaient devant Ptolémaïs, instruits de cette révolution, déclarent au roi d'Angleterre qu'ils ne voulaient pas être les gardiens de cette île, habitée par un peuple aussi perfide que lâche. Richard en donna le domaine à Gui de Lusignan, ex-roi de Jérusalem, à condition qu'il rembourserait les Templiers. Gui, la trouvant presque déserte, la repeupla de colons qu'il fit venir d'Arménie et du pays d'Antioche. Il ouvrit asile à tous les malheureux habitants de la Palestine, dépouillés de leurs biens par l'épée des Musulmans, et leur distribua des habitations. Tel fut le commencement du royaume de Chypre, qui subsista trois cents ans sous dix-sept rois, jusqu'à ce qu'il passa par donation entre les mains de la république de Venise (*Hist. du Bas-Empire*, l. 92). La postérité de Gui de Lusignan donnera même des rois à l'Arménie.

Après la trêve conclue avec Richard, Saladin s'était retiré à Damas. Il s'y occupait de nouvelles conquêtes : il portait ses regards sur l'Asie Mineure, sur l'empire grec, et, par suite, sur l'Occident, dont il avait plusieurs fois vaincu les armées en Syrie. Mais au milieu de ces projets, il tomba malade et mourut dans l'année. Avant d'expirer, il ordonna à un de ses émirs de porter son drap mortuaire dans les rues de Damas, en répétant à haute voix : Voilà ce que Saladin, vainqueur de l'Orient, emporte de ses conquêtes!

Saladin était comme une torche incendiaire qui menaçait de réduire en cendres toute la chrétienté. La troisième croisade arrêta l'incendie sur place, et le força de se consumer en lui-même.

Le héros de cette croisade, Richard Cœur-de-Lion, après avoir échappé à bien des périls parmi les Musulmans, devait en rencontrer d'autres à son retour parmi les chrétiens. Comme il avait offensé tous les princes, il ne voyait point de terre amie où il pût aborder. Sur les côtes de France, il avait à craindre le ressentiment de Philippe-Auguste; sur les côtes d'Italie, il avait à craindre la puissante maison de Monferrat, qui le soupçonnait d'avoir causé le meurtre du marquis de Tyr; en traversant l'Allemagne, il avait surtout à craindre le duc Léopold d'Autriche, qu'il avait traité outrageusement à Ptolémaïs. Embarqué au mois d'octobre 1192, son navire fut ballotté pendant six semaines par des tempêtes, et finit par faire naufrage sur les côtes d'Istrie, entre Aquilée et Venise. Déjà l'ordre avait été donné de l'arrêter. Il échappa jusqu'à Vienne, où il fut reconnu et fait prisonnier par le duc Léopold d'Autriche. Se souvenant de l'injure qu'il en avait reçue, Léopold se vengea, non point en prince, mais en spéculateur juif; car il le vendit à un autre spéculateur de même espèce, l'empereur d'Allemagne Henri VI, qui le fit transférer à Worms.

Celui-ci assembla même les seigneurs et les prélats allemands pour le juger en vertu de cette prétention germanique, que l'empereur teuton était le seul maître du monde, mais en réalité pour trouver moyen de le revendre plus cher. Il fut revendu à ses sujets au prix de cent cinquante mille marcs d'argent, dont cent mille payables avant sa délivrance. Sur ce marché, le duc Léopold reçut vingt mille marcs ou même cinquante mille, d'autres princes et évêques d'Allemagne une part moins considérable.

A la nouvelle de ce marché royal, le roi de France et Jean, frère de Richard, offrirent au spéculateur impérial Henri VI, un bénéfice plus fort s'il voulait leur vendre à eux-mêmes le roi d'Angleterre. On croirait assister à une scène de famille parmi les nègres d'Afrique, qui se vendent les uns les autres aux marchands d'esclaves. Un seul homme sut venger sur les princes mêmes les droits de la justice et de l'humanité : cet homme fut le Pontife romain, le chef de l'humanité chrétienne.

Le pape Célestin III excommunia, dès l'an 1193, le duc d'Autriche, pour avoir pris le roi Richard, qui, comme croisé, était sous la protection du Saint-Siège, et pour en avoir exigé une grosse rançon, avec des otages. Le duc témoigna vouloir satisfaire, et le Pape écrivit ainsi, le 6 juin 1194, à l'évêque de Vérone, son légat : « Nous voulons que vous preniez serment du duc d'Autriche qu'il obéira en tout à nos ordres. Puis vous lui commanderez de délivrer tous les otages du roi d'Angleterre, de le décharger des conditions qu'il a exigées de lui, de restituer tout ce qu'il a reçu de sa rançon et de satisfaire entièrement pour l'injure et le dommage qu'il lui a causé. Alors vous lui donnerez l'absolution, à lui et aux siens, et lèverez l'interdit sur ses terres. Vous leur ordonnerez de plus d'aller au plus tôt à la terre sainte et d'y faire le service de Jésus-Christ autant de temps que le roi aura été en prison. A faute de quoi vous les remettrez dans l'excommunication (Radulph. Dicet.). »

Le duc d'Autriche, aveuglé par l'avarice, aima mieux être excommunié que de rendre l'argent qu'il avait tiré de la vente du roi d'Angleterre; mais la Providence appuya par des effets sensibles l'excommunication et l'interdit du Pontife romain. La même année, toutes les villes du duché d'Autriche furent brûlées sans que l'on en sût la cause; le Danube en inonda une partie, où plus de dix mille personnes furent noyées; il y eut pendant l'été une sécheresse extraordinaire, et des vers consumèrent les herbages; les plus nobles du pays moururent de maladie. Tous ces fléaux ne touchèrent point Léopold, et il jura qu'il ferait mourir les otages si Richard n'accomplissait tout ce qu'il lui avait promis; mais la même année 1194, le lendemain de Noël, jour de saint Etienne, le duc d'Autriche étant sorti, son cheval tomba sur lui et lui rompit le pied, en sorte qu'il fallut le lui couper, et, comme personne n'osait faire cette opération, il la fit lui-même, aidé de son valet de chambre, mais si mal, qu'on désespéra de sa vie. Alors il fit appeler les évêques et les seigneurs qui étaient venus célébrer avec lui la fête, et demanda aux premiers l'absolution des censures portées contre lui par le Pape. Tout le clergé lui répondit qu'il ne serait point absous, s'il ne promettait par serment de se soumettre au jugement de l'Eglise pour les faits dont il s'agissait, et si les grands de son duché ne faisaient avec lui le même serment et ne promettaient de l'accomplir, si la mort le prévenait.

Voilà comme le Pape et le clergé catholique maintenaient les droits de la justice et de l'humanité entre les princes et les rois, contre les princes et les rois eux-mêmes.

Le duc d'Autriche ayant reçu l'absolution à ces conditions, commanda de délivrer les otages du roi d'Angleterre, et lui fit remise de l'argent qu'il devait encore. Il mourut ainsi; mais le duc, son successeur, s'opposa, avec quelques seigneurs, à l'exécution de ces ordres. En conséquence, le clergé ne permit point que son corps fût enterré, et il demeura huit jours sans sépulture, jusqu'à ce qu'on eût délivré tous les otages. On leur offrit même quatre mille marcs d'argent pour reporter en Angleterre, ce qui avait été payé de la rançon; mais eux n'osèrent s'en charger, à cause des périls du voyage (Roger Hoveden).

Nous verrons le pape Célestin user de la même sévérité contre l'empereur même, et cela pour faire droit aux plaintes juridiques du peuple et de la reine d'Angleterre. Dès que la nouvelle de la captivité du roi Richard fut parvenue en Normandie, l'archevêque de Rouen et les évêques de sa province en écrivirent au souverain Pontife, se plaignant que ce prince eût été pris en revenant du pèlerinage de Jérusalem, contre le privilège de la croisade, qui mettait les croisés sous la protection spéciale du Saint-Siège, et exhortant le Pape à employer, en cette occasion, le glaive de saint Pierre (Pet. Bles., *Ep.* 143).

La reine Eléonore, mère de Richard, écrivit trois lettres au Pape sur le même sujet. Elle le prie d'avance de rejeter sur sa douleur maternelle la vivacité des plaintes et même de certains reproches qu'elle lui adresse. « Vous ne pouvez dissimuler sans crime et infamie, étant le vicaire du Crucifié, le successeur de Pierre, le pontife du Christ, le christ du Seigneur, et même le Dieu de Pharaon. Que le jugement procède de votre face, ô Père, et que vos yeux envisagent l'équité. C'est de votre volonté et de la clémence de votre Siège que dépendent les vœux du peuple, et si votre main ne saisit bientôt le jugement, tout l'odieux de ce malheur retombera sur vous; car vous êtes le père des orphelins, le juge des veuves, le consolateur des affligés, et à tous une cité de refuge. Au milieu de tant de calamités, l'unique et commun secours qu'on attend, c'est l'autorité de votre puissance. — Où est donc le zèle d'Elie contre Achab? le zèle de Jean contre Hérode? le zèle d'Ambroise contre Valens? le zèle d'Alexandre III, qui a retranché le père de ce prince de la communion des fidèles? — Ce qui contriste l'Eglise et ne nuit pas peu à votre réputation, c'est qu'en une occasion aussi pressante, vous n'avez pas même envoyé un nonce à ces princes. Souvent, pour des affaires médiocres, vos cardinaux vont en légation, même chez des nations barbares, et, pour celle-ci, vous n'avez pas encore envoyé un sous-diacre ou un acolyte. C'est qu'aujourd'hui l'intérêt fait les légats, non l'honneur de l'Eglise, la paix des royaumes ou le salut du peuple. Et toutefois, quel intérêt plus puissant, quel profit plus glorieux que de déployer l'autorité, de rehausser la dignité de souverain Pontife, le sacerdoce d'Aaron et de Phinéès, par la délivrance d'un roi (Petr. Bles., *Epist.* 144)? »

« Comme l'innocence de mon fils est attestée par tout le monde, vous n'avez plus d'excuse; car quelle excuse peut pallier votre négligence, puisqu'il est manifeste à tout le monde que vous avez le pouvoir de délivrer mon fils, si vous en aviez la volonté? N'est-ce point l'apôtre Pierre, et vous dans sa personne, que Dieu a chargé de régir tout royaume et toute puissance? Béni soit le Seigneur, qui a donné un pouvoir pareil aux hommes! Il n'y a ni duc, ni roi, ni empereur, qui soit exempt de votre juridiction. Où est donc le zèle de Phinéès, où est l'autorité de Pierre? où est celui qui dit : *Le zèle de votre maison me dévore! Faites voir que ce n'est pas en vain qu'on vous a donné, à vous et à vos coévêques, des glaives à deux tranchants* (1). »

Enfin, renouvelant ses plaintes plus vives encore dans sa troisième lettre, la reine Eléonore s'écrie : « Mais le prince des apôtres règne et commande encore dans le Siège apostolique, et il est établi au milieu des nations comme un juge sévère. Il reste donc que vous, ô Père, vous tiriez contre les méchants le glaive de Pierre, qui a été établi pour cela sur les nations et les royaumes. La croix du Christ l'emporte sur les aigles de César, le glaive de Pierre sur le glaive de Constantin, et la Chaire apostolique sur le trône impérial. Votre puissance est-elle de Dieu ou des hommes? Le Dieu des dieux ne vous a-t-il pas dit dans la personne de l'apôtre Pierre : *Tout*

---
(1) Nonne Petro apostolo et in eo vobis à Deo omne regnum, et omnis potestas regenda committitur? Benedictus Deus, qui dedit talem potestatem hominibus (*Apud Petr. Bles., Epist.* 145)!

ce que tu lieras sur la terre sera lié dans les cieux, et tout ce que tu délieras sur la terre sera délié dans les cieux? Pourquoi donc différez-vous depuis si longtemps avec tant de négligence, ou plutôt avec tant de cruauté, de délier mon fils? ou plutôt, pourquoi n'osez-vous pas? Vous direz que cette puissance vous est donnée sur les âmes et non sur les corps. Soit ; il nous suffit que vous liiez les âmes de ceux qui tiennent mon fils en prison. Il vous est facile de le délivrer, pourvu que la crainte de Dieu chasse la crainte des hommes (1). »

Dans le même temps, une autre reine invoquait plus humblement, mais avec non moins de succès, la protection du Siége apostolique contre un roi, son époux.

Le roi de France Philippe-Auguste avait perdu sa première femme, Isabelle de Hainaut, dont il avait un fils, qui fut Louis VIII. Voulant se remarier, il envoya Etienne, évêque de Noyon, à Canut III, roi de Danemarck, lui demander sa sœur Ingelburge, que ce prince lui accorda volontiers, et il la fit conduire en France par Pierre, évêque de Rotschild, avec une suite convenable. Le roi Philippe la reçut à Amiens, où il l'attendait ; il en fut si content, qu'il l'épousa le jour même, qui était le 14 août 1193, et le lendemain, fête de l'Assomption, il la fit couronner reine par son oncle Guillaume, archevêque de Reims, et ses suffragants, avec quantité de seigneurs de France. Mais pendant la cérémonie, le roi, regardant la princesse, commença d'en avoir horreur ; il trembla, il pâlit et fut si troublé, qu'à peine put-il attendre la fin de l'action. On parla dès lors de les séparer, sous prétexte de parenté ; mais d'autres conseillèrent au roi d'essayer à vaincre son aversion. Il fit amener la reine à Saint-Maur, près de Paris, où elle assura qu'ils avaient consommé leur mariage ; mais le roi n'en convenait pas, et avait un tel éloignement pour elle, qu'à peine pouvait-il souffrir qu'on en parlât en sa présence. Ce que l'on attribuait à quelque maléfice ; car la princesse était belle et vertueuse, et le roi l'avait longtemps désirée. Deux ou trois semaines après ce mariage, il tint un parlement à Compiègne, avec les évêques et les seigneurs de son royaume, où présidait son oncle, l'archevêque de Reims, légat du Saint-Siège. Là, se trouvèrent des témoins qui assurèrent par serment qu'il y avait parenté entre la défunte reine Isabelle et Ingeburge, et cette parenté se prenait du chef de Charles le Bon, comte de Flandre, fils de saint Canut, roi de Danemarck. Les prélats jugèrent cette parenté suffisante pour empêcher le mariage, et l'archevêque de Reims, oncle du roi, prononça la sentence par laquelle il fut déclaré nul.

Dans cette circonstance, les Français oublièrent surtout d'être Français, c'est-à-dire polis, et de l'être envers une femme ; car ils la jugèrent et la condamnèrent présente, sans lui parler et sans l'entendre. En effet, la pauvre reine ne savait ce qui se passait, parce qu'elle n'entendait pas le français, et, qu'ayant renvoyé les Danois qui l'avaient accompagnée, elle était demeurée presque seule. Un interprète lui ayant donc fait entendre ce que l'on venait de faire, elle fut extraordinairement surprise, et, tout en pleurs, s'écria comme elle put en français : *Male France! male France!* et elle ajouta : *Rome! Rome!* mot sublime de l'innocence opprimée, qui en appelle au protecteur que Dieu lui a donné dans le Siège de saint Pierre.

Le roi Philippe-Auguste, se conduisant d'une manière peu royale et peu française, la quitta aussitôt, et voulut même la renvoyer en Danemarck ; mais elle, plus généreuse que le roi, ne voulut pas y retourner, et demanda à s'enfermer dans un monastère, aimant mieux passer le reste de sa vie dans la continence, que de contracter un autre mariage. Le roi l'envoya dans une communauté de religieuses hors de son royaume.

Elle fut gardée quelque temps dans l'abbaye de Cisoin, au diocèse de Tournai. L'évêque de cette ville était Étienne, auparavant abbé de Sainte-Geneviève de Paris, homme savant et vertueux, en qui le roi Philippe-Auguste avait beaucoup de confiance. Cet évêque ayant été voir la princesse, en écrivit ainsi à Guillaume, archevêque de Reims, oncle du roi : « Je plains le sort de cette princesse, et je laisse à Dieu l'événement de sa cause ; car quel serait le cœur si dur, qui ne fût touché de l'adversité d'une jeune personne de sang royal, plus recommandable par sa vertu que par sa naissance? Elle passe les jours à prier, à lire ou à travailler de ses mains, et ne connaît point le jeu. Elle prie avec larmes, depuis le matin jusqu'à midi, moins pour elle que pour le roi. Jamais elle n'est assise dans son oratoire, mais toujours debout ou à genoux. La pauvreté l'oblige à vendre, pour subsister, le peu qu'elle a d'habits et de vaisselle. Elle demande des aliments, et dit que vous êtes son unique refuge, et que, depuis le commencement de sa disgrâce, vous l'avez nourrie et secourue libéralement. Soyez touché de ses larmes, vous qui donnez si abondamment à tant de pauvres (*Scriptores rerum Franc.*, t. XIX). »

Cependant le pape Célestin, ayant appris comment le mariage du roi Philippe avec Ingelburge avait été déclaré nul, et touché des plaintes du roi de Danemarck, frère de cette princesse, envoya en France deux légats. Arrivés à Paris, ils y assemblèrent un concile de tous les évêques et les abbés du royaume, pour examiner la validité de ce mariage ; mais la crainte les empêcha d'agir, et leur légation fut sans effet. Après leur retour, le Pape écrivit à Michel, archevêque de Sens, se plaignant que, avant de décider une affaire de cette importance, on n'eût pas consulté le Saint-Siège, quoiqu'on doive lui rapporter toutes les causes majeures, suivant la maxime établie par les canons et toujours observée par l'Église gallicane. Il cite l'exemple du mariage de Lothaire et de Thietberge, et continue ainsi : « Nous avons exhorté le roi Philippe par un envoyé exprès et par nos lettres, à traiter maritalement son épouse, sans écouter les mauvais conseils ; mais il n'a pas reçu ce légat avec la dévotion convenable. C'est pourquoi, ayant égard à l'acte public qui nous a été envoyé par l'archevêque de Lunden et ses suffragants, touchant la généalogie de la princesse et la commune renommée, nous cassons et annulons, de l'avis de nos frères, cette sentence de divorce rendue contre la forme de droit, vous mandant et vous ordonnant que, si le roi, du vivant de cette

(1) Porro princeps apostolorum adhuc in apostolica sede regnat et imperat... illudque restat, ut exeratis in maleficos, Pater, gladium Petri, quem ad hoc constituit super gentes et regna (*Apud Petr. Bles., Epist.* 146).

princesse, en voulait épouser une autre, vous le lui défendiez expressément de notre part. » La date est du 13 mars 1196.

Le roi Philippe ne laissa pas d'épouser, la même année, Marie, fille du duc de Bohême et de Méranie, autrement le Tyrol. La reine Ingelburge s'en plaignit de la manière suivante au pape Célestin : « L'angoisse d'une douleur inopinée me force de commencer par un exorde douloureux, et de raconter tristement mes griefs à Votre Apostolat dans le gémissement de mon cœur. Il y a déjà passé trois ans que le roi de France m'a épousée en âge nubile, et m'a rendu le devoir marital comme l'ordre naturel le demande. Depuis, à l'instigation du diable et à la persuasion de quelques princes malveillants, il a pris en outre la fille du duc S... et la tient pour femme; mais pour moi, il m'a fait emprisonner dans un château, où je vis tellement proscrite, que je n'ose ni ne puis élever mes yeux vers le ciel. Il n'allègue aucune parenté ni aucune cause pour laquelle je doive être séparée de lui; mais il fait de la volonté une ordonnance, de l'opiniâtreté une loi, et de la volupté une fureur. Je m'en afflige, et ne puis ne pas m'en attrister, mangeant mon pain avec douleur et mêlant mes larmes à ma boisson, et cela, non pour moi seulement, mais pour le roi, qui donne à tous les chrétiens, particulièrement à ceux de son royaume, l'exemple de mal faire. Hélas! il ne craint pas de mépriser les lettres de Votre Sainteté, il refuse d'écouter les ordres des cardinaux, il dédaigne les paroles des archevêques et des prélats, il se moque des avertissements des personnes pieuses. Ce que je dois dire et ce que je dois faire, je l'ignore absolument, parce que je suis circonvenue d'angoisses innombrables. C'est pourquoi, si Votre Miséricorde ne daigne avoir pitié de moi, je succomberai dans peu à la mort temporelle (Baluz., *Miscell.*, t. III, p. 21, édit. Mansi; *alias*, t. I, p. 422). »

Célestin III, prévenu par la mort, n'eut pas le temps de faire droit à cette lettre si touchante; mais nous verrons son successeur, Innocent III, mener à bonne fin et cette affaire et beaucoup d'autres.

Cependant le roi Richard, ayant recouvré sa liberté, arriva en Angleterre le 12 mars 1194. Hubert, archevêque de Cantorbéry, vint à sa rencontre près de cette ville. Le roi descendit de cheval et se mit à genoux devant le prélat, qui en fit autant de son côté, et ils s'embrassèrent tendrement. Par le conseil des évêques, le roi Richard résolut de se faire couronner solennellement, en un renouvellement de son règne; ce qui fut exécuté à Winchester, le 17 avril. Depuis ce temps, l'archevêque Hubert eut en Angleterre la principale autorité après le roi, qui le fit son chancelier, son grand-justicier, régent du royaume en son absence, et obtint pour lui du pape Célestin la légation d'Angleterre.

Le roi Richard passa en Normandie et fit la guerre au roi Philippe, qui était entré sur ses terres. Ayant besoin d'argent pour soutenir cette guerre, il envoya en Angleterre l'archevêque, avec ordre d'assembler les évêques et les prélats, et de leur demander un subside. Saint Hugues, évêque de Lincoln, ayant examiné l'affaire attentivement, et trouvant qu'elle tournerait à la charge du pauvre peuple, répondit qu'il ne consentirait point à l'exécution de cet ordre; et il se trouva un autre évêque, qui, ayant ouï les raisons déduites amplement, se rangea de son avis. L'archevêque le trouva fort mauvais, et retourna promptement porter ses plaintes au roi. Le prince, outré de colère, dit à un de ses courtisans : « Autant que tu aimes ma vie, je te commande de ruiner entièrement Hugues et l'évêque qui s'est attaché à lui. » Ce dernier évêque fut donc chassé de son siège, tous ses biens confisqués, et il demeura quelque temps banni du royaume. Enfin par le secours de ses amis, il fut reçu à se jeter aux pieds du roi, implorant sa clémence et promettant de ne jamais s'opposer à ses volontés.

Mais quand il vint des gens armés pour traiter de même l'évêque de Lincoln, avant qu'ils eussent touché à rien, il les fit tous dénoncer excommuniés, au son des cloches, dans les paroisses voisines. Sa magnanimité les étonna, et ils se retirèrent sans rien faire; car on craignait terriblement les censures du prélat, qui souvent étaient suivies de morts subites et affreuses, de possessions du démon ou d'autres marques sensibles de la vengeance divine. Toutefois, craignant en cette occasion d'attirer sur son troupeau les effets de l'indignation du roi, il alla le trouver, quoique éloigné, prenant le péril sur lui. Comme il approchait de la cour, quelques gens de bien vinrent au devant, le priant de se retirer et de ne pas se présenter au roi, de peur que sa mort n'attirât la colère de Dieu sur le royaume, comme la mort de saint Thomas; mais il n'acquiesça point à cette proposition, et, comme un de ceux qui la faisaient s'offrait pour médiateur, il lui répondit : « Quoi! vous voulez que je m'épargne pour vous mettre en danger, vous et vos enfants? » Aussitôt il entra chez le roi, et sachant qu'il entendait la messe à la chapelle, il y alla, et, s'approchant du roi, il lui dit avec une sainte confiance : « Donnez-moi le baiser. — Vous ne l'avez pas mérité, dit le roi. — Si fait, je le mérite, reprit l'évêque, parce que je suis venu de loin vous trouver; vous me devez un baiser : » et il le tirait avec force par son manteau. Le roi s'inclina en souriant, et lui donna le baiser.

Les évêques et les autres assistants, voyant Hugues triompher ainsi du roi, étaient hors d'eux-mêmes d'étonnement. Le roi, de son côté, voyant combien il était ferme, et que, laissant la place des évêques, il s'était mis humblement près de l'autel pour prier avec plus de liberté, commença à le respecter du fond du cœur; et quand on lui présenta l'instrument de la paix, il le fit premièrement porter à l'évêque de Lincoln. On attribua à cet honneur qu'il avait rendu au saint prélat, une insigne victoire qu'il remporta peu de temps après.

La messe étant finie, saint Hugues mena le roi derrière l'autel, pour lui parler avec plus de liberté; et, s'étant assis auprès de lui, il lui dit : « Or sus, dites-moi comment va votre conscience; car vous êtes de mon diocèse, et je rendrai compte de vous au jugement de Dieu. » Le roi répondit : « Ma conscience est en assez bon état, si ce n'est la jalousie qui me tourmente contre les ennemis de mon royaume. — Que dites-vous là? reprit saint Hugues, d'un ton de reproche. N'opprimez-vous pas chaque jour les pauvres? n'affligez-vous pas les innocents? Ne chargez-vous pas votre peuple d'exactions? De plus, le bruit court que vous avez violé la foi conjugale. Ces péchés vous paraissent-ils légers ? » A ces paroles du saint évêque, le roi fut tellement épouvanté, qu'il n'osa ouvrir la bouche ; et le prélat ayant continué de lui faire une forte réprimande, il s'excusa humblement sur quelques articles, demanda pardon des autres, et promit de s'en corriger. Ensuite, l'homme de Dieu représenta au roi, devant toute l'assemblée, que, pasteur comme il était, il n'avait pu consentir à la vexation de ses ouailles. Le roi reçut sa justification, se tenant encore bien heureux que le saint ne poussât pas plus loin la correction. Quand il fut parti, le roi, se tournant vers les siens, dit : Si tous les évêques étaient tels, ni les rois ni les seigneurs n'auraient aucun pouvoir contre eux.

Saint Hugues, évêque de Lincoln, était né en Bourgogne d'une famille noble : son père, brave et vertueux chevalier, ayant perdu sa femme, l'offrit à Dieu dès l'âge de huit ans, et le mit dans un monastère de chanoines réguliers, qui était au voisinage de son château : il s'y retira plus tard lui-même, et y servit Dieu le reste de ses jours. On mit d'abord le jeune Hugues sous la conduite d'un sage vieillard, qui, l'instruisant des bonnes lettres, formait aussi ses mœurs, l'accoutumant dès lors à une vie sérieuse. Il fut ordonné diacre à l'âge de dix-neuf ans ; et, quelque temps après, on lui donna le gouvernement d'une paroisse, quoiqu'il ne fût pas encore prêtre. Son prieur, allant par dévotion à la grande Chartreuse, le mena avec lui. Le jeune religieux fut tellement édifié de la vie de ces saints solitaires, qu'il conçut un ardent désir d'être admis en leur compagnie, et commença de les en solliciter secrètement. Il retourna toutefois avec son prieur ; et les chanoines ses confrères, ayant appris son dessein, lui firent de si vives instances, qu'il leur promit par serment de ne point les quitter. Mais il ne put résister à l'attrait d'une vie plus parfaite : il s'enfuit secrètement, et vint à la Chartreuse, où il fut reçu, et ses scrupules s'apaisèrent. Cette sainte maison était alors gouvernée par Basile, son huitième prieur, successeur de saint Anthelme, mort évêque de Belley. Le temps étant venu d'ordonner Hugues prêtre, l'ancien qu'il servait lui demanda s'il le voulait. Hugues répondit avec simplicité qu'il n'y avait rien en cette vie qu'il désirât davantage. « Et comment, dit le vieillard, osez-vous désirer ce que les plus parfaits mêmes ne reçoivent que lorsqu'ils y sont contraints ? » Hugues, épouvanté de ce reproche, se prosterna à terre de tout le corps, demandant pardon avec larmes. Le vieillard lui dit : « Levez-vous, mon fils, ne vous troublez point ; je sais par quel esprit vous avez parlé. Vous allez être prêtre, et vous serez évêque quand le temps prescrit de Dieu sera venu. » Après qu'il eut passé dix ans dans sa cellule, le prieur de la Chartreuse lui donna la charge de procureur. Il s'en acquitta si dignement, que sa réputation s'étendit même hors de la province.

Le roi d'Angleterre avait déjà fondé la Chartreuse de Witham ; mais les deux prieurs qu'on y avait envoyés n'avaient pu faire aucun bien, à cause de l'insolence des gens du pays. Le roi, ayant ouï parler du mérite de Hugues, envoya à la grande Chartreuse le demander pour gouverner cette maison. Le prieur et les moines eurent grand'peine à le donner, et lui encore plus à y consentir. « Car, leur disait-il, puisque depuis tant d'années je n'ai point profité de vos instructions et de vos exemples pour me conduire moi-même, comment pourrai-je gouverner une nouvelle communauté ? » Étant allé à Witham, il trouva les moines dans une grande pauvreté, et les consola, les exhortant à la patience et à la douceur. Mais il ne laissa pas d'augmenter bientôt cette maison, tant en bâtiments qu'en meubles, ayant gagné l'affection du roi et du peuple, quoique cette nation n'aimât pas les étrangers. Plusieurs même, touchés du désir de servir Dieu dans leur solitude, renoncèrent au monde pour les imiter, en sorte que la communauté devint nombreuse et florissante en fort peu de temps. Saint Hugues parlait au roi avec tant d'insinuation et de piété, que ce prince, tout habile qu'il était, ne pouvait rien lui refuser, et avouait qu'il avait trouvé son maître.

Les historiens rapportent que le roi, revenant avec son armée de Normandie en Angleterre, fut assailli d'une violente tempête. Le danger était si pressant, qu'on n'attendait plus rien de l'art des pilotes. Tous s'étant adressés au Ciel, Henri fit cette prière : « Grand Dieu, que le prieur de Witham sert avec vérité, daignez, par les mérites et l'intercession de votre serviteur, jeter un regard de pitié sur notre triste situation. » Cette prière faite, le calme succéda à l'orage, et le trajet fut heureux. Cet événement augmenta de beaucoup la confiance que le roi et ses sujets avaient en la vertu du saint prieur de Witham.

L'année 1186, le roi Henri II, voulant pourvoir à l'Église de Lincoln, vacante depuis près de dix-huit ans, fit venir devant lui le doyen et la meilleure partie du chapitre de cette Église. Après avoir longtemps délibéré, ils élurent pour leur évêque le prieur de Witham, saint Hugues. Le roi eut une grande joie de cette élection ; l'archevêque de Cantorbéry la confirma, et ils envoyèrent l'un et l'autre au prieur Hugues, l'exhortant à l'accepter. Hugues, qui connaissait les difficultés et les périls de l'épiscopat, s'excusa, disant que l'élection était nulle, non-seulement à cause de l'indignité de sa personne, mais parce qu'elle avait été faite par l'autorité du roi et de l'archevêque, hors de l'Église vacante ; que, d'ailleurs, il ne pouvait y consentir sans la permission du prieur de la grande Chartreuse, son supérieur. Il renvoya ainsi les députés, exhortant le chapitre à faire un meilleur choix, et espérant les rebuter par ces difficultés. Mais les chanoines, pour ne lui laisser aucune excuse, s'assemblèrent de nouveau dans l'église de Lincoln, et l'élurent tout d'une voix ; puis ils envoyèrent à la grande Chartreuse des députés notables, qui rapportèrent non-seulement la permission, mais le commandement d'accepter. Saint Hugues fut donc tiré de son monastère de Witham ; mais, en sortant, il portait lui-même sur son cheval ses peaux de mouton et ses habits monastiques, ne voulant rien relâcher de son observance avant l'épiscopat. Il fut ainsi amené à Londres et sacré à Westminster dans la chapelle de Sainte-Catherine, le jour de Saint-Matthieu, 21 septembre 1186.

Le nouvel évêque commença l'exercice de son autorité par former un conseil, où il fit entrer ce qu'il y avait dans son clergé de plus pieux et de plus éclairé. Il rétablit la discipline ecclésiastique, et réforma les abus qui avaient pu se glisser parmi les clercs. Ses discours et ses exhortations ranimèrent partout l'esprit de foi. Il savait, dans les conversations ordinaires, profiter des circonstances pour porter les autres à la vertu. Il était gai et affable; mais il conservait toujours un fond de gravité qui lui conciliait le respect. Lorsqu'il s'agissait de faire quelque fonction importante, il s'y préparait par de longues prières et par un jeûne austère. Il faisait une exacte recherche des pauvres, afin de pouvoir les assister; il les visitait fréquemment et les consolait avec bonté. Il affectionnait surtout les lépreux, et on le vit plus d'une fois baiser leurs ulcères. Quelqu'un lui ayant dit un jour en plaisantant qu'il ne guérissait pas la chair des lépreux qu'il baisait, il fit cette réponse : Le baiser de saint Martin guérissait la chair des lépreux, et moi je les baise pour guérir mon âme.

Il avait aussi une dévotion particulière pour ensevelir les morts. Un jour qu'il devait dîner chez le roi, il se fit attendre. Les officiers du prince le trouvèrent qui ensevelissait un pauvre, et lui dirent : Voilà plus d'une heure que le roi vous attend à jeun; pourquoi ne venez-vous pas? Le saint répondit : Il vaut mieux que le roi de la terre dîne sans moi, que de négliger, moi, chétif serviteur, le commandement du Roi des cieux. Lorsqu'il voyageait, il était si recueilli, qu'il ne jetait jamais les yeux sur ce qui se trouvait autour de lui. La ferveur avec laquelle il récitait les psaumes paraissait plus qu'humaine; aussi les sentiments qu'il y puisait donnaient-ils sans cesse à son âme une nouvelle force et une nouvelle vigueur. Sa ponctualité à réciter l'office divin était extraordinaire. Tous les ans, il faisait au moins une retraite dans la chartreuse de Witham. Il y suivait alors les observances de la règle, et n'était distingué des autres religieux que par les marques de la dignité épiscopale. Dans cette solitude, comme dans une tour élevée, il considérait la vanité des choses humaines, la brièveté de la vie et les profondeurs de l'éternité. Tournant ensuite les yeux sur lui-même, il examinait avec impartialité toutes ses actions et tous les mouvements de son cœur. Il se pénétrait de toute l'étendue de ses obligations, et prenait de sages mesures pour ne pas tomber dans le précipice sur le bord duquel il était obligé de marcher. Le goût qu'il se sentait pour la solitude lui faisait regretter sans cesse son premier état; il tâcha même d'obtenir du Saint-Siège la permission de quitter le gouvernement de son diocèse, mais elle lui fut constamment refusée.

Le mépris qu'il avait pour les choses de la terre l'élevait au-dessus de toutes les considérations du respect humain. Il ne craignait point de donner des avis au roi, quoique celui-ci n'aimât point à être contredit. Henri les recevait avec une sorte de respect; et, s'il n'en profita pas toujours, ils le disposèrent du moins à faire un bon usage des afflictions que Dieu lui envoya depuis, et à renoncer à ses passions sur la fin de sa vie.

Quelque grande que fût la douceur de l'évêque de Lincoln, il savait être ferme dans l'occasion. Les forestiers ou officiers chargés de l'inspection des forêts du roi, exerçaient une tyrannie barbare à la campagne. Ils mutilaient et mettaient même à mort quiconque avait tué ou blessé une bête fauve. Les paysans avaient la douleur de voir périr leurs moissons, sans pouvoir prendre des mesures pour les conserver. Sur le plus léger soupçon, on leur faisait subir l'épreuve de l'eau, si fortement proscrite par l'Eglise, et malheur à tous ceux auxquels cette épreuve n'était point favorable. Les officiers du roi faisaient valoir des coutumes ou plutôt des abus qui se trouvaient fortifiés par des lois injustes et tyranniques; car c'est ainsi que les caractérise le pieux et savant Pierre de Blois, qui vécut quelque temps à la cour de Henri II. Quelques-uns de ces officiers se saisirent d'un clerc, et le condamnèrent à une amende considérable. Saint Hugues s'en plaignit; et, après une triple citation, il excommunia le chef de ces officiers. Cette action déplut beaucoup au roi; il dissimula toutefois son ressentiment. Quelque temps après, il demanda au saint évêque une prébende en faveur d'un de ses courtisans. Hugues répondit que ces places étaient pour les clercs et non pour les courtisans, et que le roi ne manquait pas de moyens pour récompenser ceux qui étaient attachés à son service. Henri le pressa aussi de lever l'excommunication prononcée contre l'officier; mais il déclara qu'il ne réconcilierait le coupable que quand il reconnaîtrait sa faute et qu'il donnerait des marques d'un repentir sincère. Henri envoya chercher l'évêque pour se plaindre de son ingratitude et de la manière dont il en agissait à son égard. Hugues lui représenta avec douceur qu'il n'avait cherché dans toute cette affaire que la gloire de Dieu et le salut de Sa Majesté, et que le roi s'exposait à perdre son âme s'il protégeait les oppresseurs de l'Eglise, ou s'il exigeait que les bénéfices fussent donnés à des personnes qui n'en étaient pas dignes. Henri, touché de ses représentations, parut satisfait. L'officier excommunié se montra pénitent, et fut absous dans la forme usitée en pareil cas. Il devint depuis fort zélé pour l'accomplissement des devoirs de la religion, et l'un des plus fidèles amis du saint évêque de Lincoln.

Il était d'usage que le clergé fît présent au roi tous les ans, d'un manteau précieux. On l'achetait avec les sommes qu'on levait sur le peuple, et les clercs partageaient entre eux l'argent qui restait. Hugues abolit cet usage, après avoir obtenu du roi qu'il renoncerait au présent. Il changea aussi les peines qu'infligeait sa cour ecclésiastique, et qui consistaient principalement en amendes pécuniaires. Il en substitua d'autres qui devaient produire plus d'effet pour l'avantage de la religion. Il donnait également ses soins à la décence du culte extérieur; il acheva sa cathédrale.

Quant aux Papes sous lesquels il vécut, ils lui témoignèrent tous une grande estime et une grande confiance : tous ils lui déléguèrent les affaires les plus importantes de tout le pays. C'est que le saint prélat avait reçu de Dieu une telle grâce pour discerner le juste et l'injuste, que les plus habiles jurisconsultes disaient n'avoir jamais vu son pareil pour la décision des causes les plus difficiles, quoiqu'il n'eût point étudié cette science. Ceux qui avaient de bonnes causes étaient ravis de l'avoir pour juge, ne craignant de sa part ni négligence ni faiblesse, pour se laisser ébranler aux menaces ou aux présents. Les coupables, au contraire, tremblaient; car ses excommunications étaient suivies d'effets terribles, et Dieu autorisait son serviteur par plusieurs miracles (Surius, 17 novembre; Godescard, *item*).

La ville de Liége vit, vers le même temps, son saint évêque Albert de Lorraine terminer son trop court épiscopat par le martyre. Raoul, son prédécesseur, était mort l'année 1191, en revenant de la croisade. Il y eut partage pour l'élection du successeur. La plupart élurent Albert de Louvain, premier archidiacre de Liége, frère de Henri, duc de Lorraine et de Louvain : il était digne de l'épiscopat de toutes manières. Quelques-uns, quatre ou cinq contre quarante, de la faction de Baudouin, comte de Namur, élurent un autre Albert, frère du comte de Réthel, homme sans lettres et sans esprit, qui n'avait d'autre mérite que sa naissance. Ils s'adressèrent l'un et l'autre à l'empereur Henri VI pour recevoir l'investiture. Mais ce prince, qui haïssait depuis longtemps le duc de Lorraine, et qui avait choisi d'avance un autre sujet, prétendit que, quand il y avait partage, l'élection était caduque et lui appartenait à lui seul. Pour repousser cette prétention despotique et maintenir la liberté de leur Eglise, tous les chanoines sans exception, y compris le second Albert, réunirent leurs voix sur Albert de Louvain. Malgré cette unanimité, l'empereur donna l'investiture à Lothaire, prévôt de Bonn, homme riche et déjà pourvu de plusieurs dignités ecclésiastiques, frère du comte de Horstade, qui avait rendu de grands services à l'empereur en Italie. Les chanoines, pour défendre la liberté de l'Eglise contre l'usurpation impériale, appelèrent au Pape, soutenant que l'élection d'Albert de Louvain était canonique. En attendant, Lothaire vint à Liége, et, par la force, se mit en possession de l'évêché et des forteresses qui en dépendaient.

Albert fit le voyage de Rome avec de grandes difficultés, parce que l'empereur lui avait fermé tous les passages. Il fut obligé de prendre des chemins détournés et de se déguiser en valet; on le présenta en cet équipage au pape Célestin III, qui en fut touché jusqu'aux larmes. Il l'embrassa et le consola, le connaissant déjà de réputation. Albert arriva à Rome aux fêtes de Pâques, qui, cette année 1192, fut le 5 avril, et y demeura jusqu'à l'octave de la Pentecôte. Il produisit les preuves de la régularité de son élection; mais quelques cardinaux étaient d'avis de céder à la violence des Allemands et à la haine implacable de l'empereur. Enfin le Pape ayant pris jour pour le jugement, il le prononça publiquement dans le palais de Latran, jugea l'élection d'Albert canonique, et la confirma par l'autorité apostolique. Le Pape fit plus : il nomma Albert cardinal, l'ordonna diacre et lui fit chanter l'évangile à la messe. Il lui donna toutes les bulles nécessaires, entre autres une pour se faire sacrer par Guillaume, archevêque de Reims, en cas que Brunon, archevêque de Cologne, son métropolitain, le refusât par la crainte de l'empereur, et il lui fit délivrer toutes ces expéditions gratuitement.

Albert étant venu à Reims, fut parfaitement bien reçu par l'archevêque Guillaume, qui l'ordonna prêtre le samedi des Quatre-Temps de septembre, et le dimanche suivant, 20 du même mois, il le sacra solennellement évêque de Liége. Le lendemain, on apprit que l'empereur était à Liége même, extrêmement irrité, et résolu de perdre tous ceux qui adhéraient à l'évêque Albert. Le duc d'Ardenne, oncle de ce prélat, qui l'avait amené à Reims, lui proposait de se soutenir par la force avec le secours de leurs amis. Mais le pieux Albert lui déclara qu'il ne voulait point user de pareils moyens, et qu'il espérait apaiser l'empereur par son humilité et sa patience. Peu de temps après, arrivèrent à Reims trois chevaliers allemands et quatre écuyers, qui se disaient chassés de la cour de l'empereur à l'occasion d'une querelle. Ils vinrent saluer le saint évêque de Liége, et s'insinuèrent si bien dans son amitié, qu'il les accompagnait ordinairement et mangeaient souvent à sa table; plusieurs personnes les soupçonnaient de quelques mauvais desseins; mais le bon évêque, jugeant les autres par soi-même, ne s'en défiait point; au contraire, il ressentait une peine sensible quand on en disait du mal. Cependant les prétendus fugitifs avaient toujours leurs chevaux sellés, suivant la coutume de leur pays, disaient-ils, mais en réalité pour frapper plus sûrement le coup qu'ils méditaient.

Enfin, le 4 novembre 1192, le saint évêque Albert s'entretint longtemps avec ses amis, de la mort, comment elle mettait fin à toutes les choses de la terre, et il témoigna la désirer et s'en réjouir. L'après-midi, il s'en alla faire une promenade, accompagné des réfugiés allemands, et suivi seulement d'un chanoine et d'un chevalier. Quand il fut à cinq cents pas de la ville, les sicaires allemands lui fendirent la tête par les tempes, et lui donnèrent tant de coups d'épée et de couteau, qu'on lui trouva treize grandes plaies. Aussitôt ils piquèrent des deux, et, quoique la nuit fût proche, ils firent telle diligence, qu'ils arrivèrent à Verdun à neuf heures du matin; ensuite ils allèrent trouver l'empereur, qui les reçut très-favorablement. Mais bientôt la voix des peuples se prononça si fortement contre le lâche assassinat, le duc de Lorraine faisait de si grands préparatifs pour en tirer vengeance, que Henri VI lui offrit beaucoup d'honneurs et de richesses, et bannit les meurtriers, qui périrent peu de jours après d'une mort honteuse; enfin, pour expier la part qu'il avait au crime, il fonda deux autels dans l'église de Saint-Lambert.

Quant au saint évêque Albert, il fut enterré solennellement, comme martyr de la liberté ecclésiastique, dans l'église métropolitaine de Reims. Plusieurs miracles se firent à son tombeau. Son corps a été transféré depuis à Bruxelles. L'Eglise honore sa mémoire le 21 novembre (*Gallia Christ.*; *Hist. eccl. Leod.*, l. 11; Godescard, etc.).

Le diocèse de Liége était alors comme une terre de promission pour la piété et la vertu : les croisés qui venaient de ce pays se faisaient admirer par leur patience et leur charité. Dans le pays même, on voyait en divers lieux des troupes de vierges qui vivaient dans la pureté et l'humilité, subsistant du travail de leurs mains, quoique leurs parents eussent de grandes richesses. On voyait des femmes consacrées à Dieu, qui s'appliquaient avec un grand zèle à instruire ces filles et à les maintenir dans leur sainte résolution. On voyait des veuves plus occupées de plaire à Dieu qu'elles ne l'avaient été de plaire à leurs maris, vivant dans les jeûnes, les veilles, les prières, le travail et les œuvres de charité. Enfin, des femmes mariées, qui élevaient leurs enfants dans la crainte de Dieu; qui de temps en temps gardaient la continence pour mieux vaquer à la prière, et plusieurs même qui la gardaient toujours, du consentement de leurs maris.

Ces saintes femmes souffraient patiemment les mauvaises railleries des hommes malins et corrompus, qui, ne pouvant leur nuire autrement, s'en moquaient et leur donnaient des sobriquets. Mais elles donnèrent une preuve illustre de leur vertu au pillage de Liége, fait par le duc de Brabant, en 1212; car celles qui ne purent se sauver dans les églises se jetèrent dans la rivière ou dans des cloaques pour sauver leur honneur; mais Dieu ne permit pas qu'il en pérît aucune, quoiqu'elles fussent en grand nombre. Outre ces vertus, on admirait dans ces saintes femmes les dons surnaturels. Quelques-unes connaissaient les péchés les plus secrets, et excitaient les pécheurs à les confesser; d'autres étaient languissantes par l'excès de l'amour divin; d'autres avaient le don des larmes, en sorte que le seul souvenir de Dieu leur en faisait répandre abondamment; d'autres avaient des ravissements et des extases. Le cardinal de Vitry, témoin oculaire, rapporte des exemples de toutes ces merveilles, et en prend à témoin l'évêque Foulque de Toulouse, qui les avait également vues de ses yeux.

Ce fut même à la prière de Foulque que Jacques de Vitry écrivit en détail la vie d'une de ces saintes femmes, sainte Marie d'Oignies. Née l'année 1177, à Nivelle en Brabant, d'une famille très-riche, les richesses n'attirèrent jamais son âme, même dès sa plus tendre enfance. Jamais ou rarement on la vit prendre part aux jeux des enfants de son âge, non point par morosité de caractère, mais parce que dès lors la grâce divine l'attirait aux choses du ciel. Dès l'enfance, elle se levait de nuit, se mettait à genoux au pied de son lit, et redisait les prières qu'elle avait apprises par cœur. La miséricorde et la piété semblaient nées avec elle et croissaient en elle avec les années. Enfant encore, quand elle voyait passer des religieux cisterciens devant la maison de son père, elle les suivait à la dérobée, pleine d'admiration, et, ne pouvant pas faire autre chose, elle mettait ses pieds dans les traces de leurs pas. Ses parents, comme c'est la coutume des gens du monde, voulurent la parer d'habits précieux; elle les repoussait avec chagrin, comme si elle lisait dans son âme ce que saint Pierre et saint Paul ont dit contre la parure des femmes. Ses parents, surpris, se moquaient d'elle, disant : Mais que sera-ce de notre fille? Ils la marièrent dès l'âge de quatorze ans à un jeune homme qui lui convenait assez par la douceur de son naturel. Eloignée de ses parents, sa ferveur et ses austérités ne connurent presque plus de bornes. Souvent, après avoir employé une partie de la nuit à travailler de ses mains et à prier, elle ne reposait que sur des planches qu'elle cachait sous son lit. Comme elle n'avait pas la liberté de disposer ouvertement de son corps, elle se serrait en secret d'une corde extrêmement rude qu'elle portait sur la chair. Son mari, qui se nommait Jean, vécut d'abord avec elle comme avec son épouse; mais bientôt, gagné par son exemple, il ne la regarda plus que comme sa sœur et sa compagne dans la piété. Dès lors, non-seulement il mena une vie chaste, mais il fut le gardien fidèle de la chasteté de son épouse, prit soin de tout ce qu'il lui fallait, afin que rien ne la détournât de la contemplation et des exercices de piété qui occupaient toutes les heures de sa vie. Comme elle, il donna aux pauvres, pour l'amour de Jésus-Christ, tout ce qu'il possédait, et il se joignit à elle dans la prière et dans toutes les œuvres de charité auxquelles il pouvait prendre part. De sorte que, plus il était séparé d'elle corporellement, en renonçant à toute affection charnelle, plus il lui était uni par les liens d'une société toute spirituelle. Ils ne se contentèrent pas de crucifier leur chair dans une si grande jeunesse; mais, s'oubliant eux-mêmes, ils s'employèrent à servir les lépreux dans la même ville de Nivelle.

Les hommes du siècle ne tardèrent point à censurer une conduite qui leur paraissait si surprenante; et les parents de l'un et de l'autre ne pouvaient plus les voir qu'avec dépit. Il semblait qu'il y eût une conspiration générale dans le pays pour se moquer d'eux et en faire la matière de la raillerie publique. Au lieu que tout le monde les respectait quand ils étaient riches, on les méprisait depuis qu'ils s'étaient volontairement rendus pauvres pour l'amour de Jésus-Christ. On les regardait comme des personnes de néant, et plus on les voyait humbles et patients, plus on cherchait à les combler d'injures. Marie, aussi bien que son époux, les recevait avec joie, dans le désir ardent qu'elle avait de participer aux humiliations que Jésus-Christ avait souffertes sur la croix.

Le principe de sa conversion parfaite, la cause de son amour toujours plus fervent pour Dieu, fut la croix du Sauveur. Un jour, la méditation de ses souffrances la toucha d'une componction si extraordinaire, que sa place à l'église se trouva toute trempée de ses larmes. Depuis elle demeura fort longtemps sans pouvoir regarder une image de la croix, ni parler ou entendre parler de Jésus-Christ, qu'elle ne tombât dans une défaillance qui allait jusqu'à l'extase. Elle avait reçu de Dieu le don des larmes à un tel point, qu'il n'était plus en son pouvoir d'en arrêter le cours. La sécheresse même où ses longs jeûnes et ses grandes veilles avaient réduit son corps, n'empêcha point qu'elles ne coulassent toujours avec la même abondance. Elle disait même à ceux qui craignaient qu'elle n'en fût affaiblie, que ces larmes étaient sa nourriture; que, loin de lui faire du mal, elles la soulageaient dans ses peines. C'était presque toujours la vue de ce que Jésus-Christ a souffert pour les péchés des hommes, qui les lui faisait répandre. De son côté, elle tâchait de ne rien faire qui pût l'obliger à en verser sur elle-même. Elle veillait avec tant de soin sur son âme et sur tous ses sens, elle conservait son cœur dans une si grande pureté, que son directeur spirituel ne put presque jamais remarquer en elle ni une parole indécente, ni un regard mal réglé, ni une action tant soit peu libre, ni un ris immodéré, ni un geste qui ne fût modeste. Lorsque le soir elle examinait sévèrement tout ce qu'elle avait fait durant le jour, si elle croyait avoir excédé en la moindre chose, elle s'en confessait sur-le-champ au prêtre, avec la plus vive contrition.

L'amour du Sauveur lui faisait aimer la croix. Elle avait fait à Dieu le sacrifice de ses biens, elle lui faisait perpétuellement le sacrifice de son cœur,

LIVRE LXX. — SAINTE MARIE D'OIGNIES. — SAINT HOMO-BON.

elle cherchait encore à lui faire le sacrifice de son corps par une mortification continuelle. Elle n'usait de la nourriture que pour ne pas mourir ; elle ne mangeait qu'une fois le jour et en très-petite quantité : l'été, à l'heure de vêpres, l'hiver, à la première heure de la nuit. Elle ne buvait point de vin et ne mangeait point de viande ; sa nourriture la plus ordinaire était quelques fruits, des herbes et des légumes ; elle fut longtemps à n'user que d'un pain noir, qui était si sec et si dur, qu'il lui écorchait le palais à mesure qu'elle en prenait. Trois ans de suite, elle jeûna au pain et à l'eau, depuis l'Exaltation de la Sainte-Croix jusqu'à Pâques, et cela sans rien diminuer du travail de ses mains. Quelquefois même, pendant trente-cinq jours, elle se reposait affectueusement avec le Seigneur dans un doux et bienheureux silence, ne prenant aucune nourriture corporelle, et ne pouvant proférer que cette parole : Je veux le Corps de Notre Seigneur Jésus-Christ. L'ayant reçu, elle demeurait en silence avec le Seigneur. Ces jours-là, elle sentait son esprit comme séparé de son corps, et s'y trouvant comme dans un vase de boue, tant elle était détachée des choses sensibles, et ravie au-dessus d'elle-même. Enfin, après les cinq semaines de ravissement, au grand étonnement de tout le monde, elle revenait à elle, parlait aux assistants, et prenait de la nourriture.

Plus elle affaiblissait son corps par les jeûnes, plus son esprit se fortifiait dans la prière. Elle priait le jour et la nuit avec une assiduité infatigable ; elle priait sans cesse, ou dans le silence de son cœur sans l'entremise de la parole, ou en exprimant par la bouche les sentiments de son cœur. Lors même qu'elle filait ou qu'elle faisait quelque autre travail des mains, elle avait toujours le psautier ouvert devant elle, pour chanter les louanges de Dieu et l'avoir toujours présent à sa pensée. Il ne passait point d'années qu'elle n'allât en pèlerinage à Notre-Dame d'Oignies ; elle y obtenait toujours quelques grâces de Dieu par l'intercession de la sainte Vierge. Cette église était à une petite lieue de Nivelle, et le chemin en était fort mauvais en tout temps : Marie ne laissait pas de le faire pieds nus, même dans les plus grandes rigueurs de l'hiver. Elle ne mangeait rien durant tout ce jour et passait toute la nuit en prières dans cette église, et ne mangeait qu'à son retour, après vêpres. Elle était d'ailleurs fort accoutumée à veiller ainsi dans l'église de Willenbrok, faubourg de Nivelle, où elle demeurait ; elle y veillait en prières, par la permission des sacristains, jusqu'à ce que, ne pouvant plus résister au sommeil, elle s'appuyait la tête contre la muraille pour prendre un instant de repos. Le lit qu'elle avait chez elle, et où elle ne couchait presque jamais, ne valait guère mieux, sinon qu'il était garni d'un peu de paille.

En communication perpétuelle avec Dieu, avec ses anges et ses saints, Marie eut un grand nombre de visions surnaturelles et de révélations. Le cardinal Jacques de Vitry, son directeur spirituel en a biographe, en cite plusieurs. Elle avait reçu de Dieu un merveilleux discernement pour distinguer ce qui venait réellement de Dieu, d'avec ce qui venait de la nature ou de l'ange des ténèbres.

Elle demeura quelques années recluse à Willenbrock ; mais ne pouvant plus supporter la multitude de ceux qui venaient par dévotion la voir de Nivelle, elle pria Dieu de lui faire connaître un lieu plus favorable pour ne s'occuper que de lui seul. Elle n'en trouva point de plus propre à ce dessein que le village d'Oignies, tant à cause qu'il était fort écarté des routes que parce qu'il était pauvre ; de plus, elle y avait déjà vu quelques servantes de Dieu, avec lesquelles elle espérait le servir avec plus de ferveur encore. Elle y alla donc avec la permission de son mari, et de Gui, son beau-frère, qu'elle avait choisi pour son père spirituel, auquel elle joignit le célèbre Jacques de Vitry, qui fut depuis cardinal-évêque de Tusculum. Elle y vécut sans obstacle dans la perfection où elle aspirait. Enfin Dieu, l'ayant comblée de ses grâces avec une profusion continuelle, la fit arriver au terme qu'il lui a marqué pour finir les travaux de sa vie mortelle.

Jacques de Vitry, ayant reçu ordre du pape Innocent III d'aller prêcher la croisade contre les manichéens de l'Albigeois, fut obligé de la quitter l'année même où arriva sa mort. Elle lui prédit qu'il ne la reverrait que pour l'assister en ce dernier passage ; et elle fit son testament, lui laissant sa ceinture usée et le méchant mouchoir avec lequel elle essuyait ses larmes. Elle se consola de l'absence d'un tel directeur, par la vue de sa transmigration prochaine et par la présence de l'évêque Foulque de Toulouse, qui, chassé de son siège par les Albigeois, était venu se réfugier au pays de Liège.

Sa dernière maladie fut extrêmement longue et accompagnée de douleurs fort vives. Mais les consolations spirituelles égalaient, surpassaient même les douleurs. Pendant les trois derniers mois de sa vie, elle ne prit que onze fois de la nourriture : sa répugnance ne cessait que quand on lui faisait recevoir la sainte Eucharistie. Elle marquait néanmoins la joie de son cœur, par les hymnes et les cantiques qu'elle chantait continuellement en langue romane et en rythme ou rime. Peu de jours avant sa mort, elle fit transporter son lit dans l'église, au pied de l'autel, afin que les objets de sa piété lui fussent plus sensibles. Elle continua de chanter ses cantiques de joie, le *Magnificat* et le *Nunc dimittis*, au milieu de ses douleurs, jusqu'à ce que le dimanche, 23 juin 1213, elle rendit paisiblement son âme à Dieu, à l'âge d'environ trente-six ans (*Acta Sanct.*, 23 *junii*).

Pendant que la bienheureuse Marie d'Oignies édifiait le pays de Liège, saint Homme-Bon édifiait la ville de Crémone en Italie. Le nom de sa famille était Tucinge ; celui de Homme-Bon ou homme de bien qu'il reçut au baptême, présageait ce qu'il devait être un jour. Son père, marchand de profession, n'était ni riche ni pauvre. Le jeune Homme-Bon fut élevé dans les sentiments de la piété et dans la pratique des vertus chrétiennes. Lorsque l'âge le lui permit, il fut appliqué au commerce, sans passer par l'étude des lettres. L'Esprit de Dieu fut son guide dans tout le cours de sa vie, et il le préserva de tous les écueils où l'on voit trop souvent échouer l'innocence. Dès son enfance, il montrait une grande horreur pour l'apparence même de l'injustice, et il aurait mieux aimé perdre toute sa fortune que de commettre le moindre péché. Il voyait dans son état une occupation que Dieu lui avait donnée ; il en remplissait les devoirs par obéissance à la volonté du ciel, par justice pour lui-même, pour sa famille et pour la société dont il était membre. Ses parents lui ayant proposé de se marier, il leur obéit, et s'unit à une femme vertueuse et capable de l'aider dans le gouvernement de la maison. Il vécut avec elle dans la crainte de Dieu et dans l'observation de ses commandements, suivant les préceptes que l'apôtre donne aux personnes mariées.

Sa charité envers les pauvres ne connaissait, pour ainsi dire, point de bornes. Après la mort de son père, qui lui laissa des biens considérables, il augmenta encore ses aumônes. Il allait chercher les pauvres dans leurs cabanes, et en même temps qu'il les soulageait dans leur misère, il les exhortait à se repentir de leurs fautes et à mener une vie plus chrétienne. Sa femme lui faisait quelquefois des reproches sur ce que, par ses aumônes excessives, il appauvrissait sa famille; mais il lui répondait avec douceur que la meilleure manière de placer son argent était de le donner aux pauvres; qu'on lui faisait par là produire le centuple, comme Jésus-Christ lui-même l'avait promis. On lit dans l'auteur de sa vie, que ses immenses charités furent souvent accompagnées de miracles, et que Dieu lui accorda le don de multiplier ce qu'il avait destiné au soulagement des malheureux.

A la pratique de l'aumône, il joignait celle de l'abstinence et de la mortification. Il savait allier les devoirs de son état à l'exercice de la prière. Il y donnait un temps considérable, et lorsqu'il paraissait distrait par les occupations extérieures, il unissait son âme à Dieu par des aspirations fréquentes; en sorte que tous les lieux où il se trouvait étaient pour lui des lieux d'oraison. Tous les jours il assistait, dans l'église de Saint-Gilles, à matines, qui se disaient à minuit, et il ne se retirait que le lendemain matin après la grand'messe. Sa ferveur était si exemplaire, surtout pendant le saint sacrifice, que tous ceux qui le voyaient se sentaient pénétrés de la plus vive dévotion. Il restait quelque temps prosterné devant un crucifix, en attendant que le prêtre fût arrivé à l'autel. Ses exemples et ses discours convertirent un grand nombre de pécheurs. Il consacrait uniquement à la piété les dimanches et les fêtes, et il était en prière lorsque Dieu l'appela pour récompenser ses vertus.

Le 13 novembre 1197, il assista à matines, suivant sa coutume, et resta à genoux devant le crucifix, jusqu'à ce que le prêtre commençât la messe. Au *Gloria in excelsis*, il étendit les bras en forme de croix. Peu de temps après, il tomba le visage contre terre. Ceux qui le virent en cet état crurent qu'il s'y était mis par dévotion. Mais quand on s'aperçut qu'il ne se levait point à l'évangile, on s'approcha de lui, et on remarqua qu'il ne vivait plus.

Sicard, évêque de Crémone, après avoir constaté l'héroïsme de ses vertus et la certitude de ses miracles, se rendit à Rome avec plusieurs personnes respectables, pour solliciter sa canonisation. Le pape Innocent III le mit au nombre des saints, et publia sa bulle en 1198. Le corps du serviteur de Dieu fut levé de terre en 1356, et transféré dans la cathédrale de Crémone, mais son chef est resté dans l'église de Saint-Gilles. Le célèbre Vida, de Crémone, a composé une hymne en l'honneur de saint Homobon, patron de sa patrie (Surius, Baillet, Godescard, 13 juin).

Dans le temps où ce saint marchand donnait à Crémone l'exemple de la piété et de la charité, un noble vénitien, le bienheureux Acotanto, donnait à Venise l'exemple d'une piété et d'une charité non moins admirables. Pierre, qui était riche, n'avait ni femme ni enfants : sa famille, c'étaient les pauvres. Leur nombre et leur misère augmentaient pendant les froids et les tempêtes de l'hiver. Pierre Acotanto fut pour eux un père tendre, mais longtemps inconnu. Comme, pendant la saison mauvaise, un grand nombre de pauvres à Venise demeuraient enfermés dans leurs misérables cabanes, exposés à mourir de faim, Pierre conduisait lui-même une barque chargée de vivres, de bois et de vêtements; il allait les déposer devant les portes des malheureux, en frappant doucement pour qu'on ouvrît, et disparaissait aussitôt. Cette bonne action, réitérée souvent au milieu des ténèbres de la nuit, finit par exciter la curiosité des pauvres : ils se mirent en embuscade pour surprendre et connaître l'homme généreux qui soulageait ainsi leur infortune. Pierre se voyant pris sur le fait, exigea cependant le plus grand secret de la part de ces malheureux. Ce n'est qu'à sa mort que l'on apprit une foule de détails, non moins intéressants qu'ingénieux, touchant les œuvres de miséricorde pratiquées par ce saint homme. Sa bienheureuse mort, arrivée vers la fin du XIIe siècle, priva de leur protecteur les pauvres de cette populeuse cité; mais les miracles qui furent opérés près de son tombeau prouvèrent que ses charités lui avaient ouvert les portes du ciel. Son corps repose dans la belle église de Saint-Basile. Le pape Clément VIII a approuvé son culte (*Acta Sanct.*, 23 sept.; Godescard, 6 sept.).

Antioche de Syrie vit deux descendants des chevaliers de la croix donner les mêmes exemples de piété et de charité : c'était saint Guillaume, et son fils, saint Pérégrin. Guillaume, issu d'une noble famille, mena d'abord une vie vertueuse au milieu de la dissipation et des dangers de l'état militaire. Ayant eu un fils unique, il mit tous ses soins à l'élever chrétiennement. Persuadé que l'exemple est pour les enfants la leçon la plus sûre et la plus efficace, il se fit une loi de ne jamais le perdre de vue et de ne lui rien montrer, dans ses discours, dans sa conduite, dans tous ses sentiments, qui ne fût parfaitement conforme aux règles et à l'esprit de l'Évangile. Dieu bénit son zèle, et le jeune Pérégrin fut bientôt un modèle de toutes les vertus.

Cependant, au sortir de l'adolescence, il se sentit inspiré de faire le pèlerinage de Jérusalem. Guillaume, qui l'aimait tendrement, y consentit, mais avec peine. Parti d'Antioche avec la bénédiction de son père, Pérégrin échangea ses vêtements de soie contre un habit pauvre, sa ceinture d'or contre une corde, et fit le chemin pieds nus, pratiquant ainsi la pauvreté volontaire. Arrivé à Jérusalem, il y fut si touché de l'amour de Jésus-Christ, il se sentit une si grande dévotion pour le saint Sépulcre, qu'il résolut de ne plus quitter la ville sainte. Il entra donc dans un hôpital pour s'y consacrer au service des pauvres et des malades. Là il servait tous les pauvres de Jésus-Christ avec la même affection que s'il les avait conçus dans les entrailles de la charité. Ceux qui étaient pleins d'ulcères, les lépreux les plus dégoûtants, il les touchait, il les embrassait, comme s'il touchait et embrassait en eux Notre Seigneur lui-même. Cependant le père, ne voyant pas revenir son fils, en faisait demander des nouvelles par tous les pèlerins. N'en recevant aucune, il fit lui-même le voyage de Jérusalem pour le retrouver. Il visita soigneusement tous les saints lieux, s'informa de tous côtés, mais ne put rien découvrir. A la fin il tomba malade et fut conduit précisément dans l'hôpital où se trouvait son bien-aimé fils. Pérégrin reconnut aussitôt son père, lui prodigua les soins les plus tendres, et ayant appris de sa bouche la cause de son chagrin, il le consolait en disant que son fils vivait encore et que Dieu le lui rendrait bientôt. Le fils, voyant la maladie devenir mortelle, se fit enfin connaître à son père et lui raconta toute son histoire. Le père eut tant de joie de retrouver son fils et de l'embrasser, qu'il se leva aussitôt de son lit : il n'était plus malade.

Le pieux fils découvrit à son père le désir que depuis longtemps il nourrissait dans son cœur, de servir Dieu dans la personne des pèlerins et des pauvres. D'un commun accord ils revinrent à Antioche, vendirent leur patrimoine, qui était très-considérable, en consacrèrent une partie aux pauvres, aux églises et aux hôpitaux de cette ville; puis, avec l'autre partie, ils revinrent à Jérusalem, où ils l'employèrent au soulagement de tous les malheureux, payant les dettes des uns, donnant le vêtement et la nourriture à d'autres, pourvoyant à la sépulture chrétienne des morts. Finalement, après avoir ainsi distribué tous leurs biens, ils vinrent eux-mêmes, en habits de pèlerins et de pauvres, se réfugier à Poggia, dans le royaume de Naples, où ils terminèrent saintement leur vie et où ils sont honorés tous deux le 26 avril (*Acta Sanct.*, 26 *april.*; Godescard).

Dieu inspira dans le même temps une abnégation semblable à saint Drogon, patron des bergers. Il vint au monde dans le village d'Epinoy en Flandre. Son père et sa mère étaient nobles et riches. Il perdit l'un et l'autre avant de naître; car il fut tiré du sein de sa mère par la section césarienne. On remarqua en lui, dès son enfance, une piété singulière. A l'âge de vingt ans, il donna une partie de ses biens aux pauvres et céda le reste à ses proches, pour se consacrer plus librement au service de Jésus-Christ. Ainsi dégagé de tout attachement au monde, il se revêtit d'un cilice et d'un habit grossier; puis, à l'exemple d'Abraham, il s'éloigna de sa patrie. Après divers pèlerinages, il s'arrêta dans la bourgade de Sébourg en Hainaut, à deux lieues de Valenciennes, et se loua, en qualité de berger, à une dame de piété nommée Elisabeth de la Haire. Il choisit cet état comme le plus propre à lui fournir les moyens de pratiquer l'obéissance, l'humilité, la mortification. Il passa six ans à garder son troupeau; mais sa modestie, son amour pour la prière et ses autres vertus fixèrent sur lui les regards de tout le monde. Il était singulièrement estimé et aimé de tous ceux qui le connaissaient, et surtout de sa maîtresse. Les libéralités qu'on lui faisait allaient aux pauvres, et il leur donnait encore tout ce qu'il pouvait retrancher de son nécessaire.

La crainte de succomber à la tentation de la vaine gloire lui fit prendre le parti de quitter sa place. Il visita les lieux célèbres par la dévotion des fidèles, et alla neuf fois à Rome.

Tous ces pèlerinages, étant faits avec de saintes dispositions, furent pour lui une source de mérites. Il revenait de temps en temps à Sébourg, mais une rupture d'intestins causée par des fatigues continuelles, l'obligea enfin de rester dans ce lieu et d'y passer le reste de ses jours. Il se fit faire une petite cellule près de l'église, afin que de là il pût à tous moments adorer Dieu et se regarder comme au pied de ses autels. Il demeura ainsi renfermé l'espace de quarante-cinq ans. Toute sa nourriture consistait en un peu de pain d'orge pétri avec de la lessive. Il ne buvait que de l'eau tiède. C'était une nouvelle espèce de mortification qu'il déguisait, en disant que son infirmité exigeait un pareil régime. Il mourut à l'âge de quatre-vingt-quatre ans, le 16 avril, jour auquel l'Eglise honore sa mémoire (*Acta Sanct.*; Godescard, 16 avril).

Dans le temps, d'autres saints personnages travaillaient à propager la foi parmi les barbares, les Sclaves de Livonie. Saint Meinard, chanoine de Sigberg, poussé d'un grand zèle pour la conversion de ce peuple idolâtre, y fit plusieurs voyages pendant quelques années, avec des marchands, mais s'appliquant à un plus heureux commerce. Quand il vit que Dieu bénissait son travail et qu'il était écouté favorablement, il s'adressa à Hartwic, archevêque de Brème, et au chapitre de la cathédrale, et leur exposa l'état des choses, pour ne pas continuer sa prédication sans autorité et sans conseil. Ils lui donnèrent mission pour cette bonne œuvre, dont ils espéraient un grand fruit, et on l'ordonna évêque, afin de l'autoriser davantage. Il établit son siège à Riga, capitale du pays, où il fonda une église cathédrale sous l'invocation de la sainte Vierge, l'année 1186, et, par ses instructions, accompagnées de douceur et de libéralités, il convertit un grand nombre d'infidèles. Bertold, abbé de Luk, en Saxe, de l'ordre de Citeaux, quitta son abbaye pour aller travailler avec Meinard; il se faisait aimer des païens, principalement par son abstinence, sa modestie et sa patience. Tels furent les premiers apôtres de Livonie.

A la mort de Meinard, à qui Baronius et Pagi donnent le titre de saint, Berthold fut élu d'un commun consentement du clergé et du peuple, pour lui succéder, et, étant venu à Brème, il y fut sacré évêque. On lui donna même un revenu jusqu'à la valeur de vingt marcs d'argent. Comme les Slaves idolâtres molestaient souvent les chrétiens de leur voisinage, Berthold exhorta quelques seigneurs à se croiser pour marcher contre ces infidèles, et quelques ecclésiastiques promirent de les accompagner. Comme il n'y avait point alors de croisade pour Jérusalem, le pape Célestin III permit à ceux qui avaient fait vœu d'y aller, de se joindre à ceux qui allaient en Livonie, leur promettant la même indulgence que pour la terre sainte. Il se fit donc de toute la Saxe, de la Westphalie et de la Frise, une grande assemblée de prélats, de clercs, de chevaliers et de marchands, qui, s'étant pourvus à Lubeck de vaisseaux, d'armes et de vivres, arrivèrent jusqu'en Livonie. Mais l'évêque Berthold s'étant mis à leur tête pour marcher contre les infidèles, il tomba entre leurs mains, accompagné seulement de deux autres, et ils le tuèrent.

On le tint pour martyr, et ce qui confirma l'opinion de sa sainteté, c'est que deux jours après, comme on cherchait les morts, on trouva son corps sans corruption, quoique les autres fussent pleins de mouches et de vers. Son corps fut enterré à Riga (Arnold de Lub., l. 7, c. 8 et 9; *Auct. Aquicinet*, an 1197; *apud Baronius et Pagi*).

Quelque temps auparavant était mort Bernon, premier évêque de Schwérin; car, du temps des Othon, la résidence des évêques de cette province était à Mecklenbourg, et Bernon lui-même y avait résidé au temps du pape Adrien IV; mais la crainte des Slaves, qui avaient souvent insulté les évêques, fit transférer le siége à Schwérin. Bernon y fut donc établi le premier, par Henri le Lion, duc de Saxe. Il ne laissa pas d'être maltraité par les Barbares; il fut battu, souffleté et souvent mené avec dérision aux sacrifices des idoles. Toutefois il persévéra avec tant de fermeté, qu'il abolit l'idolâtrie, coupa les bois consacrés aux faux dieux, et, au lieu du culte de l'idole Genedract, établit celui de saint Godehard, évêque de Hildesheim. Après la mort de Bernon, on élut évêque de Schwérin, Bernard, doyen de la même Eglise (Arnold de Lub., l. 4, c. 24).

A Riga, l'évêque Berthold eut pour successeur Albert, chanoine de Brème, jeune homme, mais qui dans ses mœurs avait déjà une grande maturité. Sous son épiscopat, la religion chrétienne fit de grands progrès en Livonie. Dès l'année 1199, le pape Innocent, successeur de Célestin, en écrivit en ces termes à tous les fidèles de Saxe et de Westphalie : « Comme la discipline de l'Eglise ne souffre pas que l'on contraigne personne à croire par force, aussi le Saint-Siége donne sa protection à ceux qui croient volontairement, et exhorte les fidèles à prendre leur défense, de peur qu'ils ne se repentent d'avoir embrassé la foi et ne retournent à leurs premières erreurs. Or, nous avons appris que l'évêque Meinard, d'heureuse mémoire, étant entré en Livonie, a prêché aux peuples barbares qui adoraient des bêtes, des arbres, des eaux, des herbes et des esprits immondes, et en a converti et baptisé un grand nombre. Mais depuis, le démon a excité les païens d'alentour à les persécuter, dans le dessein d'effacer du pays la mémoire du nom chrétien. C'est pourquoi nous vous exhortons et vous enjoignons, pour la rémission de vos péchés, que, si les païens autour de l'église de Livonie ne veulent pas faire une trêve avec les chrétiens et l'observer, vous preniez à main armée la défense des chrétiens. Nous accordons à tous ceux qui ont fait vœu de venir à Rome, la commutation de leur vœu en ce voyage de Livonie, et nous les prenons tous sous notre protection. » La même lettre fut envoyée aux fidèles de Slavie et d'au delà de l'Elbe (Innoc. III, l. 2, *Epist.* 19, *aliàs* 183).

Ensuite le même Pape, sachant qu'il y avait dans la Basse-Saxe plusieurs personnes, tant ecclésiastiques que laïques, qui s'étaient croisées pour la terre sainte, mais qui, par pauvreté, faiblesse de corps ou autrement, ne pouvaient faire un si grand voyage, il les envoya en Livonie, les clercs pour prêcher la foi, les laïques pour combattre contre les infidèles. C'est ce qu'on voit par la lettre qu'il en écrivit à l'archevêque de Brème, à ses suffragants et aux autres évêques du pays, en date du 10 octobre 1204

(L. 7, *Epist.* 139). L'année suivante, l'évêque Albert de Riga institua l'ordre militaire des *Frères du Christ*, qui portaient sur leurs manteaux une épée et une croix par-dessus; ce qui les fit aussi nommer *Frères de l'épée*.

L'objet de leur institution était la défense des nouveaux chrétiens, et l'évêque leur donna la troisième partie des biens de l'Eglise de Riga. Une grande partie des peuples de Livonie se convertirent alors à la foi, et le pape Innocent en reçut la relation de l'archevêque de Lunden en Danemarck, qu'il avait fait son légat pour travailler à la conversion des infidèles. Et comme entre ces missionnaires il y avait des moines, des chanoines réguliers et d'autres religieux, le Pape leur ordonna de se vêtir tous de même, de peur que la diversité de leurs habits ne causât du scandale aux peuples qu'ils évangélisaient (*Chron. Citiz.*, an 1206; *Gesta Innocent.*, n. 127).

En Espagne, où la croisade durait depuis des siècles, les chrétiens gagnaient toujours du terrain. Alphonse Henriquez, premier roi de Portugal, mourut l'année 1185, âgé de plus de quatre-vingt-dix ans, également célèbre par son zèle pour la religion et par ses exploits contre les Maures. L'année 1189, son fils, Sanche Ier, leur enleva Silva, capitale des Algarves, à l'aide d'une flotte de croisés anglais, que le besoin de prendre des rafraîchissements avait obligés de relâcher devant Lisbonne. L'année 1191, la place est reprise avec quelques autres par le roi de Maroc. Des croisés, allemands et hollandais, qui avaient relâché sur la côte de l'Algarve, la font rentrer, en 1197, sous la domination du Portugal (*L'art de vérifier les dates;* Pagi, Hoveden, Dicet.). Ainsi les croisades, en arrêtant la domination des infidèles en Orient, affermissaient et étendaient la domination des chrétiens et au nord de l'Europe en Livonie, et au midi en Espagne. Ce qui empêcha les rois de l'Espagne proprement dite, les rois de Castille, de Léon, d'Aragon et de Navarre, d'expulser les infidèles de toute la Péninsule, c'est qu'ils n'étaient pas d'accord entre eux, et que plus d'une fois, au lieu de réunir leurs armes contre les Mahométans, qui, vers la fin du XIIe siècle, firent une nouvelle irruption d'Afrique, ils les tournaient les uns contre les autres.

La grande tâche du chef de l'Eglise était de les réunir pour la défense de la chrétienté. Ainsi, l'année 1196, le pape Célestin III envoya un légat en Espagne, qui pressa le roi d'Aragon, Alphonse II, à se joindre aux autres rois chrétiens, pour repousser l'irruption des Arabes : le Pape défendait de faire aucune alliance avec les infidèles. Docile aux remontrances du Pontife, Alphonse alla trouver lui-même les divers princes, afin de concerter avec eux une expédition générale : il avait, dans le même but, convoqué une assemblée de ses Etats à Perpignan, quand il mourut le 25 avril 1196, fort regretté de ses sujets.

Il n'était pas moins distingué par les talents de son esprit que par ses exploits militaires. Il protégea les poëtes de son temps, les troubadours, et fit lui-même des vers en langue provençale. Il eut pour successeur son fils, Pierre II, qui vint à Rome l'an 1204, et y fut couronné par le pape Innocent III, auquel il s'engagea, pour lui et pour ses successeurs, de payer annuellement deux cent cinquante pièces

LIVRE LXX. — ÉTAT DES CHRÉTIENS EN PALESTINE.

d'or (Pagi, an 1196, n. 6; *Art de vérifier les dates*).

Si, à cette époque, le premier prince de la chrétienté, l'empereur d'Allemagne, avait voulu seconder avec intelligence le chef spirituel de la chrétienté entière, la civilisation chrétienne pouvait s'étendre facilement et au Nord, et au Midi, et en Orient. Les circonstances étaient d'autant plus favorables, qu'à la mort de Saladin, arrivée l'an 1193, ses Etats furent partagés entre ses fils et son frère, et affaiblirent ainsi la puissance musulmane. Mais jamais les empereurs allemands ne comprirent l'office providentiel d'empereur chrétien-catholique, et Henri VI le comprenait moins que tout autre.

L'année 1191, il vint près de Rome avec des troupes, pour être couronné empereur. Célestin III, qui venait d'être élu pape, n'étant que diacre, différait de se faire sacrer lui-même, pour retarder le sacre du prince, dont il n'augurait pas beaucoup de bien. Mais les habitants de Rome allèrent trouver le roi et lui dirent : Faites alliance avec nous, traitez-nous comme ont fait vos prédécesseurs, et faites-nous justice de vos châteaux de Tusculum qui ne cessent point de nous inquiéter, et nous obtiendrons du Pape qu'il vous couronne. Le roi leur ayant promis ce qu'ils demandaient, ils s'adressèrent au Pape et lui dirent : « Vous voyez comme il occupe nos terres avec son armée, et ravage nos moissons, nos vignes et nos oliviers. Nous vous prions de ne pas différer plus longtemps son sacre, puisqu'il dit qu'il n'a dessein que d'honorer votre ville et d'obéir à Votre Paternité. » Le Pape se rendit à leur prière, se fit sacrer le dimanche de Pâques, 14 avril, et, le lendemain, couronna empereur Henri VI, et Constance, sa femme, impératrice. Dans le serment que le pape Célestin fit faire à Henri avant que de le couronner, il lui fit promettre de conserver intacts tous les droits de l'Eglise, d'agir selon la droite justice, de restituer ce qui aurait été enlevé au patrimoine de saint Pierre, et de lui rendre Tusculum. Ensuite, étant assis dans sa chaire pontificale, il poussa du pied la couronne impériale placée à ses pieds, et la fit tomber à terre, pour montrer qu'il avait le pouvoir de déposer l'empereur, s'il le méritait. Mais aussitôt les cardinaux prirent la couronne et la mirent sur la tête de l'empereur. Voilà du moins ce que rapporte un auteur anglais, Roger Hoveden; mais comme il est le seul qui en parle, le fait n'est guère certain (Roger Hoved., p. 689; Arnold, l. 4, c. 4).

Le mardi de Pâques, l'empereur donna au Pape la ville de Tusculum, comme il l'avait promis; et, le mercredi, le Pape la livra aux Romains, suivant le traité fait avec eux par Clément III, son prédécesseur, d'après lequel les tours et murailles devaient être démolies. Mais les Romains, dans leur vengeance, allèrent bien au delà : non-seulement ils démolirent les murailles et les tours, mais toute la ville; en sorte qu'il n'y resta pas pierre sur pierre, et qu'elle n'a jamais été rétablie. Plusieurs historiens les accusent même d'avoir maltraité les habitants, jusqu'à les mutiler et leur crever les yeux. Les malheureux Tusculans se dispersèrent dans les lieux voisins : quelques-uns, au milieu des ruines d'un des faubourgs, se firent des cabanes de feuillages, en italien *frasques*, d'où est venu le nom de Frascati, ou bourg qui est à présent la résidence de l'évêque.

Quant à l'empereur Henri VI, à peine couronné par le Pape, il marcha dans la Pouille, malgré la défense du Pape, qui était seigneur suzerain de ce pays, ainsi que de la Sicile, et avait reconnu le roi Tancrède. L'empereur donc étant entré dans la Pouille, y prit plusieurs places, entre autres Salerne, qui en était la capitale, et où il laissa l'impératrice Constance. Mais son armée étant ruinée par les maladies, il fut contraint de se retirer vers le mois de novembre. Aussitôt Tancrède reprit la plupart des places, et on lui livra Constance, qu'il envoya en Sicile, mais en la traitant avec tous les égards convenables (Muratori, *Annali d'Italia*, an 1191).

En 1192, Henri VI approuva, du moins momentanément, si même il ne commanda, le meurtre de saint Albert, évêque de Liége. La même année, il acheta de Léopold, duc d'Autriche, pour le revendre plus cher aux Anglais, le héros de la troisième croisade, le roi Richard Cœur-de-Lion. En 1194, le duc d'Autriche, excommunié par le Pape pour une action si avilissante, meurt en misérable, visiblement puni de Dieu. L'empereur, menacé de la même peine pour la même infamie, n'en est point touché : l'avarice est plus forte dans son cœur que la crainte de Dieu et l'honneur de la dignité royale.

Vers la fin de l'année 1193, le roi Tancrède de Sicile, qui, à la prière du pape Célestin, avait renvoyé généreusement à l'empereur sa femme Constance, sans aucune condition, perdit lui-même Roger, son fils aîné, qu'il avait fait couronner roi, et fit couronner à sa place Guillaume, son second fils. Mais Tancrède ne survécut pas longtemps à cette perte; et, tombé malade d'affliction, il mourut avant le mois de mai de l'année 1194, laissant pour successeur Guillaume III, encore enfant. L'empereur Henri VI entra l'été même dans la Pouille, passa en Sicile, où il se fit reconnaître roi et couronner à Palerme, le dimanche 23 octobre.

Ainsi finit le règne des Normands en Sicile, après avoir duré cent ans, depuis la conquête du comte Roger, et trente-quatre depuis que Roger II prit le nom de roi.

L'empereur célébra les fêtes de Noël 1194, à Palerme; voici de quelle manière. Il y tint une cour générale où il fit arrêter la reine Sybille, veuve de Tancrède, le jeune Guillaume, son fils, et un grand nombre d'autres, tant évêques que comtes, sous prétexte de trahison. Il fit crever les yeux aux uns, fit noyer, brûler ou pendre les autres, et envoya les autres en exil en Allemagne. Il avait engagé les Génois, par de magnifiques promesses, à lui aider dans la conquête de Sicile. Quand il en fut maître, non-seulement il ne leur accorda pas ce qu'il leur avait promis, mais il leur ôta même les privilèges dont ils jouissaient auparavant.

Cependant le pape Célestin faisait prêcher la croisade, afin de profiter des circonstances favorables qui se présentaient après la mort de Saladin, pour reprendre Jérusalem et le reste de la terre sainte. Il envoya pour cet effet des légats et des lettres dans les divers royaumes de la chrétienté. Vers la fin de novembre 1195, l'empereur Henri tint à Worms une diète à cette occasion, avec les prélats et les seigneurs, dans l'église cathédrale, pendant huit jours. Là, se trouva le cardinal Grégoire, légat du

Pape, pour prêcher la croisade. Les plus éloquents de l'assemblée parlèrent aussi chaque jour sur le même sujet, et si efficacement, qu'un grand nombre de prélats, de seigneurs et d'autres braves guerriers se croisèrent. L'empereur voulait aussi prendre la croix; mais on lui représenta qu'il était plus avantageux pour l'entreprise même qu'il demeurât chez lui et qu'il pourvût à la subsistance de l'armée dès croisés et aux recrues. D'ailleurs il était excommunié par le Pape pour avoir acheté, emprisonné, revendu et rançonné le chef de la dernière croisade, le roi d'Angleterre. On préparait donc une grande croisade d'Allemands et d'Italiens. L'empereur manda à son chancelier, l'évêque de Wurtzbourg, qui était en Italie, de travailler avec tout le soin possible à tenir toutes choses prêtes pour l'année suivante : l'argent, les vivres, les vaisseaux. L'empereur passa lui-même dans la Pouille, pour y donner ses ordres. Mais ce qui l'occupait, c'était bien moins de vaincre et de repousser les Musulmans que d'écraser les malheureux Siciliens. Il revint effectivement en Sicile l'année 1195, emmenant avec lui la reine Sybille et le jeune roi, son fils; il les tint l'un et l'autre dans une prison perpétuelle, et fit crever les yeux au jeune roi. Il envoya en Allemagne les trésors et les notabilités de Sicile ; il fit déterrer les cadavres du roi Tancrède et de son fils Roger, pour leur arracher la couronne de dessus la tête. Tel était l'empereur Henri VI. Le pape Célestin, voyant qu'au lieu d'expier sa conduite cruelle envers le roi Richard, il ajoutait des cruautés nouvelles sur d'autres rois et d'autres peuples, l'excommunia de nouveau.

Cependant ceux des croisés d'Europe qui arrivèrent les premiers en Palestine, y remportèrent une victoire signalée sur le frère de Saladin , reprirent toutes les villes de la côte de Syrie qui appartenaient encore aux Musulmans, entre autres Sidon, Laodicée, Giblet, Beyrouth; ils eurent surtout le bonheur de délivrer neuf mille captifs. Mais la division se mit ensuite parmi les vainqueurs, faute d'un chef dont l'autorité pût les réunir. Pour comble de malheur, le roi titulaire de Jérusalem, Henri, comte de Champagne, se tua par accident. Toutefois, les croisés commençaient de nouveau à s'entendre : pour consolider leur bonne intelligence, la reine Isabelle, veuve en secondes noces du dernier roi, épousa en troisièmes noces Amauri de Lusignan, roi de Chypre, et frère de Gui de Lusignan. On célébrait les noces après toutes les funérailles, lorsqu'on apprit la mort de l'empereur Henri VI et les troubles de l'Allemagne.

L'empereur Henri VI, mettant sa confiance dans ses trésors et le nombre de ses troupes, se riait des foudres de l'Eglise. Son plan était de rendre l'empire héréditaire dans sa famille, de se rendre lui-même maître de l'empire de Constantinople, de réduire les Papes mêmes à n'être plus qu'un instrument docile de la volonté impériale, et de réaliser ainsi cette maxime fondamentale de la politique de sa dynastie : L'empereur allemand est le seul propriétaire et le seul souverain du monde; les autres ne sont que ses vassaux. L'empereur allemand est la loi vivante, de laquelle seule dérivent les droits subalternes des rois et des peuples. C'est dans cette vue qu'il achetait, qu'il vendait, qu'il rançonnait et les peuples et les rois, lorsqu'il mourut à Messine le 28 septembre 1197, haï de toute la Sicile pour ses cruautés, haï même de sa femme Constance.

Comme il était encore excommunié, à cause de la capture et de l'emprisonnement du roi Richard et de la rançon qu'il en avait exigée, le pape Célestin défendit de lui donner la sépulture chrétienne, et l'archevêque de Messine fut obligé d'aller à Rome en demander la permission. Le Pape ne l'accorda qu'à condition que le roi d'Angleterre y consentirait, et que l'argent déjà payé lui serait rendu.

Le pape Célestin III, chargé d'années et d'infirmités, tomba lui-même malade vers les fêtes de Noël de la même année 1197, et mourut le 8 janvier 1198. Pour clore dignement cette série de morts illustres, sultan Saladin ; roi de Chypre, Gui de Lusignan ; roi de Jérusalem, Conrad de Monferrat ; roi de Jérusalem , Henri de Champagne ; empereur allemand des Romains, Henri VI; chef spirituel de toute la chrétienté, Célestin III ; pour clore dignement cette suite de funérailles, le roi Richard Cœur-de-Lion mourut l'année suivante 1199.

Au fond, qu'est-ce que l'histoire, surtout l'histoire des royaumes et des empires, si ce n'est un registre de la mort, un vaste registre de funérailles, où la mort nous fait voir les rois et les peuples, les hommes et les choses se précipitant les uns sur les autres dans la tombe de l'éternité ? Qu'est-ce que le monde, surtout ce qu'on appelle le grand monde, sinon un immense théâtre de la mort; un immense théâtre où la mort fait jouer la vie à des êtres d'un jour, qui vont mourir; où tous les personnages, acteurs et spectateurs, tombent et meurent, excepté la mort, qui seule demeure toujours vivante, afin de distribuer aux nouveaux mortels qui arrivent sur la scène, les rôles et les costumes des morts qui les ont précédés dans la tombe ?

LIVRE SOIXANTE ET ONZIÈME.

Pontificat d'Innocent III. — Ce que c'était que le Pape au moyen-âge.

(De l'an 1198 à l'an 1216 de l'ère chrétienne.)

§ Ier.

Commencements d'Innocent III.

Isaïe, fils d'Amos, a dit : « Il sortira une tige du tronc de Jessé; une fleur naîtra de sa racine. Et l'esprit de Jéhova reposera sur lui : esprit de sagesse et d'intelligence, esprit de conseil et de force, esprit de science et de piété; et il respirera la crainte de Jéhova. Il ne jugera point sur le rapport des yeux, il ne se vengera point sur un ouï-dire; mais il jugera les pauvres dans la justice, il vengera dans l'équité les humbles de la terre. Il frappera la terre par la verge de sa bouche; et, par le souffle de ses lèvres, il tuera l'impie. La justice sera la ceinture de ses reins, et la foi son baudrier. Le loup habitera avec l'agneau; le léopard se couchera auprès du chevreau; le veau, le lion et la brebis demeureront ensemble, et un petit enfant les conduira. La génisse et l'ours iront aux mêmes pâturages, ensemble reposeront leurs petits; le lion mangera la paille comme le bœuf. L'enfant à la mamelle se jouera dans le trou de l'aspic; et l'enfant nouvellement sevré portera sa main dans la caverne du basilic. Ils ne nuiront point, et ils ne tueront point sur toute ma montagne sainte, parce que la terre est remplie de la connaissance de Jéhova, comme la mer l'est des eaux qui la couvrent. En ce jour-là le rejeton de Jessé sera élevé pour être l'étendard des peuples; les nations accourront à lui, et son sépulcre sera glorieux (Isaïe, 11, 1-6). »

Ce qu'a prédit le fils d'Amos, nous le voyons accompli, nous le voyons s'accomplissant depuis des siècles. Ces nations redoutables, figurées dans l'Ecriture par des bêtes farouches; le Goth, le Vandale, le Hun, le Cimbre, le Teuton, le Scythe, le Lombard, le Danois, le Saxon, le Normand, nous les avons vus, nous les voyons, à mesure qu'ils entrent sur la montagne sainte, dans l'Eglise du Christ, dépouiller leur férocité naturelle, s'allier insensiblement aux populations plus civilisées de la Gaule, de l'Italie, de la Sicile, et ne faire enfin qu'une même chrétienté, dont la loi suprême est et sera, non plus la force du glaive, mais la connaissance de Dieu répandue par toute la terre. Nous avons vu, nous voyons celles de ces nations qui, comme le lion et le léopard, ne vivaient que de sang et de carnage, s'adonner à l'agriculture et vivre des fruits de la terre, comme ces nations naturellement plus traitables, figurées par le bœuf, animal de labour. Nous voyons toutes ces nations réunies sous le même étendard, la croix, se jeter pendant des siècles sur l'Asie, pour accomplir au pied de la lettre ces mots : *Et son sépulcre sera glorieux.* Et nous avons vu, et nous allons voir cette assemblée des peuples, cette armée des nations, conduite et gouvernée par un petit enfant, par un homme qui n'a d'autre arme que la parole de la foi, tout comme un troupeau de brebis est conduit par la voix et la houlette du pasteur.

Parmi toutes ces nations, deux des plus farouches étaient les Lombards et les Vandales. Or, c'est précisément de ces deux nations terribles et barbares, que descendait le Pontife plein d'aménité et de sagesse, que nous verrons gouverner la chrétienté entière, rois et peuples, sous le nom d'Innocent III. Le nom de sa famille était originairement Trasmondo; et des biographes la font remonter, d'un côté, à Trasmondo, comte de Capoue, auquel Grimoald, roi des Lombards, conféra, l'an 663, le duché de Spolète; de l'autre, à Trasmondo, fils de Genséric, roi des Vandales. La dignité de comte fut si habituelle dans cette famille, qu'avec le temps elle en prit le nom de *Conti*, ou comtes par excellence. Un rejeton de la famille des Conti, Trasmondo ou Trasimond, comte de Ségni, eut de sa femme Claricie, noble romaine, quatre fils, dont le second reçut le nom de Lothaire à son baptême.

Lothaire naquit vers l'an 1160 ou 1161. Il comptait trois cardinaux parmi ses plus proches parents. On ne sait rien ou presque rien de sa première enfance. Après avoir commencé ses études à Rome, il vint les continuer et les achever à l'université de Paris.

Depuis longtemps déjà cette capitale avait répandu au loin le bruit de sa célébrité par les maîtres qui y professaient les arts libéraux et la théologie. Toutes les sciences y étaient accueillies avec honneur et cultivées avec zèle : ce qui attirait dans cette ville les hommes qui voulaient, par des mérites supérieurs, arriver à la gloire et au crédit dans leur patrie. Paris était tellement jaloux de justifier la réputation d'une école qui embrassait toutes les branches des connaissances humaines, qu'aussitôt que Bologne eut, au milieu des applaudissements publics, joint l'étude du droit canon aux autres sciences, et qu'elle eut attiré un grand nombre de maîtres et d'étudiants, une semblable chaire fut immédiatement fondée à Paris, et l'on vit plus d'un docteur enseigner le droit canon avec les succès les plus brillants. La médecine pouvait se glorifier d'avoir produit le fameux Egidius de Corbeil, dont les ouvrages sont encore appréciés des médecins modernes (*Hist. littér. de la France*, t. XVI). Il était généralement reconnu que la jeunesse ne recevait nulle part la science ecclésiastique et tout ce qui s'y rattache, avec autant d'étendue et d'éclat qu'à Paris, et quiconque voulait se faire un nom comme théologien ne manquait pas de se rendre en cette ville. Les évêques et les papes y envoyaient des jeunes gens. Les docteurs en théologie y jouissaient d'une si haute réputation et d'un si vaste crédit, qu'ils étaient consultés sur les cas de conscience les plus difficiles, et c'était à leur décision qu'on s'en référait pour les divers débats survenus dans l'Eglise; de même qu'à Bologne on avait recours à ses docteurs sur les contestations les plus graves du droit civil et du droit canonique. Les papes eux-mêmes leur adressaient des questions de théologie et de morale, afin d'en obtenir la solution. Aussi, quand un ecclésiastique avait résolu d'une manière profonde un point quelconque de la doctrine chrétienne, on croyait avoir fait de lui l'éloge le plus pompeux, en disant : On croirait qu'il a passé toute sa vie à l'école de Paris.

Depuis le XIIe siècle, cette cité voyait affluer des jeunes gens de tous les pays chrétiens, en plus grande quantité qu'en aucun autre lieu. A peine pouvait-on trouver à se loger, et le nombre des étrangers surpassa souvent celui des habitants (*Hist. litt. de France*, t. IX). « Tout ce qu'un pays possède de plus précieux, un peuple de plus distingué, disent les écrivains contemporains; tout ce qu'une époque a jamais produit d'éminent en génie, tous les trésors de la science et toutes les richesses de la terre, tout ce qui peut procurer des jouissances à l'esprit et au corps; leçons de sagesse, gloire des belles-lettres, élévation du sentiment, délicatesse des procédés, douceur des mœurs, tout est réuni à Paris (Guill. Brit., *Philipp.*, l. 1; Architremius, poète de cette époque, dans *Bulœus*, t. II, p. 484). L'Egypte, Athènes, et toutes les villes où la science a jeté tant d'éclat, pâlissent quand elles sont mises en parallèle sous le rapport de la foule des hommes qui venaient chez elles chercher une sagesse terrestre, et qui accourent à Paris demander la sagesse céleste. Il n'est qu'une seule chose qui permette de comparer Athènes à Paris : c'est que dans Athènes, comme à Paris, les savants étaient les plus honorés (Rigord., c. 50; Albericus, p. 451). » L'enthousiasme était si grand, qu'on regardait Paris comme la source de toute sagesse, comme l'arbre de vie dans le paradis terrestre, comme le candélabre dans la maison du Seigneur. Paris, d'un autre côté, passait déjà depuis longtemps pour une ville noble, populeuse et opulente par son commerce; pour le centre de tous les peuples, la reine des nations, le trésor des princes (*Mémoire de l'Académie des Inscript.*, t. XXI, p. 179).

L'agrément et la beauté de son séjour, l'abondance de tous les biens, les honneurs rendus au clergé, le caractère aimable des citoyens, charmaient et captivaient tellement les étrangers, qu'ils y oubliaient leur patrie.

Tous ces avantages furent doublés par la paix inaltérable, la protection et la bienveillance que lui accordèrent les rois, et par les priviléges dont Louis VII enrichit son université, priviléges que son fils Philippe-Auguste augmenta encore pendant la durée d'un long règne, tant cette université était l'orgueil des princes et l'objet de leur protection spéciale. En outre, elle avait su attirer dans son sein cette multitude de savants les plus célèbres dont la gloire et le crédit rejaillissaient sur elle. On y voyait des hommes élevés aux plus hautes dignités de l'Eglise, s'honorer des fonctions de professeur; et les docteurs les plus distingués, sortir de cette école pour passer aux emplois les plus élevés dans l'Eglise, sans cependant abandonner leurs leçons, quittant les devoirs de professeurs pour remplir ceux de pasteurs. Les Papes eux-mêmes portaient avec complaisance leurs regards sur ceux d'entre eux qu'ils croyaient capables d'honorer l'Eglise par leurs talents et leurs vertus.

Les libraires, sous la direction des professeurs, fournissaient aux étudiants tous les objets nécessaires à la science; et leur commerce florissant a laissé leur nom à l'une des rues de Paris (la rue des Ecrivains). Les habitants subvenaient aux besoins d'argent, en le prêtant sur la demande par écrit des parents, ou sur toute autre espèce de garantie; les Juifs aussi, alors comme à présent, livrés à ces sortes de trafics, se prêtaient à ces transactions. Les étudiants pauvres recevaient l'instruction gratuite, au moyen de bourses fondées en leur faveur par les rois et les princes. Il régnait une grande union, également cimentée, et par les priviléges des rois, et par la part des frais que les étudiants prenaient aux funérailles et aux autres cérémonies religieuses faites pour le repos de l'âme d'un de leurs condisciples. Les maîtres de l'université prescrivaient le costume des élèves, réglaient les leçons des professeurs et les exercices des étudiants. Dès le matin les salles de classe étaient remplies : alors commençait le cours du professeur; l'après-midi était consacré aux conférences et à des lectures comparées; des répétitions terminaient la journée.

Cependant le séjour de Paris n'était pas sans dangers. Des filles de mauvaise vie, tendant des pièges, cherchaient à égarer les jeunes gens inexpérimentés ou assez faibles pour ne pas résister à leurs séductions. Cependant ceux-ci n'étaient point assez étrangers à la discipline et aux bonnes mœurs, pour ne pas s'associer eux-mêmes aux moyens de repousser de pareilles attaques. Ainsi, lorsque plus tard on bâtit le couvent de Saint-Antoine, pour chasser les filles de mauvaise vie de ce quartier, les étudiants y contribuèrent pour deux cents livres, parce qu'ils étaient las des embûches qu'elles leur tendaient. Un autre péril, c'était le luxe qui provoquait la débauche. Des repas, pris dans le cercle d'amis, faisaient oublier quelquefois aux étudiants le but élevé de leur présence dans la capitale. L'étudiant abaissait dédaigneusement ses regards sur le bourgeois, qu'il regardait comme très-inférieur à lui, et cette fierté, trop commune à la jeunesse, engendrait souvent des querelles, d'abord de peu d'importance, mais qui finissaient souvent, comme il arrive encore de nos jours en Allemagne, par dégénérer en rixes sanglantes. A côté des éloges prodigués par ceux qui ne voyaient que l'éclat des sciences, s'élevait la plainte de ceux qui regardaient la pureté des mœurs comme le plus bel ornement et le plus grand bien de la jeunesse. « O Paris, s'écriait avec douleur Pierre de Celle, ô Paris, repaire de tous les vices, source de tous les crimes, flèche de l'enfer; hélas! comme tu perces le cœur des insensés (Petr. Cell., l. 4, *Epist.* 10)! »

La contention d'esprit avec laquelle on voulait pénétrer dans le sanctuaire de cette science que la raison de l'homme peut atteindre seulement par l'humilité de la foi, et qui le jette dans un excès d'orgueil lorsqu'il ne peut en expliquer les secrets, conduisit souvent dans des aberrations les plus désolantes, décorées du beau nom de commentaires et d'interprétation. On se plaignait également que des jeunes gens promus aux fonctions de professeurs, osassent enseigner des doctrines perverses. De là la défense d'enseigner la théologie avant l'âge de trente-cinq ans.

Les fils des rois et les princes venaient à Paris puiser les connaissances sans lesquelles ils ne croyaient pouvoir ni moissonner les lauriers de la victoire dans les camps et les combats, ni goûter les doux fruits de la paix au sein de leur cour. Le margrave de Monferrat, un landgrave allemand, un consul et des sénateurs de Rome recommandaient à Louis VII les fils qu'ils envoyaient à Paris. La plupart des grands, en France d'abord, ensuite ceux des autres royaumes de l'Europe chrétienne, suivirent aussi cet exemple, qui ne fut pas sans influence sur le développement moral et intellectuel de ceux avec lesquels ils se trouvèrent en contact (Duchesne, t. IV; *Hist. littér. de la France*, t. IX). Déjà, dès les temps antérieurs, les hauts personnages de l'Eglise avaient posé dans Paris les fondements de leur science et de leur vertu. Mais ce fut surtout à cette époque qu'on vit augmenter le nombre de tels hommes, qui venaient à Paris se préparer à leur haute destinée. C'étaient, d'une part, des papes, qui ornèrent la chaire de saint Pierre par leur dignité, par la profondeur de leurs vues et la grandeur de leur courage : tels que Célestin II, Adrien IV, Alexandre III. C'étaient, d'autre part, les cardinaux qui les environnaient de toutes les lumières de leur sagesse et de leur expérience dans toutes les affaires; des patriarches, en qui l'Orient pouvait reconnaître l'austérité de l'Eglise plus libre en Occident; des archevêques, qui éclairaient leurs nombreux troupeaux de leurs vastes lumières; des évêques, qui entraient dans le devoir de leur charge avec la conscience de sa grandeur, et enfin de pieux abbés, placés à la tête des monastères les plus célèbres. Paris était de plus en plus regardé comme cette école féconde, ce foyer lumineux dont les rayons se projetaient sur toute la terre. C'était à Paris que se cimentaient ces amitiés dont les liens solides coopérèrent si efficacement à cette grande union qui anima l'Europe entière, et qui étendit son heureuse influence sur chaque pays en particulier. La civilisation française, la magnificence du culte, le zèle de la science et l'amour des arts furent portés, par cette institutrice du monde, comme l'appelle un poète contemporain, dans tous les royaumes d'Occident (Guill. Brit., *Philipp.*).

Tous ceux que les avantages de la fortune ou de la naissance, ou d'heureuses dispositions rendaient capables d'obtenir et d'occuper dignement les hautes dignités de l'Eglise, semblaient se donner rendez-vous à cette source de la science : *Fons totius scientiæ* (*Biblioth. Cisterc.*), et le nombre des étudiants, ainsi que celui des bourgeois, était infini. Dans tous les pays de l'Europe, personne ne croyait pouvoir prétendre à quelque considération dans sa patrie, s'il n'avait passé sa jeunesse à Paris et suivi les leçons des maîtres de l'université (Vincent Bellov., *Spec.*, l. 2, c. 123). Sans parler des évêques français, dont plusieurs avaient passé des bancs de disciples aux chaires de professeurs, un grand nombre de prélats des autres royaumes avaient également étudié dans cette université. Le pape Alexandre III y envoya d'Italie toute une troupe de jeunes ecclésiastiques; Venise y fit aller ces hommes qui, plus tard, parvinrent au plus haut degré d'illustration. Les Anglais se plaignaient qu'Oxford fût désert, et Paris grandissait à mesure que cette université tombait sous les coups dont la frappait un pouvoir hostile, et sous l'oppression que Henri II faisait peser sur le clergé. On y comptait des Allemands aussi distingués par leur naissance et leur rang que par la supériorité de leur génie et de leurs talents : tel fut Othon de Frisingue. Quelques Danois, attirés par les souvenirs du temps des Normands, s'y rendirent d'abord; bientôt des établissements furent fondés pour assurer l'entretien d'un plus grand nombre d'entre eux. Depuis qu'Absalom, archevêque de Lunden, fut venu à Paris comme ambassadeur de Danemarck, l'an 1190, et eut établi une alliance spirituelle entre les deux pays, en envoyant dans sa patrie quelques chanoines de Sainte-Geneviève, cette espèce de commerce scientifique continua à se maintenir, et le nombre des jeunes Danois qui étudiaient à Paris s'augmenta encore, lorsqu'un mariage entre les deux maisons régnantes vint unir plus étroitement les deux pays. Si le Danemarck envoya à Paris un membre de la famille royale, le prince Waldemar, qui mourut chanoine de Sainte-Geneviève (Steph. Tornae., *Epist.*), la Hongrie y envoya aussi un fils de roi. Les Suédois ne regardaient pas non plus comme très-éloigné pour eux ce centre de la culture européenne. Les Slavons mêmes cessèrent de lui être étrangers; car nous voyons Ives, évêque de Cracovie, venir de la Pologne chercher à Paris l'instruction qu'il n'aurait pu se procurer dans sa patrie (Gerv., abb. Præmonst., *Epist.* 95).

Telle était, vers la fin de l'an 1180, la situation de l'université de Paris, lorsque Lothaire y arriva. Parmi le grand nombre de professeurs étrangers ou tirés de la bourgeoisie de cette ville, il est probable que Lothaire suivit de préférence le cours de Pierre, chantre de la cathédrale et savant estimé pour la pureté de sa doctrine (*Hist. littér. de la France*, t. XV). A cette même époque s'y trouvait aussi Pierre de Poitiers, qui suivant l'exemple de son maître, Pierre Lombard, enseigna pendant trente-huit ans la théologie avec succès, et l'enrichit de toutes les subtilités de la dialectique aristotélicienne (*Ibid.*). Le fameux Mélior de Pise y occupait aussi une chaire de docteur; et, comme la plupart des savants de cette époque, il joignait de vastes connaissances à une grande expérience dans les affaires, et fut élevé par Lucius III jusqu'à la dignité de cardinal (*Ibid.*, t. XVI). Il est vraisemblable que Pierre Comestor, ainsi nommé parce qu'il semblait dévorer les livres, chancelier de l'Eglise de Paris, n'avait point encore quitté le professorat pour s'ensevelir dans la retraite et se préparer à entrer ensuite avec honneur dans cette université où tous devaient recevoir le complément de leur instruction (Hurter, *Innocent III et son siècle*, traduit par l'abbé Jager, t. I).

De tous les professeurs, Lothaire s'attacha particulièrement à Pierre de Corbeil, et ce furent les leçons de ce savant qui eurent le plus d'influence sur la direction et le développement de son esprit. Il était aussi célèbre par ses connaissances en théologie, qu'estimé pour sa probité et la pureté de ses mœurs. Le roi Philippe-Auguste, qui savait estimer l'une et l'autre qualité, l'envoya à plusieurs reprises en ambassade à Rome. Sa sagacité et la finesse de ses reparties rendaient également sa société agréable au prince.

Lothaire se rappela toujours avec plaisir et reconnaissance le temps qu'il avait passé en France, et le profit qu'il avait tiré de son séjour à l'université de Paris. Il regarde constamment cette dernière comme sa mère spirituelle, il la prend sous sa protection particulière, lui accorde plusieurs privilèges, rend plusieurs décrets propres à augmenter sa prospérité, et lui recommande la stricte observation de ses règlements. Quelques années avant sa mort, il envoya en France le cardinal Robert Courçon, en qualité de légat, avec plein pouvoir de confirmer en son nom les droits de l'école, et de la doter d'utiles institutions, dont il déclare l'inviolabilité en vertu de son omnipotence pontificale.

Les études de Lothaire à Paris embrassaient surtout l'Écriture sainte, le mode d'explication usité à cette époque, et son application aux discours destinés au clergé et au peuple; le système doctrinal de l'école avec ses profondes subtilités, dont plusieurs étonnent plus par leur finesse qu'elles ne parlent au cœur; enfin la connaissance de tout ce qui, dans les siècles précédents, avait été écrit ou pensé par les hommes les plus éclairés sur le christianisme, comme règle de conduite et de salut. Il ne négligea pas non plus l'étude de la sagesse humaine. Il donna la préférence au livre *des Consolations*, de Boèce, devenu le manuel d'un grand nombre d'hommes d'État et de savants du moyen-âge. Il possédait également l'histoire ecclésiastique, ainsi que celle des empereurs sous le règne desquels le christianisme, se propageant au milieu des persécutions, affermit son organisation intérieure, et se prépara aux grands événements dans lesquels il devait remplir un rôle si important pour le monde entier. Non-seulement il connaissait ce que l'Écriture sainte nous rapporte de l'histoire du peuple juif, mais il avait fait aussi une étude spéciale des ouvrages de l'historien Josèphe. Il paraît qu'il lisait les auteurs grecs dans leur langue originale, et qu'il se délassait, par la lecture des poètes anciens, des fatigues du gouvernement; ce qui l'engagea sans doute à faire quelques essais dans la poésie.

Nous savons que la plupart des grands hommes qui, sous le pontificat d'Innocent, occupèrent les sièges épiscopaux les plus distingués du monde chrétien, avaient passé les années de leur jeunesse à Paris; mais nous ignorons s'ils ont été liés d'amitié avec le jeune comte de Ségni. Tels sont : Etienne de Langton, que ce Pape éleva à l'archevêché de Cantorbéry, en 1206, et qui fut maintenu sur ce siège par l'autorité du chef de l'Église, contre la puissance du roi d'Angleterre; en France, Guillaume, évêque de Langres, de la maison de Joinville, et Frédéric, évêque de Châlon. Le plus grand nombre des évêques d'Allemagne, contemporains de Lothaire, avaient aussi fait leurs études à Paris. Pierre, fils de Sunon et neveu de l'archevêque Absalom, promu dans la suite à l'évêché de Rotschild, avait séjourné à Paris à la même époque. Gauner, évêque de Wiborg, n'avait que huit ans de plus que Lothaire. A l'exemple de plusieurs autres Danois, il était venu chercher en France ce qu'il n'avait pu trouver dans sa patrie. Walter de Vogelweide, célèbre poète allemand, avait aussi passé quelques années à Paris, et, vraisemblablement, au même temps que Lothaire.

Entre ses nombreux condisciples, Lothaire lia surtout amitié avec Robert de Courçon, Anglais de nation, qui joignait à un esprit cultivé cette douceur de mœurs et cette aménité de manières si propres à unir deux cœurs qui se conviennent. Leur amitié ne se refroidit jamais, même au milieu des vicissitudes inséparables de la vie.

Pendant son séjour à Paris, Lothaire alla faire un pèlerinage au tombeau de saint Thomas de Cantorbéry, de ce généreux athlète qui avait combattu jusqu'à la mort pour la liberté et les droits de l'Église. De quel sentiment dut-il être pénétré devant les dépouilles mortelles d'un homme élevé au rang de bienheureux, lui dont les convictions et la fermeté trouvaient tant de sympathie dans celles de ce grand archevêque! Quelle solidité dut acquérir cette vocation à laquelle il se sentait appelé, d'être tout pour l'Église et pour l'Église! Quelle impression dut faire sur Lothaire ce pèlerinage et l'exemple encore vivant qui s'offrait à ses regards dans la personne d'Alexandre III, et celui de ces hommes qui, animés de la même volonté, avaient résolu de consacrer leurs forces et leur vie entière à l'exécution d'un même dessein!

De Paris, Lothaire se rendit à Bologne. Là florissaient depuis longtemps des écoles de droit, où l'on accourait de toute l'Italie et des pays les plus éloignés. L'école du droit romain y était fameuse : depuis le décret de Gratien, l'enseignement du droit canon y devint plus fameux encore. Le droit romain n'avait de crédit que dans le lieu qui l'avait vu naître et où il n'avait jamais été entièrement abandonné, et selon la mesure d'importance que lui avait donnée la puissance de l'empereur. Le droit canon, au contraire, était suivi dans tous les royaumes soumis au Pape comme chef de l'Église. Partout il se rencontrait des cas sur lesquels il fallait le consulter; c'était par lui qu'on s'ouvrait le chemin aux honneurs et aux dignités; partout on recherchait les hommes versés dans cette science et dans son application; et tous les pays, à l'envi, se procurèrent un nombre infini d'exemplaires du recueil de Gratien, aussitôt qu'il fut revêtu de la sanction pontificale. Déjà, avant ce temps, une foule de jeunes gens, et même, ce qui n'était pas rare alors, d'hommes promus aux charges supérieures de l'Église, accouraient aux cours de Bologne; mais, quelques années après le séjour de Lothaire dans cette cité, le nombre des étudiants s'éleva jusqu'à dix mille, de toutes les nations de l'Europe.

Revenu de Bologne à Rome, Lothaire fut premièrement chanoine de Saint-Pierre. Le pape Grégoire VIII l'ordonna sous-diacre : Clément III, qui était son oncle maternel, le fit cardinal-diacre de Saint-Serge, qui avait été son titre à lui-même.

Sévère dans ses mœurs, simple dans ses habitudes, Lothaire était le censeur le plus inexorable du luxe et de la volupté. Pauvre au milieu des grandeurs, il surpassait les cardinaux par les trésors de son esprit et les richesses de son cœur. Il mettait à profit tous les loisirs que lui laissaient ses devoirs envers l'Eglise, les affaires de la papauté et ses incommodités naturelles, pour agrandir le cercle de connaissances, et pour composer plusieurs ouvrages qui attestent de leur étendue. Le principal est son livre *Sur les misères de la vie humaine*, autrement, *Du mépris du monde*.

On y reconnaît une de ces grandes âmes que Dieu élève au-dessus du monde et au-dessus d'elles-mêmes, pour juger leur siècle et le genre humain. Des hommes de ce caractère sont les colonnes sur lesquelles la société repose, et sans lesquelles elle tomberait en ruine. Ils sont le sel qui préserve la terre de la corruption. Partout où ils se trouvent, ils sont toujours à leur place ; partout où leur action se fait sentir, là tout reçoit l'impulsion de l'élément spirituel qui est leur force. Ils se dévouent sans restriction à tout ce qu'ils ont entrepris. Ils combattent pour la stabilité au centre d'une sphère constamment mobile, et pour l'indivisible unité au foyer de cet isolement où tous les phénomènes n'apparaissent que pour se déchirer ; et ce que le vieux stoïcisme cherchait en lui-même, leur est offert avec plénitude et vérité dans cette union rétablie avec Dieu, à laquelle Jésus-Christ a rendu le genre humain (Hurter, l. 1).

Dans son livre *Sur les misères de la vie humaine*, on croirait, plus d'une fois, entendre Job ou Jérémie déplorant la misère physique, intellectuelle et morale de l'homme.

« Quoi donc ! s'écrie-t-il en mêlant les accents de sa plainte à ceux de Job ; pourquoi ma mère n'a-t-elle pas été mon tombeau ! car l'affliction est l'héritage de l'homme. Pétri de boue, engendré dans le péché, né pour le châtiment, il fait le mal qu'il n'aurait jamais dû connaître ; il commet des actions honteuses qui le déshonorent, court après la vanité qui ne lui sert de rien, et devient la pâture des vers et la proie de la pourriture. Les oiseaux et les poissons sont formés d'une substance plus noble que celle de l'homme, qui n'a rien de supérieur aux quadrupèdes. Avant qu'il puisse pécher, il est déjà enchaîné dans les liens du péché : impure est sa conception ; impure la nourriture qu'il prend dans le sein de sa mère. Un grand nombre naissent avec des difformités, des défauts, sans connaissance, sans parole, sans vertus ; tous, faibles, défectueux, plus dénués de secours que les animaux. O heureux ceux qui meurent avant d'avoir vécu ! Nous entrons dans la vie au milieu des douleurs et des gémissements, sans aménité et au-dessous des arbres et de l'herbe des champs qui répandent au loin un parfum agréable. Les jours de la vie sont toujours trop courts. Peu arrivent à quarante ans, très-peu à soixante ; et que d'infirmités de corps et d'esprit sont réservées au vieillard !

» De combien de peines la vie n'est-elle pas surchargée ! Veux-tu parvenir à la sagesse ou à la science ? Alors les veilles, les fatigues et les travaux sont ton partage ; et encore ce n'est qu'avec peine que tu pourras acquérir quelques connaissances. Dieu a donné à l'homme une raison qui conçoit clairement, mais il en abuse pour s'enfoncer dans des subtilités infinies. Ne voyez-vous pas les mortels aller çà et là, parcourant les sentiers et les routes, les montagnes et les vallées, les terres et les mers ? Comme ils méditent, comme ils s'appliquent, comme ils entreprennent, comme ils exécutent, comme ils se querellent pour un avantage temporel ! quelle inquiétude intérieure leur ronge le cœur ! Le riche et le pauvre, le maître et le serviteur, celui qui est engagé dans les liens du mariage comme celui qui ne l'est pas ; tous, en un mot, sont tourmentés de diverses manières. — Ainsi le malheur et la peine se groupent autour de l'homme de bien comme autour du méchant ; avec cette différence que le premier crucifie sa chair avec ses vices et ses convoitises. Il sait qu'il n'a point de cité permanente ici-bas ; mais il s'élève vers la cité éternelle, il regarde le monde comme un lieu de captivité et d'exil, et son corps comme une prison.

» La vie est une milice environnée d'ennemis et de périls. Quel est l'homme qui a passé un seul jour dans une joie pure, sans aucun reproche de conscience, sans aucune émotion de colère, sans aucun mouvement de concupiscence ? Avec quelle rapidité la peine succède au plaisir, et la tristesse à la joie ! La mort nous menace sans cesse ; les songes nous effraient ; les visions jettent en nous la confusion. Nous tremblons pour nos amis et nos parents. L'infortune nous frappe de ses coups avant que nous ayons pu nous y attendre. Le malheur arrive comme un torrent ; la maladie nous surprend, et la mort vient trancher le fil de nos jours. Les siècles n'ont pas suffi à la médecine pour sonder tous les genres de douleurs auxquelles l'homme fragile est condamné. De jour en jour la nature humaine devient plus corrompue. L'univers et notre corps, qui en est l'image, vieillissent.

» La misère morale n'est pas moins grande. L'homme est travaillé par trois passions principales : la soif des richesses, la concupiscence et l'ambition. Rien de plus odieux que la cupidité. Là, on ne voit que les personnes et non pas les choses ; ici la justice se vend à prix d'argent ; ailleurs, les frais de procédure coûtent plus que la sentence de la justice. Le cupide est insatiable ; ses soucis continuels le rongent ; il est pauvre au milieu de ses trésors ; il est sans compassion ; il est ennemi de Dieu, du prochain, de lui-même.

» De l'eau et du pain, un abri et un vêtement, voilà tout ce qui est nécessaire à l'homme. Mais que de choses y ont été ajoutées par la convoitise ! Les fruits de l'arbre, les légumes divers, les racines d'herbes, les poissons de mer, les animaux de la terre, les oiseaux du ciel ne suffisent plus à notre sensualité. On recherche les sucs et les épices ; on engraisse la volaille ; on donne tous les soins à la cuisine. Les serviteurs doivent apprêter tout ce qu'il y a de plus délicat. Ici l'un broie et filtre ; là un autre mélange et compose ; on convertit la substance pure en substance artificielle, et la nature en art. La satiété doit faire place à la faim, et le dégoût au désir de manger, et tout cela, non pour le soutien de la nature et pour les besoins de la vie, mais simplement pour caresser le palais et flatter la concupiscence : aussi il en résulte qu'il n'y a plus ni santé ni vie, mais maladie et mort.

» D'autres mettent toutes leurs pensées à acquérir la gloire et la faveur des hommes. Pour parvenir aux honneurs, ils ont à la bouche les paroles les plus flatteuses; ils prient et promettent; ils font des présents; ils cherchent par mille voies détournées les places qu'ils n'eussent pu obtenir par la voie droite; ou bien ils s'en emparent de force, comptant sur l'appui de leurs amis, sur la protection de leurs parents. Mais, hélas! ô grandes dignités! quel fardeau! L'ambitieux est-il arrivé au sommet de l'honneur, alors son orgueil ne connaît plus de bornes, et son arrogance plus de frein. Il se croit d'autant meilleur qu'il est plus élevé. Il dédaigne les amis du temps passé, il ne connaît plus ceux d'hier et méprise ceux d'avant-hier; il regarde de côté, élève la tête; il s'abaisse sur sa poitrine; il parle avec hauteur, il médite de grandes choses. Il est un ennemi pour ses supérieurs, et un fardeau pour ses inférieurs. Hardi et téméraire, rempli de jactance et de prétentions, il est fatigant et ennuyeux. L'orgueil qui a détrôné Satan, et jeté Nabuchodonosor dans un excès d'humiliation, déplait à celui qui seul est grand.

» Cependant notre vie est pleine de péchés mortels, et à peine rencontre-t-on un homme qui ne s'écarte du sentier de la justice. Alors vient l'angoisse de la mort, et, avant même que l'âme quitte la prison de son corps, le bon comme le méchant contemple le Christ sur la croix; celui-ci pour sa confusion, et celui-là pour sa justification.

» Ce n'est qu'à regret que l'âme se sépare du corps. La mort et la pourriture font horreur. A quoi servent alors les trésors, les festins, les plaisirs de la vie et les honneurs? Vient alors le ver qui ne meurt point, le feu qui ne s'éteint jamais. C'est en vain que les damnés veulent faire pénitence. Leurs châtiments, sans doute, sont différents, mais leur angoisse est également inexprimable. Là, chaque membre subira une peine spéciale due au crime qu'il aura commis. Jamais ces tourments n'obtiendront un terme. Ne dites pas : *La miséricorde de Dieu est infinie, et sa colère ne sera pas éternelle; Dieu ne punira pas pendant toute une éternité l'homme qui a péché pendant quelques instants.* Folle espérance, fausse persuasion! il n'y a plus de délivrance dans les enfers : le mal, comme penchant, restera, quoiqu'il ne puisse plus être mis en action. Ils maudiront l'Eternel, et leur crime, comme le châtiment, renaîtra sans cesse. Pensez donc aux terreurs du grand jugement, aux signes précurseurs de l'avénement du juge, à sa puissance, à sa sagesse, à sa justice. Qui pourrait ne pas redouter ce jour où il faudra rendre un compte si sévère? Alors les richesses et les dignités seront impuissantes à nous défendre et à nous protéger. Dans ce grand jour de la visite, à qui l'homme s'adressera-t-il pour trouver un appui? Chacun sera chargé de son propre fardeau. O jugement formidable! où il faudra répondre non-seulement de toutes ses actions, mais même d'une parole inutile. Là, il y aura des pleurs, des grincements de dents, de la terreur et de l'effroi, des ténèbres et de l'obscurité, de la misère et de la privation, de la douleur et de l'angoisse, des tourments et des tortures, de la faim et de la soif,

de la chaleur et du froid, du soufre et du feu pour toujours. Que le Dieu béni dans l'éternité nous préserve d'un tel malheur (Im., *De contemptu mundi*; Hurter, t. I, l. 1)! »

Ce que Platon exigeait, comme essentiel, des futurs magistrats ou pasteurs de sa république, c'est qu'ils connussent bien l'Etre éternel, immuable, le bien suprême, Dieu, en un mot, et son céleste gouvernement, pour conformer à ce divin modèle le gouvernement de la terre; qu'ils s'appliquassent tellement aux choses divines, qu'ils devinssent divins eux-mêmes, autant que cela est possible à l'homme, ce sont ses paroles (Plato, *De Repub.*, l. 5 et 6), ajoutant qu'il n'y aurait point de salut pour le monde, tant que les philosophes de cette nature ne le gouverneraient pas, ou que ceux qui le gouvernent ne seraient pas de ces philosophes (*Ibid.*, l. 6). Ces conditions imaginées par Platon pour sa république idéale, nous les voyons remplies, et au delà, par le cardinal Lothaire. Quant au gouvernement divin que Dieu lui-même a établi dans son Eglise, voici comme Lothaire en parle dans les écrits qu'il composa avant son élection :

« Jésus-Christ a établi un seul de ses apôtres, Pierre, prince des autres apôtres. Il lui a donné la primauté avant sa mort, pendant sa passion et après sa résurrection. Tous les pontifes sont appelés à partager les soins du troupeau : mais le Pape seul a été appelé à la plénitude du pouvoir. Il y a un grand mystère dans la réponse que fit Pierre à Jésus-Christ, après cette question adressée à tous les apôtres en commun : *Que disent les hommes de moi?* Pierre répondit : *Vous êtes le Christ, le Fils du Dieu vivant!* Jésus-Christ lui apparut le premier après sa résurrection, et ensuite aux autres apôtres, et enfin aux cinq cents assemblés (*De mysterio missæ*). C'est pour cela que le Pape ne reconnaît point de supérieur après Dieu; il ne veille pas seulement sur l'Eglise de Rome, mais sur toutes les autres Eglises. Il existe entre lui et cette Eglise romaine un lien si indissoluble, que la mort seule peut le briser. Le Seigneur seul est son juge. Il ne peut être déposé, si ce n'est pour cause d'hérésie (*In consecr. Rom. Pont.*, *Serm. III*). Il est surtout le sel de la terre; mais qui peut le rejeter et le fouler aux pieds? Cependant, malheur à lui, s'il se faisait illusion sur sa grandeur et sur l'excellence de sa dignité; car moins il peut être jugé par les hommes, plus il sera sévèrement jugé de Dieu. Aussi a-t-il besoin des prières de ses frères et de ses fils, afin que sa foi ne chancelle point; que Jésus-Christ le soutienne pour la gloire de son nom, pour le bien de l'Eglise universelle et pour son propre salut (*Ibid.*, *Serm. IV*).

» Ce n'est pas la haute position, mais le mérite intérieur, ce n'est pas la dignité, mais une conduite irréprochable qui rend homme de bien (*De contemptu mundi*, l. 2, c. 30). Que le pasteur de l'Eglise universelle se souvienne sans cesse qu'il ne doit point porter les clés de la puissance, sans porter les clés de la sagesse. L'une et l'autre clés étaient nécessaires à saint Pierre, auquel il fut dit : *Tout ce que tu lieras sur la terre sera lié dans les cieux, et tout ce que tu délieras sur la terre sera délié dans les cieux.* Aujourd'hui, Rome est plus élevée par la puissance apostolique de celui qu'elle se glorifie d'avoir pour patron, qu'elle ne l'était autrefois par la puissance les empereurs. Elle est devenue l'institutrice de la vérité, elle qui était autrefois la capitale de l'erreur, et l'empereur romain lui-même est soumis à son autorité. Elle a vu briller la splendeur de la puissance terrestre, et maintenant elle voit briller, d'un éclat pur encore, la gloire de la puissance céleste (*In festo SS. Petri et Pauli, Serm. I*)! »

Le pape Célestin III étant tombé malade vers la fête de Noël 1197, fit venir devant lui tous les cardinaux, et leur ordonna de traiter ensemble du choix de son successeur. Lui-même faisait son possible pour faire élire le cardinal Jean de Saint-Paul, de la maison de Colonna, ayant une grande confiance en sa vertu, sa sagesse et sa justice; car il le préférait tellement à tous les autres, qu'il l'avait fait son vicaire-général pour l'exercice de toutes les fonctions, excepté la consécration des évêques, qui appartenait à l'évêque d'Ostie. Célestin offrit même de se démettre du pontificat, si les cardinaux s'accordaient à élire Jean de Saint-Paul. Mais ils répondirent tous d'une voix qu'ils ne l'éliraient point conditionnellement, et qu'il était inouï que le Pape donnât sa démission. Leur raison était que l'élection devait être libre et absolue. La raison était bonne, quoique ce ne fût peut-être qu'un prétexte pour quelques-uns, qui espéraient devenir papes euxmêmes (Roger Hoveden, p. 774).

Le pape Célestin mourut le 8 janvier 1198. Le Saint-Siège ne vaqua que quelques heures. Célestin, étant mort la nuit, fut enterré le matin. Cependant une partie des cardinaux s'assemblèrent dans un monastère nommé *Septa Solis*, pour y traiter de l'élection du successeur avec plus de liberté et de sûreté. Les autres assistaient aux funérailles : du nombre de ces derniers était le cardinal Lothaire. Les funérailles ayant été terminées solennellement, ces cardinaux allèrent se joindre aux autres. Ils assistèrent tous ensemble, et seuls, à la messe du Saint-Esprit. Ensuite, s'étant assis, ils se prosternèrent tous à terre et se donnèrent l'un à l'autre le baiser de paix. On fit une exhortation; ensuite, conformément à la coutume, on choisit des scrutateurs, lesquels, ayant pris les suffrages de chacun en particulier et les ayant mis par écrit, en firent leur rapport aux cardinaux. La plupart des voix furent pour le cardinal Lothaire, quoiqu'on en eût aussi désigné trois autres. Mais on disputa quelque peu sur son âge; car il n'avait encore que trente-sept ans. A la fin, tous les cardinaux s'accordèrent à l'élire, en considération de ses bonnes mœurs et de sa doctrine. Mais une difficulté se rencontra, ce fut la résistance de Lothaire.

Déjà auparavant, dans son ouvrage sur le mépris du monde, il avait fait entendre les accents de la douleur sur le triste sort des grands de la terre.

« Dès que l'homme s'est élevé au faîte des grandeurs, il a doublé ses peines et multiplié ses inquiétudes; il diminue les jeûnes et prolonge les veilles qui ruinent le corps et affaiblissent l'esprit. Le sommeil et la faim s'enfuient; les forces se perdent, le corps dépérit, et une triste fin termine une triste vie. Que dirons-nous maintenant des dignités supérieures de l'Eglise? Quelle responsabilité, s'il y a négligence! quelle peine, elle surpasse les forces de l'homme, pour s'appliquer à tout, pour régler, coordonner et maintenir tout ce qui existe! Quelle charge! Avoir le premier rang sur ceux qui sont supérieurs par leur âge, leurs dignités ecclésiastiques et leurs lumières! et lui le plus jeune de tous (*De contemptu mundi*, et l. 1, *Epist.* 1). »

Lothaire se voyant donc élu pour être le chef de l'Eglise et du monde, pleurait, suppliait, résistait, mais les cardinaux persistèrent dans leur choix. Et le premier des cardinaux-diacres, le vieux cardinal Gratien, s'approcha de Lothaire, le revêtit de la chape rouge et le salua du nom d'Innocent.

Tout le clergé romain et le peuple attendaient hors de l'église; on leur fit connaître celui que les cardinaux avaient jugé digne de succéder à Célestin et de s'asseoir sur la Chaire de saint Pierre. L'air retentit de cris de joie, et les cardinaux, le clergé et le peuple accompagnèrent le nouvel élu à la basilique de Saint-Jean de Latran, la mère et la première de toutes les églises de la ville et de l'univers. Cette église, bâtie par Constantin et enrichie de sculptures et de métaux précieux, s'élève comme un dôme en or, au milieu de la ville de Rome.

Appuyé sur deux cardinaux, Lothaire s'avançait vers l'autel pour aller se jeter en présence de l'Eternel, pendant que le *Te Deum*, entonné par ses collègues et le chœur, était répété par tous les échos du dôme. Ils le placèrent ensuite sur le trône pontifical; là ils se prosternèrent à ses pieds et reçurent le baiser de paix. De ce trône d'honneur et de puissance, le nouvel élu devait immédiatement descendre et s'asseoir sur la pierre placée devant la grande porte de la basilique et qu'on appelle *sedes stercoraria* (1) ou siège de boue, afin d'accomplir cette parole du prophète : *Il relève l'indigent de la poussière et retire le pauvre de la boue pour le placer à côté des princes, à côté des princes de son peuple* (Psalm. 112). Là il reçut, des mains du cardinalcamerlingue, trois poignées d'argent, qu'il répandit en répétant ces paroles de l'Apôtre : *Je n'ai ni or ni argent, mais ce que je possède, je te le donne* (Act. 3, 6). Après cette cérémonie, le prieur de la basilique s'approcha de lui avec un cardinal, et le conduisit, pendant qu'on répétait ces paroles : *Pierre nous a choisi un maître dans la personne d'Innocent*, vers les marches de la porte qui va de la basilique au palais de Latran.

Il y était attendu par les juges qui devaient se rendre avec lui à la basilique de Saint-Silvestre. Il s'assit devant le portique, sur un siège de porphyre, et sur lequel on remarquait l'image du Rédempteur, qui, dit-on, répandit du sang, lorsqu'un Juif l'eut frappée à la figure; après quoi il reçut des mains du prieur de Saint-Laurent deux verges, symbole de la direction et de la correction, et les clés de l'église de Saint-Jean de Latran et du palais, symbole de la souveraine puissance de lier et de délier, d'ouvrir et de fermer, puissance accordée à saint Pierre, et, dans sa personne, à tous les Papes, ses successeurs. Ensuite il prit place de l'autre côté et se fit donner de nouveau les clés et les verges. Peu d'instants après, le prieur lui ceignit les reins d'une ceinture de pourpre à laquelle était suspendue une bourse renfermant douze pierres précieuses et de l'ambre.

(1) Les protestants, dans leur fable de la papesse Jeanne, font accoucher cette papesse de leur façon sur ce même siège, dans lequel ils percent, pour cela, un trou très-considérable. Malheureusement, d'après le témoignage oculaire du Père Mabillon (*not. ad ord. Rom.* 18), il n'y a dans ce siège ni grand trou ni petit.

Le Pape, en s'asseyant sur les deux côtés du siège, indiquait qu'il prenait sa place entre la primauté de Pierre, prince des apôtres, et la prédication de Paul, le docteur des nations. La ceinture devait lui rappeler la chasteté ; la bourse, le trésor destiné à l'entretien des pauvres du Seigneur et des veuves ; les douze pierres précieuses, la puissance apostolique ; et l'ambre, cette parole de l'Apôtre : *Nous sommes devant Dieu la bonne odeur de Jésus-Christ* (2. Cor., 2, 15). Tous les assistants s'approchèrent des deux côtés pour lui baiser les pieds ; le nouveau Pape accepta, par trois fois, de la monnaie d'argent que lui offrait le camerlingue, et il la jeta au peuple en répétant ces paroles du prophète : *Il a distribué, il a donné aux pauvres ; sa justice demeure dans l'éternité* (Psalm. 111, 8). Alors on dirigea la marche, à travers le portique et sous les images des saints apôtres, vers la basilique de Saint-Laurent, où le Pape s'arrêta plus longtemps pour prier devant un autel élevé à ce dessein ; et enfin il entra dans les appartements du Pape, où, après un repos pris à volonté, il se mit à table (*Ordo rom.*; Mabill., *Musæum Italicum*).

Lothaire n'était encore que diacre. Or, il ne pouvait s'asseoir sur le trône du prince des apôtres qu'après avoir été promu au sacerdoce et à l'épiscopat ; mais Lothaire ne voulut point déroger, en sa faveur, à la règle générale de l'Eglise, qui ne permet de consacrer les prêtres qu'aux Quatre-Temps de l'année ; il ne voulut point non plus donner à croire, en devançant l'époque de sa consécration, qu'il désirait rapprocher le temps où il paraîtrait non-seulement avec la plénitude de la puissance, mais encore avec tous les ornements de la dignité pontificale. Son ordination comme prêtre fut donc différée jusqu'au samedi des Quatre-Temps, 21 février ; le lendemain dimanche, fête de la Chaire de Saint-Pierre, il fut sacré évêque. Le nouveau Pape versa des larmes abondantes pendant la cérémonie.

Après qu'elle fut terminée, Innocent III monta en chaire et exposa au clergé présent et au peuple réuni en foule, la fin et l'excellence des fonctions apostoliques, d'après les paroles de celui qui les a instituées et qui a dit : *Celui-là est appelé le serviteur fidèle et prudent, que son maître a établi pour gouverner sa maison, afin qu'il lui donne la nourriture en temps opportun.*

« La parole éternelle nous désigne les qualités que doit posséder celui qui a été placé sur la maison du Seigneur, et comment il doit veiller sur elle. Il doit être fidèle et prudent, afin de lui procurer la nourriture dans le temps opportun : fidèle, afin de la lui procurer ; prudent, afin de la lui procurer en temps convenable. Cette parole annonce également, et celui qui l'a institué : le Seigneur ; — et celui qui a été institué : le serviteur ; — quel serviteur a été institué ? un serviteur prudent et fidèle ; — sur quoi a-t-il été établi ? sur sa maison ; — pourquoi a-t-il été institué ? pour lui procurer la nourriture ; — quand ? au temps convenable.

» Pesons ces paroles, car elles sont les paroles de la Parole éternelle ; aussi chacune d'elles a sa force particulière, et sous chacune d'elles est un sens profond.

» Tout le monde ne peut être maître, mais seulement celui sur les vêtements et les reins duquel ces paroles sont écrites : *Le Roi des rois et le Seigneur des seigneurs ;* celui dont il est dit : *Le Seigneur est son nom.* C'est dans la plénitude de sa puissance qu'il a établi la prééminence du Siège apostolique, afin que personne ne soit assez téméraire pour résister à l'ordre qu'il a établi, en disant : *Tu es Pierre, et sur cette pierre je bâtirai mon Eglise, et les portes de l'enfer ne prévaudront pas contre elle.* Car, puisqu'il a posé lui-même le fondement de son Eglise, et qu'il est lui-même ce fondement, jamais les portes de l'enfer ne pourront prévaloir contre elle. Ce fondement est inébranlable, selon les paroles de l'apôtre : *Personne ne peut poser un autre fondement que celui qui a été posé, lequel est le Christ Jésus.* — *Que la barque de Pierre, dans laquelle dort le Seigneur, soit donc battue par les vagues furieuses, jamais elle ne périra.* Car Jésus commande à la mer et à la tempête, et le calme se rétablit, et les hommes étonnés s'écrient : *Quel est celui-ci, puisque la mer et les vents lui obéissent ?* C'est là cet édifice élevé et solide, dont l'éternelle Vérité a dit : *La pluie est tombée, les fleuves sont venus, les vents ont soufflé et se sont précipités sur la maison : et la maison n'est point tombée, parce qu'elle est bâtie sur le roc ;* sur ce même roc dont l'Apôtre a dit : *Or, le Christ était le roc.*

» Il est manifeste que le Siège apostolique, loin de s'affaiblir par les adversités, se console par la promesse divine, en répétant avec le prophète : *C'est par les tribulations que vous m'avez mis au large.* Il s'abandonne avec confiance à cette promesse que le Seigneur a faite aux apôtres : *Voilà que je suis avec vous tous les jours jusqu'à la consommation des siècles.* Et si Dieu est avec nous, qui donc sera contre nous ? Comme cette institution ne vient pas de l'homme, mais de Dieu, ou plutôt de l'homme-Dieu, c'est en vain que l'hérétique et l'apostat, c'est en vain que le loup ravisseur, s'efforcent de ravager la vigne, de déchirer la robe, de renverser le chandelier, d'éteindre la lumière. Ainsi que l'a dit autrefois Gamaliel : *Si cette œuvre est de l'homme, elle périra ; si elle est de Dieu, vous ne pourrez la détruire, mais vous risquez de faire la guerre à Dieu.* Le Seigneur est donc ma confiance ; je ne crains point ce que peuvent me faire les hommes. Je suis ce serviteur que Dieu a préposé sur sa maison : puisse-t-il m'accorder d'être un serviteur fidèle et prudent, afin de présenter la nourriture convenable !

» Oui, un serviteur ! et le serviteur des serviteurs ! Plaise à Dieu que je ne sois pas de ceux dont l'Ecriture dit : *Celui qui commet le péché est l'esclave du péché.* Que je ne sois pas celui auquel s'adresse cette parole : *Méchant serviteur, ne t'avais-je pas tout remis ?* Ou bien encore : *Celui qui connaît la volonté du maître et ne la fait pas, mérite un double châtiment.* Mais que je sois plutôt de ceux à qui le maître a parlé ainsi : *Quand vous aurez fait tout ce qui vous est commandé, dites : Nous ne sommes que des serviteurs inutiles.*

» Je suis un serviteur, et non un maître. Le Seigneur lui-même dit à ses apôtres : *Les rois des nations dominent sur elles, et les puissants d'entre eux sont appelés gracieux seigneurs. Il n'en sera point ainsi parmi vous ; mais celui qui est le plus grand sera l'esclave de tous, et le premier sera le serviteur des autres.* Ainsi donc, toute mon ambition est de servir, et je ne prétends point dominer, suivant l'exemple de mon illustre prédécesseur qui a dit : Non comme ceux qui veulent dominer sur le clergé, mais comme modèle du troupeau par l'esprit.

» Quel honneur! je suis établi sur ma maison; mais quel fardeau! je suis le serviteur de toute la famille, le débiteur des sages et des insensés. Un grand nombre de serviteurs peuvent à peine servir convenablement un maître : et comment un seul serviteur pourra-t-il servir tous ensemble? Qui est infirme, sans que je sois infirme avec lui? Qui est scandalisé, sans que je brûle? En dehors de moi, que de travaux quotidiens, la sollicitude de toutes les Eglises; quel serrement de cœur, quelle douleur, quelles angoisses et quelles peines j'ai à supporter! Je dois entreprendre au delà de ce que je puis accomplir! Je ne veux point faire sonner trop haut ce dont je me suis chargé, de peur de demeurer au-dessous de ma tâche. Le jour dira au jour les fatigues que j'endure; la nuit racontera à la nuit mes inquiétudes. Ma solidité n'est pas celle de la pierre, et ma chair n'est pas d'airain. Mais quelque fragile et quelque imparfait que je sois, Dieu m'aidera; ce Dieu qui donne abondamment et ne se lasse jamais de donner. Aussi, parce que la voie de l'homme n'est point entre ses mains, j'espère qu'il dirigera mes pas, Celui qui a soutenu Pierre sur les flots, de peur qu'il ne fût submergé; Celui qui rend droits et aplanit les sentiers rudes et tortueux. »

Le nouveau Pape, ayant exposé avec étendue ses propres devoirs, conclut en ces termes : « Ainsi, mes chers frères et mes chers fils, je vous présente la nourriture de la parole divine de la table des Ecritures saintes. La récompense que j'attends de vous, c'est que vous éleviez vers le Seigneur des mains pures de toute division et de toute haine, et que vous lui adressiez une prière toute vivante de foi, afin qu'il m'accorde la grâce de remplir dignement les devoirs de la charge apostolique imposée à mes faibles épaules, pour la gloire de son nom, pour le salut de mon âme, pour la prospérité de l'Eglise universelle et pour l'avantage de toute la chrétienté. Que Notre Seigneur Jésus-Christ, qui est Dieu sur toutes choses, soit loué dans les siècles des siècles ! »

§ II.

Sollicitude générale d'Innocent III sur tous les pays de l'Europe.

Innocent III pouvait justement s'effrayer de tout ce qu'il avait à faire ; car tout réclamait ses soins. C'était Rome, c'était l'Italie, c'était la Sicile, c'était l'Espagne, c'était l'Angleterre, c'était la France, c'étaient les pays du Nord, c'était l'Allemagne, c'était la Grèce et Constantinople, c'était l'Orient, c'était le monde entier.

A Rome, une population plus ou moins turbulente, engouée d'une admiration écolière pour certains souvenirs de Rome païenne, ne comprenait pas encore que Rome chrétienne avait une gloire bien plus grande et plus durable par l'empire de la religion et de son Pontife suprême. En Italie, les Allemands d'un côté, les Normands de l'autre, avaient enlevé ou contestaient à l'Eglise romaine ses antiques patrimoines, même ceux que nous lui avons déjà vus au commencement du VIIe siècle, au temps de saint Grégoire le Grand. C'était la Sicile, ensanglantée par une révolution politique; sa dynastie normande, réduite à une reine, veuve et captive, avec son enfant-roi, privé de la vue par le chef de la dynastie allemande, réduite pareillement à une reine veuve et à un roi de trois ou quatre ans. C'est l'Espagne, envahie de nouveau par les Mahométans d'Afrique, tandis que les rois chrétiens, ou se faisaient la guerre entre eux, ou ne s'alliaient que par des mariages illicites; en sorte que leur paix et leurs guerres étaient également funestes à la religion. C'est l'Angleterre, où Richard Cœur-de-Lion, le roi des braves, mais plus soldat que roi, allait, par sa mort, laisser le royaume aux mains d'un frère qui ne sera ni soldat, ni roi, ni honnête homme. C'est la France, où un roi, louable d'ailleurs, mais se laissant dominer par une passion ou un caprice, renvoie sa femme légitime pour en prendre une autre, au grand scandale de ses peuples et de toute la chrétienté. C'est la Suède, où un prêtre nommé Swerrer, fils d'un charron, suivant les uns, fils d'un ancien roi, suivant d'autres, oubliant son état, se met à la tête d'un parti politique, défait le roi régnant, Magnus VI, et finit par se mettre à sa place, tandis que d'autres prêtres, plus fidèles à leur vocation, propagent la foi chrétienne en Livonie et dans les autres pays du Nord. C'est l'Allemagne divisée entre deux prétendants à l'empire. Ce sont les Grecs de Constantinople, dont la postérité gangrenée annonce la ruine prochaine. C'est l'Orient, où le sort du monde se débat, les armes à la main, entre la civilisation chrétienne et la barbarie musulmane. C'est en Occident une secte plus funeste que le mahométisme, une secte qui, sous une couleur chrétienne, travaille à la ruine de toute religion, de toute morale, de toute société. C'est enfin, par la grâce de Dieu, la naissance de deux ordres religieux, dont le zèle et le bon exemple allaient comme renouveler la face de la terre.

Tels étaient les immenses travaux qui réclamaient tout à la fois les soins du nouveau Pape, sans compter une multitude innombrable d'affaires de toute espèce qui concernaient des particuliers. Innocent III suffira à tout.

Son élection fut annoncée immédiatement, suivant l'usage, aux rois, au clergé et aux peuples de toute la chrétienté. D'abord au roi de France, comme fils aîné de l'Eglise romaine, afin qu'il eût à suivre le dévouement et la vénération de son père pour elle; aux abbés, aux prieurs et à tous les religieux de ce royaume, afin qu'ils adressent de ferventes prières au Seigneur pour que son représentant remplisse ses devoirs de manière à être jugé digne de la récompense éternelle (Inn., l. 1, *Epist.* 1, 2 et 3).

Le nouveau Pape envoya au roi d'Angleterre, c'était encore Richard Cœur-de-Lion, quatre anneaux d'or ornés de pierres précieuses, dans lesquels le roi devait moins considérer le prix que le sens mystérieux caché sous leur nombre, leur forme, leur matière et leur couleur. « Les anneaux sont ronds, et désignent l'éternité, qui n'a ni commencement ni fin. Cette forme invite votre royale sagesse à s'élever des biens terrestres aux biens célestes, et des trésors du temps à ceux de l'éternité. Ils sont au nombre de quatre, nombre carré qui caractérise la fermeté du courage nécessaire pour ne se laisser ni vaincre par l'adversité, ni enorgueillir par la prospérité ; deux avantages qui vous sont acquis, si vous êtes orné des quatre vertus principales : la justice, la force, la prudence et la tempérance. Reconnaissez donc dans le premier, la justice, dont vous devez défendre les intérêts dans les jugements. Dans le second, la force, dont vous devez vous faire un appui contre l'infortune. Dans le troisième, la prudence, qui doit diriger vos conseils et éclairer tous vos doutes. Enfin, dans le quatrième, la tempérance, dont vous ne devez jamais abandonner les règles dans la prospérité. L'or est le symbole de la sagesse, et comme il occupe le premier rang parmi les métaux, de même aussi la sagesse occupe le premier rang parmi tous les dons. Le roi en a un plus grand besoin que les autres hommes ; c'est pour cela que Salomon, ce roi pacifique, ne voulut demander à Dieu rien autre chose que la sagesse, afin de gouverner avec prudence le peuple qui lui était confié. Le vert de l'émeraude est le symbole de la foi ; le bleu éclatant du saphir, le symbole de l'espérance ; le rouge étincelant du grenat, le symbole de l'amour, et le jaune vif de la topaze, le symbole des bonnes œuvres dont parle le Seigneur, quand il dit : *Que votre lumière brille devant les hommes, afin qu'ils voient vos bonnes œuvres et qu'ils glorifient votre Père qui est dans les cieux.* L'émeraude vous avertit de ce que vous devez croire ; le saphir, de ce que vous devez espérer ; le grenat, de ce que vous devez aimer, et la topaze, de ce que vous devez faire pour vous élever de vertus en vertus, jusqu'à ce que vous contempliez le Dieu des dieux dans Sion (L. 1, *Epist.* 206). »

Le roi Richard, qui devait aimer ces symboles et ces allégories, d'autant plus qu'il était lui-même poète et qu'il savait combattre, non-seulement à coups d'épée, mais encore à coups de chansons et d'épigrammes, remercia le Pape dans une lettre dont voici l'inscription : *A son très-excellent seigneur et père universel Innocent, par la grâce de Dieu souverain Pontife de l'Eglise catholique ; le très-dévot fils de Sa Majesté, Richard, par la même grâce, roi d'Angleterre, duc de Normandie et d'Aquitaine et comte d'Anjou : salut, respect, affection et services en toutes choses* (De negocio imperii, Epist. 4).

Innocent III, dès les premières lettres qu'il écrivit sur diverses affaires, exprima clairement les principes sur lesquels devait reposer son administration, et dont, suivant le témoignage d'un historien protestant, il ne se départit jamais, sous aucun prétexte, pendant la durée d'un règne de dix-neuf ans.

« Il est de notre devoir de faire fleurir la religion dans l'Eglise de Dieu, de la protéger où elle fleurit. Nous voulons que, pendant tout son règne, le culte divin prospère de plus en plus. — Ni la mort ni la vie ne pourront nous faire dévier de la justice, et nous empêcher d'en maintenir les droits. Nous savons que l'obligation nous a été imposée de veiller constamment sur les droits de tous. Aucune faveur, envers qui que ce soit, ne nous détournera de ce sentier. Nous sommes placé au-dessus des peuples et des empires, non à cause de notre mérite, mais comme serviteur de Dieu. — Notre résolution, dont rien ne nous fera départir, est d'aimer d'un cœur pur et avec une conscience droite, et non une conscience fausse, tous ceux qui sont fidèles et dévoués à l'Eglise, et de les défendre avec le bouclier du Saint-Siége contre l'arrogance des oppresseurs. Mais si nous venons à jeter les yeux sur la haute importance des fonctions pastorales, puis sur la liberté dont nous avons joui par le passé, et sur la faiblesse de nos forces, nous nous garderons bien de bâtir sur notre propre mérite, mais uniquement sur les mérites de Celui que nous représentons sur la terre. Si nous considérons les affaires innombrables et le soin de toutes les Eglises auxquelles nous sommes engagé pour toujours, alors nous comprenons que le nom qui nous convient le mieux est celui que nous exprimons dans le salut qui commence notre lettre, c'est-à-dire le serviteur des serviteurs, responsable devant Dieu, non-seulement de notre propre personne, mais de celle de tous les croyants. Enfin, si nous pesons le fardeau de cette administration et la faiblesse de nos épaules, nous pouvons nous appliquer cette parole du prophète : *Je suis arrivé sur la haute mer, et j'ai été englouti dans les flots.* Mais c'est la main du Seigneur qui nous a retiré de la poussière pour nous élever sur ce trône où nous prenons place, non pas seulement parmi les monarques, mais au-dessus des monarques, afin de rendre la justice (L. 1, *Epist.* 6, 202, 230, 257, 15, 176, 171 ; Hurter, l. 2). »

Le même historien protestant ajoute : Que ce ne soit point ici l'orgueil qui se cache sous les expressions de l'humilité, nous en avons la preuve dans beaucoup d'autres circonstances où Innocent exprima et répéta les mêmes sentiments ; nous le voyons encore par les instances avec lesquelles il se recommande aux prières ferventes de quelques monastères en particulier, et de tous les ordres religieux en général. « Nous sommes pénétré, écrit-il aux religieux cisterciens en Angleterre, de notre impuissance et de toute notre faiblesse ; ainsi, outre les vœux que l'Eglise entière porte pour nous aux pieds du Très-Haut, nous vous supplions tous de vous souvenir spécialement de nous dans vos prières, et de demander que Celui qui nous a appelé à la charge apostolique, nous accorde la grâce d'en remplir les devoirs pour notre salut et pour l'avantage de tous les peuples qui nous ont été confiés, et qu'il daigne suppléer à notre faiblesse par la plénitude de sa toute-puissance. »

Innocent porta d'abord ses regards sur les réformes à introduire dans son entourage. La restauration devait commencer par sa propre maison, avant de s'étendre sur le pays et sur l'Eglise universelle. Par la simplicité de sa vie, il voulait servir de modèle aux prélats, et ne point perdre, en s'environnant d'une cour fastueuse, le droit de censurer librement ceux qui ne cherchaient les distinctions et les dignités qu'à cause de leur éclat extérieur. C'est pourquoi il s'astreignit à des habitudes modestes. Les vases d'or et d'argent firent place aux vases de verre et de bois, et les peaux de mouton remplacèrent les peaux d'hermine. Sur sa table, qui dès lors ne fut plus servie par des laïques, mais très-modestement par des religieux, ne parurent plus que trois plats, et deux seulement sur celle de son chapelain. Les jours de grande fête seuls faisaient exception. Il ne se servait des nobles officiers de la cour que dans les solennités où les anciens usages exigeaient que le chef de la chrétienté se montrât dans toute la pompe extérieure. Il congédia tous les gentilshommes du palais, leur laissant à tous une somme d'argent qui les mit à même de parvenir au rang de chevalier.

De tous les désordres, celui qu'il haïssait le plus, c'était la vénalité, et il s'appliqua de toute manière à l'extirper de l'Église romaine. Dès les premiers jours il défendit à tous ses officiers d'exiger quoi que ce fût, excepté seulement les rédacteurs et les expéditionnaires de bulles, dont encore il fixa le salaire, ne leur permettant de prendre au delà que ce qui leur serait offert gratuitement. Il ôta les huissiers des chambres des notaires, afin que l'accès y fût plus libre. Il fit ôter d'une des cours du palais de Latran un comptoir où l'on vendait de la vaisselle et où l'on changeait de la monnaie. Trois fois la semaine il tenait le consistoire public, dont l'usage était presque aboli; il écoutait les plaintes de toutes les parties, renvoyait à d'autres les moindres affaires et examinait par lui-même les plus importantes : ce qu'il faisait avec tant de pénétration et de sagesse, qu'il était admiré de tout le monde, et que plusieurs hommes très-savants, jurisconsultes et autres, venaient à Rome uniquement pour l'entendre; et ils s'instruisaient plus dans ses consistoires, qu'ils n'auraient fait dans les écoles, principalement quand le Pape prononçait les sentences; car il rapportait avec tant de force et d'exactitude les raisons des deux parties, que chacune, entendant les siennes, espérait gagner sa cause; et il n'y avait si habile avocat qui ne craignît terriblement ses objections. Dans ses jugements, il n'avait aucun égard aux personnes, et ne les prononçait qu'après une mûre délibération. C'est ce qui lui attira de toute la terre tant et de si grandes causes, qu'on n'en avait pas tant jugé à Rome depuis très-longtemps (*Gesta Inn. III*, n. 41).

A peine Innocent eut-il été élu, que la bourgeoisie de Rome se pressa autour de lui avec une sorte d'impétuosité, le suppliant d'agréer leur promesse solennelle de fidélité, et de s'engager, de son côté, à leur donner les présents d'usage. Le Pape les renvoya à l'époque de son sacre. Alors les réclamations devinrent plus impérieuses. Cependant le Pontife avait fait faire en secret le dénombrement de tous les habitants des paroisses de la ville, selon les rangs et les dignités. Il voulait savoir si le trésor pouvait satisfaire à toutes les demandes. Cela fait, il ordonna de distribuer à chaque quartier ce qui lui revenait.

Le lendemain même de son sacre, Innocent exigea du préfet de Rome le serment de ne rien retrancher du territoire à lui confié, pour le vendre, le mettre en gage ou le donner en fief; de reconnaître les droits et les taxes de l'Église romaine, de s'en saisir et de les conserver; de protéger les châteaux forts, de n'y introduire personne sans l'autorisation expresse du Pape; de n'en faire bâtir aucun sans son ordre; et de rendre compte de son administration, et même de s'en démettre au premier ordre qui lui serait intimé. Au lieu du glaive qu'il recevait autrefois de l'empereur, le Pape le revêtit d'un manteau en signe d'investiture, et lui donna pour présent une coupe d'argent, symbole de la faveur suzeraine.

Innocent sut également profiter des transports de joie que le peuple fit éclater le jour de son élection, pour réformer un autre abus dans le gouvernement de Rome. L'année 1144, on y avait établi un sénat de cinquante-six membres. L'année 1191, immédiatement après l'élection de Célestin III, un noble de la ville usurpa la charge de sénateur unique, qu'il conserva jusqu'à l'année 1193. Un autre s'empara ensuite de la souveraine puissance du sénat, et en resta possesseur jusqu'à l'élection d'Innocent. Fort de l'affection du peuple, Innocent ne voulut pas souffrir plus longtemps cette usurpation. Il fit nommer par un fondé de pouvoir un nouveau sénateur, mit d'autres magistrats à la place de ceux qui avaient prêté serment de fidélité au sénateur précédent, de sorte que le nouvel élu n'exerçait plus sa charge au nom du peuple, mais au nom du Pape. Une réélection annuelle du sénateur lui donnait la garantie qu'il n'abuserait point de son autorité, ce qui eût été à craindre dans le cas d'une administration plus prolongée. Le préfet s'engageait par serment à protéger les possessions et les revenus de l'Église romaine au dehors de la ville; et le sénateur s'obligeait à veiller à la sûreté personnelle du Pape et des cardinaux. Le sénateur jurait solennellement de ne rien entreprendre, ni par ses conseils, ni par ses actes, contre la vie du Pape; de lui faire connaître tout projet de ce genre, de lui prêter appui dans la jouissance de sa dignité et de tous les droits appartenant au Siége de saint Pierre; et de veiller, dans toute l'étendue de sa juridiction, à la sûreté des cardinaux et des serviteurs de leurs maisons (Hurter, l. 2).

Les citoyens de Rome, tout en reconnaissant le Pape pour souverain, n'en possédaient pas moins des droits et des domaines indépendants de son autorité; ils pouvaient, comme maintes bourgeoisies d'Allemagne qui entouraient le siége d'un prince ecclésiastique, faire ou terminer la guerre à volonté. On n'admettait pas encore comme principe qu'on ne pouvait posséder des droits que là où tous les droits étaient détruits, ou qu'une souveraineté ne pouvait exister sans absorber toutes les autres autorités. Le peuple avait rendu avec joie foi et hommage à Innocent, et ce dernier a exercé l'ancien droit de nommer les sénateurs. Là où un chef plus puissant s'était élevé pour son propre intérêt, la province maritime et la Sabine, il a replacé le Siége de Pierre dans son héritage. Du reste, il n'a troublé les Romains dans aucune possession et dans aucun droit; mais cette bonne intelligence entre les deux pouvoirs ne pouvait convenir à ceux qui, se fiant à leur force et à leur influence, cherchaient des dissensions pour *pêcher en eau trouble* (*Gesta*, n. 133). Jean, de la famille de Pierre de Léon, se mit à leur tête. Comme tous ceux que l'ordre gêne dans leurs vues ambitieuses, ils parlaient au peuple des droits à récupérer, de l'oppression dont il devait s'affranchir, offrant en même temps leurs services pour cet effet, et prenant d'eux-mêmes le titre de *Bons-Hommes du bien public* (*Ibid.*, n. 141). C'était en 1200. Les événements semblaient favoriser leurs desseins. Les bourgeois de Viterbe avaient mis le siége devant la forteresse de Viterclano, et ne voulaient accorder aux habitants d'autre capitulation que celle de leur libre retraite, avec faculté d'emporter leurs biens, mais à condition de rendre la place pour être rasée. Les Viterclaniens envoyèrent alors demander des secours aux Romains, offrant, en échange, de leur rendre foi et hommage. Les Romains, excités par les perturbateurs, acceptèrent la proposition, et signifièrent à ceux de Viterbe de lever le siége. Sur leur refus, on se prépara des deux côtés à la guerre; mais les Romains ayant appris que ceux de Viterbe allaient recevoir de grands renforts de la confédération toscane, ils eurent peur, se fâchèrent contre ceux qui leur avaient donné ce funeste conseil, et réclamèrent les secours du Pape. S'il avait voulu profiter de la circonstance, Innocent aurait pu s'emparer facilement de Viterclano; il ne le fit point. A des acquisitions obtenues par la force, il préféra de beaucoup accommoder la querelle par des moyens pacifiques. Il envoya plusieurs ambassades à Viterbe, lui offrant une sentence arbitrale, jusqu'à ce qu'enfin l'obstination de cette ville le détermina à lui fixer un jour pour comparaître à son tribunal. Cette démarche étant encore restée sans résultat, le Pape prit ouvertement le parti des Romains, lança l'interdit contre Viterbe, et donna ordre aux troupes de la confédération toscane, qui s'étaient déjà avancées jusqu'à Orviète, de rentrer dans leurs foyers.

Enfin, après quelques autres incidents, le 6 janvier 1201, pendant que le Pape, à la suite d'une messe solennelle dans l'église de Saint-Pierre, exhortait le peuple à prier pour le succès des armes romaines et pour l'heureux retour des guerriers dans leur patrie, ceux de Viterbe livrèrent bataille aux Romains et furent complétement défaits. Le sénateur de Rome, ayant ramené l'armée victorieuse, se présenta devant Innocent, avec Jean de Pierre de Léon et plusieurs autres, pour lui témoigner son respect et pour le remercier des secours qu'il leur avait prêtés. Ces perturbateurs déclarèrent publiquement, en cette circonstance, qu'à l'avenir ils ne diraient plus rien contre le Pape (Hurter, l. 4).

Mais ces nobles que la voix du peuple avait fait rentrer dans le silence, ne restèrent pas longtemps en repos. En 1202, ils cabalèrent de nouveau, et s'efforcèrent d'ameuter le peuple. Mais Innocent dévoila leurs menées au peuple assemblé, et força ces nobles, malgré leurs menaces et leurs bravades, à prêter de nouveau le serment de fidélité et à fournir caution. Il fit plus : il se vengea en pontife. Au printemps de la même année, toute l'Italie, ainsi que d'autres contrées, viennent à éprouver une grande disette, causée par les mauvaises récoltes des années précédentes : Rome est menacée de la famine. Innocent, qui était à Anagni, revient sans délai dans la capitale, et veille à ce que les indigents soient abondamment pourvus. Il fait parvenir secrètement toutes les semaines des aumônes à ceux que la honte empêchait de mendier publiquement, convaincu que la bienfaisance ne peut atteindre son but élevé, qu'autant qu'elle descend, par de tendres ménagements, jusque dans la position des particuliers. Chaque jour il distribuait un pain aux mendiants, au nombre de huit mille, et faisait donner de la nourriture à d'autres dans les maisons de charité. Alors tout son temps et toutes ses pensées semblaient consacrées à des œuvres de bienfaisance. Personne ne peut évaluer les sommes employées par lui à cet effet. Cependant il ne se contenta pas de secourir les pauvres de son propre bien, il voulait que tous contribuassent à cette œuvre de charité. « Dieu nous a envoyé une mauvaise récolte et la famine, dit-il dans un de ses sermons; il nous montre par là sa justice et sa miséricorde : sa justice, en nous châtiant, et sa miséricorde, en nous donnant l'occasion de secourir les indigents. Celui qui, dans une pareille détresse, conserve son superflu, mérite autant de morts qu'il fait mourir de pauvres par son avarice. Celui qui, dans cette détresse, ferme son cœur à son frère, comment peut-il parler de son amour pour Dieu ? Que personne ne dise : Que puis-je faire ? Que chacun donne selon ses facultés ? A-t-il beaucoup, qu'il donne avec abondance; a-t-il peu, qu'il donne avec plaisir le peu qu'il possède. Ne vous refusez pas seulement le superflu, mais retranchez encore de votre nécessaire (*In dedicat. templ., Sermo III*; Hurter, l. 6). »

La même année, Innocent parvint à réconcilier ceux de Viterbe et ceux de Rome. Ceux-ci mirent les prisonniers en liberté. Cependant, de part ni d'autre, cette pacification ne reçut l'approbation générale. Certains nobles continuèrent à former des partis à Rome, et même à s'y faire la guerre en 1204. Après avoir longtemps résisté à la sagesse et à la douceur d'Innocent, ses adversaires finirent par demander eux-mêmes la paix. Innocent, loin d'abuser de leur position pour leur imposer des conditions dures, offrit de nouveau de soumettre le différend au jugement de quatre arbitres. Cette proposition ayant été acceptée, ces arbitres déclarèrent immédiatement, après avoir prêté serment, que le droit de constituer le sénat appartenait au Pape. Cependant, comme il était difficile de trouver dans le moment un homme qui possédât la confiance des deux partis, ils conseillèrent au Pape d'accorder au peuple cinquante-six sénateurs. Innocent fit observer que cette organisation ne pouvait contribuer au bien-être de la ville, l'accord ne pouvant exister dans une réunion aussi nombreuse. Il céda néanmoins aux circonstances et fit élire le nombre voulu de sénateurs. Ceux-ci prêtèrent serment de fidélité au Pape et s'efforcèrent, autant que possible, de rétablir la paix. Le bruit des armes cessa alors, ainsi que les calomnies des perturbateurs contre le Pape et contre l'Eglise. Le courage et la persévérance d'Innocent avaient garanti l'Eglise de la violence et mis fin à une honteuse oppression. Ces hautes qualités ne l'abandonnèrent jamais, et, dans le succès, il montra de la modération, marque distinctive de la vraie souveraineté. Chacun reconnut enfin que l'injustice et la résistance étaient sans force contre ce Pontife; mais que, par l'obéissance et le respect, on pouvait tout obtenir de lui (*Gesta Innoc.*, Hurter, l. 8).

Dès qu'Innocent eut rétabli son autorité à Rome et dans ses environs, il tourna son attention vers les provinces éloignées du domaine de l'Eglise. L'empereur Henri VI avait donné, à titre de fief, la Marche d'Ancône et la Romagne à son sénéchal, l'écuyer-tranchant Markwald. Innocent envoya deux cardinaux pour le sommer de se soumettre à l'Eglise. Markwald accueillit la proposition et demanda un sauf-conduit pour aller lui-même prêter, entre les mains du Pape, le serment de vassal. Mais ce n'était que pour amuser le Pape, gagner du temps et se préparer à la guerre. Tout le territoire d'Ancône s'était d'abord soumis au chef de l'Eglise. Markwald sortit de la ville et sévit contre le pays. Les villes furent brûlées, les églises pillées, les châteaux détruits, les maisons incendiées, les habitations livrées au pillage; et tout cela sous les yeux mêmes des cardinaux. Sur les sommations que ceux-ci lui firent de congédier ses troupes, il se livra à des ravages plus affreux encore. Les cardinaux en vinrent aux menaces; Markwald n'en tint compte. Enfin ils lancèrent la sentence d'excommunication contre lui, contre ses partisans et contre tous ses compagnons d'armes. Le Pape annula le serment de fidélité qu'on lui avait prêté.

Il déclara indigne du sacerdoce tout prêtre qui lui dispenserait les grâces de l'Eglise. Il ouvrit le trésor, emprunta de l'argent, et fit recruter des troupes parmi les comtes, les barons et les autres seigneurs de la Marche qui étaient restés fidèles. Une armée victorieuse traversa le pays soumis à Markwald, et renversa les forts sur lesquels il comptait. Le conseil et la bourgeoisie d'Iési défendirent la cause du Pape avec un dévouement qui alla jusqu'au sacrifice de leurs biens et de leur sang. Markwald, voyant qu'il ne pouvait résister plus longtemps, fit offrir au Pape une grosse somme d'argent comme cens annuel, pour l'engager à recevoir son hommage de fidélité. Mais le Pape, qui avait trop à redouter la perfidie de cet Allemand, le refusa, et dès le commencement de l'année suivante (1199), il ne restait déjà plus, dans ces provinces, aucune trace de la domination allemande. Markwald s'était réfugié en Sicile.

Innocent, sans perdre de temps, envoya un courrier dans l'exarchat de Ravenne et dans les anciennes possessions du comte de Bertinoro, qui venait de donner ses biens au Saint-Siège. L'archevêque de Ravenne élevait des prétentions sur ces deux domaines; sur l'exarchat, d'après d'anciennes donations faites par les Papes, et sur les possessions de Bertinoro, d'après une concession d'Alexandre III, que ce Pape fit lors de son séjour à Venise. Innocent ne jugea pas à propos de procéder à l'examen de ses droits; il permit à l'archevêque de s'approprier ces biens, et se borna à conserver les droits du Saint-Siège. Car quoique ces biens fussent entre les mains de l'archevêque, son but n'était pas moins atteint; il avait brisé la puissance d'un maître séculier. Innocent avait des pensées trop élevées pour qu'il se souciât de rechercher laquelle des Eglises avait les droits les mieux fondés, il lui suffisait de voir la possession de ces domaines revenir à l'une des deux Eglises (Hurter, l. 2).

Le duché de Spolète, le comté d'Assise et celui de Cora dans la terre de Labour, avaient été cédés, par l'empereur Henri VI, à un chevalier allemand du nom de Conrad. Effrayé par le sort de Markwald, Conrad mit tout en œuvre pour gagner les bonnes grâces du Pape. Innocent n'était pas mal disposé à son égard. Mais la haine publique se prononça si fort contre tous les Allemands, qu'il s'éleva des murmures contre le Pape lui-même, comme s'il voulait en favoriser quelques-uns. Conrad voyant donc qu'il n'y avait rien à faire, abandonna, sans conditions quelconques, tout ce qu'il avait possédé jusqu'alors de l'héritage de saint Pierre, et il jura à Narni, en présence des légats du Pape, en présence de l'évêque, des barons et du peuple, sur les saints Evangiles, sur la croix et les reliques, qu'il se rendait à discrétion au Saint-Siége. Il délia ensuite ses vassaux du serment de fidélité, et livra les villes fortes de Foligno et de Terni. La forteresse d'Assise, devant laquelle les habitants et ceux de Pérouse se tenaient sous les armes, fut rasée comme on l'avait demandé. Pérouse fut honorée d'une protection spéciale du Saint-Siège; elle obtint une juridiction indépendante et la liberté de choisir ses magistrats. Todi fut dotée de semblables priviléges, et Riéti reçut le droit de percevoir la moitié des amendes, des droits d'escorte et de péage. D'autres cités furent confirmées dans leurs anciens priviléges, et reçurent une constitution plus libre que celles qui proviennent du sol stérile des théories abstraites. Car la différence qui existe entre ces temps et les nôtres, dit l'historien protestant d'Innocent III, c'est qu'alors, sous l'autorité et à côté d'elle, les droits du particulier pouvaient se développer de mille manières, comme la vie individuelle se développe au sein de la vie générale : tandis que, de nos jours, toute individualité s'efface devant l'universalité, et, hors d'elle, rien ne peut avoir de prix (Hurter, l. 2).

Immédiatement après la fête de Saint-Pierre et de Saint-Paul, l'année 1198, Innocent voulut visiter son duché de Spolète, nouvellement reconquis. Il quitta Rome avec une suite nombreuse et brillante. Le peuple, accourant au devant de lui de toutes les villes, le reçut avec des cris de joie comme son libérateur. Dans la plupart des villes que parcourut le Pontife, il bénit des églises, des autels et des vases sacrés; il fit des présents en ornements sacerdotaux et autres objets propres à la majesté du culte. Il porta ensuite ses regards sur l'administration, et donna des marques de distinction aux magistrats. Pendant le séjour du Pape dans la ville de Pérouse, les habitants découvrirent, après avoir fait souvent de longues et inutiles recherches, une source d'eau vive dans laquelle ils virent, non un pur hasard, mais une bénédiction du ciel. Le nom de *Source du Pape*, qu'ils lui donnèrent, devait transmettre à la postérité le double bienfait dont ils avaient été favorisés.

L'irritation générale contre les Allemands avait aussi gagné les provinces du nord de l'Italie, comme la Toscane, dont une grande partie avait été léguée, depuis plus d'un siècle, à l'Eglise romaine, par la comtesse Mathilde. Toute cette province était sous la domination des Allemands. Philippe, frère de l'empereur Henri VI, avait même pris le titre de duc de cette province; une grande partie de la noblesse était pour lui. Mais aussitôt qu'Innocent eut exprimé le désir d'arracher aux étrangers tout ce qui appartenait au domaine de saint Pierre, les villes toscanes, cédant aux conseils de leurs magistrats et de leurs évêques, formèrent une confédération dont le but était de s'assister mutuellement pour maintenir leur liberté; d'accommoder à l'amiable les différends survenus entre elles; de défendre l'Eglise romaine; de ne se soumettre à aucun prince temporel, quel que fût son titre, sans l'agrément du Saint-Siège; enfin de ne reconnaître aucun empereur que le Pape n'eût point approuvé. Les statuts de la confédération ayant été présentés à Innocent, il les rejeta d'abord, mais ensuite, après des modifications convenables, il les approuva solennellement.

Il y avait encore dans la Toscane quelques nobles qui, sans s'être approprié les biens de l'Eglise, exerçaient sur les voyageurs et les pèlerins toutes sortes de vexations, en les attaquant sur les routes, en les volant et en les pillant. Innocent ordonna de les rappeler à l'ordre par la douceur, et d'employer la force s'ils ne se rendaient pas. Les représentants des villes confédérées furent obligés de recourir au dernier moyen. Ils assiégèrent les pillards dans la forteresse de Rispampini, ravagèrent leurs moissons, abattirent leurs arbres, enlevèrent leurs troupeaux, et leur causèrent de grands dommages. Les chefs des confédérés avaient fait amasser devant le château une grande quantité de bois, de pierres, de ciment, pour construire une tour et se préparer à l'assaut; les assiégés, désespérant alors de leur salut, se rendirent à discrétion. Ils promirent de rétablir la sûreté des routes, des voyageurs et des pèlerins, donnèrent mille livres, valeur de Sienne, comme garantie de leurs promesses, et prêtèrent serment de fidélité au Pape pour toutes leurs possessions. A ceux au contraire qui avaient reconnu volontairement la suzeraineté de l'Eglise, le Pape promit la protection spéciale de saint Pierre, tant pour leurs personnes que pour leurs propriétés.

Ainsi, pendant la première année de son règne, Innocent avait reconquis dans les Marches, Ancône, Fermo, Osimo, Fano, Sinigaglia, Iési, Césène et tout ce qui dépendait de ces villes; dans le duché de Spolète, Riéti, Spolète, Assise, Foligno, Nocera, Todi; ensuite Pérouse, Sabine, le comté de Bénévent, plusieurs autres comtés et seigneuries; de telle sorte qu'en comparant l'étendue du domaine temporel de ses prédécesseurs avec ce qu'il venait de reconquérir en si peu de temps, il put dire avec raison qu'il ne devait point ces biens à la puissance de l'arc et du glaive, mais à la providence merveilleuse de Celui qui gouverne tout (L. 1, *Epist.* 375). Il se fit partout prêter le serment de fidélité. Il établit des gouverneurs dans la plupart des places fortes. Dans un grand nombre, il reconstruisit les murs et les fortifications, leur donna plus de solidité et d'étendue. Il avertit les citoyens de se tenir prêts à marcher avec leur cavalerie et leur infanterie, et leur fournit de l'argent et des munitions. Il plaça en Toscane des administrateurs chargés de lever les impôts, les revenus et la taxe personnelle. Son premier soin fut de relever l'autorité suzeraine, ensuite d'en percevoir les revenus; de rétablir dans tous les pays reconquis le droit et la justice, la paix et la tranquillité, de faire aimer la domination du Saint-Siège; de confirmer les droits et les privilèges de chaque ville en particulier, de renouveler ceux qui étaient tombés en désuétude, et de remettre en vigueur les règlements salutaires que les cités s'étaient imposés à elles-mêmes. Il voulait, comme il le dit plus tard, que tous les sujets du Saint-Siège pussent se convaincre par la douceur de son gouvernement, que, loin d'opprimer ses vassaux et de les traiter en esclaves, il les protège comme ses enfants, et aime mieux donner que demander (*Epist.*, l. 1. 6 et 9; *Gesta Innocent.*, Hurter, l. 2).

Un théâtre plus vaste s'ouvrit dans l'Italie méridionale au génie libérateur d'Innocent, dont les vues étaient bien arrêtées. Immédiatement après la mort de Henri VI, l'impératrice Constance, sa veuve, voulant rétablir la paix et courir au devant des vœux du peuple, qui désignait sous le nom de *mœurs allemandes*, toutes les cruautés et tous les ravages qui avaient désolé le pays, ordonna à Markwald et aux autres Allemands qui se trouvaient en Sicile, de quitter sans délai ce royaume et de ne plus y rentrer qu'avec sa permission. Elle fit en même temps venir d'Iési en Sicile son jeune fils Frédéric. Aussitôt après son arrivée, qui eut lieu au mois de mai 1198, elle l'associa à la régence, et le fit couronner dans l'église cathédrale de Palerme. Mais la tranquillité n'était pas encore rétablie dans le royaume, et rien n'en assurait la paisible possession à un prince mineur. Les exilés y avaient des partisans, et le pays était affaibli par les factions. Constance, reconnaissant le besoin d'un ferme appui et d'une puissante protection, chercha l'un et l'autre dans l'ancien lien féodal avec le Saint-Siège. Elle envoya des ambassadeurs à Innocent, pour en recevoir au nom de Frédéric, à titre de fiefs, le duché de la Pouille, la principauté de Capoue et le royaume de Sicile, et aux mêmes conditions qui avaient existé jusqu'alors entre les Papes et les rois précédents.

Le pape Adrien IV, à la suite de quelques différends, avait accordé au roi Guillaume Ier des privilèges ecclésiastiques très-étendus pour son royaume. Ils étaient appelés *les quatre chapitres*, et concernaient les légations, les nominations ecclésiastiques, les appels et les conciles. Clément III les avait confirmés à Guillaume II. Innocent regarda comme le plus sacré de ses devoirs d'affranchir l'Eglise de toute influence séculière opposée à sa discipline et dès lors injuste et dangereuse; de consacrer ses forces à l'exécution d'un seul plan, et d'achever enfin l'édifice dont ses prédécesseurs, ou plutôt le Christ lui-même, avaient jeté les premiers fondements; édifice que Grégoire VII avait élevé plus haut qu'aucun de ceux qui y avaient travaillé avant lui; qu'Alexandre avait défendu contre toute agression étrangère avec le courage le plus héroïque et le zèle le plus persévérant, et qu'il agrandit ensuite. Innocent se montra donc peu disposé à renouveler les priviléges accordés par ses prédécesseurs. Il pensait qu'après l'extinction de l'ancienne souche des rois de Sicile, le suzerain ne devait plus maintenir des faveurs incompatibles avec les devoirs de sa haute dignité.

Un mois ne s'était point écoulé depuis son élection, lorsqu'il écrivit à l'impératrice : « Si vous voulez employer au bien de votre peuple la puissance temporelle que le Seigneur vous a confiée, vous devez, avant tout, servir celui qui dirige vos pas : le servir, c'est régner (L. 1, *Epist.* 561). » Il ajouta que la puissance laïque avait fait violence au chapitre de Sainte-Anastasie, qui jusqu'alors avait conservé, du consentement du Saint-Siège, la langue et les rites de l'Eglise grecque et que, sans consulter ni ce chapitre ni le Saint-Siège, elle lui avait donné un évêque qui ne connaissait ni le grec ni le latin. Après avoir donc entendu ses frères les cardinaux, il se voit obligé de déclarer cette élection nulle, et de rendre aux chanoines la liberté de leurs suffrages. L'impératrice demeure maîtresse de diriger les affaires temporelles de ses peuples; mais elle doit laisser libres les élections ecclésiastiques, dans lesquelles il ne faut considérer que celui auquel l'élu est consacré. Les archevêques de Capoue, de Reggio et de Pàlerme prendront le parti des chanoines, et chasseront celui qui leur a été imposé. Il déclare comme non avenu tout ce que la puissance laïque avait fait, en conférant des charges et des bénéfices, ou ce qu'elle avait réglé dans un diocèse, en l'absence de son évêque. Il veut détruire tout exemple qui pourrait servir plus tard de prétexte aux prétentions et aux excuses des laïques (L. 1, *Epist.* 18, 17, 61, 65).

Les ambassadeurs de Constance, à la tête desquels était l'archevêque de Naples, Anselme, employèrent tous les moyens pour déterminer le Pape à accorder l'investiture du royaume selon l'ancienne manière. Leurs efforts ayant été inutiles, deux d'entre eux s'en retournèrent à Palerme. La reine eut recours alors à une séduction qui, autrefois, avait souvent réussi à Rome : les présents. Mais les convictions du Pontife étaient bien au-dessus des biens de ce monde; ces moyens, qui n'agissent que sur les petites âmes, ne pouvaient rien sur Innocent III. Constance, voyant que la volonté du Pape était inébranlable, souscrivit à tout ce qu'il exigerait. Les trois chapitres, sur l'appel, sur les légations, sur les conciles, furent abandonnés : celui des élections ou nominations ecclésiastiques reçut quelques modifications. La bulle d'investiture arriva au mois de novembre 1198.

« Attendu, dit la bulle, que le droit de suzeraineté et la propriété du royaume de Sicile appartiennent à l'Eglise romaine, le Pape accorde, en considération du dévouement que le père de l'impératrice, le roi Roger, son frère et son neveu, les deux Guillaume, n'ont cessé de montrer au Saint-Siège au milieu des orages qui l'ont assailli, et dans l'espoir d'un dévouement semblable de la part de leurs successeurs; le Pape accorde et cède à Constance le royaume de Sicile, le duché de la Pouille, la principauté de Capoue avec toutes ses dépendances, comme Naples, Salerne, Amalfi, Marsie, avec tout ce qu'elle aurait à prétendre au delà de Marsie, et ce que ses prédécesseurs avaient obtenu de l'Eglise romaine. Le Pape la protégera contre tous ses ennemis. En retour, elle aura à jurer entre les mains du cardinal-évêque d'Ostie, et à s'engager par un écrit revêtu de son sceau, qu'en tout temps, lorsqu'elle sera appelée et non retenue par un obstacle ou une nécessité visible, elle se présentera pour prêter le serment de vassale. Le jeune roi aura à prêter le même serment, aussitôt qu'il sera majeur, et paiera une redevance annuelle de six cents écus pour la Pouille et de quatre cents pour Marsie. Toutes les clauses sont irrévocables, tant pour les successeurs du Pape que pour ceux de Constance.

» Mais afin de prévenir toute contestation à l'égard des élections ecclésiastiques, et de concéder à l'autorité royale tout ce qu'il est possible de lui accorder sans compromettre la liberté de l'Eglise, le chapitre devra, à la vacance d'un siège épiscopal, faire son choix; mais l'élu ne pourra ni prendre possession de son diocèse avant d'avoir obtenu l'agrément du roi, ni l'administrer avant d'avoir reçu la confirmation de Rome. Son Altesse Royale devra maintenir ces décisions par soumission au Saint-Siège, par déférence pour la liberté des Eglises, par respect pour Celui qui fait régner les rois et les princes, et par vénération pour la sainte Eglise, son épouse. Toute élection faite autrement sera déclarée nulle, et les infracteurs seront punis. Une entière liberté est accordée au clergé d'interjeter appel au Saint-Père aussi souvent qu'il le jugera nécessaire. »

Pour assurer de nouveau l'union si longtemps rompue entre le royaume de Sicile et le Saint-Siège, pour étouffer tous les germes de l'ancienne dissension et pour confondre tous ceux qui voudraient s'armer contre la reine Constance et son fils Frédéric, Innocent envoie, en qualité de légat, le cardinal-évêque d'Ostie, celui de ses frères qu'il aimait et chérissait le plus à cause de son grand mérite. Tous les archevêques, évêques, abbés, princes, reçurent ordre de faire une réception convenable au légat, de se soumettre à tout ce qu'il lui plairait de réformer et d'établir, attendu que toutes les sentences qu'il prononcerait contre les réfractaires seraient approuvées.

Avant que cette convention fût conclue, la reine Constance, dans le but de se rendre le Pape favorable, avait fait témoigner aux comtes, barons et juges de tout rang, son grand mécontentement de ce qu'ils s'arrogeaient le droit de juger les questions de divorce ou autres délits qui sont exclusivement du ressort des tribunaux ecclésiastiques; de ce qu'ils faisaient arrêter et juger les ecclésiastiques comme les laïques; en un mot, de ce qu'ils usurpaient des droits qui n'appartiennent qu'à l'Eglise. Elle les avertit que les seuls crimes de lèse-majesté, commis par les ecclésiastiques, étaient de la compétence des tribunaux civils; que, pour les biens ou possessions qui ne proviennent point de l'Eglise, les clercs pouvaient être traduits devant le seigneur territorial; mais que, dans aucun cas, ils ne pouvaient être arrêtés ou emprisonnés (Ughelli, *Italia sacra*, t. VII).

Constance tomba malade pendant qu'on expédiait les bulles d'investiture. D'après certains documents, elle avait déjà prêté le serment de fidélité (Murat., *Antiq.*, t. VI). On assure qu'elle fit des efforts au-dessus de son sexe pour garantir à son fils le royaume contre les ennemis intérieurs et extérieurs; elle avait deviné les plans perfides de Markwald, et l'avait déclaré ennemi de la patrie, avertissant tous les nobles de n'avoir avec lui aucune communication. Sentant sa fin prochaine, elle nomma, dans son testament, le chancelier Walter, évêque de Troyes, et les archevêques de Palerme, de Montréal et de Capoue, gouverneurs et conseillers de son fils; elle en confia la haute tutelle au Pape, comme à son suzerain, en imposant à tous l'obligation de le reconnaître pour tel et de lui prêter serment. Une somme annuelle d'environ trente mille francs, prise sur les revenus de l'Etat, devait dédommager le Pape des peines inséparables de la tutelle ; et toutes les dépenses qu'il serait obligé de faire pour la défense du royaume devaient lui être remboursées. Constance mourut à Palerme, le 27 novembre 1198 (Hurter, l. 2).

A peine Constance eut-elle rendu le dernier soupir, que les conseillers écrivirent au Pape une lettre scellée de leur sceau, par laquelle ils suppliaient le

Pontife de n'abandonner ni le royaume ni le royal orphelin. Le Pape répondit à cette demande par une lettre au jeune Frédéric. « Le Père des miséricordes et le Dieu de toute consolation châtie l'enfant qu'il aime, mais il fait sortir du châtiment une consolation salutaire. Afin de vous en donner une preuve évidente, il a député son vicaire pour être votre protecteur; par l'abondance de sa grâce, il a remplacé la perte de votre père par un père plus digne, et vous a fait présent, en place de votre mère défunte, d'une mère meilleure, savoir celle autour de la tête de qui s'enlacent la main droite et la main gauche du Seigneur, suivant le mot du Cantique des cantiques; mais nous, non-seulement à cause de nos fonctions de pasteur, en vertu desquelles nous sommes le serviteur de tous, principalement des mineurs et des orphelins, mais aussi par égard pour votre mère, l'impératrice Constance de glorieuse mémoire, qui vous a recommandé à notre protection, et parce que le royaume de Sicile appartient au patrimoine de l'Eglise, nous voulons vous aimer et vous protéger, et agir efficacement, avec une sollicitude paternelle, et, Dieu aidant, pour l'honneur et l'avancement de la puissance royale, pour la sûreté du royaume et le bien de vos fidèles. Puissiez-vous donc déposer toute tristesse et vous réjouir dans le Seigneur qui vous a donné un père spirituel au lieu d'un père temporel, et qui, par la mort de votre mère, vous a préparé les soins maternels de l'Eglise, afin que, devenu homme et assis solidement sur le trône, vous révériez davantage celle qui vous y aura élevé. Nous vous recommandons nos envoyés; car ils se montreront dévoués à votre personne et rempliront avec zèle et fidélité toutes les missions dont vous jugerez à propos de les charger (L. 1, *Epist.* 565). »

Innocent dirigea donc sans délai toute son attention sur les affaires de Sicile et sur les autres seigneuries de son pupille, s'y consacra avec la plus grande activité, et ne cessa de s'occuper de l'honneur du roi et de la prospérité du royaume. Cette sollicitude tutélaire dura de l'année 1199 à l'an 1208, époque de la majorité du roi Frédéric. Durant ces neuf ou dix ans, le Pape ne cessa de soutenir, et par les armes temporelles, et par les armes spirituelles, les biens et les droits de son pupille, contre les factions qui voulaient les lui ravir. Il y avait deux factions principales : celle des Allemands, une autre de Siciliens. A la tête de la première était Markwald, homme habile, rusé et violent; à la tête de la seconde, le chancelier Walter, évêque de Troyes, que la reine avait disgracié d'abord, mais qu'elle reçut de nouveau en ses bonnes grâces peu avant sa mort, à la prière du Pape. Il ne répondit guère à la confiance du Pape et de la reine. Ligué secrètement avec Markwald pour entraver la tutelle d'Innocent, il prétendait disposer de tout en maître. Plus d'une fois ces deux chefs de factions s'accusaient réciproquement de convoiter le royaume de Sicile, l'un pour lui-même, l'autre pour son frère, et on peut croire qu'ils disaient vrai l'un et l'autre. Il y eut un troisième parti l'an 1200; voici comment.

Le pape Innocent, par ses sollicitations, obtint la mise en liberté de la reine Sybille, veuve du roi Tancrède, détenue dans les prisons d'Allemagne avec ses deux filles. Son fils Guillaume, privé de la vue, y était mort. Un gentilhomme français, Gauthier de Brienne, épousa l'aînée des deux princesses, et vint réclamer, non pas le royaume de Sicile, mais la principauté de Tarente et le comté de Lecce, promis sous serment par l'empereur Henri VI, au dernier rejeton mâle de la dynastie normande, ou bien une indemnité convenable. Le Pape, avec son conseil, reconnut la légitimité de ses réclamations, mais lui fit jurer en même temps de soutenir la cause du jeune roi Frédéric. Gauthier de Brienne, avec une poignée de Français, remporta de si brillants avantages, qu'il en prit une confiance téméraire et ne se tint point assez sur ses gardes; il fut blessé et fait prisonnier dans une surprise, l'an 1205, et mourut peu après à la fleur de son âge, dans les dispositions les plus chrétiennes. Markwald était mort dès l'an 1202. Accablé de mille autres affaires, Innocent trouva le moyen de conserver la vie, les biens et les droits de son pupille, malgré toutes les factions; il sut même lui concilier les services des Sarrasins qui étaient demeurés en Sicile. On peut voir les détails de toute cette affaire dans l'excellente *Histoire d'Innocent III* par Hurter. Voici comme ce ministre protestant y résume la conduite de ce Pape.

« En 1208, Frédéric avait atteint sa quatorzième année; les soins de la tutelle avaient cessé, mais non ces rapports paternels d'un sage conseiller avec un prince dont l'inexpérience avait encore besoin d'un guide. La reconnaissance lui faisait un devoir de s'attacher avec confiance à celui dont le zèle infatigable lui avait conservé le royaume, l'avait délivré de ses ennemis et avait rétabli l'ordre dans ses domaines, autant qu'il était possible à une personne éloignée des lieux, et chez un peuple déchiré par les factions. Quel que soit le jugement qu'on porte sur l'esprit qui anima Innocent dans tous les événements remarquables de son époque, on sera forcé de convenir que sa vigilance, sa persévérance et ses sacrifices personnels ont déjoué les entreprises de l'audace et de la ruse contre la Sicile, et ont préservé le royaume d'être de nouveau morcelé en petites principautés, et arraché à ce jeune prince dès les premières années de son enfance. N'avons-nous pas vu tous les projets de Markwald, de Thiébaut, du chancelier et de sa famille, échouer contre la fermeté du Pape? Si les tentatives faites contre l'autorité royale ne furent pas toutes réprimées avec autant de promptitude que le réclamait le bien du pays, il faut l'attribuer à l'impossibilité où se trouvait Innocent de tout voir et de tout diriger par lui-même (1). Il s'était opposé avec force à la dilapidation des biens et des revenus de la couronne; il avait gagné les Sarrasins à la cause de Frédéric, anéanti la puissance des Pisans à Syracuse, et obtenu d'eux, au prix de quelques concessions ecclésiastiques, une garantie pour la paix du royaume (L. 11, *Epist.* 80 et 81). Enfin n'est-il pas juste de reconnaître que tous ses efforts tendaient à remettre le royaume à son pupille dans un meilleur état qu'il ne l'avait reçu. Ce pontife peut donc, avec raison, être appelé non-seulement le protecteur et le mentor de la jeunesse de Frédéric, mais encore le libérateur de la Sicile. — Jamais il ne profita, du reste, de la minorité du roi et des discordes qui tour-

(1) Dans la lettre 249 du livre 9, on voit que Frédéric avouait être redevable à Innocent de la conservation de son royaume.

mentaient le royaume, pour tirer avantage de sa tutelle, soit pour lui-même, soit pour le Saint-Siége ; même dans la confirmation du choix des évêques, où il aurait pu voiler ses empiétements en agissant comme chef de la chrétienté, il ne voulut pas intervenir comme pape, mais comme représentant du roi (*Vice regiâ*, l. 2, *Epist.* 174; Hurter, l. 12). »

Ainsi parle un ministre protestant de la conduite du pape Innocent III. Plus d'un écrivain catholique, même certains abbés, pourraient prendre de lui des leçons de justice, d'impartialité et de modération envers le chef de l'Eglise de Dieu.

Pour achever le bien qu'il avait commencé, Innocent maria le jeune roi, son pupille, à la princesse Constance d'Aragon. Il résolut, de plus, en se rendant personnellement dans l'Italie méridionale, de mettre un terme aux troubles, de rattacher les grands à leur souverain et d'affermir le pouvoir de Frédéric. Il convoqua donc les comtes, les barons et les magistrats des villes à une diète à San-Germano, au pied du Mont-Cassin, qu'il présida en personne. Ce voyage, qui dura du 15 mai 1208 jusque vers la fin de la même année, fut comme un triomphe continuel.

En Espagne, la plus grande inimitié régnait entre Alphonse, roi de Léon, et Alphonse, roi de Castille ; et à peine ces deux monarques terminaient-ils avec gloire une campagne contre les Maures, qu'ils tournaient leurs armes l'un contre l'autre. Les prélats et les grands de ces deux royaumes, voyant la force de ces deux Etats s'épuiser totalement dans la guerre intérieure, essayèrent de rétablir la paix. Ils proposèrent à Alphonse de Léon d'épouser Bérengère, fille du roi de Castille, espérant que la droiture de leurs intentions et les résultats avantageux de ce mariage feraient fermer les yeux au Pape sur le proche degré de parenté.

Mais déjà Célestin avait envoyé en Espagne un cardinal, avec l'ordre de casser ce mariage, d'excommunier ces monarques, et d'interdire leurs royaumes, s'ils ne se conformaient pas aux mesures prises par le Pape. L'archevêque de Salamanque, les évêques de Zamora, de Léon, d'Astorga furent également excommuniés avec le roi de Léon, probablement pour ne s'être pas conformés à la sentence du cardinal. L'évêque d'Oviédo, au contraire, s'attira par son obéissance la colère du roi, et fut obligé de prendre la fuite.

Bien des auteurs ont blâmé l'Eglise de ces prohibitions touchant le mariage des princes. Un d'entre eux, mais qui, à la pénétration du génie, joignait la connaissance de bien des secrets politiques, le comte Joseph de Maistre, le Platon chrétien, dit au contraire :

« Le temps est venu où, pour le bonheur de l'humanité, il serait bien à désirer que les Papes reprissent une juridiction éclairée sur les mariages des princes, non par un *veto* effrayant, mais par de simples refus, qui devraient plaire à la raison européenne. De funestes déchirements religieux ont divisé l'Europe en trois grandes familles : la latine, la protestante, et celle qu'on nomme *grecque*. Cette scission a restreint infiniment le cercle des mariages dans la famille latine ; chez les deux autres, il y a moins de danger sans doute, l'indifférence sur les dogmes se prêtant sans difficulté à toute sorte d'arrangements ; mais, chez nous, le danger est immense. Si l'on n'y prend garde incessamment, toutes les races augustes marcheront rapidement à leur destruction ; et, sans doute, il y aurait une faiblesse bien criminelle à cacher que le mal a déjà commencé. Qu'on se hâte d'y réfléchir pendant qu'il en est temps. Toute dynastie nouvelle étant une plante qui ne croît que dans le sang humain, le mépris des principes les plus évidents expose de nouveau l'Europe, et par conséquent le monde, à d'interminables carnages.

» Quelle loi dans la nature entière est plus évidente que celle qui a statué que tout ce qui germe dans l'univers désire un sol étranger ? La graine se développe à regret sur ce même sol qui porta la tige dont elle descend ; il faut semer sur la montagne le blé de la plaine, et dans la plaine celui de la montagne ; de tous côtés on appelle la semence lointaine. La loi, dans le règne animal, devient plus frappante ; aussi, tous les législateurs lui rendirent hommage par des prohibitions plus ou moins étendues. Chez les nations dégénérées, qui s'oublièrent jusqu'à permettre le mariage entre des frères et des sœurs, ces unions infâmes produisirent des monstres. La loi chrétienne, dont l'un des caractères les plus distinctifs est de s'emparer de toutes les idées générales pour les réunir et les perfectionner, étendit beaucoup les prohibitions ; s'il y eut quelquefois de l'excès dans ce genre, c'était l'excès du bien, et jamais les canons n'égalèrent sur ce point la sévérité des lois chinoises. Il n'y a que cent noms à la Chine, et le mariage y est prohibé entre toutes personnes qui portent le même nom, quand même il n'y a plus de parenté (*Du Pape*, l. 2, c. 7, art. 1). »

Pour bien apprécier la conduite de l'Eglise et de ses Pontifes, on ne fera pas mal de se rappeler toujours ces leçons de la sagesse et de l'expérience.

Le pape Innocent, voyant que les divers royaumes d'Espagne demandaient toute son attention, envoya dans ces pays, pour y rétablir l'ordre, le frère Rainier de Citeaux, homme généralement estimé à cause de l'étendue de ses connaissances et de l'austérité de ses mœurs. Il le chargea surtout d'y rétablir la paix entre les rois chrétiens. Le roi Sanche de Navarre, malgré ses promesses, aussitôt qu'il vit la Castille exposée de nouveau aux invasions des Maures, avait fait une alliance avec les ennemis de la foi, rompu la paix avec Alphonse, et repris les châteaux forts donnés en gage de cette paix : il s'était même réuni contre Alphonse avec le roi de Léon. Celui-ci et le roi de Castille étaient en désunion avec le roi de Portugal. La lutte entre le roi Pierre et sa mère continuait dans l'Aragon. Au milieu de toutes ces divisions, les armes des chrétiens étaient plus souvent tournées contre eux-mêmes que contre les Maures ; ceux-ci avaient moins à redouter la puissance des rois que celle de ces guerriers voués à combattre pour la foi, dont la gloire n'était jamais en repos, dont l'union était sanctifiée par le grand but de soumettre de nouveau l'Espagne à la domination de la croix. Le frère Rainier avait reçu mission de menacer le roi de Navarre de l'interdit de son royaume, s'il n'abandonnait pas son alliance sacrilège ; il devait exhorter ceux de Castille et de Léon à ne pas se laisser tromper plus longtemps par des fauteurs de troubles, à rompre la convention jurée avec le roi de Portugal, et à rétablir la paix. On lui donna plein pouvoir de faire revivre dans les églises les règlements tombés en désuétude, et de corriger les abus existants.

Il reçut également ordre de casser le mariage inconvenant par lequel le roi de Léon avait embrassé sa propre chair : chose abominable devant Dieu, et horrible devant les hommes. Si Alphonse se montrait disposé à l'obéissance, Rainier pouvait lever l'interdit et absoudre les évêques de l'excommunication. Il fallait cependant qu'il se fît donner par le roi une caution en garantie de l'exécution des ordres apostoliques; mais, avant tout, l'évêque d'Oviédo devait être rappelé et recevoir une indemnité complète pour les dommages qu'il avait essuyés. Toute convention résultant du mariage devait être anéantie (L. 1, *Epist.* 58, 62, 92, 125, 249, 295; L. 2, *Epist.* 75; *Gesta*, n. 58).

Le légat avertit en vain le roi de Léon; il lui fixa enfin le jour et le lieu où il devait comparaître. Le légat attendit au delà du temps déterminé; le roi ne se présenta point; l'excommunication et l'interdit furent renouvelés. La Castille fut épargnée, car le roi déclara qu'il reprendrait sa fille aussitôt qu'elle reviendrait (*Gesta*, n. 58; L. 2, *Epist.* 75). C'était en 1198. Il ne resta donc plus aucun autre expédient au roi de Léon, dans son embarras, que de s'adresser au Saint-Père lui-même, et d'essayer si une ambassade ne pourrait pas le faire changer d'opinion (Hurter, l. 2).

Cette ambassade arriva d'Espagne à Rome l'année suivante. Les évêques que le roi de Léon avait choisis pour ambassadeurs prièrent le Pape de suspendre les lois de l'Eglise qui empêchaient le mariage de leur prince. Innocent aurait donné à l'instant un libre cours à l'indignation que soulevait dans son cœur une pareille demande, s'il n'avait été retenu par sa bienveillance pour le roi de Castille, qui montrait plus de soumission à ses ordres. Les députés eurent de la peine à obtenir une audience. Ils prièrent d'abord le Pape de lever l'interdit, parce qu'il menaçait le royaume de trois espèces de dangers : des hérétiques, des Sarrasins et des chrétiens du voisinage. Si les pasteurs des âmes se taisent, ils ne peuvent plus instruire les fidèles contre les hérétiques, le roi ne leur opposera aucune résistance, l'erreur s'étendra rapidement : si les prêtres cessent de prêcher, le zèle du peuple contre les Sarrasins ne manquera pas de s'éteindre. Enfin, si le clergé ne peut distribuer aux laïques les biens spirituels, on lui ôtera les biens temporels, et les prêtres seront forcés de mendier; seront obligés même, ce qui serait une honte pour le nom chrétien, de s'engager comme valets au service des Juifs.

C'est l'amour seul du devoir qui avait engagé Innocent à tant de sévérité; il craignait qu'on ne lui reprochât un jour d'avoir toléré de pareilles horreurs. La conduite de Célestin au sujet de l'alliance d'Alphonse avec une fille du roi de Portugal, était encore devant ses yeux. Le Pape exposa aux évêques les exemples de punition divine contre le commerce adultère, dans la mort subite de Henri, roi de Jérusalem, et dans la fin tragique de Conrad, marquis de Montferrat. Ajoutez que le frère Rainier avait usé de représentations, de délais, de toute l'indulgence des lois. Enfin cette concession pouvait avoir des conséquences mauvaises, si le Pape venait à la refuser dans un cas semblable; car on croirait alors qu'il se réglait sur la considération des personnes. Il déclara donc qu'il n'accorderait pas entièrement ce qu'on demandait; mais il consentit à mitiger la sévérité de l'interdit, et à autoriser la célébration de l'office divin. Ces faveurs n'étaient que pour le peuple, qui est innocent, et non pour le roi de Léon, ni pour la fille du roi de Castille et leurs conseillers; partout où ceux-ci se trouveront, dans une ville, un château ou un village, la voix du prêtre doit rester muette, et l'église demeurer fermée. Il ordonna au roi et à la reine de Castille d'employer tous les moyens possibles pour rompre le mariage. Et s'ils ne le faisaient pas, les deux époux, ainsi que leurs conseillers, devaient de même être exclus de l'Eglise, et le royaume privé de la célébration de l'office divin.

La plus grande difficulté dans cette affaire tenait à ce que le roi de Léon avait assigné à sa femme, pour présent de noces, quelques châteaux qui devaient rester sa propriété, même en cas de divorce, n'importe pour quel motif il aurait lieu. Le Pape annula cette promesse, et déclara illégitimes, incapables de succéder à l'héritage paternel, tous les descendants à naître de cette alliance incestueuse et damnable, menaçant même une plus longue résistance de châtiments encore plus sévères. Innocent ne réussit pas, pour le moment, à se faire obéir; au contraire, le lien conjugal se resserra plus étroitement l'année suivante, par la naissance d'un fils, qui fut plus tard la gloire de sa maison, qui restreignit la puissance de ses anciens ennemis, et étendit la foi chrétienne en Espagne, plus que n'avait fait aucun de ses prédécesseurs. Malgré l'interdit qui pesait sur la famille royale, sur le lieu où elle se trouvait, l'enfant fut baptisé avec grande pompe dans la cathédrale de Léon. C'était ce Ferdinand qui, plus tard, mérita par sa piété d'être placé au nombre des saints.

Innocent refusa de sanctionner une union semblable, celle du roi d'Aragon et de Blanche, sœur de Sanche, roi de Navarre. Ce mariage avait été également la condition d'un traité de paix. Déjà on avait donné des gages et prêté le serment; mais le Pape appela ce serment un parjure et une promesse indécente, qu'il n'est pas permis de garder (L. 2, *Epist.* 556).

Malgré tous ces conflits, le frère Rainier était parvenu à déterminer les rois de Castille et d'Aragon à faire une expédition contre les Sarrasins. Le Pape en ressentit la plus grande joie; cependant il ne voulut point consentir à ce que le roi d'Aragon, conformément à la proposition de ses conseillers, se servît, pour cette expédition, d'une monnaie qui avait été frappée peu avant la mort de son père, et qui n'avait pas le poids légal; il ne voulut point y consentir, à moins que le peuple n'approuvât la circulation de cette monnaie, qui avait déjà causé des troubles et des divisions. « Si vous avez eu connaissance, lui écrivit-il, de l'altération des monnaies à l'époque de votre couronnement et du serment que vous y avez prêté, vous devez confesser votre crime à l'évêque de Sarragosse, et vous faire imposer une pénitence; si vous n'en avez pas eu connaissance, nous vous conseillons de faire frapper, sous le nom de votre père, des monnaies de bon aloi, pour faire éviter les dommages qui en résultent, et pour être fidèle à votre serment (L. 2, *Epist.* 28). » L'historien protestant se demande à ce propos : « Aurait-on jamais dû se permettre tant de déclamations sur l'influence des Papes, qui se mettaient ainsi dans la balance contre le pouvoir des princes, pour le plus grand bien des peuples (Hurter, l. 3)? »

Les affaires ecclésiastiques en Espagne, les rapports des archevèques entre eux, ensuite avec les évêques, les rapports de ceux-ci avec les ordres de chevalerie, donnèrent bien des occupations au Saint-Siége. Dans un pays qu'il fallait conquérir de nouveau, pied à pied, à la foi chrétienne; où les habitants naissaient et mouraient au milieu des combats, et dont la vie était une lutte continuelle pour la foi, pour la liberté et la gloire de la patrie : dans ce pays, dis-je, les rapports ecclésiastiques ne pouvaient être réglés immédiatement d'après les préceptes de l'Eglise, comme on l'aurait fait dans des temps plus tranquilles. Les changements de dynastie avaient amené de nouvelles prétentions, l'ordre primitivement établi avait été interverti. De là une foule de mésintelligences, de demandes, de questions à résoudre. Ainsi les conquêtes d'Alphonse, roi de Portugal, ayant amené l'érection de plusieurs évêchés, donnèrent naissance au différend survenu entre l'archevêque de Brague et celui de Compostelle. Celui-ci trouva appui et protection près du Saint-Siége contre les prétentions des évêques, contre les Templiers, qui se distinguaient plutôt par leur orgueil chevaleresque que par une religieuse soumission aux décisions du Saint-Siége; enfin contre les couvents, qui empiétaient sur les droits de l'évêque de Coïmbre (L. 2, *Epist.* 196, 214; Hurter, l. 3).

L'an 1204, la privation du service divin devenait chaque jour plus accablante pour le royaume de Léon. Les chefs du clergé supplièrent le roi de se séparer de son épouse, afin de ne pas faire supporter plus longtemps à ses sujets les suites de sa résistance. Mais ce monarque voulait, avant d'obéir au Pape, faire déclarer habiles à succéder au trône les deux fils et les deux filles qu'il avait eus de Bérengère. Les places que le roi de Castille occupait comme douaire de Bérengère devenaient une autre cause de discorde; il était indécis s'il les reprendrait ou s'il les laisserait dans l'état où elles se trouvaient alors. Cette princesse eut assez d'élévation d'esprit pour faire une renonciation volontaire qui procura la paix à son époux et à ses sujets. Elle avait été à même de reconnaître, pendant un grand nombre d'années, que la volonté du Pape était d'autant plus inébranlable, qu'il la regardait comme l'expression de la volonté divine. Elle consentit donc à la séparation, et retourna chez son père. Innocent appris avec plaisir cette nouvelle, et ordonna aussitôt aux évêques de Castille de lever l'excommunication qui pesait sur elle, sur le roi de Léon et sur son royaume (L. 7, *Epist.* 67, 94). Le roi de Castille refusa de restituer les places occupées, sous le vain prétexte qu'elles appartenaient à sa fille. Les évêques reçurent ordre de réclamer de nouveau cette restitution, attendu qu'il n'y avait pas lieu de faire des dons et d'assigner un douaire quand un mariage était déclaré nul. Ils demandèrent donc que ces places leur fussent remises jusqu'à ce qu'un jugement arbitral, ou, s'il était nécessaire, une décision du souverain Pontife eût tranché la difficulté (L. 7, *Epist.* 93). Peu de temps après, Innocent prouva que la sévérité imposée par les devoirs de sa charge s'attachait aux actes et non aux personnes; car les enfants issus de ce mariage, il les déclara légitimes et aptes à succéder au trône, déclaration qui fut immédiatement reconnue par les Etats de Léon à l'égard de Ferdinand, l'aîné des enfants.

Pierre occupait le trône d'Aragon. Son père, Alphonse, surnommé le Chaste, mort en mai 1196, à la diète de Perpignan, lui avait laissé la couronne, ainsi que de riches trésors. Pierre possédait toutes les qualités héroïques de ces rois d'Espagne dont les hauts faits vivent encore dans les chants populaires. Ses relations avec les cours de la Provence avaient donné le goût de la poésie à ce monarque, qui maniait aussi bien l'épée que la lyre. Dès les premiers jours de son règne, l'an 1197, dans une diète tenue à Girone, pour se conformer aux canons de l'Eglise romaine, il chassa de ses Etats, sous peine de mort, tous les hérétiques (Mansi, *Concil.*, t. XXII). Il rendit des édits concernant la paix intérieure, la tranquillité des habitants, les veuves, les orphelins, les routes, les marchés, les bœufs de labour, les instruments aratoires, les oliviers et les colombiers; affranchit l'agriculteur de la saisie des bestiaux, et prit les moissons sous sa protection spéciale. Tous les actes du commencement de son règne témoignent de sa sollicitude pour ses sujets.

Cependant le jeune roi se sentait entraîné vers un plus vaste théâtre que celui de la tranquille administration de ses Etats. Il résolut donc de marcher sur les traces de son père et de combattre les Sarrasins. Il pensait que Dieu lui aurait en vain remis le glaive pour punir les méchants, s'il ne commençait à le tirer contre ceux-ci. Ne se sentant pas assez fort pour entrer seul en lice, il pria Innocent de charger un légat de former contre eux une alliance entre les rois d'Espagne; mais ni les dispositions de ces rois ni le temps ne parurent propices à Innocent; car la puissance du roi de Maroc venait de s'accroître par une victoire remportée sur celui de Mallorca (L. 6, *Epist.* 235).

A de nombreuses et belles qualités, Pierre joignait le désir d'élever son royaume au plus haut degré de splendeur et de magnificence. Ses aïeux, vassaux des rois francs dans la Marche d'Espagne, conquise par Charlemagne sur les Sarrasins, entre l'Ebre et les Pyrénées, ne portaient autrefois que le titre de *comtes de Barcelone;* plus tard ils avaient pris le titre de *rois d'Aragon*, et le nom des rois de France, qui figurait dans leurs actes en signe de suzeraineté, en avait disparu depuis un quart de siècle. D'après cet état de choses, les rois d'Aragon n'étaient pas couronnés, ils étaient seulement armés chevaliers à l'âge de vingt ans; et ce n'était qu'après l'accomplissement de cette formalité, ou quand ils étaient mariés, qu'ils pouvaient jouir des honneurs royaux. Pierre crut donner plus d'éclat à la dignité qui lui était transmise par ses aïeux, en se faisant couronner comme les autres rois. Il résolut donc de donner à cette cérémonie toute la solennité possible, et de détruire pour toujours les prétentions de la France en se rendant lui-même à Rome, dans le but de recevoir la couronne des mains du Pape.

Il arriva dans le port d'Ostie, avec une suite nombreuse, le 8 novembre 1204. Innocent envoya deux cents chevaux de selle et des bêtes de somme au lieu du débarquement; plusieurs cardinaux, le sénateur, ainsi que des nobles, se portèrent à sa rencontre. Le Pape reçut le roi dans l'église de Saint-Pierre, et lui fit donner l'hospitalité dans la maison des chanoines de cette église.

Le jour de la Saint-Martin, le troisième depuis l'arrivée de Pierre, le Pape, accompagné de tous les cardinaux, des principaux dignitaires de l'Eglise, du sénateur, de tous les juges et fonctionnaires, de la noblesse et du peuple, se rendit au couvent de Saint-Pancrace, martyr, situé au delà du Tibre. Là, l'évêque de Porto sacra le roi d'Aragon; Innocent lui plaça lui-même la couronne sur la tête, et lui présenta, comme insignes de la dignité royale, la tunique, le manteau, le sceptre, le globe de l'empire, la couronne et la mitre, présents aussi précieux que magnifiques. Pierre prêta ensuite le serment en ces termes : « Moi, Pierre, roi d'Aragon, je jure fidélité et obéissance à mon seigneur le pape Innocent et à ses successeurs dans l'Eglise romaine; de maintenir mon royaume en état d'obéissance et de fidélité envers eux; de défendre la foi catholique et de poursuivre la perversité des hérétiques, de protéger les droits et les libertés de l'Eglise, et de conserver la paix et la justice dans les Etats soumis à ma domination. J'en prends à témoin Dieu et ses saints Evangiles (*Gesta Innocent.*, c. 120, 121, 122). »

De cette église, le roi, revêtu d'ornements royaux, se rendit, en marchant à côté du Pape, dans la basilique de Saint-Pierre. Là, il déposa la couronne et le sceptre, et remit son royaume au prince des apôtres. Il reçut ensuite le royaume en fief des mains du Pape, qui lui remit à cet effet le glaive. Il déposa sur l'autel un diplôme par lequel il attestait que, reconnaissant le Pontife romain comme successeur de saint Pierre et vicaire de celui par qui règnent les rois, il plaçait son royaume sous la protection de saint Pierre, et s'engageait, pour le salut de son âme et de celle de ses successeurs, à payer un tribut annuel de deux cents pièces d'argent. Le Pape, de son côté, s'engagea à prendre ses Etats, sa personne, ainsi que celle de ses successeurs, sous la protection du Saint-Siège. Pierre fit expédier ce diplôme avec l'assentiment des nobles de sa cour, en présence de l'archevêque d'Arles, son oncle, et d'autres personnages, et le revêtit de son sceau. Pour prouver son dévouement au Saint-Siège, il rendit libres dans son royaume les élections aux évêchés et aux abbayes (*Ibid.*, c. 121); *Gesta Com. Barcin.*, c. 24, *in Marca*).

Ces solennités et ces négociations étant terminées, le Pape lui donna sa bénédiction apostolique pour son retour dans sa patrie, et le fit accompagner jusqu'à l'église de Saint-Paul, située hors de la ville. Le monarque s'embarqua de nouveau à Ostie, sur les galères génoises. Plus tard, une bulle du Pape fixa les formalités à observer pour le couronnement des rois et des reines d'Aragon. Ce couronnement devait se faire à Saragosse, au nom du Pape, par l'archevêque de Taragone, après que le roi aurait sollicité cette faveur en se conformant au droit féodal (*Gesta*, c. 122; l. 8, *Epist.* 92; l. 9, *Epist.* 101; l. 1, *indiculus* 100). Mais les démarches de Pierre furent loin de recevoir l'approbation de tous les Aragonais; car les grands et le peuple murmuraient de ce qu'il avait rendu tributaire un royaume libre et indépendant.

L'année suivante 1205, le Pape, malgré le reproche qu'il fit à Pierre, au sujet de l'oppression qui pesait sur l'Eglise d'Elne, lui témoigna de nouveau sa bienveillance, en recommandant aux frères de Calatrava de l'appuyer aux frontières contre les Sarrasins; en donnant l'assurance que, s'il venait à s'emparer de Mallorca, le Pape y établirait un évêché; en exhortant tous les prélats à chasser, de concert avec lui, les hérétiques (Hurter, l. 8).

En 1210, de grands événements se préparaient en Espagne. La trêve faite par Alphonse de Castille, en 1198, et qui était expirée l'année précédente, avait permis au roi maure, Abou-Jacob-Almansor, surnommé l'*Invincible*, de comprimer les troubles élevés dans son royaume. Les chevaliers de Calatrava s'étaient soumis à cette trêve contre leur gré; car ils supportaient impatiemment la perte de la résidence principale qui leur avait donné son nom. Calatrava était tombée au pouvoir des Maures peu de temps avant la conclusion de cette trêve, et son expiration ouvrait de nouveau le champ à leur ardeur guerrière. Sous les ordres de leur grand-maître, ils envahirent les frontières mahométanes, et s'emparèrent de quelques châteaux. Si la paix conclue l'an 1208 entre les rois de Castille et de Léon eût été rompue, comme le voulaient quelques malintentionnés, l'ordre aurait été hors d'état de supporter le fardeau de la guerre. Aussi Innocent ordonna-t-il aux évêques des deux royaumes de travailler au maintien de la paix, à la formation d'une ligue des rois contre les infidèles, et de menacer d'excommunication le premier qui romprait la paix (*Apud Orderic*, Raynald, an 1210). Alphonse, pressentant l'avenir, ou voulant se fortifier dans son intérieur, mit tout en œuvre pour faire cesser la discorde entre les rois d'Espagne, et bientôt les quatre royaumes jouirent des bienfaits de la paix, dont ils étaient privés depuis bien longtemps. Il chercha même à réconcilier les rois de France et d'Angleterre, afin de les faire entrer dans la grande alliance qu'il préparait contre les Maures.

Les princes étant ainsi disposés à tirer le glaive pour l'honneur du pays et la protection de la foi, Ferdinand, l'infant ou prince royal de Castille, après avoir été armé chevalier, déclara solennellement, dans la maison du Seigneur, qu'il était résolu à combattre pendant toute sa vie contre les infidèles et à les expulser de son héritage. Il demanda dans ce but la bénédiction du Pape, et fit un appel à d'autres princes. Innocent ordonna aux archevêques et évêques d'Espagne de presser les rois dans les Etats desquels ils se trouvaient, de fournir de l'argent et des troupes à l'infant pour une entreprise aussi glorieuse, si toutefois ils n'étaient pas engagés par une trêve avec les infidèles; car une trêve semblable devait aussi être observée (L. 13, *Epist.* 193).

Alphonse de Castille, surnommé dès son enfance *le Petit*, était encore, malgré son grand âge, un vaillant guerrier, et continuait avec zèle ses préparatifs contre les Sarrasins. L'an 1211, il envoya à Rome, pour demander l'assistance du Pape; l'archevêque Rodrigue de Tolède, un de ces princes de l'Eglise qui réunissait en sa personne, comme l'archevêque Absalom de Lunden, et plus tard son successeur, le grand-cardinal Ximenès, les qualités de guerrier, d'homme d'Etat, d'ami des sciences et d'historien. Innocent déclara qu'étant actuellement dans le voisinage d'un ami devenu un ennemi acharné, il ne pouvait prêter un secours actif : dans des temps meilleurs, il l'eût fait avec empressement; mais il était prêt à accorder ce qui dépendait de son autorité spirituelle. Ainsi, les grâces de l'Eglise furent étendues à tout militaire, n'importe dans quel pays il irait combattre les Sarrasins. Le Pape avait déjà permis auparavant de consacrer les frais d'un pèlerinage à Rome pour obtenir les indulgences, à soutenir ceux qui lutteraient en Espagne contre les ennemis de la foi. Les archevêques et évêques reçurent l'ordre de menacer de l'excommunication tout souverain qui, pendant l'expédition d'Alphonse contre les infidèles, romprait la trève conclue avec lui. Le roi de Castille entra ensuite dans le royaume de Murcie, s'empara de plusieurs villes, ravagea le pays, et rentra dans ses Etats au milieu de l'été, emmenant un grand nombre de prisonniers et un butin considérable.

Mohammed-ben-Nesser, surnommé *le Vert*, fils de Jacob, surnommé *l'Invincible*, et redouté en Espagne et en Afrique, avait succédé, l'année précédente, à son père, en qualité d'émir-al-moumenin, c'est-à-dire commandant des croyants, dont les Français du XIII° siècle firent, par abréviation, le nom de Miramolin. Aussitôt qu'il fut informé des préparatifs d'Alphonse et de leur destination, il accourut pour protéger l'Andalousie et la Murcie. Suivant l'habitude des princes musulmans, il parut soudain, avec une armée immense, devant la forteresse de Salvatierra, défendue par les vaillants chevaliers de Calatrava. Soit qu'Alphonse eût rassemblé de grandes forces à Talavéra, soit que l'infant eût envahi l'Estramadure, soit que les chevaliers se fussent défendus avec cette bravoure qui distinguait leur ordre, et qui le fait briller avec tant d'éclat dans l'histoire du monde et dans les annales du christianisme, Mohammed ne voulut pas pousser plus loin avant de s'être emparé de la forteresse. Après trois mois de siège, les vivres étant épuisés, les murs et les remparts en ruine, la plus grande partie des chevaliers tués ou hors de combat, ce boulevard du pays tomba au pouvoir des Maures. Le vainqueur se retira à Séville pour renforcer son armée, et le roi de Castille à Tolède, où Ferdinand, l'infant bien-aimé du père et du peuple, mourut à la fleur de l'âge. Cette mort plongea tout le royaume dans un deuil général.

Les évêques et les grands, voyant l'émir des Sarrasins se préparer à une lutte sérieuse, furent d'avis qu'il valait mieux tenter la faveur du ciel dans un combat, que de livrer honteusement à la fureur des infidèles la patrie et le sanctuaire, pour lequel on savait encore mourir. Les chevaliers et les hommes de pied reçurent partout l'ordre de prendre les armes. La licence usitée dans les guerres précédentes fut remplacée par une sévère discipline. Il fallut renoncer à ce qui était incompatible avec la sainteté de la cause qu'on allait défendre, comme aux vêtements et ornements précieux, et à tout ce qui servait au luxe. Alphonse conclut, à Cuenca, une alliance avec les rois de Navarre et d'Aragon. On ignore si le roi de Portugal et celui de Léon furent compris dans ce traité. L'archevêque de Tolède, en revenant de Rome, demanda des secours au roi de France. Il lui représenta que les Sarrasins se préparaient à porter le fer et le feu en Castille, mais que le roi se proposait de marcher à leur rencontre au mois de mai. D'autres prélats se rendirent en Allemagne (*Albericus*, p. 464).

Le roi Sanche de Portugal, au lieu de faire la guerre aux infidèles, la faisait aux ecclésiastiques et aux femmes, vexant les premiers, déshonorant les secondes. Il ne tenait compte ni des avertissements de l'évêque de Coïmbre ni de ceux du Pape. L'an 1211, il tomba malade. Il n'eut alors d'autre pensée que celle de rendre le repos à son âme en se réconciliant avec l'Eglise. Il pria l'archevêque de Brague de l'absoudre des censures ecclésiastiques. Du consentement de son successeur, et d'après le conseil de tous les grands seigneurs ecclésiastiques et séculiers, il fit connaître ses dernières volontés. Par des donations aux églises et au clergé, par des legs à ses enfants et à ses neveux, par des présents aux malades et aux indigents, aux maisons de Dieu et aux personnes consacrées au Seigneur, il espérait réparer ses précédentes injustices. Après avoir nommé le roi de Castille son exécuteur testamentaire, il mourut au mois de mars, et fut enterré en grande pompe dans le monastère de Sainte-Croix (L. 14, *Epist.* 115).

Alphonse de Castille avait employé l'hiver de 1211 à 1212 en préparatifs contre les Sarrasins. Il avait rempli ses magasins, amassé l'argent nécessaire, et mis tout en usage pour exciter l'enthousiasme de son peuple. Les ambassadeurs qu'il avait envoyés dans les pays éloignés pour demander des secours, étaient revenus avec des réponses favorables. Le Saint-Siège avait donné l'ordre à tous les archevêques et évêques de France, du Midi surtout, de faire un appel au zèle de tous les fidèles. Tolède était le lieu du rassemblement, et le départ fixé à l'octave de la Pentecôte. Depuis le mois de février jusqu'au printemps, des guerriers de toute arme et de toute nation arrivèrent donc dans cette ville (*Ibid.*, *Epist.* 154, 155; Roderic).

Le zèle d'Innocent avait souvent étouffé les dissensions entre les rois d'Espagne. Il les unissait, les encourageait et les raffermissait, entre autres le roi de Léon, qui était fortement soupçonné d'avoir fait alliance avec les ennemis de la foi. « C'est maintenant, écrivit-il aux archevêques de Tolède et de Compostelle, que tous les fidèles doivent se prêter mutuellement assistance, car l'ennemi de la croix ne cherche pas seulement à opprimer l'Espagne, ses efforts tendent à mettre partout les chrétiens sous le joug. Que tout sujet de discorde cesse entre les chrétiens, ou qu'ils se soumettent à notre jugement. Les censures ecclésiastiques doivent effrayer les princes et les sujets qui trahiraient la cause de la foi (L. 15, *Epist.* 15). »

L'historien protestant d'Innocent III fait à ce sujet les réflexions suivantes : « On ne saurait trop apprécier les services que la papauté a rendus en réunissant les forces de l'Occident contre ce torrent de hordes barbares qui menaçaient d'envahir l'Europe. Qui sait si les croisades n'ont pas préservé cette partie du monde d'une irruption aussi désastreuse que le furent celles de 710 et de 1683 ? Et si, de 1529, nous jetons les yeux en arrière de quatre siècles, ne devons-nous pas présumer que c'est à ceux qui dirigèrent les forces de l'Europe vers les pays de l'islamisme, que l'Europe doit d'avoir échappé aux invasions des sectaires de Mahomet (Hurter, l. 16)? »

A l'approche de la Pentecôte 1212, une armée nombreuse se rendit de tous côtés à Tolède. Les évêques de Castille, ainsi que les chevaliers les plus illustres, y arrivèrent ; puis les milices des villes, troupes exercées depuis les temps les plus reculés au maniement des armes. Elles étaient suivies de leurs chevaux et de leurs chars, de munitions de guerre et de bouche en quantité suffisante pour elles et pour les étrangers. Les frères et les grands-maîtres de presque tous les ordres de chevalerie de l'Espagne, un grand nombre de chevaliers du Temple et de Saint-Jean avaient répondu à l'appel. On admirait l'infanterie portugaise, aussi impétueuse dans l'attaque que patiente dans les fatigues de la guerre; elle était commandée par l'infant Pierre, troisième fils du roi Sanche. On distinguait le roi d'Aragon, qui s'était placé à la tête des familles les plus nobles, et qui avait à sa suite une troupe de frondeurs et de fantassins. Pour suffire à ses préparatifs, ce monarque avait imposé à ses sujets une contribution sur chaque paire de bœufs et sur toutes les bêtes de somme. L'archevêque de Bordeaux avait déterminé le roi de Navarre à oublier ses dissensions avec le roi Alphonse, et à surmonter, dans ce besoin extrême, cette aversion pour les hommes qui le tenait enfermé dans son palais de Tudela. Arnault, abbé de Citeaux, récemment promu à l'archevêché de Narbonne, accompagna aussi à Tolède l'archevêque de Bordeaux et l'évêque de Nantes. Ils amenaient tous les troupes nombreuses. Parmi les seigneurs séculiers de France, on remarquait le vicomte de Turenne, le comte de la Marche, Hugues de la Ferté, fidèle compagnon de Simon de Montfort. Les villes envoyèrent des bourgeois, et les couvents des religieux. Les exhortations et les promesses du Pape eurent même succès en Italie. Plus tard arriva le duc Léopold d'Autriche, accompagné d'une suite nombreuse. Deux mille chevaliers, non compris les écuyers, dix mille lances et près de cinquante mille hommes de pied étaient venus des pays situés en deçà des Pyrénées. L'armée pouvait s'élever à plus de cent mille hommes. L'archevêque Rodrigue, qui était présent, fournit dix mille hommes à cheval et cent mille à pied.

Les troupes étaient campées sous des tentes, sous des arbres plantés dans les plaines charmantes qu'arrose le Tage. Jamais un nombre aussi considérable n'avait été réuni en Europe sur un seul point. Le roi tint sa parole, et fournit des vivres en abondance aux soldats, comme il l'avait promis par ses messagers. Des distributions journalières furent même faites aux convalescents, aux femmes et aux enfants. Le roi subvint à tout; il donna des vivres et une solde aux valets, fournit des chevaux à un grand nombre de chevaliers, et équipa en grande partie ceux qui devaient servir à cheval. Sa bienveillance et ses nobles sentiments entretenaient une franche gaîté dans toute l'armée. D'un autre côté, la vigilance des évêques maintenait la paix dans cette foule d'hommes de mœurs et de caractères différents, et seulement unis par le désir de faire sentir aux ennemis de la chrétienté la puissance de ses armes et le courage de ses défenseurs. La plus parfaite harmonie ne cessa de régner parmi les membres de cette grande famille. Cependant les premiers arrivés commençaient à se lasser d'un repos qui durait déjà depuis près d'un mois (Innocent, l. 5, *Epist.* 182 ; Roderic, *Tolet.*, l. 8, c. 1).

Innocent, incertain de l'issue d'une lutte d'autant plus grave qu'elle allait décider de l'empire de la foi sur une vaste étendue de pays, joignit aux armes matérielles de la valeur les armes spirituelles de la prière. Le mercredi 23 mai, jour où l'armée devait se mettre en marche, il ordonna qu'une procession générale des ecclésiastiques et des laïques eût lieu à Rome, afin que Dieu accordât la victoire à l'armée chrétienne. Dès le matin, on vit le peuple s'assembler dans trois églises, faire ses prières et se diriger au son des cloches sur la place de Latran. Les fidèles, nu-pieds, étaient précédés de la bannière de la foi, les femmes couvertes de leurs vêtements communs, et tous gardaient un religieux silence. De son côté, le Pape, accompagné des cardinaux, des évêques et des chapelains, se rendit dans l'église, y éleva aux yeux du public un fragment de la croix du Seigneur, le porta au palais de Latran, et fit une allocution au peuple du haut du grand escalier. Tout le monde retourna ensuite dans les églises ; les femmes dans celle de Sainte-Croix, où officiait un cardinal. On devait en outre s'efforcer par la prière, le jeûne et les aumônes, d'attirer la bénédiction divine sur les armes des chrétiens. Des processions semblables eurent lieu en France.

Depuis Charles-Martel, la chrétienté n'avait jamais été menacée d'aussi grands dangers. On disait que des troupes innombrables étaient venues d'Afrique dans la Péninsule pour renforcer les Maures ; que le débarquement avait duré quinze jours, et que Mohammet-ben-Nasser, sûr de la victoire, avait fait brûler ses vaisseaux. Le sort des armes allait décider si l'Espagne serait gouvernée par des rois chrétiens ou par le chef des Sarrasins ; si les habitants de ces contrées suivraient la religion de Mahomet ou la foi du Christ (*Ibid.*, l. 15 ; Albéric ; Godefr. Mon., *Iperii chron. S. Bertin.; in Martene, Thesaur.*, t. III).

Le 21 juin, l'armée chrétienne partit de Tolède. Elle prit les places fortes de Magalon et de Calatrava. Les étrangers, mécontents de n'avoir pas eu le pillage de cette dernière, se retirèrent, à l'exception d'un petit nombre de chevaliers français. L'armée était encore si nombreuse, qu'à peine apercevait-on le vide qu'y laissait la défection des étrangers. Le 14 juillet, elle alla camper à Navès de Tolosa, vis-à-vis de l'armée musulmane, commandée par le miramolin de Maroc ou d'Afrique, Mohammet-ben-Nasser.

Dans l'après-midi, Mohammet mit son armée en ordre de bataille devant son camp, et resta dans cette position jusqu'au soir. Le besoin de repos pour les hommes et les chevaux, celui de reconnaître la force et la position de l'ennemi, empêchèrent les croisés de se mesurer avec les Maures. Cette prudence leur fut très-avantageuse. Leurs adversaires, s'imaginant qu'ils avaient peur, devinrent plus hardis, et poussèrent la présomption jusqu'à faire annoncer à Jaën et à Baeza que dans trois jours ils y amèneraient les trois rois prisonniers. Le dimanche, les Sarrasins restèrent sous les armes depuis le matin jusqu'à midi. Leur souverain, assis à l'ombre de sa tente rouge et au milieu d'une pompe royale, attendait l'attaque. Les chrétiens, observant avec soin l'ennemi, gardaient leur camp et restaient immobiles. Alphonse ne voulait pas profaner le jour consacré au Seigneur en faisant couler le sang. Quelques légères escarmouches interrompirent seules l'attente muette des deux armées.

Les rois de Castille, d'Aragon et de Navarre employèrent l'après-midi à concerter les dispositions pour le lendemain. Les évêques parcoururent les tentes des grands seigneurs et des bourgeois, encourageant les uns et promettant aux autres les bénédictions de Dieu. Alphonse, à la veille d'un si grand événement, conféra l'ordre de la chevalerie à son cousin Nuñez, fils de Sanche de Navarre.

A minuit, le héraut d'armes fit retentir dans le camp ce cri : « Levez-vous, combattants du Seigneur ! » On célébra d'abord le mystère de la mort du Sauveur, on entendit ensuite les confessions, on donna l'eucharistie, puis chacun, prêt à combattre, alla prendre position devant le camp. Chaque roi, comme on était convenu, partagea son armée en trois corps : les Castillans étaient au centre, les Aragonais à gauche, les Navarrais et les Français à droite. Rodrigue, le zélé et pieux archevêque de Tolède, les autres évêques et les seigneurs les plus illustres de Castille formaient l'arrière-garde où se trouvait le roi Alphonse.

Les ennemis occupaient la pointe escarpée de la montagne, au delà d'une forêt et derrière le lit d'un torrent profond. Le prince des Maures, revêtu d'un manteau noir d'Abdulmumen, souche victorieuse des Almohades, l'épée au côté, l'Alcoran à la main, se tenait sous une tente formée de carquois. Devant la tente, comme un rempart vivant, on voyait l'élite de l'infanterie, rangée en bataillons épais, ornée des plus brillants costumes; plusieurs des fantassins placés sur les premiers rangs étaient enchaînés avec ceux placés au centre, afin de ne laisser aucun espoir de fuite. Plus en avant était le corps des Almohades, formidable par leurs chevaux, leurs armes et leur nombre. Des escadrons de Bédouins, habiles à manier la lance, soit en poursuivant, soit en fuyant, protégeaient les flancs de l'armée; ils étaient surtout dangereux dans les plaines, où rien n'arrête leurs mouvements et où ils causent des pertes et du trouble à une armée régulière. Les plus braves des cavaliers marocains, pour gagner la faveur particulière de l'émir par l'audace de leur valeur, avaient quitté leurs chevaux et combattaient à pied: La vue ne pouvait embrasser la foule des ennemis : on évalua leurs cavaliers à quatre-vingt mille; personne ne connaissait le chiffre de leur infanterie.

Le 16 juillet 1212, au matin, Alphonse donna le signal de l'attaque. Les Maures commencèrent par lâcher pied; cependant, de nouveaux soldats étant arrivés, ils repoussèrent les assaillants au bruit de leur musique guerrière. Le premier corps des chrétiens, incommodé par les aspérités du terrain, se replia avec quelque perte sur le second. Le centre soutint le combat; mais les chevaliers du Temple et de Calatrava se trouvant épuisés, et les corps placés sur les flancs ne pouvant avancer, quelques croisés tournèrent bride. Le roi de Castille dit alors tout haut à l'archevêque de Tolède : « Archevêque, mourons ici vous et moi ! » — Non, mon roi, répliqua l'archevêque, c'est ici que vous triompherez de vos ennemis. — En avant donc ! ajouta aussitôt le roi, au secours de ceux qui se trouvent dans le plus grand danger ! — Le noble Gonzalès-Giron et son frère Rodrigue accoururent avec leurs compagnons, et le roi voulut s'élancer sur leurs traces; mais le vaillant et prudent Fernando Garcias l'empêcha de les suivre; car il fallait ménager les renforts et les envoyer seulement au besoin. Le roi dit de nouveau à l'archevêque Rodrigue, qui le rapporte dans son histoire : « Archevêque, mourons ici ! car une telle mort, dans un tel moment, nous convient ! » L'archevêque lui répondit : « S'il plaît à Dieu de vous donner la victoire, la mort ne vous atteindra pas; mais si Dieu en a ordonné autrement, nous sommes tous prêts à mourir avec vous. » — Et au milieu de tout cela le vieux monarque ne changeait ni de visage, ni de geste, ni de ton de voix; mais, intrépide comme un lion, il était résolu à vaincre ou à mourir.

Les Navarrais, de leur côté, gravissaient les hauteurs en renversant tout ce qui se présentait devant eux; mais l'armée maure, formidable par son nombre, terrible par la multitude des flèches qu'elle lançait dans les rangs des assaillants, restait immobile. Déjà le combat avait duré jusqu'à midi, et la victoire était encore indécise. Alors Alphonse réunit l'arrière-garde, et, au moment décisif, se précipite avec impétuosité sur les Maures, à la tête de sa cavalerie. A côté de la croix du Seigneur, qu'un chanoine de Tolède portait devant l'archevêque, flottait la bannière royale avec l'image de la sainte Vierge, fidèle patronne de l'Espagne. Un chevalier des plus nobles et des plus braves l'avait déployée, sur l'ordre du roi, au plus fort de la mêlée. Ce fut surtout contre cette bannière que les ennemis firent pleuvoir une grêle de flèches et de pierres. Irrité d'une telle insulte, Alphonse s'élança au milieu des plus épais bataillons ennemis, et se fraya un passage. Les Navarrais, ayant leur roi à leur tête, brisèrent la chaîne qui entourait le gros de l'armée maure. Un noble chevalier, Nuñez de Lara, la franchit avec son cheval pour entraîner ses compagnons. Le roi Pierre le suivit avec ses Aragonais.

Bientôt l'émir musulman vit plier jusqu'à ses gardes-du-corps, sa grande bannière prise, son fils aîné tué : dès lors il prit la fuite, d'après l'avis de son frère, accompagné seulement de quatre hommes, emmenant avec lui ses trésors, que, malgré toute sa confiance dans la victoire, il avait fait charger d'avance sur des chameaux et des chevaux. Il se rendit dans la ville voisine de Baëza, et continua sa route sans s'arrêter jusqu'à Jaën, d'où il descendit le Guadalquivir, ne se croyant en sûreté qu'à Séville. « Je ne sais quel conseil vous donner; que Dieu vous assiste ! » Telle fut la seule consolation qu'il offrit aux habitants découragés de Baëza.

La déroute fut alors complète; les ennemis s'enfuirent devant les Castillans, les Aragonais et les Navarrais, qui les accablèrent de tous côtés, les poursuivirent quatre lieues au delà du camp, et jusqu'à deux heures après le coucher du soleil; quelques corps détachés ne leur laissèrent pas même de repos pendant la nuit. Les Maures perdirent plus de monde dans la fuite que dans le combat, et pourtant le champ de bataille était tellement couvert de cadavres, qu'on avait de la peine à le traverser même à cheval. D'après le témoignage de l'archevêque Rodrigue, qui était présent, on estima le nombre des Sarrasins tués à environ deux cent mille. Quant aux nôtres, ajouta-t-il, à peine en manqua-t-il vingt-cinq à l'appel (1). Pendant que les croisés étaient à la poursuite des fuyards, l'archevêque, les évêques et les ecclésiastiques entonnèrent, avec des larmes de reconnaissance, le *Te Deum* sur le champ de bataille.

Il serait impossible, dit l'archevêque Rodrigue, témoin oculaire, de décrire convenablement les prodiges de valeur de chaque prince, les traits héroïques des nobles, la valeur persévérante des peuples réunis. Le désir d'acquérir les lauriers de la victoire ou la palme du martyre, fut le seul motif qui porta les guerriers à de si héroïques efforts. Cependant la principale gloire de cette journée appartient au roi Alphonse de Castille. La joie qu'éprouvait chaque guerrier lui faisait oublier les fatigues de la guerre.

Ce ne fut qu'après le coucher du soleil que l'armée prit possession du camp ennemi. Il était si vaste, que l'armée chrétienne pouvait à peine en remplir la moitié. Quel riche butin en or, en argent, en monnaies, en ornements! Que de luxe dans les vêtements de soie, dans les vases précieux qui devinrent la proie du vainqueur! On compterait à peine le nombre des chameaux et d'autres animaux qui leur échurent en partage. Cependant les guerriers chrétiens, animés du zèle le plus pur pour la foi, jaloux de l'honneur chevaleresque et fidèles au roi, ne s'arrêtèrent pas dans la poursuite des ennemis pour prendre part à tant de magnificence. Ils étaient en outre retenus par la menace d'excommunication que l'archevêque de Tolède avait faite la veille contre quiconque souillerait la victoire par l'avidité du butin.

Alphonse, satisfait d'avoir sauvé son pays de l'invasion de ces dangereux voisins, et de s'être vengé de la sanglante journée d'Alarcos, abandonne le butin aux rois d'Aragon et de Navarre, avec prière de le répartir entre les guerriers. On y trouva des provisions de bouche en abondance, et une si grande quantité d'armes, que le bois des flèches et des lances étaient plus que suffisants pour entretenir les feux de l'armée pendant deux jours. On n'en consuma pas même la moitié. Il fallut plus de deux mille bêtes de somme pour emporter les carquois remplis de flèches. Alphonse, voulant dissiper la crainte de sa famille, se hâta d'envoyer un fidèle serviteur pour annoncer cette heureuse nouvelle.

Aucune victoire remportée sur les Sarrasins n'avait encore jeté un tel éclat sur l'Espagne. On expédia des courriers dans toutes les directions pour faire connaître l'issue de la bataille. On voulait répandre partout cette heureuse nouvelle; et quel chrétien ne devait pas s'en réjouir! Alphonse donna immédiatement au Pape une relation de la campagne, et lui expédia en même temps l'*alférez*, bannière principale, confiée aux plus vaillants guerriers maures, ainsi que la tente en soie de l'émir-al-moumenin. Pierre d'Aragon fit aussi hommage à Innocent de la lance de l'émir, qu'on vit pendant plusieurs siècles suspendue à la voûte de Saint-Pierre, comme témoignage de la protection divine accordée aux fidèles. Dès qu'Innocent reçut le message du roi, il convoqua le clergé, établit une fête en commémoration de cet événement, fit lire la lettre d'Alphonse au peuple réuni et la traduisit lui-même. Il loua ensuite les exploits et la vaillance du prince, l'exhortant à rapporter l'honneur de la victoire, non à lui, mais au Dieu des armées, dont la puissance avait fait de si grandes choses. Ce triomphe était regardé comme tellement important pour la chrétienté, que les moindres détails en furent recueillis dans les contrées les plus lointaines, et donnèrent lieu aux récits les plus miraculeux. En France, on prétendait avoir vu au ciel, pendant les processions, des signes précurseurs de cette victoire; mais, pour en perpétuer le souvenir, Alphonse institua une fête annuelle, célébrée le 16 juillet. Afin de consolider le traité d'amitié conclu avec Sanche de Navarre, Alphonse lui céda quinze places qu'il occupait depuis longtemps (Innoc., l. 15, *Epist.* 182, 183).

La victoire de Navès de Tolosa brisa pour jamais la puissance des Mahométans en Espagne. A dater de cette époque, l'influence de leurs rois cesse et les souverains de Castille donnent plus d'étendue à leurs États. A peine Mohammet se fut-il embarqué pour l'Afrique, afin de distraire ses chagrins dans de nouveaux préparatifs de guerre, que différents princes musulmans se soulevèrent dans ses domaines d'Espagne. Valence reconnut son frère pour roi; l'un de ses cousins se fit reconnaître au même titre à Cordoue; Séville, ainsi que d'autres villes de l'Andalousie, se soumirent à un Arabe entreprenant qui sut profiter du bouleversement du royaume (Hurter, l. 16).

En veillant sur le midi de l'Europe, Innocent III veillait en même temps sur le nord. La Norwège, divisée en plusieurs factions politiques, était depuis longtemps en proie à la guerre civile. Un chef de parti s'était rencontré, nommé Swerre ou Swerrer, fils d'un maréchal ferrant, suivant les uns; fils bâtard d'un ancien roi, suivant les autres. Ce n'est pas tout: au dire de ceux-ci, il avait été ordonné prêtre; au dire de ceux-là, il avait refusé de le devenir, pour ne pas échanger ses droits sur la couronne de Norwège contre une étole. Quoi qu'il en soit, fils de forgeron ou bâtard de roi, prêtre ou laïque, Swerre ou Swerrer eut un parti puissant, gagna quelques batailles, dans l'une desquelles le dernier roi, Magnus, périt au milieu des flots. Swerrer trouva un autre adversaire dans Eric, archevêque de Drontheim, qui porta l'affaire à Rome, où Swerrer fut excommunié. Le pape Célestin envoya en Norwège un cardinal accompagné d'une suite nombreuse. Le légat, quoique reçu d'une manière brillante par Swerrer, lui reprocha d'être un prêtre apostat, de vivre avec deux femmes, d'avoir chassé un repré-

---

(1) *Et secundùm existimationem creduntur circiter bis centum millia interfecta. De nostris autem vix defuëre viginti quinque* (Roderic, l. 8, c. 10).

sentant de l'Eglise, l'archevêque de Drontheim, et il refusa formellement de le couronner. Swerrer s'en prit surtout à l'archevêque, lui enleva ses biens, et, après lui avoir ôté ainsi tout moyen de faire un lointain voyage, il le cita en justice à Rome. En même temps, il envoya lui-même au Pape deux ambassadeurs qui, en revenant, moururent empoisonnés par l'ordre de Swerrer, disait-on. Ce qui est plus certain, c'est que Swerrer fit fabriquer en sa faveur plusieurs brefs comme venant de Rome, et contrefit le sceau du Saint-Siège pour faire croire aux peuples que le Pape l'avait absous de l'excommunication, et donnait les mains à son couronnement. Il se fit ainsi couronner par quelques évêques le 29 juin 1194.

Comme ses fourberies se découvraient peu à peu, il employa tour à tour le fer et le feu contre les églises et leurs ministres : violence tyrannique qui donne bien à croire que c'était réellement un prêtre apostat; car il n'y a rien de pire qu'un mauvais prêtre. Tel était l'état déplorable de la Norwége quand Innocent III monta sur le siége de saint Pierre.

Swerrer envoya une nouvelle députation à Rome pour adoucir le nouveau Pape. Ce fut en vain.

L'archevêque exilé, Eric de Drontheim, qui se trouvait auprès de l'archevêque de Lunden en Danemarck, reçut ordre de menacer le peuple de l'interdit et de délier l'armée de ses serments envers l'usurpateur et le tyran. L'évêque de Bergen fut suspendu de ses fonctions, pour n'avoir point soutenu son archevêque. Le roi de Danemarck et celui de Suède furent chargés par le Pape de tirer l'épée pour défendre l'Eglise et ses ministres contre le tyran de Norwége (Innoc. l. 1, Epist. 320, 321, 382, 374, 419, 425, 450). Innocent régla ensuite différentes affaires en Suède, en Zélande, en Islande et dans le Danemarck.

Swerrer mourut en 1203, mais après avoir recommandé à Hackon, son fils et son successeur, de se réconcilier avec les évêques bannis. Hackon les manda près de lui, les assura de sa bienveillance et rendit aux Eglises ce qui leur avait été enlevé par son père. Alors Eric de Drontheim, qui était devenu aveugle, leva l'excommunication lancée contre le roi et ses conseillers; mais comme l'excommunication avait été prononcée par le Saint-Siége, Innocent trouva mauvais que l'archevêque l'eût levée de lui-même; et il exigea de la part des coupables une réparation plus formelle (L. 6, Epist. 214).

Cependant la Norwége, depuis la mort de Swerrer, continuait à être livrée à la guerre civile. Les Birtenheim, partisans de Swerrer, avaient élevé au trône Inge, son neveu. Une autre faction, attachée à l'ancienne dynastie, élut le jeune Philippe, descendant des anciens rois catholiques Magnus et Inge; le prince méritait la couronne, autant par ses qualités personnelles que par ses droits héréditaires. Les deux partis avaient donc pris les armes et ravageaient le pays. Enfin les archevêques de Drontheim et d'Abo entamèrent des négociations avec les deux prétendants, sauf approbation du Saint-Siége, et leur proposèrent de conserver le titre de roi et de régner chacun sur une partie de la Norwége. On convint d'une entrevue; on fixa le nombre des soldats qui devaient accompagner chacun des rivaux,

et l'on donna de part et d'autre des otages pour leur sûreté. C'était en 1211. Philippe s'étant rendu sans défiance au lieu indiqué, fut entouré inopinément d'un corps de troupes et entendit déclarer qu'on n'entrerait point en négociation avec lui avant qu'il eût renoncé au titre de roi. Dans une position aussi critique, où il s'agissait de l'honneur de sa maison, il en appela au Pape, qui devait décider de la légitimité de leurs prétentions. Toujours un appel à Rome pour les plus graves affaires. On voit que le Saint-Siége formait un tribunal suprême reconnu par les souverains. Divers rapports parvinrent sur ce sujet à Rome; mais Innocent, avec sa prudence ordinaire, ne voulut se en rapporter à aucun; il attendait des renseignements plus positifs de l'archevêque de Drontheim, avant de prendre une décision sur cette affaire (L. 14, Epist. 73; Hurter, l. 15).

La Suède attirait aussi l'attention du Pape. L'Eglise de ce pays était loin de jouir de cette liberté qui, dans les autres Etats, faisait la force et la prospérité de l'empire. Le peuple portait encore la trace de son ancienne barbarie; les mariages se contractaient souvent sans la bénédiction de l'Eglise, et se rompaient avec une égale facilité. Bien des enfants étaient privés du baptême, et la coutume de les exposer n'était pas encore abolie. Des seigneurs s'arrogeaient sur l'Eglise un pouvoir fatal à son développement; ils faisaient ordonner des prêtres à prix d'argent, sans faire attention à leur mérite, s'appropriaient leurs revenus, s'introduisaient en pillards dans les églises, rendaient les ecclésiastiques justiciables des tribunaux civils, et les forçaient à accepter des combats singuliers ou à se soumettre à d'autres jugements de cette nature. Pendant plusieurs années le siége archiépiscopal d'Upsal avait été privé d'un premier pasteur; aussi, l'an 1207, le roi et le peuple demandèrent-ils unanimement le chapelain royal Valérius pour archevêque. Cet ecclésiastique passait pour être aussi vertueux qu'instruit; mais, fruit d'un commerce illégitime, il ne pouvait être élevé à cette dignité. L'archevêque de Lunden, primat de Suède, intercéda près du Saint-Père pour lever cet obstacle et pour obtenir sa confirmation. Il représenta qu'elle serait utile au diocèse, qu'elle disposerait le roi et le peuple en faveur de l'Eglise, et ne pourrait en aucune façon être préjudiciable à sa liberté. Innocent opposa quelques difficultés que le conseil des cardinaux ne put lever; la plus essentielle tenait à l'usage où étaient les prêtres du pays de se marier. Comme l'archevêque de Lunden travaillait à détruire cet abus, le Pape sentit qu'il y aurait les plus grands inconvénients à conférer la dignité d'archevêque à un homme qui avait été un des plus ardents défenseurs de ce désordre. Prenant toutefois en considération la nécessité et les autres avantages qui militaient en faveur de l'élu, Innocent s'en rapporta pour cet objet à la prudence de l'archevêque, et l'autorisa à le confirmer et à le sacrer. Voulant épargner à cette Eglise les frais et les embarras résultant de son éloignement, le souverain Pontife joignit à la bulle le *pallium* et les dispenses nécessaires (L. 10, Epist. 147; Hurter, l. 11).

En Suède, il y avait également deux dynasties rivales, les Bonde et les Swerker, qui occupèrent alternativement le trône pendant un demi-siècle.

Les Ostrogoths ayant reconnu Swerker II pour leur souverain, l'année 1133, les habitants de la haute Suède placèrent aussi, l'année 1150, sur le trône d'Upsal, Eric ou Henri, époux de Christine, petite-fille de Inge l'aîné. Swerker ayant été assassiné par un de ses serviteurs, en 1155, les Ostrogoths se rangèrent également sous la domination d'Eric, qui est célèbre comme législateur de la Suède, et honoré comme saint par l'Eglise, à cause de la pureté de sa vie et surtout du zèle qu'il mit à convertir les Finlandais au christianisme. Les Danois, alliés à quelques mécontents, ayant envahi ses Etats, il périt, en 1160, dans un combat près de la cathédrale d'Upsal. Charles VII, fils de Swerker, lui succéda. La construction de plusieurs couvents, ses efforts pour faire donner à l'Eglise d'Upsal la dignité archiépiscopale, les lois qu'il établit pour prévenir les divisions intestines, et qui prescrivaient de choisir à l'avenir les rois tour à tour dans les familles des Bonde et des Swerker, le représentent comme un souverain d'un caractère doux et pacifique.

Cependant Canut, fils d'Eric, soupçonnant ce prince d'avoir pris part à la révolte qui avait occasionné la mort de son père, le fit assassiner. Lui ayant succédé, il dirigea d'une main ferme les rênes du gouvernement jusqu'à sa mort, en 1195. Swerker III, fils de Charles, plaça sur sa tête cette couronne chancelante. Il éleva d'abord avec des soins paternels les enfants de son prédécesseur, et s'attacha tellement à eux, qu'il ne pouvait les voir éloignés de sa personne. Mais la discorde ne tarda point à troubler cette bonne intelligence. Les fils de Canut ayant formé un complot contre la vie du roi, trois d'entre eux périrent dans un combat. Eric, l'un d'eux, se sauva en Norwége, et parut trois ans après à Upland, où, depuis son grand-père, sa famille possédait l'affection du peuple. Les cruautés de Swerker assurèrent bientôt à Eric un grand nombre de partisans, et il marcha contre Swerker. Celui-ci demanda et obtint des secours du roi de Danemarck, auquel il était allié du côté maternel; mais les huit mille Danois qui lui furent envoyés, sous la conduite de l'évêque de Rotschild, ne purent le protéger contre ses sujets rebelles. Le 1er février 1208, les Danois furent défaits dans une bataille sanglante, et Swerker fut forcé de se réfugier en Danemarck. L'archevêque d'Upsal, qui n'avait pu réussir dans sa tentative de réconciliation, l'accompagna dans sa fuite.

La faveur que Swerker s'était acquise par ses présents, ses franchises et ses exemptions d'impôts, jointes à sa parenté avec le primat de Scandinavie, l'archevêque de Lunden, lui permirent de présenter à la cour de Rome les prétentions de sa maison, comme étant mieux fondées. Innocent désapprouva donc l'entreprise d'Eric. Le roi Swerker, se trouvant sous la protection de saint Pierre, se plaignit de ce qu'on voulait le bannir du royaume, contrairement à ses droits; les églises n'avaient pas été respectées, ainsi que cela arrive d'ordinaire dans les guerres civiles. Le Pape, qui exerçait alors les fonctions d'éphore suprême sur les royaumes chrétiens, et dont les jugements tendaient à accommoder les différends des rois et à protéger les droits des peuples, écrivit aux évêques de Lincopin, de Scara, et à l'abbé de Wadsten, « qu'il ne convenait pas qu'ils fermassent les yeux sur de semblables dissensions; qu'ils devaient réconcilier Eric avec le roi légitime, et l'engager à le laisser tranquille possesseur d'un royaume qui lui appartenait de droit. Si vos paroles conciliatrices ne portent aucun fruit, menacez-le des censures de l'Eglise; mais employez, avant tout, vos efforts pour qu'il se réconcilie avec l'archevêque d'Upsal (L. 11, *Epist.* 174). »

Il est rare qu'un roi expulsé de ses Etats voie augmenter le nombre de ses partisans; car la possession d'un trône fournit trop de moyens pour s'y maintenir. Eric était en garde contre une nouvelle invasion de son rival; et lorsque ce dernier, secouru par les Danois, tenta cette invasion en 1210, Swerker perdit la bataille et la vie dans le pays des Ostrogoths. Eric consolida sa victoire, en épousant la sœur du roi de Danemarck, gagna, par quelques concessions, le clergé, qui, dans le principe, s'était montré peu disposé en sa faveur, et fit bénir sa mémoire par la paix qu'il procura au royaume (Hurter, I. 12).

En Danemarck, Waldemar II succéda, l'an 1202, à son frère Canut. Le peuple, espérant voir renaître les jours glorieux du règne de son père Waldemar le Grand, lui prêta avec joie le serment de fidélité. La douceur, la sagesse et la fermeté de ce monarque lui gagnèrent l'affection de ses sujets. Passionné pour la guerre, déployant toutes ses forces pour étendre sa puissance, il voulait enlever à l'empire toutes ses provinces du Nord; mais il avait un rival dans un de ses cousins, dont voici l'histoire.

Waldemar, fils naturel de Canut V, frère de Waldemar Ier, avait obtenu, du vivant de ce monarque, l'évêché de Sleswig, devenu vacant par la mort de l'évêque Frédéric. Ce prélat, qui s'était distingué à l'université de Paris, par sa libéralité, ses manières affables et son amour du luxe, était plus apte à porter la couronne et à manier l'épée, qu'à conduire un pacifique troupeau. A peine fut-il revêtu de cette nouvelle dignité, que les habitants de Dithmar se soumirent à son autorité. Il y avait quarante-trois ans que Hartwic, prévôt de la cathédrale de Brème et dernier margrave de Dithmar, avait transmis à l'Eglise de Brème la souveraineté sur ces derniers. Les différends s'étant élevés, plus tard, entre l'archevêque Hartwic et ses nouveaux sujets, celui-ci voulut les soumettre par les armes. Pour mettre leur pays à l'abri de l'attaque des troupes de l'archevêque, les Dithmariens lui promirent une somme considérable; dans l'impossibilité de la payer, ils se donnèrent à l'évêque de Sleswig, espérant s'assurer par là la protection du Danemarck (Arnold Lubec, l. 3, c. 21).

L'évêque Waldemar vit donc croître sa puissance. Le gouvernement du duché de Sleswig, qui lui avait été confié par son cousin Canut VI, pendant la minorité de son frère, devenu plus tard roi de Danemarck, sous le nom de Waldemar, avait entretenu chez ce prélat le goût de l'autorité temporelle. Aussi l'orgueil, la jalousie et l'ambition de l'évêque furent profondément froissés quand il fallut remettre à Waldemar l'administration du duché. Il disait hautement qu'il était prince royal, tout aussi bien que Waldemar et Canut, qu'il saurait faire valoir ses droits par la voie des armes, et il passa en Norwége. Comme tous les évêques de ce pays étaient pour lui, il obtint facilement du roi un secours de trente-cinq vaisseaux. En Allemagne, les partisans du duc de Souabe, ainsi qu'Othon, margrave de Saxe, et Adolphe, comte de Holstein, ennemi juré du Danemarck, lui prêtèrent leur appui; aussi fit-il précéder son titre d'évêque de Sleswig de celui de roi de Danemarck. Mais de perfides conseillers le dissuadèrent de confier ses prétentions téméraires au sort des armes, l'engagèrent à réfléchir à ses liens de parenté, et à se soumettre au roi, dont ils lui faisaient espérer une réception amicale. Des chaînes lui étaient réservées (Arnold Lubec, l. 4, c. 17). Le jour de Saint-Étienne 1192, il fut arrêté et conduit en prison. Les démarches faites par le Pape et le clergé du pays pour obtenir sa liberté, furent vaines; il en fut de même des instances des bourgeois de Brême, qui le demandaient pour leur archevêque. Le roi pressentait le danger auquel il s'exposerait en mettant en liberté un homme aussi ambitieux.

Waldemar II ayant succédé, l'an 1203, à son frère Canut, désirait gagner la bienveillance du pape Innocent III. Cependant cette considération, ainsi que d'autres, ne l'emportait pas sur celle de sa propre sûreté. Le chef de l'Église, voyant dans le prisonnier l'évêque et non le rebelle, n'eut pas plus tôt appris le changement survenu sur le trône de Danemarck, qu'il fit des démarches pour obtenir la délivrance de Waldemar, tout en avouant qu'il eût mieux aimé voir périr par le glaive celui qui avait pris le glaive, que de voir le roi se souiller par cette captivité. Innocent la considérait, quels qu'en fussent les motifs, comme une attaque criminelle contre la liberté ecclésiastique, et soutenait que l'évêque devait être jugé par le Siège apostolique. « Quelle est donc la faute du Saint-Siège, quelle donc est la faute de toute l'Église, écrit-il au roi, pour qu'on ait lésé ses droits dans la personne du prisonnier? Le psalmiste ne dit-il pas : *Ne touchez point à l'oint du Seigneur?* Une longue infortune aura d'ailleurs servi de leçon à l'évêque, et il ne faut jamais désespérer de la conversion d'un homme. Le roi de Hongrie et son frère n'ont-ils pas été longtemps divisés, ne se sont-ils pas armés l'un contre l'autre? et cependant les efforts d'un légat ont opéré une réconciliation. C'est ainsi que nous désirons amener un arrangement entre vous et l'évêque. Ce dernier donnera toute garantie pour sa conduite à venir. Dans le cas où le prélat fomenterait de nouveaux troubles, nous prononcerions d'avance excommunication contre lui et contre ses partisans, et nous nous engageons de faire jurer aux grands de lui refuser leur appui. Enfin, pour dissiper toute inquiétude, l'évêque fixera sa résidence en Italie, et ne rentrera en Danemarck que d'après notre assentiment, et alors que vous l'aurez rappelé. Il recevra, sur les revenus de son diocèse, une pension convenable à son rang (L. 6, *Epist.* 181). »

L'intervention du Pape fut sans effet près du roi Waldemar. Il connaissait trop bien le caractère de son cousin pour compromettre la sûreté et le repos de ses États, en le mettant en liberté. Deux ans plus tard, ce roi épousa Marguerite, fille d'Ottocar, roi de Bohême. La beauté de cette princesse était telle, que les Danois lui donnèrent le surnom de *Dagmar* ou *Dagmo*, c'est-à-dire *Belle comme le jour*. Ses nobles sentiments attirèrent la bénédiction divine sur son pays et sur son époux, et les chants populaires l'ont rendue célèbre de siècle en siècle, comme l'ancienne Thyra, génie protecteur du Danemarck. Profondément affligée de savoir qu'un évêque, proche parent de son époux, gémissait depuis longtemps dans une dure captivité, elle hasarda quelques démarches en faveur du prélat; ses prières furent appuyées par le clergé, ayant l'archevêque de Lunden à leur tête. Le Pape aida sans doute aussi dans cette circonstance. L'amour du roi pour son épouse triompha de ses craintes. Il représenta de nouveau à Innocent combien il y avait d'ingratitude dans la conduite de l'évêque envers lui et son frère; mais il déclara en même temps que si le prisonnier pouvait être sûrement transféré à Rome, il était prêt à lui accorder la liberté.

Le Pape témoigna sa joie à Waldemar, et il envoya en Danemarck un ecclésiastique chargé de recevoir l'évêque pour le transférer en Hongrie, d'où le Pape se chargeait de le faire passer en toute sûreté en Italie. Le roi fut prié de payer sur les revenus de l'évêché les frais de voyage et de séjour. L'ecclésiastique devait recevoir de l'évêque le serment de ne jamais revenir en Danemarck et de se conduire paisiblement, et prononcer, au son des cloches et avec les cierges éteints, l'excommunication contre tous les seigneurs spirituels et temporels qui se laisseraient entraîner à favoriser l'évêque dans quelque entreprise que ce fût. Quant à la demande présentée par le roi, à l'effet de faire procéder à une nouvelle élection, pour remplacer l'évêque, Innocent la repoussa, en s'appuyant sur les canons de l'Église (L. 8, *Epist.* 193; Olaus., *Chron. Dan.*).

Il paraît que le Pape profita surtout de ces événements pour s'enquérir dans le Nord de la situation de l'Église. C'est ainsi que nous le voyons, quelque temps auparavant, recommander à l'archevêque de Lunden d'exhorter son clergé à la chasteté, et ordonner aux chanoines et aux autres ecclésiastiques, sous peine de révocation, d'éloigner leurs concubines (L. 6, *Epist.* 198). Une autre fois, il invite ce même archevêque à visiter fréquemment son diocèse, où il y avait toujours quelques désordres à redresser. Il confirme toutes les décisions prises par celui-ci, relativement aux promotions faites dans le clergé, lui donne la solution des cas difficiles, approuve ses mesures pour le maintien de la discipline dans les couvents, et lui témoigne son contentement pour le zèle qu'il met à propager le christianisme parmi les païens (L. 8, *Epist.* 194-198). Les pays plus septentrionaux ne sont pas non plus oubliés, et le Pape ajoute de nouveaux privilèges à ceux qui étaient anciennement accordés à l'archevêque de Drontheim (*Ibid.*, *Epist.* 214-216; Hurter, l. 10).

L'évêque Waldemar ne se montra guère reconnaissant envers le Pape, ni guère fidèle à ses promesses. Innocent III lui avait fait à Rome l'accueil le plus bienveillant, et assigné Bologne pour sa résidence; mais en 1208, à la mort de Hartwic, évêque de Brême, plusieurs chanoines de cette Église élurent Waldemar absent, malgré l'opposition de quelques-uns de leurs collègues, qui se retirèrent. De plus, les chanoines de Hambourg, qui avaient cependant la première voix, à cause de l'union des deux Eglises, ne furent pas même appelés à l'élection, parce qu'ils étaient regardés comme défavorables à l'évêque Waldemar. Le chapitre de Hambourg envoya donc à Rome porter ses plaintes et faire opposition : le roi de Danemarck en fit autant. Le Pape cherchait un moyen de conciliation, lorsque l'évêque Waldemar s'enfuit clandestinement en Allemagne et alla s'installer à Brême. Frappé des censures de l'Eglise, il résista longtemps, vexa le légitime archevêque de Brême, qui y fut transféré canoniquement d'Osnabruck. Toutefois, l'année 1120, étant tombé malade, il rentra en lui-même, se convertit sincèrement, quitta le monde, embrassa la vie monastique et alla terminer chrétiennement ses jours parmi les cisterciens (Oder. Rayn., an 1208, 1210, 1212, 1218, 1220). Il fut une preuve de plus de ce qu'avait dit le pape Innocent : Qu'il ne faut jamais désespérer de la conversion de personne.

A cette époque, le christianisme dominait dans toute l'Europe. Il n'y avait d'exception, au Sud, que pour quelques régions de l'Espagne occupées encore par les Mahométans, mais d'où l'épée des chrétiens les expulsait de jour en jour : au Nord, les bords de la mer Baltique, étaient occupés encore par les hordes barbares et païennes. Mais ici également la lumière de l'Evangile continuait à dissiper les ténèbres.

En 1210, quelques religieux de l'ordre de Citeaux, encouragés par le duc Conrad de Masovie, se présentèrent au pape Innocent III, et demandèrent humblement la permission de se rendre en Prusse pour y répandre la parole de Dieu, et pour montrer aux habitants, enveloppés jusqu'alors dans les ténèbres de l'erreur, le chemin de la vérité. Leur intention était que ce pays portât aussi des fruits agréables à Dieu. Ayant reçu la bénédiction apostolique, armés de leur zèle et poussés par leur charité, ils se mirent en route, comme le font aujourd'hui d'autres fidèles messagers du christianisme. Bientôt plusieurs chefs reçurent le baptême, ainsi que d'autres habitants, et chaque année vit augmenter le nombre des prosélytes. Aussi quelques-uns des missionnaires retournèrent-ils à Rome, où ils firent un rapport avantageux, en priant le Pape de donner des institutions solides à l'Eglise de ce pays nouvellement soumis à l'Evangile. Innocent chargea l'évêque de Gnésen de l'administration des sacrements et des mesures nécessaires à la propagation du christianisme, jusqu'à ce que le nombre des fidèles permit qu'on leur donnât un évêque particulier. Il invita également d'autres évêques, prélats et princes temporels à prêter assistance et appui aux missionnaires (L. 13, *Epist.* 128).

En effet, outre plusieurs évêques, Lesco, roi de Pologne, Henri le Barbu, duc de Silésie, et d'autres seigneurs entreprirent une croisade, afin que les missionnaires, protégés par leurs armes, pussent prêcher, baptiser et faire germer plus efficacement les semences de la doctrine chrétienne. La crainte, il est vrai, pouvait, dans cette circonstance, contribuer autant et peut-être plus que la prédication à augmenter le nombre des convertis. Mais Innocent, chargé par sa position de veiller sur la foi et sur la vie des chrétiens, voulut obvier à ces deux inconvénients : empêcher d'abord que les vagabonds, qui mettaient la foi en danger et nuisaient au succès de l'Evangile au lieu d'être utiles, ne se rendissent dans ces contrées, sous prétexte d'y porter la parole de Dieu; empêcher ensuite que ces convertis ne fussent soumis par leurs nouveaux maîtres, les ducs de Pologne et de Poméranie, à un joug plus dur que celui qu'ils portaient auparavant. L'autorité du suzerain, en améliorant leur sort, devait aussi les disposer plus favorablement au christianisme et faciliter leur conversion. La sagesse d'Innocent voyait clairement que les biens spirituels sont plus avidement recherchés, quand, sous leur protection, les biens temporels obtiennent une extension et une sécurité plus grandes. Ainsi, d'un côté, il soumettait les prédicateurs qui se rendaient dans ce pays à l'examen et à la confirmation de l'archevêque de Gnésen, afin de préserver le peuple du venin des fausses doctrines : de l'autre, il exhortait les seigneurs à traiter les habitants avec plus de douceur, afin qu'ils ne fussent pas repoussés de la vérité évangélique par la crainte d'un despotisme cruel (L. 15, *Epist.* 147, 148).

Dans la Livonie, convertie depuis peu de temps, la prédication et le glaive servaient tour à tour à planter, à cultiver, à propager et à protéger l'Evangile. L'évêque précédent était mort à la suite des travaux d'une activité infatigable, qui lui avaient mérité la couronne céleste. En 1210, il n'était point encore remplacé, et il fallait un zèle ardent pour la foi, le mépris des périls quotidiens qui menaçaient l'existence de la part des sauvages habitants, le mépris des rigueurs de ce dur climat, le désir du martyre, pour se rendre dans ces contrées, y garder et y augmenter le petit troupeau des confesseurs du vrai Dieu. Aussi le père de la chrétienté vit-il avec joie un homme d'un âge mûr, distingué par ses connaissances, et qui avait déjà souffert en prêchant la parole divine à ce peuple, le chanoine Albert de Brême, se décider à accepter un évêché dont la possession offrait plus de dangers que de distinctions temporelles. Il leva donc avec plaisir les obstacles que l'archevêque de Lunden y trouvait du côté de sa naissance, et lui permit de sacrer le nouveau pasteur. Les chevaliers de l'Epée sous leur deuxième grand-maître, Volquin, secondèrent de leur mieux le nouveau prélat. Innocent régla de nouveau leurs relations avec l'évêque de Riga, et les autorisa à recevoir de celui-ci un tiers de la Livonie et de l'Esthonie en fief, à condition de protéger l'Eglise et le pays contre les païens. Ils devaient jouir en outre d'un grand nombre de prérogatives et être exempts de toute obligation envers l'évêque pour le pays qu'ils conquerraient en dehors de ces provinces. Dans le cas où il serait nécessaire d'instituer de nouveaux évêques dans ces contrées conquises, le Siège apostolique se réservait de fixer un arrangement équitable entre eux et les chevaliers. Ces derniers reçurent pour règle de conduite celle des chevaliers du Temple, et, l'année suivante, leur institution fut confirmée par le Pape et par l'empereur (L. 12, *Epist.* 102; L. 13, *Epist.* 141-142).

Le roi Waldemar de Danemarck poursuivait la réalisation de ce double but : l'extension de sa propre puissance, et la domination de l'Eglise. S'étant allié avec la Suède, n'ayant rien à craindre de l'Allemagne, il tira de nouveau l'épée contre les peuplades des bords de la mer Baltique, chez lesquelles la lumière de l'Evangile n'avait point encore pénétré, ou chez lesquelles elle s'était éteinte faute d'être entretenue. Combien ce projet devait être agréable à celui dont le devoir était de faire entrer dans le filet de la foi chrétienne les peuples jusqu'alors ses ennemis ! Ses exhortations, ses prières, sa bénédiction encouragèrent le pieux roi à commencer la lutte en guerrier courageux du Seigneur. Pour garantir les possessions de ce monarque, Innocent prononça l'excommunication contre tous ceux qui attaqueraient le Danemarck, troubleraient la paix, ou porteraient atteinte aux droits de ce fils bien-aimé en Jésus-Christ, ou de ses héritiers. Comme plusieurs princes d'Allemagne avaient profité, quelque temps auparavant, de l'absence de Waldemar pour faire une invasion dans ses Etats, le Pape chargea l'empereur de mettre d'autant plus de zèle à le protéger, que, dans de pareilles circonstances, Waldemar s'était toujours empressé de voler à son secours. Il exhorta les grands à suivre l'exemple de leur roi, à ceindre l'épée et à l'accompagner dans son saint pèlerinage (L. 12, *Epist.* 103, 157, 104, 105). Au moment d'ouvrir la campagne, le roi reçut encore du Pape l'assurance de la protection du prince des apôtres, toutefois avec la recommandation d'être bien prudent. Waldemar conquit dans cette expédition l'île de Rugen, et Mistewin, seigneur de la Poméranie orientale, sur les bords de la Vistule, lui prêta serment de vassalité (L. 13, *Epist.* 65). C'était en 1210.

Vers l'an 1216, comme une guerre des Russes menaçait de soutenir dans leur aversion pour le christianisme les habitants du golfe de Finlande, les évêques de Livonie et d'Esthonie, et les chevaliers de l'Epée s'unirent très-étroitement. Mais ce ne fut qu'après la mort d'Innocent que Waldemar assura dans ces contrées la domination du christianisme, par une victoire décisive remportée sur les païens de ces contrées, et par la fondation de la ville de Reval. Sur cela le pape Honorius III, successeur d'Innocent, renouvela à l'ordre de Citeaux la prière d'envoyer des moines et des frères convers dans cette vigne du Seigneur, et prit des mesures pour que les missionnaires fussent formés à Rome aux obligations de leur haute et importante mission (Hurter, l. 14).

En Hongrie, comme en Suède, en Norwége et en Danemarck, le Pontife romain remplissait son office de grand pacificateur de la chrétienté. Le roi Béla de Hongrie, troisième du nom, avait fait vœu d'aller avec des troupes au secours de la terre sainte. Mais se voyant malade à l'extrémité, il fit jurer à son second fils, André, d'accomplir son vœu à sa place. André prit la croix, et promit d'accomplir sans délai le vœu de son père. Béla étant mort le 1ᵉʳ mai 1190, André leva des troupes pour la croisade, disait-il, mais en effet pour attaquer le roi Eméric, son frère, qui cependant lui avait cédé les duchés de Croatie et de Dalmatie. Le pape Célestin menaça le duc André de l'excommunication, mais ces menaces ne furent point soutenues avec assez d'énergie. Les troubles du royaume duraient encore, lorsque Innocent monta sur le siège de saint Pierre. Avant même d'être sacré, le nouveau Pape fit part de son élection au duc, et lui annonça en même temps sa résolution de rétablir la paix en Hongrie. Il lui ordonna de plus d'acquitter sa promesse, et d'entreprendre l'expédition le jour de l'Exaltation de la Sainte-Croix, 17 septembre, ajoutant que, dans le cas de non-obéissance de sa part, le trône passerait à son frère cadet, si l'aîné mourait sans enfants. Malgré les efforts du Pontife, la lutte continuait entre les deux frères, quelquefois d'une manière sanglante, jusqu'à l'année suivante 1199, où il parvint à opérer entre eux, sinon une réconciliation parfaite, du moins une suspension d'armes (Hurter, l. 2 et 3).

Si le duc André était ambitieux, le roi Eméric, son frère, ne se montra pas plus sans défaut. Malgré la réconciliation de 1199, Eméric croyait sa couronne en danger tant que son frère serait en liberté. L'année 1203, il s'empara par ruse de sa personne, puis, pour s'assurer la protection du Pape comme croisé, résolut d'accomplir lui-même le vœu fait par son père. Innocent se rappelant la dissension à peine étouffée, s'empressa d'autant plus d'empêcher que, pendant que le roi combattrait en terre sainte, son propre royaume ne fût en péril. Il ordonna donc à tous les archevêques et évêques de faire prêter serment d'obéissance au jeune Ladislas, fils unique d'Eméric. Le roi, retardé par divers incidents, et surtout par son indécision naturelle, n'était pas encore parti quand une prostration complète l'avertit de sa fin prochaine. Sentant arriver la mort, il fit sortir de prison son frère André, nomma devant lui son fils Ladislas roi, et le désigna lui-même comme tuteur et administrateur du royaume jusqu'à la majorité de Ladislas. Sur son lit de mort, il n'oublia pas le vœu qu'il avait fait, et prescrivit de donner aux Templiers les deux tiers de l'argent qu'il conservait dans un couvent, afin qu'ils l'employassent à la délivrance de la terre sainte. Il mourut au mois d'août 1204, et, si la tradition dit vrai, le jour même où, l'année précédente, il avait fait prendre par ruse son frère, l'avait fait charger de chaînes et jeter en prison.

André prit la tutelle de son neveu, et en donna connaissance, quoiqu'un peu tard, au Pape, en lui promettant qu'il ferait ses efforts pour la diriger d'après les volontés de son frère, pour maintenir l'ordre dans le royaume et mener à bonne fin ce que ce dernier avait commencé. Innocent lui recommanda, de la manière la plus pressante, de remplir exactement tous ses devoirs de tuteur et de parent, et d'acquérir ainsi des droits à la reconnaissance de son neveu, pour le temps où il serait arrivé à un âge mûr. Il le prémunit contre toute insinuation perfide, lui recommanda d'exécuter les dernières volontés de son frère au sujet de l'argent conservé, et de faire parvenir à la reine le douaire qui lui avait été alloué. En qualité de protecteur suprême des orphelins, le Pape défendit aux grands de diminuer, sous aucun prétexte, les revenus du roi, ordonna en même temps aux ecclésiastiques de demeurer fidèles au prince, de rappeler à l'ordre les perturbateurs, et d'être prêts, en tout temps, à protéger la veuve du roi, ainsi que son fils (L. 7, *Epist.* 226; L. 8, *Epist.* 36-42).

Mais la déclaration du duc au Pape n'était pas très-sincère. En acceptant la tutelle, André était loin d'avoir renoncé à ses projets ambitieux. Il cherchait à les exécuter, non par une révolte ouverte, mais par des menées secrètes. Il excita des mouvements parmi les grands, déjà naturellement disposés aux désordres. Le jeune Ladislas se vit même forcé de demander un asile à Vienne, où il mourut, après une courte maladie, avant que les instructions émanées de Rome pussent être arrivées en Hongrie. Par cette mort, André se trouva au comble de ses vœux. Depuis ce moment, le royaume de Hongrie fut en paix et en bonne intelligence avec le Saint-Siège. L'an 1208, Innocent ayant su du roi André que son épouse était sur le point d'accoucher, ordonna aux prélats et aux seigneurs de faire hommage au jeune prince dont on espérait la naissance, aussitôt qu'ils en seraient requis par le père, sinon ils y seraient contraints par l'archevêque de Gran ou Strigonie et l'évêque de Waradin, sans avoir la faculté de recourir à l'appel (L. 9, *Epist.* 74). L'enfant ne fut pas un fils, mais une fille, la bonne et sainte Elisabeth de Hongrie, duchesse de Thuringe. Une de ses tantes maternelles était sainte Hedwige, duchesse de Pologne.

La Pologne était alors partagée entre plusieurs ducs de la même famille; seulement l'aîné devait avoir la ville capitale de Cracovie. Leur ancêtre Boleslas l'avait ainsi réglé, et, pour rendre sa constitution plus durable, il la fit confirmer par le Pontife romain. Le duc de Silésie en demanda une confirmation à Innocent III, qui la donna, l'an 1211, par une lettre à l'archevêque, qu'il charge d'en maintenir l'exécution par les censures ecclésiastiques. L'année suivante, Ladislas, l'un de ces ducs, se mit sous la protection spéciale de saint Pierre, avec une redevance triennale de trois marcs d'argent (L. 13, *Epist.* 82; L. 14, *Epist.* 51).

A cette époque, la Servie était gouvernée par un prince nommé le grand-zupan ou jupan, sous la suzeraineté duquel était le zupan de Bosnie. Ce dernier, nommé Culin, pendant un règne d'à peu près trente ans, répandit toutes les bénédictions de la paix sur son pays, et augmenta sa prospérité par le défrichement des terres et l'accroissement de la population, en sorte que les années du règne de Culin sont vantées encore aujourd'hui, par les Bosniens, comme des années de bonheur. Mais, sous le rapport spirituel, il laissa trop d'influence aux doctrines erronées de sa femme, qui était de la secte des manichéens. L'évêque du pays, institué par complaisance pour son suzerain, déjà disposé en faveur de ces hérétiques, embrassa publiquement leurs erreurs, encouragé par l'exemple de la princesse, et cessa d'obéir au Pape et à son supérieur ecclésiastique. Le duc André de Hongrie, profitant de la mort du grand-zupan et des dissensions de ses fils Etienne et Wulcan, envahit la Bosnie et soumit entièrement cette province à sa domination. L'archevêque de Spalatro fut touché des malheurs qui affligeaient l'Eglise catholique dans ce pays. Wulcan s'adressa au Pape pour le prier d'envoyer des légats afin d'y régler les affaires de l'Eglise. Le devoir du pasteur suprême est d'avoir soin, non-seulement de la tranquillité du troupeau, mais de veiller aussi à ce qu'il ne soit pas diminué. Innocent consentit donc aussitôt à la demande de Wulcan. Il envoya deux hommes prudents, prévoyants, habiles à faire paître le troupeau du Seigneur, à le fortifier de la nourriture du salut et à montrer le chemin de la félicité éternelle. Il recommanda ces légats au grand-zupan de Servie, Etienne, au roi de Dioclée et de Dalmatie, Wulcan, à leurs femmes, à l'archevêque de Dioclée, auquel ils apportaient le *pallium*, et à tout le clergé. Il pria de les bien recevoir, puisqu'ils avaient mission de soutenir le clergé dans la doctrine apostolique, de redresser ce qui avait besoin de l'être, de mettre la tête et les membres en harmonie avec le Saint-Siège, et de les unir à lui par le dévouement et l'obéissance (L. 1, *Epist.* 525-528).

Innocent envoya, comme légats, deux religieux nommés Jean et Simon. Ils furent très-bien reçus et présidèrent un concile, où l'on fit douze canons pour l'extirpation des abus et pour établir en Dalmatie les usages de l'Eglise romaine. Aucun évêque ne doit consacrer un prêtre pour de l'argent, ni à aucune autre époque que les Quatre-Temps. Il lui est défendu, sous peine de perdre sa dignité, d'ordonner des enfants illégitimes, d'ordonner un prêtre avant l'âge prescrit ou de conférer plusieurs ordres à la fois. Les prêtres étant regardés par les fidèles, comme des messagers de Dieu, ils doivent se distinguer à l'extérieur par la tonsure, signe de leur ordination, et se montrer élevés, par leur continence, au-dessus des choses terrestres. Les dîmes et les offrandes doivent être partagées en quatre parts : la première pour l'évêque, la seconde pour l'Eglise, la troisième pour le clergé, la quatrième pour les pauvres. Le secret de la confession est inviolable, et sa violation entraîne la perte de la charge. Le prêtre ne peut être jugé que par un tribunal ecclésiastique. Les mariages au cinquième degré et au-dessus sont déclarés incestueux, et leur dissolution est obligatoire sous peine d'excommunication. Personne ne peut recevoir une prébende ou une charge ecclésiastique de mains laïques, autrement le donateur ou le bénéficier encourront l'excommunication. Toute faute de cette nature, commise antérieurement, doit être expiée par la pénitence. Tous ceux qui se sont appropriés les biens de l'Eglise, qui ont répudié leurs femmes sans les avoir reprises pour se réconcilier avec elles, sont exclus de la communion de l'Eglise (Innoc., l. 2, *Epist.* 178). Ces canons furent souscrits, d'abord par les deux légats, ensuite par l'archevêque de Dioclée et d'Antibari, par six évêques, ses suffragants.

L'archevêque écrivit au Pape pour le remercier de l'envoi du *pallium*, protester de son entier dévouement à l'Eglise romaine, et rendre un glorieux témoignage aux deux légats, dont la vertu et la sagesse avaient augmenté de beaucoup l'affection du roi et du peuple pour le Saint-Père. Etienne, grand-jupan de toute la Servie, écrivit au Pape dans le même sens, et donna de plus aux légats des communications secrètes, dont il paraît que la principale était de demander au Pape le titre de *roi* (*Gesta Innoc.*, n. 79). Son frère, le roi Wulcan de Dioclée et de Dalmatie, écrivit de son côté une lettre pleine d'affection et de reconnaissance. Il s'y glorifie d'être même parent du Pape : il lui aurait de grand cœur envoyé des ambassadeurs, si les pays qu'il fallait traverser n'eussent été dans le trouble. Les envoyés du Pape y passaient sans qu'on leur manquât de respect; mais il n'en était pas de même des autres. Il fallait donc attendre un temps plus favorable. Il ajoute à la fin de sa lettre : « Nous ne voulons pas laisser ignorer à Votre Paternité qu'une hérésie non médiocre s'accroît dans une province du roi de Hongrie, savoir, dans la Bossine ou Bosnie, en sorte que le ban ou le comte lui-même, nommé Culin, la professe avec sa femme et sa sœur, veuve de Miroslave, jupan de Chelmie, et ils ont attiré à cette hérésie plus de dix mille chrétiens. Le roi de Hongrie, en étant irrité, les a obligés à se présenter devant vous pour être examinés; mais ils sont revenus avec de fausses lettres, disant que vous leur aviez permis leur loi. C'est pourquoi nous vous prions d'avertir le roi de Hongrie qu'il les chasse de son royaume (L. 2, *Epist.* 176, 177, 178). »

Ces hérétiques étaient des patarins ou manichéens. Le Pape apprit encore que l'archevêque de Spalatro ayant chassé de son diocèse plusieurs de ces sectaires, Culin les avait accueillis et les protégeait hautement, les nommant chrétiens par excellence. C'est pourquoi, le 11 octobre de l'année suivante, 1200, Innocent écrivit au roi de Hongrie, Éméric, lui enjoignant, pour la rémission de ses péchés, d'obliger Culin à chasser ces hérétiques de son pays, avec confiscation des biens, sinon de le proscrire lui-même avec eux et de tout le royaume de Hongrie (L. 3, *Epist.* 2; *apud Raynald.*, an 1200, n. 46).

Dans ce même temps, plusieurs affaires concernant l'Église et le clergé de Servie furent soumises à Innocent. Entre autres, l'évêque de Soac, que l'on croit être Schidza, était accusé d'homicide par la rumeur publique, quand les deux légats arrivèrent dans le pays. Un homme leur présenta cette accusation dans l'église, sans toutefois en fournir de preuves. L'évêque s'embarrassa dans sa justification. Sommé au concile d'Antibari de justifier de son innocence, il reconnut avoir péché, non pas en commettant le meurtre, mais en ordonnant prêtre celui qui l'avait commis ; en conséquence, il déposa les insignes épiscopaux entre les mains des légats. Quelques jours après, il les redemanda et les reprit, pour aller à Rome même exposer son affaire devant le Pape, avec sa partie adverse. Il ne se trouva coupable que d'avoir ordonné prêtre un homme qu'il savait être coupable de meurtre. Le Pape, persuadé que cette action dégradait la dignité épiscopale, qui doit rester sans tache, accepta sa renonciation à l'épiscopat, après avoir chargé l'archevêque de Dioclée de lui faire une pension alimentaire sur les revenus de son ancien diocèse (L. 2, *Epist.* 180).

En Bosnie, le ban Culin avait bien promis au roi de Hongrie de ramener les hérétiques dans le sein de l'Église. Cependant la sympathie que sa femme avait pour ces derniers s'opposait à ce que ce projet reçut une exécution aussi complète que l'eût désiré le Pape. Il envoya enfin l'archevêque de Raguse à Rome pour demander un homme capable de l'instruire, lui et son peuple, dans la vraie foi. Innocent choisit l'archevêque de Spalatro, et lui donna pleins pouvoirs de procéder contre ceux qui ne voudraient pas se laisser instruire selon toute sévérité des ordonnances de l'Église contre les hérétiques. Le légat Jean, chapelain du Pape, ayant succédé à l'archevêque, trouva, dans le défaut d'une haute surveillance spirituelle, la principale cause de la propagation de l'hérésie. Il n'y avait qu'un seul évêché dans tout le pays, encore était-il vacant. Jean espérait de grands résultats si cet évêché était occupé par un Latin, et si l'on en érigeait quatre nouveaux. Mais ce qui contribua le plus à consolider la réunion de ce pays à l'Église romaine, ce fut que les religieux du pays, qui jouissaient du singulier privilège de s'appeler exclusivement chrétiens, promirent de se conformer dans leurs institutions, dans leur genre de vie et dans leurs solennités, aux canons de l'Église romaine, et de ne souffrir à l'avenir, parmi eux, aucun hérétique ni manichéen. L'envoyé du Pape emmena l'un des principaux protecteurs des hérétiques en Hongrie, dont le roi remit au fils de Culin les articles de la vraie foi, revêtus de son sceau et rédigés par le légat Jean, afin que son père les fît observer dans son pays, de même que tout ce qu'ordonnerait le Siège apostolique. Enfin, le ban s'obligea de payer mille marcs à l'archevêque de Colocz, dans le cas où il laisserait sciemment les hérétiques s'établir dans son pays (L. 5, *Epist.* 103, 119; L. 6, *Epist.* 140, 141; L. 7, *Epist.* 212).

En Bulgarie, le nouveau souverain national, nommé Jean, Joannice ou même Calojean, chercha également auprès du Pape une protection contre les empereurs de Constantinople, dont les Bulgares avaient secoué le joug. Il offrit de soumettre l'Église de Bulgarie à l'Église romaine, et s'efforça d'établir la légitimité de ses prétentions par l'histoire même des Bulgares. Jean avait envoyé des députés à Rome pendant la dernière année du pape Célestin, et avait demandé le titre de *roi*, ainsi que la nomination d'un patriarche. Ces députés tombèrent entre les mains de l'empereur grec, à l'exception d'un seul qui parvint à sa destination. Sur ces entrefaites, Innocent était devenu pape. Sa prudence lui conseilla de faire examiner la sincérité de ses offres, et de s'informer de l'état des choses. Ainsi, avant de faire partir une députation solennelle, comme c'était l'usage en pareille circonstance, il envoya à la cour de Joannice l'archiprêtre de Brindes, homme versé dans la langue grecque et la langue latine (*Gesta*, c. 65).

Ce nonce était chargé de remettre au roi une lettre dans laquelle le Pape lui rappelait qu'il devait à son humilité et à son dévouement pour le Saint-Siège, d'avoir échappé aux dangers de la guerre et d'avoir étendu son empire. Ayant appris que le roi était, par ses ancêtres, originaire de Rome, et qu'il avait hérité sans doute de ses pères du dévouement pour l'Église, il a depuis longtemps formé le projet de lui écrire et de lui envoyer des députés, ce dont il a été empêché par les soins qu'exigeaient des affaires de la plus grande importance; mais maintenant il n'a rien plus à cœur que de le confirmer dans le noble dessein de se rallier au Saint-Siège. Il fait partir un député qu'il prie de recevoir avec bienveillance; et si la résolution du prince est sincère et ferme, il le fera suivre par un légat qui viendra pour le confirmer, lui et ses sujets, dans l'affection envers le Siège apostolique, et pour l'assurer de sa bienveillance (L. 2, *Epist.* 267).

Ces négociations, commencées l'an 1200, atteignirent leur but en 1202. Calojean ou Joannice écrivit alors : « Les messagers et les lettres du Pape ont plus de prix pour moi que l'or et les pierreries. Mes frères avaient déjà voulu envoyer des ambassadeurs à Rome; je l'ai tenté deux fois moi-même, mais mes messagers n'ont pu arriver à leur destination. Maintenant que Votre Sainteté a envoyé un député dans mes États, comme un père à son fils, je lui envoie, avec ce député qui retourne à Rome, l'archevêque élu de Branizowa, et l'archiprêtre Dominique de Brindes, afin de l'assurer de ma reconnaissance, de mon amitié et de mon dévouement. » Il supplie ensuite le Saint-Père de lui accorder la couronne et les honneurs dont avaient joui les anciens souverains, ses prédécesseurs. Il le prie, en outre, de lui envoyer l'ambassade solennelle qu'il lui a promise. Cette demande fut appuyée par l'archevêque Basile, et présentée comme étant conforme au vœu du peuple, qu'une pareille faveur comblerait de joie (L. 5, *Epist.* 115-117).

Le Pape fit accompagner l'envoyé bulgare par Jean, son chapelain, qu'il chargea de s'informer si les choses étaient conformes au rapport de Joannice. Innocent lui écrivit : « Sur votre demande, nous avons fait faire des recherches dans nos archives, et nous avons trouvé qu'il y a eu plusieurs rois couronnés dans le pays qui vous est soumis. Au temps du pape Nicolas, et par suite de ses prédications, un roi des Bulgares s'est fait baptiser avec tout son peuple, et a demandé qu'on lui envoyât un archevêque. Le roi Michel a aussi chargé un ambassadeur de se rendre à la cour du pape Adrien, pour le prier d'envoyer dans ses Etats un cardinal chargé d'élire un archevêque et de le sacrer. Alors les Grecs s'étaient opposés à ce dessein. C'est pourquoi nous vous envoyons par précaution, non un cardinal, mais Jean, notre chapelain et notre confident, en qualité de légat, muni de pleins pouvoirs. Nous l'avons chargé de porter le *pallium* à l'archevêque, de faire des recherches dans les anciens écrits, touchant la couronne conférée à vos prédécesseurs par l'Eglise romaine, et de nous adresser un rapport à ce sujet (*Ibid.*, *Epist.* 116). »

Innocent invita l'archevêque à se montrer toujours dévoué au Siége apostolique, et lui fit observer : « Que comme l'Eglise ne formait qu'un seul corps, elle ne pouvait avoir plusieurs têtes. Notre légat est autorisé à faire sacrer, par des évêques catholiques voisins, les prêtres et les évêques qui ont besoin d'être sacrés. Quant au reste, nous attendons des renseignements suffisants de la part du légat et des messagers de l'archevêque. » Les princes suivirent l'exemple du roi; ils entrèrent avec leurs sujets dans la communion de l'Eglise romaine, envoyèrent des déclarations analogues à celle du chef de l'Etat, et reçurent également l'assurance de l'affection et de la bienveillance du Saint-Siége (*Ibid.*, *Epist.* 42; Hurter, 1. 6).

Au milieu de l'année suivante 1203, le roi des Bulgares envoya au Pape une déclaration par laquelle il le reconnaissait pour le successeur de saint Pierre, auquel appartient le droit de lier et de délier. « Déjà trois fois depuis six ans, j'ai voulu vous faire cette déclaration; mais mes ambassadeurs n'ont jamais pu parvenir jusqu'à Rome. La mission dont vous avez chargé l'archiprêtre de Brindes me prouve que vous ne m'oubliez pas. Aussi ma résolution est-elle inébranlable; et mon archevêque qui apporte beaucoup de présents à Rome est chargé de vous prier d'envoyer quelques cardinaux pour me couronner empereur et sacrer un patriarche pour mon peuple (L. 7, *Epist.* 6). » Vers le même temps, des ambassadeurs bulgares arrivèrent chez le roi de Hongrie, près duquel séjournait le légat chargé de se rendre en Bosnie. Le roi leur fit prêter serment de donner une escorte sûre au légat pour qu'il pût arriver à leur suzerain.

L'archevêque député à Rome par le roi des Bulgares arriva heureusement à Durazzo, où des envoyés du comte Gauthier de Brienne voulurent faire la traversée avec lui. Un Grec qui les accompagnait fit observer au gouverneur de la ville que l'empereur de Byzance les verrait avec déplaisir se joindre à l'archevêque. On leur refusa la traversée. Le clergé latin de Durazzo eut de la peine à empêcher les Grecs de jeter l'archevêque à l'eau. On lui conseilla de ne s'exposer à aucun danger, mais d'instruire le Pape de ces circonstances par quelques hommes affidés. Innocent, trouvant que le roi des Bulgares avait des idées orthodoxes sur l'autorité des successeurs de saint Pierre, écrivit à l'archevêque qu'il avait déjà envoyé en Bulgarie son fils bien-aimé Jean, auquel il avait donné pouvoir de réformer et de régler les affaires ecclésiastiques, de faire sacrer les évêques et les prêtres, de remettre le *pallium* à un archevêque et de faire une enquête au sujet de la couronne portée par les prédécesseurs du roi. Cependant comme le roi de Bulgarie avait invité l'archevêque de se rendre lui-même à Rome, le Pape l'engage à laisser derrière lui toute sa suite, et à venir : il lui donne l'assurance qu'il veillera à ce que son retour s'effectue en sécurité, soit par terre, soit par mer; peut-être même qu'il pourra le faire accompagner par un légat qui remplira toutes les intentions du roi. Innocent écrivit de la même manière au roi lui-même, en lui exprimant le désir de lui voir faire préalablement la paix avec le roi Wulcan de Dalmatie (*Gesta*, n. 62).

Pendant ce temps, le légat Jean était parti pour la Bulgarie. Le roi rappela aussitôt son archevêque, qui séjournait encore dans un village près de Durazzo. Le jour de la Nativité de la sainte Vierge, 8 septembre 1204, ce même archevêque, ayant prêté serment de fidélité au Saint-Siége, reçut le *pallium*, la mitre et l'anneau pastoral. Le légat, de concert avec le roi, créa deux nouveaux archevêchés et conféra la dignité de primat à l'archevêque de Ternovo (L. 6, *Epist.* 140, 142, 144). Le roi déclara ensuite, par un acte revêtu d'un sceau d'or, que, résolu de suivre les traces de ses aïeux, il plaçait son royaume dans la communion de l'Eglise romaine, promettant que lui et ses successeurs seraient toujours des fils dévoués au Siége apostolique. Le primat, les archevêques, les évêques et les prêtres de son royaume reçurent ordre de se diriger d'après les lois du Siége de Rome, auquel il promettait également de soumettre tous les pays chrétiens qu'il pourrait conquérir. Le nouveau primat de Ternovo demanda au Pape les saintes huiles, ne voulant plus se servir de celles des Grecs; des instructions sur la manière de conférer le baptême; des préceptes pour diriger son troupeau, et le *pallium* pour ses archevêques.

L'évêque de Branizowa et le légat Jean, qui l'accompagnait, apportèrent cette année 1204, à Rome, la déclaration du roi et les demandes de l'archevêque. Ils étaient, en même temps, chargés de remercier le Pape de la bienveillance accordée au roi, et de solliciter pour l'Eglise de Ternovo, vu son éloignement et les nombreuses guerres qui avaient lieu, non-seulement le droit d'élire un patriarche, mais encore celui de le sacrer ; enfin ils venaient réclamer l'envoi d'un cardinal muni d'une couronne, d'un sceptre, d'une bulle apostolique, avec le pouvoir de procéder au couronnement. Le roi laissait entièrement à la décision du Pape son différend avec le roi de Hongrie, et émettait le vœu que ce différend ne coûtât plus désormais la vie à aucun chrétien. Des présents d'un grand prix servaient à confirmer ces promesses. Le Pape témoigna une grande satisfaction de ce nouvel accroissement de l'Eglise, et résolut, après mûr examen, de proclamer Joannice roi des Valaques et des Bulgares, et de le faire sacrer par le cardinal Léon, du titre de Sainte-Croix, qui devait lui remettre la couronne et le sceptre.

Le Pape remit à ce légat le *pallium* pour le nouveau primat, et exhorta celui-ci à se conformer avec empressement à tout ce que le légat jugerait convenable de réformer et d'ordonner. « Car comme vous vous êtes soumis, lui écrit-il, à l'évêque et au pasteur de vos âmes, il convient que vous vous conformiez à la doctrine de celui auquel le Seigneur a confié la direction de l'Eglise. » Voici le serment qu'il lui présenta : « Je jure d'être fidèle et obéissant à saint Pierre, à l'Eglise romaine, à mon seigneur Innocent et à tous ses successeurs catholiques; de ne rien entreprendre contre leur vie ou contre leur liberté ; de ne donner à personne des conseils à leur préjudice ; de défendre l'honneur, la dignité et les droits du Siége pontifical ; de me rendre aux conciles lorsque j'y serai convoqué ; d'exiger un semblable serment de tous les évêques que je serai appelé à sacrer, et de faire jurer aux rois que j'oindrai, le dévouement de leur personne et de leurs sujets au Siége apostolique. » Le légat apportait aussi pour les deux autres archevêques le *pallium*, insigne de leur dignité et symbole de la pureté de l'âme. Il était chargé de leur dire dans quels jours de fête il leur serait permis de le porter, attendu que le Pape seul avait le droit de s'en revêtir chaque fois qu'il allait à la messe.

Le cardinal Léon quitta Anagni, où résidait le Pape, dans les derniers jours de février 1204. L'évêque de Branizowa devait probablement être le compagnon de son voyage ; mais comme nul lui, ni aucun prêtre du pays n'avait reçu, à l'époque de son sacre, l'onction selon le rite romain, le Pape la lui fit donner en sa présence, par un cardinal, assisté de deux évêques, et il ordonna qu'à l'avenir aucun ecclésiastique ne serait élevé au sacerdoce ou à l'épiscopat sans avoir été oint selon ce rite. Dans une longue lettre adressée à l'archevêque de Ternovo et dans laquelle il cite une foule d'exemples de l'Ancien et du Nouveau Testament, il développe les motifs de cette mesure.

Le cardinal Léon remit ensuite au roi une bulle, dans laquelle le Pape expliquait, par des citations de l'Ecriture sainte et par des paroles du Sauveur, les priviléges de saint Pierre et de ses successeurs. En vertu de ces priviléges, le Pape lui envoie la couronne et le sceptre, et donne au cardinal le pouvoir de le sacrer, après avoir reçu son serment d'être soumis à l'Eglise romaine. Le Pape accorde de plus au roi, et cela sur sa demande, le droit de battre monnaie à son nom, et lui fit présent d'un étendard sur lequel on voyait la croix et les clés de saint Pierre. La croix servait à rappeler que c'est à Dieu et non à lui-même que le roi doit attribuer ses victoires; les clés étaient le symbole de la prudence et de la force ; enfin, la croix et les clés étaient les signes du salut par les souffrances de Notre Seigneur et par son Eglise.

Une lettre particulière du Pape faisait connaître au roi la mission du légat, les pleins pouvoirs dont il était revêtu, les honneurs et priviléges accordés aux évêques de son pays, et elle l'engageait non-seulement à le recevoir avec respect, mais à veiller encore à ce qu'on obéît à ses ordres dans tout son royaume. Innocent attacha le privilége de couronner le roi à la dignité de primat qui avait été conférée à l'archevêque de Ternovo, et il ordonna au clergé de reconnaître le primat pour chef, attendu que la dignité de primat et de patriarche était la même. Le successeur du primat devait être élu selon les formes canoniques, et sacré par le métropolitain et les suffragants de son Eglise. Il était tenu de prêter serment au Saint-Siége, et de recevoir, ainsi que les métropolitains, le *pallium* des mains du Pape. En général, il leur fut enjoint d'observer les rites de l'Eglise romaine, ou plutôt les préceptes de Dieu. Innocent annonce ensuite au clergé et aux peuples de la Hongrie et de la Servie, dont le cardinal traversait le pays, l'heureuse réunion des Valaques et des Bulgares avec l'Eglise. Il charge le légat de juger ou d'examiner tout ce qui lui sera soumis dans les pays qu'il devait traverser, et de rétablir partout la paix et la concorde (*Gesta*, c. 70-77 ; L. 7, *Epist*. 1-14).

Ce prélat reçut en Hongrie un accueil brillant et tel que le Pape l'avait demandé. Mais, arrivé aux frontières, le roi Éméric ne le laissa pas aller plus loin, prétextant la guerre qu'il soutenait contre les Bulgares. Si Éméric se plaignit d'un côté que Joannice avait envahi son pays, ce dernier, à son tour, accusait son adversaire de lui avoir enlevé cinq évêchés, de s'être même emparé des biens des églises; c'est pour ces motifs qu'il occupait le pays en ennemi (L. 7, *Epist*. 126).

Le roi de Hongrie envoya un chevalier à Rome avec une lettre par laquelle il s'excusait de sa conduite envers le légat. Le Pape lui répondit ; mais ce passage de sa lettre effraya le roi : « Que diriez-vous, si nous mettions obstacle au couronnement de votre propre fils ? Nous éprouvons les sentiments qui vous agiteraient dans une semblable occasion : lorsque vous empêchez le couronnement de notre fils spirituel qui retourne dans la maison de son père. » Le roi, effrayé et craignant que le Pape n'élevât des difficultés au sujet du couronnement du jeune Ladislas, permit au légat de continuer son voyage. Innocent ne tarda pas à lui témoigner sa gratitude, et il écrivit au roi qu'il ne doutait nullement qu'il reçût le légat aussi bien à son retour, qu'il l'avait reçu lors de son arrivée.

Le cardinal-légat arriva le 15 octobre 1204 à Ternovo, capitale fortifiée de la Bulgarie, et, le 7 novembre, il sacra le primat qui ordonna à son tour les métropolitains et les évêques, après quoi les premiers reçurent le *pallium* des mains du légat. Le lendemain, le cardinal couronna le roi aux acclamations du peuple, et repartit le 15, emmenant avec lui deux jeunes gens que Joannice lui confia pour les faire instruire à Rome dans la langue latine, et les rendre capables de traduire les lettres envoyées en Bulgarie. Dans la lettre qu'il remit au légat, Joannice exprime, il est vrai, sa joie d'être arrivé au but de ses vœux les plus ardents; mais il fait connaître aussi sa ferme résolution de n'accorder au Pape d'autre influence sur sa personne et sur son royaume, que celle qui se rattachait aux affaires spirituelles. Il ne voulait pas rompre avec l'empereur de Byzance, pour se soumettre à une sujétion plus grande que celle qu'il éprouvait déjà. « Le légat, écrit-il au Saint-Père, vous donnera des explications suffisantes sur ma position à l'égard du roi de Hongrie, et vous jugerez lequel de nous deux méprise l'autre. S'il vient à m'attaquer, Dieu me donnera la victoire; mais que dans ce cas Votre Sainteté ne conçoive aucun soupçon contre moi. » Il prie le Pape de recommander aux Latins, alors maîtres de Constantinople, de ne point inquiéter son royaume; car il se réservait aussi les mains libres sous ce rapport. Enfin il envoie au Pape quelques présents comme marque de souvenir (L. 8, *Ep.* 136).

Ce qui fait que la terre est une, c'est que Dieu lui a donné un centre d'attraction matérielle, autour duquel viennent se ranger, et les corps qui composent la terre, et ceux qui l'entourent jusqu'à l'extrémité de son orbite. Ce qui fait que l'Europe est une, et, par suite, l'humanité entière, c'est que Dieu lui a donné un centre d'attraction spirituelle, autour duquel viennent se ranger, et les peuples qui composent l'humanité intellectuelle, et ceux qui l'entourent jusqu'aux extrémités de la vie sauvage. Ce centre divin, vers lequel, avec le temps gravitent plus ou moins tous les peuples, c'est Rome chrétienne. Nous en voyons la preuve au commencement du XIII° siècle. Les plus reculés de la civilisation, les Suédois, les Norwégiens, les Bohèmes, les Hongrois, les Serbes, les Valaques, les Bulgares s'adressent au Père de la chrétienté, car ainsi appellent-ils le Pontife romain, pour être incorporés dans sa grande famille, et recevoir de lui la qualité de royaume et le titre de roi. Comme cette gravitation vers le centre de l'unité catholique est plus ou moins volontaire, il y a quelquefois des rois, des dynasties, des peuples qui s'arrêtent en chemin, qui s'en détournent, on voudraient se faire centre eux-mêmes. Avec le temps, Dieu les brise et les rejette; avec le temps, Dieu en appelle d'autres à leur place. Des exemples, nous en avons vu, nous en verrons plus d'un.

L'empereur Henri VI n'avait eu qu'une pensée, c'était de perpétuer sa dynastie; rendre l'empire héréditaire dans sa famille, soumettre l'Eglise à l'empire, et, par là même, à sa famille; amener les autres rois à n'être que des vassaux de l'empereur; en sorte que l'empereur allemand fût le seul souverain, le seul propriétaire, la seule loi du monde.

Mais transformer l'empire d'électif en héréditaire, c'était supprimer, en fait et en droit, la liberté et l'indépendance de tous les autres princes de l'empire : aussi les empereurs s'y prenaient-ils d'une manière indirecte, en faisant élire leur premier-né dès le berceau. Mais transformer l'empire d'électif en héréditaire, c'était en changer totalement la nature vis-à-vis de l'Eglise. Par son institution même, l'empereur d'Occident était le défenseur armé de l'Eglise romaine contre les infidèles, les hérétiques, les schismatiques et les séditieux. C'est à cette fin que le pape saint Léon III rétablit la dignité impériale dans la personne de Charlemagne. Aussi, comme nous l'avons vu par l'historien Glaber, du XI° siècle, trouvait-on très-raisonnable et très-naturel, que le chef de l'Eglise romaine, le Pape, choisit celui des princes chrétiens qu'elle devait avoir pour protecteur (Glaber, l. 1, *sub fine*). Cette dignité devenant héréditaire, l'Eglise romaine, au lieu de choisir librement un défenseur digne de sa confiance, se voyait réduite à subir un maître quel qu'il fût : le Pontife romain n'eût plus été que le premier chapelain d'un roi allemand; le chef de l'Eglise catholique, le Père de la chrétienté, n'eût pas eu plus de liberté et d'indépendance, que n'en a de nos jours l'évêque schismatique de Moscou sous le knout de l'empereur-pape de Russie. Le chef de la chrétienté ravalé dans la servitude, la chrétienté l'était tout entière. Au lieu de rois et de nations libres, sous la direction spirituelle d'un Père commun, on n'aurait vu dans toute l'Europe que les vassaux et les serfs du césar tudesque. Témoin le plus fier des rois contemporains, Richard Cœur-de-Lion; pour le tirer de la geôle où la déloyauté de l'empereur allemand le tenait captif, il avait fini, lui, Richard, roi d'Angleterre, par se constituer son vassal, et l'Angleterre un fief de l'Allemagne. Si le plus fier des rois put s'abaisser à ce degré, que n'eussent pas fait les autres? L'Europe allait donc devenir, sous le bâton du césar tudesque, ce que nous voyons devenus l'Eglise et le peuple russes, sous le bâton du czar moscovite, servilement adoré, comme empereur et comme pape, par la noblesse, le peuple, le clergé, eût-il les mains tachées du sang de son père et de ses frères. Dieu en préservera l'Europe à cause de son Eglise; et il l'en préservera par l'Eglise et son chef.

A la mort de l'empereur Henri VI, son frère Philippe, duc de Souabe, qui commandait en Toscane, se hâta de retourner en Allemagne, pour assurer l'empire à son neveu, du moins à sa famille. Son neveu, Frédéric, avait été élu du vivant de son père, mais il n'avait que trois ans; et les princes de l'empire étaient-ils d'humeur à sacrifier leur droit électoral en faveur d'un enfant élu par crainte ou par complaisance? Aussi Philippe trouva-t-il l'Allemagne agitée comme une mer livrée à la fureur des flots. Les plus clairvoyants n'envisageaient l'avenir qu'avec de vives inquiétudes, augmentées encore par les circonstances extérieures. Car, depuis deux ans, de mauvaises récoltes avaient succédé à une grande abondance; le prix des blés avait haussé jusqu'au décuple de sa valeur ordinaire, il en résulta une disette cruelle. Les aliments semblaient même avoir perdu de leur faculté nutritive. Des loups sortirent de leurs tanières et attaquèrent les hommes. Un grand nombre de pauvres périrent de misère. Les suites de cette famine, qui n'épargna pas d'autres pays, se firent sentir jusqu'à l'année suivante. Il se répandit partout des bruits d'apparitions qui annonçaient de grands malheurs. Pour comble d'infortune, l'archevêque Conrad de Mayence, le premier des princes d'Allemagne, cet homme qui, au crédit de sa position, joignait tout le poids d'une sagesse mûrie et d'une prudence consommée, était alors en Palestine (Hurter, l. 2).

Philippe de Souabe, après avoir célébré à Haguenau la fête de Noël 1197, voulut gagner les seigneurs à la cause de son neveu Frédéric; mais la plupart s'y refusèrent. « Le serment et l'élection précédente, répliquaient-ils, ont eu lieu avant le baptême du jeune prince, et sont par conséquent nuls. Un enfant ne peut être placé sur le trône, et l'empire ne peut demeurer sans maître et sans souverain. D'ailleurs, la puissance du père a trop influencé l'élection. » Ainsi tous les efforts de Philippe échouèrent contre l'appréhension qu'avait la plus grande partie des princes électeurs de perdre leurs droits et leur liberté, s'ils confiaient encore une fois la souveraine puissance de l'empire à la même maison pour une génération entière, et contre le projet qu'ils avaient formé de profiter de cette conjoncture pour reconquérir toute leur influence.

Après quelques incidents, Philippe fut élu lui-même par une partie des princes, le 6 mars 1198. L'autre partie, ayant à sa tête l'archevêque de Cologne et celui de Trèves déclara d'abord nulle l'élection du jeune Frédéric, cassa celle de Philippe comme excommunié, et élut Berthold, duc de Zaering. Celui-ci ayant renoncé à son élection et s'étant même déclaré pour Philippe, ils élurent Othon, duc de Saxe, fils de Henri le Lion, et le couronnèrent à Aix-la-Chapelle, le jour de la Pentecôte 1198. Philippe avait été excommunié par le pape Célestin pour avoir envahi le patrimoine de saint Pierre. C'était un obstacle à ce qu'il gardât la couronne et qu'il fût sacré. Une circonstance vint le tirer d'embarras.

Avant de connaître les deux élections royales d'Allemagne, le pape Innocent III porta d'abord son attention sur l'arrestation arbitraire de l'archevêque de Salerne, puis sur la captivité de la maison royale de Sicile. Célestin avait déjà obtenu la promesse de la mise en liberté de l'archevêque; c'est pourquoi son successeur envoya, aussitôt après son sacre, l'évêque de Sutri et l'abbé de Saint-Anastase près de Philippe et des princes allemands, pour demander la délivrance de l'archevêque, ainsi que celle de la reine Sybille et de ses enfants, qui tous gémissaient depuis si longtemps en captivité. Les évêques des pays situés sur les bords du Rhin devaient appuyer cette demande, et le Pape avait ordonné à ses délégués, non-seulement de lancer en son nom l'anathème sur les complices de ce crime, mais encore de prononcer l'interdit et d'excommunier tous les princes qui ne contribueraient pas de tout leur pouvoir à la délivrance des captifs. Le chapitre de Mayence fut chargé en outre de veiller à l'exécution des mesures prises par le Saint-Siège (*Gesta*, c. 22; L. 1, *Epist.* 24-26). L'évêque de Sutri devait aussi réconcilier Philippe, moyennant certaines conditions.

Ce ne fut qu'à leur arrivée en Allemagne, que les envoyés de Rome apprirent l'élection de ce prince. Philippe vint à leur rencontre jusqu'à Worms. Alors l'évêque de Sutri prit sur lui de lever l'excommunication, sur une simple promesse qu'il reçut en lui faisant toucher son étole. Ce ne fut qu'après cela que l'archevêque de Salerne et ses frères furent mis en liberté. Quant à la reine Sybille, elle parvint à s'échapper avec ses filles et à se réfugier en France. Ainsi absous de l'excommunication, Philippe se fit couronner à Mayence dans l'octave de Pâques, par l'archevêque de Tarentaise, parce qu'aucun des évêques allemands ne voulut le faire. Ceux mêmes d'entre eux qui assistèrent à la cérémonie ne prirent point leurs habits pontificaux, excepté le seul évêque de Sutri, nonce du Pape. Aussi, quand il fut de retour à Rome, ayant été convaincu par sa propre confession d'avoir autorisé ce sacre et négligé les formalités de l'absolution, le Pape le relégua hors de son diocèse jusqu'à la fin de ses jours (*Gesta*, c. 22).

Othon, second fils de Henri le Lion, banni et dépouillé de ses biens par l'empereur Frédéric, vivait en Angleterre à la cour de Richard, son oncle maternel, quand il se vit élu roi des Romains, en l'absence de Henri, son frère aîné, occupé en Palestine, et qui, suivant toutes les apparences, lui eût été préféré. Aux avantages d'un physique robuste et noble, Othon joignait un courage invincible. Il possédait l'audace de son oncle dans les combats, il aimait les grandes choses, mais il avait peu d'activité et d'adresse pour les mettre à exécution. Toute sa maison jouissait de l'estime et de la faveur du Saint-Siège. Une bulle de Célestin III avait donné à Henri le Lion et à ses fils le privilége de ne pouvoir être excommuniés que par le Pape et par ses légats. Dès son enfance, Othon s'était dévoué à la piété, qui avait produit en lui la douceur, l'amour de la justice et le désir de diminuer, autant que possible, les malheurs que la guerre entraîne avec elle. Il était parent au quatrième degré de Philippe, son compétiteur, qui lui-même avait été d'abord destiné à la cléricature.

Jusqu'alors le pape Innocent III n'avait rien dit ni rien fait, ni pour ni contre les deux élections; et les auteurs modernes qui, comme *l'Art de vérifier les dates*, lui font écrire d'avance contre Philippe de Souabe et pour Othon de Saxe, ces auteurs écrivent l'histoire non d'après les faits, mais d'après leur imagination. Ce n'est pas que le Pape n'eût droit et devoir d'en connaître, puisque le nouvel élu était destiné à devenir empereur, à devenir le défenseur titulaire de l'Église romaine, et que c'était au chef de cette Église à l'agréer; mais Innocent, d'autant plus qu'il y avait double élection, attendait que l'affaire fût portée à son tribunal.

Othon fut le premier à y recourir. Le roi Richard, son oncle, avait envoyé à Rome les évêques d'Andely et de Bangor, pour y travailler en sa faveur. Othon lui-même écrivit après son couronnement une lettre au Pape, dans laquelle il lui disait que la Providence avait, dans sa divine sagesse, appelé sur le trône d'Allemagne, par l'intermédiaire des électeurs, le fils de ce même Henri, proscrit, mis au ban de l'empire et dépouillé de ses biens par Frédéric, à cause de son attachement au Saint-Siège. Il lui rappela le serment qu'il venait de prêter à son sacre, serment par lequel il s'engageait à respecter et à soutenir les lois de l'Église. Il supplia le Saint-Père de le sacrer empereur, en considération de son dévouement au Saint-Siège et de celui de son oncle Richard, roi d'Angleterre. Il le pria en outre de relever de leur serment tous les princes temporels et spirituels qui avaient élu Philippe, et de frapper d'excommunication ceux qui refuseraient de le reconnaître, s'engageant de son côté à ratifier toutes les clauses dont ses ambassadeurs conviendraient avec Sa Sainteté.

Richard écrivit dans le même sens. Il dit que toute la chrétienté ne comptait pas deux monarques plus dévoués au Saint-Siége que lui et son neveu ; qu'avec son aide, ils pourraient bien abattre tous les ennemis de la paix. Il prie le Pape de ne plus tarder à orner la tête de son neveu du diadème impérial ; il engage pour lui son corps, son âme et son honneur, promettant, en son nom, de rester fidèle au Saint-Siége, de lui rendre tout ce que d'autres empereurs lui avaient enlevé ; de le laisser paisible possesseur de ses domaines, et de repousser, selon le bon plaisir du Pape, tout ennemi qui voudrait y toucher. Les comtes Baudouin de Flandre et de Hainaut, ceux de Daxbourg et de Metz écrivirent aussi chacun en particulier. L'archevêque de Cologne, appuyé par les autres princes, manda à Innocent qu'il avait mis Othon sur le trône des empereurs et couronné ce prince à Aix-la-Chapelle, dans la conviction d'avoir coopéré par là au bien de l'Eglise et au salut de l'empire. Il pria le Pape de penser au mérite du nouveau monarque et à celui de son oncle, et de ne point oublier les injustices dont les princes de Souabe s'étaient rendus coupables envers le Saint-Siége. Il terminait en conjurant le Saint-Père d'accueillir favorablement les envoyés d'Othon, d'approuver l'élection et le sacre, et de mander le nouveau monarque à Rome pour le couronner empereur. En souvenir des services rendus en tout temps à Milan par les princes de Saxe, le podestat de cette ville adjoignit à cette ambassade un des bourgeois les plus recommandables, et demanda qu'on reçût gracieusement les députés. Quelque temps après, le roi Richard assura de nouveau à Innocent que son neveu, non-seulement laisserait les possessions du Saint-Siége intactes, mais qu'il lui rendrait encore ses anciens domaines (1).

Comme on voit, l'affaire était grave. Il s'agissait de la paix de la chrétienté, du salut de son gouvernement, de la nomination d'un empereur incapable de tramer de dangereux desseins contre l'Eglise. Un Pape moins énergique qu'Innocent eût été également pressé avec instance de jeter dans la lutte tout le poids de sa dignité et de sa considération.

Le roi Richard mourut, comme il avait vécu, en aventurier. Un de ses vassaux, Ademar, vicomte de Limoges, trouva un trésor que le bruit public évaluait à une somme immense. Le vicomte en envoya une partie au roi d'Angleterre ; mais celui-ci voulut avoir le tout, et, sur le refus du sous vassal, vint mettre le siège devant le château-fort de Chaluces, où il croyait le trésor enfermé. La garnison était disposée à capituler ; mais le roi répondit qu'elle n'avait qu'à se défendre bravement, son intention étant de prendre la forteresse d'assaut et d'en faire pendre tous les défenseurs. C'était le 26 mai 1199. Richard tournait autour des murailles, quand une flèche le blessa à l'épaule gauche. Bouillant de colère, il ordonna l'assaut : la place est emportée, la garnison pendue, à l'exception de l'archer Gordon, qui avait tiré la flèche. Richard le réservait pour une plus cruelle vengeance. Mais la flèche se rompit dans la blessure, quand les médecins voulurent l'en extraire ; Richard négligea les remèdes qu'on lui avait ordonnés ; la plaie s'envenima, la gangrène s'y mit, et l'on annonça au roi Richard qu'il n'avait plus que peu à vivre, et qu'il fallait se préparer à la mort. La vengeance s'éteignit aux portes de l'éternité. Il ordonna de rendre la liberté à Gordon et de lui remettre cent schellings. Il se confessa ensuite à Milo, son aumônier et son confident, abbé de Citeaux, se fit donner la discipline, reçut avec piété les derniers sacrements, et mourut le 6 avril 1199, à l'âge de quarante-trois ans et dans la dixième année de son règne (Lingard, t. II ; Hurter, l. 3). Il fut enterré à Fontevrault, aux pieds de son père.

Son frère Jean, en montant sur le trône, hérita de tous ses vices, mais de pas une de ses vertus. N'ayant obtenu aucune souveraineté à l'époque où l'on partageait l'héritage de son père, il avait reçu le surnom de *Sans-Terre*. Quoique dévoré d'ambition, il était si lâche que Richard disait de lui : « Mon frère ne gagnera jamais une couronne par son courage, dès qu'il verra le bras, même le plus faible, se lever contre lui. »

Richard, de son vivant, avait donné à Othon, son neveu, des domaines en Poitou, et d'autres biens par acte de dernière volonté. Mais le roi Jean refusa d'exécuter les dernières volontés de son frère, et s'engagea même, l'an 1200, dans un traité avec le roi de France, à ne donner à son neveu aucun secours ni en argent ni en hommes, sans le consentement de Philippe-Auguste. Le pape Innocent donna ordre à son légat en France de déclarer ce traité nul, par la raison qu'il était injuste et contraire à l'obéissance due au Siége apostolique. Il fit savoir au nouveau roi d'Angleterre, que son neveu se plaignait de la retenue des fonds qui lui revenaient d'après les dernières volontés de Richard. Il l'engagea à s'abstenir d'une action aussi injuste et aussi déshonorante, et à faire de bon gré ce à quoi le devoir de ses fonctions apostoliques l'obligerait de le forcer (*Registr., Epist.* 25, 28, 48). Sur quoi un historien protestant fait cette réflexion : « On regardait alors la volonté des mourants comme une chose sacrée, sa violation comme un attentat contre les premières exigences du christianisme, et le chef de l'Eglise comme garant de l'exécution de cette volonté, motif pour lequel le mourant pouvait la manifester en toute assurance (Hurter, l. 4). »

Les deux partis qui divisaient l'Allemagne en venaient quelquefois aux mains. Le pape Innocent essaya de les amener à une pacification par l'archevêque Conrad de Mayence, revenu de Palestine ; mais ce digne prélat mourut à l'œuvre, sans y avoir réussi. A sa mort, sa propre Eglise se divisa dans l'élection de son successeur. Alors Innocent III crut l'époque venue de s'emparer de la direction des affaires et de déclarer ouvertement quel était celui des deux ou trois princes que l'Eglise entendait reconnaître pour son défenseur.

Vers la fin de l'année 1200, ou vers le commencement de l'année suivante, Innocent nomma légat en Allemagne le cardinal Gui, évêque de Palestrine, ancien abbé de Citeaux, homme recommandable par sa fermeté, sa modération et son désintéressement, et le chargea d'annoncer que le Saint-Siége reconnaissait Othon pour roi, à l'exclusion de Philippe de Souabe. Gui était porteur d'une bulle appréciative de la triple élection, énonçant les motifs de la préférence d'Innocent. En voici le contenu :

---

(1) Voir toutes ces lettres dans le *Registr. de negotio imperii* ; dans le recueil des lettres d'Innocent III, par Baluze, t. I, à la fin.

« Il est du devoir du Saint-Siège d'agir avec prudence et avec ménagement dans les soins qu'il donne à l'empire romain; car il a l'examen de l'élection en premier et en dernier ressort. En premier ressort, car c'est à cause de lui et par lui que l'empire a été transporté de la Grèce en Germanie; par lui, comme moteur de cette translation; à cause de lui, comme moyen plus efficace de protection. En dernier ressort, parce que le Pape met la dernière main à l'élection de l'empereur, que c'est par lui qu'il est sacré, couronné et revêtu des insignes de l'empire. Comme trois rois ont été élus dans le principe, l'enfant (Frédéric de Sicile), Philippe et Othon, il convient aussi de prendre trois choses principalement en considération, savoir : ce qui est licite, ce qui est admissible, et ce qui utile.

» L'élection de l'enfant, fils de l'empereur Henri, ne paraît, au premier aperçu, susceptible d'aucune opposition, car elle a été confirmée par le serment des princes. Ce serment, fût-il même forcé, lie cependant autant que le serment surpris par les Gabaonites au peuple d'Israël. Et si dans le principe ce serment a été forcé, le père en a délié les princes après un mûr examen, sur quoi ils ont élu l'enfant de leur propre volonté, et presque tous lui ont prêté depuis serment de fidélité; on agirait donc contre les serments reconnus valables, chose qui ne paraît pas admissible. On ne peut pas non plus regarder comme admissible que celui qui est confié à la tutelle du Saint-Siège soit privé de l'empire par le tuteur qui devait défendre ses droits, d'autant moins que Dieu a dit : *Tu seras le protecteur de l'orphelin !* Il n'est pas non plus utile de s'élever contre lui, quand on considère que l'enfant, parvenu à un âge plus avancé, pourrait non-seulement refuser à l'Eglise romaine, s'il s'apercevait que l'empire lui a été enlevé par elle, le respect qui lui est dû, mais encore détacher le royaume de Sicile du droit de vasselage.

» On peut néanmoins objecter contre son élection que le serment a été prêté sans autorisation; que le choix a été inconsidéré, puisqu'il est tombé sur une personne non-seulement inhabile au gouvernement de l'empire, mais encore inhabile à toute autre affaire; car c'est un enfant de deux ans, non encore régénéré par le baptême; que dès lors des serments aussi illicites et aussi inconsidérés sont sans valeur. Que l'exemple des Israélites ne prouve rien ici : ceux-ci pouvaient en effet tenir aux Gabaonites leur serment, sans préjudice pour leur peuple, tandis que le serment dont il s'agit ne peut être maintenu sans préjudice considérable, non-seulement pour un peuple, mais encore pour l'Eglise, et pour toute la chrétienté. Que ce serment ne peut être admis, même en supposant que l'intention des électeurs fût de ne laisser gouverner l'élu qu'à l'âge voulu par la loi ; en effet, comment auraient-ils pu juger de son aptitude ? ne se pourra-t-il pas faire qu'il soit un sot, un imbécile, incapable de gérer un emploi secondaire ? Mais en admettant que les électeurs aient su que le père veillera aux intérêts communs, jusqu'à ce que le fils soit capable de gouverner par lui-même, quelle valeur aura le serment lors de la mort du père ? L'empire ne peut être gouverné par un représentant; un empereur ne peut être élu pour un temps déterminé : l'Eglise ne peut et ne veut pas se passer d'un empereur ; donc il est licite de prendre une autre mesure dans l'intérêt de l'empire.

» Il est notoire que son élection n'est pas admissible. Celui qui a besoin d'un guide, peut-il, en effet, guider les autres ? Celui qui est confié à une protection étrangère, peut-il protéger le peuple chrétien ? Qu'on ne dise pas qu'il est confié à notre garde : notre obligation ne s'étend pas à le faire parvenir à l'empire, elle se borne à le soutenir dans la possession du royaume de Sicile. L'Ecriture ne dit-elle pas : *Malheur au pays dont le roi est un enfant?* Ce choix n'est pas utile ; car unir la Sicile à l'empire, ce serait créer des embarras à l'Eglise. En effet, sans parler d'autres dangers, s'il osait, comme le fit son père pour la Sicile, trouver au-dessous de la dignité impériale le serment de vasselage prêté à l'Eglise ! Qu'on ne dise point que lorsqu'il s'apercevra qu'il a perdu l'empire à cause de l'Eglise, il opprimera cette dernière ; car on ne pourra jamais prétendre que l'Eglise lui a enlevé le titre d'empereur, puisque c'est son oncle qui lui enlève la dignité impériale, et qui, non content de cela, s'empare de son héritage paternel, fait occuper aujourd'hui les possessions de sa mère par ses satellites, lorsque l'Eglise romaine, par sa prudence et par ses actes, fait tous ses efforts pour s'opposer à une semblable usurpation.

» L'élection de Philippe paraît aussi sans objection, si l'on considère la gravité, la considération et le nombre des électeurs. Il est difficile de juger de la gravité; mais, comme il a été élu par le plus grand nombre et par les princes les plus considérés, et que d'autres princes ont adhéré à cette décision, son élection paraît valable. Il serait inconvenant et contraire aux devoirs de notre charge et aux commandements du Christ, de lui faire supporter le poids de notre vengeance parce que son père et son frère ont persécuté l'Eglise. Il est clair que cela n'est pas utile. Philippe est puissant en biens et en hommes ; à quoi nous servirait donc de nager contre le courant, de résister au fort, et d'en faire un ennemi personnel et un ennemi de l'Eglise, et de soulever ainsi de plus grandes inimitiés tandis que nous aspirons à la paix, que nous la prêchons aux autres, et que nous pouvons l'obtenir en favorisant Philippe ?

» Cependant nous serions autorisé à nous opposer à lui ; car c'est avec raison et avec solennité que notre prédécesseur l'a excommunié. Avec raison, parce qu'il s'était emparé, en quelque sorte avec violence, de l'héritage de saint Pierre, et qu'il l'avait ravagé par le pillage et l'incendie. Avec solennité, parce qu'il a été excommunié dans l'Eglise de Saint-Pierre, pendant le sacrifice de la messe, à un grand jour de fête. Il est vrai qu'après son élection il a fait lever l'anathème par notre légat; mais l'évêque de Sutri n'ayant pas mis pour condition, contrairement à nos ordres précis, l'élargissement de l'archevêque de Salerne et une satisfaction pour tout ce qui avait provoqué l'excommunication, on peut le considérer comme n'étant pas encore absous. En outre, nous avons souvent excommunié Markwald, ainsi que ses partisans, tant Allemands qu'Italiens; donc l'excommunication, pèse aussi sur Philippe. De plus, il est notoire que, malgré son serment de fidélité à l'enfant, il s'efforce de s'approprier l'empire d'Allemagne et la dignité impériale; il est donc coupable de parjure. On peut objecter, il est vrai, que, si nous considérons ce serment comme illicite, nous ne pouvons accuser Philippe de parjure. Nous répondons : Lors même que ce serment serait illicite, il ne devait pas s'en affranchir selon son bon plaisir; il devait au préalable demander notre avis; ainsi firent les Israélites : ils consultèrent le Seigneur au sujet du serment fait aux Gabaonites.

» Maintenant, exprimons les motifs qui déterminent notre opposition à l'égard de Philippe. Si, comme autrefois, où le fils succédait au père, on voyait succéder aujourd'hui le frère au frère, alors l'empire ne serait plus conféré par l'élection, mais serait revendiqué par droit d'héritage; par là, l'abus s'érigerait en droit. Il est utile de s'opposer à Philippe, car c'est un persécuteur, issu de persécuteurs : si nous ne nous opposons pas à lui, nous mettons aux mains d'un furieux des armes qu'il tournera contre nous; car le premier Henri de cette famille qui parvint à l'empire, suscita une terrible persécution contre l'Eglise; il fit traîtreusement prisonniers le pape Pascal II, de bienheureuse mémoire, qui l'avait couronné, ainsi que les cardinaux-évêques et un grand nombre de nobles romains; il tint ce Pontife emprisonné jusqu'à ce qu'il lui eût accordé ce qu'il demandait, non point dans l'intérêt de sa propre délivrance, mais dans l'intérêt de celle des prisonniers qui étaient avec lui et que ce furieux menaçait de mutiler. Et comme Pascal, revenu à la liberté, révoqua le privilège, ou plutôt le *pravilége* violemment arraché, ledit Henri élut, sans égard à l'élection des cardinaux, quelques hérésiarques, et éleva une idole contre l'Église catholique : le schisme dura jusqu'au temps de Calixte II. Frédéric, qui était de cette même famille, promit, lors de son avènement à l'empire, de soumettre à l'Eglise romaine les habitants rebelles de Tivoli, et cependant il les conserva pour la chambre impériale. Ce fut lui qui, plein de fureur, répondit à notre prédécesseur Alexandre, de glorieuse mémoire, qui lui avait écrit pour lui reprocher sa conduite à l'égard de l'Eglise romaine à laquelle il devait la couronne : *Si nous n'étions pas dans l'Eglise, tu sentirais combien les épées allemandes sont aiguës*. Ce fut lui qui, avec quelques complices, s'efforça de renverser le pape Adrien, sous prétexte qu'il était fils d'un prêtre. Ce fut lui qui entretint longtemps un schisme contre Alexandre même, et y entraîna tous ceux qu'il put gagner à cette cause; lui qui, après avoir promis solennellement à Venise de restituer à l'Eglise romaine le pays du comté de Cavalla et d'autres domaines, les conserva avec plus d'obstination; qui, trompant avec adresse notre prédécesseur Lucius et son successeur, les tint en quelque sorte assiégés dans Vérone.

» Henri, son fils et son successeur, attira déjà la malédiction sur le commencement de son règne, en attaquant, à main armée, l'héritage de saint Pierre, en le dévastant et en faisant mutiler le nez à quelques serviteurs de nos frères, au mépris de l'Eglise. Plus tard, il prit à sa suite les meurtriers de l'évêque Albert de Liége, se montra en public avec eux et leur distribua de plus grands fiefs. L'évêque d'Osimo ayant déclaré qu'il avait reçu son évêché du Saint-Siège, il le fit souffleter en sa présence, lui fit arracher la barbe, et le traita d'une manière tout à fait indécente. Par son ordre, Conrad Moucheen-Tête fit jeter dans les fers notre vénérable frère l'évêque d'Ostie, action pour laquelle Henri le combla d'honneurs et de présents. Parvenu au trône de Sicile, il fit publier défense à tout prêtre et à tout laïque de s'adresser désormais au Siège de Rome ni d'en appeler à son autorité.

» Quant à Philippe, dont il est maintenant question, il persécuta l'Eglise dès son début, et il persévère dans cette voie. Il a pris le titre de *duc de Toscane et de Campanie*, et il élève des prétentions sur tous ces domaines jusqu'aux portes de la ville, et même sur la partie de la ville qui est située au delà du Tibre. Maintenant encore il cherche, par l'intermédiaire de Markwald et autres, à persécuter l'Eglise et à nous enlever le royaume de Sicile. Si, lorsqu'il est encore maigre et sans forces, et que sa moisson est encore en herbe, il nous persécute ainsi, nous et l'Eglise romaine, que fera-t-il quand il arrivera à l'empire? C'est donc avec raison que nous mettons opposition à sa violence avant qu'elle se fortifie. D'ailleurs l'Ecriture sainte nous montre, en plus d'un endroit, que dans les familles royales les fils sont punis à la place de leurs pères.

» Occupons-nous maintenant d'Othon. On croira peut-être qu'il n'est point licite de parler en sa faveur, parce qu'il a été élu par la minorité; que ce n'est pas chose admissible, parce que la faveur du Saint-Siège ne paraîtra pas le résultat d'une bienveillance personnelle, mais l'effet d'une haine contre son rival; que la chose n'est pas utile, parce que, vis à vis de son concurrent; il ne présente qu'un parti faible et sans force. Mais, attendu que ceux auxquels appartient principalement l'élection impériale, lui ont autant donné de voix qu'à son concurrent; que, dans de semblables circonstances, on doit considérer la valeur des personnes tout autant que le nombre; que ce n'est point la majorité numérique, mais bien la majorité intellectuelle qu'il faut considérer ici; attendu que Othon convient mieux pour empereur que Philippe; que le Seigneur punit les méfaits des pères jusque dans la troisième et quatrième génération; que Philippe marche sur les traces de ses pères en persécutant l'Eglise, attendu que, bien que nous rendions le mal non par le mal, mais par le bien, nous ne devons pas néanmoins élever aux plus hautes dignités ceux qui persévèrent dans leurs mauvais sentiments à notre égard, et qui, par leur fureur, portent les armes contre nous; attendu que le Seigneur, pour confondre les puissants, élit les humbles, ainsi qu'il l'a fait à l'égard de David, il nous paraît licite, admissible et utile de prêter notre appui à Othon. Loin de nous la pensée de vouloir plaire aux hommes plus qu'à Dieu, ou de craindre la vue des méchants, puisque, d'après l'Apôtre, nous devons éviter non-seulement tout ce qui est mal, mais encore ce qui en a l'apparence, et qu'il est écrit : *Maudit soit celui qui se repose sur les hommes et sur un bras de chair*.

» D'après ce qui précède, nous ne devons pas insister pour que l'enfant obtienne maintenant la couronne impériale. Nous repoussons totalement Philippe à cause des motifs allégués, et nous nous opposerons à ce qu'il s'approprie l'empire. Du reste, notre légat a la mission d'agir auprès des princes, pour qu'ils donnent leurs voix à une personne qui convienne, ou pour qu'ils se reposent sur nous du soin de cette affaire. Si cependant aucun des moyens proposés ne peut convenir, alors nous avons patienté assez longtemps, prêché assez longtemps la concorde, et donné assez d'instructions par lettres et par messages, pour faire connaître notre opinion. Si nous attendions plus longtemps, on pourrait croire que nous entretenons la discorde; que nous ne suivons l'affaire de loin que pour en connaître l'issue; que, comme saint Pierre, nous renions la vérité, qui est le Christ. Nous devons donc nous déclarer ouvertement pour Othon, qui, dévoué lui-même à l'Eglise, descend de familles dévouées, savoir, du côté maternel, de la maison royale d'Angleterre; du côté paternel, des ducs de Saxe, qui étaient dévoués à l'Eglise, et parmi lesquels se trouve l'empereur Lothaire, son aïeul; nous devons le reconnaître pour roi et lui conférer la couronne impériale (*Registr.*, *Epist.* 29). »

Un auteur protestant dit à ce sujet : « La résolution d'Innocent est d'autant plus grande et plus hardie, qu'il la prit sans être soutenu par aucune force matérielle, mais uniquement pénétré de son droit, de son devoir et du bien de l'Eglise, et qu'il la puisa dans cette seule force morale dont est pénétré l'homme qui agit sous l'influence d'un ordre d'idées supérieures. Les motifs qui le déterminaient à repousser l'élection du jeune Frédéric trouvaient leur justification dans la dignité de l'empire et dans la personne de l'empereur. Car on considérait l'empereur non-seulement comme régent, comme général, comme ayant la direction des affaires intérieures, mais encore comme le premier législateur et comme le défenseur suprême de la chrétienté. Ces derniers motifs semblent avoir été plus déterminants pour le Pape, que le danger qui menaçait l'indépendance du territoire de l'Eglise romaine, danger provenant de la réunion de la Sicile à l'empire; il le prouva plus tard, quand, par sa seule entremise, il fit élire Frédéric empereur, parce qu'Othon avait commencé à persécuter l'Eglise (Hurter, l. 4). »

Au commencement de l'année 1201, Innocent adresse, au sujet de l'Allemagne, des lettres encycliques à tous les archevêques, évêques et princes temporels, dans lesquelles il manifeste de nouveau sa conviction : « Qu'ils ne doivent pas douter que ce ne soit à lui qu'appartiennent en premier et en dernier ressort les soins tutélaires de l'empire. S'il a été affligé de leur discorde, parce qu'elle est pernicieuse au bien-être de la chrétienté, il a néanmoins attendu jusqu'à ce jour, pour qu'on ne puisse pas l'accuser de méconnaître ou de violer les droits des princes; il a voulu voir si l'affaire prendrait une meilleure tournure, si la querelle se terminerait d'elle-même, où si enfin il ne serait point consulté sur la marche à suivre. Comme de plus longs délais ne peuvent être avantageux ni à lui ni à eux, il les a exhortés à la concorde; et l'archevêque de Mayence a travaillé, dans une réunion, à un accommodement; lui-même, pour ne négliger aucun moyen, a envoyé une lettre par un courrier, et a exprimé son opinion; mais tout a été sans succès. Il a donc résolu, d'après les conseils de ses frères, d'envoyer en Allemagne l'évêque de Palestrine, ainsi que son notaire, maître Philippe, et il a en même temps donné l'ordre au cardinal Octavien d'Ostie, de les rejoindre aussitôt que les affaires qu'il poursuit en France le lui permettront. Il les invite donc à répondre, sans retard, à l'appel qui leur sera adressé par l'un ou l'autre de ces envoyés (*Registr.*, *Epist.* 30). »

Il exprime la même idée dans une lettre-circulaire qu'il adresse à tous les princes spirituels et temporels de l'empire; il parle « de l'oppression de l'époque, des nuages qui obscurcissent l'horizon, de la supériorité des hérétiques sur les vrais croyants, de celle des païens sur les chrétiens, du bannissement de la paix et de la justice, de la spoliation des biens de l'Eglise, enfin de l'état des pauvres et des faibles, soumis de plus en plus au joug des riches et des puissants. Les commissaires qui se rendent en Allemagne sont chargés de recueillir les avis des princes, de leur faire connaître ses volontés. Dans le cas où les princes viendraient à donner la couronne à celui qui la porterait dans l'intérêt de l'empire et pour l'honneur de l'Eglise, ces commissaires sont chargés de le soutenir par leurs conseils et par leurs actions. Il engage aussi les princes, dans le cas où ils ne s'entendraient pas, à soumettre l'affaire à sa décision, sans nuire à leurs droits et à la considération de l'empire, leur assurant qu'ils trouveraient en lui un médiateur impartial, qui prononcera selon la justice et selon l'intérêt de l'empire, après avoir mûrement examiné leur volonté et leurs raisons, et qui, en vertu d'un pouvoir accordé de Dieu, les déliera de leurs serments, sans qu'ils aient à craindre pour leur conscience (*Registr.*, *Epist.* 31). »

Deux mois plus tard, il déclare, dans une lettre adressée à Othon : « Que, suivant son propre avis et celui de ses frères, et en vertu du pouvoir qui lui a été confié par le Dieu tout-puissant dans la personne de saint Pierre, il le reconnaît pour roi; il ordonne donc qu'on lui rende les honneurs et l'obéissance dus à un roi. Après qu'il aura rempli tout ce que le devoir commande, il recevra de sa main la couronne du saint empire, ainsi que la suprême dignité de prince temporel; car le Dieu tout-puissant a établi l'harmonie entre la terre et le ciel, non-seulement pour que l'ordre des temps et des choses soit affermi, mais encore pour qu'une certaine uniformité entre la création et le cours des événements humains annonce sa gloire et sa puissance; pour que la ressemblance miraculeuse qui existe entre ce qui est grand et petit nous le signale comme le Créateur de tout l'univers. Grand dans les grandes choses et étonnant dans les petites, l'Eternel, qui a placé deux grandes lumières dans la voûte céleste, l'une pour donner le jour, l'autre pour éclairer la nuit, a de même établi dans le cours des temps deux grandes dignités au firmament de l'Eglise; l'une, afin qu'elle donne le jour, c'est-à-dire qu'elle forme l'esprit aux idées spirituelles, et délivre de leurs liens les âmes détenues dans l'erreur; l'autre, afin qu'elle éclaire la nuit, c'est-à-dire qu'elle punisse dans les hérétiques endurcis et dans les ennemis de la foi, qui ne sont point encore éclairés par la lumière céleste, l'affront fait au Christ et à son peuple, et qu'elle tienne le glaive temporel pour le châtiment des méchants et la gloire des fidèles. Mais de même qu'une éclipse de lune fait accroître les ténèbres de la nuit, de même l'absence et le défaut d'un empereur fait accroître la rage des hérétiques et la fureur des païens contre les fidèles. C'est pour ce motif qu'il prend intérêt à ce qu'il y ait un chef dans l'empire. Qu'Othon mette donc sa confiance en Celui qui a rejeté Saül et qui a choisi David pour roi; qu'il se conduise de manière à ce que Dieu puisse lui dire : *J'ai trouvé un homme selon mon cœur* (*Registr.*, *Epist.* 32). »

Innocent écrivit de nouveau une lettre-circulaire à tous les princes d'Allemagne, des lettres particulières à plusieurs d'entre eux, pour les amener à la concorde, en faveur d'Othon de Saxe. Il écrivit et fit parler dans le même but aux rois de France et d'Angleterre:

L'affaire du roi de France, touchant son divorce avec la reine Ingelburge, princesse de Danemarck, n'était pas encore terminée. Voici comme l'historien protestant d'Innocent III apprécie la conduite de ce Pape dans cette affaire.

« Il ne s'agissait ici ni de possessions, ni de droits contestés du Saint-Siége, mais bien de cette grande question : *Le souverain est-il soumis aux lois du christianisme qui doivent régler les relations purement humaines?* Nous dirons d'abord que si ces lois étaient appliquées, à cette époque, d'une autre manière, et peut-être plus sévèrement que de nos jours, on ne peut en faire un prétexte pour blâmer la conduite du Pape dans cette circonstance. Ici le Pape se trouvait vis-à-vis non du prince, mais du chrétien. Il ne le combattait point comme prince temporel, mais comme premier gardien des préceptes que Dieu a donnés aux hommes. Il s'agissait de décider ce qui l'emporterait, ou la volonté du prince, ou la volonté reconnue alors comme la force qui constituait l'unité de la chrétienté; ou bien si, devant celle-ci, la prééminence temporelle devait s'abaisser et disparaître. La conduite d'Innocent, dans l'affaire du divorce, prouve qu'il n'a été guidé que par la juste appréciation de ses devoirs et de ceux des princes, et qu'animé d'un zèle tout apostolique, il ne se laissa influencer par aucune considération humaine. Il ne voulut jamais sacrifier l'importance morale de sa dignité pour se procurer un puissant appui dans les troubles d'Italie, ou un allié dans les dissensions de l'Allemagne, et pour obtenir du roi, par son silence et sa condescendance, des secours pour les croisades. Il ne craignit pas d'augmenter par sa fermeté le nombre de ses ennemis et celui des affaires difficiles pour le Saint-Siége. En faisant moins ou en agissant avec plus d'indulgence, il eût fait violence à son être moral, et se fût préparé les chagrins les plus amers que puisse éprouver un homme pénétré d'une conviction profonde et agissant contradictoirement à ses principes. Le blâmer dans cette circonstance, ce serait dangereux pour tous les temps, parce que ce serait détruire les limites entre la puissance et le devoir, et affranchir l'homme de toute obligation morale. Que de malheurs eussent été épargnés à la France et à l'Europe, s'il avait existé, au temps de Louis XV, un Pape, avec la conscience, la sévère gravité, la foi et l'énergie invincibles d'Innocent! Le devoir d'un Pape, c'est d'être le pasteur des rois, et, par là, le sauveur des peuples (Hurter, l. 2). »

Ainsi parle l'historien et le ministre protestant.

La première démarche d'Innocent en cette affaire, fut près de l'évêque de Paris, Eudes de Sully. Il lui écrivit dès son élection, en 1198, non pour l'instruire, lui qui était si versé dans la jurisprudence, mais pour lui donner à connaître sa volonté. « Celui qui n'observe pas le commandement par lequel Dieu a institué le mariage, dit-il, est indigne de la grâce de Dieu et de la bienveillance de l'Eglise. » Plus est grand l'attachement qu'il porte au roi de France, son fils bien-aimé en Jésus-Christ, plus il est affligé de ce qu'il repousse sa femme légitime. Quoique le pape Célestin n'ait pu obtenir le rappel d'Indelburge, il veut cependant faire une nouvelle tentative, non pour son propre intérêt, mais pour celui du nom royal, dans la ferme persuasion que ses premiers désirs étant présentés au roi par un prélat vénérable, savant, vertueux, et de plus son ami particulier, feraient de l'impression. « Que le roi réfléchisse, ajoute le Pape, qu'en persistant dans sa résolution, il s'attire la colère de Dieu, le mépris des hommes, et porte les plus grands préjudices à lui-même. La femme à laquelle il s'est uni, malgré la défense de l'Eglise, ne pourra lui donner aucun enfant légitime; le royaume tomberait entre les mains d'un étranger, si son unique héritier (plus tard Louis VIII) venait à mourir. Le Seigneur n'a-t-il pas donné à la France des signes évidents de sa colère? n'a-t-il pas envoyé sur ce pays la stérilité et la faim, et ne serait-il pas possible qu'il employât bientôt une punition plus sévère? L'évêque devait avoir devant les yeux le Roi du ciel et non celui de la terre, et agir, selon la justice, sans acception de personne. Le roi devra avant tout reprendre son épouse légitime; ce ne sera qu'après qu'il aura rempli cette condition que le Saint-Père pourra entendre ses plaintes, si elles sont fondées (L. 1, *Epist.* 4). »

Innocent venait d'être sacré, lorsqu'il apprit que les paroles de l'évêque avaient retenti en vain aux oreilles du roi. Alors ce Pontife écrit lui-même à Philippe : il lui rappelle la reconnaissance qu'il porte à la France pour l'instruction qu'il y a puisée, l'affection qu'il a pour la famille royale, qui, dans les plus grands orages, ne s'est jamais séparée de l'Eglise romaine, son dévouement à la personne du roi, et le soin avec lequel il veille sur son salut. Il lui dit qu'il connaît tout ce qui s'est passé au sujet de sa séparation d'avec Ingelburge; il lui représente que déjà plusieurs nobles prenaient exemple sur lui, et se séparaient de leurs femmes; il lui fait sentir combien une pareille conduite tendait à faire mépriser l'Eglise romaine. Il le prie de retourner vers Dieu, d'éloigner celle qui, aux yeux de l'Eglise, n'est que sa concubine, et de reprendre sa femme légitime, ajoutant qu'il ne pourrait nulle part en trouver une plus noble et plus vertueuse. Si le roi, termine Innocent, refuse d'écouter ce dernier avertissement, alors il sera forcé, quelque douleur qu'il en éprouve, de lever contre lui sa main apostolique, ce dont personne ne pourra le détourner, dans la ferme persuasion qu'il est obligé de faire son devoir (L. 1, *Epist.* 171).

Le bouillant Philippe, nullement accoutumé à supporter des contradictions, ne tint compte d'aucune remontrance, et mit autant d'opiniâtreté dans l'éloignement d'Ingelburge que de persévérance dans son attachement pour Agnès de Méranie. Il répliqua, à la vérité, à l'écrit du Pape; mais l'affaire n'avança pas. Pierre de Capoue, envoyé au mois de septembre 1198 en France, en qualité de légat, pour engager les chrétiens à aller en terre sainte combattre les infidèles, reçut d'Innocent, à son départ, des ordres positifs relativement au divorce. Il devait encore une fois renouveler ses remontrances au roi, et le menacer d'interdit si, dans le délai d'un mois, il n'avait pas ramené l'infortunée princesse de Danemarck au milieu de sa cour. Tous les ecclésiastiques du royaume reçurent l'ordre d'observer exactement l'interdit, dans le cas où il serait prononcé. Enfin, Innocent écrivit de nouveau à Philippe, le conjurant de penser à la colère de Dieu, de cesser d'écouter les conseils pernicieux de ses courtisans, de suivre ses avertissements paternels, et d'éviter ainsi qu'on parlât mal du Pape et du roi (L. 1, *Epist*. 347 et 348).

Ces remontrances ne produisant aucun effet, Innocent écrivit, au mois d'octobre, à tout le clergé français, pour lui faire connaître avec quelle circonspection il cherche à aborder l'affaire relative à ce divorce, pour qu'il ne puisse pas être accusé de vouloir plaire aux hommes plutôt qu'à Dieu. Combien, d'autre part, il lui est pénible de s'élever contre un roi qu'il aime particulièrement. Mais le devoir de ses fonctions pastorales, sa gratitude envers Dieu, qui l'a placé entre les princes et même au-dessus, l'obligation de rendre justice à ceux qui la demandent, et de ramener dans le droit chemin ceux qui s'égarent, le salut des âmes confiées à ses soins, et l'espoir que le malade ne s'irritera ni contre le remède ni contre le médecin, lui font surmonter les appréhensions qu'il éprouve. C'est en vain que, depuis son avènement, il a employé la douceur pour convaincre le roi et pour le déterminer à se réconcilier avec son épouse. « Pourquoi ne cherche-t-il pas ce qui est juste et honorable ? pourquoi n'évite-t-il point ce qui est injuste et damnable ? pourquoi met-il son âme en danger et donne-t-il du scandale ? Cependant nous ne voulons ni désespérer de sa guérison, ni laisser inaccomplie l'œuvre que nous avons commencée. Notre légat l'exhortera encore une fois ; mais si le roi dédaigne de l'écouter, il prononcera l'interdit. Nous vous ordonnons, continue-t-il, au nom du Dieu tout-puissant, Père, Fils et Saint-Esprit, par l'autorité que nous tenons des apôtres Pierre et Paul, et en vertu de l'obéissance que vous nous devez, de vous soumettre à la sentence, de vous abstenir de toutes fonctions ecclésiastiques, sous peine de perdre votre dignité et votre emploi. Plein de confiance dans votre sagesse et dans votre dignité, persuadé que vous n'êtes point de ces chiens muets qui ne savent aboyer, nous vous recommandons, à vous, archevêques, évêques et abbés, de chercher, par de constantes exhortations, à changer les sentiments du roi. C'est à regret que nous l'affligeons, c'est à regret que nous recourons aux rigueurs de l'Eglise, et ce n'est qu'autant que la blessure ne peut être guérie autrement que nous emploierons ces moyens. Nous aimons mieux qu'il fasse droit à nos représentations. Vous devez déployer d'autant plus de zèle dans cette circonstance, que plusieurs d'entre vous sont accusés, par l'opinion publique, d'avoir prêté la main au désordre dont il est question (L. 2, *Epist*. 197). »

Ni les représentations, ni les menaces du cardinal Pierre, ni les conseils du clergé, agissant suivant les ordres de leur chef, ne purent fléchir l'opiniâtreté du roi et détourner de sa personne et de son pays la sévère sentence qui allait le frapper. Il était impossible au cardinal de ne pas aller en avant dans cette affaire, les ordres de Rome étaient trop précis. Il convoque un concile à Dijon pour la fête de saint Nicolas de l'année 1199. Les archevêques de Lyon, de Reims, de Besançon, de Vienne, dix-huit évêques, un grand nombre d'abbés y assistent. Deux abbés, chargés d'inviter le roi à l'assemblée, avaient été repoussés de son château par des hommes armés. Cependant deux délégués se présentent en son nom, et sont chargés de déclarer nulle toute décision et d'en appeler à Rome, où Philippe envoie effectivement une ambassade. Mais on avait pris des dispositions à cet égard, ainsi que cela se pratiquait de la part du Saint-Siége chaque fois que les faits étaient évidents, que les objections ne pouvaient occasionner que des délais sans faire mieux connaître l'affaire, et que tous les moyens étaient épuisés : le cardinal avait l'ordre positif de n'avoir égard à aucun appel.

Au septième jour de l'assemblée, vers minuit, le son lugubre des cloches annonça l'état d'un homme luttant contre la mort. Les évêques et les prêtres se rendirent en silence dans la cathédrale, à la lueur des flambeaux. Les chanoines élevèrent, pour la dernière fois, leurs prières vers le Père de toute miséricorde, en faveur des pécheurs, en entonnant le chant funèbre : *Seigneur, ayez pitié de nous!* Un voile couvrait le Christ. Les reliques des saints avaient été transportées dans les souterrains ; les flammes avaient consumé les derniers restes du pain sacré. Alors le légat, couvert de l'étole violette, ainsi que c'était l'usage au jour de la passion du Rédempteur, s'avança devant tout le peuple réuni, et prononça, au nom de Jésus-Christ, l'interdit sur tout ce qui était du ressort du roi de France, aussi longtemps qu'il ne renoncerait point à son commerce adultère avec Agnès de Méranie. Des gémissements, interrompus par les sanglots des femmes, des vieillards et des enfants, retentirent sous les voûtes de l'église ; le grand jour du jugement semblait arrivé, et désormais les fidèles devaient paraître devant Dieu, sans que l'intercession de l'Eglise vînt les consoler (*De legat. miss. in Franc.*, dans Duchesne, t. V, p. 754 ; Hurter, l. 4).

Le légat défendit que l'interdit fût publié avant le vingtième jour après la fête de Noël. Il espérait que la certitude de la punition dont Philippe était menacé l'amènerait à d'autres sentiments, ou bien il voulait avoir le temps de se soustraire aux persécutions dont le roi, dans un premier mouvement de colère, pourrait le rendre l'objet (*Gesta*, c. 51).

Le délai entre le prononcé et l'exécution de l'interdit touchait à son terme, sans que Philippe eût essayé d'en détourner l'effet. Le légat se rendit à Vienne, autrefois royaume de Bourgogne, mais relevant alors de l'empereur d'Allemagne. Là il convoqua une nouvelle assemblée d'ecclésiastiques et rendit public l'interdit prononcé à Dijon. Tous les prélats du royaume reçurent l'ordre de le publier dans leur diocèse, et de veiller sévèrement à son exécution. Si un évêque y agissait contrairement, il serait par là même suspendu de ses fonctions et aurait à se justifier personnellement de cette désobéissance devant le Saint-Siége, à la première fête de l'Ascension (*Gesta*, c. 51).

Le troisième jour après la Chandeleur, 1200, l'interdit fut mis à exécution dans presque tous les diocèses du royaume. La plupart des évêques, des chapitres et des curés considéraient les obligations de leur charge spirituelle comme étant plus sacrées que les égards qu'ils devaient au roi; ils reçurent plus tard, pour cette conduite, des marques de bienveillance de la part du Saint-Siége. Le deuil se répandit sur le pays; c'est avec douleur que les historiens mentionnent cette période; le chrétien n'abordait le chrétien qu'en soupirant. Des fidèles passaient en Normandie et dans d'autres possessions appartenant au roi d'Angleterre, uniquement pour jouir des consolations de l'Église. Ce fut à Rouen que le comte de Ponthieu, qui épousa la plus jeune sœur de Philippe, reçut la bénédiction nuptiale. Dans plusieurs contrées le peuple se souleva, voulant forcer les évêques et les prêtres à ouvrir les églises et à célébrer les saints mystères. L'interdit ne convenait même pas à tous les ecclésiastiques; quelques-uns continuaient à célébrer le service divin, d'autres disaient que la conduite du Pape était inouïe; mais les autres ne se laissaient toucher ni par la flatterie, ni par la crainte; dans ce nombre se distinguait Pierre d'Arras, auparavant abbé de Cîteaux. Le Pape leur donna à tous de grands éloges. En vain quelques évêques et quelques chapitres essayèrent-ils de différer l'exécution de la sentence et de faire des représentations à Innocent, l'assurant que le bruit seul de l'interdit mettait le peuple en mouvement, que celui-ci réclamait à grands cris ses autels, ses saints et ses jours de fêtes; qu'il était impossible de résister à ses pieuses instances. Le Pape répondit : « Ce sont de vaines excuses, ils doivent obéir; l'Église a été trop longtemps outragée par le scandale public. Depuis notre élection, nous avons suffisamment exhorté le roi à éloigner celle qui est l'objet de ce scandale, et à reprendre son épouse légitime, lui déclarant en même temps que nous étions disposé à lui rendre justice et à écouter de bonnes raisons. Le roi a bravé tout; le remède que nous employons maintenant est amer; mais à de grands maux il faut de grands remèdes (Lettre au clergé de France, 5, *id. mart. Ep. app.*, l. 1, *Epist.* 9). Les évêques obéirent, et toute la France fut privée de la célébration du service divin.

Cependant l'évêque Hugues d'Auxerre préféra la faveur du roi à son devoir. Aussi fut-il le seul qui ne ressentit pas les effets de la colère de Philippe, colère qui éclata alors contre le clergé. D'autres évêques, chanoines et curés furent chassés violemment de leurs églises et dépouillés de leurs dignités, de leurs revenus et de leurs biens; quelques-uns se sauvèrent spontanément. L'évêque de Paris fut jeté hors de sa maison par les satellites du roi, qui lui enlevèrent ses chevaux, ses vêtements et ses meubles. L'évêque de Senlis éprouva le même sort et n'échappa que par la fuite à un traitement plus cruel. Ingelburge ne fut pas plus ménagée. Le roi fit arracher de son couvent cette reine délaissée, qui était entièrement adonnée aux prières et aux œuvres de piété, et la fit soumettre à une dure captivité dans le château-fort d'Étampes, près de Paris. Si, dans cette circonstance, le roi eût épargné son peuple, celui-ci se fût peut-être rangé de son côté; mais la fureur semblait l'avoir aveuglé à un tel point, qu'au même moment où il persécutait le clergé, il rétrécissait les possessions de la noblesse et accablait d'impôts exorbitants les bourgeois des villes; et, comme si tous les liens qui lient les sujets à leur roi devaient être rompus, il afferma la perception des mêmes impôts aux Juifs, qu'il avait chassés d'abord et puis fait revenir, et qui étaient d'ailleurs généralement détestés. L'attachement aux biens célestes et aux biens terrestres occasionna des murmures contre celui qui provoquait la perte de ces biens. Les barons prirent les armes; les serviteurs du roi refusèrent de le servir et l'évitèrent comme un homme auquel le Tout-Puissant avait enlevé sa grâce.

Cependant Innocent n'avait pas encore employé le châtiment le plus rigoureux, celui d'excommunier personnellement le roi et Agnès. On donna au Pape le conseil de prononcer, au lieu de l'interdit général, l'interdit particulier du roi, attendu qu'il vaut mieux faire périr un seul homme, que de laisser tout un peuple se corrompre. Philippe avait peut-être redouté cette mesure; car on la regardait comme plus sévère, et par cela même comme plus efficace. La crainte de la voir employée avait pu le rendre plus souple. D'ailleurs il avait devant les yeux l'exemple du comte d'Auxerre. Celui-ci avait été exclu plusieurs fois de la communion de l'Église, à cause des persécutions qu'il lui avait fait éprouver; aussi, toutes les fois qu'il entrait en ville, le son d'une cloche en donnait avis; alors le service divin ne devait être célébré qu'en silence, et quand il quittait la ville, la cloche annonçait que l'on continuait le service divin comme à l'ordinaire. D'après cette disposition, le comte ne pouvait ni entrer ni sortir sans être insulté ou sans entendre les murmures du peuple. Ce qui est certain, c'est qu'Innocent fit sonner bien haut sa manière d'agir en cette circonstance, où il n'a pas, comme l'avait fait autrefois le pape Nicolas à l'égard du roi Lothaire et des archevêques, prononcé l'excommunication contre Philippe, contre Agnès et contre l'archevêque de Reims, et où il ne les a pas privés du service divin et des sacrements (L. 5, *Epist.* 49; L. 11, *Epist.* 182; Hurter, l. 4).

Le roi ne put résister plus longtemps à la sévérité de l'Église. Il envoya quelques prêtres et quelques chevaliers à Innocent, chargés de se plaindre du légat et de déclarer qu'il était disposé à comparaître devant des juges nommés par le Saint-Siége, et à se soumettre à leur sentence. « A quelle sentence ? demanda Innocent. Est-ce à la sentence déjà rendue, ou bien s'agit-il d'une nouvelle ? Le roi connaît la première; qu'il éloigne sa concubine, qu'il reprenne la reine, qu'il rétablisse dans leurs droits les évêques et les prélats expulsés par lui, qu'il les dédommage de leurs pertes, et alors l'interdit sera levé. S'il veut un second jugement, un nouvel examen de la parenté, qu'il donne caution, qu'il exécute le reste. » Cette réponse serra le cœur d'Agnès; le roi devint furieux : « Je veux me faire infidèle ! s'écriat-il; que Saladin était heureux, il n'avait point de Pape ! » Il s'agissait, en effet, d'abandonner la femme qu'il aimait du plus profond de son cœur, et de reprendre celle pour laquelle il éprouvait une aversion insurmontable (*Gesta*, c. 53).

Il convoqua les prélats et les seigneurs du royaume pour délibérer avec eux. Agnès parut devant cette assemblée, pâle, consumée par le chagrin et par les fatigues d'une grossesse difficile; cette jeunesse pleine de vie et cette grâce avec laquelle elle avait distribué les prix aux vainqueurs dans les tournois, avaient disparu. De même que la veuve d'Hector, dit un poète du temps, elle eût ému toute l'armée des Grecs (*Guill. Brito*).

Les barons gardaient un morne silence; Philippe leur demanda ce qu'il devait faire. « Obéir au Saint-Père, éloigner Agnès et reprendre Ingelburge. » Telle fut leur réponse. Il se tourna alors vers son oncle, l'archevêque de Reims, et lui demanda s'il était vrai que le Pape lui avait écrit que la sentence de divorce, prononcée par lui, n'était qu'une farce. L'archevêque ne put le nier, et le roi lui dit: Vous êtes donc un insensé et un sot pour avoir rendu une semblable sentence.

Le roi envoya une nouvelle ambassade à Rome, avec prière pressante de lever l'interdit et d'examiner ses objections. Agnès supplia de son côté. Le Pape demeura inflexible. « Semblable à l'homme qui est placé sur le terrain du devoir, dit un historien protestant, ni les prières ni les menaces ne peuvent l'ébranler. C'est cette fermeté qui a maintenu l'influence du christianisme en Occident; qui a fondé la domination universelle de Rome, et placé, uniquement par la puissance victorieuse d'une idée supérieure, le Siége apostolique au-dessus des trônes des rois. Si le christianisme n'a pas été refoulé comme une secte dans un coin du globe; s'il n'a pas été réduit à une simple formule, comme la religion des Indous, ou s'il n'a point perdu de son énergie européenne au sein des voluptés de l'Orient, on le doit à la vigilance, à la sévérité des Pontifes romains, à leurs soins constants de maintenir l'unité au sein de l'Eglise (Hurter, l. 4). »

Philippe se soumet enfin. Sur quoi Innocent envoie au roi son confident et son cousin, le cardinal-évêque Octavien d'Ostie, homme versé dans les affaires et dans le droit, habile, fin, agréable, lié avec les personnes les plus distinguées de cette époque, déjà connu en France, et se vantant même d'être parent de Philippe. Le Pape ne céda rien de ses premières conditions; car le légat reçut l'ordre d'exiger la pleine satisfaction des dommages soufferts par le clergé, l'éloignement de la concubine, son bannissement du royaume, la réintégration solennelle de la reine, et le serment, sous caution, que Philippe ne s'en séparerait plus sans jugement de l'Eglise. Ce n'est qu'autant que ces conditions seront remplies, qu'Innocent consent à faire lever l'interdit, se réservant néanmoins de punir ceux qui ne l'ont point observé. Mais si le roi, contrairement à ses exhortations, persiste dans sa demande du divorce, alors le légat devra fixer un délai irrévocable de six mois, après l'expiration duquel commencera le procès. Pendant cet intervalle, le roi de Danemarck peut envoyer, dans un lieu convenable pour les deux parties, et sous le sauf-conduit du Pape et du roi, des mandataires, des témoins, et tout ce qu'il jugera utile pour la défense de sa sœur. Le cardinal Jean Colonna, du titre de Saint-Prisque, était chargé d'accompagner le légat; il devait, de concert avec lui et avec plusieurs hommes pieux et savants, soumettre l'affaire à un examen rigoureux et approfondi, afin d'éloigner tout soupçon de partialité, de protéger la liberté et la sécurité de la reine, et de décider selon le droit et la justice. Philippe devait avoir la faculté d'abandonner sa première épouse, de conserver celle qu'il affectionnait, si, après un mûr examen, le conseil était de cet avis (*Gesta*, c. 54; L. 2, *Epist.* 197).

Ce fut au milieu de l'été 1200, que les cardinaux se mirent en route. Ils traversèrent la France comme des triomphateurs, rencontrant en chemin une foule de gens qui, dans leur joie, étaient accourus des parties les plus éloignées du royaume pour se rendre sur leur passage. La joie était bruyante et générale. On les vénérait comme des messagers qui rapportaient les biens les plus précieux. Ce n'est que dans une entrevue particulière qu'ils ont à Vézelai avec les prélats, qu'ils leur exposent ce qu'ils attendent d'eux; ils les trouvent disposés à tout. Philippe, s'étant rendu à Compiègne avec le comte de Flandre et le duc de Brabant, apprend l'arrivée des légats dans son royaume. Il se porte aussitôt à leur rencontre, et les reçoit à Sens avec toutes les marques de l'affection et du respect. Il promet, les larmes aux yeux, de se soumettre aux ordres du Saint-Père; tellement que ceux qui connaissaient le roi étaient surpris de sa condescendance. Il donne d'abord satisfaction aux ecclésiastiques qui avaient éprouvé des dommages, accorde ensuite à plusieurs Eglises de nouveaux priviléges, et se réconcilie avec les évêques de Paris et de Soissons. Le légat l'exhorte alors à quitter Agnès. La veille de la Nativité de Marie, les cardinaux, le haut clergé et Philippe se réunissent à Saint-Léger, château habité autrefois par les reines, et où les rois avaient donné maintes fêtes. Ingelburge se trouve aussi à cette réunion; sa santé paraît altérée. Une foule immense attend aux portes le résultat de l'entrevue. Les légats insistent pour que l'affaire soit traitée en public. Leurs représentations paraissent d'abord faire peu d'impression sur le roi, et plusieurs abandonnent déjà l'espoir d'un arrangement à l'amiable. Enfin Philippe consent à faire une visite à la reine, accompagné des légats et d'un autre ecclésiastique. La reine ne l'avait point revu depuis leur séparation; le roi n'avait point non plus entendu parler d'elle, n'ayant point souffert qu'on en fît mention en sa présence. Les traits de son visage trahissent, en entrant chez la reine, le combat intérieur qu'il se livre. « Le Pape me fait violence! » dit-il. « Non, reprit Ingelburge; il veut seulement que la justice triomphe. » Ensuite les cardinaux la font conduire dans l'assemblée publique par trois évêques, avec tous les honneurs dus à son rang, et Philippe, tout en résistant, cède à contre-cœur aux sollicitations du légat, et la reconnaît pour son épouse et pour reine de France. Un chevalier, qui était le confident du roi et qui avait été envoyé deux fois à Rome, en qualité d'ambassadeur, fit ensuite, en son nom, le serment qu'il la traiterait respectueusement comme reine et comme épouse (L. 3, *Epist.* 14).

Alors les cloches retentirent de nouveau; on enleva les voiles qui couvraient les images des saints; les portes du temple s'ouvrirent à la foule joyeuse, qui se précipita dans les églises, afin de contempler les sanctuaires fermés depuis si longtemps, afin d'entendre les cantiques et de se livrer aux pratiques du culte religieux. L'interdit avait duré plus de sept mois, et cette joie du peuple était aussi consolante pour les prélats, que si le jour était revenu après une nuit obscure; que si la parole avait été rendue aux muets ou l'ouïe aux sourds (L. 3, *Epist.* 13 et 14).

Le roi consentit en outre à se séparer d'Agnès. Il ne pouvait l'éloigner du royaume, car elle était près d'accoucher : le lieu où elle se rendit n'était pas assez éloigné de sa propre demeure pour ne point donner matière à des soupçons. Du reste, les prières et la persuasion furent sans effet pour déterminer Philippe à garder la reine auprès de lui et à vivre avec elle comme époux. Il persista dans sa demande de divorce, alléguant constamment le trop proche degré de parenté. Le légat, conformément aux ordres qu'il avait reçus, fixa donc un délai de six mois, de six jours et de six heures pour juger la question à Soissons. Le roi de Danemarck et l'archevêque de Lunden en furent officiellement informés, pour qu'ils pussent envoyer des avocats à la reine; plusieurs ordres monastiques et plusieurs couvents adressèrent des prières à Dieu pour ramener le cœur du roi à de meilleurs sentiments (*Gesta*, c. 54 et 55); Roger Hoveden).

Le légat Octavien fut accusé auprès du Pape, non sans quelque fondement, de trop de complaisance pour le roi, et de trop peu de fermeté pour que la reine en fût traitée d'une manière convenable à son rang. Le Pape, qui était son ami et son parent, lui en fit des reproches, mais en ami, terminant ainsi sa lettre : « Si le roi pense pouvoir nous tromper, qu'il prenne garde de ne pas se tromper lui-même. Nous donnerons, s'il est nécessaire, notre sang pour le triomphe de la justice et du droit, et, avec l'aide de Dieu, nous n'entreprendrons rien dans cette cause par ruse ou par collusion. Evitez donc tout commerce avec ceux qui, craignant d'être dénoncés, n'osent plaider la cause de la reine. Rappelez-vous de nous avoir dit que cette affaire, dirigée avec prudence, était de nature à augmenter la considération du Saint-Siège, tandis que, conduite avec négligence, elle lui attirerait bien des déboires. Quelle honte, si elle avait une issue insignifiante, et qu'on pût dire : *La montagne en travail enfante une souris.* Songez à votre devoir envers Dieu, envers nous, envers l'Eglise; songez à votre propre salut. Que sont, comparativement à tout cela, les hommes, le roi, les particuliers et la faveur des princes? Notre bienveillance pour vous n'est pas diminuée; nous vous avons parlé comme un ami parle à son ami; nous vous prions de donner à la reine des preuves efficaces de votre assistance (L. 3, *Epist.* 16, dans Brequigny; L. 6, *Epist.* 103, dans Langebek). »

Le Pape ayant reconnu que les ordres du Saint-Siège avaient été exécutés incontinent et avec respect, répondit au roi, qui se plaignait qu'on l'avait contraint en cette circonstance : « Il ne s'agit point ici de violence, mais seulement du droit et de la guérison de l'âme. Nous vous engageons amicalement à vous réunir de nouveau à la reine. Où trouvez-vous, en effet, une personne d'une naissance plus élevée, une personne plus pure? Le témoignage public ne la désigne-t-il pas comme une sainte? Nous vous engageons encore à remplir les vœux qui vous ont été exprimés depuis longtemps par le Siège apostolique, car ils sont sérieux. Si vous ne les accomplissez pas, alors vous donnerez à la partie adverse un prétexte de ne point exécuter sur la question de droit (L. 3, *Epist.* 18). »

Ce n'était pas tout : le roi devait encore apprendre, sous d'autres rapports, avec quelle fermeté inébranlable et avec quelle sévérité inflexible le Pape était résolu à poursuivre cette affaire. Le Pape se souvint des prélats qui n'avaient point exécuté l'interdit dès le principe. Le gouvernement de l'Eglise ne pouvait exercer son influence sur la chrétienté, qu'autant que ceux qui le dirigeaient seraient animés d'un même esprit, et travailleraient, dans leur position hiérarchique, dans un seul et même but. Innocent, porté à la sévérité par les devoirs de sa charge, et à la douceur par son caractère, s'était réservé de punir lui-même les évêques récalcitrants. Suspendus de leurs fonctions par le légat, l'archevêque de Reims, six évêques et plusieurs abbés furent obligés de comparaître en personne devant le Saint-Siège. Il n'était permis de se faire représenter, qu'à ceux qui pouvaient alléguer leur grand âge et leurs infirmités. Ils furent forcés à faire serment de se soumettre aux punitions qui leur seraient infligées par le Siège apostolique, à cause de leur désobéissance à l'interdit, ainsi que de se conformer à la suspension qui avait été prononcée. Ils furent déclarés absous de la suspense; mais le Pape, par prudence, ne statua rien sur le reste (*Gesta*, c. 56 et 57).

Le cardinal-évêque d'Ostie avait encore une autre mission : de faire la paix entre les rois de France et d'Angleterre. Mais quand il arriva sur les lieux, la paix était déjà faite. Les deux monarques avaient eu une entrevue. Le roi Jean avait ajouté à la concession de quelques territoires la main de sa nièce Blanche de Castille, qu'il accordait à Louis, héritier du trône de Philippe. Cette princesse devait apporter des fiefs considérables à son époux, la réversibilité de fiefs encore plus considérables, si Jean venait à mourir sans postérité, plus une somme de vingt mille marcs d'argent. Jean consentait en outre à recevoir du roi l'investiture des domaines situés en France, comme l'avait fait son père Henri II. Philippe promit, de son côté, de rendre tout ce dont il s'était emparé depuis la mort de Richard, et de renoncer à la suzeraineté immédiate sur la Bretagne, à condition que le roi d'Angleterre recevrait le serment de vassalité du jeune duc Arthur (Rymer., *Acta*).

Une foule de personnes s'étaient rassemblées à Soissons, au commencement de mars 1201, curieuses de connaître le résultat des débats qui allaient s'ouvrir touchant le mariage de Philippe et d'Ingelburge, et la décision du légat. Le cardinal Octavien, le roi et Ingelburge arrivèrent à la mi-carême. Le roi de Danemarck, Canut, avait également envoyé quelques évêques et d'autres personnages marquants pour plaider la cause de sa sœur. Sans attendre l'arrivée de l'autre légat, le cardinal Jean de St-Paul, on ouvrit le concile vers le 2 mars.

Le roi, environné de plusieurs docteurs en droit, se lève et demande la dissolution de son mariage, pour cause de parenté. Les avocats danois répondent, en faveur de la reine : « Nous fûmes témoins, lorsque vos messagers déclarèrent, en présence d'Ingelburge, que vous ne désiriez rien si ardemment que d'épouser l'illustre fille royale. D'après le consentement du roi de Danemarck, ils jurèrent que vous l'épouseriez et la feriez couronner aussitôt après son arrivée en France. Voici l'acte authentique de votre déclaration. Nous vous accusons donc de parjure et de perfidie, et nous en appelons au Pape de la décision du seigneur Octavien; car nous n'avons pas de confiance dans le cardinal, qui est votre cousin (Roger Hoveden). »

Octavien ayant eu connaissance de cette résolution, pria les envoyés danois d'attendre l'arrivée du cardinal Jean. Ils s'y refusèrent, en disant : Nous en avons appelé, et nous persistons dans cet appel. Ils retournèrent donc dans leur patrie. Jean arriva trois jours après. Ce prélat, qui avait gagné la confiance du Pape par sa droiture, la justifia en refusant les présents offerts par Philippe, et les débats recommencèrent. Les avocats du roi présentèrent les raisons les plus subtiles avec une brillante éloquence; ils espéraient terminer la négociation à la satisfaction de leur maître. Dix évêques et un grand nombre d'abbés parlèrent en faveur d'Ingelburge. On épuisa les preuves de part et d'autre. Déjà on avait consacré plusieurs séances à ces débats, quand un ecclésiastique inconnu sortit de la foule et demanda, avec modestie, la permission de prendre la parole. Cette permission lui ayant été accordée par le roi, il attira sur lui l'admiration générale par une chaleureuse improvisation pleine de science et de clarté, dans laquelle il défendit l'innocence opprimée. On regarda comme envoyé du Ciel celui qui venait de prendre avec tant de courage la défense d'une femme abandonnée et dont les droits étaient regardés d'avance comme devant être sacrifiés sous l'influence de la force (Gesta, c. 55).

Les débats duraient déjà depuis près de quinze jours, et le cardinal Jean était sur le point de rendre une sentence, lorsque Philippe-Auguste, qui en connaissait peut-être la teneur, ou qui était fatigué de ces longs délais, ou qui, plutôt, voulait éviter une décision favorable, fit déclarer un matin, de bonne heure, au grand étonnement des évêques et des cardinaux, qu'il était prêt à reconnaître Ingelburge pour son épouse, et qu'il consentait à ne plus s'en séparer. Déjà il était à cheval devant l'abbaye de Notre-Dame qu'habitait la reine; il la plaça en croupe derrière lui, afin que chacun fut témoin de la réconciliation, et sortit de la ville, sans prendre congé de personne. Le concile se sépara; le cardinal Jean partit, Octavien resta. Philippe avait atteint son but, car il avait prévenu une sentence et fait dissoudre l'assemblée. Mais Ingelburge fut de nouveau enfermée dans un vieux château, et les choses restèrent dans leur état primitif. Agnès de Méranie mourut bientôt après, ainsi que l'enfant qu'elle venait de mettre au monde.

Peu de temps après sa mort, Philippe-Auguste s'adressa au Pape, le priant de reconnaître pour descendants légitimes, Philippe et Marie, deux enfants qu'il avait eus d'Agnès. « Le Siége apostolique, dit-il à Innocent, a souvent fermé les yeux sur le défaut de naissance légitime, quand il s'est agi des dignités ecclésiastiques, qui exigent cependant plus de capacité que les affaires temporelles. Vous devez donc accorder d'autant plus volontiers cette faveur à ceux qui la sollicitent, qu'ils ne peuvent s'adresser qu'à vous, car ils ne reconnaissent pas d'autre supérieur. J'ai aussi un fils unique de ma première femme, et c'est par suite du divorce prononcé par l'archevêque de Reims, que je me suis cru autorisé à contracter un nouveau mariage. » Innocent accorda la demande du roi, et il déclara même dans l'année, au grand regret de plusieurs seigneurs français, les deux enfants légitimes, et le fils capable de succéder au trône. Le Pape eut véritablement égard à l'acte de divorce prononcé par les évêques français, acte sur la foi duquel le roi avait contracté son union avec Agnès, il eut également égard à la succession de Philippe qui reposait sur un seul fils. Il voulait sans doute prouver par là que son zèle portait sur les actions et non sur les personnes, et que la mort réconciliait tout. Il mit cependant pour réserve que cette concession n'aurait aucune influence sur le différend élevé au sujet du mariage (L. 1, *Epist*. 684).

De France, le cardinal-évêque d'Ostie alla rejoindre le cardinal-évêque de Palestrine, pour le seconder dans la pacification de l'Allemagne. Le 8 juin 1201, Othon de Saxe fit en leur présence, le serment suivant : « Moi, Othon, par la grâce de Dieu, roi des Romains et toujours auguste, je promets et jure de protéger fidèlement et de toutes mes forces le pape Innocent, ses successeurs et l'Eglise romaine; de les maintenir dans leurs possessions, fiefs et droits, tels qu'ils ont été concédés par un grand nombre d'empereurs depuis Louis; de ne point les troubler dans la possession de ceux qu'ils ont déjà acquis, et de les aider à reconquérir ce qui ne leur aurait pas encore été rendu. Cependant le Pape donnera, de son côté, des ordres pour que ces domaines fournissent à mes frais, si je suis appelé auprès du Siége apostolique pour recevoir la couronne. Je m'engage, en outre, à coopérer avec l'Eglise romaine à la défense du royaume de Sicile, à témoigner obéissance et respect à mon seigneur le pape Innocent et à ses successeurs, comme le faisaient de tous temps les pieux empereurs catholiques. Je promets de suivre ses avis relativement à la garantie des droits du peuple romain et de la ligue toscane et lombarde, et je me conformerai aux conventions de cette ligue pour ce qui concerne la paix avec le roi de France. Dans le cas où le Saint-Siége se trouverait engagé dans une guerre à cause de moi, je l'appuierai selon les besoins par des secours en argent. Je renouvellerai ce serment de vive voix et par écrit, quand je recevrai la couronne impériale (*Registr*., *Epist*. 77). »

Nous avons déjà vu le manifeste dans lequel Innocent, après avoir examiné la cause des trois compétiteurs, Frédéric de Sicile, Philippe de Souabe et Othon de Saxe, finissait par se déclarer pour ce dernier; mais la pièce et la décision étaient demeurées secrètes jusqu'à l'an 1201, où le cardinal-évêque de Palestrine les rendit publiques à Cologne, proclama publiquement, au nom d'Innocent III, Othon roi des Romains et toujours auguste, menaçant d'excommunication tous ceux qui s'opposeraient à lui. Les princes présents, tous sans doute partisans d'Othon, remercièrent Dieu et le Pape en poussant des cris de joie.

Les évêques et les seigneurs qui tenaient pour Philippe de Souabe et qui étaient en plus grand nombre que ceux de l'autre parti, se plaignirent au Pape de la conduite de son légat. « Les princes ont vu avec peine, disent-ils, l'évêque de Palestrine intervenir, au mépris de tous les droits, dans l'élection de l'empereur romain que ce soit comme électeur ou comme juge de l'élection. Si c'est comme électeur, il a mis de côté le plus grand nombre des princes et les plus distingués par leur dignité. Il ne pouvait être juge, car l'élection d'un empereur lorsqu'elle est contestée, n'est pas soumise à la décision d'un supérieur; elle est du ressort des princes, qui ont à s'arranger suivant leur libre volonté. Voulez-vous nous ériger en juge ? alors nous pourrons tourner nos propres armes contre vous, en récusant la validité juridique d'une sentence prononcée en l'absence d'une des parties. Nous avons donc résolu de vous faire connaître, Très-Saint-Père, que nous avons choisi à l'unanimité notre sérénissime seigneur Philippe comme roi des Romains, toujours auguste; nous promettons qu'il ne s'écartera jamais de l'obéissance envers Dieu et le Saint-Siège, et qu'il sera un courageux défenseur de l'Eglise. Nous espérons donc que, conformément aux devoirs de votre charge, vous ne lui refuserez pas en temps et lieu la faveur de l'onction (*Registr.*, 61). »

Les partisans de Philippe de Souabe envoyèrent une députation à Rome porter ces remontrances au Pape. Le roi de France, de son côté, faisait tous ses efforts pour dissiper les préventions d'Innocent contre le duc de Souabe. En attendant, Innocent loua l'évêque de Palestrine de la manière dont il avait accompli sa mission et dont il avait fait échouer les tentatives du parti opposé. Il l'engageait à persévérer à lier plus étroitement les partisans d'Othon à sa cause et à gagner ses adversaires par sa prudence; mais pour fermer la bouche à ceux qui prétendaient que le Pape voulait porter atteinte à la liberté d'élection, il devait constamment répéter que le Saint-Siége ne désirait rien tant que de voir cette liberté dégagée de toute entrave. En effet, ce n'est pas le Pape qui a choisi, il a seulement accordé la faveur à celui qui avait été élu par la majorité et qui avait été légitimement couronné; car le Saint-Siége est obligé de donner la couronne impériale à celui qui a reçu légitimement la couronne royale. On ne peut lui reprocher de léser les droits de la liberté, puisqu'il a refusé un prince qui a voulu rendre la couronne héréditaire. Ceux qui obéissent aux ordres du Saint-Siège ne doivent pas plus se laisser décourager que les opposants ne doivent espérer de pouvoir entreprendre quelque chose, dans leur impiété, contre les droits de l'Eglise. Presque toute l'Italie, qui fait une partie considérable de l'empire, et bien d'autres princes partagent les convictions des princes d'Allemagne, partisans d'Othon (*Ibid.*, *Epist.* 56).

Le Pape cherchait en même temps à raffermir le caractère irrésolu de ce prince. « Vous devez avoir remarqué, lui écrit-il, les soins que j'ai pris et que je prends encore pour assurer le succès de votre cause. N'ai-je pas prévenu plusieurs de vos désirs et adopté, à votre insu, des mesures qui vous étaient utiles ? J'ai fait tout cela dans l'espérance que vous vous conduirez en prince catholique et que vous emploierez tous vos efforts pour contribuer à l'honneur et à l'élévation de l'Eglise. Mettez en moi, ainsi qu'en Dieu, que je représente sur la terre, toute votre confiance; car jamais vous ne me verrez hésiter en abandonnant vos intérêts. N'écoutez pas ceux qui cherchent à vous persuader que je veux vous retirer ma bienveillance. C'est en vain que le duc de Souabe a recherché, dès le principe, la protection de l'Eglise, persuadé qu'elle eût fait pencher la balance. Soyez donc inébranlable qu'elle. Cherchez à gagner les princes qui vous sont hostiles, à conserver ceux qui vous sont dévoués; ne vous exposez plus, comme vous l'avez fait autrefois, pour acheter la victoire au prix de la vie; ou pour assurer le succès de votre cause. Soyez convaincu que celui qui a commencé cette affaire avec honneur, saura la conduire à bonne fin. Il serait utile d'informer de temps à autre le sénat et le peuple romain, les recteurs de la Lombardie et de la Toscane, les archevêques et les évêques, des progrès de votre cause et du découragement de vos ennemis (*Reg.*, *Epist.* 57).

Innocent écrivit encore des lettres, dans le même but, à une foule d'évêques et de seigneurs. S'il ne parvint point encore à rétablir la paix, au moins réussit-il à ralentir la guerre. En 1201, les négociations suivies dans les assemblées des princes et les tentatives d'un accommodement à l'amiable paraissent avoir rendu moins fréquent que l'année précédente l'emploi des armes. En tout cas, le petit nombre de mouvements militaires qui eurent lieu, furent sans résultat important (Hurter, l. 5).

L'an 1202, les députés des princes qui tenaient pour Philippe de Souabe étant venus à Rome, le Pape leur fit un accueil bienveillant, les admit en audience publique, se fit lire les lettres dont ils étaient porteurs, et prit note des points les plus importants. Il est probable qu'il les discuta plus à fond avec les envoyés, qui, comme il l'assure lui-même positivement (*Registr.*, *Epist.* 92), finirent par accorder que le droit d'examen appartenait à celui qui imposait les mains. Le Pape donna à quelques membres de l'ambassade des marques spéciales de sa bienveillance, par la concession de dispenses ou de priviléges pour leurs Eglises, voulant leur prouver qu'il séparait les hommes des choses.

Tout à l'heure le Pape disait que le duc Othon avait été élu par la majorité, tandis que ses adversaires soutiennent que c'est le duc Philippe qui a pour lui le grand nombre. Ces deux assertions ne sont pas inconciliables. Othon a pu être élu par le plus grand nombre des princes électeurs, Philippe par le plus grand nombre des seigneurs de tout rang; ou bien, Othon par le plus grand nombre des seigneurs d'Allemagne et d'Italie, Philippe par le plus grand nombre de ceux d'Allemagne; ou bien encore, Othon par le plus grand nombre réel, Philippe par le plus grand nombre ostensible; car un des plus puissants, le duc de Zaering, qui tenait extérieurement pour Philippe, son voisin, crainte de lui voir ravager ses terres, écrivait confidentiellement au Pape de ne jamais le reconnaître pour empereur, parce qu'il était d'une race de persécuteurs de l'Eglise (*Ibid.*, *Epist.* 43). Aussi est-ce particulièrement à lui que le Pape adressa la réponse que reçurent tous les partisans de Philippe.

Au grief que, si le légat se présentait comme

électeur, il s'immisçait dans une affaire qui ne le regardait pas; que, s'il était uniquement chargé de vérifier l'élection, il ne devait prononcer aucun jugement en l'absence des parties, le Pape répondit : « Quant à nous, en vertu des devoirs que nous impose la servitude apostolique de rendre à tous la justice, nous ne voulons pas plus que les autres usurpent nos droits, que nous ne voulons nous approprier ceux des princes. Nous reconnaissons donc le droit et le pouvoir d'élire le roi, qui doit être promu plus tard à l'empire; nous le reconnaissons donc, comme nous le devons, à ceux des princes qui sont connus pour l'avoir par le droit et l'ancienne coutume; d'autant plus que ce droit et ce pouvoir leur sont venus du Siége apostolique, qui a transféré l'empire romain, des Grecs aux Germains, dans la personne de Charlemagne. Mais aussi les princes doivent reconnaître et reconnaissent en effet, que nous avons le droit et le pouvoir d'examiner quelle est la personne élue roi et qui doit être promue à l'empire, puisque c'est nous qui la sacrons et la couronnons; car c'est une règle générale, que l'examen de la personne appartient à celui qui lui impose les mains. Supposons que les princes n'eussent point été divisés, mais qu'ils eussent été unanimes pour élire un spoliateur des biens de l'Eglise, un excommunié, un tyran, un insensé, un hérétique, un païen, pourrait-on nous contraindre à sacrer et à couronner un tel roi? Certainement non.

» Pour donc répondre à l'objection des princes, nous soutenons que notre légat n'a exercé ni les droits d'électeur, car il n'a élu ni fait élire personne; ni les fonctions de juge, car il n'a ni confirmé ni infirmé aucun choix; mais il a rempli les devoirs d'un rapporteur, annonçant que le duc était indigne de la couronne impériale, que le roi était apte à la recevoir, non en considération des électeurs, mais à cause du mérite de l'élu. D'ailleurs, plusieurs de ceux qui ont le droit d'élire se sont accordés sur le roi Othon, tandis que les partisans de Philippe l'ont élu en l'absence et au mépris des autres, ce qui est contre la règle; car c'est une maxime certaine que le mépris d'un électeur nuit plus à l'élection que la contradiction de plusieurs. Ceux-ci ayant donc mérité de perdre un privilége dont ils ont abusé, les autres ont pu, nonobstant cette injure, user de leur droit. D'un autre côté, le duc n'a été couronné ni au lieu ni par la personne qui devait le faire, et le roi l'a été à Aix-la-Chapelle, et par notre vénérable frère, l'archevêque de Cologne. Or, qu'en cas de partage entre les princes, nous puissions favoriser l'une des parties, surtout quand l'une et l'autre, comme à présent, nous demandent la consécration et le couronnement, nous le montrons par le droit et par l'exemple. Car si les princes, après avoir été avertis et attendus, ne peuvent ou ne veulent point s'accorder, le Siége apostolique restera-t-il sans avocat et sans défenseur, et sera-t-il puni de la faute des princes? Or, vous savez qu'un partage étant arrivé dans l'élection de Lothaire et de Conrad, le Pontife romain couronna Lothaire, qui demeura empereur, et Conrad se réconcilia avec lui. »

Le Pape rappelle ensuite les raisons qui s'opposaient à l'élection de Philippe; voici la dernière, qui n'est point la moins grave : « Si, ce qu'à Dieu ne plaise, le duc de Souabe obtenait l'empire, la liberté électorale des princes serait anéantie, et on enlèverait aux autres l'espoir de parvenir jamais à l'empire; car, comme précédemment Frédéric a succédé à Conrad et Henri à Frédéric, si maintenant encore un nouveau Frédéric allait succéder à Philippe ou Philippe à Henri, l'empire serait censé se transmettre, non plus par élection, mais par succession. D'ailleurs, comme beaucoup d'autres princes sont aussi illustres et aussi puissants que lui, on leur porterait préjudice, si l'on venait à s'imaginer qu'on ne peut prendre un empereur dans une autre maison que dans celle de Souabe. Pour nous, rien ne pourra nous faire dévier de notre résolution; nous y persistons, et, comme vous nous avez souvent donné à entendre, par des lettres, que nous ne devons pas nous montrer favorable au duc, nous vous exhortons à ne point vous laisser arrêter par le serment que vous lui avez prêté, et à embrasser publiquement et énergiquement la cause d'Othon; en retour de quoi nous vous accordons notre bienveillance (*Regist.*, *Epist.* 62). »

La réponse adressée au roi de France, qui d'abord ne s'était point montré défavorable à Othon, mais qui dans la suite avait fait connaître au Pape, par le marquis de Montferrat, son penchant pour Philippe, contenait l'expression de la bienveillance la plus inviolable pour lui et pour son royaume; elle portait que « le roi et son royaume devaient être sans crainte sur l'élévation d'Othon à l'empire; car le Siége apostolique était pénétré de l'affection la plus vive pour la France et pour son souverain; il regardait l'exaltation de la France comme son exaltation, la dépression de la France comme sa dépression propre. L'excommunication, le parjure, la persécution contre l'Eglise sont les motifs qui font refuser la couronne impériale à Philippe; car celui-ci se regardait comme déshonoré s'il ne surpassait ses aïeux en méchanceté, et s'il n'en comblait la mesure. En effet, non satisfait de tout ce que son père et son frère avaient enlevé à l'héritage de saint Pierre, il voulait étendre sa puissance jusqu'aux portes de Rome et au delà du Tibre. Or, quelle protection l'Eglise pourra-t-elle attendre d'un homme qui en est le spoliateur? Le Pape a donc dû être favorable à Othon, puisque, après une élection douteuse, il ne lui a pas été possible de faire un troisième choix, et que d'ailleurs il vaut toujours mieux appliquer les remèdes à temps, que de les chercher au moment où la blessure est devenue trop profonde. Du reste, le roi de France doit se rappeler que le Siége apostolique a exigé d'Othon, par écrit et par serment, l'assurance de s'en rapporter constamment à ses conseils, pour ce qui concerne le royaume de France. Maintenant que le roi est allié à Othon par son fils Louis, héritier du trône, et par plusieurs autres princes, ses parents, il doit être convaincu que la promotion d'Othon lui sera plutôt avantageuse que préjudiciable. D'ailleurs, nous aimons tellement la liberté du royaume de France, que nous défendrions son indépendance et sa dignité de toutes nos forces, non-seulement contre lui, mais contre tout homme qui voudrait y donner atteinte. Le roi de France doit considérer, en outre, que si Philippe de Souabe réussissait à s'adjuger le trône impérial et à enlever à son neveu le royaume de Sicile, il réunirait par là les forces militaires de l'empire aux trésors siciliens, et penserait à subjuguer le royaume de France, comme l'avait projeté, après la conquête de la Sicile, son frère l'empereur Henri, qui se vantait qu'il vous forcerait bien à lui jurer fidélité. Il ne doit pas non plus oublier que Philippe, à son retour des pays d'outre-mer, lui a dressé des embûches en Lombardie; que, sauvé par la divine Providence en cette conjoncture, il serait imprudent de se jeter dans le même péril, et de tenter vainement d'adoucir le tigre. Il lui donne du reste à comprendre que sa résolution est ferme et immuable. Son Altesse Royale doit aussi songer quelle valeur et quelle stabilité peut obtenir tout ce qui est en opposition avec le Siège apostolique. De même que le roi de France serait fâché de voir le Pape appuyer contre la France un autre souverain, et spécialement l'empereur, de même le Pape serait affligé de voir le roi de France protéger un ennemi de l'Eglise romaine dans ses prétentions à la couronne impériale. Le roi de France ne doit jamais abandonner l'Eglise romaine, pas plus que l'Eglise romaine n'abandonne le royaume de France (*Registr.*, *Epist.* 64). »

Dans ces lettres, Innocent III signale le grand péril de l'Eglise et de l'Europe.

L'empereur allemand est le seul souverain, le seul propriétaire légitime de tout le monde. Il est la loi vivante, de laquelle dérivent tous les droits subalternes des princes et des particuliers. Tout ce qui est contraire à ces principes, est injuste et doit être réformé de gré ou de force. Telle était la religion politique des empereurs de la maison de Souabe: plan applicable aux princes et aux peuples, comme à l'Eglise. Si ce plan n'eût pas rencontré une opposition insurmontable, les rois d'Espagne, d'Angleterre, de France, de Danemarck, de Suède, de Norwége, de Hongrie et d'ailleurs n'étaient plus que les très-humbles vassaux de l'empire allemand, et cet empire, devenu héréditaire, ces rois de l'Europe, ainsi que les princes libres d'Allemagne, n'étaient plus que les premiers bourgeois, les premiers sujets, les premiers serviteurs, pour ne pas dire les premiers esclaves de l'unique souverain de l'Europe et du monde. Qui donc a prévu et prévenu cet immense danger? Ce ne sont pas les rois. Ils étaient le plus souvent trop occupés à se brouiller, ou avec leurs femmes, ou avec leurs voisins, pour prendre garde au péril qui les menaçait tous. Le Pontife romain y veillait pour eux et pour leurs peuples. Oui, l'histoire ne peut assez le redire, c'est au Pontife romain que les rois et les royaumes d'Angleterre, d'Espagne, de France, de Danemarck, de Suède, doivent leur liberté et leur indépendance; c'est au Pontife romain que, particulièrement, cette multitude de princes d'Allemagne, y compris les rois de Bavière, de Wurtemberg, de Hollande, de Prusse et l'empereur d'Autriche, doivent d'être encore des princes souverains ou libres, et de pouvoir envoyer leurs enfants trôner dans les différents royaumes de la chrétienté. Si les Pontifes romains avaient permis que l'empire d'Allemagne devînt héréditaire, au lieu de demeurer électif, il n'y aurait dans toute l'Allemagne qu'une famille souveraine, non plus que dans toute la Russie. Les rois et les peuples ne le comprennent ou n'y pensent pas plus que les historiens. Quant aux intérêts généraux de l'humanité chrétienne, base première du bonheur des peuples et des rois, et les rois et les peuples ont toujours été et sont toujours mineurs et enfants, il faut toujours que le père de la grande famille, le père de la chrétienté, ait de l'intelligence et de la prévoyance pour tout le monde, sauf à ne recueillir, pendant des siècles, que l'oubli, l'ingratitude, la calomnie. Telle est en effet l'histoire, même parmi les catholiques, je dirais presque, surtout chez les catholiques; car il faut que des protestants viennent nous ouvrir les yeux sur nos préventions envers l'Eglise, notre mère. Le protestantisme était peut-être nécessaire pour cela : nous n'en aurions pas cru des amis !

« Quant à Innocent III, dit son historien protestant, la contradiction qu'il rencontrait ne servait qu'à le rendre plus persévérant et plus inébranlable dans ses résolutions. Plus les difficultés se multipliaient, plus il mettait d'activité à menacer, à avertir, à encourager et à unir ses forces. De tout temps les grands hommes ont tenté la lutte contre les événements extraordinaires, quand d'autres leur ont cédé. Sans cette résistance, le christianisme fût resté une secte juive ou un simple ordre religieux, propagé dans l'obscurité et dans un coin de la terre, et l'humanité n'eût jamais admiré la plus grande merveille de son histoire, le grain de sénevé devenu un arbre immense, à l'ombre de qui viennent demeurer les oiseaux du ciel (Hurter, I. 6). »

De l'an 1201 à 1208, les hostilités continuèrent en Allemagne entre les deux partis, mais aussi des négociations pour la paix. En 1203, Othon eut quelques avantages militaires sur son rival; mais l'année suivante il se vit abandonné par son propre frère Henri et par l'archevêque Adolphe de Cologne, le principal promoteur de son élection. Tous deux ils passèrent du côté de Philippe, qui se fit couronner une seconde fois à Aix-la-Chapelle, en 1205. Le parti d'Othon allait s'affaiblissant, et celui de son rival se fortifiait. La plupart des princes se tournaient du côté de la fortune. Othon n'avait qu'un ami bien fidèle : le pape Innocent III. Le Pontife ne cessait d'écrire et d'agir en sa faveur : l'archevêque Adolphe de Cologne, qui l'avait trahi et abandonné, fut excommunié et déposé, et remplacé par un autre. Au milieu de toutes ces divisions, Innocent recevait avec bienveillance les ambassades des deux partis, et négociait la paix et la concorde. Ses efforts furent enfin couronnés d'un heureux succès l'an 1208. L'année précédente, il avait ménagé une trêve pour amener la paix. Ses négociateurs étaient le cardinal Hugolin, évêque d'Ostie, et Léon, cardinal du titre de Sainte-Croix. Philippe les reçut à Spire, les traita à ses frais, et convoqua, d'après leur conseil, une diète à Nordhausen. Il se chargea également de fournir aux dépenses de leur voyage. Le bruit courut que des présents en habits précieux, en or et en argent, avaient rendu les légats plus souples; que, pour ce motif, ils auraient passé légèrement sur la mise en liberté du nouvel archevêque de Cologne, Bruno, condition expresse que le Pape avait mise à la levée de l'excommunication. Ils firent savoir à Othon que son rival était réconcilié avec l'Eglise, et qu'il pouvait traiter avec lui; mais Othon, leur présentant les lettres du Pape, qui exigeaient la délivrance de Bruno, leur demanda s'ils avaient suivi ces instructions. Les cardinaux, effrayés par les menaces d'Othon, s'accusèrent près de Philippe d'avoir commis une erreur, et déclarèrent nulle la levée de l'excommunication, au cas où il ne mettrait pas l'archevêque en liberté. Les circonstances étaient pressantes, Philippe céda, et les légats le reçurent de nouveau dans la communion de l'Eglise, en lui donnant l'absolution. Il fit ensuite serment aux légats d'obéir au Pape sur tous les points qui lui avaient attiré l'excommunication. Innocent, informé du succès des démarches de ses ambassadeurs, envoya le prieur des Camaldules au duc, pour le féliciter de ce retour et pour l'assurer de sa bienveillance. Un envoyé extraordinaire, lui mande-t-il, vous fera connaître verbalement nos intentions ultérieures. Mettez donc tout votre zèle à rétablir la tranquillité dans l'empire (*Registr.*, *Epist.* 153, 143; Hurter, l. 11).

Après cette réconciliation, les légats travaillèrent à ramener la paix entre les deux rivaux, car tel était l'objet principal de leur mission. Innocent leur avait donné des instructions positives à cet égard. A cet effet, l'ouverture de la diète eut lieu à Nordhausen. Othon se trouvait dans un château à peu de distance, et les légats, le patriarche d'Aquilée et quelques princes s'y rendirent plusieurs fois pour effectuer le rapprochement; mais leurs démarches n'eurent, pour le moment, aucun succès.

On convint qu'une nouvelle conférence aurait lieu à Quedlinbourg pour le 15 septembre de la même année 1207. Othon paraît y avoir assisté; mais, outre les légats et les deux prétendants, peu de princes s'y étaient rendus. Les légats firent une proposition tendant à ce qu'Othon épousât Béatrix, fille aînée de Philippe, malgré sa parenté au quatrième degré. Cette princesse recevait en dot le duché d'Allemagne et d'autres propriétés; Othon renoncerait au titre de roi et reconnaîtrait son beau-père pour souverain. — Othon s'indigna de voir qu'on mettait la couronne à prix. « S'il en est ainsi, disait-il, je suis prêt à donner à Philippe plus que la couronne, car je n'y renoncerai qu'avec la vie (*Otto de S. Blas.*, c. 48). » Avec de telles dispositions, un arrangement devenait impossible; les légats réussirent pourtant à faire conclure une trêve jusqu'à la Saint-Jean de l'année suivante 1208. Philippe promit de licencier son armée, mais il exprima le désir que ses ambassadeurs accompagnassent les cardinaux à Rome (*Registr.*, *Epist.* 152).

Les cardinaux parurent pour la dernière fois, vers la Saint-André, à la diète d'Augsbourg. Il y fut question de paix et d'accommodement, et il paraît qu'un rapprochement eut lieu sur quelques points, mais l'arrangement définitif devait se faire à Rome. Philippe ayant fait des concessions, les cardinaux accueillirent sa prière en faveur d'Adolphe, archevêque déposé de Cologne, qui était, de plus, sous le poids de l'excommunication; mais ils y mirent pour condition que ce prélat se rendrait à Rome pour y implorer sa grâce. Les affaires terminées, les légats passèrent les Alpes, accompagnés de Bruno, nouvel archevêque de Cologne, du patriarche d'Aquilée et d'autres personnages marquants, qui étaient chargés d'achever, au nom de Philippe, l'œuvre de la paix, et de terminer en présence du Pape les négociations relatives à la possession de la couronne impériale (Godofr. Monach.).

La députation envoyée à Rome par le duc de Souabe arriva dans cette ville avec les cardinaux qui revenaient d'Allemagne. Elle était chargée de terminer la convention déjà entamée sur la dignité impériale, et de négocier au sujet du sacre de Philippe et de la réintégration de l'archevêque de Cologne. Ce dernier se rendit lui-même comme suppliant auprès du Siége apostolique, et le Pape, toujours bienveillant et miséricordieux en présence du repentir, lui donna le baiser de paix, sans revenir cependant sur les ordres donnés relativement à Bruno, qui fut confirmé archevêque de Cologne à sa place. Le Pape confirma de même Sigefroi archevêque de Mayence. Au même temps, les négociations entamées avec Philippe pour la paix et un accommodement suivaient leurs cours. Le Pape, voyant l'état de bouleversement dans lequel se trouvait l'empire, et les suites funestes qu'aurait la prolongation d'un pareil état de choses pour l'Eglise, considérant la faiblesse d'Othon et les devoirs qui lui étaient imposés comme chef de l'Eglise universelle, sacrifia enfin, après en avoir délibéré avec ses conseillers intimes, l'aversion qu'il éprouvait pour la maison de Souabe, à la paix du pays, au repos de la chrétienté, et peut-être à de plus vastes projets contre les ennemis de la foi, approuva les conventions conclues entre les légats et Philippe, et les renvoya en Allemagne pour terminer cette affaire (L. 11, *Epist.* 99; Lunig., *Spicil. eccl.*, l. 3, etc.; Hurter, l. 12).

Othon et Philippe exerçaient encore tous deux des droits souverains; mais presque tous les princes qui avaient d'abord embrassé le parti d'Othon étaient passés du côté de Philippe, avec la conviction que le pouvoir resterait à ce dernier. D'Aix-la-Chapelle, où il tint pendant huit jours, à la Pentecôte, une cour brillante, Philippe ordonna la levée d'une armée nombreuse pour l'époque de la Saint-Jean, jour auquel la trêve expirait, afin de marcher contre Brunswick, où se trouvait son rival. Othon fit de son côté des préparatifs, et munit ses villes et ses châteaux de vivres et de munitions.

Tout souriait à Philippe. Il habitait Bamberg depuis le commencement de juin 1208. Cette ville était désignée comme lieu de rassemblement à ses troupes. Le 21 du mois il avait célébré avec une grande pompe les fiançailles d'une de ses nièces avec le duc de Méranie. Il avait promis une de ses propres filles à un de ses plus braves guerriers, Othon de Wittelsbach, comte palatin de Bavière. Mais le voyant un homme farouche et immoral, il se repentit de sa promesse, et lui refusa sa fille sous prétexte de parenté. Othon se voyant repoussé, reporta ses vœux sur la fille du duc de Pologne, et pria Philippe d'assurer, en considération de ses services, le succès de sa demande, en apposant son sceau au bas de la lettre dans laquelle il demandait la jeune fille en mariage. Philippe le lui ayant promis, Othon de Wittelsbach lui remit sa lettre. Philippe en fit secrètement changer la teneur, et y ordonna la mort de celui qui la porterait à son adresse. Othon ayant découvert le secret, entra chez Philippe, prit l'épée d'un page, et l'inclina par manière de salut. « Dépose ton épée, lui dit Philippe en l'apercevant; tu n'en as pas besoin ici. — Elle m'est nécessaire pour me venger de ta perfidie, » répondit Othon en lui portant un coup si terrible qu'il en mourut quelques moments après. Ainsi finit ce prince, à l'âge de trente-quatre ans, quand, après dix ans de dissension, les princes et les seigneurs s'étaient soumis à lui ; quand il était réconcilié avec le Pape, et qu'il avait l'espérance fondée de trouver le terme d'une lutte si longue et si orageuse dans la tranquille possession de la couronne.

Aussitôt après la mort de Philippe, Othon de Saxe s'adressa au Pape, le priant de mettre la dernière main à son œuvre, et d'employer près des princes toute son influence ; mais Innocent l'avait prévenu. Dès que ses légats lui eurent annoncé la mort de Philippe, il prit des mesures convenables à l'accomplissement de ses vœux et de ceux d'Othon. Dans une lettre qu'il écrivit à ce prince, il l'assura de sa bienveillance inaltérable, bienveillance dont il lui avait donné des preuves lorsqu'il était abandonné de tous ses partisans, et lui annonça qu'il allait agir pour son élévation auprès des princes.

« Mais, mon cher fils, était-il dit dans cette lettre, soyez affable et bon envers tout le monde ; recevez chacun avec honneur et grâce ; évitez les propos désobligeants et les actions qui pourraient offenser ; accordez avec facilité, et ne soyez pas avare de promesses. Dans les deux cas, tenez scrupuleusement votre parole ; car si vous donnez, vous ne donnez pas un pour mille, et cependant vous recevez mille pour un. Accordez des garanties suffisantes aux princes temporels et spirituels ; rassurez-les contre toute crainte ; que tous vos actes soient empreints d'une dignité et d'une sagesse royales ; veillez sur votre personne ; ne soyez pas inactif, afin d'avoir l'œil à tout (*Registr.*, *Epist.* 153). »

Le Pape représenta à tous les archevêques d'Allemagne qu'il était du devoir du chef de l'Eglise d'empêcher une nouvelle scission. Il les engagea donc à rétablir la paix et à s'opposer à l'élection d'un nouveau roi, dans la crainte que le dernier scandale devînt pire que le premier. Il leur interdit, sous peine d'excommunication, de conférer la couronne et l'onction à un autre prince, et menaça de la perte de leur dignité ceux qui contreviendraient à cet ordre. Il adressa la même recommandation à tous les princes spirituels et temporels de l'empire (*Ibid.*, *Epist.* 154-158).

En attendant la diète générale, les grands de la Saxe, de la Thuringe et de plusieurs contrées de l'Allemagne orientale, se réunirent dans une diète particulière, où l'archevêque de Magdebourg, prenant la parole, déclara, au nom du Père, et du Fils, et du Saint-Esprit, Othon roi des Germains et toujours auguste. Son suffrage fut suivi de tous les autres.

Le jour de la Saint-Martin 1208, la ville impériale de Francfort reçut enfin dans ses murs une assemblée nombreuse et distinguée, composée de cinquante princes, d'une foule de grands seigneurs et de nobles. Depuis bien des années, les habitants de cette ville n'avaient vu une réunion aussi brillante. Un grand nombre de princes, et surtout les ecclésiastiques, redoutant une nouvelle scission et de nouveaux malheurs pour leurs églises, ne savaient encore sur qui fixer leur choix. Ils prièrent donc le Pape de leur désigner celui qu'il verrait avec le plus de plaisir appelé au trône. Innocent leur fit connaître qu'il regardait l'élévation d'Othon comme la plus avantageuse (*Registr.*, *Epist.* 167 et 168). Tous, d'un commun accord, proclamèrent roi Othon, quatrième du nom. C'était la troisième fois qu'il avait été élu. L'évêque de Spire, qui était chancelier de l'empire, lui ayant fait promettre de le maintenir dans sa charge, lui remit la couronne et la lance impériales, qu'il avait conservées jusqu'alors au château de Trifels. Il lui remit ensuite, comme dot de Béatrix, fille de Philippe, l'héritage laissé par ce dernier, et qui se composait d'un grand nombre de domaines, de trésors, et de trois cent cinquante châteaux.

La jeune princesse, âgée de douze ans, et conduite par l'évêque de Spire, se présenta alors à l'assemblée. Elle se plaignit si amèrement aux princes de l'empire, en versant d'abondantes larmes, de l'attentat commis par le comte palatin, qui avait assassiné son père dans son propre palais, et l'avait ainsi laissée orpheline, que tous les assistants pleurèrent avec elle. « Si un pareil crime demeure impuni, dit-elle, tout souverain devra constamment trembler pour ses jours. » Les princes, se joignant à la jeune princesse, invitèrent Othon à faire droit à ses plaintes. Aussi l'assemblée rendit-elle, d'après les lois bavaroises, une sentence qui mit au ban de l'empire le meurtrier et tous ses complices. On les déclara déchus de leurs fiefs et dignités, qui passèrent en d'autres mains ; leurs propriétés patrimoniales seules devaient être remises à leurs héritiers. La décision de la diète fut exécutée et tous les meurtriers mis à mort.

On régla ensuite les affaires de l'empire. Le roi d'abord, puis chaque prince, jurèrent de maintenir la paix tant sur terre que sur mer, d'abolir toute taxe illégalement introduite, et d'observer les lois et les institutions qui régissaient l'empire au temps de Charlemagne. On assura la tranquillité de l'empire et la sécurité du commerce, et on arrêta que les nobles, tout aussi bien que les roturiers, seraient désormais punis pour les brigandages auxquels ils se livreraient sur les routes. Pour les attentats contre les personnes, il fut décidé que, le couteau étant une arme dont se servent les traîtres, celui qui en blesserait une personne aurait la tête tranchée ; que celui qui occasionnerait une blessure avec l'épée, aurait la main coupée. Enfin Othon s'engagea à protéger le Saint-Siège.

Pour prévenir des tentatives semblables à celles de la maison des Hohenstauffen, qui avait voulu rendre la dignité impériale héréditaire, il fut statué que la naissance ne conférait pas des droits à la couronne ; que les archevêques de Mayence, de Trèves et de Cologne, et le comte palatin du Rhin, le duc de Saxe et le margrave de Brandebourg, ces derniers en qualité de princes temporels, choisiraient l'empereur, et que dans le cas où ils ne tomberaient pas d'accord, ils auraient la faculté de s'adjoindre le roi de Bohême. Enfin Othon, se conformant au conseil du Pape et de l'archevêque de Magdebourg, accorda des amnisties et des faveurs, ainsi qu'il l'avait autrefois promis au chef de l'Eglise (Hurter, l. 12 ; *Otto de S. Blas.* ; *Godofr. Monach.* ; *Chron. Ursp.*, etc.).

§ III.

Sollicitude particulière d'Innocent III sur l'Orient.

Innocent III, en cherchant à pacifier entre elles et avec elles-mêmes les jeunes nations de l'Occident, pour unir et fortifier de plus en plus l'humanité chrétienne, s'efforçait en même temps de retenir ou de ramener dans cette humanité, une nation vieillie, dégénérée, les Grecs : chrétiens équivoques, que l'histoire, à la fin du XIIe siècle et au commencement du XIIIe, ne sait s'il faut placer dedans ou hors de l'Église catholique. Ce qui n'est pas douteux, c'est leur dégénération irrémédiable et au temporel et au spirituel.

L'an 1185, Isaac l'Ange était monté sur le trône sanglant de Constantinople, après avoir fait pendre au milieu du Cirque, pour le plaisir du peuple, son prédécesseur Andronic. Le luxe de la table, des habits, des équipages, les parfums, les concerts, les adorations des courtisans faisaient tous les délices d'Isaac. Il aimait les bouffons; les portes du palais leur étaient toujours ouvertes, et, avec eux, entraient l'impiété et la débauche. Prodigue en dépenses frivoles, il faisait gloire de combler la mer en certains endroits et d'y créer de nouvelles îles. Il détruisait les maisons des particuliers, les palais, les églises, pour en faire construire d'autres palais, d'autres églises, où il faisait transporter les marbres, les statues, les tableaux qui ornaient les autres édifices. Il enlevait sans scrupule les vases sacrés, pour les employer à des usages profanes. Il altéra les monnaies, augmenta les impôts, vendit les magistratures, et mit les magistrats, par la soustraction de leurs gages, dans la nécessité de vivre aux dépens des peuples. Toujours en contradiction avec lui-même, impie et dévot, dur et compatissant, ravisseur et charitable, il n'avait point de caractère. Affectant la plus tendre dévotion envers la Mère de Dieu, il ornait ses images des dépouilles des autres saints. Multipliant par ses exactions le nombre des pauvres, il bâtissait des hôpitaux. Libertin le reste de l'année, mais chrétien dans la semaine sainte, il distribuait alors des aumônes aux veuves, il dotait de pauvres filles. Quelquefois, par un retour d'humanité, il remettait à des villes entières les taxes dont il les avait écrasées. Bienfaisant aux dépens de ses peuples, il se croyait généreux lorsqu'il répandait d'une main ce qu'il ravissait de l'autre. Il s'irritait, il s'apaisait sans raison. En un mot, il était assez inégal dans sa conduite pour ne voir en lui-même que des vertus, et ne laisser voir à ses sujets que des vices (*Hist. du Bas-Empire*, l. 92, n. 2).

Une de ses lubies, fut de prendre pour premier ministre un enfant qui sortait du collége, et de l'écouter comme son maître. On le comparait à ce petit poisson qui conduit, dit-on, le crocodile. Il acquit auprès d'Isaac encore plus d'autorité qu'aucun de ses prédécesseurs. Adroit à cacher son ignorance sous un air de réflexion profonde, il disposait souverainement des affaires de la guerre, qu'il n'avait jamais vue, du choix des généraux, de la marche des armées, des entreprises, de l'ordre et de la discipline des troupes. Il suppléait aux connaissances qui lui manquaient par des plaisanteries et des bons mots, dont il amusait le prince aussi ignorant que lui. Il s'était tellement rendu maître de toutes les entrées, que personne n'approchait de l'empereur sans son agrément, et il ne le donnait qu'à ses créatures. Cet écolier se soutint dans le ministère par sa fidélité à remettre à l'empereur tout ce qu'il avait l'industrie d'attirer à lui; car Isaac, né pour être le subalterne de quelque ministre, plutôt que pour éclairer la conduite des ministres mêmes, était avide des plus minces présents; il avait les mains toujours ouvertes pour recevoir, non-seulement l'or, l'argent, les bijoux précieux, mais jusqu'au gibier et aux fruits (*Hist. du Bas-Empire*, l. 92, n. 3).

Nous avons vu sa mauvaise foi à l'égard de l'empereur Frédéric dans la troisième croisade. Il y eut sous son règne un grand nombre de conspirations, entre autres celle de Branas, qui se déclara empereur, mais qui fut tué, l'an 1187, par Conrad de Montferrat. L'an 1192, l'empereur Isaac fut battu par les Valaques et les Bulgares; il revint néanmoins en triomphe à Constantinople, où son arrivée avait été précédée de celle d'un grand nombre de fuyards, qui racontaient les détails de sa défaite; mais sa vanité n'y voulut rien perdre. En partant de la ville, il s'était vanté qu'il y rentrerait rayonnant de gloire : pour couvrir la honte de son retour, il disait que Dieu avait voulu punir la rébellion de Branas, et que tous ceux qui avaient perdu la vie avaient été complices de sa révolte. Abusé par les prétendus devins qui se jouaient de sa crédulité, il s'était persuadé que la Providence avait abrégé le règne d'Andronic, en punition de ses crimes, et qu'elle avait ajouté à son règne les années destinées à ce prince; qu'il devrait régner trente-deux ans, délivrer la Palestine, établir son trône sur le Mont-Liban, repousser les Musulmans au delà de l'Euphrate, anéantir même leur empire, et qu'il aurait sous ses ordres un peuple de satrapes, gouverneurs d'autant de royaumes, et plus puissants que les plus puissants monarques. Enivré de ces chimères, il ne sentait pas les maux présents; et, battu par les ennemis, méprisé de ses sujets, il triomphait d'avance des grands succès qu'il se figurait dans les ombres de l'avenir (*Hist. du Bas-Empire*, l. 92, n. 48; Nicétas, l. 3, c. 3). L'année 1192, il marcha de nouveau contre les Valaques et les Bulgares, lorsqu'il fut détrôné par son frère Alexis, auquel il avait toute confiance, et qui lui fit crever les yeux.

Alexis se montra tel empereur que tel frère. Rougissant de son nom de famille, il ne s'appela plus Alexis l'Ange, mais Alexis Comnène. On s'attendait que, pour justifier son usurpation, il allait relever l'honneur de l'empire et réparer les pertes que l'incapacité de son frère avait causées. Mais au lieu de songer à repousser les Barbares, qui insultaient en liberté les villes et ravageaient les campagnes de Thrace, dès qu'il se vit revêtu de la pourpre, il s'endormit dans l'indolence. Profitant de sa lâcheté, l'empereur d'Allemagne, Henri VI, l'obligea à lui payer tribut. Un pirate génois infestait les mers et les côtes de la Grèce, parce que le grand amiral d'Alexis ne voulait plus lui permettre d'aller vendre ses prises à Constantinople, à moins de partager le butin avec lui. Pour s'en défaire, Alexis ne trouva qu'un moyen de pirate. Il lui envoya proposer la paix, et, au moment qu'elle allait être conclue, le fit surpendre et mettre à mort. C'était l'année 1198. Deux ans plus tard, il usa d'un moyen semblable pour saisir le chef d'une insurrection. Enfin Alexis exerça lui-même la piraterie.

Il y avait un grand commerce entre Constantinople et les villes maritimes du Pont-Euxin, surtout avec la ville d'Amise, alors très-florissante, où tous les marchands d'Asie, tant grecs que turcs, avaient de riches comptoirs. Alexis donna six galères à Constantin Francopoule, et l'envoya sur le Pont-Euxin, sous prétexte de rechercher les marchandises d'un vaisseau grec qui, venant de la rivière du Phase, avait fait naufrage près de Cérasonte; mais ses ordres secrets étaient de courir sus aux vaisseaux marchands qui allaient au port d'Amise ou qui en revenaient, et de les piller. Constantin s'acquitta parfaitement de sa commission. Il n'épargna aucun des bâtiments. Il massacrait ou précipitait dans la mer ceux qui voulaient défendre leur bien; il jetait les autres tout nus sur le rivage. Après deux mois de croisière, Constantin revint à Constantinople avec un riche butin, que l'empereur fit vendre au profit du fisc.

Ce fut en vain que les navigateurs dépouillés vinrent porter leurs plaintes à l'empereur; on ne les écouta pas. Les marchands d'Icône s'adressèrent au sultan Rokn-Eddin, qui députa vers l'empereur pour demander la restitution de leurs effets. L'empereur se justifia par un mensonge, en désavouant Constantin, sujet rebelle, disait-il, et déserteur de l'empire. Cependant, comme il s'agissait de paix avec Rokn-Eddin, il consentit à lui payer, outre la pension annuelle, une somme d'argent pour dédommager les négociants d'Icône. Peu de temps après, Rokn-Eddin intercepta des lettres de l'empereur adressées à un Bathénien, un des assassins du Vieux de la montagne. Alexis promettait de grandes récompenses à ce malheureux, s'il tuait le sultan. Le Bathénien fut pris, et la paix rompue. Les Turcs se vengèrent de cet infâme procédé sur plusieurs villes qu'ils pillèrent (*Hist. du Bas-Empire*, l. 93).

Tel était l'empereur Alexis III né l'Ange mais se disant Comnène. Et le clergé grec ressemblait à l'empereur grec, son chef réel ou à peu près; car l'empereur grec de Constantinople traitait dès lors le patriarche grec de Constantinople, comme le traite encore de nos jours le sultan des Turcs, ou comme les évêques schismatiques de Russie sont traités par le sultan des Russes, lequel, dans ce moment-ci même (1843), fait présider et diriger le concile permanent de ses serviles prélats par un colonel d'artillerie.

L'année 1183, l'empereur Andronic, meurtrier d'Alexis II, nomma patriarche de Constantinople, Basile Camatère, sur la promesse qu'il fit à Andronic de se conformer en tout à ses volontés. Trois ans après, Isaac, successeur et meurtrier d'Andronic, fit déposer le patriarche Basile, sous prétexte qu'il avait sécularisé des filles et des veuves de distinction, qu'Andronic avait contraintes de prendre le voile contre leur gré. La vraie raison était la défiance qu'il avait de ce patriarche, dont il redoutait le crédit. Nicétas Muntanès, sacellaire ou trésorier de Sainte-Sophie, fut mis à sa place. Quoiqu'il fut fort avancé en âge, l'inconstance d'Isaac ne put attendre sa mort. Sa vieillesse servit de prétexte pour le dépouiller de sa dignité au bout de trois ans. On lui substitua un moine nommé Léonce. Avant sa nomination, Isaac avait protesté avec serment, en présence de tout le peuple, que la Mère de Dieu lui était apparue en songe, et lui avait présenté ce moine, qu'il ne connaissait pas, et dont elle avait loué la haute vertu. Malgré ce songe miraculeux, il ne le laissa que sept mois en place, et résolut d'élever à cette dignité son ami Dosithée. C'était encore un moine qui l'entretenait de vaines prédictions; il lui avait, dit-on, prédit l'empire. En récompense, Isaac l'avait fait nommer patriarche titulaire de Jérusalem. Depuis que les Latins étaient maîtres de cette ville, ainsi que d'Antioche et de Tarse, et qu'ils donnaient des pasteurs à ces trois Églises, les Grecs n'avaient pas cessé d'y nommer des évêques qui n'en avaient que le titre, et ne sortaient pas de Constantinople. C'est ainsi que *Théodore Balsamon, fameux canoniste*, était alors patriarche d'Antioche.

L'empereur Isaac désirait donc transférer son ami Dosithée du titre de Jérusalem au siège de Constantinople; mais les canons ne permettaient pas les translations d'un évêché à un autre. Voici comment s'y prit l'empereur Isaac. Il fit venir Balsamon et lui témoigna un sensible regret du dépérissement où se trouvait l'Église, tellement dépourvue de ministres capables et vertueux, que, dans tout l'Orient, il n'y avait que Balsamon en état de remplir dignement la place de patriarche de Constantinople, ce siège si important qui donnait un chef à l'Église universelle. « Si vous pouvez, ajouta-t-il, trouver dans la discipline ecclésiastique, dont vous avez une connaissance si profonde et si étendue, des moyens de prouver au peuple que le passage d'un siège à un autre n'est pas aujourd'hui plus contraire aux canons qu'il ne l'était autrefois, vous me délivrerez d'un grand embarras. »

Balsamon répondit du succès, et, dès le lendemain, la question ayant été proposée dans un concile, fut résolue au gré de l'empereur, qui confirma la décision par des lettres patentes. Aussitôt il nomma patriarche de Constantinople; non pas Balsamon, qui s'y attendait, mais Dosithée: Balsamon et les évêques qui avaient bien voulu vendre à l'empereur leur conscience, se voyant frustrés du salaire, soulevèrent le clergé et le peuple. Ce fut un cri universel contre cette usurpation, qu'on traitait de sacrilège. Les prélats s'assemblèrent et fulminèrent une sentence de déposition. L'empereur, de son côté, soutint opiniâtrément son ouvrage; il cassa le jugement des prélats, et fit installer Dosithée à main armée. Le nouveau pasteur, odieux à toute la ville, essuyait tous les jours des insultes; et, pendant deux ans qu'il siégea, ce fut un combat perpétuel entre l'empereur, qui s'efforçait de le maintenir, et le clergé joint au peuple, qui le traversait dans toutes ses fonctions. Enfin Isaac dut céder à l'indignation publique. Dosithée fut déposé de nouveau dans un concile, et Georges Xiphilin, garde du trésor de la grande église, nommé à sa place.

Théodore Balsamon, qui se conduisit d'une manière si peu honorable en cette affaire, était le plus savant canoniste et jurisconsulte grec de son temps. Toutefois, dans ses différents ouvrages, il y a des bévues et des contradictions choquantes qui nous montrent les Grecs bien au-dessous des Latins pour la connaissance de l'histoire, des canons et même de la bonne critique. Comme Balsamon témoigne une grande aversion pour les Pontifes romains, ce qu'il dit de leur autorité est d'autant plus remarquable. Or, dans ses commentaires sur le *Recueil des lois et canons de Photius*, voici comme il fait parler l'empereur Constantin, dans la donation qu'il lui attribue, et qu'il cite tout du long pour montrer quels étaient les privilèges de l'ancienne Rome :

« Nous avons jugé convenable, avec tous les satrapes, tout le sénat, les magistrats et tout le peuple qui est sous la domination de la majesté romaine, que, comme saint Pierre est le vicaire de Dieu sur la terre, les évêques, successeurs du prince des apôtres, aient aussi sur la terre la puissance principale, plus même que notre impériale majesté, comme il a été accordé par nous et par notre majesté impériale. Nous voulons, en conséquence, que le prince des apôtres et ses successeurs, les vicaires de Dieu, soient nos premiers pères et défenseurs auprès de Dieu. Et comme notre majesté impériale est honorée sur la terre, ainsi voulons-nous que soit honorée, et plus encore, la sainte Eglise romaine, le trône terrestre de saint Pierre; lui donnant puissance et dignité, nous ordonnons qu'elle ait la principale puissance, qu'elle soit la tête des quatre sièges d'Alexandrie, d'Antioche, de Jérusalem et de Constantinople, en un mot, de toutes les Eglises du monde entier. L'évêque de Rome sera élevé en gloire au-dessus de tous les pontifes de l'univers ; les questions touchant la religion, la discipline et la foi chrétienne, seront jugées par lui; car il est juste que cette sainte loi ait là son chef et son principe, où le souverain législateur, Jésus-Christ, a commandé que l'apôtre saint Pierre eût son siège ; où il a subi la passion de la croix, bu le calice de la bienheureuse mort, et suivi les pas de son Seigneur et de son maître; il est juste que les nations inclinent la tête par la confession du nom de Jésus-Christ, dans le lieu même où leur docteur, le bienheureux Paul, en sacrifiant sa tête pour le Christ, a reçu la couronne du martyre, et où reposent ses saintes reliques; il est juste que, prosternés en terre, nous adorions et servions le Roi du ciel, notre Dieu et Sauveur Jésus, là même où nous avons servi le roi de l'orgueil. C'est pourquoi, nous donnons aux saints apôtres, nos bienheureux seigneurs Pierre et Paul, et après eux au bienheureux Silvestre, notre père, grand évêque et Pape universel de la ville de Rome, et à tous ses successeurs sur le trône de saint Pierre jusqu'à la fin du monde, notre palais impérial de Latran, qui surpasse tous les palais de l'univers. »

Vient ensuite l'énumération des droits et prérogatives temporelles que Constantin accorde aux Pontifes romains : « De porter une couronne d'or et de pierreries, d'avoir le domaine de la ville de Rome, de toute l'Italie et des provinces, lieux et châteaux de l'Occident, dont les noms étaient marqués; « car nous avons jugé à propos de transférer notre empire en Orient, et d'y fonder une ville de notre nom; par la raison que, là où le Roi des cieux a établi le sacerdoce principal et le chef de la religion chrétienne, il est injuste que le roi terrestre ait aucune puissance. Cette cession de notre empire, rédigée de nos propres mains, nous l'avons posée sur les reliques du prince des apôtres, saint Pierre, et nous y avons juré, pour nous et pour nos successeurs, d'observer tout inviolablement (*Balsamon in Photii, tit.* 8 *de Parochiis*, p. 85-89). »

Telle est la donation de Constantin, insérée par Théodore Balsamon, patriarche grec d'Antioche, dans ses Commentaires sur le droit canon, rédigé par Photius, patriarche de Constantinople. Nous n'avons point à considérer ici la donation en elle-même, l'ayant fait ailleurs; mais seulement sa portée, comme partie intégrante du droit canon des Grecs, rédigé et commenté par les deux plus grecs de leurs savants et de leurs patriarches.

Ainsi donc, à la fin du XIIe siècle et au commencement du XIIIe, bon gré mal gré qu'ils en eussent, les Grecs consignaient dans leur droit canon que c'est Jésus-Christ, le Roi des cieux, qui a établi à Rome le sacerdoce principal, le chef, la tête de la religion chrétienne; que c'est pour cela que Constantin reconnaît saint Pierre pour son père et son patron et pour le vicaire de Dieu; que c'est pour cela qu'il reconnaît légalement le successeur de saint Pierre, le Pontife romain, pour chef de toutes les Eglises du monde, notamment des quatre chaires patriarcales de l'Orient et pour juge de toutes les controverses; que c'est pour cela qu'il cède au Pontife romain, au Pape universel, et la ville de Rome, et toute l'Italie, et le reste de l'Occident, pour transférer l'empire en Orient et à Byzance.

Quant au droit d'appellation, Balsamon établit à plusieurs reprises, par les canons du concile de Sardique, que le Pape est le dernier juge auquel on puisse appeler, et que de lui on ne peut appeler à aucun autre. Il regarde la chose comme si indubitable, que le patriarche de Constantinople, ayant été assimilé au Pape par certains conciles, jouit du même privilège. Ce n'est même que pour tirer cette conclusion, qu'il insiste sur les canons de Sardique et qu'il rappelle la donation de Constantin.

Nous avons d'autres ouvrages de Théodore Balsamon sur les mêmes matières, entre lesquels est une réponse et une consultation au sujet des patriarches. Il donne le premier rang pour l'antiquité à celui d'Antioche, parce que saint Evode fut ordonné par saint Pierre, ce qu'il suppose sans en donner de preuve. « Peu de temps après, continue-t-il, le même apôtre fit saint Marc évêque d'Alexandrie, saint Jacques de Jérusalem, et saint André de Thrace. » Les Grecs eux-mêmes, on le voit par ces paroles, convenaient donc que la dignité suréminente des chaires patriarcales venait originairement de Pierre, leur chef et le chef de toute l'Eglise. Ce qu'il ajoute est d'une curiosité rare. « Environ trois cents ans après, saint Silvestre fut nommé pape de l'ancienne Rome par Constantin, qui venait de se convertir, comme nous l'apprend l'histoire ecclésiastique. » Il répète un peu plus loin « que saint Silvestre fut le premier Pontife de Rome (*Jus Græc.*, l. 7, p. 450). » On voit de quelle jolie manière le plus savant des Grecs savait l'histoire ecclésiastique, notamment celle d'Eusèbe de Césarée, où l'on trouve si exactement les noms et les règnes de tous les Pontifes romains depuis saint Pierre jusqu'à saint Silvestre. Il y a plus : non-seulement Balsamon oublie ou ignore ce que disent les autres, il oublie ou ignore ce qu'il a dit lui-même.

Dans son Commentaire sur le grand concile de

Carthage, il nous apprend que le Siége de Rome a été le Siége apostolique, parce que Pierre, le prince des apôtres l'a illustré, et qu'il y a établi Linus premier pontife (1). C'est dans ce même Commentaire qu'il prétend, à la suite du concile *in Trullo*, prouver par le canon même d'un concile de Carthage, que les Latins avaient tort d'exiger la continence absolue des clercs majeurs. Le concile d'Afrique avait dit : Les évêques, les prêtres et les diacres s'abstiendront de leurs femmes, suivant les anciens statuts, *secundùm priora statuta*. Balsamon ainsi que les autres Grecs lui font dire : Les évêques, les prêtres, les diacres s'abstiendront de leurs femmes, suivant leurs propres statuts, *secundùm propria statuta*, c'est-à-dire, ajoutent les Grecs, non pas toujours, mais à certaines époques, à certains termes (Balsamon, p. 601). C'est sur cette merveilleuse traduction d'un canon de Carthage que les Grecs se fondent pour donner, imposer même des femmes à leurs diacres et à leurs prêtres.

Balsamon s'est oublié d'une manière bien plus déplorable dans cette même réponse sur les patriarches, écrite en 1202, lorsqu'il avance que le Pape, le chef des quatre patriarches et de toutes les Eglises, avait été retranché de l'Eglise par les quatre patriarches : excès de mensonge, dans lequel il fut contredit des Grecs eux-mêmes. En effet, Démétrius, archevêque de Bulgarie, après avoir cité cette réponse de Balsamon, ajoute : « Beaucoup d'hommes illustres y refusèrent leur approbation, parce qu'elle était trop dure et trop acerbe, qu'elle blâmait d'une manière inconvenante les rites et les mœurs des Latins, et parce que ces matières n'avaient point été décidées dans un concile, que les Latins n'ont pas été rejetés publiquement comme hérétiques, mais qu'ils mangent et prient avec nous. Démétrius donne encore pour preuve de la communion entre les Latins et les Grecs, les pèlerinages que les Grecs faisaient à Rome, au tombeau de saint Pierre (*Apud Baron.*, an 1191, n. 62 et 63). » Les déclamations de Balsamon n'étaient donc que l'emportement de quelques particuliers. Ce qui le prouve encore, c'est ce qui va suivre.

L'empereur Alexis ayant appris la promotion du pape Innocent III, lui envoya des ambassadeurs avec de riches présents, le priant de le visiter par ses légats. Le Pape lui envoya Albert, sous-diacre, et Albertin, notaire de sa chambre, avec une lettre où il lui dit en substance : « Ne trouvez pas mauvais si je vous représente mon étonnement et le murmure du peuple chrétien, de ce que jusqu'ici vous ne vous êtes pas appliqué, comme vous deviez, à la délivrance de la terre sainte, quoique vous l'eussiez pu faire plus commodément que les autres princes, tant par la proximité des lieux que par votre richesse et votre puissance, qui vous mettent au-dessus des ennemis de la croix.

» Il y a encore un autre point sur lequel le peuple chrétien murmure, non-seulement contre vous, mais contre l'Eglise romaine qui semble le dissimuler; c'est que, encore que l'Eglise romaine soit une, les Grecs, se retirant du Siége apostolique,

---

(1) Ἀποστολικὴν γὰρ καθέδραν, τὸν τῆς Ῥώμης θρόνον ὠνομάσαν, ὡς τοῦ κορυφαίου τῶν ἀποστόλων Πέτρου ἐν αὐτῇ διατρεψαντος, καὶ πρῶτον ἀρχιερέα τὸν Λίνον ἐν αὐτῇ καταστήσαντος, p. 591, Balsamon.

se sont formé une autre Eglise. Le Pape l'exhorte donc à secourir la terre sainte et à procurer la réunion des Grecs. Autrement, ajoute-t-il, quelque fâcheux qu'il nous fût de vous faire de la peine, nous ne pourrions nous dispenser de remplir notre devoir. Le Pape écrivit en même temps sur le même sujet au patriarche de Constantinople, insistant fortement sur l'unité de l'Eglise et sur la primauté de saint Pierre (L. 1, *Epist.* 353 et 354). »

L'empereur Alexis répondit au Pape, comme à son père spirituel, en par expression, par une lettre du mois de février 1199, où il témoigne qu'il n'est pas insensible au reproche du peu de zèle pour le recouvrement de la terre sainte; mais il dit « que le temps n'en est pas venu, et qu'il craint de s'opposer à la volonté de Dieu, encore irrité pour les péchés des chrétiens. Car, ajoute-t-il, nous sommes trop divisés entre nous pour prospérer. Vous n'ignorez pas les ravages que le roi d'Allemagne, Frédéric, a faits sur mes terres, après les serments les plus solennels d'y passer paisiblement. Comment pouvais-je aider des gens si malintentionnés pour mes Etats, et marcher avec eux? Tournez donc vos réprimandes contre ceux qui, feignant de travailler pour Jésus-Christ, agissent contre la volonté de Dieu. Quant à la réunion de l'Eglise, il dit qu'elle serait très-facile, si les esprits étaient réunis, et si les prélats renonçaient à la prudence de la chair; et, pour y parvenir, il exhorte le Pape à assembler un concile, auquel il promet que l'Eglise grecque ne manquera pas de se trouver (L. 2, *Epist.* 210). »

Le patriarche de Constantinople, Jean Camatère, avait été diacre et cartulaire de la même Eglise, et, l'année précédente 1198, avait succédé à Georges Viphilin, après que le siége eut vaqué deux mois, à cause de l'absence de l'empereur Alexis. Ce patriarche, répondant à la lettre du pape Innocent, qu'il appelle très-saint Pape et bien-aimé frère, loue d'abord son zèle pour l'union des Eglises, puis lui propose ses objections par manière de doutes, avec beaucoup de politesse. Il demande comment l'Eglise romaine peut être universelle, puisqu'il y en a d'autres particulières : et comment elle peut être la mère de toutes les Eglises, puisque toutes sont sorties de celle de Jérusalem. Quant au reproche que le Pape faisait aux Grecs d'avoir divisé l'Eglise, le patriarche représente qu'en disant que le Saint-Esprit procède du Père, il s'attache aux paroles de Jésus-Christ, au Symbole de Nicée et aux décrets des conciles reçus par les Papes. Il hésitait donc sur ce qu'il y avait à faire, jusqu'à ce que la question fût décidée ou éclaircie (*Ibid., Epist.* 208).

Le Pape répondit au patriarche par une instruction pastorale qui traite à fond la primauté du Saint-Siége; elle est ainsi conçue en ces termes :

« La primauté du Siége apostolique, instituée, non par l'homme, mais par Dieu, ou plutôt par un Dieu-homme, se prouve par beaucoup de témoignages de l'Evangile et des apôtres; d'où sont venues ensuite les constitutions canoniques, qui établissent de concert que la sainte Eglise romaine, consacrée dans le bienheureux Pierre, prince des apôtres, a la prééminence comme leur maîtresse et leur mère.

» Quand le Seigneur demanda ce que les hommes

disaient qu'était le fils de l'homme, et que les autres rapportaient les opinions d'autrui, ce fut Pierre qui ayant répondu, comme le premier entre les autres, qu'il était le Christ, Fils du Dieu vivant, mérita d'entendre ces paroles : *Tu es Pierre, et sur cette pierre je bâtirai mon Eglise.* Et peu après : *A toi je donnerai les clés du royaume des cieux.* Car, quoique le premier et principal fondement de l'Eglise soit le Fils unique de Dieu, Jésus-Christ, suivant l'apôtre, disant : *Personne ne peut poser d'autre fondement que celui qui a été posé, qui est Jésus-Christ;* toutefois, le second et secondaire fondement de l'Eglise est Pierre, encore qu'il ne soit pas le premier par le temps, mais le principal par l'autorité entre ceux de qui saint Paul a dit : *Vous n'êtes plus des étrangers, mais les concitoyens des saints, la famille de Dieu, bâtis sur le fondement des apôtres et des prophètes,* eux que le prophète David témoigne être les fondements dans les montagnes saintes.

» La Vérité même exprime encore la primauté de Pierre, quand elle lui dit : *Tu t'appelleras Céphas,* ce qui est interprété Pierre, mais s'explique aussi de la tête; afin que, comme parmi les autres membres du corps, la tête possède la principauté, en ce qu'elle réunit la plénitude des sens; de même Pierre parmi les apôtres, et ses successeurs entre tous les prélats des Eglises, devaient l'emporter par la prérogative de la dignité, appelant les autres au partage de la sollicitude, sans perdre rien de la plénitude de la puissance. C'est à lui que le Seigneur a confié ses brebis par un commandement répété trois fois, afin qu'il soit censé étranger au troupeau du Seigneur, celui qui ne veut pas avoir Pierre pour pasteur dans ses successeurs. Car il n'a pas distingué entre ces brebis-ci et ces brebis-là, mais il dit simplement : *Pais mes brebis,* afin que l'on comprenne que toutes lui sont confiées. Jacques, le frère du Seigneur, qui paraissait une colonne, content de la seule Eglise de Jérusalem, laisse à Pierre non-seulement toute l'Eglise, mais tout l'univers à gouverner.

» On le voit encore évidemment, lorsque le Seigneur étant apparu sur le rivage pendant que les disciples naviguaient, Pierre, sachant que c'est le Seigneur, se jette à la mer; et, pendant que les autres arrivent par le moyen du navire, se hâte d'arriver au Seigneur sans ce moyen. Car la mer signifie le monde, suivant cette parole du psalmiste : *Là est la mer grande et spacieuse; là sont les reptiles sans nombre.* Pierre se jetant donc à la mer, exprime le privilége de son pontificat unique, qui a reçu tout le monde à gouverner; les autres apôtres se contentent du véhicule de la barque, nul d'entre eux n'ayant reçu en commission l'univers entier, mais chacun, des provinces ou des églises particulières. Il se désigne encore comme le vicaire unique du Christ, quand il marche miraculeusement sur les eaux pour aller au Seigneur qui y marchait miraculeusement lui-même. Car la multitude des eaux, c'est la multitude des peuples, et les rassemblements des eaux, ce sont les mers. Pierre donc, marchant sur les eaux de la mer, fait voir qu'il a reçu puissance sur tous les peuples.

» C'est pour lui que le Seigneur confesse avoir prié, quand il dit à l'article de sa passion : *J'ai prié pour toi, Pierre, afin que ta foi ne défaille point.* Lors donc que tu seras converti, affermis tes frères; insinuant par là manifestement que les successeurs de Pierre, dans aucun temps, ne dévieront de la foi catholique, mais y rappelleront plutôt les autres, et y confirmeront ceux qui hésitent; le Seigneur accordant ainsi à Pierre la puissance de confirmer les autres, de manière à imposer aux autres la nécessité de lui obéir. Pierre déjà commence à le faire, lorsque, quelques disciples s'étant retirés et disant : *Cette parole est bien dure,* et Jésus demandant aux douze : *Voulez-vous vous retirer aussi?* il répondit seul pour les autres : *Seigneur, vous avez les paroles de la vie éternelle, et à qui irions-nous?*

» C'est à lui encore qu'a été dit ce que vous avez entendu et lu si souvent dans l'Evangile : *Tout ce que tu lieras sur la terre sera lié dans les cieux; et tout ce que tu délieras sur la terre sera délié dans les cieux.* Que si vous trouvez que la même chose a été dite à tous les apôtres ensemble, elle ne leur a cependant pas été dite sans lui, au lieu que vous voyez le Seigneur lui attribuer sans cesse la puissance de lier et de délier : de sorte que, ce que les autres ne peuvent sans lui, lui-même le peut sans eux par le privilége et la plénitude de la puissance que le Seigneur lui a conférés. C'est à quoi semble se rapporter ce que Pierre seul demande à Jésus : *Si mon frère pèche contre moi, combien de fois le lui remettrai-je?* et que Jésus lui dit à lui seul : *Je ne te dis pas jusqu'à sept fois, mais jusqu'à septante fois sept fois.* Car sept est le nombre de la totalité, tout le temps étant compris dans le nombre de sept jours. Ce nombre de sept, multiplié par lui-même, signifie dans cet endroit tous les péchés de tout le monde, parce que Pierre seul peut remettre non-seulement tous les péchés, mais tous les péchés de tous.

» Enfin, après sa passion, le Seigneur dit à Pierre : *Suis-moi.* Ce qui doit s'entendre non pas tant de le suivre dans sa passion que dans l'administration qui lui avait été confiée. Car André et quelques autres, outre Pierre, ont été crucifiés comme le Seigneur; mais le Seigneur a voulu avoir Pierre seul et pour vicaire en son office, et pour successeur dans l'enseignement. C'est pourquoi, après l'ascension du Seigneur, Pierre, comme son successeur, commence à gouverner l'Eglise, pour compléter le nombre douze des disciples, en instituant et en faisant subroger un autre à la place du prévaricateur Judas, suivant les paroles du prophète. Et après avoir reçu le Paraclet, c'est lui qui prouve par les paroles de Joël que les disciples ne sont point pris de vin, mais éclairés par la grâce de l'Esprit-Saint. C'est lui qui ordonne à ceux qui croient, de faire pénitence et de recevoir le baptême. C'est lui le premier des disciples qui opère un miracle en guérissant le boiteux, et qui, comme le premier et le principal, promulgue la sentence de mort contre Ananie et Saphire, pour avoir menti au Saint-Esprit. C'est lui qui a coupé la racine de la simonie, lorsqu'elle pullulait contre l'Eglise primitive; lui seul qui a fulminé la sentence contre Simon le Magicien, quoiqu'il eût offert de l'argent, non à lui seul, mais à tous ensemble. C'est lui, ravi en extase, qui vit descendre du ciel sur la terre un grand vase, comme une grande nappe, renfermant toutes sortes de quadrupèdes, de serpents et d'oiseaux; tandis qu'une voix disait: *Lève-toi, Pierre, immole et mange.* Paroles qui insinuent manifestement que Pierre a été préposé à tous les peuples, le vase signifiant l'univers, et l'universalité de ce qu'il contient signifiant l'universalité des nations tant juives que païennes.

» Et quand, par révélation divine, il se transporta d'Antioche à Rome, il ne quitta point la primauté de sa chaire, mais la transporta plutôt avec sa personne; car le Seigneur ne voulait pas l'amoindrir, lui qu'il prévoyait devoir remporter à Rome la couronne du martyre. Sans aucun doute, lorsque Pierre, ou plutôt le Seigneur, qui souffrit en sa personne, suivant cette parole: *Je viens être crucifié de nouveau à Rome;* lorsqu'il eut consacré l'Eglise romaine par son sang, il laissa la primauté de la chaire à un successeur, lui transférant toute la plénitude de la puissance. Au lieu d'un père, il lui naquit des fils, que le Seigneur constitua princes sur toute la terre. L'Eglise étant figurée par la barque de Pierre, c'est alors que Pierre, suivant l'ordre du Seigneur, mena sa barque en haute mer, jetant le filet de la prédication pour la pêche; alors qu'il posa la principauté de l'Eglise au lieu même où régnait la hauteur de la puissance séculière et la monarchie impériale, à qui chaque nation venait payer son tribut, comme les fleuves à la mer.

» C'est lui qui, le premier, a converti les Juifs, le premier les gentils, afin de montrer qu'il a reçu la primauté sur les uns et les autres, trois mille Juifs ayant reçu le baptême à sa prédication, le jour de la Pentecôte, et lui-même ayant baptisé le centurion Corneille et les siens, comme les prémices de la gentilité, d'après la révélation de l'ange. Et lorsqu'il se fut élevé une grande discussion parmi les apôtres sur la consultation des croyants, si les fidèles étaient obligés de recevoir la circoncision et d'observer la loi de Moïse, Pierre, fondé sur son autorité principale, répondit: *Pourquoi tentez-vous Dieu, de vouloir imposer aux disciples un joug que nous et nos pères n'avons pu porter?* Et, suivant sa sentence, Jacques promulgua le décret apostolique sur cette question. De même Paul, après être allé en Arabie, puis revenu à Damas, vint après trois ans à Jérusalem, pour voir Pierre et conférer avec lui de l'Evangile qu'il avait prêché parmi les nations, de peur qu'il n'eût couru ou ne courût encore en vain. Et afin de distinguer par le privilège de la vertu celui qu'il avait distingué par le privilège de la dignité, le Seigneur lui conféra une telle puissance, qu'à son ombre seule les malades étaient guéris; en sorte qu'on vit accompli en sa personne ce que le Seigneur avait dit: *Celui qui croit en moi fera les œuvres que je fais, et il en fera de plus grandes.*

» Si nous avons commencé par dire ces choses, ce n'est pas que nous, qui malgré notre indignité, avons succédé à Pierre dans l'apostolat, nous voulions nous élever au-dessus de nous-même. Nous savons ce que le Seigneur a dit: *Quiconque s'humilie sera élevé, et qui s'élève sera humilié.* Et encore, quand les disciples se disputèrent pour savoir qui était le plus grand, il répondit: *Celui qui est le plus grand entre vous sera le serviteur de tous, et celui qui préside sera comme celui qui sert.* C'est pourquoi Pierre lui-même disait: *Ne dominant point sur la part qui vous est échue, mais devenus de bon cœur le modèle du troupeau.* Une autre Ecriture dit encore: *Plus vous êtes grand, d'autant plus humiliez-vous en toutes choses.* Et ailleurs: *Vous ont-ils établi prince? ne vous en élevez point; soyez parmi eux comme l'un d'entre eux; car Dieu résiste aux superbes et donne la grâce aux humbles.*

» Mais, pour ces raisons et d'autres, reconnaissant l'autorité doctrinale du Siége apostolique, vous avez consulté le Siége apostolique sur différents doutes, ce que nous avons pour agréable, et ce dont nous louons votre prudence : non pas que nous nous estimions capable par nous-même, mais notre capacité vient de Dieu, qui donne à tous abondamment, qui rend éloquentes les voix des enfants et ouvre la bouche des muets.

» Vous avez donc demandé d'abord comment, dans nos lettres, nous avons appelé l'Eglise romaine *une* et *universelle*, elle qui paraît divisée en plusieurs espèces particulières, tandis qu'il n'y a qu'un pasteur et un bercail, quoique sous l'unique prince des pasteurs, Jésus-Christ, il y ait plusieurs pasteurs d'établis. A cette demande, nous répondons que l'Eglise est appelée *universelle* en deux sens: premièrement, comme étant composée de toutes les Eglises, et c'est en ce sens qu'on la nomme en grec *catholique*. L'Eglise romaine n'est pas universelle en ce sens, mais une partie de l'Eglise universelle, savoir, la partie première et principale, comme la tête dans le corps, parce que la plénitude de la puissance réside en elle, et qu'aux autres il n'arrive qu'une partie de cette plénitude. Mais on appelle l'Eglise universelle, l'Eglise unique, qui tient sous elle toutes les Eglises de l'univers. Dans ce sens, l'Eglise romaine est seule appelée *universelle*, parce que seule, par le privilége de sa dignité singulière, elle a été préposée aux autres; de même que Dieu est appelé le *Seigneur universel*, non qu'il soit divisé en des espèces particulières ou subalternes, mais qu'il tient l'univers en son domaine. Il y a effectivement une Eglise générale, dont la Vérité a dit à Pierre: *Tu es Pierre, et sur cette pierre je bâtirai mon Eglise.* Et il y a beaucoup d'Eglises particulières desquelles l'Apôtre dit: *Mes occupations journalières, la sollicitude de toutes les Eglises.* De toutes il en résulte une, comme de particulières une générale; et il y en a une qui a la prééminence sur toutes les autres; car le corps de l'Eglise étant un, celle-là en étant la tête, a la prééminence sur les autres membres. »

Quant à la difficulté que Jérusalem est la mère des Eglises, le Pape y répond d'après les mêmes principes. « Jérusalem est la mère, à raison du temps; Rome, à raison de la dignité, comme saint Pierre a eu la primauté sur saint André, qui avait suivi Jésus-Christ le premier. Jérusalem est la mère de la foi, en ce que les mystères de la foi sont venus d'elle; mais Rome est la mère des fidèles, parce que, par le privilége de sa dignité, elle a été préposée à tous. De même la Synagogue est appelée la *mère de l'Eglise*, parce qu'elle a précédé l'Eglise et que l'Eglise procède d'elle; cependant l'Eglise est appelée la *mère générale*, parce que c'est elle qui, par une fécondité toujours nouvelle, conçoit, enfante et nourrit. »

Ce qui réjouit beaucoup le Pape, c'est de voir que le patriarche reconnaît et apprécie son zèle apostolique pour la réunion des Latins et des Grecs. Fasse le ciel que le patriarche rende cette joie complète! Comme l'Eglise romaine est la tête et la mère de toutes les églises, non pas tant par les dispositions des conciles que par l'ordre de Dieu, le patriarche devrait, suivant les anciennes règles, obéir au Pape, comme à son chef, indépendamment de la diversité des rites et des dogmes; car on ne doit pas laisser le certain pour le douteux. Toutefois, pour régler un grand nombre d'affaires ecclésiastiques, il convoquera un concile général, auquel il invite le patriarche de venir, suivant la promesse de l'empereur, ou en personne, ou par quelques-uns des plus grands prélats; autrement il se verra obligé de procéder contre l'empereur, contre lui et contre l'Eglise grecque (L. 2, *Epist.* 209).

Dans sa réponse à l'empereur, Innocent lui exprime sa joie du bon accueil qu'il avait fait aux envoyés et aux lettres dont ils étaient porteurs, et de sa réponse au sujet de la réunion des deux Eglises, réponse qui, si elle n'est pas tout à fait satisfaisante, est du moins écrite avec bienveillance et respect. Quant à ce qu'il a dit à l'empereur sur le secours qu'il doit à la terre sainte, il l'a dit pour l'avertir et non pour lui faire un reproche, quoique la réprimande ne soit pas étrangère au devoir pontifical, d'après ces paroles de l'Apôtre : *Prêchez la parole, insistez à temps et à contre-temps; reprenez, priez, réprimandez en toute patience et doctrine.* Si l'empereur veut bien y réfléchir, il trouvera que son devoir exige de secourir le saint Sépulcre. L'auteur de tout bien, qui rend à chacun selon ses œuvres et ne veut point de services forcés, a donné à l'homme le libre arbitre, afin que, dans les choses où il peut lui-même trouver un remède, il n'aille pas tenter Dieu. Vouloir, pour délivrer la terre sainte, attendre un temps inconnu aux hommes et ne rien faire en attendant, c'est s'exposer à la voir délivrée par un autre, à être puni de sa négligence, au lieu d'être récompensé de sa sollicitude. Est-ce que vous connaissez la pensée du Seigneur? Etes-vous de son conseil, pour ne songer à délivrer sa terre que lorsqu'il jugera à propos de la délivrer lui-même? Mais alors, quel mérite auriez-vous de vouloir l'aider, quand vous ne pourriez plus rien ni pour ni contre? Penser de la sorte, n'est-ce pas taxer de folie les prophètes, qui exhortaient à faire pénitence ceux dont Dieu prévoyait que l'impénitence aggraverait le péché, comme quand Moïse pressa Pharaon de laisser partir le peuple. D'après la même opinion, il ne faudrait ni se désister du vice, ni s'appliquer à la vertu, mais s'abandonner à la disposition divine, qui prévoit ceux qui doivent être damnés ou sauvés. Votre Excellence impériale a lu sans doute qu'à cause du péché d'Israël, les quarante jours après lesquels il devait entrer dans la terre promise, furent changés par le Seigneur en autant d'années, et, au contraire, qu'à la contrition et aux larmes d'Ezéchias, sa vie fut prolongée de quinze ans. Ce qui montre que la persécution des Sarrasins peut être abrégée par celui qui, parlant de la persécution de l'antechrist, ajoute : *Si ces jours n'eussent été abrégés, nulle chair ne serait sauvée.* En outre, parmi les causes secrètes et inscrutables de l'invasion et de l'occupation de la terre orientale, le Seigneur a peut-être prévu celle-ci dans sa miséricorde : Un grand nombre, quittant leurs parents et leurs amis, quittant même tout ce qu'ils avaient, suivront Jésus-Christ en prenant sa croix, obtiendront la couronne du martyre en la défense de sa terre, et l'Eglise triomphante se réjouira et s'enrichira dans les cieux, de ce que l'Eglise militante semblera perdre et déplorer ici-bas. Mais nous ne voulons pas nous arrêter davantage à ces matières, la vérité se manifestant par elle-même à qui veut bien y regarder. C'est à Votre Altesse Impériale de secourir le Christ exilé, de manière à faire cesser le mal qu'on dit de vous, et pour que vous n'entendiez pas un jour ces paroles : *J'étais étranger, et vous ne m'avez pas accueilli; infirme et en prison, et vous n'êtes pas venu à moi.* A la fin de sa lettre, le Pape ajoute, pour ce qui regarde le concile, les mêmes choses qu'il avait écrites au patriarche (L. 2, *Epist.* 211).

L'empereur et le patriarche, ayant reçu ces lettres et se les étant fait expliquer, se repentirent de ce qu'ils avaient écrit; l'empereur, parce qu'il s'était engagé à envoyer des Grecs au concile que le Pontife romain allait convoquer, et à leur en faire observer les décrets; le patriarche, parce qu'il se trouvait convaincu, et par des raisons et par des autorités, de l'obéissance qu'il devait au Pontife romain. L'empereur donc, après une longue délibération, écrivit au Pape, que, s'il faisait tenir un concile en Grèce, où les quatre premiers conciles avaient été tenus, l'Eglise grecque y enverrait ses députés. Puis, se jetant sur une autre matière, il s'efforça de prouver par l'Ecriture même, que l'empire était au-dessus du sacerdoce. A quoi le Pape répondit :

« Vous nous alléguez l'autorité de saint Pierre, qui dit : *Soyez soumis pour Dieu à toute créature humaine, soit au roi comme prééminent, soit aux ducs comme étant envoyés par lui pour la vindicte des malfaiteurs et la louange des bons.* D'où vous prétendez conclure, par un triple argument, que l'empire est au-dessus du sacerdoce, tant en dignité qu'en puissance. De ces mots : *Soyez soumis*, vous inférez que le sacerdoce est au-dessous; de ceux-ci : *Au roi comme prééminent*, que l'empire est au-dessus; de ceux-ci : *Pour la vindicte des malfaiteurs et la louange des bons*, que l'empereur a juridiction et même puissance du glaive sur les prêtres comme sur les laïques. Mais si vous aviez considéré la personne de celui qui parle, ceux à qui il parle, et la force de son expression, vous ne l'auriez pas ainsi expliquée. L'Apôtre écrivait à ceux qui lui étaient soumis, et les excitait à l'humilité; car si, par ces mots : *Soyez soumis*, il avait voulu soumettre le sacerdoce à ceux dont il parle, il s'ensuivrait que le moindre esclave a droit de commander aux prêtres, puisqu'il est dit : *Soyez soumis à toute créature humaine.* Quant à ce qui suit : *Au roi comme prééminent*, nous ne nions pas la prééminence de l'empereur pour le temporel, mais seulement sur ceux qui reçoivent de lui les choses temporelles. Mais le Pontife a la prééminence pour le spirituel, plus digne que le temporel, autant que l'âme est au-dessus du corps. D'ailleurs, il n'est pas dit simplement : *Soyez soumis*, mais il a été ajouté : *Pour*

Dieu; de même il n'est pas simplement écrit : *Au roi prééminent*, mais la particule *comme* y est interposée, non sans raison peut-être. Quant à ce qui suit : *Pour la vindicte des malfaiteurs et la louange des bons*, il ne faut pas entendre que le roi ou l'empereur ait reçu la puissance du glaive sur tous les bons et tous les méchants, mais uniquement sur ceux qui, usant du glaive, sont soumis à sa juridiction, suivant cette parole du Sauveur : *Quiconque prendra le glaive périra par le glaive;* car personne ne doit juger le serviteur d'autrui. »

L'empereur avait cité, à l'appui de sa prétention, l'exemple de Moïse, chef du peuple, commandant au grand-prêtre Aaron, mais ils étaient prêtres tous les deux; l'exemple de Josué, qui n'était pas plus juste, car Josué tenait la figure de Jésus le Christ; et d'ailleurs, comme nous l'avons vu, pour les affaires importantes, il était tenu de consulter Dieu par le grand-prêtre Eléazar. L'exemple de David, donnant des ordres au prêtre Abiathar, ne prouve pas davantage : David le faisait, non pas en tant que roi, mais en tant que prophète. D'ailleurs, quoi qu'il en soit de l'Ancien Testament, dans le Nouveau, Jésus-Christ, roi et pontife, s'est plus montré pontife que roi. Dans l'Ancien même, c'est au prêtre Jérémie qu'il a été dit : *Je t'ai placé sur les nations et les royaumes, pour arracher et dissiper, pour bâtir et planter*. La distinction et la différence des deux grands luminaires dans le monde, indique la distinction et la différence des deux puissances, le sacerdoce et l'empire. Si vous aviez fait réflexion à tout cela, vous ne vous permettriez pas de faire asseoir à gauche, près de votre marchepied, notre vénérable frère, le patriarche de Constantinople, un membre si distingué et si honorable de l'Eglise; tandis que les autres rois se lèvent avec respect comme ils doivent, devant les archevêques et les évêques, et les font asseoir honorablement auprès d'eux.

Le Pape n'avait point écrit à l'empereur pour lui faire une réprimande. L'eût-il fait, on ne pourrait le trouver mauvais; il est de son devoir de pasteur de prier, d'exhorter, de réprimander, non-seulement les autres, mais encore les rois et les empereurs, pour les amener à ce que veut le Seigneur. Car c'est à lui que le Seigneur a tout confié; toutes les personnes : *Pais mes brebis*, sans distinction ; toutes les choses : *Tout ce que tu lieras ou délieras;* en effet, qui dit tout, n'excepte rien. Si le Pape insiste là-dessus, ce n'est pas pour s'en glorifier : sa gloire est, non dans l'honneur, mais dans le fardeau, non dans l'élévation, mais dans la sollicitude. Aussi est-il et se dit-il, non-seulement le serviteur de Dieu, mais le serviteur de ses serviteurs. Innocent termine sa lettre par souhaiter à l'empereur Alexis, pour le Siège apostolique, le dévouement de son prédécesseur l'empereur Manuel (*Gesta Inn.*, n. 62 et 63).

Alexis pria le Pape, quelque temps après, d'obliger le roi de Jérusalem de rendre à l'empire de Constantinople le royaume de Chypre. Innocent lui rappelle dans sa réponse, que le royaume de Chypre avait été conquis par Richard d'Angleterre, non sur l'empereur de Constantinople, mais sur un étranger. D'ailleurs les princes d'Occident avaient prié le Pape, de leur côté, d'engager Alexis à ne point inquiéter le roi de Chypre, dans l'état actuel et dans l'intérêt de la terre sainte. Pour pouvoir donner une réponse définitive, Innocent attendait de plus amples renseignements de part et d'autre (*Gest. Inn.*, n. 64).

Les Arméniens agissaient avec plus de sincérité que les Grecs. Leur roi Léon, surnommé le Grand, qui avait demandé et obtenu du Pape et de l'empereur d'Occident la couronne royale, écrivit de Tarse le 23 mai 1199, une lettre à Innocent III, où il dit : « Suivant les salutaires avis de l'archevêque de Mayence, nous désirons réunir à l'Eglise romaine notre royaume, qui est très-étendu, et tous les Arméniens répandus au loin en divers lieux. Nous représentons en même temps à Votre Piété, par la bouche de ce prélat, les calamités et les misères du royaume de Syrie et du nôtre, auxquelles nous ne pouvons résister sans votre secours. C'est pourquoi nous vous supplions de nous l'envoyer avant que nos maux soient sans remède (L. 2, *Epist.* 219).

Le catholique ou primat de l'Arménie, nommé Grégoire, écrivit de son côté au Pape, en ces termes :

« A vous qui, après le Christ, êtes le chef; vous qui avez été consacré par lui chef de l'Eglise catholique romaine, mère de toutes les Eglises; vous sublime Pape, digne, par votre prudence et votre sainteté, du trône apostolique : et aux saints archevêques, évêques, cardinaux, prêtres, clercs, et à tous ceux qui sont de votre sainte Eglise, salut et fraternité. Que la paix de Dieu soit entre vous! Grégoire, serviteur de Jésus-Christ, par la grâce de Dieu, catholique de toute l'Eglise des Arméniens, fils de votre sainte Eglise qui est le fondement de la foi de toute la chrétienté. Sachez que nous, archevêques, évêques, prêtres et clercs, nous prions Jésus-Christ, qui est le chef de nous tous, qu'il vous garde, vous et les vôtres, de tout mal; car quand vous, qui êtes le chef, vous vous portez bien, nous, qui sommes le corps, nous nous porterons bien par votre bénédiction. Sachez, Seigneur, que le noble et sage archevêque de Mayence est venu vers nous, et de la part de Dieu, de la part de Sa Majesté l'Eglise romaine, et de la part du grand empereur des Romains, il nous a apporté la glorieuse couronne dont il a couronné notre roi Léon; qu'il nous a ainsi rendu cette couronne que nous avions perdue depuis si longtemps que nous étions séparés de vous : aussi l'avons-nous reçue avec une grande joie, et nous en offrons des actions de grâces à Dieu, à la sainte Eglise romaine et au grand empereur des Romains. Sachez, Seigneur, que l'archevêque de Mayence nous a montré vos préceptes, que nous les avons écoutés de grand cœur, et que nous embrassons la loi et la fraternité de la sublime Eglise romaine, la mère de toutes les Eglises : nous l'avions autrefois, nous l'avons maintenant, et nous sommes à vos ordres; oui, telles sont les dispositions sincères de tous les archevêques, évêques et clercs de notre Eglise, qui sont répandus en beaucoup de pays et en grand nombre, par la grâce de Dieu. Et nous vous supplions de prier Dieu pour nous, parce que nous sommes à la gueule du dragon, au milieu des ennemis de la croix, au milieu de ceux qui sont naturellement nos ennemis. Et nous vous supplions pour l'amour de Dieu de nous envoyer un secours et un conseil tel, que nous puissions conserver l'honneur de Dieu et de la chrétienté, ainsi que le vôtre. Puisque nous sommes à vous et que vous pensez à nous, faites pour nous de telle sorte, que nous en rendions grâces à celui qui nous a racheté de son sang, et à la croix du Seigneur qui a fait l'univers. Que Jésus-Christ vous défende, vous et les vôtres, de tout mal, et qu'il vous donne sa bénédiction (L. 2, *Epist.* 217)1 »

Le cardinal Conrad de Mayence, évêque de Sabine, rendit ces lettres au pape Innocent, à son retour de Palestine. Le Pape y répondit par des lettres datées du mois de novembre 1199 : la première au catholique ou primat Grégoire, la seconde au roi Léon. Il les félicite l'un et l'autre de leur retour à l'obéissance du Saint-Siège, et les y affermit de plus en plus, en leur rappelant les raisons et les autorités divines qui établissent la primauté de saint Pierre et de ses successeurs.

Peu après, le roi d'Arménie envoya au Pape un chevalier français, de ses vassaux, nommé Robert de Margat, avec une lettre où il explique au long son différend avec le comte de Tripoli, suppliant le Pape de prendre la défense du jeune Roupen, autrement Raymond, son petit-neveu, prince d'Antioche, et d'envoyer du secours à la terre sainte. Le Pape, dans sa réponse, le loue d'avoir recours à l'Eglise romaine, non-seulement pour le spirituel, mais encore pour le temporel. Mais il ajoute qu'il ne peut juger ce différend, sans une pleine connaissance de l'affaire, ni en l'absence des parties. C'est pourquoi il la renvoie aux légats, qui doivent se rendre sous peu en la terre sainte, exhortant le roi, en attendant, à garder la paix avec tous les chrétiens. La lettre est du 18 décembre 1199. Le Pape y joignit, à la prière du roi, l'étendard de saint Pierre, pour s'en servir dans les combats contre les infidèles (*Gesta*, n. 109 et 111; L. 2, *Epist.* 218 et 252).

Le roi d'Arménie ayant reçu la réponse du Pape, lui envoya un chevalier allemand, nommé Garnier, avec une lettre où il se plaint que le comte de Tripoli et les citoyens d'Antioche ont envoyé à Rocneddin, son ennemi et l'ennemi de tous les chrétiens, et ont conjuré ensemble de l'attaquer sans cesse, jusqu'à ce qu'ils le chassent de son trône. C'est Soliman, surnommé Rocneddin, 5ᵉ sultan d'Icône, de la race des Turcs Seldjoukides. Le roi exhorte le Pape à hâter le secours de la terre sainte, pour profiter de la division des infidèles, c'est-à-dire des guerres entre le fils de Saladin et Maleck-Adel, son frère. Il le prie d'envoyer avec ses légats l'archevêque de Mayence. Il se plaint des Templiers, qui lui ont refusé du secours contre les infidèles. Enfin il prie le Pape de lui accorder une bulle par laquelle il soit défendu à toute autre Eglise latine que l'Eglise romaine de porter aucune sentence d'excommunication contre lui ou contre ses sujets, même latins. La lettre est datée de Suse, ville capitale du nouveau royaume d'Arménie (L. 5, *Epist.* 42; *Gesta*, n. 113).

La lettre du roi était accompagnée de celles du catholique ou primat Grégoire, et de l'archevêque de Suse, chancelier du roi. Les deux lettres respirent l'affection, la vénération et l'obéissance la plus filiale envers le Pape et l'Eglise romaine. L'archevêque pria Innocent de lui envoyer l'anneau, la mitre, avec le *pallium*, et d'accorder l'indulgence de la croisade à ceux qui combattraient contre les infidèles, sous les ordres du roi Léon. Le Pape répondit à ces lettres le premier jour de juin 1202. Il accorde au roi que ni lui ni aucun de ses sujets soumis au Saint-Siège ne puisse être frappé d'excommunication ou d'interdit que par le Pape ou son légat. Il envoie à l'archevêque les ornements qu'il demandait, par les cardinaux qu'il envoyait à la terre sainte, savoir, les cardinaux Soffred et Pierre de Capoue (L. 5, *Epist.* 44 et 46).

Ce dernier, étant arrivé en Arménie, fut reçu par le catholique ou primat avec quelques-uns de ses suffragants, et par le roi avec les seigneurs du royaume, qui lui rendirent beaucoup d'honneur. Les jours suivants, on délibéra sur la réduction de l'Eglise arménienne à l'obéissance de l'Eglise romaine, à laquelle le roi avait longtemps travaillé; enfin il en vint à bout, mais non sans peine. Le catholique ou primat des Arméniens fit publiquement sa soumission au Pape, entre les mains du légat, suivant la forme de la bulle; il reçut le *pallium*, et promit de visiter le Siège apostolique par ses nonces tous les cinq ans, et d'assister en personne ou par ses députés aux conciles qui se tiendraient en Orient à son égard, comme aussi on lui promit de n'y en point tenir sans lui. Il reçut en partie les institutions ou usages de l'Eglise romaine, et différa la réception du reste, à cause de l'absence de ses suffragants éloignés, sans lesquels il n'eût pu le faire qu'il n'eût excité du scandale. La question religieuse se termina ainsi pacifiquement, à la satisfaction de tout le monde, et le primat d'Arménie en écrivit au Pape, pour lui en témoigner sa joie et lui renouveler l'hommage de sa vénération et de son obéissance filiale. *Gesta*, n. 116 et 117).

La patrie des Allemands, c'est l'Allemagne; la patrie des Français, c'est la France; la patrie des chrétiens, c'est la chrétienté : patrie du corps et de l'esprit, de la terre et du ciel, du temps et de l'éternité, de l'homme et de Dieu ; sa première origine est Dieu le Père tout-puissant, de qui émane et se nomme toute patrie au ciel et sur la terre ; son chef et son pontife invisible est le Fils de Dieu, Dieu fait homme, unissant en sa personne la divinité et l'humanité, le ciel et la terre, l'esprit et le corps : la vie, l'esprit qui l'anime, c'est l'Esprit de Dieu, l'Esprit du Père et du Fils, qui consomme la Trinité dans l'unité et l'unité dans la Trinité : son père, son chef, son pontife, son centre visible, c'est Pierre, qui toujours vit et préside dans ses successeurs. A lui le devoir de maintenir ou de rétablir la paix entre les familles ou nations de la patrie chrétienne, en pacifiant entre eux les chefs de ces familles ; à lui le devoir de veiller à la défense de la patrie commune contre ses ennemis du dehors ; à lui le devoir de la sauver, surtout contre les ennemis du dedans, qui voudraient en altérer la nature divine. C'est à lui de faire tout cela, en tous temps, en tous lieux, selon son pouvoir. Et c'est ce que faisait continuellement Innocent III. Nous avons vu ses continuels efforts, et en Orient et en Occident, pour pacifier tous les rois et tous les peuples de la chrétienté. C'était, entre autres, pour défendre la chrétienté entière contre les infidèles, et lui regagner les provinces et les royaumes qu'elle avait perdus. Oui, ce que le roi et le patriarche d'Arménie lui demandaient avec de si vives instances, Innocent III le faisait de lui-même.

A peine était-il sacré, que déjà il tournait les yeux vers la terre sainte, et pensait aux moyens d'en améliorer le sort. Il envoya aux prélats, aux princes et à tous les guerriers de la Palestine, des avertissements salutaires. Le patriarche de Jérusalem et les évêques, reçurent des lettres de consolation. Il supplia les premiers de continuer à combattre avec courage sous le bouclier de la foi, à ne se laisser abattre par aucun revers, et à lutter avec la même énergie et contre l'ennemi de la croix et contre le péché. Il engagea les seconds à supporter avec résignation les coups que la Providence leur envoie en punition de leurs égarements, et à chercher à attendrir le Seigneur par le jeûne et la prière. Son intention, leur dit-il, était de contribuer de tout son pouvoir à la délivrance de la terre sainte, aussitôt que Dieu le lui permettrait (L. 1, *Epist.* 12; L. 2, *Epist.* 131).

Il attache lui-même la croix aux cardinaux Soffred et Pierre, et, pénétré de douleur sur la dévastation des lieux saints, sur le massacre des enfants et le resserrement des frontières de l'Eglise, il envoie des lettres de condoléance dans tous les pays du nom chrétien. « Si les croisés, dit-il aux peuples, avaient eu moins de confiance en eux-mêmes et plus de confiance en Celui qui tient dans ses mains le sort des armées, un seul eût été plus fort que mille et dix mille, les ennemis se seraient évanouis comme de la fumée, ou auraient fondu comme la cire devant le feu. Où est le fidèle qui refusera ses biens à Celui qui, en nous donnant la vie et tous les bienfaits, nous promet une récompense centuple pour l'avenir? Levez-vous donc, chrétiens ! saisissez l'épée et le bouclier, hâtez-vous de voler au secours du Christ, afin qu'il vous envoie des secours du haut de son sanctuaire, qu'il conduise lui-même vos bannières à la victoire ! N'est-il pas celui qui précipita dans la mer les chevaux et les chariots de Pharaon ? N'est-il pas le Dieu des faibles, pouvant briser d'un souffle l'arc des puissants, et courber l'orgueil de ceux qui ne croient pas en lui et qui placent leur confiance, non en Dieu, mais en leur audace (L. 1, *Epist.* 11, 12, 13, 302, 345). »

Enfin tous ceux qui voulaient affronter les dangers des croisades recevaient d'Innocent, au nom de Dieu et des saints apôtres, l'absolution des péchés, si toutefois ils s'en repentaient sincèrement. Il promettait le pardon à ceux mêmes qui avaient osé porter une main sacrilège sur les prêtres du Seigneur. L'Eglise étendait ses indulgences. Les biens des princes et de tous les croisés étaient placés, pendant leur absence, sous la protection immédiate du Saint-Siège, des archevêques et des évêques. Les intérêts des sommes empruntées pour payer les équipements étaient remis. Les souverains furent autorisés à exiger des Juifs de faire aux nouveaux croisés la remise des intérêts que ceux-ci leur devaient, et à leur interdire tout commerce ou négoce en cas de résistance. On recommanda aux croisés d'éviter surtout l'orgueil, l'ivrognerie et la débauche, regardés comme la source des désastres précédents. Celui qui ne voulait pas entreprendre le voyage en personne, avait le choix d'équiper des hommes capables qui devaient rester deux ans en Palestine, ou d'employer les frais d'équipement à fortifier les villes et à soutenir les guerriers de l'Orient. Chacun enfin devait contribuer, selon ses facultés, au succès de la sainte expédition. Les ordres de Citeaux et de Prémontré furent obligés de donner le cinquantième, le clergé de tout rang le quarantième, et les cardinaux le dixième de leurs revenus. Innocent lui-même s'imposa cette contribution, et fit armer en outre à ses frais un vaisseau qu'il chargea de provisions de toute espèce. Il espérait ainsi écarter ce reproche « que l'Eglise romaine imposait à ses enfants des fardeaux qu'elle se gardait bien de porter. » Prévoyant peut-être qu'on suspecterait l'emploi des sommes perçues pour les croisades, et qu'on pourrait supposer qu'elles servaient à enrichir le trésor des Papes, ce Pontife ordonna que les subsides de tous les pays seraient confiés à deux chevaliers de l'Hôpital et du Temple, et à l'évêque du diocèse, pour soulager les malheurs particuliers des croisés ; ce qui restait devait être remis entre les mains du Pape pour être employé à solder l'armée ou à subvenir à d'autres besoins (L. 1, *Epist.* 230, 236, 242).

Il chargea de plus un cardinal de suivre l'expédition et de prier pour l'armée militante, comme Aaron priait contre les Amalécites. Il remit ensuite à ce prélat une somme considérable que lui et ses cardinaux avaient amassée sur leurs revenus, pour soulager les chrétiens de la Judée. Il envoya des évêques à Pise, à Gênes et à Venise, pour rappeler aux peuples leurs obligations envers le Rédempteur. Il fit souvenir les Vénitiens de la clause du concile de Latran, par laquelle il leur était défendu de vendre ou d'échanger avec les infidèles des provisions de guerre, du fer, du chanvre, de la poix, des clous, du bois travaillé ou non travaillé, des armes, des galères et des vaisseaux. Il recommanda aux évêques de la Pouille et de la Calabre de parcourir les villes et les châteaux forts pour encourager la bourgeoisie et la noblesse à se réunir comme une muraille contre les ennemis de Dieu. Le duc de Hongrie (André) se montra disposé à remplir le vœu de son père. Innocent chercha à engager les ducs de Souabe et d'Autriche à rendre à Richard la rançon que l'empereur Henri VI avait extorquée à ce monarque d'une manière aussi honteuse (*Ibid., Epist.* 230, 236, 242). Dans toutes les églises on devait dire, après la messe, une prière particulière pour les pèlerins, et offrir, une fois par semaine, le saint sacrifice pour les chrétiens luttant contre le malheur et la détresse de la Palestine (*Ibid., Epist.* 300, 302, 336, 343, 508).

C'est pour la défense commune de la chrétienté qu'il travaille à rétablir la paix entre les rois d'Angleterre et de France. « Mes yeux, dit-il l'année 1198, sont abattus, mon gosier enroué à force d'appeler; mais les princes aiment mieux se livrer honteusement à la débauche ou se faire la guerre l'un à l'autre, que d'aller venger le Sauveur de l'outrage de ses ennemis (*Ibid., Epist.* 348, 246, 345, 336, 406). »

Il reproche au comte de Toulouse la multitude de ses débordements, qui l'ont séparé de l'Eglise, et lui offre les moyens de laver l'ancienne tache et d'acquérir de nouveaux éloges : « Si la foi et la crainte de Dieu, lui écrit-il, n'enflamment pas votre courage, que du moins le souvenir de votre aïeul Alphonse vous mette les armes à la main. » Innocent ne dédaigne pas même le comte de Forcalquier, objet de mépris pour l'Eglise, et lui présente la possibilité du retour, le pardon et l'absolution.

Il montre à ce prince parjure la perspective d'une couronne immortelle, s'il veut joindre ses forces à l'armée prête à voler au secours de la Palestine. Le souverain Pontife, qui sentait qu'une expédition aussi lointaine est toujours hasardeuse, lorsqu'on ignore les forces et les moyens de résistance des adversaires, ordonna au patriarche de Jérusalem de lui adresser un rapport détaillé et exact sur la situation des pays soumis aux Sarrasins, et sur le nombre des combattants qu'ils pouvaient mettre sur pied (J. de Vitry, *Hist. orient.*, l. 3; Hurter, l. 2).

C'est pour préparer le succès de la croisade, qu'il négocie avec l'empereur de Constantinople et travaille à mettre la paix entre les princes latins de Syrie, qui, au lieu de s'unir étroitement contre les infidèles, se divisaient et éclataient en dissensions. Ainsi voit-on dans les débris du royaume de Jérusalem les ordres du Temple et de l'Hôpital en venir aux mains au sujet d'une possession contestée, et le Pape être obligé de faire intervenir son autorité pour faire cesser cette lutte scandaleuse. A l'Est, la méfiance éloigne le roi d'Arménie du prince d'Antioche, tandis que leur foi et leurs dangers communs eussent dû les rapprocher. Le comte de Tripoli s'occupait bien moins de remplir ses devoirs de chrétien que d'étendre sa domination. Les hauts dignitaires du rite latin étaient loin de prêcher par leur exemple et leurs discours la modération et la concorde. Les patriarches de Jérusalem et d'Antioche, ayant tous deux des prétentions sur l'archevêché de Tyr, vivaient presque en hostilité ouverte. On reprochait au premier des passions haineuses et de l'incertitude dans le caractère, pour avoir conféré le sacrement de mariage à Amauri de Chypre, roi de Jérusalem, avec Isabelle, après avoir cherché à l'empêcher. Plusieurs évêques cherchaient à exercer sur leurs diocésains qui s'étaient réfugiés à Ptolémaïs des droits dont ils jouissaient seulement dans leur patrie, et cela au détriment de l'évêque du lieu. Celui-ci même ne put, sans le secours du Pape, résister à une persécution de chanoines contre son Eglise appauvrie. Aussi le cœur d'Innocent saignait-il en voyant les ecclésiastiques, les laïques et les prélats s'attirer la colère de Dieu, au lieu de mériter sa miséricorde par la prière, par le jeûne et par la pratique des bonnes œuvres (L. 1, *Epist.* 353, 354; L. 2, *Epist.* 259; L. 1, *Epist.* 567, 505, 440, 516, 518; Hurter, l. 2). C'est pourquoi nous le verrons bientôt prendre des mesures énergiques afin de faire cesser ces désordres.

L'année suivante 1199, malgré la situation défavorable des principaux royaumes de la chrétienté, Innocent ne ralentit pas son zèle; il ne cesse d'avertir, d'exhorter et de préparer des ressources pour la guerre sacrée. Il loue les congrégations de Citeaux, de Clairvaux, des Prémontrés et d'autres ordres, de leurs veilles, de leurs jeûnes et de leurs bonnes œuvres, mais en leur recommandant de ne point oublier celui qui, chassé de sa patrie, est devenu un étranger, et qui implore leur secours, en tenant et frappant à leur porte. Il fait un nouvel appel aux ordres religieux et au clergé de tous les royaumes, leur peignant vivement la détresse du petit nombre des croisés; le danger imminent où ils seraient exposés, si les princes sarrasins, maintenant divisés, venaient à s'unir (L. 2, *Epist.* 268, 269); il encourage le clergé chrétien à faire des dons volontaires, il leur prêche d'exemple et presse la rentrée des contributions volontaires. Il ordonne d'établir un tronc dans toutes les églises, afin que chacun y puisse déposer son offrande, et de dire une messe par semaine pour les contributeurs. Les archevêques reçoivent l'autorisation de changer les pénitences en aumônes, destinées à aider les chevaliers nécessiteux qui s'étaient engagés sous serment à servir au moins un an en Palestine. Mais pour constater ce service, ils devaient apporter à leur retour un certificat du roi, ou du patriarche de Jérusalem, ou du grand-maître, soit de l'Hôpital, soit du Temple. Les fonds furent quelquefois détournés, mais non impunément, car les receveurs étaient suspendus de leurs fonctions (*Ibid., Epist.* 141). Mais comme le peuple chrétien de la terre sainte a autant besoin de bras que d'argent, il recommande au clergé d'engager sous la croix tous ceux qui peuvent porter les armes (*Ibid., Epist.* 271).

« Publier la parole du Seigneur, qui a recommandé de prendre la croix à ceux qui veulent le suivre, tel est le devoir du souverain pasteur. La situation des frères d'Orient est tellement déplorable, que chaque laïque doit prendre la croix et tirer l'épée, s'il en a la force, et, s'il ne l'a pas, ouvrir la main et faire des offrandes. Avec quelle sévérité un roi de la terre captif et rendu à la liberté ne jugerait-il pas ses vassaux, si ceux-ci n'étaient pas venus à son secours pour le délivrer ! — C'est ainsi que le Roi des rois, le Maître des souverains, jugera les hommes pour lesquels il a versé son sang et donné sa vie, en les accusant d'ingratitude et de parjure (*Ibid.*). Les pauvres qui, au lieu de combattre, seraient obligés de mendier; les faibles dont la présence serait plus embarrassante qu'utile, doivent rester dans leur patrie. C'est aux grands seigneurs, qui peuvent conduire des guerriers à leurs frais, c'est aux ouvriers et aux agriculteurs qui peuvent s'entretenir de leur travail, à accomplir cette grande œuvre. Il faut également détourner les femmes d'entreprendre le pèlerinage sans être accompagnées de leurs maris, et les exhorter à se dégager de leurs vœux par des offrandes. Ceux qui sont trop vieux peuvent remplacer l'accomplissement de leurs vœux en exerçant des œuvres de bienfaisance, ou en se soumettant à la discipline d'un couvent. » Quant aux dispenses qui avaient été obtenues subrepticement du pape Célestin, elles sont de nulle valeur (*Ibid., Epist.* 23).

Mais les sollicitations du Pape, quelque pressantes qu'elles fussent d'ailleurs, n'eurent pas toujours le succès désiré, ce qui le força à les renouveler (L. 1, *Epist.* 69). C'est pourquoi il se plaint du petit nombre de ceux qui ont ceint l'épée (L. 2, *Epist.* 271). Il est obligé de rappeler au clergé de France la promesse qu'il avait faite au concile de Dijon, entre les mains de Pierre de Capoue, son légat, d'abandonner au profit de la terre sainte le trentième de ses revenus (*Gesta*, n. 48). Mais les obstacles ont beau se multiplier, Innocent ne se décourage pas.

C'est surtout le roi de France qu'il cherche à toucher par la peinture des maux qui pèsent sur le royaume de Jérusalem. Il lui dit que le Seigneur lui-même semble avoir marqué le moment de porter un coup décisif, en semant la discorde parmi les Sarrasins. C'est pourquoi il doit non-seulement permettre aux croisés de partir, mais encore les y forcer, et fournir lui-même un certain nombre de guerriers, afin de payer du moins la dîme au Seigneur. Mais comme des troupes nombreuses ne peuvent traverser la mer en si peu de temps, il supplie Philippe d'envoyer provisoirement, pour la défense du pays, quelques chevaliers avec des armes, des chevaux et d'autres munitions. Il le prie d'engager l'empereur de Byzance à ne pas faire la guerre au roi Amauri, au sujet de l'île de Chypre, afin que dans l'état de détresse où se trouve actuellement le peuple chrétien, il n'inquiète pas un prince qui lui-même a grand besoin de protection. Il annonce à Philippe qu'il se propose d'envoyer de son côté un député à l'empereur (L. 2, *Epist.* 251).

Mais celui qui contribua le plus à toucher les cœurs en France et dans les Pays-Bas, ce fut le curé Foulque de Neuilly-sur-Marne, entre Paris et Lagny. C'était un homme de grand zèle, mais simple et peu lettré. Il avait d'abord mené une vie peu régulière; mais, touché de Dieu, il se mit à gouverner sa paroisse avec grand soin, et commença de prêcher aux environs, exhortant le peuple au mépris des choses de ce monde. Il reprenait les pécheurs d'un ton sévère, principalement les femmes de mauvaise vie et les usuriers, dont le nombre était excessif dans ces provinces. Foulque disait la vérité toute nue et sans épargner personne; ce qui, dans les commencements, lui attira de la contradiction et du mépris, en sorte que, pendant deux ans, il eut peu de succès.

Connaissant que la science lui manquait, il allait à Paris dans les écoles de théologie, écoutait les docteurs, écrivait sur ses tablettes quelques passages de l'Ecriture et quelques maximes de morale; puis il en profitait pour prêcher le dimanche dans son église ce qu'il avait appris pendant la semaine. Pierre le Chantre, dont il allait souvent prendre les leçons, admirant la ferveur de ce bon prêtre, l'engagea une fois à Saint-Séverin de Paris, en sa présence et en la présence d'un grand nombre d'étudiants. Dieu lui donna tant de grâce, que son maître et les autres auditeurs disaient que le Saint-Esprit parlait par sa bouche. Depuis ce temps, les professeurs et leurs disciples s'invitaient l'un l'autre à venir entendre ses sermons, tout simples et grossiers qu'ils étaient. Ceux des savants de ce temps-là étaient pleins de divisions et de subdivisions, de lieux communs, d'allégories et d'allusions aux paroles de l'Ecriture : bons pour les savants, mais peu faits pour le peuple.

Un jour donc, comme Foulque prêchait à Paris dans la place de Champeaux, devant une grande multitude de clergé et de peuple, il parla avec tant de force et d'éloquence, qu'un grand nombre, touchés de componction, jetèrent leurs habits et leur chaussure, se prosternèrent à ses pieds, lui présentèrent des verges ou des courroies, le priant de les châtier de leurs péchés, dont ils faisaient une confession publique. Foulque, rendant grâces à Dieu, les embrassait avec effusion de cœur, et leur donnait les conseils convenables; il recommandait aux usuriers et aux pillards, de restituer selon leur possible. Les femmes de mauvaise vie se coupaient les cheveux et renonçaient à leurs désordres. Foulque en maria plusieurs, d'autres embrassèrent la continence; et, pour leur assurer une retraite il fonda l'abbaye Saint-Antoine, sous la règle de Citeaux. Le bon curé de Neuilly s'acquit tant d'autorité, que les écoliers et les docteurs mêmes venaient l'écouter, et apportaient à leur tour des tablettes et du papier pour recueillir ses discours et en faire usage dans leurs sermons. Mais ceux de Foulque n'avaient pas la même force dans la bouche des autres. Il exhortait les docteurs à faire leurs leçons courtes, utiles et agréables, et il persuada à plusieurs de retrancher beaucoup de vaines subtilités et de questions superflues. Il y en eut même qui se rendirent ses disciples et se joignirent à lui pour aller prêcher; entre autres, Pierre le Chantre, Pierre de Roissi; l'abbé de Perseigne, de l'ordre de Citeaux; Eustache, abbé de Saint-Germain; Albéric de Laon, archidiacre de Paris, depuis archevêque de Reims; Etienne Langton, Gauthier de Londres, et plusieurs autres.

« C'étaient, dit l'historien protestant d'Innocent III, c'étaient des missionnaires prêchant contre les vices dominants; ces sortes de fonctions sont toujours d'une haute importance; elles le sont surtout lorsque le genre humain est fortement entraîné par ses passions et enivré de ses prétendus avantages; elles sont nécessaires pour que la voix qui appelle en vain le monde à des sentiments meilleurs, prononce du moins son jugement (Hurter, l. 3). » C'est ainsi qu'un honnête protestant s'exprime sur les missions et les missionnaires.

Foulque prêcha par toute la France, en Bourgogne, dans la Flandre, et dans une grande partie de l'Allemagne, invité par les évêques et reçu partout comme un ange. Dieu lui communiqua même le don des miracles, en sorte qu'il guérissait toutes sortes de maladies, par la seule imposition des mains et le signe de la croix; mais il ne guérissait pas indifféremment tous les malades qui se présentaient; il y en avait qu'il refusait absolument de guérir, disant que cela n'était pas avantageux pour leur salut; à d'autres, qu'ils n'avaient pas encore fait assez de pénitence.

Un jour on lui amena deux muets, auxquels il ouvrit la bouche, souffla dedans, puis leur commanda de parler. Eux tardant à obéir, il leur donna des soufflets, comme pour les y contraindre, et ils parlèrent aussitôt. Une autre fois, des gentilshommes lui présentèrent un jeune homme de leur famille, qui était tout impotent. Foulque leur fit une sévère réprimande sur la vanité de leur parure, et commanda au jeune homme de descendre de cheval. Comme il n'obéissait pas, parce qu'il ne pouvait se remuer, Foulque lui commande une seconde fois, au nom de Jésus-Christ. Mais, voyant qu'il ne descendait pas encore, il pousse vers lui son cheval, levant le bâton, comme pour le frapper. Le jeune homme, effrayé, se laisse tomber à terre : Foulque le relève guéri et le fait courir devant lui, plein de joie, la longueur d'un champ (*Otto à S. Blasio*, c. 47).

On attribua bientôt à ses vêtements la vertu de guérir, c'est pourquoi ses habits sont plus d'une fois déchirés en lambeaux. La foule se presse tellement autour de lui, qu'il est quelquefois obligé d'employer la force et la ruse pour l'éloigner de sa personne. « Mes vêtements ne sont pas bénits, s'écria-t-il un jour, lorsque ses auditeurs voulaient les déchirer sur son corps; mais voilà ceux d'un homme que je vais bénir. » — A peine eut-il fait le signe de la croix sur lui, que chacun se hâta d'en arracher un morceau et de l'emporter comme une relique. Quelquefois il ne peut obtenir silence qu'en maudissant les perturbateurs, ou bien il se sert de son bâton jusqu'à faire des blessures. Ceux qui en sont frappés baisent leur sang, comme étant sanctifié par un homme de Dieu. Ces choses, rapportées par le cardinal Jacques de Vitry (l. 1), lui arrivèrent surtout depuis qu'il eut été chargé de prêcher la croisade. Avec cela, ce bon prêtre n'avait rien de singulier dans son habit, sa nourriture et sa manière de vivre. Il allait à cheval et mangeait ce qu'on lui donnait.

Un jour, prêchant en Normandie, il s'adressa au roi Richard d'Angleterre, et lui dit : « Je vous dis, de la part de Dieu tout-puissant, de marier au plus tôt trois méchantes filles que vous avez, de peur qu'il ne vous arrive pis. Le roi répondit brusquement : Hypocrite, tu en as menti, je n'ai point de fille. — Vous en avez trois, reprit Foulque : la *superbe*, l'*avarice* et l'*impudicité*. — Eh bien ! dit le roi, s'adressant à ses barons : Je donne ma superbe aux Templiers, mon avarice aux moines de Cîteaux, et mon impudicité aux prélats de l'Eglise. » Voilà du moins l'anecdote, telle que la raconte l'Anglais Roger de Hoveden.

Foulque commença à prêcher dès l'année 1195. Le cardinal Pierre de Capoue, légat en France, y trouvant sa réputation faite, se servit utilement de lui pour la croisade. Le Pape lui-même écrivit à Foulque une lettre où il l'exhorte à employer le talent que Dieu lui a donné pour l'instruction de son peuple, et lui donne pouvoir de choisir, avec le conseil du légat, ceux d'entre les moines noirs, les moines blancs ou les chanoines réguliers qu'il jugerait les plus propres à prêcher avec lui (L. 1, *Epist.* 398). On appelait alors moines noirs ceux de Cluny, et moines blancs ceux de Cîteaux.

Foulque se croisa lui-même, avec l'évêque de Langres, dans une assemblée générale de l'ordre de Cîteaux. Il demanda à quelques abbés présents, de l'aider dans ses missions; cette prière lui étant refusée, il se plaça devant la porte du couvent, adressa ses exhortations à une foule innombrable, et aussitôt nobles et vilains, vieillards et jeunes gens, et jusqu'à des femmes, se pressèrent autour de lui pour recevoir la croix de ses mains, dans l'espérance de marcher sous sa conduite contre les infidèles (Radulph. Coggeshale).

Dans ses voyages, il arriva à Ecris, château situé dans la forêt des Ardennes. Profitant de la trêve qui existait entre la France et l'Angleterre, le comte Thibault de Champagne y avait réuni à un tournoi un grand nombre de seigneurs et de nobles. Foulque leur adressa la parole, en leur représentant qu'ils pouvaient acquérir dans les combats de la terre sainte une gloire plus brillante que dans les tournois. A peine cette jeunesse héroïque eût-elle entendu la parole de l'homme célèbre, qu'elle se sentit animée du zèle religieux de ses pères, et du désir de conquérir dans la terre sainte la plus belle gloire qui pût couvrir le front du chevalier chrétien.

Alors prit la croix le comte Thibault de Champagne, aussi versé dans la poésie que dans l'art de la guerre, seigneur âgé de vingt-deux ans, que dix-huit cents chevaliers reconnaissaient pour suzerain: neveu des rois de France, d'Angleterre, frère de celui de Jérusalem, et beau-frère du roi de Navarre. A lui se joignit le comte Louis de Blois, qui se glorifiait également d'une illustre parenté, et qui avait seulement cinq ans de plus que Thibault; marchant sur les traces de son père, il quitta sa patrie pour ne plus la revoir. Tous deux devaient se trouver heureux de pouvoir échapper à la colère de Philippe, leur oncle, pour avoir porté du secours à Richard, qui était aussi leur oncle. Simon de Montfort, ce chevalier intrépide et pieux, se réjouissait d'aller une seconde fois, avec de tels compagnons, dans une terre déjà témoin de sa bravoure, de sa persévérance et de ses stratagèmes. Les frères Renaud et Bernard de Montmirail, de l'illustre maison de Donzy, suivirent l'exemple de leurs cousins. L'évêque de Troyes ne se laissa retenir ni par son âge avancé ni par la bulle romaine qui l'avait relevé de ses vœux; il se mit à la suite de son seigneur. Leur exemple fut suivi par les comtes Gauthier et Jean de Brienne, le premier destiné à trouver un tombeau en Italie, le second à conquérir une couronne en Orient. On vit partir également deux des cinq frères de l'illustre maison de Joinville, dont la vertu chevaleresque faisait le plus beau patrimoine; ils étaient les oncles du fidèle compagnon de saint Louis; Gauthier de Montpellier, qui dut à sa prudence l'administration du royaume de Chypre; Milo de Brabant, qui mérita, par sa bravoure ou la souplesse de son esprit, de faire partie des députés envoyés à l'empereur grec; vinrent ensuite Manassé de Lille, Macaire de Sainte-Ménéhould, Renaud de Dampierre, Godefroi de Villehardouin, maréchal de Champagne et écrivain de cette croisade. Des domaines particuliers du roi venaient Nivelò, évêque de Soissons, qui, par sa conduite, son éloquence et son zèle, acquit autant de considération près des croisés que près du Pape; Matthieu et Gui, l'oncle et le neveu, tous deux de la plus haute noblesse de France; le premier de la maison de Montmorency, le second de celle de Couci; Matthieu passait pour un héros tel, que le plus habile combattant n'osait se mesurer avec lui, et que Richard Cœur-de-Lion se glorifiait avec une sorte de vanité de l'avoir vaincu dans un combat singulier. Tous ceux-là et d'autres se réunirent, bien déterminés à soutenir une cause pour laquelle un grand nombre de guerriers avaient déjà versé avant eux leur sang, sacrifié leur fortune et leur vie (Hurter, l. 3; Alberic, p. 423; Innoc., l. 8, *Epist.* 72, 131).

Si la noblesse avait des tournois ou des fêtes militaires qui n'étaient pas sans inconvénient, le clergé de Paris avait alors une fête, un tournoi clérical d'étrange sorte. Le 1er janvier, le bas clergé de la cathédrale prenait le premier rang, occupait les hautes stalles du chœur, présidait à tout l'office, désignait le célébrant, appelé pour cela l'*évêque des fous*, allait le chercher en grande cérémonie à son logement, lui donnait un grand repas dans l'église même, le conduisait en procession solennelle par la ville, accompagnant le tout de bien des cérémonies burlesques ou même indécentes; ainsi, au *Magnificat*, on répétait un grand nombre de fois le verset : *Deposuit potentes de sede*, avec un vacarme effroyable, pour faire entendre aux chanoines qu'ils étaient déposés de leurs hautes stalles ce jour-là, et que les petits clercs y étaient élevés à leur place. Aussi appelait-on cette fête la *fête des fous*. Bien des évêques l'avaient tolérée, les abus étant d'abord, sans doute, moins graves. Mais le cardinal de Capoue, ayant appris ce qui en était, rendit une ordonnance pour l'abolir; l'évêque de Paris, Eudes de Sully, en fit une de son côté dans le même sens; leurs efforts réunis parvinrent à la supprimer, au moins pour un temps. Le fâcheux état de la terre sainte, la prédication de la croisade leur servirent beaucoup à faire sentir l'inconvénient d'un amusement pareil.

Dans les croisades précédentes, les Juifs avaient eu à craindre ou à souffrir. Dans la quatrième, ils furent tranquilles. Le Pape fit une ordonnance à leur égard, ordonnance qui est empreinte de la plus douce humanité, et qui nous fait voir la conviction d'Innocent sur les véritables rapports des juifs et des chrétiens. « Ils sont, dit-il, les témoins vivants de la véritable foi chrétienne. Le chrétien ne doit point les exterminer ou même les opprimer, pour qu'il ne perde pas lui-même la connaissance de la loi. Comme dans leur synagogue ils ne doivent point aller au delà de ce que la loi leur permet, ainsi nous ne devons point les troubler dans l'exercice des privilèges qui leur sont accordés. Quoiqu'ils aiment mieux persister dans l'endurcissement de leur cœur, que de chercher à comprendre les oracles des prophètes et les secrets de leur loi, et à parvenir à la connaissance du Christ, ils n'en ont pas moins droit à notre protection. Ainsi, comme ils réclament notre secours, nous accueillons leur demande, et nous les prenons sous l'égide de notre protection, conduit par la mansuétude de la piété chrétienne, et, suivant les traces de nos prédécesseurs d'heureuse mémoire, de Calixte, d'Eugène, d'Alexandre, de Clément et de Célestin, nous défendons à qui que ce soit de forcer un Juif au baptême; car celui qui y est forcé n'est pas censé avoir la foi. Mais s'il consent à le recevoir, que personne ne s'avise d'y mettre obstacle. Aucun chrétien ne doit se permettre des voies de fait à leur égard, s'emparer de leurs biens ou changer leurs coutumes, sans jugement légal. Que personne ne les trouble dans leurs jours de fête, soit en les frappant, soit en leur jetant des pierres, et que personne ne leur impose, pendant ces jours, des ouvrages qu'ils peuvent faire en d'autres temps. En outre, pour nous opposer de toutes nos forces à la perversité et à la cupidité des hommes, nous défendons à qui que ce soit de violer leurs cimetières ou de déterrer leurs cadavres pour de l'argent. Ceux qui contreviendront à ces défenses seront excommuniés (L. 2, *Epist.* 302). »

Mais si Innocent regardait un baptême forcé comme une profanation des choses saintes, il ne croyait pas qu'on devait se refuser au désir de ceux qui voulaient le recevoir (L. 9, *Epist.* 150). Il voulait qu'on traitât avec bienveillance les Juifs convertis, et qu'on les soutînt dans leurs besoins, pour que la honte et la pauvreté ne les portassent pas à l'apostasie. Il reproche à un évêque d'avoir négligé cette œuvre de piété, qui a pourtant les promesses et de cette vie et de la vie future. « C'est un déshonneur pour les chrétiens, dit-il, de laisser un Juif qui a quitté les ténèbres pour la lumière, dans le besoin au milieu de leur opulence, et de le forcer ainsi, par leur avarice, à retourner à ses anciennes erreurs (L. 2, *Epist.* 206). » C'est pourquoi il recommande un Juif converti à une abbaye d'Angleterre, en priant les moines de lui fournir la nourriture et les vêtements, ajoutant qu'il n'apprendrait pas avec indifférence le refus de cette charité (*Ibid., Epist.* 234).

Les rois et les princes de Sicile tantôt persécutaient cruellement les Juifs, tantôt les comblaient de faveurs. Au lieu de les persécuter, l'Eglise les protège; mais elle n'entend pas qu'ils abusent de cette protection. « La mort du Christ, dit Innocent III, a rendu les chrétiens libres, et les Juifs esclaves; ils ne doivent donc pas s'élever contre les chrétiens (L. 8, *Epist.* 121). » Il fit de sévères reproches aux princes qui se servaient des Juifs pour l'oppression de leurs sujets ou pour des actes usuraires (L. 10, *Epist.* 190). Il ne voulait pas que des chrétiens se missent au service des Juifs comme valets ou nourrices, qu'ils attestassent en leur faveur, ou que, dans leurs fêtes, ils se donnassent des libertés qui pouvaient scandaliser les chrétiens (L. 7, *Epist.* 188); il défendit même aux journaliers de demeurer dans leurs maisons (*Ibid., Epist.* 194). En Espagne, toutes les fois qu'une esclave sarrasine se faisait baptiser, elle acquérait la liberté avec le baptême, et l'Eglise était tenue de payer à son maître une somme convenue. Le roi de Castille ayant soutenu des Juifs qui demandaient un prix trop élevé, Innocent se déclara contre lui, disant qu'un prince chrétien ne devait pas élever la synagogue ou la mosquée au-dessus de l'Eglise (L. 8, *Epist.* 50; Hurter, l. 3).

L'an 1200, Baudouin, comte de Flandre et du Hainaut, beau-frère du comte de Champagne et de Philippe-Auguste; Baudouin, l'un des plus puissants princes, fit le vœu de la croisade au commencement du carême, dans l'église de Saint-Donatien, à Bruges. Il espérait expier, en prenant la croix, les erreurs d'une jeunesse qui n'était pas exempte de reproche, et quelques torts envers l'Eglise. Ni l'attrait que lui offrait un pays riche et bien cultivé, ni le sincère attachement des bourgeoisies industrieuses de villes considérables, ni son amour pour ses deux filles, privées désormais des soins de leur mère, puisqu'elle prenait la croix avec lui, ne purent le retenir. Telle fut sa piété, que déjà, dès son enfance, on le vit marcher sur les traces de ses parents, et témoigner, au commencement de son règne, plus que tout autre prince, de sa bienveillance pour l'Eglise. Son exemple entraîna la noblesse flamande. Son épouse Marie, ses deux frères, Henri et Eustache, son cousin Thierri, prirent aussi la croix; de plus, Conon de Béthune, dont on admirait la piété et l'éloquence; Jacques d'Avesnes, fils de celui qui, sous le même nom, s'était rendu célèbre dans la troisième croisade.

On s'étonnera peut-être que, dans une histoire de l'Eglise de Dieu, nous mettions les noms de tant d'hommes de guerre. Mais Dieu lui-même nous en donne l'exemple : son Ecriture sainte nous apprend les noms des braves de David et leurs principaux exploits (1. Paral., 11). Et si Dieu a célébré les héros de David combattant pour un coin de la terre, devrons-nous taire les noms des héros du Christ combattant pour le salut de tout le monde? Il y a plus : on nous a fait consumer la plus grande partie de notre jeunesse, même dans les écoles ecclésiastiques, à étudier et admirer les héros plus ou moins fabuleux d'Homère et de Virgile, les héros plus ou moins barbares de la Grèce et de Rome païenne, et on nous a laissé ignorer les héros chrétiens de nos patries! On nous a laissé conclure que le christianisme amoindrit les courages, que la piété rabougrit les héros! Calomnie inexpiable contre Dieu et son Christ. Nous le disons avec la conviction la plus profonde, après avoir comparé les uns avec les autres, nous admirons les héros des croisades, les Godefroi, les Tancrède, dépeints dans leur simplicité par les chroniqueurs; nous les admirons bien au-dessus des héros poétiques d'Homère et de Virgile, de Cornélius Népos et de Plutarque. Non-seulement nous les admirons, mais nous les aimons, parce que, à une valeur égale et souvent plus grande, ils joignent la piété, la douceur, la modestie, l'humilité même. Non-seulement nous les admirons et nous les aimons, mais nous leur portons une sincère reconnaissance; car, après Dieu, c'est à eux et à leur vaillante épée que la France, que l'Espagne, que l'Allemagne, que l'Italie, que l'Europe entière doit d'être chrétienne, doit d'être à la tête de l'humanité. Honneur donc à eux! Puissent leurs descendants, s'il en reste, se montrer toujours dignes de leurs ancêtres! Leurs noms sont une gloire de l'humanité chrétienne.

Au Sud-Ouest de l'Allemagne, les résultats ne furent pas moins satisfaisants qu'ailleurs. Là, et principalement en Alsace, Martin, abbé de l'ordre de Citeaux, prêchait la croisade d'après les instructions qui lui avaient été données par le Pape. Doué d'un extérieur agréable, d'un commerce prévenant, d'une éloquence entraînante et d'une grande profondeur d'esprit, cet homme, qui possédait l'affection de ses frères et la considération des gens du monde (Gunther *apud Canisi*, t. IV), devait réussir d'autant plus qu'il donnait à tous l'exemple. La noblesse de cette province et celle du Brisgau répondirent volontiers à son appel; à sa voix, Luthold, évêque de Bâle, abandonna aussi son évêché. Il est vrai que c'étaient souvent d'oisifs mercenaires qui avaient recours à cette ressource pour se faire entretenir, pour chercher fortune et trouver l'occasion de déployer leur humeur belliqueuse; que d'autres marchaient dans le but de se soustraire à leurs créanciers; mais toujours est-il que le grand nombre était mû par un zèle pur et par la conviction de consacrer leur épée à une entreprise agréable à Dieu. Ces convictions les portaient à se séparer de leurs femmes et de leurs enfants bien-aimés, à abandonner ou à vendre leurs plus belles possessions, afin de se mettre à même de joindre l'armée, espérant acquérir, pour tous ces sacrifices et ces fatigues, une récompense céleste. Un écrivain, appartenant à une époque postérieure, attribue à l'éducation ces sentiments élevés, « attendu, dit-il, qu'alors la jeunesse ne passait pas sa vie dans les écuries et dans les jouissances de la chair, mais bien dans les couvents, ces abondantes pépinières du christianisme, où, sous la direction de pères pieux et instruits, elle se préparait, par l'étude et la prière, à entrer honorablement dans la carrière de la vie (Mutius, *Chron. Germ. apud Pistor.*, t. II, p. 798; Hurter, 1. 4). »

Plus d'une personne, habituée à regarder les siècles du moyen-âge comme des siècles d'ignorance et de barbarie, s'étonnera d'y entendre parler d'études, de sciences, de lumières. Cet étonnement ne vient pas de l'ignorance de ces siècles, mais de notre ignorance à nous-mêmes. Une preuve, entré beaucoup d'autres. Si on demandait à bien des hommes instruits de nos jours, combien il y a eu d'écrivains pendant le XIIe siècle, plus d'un répondrait qu'il n'y en avait point ou très-peu. Or, les auteurs de l'*Histoire littéraire de France* ont donné, à la fin du quinzième volume, la table générale des écrivains du XIIe siècle dont les articles se trouvent dans leur histoire. Eh bien! pour la France seule, pendant ce siècle seul, il se trouve, de compte fait, huit cent vingt et un écrivains, dont cent soixante-dix-huit anonymes et six cent quarante-trois connus de leur nom.

Les principaux chefs de la croisade se réunirent d'abord à Soissons, ensuite à Compiègne. Dans leur assemblée, ils donnèrent le commandement de la sainte expédition à Thibault, comte de Champagne. On décida dans la même assemblée que l'armée des croisés se rendrait par mer en Orient. D'après cette décision, six députés furent envoyés à Venise, afin d'obtenir de la république les vaisseaux nécessaires pour le transport des hommes et des chevaux.

Les Vénitiens étaient alors parvenus au plus haut degré de prospérité. Ils étaient souverains de la mer Adriatique; les villes de l'Istrie et de la Dalmatie leur obéissaient. La république, devenue redoutable aux plus puissants monarques, pouvait armer, au moindre signal, une flotte de cent galères, qu'elle employa successivement contre les Grecs, les Sarrasins et les Normands; la puissance de Venise était respectée chez tous les peuples de l'Occident; les républiques de Gênes et de Pise lui avaient en vain disputé la domination des mers. Les Vénitiens rappelaient avec orgueil ces paroles que le pape Alexandre III avait adressées au doge en lui donnant un anneau : « Epouse la mer avec cet anneau; que la postérité sache que les Vénitiens ont acquis l'empire des flots, et que la mer leur a été soumise comme l'épouse l'est à l'époux (Muratori, 25e et 30e dissert., *Antiq. Ital. med. œvi.*). »

Quand les députés des croisés arrivèrent à Venise au mois d'avril 1201, la république avait pour duc ou doge, Dandolo, si célèbre dans ses annales. Dandolo avait longtemps servi sa patrie dans des missions importantes, dans le commandement des flottes et des armées; à la tête du gouvernement, il veillait sur la liberté et faisait régner les lois. Ses travaux dans la guerre et dans la paix, d'utiles règlements sur les monnaies, sur l'administration de la justice et la sûreté publique lui méritaient l'estime et la reconnaissance de ses concitoyens. Il avait appris au milieu des orages d'une république à maîtriser par la parole les passions. Personne n'était plus habile à saisir une occasion favorable, à profiter des moindres circonstances pour l'exécution de ses desseins. Parvenu à l'âge de quatre-vingt-dix ans, le doge de Venise n'avait de la vieillesse que ce qu'elle donne de vertus et d'expérience (Michaud, t. III, l. 10; Hurter, l. 5).

Les députés lui ayant communiqué le sujet de leur ambassade, Dandolo promit, au nom de la république, de fournir les vivres et les vaisseaux nécessaires, à condition que les croisés français s'engageraient à payer aux Vénitiens la somme de quatre-vingt-cinq mille marcs d'argent. Comme il ne voulait point que le peuple de Venise restât étranger à l'expédition des croisés français, Dandolo proposa aux députés d'armer, aux frais de la république, cinquante galères, et demanda pour sa patrie la moitié des conquêtes qu'on allait faire en Orient. Les députés acceptèrent sans répugnance la proposition plus intéressée que généreuse du doge de Venise. Les conditions du traité avaient d'abord été examinées dans le conseil du doge, composé de six patriciens; elles furent ratifiées ensuite dans deux autres conseils, et présentées enfin à la sanction du peuple, qui exerçait alors le pouvoir suprême.

Une assemblée générale fut convoquée dans l'église de Saint-Marc. Voici comme en parle Villehardouin, maréchal de Champagne, l'un des députés : « Le doge appela cent du peuple, puis deux cents, puis mille, tant que tous l'approuvèrent ; finalement, il en appela bien dix mille en la chapelle de Saint-Marc, l'une des plus belles et magnifiques petites églises qui se puissent voir, où il leur fit ouïr la messe du Saint-Esprit, les exhortant à prier Dieu de les inspirer touchant la requête des ambassadeurs. La messe dite, le duc les envoya quérir et les admonesta de vouloir requérir humblement le peuple d'être content que cette convenance fût faite. »

Lorsqu'on eut célébré la messe du Saint-Esprit, le maréchal de Champagne, accompagné des autres députés, se leva, et, s'adressant au peuple de Venise, parla en ces termes :

« Les seigneurs et les barons de France, les plus hauts et les plus puissants, nous ont envoyés à vous pour vous prier, au nom de Dieu, de prendre pitié de Jérusalem qui est en servage des Turcs ; ils vous crient merci, et vous supplient de les accompagner pour venger la honte de Jésus-Christ. Ils ont fait choix de vous, parce qu'ils savent que nuls guerriers qui soient sur la mer n'ont un si grand pouvoir que vous et votre peuple. Ils nous ont recommandé de nous jeter à vos pieds, et de ne nous relever que lorsque vous aurez octroyé notre demande, et que vous aurez pitié de la terre sainte d'outre-mer. »

A ces mots, les députés, émus jusqu'aux larmes et ne craignant point de s'abaisser pour la cause de Jésus-Christ, se jetèrent à genoux et tendirent leurs mains suppliantes vers l'assemblée du peuple. La vive émotion des barons et des chevaliers se communiqua aux Vénitiens ; dix mille voix s'écrièrent ensemble : Nous accordons votre demande ! Le doge, montant à la tribune, loua la franchise et la loyauté des barons français, et parla avec enthousiasme de l'honneur que Dieu faisait au peuple de Venise, en le choisissant parmi tous les autres peuples pour lui faire partager la gloire de la plus noble des entreprises, pour l'associer aux plus vaillants des guerriers. Il lut ensuite le traité fait avec les croisés, et conjura ses concitoyens assemblés d'y donner leur consentement dans les formes consacrées par les lois de la république. Alors le peuple se leva et s'écria d'une voix unanime : Nous y consentons ! Tous les habitants de Venise assistaient à cette assemblée ; une multitude immense couvrait la place de Saint-Marc, remplissait toutes les rues voisines ; l'enthousiasme religieux, l'amour de la patrie, la surprise et la joie, se manifestèrent par des acclamations si bruyantes, qu'*on eût dit*, selon l'expression du maréchal de Champagne, *que la terre allait se fondre et s'abîmer*. Il y eut alors, ajoute-t-il, *maintes larmes plorées de tendresse et de joie*.

Des exprès furent envoyés au Pape pour obtenir son consentement au traité. Innocent le donna de grand cœur ; mais, comme s'il eût prévu l'avenir, il recommanda aux croisés de ne causer, pendant l'expédition, aucun dommage aux peuples chrétiens. Dans le cas où ils s'y verraient forcés, soit parce qu'on leur refuserait hostilement le passage, soit parce qu'on leur fournirait d'autres griefs, il les engageait à ne rien entreprendre sans l'avis du légat (*Gesta*, n. 83).

L'historien protestant d'Innocent III place ici la réflexion suivante : « On ne peut reprocher aux Papes que les croisés aient poursuivi, pour la plupart, un autre but que celui pour lequel ils étaient partis, ou que le but proposé n'ait pas été atteint. Si les chefs de la chrétienté eussent eu une puissance égale à leur volonté pour faire céder toutes les considérations des princes et des barons au but unique de l'entreprise, la puissance de Mahomet aurait été abattue, et on n'eût pas répandu inutilement tant de sang chrétien (Hurter, l. 5). »

Quand le maréchal Villehardouin arriva au mois de mai à Troyes, il trouva son seigneur, le comte de Champagne, retenu au lit par une maladie grave. Son arrivée et les bonnes nouvelles dont il était porteur ranimèrent pour une dernière fois les forces épuisées de Thibault. Il se fit amener son cheval de bataille pour faire une course dans la campagne. Ce fut la dernière. Sentant sa fin approcher, il mit ordre à ses affaires, et chargea Renauld de Dampierre d'accomplir à sa place le vœu qu'il avait fait d'aller en terre sainte. Il donna une partie de son argent comptant pour les besoins de l'armée, et distribua l'autre entre ses compagnons d'armes, d'ailleurs très-nombreux. Puis il rendit, à la fleur de l'âge, le dernier soupir, après avoir fait jurer à tous ses compagnons, sur l'Evangile, de se trouver avec l'armée à Venise. Il laissa sa femme, Blanche de Castille, enceinte d'un fils dont elle accoucha après sa mort. Jamais prince n'avait été, de son vivant, tant adoré de ses vassaux, tant regretté après sa mort, et inhumé avec autant de pompe. Il fut enseveli à Troyes, dans l'église de Saint-Etienne, à côté de son père, qui avait fait construire cette église. Une épitaphe annonçait à la postérité ses vertus, son zèle pour la croix et sa réception dans la Jérusalem céleste, parce que, étant plein de foi et de résignation, il avait aspiré à la Jérusalem terrestre (*Ibid.*).

Après que le comte fut enterré, Mathieu de Montmorency, Simon de Montfort, Godefroi de Joinville et le maréchal de Champagne offrirent le commandement en chef, d'abord au duc Othon de Bourgogne, ensuite à Thibault de Bar, cousin du défunt. Sur leur refus, ils jetèrent les yeux sur le margrave Boniface de Montferrat. C'était un des chevaliers les plus accomplis de son époque, et plusieurs membres de sa famille, en combattant pour la foi chrétienne, avaient versé leur sang sur le champ de bataille. Ses liens de parenté avec l'empereur de Byzance lui donnaient de la considération et pouvaient devenir avantageux aux croisés. Déjà antérieurement, le cardinal Soffred l'avait exhorté à aller en Palestine, mais sans avoir pu le décider. La proposition des nobles français, qui lui envoyèrent une ambassade en Italie, fit sur lui une grande impression, autant pour l'honneur qui y était attaché, que par les grâces de l'Eglise, qui n'étaient pas sans prix à ses yeux. Il se rendit en France. Les pèlerins étaient réunis à Soissons, lorsqu'ils apprirent son arrivée. Ils allèrent à sa rencontre avec de grands témoignages de respect ; ensuite, dans une assemblée tenue à l'abbaye de Notre-Dame, ils renouvelèrent leurs prières en se mettant à genoux et en versant d'abondantes larmes. Le margrave s'agenouilla aussi, et déclara se rendre avec joie à leurs désirs. Puis l'évêque de Soissons, maître Foulque, zélé curé de Neuilly, et deux abbés de Citeaux qui l'avaient accompagné de son pays, le conduisirent à la cathédrale, où ils attachèrent la croix sur ses épaules. Les chevaliers lui remirent l'argent qui avait été déposé chez le comte de Champagne pour les frais de la croisade. Le lendemain, il prit congé, donna les ordres nécessaires, et promit de se trouver pour l'époque désignée à Venise. S'en retournant, il visita Citeaux, où l'on tenait une assemblée générale de l'ordre ; maître Foulque, pour animer les nombreux seigneurs qui étaient présents, annonçait avoir déjà revêtu de la croix deux cent mille personnes. On engagea l'assemblée à permettre à l'abbé de Vaux-Cernai, qui avait une grande réputation, d'accompagner l'armée en qualité de prédicateur. Enfin Boniface s'étant recommandé aux prières des abbés rassemblés, et ayant obtenu la faveur d'emmener son compagnon, l'abbé de Lucédio, homme recommandable par sa sagesse et son expérience, traversa l'Allemagne pour s'en retourner dans ses domaines (Hurter, l. 5).

Le pape Innocent nomma légats de la croisade les cardinaux Soffred et Pierre de Capoue. Il fit connaître ces nominations à tout le clergé d'outre-mer, et déclara en même temps : « Qu'avec l'aide de Dieu et qu'à la suite de ses exhortations adressées aux fidèles pour les engager à porter secours à la terre sainte, un grand nombre de nobles et de seigneurs ont pris la croix et se préparent à voler à leurs secours. Mais afin que leurs efforts ne soient pas vains, et que l'ennemi ne sème pas parmi eux l'ivraie, nous avons envoyé ces légats, hommes puissants en œuvre et en parole, pour précéder l'armée du Seigneur, pour maintenir la paix et la concorde ; mais il convient que, de votre côté, vous formiez les peuples qui vous sont confiés, aux œuvres de piété, pour que le Seigneur, dans sa bonté, vous donne sa force et vous livre vos ennemis (L. 5, *Epist.* 25 et 26). »

Au commencement du printemps 1202, les préparatifs pour la croisade s'exécutaient avec ardeur et sans aucun désordre dans une grande partie de la France et de la Flandre ; ils se faisaient dans les cours des puissants vassaux, dans les châteaux des barons et dans les manoirs solitaires de l'écuyer. C'était l'affaire essentielle ; toute autre devait céder, et les croisés portaient tout au plus leur attention sur l'ordre à mettre dans leurs affaires, dans le cas de mort en terre sainte. Les affaires de famille du comte Baudouin de Flandre avaient déjà été réglées en 1200, sous la garantie du Pape. Après avoir fait des donations à des églises, à des hôpitaux et à des couvents, établi un anniversaire pour lui et son épouse, fondé des églises, érigé des collégiales, et commencé à cet égard plus de choses que le temps dont il avait à disposer ne lui permettait d'en achever, et après avoir renouvelé les droits de quelques villes, assuré la tranquillité de son pays, comme s'il eût pressenti qu'il ne le reverrait plus, il convoqua, au mois d'avril, une assemblée de ses parents et de ses vassaux à Valenciennes. Cent cinquante-cinq seigneurs, à la tête desquels étaient le connétable et le sénéchal de Flandre, se trouvèrent au rendez-vous, tous prêts à traverser la mer avec leur suzerain. Là ; Baudouin fit confirmer les donations qu'il avait faites à huit couvents désignés, ainsi qu'à plusieurs autres, afin qu'elles fussent irrévocables. Il régla ensuite le gouvernement de ses Etats pendant son absence. Enfin il prit congé, en versant des larmes, de sa femme qui était enceinte, de ses amis et du peuple, et partit accompagné de l'abbé de Los. Il pensait en route aux pieuses fondations qu'il avait établies, croyant n'avoir pas assez fait. Arrivé à Clairvaux, il fut si touché de la vie exemplaire des religieux de cet ordre, si pénétré de l'amour de Dieu et de son grand projet, qu'il témoigna, par une donation faite à ces religieux, le prix qu'il attachait à leur intercession pour le succès de son entreprise (Hurter, l. 6 ; Miræi, *Not. eccl. Bel.*, c. 126 ; Innoc., l. 3, *Epist.* 40).

Avant de quitter leurs foyers, les croisés eurent à déplorer la perte du saint orateur qui, par ses discours, avait échauffé leur zèle et ranimé leur courage. Foulque tomba malade et mourut dans sa paroisse de Neuilly. Quelque temps auparavant, il s'était élevé des murmures sur sa conduite, et ses paroles n'avaient plus le même empire sur l'esprit de ses auditeurs. Foulque avait reçu des sommes considérables, destinées aux frais de la guerre sainte ; et, comme on l'accusait d'en détourner une partie à son usage, plus il amassait d'argent, dit Jacques de Vitry, plus il perdait de son crédit et de sa considération. Cependant les soupçons qui s'attachaient à sa conduite n'étaient pas généralement accrédités. Le maréchal de Champagne nous apprend, dans son Histoire, que la mort du curé de Neuilly affligea vivement les chevaliers et les barons. Foulque fut enseveli dans l'église de sa paroisse avec une grande pompe ; son tombeau, monument de la piété de ses contemporains, attirait encore, dans le siècle dernier, le respect et la vénération des fidèles (Michaud).

Le rendez-vous général des croisés était à Venise, pour de là se rendre en Egypte et en Palestine ; mais la flotte flamande, composée de soixante-six vaisseaux, richement équipés et abondamment pourvus, fut longtemps empêchée par les tempêtes, de traverser le détroit de Gibraltar, et n'arriva qu'en automne à Marseille, où la comtesse de Flandre et Jean de Nesle, qui la commandait, se décidèrent à passer l'hiver, et puis à se rendre directement en Palestine. Plusieurs seigneurs français se proposèrent également de s'embarquer à Marseille. Renaud de Dampierre, à qui le comte de Champagne avait légué tous ses trésors pour être employés au voyage de la terre sainte, alla s'embarquer, avec un grand nombre de chevaliers champenois, dans le port de Bari. Cependant tous avaient promis, même avec serment, de se trouver au rendez-vous général de Venise. Cet oubli de la parole donnée entraîna bien des mouvements et fit manquer le but principal d'une croisade d'ailleurs si bien préparée.

D'abord il n'y eut à Venise que la moitié de l'armée chrétienne, et il y avait des navires pour trois fois autant. Ensuite, quand il fallut payer la somme convenue, les barons présents, n'étant que la moitié du nombre, ne se trouvèrent point assez d'argent. Les Vénitiens, il est vrai, étaient aussi intéressés qu'eux au succès de la croisade; ils possédaient une partie des villes de Tyr et de Ptolémaïs, qu'on allait défendre; ils devaient avoir, de plus, la moitié des conquêtes qu'on allait faire; mais les Vénitiens étaient un peuple marchand, peut-être même un peu plus marchand que chrétien; ils ne voulurent faire aucun sacrifice. De leur côté, les barons étaient trop fiers pour solliciter une grâce et supplier les Vénitiens de changer et d'adoucir les conditions du traité. Chacun des croisés fut invité à payer le prix de son passage : les plus riches payèrent pour les pauvres; les soldats, comme les chevaliers, s'empressèrent de donner tout l'argent qu'ils possédaient, persuadés, disaient-ils, que Dieu était assez puissant pour le leur rendre au centuple, quand il lui plairait. Le comte de Flandre, les comtes de Blois et de Saint-Pol, le marquis de Montferrat et plusieurs autres chefs se dépouillèrent de leur argenterie, de leurs diamants, de tout ce qu'ils avaient de plus précieux, et ne gardèrent que leurs chevaux et leurs armes.

Malgré ce noble sacrifice, les croisés devaient encore à la république marchande une somme de trente-cinq mille marcs d'argent. Alors le doge assembla le peuple et lui représenta qu'il ne serait point honorable d'user de rigueur; mais que les croisés pourraient s'acquitter des trente-cinq mille marcs qu'ils devaient encore, en aidant la république à reconquérir la ville de Zara en Dalmatie, qui, soumise autrefois à Venise, était alors sous la domination du roi de Hongrie. Pour amener les croisés à y consentir, le doge lui-même prit la croix avec un grand nombre de Vénitiens. Les croisés furent partagés d'avis. Les uns acceptèrent la proposition par nécessité, comme l'unique moyen de s'acquitter de leur dette et de leur parole; les autres murmuraient de ce que, au lieu de les conduire contre les infidèles pour l'avantage de la chrétienté entière, on voulait les employer contre des chrétiens au profit de Venise seule. On envoya consulter le Pape, chef de toute l'entreprise.

Un nouvel incident, également inattendu, vint compliquer les premiers.

L'empereur Isaac l'Ange, détrôné et privé de la vue par son frère Alexis dit Comnène, était toujours en prison. Mais peu à peu on lui accorda plus de liberté; il eut la faculté de se promener au bord de la mer, et on lui permit de communiquer avec quelques personnes. Des Latins, dont il s'était toujours entouré, vinrent à lui. Il leur parla de ses projets de vengeance contre son frère, et leur donna une lettre pour sa fille Irène, afin qu'elle se concertât à cet effet avec son époux Philippe, duc de Souabe. Son fils Alexis, encore adolescent, fut aussi tiré de prison, obtint la liberté de circuler librement, et fut désigné pour accompagner son oncle, l'usurpateur Alexis, dans une expédition qu'il allait entreprendre contre un chef rebelle. D'après le conseil de son père, il détermina un capitaine de vaisseau pisan à favoriser sa fuite. Il fut reçu à son bord et échappa, à la faveur d'un déguisement grossier, aux recherches des émissaires envoyés sur ses traces.

Le jeune Alexis vint à Ancône et de là à Rome, où il exposa au Pape le forfait de son oncle et les souffrances de son père. Innocent chercha à le consoler, lui promettant d'examiner ce qu'il aurait à faire. De Rome, il se rendit auprès de son beau-frère Philippe, et promit de l'aider à conquérir la terre sainte, et de se soumettre à l'Église romaine dans le cas où il lui porterait secours. Philippe crut voir dans l'armement des croisés un moyen de secourir son beau-frère. Il en conféra avec le margrave de Montferrat, et chercha, mais inutilement, à mettre, par son intermédiaire, le Pape dans ses intérêts.

Les amis du jeune Alexis lui conseillèrent de s'adresser directement aux croisés pour les prier de l'aider à conquérir l'héritage de son père. Il entama des négociations avec le margrave Boniface et les barons français. Ceux-ci promirent d'autoriser quelques-uns d'entre eux à négocier avec le prince et de l'aider à remonter sur le trône, s'il s'engageait, de son côté, à les secourir à l'avenir, le prévenant toutefois que, dans une affaire de cette importance, ils devaient prendre l'avis du Pape (*Gesta*, c. 89, l. 6, *Epist.* 101).

La demande du jeune Alexis ne pouvait manquer de plaire aux Vénitiens, et en particulier au doge, à cause de sa haine et de sa soif de vengeance contre Byzance, où il avait été outragé dans une ambassade; car l'empereur actuel semblait avoir oublié le paiement du restant de l'indemnité promise par Emmanuel aux Vénitiens, pillés dans une émeute, et qui, si jaloux de leurs privilèges et de leur commerce, voyaient encore qu'on leur préférait les Pisans. Quelle ne dut pas être leur joie de pouvoir faire sentir de nouveau à Byzance, sous un prétexte si louable, la puissance de la république, et de reconquérir, avec l'aide des barons, les avantages commerciaux qu'ils possédaient autrefois?

Mais le projet que les Vénitiens avaient de se servir de l'armée des croisés pour leur intérêt propre, ne pouvait plaire à Rome. Le Pape vit qu'au moment où il croyait ses vœux accomplis, on donnait une autre direction à cette guerre, objet constant de ses efforts durant plusieurs années. Dès le principe, il avait averti les croisés de ne jamais tourner leurs armes contre les chrétiens, s'ils voulaient que Dieu les protégeât, et il les voyait prêts à attaquer le domaine d'un roi, celui de Hongrie, dont le peuple avait pris la croix. Le cardinal Pierre, du titre de Saint-Marcel, parut bientôt à Venise en qualité de légat, afin de presser le départ de la flotte pour Alexandrie, et de détourner l'armée de l'expédition projetée contre Zara. Les Vénitiens ne le reçurent pas d'une manière conforme à sa dignité (L. 7, *Epist.* 203). Le duc de Venise et le conseil lui firent dire que, s'il voulait accompagner l'expédition pour prêcher, il le pouvait; que, si c'était en qualité d'envoyé du Pape, il n'avait qu'à rester en arrière (*Gesta*, c. 85). Quelques historiens du temps prétendent que le sultan d'Egypte, frère de Saladin, ayant appris les préparatifs qui se faisaient en Occident, promit aux Vénitiens de riches présents et de grands priviléges dans le port d'Alexandrie, s'ils parvenaient à détourner les barons de se rendre en Egypte.

Quant à la conduite du pape Innocent III au milieu de ces conjonctures si graves, si délicates et si embarrassantes, elle se résumait dans ces deux principes, comme on le voit par sa correspondance : premièrement, souffrir toute sorte d'injustice plutôt que de voir l'armée se dissoudre; ensuite, avec cela, employer tous les moyens possibles pour l'empêcher de tourner ses armes contre les chrétiens.

Les croisés allemands déclarèrent injuste la guerre contre Zara, parce que le maître de cette ville et ses sujets étaient, comme croisés, sous la protection du Siége apostolique. On perdit beaucoup de temps en délibération. Plusieurs, voyant qu'on ne pouvait détourner ni les Vénitiens, ni les barons français de leur dessein, retournèrent chez eux. D'autres se rendirent à Rome pour se faire absoudre de leur vœu. Plusieurs croisés d'Allemagne, prêts à partir, restèrent dans leur patrie. Ceux qui ne voulaient pas se séparer de leurs compagnons sans avoir accompli leur vœu, parce qu'ils considéraient dans ce cas le retour comme un plus grand péché que l'expédition contre Zara, consentirent à suivre l'armée, sous la promesse que les Vénitiens les conduiraient ensuite, sans retard, devant Alexandrie, et les assisteraient fidèlement contre les païens (Hurter, l. 6). Consulté par l'évêque d'Halberstadt, quatre abbés de Citeaux et quelques autres ecclésiastiques, le légat leur ordonna de ne pas abandonner les pèlerins, et de s'opposer, autant que possible, à l'effusion du sang chrétien.

Avant le départ des croisés de Venise, Innocent leur écrivit encore pour les menacer de l'excommunication dans le cas où ils attaqueraient un pays chrétien, et particulièrement Zara. L'abbé de Locédio était chargé de leur répéter verbalement les mêmes recommandations. Sa parole ne fit pas plus d'impression que l'écrit du Pape. Cependant, pour ne pas suivre l'expédition, le margrave Boniface, chef de toute la croisade, allégua quelques affaires particulières, et Matthieu de Montmorency prétexta une maladie. Mais Etienne, comte de Perche, et d'autres seigneurs, aimèrent mieux s'exposer aux reproches de leurs compagnons que de désobéir au Pape, et se rendirent dans la Pouille, afin de passer la mer avec la flotte qui devait partir au printemps.

La flotte vénitienne, partie le 8 octobre, étant arrivée devant Zara le 10 novembre, la même hésitation se manifesta parmi les croisés. Simon de Montfort dit aux envoyés de la ville qui venaient proposer une capitulation : « Je ne suis point venu ici pour faire du tort aux chrétiens; loin de vouloir vous faire du mal, mon intention est de vous protéger contre ceux qui chercheraient à vous en faire (Petr. Val. Cern., *Hist. albig.*, *apud Duchesne*, t. V, p. 373). »

Les autres Français, tout en déployant une grande activité au siége, ne s'y livraient pas de bon cœur. Le sixième jour, une tour fut ruinée, et une brèche pratiquée à la muraille. Alors les habitants désespérés rendirent la ville au duc, à condition d'avoir la vie sauve. Les églises furent pillées, les murailles renversées, un grand nombre de maisons abattues. Dandolo fit décapiter quelques bourgeois, en bannit un grand nombre, tandis que d'autres s'exilaient volontairement. Les Vénitiens et les Français s'étant partagé la ville, une violente querelle éclata entre eux, ils se battirent dans les rues, et les chefs eurent de la peine à les réconcilier au bout de huit jours.

Quarante mille hommes se trouvaient rassemblés à Zara. Le margrave de Montferrat, Matthieu de Montmorency et d'autres seigneurs restés en arrière rejoignirent enfin l'armée, et furent suivis des messagers d'Allemagne. Ces messagers retracèrent aux chefs de l'expédition les malheurs du jeune Alexis, dont la maison avait toujours été favorablement disposée pour les Latins, et avait souvent donné l'hospitalité à leurs princes; ils exposèrent que la partie la plus considérable de la capitale désirait ardemment son retour. Les ambassadeurs faisaient entendre à chaque peuple un langage conforme à ses sentiments; ils engageaient les Allemands par la parenté du prince avec le roi; les Français, par le désir de venger maintes insultes qu'ils avaient essuyées dans la capitale de l'empire byzantin; les Vénitiens, par l'espoir d'étendre leur commerce et d'obtenir le paiement de l'indemnité promise par Emmanuel. « L'armée, ajoutaient-ils, est hors d'état d'atteindre le pays des Sarrasins, faute de vivres et des objets les plus indispensables; au lieu de porter un secours utile à la terre sainte, elle lui sera à charge, comme cela est arrivé précédemment. » Le duc Philippe de Souabe supposait aussi avec raison que le temps passé par les croisés à Venise avait épuisé leurs ressources, et qu'ils accueilleraient avec empressement un appui. Il leur offrit donc de leur remettre son beau-frère, le jeune Alexis, afin qu'ils le rétablissent sur le trône paternel. Ce dernier leur promet, dans ce cas, des secours pour la terre sainte, la réunion de son empire à l'Eglise romaine, des vivres pour toute l'armée, une indemnité de deux cent mille marcs, et une autre de trente mille pour les Vénitiens, afin de les dédommager des pertes éprouvées sous Emmanuel. Alexis s'engageait, en outre, à marcher en personne, après l'expulsion de l'usurpateur, contre l'Egypte avec les croisés, ou, s'ils le préféraient, à entretenir pendant un an, à ses frais, dix mille hommes, et à tenir sur pied, durant sa vie, cinq cents lances destinées au service de la terre sainte. Ces conditions, appuyées au nom de Philippe de Souabe, parurent avantageuses aux barons, qui déclarèrent qu'ils les soumettraient le lendemain à leurs compagnons.

Les avis furent encore partagés. La plupart des croisés, tant ecclésiastiques que laïques, crurent devoir accepter les conditions, qui furent jurées de part et d'autre. Mais un grand nombre de seigneurs, qui avaient plus à cœur la cause sainte, parmi eux Simon de Montfort, firent observer de nouveau combien il était insensé et téméraire de perdre de vue leur mission, et d'attaquer avec une poignée de monde, et pour le compte d'autrui, une ville aussi forte et aussi populeuse que Constantinople : car ils avaient la conviction qu'il était impossible de placer, sans effusion de sang, le prince Alexis sur le trône. Ils déclarèrent donc hautement que, les Vénitiens refusant d'écouter les ordres et les menaces du Pape, il fallait se séparer d'eux; un grand nombre était de leur avis. Ils prirent divers chemins pour se rendre en Syrie (Hurter, l. 6).

L'armée des croisés passa ainsi l'hiver de 1202 à 1203 à Zara, dans l'oisiveté, sans être unie, et sans s'occuper de la grande entreprise qui devait s'exécuter au printemps. Le Pape dès qu'il apprit les événements passés, adressa à l'armée le manifeste suivant : « Satan vous a poussés à diriger vos premières armes contre un peuple chrétien; vous avez offert au diable les prémices de votre pèlerinage. Vous n'avez pas dirigé vos pas vers Jérusalem ; vous n'êtes pas descendus vers l'Egypte. Vous auriez dû au moins être retenus, dans cette criminelle entreprise, par le respect dû à la croix que vous portez, par les égards que méritent le roi de Hongrie et son frère, et par l'autorité du Saint-Siège, qui avait donné des ordres précis à ce sujet. Nous vous exhortons à ne pas porter plus loin vos dévastations, à restituer tout le butin aux délégués du roi de Hongrie; autrement nous lancerons l'excommunication contre vous, et nous vous déclarerons déchus de tous les bienfaits de la croisade (*Gesta*, c. 86; L. 5, *Epist.* 161; Hurter, l. 7). »

Les capitaines français, reconnaissant leur faute, députèrent à Rome le pieux et éloquent évêque de Soissons, le savant maître Jean de Noyon, qui devint plus tard chancelier du comte de Flandre, ainsi que deux chevaliers ; ils étaient chargés de s'excuser sur leur alliance forcée avec les Vénitiens, de demander l'absolution, et d'assurer qu'ils obéiraient avec empressement aux ordres ultérieurs du Pape (Villehard., c. 54). L'abbé Martin de Pairis, près de Bâle, s'était joint à eux dans l'espoir que le Pape l'autoriserait, ainsi que ses compagnons, à retourner dans leur patrie. Innocent répondit : « Il faut avant tout, que vous soyez entrés en terre sainte ! » L'abbé Martin se rendit donc à Bénévent, près du cardinal Pierre de Capoue, s'embarqua avec ce prélat au commencement d'avril, à Siponte, et arriva à la fin du même mois à Saint-Jean-d'Acre.

Ce ne fut pas sans peine que les députés envoyés par les barons français parvinrent à obtenir audience; Innocent leur fit sentir toute la douleur que lui causaient les événements de Zara (L. 6, *Epist.* 231). Dans une nouvelle lettre, adressée aux comtes, aux barons et aux autres croisés, qu'il n'honore pas même de son salut, il leur répète les mêmes reproches faits précédemment. Il leur témoigne cependant sa joie de les voir revenir à résipiscence. Il reconnaît que la nécessité les excuse, mais il leur représente qu'ils ne peuvent réparer leur faute qu'en restituant tout le butin. Il déclare aussi comme non avenue l'absolution donnée par leurs évêques, leur annonçant qu'il a ordonné à son légat, le cardinal Pierre, de recevoir ou de faire recevoir, par un fondé de pouvoirs, le serment qu'ils obéiraient désormais aux ordres du Pape. Ce n'est qu'à ce prix que l'excommunication pourra être levée. Il les engage en outre à montrer, d'une manière authentique, qu'ils veulent réparer leur faute; à n'attaquer à l'avenir aucun pays chrétien, à moins qu'ils n'y trouvent de la résistance; enfin à demander pardon au roi de Hongrie de l'offense commise à son égard. En même temps il recommanda aux députés de retenir l'armée sous ses drapeaux, et autorisa deux ecclésiastiques à lever provisoirement l'excommunication jusqu'à l'arrivée du cardinal (L. 5, *Epist.* 162; L. 6, *Epist.* 99; Villehard.). Le margrave de Montferrat fut particulièrement chargé de veiller à ce que l'armée et la flotte ne se séparassent pas, afin que l'entreprise fût continuée (L. 6, *Epist.* 99).

Quand les envoyés des croisés revinrent de Rome, et que les lettres du légat arrivèrent au camp, les pèlerins éprouvèrent une grande joie à cause de l'indulgence du Pape; ils se hâtèrent d'envoyer la déclaration demandée. Les Vénitiens seuls ne voulurent rien entendre ; ils se glorifiaient de leur exploit, n'en témoignaient nul repentir, et ne voulaient pas non plus demander pardon. Le margrave de Montferrat, craignant de les voir s'éloigner avec leur flotte et forcer ainsi l'armée à se dissoudre, n'osa leur montrer la lettre du Pape. Il crut d'autant plus pouvoir se dispenser de cette communication, que le doge et quelques amis des Vénitiens lui donnèrent l'assurance qu'ils se justifieraient eux-mêmes auprès du souverain Pontife. Le margrave se justifia auprès d'Innocent, de la marche suivie dans cette circonstance, en alléguant ses bonnes intentions, et il le pria, ainsi que tous les barons, de leur donner ses avis sur leur conduite ultérieure (*Ibid.*, *Epist.* 48, 99, 100).

Innocent leur écrivit : « Si vous êtes pénétrés d'un repentir sincère et animés d'une ferme résolution, vous êtes déjà réconciliés avec Dieu. Si les Vénitiens suivent votre exemple, vous pouvez sans crainte vous embarquer et combattre avec eux, dans le cas contraire nous vous permettons de vous rendre avec eux jusqu'au pays des Sarrasins ou jusqu'au royaume de Jérusalem; cependant, nous ne vous le permettrons qu'avec un cœur affligé et dans l'espoir que vous obtiendrez le pardon d'avoir communiqué avec eux; car, ayant déjà payé la majeure partie de vos frais de transport, il vous serait difficile d'obtenir la restitution des fonds avancés ; nous serions donc peiné que le repentir vous occasionnât des pertes, tandis que l'opiniâtreté des Vénitiens leur procurerait du gain. De même que le voyageur est autorisé à acheter ce qui lui est nécessaire dans un pays d'hérétiques ou d'excommuniés, et qu'il est permis aux gens de la maison d'avoir des rapports avec le père de famille excommunié; de même, comme hôtes sur les vaisseaux du doge, il vous est permis d'être en contact avec les siens. Mais aussitôt que vous serez débarqués, vous ne les recevrez plus dans vos rangs, si l'excommunication n'a pas été levée; car, dans ce cas, la malédiction s'étendrait jusqu'à vous; vous seriez facilement mis en fuite par vos ennemis, comme il arriva aux enfants d'Israël au siége d'Haï, parce que Achan se trouvait au milieu d'eux, ou bien comme il arriva au saint roi Josaphat dans son alliance avec l'impie Ochosias. Nous nous adressons à l'empereur de Constantinople pour l'engager à vous pourvoir de vivres. Dans le cas où il s'y refuserait, vous pourrez vous en procurer partout où vous en trouverez, en prenant toutefois la résolution de les payer, et en vous abstenant de porter préjudice aux personnes. Si les Vénitiens travaillaient à dissoudre l'armée, souffrez et prenez patience jusqu'à ce que vous ayez atteint le lieu de votre destination, où vous pourrez les châtier suivant les circonstances (L. 6, *Epist.* 102; *Gesta*, c. 88). »

Avant d'envoyer cette lettre, Innocent apprit par le légat le traité conclu par les croisés avec le jeune Alexis. Il écrivit donc au margrave de Montferrat, aux comtes de Flandre, de Blois et de Saint-Pol : « Nous sommes affligé, à cause de nous, de vous et de toute la chrétienté, qu'une entreprise si agréable à Dieu ait été souillée par un semblable crime; mais nous nous réjouissons en même temps d'avoir appris par vos lettres que vous avez reconnu vos torts et que vous êtes disposés à vous soumettre aux ordres du Siége apostolique; que votre repentir soit sincère, et que ce qui est arrivé ne se renouvelle plus! Ne vous figurez pas qu'il vous soit permis d'attaquer l'empire grec, sous prétexte que cet empire ne reconnaît pas le Siége apostolique ou que l'empereur a précipité son frère du trône. Vous n'êtes point juges dans cette cause; vous avez pris la croix pour venger, non cette injustice, mais l'outrage fait au Christ. Nous vous engageons sérieusement à renoncer à ce projet et à passer dans la terre sainte, sans vous arrêter en route sous le prétexte d'y avoir été contraints; autrement, nous ne pourrions vous accorder le pardon. Nous vous défendons de nouveau, sous peine d'excommunication, d'attaquer un pays chrétien ou d'y causer des dégats, et nous vous ordonnons de suivre les conseils du légat. Comme nous voulons que les Vénitiens connaissent notre volonté, afin qu'ils n'invoquent pas pour excuse leur ignorance, nous vous invitons à leur montrer notre précédente lettre (L. 6, *Epist.* 48, 103; *Gesta*, c. 89).

L'historien protestant d'Innocent III observe à ce sujet : « Si l'attention d'Innocent eût été fixée avec moins de persévérance sur les affaires de la Palestine; si la délivrance de la terre sainte n'eût pas été le but exclusif de ses démarches; si des vues temporelles eussent dirigé ses efforts; ou s'il n'eût pas connu quelque chose de plus élevé que l'accroissement de son influence et de sa domination spirituelle, alors il eut trouvé dans les évènements de Constantinople l'occasion d'arriver à son but. Dans la puissante armée des croisés, il eût rencontré les moyens faciles de réaliser tous ses projets, et, dans ce cas, il n'eût pas élevé la voix avec tant de sévérité et de persévérance contre cette entreprise et ne s'en serait pas plaint auprès des autres princes, tels que les rois de France et d'Angleterre (L. 6, *Epist.* 68 et 69). Ce ne fut pas pour sauver les apparences qu'il agit ainsi, car il ne doutait pas que ses plaintes ne fussent entendues et qu'elles n'eussent un résultat satisfaisant. Profondément convaincu que les croisés marchaient vers la terre sainte, il envoya au cardinal Pierre 1,200 livres pesant d'argent, pour subvenir à ses dépenses et pour être employées à la grande cause. Il lui ordonna d'aller rejoindre l'armée, et, dans le cas où il n'y serait pas reçu avec respect et où elle refuserait de le suivre, de l'abandonner comme dépouillée des bénédictions et de se rendre à Jérusalem. Il fit également partir pour la terre sainte le cardinal Soffred, muni d'une somme égale à celle remise au cardinal Pierre; et afin que les Sarrasins ne pussent reprendre courage contre les chrétiens, il s'efforça de consolider la paix entre les princes européens. Son indignation contre les Vénitiens était si profonde, que, dix-huit mois après, il refusa, uniquement à cause de leur conduite, le *pallium* au patriarche de Grade. Les deux cardinaux partirent. Soffred prit le devant. Après avoir donné les ordres nécessaires dans l'île de Chypre, il trouva le patriarche de Jérusalem à l'agonie. Le choix du clergé, le vœu du peuple et l'assentiment du roi l'appelèrent à cette dignité. Le Pape lui laissa la faculté d'accepter ou de refuser; il refusa (L. 6, *Epist.* 48, 68; L. 7, *Epist.* 74; *Gesta*, c. 87).

Cependant le jeune Alexis se rendit en personne auprès des croisés. La vue de ce prince, dépouillé de ses Etats par une infâme trahison, un sentiment de compassion, le renouvellement de ses premières promesses, la haine contre un peuple qui était en opposition avec l'Eglise romaine et par conséquent avec Dieu; chez les Vénitiens, l'appât du gain; chez les autres, le désir du butin; chez ceux qui aspiraient aux trésors spirituels, l'espoir de s'emparer des saintes reliques dont l'Eglise grecque était indigne, tout cela réuni fortifia les croisés dans leurs projets de conquête contre Constantinople; leur piété révérait dans ce projet l'inspiration de la Providence, qui les portait à convertir cette ville, autrefois hostile aux pèlerins, en un lieu de sûreté (Gunther, c. 12).

Ils partirent de Zara quelque temps après la fête de Pâques, qui, cette année 1203, fut le 7 avril. Ils passèrent sans s'arrêter devant Spalatro, l'ancienne Salone. A Raguse, la prophétie d'un comte d'Hallermond, qui y vivait en moine, leur prédisant la prise de Constantinople, ranima leur courage (*Chron. Halberst.*). Durazzo se rendit sans délai au jeune Alexis. Corfou était désigné comme rendez-vous aux vaisseaux.

Pendant le séjour de trois semaines qu'on fit dans cette île, l'armée se divisa de nouveau au sujet de l'expédition. Plusieurs délibéraient ensemble, d'y attendre des vaisseaux pour les transporter en Asie. Le margrave de Montferrat et les autres capitaines craignaient une nouvelle séparation. Tant de braves gens s'étaient déjà éloignés : que pouvaient donc entreprendre ces forces désunies ? « Allons les trouver ! s'écrièrent-ils; les prières, les représentations, la peinture de l'ignominie dont ils se couvriraient, si la conquête de la terre sainte venait à échouer à cause d'eux, ne manqueront pas de les émouvoir. »

Réunis aux évêques et aux abbés, et ayant le prince byzantin au milieu d'eux, ils se rendent dans la vallée où les autres seigneurs étaient réunis. Aussitôt qu'ils les aperçoivent, ils descendent de cheval. Les opposants ne peuvent voir dans une position suppliante leurs seigneurs, leurs plus proches parents, leurs amis et leurs vieux compagnons d'armes; ils abandonnent donc aussi leurs chevaux et se portent à leur rencontre; mais quand les chefs se mettent à genoux et quand ils déclarent qu'ils resteront dans cette position jusqu'à ce que leurs frères d'armes leur aient promis de ne pas se séparer d'eux, les cœurs de ces héros sont émus, et des deux côtés on verse d'abondantes larmes; ils demandent quelques moments pour délibérer et rapportent bientôt l'assurance de rester avec eux jusqu'à la Saint-Michel; ils exigent en même temps qu'on leur fasse serment de leur livrer, à cette époque, sans qu'alors on ait recours à des subterfuges ou à des délais, des vaisseaux qui les transporteront dans les quinze jours suivants en Syrie. Le serment est prêté, et cette heureuse réconciliation répand la joie dans toute l'armée. Le prince Alexis renouvelle ses précédentes promesses (Villehardouin).

En vérité, nous le confessons, à notre honte, si l'on veut : dans toute l'histoire, dans la poésie même, nous ne connaissons rien de plus beau, rien de plus touchant, que ces hommes de guerre, que ces héros, prêts à se séparer de leurs compagnons d'armes, qui sont leurs amis, leurs parents; prêts à s'en séparer, non par colère, non pour aucun intérêt terrestre, mais par délicatesse de conscience, mais par la crainte filiale d'offenser Dieu. Et quand nous les voyons à genoux les uns devant les autres, et pleurant sur les difficultés de conscience qui les divisent, en vérité, nous remercions Dieu de les avoir mis à cette épreuve.

Partie de Corfou la veille de la Pentecôte, la flotte arriva la veille de la Saint-Jean à la vue de Constantinople. Les croisés débarquèrent à Chalcédoine, qui était vis-à-vis.

Bien que l'empereur Alexis n'ignorât pas que la prise de Constantinople était leur but immédiat, il n'avait pourtant pris aucune précaution ni pour sa sécurité personnelle ni pour celle des habitants. Livré aux plaisirs de la table, il parlait devant ses convives avec mépris de l'armée des Latins. La flotte impériale, qui, à cause de la situation de la ville, eût été le meilleur moyen de défense, était depuis longtemps tombée en ruine. Les eunuques préposés aux chasses de l'empereur empêchaient, par des menaces et comme s'il se fût agi de bosquets sacrés, qu'on n'abattît des arbres pour la construction des navires. L'amiral grec, beau-frère de l'empereur, possédé par la même cupidité que les autres membres de sa famille, avait vendu les gouvernails, les ancres, les voiles et même les rames des vaisseaux, et dégarni tous les arsenaux. L'empereur, qui aimait mieux se tenir dans ses palais, tolérait ces déprédations, s'occupait à faire niveler des coteaux, combler des vallées, construire des hippodromes. Il se moquait dans ses festins de la flotte des Latins, et riait du danger qui le menaçait. A la nouvelle qu'Épidamne avait fait hommage à son neveu, il se détermina seulement à faire réparer vingt canots pourris; il inspecta les murs de la ville, ordonna d'abattre quelques maisons bâties en dehors des remparts, et organisa pour la défense huit corps d'armée, chacun de quatre mille hommes (Nicétas et Albéric).

L'armée campait depuis neuf jours dans le voisinage de la capitale, et aucun messager ne paraissait. Enfin, le lendemain d'un petit combat où les Latins avaient mis en fuite les Grecs, l'empereur envoya un Italien au camp des croisés. Sa lettre, adressée au margrave, fut lue dans l'assemblée des barons, et l'on permit au messager de s'expliquer lui-même. « Illustres seigneurs, dit l'Italien, l'empereur sait que parmi les princes qui ne portent pas de couronne, vous êtes les plus puissants et les plus braves de la terre. Mais pour quels motifs êtes-vous ainsi venus, comme chrétiens, dans un pays chrétien? L'empereur n'ignore pas que le but de votre expédition est la terre sainte et le tombeau de Notre Seigneur. Avez-vous besoin de vivres ou d'autres choses? il est prêt à satisfaire à votre demande. Mais éloignez-vous de son empire, il serait fâché de vous y contraindre. Il est puissant; fussiez-vous vingt fois plus nombreux, vous ne pourriez échapper à la mort ou à la captivité, si son intention était de vous perdre. »

Le sage et éloquent chevalier Conon de Béthune répondit au nom de tous : « Nous sommes entrés dans les Etats de votre maître, parce qu'il possède contre Dieu et le bon droit ce qui appartient à son neveu. Vous le voyez ici, il est au milieu de nous. Si votre maître consent à venir lui demander pardon, à lui rendre la couronne et l'empire, nous intercéderons en sa faveur auprès d'Isaac et de son fils, afin qu'ils lui accordent sa grâce et lui assurent un revenu convenable. Du reste, à l'avenir, ne soyez plus si téméraire ni si hardi de venir ici pour de semblables messages. »

Les croisés résolurent de montrer le lendemain le jeune Alexis au peuple. Tous les vaisseaux de guerre furent équipés; le doge, le margrave et le prince en montaient un, les barons se trouvaient sur les autres; arrivés près des murs de Constantinople, ils présentèrent le prince aux Grecs et s'écrièrent par le héraut d'armes : « Voici votre seigneur légitime. Sachez que nous ne sommes pas venus ici pour vous faire le moindre mal, mais pour vous garder et vous défendre, si vous faites ce que vous devez. Vous savez que celui à qui vous obéissez s'est méchamment et à tort emparé du pouvoir suprême, et vous n'ignorez pas avec quelle déloyauté envers son souverain. Vous voyez ici le fils et l'héritier d'Isaac : si vous venez à son parti, vous ferez votre devoir; sinon, sachez bien que nous vous ferons le plus de mal que nous pourrons. » Il n'y eut pas un Grec de la ville ou de la campagne qui répondît à ces paroles des croisés : tous étaient retenus par la crainte de l'usurpateur. Alors les chevaliers et les barons revinrent au camp, et ne s'occupèrent plus que de faire la guerre aux Grecs.

Le 6 juillet 1203, après avoir ouï la messe, les chefs de la croisade s'assemblèrent et tinrent conseil, à cheval, dans une vaste plaine, qui est aujourd'hui le grand cimetière de Scutari. On arrêta dans cette assemblée que toute l'armée rentrerait dans la flotte et traverserait le détroit de Saint-Georges ou le Bosphore. Les croisés venus de France et d'Italie furent divisés en six bataillons, sous le commandement de Baudouin de Flandre, de Henri son frère, de Hugues de Saint-Pol, du comte Louis de Blois, de Matthieu de Montmorency, de Geoffroi de Villehardouin, de Boniface, marquis de Montferrat.

Quand on eut divisé ainsi l'armée, les prêtres et les évêques firent des remontrances à tous ceux du camp, les exhortant à se confesser et à faire leur testament, ce qu'ils firent avec beaucoup de zèle et de dévotion. Le jour marqué pour traverser le détroit, toute l'armée fut sur pied de grand matin. L'empereur était venu camper avec une armée nombreuse sur la rive opposée. Cette vue, au lieu d'intimider les croisés, parut augmenter leur ardeur : c'était à qui arriverait le premier. A mesure qu'on approchait de la rive, les chevaliers, tous le casque en tête et l'épée à la main, s'élançaient dans les flots, ayant de l'eau jusqu'à la ceinture. L'empereur grec n'eut pas le courage de leur présenter le combat; frappé de terreur, il se hâta d'abandonner son camp, et se retira dans la ville.

Le siège commença aussitôt. « C'est une chose étonnante et bien hardie, dit Villehardouin, de voir qu'une si petite troupe de gens, qui suffisait à peine à l'attaque d'une des portes, entreprit d'assiéger Constantinople, qui avait trois lieues de front du côté de la terre. » Dix jours s'écoulèrent dans des combats et des escarmouches continuels : le dixième jour du siège, qui était le 17 juillet, on résolut de livrer un assaut général par terre et par mer; on donna en même temps le signal à la flotte et à l'armée. Déjà les Vénitiens avaient pénétré dans la ville, quand l'empereur, pressé par les cris du peuple, envoya des troupes contre eux, et sortit lui-même avec une armée pour attaquer ceux qui assiégeaient la ville par terre. L'armée impériale était en si grand nombre, qu'on eût pu croire, selon l'expression de Villehardouin, que toute la ville était sortie. A l'approche des Grecs, les croisés se mettent sous les armes : ils n'étaient que six bataillons contre soixante. La nouvelle d'un si grand danger étant venue au doge de Venise, il donna l'ordre aux siens de cesser le combat et d'abandonner les tours qu'on avait prises; puis il se mit à leur tête, lui, vieillard de quatre-vingt-dix ans, et les conduisit au camp des croisés français, disant qu'il voulait vivre et mourir avec les pèlerins. L'arrivée de Dandolo avec l'élite des Vénitiens redoubla le courage des barons et des chevaliers. Cependant les deux armées restèrent longtemps en présence, les Grecs n'osant en venir à la charge, les Latins demeurant immobiles devant leurs barrières et leurs palissades. Après une heure d'hésitation et d'incertitude, l'empereur fit sonner la retraite.

Quand on vit l'empereur rentrer dans la ville sans avoir livré de combat, on y fut plus effrayé que s'il avait été vaincu. Le peuple accusait l'armée, et l'armée accusait Alexis. L'empereur, se défiant des Grecs, redoutant les Latins, ne songeant plus qu'à sauver sa vie, abandonna ses proches, ses amis, sa capitale, et s'embarqua secrètement au milieu des ténèbres de la nuit, pour aller chercher une retraite dans quelque coin de son empire.

Quand le jour vint apprendre aux Grecs qu'ils n'avaient plus d'empereur, le désordre et l'agitation furent extrêmes dans Constantinople : on s'assemblait dans les rues, on racontait les fautes des chefs, la honte des favoris, les malheurs du peuple. Depuis qu'Alexis avait abandonné sa puissance, on se rappelait le crime de son usurpation, et mille voix s'élevaient pour invoquer contre lui la colère du Ciel. Au milieu de la confusion et du tumulte, les plus sages ne savaient quel parti prendre; les courtisans volent à la prison où gémissait Isaac; ils brisent ses fers et l'entraînent en triomphe dans le palais de Blaquerne. Quoique aveugle, il est placé sur le trône, et, lorsqu'il croit encore être entouré de bourreaux, il s'étonne d'entendre autour de lui des flatteurs : en le voyant revêtu de la pourpre impériale, on s'attendrit pour la première fois sur des malheurs qu'il ne souffre plus. De toutes parts on s'excuse d'avoir été partisan d'Alexis, et d'avoir fait des vœux pour sa cause. On va chercher la femme d'Isaac, qu'on avait oubliée, et qui vivait dans une retraite dont personne ne savait le chemin sous le règne précédent (Nicétas, l. 1; Michaud, l. 10).

Euphrosine, femme de l'empereur fugitif, était accusée d'avoir voulu profiter des troubles de Constantinople pour revêtir de la pourpre un de ses favoris. On la précipita dans un cachot, en lui reprochant tous les maux de la patrie, et surtout les longues infortunes d'Isaac. Ceux que cette princesse avait comblés de ses bienfaits se distinguaient parmi ses accusateurs, et s'efforçaient de se faire un mérite de leur ingratitude.

Bientôt la renommée va publier dans le camp des croisés ce qui s'est passé dans la capitale de l'empire. A cette nouvelle, le conseil des seigneurs et des barons s'assemble dans la tente du marquis de Montferrat : ils remercient la Providence qui vient de délivrer Constantinople, et les délivrer eux-mêmes des plus grands dangers, ils reconnaissent, dans leur piété, que personne ne peut nuire à celui que protège le Ciel. Mais, en se rappelant qu'ils avaient vu la veille l'empereur Alexis entouré d'une armée innombrable, ils ne peuvent croire au miracle de sa fuite.

Cependant le camp des croisés se remplissait d'une multitude de Grecs sortis de la ville, qui racontaient les merveilles dont ils avaient été témoins. Plusieurs des courtisans qui n'avaient pu être remarqués par Isaac, accouraient auprès du jeune Alexis, dans l'espoir d'attirer ses premiers regards : ils bénissaient le Ciel d'avoir exaucé leurs vœux pour son retour, et le conjuraient, au nom de la patrie et de l'empire, de venir partager les honneurs et la puissance de son père.

Tant de témoignages ne purent persuader les Latins, accoutumés à se défier des Grecs. Les seigneurs et les barons rangent leur armée en bataille, et, toujours prêts à combattre, ils envoient à Constantinople Matthieu de Montmorency, Geoffroi de Villehardouin, et deux nobles Vénitiens, pour *voir à l'œil comment les choses se passaient* (Villehard., l. 4).

En arrivant à Constantinople, les députés sont conduits au palais de Blaquerne entre deux rangs de soldats qui, la veille, formaient la garde de l'usurpateur Alexis, et qui venaient de jurer de défendre Isaac. L'empereur, entouré de toute la magnificence des cours d'Orient, reçoit les députés sur un trône éclatant d'or et de pierreries. « Gracieux seigneur, lui dit le maréchal de Champagne, vous connaissez le service que nous avons rendu au prince votre fils; nous ne nous sommes écartés en rien du traité. Conformément à nos conventions, le prince ne peut entrer dans Constantinople avant que toutes les clauses qu'il a souscrites n'aient reçu pleine et entière exécution, et il nous a chargés de vous prier, avec une soumission toute filiale, de ratifier toutes les conditions acceptées par lui. — Que porte donc ce traité? répliqua l'empereur. — Il porte que l'empire d'Orient retournera sous l'obéissance du Saint-Siège, dont il est séparé depuis longtemps; que vous nous donnerez deux cent mille marcs, et des vivres pour un an; que vous embarquerez sur vos vaisseaux et entretiendrez pendant une année dix mille hommes envoyés dans la terre sainte; que vous consacrerez enfin pour toujours cinq cents cavaliers au service de ce pays. Voilà ce que votre fils a promis par serment, et ce que votre gendre Philippe d'Allemagne a signé avec lui. — En vérité, répliqua l'empereur, les conditions sont dures; mais vous avez tant fait pour moi et pour mon fils, que tout l'empire suffirait à peine pour vous récompenser. » L'empereur jura donc d'accomplir le traité, et y apposa sa bulle d'or.

Bientôt les seigneurs et les barons montent à cheval et conduisent le fils d'Isaac à Constantinople. Le jeune Alexis marchait entre le comte de Flandre et le doge de Venise, suivi de tous les chevaliers couverts de leurs armes. Le peuple, qui auparavant gardait à sa vue un morne silence, accourait en foule sur son passage, et le saluait par de vives acclamations; le clergé latin accompagnait le fils d'Isaac, et l'Église grecque avait envoyé au devant de lui son magnifique cortége. L'entrée du jeune prince dans la capitale, était comme un jour de fête pour les Grecs et pour les Latins. Dans toutes les églises on remerciait le Ciel; partout retentissaient les hymnes de l'allégresse publique; mais ce fut surtout dans le palais des Blaquernes, naguère le séjour du deuil et de la crainte, qu'éclatèrent les plus grands transports de joie. Un père aveugle et plongé depuis huit ans dans un cachot, prenant entre ses bras un fils auquel il devait la liberté et la couronne, présentait un spectacle nouveau qui dut pénétrer tous les cœurs des plus vives émotions. La foule des spectateurs se rappelait les longues infortunes de ces deux princes, et tant de malheurs passés semblaient à tout le monde un gage des biens que le Ciel réservait à l'empire.

Ce qui réjouissait les croisés plus que toute chose, c'était la réunion des Grecs à l'Église romaine. Nous avons vu le maréchal de Champagne rappeler avant tout cette condition dans son discours à l'empereur Isaac. Le comte de Saint-Pol en parle avec une joie sensible dans les chroniques du temps. Aussi Alexis, dans une lettre qu'il adresse au Pape, dit que cette clause a particulièrement déterminé les chevaliers à aller avec lui. Rien ne prouve mieux, conclut le protestant Hurter, les sentiments pieux de la vraie chevalerie de cette époque, que cette condition essentielle de la réunion des schismatiques sous un seul pasteur (Hurter, l. 7, note).

L'empereur Isaac, réuni avec son fils, remercia de nouveau les croisés des services qu'ils lui avaient rendus, et conjura les chefs de s'établir avec leur armée au delà du golfe de Chrysokéras; il craignait que leur séjour dans la ville ne fît naître quelque querelle entre les Grecs et les Latins, trop longtemps divisés. Les seigneurs et les barons se rendirent à la prière d'Isaac et d'Alexis, et l'armée des croisés établit ses quartiers au faubourg de Galata, où, dans l'abondance et dans le repos, elle oublia les travaux, les périls et les fatigues de la guerre. Les Pisans, qui avaient défendu Constantinople contre les croisés, firent la paix avec les Vénitiens; toutes les discordes furent apaisées; aucun esprit de jalousie ne divisait les Francs.

Les Grecs venaient sans cesse au camp des Latins, où ils apportaient des vivres et des marchandises de toute espèce. Les guerriers d'Occident visitaient souvent la capitale et ne pouvaient se lasser de contempler les palais des empereurs, les nombreux édifices, chefs-d'œuvre des arts, les monuments consacrés à la religion, et surtout les reliques des saints, qui, au rapport du maréchal de Champagne, se trouvaient en plus grand nombre à Constantinople qu'en aucun lieu du monde (Villehard., l. 4).

Quelques jours après son entrée à Constantinople, Alexis fut couronné dans l'église de Sainte-Sophie, et partagea la puissance souveraine avec son père. Les barons assistèrent à son couronnement, et firent des vœux sincères pour son règne. Alexis s'empressa d'acquitter une partie des sommes promises aux croisés. La plus heureuse harmonie régnait entre le peuple de Byzance et les guerriers de l'Occident. Les Grecs paraissaient avoir oublié leurs défaites, les Latins leurs victoires. Les sujets d'Alexis et d'Isaac voyaient les croisés sans défiance, et la simplicité des Francs n'était plus le sujet de leurs railleries. Les croisés, à leur tour, croyaient à la bonne foi des Grecs. La paix régnait dans la capitale, et semblait leur ouvrage. Ils respectaient les empereurs qu'ils avaient placés sur le trône, et les deux princes conservaient une affectueuse reconnaissance pour leurs libérateurs.

Les croisés, devenus les alliés des Grecs et les protecteurs d'un grand empire, n'avaient plus d'autres ennemis à combattre que les Turcs. Ils ne songeaient plus qu'à remplir le serment qu'ils avaient fait en prenant la croix; toujours fidèles aux lois de la chevalerie, les seigneurs et les barons voulurent déclarer la guerre avant de la commencer. Des hérauts d'armes furent envoyés au sultan du Caire et de Damas; pour lui annoncer, au nom de Jésus-Christ, au nom de l'empereur de Constantinople, des princes et des seigneurs de l'Occident, qu'il éprouverait la valeur des peuples chrétiens, s'il s'obstinait à retenir sous ses lois la terre sainte et les lieux consacrés par la présence du Sauveur (*Ibid.*).

Les chefs de la croisade annoncèrent en même temps le succès merveilleux de leur entreprise à tous les princes et à tous les peuples de la chrétienté; en s'adressant à l'empereur élu d'Allemagne, Othon de Saxe, ils le conjuraient de prendre part à la croisade, et de venir se mettre à la tête des chevaliers chrétiens. Le récit de leurs exploits excita l'enthousiasme des fidèles. La nouvelle qui en fut portée en Syrie répandit l'effroi parmi les Turcs, et ranima les espérances du roi de Jérusalem et des défenseurs de la terre sainte. Tant de succès glorieux devaient satisfaire l'orgueil et la valeur des croisés; mais, tandis que le monde était rempli de leur gloire et tremblait au bruit de leurs armes, les chevaliers et les barons croyaient n'avoir rien fait pour la renommée et pour la cause de Dieu, s'ils n'obtenaient l'approbation du Saint-Siège. Le marquis de Montferrat, le comte de Flandre, le comte de Saint-Pol et les principaux chefs de l'armée, en écrivant au Pontife, lui représentèrent que les succès de leur entreprise n'étaient point l'ouvrage des hommes, mais l'ouvrage de Dieu. Ces guerriers pleins de fierté qui venaient de conquérir un empire; qui, selon Nicétas, témoin oculaire, se vantaient de ne craindre que la chute du ciel, abaissaient leurs fronts victorieux devant le tribunal du

Pape, protestaient, aux pieds d'Innocent, qu'aucune vue mondaine n'avait dirigé leurs armes et qu'on ne devait voir en eux que des instruments dont la Providence s'était servie pour accomplir ses desseins.

Le jeune Alexis, de concert avec les chefs des croisés, écrivit en même temps au Pape pour justifier sa conduite et celle de ses libérateurs. « Nous avouons, disait-il, que la principale cause qui a porté les pèlerins à nous secourir, c'est que nous avons promis, avec serment, de reconnaître le Pontife romain pour chef de l'Eglise et pour successeur de saint Pierre. » Innocent III, en répondant au nouvel empereur de Constantinople, loua ses intentions et son zèle, et le pressa d'accomplir ses promesses; mais les excuses des croisés n'avaient pu apaiser le ressentiment que le Pape conservait de leur désobéissance aux conseils et aux volontés du Saint-Siège. Dans sa réponse, il ne les salua point avec la bénédiction ordinaire, craignant qu'ils ne fussent retombés dans l'excommunication, en attaquant l'empire grec contre sa défense. « Si l'empereur de Constantinople, leur disait-il, ne se hâte point de faire ce qu'il a promis, il paraîtra que ni son intention ni la vôtre n'ont été sincères, et que vous avez ajouté ce second péché à celui que vous avez déjà commis. » Le Pape donnait aux croisés de nouveaux conseils pour l'avenir (*Apud continuat. Baron.*, an 1203 et 1204; Michaud, t. 10; Hurter, t. 7).

Les Vénitiens envoyèrent, de leur côté, une députation au cardinal-légat, Pierre de Capoue, qui se trouvait alors en Syrie, pour le prier de lever l'excommunication portée contre eux. Celui-ci chargea le trésorier de l'Eglise de Nicosie, dans l'île de Chypre, de recevoir leur serment, bien qu'ils n'eussent encore donné aucune satisfaction; car, redoutant le mauvais exemple, il aimait mieux les réconcilier imparfaitement que de les voir rester sous l'anathème (*Gesta*, c. 90).

Tant que le jeune Alexis n'eut que des promesses à faire et des espérances à donner, il n'entendit autour de lui que les bénédictions des Grecs et des croisés; mais, lorsque le temps fut arrivé de faire tout ce qu'il avait promis, il ne trouva plus que des ennemis et des obstacles. Dans la situation où son retour l'avait placé, il lui était surtout difficile de conserver à la fois la confiance de ses libérateurs et l'amour de ses sujets. Si, pour remplir ses engagements, le nouvel empereur entreprenait de réunir l'Eglise grecque à l'Eglise romaine; si, pour payer ce qu'il devait aux croisés, il accablait le peuple d'impôts, il devait s'attendre à voir de violents murmures s'élever dans son empire. Si, au contraire, il ménageait l'antipathie religieuse des Grecs, s'il allégeait le fardeau des tributs, les traités restaient sans exécution, et le trône sur lequel il venait de monter pouvait être renversé par les armes des Latins.

Craignant chaque jour de voir s'allumer la révolte ou la guerre, forcé de choisir entre ces deux périls, ce prince, après avoir longtemps délibéré, n'osa point confier sa destinée à la valeur équivoque des Grecs, et vint conjurer le doge de Venise et les barons d'être une seconde fois ses libérateurs. Il se rendit dans la tente du comte de Flandre, et parla ainsi aux chefs de la croisade assemblés :

« Seigneurs, je puis dire qu'après Dieu, je vous ai l'obligation entière d'être empereur; vous m'avez rendu le plus signalé service qu'on ait jamais pu rendre à un prince; mais il faut que vous sachiez que plusieurs me font bon visage, qui, dans leur intérieur, ne m'aiment point, les Grecs ayant un grand dépit de ce que je suis rétabli dans mes droits par votre moyen. Du reste, le terme approche où vous devez partir, et votre association avec les Vénitiens ne doit durer que jusqu'à la Saint-Michel : comme ce terme est court, il me sera du tout impossible d'accomplir les traités faits avec vous. D'ailleurs, si vous m'abandonnez, je serai en danger de perdre l'empire et même la vie; car les Grecs me haïssent à cause de vous. Si vous le trouvez bon, faisons une chose que je vais vous dire. Si vous voulez demeurer jusqu'au mois de mars, je me charge de prolonger votre traité avec Venise, et de payer aux Vénitiens ce qu'ils exigeront; je vous fournirai, en outre, tout ce qui vous sera nécessaire jusqu'aux prochaines fêtes de Pâques. Alors je n'aurai plus rien à craindre pour ma couronne; je vous aurai payé ce qui vous sera dû. J'aurai aussi le temps de me pourvoir de vaisseaux pour m'en aller avec vous à Jérusalem, ou y envoyer mes troupes, suivant les traités (Villehard., etc.).

Un conseil fut convoqué pour délibérer sur la proposition du jeune empereur. Ceux qui avaient voulu se séparer de l'armée à Zara et à Corfou, représentèrent à l'assemblée qu'on avait jusqu'alors combattu pour la gloire et les intérêts des princes de la terre, mais que le temps était enfin venu de combattre pour la religion et pour Jésus-Christ. Ils s'indignaient qu'on voulût mettre de nouveaux retards à la sainte entreprise. Cette opinion fut vivement combattue par le doge de Venise et les barons, qui, ayant mis leur gloire à l'expédition de Constantinople, ne pouvaient se résoudre à perdre le fruit de leurs travaux. « Souffrirons-nous, disaient-ils, qu'un jeune prince dont nous avons fait triompher la cause soit livré à ses ennemis, qui sont aussi les nôtres, et qu'une entreprise si glorieusement commencée devienne pour nous une source de honte et de repentir? Souffrirons-nous que l'hérésie, étouffée par nos armes dans la Grèce soumise, soit de nouveau un sujet de scandale pour l'Eglise chrétienne? laisserons-nous aux Grecs la dangereuse faculté de se déclarer contre nous et de s'allier avec les Sarrasins pour faire la guerre aux soldats de Jésus-Christ? » A ces graves motifs, les princes et les seigneurs ne dédaignèrent pas de joindre les supplications et les prières. Enfin leur avis triompha d'une opposition opiniâtre; le conseil décida que le départ de l'armée serait différé jusqu'aux fêtes de Pâques de l'année suivante 1205. Alexis, de concert avec Isaac, remercia les croisés de leur résolution, et ne négligea rien pour leur montrer sa reconnaissance.

Vers ce même temps, dit le maréchal de Champagne, il arriva un bien grand malheur à l'armée : ce fut la mort d'un seul homme; mais cet homme était Matthieu de Montmorency, un des meilleurs chevaliers du royaume de France, un des plus estimés et des plus aimés. Il fut enterré dans l'église des Hospitaliers de Jérusalem.

Cependant l'usurpateur Alexis, en fuyant de Constantinople, s'était retiré dans la province de Thrace :

plusieurs villes lui avaient ouvert leurs portes, et quelques-uns de ses partisans s'étaient réunis sous ses drapeaux. Le fils d'Isaac résolut d'aller combattre les rebelles. Henri de Hainaut, le comte de Saint-Pol et plusieurs chevaliers, l'accompagnèrent dans cette expédition. A leur approche, l'usurpateur, enfermé dans Andrinople, se hâta d'abandonner la ville et s'enfuit vers le mont Hémus. Tous les rebelles qui osèrent les attendre furent vaincus et dispersés. Le jeune Alexis et les croisés qui l'accompagnaient avaient un ennemi plus redoutable à combattre, c'était la nation des Bulgares. Leur roi Joannice faisait souvent des incursions sur les terres de l'empire. Alexis se contenta de lui faire des menaces; et, sans avoir fait ni la paix ni la guerre, après avoir reçu le serment des villes de Thrace, il ne songea plus qu'à retourner à Constantinople.

La capitale de l'empire venait d'éprouver une grande calamité : une partie considérable de la cité avait été réduite en cendres. Des Grecs et des Latins, qui étaient établis en grand nombre à Constantinople, se prirent de querelle au sujet d'une synagogue de Sarrasins, dit Nicétas, autrement une mosquée ; à la suite de cette querelle, le feu prit à plusieurs endroits de la ville entre les deux ports : l'incendie, gagnant de proche, s'étendit une lieue de long, et dura huit jours, sans qu'on pût l'éteindre : beaucoup de richesses et même d'hommes y périrent. Après cet accident, les Latins, de quelque nation qu'ils fussent, et qui, depuis bien des années, habitaient Constantinople, n'osèrent y demeurer davantage. Ils prirent leurs femmes, leurs enfants avec ce qu'ils avaient pu sauver de l'incendie, et s'en vinrent, au nombre de quinze mille, se réfugier dans le camp des croisés. Depuis ce moment, il n'y eut plus si bonne intelligence entre les deux peuples. Cependant ni les uns ni les autres ne savaient au juste à qui s'en prendre de l'incendie : Nicétas, mais qui est excessivement passionné, en accuse les Latins, savoir les Flamands ; le continuateur de Guillaume de Tyr en accuse les Grecs : Théodore Acropolite, Grec lui-même, dit formellement que les habitants de Byzance avaient conjuré de chasser de leur ville tous les Latins, quoiqu'ils en eussent reçu des serments et des otages. Ce qui augmenta l'animosité des Grecs, c'est que l'empereur, dans la nécessité ou sous prétexte de payer les croisés, prenait jusqu'à l'argent et l'argenterie des églises. Bientôt même les deux empereurs, le père et le fils, se divisèrent l'un contre l'autre. Dans son aveugle colère, le père chargeait d'imprécations son fils; en même temps, au lieu de travailler au bien de l'empire, il vivait retiré dans son palais, entouré de moines et d'astrologues, qui célébrant sa puissance, lui faisaient croire qu'il délivrerait Jérusalem, qu'il placerait son trône sur le Mont-Liban, qu'il régnerait sur tout l'univers, et recouvrerait même la vue. Plein de confiance dans une image de la Vierge qu'il portait toujours avec lui, et se vantant de connaître, par l'astrologie, tous les secrets de la politique, il n'imagina, pour prévenir les séditions, d'autre moyen que de faire transporter de l'hippodrome dans son palais le sanglier Calydon ; qu'on regardait comme le symbole de la révolte et l'image du peuple en furie. Le peuple grec lui-même n'était guère plus sage que le vieil empereur. Dans un accès de colère, il abattit une belle statue de Minerve, haute de trente pieds, et posée sur une colonne dans la place de Constantin, parce que, comme elle avait un bras étendu vers l'Occident, on l'accusa d'appeler les Latins et de les inviter à venir détruire Constantinople.

Un homme se trouva, qui acheva de brouiller les affaires pour s'élever soi-même. C'était Alexis Ducas, surnommé Murzufle, comme qui dirait *sourcils-épais*, parce qu'il avait de grands sourcils joints ensemble. C'était un grec de toute manière : souple, rusé, perfide, hardi. Zélé partisan de l'usurpateur Alexis, il lui avait servi de bourreau, dit-on, pour crever les yeux à l'empereur Isaac ; toutefois, il sut si bien s'insinuer dans l'esprit du fils d'Isaac, le jeune Alexis, qu'il devint son favori. Murzufle, en le flattant, s'efforça de l'indisposer contre les Latins, et y réussit. Le jeune empereur, croyant sa puissance bien affermie, commença de mépriser les croisés. Il ne les visitait plus comme auparavant ; il retardait les paiements de ce qu'il leur devait encore, les réduisait à de petites sommes et enfin à rien. Un autre personnage que Murzufle flattait assidûment, c'était le peuple. Il déclamait publiquement contre les Latins, et, comme il avait la voix sonore et l'air déterminé, ses paroles faisaient impression. Un jour, suivi d'une troupe nombreuse, il sortit de la ville pour surprendre les croisés ; mais ceux-ci le reçurent si bien, que sa troupe se dissipa dans un clin d'œil, et qu'il faillit être pris.

Les croisés, mécontents de la conduite d'Alexis, lui députèrent trois seigneurs français et un pareil nombre de Vénitiens, pour lui rappeler une dernière fois ses promesses et les services qui lui avaient été rendus, et le menacer d'une rupture, s'il venait à les oublier. Les députés, quoique se défiant de la méchanceté des Grecs, s'avancent jusqu'à la porte du palais de Blaquerne. Là, ils descendent de cheval. Ils sont reçus par les deux empereurs assis sur leur trône et environnés d'une cour brillante. Conon de Béthune, prenant la parole et s'adressant plus particulièrement au jeune empereur, lui parla en ces termes :

« Sire, nous sommes ici envoyés vers vous de la part des barons français et du duc de Venise, pour vous remettre devant les yeux les grands services qu'ils vous ont rendus, comme chacun sait, et que vous ne pouvez dénier. Vous leur aviez juré, vous et votre père, de tenir les traités que vous avez faits avec eux, ainsi qu'il paraît par vos patentes, qu'ils gardent, scellées de votre grand sceau : ce que vous n'avez pas fait, toutefois, quoique vous en soyez tenus. Ils vous ont sommé plusieurs fois, et nous vous sommons encore derechef, de leur part, en présence de vos barons, que vous ayez à satisfaire aux articles arrêtés entre vous et eux. Si vous le faites, à la bonne heure, ils auront occasion de se contenter ; si au contraire, sachez que dorénavant ils ne vous tiennent ni pour seigneur ni pour ami, mais vous déclarent qu'ils se pourvoiront en toutes les manières qu'ils aviseront, et ils veulent bien vous faire savoir qu'ils ne voudraient vous avoir couru sus, ni sur aucun autre, sans défi ou déclaration de guerre, n'étant pas la coutume de leur pays d'en user autrement, ni de surprendre aucun ou faire trahison. C'est donc là le sujet de notre ambassade ;

sur quoi vous prendrez telle résolution qu'il vous plaira. »

La cour de Byzance, habituée aux paroles flatteuses des courtisans, fut étrangement surprise d'un langage aussi franc et aussi fier. Alexis jeta un regard d'indignation sur les députés; les courtisans suivirent son exemple. Il y eut grande rumeur dans le palais; les seigneurs se hâtèrent de prendre congé et de remonter à cheval, s'estimant heureux d'avoir échappé au danger.

Le conseil d'Alexis et d'Isaac ne respirait que la vengeance; au retour des députés, la guerre fut décidée dans le conseil des barons. Il y eut plusieurs engagements, où, selon Villehardouin, les Grecs eurent toujours le dessous; mais pas toujours, suivant Nicétas. Ils eurent enfin recours au feu grégeois, qui, plus d'une fois, avait suppléé à leur bravoure et sauvé leur capitale. A l'instigation de Murzufle, dix-sept brûlots, remplis de ce feu et de matières combustibles, furent poussés par un vent favorable vers le rivage du port, où reposaient à l'ancre les vaisseaux de Venise. Pour assurer le succès de cette tentative, les Grecs avaient profité des ténèbres de la nuit. Le port, le golfe et le faubourg de Galata furent tout à coup éclairés par une lueur menaçante et sinistre. A l'aspect du danger, les trompettes sonnent l'alarme dans le camp des Latins; les Français volent aux armes et se préparent au combat, tandis que les Vénitiens se jettent dans les barques et vont au devant des navires qui portaient dans leurs flancs la destruction et l'incendie. La foule des Grecs rassemblés sur ce rivage applaudissait à ce spectacle et jouissait de l'effroi des croisés. Plusieurs d'entre eux, embarqués dans des nacelles, lançaient des flèches et s'efforçaient de porter le désordre parmi les Vénitiens. Cependant, à force de bras et de rames, les Vénitiens parvinrent à détourner loin du port les dix-sept brûlots, qui furent bientôt emportés par les courants au delà du canal. Les croisés, rangés en bataille, debout sur leurs flottes ou dispersés dans les barques, rendirent grâces à Dieu de les avoir sauvés d'un si grand désastre.

Les Latins, irrités, ne pouvaient pardonner à l'empereur Alexis sa perfidie et son ingratitude : « Ce n'était point assez pour lui d'avoir manqué à tous ses serments, il voulait encore brûler la flotte qui l'avait ramené triomphant au sein de son empire; le temps était venu de réprimer par le glaive les entreprises des traîtres, et de punir de lâches ennemis qui ne connaissaient d'autres armes que la fourberie et la ruse, et qui, semblables aux plus vils brigands, ne savaient porter leurs coups que dans l'ombre et le silence de la nuit. » Alexis, effrayé de ces menaces, ne songea plus qu'à implorer la clémence des croisés. Il leur fit de nouveaux serments, de nouvelles promesses, et rejeta les hostilités sur la fureur du peuple qu'il ne pouvait contenir. Il conjura ses amis, ses alliés, ses libérateurs, de venir défendre un trône près de s'écrouler, et proposa de leur livrer son propre palais (Nicétas, c. 4; Michaud, l. 11).

Murzufle fut chargé de porter aux Latins les supplications et les paroles de l'empereur; mais le traître, profitant de l'occasion pour augmenter les alarmes et le mécontentement de la multitude, eut soin de faire répandre le bruit qu'Alexis allait livrer Constantinople aux barbares de l'Occident. A cette nouvelle, le peuple se rassemble en tumulte dans les rues et sur les places publiques; de toutes parts on répète que l'ennemi est déjà dans la ville, qu'on n'a pas un moment à perdre pour prévenir de grands malheurs, que l'empire a besoin d'un maître qui sache le défendre et le protéger. C'était le 25 janvier 1204. Le peuple se précipite en masse dans l'église de Sainte-Sophie. Le patriarche, les sénateurs, l'historien Nicétas et les principaux ecclésiastiques conseillèrent en vain de ne rien tenter contre Alexis tant que les Latins seraient dans le voisinage, puisqu'ils lui accorderaient protection et appui. Le peuple ne se calma point. « Nous ne nous séparerons pas, s'écria-t-il, que nous n'ayons un empereur de notre choix. » Il invita quelques rejetons d'illustres familles, ainsi que de hauts fonctionnaires, à recevoir la couronne, et voulut même les y forcer l'épée à la main. La foule se saisit enfin d'un jeune homme nommé Nicolas Canabus, et s'écrie : « Tu es bien vêtu, sois empereur! » On le couvre malgré lui du manteau impérial.

Cependant Mursufle, l'auteur secret de tout ce tumulte, se présente pendant la nuit à l'empereur Alexis, et lui annonce que ses parents, le peuple et la garde du corps étaient devant le palais, pleins de fureur au sujet des traités conclus avec les Latins. L'empereur, effrayé, lui ayant demandé conseil, Mursufle l'enveloppa dans un large vêtement et le conduisit, par une porte secrète, dans un appartement retiré, sous prétexte de le sauver. Plus tard, il le fit charger de chaînes et jeter dans un cachot.

Mursufle fut salué empereur par ses courtisans, et le peuple le reçut avec transport quand il se présenta à lui revêtu des ornements impériaux et des bottines de pourpre. Ses satellites arrachèrent Nicolas Canabus, qui, malgré sa douceur, ne manquait pas d'intrépidité, de l'église de Sainte-Sophie. Il fut assassiné dans un cachot, sans que le peuple, qui l'avait élevé au trône, songeât à le défendre. Isaac mourut peu de temps après avoir appris la captivité de son fils. Les Grecs lui reprochaient ses traités avec les Latins, et ces derniers lui imputaient de leur avoir enlevé l'affection de son fils; ainsi il n'était regretté de personne (Villehardouin, Nicétas, Hurter, l. 8).

Les capitaines français et le duc de Venise tiennent conseil; ils invitent les évêques, les prélats et deux envoyés du Pape à se rendre à leur assemblée. Ceux-ci leur décident que Mursufle, coupable de trahison, n'a aucun droit à l'empire, que ses partisans sont complices du meurtre, et que, d'ailleurs, tous doivent être regardés comme schismatiques. « Nous vous déclarons, disent-ils, que la guerre est juste. Mettez donc à exécution le projet que vous avez de soumettre l'empire byzantin à l'Eglise romaine, et nous vous garantissons les avantages spirituels que le Pape accorde aux croisés qui meurent après la confession et la pénitence. » Cette déclaration ranime le courage des barons, et chaque jour ils livrent des combats et sur terre et sur mer.

Mursufle leur ayant dressé une embuscade, fut sur le point de tomber entre leurs mains, et ne dut son salut qu'à la vitesse de son cheval; il laissa sur le champ de bataille son bouclier, ses armes et l'ôtendard de la Vierge, que les empereurs avaient coutume de faire porter devant eux dans les plus grands périls. La perte de ce drapeau antique et révéré répandit le deuil et l'effroi parmi les Grecs. Les croisés, en voyant flotter dans leurs rangs victorieux l'étendard et l'image de la patronne de Byzance, furent persuadés que la Mère de Dieu abandonnait les Grecs et se déclarait pour la cause des Latins. Mursufle tente une seconde fois, mais aussi vainement que la première, d'incendier la flotte des croisés.

Alors, voyant le courage des Grecs, sinon abattu, du moins affaibli, il tente la voie des négociations. Au nom du jeune Alexis, il cherche à attirer les chefs des croisés dans la ville, en leur disant que ce prince consent non-seulement à payer les sommes promises, mais à leur en donner de plus considérables. Dandolo, quoique plein de défiance, consent à ce qu'une entrevue ait lieu dans le couvent de Saint-Cosme. Là il exige, avec une brièveté offensante, que les Grecs paient immédiatement cinq mille pièces d'or, et qu'ils se soumettent à l'Église romaine. Il fait du reste observer qu'on ne doit point conclure la paix avec un usurpateur qui a jeté son souverain en prison, et demande qu'Alexis soit replacé sur le trône. Murzufle oppose de vaines excuses aux reproches qui lui sont adressés, et il déclare qu'il aime mieux voir ravager tout l'empire que de soumettre au Pape l'Église grecque, et de marcher avec les croisés en terre sainte.

Les paroles du doge avaient porté l'usurpateur à une haine violente contre le jeune Alexis. Déjà il avait tenté de l'empoisonner; mais cet odieux attentat avait toujours échoué contre des antidotes ou contre la constitution vigoureuse du prince. Après cette dernière entrevue, il le fit étrangler, et fracassa lui-même les côtes du mourant avec une massue de fer, afin qu'il cessât d'être pour lui un objet de rivalité. La pompe des funérailles et le chagrin qu'afficha Murzufle ne purent donner le change, et la mort d'Alexis fut bientôt connue des croisés (*Lettre de Baudouin au Pape*; Gunther, Nicétas, Hurter, l. 8).

Les réponses adressées par le Pape aux croisés et à l'empereur Alexis arrivèrent trop tard. Elles n'avaient été rédigées que la veille de la mort de l'empereur, et ne répondaient ainsi plus aux circonstances.

La question de savoir si on continuerait la guerre, et de quelle manière on la continuerait, ne fut plus mise en délibération par les croisés; il s'agissait d'arrêter la marche qu'ils auraient à suivre dans le cas où ils seraient vainqueurs. Au mois de mars, les barons français signèrent donc, avec Dandolo et au nom de Dieu, un traité portant les dispositions suivantes : Si la ville est prise, tous les croisés continueront à obéir à leurs chefs. Le butin fait par chacun sera déposé dans un lieu convenu, et partagé de manière à ce que les Vénitiens reçoivent les trois quarts de la somme promise par Alexis, tandis que l'autre quart appartiendra aux Français. Le restant du butin sera distribué par portions égales. La répartition des vivres se fera d'après le nombre des têtes. Les Vénitiens resteront en possession, dans tout l'empire, de leurs priviléges spirituels et temporels. Chaque partie aura à désigner six membres qui, tous réunis, s'engageront par serment à choisir dans l'armée, pour empereur, celui qui leur paraîtra digne de porter la couronne à la plus grande gloire de Dieu, de l'Église et de l'empire.

Dans le cas où plusieurs seraient élus, la pluralité des voix décidera; s'il y a égalité de suffrages, le sort désignera celui qui sera reconnu pour empereur. Le quart de l'empire et les palais des Blaquernes et du Buccoléon appartiendront au nouvel empereur, tandis que les trois autres quarts seront partagés entre les Français et les Vénitiens. L'Église Sainte-Sophie sera remise au clergé d'une nation autre que celle à laquelle appartiendra l'empereur, et ce clergé aura le droit de nommer un patriarche. Les deux peuples s'engagent à rester une année entière, à compter des derniers jours de mars, pour soutenir l'empereur élu, et ceux qui, passé cette époque, resteront dans l'empire, seront tenus de lui faire hommage. Chaque partie nommera douze hommes intelligents, chargés, sous serment, d'assigner les fiefs, les propriétés et les dignités, et de fixer les obligations qui seront imposées aux possesseurs, envers l'empereur et l'empire. Chacun possédera librement son fief, pourra en disposer selon son bon plaisir et le transmettre à sa descendance mâle ou féminine, à la réserve des obligations qui y sont attachées. Il sera interdit aux membres d'un État en guerre avec les deux peuples de se fixer dans l'empire.

Les deux parties s'efforceront aussi d'obtenir du Pape l'excommunication contre ceux qui viendront à enfreindre les dispositions du traité. L'empereur jurera l'inviolabilité des partages et des donations. Les difficultés qui surviendront seront jugées par le duc de Venise, le margrave, ainsi que par six conseillers nommés par les deux parties. Le duc de Venise ne sera pas tenu de faire hommage pour les fiefs et les dignités qui lui tomberont en partage; mais ce devoir sera imposé à ceux à qui il pourrait les conférer (*Gesta*, c. 92; Hurter, l. 8).

Le jeudi 8 avril 1204, les croisés livrent un premier assaut où ils perdent beaucoup d'hommes et de machines. Quatre jours après, le 12 avril, le lundi avant les Rameaux, ils recommencent. Les navires s'approchent des murs. Du haut d'un de ces navires, monté par l'évêque de Troyes en Champagne, on dresse des échelles contre une tour voisine. Aussitôt un Vénitien et un chevalier français, et plusieurs autres croisés, s'élancent sur la tour. La bannière de l'évêque flotte sur les murailles, les ennemis sont vaincus. D'autres tours sont escaladées; trois portes sont enfoncées. Un chevalier d'une haute stature, Pierre Braiequel, emporté par son courage, pénètre seul dans la ville. Son apparition jette l'effroi dans la garde impériale; la terreur se communique au reste de l'armée, qui croit voir en lui un géant et dans son casque un créneau d'airain. Des milliers de combattants fuient alors devant un seul homme.

Les autres chevaliers marchent contre le camp impérial. Murzufle s'effraie à leur approche et s'enfuit au palais Buccoléon. Les Latins s'avancent en désordre dans toutes les directions, chassant devant eux tous ceux qu'ils rencontrent, sans distinction d'âge ni de sexe. Le butin est immense en chevaux et en mulets. La majeure partie des seigneurs grecs fuient vers la porte des Blaquernes. Près de deux mille cadavres jonchent les rues. La plupart sont victimes de la fureur des Latins que les Grecs avaient récemment expulsés; car les croisés, écoutant la voix de leurs prêtres, qui leur criaient de conserver leurs mains pures de sang, ne s'étaient point abandonnés au carnage.

Vers le soir, les Latins, las de combattre et de poursuivre les fuyards, se rassemblèrent sur la place où Murzufle avait campé, et se livrèrent au repos. Mais point de repos pour les Grecs. Murzufle parcourait les rues, cherchant à rassembler le peuple et à rallier son armée. Ses prières furent aussi vaines que ses reproches; car il rencontra partout le découragement. On ne songeait qu'à enterrer ses trésors ou à les transporter au loin, où l'on se préparait à la fuite. Murzufle perdit alors lui-même tout espoir. Il se rendit en hâte au palais Buccoléon, emmena l'impératrice Euphrosyne, épouse du fugitif Alexis, et sa fille Eudoxie qu'il aimait, et se sauva avec elle sur un vaisseau. Il était le cinquième empereur à Byzance depuis huit mois. Après sa fuite, une nouvelle lutte s'engagea entre Théodore Ducas et Théodore Lascaris, pour la possession d'un empire tombant en ruine. Le clergé se prononça en faveur de Lascaris, protecteur des savants, sous le patronage duquel Nicétas écrivit ensuite l'histoire de ces événements. Mais il ne put ni relever le courage abattu du peuple, ni se rendre favorable, sans distribution d'argent, l'ancienne garde-du-corps; une fuite précipitée fut le premier acte de son gouvernement.

Dans la situation extrême où était la ville, le meilleur parti à prendre pour les chefs du clergé et du peuple, afin d'éviter de plus grands malheurs, eût été de profiter de la nuit pour implorer la clémence des vainqueurs. Les Grecs eux-mêmes, tels que l'historien Nicétas, ne peuvent s'empêcher de reconnaître dans les chefs de la croisade, notamment dans Baudouin de Flandre, des héros aussi pieux et aussi chastes que vaillants. Une démarche faite auprès d'eux, au nom de la religion et du pauvre peuple, en les rassurant eux-mêmes, les eût trouvés certainement accessibles à la commisération, eux et leurs compagnons d'armes. Des arrangements eussent été concertés pour épargner à Constantinople les horreurs d'une ville prise d'assaut. C'est à l'omission d'une démarche aussi naturelle dans la circonstance, que l'on doit attribuer les malheurs qui suivirent.

D'abord le mouvement qui avait lieu dans la ville fit craindre au corps que commandait le marquis de Montferrat une attaque de la part des Grecs; pour la détourner, un comte allemand fit mettre le feu au quartier qui faisait face au corps d'armée. L'incendie, que les Grecs ne songèrent point à éteindre au milieu de la confusion générale, envahit rapidement la ville et s'étendit jusqu'au lendemain sur un tiers de Byzance. Ce sinistre détruisit plus de maisons que n'en contenaient les trois villes les plus peuplées de France.

Au point du jour, l'armée des Latins se disposait à de nouveaux combats, persuadée qu'ils deviendraient plus sanglants que ceux de la veille. Mais l'ennemi ne paraissait pas, et le palais des Blaquernes se rendit sans résistance et avec tous ses trésors, au comte Henri de Flandre. Les troupes du marquis de Montferrat s'avancèrent lentement vers le Buccoléon, en suivant la rue que parcourait autrefois le cortége triomphal des empereurs. Des femmes, des enfants et des vieillards se portèrent en masse à leur rencontre, et, plaçant leurs doigts en forme de croix, ils disaient d'une voix suppliante: Saint roi marquis, ayez pitié de nous. Le patriarche eût dû se trouver à leur tête, comme ont fait tous les saints pontifes, tous les vrais évêques en pareils cas; il eût encore pu être le sauveur de Constantinople. Mais, plus mercenaire que pasteur, il ne pensa qu'à fuir comme les autres. Les Grecs évacuèrent également le palais du Buccoléon, sur la promesse qui leur fut faite d'avoir la vie sauve; les croisés y trouvent, outre des richesses immenses, deux impératrices, sœurs des rois de France et de Hongrie, ainsi qu'un grand nombre de femmes de haute distinction.

La reddition des palais impériaux rendait les croisés maîtres de Constantinople. Les Grecs et les Latins reconnaissaient que le jugement de Dieu s'était étendu sur cette ville. Les premiers voyaient dans cet événement une juste punition du mépris que professaient depuis longtemps le clergé et le peuple pour les lois divines, et se persuadaient que cette impiété ne pouvait être expiée qu'un un douloureux châtiment; ils disaient: Pourrait-il en être autrement dans un temps où les princes grandissent dans l'oisiveté; où, pleins d'aversion pour les affaires, ils ne soupirent qu'après le repos et les plaisirs, et demandent des fleurs en hiver et des fruits au printemps; à une époque où les sons de la trompette et le chant des oiseaux ne peuvent plus réveiller les citoyens de leur sommeil; où toute ardeur guerrière est éteinte; où tout sentiment de liberté est détruit, et où chaque oreille se ferme à de sages avertissements (Nicétas et surtout Baud., c. 11; Georg., Acroe., c. 4).

Les Latins, qui avaient été amenés, malgré eux et malgré le chef de la chrétienté, à prendre Constantinople, regardaient cette conquête comme le châtiment de la séparation criminelle d'avec l'Eglise, qui, semblable à la robe du Christ, devait être sans couture ni division, comme une punition de l'orgueil avec lequel le peuple avait résisté si longtemps à l'Eglise romaine, à la prééminence de saint Pierre et aux institutions du Christ. Ils y voyaient la justice divine s'appesantissant sur un peuple qui avait si souvent agi avec perfidie contre les défenseurs de la terre sainte; la garantie de la conquête de ce dernier pays; un moyen de rétablir l'unité de l'Eglise, but suprême des desseins de la Providence, et d'enrichir l'Occident d'une quantité de saintes reliques, dont les Grecs s'étaient rendus indignes. La faveur qui avait été accordée par les Grecs aux mortels ennemis de la foi chrétienne, d'avoir une mosquée dans la ville, portait les croisés à se réjouir autant de la prise de Constantinople que s'ils se fussent emparés de la ville sainte elle-même, parce que par là on diminuait les forces de l'ennemi (Hurter, l. 8).

D'ailleurs, comme nous l'avons déjà remarqué, c'est à Constantinople qu'ont pris soit leur naissance soit leur accroissement, toutes les grandes hérésies qui, résumées dans le mahométisme, ont perverti les nations, déchiré l'univers et entravé la civilisation chrétienne. Occupé par les Grecs, Constantinople a peut-être fait plus de mal au christianisme, que Constantinople occupé par les Mahométans.

Les chefs de la croisade avaient publié l'ordre de respecter l'honneur des femmes, des filles et des religieuses, de toute condition; trois évêques avaient prononcé l'excommunication contre ceux qui violeraient les églises. Malgré ces précautions, dans l'ardeur du pillage, certaines églises ne furent pas plus épargnées que les maisons et les palais. Nicétas, qui fut témoin et victime, fait une description pleine de rhétorique. Il accuse les Latins d'avoir été plus cruels envers les chrétiens de Constantinople, que les infidèles de Saladin ne le furent envers les Latins à la prise de Jérusalem. Ce parallèle a été cité par quelques historiens, dont plusieurs l'aggravent encore, comme si les deux faits étaient absolument les mêmes. Cependant il y a une différence bien notable. Constantinople était une ville prise d'assaut après bien des combats et sans que les assiégés eussent demandé aucune grâce ni capitulation; tandis que Jérusalem n'était pas une ville prise de force, mais rendue à Saladin d'après une capitulation régulière, qui fut fidèlement observée de part et d'autre. D'ailleurs, dans le lugubre tableau que fait Nicétas du pillage de Constantinople, il ne signale que des désordres à peu près inévitables dans une ville prise d'assaut et livrée au pillage. Encore ne parle-t-il d'aucun massacre : chose qu'il n'aurait pas manqué de faire s'il y en avait eu. Enfin lui-même nous apprend que sa maison fut sauvée et défendue par un Vénitien, et que les ordres des chefs n'étaient pas sans influence sur les soldats. Il sortait de la ville avec plusieurs fugitifs, quand un soldat enleva une jeune personne d'auprès de son père. Celui-ci implore l'assistance de Nicétas; Nicétas appelle au secours les autres soldats qui passent, il leur rappelle les ordres de leurs chefs touchant l'honneur des femmes, il les mène à la poursuite du ravisseur, qu'ils obligent de rendre la fille à son père.

Nicétas reproche encore aux Latins la profanation des saintes reliques. Sans doute qu'il y eut des reliques profanées dans le pillage des églises, mais c'était accidentellement et non avec l'intention impie de les profaner, comme feront certains hérétiques, à l'exemple des manichéens et des mahométans. Bien loin de profaner les reliques des saints, les Latins les estimaient plus que tous les trésors et mettaient tout en œuvre pour s'en procurer. Mais, dans l'ardeur du pillage, bien des soldats rompaient les châsses et les reliquaires, pour prendre l'or, l'argent et les pierreries, sans se mettre en peine des reliques. Les chefs de la croisade l'ayant appris, en furent sensiblement affligés, craignant que ces sacriléges ne leur attirassent quelque malheur. Ils tinrent un conseil, à la suite duquel le légat et les évêques défendirent, sous peine d'excommunication, que personne retint des reliques, ordonnant de les remettre toutes entre les mains de Garnier, évêque de Troyes.

Entre autres, on trouva un chef entouré d'un cercle d'argent, où était écrit en grec : Saint Mamas. C'est un martyr illustre, qui souffrit à Césarée en Cappadoce vers l'an 274, et que l'Eglise honore le 17 août (*Acta Sanct.*, 17 aug.; *Translatio sancti Mamantis*).

Dans l'armée des croisés était un clerc du diocèse de Langres, nommé Galon de Dampierre. Il fit tout son possible pour avoir cette relique, parce que l'Eglise de Langres en avait déjà quelques-unes du même saint, qu'elle reconnaît pour son patron; mais Galon ne put l'obtenir de l'évêque de Troyes, attendu que cet évêque voulait, à son retour en France, avoir le plaisir de donner lui-même cette relique à l'Eglise de Langres, dont il aimait tendrement l'évêque, Hilduin.

Garnier, évêque de Troyes, étant mort à Constantinople le 14 avril 1205, Galon de Dampierre vint trouver le légat Pierre de Capoue, et, se jetant à ses genoux, il le pria avec larmes de lui donner le chef de saint Mamas. Le légat fut ravi de trouver une occasion de faire plaisir à Galon, qu'il aimait singulièrement à cause de son mérite. Ainsi, sans différer, de peur qu'on ne détournât la sainte relique, il alla au logis du défunt évêque et la transporta chez lui avec le respect convenable. Pour ôter tout prétexte de doute sur la vérité de la relique, il fit venir plusieurs Grecs, clercs et moines, qui, ayant lu l'inscription du cercle d'argent, assurèrent que c'était le chef de saint Mamas. Le légat envoya même un de ses clercs avec Galon, au monastère que l'empereur Isaac avait fait bâtir depuis peu en l'honneur du saint; l'abbé et les moines ayant vu le chef, se prosternèrent en pleurant, le reconnurent pour celui qu'un caloyer avait apporté de Cappadoce, et offrirent à Galon, pour le racheter, une grande somme d'argent. Cette vérification de la relique est exprimée dans la lettre authentique qu'en donna le légat et que l'Eglise de Langres conserve encore. Galon fut ensuite fait évêque de Dymique ou Domoc en Thessalie, ce qui retarda son retour de trois ans. Mais enfin, ayant eu occasion de venir à Rome, il apporta sa relique à Langres, où elle fut reçue avec grande solennité en 1209, par l'évêque Robert de Châtillon. L'histoire de cette translation fut écrite peu de temps après, par un prêtre de la même église (*Acta Sanct.*, 17 aug.; *Transl. S. Mamantis*).

Parmi les reliques qui furent trouvées à Constantinople, le duc ou doge de Venise obtint une portion de la vraie croix, enchâssée dans l'or, la même, disait-on, que Constantin portait à la guerre; une fiole du sang miraculeux de Notre Seigneur; un bras de saint Georges, avec une partie du chef de saint Jean-Baptiste. Il envoya ces reliques à Venise, et les fit mettre dans sa chapelle. Baudouin de Flandre retint par devers lui la couronne d'épines de Notre Seigneur, et envoya en Flandre du même sang miraculeux, ainsi que d'autres reliques, au roi de France. On trouva aussi les corps de sainte Agathe et de sainte Lucie, que les empereurs Basile et Constantin avaient fait porter de Sicile à Constantinople. Le doge de Venise obtint le corps de sainte Lucie, l'envoya à Venise au monastère de Saint-Georges, et on donna le corps de sainte Agathe à des pèlerins siciliens. Deux citoyens de Venise y apportèrent le corps du prophète saint Siméon, tiré d'un oratoire de la sainte Vierge, près Sainte-Sophie, et le mirent dans l'ancienne église du nom de ce saint (And. Dand., *apud Ughell.*, t. V, p. 1320).

Le cardinal-légat, Pierre de Capoue, prit pour lui le corps de l'apôtre saint André, apporté à Constantinople dès l'an 357, par les soins de l'empereur Constance. A son retour en Italie, le cardinal donna cette relique à la ville d'Amalfi, sa patrie, où l'archevêque Matthieu, son parent, venait de faire bâtir magnifiquement l'église cathédrale. Le cardinal fit faire à ses dépens la confession ou le caveau sous l'autel, et y mit le corps de l'apôtre avec d'autres reliques, le 8 mai 1208, et, depuis ce temps, saint André a été le patron de la cathédrale et de la ville d'Amalfi (And. Dand., *apud Ughell*, t. VII, p. 272).

Martin, abbé de Pairis, au diocèse de Bâle, qui était venu à Constantinople avec les croisés allemands, vint, pendant le pillage, à une église qui était en grande vénération chez les Grecs, parce que la mère de l'empereur Manuel y était enterrée. On y avait apporté, de tout le quartier environnant, de grandes sommes d'argent et de précieuses reliques des églises et des monastères, dans l'espérance qu'elles y seraient plus en sûreté; mais les croisés eurent connaissance de ce fait par les Latins que les Grecs avaient chassés de la ville. Plusieurs étant donc entrés dans cette église pour la piller, l'abbé Martin s'avança dans un lieu plus secret, où il crut trouver ce qu'il cherchait. Il y rencontra un vieillard de bonne mine avec une grande barbe blanche, qu'il prit pour un laïque. Il lui dit d'un ton menaçant : « Allons, maudit vieillard, montre-moi les plus précieuses reliques que tu gardes; autrement, sache que tu es mort. » Le prêtre grec, effrayé par le ton de sa voix, car il n'entendait pas ses paroles, commença, pour l'adoucir, à lui parler en langage franc dont il savait quelque chose, et l'abbé, qui n'était point en colère, lui fit entendre comme il put, en la même langue, ce qu'il désirait de lui.

Alors le prêtre grec, l'ayant considéré et jugeant que c'était un religieux, crut plus tolérable de lui confier des reliques, que de les abandonner à des séculiers, qui les profaneraient de leurs mains sanglantes. Il lui ouvrit un coffre ferré, où l'abbé enfonça les deux mains avec empressement, et il emplit de ce qu'il jugea plus précieux, son habit retroussé exprès : son chapelain en fit autant. Il sortit aussitôt de l'église pour gagner les vaisseaux. Ses amis qui en venaient, le rencontrant ainsi chargé, lui demandèrent ce qu'il portait. Il leur répondit d'un visage gai, à son ordinaire : Nos affaires vont bien, et, passant promptement, il vint à son vaisseau, et mit dans sa chambre, qui était propre, son religieux butin, en attendant que le tumulte fût apaisé dans la ville. Il demeura trois jours dans le vaisseau, honorant ces reliques avec beaucoup de dévotion, sans que personne eût connaissance de son secret, si ce n'est un de ses chapelains et le prêtre grec qui les lui avait données, et qui, voyant sa bonté et sa libéralité, s'était attaché à lui. L'abbé Martin revint ensuite à Constantinople, où il passa tout l'été, honorant ces reliques en secret ; il s'embarqua vers la Nativité de la sainte Vierge, et, retournant en Palestine, arriva à Ptolémaïs le 1er octobre. Il en partit l'année suivante, vint à Venise, puis à Bâle, et enfin à son monastère de Pairis, le jour de la Saint-Jean 1205. Les reliques qu'il apportait étaient du sang de Notre Seigneur, du bois de la vraie croix, des os de saint Jean-Baptiste, un bras de saint Jacques et grand nombre d'autres (Gunther, n. 19 ; *Otto à S. Blasio*, c. 49).

Parmi les ecclésiastiques français qui s'étaient croisés, était Galon de Sarton, chanoine de Saint-Martin de Piquigni, fils de Milon, seigneur de Sarton, village près de Doulens, au diocèse d'Amiens. Dans le pillage de Constantinople, il prit d'abord quelques reliques, savoir le chef de saint Christophe, le bras de saint Eleuthère et quelques autres; mais, obéissant au ban qui avait été publié, il les remit entre les mains de Garnier, évêque de Troyes, commis pour les conserver. Galon fut fait depuis chanoine à Saint-Georges de Mangane ou de l'Arsenal, à Constantinople. La veille de la Nativité de la sainte Vierge, se promenant dans un vieux palais demi-ruiné, joignant cette église, il aperçut une fenêtre bouchée de foin et de pierres, où il soupçonna qu'il y avait des reliques. En effet, il y trouva deux vases, dont l'un contenait le doigt, l'autre le bras de saint Georges ; mais craignant d'être surpris, il les remit à la même place. Le lendemain, fouillant plus avant, il trouva deux bassins d'argent avec leurs étuis, qu'il emporta, et il connut, par les inscriptions, que dans l'un était le chef de saint Georges, et dans l'autre le chef, c'est-à-dire une partie du chef de saint Jean-Baptiste.

Pour les transporter plus facilement et plus sûrement, Galon rompit les grands bassins et les vendit, réservant seulement les plus petits, qu'ils enfermaient, et où les reliques étaient enchâssées ; puis il s'embarqua le dernier jour de septembre et arriva à Venise environ un mois après. Ayant passé les Alpes et essuyé plusieurs périls de voleurs, comme il approchait d'Amiens, il fit avertir Pierre de Sarton, son oncle, chanoine de la cathédrale, qu'il apportait le chef de saint Jean. Pierre en ayant instruit l'évêque, qui était Richard de Gerberoi, on résolut de recevoir la relique avec la solennité convenable ; ce qui fut exécuté le 17 décembre 1206, jour auquel l'Eglise d'Amiens célèbre encore la mémoire de cette translation. L'histoire en fut écrite par l'évêque Richard, sur le récit de Galon, auquel il conféra l'année suivante un canonicat de la cathédrale. Cette relique ne consiste que dans un os de la face, depuis le haut du front jusqu'à la bouche ; le haut de la tête est suppléé par une calotte d'argent doré, où l'on voit en émail saint Jean montrant Jésus-Christ, avec des lettres grecques qui marquent que c'est le précurseur (Ducange, *Chef de saint Jean*).

Le comte Baudouin de Flandre envoya au roi Philippe-Auguste de France plusieurs reliques tirées de la sainte chapelle du grand palais de Constantinople, nommé Buccoléon, savoir : un morceau de la vraie croix, d'un pied de long, des cheveux de Jésus enfant, une épine de sa couronne, du linge dont il fut enveloppé dans la crèche, de son vêtement de pourpre, une côte et une dent de l'apôtre saint Philippe. Le roi donna ces reliques de sa propre main à Henri, abbé de Saint-Denys, à Paris, le 7 juin 1205. Henri de Flandre, frère de Baudouin, envoya à leur troisième frère, Philippe de Namur, un grand nombre de reliques tirées de la même chapelle de Buccoléon. Nivelon, évêque de Soissons, donna plusieurs reliques à son église cathédrale et à l'abbaye de Notre-Dame. L'Eglise de Troyes eut le chef de sainte Hélène et une partie du chef de saint Philippe. L'abbaye de Saint-Pantaléon reçut des reliques du chef de saint Mamas, apportées de Constantinople avec un grand nombre d'autres. La distribution de ces richesses spirituelles se fît généralement après l'élection d'un empereur.

Les Vénitiens confièrent les fonctions d'électeurs à six nobles; les seigneurs français à six ecclésiastiques, savoir : les évêques de Soissons, d'Halberstadt, de Troyes, de Bethléhem, de Ptolémaïs et l'abbé de Los. Le 9 mai 1204, les douze électeurs, ainsi qu'une foule extraordinaire, se rassemblent dans la chapelle du palais Buccoléon, alors occupé par le duc de Venise. Les électeurs, après avoir longtemps balancé entre le doge de Venise, le marquis de Montferrat et Baudouin de Flandre, se décidèrent enfin à l'unanimité en faveur de Baudouin, qui était loin de s'y attendre.

Les croisés et le peuple, rassemblés en foule devant le palais Buccoléon, attendaient avec impatience le résultat des délibérations. Nivelon, évêque de Soissons, s'avança, et, prenant la parole au nom des douze, il dit : « Dieu soit loué! nous sommes tombés d'accord sur le choix d'un empereur. Vous avez tous juré de reconnaître et de soutenir celui que nous élirions : c'est Baudouin, comte de Flandre et de Hainaut. » Des cris de joie se firent alors entendre, et les barons conduisirent sur-le-champ le nouvel élu à l'église. Le marquis de Montferrat, jusqu'alors le chef de l'armée chrétienne, fut le premier à lui rendre hommage.

Baudouin en était digne. Voici comme en parle le grec Nicétas : « Baudouin n'avait pas encore passé trente-deux ans; il était pieux, chaste, ne se permettant pas même un mauvais regard sur une femme, quoiqu'il fût privé de la compagnie de son épouse, qui était en Palestine; il s'appliquait à prier et à louer Dieu, à soulager les infortunés, et écoutait avec indulgence ceux qui le contredisaient. Enfin, deux fois par semaine, le soir, il faisait faire cette proclamation : *Quiconque s'approche d'une femme étrangère, ne doit point passer la nuit dans le palais* (Nicétas, *De reb. post expugn.*, n. 6). » Comme le grec Nicétas cherche à dire des Latins le plus de mal qu'il peut, cet éloge qu'il fait de Baudouin de Flandre, comme nouvel empereur de Constantinople, est d'autant plus remarquable. Le nouvel empereur devait être couronné au bout de huit jours. Dans ce court espace de temps, la joie et le deuil se succédèrent dans l'armée, la joie, parce que le marquis de Montferrat épousa Marguerite de Hongrie, veuve de l'empereur Isaac; le deuil, parce que l'un des plus braves chevaliers, Eudes de Chamlite, termina son héroïque carrière.

La cérémonie du couronnement avait été fixée au dimanche 16 mai, et elle devait se faire dans l'église Sainte-Sophie. Le comte de Saint-Pol, en qualité de connétable, portait l'épée impériale, et le marquis de Montferrat, comme maréchal, tenait le manteau. Les rues et les maisons étaient tapissées. On revêtit le nouvel empereur des ornements impériaux, et, d'après l'usage grec, on lui mit des bottines de pourpre étincelantes de pierreries. Le marquis, le comte Louis de Blois et puis les autres chevaliers et barons lui prêtèrent de nouveau foi et hommage, après quoi ils le ramenèrent dans son palais. Les fêtes durèrent plusieurs jours.

Après son couronnement, Baudouin envoya au Pape de riches vêtements de velours, des ornements d'église, des calices et des croix d'or ornés de pierres précieuses; lui adressa par un chevalier du Temple un rapport sur les événements de Constantinople, rapport qu'il envoya aussi à l'empereur d'Occident, ainsi qu'à toute la chrétienté. La dépêche parvint à sa destination; quant aux présents, quelques Génois, sans égard pour le donateur et celui à qui ils étaient destinés, les saisirent dans le port de Modon, peut-être uniquement parce qu'il existait un différend entre leur république et les Romains. Du reste, les Génois ne conservèrent pas longtemps cette capture, le Pape en ayant énergiquement réclamé la restitution au podestat et au peuple, sous menace d'excommunication.

Le nouveau monarque de Constantinople pria le Pape, l'empereur et les prélats de provoquer, chez tous les habitants de l'Occident, le désir de venir prendre part aux immenses trésors spirituels et temporels de l'empire grec. Il donnait à entendre que des honneurs et des richesses les attendaient tous. Les religieux de tous les ordres étaient particulièrement invités à encourager le peuple à se rendre en Orient, et eux-mêmes étaient priés de s'y rendre en foule, après avoir obtenu le consentement de leurs supérieurs, non pour combattre, mais pour y établir un nouvel ordre de choses dans la paix et l'abondance, pour le plus grand bien de l'Église. Il écrivit au Saint-Père pour le prier de convoquer un concile à Constantinople, d'honorer cette cité de sa présence, et de réunir ainsi, par le service divin, la nouvelle Rome et l'ancienne. « Vous avez déjà invité précédemment la Grèce dissidente à un concile, lui écrit-il, mais c'est aujourd'hui que le temps favorable, que le jour du salut est arrivé. » Il lui représenta, pour le décider, l'exemple de plusieurs de ses prédécesseurs, tels que Jean, Agapet et Léon, qui ont autrefois visité Constantinople pour différents motifs, et lui fit observer que, puisque les évêques, les abbés et même le clergé subalterne s'étaient conduits avec gloire, honneur et prudence, il était juste qu'ils reçussent leur récompense de la main de leur Seigneur. Il recommande surtout à la bienveillance apostolique le duc de Venise et ses alliés les Vénitiens (L. 7, *Epist.* 152). Baudouin, avant de continuer son pèlerinage au delà de la mer, avait le projet d'affermir sa domination dans le nouvel empire, et d'introduire le rite latin dans les églises. Ce fut dans cette vue, qu'après son couronnement, il rappela de Syrie les cardinaux Pierre et Soffred, qui avaient été chargés par le Pape d'accompagner les croisés (*Gesta*, c. 95 et 96; L. 7, *Epist.* 201).

Le couronnement ayant donné un chef à l'empire, il s'agissait d'organiser l'Église. D'après la convention, Sainte-Sophie fut remise aux Vénitiens, qui prétendaient avoir seuls le droit d'élire un patriarche. Pour ne pas être privés plus longtemps d'un chef spirituel, ils élurent donc, non sans opposition, le sous-diacre Thomas Morosini, qui se trouvait alors à Venise, sa patrie. Il s'était voué à l'état monastique dans sa jeunesse, avait séjourné quelque temps à Rome, était connu du Pape et des cardinaux, qui l'estimaient à cause de son instruction, de sa prudence et de l'austérité de ses mœurs. Une députation du chapitre patriarcal, du doge et du nouvel empereur, fut chargée de soumettre le traité, ainsi que l'élection du patriarche à la confirmation du Pape.

Baudouin, regardant l'organisation de l'Eglise comme le plus ferme appui du trône, s'efforça de l'introduire dans ses Etats. Il demanda à Innocent des bréviaires, des missels et des rituels que la France possédait en quantité (L. 8, *Epist.* 70). Il le pria aussi de lui envoyer des ecclésiastiques, et de les choisir particulièrement parmi ceux qui suivaient les règles austères de Cluny, afin qu'ils pussent établir, dans les églises grecques, le service divin d'après le rite romain. Lui-même écrivit à cet effet en France, en Flandre et en Lorraine, et invita des maîtres et des écoliers de Paris à venir en Grèce, afin de relever les sciences dans le pays qui en fut autrefois le berceau (*Chron. Lamberti parvi contin.*). Outre les récompenses éternelles, il leur présentait des avantages temporels. Plus tard, il envoya à Paris un grand nombre d'enfants grecs, pour les faire instruire dans les arts, dans les sciences et dans le service divin des chrétiens d'Occident; le roi Philippe-Auguste fonda pour eux, près de son Université, le collége de Constantinople, voulant leur procurer l'avantage de savoir la langue de leurs nouveaux dominateurs (*Colleg. Cpolitanum seu græc. Bulæi. Histoire univers.*, t. III, l. 10). Le Pape lui-même, avant d'être informé de l'élection du patriarche, avait donné ordre à tous les évêques et abbés, placés dans l'armée des croisés, de choisir des clercs latins pour servir les églises de Constantinople et célébrer le service divin suivant le rite et les usages de l'Eglise catholique. Mais, sentant que les membres ne pouvaient rester sans tête, il ordonna aux clercs latins, de quelque pays ou de quelque peuple qu'ils fussent, de se réunir pour procéder à l'élection d'un chef habile, craignant Dieu et d'un âge mûr; le légat qu'il avait le projet d'envoyer sous peu devait confirmer cette élection (L. 7, *Epist.* 164).

L'expédition des croisés, entreprise contre la volonté du Pape, ayant réussi, le prudent Dandolo crut le moment propice pour faire agréer ses excuses à Innocent. Il justifia la conquête de Zara par le droit de la guerre contre une ville rebelle. « Nous avons, ainsi que les nôtres, dit-il, supporté l'excommunication avec patience et humilité, jusqu'à ce que le cardinal Pierre nous en eût absous. Nous avons ensuite marché sur Constantinople, plutôt par la volonté de Dieu que par des considérations humaines, afin de replacer le jeune Alexis sur le trône. Ce monarque, parjure et repoussé des autres Grecs, a attiré de nouveau tous les fléaux de la guerre sur nos têtes, jusqu'à ce que Dieu nous ait accordé la victoire et fait tomber la capitale entre nos mains, pour la grande gloire de son nom et de l'Eglise romaine. Nous espérons que Votre Sainteté voudra bien accueillir avec bienveillance nos messagers et nos prières (*Ibid., Epist.* 202).

L'usurpateur Alexis s'était retiré à Mésinople, ville située dans les montagnes de Rhodope, et s'était fait reconnaître empereur par quelques cantons environnants. Murzufle, éloigné seulement de quatre journées de marche de Constantinople, cherchait également à se créer une souveraineté. Il s'était récemment emparé de Zurulum, ville située dans les domaines de Baudouin. Ce monarque, d'accord avec le doge de Venise, sentit la nécessité de procéder à la soumission du reste de l'empire, pendant que Constantinople était gardée par une garnison nombreuse placée sous les ordres de barons distingués. Son frère avait pris les devants avec quelques troupes, et toutes les villes, jusqu'à Andrinople inclusivement, avaient reconnu la domination latine.

Murzufle s'enfuit, à l'approche de Baudouin, jusqu'à Mésinople, où il offrit à Alexis de se soumettre et de le soutenir. Il avait, pendant sa fuite, épousé Eudoxie, fille de l'usurpateur, qu'Etienne, prince de Servie, avait répudiée. Pour conclure cette union, il avait lui-même divorcé d'avec sa seconde épouse, comme il avait divorcé d'avec la première pour prendre la seconde; car telles étaient les mœurs de la cour de Byzance. Jusqu'alors Alexis s'était refusé à donner son consentement à ce mariage. Ce prince, ne voyant en Murzufle que le meurtrier de son frère et de son neveu, et un compétiteur au trône, chercha à s'en rendre maître. Il alla donc à sa rencontre, lui promit d'approuver son mariage avec sa fille, et l'invita à se rendre dans la ville. Mais à peine Murzufle y est-il entré, qu'Alexis le fait saisir, priver de la vue et chasser ignominieusement. Quelque temps après, les deux usurpateurs furent pris l'un et l'autre par les Latins: Murzufle fut puni de mort comme meurtrier de son prince, et Alexis confiné pour le reste de ses jours dans une forteresse d'Italie (Nicét.; Hurter, l. 8).

La comtesse Marie de Flandre, l'épouse bien-aimée de Baudouin, avait pris la croix avec son époux. Embarquée sur la flotte, elle était arrivée en Syrie, où elle espérait le rejoindre. Ce fut là qu'elle apprit l'heureuse nouvelle de son élévation à l'empire. Elle reçut, au nom de l'empereur, l'hommage de Boëmond, prince d'Antioche. Elle était prête à s'embarquer, pour venir partager avec son époux les gloires du trône impérial, lorsqu'elle fut atteinte d'une maladie qui l'enleva en peu de jours. Les vaisseaux chargés de la conduire à Constantinople n'y transportèrent que son corps, qui fut déposé dans un caveau de l'église Sainte-Sophie.

Quant à la conduite du pape Innocent III au milieu de ces graves conjonctures, voici comment l'apprécie son historien protestant.

« Innocent ne répondit que d'une manière générale à la lettre dans laquelle Baudouin lui faisait un rapport circonstancié des événements de Constantinople. « Nous nous réjouissons du succès de vos armes, disait-il; nous prenons votre empire sous la protection de saint Pierre, et nous ordonnons à l'armée des croisés de vous assister de leur épée et de leurs conseils. Nous ferons notre possible pour vous procurer les secours que vous demandez. Nous vous rappelons combien nous désirons que vous soumettiez l'empire grec au Saint-Siège, afin d'assurer par là votre domination. Nous vous recommandons aussi de conserver avec soin les biens ecclésiastiques, afin que ce qui est à l'empereur reste à l'empereur, et que ce qui est à Dieu reste à Dieu (L. 7, *Epist.* 153). » Innocent s'explique d'une manière plus étendue en s'adressant aux évêques, aux prélats et aux ecclésiastiques de l'armée, sur la satisfaction qu'il éprouve de voir les desseins de Dieu dans la soumission de l'empire grec à un prince catholique, et sur l'espoir qu'il a de la réunion des deux Eglises. « C'est maintenant, leur écrit-il, que Samarie se tournera vers Jérusalem, et que chacun cherchera le Seigneur à

Sion, et non à Dan ou à Béthel! Il vous importe donc de faire tous vos efforts pour qu'il n'y ait plus qu'un pasteur et qu'un troupeau, et d'insister, tant auprès de l'empereur qu'auprès de l'armée, pour qu'on affermisse la soumission de la Grèce à l'autorité spirituelle du Siége apostolique (L. 7, *Epist.* 541). »

« Dans toutes les lettres où Innocent parle de cette conquête et de ses conséquences, ajoute l'historien protestant, nous ne trouvons pas cette expression de joie qui dénote l'accomplissement d'un vœu nourri depuis longtemps. Elles sont empreintes de cette quiétude qui reconnaît en tout le doigt de l'Eternel, dirigeant les événements vers un but salutaire. La gloire du Seigneur, la dignité de l'Eglise, le salut des âmes sont les seuls soins qui l'occupent. S'il reconnaît dans la conquête un châtiment pour la séparation de l'Eglise grecque d'avec le troupeau de saint Pierre, il y voit aussi le moyen de rappeler cette Eglise, autrefois si féconde en doctrines pures et ensuite obscurcie par l'erreur, au sein maternel, et de la ramener, avec la grâce de Dieu, aux principes fondamentaux de la parole divine (L. 16, *Epist.* 105). Le ton de ses lettres et leur contenu justifient pleinement Innocent d'avoir voulu profiter de la conquête de Constantinople pour augmenter la puissance temporelle du Saint-Siége. Le lecteur impartial pourra, en les parcourant, pénétrer au fond de son cœur et reconnaître sous quel point de vue il envisageait ces événements (Hurter, l. 8). »

« La conquête de Constantinople, continue le même historien, avait amené la soumission de l'Eglise grecque au Saint-Siége et la réunion de tous les chrétiens sous un même pasteur. Ce grand but des efforts de tous les Papes avait été atteint; cependant la manière dont s'était effectué cette soumission ne pouvait obtenir l'assentiment d'Innocent. Lui qui, dans toute occasion, recommandait si formellement de ne pas dévier du chemin de la justice, ne pouvait tolérer qu'on eût violé ses ordres en attaquant un pays chrétien et en se livrant à des cruautés lors de la prise de Constantinople. Si les Grecs ne reconnaissaient pas le Saint-Siége, et s'ils avaient refusé plusieurs fois de venir au secours de la terre sainte; si l'aîné des Alexis occupait un trône usurpé, et si les Latins avaient été en maintes circonstances froissés par les habitants de Constantinople, Innocent n'en soutenait pas moins que les croisés n'avaient pas pris la croix pour les punir de ces fautes. De plus, le traité conclu antérieurement à la conquête entre les Français et les Vénitiens contenait plusieurs articles relatifs à l'Eglise et au clergé, articles qui empiétaient sur les droits du Saint-Siége. Aussi le Pape eut-il à ce sujet de nombreuses conférences, non-seulement avec les cardinaux, mais encore avec des archevêques, des évêques et d'autres personnes éclairées, que leurs affaires attiraient de toutes les parties du monde à la capitale de la chrétienté (*Gesta*, c. 93).

A la suite de ces conférences, il écrivit aux croisés au sujet de la conquête : « Vous vous êtes écartés avec légèreté de votre vœu, puisque, ayant juré, dans votre obéissance envers le Crucifié, de délivrer la terre sainte des mains des infidèles (L. 8, *Epist.* 126, 133; *Gesta*, c. 93 et 94), vous avez attaqué, malgré les menaces de l'excommunication, un pays chrétien, bien qu'il vous fût défendu d'agir ainsi tant que les habitants ne s'opposeraient pas à votre passage ou ne vous refuseraient pas le nécessaire. Et, dans ce cas même, vous ne deviez rien entreprendre sans l'avis du légat. Vous vous êtes servis du glaive, non contre les Sarrasins, mais contre des chrétiens. Vous n'avez point conquis Jérusalem, mais bien Constantinople, et vous avez préféré les richesses de la terre aux trésors du ciel. Mais ce qui vous rend plus coupables encore, c'est que vous n'avez ménagé ni âge ni sexe, c'est que vous vous êtes livrés publiquement à la prostitution et à l'adultère. Vous avez abandonné à la lubricité des libertins, non-seulement les femmes et les veuves, mais encore les vierges vouées au culte du Seigneur. Il n'était pas assez pour vous de puiser dans le trésor impérial, et de vous emparer des richesses des grands et des petits, vous avez encore porté une main sacrilège sur les richesses de l'Eglise et sur ses domaines. Vous avez enlevé les tables d'argent des autels, enfoncé les sacristies, volé les croix, les images et les reliques. Aussi, malgré les poursuites exercées contre l'Eglise grecque, celle-ci refuse l'obéissance au Saint-Siége, parce qu'elle ne voit chez les Latins que trahison et œuvres de ténèbres, et qu'elle les fuit comme des chiens (L. 8, *Epist.* 133). »

Innocent revient ensuite sur la permission accordée par le légat, sur la détresse et la trahison des Grecs. Il parle des voies impénétrables de la Providence, qui a peut-être voulu châtier ce peuple parce qu'il s'était séparé de l'Eglise et qu'il n'avait pas secouru la terre sainte. Il termine en disant que le Saint-Siége est d'avis que les croisés gardent et défendent le pays tombé entre leurs mains par le jugement de Dieu; mais il leur recommande de gouverner les peuples avec justice, de les former à la religion, de maintenir la paix, de restituer les biens de l'Eglise, de donner satisfaction pour ce qui s'est passé, et surtout d'accomplir leur premier vœu. Il insiste d'autant plus sur cette dernière obligation, que la conquête de Constantinople facilite la conquête de la terre sainte.

Dans cette lettre, adressée au marquis de Montferrat, il l'invite à imiter ses aïeux et ses frères dans leur obéissance et dans leur fidélité au Saint-Siége, s'il veut conserver ses bonnes grâces. Lorsque plus tard Théodore Lascaris se plaignit à Innocent du parjure et des excès des Latins, ce Pontife se borna à lui exposer les motifs d'excuses allégués par ceux-ci, sans discuter leur plus ou moins de validité. Il avoua même qu'ils n'étaient pas tout à fait innocents, mais que Dieu avait sans doute voulu punir les Grecs d'avoir abandonné l'Eglise. Il dit encore que les voies de la Providence sont impénétrables, qu'elle se sert quelquefois des méchants pour punir les méchants; qu'il en avait sans doute été ainsi dans cette circonstance, parce que les Grecs n'avaient pas eu égard aux avertissements de ses prédécesseurs, qui leur avaient recommandé de rentrer dans l'unité de l'Eglise et de secourir la terre sainte : ce que la proximité des lieux leur eût rendu si facile.

La conquête de Constantinople n'avait de prix aux yeux d'Innocent, qu'autant qu'elle lui fournissait un moyen de soumettre la terre sainte. Il est donc au-dessus de toutes ces calomnies produites dans les temps modernes, par des écrivains qui n'ont pas su apprécier d'une manière exacte l'enchaînement des événements ni les tendances des hommes qui les ont dirigés. Si ce Pontife eût été animé par l'ambition, comme plusieurs écrivains le lui reprochent, la soumission de la Grèce eût dû le satisfaire plus que celle de Jérusalem et de toute la Palestine. Et cependant la terre sainte reste le point lumineux vers lequel convergent ses efforts, ainsi que ceux de la chrétienté. Il rappelle ce but dans toutes ses lettres, et, pour l'atteindre, il exhorte le clergé et le peuple à seconder le nouvel empereur (L. 8, *Epist.* 72, 63). S'il engage les croisés à la persévérance, c'est pour attirer leurs regards sur Jérusalem, cette ville de Dieu sur la terre; s'il ne les dégage pas de leur vœu, c'est qu'ils ne l'avaient pas encore accompli; s'il les traite avec douceur, bien qu'ils eussent dévié de la vraie route, c'est parce qu'il espérait obtenir par là le moyen d'arriver plus promptement et plus sûrement à ce but.

C'est pourquoi il désapprouve le départ précipité de ses légats, de Palestine pour Constantinople, et écrit au cardinal Pierre : « Si c'est afin d'obtenir des secours pour la terre sainte que ce départ a eu lieu, nous vous approuvons; si c'est pour organiser l'Eglise en Grèce, vous vous êtes trop hâtés. Nous aurions envoyé à Constantinople un autre légat, à la prière de notre bien-aimé fils Baudouin. Cependant, comme nous voulons pallier vos torts, nous vous permettons de nous remplacer dans la province de Constantinople; nous vous recommandons toutefois de ne pas perdre de vue Jérusalem, but primitif de votre mission. Cette ville avait autrefois un patriarche, dont elle est privée maintenant; ainsi la présence de l'un de vous est nécessaire, et aucun de vous ne doit penser au retour avant qu'il en ait reçu l'ordre (L. 7, *Epist.* 223; L. 8, *Epist.* 126). »

Quoique les croisés eussent conquis l'Eglise grecque par la force des armes, et opéré sa soumission au Saint-Siége, Innocent ne voulut pas que les Latins s'arrogeassent sur cette Eglise plus de droits que n'en possédaient les princes et les seigneurs de chaque Etat d'Occident. Selon lui, partout où l'Eglise était fondée, elle devait s'élever dans tout l'éclat de sa liberté, et le pouvoir, qui pouvait la protéger ou contribuer à son développement, ne devait point s'arroger des droits sur elle. Animé de ces sentiments, Innocent témoigna à tous les évêques et abbés de Constantinople sa joie du retour de l'Eglise grecque à l'obéissance du Saint-Siége. Il avait l'espérance de voir encore de ses yeux la conversion des Juifs et des idolâtres, ainsi que le rétablissement des siéges patriarcaux de Jérusalem et d'Alexandrie.

Quant à l'élection du patriarche Thomas Morosini, il se croit obligé de la rejeter, non à cause de la personne de l'élu, mais parce que l'élection pèche par les formes canoniques; car il refuse aux laïques le droit de décider une affaire purement ecclésiastique, et conséquemment d'élire un patriarche. Il rejette encore l'élection, pour la raison qu'elle était faite par des ecclésiastiques vénitiens qui s'intitulaient *chanoines de Sainte-Sophie*, sans avoir été institués ni par le Pape ni par le légat. Cependant, comme l'Eglise ne doit point souffrir des erreurs des hommes, et que le sous-diacre Thomas n'a rien à se reprocher, puisqu'il n'a point assisté à l'élection, il prend en considération la prière de l'empereur, confirme l'élection dudit Thomas, et le reconnaît comme membre du Saint-Siége (*Gesta*, c. 96 ; L. 7, *Epist.* 203). Il recommande à l'empereur de le recevoir avec bienveillance à son arrivée, et de soutenir ses droits et ceux de l'Eglise romaine (L. 7, *Epist.* 204).

En rejetant l'élection du patriarche, et en élevant ensuite, de sa propre autorité, ce nouvel élu à cette dignité, Innocent ne voulait pas porter atteinte aux libertés électorales de l'Eglise de Constantinople; son but était, au contraire, de les maintenir. Il prescrivit donc de ne point tirer un prétexte de sa conduite dans cette circonstance, pour empiéter sur les droits de cette Eglise pendant la vacance du siége; car, dans ce cas, les principaux ecclésiastiques de toutes les églises de Constantinople devaient se réunir à Sainte-Sophie et procéder à l'élection (L. 8, *Epist.* 25, 64).

Pour ne point troubler la paix entre les deux peuples, il ordonna à ses légats de suivre les mêmes règles relativement au choix des autres ecclésiastiques. Il annula le traité qui donnait le droit aux Vénitiens et aux Grecs de disposer à leur gré des églises et des bénéfices. Cependant il veut que le légat confirme tous les ecclésiastiques français dans la possession de leurs églises, sans demander le consentement du patriarche. La faveur accordée aux Vénitiens pour un choix important, ne doit pas être refusée aux Français quand il s'agit d'élection de moindre conséquence (*Ibid., Epist.* 135).

Innocent s'explique plus nettement avec le doge de Venise, au sujet de ce traité. « Si le pillage des trésors de l'Eglise suffit pour attirer la disgrâce divine, lui écrit-il, que sera-ce donc lorsqu'on y joint le morcellement des possessions de cette même Eglise? Le Saint-Siége ne peut protéger celui qui viole ainsi la dignité de l'Eglise. Il est vrai qu'on a inséré dans chaque article du traité : « En l'honneur de l'Eglise romaine. » Mais nous ne pouvons approuver ce qui est contraire au serment et à l'honneur des deux parties. Ainsi, si le doge, le marquis de Montferrat et six conseillers ont le droit d'ajouter au traité ou d'en retrancher, comment pourrons-nous soumettre à l'excommunication, au gré des laïques, ceux qui n'observeront pas des décrets opposés aux lois fondamentales de l'Eglise? On aurait dû aussi attendre l'arrivée du patriarche pour disposer ainsi des biens de son Eglise.

Innocent refusa également d'acquiescer à la demande du doge, qui, sous prétexte de son grand âge, demandait à être dégagé de son vœu. Il allègue l'expérience et les talents de Dandolo, la confiance que l'empereur et l'armée ont en lui; aussi craindrait-il, en consentant à son désir, de provoquer la dissolution de l'armée. Il espère que le doge ne voudra pas encourir le reproche de savoir venger les injures qui lui sont faites, à lui et aux siens, et non celles qui sont faites au Christ. Il l'engage à servir le Seigneur comme il a servi jusqu'alors le monde, à honorer les serviteurs de Dieu, et à protéger l'Eglise dans ses possessions. Il confirme la levée de l'excommunication prononcée par le cardinal Pierre (L. 7, *Epist.* 206, 207).

Un prince sage reconnaît qu'il paralyse les forces

de l'administration en désapprouvant publiquement les démarches des hauts dignitaires placés sous ses ordres ; il est convaincu que l'estime et la confiance commencent à chanceler, lorsque la foule aperçoit le manque d'unité entre le maître et les exécuteurs de ses volontés : c'est pourquoi Innocent confirme plusieurs autres mesures prises par le cardinal ; mais il lui adresse en secret, et avec une éloquente fermeté, des reproches sérieux sur sa précipitation (L. 8, *Epist.* 126).

En adressant à l'empereur Baudouin la lettre par laquelle il refuse de reconnaître le traité rédigé par les croisés, il lui recommande de s'opposer au morcellement des domaines de l'Eglise de Constantinople. Il lui rappelle ses serments, et l'engage à soutenir les droits de cette Eglise. Il écrit dans le même sens aux autres comtes de l'armée, et les menace même de l'excommunication. Les évêques, les abbés placés auprès de l'armée reçoivent des avertissements analogues (L. 7, *Epist.* 208).

Le samedi après les Quatre-Temps, 5 mars 1205, le nouveau patriarche fut ordonné diacre par le Pape en personne. Le samedi après la mi-carême, il fut sacré prêtre, et le dimanche suivant consacré évêque dans l'église de Saint-Pierre, où il reçut le *pallium*. Il prêta ensuite, dans les formes voulues, le serment de fidélité et d'obéissance au Saint-Siège. L'acte de nomination rédigé en cette circonstance portait :

« La faveur dont le Siège apostolique comble l'Eglise de Byzance en l'élevant au patriarcat, montre la plénitude de la puissance ecclésiastique, que, non pas l'homme, mais Dieu, ou plutôt Dieu-Homme, a donnée à l'Eglise romaine dans la personne du bienheureux Pierre, et en vertu de laquelle le Pontife romain, son vicaire, peut faire du premier le dernier, et du dernier le premier. L'Eglise byzantine, autrefois sans rang et sans siège, est élevée au patriarcat par l'Eglise romaine, et elle prend le premier rang après celle-ci. S'étant détachée autrefois de l'Eglise romaine, elle y rentre aujourd'hui. »

Outre les faveurs accordées d'ordinaire aux métropolitains, le patriarche obtint le droit d'acquérir des biens et des franchises. Il eut la faculté de conserver les anciens usages de son Eglise, en tant qu'ils ne seraient point contraires aux prescriptions du Saint-Siège. Il fut autorisé à porter le *pallium* aux jours de fête, à le remettre aux archevêques sous ses ordres, et à recevoir leur serment de fidélité au nom de l'Eglise romaine. Il lui fut également permis de faire porter devant lui une croix, excepté à Rome ou dans les lieux où séjournerait le Pape. Enfin il eut le droit, aux processions, de monter une haquenée magnifiquement ornée (L. 8, *Epist.* 153, 19 ; *Gesta*, c. 98).

Le Pape croyait honorer la seconde Eglise de la chrétienté en étendant les privilèges des patriarches. En conférant lui-même les ordres à ce prélat, il lui donnait une preuve évidente de sa bienveillance. Il ne s'arrêta pas là ; il accorda aussi au patriarche le droit de couronner les empereurs de Byzance, de conférer le sous-diaconat les jours de dimanche et de fête, et d'attacher, de sa propre autorité, des hommes savants et bien méritants à l'Eglise de Constantinople. Le patriarche reçut aussi le pouvoir d'absoudre les laïques qui avaient commis des violences envers un clerc, et même des faussaires, à moins qu'ils n'eussent contrefait le sceau patriarcal, ou que leur crime ne fût si énorme qu'il fallût le dénoncer au Saint-Siège. Il lui fut permis aussi de recevoir les appels de ses subordonnés, à moins que ceux-ci n'aimassent mieux les porter en cour de Rome.

Prenant en considération le désordre qui régnait dans l'empire, et la création récente de l'Eglise de Constantinople, et ne voulant pas que, pour chaque affaire importante, le patriarche fût dans la nécessité de demander des instructions à Rome, Innocent lui adjoignit un conseil d'hommes expérimentés, afin qu'il pût décider avec eux, dans le sens le plus convenable au bien-être de l'Eglise. L'élection du patriarche devait avoir lieu selon les règles canoniques, sans intrigues et sans violence. Chaque élu était tenu de recevoir le *pallium* du Pape et de lui prêter serment. Le nouveau patriarche est invité à ne pas vendre, donner, engager ou affermer, sans l'autorisation du Pape, les biens destinés à la table des évêques. Attendu le peu d'ordre qui avait jusque-là régné dans l'Eglise de Constantinople, Innocent accorde au patriarche et aux clercs qui devaient l'accompagner dans son voyage, jusqu'à ce qu'on eût pris de nouvelles dispositions, la jouissance de leurs bénéfices (*Gesta*, c. 98 ; L. 8, *Epist.* 19-26).

Par une lettre adressée à l'archevêque de Colocz, Innocent montre combien il était attentif à respecter les droits du patriarche, puisqu'il n'accorde à cet archevêque la faculté de soumettre à son siège métropolitain un diocèse grec, qu'autant qu'il aurait examiné auparavant si ce diocèse n'a pas appartenu autrefois au patriarcat. Car comme le patriarche est rentré dans l'union de l'Eglise romaine, il n'entend pas qu'on porte préjudice à ses droits ; mais il défendit verbalement au patriarche de nommer exclusivement des Vénitiens aux fonctions de son Eglise, comme portait le traité. Le Pape, ne pouvant être indifférent au choix des ecclésiastiques placés à la cathédrale de Constantinople, voulait que dans cette circonstance on n'eût égard qu'au mérite personnel. C'est pourquoi, prévoyant le cas où le patriarche fermerait les yeux sur ces nominations, il chargea le légat de nommer à cette Eglise des hommes recommandables, sans considérer à quelle nation ils appartiendraient (L. 8, *Epist.* 46, 62 ; L. 9, *Epist.* 100). Il recommanda aussi au patriarche, pour la place de chanoines, quelques ecclésiastiques qu'il croyait dignes de sa bienveillance (L. 8, *Epist.* 62, 135 ; Hurter, t. 9).

§ IV.

Sollicitude d'Innocent III pour défendre la chrétienté d'Occident contre la corruption de l'hérésie manichéenne.

Innocent III faisait ainsi tout son possible pour ramener l'Orient à l'unité vivante de l'Eglise de Dieu, pour l'incorporer à l'humanité chrétienne, pour la défendre mieux contre l'invasion du mahométisme. Dans ce temps-là même, il eut à défendre l'Occident contre une corruption pire encore que l'hérésie de Mahomet, savoir, l'hérésie ténébreuse des manichéens, qui, sous le nom de *Cathares, Patarins, Albigeois* et autres, travaillaient à la ruine de toute société, domestique et publique, civile et religieuse. Plus d'une fois nous en avons vu la preuve, et par la nature des doctrines, et par la manière dont les sectaires les mettaient en pratique. L'historien protestant d'Innocent III est arrivé à la même conclusion. Après avoir exposé dans un long détail l'origine, la doctrine et l'histoire de la secte manichéenne, il ajoute les réflexions suivantes :

« Il est à croire, quoiqu'on ne puisse le prouver, que cette secte n'a jamais été totalement éteinte ; qu'elle s'est cachée de plus en plus pour échapper à la vigilance de l'Eglise et à la sévérité de la puissance séculière, et qu'enveloppée sous le voile mystérieux qu'elle osait à peine soulever, elle conserva une haine d'autant plus profonde contre l'Eglise et le pouvoir temporel. En comparant l'organisation intérieure d'une certaine secte révolutionnaire (les francs-maçons), et ses tentatives contre l'Eglise depuis une soixantaine d'années, avec les principes connus des cathares, on est obligé de reconnaître quelques rapprochements. Les deux sociétés ont pour principe l'indépendance de l'homme de toute autorité supérieure. Toutes deux vouent la même haine aux institutions sociales, et particulièrement à l'Eglise et à ses ministres ; toutes deux communiquent seulement le secret à celui dont on s'est assuré par une longue épreuve, et imposent l'obligation de le garder même envers les plus proches parents. Chez toutes deux, les chefs sont inconnus à la foule ; la division est faite par provinces placées sous des maîtres particuliers ; mêmes signes de reconnaissance dans la manière de parler et de s'entendre ; de sorte que nous pouvons dire, avec quelque raison, que tout le bouleversement qui mine depuis plus d'un demi-siècle les fondements de la société européenne, n'est autre chose que l'œuvre des albigeois, transmise par eux à leurs successeurs, les francs-maçons. » Voilà ce que dit l'auteur protestant (Hurter, 1. 13).

Ces rapprochements sont d'autant mieux fondés, que, dans le fond, l'auteur de toutes les hérésies et de toutes les sectes est toujours le même : le grand dragon, le vieux serpent, appelé *Diable* et *Satan*, qui séduit toute la terre (1). C'est ce premier homicide qui n'a point persévéré dans la vérité, parce que la vérité n'est point en lui ; qui, lorsqu'il ment, parle de son fond, parce qu'il est menteur et père du mensonge (2). C'est le dieu de ce siècle, qui, dans ceux qui périssent, aveugle les intelligences des incrédules, des infidèles, pour que la lumière de l'évangile du Christ ne vienne point les éclairer (3). C'est cet esprit d'erreur qui opère, qui agit dans les enfants de l'incrédulité et de la désobéissance (4). Qui opère en eux et par eux le mystère d'iniquité, jusqu'à ce que soit manifesté l'homme de péché, le fils de la perdition, qui s'élève contre tout et au-dessus de tout ce qu'on appelle dieu ou qu'on adore, au point de s'asseoir dans le temple de Dieu comme un dieu, et de faire le dieu, mais que le Seigneur Jésus exterminera par le souffle de sa bouche et par la gloire de son avènement (Thess., 2, 3-10).

Voilà comme Jésus-Christ et ses apôtres nous signalent cette grande séduction, qui a commencé au paradis terrestre et qui n'a cessé depuis. Cette grande guerre de Satan contre Dieu, contre son Christ, contre son Eglise, ne finira que dans le grand jour, où tout ce qui est au ciel, sur la terre et dans les enfers, fléchira le genou au nom de Jésus, et confessera que le Seigneur Jésus est dans la gloire du Père. Cette grande, cette longue guerre, Dieu la permet pour mettre à l'épreuve ses créatures libres, pour qu'elles choisissent elles-mêmes entre le bien et le mal, entre la récompense et le châtiment, et cela pour l'éternité. La véritable histoire de l'humanité, c'est l'histoire de cette grande lutte, dans laquelle il suffit de vouloir, pour passer d'un camp dans un autre. Ces grandes hérésies anciennes et modernes, les idolâtres, les manichéens, les gnostiques, les ariens de tout nom, le mahométisme, les schismatiques de toute espèce, le protestantisme, avec son enfant naturel, le philosophisme et l'athéisme plus ou moins déguisé, ne sont que les divers bataillons, ou les divers travestissements de l'armée ennemie. Divisés entre eux, en contradiction avec eux-mêmes, une seule chose les réunit, leur haine commune contre l'Eglise de Dieu ; contre l'Eglise catholique. Cette haine opère son mystère d'iniquité depuis trois siècles surtout, particulièrement dans l'histoire. Depuis trois siècles, l'histoire est une conspiration permanente contre Dieu, contre son Christ et son Eglise. Tous ceux qui tiennent de près ou de loin à l'impiété, à l'hérésie, au schisme, ou à des préjugés qui en viennent, font mentir l'histoire, plus ou moins, contre l'Eglise de Dieu, et en faveur de ses ennemis. Les anciens hérétiques sont disculpés, prônés même, par les hérétiques modernes. Les révolutionnaires, les anarchistes des XIIe et XIIIe siècles, seront béatifiés, canonisés par les révolutionnaires et les anarchistes des siècles postérieurs. Plus d'un catholique se fera l'écho de la conspiration antichrétienne ; il supposera de confiance que les albigeois, les cathares, étaient des hérétiques ordinaires, qui n'avaient d'autre tort que de rejeter opiniâtrement une vérité particulière définie par l'Eglise. Les manichéens, connus sous le nom de cathares, de patarins, d'albigeois, ne niaient pas telle vérité particulière, mais toute vérité, toute religion, toute morale, toute justice, toute société. Il n'est pas malaisé de s'en convaincre.

De l'aveu de tout le monde, voici quel était le premier principe des manichéens. Le mal, le péché, le crime ne viennent pas du libre arbitre de l'homme ; c'est la créature, sinon la substance même du dieu méchant, qui a fait cet univers visible, le dieu de Moïse, l'auteur de l'Ancien Testament, le dieu qui punit le crime. Quant au dieu bon, il n'a rien fait de visible, et ne punit point le mal. De là les manichéens concluaient en théorie et en pratique : Puisque le mal est l'œuvre du dieu méchant, il est injuste d'en punir l'homme ; la justice humaine qui punit les

---

(1) *Draco ille magnus, serpens antiquus, qui vocatur Diabolus et Satanas, qui seducit universum orbem* (Apoc., 12, 9).

(2) *Ille homicida erat ab initio, et in veritate non stetit, quia veritas non est in eo ; cùm loquitur mendacium, ex propriis loquitur, quia mendax est, et pater ejus* (Joan., 8, 44).

(3) *In quibus deus hujus sæculi excæcavit mentes infidelium, ut non fulgeat illis illuminatio evangelii gloriæ Christi* (2. Cor., 4, 4).

(4) *Spiritus, qui nunc operatur in filios diffidentiæ* (Ephes., 2, 2).

malfaiteurs par le glaive, est une injustice atroce qu'il faut abolir par le fer et le feu. Ceux qui, comme le Pape, les évêques, les prêtres catholiques, enseignent que l'homme est libre et par conséquent responsable de ses actions, sont des imposteurs, des ministres de Satan, auxquels il faut courir sus. Puisque les choses visibles, matérielles, physiques, sont l'œuvre de Satan, le mariage, la génération des enfants, étant une chose physique et matérielle, est donc une œuvre de Satan, une œuvre maudite, qu'il faut abhorrer et empêcher par tous les moyens. Voilà comme le manichéisme détruisait le mariage, la société domestique, la justice, la société publique, la morale, la religion, pour reporter, par une impiété satanique, la cause de tous les crimes sur la divinité même.

Maintenant, contre cette conspiration de l'anarchie civile et religieuse, la société religieuse et les sociétés civiles avaient-elles le droit de se défendre? Elles en avaient même le devoir; d'abord par les voies de persuasion, et ensuite par les voies de rigueur. Et c'est ce que fit alors l'humanité chrétienne, ni plus ni moins.

Le chef spirituel de cette humanité, le pape Innocent III, ne fut pas plus tôt assis sur le trône pontifical, qu'il parla des dangers sérieux qui menaçaient l'Église, et de l'audace avec laquelle l'hérésie levait la tête et s'étendait toujours davantage. Il l'appelait une gangrène qui faisait de nouveaux progrès, qui attaquait ce qui était sain et qui menaçait de détourner du droit chemin ceux qui l'avaient suivi jusqu'alors. Il compare les hérétiques à des scorpions qui blessent avec le dard de la damnation; aux sauterelles de Joël, cachées sous la poussière, au milieu d'une innombrable vermine; à des gens qui présentent le venin des serpents dans la coupe dorée de Babylone; aux renards de Samson, accouplés par la queue, quoique de différentes espèces; car les vaudois, les cathares ou les patarins, quel que fût leur nom, étaient unis par un même but, celui de ravager la vigne du Seigneur. Ces expressions se trouvent dans un grand nombre de ses lettres.

Quelque temps après son sacre, il écrivit à l'archevêque d'Auch : « Au milieu des nombreuses tempêtes qui assaillent la barque de Pierre sur une mer orageuse, rien ne pénètre plus notre cœur de douleur que le spectacle des serviteurs de la perversité diabolique, s'élevant avec audace contre la vraie doctrine, séduisant les gens simples, les entraînant à leur perte, et s'efforçant de détruire l'unité de l'Église catholique (L. 1, *Epist.* 81). » En effet, près de mille cités avaient été en peu de temps infectées de l'hérésie : elle avait été adoptée dans le midi de la France par la presque totalité de la noblesse; les plus grands seigneurs lui avaient accordé protection; elle comptait des sectateurs jusque parmi les abbés et les chanoines (L. 2, *Epist.* 99); elle s'était propagée rapidement dans la haute Italie; plusieurs villes des États romains, sans se laisser arrêter par la proximité du chef de l'Église ou par des relations temporelles qui les unissaient à lui, n'avaient pas craint d'accorder à l'hérésie une influence toujours croissante. Le péril était grand, mais le génie d'Innocent était plus grand que le péril.

Il résolut tout d'abord de réunir toutes les ressources et des États romains et des autres pays de la chrétienté, non-seulement pour mettre un terme à la propagation de l'hérésie, mais encore pour la détruire. Il reconnut qu'un des premiers moyens à employer, était de ramener le clergé aux pratiques d'une vie vraiment chrétienne. « Si le pasteur dégénéré en mercenaire qui ne songe qu'à lui et non point à son troupeau se contente, dit-il, de la laine et du lait des brebis, sans s'opposer aux loups qui les attaquent; s'il ne s'élève pas comme une muraille contre les ennemis; s'il prend la fuite au moment du danger, alors il contribue lui-même à la perte de son troupeau (L. 7, *Epist.* 76). C'est à quoi il faut remédier d'abord. Le gardien ne doit point ressembler à un chien muet, le serviteur ne doit point enfouir le trésor confié à sa garde. Si les ecclésiastiques ne savent point discerner les choses saintes des choses profanes, s'ils ignorent la différence qui existe entre ce qui est précieux et ce qui est commun, ils ressemblent à ces vils hôteliers qui mêlent l'eau avec le vin. Le nom de Dieu est blasphémé à cause de ceux qui se livrent à l'avarice, qui recherchent les présents, et justifient les impies en se laissant corrompre par eux (L. 3, *Epist.* 24). La vigilance des ecclésiastiques peut contribuer puissamment à arrêter le progrès du mal (L. 2, *Epist.* 226). » Innocent, d'après ces considérations, accepta volontiers la démission d'un évêque qui ne se croyait pas la force nécessaire pour remplir ses fonctions dans ces temps difficiles et dans un diocèse presque entièrement infecté par l'hérésie (L. 1, *Epist.* 494). C'était celui de Carcassonne.

Un autre moyen employé par ce Pontife, était la prédication de la vraie doctrine et la réfutation publique de l'hérésie. « La ligue des hérétiques, dit-il dans un de ses sermons, doit être détruite par une instruction solide; car le Seigneur ne veut pas la mort du pécheur, mais qu'il se convertisse et vive. Ce n'est qu'en prêchant la vérité qu'on sape les fondements de l'erreur (*In die Ciner.*, Serm. 2). » Si celui qui prêche la parole de Dieu ne blâme pas ce qui doit être blâmé, ne stigmatise pas ce qui doit être stigmatisé, il donne une approbation tacite, et l'attrait du péché séduit, lorsque la langue du pasteur n'en détruit pas le charme (L. 6, *Epist.* 239). Que les prêtres embouchent donc les trompettes d'argent, et qu'ils se fassent précéder de l'arche d'alliance, afin que, par les cris du peuple, les murs de Jéricho, maudits de Dieu, s'écroulent devant eux (L. 2, *Epist.* 63). Dans plusieurs occasions, il recommande le zèle, la sévérité et l'activité, pour convaincre les hérétiques de leurs erreurs et les ramener dans le sein de l'Église. Il plaça à cet égard la plus grande confiance dans l'ordre de Cîteaux, dont les membres étaient d'autant plus capables de réfuter les fausses doctrines, que les hérétiques et les catholiques regardaient leur vie comme conforme à leurs prédications. Il pensait donc que leur parole pénétrerait plus profondément qu'un glaive à deux tranchants (L. 7, *Epist.* 70).

L'expérience avait appris que les hérétiques citaient quelquefois l'Écriture sainte à l'appui de leurs systèmes, la traduisaient en langue vulgaire et la communiquaient aux autres, sans s'inquiéter si la traduction en rendait fidèlement le sens. « Si la connaissance exacte et approfondie des saintes Écritures, dit à ce sujet le protestant Hurter, exige de la part de l'homme dont la vie est consacrée à la science, une longue suite de recherches, de travaux et de méditations, combien devait paraître dangereuse l'idée de placer entre les mains de tout le monde, sans avoir égard à la capacité et à la droiture de chacun, un livre qui peut conduire aussi facilement à l'erreur qu'à la vérité. » Une multitude d'hommes et de femmes renouvelèrent à Metz ce que Valdo avait fait à Lyon. Ils firent traduire plusieurs livres de l'Ancien et du Nouveau Testament, et tinrent des conférences au sujet de leur contenu. Ils regardaient avec dédain ceux qui n'y assistaient pas, ne tenaient aucun compte des avertissements des prêtres, et cherchaient à justifier leur conduite par les sentences des livres saints. Un ecclésiastique s'entretenait-il avec eux de choses divines, on lui répondait : Nous le savons mieux que vous.

Innocent écrivit aux habitants de Metz : « Quoique le désir de connaître l'Ecriture sainte et de s'édifier par cette lecture soit louable, cependant on est irrépréhensible quand on tient des assemblées secrètes, quand on s'arroge le droit de prêcher et de mépriser les ecclésiastiques qui ne prennent aucune part à ces réunions. Dieu, qui déteste l'œuvre des ténèbres, ne veut pas que sa parole soit annoncée dans des assemblées secrètes, comme chez les hérétiques ; il veut qu'elle le soit publiquement dans les églises. *Celui qui fait le bien ne doit point éviter le grand jour.* Si on nous objecte *qu'il ne faut pas jeter les perles devant les pourceaux*, nous dirons qu'on ne doit point entendre par là ceux qui reçoivent avec reconnaissance les choses divines. Mais les mystères de la foi ne peuvent être expliqués par le premier venu, puisqu'il n'est pas donné à chacun de les comprendre. L'Ecriture sainte cache un sens tellement profond, que non-seulement les gens simples et ignorants, mais même les savants ne parviennent pas toujours à l'expliquer. L'Eglise ayant établi des docteurs particuliers, il n'est pas permis à chacun d'usurper la mission de prêcher ; car chaque hérétique pourrait se l'attribuer. Dans le cas où un ecclésiastique mérite d'être réprimandé, c'est l'évêque et non le peuple qui a droit de le faire. Car lorsque Dieu ordonne dans ses commandements d'honorer son père et sa mère, il faut l'entendre plus au spirituel qu'au charnel. Si un prêtre se conduit de manière à mériter d'être éloigné de son troupeau, cette punition doit être demandée convenablement à son supérieur. Nous espérons donc que les habitants de Metz, revenant à de meilleurs sentiments, auront soin de conserver la foi catholique et de se conformer aux ordonnances de l'Eglise ; dans le cas contraire, le Pape serait obligé de recourir à la sévérité canonique. » Il recommande à l'évêque et aux chanoines de faire comprendre amicalement ses avis ; de rechercher l'auteur de la traduction, de savoir par quels motifs elle avait été faite, comment on s'en servait, et de lui faire un rapport à ce sujet. La lettre adressée aux habitants doit montrer à l'évêque quelle marche il doit suivre pour convaincre et ramener ses diocésains (L. 2, *Epist.* 141, 142).

Le protestant Hurter fait à ce sujet les réflexions suivantes : « Sans avoir égard à l'époque où ces lettres ont été écrites, on les a regardées comme une preuve d'un esprit ennemi des lumières. On s'en est servi pour avancer que le Pape cherchait à proscrire l'étude de l'Ecriture sainte. Mais la lettre adressée aux habitants de Metz, et plusieurs autres lettres déjà citées, prouvent suffisamment que, loin d'avoir eu cette pensée, il voulait au contraire que les fidèles fussent instruits au moyen de l'Ecriture sainte. Il ne désapprouvait pas autant la traduction en langue vulgaire, qu'un travail entrepris par un inconnu dépourvu de capacité et de droit nécessaire pour l'exécuter. Si nous pesons maintenant la profonde vénération qu'on avait alors pour l'Ecriture sainte, considérée comme parole divine, le scrupule exprimé par Innocent, relativement à cette traduction, ne nous paraîtra nullement blâmable. De plus, quand on considère que ceux qui attaquaient l'Eglise se servaient souvent du texte sacré, mal compris ou faussement interprété, on ne s'étonnera plus de la déclaration du Pape, surtout si on réfléchit à ses devoirs de chef de la chrétienté, devoirs qui lui imposaient de veiller à l'intégrité de la parole sainte. La critique ne s'élève nullement quand on juge d'une manière fausse et partiale la position des autres. » Telles sont les réflexions de l'auteur protestant (Hurter, l. 13).

Le chef de l'Eglise s'affligeait profondément en voyant un chrétien faire cause commune avec les hérétiques. Les fidèles qui restaient dans l'Eglise, ou les hérétiques qui y rentraient, devaient naturellement lui causer plus de joie que ceux qui déchiraient son sein. C'est pourquoi, lorsqu'on accusait quelqu'un d'hérésie, il voulait qu'on fît une enquête sévère, afin que personne ne fût injustement déclaré coupable (L. 2, *Epist.* 228). Il recevait avec plaisir ceux qui abjuraient leurs erreurs, s'opposait à ce qu'ils fussent inquiétés et se montrait disposé à les soutenir même contre leurs évêques, lorsque ces derniers doutaient de leur sincérité (L. 5, *Epist.* 36). Mais une enquête rigoureuse lui paraissait doublement nécessaire lorsque les accusés étaient membres du clergé ; même le commerce fréquent avec les hérétiques ne devait pas entraîner la perte des bénéfices, mais seulement la suspension. Cette première mesure ne devait être appliquée qu'autant que la participation aux tentatives des hérétiques serait suffisamment constatée (L. 2, *Epist.* 63).

Lorsque les enseignements des ecclésiastiques, les efforts des évêques, les voies de douceur et de sévérité ne ramenaient point les apostats, alors seulement il se croyait en droit et même obligé de recourir à des mesures de rigueur. Son devoir envers l'homme en bonne santé devait l'emporter, selon lui, sur les ménagements dus au malade ; car une trop grande condescendance lui paraissait dangereuse. Il déclara donc que ceux qui persévéreraient opiniâtrement dans l'hérésie seraient livrés à Satan, déclarés déchus de leurs fiefs et possessions dépendants de l'Eglise ; que leurs biens seraient transmis à leurs descendants catholiques, et, s'ils n'en avaient pas, mis sous le séquestre ; que leurs maisons seraient rasées, eux-mêmes bannis, et que leurs cadavres seraient arrachés de la terre sainte dans laquelle ils auraient été enterrés. Il croyait devoir recommander aux princes de prendre les armes contre eux : « Car, disait-il, Dieu ayant confié le glaive aux puissants de la terre pour protéger les bons et pour punir les malfaiteurs, la sévérité ne peut jamais être employée plus convenablement que contre ceux dont les efforts tendent à enlever aux autres la foi et la vie spirituelle. D'après ces principes, le concile tenu à Avignon en 1209 ordonna aux évêques et archevêques de faire jurer aux comtes, aux châtelains, aux chevaliers et à tous leurs subordonnés, de se vouer à l'extermination des hérétiques exclus de l'Eglise (L. 12, *Epist.* 172 et seqq., et Labbe, t. XI, p. 42). »

Voilà comme le protestant Hurter résume, d'après les lettres et les faits, les principes qui dirigeaient la conduite d'Innocent envers les hérétiques. On y constate que ce Pape ne recourait à des voies de rigueur qu'après avoir employé inutilement les voies de la douceur et de la persuasion. L'auteur protestant ajoute en note : « Quand on écrit l'histoire aussi superficiellement que Sismondi dans son *Histoire des Français*, on ne sait rien de tout cela, et alors on peut dire qu'Innocent ne connaissait d'autres moyens de conversion que la guerre, le meurtre et l'incendie. Et cependant Sismondi avoue, en parlant de l'année 1213, que les horreurs de la guerre étaient ignorées à Rome et que l'autorité du Siége apostolique avait été méconnue par ses subordonnés (Hurter, l. 13, p. 308, édit. Jager). »

Le pape Innocent porta d'abord son attention et toute sa sévérité sur ses propres Etats, pour ne pas encourir le reproche de chercher à purifier la maison d'autrui, lorsque la sienne était infectée. Comment aurait-il pu, en effet, sans rougir, s'opposer dans les autres pays aux adversaires de l'Eglise, si on eût pu lui appliquer ces paroles : « Médecin, guéris-toi toi-même ; retire la poutre qui est dans ton œil avant de retirer la paille de l'œil de ton frère (*Gesta*, c. 123) ? »

Les sectaires, qui cherchaient toujours à s'étendre secrètement, avaient établi leur résidence à Rimini, à Faënza, à Viterbe, et particulièrement à Orviète (L. 7, *Epist.* 37 ; L. 9, *Epist.* 18, 19, 204 ; L. 2, *Epist.* 1). Ils avaient depuis longtemps pris pied dans cette dernière ville, et toute la sévérité déployée par l'évêque pendant le cours d'une longue administration, n'avait pu réussir à les détruire. Au contraire, lorsque, pendant l'interdit lancé contre cette ville, Innocent eût retenu malgré lui à Rome le vieil évêque, durant neuf mois l'hérésie se propagea par des assemblées secrètes. On prêchait ouvertement contre la doctrine de l'Eglise ; et on annonçait même que, si l'on en venait aux mains, les catholiques seraient honteusement chassés de la ville. Ces derniers envoyèrent une députation à Rome, cherchèrent à faire la paix et demandèrent un gouverneur capable d'extirper l'hérésie.

Du consentement et avec l'approbation du Pape, les Romains leur donnèrent saint Pierre Parentius ou de Parenzo, issu d'une famille recommandable de la ville. Malgré sa grande jeunesse, le jugement de Parenzo avait atteint une haute maturité. Son esprit était ferme et intrépide, son cœur doux et généreux envers les pauvres. Quand il se promenait à Rome, il s'informait auprès des recteurs des hôpitaux du nombre de leurs pauvres, leur donnait secrètement de quoi les régaler, puis, au moment du repas, il venait les servir lui-même. A tant de vertus, il joignait une éloquence remarquable. Inaccessible à la crainte, il résolut donc, d'après les ordres du Pape, pour la rémission de ses péchés et dans l'espérance du martyre, d'extirper l'hérésie qui levait la tête à Orviète. Au mois de février 1199, il fit son entrée dans cette ville aux acclamations du peuple, qui vint à sa rencontre avec des branches d'olivier et de laurier. Il chercha d'abord à relever la moralité des habitants, en proscrivant, pendant le carême, certains jeux auxquels on se livrait, et qui se terminaient souvent par des meurtres. Les hérétiques ayant violé cette défense, et un combat meurtrier s'étant élevé à ce sujet entre eux et les bourgeois, Parenzo se présenta à cheval au milieu des lances, des épées et des pierres, pour recommander la paix. Le châtiment infligé aux fauteurs de cette émeute excita la haine de leur parti contre lui. Il se concerta alors avec l'évêque et d'autres citoyens estimables, sur les mesures à prendre pour étouffer l'hérésie. Il fit publier, en conséquence, que celui qui, dans un certain délai, rentrerait dans la communion de l'Eglise, obtiendrait son pardon ; que celui qui mépriserait cet avis serait châtié. Plusieurs se réconcilièrent ; l'évêque remit les récalcitrants aux mains du gouverneur ; quelques-uns furent jetés dans les fers, d'autres flagellés publiquement ; plusieurs furent mis à l'amende, quelques maisons furent rasées ; mais on ne lit pas que personne fût mis à mort.

Cela fait, saint Pierre de Parenzo se rendit à Rome pour célébrer la dernière Pâque avec sa famille. En 1199, Pâques tombait le 18 avril. Il se présenta au Pape, qui lui dit : « Pierre, nous voulons que vous nous fassiez serment de fidélité, puisque vous gouvernez notre ville. » Pierre répondit : « Saint-Père, je suis prêt à obéir à vos ordres. — Quant au serment, reprit le Pape, nous vous le remettons ; mais comment gouvernez-vous notre ville ? Et comment avez-vous exécuté nos ordres contre les hérétiques ? — Pierre répondit : Seigneur, j'ai si bien châtié les hérétiques d'Orviète, qu'ils me menacent de mort publiquement. — Mon fils, répondit le Pape, il faut plus craindre Dieu que les supplices des hommes ; continuez de combattre hardiment les hérétiques ; car, encore qu'ils puissent tuer le corps, ils ne peuvent nuire à l'âme ; mais Dieu garde l'un et l'autre en sa puissance. — Que m'arriverait-il encore ? demanda Pierre. — Mon fils, répondit le Pape, par l'autorité de Dieu et des apôtres saint Pierre et saint Paul, nous vous absolvons de tous vos péchés, si vous êtes mis à mort par les hérétiques. » A ces mots, saint Pierre de Parenzo s'inclina humblement, acceptant la promesse et rendant grâces. Animé d'un nouveau courage, il rentra chez lui plein de joie, et, comme prévoyant sa mort prochaine, il fit en secret son testament. Sa mère et sa femme, l'ayant appris, fondaient en larmes.

Pendant son absence, les manichéens d'Orviète avaient gagné un de ses secrétaires, qui, comme un autre Judas, devait leur livrer son maître pour une certaine somme d'argent. Après avoir fait ses derniers adieux à ses parents et à ses amis, il revint de Rome à Orviète, où il fut reçu avec grande joie, le premier jour de mai, au milieu de la verdure et des fleurs. Il continua de poursuivre les hérétiques suivant les lois, et de mépriser leurs menaces. Souvent même, levant les mains au ciel, tantôt en public, tantôt en particulier, il priait Dieu, la sainte Vierge et saint Pierre, que, s'il devait mourir de mort violente, ce fût par la main des hérétiques et pour la défense de la foi catholique, assuré qu'il était d'obtenir ainsi la gloire éternelle. Le jeudi 20 mai, le saint gouverneur restait joyeusement à souper avec un juge de Rome et d'autres amis. Le secrétaire qui le trahissait et qui se proposait de le livrer à ses ennemis cette nuit-là même, voulut recevoir de sa main une tranche de poulet et une coupe de vin : c'était pour cacher mieux sa trahison sous le voile de l'amitié et du dévouement. A la première veille de la nuit, saint Pierre de Parenzo, déjà déchaussé, allait se livrer au sommeil, lorsque les hérétiques, avertis par le traître, se présentèrent à la porte du palais et demandèrent à parler au gouverneur. Dès qu'il parut, ils le saisirent, lui lièrent la gorge avec une courroie pour l'empêcher de crier, lui fermèrent la bouche et lui enveloppèrent la tête. Ils le tirèrent ainsi du palais, voulant le mener au loin hors de la ville. Mais il leur représenta que, n'étant pas chaussé, il ne pouvait faire à pied un si long chemin. Alors le traître lui donna ses bottes. Cependant la discorde se mit parmi les assassins : les uns voulaient le conduire dans une forêt, les autres dans une forteresse qui leur servait de repaire. Ils envoyèrent aux autres conjurés, et, en attendant, conduisirent le gouverneur d'Orviète dans une petite loge. Là, ils le sommèrent de leur faire remise des amendes, de renoncer au gouvernement de la ville, et de promettre avec serment, s'il voulait sauver sa vie, de ne jamais persécuter leur secte, mais au contraire de la protéger. Saint Pierre de Parenzo leur répondit que, quant aux amendes et aux gages, il voulait bien les leur rendre à ses dépens, mais qu'il ne quitterait point le gouvernement de la ville, ne ferait aucun serment en faveur de leur secte, et ne violerait point celui qu'il avait fait de gouverner Orviète pendant un an. Les hérétiques eurent beau le menacer de la mort, il demeura inébranlable.

Tandis que les hérétiques le pressaient ainsi, il en survint d'autres plus violents, dont l'un dit : A quoi bon tant de paroles? en même temps il lui asséna un si rude coup sur le visage, qu'il le mit tout en sang. Les autres l'achevèrent à coups d'épées et de couteaux. Ils voulurent jeter le corps dans un puits, qu'ils ne purent découvrir; laissant donc le corps au pied d'un arbre, ils s'enfuirent de côté et d'autre. Le jour étant venu, la nouvelle de ce meurtre se répandit par toute la ville. L'évêque accourut au lieu où était le corps, avec son clergé et une multitude de peuple : ce fut une désolation universelle. Le corps fut porté à l'église cathédrale, et enterré au lieu même où il conférait souvent avec l'évêque sur les moyens d'exterminer les hérétiques. Il s'y fit dès lors, et pendant les mois suivants, un grand nombre de miracles, dont on a les relations bien circonstanciées. L'église d'Orviète honore saint Pierre de Parenzo comme martyr, le jour de sa mort, 21 mai (*Acta Sanct.*, 21 *maii*). La plupart des meurtriers, à commencer par le traître, périrent de mort funeste.

On voit ici quel était l'esprit révolutionnaire de ces manichéens. Il y en avait également à Viterbe. Pour réprimer leurs excès, le Pape, dans une lettre au clergé, au consuls et aux bourgeois de Viterbe, remit en vigueur les lois portées anciennement contre les hérétiques (L. 2, *Epist.* 1). Malgré cela, il se trouva encore de ces sectaires qui eurent le crédit de se faire nommer consul et trésorier de la ville. Le Pape écrivit à ce sujet pour faire cesser ces nominations scandaleuses; autrement il ordonnera aux fidèles des villes et des châteaux d'alentour de prendre les armes contre Viterbe (L. 8, *Epist.* 85 et 105).

On n'en vint pas à cette extrémité; mais il fut impossible de comprimer l'hérésie au point qu'elle ne relevât plus la tête et ne compromît plus le repos du pays. Innocent, espérant que sa présence hâterait le retour des uns dans le sein de l'Église et ferait impression sur les récalcitrants, se rendit à Viterbe, en 1207, après avoir célébré à Rome les fêtes de l'Ascension (L. 10, *Epist.* 75). Il fut reçu au milieu des acclamations et des marques de respect des habitants; tous les hérétiques avaient pris la fuite. Il convoqua l'évêque et le clergé, et ordonna une enquête à l'égard des receleurs, des patrons, des protecteurs et des adhérents des sectaires. Ensuite, par l'intermédiaire du podestat et des consuls, il fit prêter aux habitants de la ville, serment d'obéissance à tous ses ordres, et leur fit fournir caution (*Gesta*, c. 123). Il commanda de détruire complètement les maisons où les hérétiques tenaient leurs assemblées, de vendre les propriétés qu'ils possédaient tant dans la ville que dans les environs. Afin que les receleurs n'échappassent pas non plus à la punition, il enjoignit aux consuls de bien examiner si personne ne conservait en dépôt des objets appartenant aux hérétiques. Avant son départ, il assembla le clergé et le peuple, leur fit encore connaître les décrets promulgués contre les sectaires, ordonna qu'ils seraient transcrits sur les registres de la ville, fit promettre par serment aux recteurs de ne jamais les rayer, et prononça la peine de destitution et de cent livres d'amende contre celui qui contreviendrait à cette ordonnance (L. 10, *Epist.* 105, 103; *Gesta*, c. 123).

Mais où le manichéisme révolutionnaire avait jeté les plus profondes racines, c'était en France; non dans la France proprement dite, dans celle qui obéissait directement au roi, mais dans la France méridionale, divisée entre plusieurs petits seigneurs.

Dans la France proprement dite, l'autorité plus clairvoyante et plus puissante du roi, découvrait et étouffait à temps ces semences d'anarchie religieuse et civile. Habitué à considérer la France entière, le roi voyait beaucoup mieux le bien et le mal, les périls et les avantages, qu'un petit baron de Languedoc, dont les vues n'étaient quelquefois pas même aussi étendues que les domaines, et qui, entouré de ménestrels, de jongleurs et de femmes, ne concevait rien au-dessus de la vie d'un riche et noble épicurien. De plus, dans la France proprement dite, il y avait plusieurs évêques très-bons et très-zélés, tandis qu'en Languedoc il n'y en avait guère. L'Église de Paris fut assez heureuse de voir succéder à son excellent évêque, Maurice de Sully, un autre évêque qui n'était pas moins bon, Eudes de Sully, dont le frère, Henri de Sully était archevêque de Bourges. Ce dernier eut pour successeur, en 1199, saint Guillaume.

Guillaume sortait de l'illustre famille des comtes de Nevers. Le soin de son éducation fut confié à son oncle Guillaume, archidiacre de Soissons, que l'austérité de sa vie faisait surnommer l'*ermite*. Cet habile maître lui apprit de bonne heure à mépriser les richesses et les grandeurs périssables du monde, à en détester les plaisirs, et à craindre le poison qu'ils cachent sous un appât séduisant. Guillaume répondit parfaitement aux vues de son oncle : il n'avait d'ardeur que pour l'étude et les exercices de la piété. Il s'engagea dans l'état ecclésiastique, et fut successivement chanoine de Soissons et de Paris. Mais comme le dégoût du monde croissait en lui de plus en plus, il résolut de le quitter entièrement, et de se retirer dans la solitude. Il choisit celle de Grandmont, et y vécut dans la pratique des plus grandes austérités de la pénitence. Une contestation survenue entre les religieux de chœur et les frères convers, ayant ensuite troublé la paix dont il jouissait, il passa dans l'ordre de Citeaux, qui répandait alors de toutes parts la bonne odeur de Jésus-Christ. Il fit profession dans l'abbaye de Pontigny, où il devint bientôt un modèle accompli de la perfection monastique. Après avoir été quelque temps prieur de cette maison, il fut élu abbé de Fontaine-Jean, puis de Châlis, près de Senlis. Loin de se prévaloir de sa place, il se regardait comme le dernier des frères. Il vivait dans une mortification absolue de ses sens et de ses inclinations : aussi mérita-t-il d'obtenir de Dieu une admirable pureté de cœur, et le don de prière dans le degré le plus éminent. Il joignait à une merveilleuse simplicité, de grandes lumières qu'il puisait dans la plus sublime oraison. On découvrait à la sérénité de son visage, le calme intérieur de son âme, et malgré toutes ses austérités, il ne perdit jamais cette sainte gaîté qui prête tant de charmes à la vertu.

Pendant que notre saint goûtait les douceurs de la retraite, la mort enleva Henri de Sully, archevêque de Bourges, au mois de septembre 1199. Le clergé ne pouvant s'accorder sur le choix d'un successeur, députa vers Eudes, évêque de Paris et frère du prélat, pour le prier de venir l'aider dans une affaire si importante. Eudes, à son arrivée, trouva que l'on proposait trois abbés de Citeaux pour candidats, et qu'on s'en rapportait à lui pour choisir l'un des trois. Un de ces candidats était saint Guillaume de Châlis. Eudes remit l'affaire au lendemain, alla dire la messe dans une église de la Sainte-Vierge, mit sous la nappe de l'autel trois billets cachetés, où étaient écrits les noms des trois abbés. Il était assisté de deux hommes distingués par leur science et par leur vertu, dont l'un fut depuis archevêque de Tours et l'autre évêque de Meaux. L'évêque de Paris, ayant achevé la messe, se prosterna avec eux, priant le Seigneur de faire connaître son choix : puis il prit sur l'autel un des trois billets, et, l'ayant ouvert, il y trouva le nom de l'abbé Guillaume. Il ne le dit qu'à ses deux assistants ; mais dans le moment même les chanoines de la cathédrale s'étant assemblés, lui envoyèrent demander instamment l'abbé Guillaume. L'évêque, extrêmement surpris, loua Dieu et publia l'élection devant le peuple, qui s'était assemblé en grand nombre. C'était le 23 novembre 1199.

Saint Guillaume apprit d'abord la nouvelle de son élection par le bruit public, et fut sensiblement affligé, craignant de quitter le repos de la solitude pour se charger du gouvernement d'une telle Eglise. C'est pourquoi, quand les députés de Bourges vinrent le prier de consentir à son élection, il répondit humblement qu'il n'était pas à lui-même, mais qu'il avait un supérieur, auquel il devait obéir suivant les constitutions de l'ordre. Aussitôt on lui remit, contre son espérance, la lettre de l'abbé de Citeaux, qui lui mandait de ne pas résister à la volonté de Dieu et à sa vocation. A cela se joignit l'ordre du cardinal Pierre de Capoue, légat apostolique en France.

Saint Guillaume quitta donc sa chère solitude, mais en versant un torrent de larmes. Il prit la route de Bourges, où il fut reçu comme un ange envoyé du ciel, et sacré, en présence de tous les évêques de la province, par Elie, archevêque de Bordeaux. Son premier soin fut de régler son extérieur, aussi bien que son intérieur, sur les maximes de l'Evangile ; car il était persuadé que tout homme, et principalement un évêque, doit commencer par établir en lui-même le règne de Jésus-Christ. Il redoubla ses austérités, parce qu'il avait à expier, disait-il, et ses propres péchés et ceux de son peuple. Il garda son habit monastique, sous lequel il portait continuellement un cilice. Ses vêtements étaient les mêmes en hiver et en été. Il s'interdit pour toujours l'usage de la viande, quoiqu'il en fît servir aux étrangers qui mangeaient avec lui.

La sollicitude du saint archevêque embrassait indistinctement tout son troupeau ; mais il s'intéressait d'une manière particulière en faveur de ceux dont les besoins spirituels et corporels lui étaient connus. *C'est pour ceux-ci*, disait-il, *que j'ai été spécialement envoyé à Bourges.* Les pécheurs pénitents trouvaient en lui un père rempli de douceur et de tendresse ; quant aux pécheurs endurcis, il leur opposait une fermeté inflexible, sans vouloir toutefois employer contre eux les moyens de rigueur alors en usage.

Il trouva dans toute l'Eglise gallicane la coutume d'imposer aux excommuniés, en leur donnant l'absolution, des amendes pécuniaires, outre la satisfaction canonique, sous prétexte de les préserver des rechutes, au moins par un motif d'intérêt. Cette coutume déplaisait au saint prélat. Toutefois, il se trouvait des hommes de grand nom qui lui conseillaient de la suivre, et de donner aux pauvres l'argent qui viendrait de ces amendes, s'il ne voulait en profiter lui-même. Il trouva un moyen, pour ne pas suivre cette coutume et ne pas toutefois scandaliser ceux qui la suivaient, en condamnant ouvertement leur conduite. Quand il donnait l'absolution aux excommuniés, il leur faisait donner caution de payer l'amende ; et, pour les tenir dans le devoir, il les menaçait souvent de l'exiger, mais il ne l'exigeait jamais.

Il résista de même à ceux qui lui conseillaient de poursuivre par les armes les méchants incorrigibles, afin de procurer la paix à l'Eglise : on lui alléguait l'exemple des Pères du pays, et la coutume qu'ils y avaient établie. Il prit du temps pour délibérer et prier Dieu sur ce sujet ; mais il ne put jamais se résoudre à répandre du sang, ravager des terres et enlever du butin. Toutefois, pour n'avoir pas l'air de condamner témérairement la coutume, il promit de la suivre. Il entreprit en effet de combattre les ennemis, non par le fer et le feu, mais par les armes spirituelles. Il appelait en particulier les plus opiniâtres, leur faisait les plus vives réprimandes, les menaçait de tous les feux de l'enfer; en même temps, pour rendre ses exhortations plus efficaces, il priait, jeûnait, veillait assidûment pour eux. Son espérance ne fut pas trompée. Au grand étonnement du public, les loups devenaient des agneaux, les persécuteurs des amis; ceux qui le méprisaient jusqu'alors, non-seulement l'appelèrent archevêque, mais le saint archevêque, et lui témoignaient une docilité filiale. Ceux qui demeuraient dans leur endurcissement étaient regardés des autres comme des réprouvés. Sa sainte vie lui conciliait tous les cœurs. On s'estimait heureux de recevoir de lui des ordres, d'être honoré de sa bénédiction, ou même de toucher le bord de son vêtement.

Quelques personnes puissantes prirent occasion de sa douceur pour attenter aux droits de l'Eglise de Bourges; ils se flattaient que le saint n'aurait point le courage de leur résister; mais ils ne furent pas longtemps à s'apercevoir de leur erreur. Guillaume, au risque de perdre ses revenus, défendit vigoureusement les droits de son Eglise, même contre le roi Philippe-Auguste, que les courtisans avaient prévenu. Il eut aussi des contradictions à essuyer de la part de son chapitre et de quelques membres de son clergé; il en triompha par sa fermeté, et encore plus par sa profonde humilité. Le roi, ayant reconnu qu'il avait été trompé, devint l'ami du saint archevêque; les clercs indociles se repentirent de leur faute, et devinrent des enfants d'autant plus affectionnés à leur père (*Acta Sanct.*, 10 *januar*.).

Saint Guillaume était lié d'une tendre et sainte amitié avec Geoffroi, archevêque de Tours, et Eudes de Sully, évêque de Paris. Ils se visitaient de temps à autre, pour s'entretenir du soin des âmes et du gouvernement des Eglises. Guillaume eut une extrême douleur de perdre ces deux amis en 1208, le premier au mois d'avril, le second deux mois et demi après. Il ne leur survécut pas longtemps.

L'an 1208, comme nous le verrons plus en détail, le pape Innocent III, ayant épuisé les voies de la douceur à l'égard des manichéens du Languedoc, fit prêcher une croisade contre eux. Saint Guillaume, ayant lu les lettres apostoliques à son peuple, prit lui-même le premier la croix, et exhorta les assistants, avec beaucoup de zèle, à suivre son exemple. Ils s'y engagèrent de grand cœur. Mais le saint archevêque n'eut pas le temps d'accomplir son vœu; car il mourut comme il se disposait à partir.

Il avait la fièvre, lorsque le 5 janvier 1209, veille de l'Epiphanie, il prêcha à son peuple, comme pour lui faire ses derniers adieux, dans l'église métropolitaine de Bourges. La fièvre augmenta considérablement; d'autant plus qu'il parlait tête nue, exposé au vent et par un grand froid. La maladie croissant toujours, il demanda l'extrême-onction et ensuite le saint viatique. Pour le recevoir avec plus de respect, il se leva de son lit, alla au devant, se mit à genoux, fondant en larmes, pria longtemps prosterné sur le pavé, les bras étendus en croix; puis il reçut le corps du Sauveur avec beaucoup d'humilité et de larmes. C'était le cinquième jour de sa maladie. La nuit suivante, sentant sa fin approcher, il voulut anticiper les nocturnes, qu'il avait coutume de dire à minuit. Ayant donc fait le signe de la croix sur ses lèvres et sur sa poitrine, à peine put-il prononcer *Domine labia;* il ne put continuer. Les assistants achevèrent. Alors il fit signe qu'on le mît à terre. On étendit de la cendre et on le coucha dessus, revêtu du cilice qu'il portait secrètement; et, peu de temps après, il rendit l'esprit. C'était le 10 janvier, jour auquel l'Eglise honore sa mémoire. Il avait choisi sa sépulture à l'abbaye d'où il avait été tiré; mais son clergé ni son peuple ne purent y consentir, et il fut enterré à Saint-Etienne de Bourges. Il avait fait plusieurs miracles de son vivant, et il s'en fit encore un grand nombre à son tombeau. Saint Guillaume de Bourges, dont il existe trois vies écrites par des auteurs contemporains, fut canonisé en 1218 par le pape Honorius III (*Acta Sanct.*, 10 *januar.*).

Vers le même temps mourut saint Etienne, évêque de Die, en Dauphiné. Il était de la noble famille de Châtillon, et né à Lyon l'année 1155. Dès son enfance, il montra d'heureuses dispositions à la piété et à l'étude; et, dès sa jeunesse, il renonça absolument à l'usage de la viande, et s'appliqua aux bonnes œuvres. A l'âge de vingt-six ans, il entra dans la chartreuse des Portes, et, y ayant fait profession, il ne se contenta point des austérités prescrites par les constitutions; mais, au lieu que les autres ne jeûnaient au pain et à l'eau que trois fois la semaine, il observait cette abstinence presque tous les jours, mettant sur la table un pain d'un côté et de l'autre un livre, sur lequel il jetait les yeux de temps en temps. Plusieurs années après, sa réputation étant déjà grande, même au dehors, il fut élu malgré lui prieur de sa communauté. Il la gouverna avec une grande sagesse, et convertit plusieurs personnes parmi les hôtes, qui venaient en grand nombre à cette maison.

Dans l'intervalle, le siège de Die vint à vaquer. Après plusieurs autres sujets, quelques chanoines, en petit nombre, proposèrent le prieur de la chartreuse des Portes. Tous s'accordèrent à l'élire; mais on savait combien il serait difficile de le tirer de son désert. On envoya donc à Rome pour obtenir la confirmation du pape Innocent, qui l'accorda volontiers, avec ordre d'accepter; car sa réputation était venue jusqu'à lui. Les chanoines vinrent ensuite trouver saint Etienne, qui leur dit, comme son confrère saint Hugues de Lincoln, qu'il n'était point libre, mais soumis à l'obéissance du prieur de la Grande-Chartreuse. C'était alors le dixième, nommé Jacelin. Quand il eut vu les lettres du Pape, il fit chercher Etienne, qui s'était caché, et l'obligea d'accepter. Il fut donc conduit à Vienne, métropole de Die, et sacré par trois archevêques en 1203. Il ne réussit pas moins dans l'épiscopat qu'il n'avait fait dans la solitude. Pour se reposer de ses travaux, il allait quelquefois s'enfermer à la chartreuse des Portes, et y vivait en simple moine, sans aucune distinction que l'anneau pastoral. Il mourut vers l'an 1208, le 7 septembre, jour auquel il est honoré (*Acta Sanct.*).

Saint Hugues de Lincoln, également tiré de l'ordre des chartreux, était mort dès l'année 1200. Il était venu en Normandie, et avait été médiateur de la paix entre le roi Philippe de France et le roi Jean d'Angleterre. Il vint ensuite à une chartreuse, où on lui demanda comment cette paix s'était faite. Il fut affligé de cette question et répondit : « Quoiqu'il soit permis aux évêques d'entendre et de rapporter des nouvelles, il n'est pas permis aux moines de faire de même. » Au retour de ce voyage, il demeura malade à Londres de la fièvre quarte. Comme on l'avertissait de faire son testament : « Cette coutume, dit-il, me déplaît, encore qu'elle soit introduite partout dans l'Eglise. Je n'ai jamais rien eu et n'ai rien qui n'appartienne à l'Eglise dont je suis chargé : toutefois, de peur que le fisc ne s'en saisisse, qu'on donne aux pauvres tout ce que je possède ! » Le roi Jean, étant venu le voir, confirma son testament, et promit devant Dieu qu'à l'avenir il autoriserait les testaments des prélats.

Le saint évêque, n'étant plus occupé que de la prière, demanda l'extrême-onction et la reçut le jour de Saint-Matthieu, 21 septembre, qui était le jour de son sacre. Il vécut toutefois encore près de deux mois, et ordonna qu'après sa mort on le portât à Lincoln, pour être enterré dans sa cathédrale. Il mourut donc à Londres le jeudi 16 novembre 1200, âgé de soixante ans, après quinze ans d'épiscopat. On remarque parmi ses vertus, l'exactitude à dire l'office aux heures prescrites, sans que jamais on pût lui persuader de prévenir ou de différer. Jusque-là que, quand il traitait des plus grandes affaires, comme les autres sortaient pour consulter, lui sortait pour s'acquitter de ce devoir, sitôt que l'heure en était venue ; ayant appris des chartreux à préférer l'office divin à tout le reste.

Pendant cinq jours que dura le convoi pour le porter à Lincoln, le concours du peuple fut très-grand, et les plus robustes s'empressaient à porter our à tour le saint corps. Il y avait précisément à Lincoln une grande assemblée d'évêques et de seigneurs, à l'occasion de l'hommage que Guillaume, roi d'Ecosse, rendit au roi Jean d'Angleterre. Trois archevêques s'y trouvèrent, savoir : Hubert de Cantorbéry, Jean de Dublin, Bernard, d'un autre siège, quatorze évêques, et plus de cent abbés. Tous ces prélats et ces seigneurs assistèrent, avec les deux rois, aux funérailles du saint évêque de Lincoln, et le roi d'Angleterre le porta lui-même sur ses épaules. Saint Hugues avait fait plusieurs miracles de son vivant, et il en fit un grand nombre après sa mort. Aussi fut-il canonisé vingt ans après par le pape Honorius III ; et l'Eglise honore sa mémoire le 17 novembre (*Apud Surium*, 17 *nov.*; Roger Hoved., p. 811 ; Matth. Paris, an 1200).

Si le midi de la France avait eu de pareils évêques, il eût été facilement préservé ou guéri de la corruption pestilentielle du manichéisme. Mais Raymond de Rabastens, évêque de Toulouse, était entré dans ce siége par simonie, vers l'an 1201. Il fallut le déposer. L'archevêque de Narbonne, Bérenger II, bâtard de Raymond Bérenger, comte de Barcelone, possédait, outre son archevêché, l'abbaye de Mont-Aragon et l'évêché de Lérida. Il habitait constamment son abbaye, uniquement occupé à entasser des trésors ; pendant dix années, il n'avait jamais visité son diocèse, pas même son Eglise ; n'avait observé aucun ordre du Pape, en sorte que le légat apostolique en France dut faire une enquête sur les nombreuses plaintes portées contre lui. Mais ni cette mesure du légat, ni une lettre du Pape, qui gémissait de voir son diocèse fourmiller d'hérétiques, ne produisirent d'effet sur l'archevêque ; il restait immobile dans son abbaye, retenu dans les liens déshonorants de la paresse et de la cupidité : à peine l'apercevait-on deux fois par semaine à l'église. Il garda pour lui les bénéfices vacants, se faisait payer les consécrations d'évêques, laissa s'éteindre les canonicats à l'Eglise de Narbonne, et cumula les bénéfices de cinq paroisses et d'autres emplois ecclésiastiques. Il conférait les ordres avec légèreté, sans s'informer de la conduite des postulants. Aussi vit-on des religieux et des chanoines rompre tous les liens, jeter le froc sans crainte, prendre pour concubines des femmes souvent enlevées à leurs maris, exercer l'usure, s'adonner au jeu, à la chasse, se faire avocats, jongleurs ou médecins. Les laïques ne manquèrent pas de suivre un tel exemple ; c'est pourquoi on vit disparaître de ce pays toute discipline, tout ordre et toute moralité (Inn., l. 7, *Epist.* 75).

Ces excès affligèrent le cœur du pape Innocent ; il voyait l'Eglise et le salut des âmes en danger ; il voyait remplacer par la licence l'austérité des mœurs qu'il recommandait toujours d'une manière si pressante aux prélats et aux clercs. Il déclara donc à l'archevêque avoir remarqué depuis longtemps qu'il ne gardait l'abbaye que par cupidité, au grand détriment de son diocèse, sans s'inquiéter de l'ordre du Pape, qui lui avait prescrit de s'en démettre. Il ajouta que, dès ce moment, il lui retirait cette abbaye, et que si, dans le délai d'un mois, les religieux n'y avaient pas nommé un autre abbé, l'évêque de Tarragone leur en donnerait un (L. 7, *Epist.* 76). Les légats allèrent encore plus loin. Ils citèrent l'archevêque devant eux, pour répondre à l'accusation d'hérésie, le suspendirent de ses fonctions, défendirent à l'évêque de Maguelone de se faire sacrer par lui, et le traitèrent avec tant de sévérité, qu'il en appela à Rome, sous prétexte qu'ils avaient dépassé leurs pouvoirs. L'affaire ayant traîné en longueur et l'archevêque s'étant démis de son abbaye, Innocent ordonna aux légats de ne plus l'inquiéter pour des fautes dont il se reconnaissait coupable, et de lui donner le temps de faire pénitence (L. 9, *Epist.* 66). Malgré son âge et ses infirmités, l'archevêque se rendit lui-même à Rome, où il trouva à la vérité patience et pardon ; mais on lui fit des observations sévères sur le passé, et on lui donna de bonnes leçons pour l'avenir. Toutefois l'archevêque resta tel qu'il était, et le Pape se vit forcé de le déposer et d'ordonner aux légats de faire une nouvelle élection (L. 10, *Epist.* 68).

Sous de pareils évêques, qui négligeaient à ce point le choix des clercs et leur conduite, on conçoit ce que dit un auteur du temps, que les biens du clergé étaient partout envahis ; que le nom même de prêtre était une injure ; que les ecclésiastiques n'osaient faire voir leur tonsure en public ; que ceux qui se résignaient à porter la robe cléricale, étaient quelques serviteurs des nobles, auxquels ceux-ci la faisaient prendre pour envahir sous leur nom quelque bénéfice (Guill. de Puy-Laurens, *apud Scriptor. rer. Franc.*, t. XIX, p. 194).

Quant à ces nobles eux-mêmes, voici le portrait que nous en trace un littérateur moderne, qui n'est

LIVRE LXXI. — PONTIFICAT D'INNOCENT III.

pas suspect de ce côté. « A en juger par les injures qu'ils se disent dans les poésies des troubadours, il y avait plus d'esprit que de dignité dans la noblesse du Midi. Ils se renvoient froidement de l'un à l'autre des reproches pour lesquels les chevaliers du Nord se seraient vingt fois coupé la gorge. Ainsi Rambaud de Vaqueiras et le marquis Albert de Malespina s'accusent mutuellement dans un tenson d'avoir trahi, volé et fait pis encore (Michelet, *Hist. de France*, t. II, p. 405). » Ces nobles étaient presque toujours armés les uns contre les autres. « Armagnac, Comminges, Béziers, Toulouse, n'étaient jamais d'accord que pour faire la guerre aux églises. Les interdits ne les troublaient guère. Le comte de Comminges gardait paisiblement trois épouses à la fois. Le comte de Toulouse, Raymond VI, faisait pis encore; dès son enfance, il recherchait de préférence les concubines de son père. Cette Judée de la France, comme on a appelé le Languedoc, ne rappelait pas l'autre seulement par ses bitumes et ses oliviers; elle avait aussi Sodome et Gomorrhe (*Ibid.*, p. 409). »

Quant à la poésie des troubadours, voici comme le même écrivain la juge : « Gracieuse, légère, immorale littérature, qui n'a pas connu d'autre idéal que l'amour, l'amour de la femme; qui ne s'est jamais élevée à la beauté éternelle. Parfum stérile, fleur éphémère, qui avait crû sur le roc, et qui se fanait d'elle-même quand la lourde main des hommes du Nord vint se poser dessus et l'écraser. Le premier signe de décadence avait paru de bonne heure; la poésie tournait à la subtilité, l'inspiration au dogmatisme académique, quand vint la croisade des albigeois. L'esprit scholastique et légiste envahit dès leur naissance les fameuses cours d'amour. On y dépassait de loin la subtilité de Scot et la pédanterie de Barthole. Les formes juridiques y étaient rigoureusement observées dans la discussion des questions légères de la galanterie. Pour être pédantesques, les décisions n'en étaient pas moins immorales. La comtesse de Narbonne décide, dans un arrêt conservé religieusement, que l'époux divorcé peut fort bien devenir l'amant de sa femme mariée à un autre. Eléonore de Guienne prononce que le véritable amour ne peut exister entre époux; elle permet de prendre pour un temps une autre amante, afin d'éprouver la première. La comtesse de Flandre, princesse de la maison d'Anjou, et la comtesse de Champagne, fille d'Eléonore, avaient institué de pareils tribunaux dans le nord de la France; et probablement ces contrées, qui prirent part à la croisade des albigeois, avaient été médiocrement édifiées de la jurisprudence des dames du Midi. Les gens du Nord devaient prendre encore plus au sérieux tant d'impiétés amoureuses que nous rencontrons dans la poésie des troubadours (Michelet, *Hist. de France*, p. 406 et 407). »

Dans un pays où régnait une pareille littérature, un pareil esprit, de pareilles mœurs, on conçoit que le manichéisme, qui mettait toutes les passions fort à l'aise en reportant sur la divinité même la cause de tous les crimes, dut trouver facile accès dans les esprits, et surtout dans les cœurs.

Les soldats mercenaires, connus sous le nom de *routiers*, trouvaient une telle religion fort de leur goût. Ils venaient partie du Brabant, partie de l'Aquitaine. « Les montagnards du Midi, qui aujourd'hui descendent en France et en Espagne pour gagner de l'argent par quelque petite industrie, en faisaient autant au moyen-âge, mais alors la seule industrie était la guerre. Ils maltraitaient les prêtres tout comme les paysans, habillaient leurs femmes des vêtements consacrés, battaient les clercs et leur faisaient chanter la messe par dérision. C'était encore un de leurs plaisirs de salir, de briser les images du Christ, de lui casser les bras et les jambes, de le traiter plus mal que les Juifs à la passion. Ces routiers étaient chers aux princes, précisément à cause de leur impiété qui les rendait insensibles aux censures ecclésiastiques. La guerre effroyable, faite ainsi par des hommes sans foi et sans patrie, contre lesquels l'Eglise elle-même n'était plus un asile, impies comme nos modernes et farouches comme des Barbares. C'était surtout dans l'intervalle des guerres, lorsqu'ils étaient sans solde et sans chef, qu'ils pesaient cruellement sur le pays, volant, rançonnant, égorgeant au hasard. Leur histoire n'a guère été écrite; mais à en juger par quelques faits, on pourrait y suppléer par celle des mercenaires de l'antiquité, dont nous connaissons l'exécrable guerre contre Carthage (Michelet, *Hist. de France*). »

Tel était donc l'ensemble ou plutôt le chaos d'erreurs, d'impiétés, de crimes et de désordres, dont il fallait tirer ce malheureux pays et préserver les autres.

A peine Innocent fut-il arrivé au pontificat, que cette situation du midi de la France attira son attention sérieuse. L'archevêque d'Auch s'étant plaint des progrès toujours croissants des hérétiques en Gascogne, le Pape lui recommanda de redoubler d'activité et d'employer tous les moyens de discipline ecclésiastique, et de sommer, s'il était nécessaire, les princes de prendre les armes (L. 1, *Epist* 81). Il écrivit aux archevêques et aux évêques d'midi de la France, pour leur dire qu'il a appris que les hérétiques, qui apparaissent sous divers noms, ont enveloppé dans leurs filets bon nombre de fidèles, et les ont infectés du levain de leur doctrine; qu'en conséquence il envoie dans ces contrées, pour commissaires, Rainier et Gui, hommes recommandables par leurs connaissances et leurs vertus; qu'ils doivent les aider à ramener au Seigneur les âmes égarées, et à expulser de leurs terres ceux qui refuseraient de se convertir, afin que la partie saine ne soit pas corrompue par la partie malade. Il approuve d'avance toutes les mesures que prendront les légats, et il ordonnera aux comtes, aux barons et aux nobles, de les appuyer de tout leur pouvoir; car c'est pour cela qu'ils ont reçu le glaive. Les hérétiques seront d'abord exclus de l'Eglise, ensuite dépouillés de leurs biens et bannis du pays. S'ils persistent à y rester, les princes devront les en expulser par la force des armes (*Ibid.*, *Epist.* 94).

Lorsque, peu de temps après, les légats partirent de Rome, et que Rainier se rendit en Espagne, Innocent renouvela aux prélats et aux seigneurs les mêmes exhortations. C'est pourquoi il reçut avec plaisir la démission de l'évêque Othon de Carcassonne, qui, ayant administré le diocèse depuis l'année 1170, était alors affaibli par l'âge, incapable de résister aux hérétiques, dont le nombre, précisément dans son Eglise, s'était considérablement augmenté. Innocent exprima le désir que les chanoines élussent un évêque capable de ramener par sa parole et ses actions les apostats à la foi, d'extirper l'ivraie et de préparer de riches semailles pour Dieu. En effet, Bérenger, neveu et successeur d'Othon, s'efforça de remplir les vœux du Pape, car il prêcha avec un grand zèle contre les hérétiques, leur fit voir leurs erreurs, ainsi que les malheurs qu'ils attireraient sur eux. La rage avec laquelle ils le jetèrent hors de la ville et défendirent à leurs partisans d'entretenir aucune relation avec lui, prouve qu'il remplissait fidèlement et dignement ses devoirs (L. 1, *Epist.* 81, 165, 494; Pet. Vallissern., c. 16; Hurter, l. 13).

L'année suivante, Innocent rappela le frère Rainier de l'Espagne, et le chargea de nouveau de représenter le Siége apostolique, avec les pouvoirs les plus étendus, dans les provinces du midi de la France. Rainier étant tombé malade, le Pape lui adjoignit le bienheureux Pierre de Castelnau, archidiacre de Maguelone, qui entra depuis dans l'ordre de Citeaux, à l'abbaye de Font-Froide; mais Pierre pensait que, pour agir plus efficacement, il fallait un légat d'un rang supérieur. Afin de répondre à ses désirs, le cardinal Paul, du titre de Sainte-Prisque, établit son siége à Montpellier. Innocent pria le comte de Montpellier d'assister le légat de tout son pouvoir, afin que ceux que l'on ne pourrait ramener à la vérité avec le glaive spirituel, fussent du moins soumis par le glaive temporel (L. 2, *Epist.* 122, 123; L. 5, *Epist.* 72).

A la fin de l'année 1203, Pierre de Castelnau et le frère Rodolphe arrivèrent, comme représentants du Pape, à Toulouse. Ils se vouèrent à la conversion des hérétiques, avec le zèle qui caractérisait leur ordre. Dans les instructions transmises aux évêques (L. 7, *Epist.* 77), le Pape avait donné aux légats un pouvoir qui semblait à l'archevêque de Narbonne un empiétement sur ses droits; il refusa donc le serment exigé par les légats, et fut, pour ce motif, suspendu de ses fonctions. Ce ne fut qu'avec beaucoup de peine que les légats parvinrent à déterminer les habitants de Toulouse à expulser les hérétiques de la ville; et à obtenir des consuls et de plusieurs des principaux bourgeois le serment de rester fidèlement attachés à l'Eglise. Ils confirmèrent, au nom du Pape, tous les droits et franchises de la ville, déclarèrent que toute accusation au sujet de l'hérésie était éteinte; seulement, ceux qui s'opiniâtreraient seraient excommuniés. Les sectaires n'en tinrent pas moins des conciliabules nocturnes, et l'exemple des villes voisines rendit inutiles toutes les mesures prises. L'évêque de Béziers, refusant d'appuyer les légats, d'engager le conseil de la ville à poursuivre plus sévèrement les hérétiques, négligeant même de prononcer l'excommunication contre eux, fut soupçonné de favoriser secrètement les ennemis de l'Eglise, et suspendu de ses fonctions : ce qui fut confirmé par le Pape lui-même (L. 6, *Epist.* 242).

Le triste tableau que le bienheureux Pierre de Castelnau et son compagnon firent de la ruine de toute discipline ecclésiastique dans le diocèse de Narbonne et de la propagation de l'hérésie, détermina le Pape à leur adjoindre Arnauld, abbé de Citeaux, et à représenter au roi de France, « que le temps est venu où le pouvoir spirituel et le pouvoir temporel doivent coopérer ensemble pour la défense de l'Eglise, et se prêter un appui mutuel, afin que le bras séculier réprime ceux qui ne se laissent pas ramener par la discipline ecclésiastique. Votre devoir, écrit-il au roi, vous commande de vous lever, d'employer la puissance qui vous a été confiée par le Ciel, et s'il vous est impossible de marcher en personne contre les malfaiteurs, de charger votre fils ou tout autre personnage puissant de ce soin. Vous devez aussi forcer les grands à confisquer les biens des hérétiques, et, s'ils s'y refusent, vous emparer de leurs possessions au profit du trésor. » Il promet au roi et à tous ceux qui l'assisteraient, les mêmes grâces qui sont accordées à ceux qui se rendent en Palestine pour combattre les infidèles. Les légats reçurent de nouveaux pouvoirs qui les autorisaient à prendre toutes les mesures qu'ils jugeraient nécessaires à l'extirpation de l'hérésie. Dans le cas où des difficultés imprévues se présenteraient, ils avaient l'ordre d'attendre la décision du Saint-Siége. « Nous voulons que votre modération fasse taire l'insolence des ignorants, leur disait le Pape, et que vous évitiez avec soin, dans vos paroles et vos actions, ce qui pourrait donner prise à des reproches de la part des hérétiques (Mansiq., *Hist. de l'ordre de Citeaux*, t. V, p. 176; Inn., l. 7, *Epist.* 76, 79).

Le bienheureux Pierre de Castelnau, voyant les difficultés de sa position et le peu de fruit que recueilleraient les légats, se hâta de retourner dans son couvent. L'abbé Arnauld écrivit également au Pape, pour lui dire qu'il n'espérait pas grand succès de sa mission, qu'il n'avait pas l'appui des évêques et des archevêques, et qu'il priait le Pape d'accepter sa démission (Mansiq., t. V, p. 225). Au commencement de l'année 1205, Innocent engagea Pierre à la persévérance. « La vie active, lui disait-il, est utile pour vous et pour les autres, et la vertu se fortifie au milieu des peines et des souffrances (L. 7, *Epist.* 210). » Il somma de nouveau le roi de France d'aider avec le glaive temporel les légats, dont les avertissements salutaires étaient méprisés par les sectaires, et de se montrer ainsi prince catholique (*Ibid.*, *Epist.* 187 et 212). Les trois religieux n'osèrent résister aux représentations du Pape, et continuèrent leurs opérations avec d'autant plus de courage, que le comte de Toulouse venait de prêter serment d'expulser les hérétiques de ses Etats (Guill. de Puy-Laurens, c. 7). Mais ils pensaient que l'instruction donnée aux hérétiques et l'emploi des mesures violentes ne suffiraient pas pour rétablir l'autorité ébranlée de l'Eglise, et qu'il fallait commencer par éloigner le scandale du sein de l'Eglise même. Ils engagèrent donc l'évêque intrus de Toulouse à renoncer volontairement à sa charge (L. 8, *Epist.* 115); l'année suivante, le chapitre élut à sa place l'ancien troubadour Foulque de Marseille. Le prévôt de la cathédrale, qui avait coopéré à l'élection anticanonique de l'évêque, fut déposé par ordre du Pape (*Ibid.*, *Epist.* 116).

Foulque était fils d'un riche marchand génois qui s'était établi à Marseille. La profession du père ne pouvait convenir à ce jeune homme, beau, vif et spirituel. La vie joyeuse que menaient les troubadours ou poètes de Provence, l'attira parmi eux : il devint même un des plus célèbres. Il passa donc une grande partie de sa jeunesse au milieu des cours, à chanter les seigneurs et les dames. Mais à la fin, voyant mourir l'un après l'autre ceux qu'il avait chantés, il prit des pensées plus sérieuses : il renonça au monde, embrassa la vie monastique dans l'ordre de Citeaux, lui, sa femme et deux de ses fils. Foulque entra dans le couvent de Touronet. Avec le temps, il en devint abbé, et occupa cette place jusqu'à l'année 1206, où il fut appelé à l'évêché de Toulouse; car il passait pour un homme capable d'arracher ce diocèse à sa ruine, et d'y rétablir l'autorité spirituelle. En effet, on retrouve dans ses sermons cette éloquence entraînante que l'on découvre dans ses poésies. A l'éloquence et au zèle, il joignait une charité si généreuse, qu'il était vénéré de tout le monde. C'est le témoignage que lui rend, dans son histoire, Guillaume de Puy-Laurens, chapelain du dernier comte de Toulouse (*Script. rer. Franc.*, t. XIX). Le bienheureux Pierre de Castelnau, alors malade, ne se trompait donc pas, lorsque, apprenant cette élection sur son lit de douleur, il leva les mains au ciel pour remercier Dieu d'avoir donné un tel évêque au diocèse (*Gall. Christ.*, t. XIII).

Le chapitre de Viviers ayant porté des plaintes très-graves contre son évêque, les légats persuadèrent à ce prélat de donner sa démission. En même temps ils parcoururent le pays, mais leurs prédications et leurs réprimandes n'eurent presque pas de succès. Les plaintes qui s'élevaient de toutes parts contre la vie scandaleuse des ecclésiastiques, les forçaient souvent au silence. Enfin, dégoûtés d'une mission pénible, perilleuse et presque inutile, ils pensaient à prier de nouveau le Pape d'accepter leur démission. C'était à Montpellier, l'an 1206, lorsqu'au mois de juillet l'arrivée de deux hommes en cette ville leur fit changer de dessein.

C'étaient deux ecclésiastiques qui s'en retournaient de Rome en Espagne. Le premier était Diégo de Azevédo, évêque d'Osma en Castille, recommandable par sa naissance et par sa doctrine, mais encore plus par sa vertu, principalement par son zèle pour le salut des âmes. A la suite de son prédécesseur, Martin de Bazan, il entreprit d'établir dans le chapitre de sa cathédrale la règle de saint Augustin et l'observance des chanoines réguliers ; et il réussit, malgré la résistance de quelques-uns des chanoines. Alphonse IX, roi de Castille, voulant faire épouser à son fils Ferdinand la fille du comte de La Marche, choisit l'évêque d'Osma pour négocier cette alliance, et il s'en acquitta si bien, que le mariage fut conclu. Mais étant retourné avec une plus grande suite pour amener la princesse, il la trouva morte. Il se contenta d'envoyer un courrier au roi Alphonse lui porter cette triste nouvelle, et, pour lui, il prit le chemin de Rome avec les clercs qui l'accompagnaient.

Etant arrivé devant le pape Innocent, il lui demanda instamment la permission de renoncer à l'évêché, alléguant son incapacité et la grandeur de la charge. Il découvrit même au Pape que son dessein était d'aller travailler à la conversion des Cumans, peuple barbare qui habitait vers l'embouchure du Danube. Le Pape ne se rendit point à la prière de l'évêque, et ne voulut pas même lui permettre d'aller prêcher les Cumans en gardant son évêché, mais il lui ordonna de retourner à son Eglise. En revenant, le pieux prélat voulut voir l'abbaye de Citeaux. Touché de l'observance qui y était encore en vigueur, il prit l'habit monastique, et emmena quelques moines pour l'instruire dans les pratiques de l'ordre ne songeant qu'à retourner en Espagne.

L'autre ecclésiastique espagnol s'appelait Dominique. Il était fils de Félix de Gusman et de Jeanne d'Asa, et naquit l'année 1170, au bourg de Caláruéga, diocèse d'Osma, dans la Vieille-Castille. Il eut plusieurs frères, dont l'aîné, nommé Antoine, se fit prêtre, et mourut en odeur de sainteté dans un hôpital où il s'était consacré au service des malades. Un signe précéda la naissance de saint Dominique. Sa mère vit en songe le fruit de ses entrailles sous la forme d'un chien qui tenait dans sa gueule un flambeau, et qui s'échappait de son sein pour embraser toute la terre. Inquiète d'un présage dont le sens était obscur, elle allait souvent prier sur la tombe de saint Dominique de Silos, autrefois abbé d'un monastère de ce nom, qui n'était pas loin de Caláruéga, et, en reconnaissance des consolations qu'elle avait obtenues, elle donna le nom de Dominique à l'enfant qui avait été l'objet de ses prières. Il ne fut pas plus tôt en état de faire usage de sa raison, que sa vertueuse mère, elle-même honorée d'un culte public (*Acta Sanct.*, 2 *aug.*), l'instruisit de ce qu'il devait à Dieu. Sa ferveur était si grande dans sa jeunesse, que souvent il se levait pendant la nuit pour prier ; il aimait aussi dès lors les pratiques de la mortification. A sept ans commencés il quitta la maison paternelle, et fut envoyé à Gumiel d'Izan, chez un oncle, singulièrement recommandable par sa piété, qui remplissait dans cette Eglise les fonctions d'archiprêtre. Le jeune Dominique assistait avec lui à tous les offices de l'Eglise, et, après avoir donné un temps convenable à l'étude et à ses autres devoirs, il employait tout le reste de l'oraison, à des lectures pieuses et à diverses œuvres de charité. Il se privait, par esprit de pénitence, des amusements permis à son âge.

L'université de Palencia, au royaume de Léon, la seule que possédât alors l'Espagne, fut la troisième école où se forma Dominique. Il y vint à quinze ans, et se trouva pour la première fois abandonné à lui-même. Le séjour qu'il y fit fut de dix années. Il consacra les six premières à l'étude des lettres et de la philosophie. « Mais, dit un historien, l'angélique jeune homme, bien qu'il pénétrât facilement dans les sciences humaines, n'en était cependant pas ravi, parce qu'il y cherchait vainement la sagesse de Dieu, qui est le Christ. Nul des philosophes, en effet, ne l'a communiquée aux hommes ; nul des princes de ce monde ne l'a connue. C'est pourquoi, de peur de consumer en d'inutiles travaux la fleur et la force de sa jeunesse, et pour éteindre la soif qui le dévorait, il alla puiser aux sources profondes de la théologie. Invoquant et priant le Christ, qui est la sagesse du Père, il ouvrit son cœur à la vraie science, ses oreilles aux douceurs des saintes Ecritures, et cette parole divine lui parut si douce, il la reçut avec tant d'avidité et de si ardents désirs, que, pendant quatre années qu'il l'étudia, il passait les nuits presque sans sommeil, donnant à l'étude le temps du repos. Afin de boire à ce fleuve de la sagesse avec une chasteté plus digne encore d'elle, il fut dix ans à s'abstenir de vin. C'était une chose merveilleuse et aimable à voir, que cet homme en qui le petit nombre de ses jours indiquait la jeunesse, mais qui, par la maturité de sa conversation et la force de ses mœurs, révélait le vieillard. Supérieur aux plaisirs de son âge, il ne recherchait que la justice; attentif à ne rien perdre du temps, il préférait aux courses sans but le sein de l'Eglise, sa mère, le repos sacré de ses tabernacles, et toute sa vie s'écoulait entre une prière et un travail également assidus. Dieu le récompensa de ce fervent amour avec lequel il gardait ses commandements, en lui inspirant un esprit de sagesse et d'intelligence qui lui faisait résoudre sans peine les plus difficiles questions (Thierry d'Apolda, *Vie de saint Dominique*, c. 1, n. 17 et 18; *apud Acta Sanct.*, 4 *aug.*). »

Deux traits nous sont restés de ces dix années de Palencia. Pendait une famine qui désolait l'Espagne, Dominique, non content de donner aux pauvres tout ce qu'il avait, même ses vêtements, vendit encore ses livres annotés de sa main pour leur en distribuer le prix; et, comme on s'étonnait qu'il se privât des moyens d'étudier, il prononça cette parole, la première de lui qui soit arrivée à la postérité : « Je ne veux pas étudier sur des peaux mortes, et laisser des hommes mourir de faim (*Acte de Bologne*, déposition du frère Etienne, n. 1; *Acta Sanct.*, 4 *aug.*). » Son exemple engagea les maîtres et les élèves de l'université à venir largement au secours des malheureux. Une autre fois, voyant une femme dont le frère était captif chez les Maures, pleurer amèrement de ne pouvoir payer sa rançon, il lui offrit de se vendre pour le racheter; mais Dieu, qui le réservait pour la rédemption d'un grand nombre d'hommes, ne le permit pas.

Le vertueux Diégo, évêque d'Osma, ayant entendu parler de son mérite et ayant pris des informations bien exactes, le fit entrer dans le chapitre régénéré de sa cathédrale. « Alors, dit un de ses biographes, le bienheureux Jourdain de Saxe, alors Dominique commença de paraître entre les chanoines, ses frères, comme un flambeau ardent : le premier par la sainteté, le dernier de tous par l'humilité de son cœur, répandant autour de lui une odeur de vie qui donnait la vie, et un parfum semblable à l'encens dans les jours d'été. Ses frères admirèrent une si sublime religion; ils l'établirent leur sous-prieur, afin que, placé plus haut, ses exemples fussent plus visibles et plus puissants. Pour lui, comme un olivier qui pousse des rejetons, comme un cyprès qui grandit, il demeurait jour et nuit dans l'église, vaquant sans relâche à la prière, et se montrant le moins hors du cloître, de peur d'ôter du loisir à sa contemplation. Dieu lui avait donné la grâce de pleurer pour les pécheurs, pour les malheureux et les affligés; il portait leurs maux dans un sanctuaire intérieur de compassion, et cet amour douloureux lui pressant le cœur, s'échappait au dehors par des larmes. C'était sa coutume, rarement interrompue, de passer la nuit en prières et de s'entretenir avec Dieu, la porte fermée. Quelquefois alors on entendait des voix et comme des rugissements sortir de ses entrailles émues qu'il ne pouvait contenir. Il y avait une demande qu'il adressait souvent et spécialement à Dieu : c'était de lui donner une vraie charité, un amour à qui rien ne coûtât pour le salut des hommes, persuadé qu'il ne serait vraiment un membre du Christ que lorsqu'il se consacrerait tout entier, selon ses forces, à gagner des âmes, à l'exemple du Sauveur de tous, le Seigneur Jésus-Christ, qui s'est immolé sans réserve à notre rédemption. Il lisait un livre qui a pour titre : *Conférences des Pères*, lequel traite à la fois des vices et de la perfection spirituelle, et il s'efforçait en le lisant, de connaître et de suivre tous les sentiers du bien. Ce livre, avec le secours de la grâce, l'éleva à une difficile pureté de conscience, à une abondante lumière dans la contemplation, à un degré de perfection fort grand (*Vie de S. Dom.*, c. 1, n. 8 et seqq.; *Ibid.*, par le P. Lacordaire). »

Tel était saint Dominique, lorsque l'évêque d'Osma l'emmena dans son ambassade. Tous deux, traversant le Languedoc, y furent témoins du progrès effrayant des albigeois ou manichéens, et leur cœur en conçut une amère affliction. Arrivé à Toulouse, où ils ne devaient demeurer qu'une nuit, Dominique s'aperçut que son hôte était hérétique. Quoique le temps fût court, il ne voulut pas que son passage fût inutile à l'homme égaré qui le recevait. Jésus-Christ avait dit à ses apôtres : *Quand vous entrerez dans une maison, saluez-la en disant : Paix à cette maison ! Et si cette maison en est digne, votre paix descendra sur elle; si elle n'en est pas digne, votre paix reviendra sur vous* (Matth., 10, 12 et 13). Les saints, à qui toutes les paroles de Jésus-Christ sont présentes, et qui savent la puissance d'une bénédiction donnée même à qui l'ignore, se regardent comme envoyés de Dieu vers toute créature qu'ils rencontrent, et ils s'efforcent de ne pas la quitter sans avoir déposé dans son sein quelque germe de miséricorde. Dominique ne se contenta pas de prier en secret pour son hôte infidèle; il passa la nuit à l'entretenir, et l'éloquence imprévue de cet étranger toucha tellement le cœur de l'hérétique, qu'il revint à la foi avant que le jour fût levé. Alors une autre merveille s'accomplit : Dominique, ému par la conquête qu'il venait de faire à la vérité, et par le triste spectacle des ravages de l'erreur, eut pour la première fois la pensée de créer un ordre consacré à la défense de l'Eglise par la prédication (Lacordaire).

L'évêque Diégo et le chanoine Dominique arrivaient donc de Rome à Montpellier, lorsque les trois légats apostoliques y prenaient la triste résolution de résigner leur charge de missionnaires entre les mains du Pape. C'étaient pourtant trois hommes d'une grande foi et d'un grand caractère; mais, abandonnés de tous, ils n'avaient pu agir ni par voie d'autorité ni par voie de persuasion. Aucun évêque de ces provinces n'avait voulu se joindre à eux pour exhorter le comte Raymond VI à se souvenir du rôle glorieux de ses ancêtres. Leurs conférences avec les hérétiques n'avaient pas réussi davantage, ceux-ci leur opposant toujours la vie déplorable du clergé, et leur rappelant la parole du Seigneur : *Vous les connaîtrez à leurs fruits*. Ils étaient donc abattus malgré la vigoureuse trempe de leur âme, quand ils apprirent que l'évêque d'Osma venait d'arriver à Montpellier. Ils le firent aussitôt prier de venir les voir : l'évêque se rendit à leur invitation. Voici comme le bienheureux Jourdain de Saxe raconte leur entrevue :

« Les légats le reçoivent avec honneur et lui demandent conseil, sachant que c'était un homme saint, mûr et plein de zèle pour la foi. Lui, doué qu'il était de circonspection et instruit dans les voies de Dieu, commence à s'enquérir des usages et des mœurs des hérétiques. Il remarque qu'ils attiraient à leur secte par des voies persuasives, par la prédication et les dehors de la sainteté, tandis que les légats étaient entourés d'un grand et fastueux appareil de serviteurs, de chevaux et d'habits. Il leur dit alors : « Ce n'est pas ainsi, mes frères, qu'il faut vous y prendre. Il me paraît impossible de ramener ces hommes par des paroles, eux qui s'appuient sur des exemples. C'est avec le simulacre de la pauvreté et de l'austérité évangéliques qu'ils séduisent les âmes simples ; en leur présentant un spectacle contraire, vous édifierez peu, vous détruirez beaucoup, et jamais leur cœur ne sera touché. Combattez l'exemple par l'exemple ; opposez à une feinte sainteté la vraie religion ; on ne triomphe du faste menteur des faux apôtres que par une éclatante humilité. C'est ainsi que Paul fut contraint de montrer sa vertu, ses austérités et les périls continuels de sa vie à ceux qui s'enflaient contre lui du mérite de leurs travaux. » Les légats lui dirent : « Père excellent, quel conseil nous donnez-vous donc ? » Il leur répondit : « Faites ce que je vais faire ; » et aussitôt, l'Esprit de Dieu s'emparant de lui, il appela les gens de sa suite et leur donna l'ordre de retourner à Osma avec ses équipages et tout l'appareil dont il était accompagné. Il ne retint avec lui qu'un petit nombre d'ecclésiastiques, et déclara que son intention était de s'arrêter dans ces contrées pour le service de la foi. Il retint aussi auprès de sa personne le sous-prieur Dominique, qu'il estimait grandement et aimait d'une égale affection ; c'est là le frère Dominique, le premier instituteur de l'ordre des Prêcheurs, et qui, à partir de ce moment, ne s'appela plus le sous-prieur, mais le *frère Dominique ;* homme vraiment du Seigneur par l'innocence de la vie et le zèle qu'il avait pour les commandements. Les légats, touchés du conseil et de l'exemple qui leur étaient donnés, y acquiescèrent sur-le-champ. Ils renvoyèrent leurs bagages et leurs serviteurs, et, ne conservant que les livres nécessaires à la controverse, ils s'en allèrent à pied, dans un état de pauvreté volontaire et sous la conduite de l'évêque d'Osma, prêcher la vraie foi (*Vie de S. Dom.*, c. 1, n. 16 et seqq.). »

Ce qui venait d'être convenu entre les légats apostoliques et l'évêque d'Osma fut exécuté sans retard. L'abbé de Cîteaux partit pour la Bourgogne, où il devait présider le chapitre général de son ordre, et promit de ramener avec lui un certain nombre d'ouvriers évangéliques. Les deux autres légats, avec l'évêque Diégo, saint Dominique et quelques prêtres espagnols, prirent à pied la route de Narbonne et de Toulouse. Ils s'arrêtaient en chemin dans les villes et les bourgs, selon que l'Esprit de Dieu le leur inspirait, ou que les circonstances extérieures leur faisaient juger la prédication utile. Quand ils avaient résolu d'évangéliser quelque part, ils y demeuraient un temps proportionné à l'importance du lieu et à l'impression qu'ils produisaient. Ils prêchaient aux catholiques dans les églises, et tenaient des conférences avec les hérétiques dans des maisons particulières. L'usage de ces conférences remonte à une haute antiquité ; saint Paul en avait de fréquentes avec les Juifs, saint Augustin avec les donatistes et les manichéens d'Afrique. En effet, si l'obstination de la volonté est une des causes de l'erreur, l'ignorance en est peut-être la cause la plus générale. Une des fonctions de l'apostolat est donc d'exposer nettement la vraie foi en la dégageant des opinions particulières qui l'obscurcissent, et en laissant à l'esprit de l'homme toute la liberté que la parole de Dieu et l'Eglise, son interprète, lui ont donnée. Mais cette exposition n'est possible qu'autant qu'elle attire ceux qui en ont besoin, et elle n'est complète qu'autant qu'on leur cède le droit de la discuter, comme on se réserve le droit de discuter leur propre doctrine. C'est le but qu'atteignent les conférences, champ clos honorable, où des hommes de bonne foi appellent des hommes de bonne foi, où la parole est une arme égale pour tous, et la conscience le seul juge.

Mais si l'usage des conférences est ancien, il y eut pourtant, dans celles qui se tinrent alors avec les albigeois, quelque chose de nouveau et de hardi. Les catholiques ne craignaient pas de choisir souvent pour arbitres de la discussion leurs adversaires mêmes, et de s'en rapporter à leur jugement. Ils priaient quelques-uns des hérétiques les plus notables de présider l'assemblée, déclarant d'avance qu'ils accepteraient leur décision sur la valeur des choses qui seraient dites de part et d'autre. Cette confiance héroïque leur réussit. Ils eurent plusieurs fois la consolation de n'avoir pas trop présumé du cœur de l'homme, et acquirent une preuve remarquable de toutes les ressources qui y sont cachées pour le bien.

L'un des premiers bourgs où ils s'arrêtèrent fut Caraman, non loin de Toulouse. Ils y annoncèrent la vérité avec tant de succès pendant huit jours, que les habitants voulaient chasser les hérétiques, et reconduisirent fort loin nos missionnaires à leur départ. Béziers les retint quinze jours. Leur petite armée y subit une diminution par la retraite du légat Pierre de Castelnau, que ses amis supplièrent de s'éloigner, à cause de la haine particulière que lui portaient les hérétiques. Une troisième station eut lieu à Carcassonne, une autre à Verfeuil, dans le voisinage de Toulouse, une autre à Fanjaux, petite ville sur une hauteur entre Carcassonne et Pamiers. Celle-ci est célèbre par un fait miraculeux qui s'y passa, et que raconte ainsi le bienheureux Jourdain de Saxe. « Il arriva qu'une grande conférence fut tenue à Fanjaux, en présence d'une multitude de fidèles et d'infidèles qui y avaient été convoqués. Les catholiques avaient préparé plusieurs mémoires qui contenaient des raisons et des autorités à l'appui de leur foi ; mais, après les avoir comparés ensemble, ils préférèrent celui que le bienheureux homme de Dieu, Dominique, avait écrit, et résolurent de l'opposer au mémoire que les hérétiques présentaient de leur côté. Trois arbitres furent choisis d'un commun accord pour juger quel était le parti dont les raisons étaient les meilleures, et par conséquent la foi plus solide. Or, après beaucoup de discours, ces arbitres ne pouvant s'entendre sur une décision, la pensée leur vint de jeter les deux mémoires au feu, afin que, si l'un des deux était épargné par les flammes, il fût certain qu'il contenait la vraie doctrine de la foi. On allume donc un grand feu, on y jette les deux volumes; aussitôt celui des hérétiques est consumé; l'autre, qu'avait écrit le bienheureux homme de Dieu, Dominique, non-seulement demeure intact, mais il est repoussé au loin par les flammes, en présence de toute l'assemblée. On le rejette au feu une seconde et une troisième fois; autant de fois l'événement qui se reproduit manifeste clairement où est la vraie foi et quelle est la sainteté de celui qui a écrit le livre (*Vie de S. Dom.*, c. 1, n. 20). »

Le souvenir de ce prodige, conservé par les historiens, l'était encore à Fanjaux même par la tradition, et, en 1325, les habitants de ce faubourg obtinrent du roi Charles le Bel la permission d'acheter la maison où le fait s'était passé, et d'y élever une chapelle que les souverains Pontifes ont enrichie de plusieurs grâces. Un miracle semblable eut lieu plus tard à Montréal, mais en secret, parmi les hérétiques assemblés la nuit pour examiner un autre mémoire du serviteur de Dieu. Ils s'étaient promis de cacher ce prodige; l'un d'eux, qui se convertit, le rendit public.

Cependant Dominique s'était aperçu qu'une des causes du progrès de l'hérésie était l'adresse avec laquelle les hérétiques s'emparaient de l'éducation des jeunes filles nobles, lorsque leurs familles étaient trop pauvres pour leur donner une éducation convenable à leur rang. Il songea devant Dieu aux moyens de remédier à cette séduction, et crut qu'il y parviendrait par la fondation d'un monastère destiné à recueillir les jeunes filles catholiques que la naissance et la pauvreté exposaient aux pièges de l'erreur. Il y avait à Prouille, village situé dans une plaine entre Fanjaux et Montréal, au pied des Pyrénées, une église dédiée à la sainte Vierge, et célèbre depuis longtemps par la vénération des peuples. Dominique affectionnait Notre-Dame de Prouille; il y avait souvent prié dans ses courses apostoliques. Ce fut donc là, tout à côté de l'église, qu'il établit son monastère, avec le consentement et l'appui de l'évêque Foulque; celui-ci tout récemment monté sur le siège de Toulouse, accorda au nouveau monastère la jouissance et plus tard la propriété de l'église de Sainte-Marie, à côté de laquelle Dominique l'avait bâtie. Bérenger, archevêque de Narbonne, l'avait précédé dans cette généreuse protection, en donnant aux religieuses, quatre mois après leur clôture, l'église de Saint-Martin de Limoux, avec tous les revenus qui en dépendaient. Dans la suite, le comte Simon de Montfort et d'autres catholiques de distinction firent de grands dons à Prouille, qui devint une maison florissante et célèbre. Une grâce particulière y sembla toujours attachée. La guerre civile et religieuse qui éclata bientôt après, n'approcha de ses murs que pour les respecter, et tandis que les églises étaient spoliées, les monastères détruits, l'hérésie armée et souvent victorieuse, de pauvres filles sans défense priaient tranquillement à Prouille sous l'ombre toute jeune de leur cloître.

Quelque temps après cette fondation, qui eut lieu le 27 décembre 1206, saint Dominique ayant prêché à Fanjaux, et étant resté dans l'église pour y prier, selon sa coutume, neuf dames nobles vinrent se jeter à ses pieds, en lui disant : « Serviteur de Dieu, soyez-nous en aide. Si ce que vous avez prêché aujourd'hui est vrai, voilà bien du temps que notre esprit est aveuglé par l'erreur; car ceux que vous appelez hérétiques et que nous appelons *bons hommes*, nous avons cru en eux jusqu'à présent, et nous leur étions attachées de tout notre cœur. Maintenant nous ne savons plus que penser. Serviteur de Dieu, ayez donc pitié de nous, et priez le Seigneur, votre Dieu, qu'il nous fasse connaître la foi dans laquelle nous vivions, nous mourions et nous soyons sauvées. » Dominique, s'arrêtant à prier en lui-même, leur dit au bout de quelque temps : « Ayez patience, et attendez sans crainte; je crois que le Seigneur, qui ne veut la perte de personne, va vous montrer quel maître vous avez servi jusqu'à présent. » En effet, elles virent tout à coup, sous la forme d'un animal immonde, l'esprit d'erreur et de haine, et Dominique leur dit en les rassurant : « Vous pouvez juger à cette figure que Dieu a fait apparaître devant vous, quel est celui que vous suiviez en suivant les hérétiques (Le B. Humbert, *Vie de S. Dom.*, n. 44). » Ces femmes, rendant grâces à Dieu, se convertirent sur l'heure, et fermement, à la foi catholique; plusieurs même d'entre elles se consacrèrent à Dieu dans le monastère de Prouille.

Au printemps de l'année 1207, une conférence eut lieu à Montréal entre les albigeois et les catholiques. Ceux-ci choisirent parmi leurs adversaires quatre arbitres, auxquels on remit de part et d'autre des mémoires sur les questions controversées. La discussion publique dura quinze jours, après quoi les arbitres se retirèrent sans vouloir prononcer. La conscience leur faisait sentir la supériorité des catholiques, mais ne leur donnait pas le courage de se déclarer contre leur parti. Néanmoins, cent cinquante hommes, abjurant l'hérésie, rentrèrent dans le sein de l'Eglise. Le légat Pierre de Castelnau assistait à cette conférence. Bientôt arrivèrent aussi à Montréal l'abbé de Citeaux, douze autres abbés du même ordre, et environ vingt religieux, tous gens de cœur, instruits dans les choses divines, et d'une sainteté de vie digne de la mission qu'ils venaient remplir. Ils avaient quitté Citeaux à l'issue du chapitre général et s'étaient mis en route sans rien emporter que le strict nécessaire, selon la recommandation de l'évêque d'Osma. Ce renfort exalta le courage des catholiques. Après deux laborieuses années, ils voyaient enfin le fruit de leurs sueurs. La province de Narbonne avait été évangélisée d'un bout à l'autre, des conversions obtenues, l'orgueil des hérétiques humilié par des vertus qui surpassaient leurs forces, et les peuples attentifs à ce mouvement, pouvaient comprendre que l'Eglise catholique n'était pas au tombeau. L'épiscopat s'était relevé dans la personne de Foulque; Navarre, évêque de Conserans, l'imitait; ceux de leurs collègues qui n'avaient été que faibles sortaient de leur torpeur. L'érection du monastère de Prouille avait encouragé la noblesse pauvre et catholique. Mais le plus grand résultat était d'avoir réuni tant d'hommes éminents par leurs vertus, leur science et leur caractère, dans une pensée commune, celle de l'apostolat, et d'avoir donné à cet apostolat naissant une consistance inespérée. Toutefois, l'unité manquait encore à ces éléments régis par quatre autorités différentes : celle des légats, des évêques, des abbés de Citeaux et des

Espagnols. On traitait donc souvent de la nécessité d'établir un ordre religieux dont l'office propre serait la prédication ; et l'arrivée des cisterciens à Montréal, en confirmant tout ce qui s'était fait, inspira le désir plus ferme d'aller au delà. C'était, au fond, l'évêque d'Osma qui était le chef de l'entreprise, bien qu'en sa qualité de simple évêque, il fût inférieur aux légats, et que, comme évêque étranger, il dépendît, dans son action spirituelle, des prélats français. Mais il avait donné le branle par ses conseils au moment où tout était désespéré; il avait mis le premier la main à l'œuvre, sans jamais regarder en arrière; il avait même conquis l'affection des hérétiques, qui disaient de lui « qu'il était impossible qu'un tel homme n'eût pas été prédestiné à la vie, et que sans doute il n'avait été envoyé parmi eux que pour apprendre la vraie doctrine (Le B. Jourd. de Saxe, *Vie de S. Dom.*, c. 1, n. 1). » Enfin cette force secrète qui place les hommes l'avait élevé au-dessus de tous. Il pensa donc retourner en Espagne pour régler les affaires de son diocèse, rassembler des ressources pour le couvent de Prouille, qui en avait besoin, ramener de nouveaux ouvriers en France, et mettre à profit l'état où les choses étaient parvenues. Cette résolution arrêtée, il prit à pied la route d'Espagne.

En entrant à Pamiers, Diégo y trouva l'évêque de Toulouse, celui de Conserans, et un grand nombre d'abbés de divers monastères qui, avertis de son départ, étaient venus pour le saluer. Leur présence donna lieu à une célèbre dispute avec les Vaudois, qui dominaient dans Pamiers sous la protection du comte de Foix. Le comte invita tour à tour les hérétiques et les catholiques à dîner, leur offrit son palais pour tenir la conférence. Les catholiques choisirent pour arbitre un de leurs adversaires les plus déclarés, qui était aussi de la première noblesse de la ville. L'issue dépassa de beaucoup leur attente. Arnauld de Campranham, l'arbitre désigné, rendit sa sentence en faveur des catholiques et abjura l'hérésie; un autre hérétique de distinction, Durand de Huesca, non content de se convertir à la vraie foi, embrassa la vie religieuse en Catalogne, où il s'était retiré, et fut le père d'une congrégation nouvelle sous le nom de *Pauvres catholiques*. Ces deux abjurations, qui ne furent pas les seules, remuèrent profondément la ville de Pamiers, et attirèrent aux catholiques de grandes marques d'estime de la part du peuple. Après le triomphe, qui couronnait dignement son apostolat, l'évêque Diégo dit adieu à tous ceux qui s'étaient réunis pour lui rendre honneur à sa sortie de France.

Il arriva heureusement à Osma, régla ses affaires, et se préparait à quitter de nouveau sa patrie, quand Dieu l'appela à la cité permanente des anges et des hommes. A peine le bruit de sa mort fut-il parvenu au delà des Pyrénées, que l'œuvre héroïque dont il avait assemblé les éléments se dissipa. Les abbés et les religieux de Citeaux reprirent le chemin de leurs monastères ; la plupart des Espagnols que l'évêque Diégo avait laissés sous la conduite de saint Dominique retournèrent en Espagne ; des trois légats, Raoul venait de mourir, Arnauld ne s'était montré qu'un instant; le bienheureux Pierre de Castelnau était en Provence, à la veille d'y périr sous le coup d'un assassin. Restait un seul homme avec l'ancienne pensée de Toulouse et de Montpellier, homme jeune encore, étranger, sans juridiction, qui n'avait paru qu'en seconde ligne. Tout ce que put faire Dominique fut de ne point succomber à la perte d'un tel chef et de demeurer ferme dans la privation d'un tel ami. Les deux ou trois coopérateurs qui ne l'abandonnèrent pas, n'étaient liés à sa personne que par leur bon vouloir, et pouvaient le quitter d'un moment à l'autre. Encore la solitude cessa bientôt d'être l'unique malheur de sa situation ; une guerre terrible vint en accroître l'amertume et les difficultés.

Le légat Pierre de Castelnau avait dit souvent que jamais la religion ne refleurirait en Languedoc qu'après que ce pays aurait été arrosé du sang d'un martyr, et il priait Dieu ardemment de lui faire la grâce d'être la victime. Ses vœux furent exaucés. Il s'était rendu à Saint-Gilles, sur l'invitation pressante du comte de Toulouse, qu'il avait naguère excommunié, et qui voulait, disait-il, se réunir sincèrement avec l'Eglise. L'abbé de Citeaux s'était joint à son collègue pour aller à cette entrevue, où tous deux apportaient un extrême désir de la paix. Mais le comte ne fit que se jouer d'eux, et il parut que son dessein avait été d'obtenir par la terreur la levée de l'excommunication ; car il menaça les légats de la mort, s'ils osaient sortir de Saint-Gilles sans l'avoir absous. Les légats méprisèrent ses emportements, et se retirèrent avec une escorte que les magistrats de la ville leur avaient donnée. Ils couchèrent le soir au bord du Rhône, et le lendemain, après avoir dit la messe et renvoyé leur escorte, ils se disposaient à passer le fleuve. Ce fut alors que deux hommes s'approchèrent, et l'un d'eux, qui était écuyer du comte, plongea une lame dans le corps du bienheureux Pierre de Castelnau. Le légat blessé à mort dit à son meurtrier : « Que Dieu vous pardonne ; pour moi, je vous pardonne ! » Il répéta ces paroles plusieurs fois, eut encore le temps d'exhorter ses compagnons à servir l'Eglise sans crainte et sans relâche, et rendit le dernier soupir. Son corps fut transporté à l'abbaye de Saint-Gilles ; il avait été frappé le 15 janvier 1208 (1). Dans le ménologe des Cisterciens, on fait mémoire du bienheureux Pierre de Castelnau, comme d'un martyr.

Tuer un ambassadeur, ou simplement l'outrager, a été dans tous les temps, dans tous les lieux, chez tous les peuples, un crime inexpiable, dont il fallait, dans l'intérêt de l'humanité entière, tirer une vengeance éclatante. Nous avons vu de quelle manière le saint roi David vengea sur le roi et le peuple d'Ammon, l'outrage qu'ils avaient fait à ses ambassadeurs. En effet, ne respecter plus la personne de ceux qui viennent au nom de Dieu et des hommes pour rétablir la paix parmi les nations ou pour l'y maintenir, c'est ôter à l'humanité le dernier moyen de terminer ou de prévenir les guerres civiles ou étrangères. Ce n'est pas simplement tuer un homme, mais tuer l'humanité.

Or, le bienheureux Pierre de Castelnau était légat du Pape, c'est-à-dire ambassadeur du chef de la chrétienté, l'ambassadeur de l'Europe chrétienne, l'ambassadeur de l'univers chrétien, pour ramener à la loi et à la société universelle, par la voie de la

---

(1) Pierre de Vaulx-Cernay, *Hist. des Albigeois*, c. 8; *apud Script. rer. Franc.*, t. XIX; Guillaume de Tudèle, *Hist. en vers de la croisade contre les Albigeois*, Paris, imprimerie royale, 1837, in-4º.

persuasion et des censures purement ecclésiastiques, quelques barons et quelques peuplades égarés, qui travaillaient à la ruine de toute société publique et domestique. Le tuer, ou simplement l'outrager, c'était outrager en sa personne tout l'univers chrétien. Il fallait une réparation volontaire ou forcée, d'autant plus que ce meurtre n'était pas un fait isolé. Nous avons vu les manichéens d'Orvièle tuer de même en trahison le bienheureux Pierre de Parenzo : déjà précédemment les manichéens de Béziers avaient tué dans l'église même le vicomte de la ville, Raimond de Trincavel, et blessé l'évêque qui voulut le défendre. Le pire de tout, ce n'était pas encore ces meurtres, mais la doctrine manichéenne, qui les autorisait, les justifiait, les divinisait, puisqu'elle en faisait auteur le Dieu de cet univers. Punir isolément les meurtres, c'était peu, ce n'était rien; il fallait, pour le salut de l'humanité, en extirper la cause.

Et en ceci, le droit public était d'accord avec le bon sens. Chez toutes les nations chrétiennes, c'était une des lois fondamentales, que, pour être roi, seigneur, citoyen, il fallait, avant tout, être catholique. Nous l'avons vu en particulier pour la législation des Visigoths, à laquelle était soumis le midi de la France. Nous avons vu qu'en Allemagne, d'après les lois fondamentales du royaume, le roi, le seigneur, qui restait excommunié plus d'un an, perdait tout droit politique et féodal. Mis par sa faute hors la loi et la société chrétienne, il ne pouvait plus commander à des chrétiens. Tel était le droit chrétien du moyen-âge, droit universellement reconnu et par les peuples et les rois, et par les Papes et les conciles, par les évêques et les docteurs de l'Église. On le citait, on l'appliquait, mais on ne le prouvait pas; il n'était pas mis en doute.

Innocent III le rappelle dans les lettres qu'il écrivit sur le meurtre de Pierre de Castelnau, l'une à tous les seigneurs et chevaliers, l'autre à tous les archevêques et évêques des provinces de Narbonne, d'Arles, d'Embrun, d'Aix et de Vienne. Après avoir rapporté le meurtre tel que nous l'avons vu, il qualifie le bienheureux Pierre de martyr, comme ayant versé son sang pour la foi et la paix : déjà il ferait des miracles, si la génération incrédule des Provençaux en était digne. Nous croyons cependant avantageux à cette génération infectée d'hérésie, qu'un seul soit mort pour elle, afin qu'elle ne périsse pas tout entière, mais que par l'intercession du sang versé, elle revienne plus facilement de son erreur. Le Pape ordonne aux archevêques et aux évêques de redoubler de zèle pour prêcher la foi et la paix, et de combattre l'hérésie; de dénoncer excommunié le meurtrier du saint homme, tous ses complices, receleurs ou défenseurs, et de déclarer interdits tous les lieux où ils se trouveront. Cette dénonciation sera renouvelée tous les dimanches et fêtes jusqu'à ce que les coupables aillent à Rome et y reçoivent l'absolution. Les évêques promettront aussi la rémission des péchés à ceux qui se mettront en devoir de venger ce sang innocent, en faisant la guerre aux hérétiques qui veulent perdre les corps et les âmes. Il y a des indices certains qui font présumer que le comte de Toulouse est coupable de cette mort. Il en a menacé publiquement le défunt, il lui a dressé des embûches, il a reçu le meurtrier bien avant dans sa familiarité, et lui a fait de grands présents. C'est pourquoi les évêques doivent le dénoncer de nouveau excommunié, quoiqu'il le soit depuis longtemps. Et comme, suivant les sanctions canoniques des saints Pères, on ne doit point garder la foi à celui qui ne la gardant point à Dieu, est retranché de la communion des fidèles; attendu qu'il faut l'éviter plutôt que le favoriser, ils déclareront déliés de leur serment, par l'autorité apostolique, tous ceux qui ont promis au comte fidélité, société ou alliance; et permis à tout catholique, sauf le droit du seigneur principal, non-seulement de poursuivre sa personne, mais de prendre ses terres, principalement dans la vue de les purger d'hérésie (L. 11, *Epist.* 26; Pierre de Vaulx-Cernay, n. 8). »

Fleury dit à ce sujet : « Il eut été important de citer plus précisément ces canons, qui défendent de garder la foi aux méchants. » Ces paroles décèlent dans Fleury une prodigieuse légèreté ou inattention. Le Pape ne parle point des méchants en général; mais des hérétiques et des apostats qui n'ont pas gardé à Dieu la foi catholique, et encore de ces hérétiques excommuniés par l'Église : c'est à ceux-là seulement que des canons défendent de garder la foi; et quelle foi? non pas la foi conjugale, filiale, commerciale ou domestique, mais la foi politique et féodale. Et quels sont les canons qui le défendent? C'est entre autres le vingt-septième canon du troisième concile général de Latran, tenu l'année 1179, sous le pape Alexandre III, et que Fleury lui-même rapporte au long dans son soixante-treizième livre, en observant que tout le monde était d'accord là-dessus, les puissances séculières comme la puissance ecclésiastique. Fleury aurait bien pu s'en souvenir encore en son livre soixante-seizième. Mais il paraît qu'il voulait faire dire au Pape autre chose.

Innocent rappelle que, d'après des canons, la foi n'est point à garder à qui ne la garde point à Dieu, à qui est excommunié pour cela, et que, par conséquent, il faut éviter. Fleury, dans sa traduction, supprime les mots qui restreignent le sens aux hérétiques excommuniés, afin de pouvoir faire, par devers soi, ce petit raisonnement : Le Pape défend de garder la foi à qui ne la garde pas à Dieu; or, les méchants ne la gardent pas à Dieu : donc il défend de la garder aux méchants. En vérité, dans une matière aussi grave, se permettre d'altérer à ce point les faits et les paroles, c'est ne garder pas la foi que l'on doit et à Dieu et aux hommes, dès qu'on se permet d'écrire l'histoire.

Soit légèreté, soit inattention, soit autre cause, Fleury autorise une atroce calomnie contre l'Église de Dieu, comme si elle défendait de garder aucune fidélité aux hérétiques et aux méchants; tandis qu'il n'est question que de la fidélité féodale et politique, que, d'après le droit commun de la chrétienté, on ne devait plus à l'hérétique opiniâtre, excommunié publiquement par l'Église, et qui ne venait point à résipiscence.

Innocent III écrivit au roi de France : « Levez-vous, soldat du Christ; levez-vous, prince très-chrétien. Que les soupirs de l'Église pénètrent jusqu'à votre cœur. Que le sang du juste crie vers vous, afin que vous marchiez contre les ennemis de l'Église en portant le bouclier de la foi. Ne soyez pas sourd aux lamentations de l'Église, votre mère. Levez-vous, et jugez ma cause. Ceignez l'épée et rappelez-vous l'unité qui doit exister entre le sacerdoce et la royauté, unité indiquée par Moïse et par Pierre, les Pères des deux Testaments. Ne souffrez pas que l'Eglise périsse dans ces contrées. Volez à son secours et combattez d'une main puissante contre des hérétiques qui sont plus méchants que les Sarrasins (L. 11, *Epist.* 26, 32). »

Il adressa la même sommation à la noblesse et au peuple français. Les évêques de Tours, de Paris et de Nevers furent invités à arranger tous les différends qui pourraient subsister entre le roi et ses grands vassaux, et à exiger des prélats de concourir à une cause aussi sainte et aussi sacrée. Il chargea deux abbés de Citeaux de se rendre auprès des rois de France et d'Angleterre, pour rétablir la paix entre eux, ou du moins pour les amener à conclure une trêve de deux ans; car il pensait qu'après Dieu, leur union seule aurait la force de briser la rage des hérétiques (*Ibid., Epist.* 28, 21). Le cardinal Gualo fut envoyé en qualité de légat particulier auprès de Philippe-Auguste, pour le déterminer à occuper aussi promptement que possible les domaines du comte de Toulouse, et pour accorder les grâces pontificales à tous ceux qui prendraient part à l'expédition (Nangis, *Chron. apud d'Achèry*, t. III, p. 22).

Les démarches du Pape ne restèrent pas inconnues au comte; il vit qu'il se préparait contre lui un orage, et qu'il ne pourrait l'éviter que difficilement. Ayant appris que l'abbé de Citeaux avait convoqué une nombreuse assemblée à Aubenas, il s'y rendit accompagné de ses principaux vassaux et alliés. Ce fut en vain qu'il protesta de son innocence au sujet du meurtre de Pierre de Castelnau, et de son attachement pour l'Eglise. On le renvoya au Pape. Voyant l'inutilité de ses démarches, le vicomte de Béziers lui conseilla de repousser la force par la force. Raymond aima mieux se soumettre au Pape. Il envoya en effet à Rome plusieurs prélats chargés de le justifier et de faire, en son nom, hommage pour le comté de Melgueil, sur lequel l'Eglise réclamait le droit de suzeraineté. Ils devaient se plaindre en même temps de la dureté de l'abbé de Citeaux. Mais plusieurs de ses envoyés ne jouissaient pas de la meilleure réputation près du Saint-Siége. Raymond se rendit donc à la cour du roi afin de le consulter en sa qualité de cousin et de vassal; celui-ci l'engagea à se réconcilier avec le Pape (L. 11, *Epist.* 232; Pierre de Vaulx-Cernay; Guill. de Puy-Laur.).

Les députés envoyés à Rome par Raymond furent accueillis. Innocent leur fit dire qu'il acceptait la soumission du comte, et qu'il était disposé à lever l'excommunication, si toutefois le comte parvenait à prouver qu'il n'avait pas participé au meurtre. On lui demanda aussi de livrer sept de ses meilleurs châteaux à l'Eglise romaine comme gage de sa promesse, ce à quoi le comte consentit. Une ambassade des évêques du midi de la France s'étant rendue à Rome pour implorer la protection du Pape en faveur des églises de ces contrées, qui se trouvaient dans une situation déplorable, Innocent adjoignit l'évêque de Riez à l'évêque de Conserans et à l'abbé de Citeaux, exhorta tous les prélats à redoubler de zèle pour ramener, par la prédication et les avertissements, leurs subordonnés à l'obéissance envers l'Eglise. Nul créancier n'était en droit de réclamer des intérêts de ceux qui feraient partie de l'expédition contre les hérétiques, les délais devaient être prolongés; les évêques devaient veiller à ce que les chrétiens se conformassent à ces ordres que le roi était chargé de faire observer par les Juifs. Il soumit le clergé à un impôt du douzième de ses revenus, consacré à dédommager ceux qui étaient disposés à la croisade. Il prit de nouveau sous la protection du Saint-Siége les personnes et les biens des croisés, et exhorta vivement le roi de France à encourager son peuple à cette expédition, et à soutenir les légats par les actes et les conseils (L. 11, *Epist.* 156-159; *Chroniques*).

En France, on faisait de sérieux préparatifs. Au commencement de l'année 1209, le Pape demanda au roi de placer à la tête de ceux qui, dans leur zèle pour la foi, allaient combattre les hérétiques de la Provence, un général chargé de les conduire sous la bannière du roi. Il recommanda aux combattants l'union et la persévérance, conseilla aux légats de ne pas attaquer immédiatement le comte de Toulouse, mais de tomber isolément sur les hérétiques, afin qu'ils n'eussent pas le temps de réunir leurs forces (L. 11, *Epist.* 229-234).

Innocent, désirant prouver sa bienveillance au comte de Toulouse, qui n'avait plus de confiance dans l'abbé de Citeaux, lui envoya, en qualité de légat, Milon, son notaire, et le chanoine Théodise de Gênes; mais Milon avait ordre de n'agir que d'après les conseils de l'abbé. On prétend que le comte apprit l'arrivée d'un légat spécial avec un si grand plaisir, qu'il s'écria : « Le légat vient, il pensera bientôt comme moi et je serai légat. » Arrivé en France, Milon rencontra l'abbé de Citeaux à Auxerre. Après s'être entendus sur les mesures essentielles, dont la principale était de convoquer les évêques les plus dévoués, ils se rendirent à Villeneuve, ville située dans le diocèse de Sens, en recueillant sur leur route mille témoignages de respect de la part des habitants. Le roi se trouvait dans cette ville avec le duc de Bourgogne, les comtes de Nevers et de Saint-Pol, et plusieurs autres vassaux, pour délibérer sur les affaires du royaume. Ils remirent les lettres du Pape au roi, et l'invitèrent à se mettre lui-même à la tête d'une armée, ou d'y placer au moins son fils. Philippe répondit que son royaume étant menacé par Othon d'Allemagne et Jean d'Angleterre, il ne pouvait, ni lui ni son fils, le quitter, mais qu'il laissait une liberté pleine et entière à ceux des barons qui voudraient embrasser la cause de l'Eglise (L. 12, *Epist.* 178; Pierre de Vaulx-Cernay).

Milon partit pour Montélimart afin de convoquer les évêques désignés par l'abbé, et de se concerter avec eux sur les mesures à prendre vis-à-vis du comte. Ils lui conseillèrent unanimement de le citer à Valence. Le comte s'y rendit, et promit généralement d'obéir aux ordres du légat. Celui-ci exigea, comme gage de sa promesse, la reddition des sept châteaux. Il demanda ensuite aux autorités d'Avignon, de Nîmes et de Saint-Gilles, un serment en vertu duquel elles devaient se regarder comme dégagées de toute obéissance envers le comte, s'il violait ses engagements; et, dans ce cas, le comté de Melgueil devait être rendu à l'Eglise romaine. Le comte fut stupéfait de ces propositions, prétendant que les légats étaient encore plus durs que l'abbé;

il finit cependant par consentir à remettre les sept châteaux, à suivre tous les ordres du légat, à livrer lesdits châteaux à celui qui serait désigné, à ne pas les attaquer tant qu'ils appartiendraient à l'Eglise, à ne point exiger que les habitants lui en fissent hommage, et y entretenir garnison à ses frais (L. 12, *Epist.* 178; Pierre de Vaulx-Cernay, c. 9, 10, 11). Nous verrons avec le temps que ces sept châteaux, donnés en gage à l'Eglise par le comte de Toulouse, seront fidèlement rendus à son fils, dont ils formeront pendant quelque temps l'unique domaine.

Le légat se rendit à Saint-Gilles, accompagné de trois archevêques et dix-neuf évêques. Un autel, avec le Saint-Sacrement, se trouvait sous le porche de l'église du couvent de cette ville; le comte y fut amené le 18 juin, découvert jusqu'à la ceinture. Il jura d'obéir au Pape et à son légat sur tous les points qui lui avaient attiré l'excommunication. Cependant, avant de l'absoudre, Milon lui ordonna de réintégrer l'évêque de Carpentras dans tous ses droits et de le dédommager de ses pertes, de délier la ville de son serment, de restituer à l'évêque de Vaison et à ses chanoines les biens dont il les avait dépouillés, de leur donner une indemnité pour la destruction de leurs bâtiments; de prendre l'engagement de chasser les routiers ou mercenaires de ses Etats, de ne plus les employer; d'éloigner les Juifs de tous les emplois, et enfin de se conformer fidèlement à l'avenir aux ordres du Pape et de ses légats.

Seize barons, vassaux du comte, promirent en même temps sous serment de ne plus s'allier avec des brigands; de n'accorder aucune fonction publique aux Juifs; de renoncer aux droits de péage et d'escorte, à l'exception de ceux qui seraient autorisés par une concession royale ou impériale; d'observer la paix de Dieu; de respecter les églises et les maisons du Seigneur; de laisser libres les élections ecclésiastiques; de détruire les fortifications élevées autour des églises; de réparer les dommages faits au clergé, de faire droit à tous ceux qui élèveraient des plaintes contre eux; de fournir caution pour l'observation de tous ces articles; de veiller à la sûreté des routes, et de punir sévèrement tous les hérétiques, leurs receleurs et leurs protecteurs, qui leur seraient désignés comme tels par les évêques. Les autorités de Saint-Gilles prêtèrent le même serment au nom de la ville et de ses dépendances. Elles s'engagèrent, dans le cas où le comte oublierait ses promesses, à ne lui prêter aucun secours, à lui refuser toute obéissance et à se conformer aux ordres émanés de l'Eglise romaine ou de ses légats. Elles jurèrent d'observer les obligations imposées au comte, de coopérer à leur accomplissement, de renouveler tous les ans ce serment entre les mains de l'abbé, et de considérer comme hérétiques tous ceux qui s'y refuseraient.

Après ces formalités, le légat attacha une étole au cou du comte, en saisit les deux extrémités, et l'amena ainsi dans l'église, le frappant sur le dos avec une verge. La foule qui assistait à cette cérémonie était si considérable, que Raymond fut obligé, pour sortir, de prendre un des bas côtés et de passer devant le tombeau du bienheureux Pierre de Castelnau.

Dès le lendemain, le légat renouvela les ordres qu'il avait donnés à l'égard du comte. Il lui imposa l'obligation de sévir contre les hérétiques, d'éviter tout commerce avec eux, de ne plus empêcher dorénavant le repos du dimanche ni le jeûne quadragésimal. Il eut à remplir les mêmes obligations que les barons touchant l'Eglise, les monastères, les ecclésiastiques et les élections; mais il fut obligé de promettre, en outre, de laisser libre le passage par eau et par terre, et de ne point forcer les voyageurs à quitter les anciennes routes, de fermer les magasins de sel et de n'en point établir de nouveaux; de faire jurer à ses gens l'observation de ce traité; de ne chercher à s'emparer d'aucun des sept châteaux remis au Pape, et d'aider à les reprendre, si quelqu'un parvenait à s'en emparer de vive force. Le même jour, Guillaume de Baux, prince d'Orange, fit le même serment; son exemple fut suivi par les conseillers des villes de Nîmes et d'Avignon, du consentement de Raymond. Ce dernier déclara enfin, en présence des archevêques et des évêques, toutes les églises et établissements religieux situés dans ses domaines, exempts de toute charge, et il promit de maintenir les immunités ecclésiastiques. Les évêques reçurent ordre de publier ces conventions dans leurs diocèses, et de veiller à leur stricte observation. Ils furent en même temps autorisés à absoudre de l'excommunication quiconque s'y conformerait (Baluz., *Inn.*, t. II, p. 346 et seqq.; Pierre de Vaulx-Cernay, c. 12, etc.).

Le légat remit les châteaux à divers évêques et abbés. Ceux-ci jurèrent, le 20 juin, de les garder fidèlement, et de ne les remettre au comte que sur l'ordre écrit du Pape ou de son fondé de pouvoirs, et d'en employer les revenus aux frais de la guerre. Quelques autres seigneurs furent également obligés de rendre leurs châteaux comme gage de leur soumission. Le 22 du même mois, Milon rétablit la paix entre le comte et plusieurs barons, et érige un tribunal arbitral composé de quelques prélats, pour juger les différends qui pourraient s'élever. Enfin Milon remit la croix à Raymond, qui prêta le serment suivant : « Moi, Raymond, par la grâce de Dieu, duc de Narbonne, comte de Toulouse, marquis de Provence, je jure, sur le saint Evangile, d'obéir aux croisés dès qu'ils seront entrés dans mes domaines, et de faire tout ce qu'ils me commanderont pour la sûreté et le bien-être de leur armée (Pierre de Vaulx-Cernay; Baluz., t. II). »

A peine le résultat de ces négociations fut-il connu à Rome, qu'Innocent écrivit lui-même au comte, en lui disant « qu'il éprouvait la joie la plus vive de le voir justifié des accusations qui l'avaient noirci près du Saint-Siège, et de le voir servir d'exemple après avoir scandalisé un grand nombre. Le salut éternel et le bonheur temporel lui sont maintenant assurés. Puisse-t-il continuer à être un arbre fertile parmi les fidèles, et rester digne de la faveur et de la bienveillance apostoliques, bien persuadé que le Pape ne lui causera aucun embarras. » Il témoigna la même satisfaction au légat, le félicita de la discrétion qu'il avait montrée dans cette affaire, et du succès qu'il avait obtenu. « Quoique votre présence nous soit nécessaire, lui écrit-il, nous vous exhortons cependant à persévérer dans l'œuvre que vous avez commencée, afin de la mener à bonne fin. » Mais Innocent lui refusa l'autorisation d'employer la force pour obliger les ecclésiastiques à consacrer le dixième de leurs revenus à la guerre contre les hérétiques. Cette mesure lui paraissait trop dure. Il exhorta les légats à employer la persuasion et à se contenter d'une petite partie, leur recommandant de ne recourir aux moyens de rigueur qu'à la dernière extrémité, dans le cas où ils auraient à craindre de voir échouer l'entreprise. Quant aux laïques, les légats ne devaient rien faire contre eux sans en avoir au préalable informé leur suzerain.

D'un autre côté, le Pape, se fiant à l'efficacité de ses représentations adressées au clergé de France, lui écrivit : « Si les lois de l'Eglise ordonnent d'employer, en cas d'urgence, les trésors et les autres biens de l'Eglise au rachat des prisonniers, à plus forte raison l'ordonnent-elles, lorsqu'il s'agit d'arracher les âmes aux embûches de l'erreur. Il est juste que les soldats du Christ qui combattent pour vous, soient soulagés par votre générosité. Nous sommes disposé à envoyer une somme plus considérable que celle que vous fournissez volontairement sur vos revenus, et nous espérons que les laïques contribueront de leur mieux en faveur de ceux de leurs frères chrétiens qui sont entrés en campagne (L. 12, *Epist.* 86, 90).

Cependant l'armée des croisés se mettait en marche. Le roi de France équipa et entretint à ses frais une troupe de quinze mille hommes. Parmi les seigneurs spirituels, saint Guillaume, archevêque de Bourges, fut le premier qui répondit à l'invitation du Pape; mais, comme nous l'avons vu, la mort l'empêcha d'accomplir son vœu. Les archevêques de Sens, de Reims, de Rouen, les évêques d'Autun, de Clermont, de Nevers, de Bayeux, de Lisieux, de Chartres, plusieurs abbés, amenèrent aussi leurs vassaux; des ecclésiastiques en grand nombre voulurent également participer à la gloire de l'expédition. Parmi les seigneurs temporels, on distinguait le duc Othon de Bourgogne, Pierre de Courtenay, comte de Nevers, le comte de Saint-Pol, le comte de Bar-sur-Seine, le comte Simon de Montfort.

Lyon était le point de réunion générale. L'armée y arriva vers la Saint-Jean 1209. La croix rouge que les combattants portaient sur la poitrine les distinguait des croisés de Palestine. Un grand nombre d'entre eux portaient, outre leurs armes, un bourdon, afin de montrer que l'expédition était un pèlerinage. Quant au nombre total, on ne le sait point au juste. Voici ce qu'en dit un poète contemporain, mais c'est un poète : « L'host (des croisés) fut merveilleusement grand, par ma foi. — Il (s'y trouvait) vingt mille cavaliers armés de toutes pièces, — et plus de deux cent mille, tant vilains que paysans, — et ne compte ni les bourgeois ni les clercs (Guill. de Tudèle, *Croisade contre les Albigeois*, strophe 13). » Comme cette guerre dura bien des années, et que le service ordinaire des croisés n'était que de quarante jours de campagne, il est possible que le poète ait additionné toutes les troupes qui vinrent successivement.

Milon et ceux qui l'accompagnaient, ayant terminé avec le comte de Toulouse, se rendirent au devant de l'armée. Le 7 juillet, Artaud de Roussillon prêta, à Valence, le serment qui avait été imposé aux barons, et livra son château de Roussillon aux mêmes conditions qu'on avait dictées au comte de Toulouse. L'évêque et les chanoines de Valence souscrivirent aux engagements contractés d'autre part par les autorités des villes. Les conseillers et les chanoines d'Orange firent, au sujet de leurs seigneurs, un serment analogue à celui qui avait été imposé aux villes de Saint-Gilles, de Nîmes et d'Avignon, par rapport au comte.

Le comte de Toulouse alla au devant de l'armée jusqu'à Valence. Il offrit même son fils et successeur pour otage. Son entrevue avec le comte d'Auxerre, son cousin, procura à l'armée quelques jours de tranquillité, pendant lesquels il s'engagea, comme il avait déjà fait vis à vis des légats, à coopérer à cette expédition, et, dans une convention avec l'évêque d'Uzès, au sujet de divers droits et possessions, il s'efforça de prouver la sincérité de sa réconciliation avec l'Eglise, en accomplissant sincèrement tous les articles jurés par lui. Pendant ces négociations, les seigneurs de Montélimart prêtèrent aussi serment aux légats, et leur remirent leur château comme gage de leur fidélité (Guill. de Puy-Laur., c. 13; Pierre de Vaulx-Cernay, c. 15).

Le vicomte de Béziers, principal protecteur des hérétiques, lequel avait détourné le comte de Toulouse de faire sa paix avec l'Eglise, se repentit alors de n'avoir pas suivi son exemple. Il vint trouver les légats à Montpellier pour faire la sienne. Les légats la lui accordèrent à certaines conditions; mais, trouvant ces conditions trop dures, il n'accepta point la paix, convoqua tous ses hommes d'armes, rentra dans ses villes de Béziers et de Carcassonne, et les disposa à une résistance désespérée, en leur promettant du secours de la part du roi d'Aragon, son parent. Les manichéens dominaient dans ces deux villes.

L'armée des croisés, conduite par le comte de Toulouse, comme le disent expressément le poète contemporain et son amplificateur en prose (1), marcha contre Béziers dans une joyeuse attente. La terreur se répandit au loin. Un grand nombre de seigneurs entachés d'hérésie abandonnèrent à la hâte leurs châteaux forts, que les habitants livrèrent aux croisés. D'autres les ouvrirent et prêtèrent serment de fidélité. La veille de sainte Marie-Madeleine, l'armée fit son entrée dans le château de Servian, situé à deux lieues de la ville, et le lendemain matin elle se trouvait sous les murs de Béziers. Là, elle reçut de nouveaux renforts. L'archevêque de Bordeaux amena d'Agen les troupes de plusieurs évêques. Le comte Gui d'Auvergne, arriva accompagné de nombreux barons avec leurs vassaux. L'évêque du Puy vint avec un second corps de troupes du Velay. L'un et l'autre s'étaient emparé des villes et des châteaux situés sur leur route. Il faut ajouter l'archevêque et le vicomte de Narbonne, qui étaient suivis des députés de la noblesse et de la bourgeoisie. Afin d'éloigner d'eux tout soupçon et d'obtenir qu'on ménageât leur ville, ils avaient rendu des ordonnances sévères contre les hérétiques, et promis solennellement de se soumettre aux légats et aux chefs de l'armée (L. 12, *Epist.* 108).

D'après tous ces faits, il n'y a guère de doute que, sans l'entêtement du vicomte de Béziers, la croisade ait pu se terminer et obtenir son but sans

(1) Le poète Guill. de Tudèle, strophe 14; *Son amplificateur*, n. 121; T. XIX *des Hist. de France.*

effusion de sang. L'entêtement d'un seul homme pour une secte impie et révolutionnaire, amènera d'abord la ruine sur lui-même et sur ses États, provoquera une guerre longue et sanglante, et ce ne sera que par de courageux et persévérants efforts, que la croisade obtiendra son but : de purger la France et l'Europe du levain pestilentiel de l'impiété et de l'anarchie.

Les chefs de la croisade envoyèrent dans Béziers l'évêque de la ville, pour exhorter les habitants à se soumettre, pour engager du moins les catholiques à se retirer, s'ils ne pouvaient faire davantage. La masse des habitants, infectée de manichéisme, refusa opiniâtrement toute espèce de soumission. C'était le jour même de Sainte-Madeleine, que les manichéens blasphémateurs appelaient la concubine du Christ : c'était à pareil jour, quarante-deux ans auparavant, qu'ils avaient massacré, dans l'église même de la sainte, le vicomte de la ville. Cependant un certain nombre de catholiques sortirent avec l'évêque et sauvèrent leur vie (Le poète G. de Tudèle, strophe 17). Les autres payèrent bien cher leur folle présomption. Pendant que les chefs de la croisade sont à se consulter sur la manière de sauver ce qu'il pouvait y avoir encore de catholiques dans la ville, les valets de l'armée, provoqués par une sortie des habitants, montent à l'assaut, s'emparent de la ville, y mettent tout à feu et à sang, sans épargner ni âge, ni sexe, ni condition. Voici comme le poète contemporain raconte cet événement :

« Quand le roi des ribauds les vit escarmoucher, braire et crier contre l'host de France, et mettre en pièces et à mort un croisé français, après l'avoir de force précipité d'un pont, il appelle tous les truands, en criant à haute voix : Allons les assaillir ! Aussitôt les truands courent s'armer chacun d'une masse, sans autre armure. Ils sont plus de quinze mille, tous sans chaussure; tous en chemise et en braie, ils se mettent en marche, tout autour de la ville, pour abattre les murs; ils se jettent dans les fossés, et se prennent les uns à travailler du pic, les autres à briser, à fracasser les portes. Voyant cela, les bourgeois commencent à s'effrayer, et, repoussés des remparts par les croisés qui s'arment en toute hâte, ils emportent leurs enfants et leurs femmes, se réfugient au plus vite dans la cathédrale. Les prêtres et les clercs vont se vêtir de leurs ornements, font sonner les cloches comme s'ils allaient chanter la messe des morts, pour ensevelir les corps des trépassés ; mais ils ne pourront empêcher qu'avant la messe dite les truands n'entrent dans l'église : ils sont déjà entrés dans les maisons, ils tuent, ils égorgent tout ce qu'ils rencontrent. Ils égorgent jusqu'à ceux qui s'étaient réfugiés dans la cathédrale ; rien ne peut les sauver, ni croix, ni crucifix, ni autels. Les ribauds, ces fous, ces misérables! tuèrent les clercs, les femmes, les enfants ; il n'en échappa, je crois, pas un seul (Strop. 19-21). »

« Comme les goujats s'étaient emparés de la ville, ils comptaient garder pour eux le butin ; mais les croisés l'emportent pour être distribué entre toute l'armée. Alors le roi des ribauds et les siens se mettent à crier : A feu ! à feu ! Et voilà qu'ils apportent de grandes torches allumées : ils mettent le feu à la ville, et le fléau se répand. La ville brûle tout entière en long et en travers (*Ibid.* 22). » Le poète ne dit pas le nombre des morts. Pierre de Vaulx-Cernay en met jusqu'à sept mille d'entre les habitants (C. 15). Le légat, dans sa lettre au Pape, estime le nombre à près de vingt mille, sans distinction (L. 12, *Epist.* 108).

Mais le poète nous apprend une particularité importante de cette guerre. C'est que tous les chefs de la croisade étaient convenus qu'en tout château devant lequel l'armée se présenterait et qui ne voudrait point se rendre avant d'être pris, les habitants fussent passés au fil de l'épée, se figurant qu'après cela ils ne trouveraient plus personne qui tînt contre eux. « Et si ce n'eût été cette peur, ajoute le poète, jamais, je vous en donne ma parole, les hérétiques n'auraient été soumis par les croisés (Strophe 21).

Le sort de Béziers répandit la terreur dans tout le pays. Un grand nombre de villages et de bourgs, plus de cent châteaux ou forteresses, dont plusieurs pouvaient arrêter une armée pendant longtemps, furent abandonnés par les habitants, qui allèrent chercher un refuge dans les montagnes ou les déserts inaccessibles. Le premier d'août, l'armée des croisés, toujours conduite par le comte de Toulouse, arriva devant Carcassonne, où le vicomte de Béziers s'était enfermé avec ce qu'il avait de meilleures troupes. On l'assiégea dans les formes. On se battit plusieurs fois au pied des remparts. Un soldat était demeuré dans les fossés, couvert de blessures. Pour le sauver, le comte de Monfort y descend tout seul, au milieu d'une grêle de flèches et de pierres, et le rapporte dans le camp. Le roi Pierre d'Aragon, suzerain et parent du vicomte, arrive pour lui obtenir un accommodement. Tout ce qu'il obtient des croisés, c'est que le vicomte sortirait, lui douzième, avec son bagage, et que les autres se rendraient à discrétion. Le vicomte s'y refusa ; mais huit jours n'étaient point passés, qu'il se constitua lui-même prisonnier et otage, à condition que tous les siens eussent la vie et sortiraient en chemise et en braie, ou, comme on dirait aujourd'hui, en culotte et en blouse : c'était le costume des valets de l'armée. La convention fut exécutée le jour de l'Assomption, 15 août 1209 (Stroph. 22 et 23 ; Pierre de Vaulx-Cernay, c. 16).

Après quoi, sur la proposition de l'abbé de Citeaux, les chefs de la croisade tiennent conseil, pour voir à quel baron ils donneraient la seigneurie de leurs conquêtes. Ils l'offrent d'abord au comte de Nevers, puis au duc de Bourgogne : l'un et l'autre refusent, disant qu'ils avaient assez de terres dans le royaume de France. Ils remettent alors l'élection à sept commissaires, deux évêques, quatre chevaliers et l'abbé de Citeaux, légat du Pape. Les sept électeurs, d'une voix unanime, choisissent le comte Simon de Montfort. Aussitôt le légat, le duc de Bourgogne et le comte de Nevers vont le trouver, le pressent et le conjurent d'accepter cette charge. Il se récuse comme insuffisant et indigne. Le légat et le duc se jettent à ses pieds : il résiste encore. Alors le légat lui commande au nom du Pape, en vertu de l'obéissance (C. 17). Tel est le récit de Pierre de Vaulx-Cernay, qui accompagnait son abbé dans cette expédition, et qui devint évêque de Carcassonne. Un autre contemporain, Guillaume de Puy-Laurens, chapelain de Raimond VII, comte de Toulouse, dit également que le preux et vaillant Simon, comte de Montfort, après avoir refusé avec les autres, finit toutefois par accepter, vaincu par les prières réitérées des prélats et des barons; disant que la besogne de Dieu ne devait pas manquer faute d'un seul champion (C. 14). Le poète contemporain dit de même que tous le supplièrent d'accepter, et qu'il ne le fit que quand tous les barons lui eurent juré de venir à son aide, lorsqu'il les appellerait (Stroph. 35).

Voici du reste le portrait de Simon de Montfort que trace, d'après les chroniques contemporaines, l'historien protestant d'Innocent III :

« Sa famille, que la tradition présentait comme étant alliée depuis des siècles à la maison royale de France, brillait plus par son antique origine que par ses richesses. Second fils de Simon III, il hérita de la petite seigneurie de Montfort, située sur une hauteur entre Paris et Chartres. Sa mère Alix, sœur aînée du comte de Leicester, mort sans enfants, lui avait laissé le comté de Leicester.

» Il était allié à l'illustre maison de Montmorency, par sa femme Adélaïde, fille de Bouchard de Montmorency, et sœur du fameux Matthieu, dont elle avait l'esprit belliqueux. Baudouin de Flandre et Simon de Montfort peuvent être regardés à juste titre comme les plus beaux types de la chevalerie de leur temps. De haute taille, d'une figure agréable, doué d'une grande vivacité, portant une chevelure flottante, Simon réunissait toutes les qualités extérieures qui distinguent les chevaliers; prévoyant, vigilant, d'un courage calme et réfléchi dans les combats, d'une audace surprenante, il possédait aussi toutes les vertus militaires, affable, officieux, éloquent, habile dans toutes les affaires, il occupait une des premières places dans la société. Enfin sa piété, son zèle pour la foi, la pureté de ses mœurs, complétaient en lui cette perfection par laquelle la chevalerie représentait l'Eglise dans ses rapports avec le monde. La confiance qu'on avait en sa probité, dans des circonstances graves, n'était pas moins honorable pour lui. Ami du clergé, il respecta ses parents, exécuta scrupuleusement leur dernière volonté et se montra bienfaisant envers le Port-Royal, qui était dans son voisinage. Plus tard, comme il possédait de vastes domaines, il ne donna pas seulement une preuve de sa bienveillance à l'ordre de Citeaux, mais il affecta à plusieurs évêchés du midi de la France des donations, des restitutions, des investitures. Il est vrai qu'il cherchait dans le clergé la protection la plus efficace pour la conservation de ses possessions chancelantes. C'est pourquoi il ne souffrait pas que ses vassaux s'appropriassent les droits ou les revenus appartenant à des fondations religieuses. S'il défendit devant Zara, son fidèle compagnon, l'abbé Gui de Vaulx-Cernay, contre la fureur des Vénitiens, nous le voyons plus tard professer l'estime la plus profonde pour saint Dominique, et se lier plus étroitement avec lui.

» Ayant appris, vers le commencement du siècle, que tant de héros se préparaient à partir pour la terre sainte, il fut tellement enthousiasmé, qu'il s'associa à leurs dangers; mais il était plus fermement résolu que la plupart des croisés à consacrer exclusivement ses forces et sa vie à la conquête de la terre sainte. S'agissait-il de prendre une détermination énergique, il dédaignait de sinistres présages; car l'habitude d'assister chaque jour à la messe et aux heures de l'Eglise, même en temps de guerre, lui avait inspiré, contre les dangers de la mort, ce courage toujours égal, qui est le fruit d'un sincère dévouement à Dieu. Aussi le nom de sa famille (Comte fort) pouvait-il servir à désigner les qualités qui lui étaient propres. A peine fut-il de retour de la croisade contre les infidèles, qu'il brûla, lorsque le Pape l'honora d'une mission spéciale, du désir de consacrer ses services à la cause de l'Eglise contre les hérétiques. Cette nouvelle lutte le mit dans peu de temps en possession de grands domaines, et lui fit auprès de ses contemporains un tel renom, qu'on le comparait à Judas Machabée, et même à Charlemagne (Hurter, l. 13). »

Après avoir tracé ce tableau d'après les chroniques contemporaines, le protestant Hurter observe que la gloire de Simon de Montfort ne lui a pas survécu, et que le jugement si glorieux de ses contemporains n'a pas été ratifié par la postérité. Nous pensons de même; mais nous pensons de plus que c'est une cause à revoir. Il faut examiner, avant tout, quelle est cette postérité qui n'a point ratifié sur ce personnage historique le jugement favorable de ses contemporains; car si, par aventure, c'était la postérité des manichéens que ce personnage eut à combattre, tout le monde conviendra que le jugement de cette postérité est nul de soi. Or, le protestant Hurter lui-même a reconnu que les manichéens du XIIe et du XIIIe siècle ont eu et ont encore des descendants et des héritiers, et que ce sont les sectes révolutionnaires, sociétés plus ou moins occultes, qui travaillent à la ruine de toute autorité civile ou religieuse. Mais les héritiers les plus audacieux des manichéens sont les deux révolutionnaires, Luther et Calvin : même esprit d'impiété et de rébellion. S'ils n'ont pas inventé un dieu méchant pour décharger sur lui tous les crimes de l'homme, ils ont fait pis; à la suite de Mahomet, ils attribuent au dieu unique et bon les péchés de l'homme, aussi bien que ses bonnes œuvres; en sorte que Dieu nous punirait du mal que lui-même opère en nous, sans que notre libre arbitre y soit pour rien. Blasphème exécrable, qui attribue au Dieu infiniment bon une méchanceté à peine concevable dans Satan, de punir ses créatures du mal qu'il fait lui-même. A ce mépris infernal de Dieu, Luther et Calvin joignent le mépris de toute autorité, surtout de la plus grande, et se donnent à chacun d'autre règle que soi-même. Tel est l'arbre funeste de l'impiété et de l'anarchie que Luther et Calvin ont planté en Occident; que des rois et des peuples, des savants et des ignorants ont cultivé et arrosé; qui, en France et en Angleterre, terres précoces, a produit des impiétés et des révolutions sanglantes; qui, en Allemagne, terre lourde et tardive, les annonce seulement par ses feuilles et ses fleurs. Bien des hommes qui en craignent les fruits amers voudraient, tout en conservant et en cultivant l'arbre, l'empêcher de produire ses fruits. Aveugles ou hypocrites ! ou changez l'arbre jusque dans sa racine, ou laissez-lui produire son fruit naturel, la ruine de toute société religieuse, politique et domestique.

Les chrétiens du XIIe et du XIIIe siècle allaient plus droit au fait. Ayant reconnu cet arbre pestientiel à ses premiers fruits, l'impiété, la trahison et le meurtre, au lieu de le cultiver ou de l'émonder niaisement, ils décidèrent qu'il fallait l'arracher et le jeter au feu. Et la chose résolue, ils l'exécutèrent; et, pour l'exécuter, ils en prirent les moyens. La guerre contre les albigeois ou les manichéens n'est que cela. Les chefs de la croisade décidèrent dès le commencement, que dans toute forteresse qui ne se rendrait pas, mais qu'il faudrait prendre d'assaut, les habitants seraient passés au fil de l'épée; et le poëte contemporain ajoute que, sans cette mesure terrible, jamais les hérétiques n'auraient été soumis par la force des croisés. C'est-à-dire que, pour extirper l'anarchie révolutionnaire, les croisés prirent justement le seul moyen qui pouvait l'extirper.

Encore, dans le conseil où fut prise cette décision importante, le comte Simon de Montfort n'avait que sa voix particulière. Il n'était pas le chef de la croisade, mais seulement un des chefs. Hurter a tort de supposer qu'il fut élu chef dès le commencement. Tous les auteurs contemporains nous apprennent que l'autorité suprême était entre les mains de l'abbé de Citeaux, légat apostolique, et que pour les marches et les campements militaires, ce fut le comte de Toulouse qui y présida jusqu'après la prise de Carcassonne. Ce n'est qu'après la prise de cette dernière ville, que Simon de Montfort est élu pour être le seigneur du pays et pour y compléter le but de la croisade, l'extirpation de l'anarchie révolutionnaire.

Quant à l'application de la peine prononcée, Simon de Montfort l'adoucissait plutôt qu'il ne l'aggravait. Dans les places emportées d'assaut et sans capitulation, il offrait aux manichéens la vie et la liberté, s'ils renonçaient à leur impiété subversive et rentraient dans le sein de l'Eglise catholique : il leur adressait, il leur faisait adresser pour cet effet des exhortations convenables. Ceux qui résistaient opiniâtrément subissaient la peine prononcée d'avance. Les autres conservaient leur vie, leur liberté et leurs biens. Telle fut la conduite générale de Simon de Montfort dans la prise des villes et dans toute la guerre : il ne perdait point de vue le but final de toute la croisade, l'extirpation de l'anarchie religieuse et civile.

La conduite de Raymond VI, comte de Toulouse, fut loin d'être aussi nette et aussi loyale. Chef de la croisade devant Béziers et Carcassonne, il parut se lier d'amitié avec Simon de Montfort, lui conseilla de détruire plusieurs forteresses du pays, et promit avec serment d'unir son fils en mariage avec la fille de Simon. Mais il n'accomplissait pas les conditions qu'il avait jurées pour être réconcilié à l'Eglise : il n'expulsait pas les manichéens de ses Etats, et ainsi, au lieu de seconder la croisade, il la contrariait. De plus, il élevait de nouveaux péages, contre la défense qui lui en avait été faite sous peine d'excommunication. Devenu légitimement suspect, il fut excommunié conditionnellement, au concile d'Avignon (1209), s'il prétendait rétablir les péages auxquels il avait renoncé.

Pour se justifier, il fit le voyage de Paris et de Rome, afin de gagner le roi de France et le Pontife romain. Il trouva l'un et l'autre inaccessibles à ses artifices. Tout ce qu'il put obtenir du Pape, ce fut qu'il serait admis à produire sa justification canonique devant l'évêque de Riez et le légat Théodise touchant le meurtre de Pierre de Castelnau et la suspicion d'hérésie. Ce qui le rendait très-suspect sur le premier point, c'est qu'il entretenait dans sa familiarité le meurtrier du bienheureux Pierre, disant plus d'une fois que c'était son unique ami véritable.

Théodise et l'évêque de Riez convoquèrent à Saint-Gilles une assemblée des prélats et des seigneurs. Déjà précédemment, ils avaient mandé au comte de Toulouse qu'il chassât de ses terres les hérétiques et les routiers ou brigands; et qu'il accomplît le reste des choses auxquelles il s'était engagé par plusieurs serments. Il fut également appelé au concile; mais quand il fut venu, on vit clairement par les effets, qu'il n'avait exécuté aucun de ses engagements : on jugea donc qu'il ne devait point être admis pour lors à la purgation canonique; car il ne paraissait pas vraisemblable qu'il fît scrupule de se parjurer touchant le reproche d'hérésie et la mort de Pierre de Castelnau, après avoir tant de fois violé ses serments sur des matières moins importantes. C'est pourquoi le concile lui enjoignit qu'il commençât par chasser les hérétiques et les routiers, et par accomplir ses autres promesses : après quoi les deux légats pourraient exécuter à son égard les ordres du Pape.

Quelque temps après, il y eut une conférence à Narbonne. Il s'y trouva le roi Pierre d'Aragon, le comte de Montfort et le comte de Toulouse. Raymond, évêque d'Uzès, et l'abbé de Citeaux, tous deux légats du Saint-Siège, y étaient aussi avec le docteur Théodise. L'abbé de Citeaux proposa en faveur du comte de Toulouse, que, pourvu qu'il chassât les hérétiques de ses terres, on lui laisserait tous ses domaines et la troisième partie des droits qu'il avait sur les châteaux des autres hérétiques, ses vassaux, et que le comte disait être au moins cinquante. Pour un prince qui demandait à se purger du soupçon d'hérésie et à se montrer bon catholique, ce n'était point exiger trop. Le comte de Toulouse s'y refusa pourtant, tant il était peu sincère dans ses protestations. Il fut excommunié par les deux légats, comme on le voit par une lettre du Pape, qui ordonne l'exécution de leur sentence. Elle est adressée à l'archevêque d'Arles et à ses suffragants, et datée du 15 avril 1211. Baudouin, frère du comte de Toulouse, s'était déclaré pour la cause catholique. En 1214, il fut trahi par un des siens et livré à son frère, qui le fit pendre. Tel se montra le comte de Toulouse, Raymond VI.

La conduite du roi Pierre d'Aragon dans ces affaires ne fut pas non plus sans tache. En 1209, il refuse l'hommage de Simon de Montfort pour la ville de Carcassonne, qui était de la suzeraineté d'Aragon; en 1210, il reçoit cet hommage, fait la paix avec Simon, lui donne son propre fils en otage; en 1211, il promet son fils à la fille de Simon, mais en même temps il donne sa sœur au fils du comte de Toulouse : ce qui le rend suspect; en 1212, le comte de Toulouse, réduit à l'extrémité par l'armée catholique, et n'ayant plus pour lui que Toulouse et Montauban, se réfugie auprès de Pierre d'Aragon, qui revenait de la glorieuse bataille contre les Maures, et lui remet son sort entre les mains. Pierre écrivit en sa faveur au pape Innocent III, qui, sur ses remontrances, écrivit de son côté plusieurs lettres : l'une entre autres à ses légats, l'archevêque de Narbonne, l'évêque de Riez et le docteur Théodise, où il leur ordonne d'assembler un concile des évêques, des seigneurs et des magistrats ; et vous nous écrirez, ajoute-t-il, ce qui y aura été résolu touchant les propositions du roi d'Aragon, afin que, sur votre avis, nous puissions ordonner ce qui sera raisonnable, et pourvoir au gouvernement du pays. Ces lettres, parmi lesquelles une au comte de Montfort, sont du mois de janvier 1213.

Le concile se tint à Lavaur. On y présenta par écrit les demandes du roi d'Aragon en faveur des comtes de Toulouse, de Comminges, de Foix, ainsi que du vicomte de Béarn. La réponse du concile porte en substance :

« La cause du comte de Toulouse, et par suite celle de son fils, a été tirée de notre juridiction par la commission que lui-même a fait donner par le Pape à l'évêque de Riez et au docteur Théodise. Nous croyons que vous vous souvenez combien ce comte a reçu de grâces du Pape et du légat, alors abbé de Cîteaux, maintenant archevêque de Narbonne ; et, toutefois, au mépris de ces grâces et de ses propres serments, il a de nouveau combattu l'Eglise et troublé la paix avec les hérétiques et les routiers, en sorte qu'il s'est rendu indigne de toute grâce. Quant au comte de Comminges, il a si bien mérité l'excommunication qu'il a encourue, que le comte de Toulouse assure, à ce que l'on dit, que c'est le comte de Comminges qui l'a poussé à la guerre contre l'Eglise. Toutefois, s'il se met en état de recevoir l'absolution, quand il l'aura une fois reçue, l'Eglise ne refusera pas de lui rendre justice sur ses plaintes. Le concile fait les mêmes offres à l'égard du comte de Foix et du vicomte de Béarn, après avoir relevé les crimes par lesquels ils se sont attiré l'excommunication.

Le roi d'Aragon voulait persuader au Pape qu'il était le maître du comte de Toulouse et des autres, pour les obliger à faire telle satisfaction que désirerait le Pontife. Pour cet effet il fit dresser, le 27 janvier 1213, plusieurs actes à Toulouse. Par le premier, le comte Raymond et son fils déclarent qu'ils mettent leurs personnes, leurs terres et leurs vassaux en la main du roi d'Aragon, afin qu'il puisse les contraindre à exécuter les ordres du Pape, même malgré eux. Par le second acte, les consuls de Toulouse, au nom de toute la commune et par l'ordre du comte, font au roi la même promesse. Les trois autres contiennent des promesses semblables de Raymond-Roger, comte de Foix, et Roger, son fils, ainsi que de Gaston, vicomte de Béarn. Tous ces actes furent envoyés au Pape par Raymond, archevêque de Tarragone, le 31 mars 1213, de Perpignan, où il était avec plusieurs évêques et plusieurs abbés.

Cependant le roi d'Aragon ayant reçu la réponse du concile de Lavaur, et voyant qu'elle n'était pas conforme à ses desseins, envoya prier les évêques de persuader au comte de Montfort de faire trêve avec le comte de Toulouse et son parti jusqu'à la Pentecôte, ou du moins jusqu'à Pâques. L'intention du roi était de ralentir l'ardeur des croisés, qui devaient arriver de France et d'ailleurs. Les prélats, qui s'en apercevaient fort bien, rejetèrent la proposition. Voyant alors qu'il n'avançait de rien, le roi d'Aragon se remit à prendre sous sa protection les excommuniés et leurs terres, et, pour donner quelque couleur à sa conduite, il appela au Pape. Mais les prélats ne déférèrent point à cet appel dérisoire, et l'archevêque de Narbonne écrivit au roi d'Aragon pour lui défendre, par son autorité de légat apostolique, de protéger Toulouse, Montauban ou les autres places interdites, le menaçant de le dénoncer excommunié, comme défenseur des hérétiques.

Le roi n'eut aucun égard à cette lettre. De leur côté, les prélats voyant qu'il les tenait inutilement à Lavaur, les amusant par des lettres, des promesses et des appellations frivoles, résolurent de se séparer et de se retirer. Mais auparavant l'évêque de Riez et le docteur Théodise, commissaires du Pape pour l'affaire du comte de Toulouse, demandèrent conseil à tous les prélats sur l'absolution de ce prince. L'avis du concile de Lavaur fut que les commissaires ne devaient point admettre le comte de Toulouse à la purgation qu'il demandait, attendu qu'il avait souvent violé les serments faits entre les mains des légats ; que, depuis son retour de Rome, il avait fait pis qu'auparavant ; que, entre autres violences, il avait retenu prisonnier pendant près d'une année l'abbé de Montauban, pris l'abbé de Moissac et chassé l'évêque d'Agen de son siège et de la ville ; enfin, qu'il ne pouvait plus être absous de l'excommunication sans un mandement spécial du Pape. Suivant ce conseil, les commissaires envoyèrent au comte de Toulouse leur protestation, que c'était par sa faute qu'ils ne pouvaient passer outre en son affaire. Ils écrivirent en même temps au Pape, pour lui rendre compte de tout ce qu'ils avaient fait depuis le commencement de leur commission.

Les Pères du concile de Lavaur écrivirent également au Pape une grande lettre, où ils relèvent les crimes du comte de Toulouse, et disent entre autres : Qu'après avoir cherché inutilement le secours de l'empereur Othon et du roi d'Angleterre, il s'est adressé au roi de Maroc, ennemi commun de la chrétienté. Enfin, ajoutent-ils, il a eu recours au roi d'Aragon, pour essayer, par son moyen, de circonvenir Votre Sainteté. Mais sachez que, si l'on rend à ces tyrans, savoir, au comte de Toulouse et à ses complices, les terres qui ont coûté tant de sang chrétien, le clergé et l'Eglise sont menacés d'une perte inappréciable.

Cette lettre fut envoyée au Pape par l'évêque de Comminges, l'abbé de Clairac, Guillaume, archidiacre de Paris, le docteur Théodise et un clerc qui avait été longtemps, en cour de Rome, correcteur des lettres du Pape. Les députés furent aussi chargés des lettres de Michel, archevêque d'Arles, et de dix évêques de Provence ; de celles de Guillaume, archevêque de Bordeaux, et des évêques de Bazas et de Périgueux ; de Bernard, archevêque d'Aix, et de Bertaud, évêque de Béziers. Toutes ces lettres tendaient à représenter au Pape combien l'affaire de la religion était avancée en ces provinces, et combien il était important de ne la point abandonner.

Elles eurent leur effet ; et quoique les députés eussent trouvé le Pape prévenu en faveur du roi d'Aragon, ils l'instruisirent si bien de la vérité du fait, qu'il reconnut qu'on l'avait surpris, et qu'il écrivit à ce prince, pour lui enjoindre d'abandonner les Toulousains. Que s'ils désirent, ajoute-t-il, revenir à l'Eglise, comme le prétendent vos envoyés, nous donnons pouvoir à Foulque, évêque de Toulouse, de les réconcilier, et de faire chasser de la ville, avec confiscation de biens, ceux qui persisteront dans l'erreur. Il révoque ensuite, comme obtenu par surprise, le mandement qu'il avait donné en faveur des comtes de Foix et de Comminges et du vicomte de Béarn, et les renvoie, pour leur absolution, à l'archevêque de Narbonne. Il promet d'envoyer un légat sur les lieux, et, en attendant, ordonne une trêve entre le roi et le comte de Montfort. Enfin il déclare que, si les Toulousains et les quatre seigneurs persistent dans leurs erreurs, il fera prêcher de nouveau la croisade contre eux. La lettre est du 21 mai. Le roi d'Aragon y eut si peu d'égard, qu'il envoya déclarer la guerre à Simon de Montfort; celui-ci la lui déclara de son côté.

Dès le mois de février de la même année 1213, Louis, fils du roi de France, s'était croisé contre les manichéens, et grand nombre de chevaliers à son exemple. Le roi Philippe, son père, n'en était pas content : toutefois, dans un parlement qu'il tint à Paris au commencement du carême, il régla le voyage de son fils, et fixa le jour du départ à l'octave de Pâques. Mais la guerre qui lui survint avec le roi d'Angleterre et ses alliés, l'obligea de retenir son fils et ceux qui s'étaient croisés avec lui. D'ailleurs la croisade pour la terre sainte, que prêchait en France le légat Robert de Courçon, nuisait extrêmement à la croisade contre les manichéens du Languedoc. Ainsi le comte de Montfort se trouvait presque abandonné, quand les deux frères, Manassès, évêque d'Orléans, et Guillaume, évêque d'Auxerre, vinrent à son secours; car, voyant que la plupart des croisés étaient demeurés chez eux, et que ce retardement avait haussé le courage aux hérétiques, ils prirent la croix, assemblèrent autant de troupes qu'ils purent, et vinrent à Carcassonne. Leur arrivée réjouit extrêmement le comte de Montfort et sa petite troupe; et, le jour de la Saint-Jean, il fit armer chevalier Amauri, son fils aîné, avec grande solennité, par les deux évêques d'Orléans et d'Auxerre.

Jamais guerre plus variable que la guerre faite par Simon de Montfort depuis cinq ans contre les manichéens du Languedoc. Il était bien le chef militaire de la croisade. Mais les croisés, venus de France, de Lorraine, d'Allemagne, arrivaient à des époques différentes; mais ces croisés ne devaient que quarante jours de campagne, après quoi ils pouvaient se retirer; ce qui arrivait souvent. Simon se voyait donc bien des fois à la tête de vingt ou trente mille combattants; et puis, tout à coup, à peine pouvait-il en réunir quelques centaines. Deux amis ne lui manquèrent jamais, non plus que son courage : les deux amis étaient sa femme et l'évêque de Carcassonne. Sa femme, Adèle de Montmorency, lui amena plus d'une fois jusqu'à quinze mille hommes; l'évêque de Carcassonne, auparavant l'abbé Gui de Vaulx-Cernay, ne déployait pas moins d'activité et de zèle. L'un et l'autre y joignaient une généreuse compassion.

Lorsqu'au milieu des marches pénibles, quelques pèlerins sentaient leurs forces défaillir, l'évêque et la comtesse descendaient de cheval, y faisaient monter les plus fatigués à leur place, et s'avançaient eux-mêmes à pied. La générosité de Simon n'était pas moindre. Les ennemis ayant mis le feu au pont de bois qui joignait les deux rives de la Garonne à son château de Muret, il traversa le fleuve à la nage avec sa cavalerie et éteignit le feu. Mais, arrivé dans la forteresse, il s'aperçut que, le pont n'étant plus assez solide, l'infanterie était obligée de camper sur l'autre rive, et cela au milieu d'une tempête. Aussitôt il s'écrie : Je retourne à l'armée! On a beau lui représenter que le fort de ses troupes est dans le château, qu'il n'y manque que quelques pèlerins à pied, que la rivière est extraordinairement enflée, que les ennemis peuvent revenir sur leurs pas : « A Dieu ne plaise! s'écrie-t-il, que je fasse ce que vous me conseillez. Quoi! les pauvres du Christ sont exposés à la mort et au glaive, et moi je resterais dans la forteresse! Que le Seigneur fasse de moi ce qu'il lui plaira; mais certainement j'irai et je resterai avec eux. » Et il traversa de nouveau la Garonne, et demeura avec les pèlerins pendant plusieurs jours, jusqu'à ce qu'on eût réparé le pont et que toute l'armée l'eût passé (Pierre de Vaulx-Cernay, *Hist. Albig.*, n. 63). C'était en l'année 1212.

Mais où la valeur, la générosité, la foi, la piété héroïque de Simon de Montfort parurent dans tout leur éclat, ce fut l'année suivante 1213. Il avait en son pouvoir, comme otage de la paix, le prince Jacques, fils du roi Pierre d'Aragon. Cependant le roi d'Aragon venait de lui déclarer la guerre. Le Pape avait écrit à ce roi pour le porter à la paix. Des abbés lui portèrent les lettres du Pape, le suppliant d'y avoir égard et de ne plus protéger les hérétiques. Le roi répondit qu'il exécuterait volontiers les ordres du Pape, mais il fit tout le contraire. Il ne retira point de Toulouse les chevaliers qu'il y avait laissés, et en envoya plus encore; il fit venir de nouvelles troupes de ses Etats, et engagea une partie de son domaine pour les solder. Au roi se joignirent les comtes de Toulouse, de Comminges et de Foix : leurs troupes réunies montaient à cent mille hommes. Simon de Montfort, contre qui était dirigée cette armée formidable, ne voyait point arriver les croisés de France, à cause des hostilités avec le roi d'Angleterre, et aussi parce que le roi d'Aragon avait répandu partout le bruit d'une trêve entre les parties belligérantes du Midi. Ce roi faisait plus encore : répudiant sa femme légitime, dont il avait un fils, il demandait une fille du roi Philippe-Auguste.

Pour comble d'infortune, plusieurs compagnons de Simon de Montfort venaient de périr par la perfidie du comte de Toulouse. Assiégés dans le château de Pujol, ils se rendirent la vie sauve, mais furent inhumainement égorgés, à l'exception d'un seul qui s'échappa pour venir apprendre à Simon cette triste nouvelle.

Tel était l'état des choses, lorsque, le 10 septembre 1213, le roi d'Aragon vint, avec les comtes de Toulouse, de Comminges et de Foix, et une armée formidable, assiéger la forteresse de Muret, sur la Garonne, à deux lieues au-dessous de Toulouse. La garnison n'était que de trente chevaliers et peu d'infanterie. Un assaut, donné le lendemain, mit les assiégeants en possession du premier faubourg et rejeta la garnison dans le château. Tout à coup l'on voit paraître dans le lointain le comte de Montfort avec sa petite troupe. Aussitôt le roi d'Aragon fait retirer toute l'armée de la ville dans le camp. Il voulait laisser à Montfort la facilité d'entrer dans la forteresse, afin de l'y prendre avec tous les siens, et terminer la guerre d'un seul coup.

Simon était à Fanjaux, distant de huit lieues, quand les ennemis parurent devant Muret. Aussitôt il résolut d'aller au secours de la place. Sa femme, effrayée d'un songe sinistre, le lui raconta. « Mais, répondit Simon, vous parlez aujourd'hui comme une femme. Pensez-vous donc que, comme les Espagnols, je m'attache à des songes et à des augures? Certes, quand j'aurais rêvé moi-même, que je dois être tué dans la guerre où je cours, je n'irais qu'avec plus d'assurance et de plaisir, pour narguer mieux la folie des Espagnols et des gens de ce pays, qui s'inquiètent des augures et des songes. » Aussitôt il se mit en marche pour Saverdun. Des émissaires de la garnison de Muret, venus à sa rencontre, lui apprirent que le roi d'Aragon avait mis le siège devant cette place. La petite troupe de Simon apprit cette nouvelle avec autant de joie que si elle eût été certaine de la victoire. Arrivé à l'abbaye de Bolbonne, Simon entra dans l'église faire sa prière et se recommander à celles de la communauté, suivant sa coutume. Un des religieux lui demanda comment, avec si peu de monde, il osait marcher contre une armée si nombreuse. Simon lui montra alors une lettre interceptée, par laquelle le roi d'Aragon disait à une femme du pays de Toulouse, entre autres cajoleries, que c'était pour l'amour d'elle qu'il venait chasser les Français. « Or, que Dieu me soit en aide, ajouta Simon, je ne crains point un roi qui, pour une courtisane, vient combattre l'œuvre de Dieu. » Le roi d'Aragon était en effet très-passionné pour les femmes, et son propre fils rapporte que, la veille de la bataille, il passa la nuit auprès d'une courtisane, et qu'il était si faible que, pendant la messe du matin, il fut obligé de s'asseoir au moment de l'évangile (*Chron. de Baud. d'Avesnes, apud Hurter*, en note). Simon, au contraire, était un héros de tout point. Après avoir prié longtemps dans l'église de Bolbonne, il posa son épée sur l'autel, et s'écria : « O Jésus! bon maître, tout indigne que je suis, vous m'avez choisi pour soutenir votre cause. Je prends aujourd'hui mes armes de dessus votre autel, afin qu'allant combattre pour vous, je reçoive de vous-même le droit de combattre. »

Il suivit ensuite sa petite troupe à Saverdun. Sept évêques et deux abbés l'accompagnaient, pour conclure la paix, s'il était possible. Simon voulait arriver la même nuit devant Muret; mais ses capitaines déclarèrent que les soldats avaient besoin de repos, et les évêques étaient d'avis qu'il fallait tenter de faire la paix. Ils demandèrent un sauf-conduit aux chefs des assiégeants. Le mercredi 11 septembre, de bon matin, Simon fit venir son chapelain, se confessa, rédigea son testament qu'il remit à l'abbé de Bolbonne, afin de l'envoyer au Pape pour le confirmer, dans le cas où il perdrait la vie. Puis il se rendit avec les évêques à l'église, pour demander à Dieu la victoire. Arrivés à Hauterive, ville située à deux lieues de Saverdun et à égale distance de Muret, les évêques prièrent Simon de s'arrêter pour attendre la réponse aux propositions faites la veille. Le roi d'Aragon leur fit dire que, puisqu'ils arrivaient avec une si puissante armée, ils n'avaient pas besoin de sauf-conduit. C'était sans doute une ironie sur leur petit nombre; car ils n'avaient pas en tout huit cents hommes. Alors Simon s'avança et traversa heureusement un défilé que les ennemis avaient négligé d'occuper. La pluie tombait par torrents. Cependant Simon s'étant arrêté en route pour prier dans une église, le ciel s'éclaircit, ce qui fit présager la victoire à l'armée, qui demanda avec instance le signal du combat. Simon ne jugea point à propos de le donner; il était déjà tard, les soldats étaient fatigués, tandis que ceux de l'ennemi étaient frais et reposés. Il espérait d'ailleurs détacher du roi de ses alliés. Les ennemis ne défendirent pas le passage du pont sur la Garonne, et Simon entra dans Muret, où il n'y avait plus de vivres pour un seul jour. Afin d'utiliser le grand nombre d'ecclésiastiques qui, sous sa protection, s'étaient réfugiés dans la ville, il les fit travailler aux fortifications, ce que ceux-ci firent de bonne grâce. Une nouvelle démarche pour amener la paix ne fut point accueillie du roi. « Pour quatre aventuriers que les évêques traînent à leur suite, répondit Pierre d'Aragon, une entrevue n'est pas nécessaire. » Quant aux Toulousains, ils ajoutèrent : « Demain nous vous donnerons une réponse ! »

Pendant la nuit, le vicomte de Corbeil et quelques chevaliers français, envoyés de Carcassonne par la comtesse de Montfort, entrèrent à Muret. Il s'y avait alors en tout, tant chevaliers qu'écuyers, environ huit cents hommes à cheval, avec quelques fantassins sans cuirasse. Le jeudi 12 septembre, à la pointe du jour, Simon entendit la messe dans la chapelle du château, les évêques et les chevaliers dans la ville. Ils s'étaient confessés et communièrent. Là, les évêques excommunièrent tous ensemble le comte de Toulouse et son fils, le comte de Foix et son fils, le comte de Comminges et tous leurs fauteurs, entre lesquels était sans doute le roi d'Aragon; mais les évêques supprimèrent exprès son nom. Cependant on n'avait pas encore renoncé à l'espoir de la paix, et Simon avait consenti à restituer toutes ses conquêtes et à mettre un terme à la guerre. Les évêques résolurent de se rendre nu-pieds auprès du roi, pour le prier de ne point lever son bras contre l'Église. Simon, sans armes, ouvrit lui-même la porte de la ville au religieux chargé d'annoncer l'arrivée des évêques dans le camp. Des gens armés se précipitèrent aussitôt sur lui, et une grêle de pierres tomba sur la maison où se trouvaient les évêques. Simon dit alors à ceux-ci : « Vous voyez que vous n'avancez de rien; au contraire, le trouble augmente · nous avons assez patienté, et même trop; il est temps que vous nous donniez la permission de combattre. » Les évêques la donnèrent par nécessité. Aussitôt tous les chevaliers allèrent revêtir leurs armes. Le comte, en passant devant la chapelle, aperçut l'évêque d'Uzès qui disait la messe et qui en était à l'offrande. Il entre aussitôt, se met à genoux devant l'autel, les mains jointes, et lui dit : « Je vous donne et vous offre aujourd'hui mon âme et mon corps. » Puis, après s'être armé promptement, il revint à la chapelle pour s'offrir une seconde fois avec ses armes. Pendant qu'il se mettait à genoux, une pièce de son armure se rompit; il n'en fut point troublé, et s'en fit tout simplement apporter une autre. Devant la chapelle, son cheval se cabra au moment qu'il voulut le monter, et le frappa même à la tête. Les assiégeants, qui le voyaient de leur camp, en poussaient des cris de joie. Le comte, sans s'émouvoir, leur répondit : « Vous riez et criez après moi ; mais, par la grâce du Seigneur, j'espère que, vainqueur aujourd'hui même, je crierai après vous jusqu'aux portes de Toulouse. » Après quoi, monté sur son cheval, il descendit du château dans la ville, où il trouva ses hommes prêts au combat. Un d'eux lui conseilla de les compter, afin de savoir combien ils étaient. » Cela n'est pas nécessaire, répliqua Simon, nous sommes en assez grand nombre pour, avec l'aide de Dieu, vaincre nos ennemis. »

L'auteur contemporain qui rapporte ces héroïques détails, ajoute : « Or, les nôtres, tant chevaliers que sergents à cheval, n'étaient pas plus de huit cents, tandis qu'on estimait les ennemis environ cent mille. Les nôtres avaient quelques fantassins, mais en petit nombre ; encore le noble comte les fit-il demeurer dans la forteresse. »

Pendant que le comte et nos chevaliers, continue Pierre de Vaulx-Cernay, délibèrent sur le plan de la bataille, voilà qu'arrive l'évêque de Toulouse, la mitre en tête et le bois de la vraie croix à la main. Aussitôt les nôtres commencent à descendre de cheval, pour adorer la croix l'un après l'autre. Mais l'évêque de Comminges, homme d'une merveilleuse sainteté, voyant que cette adoration individuelle causerait des retards, prit la croix des mains de l'évêque de Toulouse, monta sur un lieu élevé, et les bénit tous en disant : « Allez au nom de Jésus-Christ, et moi je vous suis témoin et caution, au jour du jugement, que quiconque succombera dans cette glorieuse bataille, obtiendra aussitôt la récompense éternelle et la gloire des martyrs, sans aucune peine du purgatoire, pourvu qu'il se soit confessé avec contrition, ou que du moins il ait le ferme propos de le faire aussitôt après la bataille. » Nos combattants se font répéter plusieurs fois cette promesse, et chaque fois les évêques la confirment. Aussitôt les nôtres, purifiés de leurs péchés par la contrition du cœur et la confession de la bouche, et s'étant pardonné tous les griefs qu'ils pouvaient avoir l'un contre l'autre, sortent du château, et, divisés en trois corps, au nom de la Trinité, marchent intrépides contre les ennemis. De leur côté, les évêques et les clercs, parmi eux saint Dominique, rentrent dans l'église et y implorent avec de grands gémissements la protection du Seigneur sur ceux qui s'exposaient avec joie à subir pour l'amour de lui, non-seulement les outrages, mais la mort.

Pour éviter les premiers traits de l'ennemi, Simon, avec sa petite troupe, était sorti par le côté opposé à celui du camp. Il avait ainsi l'air de fuir. Mais tout à coup il s'arrête : son avant-garde culbute celle de la cavalerie ennemie. La mêlée devient terrible. Le roi d'Aragon cherchait Montfort : deux chevaliers français cherchent le roi d'Aragon ; mais il avait changé d'armure avec un chevalier espagnol. Les deux Français s'attaquent à celui-ci. Mais bientôt l'un d'eux, trouvant que ses coups n'étaient point assez vigoureux pour être ceux du roi, s'écrie tout haut : Ce n'est pas lui ! C'est vrai, répondit le roi, qui n'était pas loin ; mais le voici. Il paya cher cette parole. Malgré sa bravoure personnelle, il fut tué avec les plus braves des siens qui cherchèrent à le défendre.

Après la mort du roi, les croisés se précipitèrent dans les rangs ennemis, et Simon accourut avec l'arrière-garde contre l'aile gauche des Aragonais. Voulant parer un violent coup d'épée que lui asséna un chevalier, son étrier se brisa, ses éperons s'embarrassèrent dans les harnais, et il faillit tomber à terre. A peine fut-il remis en selle, qu'il reçut un second coup sur la tête ; mais celui qui avait osé l'attaquer fut abattu par un vigoureux coup porté sous le menton ; tout céda désormais devant lui. Les comtes de Toulouse, de Foix et de Comminges, découragés en apprenant la mort du roi, tournèrent bride et se retirèrent en désordre, entraînant avec eux le reste de la cavalerie, poursuivie par les huit cents catholiques. Simon, soldat aussi valeureux que général habile, s'avança lentement et en bon ordre avec l'arrière-garde, afin d'être prêt à porter du secours, si l'ennemi tentait de revenir à la charge.

Pendant la bataille, la garnison de Muret repoussa avec le même courage une attaque faite par l'infanterie toulousaine. L'évêque de Toulouse fit encore offrir la paix à ses diocésains, s'ils voulaient déposer les armes. Ils répondirent fièrement que le roi d'Aragon avait remporté la victoire, que l'évêque cherchait leur ruine ; ils blessèrent même le messager. Mais quand ils virent flotter la bannière de l'armée victorieuse, ils perdirent courage. Ils se précipitèrent en foule dans les bateaux qui se trouvaient sur la Garonne. Un grand nombre d'entre eux périrent dans les flots ; d'autres succombèrent sur le rivage par le fer du vainqueur, et il y eut une multitude de prisonniers. Tant tués que noyés, l'armée ennemie perdit environ vingt mille hommes, tandis que Simon ne perdit qu'un chevalier, avec huit autres soldats.

La victoire ainsi déclarée, Simon se fit conduire à l'endroit du champ de bataille où avait succombé le roi d'Aragon ; car il ignorait le moment et la place de sa mort. Il trouva le cadavre du roi tout nu ; car déjà il avait été dépouillé par les fantassins sortis de Muret. A cette vue, Simon descendit de cheval, pleura sur le roi, comme un autre David sur un autre Saül. Puis, humblement reconnaissant d'une victoire aussi miraculeuse, il s'en alla du même endroit, nu-pieds, accompagné de l'armée et des évêques, jusqu'à l'église de Muret, pour remercier le Dieu des armées. Il vendit en même temps son cheval de bataille et son armure, et en donna le prix aux pauvres. On admirait en lui un autre Judas Machabée, délivrant le peuple du Seigneur de l'oppression de ses ennemis. Les évêques et les abbés annoncèrent à tous les fidèles l'issue de cette mémorable journée. Jacques, enfant de six ans et unique héritier du roi Pierre, était resté à Carcassonne sous la surveillance de Simon, qui le fit élever comme l'eût fait un père. L'année suivante 1214, sur les ordres du Pape, il le remit au cardinal de Bénévent, qui le confia aux Etats d'Aragon, où il fut proclamé roi [1].

[1] Pierre de Vaulx-Cernay, *Hist. des Albig.*; Guill. de Puy-Laurens, *Hist. des Albig.*, t. XIX; *Rer. Franc. Scriptores*; *Croisade contre les Albigeois* (par un poète contemporain). Paris, imprimerie royale, 1837, in-4°.

§ V.

Secours nouveau que Dieu envoie à son Église.

Pendant que Simon de Montfort, sous l'étendard de la croix, montrait en sa personne le modèle accompli d'un héros chrétien se dévouant pour la cause du Christ et de l'humanité chrétienne, un héros d'un autre genre, sous le même étendard de la croix, recrutait et formait une milice tout entière, pour défendre la même cause, combattre les mêmes ennemis, mais d'une manière plus spirituelle, plus radicale et plus efficace. C'est ici un grand mystère : le mystère du ciel, de la terre et de l'enfer.

« Le plus grand ennemi de Dieu est l'orgueil. En effet, demande Bossuet, n'est-ce pas l'orgueil qui a soulevé contre lui tout le monde? L'orgueil est premièrement monté dans le ciel où est le trône de Dieu, et lui a débauché ses anges; il a porté jusque dans son sanctuaire le flambeau de rébellion : après, il est descendu sur la terre, et, ayant déjà gagné les intelligences célestes, il s'est servi d'elles pour dompter les hommes. Lucifer, cet esprit superbe, conservant sa première audace, même dans les cachots éternels, ne conçoit que de furieux desseins. Il médite de subjuguer l'homme, parce que Dieu l'honore et le favorise; mais sachant qu'il n'y peut réussir tant que les hommes demeureront dans la soumission pour leur Créateur, il en fait premièrement des rebelles, afin d'en faire après cela des esclaves. Pour les rendre rebelles, il fallait auparavant les rendre orgueilleux. Il leur inspire donc l'arrogance qui le possède; de là l'histoire de nos malheurs ; de là cette longue suite de maux qui affligent notre nature opprimée par la violence de ce tyran.

» Enflé de ce bon succès, il se déclare publiquement le rival de Dieu; il abolit son culte par toute la terre; il se fait adorer en sa place par les hommes qu'il a assujettis à sa tyrannie. C'est pourquoi le Fils de Dieu l'appelle *le prince du monde* (Joan., 12, 13), et l'Apôtre encore plus énergiquement *le Dieu de ce siècle* (2. Cor., 4, 4). Voilà de quelle sorte l'orgueil a armé le ciel et la terre, tâchant d'abattre le trône de Dieu. C'est lui qui est le père de l'idolâtrie; car c'est par l'orgueil que les hommes, méprisant l'autorité légitime, et devenus amoureux d'eux-mêmes, se sont fait des divinités à leur mode. Ils n'ont point voulu de dieux que ceux qu'ils faisaient; ils n'ont plus adoré que leurs erreurs et leurs fantaisies; dignes, certes, d'avoir des dieux de pierre et de bronze, et de servir aux créatures inanimées, eux qui se lassaient du culte du Dieu vivant, qui les avait formés à sa ressemblance. Ainsi toutes les créatures, agitées de l'esprit d'orgueil qui dominait partout l'univers, faisaient à leur Créateur la guerre avec une rage impuissante. »

Comment le Seigneur renversera-t-il cet ennemi?

« C'est honorer l'orgueil que d'aller contre lui par la force ; il faut que l'infirmité même le dompte. Ce n'est pas assez qu'il succombe, s'il n'est contraint de reconnaître son impuissance; il faut le renverser par ce qu'il dédaigne le plus. Tu t'es élevé, ô Satan, tu t'es élevé contre Dieu de toute ta force : Dieu descendra contre toi armé seulement de faiblesse, afin de montrer combien il se rit de tes téméraires projets. Tu as voulu être le dieu de l'homme : un homme sera ton Dieu; tu as amené la mort sur la terre : la mort ruinera tes desseins; tu as établi ton empire en attachant les hommes à de faux honneurs, à des richesses mal assurées, à des plaisirs pleins d'illusion : les opprobres, la pauvreté, l'extrême misère, la croix, en un mot, détruira ton empire de fond en comble. O puissance de la croix de Jésus !

» Les vérités de Dieu étaient bannies de la terre, tout était obscurci par les ténèbres de l'idolâtrie. Chose étrange, mais très-véritable ! les peuples les plus polis avaient les religions les plus ridicules; ils se vantaient de n'ignorer rien, et ils étaient si misérables que d'ignorer Dieu. Ils réussissaient en toutes choses jusqu'au miracle. Sur le fait de la religion, qui est le capital de la vie humaine, ils étaient entièrement insensés. Qui le pourrait croire, que les Égyptiens, les pères de la philosophie; les Grecs, les maîtres des beaux-arts; les Romains si graves et si avisés, que leur vertu faisait dominer par toute la terre; qui le croirait, qu'ils eussent adoré les bêtes, les éléments, les créatures inanimées, des dieux parricides et incestueux; que non-seulement les fièvres et les maladies, mais les vices, les plus infâmes et les plus brutales des passions eussent leurs temples dans Rome! Qui ne serait contraint de dire en ce lieu, que Dieu avait abandonné à l'erreur ces grands, mais superbes esprits, qui ne voulaient pas le reconnaître, et qu'ayant quitté la véritable lumière, le dieu de ce siècle les a aveuglés pour ne pas voir des choses si manifestes ?

» Et le monde et les maîtres du monde, le diable les tenait captifs et tremblants sous de serviles religions, desquelles néanmoins ils étaient jaloux, non moins que de la grandeur de leur république. Qu'y avait-il de plus méchant que leurs dieux? Quoi de plus superstitieux que leurs sacrifices? Quoi de plus impur que leurs profanes mystères? Quoi de plus cruel que leurs jeux, qui faisaient parmi eux une partie du culte divin? jeux sanglants et dignes de bêtes farouches, où ils soûlaient leurs faux dieux de spectacles barbares et de sang humain. Cependant tant de philosophes, tant de grands esprits que le bel ordre du monde forçait à reconnaître l'unique divinité qui gouverne toute la nature, encore qu'ils fussent choqués de tant de désastres, n'ont pu persuader aux hommes de les quitter. Avec leurs raisonnements si sublimes, avec leur éloquence toute puissante, ils n'ont pu désabuser les peuples de leurs ridicules cérémonies et de leur religion monstrueuse.

» Mais sitôt que la croix de Jésus a commencé de paraître au monde, sitôt que l'on a prêché la mort et le supplice du Fils de Dieu, les oracles menteurs se sont tus, le règne des idoles a été peu à peu ébranlé, enfin elles ont été renversées : et Jupiter, et Mars, et Neptune, et l'égyptien Sérapis, et tout ce qu'on adorait sur la terre a été enseveli dans l'oubli. Le monde a ouvert les yeux pour reconnaître le Dieu créateur, et s'est étonné de son ignorance. L'extravagance du christianisme a été plus forte que la plus sublime philosophie. La simplicité de douze pêcheurs sans secours, sans éloquence, sans art, a changé la face de l'univers. Ces pêcheurs ont été plus heureux que ce fameux Athénien (Timothée, fils de Conon) à qui la fortune, ce lui semblait, apportait les villes prises dans des rets. Ils ont pris tous les peuples dans leurs filets, pour en faire la conquête de Jésus-Christ, qui ramène tout à Dieu par sa croix (Bossuet, *Sermon sur la vertu de la croix de Jésus-Christ*, t. XIV, édit. Lebel). »

L'orgueil suscite contre la croix de Jésus trois sortes d'ennemis principaux : les Juifs, pour qui elle est un scandale; les païens, pour qui elle est une folie; les hérétiques, qui, pour diminuer cette folie et ce scandale, anéantissent le mystère de la croix, en disant, ou que le Christ n'a pas souffert, ou qu'il n'a souffert qu'en apparence, ou qu'il n'est pas vraiment homme, ou qu'il n'est pas vraiment Dieu. De ce nombre sont les manichéens. Un Dieu fait homme, un Dieu pauvre, humilié, souffrant et mourant pour expier le péché de l'homme : c'est ce qui révolte leur orgueil. Ils aimeront mieux inventer un dieu méchant, pour l'accuser et le charger de tous leurs crimes, et se donner à eux-mêmes pleine carrière de faire tout ce qui leur plairait.

Quant aux excès publics de ces furieux, il était juste que l'autorité publique les réprimât par la puissance du glaive ; quant à leur ignorance, il était juste, il était nécessaire que l'Eglise y remédiât par des instructions plus fréquentes et mieux faites. Mais quant à l'orgueil, qui était le principe de leur séduction, il fallait un remède spécial. Jésus, qui est avec son Eglise tous les jours jusqu'à la consommation des siècles et qui lui a donné l'Esprit-Saint pour être avec elle éternellement, lui suscita ce remède dans un homme qui mit ses richesses dans la pauvreté, ses délices dans les souffrances et sa gloire dans la bassesse.

C'est là un mystère que beaucoup d'hommes ne comprennent pas, non plus que beaucoup d'historiens. Dans l'Eglise de Dieu, ils ne voient que des hommes : ils ne voient pas l'Esprit divin qui anime ce grand corps, qui y convertit les esprits et les cœurs, qui y forme des saints, qui fait sentir son action divine par des voies inattendues, quand tout paraît humainement désespéré. C'est comme le souffle du printemps, qui, sans bruit et sans effort, ranime la nature entière. Des hommes qui ne se doutent pas de cette vie toujours ancienne et toujours nouvelle de l'Eglise, s'imaginent que l'hiver, dont ils ressentent le froid, y sera éternel. En conséquence ils prédiront que l'Eglise sera tout à fait morte, telle année, tel jour. Ce qui n'est pas nouveau, ni même bien hardi. Dioclétien et Néron ont fait bien plus : ils ont constaté par des épitaphes officielles et publiques, que le christianisme était non-seulement mort, mais enterré. Cependant ce mort, décédé et enterré si officiellement, survit depuis dix-huit siècles à tous ses enterreurs.

Ce mystère de la vie divinement impérissable dans l'Eglise, le protestant Hurter paraît n'en avoir aucune idée. Dans l'histoire, d'ailleurs si remarquable d'Innocent III, il ne dit pas un mot du saint illustre, que Dieu suscitait alors pour renouveler, avec un autre, la face de la terre. Homme de bien, mais seulement homme, Hurter semble ne voir dans l'Eglise qu'une institution humaine. De là un sentiment de désespoir qui étonne, même dans un ministre protestant. A la vue des efforts impies que font les manichéens anciens et modernes pour détruire toute autorité civile et religieuse, Hurter prévoit avec anxiété l'extinction possible du christianisme. Homme de peu de foi, pourquoi avez-vous douté de Dieu et de sa parole ? Que le protestantisme périsse, il est fait pour cela ; mais c'est une preuve de plus qu'il n'est pas cette Eglise divine qui a vécu et qui vivra pendant tous les siècles.

Voilà ce que nous écrivions au commencement de 1843. Hurter était encore protestant. Devenu catholique en 1844, il a maintenant d'autres pensées. Il a éprouvé par lui-même la puissance mystérieuse de la grâce divine, qui transforme les obstacles en moyens, et se plaît à opérer les plus grandes choses par les instruments les plus faibles, comme on le voit dans ce qui suit.

L'an 1206 de l'ère chrétienne, un jeune homme de la ville d'Assise, âgé de vingt-quatre ans, habitué naguère aux douceurs de l'opulence et aux amusements de la jeunesse, maintenant dénué de tout et couvert d'un manteau de pauvre, traversait les forêts et les montagnes, et chantait en français les louanges du Créateur de l'univers. Des voleurs le rencontrent, qui lui demandent : Qui es-tu ? Le jeune homme dit sans s'émouvoir : Je suis le héraut du grand Roi. Les voleurs lui enlèvent son manteau, le rouent de coups et le jettent dans une fosse pleine de neige, disant : Tiens, vilain paysan, prétendu héraut de Dieu !

Le jeune homme se relève avec le peu de haillons qui lui restent, et se remet à chanter avec plus d'allégresse encore les louanges du Créateur. Il se présente au voisin monastère; on l'y reçoit comme aide de cuisine, mais on ne lui donne ni de quoi se couvrir, ni même de quoi se nourrir suffisamment. Plus tard, le prieur du monastère ayant appris ce qu'il en était de ce jeune homme, alla lui demander pardon pour lui et pour sa communauté. En attendant, un citoyen de la ville d'Eugubio, qui avait connu et aimé le jeune homme dans le monde, lui donna, comme à un pauvre du Christ, quelques chétifs vêtements, avec une tunique ou blouse par-dessus. C'était le vêtement des ermites du pays. Ainsi vêtu, le jeune homme, autrefois le chef et l'ordonnateur des parties de plaisir parmi les jeunes gens de sa ville natale, se mit à servir les pauvres et les lépreux. Précédemment, il avait pour les lépreux une si grande répugnance, que quand il apercevait une léproserie d'une demi-lieue, il se bouchait les narines. Maintenant il nettoie leur pourriture, lave leurs ulcères avec une grande affection, pour l'amour de Dieu.

Le jeune homme était né dans la ville d'Assise, en Ombrie, l'an 1182. Son père se nommait Bernardon, et sa mère Pica. Bernardon était originaire d'une noble famille de Florence, mais exerçait le négoce, particulièrement avec le pays de France. Il était même en ce dernier pays pour ses affaires, lorsque cet enfant lui naquit. La mère lui fit donner le nom de Jean au baptême. Au retour de son voyage parmi les Français, le père y ajouta le nom de Français ou François, comme on disait alors. Telle fut la naissance de saint François d'Assise.

Son père et sa mère, occupés de leur commerce, négligèrent quelque peu son éducation. Cependant il apprit le français (1), et assez bien. Il apprit égale-

---

(1) L'étude de la langue française était très-nécessaire à Pietro Bernardone et à ses fils, à cause de leurs relations commerciales; ils s'y attachèrent avec une égale application et un succès diffé-

ment, auprès d'un pieux ecclésiastique, les éléments de la doctrine chrétienne et des sciences humaines. Mais bientôt il aida son père dans le commerce et s'adonna tout entier à ce genre d'occupation. Bernardon était un homme dur, intéressé, avare; François était au contraire compatissant, très-miséricordieux, et surtout prodigue à l'excès. Tout ce qu'il gagnait, il le dépensait largement; il donnait de grands repas à ses amis, et le soir, au sortir de table, après avoir bien bu et bien mangé, tous, par bandes, parcouraient les rues paisibles d'Assise, chantant des chansons populaires qu'ils entrecoupaient par des jeux et de bruyantes vociférations. François aimait les beaux vêtements et tout ce qui était splendide et rare. Son père lui reprochait ses grandes dépenses, disant qu'on le prendrait plutôt pour le fils d'un prince que pour le fils d'un marchand. Mais on ne le contraignit pas davantage, et, pour de semblables choses, on aurait craint de l'affliger. L'amour le plus tendre unissait sa mère, et Bernardon se consolait de cette prodigalité, d'abord parce qu'il était fort riche, et peut-être aussi par un secret orgueil de voir son fils le plus distingué des jeunes hommes d'Assise et leur patron : car la générosité de son caractère le portait partout où il y avait une gloire à acquérir, un exploit aventureux à tenter; et les habitants d'Assise, dans leur affectueuse admiration, l'avaient surnommé la *Fleur de la jeunesse.*

Les occasions de dévouement ne manquaient pas alors en Italie. Assise et Pérouse étaient deux villes rivales et ennemies, souvent en querelle et en guerre. La jeunesse de ces deux villes se plaisait surtout à faire des courses armées et à se surprendre réciproquement. C'est dans une de ces sorties que François fut fait prisonnier avec quelques-uns de ses concitoyens. Son courage ne fut point abattu par ce revers, et, dans sa captivité, il conserva la force et la joie de son âme. Un jour que ses compagnons étaient accablés de tristesse, l'un d'eux lui reprocha sa gaîté et son contentement dans la prison. Que pensez-vous de moi? leur dit-il; un jour, vous me verrez honoré de toute la terre. Un des soldats qui étaient avec eux insulta un des jeunes Assisiens; aussitôt tous l'abandonnèrent; François seul continua de lui parler, et exhorta ses amis au pardon. Enfin, après une année, la paix s'étant rétablie, nos prisonniers revinrent à Assise.

Dieu alors dans sa miséricorde envoya une maladie à François, qui, sans cela, se serait peut-être laissé emporter à la violence de ses passions. Dans sa convalescence, dès qu'il put marcher appuyé sur un bâton, il sortit dans la campagne pour reprendre un peu de force; mais il ne put trouver aucun plaisir ni aucune consolation dans la beauté et les charmes de la nature. Dès ce jour, il devint petit à ses propres yeux; il sentit du dégoût pour les objets qu'il aimait le plus; il méprisa ce qu'il estimait, et sa conduite passée lui parut une folie.

Mais peu à peu des projets de grandeur et de gloire remplirent de nouveau son esprit; la vie aventureuse des armes avait beaucoup d'attrait pour son âme élevée et énergique. Il apprit qu'un chevalier, pauvre en biens matériels, mais riche en dévouement et en courage, se disposait à aller dans le royaume de Naples pour servir et combattre sous la bannière de Gauthier de Brienne. François fit tout ce qu'il put pour aider ce chevalier, et conçut un vif désir de suivre aussi l'expédition. Un songe mystérieux le confirma dans ce projet. Pendant son sommeil, il vit un grand palais rempli d'armes, et aux murs étaient suspendus des boucliers éclatants, ornés d'une croix. François, qui jusqu'alors n'avait vu dans la maison paternelle que d'immenses magasins de draps, fut transporté d'admiration. Il demanda : A qui sont ces armes et ce palais enchanté? Une voix lui répondit : Tout cela est destiné à toi et à tes soldats.

Le matin, il se leva tout joyeux; n'ayant pas encore l'intelligence de ces avertissements secrets et symboliques, il prit à la lettre sa vision, se disposa sérieusement à partir, et faisant alors ses adieux à sa famille et à ses amis, il disait tout triomphant : Je suis assuré de devenir un grand prince. Mais obligé de s'arrêter à Spolète à cause d'une maladie, pendant une nuit de demi-sommeil, il entendit une voix qui lui demandait quels étaient son but et son ambition. François exposa franchement ses désirs. Cette voix, la voix de Celui qui se tient toujours à la porte du cœur et qui frappe, reprit : François, lequel des deux peut te faire plus de bien : le maître ou le serviteur? — Le maître, répondit-il aussitôt. — Eh bien donc, reprit la voix, pourquoi abandonnes-tu le maître pour le serviteur, le seigneur pour le vassal? — O mon Dieu! que voulez-vous que je fasse? s'écrie François. — Retourne dans ta ville; là, il te sera dit ce que tu dois faire; car il faut comprendre autrement la vision que tu as eue.

Dès le matin, il prit avec joie le chemin d'Assise, pour y attendre tranquillement les ordres du Seigneur. Ses amis le choisirent de nouveau pour le maître de leur société et l'ordonnateur de leurs réjouissances. Un jour, après un repas somptueux, toute la bande joyeuse parcourait la ville en chantant. François marchait un peu à l'écart, portant le bâton de roi de la fête. Ses compagnons s'aperçurent qu'il ne chantait pas, et que son esprit méditatif était loin du plaisir. Ils lui demandèrent en riant le sujet d'une si profonde rêverie : Pourquoi donc ne fais-tu pas comme nous? Sans doute tu penses à prendre femme? — Vous l'avez dit, répondit-il; je prendrai une femme si noble, si riche et si belle, qu'il n'y en aura point de semblable au monde. — L'Esprit de Dieu venait de se répandre en lui par une communication pleine de douceur, mais si intime et si forte, que, comme il l'avoua lui-même à ses biographes, l'eût-on coupé par morceaux, il n'aurait pu remuer de la place. Il s'entretenait dès lors plus fréquemment avec Dieu dans l'oraison; Jésus-Christ daigna se montrer à lui sur la croix.

L'âme de François fut toute pénétrée d'amour, et sa charité pour les pauvres devint merveilleuse. Il aurait voulu employer à leur soulagement tout ce qu'il avait et sa propre personne; il se dépouillait pour les revêtir; il partageait entre eux ses vêtements. Si le père aime ses enfants, saint François

---

rent. Jean l'apprit si rapidement, que bientôt il put le parler et l'écrire comme un Français. Angelo, son frère, n'y trouva que dégoût et difficulté, et ne le parlait qu'en étranger. Pietro, émerveillé du succès de Jean dans l'étude de cette langue, le chargea de la correspondance de sa maison, le surnomma *François*, et ne permit plus qu'on l'appelât autrement (Cf. *Histoire de saint François d'Assise*, par Daurignac, page 17).

était le père, le patriarche des pauvres, suivant l'expression de saint Bonaventure. On eût dit qu'il les avait tous renfermés dans son cœur, ou que son cœur s'était épanché par l'amour dans tous les pauvres. Un jour que, selon sa coutume, pendant l'absence de son père, il faisait préparer sur la table une grande quantité de pains, sa mère lui demanda pourquoi ces provisions? C'est, répondit-il, pour tous les pauvres qui sont dans mon cœur. Et sa mère le contemplait avec amour.

Mais toutes ces bonnes œuvres ne répondaient pas à l'idée qu'il s'était formée de la perfection. Il aurait voulu se retirer dans un pays lointain pour y pratiquer au grand jour la pauvreté volontaire qu'il avait embrassée dans son cœur. C'est alors qu'il résolut d'aller à Rome visiter ces deux pauvres illustres, qui ont vu les empereurs prosternés devant leurs tombeaux. Après avoir fait sa prière dans ce saint lieu, il remarqua que les uns offraient peu et que les autres ne donnaient rien du tout. Il dit : Pourquoi les offrandes au prince des apôtres sont-elles si petites? et, prenant dans son aumônière une poignée d'argent, il la jeta avec bruit par l'ouverture de l'autel. Au sortir de l'église, il se joignit à une troupe de pauvres et donna son habit au plus nécessiteux, dont il prit les haillons, et il resta tout le jour sur les degrés du portique, demandant l'aumône en français, et faisant ainsi l'apprentissage de cette pauvreté généreuse à laquelle son maître l'appelle.

De retour à Assise, François eut à soutenir ces assauts violents que le démon livre toujours à une âme convertie à Dieu. Les plaisirs de ses jeunes années, cette vie libre et joyeuse de la jeunesse, ses beaux vêtements, son luxe, ses projets de grandeur et d'ambition, tous ces fantômes d'une imagination de vingt ans passaient et repassaient dans son esprit pour y laisser des souvenirs et des regrets ; mais il resta inébranlable à ces séductions intérieures comme à celles du dehors; il priait avec larmes et mortifiait ses sens avec une grande attention. Dieu, par des communications intimes, le consolait et le fortifiait.

Un jour, François se promenait en méditant dans la campagne. Il se dirigea vers la vieille église de Saint-Damien, pour y faire sa prière. Prosterné devant le crucifix, il prononça trois fois avec une grande dévotion, ces belles paroles, que depuis il répéta souvent : *Grand Dieu, plein de gloire, et vous, mon Seigneur Jésus-Christ, je vous prie de m'éclairer et de dissiper les ténèbres de mon esprit, de me donner une foi pure, une espérance ferme et une parfaite charité. Faites, ô mon Dieu, que je vous connaisse si bien, qu'en toutes choses je n'agisse jamais que selon vos lumières et conformément à votre sainte volonté.* Et, les yeux baignés de larmes, il regardait très-amoureusement le crucifix. Alors il entendit par trois fois ces paroles prophétiques : François, va, répare ma maison que tu vois tomber tout en ruine. » Il ne les comprit pas d'abord, il les prit dans le sens matériel.

En sortant, il trouva Pierre, prêtre de cette église; il lui dit : Je vous en prie, maître, achetez de l'huile avec cet argent, et entretenez cette lampe devant le crucifix. Il partit aussitôt pour vendre à Foligno plusieurs pièces d'étoffes ; il vendit même son cheval, et apporta tout le produit aux pieds du pauvre prêtre de Saint-Damien pour la restauration de son église. Il se prosternait à ses pieds, et baisait ses mains avec dévotion. Le prêtre ne pouvait en croire ses yeux sur un changement si subit, et, craignant d'être trompé, refusa l'argent ; mais il céda au désir que François lui témoignait de demeurer avec lui.

Bernardon, apprenant cette résolution de son fils, et surtout regrettant au fond de son cœur l'argent que François voulait consacrer à la restauration de l'église, fut transporté d'une grande colère. Avec quelques-uns de ses amis, il vint à Saint-Damien; mais François, nouveau chevalier encore peu aguerri au combat, s'enfuit et se cacha dans une caverne, qui n'était connue que d'un domestique dont il recevait les choses nécessaires à la vie. Là, il priait continuellement avec une grande abondance de larmes, pour obtenir la grâce d'être délivré de ceux qui le persécutaient, et d'accomplir ce que Dieu lui avait inspiré. Ayant ainsi passé un mois, il fit réflexion que c'était en Dieu seul qu'il devait mettre son espérance, sans compter sur ses propres forces, et cette pensée le remplit d'un courage intérieur qui releva son âme abattue. Il bannit toute crainte et rentra dans sa ville d'Assise avec intrépidité. Les habitants le voyant tout changé, et son visage maigri et défait, l'appelèrent fou. On le couvrit de boue; on lui jeta des pierres, on le poursuivit partout avec de grandes huées. Mais François était sourd et insensible à toutes ces injures, et dans son cœur, il rendait à Dieu des actions de grâces de porter ainsi devant les hommes les marques de la folie de la croix.

Cependant Bernardon, averti que son fils est l'objet de la risée publique, vint à lui comme un loup se jette sur une brebis : il ne garde plus aucune mesure, il le frappe rudement en lui faisant de vifs reproches, l'entraîne dans sa maison et le renferme dans un endroit obscur. Il chercha par ses discours et ses menaces à détourner François de sa résolution; mais le généreux prisonnier reste inébranlable, et en devint même plus décidé et plus courageux. Les yeux de son âme étaient sans cesse ouverts sur ces paroles de l'Evangile : *Heureux ceux qui souffrent persécution pour la justice, car le royaume des cieux leur appartient.* Sa pieuse et bonne mère souffrait de tous les mauvais traitements faits à son bien-aimé fils; elle blâmait la dureté de son mari. Aussi, pendant qu'il était absent pour les affaires de son commerce, elle ouvrit la prison à François, et essaya, par ses paroles et ses caresses, de le détourner du projet qu'il avait formé de quitter sa famille et le monde ; mais, voyant tous ses efforts inutiles, elle le laissa aller en liberté. François retourna à Saint-Damien, en bénissant Dieu.

Bernardon, à son retour, fit à sa femme de sanglants reproches, et alla trouver son fils. Celui-ci, fortifié intérieurement et rempli d'un courage surhumain, se présenta bravement à son père, lui disant d'une voix assurée : « Je compte pour rien vos coups et votre prison ; c'est avec bonheur que je souffre pour le nom de Jésus-Christ. » Le père, voyant qu'il n'y avait rien à espérer ne pensa plus qu'à se faire rendre l'argent de l'étoffe et du cheval. L'ayant trouvé sur la petite fenêtre où François l'avait jeté au refus du prêtre, sa colère s'apaisa un peu. Mais son avarice ne fut pas satisfaite ; il soupçonna François d'avoir d'autres sommes en réserve, et porta officiellement ses plaintes aux magistrats de la ville. Il voulait d'ailleurs arracher à François une renonciation à tout ce qu'il pouvait espérer de son patrimoine. Cité devant les magistrats par un héraut, François répondit : « Grâce à Dieu, je suis entré dans la pleine liberté de ses serviteurs; je n'ai rien à traiter avec les magistrats. » Ceux-ci respectèrent sa conversion et sa persévérance. D'ailleurs les juridictions étaient très-distinctes, et ils ne voulurent rien entreprendre sur les droits de l'évêque et de l'Eglise. Ils dirent au père : « Puisqu'il est entré au service de Dieu, il n'est plus sous notre pouvoir. » Bernardon s'adressa alors à Vido Secundi, évêque d'Assise, homme discret et sage. Il fit appeler François, qui répondit : « J'irai trouver le seigneur évêque, qui est le père et le maître des âmes. »

L'évêque le reçut avec une grande bonté, et lui dit : « Votre père est grandement irrité contre vous; si vous voulez servir Dieu, rendez-lui l'argent que vous avez : peut-être a-t-il été injustement acquis. Dieu ne veut pas que vous employiez au profit de l'Eglise ce qui peut calmer la fureur de votre père. Mon fils, ayez confiance en Dieu, agissez franchement, ne craignez pas, il sera votre aide, et, pour le bien de son Eglise, il vous donnera tout ce qui est nécessaire. » Encouragé par ces paroles de l'évêque, et comme enivré de Dieu, François se leva et dit : « Seigneur, je lui rendrai tout ce qui est à lui, même mes vêtements. » Il entra dans le cabinet, se dépouilla de tous les vêtements qu'il tenait de son père, ne gardant qu'un cilice qu'il avait reçu d'ailleurs ; puis, déposant le tout devant le pontife : « Ecoutez et comprenez, dit-il ; jusqu'à présent j'ai appelé Pierre Bernardon mon père; désormais, je puis dire hardiment : *Notre Père, qui êtes au cieux*, en qui j'ai mis mon trésor et la foi de mon espérance. » Tous les assistants furent émus jusqu'aux larmes, et maudissaient dans leur cœur la rapacité impitoyable de Pierre Bernardon. L'évêque, ravi d'admiration, ouvrit ses bras et son cœur à François, et le couvrit de son manteau. Il comprit que ce dépouillement renfermait un grand mystère ; aussi se montra-t-il toujours son protecteur et son ami le plus dévoué. François revêtit l'habit pauvre d'un serviteur de l'évêque. Il était dans sa vingt-quatrième année lorsqu'en 1206 il renonça ainsi publiquement à toutes les choses de la terre.

Ce fut peu après que François tomba entre les mains des voleurs, comme nous avons vu, et se mit à servir les lépreux. Déjà dans le monde il s'était exercé à ce genre de dévouement, malgré sa répugnance naturelle. Dieu, pour l'encourager dans ce saint exercice, lui avait dit : « François, si tu veux connaître ma volonté, il faut que tu méprises et que tu haïsses tout ce que tu as aimé et désiré selon la chair. Que ce nouveau sentier ne t'effraie point ; car si les choses qui te plaisaient te doivent devenir amères, celles qui te déplaisaient te deviendront douces et agréables. » Dans ses premières méditations sur la vie véritablement chrétienne, l'Esprit de Dieu lui faisait comprendre que cette vie de l'âme sous l'idée d'un trafic commence par le mépris du monde, et sous l'idée d'une milice, par la victoire sur soi-même. François mit en pratique ces divines leçons, et la première victoire qu'il remporta sur lui-même fut de surmonter par la charité le dégoût profond que lui inspiraient les lépreux. Dieu l'en récompensa d'une façon tout à fait admirable. Comme il passait à cheval dans la plaine d'Assise, il aperçut un lépreux qui venait à lui. D'abord il fut saisi d'horreur, mais se faisant violence, il descendit de cheval et alla donner l'aumône au pauvre malade, en lui baisant la main. Un instant après, il parcourut des yeux la plaine toute découverte : il ne vit plus personne. Alors il bénit Dieu dans son cœur ; car il savait que souvent notre sauveur Jésus-Christ avait pris la forme d'un lépreux pour apparaître à ses saints sur la terre ; et un peu avant sa mort il déclara que, dès ce jour, ce qui lui avait paru le plus amer en servant les lépreux, s'était changé en douceur et pour l'âme et pour le corps.

Lorsque les frères Mineurs furent établis, le bienheureux patriarche voulait que ceux de ses enfants qui n'avaient point d'études ni de talent pour la prédication s'employassent à servir leurs frères et allassent dans les hôpitaux rendre aux lépreux les plus vils offices, avec autant d'humilité que d'amour. Lui-même leur donnait l'exemple, et devant eux faisait les lits et pansait les plaies. Quand on demandait à entrer dans son ordre, il ne manquait pas d'avertir qu'il faudrait soigner les lépreux, et il faisait subir une épreuve. Il renvoyait les postulants qui ne pouvaient se résoudre à faire de telles fonctions ; et ceux qui s'y soumettaient volontiers, il les embrassait avec tendresse, disant : « O mon frère, aimons et soignons les lépreux : ce sont les frères chrétiens par excellence. »

La voix du crucifix retentissait toujours aux oreilles de François. Il voulut obéir à l'ordre de restaurer l'église de Saint-Damien. Fortifié par la pratique humble et persévérante de la charité chrétienne dans l'hôpital des lépreux de Gubbio, il revint à Assise et mit la main à l'œuvre, sans tourner la tête en arrière, sans rappeler à son souvenir les tristes scènes de la persécution paternelle. Il s'en alla dans sa patrie, comme autrefois les prophètes entraient dans les villes de Juda : il s'en allait publiant dans les rues les grandeurs de Dieu, les misères de l'Eglise, et disant avec simplicité : « Qui me donnera une pierre aura une récompense ; qui m'en donnera deux en aura deux ; qui m'en donnera trois en aura trois. » Plusieurs, le croyant fou, le méprisèrent et se moquèrent de lui ; d'autres étaient émus jusqu'aux larmes, le voyant si subitement passé de la vanité du siècle à l'ivresse de l'amour divin. François méprisait la dérision et travaillait assidûment à la restauration matérielle de l'Eglise, avant de travailler à sa restauration spirituelle, bien autrement importante.

On vit alors ce jeune homme, d'une nature fine et délicate, porter les pierres et les autres matériaux de la maçonnerie, et servir comme manœuvre. Il répara encore une vieille église de Saint-Pierre, située hors d'Assise, et la petite chapelle de Portioncule, où les anges, dit-on, avaient chanté sa naissance. Il faisait toutes ces choses, d'abord pour satisfaire sa dévotion à la très-sainte Mère de Dieu et au prince des apôtres, pour se mortifier et occuper saintement ses bras ; mais aussi il entrevoyait que ces églises pauvres et obscures deviendraient un jour le berceau d'une grande famille et des sanctuaires vénérés, et il mettait à cette œuvre l'amour et la douce joie de l'oiseau qui prépare à ses petits un nid dans la solitude. « Aidez-moi, disait-il en français aux ouvriers de Saint-Damien. Un jour, dans ce lieu, il y aura un monastère de pauvres dames d'une très-sainte vie, qui glorifieront le Père céleste dans toute la sainte Eglise. »

Le prêtre de Saint-Damien eut compassion du pieux ouvrier et lui préparait son repas à la fin de ses journées de pénible labeur. François accepta cette charité pendant quelques jours ; mais bientôt il se fit à lui-même cette réflexion : « Partout où tu iras, trouveras-tu un prêtre qui ait pour toi autant de bonté ? Ce n'est pas là la pauvre vie que tu as voulu choisir ; mais il te faut aller de porte en porte, avec un plat pour mettre tout ce qui te sera élargi par la charité. C'est ainsi que tu dois vivre pour l'amour de Celui qui est né pauvre, qui a vécu pauvrement, que l'on a attaché nu sur la croix et qui après sa mort a été mis dans un tombeau étranger. » Le lendemain il alla mendier sa nourriture et s'assit dans la rue pour manger. Devant ce mélange dégoûtant, son cœur et sa main se retirèrent ; mais le Père des pauvres le réconforta intérieurement, et, se reprochant ce reste de délicatesse, il mangea avec plaisir. Il dit au bon prêtre de Saint-Damien : « Ne prenez plus soin de ma nourriture, j'ai trouvé un excellent économe et un très-habile cuisinier, qui sait fort bien assaisonner les viandes. »

Cependant Pierre Bernardon était fort irrité de voir son fils devenu mendiant dans cette ville d'Assise où il aurait pu vivre riche et honoré ; aussi, lorsqu'il le rencontrait, le maudissait-il en l'accablant d'injures. Le cœur de François était grandement affligé de la haine de sa famille. Il alla trouver un homme très-pauvre et très-abject qui mendiait aussi, et il lui dit : « Tu es mon père, viens avec moi, nous partagerons nos aumônes. Lorsque tu verras mon père Bernardon me maudire, je te dirai : *Bénissez-moi, père*, et tu me béniras. » Cela fut ainsi. Il disait tout joyeux à Bernardon : « Croyez-vous que Dieu puisse te donner un autre père, de qui je reçoive des bénédictions pour vos malédictions ? » François passa ainsi dans la pauvreté, l'humiliation et les durs travaux du corps, les années 1206 et 1207.

Enfin l'année suivante, assistant à la messe des apôtres dans l'église de Sainte-Marie-des-Anges, ces paroles de l'Evangile frappèrent son esprit d'une façon toute spéciale : *Ne portez ni or, ni argent, ni aucune monnaie dans votre bourse, ni sac, ni deux vêtements, ni souliers, ni bâton.* Ce fut pour lui comme une apparition de la riche et belle pauvreté évangélique. « Voilà ce que je cherche ; s'écria-t-il, voilà ce que je souhaite de tout mon cœur ; » et aussitôt il jeta sa bourse et son bâton, quitta ses souliers, prit une tunique grossière et rude, de couleur gris-cendré, et une corde pour ceinture, et il alla prêcher la pénitence à ses concitoyens.

Dès ce jour (1208), l'ordre des frères Mineurs était fondé. Cette innombrable famille franciscaine, qui a renouvelé la face de l'Eglise et du monde, est née de l'union intime de François avec la pauvreté. Dieu a béni ce saint mariage ; il leur a dit : *Allez,* *croissez et multipliez*. Et cette parole féconde a reçu un merveilleux accomplissement.

Un homme riche et honoré dans Assise, nommé Bernard de Quintavalle, voulut éprouver si le détachement de François pour tous les biens du monde venait de la sainteté ou de la petitesse d'esprit. Il le pria de recevoir l'hospitalité dans sa maison, et, suivant l'usage du temps, ils couchèrent dans la même chambre ; c'était le 14 avril 1208. Bernard, feignant de dormir, observait attentivement François, qui, à genoux, les bras étendus en croix et répandant des larmes brûlantes d'amour, disait sans cesse ces paroles : *Mon Dieu et mon tout !* — C'est là véritablement un homme de Dieu, dit Bernard en son propre cœur ! Et il se reprocha sa paresse à pratiquer la vertu et son amour pour les richesses périssables.

Quelques jours après, la grâce ayant merveilleusement agi dans son âme, il dit à François : « Si un esclave avait reçu de son maître un trésor, et qu'il n'en eût pas besoin, que devrait-il faire ? — Il devrait le rendre au maître, répondit François. — Ainsi donc, reprit Bernard, je rendrai au Seigneur les biens de la terre qu'il m'a élargis. — Ce que vous demandez est sérieux, dit François ; il faut consulter Dieu. Allons à l'église, entendons la sainte messe, et, après la prière, l'Esprit-Saint nous indiquera la route qu'il faut suivre. » Or, Pierre de Catane, autre habitant d'Assise, vint le même jour demander à François le privilège de sa pauvreté ; ils allèrent tous trois à l'église.

Il y avait alors dans le peuple une manière fort en usage de consulter la volonté divine : en l'honneur des trois personnes de la sainte Trinité, on ouvrait trois fois de suite le livre des saints Evangiles sur l'autel, et le premier verset qui tombait sous les yeux devenait comme un oracle. Dieu se plaisait souvent à bénir cette simple et naïve confiance (S. Thomas, 2. 2, q. 95, art. 8). A la première ouverture du livre, François lut : *Si vous voulez être parfait, allez, vendez ce que vous avez, et donnez-le aux pauvres ;* à la seconde : *Il leur commanda de ne rien porter en voyage ;* à la troisième : *Si quelqu'un veut venir après moi, qu'il renonce à soi-même, qu'il prenne sa croix, et qu'il me suive.* — Voilà, dit François à ses compagnons, voilà la règle que nous devons suivre ; voilà, le conseil de Dieu : allez et exécutez ce que vous venez d'entendre. Ils allèrent ; ils vendirent leur bien et en distribuèrent le prix aux pauvres.

François, avec ses deux fils, vint habiter une petite cabane déserte, dans la plaine de Rivo-Torto, ainsi nommée à cause du ruisseau sinueux qui y coule. Pierre de Catane devint dans la suite premier vicaire général du saint fondateur ; après une vie pleine de vertus et de travaux, il mourut. Les miracles qui s'opéraient sur son tombeau troublaient la retraite des religieux. François dit alors à son bien-aimé fils : « Frère Pierre, vous m'obéissiez toujours ponctuellement pendant votre vie ; j'entends maintenant que vous m'obéissiez de même. Ceux qui viennent à votre tombeau nous incommodent fort ; ils sont cause que notre pauvreté est blessée et que le silence n'est point gardé ; je vous commande, par la sainte obéissance, de cesser de faire des miracles. » Ainsi, dans la famille de François, on était obéissant jusqu'après la mort.

Bernard de Quintavalle fut chargé de plusieurs missions importantes; c'est lui qui établit les frères Mineurs dans la savante Bologne. C'était une chose difficile, d'élever la pauvreté et la folie de la croix contre l'orgueilleuse sagesse des savants et des docteurs. Il fut reçu par les insultes et les moqueries du peuple; des enfants tiraient son capuce et sa robe, et lui jetaient de la boue et des pierres; d'autres hommes, plus fiers et tout aussi déraisonnables, laissaient tomber sur lui ce ris méprisant, plus cruel cent fois que les injures; et Bernard restait calme cependant, et son visage conservait la placidité de la patience parfaite. Un célèbre docteur de l'université, voyant tant de vertu, tant de confiance, se dit en lui-même : « Il est impossible que cet homme ne soit pas un saint; » et s'approchant de Bernard, il lui demanda qui il était et ce qu'il était venu chercher à Bologne. Pour toute réponse, Bernard lui présenta la règle de saint François. Le docteur la lut, et, frappé de tant de perfection, il dit à ses amis qui l'entouraient : « Vraiment, c'est la plus parfaite constitution qu'on ait jamais vue; de tels hommes sont des saints : maudits soient ceux qui les maudissent ! » Et il dit à Bernard : « Si vous voulez une maison où vous puissiez servir Dieu, je vous la donnerai de tout mon cœur. » Bernard accepta; mais après quelques jours, se voyant prévenu du respect général, il retourna auprès de saint François, et il lui dit : « Père, tout est prêt dans la cité de Bologne, envoyez-y des frères. » Saint François eut une grande joie et remercia Dieu qui propageait ainsi les pauvres disciples de la croix, et il envoya des frères à Bologne et dans toute la Lombardie.

Sept jours après que François eût reçu ses deux premiers disciples, Egidius ou Gilles, autre habitant d'Assise, conçut le dessein d'imiter ses amis ; mais il ignorait le lieu de leur retraite. En sortant de la ville, après avoir entendu la messe dans l'église de Saint-Georges, et trouvant trois chemins ouverts devant lui, il adressa à Dieu cette prière : *Seigneur, Père saint, je vous conjure par votre miséricorde, si je dois persévérer dans cette sainte vocation, de conduire mes pas pour me faire arriver où demeurent vos serviteurs.* Et il prit instinctivement un des trois chemins. Bientôt il aperçut François en oraison dans le bois ; il alla se jeter à ses pieds, lui demandant la grâce d'être reçu en sa compagnie. François connut intérieurement la foi et la pureté d'Egidius, et il lui dit : « Mon frère, vous demandez que Dieu vous agrée pour être son serviteur et son chevalier; ce n'est pas là une petite grâce : c'est comme si l'empereur venait à Assise, et qu'il voulût se choisir un favori; chacun dirait dans son cœur : Plaise à Dieu que ce soit moi ! Voilà de quelle manière Dieu vous a choisi. » Puis il le présenta à Pierre et à Bernard, en disant : « Voici un bon frère que Dieu nous a envoyé. » Après un pauvre repas et une conférence spirituelle, François partit avec son nouveau disciple pour aller chercher à Assise de quoi le vêtir. En chemin ils rencontrèrent une femme qui leur demanda l'aumône. François se tourna du côté d'Egidius avec un visage angélique, et lui dit : « Mon frère, donnons à cette pauvre femme, pour l'amour de Dieu, le manteau que vous portez. » Egidius le donna aussitôt, et vit cette aumône s'élever jusqu'au ciel (*Hist. de S. François d'Assise*, par Chavin ; *Acta Sanct.*, 4 octobr.).

Dès lors la vie du bienheureux frère Gilles ou Egidius, au témoignage de saint Bonaventure, qui l'avait vu et connu, fut plus angélique qu'humaine. Saint François l'aimait cordialement pour sa grande perfection en toutes vertus, et sa promptitude à bien faire, et parce qu'il se mirait souvent en lui. Rappelant ses anciens souvenirs de chevalerie, il disait aux autres disciples : « C'est un de mes chevaliers de la Table-Ronde. » A l'amour de la pauvreté, Egidius joignait le don de la contemplation la plus parfaite. Envoyé à Rome, tout seul, il vivait du travail de ses mains. Il se louait pour la journée ou pour tel ouvrage, se réservant toujours des heures pour la prière. Le cardinal-évêque de Tusculum, qui l'affectionnait beaucoup, et qui désirait jouir de ses entretiens familiers, le pria de demeurer chez lui et de recevoir de lui les choses nécessaires. Comme le bienheureux frère refusa de recevoir gratuitement quoi que ce fût, le cardinal le pria de venir du moins manger à sa table ce qu'il gagnerait par son travail : ce qui fut accepté. Un jour, comme il pleuvait si fort que le frère ne put aller à son travail ordinaire, le cardinal lui dit tout joyeux : « Il faudra bien, frère Egidius, que vous viviez aujourd'hui de nos aumônes. » Egidius alla trouver le cuisinier du cardinal, et lui dit : « Pourquoi votre cuisine est-elle si malpropre ? — C'est, répondit l'autre, que je n'ai personne pour la nettoyer. » Egidius la nettoya pour deux pains, qu'il alla manger à la table du cardinal, lequel fut bien surpris et contrarié de se voir trompé dans son espérance et son désir.

Une autre fois le pape Grégoire IX étant à Pérouse, fit venir dans sa chambre le bon frère, pour s'entretenir avec lui familièrement. Egidius lui ayant baisé les pieds, lui demanda : « Comment vous portez-vous, mon Père ? — Bien, mon frère, répondit le Pape. — Vous avez un grand fardeau à porter, ajouta Egidius. — C'est vrai, dit le Pape, aussi je vous prie de m'aider à ce qu'il soit moins lourd. — Pour moi, dit Egidius, je me soumets volontiers au joug du Seigneur. — Vous dites vrai, mon frère, répliqua le Pape ; mais votre joug est plein de douceur, et votre fardeau est léger. » — A ces mots, le bon frère se lève, s'écarte quelque peu, et, ravi en extase, demeure immobile depuis le soir jusqu'à la troisième partie de la nuit. Son âme était si prompte à s'abîmer en Dieu, que le nom seul de paradis suffisait pour le transporter hors de lui-même. Les enfants mêmes le savaient, et couraient après lui en criant : *Paradis ! paradis !* pour le faire tomber en extase. Dans leurs entretiens avec lui, ses frères évitaient ces sortes de mots, pour lui épargner des ravissements et n'être point privés de sa conversation.

Un jour que le bienheureux Egidius s'entretenait avec saint Bonaventure, il lui dit : « Mon père, Dieu nous a fait une grande miséricorde, et nous a comblés de grâces ; mais nous qui ne sommes que des ignorants, comment pouvons-nous correspondre à son infinie bonté, et parvenir au salut ? — Si Dieu, répondit le saint docteur, n'accordait à un homme d'autre talent que la grâce de l'aimer, cela seul suffirait. — Quoi ! reprit le bon frère, un ignorant peut aimer Dieu aussi bien qu'un savant ? — Il y a plus, répliqua Bonaventure, une bonne femme peut aimer Dieu plus qu'un maître en théologie. » — A ces mots, le frère Egidius, transporté de joie, va dans le jardin, puis, se tenant à la porte qui était sur le grand chemin et du côté de la ville de Rome, il se met à crier : « Venez, hommes simples et sans lettres ; venez, bonnes femmes ; aimez le Seigneur votre Dieu, et vous pourrez être plus grand que le frère Bonaventure. » — Après quoi il tomba dans une extase qui dura trois heures (*Vita B. Ægidii, Acta Sanct.*, 23 *april.*). Tel était le troisième disciple de François.

Après leur avoir donné quelques instructions, le saint fondateur envoya Pierre et Bernard prêcher dans la Romagne, et alla lui-même dans la Marche d'Ancône avec le frère Egidius. Ils louaient Dieu partout, faisaient considérer sa bonté, et exhortaient à l'aimer et à le servir ; ils se réjouissaient quand il leur manquait quelque chose, ayant tout donné pour la pauvreté évangélique. Quelques-uns les recevaient humainement et exerçaient envers eux la charité ; mais la plupart regardaient avec grand étonnement leur habit extraordinaire et l'austérité singulière de leur vie. En quelques villes on se moquait d'eux, en d'autres on les chargeait d'injures et de coups, les appelant vagabonds, fainéants et canailles. Les jeunes insolents leur jetaient de la boue et des pierres, et les traînaient dans les rues par leur capuce. Ils souffraient tout avec une extrême patience, sachant combien ces mépris leur étaient utiles devant Dieu.

Quand ils furent revenus à Rivo-Torto, il leur arriva sept nouveaux compagnons. Le plus remarquable fut le prêtre Silvestre. Il avait vendu des pierres à François pour l'église de Saint-Damien, et s'en était fait payer la valeur ; lorsqu'il vit l'or que Bernard de Quintavalle distribuait aux pauvres, il s'approcha et dit : François, vous ne m'avez pas bien payé les pierres que je vous ai vendues. Le serviteur de Dieu prit de l'argent dans le sac, et lui en donna à pleines mains, disant : Seigneur prêtre, en avez-vous assez pour le paiement complet ? Silvestre répondit : J'ai ce qu'il me faut, et il s'en alla content. Après peu de jours, revenant par son souvenir sur les paroles et le désintéressement de François, il disait en lui-même : N'est-il pas bien misérable que moi, vieillard, je recherche avec ardeur les biens temporels, tandis que, pour l'amour de Dieu, ce jeune homme les méprise ! Et la nuit suivante il vit dans le sommeil une croix d'or sortant de la bouche de François et touchant au ciel, et ses bras s'étendaient jusqu'aux extrémités de la terre. Il reconnut que François était un véritable ami de Dieu, et lui demanda la grâce d'être au nombre de ses disciples. Dès lors, il passa sa vie dans l'exercice de la contemplation, parlant avec Dieu comme un ami parle à son ami.

Cependant François puisait dans la prière et la pénitence le courage de l'apôtre et la sagesse du législateur. Dans ses communications intimes avec Dieu, il disait : « Il n'y a rien sur la terre, ô mon Dieu ! que je ne sois prêt à abandonner de bon cœur ; rien de si pénible et de si rude que je ne veuille endurer avec joie, rien que je n'entreprenne, suivant les forces de mon corps et de mon âme, pour la gloire de mon Seigneur Jésus-Christ ; et je veux, autant qu'il me sera possible, exciter et porter tous les autres à aimer Dieu de tout leur cœur et par-dessus toutes choses. »

Un jour, après une longue prière, il rassembla ses frères et leur dit : « Prenez courage, réjouissez-vous dans le Seigneur. Que votre petit nombre ne vous attriste point, que ma simplicité et la vôtre ne vous alarment pas ; car Dieu m'a montré clairement que, par sa bénédiction, il répandra dans toutes les parties du monde cette famille dont il le père. Je voudrais passer sous silence ce que j'ai vu ; mais l'honneur m'oblige à vous en faire part. J'ai vu une grande multitude venant à nous, pour prendre le même habit et mener la même vie ; j'ai vu tous les chemins remplis d'hommes qui marchaient de notre côté et se hâtaient fort. Les Français viennent, les Espagnols se précipitent, les Anglais et les Allemands courent, toutes les nations s'ébranlent, et voilà que le bruit de ceux qui vont et qui viennent pour exécuter les ordres de la sainte obéissance, retentit encore dans mes oreilles.

» Considérons, mes frères, quelle est notre vocation : ce n'est pas seulement pour notre salut que Dieu nous a appelés par sa miséricorde, c'est encore pour le salut de beaucoup d'autres ; c'est afin que nous allions exhorter tout le monde, plus par l'exemple que par la parole, à faire pénitence et à garder les divins préceptes. Nous paraissons méprisables et insensés ; mais ne craignez point, prenez courage, et ayez cette confiance que notre Sauveur, qui a vaincu le monde, parlera en vous d'une manière efficace. Gardons-nous bien, après avoir tout quitté, de perdre le royaume des cieux pour un léger intérêt. Si nous trouvions de l'argent, n'en faisons pas plus d'estime que la poussière de la route. Ne jugeons point et ne méprisons point les riches qui vivent dans la mollesse et portent des ornements de vanité : Dieu est leur maître comme le nôtre ; il peut les appeler et les justifier. Allez donc annoncer la pénitence pour la rémission des péchés et la paix ; vous trouverez des hommes fidèles, doux et pleins de charité, qui recevront avec joie vous et vos paroles ; d'autres, infidèles, orgueilleux et impies, qui vous blâmeront et se déclareront contre vous. Mettez-vous bien dans l'esprit de supporter tout avec une humble patience ; ne craignez pas : dans peu de temps, beaucoup de sages et de nobles viendront se joindre à vous pour prêcher aux rois, aux princes et aux peuples. Soyez donc patients dans la tribulation, fervents dans la prière, courageux dans le travail, et le royaume de Dieu, qui est éternel, sera votre récompense (*Vita S. Franc. à tribus sociis*, c. 3). »

Après ces vives et prophétiques paroles, il fit le partage de leur route en forme de croix vers les quatre parties du monde ; il embrassa et bénit chacun de ses frères par cette nouvelle formule d'obédience : « Jetez le fardeau de vos misères dans le sein du Seigneur, et il vous nourrira. » Ils partaient, nouveaux chevaliers de Jésus-Christ, allant au Midi et au Nord chercher des tournois spirituels, pour y vaincre les âmes en champ clos avec les armes invincibles de la chasteté, de l'espérance et de l'amour. Lorsque ces dévoués missionnaires de la paix arrivaient dans un bourg ou dans une ville, ils prêchaient avec candeur ce que le Saint-Esprit leur inspirait. A ceux qui leur demandaient : Qui êtes-vous ? Ils répondaient : Nous sommes des pénitents venus d'Assise. Ils partageaient leurs aumônes avec les pauvres ; partout où ils trouvaient une église, ils s'y prosternaient, en disant cette prière que François leur avait enseignée : *Nous vous adorons, ô Seigneur Jésus-Christ, ici et dans toutes vos églises qui sont par toute la terre, et nous vous bénissons d'avoir racheté le monde par votre sainte croix.*

François, revenu à Rivo-Torto, désirait ardemment voir tous ses enfants rassemblés autour de lui, afin d'affermir par institution par des règlements particuliers. Il pria le Seigneur, qui rassemblait autrefois le peuple d'Israël dispersé parmi les nations, de réunir sa petite famille, et l'Esprit de Dieu inspira à chacun l'idée du retour.

Comme les apôtres revenus auprès de leur maître, tous faisaient le récit humble et sincère de ce qui leur était arrivé ; ce qu'ils disaient surtout avec un incroyable plaisir, c'étaient les insultes et les mauvais traitements qu'ils avaient soufferts dans la mission (Wadding). Ils recommençaient leur vie de prière et de pénitence. François leur dit un jour : « Je vois, mes frères, que le Seigneur, par sa bonté, veut étendre notre association. Allons donc à notre mère, la sainte Eglise romaine, faisons connaître au souverain Pontife ce que Dieu a daigné commencer par notre ministère, afin que nous poursuivions nos travaux selon sa volonté et sous ses ordres (*Vita à tribus sociis*, c. 4). »

Alors il écrivit pour eux et pour lui une forme de vie d'un style simple, mettant l'Evangile pour fondement, et y ajoutant quelque peu de préceptes, qui paraissaient nécessaires pour rendre leur vie uniforme (*Vita S. Franc. à S. Bonaventurâ*, c. 3). C'était comme une grande charte de la pauvreté ; car, outre les trois vœux ordinaires, il y avait une renonciation expresse à toute possession, et l'engagement de vivre d'aumônes.

Tous prirent le chemin de Rome, sous la conduite de Bernard de Quintavalle, qu'ils avaient choisi pour le guide et le maître du voyage. Ils s'en allaient joyeux et confiants, charmant la longueur de la route par la prière et de pieux entretiens. Passant à Riéti, François vit un chevalier nommé Angelo Tancrède : il ne le connaissait point. Cependant il l'aborde et lui dit : Angelo, il y assez longtemps que vous portez le baudrier, l'épée et les éperons ; il faut maintenant que vous ayez pour baudrier une grosse corde, pour épée la croix de Jésus-Christ, pour éperons la poussière et la boue ; je vous ferai chevalier de Jésus-Christ. Angelo le suivit. Ainsi fut complété ce nombre mystérieux de douze disciples, qui établit une nouvelle conformité entre notre Sauveur Jésus-Christ et François, son imitateur.

Innocent III occupait le Siège de saint Pierre, lorsque les enfants de François et de la pauvreté arrivèrent à Rome. Ils furent reçus par leur vieil ami l'évêque d'Assise, qui s'y trouvait alors. Il eut une grande peine, croyant que ces hommes évangéliques voulaient quitter son diocèse, nourri par leurs prédications et édifié par leurs exemples ; mais lorsqu'il apprit le sujet véritable de leur voyage, il les recommanda au cardinal Jean de Saint-Paul, évêque de Sabine, qui les aida de sa puissante influence.

Innocent III se promenait un jour au palais de Latran, sur une terrasse, lorsqu'il vit un homme chétif et pauvre qui vint l'entretenir de l'établissement d'une nouvelle institution religieuse, fondée sur la pauvreté. Il le rebuta (1). Mais, pendant la nuit, il vit en songe croître à ses pieds une palme, qui devint un très-bel arbre. Il admira, mais ne comprit pas le sens de cette vision : une lumière divine lui apprit que la palme représentait le pauvre qu'il avait rebuté la veille. Il fit chercher le pauvre, et on lui amena François. Il le reçut au milieu des cardinaux, écouta l'exposition de ses projets, et s'estima heureux de pouvoir donner à l'Eglise de vrais pauvres, plus dépouillés et plus soumis que les faux *Pauvres de Lyon* et que les prétendus *Bons hommes* des manichéens, dont l'orgueil et la révolte troublaient le monde. Cependant quelques cardinaux, trouvant cette pauvreté excessive et au-dessus des forces humaines, firent au Pape quelques objections. L'évêque de Sabine se leva et dit : « Si nous refusons la demande de ce pauvre, sous prétexte que sa règle est nouvelle et trop difficile, prenons garde de rejeter l'Evangile même, puisque la règle qu'il veut faire approuver est conforme à ce que l'Evangile enseigne ; car, de dire que la perfection évangélique contienne quelque chose de déraisonnable et d'impossible, c'est blasphémer contre Jésus-Christ, auteur de l'Evangile. » Innocent fut frappé de cette raison, et dit à François : « Mon fils, priez Jésus-Christ qu'il nous fasse connaître sa volonté, afin que nous puissions favoriser vos pieux désirs (S. Bonaventure, c. 3). »

Le serviteur de Dieu alla se mettre en prière ; il revint bientôt et dit : « Saint Père, il y avait une fille très-belle, mais pauvre, qui demeurait dans un désert. Un roi la vit, et fut si charmé de sa beauté, qu'il la prit pour épouse. Il demeura quelques années avec elle, et en eut des enfants qui avaient tous les traits de leur père et la beauté de leur mère ; puis il revint à sa cour. La mère éleva ses enfants avec grand soin, et dans la suite elle leur dit : Mes enfants, vous êtes nés d'un grand roi ; allez le trouver, et il vous donnera tout ce qui vous convient. Et les enfants vinrent auprès du roi. Il leur dit, en voyant leur beauté : De qui êtes-vous fils ? Et ils répondirent : Nous sommes les enfants de cette pauvre femme qui habite au désert. Et le roi, les embrassant avec une grande joie : Ne craignez rien, vous êtes mes fils. Si des étrangers se nourrissent de ma table, combien aurai-je plus de soin de mes enfants ! Ce roi, Très-Saint Père, c'est Notre Seigneur Jésus-Christ. Cette fille si belle, c'est la pauvreté qui, étant rejetée et méprisée partout, se trouvait dans ce monde comme dans un désert. Le Roi des rois, descendant du ciel et venant sur la terre, eut pour elle tant d'amour qu'il l'épousa dans la crèche.

---

(1) Innocent III, à qui nul n'avait encore parlé des *pauvres pèlerins* arrivés à Rome, repousse vivement la proposition d'un ordre nouveau.
Les Vaudois, se disant aussi *pauvres volontaires*, et ayant sollicité l'appui du Saint-Siége, n'avaient pas tardé à manifester leurs secrètes intentions, s'étaient ouvertement déclarés ennemis de l'Eglise romaine et se montraient déjà redoutables. Le Pape craignant qu'il n'y eût quelque analogie entre les projets de François et la secte nouvelle, refuse énergiquement de l'entendre plus longtemps et le renvoie.....
François se retire humblement, sort du palais, rencontre un pauvre malheureux dont les yeux ont été arrachés, prie sur lui, le bénit et lui rend ainsi les yeux et la vue (Cf. *Hist. de saint François d'Assise*, Daurignac).

il en ett plusieurs enfants dans le désert de ce monde : les apôtres, les anachorètes, les cénobites, et quantité d'autres qui ont embrassé volontairement la pauvreté. Cette bonne mère les a envoyés au Roi du ciel, son père, avec la marque de sa royale pauvreté, aussi bien que de son humilité et de son obéissance. Ce grand Roi les a reçus avec bonté, promettant de les nourrir, et leur disant : *Moi qui fais lever mon soleil sur les justes et sur les pécheurs, moi qui élargis à toute créature ce qui lui est nécessaire, combien plus volontiers soignerai-je mes enfants!* Si le Roi du ciel promet à ceux qui l'imitent de les faire régner éternellement, avec combien plus d'assurance doit-on croire qu'il leur donnera ce qu'il donne toujours et avec tant de libéralité aux bons et aux méchants (*Vita à trib. soc.*)? »

« Véritablement, c'est cet homme qui soutiendra l'Église de Jésus-Christ par ses œuvres et par sa doctrine ! » s'écria le pape Innocent ; et il raconta que la nuit précédente il avait vu, pendant son sommeil, un pauvre soutenir l'église de Latran prête à s'écrouler. François s'agenouilla, promit au Pape une obéissance dévouée, reçut la bénédiction apostolique, avec l'approbation verbale de son institution et l'autorisation de prêcher (1), et, après avoir visité avec ses disciples le tombeau des saints apôtres, ils reprirent tous ensemble le chemin d'Assise, passant par la vallée de Spolète pour y évangéliser la paix.

Bientôt par un acte solennel, l'abbé des Bénédictins du Monte-Soubazio, pressé par l'évêque d'Assise, donna à François et à sa congrégation l'église de Sainte-Marie-des-Anges ou de la *Portioncule*. François entrevit dès lors les glorieuses destinées de cette humble chapelle, et il s'écria : « C'est ici un lieu saint qui devrait être habité par des anges plutôt que par des hommes ; il sera pour nous un monument éternel de la bonté de Dieu. » Et chaque année, en signe de reconnaissance, il envoyait au Monte-Soubazio un petit panier de muges, espèce de petits poissons qui se trouve en abondance dans la Chiascio qui coule auprès de Sainte-Marie-des-Anges (Wadding, Chalippe).

Le nombre des disciples de la pauvreté croissait admirablement. Parmi les nouveaux venus se remarquait le frère Léon. Il fut le confesseur, l'ami intime de François : ils ne se quittaient pas, voyageaient ensemble, pleuraient ensemble ; ils ont toujours vécu appuyés l'un sur l'autre. François appelait très-amoureusement Léon *la petite brebis de Dieu*.

Un jour, allant de Pérouse à Sainte-Marie-des-Anges par un froid très-rigoureux, François dit à Léon : « Fasse Dieu que les frères Mineurs donnent à toute la terre un grand exemple de sainteté ; néanmoins, fais bien attention que ce n'est pas là la joie parfaite. » — Un peu plus loin, il dit : « O Léon ! quand les frères rendraient la vue aux aveugles, chasseraient les démons, feraient parler les muets, et ressusciteraient les morts de quatre jours, ce n'est point là la joie parfaite. » — Et un peu plus loin : « O frère Léon ! si les frères Mineurs savaient toutes les langues et toutes les sciences, s'ils avaient le don de prophétie et celui du discernement des cœurs, ce ne serait point là la joie parfaite. » — Et

(1) En cette circonstance, le Pape conféra les ordres mineurs à tous les disciples laïcs de saint François, l'ordonna lui-même diacre, et le nomma supérieur général de tous ses religieux présents et à venir...... (Cf. Daurignac, page 73).

un peu plus loin : « O Léon ! petite brebis de Dieu, si les frères Mineurs parlaient la langue des anges, s'ils connaissaient le cours des astres, la vertu des plantes, les secrets de la terre et la nature des oiseaux, des poissons, des hommes, de tous les animaux, des arbres, des pierres, de l'eau, ce n'est point là la joie parfaite. » — Et un peu plus loin : « O frère Léon ! quand les frères Mineurs convertiraient par leurs prédications tous les peuples infidèles à la foi chrétienne, ce n'est point là la joie parfaite. » — Et il continua de parler ainsi l'espace de plusieurs milles.

Enfin Léon, étonné, lui demanda : « O père, je te prie, au nom de Dieu, dis-moi donc où est la joie parfaite ? » François répondit : « Quand nous arriverons à Sainte-Marie-des-Anges, bien mouillés, bien crottés, transis de froid, mourant de faim, et que nous frapperons à la porte, le portier nous dira : Qui êtes-vous ? — Nous répondrons : Nous sommes deux de vos frères. — Vous mentez, dira-t-il ; vous êtes deux fainéants, deux vagabonds, qui courez le monde et enlevez les aumônes aux véritables pauvres. Et il nous laissera à la porte pendant la nuit, à la neige et au froid. Si nous souffrons ce traitement avec patience, sans trouble et sans murmure, si même nous pensons humblement et charitablement que le portier nous connaît bien pour ce que nous sommes, et que c'est par la permission de Dieu qu'il parle ainsi contre nous, crois que c'est là une joie parfaite. Si nous continuons de frapper à la porte, et que le portier vienne nous donner de grands soufflets, et nous dire : Partirez-vous d'ici, faquins ! allez à l'hôpital, il n'y a rien à manger ici pour vous ; si nous endurons patiemment ces choses, et que nous lui pardonnions de tout notre cœur et avec charité, crois que c'est là une joie parfaite. Si enfin, dans cette extrémité, la faim, le froid, la nuit nous contraignent de faire instance avec des larmes et des cris pour entrer dans le couvent, et que le portier, irrité, sorte avec un gros bâton noueux, nous prenne par le capuce, nous jette dans la neige et nous donne tant de coups qu'il nous couvre de plaies ; si nous supportons toutes ces choses avec joie, dans la pensée que nous devons participer aux souffrances de Notre Seigneur Jésus-Christ, ô Léon ! crois bien que c'est là la parfaite allégresse ; car, outre tous les dons du Saint-Esprit que Jésus-Christ a accordés et accordera à ses serviteurs, le plus considérable est de se vaincre soi-même et de souffrir pour l'amour de Dieu. »

Pendant l'année 1211, François fonda plusieurs couvents, dont les plus considérables furent ceux de Cortone, de Pise et de Bologne. Après avoir parcouru la Toscane, il revint à Assise au commencement du carême de l'an 1212, étant dès lors en telle vénération que, quand il entrait dans la ville, on sonnait les cloches, le clergé et le peuple venaient le recevoir avec des cantiques de joie et des rameaux. Les uns touchaient ses habits, les autres baisaient la trace de ses pas ; on s'estimait heureux de pouvoir lui baiser les pieds ou les mains. Son compagnon, étonné qu'il souffrît ces honneurs, lui en demanda la raison. Le saint homme répondit : « Sachez, mon frère, que je renvoie à Dieu tous ces respects, sans m'en rien attribuer, comme une image renvoie tout l'honneur qu'on lui rend, à son original ; et les autres y gagnent, en honorant Dieu dans la plus vile de ses créatures. » Il prêcha dans Assise pendant ce carême et fit plusieurs conversions : la plus remarquable est celle de sainte Claire (Wadding, n. 26).

Elle était de la ville même, d'une famille noble. Son père, Favorini de Sciffi, était chevalier, tous ses parents engagés dans la profession des armes, et sa maison riche, selon le pays. Sa mère, Dona Ortolana, était fort pieuse et adonnée aux bonnes œuvres; elle fit même le pèlerinage de la terre sainte. Étant près d'accoucher de cette fille, elle priait Dieu avec instance de la délivrer heureusement. Elle entendit une voix qui lui dit : *Ne crains point, tu mettras au monde une lumière qui l'éclairera.* C'est pourquoi elle nomma sa fille Claire. C'était en 1194. Dès son enfance, elle fut charitable envers les pauvres et appliquée à la prière; en sorte que, n'ayant point d'autres marques pour compter les *Pater* qu'elle disait, elle se servait d'un monceau de petites pierres. Elle portait un cilice sous ses habits précieux, et refusa un mariage avantageux, résolue de consacrer à Dieu sa virginité.

Ayant ouï parler de saint François, qui ramenait au monde la perfection oubliée depuis longtemps, elle désira l'entretenir; et lui, de son côté, sur la réputation de Claire, souhaitait de la voir et de la gagner à Dieu. Ils se rendirent plusieurs visites, mais avec les précautions nécessaires pour éviter l'éclat. François lui persuada de se consacrer à Dieu, et elle se mit entièrement sous sa conduite. Elle exécuta son dessein le dimanche des Rameaux, 18 mars 1212. Le matin, elle alla à l'église avec les autres dames, magnifiquement parée; mais pendant que les autres s'empressaient à recevoir les rameaux, Claire demeura à sa place par modestie, et l'évêque, descendant de l'autel, vint lui donner la palme, comme un présage de la victoire qu'elle allait remporter sur le monde. La nuit suivante, elle prépara sa fuite suivant l'ordre du saint homme, se faisant accompagner comme la bienséance le demandait. Elle sortit secrètement de la maison et de la ville, et se rendit à Sainte-Marie-des-Anges, autrement *la Portioncule*, où les frères, qui chantaient matines, la reçurent avec les cierges allumés. Là, devant l'autel de la Reine des vierges, François lui coupa les cheveux, et la revêtit de l'habit de pénitence. Tout ce qu'elle avait apporté de précieux fut distribué aux pauvres. François la conduisit aussitôt dans un monastère de religieuses de saint Benoît, à Saint-Paul d'Assise. Claire était dans sa dix-huitième année.

Ses parents ayant appris sa retraite, entrèrent en furie et accoururent en troupe à Saint-Paul. Ils employèrent la violence et la douceur pour ramener Claire, lui représentant que cette bassesse déshonorait sa famille et n'avait point d'exemple dans le pays. Mais Claire, prenant le tapis de l'autel, découvrit sa tête rasée et protesta qu'on ne l'arracherait point du service de Jésus-Christ. Elle souffrit cette persécution pendant plusieurs jours, et enfin, par sa fermeté, elle obligea ses parents à se tenir en repos. Peu de jours après son entrée à Saint-Paul, elle se rendit à Saint-Ange, du même ordre de saint Benoît; mais n'y ayant pas l'esprit tranquille, elle vint se fixer à Saint-Damien, par l'ordre de saint François.

Elle était encore à Saint-Ange quand elle attira sa sœur Agnès, plus jeune qu'elle. Comme toutes deux s'aimaient tendrement, leur séparation leur était plus sensible. Claire pria donc Dieu ardemment d'inspirer à sa sœur la même résolution qu'à elle, et sa prière fut si promptement exaucée, qu'Agnès la suivit au bout de seize jours. Mais cette retraite excita de nouveau l'indignation de leurs parents. Dès le lendemain, ils accoururent, au nombre de douze, au monastère Saint-Ange. Ils feignirent d'abord de venir avec un esprit de paix; mais, étant entrés, ils se tournèrent vers Agnès, car ils n'espéraient plus rien de Claire, et lui dirent : Qu'êtes-vous venue faire ici ? Revenez promptement à la maison avec nous. Elle répondit qu'elle ne voulait point quitter sa sœur. Un chevalier se jeta sur elle en furie, la frappant à coups de poing et de pied, et la tira par les cheveux, tandis que les autres l'enlevaient sur leurs bras. Elle appela sa sœur au secours. Et comme ces hommes la traînaient en descendant la montagne, déchirant ses habits et semant le chemin de ses cheveux, Claire se mit en prière, et Agnès se trouva si pesante, qu'ils ne purent la lever de terre, même avec le secours de ceux qui accoururent des champs et des vignes. Enfin Claire vint sur le lieu et pria ses parents de se retirer, ce qu'ils firent à regret. Agnès se releva avec joie, se consacra à Dieu, et saint François lui coupa les cheveux de sa main.

Sainte Claire passa ensuite à Saint-Damien, la première église que saint François avait réparée, et qui l'y établit supérieure de ce monastère naissant. La sainte eut la consolation de voir sa mère, Ortolana, et plusieurs autres dames de sa famille, venir avec elle embrasser les austérités de la pénitence. Sa communauté fut bientôt composée de seize personnes, dont trois étaient de l'illustre maison des Ubaldini de Florence. Des princesses mêmes trouvèrent plus de gloire dans la pauvreté de Claire que dans la possession des biens, des plaisirs et des honneurs du monde. En peu d'années, le nouvel ordre prit des accroissements considérables; il eut des monastères à Pérouse, à Arezzo, à Padoue, à Rome, à Venise, à Mantoue, à Bologne, à Spolète, à Milan, à Sienne, à Pise et dans les principales villes d'Allemagne. Agnès, fille du roi de Bohême, en fonda un dans la ville de Prague, et s'y fit religieuse. La bienheureuse Isabelle de France, sœur de saint Louis, se consacra de même à Dieu, sous la règle de sainte Claire, au monastère qu'elle fit bâtir dans le bois de Longchamp, près de Paris.

Sainte Claire et ses filles pratiquèrent des austérités qui jusqu'alors avaient été presque entièrement inconnues parmi les personnes de leur sexe. Elles allaient nu-pieds, couchaient sur la terre, gardaient une abstinence perpétuelle, et ne rompaient jamais le silence, sinon quand la nécessité ou la charité les y obligeait. Non contente de faire quatre carêmes et de pratiquer les mortifications générales, Claire portait toujours un cilice fait de crin; elle jeûnait toutes les veilles de fêtes; elle ne vivait que de pain et d'eau depuis le mercredi des Cendres jusqu'à Pâques, et depuis le 11 novembre jusqu'à Noël. Encore, durant tout ce temps-là, ne prenait-elle aucune nourriture le lundi, le mercredi et le vendredi. Quelquefois elle couvrait de branches la terre sur laquelle elle couchait, et n'avait qu'un tronc d'arbre pour oreiller. Elle se donnait encore de rudes disciplines.

Tant d'austérités affaiblirent notablement sa santé ; en sorte que saint François et l'évêque d'Assise l'obligèrent de coucher sur un mauvais lit, et de ne passer aucun jour sans prendre au moins un peu de nourriture. Malgré cet amour extraordinaire pour la pénitence, on ne remarquait en elle rien de sombre, ni de triste ; elle avait au contraire un visage gai et serein, qui annonçait combien elle trouvait de douceur dans toutes ses mortifications.

Saint François avait voulu que son ordre fût principalement fondé sur la pauvreté ; il ordonna que l'on y vécût de ce que l'on recevrait chaque jour de la charité des fidèles, sans permettre que l'on y possédât aucun revenu fixe. Sainte Claire se fit toujours gloire d'être animée de son esprit. Une fortune considérable lui étant échue par la mort de son père, elle distribua tous ses biens aux pauvres, et ne retint quoi que ce fût pour son monastère. Lorsque le pape Grégoire IX voulut apporter quelque mitigation à l'article de la règle qui avait la pauvreté pour objet, et qu'il proposa de doter le monastère de Saint-Damien, elle le conjura de la manière la plus vive et la plus touchante de ne rien changer à ce qui s'était pratiqué jusqu'alors ; et ce qu'elle sollicitait lui fut accordé. Les autres corps religieux demandant à Innocent IV qu'il leur permît de posséder des biens, elle présenta une requête à ce Pontife pour le prier de maintenir son ordre dans le privilége singulier de la pauvreté évangélique. Innocent le fit, en 1251, par une bulle qu'il écrivit de sa propre main, et qu'il arrosa de ses larmes.

L'humilité de sainte Claire ne le cédait en rien à son amour pour la pauvreté. Quoique supérieure, elle ne s'arrogeait aucun privilége. Toute son ambition était d'être la servante des servantes de ses sœurs. Elle lavait les pieds des sœurs converses quand elles revenaient de la quête ; elle servait à table et se chargeait du soin des malades les plus dégoûtants. Lorsque, dans ses prières, elle demandait à Dieu leur guérison, qu'elle obtint plusieurs fois, elle les envoyait aux autres sœurs, afin qu'on ne lui attribuât point le miracle. Son obéissance la rendait toujours prête à faire ce que lui ordonnait saint François. Elle semblait être entièrement dépouillée de sa propre volonté, et disait souvent à son bienheureux père : Disposez de moi comme il vous plaira ; je suis à vous depuis que j'ai fait à Dieu le sacrifice de ma volonté ; je ne peux plus être à moi (*Vie de sainte Claire, Acta Sanctorum*, 12 *aug.*).

Telles étaient les deux branches de la famille spirituelle de saint François. Nous verrons, en 1221, s'y joindre une troisième branche, sous le nom de *tiers-ordre*.

Après l'établissement des deux premiers, François éprouva d'indicibles douleurs et dans l'âme et dans le corps. Il hésitait entre la vie contemplative et la vie active. La plupart de ses disciples et lui-même étaient des hommes grossiers, sans lettres, ne connaissant pas la sainte Écriture ni les secrètes profondeurs de la théologie ; ils ne pouvaient opposer à l'orgueil que la folie de la croix. Dieu mit ce doute dans l'âme de son serviteur, dit saint Bonaventure, afin que sa vocation apostolique lui fût révélée du ciel, et aussi pour le rendre encore plus humble, en l'abandonnant à la seule faiblesse humaine. François assembla ses frères, et leur dit :

« Mes frères, que me conseillez-vous ? Lequel des deux jugez-vous le meilleur, que je vaque à l'oraison ou que j'aille prêcher ? Je suis un homme simple, qui ne sais pas bien parler ; j'ai reçu le don de la prière plus que celui de la parole. D'ailleurs on gagne beaucoup en priant, c'est la source des grâces, et, en prêchant, on ne fait que distribuer aux autres ce que Dieu a communiqué. La prière purifie notre cœur et nos affections, nous unit au seul vrai et souverain bien avec une grande vigueur de vertu. La prédication rend poudreux les pieds de l'homme spirituel ; c'est un emploi qui distrait et dissipe, et mène au relâchement de la discipline. Enfin, dans l'oraison, nous parlons à Dieu, nous l'écoutons et nous conversons avec les anges comme si nous menions une vie angélique. Dans la prédication, il faut avoir beaucoup de condescendance pour les hommes, et, vivant parmi eux, voir et entendre, parler et penser en quelque sorte comme eux, d'une manière tout humaine. Mais il y a une chose qui paraît l'emporter sur tout cela devant Dieu : c'est que le Fils unique, qui est dans le sein du Père, et la souveraine sagesse, est descendu du ciel pour sauver les âmes, pour instruire les hommes par son exemple et par sa parole, pour les racheter de son sang et pour leur faire de ce sang un bain et un breuvage. Tout ce qu'il avait, il l'a donné libéralement et sans réserve pour notre salut. Or, étant obligé de faire toutes choses selon le modèle qui nous est montré en sa personne, comme sur une haute montagne, il paraît plus conforme à la volonté de Dieu que j'interrompe mon repos pour aller travailler au dehors (S. Bonavent., c. 12). »

Pour sortir de cette fâcheuse incertitude, il envoya deux de ses religieux, Philippe et Masseo, au frère Silvestre, prêtre, qui était alors sur la montagne d'Assise, continuellement occupé à la prière, pour lui demander de consulter Dieu sur ce doute. Il donna la même commission à Claire, lui recommandant aussi d'y employer ses filles, et en particulier celle qui paraissait la plus pure et la plus simple. Quand les deux religieux revinrent, François les reçut avec beaucoup de respect et de tendresse ; il leur lava les pieds, les embrassa et leur fit donner à manger. Puis il les mena dans le bois, où il se mit à genoux, la tête nue et baissée, les mains croisées sur la poitrine, et il dit : « Apprenez-moi ce que mon Seigneur Jésus-Christ me commande de faire. » Masseo répondit : « Mon très-cher frère et mon père, Silvestre et Claire ont reçu de Notre Seigneur Jésus-Christ précisément la même réponse : *Allez et prêchez*. Ce n'est pas seulement pour votre salut que Dieu vous a appelé ; c'est aussi pour le salut des hommes ; et il mettra ses paroles dans votre bouche. » — Aussitôt François se lève, et, comme les antiques prophètes d'Israël, saisi de l'Esprit de Dieu et embrasé d'amour, il marche en s'écriant : Allons au nom du Seigneur !

La première prédication de François, après qu'il eût été revêtu de cette nouvelle force apostolique, fut à Bevagna. Un miracle vint confirmer sa parole ; il guérit une jeune fille aveugle, et il convertit un grand nombre de pécheurs, dont plusieurs se joignirent à lui et devinrent des apôtres de la pénitence et de la paix. Tant d'âmes gagnées à la vie chrétienne en un seul lieu lui firent naître le désir d'aller prêcher la foi dans l'Orient et d'y mourir pour Jésus-Christ. Mais, ne voulant rien faire sans la permission du souverain Pontife, il partit pour Rome, prêchant et faisant des miracles partout où il passait. François expose à Innocent III le merveilleux accroissement de son ordre, la sainte vie de ses frères et son généreux projet de régénérer le vieux monde d'Occident et d'aller prêcher l'Evangile chez les peuples encore assis à l'ombre de la mort : et, à ces paroles, la grande âme d'Innocent tressaille de bonheur.

François prêcha à Rome avec beaucoup de succès; il y acquit deux excellents disciples, le romain Zacharie et l'anglais Guillaume. Revenu à Sainte-Marie-des-Anges, il donna ses dernières instructions, et, laissant Pierre de Catane pour supérieur, il partit pour le Levant, accompagné d'un seul frère. A Ascoli, il prêcha et gagna trente disciples, tant clercs que laïques. Il s'embarqua dans un navire qui faisait voile en Syrie; poussé en Esclavonie par des vents contraires, il attendit quelques jours, dans l'espérance de trouver un autre vaisseau ; mais aucun ne se présenta. Il fut reçu comme pauvre par des matelots qui allaient à Ancône. A peine débarqué, il continua de répandre la parole de Dieu comme une précieuse semence, et elle produisit une ample moisson. Un très-célèbre poëte de cette époque, un troubadour lauréat de Frédéric II, que sa supériorité avait fait nommer le *Roi des vers*, entra un jour dans l'église d'un monastère du bourg de San-Severino, où le serviteur de Dieu prêchait sur le mystère de la croix, Dieu ouvrit les yeux du poëte; il vit deux épées lumineuses croisées à travers la poitrine de François, et il connut que c'était là le saint homme dont on publiait de si grandes choses. Transpercé lui-même par le glaive de la parole divine, il renonça à toutes les vanités du monde et embrassa l'institut des Mineurs. François, le voyant passer si parfaitement des agitations du siècle à la paix de Jésus-Christ, le nomma frère Pacifique. Ce fut un homme d'une grande sainteté, et il fut le premier ministre provincial de France.

C'est à la même époque que l'archevêque de Milan, Henri Satalas, établit les frères Mineurs dans sa ville, où ils s'étaient acquis une grande estime par leurs vertus et par leurs prédications, et que les Ubaldini de Florence donnèrent à François un très-antique couvent, autrefois bâti pour les religieux de saint Basile, au milieu d'un bois, à quelques lieues de la ville. François vint y mettre quelques-uns de ses frères, visita ses établissements de la Toscane en évangélisant ce pays, et revint à Sainte-Marie-des-Anges. C'était à la fin d'octobre. Le repos qu'il prit après tant de fatigues, fut de s'appliquer à l'instruction de ses disciples et à la prière, surtout à l'oraison mentale.

« Un religieux, disait François à ses frères, doit désirer principalement avoir l'esprit d'oraison. Je crois que, sans cela, on ne saurait obtenir de Dieu des grâces particulières, ni faire de grands progrès dans son service. Lorsqu'on se sent triste et troublé, il faut aussitôt recourir à l'oraison, et se tenir là, devant le Père céleste, jusqu'à ce qu'il rende la joie du salut; car la tristesse et le trouble rouillent l'âme, si on ne la purifie pas par les larmes. O mes frères! ayez intérieurement et extérieurement la sainte joie que Dieu donne. Quand son serviteur s'applique à l'avoir et à la conserver, cette joie spirituelle, qui vient de la pureté du cœur, de la ferveur de l'oraison et des autres pratiques de vertu, les démons ne peuvent lui faire aucun mal, et ils disent : *On ne saurait nuire à ce serviteur de Dieu, nous ne trouvons aucune entrée chez lui, il a toujours de la joie, en tribulation comme en prospérité*. Mais ils sont bien contents quand ils peuvent la lui ôter ou la diminuer au moins; car s'ils parviennent à mettre en lui un peu du leur, ils feront bientôt d'un cheveu une poutre, en y ajoutant toujours quelque chose, à moins qu'on ne s'efforce de détruire leur ouvrage par la vertu de la prière et du repentir. C'est au démon et à ses membres d'être dans la tristesse, mais pour nous, il faut toujours nous réjouir dans le Seigneur. »

Un autre jour, assis au milieu de ses frères et les entretenant de la prière vocale, il paraphrasa l'Oraison dominicale de la manière qui suit :

Notre Père très-heureux et très-saint, notre Créateur, notre Rédempteur et notre Consolateur, qui êtes aux cieux, dans les anges, dans les saints; qui les illuminez, afin qu'ils vous connaissent, et qui les embrasez de votre amour; car, Seigneur, vous êtes la lumière et l'amour qui habitez en eux et qui les remplissez de béatitude : vous êtes le bien souverain et éternel de qui viennent tous les biens, et sans vous il n'y en a aucun. Que votre nom soit sanctifié : pour cela faites-vous connaître à nous par des lumières vives; que nous puissions découvrir quelle est l'étendue de vos bienfaits, la durée de vos promesses, la sublimité de votre majesté et la profondeur de vos jugements. Que votre règne arrive : afin que vous régniez en nous par votre grâce, et que vous nous fassiez parvenir à votre royaume, où vous êtes vu clairement et parfaitement aimé, où l'on est heureux en votre compagnie, et où l'on jouit de vous éternellement. Que votre volonté se fasse sur la terre comme dans le ciel : afin que nous vous aimions de tout notre cœur, ne nous occupant que de vous ; de tout notre âme, vous désirant toujours; de tout notre esprit, rapportant à vous toutes nos vues, et cherchant votre gloire en toutes choses ; de toutes nos forces, employant à votre service, pour votre amour, tout ce qu'il y a de puissance dans nos corps et dans nos âmes, sans en faire aucun autre usage : que nous aimions notre prochain comme nous-mêmes, faisant nos efforts pour attirer tous les hommes à votre amour, ayant de la joie du bien qui leur arrive, comme si c'était à nous, compatissant à leurs maux, et n'offensant personne en quoi que ce soit. Donnez-nous aujourd'hui notre pain quotidien : c'est votre Fils bien-aimé, Notre Seigneur Jésus-Christ : nous vous le demandons, afin de nous rappeler l'amour qu'il nous a témoigné, et ce qu'il a dit, fait et enduré pour nous, de nous en donner l'intelligence et nous le faire révérer. Remettez-nous nos dettes : par votre ineffable miséricorde, par la vertu de la passion de votre Fils bien-aimé, par les mérites et par l'intercession de la bienheureuse vierge Marie et de tous vos élus. Comme nous remettons nous-mêmes les leurs à ceux qui nous doivent : ce qui ne serait pas tout à fait remis de notre part, faites-nous la grâce, Seigneur, de le remettre entièrement, afin que pour l'amour de vous nous aimions sincèrement nos ennemis, et nous intercédions pour eux auprès de vous avec ferveur; que nous ne rendions à personne le mal pour le mal, et qu'en vous nous tâchions de faire du bien à tous. Et ne nous induisez point en tentation : cachée, manifeste, subite, mortelle. Mais délivrez-nous du mal : passé, présent et à venir. Ainsi soit-il (S. Francisci opera, part. 1, p. 17).

Cependant les douleurs récentes de son âme, les rudes fatigues de son corps, la prodigieuse et incessante activité de son esprit affaiblirent François, et il tomba dans une grave maladie. C'était une fièvre languissante qui ruinait ses forces. L'inquiétude de son zèle augmentait encore son mal. Dans l'ardeur de sa charité, qui s'étendait jusqu'aux extrémités du monde, il adressa cette lettre à tous les chrétiens :

« A tous les chrétiens, clercs, religieux, laïques, hommes et femmes qui sont par toute la terre. — O qu'heureux et bénis sont ceux qui aiment Dieu, et qui accomplissent bien ce que Jésus-Christ ordonne dans l'Evangile : *Vous aimerez le Seigneur votre Dieu de tout votre cœur et de toute votre âme, et votre prochain comme vous-même!* Aimons Dieu et adorons-le avec une grande pureté d'esprit et de cœur; car c'est là ce qu'il demande avant toutes choses. Il a dit que les véritables adorateurs adoreront le Père en esprit et en vérité, et que c'est en esprit et en vérité que doivent l'adorer ceux qui l'adorent. Je vous salue en Notre Seigneur (*S. Francisci opera*, part. 1, p. 1). » Cette lettre fut bientôt suivie d'une autre plus longue, qui est une véritable instruction sur la foi et la morale chrétiennes.

Voilà de quelle manière François exerçait son zèle pendant sa maladie. Aussitôt qu'il fut mieux, dans le mois d'avril, il partit avec Bernard de Quintavalle et quelques autres frères, pour aller, par l'Espagne, au Maroc, prêcher l'Evangile au Miramolin et à ses sujets. Ils traversèrent l'Italie et les Alpes en prêchant la pénitence et la paix, faisant des miracles, gagnant des disciples et fondant des couvents. Sa sainteté jetait dès lors un si merveilleux éclat, qu'un acte de donation de cette époque commence par ces mots : *Nous accordons à un homme nommé François, que tout le monde regarde comme un saint, etc.* (Wadding, t. I, p. 157). Aucun obstacle ne put arrêter nos pauvres missionnaires. François, malgré la faiblesse de son corps, marchait vite; il courait devant ses disciples, tant le désir de la mort le pressait. Après avoir passé à pied dans les provinces méridionales de la France, ils entrèrent en Espagne par la Navarre. François alla d'abord à Burgos présenter à Alphonse IX, roi de Castille, ses projets; il en reçut l'autorisation d'établir son ordre dans ses Etats. On lui donna près de Burgos une petite église de Saint-Michel, où il mit quelques frères, et alla fonder un couvent dans une maison de Logrono, de la vieille Castille, que le père d'un jeune homme guéri miraculeusement lui avait donnée. Mais au moment où il se disposait à passer en Afrique, une violente maladie l'arrêta. Il sacrifia ses désirs à la volonté de Dieu, et revint en Italie attendre un moment plus favorable, et conduire son troupeau.

De retour à Sainte-Marie-des-Anges, il blâma fortement Pierre de Catane, son vicaire général, qui avait bâti une grande maison pour les hôtes. Il la trouvait trop somptueuse, car partout il voulait voir reluire la sainte pauvreté : c'était là son luxe et sa magnificence. Il disait à ceux de ses disciples qu'il envoyait faire une fondation :

« Voici comment il faut bâtir. Les frères doivent premièrement examiner le terrain, et voir combien d'arpents leur suffisent, faisant beaucoup d'attention à la sainte pauvreté qu'ils ont volontairement promis à Dieu de garder, et au bon exemple qu'il leur convient de donner en cela. Ensuite, s'adressant à l'évêque du lieu, ils lui diront : Seigneur, un homme nous a donné, pour l'amour de Dieu et le salut de son âme, une place propre à bâtir un couvent. Comme vous êtes le pasteur de tout le troupeau qui vous est confié et que, pour tous les frères Mineurs qui sont maintenant dans votre diocèse, aussi bien que pour ceux qui y demeureront dans la suite, vous êtes un protecteur et un père plein de bonté, nous vous demandons de faire en cet endroit-là une demeure simple et pauvre, avec la bénédiction de Dieu et la vôtre. Ensuite ils creuseront un grand fossé, et au lieu de murailles, ils planteront une bonne haie, comme une marque de pauvreté et d'humilité. Que la maison ne soit faite que de bois et de terre, avec des cellules où ils puissent prier et travailler, tant pour fuir l'oisiveté que pour garder les bienséances de leur profession. L'église doit être petite; car il ne faut pas que, sous prétexte d'y prêcher, ni pour quelque raison que ce puisse être, ils en fassent bâtir de grandes et de belles. Ils donneront meilleur exemple au peuple en prêchant dans les autres églises, et montreront mieux par là qu'ils sont véritablement humbles. Lorsque des prélats, des clercs, des religieux des autres ordres, ou des séculiers viendront les voir, une maison pauvre et des cellules étroites seront pour eux une instruction plus édifiante que des discours bien préparés (Barthélemy de Pise, l. 1, conform. 12, cap. 22; Chavin, *Hist. de S. François d'Assise*). »

L'ordre des frères Mineurs en était là dans l'année 1215, quand le saint fondateur se rendit au concile œcuménique de Latran, que le pape Innocent III avait convoqué pour régler les intérêts généraux de l'univers chrétien.

§ VI.

Affaires de l'empire et de Jean Sans-Terre.

Des événements graves s'étaient passés en Orient et en Occident. L'empire d'Allemagne avait encore subi une révolution politique et changé de maître. L'an 1209, Othon de Saxe, protégé d'Innocent III, fit le voyage d'Italie pour recevoir la couronne impériale. Au mois de septembre, il passait auprès de la cabane de Rivo-Torto, où saint François demeurait avec ses premiers disciples. Le saint lui envoya par deux frères ce message prophétique : *La gloire dont tu es environné ne durera pas longtemps* (Vinc. de Beauvais, *Miroir historial*, l. 3, c. 99).

Othon reçut la couronne impériale des mains du Pape le dimanche 4 octobre, dans l'église de Saint-Pierre. Il y eut une querelle sanglante entre les Romains et les Allemands, où plusieurs de ces derniers trouvèrent la mort. Un différend plus grave suivit bientôt . ce fut celui de l'empereur et du Pape.

Othon IV avait juré, et par ses ambassadeurs et par lui-même, de rendre et de faire rendre à l'Eglise romaine les terres qui lui appartenaient, notamment celles de la comtesse Mathilde ; en second lieu , de conserver à l'Eglise romaine ses droits de suzeraineté sur le royaume de Sicile. A peine sacré et couronné, Othon se montra parjure ; il refusa de rendre les terres de la comtesse Mathilde, et attaqua celles du roi de Sicile, le jeune Frédéric, dont Innocent III était non-seulement le suzerain , mais le tuteur. Le Pape le fit avertir par l'archevêque de Pise et par d'autres prélats, de garder ses serments et de rendre justice à l'Eglise. Ces avertissements furent inutiles. D'autres n'ayant pas eu plus d'effet, le Pape l'excommunie dès l'année suivante 1210. Othon n'en devient que plus hostile, envahit des terres de l'Eglise romaine, empêche tout le monde d'aller à Rome. Le Pape alors déclare tous ses sujets absous du serment de fidélité, et défend, sous peine d'excommunication, de le reconnaître pour empereur.

Othon ne rentrant pas en lui-même, le Pape fait renouveler l'excommunication l'an 1211, par les patriarches d'Aquilée et de Grade, les archevêques de Ravenne et de Gènes, ainsi que par les suffragants de Milan, dont l'Eglise était vacante. Cependant le Pape envoya jusqu'à cinq fois à Othon pour traiter de la paix ; mais rien ne put fléchir le prince allemand, qui voulait chasser de l'Italie le roi Frédéric et même lui enlever la Sicile. Il voulait de plus se venger du roi de France, Philippe-Auguste, pour les terres qu'il avait conquises sur le roi d'Angleterre, son oncle. Le Pape se réduisit jusqu'à vouloir souffrir tout le dommage que l'empereur avait fait ou ferait à l'avenir sur les terres de l'Eglise. Othon ayant refusé d'y entendre, le Pape résolut de le déposer (Godefr., *Chron.*, 1211; Fleury, l. 77, n. 4).

En Allemagne, l'archevêque Sigefroi de Mayence, archichancelier de l'empire et légat du Saint-Siège, publia l'excommunication contre Othon, et envoya des lettres à tous les évêques, avec ordre d'en faire autant. Dans deux assemblées qu'il convoqua, l'une à Bamberg et l'autre à Nuremberg, il fut question de la déchéance d'Othon et de l'élection d'un autre empereur.

Les princes se divisèrent ; il y eut même quelques guerres particulières. Mais enfin les principaux déclarèrent Othon déchu et élurent à sa place le jeune Frédéric, roi de Sicile, qui consentit à son élection. A cette nouvelle, Othon quitta l'Italie et repassa en Allemagne vers le carême de l'année 1212. Frédéric, de son côté, vint de Sicile à Rome, où le Pape, qui avait procuré son élection, le reçut avec grande joie, le défraya et le fit conduire par mer jusqu'à Gênes. Ayant traversé la Lombardie, Frédéric entre par la vallée de Trente en Allemagne, est reçu par l'évêque de Coire et l'abbé de Saint-Gall, qui le conduisent jusqu'à Constance.

Othon vient avec des troupes pour s'opposer à son progrès ; mais se trouvant le plus faible, il retourne en Saxe. L'année suivante, il se ligue avec son oncle, le roi Jean d'Angleterre, contre le roi de France ; mais, en 1214, il est complètement défait à la bataille de Bouvines. Cet échec ruine ses affaires, il se voit abandonné de tout le monde et meurt sans postérité et sans gloire le 19 mai 1218, dans la quarantième année de son âge.

Tel fut Othon IV, qui ne parut empereur que pour se montrer ingrat et parjure envers le Pape, son bienfaiteur. Lui aussi posait ou supposait en principe, que l'empereur romain-allemand était la loi vivante et suprême des peuples et des rois, et le seul propriétaire du monde.

Son oncle, le roi Jean d'Angleterre, avait une politique semblable et une conduite pire encore. Richard Cœur-de-Lion était mort le 6 avril 1199, sans laisser d'enfants légitimes. Dans l'ordre régulier de la succession héréditaire, la couronne, à sa mort, devait être dévolue à son neveu Arthur, fils de son frère aîné, Geoffroi, et duc de Bretagne, âgé de douze ans. Le jeune prince avait été autrefois déclaré héritier présomptif ; mais sa mère, Constance, par son indiscrétion et ses caprices, s'était aliéné l'esprit de Richard, son oncle, tandis que la vieille et adroite Eléonore travaillait avec assiduité à resserrer les liens de l'affection entre ses deux fils. Sous sa direction, Jean avait presque effacé le souvenir de ses premières trahisons, et , en récompense de sa fidélité, avait obtenu de son frère la restitution d'une grande partie de ses propriétés. Lorsque Richard fut sur son lit de mort, il parut mettre en oubli tous les droits d'Arthur. Il déclara Jean son successeur, lui légua les trois quarts de ses trésors, et ordonna à toutes les personnes présentes de lui rendre hommage (Hoved., p. 449 ; Lingard, t. III).

Jean Sans-Terre fut reconnu sans difficulté comte de Poitou, duc d'Aquitaine et de Normandie. Mais les habitants du Maine, de la Touraine et de l'Anjou se déclarèrent ouvertement pour le duc Arthur, dont la mère avait confié la personne au roi de France, Philippe-Auguste. En Angleterre, il y eut de l'hésitation pour la reconnaissance du roi Jean. L'élection y mit un terme. L'archevêque Hubert de Cantorbéry dit publiquement, en présence du nouveau roi et à son couronnement : « Ecoutez bien tous. Votre Discrétion doit savoir que nul n'a droit de succéder à un autre sur le trône, s'il n'a auparavant été , après l'invocation du Saint-Esprit, élu unanimement par l'universalité du royaume. C'est ainsi que Dieu même choisit Saül et David, qui n'étaient ni l'un ni l'autre de race royale : le premier, parce qu'il était brave ; le second, parce qu'il était saint et humble. De cette manière, celui qui surpasse les autres en vertu, les gouverne aussi par la puissance. Que si, dans la famille du roi défunt, il se trouve quelqu'un de cette condition, c'est lui qu'il faut élire de préférence. Nous parlons ainsi pour l'illustre Jean, ici présent, frère de notre roi Richard, lequel, après avoir invoqué la grâce de l'Esprit-Saint, nous avons choisi, tant pour son mérite, que parce qu'il est du sang royal (Matth. Paris, an 1199). » Ainsi parla le primat d'Angleterre ; et le roi Jean, ainsi que toute l'assemblée , témoignèrent leur adhésion à ces principes.

Une guerre éclata entre le roi d'Angleterre et celui de France ; mais, à la sollicitation du cardinal-légat Pierre de Capoue, il y eut d'abord une suspension d'armes, qui fut suivie de la paix, le 23 mai 1200. L'incontinence du roi Jean ralluma bientôt la guerre. Marié depuis douze ans à l'héritière du comte de Glocester, il la répudia devenu roi, sous prétexte de parenté, et d'après une sentence de l'archevêque de Bordeaux. Il envoya immédiatement des ambassadeurs à Lisbonne pour demander la princesse de Portugal; mais avant qu'il pût recevoir une réponse, il vit et épousa subitement Isabelle, fille du comte d'Angoulême, qui avait été promise publiquement au comte de La Marche, et par lui épousée en secret. La princesse de Portugal se vit ainsi privée d'un mari, et le comte de La Marche d'une femme. Les plaintes de l'une et les menaces de l'autre furent également méprisées. Le comte de La Marche appela de l'injustice du roi d'Angleterre à la justice du roi de France, leur commun suzerain. Comme le premier néglige de réparer ses torts, la guerre éclate. Jean perd beaucoup de villes; mais il parvient à s'emparer de la personne d'Arthur, son neveu, il le tient quelque temps en prison, et ensuite passe pour l'avoir mis à mort. Comme vassal du roi de France en sa qualité de duc de Normandie, il est cité devant la cour des pairs, et, sur son refus de comparaître, déclaré convaincu de parricide et de félonie, déchu de toutes les terres qu'il avait en France à titre de fiefs. En exécution de cet arrêt, Phillippe s'empare de plusieurs villes et provinces. Jean a recours au Pape, se plaint que Philippe, violant les traités et les serments, avait occupé par force le comté de Poitou. Innocent envoie deux légats intimer à l'un et à l'autre prince de suspendre les hostilités, de rétablir la paix, avec ordre de publier l'interdit dans le royaume de celui qui résisterait aux commandements apostoliques, réservant du reste à l'un et à l'autre prince leurs droits respectifs. C'est ce qu'on voit par les lettres que le Pontife écrivit, tant au roi et aux évêques de France, qu'au roi et aux évêques d'Angleterre, en les priant de recevoir avec bonté ses légats, et de travailler avec eux pour faire, ou la paix, ou une trêve, et tourner les armes contre les infidèles (Innocent III, L. 6, *Epist.* 68, 69, 70 et 167).

Jean déclara qu'il s'en rapportait volontiers au jugement du Pontife; mais Philippe, qui se voyait avec peine enlever une si belle occasion de faire des conquêtes, répondit, après avoir assemblé son conseil, qu'il n'appartenait point aux Papes de s'ingérer dans les différends des rois, et qu'il n'était pas tenu d'obéir aux commandements apostoliques dans les choses qui regardaient les feudataires de son royaume.

Innocent, dans sa réponse, lui fait voir que rien n'appartient plus à sa sollicitude pastorale que d'admonester les princes chrétiens et de les porter à la paix, afin d'empêcher les sacrilèges, les rapines et autres crimes sans nombre qui naissent de la guerre : « Jésus-Christ dit : *Si votre frère a péché contre vous, reprenez-le seul à seul*, etc. Or, voilà que votre frère le roi d'Angleterre se plaint de vous; il vous a averti plusieurs fois en particulier, tant par lettres que de vive voix; il a employé la médiation de plusieurs seigneurs pour vous obliger à lui faire justice; enfin il vous a dénoncé à l'Eglise, qui, aimant mieux user avec vous de l'affection paternelle que de l'autorité judiciaire, vous a charitablement averti de cesser de faire tort à votre frère et de vous accorder avec lui. Que reste-t-il donc si vous n'écoutez pas l'Eglise, sinon de vous traiter, nous le disons à regret, comme un païen et un publicain? Car, puisqu'il faut choisir l'un ou l'autre, nous aimons mieux vous déplaire que d'offenser Dieu. Vous direz que vous ne faites point de tort au roi d'Angleterre; il dira que vous lui en faites. Que ferons-nous sur cette contestation? Manquerons-nous à rechercher la vérité, et, après l'avoir trouvée, à procéder suivant le commandement de Dieu? Dissimulerons-nous la perdition des corps et des âmes? N'annoncerons-nous plus à l'impie son impiété? Ne réprimerons-nous plus les violences des violents (Raynald, an 1203)? »

Dans sa réponse, le roi de France exposa au Pape comment les choses s'étaient passées, en sorte que la faute retombait sur le roi d'Angleterre. Innocent écrivit aussitôt à ce dernier pour lui faire part des reproches qu'on lui faisait, et l'engager à faciliter la paix ou du moins une trêve (Innocent, l. 6, *Epist.* 167). Il écrivit dans le même sens à son légat, aux archevêques de Sens et de Bourges, ainsi qu'au chapitre de Reims et aux suffragants de ces provinces (L. 6, *Epist.* 164, 165, 166).

C'est à cette occasion, et sur le même sujet, que, l'année suivante 1204, le pape Innocent III écrivit à tous les évêques de France sa fameuse lettre qui commence par ces mots : *Novit ille*, et qui a été insérée au deuxième livre *des Décrétales*.

« Celui qui sonde les cœurs et qui connaît les secrets, sait que nous aimons avec un cœur pur, une bonne conscience et une foi non feinte, notre très-cher fils en Jésus-Christ, Philippe, illustre roi des Français, et que nous aspirons efficacement à procurer sa gloire et son avancement, persuadé que l'exaltation du royaume de France est l'exaltation du Siège apostolique, ce royaume, prévenu par les bénédictions divines, y étant toujours demeuré attaché et ne devant s'en séparer jamais, comme nous le croyons; car, quoique de temps en temps des anges mauvais jettent de part et d'autre des semences de division, nous, qui n'ignorons pas les ruses de Satan, nous nous étudierons à éviter ses pièges, persuadé que, de son côté, le roi ne s'y laissera non plus séduire. Personne ne doit donc s'imaginer que nous prétendions troubler ou diminuer la juridiction de l'illustre roi des Français, non plus qu'il ne veut ni ne doit empêcher la nôtre; mais le Seigneur ayant dit dans l'Evangile : *Si votre frère a péché contre vous*, etc., et le roi d'Angleterre, suivant cette règle évangélique, ayant dénoncé à l'Eglise le roi des Français, comment pouvons-nous nous dispenser d'obéir à l'ordre de Dieu, en procédant selon la forme qu'il nous a prescrite, nous qui sommes appelé au gouvernement de l'Eglise universelle? A moins qu'en notre présence ou en celle de notre légat, le roi ne fasse voir une raison suffisante pour agir autrement; car nous ne prétendons pas juger du fief dont le jugement lui appartient, mais prononcer sur le péché dont la censure nous appartient sans doute, censure que nous pouvons et que nous devons exercer contre qui que ce soit. La dignité royale ne doit point tenir à injure de se soumettre sur ce point au jugement apostolique, puisque l'empereur Valentinien disait aux suffragants de Milan : « Etablissez-nous un Pontife devant qui, nous-mêmes qui gouvernons l'empire, nous baissions sincèrement nos têtes, et dont, en qualité d'hommes sujets au péché, nous recevions nécessairement les avis, comme les remèdes du médecin..... Attendu que nous ne nous appuyons point sur une constitution humaine, mais plutôt sur une constitution divine, nôtre puissance étant, non pas de l'homme, mais de Dieu, personne de sensé n'ignore qu'il ne soit de notre devoir de reprendre de tout péché mortel quel chrétien que ce soit, et, s'il méprise la correction, le réprimer par la censure ecclésiastique. »

Innocent prouve ce pouvoir et ce devoir par plusieurs textes de l'Ancien et du Nouveau Testament, entre autres par ces paroles à Jérémie : « *Voici que je t'ai établi sur les nations et sur les royaumes pour arracher, pour détruire, pour dissiper, pour édifier et pour planter ;* et par ces autres à saint Pierre : *Tout ce que tu lieras sur la terre sera lié dans les cieux,* etc. Puis il reprend : « On dira peut-être qu'il faut en user autrement avec les rois qu'avec le reste des hommes ; mais nous savons qu'il est écrit dans la loi de Dieu : *Vous jugerez le grand comme le petit, sans acception de personnes.* Nous pouvons procéder ainsi au sujet de tout péché capital pour rappeler le pécheur du vice à la vertu, de l'erreur à la vérité, surtout quand il pêche contre la paix, qui est le lien de la charité ; mais il est encore ici une autre raison. Les deux rois ont fait ensemble un traité de paix, qu'ils ont confirmé par des serments de part et d'autre, et qui cependant n'a point été observé jusqu'au temps convenu. Ne pourrons-nous donc point, pour renouer cette paix rompue, connaître de la religion du serment, qui, sans nul doute, appartient au jugement de l'Eglise ?

» C'est pourquoi, afin que nous ne paraissions point entretenir par dissimulation une si funeste discorde, nous avons ordonné à notre légat de procéder suivant la forme de sa commission, si ce n'est que le roi fasse une paix solide avec celui d'Angleterre, ou qu'il ne souffre au moins que le légat et l'archevêque de Bourges connaissent sommairement si la plainte portée contre lui devant l'Eglise par le monarque anglais est juste, ou bien si l'exception que lui-même nous a exprimée par lettres contre son adversaire est légitime. En conséquence, nous vous ordonnons à tous, par l'autorité apostolique, de recevoir humblement et de faire observer la sentence du légat ou plutôt la nôtre ; autrement nous punirons sévèrement votre désobéissance (Inn., L. 7, *Epist.* 42 ; *Extravag. de judic., cap. Novit ille*). »

Trois points sont à remarquer dans cette lettre : 1° Innocent déclare qu'en s'attribuant de connaître la cause entre le roi Philippe et le roi Jean, il n'entendait en aucune sorte diminuer ou troubler la juridiction royale, mais purement exercer cette juridiction spirituelle qui lui appartient, lorsque, suivant l'ordre prescrit par l'Evangile, le délinquant ayant été averti et ensuite déféré à l'Eglise, elle prend connaissance du fait, et que, trouvant le pécheur rebelle, elle le sépare de son sein et le rejette parmi les païens et les publicains. 2° Il dit qu'il ne prétend pas juger du fief, dont le jugement appartenait au roi, mais purement du péché, dont la censure le regardait sans aucun doute. 3° Il soutient que, comme il s'agissait d'un traité de paix confirmé avec serment et rompu avant le terme préfix, et que, sans contestation, il appartient à l'Eglise de connaître des serments, il pouvait connaître du serment interposé, afin de rétablir le traité de paix. En somme, la décrétale enseigne qu'à raison du péché et du serment dont la connaissance et la censure appartiennent directement à l'Eglise, elle peut connaître et juger indirectement des choses temporelles, les prohiber, les commander, les dissoudre, les réprouver par la force des censures ecclésiastiques.

Cette décrétale reçut son exécution en France, et Philippe-Auguste se soumit au jugement de l'Eglise pour son différend avec Jean Sans-Terre. Le légat ayant vainement travaillé une année entière à persuader Philippe de faire la paix ou du moins une trêve, finit par assembler un concile à Meaux pour publier la sentence de l'interdit suivant la forme prescrite par le Pontife. Mais les évêques de France, ainsi que les commissaires du roi, en appelèrent, au nom et de la part du monarque, non pas au futur concile, comme l'assure faussement Charles Dumoulin, sottement suivi par Cujas, mais au Pontife même, les évêques jurant, avec l'approbation des ambassadeurs du roi, entre les mains du légat, qui ne voulut admettre leur appel qu'à cette condition, que tous, en personne, ils le poursuivraient devant le Pontife dans un temps fixé, et cela sous peine de suspense. Tout cela se voit par la lettre qu'Innocent écrivit aux prélats de France en recevant leur appel (Inn., L. 8, *Epist.* 143). Mais le Pontife, appréciant la soumission de ces prélats pour le Siège apostolique dans les obligations rigoureuses qu'ils s'étaient imposées, les en dispensa, et leur permit de poursuivre leur appel en la manière qu'ils jugeraient la plus convenable au royaume et au sacerdoce.

En conséquence, les archevêques de Sens et de Bourges, les évêques de Paris, de Meaux, de Châlons et de Nevers, avec plusieurs ecclésiastiques considérables, procureurs d'autres prélats, se rendirent à Rome au temps prescrit. Ils y attendirent longtemps, sans qu'il vînt personne de la part du roi d'Angleterre ; après quoi ils déclarèrent en consistoire public qu'ils n'avaient point appelé pour éluder le mandement du Pape, mais pour l'intérêt qu'ils y avaient, étant persuadés que la cause de leur roi était juste. Que si, après cette déclaration, le Pape avait encore quelque soupçon contre eux, ils offraient de s'en purger canoniquement ; mais le Pape les en dispensa, tenant ainsi pour justifiée la cause de Philippe.

Comme on le voit, à l'exception sans doute de quelques anges mauvais, et le roi et les évêques reconnurent l'autorité du chef de l'Eglise en cette affaire. Nous verrons, en 1329, même après le différend si animé entre Philippe le Bel et Boniface VIII, que la décrétale *Novit* était reconnue en France et par les évêques et par les magistrats.

Fleury est plus scrupuleux. Il trouve que, si on voulait prendre la décrétale au pied de la lettre, les évêques, surtout le Pape, seraient maîtres de toutes les affaires, soit à raison du serment qui s'y trouve fréquemment, soit à raison du péché qui peut s'y trouver toujours ; que, par le fait, il n'y aurait plus de puissance temporelle (Fleury, l. 75, n. 58). Mais rien n'est plus facile que de tranquilliser les pieuses alarmes de Fleury. Il suffit de rappeler les premières notions sur la distinction des deux puissances et sur la manière dont elles procèdent respectivement pour juger et punir les crimes. D'abord, l'Eglise les punit par des peines spirituelles, le prince par des peines temporelles; il ne répugne donc pas que, pour un même délit, surtout quand il est public, scandaleux et irréparable, le coupable soit puni de peines spirituelles par l'Eglise, et de temporelles par la puissance laïque. En second lieu, le prince procède contre ces délits par voie d'enquête et d'office; l'Eglise seulement par suite d'une dénonciation, ou quand la faute est publique. En troisième lieu, l'Eglise ayant pour fin l'amendement du coupable, ne le punit que quand il s'opiniâtre, que quand, averti, il ne se corrige pas; et le prince, ayant en vue la vindicte publique, punit le coupable, lors même qu'il s'est repenti de son crime. Enfin les punitions de l'Eglise sont médicinales pour l'âme; celles du prince, vindicatives pour le corps. Lors donc que Fleury reproche à la décrétale d'Innocent III de confondre les deux puissances, lui-même, sciemment ou non, confond les plus simples notions de la chose.

Fleury conclut : « Il faut donc convenir que les autorités de l'Ecriture, alléguées en cette décrétale, ne regardent *que* le for intérieur et le tribunal de la conscience. » Mais le brave homme oublie donc cette parole du Seigneur dans l'Evangile : *Si votre frère a péché contre vous, reprenez-le entre vous et lui seul. S'il ne vous écoute pas, prenez-en un ou deux autres avec vous. Que s'il ne veut pas les entendre, dites-le à l'Eglise. Si enfin il n'écoute pas l'Eglise même, qu'il vous soit comme un païen et un publicain.* Tout le monde conviendra, je pense : premièrement, qu'il est ici question du for extérieur de l'Eglise; en second lieu, que, quand on se mêle de condamner les Papes, il faudrait au moins savoir ce que l'on dit.

Les efforts du pape Innocent III pour rétablir la paix entre les rois de France et d'Angleterre, aboutirent, au mois d'octobre 1206, à une trêve de deux ans (Matth. Pàris). Mais bientôt le roi d'Angleterre se fit, avec le Pape même, une querelle qui eut des suites graves pour lui et pour son royaume, et fut comme le premier germe de la constitution politique de la nation anglaise.

Les rois d'Angleterre juraient, à leur couronnement, de maintenir les immunités et les droits de l'Eglise, notamment la liberté des élections canoniques. Mais les rois d'Angleterre, surtout les rois normands, manquaient volontiers à leur parole, et regardaient l'Eglise, aussi bien que le royaume, comme un pays de conquête, où ils pouvaient tout ce qu'ils voulaient. A la perfidie, ils joignaient plus d'une fois la violence et la cruauté; nous l'avons vu par l'histoire de saint Thomas de Cantorbéry. On avait espéré que le sang de ce martyr remédierait aux abus. Mais bientôt l'Eglise anglicane se vit tellement asservie par l'insolence des princes, que les mandements apostoliques y étaient sans autorité, et les élections des prélats sans liberté (Inn., *Gesta*, n. 131).

Hubert, archevêque de Cantorbéry, étant mort au mois de juillet 1205, les moines de la cathédrale, qui en formaient le chapitre, eurent une contestation avec les évêques de la province. Les moines soutenaient que c'était à eux seuls d'élire l'archevêque; les évêques prétendaient qu'ils devaient y concourir avec les moines : le roi favorisait la prétention des évêques, comme moyen plus facile de s'emparer de l'élection. Les moines n'osant donc, par crainte du roi, célébrer publiquement une élection libre, en firent une clandestine, sans sa permission. Ils élurent, au milieu de la nuit, leur sous-prieur Réginald, et le placèrent sur le siège archiépiscopal en chantant des actions de grâces. Mais ils lui firent promettre par serment, qu'il ne publierait point son élection sans une permission spéciale et écrite de la communauté, jusqu'à ce qu'elle eût été confirmée par le Pape. Réginald partit la nuit même pour Rome, avec quelques-uns de ses frères. Mais, arrivé en Flandre, il se présenta partout comme archevêque, et montra les lettres de recommandation qui lui avaient été délivrées par son couvent pour le Saint-Siège. Les moines de Cantorbéry, apprenant que Réginald avait ainsi violé sa promesse, et, voulant regagner les bonnes grâces du roi, envoyèrent demander à celui-ci la permission d'élire un archevêque. Le roi la leur accorda volontiers, mais en leur recommandant d'élire Jean de Gray, évêque de Norwich, son confident intime, et un de ses justiciers, plus occupé d'affaires temporelles que du gouvernement de son Eglise. Les moines élurent donc Jean de Norwich, qui fut intronisé en présence du roi. Les évêques suffragants, pour faire plaisir au prince, lui avaient également donné leurs voix. Le roi Jean envoya aussitôt à Rome des moines de la métropole, pour faire confirmer cette élection par le Pape. C'était vers Noël 1205 (*Gesta Inn.*, n. 131; Matth. Pàris).

Innocent III s'occupa d'abord à décider le différend entre les moines de Cantorbéry et les évêques suffragants, touchant l'élection de l'archevêque. Il déclara finalement que les évêques n'y avaient aucun droit, leur imposant à cet égard un perpétuel silence, et ordonna que les moines éliraient l'archevêque sans eux. La sentence est du 21 décembre 1206.

L'année suivante 1207, les moines plaidèrent devant le souverain Pontife les uns contre les autres, touchant les deux élections qu'ils avaient faites, les uns de leur sous-prieur, les autres de l'évêque de Norwich. On soutenait que l'élection du sous-prieur était nulle, parce qu'elle avait été faite par la minorité, en cachette et sans le consentement du roi. On répondit que, quand elle aurait été mauvaise, il fallait attendre qu'elle fût cassée pour procéder à une élection nouvelle : d'où l'on concluait que celle de l'évêque de Norwich était certainement nulle. Après de longs débats, le Pape cassa l'une et l'autre élection, rejetant avec indignation les présents qu'on lui offrait de la part du roi, et qui allaient, disait-on, à onze mille marcs d'argent (*Gesta Inn.*, n. 131; Matth. Pàris, an 1207).

Le prudent Pontife, prévoyant que les deux premières élections seraient cassées, craignit que, s'il renvoyait les moines en Angleterre pour en faire une nouvelle, ils ne retombassent dans le même inconvénient, parce que le roi ne laissait point de liberté dans les élections. C'est pourquoi il manda aux moines qu'ils donnassent à quinze d'entre eux le pouvoir d'élire leur archevêque en ce cas, et qu'ils les envoyassent à Rome : il écrivit dans le même sens au roi, afin qu'il envoyât des représentants de son côté (*Gesta Inn.*, n. 131). Cette dernière circonstance est importante ; elle montre combien Innocent III était loyal dans ses procédés, combien il était éloigné de menées secrètes et arbitraires. Le roi, de son côté, envoya douze moines, auxquels il promit d'accepter celui qu'ils éliraient, mais à condition qu'ils éliraient l'évêque de Norwich. C'est l'anglais Matthieu Pâris qui nous révèle cette subtilité normande du roi Jean (Matth. Paris, an 1208). Elle ne lui réussit pourtant pas. Après avoir cassé les deux élections, le Pape enjoignit aux quinze moines de faire en sa présence une élection canonique ; et, par l'examen de leurs suffrages, le plus grand nombre se trouva concourir en la personne du cardinal Etienne de Langton. Tous s'y accordèrent enfin, hors Elie de Brantfeld, le chef de ceux que le roi avait envoyés. Ensuite le Pape écrivit au roi d'Angleterre, l'exhortant affectueusement à recevoir et à favoriser Etienne, dont il relevait le mérite ; il écrivit en même temps aux moines de Cantorbéry de lui obéir comme à leur pasteur (*Gesta*, n. 131, et Matth. Paris).

Etienne de Langton, anglais de naissance, et appartenant à une famille recommandable, était déjà connu d'Innocent à l'époque où il étudiait la théologie à Paris. Langton n'étudia pas seulement les arts libéraux, il se distingua aussi par ses cours de théologie, par la publication de traités sur quelques livres de l'Ecriture sainte, qu'il divisa le premier en chapitres, tels que nous les possédons aujourd'hui. On lui doit donc d'avoir introduit un usage dont sans doute l'Eglise ne se départira jamais. Après qu'il eut rempli quelque temps les fonctions de chancelier de l'université, le Pape, appréciant ses connaissances et l'austérité de ses mœurs, le fit venir à Rome et le nomma cardinal-prêtre du titre de Saint-Chrysogone. Ce fut quelque temps après avoir été revêtu de cette haute dignité, qu'il fut appelé à l'archevêché de Cantorbéry par le choix des moines, à qui le Pape lui-même l'avait proposé. Comme le roi d'Angleterre avait souvent écrit au cardinal dans les termes de la plus haute estime, on pouvait croire que ce choix ne lui serait point désagréable.

Innocent le lui annonça donc en ces termes : « Nous avons donné notre assentiment à la demande qui nous a été adressée, tant pour la forme dans laquelle elle nous a été présentée, qu'à cause de la personne de l'élu ; car les démarches nécessaires avaient été faites précédemment, tant auprès du monastère qu'auprès du roi, pour maintenir les droits de tous. Comme vous n'avez envoyé vos ambassadeurs à Rome que pour vous faire représenter par eux, on devrait regarder comme inutile de vous demander personnellement votre assentiment pour la nouvelle élection. Nous avons cependant cru devoir suivre cette marche, sur les instances des ambassadeurs, afin de vous témoigner une faveur qu'aucun autre n'a encore obtenue en semblable circonstance. Nous ne voulons donc pas laisser plus longtemps sans pasteur cette Eglise sanctifiée par le sang de l'illustre martyr, de ce noble membre du Siége apostolique, de ce joyau éclatant de sa couronne. Le Saint-Siége pourrait envier à l'Eglise de Cantorbéry un homme puissant en parole et en œuvre devant Dieu et devant les hommes, recommandable par l'éclat de ses mérites et la pureté de sa vie ; mais il est dominé par le besoin de préserver cet archevêché de sa ruine, en lui donnant pour soutien une aussi forte colonne. Nous avons eu en vue autant le bien du diocèse que l'honneur du roi. L'élu est de votre pays, il descend d'une famille qui se recommande par sa fidélité pour votre personne, et nous ne doutons pas que l'archevêque ne marche dans la même voie. Nous vous prions donc de la manière la plus pressante, par l'honneur de Dieu, par l'intercession de saint Thomas, et au nom de la liberté de l'Eglise sur laquelle ont pesé tant de maux, d'accorder votre faveur à l'archevêque élu. Nous désirons que vous nous fassiez connaître votre résolution dans trois mois, afin que le nouvel archevêque puisse se présenter devant vous, revêtu de la plénitude de ses pouvoirs. Dans le cas où vous vous laisseriez aller à de perfides insinuations, nous nous verrions forcé, malgré notre amour pour votre personne, de déployer contre vous, au nom de Dieu, toute la sévérité des mesures canoniques (Inn., L. 9, *Epist.* 106). »

Mais l'évêque de Norwich ne voulut point résigner la dignité qu'avait convoitée son ambition ; et, par ses conseils intéressés, il engagea son maître dans une lutte fâcheuse. On n'eut pas plus tôt annoncé l'élection de Langton, que Jean menaça tous les moines de sa vengeance. Une troupe d'hommes armés les chassa de leur couvent, les força de passer la mer, et prit possession de leurs propriétés au nom du roi. Quant aux moines qui s'étaient embarqués pour la Flandre, au nombre de cent soixante-dix, le comte de Gines les reçut au rivage, les conduisit dans son château, où il les hébergea, et, malgré leur nombre, il fournit des voitures et des chevaux pour les transporter à Saint-Omer. Sur toute la route, les habitants des monastères allèrent processionnellement à la rencontre des fugitifs. Enfin, on les distribua dans les couvents de la Flandre. Celui de Saint-Bertin se distingua par son hospitalité toute fraternelle, et mérita les éloges du Pape. Quant au roi Jean, il établit d'autres religieux au couvent de Cantorbéry, pour la célébration de l'office divin, et en confia l'administration à des marchands et la garde à des soldats mercenaires (Hurter, l. 11).

Le roi Jean écrivit au Pape une lettre peu mesurée contre Etienne de Langton, qu'il traitait d'inconnu et d'ennemi, protestant que jamais il ne se départirait de l'élection de l'évêque de Norwich, et menaçant le Pape, s'il était refusé, d'empêcher ses sujets d'aller à Rome.

Le Pape lui répondit de la manière suivante :

« Nous vous avons écrit humblement, amicalement, avec bienveillance, en vous exhortant et en vous suppliant : vous avez répondu comme en menaçant, en insultant, avec prétention et orgueil. Nous vous avons écrit avec la prévenance la plus excessive, et vous ne nous avez pas même répondu selon les convenances. En aucune circonstance semblable, nous n'avions témoigné à un prince un pareil honneur ; vous, au contraire, vous avez abaissé notre honneur, comme aucun autre prince ne l'a jamais fait, mettant en avant le prétexte frivole, que vous ne pouviez consentir à l'élection du cardinal Etienne, parce qu'il avait demeuré parmi vos ennemis et que sa personne vous était absolument inconnue. Comment vouloir nous imposer par ces prétextes? car c'est un honneur plutôt qu'un reproche au cardinal, d'avoir longtemps étudié à Paris, et avec un tel succès, qu'il a mérité d'être docteur, même en théologie, et chanoine de Paris. Aussi sommes-nous bien étonné qu'un homme de ce nom, originaire de votre royaume, ait pu vous être inconnu même de réputation, vu principalement que, depuis que nous l'avons promu cardinal, vous lui avez écrit trois fois, que vous aviez pensé l'appeler dans votre familiarité, mais que vous vous réjouissiez de le voir élevé à une dignité plus grande. Vous deviez plutôt considérer qu'il est né votre sujet, de parents qui vous sont fidèles et affectionnés, et qu'il a une prébende dans l'Eglise d'York, plus considérable que celle de Paris : puissants motifs pour l'affectionner à votre royaume. Vos envoyés nous ont allégué une autre raison, pour laquelle vous n'avez point consenti à cette élection : c'est que ce consentement ne vous a point été demandé par ceux qui le devaient, assurant que les lettres par lesquelles nous vous mandions d'envoyer des fondés de pouvoirs ne vous sont point parvenues, et que les moines de Cantorbéry ne vous ont adressé ni lettres ni députés pour demander votre assentiment. Vos envoyés nous ont donc supplié, dès qu'il nous plut que les moines de Cantorbéry vous fissent cette demande, de fixer un délai dans lequel elle pût se faire. Quoiqu'il ne soit pas d'usage de réclamer l'assentiment royal pour les élections qui se font près du Siége apostolique, nous avons accédé à leurs prières. Deux moines ont été députés spécialement; mais ils ont été retenus à Douvres, afin qu'ils ne pussent remplir leur commission : quand à nos lettres, où nous demandions des fondés de pouvoir, elles ont été remises à vos envoyés pour vous les présenter fidèlement. De plus, nous qui avons sur l'Eglise de Cantorbéry la plénitude de puissance, nous avons daigné solliciter la faveur royale à ce sujet, et notre courrier, qui vous a présenté les lettres apostoliques, a remis également à Votre Majesté, pour demander son assentiment, les lettres du prieur et des moines, qui, d'après le mandat de tout le chapitre de Cantorbéry, ont célébré l'élection dont il s'agit. Nous n'avons pas vu qu'il fallût, après tout cela, demander encore une fois l'assentiment royal; mais, conformément aux anciennes institutions de l'Eglise, nous avons eu soin que le troupeau ne fût pas privé plus longtemps d'un pasteur; car, quand une élection a été faite canoniquement, nous ne pouvons différer, sans mettre en péril notre réputation et notre conscience. »

On voit par cette lettre que, quand le roi Jean assurait qu'il ne connaissait pas le cardinal Etienne, qu'on ne lui avait point demandé son consentement, il mentait impudemment; car ce consentement lui avait été demandé jusqu'à deux fois, et par le Pape et par le chapitre; et que si la première fois les lettres de l'un ne furent pas remises par les ambassadeurs, et si les députés de l'autre furent retenus en route pour qu'ils ne pussent exécuter leur commission, la seconde fois du moins, les lettres de l'un et de l'autre furent remises au roi par le courrier même du Pape. Il n'y a rien de si méprisable qu'un menteur, surtout quand c'est un roi.

Le pape Innocent termine par ces mots : « Vous donc, très-cher fils, à l'honneur duquel nous avons déféré au delà du droit, déférez à notre honneur selon le droit, afin que vous méritiez plus abondamment la grâce divine et la nôtre; de peur que, si vous agissez autrement, vous ne vous jetiez dans une difficulté dont vous ne puissiez pas vous tirer aisément; car, après tout, il faut que la victoire demeure à celui devant lequel tout genou doit fléchir au ciel, sur la terre et dans les enfers, et dont, malgré notre indignité, nous tenons la place sur la terre. N'écoutez donc pas les conseils de ceux qui cherchent à vous pousser dans des embarras, afin de pêcher en eau trouble; mais confiez-vous à notre bienveillance, ce qui tournera à votre louange, gloire et honneur. Car il n'y aurait point de sûreté pour vous, de résister à Dieu et à l'Eglise dans une cause pour laquelle le bienheureux martyr et glorieux pontife Thomas a versé depuis peu son sang; d'autant plus que votre père et votre frère ont prêté serment entre les mains des légats apostoliques, de renoncer à cette mauvaise coutume. Quant à nous, si vous acquiescez humblement à nos conseils, nous aurons tout le soin nécessaire pour que ni vous ni les vôtres n'ayez à craindre de cette affaire aucun préjudice (Inn., L. 10, *Epist.* 209; Matth. Paris). »

Le Pape écrivit vers le même temps la lettre suivante aux évêques de Londres, d'Ely et de Worcester : « Dieu nous est témoin combien nous aimons notre très-cher fils le roi d'Angleterre; nous lui en avons donné des preuves telles, que nous nous sommes attiré la désaffection de plusieurs princes. Chaque fois qu'une révolution le menaçait, lui ou son royaume, le Siége apostolique l'a secouru puissamment et l'a délivré de bien des angoisses. Mais il se montre tellement ingrat, que l'on croirait qu'au lieu de l'attirer par des bienfaits, nous l'avons provoqué par des injures. Il s'oppose à nos ordonnances ou plutôt à celles de Dieu, sans craindre que cette entreprise ne le jette dans un grave péril. Sans doute, nous pensons que le dévouement du roi nous est nécessaire; mais il doit savoir par expérience que notre faveur lui est encore plus utile. Cependant, oubliant tout, il s'efforce de diminuer notre juridiction et même de l'anéantir, quoique nous n'ayons jamais cherché à diminuer la sienne, mais toujours à la défendre. Il devrait cependant faire attention que les princes qui ont attaqué la liberté ecclésiastique pour s'arroger sur les Eglises une puissance indue, ont défailli presque entièrement par le jugement de Dieu, pendant que ceux qui secondent l'Eglise dans sa liberté sont honorés dignement et prospèrent de bien en mieux. Il ne considère pas quelle sera l'issue de sa persécution. Car à Dieu ne plaise que, dans une entreprise si injuste, le peuple si chrétien et si orthodoxe de l'Angleterre suive un roi terrestre contre le Roi du ciel, attendu que non-seulement les clercs, mais les laïques même y savent distinguer ce qu'ils doivent à César et ce qu'ils doivent à Dieu. Comme nous ne croyons pas qu'on puisse mieux pourvoir à l'honneur et au salut du roi, qu'en donnant à l'Eglise de Cantorbéry un pontife qui, illustre par la renommée, la science et la vie, puisse le provoquer aux choses de Dieu par ses instructions et ses exemples, et qui, l'aimant de tout son cœur, lui donne de salutaires conseils et pour le spirituel et pour le temporel; comme d'ailleurs nous trouvons toutes ces qualités dans le cardinal Etienne, canoniquement postulé et élu par l'Eglise de Cantorbéry, nous l'avons accordé à cette Eglise, quoiqu'il nous en coûtât, préférant l'utilité et le salut du roi à notre utilité personnelle : nous l'avons donc consacré de nos mains, revêtu du *pallium* en signe de la plénitude de puissance, et nous l'envoyons pour gouverner l'Eglise qui lui est confiée.

» Encore donc que nous aimions très-sincèrement le roi, et que nous désirons déférer à son honneur, toutefois, comme il nous faut déférer à Dieu plus qu'aux hommes, et que, dans l'accomplissement de la justice, il ne doit point y avoir acception de personnes, nous vous exhortons instamment et vous ordonnons rigoureusement, par lettres apostoliques, d'aller vous présenter au roi, et de l'exhorter comme roi, avec une liberté respectueuse, de l'induire affectueusement comme un fils, à assurer le salut des âmes, le repos des peuples, l'honneur et la liberté de l'Eglise, en acquiesçant à de salutaires conseils, en déposant ses préventions contre l'archevêque, que nous savons lui être fidèle et dévoué, et en le laissant exercer ses fonctions en paix. Autrement, surmontez toute crainte temporelle, prononcez un interdit général sur toute l'Angleterre, défendant d'y faire aucune fonction ecclésiastique, hors le baptème des enfants et la pénitence des mourants, et veillez à ce que cet interdit soit strictement observé. Que si ce châtiment n'ouvre pas encore les yeux au roi, nous appesantirons sur lui notre main, jusqu'à ce que, guéri par cette correction médicinale, il se relève pour nous rendre grâces (Inn., L. 10, *Epist.* 113). »

Le Pape écrivit aussi à tous les évêques d'Angleterre et de Galles, de soutenir, en cette occasion, la liberté de l'Eglise anglicane. La lettre est du 18 novembre 1207. Il écrivit en même temps à tous les seigneurs d'Angleterre, de ramener le roi par leurs bons conseils, et de prévenir les maux que sa révolte contre l'autorité de l'Eglise attirerait sur le royaume (*Ibid.*, *Epist.* 159 et 160).

L'interdit ayant été publié, le clergé anglais se vit en butte à une violente persécution. Cependant la plupart de ses membres, à l'exception seulement des évêques de Durham, de Winchester et de Norwich, préférèrent la misère la plus extrême à la désobéissance envers leur souverain pasteur. Beaucoup émigrèrent, d'autres se cachèrent dans leurs églises, où plusieurs moururent de faim. Une femme ayant perdu la vie, à Oxford, par la maladresse d'un étudiant, les juges firent arrêter trois amis de celui-ci, et quoiqu'ils n'eussent aucune connaissance de l'accident, ils furent pendus par ordre du roi. Révoltés d'un pareil acte de cruauté, tous les étudiants et tous les professeurs émigrèrent, au nombre de près de trois mille. La fureur de Jean ne s'arrêta point aux ecclésiastiques ; les hommes des autres classes en eurent également à souffrir. Sa violence avait atteint un tel degré, qu'il fit brûler toutes les haies qui entouraient les forêts, et combler les fossés qui leur servaient de clôture, afin que le gibier pût dévaster librement les terres de ses sujets. Pour l'exécution de toutes ces iniquités, il était entouré d'une troupe de conseillers pervers, à la tête desquels se trouvait son frère le comte de Salisbury. Ils appuyaient ses ordres barbares, les faisant tourner à leur profit, et l'excitaient à en donner de plus durs encore (Matth. Paris, p. 159 et 161).

Cependant le roi, ne pouvant souffrir les clameurs publiques que l'interdit excitait contre lui, envoya au Pape l'abbé de Beaulieu, avec une lettre de créance, offrant de recevoir Etienne de Langton pour archevêque de Cantorbéry, avec assurance de lui faire restitution, à lui et aux moines, de ce qu'il leur avait ôté. Mais, comme il ne pouvait encore se résoudre à lui donner ses bonnes grâces, il ne voulait pas lui donner les régales, il les résignait entre les mains du Pape, pour les conférer à l'archevêque comme il lui plairait. Le Pape accepta la proposition, et en écrivit au roi une lettre toute paternelle. En même temps il manda aux trois évêques de Londres, d'Ely et de Worchester, qu'après avoir pris leurs sûretés du côté du prince, ils donnassent les régales à l'archevêque, le fissent venir à son église et levassent l'interdit. Le Pape en donna avis à l'archevêque qui attendait en Flandre, l'exhortant à bien vivre avec le roi. La lettre est du 27 mai 1208 (Inn., L. 11, *Epist.* 89, 90, 91 et 102).

Cette négociation fut sans effet, parce que le roi ne voulut point accomplir ses promesses. On le voit par les paroles suivantes d'une autre lettre du Pape : « Exécutez au moins les promesses contenues dans la lettre que vous avez écrite, et ce que nous a remise l'abbé de Beaulieu. Car en négligeant de faire ce que vous avez demandé vous-même d'une manière si pressante, vous ajouterez une seconde faute à la première, et elle sera d'autant plus grave que vous nous avez récemment envoyé de nouveaux ambassadeurs sous prétexte de terminer promptement cette affaire (Martène, *Thesaurus*, t. I, p. 810).

Au lieu de sortir ainsi d'embarras par la voie que lui-même avait ouverte, le roi s'en créa de nouveaux. Craignant que le Pape ne vint à l'excommunier nommément et à délier les seigneurs d'Angleterre du serment de fidélité, il voulut prendre ses sûretés, principalement à l'égard de ceux qui lui étaient le plus suspects. Il leur demanda des otages. Plusieurs obéirent, et livrèrent leurs enfants ou leurs neveux aux commissaires du roi. Quelques-uns refusèrent, et une dame, entre autres, osa dire que jamais elle ne donnerait ses enfants à un roi qui avait tué son propre neveu. Ce procédé tyrannique augmenta de beaucoup la haine contre le roi (Matth. Paris, an 1208).

Au commencement de l'année 1209, Innocent exhorta de nouveau le roi avec bienveillance. Il le conjura de songer à son salut, de ne pas résister plus longtemps, de ne pas l'affliger davantage. « On vous cache bien des choses dans l'affaire de l'archevêque de Cantorbéry, vous devez par conséquent nous écouter de préférence à ceux qui vous mettent dans l'embarras ; car, semblable à un médecin expérimenté, nous employons tour à tour chaque moyen, afin de voir si l'un d'eux parviendra à amollir votre endurcissement. C'est pourquoi nous avons de nouveau recours à la prière, et nous vous supplions de ne pas refuser plus longtemps d'écouter l'Eglise et Dieu lui-même, de suivre des conseils salutaires et non pas des suggestions pernicieuses ; sinon nous serons obligé de prendre le ciel et la terre à témoin que vous devrez attribuer uniquement à votre obstination un traitement plus dur (Inn., L. 11, *Epist.* 221). La sévérité avec laquelle Innocent entendait que l'interdit fût observé, afin que le roi ne s'imaginât pas apercevoir en lui des signes de faiblesse, était si grande, qu'il ne voulut pas accorder à l'ordre de Citeaux, du reste si favorisé par lui, diverses prérogatives réclamées pour la célébration du service divin, conformément aux concessions faites par de précédents Papes (*Chron. Mortui-Maris in Marten. Thes.*, t. III), et qu'il recommanda encore en particulier aux trois évêques de veiller à ce que le nerf de la discipline ecclésiastique ne fût point affaibli (Inn., L. 12, *Epist.* 9 et 10).

Mais comme le roi ne faisait aucun cas des avertissements et des menaces, le Pape crut qu'il devait faire exécuter la punition plus sévère dont, depuis longtemps, il l'avait menacé. Il chargea donc les évêques de Londres, d'Ely et de Worcester de prononcer l'excommunication nominativement contre le roi. Ceux-ci cependant n'osèrent pas se rendre en Angleterre, de la Flandre où ils étaient réfugiés; mais ils transmirent l'ordre aux évêques et aux prélats qui y étaient restés. Ces derniers n'eurent pas plus de courage que les premiers, de sorte que la sentence ne fut que vaguement connue, jusqu'à ce qu'enfin Godefroi de Norwich, juge de la chambre royale, fut assez hardi pour déclarer, dans une séance publique du tribunal, que sa conscience ne lui permettait pas de servir plus lontemps un monarque excommunié. Cette déclaration coûta la vie au juge; le roi le fit revêtir d'un manteau de plomb, jeter en prison et mourir de faim (Matth. Paris).

Cependant le roi, malgré sa violence, n'était pas sans quelque crainte. Il voyait que l'excommunication pouvait être suivie de la déposition, et que le roi de France se ferait volontiers l'exécuteur de la sentence. Au lieu de prendre la voie la plus simple pour se tirer d'embarras, en se réconciliant avec le Pape, suivant la promesse qu'il lui avait déjà faite, il eut recours au sultan du Maroc, le même dont l'armée fut ensuite si complètement défaite en Espagne l'an 1212, à la fameuse bataille de Tolosa. Jean lui envoya donc secrètement trois ambassadeurs, deux chevaliers, Thomas et Raoul, et un clerc nommé Robert de Londres. Etant admis à l'audience du Miramolin, ils lui exposèrent leur charge, et lui présentèrent la lettre du roi Jean, par laquelle il lui déclarait que, s'il voulait le secourir, il lui soumettrait son royaume, pour le tenir de lui moyennant un certain tribut, et même renoncerait à la religion chrétienne qu'il croyait fausse, et embrasserait celle de Mahomet. Après qu'un interprète eût expliqué cette lettre au Miramolin, il ferma un livre qu'il avait sur un pupitre, et, ayant un peu pensé, il dit : « Je lisais un livre grec d'un sage chrétien, nommé Paul, dont les actions et les paroles me plaisent fort; mais ce qui m'en déplait, c'est qu'il quitta la religion où il était né. J'en dis autant du roi, votre maître, qui, par inconstance, veut quitter la loi chrétienne, si sainte et si pure. Dieu sait, lui qui n'ignore rien, que, si j'étais sans religion, je la choisirais préférablement à toute autre. »

Ensuite il s'informa de l'état du roi d'Angleterre et de son royaume. Thomas répondit : « Le roi est très-noble et descend de plusieurs rois. Le pays est riche et fertile, manquant seulement de vignes et d'oliviers; mais on y supplée par le commerce. Le peuple est bien fait, industrieux et instruit de tous les arts. On y parle trois langues : le latin, le français et l'anglais. On appelle l'Angleterre *la reine des îles*; et elle est libre de tout temps, sous le gouvernement d'un roi qui ne reconnaît que Dieu pour supérieur. Notre religion y est aussi florissante qu'en aucun pays du monde. » Alors le Miramolin dit avec un grand soupir : « Je n'ai jamais lu ni ouï dire qu'un prince, possédant un royaume si heureux et si soumis, le voulût rendre tributaire à un étranger. Votre maître est un misérable et un lâche. » Puis, ayant appris qu'il avait cinquante ans, il ajouta : « Il commence à s'affaiblir et ne doit chercher que la paix et le repos. » Enfin, après un peu de silence, ramassant toutes les réponses des envoyés, il dit : « Ce roi est moins que rien, je n'en fais aucun cas, il est indigne de mon alliance. « Et, regardant de travers Thomas et Raoul, il leur défendit de paraître plus en sa présence.

Comme ils se retiraient avec confusion, le Miramolin regardait Robert de Londres, le troisième envoyé, qui s'était tenu à part; et, voyant un petit homme de mauvaise mine, il jugea qu'il devait être habile, puisqu'on l'avait envoyé pour une affaire de cette importance. Lui apercevant de plus une tonsure et le reconnaissant pour clerc, il le retint, lui fit plusieurs questions, et l'adjura, pour l'honneur de la religion chrétienne, de lui dire la vérité sur le roi d'Angleterre. Robert répondit avec franchise : « C'est un tyran plutôt qu'un roi : oppresseur des siens, fauteur des étrangers, lion pour ses sujets, agneau pour les ennemis ; par son indolence, il a perdu le duché de Normandie et plusieurs autres terres, et ne cherche qu'à perdre où à détruire l'Angleterre même. Il est odieux par ses exactions insatiables et par ses usurpations pour ses sujets. Il a une femme qu'il hait et qui le hait, femme convaincue d'adultère, dont il fait étrangler sur sa couche les complices vrais ou prétendus, tandis que lui-même déshonore les filles nubiles, fussent-elles sœurs. Quant au culte chrétien, comme vous l'avez entendu, il est flottant et sans foi. »

Lorsque le Miramolin entendit ces choses, il ne le méprisa plus comme auparavant, mais il le détesta et le maudit dans sa loi, disant : « Pourquoi les misérables Anglais permettent-ils qu'un pareil être règne sur eux? ce sont des efféminés et des esclaves. » Robert répondit : « Les Anglais sont les plus patients des hommes, jusqu'à ce qu'on les maltraite à l'excès. Alors, comme le lion et l'éléphant, quand ils se sentent blessés ou ensanglantés, ils se fâchent et s'efforcent de secouer, quoique tard, le joug de qui les opprime. » Le Miramolin ayant entendu tout cela, blâma l'excessive patience des Anglais, qu'il traitait de lâcheté. Il eut encore plusieurs conversations avec Robert, et le renvoya chargé de présents d'or, d'argent, de pierreries et d'étoffe de soie.

Robert, étant de retour, raconta à ses amis les particularités de cette ambassade; et l'historien Matthieu Paris dit lui en avoir entendu parler lui-même. Il ajoute que le roi Jean ne pensait pas comme il faut sur la résurrection des morts et d'autres articles de foi, et disait des extravagances qu'on n'ose répéter. Un jour, par exemple, voyant écorcher un cerf fort gras qu'on avait pris à la chasse, il dit en riant : Que cet animal se portait bien, et pourtant il n'a jamais entendu de messe.

Quant à Robert lui-même, le roi Jean, pour le récompenser de ses services, lui donna la curatelle de l'abbaye de Saint-Alban durant l'interdit, charge de laquelle il trouva moyen de tirer mille marcs pour son propre usage. C'est ce que dit Matthieu Paris, qui était moine de cette abbaye. Comme l'interdit fut levé en Angleterre au mois de juin 1214, que, dès l'année précédente 1213, le roi Jean avait été absous de l'excommunication, comme surtout la puissance de l'émir du Maroc avait été détruite en 1212 à la bataille de Muradel ou de Tolosa, il faut nécessairement placer avant cette dernière époque l'ambassade anglaise, qui trouva l'émir encore dans toute sa puissance, et plus disposé à repousser des secours qu'à les réclamer. Quant à Matthieu Paris, il en parle et dans son *Histoire d'Angleterre* et dans son *Histoire des abbés de Saint-Alban*, et dans chaque endroit il en parle à une époque différente. Celle qu'il lui assigne dans sa dernière histoire, est l'époque où nous l'avons placée avec l'historien Lingard (t. III, p. 39, édit. 1834).

Au mois d'août 1211, le roi Jean revenait du pays de Galles, où il avait eu quelques succès militaires aussi bien qu'en Irlande, lorsqu'il trouva deux envoyés du Pape à Northampton, savoir : Pandolfe, sous-diacre de l'Eglise romaine, en qui le Pape avait grande confiance, et Durand, chevalier du Temple; ils venaient tous deux pour rétablir la paix entre le roi et l'Eglise. Le roi accorda volontiers à leurs exhortations, que l'archevêque de Cantorbéry, Etienne de Langton, les autres évêques et les moines bannis revinssent chez eux, mais il ne voulut point promettre satisfaction touchant leurs biens confisqués et les dommages qu'ils avaient soufferts. Ainsi les envoyés du Pape retournèrent en France sans rien faire.

Le Pape l'ayant appris, et voyant l'opiniâtreté du roi, déclare tous ses vassaux et ses sujets absous du serment de fidélité, défendant expressément, et sous peine d'excommunication, que personne communiquât avec lui, ni pour la table, ni pour le conseil, ni simplement pour lui parler. Ce n'était pas encore la déposition, mais comme une suspension comminatoire, pour le faire rentrer en lui-même. Or, le roi Jean avait plusieurs mauvais conseillers qui l'entretenaient dans son endurcissement, entre autres trois évêques de cour, Philippe de Durham, Pierre de Winchester et Jean de Norwich, la première cause de ce différend; de plus, Guillaume, frère bâtard du roi, comte de Salisbury; Geoffroi, grand-justicier; Richard du Marais, chancelier, et plusieurs autres qui, ne cherchant qu'à lui plaire, lui donnaient des conseils selon son inclination.

L'année suivante 1212, Mauger, évêque de Worcester, mourut à Pontigny, où il s'était retiré, comme autrefois saint Thomas de Cantorbéry. Deux autres évêques réfugiés, Guillaume de Londres et Eustache d'Ely, allèrent à Rome avec le nouvel archevêque de Cantorbéry, Etienne de Langton, et représentèrent au Pape les divers excès que le roi Jean avait commis depuis le commencement de l'interdit, et la cruelle persécution qu'il faisait à l'Eglise anglicane. En conséquence, ils supplièrent humblement le Pape d'en avoir pitié. « Innocent, pénétré de douleur à cause de la désolation du royaume, dit Matthieu Paris, de l'avis des cardinaux, des évêques et autres personnes prudentes, décrète juridiquement que Jean devait être déposé du trône et un autre mis en sa place (Matth. Paris, an 1212). » En exécution de la sentence, il écrivit à Philippe-Auguste qu'il eût à chasser Jean et à conquérir le royaume pour lui et ses successeurs. Il écrivit en même temps à tous les seigneurs, les chevaliers et les autres gens de guerre de diverses nations, qu'ils eussent à se croiser pour déposséder le roi d'Angleterre, et qu'ils travaillassent en cette entreprise à venger l'injure de l'Eglise universelle sous la conduite du roi de France. Le Pape déclara de plus que quiconque contribuerait de ses biens ou autrement à la destruction de ce roi rebelle, recevrait de l'Eglise la même protection que ceux qui visitaient le saint Sépulcre.

Or, le roi Jean s'était rendu odieux non-seulement aux ecclésiastiques de son royaume, mais encore à la noblesse, au peuple et à tous ses sujets, par ses cruautés, ses exactions, ses débauches. Il avait abusé des femmes et des filles de gentilshommes, malgré leur résistance; il en avait réduit d'autres à la dernière pauvreté par ses extorsions; il avait banni les parents et les amis de quelques autres, et tourné leurs biens à son profit. Tous ceux-là reçurent avec grande joie l'absolution que leur donnait le Pape du serment de fidélité. On disait même que plusieurs seigneurs avaient envoyé au roi de France des lettres munies de leur sceau, pour l'inviter à venir en Angleterre recevoir la couronne (Matth. Paris, an 1212).

Philippe s'y disposa avec une puissante armée. « Il se détermina à passer en Angleterre, dit l'historien de sa vie, pour restituer à leurs Eglises les évêques qui, chassés de leurs sièges, étaient exilés depuis longtemps dans son royaume; pour faire renouveler le service divin, qui, depuis sept ans, était cessé en Angleterre; pour punir comme il le méritait, chasser entièrement du royaume et rendre, suivant son surnom, tout à fait sans terre ce même roi Jean, qui avait tué son neveu Arthur, fait pendre un grand nombre d'enfants qu'on lui avait donnés pour otages et commis d'autres crimes sans nombre (Rigord, *In Gest. Philip.-Aug.*). »

Dans le même temps, le roi Philippe-Auguste n'ayant pu obtenir du Pape qu'il déclarât nul son mariage avec la reine Ingelburge, fit revenir cette princesse auprès de lui, se réconcilia sincèrement avec elle; et cette réconciliation causa une joie universelle parmi tout le peuple de France.

Jean, roi d'Angleterre, étant averti de l'armement de Philippe-Auguste, fit de grands préparatifs de son côté, tant par mer que par terre, et assembla soixante mille hommes de bonnes troupes, ayant d'ailleurs une flotte supérieure à celle de France. Mais pendant qu'il se préparait ainsi à bien recevoir le roi Philippe, arrivèrent à Douvres deux Templiers, qui le vinrent trouver et lui dirent : « Nous venons, grand roi, de la part de Pandolfe, sous-diacre et confident du Pape, qui vous demande une conférence, pour vous proposer un moyen de vous réconcilier à Dieu et à l'Eglise, quoique dans la cour vous soyez condamné juridiquement et privé du droit de régner sur l'Angleterre. » Le roi, ayant entendu cette proposition, envoya les Templiers pour amener sans délai Pandolfe. Celui-ci étant venu à Douvres, dit au roi : « Voilà le roi de France à l'embouchure de la Seine, prêt à vous chasser comme un rebelle au souverain Pontife, et à s'emparer du royaume d'Angleterre, par l'autorité du Siège apostolique. Avec lui viennent tous les évêques et les autres, tant clercs que laïques, chassés d'Angleterre, espérant qu'il les fera rentrer malgré vous dans leurs sièges et dans leurs biens, disposés à lui être soumis comme ils l'ont été à vous et à vos prédécesseurs. Le roi se vante d'ailleurs d'avoir des lettres de presque tous les seigneurs d'Angleterre, qui lui promettent fidélité. Songez à vos intérêts, du moins en cette extrémité; apaisez Dieu justement irrité, soumettez-vous à l'Eglise, et le Pape vous rétablira dans le royaume dont il vous a privé pour votre obstination. »

A ce discours, le roi Jean fut pénétré de douleur et se trouva dans un embarras terrible, voyant les périls qui le menaçaient de toutes parts. Quatre causes principales le déterminèrent, suivant Matthieu Pâris, à faire pénitence et satisfaction. La première, il était excommunié depuis cinq ans, il avait tellement offensé Dieu et l'Eglise, qu'il désespérait presque de son salut. La seconde, il voyait le roi de France prêt à entrer dans son royaume pour l'en chasser. La troisième, il craignait que, s'il en venait à une bataille, il ne fût abandonné par les seigneurs d'Angleterre et par ses propres gens, ou livré à ses ennemis. Enfin la quatrième, qui le touchait le plus, c'est que la fête de l'Ascension était proche, et il craignait la prédiction de l'ermite Pierre.

C'était un homme de la province d'York, qui passait pour avoir le don de prophétie, et, l'année précédente 1212, disait publiquement à qui voulait l'entendre, que Jean ne serait plus roi à la fête de l'Ascension prochaine, et que la couronne d'Angleterre passerait à un autre. Etant amené au roi, il le lui dit en face, et ajouta : Si je suis convaincu de mensonge, faites de moi ce qu'il vous plaira. Le roi le fit mettre en prison ; mais sa prédiction s'étant répandue dans les provinces, fut regardée comme venue du ciel. C'est du moins ce que dit Matthieu Pâris.

Le roi Jean, se trouvant donc réduit au désespoir, acquiesça aux propositions de Pandolfe. Il posa la main sur l'Evangile, et jura de se soumettre à l'Eglise. Seize barons s'engagèrent à faire exécuter sa promesse dans le cas où il deviendrait parjure. Le 13 mai 1213, le roi et Pandolfe conclurent, à Douvres, en présence d'une foule de comtes, de barons et de peuple, un traité en vertu duquel la paix devait être rétablie entre Jean et les évêques, tous les ecclésiastiques et laïques impliqués dans ce différend. Le roi s'engageait à ne leur causer ni à leur laisser causer aucun tort; à ne pas les troubler dans l'exercice de leurs fonctions, à expédier pour cet effet des lettres publiques, cautionnées par quelques barons, sous la foi du serment. En n'observant pas ces conditions, le roi perdra la surveillance sur les églises devenues vacantes. Si les barons refusaient de s'engager sous serment, le roi serait tenu de céder au Saint-Siège son droit de patronage sur les Eglises anglaises. Des saufs-conduits devaient être expédiés aux évêques et à leurs compagnons avant leur arrivée en Angleterre. Ceux-ci, de leur côté, s'engageaient par serment et par écrit, si le roi l'exigeait, à ne rien entreprendre contre la couronnne tant que le roi observerait la foi jurée. Au reste, les biens des églises devaient être restitués, des indemnités accordées, les franchises rétablies, et tous les détenus mis en liberté. Aussitôt après l'arrivée du légat pontifical chargé de lever l'excommunication, le roi paiera aux mandataires des archevêques, des évêques et des religieux de Cantorbéry, pour chacun, une somme convenable destinée à acquitter leurs dettes et à couvrir les frais de leur retour ; et pour tous, une somme de huit mille livres sterlings, et leur rendra, immédiatement après l'acceptation du traité, la libre administration de leurs biens immeubles. La proscription contre les ecclésiastiques sera révoquée publiquement, et le roi remettra à l'archevêque une déclaration authentique de ne plus en prononcer à l'avenir. Il lèvera également la proscription contre les laïques. Tout différend relatif à la restitution des biens devra être jugé par le légat, après l'examen des preuves. L'interdit sera levé immédiatement après l'exécution du traité ; les différends que le légat ne pourrait accommoder seront portés devant le Saint-Siège.

Douze barons jurèrent, au nom du roi, la fidèle exécution de ces articles. Puis les évêques reçurent des saufs-conduits et l'assurance que tous les engagements seraient remplis. Pandolfe se présenta alors au peuple, et annonça que le roi s'était réconcilié avec l'Eglise, et que tous devaient le secourir contre ses ennemis. Des députés furent envoyés en France pour inviter Philippe à renoncer à ses projets sur l'Angleterre. Cependant bien des personnes doutaient encore de la sincérité de Jean (Inn., L. 15, *Epist.* 234; L. 6, *Epist.* 76; Matth. Pâris, an 1213; Rymer, *Act. et Fœd.*, l. 1, c. 54).

Deux jours après, la veille de l'Ascension, Jean renonça en faveur du Pape à la couronne et aux royaumes d'Angleterre et d'Irlande, et remit à Pandolfe un acte ainsi conçu : « Voulant obtenir la miséricorde divine pour nos offenses envers l'Eglise romaine; désirant nous humilier devant Celui qui s'est humilié pour nous jusqu'à la mort, conduit par l'impulsion du Saint-Esprit, et n'ayant rien de plus précieux à offrir que notre personne et nos Etats, nous remettons, du consentement de nos barons, sans y être forcé par la violence ou la crainte, mais en vertu de notre libre volonté, à Dieu, à ses saints apôtres Pierre et Paul, à notre mère la sainte Eglise, à notre seigneur le pape Innocent et à ses successeurs catholiques, en expiation de nos péchés et de ceux de notre famille, tant vivants que morts, nos royaumes d'Angleterre et d'Irlande avec tous leurs droits et dépendances, afin de les recevoir de nouveau en qualité de vassal de Dieu et de l'Eglise romaine. Nous prêtons entre les mains de Pandolfe le serment de vassal au souverain Pontife et à ses successeurs, et rendons ce serment obligatoire pour nos héritiers et successeurs. En signe de vassalité, nous nous obligeons à payer au Saint-Siège, sur les revenus du royaume, outre le denier de Saint-Pierre, trois cents marcs pour l'Irlande et sept cents pour l'Angleterre. Le tout sous peine de déchéance pour celui de nos successeurs qui attaquerait ces dispositions (Inn., L. 16, *Epist.* 77). »

Jean remit au légat cet acte revêtu de son sceau et de la signature de l'archevêque de Dublin et de plusieurs barons ; il se rendit ensuite en grande pompe à l'église, déposa la couronne et les insignes de la royauté, et prêta en ces termes le serment de vassalité : « Moi Jean, par la grâce de Dieu, roi d'Angleterre et souverain d'Irlande, je serai dès ce moment fidèle à Dieu, à saint Pierre, à l'Eglise romaine, à mon seigneur le pape Innocent, ainsi qu'à ses successeurs catholiques. Je n'aiderai ni par actions, ni par paroles, ni par conseils, ni par consentement, à leur faire perdre la vie, les membres ou la liberté. J'éloignerai d'eux tout dommage qui me sera connu, et ferai tous mes efforts pour l'empêcher. Je leur ferai connaître par moi-même ou par une personne sûre tout attentat contre eux. Je garderai le secret sur tout ce qu'ils voudront me communiquer, et ne le divulguerai point à leur détriment. Je défendrai de tout mon pouvoir l'héritage de saint Pierre, et particulièrement le royaume d'Angleterre et d'Irlande contre quiconque voudra les attaquer ; que Dieu et les saints Evangiles me viennent en aide (Matth. Pâris, an 1213). »

Suivant Mathieu Pâris, le légat Pandolfe foula aux pieds, au grand déplaisir de l'archevêque de Dublin, l'argent donné pour gage de la soumission du roi. Suivant le même auteur, le jour de l'Ascension étant passé sans qu'il fût arrivé d'autre mal au roi Jean, il crut avoir convaincu de mensonge l'ermite Pierre. Il le fit tirer de prison, traîner à la queue des chevaux et pendre, lui et son fils ; mais plusieurs en furent indignés, croyant que la prophétie de Pierre était suffisamment accomplie dans ce qui venait de se passer. C'est la réflexion de Mathieu Pâris.

Cependant la soumission féodale du roi Jean à l'Eglise romaine n'avait d'extraordinaire que la solennité. Dès l'an 1173, nous avons vu son père, Henri II, écrire en ces termes au pape Alexandre III : « Le royaume d'Angleterre est de votre juridiction, et quant à l'obligation du droit féodal, je ne me reconnais sujet qu'à vous. Que l'Angleterre apprenne ce que peut le Pontife romain, et puisqu'il n'use pas d'armes matérielles, qu'il défende par le glaive spirituel le patrimoine de saint Pierre (*Apud Baron.*, an 1173). » D'ailleurs, le roi Jean ne fit cette soumission que de l'avis commun de ses barons, comme il est dit dans l'acte même signé par eux. Il y a plus : les envoyés des barons dirent au Pape que, si le roi s'était ainsi soumis à lui et à l'Eglise romaine, ce n'était point de son propre mouvement, ni par dévotion, mais par crainte et forcé par eux : *Et per eos coactus* (Rym., t. I).

Après la réconciliation du roi Jean, le légat Pandolfe passa en France, chargé des actes de la pacification et des huit mille livres sterlings, pour partie de la restitution qui devait être faite aux prélats, à qui il persuada de passer en Angleterre, pour recevoir le reste. Ensuite il alla trouver le roi de France et l'exhorta fortement à se désister de son entreprise avec l'Angleterre, disant qu'il ne pouvait pas attaquer ce royaume sans offenser le Pape, puisque le roi Jean était prêt à satisfaire à Dieu et à l'Eglise, et à faire ce que le Pape lui ordonnerait. A ce discours, le roi Philippe répondit fort en colère, dit-on, qu'il avait entrepris cette guerre par ordre du Pape, et déjà dépensé plus de soixante mille livres pour armer des vaisseaux et faire ses provisions d'armes et de vivres. On ajoute que Philippe aurait effectivement passé en Angleterre, si le comte de Flandre, son vassal, ne l'avait abandonné. C'était Ferrand, c'est-à-dire Ferdinand de Portugal, qui avait épousé Jeanne, fille aînée de Baudouin, empereur de Constantinople, et avait fait secrètement alliance avec le roi d'Angleterre. Le roi Philippe tourna donc ses armes contre Ferrand, mais avec peu de succès, pendant cette année 1213 ; car sa flotte fut brûlée par celle d'Angleterre.

Alors le roi Jean, reprenant courage, résolut de faire la guerre au roi Philippe, en soutenant le comte de Flandre et en descendant lui-même dans le Poitou ; mais les seigneurs d'Angleterre refusèrent de le suivre, qu'il ne se fût fait absoudre de l'excommunication. Il envoya donc des lettres de vingt-quatre seigneurs à l'archevêque de Cantorbéry et aux évêques exilés avec lui, pour les assurer qu'ils pouvaient revenir en Angleterre en toute confiance. Ainsi, à la sollicitation du légat Pandolfe, l'archevêque, les quatre évêques de Londres, d'Ely, de Lincoln et d'Herford, ainsi que les autres exilés, s'embarquèrent, arrivèrent à Douvres et allèrent trouver le roi Jean à Winchester, le 20 juillet. Le roi vint au devant des prélats et se jeta à leurs pieds, fondant en larmes et les priant d'avoir pitié de lui et de son royaume d'Angleterre. Les prélats le relevèrent de terre, pleurant avec lui, et, le prenant au milieu d'eux, le conduisirent à la porte de l'église cathédrale, où ils récitèrent le psaume *Miserere*, après quoi ils lui donnèrent l'absolution dans le chapitre.

Le roi jura de protéger l'Eglise et le clergé, de ramener la pratique des bonnes lois de ses prédécesseurs, d'abolir les mauvaises et d'achever avant Pâques l'entière restitution qu'il avait promise. Ensuite l'archevêque le conduisit à l'église et célébra la messe, qui fut suivie du festin où les prélats et les seigneurs mangèrent avec le roi. L'archevêque donna cette absolution, suivant l'ordre que le Pape lui en avait donné, à lui et aux légats Pandolfe, pour en user en cas de nécessité (L. 6, *Epist.* 89).

Le roi se hâta de revenir à Portsmouth, ordonna aux troupes de s'embarquer et fit voile pour les côtes de France, avec un vent favorable. Il atteignit l'île de Jersey avec un petit nombre de vaisseaux ; mais il s'aperçut qu'aucun des barons ne l'avait suivi. Sous prétexte que le temps de leur service était expiré, ils s'étaient rendus à Saint-Alban, à un concile ou conseil, avec l'archevêque et les évêques. Ils firent publier leurs résolutions dans la forme des proclamations royales ; elles ordonnaient que les lois émanées de Henri Ier fussent universellement observées, et elles prononçaient la peine capitale contre les vicomtes, les forestiers et autres officiers du roi qui dépasseraient la ligne exacte de leur devoir. Voilà ce que rapporte Matthieu Pâris. Nous croyons que, se permettre des proclamations pareilles en l'absence et à l'insu du roi, est une conspiration criminelle.

Dans cet intervalle, Jean était revenu à terre, ne respirant que vengeance contre les traîtres qui avaient abandonné leur souverain. Il se détermina à punir leur désobéissance par une exécution militaire ; et il s'était avancé jusqu'à Northampton, quand il fut rejoint par l'archevêque ; celui-ci lui représenta qu'il allait contre le serment qu'il venait de faire à son absolution, puisque, selon les lois, il fallait commencer par faire juger ces barons en sa cour, avant que d'user de voies de fait. Le roi fit grand bruit et dit qu'il ne différerait pas les affaires de son royaume pour l'archevêque, que les jugements séculiers ne regardaient point. Il continua sa marche sur Nottingham, et fut encore assailli dans cette ville par l'archevêque Langton, qui déclara que, à l'exception du roi, il excommunierait tous ceux qui porteraient les armes en corps de troupes, avant la levée de l'interdit. Il arrêta ainsi le roi, et l'obligea d'ajourner les seigneurs pour comparaître à sa cour.

Trois semaines s'étaient à peine écoulées depuis l'assemblée de Saint-Alban, quand on en convoqua une seconde à Saint-Paul de Londres. Nonobstant l'interdit, l'archevêque y permit aux communautés régulières et aux curés, en présence de leurs paroissiens, de réciter à voix basse l'office divin dans leurs églises. Le but ostensible de cette assemblée était de constater les dommages essuyés par les proscrits, durant les derniers débats. Mais l'archevêque Langton, ce fut du moins le bruit public, prit à part quelques seigneurs du royaume, et leur dit secrètement : Vous savez comment à Winchester j'ai absous le roi, et lui ai fait jurer d'abolir les lois injustes, et de faire observer dans tout le royaume les bonnes lois, c'est-à-dire celles d'Edouard. Or, on a trouvé une certaine charte de Henri Ier, par laquelle, si vous voulez, vous pouvez récupérer toutes les libertés que depuis longtemps vous avez perdues. Il leur en donna lecture, et ils en eurent tous une extrême joie. Ils jurèrent tous, en présence de l'archevêque, qu'ils combattraient pour ces libertés, s'il était besoin, jusqu'à la mort, et l'archevêque promit de les y aider fidèlement (Matth. Paris, an 1213).

Nous ignorons si cette conduite du cardinal-archevêque de Cantorbéry, Etienne de Langton, était tout à fait loyale. A coup sûr, elle n'était pas conforme aux intentions et aux promesses faites au Pape, son bienfaiteur, son supérieur ecclésiastique, et actuellement suzerain féodal de l'Angleterre. C'était pour Etienne de Langton que le Pape avait soutenu une si longue lutte contre le roi. Pour détruire les préventions du monarque, il lui avait toujours assuré qu'il trouverait dans Etienne de Langton fidélité, dévouement et affection. Et à peine arrivé en Angleterre et assis sur le siège archiépiscopal, il semble n'être occupé qu'à se concerter avec les seigneurs, à l'insu du roi et du Pape. Innocent III se montra plus loyal : aussi blâmera-t-il fortement, punira-t-il même cette conduite de l'archevêque.

Le Pape, ayant reçu les lettres du roi d'Angleterre que le légat Pandolfe lui avait envoyées, lui fit une réponse qui commence ainsi : « Nous rendons grâces à Celui qui sait tirer le bien du mal, de vous avoir inspiré, non-seulement de recevoir la forme de satisfaction que nous avons dressée avec grande délibération, mais encore de soumettre à l'Eglise romaine votre personne et votre royaume. Car, qui vous y a porté, sinon cet esprit divin qui souffle où il veut? Vous possédez maintenant votre royaume d'une manière plus sublime et plus solide qu'auparavant, puisqu'il est devenu un royaume sacerdotal, suivant les paroles de l'Ecriture. Nous vous envoyons donc, selon votre demande, un légat *à latere*, savoir, l'évêque de Tusculum, qui connaît nos intentions et à qui nous avons donné un plein pouvoir. »

Par cette lettre, qui est du 6 juillet 1213, on voit que, dans la forme de satisfaction dressée par le Pape, il n'était pas question de la soumission féodale du roi et du royaume, mais que le roi l'y ajouta lui-même. Le Pape écrivit en même temps à l'archevêque de Cantorbéry, aux autres prélats et aux seigneurs d'Angleterre, pour leur recommander le légat, et enfin au roi de France, pour l'exhorter à écouter ses avis touchant la paix avec le roi d'Angleterre (L. 16, *Epist.* 79-83).

Le cardinal-légat arriva en Angleterre à la fin de septembre. Quoique l'interdit durât encore, on ne laissa pas de le recevoir partout en procession, avec le chant et les ornements religieux. Une assemblée des évêques et des grands du royaume se tint à Saint-Paul de Londres, en présence du roi. On y traita pendant trois jours du dédommagement que le roi devait donner aux prélats. Le prince offrit de payer comptant cent mille livres sterlings, et le surplus dans Pâques, s'il se trouvait que le dommage montât plus haut. La proposition parut si raisonnable au légat, qu'il trouva mauvais qu'elle ne fût pas aussitôt acceptée. Les prélats, au contraire, voulaient que l'on commençât par informer exactement des dommages, pour recevoir le tout ensemble. Le roi accepta volontiers le délai.

Le second jour, après qu'on eût longtemps parlé de la levée de l'interdit, le roi renouvela devant le grand autel l'acte par lequel il avait soumis au Pape l'Angleterre et l'Irlande; et, au lieu de la charte qu'il en avait donnée au légat Pandolfe, scellée en cire, il en donna une au cardinal-légat de Tusculum, datée du 3 octobre 1213, scellée en or et signée de l'archevêque, de plusieurs évêques et d'un grand nombre de seigneurs, pour la porter au Pape (*Spicileg.*, t. III, p. 578, édit. in-fol.). On remit à traiter de l'affaire du dédommagement à Réding, le 3 novembre. Après plusieurs remises, l'exécution fut encore différée, de l'avis du légat. Enfin le roi paya aux évêques un à-compte de quinze mille marcs, et l'affaire fut renvoyée à la décision du Pape.

Le roi Jean avait envoyé à Rome l'évêque de Norwich, l'abbé de Beaulieu et trois autres députés, porter les lettres par lesquelles il marquait sa soumission aux ordres du Pape et la donation de son royaume. Le Pape les renvoya avec plusieurs lettres, datées des derniers jours d'octobre et des premiers de novembre. Dans la première, il exhorte paternellement le roi à traiter doucement avec les évêques de son royaume, principalement les affaires spirituelles, ajoutant qu'il avait répondu de vive voix aux ambassadeurs, touchant la demande qu'il lui avait faite, de ne pouvoir être excommunié ni sa chapelle interdite sans mandement spécial du Pape. La seconde est la bulle d'acceptation solennelle de la donation des royaumes d'Angleterre et d'Irlande. Par un autre, il ordonne au nouveau légat qu'après la levée de l'interdit, il ait soin de retirer et de faire brûler toutes les lettres que le Pape avait fait expédier contre le roi Jean, pour être répandues en France, en Angleterre et ailleurs, en cas qu'il n'acceptât point la paix. De là vient sans doute que nous ne trouvons point ces lettres dans le recueil de celles d'Innocent III (L. 16, *Epist.* 130-138).

Parmi les lettres qu'apportèrent les envoyés du

roi Jean, il y en a une par laquelle le Pape ordonne à l'évêque de Tusculum de déclarer nulles, par l'autorité apostolique, toutes les confédérations assermentées qui auraient été faites à l'occasion de la discorde entre la royauté et le sacerdoce (L. 16, *Epist.* 134). Il est probable que le roi s'était plaint de l'archevêque, qui, au lieu de seconder le roi suivant les intentions du Pape, conspirait secrètement avec les barons. Ce qui confirme cette conjecture, c'est une autre. lettre où le Pape ordonne au légat de pourvoir aux évêchés et aux abbayes qui vaquaient alors en Angleterre, y faisant élire canoniquement des sujets non-seulement dignes par leur vie et leur science, mais encore fidèles au roi et utiles au royaume, capables de conseiller et de secourir efficacement, le tout après avoir demandé le consentement du roi et pris conseil ; et il lui donnait pouvoir de contraindre par censures ceux qui s'y opposeraient (*Ibid., Epist.* 138). L'exécution de cette bulle, ou peut-être plutôt la manière de l'exécuter, excita des murmures. Il y eut des opposants qui en appelèrent au Pape. Le légat les suspendit de leurs fonctions et les envoya à Rome. L'archevêque de Cantorbéry appela lui-même, et, en conséquence de cet appel, envoya défendre au légat d'établir des prélats dans les églises vacantes, au préjudice de lui, archevêque, à qui ce droit appartenait. Mais le légat ne déféra point à cet appel, et, du consentement du roi, envoya Pandolfe à Rome. Arrivé auprès du Pape, Pandolfe se plaignit beaucoup de l'archevêque, et dit que lui et les autres évêques étaient trop intéressés et trop raides à exiger la restitution de ce qu'ils avaient perdu pendant l'interdit, et qu'ils cherchaient trop à abaisser le roi, ainsi que les libertés du royaume. Au contraire, Pandolfe donnait de grandes louanges au roi Jean, disant qu'il n'avait jamais vu de prince si humble et si modeste. Il lui rendit ainsi le Pape très-favorable. Le docteur Simon de Langton, frère de l'archevêque, voulut s'opposer au discours de Pandolfe ; mais il ne fut point écouté (Matth. Paris, 1214).

Dès la Chandeleur 1214, le roi Jean avait envoyé à Rome, Jean, évêque de Norwich ; Richard du Marais, archidiacre de Northumbre, et deux gentilshommes, pour demander la levée de l'interdit jeté sur l'Angleterre depuis si longtemps. Ils revinrent pendant que le roi Jean était en Poitou, et apportèrent une lettre du Pape par laquelle il ordonnait au cardinal-légat de Tusculum de lever l'interdit, à condition que le roi donnerait des sûretés à l'archevêque de Cantorbéry, aux évêques de Londres et d'Ély et aux autres, pour la réparation des dommages qu'ils avaient soufferts, et que le Pape, en son conseil, avait fixé provisoirement à quarante mille livres sterlings. Ils eurent le temps de s'apercevoir qu'ils avaient bien fait d'accepter les cent mille que le roi leur avait offerts d'abord. Le légat ayant reçu cette commission du Pape, assembla un grand concile à Londres, dans l'église de Saint-Paul, où se trouvèrent les prélats et les seigneurs. On y examina les sommes que le roi avait déjà payées sur les quarante mille livres sterlings d'indemnité, et on trouva qu'il en restait à payer treize mille, dont les évêques de Winchester et de Norwich demeurèrent cautions. Ensuite, le dimanche, 16 juillet 1214, octave de la Saint-Pierre, dans la même église de Saint-Paul, cathédrale de Londres, le cardinal-légat leva solennellement l'interdit, après qu'il eût duré six ans trois mois et quatorze jours. On chanta le *Te Deum* en actions de grâces, on sonna les cloches, et la joie fut universelle dans tout le pays (Matth. Paris, 1214). Ainsi se termina heureusement cette longue dissension du roi d'Angleterre avec le chef de l'humanité chrétienne.

Le roi Jean, se confiant dans l'appui du Pape, était venu dans le Poitou, et, rejoint par les seigneurs des environs, avait pénétré dans la ville d'Angers, le 17 juin 1214. De là il marcha vers la Bretagne ; mais ses progrès furent arrêtés par l'arrivée de Louis, fils de Philippe-Auguste ; et, de ce moment, les deux armées, comme d'un consentement mutuel, traînèrent la guerre en longueur, attendant l'issue de la campagne dans le Nord.

Là, les alliés du roi Jean, Othon, empereur ou ex-empereur d'Allemagne, Ferrand, comte de Flandre, et Guillaume, comte de Boulogne, s'étaient réunis aux forces anglaises que commandait le comte de Salisbury, et marchaient à la tête de plus de cent mille hommes, pour envahir le territoire français. Philippe ne put opposer à ce torrent qu'une armée de moitié plus faible, une partie de ses troupes étant occupées ailleurs ; mais l'ardeur et la bravoure de ses compagnons, la fleur de la chevalerie française, le dévouement des milices communales, le courage pieux du roi suppléèrent à la différence du nombre.

Le 27 juillet 1214, qui était un dimanche, les deux armées se rencontrèrent au pont de Bouvines, à mi-chemin entre Tournai et Lille, sur une petite rivière qui se jette dans la Lys. Othon avait compté attaquer les Français, après que la moitié de leur armée aurait passé le pont. Lorsque ses coureurs atteignirent l'arrière-garde des Français, le roi Philippe, fatigué du poids de ses armes et de la longueur du chemin, se reposait à l'ombre d'un frêne, à côté d'une église consacrée à saint Pierre. A cette nouvelle, dit Guillaume le Breton, son chapelain, qui était présent, le roi entra dans l'église, et, ayant adressé une courte prière au Seigneur, il en ressortit, revêtit ses armes, et, d'un visage joyeux, comme s'il était appelé à des noces, il remonta sur son cheval. Par toute la campagne, on entend le cri : *Aux armes ! aux armes !* les trompettes retentissent, les escadrons qui avaient déjà passé le pont reviennent en arrière. On fait redemander aussi l'étendard de saint Denys, qui, dans les combats, doit précéder tous les autres ; mais comme il tardait à revenir, on ne l'attend pas. Le roi part à cheval et se place à la première ligne, où une petite élévation le séparait des ennemis.

Là, entouré des plus vaillants chevaliers de France, le roi Philippe adresse à ses troupes ce bref et humble discours : « Tout notre espoir et toute notre confiance sont en Dieu. Le roi Othon et son armée sont excommuniés par le seigneur Pape : ce sont les ennemis et les destructeurs de la sainte Église, et l'argent dont on les paie est le fruit des larmes des pauvres et du pillage des églises de Dieu et des clercs. Pour nous, nous sommes chrétiens, et nous jouissons de la communion et de la paix de la sainte Église ; quoique pécheurs, nous lui sommes unis de sentiments, et nous défendons selon notre pouvoir les libertés du clergé. C'est pourquoi nous devons attendre avec confiance de la miséricorde de Dieu, qu'il nous donnera, tout pécheurs que nous sommes, de triompher de ses ennemis et des nôtres. » A ces paroles, les troupes demandèrent au roi sa bénédiction; et le roi, levant la main, pria le Seigneur de les bénir. Aussitôt on sonna la charge, et l'attaque commença vigoureusement.

Un peu derrière le roi était le chapelain Guillaume qui a écrit cette histoire, avec un autre clerc, peut-être le moine Rigord, qui a copié cette histoire dans la sienne. Tous deux, quand ils eurent entendu sonner les trompettes, chantèrent tout entier le psaume : *Béni soit mon Dieu qui enseigne à mes mains à combattre;* tout entier le psaume : *Que l'Eternel se lève, et que ses ennemis soient dissipés;* tout entier le psaume : *Seigneur, c'est dans votre force que se réjouira le roi.* Ils les chantèrent comme ils purent, entrecoupés par les larmes et les sanglots. Ils rappelaient à Dieu, avec une humble dévotion, l'honneur et la liberté dont jouissait la sainte Église dans les domaines du roi Philippe, et le déshonneur et les opprobres qu'elle souffrait et avait soufferts par Othon et par le roi Jean, de qui l'argent avait provoqué tous ses ennemis qui osaient combattre contre leur seigneur dans son propre royaume.

Cependant le fort de la bataille ne fut point d'abord auprès du roi, mais à l'aile droite commandée par le frère Guérin, chevalier de l'Hôpital, récemment élu à l'évêché de Senlis. Il ne portait point d'armes; mais, à cause de son expérience dans la guerre, il rangeait les troupes. Plaçant en arrière ceux qu'il connaissait les moins courageux, il mit en première ligne les plus braves, savoir : le duc de Bourgogne, le comte de Saint-Paul, Matthieu de Montmorency et beaucoup d'autres. Le comte de Saint-Paul, suivi de quelques hommes d'élite, faisait une trouée dans les rangs ennemis, tuant hommes et chevaux, sans faire de prisonniers. Matthieu de Montmorency, le duc de Bourgogne en font autant de leur côté. Fatigué des coups qu'il avait donnés et reçus, le comte de Saint-Paul se mit un peu à l'écart pour reprendre haleine, quand il aperçut un de ses chevaliers enveloppé d'ennemis. Aussitôt, se couchant sur le cou de son cheval et piquant des deux, il pénètre au milieu du bataillon, et, se relevant sur ses étriers, écarte les ennemis à coups de sabre, et délivre son homme. Des témoins oculaires virent jusqu'à douze lances l'assaillir à la fois, sans pouvoir le désarçonner. Comme quelques-uns suspectaient sa fidélité, il avait dit à frère Guérin, au commencement de la bataille, qu'il serait en ce jour-là un bon traître.

Enfin, après trois heures du combat le plus acharné, tout le poids de la guerre se tourna contre le comte Ferrand. Ce prince, percé de beaucoup de blessures et renversé par terre, fut fait prisonnier avec beaucoup de ses chevaliers. Il avait presque perdu le souffle par la longueur du combat, lorsqu'il se rendit à Hugues de Mareuil et à Jean, son frère.

Pendant ce temps, les légions des communes, qui étaient déjà parvenues presque jusqu'à leur quartier, arrivèrent de retour sur le champ de bataille, avec l'étendard de saint Denys, et elles vinrent immédiatement se ranger près du corps de bataille du roi, où elles voyaient l'étendard royal des fleurs-de-lis, que portait ce jour-là Galon de Montigny, chevalier très-brave, mais point riche. Les milices de Corbie, Amiens, Beauvais, Compiègne et Arras passèrent entre les escouades des chevaliers, et vinrent se mettre en bataille devant le roi; mais la cavalerie d'Othon, composée d'hommes très-belliqueux et très-audacieux, les chargeant aussitôt, les repousse, les met en désordre et parvient presque jusqu'au roi. A cette vue, les chevaliers qui formaient le bataillon du roi s'avancent pour le couvrir, en le laissant un peu derrière eux, et ils arrêtent Othon et les siens, qui, avec leur fureur teutonique, n'en voulaient qu'au roi seul. Mais tandis qu'ils se portent en avant, et qu'avec un courage merveilleux ils arrêtent les Teutons, les fantassins ennemis entourent le roi, et, avec leurs petites lances et leurs crochets, ils l'entraînent à bas de son cheval; ils l'auraient tué, si la main de Dieu et l'excellence de son armure ne l'avaient protégé. Un petit nombre de chevaliers en étaient restés avec lui, et surtout Galon de Montigny, qui, en agitant son drapeau, appelait du secours, et Pierre Tristan, qui, se jetant à bas de son cheval, s'exposait aux coups pour le roi, repoussèrent ces fantassins ennemis, les tuèrent ou les mirent en fuite, tandis que le roi, se relevant de terre plus tôt qu'on ne s'y attendait, remonta sur son cheval avec une légèreté qu'on ne lui croyait point.

Si dans ce moment Philippe-Auguste courut un grand danger, l'empereur Othon se vit bientôt exposé à un péril non moins grave. En effet, les chevaliers français parvinrent jusqu'à lui. Pierre de Mauvoisin saisit même la bride de son cheval; comme il ne pouvait l'arracher à la foule qui l'entourait, Gérard Scropha le frappa à la poitrine du couteau qu'il tenait à la main : il ne traversa pas l'armure presque impénétrable dont les chevaliers d'alors étaient couverts; et, comme il voulait redoubler, le cheval d'Othon, en se cabrant, reçut le coup dans la tête. Blessé mortellement à l'œil, il tourna sur lui-même, et prit sa course du côté par où il était venu. L'empereur nous montrant ainsi le dos, dit l'historien Guillaume, et nous laissant son aigle et le char qui le portait, le roi dit aux siens : Vous ne verrez plus sa face d'aujourd'hui. Cependant son cheval avait fait bien peu de chemin lorsqu'il tomba mort; mais on lui en présenta aussitôt un autre, avec lequel il recommença à fuir. Il ne pouvait plus résister à la valeur de nos chevaliers; en effet, Guillaume des Barres l'avait déjà tenu deux fois par le cou; mais il se déroba à lui par la rapidité de son cheval et par l'épaisseur des rangs de ses soldats (Guillelm. Armoricus, 95-98, t. XVII, *Script. rer. Franc.*).

La bataille ne finit point par la fuite d'Othon. Le comte de Tecklenbourg, le comte de Dortmund et plusieurs vaillants chevaliers de l'empereur firent encore une fois reculer les Français; mais ceux-ci, revenant sur eux en plus grand nombre, les firent prisonniers. Alors on commença à voir fuir le duc de Louvain, le duc de Limbourg, Hugues de Boves et leurs chevaliers, par cinquante ou cent à la fois. Renaud, comte de Boulogne, s'obstinait seul au combat. Il n'avait pas été d'avis qu'on livrât la bataille. Accusé de trahison à cause de cela, il dit à Hugues de Boves : « Eh bien! voici la bataille que tu conseillais et que je déconseillais. Toi, tu fuiras comme un lâche; et moi, je combattrai au péril de ma tête : je serai pris ou tué. » En effet, il disposa en cercle un certain nombre de sergents d'armes à lui; c'était comme une forteresse hérissées de piques, d'où il faisait des sorties brillantes et où il se retirait quand l'haleine lui manquait pour se battre. Enfin il fut renversé de son cheval, blessé, et il allait être tué, quand il se rendit à frère Guérin, évêque élu de Senlis. Sept cents fantassins brabançons qu'Othon avait placés au milieu de son front de bataille y demeurèrent lès derniers; après que tout avait fui autour d'eux, ils opposaient encore aux Français comme un mur impénétrable. Philippe les fit charger par Thomas de Saint-Valéri, avec cinquante chevaliers et deux mille fantassins; ils furent presque tous tués, sans avoir abandonné la place. La nuit approchait; Philippe, qui craignait surtout de perdre quelqu'un de ses importants prisonniers, fit sonner le rappel aux trompettes. Les Français qu'il rassemblait ainsi avaient à peine poursuivi leurs ennemis pendant l'espace d'un mille (Guillelm. Armoricus, 99, t. XVII, *Script. rer. Franc.*).

A cette bataille, se trouva l'évêque de Beauvais, Philippe de Dreux, de la royale maison de France, prélat plus guerrier qu'il ne convenait à son état. Il avait été à la croisade de Palestine avec Philippe-Auguste. De retour, il guerroyait contre Richard Cœur-de-Lion. Fait prisonnier, il fut chargé de fers. Pour obtenir sa délivrance, il implora la médiation de Célestin III. Le Pape lui répondit « qu'ayant méconnu son caractère d'évêque, il n'avait que ce qu'il méritait. » Toutefois il écrivit amicalement à Richard, le priant de lui rendre son fils. Le roi lui envoya la cuirasse dont l'évêque était armé quand il fut pris, et lui fit dire par son ambassadeur : « Voyez si c'est la robe de votre fils ou non. » Le Pape répondit : « Ce n'est pas mon fils, ni celui de l'Eglise; qu'il se rachète au gré du roi, car il paraît plutôt un soldat de Mars qu'un soldat du Christ. » Cependant, quelque temps après, le légat du Pontife ménagea sa délivrance par un échange, en lui faisant faire serment de ne plus porter les armes et de ne faire jamais la guerre en personne contre les chrétiens. Depuis ce moment, il ne faisait plus la guerre, mais il y assistait; il ne portait plus d'armes proprement dites, mais une énorme massue. Etant donc à la bataille de Bouvines, il vit le comte de Salisbury, frère du roi d'Angleterre, qui écharpait la milice de Dreux. A cette vue, Philippe de Dreux ne put s'empêcher d'aller au secours des siens. D'un coup de massue, il renversa le comte à terre et le fit prisonnier (1).

Il y eut ainsi de pris cinq comtes : Ferrand de Flandre, Renaud de Boulogne, Guillaume de Salisbury, Othon de Tecklenbourg et Conrad de Dortmund, avec vingt-cinq chevaliers bannerets et un grand nombre d'autres d'une dignité inférieure. En reconnaissance de la protection divine, Philippe-Auguste fonda près de Senlis l'abbaye de la Victoire, où il mit des chanoines réguliers de la congrégation de Saint-Victor de Paris. La victoire de Bouvines était en effet décisive, non-seulement pour la France, qu'elle relevait au-dessus de tous ses ennemis, mais encore pour tout l'Occident et pour toute l'Eglise catholique. Deux puissants monarques, longtemps rebelles à l'Eglise, se voyaient réduits, l'un à la soumission, l'autre à l'impuissance. Jean d'Angleterre, avec qui Philippe-Auguste fit, la même année, une trêve de cinq ans, dut se trouver heureux de s'être réconcilié avec le Pontife romain. Othon de Saxe, après avoir fui à Bouvines, se vit abandonné de tout le monde et tomba dans l'obscurité jusqu'à la fin de sa vie. Philippe-Auguste lui-même, qui venait de reprendre la reine Ingelburge pour obéir au chef de l'Eglise, dut se féliciter en se voyant si glorieusement récompensé de sa soumission. Enfin la victoire de Bouvines, remportée par le roi de France en 1214, et la victoire de Muret, remportée l'année précédente par le comte Simon de Montfort, assuraient le triomphe des généreux efforts d'Innocent III contre tous les ennemis de l'Eglise et de l'humanité en Occident.

§ VII.

Affaires d'Orient.

L'Orient ne réclamait pas moins l'infatigable sollicitude du Pontife.

En 1203, des chevaliers français, se rendant en Palestine, avaient, en passant, conquis l'empire de Constantinople, sans trop le vouloir et contre les ordres du Pape. Depuis ce moment, ils étaient occupés, avec les Grecs et les Bulgares, à s'en partager et à s'en disputer les débris. Baudouin, comte de Flandre, avait été élu empereur de Constantinople. Boniface, marquis de Montferrat, déclaré roi de Thessalonique, se rendit maître de la Thessalie, de la Béotie, de la ville et du pays d'Athènes. Guillaume de Champlite, vicomte de Dijon, de la maison de Champagne, et Geoffroi de Villehardouin conquirent la Morée ou le Péloponnèse, ce centre de tant de royaumes célébrés par Homère et les autres poètes. Un Grec, Michel l'Ange Comnène, s'attacha au marquis Boniface, et partit avec lui pour Thessalonique; mais, avant que d'y arriver, il se déroba secrètement, gagna la ville de Durazzo, et s'étant bientôt insinué dans la bienveillance du gouverneur grec, il épousa sa fille et chassa ensuite son beau-père. Maître de la ville, il s'empara de toute la contrée et se fit un Etat considérable, qui s'étendait depuis Durazzo jusqu'au golfe de Lépante, et comprenait l'Epire, l'Acarnanie, l'Etolie et une partie de la Thessalie. Il sut s'y maintenir et le laissa à ses successeurs, connus dans l'histoire sous le nom de *despotes d'Epire*.

Mais la plupart des seigneurs grecs s'étaient réfugiés dans l'Asie Mineure, où chacun d'eux se saisissait des places qu'il trouvait à sa bienséance. Le principal de tous fut Théodore Lascaris. Au moment même de la prise de Constantinople, il avait pris le nom d'empereur, à peu près comme un titre de funérailles. Il avait passé le Bosphore avec sa femme, Anne Comnène, qui, étant fille d'Alexis III, lui donnait des droits ou des prétentions à la souveraineté. Il se présenta avec elle aux portes de Nicée, ne s'annonçant que comme lieutenant d'Alexis, son beau-père. Les Grecs, maîtres de la ville, refusèrent d'abord de le recevoir; et ce ne fut qu'à force de

---
(1) Roger Hoveden, Matth. Paris et Guillaume Armoricain, dans son histoire en vers de *Philippe-Auguste*.

prières qu'il les engagea enfin à donner au moins un asile à sa femme, fille de leur prince légitime. Il la confia entre leurs mains et partit pour rassembler les Grecs fugitifs. Il forma une petite armée avec laquelle il fit des courses aux environs de Pruse, et s'empara de quelques châteaux. Trop faible pour se soutenir longtemps, il eut recours au sultan d'Icône, dont il était l'ami, et en obtint des secours qui le rendirent maître de Nicée, de Pruse et de presque toute la Bithynie. Jusqu'en 1206, il se contenta du titre de *despote*; mais apprenant alors que son beau-père Alexis avait été pris par le marquis de Montferrat, il résolut de prendre le titre d'*empereur*. D'ailleurs, il se voyait maître de la Bithynie, de la Lydie, des côtes de l'archipel jusqu'à Éphèse, et d'une partie de la Phrygie. Pour rendre son couronnement plus solennel, il manda à Nicée le patriarche grec Camatère, qui vivait encore dans une ville de Thrace. Camatère refusa de venir, mais envoya sa démission. On élut à sa place Michel Autorien, qui présida au couronnement. Pour ruiner plus facilement les petits tyrans ou seigneurs établis en Asie, Théodore Lascaris fit la paix avec les Français, qui avaient besoin de toutes leurs forces ailleurs.

Un autre empire se forma d'un autre débris de l'empire. Trébisonde, nommée autrefois Trapezonte, était une ville grecque bâtie par une colonie de Sinope, suivant d'autres, par les anciens Pélages, sur les bords du Pont-Euxin, vers la Colchide. L'avantage de sa situation et la force de ses remparts l'avaient défendue contre les efforts des Turcs, lorsqu'ils avaient envahi cette contrée. Elle s'était maintenue sous le pouvoir des empereurs de Constantinople, qui, tous les ans, y envoyaient un gouverneur avec le titre de *duc*. Manuel Comnène, ce prince vertueux, qui, sans avoir participé aux crimes de son père Andronic, fut enveloppé dans ses malheurs, laissa deux fils : Alexis et David. Ils se retirèrent dans le Pont, où leur aïeul avait longtemps vécu ; et, à l'aide des partisans de leur famille, ils se firent un État indépendant. L'aîné, Alexis, qui fut surnommé le Grand, s'empara de toute la côte du Pont-Euxin depuis Sinope jusqu'au delà de Trébisonde, dont il fit sa capitale. David se fit un domaine d'Héraclée et de la Paphlagonie, dont la possession revint ensuite à Alexis, David étant mort avant lui sans postérité. Telle fut l'origine de l'empire de Trébisonde, que le son bruyant de son nom a rendu plus fameux dans les récits romanesques de la chevalerie que les exploits de ses princes dans l'histoire. Cet empire, quoique plus faible, a survécu de quelques années à celui de Constantinople, n'ayant été détruit par Mahomet II qu'en 1461, tandis que l'autre le fut en 1453 (*Hist. du Bas-Empire*, l. 95 et 96).

Quant aux Vénitiens, la plupart des îles et des places qui leur avaient été assignées dans le partage général des terres de l'empire, étaient encore, l'an 1207, entre les mains des Grecs ou en celles des pirates, qui s'étaient multipliés à la faveur de la révolution. Pour en faire la conquête sans beaucoup de frais ni de temps, la république de Venise usa de ce moyen. Elle donna par édit à tout Vénitien la liberté d'armer pour s'emparer de ces îles, en sorte que chacun posséderait en propriété ce qu'il aurait conquis, en rendant foi et hommage à la république, comme celle-ci le rendait à l'empereur de Constantinople. Après cette déclaration, tous les Vénitiens qui se trouvaient assez riches, équipèrent et armèrent des vaisseaux à leurs dépens, et la république n'eut besoin que d'une seule flotte pour nettoyer la mer des pirates et pour exécuter les expéditions les plus importantes.

Marc Dandolo et Jacques Viaro prirent Gallipoli, à l'entrée de l'Hellespont. Renier Dandolo, héritier du courage de son père Henri, et Roger Primarino, les deux plus grands hommes de mer qu'eût alors la république, à la tête de trente et un vaisseaux, se rendirent maîtres de Corfou et de Léon Vétrano, pirate génois qui s'en était emparé : ils le firent pendre avec soixante insulaires de sa faction. Ils firent voile ensuite vers Modon et Coron, où s'étaient établis les Génois, qu'ils chassèrent de ces deux villes. Une conquête encore plus importante fut celle de Crète ou de Candie, cet antique royaume de Minos et d'Idoménée. Le marquis de Montferrat l'avait vendue aux Vénitiens; mais Henri le Pêcheur, seigneur génois, y ayant abordé sous apparence de trafic, s'en était saisi. Ils y firent une descente, battirent les Génois, prirent la capitale et ensuite les autres places. Le sénat de Venise, consulté sur le traitement qu'on ferait à ces villes, était d'avis de les ruiner toutes. Dandolo offrit de les garder à ses dépens, et la république eut honte de montrer moins de générosité et de courage qu'un seul de ses citoyens. La valeur de Dandolo conserva une seconde fois à sa patrie cette île si renommée, qui valait seule un grand royaume. Le Génois revint avec de plus grandes forces, et, portant partout le ravage, il souleva la plupart des insulaires. Dandolo marcha contre lui, tailla ses troupes en pièces, et le fit lui-même prisonnier. Cinq ans après, ce brave guerrier ayant été tué dans une sédition, les Vénitiens envoyèrent une colonie tirée de chaque quartier de Venise, et pour gouverneur Jacques Tiepolo, avec le titre de duc qui passa à ses successeurs. Les îles de Zante et de Céphalonie échappèrent alors aux Vénitiens. Un seigneur français, dont on ignore le nom, s'en étant saisi, prit le titre de *comte palatin de Zante*, et en fit hommage à Geoffroi de Villehardouin, prince d'Achaïe et de Morée.

Les familles les plus puissantes de Venise se répandirent dans l'archipel. Chacune, embrassant dans sa conquête plusieurs des îles dont cette mer est semée, s'en composa, comme d'autant de provinces, un État qui devint patrimonial. Ravain Carcério était déjà maître de Négrepont, l'ancienne Eubée; ses descendants, n'étant pas assez forts pour la défendre, la remirent entre les mains de la république, et n'en conservèrent que le domaine utile. Venise y envoyait un gouverneur, qui résidait à Chalcis. Marc Sanuto s'empara de Naxe, de Mélas, de Policandro, de Théra, nommé aujourd'hui Santorin ; ce qui forma le duché de Naxe, dont ses descendants jouirent jusqu'au milieu du XIVe siècle, que ce duché passa par mariage dans la famille de Crespi. Ceux-ci en furent possesseurs jusque sous l'empire du sultan Sélim II, qui s'en saisit en 1570. Paros et Andros tombèrent au pouvoir de la famille de Sommariva, qui les posséda jusqu'au milieu du XVIe siècle. Les Ghisi se rendirent maîtres de Ténos, Micone,

Scyros, Scyathos, Scopélos; Pierre Justiniani et Dominique Michiéli, ensemble, de Céa; Philocole Navaaveri, de Lemnos, dite aujourd'hui Stalimène; l'empereur Henri de Constantinople, successeur de Baudouin, par estime pour sa valeur, lui conféra le titre de *grand-duc*. Toutes ses principautés furent autant de fiefs qui relevaient de la république; elle leur donnait sa protection et en tirait des secours et des redevances (*Hist. du Bas-Empire*, l. 96).

Un seigneur français, Louis, comte de Blois, avait été investi par l'empereur Baudouin, du domaine de la Bithynie, sous le titre de *duc de Nicée*. Vers la Toussaint de l'année 1204, le nouveau duc fit partir de Constantinople Pierre de Braiquel et Payen d'Orléans, avec cent chevaliers, qui, s'étant rendus à Gallipoli, passèrent l'Hellespont et prirent port à Pèges, ville maritime possédée par les Latins dès le temps des empereurs grecs. Ils fortifièrent le château de Palorme sur la Propontide, et, après y avoir mis garnison, ils entrèrent plus avant dans le pays. Théodore Lascaris, avec ce qu'il avait de Grecs rassemblés de toutes parts et les secours du sultan d'Icône, se mit en campagne pour arrêter leurs progrès. Mais son armée, quoique plus nombreuse, fut défaite après un combat opiniâtre, et cette victoire rendit les Français maîtres de Pénamène, de Lopade, une des meilleures places de ces contrées, et de presque toute la Bithynie jusqu'à Nicomédie.

Peu de jours après le départ de Pierre de Braiquel, deux autres corps partirent de Constantinople. L'un avait pour chef le prince Henri, frère de l'empereur Baudouin, qui descendit dans l'Hellespont et s'empara d'Abydos, bien fournie de provisions; il en fit sa place d'armes, pour étendre de là ses conquêtes, et reçut d'utiles secours des Arméniens, dispersés en grand nombre aux environs de l'ancienne Troyes, et mortels ennemis des Grecs. L'autre corps d'armée passa le Bosphore, vis à vis de Constantinople, sous la conduite de Macaire de Sainte-Ménehould, accompagné de Matthieu de Valincourt et de Robert de Ronçoy. Ils marchèrent droit à Nicomédie, qu'ils trouvèrent abandonnée. Les Grecs, effrayés de leur approche, avaient déjà pris la fuite. Ils en réparèrent les fortifications, y mirent garnison, et firent de là des courses dans tout le pays d'alentour.

Henri, par le conseil des Arméniens, partit d'Abydos, après avoir pourvu à sa défense, et, traversant la Troade, arriva en deux jours à Adramytte, ville maritime située au fond d'un golfe auquel elle a donné son nom. Elle se rendit aussitôt, et ce fut à la fois un magasin abondant et une place de sûreté, qui le mit en possession de toute la contrée. Théodore Lascaris, après sa défaite auprès de Péramène, avait en peu de jours rassemblé une nouvelle armée, dont il donna la conduite à son frère Constantin. Le 12 mars 1205, elle fut encore battue par les Français, qui gagnèrent beaucoup de prisonniers et de butin de toute espèce; mais ce qu'il y eut de plus avantageux, c'est que tout le pays se soumit aux vainqueurs.

Les Français étaient déjà maîtres des côtes du Bosphore, de la Propontide, de l'Hellespont et de tout le pays de l'ancienne Éolide, lorsque les ordres de l'empereur Baudouin rappelèrent les troupes d'A-sie, pour les opposer à la coalition des Grecs et des Bulgares, qui venait d'éclater par un massacre général des Latins.

Parmi les seigneurs grecs, un seul était fidèle à l'empereur Baudouin : c'était Théodore Branas, qui avait épousé Agnès, sœur du roi de France Philippe-Auguste, veuve d'Alexis II et du tyran Andronic. Baudouin fit à Branas un établissement dont le chef-lieu était la ville d'Aprés, à trois journées de Constantinople, et le mit en état de se soutenir de ses propres forces. Les autres seigneurs grecs, rebutés des Latins, dit-on, se réfugièrent chez le roi des Bulgares. Celui-ci, si pourtant on peut l'en croire, reçut lui-même un affront de l'empereur Baudouin. Ne respirant donc que vengeance, il engagea les seigneurs grecs à retourner dans leur patrie, à mettre tout en usage pour aigrir les esprits de leurs compatriotes, et à faire aux Latins tout le mal dont ils étaient capables. Il leur promit de réparer avec avantage l'injustice de la fortune à leur égard. La plupart des villes de Thrace, oubliant les ravages qu'elles avaient tant de fois essuyés de la part de Joannice, le roi des Bulgares, lui envoyèrent secrètement offrir, par leurs députés, de le reconnaître pour empereur, de lui jurer fidélité comme à leur seigneur, et de massacrer tous les Français, s'il leur donnait parole de les protéger comme ses sujets. Le traité fut conclu, et les serments faits de part et d'autre.

Aussitôt le soulèvement éclate de toutes parts. Dans les châteaux, dans les bourgs, dans les villes, on égorge les Latins qui s'y rencontrent. Le premier signal du massacre fut donné à Didymotique. Cette ville appartenait à Hugues, comte de Saint-Pol : c'était la récompense des grands services que ce vaillant guerrier avait rendus dans la conquête. Il venait de mourir à Constantinople, et il avait été enterré avec grand honneur dans le monastère de Mangane. Les chevaliers et les soldats de la cour du comte, établis à Didymotique, y périrent presque tous; le reste s'enfuit à Andrinople, dont les Vénitiens étaient possesseurs; mais à peine y furent-ils entrés, que les Grecs de la ville prirent les armes. Les Français et les Vénitiens se voient en un moment assaillis par une multitude en fureur, un grand nombre y perdent la vie; les autres, s'échappant du carnage, se réfugient à Zurule, où commandait Guillaume de Branuel, qui calme leur épouvante. Quelques-uns même retournent jusqu'à Constantinople.

Baudouin, justement alarmé, prend conseil du doge de Venise et du comte de Blois. Sur leur avis, il mande à son frère d'abandonner Adramytte, et d'accourir à son secours avec tout ce qu'il a de troupes. Le comte de Blois envoie ordre à Pierre de Braiquel et à Payen d'Orléans de ne conserver que la ville de Pèges, pour la sûreté du passage en Asie, d'y laisser même le moins de troupes qu'il serait possible, et de venir promptement avec tout le reste. Macaire de Sainte-Ménehould et ses deux collègues sont en même temps avertis de quitter Nicomédie et de se rendre sans délai auprès de l'empereur. Baudouin, persuadé qu'il fallait user de diligence pour étouffer ces mouvements, fit partir d'avance le maréchal de Champagne, Geoffroi de Villehardouin, et Manassès de l'Ile, qui ne purent rassembler que fort peu de troupes, presque toutes celles des Latins étant alors dispersées; et l'on n'avait garde de donner des armes aux Grecs. Ils arrivèrent à Zurule, et leur arrivée rassura Guillaume de Branuel, qui entendait déjà l'orage gronder de toutes parts autour de lui.

Les Grecs, quoique animés par la haine et la vengeance, n'étaient pas des ennemis formidables, mais la marche de Joannice, avec ses Bulgares, et une armée de Comans plus barbares encore, répandit la terreur dans les âmes jusqu'alors intrépides. Renier de Trit, qui commandait à Philippopolis, se vit abandonné de son fils, de son frère, de son neveu, de son gendre et de trente de ses chevaliers. Leur dessein était de retourner à Constantinople; mais, avant que d'y arriver, ils trouvèrent la mort qu'ils fuyaient avec tant de honte. Enveloppés par un parti ennemi, ils furent pris et livrés au roi des Bulgares, qui leur fit à tous trancher la tête. Renier, trahi par sa propre famille et par la plus grande partie de ses chevaliers, trouva sa ressource dans son courage, qui ne l'abandonna jamais.

Baudouin, dévoré d'inquiétude, attendait les troupes d'Orient, qui pouvaient le mettre en état de tenir la campagne. Les premiers qui arrivèrent furent ceux qui venaient de Nicomédie. Emporté par son impatience, il partit aussitôt de Constantinople, sans attendre les deux autres corps, qui n'étaient pas encore arrivés d'Asie; et cette précipitation téméraire fut la cause de ses malheurs. Le comte de Blois le suivit. Ils avaient environ cent quarante chevaliers et leur suite. Le 29 mars 1205, ils arrivèrent devant Andrinople. Leur petit nombre leur devint encore plus sensible, lorsqu'ils virent les murs et les tours bordés d'une infinité de combattants, au milieu desquels flottaient les enseignes du roi des Bulgares. Trois jours après, Henri Dandolo vint les rejoindre avec toutes les troupes vénitiennes. L'armée, se trouvant alors augmentée du double, se crut assez forte pour commencer le siège.

Le mercredi de Pâques, on apprit que Joannice approchait à la tête d'une grande armée de Bulgares, de Valaques et de quatorze mille Comans auxiliaires, et qu'il était déjà campé à cinq lieues. Cette nouvelle porta la joie et l'espérance dans la ville, l'inquiétude et l'alarme dans le camp des assiégeants. Joannice s'avance à la distance de deux lieues, et, posté derrière des éminences qui couvrent le gros de son armée, il détache les Comans, qui viennent faire des courses jusqu'à la portée de l'arc. Les plus braves de l'armée française, indignés de cette audace, sortent du camp et leur donnent la chasse l'espace d'une lieue; mais, dès qu'ils commencent à faire retraite, les Comans reviennent sur eux et les couvrent d'une nuée de flèches, qui blessent et tuent un grand nombre d'hommes et de chevaux. A leur retour, l'empereur assemble le conseil; et, après leur avoir reproché leur témérité, il délibère sur la conduite qu'on doit tenir, si Joannice vient offrir le combat. On convient que Geoffroi de Villehardouin, Manassès de l'Ile et Henri Dandolo demeureront en garde devant la ville; que le reste de l'armée se rangera en bataille et attendra l'ennemi de pied ferme, sans avancer d'un seul pas. On fait publier cet ordre à son de trompe, avec défense d'y contrevenir, sous peine de châtiment militaire.

Le lendemain 14 avril 1205, l'armée, ayant assisté à la messe et pris son repas, se vit de nouveau attaquée par les Comans. On court aux armes, on sort des retranchements. Le comte de Blois et Baudouin lui-même oublient ce qu'ils ont ordonné la veille, et, n'écoutant que leur vivacité naturelle, ils s'élancent les premiers et entraînent avec eux toute l'armée. Ils courent aux ennemis sans pouvoir les atteindre : ces barbares, légèrement armés, montés sur des chevaux très-vifs, échappaient aisément à une cavalerie pesante, et lui faisaient plus de mal qu'ils n'en recevaient, étant exercés à tirer en fuyant avec beaucoup de force et d'adresse. On les poursuivit l'espace de deux lieues; c'est là que Joannice attendait les Français. Il se montre aussitôt. Les Comans tournent bride, et, joints aux Bulgares, ils tombent avec de grands cris sur cette cavalerie déjà fatiguée d'une si longue course. Cette attaque imprévue jette l'épouvante et le désordre. Le comte de Blois est porté par terre de deux coups de lance. Jean de Friaise, un de ses chevaliers, le relève et le remonte sur son propre cheval; il veut le retirer de la mêlée : « Non, s'écrie ce vaillant prince, laissez-moi combattre et mourir; à Dieu ne plaise qu'il me soit jamais reproché d'avoir fui le combat et abandonné mon empereur. » Il est tué sur la place, et Friaise meurt percé de coups à côté de son seigneur. Baudouin disputait encore la victoire. Pressé de toutes parts, ne redoutant rien que la honte de fuir, il animait ses gens de la voix et de l'exemple. Le combat dura longtemps autour de lui avec un acharnement horrible; et ceux qui furent témoins des coups qu'il porta et qu'il reçut, assurèrent que jamais chevalier n'avait combattu avec plus de valeur. Il fallut enfin céder au nombre; l'empereur fut fait prisonnier. Pierre, évêque de Bethléhem; Etienne, comte de Perche; Renaud de Montmirail, Matthieu de Valincourt, Robert de Rançoy et plusieurs autres seigneurs perdirent la vie dans cette malheureuse journée.

Ce qui restait de l'armée rompue et taillée en pièces, se sauvait à toute bride et regagnait le camp en désordre. Les Bulgares, les Comans, les Grecs les poursuivaient en les accablant d'une grêle de flèches, et leur rendaient la fuite encore plus meurtrière que la bataille. A la vue des premiers qui fuyaient, le maréchal de Champagne, Villehardouin, court au devant d'eux avec toute sa troupe : Manassès de l'Ile suit son exemple; ils parviennent à rallier les fuyards. Leur troupe grossit à chaque instant, et tient ferme, présentant les armes à l'ennemi. Leur contenance étonne les vainqueurs, qui, fatigués eux-mêmes, se retirent, n'osant risquer un nouveau combat contre des désespérés.

Les Français profitèrent de la nuit pour opérer leur retraite en bon ordre : le doge de Venise conduisait la marche, le maréchal de Villehardouin, qui a écrit en français l'histoire de ces événements, faisait l'arrière-garde. Le lendemain, au point du jour, ils rencontrèrent Pierre de Braiquel et Payen d'Orléans, qui venaient à leur secours avec leurs braves. Ceux-ci les prirent d'abord pour des Grecs, et coururent aux armes. Mais quand ils les reconnurent pour des Français, mais quand ils apprirent la défaite, la prise de l'empereur, la mort du comte de Blois, leur seigneur particulier, ils pleurèrent à chaudes larmes, se frappèrent la poitrine de douleur, passèrent tristement à côté de l'armée et allèrent se présenter à Villehardouin, en lui disant : « Sire, que voulez-vous que nous fassions? Nous ferons tout ce qu'il vous plaira. » Il leur proposa de faire l'arrière-garde : ce qu'ils acceptèrent et exécutèrent avec une loyale bravoure. Lui-même alla se mettre à l'avant-garde pour y rassurer tout le monde ; car plusieurs étaient bien effrayés.

Quelques fuyards même, prenant des chemins plus courts, étaient déjà arrivés à Constantinople et y avaient répandu l'alarme. De quoi ils furent vivement blâmés ; car ils donnèrent lieu de croire d'abord que toute l'armée avait péri, tandis que la plus grande partie était sauve. La première terreur fut si grande, qu'une multitude immense de Latins s'apprêtaient à quitter Constantinople pour retourner en Occident. Le cardinal de Capoue, légat apostolique, par ses exhortations, parvint à calmer et à faire rester la multitude. Cependant ni ses promesses, ni ses remontrances, ni ses prières, ni ses larmes, non plus que celles de Conon de Béthune, qui commandait la ville, et de Milés de Brabant, ainsi que des chefs de l'armée qu'ils rencontrèrent au port de Rhédeste, ne purent empêcher sept mille, tant pèlerins que chevaliers, de s'enfuir dans leur pays, pour y apporter et y trouver le déshonneur ; car partout ils furent notés d'infamie, comme des déserteurs de la cause chrétienne.

Cependant le prince Henri, accompagné de sa troupe et suivi de vingt mille Arméniens, venait à grandes journées au secours de l'empereur, son frère, quand il apprit sa défaite et sa captivité. Les troupes françaises étant réunies à Rhédeste, on s'occupa de régler la forme du gouvernement en l'absence de l'empereur, dont on ignorait le sort. On arrêta que le prince Henri gouvernerait l'empire en qualité de régent ; et son premier soin fut d'envoyer secrètement des personnes affidées en Thrace, en Macédoine et dans tous les Etats du roi bulgare, pour avoir des nouvelles de son frère. Il fut plus d'un an sans rien découvrir.

De nouvelles calamités vinrent s'ajouter aux premières. Les vingt mille Arméniens, dont la marche était ralentie par un grand attirail de chariots chargés de leurs familles, furent enveloppés par les Grecs, qui les tuèrent ou les firent prisonniers. Dans ces tristes conjonctures, on perdit encore le personnage dont la sagesse et le courage pouvaient être du plus grand secours. Henri Dandolo, cet illustre doge de Venise, mourut à l'âge de quatre-vingt-dix-sept ans.

Le prince Henri prit le chemin de Constantinople, et vint à Sélymbrie, qui n'en est qu'à deux journées. Il y laissa quelques troupes pour la défendre, et continua sa marche. Son arrivée apportait quelque consolation aux seigneurs qui étaient demeurés, mais ne dissipait pas leurs inquiétudes. Joannice se rendait maître de tout le pays, et les Comans faisaient des courses jusqu'aux portes de Constantinople. Du côté de l'Europe, les Français ne conservaient que Rhédeste et Sélymbrie ; au delà du Bosphore, il ne leur restait que le château de Pèges. La retraite des troupes avait mis Lascaris en possession de tout le reste. Dans cette extrémité, ils envoyèrent à Rome, en France, en Flandre et ailleurs demander du secours. Nivelon, évêque de Soissons, Nicolas de Mailly, Jean de Bliaut furent chargés de lettres pressantes. Le Pape était leur principale ressource. Faible par lui-même, il était l'âme de la chrétienté, et pouvait mettre en mouvement tout ce grand corps. Henri lui rendait compte de la défaite ; il le prévenait contre Joannice, dont on avait intercepté des lettres qui prouvaient son alliance avec les ennemis du nom chrétien. Il lui représentait que la conquête des Français était celle de l'Eglise romaine, dont ils étaient les vassaux les plus fidèles, et que la perte de Constantinople ruinerait à jamais l'espérance de recouvrer la terre sainte.

Cependant on tremblait à Constantinople, et Joannice, emportant tout sur son passage, paraissait avoir dessein de l'assiéger, lorsqu'on apprit qu'il se retirait. Les Comans, plus capables de supporter les frimas de l'hiver que les chaleurs de l'été, se séparèrent pour retourner dans leur pays, et il ne put les retenir. Toutefois, seul avec ses Valaques et ses Bulgares, il assiégea et prit par capitulation la ville de Serres, dans les domaines du marquis de Montferrat. Il avait promis à la garnison, avec serment, qu'elle pourrait se retirer où elle voudrait, avec chevaux, armes et bagages. Infidèle à sa parole, il fit trancher la tête aux officiers, et conduire les soldats au fond de la Hongrie. Il se rendit encore maître de Philippopolis, par ses intelligences avec les manichéens, qui étaient en grand nombre dans cette ville. Il avait promis le traitement le plus doux. Toujours infidèle à sa parole, dès qu'il se vit en possession, il fit massacrer l'archevêque, écorcher vifs ou décapiter les principaux habitants, et mettre le reste à la chaîne. Asprète, seigneur grec, qui avait engagé les habitants à conserver leur indépendance, fut pendu la tête en bas à une haute potence, par une corde qui lui traversait les talons, et expira dans cet affreux supplice. Les murs et les tours furent démolis, les maisons et les palais consumés par les flammes. On n'y laissa qu'un monceau de cendres et de ruines. Telle fut la fin de l'ancienne ville de Philippopolis, bâtie par le père du grand Alexandre, cité longtemps florissante, et qui tenait le troisième rang dans l'empire, en Occident, après Constantinople et Thessalonique.

Au retour des Comans, 1206, Joannice multiplie ses ravages et répand partout l'épouvante. Les Vénitiens abandonnent Arcadiopolis ; Apres est prise, livrée aux flammes, ses habitants passés au fil de l'épée et on envoyés captifs en Valachie. Rhédeste, abandonnée par la garnison vénitienne, est livrée par les Grecs à Joannice, qui ne les épargne pas plus pour cela, car il les met tous aux fers et les transporte en Valachie, après avoir réduit leur cité en un monceau de ruines. Panium essuie le même traitement, ainsi que d'autres villes, notamment Héraclée, l'ancienne Périnthe.

Le prince Henri, régent de l'empire, écrivit une seconde lettre au Pape, pour l'informer de ces nouveaux désastres et implorer son secours. Innocent III écrivit au terrible roi des Bulgares. Dans ses rapports avec les souverains, surtout avec des souverains de ce caractère, le Pape ne ressemble pas mal à un apprivoiseur de bêtes féroces, d'ours, de lions, de léopards. Pour les dompter peu à peu et les adoucir, il emploie tous les moyens imaginables :

promesses, menaces, caresses, châtiments ; au risque d'en recevoir lui-même plus d'une fois de sanglantes égratignures. Quant au roi des Bulgares, c'est le même Pape qui, sur sa demande, lui avait accordé la dignité royale, avec un étendard de saint Pierre, et reçu son royaume sous la protection spéciale du Saint-Siège. Innocent lui rappelle affectueusement ses bienfaits, et lui témoigne une paternelle sollicitude pour la paix et la prospérité de son royaume. « Sachez donc, très-cher fils, qu'une grande armée va venir en Grèce d'Occident, outre celle qui y est arrivée depuis peu. C'est pourquoi vous devez pourvoir à vous et à votre État, en faisant la paix avec les Latins, tandis que vous le pouvez ; de peur que, s'ils vous attaquent d'un côté et les Hongrois de l'autre, vous ne puissiez aisément résister à tous les deux. Nous conseillons donc de bonne foi à Votre Sérénité, de vous assurer la paix avec les Latins, en délivrant l'empereur Baudouin, que l'on dit être votre prisonnier. Car nous écrivons à son frère Henri qu'il cesse, en ce cas, de vous inquiéter (*Gesta Inn.*, n. 106 et 107). »

Joannice répondit : « Quand je sus la prise de Constantinople, j'écrivis aux Latins pour avoir la paix avec eux ; mais ils me répondirent fièrement qu'ils ne voulaient point de paix avec moi, si je ne rendais les terres de l'empire de Constantinople que j'avais usurpée par violence. Je répliquai que je possédais ces terres plus justement qu'ils ne possédaient Constantinople ; car je n'ai fait que recouvrer ce que mes ancêtres avaient perdu, et eux ont pris Constantinople qui ne leur appartenait pas. De plus, j'ai reçu du Pape la couronne légitimement ; mais celui qui se dit empereur de Constantinople l'a prise de lui-même ; c'est pourquoi l'empire m'appartient plutôt qu'à lui. Je leur déclarai donc que, sous l'étendard que j'ai reçu de saint Pierre, portant les clés du ciel, je les combattrais hardiment contre eux, malgré les fausses croix qu'ils portent sur leurs épaules. Ensuite, étant attaqué par les Latins, j'ai été contraint de me défendre ; et Dieu, qui résiste aux superbes, m'a donné une victoire inespérée par l'intercession de saint Pierre. Quant audit empereur, je ne puis le délivrer suivant votre conseil et votre mandement, parce qu'il est mort en prison (*Ibid.*, n. 108). »

En effet, après que Joannice eut fait prisonnier l'empereur Baudouin, près d'Andrinople, il l'amena chargé de chaînes à Ternova, sa capitale, et le garda plus d'un an. Quoiqu'il le traitât d'abord assez humainement, il le tenait caché avec soin, sans le laisser voir à personne qu'au concierge de la prison ; mais la résistance du seigneur grec Asprète, qui lui fit fermer les portes de Philippopolis, le mit en si grande colère, et il étendit sa vengeance jusque sur ce prince, qui n'y avait cependant aucune part. Baudouin fut enfermé dans un cachot, mourant presque de faim. Dans cette position affreuse, il reçut inopinément la visite de la reine. Cette princesse, tartare de nation, avait obtenu de son mari la permission d'aller, sous prétexte de charité, porter quelque consolation au malheureux prince. Un autre sentiment la poussait. Comme un autre Joseph, l'empereur Baudouin était aussi beau que chaste. La reine des Bulgares en devint passionnément éprise. Dans une de ses visites, elle lui dit tout à coup : « Vous pouvez, sans rançon, délivrer deux captifs. — Et qui sont-ils ? demanda Baudouin. — Vous, répondit-elle, et moi, que vous tirerez de la tyrannie d'un mari barbare. Si vous me prenez pour épouse, nous serons libres tous deux. Laissons à Joannice ce misérable empire de Constantinople, qui ne peut plus subsister, et retournez avec moi dans vos États. Je vous en procurerai les moyens. » Comme un autre Joseph, Baudouin lui représente que l'union qu'elle lui propose est un crime. Elle sort furieuse, le menaçant de la mort : elle revient le lendemain et redouble ses menaces. Baudouin lui fait la même réponse. Désespérée, elle va trouver Joannice, qui l'aimait passionnément : elle accuse Baudouin du crime dont elle était coupable. Joannice, naturellement cruel, devenu encore plus féroce par la jalousie, invite ses courtisans à un festin ; il y fait amener Baudouin et le livre à leurs insultes, lui reprochant son infâme audace. Vainement Baudouin proteste de son innocence ; le roi, en sa présence même, lui fait couper les mains, les bras, les jambes, les cuisses, à divers intervalles, et envoie jeter le tronc avec les membres dans une grande fosse près de Ternova, où l'on jetait les chiens et les chevaux morts. Baudouin n'y mourut qu'au bout de trois jours, déchiré par les oiseaux de proie. Le roi lui fit enlever le crâne, qu'on enchâssa dans de l'or ; c'était, selon l'ancien usage des Scythes, la coupe où il buvait dans les repas de fête. Une femme pieuse de Bourgogne, qui revenait du pèlerinage des saints lieux, et qui passait alors par Ternova, recueillit les restes de son cadavre et lui donna secrètement la sépulture. C'est ainsi que l'empereur Baudouin mourut martyr de la chasteté, à l'âge de trente-cinq ans. Le moine Albéric, chroniqueur du temps, rapporte qu'il se faisait des miracles à son tombeau (*Histoire du Bas-Empire*, l. 95 ; Alber., *Chron.*).

Quand les seigneurs français furent assurés de sa mort, ils résolurent d'aller à Constantinople et de couronner empereur le prince Henri, son frère. Ce qui fut exécuté à Sainte-Sophie, le dimanche après l'Assomption de Notre-Dame, 20 août 1206. Au milieu des réjouissances publiques qui eurent lieu à cette occasion, le nouvel empereur fit de sages règlements pour le bon ordre, la paix et la défense de l'empire.

Les circonstances étaient fort critiques et comme désespérées, à cause de la ligue des Grecs avec les Bulgares. L'excès du mal y apporta quelque remède. Les Grecs, en se révoltant, s'étaient flattés de trouver dans Joannice, non-seulement un secours pour exterminer leurs vainqueurs, mais encore un gouvernement doux et favorable, qui les remettrait dans un état florissant. Mais, voyant qu'il détruisait leurs villes, qu'il faisait de la Thrace un affreux désert, et que, dans toutes les places dont il se rendait maître, il massacrait les habitants, sans distinction de Grecs et de Latins, ou les faisait traîner en Valachie, pour défricher des forêts et peupler ses propres États, ils comprirent que leur libérateur était un tyran plus dur et plus insupportable que leurs conquérants. Ils apprenaient qu'il se préparait à venir prendre possession d'Andrinople et de Didymotique, et ne doutaient pas qu'il ne traitât ces deux villes, les plus importantes de la Thrace, comme il avait traité les autres; ce qui achèverait d'anéantir les Grecs, devenus de misérables esclaves des Bulgares. Ces réflexions les détachèrent de Joannice; ils se tournèrent vers leurs premiers maîtres et dépêchèrent secrètement à Branas, qui était à Constantinople, pour le prier d'interposer son crédit en faveur de ses compatriotes et d'obtenir leur pardon du régent et des Vénitiens. Ils demandaient seulement qu'on laissât à Branas le domaine d'Andrinople et de Didymotique; à cette condition, ils promettaient de vivre en bonne intelligence avec les Latins et de demeurer fidèlement attachés à l'empereur. Cette proposition rencontra dans le conseil quelques difficultés; mais, comme on s'assurait de la constante fidélité de Branas, on consentit à lui céder ces deux villes avec leurs dépendances, à la charge d'en faire hommage à l'empereur et de les tenir en fief de l'empire. Ce traité rétablit la paix entre les Français et les Grecs (*Hist. du Bas-Empire*, l. 96).

Joannice, qui n'en avait nulle connaissance, après avoir ruiné tout le pays jusqu'à Constantinople, revenait sur ses pas pour achever la destruction de la Thrace par celle d'Andrinople et de Didymotique. Il résolut de prendre et de ruiner d'abord la dernière de ces villes; mais quand les Grecs qui étaient dans son armée s'aperçurent de son dessein, ils s'évadèrent secrètement par bandes de vingt, de trente, de quarante et de cent. Sommés d'ouvrir leurs portes, les habitants de Didymotique s'y refusèrent et renvoyèrent à Constantinople demander du secours, aussi bien que ceux d'Andrinople, qui avaient à craindre le même sort; car Joannice ayant trouvé de la résistance, commença aussitôt le siége et le poussait avec vigueur. A cette nouvelle, le prince Henri, encore régent de l'empire, partit avec le peu de troupes qu'il put réunir et que le cardinal-légat encourageait beaucoup. On avait à craindre, d'un côté, la multitude des Bulgares; de l'autre, la fidélité si équivoque des Grecs. Cependant des courriers arrivaient de Didymotique et d'Andrinople, annonçant que la première allait succomber si on ne la secourait promptement. C'était le 23 juin 1206. Henri fit la revue de ses troupes. Il ne s'y trouva que quatre cents chevaliers, ce qui, avec leur suite, ne faisait pas trois mille combattants. Les courriers d'Andrinople rapportaient, au contraire, que Joannice était suivi de quarante mille chevaux, sans compter les fantassins, dont on ne savait le nombre.

Le lendemain, fête de Saint-Jean-Baptiste, les quatre cents Français se confessèrent, communièrent et marchèrent en avant. Le troisième jour, comme ils approchaient de la ville, ils apprirent tout à coup que Joannice, informé de leur marche et de leur résolution de le combattre, avait levé le siège et s'était promptement éloigné, après avoir brûlé ses machines; ce qui fut regardé de tout le monde comme un miracle. Le prince Henri continua sa marche, et le quatrième jour, il campa devant Andrinople. A la vue de l'armée française, les habitants sortirent en procession, et, précédés de leurs croix, ils vinrent avec des acclamations d'allégresse recevoir leurs libérateurs.

Les Français poursuivirent Joannice pendant cinq jours, sans pouvoir l'atteindre; mais ils eurent le bonheur de dégager le brave Renier de Trit. Ce guerrier, renfermé dans la forteresse de Sténimac, non loin des ruines de Philippopolis, y était si étroitement resserré par les Bulgares, que, depuis treize mois, il n'avait pu recevoir de nouvelles ni donner des siennes. Henri, retenant la plus grande partie de ses troupes, y envoya le reste, sous la conduite de Conon de Béthune et de Geoffroi de Villehardouin, suivis des plus vaillants chevaliers et d'un détachement de Vénitiens. Ils traversèrent avec beaucoup de risque un pays semé de partis ennemis, et arrivèrent enfin à Sténimac. Renier, les apercevant du haut des tours, douta d'abord si ce n'était pas un corps de troupes grecques qui venaient renforcer les Bulgares; mais à la retraite de ceux-ci, qui s'enfuirent aussitôt, il reconnut alors ses compatriotes et courut au devant d'eux. Ce fut une entrevue attendrissante. Des soldats harassés de fatigue, couverts de blessures, atténués par une longue disette, se jetaient avec transport entre les bras de leurs anciens amis, qui étaient venus à leurs secours, sans savoir encore s'ils étaient morts ou vivants. Ils partirent ensemble le lendemain et arrivèrent au camp le troisième jour. Renier y fut reçu avec toutes les marques de la joie la plus vive, comme un homme sorti du tombeau après plus d'une année, et ses libérateurs furent comblés d'éloges (*Hist. du Bas-Empire*, l. 95; Villehardouin).

Aux applaudissements et aux cris de joie, succédèrent bientôt les gémissements et la douleur la plus amère. On reçut alors des nouvelles certaines de la mort de l'empereur Baudouin. Henri, son frère, qui avait partagé ses travaux, et qui, depuis sa mort, se montrait digne de régner, fut proclamé empereur d'un consentement unanime.

Les fêtes de son couronnement à Constantinople furent interrompues par le bruit des armes. Le terrible Joannice marchait vers Didymotique. Branas, qui en avait pris possession après la retraite du Bulgare, n'avait pas eu le temps d'en réparer les brèches, ni de la pourvoir de munitions; elle fut emportée du premier assaut, et rasée. Tout le pays fut ravagé et réduit en solitude. Andrinople tremblait; elle envoya informer l'empereur de ce fâcheux événement et du danger qui la menaçait elle-même. Il partit sur-le-champ, et le bruit de sa marche arrêta le roi Bulgare, qui reprit le chemin de ses Etats. Arrivé devant Andrinople, Henri apprit que l'ennemi, chargé de butin, n'était éloigné que d'une journée, et qu'il emmenait un grand nombre de prisonniers. Il résolut d'aller arracher de ses mains, et le poursuivit pendant quatre jours jusqu'à Berrhée en Thrace, au pied du mont Hémus. Joannice était maître de cette ville. A la vue de l'armée impériale, les habitants s'enfuirent dans les montagnes, et l'empereur, la trouvant garnie de toutes sortes de provisions, y passa deux jours, tandis que ses partis portaient le ravage dans toutes les campagnes d'alentour. A une journée de Berrhée, il campa devant une place nommée Blisne, où il trouva encore des vivres en abondance, mais point d'habitants. On lui rapporta que le Bulgare qui emmenait les prisonniers s'était arrêté dans un vallon, à trois lieues de là. L'empereur détacha, la nuit suivante, deux escadrons de cavalerie, sous la conduite d'Eustache, son frère, et de Macaire de Sainte-Menehould; il les fit suivre des Grecs d'Andrinople et de Didymotique, avec ordre d'aller enlever les prisonniers. On arriva au point du jour, et il fallut combattre. L'escorte bulgare, qui était nombreuse, défendit sa proie avec vigueur, et ce ne fut pas sans perte que les Français délivrèrent ces malheureux. On les ramena au camp, hommes, femmes, enfants, au nombre de vingt mille, avec trois mille chariots remplis de butin, ce qui tenait de file deux grandes lieues de chemin. On les reçut avec beaucoup de joie. L'empereur resta au même lieu le jour suivant, pour donner aux captifs le temps de se reposer; puis, revenu à Andrinople, il leur donna la liberté de s'en aller où ils voudraient, après leur avoir fait rendre à chacun les biens qui leur avaient été enlevés. Le surplus du butin, qui était immense, fut distribué aux soldats. D'Andrinople, où il s'arrêta cinq jours, l'empereur passa à Didymotique, qu'il avait dessein de relever de ses ruines; mais il la trouva tellement détruite, qu'il eût fallu beaucoup de temps et de travaux.

Didymotique avait commencé le massacre des Français pour favoriser le roi des Bulgares; c'est le roi des Bulgares qui la ruine à jamais, malgré les Français prêts à la secourir. La Providence est juste.

La même année 1206, les Français reprennent en Asie plusieurs places, entre autres Nicomédie, sur Théodore Lascaris, qui venait de prendre le titre d'empereur. L'empereur Henri épouse, en 1207, la princesse Agnès, fille du marquis de Montferrat, roi de Thessalonique. Théodore Lascaris se ligue contre l'empire avec le roi des Bulgares, qui vient assiéger Andrinople. Les Français se défendent assez bien contre l'un et l'autre: Joannice est obligé de lever le siège, et Lascaris conclut une trêve. L'empereur Henri a une entrevue très-amicale avec son beau-père, le marquis de Montferrat, qui lui fait hommage pour le royaume de Thessalonique, et qui, peu de jours après, meurt d'un coup de lance en poursuivant une troupe de Bulgares. A cette nouvelle, le terrible Joannice vient mettre le siège devant Thessalonique, mais c'est pour y trouver la mort à son tour. Couché dans son lit, il voit en songe un cavalier monté sur un cheval blanc, qui court à lui la lance à la main, et lui fait dans le côté une blessure mortelle. Il s'éveille en criant que Manastras, l'un des principaux chefs de son armée, l'avait percé d'outre en outre. Manastras, qui avait sa tente près de celle du roi, se lève, vient à lui, et tâche de le détromper, mais inutilement; car à peine Joannice a-t-il raconté son songe funeste, qu'il tombe en défaillance et en agonie. Voyant le roi près de mourir, Manastras lève le siège et fait partir l'armée, emportant le prince, qui expire presque aussitôt. Les Grecs attribuent la mort funeste du terrible Bulgare à saint Démétrius, patron de Thessalonique.

Dans le même temps, l'empereur Henri reçut d'Occident un secours considérable de troupes, que lui avait procuré le Pape, et que lui amenait l'évêque de Soissons. Henri sut en profiter. Joannice n'ayant point laissé d'enfant mâle, son neveu Phrorélas prit la couronne; et, pour y acquérir un nouveau titre, il épousa sa tante Scythide, sœur de sa mère et de Joannice. Héritier de la haine de son prédécesseur contre les Français, mais non pas de son habileté et de son courage, il entra sur les terres de l'empire avec une grande armée et fut entièrement défait dès la première bataille, qui se donna le 30 juillet 1208. Henri profita si bien de sa victoire, que, dans l'espace d'un mois, il conquit sur les Bulgares cinquante lieues de pays.

L'empereur mit ensuite ordre au royaume de Thessalonique. Le marquis Boniface laissait deux fils; il donnait, par son testament, le marquisat de Montferrat à Guillaume, né de sa première femme, et Thessalonique à Démétrius, encore enfant, qu'il avait eu de son second mariage avec l'impératrice Marguerite de Hongrie. Un seigneur lombard, le comte Blandras, nommé tuteur du prince et régent du royaume, ne se vit pas plus tôt maître des affaires, qu'il entreprit de détacher ce royaume de l'empire, dont il était fief, et même de l'ôter au jeune Démétrius pour le faire passer à son frère Guillaume.

Informé de ces manœuvres, l'empereur marche en Thessalie, et, après plusieurs incidents où les Lombards ne montrèrent pas plus de loyauté que des Grecs, il oblige Blandras de se retirer en Italie. Il arme chevalier le jeune Démétrius, il le couronne roi de Thessalonique, avec grande solennité, le jour de l'Epiphanie 1209; il confère la tutelle, avec la régence du royaume, à sa mère, Marguerite de Hongrie, mais avec un co-régent pour l'empereur de Constantinople. Marguerite obtint du Pape une protection déclarée pour elle et son fils, et de l'empereur une jouissance libre de son douaire: c'étaient des terres et des places en Romanie, dont le marquis lui avait fait don pour cause de noces.

La même année 1209, la paix se conclut entre les Bulgares et les Français; cette paix fut même cimentée par une alliance de famille. L'empereur Henri avait perdu son épouse Agnès. Phorélas, roi des Bulgares, lui fit épouser la fille de son prédécesseur Joannice; et les Français virent assise sur le trône de leur empire la fille de leur plus mortel ennemi (*Hist. du Bas-Empire*, l. 96).

Théodore Lascaris ayant pris le titre d'empereur en Asie, l'année 1206, écrivit au pape Innocent III une longue lettre, contenant plusieurs plaintes contre les Latins de Constantinople. Premièrement, il les accusait de prévarications envers Dieu, en ce que, s'étant croisés sous prétexte de marcher contre les infidèles, ils avaient tourné leurs armes contre les chrétiens, attaquant l'empire de Constantinople. Il les traitait de sacrilèges, pour avoir pillé les églises et tué des chrétiens; et de parjures, pour avoir souvent violé les trêves faites avec lui. Théodore concluait en suppliant le Pape d'obliger les Français de faire avec lui une paix perpétuelle et d'envoyer un légat pour la traiter, en sorte qu'ils ne passassent point la mer, que Dieu avait mise pour borne entre les deux nations. Il promettait, en ce cas, de se joindre aux Latins pour faire la guerre aux Sarrasins: autrement, il déclarait qu'il serait contraint, malgré lui, de faire contre eux des alliances avec les infidèles, et de se joindre aux Valaques et aux Bulgares.

Le Pape répondit, le 22 mars 1208: « Nous n'excusons pas les Latins; au contraire, nous les avons souvent repris de leurs excès; mais nous croyons devoir vous rapporter leurs excuses. Ils disent que, s'étant chargés de la conduite du jeune Alexis, la nécessité des vivres les contraignit de se détourner en Romanie, et ils voulurent profiter de l'occasion pour procurer le service du Saint-Siége et le secours de la terre sainte; ce qu'ils crurent avoir fait, quand, après avoir pris Constantinople sans effusion de sang, chassé l'usurpateur et remis le père et le fils sur le trône, ils leur firent promettre volontairement obéissance au Siége apostolique. Mais, comme ils se préparaient à passer en Syrie, les Grecs, au mépris de leurs serments, les en empêchèrent malicieusement, et les obligèrent, malgré eux, à prendre Constantinople. Ce qu'ayant exécuté par la seule puissance de Dieu, quoi qu'ils aient fait depuis, ils ont toujours eu pour but de réduire les schismatiques et de secourir plus facilement la terre sainte.

» Or, quoiqu'ils ne soient point entièrement irréprochables, nous croyons toutefois que Dieu, par un juste jugement, s'est servi d'eux pour punir les Grecs, qui se sont efforcés de déchirer la robe sans couture de Jésus-Christ. Souvent il arrive que, par un secret, mais très-juste jugement de Dieu, les mauvais sont punis par le ministère des mauvais. Assur a servi de verge pour châtier et la Judée et l'Égypte. C'est justement qu'ont péri dans le déluge, ceux qui n'ont pas voulu être avec Noé dans l'arche. C'est justement qu'ont souffert la famine ceux qui n'ont pas voulu recevoir pour pasteur le bienheureux Pierre, prince des apôtres, à qui le Seigneur a confié ses brebis à paître; ceux qui, s'égarant hors du bercail, n'ont pas voulu, malgré les avertissements de nos prédécesseurs et les nôtres, revenir à l'unité, ni secourir la terre sainte qu'ils pouvaient plus facilement et plus efficacement secourir, tant par le voisinage des lieux que par l'abondance des richesses. Si donc, par le ministère de ceux qui se proposaient l'un et l'autre, ils ont perdu, comme les Juifs, et leur patrie et leur nationalité, ce n'est pas sans l'avoir mérité. Du reste, puisque Dieu, qui est le maître des empires et les donne à qui il lui plaît, a transféré celui-ci aux Latins, nous vous conseillons de vous soumettre à notre cher fils, l'empereur Henri, et à nous qui, tout indignes que nous en sommes, tenons la place de saint Pierre; car nous exhorterons l'empereur, par le légat que nous nous proposons d'envoyer, à vous traiter avec douceur; et quand vous saurez que le légat sera arrivé, vous lui enverrez des agents, afin qu'il procure la paix entre vous et l'empereur (Inn., L. 11, *Epist.* 47). »

Ce qui occupa beaucoup plus Innocent III, ce fut de régulariser les églises latines de Constantinople et de l'empire, non-seulement dans leurs rapports entre elles, mais dans leurs rapports avec les églises grecques, avec l'empereur et avec les seigneurs temporels, qui avaient reçu des villes et des principautés particulières à gouverner et à défendre. La chose n'était point aisée. A Constantinople même, le patriarche et le chapitre de Sainte-Sophie étaient vénitiens, tandis que le reste du clergé était français; souvent les diocèses des évêques latins n'avaient pas de limites bien déterminées; dans telle ville il y avait un évêque latin et un évêque grec; dans telle autre il n'y avait qu'un Latin : le système féodal, transplanté dans l'empire, pour en faciliter le gouvernement et la défense au milieu de ses éléments si divers, amenait une infinité de relations nouvelles à établir et à concilier; souvent les parties intéressées s'échauffaient dans la dispute, entreprenaient l'une sur l'autre : on recourait au Pontife romain, qui, par son autorité paternelle, calmait les esprits, accommodait les différends, au moins par un tempérament provisoire, en attendant que le temps amenât une conclusion définitive.

Ainsi, le patriarche de Constantinople, Thomas Morosini, ayant pris possession de son siége en 1206, envoya au Pape une députation solennelle, pour lui témoigner sa soumission et lui faire des plaintes, des consultations et des prières sur divers articles. Le Pape répondit par une longue lettre, où il entre dans un grand détail. Il lui montre, avec un calme tout paternel, que certaines de ses plaintes ne sont pas fondées : aux autres, il apporte le remède convenable; il résout ses difficultés, lui prescrit des règles pour les cas les plus embarrassants, renvoie au légat la décision de quelques affaires, lui accorde ses demandes en tout ou en partie. En toutes ces matières, conclut-il, vous éviterez d'agir par humeur et avec précipitation (Inn., L. 9, *Epist.* 140; *Gesta*, n. 102; Raynald., an 1206, n. 6).

Cet avis n'était pas hors de propos. Le patriarche Morosini, Vénitien de naissance, avait pris avec la république de Venise, touchant les affaires ecclésiastiques de Constantinople, des engagements condamnés par le Pape. Ce fut une cause de mésintelligence. Ainsi, l'an 1206, avant d'entrer à Constantinople, il écrivit au clergé et au peuple de venir au devant de lui, et de le recevoir avec l'honneur convenable. Le clergé français ne voulut point le reconnaître, soutenant que sa promotion était subreptice et obtenue du Pape sur un faux exposé : c'est pourquoi ils appelèrent au cardinal Pierre de Capoue, qui était encore le seul légat à Constantinople. Le légat crut devoir déférer à leur appel, et ne pas le contraindre à se soumettre au patriarche. Celui-ci les excommunia; mais ils se mirent peu en peine de son excommunication. Le clergé latin de Constantinople demeura ainsi divisé jusqu'à l'arrivée de l'autre légat, le cardinal Benoît de Sainte-Susanne, qui enfin les accommoda.

Il fit aussi, touchant la part des biens que l'on devait donner à l'Eglise, un arrangement ou concordat entre lui et le patriarche Thomas, d'une part; et, de l'autre, le prince Henri, les barons de l'empire, les chevaliers et le peuple. Pour récompenser les Eglises des domaines qu'elles possédaient sous la domination des Grecs, le régent promet de leur donner, hors des murs de Constantinople, la quinzième partie de tous les domaines, cités, châteaux, villages, champs, vignes, bois, prés et autres immeubles et revenus. Tous les cloîtres, même dans Constantinople, seront à l'Eglise en entier : s'il est nécessaire de fortifier un cloître, on ne le fera que du consentement du patriarche ou de l'évêque diocésain. Les laïques donneront aussi aux églises les dîmes de tous les Latins; et si, avec le temps, on peut persuader aux Grecs de donner aussi les dîmes, les laïques ne s'y opposeront point. C'est que le paiement des dîmes n'a jamais été établi chez les Grecs, comme nécessaire. Toutes les personnes et les biens ecclésiastiques, les clercs et les religieux, tant grecs que latins, et ceux qui se réfugieront dans les églises, seront exempts de toute juridiction laïque, selon la plus favorable coutume de France. Dans les nouvelles conquêtes, l'Eglise aura la première son quinzième, avant qu'on distribue les autres. Ce concordat fut passé à Constantinople le 17 mars 1206, et le Pape le confirma par une bulle du 5 août de la même année (Inn., L. 9, *Epist.* 141; *Gesta*, n. 101; Rayn., an 1206, n. 3).

Plus tard, l'empereur Henri défendit à ses sujets de donner leurs biens aux églises, ni entre vifs, ni par testament. L'empereur, dit-on, avait cru devoir faire cette défense, parce que les forces de son état ne consistaient que dans le service auquel ses vassaux étaient obligés à cause de leurs fiefs, suivant l'usage de ce temps-là; de sorte qu'en aliénant leurs terres, ils se mettaient hors d'état de faire leur service. D'autres, cherchant à se retirer au pays de leur naissance, ne trouvaient point à vendre leurs héritages à cause de l'incertitude de cet empire naissant, et se faisaient honneur de les donner aux Eglises, dont même ils tiraient quelque compensation. Tels sont les motifs qu'on allègue. Mais, fussent-ils réels, ils ne justifiaient point une défense générale; ils autorisaient seulement des mesures pour que le service attaché aux terres féodales se fît toujours exactement, n'importe qui fût possesseur de ces terres. C'est ainsi qu'on en usait dans tout l'Occident. C'est dans ce sens que le Pape, sur les plaintes des évêques, réclama contre la défense de l'empereur. Dans la lettre qu'il lui écrivit là-dessus, le 12 mars 1208, ainsi qu'aux Vénitiens et aux barons français de Constantinople, il leur rappelle que les constitutions des empereurs catholiques et les maximes générales permettaient à toutes sortes de personnes de donner leurs biens aux Eglises et aux lieux de piété. Vous ne devez donc pas empêcher les chevaliers et autres, de léguer leurs possessions aux Eglises, du moins avec les charges y annexées. Il ajoute : « Que si peut-être une personne à l'extrémité lègue aux Eglises des biens qui ont appartenu aux Eglises, comme en ce cas c'est plutôt une restitution qu'une donation, nous défendons, par l'autorité des présentes, de l'empêcher, soit par vous-mêmes, soit par autrui. Autrement, nous chargeons l'archevêque de Varise et l'évêque de Panide, de réprimer par les censures ecclésiastiques tous les contradicteurs (Inn., L. 11, *Epist.* 12-15. » Par une autre lettre du 10 juillet 1210, le Pape prie l'empereur d'obliger les seigneurs de Romanie à la restitution des monastères, des dîmes et des autres biens ecclésiastiques qu'ils avaient usurpés (L. 8, *Epist.* 99).

Quelques-uns faisaient encore pis, et prenaient parti avec les Grecs rebelles contre les Latins. Ainsi Michel, despote d'Epire, avait prêté serment de fidélité à l'empereur Henri et à Eustache, comte de Boulogne, son frère, à qui même il avait donné en mariage sa fille aînée. Mais, au mépris de ces serments et de cette alliance, sans déclarer la guerre, il se saisit par surprise du connétable de l'empire, et de cent autres Français, parmi lesquels se trouvaient plusieurs chevaliers. Il fit jeter les uns dans des cachots, fouetter ou même égorger les autres. Le connétable fut pendu avec son chapelain. Le despote, suivi de plusieurs Latins, traîtres et déserteurs, porta le fer et le feu sur les terres voisines de ses Etats. Il fit trancher la tête à tous les prêtres latins qu'il put prendre, sans même épargner un évêque. Par l'attrait d'une paie plus forte, il débauchait à l'empereur un grand nombre de soldats, à l'aide desquels il multipliait ses ravages et ses cruautés. Théodore Lascaris, soutenu par des déserteurs latins, en faisait autant de son côté. Par ses ordres, un seigneur particulièrement attaché à l'empereur, fut, dit-on, écorché vif.

C'est ce que l'empereur Henri manda au Pape, qui en parle dans ses lettres du 7 décembre 1210, au patriarche de Constantinople et aux prélats de Romanie. Il ajoute : « Or, si les Grecs récupéraient l'empire de Romanie, ils empêcheraient le secours de la terre sainte, de peur que ce ne fût une occasion de leur faire encore perdre leur Etat : vu même que, avant que l'empire eût passé d'eux aux Latins, ils n'ont jamais voulu secourir la terre sainte, quelque prière que nous leur en ayons faite. Au contraire, l'empereur Isaac fit faire une mosquée à Constantinople, en faveur de Saladin. Enfin, s'ils pouvaient exterminer les Latins, auxquels déjà maintenant ils donnent le noms de *chiens*, ils demeureraient bien plus endurcis dans le schisme, et leur dernière erreur serait pire que la première, puisqu'ils ne cessent de murmurer que c'est par la politique du Siége apostolique que l'armée des Latins s'est détournée de sa route pour prendre Constantinople. C'est pourquoi nous vous mandons de défendre aux Latins, sous peine d'excommunication, de donner aucun secours aux Grecs, particulièrement à Michel, contre l'empereur et ses sujets, et d'exhorter le prince à leur donner des appointements convenables, de peur que l'indigence ne les contraigne de passer chez les Grecs (Inn., L. 13, *Epist.* 184). »

Le Pape est le médecin en chef de l'humanité entière. Il doit connaître le tempérament de chaque nation; le bien, le mal, le fort, le faible, afin de la traiter en conséquence, pour lui conserver la santé ou la lui rendre. Depuis bien des siècles, la plus malade des nations est la Grèce. Ce n'est pas une fièvre de jeunesse après laquelle l'homme se calme et se mûrit : c'est un mal invétéré, héréditaire, originel, qui corrompt ce qu'il y a de meilleur, fait empirer ce qui est déjà mauvais, et tourne en poison les remèdes les plus salutaires. Le don de l'intelligence, la finesse de l'esprit ne lui servent qu'à inventer des hérésies et des schismes; les avantages temporels que Dieu lui a départis deviennent pour elle un motif et un moyen de jalouser, de combattre, de nier la prérogative spirituelle que le même Dieu a départie à Rome chrétienne, pour la guérison et le salut de tous les peuples. Sa force, sa gloire, sa littérature sèche et meurt. Il n'est qu'une chose qu'elle conserve toujours bien vivante : l'antipathie pour le médecin en chef, la répugnance pour le seul remède qui peut la guérir : l'unité catholique. Plutôt le cimeterre de l'Ottoman, le knout du Moscovite, que la houlette de saint Pierre. Comme le Juif, c'est une nation humainement incurable; des siècles de calamités ne la font point rentrer en elle-même. Pour la guérir, il faudrait lui changer le naturel, l'esprit et le cœur. Dieu seul peut le faire. Le fera-t-il?

En attendant, tout ce que peuvent l'Eglise de Dieu et son chef, c'est de prier pour elle, c'est de ne mettre aucun obstacle à son retour, c'est d'en préparer les voies, c'est de profiter de toutes les circonstances pour gagner et sauver, si ce n'est la nation entière, du moins quelque partie, un nombre d'individus plus ou moins grand. Le salut, le bien surnaturel d'une seule âme, vaut mieux que tous les biens naturels de l'univers entier.

Innocent III connaissait bien ses malades, les rois et les peuples de la chrétienté, et il savait employer les remèdes suivant les temps, les lieux et les personnes. Durant le traitement, le malade murmurait, criait, s'emportait; mais une fois guéri, il était plein de reconnaissance et rendait grâces. Les rois et les peuples de l'Occident étaient assez forts pour supporter des remèdes efficaces. Mais les Grecs étaient si faibles, qu'ils paraissaient incapables de supporter un remède quelconque. Si vous faites la conquête de Constantinople, vous augmenterez les préventions qu'ils ont déjà contre l'Eglise catholique, hors de laquelle il n'y a point de salut. Si après avoir fait cette conquête, vous laissez vous la ravir par eux, vous augmenterez encore leurs mêmes préventions, et de plus leur mépris contre tous les peuples et les rois de l'unité chrétienne. Voilà ce que considérait, voilà ce que disait Innocent III. Voilà pourquoi il recommandait avec tant d'instance, à leur égard, la douceur, la modération, la patience. Plus d'une fois les évènements décidaient d'une autre manière. Quelquefois même les hommes de sa confiance ne répondaient pas tout à fait à ses intentions.

L'an 1213, il envoya à Constantinople, en qualité de légat, Pélage, cardinal-évêque d'Albane, avec des lettres de recommandation à l'empereur Henri, à Geoffroi de Villehardouin, prince d'Achaïe, et aux seigneurs du pays; aux évêques, aux abbés et aux supérieurs ecclésiastiques. Ce qu'il recommandait particulièrement aux uns et aux autres, c'était d'aider le légat à procurer la réunion des Grecs avec l'Eglise romaine, réunion qu'il espérait compléter au prochain concile de Latran. Au dire d'un historien grec, Georges Acropolite, le légat s'y serait pris avec un zèle trop violent. Pour montrer qu'il représentait le Pape, il était vêtu de rouge jusqu'à la chaussure, la housse et la bride de son cheval : ce que les Grecs remarquaient, parce que c'était la couleur de l'empereur. Au fond, ce n'était que le costume de cardinal. L'auteur grec ajoute : Il exerça sa légation avec beaucoup de hauteur, voulant soumettre tous les Grecs aux ordres de Rome, jusqu'à faire emprisonner les moines et les prêtres, et fermer toutes les églises. Il fallait, sous peine de mort, reconnaître le Pape pour premier Pontife et faire mention de lui au saint sacrifice. Ce procédé jeta la consternation dans Constantinople, et les premiers d'entre les Grecs s'adressèrent à l'empereur Henri et lui dirent : Etant d'une autre nation et ayant un autre pontife, nous nous sommes soumis à votre puissance quant au corps, mais non quant à l'âme et aux choses spirituelles. Nous sommes obligés de combattre pour vous à la guerre, mais il nous est impossible de quitter notre religion. Délivrez-nous donc des maux qui nous menacent, ou laissez-nous aller en liberté joindre nos compatriotes. L'empereur ne voulut pas se priver du service de tant de braves, et, malgré le légat, il fit ouvrir les églises des Grecs, et mettre hors des prisons leurs moines et leurs prêtres; il apaisa ainsi la tempête dont Constantinople était agitée. Mais, avant cela, plusieurs moines en étant sortis, allèrent trouver l'empereur Lascaris, qui leur donna des monastères à habiter; des prêtres allèrent également à Nicée, où le patriarche Michel Autorien reçut les uns dans son clergé, et donna aux autres des églises : ils vivaient ainsi en liberté. Voilà ce que dit l'auteur grec (Georg. Acropol., n. 17, *Hist. Byzant.*).

Pendant que l'empire de Constantinople était conquis par les guerriers de la quatrième croisade, malgré eux et malgré le Pape, l'Egypte et la Syrie, où ils avaient intention de porter leurs armes, étaient en proie à des fléaux plus cruels que la guerre. Le Nil, suspendant son cours accoutumé, cessa d'inonder ses rivages et de fertiliser ses moissons. La dernière année de ce siècle (1200) s'annonça, dit l'historien Abdallatif (auteur arabe, traduit par Silvestre de Sacy), comme un monstre dont la fureur allait tout dévorer. Quand la famine eut commencé à se faire sentir, le peuple fut condamné à se nourrir de l'herbe des champs et de la fiente des animaux. On voyait les pauvres fouiller les cimetières et disputer aux vers les dépouilles des cercueils. Quand le fléau devint plus général, la population des villes et des campagnes, comme si elle eût été poursuivie par un ennemi impitoyable, fuyait en désordre, errait au hasard de cité en cité, de village en village, et trouvait partout le mal qu'elle voulait éviter. Dans tous les lieux habités, on ne pouvait faire un pas sans être frappé de la vue d'un cadavre ou de quelque malheureux sur le point d'expirer.

Ce qu'il y avait de plus affreux dans cette calamité universelle, c'est que le besoin de vivre faisait commettre les plus grands crimes et rendait tous les hommes ennemis les uns des autres. Dans les premiers temps, on voyait avec horreur ceux qui se nourrissaient de chair humaine; mais les exemples d'un aussi grand scandale se multiplièrent tellement, qu'on n'en parla plus qu'avec indifférence. Les hommes, aux prises avec la faim, qui n'épargnait pas plus les riches que les pauvres, ne connurent plus la pitié, la honte, le remords, et ne furent retenus ni par le respect des lois ni par la crainte des supplices. Ils en vinrent enfin à se dévorer entre eux comme des bêtes féroces. Au Caire, trente femmes en un seul jour périrent sur un bûcher, convaincues d'avoir tué et mangé des enfants. L'historien arabe rapporte une foule de traits semblables.

Bientôt la peste vint ajouter ses ravages à ceux de la famine. Dieu seul, dit l'histoire contemporaine, connaît le nombre de ceux qui moururent de faim et de maladie. La capitale de l'Egypte, dans l'espace de quelques mois, compta cent onze mille morts. A la fin, on ne pouvait suffire à les enterrer; on se contentait de les jeter hors des remparts. La même mortalité se fit sentir dans les villes de Damiette, de Kous, d'Alexandrie. Des cadavres flottaient sur le Nil, aussi nombreux que les plantes bulbeuses qui, dans un certain temps, couvrent les eaux du fleuve. Un pêcheur en vit passer sous ses yeux plus de quatre cents dans une seule journée; on n'apercevait de toutes parts que des amas d'ossements humains; les chemins, pour parler comme les auteurs arabes, étaient comme un champ ensemencé de corps morts, et les provinces les plus peuplées comme une salle de festin pour les oiseaux de proie.

L'Egypte perdit plus d'un million de ses habitants. La famine et la peste se firent sentir jusqu'en Syrie, et n'épargnèrent pas plus les villes chrétiennes que les cités musulmanes. Depuis les bords de la mer Rouge jusqu'aux rives de l'Oronte et de l'Euphrate, toutes les contrées n'offraient que des scènes de deuil et de désolation. Comme si la colère du Ciel n'eût pas été satisfaite, elle ne tarda pas à se manifester par un troisième fléau non moins terrible que tous les autres.

Un violent tremblement de terre dévasta les villes et les provinces que la famine et la peste avaient épargnées. Les secousses ressemblaient au mouvement d'un crible ou à celui que fait un oiseau lorsqu'il relève et abaisse ses ailes. Le soulèvement de la mer et l'agitation des flots présentaient un aspect horrible : les navires se trouvèrent tout à coup portés sur la terre; une grande quantité de poissons furent jetés sur le rivage. Les hauteurs du Liban s'entr'ouvrirent et s'abaissèrent à plusieurs endroits. Les peuples de la Mésopotamie, de Syrie et d'Egypte crurent voir le tremblement de terre qui doit précéder le jugement dernier. Beaucoup de lieux habités disparurent totalement; une multitude d'hommes périrent; les forteresses de Hamah, de Balbec furent renversées; il ne resta debout, dans la ville de Naplouse, que la rue des Samaritains; Damas vit s'écrouler ses plus superbes édifices; la ville de Tyr ne conserva que quelques maisons; les remparts de Ptolémaïde et de Tripoli n'étaient plus qu'un amas de ruines. Les secousses se firent sentir avec moins de violence sur le territoire de Jérusalem, et, dans la calamité générale, les chrétiens et les musulmans se réunirent pour remercier le Ciel d'avoir épargné dans sa colère la ville des prophètes et des miracles (Michaud, *Hist. des Croisades*, t. III).

On entrevoit ici quelque peu les vues de la Providence. Si les guerriers de la quatrième croisade avaient pu suivre leur intention et celle du Pape, aborder en Syrie ou en Egypte et en faire la conquête, il est probable que, au milieu des fléaux qui désolèrent ces contrées, vainqueurs et vaincus, tout aurait péri. Dieu réservait à ces guerriers, généralement si chrétiens, des travaux plus glorieux et plus durables.

Dans ce temps, les pauvres chrétiens de l'Egypte étaient unis de communion avec l'Eglise romaine. Outre les chrétiens du pays, il y avait dans Alexandrie et au Caire beaucoup de chrétiens captifs tombés entre les mains des infidèles pendant les guerres saintes. Ils étaient traités plus durement que les esclaves ordinaires dont ils enviaient le sort. Ils n'avaient qu'un vieux prêtre pour leur administrer les secours de la religion. Ils prièrent le patriarche d'ordonner diacre l'un d'entre eux, afin d'aider le prêtre infirme. Le patriarche n'osa le faire sans la permission du Pape. Il écrivit donc, ainsi que les captifs, à Innocent III, pour lui exposer leur situation affligeante, le péril où plusieurs étaient exposés de perdre la foi, et ils le prièrent d'écrire aux rois, aux princes et aux chevaliers d'Orient, de procurer leur délivrance, soit par échange, soit autrement.

Le pape répondit au patriarche et aux captifs, pendant le mois de janvier 1212. Il compatit vivement à leurs souffrances; car nous pouvons dire avec l'Apôtre : « *Qui est celui qui devient infirme sans que je le devienne? qui est celui qui est scandalisé sans que je brûle?* Mais j'espère aussi du Père des miséricordes, qui nous console dans toutes nos tribulations, que cette autre parole s'accomplira en vous : *Bienheureux ceux qui souffrent persécution pour la justice, car le royaume du ciel est à eux. Bienheureux ceux qui pleurent, parce qu'ils seront consolés.* » Il les avertit toutefois, avec douleur et confusion, car il a entendu dire que quelques-uns d'entre eux commettaient des crimes capables non-seulement de détourner d'eux la miséricorde de Dieu et d'empêcher leur délivrance, mais de décrier la religion chrétienne parmi les infidèles. Il les adjure, par le jour du terrible jugement, de s'en abstenir de toute manière, afin que le saint nom du Seigneur ne soit point blasphémé parmi les nations. Du reste, il loue et félicite le patriarche de sa charité paternelle; non-seulement il lui permet, mais il le prie de leur ordonner un diacre qui puisse les instruire et les consoler. Enfin il leur apprend les mesures que, de concert avec ses frères les cardinaux, il vient de prendre pour procurer leur délivrance (Inn., L. 14, *Epist.* 146 et 148).

Le Pape écrivit effectivement à saint Albert, patriarche de Jérusalem, son légat, lui représenta surtout le péril d'apostasie où étaient ces captifs, par les tourments qu'on leur faisait endurer depuis longtemps pour cet effet, quoiqu'ils ne demandassent qu'à être traités comme les captifs infidèles, en rendant les mêmes services. Le Pape ordonna au patriarche d'agir puissamment auprès des chevaliers du Temple et de l'Hôpital, des rois et des princes, pour travailler à cette bonne œuvre et obtenir la délivrance des chrétiens captifs, par échange ou autrement, d'autant plus qu'ils avaient encouru la captivité pour la foi chrétienne, et qu'ils étaient comme les prisonniers du Christ, qui dira à ses fidèles au jour du jugement : *Venez, les bénis de mon Père, possédez le royaume qui vous a été préparé dès l'origine du monde, parce que j'étais en prison, et vous êtes venus à moi; car chaque fois que vous l'avez fait à un des moindres de mes frères, c'est à moi que vous l'avez fait.* Au contraire, il dira aux réprouvés : *Retirez-vous, maudits, allez au feu éternel, qui a été préparé au diable et à ses anges.* Comme s'il disait manifestement : Quiconque aura délivré de prison l'un de mes fidèles, moi je l'arracherai de l'enfer, pour qu'il ne soit pas éternellement tourmenté en enfer avec le diable et ses anges, mais qu'il se glorifie éternellement avec les anges saints dans le royaume de Dieu. Le Pape rappelle au patriarche que, d'après les constitutions canoniques, on doit, pour racheter les captifs, vendre les biens de l'Eglise même, qu'il n'est pas permis d'aliéner dans d'autres cas. Combien donc ne seraient point coupables et inhumains ceux qui n'y contribueraient pas selon leur pouvoir. Il lui recommande de lui faire connaître ceux des chevaliers et des princes qui montreraient le plus de zèle à exécuter ses prières, afin qu'il pût à son tour les écouter plus favorablement dans leurs demandes (L. 14, *Epist.* 147).

Le patriarche d'Alexandrie, dont on ne sait pas le nom, écrivit plusieurs fois à Innocent, témoignant dans ses lettres et par d'autres indices, une grande dévotion pour l'Eglise romaine et pour la personne même du Pontife. Innocent lui répondit par une lettre pleine d'affection, où il le console et le félicite même, par les motifs les plus élevés, des maux qu'il endurait sous la domination des infidèles; il l'invite à venir ou du moins à envoyer un député au concile qui allait s'assembler à Rome, pour aviser au secours de la terre sainte et à la réformation de l'Eglise; enfin il se recommande instamment à ses prières (L. 16, *Epist.* 34).

Le bienheureux patriarche de Jérusalem, Albert, était né d'une famille noble, dans le diocèse de Parme. Ayant été dès l'enfance destiné aux lettres, il fit de grands progrès dans les arts libéraux et dans l'étude des lois; mais il n'en faisait pas de moindres dans la piété. Jeune encore, il entra dans le monastère de Sainte-Croix de Montare, chef d'une congrégation de chanoines réguliers, où il s'instruisit dans la loi divine. A peine eut-il fait profession, qu'il fut élu prieur de la communauté. Trois ans après, en 1183, il fut choisi pour occuper le siége épiscopal de Bobio; mais sa modestie lui fit imaginer mille difficultés qui servirent à prolonger la résistance qu'il apportait à son élection. Pendant ce temps, l'évêché de Verceil vint à vaquer, et comme il n'avait point encore été sacré évêque de Bobio, il fut contraint de l'accepter. Il gouverna cette Eglise pendant vingt ans, avec une vigilance et une capacité extraordinaires. Il instruisait son peuple, autant par les exemples de sa vie que par ses discours. Il réforma les mœurs de son clergé et des autres diocésains; plusieurs eurent honte de demeurer dans le désordre, voyant leur pasteur si humble, si sobre, si chaste, si sévère à lui-même, si charitable, si libéral, si compatissant envers tout le monde, particulièrement les pauvres, si assidu à tous les offices divins, si appliqué à la prédication. Quoique sa principale sollicitude fût pour le bien spirituel de son Eglise, il ne laissa point de travailler aussi à lui procurer divers avantages temporels. Il la débarrassa de ses dettes, qui étaient grandes et onéreuses; il augmenta ses revenus; il l'orna de nouveaux édifices; il défendit et affermit ses droits, et, comme il n'était pas moins habile jurisconsulte et canoniste que bon théologien, il ne poursuivit aucune cause dont il ne connût parfaitement la justice, et ses poursuites furent toujours couronnées de succès. L'opinion que le public avait de sa prudence, de sa pénétration, de sa droiture et de son habileté dans les affaires, le fit choisir par le pape Clément III et l'empereur Frédéric Barberousse, comme l'arbitre de leurs différends. On ajoute même qu'il fut honoré du titre de prince de l'empire par Henri VI, successeur de Frédéric, qui, en sa considération, accorda aussi diverses faveurs à l'Eglise de Verceil. Le pape Célestin III le combla également de ses bienfaits, et Innocent III l'employa dans plusieurs négociations importantes, notamment pour ménager une réconciliation entre les peuples de Parme et ceux de Plaisance, qui avaient pris les armes pour se détruire mutuellement. Telles étaient la science, les vertus et la réputation du saint évêque de Verceil, lorsqu'il fut élu patriarche de Jérusalem, soit qu'on l'y connût uniquement par la renommée ou qu'il y eût été précédemment en pèlerinage.

Le patriarche Monaco, Florentin de naissance, homme savant et vertueux, auparavant archevêque de Césarée, étant mort au commencement de l'an 1203, le cardinal Soffred, qui venait d'arriver en Palestine comme légat du Saint-Siége, fut élu patriarche de Jérusalem par le clergé et le peuple, avec le consentement du roi et l'approbation des évêques suffragants. On envoya des députés à Rome pour obtenir la confirmation du Pape et le *pallium*. Le Pape, en ayant délibéré, manda qu'on persuadât au cardinal d'accepter, si l'on pouvait, mais qu'on ne l'y contraignît pas. Lui-même l'engagea par ses lettres à ne pas refuser le gouvernement d'une église où le Seigneur lui-même a tant souffert. Le cardinal, qui avait refusé d'abord, accepta sur les instances du Pape, et on a de lui une charte du 7 mai 1203, où il s'intitule *humble patriarche de Jérusalem et indigne légat du Siége apostolique;* mais il abdiqua bientôt après et obtint que l'on fît une nouvelle élection. Tous convinrent alors d'élire le bienheureux Albert, évêque de Verceil.

Pour l'emmener d'Europe, on envoya des députés, dont le chef était Rainier, Florentin de naissance, qui avait été prieur du Saint-Sépulcre et qui l'était alors de Joppé. Il obtint le consentement du Pape, avec une lettre pour Albert, du 18 février 1204, où il dit : « Le prieur et les chanoines du Saint-Sépulcre sont venus devant nous et nous ont représenté que notre bien-aimé frère Soffred n'ayant pu être persuadé de consentir à son élection, ils se sont assemblés et vous ont élu unanimement pour patriarche. A quoi le roi de Jérusalem et les archevêques ont consenti et nous ont supplié par leurs lettres, non-seulement de vous induire, mais de vous contraindre à consentir à cette élection. Les deux cardinaux-légats, Soffred et Pierre, nous ont écrit la même chose. Enfin les évêques suffragants de Jérusalem, qui prétendent avoir voix dans l'élection, ce qui leur est contesté par le prieur et les chanoines du Saint-Sépulcre, sont convenus, ainsi que le patriarche d'Antioche et les évêques de sa province, pour leur part, de remettre leurs droits à deux personnes, lesquelles vous ont encore nommé pasteur de la même Eglise. »

Dans le reste de la lettre, le Pape s'applique à persuader au bienheureux Albert d'accepter cette dignité, nonobstant tous les travaux, les difficultés et les périls qui y étaient alors attachés, ou plutôt à cause de cela même. Il lui rappelle que, pour réparer la chute du genre humain, Jésus-Christ, tout Dieu qu'il était, s'est anéanti lui-même, a pris la forme de serviteur, a choisi Jérusalem pour y souffrir, obéissant à Dieu son Père jusqu'à la mort de la croix. Le serviteur ne serait-il donc pas bien ingrat et bien coupable, s'il refusait de souffrir pour son maître ce que son maître a souffert pour lui? Innocent développe cette pensée avec une profonde piété, comme un saint peut faire à un saint. « Ne dites pas, ajoute-t-il, que l'on vous appelle au gouvernement d'un diocèse dont vous ne pouvez maintenant prendre possession, parce que les ennemis en occupent presque toute l'étendue. Rappelez-vous comment Jacques, le frère du Seigneur, a reçu à gouverner cette même Jérusalem, non pas soumise, mais rebelle, étant encore sous la puissance de ceux qui avaient crucifié le Seigneur hors de la ville, et qui depuis ont tué Jacques même près du temple.

» D'ailleurs, vous en avez une partie, et vous avez proprement cette Eglise; car elle ne consiste point dans les lieux, mais dans les personnes, et ces personnes vous demandent, afin que vous travailliez à recouvrer les saints lieux. Or, quoique vous nous soyez fort nécessaire en Lombardie, comme un prélat à qui nous confions avec sécurité nos pouvoirs dans les affaires difficiles, toutefois, la pressante nécessité, non-seulement de l'Eglise de Jérusalem, mais de tout l'Orient, nous oblige à nous faire une espèce de violence, pour vous exhorter et vous conjurer d'accepter cette élection. Craignez de résister à la volonté de Dieu; craignez que si, à votre refus, on mettait à cette place une personne indigne, il n'y eût sujet de vous l'imputer; et ne craignez point de ne pas réussir : Dieu récompense le travail, plutôt que le succès. Ne nous obligez pas à user d'une plus grande sévérité pour vous faire obéir à nos ordres. Ce n'est pas à un honneur qu'on vous élève, mais à une charge pesante; car aujourd'hui cette Eglise a plus de charges que d'honneurs. Et ne prétendez pas vous excuser sur l'exemple du cardinal Soffred; peut-être a-t-il refusé, de peur qu'étant sur les lieux, il ne parût avoir procuré lui-même sa promotion et avoir agi par intérêt, en s'opposant comme il a fait à la nomination d'un sujet indigne. »

Le bienheureux Albert acquiesça humblement aux instances du Pape. Il vint à Rome, fut transféré au siége patriarcal de Jérusalem, reçut non-seulement le *pallium*, mais encore l'autorité de légat apostolique en Palestine pour quatre ans, comme le Pape le témoigne aux prélats et à tous les fidèles du pays par une lettre du 16 juin de l'année suivante 1205. Albert retourna régler les affaires de l'Eglise de Verceil et pourvoir à un successeur, puis s'embarqua sur un vaisseau génois pour la terre sainte, où il aborda l'an 1206.

Dès l'année précédente, le Pape écrivit plusieurs lettres en sa faveur. Premièrement, il recommande aux prélats et à tous les fidèles du pays, tant naturels qu'étrangers de le recevoir avec honneur et soumission, comme si c'était lui-même. Il lui donne le pouvoir de porter le *pallium* en quelque province que ce soit, et d'absoudre de l'excommunication tous ceux qui voudraient traverser la mer avec lui, et tous les habitants de la terre sainte. Il conserve aux clercs qui feront le voyage le revenu de leurs bénéfices pendant trois ans. Enfin il lui envoie l'argent destiné au secours de la terre sainte (*Vita B. Albert., Acta Sanct.*, 8 *april.*; *Gesta Inn.*, n. 98; L. 7, *Epist.* 100, 101, 102, 167, 168).

Le Pape écrivit aussi aux prélats de France une lettre où il dit : « La nouvelle de la prise inopinée de Constantinople y a fait passer aussitôt les pèlerins qui étaient dans la terre sainte, et même les habitants du pays; en sorte que cette province est demeurée presque destituée d'hommes et d'argent. Et ce qui est plus dangereux, le patriarche de Jérusalem étant mort, nos légats se sont retirés; le roi et son fils, qui devait lui succéder, sont aussi morts, et il ne reste personne pour gouverner cette province, ni au temporel, ni au spirituel. Pour comble de douleur, le comte de Tripoli et le roi d'Arménie se disputent la principauté d'Antioche, et leur guerre divise cette poignée de gens qui sont demeurés dans le pays; car les Templiers et le peuple d'Antioche sont pour le comte; le patriarche d'Antioche et les Hospitaliers sont pour le roi. Le fils de Saladin, qui est le sultan d'Alep, soutient le comte de Tripoli; mais Denefin est contre lui. Sefidin, seigneur de Damas et de l'Egypte, et tous les Sarrasins, ayant appris la conquête de Constantinople, en ont été si affligés, qu'ils eussent mieux aimé que Jérusalem eût été prise; et Sefidin ayant aussitôt fait trève avec tous ses ennemis, va de tous côtés en personne réunir les infidèles contre les chrétiens.

Le Pape ajoute la défaite que les Latins de Constantinople venaient d'éprouver, par suite de la coalition des Bulgares, des Grecs et des Turcs, et il conclut : « Comme donc à présent on n'espère absolument aucun secours qui doive passer à la terre sainte, nous craignons extrêmement que les Sarrasins s'animent plus fortement à s'emparer de ce qui en reste, pour ôter aux chrétiens l'occasion d'y passer et donner aux Grecs le moyen de recouvrer l'empire de Constantinople, ce que les uns et les autres désirent ardemment. Or, en ces circonstances, c'est du roi de France que l'on attend le principal secours, et c'est pour ce sujet que Dieu l'a fait si grand et si élevé entre tous les princes chrétiens (L. 7, *Epist.* 124). »

Le roi de Jérusalem, dont il est parlé dans cette lettre, était Aimeri ou Amaury de Lusignan, deuxième du nom, roi de Chypre de son chef, et roi de Jérusalem par sa femme Isabelle, dont il fut le quatrième mari. Pendant et après les terribles fléaux qui désolèrent la Syrie et l'Egypte, ce roi de Jérusalem donnait à ses barons l'exemple de la sagesse et de la résignation chrétiennes. Les trois ordres militaires, qui avaient épuisé leurs trésors pour nourrir leurs soldats et leurs chevaliers dans le temps de la famine, invoquaient, par leurs lettres et leurs envoyés, la charité des fidèles de l'Occident. On s'occupa de rebâtir les villes qui avaient été ébranlées par le tremblement de terre; les sommes amassées par Foulque de Neuilly, prédicateur de la dernière croisade, furent employées à relever les murailles de Ptolémaïde. Comme les chrétiens manquaient d'ouvriers, ils firent travailler les prisonniers musulmans. Parmi les prisonniers condamnés à ces sortes de travaux, se trouvait Saadi, célèbre poète persan. Un riche habitant d'Alep le racheta moyennant dix pièces d'or, et lui donna sa fille en mariage, avec cent pièces d'or pour sa dot; mais Saadi lui-même raconte dans ses poésies que cette alliance lui fit regretter plus d'une fois sa captivité.

Le roi Amaury II mourut le 1er avril 1205, à Ptolémaïde ou Saint-Jean-d'Acre. Un fils qu'il avait eu d'Isabelle mourut quelque temps après. La reine Isabelle suivit bientôt elle-même dans la tombe ses époux et son fils, laissant le droit du royaume à sa fille aînée, Marie, qu'elle avait eu de Conrad, marquis de Montferrat, son deuxième époux. Telle était la triste situation du royaume de Jérusalem, lorsque le bienheureux Albert y aborda en qualité de patriarche.

Les barons et les seigneurs restés en Syrie sentirent plus que jamais la nécessité d'avoir à leur tête un prince qui pût les gouverner, et s'occupèrent de choisir un époux pour la jeune reine de Jérusalem. Ils résolurent de demander un roi à l'Occident et de s'adresser à la patrie des Godefroi et des Baudouin, à cette nation qui avait fourni tant de héros aux croisades, tant d'illustres défenseurs à la terre sainte. Une députation solennelle fut envoyée au roi de France, Philippe-Auguste, pour lui demander un seigneur digne d'épouser la jeune princesse et capable de soutenir le royaume.

Parmi les seigneurs de sa cour, Philippe distingua Jean de Brienne, frère de ce Gauthier de Brienne que nous avons vu mourir dans l'Italie méridionale avec la réputation d'un héros et le titre de roi. Dans sa jeunesse, Jean de Brienne avait été destiné à l'état ecclésiastique; mais, élevé dans une famille de guerriers, il refusa d'obéir à la volonté de ses parents. Comme son père voulut employer la force pour l'y contraindre, il alla chercher dans le monastère de Citeaux un asile contre la colère paternelle. Dans cette retraite, Jean de Brienne fut confondu avec la foule des cénobites, et se livra comme eux au jeûne et à la mortification. Cependant les austérités du cloître ne pouvaient s'allier avec son ardeur, avec sa passion naissante pour le métier des armes; souvent, au milieu de la prière et des cérémonies religieuses, les images des tournois et des combats venaient distraire sa pensée et troubler son esprit. Un de ses oncles l'ayant trouvé à la porte du monastère, prit pitié de ses pleurs, l'emmena chez lui, encouragea ses dispositions naturelles. Dès lors Jean de Brienne ne fut plus occupé que de la gloire des combats, et celui qu'on destinait au service de Dieu, à la paix des autels, ne tarda pas à se faire une grande renommée par sa bravoure et ses exploits.

On jeta donc les yeux sur lui pour être roi de Jérusalem. Il accepta, partit avec une suite considérable, aborda à Ptolémaïde, la veille de l'Exaltation de la Sainte-Croix, 13 septembre 1209, épousa dès le lendemain la princesse Marie, et, vers la fin du même mois, fut couronné solennellement à Tyr. Son arrivée en Palestine fut signalée par quelques avantages remportés sur les Sarrasins, alors maîtres d'une grande partie du royaume qu'il était appelé à conquérir; mais comme il n'avait avec lui qu'un petit nombre de chevaliers, ses succès ne furent que passagers. Ils donnèrent toutefois occasion à une nouvelle croisade.

Pendant que les révolutions politiques bouleversaient des empires, que les tremblements de terre renversaient des cités, que la peste et la famine décimaient des nations et des royaumes, de pauvres ermites vivaient tranquilles sur le mont Carmel. Cette montagne ou cette chaîne de montagnes, qui joint la Phénicie à la Palestine, offre naturellement des solitudes favorables à la contemplation. Elevé au-dessus de la terre et de la mer, au milieu d'empires, de royaumes, de nations et de peuples qui ne sont plus, inaccessible aux tempêtes des guerres humaines, le solitaire, du haut de ses rochers, du fond de ses grottes, contemple en sécurité les tempêtes fréquentes qui bouleversent la mer dans le lointain. C'est là que le prophète Elie, avant d'être ravi au ciel sur un char de feu, aimait à se retirer pour échapper à la persécution d'Achab et de Jésabel, et s'entretenir avec Dieu seul. C'est là que son disciple, le prophète Elisée, demeurait habituellement avec les enfants ou les disciples des prophètes, véritables cénobites de l'ancienne alliance.

Nous ne doutons pas que, dans d'autres temps, comme sous la persécution d'Antiochus, où les fidèles Israélites se sauvèrent dans les déserts et les montagnes en si grand nombre, le Carmel, déjà consacré par le souvenir d'Elie et d'Elisée, ne fût peuplé par de pieux anachorètes. Les assidéens, les esséniens, les thérapeutes et autres religieux et cénobites de l'Ancien Testament durent affectionner un lieu si propre à la vie contemplative. Comme ces diverses congrégations juives disparurent, du moins quant au nom, dès que parut le christianisme, on conclut avec raison qu'elles l'embrassèrent généralement toutes. Elles ont pu se perpétuer sous les noms chrétiens d'ascètes, de moines, de solitaires et autres. Sous les persécutions des empereurs idolâtres, qui n'ont guère cessé pendant trois siècles, le Carmel dut servir d'asile aux chrétiens fidèles, comme autrefois aux fidèles Israélites sous la persécution de Jésabel et d'Achab. Il dut en être de même à l'invasion du mahométisme, comme nous le voyons en grand dans les montagnes du Liban, où les chrétiens réfugiés ont formé la nation des Maronites. Il est donc tout à fait vraisemblable que, depuis le prophète Elie, la montagne du Carmel servit habituellement de retraite à de pieux solitaires.

Jean Phocas, moine grec de l'île de Patmos, qui visita les saints lieux l'année 1185, termine ainsi la relation de son voyage : « Sur le mont Carmel on voit la caverne d'Elie, où était autrefois un grand monastère, comme l'indiquent les restes des bâtiments; mais il a été ruiné par le temps et par les incursions des ennemis. Il y a quelques années un moine, prêtre aux cheveux blancs, vint de Calabre et s'établit en ce lieu par révélation du prophète Elie. Il fit une petite clôture parmi les ruines du monastère, y bâtit une tour et une petite église, et assembla environ dix frères, avec lesquels il habite maintenant ce saint lieu (*Les Allat.*, opusc., c. 31). Ainsi parle Jean Phocas, témoin oculaire. Outre ces ermites qui habitaient la même caverne que le prophète Elie, et qui prirent le nom de *carmélites* ou de *carmes*, il y avait en 1204, sur la même montagne du Carmel, mais en des endroits fertiles, trois monastères de cénobites, qui avaient de grandes possessions, comme nous l'apprend le moine Gunther, dans la relation du voyage de Martin, abbé de Pairis, près de Bâle (Canis, t. V, in-4°). »

Le bienheureux Albert, patriarche de Jérusalem, étant arrivé en Palestine, les ermites du mont Carmel, dont le nombre s'était sans doute augmenté depuis 1185, lui demandèrent une règle écrite adaptée au but de leur institution. Il la leur donna vers l'an 1209. Elle est en seize articles. Ils auront un prieur, choisi d'entre eux, par le consentement unanime de tous, ou du moins de la plus grande et de la plus saine partie. Chacun lui promettra obéissance et s'appliquera fidèlement à remplir sa promesse. Les frères auront chacun des cellules séparées les unes des autres, que leur assignera le prieur avec l'assentiment des autres frères ou de la plus saine partie. Aucun ne pourra changer de cellule sans la permission du prieur. La cellule du prieur doit être à l'entrée de la clôture, afin qu'il aborde le premier ceux qui arrivent, et qu'il dispose à son gré ce qui ensuite est à faire. Tous demeureront dans leur cellule ou auprès, méditant jour et nuit la loi du Seigneur, et vaquant à leurs prières, à moins qu'ils ne soient légitimement occupés. Ceux qui savent lire diront les heures canoniales comme elles sont réglées par l'institution des saints Pères et l'usage approuvé de l'Eglise; les autres diront vingt-cinq *Pater* pour les nocturnes, cinquante les dimanches et jours de fêtes solennelles; sept pour les laudes, autant pour chaque heure, excepté pour les vêpres, où ils en diront quinze. Nul des frères ne dira que quelque chose est à lui, mais tout sera commun entre vous. De ce que le Seigneur vous donnera, le prieur fera distribuer à chacun ce qui lui est nécessaire, eu égard à l'âge et aux besoins; de sorte néanmoins que chacun restera dans sa cellule et y vivra isolément de ce qui lui aura été distribué. On construira un oratoire au milieu des cellules, où vous vous assemblerez chaque matin pour entendre la messe, autant qu'il se peut commodément. Les dimanches, ou même d'autres jours quand cela sera nécessaire, vous traiterez de l'observation de la règle; et si quelque frère y est trouvé en faute, on le corrigera charitablement. Excepté les dimanches, vous jeûnerez tous les jours, depuis l'Exaltation de la Sainte-Croix, à moins que l'infirmité ou la faiblesse du corps, ou toute autre cause juste, ne vous persuade de rompre le jeûne; car la nécessité n'a point de loi. Vous ne mangerez jamais de viande, si ce n'est comme remède en cas de maladie.

Le douzième article exhorte les frères à se revêtir des armes spirituelles qui leur sont proposées; le treizième leur recommande le travail continuel; le quatorzième leur impose un silence absolu, depuis les vêpres jusqu'à tierce du lendemain; le quinzième exhorte le prieur, qui s'appelait Brocard, à se rappeler toujours, lui et ses successeurs, ce que le Seigneur dit dans l'Evangile : *Quiconque voudra être le plus grand parmi vous, sera votre ministre; et quiconque voudra être le premier d'entre vous, sera votre serviteur.* Le seizième exhorte les frères à honorer Jésus-Christ dans leur prieur, et à se rappeler cette parole : *Qui vous écoute, m'écoute; qui vous méprise, me méprise.* Le bienheureux Albert ajoute en finissant : « Si quelqu'un fait encore plus que cela, le Seigneur lui en donnera la récompense; mais cependant qu'il en use avec discrétion, car la discrétion doit modérer les vertus (*Acta Sanct.*, 8 *april.; Vit. B. Albert.*, c. 5).

Telle fut l'origine de l'ordre des Carmes, qui se répandit ensuite dans toute l'Eglise latine, qui produira sainte Thérèse et saint Jean de la Croix, et enverra au ciel des vierges martyres pendant la Révolution française.

Vers l'an 1212, dans un moment que les hommes ne songeaient point à la croisade, tout à coup une multitude d'enfants de toute la France et de l'Allemagne, tant des villes que des villages, sans chef et sans conducteur, s'assemblèrent avec grand empressement et prirent la croix pour aller à la terre sainte. Quand on leur demandait où ils allaient, ils répondaient qu'ils allaient à Jérusalem par ordre de Dieu. Plusieurs furent enfermés par leurs parents, mais trouvèrent moyen de s'évader et de continuer leur chemin. A leur exemple, grande quantité de jeunes gens et de femmes se croisèrent pour aller avec eux. Il y eut aussi quelques méchants hommes qui, s'étant mêlés avec ces enfants, leur emportèrent ce que les gens de bien leur donnaient, et se retirèrent secrètement. On en prit un qui fut pendu à Cologne.

Plusieurs de ces pauvres enfants s'égarèrent dans les forêts et dans les déserts, où ils périrent de chaud, de faim et de soif. Quelques-uns passèrent les Alpes; mais aussitôt qu'ils furent entrés en Italie, les Lombards les dépouillèrent et les chassèrent. Ils revinrent couverts de confusion; et quand on leur demandait pourquoi ils étaient partis, ils répondirent qu'ils ne le savaient. Le Pape, ayant appris ces nouvelles, dit en soupirant : Ces enfants nous font un reproche de nous endormir, tandis qu'ils courent au secours de la terre sainte. Voilà ce que rapporte Albert, abbé de Stade, ainsi que plusieurs auteurs de la même époque (Albert. Stadens, 1212; Godef., 1212; Matth. Paris, 1213, etc.).

Pour travailler à ce secours, qui était une des trois grandes affaires que le pape Innocent III s'était proposées, il résolut de convoquer un concile universel, et publia la bulle de convocation, le 19 avril 1213. Voici comme il y parle :

« La vigne du Dieu des armées se voit attaquée par des bêtes de différentes formes, qui s'efforcent de la détruire : leur incursion a tellement prévalu, que, dans une partie non médiocre, des épines ont remplacé les ceps de vigne, et que, nous le disons en gémissant, les ceps de vigne eux-mêmes ne produisent plus que du verjus, infectés et corrompus qu'ils sont de différentes manières. Dieu donc nous est témoin que les deux choses que nous désirons le plus en ce monde, sont le recouvrement de la terre sainte et la réformation de l'Eglise universelle : l'une et l'autre réclament un si prompt remède, qu'on ne peut plus, sans un grand péril, ni dissimuler ni différer. Aussi supplions-nous fréquemment le Seigneur, avec larmes, de nous donner le courage et les moyens pour l'exécution. En conséquence, comme ces choses intéressent fort l'état général de la chrétienté, après en avoir mûrement délibéré avec nos frères et d'autres personnages sages, nous avons résolu de convoquer un concile général, suivant l'ancienne coutume des Pères, dans lequel on puisse ordonner tout ce qui sera jugé à propos pour la correction des mœurs, l'extinction des hérésies, l'affermissement de la foi; pour apaiser les dissensions, établir la paix et engager les princes et les peuples à voler au secours de la terre sainte. Mais parce que ce concile ne pourrait commodément être assemblé avant deux ans, nous avons résolu, en attendant, de rechercher dans chaque province, par des hommes prudents, les abus auxquels le Saint-Siège doit remédier, et d'envoyer d'avance des personnes propres à procurer le secours de la terre sainte. Nous vous enjoignons donc de vous présenter devant nous dans deux ans et demi, à compter de la présente année 1213, vous donnant pour terme le 1er novembre. En sorte toutefois que deux ou trois évêques de vos suffragants demeurent dans votre province, pour exercer les fonctions religieuses, et qu'eux et les autres qui ne pourront venir en personne, envoient à leur place des députés suffisants. Vous garderez la modestie prescrite par le concile de Latran dans vos personnes et vos équipages, et ne ferez que la dépense nécessaire, puisqu'il ne s'agit point ici de s'attirer l'estime du monde, mais de procurer l'utilité spirituelle.

Tous les chapitres, tant des cathédrales que les autres, enverront des députés au concile, parce qu'on y doit traiter des matières qui les regardent particulièrement. D'ici là, informez-vous soigneusement par vous et par d'autres, de ce qui a besoin de correction, et dressez-en des mémoires pour les apporter au concile (Inn., L. 16, *Epist.* 30). »

Cette bulle fut envoyée par toute la chrétienté et adressée aux archevêques, évêques, abbés et prieurs de toutes les provinces ecclésiastiques, entre autres à ceux de Brême, de Gnésen, de Strigonie, de Magdebourg, de Lunden, d'Upsal, de Cantorbéry, d'York, de Dublin, de Tuam, de Cassel, d'Armagh, de Raguse, de Zara, de Spalatro, d'Athènes, de Thessalonique, de Larisse, de Patras, de Crète, d'Andrinople, de Philippes, de Corinthe, de Tyr, de Tripoli, de Nazareth ; à ceux de Chypre, de Bulgarie, de Valachie et d'Ecosse ; au primat et aux archevêques d'Arménie ; au primat et aux évêques des Maronites ; au patriarche, aux archevêques, évêques et abbés, tant latins que grecs, de la province de Constantinople ; aux patriarches d'Antioche, de Jérusalem et d'Alexandrie, à l'empereur Henri de Constantinople, au roi Philippe de France, aux rois d'Aragon, de Navarre, de Castille, de Léon, de Portugal, de Chypre, de Norwège, de Suède, d'Irlande, et généralement à tous les rois chrétiens, les invitant à envoyer au concile des ambassadeurs particuliers. La bulle fut pareillement adressée aux Templiers et aux Hospitaliers, à l'abbé et à l'ordre de Citeaux et à celui de Prémontré.

Le pape Innocent sortit de Rome au mois de juin 1213, et vint à Viterbe, d'où il publia une autre bulle générale qui regardait la croisade, et portait en substance :

« La nécessité de secourir la terre sainte et l'espérance d'y réussir étant plus grande que jamais, nous crions de nouveau vers vous, nous crions pour celui qui est mort sur la croix en poussant un grand cri afin de nous arracher aux tourments de la mort éternelle ; pour celui qui nous crie encore par lui-même : « Si quelqu'un veut venir après moi, qu'il se renonce lui-même, qu'il prenne sa croix et me suive ; » comme s'il disait manifestement : Quiconque veut me suivre à la couronne, qu'il me suive aussi au combat, proposé comme épreuve à tous ; car, tout-puissant comme il est, Dieu aurait pu préserver cette terre de la domination ennemie ; il pourrait la lui arracher facilement s'il voulait. Mais comme l'iniquité surabonde et que la charité d'un grand nombre se refroidit, pour réveiller les fidèles du sommeil de la mort, il leur a proposé un combat où il les éprouve comme l'or dans la fournaise, afin de récompenser les braves et de punir les lâches et les rebelles. O quelle immense utilité n'est déjà pas provenue ! Combien, s'étant convertis à pénitence, se sont enrôlés pour la délivrance de la terre sainte et pour le service du Crucifié, et qui, comme par l'agonie du martyre, ont obtenu la couronne de la gloire, eux qui peut-être auraient péri dans leurs iniquités, enlacés dans les voluptés de la chair et les charmes du siècle ! C'est un ancien artifice de Jésus-Christ, qu'il a daigné renouveler de nos jours pour le salut de ses fidèles. Si un roi temporel allait être chassé de son royaume, à moins que ses vassaux n'exposent pour lui leurs biens et leurs personnes, ne penserait-il pas, après avoir récupéré le royaume, à punir sévèrement les infidèles vassaux ? Ainsi vous fera le Roi des rois, si, après qu'il vous a comblés de tant de biens, vous négligez de le rétablir dans le royaume qu'il s'est acquis au prix de son sang et dont il est comme expulsé.

» D'ailleurs, comment aimerait-il son prochain comme soi-même, celui qui sait que ses frères chrétiens sont captifs chez les perfides Sarrasins ; qu'ils sont plongés dans d'affreux cachots et écrasés sous le plus dur esclavage, et qui ne ferait rien d'efficace pour leur délivrance, violant ainsi cette loi naturelle que le Seigneur a proclamée dans l'Evangile : *Tout ce que vous voulez que les hommes vous fassent, faites-le-leur vous-mêmes !* Ou bien ignorez-vous que, chez les infidèles, il y a des milliers de chrétiens détenus en servitude et en prison, et qui souffrent d'innombrables tourments ? »

Innocent III, prenant Mahomet pour la bête de l'Apocalypse, dont le nombre est 666, pensait que la puissance mahométane touchait à sa fin. Il se sert de cette conjecture pour encourager les chrétiens, et ajoute : « Les perfides Sarrasins, outre les précédents outrages qu'ils ont faits à notre Rédempteur, ont bâti depuis peu, sur le mont Thabor, une forteresse, par le moyen de laquelle ils prétendent prendre facilement la ville d'Acre, qui en est proche, et ensuite ce qui nous reste de la terre sainte. Quittez donc, mes frères, les dissensions et les jalousies, et réunissez-vous pour servir le Crucifié. Tous ceux qui le feront en personne et à leurs dépens, auront la pleine rémission de tous les péchés qu'ils auront confessés avec une vraie contrition. Ceux qui entretiendront à leurs dépens des gens de service, ou qui serviront en personne aux dépens d'autrui, gagneront la même indulgence, et ceux qui contribueront de leurs biens, la gagneront à proportion du secours qu'ils donneront. Les personnes et les biens des croisés seront sous la protection de l'Eglise, jusqu'à ce qu'on soit assuré de leur retour ou de leur mort. Ils seront déchargés des usures qu'ils auront promises, même par serment, notamment aux Juifs. Tous les prélats et les ecclésiastiques, les habitants des villes et des campagnes seront exhortés à fournir un nombre compétent de gens de guerre, entretenus pour trois ans selon leurs facultés ; les princes et les seigneurs qui n'iront pas en personne en feront de même, et les villes maritimes fourniront des vaisseaux. Ce que nous exigeons des autres, nous le ferons nous-mêmes de notre côté.

» Nous permettons aux clercs nécessaires à l'entreprise, d'engager pour trois ans les revenus de leurs bénéfices. Et comme il serait incommode d'examiner ceux qui peuvent accomplir le vœu en personne, nous permettons de se croiser à quiconque le voudra, excepté les religieux ; bien entendu que le vœu pourra, en cas de besoin, être commué, racheté ou différé par notre autorité apostolique. Par la même raison, nous révoquons les indulgences que nous avons accordées jusqu'à présent à ceux qui vont en Espagne contre les Maures, ou en Provence contre les hérétiques, vu principalement qu'elles ont été accordées, aux uns pour un temps qui est passé, aux autres par une cause qui a cessé pour la plus grande partie ; nous accordons toutefois la continuation de cette indulgence pour les fidèles de Provence et d'Espagne. Et parce que les corsaires et les pirates nuisent notablement au secours de la terre sainte, prenant et dépouillant ceux qui y passent ou en reviennent, nous les excommunions, eux et leurs fauteurs, défendons, sous peine d'excommunication, d'avoir aucun commerce avec eux, et enjoignons aux magistrats des lieux de les réprimer; autrement, nous emploierons les censures ecclésiastiques contre leurs personnes et leurs terres. Nous renouvelons aussi l'excommunication portée au concile de Latran contre ceux qui portent aux Sarrasins des armes, du fer et du bois pour la construction des galères, ou qui leur servent de pilotes. « Enfin le Pape ordonne des processions tous les mois et des prières tous les jours à l'intention de la croisade, avec des troncs dans les églises pour recevoir les aumônes destinées à cet effet; ces troncs devaient avoir trois clés, l'une entre les mains d'un prêtre, l'autre entre les mains d'un laïque, la troisième entre les mains d'un religieux (Inn., L. 6, *Epist.* 28).

Cette bulle fut envoyée par toutes les provinces ecclésiastiques d'Allemagne, de Suède, de Danemark, de Bohême, de Hongrie, d'Angleterre, d'Ecosse, d'Irlande, de France et d'Italie. En chaque archevêché, elle fut adressée à des commissaires choisis par le Pape, pour la porter par toute la province et y prêcher la croisade, avec défense de rien prendre que la subsistance nécessaire, et d'avoir chacun plus de six chevaux et six personnes à sa suite. Il leur enjoint d'exécuter leur commission avec grande édification, et de déposer en quelque maison religieuse ce qui leur sera offert pour le secours de la terre sainte, et de rendre compte au Pape pour la fin de l'année de ce qu'ils auront exécuté. En plusieurs provinces, le Pape donna cette commission aux archevêques mêmes, comme à ceux de Lunden et d'Upsal pour la Suède, ou à quelques évêques, comme à ceux de Saint-André et de Glascow pour l'Ecosse; en France, ce fut au cardinal de Courçon, qui y était dès l'année précédente en qualité de légat. Il avait une faculté particulière d'accorder une certaine indulgence à ceux qui viendraient à ses sermons quand il prêcherait la croisade, et de régler ce qui regardait les tournois, suivant ce qu'il trouverait expédient pour l'avantage de la terre sainte (*Ibid., Epist.* 29). C'est que l'on voyait qu'il était impossible d'empêcher absolument ces divertissements de la noblesse.

Le Pape écrivit en particulier sur la croisade au bienheureux Albert, patriarche de Jérusalem. « Vous en serez, dit-il, d'autant plus réjoui, que vous l'avez désirée plus ardemment. Mais de peur que la vie détestable de quelques habitants de la terre sainte n'en retarde l'exécution en attirant la colère de Dieu, nous vous en prions d'essayer divers remèdes pour guérir leur plaie mortelle et les amener à une vraie pénitence. Or, encore que les Sarrasins n'aient pas accoutumé d'être touchés des prières des chrétiens, toutefois, par le conseil de gens prudents, nous avons jugé à propos d'écrire au sultan de Damas et de Babylone (le Caire), maître de Jérusalem. Peut-être ayant appris nos préparatifs, il sera intimidé et accordera de bonne grâce ce qu'il craindra de faire par force. C'est pourquoi nous désirons que vous fassiez conduire chez lui nos envoyés. Cependant vous exhorterez le roi Jean de Jérusalem, avec les Templiers et les Hospitaliers, à la défense de la terre sainte. Enfin nous vous prions de vous rendre auprès de nous avant le terme du concile, si vous le pouvez sans en préjudice notable de votre province (Inn., L. 6, *Epist.* 36).

Le 26 avril 1213, Innocent III écrivit effectivement au sultan du Caire, frère de Saladin, la lettre suivante : « Au noble personnage Saphildin, sultan de Damas et de Babylone, la crainte du nom de Dieu et son amour. Nous apprenons par le prophète Daniel qu'il est dans le ciel, un Dieu qui révèle les mystères, change les temps et transfère les royaumes, afin que tout le monde reconnaisse que c'est le Très-Haut qui domine dans l'empire des hommes, et qu'il le donne à qui il veut. Il l'a montré évidemment, lorsqu'il a permis que Jérusalem et ses confins tombassent entre les mains de votre frère, non pas tant à cause de sa vertu qu'à cause des péchés du peuple chrétien, qui provoquait Dieu même à la colère. Maintenant, convertis vers lui, nous espérons qu'il aura pitié de nous, lui qui, lors même qu'il s'irrite, n'oublie point d'être miséricordieux. C'est pourquoi, voulant l'imiter, lui qui dit dans l'Evangile : *Apprenez de moi, parce que je suis doux et humble de cœur*, nous prions humblement Votre Grandeur de ne pas être cause, par une violente détention de cette terre, qu'on répande plus de sang humain qu'on n'en a déjà répandu; mais, cédant à un plus sage conseil, de nous la rendre, vu que sa détention, hors une vaine gloire, vous apporte peut-être plus de difficulté que d'utilité. Ensuite, après qu'elle nous aura été rendue et que les captifs auront été renvoyés de part et d'autre, cessons de nous offenser mutuellement par des attaques; que, chez vous, la condition des nôtres ne soit pas pire que ne l'est celle des vôtres chez nous. Nous prions de recevoir avec bonté les porteurs des présentes, de les traiter honnêtement et de leur donner une réponse qui soit digne et suivie d'effet (*Ibid., Epist.* 37).

Innocent ne négligeait ainsi rien pour concilier la paix du monde avec l'honneur et la sécurité de la république chrétienne, dont les Etats généraux allaient s'assemblant à Rome. A mesure que l'époque du concile général approchait, les archevêques, les évêques, les prélats, les ambassadeurs arrivaient de toutes parts. Pendant ce temps, le Pape s'appliquait à terminer encore plusieurs importantes affaires.

Le patriarche de Constantinople, Thomas Morosini, était mort au mois de juin 1211. Pour lui donner un successeur, il y eut, parmi le clergé latin de la ville impériale, des contestations qui n'étaient guère propres à ramener les Grecs schismatiques. Les Vénitiens, qui prétendaient perpétuer cette dignité dans leur nation, se portèrent en armes à Sainte-Sophie, menaçant de mort quiconque s'y opposerait. Le chapitre, tout composé de Vénitiens, élut donc son doyen. Mais les supérieurs des communautés de Constantinople, qui étaient d'autres nations, élurent trois candidats, qu'ils présentèrent au Pape pour qu'il en choisît un. Les procureurs des deux partis étant venus à Rome, Innocent III, en connaissance de cause, rejeta l'élection du chapitre et les postulations faites par les autres, et leur ordonna de se réunir tous pour élire canoniquement une personne capable, autrement, il y pourvoirait lui-même (Inn., L. 14, *Epist.* 97). En exécution de cet ordre, les chanoines de Sainte-Sophie et les autres qui prétendaient avoir droit à l'élection du patriarche, s'assemblèrent pour y procéder ; mais ils se partagèrent encore, et les uns élurent l'archevêque d'Héraclée, les autres le curé de Saint-Paul de Venise, tous deux Vénitiens. On revint donc à Rome, et les procureurs des parties ayant proposé devant le Pape leurs prétentions respectives, il ne trouva pas qu'elles fussent suffisamment prouvées, et commit la décision de cette affaire à Maxime, son notaire, qu'il envoyait à Constantinople, en attendant d'y envoyer un légat (*Ibid.*, *Epist.* 156 et 154). Ni le notaire Maxime, ni le légat Pélage n'ayant pu terminer le différend, renvoyèrent au Pape les deux contendants. Ils arrivèrent à Rome vers le temps du concile, et le Pape, ayant cassé les deux élections, fit patriarche de Constantinople, Gervais, natif de Toscane, qui assista au concile en cette qualité.

§ VIII.

Affaires d'Occident. Quatrième concile général de Latran.

Le cardinal-légat Robert de Courçon, chargé de prêcher la croisade en France, s'occupa aussi d'y régler d'autres affaires, notamment les études et la discipline de l'université de Paris. Robert de Courçon, gentilhomme anglais, après avoir commencé ses études à Oxford, était venu lui-même les achever à Paris, vers l'an 1180. Il y passa docteur en théologie, reçu chanoine et chancelier de la cathédrale; puis le pape Innocent, qui avait étudié avec lui dans la même université, le fit venir à Rome, le créa cardinal, et le renvoya en France prêcher la croisade. Il lui donna des lettres pour les évêques et le clergé du royaume, pour le roi Philippe, pour Louis, son fils aîné, et Blanche, épouse de ce prince (Inn., L. 14, *Epist.* 126, 32, 33).

L'université de Paris, affectionnée, protégée tout à la fois par le roi et par le Pape, attirait une foule innombrable d'écoliers de toute nation. Ces écoliers étaient le plus souvent des hommes faits, qui venaient se perfectionner dans leurs études. L'an 1200, se trouvait un noble d'Allemagne, élu à l'évêché de Liége. Un de ses serviteurs étant allé chercher du vin dans un cabaret, il y fut battu et son vase brisé. Aussitôt les écoliers allemands, prenant fait et cause, y accoururent et blessèrent le cabaretier dangereusement. Une grande clameur s'élève, qui met toute la ville en émoi; Thomas, prévôt ou maire de Paris, vient avec le peuple en armes attaquer le logis des écoliers d'Allemagne; et, dans le combat, l'évêque élu de Liége est tué avec quelques-uns des siens.

Les docteurs des écoles de Paris vont trouver le roi Philippe, et lui portent leurs plaintes contre le prévôt Thomas et ses complices. Le roi fait arrêter le prévôt et quelques-uns de sa suite : les autres s'enfuient. Le roi, irrité, fait démolir leurs maisons, arracher leurs vignes et leurs arbres fruitiers. De plus, craignant que les étudiants et leurs maîtres ne quittassent Paris, il fit une ordonnance portant que le prévôt Thomas, parce qu'il niait le fait, demeurerait toute sa vie dans la prison du roi, s'il n'aimait mieux subir publiquement à Paris l'épreuve de l'eau. S'il y succombait, il serait condamné; s'il s'en sauvait, il ne serait plus prévôt ou bailli dans aucune terre du roi, et n'entrerait jamais à Paris. La même chose était ordonnée à l'égard des autres prisonniers, et les fugitifs étaient tenus pour condamnés.

De plus, pour la sûreté des écoliers, le roi promit de faire jurer à tous les bourgeois de Paris que, s'ils voient quelque laïque faire injure à un écolier, ils en rendront témoignage et ne se détourneront pas pour ne pas le voir. Si un écolier est frappé, tous les laïques qui le verront prendront le coupable et le livreront aux officiers du roi, qui en fera informer et faire justice. Le roi ajoute : « Notre prévôt ni nos autres juges n'arrêteront point un écolier pour crime, ou, s'ils l'arrêtent, ils le rendront à la justice ecclésiastique. Si le cas est grave, notre justice prendra connaissance de ce que deviendra l'écolier, mais elle ne mettra la main pour aucun crime sur le chef de l'école de Paris, et, s'il doit être arrêté, ce sera par la justice ecclésiastique. Quant aux serviteurs laïques des écoliers, qui ne nous doivent ni bourgeoisie ni résidence, et dont les écoliers ne se servent point pour faire injure à d'autres, nous ne mettrons point la main sur eux, si le crime n'est pas évident. Nous voulons que les chanoines de Paris et leurs serviteurs jouissent du même privilège. Le prévôt de Paris jurera tout ce que dessus, en entrant en charge (Du Boulai, *Hist. univers.*, Paris, t. III, p. 2).

L'université de Paris se montrait alors digne de cette royale faveur, qui l'exemptait de la juridiction séculière. Elle possédait, entre autres, quatre fameux professeurs de théologie : Guillaume, Richard, Evrard et Manassès, non moins recommandables par leur vertu que par leur doctrine. Un jour, comme ils s'entretenaient des récompenses et des peines éternelles, Guillaume dit : « En étudiant le prophète Ezéchiel, j'ai vu devant moi jusqu'à trois fois un grand arbre, beau et brillant, dont les branches semblaient être l'ornement du monde. » Les trois autres dirent qu'ils avaient aussi vu plusieurs fois un arbre semblable, et, après en avoir mûrement délibéré avec plusieurs autres docteurs, ils crurent être appelés à instituer un nouvel ordre religieux. Ils résolurent donc de tout quitter et d'aller se confiner dans quelque solitude. Ils partirent en 1201, et arrivèrent aux confins de la Champagne et de la Bourgogne, dans une vallée profonde et sauvage, environnée de hautes roches, où ils découvrirent une fontaine que personne n'avait encore aperçue. Ils allèrent trouver Guillaume, évêque de Langres, et le prièrent de leur donner en aumône une partie de cette vallée, qui appartenait à son Eglise. L'évêque la leur accorda volontiers, et ils y bâtirent de pauvres cellules, où ils commencèrent à pratiquer la règle de saint Augustin, suivant l'usage de Saint-Victor de Paris. Quatorze ans après, Frédéric, docteur en droit canon et archidiacre de Châlons, étant élu évêque de la même ville, il y renonça pour aller se joindre aux quatre docteurs. La même année 1215, au mois de septembre, l'évêque de Langres confirma le nouvel institut, et, trois ans après, il le fit confirmer par le pape Honorius. Les cinq premiers docteurs, avant de mourir, virent jusqu'à trente-sept écoliers assemblés ; et ce fut l'origine d'une congrégation de chanoines réguliers, que l'on nomma le *Val-des-Ecoliers* (Labbe, *Biblioth.*, t. I; Albéric, an 1215).

Mais l'impiété manichéenne, qui, de la Bulgarie, ou de la Bougrie, comme on disait alors, était venue corrompre les esprits et les cœurs, les idées et les mœurs dans le midi de la France, essaya de glisser son venin dans l'université de Paris. Vers l'an 1205, un clerc du pays de Chartres, nommé Amauri, après avoir longtemps enseigné à Paris la logique et les autres arts libéraux, se mit à l'étude de l'Ecriture sainte, mais toujours avec sa méthode et ses idées particulières, qui étaient en opposition avec celles de tout le monde. Il soutenait, entre autres, que chaque chrétien est membre naturel et physique de Jésus-Christ, et que personne ne peut être sauvé sans cette créance, qu'il mettait au nombre des articles de foi. Tous les catholiques s'élevèrent contre cette doctrine d'Amauri. Il fallut aller au Pape, qui, ayant ouï sa proposition et les objections de l'université, prononça contre lui. Amauri revint donc à Paris et fut obligé par l'université de rétracter son opinion; mais il ne le fit que de bouche et la garda toujours dans le cœur. Il tomba malade de chagrin et de dépit, mourut peu de temps après et fut enterré près Saint-Martin-des-Champs.

L'erreur qu'il avait émise n'était qu'une branche de l'arbre. Après sa mort, s'élevèrent quelques-uns de ses disciples, qui en proférèrent de plus dangereuses. Ils disaient que la puissance du Père avait duré autant, mais pas plus, que la loi de Moïse; que Jésus-Christ ayant aboli l'Ancien Testament, la loi nouvelle avait eu cours jusqu'alors, c'est-à-dire pendant douze cents ans; et qu'en leur âge commençait le temps du Saint-Esprit, auquel la confession, le baptême, l'eucharistie et les autres sacrements n'avaient plus lieu; mais que chacun pouvait être sauvé par l'infusion intérieure de la grâce du Saint-Esprit, sans aucun acte extérieur. Ils étendaient la vertu de la charité jusqu'à dire que ce qui autrement serait péché, étant fait par charité, ne l'était plus, et, en conséquence, ils commettaient, sous le nom de charité, des adultères et d'autres impuretés plus abominables encore, promettant l'impunité aux femmes dont ils abusaient et aux autres personnes simples, et relevant la bonté de Dieu sans parler de sa justice.

Ces erreurs vinrent secrètement à la connaissance de Pierre, évêque de Paris, et de frère Guérin, chevalier de l'Hôpital, principal confident du roi, le même que nous avons vu à la bataille de Bouvines, évêque élu de Senlis. L'évêque de Paris et Guérin envoyèrent secrètement le docteur Raoul de Nemours, pour s'informer exactement des gens de cette secte. Raoul feignant d'être des leurs, les engageait à lui révéler leurs secrets; et ainsi furent découverts plusieurs prêtres, clercs et laïques de l'un et de l'autre sexe, qui avaient été longtemps cachés. On les prit et on les amena à Paris au nombre de quatorze, parmi lesquels un orfèvre, qui était leur prophète.

Outre les erreurs qui ont été marquées, ils disaient que le Corps de Jésus-Christ n'était pas autrement au pain de l'autel qu'en tout autre pain et en toute autre chose, et que Dieu avait parlé par Ovide comme par saint Augustin. Ils niaient la résurrection et disaient que le paradis et l'enfer n'étaient rien ; mais que quiconque avait la pensée de Dieu qu'ils avaient, avait en soi le paradis, et que quiconque avait un péché mortel, avait l'enfer en soi. Ils disaient que c'était idolâtrie d'ériger des autels sous l'invocation des saints, et d'encenser leurs images. Ils disaient encore que le Pape est l'antechrist, et Rome Babylone. Leur prophète, l'orfèvre Guillaume, prédisait que dans cinq ans viendraient quatre plaies : la famine, qui consumerait le menu peuple; le glaive, par lequel les seigneurs se détruiraient; l'ouverture de la terre, qui engloutirait les bourgeois; le feu qui descendrait sur les prélats, membres de l'antechrist. Le moine Césaire d'Heisterbach ayant rapporté cette prophétie, ajoute : Il y a déjà treize ans, et rien de tout cela n'est arrivé.

Ces ténébreux sectaires ayant été amenés à Paris, les évêques voisins et les docteurs en théologie s'assemblèrent pour les examiner. En ce concile, on leur proposa les articles de leurs erreurs, que quelques-uns reconnurent publiquement; quelques-uns voulant s'en dédire et se voyant convaincus, les soutinrent opiniâtrément avec les autres (Rigord, *De gestis Phil.*; Du Boulai, *Hist. univ. de Paris*, t. III). Voici les articles principaux, qui font connaître la base et l'ensemble de cette hérésie.

La foi chrétienne enseigne que les œuvres de la Trinité sont inséparables. Ces hérétiques soutenaient, au contraire, que le Père, dès l'origine, a opéré sans le Fils et l'Esprit-Saint, jusqu'à l'incarnation du Fils. La foi nous apprend que le Fils seul s'est incarné : ces hérétiques soutenaient que le Père s'était incarné en Abraham, le Fils en Marie, et que le Saint-Esprit s'incarne en nous chaque jour. La foi nous enseigne que tout est vanité sous le soleil : ces hérétiques soutenaient, au contraire, que toutes choses n'en étaient qu'une, parce que tout ce qui est Dieu. A tel point que l'un d'eux, nommé Bernard, osa affirmer qu'il ne pouvait ni être brûlé par le feu, ni tourmenté par aucun supplice, en tant qu'il était, parce que, en tant qu'il était, il se disait Dieu. En conséquence de cette impiété fondamentale, ces hérétiques soutenaient opiniâtrément que le Fils incarné n'était pas autrement Dieu que l'un d'entre eux; enfin, que le Saint-Esprit, incarné en eux, leur révélait toutes choses, et que cette révélation n'était autre que la résurrection des morts. De là ils se disaient eux-mêmes déjà ressuscités, repoussaient de leurs cœurs la foi et l'espérance, prétendant mensongèrement n'être soumis qu'à la science seule (Martène, *Thesaur. nov. anecdot.*, t. IV, col. 163 et 164).

Telles sont littéralement les erreurs que soutenaient les hérétiques universitaires du XIIIe siècle : le panthéisme, tout est Dieu : trois périodes d'évolutions progressives dans les idées humaines : une première, de Dieu comme Père, par le judaïsme ; une seconde, de Dieu comme Fils par le christianisme ; une troisième et dernière, de Dieu comme Saint-Esprit en chacun de nous par la science : Jésus-Christ n'est pas plus Dieu que moi, je suis autant Dieu que lui, puisque tout est Dieu : je n'ai que faire de la foi et de l'espérance, puisque je suis

Dieu, se manifestant complétement à soi-même : quant à celles de mes actions que le vulgaire ignorant pourrait traiter d'infamie, d'adultère, de meurtre, de parricide, ce sont toutes des actions divines, non moins que d'assister les pauvres et de servir les malades, puisque moi et Dieu c'est tout un. Tel était le fond infernal de l'hérésie universitaire du XIIIᵉ siècle.

C'était un perfectionnement satanique du manichéisme. Le manichéisme bulgare ou persan s'embarrassait de deux dieux, l'un bon l'autre méchant, pour nous débarrasser sur celui-ci de tous nos crimes. L'hérésie universitaire simplifie la chose. Elle n'a plus qu'un Dieu, qui est réellement chacun de nous ; en sorte que, quand nous faisons le mal, c'est Dieu qui le fait en réalité, et nous seulement en apparence. Ce qui est plus bien simple et plus commode.

Prodige nouveau ! Au XIXᵉ siècle, dans lequel nous écrivons, l'hérésie universitaire du XIIIᵉ est ressuscitée, trait pour trait, dans l'université gouvernementale de France et d'autres pays. C'est encore littéralement le panthéisme, tout est Dieu : ce sont encore trois périodes d'évolutions successives dans les pensées humaines ; le judaïsme, qui a fini sa tâche il y a dix-huit siècles ; le christianisme, qui a fini la sienne, non plus en 1210, mais l'an 1840, ou à peu près ; vient ensuite la science ou la philosophie, c'est-à-dire la perfection qui, incarnée en nous, régnera sans fin et sans limites. Comme on le voit, une chose ne peut pas plus ressembler à elle-même, que l'hérésie universitaire du XIIIᵉ siècle ne ressemble à l'hérésie universitaire du XIXᵉ. Il y a seulement une petite différence pour le sort qu'elle éprouve.

En 1210, l'assemblée des évêques et des docteurs de l'université de Paris pardonna aux femmes et aux autres personnes simples qui s'étaient laissé séduire par les chefs et les propagateurs de l'hérésie. Quant aux propagateurs et aux chefs eux-mêmes, quatre furent condamnés à une prison perpétuelle : dix autres, dont quatre prêtres, deux diacres et trois sous-diacres, ayant persisté opiniâtrément dans leurs impiétés, sans vouloir les rétracter d'aucune manière, furent dégradés publiquement de leurs ordres et livrés au bras séculier, qui les livra au feu, dans lequel, suivant leur doctrine, ils furent consumés, non pas en tant qu'ils étaient, mais en tant qu'ils n'étaient pas : car, en tant qu'ils étaient, ils étaient Dieu. Aujourd'hui, on fait tout le contraire. On punit les petites gens qui mettent l'hérésie universitaire en pratique, et on récompense les chefs qui l'enseignent et les adeptes qui la propagent. Une femme, un jeune homme, un serviteur, partant du panthéisme universitaire, se diront en eux-mêmes : Puisque tout est Dieu, puisque je suis Dieu aussi bien que les savants qui sont payés, honorés, récompensés pour me le dire et me le faire croire, je ferai donc une action vertueuse, héroïque, divine même, moi d'empoisonner mon mari, moi d'égorger mon frère, moi de tuer mon maitre ou même le roi. Le principe une fois posé, la conséquence est juste. Et cependant, avec ces conséquences si justes et si bien tirées, ces bonnes gens se verront condamnés au bagne, à la mort, et condamnés par ceux-là mêmes qui posent le principe, qui le prônent, et qui pour cela sont élevés aux honneurs, aux dignités, aux richesses. Aussi notre siècle appelle-t-il le XIIIᵉ un *siècle de ténèbres et de barbarie*, et se donne-t-il à lui-même le nom de *siècle de lumière et de civilisation* : civilisation tant soit peu ressemblant à celle de Satan, qui se plaît à punir, à tourmenter les autres, des crimes que lui-même leur a fait commettre.

Le concile de Paris ayant reconnu que le clerc Amauri, mort depuis quelque temps, était l'auteur de la secte, condamna sa mémoire, l'excommunia solennellement, fit tirer ses os du cimetière et jeter sur le fumier. De plus, comme les sectaires abusaient des livres d'Aristote pour répandre leurs erreurs, le concile défendit, sous peine d'excommunication, pendant trois ans, de donner à Paris aucune leçon sur les livres d'Aristote, ni en public, ni en particulier. Quant aux cahiers d'un certain docteur, nommé David de Dinant, il ordonne de les brûler. Pour ce qui est des théologies écrites en français, ainsi que des traductions du Symbole et de l'Oraison dominicale, excepté les Vies des Saints, le concile ordonne de les remettre à l'évêque du diocèse. Tel fut, suivant les termes de la sentence et le récit des auteurs contemporains, comparés entre eux par le docte Mansi, le jugement du concile de Paris, assez mal analysé par plus d'un historien moderne (*Annales Baron.*, édit. Mansi, t. XX, an 1209 ; Martène, *Thesaur. Anecdot.*, t. IV).

Cette hérésie abominable, qui divinisait ainsi toutes les passions et tous les crimes, dut augmenter de beaucoup l'immoralité parmi cette multitude d'étudiants qui affluaient à Paris. On le voit par la peinture qu'en fait Jacques de Vitry, auteur du temps, curé d'Argenteuil, et depuis cardinal (*Hist. occid.*, c. 7). A la débauche, se joignaient des rixes quelquefois sanglantes. Or, les écoliers, étant clercs pour la plupart, tombaient ainsi dans l'excommunication contre ceux qui mettaient la main avec violence sur les clercs, et dont il n'y avait que le Pape qui pût les absoudre. C'est pourquoi ils représentèrent au souverain Pontife qu'ils ne pouvaient aller à Rome demander cette absolution, sans une grande dépense et une grande interruption de leurs études. Innocent III, y ayant égard, donna pouvoir à l'abbé de Saint-Victor d'absoudre les écoliers de cette excommunication, à moins que l'excès ne fût énorme. Mais l'abbé de Saint-Victor, sous prétexte que les grâces des princes doivent être étendues par une interprétation favorable, donnait l'absolution aux écoliers qui avaient frappé des clercs en quelque lieu ou pays que ce fût. De quoi le Pape étant informé, lui défendit, par une lettre du 3 janvier 1211, d'en user ainsi à l'avenir, déclarant qu'il ne lui avait donné pouvoir d'absoudre que les écoliers qui auraient commis la faute dans Paris (Inn., L. 14, *Epist.* 150).

Le cardinal-légat Robert de Courçon, étant arrivé en France pour y prêcher la croisade et préparer les voies au concile général, il tint à Paris, l'an 1212, un concile particulier, où, par l'autorité du Pape et la sienne, et du consentement des prélats, il publia plusieurs constitutions pour la réformation de la discipline. Ces constitutions sont divisées en quatre parties, qui regardent le clergé séculier, les religieuses, et enfin les prélats. En général, ces règlements ne signalent aucun désordre bien extraordinaire; ils contiennent le plus souvent des précautions contre des abus qui peuvent s'introduire et contre lesquels il faut veiller dans tous les temps. On y voit, entre autres, combien l'Eglise tenait à ce que chaque prêtre eût les livres nécessaires. Ceux qui, par négligence ou par avarice, n'ont pas les livres pour chanter matines chaque jour de la semaine, et ne font que célébrer la messe, le légat et le concile les obligent, sous peine de suspense, de se procurer ces livres avant tout et de chanter les matines et les heures canoniales suivant les canons (Mansi, *Conc.*, t. XXII, col. 847, cap. 19).

Le concile condamne et annule les serments que faisaient quelquefois certains religieux, de ne point prêter les livres de leur monastère à ceux qui en manquaient; car, prêter, est une des principales œuvres de miséricorde. Il veut donc que, tout bien considéré, les uns soient gardés à la maison pour le travail des frères, et que les autres, suivant la prudence de l'abbé, soient prêtés à ceux qui en manquent, avec indemnité pour la maison (*Ibid.*, col. 832, c. 33). Les religieux cloîtrés ne doivent point sortir du monastère pour aller aux écoles, ils doivent étudier dans le monastère même (*Ibid.*, col. 838, c. 20).

Quant aux prélats, ils doivent avoir des couronnes suffisamment larges, la tonsure en doit être ronde, et répondre de telle sorte à la mitre, que les cheveux ne la dépassent point indécemment. Ils doivent célébrer aux grandes solennités, y prêcher eux-mêmes ou y faire prêcher. Ils s'abstiendront de la chasse et des jeux de hasard. Pendant le repas, ils se feront lire quelque chose de l'Ecriture sainte, du moins au commencement et à la fin. Ils seront hospitaliers; ils donneront des audiences publiques, à des heures convenables, pour rendre justice et écouter les pauvres. Ils entendront fréquemment les confessions en personne et profiteront de ce remède fréquemment pour eux-mêmes. Ils résideront dans leurs églises cathédrales, principalement aux solennités et pendant le carême. Leur famille sera modeste et point trop nombreuse, pour être moins à charge à ceux qui doivent les défrayer. Ils auront, pour les accompagner, des hommes d'une bonne renommée, d'une tenue convenable, respectables par leur âge, illustres par la foi, et versés dans les sciences compétentes. Ils célébreront au moins une fois par an le synode, pour corriger les excès de leurs subordonnés, chanoines, clercs et religieux, sans haine, sans acception, sans crainte pour personne (Mansi, *Conc.*, t. XXII, col. 839-844).

Au mois d'août 1215, le même cardinal de Courçon, dans un concile provincial, fit et publia, par ordre du Pape, un règlement pour réformer les écoles de Paris. Voici pour l'enseignement : Personne n'enseignera les arts, qu'il n'ait atteint l'âge de 21 ans, et qu'il n'ait étudié les arts au moins pendant six ans. Et quand il voudra enseigner, il sera examiné selon la forme contenue dans l'écrit du seigneur Pierre, évêque de Paris, touchant la paix entre le chancelier et les écoliers. On expliquera ordinairement dans les écoles, les livres d'Aristote de la dialectique, tant ancienne que nouvelle. On lira aussi les deux Priscien, au moins l'un des deux. Les jours de fête on n'expliquera que des philosophes, des rhétoriciens, les mathématiques et la grammaire; et, si l'on veut, la morale et le quatrième des topiques. On ne lira point les livres d'Aristote sur la métaphysique et la physique, ni leur abrégé, ni rien de la doctrine de David de Dinant, de l'hérétique Amauri, ou de l'espagnol Maurice. Quant aux théologiens, personne n'enseignera qu'à l'âge de 35 ans, et après avoir étudié huit ans pour le moins. Personne ne sera reçu à Paris pour faire des leçons publiques, ou pour prêcher, qu'il ne soit éprouvé pour les mœurs et pour la science : aucun ne sera tenu pour écolier, qu'il n'ait un maître certain.

Le surplus du règlement concerne les thèses publiques, le costume des maîtres, l'exercice de leur juridiction, ce qui doit se faire à leurs funérailles. Aux assemblées des maîtres et aux thèses des écoliers, il ne devait plus y avoir de repas; mais les présents qu'on avait coutume d'y faire, de vêtements et autres choses, on exhorte à les continuer, à les augmenter même, surtout envers les pauvres (Du Boulai, *Hist. univ. de Paris*, t. III, p. 81 et 82).

Après la bataille de Bouvines, en 1214, une trêve de cinq ans ayant été conclue entre les rois de France et d'Angleterre, par la médiation du Saint-Siège, le prince Louis, fils aîné de Philippe-Auguste, accomplit, l'année suivante, le vœu qu'il avait fait dès l'an 1213, de marcher en Languedoc contre les manichéens. Le comte Simon de Montfort, après sa glorieuse victoire de Muret, lui avait écrit pour lui en faire part et pour le prier de venir prendre possession de Toulouse (*Scriptor. rer. Franc.*, t. XIX, p. 154). Mais Louis en fut empêché jusqu'en 1215, par la guerre qui éclata entre l'Angleterre et la France.

Dans l'intervalle, la cause des catholiques continua à prospérer dans le Languedoc. Au commencement de l'année 1214, un nouveau légat, le cardinal Pierre de Bénévent, arriva en Provence. D'après les ordres du Pape, il se fit remettre le prince Jacques, fils du roi Pierre d'Aragon, que le comte de Montfort tenait encore en otage, et il le remit aux Etats d'Aragon, qui le proclamèrent roi à la place de son père, tué à la bataille de Muret.

Dans le moment même, c'était au mois d'avril, que le nouveau légat arriva dans l'Albigeois, y vint aussi de France une nouvelle recrue des croisés, conduite par l'évêque de Carcassonne. Ce prélat avait passé en France toute l'année précédente à prêcher la croisade contre les hérétiques; en quoi il avait été secondé par quelques autres, principalement par le docteur Jacques de Vitry. Le cardinal-légat Robert de Courçon, et Guillaume, archidiacre de Paris, amenèrent aussi des croisés. Car, encore que le cardinal fût principalement chargé de prêcher la croisade pour la terre sainte, il se laissa persuader de la laisser aussi prêcher contre les manichéens, et prit lui-même la croix sur la poitrine : ce qui était la marque de cette croisade. Le rendez-vous général fut fixé à Béziers, pour la quinzaine de Pâques. D'ailleurs Eudes III, duc de Bourgogne, excité par l'archevêque de Narbonne, vint au secours du comte de Montfort, accompagné des archevêques de Lyon et de Vienne.

Pendant le carême de cette année 1214, le comte Baudouin, frère du comte de Toulouse, mais qui tenait pour les catholiques, fut pris en trahison et conduit dans un château tenu par ses gens. Comme il ne voulait pas faire rendre la tour, les routiers de son frère, qui le tenaient captif, le laissèrent deux jours sans manger, au bout desquels il fit venir un prêtre, lui fit sa confession et lui demanda la communion. Comme le prêtre apportait le Saint-Sacrement, il survint un routier, jurant et protestant que le comte Baudouin ne boirait ni ne mangerait jusqu'à ce qu'il rendît un autre routier qu'il tenait aux fers. « Cruel ! dit le comte, je ne demande pas de la nourriture corporelle, mais seulement le divin mystère pour le salut de mon âme. » Et comme on continua de lui refuser, il dit : « Qu'on me le montre, au moins ! » et il l'adora dévotement. On le mena ensuite à Montauban, où le comte de Toulouse, son frère, étant venu, on en tira Baudouin par son ordre, et on lui mit la corde au cou pour le pendre. Il demanda encore la confession et le viatique, mais on lui refusa l'un et l'autre. Il prit Dieu à témoin qu'il voulait mourir pour la défense de la religion; et aussitôt le comte de Foix, ainsi que son fils et un chevalier aragonais l'enlevèrent de terre, et, avec la corde qu'ils lui avaient mise au cou, ils le pendirent à un noyer. C'est ainsi que le comte de Toulouse, malgré tous ses serments et ses protestations de catholicisme, fit mourir son propre frère, parce qu'il était pour les catholiques.

Le nouveau légat, Pierre de Bénévent, après avoir eu une conférence avec Simon, comte de Montfort, vint à Narbonne. Et aussitôt vinrent à lui le comte de Comminges, le comte de Foix et plusieurs autres qui avaient été privés de leurs terres à cause de l'hérésie ; ils le prièrent de les leur rendre. Le légat les réconcilia tous à l'Église ; mais il prit d'eux ses sûretés, non-seulement par le serment qu'ils firent d'obéir à l'Église et à son chef, mais en se faisant livrer des forteresses qui leur restaient. Quant au comte de Montfort, aidé des croisés de France, il prit plusieurs châteaux dans le pays de Cahors et d'Agen, entre autres Mauriac, où l'on trouva sept hérétiques de la secte des Vaudois. Comme ils demeurèrent opiniâtres, ils furent livrés aux flammes. Le comte de Montfort prit ensuite Chasseneuil, dans l'Agenois, ainsi que plusieurs châteaux d'hérétiques et de petits tyrans dans le Périgord, le Limousin, le Rouergue, et finit par rétablir la paix dans ces provinces (Pierre de Vaulx-Cernay, *Hist. des Albigeois*; *Scriptor. rer. Franc.*, t. XIX, n. 77-80).

Au commencement de l'année suivante 1215, et dans la quinzaine de Noël, le légat Pierre assembla un concile à Montpellier, où se trouvèrent les cinq archevêques de Narbonne, d'Auch, d'Embrun, d'Arles et d'Aix, avec vingt-huit évêques et plusieurs barons du pays. Le comte Simon de Montfort n'y était point, parce qu'il était trop odieux aux habitants de Montpellier, aussi bien que tous les Français, en sorte qu'ils ne lui permettaient point l'entrée de leur ville. Il demeura donc pendant le concile, dans un château voisin appartenant à l'évêque de Maguelone, et il se rendait tous les jours à la maison des Templiers, hors des murailles de la ville, où les évêques venaient lui parler, quand il était besoin. Le légat fit l'ouverture du concile par un sermon, dans l'église de Notre-Dame ; puis il fit venir les prélats à son logement, et leur dit : Je vous conjure, par le jugement de Dieu et par l'obéissance que vous devez à l'Église romaine, de me donner un conseil fidèle sur le choix de celui à qui doivent être données la ville de Toulouse et les autres places conquises par les croisés. Les prélats délibérèrent longtemps, chacun avec les abbés de son diocèse et les clercs de sa confiance ; et enfin ils s'accordèrent tous à choisir le comte de Montfort. Aussitôt ils prièrent instamment le légat de lui donner toutes les terres dont il s'agissait ; mais, ayant eu recours à la commission du légat, on trouva qu'il ne pouvait le faire sans consulter le Pape. C'est pourquoi, d'un commun avis, on envoya à Rome Bernard, archevêque d'Embrun, avec des lettres du légat et des prélats, pour supplier le Pape de leur accorder pour seigneur, le comte Simon de Montfort (Pierre de Vaulx-Cernay, *Hist. des Albigeois* ; *Scriptor. rer. Franc.*, t. XIX, n. 81 ; Labbe, t. XI).

Le concile de Montpellier fit quarante-six canons, dont les premiers regardent le costume et la tonsure des évêques et des clercs qui, par leur négligence à cet égard, s'attiraient le mépris des laïques. Les évêques doivent porter l'habit long, avec le rochet par-dessus, quand ils sortent à pied de chez eux ; et même dans la maison, quand ils donnent audience à des étrangers. Défense aux clercs de porter des habits rouges ou verts. Les chanoines réguliers porteront toujours le surplis. Défense aux évêques d'avoir des oiseaux pour la chasse, ou de les porter sur le poing. Défense aux chapitres de recevoir des laïques pour chanoines ou confrères, ou de leur donner la prébende ou la distribution canonique du pain et du vin. On ne donnera point de cures à de jeunes garçons ou à des clercs qui n'ont que les ordres mineurs. Défense à tout religieux d'avoir rien en propre, même avec la permission des supérieurs, puisque ceux-ci n'ont pas pouvoir de la donner. On ne donnera pas même à un religieux une certaine somme pour son vestiaire. Les restes de leurs portions seront donnés aux pauvres. Défense de faire profession en deux communautés, si ce n'est pour passer à une observance plus étroite. Les prieurés qui ne peuvent entretenir trois religieux seront réunis à d'autres. Les derniers canons de ce concile regardent principalement la paix, c'est-à-dire la sûreté publique, que l'on faisait jurer à tout le monde, sous peine d'en être exclu et excommunié (Labbe, t. XI).

Cette même année 1215, le prince Louis, fils du roi de France, se trouvant libre par la trêve que son père avait faite avec le roi d'Angleterre, accomplit le vœu qu'il avait fait trois ans auparavant. Il vint accompagné d'un grand nombre de seigneurs et des deux évêques de Beauvais et de Carcassonne ; car ce dernier, à la prière du comte de Montfort, était allé en France peu de temps auparavant pour les affaires de la croisade. Le rendez-vous était à Lyon pour le jour de Pâques, qui, cette année, tombait le 19 avril. Le comte de Montfort vint au devant du prince Louis, son seigneur, jusqu'à Vienne, et le légat Pierre de Bénévent, jusqu'à Valence. Suivant Pierre de Vaulx-Cernay, historien contemporain de la guerre des Albigeois, ce légat avait absous secrètement les Toulousains, les Narbonnais, ainsi que d'autres ennemis du comte de Montfort, et pris sous sa protection Toulouse, Narbonne et d'autres places des hérétiques dans l'Albigeois. Or, il craignait que Louis, comme fils aîné du roi de France, seigneur souverain de tout le pays, ne voulût se saisir de ces places et les démolir : c'est pourquoi l'on croyait que l'arrivée de ce prince ne lui était point agréable. Car, disait-il, ce pays étant infecté d'hérésie, le roi de France a été souvent requis de l'en purger, ce qu'il n'a point fait; par conséquent, ce pays ayant été conquis par le Pape avec le secours des croisés, il ne me paraît pas que Louis doive rien entreprendre contre mes ordres, d'autant plus qu'il est croisé, et qu'il vient en qualité de pèlerin. Louis, qui était un prince très-doux, répondit au légat qu'il se conformerait à sa volonté et à son conseil.

De Valence, le prince Louis vint à Saint-Gilles. Comme il y était avec le comte de Montfort, arrivèrent les députés du concile de Montpellier au Pape, apportant des lettres par lesquelles il donnait au comte de Montfort la garde de toutes les conquêtes faites par les croisés, jusqu'à ce qu'il en fût plus amplement ordonné par le concile général, qui devait se tenir la même année au mois de novembre. La lettre adressée au comte de Montfort était du 2 avril, et contenait de grands éloges de ce seigneur. Le Pape l'y exhortait à continuer à travailler pour le service du Christ, et témoignait avoir ordonné à tous les barons et tous les consuls du pays, de lui obéir en tout ce qui regardait la paix et la foi. En exécution de cet ordre du souverain Pontife, le légat Pierre, étant quelque temps après à Carcassonne avec le prince Louis, assembla dans la maison épiscopale les évêques présents et la noblesse de la suite du prince, et donna au comte de Montfort, qui était aussi présent, la garde du pays jusqu'au concile général. Ensuite ils vinrent à Toulouse, et en firent abattre les murailles; de là le prince Louis et les pèlerins, ayant accompli les quarante jours de leur vœu, s'en retournèrent en France. Le légat Pierre de Bénévent, ayant aussi exécuté sa commission, retourna à Rome.

Pendant l'automne 1214, après avoir fait sa trève de cinq ans avec le roi de France, le roi Jean d'Angleterre retourna dans son royaume. Tranquille au dehors, il trouva la guerre au dedans. Nous avons vu comment, en 1213, le nouvel archevêque de Cantorbéry, Etienne de Langton, avant d'absoudre le roi Jean de l'excommunication à Winchester, lui fit jurer d'abolir les lois injustes et de faire observer les bonnes; comment ensuite le même archevêque montra secrètement aux principaux barons une certaine charte de Henri Ier, moyennant laquelle il leur était facile de récupérer leur ancienne liberté; comment enfin les barons jurèrent de combattre pour ces libertés jusqu'à la mort, et comment l'archevêque leur promit de les y aider fidèlement (Matth. Paris, an 1213). C'était une conjuration au pied de la lettre Le 20 novembre 1214, les barons s'assemblèrent à l'abbaye de Saint-Edmond, sous prétexte de célébrer la fête patronale de ce saint, mais en effet pour aviser aux moyens de mettre à exécution la charte de Henri Ier, que leur avait fait connaître l'archevêque, et qui était la même que celle du roi saint Edouard, sauf quelques articles que Henri y avait ajoutés. Ils montèrent tous, l'un après l'autre, au maître-autel, et s'engagèrent par serment solennel, si le roi refusait ces lois et ces libertés, de lui faire la guerre, et de renoncer à leur serment de fidélité,

jusqu'à ce qu'il eût confirmé par une charte munie de son sceau, tout ce qu'ils lui demandaient. Ils résolurent de lui présenter leurs demandes après la fête de Noël, et, en attendant, de se pourvoir d'armes et de chevaux, afin de contraindre le roi à exécuter ses promesses, au cas qu'il voulût y manquer, comme c'était croyable. A Noël, le roi se trouvait à Worchester; mais il partit soudain le jour suivant, se rendit à Londres et s'enferma dans la maison des Templiers. Les confédérés le suivirent en grand nombre, et présentèrent leurs demandes à la fête de l'Epiphanie, 6 janvier 1215. Le roi prit d'abord un air de supériorité, et insista non-seulement pour qu'ils se désistassent de pareilles prétentions, mais pour qu'ils lui donnassent l'assurance, par un écrit revêtu de leur signature et scellé de leur sceau, qu'ils ne les reproduiraient jamais. L'évêque de Winchester et deux seigneurs y consentirent; les autres s'y refusèrent obstinément. Il eut alors recours à un délai, et offrit, sous la caution de l'archevêque de Cantorbéry, de l'évêque d'Ely et du comte de Pembroke, de leur donner une réponse satisfaisante aux prochaines fêtes de Pâques. Cette proposition fut acceptée après une courte hésitation (Rymer, *Acta regum Angliæ*, t. I, p. 184 et 185, *alias* 60 et 61).

Le roi employa cet intervalle à chercher les moyens de se fortifier contre une si formidable conspiration. Il octroya le 15 janvier 1215, au clergé, une charte d'élection libre, qui établissait que la garde ou curatelle de toute cathédrale, église collégiale ou conventuelle, quand elles deviendraient vacantes, serait, comme d'usage, confiée à la couronne; que toutes les fois qu'on demanderait une licence royale pour élire un nouveau prélat, elle serait immédiatement accordée, et que, si on la refusait, il serait néanmoins légal de procéder à l'élection; qu'aucune influence ne serait employée pour empêcher les électeurs de choisir la personne qui leur conviendrait, et que, lorsque le prélat élu serait présenté au roi, il ne pourrait refuser son approbation, à moins d'assigner des raisons légitimes de son refus (Rymer, t. I, p. 65 et 66, *edit. tertia*). Ayant ainsi, comme il l'espérait, adouci le clergé, il se fit renouveler la fidélité et l'hommage par tous les hommes libres; enfin, le jour de la Purification, 2 février, il prit la croix de pèlerin comme pour aller à la terre sainte, afin de se mettre plus en sûreté par le privilège de la croisade, qu'on prêchait alors (Matth. Paris, an 1215).

Le roi et les barons avaient envoyé des messagers à Rome, pour solliciter la protection de leur seigneur féodal. Les barons suppliaient le Pape, comme seigneur de l'Angleterre, d'avertir et même de contraindre le roi de confirmer leurs antiques libertés, ajoutant que c'étaient eux qui l'avaient forcé de se soumettre au Pape et à l'Eglise romaine (Rymer, t. I). Le Pape répondit, le 19 mars, aux barons, en ces termes:

« Innocent, évêque, serviteur des serviteurs de Dieu, à nos chers fils les magnats et les barons d'Angleterre, salut et bénédiction apostolique. Nous avons appris avec peine et chagrin qu'entre notre très-cher fils Jean, roi d'Angleterre, et quelques-uns d'entre vous, pour des questions nouvellement suscitées, il s'est élevé une dissension qui produira de graves dommages, si ces questions ne sont assoupies promptement par un prudent conseil et une diligente application. Mais ce que nous réprouvons tout à fait, ce serait que, comme l'assurent un grand nombre de personnes, vous eussiez fait des conspirations et des conjurations contre lui par une entreprise téméraire, et que vous eussiez osé, les armes à la main, sans respect et sans aucune marque de dévouement, lui demander des choses que, si c'eût été nécessaire, vous auriez dû réclamer avec un humble dévouement. De peur donc que vous n'alliez mettre obstacle à son propos par des occasions de cette nature, nous déclarons cassées, par l'autorité apostolique, toutes les conspirations et conjurations qu'on a osé faire depuis la discorde entre la royauté et le sacerdoce, et nous défendons, sous peine d'excommunication, d'oser en faire à l'avenir, vous avertissant et vous pressant, suivant les conseils de la prudence, d'apaiser et de vous réconcilier le roi par des indices manifestes de dévouement et d'humilité, lui rendant les services accoutumés que vous et vos prédécesseurs avez rendus aux siens. Ensuite, si vous avez quelque chose à lui demander, il ne faut pas le faire avec insolence, mais avec respect, afin que vous puissiez obtenir plus facilement ce que vous avez en vue. Quant à nous, nous prions et supplions le même roi dans le Seigneur, le lui enjoignant, pour la rémission de ses péchés, de vous traiter avec bienveillance, et d'admettre avec bonté vos justes demandes. Vous conjouissant ainsi avec lui, puissiez-vous reconnaître que, par la grâce divine, il est changé en mieux, et par suite, vous et vos héritiers le servir, lui et ses successeurs, avec plus de promptitude et de dévouement. C'est pourquoi nous croyons devoir prier et avertir votre noblesse, vous le mandant par lettres apostoliques, de vous montrer de telle sorte en cette affaire, que le royaume d'Angleterre jouisse de la paix désirée, et que nous, dans vos besoins, nous puissions vous prêter le secours et la faveur nécessaires (Rymer, t. I). »

Il était difficile, croyons-nous, dans une affaire aussi délicate, entre un mauvais roi qui revient quelque peu au bien et des sujets qui prennent contre lui les armes, de parler avec plus de mesure, plus de sagesse, un ton plus paternel ; en un mot, d'une manière plus propre à concilier les hommes et les choses. A la même date, le Pape écrivit une lettre semblable à l'archevêque de Cantorbéry et à ses suffragants. « Nous voyons avec surprise et avec peine, leur dit-il, qu'après la paix heureusement rétablie entre vous et le roi, vous dissimuliez les dissensions qui se sont élevées entre lui et quelques barons, que vous passiez à côté avec des regards de connivence, et que vous ne fassiez pas ce qui est en vous pour les calmer, quoique vous n'ignoriez pas quel malheur peut en résulter pour tout le royaume. Quelques-uns même, qui ne sont pas en petit nombre, soupçonnent et disent que dans ce différend vous soutenez et favorisez les barons contre le roi. » Le Pape prie et exhorte l'archevêque et les évêques, et enfin leur commande de faire tous leurs efforts pour rétablir la concorde entre les uns et les autres ; de déclarer nulles, par l'autorité apostolique, toutes les conspirations et conjurations passées, et de défendre, sous peine d'excommunication, d'en faire à l'avenir, promettant du reste d'interposer sa médiation, pour que le roi accorde aux barons leurs justes demandes. Par une bulle du 30 du même mois, Innocent approuve et confirme la charte que le roi avait octroyée le 15 janvier, pour la liberté des élections ecclésiastiques (Rymer, t. I).

Ces lettres n'étaient probablement pas encore parvenues en Angleterre, lorsque les choses s'y envenimèrent de plus en plus. Dans la semaine de Pâques, 19 avril 1215, les barons s'assemblèrent à Stamford, et, avec deux mille chevaliers, leurs écuyers et leur suite, ce qui formait une armée considérable, ils se rendirent à Brackley. Le roi était à Oxford ; et il chargea, le 27 avril, l'archevêque de Cantorbéry, avec deux seigneurs, d'aller prendre connaissance de leurs demandes.

L'archevêque était le principal fauteur des conjurés. Ceux-ci remirent la même charte que l'archevêque leur avait fait connaître, avec menace au roi, s'il ne leur accordait pas toutes les libertés y contenues, de s'emparer incontinent de ses châteaux. Le roi en ayant entendu la lecture, s'écria : « Que ne demandent-ils donc aussi ma couronne ? Pensent-ils que je leur accorderai des libertés qui feraient de moi un esclave ? » Les commissaires furent renvoyés avec des instructions pour en appeler d'abord au Pape, seigneur féodal de l'Angleterre, et protecteur de tous ceux qui avaient pris la croix ; pour offrir ensuite, conformément aux lettres apostoliques, qu'on venait de recevoir, l'abolition des mauvaises coutumes qui s'étaient introduites sous son règne et sous celui de son frère ; et, si cela ne les satisfaisait pas, les commissaires devaient ajouter que le roi voulait aussi se conduire suivant l'avis de sa cour, relativement aux abus qui dateraient du règne de son père Henri II. Les barons, qui se savaient appuyés par le principal des trois commissaires, se refusèrent à toutes les offres du roi, et n'eurent aucun égard aux lettres du Pape.

Alors le roi pria l'archevêque et ses suffragants d'exécuter les ordres du souverain Pontife, d'obliger les barons à lui rendre les services accoutumés, sauf à lui demander ensuite avec humilité et sans armes ce qu'ils avaient à lui demander, dénonçant excommuniés ceux qui, après les offres faites, troubleraient encore la paix du royaume. L'évêque d'Exeter et l'envoyé du Pape, le sous-diacre Pandolfe, étaient d'avis que l'archevêque devait le faire. L'archevêque répondit qu'il ne le ferait pas, parce qu'il connaissait mieux l'intention du Pape qu'eux ; et qu'au contraire, si le roi faisait entrer dans le royaume les troupes étrangères qu'il avait appelées à son secours, lui-même les excommunierait, et s'opposerait à elles de tout son pouvoir.

Comme dernière ressource, Jean proposa, par l'intermédiaire de l'archevêque et de deux ou trois de ses suffragants, de référer du sujet de la contestation à neuf personnes, dont quatre seraient choisies par les barons, quatre par lui, et dont le Pape ferait la neuvième, et de s'en tenir à la décision de tous ou de la majeure partie de ces arbitres. Enfin le roi offrit de leur rendre pleine justice sur toutes leurs demandes, d'après l'avis de leurs pairs. Toutes ces propositions furent rejetées par les barons, qui, allant plus loin, se proclamèrent l'armée de Dieu et de la sainte Église, et choisirent l'un d'entre eux pour leur commandant (Rymer, t. I, p. 66 et 67 ; Matth. Paris, an 1215). Singulière armée de l'Église de Dieu, que des sujets qui prennent les armes contre leur roi, malgré le pontife de Dieu et le chef de l'Eglise, seigneur féodal et d'eux et du roi, et au jugement duquel les uns et les autres avaient porté d'abord et devaient porter en effet leur différend.

L'armée confédérée des seigneurs rebelles investit aussitôt la ville de Northampton; ils essayèrent, mais en vain, de corrompre les troupes étrangères qui gardaient la place. La ville de Bedford leur fut livrée par la trahison du gouverneur. Le dimanche, 24 mai, ils entrèrent à Londres, invités par les riches, contre lesquels le pauvre peuple n'osait rien dire. De là ils envoyèrent des proclamations à tous les nobles, menaçant de les traiter en ennemis publics, s'ils n'abandonnaient un roi parjure pour se joindre à eux.

Par suite de ces proclamations menaçantes, le roi Jean se vit tellement abandonné, qu'à peine lui restait-il sept chevaliers. Alors, dissimulant la haine mortelle qu'il portait aux seigneurs, il leur envoya dire que, pour le bien de la paix, il leur accorderait les libertés qu'ils demandaient, et le jour de la conférence fut marqué au 15 juin. Ce jour, le roi Jean donna une charte contenant les libertés dont il était question, et que les Anglais appellent *la grande charte*. Dans le préambule, le roi dit avoir accordé ces libertés par le conseil de l'archevêque de Cantorbéry, de sept évêques et du nonce apostolique Pandolfe, outre plusieurs seigneurs qui y sont nommés. Le premier article comprend la charte spéciale pour la liberté des églises, que le roi avait accordée dès le 15 janvier, et le Pape confirmée dès le 30 mars précédent.

Les autres articles, touchant les fiefs, les forêts et autres affaires temporelles, ne contiennent rien qui en soi ne paraisse juste et opposé à divers abus. Mais on demande en outre au roi de licencier et d'envoyer hors du royaume tous les officiers étrangers, ainsi que leurs familles et leurs suivants; de laisser pendant deux mois encore les barons en possession de la cité de Londres, et l'archevêque, de la tour de la ville; d'établir un comité de vingt-cinq barons, avec plein pouvoir de prononcer sur toutes les réclamations, conformément à la charte des libertés; d'autoriser les hommes libres de chaque comté à jurer obéissance au comité des barons, et même à prendre les armes à leur réquisition; en ajoutant que, si le roi violait ces conditions, on garderait la cité et la tour de Londres, et qu'on pourrait légalement lui faire la guerre. Jean ne fit aucune objection à ces demandes, quelque désagréables qu'elles fussent; et les barons, qui avaient publiquement abjuré leur serment de fidélité, renouvelèrent leur hommage, et reçurent encore de lui leurs propriétés et leurs dignités (Matth. Paris, an 1215).

Ces choses ainsi convenues et approuvées de part et d'autre, dit Matthieu Paris, tout le monde en fut dans la joie, croyant que Dieu avait touché miséricordieusement le cœur du roi; lui avait ôté son cœur de pierre, pour lui donner un cœur de chair. Tous et chacun espéraient que l'Angleterre, délivrée du joug de Pharaon, jouirait de la paix et de la liberté, tant par la protection de l'Eglise romaine que par l'humiliation désirée du roi, qu'ils croyaient incliné à la paix et à la mansuétude. Mais, hélas! il en fut bien autrement. Des enfants de Bélial, d'infâmes routiers, plus amis de la guerre que de la paix, commencèrent à souffler sans cesse à ses oreilles: qu'il n'était plus roi, ni même roitelet, mais l'opprobre des rois; roi sans royaume, seigneur sans seigneurie, cinquième roue à un char, la risée du peuple, le dernier des esclaves. Séduit et entraîné par ces suggestions malignes, le roi changea de pensées et de sentiments. Il se consumait de dépit et de colère, soupirait, se lamentait et disait: Pourquoi m'a-t-elle enfanté, ma malheureuse et impudique mère? pourquoi m'a-t-elle nourri? c'est un coup d'épée qu'il me fallait plutôt que de la nourriture. Il grinçait des dents, roulait les yeux comme un furieux. Il commença dès lors à donner des ordres secrets pour soutenir la guerre contre les seigneurs, et envoya recruter sur le continent des troupes étrangères. Il envoya de plus à Rome le nonce Pandolfe, avec quelques autres, pour demander au Pape la révocation de la charte qu'il venait de jurer forcément.

Le Pape, ayant pris conseil des cardinaux, rendit deux bulles le 24 août 1215; l'une, adressée à tous les fidèles, où il casse la concession extorquée, et défend, sous peine d'excommunication, au roi de l'observer, et aux barons d'en tirer avantage; la seconde, adressée aux barons, est conçue en ces termes:

« Innocent, évêque, serviteur des serviteurs de Dieu, aux nobles barons d'Angleterre, souhaite l'esprit d'un plus sage conseil. Plût à Dieu que, dans la persécution que vous avez excitée contre votre roi, vous eussiez fait mieux attention au serment de fidélité que vous avez prêté, au droit du Siége apostolique, au mandement de notre provision et au privilége des croisés, parce que, sans doute, vous ne vous seriez pas permis ce que presque tous ceux qui l'apprennent détestent comme un crime. D'autant plus que, dans cette cause, vous vous êtes constitués vous-mêmes juges et exécuteurs, tandis que le roi était prêt à vous rendre pleine justice, dans sa cour, par vos pairs, suivant les coutumes et les lois du royaume; ou bien devant nous, à qui appartenait le jugement de cette cause, à raison de la suzeraineté; ou même devant des arbitres élus de part et d'autre, pour procéder avec nous. C'est pourquoi, comme vous n'avez daigné accepter aucune de ces propositions, il en a appelé à notre tribunal, soumettant sa personne et son royaume, avec tout son honneur et son droit, à la protection apostolique, en protestant publiquement que, comme la souveraineté de ce royaume appartient à l'Eglise romaine, il ne pouvait ni ne devait y rien changer à notre préjudice. Comme cette transaction, à laquelle vous l'avez induit par violence et par crainte, est non-seulement vile et honteuse, mais encore illicite et inique, en sorte qu'elle doit être réprouvée de tout le monde, principalement à cause de la manière, nous qui devons pourvoir spirituellement et temporellement tant au roi qu'au royaume, nous vous mandons et ordonnons par ces lettres apostoliques, et vous conseillons de bonne foi, à ce que, faisant de nécessité vertu, vous renonciez par vous-mêmes à cette sorte de transaction, et que vous donniez satisfaction au roi et aux siens pour les dommages et les injures qu'ils ont essuyés, afin que ce même roi, apaisé par des preuves manifestes de dévouement et d'humilité, vous accorde de lui-même avec bienveillance ce qu'il sera juste d'accorder : à quoi nous l'engagerons nous-même efficacement. Car, comme nous ne voulons pas que le roi soit frustré de son droit, nous voulons aussi qu'il cesse de vous grever, afin que le royaume d'Angleterre ne soit point opprimé, sous notre suzeraineté, par des coutumes mauvaises et des exactions injustes. Et ce qui aura été réglé de cette manière sera ferme et stable à perpétuité.

» Que celui-là donc vous inspire, qui ne veut pas que personne périsse, afin que vous acquiesciez humblement à nos salutaires conseils et mandements, de peur que, si vous faites autrement, vous ne tombiez dans un embarras tel, que vous ne pourrez vous en tirer sans beaucoup de peine; car, pour ne point parler du reste, nous ne pourrions aucunement dissimuler le grave péril de toute l'affaire du Crucifié, péril imminent, si nous ne révoquions, par notre autorité, ce qui a été extorqué à ce prince, revêtu de la croix. C'est pourquoi, pendant que les archevêques et évêques d'Angleterre seront avec nous au concile général, que nous avons dessein de célébrer principalement pour la croisade, envoyez-nous des députés capables, vous confiant sans inquiétude à notre décision ; car, Dieu aidant, nous réglerons les choses de telle sorte que, les griefs et les abus étant entièrement ôtés du royaume d'Angleterre, le roi sera content de son droit et honneur, et que tout le clergé, que tout le peuple se réjouira de la paix et de la liberté qui se doit (Rymer, t. I.) »

Pour qui connaît le caractère ferme et loyal d'Innocent III, il restera persuadé que, si les barons d'Angleterre avaient suivi ses conseils, ils auraient obtenu, sans guerre civile et sans révolution, le but de leurs efforts. Mais ils n'eurent aucun égard à ces remontrances paternelles, et continuèrent la guerre contre le roi, qui, de son côté, se fortifiait par des troupes étrangères. Le Pape l'ayant appris, excommunia les barons insurgés, et commit l'exécution de la sentence à l'évêque de Winchester, à l'abbé de Réding et au nonce Pandolfe, par une lettre où il se plaint que l'archevêque de Cantorbéry et ses suffragants n'ont point prêté de secours au roi contre les rebelles, ce qui les rend suspects d'être leurs complices. « Voilà, continue-t-il, comment ces prélats défendent le patrimoine de l'Eglise romaine, comment ils protégent les croisés! Ils sont pires que les Sarrasins, puisqu'ils veulent détrôner celui dont on espérait le plus de secours pour la terre sainte. C'est pourquoi, de la part de Dieu tout-puissant, nous excommunions tous ces perturbateurs du royaume d'Angleterre, avec leurs complices et leurs fauteurs, et mettons leurs terres en interdit, enjoignant très-expressément à l'archevêque et aux évêques de faire publier notre sentence solennellement tous les dimanches, par tout le royaume, et d'ordonner de notre part à tous les sujets du roi, de lui donner aide et conseil contre les rebelles. Que si quelque évêque néglige d'exécuter cet ordre, il doit savoir qu'il est suspens de ses fonctions, et ceux qui lui sont soumis, dispensés de lui obéir (Rymer; Matth. Paris, an 1215). »

Les trois commissaires vinrent en personne trouver l'archevêque de Cantorbéry, et lui ordonnèrent, de la part du Pape, d'exécuter sa sentence. Il était déjà embarqué pour aller à Rome au concile ; c'est pourquoi il leur demanda un délai jusqu'à ce qu'il pût avoir audience du Pape, assurant que la sentence contre les barons avait été obtenue en supprimant la vérité, et qu'il ne pouvait la publier avant que d'avoir appris l'intention du Pape de sa propre bouche. Mais les commissaires, usant de leur pouvoir, suspendirent l'archevêque de l'entrée de l'Eglise et de ses fonctions spirituelles. Il se soumit humblement et alla à Rome en cet état de suspense. Alors l'évêque de Winchester et le nonce Pandolfe dénoncèrent excommuniés tous les barons qui voulaient chasser le roi du royaume (Matth. Paris, 1215).

L'archevêque étant arrivé à Rome, les procureurs ou plénipotentiaires du roi d'Angleterre, savoir, l'abbé de Beaulieu et deux chevaliers l'accusèrent devant le Pape de conspirer avec les barons pour détrôner le roi ; ils représentèrent qu'ayant reçu ordre du souverain Pontife de les obliger par censures à cesser la persécution contre le monarque, il n'en avait tenu compte; que, pour cette raison, il avait été déclaré suspens par l'évêque de Winchester et les autres commissaires du Pontife, et était venu au concile en cet état. L'archevêque, confus, ne put répondre autre chose, sinon qu'il demandait absolution de la suspense. Mais, suivant le récit de Matthieu Paris, le Pape lui répondit avec indignation : Par saint Pierre! vous ne l'obtiendrez pas si facilement, après avoir ainsi fait injure, non-seulement au roi d'Angleterre, mais à l'Eglise romaine ; nous voulons en délibérer avec nos frères. Après donc avoir pris l'avis des cardinaux, il confirma la suspense prononcée contre l'archevêque de Cantorbéry, et il la notifia aux évêques, ses suffragants, leur défendant de lui rendre obéissance tant qu'elle durerait. La lettre est du 4 novembre. Matthieu Paris dit en toutes lettres *que cela se fit dans le concile*. Mais il se trompe évidemment et grossièrement ; car le concile ne s'ouvrit qu'une semaine après la date de cette lettre.

Le même auteur ajoute : Ensuite les chanoines d'York présentèrent au pape Simon de Langton, frère de l'archevêque de Cantorbéry, qu'ils avaient élu pour le leur. Mais le Pape le refusa, cassa l'élection comme faite contre sa défense précédemment notifiée, déclara Simon inéligible, et ordonna aux chanoines de procéder aussitôt à une autre élection. Le principal motif du Pape était que, l'archevêque de Cantorbéry ayant conspiré contre le roi avec les barons, son frère, une fois archevêque d'York, ne ferait qu'augmenter la confusion et le bouleversement du royaume. Les chanoines, suivant qu'ils l'avaient concerté, demandèrent Gauthier de Grai, évêque de Worcester, qui y avait été transféré de Lichfield ; ils le demandèrent, disaient-ils, à cause de sa pureté singulière; car il avait gardé la virginité. Le Pape dit : Par saint Pierre! la virginité est une grande vertu, et je vous le donne pour archevêque. Gauthier, ayant reçu le *pallium*, retourna en Angleterre, s'étant endetté en cour de Rome pour dix mille livres sterlings. A quoi Matthieu Paris (1215) ajoute : A la fin du concile, le Pape tira de tous les prélats de grandes sommes d'argent, qu'ils furent contraints d'emprunter des usuriers de Rome à de dures conditions, avec la dépense de leur voyage. Voilà ce que dit le moine Matthieu Pàris. Mais comme il est le seul à le dire, et que la chose répugne au caractère d'Innocent III, on peut bien se dispenser de le croire, d'autant plus qu'il aime à conter des anecdotes et des fables; témoin le Juif-Errant, dont il raconte sérieusement l'arrivée en Angleterre. D'ailleurs, comme ce sont des protestants qui ont mis au jour l'écrit de Matthieu Pàris, on peut douter s'ils n'y ont pas fait quelques petites additions, comme le patriarche du protestantisme, le moine apostat Luther, s'est permis pour la Bible.

Un mois avant l'ouverture du concile, Innocent III régla provisoirement une autre affaire. Le 8 octobre, Rodrigue Ximenès, archevêque de Tolède, soutint sa prétention de la primatie sur les quatre archevêques de Brague, de Compostelle, de Tarragone et de Narbonne, apparemment pour régler les rangs dans les séances du concile. Rodrigue parla sur ce sujet, avec la permission du Pape, dans une chambre du palais de Latran, en présence des prélats qui étaient déjà arrivés; et ensuite il leur expliqua ses raisons et ses autorités, à chacun en sa langue vulgaire, en italien, en allemand, en français, en anglais, en navarrais ou basque et en espagnol; ce qui parut un prodige inouï depuis le temps des apôtres. Mais avec une connaissance si merveilleuse des langues, Rodrigue commit quelques méprises historiques pour le détail de son affaire. Les archevêques de Brague et de Narbonne répondirent que, n'ayant pas été cités, ils n'avaient point à répondre. L'archevêque de Compostelle, et l'évêque de Vic, au nom de son métropolitain de Tarragone, combattirent et repoussèrent la prétention de celui de Tolède. Le pape Innocent laissa la question indécise et ordonna que, dans la Toussaint de l'année suivante, les deux archevêques de Tolède et de Brague enverraient à Rome leurs procureurs avec des instructions suffisantes. Cependant il accorda à l'archevêque Rodrigue la légation d'Espagne pour dix ans, et la faculté d'accorder diverses dispenses extraordinaires (Labbe, t. XI, p. 235; Mansi, t. XXII).

Innocent III avait invité d'une manière spéciale au concile le bienheureux Albert, patriarche de Jérusalem, en qui il avait la plus grande confiance. Il n'eut pas la consolation de le voir. Le saint prélat s'était vu obligé de reprendre de ses désordres un homme d'Ivrée, en Lombardie. Au lieu de profiter de sa paternelle remontrance, ce misérable le tua d'un coup de couteau, le jour de l'Exaltation de la Sainte-Croix, 14 septembre 1214, au milieu d'une procession à Saint-Jean-d'Acre. Les carmes, à qui le bienheureux Albert donna leur règle, l'honorent le 8 avril. Son successeur fut Raoul, qui vint à Rome assister au concile.

Les prélats y arrivaient de toutes parts, la Hongrie exceptée. Dès l'année 1214, le roi de Hongrie, André, écrivit au Pape qu'il se disposait à partir pour la terre sainte, comme il y était obligé depuis si longtemps, et qu'il avait résolu de laisser en son absence le gouvernement de son royaume à l'archevêque de Strigonie et à quelques autres prélats en qui il avait confiance; que d'ailleurs il comptait mener avec lui les évêques de Cinq-Eglises et de Javarin, avec le prévôt d'Albe-Royale, croisés depuis longtemps; c'est pourquoi il priait le Pape de les dispenser d'aller à Rome, où ils étaient appelés (*Apud Raynald.*, an 1214, n. 8).

Le souverain de l'Allemagne était alors Frédéric II, roi de Sicile, dont Innocent III avait été le fidèle tuteur. Frédéric avait été couronné roi des Romains à Aix-là-Chapelle, le jour de Saint-Jacques, 25 juillet, cette même année 1215, par les mains de Sigefroi, archevêque de Mayence et légat du Pape, le siége de Cologne étant vacant par la déposition de Thierri ou Dietrich, qui fut remplacé par saint Engelbert. Aussitôt Frédéric se croisa pour la terre sainte, et avec lui Sigefroi, archevêque de Mayence, et les évêques de Liége, de Bamberg, de Passau et de Strasbourg. Ensuite l'archevêque de Trèves vint à Cologne, où il exhorta les citoyens à se réunir et à se soumettre au roi Frédéric. Il y travailla si bien avec le duc de Brabant, que le 4 août il leva solennellement l'excommunication et l'interdit dont la ville était frappée depuis un an et cinq mois, à cause de l'empereur Othon. Or, ce prince, après avoir demeuré longtemps à Cologne, avait été obligé de la quitter, étant abandonné de tout le monde. Le roi Frédéric y entra le même jour que l'interdit fut levé.

En passant à Rome, pour se rendre de Sicile en Allemagne, Frédéric s'était engagé envers le Pape, sitôt qu'il aurait reçu la couronne impériale, de céder la Sicile à son fils Henri, afin que la Sicile et l'Allemagne ne fussent point réunies sur la même tête. Le 1er juillet 1215, Frédéric renouvela cet engagement à Strasbourg, par une lettre patente conçue en ces termes :

« A son très-saint Père dans le Christ et à son seigneur, Innocent, souverain Pontife de la sainte Eglise romaine, Frédéric, par la grâce de Dieu et de lui, roi des Romains, toujours auguste et roi de Sicile, avec une filiale soumission, l'obéissance et le respect qui se doit en tout au Siége apostolique.

» Désirant pourvoir tant à l'Eglise romaine qu'au royaume de Sicile, nous promettons et statuons que, quand nous aurons obtenu la couronne impériale, aussitôt nous émanciperons de la puissance paternelle notre fils Henri, que nous avons fait couronner roi, et que nous lui laisserons absolument le royaume de Sicile, tant au delà qu'en deçà du Phare, pour le tenir de l'Eglise romaine, comme nous le tenons d'elle seule, de manière que dès lors, nous ne nous regarderons et ne nous nommerons plus roi de Sicile; mais, suivant votre bon plaisir, nous aurons soin de le faire gouverner au nom du roi, notre fils, jusqu'à son âge légitime, par une personne capable, qui réponde de tous les droits et services de l'Eglise romaine, à laquelle seule on sait qu'appartient la souveraineté de ce royaume, de peur que, nous-mème étant élevé à la dignité impériale par la miséricorde divine, ce royaume ne parût un jour uni en quelque sorte à l'empire, si nous tenions en même temps l'empire et le royaume; ce qui pourrait porter préjudice tant au Siége apostolique qu'à nos héritiers. Et afin que notre présente promesse, concession et constitution sorte l'effet qui se doit, nous avons fait revêtir le présent acte de notre bulle d'or (Raynald, an 1215, n. 38). »

Dès le 12 juillet 1213, il avait écrit : « C'est par la sollicitude du Pape, notre plus grand bienfaiteur, que nous avons été protégé, conservé et élevé sur le trône; aussi lui promettons-nous, ainsi qu'à ses successeurs, avec un cœur humble et une pieuse affection, respect et obéissance, à l'exemple de nos prédécesseurs. Nous ne désirons que ce qui est à César, nous confirmons les droits de l'Eglise, et pensons à les augmenter plutôt qu'à les diminuer. En conséquence, nous acccordons aux ecclésiastiques la liberté des élections et la libre appellation à Rome, renonçons à leurs héritages, et promettons d'extirper les hérétiques. De même, nous laissons à l'Eglise romaine toutes les possessions depuis Radicofani jusqu'à Cépérano, la Marche d'Ancône, le duché de Spolète, le comté de Bertinoro, l'exarchat de Ravenne et les terres de la comtesse Mathilde. Nous lui aiderons en outre à reconquérir et à défendre le royaume de Sicile, la Corse et la Sardaigne, ainsi que tous ses autres droits et possessions (Raumer, t. III; Baron., *de Monach. Sicil.*).

Tels furent les sentiments et les engagements de Frédéric II envers le Saint-Siége, le 12 juillet 1213 et le 1er juillet 1215.

Enfin le douzième concile général, la douzième assemblée des états généraux de la chrétienté, s'ouvrit à Rome dans l'église patriarcale de Latran, le jour de Saint-Martin, 11 novembre 1215, et dura jusqu'au jour de Saint-André, dernier du même mois. Il s'y trouva quatre cent douze évêques, plus de huit cents tant abbés que prieurs, ce qui faisait plus de mille prélats, sans compter un grand nombre de procureurs pour les absents. Parmi les évêques, on voyait plusieurs patriarches et soixante et onze primats ou métropolitains. Le patriarche Gervais de Constantinople et le patriarche Raoul de Jérusalem y étaient en personne, ainsi que le patriarche des Maronites, lequel s'y instruisit pleinement de la foi et des cérémonies saintes, et les fit observer par sa nation. Le patriarche latin d'Antioche, étant grièvement malade, s'y était fait représenter par l'évêque d'Antarade ou de Tortose. Le patriarche grec catholique d'Alexandrie, n'ayant pu venir à cause de la domination des Musulmans, y avait envoyé, pour tenir sa place, un diacre nommé Germain. Il y avait en outre des ambassadeurs de plusieurs princes, savoir : de Frédéric, roi de Sicile et élu empereur; de Henri, empereur de Constantinople; des rois de France, d'Angleterre, de Hongrie, de Jérusalem, de Chypre, d'Aragon, d'autres princes et d'un grand nombre de villes.

Le pape Innocent III fit l'ouverture de ce concile, le quatrième de Latran, par un discours ayant pour texte ces paroles : *J'ai vivement désiré de manger cette Pâque avec vous, avant de souffrir*, c'est-à-dire avant de mourir. En voici la substance :

« Comme Jésus-Christ est ma vie et qu'il m'est profitable de mourir, je ne refuse pas, si c'est la volonté divine, de boire le calice de la passion, soit pour la défense de la foi catholique, soit pour le secours de la terre sainte, soit pour l'affermissement de la liberté de l'Eglise, quoique je désire demeurer dans la chair jusqu'à ce que l'œuvre commencée soit accomplie. Cependant, que la volonté de Dieu soit faite, et non pas la mienne. C'est pour cela que je vous ai dit : *J'ai vivement désiré de manger cette Pâque avec vous avant de souffrir.*

» Vous direz peut-être : Mais quelle est cette Pâque que vous désirez manger avec nous? Pâques veut dire en hébreu *passage*. Or, il est trois pâques que je désire manger avec vous : une corporelle, une spirituelle, une éternelle : une pâque corporelle, passage d'un lieu à un autre, pour la délivrance de l'infortunée Jérusalem; une pâque spirituelle, passage d'un état à un autre, pour la réformation de l'Eglise universelle; une pâque éternelle, passage d'une vie à une autre, pour obtenir la gloire céleste. Quant à la première, Jérusalem nous crie d'une voix lamentable par la bouche de Jérémie, de considérer sa douleur et d'en avoir compassion. Que ferons-nous ? Me voici, bien-aimés frères, je m'abandonne à vous entièrement, prêt à entreprendre personnellement tout le travail que vous jugerez à propos; de passer vers les rois, et les princes, et les peuples, et les nations, et même au delà, pour voir si je pourrai les réveiller par mes cris, afin qu'ils se lèvent pour combattre les combats du Seigneur, venger l'honneur du Crucifié, qui, à cause de nos péchés, a été expulsé de la terre et du trône acquis par son sang, et où il a accompli tous les mystères de notre rédemption. »

Quant à la Pâque spirituelle, Innocent y applique ce que le Seigneur dit dans Ezéchiel, à cet homme vêtu de lin et ayant une écritoire à son côté : « *Passe à travers la ville, et marque de la lettre thau les fronts de tous ceux qui gémissent des abominations qui se font au milieu d'elle* ; ce qu'il dit ensuite aux six hommes qui avaient en leurs mains des instruments d'extermination : *Passez par la ville, en le suivant, et frappez celui que vous ne verrez pas marqué du thau. Que votre œil n'épargne personne, et commencez par mon sanctuaire* (Ezech., 9). La lettre *thau*, dernière de l'alphabet hébreu, avait la forme d'une croix. Celui-là porte ce signe sur le front, qui montre la vertu de la croix dans ses œuvres, qui crucifie sa chair avec ses convoitises. Ceux-là gémissent de toutes les abominations, qui se commettent dans la cité, et disent avec l'Apôtre : *Qui est malade, sans que je le sois avec lui? qui est scandalisé, sans que je ne brûle* (1. Cor., 11)? Cet homme vêtu de lin, qui doit passer par la ville et imprimer le signe sur ceux qui gémissent, c'est le souverain Pontife, sentinelle vigilante de la maison d'Israël, qui doit passer par toute l'Eglise, la cité du grand roi, pour discerner les mérites de chacun, et signaler ceux qui gémissent des abominations qui se commettent au milieu d'elle. Les six hommes qui ont chacun en leur main des instruments d'extermination, c'est vous, qui, par l'autorité pontificale, devez exterminer les méchants. C'est à vous qu'il est ordonné : *Passez à travers la ville, en le suivant*, savoir, le Pontife suprême, et frappez par l'interdit, par la suspense, par l'excommunication, par la déposition, quiconque vous ne verrez pas marqué du signe, par celui qui ferme, et personne n'ouvre; qui ouvre, et personne ne ferme. Ne faites acception de personne, non plus que les lévites sous Moïse. Frappez comme eux, sans distinction de frère ou d'ami; mais frappez de manière à guérir; tuez de manière à rendre la vie. Et commencez par mon sanctuaire; car il est temps, comme dit l'apôtre, que le jugement commence par la maison de Dieu. En effet, tout ce qu'il y a de corruption dans le peuple, vient principalement du clergé. Le prêtre qui pèche, fait pécher le peuple; lorsque les laïques en voient qui se livrent à des excès, eux s'y précipitent à leur exemple. Réprimandés, ils disent pour excuse : Le fils ne peut faire que ce qu'il voit faire à son père, et il suffit au disciple qu'il soit comme son maître. De là viennent les maux dans le peuple chrétien. La foi périt, la religion est défigurée, la liberté confondue, la justice foulée aux pieds, les hérétiques pullulent, les schismatiques deviennent insolents, les perfides cruels, les enfants d'Agar prévalent.

» Quant au passage éternel, qu'ont accompli si glorieusement les martyrs, c'est là cette Pâque que nous désirons, plus que toutes les autres, manger avec vous dans le royaume de Dieu, afin que nous passions du travail au repos, de la douleur à la joie, de l'infélicité à la gloire, de la mort à la vie, de la corruption à l'éternité, par la grâce de Notre Seigneur Jésus-Christ, à qui est honneur et gloire dans les siècles des siècles. Amen (Labbe, t. XI; Mansi, t. XXII). »

Pour assurer cette grande réformation de l'humanité chrétienne, et par elle de l'humanité entière, le quatrième concile général de Latran en pose le principe, la règle et les moyens, dans la foi catholique, que les hérétiques du temps, les manichéens et les vaudois, poussés par l'auteur du mal, cherchaient à corrompre, afin de corrompre dans sa source ce qui seul peut sauver le monde.

« Nous croyons fermement et confessons simplement, dit le concile, qu'il est un seul vrai Dieu, éternel, immense, tout-puissant, immuable, incompréhensible et ineffable, Père, Fils et Saint-Esprit; trois personnes, mais une essence, substance ou nature entièrement simple. Le Père n'est d'aucun, le Fils est du Père seul, le Saint-Esprit, de l'un et de l'autre, toujours, sans commencement ni fin. Le Père engendrant, le Fils naissant, le Saint-Esprit procédant; consubstantiels et coégaux, coomnipotents et coéternels, un même principe de toutes choses, créateur de toutes les choses invisibles et visibles, spirituelles et corporelles, lequel, par sa toute-puissante vertu, au commencement du temps, a fait à la fois de rien l'une et l'autre créature, la spirituelle et la corporelle, savoir celle des anges et celle du monde, ensuite celle de l'homme, qui tient des deux, étant composée d'esprit et de corps. Car le diable et les autres démons, Dieu les a créés bons de leur nature, mais ils sont devenus mauvais par eux-mêmes; quant à l'homme, il a péché par la suggestion du diable.

» Cette sainte Trinité, indivisible quant à la commune essence, mais distincte quant aux propriétés personnelles, a donné la doctrine du salut au genre humain, par Moïse, par les saints prophètes et par ses autres serviteurs, suivant une très-sage disposition des temps. Et enfin le Fils unique de Dieu, Jésus-Christ, incarné en commun par toute la Trinité, conçu de Marie toujours vierge par la coopération du Saint-Esprit, fait vrai homme, composé d'une âme raisonnable et d'une chair humaine, une personne en deux natures, a montré plus manifestement la voie de la vie. Immortel et impassible selon la divinité, il est, toujours le même, devenu passible et mortel selon l'humanité; de plus, ayant souffert et étant mort sur le bois de la croix pour le salut du genre humain, il est descendu aux enfers, il est ressuscité des morts et monté au ciel. Il est descendu dans l'âme, il est ressuscité dans la chair, et il est monté au ciel dans l'une et dans l'autre, pour venir à la fin du monde juger les vivants et les morts, et rendre à chacun selon ses œuvres, tant aux réprouvés qu'aux élus. Lesquels tous ressusciteront avec leurs propres corps, qu'ils ont maintenant, afin de recevoir suivant leurs mérites, bons ou mauvais, ceux-là la peine éternelle avec le diable, ceux-ci l'éternelle gloire avec le Christ.

» Il n'y a des fidèles qu'une seule Eglise universelle, hors de laquelle nul n'est sauvé. Jésus-Christ y est lui-même le prêtre et le sacrifice : son corps et son sang sont véritablement contenus au sacrement de l'autel sous les espèces du pain et du vin, le pain étant transsubstancié au corps, et le vin au sang, par la puissance divine, afin que, pour parfaire le mystère de l'unité, nous recevions de lui ce qu'il a reçu de nous. Et ce sacrement ne peut être fait que par le prêtre ordonné légitimement, selon les clés de l'Eglise, accordées par Jésus-Christ à ses apôtres et à leurs successeurs.

» Le sacrement de baptême, consacré dans l'eau avec l'invocation de l'indivisible Trinité, savoir, le Père, le Fils, et le Saint-Esprit, et conféré exactement dans la forme de l'Eglise, par qui que ce soit, profite au salut, tant aux enfants qu'aux adultes. Et si, après le baptême, quelqu'un tombe dans le péché, il peut toujours être relevé par une vraie pénitence. Non-seulement les vierges et les continents, mais encore les personnes mariées, se rendant agréables à Dieu par la foi et les bonnes œuvres, méritent d'arriver à la béatitude éternelle. »

Tel est le premier canon du quatrième concile de Latran. Il y consacre le mot de *transsubstantiation*, pour signifier le changement que Dieu opère au sacrement de l'Eucharistie, comme le concile de Nicée a consacré le mot de *consubstantiel*, pour exprimer le mystère de la Trinité. Mais longtemps avant cette consécration solennelle d'un concile œcuménique, ces deux mots étaient déjà usités dans le langage chrétien. Ainsi, un siècle et demi avant le quatrième concile de Latran, nous avons vu le mot *transsubstantiation* employé par le bienheureux Lanfranc, archevêque de Cantorbéry, et par Guitmond, archevêque d'Averse, contre l'hérésie de Bérenger. Quant à la croyance exprimée par ces mots, elle est de tous les temps.

Le concile de Latran dit dans le deuxième canon : « Nous condamnons en conséquence le traité de l'abbé Joachim contre maître Pierre Lombard, sur l'unité et l'essence de la Trinité, où il l'appelle hérétique et insensé, pour avoir dit dans ses *Sentences*, qu'une chose souveraine est Père, et Fils, et Saint-Esprit, et qu'elle n'engendre, n'est engendrée, ni ne procède. Joachim soutient que c'est admettre en Dieu une quaternité plutôt qu'une trinité, savoir, les trois personnes et cette essence commune, et prétend que l'union des personnes n'est pas propre et réelle, mais similitudinaire; comme quand il est dit que la multitude des croyants n'avaient qu'un cœur et qu'une âme, et quand Jésus-Christ, parlant des fidèles, dit à son Père : *Je veux qu'ils soient un, comme nous.* « Pour nous, dit le pape Innocent, avec l'approbation du saint et universel concile, nous croyons et confessons avec Pierre, qu'il y a une chose souveraine, incompréhensible et inef-

LIVRE LXXI. — PONTIFICAT D'INNOCENT III.

fable, qui est vraiment Père, Fils, et Saint-Esprit, les trois personnes ensemble et chacune d'elles. Ainsi, en Dieu il n'y a que trinité, et non quaternité, parce que chacune des trois personnes est cette chose, c'est-à-dire la substance, l'essence, ou la nature divine, qui seule est le principe de tout. Et cette chose n'engendre pas, n'est point engendrée, et ne procède point ; mais c'est le Père qui engendre, le Fils qui est engendré, le Saint-Esprit qui procède, en sorte que les distinctions soient dans les personnes, et l'unité dans la nature. Encore donc que le Père soit un autre, un autre le Fils, un autre l'Esprit-Saint, ils ne sont cependant pas autre chose ; mais ce qu'est le Père, le Fils l'est, ainsi que le Saint-Esprit, en sorte que, suivant la foi orthodoxe et catholique, ils soient crus consubstantiels.

» Lors donc que la Vérité dit, en priant le Père pour ses fidèles : *Je veux qu'ils soient une même chose en nous, comme nous sommes un ou une même chose*, ce mot *un*, *une même chose*, appliqué aux fidèles, s'entend de l'union de la charité par la grâce ; mais appliqué aux personnes divines, il rappelle l'identité dans la nature. La Vérité dit ailleurs : *Soyez parfaits comme est parfait votre Père céleste* ; comme s'il disait plus manifestement : Soyez parfaits par la perfection de la grâce, comme votre Père céleste est parfait par la perfection de la nature ; chacune à sa manière. Car, entre le Créateur et la créature, on ne peut jamais assigner une similitude si grande, qu'il n'y faille signaler une dissimilitude plus grande encore.

» Si donc quelqu'un ose défendre ou approuver la doctrine dudit Joachim en ce point, il doit être repoussé par tout le monde comme hérétique. Nous ne voulons toutefois, par ce décret, faire aucun préjudice au monastère de Flore, que Joachim a fondé, parce que l'observance en est régulière, d'autant que Joachim a ordonné de nous remettre tous ses écrits, pour être approuvés ou corrigés par le jugement du Saint-Siège et que, par une lettre souscrite de sa main, il déclare qu'il tient la foi de l'Eglise romaine, la mère et la maîtresse de tous les fidèles. Nous condamnons aussi le dogme très-pervers de l'impie Amauri, dont le père du mensonge a tellement aveuglé l'intelligence, que sa doctrine doit plutôt être traitée d'insensée que d'hérétique. »

Après avoir ainsi exposé la foi catholique, base première de la civilisation chrétienne, et par conséquent de tous les biens pour l'humanité, le concile général, les Etats généraux de la chrétienté condamnent et mettent au ban du monde chrétien ceux qui attaquent cette base opiniâtrement.

« Nous excommunions et nous anathématisons toute hérésie qui s'élève contre cette foi sainte, orthodoxe et catholique, que nous venons d'exposer, condamnant tous les hérétiques, de quel nom qu'ils s'appellent ; car, s'ils ont la face diverse, ils se tiennent tous par la queue, qui est du mensonge. Etant condamnés, ils seront abandonnés aux puissances séculières pour recevoir la punition convenable, les clercs étant auparavant dégradés. Des biens des laïques seront confisqués, et ceux des clercs appliqués aux églises dont ils recevaient leurs rétributions. Ceux qui seront seulement suspects d'hérésie, s'ils ne se justifient par une purgation convenable, seront excommuniés ; et, s'ils demeurent un an dans cet état, condamnés comme hérétiques. Les puissances séculières seront averties, et, s'il est besoin, contraintes par censures, de prêter serment publiquement qu'ils chasseront de leurs terres tous les hérétiques notés par l'Eglise. Que si le seigneur temporel, étant admonesté, néglige d'en purger sa terre, il sera excommunié par le métropolitain et ses comprovinciaux ; et, s'il ne satisfait dans l'année, on en avertira le souverain Pontife, afin qu'il déclare ses vassaux absous du serment de fidélité, et qu'il expose sa terre à la conquête des catholiques, pour la posséder paisiblement après en avoir chassé les hérétiques, et la conserver dans la pureté de la foi ; sauf le droit du Seigneur principal, pourvu que lui-même n'apporte aucun obstacle à l'exécution de ce décret. On suivra la même loi à l'égard de ceux qui n'ont point de seigneur principal. Les catholiques qui se croiseront pour exterminer les hérétiques, jouiront de la même indulgence que ceux qui vont à la terre sainte.

» Nous excommunions aussi les croyants des hérétiques, leurs receleurs et leurs fauteurs ; en sorte que, s'ils ne satisfont dans l'année depuis qu'ils ont été notés, dès lors ils seront infâmes de plein droit, et, comme tels, exclus de tous offices ou conseils publics, d'élire les officiers, de porter témoignage, de faire testament ou de recevoir une succession. Personne ne sera obligé de leur répondre en justice, et ils répondront aux autres. Si c'est un juge, sa sentence sera nulle, et on ne portera point de cause à son audience ; s'il est avocat, il ne sera point admis à plaider ; s'il est tabellion, les actes par lui dressés seront nuls, et ainsi du reste. Si c'est un clerc, il sera déposé et privé de tout bénéfice. Quiconque n'évitera pas ces excommuniés, après qu'ils seront notés par l'Eglise, sera lui-même excommunié. Les clercs ne leur donneront ni les sacrements ni la sépulture ecclésiastique, et ne recevront ni leurs aumônes ni leurs offrandes, sous peine de déposition, et les religieux sous peine de ne point jouir de leurs privilèges dans le diocèse. Et parce que quelques-uns, sous prétexte de piété, s'attribuent l'autorité de prêcher, tous ceux qui le feront, soit en public, soit en particulier, sans avoir reçu mission du Saint-Siège ou d'un évêque catholique, seront excommuniés et punis encore d'autre peine, s'ils ne se corrigent au plus tôt.

» Chaque évêque visitera au moins une fois l'an par lui-même, ou par autre personne, la partie de son diocèse où l'on dit qu'il y a des hérétiques. Il prendra trois hommes de bonne réputation, ou plus, s'il juge à propos ; il les fera jurer que, s'ils savent qu'il y ait des hérétiques ou des gens tenant des conventicules secrets, ou menant une vie singulière et différente du commun des fidèles, ils auront soin de les lui indiquer. Il fera venir les accusés en sa présence ; et, s'ils ne se justifient, ou s'ils retombent, ils seront punis canoniquement. Que s'il s'en trouve pour refuser opiniâtrement de prêter serment, ils seront dès lors réputés hérétiques. Les évêques qui négligeront de purger d'hérétiques leurs diocèses, seront déposés et remplacés par des pasteurs plus vigilants. »

Tel est le troisième canon du concile de Latran. Notre siècle s'en étonne beaucoup, mais à tort. Le concile ou conseil général de la chrétienté n'y fait que ce qui est dans la nature des choses, et que tout le monde peut et doit faire. Un père de famille ne doit-il pas veiller à la sûreté de sa maison? Si donc un étranger, un domestique, ou même un de ses enfants, s'avise d'en miner les fondements, ne peut-il pas, ne doit-il pas l'en empêcher, le mettre à la porte, et s'il s'opiniâtre dans son mauvais dessein, le livrer à la vindicte publique? Le chef d'un royaume ou d'une république ne doit-il pas veiller à la sûreté et à l'intégrité de cette république, de ce royaume? Et si des étrangers ou des indigènes en complotent la ruine ou le démembrement, ne peut-il pas, ne doit-il pas les en empêcher, les bannir, ou même les punir par le glaive? Combien plus le chef de la république chrétienne, le père de la grande famille catholique, avec ses frères les évêques, avec ses fils les rois, les princes, les simples fidèles, ne doit-il pas veiller à cette maison de Dieu sur la terre, à cette république du Christ qui embrasse toutes les nations? Et s'il voit des gens de la maison ou des étrangers en saper les fondements, ne peut-il pas, ne doit-il pas, avec ses fils et ses frères fidèles, les en empêcher de gré ou de force? S'il ne le faisait pas, ne serait-il point coupable envers Dieu et envers les hommes? Aujourd'hui, on comprend encore cela pour une maison de cinquante ou soixante pieds carrés, pour une république ou un royaume de quelques milliers ou millions d'hommes; mais pour cette république universelle qui embrasse tous les peuples chrétiens, qui attire à elle l'humanité tout entière, notre intelligence ne va plus jusque-là. Tout ce qui nous en reste, c'est une vague réminiscence sous le nom de système ou politique humanitaire.

Après avoir ainsi pris des mesures de sûreté publique contre les ennemis déclarés de la république chrétienne, le concile général prend pour ainsi dire des mesures de police contre des frères équivoques, les Grecs, qui, tantôt amis, tantôt ennemis de l'unité catholique, tantôt ni l'un ni l'autre, chicanaient habituellement sur des minuties; mais quelquefois, par une hérésie proprement dite, prétendaient que la pierre fondamentale sur laquelle Jésus-Christ a dit qu'il bâtirait son Eglise, n'y suffisait pas, et qu'il en fallait une seconde de la fabrique de Byzance. Ceux mêmes des Grecs qui revenaient à l'unité avaient de la peine à se défaire de leurs préventions. Le Pape donc déclare qu'il veut les favoriser, supportant autant qu'il peut, selon Dieu, leurs mœurs et leurs rites; mais il blâme ceux qui poussaient leur aversion jusqu'à laver les autels où les prêtres latins avaient célébré, et rebaptiser ceux qu'ils avaient baptisés. Il défend de commettre à l'avenir de tels excès, sous peine d'excommunication et de déposition.

Jusqu'alors le concile avait pris des mesures contre les ennemis, il va en prendre pour maintenir le bon ordre et la bonne harmonie parmi les enfants.

Depuis la prise de Constantinople par les Latins, le Pape donnait volontiers au patriarche de cette ville le premier rang après Rome. Le concile confirme cette disposition dans son canon cinquième, où il déclare le rang et les prérogatives des quatre patriarches, mettant celui de Constantinople le premier, puis Alexandrie, Antioche et Jérusalem. Le concile ajoute : « Après qu'ils auront reçu du souverain Pontife le *pallium*, en lui prêtant serment de fidélité, ils pourront donner le *pallium* à leurs suffragants, en recevant la profession d'obéissance pour eux et pour l'Eglise romaine. Ils feront porter devant eux la croix partout, excepté à Rome et dans les lieux où sera le Pape ou son légat. Dans toutes les provinces de leur juridiction, les appellations seront portées devant eux, sauf l'appel au Pape. »

Dans plusieurs pays, des peuples de diverses langues se trouvaient mêlés, et différaient, non-seulement dans les mœurs, mais dans les cérémonies de la religion, quoique habitants d'une même ville ou d'un même diocèse. Ce mélange se rencontrait à Constantinople et dans toute la Romanie, où les Latins étaient répandus parmi les Grecs; et en Orient, à Antioche, à Tripoli, à Ptolémaïs ou Acre, où les Latins étaient mêlés avec les Syriens, les Grecs et les Arméniens. Pour éviter la confusion que pouvait produire cette diversité de langues et de rites entre les chrétiens de même créance, le concile ordonne, en son neuvième canon, que les évêques de ces diocèses établissent des hommes capables, pour célébrer à chaque nation l'office divin, lui administrer les sacrements, et l'instruire chacune selon son rite et dans sa langue. Il défend toutefois de mettre deux évêques dans un diocèse, puisque ce serait un corps à deux têtes, et par conséquent un monstre; mais il veut que l'évêque donne à ceux de l'autre rite un vicaire catholique, et qui lui soit entièrement soumis. Si quelqu'un s'ingère autrement à faire les fonctions ecclésiastiques, il sera excommunié, ensuite déposé, et même réprimé, s'il est besoin, par le secours du bras séculier.

Le concile renouvelle l'ordonnance de tenir tous les ans des conciles provinciaux; et pour leur faciliter la réformation des abus, il veut qu'on établisse en chaque diocèse des personnes capables, qui pendant toute l'année s'en informent exactement et en fassent le rapport au concile suivant. Ils veilleront aussi à l'exécution des décrets du concile, et les publieront dans les synodes des évêques. Les chapitres, qui, par la coutume, sont en possession de corriger les fautes des chanoines, le feront dans le terme prescrit par l'évêque, autrement il les corrigera lui-même (Can. 6 et 7).

Le huitième canon règle la manière dont le supérieur doit procéder pour la punition des crimes, non-seulement contre les particuliers, mais encore contre les supérieurs subalternes. Il dit que, sur la diffamation publique, il doit informer d'office; mais que celui contre lequel il informe doit être présent, à moins qu'il ne se soit absenté par contumace; que le juge doit lui exposer les articles sur lesquels il doit informer, afin qu'il ait la faculté de se défendre; qu'il doit lui déclarer non-seulement les dépositions, mais les noms des témoins, et recevoir ses exceptions et ses défenses légitimes. Il y a trois manières de procéder en matière criminelle : l'accusation, qui doit être précédée d'une inscription légitime; la dénonciation, précédée d'une admonition charitable; l'inquisition ou enquête, précédée d'une diffamation publique. Le concile finit en disant que cet ordre ne doit pas être observé si exactement à l'égard des religieux. Ce canon est très-fameux et a servi depuis de fondement à toute la procédure criminelle, même dans les tribunaux séculiers.

Dans d'autres canons, on voit le dénombrement des procédures alors en usage, les chicanes, les appellations abusives qu'employaient les plaideurs, et quelquefois de mauvais juges. Le concile entre dans un grand détail pour y porter remède (Can. 38, 35, 36, 48, 37).

Il est défendu aux clercs de prononcer un jugement de sang, ni d'en faire l'exécution, ou d'y assister, ni d'écrire des lettres pour aucune exécution sanglante. Défense aux prêtres, aux diacres et aux sous-diacres de faire les opérations de chirurgie, qui engagent à appliquer le fer ou le feu. C'est que la médecine n'était exercée que par des clercs. Défense aussi de faire aucune bénédiction sur l'eau ou sur le fer chaud, pour les épreuves superstitieuses. C'est qu'elles n'étaient pas encore entièrement abolies. Défense aux ecclésiastiques d'étendre leur juridiction au préjudice de la juridiction séculière; mais il est aussi défendu aux princes de faire aucune constitution touchant les droits spirituels de l'Eglise (Can. 18, 42 et 44).

Quant à l'excommunication, il est défendu de la prononcer contre personne, sinon après la monition convenable faite en présence de témoins, sous peine d'être privé de l'entrée de l'église pendant un mois. Celui qui prétendra avoir été excommunié injustement portera sa plainte au supérieur, qui le renverra au premier juge pour être absous, ou, s'il y a péril en la demeure, il l'absoudra lui-même, après avoir pris ses sûretés. L'injustice de l'excommunication étant prouvée, celui qui l'a prononcée sera condamné aux dommages et intérêts, sans préjudice d'autre peine, selon la qualité de la faute; mais si le coplaignant succombe dans la preuve, il sera condamné aux dommages et intérêts envers le premier juge, et à telle autre peine qu'estimera le supérieur, et satisfera pour la cause de l'excommunication ou retombera dans la même censure. Il est défendu d'excommunier ou d'absoudre par intérêt, principalement dans les pays où l'excommunié, en recevant l'absolution, était chargé d'amende pécuniaire. Quand donc l'injustice de l'excommunication aura été prouvée, le juge sera condamné à restituer cette amende au double (Can. 47).

Après avoir pourvu à l'administration de la justice pour réprimer le mal, le concile pourvoit à l'instruction chrétienne des fidèles et à l'instruction théologique des clercs, pour opérer et assurer le bien.

« Il arrive souvent, dit le concile, que les évêques ne peuvent administrer au peuple la parole de Dieu par eux-mêmes, principalement dans les diocèses fort étendus, soit à cause de leurs diverses occupations, de leurs infirmités corporelles, d'incursions d'ennemis ou d'autres obstacles, pour ne pas dire par le défaut de science, qui ne doit pas être toléré. C'est pourquoi nous ordonnons que les évêques choisissent pour la prédication, des hommes capables, qui visitent à leur place les paroisses de leur diocèse, quand ils ne le pourront par eux-mêmes, et les édifient par leurs discours et leurs exemples. Les évêques leur fourniront de quoi subsister quand ils seront dans le besoin, et dans les chapitres, tant des cathédrales que des collégiales, on établira des hommes qui puissent ainsi secourir les évêques, non-seulement pour la prédication, mais pour entendre les confessions et faire tout le reste de ce qui regarde l'administration de la pénitence (Can. 18). »

Le troisième concile général de Latran, tenu sous Alexandre III l'année 1179, avait ordonné que, dans chaque église cathédrale, il y aurait un maître qui enseignerait gratuitement à qui on assignerait un bénéfice suffisant; mais comme cette pieuse institution était demeurée sans exécution dans plusieurs églises, Innocent III la confirme dans le concile de 1215, et ajoute que non-seulement dans les églises cathédrales, mais dans les autres dont les facultés y pourront suffire, le chapitre choisira un maître pour enseigner gratuitement la grammaire et les autres sciences, selon qu'il en sera capable. Mais les églises métropolitaines auront un théologien pour enseigner aux prêtres l'Ecriture sainte, et principalement ce qui concerne le gouvernement des âmes. On assignera à chacun de ces maîtres le revenu d'une prébende, pour en jouir tant qu'il enseignera, sans qu'il devienne chanoine pour cela (Can. 11).

Quant aux élections, le concile défend de laisser vaquer plus de trois mois un évêché ou une abbaye, autrement ceux qui avaient droit d'élire en seront privés pour cette fois, et il sera dévolu au supérieur immédiat, qui sera tenu de remplir le siège vacant dans trois mois, et s'il se peut, d'un sujet tiré de la même église, prenant pour cet effet le conseil de son chapitre. La forme de l'élection est de deux sortes : par scrutin ou par compromis. Toute autre forme d'élection est déclarée nulle, si ce n'est que tous s'accordent à nommer un même sujet, comme par inspiration. Personne ne peut donner son suffrage par procureur, à moins qu'il ne soit absent pour empêchement légitime, et, sitôt que l'élection est faite, il faut la publier solennellement. L'élection faite pour l'abus de la puissance séculière sera nulle de plein droit. L'élu qui y aura consenti n'en tirera aucun avantage et deviendra incapable d'être élu; les électeurs seront suspens pendant trois ans de tout office et bénéfice, et privés pour cette fois du pouvoir d'élire (Can. 15, 23 et 24).

« Rien n'est plus nuisible à l'Eglise que le choix de sujets indignes pour le gouvernement des âmes. Afin d'y remédier, nous ordonnons que celui auquel appartient de confirmer l'élection en examine soigneusement la forme et la personne de l'élu, afin que, si tout est dans les règles, il lui accorde la confirmation. Que si, par négligence, il approuve l'élection d'un homme à qui la science manque, dont les mœurs soient scandaleuses, ou qui n'ait pas l'âge légitime, il perdra le droit de confirmer le premier successeur, et il sera privé de la jouissance de son bénéfice; mais, si c'est par malice, il sera rigoureusement puni. Quant aux prélats immédiatement soumis au souverain Pontife, ils se présenteront à lui en personne pour faire confirmer leur élection, ou, s'ils ne le peuvent commodément, ils enverront des hommes capables de donner au Pape les informations nécessaires. Cependant ceux qui sont fort éloignés, c'est-à-dire hors de l'Italie, pourront avoir par dispense l'administration de leurs Eglises au spirituel et au temporel; mais ils recevront la consécration ou la bénédiction, comme ils avaient accoutumé (Can. 23, 24 et 15).

» Les évêques auront soin de ne promouvoir aux dignités ecclésiastiques et aux ordres sacrés, que des personnes capables d'en remplir dignement les fonctions. Et comme le gouvernement des âmes est l'art des arts, ils instruiront soigneusement, soit par eux-mêmes, soit par d'autres, ceux qu'ils veulent ordonner prêtres, tant sur les offices divins que sur les sacrements, puisqu'il vaut mieux que l'Eglise ait peu de bons ministres, principalement des prêtres, que plusieurs mauvais (Can. 26).

» Les évêques ne conféreront les bénéfices qu'à des personnes dignes; on s'en informera exactement dans le concile provincial. Le prélat qui se trouvera en faute après en avoir été repris deux fois, sera suspendu par le concile de la collation des bénéfices, et la suspense ne pourra être levée que par le Pape ou le patriarche. On confirme le décret du précédent concile de Latran contre la pluralité des bénéfices, qui jusque-là n'avait presque pas eu d'effet, et on ordonne que quiconque, ayant un bénéfice à charge d'âmes, en recevra un autre de même nature, sera de plein droit privé du premier, et, s'il s'efforce de le retenir, il sera privé de l'un et de l'autre. Le collateur conférera librement le premier bénéfice, et, s'il diffère trois mois, la collation sera dévolue au supérieur. Le Saint-Siége toutefois pourra dispenser de cette règle les personnes distinguées par leur rang ou leur science. Quelques patrons s'attribuaient presque tout le revenu des cures et en laissaient si peu aux titulaires, qu'elles n'étaient desservies que par des ignorants. C'est pourquoi le concile ordonne que, nonobstant toute coutume contraire, on assignera aux curés une portion suffisante; le curé desservira la paroisse par lui-même, non par un vicaire, si ce n'est que sa cure soit annexée à une prébende ou à une dignité qui l'oblige à servir dans une plus grande église. Dans ce cas, il doit avoir un vicaire perpétuel, qui reçoive une portion congrue sur le revenu de la cure (Can. 30, 31 et 32). »

Les Grecs n'étaient point accoutumés à payer la dîme, non plus que les Syriens et les autres Orientaux. Or, comme les Latins étaient mêlés avec eux, il y en avait qui, pour ne pas payer la dîme, leur donnaient leurs terres à cultiver. Le concile condamne cette fraude. Il ordonne que la dîme soit levée avant les cens et toutes les redevances, comme étant une marque du domaine universel de Dieu. Il confirme le statut des moines de Citeaux, portant que, nonobstant leurs priviléges ils paieraient la dîme des terres qu'ils acquerraient de nouveau, si elles y étaient auparavant sujettes, et le concile étend ce règlement à tous les religieux jouissant de semblables priviléges (Can. 33, 54, 55).

Quant aux sacrements, contre lesquels les manichéens et les vaudois répandaient plusieurs erreurs impies, voici ce qu'ordonne le quatrième concile de Latran dans son vingt et unième canon : « Tout fidèle de l'un et de l'autre sexe, parvenu à l'âge de discrétion, confessera fidèlement, seul, à son propre prêtre, au moins une fois l'an, tous ses péchés, et il s'appliquera à accomplir de son mieux la pénitence qui lui aura été imposée. Il recevra aussi avec respect, au moins à Pâques, le sacrement de l'Eucharistie, à moins qu'il ne juge à propos de s'en abstenir pour un temps, par le conseil de son propre prêtre; autrement il sera chassé de l'église pendant sa vie, et privé à sa mort de la sépulture chrétienne. Ce salutaire décret sera publié dans les églises, afin que personne n'en prétexte cause d'ignorance. Que si quelqu'un, pour une juste cause, veut se confesser à un prêtre étranger, qu'il en demande et qu'il en obtienne auparavant la permission de son propre prêtre, puisque autrement l'autre ne peut ni le lier ni l'absoudre. Le prêtre, tel qu'un habile médecin, usera d'une grande discrétion, pour répandre l'huile et le vin dans les plaies du malade. Il s'informera soigneusement des circonstances du péché et des qualités du pécheur, pour connaître quel conseil il doit lui donner, et quel remède il doit appliquer à son mal. Il prendra bien garde de ne découvrir le pécheur par aucune parole, par aucun signe ni en quelque manière que ce soit; et, s'il a besoin de conseil, qu'il le demande avec circonspection, sans exprimer la personne. Car celui qui aura révélé la confession sacramentelle sera non-seulement déposé, mais enfermé étroitement dans un monastère pour faire pénitence toute sa vie. »

Le propre prêtre mentionné dans ce canon, c'est le Pape dans toute l'Eglise, l'évêque dans tout son diocèse, le curé dans sa paroisse. Ainsi l'entendent l'Eglise romaine, le clergé de France, les théologiens catholiques, et avec eux le bon sens. L'opinion paradoxale du très-paradoxal Launoi, adoptée très-peu judicieusement par Fleury, que le Pape est un prêtre étranger dans toute l'Eglise, l'évêque un prêtre étranger dans tout son diocèse, et qu'il n'y a de propre prêtre que le curé dans chaque paroisse : cette opinion a été condamnée par l'Eglise romaine, par le clergé de France, par les théologiens catholiques, et avec eux par le bon sens. En effet, quel homme sensé pourra jamais croire que, dans le quatrième concile général de Latran, le Pape et les évêques, de qui et par qui seuls peut venir au simple prêtre la juridiction ecclésiastique, s'en soient si totalement dépouillés en faveur des curés, qu'ils seraient obligés d'avoir leur permission pour absoudre validement? Mais, pour leur supposer un pareil suicide, il faut supposer qu'ils avaient perdu la tête, ou plutôt l'avoir perdue soi-même (1).

Le concile ordonne, canon vingtième, que, dans toutes les églises, le saint chrême et l'eucharistie seront gardés fidèlement sous clé, de peur qu'on ne puisse en abuser pour des maléfices. Si celui qui en a la garde les laisse sans précaution, il sera trois mois suspens. Si par son incurie il en arrive quelque profanation, il subira une punition plus sévère.

Le canon vingt-deuxième, touchant les malades, est particulièrement à remarquer. « Comme l'infirmité corporelle provient souvent du péché, le Seigneur disant au malade qu'il avait guéri : *Va, et ne pèche plus, de peur qu'il ne t'arrive pis*, nous ordonnons aux médecins des corps, quand ils sont appelés auprès des malades, de les avertir et de les persuader avant tout d'appeler les médecins des âmes, afin que, quand on aura pourvu à leur salut spirituel, le remède de la médecine corporelle profite mieux, l'effet cessant avec la cause. Ce qui, entre autres, a motivé ce décret, c'est que quelques-uns de très-malades, avertis par les médecins de pourvoir au salut de leur âme, tombent dans le désespoir et encourent plus facilement le danger de mourir. Si donc un

(1) Voir *Critique de Fleury*, par Marchetti; Benoît XIV, *De Synodo diœcesana;* Tournely, *De Pœnitentia*, etc.

médecin transgresse notre présente constitution, après qu'elle aura été publiée par les prélats, il sera privé de l'entrée de l'église, jusqu'à ce qu'il ait satisfait pour sa transgression. Du reste, comme l'âme est beaucoup plus précieuse que le corps, nous défendons aux médecins, sous peine d'anathème, de conseiller à un malade, pour le salut de son corps, quelque chose de périlleux pour l'âme.

Quant au sacrement de mariage, le concile de Latran, ayant égard aux inconvénients qui venaient des limites étroites que l'Eglise avait prescrites aux parents et aux alliés, restreint les empêchements de parenté et d'affinité. On comptait la parenté jusqu'au septième degré, le concile la réduit au quatrième, pour être un obstacle au mariage. On comptait trois genres d'affinité ou d'alliance, qui comprenaient les mêmes degrés. Le premier genre était entre le mari et les parents de sa femme, et réciproquement; le second, entre le mari et les parents du premier mari de sa femme; le troisième, entre le second mari et les alliés du premier. Le concile retranche le second et le troisième genre d'affinité, et ne conserve que le premier pour être un empêchement au mariage (Can. 50). La parenté entre ceux qui voulaient se marier, se prouvait alors d'ordinaire par témoins; et on recevait en cette matière les témoins qui ne parlaient que par ouï-dire, parce qu'on ne pouvait trouver des hommes assez âgés pour être témoins oculaires de la parenté jusqu'au septième degré. En restreignant les degrés au quatrième, le concile abolit aussi cet usage, et veut qu'on ne reçoive plus en cette matière que les témoins oculaires (Can. 52).

Les mariages clandestins sont condamnés; et, pour y obvier, le concile général adopte la coutume particulière de quelques lieux, entre autres de France, et ordonne que les mariages, avant d'être contractés, seront annoncés publiquement par les prêtres dans les églises, avec un terme dans lequel on puisse proposer les empêchements légitimes. En outre, les prêtres s'informeront s'il n'en existe point. S'il se présente une conjecture probable contre le mariage, il est expressément défendu de le contracter, jusqu'à ce qu'on sache par des documents manifestes ce qui est à faire. Les enfants issus d'un mariage clandestin sont réputés illégitimes, ainsi que ceux dont les parents se sont mariés avec un empêchement qu'ils connaissaient bien l'un et l'autre. Le prêtre paroissial qui ne se met point en peine de défendre de pareilles conjonctions, ou même le religieux qui se permet d'y assister, sera suspens pour trois ans, et puni plus sévèrement, si la gravité de la faute le demande. Ceux qui auront contracté un mariage clandestin, même dans un degré permis, seront mis en pénitence. Quant à ceux qui auraient malicieusement mis obstacle à un mariage, ils n'échapperont point à la vindicte de l'Eglise (Can. 51).

Dans d'autres canons, le concile réprime d'autres abus. Quelques-uns mettaient en vente des reliques, et les montraient à tout le monde, ce qui tournait au mépris de la religion. Le concile défend de montrer hors de leurs châsses les anciennes reliques, ni de les exposer en vente; et, pour celles que l'on trouve de nouveau, il défend de leur rendre aucune vénération publique, qu'elles n'aient été approuvées par l'autorité du Pape. Or, les prélats, ajoute le concile, ne permettront plus qu'on emploie de vaines fictions ou de fausses pièces, pour tromper ceux qui viennent à leurs églises honorer les reliques, comme on fait en la plupart des lieux à l'occasion du profit.

Quant aux quêteurs, dont quelques-uns se disent autres qu'ils ne sont, et avancent des erreurs dans leurs sermons, nous défendons de les recevoir, s'ils ne montrent des lettres véritables du Pape ou de l'évêque diocésain; auquel cas, on ne leur permettra de proposer au peuple que ce qui sera contenu dans leurs lettres. On met ensuite une formule de ces lettres, pour exciter les fidèles à contribuer de leurs aumônes à l'entretien d'un hôpital. Puis le concile ajoute : « Ceux que l'on envoie quêter doivent être modestes et discrets, ne point loger dans les cabarets, ni faire de dépenses superflues, ni se déguiser en religieux.

» Les indulgences superflues que quelques prélats accordent sans choix, font mépriser les clés de l'Eglise, et énervent la satisfaction de la pénitence; c'est pourquoi nous ordonnons qu'à la dédicace d'une église, l'indulgence ne soit de plus d'une année, soit que la cérémonie se fasse par un seul évêque ou par plusieurs; et que l'indulgence ne soit que de quarante jours, tant pour l'anniversaire de la dédicace que pour toutes les autres causes, puisque le Pape même, en ces occasions, n'en donne pas davantage (Can. 62). »

Sur la simonie, le concile renouvelle les défenses du précédent concile de Latran : premièrement à l'égard des évêques qui, pour les sacres de leurs confrères, les bénédictions d'abbés et les ordinations des clercs, avaient établi des taxes qu'ils prétendaient justifier par la longueur de la coutume. De plus, à la mort des curés, ils mettaient les églises en interdit, et ne souffraient point qu'on leur donnât des successeurs, jusqu'à ce qu'on leur eût payé une certaine somme. Les curés, de leur côté, exigeaient de l'argent pour les sépultures, les mariages et les autres fonctions; ce que le concile leur défend. Mais aussi quelques laïques, sous prétexte de piété, voulaient enfreindre les louables coutumes de donner aux églises; ce qui venait en effet des maximes des hérétiques, c'est-à-dire des vaudois et des manichéens, qui détournaient de rien donner aux églises, ni au clergé. Le concile veut donc que les sacrements soient conférés gratuitement; mais que les évêques, en connaissance de cause, répriment ceux qui s'efforcent malicieusement d'abolir les pieuses coutumes. La simonie est surtout défendue à l'égard des religieuses, dont la plupart, dit le concile, sont tellement infectées de ce vice, qu'elles ne prennent presque plus de filles sans argent, alléguant pour prétexte, leur pauvreté. Le concile condamne celles qui auront commis cette faute, à être renfermées dans d'autres monastères d'une observance plus étroite, pour y faire pénitence perpétuelle, comme pour un des plus grands crimes. La même règle s'étend aux monastères d'hommes (Can. 63, 65, 66, 64).

En général, il y avait un grand relâchement dans plusieurs monastères, même en ceux qui devaient servir de modèles aux autres. Le pape Innocent, dès la première année de son pontificat, écrivit à l'abbé du Mont-Cassin, qui était cardinal, lui témoignant sa douleur de ce que cette maison, d'où la règle de saint Benoît s'était répandue dans tout le monde, était tombée dans un tel désordre, qu'elle causait un scandale horrible. Il reproche à ce cardinal de négliger le bien spirituel de ce monastère, par trop d'attachement à en augmenter le temporel, et l'exhorte à le réformer sérieusement en commençant par lui-même (Inn., L. 1, *Epist.* 386). Le monastère de Subiac, près de Rome, était comme le berceau de l'ordre de saint Benoît. Le Pape, y étant allé en 1212, le trouva tellement déchu de l'observance, qu'il se crut obligé d'y remédier par un grand règlement, où il défend aux moines de porter du linge et de manger de la viande hors de l'infirmerie. Il veut que le silence s'observe toujours à l'église, au réfectoire et au dortoir; que l'on choisisse bien les officiers du monastère, et que leurs obédiences ne soient pas données à vie, mais amovibles. Il défend surtout aux moines la propriété, et déclare que la pauvreté est tellement attachée à leur règle, qu'il n'est pas au pouvoir, non-seulement de l'abbé, mais du Pape même, d'en dispenser (*Ibid.*, L. 5, *Epist.* 82).

L'ordre de Cluny, si florissant deux siècles auparavant, était aussi fort déchu. Aussi, l'année 1213, le Pape écrivit au chapitre général de Cluny, pour exhorter les abbés à travailler à la réforme de leurs moines : lesquels, par leur avarice, leur ambition et leur vie licencieuse, donnaient autant de scandale qu'ils avaient autrefois donné d'édification (*Ibid.*, L. 16, *Epist.* 6). C'était encore pis dans les monastères qui ne tenaient point de chapitres généraux.

Pour remédier à ces désordres, le concile ordonne que dans chaque royaume ou chaque province, les abbés et les prieurs qui n'ont point accoutumé de tenir des chapitres généraux, en tiendront tous les trois ans. Ils y appelleront dans les commencements deux abbés de Cîteaux pour les aider, comme étant accoutumés depuis longtemps à tenir de tels chapitres. On y traitera de la réforme et de l'observance régulière : ce qui y sera statué sera observé inviolablement et sans appel, et on prescrira le lieu du chapitre suivant. Le tout se fera sans préjudice du droit des évêques diocésains. Dans le chapitre général, on députera des personnes capables pour visiter, au nom du Pape, tous les monastères de la province, même ceux des religieuses, et y corriger et réformer ce qui sera nécessaire. Que s'ils jugent nécessaire de déposer le supérieur, ils en avertiront l'évêque; et, s'il y manque, ils en informeront le Saint-Siège. Or, les évêques auront soin de si bien réformer les monastères de leur dépendance, que les visiteurs n'y trouvent rien à corriger. Les chanoines réguliers tiendront ces chapitres et exécuteront le reste de ce décret suivant leur observance, à proportion comme les moines (Can. 12).

De peur que la trop grande diversité d'ordres religieux n'apporte de la confusion dans l'Eglise, nous défendons étroitement, dit le concile, d'en établir de nouveau ; mais quiconque voudra entrer en religion, embrassera une de celles qui sont approuvées. Nous défendons aussi qu'un abbé gouverne plusieurs monastères, ou qu'un moine ait des places en plusieurs maisons. C'est que certaines places monacales étaient devenues comme des bénéfices (Can. 13).

Les décrets du quatrième concile de Latran sont très-fameux chez les canonistes, et ont servi de fondement à la discipline qui s'est observée depuis. Mais dans ce moment-là même, le Seigneur procurait à son Eglise quelque chose de meilleur encore que de bons règlements : c'étaient deux hommes, deux familles religieuses, qui devaient être à jamais une règle, une réforme, une prédication vivante et incessante, et qui en effet, de nos jours même, toujours unies pour la gloire de Dieu et le service du prochain, ne cessent de produire des missionnaires, des apôtres, des martyrs, dans les Eglises naissantes de la Chine et du Tonquin. Ces deux hommes, c'est saint Dominique, c'est saint François d'Assise.

Depuis dix ans que durait la guerre contre les manichéens du Languedoc, saint Dominique n'avait point quitté ce pays. Il était lié d'amitié avec le comte Simon de Montfort. Cependant il n'est nommé nulle part dans les actes de cette guerre. Il est absent des conciles, des conférences, des réconciliations, des sièges, des triomphes; il n'est fait mention de lui dans aucune lettre allant à Rome ou venant de Rome. Nous ne l'avons rencontré qu'une fois à Muret, priant dans une église au moment d'une bataille. Ce silence unanime des historiens du temps laisse naturellement à conclure que, tel que les apôtres, il s'appliquait uniquement à la prière et à la prédication. C'est en effet ce que les historiens nous apprennent de sa vie à cette époque.

Après le retour de l'évêque Diégo à son diocèse, dit le bienheureux Humbert, saint Dominique, demeuré presque seul avec quelques compagnons qui ne lui étaient attachés par aucun vœu, soutint pendant des années la foi catholique en divers lieux de la province de Narbonne, particulièrement à Carcassonne et à Fanjaux. Il s'était donné tout entier au salut des âmes par l'office de la prédication, et il souffrit de grand cœur beaucoup d'affronts, d'ignominies et d'angoisses, pour le nom de Notre Seigneur Jésus-Christ (*Chroniq.*, n. 2).

Interrogé un jour pourquoi il demeurait plus volontiers à Carcassonne qu'à Toulouse et dans son diocèse, il répondit : C'est que, dans le diocèse de Toulouse, je rencontre beaucoup de gens qui m'honorent, tandis qu'à Carcassonne tout le monde m'est contraire (Constantin d'Orviète, *Vie de S. Dom.*, n. 44).

En effet, les ennemis de la foi insultaient en toutes manières le serviteur de Dieu : on lui crachait au visage, on lui jetait de la boue, on attachait des pailles à son manteau par dérision. Mais lui, supérieur à tout, comme l'Apôtre, s'estimait heureux d'être jugé digne de souffrir des opprobres pour le nom de Jésus. Les hérétiques songèrent même à lui ôter la vie. Une fois qu'ils lui en faisaient la menace, il leur répondit : Je ne suis pas digne de la gloire du martyre, je n'ai pas encore mérité cette mort (Constantin d'Orviète, *Vie de S. Dom.*, n. 12). C'est pourquoi, ayant à passer par un lieu où il savait que des embûches lui avaient été préparées, non-seulement il s'y hasarda avec intrépidité, mais gaîment et en chantant. Etonnés de sa constance, les hérétiques lui demandèrent une autre fois, pour le tenter, ce qu'il eût fait s'il fût tombé entre leurs mains : Je vous aurais priés, répondit-il, de ne pas me tuer d'un seul coup, mais de me couper les membres un à un, et après en avoir mis les morceaux devant moi, de finir par m'arracher les yeux, en me laissant à demi-mort dans mon sang ou en m'achevant à votre plaisir (*Ibid.*).

Thierri d'Apolda raconte le trait suivant : Il arriva qu'une conférence solennelle devant avoir lieu avec les hérétiques, un évêque se disposait à s'y rendre en grande pompe. Alors l'humble héros du Christ lui dit : Ce n'est pas ainsi, seigneur mon père, ce n'est pas ainsi qu'il faut agir contre les enfants de l'orgueil. Les adversaires de la vérité doivent être convaincus par des exemples d'humilité, de patience, de religion et de toutes les vertus, non par le faste de la grandeur et le déploiement de la gloire du siècle. Armons-nous de la prière, et, faisant reluire en notre personne des signes d'humilité, avançons-nous nu-pieds au devant des Goliath. L'évêque se rendit à ce pieux conseil, et tous se déchaussèrent. Or, comme ils n'étaient pas sûrs de leur chemin, ils rencontrèrent un hérétique qu'ils croyaient orthodoxe, et qui promit de les conduire droit à leur but. Mais il les engagea par malice dans un bois plein de ronces et d'épines, où leurs pieds se blessèrent, et bientôt le sang coula tout le long de leurs jambes. Alors l'athlète de Dieu, patient et joyeux, exhorta ses compagnons à rendre grâces de ce qu'ils souffraient, en leur disant : « Confiez-vous dans le Seigneur, mes très-chers, la victoire nous est assurée, puisque voilà nos péchés qui s'expient par le sang. » L'hérétique, touché de cette admirable patience et des discours du saint, avoua sa malice et abjura l'hérésie (*Vie de S. Dom.*, c. 2, n. 35).

Il y avait aux environs de Toulouse quelques femmes nobles que l'austérité apparente des hérétiques avait détachées de la foi. Dominique, au commencement d'un carême, alla leur demander l'hospitalité, avec intention de les ramener au sein de l'Église. Il n'entra avec elles dans aucune controverse ; mais, pendant tout le carême, il ne mangea que du pain et ne but que de l'eau, lui et son compagnon. Quand, le premier soir, on voulut leur apprêter des lits, ils demandèrent deux planches pour se coucher, et, jusqu'à Pâques, ils n'eurent pas d'autre lieu de repos, se contentant chaque nuit d'un court sommeil qu'ils interrompaient pour prier. Cette éloquence muette fut toute-puissante sur l'esprit de ces femmes : elles se convertirent.

On se rappelle qu'à Palencia Dominique avait voulu se vendre pour racheter de l'esclavage le frère d'une pauvre femme. Il eut en Languedoc le même mouvement d'entrailles à l'égard d'un hérétique qui lui avouait ne tenir à l'erreur que par la misère ; il résolut de se vendre pour lui donner de quoi vivre, et il l'eût fait, si la Providence divine n'eût pourvu d'une autre manière à l'existence de ce malheureux.

Un fait encore plus singulier nous atteste les ruses de sa bonté. Quelques hérétiques, dit Thierri d'Apolda, ayant été pris et convaincus dans le pays de Toulouse, furent remis au jugement séculier, parce qu'ils refusaient de retourner à la foi, et condamnés au feu. Dominique regarda l'un d'eux avec un cœur initié aux secrets de Dieu, et il dit aux officiers de cour : « Mettez à part celui-ci, et gardez-vous de le brûler. » Puis, se tournant vers l'hérétique avec une grande douceur : « Je sais, mon fils, qu'il vous faudra du temps, mais qu'enfin vous deviendrez bon et saint. » Chose aimable autant que merveilleuse ! Cet homme demeura vingt ans encore dans l'aveuglement de l'hérésie, après quoi, touché de la grâce, il demanda l'habit de frère Prêcheur, sous lequel il vécut bien et mourut dans la fidélité (*Vie de S. Dom.*, l. 4, n. 54).

Constantin d'Orviète et le bienheureux Humbert, en rapportant le même trait, y ajoutent une circonstance qui exige quelque explication. Ils disent que les hérétiques dont il s'agit avaient été *convaincus* par Dominique avant d'être livrés au bras séculier. C'est le seul mot du XIII° siècle d'où l'on ait cru pouvoir induire la participation du saint à des procédures criminelles. Mais les historiens de la guerre des Albigeois nous apprennent très-clairement ce que c'était que cette *conviction* des hérétiques. Les hérétiques n'étaient point à l'état de société secrète en Languedoc ; ils étaient armés, et combattaient pour leurs erreurs à la face du soleil. Dès le commencement de la guerre, les chefs de la croisade avaient décidé que ceux qui ne se rendraient point à composition, mais qu'il faudrait prendre de vive force, seraient livrés à la mort. Cette sentence générale, prononcée d'avance, admettait cependant une exception. Au milieu même d'une prise d'assaut, on envoyait aux prisonniers des gens d'église pour leur exposer les dogmes catholiques et leur faire sentir l'extravagance des leurs. C'était ce qu'on appelait les *convaincre*, non pas d'être hérétiques, car ils ne le cachaient pas le moins du monde, mais d'être dans une fausse voie, contredite par les écritures, la tradition et la raison. On les suppliait de la manière la plus pressante d'abjurer leur hérésie, en leur promettant, à ce prix, leur pardon. Ceux qui se rendaient à ces instances étaient en effet épargnés ; ceux qui résistaient jusqu'au bout étaient remis au bras séculier. La *conviction* des hérétiques était donc un office de dévouement, où la force de l'esprit et l'éloquence de la charité s'animaient de l'espoir d'arracher des malheureux à la mort. Que saint Dominique ait rempli cet office au moins une fois, il n'est pas possible d'en douter, puisque deux historiens contemporains l'affirment ; mais prendre texte de là pour l'accuser de rigueurs envers les hérétiques, c'est confondre le prêtre qui assiste un criminel avec le juge qui le condamne ou le bourreau qui le tue.

On s'étonnera peut-être que Dominique eut assez d'autorité pour arracher un hérétique au supplice par une simple prédication. Mais, outre la renommée de sa sainteté et de ses miracles, qui devait attirer toute confiance à sa parole, il avait été investi par les légats du Saint-Siège du pouvoir de *réconcilier* les hérétiques à l'Église. On en a la preuve dans deux diplômes en faveur de deux hérétiques réconciliés, par l'autorité du seigneur abbé de Cîteaux, qui lui avait enjoint cet office (1).

Le désintéressement de Dominique n'était pas moindre que sa charité et sa douceur. Il refusa les évêchés de Béziers, de Conserans et de Comminges, qui lui avaient été offerts, et dit une fois qu'il s'enfuirait la nuit avec son bâton plutôt que d'accepter l'épiscopat ou toute autre dignité (2).

Pour vaincre l'hérésie, Dominique implora le secours d'une puissance auxiliaire que personne n'invoqua jamais en vain ; il invoqua plus souvent, et par lui-même et par la voix d'une multitude de fidè-

---

(1) Echard, *Ecrivains de l'ordre des Prêcheurs*, t. 1, p. 9, en note.
(2) Lacordaire, *Vie de S. Dominique*.

les, cette Vierge très-puissante que saint Cyrille, présidant le concile d'Ephèse, proclamait le sceptre de l'orthodoxie; cette Vierge mère, à qui l'Eglise dit dans ses prières : *Réjouissez-vous, vierge Marie, seule vous avez écrasé toutes les hérésies par tout l'univers* (1). Dominique enrôla sous la bannière de la Mère de Dieu une milice priante, par l'institution du *rosaire*. L'erreur impie des manichéens détruisait tous les mystères de la foi chrétienne; ce qui rendait la séduction plus à craindre, c'est que le peuple était fort peu instruit. Un des moyens les plus efficaces que saint Dominique employa donc pour obtenir de Dieu la conversion des hérétiques, et pour instruire en même temps les fidèles, fut l'institution et la pratique du saint rosaire, qui consiste à réciter quinze *Pater*, et après chaque *Pater* une dizaine d'*Ave Maria*, pour honorer les quinze principaux mystères de la vie de Jésus-Christ et de celle de sa sainte mère. Le *chapelet* ou la *couronne* en est la troisième partie. Le tout commence par le *Credo* ou l'acte de foi. Après chaque dizaine, on ajoute *Gloria Patri*, pour rendre gloire de tout au Père, et au Fils, et au Saint-Esprit. On répète ainsi cent cinquante fois la Salutation angélique, à l'imitation des cent cinquante psaumes; aussi le rosaire est-il appelé quelquefois le *psautier de la Vierge*. Des quinze mystères, on distingue cinq *joyeux*, cinq *douloureux*, cinq *glorieux*. Les cinq premiers sont : le mystère de l'Incarnation, par lequel le Fils de Dieu s'est fait homme dans les entrailles de Marie; le mystère de la Visitation, par lequel saint Jean est sanctifié dans le sein de sa mère; le mystère de Jésus-Christ naissant à Bethléhem; le mystère de l'enfant Jésus présenté au temple; le mystère de l'enfant Jésus retrouvé au temple. Les cinq mystères douloureux, l'agonie de Notre Seigneur au jardin des Olives, sa cruelle flagellation, son couronnement d'épines, son portement de croix et enfin son crucifiement. Les mystères glorieux sont : Jésus ressuscité des morts, Jésus montant au ciel, Jésus envoyant le Saint-Esprit, Jésus élevant au ciel sa sainte Mère, Jésus l'y couronnant d'une gloire incomparable. Pour se faciliter la pensée et la méditation de ces principaux mystères, bien des personnes en joignent un à chaque dizain de la Salutation angélique, en cette manière : *Je vous salue, Marie! — Vous êtes bénie entre toutes les femmes, et béni est le fruit de vos entrailles, Jésus, qui est ressuscité des morts, qui est monté au ciel, qui a envoyé son Saint-Esprit, qui vous a fait monter au ciel, qui vous y a couronnée de gloire.*

La dévotion du saint rosaire est devenue la dévotion de tous les peuples chrétiens. L'an 1573, l'Eglise en a fait une fête en mémoire de la fameuse bataille de Lépante, gagnée contre les Turcs, le jour même où les confréries du Rosaire faisaient à Rome et dans le monde chrétien des processions publiques. Pour s'étonner de cette popularité du rosaire, il faut ne pas le connaître. Le signe de la croix par où il commence, n'est-ce pas le signe du chrétien? Le *Credo*, n'est-ce pas cette même profession de foi que les martyrs récitaient à leur baptême, et sous le fer des bourreaux? Le *Pater*, n'est-ce pas la prière que le Seigneur lui-même a daigné nous apprendre? L'*Ave Maria*, n'est-ce pas cette salutation, commencée au nom du ciel par un archange, continuée par la sainte mère de Jean-Baptiste, que faisait parler l'Esprit-Saint, achevée par la sainte Eglise de Dieu, avec laquelle le même Esprit est éternellement? Le *Gloria Patri*, n'est-ce pas cette glorification éternelle que le ciel et la terre, les anges et les hommes, tous les siècles et tous les lieux rendent à la Trinité adorable? Les quinze principaux mystères, n'est-ce pas le résumé de l'Evangile? En vérité, je ne sache pas une pratique mieux faite pour faciliter l'attention, la piété, la dévotion dans la prière, la méditation de l'esprit et du cœur. Nous le disons pour les savants qui l'ignorent, et non pas pour les ignorants qui le savent par expérience.

Dominique était dans sa quarante-sixième année lorsqu'il commença à recueillir le fruit de ses longs mérites. Les croisés triomphants lui ouvrirent, en 1215, les portes de Toulouse, et la Providence, qui donne rendez-vous à la même heure aux éléments les plus divers, lui envoya deux hommes dont il avait besoin pour asseoir les premiers fondements de l'ordre des frères Prêcheurs. Tous deux étaient citoyens de Toulouse, d'une naissance distinguée et d'un mérite remarquable. L'un, qui se nommait Pierre Cellani, ornait une grande fortune par une grande vertu; l'autre, qui ne nous est connu que sous le nom de Thomas, était éloquent et de mœurs singulièrement aimables. Poussés par une même inspiration de l'Esprit-Saint, ils se donnèrent ensemble à Dominique, et Pierre Cellani lui fit présent de sa propre maison. Dominique y rassembla ceux qui s'étaient attachés à lui : ils étaient au nombre de six, Pierre Cellani, Thomas et quatre autres.

Le saint revêtit ses compagnons de l'habit qu'il portait lui-même, c'est-à-dire d'une tunique de laine blanche, d'un surplis de lin, d'une chape et d'un capuce de laine noire. C'était l'habit des chanoines réguliers, dont il avait gardé l'usage depuis son entrée au chapitre d'Osma. Lui et les siens s'en servirent jusqu'à un événement mémorable dont nous parlerons en son lieu, et qui fut la cause d'un changement dans ce costume. Ils commencèrent aussi à mener une vie uniforme sous une certaine règle. Cet établissement se fondait avec la coopération et par l'autorité de l'évêque de Toulouse, qui était toujours Foulques, ce généreux moine de Cîteaux que nous avons vu dès l'origine attaché aux projets d'Azévédo et de Dominique. Nous avons de lui un acte de 1215, où il déclare que, voulant extirper l'hérésie, bannir les vices, enseigner aux hommes la règle de la foi et les former aux bonnes mœurs, il institue pour prédicateurs dans son diocèse, le frère Dominique et ses compagnons; ensuite, du consentement du chapitre cathédral et de tout le clergé du diocèse, il leur assigne à perpétuité la sixième partie des dîmes dont jouissent les fabriques et les églises paroissiales, afin de servir à leurs besoins, et qu'ils puissent se reposer de temps en temps de leurs fatigues. S'il reste quelque chose à la fin de l'année, nous voulons et ordonnons qu'on l'emploie à l'ornement de nos églises paroissiales, ou au secours des pauvres, selon qu'il paraîtra convenable à l'évêque; car, puisqu'il est réglé par le droit qu'une certaine portion de dîmes doit être consacrée aux pauvres,

---
(1) *Gaude, Maria Virgo, cunctas hæreses sola interemisti in universo mundo* (Petit office de la sainte Vierge dans le Bréviaire romain).

nous sommes tenus sans doute d'admettre au partage ceux qui embrassent la pauvreté pour Jésus-Christ, dans le but d'enrichir le monde de leur exemple et du don céleste de la doctrine, de telle sorte que ceux de qui nous recevons les choses temporelles, reçoivent de nous directement ou indirectement les choses spirituelles (Echard, t. I, p. 12).

Cet acte de munificence ne fut pas le seul qui favorisa l'ordre naissant des frères Prêcheurs. Simon, comte de Montfort, fit don à son saint ami Dominique du château et de la terre de Cassanel, dans le diocèse d'Agen. Il avait déjà confirmé plusieurs donations en faveur du monastère de Prouille, dont il avait lui-même augmenté les possessions. Son estime et son attachement pour Dominique ne s'étaient pas bornés à ce genre de témoignage; il l'avait prié de baptiser sa fille, un instant fiancée à l'héritier du royaume d'Aragon, et de bénir le mariage de son fils aîné, le comte Amauri, avec Béatrix, fille du dauphin de Vienne.

Nous verrons un jour Dominique, vieilli et près de retourner à Dieu, se repentir d'avoir accepté des possessions temporelles; il s'en débarrassera comme d'un fardeau avant d'entrer dans la tombe, laissant pour patrimoine à ses enfants cette providence quotidienne qui soutient toute créature laborieuse, et dont il est écrit : *Charge le Seigneur du souci de ta vie, et lui-même te nourrira*, (Psalm. 54, 23).

A l'approche du concile de Latran, Dominique se rendit à Rome en la compagnie de l'évêque Foulques de Toulouse. Ils crurent l'occasion favorable pour expliquer au Pape le dessein qu'ils avaient formé d'instituer un ordre de prédicateurs, et de lui exposèrent avec beaucoup d'humilité et de respect. Innocent III, après y avoir mûrement pensé, conseilla au saint fondateur de retourner en Languedoc pour y choisir, de concert avec ses compagnons, celle des anciennes règles qui lui paraîtrait la plus propre à former la nouvelle milice dont il souhaitait enrichir l'Eglise. C'était le moyen de sauver le décret du concile de Latran sur la multiplication des ordres religieux, et de donner à un dessein tout neuf le sceau et la protection de l'antiquité.

Dominique eut à Rome une autre joie bien vive : ce fut d'y voir saint François, dont le Pape déclara devant le concile qu'il avait approuvé la règle, quoique sans bulle. Ces deux hommes que Dieu suscitait dans le temps pour la gloire de son nom et de son Eglise, ne se connaissaient pas. Tous deux habitaient Rome au moment du concile, et il ne paraît pas que le nom de l'un eût jamais frappé l'oreille de l'autre. Une nuit, Dominique étant en prière, selon sa coutume, vit Jésus-Christ irrité contre le monde, et sa Mère qui lui présentait deux hommes pour l'apaiser. Il se reconnut pour l'un des deux ; mais il ne savait qui était l'autre, et le regardant attentivement, l'image lui en demeura présente. Le lendemain, dans une même église, on ignore laquelle, il aperçut sous un froc de mendiant la figure qui lui avait été montrée la nuit précédente, et, courant à ce pauvre, il le serra dans ses bras avec une sainte effusion, entrecoupée de ces paroles : Vous êtes mon compagnon, vous marcherez avec moi, tenons-nous ensemble, et nul ne pourra prévaloir contre nous (Gérard de Frachet, *Vies des Frères*, l. 1, c. 1). Il lui raconta ensuite la vision qu'il avait eue, et leur cœur se fondit l'un dans l'autre entre ces embrassements et ces discours. Cette sainte amitié entre les deux fondateurs a continué jusqu'à présent entre les deux ordres. Chaque année, à Rome, le général des franciscains, assisté de ses frères, officie à la fête de saint Dominique chez les frères Prêcheurs, et le général des Dominicains à la fête de saint François chez les frères Mineurs. Les uns et les autres chantent ensemble cette antienne : *Le séraphique François et l'apostolique Dominique nous ont enseigné votre loi, ô Seigneur* (Lacordaire, *Vie de S. Dominique*) !

Dans le concile de Latran, le Pape régla aussi l'affaire du comte de Toulouse, qui s'y était rendu en personne avec son fils. Après avoir entendu les députés et les raisons de part et d'autre, Innocent III, avec l'approbation de la plus grande et de la plus saine partie du concile, donna sa sentence. Il ordonne que le comte Raymond, sous lequel la foi et la paix n'ont jamais pu être gardées dans le pays, en soit exclu pour toujours, et demeure en quelque autre lieu convenable pour y faire pénitence, avec une pension de quatre cents marcs d'argent. La comtesse, sa femme, sœur du roi défunt d'Aragon, étant vertueuse et catholique, suivant le témoignage de tout le monde, jouira paisiblement des terres de sa dot. Mais tout le pays que les croisés ont conquis sur les hérétiques sera laissé, sauf le droit des églises et des personnes catholiques, au comte de Montfort, qui a plus travaillé que les autres en cette affaire, pour le tenir de ceux de qui il relève de droit. Le reste du pays qui n'a pas été conquis par les croisés sera gardé aux ordres de l'Eglise par des personnes capables de maintenir la paix et la foi, pour être remis en tout ou en partie au fils unique du comte Raymond, s'il s'en rend digne, quand il sera venu en âge (Labbe, t. XI; Mansi, t. XXII).

Les derniers canons du concile de Latran regardent les Juifs, et ont pour but de réprimer leurs usures et leurs insolences : il y est ordonné qu'ils porteront quelque marque sur leur habit pour les distinguer des chrétiens, comme cela se pratiquait déjà dans quelques provinces; il est défendu de leur conférer des offices publics (Can. 68, 69 et 70).

Après les canons du concile, qui précautionnent la chrétienté contre les ennemis du dedans, suit un décret particulier touchant la croisade, pour défendre la chrétienté contre les ennemis du dehors. Le jour du rendez-vous y est fixé au 1er juin 1217. Alors dit le concile, tous ceux qui veulent passer par mer s'assembleront dans le royaume de Sicile, les uns à Brindes, les autres à Messine, où le Pape promet de se trouver en personne. Ceux qui doivent marcher par terre seront prêts pour le même jour; et le Pape promet de leur envoyer un légat. Le reste du décret contient les mêmes clauses que les bulles de la croisade, particulièrement celle de l'année 1213, avec quelques additions. On défend aux chrétiens d'avoir leurs vaisseaux aux terres orientales habitées par les Sarrasins, pendant quatre ans, afin que les croisés trouvassent plus de facilités pour s'embarquer. On défend les tournois pendant trois ans, et on ordonne que la paix sera observée au moins durant quatre ans par toute la chrétienté, sous peine de censures ecclésiastiques et avec menace d'exciter la puissance séculière contre les désobéissants.

Trois puissants princes s'étaient enrôlés dans la croisade : André, roi de Hongrie; Frédéric, roi d'Allemagne, élu empereur; Jean, roi d'Angleterre. Mais ce dernier n'était guère en état d'accomplir son vœu, l'eût-il voulu sincèrement. Ses barons révoltés occupaient la ville de Londres. Le chef de l'Eglise universelle, qui était en même temps leur suzerain féodal, les avait généralement excommuniés, pour les faire rentrer dans le devoir. Mais comme cette excommunication ne désignait aucun d'eux en particulier, ils n'en tinrent pas compte. Sur les instances du roi, le Pape en excommunia plusieurs nommément, avec interdit sur leurs terres et sur la ville de Londres. La sentence ayant été portée en Angleterre, y fut publiée et exécutée partout, excepté à Londres même, où, sur les prédications de Simon de Langton, frère de l'archevêque de Cantorbéry, on continua de sonner les cloches et de célébrer le service divin comme à l'ordinaire. On disait pour raison que ces lettres avaient été surprises sur des faux exposés, et par conséquent étaient nulles. Cependant le roi, ayant attiré de France une armée considérable de mercenaires, ravageait les terres des barons révoltés, qui n'osaient sortir de Londres. Ces derniers se voyant ainsi ruinés, s'emportaient contre le roi et contre le Pape. Dans les invectives que leur prête le moine Paris, ils reprochent au roi d'avoir soumis son royaume à l'Eglise romaine. Mais, nous l'avons vu, c'est de leur conseil et de leur consentement qu'il l'avait fait; mais eux-mêmes s'étaient vantés au Pape, qu'il ne l'aurait jamais fait, s'il n'y avait été contraint par eux. Au vrai, ce qui les indisposait si fort contre le roi et le Pape, c'est que celui-ci n'approuvait pas leur insurrection armée contre celui-là, et voulait que leurs griefs et leurs plaintes fussent discutés et réglés pacifiquement.

Se voyant ainsi déçus dans leur attente du côté du Pape, les barons insurgés résolurent d'élire pour roi quelque prince assez puissant pour les rétablir dans leurs biens, et jetèrent les yeux sur le prince Louis, fils du roi de France Philippe-Auguste. Ce qui les détermina principalement dans ce choix, c'est que les troupes du roi Jean étant composées en grande partie de mercenaires venus de France, ils espéraient que l'arrivée et la vue du prince français leur feraient déserter leurs drapeaux. Louis ayant reçu leurs ambassadeurs et leurs otages, envoya dix seigneurs français, qui furent reçus à Londres avec grande joie le 28 février 1216. Mais environ cinq semaines après ils furent excommuniés par les commissaires du Pape, lesquels, voyant la désobéissance des barons et de la ville de Londres, renouvelèrent contre eux, à l'approche de Pâques, les censures publiées l'année précédente, et y comprirent les seigneurs français.

Vers le même temps le cardinal Galon, légat du Pape, vint en France, pour empêcher le prince Louis de passer en Angleterre. Le moine anglais rapporte assez au long une conférence vraie ou fausse du cardinal avec le roi Philippe-Auguste et son fils. Il y fait dire au roi que le royaume d'Angleterre n'était pas et ne serait jamais le patrimoine de saint Pierre, attendu qu'un roi ne pouvait pas disposer de son royaume sans le consentement de ses barons. Mais comme les barons d'Angleterre, non-seulement y avaient consenti, mais y avaient même contraint le roi Jean, ces paroles sont aussi peu sensées que peu vraisemblables. Quant au prince Louis, il fondait son droit sur le royaume d'Angleterre, moins sur l'élection des seigneurs anglais que sur le droit héréditaire de sa femme, Blanche de Castille, nièce des rois Richard et Jean, et il envoya des ambassadeurs à Rome pour y plaider sa cause dans ce sens devant le Pape. En même temps il s'empressa de faire voile pour l'Angleterre, où il aborda le 21 mai 1216, et il fut reçu comme celui dans lequel il mettait toute son espérance, par les seigneurs qui s'y étaient enfermés.

Le cardinal Galon ayant su que ce prince faisait des progrès en Angleterre, y passa lui-même, et, à travers bien des périls, vint à Glocester trouver le roi Jean, qui le reçut comme celui dans lequel il mettait toute son espérance. Le cardinal-légat, ayant assemblé ce qu'il avait d'évêques, d'abbés et de clercs, excommunia le prince Louis avec tous ses complices et ses fauteurs, particulièrement Simon de Langton, que Louis avait fait son chancelier; et cette excommunication fut publiée au son des cloches, les cierges allumés, avec ordre aux évêques de la faire publier tous les dimanches par toute l'Angleterre. Mais Simon de Langton, avec quelques autres, dirent qu'ils avaient appelé pour la conservation des droits du prince, et tinrent pour nulle la sentence du légat.

Les députés de Louis étaient arrivés à Rome le jour de Pâques. Ils trouvèrent le Pape affable, mais abattu. Innocent répondit au salut de leur seigneur par ces paroles : Votre maître n'est pas digne de notre salut. Mais les députés reprirent : Saint-Père, entendez d'abord nos motifs et notre justification; nous sommes persuadés que vous le trouverez digne de votre salut, comme un prince chrétien, catholique, dévoué à votre personne et à l'Eglise romaine. Le Pape leur dit avec beaucoup de bienveillance, lorsqu'ils se retirèrent, qu'il les entendrait quand et aussi souvent qu'ils le voudraient.

Le lendemain, il leur fit dire par un serviteur de venir le trouver. Les députés exposèrent les motifs qu'ils avaient pour soutenir les droits de Louis à la couronne d'Angleterre. Ces motifs étaient au nombre de trois. Le premier, que Jean avait assassiné de sa propre main et avec perfidie, son neveu Arthur, et qu'il avait été condamné pour ce crime à la peine de mort, comme duc de Normandie, par les pairs français. Mais ce motif était plus spécieux que solide. Si Jean était justiciable de la cour des pairs de France, comme duc de Normandie, il ne l'était pas comme roi d'Angleterre. Leur jugement, eût-il été le plus juste du monde, pouvait donc lui ôter le duché de Normandie et le comté de Poitou, mais nullement les royaumes d'Angleterre et d'Irlande, ce qui cependant était la question. Le Pape le fit bien sentir aux ambassadeurs, et observa que la qualité supérieure du roi absorbant en quelque manière la qualité inférieure de duc et de comte, les barons de France ne pouvaient d'aucune façon le condamner à mort, puisqu'il était au-dessus d'eux. D'ailleurs, il est contre les lois et les canons de condamner à mort un homme absent, qui n'a été ni convoqué, ni convaincu, et n'a point confessé son crime. Au surplus, nous lisons dans l'histoire, que beaucoup d'empereurs et de princes, même des rois de France, ont fait mourir beaucoup d'innocents : cependant nous ne lisons pas qu'aucun d'eux ait été condamné à mort. Arthur enfin, ayant été pris, non comme innocent, mais comme traître envers son seigneur et son oncle, auquel il avait juré fidélité et hommage, a pu être avec droit condamné à mort sans jugement.

Le second motif se confondait avec le premier, et concernait le refus de Jean de comparaître devant la cour des pairs français. Le Pape observa : qu'en conséquence, il était seulement contumace, et jamais on n'a condamné quelqu'un à mort parce qu'il n'a pas comparu ; on aurait pu tout au plus le punir de la confiscation de ses fiefs. En définitive, il n'avait cependant pas commis un crime qui aurait pu avoir pour résultat l'exhérédation des enfants. Et en supposant même cela, la sœur d'Arthur aurait été la plus proche héritière, et, après elle, Othon, comme étant le fils de la sœur aînée. Mais si on voulait considérer comme héritière la reine de Castille, sœur cadette, son fils aurait eu de nouveau la préférence, et, après lui, la fille aînée, la reine de Léon. La fille cadette, Blanche de Castille, femme du prince Louis, n'ayant donc aucun droit, ne pouvait lui en donner aucun.

Le Pape dit enfin que le royaume d'Angleterre appartenait à l'Eglise romaine, et qu'il en était en possession en vertu du serment de fidélité qui lui avait été prêté, et du cens qu'il avait reçu. Je n'ai fait aucune faute pour laquelle le prince Louis doive me dépouiller du royaume d'Angleterre, vu même que le roi d'Angleterre a plusieurs terres dans la mouvance du roi de France, sur lesquelles son fils se peut venger. Les envoyés répondirent : Avant que le royaume fût au Pape, la guerre était ouverte contre le roi Jean pour les torts qu'il avait faits au prince en ces terres particulières. Le Pape dit : Le prince devait s'adresser d'abord à moi pour avoir justice du roi, mon vassal. — C'est la coutume, répondirent les envoyés, que quand un vassal fait la guerre de son autorité, celui qui est attaqué peut la faire de même, sans être obligé de se plaindre au seigneur de l'autre. — Il a été ordonné dans le concile général, reprit le Pape, que tous ceux qui sont en différend feront la paix ou une trêve de quatre ans, en considération du secours de la terre sainte. Les envoyés répondirent : Quand le prince est sorti de France, on ne lui a demandé ni paix ni trêve, et nous le croyons pas que le roi Jean eût voulu l'accepter. — Ces paroles sont dignes de remarque. Elles sont une preuve qu'à l'époque de cette conférence, on savait à Rome que le prince Louis n'était plus en France, mais en Angleterre. Le Pape ajouta : Le roi Jean est croisé, et, comme tel, il est, avec tous ses biens, sous la protection de l'Eglise, suivant l'ordonnance du concile. — Les envoyés : Avant que d'avoir pris la croix, il avait commencé la guerre contre le prince Louis, et il continue sans avoir voulu faire avec lui ni paix ni trêve, quoiqu'il en ait été souvent requis. — Le Pape : De l'avis du concile, j'ai excommunié les barons d'Angleterre et tous leurs fauteurs ; ainsi le prince Louis semble compris dans la sentence. — Les envoyés : Il ne protège point les barons d'Angleterre ; il poursuit son droit, et il ne croit pas que Votre Sainteté ni le concile veuille excommunier personne injustement, ni qu'il puisse lui ôter son droit.

La conférence terminée, le Pape, se frappant la poitrine, poussa un grand soupir et dit : « Hélas ! dans cette affaire, l'Eglise ne peut éviter de recevoir de la confusion. Si le roi d'Angleterre est vaincu, sa honte retombe sur nous, puisque c'est notre vassal, et nous sommes tenu de le défendre. Si le seigneur Louis est vaincu, ce qu'à Dieu ne plaise, l'Eglise romaine est lésée avec lui, et sa perte est encore la nôtre. Car toujours nous avons compté et nous comptons encore sur lui, comme sur notre ressource la plus assurée dans les besoins de l'Eglise romaine. » A la fin il ajouta, dirent les ambassadeurs à Louis, qu'il aimerait mieux mourir qu'il vous arrivât quelque malheur en cette occasion.

Voilà ce que les ambassadeurs de Louis lui mandèrent lorsqu'il était déjà en Angleterre, et qu'il y faisait des progrès.

Fleury ajoute néanmoins, d'après Guillaume le Breton, que le Pape ayant appris le passage du prince en Angleterre, il en fut inconsolable ; qu'il fit un sermon où il prit pour texte ces paroles d'un prophète : *Glaive, glaive ! sors du fourreau et aiguise-toi pour tuer ;* que dans ce sermon il excommunia solennellement Louis et les siens. Mais, d'après ce qui précède, ceci n'est aucunement vraisemblable. Il y a plus, l'année suivante 1217, sous le pape Honorius III, les mêmes ambassadeurs mandèrent de Rome à Louis, que, s'il ne sortait d'Angleterre, l'excommunication lancée contre lui par le cardinal Galon serait confirmée par le Pape le jour du jeudi saint (Matth. Paris, an 1217). Ce qui suppose évidemment que ce prince n'avait point été excommunié nommément par Innocent III, et que l'opinion contraire ne repose que sur un bruit mal fondé qui pouvait s'en être répandu en France. Des bruits semblables ont pu faire prendre à sainte Lutgarde une imagination naturelle pour une vision surnaturelle sur l'état de ce pontife après sa mort, le supposant en purgatoire pour trois causes qui lui eussent mérité l'enfer sans l'intercession de la Mère de Dieu. Comme Innocent III, dans son long et glorieux pontificat, se vit dans la nécessité de combattre des passions puissantes, de froisser de puissants intérêts pour maintenir la loi de Dieu, l'indépendance de l'Eglise, la paix et le bon ordre de la chrétienté, bien des préventions ont pu se former contre lui, même chez des personnes bien intentionnées. C'est le jugement du docte Mansi (Baron., an 1216, n. 11, note).

Innocent III, ayant extrêmement à cœur le secours de la terre sainte, voulait faire la paix entre les Pisans, les Génois et les Lombards. C'est pourquoi il sortit de Rome au mois de juin, et vint à Pérouse. Mais il y tomba malade, et y mourut le 16 juillet 1216, après un pontificat de dix-huit ans, six mois et neuf jours. Il fut enterré dans l'église cathédrale de Pérouse. Quant à son éloge, voyez tout ce qu'il a fait.

LIVRE SOIXANTE-DOUZIÈME.

L'Esprit de Dieu, qui est toujours avec son Église, y réforme le clergé et le peuple, par saint Dominique et saint François.

(De la mort du pape Innocent III [1216], à la mort du pape Honorius III [1227].)

La mort est le grand ministre de Dieu pour le gouvernement du monde. C'est par elle que Dieu frappe ses grands coups, ses coups d'Etat qui épouvantent l'univers, pour lui rappeler que, si l'homme propose, c'est Dieu qui dispose : coups terribles, imprévus, qui tantôt, dans un clin d'œil, consument une joyeuse troupe de voyageurs dans les chars et par le feu même qui les ramènent d'une fête; tantôt ensevelissent une population mercantile sous les débris fumants d'une cité croulant sur elle-même : coups formidables et prolongés, qui frappent non-seulement les individus, riches et pauvres, jeunes et vieux, empereurs et papes, rois et pontifes, mais encore les peuples et les nations, les royaumes et les empires, mais l'humanité tout entière.

Dans le voyage que nous faisons avec l'Eglise de Dieu à travers le temps, pour retourner à l'éternité d'où elle est partie, nous avons vu tous les hommes condamnés à mort dans leur premier père; nous avons vu tout le genre humain enseveli dans le déluge; nous avons vu mourir l'empire de Ninive et de Babylone, l'empire des Mèdes et des Perses, l'empire des Grecs et des Romains; nous avons vu mourir le peuple juif et nous voyons ses ossements arides dispersés sur la face de toute la terre, jusqu'au moment où l'Esprit de Dieu y soufflera de nouveau la vie; nous voyons mourir et pourrir l'empire antichrétien de Mahomet, et ses quatre ou cinq fossoyeurs, les rois de l'Europe, fort embarrassés de son cadavre.

Seule, au milieu des mourants et des morts, l'Eglise du Dieu vivant survit à tous les empires, particulièrement à ceux qui se sont le plus opposés à elle. L'empire romain, par ses Dioclétien et ses Néron, se flattait d'anéantir cette Eglise naissante, et d'avance en célébrait les funérailles; malgré ses légions et ses césars, l'empire romain est mort, et, de ses débris, de ses ossements épars, l'Eglise a formé des royaumes chrétiens et vivants, et qui vivent d'autant plus qu'ils sont unis à cette Eglise toujours vivante. L'empire antichrétien de Mahomet, sans cesse armé du glaive, menace de tuer l'Eglise adolescente; et, après un combat de près de douze siècles, cet empire se meurt de repos et de corruption, et à travers la dislocation de ses membres, on aperçoit des populations nouvelles, que l'Eglise ressuscite à la vie chrétienne. La révolution impie de Luther et de Calvin, suivis de leur enfant naturel, l'impiété révolutionnaire de France, se vantait d'égorger l'Eglise adulte, comme Néron et Mahomet l'Eglise naissante et adolescente; et aujourd'hui, c'est d'entre les protestants d'Allemagne et d'Angleterre, c'est d'entre les incrédules français que l'Eglise tire ses plus ardents défenseurs, ses plus zélés apôtres, apôtres et défenseurs qui la justifient contre les préventions de ses propres enfants. D'où vient cela? C'est que dans l'Eglise il y a cet Esprit de vérité, de force et de vie que le monde ne saurait connaître ni recevoir, et qui, dans les moments les plus inattendus, ranime et ressuscite ce qui paraissait le plus mort.

Comme cet Esprit de Dieu demeure éternellement avec l'Eglise de Dieu, il n'est pas étonnant que, dans les siècles les plus divers, dans les circonstances les plus diverses, cette Eglise pense et agisse toujours avec le même esprit, quoiqu'elle ne fasse pas toujours la même chose. Ainsi, le 16 juillet 1216, Innocent III meurt dans la force de l'âge, à cinquante-cinq ans, au milieu de grandes affaires inachevées. Dès le surlendemain il a pour successeur Honorius III, d'un âge avancé, mais du même esprit, qui continuera ce qui reste à faire.

Le nouveau Pape, auparavant cardinal Cencius, était de la famille des Sabelli de Rome. Dès le temps du pape Clément III, il était camérier de l'Eglise romaine ou intendant de tous ses revenus; il entreprit d'en faire, sur les anciens mémoires, un registre plus exact qu'on n'avait fait jusqu'alors. Il exécuta cette entreprise l'an 1192, sous le pontificat de Célestin III, et intitula son ouvrage : *Le livre des cens de l'Eglise romaine*. Il n'était alors que chanoine de Sainte-Marie-Majeure. Il composa aussi un *Ordre* ou *Cérémonial romain*, qui a été imprimé. Il fut successivement cardinal-diacre de Sainte-Lucie, et cardinal-prêtre de Saint-Jean et de Saint-Paul. A la mort d'Innocent III, les cardinaux, pressés par les habitants de Pérouse, l'élurent dès le surlendemain. Il fut sacré le 24 du même mois de juillet, et tint le Saint-Siège huit ans et dix mois (*Apud Raynald.*, an 1216).

Une des affaires les plus pressantes et les plus difficiles à terminer, c'était la pacification de l'Angleterre. Deux princes s'en disputaient la possession à main armée, le roi Jean et le prince Louis de France. Malgré toute sa bonne volonté, Innocent III n'avait pu ni prévenir ni arrêter la guerre civile. La mort vint y mettre un terme. Le roi Jean, tombé malade le 14 octobre 1216, après avoir perdu son bagage et son trésor au passage d'une rivière, mourut le 22 du même mois, dans la 49e année de son âge et la 17e de son règne.

Comme son compétiteur, le prince Louis de

France, avait été appelé par le plus grand nombre des seigneurs anglais, qu'il était maître de Londres et de l'Angleterre méridionale, on s'attend naturellement à ce que la mort de Jean le rende maître de tout le royaume. Le contraire arriva. Le roi défunt laissait un fils de neuf ans. Dès le 15 octobre, second jour de sa maladie, il écrivit au nouveau Pape une lettre humble et affectueuse, où il lui recommande et met sous sa protection son fils Henri et son royaume, comme étant le patrimoine de saint Pierre. Il fit ensuite sa confession, et désira être enterré à Worcester, près des reliques de saint Wulstan. Or, ce sera ce jeune enfant, protégé par l'Eglise, qui triomphera de toutes les oppositions.

Le 27 du même mois d'octobre 1216, le jeune Henri, troisième du nom, fut proclamé roi d'Angleterre dans une assemblée à Glocester, par trois évêques et trois comtes, plusieurs abbés et prieurs, en présence d'un peuple assez nombreux. Trois évêques et trois comtes, ce n'était guère pour soutenir un roi enfant contre la multitude des barons et l'armée de Louis de France. Mais le cardinal Galon, légat du Saint-Siège, était présent à cette assemblée. Déjà Honorius III, avant de quitter Pérouse, lui avait écrit pour lui confirmer la légation d'Angleterre et lui recommander la cause du roi Jean. Le lendemain, 28, Henri III fut conduit solennellement à l'église, où, en présence du légat, il fit les serments accoutumés, au sacre des rois; de plus, il y fit hommage au pontife romain, du royaume d'Angleterre et d'Irlande, avec promesse de payer les mille marcs d'argent. Après quoi il fut sacré et couronné. Le jeune monarque demeura sous la conduite de Guillaume, comte de Pembrock, maréchal du royaume, et qui se montra digne de cette haute confiance.

Le 12 décembre suivant, une assemblée se tint à Bristol. Le jeune roi y parut, accompagné des évêques et des barons, qui lui firent hommage, et lui prêtèrent serment de fidélité. On y fit surtout ce qu'avait toujours recommandé le pape Innocent III, comme le seul moyen de contenter raisonnablement tout le monde. On révisa amiablement la *grande charte*. De soixante-six articles, on la réduisit à quarante-deux. On effaça toutes les classes de nature transitoire ou qui regardaient personnellement le dernier roi et ses adversaires. On en omit plusieurs autres, qui parurent trop opposés aux anciens droits de la couronne. Mais on établit d'une manière positive que ces articles n'étaient pas révoqués. Leur exécution était seulement suspendue jusqu'à ce qu'on pût les soumettre à l'examen d'une assemblée complète des barons des deux partis. On fit aussi des améliorations (Paris, Rymer, Wilkes).

De son côté, le prince Louis était brave, bon, pieux, chaste, digne en toute manière de régner. Il put croire d'abord que la mort du roi Jean lui faciliterait la conquête et la tranquille possession de toute l'Angleterre. Mais il dut s'apercevoir bientôt que le jeune roi avait pour lui quelque chose de bien plus puissant que toutes les ruses et toutes les armées de son père : c'était sa jeunesse et son innocence même, qui excitaient une compassion universelle. Le pape Honorius III profita habilement de ces dispositions. Ayant appris la mort du père, il en fut profondément affligé, mais n'en prit que plus vivement à cœur les intérêts du fils, son pupille. Dès le 5 décembre, il écrivit au légat Galon pour l'exhorter à poursuivre courageusement son entreprise, lui promettant de confirmer les censures qu'il emploiera pour ce sujet, et lui ordonnant de déclarer nuls les serments que les barons d'Angleterre avaient faits au prince Louis. Il écrivit dans le même sens aux évêques de Winchester, de Worcester et d'Oxford, à l'archevêque de Dublin et aux seigneurs attachés au roi Henri, particulièrement au maréchal du royaume. Il écrivit aussi à l'archevêque de Bordeaux et aux seigneurs de deçà la mer soumis au prince anglais. Au contraire, il s'efforça de ramener à l'obéissance du jeune Henri ceux qui lui étaient encore opposés, leur représentant qu'ils y étaient obligés en conscience, que la mort du roi Jean leur ôtait tout prétexte de révolte, que la loi de Dieu ne permettait pas que le fils portât l'iniquité du père; qu'enfin, s'ils voulaient éviter le reproche de trahison, il était de leur honneur de se réconcilier avec le jeune roi, dont l'âge était une preuve d'innocence. Ces lettres ne furent pas sans effet. Il y eut même quelques seigneurs français qui se retirèrent du service du prince Louis, et le comte de Rouci demanda au Pape et en obtint d'être absous de l'excommunication (Raynald, an 1216, n. 34).

Cependant le souverain Pontife, craignant de s'attirer l'indignation du roi de France par la protection qu'il donnait au jeune roi d'Angleterre, écrivit à l'abbé de Cîteaux et à l'abbé de Clairvaux, dont il savait que le crédit était grand auprès du roi Philippe et de Louis, son fils. « Vous irez, leur dit-il, trouver le roi de notre part, et, prosternés en terre, vous le prierez avec larmes et le conjurerez par le sang de Jésus-Christ, tant pour sa propre gloire que pour le respect du Siège apostolique, de remettre aux jeunes princes l'offense qu'il peut avoir reçue lui, père, et de procurer sincèrement le retour de son fils Louis et la restitution de ce qu'il a pris du royaume d'Angleterre, pour nous délivrer, lui et nous, de la fâcheuse nécessité où il nous a mis. Vous irez également trouver le prince Louis, et vous le conjurerez de même, au nom de celui qui est au-dessus de tous les royaumes de la terre et les donne à qui il lui plaît, de cesser de persécuter ses pupilles, de se vaincre lui-même, et de sacrifier à Dieu et au Saint-Siège la honte qu'il pourrait craindre en cette occasion. Mais ne laissez pas de lui déclarer que, s'il ne se rend pas à vos exhortations, comme nous ne pouvons pas abandonner ces pupilles, nous invoquerons contre lui le ciel et la terre, et nous appesantirons sur lui notre main de tout notre pouvoir, selon qu'il nous sera inspiré d'en-haut (Raynald, an 1216, n. 37). »

Si le souverain Pontife prenait la défense du jeune roi d'Angleterre ainsi que de ses deux frères et de ses trois sœurs, ce n'était nullement avec le dessein de chagriner le prince Louis, ni de diminuer la puissance française, mais uniquement par le zèle de l'équité. Lui-même s'en expliqua dans ces termes aux évêques de France. « Combien l'Eglise romaine désire éviter la perturbation du royaume des Français, combien elle souhaite sa tranquillité, c'est une chose facile à comprendre pour quiconque voudra considérer avec quelque attention le dévouement de ce royaume pour elle, les prompts secours qu'elle y a trouvés en temps opportun. Car qui ne sait pas que les rois et le royaume des Francs ont toujours persisté fermement dans la dévotion du Siége apostolique? que toujours, dans les affaires difficiles et ardues, ils l'ont assisté avec un zèle infatigable, et qu'en le secondant avec un humble dévouement, tantôt contre la perversité des hérétiques, tantôt contre la barbarie des païens, ils l'ont rendu formidable aux uns et aux autres. Ces services et d'autres que la brièveté d'une lettre ne permet pas d'énumérer, ainsi que les mérites de l'Eglise gallicane, dont la foi et le dévouement n'ont défailli à aucune époque, vous garantissent suffisamment, nous le croyons, que, parmi les autres royaumes de la terre, c'est celui de France que nous aimons avec une certaine prérogative de tendresse, et dont le repos et la félicité nous tiennent le plus au cœur. Car à Dieu ne plaise que, ni le Siége apostolique ni nous, nous puissions jamais oublier tant de mérites, et devenir assez ingrats pour ne pas répondre à tant de services et d'affection (Raynald, an 1216, n. 39). »

Selon le précepte divin, le pape Honorius protégeait à la fois l'orphelin et la veuve (Psalm. 149). Comme il soutenait un roi pupille, il soutenait une reine veuve, la reine Bérengère, veuve du roi Richard. D'abord, il confirma les arrangements qu'elle avait pris avec le roi Jean, touchant sa dot; ensuite il manda à l'archevêque de Tours et à ses suffragants, car elle s'était retirée dans cette province, de la défendre contre la violence et les insultes des méchants, afin qu'elle ne fût pas obligée d'envoyer à grands frais au Siége apostolique; enfin il défendit au même archevêque et à l'évêque du Mans d'user des censures envers les clients de Bérengère, sans avoir examiné la cause (Rayn., an 1216, n. 40; Honor., L. 1, *Epist.* 161, 164, 165).

Le jeune roi d'Angleterre prit la croix pour accomplir le vœu de son père défunt. Le pape Honorius en ayant eu connaissance, lui écrivit pour le consoler et le féliciter, lui promettant la protection du Saint-Siége, comme en effet il prit très-vivement ses intérêts. Et premièrement il écrivit au roi d'Ecosse, qui, s'étant joint au prince Louis de France, lui avait soumis le Northumberland. Le Pape lui reproche d'avoir manqué à la fidélité qu'il devait au roi d'Angleterre, son seigneur naturel, et à l'Eglise romaine, et l'exhorte à revenir à son devoir, nonobstant les serments illicites qu'il a faits à Louis. La lettre est du 17 janvier 1217, et on en adressa de semblables à plusieurs seigneurs. Le Pape écrivit aussi à ceux qui soutenaient le nouveau roi, pour les encourager à son service, particulièrement au maréchal Guillaume, comte de Pembrock, qu'il exhorte à la fermeté et à l'union avec le légat Galon. De plus, il donna pouvoir au légat de priver de leurs dignités les prélats qui suivaient le parti des rebelles, et d'en donner d'autres aux Eglises d'Angleterre, d'Ecosse et de Galles, qui fussent fidèles au roi Henri; d'ôter les bénéfices à ceux qui avaient célébré les offices divins, quoique liés par les censures, s'ils n'abandonnaient le parti de Louis; de proroger aux croisés qui étaient fidèles au roi Henri, le temps de leur départ pour la terre sainte, jusqu'à la fin de la guerre civile; enfin de casser les serments faits à Louis, et de délivrer les otages qu'on lui avait donnés, sous peine de censures contre ceux qui les retiendraient (Rayn., an 1217, n. 68, etc.).

Les agents que le prince Louis avait à Rome lui mandèrent vers le même temps, d'après le témoignage de Matthieu Pàris, que, s'il ne sortait d'Angleterre, la sentence d'excommunication que Galon, le légat, avait prononcée contre lui, serait confirmée par le Pape le jeudi saint, qui, cette année 1217, devait être le 23 mars. C'est ce qui détermina le roi Louis à faire une trêve d'un mois avec le roi Henri (Matth. Pàris, an 1217), outre qu'il ne recevait aucun secours du roi Philippe, son père, qui craignait de participer à l'excommunication, suivant le témoignage de son chapelain, Guillaume de l'Armorique (Guill. Armor. et Guill. Nangis). Louis passa donc en France pendant le carême, disant qu'il allait rassembler de plus grandes forces. Mais, sitôt qu'il fut parti, plusieurs seigneurs anglais se soumirent à l'obéissance du roi Henri, et quand il fut arrivé en France, le roi, son père, ne voulut pas communiquer avec lui, même de parole, tant il respectait les censures de l'Eglise. Alors le Pape écrivit au roi Philippe de faire le devoir d'un bon père, en s'efforçant de ramener son fils à la raison, soit par la douceur, soit par la crainte, en le menaçant du jugement de Dieu et de la malédiction des fidèles, qu'il empêchait d'accomplir leur vœu pour la délivrance de la terre sainte. La lettre est du 21 avril (Rayn., n. 70).

Le prince Louis ne laissa pas de retourner en Angleterre après Pâques, et vint au secours de Lincoln, que les Anglais assiégeaient. Le légat était avec eux et les encourageait au combat contre les Français excommuniés, qui voulaient dépouiller un jeune enfant innocent. La veille de la bataille, le légat parut à la tête de l'armée avec tout le clergé revêtu d'aubes, et excommunia nommément Louis et tous ses complices, promettant au contraire indulgence plénière à tous ceux qui servaient le roi Henri en cette occasion. Les Anglais, ayant reçu la bénédiction du légat et pris les armes, marchèrent contre les Français, qui furent battus et mis en fuite le 21 mai 1217.

Louis était à Londres. Une flotte que lui envoyait sa femme, Blanche de Castille, fut encore battue. Se voyant donc abandonné de la plupart des Anglais, et se défiant des autres, il fit la paix avec le roi Henri aux conditions suivantes : Que Louis, les siens et tous ceux de son parti jureront sur les Evangiles de se soumettre au jugement de l'Eglise, et d'être à l'avenir fidèles au Pape et à l'Eglise romaine; qu'il se retirerait incontinent d'Angleterre, n'y reviendrait de sa vie à mauvais dessein, et rendrait tout ce qu'il y avait conquis; qu'il induirait de tout son pouvoir le roi, son père, à rendre au roi Henri tous ses droits de deçà la mer. Cette paix fut ainsi jurée le 11 septembre, et Louis reçut avec les siens l'absolution de l'excommunication suivant la forme de l'Eglise. Le légat leur en donna ses lettres, portant que le prince, pour pénitence, paierait pendant deux ans la dîme de son revenu, et les laïques de son armée le vingtième, le tout pour le secours de la terre sainte. Louis repassa promptement en France, et ensuite le Pape, à sa prière, confirma la paix qu'il avait faite avec le roi d'Angleterre, comme on voit par sa bulle du 13 janvier 1218 (Rayn., Rymer, Pàris).

Mais plusieurs personnes furent exceptées de cette paix et de cette absolution, savoir : les évêques, les abbés, les prieurs et les clercs qui avaient donné conseil et aide à Louis et aux barons révoltés, entre autres le docteur Simon de Langton, qui avait fait célébrer la messe devant le prince et les barons excommuniés. Le légat les dépouilla de tous leurs bénéfices, et les obligea d'aller à Rome, où ils furent condamnés par le pénitencier à la satisfaction suivante : « Dans un an, aux fêtes de Noël, la Chandeleur, Pâques, la Pentecôte, l'Assomption et la Nativité de la sainte Vierge, ainsi que la Toussaint, chacun pieds nus et en tunique, confesserait publiquement sa faute, et passerait depuis le grand autel par le milieu du chœur, tenant des verges dont il serait fustigé par le chantre. Telle fut leur pénitence. Toutefois le prince Louis obtint ensuite du Pape que quelques-uns des prêtres et des clercs qui avaient fait cette espèce de pénitence publique, ne laisseraient pas d'être promus aux ordres et aux dignités supérieurs (*Apud Raynald.*).

Le départ de Louis assura la couronne à Henri; mais le jeune roi n'avait pas un seul parent auquel il pût demander conseil ou qu'il pût charger de ses intérêts. La reine-mère elle-même, qui, par sa mauvaise conduite, s'était aliéné la confiance de la nation, abandonna son fils pour se rendre en France, où elle épousa ce même comte de la Marche, auquel le roi Jean l'avait enlevée. Le pape Honorius tint lieu de père et de mère au jeune monarque. Il ordonna au légat Galon de résider constamment auprès de sa personne, pour veiller à sa sûreté et à protéger ses droits. Le légat remplit cette charge avec fidélité, et trouva dans le comte-maréchal un soutien animé du même zèle et partageant les mêmes sentiments. On ordonna aux juges de convoquer à leurs cours tous les chevaliers et hommes libres, et de leur faire prêter serment de maintenir la paix du roi, de suivre les lois sages et les coutumes légitimes du royaume, et de se réunir, à l'ordre du roi et de son conseil, pour combattre les ennemis du roi et du royaume. La charte fut nouveau sanctionnée avec des additions (Lingard, t. III). Ainsi se termina cette grande et difficile affaire, par la médiation et à la gloire des Pontifes romains.

Le 11 juin 1216, un peu plus d'un mois avant la mort du pape Innocent III, était mort à Thessalonique, l'empereur Henri de Constantinople, dans la 45e année de son âge et la 10e année de son règne. Il est loué des Grecs eux-mêmes pour sa valeur et sa bonté. Sa mort fut un grand malheur pour l'empire des Latins en Orient. Comme il ne laissait point d'enfants, les barons qui étaient à Constantinople établirent un régent de l'empire, en attendant l'élection d'un empereur. Henri avait sa sœur Yolande, mariée à Pierre de Courtenai, comte d'Auxerre, qui en avait une fille nommée aussi Yolande, mariée à André, roi de Hongrie. Les seigneurs latins qui étaient en Grèce résolurent de choisir pour empereur le gendre ou le beau-père : le gendre, comme plus voisin et plus puissant; le beau-père, comme plus proche héritier. Ils envoyèrent donc premièrement offrir la couronne au roi de Hongrie, qui ne l'accepta pas, et prit occasion de ce changement pour avancer son voyage à la terre sainte; de quoi il demanda au Pape la permission. Les envoyés de Constantinople vinrent jusqu'en France; le comte d'Auxerre accepta l'élection, et se disposa à partir avec la comtesse, sa femme, pour aller à Rome recevoir la couronne impériale. Il était cousin-germain du roi Philippe-Auguste, étant fils de Pierre, cinquième fils du roi Louis le Gros, qui épousa l'héritière de Courtenai.

Arrivé à Rome au mois d'août 1217, Pierre de Courtenai fut reçu avec honneur; mais le Pape fit difficulté à le couronner, craignant que les empereurs de Constantinople ne tirassent à conséquence cette cérémonie, pour prétendre quelque droit sur Rome, et que le patriarche de Constantinople ne se plaignît que le Pape eût usurpé son droit. Toutefois le comte pressa si vivement le Pape, qu'à la fin il se rendit à sa prière, principalement sur ce qu'on lui représenta que ce refus porterait un grand préjudice au nouvel empereur et à l'empire même. Or, pour faire voir qu'il ne le couronnait pas comme empereur romain, il n'en fit pas la cérémonie à Saint-Pierre, mais hors de la ville, dans l'église de Saint-Laurent. Ce fut le second dimanche après Pâques, 9 avril 1217; et, trois jours après, le Pape écrivit à Gervais, patriarche de Constantinople, pour lui exposer les raisons de sa conduite en cette rencontre, et lui déclarer qu'il n'avait prétendu faire aucun préjudice à son Eglise (Rayn., an 1217, n. 6).

Avec l'empereur Pierre, le pape Honorius envoya, en qualité de légat, Jean Colonne, cardinal-prêtre du titre de Sainte-Praxède, auquel il donna de très-amples pouvoirs; de contraindre par censures ecclésiastiques à reconnaître le nouvel empereur et à lui obéir; de recevoir les accusations contre les évêques, et de procéder contre eux jusqu'à sentence de déposition inclusivement; de diviser ou d'unir les églises, recevoir les cessions des évêques, admettre les postulations, faire les translations, absoudre les excommuniés et lever les interdits. Le Pape écrivit en faveur du légat aux prélats latins et aux seigneurs de l'empire de Constantinople, ainsi qu'aux Vénitiens.

L'empereur Pierre de Courtenai et le légat Colonne s'embarquèrent à Brindes, sur des vaisseaux fournis par les Vénitiens, avec lesquels l'empereur était convenu d'assiéger Durazzo en Epire, que Théodore Comnène leur avait enlevé. Ce prince avait succédé à Michel, son frère, et était, en Romanie, le plus puissant ennemi des Latins. L'empereur Pierre partit donc pour cette conquête, et fit partir l'impératrice Yolande et ses quatre filles pour aller par mer directement à Constantinople; mais, après avoir été longtemps devant Durazzo, l'empereur fut contraint de lever le siège. S'étant avancé dans le pays pour aller par terre à Constantinople, il s'engagea dans les montagnes d'Albanie, où les troupes de Théodore, occupant tous les passages, lui coupaient les vivres, et massacraient ceux qui s'écartaient du gros de l'armée. Réduit à une extrême disette, Pierre ne pouvait éviter une perte totale que par une bataille. Mais Théodore, qui portait le titre de *despote d'Epire*, résolut de faire périr les Français sans se hasarder à les combattre, eut recours à la perfidie. Il s'adressa au légat, et fit, par son moyen, proposer un accommodement. On convint que l'empereur traverserait les terres du despote sans y causer aucun dommage, et que le despote ferait fournir des subsistances à l'armée française. Après ce traité, juré de part et d'autre suivant les formes ordinaires, pendant que les Français marchaient sans défiance et la plupart désarmés, les Epirotes tombent tout à coup sur eux dans un défilé, taillent les uns en pièces, font prisonniers les autres. L'empereur, le légat, Guillaume de Sancerre et les officiers sont enfermés dans des prisons. Leurs équipages sont la proie du vainqueur. On traîne les soldats dans des lieux déserts et sauvages, où on les abandonne sans habits et sans subsistances. Le despote Théodore voulait faire mourir l'empereur et le légat; mais son conseil lui représenta qu'il s'attirerait une guerre immortelle de la part du Pape et des empereurs latins de Constantinople. En conséquence, il se contenta de les garder en prison (Rayn., an 1217; *Hist. du Bas-Empire*, l. 97; Fleury, l. 78).

Le pape Honorius, ayant appris ces tristes nouvelles, envoie au despote d'Epire le sous-diacre André, son chapelain, avec une lettre où il le menace d'envoyer contre lui l'armée des croisés pour l'attaquer par mer ou par terre, s'il ne délivre le légat. Le Pape écrivit aussi au roi André de Hongrie, lui représentant les conséquences de la trahison de Théodore, ainsi que de la prise de l'empereur et du légat. « Les Grecs schismatiques, dit-il, en deviendront plus insolents; les Latins de Romanie seront consternés, voyant le péril qui les menace; les chrétiens d'outre-mer, qui attendaient du secours de l'empire de Constantinople, seront découragés, et les infidèles en deviendront plus audacieux. C'est donc l'intérêt commun de toute la chrétienté, mais le nôtre en particulier; il est de votre gloire de ne pas souffrir la détention de l'empereur qui vous est si proche, et de la nôtre de ne pas souffrir celle du légat. C'est pourquoi nous vous prions d'envoyer incessamment à Théodore une ambassade solennelle, pour lui demander la liberté de l'un et de l'autre, et lui faire entendre que, s'il n'écoute pas vos prières, vous pourrez employer contre lui votre armée prête à entrer en campagne. » La lettre est du 28 juillet 1217.

Le pape Honorius envoya encore au prince d'Epire l'évêque Jean de Crotone et un ermite nommé Ephrem. En même temps, Théodore se voyait menacé par les croisés vénitiens, français et hongrois, que le Pape avait excités contre lui par la promesse de l'indulgence; et les Vénitiens étaient encore plus animés par leur intérêt particulier de recouvrer Durazzo. Voyant donc ces troupes prêtes à fondre sur lui, il écouta les propositions du Pape, et promit avec serment de se soumettre à l'obéissance de l'Eglise romaine et de délivrer le légat. Le Pape le reçut à bras ouverts, comme il paraît par sa lettre du 25 janvier 1218. Il le mit sous la protection du Saint-Siège, et défendit aux croisés, qui s'étaient assemblés à Venise et à Ancône, d'attaquer les terres de Théodore, sous peine d'excommunication, tant le Pape souhaitait de délivrer le légat, et d'envoyer tous les croisés à la terre sainte. Il n'est point fait mention, dans ce traité de l'empereur Pierre de Courtenai, parce qu'il était mort dans sa prison. Le légat Jean Colonne fut délivré au mois de mars, et alla à Constantinople exercer sa légation.

Il y trouva bien des abus à réformer, sur lesquels il consulta le Pape. Un des abus les plus criants, c'est que les Grecs ne faisaient point difficulté de quitter leurs femmes, quand il leur plaisait, et d'en prendre d'autres. Le Pape répondit en général : Puisque les canons et les lois civiles ont prononcé sur presque tous ces articles, vous devez y procéder suivant leurs dispositions. Vous pourrez aussi employer votre médiation pour accommoder les parties, et relâcher quelquefois un peu de la sévérité des règles, selon que vous jugerez expédient, eu égard à l'état de l'empire et à la multitude des coupables. Excepté toutefois les cas qui n'admettent ni composition ni dispense, comme le sacrement de mariage. Mais dans les cas où il n'y a pas de loi expresse, vous inclinerez toujours au parti le plus humain, selon la qualité des personnes, des affaires, des temps et des lieux (*Apud Rayn.*, an 1218). »

Cependant l'impératrice Yolande étant arrivée par mer à Constantinople, pendant la prison de l'empereur Pierre, son mari, accoucha d'un fils qui fut nommé Baudouin, en mémoire de son oncle : puis elle mourut l'an 1219. L'empereur Pierre avait laissé deux autres fils, mais qui étaient absents. Ainsi, pour gouverner l'empire jusqu'à ce que le successeur en eût pris possession, les seigneurs élurent pour régent Conon de Béthune. La couronne regardait Philippe de Courtenai, comte de Namur, fils aîné de l'empereur Pierre, et les seigneurs députèrent en France pour le prier de venir en prendre possession ; mais il refusa, et offrit à sa place Robert, son frère, qui partit avec les députés sur la fin de l'an 1220. Il passa l'hiver en Hongrie, chez le roi André, qui avait épousé sa sœur Yolande; et, étant arrivé à Constantinople, il fut couronné à Sainte-Sophie le jour de l'Annonciation, 25 mars 1221, par le patriarche Matthieu, successeur de Gervais, mort l'année précédente, après s'être distingué beaucoup moins par ses vertus épiscopales que par une affectation ambitieuse d'égaler ses envoyés aux légats du Saint-Siège. Il semblait que la chaire de Constantinople, empestée par Photius et ses semblables, infectât de son venin tous ceux qui s'asseyaient dessus. Le patriarche Matthieu ne fit pas mieux que son prédécesseur. Il était évêque d'Equilia, ou Jésol, au duché de Venise, lorsque le clergé de Constantinople n'ayant pu s'accorder sur le choix d'un patriarche, le pape Honorius l'éleva de lui-même à cette dignité, dans le mois de mars 1221.

L'empereur Robert de Courtenai ratifia le traité fait avec le clergé de Romanie, le 15 décembre 1219, par Conon de Béthune, régent de l'empire, mort depuis. Ce traité avait été fait en présence du cardinal-légat, Jean Colonne, et les principales clauses étaient : que le clergé et les religieux, tant Latins que Grecs, avec leurs domestiques, et ceux qui se réfugient dans les églises, seraient exempts de toute juridiction laïque, que toutes les églises cathédrales jouiraient des immeubles dont elles étaient en possession dès le temps de l'empereur Alexis Comnène, qui vivait cent vingt ans auparavant; que les églises jouiraient librement de ces biens, exempts de toute juridiction laïque et de toute exaction, excepté le cens. Quant aux dîmes, elles sont réglées séparément pour les fiefs, soit qu'ils relèvent immédiatement de l'empereur ou d'autres seigneurs. Pour les autres biens, les Latins paieront la dîme entière, les Grecs seulement le trentième pendant dix ans, après lesquels ils paieront le dixième, si l'Eglise romaine ne les en dispense. C'est que l'usage de l'Eglise grecque n'était pas de payer les dîmes. Ce traité fut ratifié par l'empereur Robert, au mois de juin 1221 (Rayn., an 1221, n. 24).

Ce qui occupait principalement le pape Honorius. était la croisade, résolue dans le concile général de Latran, et poursuivie par Innocent III. Dès le lendemain de son sacre, Honorius écrivit au roi de Jérusalem, Jean de Brienne, une lettre où il lui fait part de la mort du Pape, son prédécesseur, et de son élection, et ajoute : « Que cette perte ne vous abatte pas le courage ! quoique inférieur en capacité, je ne lui cède point dans le dessein de délivrer la terre sainte, et je ferai tous mes efforts pour lui procurer du secours quand le temps favorable sera venu. » Il écrivit de même aux évêques de France, les exhortant à relever le courage des croisés, consternés par le décès du pape Innocent. Il adressa une lettre à peu près semblable à un grand nombre de prélats. Comme il ne savait pas encore la mort de l'empereur Henri de Constantinople, il lui écrivit en particulier, lui marquant le désir qu'il avait de dompter le faste des schismatiques, et de fortifier contre les attaques des Grecs l'empire d'Orient, qui était comme une place avancée pour faire la guerre aux Sarrasins. Il écrivit en même temps à Gervais, patriarche latin de Constantinople, l'exhortant à conserver l'union avec l'empereur, sans préjudice des droits de l'Eglise. Par une autre lettre, il déclara qu'il prenait sous sa protection le jeune roi de Thessalonique, Démétrius, fils du marquis Boniface de Montferrat. Le Pape écrivit de même à proportion à Frédéric, roi de Sicile, élu empereur, et aux autres souverains. Toutes ces lettres furent datées de Pérouse, où Honorius avait été élu et sacré pape ; le dernier jour du mois d'août de la même année 1216, il en sortit et vint à Rome, où il fut reçu avec une extrême joie (Rayn., an 1216, n. 28).

Honorius III n'omettait rien pour faire exécuter le décret du concile œcuménique sur la croisade, soit en pressant le départ des croisés, soit en levant les obstacles. Dès l'année de son élection, il travailla à pacifier l'Italie, en réconciliant les Milanais et les Plaisantins avec ceux de Pavie. Il envoya pour cet effet deux cardinaux-légats en Lombardie, et confirma les censures qu'ils avaient prononcées contre Milan et Plaisance, pour avoir méprisé leurs avis et leurs défenses. Il s'appliqua pareillement à réunir entre eux les Bénéventins, vassaux de l'Eglise romaine, et, en France, à terminer la guerre entre le jeune Thibault et Erard de Brienne pour le comté de Champagne. Le tout afin de faciliter le secours de la terre sainte.

André, roi de Hongrie, fut le premier qui se mit en route. Il régnait alors sur un vaste royaume : la Hongrie, la Dalmatie, la Croatie, la Bosnie, la Gallicie et la province de Lomodérie obéissaient à ses lois et lui payaient des tributs. Dans toutes ces provinces, naguère ennemies des chrétiens, on prêcha la croisade. Des peuplades errantes entendirent les plaintes de Sion, et jurèrent de combattre les infidèles. Parmi les peuplades de Hongrie qui, un siècle auparavant, avaient été la terreur des compagnons de Pierre l'Ermite, une foule de guerriers s'empressaient de prendre la croix, et promirent de suivre leur monarque à la terre sainte.

André, accompagné du duc de Bavière, du duc d'Autriche et des seigneurs allemands qui avaient pris la croix, partit pour l'Orient à la tête d'une nombreuse armée, et se rendit d'abord à Spalatro, où des vaisseaux de Venise, de Zara, d'Ancône et des autres villes de l'Adriatique attendaient les croisés pour les transporter en Palestine. Dans tous les pays qu'il traversa, le roi de Hongrie fut accompagné des bénédictions du peuple. Lorsqu'il approcha de la ville de Spalatro, les habitants et le clergé vinrent en procession au devant de lui, et le conduisirent dans leur principale église, où tous les fidèles assemblés invoquèrent la miséricorde du Ciel sur les guerriers chrétiens. Peu de jours après, la flotte des croisés sortit du port et fit voile pour l'île de Chypre, où s'étaient rendus les députés du roi et du patriarche de Jérusalem, des ordres du Temple, de Saint-Jean et des chevaliers Teutoniques, pour délibérer ensemble de quel côté on attaquerait l'ennemi.

Le pape Honorius ayant appris ces nouvelles, écrivit à l'archevêque de Gênes d'exhorter les croisés arrivés dans sa ville, à aller en Chypre et à se tenir unis pendant le voyage, pour éviter les corsaires. Il ajoute qu'il a destiné le cardinal Pélage, évêque d'Albane, pour y aller en qualité de légat. La lettre est du 24 juillet 1217. Il écrivit sur le même sujet à l'archevêque élu de Pise, aux évêques de Marseille, de Castellamare et de Gaëte, aux archevêques de Brindes et de Cosence, toutes villes maritimes. Il écrivit également au roi de Jérusalem et aux autres qui devaient se trouver en Chypre.

Peu de jours auparavant, le Pape écrivit à l'archevêque de Cosence d'aller en qualité de légat à Messine, où plusieurs croisés étaient déjà rassemblés, pour les exhorter à se préparer à la guerre sainte par les armes spirituelles aussi bien que les corporelles ; puis il ajoute : « Le pape Innocent s'était proposé d'aller lui-même en Sicile à cette occasion, afin de diriger par ses conseils l'armée des fidèles, et la faire partir avec sa bénédiction. Nous y serions allé volontiers en personne, si nous avions vu qu'il eût été expédient ; mais comme ce sont des troupes sans chefs, nos frères les cardinaux ni les autres ne nous ont pas conseillé d'aller maintenant en Sicile, de peur que, si l'affaire ne réussissait pas cette fois, on ne la crût entièrement désespérée. Vous suppléerez donc à notre absence, et d'autant mieux que vous êtes croisé vous-même. » Ensuite le Pape ordonne au légat de défendre, sous peine d'excommunication, que personne n'aille visiter le saint Sépulcre, de peur d'enrichir les Sarrasins de ce que les chrétiens dépenseraient pour ce pèlerinage (*Apud Raynald.*).

D'un autre côté, Guillaume, comte de Hollande, Georges, comte de Witt, et plusieurs autres croisés d'Allemagne s'embarquèrent sur la Meuse, le 29 mai 1217, et, ayant passé en Angleterre et en Bretagne, ils arrivèrent en Espagne, à un port du royaume de Léon, où, ayant laissé leurs vaisseaux, ils allèrent en pèlerinage à Saint-Jacques. S'étant rembarqués, ils arrivèrent à Lisbonne, où ils firent quelque séjour, attendant d'autres vaisseaux auxquels ils avaient donné rendez-vous. Alors Suéro, évêque de Lisbonne, l'évêque d'Evora, Martin, commandeur de l'ordre de Saint-Jacques de Palmella, les Templiers, les Hospitaliers et d'autres nobles de

Portugal leur firent un récit lamentable des continuelles alarmes où les tenait la proximité trop grande des Sarrasins, et particulièrement le château d'Alcazar, d'où ils avaient chassé les chevaliers de Saint-Jacques ou de l'Epée, et qui était obligé de fournir tous les ans au roi de Maroc cent esclaves chrétiens. Ils priaient donc les pèlerins de les délivrer de ce fâcheux voisinage. Les comtes prirent conseil et considérèrent que la mer leur était fermée par l'incertitude de la saison, et que leur présence à la terre sainte ne serait pas de grande utilité, vu principalement que le roi des Romains et plusieurs seigneurs d'Allemagne n'y passaient pas encore. C'est pourquoi ils aimèrent mieux servir entre temps contre les infidèles, que de demeurer inutiles, et ils résolurent d'assiéger le château d'Alcazar. Mais plusieurs n'étaient pas de cet avis, principalement les Frisons, qui, incontinent après la Saint-Jacques, se retirèrent avec environ quatre-vingts bâtiments.

Le siège d'Alcazar commença le 30 juillet, et quatre jours après arrivèrent avec une belle suite les évêques de Lisbonne et d'Evora, les chevaliers de Saint-Jacques et d'autre noblesse de Portugal. Le lendemain de la Nativité de la sainte Vierge, c'est-à-dire le 9 septembre, quatre rois sarrasins vinrent au secours de la place, savoir, le roi de Séville, le roi de Cordoue, le roi de Jaën et le roi de Badajoz. Mais deux jours après les chrétiens, quoique en nombre très-inférieur, les vainquirent en bataille, les deux rois de Cordoue et de Jaën y furent tués avec quatorze mille Sarrasins, et il y eut des captifs sans nombre. Enfin, vers la Sainte-Ursule, qui est le 21 octobre, Alcazar se rendit à discrétion : les habitants furent vendus, et les pèlerins rendirent la place aux chevaliers de l'Epée, puis ils retournèrent après la Toussaint à Lisbonne, et y passèrent l'hiver.

On donna avis au Pape de cette conquête, par une lettre écrite au nom des deux évêques de Lisbonne et d'Evora, du maître des Templiers en Espagne, du prieur des Hospitaliers en Portugal, et du commandeur de Saint-Jacques de Palmella. Après avoir raconté l'arrivée inespérée à Lisbonne des croisés allemands et le siège d'Alcazar, ils disent que la bataille fut accompagnée de miracles, et que les Sarrasins qui y furent pris demandèrent où étaient ces guerriers vêtus de blanc qui les aveuglaient d'une grêle de traits et les contraignirent à prendre la fuite. Les prélats ajoutent : « Nous nous jetons donc à vos pieds, vous suppliant d'ordonner que cette armée de croisés demeure un an avec nous pour bannir de toute l'Espagne la fausse religion des infidèles, et qu'eux et nos croisés gagnent la même indulgence que s'ils allaient à la terre sainte. Nous demandons encore que les pèlerins qui, pour maladie ou pauvreté, ne peuvent passer à la terre sainte, puissent, par votre permission, retourner d'ici chez eux sans perdre l'indulgence. »

Guillaume, comte de Hollande, écrivit en même temps au Pape, en qualité de connétable des croisés. Il dit « qu'après la prise d'Alcazar, le seigneur de la place a reçu le baptême avec cent autres : et j'espère, ajoute-t-il, qu'il convertira une grande partie de l'Espagne soumise aux Sarrasins. Votre Sainteté saura que, à notre occasion, le roi de Léon et de Galice, le roi de Navarre, plusieurs évêques et plusieurs seigneurs de toute l'Espagne se sont croisés contre les Sarrasins du pays, et ont rompu les trèves qu'ils avaient depuis longtemps avec eux. Ils nous ont aussi prié instamment de demeurer en Espagne l'été prochain, pour servir Dieu avec eux contre les infidèles. Sur quoi je suis prêt, très-saint Père, comme fils d'obéissance, à exécuter absolument vos ordres. »

Le Pape, dans sa réponse du 12 janvier de l'année suivante 1218, commence par de grandes actions de grâces à Dieu pour leur victoire, puis il ajoute : « Comme nous ne voulons point que le secours de la terre sainte soit retardé sous quelque prétexte que ce soit, nous n'avons pas cru devoir vous accorder votre demande touchant ceux des croisés qui, ne pouvant aller à la terre sainte, voudraient retourner chez eux et néanmoins gagner l'indulgence, de peur que vous n'attiriez sur vous la colère de Dieu, qui, à ce que nous croyons, a accordé cette victoire à la dévotion qu'ont les croisés pour la terre sainte. Mais tant qu'ils demeureront avec vous, ils gagneront l'indulgence comme s'ils mouraient dans la terre sainte (*Apud Raynald.*). »

Le roi de Portugal était Alphonse II, dit le Gros, qui succéda l'an 1212 à son père, Sanche Ier, et mourut l'an 1223, laissant le trône à son fils, Sanche II, dit Capel, parce que sa mère lui avait fait prendre, par dévotion, l'habit monastique. Les rois d'Espagne étaient : saint Ferdinand, roi de Castille ; son père Alphonse IX, roi de Léon, qui, l'an 1223, fonda l'université de Salamanque ; Jaymes ou Jacques Ier, roi d'Aragon, fils de Pierre, tué à la bataille de Muret ; Sanche VII, dit le Fort, roi de Navarre.

Saint Ferdinand était l'aîné des fils d'Alphonse, roi de Léon, et de Bérengère de Castille, sœur de Blanche, reine de France et mère de saint Louis. Il naquit en l'année 1198, ou dans le courant de l'année suivante. Bérengère fut obligée, en vertu d'un ordre d'Innocent III, de se séparer d'Alphonse de Léon, dont elle avait eu quatre enfants, deux princes et deux princesses. C'est que, quoique parents au troisième degré, ils s'étaient mariés sans avoir obtenu la dispense, qui, en pareil cas, s'accordait alors avec beaucoup de difficulté. Cependant, comme ils avaient contracté mariage dans la bonne foi, leurs enfants furent déclarés légitimes. Bérengère se retira auprès d'Alphonse IX, l'un des plus vaillants et des plus vertueux rois qu'ait jamais eus l'Espagne, et qui était en même temps plein de tendresse pour sa fille.

Alphonse de Castille étant mort en 1213, Henri, son fils, qui n'avait que onze ans, monta sur le trône. Sa mère, Éléonore d'Angleterre, fille de la fameuse Éléonore de Guyenne, fut chargée de la régence du royaume ; mais cette princesse fut si sensiblement affligée de la perte du roi, qu'elle ne lui survécut que vingt-cinq jours. Bérengère fut nommée pour gouverner sous son frère ; mais, par amour de la retraite, elle se laissa persuader de céder à don Alvarès la tutelle du jeune Henri et la régence du royaume. Cet Alvarès était le plus grand seigneur de Castille. Malheureusement il joignait à une naissance illustre une ambition démesurée, un caractère violent et une âme vindicative ; aussi mit-il en feu, pendant plusieurs années, la Castille et les royaumes voisins.

Lorsque Henri eût atteint sa douzième année, Alvarès lui fit épouser Mafalde, sœur d'Alphonse, roi de Portugal; mais les commissaires du pape Innocent III ayant trouvé dans ce mariage un empêchement de consanguinité, il fut déclaré nul. Mafalde retourna en Portugal; elle y fonda, dans la ville d'Arouca, un monastère de cisterciennes, où elle prit l'habit; elle y passa le reste de sa vie dans la pratique de toutes les vertus. On l'honore parmi les saints le 1er jour de mai (*Acta Sanct.*, 1 *maii*).

Un accident imprévu déconcerta les desseins ambitieux d'Alvarès, et mit fin à sa tyrannie. Le jeune roi étant à Palencia, fut dangereusement blessé par une tuile qui lui tomba sur la tête. Il mourut de cette blessure le 16 juin 1217. Bérengère, devenue par cette mort héritière du royaume de Castille, fit valoir ses droits; mais c'était pour les céder à son fils Ferdinand, âgé pour lors de dix-huit ans. Rien ne fut plus sage que la conduite qu'elle tint dans toute cette affaire. Ferdinand fut proclamé roi à Palencia, à Valladolid et à Burgos. Bérengère déposa dans les archives de l'église de cette dernière ville, l'acte solennel de sa renonciation à la couronne. Alvarès et ses partisans remuèrent de tous côtés, et allumèrent le feu des guerres civiles; mais le jeune roi, aidé des conseils de sa mère, vint à bout d'étouffer toutes les divisions. Alvarès ayant été arrêté, obtint sa grâce; mais il ne se servit de la liberté qui lui avait été rendue, que pour former de nouvelles cabales.

Ferdinand, quoique assis sur le trône, avait pour sa mère la plus grande déférence. Ce fut par son avis qu'il épousa, l'an 1219, Béatrix, fille de Philippe de Souabe, et veuve d'Othon IV, la princesse la plus accomplie de son temps. Cette union, fondée principalement sur la vertu, ne souffrit jamais aucune altération. Il en sortit une nombreuse postérité: sept princes et trois princesses.

Le roi avait un soin extrême de faire observer les lois; mais il pardonnait toutes les injures qui lui étaient personnelles. Il apaisait les révoltes, en promettant une amnistie à tous ceux qui rentreraient dans le devoir. Le désir qu'il avait de rendre son peuple heureux paraissait surtout dans le choix de ceux auxquels il confiait une portion de son autorité. Le célèbre Rodrigue, archevêque de Tolède et grand-chancelier de Castille, fut durant trente ans à la tête de tous les conseils. Il était si parfaitement uni avec Bérengère et Ferdinand, qu'on eût dit qu'ils n'avaient tous les trois qu'une âme. Pour empêcher les injustices des tribunaux, le saint roi établit la cour connue depuis sous le nom de *conseil royal de Castille*. C'est là que l'on appelle de toutes les autres cours. Les plus habiles jurisconsultes eurent ordre en même temps de dresser un code de lois qui pût servir de règle à tous les magistrats.

Ce fut un coup bien sensible pour Ferdinand, lorsqu'il vit son père, animé par Alvarès, fondre à main armée sur ses Etats. Il employa tous les moyens possibles pour l'apaiser, et lui écrivit des lettres fort pressantes, dans lesquelles il s'offrait de lui faire toutes les satisfactions qu'il exigerait. Il le secourut dans les guerres qu'il eut à soutenir contre les Maures; par là, il le mit en état de s'emparer de Caurès, de Mérida, de Badajoz, et d'étendre ses frontières jusqu'à l'Andalousie. Tout son désir était de ne tirer l'épée que contre les infidèles. Nous lui verrons plus tard remporter sur eux les plus éclatantes victoires, et faire les plus importantes conquêtes.

Le saint roi fonda divers évêchés, et, outre plusieurs cathédrales qu'il fit bâtir ou réparer avec magnificence, il assigna encore des fonds pour la construction d'un grand nombre d'églises, de monastères et d'hôpitaux. Malgré tant de dépenses, il ne chargeait pas ses sujets d'impôts. Dans les guerres qu'il soutenait contre les Maures, un de ces prétendus politiques qui comptent pour rien la misère du peuple, s'avisa de lui proposer un moyen de lever un subside extraordinaire. « A Dieu ne plaise ! dit le prince avec indignation, que j'adopte jamais votre projet. La Providence saura m'assister par d'autres voies. Je crains plus les malédictions d'une pauvre femme, que toute une armée de Sarrasins (*Vita S. Ferdinand.*, *Acta Sanct.*, 30 *maii*). »

L'archevêque de Tolède, Rodrigue Ximenès, l'ami et le conseil de saint Ferdinand, comme il l'avait été de son prédécesseur, Alphonse IX, roi de Castille, était issu d'une noble famille de la Navarre, dans les dernières années du XIIe siècle. Il fit ses premières études dans la Castille, puis à Paris. Il avait une capacité prodigieuse pour les sciences et pour les affaires. Nous l'avons vu au concile général de Latran parler à chacun dans sa langue : en italien, en allemand, en français, en anglais, en navarrais ou basque, et en espagnol. Nous avons de lui une *Histoire d'Espagne* en neuf livres, qui finit à la 26e année du règne de saint Ferdinand. C'est un monument précieux. Il a encore donné une *Histoire des Ostrogoths*, une *Histoire des Huns et des Vandales*, une *Histoire des Arabes*, de 770 à 1150; et enfin une *Histoire de Rome*, depuis Janus jusqu'à l'an de la république 708. Tous ces ouvrages ont été publiés dans le *Recueil des Historiens d'Espagne*.

L'archevêque Rodrigue eut pour ami un autre historien, Luc de Tuy, né à Léon au commencement du XIIIe siècle. Il avait l'esprit vif et pénétrant, et un grand désir d'acquérir des connaissances. Après avoir reçu le diaconat, il visita l'Italie, la Grèce et la Palestine, et, à son retour, fut élevé sur le siége épiscopal de Tuy, dans la Galice, qu'il occupa depuis 1239 jusqu'à l'année 1288 où il mourut. Il a refondu la *Chronique* connue sous le nom *de Saint Isidore de Séville*, et l'a continuée depuis l'an 680, où l'avait laissée saint Julien de Tolède, jusqu'à 1236; cette *Chronique* est partagée en quatre livres, dont une partie du troisième et le quatrième sont de notre auteur; elle a été continuée par un anonyme, jusqu'à l'an 1274. On a encore de Luc de Tuy un ouvrage de controverse contre les erreurs des Albigeois, inséré dans la *Bibliothèque des Pères*, et enfin une *Vie de saint Isidore de Séville*. L'Espagne se préparait ainsi par la science, la piété et la valeur, à rejeter de son sein tous les infidèles, et à reprendre un rang des plus glorieux parmi les nations chrétiennes.

Le chef de la chrétienté ne cessait d'encourager et d'aider à cette délivrance complète de l'héroïque Espagne. Dès le commencement de l'année 1218, le pape Honorius donna les pouvoirs de légat à l'archevêque Rodrigue, pour exciter à la guerre contre les Sarrasins et se mettre à la tête des croisés. L'année suivante, il permit à ce prélat d'employer à cette guerre une partie de l'imposition qui avait été faite pour le secours de Jérusalem, et de commuer le vœu de ceux qui avaient promis d'aller à la terre sainte, en les engageant à aller contre les Maures; enfin il accorda l'indulgence de la croisade à tous les Espagnols qui porteraient les armes contre eux. Et comme Sanche VIII, roi de Navarre, s'était croisé pour marcher contre ces infidèles, le Pape lui accorda la protection spéciale du Saint-Siége, par une bulle du 17 juin 1219.

Il écrivit même au miramolin Abou-Jacob, pour le prier d'accorder aux chrétiens qui demeuraient sur ses terres le libre exercice de leur religion, lui représentant que lui-même, Pape, donnait la liberté de la leur à un grand nombre de Musulmans (Rayn., an 1218, n. 69, an 1219, n. 45).

Pendant que le pape Honorius III s'occupait à défendre et à étendre la chrétienté au Midi, il s'occupait à l'étendre et à la défendre dans le Nord. Dès l'an 1218, l'évêque de Prusse lui écrivit pour demander du secours contre les Barbares, qui s'efforçaient, par les menaces et les persécutions, à faire apostasier les chrétiens nouvellement convertis. Honorius, écoutant sa prière, recommanda aux évêques d'Allemagne de diriger en Prusse ceux des croisés qui ne pouvaient faire le voyage de la terre sainte. Voici en quels termes il écrivit, le 15 juin 1218, à l'archevêque de Mayence et à ses suffragants : « Il est en Prusse un peuple entièrement infidèle et d'une férocité plus que bestiale, duquel, entre plusieurs autres marques de brutalité, on rapporte : qu'ils tuent toutes les filles qui naissent, hors une seule de chaque mère; qu'ils prostituent leurs filles et leurs femmes; qu'ils immolent les captifs à leurs dieux, trempant le sang de ces victimes leurs épées et leurs lances, pour leur porter bonheur dans les combats. Ils persécutent ceux d'entre eux qui sont devenus chrétiens, les chargeant d'exactions intolérables, et s'efforcent, par plusieurs moyens, de les ramener à l'idolâtrie. Or, notre vénérable frère l'évêque de Prusse et les autres qui, par la grâce de Dieu, y ont fondé des églises, ont résolu, si toutefois ils en trouvent le moyen, d'acheter ces petites filles destinées à la mort, et de les élever dans le christianisme; ils veulent aussi établir des écoles pour les jeunes garçons, qui, étant instruits, pourront mieux travailler que des étrangers à convertir la nation. Et pour défendre ceux qui sont déjà chrétiens contre la persécution des infidèles, l'évêque et les autres implorent instamment le secours de ceux de vos diocésains qui ne sont pas croisés pour la terre sainte, ou qui, l'étant, manquent de force ou de biens pour accomplir leur vœu. » Le Pape ordonne à l'archevêque de Mayence et à ses suffragants de seconder les vues de l'évêque de Prusse. Il écrivit dans le même sens aux archevêques et aux suffragants de Trèves, de Cologne, de Magdebourg, de Saltzbourg, de Brême, de Lunden et de Gnesen, enfin à tous ceux des croisés allemands qui ne pouvaient faire le voyage de Syrie (Rayn., an 1218, n. 43 et 44).

Il écrivit aussi, en 1220, aux Prussiens convertis, les exhortant à reconnaître la grâce qu'ils avaient reçue et à demeurer fermes dans la foi, et leur promettant la protection du Saint-Siége. L'année suivante 1221, ayant appris que les croisés avaient remporté une victoire considérable sur les païens de Prusse, il les exhorta à n'en pas devenir plus fiers, mais à donner les captifs à l'évêque du pays, afin qu'il pût travailler à les faire chrétiens. De plus, il chargea l'évêque de Breslau d'examiner lequel était le plus utile, que le duc de Pologne allât à la terre sainte ou qu'il demeurât dans le pays pour faire la guerre aux païens de Prusse.

En 1217, Albert, comte d'Alsace, se disposant à marcher au secours des chrétiens de Livonie que persécutaient les païens, le pape Honorius l'encouragea beaucoup par ses lettres (L. 1, *Epist.* 197; *apud Raynald.*). Comme le nombre des chrétiens s'y était merveilleusement augmenté, le Pape autorisa l'évêque de Livonie à y ériger de nouvelles cathédrales et à y établir des évêques (L. 2, *Epist.* 655).

En 1219, il prit la défense de l'Eglise de Livonie contre le chapitre de Brême, qui voulait se l'assujétir. Il reçut sous sa protection spéciale l'évêque de Livonie; mais il ne lui accorda pas encore d'ériger, comme il le demandait, une nouvelle métropole dans la province, ne jugeant pas que cela fût encore avantageux à l'Eglise. Il l'accorda seulement six ans après, en 1225. Dès cette année 1220, Honorius écrivit aux abbés de Cîteaux et aux supérieurs des autres ordres religieux, qu'ayant appris, par le rapport des évêques, la disposition où étaient les peuples de Livonie de recevoir l'Evangile, il les exhortait à y envoyer les moines et les frères convers que ces évêques leur demanderaient par eux-mêmes ou par leurs envoyés. L'année 1222, il exhorta les Saxons à prendre les armes pour défendre les chrétiens de Livonie contre les païens, leur promettant pour cette guerre l'indulgence de la terre sainte. Mais il fit de grands reproches aux Templiers, qui maltraitaient les Livoniens convertis, et ordonna d'abolir absolument, à l'égard de ces nouveaux chrétiens, le jugement du fer chaud. Il ordonna aussi de s'opposer à quelques Russes qui s'efforçaient d'introduire le rite grec en cette province. A la fin de l'année 1224, Guillaume, évêque de Modème, pour sa doctrine et sa vertu, s'offrit de lui-même pour aller prêcher la foi en Prusse, en Livonie, en Courlande et dans les pays voisins; et le pape Honorius, dont il avait été quelque temps vice-chancelier, l'y envoya en qualité de légat, le recommandant aux prélats et aux peuples du pays. Voilà comme, par la sollicitude apostolique du Pontife romain, la civilisation chrétienne pénétrait peu à peu dans ces contrées encore barbares du Nord.

Quant à la Scandinavie, c'est-à-dire le Danemark, la Suède et la Norwége, le christianisme continuait à y fleurir, et l'autorité du successeur de saint Pierre à y régler le gouvernement des Eglises. En 1217, le pape Honorius accorda plusieurs priviléges à l'archevêque André de Lunden, en Danemark. Il lui donna pouvoir de prendre dans chaque ordre religieux des moines pour en composer sa famille et polir leurs mœurs; il le nomma légat apostolique dans les provinces de Lunden et d'Upsal; et enfin confirma sa primatie sur le royaume de Suède (Rayn., an 1217, n. 45).

Quelques années après, des guerres civiles s'étant allumées, le roi de Danemark, ainsi que ceux de Suède et de Bohème, supplièrent le Pape d'y envoyer un légat pour éteindre les discordes et réparer le trouble qu'elles avaient porté dans les Eglises septentrionales. Honorius, acquiesçant à leur demande, envoya le cardinal-diacre Crescence, avec les plus amples pouvoirs de légat pour le Danemark, la Suède, la Pologne et la Bohème. Il manda aux évèques de Lubeck, de Ratzebourg, de Prague, d'Olmütz, de Gnesen, d'Upsal et de Lunden, qu'ils eussent à lui obéir. Il défendit, sous peine d'anathème, d'attenter aux droits du roi de Danemark ou de ses héritiers, et manda par une lettre publique du 16 novembre 1220, à tous les rois, princes et peuples d'alentour, qu'il était d'autant plus de son devoir de protéger le royaume danois, que ce royaume appartenait plus spécialement à la juridiction de l'Eglise romaine, et qu'il en était tributaire (Rayn., an 1220, n. 32 et 33).

Pour ce qui est en particulier du roi de Norwége, dès l'année 1217, sans prendre lui-même la croix, il avait préparé un grand nombre de croisés dans son royaume, avec des navires pour les transporter au secours de la terre sainte. Le pape Honorius lui en écrivit, pour lui témoigner sa reconnaissance (*Ibid.*, an 1217, n. 24).

La même année 1217, le Pape reçut des nouvelles de la terre sainte par une lettre du maître des Templiers, qui disait : Au départ de ce courrier, il était arrivé à Ptolémaïs ou Acre une multitude innombrable de croisés, tant chevaliers que sergents, de l'empire d'Allemagne et d'autres pays. Sephedin, le grand-sultan de Babylone ou le Caire, était alarmé de l'arrivée du roi de Hongrie et des ducs de Moravie et d'Autriche. Il craignait aussi la flotte des Frisons, qui devait arriver au premier jour, et son fils Corradin marchait vers notre frontière. Depuis plusieurs années, nous ne nous souvenons point que les infidèles aient été plus faibles qu'ils ne sont à présent. Les vivres sont très-chers, la moisson a été très-petite cette année, et le blé qu'on attendait d'outre-mer est venu en très-petite quantité; on ne trouve point à acheter de chevaux. C'est pourquoi vous devez conseiller aux croisés d'amener le plus qu'ils pourront de chevaux et de vivres. Avant l'arrivée du roi de Hongrie, nous avions résolu de marcher vers Naplouse pour combattre Corradin, s'il nous attendait; mais, depuis l'arrivée de ces seigneurs, nous sommes convenus d'attaquer par mer et par terre le pays de Babylone, et d'assiéger Damiette, pour assurer notre marche vers Jérusalem. » Ce que le maître des Templiers appelle ici Babylone, c'est le Caire; et le pays de Babylone, c'est l'Egypte.

Le pape Honorius, ayant reçu cette lettre, assembla le clergé et le peuple de Rome dans l'église patriarcale de Latran, d'où ils allèrent en procession à Sainte-Marie-Majeure, nu-pieds, et faisant porter les chefs de saint Pierre et de saint Paul. C'est ce que le Pape témoigne dans une lettre-circulaire à tous les évèques, auxquels il ordonne d'en faire de même chacun dans son diocèse, ainsi que d'exhorter les croisés à se tenir prêts pour aller au secours de la terre sainte, au prochain passage. La lettre est du 24 novembre 1217, et le Pape y joignit une copie de la lettre du maître des Templiers.

Le vendredi d'après la Toussaint, c'est-à-dire le 3 novembre, Raoul, patriarche de Jérusalem, partit d'Acre ou de Ptolémaïs, pour aller au camp des croisés, portant avec lui un fragment de la sainte croix; car on croyait alors que les chrétiens, étant prêts à donner la bataille de Tibériade contre Saladin, avaient partagé la croix en deux parties, dont ils gardèrent l'une et portèrent l'autre au combat, où elle fut perdue. C'est ce que Jacques de Vitry dit avoir appris des anciens. Le roi de Hongrie et le duc d'Autriche sortirent du camp, vinrent nu-pieds au devant du patriarche et, après avoir baisé la croix, ils marchèrent contre le sultan d'Egypte, dont le fils Corradin s'était vanté de venir attaquer les chrétiens à Ptolémaïs. Mais il se retira. Les chrétiens se baignèrent tranquillement dans le Jourdain, puis ils revinrent à Ptolémaïs avec quantité de butin et de captifs. L'évèque d'Acre en retira ce qu'il put d'enfants, soit par prières, soit par argent, et, les ayant baptisés, il les distribua à des femmes pieuses, les destinant à l'étude.

Les croisés essayèrent de prendre la forteresse du mont Thabor. Ils y déployèrent beaucoup de bravoure, entre autres le roi de Jérusalem, Jean de Brienne, qui tua de sa main deux émirs; mais au moment qu'ils avaient le plus d'espoir de prendre la place, ils se retirèrent. On ne sait pourquoi. Les chefs voulurent réparer cet échec, et conduisirent l'armée vers la Phénicie; mais aucun exploit ne signala leurs armes. Comme ils manquaient de vivres, ils se séparèrent en quatre corps différents jusqu'à la fin de l'hiver. Le roi de Jérusalem, le duc d'Autriche, le grand-maître de Saint-Jean, allèrent camper dans les plaines de Césarée; le roi de Hongrie, le roi de Chypre, Raymond, fils du prince d'Antioche, se retirèrent à Tripoli. Le grand-maître du Temple, celui des chevaliers Teutoniques, André d'Avesnes, avec les croisés flamands, allèrent fortifier un château bâti au pied du mont Carmel; les autres croisés se retirèrent à Ptolémaïs avec le dessein de retourner en Europe.

Le roi de Chypre, Hugues de Lusignan, tomba malade, et mourut lorsqu'il était sur le point de retourner dans son royaume. Le roi de Hongrie, après un séjour de trois mois en Palestine, crut avoir accompli son vœu, et résolut tout à coup de retourner dans ses Etats. Le patriarche de Jérusalem accusa son inconstance, et s'efforça de le retenir sous les drapeaux de la croisade : comme André ne se rendait point aux prières du patriarche, celui-ci l'excommunia. Mais rien ne put ébranler la résolution du Hongrois, qui se contenta de laisser la moitié de ses troupes au roi de Jérusalem. Celui-ci, avec le duc d'Autriche, ainsi que les évèques de Munster et d'Utrecht, rétablit le château de Césarée; les Templiers, avec les chevaliers Teutoniques, bâtirent, sur un promontoire voisin, une forteresse qu'on nomma depuis le château des Pèlerins.

Après le départ du roi de Hongrie, qui s'arrêta longtemps en Arménie, on vit arriver à Ptolémaïs un grand nombre de croisés partis des ports de l'Italie, de la France, de la Hollande. Les croisés de la Frise, ceux de Cologne et des bords du Rhin, qui s'étaient arrêtés sur les côtes du Portugal, racontaient les prodigieuses victoires que, par la protection du ciel, ils avaient remportées contre les Maures, les deux rois sarrasins qu'ils avaient tués. Ce récit et l'arrivée de cette multitude guerrière ranimèrent le courage des croisés restés en Palestine sous les ordres de Léopold, duc d'Autriche; avec un aussi puissant renfort, on ne parla plus que de recommencer la guerre contre les Musulmans. On résolut unanimement d'aller assiéger Damiette, pour s'ouvrir la conquête de l'Egypte. Voici comme l'historien de la sixième croisade, et qui s'y trouvait en personne, raconte le départ de cette expédition.

Au mois de mai (1218), après l'Ascension, les vaisseaux étant préparés et armés, le roi de Jérusalem, le patriarche, les évêques de Nicosie, de Bethléhem et d'Acre, le duc d'Autriche, les trois ordres de chevaliers et une grande multitude de pèlerins sortirent du port d'Acre. Le rendez-vous était indiqué au château des Pèlerins; un vent du nord s'étant élevé, le roi, le duc et les grands-maîtres y arrivèrent; mais le reste de la flotte, voguant à pleines voiles, les précéda, et, dans trois jours, arriva au port de Damiette. Les chefs, qui s'étaient un peu arrêtés au château des Pèlerins, ne purent y aborder que le sixième jour. Plusieurs croisés, qui n'étaient pas prêts ou qui différèrent de partir, restèrent à Acre; d'autres, repoussés par les vents, furent trois ou quatre semaines en mer. L'archevêque de Reims et l'évêque de Limoges, à qui leur grand âge ne permit pas d'aller en Egypte, moururent l'un à Acre, l'autre en repassant la mer. Les croisés, débarqués à Damiette, choisirent pour chef le comte de Saarbruck et prirent terre avant l'arrivée du roi, sans rencontrer de résistance. Ils campèrent entre le rivage de la mer et les bords du Nil, au grand étonnement de ceux qui vinrent après eux. Il y eut ensuite une éclipse de lune presque totale. Quoique pareil phénomène arrive assez souvent par des causes naturelles, quand la lune est dans son plein, cependant comme notre Sauveur a dit : *Il y aura des signes dans le soleil et dans la lune*, nous regardâmes cette éclipse comme un présage de la défaite des Sarrasins, qui attribuent à cet astre une grande influence sur leurs destinées (*Apud Eccard.*, t. II).

Ainsi parle Olivier Scholastique, prêtre de Cologne. Il prêcha la croisade dans le Brabant et la Flandre, et s'embarqua à Marseille avec un grand nombre de croisés. Il assista, l'an 1218, au siége et à la prise de Damiette, l'événement le plus remarquable de la sixième croisade. En 1223, Olivier fut nommé évêque de Paderborn, puis enfin cardinal; mais il ne jouit pas longtemps de cette dignité, car il mourut presqu'aussitôt après, en 1227. Son ouvrage, qu'il composa en Egypte même, se divise en deux parties distinctes : Histoire des rois de la terre sainte et Histoire de Damiette. Cette dernière est un récit exact et complet du siége de cette ville. Olivier assista à toutes les opérations; il construisit et dirigea plusieurs des machines que les croisés employèrent. Sous le simple rapport historique, ce récit offre donc tout l'intérêt qui s'attache aux productions d'un témoin oculaire; mais ce qui ajoute encore à cet intérêt, c'est l'esprit de modestie qui caractérise l'auteur. Olivier rendit les plus grands services aux assiégeants, et jamais il ne parle de ce qu'il a fait. Cet esprit d'humilité chrétienne se retrouve généralement dans les vieux chroniqueurs.

Le siége de Damiette dura dix-sept mois, avec des alternatives de succès et de revers entre les chrétiens et les Musulmans. Les croisés s'emparèrent d'abord, avec beaucoup de courage, d'une forte tour qui était au milieu du Nil; mais ensuite ils s'abandonnèrent assez longtemps au repos; plusieurs s'en retournèrent en Europe. Mais il en arrivait successivement d'autres d'Allemagne, de Pise, de Gênes, de Venise et de plusieurs provinces de France; car le pape Honorius, à la prière du roi de Jérusalem, du duc d'Autriche, du patriarche de Jérusalem et de l'archevêque de Nicosie en Chypre, recommandait à tous les croisés de se diriger sur Damiette. Le jeune roi d'Angleterre, Henri III, y envoya les plus braves de ses chevaliers, pour accomplir son vœu et celui de son père.

Il y arriva aussi deux cardinaux : le cardinal Pélage, en qualité de légat, et le cardinal Pierre de Courçon, que le Pape, sur leur demande, avait donné aux croisés français, non en qualité de légat, mais pour leur prêcher la parole de Dieu; car il était éloquent. Pélage était impérieux et disputa le commandement de l'armée au roi de Jérusalem. Celui-ci dissimula; mais, dans l'occasion, il ne laissa pas d'agir en maître. Pierre de Courçon mourut peu de temps après son arrivée. Le continuateur français de Guillaume de Tyr, en déplorant la mort de ce cardinal, qui s'était fait remarquer par sa modération, caractérise d'un seul mot la conduite de Pélage et les suites qu'elle devait avoir, en disant : « Alors mourut le cardinal Pierre, et Pélage vécut, dont ce fut grand dommage. »

Malek-Adhel, frère de Saladin, était mort dans l'intervalle. Sa mort avait mis la division parmi les Musulmans. Les chrétiens auraient pu en profiter pour avancer leurs affaires. Ils se livrèrent à une funeste inaction, jusqu'à ce qu'une armée musulmane vint les en tirer. Il y eut dès lors plusieurs combats et plusieurs assauts. Un jour les infidèles s'enfuirent précipitamment de leur camp; les auteurs arabes l'attribuent à une conspiration, les auteurs chrétiens à un miracle. Toujours est-il que l'armée chrétienne s'empara du camp des Musulmans, fit un immense butin et s'approcha des murailles de Damiette.

Cependant, quelques jours après Malek-Kamel, le nouveau sultan, ayant rallié ses troupes dispersées, vit arriver son frère, le prince de Damas, avec toutes les forces de la Syrie. Ce dernier, avant de prendre le chemin de l'Egypte, avait fait plusieurs incursions sur le territoire de Ptolémaïs. Ensuite, craignant que les chrétiens ne profitassent de son absence pour s'emparer de Jérusalem et s'y fortifier, il fit démolir les remparts de la ville sainte. Les tours et les murailles que Saladin avait réparées furent abattues; il ne resta debout que la tour de David. On détruisit aussi la forteresse du Thabor et toutes celles que les Musulmans conservaient sur les côtes de la Palestine. La lutte recommença plus vivement que jamais sous les murs de Damiette.

Le printemps et l'été de 1219 s'étaient passés dans des combats continuels. Hormis une défaite, les croisés eurent habituellement l'avantage. Les Musulmans avaient perdu l'espoir de triompher d'un ennemi qui résistait à tous les fléaux de la guerre et du climat. Un grand nombre de pèlerins profitèrent du passage de septembre pour retourner en Europe; mais chaque jour il en arrivait d'autres. On annonçait l'arrivée prochaine de l'empereur d'Allemagne, qui avait pris la croix. Cette nouvelle soutenait le courage des chrétiens ; les Musulmans tremblaient d'avoir à combattre le plus puissant des monarques de l'Occident. Le sultan du Caire, au nom de tous les princes de sa famille, envoya des ambassadeurs au camp des croisés pour demander la paix. Il proposait d'abandonner aux Francs le royaume et la ville de Jérusalem, et ne se réservait que les places de Karak et de Montréal, pour lesquelles il offrait de payer un tribut. Comme on venait de démolir les remparts et les tours de la ville sainte, les Musulmans s'engageaient à payer deux cent mille dinars pour les rebâtir ; ils promettaient encore de rendre tous les prisonniers faits sur les chrétiens depuis la mort de Saladin.

Plusieurs d'entre les croisés trouvaient ces offres raisonnables ; mais elles ne contentaient pas ceux qui connaissaient les artifices des infidèles, principalement les Templiers, les Hospitaliers et les chevaliers Teutoniques, le légat Pélage, le patriarche de Jérusalem, les évêques et tout le clergé. Ils disaient que, sous prétexte de cette paix qui n'était qu'une feinte, les infidèles voulaient dissiper l'armée des chrétiens, après quoi ils reprendraient Jérusalem et tout ce qu'ils auraient cédé. Toutefois, les offres du sultan produisirent, suivant son intention, de la discorde parmi les chrétiens qui assiégeaient Damiette. C'est pourquoi le légat Pélage résolut d'emporter brusquement la ville, réduite à l'extrémité par la famine et les maladies.

Dans les premiers jours de novembre 1219, tout étant prêt pour un dernier assaut, des hérauts d'armes parcoururent le camp et répétèrent ces paroles : *Au nom du Seigneur et de la Vierge, nous allons attaquer Damiette ; avec le secours de Dieu, nous la prendrons.* Tous les croisés répondirent : *Que la volonté de Dieu soit faite!* Le légat traversa les rangs en promettant la victoire aux pèlerins ; on préparait les échelles ; chaque soldat apprêtait ses armes. C'était le 4 novembre. Pélage avait résolu de profiter des ténèbres de la nuit pour une entreprise décisive. Quand la nuit fut avancée, on donna le signal. Un violent orage grondait, on n'entendait aucun bruit sur les remparts ni dans la ville ; les croisés montèrent en silence sur les remparts et tuèrent quelques Musulmans qu'ils y rencontrèrent. Maîtres d'une tour, ils appelèrent à leur aide les guerriers qui les suivaient, et, ne trouvant plus d'ennemis à combattre, ils chantèrent à haute voix : *Kyrie eleison!* L'armée, rangée en bataille au pied des remparts, répondit par ces mots : *Gloria in excelsis Deo.* Le légat, qui commandait l'attaque, se mit aussitôt à entonner le cantique de la victoire : *Te Deum laudamus.* Les chevaliers, les Templiers, tous les croisés accoururent. Deux portes de la ville, brisées à coups de hache et consumées par le feu, laissèrent un libre passage à la multitude des assiégeants. Ainsi, dit un vieil historien, Damiette fut prise par la grâce de Dieu.

Au lever du jour, les soldats de la croix, l'épée nue à la main, se disposaient à poursuivre les infidèles dans leurs derniers retranchements ; mais, lorsqu'ils pénètrent dans les rues, une odeur infecte empoisonne l'air qu'ils respirent ; un affreux spectacle les fait reculer d'horreur. Les places publiques, les maisons, les mosquées, toute la ville était remplie de cadavres ; la vieillesse, l'enfance, l'âge mûr, tout avait péri dans les calamités du siège. Damiette comptait, à l'arrivée des croisés, soixante-dix mille habitants ; il n'en restait que trois mille des plus robustes, qui étaient près d'expirer et se traînaient comme de pâles ombres au milieu des tombeaux et des ruines. Les croisés furent touchés de compassion.

Enfin, conclut Olivier Scholastique, le 5 novembre, le Sauveur du monde régnant sur la terre, et le cardinal Pélage remplissant les fonctions de légat du Saint-Siège, la ville de Damiette fut conquise par notre activité et notre vigilance, sans capitulation, sans résistance, sans pillage ni désordre. Le sultan de Babylone, couvert de confusion, brûla son camp et prit la fuite.

Tous les Musulmans qui avaient assez de force pour travailler, reçurent la liberté et du pain, et furent employés à nettoyer la ville. Le légat y entra processionnellement avec le patriarche de Jérusalem et tout le clergé de Ptolémaïs, le jour de la Purification, 2 février 1220, et y célébra l'office dans une grande mosquée transformée en église et dédiée à la sainte Vierge, où il érigea un siége archiépiscopal. Il établit dans la ville plusieurs autres églises, et en bannit l'exercice de la religion mahométane. On vendit un grand nombre de captifs ; mais l'historien Jacques de Vitry, évêque d'Acre ou de Ptolémaïs, depuis cardinal, fit, avec beaucoup de peines et à grands frais, réserver les enfants pour les baptiser. Plus de cinq cents de ces petites créatures moururent incontinent après. Jacques de Vitry en retint quelques-uns ; il en donna d'autres à ses amis pour les élever et les instruire dans les saintes lettres et la piété. Le légat Pélage, du consentement des pèlerins, donna la seigneurie de la ville et ses dépendances au roi de Jérusalem, en augmentation de son royaume.

Pendant le siége de Damiette, on porta des plaintes au pape Honorius contre le roi de Jérusalem, Jean de Brienne, et contre les Templiers et les Hospitaliers, que l'on accusait de détourner à leur profit les grandes sommes que l'on envoyait d'Europe pour les frais de la croisade. Mais le patriarche, le légat, le duc d'Autriche et les autres seigneurs écrivirent au Pape que c'était une calomnie, et qu'au contraire le roi et les chevaliers des deux ordres avaient épuisé leurs trésors pour fournir à la dépense du siége de Damiette. C'est pourquoi le Pape ordonna au légat et au patriarche de publier leur innocence, et écrivit aux évêques de France, d'Angleterre et de Sicile qu'ils dissipassent cette calomnie. Au reste, le roi de Hongrie rendit, vers ce même temps, un témoignage avantageux aux Hospitaliers de Saint-Jean de Jérusalem, dans une donation faite à leur profit, où il parle ainsi : Etant logé chez eux, j'y ai vu nourrir chaque jour une multitude innombrable de pauvres, les malades couchés dans des lits et traités avec soin, les morts enterrés avec la décence convenable. En un mot, les chevaliers sont occupés, tantôt à la contemplation comme Marie, tantôt à l'action comme Marthe, et surtout à combattre les ennemis de la croix (*Apud Rayn.*, 1218, etc.). C'est ce qui attira dès lors à ces chevaliers tant de bienfaits par toute la chrétienté.

Tandis que ces trois ordres de chevalerie religieuse et militaire, soutenus des guerriers chrétiens de toute nation, défendaient la chrétienté par le glaive matériel, au Midi, au Nord et en Orient, deux ordres de chevalerie purement religieuse et spirituelle s'organisaient dans l'Église pour défendre, étendre, régénérer, sanctifier la chrétienté au dedans et au dehors par le glaive spirituel de la parole, de la doctrine, du bon exemple, sans verser d'autre sang que le leur. Nous voulons parler des ordres de saint Dominique et de saint François d'Assise.

Suivant le conseil du pape Innocent III, saint Dominique retourna de Rome à Toulouse, pour choisir, avec ses compagnons, une des règles anciennement approuvées. Dans l'intervalle, Dieu avait multiplié son petit troupeau. Au lieu de six disciples qu'il avait laissés à Toulouse, il en retrouva quinze ou seize. Il les réunit au monastère de Notre-Dame de Prouille, pour y délibérer, conformément aux ordres du Pape, sur le choix d'une règle. Jusque-là, c'est-à-dire jusqu'au printemps de l'année 1216, leur communauté n'avait eu qu'une forme provisoire et indéterminée, Dominique s'étant plus occupé d'agir que d'écrire. Le nouvel ordre étant destiné principalement aux fonctions de prédicateurs et d'apôtres, il lui fallait une règle qui facilitât ce ministère. Dominique, avec ses compagnons, choisit celle de saint Augustin. La raison en est facile à comprendre.

La règle du grand évêque d'Hippone n'est qu'un simple exposé des devoirs fondamentaux de la vie religieuse. Aucune forme de gouvernement n'y était tracée; aucune observance n'y était prescrite, sauf la communauté des biens, la prière, la frugalité, la vigilance des frères sur leurs sens, la correction mutuelle de leurs défauts, l'obéissance au supérieur du monastère, et par-dessus tout la charité. Cette règle générale convenait donc bien à un ordre apostolique.

Quant aux observances proprement monastiques, Dominique et ses compagnons les reçurent, mais avec les modifications nécessaires à la fin de leur institut. La première et la plus générale fut celle-ci : Que chaque prélat ait, dans son couvent, la puissance de dispenser les frères des assujétissements communs, lorsqu'il le jugera utile, surtout dans les choses qui entraveraient l'étude ou la prédication, ou le bien des âmes; notre ordre ayant été spécialement et dès l'origine institué pour la prédication et le salut des âmes, et tous nos efforts devant tendre sans cesse à l'avantage spirituel du prochain (*Constit., Prolog.*, n. 2). C'est pourquoi il fut statué que l'office divin se dirait dans l'église, brièvement et succinctement, pour ne pas diminuer la dévotion des frères ni empêcher l'étude; que les frères en voyage seraient exempts des jeûnes réguliers, si ce n'est pendant l'Avent, à certaines vigiles et le vendredi de chaque semaine; qu'ils pouvaient manger de la chair hors des couvents de l'ordre; que le silence ne serait point absolu; que la communication avec les étrangers serait permise même dans l'intérieur des couvents, à l'exception des femmes; qu'un certain nombre d'étudiants serait envoyé aux plus fameuses universités; qu'on recevrait les grades scientifiques; qu'on tiendrait des écoles : toutes constitutions qui, sans détruire dans le frère prêcheur l'homme monastique, l'élevaient au rang d'homme apostolique.

Sous le rapport administratif, chaque couvent devait être gouverné par un prieur conventuel; chaque province, composée d'un certain nombre de couvents, par un prieur provincial; l'ordre tout entier par un chef unique, qui eut depuis le nom de maître général. L'autorité, descendue d'en haut et se rattachant au trône même du souverain Pontife, devait affermir tous les degrés de cette hiérarchie, pendant que l'élection, remontant du bas au faîte, maintiendrait, entre l'obéissance et le commandement l'esprit de fraternité. Un double signe brillerait ainsi sur le front de tout dépositaire du pouvoir : le choix des frères et la confirmation du pouvoir supérieur. Au couvent appartiendrait l'élection de son prieur; à la province, représentée par les prieurs et un député de chaque couvent, celle du provincial; à l'ordre entier, représenté par les provinciaux et deux députés de chaque province, celle de maître général; et, par une progression contraire, le maître général confirmerait le prieur de la province, et celui-ci le prieur du couvent. Toutes ces fonctions étaient temporaires, excepté la suprême, afin que la providence de la stabilité s'unît à l'émulation du changement. Des chapitres généraux, tenus à des intervalles rapprochés, devaient contre-balancer le pouvoir du maître général, et des chapitres provinciaux, celui du prieur provincial; un conseil était donné au prieur conventuel pour l'assister dans les devoirs les plus importants de sa charge.

L'expérience a prouvé la sagesse de ce mode de gouvernement. Par lui, l'ordre des frères Prêcheurs a librement accompli ses destinées, aussi bien préservé de la licence que de l'oppression. Un respect sincère de l'autorité s'y allie à quelque chose de franc et de naturel, qui révèle dès la première vue le chrétien affranchi de la crainte par l'amour. La plupart des ordres religieux ont subi des réformes qui les ont partagés en divers rameaux : celui des frères Prêcheurs a traversé, toujours dans l'unité, les vicissitudes de six siècles d'existence. Il a poussé dans tout l'univers ses branches vigoureuses, sans qu'une seule se soit jamais séparée du tronc qui l'avait nourrie.

Cependant Foulques, évêque de Toulouse, donna au nouvel ordre trois églises en une seule fois : l'une à Toulouse, sous l'invocation de saint Romain martyr; l'autre à Pamiers; la troisième, située entre Sorrèze et Puy-Laurens, et connue sous le nom de Notre-Dame-de-Lescure. Chacune de ces églises était destinée à recevoir un couvent de frères Prêcheurs ; mais la dernière n'en posséda jamais, et celle de Pamiers n'en eut que très-tard, en 1269.

A la mort d'Innocent III, Dominique put craindre que le nouveau Pape ne fût point aussi favorablement disposé à son égard. Il eut lieu de se détromper dans le voyage qu'il fit aussitôt à Rome. Honorius III, malgré les embarras d'une récente administration, lui accorda promptement ce qu'il demandait. Le 22 décembre de l'an 1216, son ordre fut solennellement confirmé par deux bulles. Dans l'une, signée de dix-huit cardinaux, Honorius reçoit sous la protection de saint Pierre et sous la sienne, l'église de Saint-Romain de Toulouse; il statue que l'ordre canonique établi dans cette église, selon Dieu et la règle de saint Augustin, y soit perpétuellement et inviolablement observé ; que les biens justement acquis à cette église ou qui pourraient lui survenir, demeurent fermes et intacts entre les mains de Dominique et de ses compagnons, ainsi que de leurs successeurs. Il exempte les nouveaux religieux du paiement de certaines dîmes, il défend qu'on impose à leur église des charges nouvelles et inusitées. Si un interdit général était fulminé, ils pourront célébrer l'office divin à voix basse, sans cloches et les portes closes. Pour le chrême, l'huile sainte, la consécration des autels ou des basiliques, l'ordination de vos clercs, vous les recevrez de l'évêque diocésain, si toutefois il est catholique, dans la grâce et la communion du Saint-Siège, et qu'il consente à vous les donner sans conditions injustes ; dans le cas contraire, vous vous adresserez à tel évêque catholique qu'il vous plaira de choisir, pourvu qu'il soit en grâce et communion avec le Saint-Siège, et il satisfera à vos demandes eu vertu de notre autorité. Parmi plusieurs autres articles, le Pape défend aux nouveaux religieux de quitter leur ordre pour entrer dans un autre, à moins que celui-ci ne soit plus sévère.

La seconde bulle, très-courte, est ainsi conçue : « Honorius, évêque, serviteur des serviteurs de Dieu, au cher fils Dominique, prieur de Saint-Romain de Toulouse, et à vos frères qui ont fait ou feront profession de la vie régulière, salut et bénédiction apostolique. Considérant que les frères de votre ordre seront les champions de la foi et les vraies lumières du monde, nous confirmons votre ordre avec toutes ses terres et possessions présentes et à venir, et nous prenons sous notre gouvernement et protection l'ordre lui-même avec tous ses biens et tous ses droits (*Bullaire des frères Prêcheurs*). »

Un mois après, le 26 janvier 1217, le même Pape dicta les lettres suivantes : « Honorius, évêque, serviteur des serviteurs de Dieu, à ses chers fils le prieur et les frères de Saint-Romain, prédicateurs dans le pays de Toulouse, salut et bénédiction apostolique. Nous rendons de dignes actions de grâces au dispensateur de tous les dons pour celui qu'il vous a fait, et dans lequel nous espérons vous voir persévérer jusqu'à la fin. Dévorés au dedans du feu de la charité, vous répandez au dehors un parfum céleste qui réjouit les cœurs sains et rétablit ceux qui sont malades. Vous leur présentez, en habiles médecins, des mandragores spirituelles qui les préservent de la stérilité, c'est-à-dire la semence de la parole de Dieu échauffée par une salutaire éloquence. Serviteurs fidèles, le talent qui vous a été confié fructifie dans vos mains, et vous le restituez au Seigneur avec surabondance. Athlètes invincibles du Christ, vous portez le bouclier de la foi et le casque du salut sans crainte de ceux qui peuvent tuer le corps, employant avec magnanimité contre les ennemis de la foi, cette parole de Dieu qui va plus loin que le glaive le plus aigu, et haïssant vos âmes en ce monde pour les retrouver dans la vie éternelle.

» Mais parce que c'est la fin et non le combat qui couronne, et que la persévérance seule recueille le fruit de toutes les vertus, nous prions et exhortons sérieusement votre charité, par ces lettres apostoliques, et pour la rémission de vos péchés, de vous fortifier de plus en plus dans le Seigneur, de répandre l'Evangile à temps et à contre-temps, d'accomplir enfin pleinement le devoir d'évangélistes. Si vous souffrez pour cette cause quelques tribulations, non-seulement supportez-les avec égalité d'âme, mais réjouissez-vous et triomphez avec l'apôtre d'avoir été jugés dignes de souffrir des opprobres pour le nom de Jésus. Car ces légères et courtes afflictions vous produiront un poids immense de gloire, à quoi ne sont pas comparables les maux de ce temps. Nous vous demandons aussi, nous qui vous tenons sur notre sein comme des fils plus particulièrement aimés, d'intercéder pour nous auprès de Dieu par le sacrifice de vos prières, afin que peut-être il accorde à vos suffrages ce que nous n'obtiendrions pas par nos propres mérites (*Bullaire*, etc.; Lacordaire, *Vie de S. Dominique*). »

Dans ces trois bulles, on peut remarquer une espèce de gradation. Dans la grande, délibérée en commun et signée par les cardinaux, il n'est question en aucune manière du but de l'ordre. On le désigne simplement comme un *ordre canonique sous la règle de saint Augustin*. La seconde bulle est plus claire dans sa brièveté ; elle appelle les enfants de Dominique *des champions de la foi et de vraies lumières du monde*. Enfin le troisième diplôme les qualifie ouvertement de *prédicateurs* ou *prêcheurs*, les loue pour le passé de leurs travaux apostoliques, et les y encourage pour l'avenir.

Avant de partir de Rome, Dominique commença d'y exercer, pendant le carême, le ministère apostolique qui venait de lui être confié. Son succès fut très-grand.

Il expliqua, dans le palais même du Pape, d'une manière suivie, les épîtres de saint Paul ; en présence d'un nombreux auditoire. Une création mémorable attesta le fruit de son enseignement. Le Pape, jaloux que ce ne fût pas un avantage passager pour le peuple romain, ni pour les gens de sa cour auxquels il avait été principalement destiné, l'érigea en un office perpétuel dont le titulaire devait s'appeler *maître du sacré palais*. Dominique fut revêtu le premier de cette charge, que ses descendants ont remplie avec honneur jusqu'aujourd'hui. Le temps en a beaucoup accru les droits et les devoirs. De prédicateur et de docteur, tenant au Vatican une école spirituelle, le maître du sacré palais est devenu le théologien du Pape, le censeur universel des livres qui s'impriment ou s'introduisent à Rome, le seul qui ait puissance d'élever au doctorat dans l'université romaine, l'électeur de ceux qui prêchent devant le Saint-Père dans les solennités, fonctions relevées encore par un grand nombre de privilèges honorables, et dont l'héritage s'est justement et inviolablement transmis d'un fils de Dominique à un autre de ses fils.

Rome cependant ne suffisait point au zèle de Dominique. Il songeait à la conversion des païens qui sont en Perse et dans les contrées du Nord : il souhaitait d'y achever sa course, et de mettre à son apostolat le sceau du martyre. Une vision l'encouragea dans ses pieux desseins. Un jour qu'il priait à Saint-Pierre pour la conservation et la dilatation de son ordre, il eut un ravissement. Les deux apôtres Pierre et Paul lui apparurent ; Pierre lui présenta un bâton, Paul, un livre ; et il entendit une voix qui lui disait : *Va et prêche, car c'est pour cela que tu es élu* (Le B. Humbert, *Vie de S. Dom.*, n. 26); et en même temps il voyait ses disciples se répandant deux à deux par tout le monde pour l'évangéliser. Depuis ce jour il porta constamment avec lui les épîtres de saint Paul et l'évangile de saint Matthieu; et, soit qu'il fût en voyage, soit qu'il habitât la ville, il ne marchait qu'un bâton à la main.

Dominique, parti de Rome après les fêtes de Pâques de l'an 1217, ne tarda pas d'être réuni à ses frères. Ils étaient alors au nombre de seize, savoir : huit Français, sept Espagnols et un Anglais. Si la joie fut grande à l'arrivée du père de famille, l'étonnement ne fut pas moindre lorsqu'on sut la résolution qu'il avait apportée de disperser immédiatement son troupeau. Tout le monde s'était persuadé qu'il le retiendrait longtemps dans la sainte et studieuse obscurité du cloître. Quelle apparence de rompre l'unité d'un corps déjà si faible, et qu'attendre de quelques hommes épars sur les chemins de l'Europe, avant même que le renom du nouvel ordre les eût précédés? L'archevêque de Narbonne, l'évêque de Toulouse, le comte de Montfort, tous ceux qui s'intéressaient à l'œuvre naissante conjuraient Dominique de ne point en exposer le succès par une ambition prématurée du bien. Mais lui, tranquille et inébranlable dans son dessein, leur répondait : « Mes seigneurs et mes pères, ne vous opposez point à moi, car je sais bien ce que je fais. » Il songeait à la vision de la basilique de Saint-Pierre, et entendait à son oreille le mot des deux apôtres : *Va et prêche.* Un autre avertissement lui avait été donné sur la ruine prochaine du comte de Montfort. Il voyait en songe un grand arbre qui couvrait la terre de ses rameaux et abritait les oiseaux du ciel, lorsqu'un coup imprévu, le faisant tomber, dissipa tout ce qui s'était confié à l'asile de son ombre. Enfin, il pensait que l'apôtre se forme plutôt dans l'action que dans la contemplation, et que le plus sûr moyen de recruter son ordre était de le planter hardiment au centre des agitations de l'esprit humain. Il donna lui-même à ses disciples cette raison mémorable sous une figure aussi ingénieuse que solide : *Le grain,* dit-il, *fructifie quand on le sème; il se corrompt lorsqu'on le tient entassé.*

Trois villes gouvernaient alors l'Europe, Rome, Paris et Bologne : Rome, par son Pontife, Paris et Bologne par leurs universités, qui étaient le rendez-vous de la jeunesse de toutes les nations. Ce fut ces trois villes que Dominique choisit pour être les capitales de son ordre et en recevoir des essaims. mais il ne pouvait non plus oublier sa patrie, bien qu'elle ne fût point encore tout à fait entrée dans le mouvement général de l'Europe, ni abandonner le Languedoc, qui avait eu les prémices de ses travaux. On voit donc quelle tâche il se proposait d'accomplir à la fois, et avec quels éléments. Seize hommes lui paraissaient suffire pour conserver Prouille et Toulouse, pour occuper Rome, Paris, Bologne et l'Espagne. Encore ne bornait-il pas là ses projets. Il aspirait, comme nous l'avons vu, à évangéliser les infidèles d'outre-mer, et déjà il laissait croître sa barbe à la manière des Orientaux, afin d'être prêt au premier vent favorable. Par un effet de la même prévoyance, il souhaitait que ses frères élussent canoniquement l'un d'entre eux pour tenir sa place à son départ. Tout étant ainsi réglé dans sa pensée, et après avoir goûté quelque temps le bonheur de vivre en commun avec tous les siens, il les convoqua au monastère de Prouille pour le jour prochain de l'Assomption.

Ce jour-là, une nombreuse multitude d'hommes se pressait aux portes de l'église de Prouille. L'antique dévotion du lieu en avait attiré une partie: d'autres y avaient été conduits par la curiosité; l'affection et le dévouement avaient amené des évêques, des chevaliers et le comte de Montfort. Dominique offrit le saint sacrifice à cet autel si souvent témoin de ses larmes secrètes; il reçut les vœux solennels de ses frères, qui, jusque-là, n'étaient liés que par la constance de leur cœur, ou qui du moins n'avaient fait que des vœux simples, et, à la fin du discours qu'il leur adressait, se tournant vers le peuple, il lui parla en ces termes : « Depuis bien des années je vous exhorte inutilement avec douceur, en vous prêchant, en priant et en pleurant; mais, selon le proverbe de mon pays : *Là où la bénédiction ne peut rien, le bâton peut quelque chose.* Voilà que nous exciterons contre vous les princes et les prélats, qui, hélas ! armeront contre cette terre les nations et les royaumes, et beaucoup périront par le glaive; les terres seront ravagées, les murs renversés; et vous tous, ô douleur! ils vous réduiront en servitude. Ainsi pourra le bâton où n'ont rien pu la bénédiction et la douceur (1). »

Ces adieux de Dominique à la terre ingrate qu'il avait arrosée douze ans de ses sueurs, semblent un testament exprès contre ceux qui devaient un jour profaner sa mémoire. Ils fixent à jamais le caractère de son apostolat, dont toute la puissance avait été dans *la douceur, la prédication, la prière et les larmes.* La menace prophétique qui y est contenue rappelle cette lamentation de Jésus-Christ sur Jérusalem : *Ah! si tu avais connu, toi aussi, et même en ce jour qui est encore te tien, ce qui peut te donner la paix! Mais maintenant ces choses sont cachées à tes yeux. Des jours viendront sur toi, où tes ennemis t'entoureront de fossés, et te ceindront, et te presseront de toutes parts; et ils te coucheront par terre, toi et les enfants qui sont en toi, et ils ne laisseront pas de toi pierre sur pierre, parce que tu n'auras pas connu le temps où le Seigneur te visitait* (Luc, 19, 42-44).

Dominique ne dit point qu'il excitera personnellement les princes et les prélats; mais, ne séparant point sa personne de la chrétienté tout entière, il dit, sous une forme qui n'implique qu'une solidarité générale : *Voilà que nous exciterons contre vous les princes et les prélats!* Pour lui, étranger à tout ce qui s'est fait dans l'ordre de la guerre et de la justice, gémissant sur les malheurs à venir, il s'en va pur de sang; il quitte la France, et avec elle le théâtre des affaires et des batailles; il va, le bâton à la main et par des conquêtes pacifiques, fonder des couvents en Italie, en France et en Espagne.

La cérémonie publique terminée, Dominique déclare à ses frères ses intentions sur chacun d'eux. Guillaume Claret et Noël de Prouille devaient rester au monastère de Notre-Dame de Prouille; Thomas et Pierre Cellani à Saint-Romain de Toulouse. Il

---

(1) *Manuscrit de Prouille, dans les monuments du couvent de Toulouse*, par le P. Percin, p. 20, n. 47; Lacordaire, *Vie de S. Dominique.*

avait destiné pour l'Espagne Dominique de Ségovie, Suéro Gomèz, Michel de Uzéro et Pierre de Madrid. Paris avait trois Français : Matthieu de France, Bertrand de Garrigue et Odéric de Normandie; trois Espagnols, le bienheureux Mannès, Michel de Fabra et Jean de Navarre; et de plus, l'Anglais Laurent. Dominique s'était réservé le seul Etienne de Metz pour la fondation des couvents de Rome et de Bologne. Les frères, avant de se séparer, élurent Matthieu de France pour abbé, c'est-à-dire pour supérieur général de l'ordre, sous l'autorité suprême de Dominique. Ce titre, qui emportait avec lui quelque chose de magnifique, à cause du grand état où s'étaient élevés les chefs des anciennes religions, ne fut décerné que cette fois, et s'éteignit pour jamais dans la personne de Matthieu de France. On convint de donner le nom plus humble de *maître* à celui qui serait appelé au gouvernement général des frères Prêcheurs.

Saint Dominique étant arrivé à Rome avec Etienne de Metz, demanda au pape Honorius, pour y fonder un couvent, l'ancienne église dédiée à Sixte II, pape et martyr, auprès de laquelle était un cloître non achevé. Le cloître et l'église étaient inoccupés. Honorius III lui en fit la concession verbale. En trois ans quatre mois, Dominique y eut rassemblé environ cent religieux.

Il fallut d'abord achever le monastère. Pendant qu'on y travaillait, Dominique reprit le cours de ses prédications dans les églises et de son enseignement au palais du Pape. Sa parole lui créait chaque jour quelque nouveau disciple, dont il peuplait la partie habitable du couvent; sorti le matin sans bâton, il revenait le soir ayant sa conquête, et l'édifice spirituel de Saint-Sixte s'avançait de concert avec l'édifice matériel. Le démon, jaloux de si heureux progrès, voulut en troubler la joie. Un jour que les frères avaient conduit un architecte sous une voûte qu'il était question d'abattre ou de réparer, la voûte s'écroula et ensevelit l'ouvrier sous ses ruines. Une grande désolation s'empare des frères assemblés autour des débris qui couvrent le corps du malheureux, ils gémissent sur l'état incertain où son âme aura été surprise, sur les bruits défavorables qui vont courir parmi le peuple, et la consternation les rend longtemps incapables de conseil. Cependant Dominique arrive; il fait retirer le corps du monceau de pierres où il était caché et brisé; on le lui apporte; il prie Celui qui a promis de ne rien refuser à la foi, et la vie, obéissant à sa prière, ranime les restes sanglants qui gisaient devant lui.

Une autre fois le procureur du couvent, Jacques de Melle, était tombé si gravement malade, qu'on lui avait apporté les derniers sacrements. Les frères attendaient autour de son lit, protégeant de leurs prières la sortie de son âme, et tristes de perdre un homme qui leur était alors tout à fait nécessaire, parce que nul d'entre eux n'était aussi connu que lui à Rome. Dominique, qui voyait la peine de ses enfants, ordonne que tout le monde quitte la chambre; il ferme la porte, et, seul avec le malade, il se répand en une si fervente prière, qu'elle retient la vie sur les lèvres du mourant. Il appelle ensuite les frères, et le leur rend sain et sauf.

L'office de procureur dont était investi Jacques de Melle, consistait à pourvoir, avec l'aide de la Providence, aux nécessités de Saint-Sixte; car le couvent n'avait aucun revenu. On y vivait d'aumônes quotidiennes recueillies de rue en rue par les frères. Un matin, Jacques de Melle vint prévenir Dominique qu'il n'y avait rien à la maison pour dîner, si ce n'est deux ou trois pains. A cette nouvelle, Dominique parut ravi; il ordonna au procureur de partager le peu qu'il y avait en quarante portions, selon le nombre des religieux, et de faire sonner le repas à l'heure accoutumée. En entrant au réfectoire, chacun trouva à sa place une bouchée de pain; on récita les prières de la bénédiction avec encore plus de joie que de coutume, et l'on s'assit. Dominique était à la table priorale, les yeux du cœur levés vers Dieu. Après un moment d'attente, deux jeunes hommes vêtus de blanc parurent au réfectoire, et, s'avançant jusqu'à la table où était Dominique, y déposèrent des pains qu'ils avaient apportés dans leurs manteaux.

Le même miracle se renouvela plus tard avec des circonstances qu'il faut entendre de la bouche même des contemporains. « Lorsque les frères habitaient encore auprès de l'église de Saint-Sixte, et étaient au nombre de cent, un certain jour le bienheureux Dominique commanda à frère Jean de Calabre et à frère Albert le Romain d'aller par la ville chercher des aumônes; mais ils s'y employèrent inutilement depuis le matin jusqu'à la troisième heure du jour. Ils revenaient donc à la maison, et déjà ils atteignaient l'église de Sainte-Anastasie, quand une femme qui avait une grande dévotion à l'ordre les rencontra, et, voyant qu'ils ne rapportaient rien, leur donna un pain. Je ne veux pas, leur dit-elle, que vous retourniez tout à fait à vide. Un peu plus loin, ils furent accostés par un homme qui leur demanda instamment la charité. Ils s'excusèrent de lui donner, parce qu'ils n'avaient rien pour eux-mêmes. Mais l'homme insistant toujours davantage, ils se dirent l'un à l'autre : Que ferons-nous d'un pain? donnons-le-lui pour l'amour de Dieu. Ils lui donnèrent donc le pain, et aussitôt ils le perdirent de vue.

» Or, comme ils rentraient au couvent, le pieux père, à qui le Saint-Esprit avait déjà révélé tout ce qui s'était passé, vint à leur rencontre, et leur dit d'un air joyeux : Enfants, vous n'avez rien ? — Non, père, répondirent-ils. Et ils lui racontèrent ce qui était arrivé, et comment ils avaient donné le pain au pauvre. Il leur dit : C'était un ange du Seigneur; le Seigneur saura bien nourrir les siens; allons prier. Là-dessus il entra dans l'église, et en étant sorti au bout de peu de temps, il dit aux frères d'appeler la communauté au réfectoire. Ceux-ci lui répondirent : Mais, père saint, comment voulez-vous que nous les appellions, puisqu'il n'y a rien à leur servir? Et ils tardaient exprès d'accomplir l'ordre qui leur avait été donné. C'est pourquoi le bienheureux père fit venir frère Roger, le cellerier, et lui commanda de rassembler les frères pour le dîner, parce que le Seigneur pourvoirait à leurs besoins. On couvrit donc les tables; on posa les coupes, et, à un signal donné, tout le couvent entra au réfectoire. Le bienheureux père prononça la bénédiction, et, tout le monde s'étant assis, frère Henri le Romain commença la lecture.

» Cependant le bienheureux Dominique priait,

les mains jointes sur la table; et voilà que tout à coup, selon qu'il l'avait promis par l'inspiration de l'Esprit-Saint, deux beaux jeunes hommes, ministres de la divine Providence, apparurent au milieu du réfectoire, portant des pains dans des nappes blanches qui leur pendaient de l'épaule devant et derrière. Ils commencèrent la distribution par les rangs inférieurs, l'un à droite, l'autre à gauche, et mirent devant chaque frère un pain entier d'une beauté admirable. Puis, lorsqu'ils furent parvenus jusqu'au bienheureux Dominique, et qu'ils eurent mis semblablement devant lui un pain entier, ils inclinèrent la tête et disparurent, sans qu'on ait jamais su où ils allaient ni d'où ils venaient.

» Le bienheureux Dominique dit aux frères : Mes frères, mangez le pain que le Seigneur vous a envoyé. Il dit ensuite aux frères servants de verser du vin. Mais ceux-ci répondirent : Père saint, il n'y en a pas. Alors le bienheureux Dominique, plein de l'esprit de prophétie, leur dit : Allez au muid, et versez aux frères le vin que le Seigneur leur a envoyé. Ils y allèrent en effet, et trouvèrent le muid plein jusqu'au bord d'un vin excellent qu'ils s'empressèrent d'apporter. Et le bienheureux Dominique dit : Buvez, mes frères, du vin que le Seigneur vous a envoyé. Ils mangèrent donc et burent tant qu'il leur plut ce jour-là, le lendemain et le surlendemain. Mais après le troisième jour, il fit donner aux pauvres tout ce qui restait du pain et du vin; et ne voulut pas qu'on en conservât davantage à la maison. Pendant ces trois jours, personne n'était allé demander l'aumône, parce que le Seigneur avait envoyé du pain et du vin en abondance. Le bienheureux père fit ensuite un très-beau sermon aux frères, pour les avertir de ne jamais se défier de la divine Providence, même dans la plus grande pénurie.

» Frère Tancrède, prieur du couvent, frère Odon le Romain, frère Henri, du même lieu, frère Laurent d'Angleterre, frère Gaudion et frère Jean le Romain, et plusieurs autres étaient présents à ce miracle, qu'ils racontèrent à la sœur Cécile et aux autres sœurs établies au monastère de Sainte-Marie, au delà du Tibre. Ils leur apportèrent même de ce pain et de ce vin, et elles le conservèrent longtemps comme des reliques. Or, le frère Albert, que le bienheureux Dominique avait envoyé quêter avec un compagnon, fut l'un des deux frères dont le bienheureux Dominique prédit la mort à Rome. L'autre était le frère Grégoire, homme d'une grande beauté et d'une grâce parfaite. Frère Grégoire fut le premier qui retourna au Seigneur, après avoir reçu pieusement les sacrements. Le troisième jour d'après, frère Albert, après avoir aussi reçu pieusement les sacrements, s'en alla de cette prison ténébreuse au palais du ciel (*Relation de la sœur Cécile*, n. 3). »

Ce récit ingénu nous fait pénétrer dans l'intérieur de la famille de Saint-Sixte, et nous transporte, mieux que toutes les descriptions, aux temps primitifs de l'ordre. On y voit comment s'élevaient sans or ni argent de populeux monastères; comment la foi suppléait à la fortune, et quelle exquise simplicité était en ces hommes dont plusieurs avaient habité des palais. Frère Tancrède, le prieur de Saint-Sixte, était un chevalier de grande naissance, attaché à la cour de l'empereur Frédéric II. Il se trouvait à Bologne au commencement de l'année 1218, lorsque Dominique y envoya quelques frères, ainsi que nous le verrons; et un jour, sans qu'il sût pourquoi, il se prit à considérer le danger que courait son salut éternel. Troublé de cette pensée subite, il adressa une prière à la sainte Vierge. La nuit suivante, la sainte Vierge lui apparut en songe, et lui dit : Entre dans mon ordre. Il s'éveilla et se rendormit. Dans ce second sommeil, il vit deux hommes en habit de frère Prêcheur, et l'un d'eux, qui était un vieillard, lui disait : « Tu demandes à la sainte Vierge de te diriger dans la voie du salut? viens à nous, et tu seras sauvé. » Tancrède, qui ne connaissait point encore l'habit de l'ordre, crut que c'était une illusion. Il se leva le matin, et pria son hôte de le conduire à une église pour y entendre la messe. L'hôte le conduisit à une petite église appelée Sainte-Marie-de-Mascarella, laquelle venait tout récemment d'être donnée aux frères Prêcheurs. A peine y fut-il entré, qu'il rencontra deux frères, dans l'un desquels il reconnut le vieillard qu'il avait vu en songe. Ayant donc mis ordre à ses affaires, il prit l'habit et vint rejoindre Dominique à Rome.

Cependant Honorius III avait repris le dessein de son prédécesseur, de réunir dans un seul monastère, sous une même règle, les religieuses éparses en divers couvents de Rome. C'est même à cela que l'église et le monastère de Saint-Sixte étaient destinés d'abord. Honorius fit part de son projet à Dominique, comme à l'homme qui pouvait le mieux conduire à sa fin cette œuvre difficile. Dominique accepta d'autant plus volontiers la proposition du Pape, que c'était un moyen de restituer Saint-Sixte à sa destination primitive, tout en y fondant une communauté de religieuses dominicaines sur le modèle de Notre-Dame de Prouille. Il demanda seulement que des cardinaux lui fussent adjoints, pour couvrir sa faiblesse de leur autorité. Le Pape lui en désigna trois : Hugolin, évêque d'Ostie, Étienne de Fosse-Neuve, du titre des Saints-Apôtres, et Nicolas, évêque de Tusculum. Et, en échange de l'habitation de Saint-Sixte, il lui donna l'église et le monastère de Sainte-Sabine, au Mont-Aventin, à côté de son propre palais. On faisait donc à la fois des préparatifs à Sainte-Sabine et Saint-Sixte : à l'un, pour y recevoir les sœurs; à l'autre, pour y transporter les frères.

Dominique, occupé de ce double soin, ne laissait pas de continuer ses prédications. Un jour qu'il devait prêcher à Saint-Marc, une femme qui avait son enfant malade quitta tout pour venir l'entendre. Au sortir du sermon, elle trouva l'enfant sans vie. Son espérance fut aussi prompte que sa douleur. Elle prend avec elle une servante pour porter l'enfant, et marche tout éperdue vers Saint-Sixte, sans se donner le temps de répandre une larme. Dominique était debout à la porte du chapitre, lorsque la malheureuse mère arriva dans la cour. Elle va droit à lui, saisit l'enfant, le met aux pieds du saint, et, avec des regards et des prières, elle lui redemande son fils. Dominique se retire un moment dans l'intérieur du chapitre, revient sur le seuil, fait le signe de la croix sur l'enfant, se baisse pour lui prendre la main, le relève vivant et le rend à sa mère en lui ordonnant de cacher à tout le monde ce qui venait de se passer. Mais la nouvelle s'en répandit à Rome incontinent. Le Pape voulait que ce miracle fût publié dans toutes les églises du haut de la chaire; Dominique s'y opposa, en menaçant de passer chez les infidèles et de quitter Rome pour jamais. Le bruit ne fut pas moins grand. La vénération qu'on avait pour lui fut à son comble. Partout où il se montrait, il était suivi des grands et du peuple comme un ange de Dieu; on s'estimait heureux de le toucher; on lui coupait des morceaux de sa chape pour en faire des reliques, de sorte qu'à peine lui venait-elle aux genoux. Quelquefois les frères s'opposaient à ce qu'on coupât ainsi ses vêtements; mais il leur disait : Laissez-les faire, puisque c'est leur dévotion. Or, frère Tancrède, frère Odon, frère Henri, frère Grégoire, frère Albert et plusieurs autres étaient présents à ce miracle.

Quelque éclatante que fût la sainteté de Dominique, elle n'aplanissait pas toutes les difficultés que rencontrait la réunion des religieuses romaines à Saint-Sixte. La plupart refusaient de sacrifier la liberté qu'elles avaient eue jusque-là de sortir du cloître et de visiter leurs parents. Mais Dieu vint au secours de son serviteur.

Il y avait à Rome un monastère de filles appelé Sainte-Marie au delà du Tibre, à cause de sa situation; on y conservait une des images de la sainte Vierge, attribuées par la tradition au pinceau de saint Luc (1). Celle-là était célèbre et vénérée du peuple, parce que le pape saint Grégoire le Grand avait arrêté le fléau de la peste en la portant en procession dans la ville. On croyait aussi que le pape Sergius III l'ayant placée dans la basilique de Saint-Jean de Latran, elle était revenue d'elle-même à son ancienne demeure. L'abbesse de ce monastère et toutes les religieuses, excepté une, s'offrirent volontairement à Dominique, et firent profession d'obéissance entre ses mains, à cette seule condition qu'elles apporteraient avec elles l'image de la sainte Vierge, et que, si l'image quittait Saint-Sixte d'elle-même pour retourner à son église primitive, leur vœu d'obéissance serait annulé. Dominique accepta la condition, et, en vertu de l'autorité qu'elles venaient de lui donner, il leur défendit de franchir désormais le seuil de leur couvent. Ces filles étaient de la première noblesse de Rome. Lorsque leurs parents surent à quoi elles s'étaient engagées et tout ce nou-

(1) Chacun sait à quoi s'en tenir sur la valeur de cette tradition. Vers le Xe siècle, vivait un peintre florentin nommé *Luca* et surnommé *Il Sancto*, parce qu'il avait embrassé la vie religieuse, et s'était voué principalement à peindre l'image de Notre-Dame; l'analogie de son nom avec celui de saint Luc l'évangéliste, l'amour du merveilleux, ont fait attribuer à ce dernier les œuvres du Florentin.

Dans une lettre de Ligier Richier (lettre dont l'authenticité a été contestée, avouons-le), à Philippe Errard de Bar-le-Duc, et écrite de Saint-Mihiel, le 31 juillet 1544, alors que le célèbre sculpteur achevait l'admirable monument du sépulcre, nous trouvons ce passage très-intéressant:

« .... Juge de mon étonnement, quand de retour dans notre
» pays, je vis dans l'église collégiale de Ligny, une image en tout
» pareille à celle de Bologne, et à une autre du même peintre,
» que j'avais vue à Rome, en l'église de Sainte-Marie au delà du
» Tibre. Persuade-toi bien que je l'admire comme une œuvre pré-
» cieuse du précurseur de Cimabué, le restaurateur de la pein-
» ture, ce *Luca Il Sancto* qui sut devancer son siècle par le na-
» turel et le dessin de ses figures. »

La miraculeuse image, connue de la Lorraine sous le vocable de « Notre-Dame des Vertus, » est la même qui fut donnée en 1265, par Clément IV, à Charles Ier d'Anjou, frère de saint Louis, au jour où il fut couronné à Rome, roi de Sicile, au détriment de Mainfroi, excommunié et déposséde.

Cette image a été apportée à Ligny-en-Barrois en 1459 (Cf. *Notre-Dame des Vertus*, par le P. Chevreux, p. 24 et seqq.). E. H.

veau dessein de réformation, ils vinrent à Sainte-Marie pour les dissuader d'accomplir ce qu'elles avaient promis. Aveuglés par la passion, ils traitaient Dominique d'inconnu et d'aventurier. Leurs discours ébranlèrent le courage des religieuses; plusieurs se repentirent du vœu qu'elles avaient fait. Dominique, qui en fut intérieurement averti, vint un matin les voir, et, après avoir célébré la messe et prononcé un sermon, il leur dit : « Je sais, mes filles, que vous avez du regret de votre résolution, et que vous voulez mettre le pied hors de la voie du Seigneur. Que celles-là donc qui demeurent fidèles fassent de nouveau profession dans mes mains. » Alors toutes ensemble, l'abbesse à leur tête, renouvelèrent l'acte qui les dépouillait de leur liberté. Dominique prit les clés du couvent, et y établit des frères convers pour le garder nuit et jour, avec défense aux sœurs de parler désormais à qui que ce fût sans témoin.

Les choses en étant là, les cardinaux Hugolin, Etienne de Fosse-Neuve et Nicolas se réunirent à Saint-Sixte, le jour des Cendres de l'an 1218, c'est-à-dire le 28 février, Pâques tombant cette année le 15 avril. L'abbesse de Sainte-Marie du Tibre s'y rendit de son côté avec ses religieuses, pour résigner solennellement son office, et céder à Dominique et aux frères tous les droits du couvent.

« Comme donc le bienheureux Dominique était assis avec les cardinaux, l'abbesse et ses filles étant présentes, voilà qu'un homme entre, s'arrachant les cheveux et poussant de grands cris. On lui demande ce qu'il a, il répond : C'est le neveu de monseigneur Etienne qui vient de tomber de cheval et de se tuer! Or, le jeune homme s'appelait Napoléon. Son oncle, l'entendant nommer, se pencha défaillant sur la poitrine du bienheureux Dominique. On le soutint; le bienheureux Dominique se leva, lui jeta de l'eau bénite, et, le laissant entre les bras des autres, il se rendit à l'endroit où le corps du jeune homme était gisant, tout brisé et horriblement déchiré. Il ordonna qu'on le transportât dans une chambre séparée et qu'on l'y enfermât. Puis il dit au frère Tancrède et aux autres frères de tout préparer pour la messe. Le bienheureux Dominique, les cardinaux, les frères, l'abbesse et les religieuses allèrent donc au lieu où était l'autel, et le bienheureux Dominique célébra avec une grande abondance de larmes. Mais lorsqu'il fut arrivé à l'élévation du corps du Seigneur, et qu'il le tenait en haut dans ses mains, selon la coutume, lui-même fut élevé de terre d'une coudée, tous le voyant et en étant dans la stupeur.

» La messe achevée, il retourna près du corps du défunt, lui, les cardinaux, l'abbesse, les sœurs et tout le monde qui se trouvait là, et il en arrangea les membres l'un après l'autre de sa main très-sainte, ensuite il se prosterna à terre, priant et pleurant. Toutefois, il toucha le visage et les membres du défunt pour les remettre en leur lieu, et trois fois il se prosterna. Lorsqu'il se fut relevé pour la troisième fois, il fit le signe de la croix sur le mort, et, debout du côté où était la tête, les mains tendues vers le ciel, son corps au-dessus de terre de plus d'une coudée, il cria à haute voix : O jeune homme Napoléon, je te dis au nom de Notre Seigneur Jésus-Christ, lève-toi! Aussitôt, à la vue de tous ceux qu'un si étonnant spectacle avait attirés, le jeune homme se leva sain et sauf, et dit au bienheureux

Dominique : Père, donnez-moi à manger. Le bienheureux Dominique lui donna à manger et à boire, et le rendit joyeux et sans aucune trace de blessure au cardinal, son oncle (*Relation de la sœur Cécile*, n. 2). »

Quatre jours après, le premier dimanche de Carême, les religieuses de Sainte-Marie au delà du Tibre, d'autres religieuses du monastère de Sainte-Bibiane et de divers couvents, et quelques femmes du monde entrèrent à Saint-Sixte, où saint Dominique leur donna l'habit de l'ordre. Elles étaient toutes ensemble au nombre de quarante-quatre. Il y avait parmi elles une sœur de Sainte-Marie au delà du Tibre, âgée de dix-sept ans, et appelée Cécile. C'est à elle que nous devons de connaître les principaux traits de la vie du saint patriarche à cette époque. Elle nous les a conservés dans un mémoire écrit sous sa dictée, et qui est un chef-d'œuvre de narration simple et vraie.

La nuit du même jour où les religieuses entrèrent à Saint-Sixte, l'image de Sainte-Marie au delà du Tibre y fut transférée. On avait choisi la nuit, parce que les Romains s'opposaient à ce déplacement. Dominique, accompagné des cardinaux Etienne et Nicolas, précédé et suivi de beaucoup de gens qui tenaient des flambeaux, portait l'image sur ses épaules. Tout le monde était pieds nus. Les religieuses, en prières et pieds nus, attendaient l'image à Saint-Sixte, où elle fut heureusement inaugurée dans l'église.

Tous ces faits, en y comprenant le voyage de France à Rome, s'étaient accomplis dans l'espace de cinq à six mois, du 11 septembre 1217 au commencement de mars de l'année suivante. Et cependant, malgré tant d'occupations et de devoirs, Dominique trouvait encore le temps de se livrer à des œuvres particulières de charité. Il allait souvent visiter les *recluses*, c'est-à-dire des femmes qui s'étaient volontairement enfermées dans des trous de murailles pour n'en sortir jamais. Il y en avait çà et là par la ville, aux flancs déserts du mont Palatin, au fond des vieilles tours de guerre, aux arches rompues des aqueducs. Dominique les visitait au coucher du soleil ; après avoir parlé à la foule, il allait parler à la solitude. Une de ces recluses, appelée Lucia, qui habitait derrière l'église de Sainte-Anastasie, sur le chemin de Saint-Sixte, avait un bras rongé jusqu'à l'os par un mal cruel et dévorant. Dominique la guérit un soir par une simple bénédiction. Une autre, dont la poitrine était mangée des vers, avait sa loge dans une tour voisine de la porte de Saint-Jean de Latran. Dominique la confessait et lui apportait de temps en temps la sainte eucharistie. Une fois il lui demanda de voir un des vers qui la tourmentaient, et qu'elle gardait avec amour dans son sein comme des hôtes envoyés par la Providence. Bona, c'était son nom, consentit au désir de Dominique. Mais le ver se changea en une pierre précieuse dans la main du thaumaturge, et la poitrine de Bona se trouva pure comme celle d'un enfant.

Dominique était alors dans la splendeur de la maturité. Son corps, aussi bien que son âme, avait atteint ce terme de la vie où la vieillesse n'est encore qu'une perfection et une grâce de la vigueur. « Sa stature était médiocre, sa taille maigre, son visage beau et un peu coloré par le sang, ses cheveux et sa barbe d'un blond assez vif, ses yeux beaux. Il lui sortait du front et d'entre les cils une certaine lumière radieuse, qui attirait le respect et l'amour. Il était toujours joyeux et agréable, excepté quand il était mu à compassion par quelque affliction du prochain. Il avait les mains longues et belles, la voix noble et sonore. Il ne fut jamais chauve, et il avait sa couronne religieuse tout entière, semée de rares cheveux blancs. » C'est ainsi que le dépeint sœur Cécile, qui l'avait connu dans ces temps héroïques de Saint-Sixte et de Sainte-Sabine (*Relation de la sœur Cécile*, n. 14).

L'église de Sainte-Sabine, près de laquelle habitaient les frères depuis qu'ils avaient quitté Saint-Sixte, était bâtie sur le mont Aventin. Une vieille inscription atteste qu'elle avait été fondée sous le pontificat de Célestin Ier, au commencement du Ve siècle, par un prêtre d'Illyrie, nommé Pierre. Les reliques de sainte Sabine, qui avait souffert la mort pour Jésus-Christ au temps d'Adrien, reposaient sous l'autel principal, près du lieu de son martyre. Cette église est demeurée jusqu'aujourd'hui l'un des chefs-d'œuvre de Rome. Quand le voyageur y entre et qu'il en visite avec soin les trois nefs, il remarque dans une chapelle latérale des fresques antiques. L'une d'elles représente Dominique revêtant de l'habit de frère Prêcheur un jeune homme agenouillé devant lui, pendant qu'un autre jeune homme est étendu par terre ; le visage de l'un et de l'autre est caché au spectateur, et tous les deux pourtant lui causent de l'émotion.

Ces deux jeunes gens sont deux Polonais, Hyacinthe et Ceslas Odrowaz. Ils avaient accompagné à Rome leur oncle Yve Odrowaz, évêque élu de Cracovie, et, conduits probablement à Saint-Sixte par le cardinal Hugolin, ancien condisciple d'Yve à l'université de Paris, ils avaient assisté à la résurrection du jeune Napoléon. L'évêque avait aussitôt prié saint Dominique de lui donner quelques frères Prêcheurs pour les emmener avec lui en Pologne. Le saint lui objecta qu'il n'en avait aucun qui fût initié à la langue et aux mœurs polonaises, et que, si quelqu'un de sa suite voulait prendre l'habit, ce serait le meilleur moyen de propager l'ordre en Pologne et dans les contrées du Nord. Hyacinthe et Ceslas s'offrirent alors de leur propre mouvement.

On croit qu'ils étaient frères, et il est hors de doute qu'ils appartenaient à la même famille. Leur cœur se ressemblait comme leur sang. Consacrés tous les deux à Jésus-Christ par le sacerdoce, ils avaient honoré leur maître aux yeux de leur patrie, et la jeunesse ne paraissait en eux qu'une vertu de plus. Hyacinthe était chanoine de l'église de Cracovie, Ceslas, préfet ou prévôt de l'église de Sandomir. Ils prirent ensemble l'habit à Sainte-Sabine, de concert avec deux autres compagnons de leur voyage, connus dans l'histoire dominicaine sous le nom de Henri le Morave et d'Herman le Teutonique.

Saint Hyacinthe et ses compagnons ne demeurèrent que peu de temps à Rome. Dès qu'ils furent suffisamment instruits des règles de l'ordre, ils partirent avec l'évêque de Cracovie. En passant à Friesach, ville de l'ancienne Norique, ils furent poussés par l'Esprit-Saint à y annoncer la parole de Dieu. Leur prédication remua ce pays de fond en comble. Animés par le succès, la pensée leur vint d'y ériger un couvent. Ils y réussirent en six mois, et le laissèrent sous la direction d'Herman le Teutonique, peuplé déjà d'un grand nombre d'habitants. De retour à Cracovie, l'évêque leur donna, pour en faire un couvent, une maison de bois qui dépendait de l'évêché. Ce furent là les prémices de l'ordre dans les régions septentrionales. Ceslas fonda les couvents de Prague et de Breslau, et saint Hyacinthe, avant de mourir, plantera jusque dans Kiow les tentes dominicaines, sous les yeux des Grecs schismatiques et au bruit des invasions tartares.

Le Midi et le Nord semblaient se disputer l'honneur d'envoyer à Dominique les plus grands ouvriers. Il y avait en France un docteur célèbre appelé Réginald, qui avait enseigné le droit canonique à Paris pendant cinq années, et qui était doyen du chapitre de Saint-Aignan d'Orléans. L'an 1218, il vint à Rome au tombeau des saints apôtres, se proposant de passer ensuite à Jérusalem pour y vénérer le tombeau du Seigneur. Mais ce double pèlerinage n'était, dans son intention, que le prélude d'un nouveau genre de vie qu'il avait résolu d'embrasser. Voici comme en parle le bienheureux Humbert, dans sa *Vie de saint Dominique*:

« Dieu lui avait inspiré d'abandonner toutes choses pour la prédication de l'Evangile, et il se préparait à ce ministère sans savoir encore de quelle façon le remplir; car il ignorait qu'un ordre de prédicateurs eût été institué. Or, il arriva que, dans un entretien confidentiel avec un cardinal, il lui ouvrit son cœur à ce sujet, lui disant qu'il songeait à tout quitter pour prêcher Jésus-Christ çà et là dans un état de pauvreté volontaire. Alors le cardinal lui dit: Voilà justement qu'un ordre vient de s'élever, qui a pour but d'unir la pratique de la pauvreté à l'office de la prédication, et nous avons dans la ville le maître du nouvel ordre, qui y annonce lui-même la parole de Dieu. Ayant ouï cela, maître Réginald s'empressa de chercher le bienheureux Dominique et de lui révéler le secret de son âme. La vue du saint et la grâce de ses discours le séduisirent; il résolut dès lors d'entrer dans l'ordre.

» Mais l'adversité, qui est l'épreuve de tous les saints projets, ne tarda pas d'éprouver le sien. Il tomba si grièvement malade, que la nature paraissait succomber sous les assauts de la mort, et que les médecins désespéraient de le sauver. Le bienheureux Dominique, affligé de perdre un enfant dont il n'avait pas même joui, se tourna vers la divine miséricorde avec importunité, la suppliant, ainsi qu'il l'a raconté lui-même aux frères, de ne pas lui ravir un fils qui était plutôt conçu que né, et de lui en accorder la vie au moins pour un peu de temps.

» Pendant qu'il priait ainsi, la bienheureuse vierge Marie, mère de Dieu et maîtresse du monde, accompagnée de deux jeunes filles d'une beauté sans mesure, apparut à maître Réginald éveillé et consumé par l'ardeur de la fièvre, et il entendit cette Reine du ciel qui lui disait: « Demande-moi ce que tu veux, et je te le donnerai. » Comme il délibérait en lui-même, une des jeunes filles qui accompagnaient la bienheureuse Vierge, lui suggéra de ne rien demander, mais de s'en remettre à la volonté de la Reine des miséricordes: ce qu'il agréa volontiers.

» Alors celle-ci, étendant sa main virginale, lui fit une onction sur les yeux, les oreilles, les narines, la bouche, les mains, les reins et les pieds, et elle prononçait en même temps certaines paroles appropriées à chaque onction. Je n'ai pu connaître que les paroles relatives à l'onction des reins et des pieds. Elle disait donc en touchant les reins: « Que tes reins soient ceints du cordon de la chasteté; » et en touchant les pieds: « J'oins tes pieds pour la prédication de l'Evangile de paix. » Elle lui montra ensuite l'habit des frères Prêcheurs, en lui disant « Voici l'habit de ton ordre; » et elle disparut à ses yeux.

» Réginald se trouva aussitôt guéri, oint qu'il avait été par la mère de celui qui a le secret de tout salut. Le lendemain, quand Dominique vint le voir et lui demanda familièrement de ses nouvelles, il répondit qu'il n'avait plus aucun mal, et lui raconta la vision. Tous deux rendirent ensemble et dévotement, des actions de grâces au Dieu qui frappe et qui guérit, qui blesse et qui panse les blessures. Les médecins admirèrent un retour à la vie si subit et si inespéré, ne sachant pas la main qui avait donné le remède (Le B. Humbert, *Vie de S. Dominique*, n. 27).

Trois jours après, Réginald étant assis avec Dominique et un religieux de l'ordre des Hospitaliers, l'onction miraculeuse fut renouvelée sur lui en leur présence, comme si l'auguste Mère de Dieu eût attaché à cet acte une importance considérable, et qu'elle eût tenu à l'accomplir devant témoins. Ce qu'il y a encore de particulier, c'est que la bienheureuse Vierge, en présentant au nouveau frère l'habit de l'ordre, ne le lui présenta pas tel qu'on le portait alors, mais avec un changement remarquable qu'il est nécessaire d'expliquer.

Longtemps chanoine d'Osma, Dominique avait continué en France d'en porter l'habit, et l'avait adopté pour le costume de son ordre. Cet habit consistait en une tunique de laine blanche recouverte d'un surplis de lin, l'un et l'autre enveloppés d'une chape et d'un capuce de laine noire. Or, dans le vêtement que la sainte Vierge montra à Réginald, le surplis de lin était remplacé par un scapulaire de laine blanche, c'est-à-dire par une simple bande d'étoffe destinée à couvrir les épaules et la poitrine, en descendant des deux côtés jusqu'aux genoux. Ce vêtement n'était pas nouveau. Il en est question dans la vie des religieux de l'Orient, qui l'avaient sans doute adopté, pour complément de la tunique, lorsque le travail ou la chaleur les contraignait de se dépouiller du manteau. Né au désert d'un sentiment de pudeur, tombant comme un voile sur le cœur de l'homme, le scapulaire était devenu, dans la tradition chrétienne, le symbole de la pureté, et par conséquent l'habit de Marie, la Reine des vierges. En même temps donc qu'en la personne de Réginald, Marie ceignait les reins de l'ordre du cordon de la chasteté, et préparait ses pieds à la prédication de l'Evangile de paix, elle lui donnait, dans le scapulaire, le signe extérieur de cette vertu des anges, sans laquelle il est impossible de sentir et d'annoncer les choses célestes.

Nous omettons d'autres apparitions et d'autres miracles, pour suivre les frères que Dominique avait dispersés dans d'autres régions.

Ceux qu'il avait envoyés à Paris s'étaient partagés en deux bandes. La première, composée de Mannès, de Michel de Fabra et d'Odéric, arriva le 12 septembre à sa destination. La seconde, composée de Matthieu de France, de Bertrand de Garrique, de Jean de Navarre et de Laurent d'Angleterre, arriva trois semaines plus tard. Ils se logèrent au centre de la ville, dans une maison qu'ils avaient louée près de l'hôpital de Notre-Dame et aux portes de l'évêché. Hormis Matthieu de France, qui avait passé une partie de sa jeunesse aux écoles de l'université, nul d'eux n'était connu à Paris. Ils y vécurent dix mois dans une extrême détresse, mais soutenus par le souvenir de Dominique et par une révélation qu'avait eue Laurent d'Angleterre sur le lieu futur de leur établissement.

En ce temps-là, Jean de Barastre, doyen de Saint-Quentin, chapelain du roi et professeur à l'université de Paris, avait fondé à l'une des portes de la ville, appelée la porte de Narbonne ou d'Orléans, un hospice pour les pauvres étrangers. La chapelle de l'hospice était dédiée à l'apôtre saint Jacques, si célèbre en Espagne, et dont le tombeau est l'un des grands pèlerinages du monde chrétien. Soit que les frères espagnols s'y fussent présentés par dévotion ou de toute autre manière, Jean de Barastre vint à savoir qu'il y avait dans Paris des religieux nouveaux qui prêchaient l'Evangile à la façon des apôtres. Il les connut, les admira, les aima, et sans doute comprit l'importance de leur institut, puisque, le 6 août 1218, il les mit en possession de cette maison de Saint-Jacques qu'il avait préparée à Jésus-Christ dans la personne des étrangers. Jésus-Christ, reconnaissant, lui envoya de plus illustres hôtes que ceux sur lesquels il comptait, et le modeste asile de la porte d'Orléans devint un séjour d'apôtres, une école de savants, et le tombeau des rois. Le 3 mai 1221, Jean de Barastre confirma par un acte authentique la donation qu'il avait faite aux frères, et l'université de Paris, à la prière d'Honorius III, abandonna les droits qu'elle avait sur ce lieu, en stipulant toutefois que ses docteurs, à leur mort, y seraient honorés des mêmes suffrages spirituels que les membres de l'ordre, à titre de confraternité.

Ainsi pourvus d'un logement stable et public, les frères commencèrent à être connus davantage. On venait les entendre, et ils faisaient des conquêtes parmi ces innombrables étudiants qui, de tous les points de l'Europe, apportaient à Paris l'ardeur commune de leur jeunesse et le génie divers de leurs nations. Dès l'été de 1219, le couvent de Saint-Jacques renfermait trente religieux. Parmi ceux qui prirent l'habit à cette époque, le seul dont le souvenir soit venu jusqu'à nous, est Henri de Marbourg. Il avait été envoyé à Paris plusieurs années auparavant par un de ses oncles, pieux chevalier qui habitait la ville de Marbourg. Cet oncle étant mort, lui apparut en songe et lui dit : Prends la croix en expiation de mes fautes, et passe la mer. Quand tu seras de retour de Jérusalem, tu trouveras à Paris un nouvel ordre de prédicateurs, à qui tu te donneras. N'aie pas peur de leur pauvreté et ne méprise pas leur petit nombre ; car ils deviendront un peuple et se fortifieront pour le salut de beaucoup d'hommes (Gérard de Frachet, *Vie des Frères*, l. 4, c. 13). Henri passa en effet la mer, et, revenu à Paris dans le temps où les frères commençaient à s'y établir, il embrassa leur institut sans hésiter. Ce fut un des premiers et des plus célèbres prédicateurs du couvent de Saint-Jacques. Le roi saint Louis le prit en affection et l'emmena avec lui en Palestine, l'an 1254. Il mourut au retour, dans la compagnie du saint roi.

Voici un trait qu'il racontait sur ces commencements des frères à Paris. Il arriva que deux frères en voyage n'avaient encore rien mangé à trois heures de l'après-midi, et ils se demandaient l'un à l'autre comment ils pourraient apaiser leur faim dans le pays pauvre et inconnu qu'ils traversaient. Pendant qu'ils tenaient ce discours, un homme en habit de voyageur se présenta à eux et leur dit : « De quoi vous entretenez-vous, hommes de peu de foi ? Cherchez d'abord le royaume de Dieu, et le reste vous sera donné surabondamment. Vous avez eu assez de foi pour tout sacrifier à Dieu, et maintenant avez-vous peur qu'il ne vous laisse sans nourriture ? Passez ce champ, et lorsque vous serez dans la vallée qui est au-dessous, vous rencontrerez un village ; vous entrerez dans l'église, et le prêtre de l'église vous invitera, et il surviendra un chevalier qui voudra vous avoir chez lui par force, et le patron de l'église se jetant entre eux, emmènera le prêtre, le chevalier et vous dans sa maison, où il vous traitera magnifiquement. Ayez donc confiance dans le Seigneur, et excitez vos frères à la confiance en lui. » Ayant dit cela, il disparut, et tout se passa comme il l'avait annoncé. Les frères, de retour à Paris, racontèrent ce qui était arrivé, à frère Henri et au petit nombre de très-pauvres frères qui y étaient alors (Gérard de Frachet, *Vies des Frères*, l. 1, c. 5).

Cette extrême pénurie des frères avait été cause probablement que deux d'entre eux, Jean de Navarre et Laurent d'Angleterre, étaient allés rejoindre Dominique à Rome. Le saint, dès leur arrivée, au mois de janvier 1218, avait ordonné à Jean de Navarre de se rendre à Bologne, accompagné d'un autre frère. Peu après, il leur envoya Michel de Uzero et Dominique de Ségovie, revenus d'Espagne, et trois autres, dont le dernier était laïque. Cette petite colonie obtint à Bologne, on ne sait comment, une maison et une église appelée Sainte-Marie-de-Mascarella ; mais du reste elle y vivait dans un profond dénuement, sans pouvoir remuer cette grande ville. Tout changea de face à l'arrivée d'un seul homme.

Réginald parut dans Bologne le 21 décembre 1218, à son retour de la terre sainte, et bientôt la ville fut ébranlée jusque dans ses fondements, comme si le Verbe éternel y fût tombé d'en haut. Rien n'est comparable à ces succès de l'éloquence divine. Réginald, en huit jours, était maître de Bologne. Des ecclésiastiques, des jurisconsultes, des élèves et des professeurs de l'université entraient à l'envi dans son ordre, qui, la veille encore, était inconnu ou méprisé. De grands esprits vinrent jusqu'à redouter d'entendre l'orateur, de peur d'être séduits par sa parole. Voici un trait que rapporte Gérard de Frachet, dans *les Vies des Frères* (l. 4, c. 10) qu'il écrivit quarante ans après.

« Lorsque frère Réginald de sainte mémoire, autrefois doyen d'Orléans, prêchait à Bologne et attirait à l'ordre, des ecclésiastiques et des docteurs de renom, maître Monéta, qui enseignait alors les arts et était fameux dans toute la Lombardie, voyant la conversion d'un si grand nombre d'hommes, commença à s'effrayer pour lui-même. C'est pourquoi il évitait avec soin Réginald et détournait de lui ses écoliers ; mais le jour de la fête de Saint-Etienne, ses élèves l'entraînèrent au sermon, et, comme il ne pouvait eut-il prêté l'oreille, qu'il fut vaincu. L'orateur s'écriait en ce moment : « Je vois les cieux ouverts ! oui, les cieux sont ouverts à qui veut voir et à qui veut entrer ; les portes sont ouvertes à qui veut les franchir. Ne fermez pas votre cœur, et votre bouche, et vos mains, de peur que les cieux ne se ferment aussi. Que tardez-vous encore ? les cieux sont ouverts. » Aussitôt que Réginald fut descendu de chaire, Monéta, touché de Dieu, alla le trouver, lui exposa son état et ses occupations, et fit vœu d'obéissance entre ses mains. Mais comme beaucoup d'engagements lui ôtaient sa liberté, il garda encore l'habit du monde pendant une année, du consentement de frère Réginald, et cependant il travaillait de toutes ses forces à lui amener des auditeurs et des disciples. Tantôt c'était l'un, tantôt l'autre, et chaque fois qu'il avait fait une conquête, il semblait prendre l'habit avec celui qui le prenait. »

Le couvent de Sainte-Marie-de-Mascarella ne suffisait plus aux frères. Réginald obtint de l'évêque de Bologne, par l'entremise du cardinal Hugolin, alors légat apostolique dans ces contrées, l'église de Saint-Nicolas-des-Vignes, située près des murs et entourée de champs. Le chapelain de l'église, nommé Rodolphe, homme bon et craignant Dieu, loin de s'opposer à la générosité de l'évêque envers les frères, prit lui-même l'habit.

Aucun attrait humain ne coopérait à ces conversions de jeunes gens et d'hommes déjà avancés dans la carrière des emplois publics. Rien n'était plus dur que la vie des frères. La pauvreté d'un ordre naissant se faisait sentir à eux par toutes sortes de privations. Leur corps et leur esprit, fatigués du travail de la prédication évangélique, ne se réparaient que dans le jeûne de l'abstinence ; une nuit brève sur une couche austère succédait aux longues heures du jour. Les moindres fautes contre la règle étaient sévèrement punies. Des tentations de découragement venaient se joindre aux autres épreuves. En voici une rapportée par le même historien (l. 2, c. 5) :

« Dans le temps que l'ordre des Prêcheurs était comme un petit troupeau et une plantation nouvelle, il s'éleva parmi les frères, au couvent de Bologne, une telle tentation d'abattement, que beaucoup d'entre eux conféraient entre eux sur l'ordre auquel ils devaient passer, persuadés que le leur, si récent et si faible, ne pouvait avoir de durée. Deux des frères, les plus considérables, avaient déjà même obtenu du légat apostolique la permission d'entrer dans l'ordre de Cîteaux, et ils en avaient présenté les lettres à frère Réginald, autrefois doyen de Saint-Aignan d'Orléans, alors vicaire du bienheureux Dominique. Frère Réginald ayant assemblé le chapitre et exposé l'affaire avec une grande douleur, les frères éclatèrent en sanglots, et un trouble incroyable s'empara des esprits. Frère Réginald, muet et les yeux au ciel, ne parlait qu'à Dieu, en qui était toute sa confiance. Frère Claire le Toscan se leva pour exhorter les frères. C'était un homme de bien et de grande autorité, qui avait autrefois enseigné les arts et le droit canonique, et qui fut depuis prieur de la province romaine, pénitencier et chapelain du Pape.

» A peine achevait-il son discours, qu'on voit entrer maître Roland de Crémone, docteur excellent et renommé qui enseignait la philosophie à Bologne, et le premier des frères qui ait ensuite professé la théologie à Paris. Il était seul, entièrement transporté de l'Esprit de Dieu, et, sans dire une autre parole, il demanda à prendre l'habit. Frère Réginald, hors de lui-même, ôte son propre scapulaire et le lui met au cou. Le sacristain sonne la cloche : les frères entonnent le *Veni Creator Spiritus*, et, pendant qu'ils le chantent avec des voix étouffées par l'abondance de leurs larmes et de leur joie, le peuple accourt, une multitude d'hommes, de femmes et d'étudiants inondent l'église ; la ville entière s'émeut au bruit de ce qui arrive ; la dévotion envers les frères se renouvelle ; toute tentation s'évanouit, et les deux frères qui avaient résolu de quitter l'ordre, se précipitant au milieu du chapitre, renoncent à la licence apostolique qu'ils avaient obtenue, et promettent de persévérer jusqu'à la mort. »

Tels furent les commencements de Saint-Nicolas de Bologne et de Saint-Jacques de Paris, les deux pierres angulaires de l'édifice dominicain. Là, au foyer des plus savantes universités de l'Europe, venait se former une élite de prédicateurs et de docteurs ; là, s'assemblaient alternativement chaque année, selon le texte primitif des constitutions, les députés de toutes les provinces de l'ordre, là, vécurent de siècle en siècle, des hommes que ne surpassait aucun de leurs contemporains, et qui perpétuaient parmi les peuples le respect de l'institution qui les avait nourris. Saint-Nicolas de Bologne eut la gloire de posséder les dernières années de Dominique et d'être son tombeau ; Saint-Jacques de Paris devint, par un autre droit, une sépulture fameuse. Tendrement aimé du roi saint Louis, il reçut sous ses marbres les entrailles et le cœur d'une foule de princes du sang français. Robert, sixième fils du saint roi et tige de la maison de Bourbon, y avait été tenu sur les fonts de baptême par le bienheureux Humbert, cinquième maître général de l'ordre ; il y fut inhumé. Son fils, son petit-fils et son arrière-petit-fils l'y rejoignirent, et leurs restes unis ne formèrent plus qu'un tombeau, sur lequel était gravée cette épitaphe : *Ici est la souche des Bourbons ; ici est renfermé le premier prince de leur nom ; ce sépulcre est le berceau des rois* (Lacordaire, *Vie de S. Dominique*).

Quand Dominique, par une année de travaux, eut fondé Saint-Sixte et Sainte-Sabine, il partit de Rome, dans l'automne de 1218, pour visiter ses frères en Espagne et en France. Arrivé en Languedoc, il n'y trouva plus son magnanime ami, le comte Simon de Montfort.

Ce prince, choisi pour comte de Toulouse par les

seigneurs de la croisade, avait été confirmé dans cette qualité, l'an 1215, par le concile œcuménique de Latran. Dès les premiers mois de 1216, il vint trouver le roi de France Philippe-Auguste, à Melun, pour lui demander l'investiture. Ce fut un véritable triomphe que le voyage qu'il fit depuis les frontières du Languedoc jusque-là. Il n'est pas possible, dit un auteur contemporain, Pierre de Vaulx-Cernay (n. 83), il n'est pas possible de représenter, on ne croit même que bien difficilement, tout ce que les peuples lui rendaient d'hommages. Ils s'avançaient solennellement à sa rencontre de ville en ville, ecclésiastiques et laïques; tous marchaient en ordre de procession, et faisaient retentir les chemins des mêmes paroles que l'Église adresse au Sauveur du monde dans la cérémonie de son entrée à Jérusalem : *Béni soit celui qui vient au nom du Seigneur!* La vénération allait si loin, qu'on se tenait heureux, en l'approchant, de toucher les bords de ses habits; et on les touchait avec cette tendresse de sentiment qu'inspire un culte religieux pour tout ce qui a rapport aux saints. Si l'accueil que Simon reçut à la cour fut plus réglé, il ne fut ni moins animé ni moins démonstratif. Le roi le combla de distinctions et de caresses, et l'investit du comté de Toulouse pour lui et ses héritiers.

Le vieux comte de Toulouse, Raymond VI, était déclaré déchu par l'une et l'autre puissance; mais son fils, Raymond VII, conservait le comté de Provence. Le jeune prince, après avoir demeuré quelque temps à Rome, à la demande d'Innocent III, en partit avec le baiser et la bénédiction du Pontife. Arrivé en Provence, il vit plusieurs villes se déclarer pour lui, notamment Avignon et Beaucaire. Il eut bientôt une armée. C'est que, à lui si jeune encore, on ne pouvait pas reprocher les torts de son père. Les habitants aimaient mieux la domination d'un des leurs, que celle des étrangers. Ceux-ci, de leur côté, oubliaient le but de la croisade. Pour ce qui est du comte Simon, dit un auteur du temps et du pays, il ne méritait que des éloges (*Comes Simon, vir per omnia in se laudabilis*). Mais les nobles et les officiers auxquels il partageait les terres qu'il avait conquises avec l'aide de Dieu, commencèrent à les gouverner non dans l'esprit qu'elles avaient d'abord été conquises; ils cherchaient, non les intérêts de Jésus-Christ, mais les leurs, servant les convoitises de la cupidité et de la volupté, attribuant leurs victoires passées, non à la puissance divine, mais à leurs propres forces : ils s'occupaient peu ou point du tout de rechercher et de contenir les hérétiques; c'est pour cela que Dieu les abreuva, comme nous allons voir, de la coupe de sa colère. Ainsi parle Guillaume de Puy-Laurens, chapelain du jeune comte de Toulouse, Raymond VII. L'éloge qu'il fait du comte de Montfort, rival de son maître, en est d'autant moins suspect et d'autant plus honorable.

Le vieux comte de Toulouse, Raymond VI, s'était retiré en Espagne. Il en revint avec une troupe de mercenaires. Les Toulousains se déclaraient pour lui, lorsque Simon de Montfort, ayant fait une trêve avec le jeune Raymond, au sujet de Beaucaire, vint punir les Toulousains de leur défection, en exigeant des otages et une rançon considérable. Mais tandis que Simon est occupé ailleurs, les Toulousains rappellent secrètement le vieux Raymond, qui rentre dans leurs murs le 13 septembre 1217. Simon vint y mettre le siège, qui dura neuf mois. On se battit avec opiniâtreté de part et d'autre. Cependant les motifs n'étaient pas tout à fait les mêmes. Il paraît que les Toulousains se battaient, non point pour l'hérésie, mais pour n'être point soumis à des étrangers. Car, suivant le poète contemporain, ayant un jour remporté quelque avantage, ils en rendirent grâces à Dieu, et firent, sur la Trinité et sur l'Incarnation une profession de foi tout à fait contraire à l'impiété manichéenne (Strophe 196).

Il y avait déjà neuf mois que le siège durait. Simon de Montfort commençait à se rebuter du travail et de la dépense qui l'épuisaient. De plus, il avait à supporter les reproches piquants d'un nouveau légat, qui l'accusait d'ignorance et de nonchalance. Dans cette situation fâcheuse, il demandait à Dieu la mort, pour arriver à la paix. Le lendemain de la Saint-Jean, 25 juin 1218, comme il était à matines, on vint lui dire que les ennemis étaient armés et cachés dans les fossés de la forteresse. Il demanda ses armes, et, s'en étant revêtu, il alla promptement à l'église entendre la messe. Elle était déjà commencée et il priait attentivement, quand on l'avertit que les Toulousains attaquaient vivement ceux qui gardaient les machines. « Laissez-moi, dit-il, laissez-moi entendre la messe et voir le sacrement de notre rédemption! » Un autre courrier vint dans le moment même, disant : « Hâtez-vous ! — Je ne sortirai point, répondit-il, que je n'aie vu mon Sauveur! » Mais quand le prêtre éleva l'hostie, suivant la coutume, le pieux comte, les genoux en terre et les mains élevées au ciel, s'écria : *Nunc dimittis*, et ajouta : « Allons, et mourons, s'il le faut, pour celui qui a bien voulu mourir pour nous! » Son arrivée releva le courage des assiégeants, et les Toulousains furent repoussés jusqu'à leur fossé. Mais le comte s'étant un peu retiré près de ses machines pour éviter la grêle des traits et des pierres, il fut frappé à la tête d'une pierre lancée par un mangonneau. Se sentant blessé mortellement, il se frappa la poitrine, se recommandant à Dieu et à la sainte Vierge, et tomba mort, percé en outre de cinq coups de flèches.

Ainsi termina sa glorieuse carrière, ce héros chrétien, ce Machabée du XIIIe siècle. Ses adversaires mêmes ont fait son éloge. Voici le témoignage qu'en rend le chapelain de Raymond VII. « J'ai entendu le dernier comte de Toulouse, quoiqu'il eût été son ennemi, le louer avec admiration pour sa fidélité, sa prévoyance, sa bravoure, enfin pour toutes les qualités qui conviennent à un prince (1). » Cet éloge d'un ennemi contemporain réfutait d'avance les calomnies haineuses venues des siècles plus tard, et qui traînent encore dans les histoires et les biographies modernes.

Amauri, fils aîné de Simon, fut reconnu pour son successeur, et tous les chevaliers français auxquels il avait donné des terres, lui prêtèrent serment de fidélité. Un mois après, il fut obligé de lever le siège de Toulouse. L'argent et les vivres lui manquaient; les pèlerins qui ne devaient que quarante jours de campagne voulaient retourner

---

(1) *Dico enim quod audivi processu temporis, Comitem Tolosanum qui ultimo decessit, quamvis ejus hostis fuisset, ipsum in fidelitate, providentiâ et strenuitate, et in cunctis quæ decent principem, mirabiliter commendantem* (Guill. de Puy-Laurens, n. 30).

chez eux; plusieurs habitants de la contrée, ayant appris la mort de Simon, quittaient son parti et se joignaient aux ennemis. Amauri emporta le corps de son père à Carcassonne. Il cédera ses droits sur le comté de Toulouse au roi Louis VIII, deviendra connétable de France sous Louis IX, autrement saint Louis, à qui Raymond VII, le dernier comte de Toulouse, se soumettra lui-même, mariant sa fille unique, avec tout son domaine, à un des frères du saint roi. Et voilà comme la croisade contre les manichéens du Languedoc se terminera, par l'entière extinction de cette hérésie révolutionnaire, et par la réunion du pays à la couronne de France.

Saint Dominique ayant donc appris à Rome la mort de son ami, le comte Simon de Montfort, vint à Toulouse pour consoler ses frères de Saint-Romain et ses religieuses de Prouille, et leur procurer la protection nécessaire dans une si fâcheuse circonstance. Ayant mis ces deux monastères en sûreté par le secours des évêques, il passa en Espagne la même année 1218, et y fonda deux monastères : un à Madrid, qui, peu après, fut donné à des religieuses; l'autre à Ségovie, qui fut la première maison des frères Prêcheurs en Espagne. Ce voyage fut accompagné de plusieurs miracles.

Repassant à Toulouse, Dominique y rencontra Bertrand de Garrigue, l'un de ses disciples les plus anciens. Ils prirent ensemble la route de Paris, et visitèrent, en passant, le célèbre pèlerinage de Roc-Amadour, vieux sanctuaire dédié à la bienheureuse Vierge, dans une solitude escarpée et sauvage du Quercy. Le lendemain de la nuit qu'ils avaient consacrée à cette dévotion, ajoute Gérard de Frachet, ils furent joints dans la route par des pèlerins allemands, qui, les ayant entendus réciter des psaumes et des litanies, les suivirent pieusement. Au prochain village, leurs nouveaux compagnons les invitèrent à dîner, et ils agirent de même pendant quatre jours consécutifs. Le cinquième jour, le bienheureux Dominique dit en gémissant à Bertrand de Garrigue : « Frère Bertrand, j'ai conscience de voir que nous moissonnons le temporel de ces pèlerins, sans pouvoir semer en eux le spirituel. C'est pourquoi, s'il vous plaît, mettons-nous à genoux et demandons à Dieu la grâce d'entendre et de parler leur langue, afin que nous leur annoncions le Seigneur Jésus. » Ce qu'ayant fait, ils commencèrent à s'exprimer en allemand, à la grande surprise des pèlerins, et pendant quatre jours qu'ils furent ensemble jusqu'à Orléans, ils s'entretinrent du Seigneur Jésus. A Orléans, les pèlerins suivirent la route de Chartres, et laissèrent Dominique et Bertrand sur celle de Paris, après avoir pris congé d'eux et s'être recommandés à leurs prières. Le lendemain, le bienheureux père dit à Bernard : « Frère, voici que nous arrivons à Paris; si les frères apprennent le miracle que le Seigneur a fait, ils nous regarderont comme des saints, tandis que nous ne sommes que des pécheurs; et, s'il vient aux oreilles des gens du monde, notre humilité courra de grands risques; c'est pourquoi je vous défends d'en parler à personne avant ma mort. »

L'une des premières maisons qui frappèrent les yeux de Dominique entrant à Paris par la porte d'Orléans, fut le couvent de Saint-Jacques. Il renfermait déjà trente religieux. Le saint patriarche n'y demeura que quelques jours, pendant lesquels il donna l'habit au jeune Guillaume de Montferrat qu'il avait connu à Rome chez le cardinal Hugolin, et qui lui avait promis d'être frère Prêcheur après qu'il aurait étudié deux ans en théologie à l'université de Paris. Il tint parole en ce temps-là. Dominique fit une autre rencontre dans la personne d'un bachelier saxon qui s'appelait Jourdain. C'était un jeune homme ingénieux, éloquent, aimable, aimant Dieu. Il était né dans le diocèse de Paderborn, de la noble famille des comtes d'Ebernstein, et il était venu à Paris boire aux sources de la science divine. Déjà tourmenté de Dieu, qui le destinait à être le premier successeur de Dominique dans le gouvernement général des frères Prêcheurs, il se sentit attiré vers le grand homme dont il devait être l'héritier, et lui découvrit les impressions ardentes de Jésus-Christ dans son cœur. Dominique lui conseilla seulement de s'essayer au joug de Dieu en recevant le diaconat (Lacordaire, *Vie de S. Dom.*).

Avec les trente religieux de la maison de Paris, Dominique crut pouvoir peupler la France de frères Prêcheurs. A sa voix, Pierre Cellani part pour Limoges; Philippe pour Reims; Guerric, pour Metz; Guillaume, pour Poitiers; quelques autres frères, pour Orléans, avec la mission de prêcher dans ces villes et d'y fonder des couvents. Pierre Cellani objecte son ignorance, la pénurie de livres dans laquelle il se trouve; Dominique lui répond avec une confiance intrépide en Dieu : « Va, mon fils, va sans crainte ; deux fois par jour je penserai à toi devant Dieu; n'aie pas de doute. Tu gagneras beaucoup d'âmes, tu feras du fruit, et le Seigneur sera avec toi. » Pierre Cellani racontait plus tard, dans l'intimité, que, toutes les fois qu'il avait été troublé au dedans ou au dehors, il s'était remis en mémoire cette promesse, invoquant Dieu et Dominique, et que tout lui avait réussi (Bern. Guidonis, *Catal. des maîtres de l'ordre*).

Dominique sortit de Paris par la route de Bourgogne. A Châtillon-sur-Seine, il rappela à la vie le neveu d'un ecclésiastique chez lequel il était logé. Cet enfant était tombé d'un étage supérieur, et on l'avait relevé demi-mort. Son oncle donna un grand repas en l'honneur du saint. Dominique voyant que la mère de l'enfant ne mangeait pas, parce qu'elle avait la fièvre, lui présenta de l'anguille qu'il bénit, en lui disant de manger, et par la vertu de Dieu, ce remède la guérit aussitôt.

Dominique voyageait à pied, un bâton à la main, un paquet de hardes sur les épaules. Quand il était hors des lieux habités, il ôtait sa chaussure et marchait nu-pieds. Si quelque pierre le blessait en chemin, il disait en riant : Voilà notre pénitence. Lorsqu'il approchait d'une ville ou d'un village, il remettait sa chaussure à ses pieds, jusqu'à ce qu'il en fût sorti. Rencontrait-il une rivière ou un torrent à passer, il faisait le signe de la croix sur les eaux, et y entrait hardiment le premier, donnant l'exemple à ses compagnons. La pluie venait-elle à tomber, il chantait des hymnes à haute voix, l'*Ave Maris Stella*, le *Veni Creator Spiritus*. Il ne portait ni or, ni argent, ni monnaie, jaloux d'être pour tout à la merci des hommes et de la Providence. Il logeait de préférence dans les monastères, ne s'arrêtant jamais à sa fantaisie, mais selon la fatigue et le désir des frères qui étaient avec lui. Il mangeait ce que ses hôtes apportaient sur la table, sauf les viandes; car, même en route, il observait rigoureusement l'abstinence et les jeûnes de l'ordre, quoiqu'il dispensât ses compagnons de jeûner. Plus on le traitait mal, plus il était content. On le vit, étant malade, manger des racines et des fruits plutôt que de toucher à des mets délicats. Quelquefois il allait mendier de porte en porte; il remerciait toujours avec humilité ceux qui lui donnaient, jusqu'à se mettre à genoux en certaines occasions. Il prenait son repos tout habillé, sur la paille ou sur une planche.

Le voyage n'interrompait aucune de ses pratiques de piété. Tous les jours, à moins qu'une église lui manquât, il offrait à Dieu le saint sacrifice avec une grande abondance de larmes; car il lui était impossible de célébrer les divins mystères sans attendrissement. Il prononçait l'Oraison dominicale avec un accent séraphique qui rendait sensible la présence du Père qui est aux cieux. Le matin, il gardait et faisait garder le silence jusqu'à neuf heures, et, le soir, depuis complies. Dans l'intervalle, il parlait de Dieu, soit en forme de conversation, soit par manière de controverse théologique, et de toutes les façons qu'il pouvait imaginer. Quelquefois, surtout dans les lieux solitaires, il priait ses compagnons de rester à une certaine distance de lui, en leur disant gracieusement avec le prophète Osée: *Je le conduirai dans la solitude et je lui parlerai au cœur*. Il les précédait ou les suivait alors, en méditant quelques passages des Ecritures.

Son habitude d'être avec Dieu était si puissante, qu'il ne levait presque pas les yeux de terre. Jamais il n'entrait dans la maison où l'hospitalité lui était accordée, sans avoir été prier à l'église, s'il y en avait une en ce lieu. Après le repas, il se retirait dans une chambre pour lire l'évangile de saint Matthieu ou les épîtres de saint Paul, qu'il portait toujours avec lui. Il s'asseyait, ouvrait le livre, faisait le signe de la croix et lisait attentivement; mais bientôt la parole divine le mettait hors de lui. Il faisait des gestes comme s'il eût parlé à quelqu'un; il paraissait écouter, disputer, lutter; il souriait et pleurait tour à tour; il regardait fixement, puis baissait les yeux, puis se parlait bas, puis se frappait la poitrine. Il passait incessamment de la lecture à la prière, de la méditation à la contemplation, de temps en temps il baisait le livre avec amour, comme pour le remercier du bonheur qu'il lui donnait, et, s'enfonçant de plus en plus dans ces saintes délices, il se couvrait le visage de ses mains ou de son capuce. Quand la nuit était venue, il allait à l'église y pratiquer ses veilles et ses pénitences accoutumées; ou bien, s'il n'avait pas d'église à sa disposition, il se couchait dans quelque chambre écartée, d'où ses gémissements venaient malgré lui interrompre le sommeil de ses compagnons. Il les réveillait à l'heure des matines pour réciter l'office en commun, et lorsqu'il était logé dans quelque couvent, même étranger à son ordre, il allait frapper à la porte des religieux, les exciter à se lever et à aller au chœur.

Il prêchait à tout venant sur la route, dans les villes, les villages, les châteaux et jusque dans les monastères. Sa parole était enflammée. Initié par ses longues études de Palencia et d'Osma à tous les mystères de la théologie chrétienne, il les laissait sortir de son cœur avec des flots d'amour qui en révélaient aux plus endurcis la vérité. Un jeune homme, ravi de son éloquence, lui demanda dans quels livres il avait étudié: *Mon fils*, répondit-il, *c'est dans le livre de la charité plus qu'en tout autre, car celui-là enseigne tout* (Gérard de Frachet, *Vies des frères*, l. 2, c. 25). Aussi pleurait-il souvent en chaire, et généralement il était rempli de cette mélancolie surnaturelle que donne le sentiment profond des choses invisibles. Quand il apercevait de loin les toits pressés d'une ville ou d'un bourg, la pensée des misères des hommes et de leurs péchés le plongeait dans une réflexion triste, dont le contre-coup apparaissait aussitôt sur son visage. Il passait ainsi rapidement aux expressions les plus diverses de l'amour, et la joie, le trouble et la sérénité se succédant à tout propos dans les plis de son front, portaient en lui la majesté de l'homme à une incroyable puissance de séduction. Il se rendait aimable à tous, dit un témoin dans le procès de sa canonisation, aux riches, aux pauvres, aux Juifs et aux infidèles, qui sont nombreux en Espagne, et il était aimé de tous, excepté des hérétiques et des ennemis de l'Eglise, qu'il convainquait par ses controverses et ses prédications (*Actes de Bologne*. Déposition de Jean de Navarre, n. 3).

De retour à Bologne pendant l'été de 1219, son premier acte fut un acte de désintéressement. Odéric Gallicani, citoyen de Bologne, avait récemment donné aux frères, en forme authentique, des terres d'une valeur considérable. Dominique déchira le contrat en présence de l'évêque, déclarant qu'il voulait que ses religieux mendiassent leur pain de chaque jour, et qu'il ne leur permettrait jamais d'amasser des possessions. Nulle vertu, en effet, ne lui était plus chère que la pauvreté. Il n'était couvert en toute saison que d'une seule tunique d'un tissu vil, avec laquelle il ne rougissait pas de se présenter devant les plus grands seigneurs. Il voulait que les frères fussent vêtus comme lui, qu'ils habitassent de petites maisons, que même à l'autel ils ne se servissent ni de soie ni de pourpre, et qu'à part les calices, ils n'eussent aucun vase d'or ou d'argent. Il portait à table le même esprit de retranchement et de pénitence. On servait deux plats aux frères; mais lui ne mangeait que d'un seul. Rodolphe de Faënza, procureur du couvent de Bologne, racontait qu'ayant augmenté quelquefois l'ordinaire des religieux pendant le séjour de Dominique, le saint l'avait rappelé et lui avait dit à l'oreille: Pourquoi tuez-vous les frères avec ces pitances (*Actes de Bologne*. Déposition de Rod. de Faënza, n. 2)?

Quand le pain ou le vin manquait au couvent de Saint-Nicolas, ce qui arrivait de temps en temps, frère Rodolphe allait trouver Dominique. Le saint lui ordonnait de prier, il le suivait même à l'église pour prier avec lui, et la Providence faisait si bien qu'elle arrangeait le dîner de ses enfants. Un jour de jeûne, toute la communauté était déjà assise au réfectoire, frère Bonvisi vint dire à Dominique qu'il n'y avait absolument rien. Le saint leva les yeux et les mains au ciel d'un air gai, et rendit grâces à Dieu d'être si pauvre. Mais bientôt des jeunes gens inconnus entrèrent au réfectoire, l'un portant des pains, l'autre des figues sèches, qu'ils distribuèrent aux religieux. Un autre jour qu'il n'y avait que deux pains au couvent, Dominique ordonna qu'on les rompit en petits morceaux, bénit la corbeille, et dit au servant de faire le tour du réfectoire en donnant à chaque frère deux ou trois de ces petits morceaux. Quand il eut fini, Dominique lui ordonna de faire un second tour, et de continuer jusqu'à ce que tous les frères fussent rassasiés. Les frères ne buvaient ordinairement que de l'eau; mais on tâchait d'avoir toujours un peu de vin pour les malades. Un jour, l'infirmier vint se plaindre à Dominique que le vin des malades manquait, et il apporta le vase qui était vide. Le serviteur de Dieu se mit en prières, selon sa coutume, exhortant les autres par humilité à faire de même, et lorsque l'infirmier releva son vase, il était plein.

Rien ne fut singulier comme la prise d'habit d'Etienne d'Espagne. Il la raconte lui-même en ces termes : « Pendant que j'étudiais à Bologne, maître Dominique y vint, et il prêchait aux étudiants ainsi qu'à d'autres personnes. J'allais me confesser à lui, et je crus remarquer qu'il m'aimait. Un soir que je me disposais à souper dans mon hôtel avec mes compagnons, il envoya deux frères pour me dire : Frère Dominique vous demande, et souhaite que vous veniez sur-le-champ. Je répondis que j'irais aussitôt que j'aurais soupé. Ils répliquèrent qu'il m'attendait à l'instant même. Je me levai donc, laissant tout là pour les suivre, et j'arrivai à Saint-Nicolas, où je trouvai maître Dominique au milieu de beaucoup de frères. Il leur dit : Apprenez-lui comment on fait la prostration. Quand ils me l'eurent appris, je me prosternai en effet avec docilité, et il me donna l'habit de frère Prêcheur, en me disant : « Je veux vous munir d'armes avec lesquelles vous combattrez le démon tout le temps de votre vie. » J'admirais beaucoup alors, et jamais je n'y ai pensé sans étonnement, par quel instinct frère Dominique m'avait ainsi appelé et revêtu de l'habit de frère Prêcheur; car jamais je ne lui avais parlé d'entrer en religion, et sans doute il agit de la sorte par quelque inspiration et révélation divine (*Actes de Bologne.* Déposition d'Etienne d'Espagne, n. 2).

Ce que Dominique avait précédemment fait à Paris, il le fit à Bologne, c'est-à-dire qu'il envoya des frères dans les principales villes de la haute Italie, pour y prêcher et y fonder des couvents. Il ne se départait point de sa maxime favorite, qu'il faut semer le grain et non l'entasser. Milan et Florence reçurent alors des colonies de frères Prêcheurs ; mais, au grand regret de ceux de Bologne, frère Réginald fut envoyé à Paris.

Dominique partit lui-même de Bologne vers la fin du mois d'octobre, et vint trouver le souverain Pontife à Viterbe. Honorius III lui accorda des lettres datées du 15 novembre 1219, par lesquelles il recommandait les frères aux évêques et aux prélats d'Espagne. Le 8 décembre suivant, il étendit cette recommandation aux archevêques, évêques, abbés et prélats de toute la chrétienté. Le 17 du même mois, étant à Civita-Castellana, il fit à Dominique et aux frères la donation authentique du couvent de Saint-Sixte, au mont Cœlius; car jusque-là Saint-Sixte n'était possédé par l'ordre qu'en vertu d'une concession verbale (Lacord., et *Acta Sanct.*, 4 *aug.*).

Pendant que le patriarche des frères Prêcheurs faisait son expédition apostolique en Espagne, en France, en Italie, et qu'il envoyait partout sa sainte milice à la conquête spirituelle des âmes, son séraphique ami, le patriarche des frères Mineurs, François d'Assise, en faisait autant de son côté. Dès le mois de mai 1216, au premier chapitre général de son ordre, à Sainte-Marie-des-Anges, où il distribua à ses frères les différents pays à évangéliser, François avait pris pour son partage Paris et ce qu'on appelait proprement France, avec les Pays-Bas. Outre l'affection naturelle qu'il avait pour la France, dont il parlait la langue, il aimait Paris à cause de sa célèbre et sainte université, et aussi parce qu'il avait appris que cette ville avait une grande dévotion envers l'Eucharistie. En effet, quelques années plus tard, un Français, Urbain IV, devait instituer dans l'Eglise la fête solennelle du Saint-Sacrement. Dans toutes les occasions, François s'efforçait d'inspirer au peuple un profond respect pour ce dogme régénérateur de toute piété, de tout dévouement.

Après avoir passé à Rome pour recommander sa mission aux saints apôtres, François vint à Florence au mois de janvier 1217 ; il voulait dire adieu au cardinal Hugolin, qui était légat. Le cardinal le détourna de son voyage en France. Votre ordre ne fait que de naître, dit-il; vous savez les oppositions qu'il a éprouvées à Rome; vous y avez encore des ennemis cachés. Votre présence est nécessaire pour maintenir votre ouvrage. Le saint homme répondit : J'ai envoyé plusieurs de mes frères en des pays éloignés. Si je demeure en repos dans le couvent sans prendre part à leurs travaux, ce sera une honte pour moi, et ces pauvres religieux, qui souffrent la faim et la soif chez les étrangers, auront occasion de murmurer; au lieu que, s'ils apprennent que je travaille autant qu'eux, ils supporteront plus volontiers leurs fatigues, et je pourrai plus aisément engager les autres à de pareilles missions. — Pourquoi, mon frère, reprit le cardinal, avez-vous exposé vos disciples à de si longs voyages et à tant de maux ? Cela est bien dur. — François répondit : Seigneur, vous pensez que Dieu n'a envoyé les frères Mineurs que pour nos provinces; mais, je vous le dis en vérité, il les a choisis et envoyés pour le bien et le salut de tous les hommes. Ils iront chez les infidèles et chez les païens; ils y seront bien reçus, et ils y gagneront à Dieu un grand nombre d'âmes. — Ces raisons graves et sérieuses, surtout l'opposition formée à Rome contre son institut, déterminèrent François à rester en Italie. Il envoya en France frère Pacifique le Poète, Ange et Albert de Pise, et il revint à Sainte-Marie-des-Anges.

Une nuit, il vit dans son sommeil une poule qui tâchait de rassembler ses poussins sous ses ailes, pour les défendre du milan; mais elle ne pouvait les couvrir tous et plusieurs restaient exposés, lorsqu'un autre grand oiseau parut, étendit ses ailes et les abrita. A son réveil, François pria Dieu de lui expliquer ce que cela signifiait, et il apprit que la poule le représentait lui-même, que les poussins étaient ses enfants, que l'oiseau à grandes ailes était l'image du cardinal qu'il devait demander pour protecteur. Il dit alors à ses frères : « L'Eglise romaine est la mère de toutes les Eglises et la souveraine de tous les ordres religieux. C'est à elle que je m'adresserai pour lui recommander mes frères, afin qu'elle réprime par son autorité ceux qui leur veulent du mal, et qu'elle procure partout aux enfants de Dieu la liberté pleine et entière de s'avancer tranquillement dans la voie du salut éternel. Quand ils seront sous sa protection, il n'y aura plus d'ennemis qui s'opposent à eux, ni qui les inquiètent; on ne verra parmi eux aucun enfant de Bélial, qui ravage impunément la vigne du Seigneur. La sainte Eglise aura du zèle pour la gloire de notre pauvreté; elle ne souffrira pas que l'humilité, qui est si honorable, soit obscurcie par les nuages de l'orgueil. C'est elle qui rendra indissolubles parmi nous les liens de la charité et de la paix. Sous ses yeux, la sainte observance évangélique fleurira toujours toute pure; elle ne laissera jamais affaiblir, pas même pour un peu de temps, ces pratiques sacrées qui répandent une odeur vivifiante. Que les enfants de cette sainte Eglise soient bien reconnaissants des douces faveurs qu'ils recevront de leur mère, qu'ils embrassent ses pieds avec une profonde vénération, et qu'ils lui soient à jamais inviolablement attachés (Wadding). »

François partit pour Rome, où il trouva le cardinal Hugolin revenu de sa légation de Florence. Hugolin lui conseilla de prêcher devant le Pape et les cardinaux, pour se les rendre favorables. Il suivit ce conseil, et prépara soigneusement un discours; mais, en présence du Pape, il oublia tout ce qu'il avait appris, et il ne put dire un seul mot. Il déclara humblement ce qui venait de lui arriver, invoqua le Saint-Esprit, et les paroles coulèrent en abondance, avec tant de force d'efficacité, que son illustre auditoire en fut vivement touché; on connut que ce n'était pas lui qui parlait, mais l'Esprit de Dieu qui parlait en lui. Honorius III accorda à François le cardinal Hugolin pour protecteur.

François s'était attaché à ce cardinal comme un fils s'attache à son père, comme un petit enfant s'attache au sein de sa mère. Confiant et tranquille, il s'endormit sur le sein de sa clémente protection; et, dans sa vénération profonde et prophétique, il lui écrivit plusieurs fois en ces termes : « Au très-révérend père et seigneur Hugolin, futur évêque de tout le monde et père des nations. » En effet, la sollicitude d'Hugolin pour ses pupilles s'étendait à tout : il assistait aux chapitres généraux; il prenait leur parti en toutes circonstances; il réglait les différentes constitutions des trois ordres, et même, en écrivant à sainte Claire et aux pauvres dames de Saint-Damien, son cœur, ému de tant de dévouement, fondait en larmes. Lorsqu'il venait à Sainte-Marie-des-Anges, il se conformait à la vie des frères et se faisait pauvre avec eux. « Oh! combien de fois, s'écrie Thomas de Célano (L. 2, c. 2), l'a-t-on vu quitter humblement les marques de sa dignité, se revêtir d'un vil habit, et, les pieds nus, se joindre aux religieux et leur parler du ciel! » Nous retrouverons ce vieil ami, sous le nom de Grégoire IX, inscrivant le nom de François au nombre des saints que l'Eglise honore d'un culte public.

L'année 1218 fut partagée entre le séjour que fit François à Sainte-Marie-des-Anges, et plusieurs courses apostoliques dans l'Italie moyenne. Enfin, dans le mois de mai 1219, les frères Mineurs arrivèrent en foule de toutes les parties du monde, pour assister au second chapitre général, convoqué pour le vingt-sixième jour, fête de la Pentecôte. Ils étaient réunis plus de cinq mille. Dieu avait voulu en quelque sorte représenter, par le rapide accroissement de cet ordre religieux, la merveilleuse propagation de l'Evangile. Le petit couvent de Sainte-Marie-des-Anges ne put suffire; on dressa dans la campagne, non loin du ruisseau, des cabanes faites avec des nattes de jonc et de paille, et cette armée du Christ campa ainsi autour de son chef.

Le cardinal Hugolin vint présider le chapitre. Tous les frères allèrent à sa rencontre sur la route de Pérouse. Il officia pontificalement le jour de la Pentecôte, et voulut le soir visiter les rangs de cette armée spirituelle du Seigneur. Il les trouva rassemblés par groupes de cent, ou de soixante, ou plus ou moins; ils s'entretenaient des choses divines, de leur salut et de la conquête du monde. Le saint cardinal, pleurant de joie à la vue d'un spectacle si nouveau et si loin des pensées humaines, dit à François : Ô frère! c'est ici vraiment le camp de Dieu.

Pour subvenir aux nécessités de cette troupe sainte, il n'y avait pas de vivres. Elle était là sous le soleil, comme les oiseaux qui attendent sans inquiétude la nourriture de chaque jour de cette providence quotidienne qui soutient toute créature; et elle ne leur manqua pas. Les chevaliers et le peuple des environs apportèrent à la Portioncule toutes les provisions nécessaires. Des prêtres et des jeunes hommes, venus par curiosité, disaient, en voyant tant d'abnégation, de joie, de tranquillité, de concorde : Voilà qui montre bien que le chemin du ciel est étroit, et qu'il est difficile aux riches d'entrer dans le royaume de Dieu. Nous nous flattons de faire notre salut en jouissant de la vie et en prenant toutes nos aises, et ces bons frères se privent de tout et tremblent encore. Nous voudrions mourir comme eux, mais nous ne voulons pas vivre de même; on meurt cependant comme on a vécu. Et ils vinrent, au nombre de plus de cinq cents, se jeter aux pieds de François, lui demandant à entrer dans sa famille.

Frappé de tant de merveilles, le cardinal Hugolin donna de grandes louanges aux frères dans un discours qu'il leur fit entre autres. François, craignant qu'ils n'en tirassent vanité et occasion de relâchement, monta en chaire à son tour, et leur représenta les persécutions et les tentations qu'ils devaient attendre, le relâchement de leurs successeurs et la décadence future de l'ordre. Il leur reprocha à eux-mêmes leur lâcheté et leur peu de fidélité à coopérer aux grâces singulières qu'ils avaient reçues de Dieu, et parla avec tant de force, que non-seulement il réprima en eux les sentiments de complaisance, mais qu'il les chargea de confusion. Le cardinal en fut un peu mortifié, et s'en plaignit doucement à François, qui lui dit : « Seigneur, je l'ai fait pour conserver la matière de vos louanges, et soutenir ceux en qui l'humilité n'a pas encore jeté d'assez profondes racines. »

Le lendemain, frère Elie, ministre provincial de Toscane, frère Jean, ministre provincial de Bologne, et plusieurs autres, vinrent trouver le cardinal Hugolin, le priant de dire à François, comme de lui-même : « Qu'il devait écouter les conseils de ses frères, dont plusieurs étaient savants et capables de gouverner, au lieu que lui était homme simple et sans lettres ; enfin que la faiblesse de sa santé ne lui permettait pas de faire toutes les affaires de l'ordre. Ils ajoutèrent qu'on devait respecter l'autorité des anciennes règles de saint Benoît, de saint Augustin, de saint Basile, et ne pas tant s'en éloigner par une règle nouvelle et d'une rigueur excessive, comme si nous voulions être meilleurs que nos pères. »

Le cardinal prit son temps, et, dans une conversation particulière, proposa ces objections à François, comme des maximes de bon gouvernement. Mais François reconnut bientôt l'artifice ; et, se levant de la place où il était assis avec le cardinal, il le prit respectueusement par la main, le mena aux frères assemblés en chapitre, et leur dit : « Mes frères, mes frères, Dieu m'a appelé par la voie de simplicité et d'humilité, pour suivre la folie de la croix : c'est à sa gloire, à ma confusion et pour assurer vos consciences, que je vais vous déclarer ce qu'il m'a dit : *François, je veux que tu sois dans le monde un nouveau petit insensé, qui prêches par tes actions et par tes discours la folie de la croix, que toi et les tiens ne regardent que moi et ne suivent que moi, sans autre manière de vie.* Ne me parlez donc point d'autre règle, hors celle que le Seigneur a bien voulu me montrer. Ceux qui s'en éloignent et en détournent les autres, je crains qu'ils ne ressentent la vengeance divine, et ne soient enfin obligés, à leur confusion, de rentrer dans cette voie. » Puis, se tournant vers le cardinal : « Ces sages, dit-il, que Votre Seigneurie loue tant, voudraient, par leur prudence humaine, tromper Dieu et vous ; mais ils se trompent eux-mêmes, voulant détruire ce que Jésus-Christ ordonne pour leur salut, par moi, son indigne serviteur ; car je ne m'attribue rien de ce que je fais et de ce que je dis : je concerte tout par de longues prières, avec le Père céleste qui nous a fait connaître sa volonté par des signes manifestes. » Ayant ainsi parlé, il se retira.

Le cardinal, touché de la ferveur avec laquelle il parlait et de la lumière qui lui faisait pénétrer le secret des cœurs et connaître sur-le-champ tout ce qui regardait le gouvernement de l'ordre, dit aux religieux qui étaient demeurés confus : « Mes chers frères, vous avez vu comme le Saint-Esprit a parlé lui-même par la bouche de cet homme apostolique. Prenez garde à vous, et ne soyez pas ingrats envers Dieu, qui vous favorise ainsi ; car il est véritablement en ce pauvre et parle par sa bouche. Humiliez-vous et lui obéissez, si vous voulez plaire à Dieu et ne pas perdre le fruit de votre vocation. Je vois par expérience qu'il n'est pas facile de le surprendre ni de le détourner de son chemin. » Ainsi parla le bon cardinal. Ceux mêmes qui avaient été d'avis contraire se rendirent à ce discours.

Plusieurs frères vinrent des provinces d'outre-mer, pour chercher en ce chapitre les remèdes aux mauvais traitements qu'ils avaient soufferts en divers lieux, faute d'avoir des lettres authentiques, pour montrer que leur institut était approuvé de l'Eglise. Ils se plaignaient encore qu'on ne leur permettait pas de prêcher, et priaient François d'obtenir du Pape un privilège en vertu duquel ils pussent prêcher partout où il leur plairait, même sans permission des évêques. Le saint homme répondit avec indignation : « Quoi ! mes frères, vous ne connaissez pas la volonté de Dieu ? il veut que nous gagnions premièrement les supérieurs par l'humilité et le respect, et ensuite par la parole et le bon exemple, ceux qui leur sont soumis. Quand les évêques verront que vous vivez saintement et que vous ne voulez point entreprendre sur leur autorité, ils vous prieront d'eux-mêmes à travailler avec eux au salut des âmes dont ils sont chargés, et ils vous appelleront pour vous entendre et vous imiter. Votre privilège singulier doit donc être de n'avoir point de privilège, qui ne servirait qu'à vous enfler, vous donner une confiance préjudiciable à d'autres et exciter des contestations. »

Quelques-uns représentaient qu'ils avaient trouvé plusieurs curés si durs, qu'ils n'avaient pu les fléchir ni par prière, ni par industrie, ni par soumission, ni par leur vie exemplaire, pour obtenir la permission de prêcher à leurs paroissiens, ou en recevoir quelque assistance corporelle. François répondit : « Mes frères, nous sommes envoyés au secours des prêtres, pour suppléer à leur défaut ; chacun recevra sa récompense, non selon son autorité, mais selon son travail. Ce qui est le plus agréable à Dieu, c'est le salut des âmes, et nous les gagnerons plutôt en vivant bien avec les prêtres, qu'en nous divisant d'avec eux. S'ils s'opposent au salut des peuples, Dieu saura les en punir ; si vous êtes enfants de la paix, vous gagnerez le clergé et le peuple : ce qui sera plus agréable à Dieu que si vous ne gagniez que le peuple en scandalisant le clergé. Couvrez leurs fautes, suppléez à leurs défauts, et n'en soyez que plus humbles. »

Quant aux lettres testimoniales pour montrer l'approbation de l'institut, François les jugea nécessaires ; et, de l'avis du cardinal protecteur, il obtint pour cet effet une bulle du Pape, en date du 11 juin 1219. Elle est conçue en ces termes : « Honorius, évêque, serviteur des serviteurs de Dieu, aux archevêques, évêques, abbés, doyens, archidiacres et autres supérieurs ecclésiastiques. Comme nos très-chers fils, le frère François et ses compagnons, ont renoncé aux vanités du monde et embrassé un genre de vie que l'Eglise romaine a justement approuvé, et qu'ils vont, à l'exemple des apôtres, annoncer la parole de Dieu en divers endroits, nous vous prions tous, vous exhortons en Notre Seigneur, et vous enjoignons par ces lettres apostoliques, de recevoir en qualité de catholiques et de fidèles, les frères de cet ordre, porteurs de ces présentes, qui s'adresseront à vous ; de leur être favorables et de les traiter avec bonté, pour l'honneur de Dieu et par considération pour nous (Wadding). »

Après ce chapitre général, François envoya ses principaux disciples en divers pays, avec un certain nombre de compagnons, prenant pour lui et douze autres la mission de Syrie et de l'Egypte. Il chargea ses missionnaires de trois lettres : la première, aux évêques et au clergé de chaque lieu ; la seconde, aux gouverneurs, aux consuls et aux magistrats ; la troisième, aux gardiens de son ordre, auxquels il manda de faire faire plusieurs copies des lettres précédentes et de les distribuer. La lettre aux ecclésiastiques est une exhortation à rendre un grand respect au Corps et au Sang de Notre Seigneur qu'ils ont l'honneur de consacrer et d'administrer aux autres, de le garder sûrement et proprement dans des vases précieux et de le porter avec décence. Il veut aussi que l'on respecte la parole et le nom de Dieu, quelque part qu'on les trouve écrits. La lettre aux magistrats porte en substance : « Considérez que le jour de la mort approche. C'est pourquoi je vous prie, avec tout le respect que je puis, que les soins de ce monde qui vous occupent ne vous fassent pas oublier Dieu ni ses commandements; car tous ceux qui s'en écartent sont maudits; au jour de la mort on leur ôtera tout ce qu'ils semblaient avoir; et plus ils ont été sages et puissants en ce monde, plus ils seront tourmentés en enfer. Je vous conseille donc, mes seigneurs, qu'avant toute autre affaire vous fassiez pénitence et receviez humblement le Corps et le Sang de Notre Seigneur; que vous rapportiez à Dieu l'honneur qu'il vous a confié, et que tous les soirs vous fassiez avertir le peuple de rendre grâces à Dieu. Autrement, sachez que vous lui en rendrez compte au jour du jugement. Ceux qui garderont chez eux cet écrit et l'observeront, seront bénis de Dieu. »

Comme saint François se préparait pour sa mission du Levant, le cardinal Hugolin lui parla du gouvernement de la maison de Saint-Damien et des autres monastères de filles de son institut, qui commençaient à se multiplier. Il répondit : « Excepté celui où j'ai enfermé Claire, je n'en ai fondé ni contribué à fonder aucun autre, et je ne me suis chargé du soin que de celui-là seul, soit pour la discipline régulière, soit pour la subsistance. Car rien ne me déplaît tant que l'empressement qu'ont eu les frères d'établir ailleurs des maisons de filles et de les gouverner, surtout de leur avoir donné le nom de *Mineures*. » C'est pourquoi il pria instamment le cardinal d'éloigner ses frères, autant qu'il serait possible, du soin et de la familiarité des religieuses, s'il voulait pourvoir à leur réputation et à leurs progrès dans la vertu. Le cardinal se chargea d'en parler au Pape. Mais le saint homme disait souvent sur ce sujet avec émotion : « Je crains qu'en même temps que Dieu nous a ôté les femmes, le diable ne nous ait procuré des sœurs (Wadding, an 1219, n. 43). »

En même temps que François se disposait à son voyage vers les Sarrasins du Levant, il envoya vers ceux du couchant, c'est-à-dire à Maroc, une mission composée de six de ses disciples, savoir, Vital, Bérard de Corbe, Pierre de Saint-Géminien, Ajut, Accurse et Othon. François les bénit, leur donna ses dernières instructions avec le baiser de paix, et ils partirent, n'emportant pour tout viatique que leur bréviaire et la grâce de Jésus-Christ. Frère Vital, conducteur de cette troupe sainte, tomba malade en Aragon; se sentant trop faible de corps pour un si rude combat, il désigna frère Bérard pour le remplacer dans le commandement. En effet, Vital, après de longues douleurs, tressaillit d'allégresse en apprenant le triomphe de ses frères, et, par un dernier effort d'amour divin, il rompit ses liens terrestres et retourna à Dieu. Les cinq religieux arrivèrent en Portugal. A Coïmbre, la reine Urraque, épouse d'Alphonse II, les reçut comme des envoyés du Ciel. A Alenquer, ils eurent le bonheur de se trouver en famille dans le couvent établi par saint François lors de sa mission en Espagne. Séville fut la première ville sous la domination des Maures où ils prêchèrent l'Evangile. Ils étaient logés chez un chrétien; ils passèrent huit jours dans la prière et les œuvres de pénitence, demandant à Dieu la force du martyre.

Leur hôte les détourna de leur projet, dans la crainte où il était de voir entraver le commerce des marchands chrétiens au milieu des infidèles. Mais eux ne écoutèrent pas seulement, et abandonnèrent aussitôt sa maison. Transportés de zèle, ils entrèrent dans une mosquée et se mirent à prêcher la foi chrétienne. A leur habit étrange, à leur langage plus étrange encore, on les chassa, les traitant comme des fous. Ce commencement d'opprobre doubla leur sainte ferveur; ils se présentèrent dans une autre mosquée plus grande, d'où ils furent repoussés avec de grands cris et chargés de coups. Alors ils se dirent les uns aux autres : « Souvenons-nous de ces paroles de Notre Seigneur Jésus-Christ : *Petit troupeau, ne craignez point, car il plaît à votre Père que vous possédiez son royaume*. Allons, abattons le chef pour nous rendre la victoire des membres plus facile; allons courageusement et joyeusement lui prêcher la foi de Jésus-Christ, le baptême et la rémission de péchés. » Ils vinrent donc au palais du chef des Maures de Séville, se dirent les envoyés du Roi des rois, prêchèrent Jésus-Christ et la nullité de la foi en Mahomet. Le chef maure, irrité, ordonna qu'ils fussent chassés et mis à mort. Mais, sur quelques observations de son fils, et aussi dans les intérêts de sa conquête, il révoqua cette première sentence et les fit enfermer dans une tour. Mais ils montèrent au haut de la tour et prêchèrent la parole de Dieu à tous ceux qui passaient dans la rue. On les enferma alors dans un cachot, et après cinq jours, le chef maure les fit comparaître de nouveau en sa présence. Il leur promit grâce et faveur, les tenta même par l'appât des richesses et de l'or, s'ils voulaient embrasser la foi de Mahomet. Les confesseurs répondirent : « Prince, plût à Dieu que vous voulussiez vous faire grâce à vous-même! Traitez-nous comme vous voudrez. Il ne tient qu'à vous de nous ôter la vie; mais nous sommes sûrs que la mort nous fera jouir de l'immortalité bienheureuse. » Enfin, de l'avis de son conseil, il les fit embarquer pour Maroc, comme ils le désiraient eux-mêmes.

L'infant de Portugal, don Pedro, s'était retiré à Maroc à cause de quelques discussions avec le roi Alphonse II, son frère; le prince reçut les cinq religieux avec un grand respect. Il les pressa de reposer un peu leurs corps, exténués de fatigues. Leurs visages étaient si pâles et si maigres, que la peau semblait collée aux os; leurs yeux étaient profondément enfoncés, et leurs épaules courbées par la mortification. Mais ils étaient remplis d'un courage surhumain et d'une joie immense. Il les engagea surtout à modérer leur zèle, à se comporter avec prudence, pour ne point s'exposer à des persécutions pareilles à celles de Séville. Mais leur plus grand désir était précisément de souffrir et de mourir pour Jésus-Christ. Le lendemain, dès l'aurore, ils sortirent de la maison, se répandirent dans les rues les plus fréquentées pour y prêcher la foi chrétienne.

Un jour, Bérard, qui savait mieux l'arabe que ses frères, monté sur un char, instruisait le peuple.

Le chef mahométan passa; il allait, selon la coutume orientale, visiter les tombeaux de ses ancêtres. Bérard continua de parler avec une grande véhémence. Il fut pris pour un fou, et le roi ordonna que ces hommes fussent reconduits dans le pays des chrétiens. L'infant don Pedro leur donna des guides pour Ceuta, où ils devaient s'embarquer. Mais ils échappèrent à la surveillance de ces conducteurs, et revinrent prêcher à Maroc. Le roi les fit jeter dans un cachot, où ils furent privés de toute nourriture : la grâce de Dieu les sustentait intérieurement. Et après vingt jours on les mit en liberté, craignant d'avoir offensé Dieu à leur égard; car une sécheresse excessive, avec les maladies et la mort, affligeaient le pays. Les chrétiens de Maroc, appréhendant que l'ardeur de ce zèle admirable ne leur attirât des persécutions, les firent garder dans la maison du prince portugais. Il les mena dans une expédition militaire, au profit du roi de Maroc, contre les tribus rebelles dans l'intérieur de l'Afrique. L'armée s'en revenait victorieuse et traversait péniblement un désert sablonneux. Les soldats mouraient de soif; depuis trois jours on n'avait pas eu d'eau. Dieu voulut alors, par le moyen d'un pauvre Mineur, donner un grand signe de sa puissance à ces infidèles. Frère Bérard, comme autrefois Moïse, frappa la terre d'un bâton, et une source abondante en jaillit aussitôt. Les hommes et les animaux se désaltérèrent; on fit provision d'eau dans des outres, et la source tarit.

Revenus à Maroc, nos intrépides chevaliers de Jésus-Christ, forts de la puissance de Dieu et de la vénération du peuple, ne gardèrent plus aucune mesure et prêchèrent hardiment jusqu'en face du roi, qu'ils allaient attendre dans les rues où il devait passer. Il ordonna à un de ses officiers, nommé Abozaïda, de les faire mourir dans les tortures les plus affreuses. Cet homme, qui avait été témoin du grand miracle du désert, voulut attendre l'occasion de fléchir la colère du roi; il se contenta de les mettre en prison. Mais là ils eurent à souffrir toutes sortes d'outrages : le geôlier était un chrétien renégat. Après quelque temps, les ayant fait venir, Abozaïda les trouva plus hardis, plus intrépides encore; il commanda alors qu'ils fussent séparés et livrés à trente bourreaux. On leur lia les pieds et les mains, on les traîna sur le pavé, la corde au cou; on les frappa avec une telle violence, que leurs entrailles en furent presque découvertes; on les roula sur du verre et sur des briques cassées, et le soir on versa du vinaigre sur leurs plaies saignantes. Pendant ce long et cruel supplice, ils bénissaient Dieu et chantaient ses louanges; il n'y avait que les blasphèmes des bourreaux qui pénétraient dans leur cœur et en troublaient la joie parfaite et abondante. Rejetés la nuit sur la paille de leur prison, ils y furent visités par l'Esprit consolateur qui y descendit avec eux pour les fortifier et les soutenir. Les gardes virent une grande lumière qui venait du ciel et paraissait y élever les pauvres Mineurs. Les croyant sortis, ils accoururent tout effrayés; mais ils les trouvèrent priant Dieu avec une grande dévotion.

Le roi les fit de nouveau comparaître en sa présence. Ils y furent conduits, dépouillés et garrottés. Un officier sarrasin, qui les rencontra, voulut leur persuader d'embrasser la loi de Mahomet. Le frère Othon, le repoussant avec horreur, cracha deux fois contre terre en signe de mépris, ce qui lui attira un rude soufflet; il tendit l'autre joue, suivant le conseil du Sauveur. Le roi leur dit : « Etes-vous donc ces impies qui méprisez la vraie foi, ces insensés qui blasphémez contre l'envoyé de Dieu ? — O roi! répondirent-ils, nous n'avons point de mépris pour la vraie foi; au contraire, nous sommes prêts à souffrir et à mourir pour la défendre; mais nous détestons la vôtre et le méchant homme qui en est l'auteur. » — Alors le roi eut recours au moyen le plus puissant en Orient, l'amour des plaisirs et de l'or. Il avait fait venir des femmes richement parées; il dit : « Si vous voulez suivre la loi de Mahomet, je vous donnerai ces femmes pour épouses, avec de grandes richesses, et vous serez puissants dans mon royaume : autrement, vous mourrez par le glaive. » Les confesseurs de la foi répondirent : « Nous ne voulons ni de vos femmes, ni de vos honneurs; que cela soit pour vous, et que Jésus-Christ soit pour nous! Faites-nous encore souffrir toute sorte de tourments; faites-nous mourir; la douleur nous semble légère, quand nous contemplons la gloire éternelle. » Et en prononçant ces paroles, leur âme surabondait de joie et d'espérance.

Le roi prit son cimeterre et leur fendit la tête par le milieu du front. C'était le 16 janvier 1220. Leurs corps furent traînés hors de la ville et mis en pièces par les infidèles. A la nuit, les chrétiens, bénissant Dieu de leur glorieux martyre, commencèrent à recueillir leurs reliques; mais les Sarrasins, s'en étant aperçus, les poursuivirent à coups de pierres : deux écuyers de l'infant don Pedro furent tués sur la place publique. Les infidèles voulurent consumer dans un grand feu les corps des cinq martyrs; mais ils ne purent en venir à bout, le feu s'éteignant toujours. Enfin, ils les offrirent au prince portugais, qui les mit dans deux châsses d'argent, les apporta en Portugal à son retour, et fit de leur martyre une relation succincte. Les saintes reliques furent mises dans le monastère de Sainte-Croix de Coïmbre, où elles sont encore. Il s'y fit un grand nombre de miracles, et deux cent soixante ans après, ces cinq martyrs furent canonisés par le pape Sixte IV, qui permit aux frères Mineurs d'en faire l'office publiquement, par sa bulle du 7 août 1481. Leur nom a été inséré au Martyrologe romain (1).

Saint François tressaillit d'allégresse en apprenant les souffrances et la mort de ses enfants. Il regarda son ordre à jamais consacré par ce baptême de sang, et disait en pleurant de joie : « Certes, je puis dire en toute assurance que j'ai eu cinq véritables frères Mineurs! Puis, se tournant du côté de l'Espagne, il saluait le couvent d'Alenquer, d'où ils étaient partis pour aller au martyre : « Maison sainte, terre sacrée, tu as produit et offert au Roi du ciel cinq belles fleurs pourprées, d'une odeur très-suave. O maison sainte! sois toujours habitée par des saints (S. Franc., *Opuscula*, t. III, p. 8). »

L'année suivante 1221, animés par le triomphe des martyrs de Maroc, Daniel, ministre de la province de Calabre, et six autres religieux, Samuel, Domnole, Léon, Hugolin, Nicolas et Ange, s'embarquèrent dans un port de Toscane, pour aller prê-

---

(1) Chavin, *Vie de S. François*, Acta Sanct., 16 jan.; Wadding, *Chroniq. des Frères Mineurs*, l. 4, c. 17; Vinc. de Beauv., S. Antonin.

cher, souffrir et mourir à Maroc ; mais ils s'arrêtèrent dans un faubourg de Ceuta, où ils évangélisèrent les marchands chrétiens de Pise, de Gênes et de Marseille, qui ne pouvaient entrer dans la ville. Le samedi 2 octobre, ils confessèrent leurs péchés et reçurent la sainte communion ; le soir, ils se lavèrent les pieds l'un à l'autre, pour imiter le Fils de Dieu, qui lava les pieds à ses disciples avant sa passion. Le lendemain dimanche, la tête couverte de cendres, ils s'avancèrent dans les rues de la ville, disant à haute voix : « Jésus-Christ est le seul vrai Dieu ; il n'y a de salut qu'en lui. » Ils furent bientôt arrêtés et conduits devant le chef mahométan, qui, les voyant rasés et les entendant parler avec tant de véhémence, les prit pour des fous. Néanmoins il les fit jeter en prison, où ils furent cruellement traités. C'est alors qu'ils adressèrent aux marchands chrétiens du faubourg la lettre suivante :

« Béni soit le Père de Notre Seigneur Jésus-Christ, le Père des miséricordes et le Dieu de toute consolation, qui nous soutient dans nos souffrances, et qui prépara au patriarche Abraham la victime pour le sacrifice ; Abraham qui a obtenu la justice et le titre d'ami de Dieu, parce qu'il est sorti de sa terre et a erré dans le monde, plein de confiance dans l'ordre du Seigneur. Ainsi donc, que celui qui est sage devienne fou pour être sage ; car la sagesse de ce monde est folie devant Dieu. Il nous a été dit : « *Allez, prêchez l'évangile à toutes les créatures, et enseignez que le serviteur ne doit pas être plus grand que le maître. Si vous êtes persécutés, considérez que j'ai été persécuté moi-même.* » Et nous, très-petits et indignes serviteurs, nous avons laissé notre pays, nous sommes venus prêcher l'Evangile aux nations infidèles ; nous sommes pour les uns une odeur de vie, pour les autres une odeur de mort. Nous avons prêché ici, devant le roi et devant son peuple, la foi Jésus-Christ, et on nous a chargés de fers. Nous sommes toutefois grandement consolés en Notre Seigneur, et nous avons confiance qu'il recevra notre vie comme un sacrifice agréable (1). »

Le juge, nommé Arbald, les fit comparaître devant son tribunal, et leur dit : Renoncez au Christ, et embrassez la foi de Mahomet. Les confesseurs répondirent : Jésus-Christ seul est Dieu, et il n'y a de salut qu'en lui. On les sépara et on les tenta chacun en particulier, par des promesses et des menaces : ils restèrent inébranlables. Daniel parlait avec beaucoup de force : un Maure lui déchargea sur la tête un coup de cimeterre. Il répondit sans aucune émotion : Misérable ! quittez votre Mahomet maudit, ses sectateurs sont les ministres de Satan, et suivez Jésus-Christ. Arbald les condamna tous à avoir la tête tranchée. Revenus le soir dans leur prison, les six frères se jetèrent aux pieds de Daniel, lui disant avec des larmes de joie : Nous rendons grâces à Dieu et à vous, mon père, de nous avoir conduits à la couronne du martyre. Bénissez-nous et mourez ; le combat finira bientôt, et nous aurons une paix éternelle. Daniel les embrassa tendrement, et les bénit avec ces paroles : Réjouissons-nous dans le Seigneur, voici pour nous un jour de fête : les anges nous environnent, le ciel nous est ouvert ; aujourd'hui nous recevrons tous la couronne du martyre !

Ils s'avancèrent triomphants au supplice ; on aurait cru qu'il allaient s'asseoir à un banquet nuptial. Leurs âmes s'élevèrent dans le ciel, et leurs corps furent horriblement lacérés par la multitude des infidèles. C'était le 10 octobre. De pieux marchands marseillais en recueillirent quelques débris mutilés, qui furent depuis transportés en Espagne. Léon X permit de les honorer d'un culte solennel. Le Martyrologe romain en fait mémoire le 13 octobre (*Acta Sanct.*, 13 *octob.*; Godescard ; Surius ; Chavin ; Chalippe).

Fleury dit dans son sixième discours (N. 15) : « Ces frères Mineurs qui se firent tuer à Maroc et à Ceuta, saint Cyprien ne les aurait pas reconnus pour martyrs. » Mais d'abord qu'en sait-il ? Nous avons vu, même dans les premiers siècles, plus d'un martyr qui est ainsi allé au devant de la mort. Ensuite, est-ce donc l'autorité de saint Cyprien qui forme la règle suprême dans l'Eglise, lui qui s'est trompé en une chose très-grave, et qui a eu besoin d'être redressé par l'Eglise romaine ? Saint François de Sales, qui se connaissait quelque peu en matière de vertu et de sainteté, n'avait pas les mêmes scrupules que Fleury. Après avoir rapporté différents exemples de personnes qui se sont offertes spontanément au martyre, il dit : « Mille des anciens martyrs firent de même, et, pouvant également éviter et subir le martyre sans pécher, ils choisirent de le subir généreusement plutôt que de l'éviter loisiblement. En ceux-ci donc le martyre fut un acte héroïque de la force et constance qu'un saint excès d'amour leur donna. Mais quand on est forcé d'endurer le martyre ou de renoncer à la foi, le martyre ne laisse pas d'être martyre et un excellent acte d'amour et de force ; néanmoins je ne sais s'il faut le nommer acte héroïque, n'étant pas choisi par aucun excès d'amour, mais par la nécessité de la loi, qui en ce cas le commande. » Ainsi parle le saint évêque de Genève, dans son *Théotime*, ou *Traité de l'amour de Dieu* (L. 8, c. 9). Donc les martyrs de Ceuta et de Maroc ont même, selon ce grand maître et juge des vertus chrétiennes, une préférence sur les autres. Ce que l'on peut conclure de tout cela, c'est qu'en écrivant ces paroles, Fleury n'était point inspiré par l'esprit de saint François de Sales, ni par l'esprit de l'Eglise qui honore ces martyrs, ni par l'Esprit de Dieu qui les a glorifiés par un grand nombre de miracles.

Ce ne fut pas sans une disposition spéciale de la divine Providence, que les reliques des frères Mineurs, martyrisés à Maroc, furent placés à Coïmbre, dans l'église des chanoines réguliers de Sainte-Croix puisque Dieu les fit servir à la merveilleuse vocation d'un de ses plus illustres serviteurs.

Fernandez ou Ferdinand naquit à Lisbonne l'année 1195. Il eut pour père Martin de Bouillon, que quelques-uns supposent de la même famille que Godefroi de Bouillon, le chef héroïque de la première croisade. Sa mère, Thérèse Tavera, sortait d'une maison considérable en Portugal. Ceux dont il avait reçu le jour alliaient la vertu à la noblesse du sang. Ils mirent leur fils, encore jeune, dans la communauté des chanoines de la cathédrale de Lisbonne, pour qu'il y fût élevé dans les sciences et dans la piété. Il répondit parfaitement à leurs vues. A l'âge de quinze ans, il se retira chez les chanoines régu-

---

(1) Marc de Lisbonne, *Chronic. de Orden.*, part. 2 ; Petr. Rodulph., *Hist. Seraph.*, p. 74 ; Chavin, *Vie de S. François*.

liers de Saint-Augustin, qui avaient une maison près de Lisbonne. Il y vécut assez tranquille pendant quelque temps. Mais les distractions occasionnées par les visites fréquentes de ses amis, lui rendirent bientôt insupportable un lieu où il ne pouvait suivre son attrait pour la solitude; il pria donc ses supérieurs de l'envoyer à Coïmbre, éloignée de trente-six lieues de Lisbonne. Son ordre avait dans cette ville le couvent dit de Sainte-Croix.

Le serviteur de Dieu étonna ses frères par l'austérité de sa vie et par son amour pour la retraite. Il continua ses études, auxquelles il joignit la lecture des livres saints et des Pères de l'Eglise. Une application soutenue et dirigée par une sage méthode, un esprit vif et pénétrant, une grande maturité de jugement le mirent en état de faire des progrès fort rapides. Il acquit une connaissance profonde de la théologie, et se forma à ce genre d'éloquence nerveuse et persuasive, qui dans la suite fut si utile à l'Eglise. Mais comme le propre de l'étude, de celle même qui a la religion pour objet, est de dessécher le cœur et d'éteindre l'esprit de piété, Ferdinand nourrissait exactement son âme par les exercices de la prière et de la mortification. Il se préparait ainsi à cette sublime perfection à laquelle Dieu l'appelait dans un ordre plus austère qui venait de prendre naissance.

Il y avait près de huit ans qu'il vivait à Coïmbre, quand don Pedro, infant de Portugal, apporta de Maroc les reliques des cinq frères Mineurs, martyrisés depuis peu par les infidèles. La vue de ces reliques fit sur lui une vive impression; il sentit dans son cœur un ardent désir de verser son sang pour Jésus-Christ. Peu de temps après, quelques religieux de saint François vinrent au couvent de Sainte-Croix demander l'aumône, à leur ordinaire. Alors Ferdinand ne put plus se contenir; mais, les ayant tirés à part, il leur découvrit toutes ses pensées. Les bons frères en furent remplis de joie, et, après lui avoir donné jour pour l'exécution de son dessein, ils se retirèrent. Ferdinand avait obtenu, mais avec grande peine, le consentement de son supérieur, lorsque les frères revinrent au jour marqué et lui donnèrent leur habit dans le monastère même de Sainte-Croix. Ensuite ils l'emmenèrent au lieu de leur demeure, nommé Saint-Antoine d'Olivarès. Là, il les pria de le nommer Antoine, pour éviter par ce changement de nom l'importunité de ceux qui voudraient le chercher. Cet homme est l'illustre saint Antoine de Padoue, surnommé ainsi de la ville où nous le verrons passer une grande partie de sa vie, et où l'on garde ses reliques.

Le désir ardent du martyre lui fit obtenir la permission de passer en Afrique; mais, y étant arrivé, il fut attaqué d'une grièvre et longue maladie, qui lui fit prendre le dessein de revenir en Espagne. S'étant embarqué, les vents contraires le menèrent en Sicile, où il apprit qu'on allait tenir à Assise le chapitre général de l'ordre. Il s'y rendit avec Philippin, frère-lai de Castille (*Acta Sanct.*, 13 *junii*; (Godescard; Chavin).

En 1219, saint François s'était embarqué lui-même au port d'Ancône, avec onze compagnons de son ordre, sur les bâtiments qui portaient du secours au siége de Damiette. Peu de jours après qu'il y fut arrivé, les chrétiens, qui n'étaient pas trop unis entre eux, se préparèrent à livrer bataille aux infidèles. François dit à son compagnon, nommé le frère Illuminé : Le Seigneur m'a fait connaître que, si l'on en vient aux mains, les chrétiens auront du désavantage. Si je le dis, je passerai pour un fou; si je ne le dis pas, ma conscience en sera chargée : que vous en semble? Son compagnon répondit : Mon frère, ne vous arrêtez pas au jugement des hommes; ce n'est pas d'aujourd'hui que l'on vous traite d'insensé : déchargez votre conscience, et craignez Dieu plus que le monde. Aussitôt François alla déclarer sa révélation, qui fut prise pour une rêverie. On livra la bataille; les chrétiens furent battus et perdirent six mille hommes, tant tués que pris.

Les deux armées étaient en présence, et on ne pouvait passer d'un camp à l'autre sans grand péril, vu même que le sultan avait promis un besant d'or à quiconque lui apporterait la tête d'un chrétien. Cependant François, après avoir passé de longues heures dans la prière, se lève avec un visage rayonnant de force et de confiance, et il prend le chemin du camp des infidèles, en chantant ces paroles du prophète : *Maintenant, Seigneur, que vous êtes avec moi, je ne craindrai aucun mal, quand même je marcherais au milieu des ombres de la mort* (Psalm. 22).

Ayant rencontré deux brebis, il en eut une grande joie, et dit à son compagnon : Frère, ayez confiance au Seigneur, la parole de l'Evangile s'accomplit en nous : *Voici que je vous envoie comme des brebis au milieu des loups.* En effet, un peu plus loin, une bande de Sarrasins se jetèrent sur eux, comme des loups sur des brebis, les chargèrent d'injures et de coups, et les garrottèrent. François leur dit : Je suis chrétien, menez-moi à votre maître. C'était le sultan d'Egypte, Melic-Camel, que les Occidentaux nommaient Meledin. Il leur demanda par qui, comment et pourquoi ils avaient été envoyés. François répondit : « Ce n'est pas l'homme, mais le Dieu très-haut qui m'envoie pour vous montrer, à vous et à votre peuple, le chemin du salut et vous annoncer l'évangile de la vérité. » Il prêcha alors avec une ferveur et une force admirables, un seul Dieu en trois personnes, et Jésus-Christ, sauveur du monde. C'était l'accomplissement de ces paroles : *Je vous donnerai une bouche et une sagesse à quoi tous vos ennemis ne pourront résister, ni rien opposer* (Luc., 21).

Le sultan, voyant son courage, l'écouta paisiblement pendant quelques jours et l'engagea instamment à demeurer avec lui. François répondit : Si vous voulez vous convertir avec votre peuple, je demeurerai volontiers avec vous pour l'amour de Jésus-Christ. Que si vous balancez d'embrasser sa loi en quittant celle de Mahomet, faites allumer un grand feu, et j'entrerai dedans avec vos prêtres, afin que vous voyiez quelle est la foi qu'il faut suivre. — Je ne crois pas, répondit le sultan, qu'aucun de nos prêtres voulût entrer dans le feu pour la religion. En effet, il avait vu un des imans les plus anciens et les plus considérables s'esquiver promptement à la seule proposition du saint homme. François répliqua : Si vous voulez me promettre, pour vous et pour votre peuple, d'embrasser la religion chrétienne, en cas que je sorte du feu sain et sauf, j'y entrerai seul. Si je suis brûlé, on l'imputera à mes péchés; mais si Dieu me conserve, vous reconnaîtrez

Jésus-Christ pour vrai Dieu et Sauveur de tous les hommes. Le sultan lui avoua qu'il n'osait accepter ce défi, de crainte d'une sédition dans le peuple. Il offrit à François de riches présents, que cet amateur passionné de la pauvreté méprisa comme de la boue. Le sultan en conçut encore plus de vénération pour lui. Mais craignant que quelques-uns des siens, touchés des discours du saint homme, ne passassent à l'armée chrétienne, il le congédia en disant : Priez pour moi, afin que Dieu me fasse connaître la religion qui lui est la plus agréable. Après quoi il le fit conduire en sûreté et avec honneur au camp devant Damiette (1). « O bienheureux homme ! s'écrie saint Bonaventure, qui, bien que son corps n'ait pas été déchiré par le fer du tyran, n'a pas perdu la ressemblance avec l'agneau de Dieu immolé ! O bienheureux homme ! qui n'a pas succombé sous le glaive, et qui pourtant a reçu la palme du martyre ! »

Ce récit est tiré, partie de saint Bonaventure, dans son *Histoire de saint François*, partie de Jacques de Vitry, qui était alors évêque d'Acre et présent au siége de Damiette. Il fait l'éloge des frères Mineurs dans son *Histoire occidentale*, et dit en substance :

« Ils s'efforcent de ramener la pauvreté et l'humilité de la primitive Eglise, en accomplissant non-seulement les préceptes, mais les conseils de l'Evangile. Le Pape a confirmé leur règle et leur a donné autorité de prêcher partout, mais du consentement des prélats. On les envoie deux à deux; ils ne portent ni sac, ni pain, ni argent, ni souliers; car il ne leur est permis de rien posséder. Ils n'ont ni monastères, ni églises, ni maisons, ni terres, ni bestiaux. Ils n'usent ni de fourrures, ni de linge, mais seulement de tuniques de laine où tient le capuce, sans chapes ou manteaux, ni aucun autre habillement. Si on les invite à manger, ils mangent ce qu'ils trouvent; si on leur donne quelque chose, ils n'en gardent rien pour le lendemain. Ils s'assemblent une ou deux fois l'année pour le chapitre général, après lequel le supérieur les renvoie deux ensemble ou plus, en différentes provinces. Leur prédication est encore plus merveilleuse; leur exemple attire au mépris du monde, non-seulement des gens du commun, mais des nobles, qui, laissant les villes, leurs terres et leurs grands biens, se réduisent à l'habit de frères Mineurs, c'est-à-dire à une pauvre tunique et une corde pour ceinture. Ils se sont tellement multipliés en peu de temps, qu'il n'y a point de province en la chrétienté où ils n'aient de leurs frères; car ils ne refusent personne, s'il n'est engagé dans le mariage ou en quelque autre ordre religieux; et ils les reçoivent d'autant plus facilement, qu'ils laissent à la Providence divine le soin de leur subsistance. Aussi ceux-là s'estiment heureux, dont ils veulent bien recevoir l'hospitalité ou les aumônes.

» Les Sarrasins, admirant leur humilité et leur perfection, les reçoivent volontiers quand ils vont chez eux prêcher l'Evangile. Nous avons vu le fondateur et le supérieur général de cet ordre, homme simple et sans lettres, aimé de Dieu et des hommes, nommé frère François, tellement enivré de la ferveur de l'esprit, qu'étant arrivé à l'armée des chrétiens devant Damiette, il alla au camp du sultan. »

Ici Jacques de Vitry raconte ce que nous avons vu plus haut, et puis continue : « Tous les Sarrasins écoutent volontiers les frères Mineurs parler de Jésus-Christ et de sa doctrine, jusqu'à ce qu'ils attaquent Mahomet, le traitant de menteur et d'infidèle; car alors ils les frappent et les chassent de leurs villes, et ils les tueraient, si Dieu ne les protégeait. Tel est le saint ordre des frères Mineurs, dont la perfection ne convient pas aux faibles, de peur que, s'exposant à la mer orageuse du monde, ils ne soient submergés dans les flots (Jacob. Vitriac., *Hist. occid.*, c. 32). »

Ainsi parlait Jacques de Vitry, évêque d'Acre ou de Ptolémaïde, depuis cardinal et évêque de Frascati, l'un des hommes les plus judicieux et des écrivains les plus distingués, qui ne survécut à saint François que dix-huit ans. Le saint patriarche, après avoir prêché aux croisés de Damiette, la concorde et la pénitence, vint dans la Palestine et à Antioche; partout il faisait des conquêtes spirituelles. Tous les religieux d'un célèbre monastère de la Montagne-Noire embrassèrent son institut (Wadding, an 1219, n. 66 et seqq.). Les disciples de saint François sont demeurés à Jérusalem les gardiens du saint Sépulcre et les Pères de la terre sainte.

De retour en Italie, François parcourut les villes de Padoue, de Bergame, de Brescia, de Crémone, de Mantoue, évangélisant la paix et établissant des maisons de pauvres Mineurs. Lorsqu'il arriva à Bologne-la-Savante, le concours des étudiants et des savants fut immense; on ne pouvait faire un pas dans les rues. Un empereur n'aurait pas eu le triomphe de cet homme petit, chétif, pauvrement vêtu. Arrivé sur la grande place, il prêcha cette multitude avec une si grande élévation d'esprit, qu'on croyait entendre un ange et non un homme. Non-seulement beaucoup se convertirent à une vie de mortification et de pénitence, mais deux étudiants de la Marche d'Ancône entrèrent dans sa famille, et, pour confirmer sa prédication, il guérit un enfant aveugle. Voici un acte authentique que Sigonius a tiré des archives de l'église de Spalatro :

---

(1) Nous trouvons dans les *Fioretti* le complément de cet épisode remarquable dans la Vie de saint François : « ..... Prince, je n'accepterai rien, la vie dans laquelle je me suis engagé me le défend. Je ne vous demande qu'une seule chose, c'est de sauver votre âme !
— Frère François, reprit le sultan, je me convertirais volontiers, mais si je le faisais à présent, mes sujets nous mettraient à mort, vous et moi, ainsi que vos frères. J'ai d'ailleurs plusieurs affaires importantes à terminer auparavant, et plus tard j'y penserai. Dites-moi seulement maintenant ce que je dois faire pour me sauver.
— Seigneur, lui dit notre saint, sur le ton de l'inspiration, quand j'aurai quitté ce monde et que, par la miséricorde de Dieu, je serai dans son paradis, deux de mes frères viendront de ma part, ils vous instruiront et vous baptiseront : telle est la volonté de Notre Seigneur Jésus-Christ par qui seul vous serez sauvé. En attendant, disposez votre âme à recevoir cette grande faveur.
— Je vous le promets, Frère François; je suivrai vos conseils et compterai sur votre parole. Priez pour moi (Daurignac, *Vie de S. François*, p. 201). »
Cependant le soudan, devenu infirme, attendait l'accomplissement de la promesse qui lui avait été faite. Des gardes qu'il avait fait placer en plusieurs endroits de ses frontières, avaient l'ordre, dès qu'ils verraient deux frères portant l'habit de saint François, de les lui conduire immédiatement. Son attente ne fut pas trompée; vers ce temps-là, le saint apparut à deux de ses frères, et leur ordonna d'aller, sans tarder, trouver le soudan, et de lui procurer la grâce du salut. Ces deux frères obéirent sur-le-champ, traversèrent la mer et furent conduits par les gardes au soudan, qui, en les voyant, s'écria plein de joie : « Je le reconnais maintenant, oui c'est Dieu lui-même qui m'envoie ses serviteurs pour me sauver; c'était vraiment et d'après l'inspiration divine, que saint François m'en avait fait la promesse. » Aussitôt il se fit instruire des vérités de la foi, reçut le baptême, puis quelque temps après mourut de la maladie dont il était atteint; son âme fut sauvée par les mérites et les prières de saint François (*Fioretti*, traduit par M. l'abbé Riche).

« Moi, Thomas, citoyen de Spalatro et archidiacre de l'église cathédrale de la même ville, étudiant à Bologne, l'an 1220, j'ai vu, le jour de l'Assomption de la Mère de Dieu, saint François prêcher dans la place, devant le petit palais, où presque toute la ville était assemblée. Il commença ainsi son sermon : Les anges, les hommes, les démons. Il parla de ces êtres intelligents si bien et avec tant d'exactitude, que beaucoup de gens de lettres qui l'écoutaient, admirèrent un tel discours dans la bouche d'un homme simple. Il ne suivit point la manière ordinaire des prédicateurs ; mais, comme un orateur populaire, il parla que de l'extinction des inimitiés et de la nécessité de faire des traités de paix et d'union. Son habit était sale et déchiré, sa personne chétive, son visage défait ; mais Dieu donnait une si grande efficacité à ses paroles, qu'un grand nombre d'hommes nobles, que la fureur cruelle et effrénée avait répandu beaucoup de sang, se réconcilièrent. L'affection et la vénération pour le saint étaient si universelles et allaient si loin, que les hommes et les femmes couraient à lui en foule, et que l'on s'estimait heureux de pouvoir seulement toucher le bord de sa robe (*Sigon. de episcopis*, Bonon). »

La prédication populaire, tel a été le but saintement atteint par l'ordre de pauvres Mineurs qui, sans cesse mêlés au peuple, y infiltraient les idées chrétiennes. Dès les premiers temps de l'ordre, François prépara ses disciples à exercer cette mission ; il leur disait :

« Que les ministres de la parole de Dieu s'appliquent unanimement aux exercices spirituels, sans que rien ne les en détourne ; car, puisqu'ils sont choisis du grand Roi pour déclarer ses volontés au peuple, il faut qu'ils apprennent dans le secret de la prière ce qu'ils doivent annoncer dans leurs sermons, et qu'ils soient intérieurement échauffés pour pouvoir prononcer des paroles qui embrasent les cœurs. Ceux qui profitent de leurs propres lumières et qui goûtent les vérités qu'ils prêchent, sont dignes de louanges ; d'autres font pitié : ils vendent leur travail pour l'huile d'une vaine approbation.

» C'est une chose déplorable que l'état d'un prédicateur qui cherche par ses discours non le salut des âmes, mais sa propre gloire, ou qui détruit par sa conduite ce qu'il établit par sa doctrine. Un pauvre frère simple et sans parole, qui, par ses bons exemples, porte les autres à bien vivre, doit lui être préféré. Celle qui était stérile s'est vue mère de beaucoup d'enfants, et celle qui avait beaucoup d'enfants s'est trouvée stérile. La stérile représente ce pauvre frère, lequel, n'exerçant aucun ministère qui donne des enfants à l'Eglise, ne laissera pas d'en avoir plusieurs au jour du jugement, parce qu'alors Jésus-Christ, le souverain juge, lui attribuera avec honneur ceux qu'il convertit par ses prières intimes. Celle qui avait beaucoup d'enfants et qui s'est trouvée stérile, est la figure du prédicateur vain qui n'a eu que des paroles. Il se réjouit maintenant d'avoir engendré beaucoup d'enfants à Jésus-Christ ; mais alors il se trouvera les mains vides, et reconnaîtra qu'ils ne lui appartiennent pas.

» Plusieurs mettent leur application à s'acquérir de la science, s'écartant de l'humilité et de l'oraison, se répandant et se dissipant au dedans et au dehors. Quand ils ont prêché et qu'ils apprennent que quelques-uns en ont été édifiés et touchés, ils s'élèvent et s'enflent de ce succès, sans faire réflexion que Dieu l'a octroyé aux prières et aux larmes de quelques pauvres frères, humbles et simples. Ce sont là mes véritables frères, mes chevaliers de la Table-Ronde, qui se cachent dans les lieux solitaires pour mieux vaquer à l'oraison, et dont la sainteté bien connue de Dieu est quelquefois inconnue aux hommes. Un jour ils seront présentés par les anges au Seigneur, qui leur dira : Mes enfants bien-aimés, voilà les âmes qui ont été sauvées par vos prières, par vos larmes, par vos bons exemples. Recevez le fruit des travaux de ceux qui n'y ont employé que leur science. Parce que vous avez été fidèles en peu de chose, je vous établirai sur beaucoup. Ils entreront ainsi dans la joie du Seigneur, chargés du fruit de leur vertus, tandis que les autres paraîtront nus et vides devant Dieu, ne portant que des marques de confusion et de douleur. »

Au chapitre général de 1220, saint François, sur des plaintes qu'on lui en avait faites et qui se trouvèrent quelque peu fondées, ôta la charge de vicaire général au frère Elie et la donna au second de ses disciples, Pierre de Catane. Il remit entre ses mains le gouvernement des frères, auquel il croyait ne pouvoir plus suffire, à cause de leur multitude et de ses propres infirmités. Ayant donc assemblé les frères en chapitre, il leur dit : « Je suis désormais mort pour vous ; voilà votre supérieur, Pierre de Catane, à qui nous obéirons, vous et moi. » Et se prosternant aux pieds de Pierre, il lui promit obéissance et respect, comme au ministre général de l'ordre. Mais les frères ne purent y consentir, et voulurent que, tant qu'il vivrait, aucun autre ne portât le nom de ministre, mais seulement de vicaire.

Pierre de Catane, voyant qu'il ne pouvait suffire aux besoins de tant de frères qui venaient à la Portioncule, demanda au saint homme s'il permettrait de réserver quelque chose des biens des novices qui se présentaient, pour le soulagement des autres. François répondit : Dieu nous garde de cette piété qui nous rend impies à l'égard de notre règle, par la consi dération des hommes ! — Que ferai-je donc ? dit frère Pierre. — Dépouillez l'autel de la Vierge de tous ses ornements, répondit François. Dieu nous enverra de quoi rendre à sa mère ce que nous emploierons pour exercer la charité. Croyez fermement que la Vierge aimera mieux voir dépouiller son autel, que de contrevenir à l'Evangile de son Fils. Et le saint patriarche prit de là occasion de recommander fortement la sainte pauvreté. Il se trouva là un des ministres de l'ordre qui avait amassé plusieurs livres, et voulait les garder, mais avec la permission du saint homme ; il lui demanda ce qu'il était permis à un frère Mineur d'avoir. François répondit : Je l'entends ainsi, qu'un frère Mineur ne doit rien avoir qu'une tunique, une corde et un caleçon ; et, en cas de nécessité, il peut porter des souliers. Le ministre reprit : Que ferai-je donc de ces livres que j'ai, qui valent plus de quarante livres d'argent ? (ce qui ferait environ huit cent francs de notre monnaie). François répondit : Mon frère, je ne veux pas, à cause de vos livres, corrompre le livre de l'Evangile, suivant lequel nous avons promis de n'avoir rien en ce monde. Faites de vos livres ce que vous voudrez, ma permission ne vous sera point une occasion de scandale. Il disait souvent qu'un homme n'a de science qu'autant qu'il pratique le bien, et que l'on connaît l'arbre par les fruits.

On lui demanda s'il trouvait bon que les hommes de lettres déjà reçus dans l'ordre étudiassent l'Ecriture sainte. Il répondit : Je le trouve bon, pourvu qu'ils ne manquent pas de s'appliquer à la prière, suivant l'exemple de Jésus-Christ, dont nous lisons qu'il a prié, plus que nous ne trouvons qu'il a lu. Et qu'ils n'étudient pas seulement pour savoir comment ils doivent parler, mais pour pratiquer ce qu'ils ont appris et le faire ensuite pratiquer aux autres. Il disait encore : Je ne veux pas que mes frères soient curieux de science et de livres, mais qu'ils soient fondés sur la sainte humilité, la simplicité, l'oraison et la pauvreté, notre dame et maitresse. Plusieurs frères laisseront ces vertus, sous prétexte d'édifier les hommes, et il arrivera que l'intelligence de l'Ecriture, par laquelle ils croiraient se remplir de lumière, de dévotion et d'amour de Dieu, leur sera une occasion de demeurer, au dedans, froids et vides. Ainsi, ils ne pourront revenir à leur vocation première pour avoir perdu, dans une vaine et fausse étude, le temps de vivre selon leur vocation (Collec. 15 et 16, *opuscul.*, t. III).

Au chapitre général de l'année suivante 1221, il fut question d'établir un vicaire général à la place de Pierre de Catane, mort le 10 mars de la même année. François, après avoir consulté Dieu, crut que sa volonté était de remetttre en cette place frère Elie : ce qui fut fait.

Dans ce même chapitre, avant de congédier les frères, François, étant assis aux pieds d'Elie, le tira par sa tunique et lui dit son intention en secret. Elie se releva ensuite et dit à toute l'assemblée : « Mes frères, voici ce que dit le frère, car ils nommaient ainsi François par excellence : Il y a un pays, c'est l'Allemagne, dont les habitants sont chrétiens et dévots; ils passent, comme vous savez, par notre pays, avec de longs bâtons et de larges bottes, souffrant l'ardeur du soleil et trempés de sueur, et vont visiter les lieux de dévotion, chantant les louanges de Dieu et des saints. J'ai quelquefois envoyé chez eux de nos frères, qui en sont revenus après avoir été maltraités ; c'est pourquoi on n'oblige personne d'y aller ; mais si quelqu'un est assez touché du zèle de la gloire de Dieu et du salut des âmes pour entreprendre ce voyage, je lui promets le même mérite d'obéissance et encore un plus grand que s'il allait outre-mer. »

Il s'en présenta environ quatre-vingt-dix pour cette mission, qu'ils regardaient comme une occasion de martyre, et on leur donna pour chef et pour ministre provincial d'Allemagne, frère Césaire, natif de Spire, et converti peu de temps auparavant par les sermons du frère Elie. Césaire était un homme d'un grand zèle, et qui, dans le monde, avait été prédicateur de réputation. De tous ceux qui s'étaient offerts pour la mission d'Allemagne, il n'en prit que vingt-sept, douze clercs et quinze laïques, parmi lesquels il y avait des Allemands et des Hongrois.

Ils partirent, divisés en petites troupes de trois ou quatre, et, avant la fête de saint Michel, ils arrivèrent tous successivement à Trente, où, pendant quinze jours, ils reçurent de l'évêque la plus généreuse hospitalité. Le jour de la fête, Césaire prêcha au clergé, et frère Bernabeo au peuple. Un homme, nommé Pèlerin, fut si touché du discours de Bernabeo, qu'il fit habiller de neuf tous les frères, vendit son bien, en distribua le prix aux pauvres, et revêtit l'habit des Mineurs. Césaire laissa quelques-uns des siens à Trente, les exhortant à la pratique de la patience et de l'humilité, et il continua sa mission avec les autres. L'évêque de Trente, qu'ils retrouvèrent à Botzen, les retint encore quelques jours, et leur donna la permission de prêcher dans tout son diocèse. Pendant leur route, ils se mettaient bien plus en peine du spirituel que du temporel. Aussi, ils souffrirent beaucoup ; ceux qu'ils avaient chargés du soin de leur vie ne savaient pas mendier, le peuple était peu généreux à leur égard. L'évêque de Brixen les reçut fort charitablement ; mais dans les montagnes du Tyrol, qui alors étaient encore plus sauvages qu'aujourd'hui, leurs souffrances devinrent extrêmes. Après de longues journées de marches pénibles, ils étaient réduits à vivre de fruits sauvages, encore se firent-ils un scrupule d'en manger un vendredi matin, parce que c'était un jour de jeûne selon la règle. Et pourtant ils avaient couché en plein air, sur les bords d'un petit ruisseau, sans avoir presque rien mangé. A Mittenwald, ils obtinrent à grande peine quelques pauvres morceaux de pain : Dieu les soutenait. Ils arrivèrent à Augsbourg, où l'évêque les embrassa tous et leur donna des marques de singulière bienveillance. Son neveu leur céda sa maison, qui devint un couvent.

En 1221, le 16 octobre, fête de saint Gall, Césaire tint à Augsbourg le premier chapitre de l'ordre en Allemagne, avec environ trente de ses frères, qu'il distribua en diverses provinces de ce vaste pays. Quelques-uns allèrent à Mayence, à Worms, à Spire, à Cologne ; ils y bâtirent des couvents et firent beaucoup de fruit pour le salut des âmes. Jourdain, d'un naturel très-timide et que Césaire avait amené d'Italie, quoiqu'il ne se fût pas présenté lui-même, mais qu'en chemin Dieu avait rempli d'un grand courage, fut envoyé avec deux compagnons à Saltzbourg, où il fit grand bien, sous la protection de l'archevêque. Trois autres allèrent s'établir à Ratisbonne. Césaire presque toujours les suivait, les animant d'exemple et de parole. Etant à Wurtzbourg, il donna l'habit des Mineurs à un jeune homme de distinction nommé Hartmod, et le nomma André, à cause de la fête de ce saint apôtre, qui se célébrait ce jour-là. Frère André, après avoir reçu les saints ordres, devint un grand prédicateur, et fut le premier custode ou gardien de Saxe.

Les enfants de saint François trouvèrent surtout la plus religieuse et la plus profonde sympathie auprès de la jeune duchesse de Thuringe, sainte Elisabeth de Hongrie, que nous verrons animée du même esprit que François. En 1222, les frères Mineurs et les frères Prêcheurs pénétrèrent ensemble dans le royaume de Suède et dans les autres pays du Nord. Un des premiers qui embrassèrent l'institut des Mineurs, fut Laurent-Octave, homme très-illustre. Le pauvre habit qu'il portait, et qu'il honorait par la pratique de toutes les vertus, particulièrement par l'amour des souffrances, ne le rendait pas moins vénérable que son éloquence et sa doctrine ; il contribua beaucoup à l'affermissement du christianisme dans ces contrées barbares. Elu archevêque d'Upsal en 1245, il obéit à l'ordre formel d'Innocent IV ; mais dans cette dignité il ne cessa point de vivre en vrai frère Mineur. Il gouverna la Suède dans l'interrègne qui suivit la mort du roi Eric-Bald, et travailla à faire régner chrétiennement son successeur. Lorsque vint son dernier moment, en 1267, il voulut reposer dans le couvent des frères Mineurs (*Hist. Upsal*, l. 2, *sub fine*).

Outre les frères qui furent martyrisés à Maroc et à Ceuta, dès 1219, François avait envoyé le bienheureux Egidius ou Gille d'Assise, prêcher la foi aux Sarrasins d'Afrique. Ils arrivèrent à Tunis ; mais un homme estimé très-sage parmi les Sarrasins, après avoir longtemps gardé le silence, sortit de sa retraite, et commença à dire publiquement : Il nous est venu des infidèles qui veulent décrier notre loi ; je vous conseille de les faire tous passer au fil de l'épée. Alors s'émut une grande rumeur parmi les musulmans et les chrétiens ; et les chrétiens qui se trouvaient à Tunis et chez lesquels demeuraient le bienheureux Gille et ses compagnons, craignant terriblement la mort, les contraignirent de rentrer dans le vaisseau, sans leur permettre d'aller parmi les Sarrasins de leur parler. Le lendemain matin, les infidèles vinrent impétueusement les chercher, et virent que, malgré la défense des autres chrétiens, ils les prêchaient du vaisseau et les exhortaient à embrasser la foi, désirant vivement le martyre. Enfin les frères, voyant qu'ils ne pouvaient exécuter leur dessein, retournèrent à saint François.

En la même année 1219, le frère Benoît d'Arezzo s'embarqua avec ses compagnons pour aller en Grèce. Là, ils servirent le christianisme par la sainteté de leur vie, les miracles et la prédication ; peu de temps, les frères Mineurs y eurent un grand nombre de maisons, et formèrent la province de Romanie.

Cependant au chapitre général de 1221, se trouvait saint Antoine de Padoue, avec le frère Philippin, son compagnon, à la distribution des obédiences. Comme personne ne le connaissait, personne ne le demandait. Alors Antoine et Philippin se présentèrent au frère Gratien, provincial de Bologne, le suppliant de leur assigner un lieu où ils pussent étudier Jésus-Christ et la discipline régulière. Il les emmena dans sa province ; Philippin fut envoyé à Citta di Castello, et ensuite à Columbario, en Toscane, où il mourut saintement. Antoine demeura dans l'ermitage du mont Saint-Paul, près de Bologne. Dans une petite cellule taillée dans le roc et isolée, il se livra tout entier à la méditation des saintes Ecritures et à la mortification de ses sens. Vivant dans la simplicité au milieu des simples, il cachait sous des dehors faibles et humbles les grandes lumières qu'il recevait du ciel. Dieu prépare toujours dans le secret les apôtres qui doivent répandre à grands flots la vérité et la charité divine.

Bientôt fut manifesté à ses supérieurs et au monde ce vase d'honneur, sanctifié et préparé pour toute sorte de bons usages. On l'envoya à Forli, dans la Romagne, pour y recevoir les saints ordres. Il y avait plusieurs de ses frères : des frères Prêcheurs et des séculiers. L'ordination était précédée par des exercices spirituels et des examens. Après une conférence, l'évêque désigna Antoine pour faire une exhortation pieuse. Il obéit. Sa parole fut d'abord simple et timide ; mais se livrant tout entier aux inspirations de l'Esprit-Saint, elle prit un merveilleux caractère de grandeur et de force.

A cette nouvelle, l'âme de François tressaillit de bonheur et d'espérance ; il comprit qu'une nouvelle voie allait s'ouvrir devant son ordre qui porterait désormais, sur la terre et au ciel, la triple couronne de la sainteté, du martyre et de la science. Il ordonna à Antoine de se livrer à l'étude de la théologie, tout en continuant à évangéliser les peuples. Pour obéir à cette chère et sainte volonté, il alla avec un frère anglais, Adam de Marisco, qui fut depuis un célèbre docteur, à Verceil, où professait alors avec un succès immense, dans l'abbaye de Saint-André, Thomas, ancien religieux de Saint-Victor de Paris. Antoine devint supérieur à son maître, et de toutes parts ses frères le suppliaient d'enseigner à son tour la théologie dans un des couvents de l'ordre. Le saint instituteur lui en donna l'obédience formelle en ces termes : « A mon très-cher frère Antoine, frère François, salut en Jésus-Christ. Il me plaît que vous enseigniez aux frères la sainte théologie, de telle sorte néanmoins, que l'esprit de la sainte oraison ne s'éloigne ni en vous, ni dans les autres, selon la règle dont nous faisons profession. Portez-vous bien (S. Franç., *Opusc.*, t. I, p. 4). »

Antoine enseigna d'abord à Montpellier, ensuite à Bologne, à Padoue, à Toulouse (*Vit. S. Ant.*, 13 *junii, Acta Sanct.*). Cependant le plus fameux docteur de l'université de Paris abaissait son esprit devant l'humilité et la pauvreté. Alexandre de Halès, anglais de naissance, enseignait avec un succès merveilleux. Il avait promis d'accorder, s'il était possible, tout ce qu'on lui demanderait pour l'amour de la sainte Vierge. Un jour, un frère Mineur, le rencontrant, lui dit : Révérend maître, il y a longtemps que vous servez le monde avec une grande réputation ; notre ordre n'a pas de maître savant ; ainsi, pour sa gloire, pour votre sanctification, pour l'amour de Dieu et de la sainte vierge Marie, prenez l'habit des Mineurs. Alexandre répondit du fond de son cœur : Allez, mon frère, je vous suivrai bientôt, et je ferai ce que vous demandez. En effet, quelques jours après, c'était en 1222, il quitta le monde et revêtit le pauvre habit des frères Mineurs (S. Antonin., *Chron.*, *pars* 3, *tit.* 24, *cap.* 8, § 1).

Après le chapitre général de 1221, François parcourait les villes et les bourgs de l'Ombrie et de la Toscane, prêchant la pénitence et la paix ; tel était l'objet de tout son zèle, de toute sa sollicitude. A Canara et dans plusieurs autres lieux, les habitants, par troupes immenses d'hommes et de femmes, quittèrent leurs maisons et leurs familles, et le suivirent dans ses courses apostoliques. Ce mouvement religieux croissait au delà de ses espérances. Plusieurs maris voulaient quitter leurs femmes, et plusieurs femmes voulaient s'enfermer dans les cloîtres. Les villes et les campagnes allaient demeurer sans habitants : tous demandaient les moyens de mener plus facilement une vie chrétienne. Saint François promit de les satisfaire. Sans vouloir rompre des mariages bien unis, ni dépeupler le pays, il promit de leur donner une législation spirituelle qui, au milieu du monde, leur ferait goûter la paix de la vie religieuse.

A Florence, on avait déjà commencé à bâtir une

maison pour les gens mariés qui renonçaient au monde. Ils se formèrent en deux congrégations, l'une d'hommes, l'autre de femmes; chacune avait son chef et s'appliquait aux exercices de piété et à la pratique des œuvres de miséricorde avec un si grand dévouement, qu'un auteur contemporain les compare aux premiers fidèles (Mariana, Florent., *Chron.*, c. 20).

Passant à Poggi-Bonzi, en Toscane, François trouva une des anciennes amitiés de sa jeunesse, le marchand Luchesio. Dieu venait de changer sa cupidité en dévouement et son avarice en sainte prodigalité; il faisait de grandes aumônes, soignait les malades dans les hôpitaux, remplissait tous les devoirs de la vie chrétienne, et tâchait d'inspirer les mêmes sentiments à Bona-Donna, sa femme. A la vérité, elle était pieuse, mais pas assez détachée des biens et de la vanité du monde, ce qui la portait à blâmer les grandes aumônes de son mari. Un jour Luchesio, ayant distribué aux pauvres tout le pain qui était dans la maison, il pria Bona-Donna de donner encore quelque chose à d'autres qui survinrent. Elle lui répondit en colère : Tête sans cervelle et affaiblie par les veilles et les jeûnes, tu négligeras donc toujours les intérêts de ta famille? Luchesio, aussi patient que charitable, ne s'émut point des injures, et pria sa femme de regarder dans l'endroit où l'on mettait le pain, en pensant à Celui qui, par sa puissance, rassasia des milliers de personnes avec cinq pains et deux poissons. Bona-Donna y trouva une grande quantité de pains. Dès ce jour, elle n'eut plus besoin d'être exhortée aux œuvres de miséricorde, et il y eut entre ces deux âmes compatissantes une sainte émulation.

Luchesio supplia François de leur montrer une voie de sanctification qui leur convînt. François répondit : « J'ai pensé depuis peu à instituer un troisième ordre, où les gens mariés pourront servir Dieu parfaitement, et je crois que vous ne pourriez mieux faire que d'y entrer. » Ils se jetèrent à ses pieds, demandant cette grâce avec instance. François leur fit prendre un habit simple et modeste, d'une couleur grise, avec une corde à plusieurs nœuds, pour ceinture; et, quelques mois après, il leur donna la règle suivante, qui, par son extrême simplicité, est devenue une législation universelle et populaire.

Tous ceux qui professent la foi catholique et l'obéissance à l'Eglise peuvent entrer dans l'ordre et participer à ses avantages spirituels et temporels. Mais il y a quatre conditions indispensables pour être admis : 1° restituer tout le bien injustement acquis; 2° se réconcilier absolument et franchement avec son prochain; 3° observer les commandements de Dieu et de l'Eglise, ainsi que la règle; 4° les femmes mariées ne pouvaient être associées qu'avec la permission expresse ou tacite de leurs maris. Chacun, reçu librement, était bien averti qu'aucune des observances de la règle n'obligeait sous peine de péché mortel. Ainsi, en excluant même le mobile si puissant de la crainte des peines éternelles, cette loi n'avait plus d'autre sanction que la bonne volonté et l'amour divin, et son immense et rapide propagation dans tous les pays et au milieu de tant de peuples divers, est une preuve invincible que l'Eglise est plus puissante dans le monde que tous les législateurs, que son amour est plus fort que le glaive, et qu'elle seule peut ouvrir devant les nations les voies de la vraie liberté et de la vie.

François règle d'abord la vie intime, l'intérieur de la famille. Les frères et les sœurs auront un habit spécial et humble; leur ameublement doit être simple et modeste; mais, en cela, rien d'absolu; chacun doit suivre les bienséances de sa condition sociale. Seulement on doit s'efforcer de détruire au fond de son âme l'amour des richesses et du luxe, cette concupiscence des yeux, qui avait tué les antiques sociétés de l'Orient, de Grèce et de Rome, et qui ronge les sociétés modernes. Les frères ne pourront pas fréquenter les théâtres, les festins et les divertissements déshonnêtes du monde. Voilà toutes les lois somptuaires. La vie sera humble, mortifiée par le jeûne, sanctifiée par la prière; il y a de nombreuses exceptions en faveur des malades, et surtout des classes laborieuses, c'est-à-dire du plus grand nombre; on ne leur laisse que la prière, la plus douce des consolations.

Ceux qui entrent dans l'ordre de la pénitence feront leur testament, de crainte qu'ils ne meurent sans avoir fait un acte aussi important pour assurer la légitime transmission des propriétés. François détruisait une cause incessante de procès, que les frères doivent par-dessus tout éviter. S'il s'élève entre eux une contestation, ils feront en sorte de la terminer par accommodement, du conseil de l'évêque, si cela est nécessaire; s'ils n'y peuvent parvenir, ils s'adresseront aux juges naturels et établis. Ils ne feront point de serments solennels, si ce n'est dans les cas autorisés par le Siége apostolique, pour rétablir la paix, pour justifier leur foi, pour réfuter une calomnie, pour confirmer un témoignage, pour autoriser un contrat de vente ou de donation. Ils éviteront, autant que possible, de faire aucun serment en conversation; et si dans l'examen du soir ils se rappellent en avoir laissé échapper, ils diront trois fois l'Oraison dominicale. Enfin, les frères ne porteront aucune arme offensive, si ce n'est pour la défense de l'Eglise romaine, de la foi chrétienne et de leur pays (*S. Francisci, Opuscula*, t. I).

L'ordre de saint Dominique ne faisait pas moins de progrès ni moins de bien que celui de saint François. Frère Réginald, envoyé de Bologne à Paris, prêchait dans cette dernière ville avec un succès merveilleux. Les frères le regardaient comme leur plus grande lumière après leur saint fondateur, lorsque Dieu le leur enleva par une courte maladie. Mais la veille même de sa mort, il gagna à l'ordre deux de ses membres les plus distingués : Jourdain de Saxe, et Henri de Cologne. Voici comme le premier, que nous avons déjà vu lié avec saint Dominique, raconte lui-même leur entrée en religion.

« La nuit même où l'âme du saint homme Réginald s'envola au Seigneur, moi, qui n'étais point encore frère par l'habit, mais qui avais fait vœu de l'être dans ses mains, je vis en songe les frères sur un vaisseau. Tout à coup le vaisseau fut submergé, mais les frères ne périrent point dans le naufrage; je pense que ce vaisseau était frère Réginald, regardé alors par les frères comme leur bâton. Un autre vit en songe une fontaine limpide qui cessait subitement de verser de l'eau, et qui était remplacée par deux sources jaillissantes. En supposant que cette vision représente quelque chose de réel, je connais trop ma propre stérilité pour oser en donner l'interprétation. Je sais seulement que Réginald ne reçut à Paris que la profession de deux religieux, la mienne et celle de frère Henri, qui fut depuis prieur de Cologne, homme que j'aimais dans le Christ d'une affection que je n'ai accordée aussi entière à aucun autre homme; vase d'honneur et de perfection, tel que je ne me souviens pas d'avoir vu en cette vie une plus gracieuse créature. Le Seigner se hâta de le rappeler à lui, et c'est pourquoi il ne sera pas inutile de dire quelque chose de ses vertus.

» Henri avait eu dans la Sicile une naissance distinguée, et on l'avait nommé tout jeune chanoine d'Utrecht. Un autre chanoine de la même Eglise, homme de bien et de grande religion, l'avait élevé dès ses plus tendres années dans la crainte du Seigneur. Il lui avait appris par son exemple à vaincre le siècle en crucifiant sa chair et en pratiquant les bonnes œuvres; il lui faisait laver les pieds des pauvres, fréquenter l'église, fuir le mal, mépriser le luxe, aimer la chasteté; et ce jeune homme, étant d'une nature excellente, se montra docile au joug de la vertu; les bonnes mœurs crurent en lui aussi vite que l'âge, et on l'eût pris, à le voir, pour un ange en qui la naissance et l'honnêteté n'étaient qu'une même chose. Il vint à Paris, où l'étude de la théologie ne tarda pas de le ravir à toute autre science, doué qu'il était d'un génie naturel très-vif et d'une raison parfaitement ordonnée. Nous nous rencontrâmes dans l'hôtel que j'habitais, et bientôt l'habitude de la vie commune se changea en une douce et étroite unité de nos âmes.

» Frère Réginald, d'heureuse mémoire, étant venu aussi dans le même temps à Paris et y prêchant avec force, je fus touché de la grâce et fis vœu au dedans de moi-même d'entrer dans son ordre; car je pensais y avoir trouvé un sûr chemin du salut, tel qu'avant de connaître les frères je me l'étais souvent représenté. Cette résolution prise, je commençai à désirer d'enchaîner au même vœu le compagnon et l'ami de mon âme, en qui je voyais toutes les dispositions de la nature et de la grâce requises dans un prédicateur. Lui me refusait, et moi je ne cessais de le presser. J'obtins qu'il irait se confesser à frère Réginald, et lorsqu'il fut de retour, ouvrant le prophète Isaïe par manière de consultation, je tombai sur le passage suivant : *Le Seigneur m'a donné une langue savante pour que je soutienne par la parole celui qui tombe; il m'éveille le matin pour que j'écoute sa voix. Le Seigneur m'a fait entendre sa voix, et je ne lui résiste point, je ne vais point en arrière* (Isaï., 50, 4 et 5). Pendant que je lui interprétais le passage qui répondait si bien à l'état de son cœur, et que je le lui présentais comme un avis du ciel, je l'exhortais à soumettre sa jeunesse au joug de l'obéissance, nous remarquâmes quelques lignes plus bas ces deux mots : *Tenons-nous ensemble*, qui nous avertissaient de ne point nous séparer l'un de l'autre, et de consacrer notre vie au même dévouement. Ce fut par allusion à cette circonstance que, lui étant en Allemagne et moi en Italie, il m'écrivit un jour : Où est maintenant le *tenons-nous ensemble*? Vous êtes à Bologne et moi à Cologne! Je lui disais donc : Quel plus grand mérite, quelle plus glorieuse couronne que de nous rendre participants de la pauvreté du Christ et de ses apôtres, et d'abandonner le siècle pour l'amour de lui? Mais bien que sa raison le fît tomber d'accord avec moi, sa volonté lui persuada de me résister.

» La nuit même où nous tenions ces discours, il alla entendre matines dans l'église de la bienheureuse Vierge, et y demeura jusqu'à l'aurore, priant la Mère du Seigneur de fléchir ce qu'il sentait de rebelle en lui. Et comme il ne s'apercevait pas que la dureté de son cœur fût amollie par sa prière, il commença à dire en lui-même : *Maintenant, ô Vierge bienheureuse, j'éprouve que vous n'avez point compassion de moi, et que je n'ai point ma place marquée dans le collège des pauvres du Christ!* Il disait cela avec douleur, parce qu'il y avait en lui un désir de la pauvreté volontaire, et que le Seigneur lui avait une fois montré combien elle a de poids au jour du jugement. La chose s'était ainsi passée. Il voyait en songe le Christ sur son tribunal, et deux multitudes innombrables, l'une qui était jugée, l'autre qui jugeait avec le Christ. Pendant que, sûr de sa conscience, il regardait tranquillement ce spectacle, l'un de ceux qui étaient à côté du juge étendit tout à coup la main vers lui, et lui cria : Toi qui es là-bas, qu'as-tu jamais abandonné pour le Seigneur? Cette question le consterna, parce qu'il n'avait rien à y répondre; et c'est pourquoi il souhaitait la pauvreté quoiqu'il n'eût pas le courage de l'embrasser de lui-même. Il se retirait donc de l'Eglise de Notre-Dame, triste de n'avoir point obtenu la force qu'il avait demandée.

» Mais, à ce moment, Celui qui regarde d'en haut les humbles, renversa les fondements de son cœur : des ruisseaux de larmes arrivèrent à ses yeux; son âme s'ouvrit et s'épancha devant le Seigneur; toute la dureté qui l'opprimait fut brisée, et le joug du Seigneur, auparavant si dur à son imagination, lui apparut ce qu'il est réellement, doux et léger. Il se leva dans le premier mouvement de son transport, et courut chercher frère Réginald, entre les mains duquel il prononça ses vœux. Il vint ensuite me trouver, et pendant que je considérais sur son angélique figure la trace des larmes, et que je lui demandais où il était allé, il me répondit : J'ai fait un vœu au Seigneur, et je l'accomplirai. Nous différâmes cependant notre prise d'habit jusqu'au temps du carême, et nous gagnâmes dans l'intervalle un de nos compagnons, frère Léon, qui succéda depuis à frère Henri dans la charge de prieur.

» Le jour étant venu où l'Eglise, par l'imposition des cendres, avertit les fidèles de leur origine et de leur retour à la poussière d'où ils sont sortis, nous nous disposâmes à acquitter notre vœu. Nos autres compagnons n'avaient aucune connaissance de notre dessein, et l'un d'eux voyant sortir frère Henri de l'hôtel, lui dit : Monsieur Henri, où allez-vous? Je vais, répondit-il, à Béthanie, faisant allusion au sens hébraïque de ce nom qui veut dire, *maison d'obéissance*. Nous nous rendîmes, en effet, tous les trois à Saint-Jacques, et nous entrâmes au moment où les frères chantaient : *Immutemur habitu*. Ils ne s'attendaient pas à notre visite; mais quoique imprévue, elle ne laissait pas d'être opportune, et nous dépouillâmes le vieil homme pour revêtir le nouveau, pendant que les frères chantaient la même chose que nous faisions (Le B. Jourdain, *Vie de S. Dom.*, c. 3, n. 47 et suiv.). »

Réginald ne vit pas de ses yeux la prise d'habit de Jourdain de Saxe et de Henri de Cologne; il était retourné à Dieu avant d'avoir consommé cette dernière œuvre.

Saint Dominique et saint François, amis de cœur, agissaient dans le même esprit. En 1219, ils se trouvèrent tous deux à Pérouse, chez le cardinal Hugolin, leur ami commun, qui y était légat. Comme ils s'y entretenaient sérieusement des affaires de l'Eglise, le cardinal leur demanda s'ils auraient pour agréable que quelques-uns de leurs disciples fussent élevés aux dignités ecclésiastiques. Car, ajouta-t-il, je suis persuadé qu'ils gouverneraient leurs troupeaux avec la même application que ces évêques des premiers temps, qui, dans une grande pauvreté, animés d'une charité sincère, ne songeaient qu'à édifier les peuples par leurs instructions et leurs exemples. Saint Dominique répondit que c'était assez d'honneur à ses frères d'être appelés à instruire les autres et à défendre la loi contre les hérétiques. Saint François dit que les siens ne seraient plus frères Mineurs ou petits frères, s'ils devenaient grands, et que, si on voulait qu'ils fissent du fruit, il fallait les laisser dans leur état. Ils conclurent donc l'un et l'autre à refuser les prélatures. Le cardinal fut très-édifié de leur humilité; mais il ne changea pas d'avis et crut, non sans raison, que de tels ministres seraient très-utiles à l'Eglise (Wadding, an 1219, n. 1).

Saint Dominique proposa à saint François d'unir leurs deux congrégations et de n'en faire qu'une. Mais saint François répondit : « Mon cher frère, c'est la volonté de Dieu qu'elles demeurent séparées, afin de s'accommoder à l'infirmité humaine par cette variété, et que celui à qui la rigueur de l'une ne conviendrait pas, embrasse la douceur de l'autre (*Ibid.*, n. 2). » Ils ne laissèrent pas d'affermir entre eux et leurs disciples une parfaite union, qui a duré jusqu'à nos jours.

La même année 1219, saint Dominique assista au chapitre général des frères Mineurs. Il leur vit pratiquer à tous la pauvreté qu'il pratiquait lui-même. Ce spectacle l'encouragea sans doute dans la résolution qu'il avait prise d'en faire une loi générale pour toute sa congrégation. Il exécuta sa résolution l'année suivante 1220, au premier chapitre général de son ordre.

Il y fut résolu que les frères Prêcheurs embrasseraient la pauvreté volontaire, et la mettraient pour fondement de leur institut, renonçant pour toujours aux fonds de terre et aux revenus, même à ceux qu'ils avaient à Toulouse, et dont le Pape leur avait confirmé la possession par sa première bulle. Dominique voulait aller plus loin, et que toute l'administration domestique fût laissée entre les mains des frères convers, afin que les autres pussent vaquer sans aucun souci à la prière, à l'étude et à la prédication. Mais les Pères du chapitre s'en défendirent par l'exemple récent des religieux de Grandmont, qu'un règlement semblable avait mis à la merci des laïques, et réduits à un état de servitude dégradant. Dominique se rangea de leur avis.

Dans la même assemblée générale, Dominique supplia les Pères de le décharger du poids du gouvernement : « Je mérite, leur dit-il, d'être déposé, car je suis inutile et attiédi (*Act. de Bologne.* Déposition de Rodolphe de Faënza, n. 4). » Outre le sentiment d'humilité qui le faisait parler de la sorte, il n'avait pas perdu le désir d'achever sa vie chez les infidèles, et d'obtenir, en leur portant la vérité, cette palme du martyre dont son cœur avait toujours eu une ardente soif. Il avait dit plus d'une fois qu'il souhaitait d'être battu de verges et coupé en morceaux pour Jésus-Christ. S'épanchant avec frère Paul de Venise, il lui disait : « Quand nous aurons réglé et formé notre ordre, nous irons chez les Comans; nous leur prêcherons la foi du Christ, et nous les gagnerons au Seigneur (*Act. de Bologne.* Déposition de Paul de Venise, n. 3). »

Or, ce moment lui paraissait venu. N'avait-il pas réglé et formé son ordre ? Ne le voyait-il pas de ses yeux comme un cep mûri ? Quoi de mieux à faire que d'offrir les restes de son corps et de son âme en sacrifice ? Mais les Pères ne voulurent point entendre parler de sa démission. Loin d'y consentir, ils le confirmèrent à l'envi dans la charge de maître général, et ajoutèrent à l'autorité du Siège apostolique, de qui il la tenait, le lustre d'une libre et unanime élection. Dominique obtint du moins que son pouvoir serait limité par des magistrats appelés *définiteurs*, lesquels, au temps du chapitre, auraient le droit d'examiner et de régler les affaires de l'ordre, et même de déposer le maître général, s'il venait à prévariquer. Ce remarquable statut fut approuvé dans la suite par Innocent IV. Le chapitre se sépara après avoir décrété qu'il se réunirait tous les ans, une année à Bologne, et l'autre année à Paris, alternativement. Néanmoins, par une exception immédiate, on désigna Bologne pour la prochaine assemblée.

La dignité en laquelle Dominique venait d'être confirmé par ses frères ne lui fit rien changer à sa manière de vivre; il ne se distinguait entre eux que par son austérité, son abstinence, ses veilles et ses autres mortifications, étant du reste le premier à toutes les observances. Il corrigeait les frères avec autant de discrétion que de sévérité. S'il en voyait un tomber dans quelque faute, il la dissimulait pour lors et prenait son temps pour le reprendre avec douceur et lui faire avouer sa faute; puis il le consolait avec une tendresse de mère. Il n'y avait presque point de jour qu'il ne fît aux frères un sermon ou une conférence, mais avec une dévotion si touchante, qu'il les faisait fondre en larmes.

Il y avait dans ce temps à l'université de Bologne un docteur fameux, tant par sa science que par sa vertu : c'était Conrad le Teutonique. Les frères Prêcheurs désiraient ardemment lui voir embrasser leur ordre. La veille de l'Assomption de la sainte Vierge, Dominique s'entretenait confidentiellement avec un religieux de l'ordre de Cîteaux, qui fut depuis évêque d'Alatri et qui était alors prieur du monastère de Casemar. Dominique l'avait connu à Rome et s'était pris pour lui d'une grande affection. C'est pourquoi, lui ouvrant son cœur ce soir-là, il lui dit dans l'entraînement de la conversation : « Je vous avoue, mon prieur, une chose que je n'ai encore dite à personne et dont je vous prie de me garder le secret jusqu'à ma mort; c'est que jamais en cette vie Dieu ne m'a rien refusé de ce que je lui ai demandé. » Le prieur entra dans une grande admiration à ce discours, et sachant le désir qui pressait les frères au sujet de maître Conrad le Teutonique, il lui dit : « S'il en est ainsi, Père, pourquoi ne demandez-vous point à Dieu qu'il vous donne maître Conrad, dont je vois que les frères envient si passionnément la possession ? » Dominique lui répondit : « Mon bon frère, vous parlez là d'une chose bien difficile à obtenir ; mais si vous voulez cette nuit prier avec moi, j'ai confiance au Seigneur qu'il nous accordera la grâce que vous souhaitez. » Après les complies, le serviteur de Dieu resta donc dans l'église, selon sa coutume, et le prieur de Casemare était avec lui. Ils assistaient ensuite aux matines de l'Assomption, et, le jour étant venu, à l'heure de prime, pendant que le chantre entonnait le *Jam lucis orto sidere*, on vit entrer dans le chœur maître Conrad, qui se jeta aux genoux de Dominique et lui demanda instamment l'habit. Le prieur de Casemare, fidèle au secret promis, ne raconta cette histoire qu'après la mort de Dominique, auquel il survécut plus de vingt ans. Il avait craint d'abord de mourir le premier, et il en fit au saint l'observation ; mais celui-ci l'assura qu'il n'en serait rien (Le B. Humbert, *Vie de S. Dom.*, n. 50).

Ainsi qu'il est arrivé à tous les saints, Dominique exerçait une grande puissance sur l'esprit de ténèbres. Il le chassa plusieurs fois du corps des frères. Il le voyait se présenter à lui sous des formes diverses, tantôt pour le détourner de sa méditation, tantôt pour le troubler pendant qu'il prêchait. Thierry d'Apolda raconte entre autres ce qui suit : « Un jour que le saint, sentinelle vigilante, faisait le tour de la cité de Dieu, il rencontra le démon qui rôdait dans le couvent comme une bête dévorante ; il l'arrêta et lui dit : Pourquoi rôdes-tu de la sorte ? Le démon répondit : A cause du bénéfice que j'y trouve. Le saint lui dit : Que gagnes-tu au dortoir ? Il répondit : J'ôte aux frères le sommeil, je leur persuade de ne point se lever pour l'office, et, quand cela m'est permis, je leur envoie des songes et des illusions. Le saint le conduisit au chœur et lui dit : Que gagnes-tu dans ce saint lieu ? Il répondit : Je les fais venir tard, sortir tôt et s'oublier eux-mêmes. Interrogé au sujet du réfectoire, il répondit : Qui ne mange plus ou moins qu'il ne faut ? Mené au parloir, il dit en riant : Ce lieu-ci est à moi ; c'est le lieu des rires, des vains bruits, des paroles inutiles. Mais quand il fut au chapitre, il commença à vouloir s'enfuir, en disant : Ce lieu m'est en exécration, j'y perds tout ce que je gagne ailleurs ; c'est ici que les frères sont avertis de leurs fautes, qu'ils s'accusent, qu'ils font pénitence et qu'on les absout (*Vie de S. Dom.*, c. 15). »

Dominique, en parcourant la Lombardie, avait vu de bien tristes signes de l'affaiblissement de la foi. En un grand nombre de lieux, les laïques s'étaient emparés du patrimoine de l'Église, et, sous prétexte qu'elle était trop riche, tout le monde la pillait. Le clergé, réduit à une pauvreté dégradante, ne pouvait plus pourvoir aux magnificences du culte ni exercer envers les pauvres le devoir de la charité, et l'hérésie manichéenne, qui avait engendré la spoliation, en naissait à son tour comme moyen de la justifier. Il n'y a pas pour l'Église de pire situation que celle-là. Les biens qu'elle a perdus lui font de ceux qui les possèdent d'implacables ennemis ; l'erreur se transmet comme une condition de la propriété, et le temps, qui efface tout, semble impuissant contre cette alliance des intérêts de la terre avec l'aveuglement de l'esprit. Dominique, fondateur d'un ordre mendiant, avait plus de droits que personne de s'opposer à une aussi effroyable combinaison du mal. Il institua, pour y résister une association à laquelle il donna le nom de *Milice de Jésus-Christ*. Elle était composée de gens du monde des deux sexes, qui s'engageaient à défendre les biens et la liberté de l'Église par tous les moyens en leur pouvoir. Leur habit, resté le même pour la forme que celui du monde, s'en distinguait par les couleurs dominicaines : le blanc, symbole de l'innocence, et le noir, symbole de la pénitence. Sans être liés par les trois vœux de pauvreté, de chasteté et d'obéissance, ils participaient autant que possible à la vie religieuse. Ils observaient des abstinences, des jeûnes, des veilles, et remplaçaient par un certain nombre de *Pater noster* et d'*Ave Maria*, la récitation de l'office divin. Ils avaient, sous l'autorité de l'ordre, un prieur de leur choix ; ils s'assemblaient à des jours fixes dans une église de frères Prêcheurs, pour y entendre la messe et le sermon. Quand Dominique eut été mis au rang des saints, les frères et les sœurs de l'association prirent le titre de *Milice de Jésus-Christ et du bienheureux Dominique*. Plus tard, ce qu'il y avait de militant dans cette appellation disparut avec les causes publiques du combat, et l'association demeura consacrée aux progrès de l'homme intérieur sous le nom de *frères et sœurs de la Pénitence de saint Dominique*.

La Milice de Jésus-Christ était le troisième ordre institué par Dominique, ou plutôt le troisième rameau d'un seul ordre qui embrassait dans sa plénitude les hommes, les femmes et les gens du monde. Par la création des *frères Prêcheurs*, Dominique avait tiré du désert les phalanges monastiques et les avait armées du glaive de l'apostolat ; par la création du *tiers-ordre*, il introduisit la vie religieuse jusqu'au sein du foyer domestique et au chevet du lit nuptial. Le monde se peupla de jeunes filles, de veuves, de gens mariés, d'hommes de tout état qui portaient publiquement les insignes d'un ordre religieux, et s'astreignaient à ses pratiques dans le secret de leurs maisons. L'esprit d'association qui régnait au moyen-âge, et qui est celui du christianisme, favorisa ce mouvement. De même qu'on appartenait à une famille par le sang, à une corporation par le service auquel on s'était voué, à un peuple par le sol, à l'Église par le baptême, on voulut appartenir par un dévouement de choix à l'une des glorieuses milices qui servaient Jésus-Christ dans les travaux de la parole et de la pénitence. On revêtait les livrées de saint Dominique ou de saint François ; on se greffait sur l'un de ces deux troncs, pour vivre de leur sève tout en conservant encore sa propre nature ; on fréquentait leurs églises, on participait à leurs prières, on les assistait de son amitié, on suivait d'aussi près que possible la trace de leurs vertus. On ne croyait plus qu'il fallût fuir du monde pour s'élever à l'imitation des saints ; toute chambre pouvait devenir une cellule, et toute maison, une Thébaïde.

L'histoire de cette institution est une des plus belles choses qu'on puisse lire. Elle a produit des saints sur tous les degrés de la vie humaine, depuis le trône jusqu'à l'escabeau, avec une telle abondance que le désert et le cloître pouvaient s'en montrer jaloux. Les femmes surtout ont enrichi les tiers-ordres du trésor de leurs vertus. Trop souvent enchaînées dès l'enfance à un joug qu'elles n'ont point souhaité, elles échappaient à la tyrannie de leur position par l'habit de saint Dominique ou de saint François. Le monastère venait à elles, puisqu'elles ne pouvaient aller chercher le monastère. Elles se faisaient, dans quelque réduit obscur de la maison paternelle ou conjugale, un sanctuaire mystérieux, tout plein de l'Époux invisible qu'elles aimaient uniquement. Ainsi nous verrons sainte Catherine de Sienne et sainte Rose de Lima sous l'habit de saint Dominique, et sainte Elisabeth de Hongrie sous l'habit de saint François (Lacordaire, *Vie de S. Dominique*).

La Pentecôte de l'an 1221 tombait le 30 mai. C'était le jour marqué pour la célébration du deuxième chapitre général à Bologne. Dominique, en entrant à Saint-Nicolas, après un dernier voyage de Rome, remarqua qu'on travaillait à élever l'un des bras du couvent, pour en agrandir les cellules; il pleura beaucoup en voyant cet ouvrage, et dit à frère Rodolphe, procureur du couvent, et aux frères : « Eh! quoi, vous voulez sitôt abandonner la pauvreté et vous bâtir des palais! » Il ordonna ensuite qu'on arrêtât les travaux, qui ne furent repris qu'après sa mort.

Dans le deuxième chapitre général, on fit la division de l'ordre en huit provinces, savoir, l'Espagne, la Provence, la France, la Lombardie, Rome, l'Allemagne, la Hongrie et l'Angleterre. La primauté d'honneur fut donnée à l'Espagne, non par droit d'antiquité, mais par vénération pour la personne du saint patriarche dont elle était le berceau. Elle eut pour prieur provincial Suéro Gomez; la Provence, Bertrand de Garrique; la France, Matthieu de France; la Lombardie, Jourdain de Saxe; Rome, Jean de Plaisance; l'Allemagne, Conrad le Teutonique; la Hongrie, Paul de Hongrie; l'Angleterre, Gilbert de Frassinet. Les six premières provinces renfermaient à elles seules environ soixante couvents fondés en moins de quatre années; les deux dernières, la Hongrie et l'Angleterre, n'avaient point encore reçu de frères Prêcheurs. Dominique leur en envoya du sein même du chapitre général.

Paul, qui fut destiné à la Hongrie, était un professeur de droit canonique à l'université de Bologne, tout récemment entré en religion. Il partit avec quatre compagnons, parmi lesquels était frère Sadoc, renommé par l'éminence de sa vertu. Vesprim et Albe-Royale furent les premières villes où ils fondèrent des couvents. Ils s'avancèrent plus tard vers cette nation des Comans, qui avait tant excité la sollicitude de Dominique, et où il aurait voulu finir ses jours. Frère Paul convertit un grand nombre d'idolâtres dans la Croatie, l'Esclavonie, la Transilvanie, la Valachie, la Moldavie, la Bosnie, la Servie. Ayant laissé à d'autres le soin des églises qu'il venait de fonder, il alla prêcher l'Evangile aux Comans. Parmi ceux qu'il convertit, on compta un duc nommé Brut, et Bernborc, un des principaux princes du pays. Ce dernier eut pour parrain André, roi de Hongrie, et père de sainte Elisabeth. Le zélé missionnaire souffrit le martyre avec quatre-vingt-dix religieux de son ordre, qui travaillaient dans les mêmes contrées. Les uns furent brûlés, les autres décapités; d'autres furent tués à coups de flèches ou de lances. Leur martyre arriva l'an 1242, lors de la grande irruption des Tartares dans le pays où ils faisaient leurs missions.

La mission d'Angleterre eut un succès non moins heureux que celle de Hongrie. Gilbert de Frassinet, qui en était le chef, se présenta avec douze compagnons à l'archevêque de Cantorbéry. L'archevêque ayant ouï qu'ils étaient des frères Prêcheurs, ordonna incontinent à Gilbert de prêcher devant lui dans une église où lui-même s'était proposé de monter en chaire ce jour-là. Il en fut si content, qu'il donna son amitié aux frères, et les protégea tout le temps qu'il vécut. Leur premier établissement fut à Oxford; ils y élevèrent une chapelle à la sainte Vierge, et ouvrirent des écoles qui furent appelées les écoles de Saint-Edouard, du nom de la paroisse où elles étaient situées.

Par ces deux missions d'Angleterre et de Hongrie, Dominique avait achevé de prendre possession de l'Europe. Il ne tarda pas à recevoir du Ciel un avertissement que sa fin approchait. Un jour qu'il était en prière et qu'il soupirait ardemment après la dissolution de son corps, un jeune homme d'une grande beauté lui apparut et lui dit : Viens, mon bien-aimé, viens dans la joie, viens (Barthélemy de Trente, *Vie de S. Domin.*, 13)! Il connut en même temps l'époque précise du rendez-vous qui lui était donné, et étant allé voir quelques étudiants de l'université de Bologne pour lesquels il avait de l'affection, après plusieurs discours, il se leva pour se retirer, et les exhorta au mépris du monde et à la pensée de la mort. « Mes chers amis, leur dit-il, vous me voyez maintenant en bonne santé, mais avant que vienne l'Assomption de Notre-Dame, je serai enlevé de cette vie mortelle (Gérard de Frachet, *Vies des frères*, l. 2, c. 27).

Il partit ensuite pour Venise, où se trouvait le cardinal Hugolin, en qualité de légat apostolique. Il voulait lui recommander une dernière fois les affaires de l'ordre, et souhaitait de ne pas mourir sans avoir pris congé d'un tel ami. On était au plus fort des chaleurs de l'été. Un soir, à la fin du mois de juillet, Dominique rentra au couvent de Saint-Nicolas. Quoique très-fatigué du voyage, il eut un long entretien sur les choses de l'ordre avec frère Ventura et frère Rodolphe, l'un procureur, l'autre prieur du couvent. Vers minuit, frère Rodolphe, qui avait besoin de repos, engagea Dominique à aller dormir et à ne point se lever pour les matines; mais le saint n'y voulut point consentir. Il entra dans l'église et y pria jusqu'à l'heure de l'office, qu'il célébra ensuite avec les frères.

Après l'office, il dit à frère Ventura qu'il sentait une douleur à la tête; bientôt une dyssenterie violente, accompagnée de fièvre, se déclara. Malgré la souffrance, le malade refusa de se coucher dans un lit; il se tenait tout habillé sur un sac de laine. Les progrès du mal ne lui arrachaient aucune marque d'impatience, aucune plainte, aucun gémissement; il paraissait joyeux comme à l'ordinaire. Cependant la maladie s'aggravant toujours, il manda près de lui les frères novices, et, avec les plus douces paroles du monde, qu'animait la gaîté de son visage, il les consola et les exhorta au bien. Il appela ensuite douze des plus anciens et des plus graves d'entre les frères, et fit tout en leur présence la confession générale de sa vie à frère Ventura. Quand elle fut terminée, il leur dit : « La miséricorde de Dieu m'a conservé jusqu'à ce jour une chair pure et une virginité sans tache; si vous désirez la même grâce, évitez tout commerce suspect. C'est la garde de cette vertu qui rend le serviteur de Dieu agréable au Christ, et qui lui donne gloire et crédit devant le peuple. Persistez à servir le Seigneur dans la ferveur de l'esprit; appliquez-vous à soutenir et à étendre cet ordre qui n'est que commencé; soyez stable dans la sainteté, dans l'observance régulière, et croissez dans la vertu (Thierry d'Apolda, *Vie de S. Dominique*, c. 21, n. 234). » Ayant ainsi parlé, Dominique dit tout bas à frère Ventura : Frère, je crois que j'ai péché en parlant publiquement aux frères de ma virginité; j'aurais dû m'en taire (*Act. de Bologne*. Déposition de Ventura, n. 4). » Après cela, il se tourna de nouveau vers eux, et, employant la forme sacrée du testament, il leur dit : « Voici, mes frères bien-aimés, l'héritage que je vous laisse comme à mes enfants; ayez la charité, gardez l'humilité, possédez la pauvreté volontaire (Le B. Humbert, *Vie de S. Dom.*, n. 33). » Et afin de donner une plus grande sanction à la clause de ce testament qui regardait la pauvreté, il menaça de la malédiction de Dieu et de la sienne, quiconque oserait corrompre son ordre en y introduisant la possession des biens de ce monde.

Le 6 août arriva sa dernière heure. Comme les frères pleuraient, il les consola, disant : Ne pleurez pas, je vous serai plus utile où je vais que je ne le fus ici. Quelqu'un des frères lui demanda où il voulait que son corps fût inhumé, il répondit : Sous les pieds de mes frères. Voyant que, troublé par la douleur, on ne songeait point à la recommandation de l'âme, il fit appeler frère Ventura, et lui dit : Préparez-vous. Ils se séparèrent aussitôt, et vinrent se ranger avec solennité autour du mourant étendu sur la cendre. Dominique leur dit : Attendez encore. Ventura, profitant de ce moment extrême, dit au saint : Père, vous savez dans quelle tristesse et quelle désolation vous nous laissez; souvenez-vous de nous devant le Seigneur. Dominique, levant les yeux et les mains au ciel, fit cette prière : *Père saint, j'ai accompli votre volonté, et ceux que vous m'aviez donnés, je les ai conservés et gardés; maintenant je vous les recommande, conservez-les et gardez-les.* Un moment après, il dit : Commencez. Ils commencèrent donc la recommandation solennelle de l'âme, et Dominique la faisait avec eux; du moins on voyait ses lèvres se remuer. Mais lorsqu'ils furent à ces mots : *Venez à son aide, saints de Dieu, venez au devant de lui, anges du Seigneur, prenez son âme et portez-la en présence du Très-Haut*, ses lèvres firent un dernier mouvement, ses mains se levèrent au ciel, et Dieu reçut son esprit. On était au 6 août de l'an 1221, à l'heure de midi, un vendredi (Lacordaire, *Vie de S. Dom.*).

A peine le saint avait-il rendu le dernier soupir, que son ami, le cardinal Hugolin, arriva à Bologne. Il voulut célébrer lui-même l'office de ses funérailles, et vint au monastère de Saint-Nicolas, où se trouvèrent aussi le patriarche d'Aquilée, des évêques, des abbés, des seigneurs et tout un peuple. On apporta sous les yeux de cette multitude le corps du saint, dépouillé du seul trésor qui lui fût resté : c'était une chaîne de fer qu'il portait sur sa chair nue, et que lui avait ôtée frère Rodolphe en le revêtant des habits du cercueil. Il la donna depuis au bienheureux Jourdain de Saxe. Tous les regards et tous les cœurs étaient attachés sur ce corps sans vie. L'office commença par des chants funèbres; mais bientôt la tristesse fit place à la joie, et on finit par des chants de triomphe. Personne ne pouvait douter que le saint ne fût dans la gloire. Des miracles confirmèrent cette persuasion universelle. Et douze ans après, nous verrons le même cardinal Hugolin, devenu pape sous le nom de Grégoire IX, canoniser solennellement celui qu'il avait si tendrement aimé pendant sa vie. L'Eglise célèbre la fête de saint Dominique le 4 août (*Acta Sanct.*, 4 *aug.*).

A la Pentecôte de l'année suivante 1222, les frères Prêcheurs tinrent à Paris leur troisième chapitre général. Pour remplir la place vacante par la mort de saint Dominique, on élut maître général de l'ordre le bienheureux Jourdain de Saxe, quoiqu'il n'y eût pas deux ans et demi qu'il y était entré. Il eut un grand zèle pour l'accroissement de l'ordre, et s'appliquait tout entier à y attirer des sujets. C'est pourquoi il demeurait presque toujours aux lieux où étaient les écoles les plus célèbres, et passait ordinairement le carême, une année à Paris, et l'autre à Bologne. C'étaient comme deux séminaires, d'où il envoyait des religieux aux diverses provinces; et, quand il arrivait à ces deux maisons, il faisait faire grand nombre de tuniques, dans la confiance que Dieu leur enverrait des frères. Et souvent il en venait tant, qu'elles ne suffisaient point. Souvent il mit sa Bible en gage pour payer les dettes des écoliers qui entraient dans l'ordre. Ses discours avaient tant de force et de grâce, que les écoliers ne pouvaient se rassasier de l'entendre, soit dans les sermons, soit dans les conférences spirituelles. C'est pourquoi, quand il était à Paris, c'était toujours lui qui prêchait aux frères, et quand un autre prêchait, si les écoliers savaient qu'il y fût, ils avaient peine à se retirer qu'il n'eût aussi dit quelque chose après les autres (Vie du B. Jourdain, *Acta Sanct.*, 13 *feb.*).

Jourdain attira ainsi à l'ordre plusieurs hommes distingués par leur noblesse et leurs dignités, plusieurs riches bénéficiers, plusieurs docteurs de diverses facultés, et une infinité de jeunes étudiants élevés délicatement. Ces conversions étaient sincères, et les nouveaux religieux faisaient tous leurs efforts pour arriver à une parfaite pureté de cœur. Ils se confessaient exactement et sondaient tous les replis de leur conscience, pour expier jusqu'aux moindres fautes. Quelques-uns se confessaient tous les jours et jusqu'à trois fois, le matin, à midi, le soir, toutes les fois que leur conscience leur faisait quelque reproche. Etant toujours en garde contre les tentations et alarmés des moindres mouvements de sensualité, ils estimaient honteux de les écouter tant soit peu. Il n'était point question chez eux des affaires qui les avaient occupés, ou des plaisirs qu'ils avaient éprouvés dans le monde. Ils ne songeaient qu'à pleurer leurs péchés, soumettre leur corps à l'esprit et s'attacher uniquement à Dieu, et, quand ils considéraient la pureté et la beauté de leur institut, tout leur regret était de l'avoir embrassé si tard.

On prenait grand soin de l'instruction des novices et de la conservation de leur santé; car leur zèle était tel, qu'il fallait les modérer: Loin de les éveiller pour l'office, il fallait le soir les chercher en divers coins où ils étaient en prière, pour les obliger à prendre le repos de la nuit. Le silence était exact et s'observait depuis complies jusqu'à tierce; après complies ils prenaient la discipline; après matines, la plupart passaient le reste de la nuit en prières. Quoique leur table fût très-frugale, quelques-uns y ajoutaient des abstinences particulières, comme d'être huit jours sans boire, ou de verser de l'eau froide sur leurs portions; plusieurs, sous leurs habits, portaient des cilices ou des ceintures de fer. Ils s'empressaient, avec une charité merveilleuse, à se rendre l'un à l'autre toutes sortes de services. Leur pureté était telle, qu'un seul de leurs prêtres rendait témoignage qu'en peu de temps il avait ouï les confessions générales de plus de cent frères, qui avaient gardé la virginité. Aussi avaient-ils une dévotion particulière à la sainte Vierge.

Ils regardaient la prédication pour le salut des âmes comme l'essentiel de leur institut, et quelques-uns poussaient leur zèle jusqu'à ne vouloir pas manger qu'ils n'eussent annoncé la parole de Dieu au moins à une personne. Leurs prédications étaient simples, mais ferventes; et Dieu suppléait au défaut de leur science, en rendant leurs discours efficaces par le grand nombre de conversions. Quand ils allaient prêcher, ils ne portaient avec eux que l'évangile de saint Matthieu et les sept épîtres canoniques, suivant que saint Dominique l'avait ordonné. Lorsque, dans un chapitre général, on proposait d'envoyer des frères au delà des mers ou chez les Barbares, il y en avait toujours un grand nombre qui, prosternés et fondant en larmes, s'offraient pour ces missions, par le zèle du salut des âmes et le désir du martyre. C'est ainsi que Thierry d'Apolda parle des premiers frères Prêcheurs dans sa *Vie de saint Dominique* (L. 6, c. 2-7).

Jacques de Vitry en parle de même sous le nom de chanoines de Bologne. « Ils se sont délivrés de tout soin des biens temporels, et ne reçoivent d'aumônes que ce qui suffit chaque jour pour la nécessité d'une vie frugale. Ils usent de viande trois fois par semaine, si on leur en sert, mangeant au réfectoire, couchant au dortoir, et chantant l'office canonial dans l'église. Ils sont du nombre des étudiants de Bologne; un d'eux leur fait tous les jours une leçon des saintes Ecritures, et ils prêchent tous les jours de fête par l'autorité du Pape, joignant la prédication à la vie canoniale. Ils ont un grand zèle pour le salut des âmes, et cette sainte congrégation s'augmente de jour en jour (*Hist. Occid.*, c. 27). »

La même année 1222, entra dans l'ordre des frères Prêcheurs saint Raymond de Pegnafort, qui en fut un des plus grands ornements, et le troisième général. Il naquit l'an 1175 au château de Pegnafort, en Catalogne. Ses parents, seigneurs de ce lieu, étaient issus des anciens comtes de Barcelone, et alliés au roi d'Aragon. Jeune encore, il étudia si bien, que, dès l'âge de vingt ans, il enseigna les arts libéraux ou la philosophie à Barcelone, ce qu'il faisait gratuitement. Il s'appliquait à former les cœurs encore plus que les esprits : de là, ce zèle à inspirer une solide piété à tous ses disciples. Le temps qu'il pouvait dérober aux fonctions de son état, il l'employait à secourir les malheureux et à terminer les différends qui s'élevaient entre ses concitoyens. Ainsi l'on voit dans les archives de l'Eglise de Barcelone un traité d'accommodement, fait l'an 1204, entre deux chanoines, par la médiation de maître Raymond de Pegnafort. Vers l'âge de trente ans, il vint à l'université de Bologne, y étudia le droit canonique et le droit civil avec tant de succès, qu'il fut reçu docteur en l'un et l'autre. Il y professa le droit canonique avec le même éclat, mais avec le même désintéressement qu'il avait professé la philosophie en Espagne. Cependant le sénat de Bologne voulut lui assigner des appointements sur les deniers publics. Raymond n'avait pas besoin de ce secours; il l'accepta néanmoins, mais pour en faire la distribution aux pauvres, après en avoir donné la dîme à son curé.

Les talents et les vertus du pieux docteur le faisaient considérer comme un des plus beaux ornements de cette fameuse école, et sa réputation s'était déjà répandue dans les pays éloignés, lorsque l'évêque de Barcelone, Bérenger, quatorzième du nom, revenant de Rome, passa par Bologne, l'an 1219. Le dessein du prélat était d'obtenir de saint Dominique quelques-uns de ses disciples, et de solliciter Raymond de Pegnafort à retourner avec lui en Catalogne. Les obstacles qu'il trouva d'abord à l'exécution de ses projets, ne purent le rebuter. Il redoubla ses prières et ses instances. Le saint patriarche, à qui la Providence envoyait tous les jours de nouveaux sujets, fut bientôt en état de le satisfaire. Mais le professeur, déjà accoutumé à sanctifier son travail par la charité, ne paraissait guère disposé à quitter un pays où il travaillait si utilement. Pour l'attaquer par un endroit qui ne pouvait que lui être sensible, l'évêque lui représenta les besoins de l'Eglise de Barcelone, l'obligation particulière où il était de ne pas se refuser à sa patrie, et le danger qu'il devait craindre de s'écarter de la voie de Dieu, en ne suivant que sa propre volonté. Enfin il lui fit appréhender l'éclat même de cette réputation qui lui attirait de si grands applaudissements et qui ne pouvait manquer de multiplier ses occupations, s'il voulait répondre à tant de personnes qui le consultaient de toutes parts. A la fin, Raymond se laissa persuader. Quelques auteurs rapportent qu'aux instances de l'évêque, le pape Honorius III ajouta son commandement, obligeant le serviteur de Dieu à se rendre incessamment en Espagne et à y soigner l'éducation du jeune roi d'Aragon, Jacques Ier, ainsi qu'il avait été réglé dans l'assemblée nationale de Lérida.

Ce ne fut cependant pas à l'instruction de ce prince, mais au service des autels, que Raymond voulut d'abord s'appliquer. Pourvu d'un canonicat, et bientôt après de la dignité d'archidiacre, dans l'église de Barcelone, il devint le modèle des saints ministres par l'innocence de sa vie, par sa régularité et son exactitude à tous les offices. De nouveaux revenus le mirent en état d'augmenter ses libéralités envers les pauvres qu'il appelait ses créanciers ; et le zèle de la maison de Dieu, qui le dévorait, lui faisait saisir toutes les occasions pour procurer que le service divin se fît avec plus de décence et de majesté. La fête de l'Annonciation était alors fort négligée dans les Eglises d'Espagne : celle de Barcelone se trouvait du nombre. Mais par ses pieuses importunités, le saint chanoine obtint enfin de l'évêque et du chapitre qu'on célébrerait désormais cette grande fête avec un office solennel. Une partie de ses revenus fut consacrée à cette fondation, et au profit des chanoines de la cathédrale, qui devaient donner l'exemple à tous les ecclésiastiques du diocèse.

Toujours prêt à partager son bien avec l'indigent et à communiquer ses lumières à tous ceux qui venaient le consulter, Raymond de Pegnafort ne se refusait à personne, et il se faisait aimer de tous. Son nom était connu, et son mérite généralement respecté des grands et des petits. Sa tendre piété, sa modestie exemplaire et une charité sans bornes avaient fait impression sur les esprits et sur les cœurs. L'éclat de ses vertus contribua plus à la réforme du chapitre, que toute l'autorité dont il avait été revêtu par son évêque. Mais le désir de mener une vie plus parfaite, plus pénitente et moins exposée aux yeux des hommes, dont il craignait les louanges, le portait à changer d'état. Professeur à Bologne, il avait été témoin des grandes vertus de saint Dominique et des miracles que Dieu opérait par son ministère. Il voyait alors avec le même plaisir la vie tout angélique de ses premiers disciples établis depuis peu à Barcelone. Comme s'il eût entendu la voix de Dieu qui l'appelait à la retraite pour le préparer à l'apostolat, il résolut de se rendre l'imitateur et le frère de ceux qu'il ne pouvait s'empêcher d'admirer. Il demanda avec humilité l'habit de religieux, et il le reçut un vendredi saint, 1er jour d'avril, l'an 1222, huit mois après la mort du saint fondateur.

Son exemple attira dans le même ordre plusieurs grands personnages, encore moins distingués par leurs richesses et leur naissance que par leur doctrine. De ce nombre furent Pierre Ruber, qui l'avait accompagné à Bologne, don Raymond de Rosannes, chantre de l'Eglise de Barcelone, et quelques autres pieux ecclésiastiques dont la vocation et les talents donnèrent de cette haute sainteté qui faisait l'objet de tous ses vœux. Les grâces qu'il recevait dans l'oraison augmentèrent toujours en lui le désir de se mortifier et de se rendre utile au prochain. Les supérieurs profitèrent sagement de ces dispositions pour faire fructifier ses talents. Il avait demandé qu'on lui imposât une sévère pénitence, pour expier, disait-il, les vaines complaisances qu'il avait eues en enseignant dans le monde. On lui ordonna de composer dans cet esprit une *Somme des cas de conscience*, pour la commodité des confesseurs. Raymond entreprit ce travail, et il l'exécuta avec cette exactitude que l'on admire avec d'autant plus de raison, qu'il a travaillé sans modèle; son ouvrage, également utile aux pénitents et nécessaire aux directeurs, selon l'expression du pape Clément VIII, étant le premier qu'on ait vu en ce genre. L'auteur y résout toutes les difficultés, et décide les cas, presque toujours par l'autorité de l'Ecriture sainte et des canons, ou par la doctrine des Pères et les décrets des Papes, rarement par ses lumières particulières.

Le zèle du salut des âmes ne lui permit pas de se borner à prier et à écrire. Il devait commencer par l'obéissance et la retraite. L'obéissance lui mit la plume à la main. Mais à une occupation si sainte et déjà si utile au prochain, il ajouta bientôt les autres fonctions de la vie apostolique, et il les remplit toutes avec le succès qu'on pouvait espérer des saintes dispositions qu'il y apportait. Instruire les fidèles par le ministère de la parole; attirer les pécheurs à la pénitence, et les réconcilier dans le sacré tribunal; soutenir les gens de bien, les consoler dans leurs peines; procurer aux pauvres les aumônes et les secours des riches; travailler sans relâche à la conversion des hérétiques, des juifs et des mahométans encore mêlés parmi les chrétiens, ou les mettre hors d'état de continuer à corrompre la foi et les mœurs des infidèles; faire servir enfin son crédit auprès des rois et des princes à la gloire de l'Eglise et au soulagement des peuples : telles furent les occupations de saint Raymond de Pegnafort, depuis le jour de sa profession religieuse jusqu'à celui de sa mort, c'est-à-dire pendant cinquante ou cinquante-deux ans, car il vécut près d'un siècle.

Ce qu'il ne pouvait faire par lui-même, souvent il le faisait par le ministère de ceux qui l'avaient choisi pour leur servir de guide dans le chemin du ciel. Parmi ses pénitents, il en avait deux surtout d'un caractère fort distingué : le roi d'Aragon, Jacques Ier, surnommé le Conquérant, et l'illustre Pierre de Nolasque, Français de nation, depuis fondateur de l'ordre de la Merci pour la rédemption des captifs. Nous verrons dans la suite ce que fit saint Raymond pour porter le premier à commander à ses passions et à employer l'autorité royale à la propagation et à la défense de la foi chrétienne; et la charité de Jésus-Christ qui le pressait, le rendit comme coopérateur du second dans son œuvre de miséricorde (*Vita S. Raymundi, Acta Sanct.*, 7 jan.; *Hist. des hommes illustres de l'ordre de S. Dominique*, t. I).

Pierre de Nolasque était un gentilhomme français, issu d'une des premières familles du Languedoc. Il naquit vers l'année 1189, dans un bourg du Lauragais nommé le Mas-des-Saintes-Puelles, à une lieue de Castelnaudari. Il perdit son père à l'âge de quinze ans. Sa mère eût bien voulu l'engager dans le mariage, pour qu'il fût l'appui de sa famille. Mais déjà le jeune Pierre aspirait à quelque chose de plus parfait; déjà il avait résolu de se donner à Dieu sans réserve. Il s'engagea néanmoins à la suite du comte Simon de Montfort. C'était dans le temps que le roi Pierre d'Aragon venait de confier à ce pieux et vaillant seigneur son jeune fils Jacques. Simon donna pour gouverneur au jeune prince saint Pierre de Nolasque, qui suivit son élève, lorsqu'en 1215, après la mort de son père en la bataille de Muret, il rentra dans l'Aragon. Pierre Nolasque tâcha de lui inspirer la piété envers Dieu et son Eglise, l'amour de la justice et de la vérité, et de l'accoutumer à toutes les pratiques convenables à un prince chrétien. Pour lui, ni les divertissements de la cour, ni les faveurs de son prince ne l'empêchèrent de s'appliquer aux exercices de la mortification et de la prière. Il avait quatre heures d'oraison le jour, et deux la nuit. Il s'occupait aussi de la lecture de l'Ecriture sainte, et donnait aux pratiques de la pénitence tout le temps qu'il n'était pas tenu auprès du roi. Il se sentit dès lors si vivement touché de compassion pour les pauvres chrétiens captifs chez les Mahométans et les Barbares, qu'il résolut de consacrer ses biens à leur délivrance.

Mais quels furent son étonnement et sa surprise, lorsque, dans le temps qu'il prenait les mesures nécessaires pour exécuter cette œuvre de miséricorde, la sainte Vierge lui apparut la nuit, pour lui dire que c'était la volonté de Dieu qu'il travaillât à l'établissement d'un ordre dont les religieux s'obligeraient par vœu particulier à s'employer au rachat des captifs. Comme il ne faisait rien sans consulter son père spirituel, saint Raymond de Pegnafort, il alla le trouver pour lui communiquer cette vision. Sa surprise augmenta, lorsqu'il apprit de ce saint qu'il avait vu la même chose et que la sainte Vierge lui avait ordonné de le fortifier dans ce dessein. Ainsi, ne doutant point que ce ne fût la volonté de Dieu, ils ne songèrent plus qu'aux moyens d'en procurer l'exécution. Comme il fallait le consentement du roi et de l'évêque, ils allèrent d'abord trouver le prince. Celui-ci les écouta avec une joie d'autant plus sensible, que, la même nuit, il avait eu la même vision. Il offrit de contribuer à cette sainte entreprise et par son autorité et par ses libéralités. Il se chargea même de faire agréer ce nouvel établissement à l'évêque de Barcelone. Ils conférèrent ensemble sur la triple apparition de la sainte Vierge et sur les ordres exprès qu'elle leur avait donnés à tous trois séparément. L'érection du nouvel ordre fut donc résolue, en vertu d'un indult spécial que les rois d'Aragon avaient reçu du Saint-Siège.

Dès l'année 1192, plusieurs gentilshommes des premières familles de Catalogne, excités par l'exemple de quelques personnes pieuses, formèrent entre eux une congrégation, pour contribuer au secours des chrétiens qui étaient captifs chez les Sarrasins ou réduits à la misère. L'occupation des nobles congréganistes était de servir les malades dans les hôpitaux, de visiter les prisonniers, de procurer des aumônes pour le rachat des chrétiens captifs, et de garder les côtes de la Méditerranée contre les descentes des infidèles. La plus grande partie de ces gentilshommes embrassèrent le nouvel ordre, ainsi que les prêtres qui s'étaient associés à eux.

Le jour de Saint-Laurent, 10 août 1223, fut marqué pour l'institution solennelle. Le roi, accompagné de toute sa cour et des magistrats de Barcelone, se rendit dans l'église cathédrale, appelée Sainte-Croix de Jérusalem. L'évêque Bérenger officia pontificalement. Saint Raymond de Pegnafort monta en chaire, et protesta devant tout le peuple que Dieu avait révélé miraculeusement au roi, à Pierre Nolasque et à lui-même, sa volonté touchant l'institution de l'ordre de Notre-Dame de la Merci pour la rédemption des captifs. A l'issue de l'offrande, le roi et saint Raymond présentèrent le nouveau fondateur à l'évêque, qui le revêtit de l'habit de l'ordre. L'ayant reçu, saint Pierre Nolasque le donna, comme principal fondateur, à treize gentilshommes, dont les deux premiers furent Guillaume de Bas, seigneur de Montpellier, et son cousin Arnaud de Carcassonne. Tous les treize avaient été chevaliers ou confrères de la congrégation de Notre-Dame de Miséricorde. Outre les trois vœux de pauvreté, chasteté et obéissance, ils en firent un quatrième, aussi bien que saint Pierre Nolasque, savoir, le vœu d'engager leurs propres personnes et de demeurer en captivité, s'il était nécessaire, pour la délivrance des captifs.

Comme ils étaient six prêtres et sept chevaliers, leurs habits furent différents. Celui des prêtres consistait dans une tunique ou soutane blanche, avec un scapulaire et une chape ou manteau; celui des chevaliers était blanc aussi, mais purement séculier, à l'exception d'un petit scapulaire qu'ils mettaient sous leur habit. Le roi, pour témoigner son amitié à ces nouveaux religieux et leur donner des marques de sa protection, voulut qu'ils portassent sur leur scapulaire l'écusson de ses armes. La messe achevée, ce prince conduisit saint Pierre Nolasque avec ses religieux à son propre palais, dans le quartier qu'il leur avait fait préparer pour leur servir de monastère. Ainsi, chose remarquable! le premier monastère de l'ordre de la Merci pour la rédemption des captifs, a été le palais du roi d'Aragon; les premiers religieux, les premiers rédempteurs ont été des gentilshommes français. Ils y gardèrent exactement la règle de vie que leur prescrivit saint Raymond de Pegnafort, en attendant que le Saint-Siège leur eût déterminé une règle particulière.

Ces religieux s'employèrent d'abord à racheter quelques captifs, et ne sortaient pas des terres sujettes aux princes chrétiens. Mais saint Pierre Nolasque leur représenta que, pour la perfection de leur ordre, il fallait encore passer chez les infidèles, et délivrer leurs frères de la cruelle servitude de leurs ennemis, au risque même d'y demeurer en esclavage à leur place, suivant le vœu qu'ils en avaient fait au pied des autels. Il ne s'agissait pas d'y aller tous à la fois, mais de député un d'entre eux pour ces saintes négociations; on les appela dès lors du glorieux nom de *rédempteurs*. Il fut lui-même choisi, avec un second, pour frayer aux autres le chemin d'un voyage si périlleux. Le premier qu'il fit au royaume de Valence, occupé pour lors par les Sarrasins, fut fort heureux. Il en fit un second au royaume de Grenade, qui ne le fut pas moins: si bien qu'il retira quatre cents esclaves d'entre les mains des infidèles, en ces deux expéditions (*Vita S. Petr. Nolasci, Acta Sanct.*, 31 jan.; Héliot, *Histoire des ordres religieux*, t. III).

Ainsi, vers la fin du XIIe siècle, ce sont deux gentilshommes français, Jean de Matha et Félix de Valois; en 1223, c'est un gentilhomme français.

Pierre de Nolasque, qui établissent, les deux premiers l'*ordre de la Trinité*, l'autre celui *de la Merci pour la rédemption des captifs*. Et, à l'exemple du Rédempteur divin, ces rédempteurs humains y consacrent leurs personnes mêmes. Honneur à la noble France! c'est à elle, après Dieu et son Eglise, que l'univers doit sa rédemption et sa liberté. C'est elle qui le rachète de la servitude et barbarie mahométanes, par la pieuse et vaillante épée de Charles-Martel, de Charlemagne, de Godefroi de Lorraine, de Tancrède de Normandie. Et en rachetant ainsi l'humanité entière au prix de son sang, elle rachète encore les individus au prix de son or et même de sa liberté. Honneur encore une fois à la noble France! Comme elle a beaucoup aimé Dieu et les hommes, Dieu et les hommes doivent lui pardonner beaucoup.

A un grand roi, Philippe-Auguste, succédait alors un bon roi, Louis VIII, et à celui-ci un roi très-bon, très-grand et très-saint, Louis IX, en un mot, saint Louis.

Sauf sa malheureuse aversion pour sa femme, la reine Ingelburge, Philippe-Auguste s'était montré en tout roi très-chrétien. Depuis sa réconciliation avec cette princesse, en 1213, sa vie fut tout à fait irréprochable. Il mourut dix ans après. Comme il sentait depuis plusieurs mois que sa fin approchait, il s'y était préparé par une confession exacte. Sa piété redoubla aux derniers moments, qu'il n'envisagea plus qu'avec les sentiments d'un chrétien pénitent et résigné; muni du saint viatique, il mourut à Mantes, le 14 juillet 1223, âgé d'environ cinquante-huit ans, après un règne d'un peu moins de quarante-quatre.

Il avait fait un testament. Le détail des legs nous y fournit de nouvelles preuves de sa religion et de son bon cœur; car on en trouve qui montent à de très-grosses sommes pour le secours de la terre sainte, et nommément pour le roi de Jérusalem, Jean de Brienne. Il y avait vingt mille livres à prendre sur sa propre caisse pour le comte Amauri de Montfort, afin, était-il dit, que lui, sa femme et ses enfants sortissent de la terre des Albigeois, où ils ne demeuraient qu'avec beaucoup de désagrément et dans une espèce de captivité.

L'article du testament qui regardait la reine Ingelburge, qu'il y appelle *sa chère épouse*, confirma tous les témoignages qu'il lui avait donnés, d'une réconciliation parfaite. Il choisit Guérin, évêque de Senlis, pour exécuteur de ses volontés testamentaires, en lui associant son chambellan, Barthélemi de Roie, et Aimar, trésorier du Temple. Tous les trois, outre les donations qu'il spécifiait, avaient à distribuer, selon leur sagesse, la valeur de cinquante mille livres, ou vingt-cinq mille marcs d'argent, en réparation des injustices et des torts qu'il aurait occasionnés. Il avait la justice si fort à cœur, qu'il s'excusait sur la modicité du legs laissé à la reine, quoiqu'il eût pu lui laisser davantage, parce qu'il ne voulait pas, disait-il, se mettre hors d'état de satisfaire aux dettes légitimes, et singulièrement sur ce qu'il n'avait pas reçu avec assez d'équité. Les religieux de l'abbaye de Saint-Denys, auxquels il léguait tous ses joyaux, étaient chargés de dire chaque jour vingt messes pour le repos de son âme. Il en prescrivit un pareil nombre, et à la même intention, aux chanoines de Saint-Victor, dans l'abbaye qu'il leur avait fait bâtir, pour remercier Dieu de la victoire de Bouvines (Guill. l'Armoricain, *Scriptor. rer. Franc.*, t. XVII; *Hist. de l'Eglise gall.*, l. 30).

Philippe-Auguste fut inhumé à Saint-Denys. Il y eut à ses funérailles une vingtaine d'évêques, entre autres le cardinal-légat en France, Conrad, évêque de Porto, et le cardinal Pandolphe, évêque de Norwich, en Angleterre, le même qui avait négocié la paix entre le pape Innocent III et le roi Jean. Il était venu en France de la part du roi Henri III, pour négocier la paix entre les deux couronnes. Ce qu'il y eut de singulier aux obsèques de Philippe-Auguste, c'est que le cardinal-légat et le nouvel archevêque de Reims, Guillaume de Joinville, célébrèrent la messe conjointement, et en prononçant les paroles d'une même voix, à deux différents autels qui étaient placés l'un près de l'autre. Les autres évêques, disent Rigord et Guillaume l'Armoricain, ainsi que le reste du clergé, leur répondaient comme s'il n'y avait eu qu'un évêque à célébrer. Les auteurs contemporains ne nous apprennent point la cause de cette singularité.

Ce qui avait attiré un si grand nombre d'évêques, c'était un concile que le cardinal-légat avait indiqué d'abord à Sens. Comme le roi Philippe-Auguste, visitant alors la Normandie, désirait beaucoup y assister, le cardinal l'indiqua ensuite à Paris, afin que le prince, déjà malade, n'eût pas tant de chemin à faire. Il mourut en y venant, et le concile ne parut assemblé que pour assister à ses funérailles.

Quant à la raison qui avait fait assembler ce concile, la voici : Les manichéens du Languedoc, que les auteurs français du temps appellent *les Bourgres* ou *Bogres de l'Aubigeois*, se voyant abandonnés par la noblesse du pays, et les catholiques réunis contre eux par l'autorité du Pontife romain, ils eurent recours à une autre intrigue pour se donner du relief. Ils se vantèrent, faussement ou avec vérité, qu'eux aussi avaient un pape dans la Bougrie ou la Bulgarie; que ce pape aussi était entouré d'évêques, et qu'il avait son légat ou représentant en Languedoc, que c'était un certain Barthélemi de Carcassonne. Tout cela pouvait être. Nous avons vu la Bulgarie devenir le repaire des manichéens d'Orient; nous avons vu Manès se posant comme le chef, et envoyant une douzaine d'émissaires principaux en divers pays. D'autres monuments nous apprennent que, vers ce temps, les mêmes hérétiques avaient un pape auquel ils donnaient le nom du Pape régnant, et un évêque dans tel diocèse auquel ils donnaient le nom de l'évêque diocésain, afin de pouvoir dire, quand ils étaient interrogés, qu'ils avaient la même foi que le pape Honorius ou le pape Grégoire (Labbe, t. XI). Quoi qu'il en soit de la réalité, le cardinal-légat ayant appris ce nouveau moyen de séduction mis en avant par les hérétiques, en écrivit aux évêques de France, et les convoqua en concile pour conférer ensemble sur ce qu'il y aurait à faire. Le soi-disant pape manichéen ou son prétendu légat mourut peu après, ce qui fit sans le concile ce que le concile avait intention de faire, de mettre fin à la séduction (Marten., *Thesaur. Anecdot.*, t. IV, col. 244; Baron. et Rain. de Mansi, an 1223, n. 39, note).

Après la mort du roi Philippe-Auguste, son fils aîné, Louis VIII, lui succéda, étant âgé de trente-six ans. Il fut sacré à Reims avec la reine Blanche, son épouse, par l'archevêque Guillaume, le 6 août 1223, et régna trois ans et quatre mois. Le pape Honorius III lui écrivit, premièrement le 25 octobre, une lettre de condoléance sur la mort de son père, dont il l'exhorte à imiter les vertus, particulièrement son attachement au Saint-Siége. Ensuite le 13 décembre, il lui écrivit une seconde lettre, où il le loue d'avoir protesté au commencement de son règne, suivant le témoignage du légat Conrad, qu'il aimerait mieux souffrir préjudice dans ses propres intérêts, que de permettre que la religion catholique en souffrît de la part des Albigeois; il le loue encore d'avoir envoyé aux catholiques les dix mille marcs d'argent légués par son père. Le lendemain, 14 décembre, il lui écrivit une troisième lettre qu'il lui envoya par Simon de Sully, archevêque de Bourges; Hugues de Montréal, évêque de Langres, et Guérin, évêque de Senlis, trois prélats particulièrement attachés au roi, et dont les deux premiers étaient à Rome. Cette troisième lettre est conçue en ces termes :

« Comme les rois et les princes chrétiens sont obligés de rendre compte à Dieu touchant l'Eglise, leur mère, de laquelle ils sont nés spirituellement, et que le Christ leur a donnée à défendre et à seconder en leur temps, vous devez être sensiblement affligé de voir, dans l'enceinte de votre royaume, dans l'Albigeois, les hérétiques attaquer ouvertement et insolemment l'Eglise, ruiner la foi chrétienne et déchirer le Christ même. Nabuchodonosor rendit autrefois ce décret : *Quiconque proférera un blasphème contre le Dieu de Sidrac, Misac et Abdenago, il sera mis à mort et sa maison démolie* (Daniel, 3, 96). Si donc un étranger a déployé une sévérité pareille pour empêcher que le Dieu d'Israël ne fût blasphémé, vous le plus chrétien des rois, vous le successeur et l'héritier des princes les plus dévoués, vous avec qui la dévotion chrétienne a grandi avec l'âge, souffrirez-vous que de pareilles gens détruisent notre foi, déchirent le Christ et renversent l'Eglise ? Enfin, si les puissances et les magistrats du siècle poursuivent les ravisseurs et les larrons, vous qui occupez le trône du royaume, ne purgerez-vous pas votre terre des hérétiques, qui dérobent et ravissent les âmes, bien plus précieuses que les richesses ?

» D'ailleurs on lit ce commandement du Seigneur : *Si vous apprenez que, dans une des villes que le Seigneur, votre Dieu, vous donnera pour y demeurer, il se trouve des gens qui disent : Allons, servons des dieux étrangers, des dieux que vous ne connaissez pas, vous les livrerez au tranchant du glaive, et leurs cités aux flammes* (Deutéron., 13). C'est-à-dire, quoique pour les immenses bienfaits que, dans ce monde même, vous avez reçus de Dieu, duquel est toute grâce excellente et tout don parfait, vous lui ayez beaucoup d'obligations, il y en a cependant une que vous devez regarder comme plus étroite; c'est de vous élever pour lui avec courage contre les corrupteurs de la foi qui le blasphèment, et de protéger avec une mâle constance la pureté catholique, qu'ont bannie de ces contrées ceux qui s'attachent aux doctrines des démons.

» Or, nous voyons avec douleur que les efforts faits jusqu'ici pour détruire cette hérésie, sont devenus presque inutiles, qu'elle s'étend de plus en plus, et qu'il est à craindre qu'elle n'infecte votre royaume, fondé et affermi dans la foi plus que les autres, par une bénédiction spéciale de Dieu, et qu'ainsi, la partie principale étant ébranlée, une nouvelle persécution s'excite contre l'Eglise entière. C'est pourquoi nous vous exhortons et vous conjurons par notre Seigneur, comme prince catholique et successeur de princes catholiques, d'offrir à Dieu les prémices de votre règne, embrassant en cette occasion la cause du Christ, assuré que vous êtes du secours, non-seulement spirituel, mais temporel, de l'Eglise romaine. Au reste, comme nous avons appris qu'Amauri, comte de Toulouse, vous offre tout le droit qu'il a en ce pays-là pour le joindre à votre domaine, nous vous prions de l'accepter, pour en jouir et le transmettre à vos successeurs; car vous devez savoir que nous avons excommunié, il y a longtemps, Raymond, autrefois comte de Toulouse, et son fils, lesquels, nonobstant nos avertissements, persévèrent opiniâtrément dans leur malice (*Raynald.*, an 1223, n. 36-42; Duchesne, t. V, p. 858; *Scriptor. rer. Franc.*, t. XIX, p. 741). »

Cette lettre du pape Honorius III est extrêmement remarquable. On y voit que, quand les nations chrétiennes poursuivent des hérétiques opiniâtres et contagieux, elles ne font que suivre les exemples et les prescriptions de l'Ecriture sainte. Fleury aurait bien pu ne pas omettre ici ces citations importantes, et s'épargner ailleurs des réflexions déplacées sur la conduite de la chrétienté à cet égard.

Au mois d'avril de l'année suivante 1224, le roi de France, Louis VIII, par des lettres adressées aux habitants de Nîmes, ordonna que ceux qui seraient condamnés pour hérésie par l'évêque, fussent proscrits et privés de leurs biens; il ordonna de plus de rechercher exactement des hérétiques, avec récompense pour ceux qui les prendraient, et confiscation des biens pour qui mépriserait l'anathème (*Ex annal. contract., apud Raynald.*, an 1223, n. 43, note de Mansi).

Le vieux comte de Toulouse, Raymond VI, était mort subitement à Toulouse même, dans le mois d'août 1222. Le matin il avait été faire sa prière à Notre-Dame de la Daurade, et, comme il était excommunié, il se tint à son ordinaire à la porte de l'église, en dehors. Il y retourna après dîner, quoiqu'il fût indisposé et si faible qu'il ne pouvait se lever sans aide; puis, étant allé dans une maison de la paroisse Saint-Saturnin, après avoir mangé des figues, il se trouva plus mal et envoya chercher promptement l'abbé de Saint-Saturnin pour le réconcilier à l'Eglise et lui apporter le saint viatique, témoignant une grande douleur d'être excommunié. Mais quand l'abbé arriva, le comte avait perdu la parole; seulement il lui tendit les bras, élevant les yeux au ciel, et tint jusqu'à la mort ses mains jointes entre celles de l'abbé, témoignant une grande contrition. Quatre ans auparavant, il s'était associé à l'ordre des Hospitaliers de Saint-Jean de Jérusalem, qui avaient une maison à Toulouse. Sachant donc l'extrémité où il était, ils vinrent le trouver, et l'un d'eux jeta sur lui un manteau de l'ordre. On voulut le retirer; mais le comte le retint avec ses mains, et baisait dévotement la croix cousue sur le manteau. Après qu'il fût mort, l'abbé de Saint-Saturnin dit tout haut que l'on priât Dieu pour lui, et voulut retenir son corps, attendu qu'il était mort sur sa paroisse; mais les frères Hospitaliers l'emportèrent dans leur église de Saint-Jean. Toutefois ils n'osèrent l'enterrer, parce qu'il était excommunié, et ses os restèrent dans le cimetière en une caisse de bois, où on les voyait encore trois cents ans après (Rayn., an 1222, n. 48; Guill. de Puy-Laurens, c. 34).

Quant à son fils Raymond VII, voici comme le pape Honorius en écrivit l'année 1224 au roi Louis de France. « On croit certainement que Raymond, fils de Raymond autrefois comte de Toulouse, craint tellement votre puissance, que, s'il apprend que vous la vouliez employer tout entière contre lui, il n'osera l'attendre; mais il obéira selon votre bon plaisir aux ordres de l'Eglise, comme il l'offre : et Dieu veuille que ce soit sincèrement! C'est pourquoi nous vous conjurons de le presser efficacement, et par exhortations et par menaces, de se réconcilier à l'Eglise, en sorte que le pays soit purgé d'hérétiques, que les torts faits aux ecclésiastiques soient réparés, que l'on pourvoie à la liberté de l'Eglise pour l'avenir et à l'honneur d'Amauri, comte de Toulouse, que nous ne pouvons abandonner en cette occasion. Par ce moyen, vous ôterez un grand obstacle au secours de la terre sainte. Nous vous prions aussi de donner entière créance à ce que le légat vous dira de notre part, pour le renouvellement de la trève avec le roi d'Angleterre. « La lettre est du 4 avril 1224 (Ibid., 1224, n. 40 et 13; Duchesne, t. V). »

Raymond VII, touché de la crainte du roi Louis ou de quelque autre motif, fit sa paix avec le Pape incontinent après. Car dans un concile ou parlement général que le roi tint à Paris, le 5 mai de la même année, le légat Conrad, au nom du Pape, déclara Raymond catholique, et révoqua pour un temps l'indulgence accordée par le concile de Latran à ceux qui marcheraient contre les Albigeois. Mais le légat n'obtint rien pour la prorogation de la trève avec l'Angleterre, et le roi Louis partit le lendemain de la Saint-Jean pour aller en Poitou faire la guerre au roi Henri III (Labbe, t. XI).

Le pape Honorius ayant appris que, nonobstant ses remontrances et ses prières, le roi de France faisait marcher ses troupes sur les terres qui restaient au roi anglais sur le continent, lui écrivit une lettre, le 3 août, dans laquelle il lui fait des reproches; il s'y plaint qu'il ne marche pas sur les traces de son père, et n'a point d'égard à l'ordonnance faite par le Pape et l'empereur en leur conférence ; que tous les princes chrétiens garderaient la paix pour contribuer au secours de la terre sainte. Le roi répondit au Pape : « Nous croyons devoir déclarer à Votre Paternité que la trève faite par le roi, notre père, avec Henri, roi d'Angleterre, étant expirée, les barons ne nous ont point conseillé de la renouveler : c'est pourquoi nous sommes venus en personne nous saisir de nos fiefs de Poitou, dont le roi Jean d'Angleterre fut déclaré déchu par le jugement de ses pairs, nos barons, avant que le roi Henri fût né ; et dès lors ces fiefs passèrent à la couronne de France. Toutefois le roi Henri nous les dispute, et, pour s'y maintenir; il envoie contre nous des troupes du royaume d'Angleterre, qui est le fief de l'Eglise romaine et le vôtre. Or, comme nous ne croyons pas que ce soit votre intention que de vos fiefs il vienne du mal à notre royaume, nous prions instamment Votre Paternité que, si le roi d'Angleterre agit par votre ordre, vous le fassiez révoquer; que, s'il agit de son propre mouvement, vous ne vous étonniez pas si nous prenons des mesures opposées (Rayn., 1224, n. 14). »

Louis, effectivement, entra dans le Poitou, prit Niort, Saint-Jean-d'Angely, et assiégea La Rochelle, qui se rendit le 12 août, après dix-huit jours de siège. La veille, on avait fait à Paris, pour la prospérité des armes du roi, une procession solennelle à laquelle avaient assisté les trois reines qui se trouvaient alors à la cour : c'était Ingelburge, veuve de Philippe-Auguste; Blanche, épouse de Louis, et Bérengère de Castille, nièce de Blanche, que Jean de Brienne, roi de Jérusalem, venait d'épouser. Les petits princes, enfants de Louis et de Blanche, y avaient assisté aussi. La procession avait commencé sa marche à l'église de Notre-Dame, et de là elle s'était rendue à l'abbaye de Saint-Antoine, située hors de la ville, assez avant dans le territoire du faubourg qui en a conservé le nom.

Dans le même temps, c'est-à-dire pendant l'octave de l'Assomption de Notre-Dame, on tint un concile à Montpellier, par l'autorité du Pape; car il avait ordonné à l'archevêque de Narbonne d'y écouter les propositions de paix que le jeune Raymond de Toulouse et les Albigeois offraient à l'Eglise, et de lui mander ce qu'il aurait fait sur ce sujet. Pour l'exécution de cet ordre, l'archevêque réunit à Montpellier tous les évêques et les abbés de sa province, avec ceux des provinces d'Arles et d'Auch. En ce concile, Raymond VII réitéra les offres qu'il avait déjà faites pour obtenir la paix de l'Eglise romaine, tant pour lui que pour ses partisans, en ces termes : « Nous garderons la foi catholique qu'enseigne l'Eglise romaine, et la ferons garder dans toutes nos terres. Nous les purgerons d'hérétiques, au jugement de l'Eglise, par confiscation de biens et punitions corporelles. Nous ferons garder la paix dans nos terres, et en chasserons les routiers. Nous restituerons à l'Eglise tous ses droits et conserverons ses libertés; et, pour réparation des dommages qu'elle a soufferts, et aussi pour que le Pape puisse pourvoir convenablement à l'honneur du comte Amauri de Montfort, nous donnerons à l'Eglise vingt mille marcs d'argent, à condition toutefois que le souverain Pontife nous fera rendre les concessions que ledit comte ou son père ont pu recevoir sur nos terres. »

Raymond ajoute que le comte Amauri ne s'étant pas présenté ni fait représenter au concile pour qu'on pût terminer l'affaire, il envoyait une ambassade solennelle au Pape, ratifiant d'avance ce que le Pape en déciderait avec les ambassadeurs, et prêt à augmenter ses offres, si le Pontife les trouvait insuffisantes. Raymond fit cette promesse le 26 août 1224, et la confirma par serment; elle fut pareillement faite par Roger Bernard, comte de Foix et par Trincavel, vicomte de Béziers.

De son côté, le comte Amauri de Montfort écrivit aux prélats du concile de Montpellier, avant qu'ils y fussent assemblés, une lettre où il leur représente que l'affaire des Albigeois est en bon chemin, et que, loin de désespérer de les soumettre, il y a plus de sujet de l'espérer que jamais, puisque le roi de France l'a entreprise. C'est pourquoi, ajoute-t-il, nous vous conjurons de ne faire avec Raymond aucune composition qui puisse préjudicier à nos droits, puisqu'elle tournerait au scandale et à la honte de toute l'Eglise (Labbe, t. XI). L'archevêque qui présida ce concile de Montpellier était Arnaud, auparavant abbé de Citeaux, qui mourut l'année suivante 1225, après treize ans d'épiscopat.

La même année 1225, le pape Honorius envoya un nouveau légat en France; c'était Romain, cardinal-diacre. L'affaire principale de sa légation était de réprimer complètement les manichéens du Languedoc. Pour que le roi de France tournât toutes ses forces contre eux, le nouveau légat était chargé de négocier la trêve entre lui et le roi d'Angleterre, et remit à Louis une lettre de la part du Pape, qui disait en substance : « Nous vous avons déjà écrit quantité de lettres pour vous conjurer de proroger la trêve faite par le roi Philippe, votre père, et le père du roi d'Angleterre; et, quand elle serait finie, de ne pas attaquer les terres de ce prince au préjudice du secours de la terre sainte. Vous les avez toutefois attaquées, au mépris de nos prières; et il semble qu'elles n'aient servi qu'à vous élever contre l'Eglise romaine, votre mère, comme s'il était impossible que vous deveniez un jour suppliant devant elle. » Il lui représente la vicissitude des choses humaines, et lui propose l'exemple de l'empereur Othon, qui est tombé devant Frédéric encore enfant; et du roi Richard d'Angleterre, contre lequel Philippe-Auguste implora utilement la protection de l'Eglise.

« Au reste, vous ne devez pas trouver mauvais que le Saint-Siége, usant de la plénitude de puissance qu'il a reçue de Dieu, veuille vous empêcher de faire la guerre au roi d'Angleterre, puisqu'il en a précédemment empêché le prédécesseur de la faire à votre illustre père; car, après avoir employé la censure ecclésiastique pour votre père au fort de l'âge et de la puissance, pourquoi ne le ferait-il pas dans un cas tout à fait semblable, en faveur d'un roi tout jeune encore? Qu'on ne vous dise point que ce n'est pas à nous à prendre sa défense en cette occasion, parce qu'il s'agit de choses féodales. Il a été dit au prophète Jérémie, qui était prêtre : *Je t'ai établi sur les peuples et les royaumes, pour arracher et détruire, édifier et planter;* d'où il paraît qu'il appartient au Pontife romain, qui tient la principauté du sacerdoce, d'arracher tout péché mortel : ce qui ne peut se faire quelquefois sans réprimer les rebelles. Puis donc que l'on croit que vous péchez manifestement contre le roi d'Angleterre, nous que regarde la correction de tout péché, en quelle conscience pouvons-nous boucher les oreilles à ses plaintes? C'est pourquoi, malgré tous vos refus, nous vous conjurons encore de nous tirer de cette peine, en restituant à ce prince les terres que vous avez envahies sur lui, en cessant de le maltraiter, et réservant à poursuivre légitimement, dans un temps convenable, les prétentions que vous avez contre lui, afin de ne pas détourner le secours de la terre sainte, dont les rois de France ont accoutumé d'être les principaux promoteurs. Autrement, quelque déférence que nous ayons pour vous, nous ne pourrons manquer plus longtemps à ce que nous devons au roi d'Angleterre (Rayn., an 1225, n. 30-35). »

Les remontrances paternelles d'Honorius eurent un bon effet. Le cardinal Romain, étant venu en France, assista à un concile ou parlement que le roi Louis tint à Paris, le 15 mai 1225. Le roi y traita avec lui plusieurs affaires touchant l'Angleterre et les Albigeois. La suite fait voir que la négociation du légat fut efficace; car le roi cessa de poursuivre ses droits contre les Anglais, et marcha contre les hérétiques.

A la Saint-André, dernier jour de novembre 1225, le légat Romain tint un concile à Bourges, où il avait appelé le roi, les évêques, les abbés et les chapitres de toute la France, ainsi que Raymond, comte de Toulouse, dont l'affaire était le principal sujet de sa légation. A ce concile se trouvèrent six archevêques et environ cent évêques. Il y eut contestation pour la préséance, parce que l'archevêque de Lyon prétendait avoir la primatie sur ceux de Sens et de Rouen, l'archevêque de Rouen sur ceux de Bourges, d'Auch et de Narbonne. Pour éviter la division que cette dispute pouvait produire, on convint de s'asseoir, non comme en concile, mais comme en conseil.

Après que l'on fût assis et que les lettres de la légation eurent été lues publiquement, Raymond de Toulouse et Amauri de Montfort se présentèrent. Raymond demandait d'être absous de l'excommunication, offrant de satisfaire entièrement à l'Eglise, de faire justice des hérétiques, d'en délivrer absolument ses terres; d'y rétablir l'obéissance de l'Eglise romaine, la paix et la sûreté; enfin de réparer les dommages que le clergé y avait soufferts. Au contraire, Amauri demandait que le comté de Toulouse et les autres terres de Raymond le Vieux lui fussent rendus, comme ayant été donnés à son père et à lui par le pape Innocent III et le roi Philippe-Auguste, desquels il montrait les lettres, ajoutant que Raymond avait été dépouillé par le concile général, au moins de la plus grande partie des terres qu'il occupait. Et comme Raymond offrait de faire envers le roi et l'Eglise romaine tout ce qu'il devait faire pour conserver son Etat, Amauri demanda qu'il subît le jugement des douze pairs de France. Raymond répondit : « Que le roi reçoive mon hommage, et je suis prêt à subir ce jugement, autrement je craindrais qu'ils ne me tinssent pas pour pair. » Après plusieurs contestations de part et d'autre, le légat ordonna aux archevêques d'en délibérer chacun avec ses suffragants et de lui donner leurs avis rédigés par écrit, puis il prononça excommunication contre tous ceux qui découvriraient leur avis particulier, disant qu'il voulait les envoyer tous au roi. Ainsi l'on ne décida rien sur l'affaire du comté de Toulouse.

Une autre affaire fut proposée dans ce concile. Ceux qui avaient à poursuivre des affaires à Rome, se plaignaient souvent des honoraires qu'il fallait donner aux divers officiers de la cour romaine. La malveillance en profitait pour décrier l'Eglise. Au concile de Latran, d'excellents évêques avaient proposé d'y porter remède, en assurant à ces officiers un revenu suffisant sur les églises particulières. Le Saint-Siége ne voulut point y accéder alors, pour que le concile n'eût pas l'air d'avoir été assemblé pour cela. Néanmoins, après en avoir conféré avec les cardinaux, Honorius adopta le moyen proposé, et, à son tour, par une lettre du 28 janvier 1225, le proposa au concile de Bourges : c'était que chaque église cathédrale y consacrât deux prébendes, une du chapitre, l'autre de l'évêque; et de même dans les monastères dont les menses étaient séparées, une de l'abbé, l'autre de la communauté. Moyennant quoi il ne serait plus permis à ceux qui avaient des affaires en cour de Rome de rien offrir, ni aux Romains de rien recevoir; et ainsi on ôterait de l'Eglise romaine le scandale de l'avarice. Le légat ayant donc proposé cet arrangement, quelques évêques déjà y consentaient, quand les députés des chapitres déclarèrent que, pour eux, ils n'y consentiraient jamais. L'affaire demeura ainsi en suspens. Voilà ce que nous en apprennent la lettre du Pape et la *Chronique de Tours*. Quant aux petites anecdotes et aux discours qu'y ajoute le moine anglais Matthieu Paris, comme il n'y était pas, on peut les croire de son invention, d'autant plus qu'il a été convaincu de mensonge sur le point principal par le docte Mansi (Raynald, 1225, n. 35, note; Mansi, *Concil.*, t. XXII; Martène, *Anecdoct.*, t. I, p. 929).

Le légat Romain fit encore savoir au concile que le Pape, pour opérer la réforme des monastères, avait donné pouvoir à deux évêques de déposer tous les abbés de France, suivant l'avis de quatre abbés qu'il avait envoyés visiter les abbayes de tout le royaume et en corriger les abus. Mais les autres évêques, voyant que par cette commission ils perdraient toute juridiction sur les abbayes, déclarèrent que, tant qu'ils vivraient, ils n'en souffriraient point l'exécution : ce qui suspendit encore cette mesure de réforme.

La même année 1225, mais quelques mois auparavant, les chanoines de Paris se plaignirent au légat Romain de ce que les écoliers s'étaient fait faire un sceau particulier, dont ils scellaient tous les actes concernant les affaires de leur université, au préjudice de l'Eglise de Paris, dont le sceau servait auparavant pour les rendre authentiques. Après qu'on eût allégué plusieurs raisons de part et d'autre, les écoliers rendirent le légat arbitre de leur droit et lui remirent leur sceau. Le légat, prenant sur-le-champ sa résolution, rompit le sceau devant tout le monde, et prononça excommunication contre tous ceux qui, désormais, feraient à Paris un sceau pour l'université. Les écoliers s'en plaignirent hautement, et ce bruit s'étant répandu par la ville, ils accoururent de tous côtés à la maison du légat avec des armes. Ses domestiques fermèrent les portes et s'armèrent de leur côté; mais les écoliers donnèrent plusieurs assauts, rompirent les portes, jetèrent des pierres et allaient prendre le légat, lorsque le roi Louis, arrivant de Melun et apprenant le danger où se trouvait ce prélat, y envoya des chevaliers et d'autres soldats, qui repoussèrent les écoliers par leurs menaces et leurs armes, et délivrèrent le légat et les siens, mais non sans effusion de sang. Il sortit de Paris avec escorte, excommunia tous les écoliers qui lui avaient fait cette insulte, et les autres qui y avaient assisté de leur part. Environ quatre-vingts docteurs ou maîtres ès-arts, qui se trouvaient dans ce cas, allèrent trouver le légat au concile de Bourges, lui demandèrent l'absolution de l'excommunication prononcée contre eux, et l'obtinrent aussitôt (Labbe, t. XI, p. 202).

Un peu avant ce dernier concile, le 8 novembre, le roi Louis en avait convoqué un autre à Melun, où les évêques de France, en présence du légat, demandèrent instamment au roi et à ses barons la connaissance de toutes les causes mobiliaires pour lesquelles les vassaux de l'Eglise poursuivaient quelque personne que ce fût devant les évêques, soutenant que l'Eglise gallicane était en possession de cette juridiction. Le roi s'y opposa et montra, par des preuves très-évidentes, que cette prétention n'était pas raisonnable, puisque les causes mobiliaires sont purement profanes, quand on ne demande des meubles ni en vertu d'un serment, ni de la foi et hommage, ni d'un testament, ni d'un mariage, et n'appartiennent point au tribunal ecclésiastique. Il soutenait que leur possession était nulle, puisque jamais ils ne l'avaient eue de la connaissance du roi Philippe, son père, ni de la sienne : vu principalement que personne ne peut rendre pire la condition de son seigneur. Enfin, par la médiation du légat, l'affaire fut laissée en suspens de part et d'autre (Labbe, t. XI). On voit ici jusqu'où dès lors s'étendait la juridiction ecclésiastique, de l'aveu même du roi.

Cependant le comte Raimond de Toulouse ne réalisait pas les promesses qu'il ne cessait de faire. Aussi, l'année 1226, le 28 janvier, le roi Louis VIII et le légat Romain tinrent à Paris un concile national, où le légat, de l'autorité du Pape, excommunia Raimond et ses complices, et confirma au roi et à ses successeurs, à perpétuité, le droit sur les terres de ce comte, comme d'un hérétique condamné. En même temps, Amauri, comte de Montfort, et Gui, son oncle, cédèrent au roi et à ses successeurs tout le droit qu'ils avaient aux mêmes terres, et lui en donnèrent leurs lettres. Le troisième jour après, 30 janvier, le roi, après en avoir mûrement délibéré, reçut la croix de la main du légat, avec presque tous les évêques et les barons de son royaume, pour exterminer les manichéens de l'Albigeois (1). Et le légat, touché de ce zèle du roi et des seigneurs, envoya par les provinces du royaume des prédicateurs, pour exhorter à la croisade contre ces hérétiques, avec indulgence plénière et dispense de toutes sortes de vœux, hors celui du voyage de Jérusalem. Il ajouta du consentement des évêques, qu'en faveur de cette entreprise, il promettait au roi cent mille livres par an, cinq années durant, de la décime qui se levait sur le clergé; et si elle n'y suffisait pas, on y suppléerait du trésor de l'Eglise. Le quatrième dimanche de carême, qui, cette année 1226, était le 20 mars, le roi convoqua encore à Paris un concile ou parlement; et, après y avoir traité amplement avec le légat, les évêques et les barons, de l'affaire des Albigeois, il fit expédier des lettres, pour mander à tous ceux qui lui devaient le service de guerre, de venir le trouver à Bourges, bien et dûment armés, le quatrième dimanche après Pâques, c'est-à-dire le 17 mai (Labbe, t. XI). De son côté, le légat manda aux archevêques et évêques, qu'il prenait sous la protection de l'Eglise la personne du roi, sa famille, son royaume, et tous ceux qui l'accompagnaient dans cette expédition; qu'il excommuniait le jeune Raymond et ses complices; de plus, tous ceux qui, étrangers ou régnicoles, attaqueraient le royaume de

(1) Loys prist la croiz de l'autorité de sainte Eglise pour aller contre les Bougres en Aubigeois, qui estoient contreres à la foi chrestienne (*Vie de S. Louis*, par le confesseur de la reine Marguerite; *Scriptor. rer. Franc.*, t. XX, p. 63).

France ou y exerceraient des hostilités particulières. Les prélats avaient ordre de publier cette excommunication par toutes leurs provinces (Mansi, *Concil.*, t. XXIII, col. 9-12; Martène, *Anecdot.*, t. I).

Le roi Louis se mit en campagne au printemps de la même année 1226, et vint à Bourges, où il avait marqué le rendez-vous des croisés; puis il marcha à Lyon, à cause de la facilité de la route le long du Rhône. Il était accompagné du légat Romain, cardinal de Saint-Ange, qui ne le quittait point. Les consuls des villes et des bourgs qui étaient au comte Toulouse, venaient au devant rendre au roi les forteresses et lui donnaient des otages. Avignon même, qui était la ville la plus forte, en fit autant; et le roi y arriva la veille de la Pentecôte, 6 juin. Il comptait y passer sans difficulté, suivant la foi donnée, et une partie de l'armée avait déjà traversé le pont, quand les habitants, qui depuis sept ans étaient excommuniés par le Pape, craignirent d'être traités comme ennemis et fermèrent les portes, offrant seulement de laisser passer le roi avec peu de suite. Le roi ne voulut pas s'y exposer, et, résolu à se rendre maître de la ville, commença de l'assiéger le 10 juin. Mais comme elle était forte et bien défendue, le siège dura plus de deux mois.

Cette croisade contre les Albigeois alarma le roi Henri d'Angleterre. Pour le rassurer, le Pape lui écrivit, le 27 avril 1226, une lettre où il dit en substance : « Nous avons attendu longtemps que Raymond, suivant sa promesse, purgeât l'Albigeois d'hérétiques, mais nous n'y avons rien gagné. Cependant il a été ordonné dans le concile général que, si un seigneur temporel, averti par l'Église, néglige de purger sa terre d'hérésie, il sera excommunié par le métropolitain et les évêques de la province; et que, s'il ne satisfait dans l'année, ses sujets seront absous par le souverain Pontife du serment de fidélité, et sa terre exposée pour être occupée par les catholiques. Étant donc contraint par la nécessité de la loi, nous avons envoyé le cardinal Romain au roi de France, qui s'est croisé avec presque tous les barons de son royaume, pour exterminer les hérétiques de ces quartiers-là. C'est pourquoi nous vous exhortons à ne point assister Raymond, parce que, comme il est excommunié avec ses fauteurs, vous mettriez une tache à la pureté de votre foi, et vous vous envelopperiez dans l'excommunication. Vous ne ferez pas non plus la guerre au roi de France, ni par vous, ni par votre frère, tant qu'il sera occupé au service de Jésus-Christ, de peur que ce prince ne se détourne à quelque autre entreprise, sans que nous puissions vous secourir. Au reste, quoiqu'il arrive de la terre des hérétiques, nous aurons soin de conserver votre droit et celui des autres catholiques, suivant l'ordonnance du concile (Rayn., an 1226, n. 35). »

L'armement du roi Louis fut pareillement suspect à l'empereur Frédéric d'Allemagne, et il craignit que, sous prétexte d'exterminer les hérétiques, le roi de France ne se rendît maître des terres qui relevaient de l'empire, en Provence et ailleurs, à cause de l'ancien royaume d'Arles. L'empereur pria donc le Pape, comme auteur de cette guerre, de pourvoir à la conservation de ses droits. Le Pape lui répondit : « Nous avons dit de bouche au cardinal de Saint-Ange, et lui avons depuis écrit, que nous voulions que ce pays fût purgé d'hérésie, sans diminution des droits de l'empire. Nous venons encore de lui mander qu'il retienne en sa puissance et en celle de l'Église les places de l'empire que les croisés auront prises, les faisant garder soigneusement par des évêques ou d'autres prélats, jusqu'à ce que, par le rapport du même légat, nous soyons exactement informé des terres qui appartiennent à l'empire, et de toutes les circonstances de l'affaire; et vous devez souffrir patiemment ce délai, nécessaire pour le bien de la foi et de la paix qu'il faut affermir en ces provinces. » La lettre est du 22 novembre (Rayn., an 1226, n. 31).

Le Pape avait également écrit au cardinal de Saint-Ange d'exhorter le roi Louis, les prélats et les seigneurs de France, de n'avoir en cette guerre que la pure intention d'extirper l'hérésie, sans envahir les terres des princes catholiques, particulièrement de l'empire, du roi d'Angleterre, ou du roi d'Aragon (L. 11, *Epist.* 271). On croirait entendre un vénérable père de famille recommandant à ses fils de respecter les droits les uns des autres. Le Pape est en effet le père de cette grande famille qu'on appelle l'univers chrétien.

Le siège d'Avignon dura jusqu'à l'Assomption de Notre-Dame. La mortalité fut grande dans la ville; et, de la part des croisés, il mourut environ deux mille hommes, tant de blessures que de maladies. Enfin les assiégés, voyant la persévérance du roi, et qu'il avait juré de ne se point retirer qu'il n'eût pris la ville, se rendirent à composition. Par l'ordre du roi et du légat, on abattit dans la ville trois cents maisons qui avaient des tours; on combla les fossés et on rasa les murailles. Nicolas de Corbie, religieux de Cluny, fut sacré évêque d'Avignon. Le roi s'avança dans le Languedoc : toutes les villes, les châteaux et les forteresses se rendirent à lui jusqu'à quatre lieues de Toulouse. Il y laissa pour gouverneur Imbert de Beaujeu, et partit pour revenir promptement en France, résolu de retourner au printemps finir cette guerre.

Mais le jeudi avant la Toussaint, 21 octobre, il fut attaqué d'une maladie qui l'obligea de s'arrêter à Montpensier en Auvergne. D'après le récit d'un auteur contemporain, c'était une maladie cachée, qui pouvait être guérie, disait-on, par le commerce avec une femme. La reine Blanche était à Paris. Un compagnon du roi, Archambaud de Bourbon, choisit une jeune personne belle et noble, lui apprit ce qu'elle avait à dire et à faire, et l'introduisit dans la chambre du roi pendant qu'il dormait. Le roi, s'étant éveillé, demanda qui elle était et ce qu'elle voulait. Elle répondit que ce n'était pas la passion qui l'amenait, mais le désir de contribuer à la guérison du roi. Louis la remercia, et dit : « Je n'en ferai rien, car pour rien au monde je ne commettrai un péché mortel. » Aussitôt il appela le sire de Bourbon, et lui recommanda de la marier honorablement. Voilà ce que l'historien Guillaume de Puy-Laurens atteste avoir appris d'un homme digne de foi (*Scriptor. rer. Franc.*, t. XIX). Louis VIII mourut ainsi martyr de la chasteté conjugale, le dimanche 8 novembre 1226, âgé de trente-neuf ans, après en avoir régné trois et quatre mois environ. Il fut apporté à Saint-Denys, et enterré auprès du roi Philippe, son père.

Il laissait une veuve, la reine Blanche de Castille, dont il avait eu onze enfants. Six lui survécurent, savoir, Louis, Robert, Jean, Alphonse, Charles, et une fille nommée Elisabeth ou Isabelle. Il avait fait son testament au mois de juin l'année précédente 1225. Après y avoir réglé l'apanage de trois de ses fils cadets, il ordonne que le cinquième soit clerc, ainsi que tous ceux qui naîtront ensuite. Il fait un grand nombre de legs pieux, particulièrement pour l'anniversaire de sa mort, en différents monastères, et nomme pour exécuteurs de son testament les évêques de Chartres, de Paris et de Senlis, avec l'abbé de Saint-Victor.

Louis, l'aîné de tous ses enfants, n'avait que onze ans et demi. Il fut sacré trois semaines après la mort de son père, le premier dimanche de l'Avent, 29 novembre 1226; il fut sacré à Reims par l'évêque de Soissons, le siège étant vacant par la mort toute récente de l'archevêque Guillaume de Joinville. Les comtes de Champagne, de Bretagne et de La Marche furent invités au sacre, mais ils ne vinrent point et n'envoyèrent pour excuses que des paroles offensantes. Voilà ce que dit expressément l'auteur contemporain de la *Chronique de Tours*. Le comte Ferrand de Flandre voulait répudier sa femme, la comtesse Jeanne; le comte de Bretagne, Pierre Mauclerc, ambitionnait de l'épouser; le jeune roi s'opposait à ce divorce et punit même d'une amende le comte de Flandre : de là conspiration de ces barons mécontents (*Chron. Turon. apud Rayn.*, an 1126, n. 4, note de Mansi); il leur semblait que, sous un roi enfant et une femme régente, tout devait leur être permis. Dieu confondit tous leurs desseins. C'est que ce roi pupille était un homme selon son cœur, un autre Josias; c'était saint Louis, l'éternelle gloire de la France, de l'Europe chrétienne, de l'humanité entière.

Il était né le 25 avril 1215, au château de Poissy. Il eut toujours pour ce lieu une affection particulière. Un jour qu'il s'y trouvait avec quelques-uns de ses familiers, il leur dit d'un air tout joyeux et tout glorieux, que le plus grand bien et le plus grand honneur qu'il eût jamais reçu en ce monde, Notre Seigneur le lui avait fait une seule fois dans ce château. Les autres s'émerveillaient quel pouvait être cet honneur : car il leur semblait qu'il aurait dû parler de la ville de Reims, où il avait reçu l'onction sainte et la couronne du royaume de France. Alors le bon roi se prit à sourire et leur dit qu'à Poissy il avait reçu la grâce du saint baptême, chose qu'il tenait sans comparaison à plus grand don de Dieu et à plus grande dignité que tous les honneurs et toutes les dignités du monde. Aussi, dans ses lettres familières, signait-il volontiers : *Louis de Poissy* ou *Seigneur de Poissy* (1).

Sa mère, la reine Blanche, qui avait un courage d'homme dans un cœur de femme, secondait en lui, par une éducation chrétienne, les dons de la nature et de la grâce. Souvent elle lui disait : « Mon fils, je vous aime par-dessus toutes les créatures; cependant, si vous étiez malade à la mort et que vous ne pussiez guérir qu'en commettant un péché mortel, j'aimerais mieux vous laisser mourir que de vous voir offenser mortellement votre Créateur. » Louis aimait à rappeler ces paroles, à la louange de sa mère. Et ce que sa mère lui insinuait par des paroles si chrétiennes, son père le lui apprit par son exemple, aimant mieux mourir en effet que d'offenser Dieu mortellement. Louis IX eut encore pour précepteur, à ce que l'on croit, le frère Pacifique, ce poète devenu frère Mineur, et que saint François d'Assise envoya comme son suppléant à Paris, n'y pouvant aller lui-même.

Pendant que la France voyait monter sur le trône le modèle des rois, l'Angleterre commençait à respirer après les troubles dont elle avait été agitée sous le règne de Jean-Sans-Terre. Pour y rétablir la discipline ecclésiastique, le cardinal Etienne de Langton, archevêque de Cantorbéry et légat du Saint-Siège, tint un concile près d'Oxford, le 11 juin 1222. Ce fut un concile général de toute l'Angleterre. On y fit quarante-neuf canons, conformes à ceux du dernier concile de Latran, avec quelques autres règlements. Ils sont conçus au nom de l'archevêque, mais avec la clause expresse, tantôt de l'autorité, tantôt de l'approbation du concile. Le premier canon contient une excommunication générale contre ceux qui entreprennent sur les droits de l'Eglise, les perturbateurs de la paix du royaume, les parjures, les calomniateurs et d'autres semblables. Ensuite on remarque les devoirs des évêques, et on les exhorte à donner audience aux pauvres, à ouïr eux-mêmes les confessions, à résider en leurs cathédrales, au moins les grandes fêtes et une partie du carême, et à se faire lire deux fois tous les ans les promesses qu'ils ont faites à leur ordination. On leur défend de différer plus de deux mois d'admettre ceux qui leur sont présentés pour des bénéfices; ce que quelques-uns faisaient pour profiter des fruits. Défense à un prêtre de célébrer deux messes par jour, sinon à Noël et à Pâques, ou aux funérailles, en présence du corps; et, en ce cas, il ne prendra point d'ablution après la première messe. On fait le dénombrement des fêtes qui doivent être chômées, entre autres toutes celles de la sainte Vierge, excepté la Conception, que l'on n'oblige point de célébrer. A Pâques et à la Pentecôte, on fêtera non-seulement le lundi et le mardi, mais encore le mercredi. On fêtera saint Augustin en mai. C'est l'apôtre des Anglais, honoré le 26 de ce mois. On ordonne aussi de fêter la translation de saint Thomas de Cantorbéry, qui avait été faite deux ans auparavant, savoir le 7 juillet 1220, en vertu d'une bulle du pape Honorius. L'archevêque Etienne fit cette cérémonie en présence du roi, de presque tous les évêques, les prélats et les seigneurs du royaume, ainsi que de plusieurs prélats d'autres pays. Le corps saint fut tiré du tombeau de marbre où il était depuis cinquante ans, et mis dans une châsse d'or ornée de pierreries. Après les fêtes, le concile d'Oxford fait le dénombrement des jeûnes, et

---

(1) Il avin une foys que li roys Loys estoit à Poissi-le-Chatel, et dit moult liement, tout en riant et en jouant, à aucuns de ses familiers qui estoient lors avec lui, que le gregnieur bien et le plus grant honneur que il eust onques en cet monde, Nostre Sires li avoit une foys fete en cel chatel. Quant se oyrent sa gent, si ce merveillierent moult de quele honneur il disoit : car il cuidoient que il deut avoir miex dist de la cyté de Rains, où il reçut la sainte unction et la couronne du royaume de France. Lors commensa a sourrire li bons roys, et puis si lor dit que en cel de Poissi il avoit receu la grace du sainct baptesme, laquel chose par-dessus toutes honneurs et dignites mondaines il tenoit sans comparaison a gregnieur don de Dieu et gregnieur dignite : dont il avint aucune foys que quant lettres secrees envoioit a aucuns de ses familiers, il ne vouloit pas mettre le nom de roy pour aucune rayson, il s'appelloit Loys de Poissi, ou Loys le segnieur de Poissi (*Vie de S. Louis*, par G. de Nangis, texte français; *Script. rer. Franc.*, t. XX).

marque entre autres que l'on jeûnait la dernière semaine avant Noël tout entière.

Les vicaires perpétuels auront au moins le revenu de cinq marcs d'argent; si ce n'est dans les lieux du pays de Galles, où ils se contentent de moins. En chaque archidiaconé, l'évêque désignera des confesseurs pour les doyens ruraux, les curés et les prêtres; mais dans les cathédrales, les chanoines se confesseront à l'évêque, au doyen ou aux personnes désignées par l'évêque et le chapitre. Défense aux juges, comme les archidiacres et les doyens ruraux, d'empêcher les accommodements et d'imposer aux parties des peines pour ce sujet.

Les religieux chargés d'obédience et les supérieurs rendront compte à la communauté, deux fois l'année, de leur recette et de leur dépense. Les religieuses et les religieux n'auront point de ceintures de soie et ne porteront point d'ornement d'or ni d'argent; leurs habits ne seront ni d'étoffes précieuses ni trop longs. On ne donnera point leur vestiaire en argent. Ils coucheront dans un seul dortoir, où chaque personne aura son lit, et mangeront au réfectoire, sans singularité. Ils ne sortiront point sous prétexte d'aller à quelque dévotion ou de visiter leurs parents, et jamais sans permission du supérieur. On ne recevra pas de moine au-dessous de dix-huit ans. Le nombre des religieuses sera fixé suivant les facultés du monastère, et les évêques ne souffriront point qu'elles en reçoivent au delà. Elles se confesseront aux prêtres qu'il leur aura destinés.

A ces canons, le cardinal-archevêque de Cantorbéry joignit des statuts sur l'administration des sept sacrements et quelques autres points. Voici qui nous paraît de plus remarquable. Il faut administrer le baptême avec beaucoup de respect, y prononcer distinctement les paroles de la formule. Les prêtres enseigneront fréquemment aux laïques qu'ils doivent baptiser les enfants en cas de nécessité et dans la langue qu'ils sauront le mieux. Dans ce cas, si le prêtre trouve que la forme a été prononcée intégralement, il ne fera que suppléer les cérémonies du baptême. L'eau qui a servi à baptiser à la maison, sera jetée au feu ou portée au baptistère de l'église. Dans le doute, et pour les enfants trouvés, on baptise de cette manière : *Si tu es baptisé, je ne te baptise pas; mais si tu ne l'es point, je te baptise au nom du Père, et du Fils, et du Saint-Esprit.* Quant au sacrement de l'autel, les laïques seront avertis fréquemment que, partout où ils verront porter le corps du Seigneur, ils doivent aussitôt plier les genoux, comme devant leur Créateur et leur Rédempteur, et prier humblement les mains jointes, jusqu'à ce qu'il ait passé; ce qu'ils doivent faire surtout dans le temps de la consécration, à l'élévation de l'hostie, lorsque le pain est transformé au vrai Corps du Christ, et que ce qui est dans le calice est transformé en son Sang par la bénédiction mystique. Quant au sacrement de pénitence, le prêtre doit, pour entendre les confessions, choisir un endroit de l'église où il puisse être vu de tout le monde. Nul ne doit admettre à la pénitence le paroissien d'un autre, si ce n'est de la permission du curé ou de l'évêque. Le prêtre qui, directement ou indirectement, fût-ce par la crainte de la mort, révélerait le secret de la confession, sera dégradé sans miséricorde. Pour ce qui est de l'extrême-onction, les prêtres avertiront fréquemment le peuple que ce sacrement peut se réitérer dans toutes les maladies dangereuses, où il y a crainte de mourir. Quant au mariage, on publiera les bans trois dimanches ou fêtes consécutives, et on défendra souvent aux laïques, sous peine d'excommunication, de contracter mariage, sinon dans un lieu fréquenté et devant plusieurs personnes convoquées à cet effet (Mansi, *Concil.*, t. XXII).

On a des constitutions semblables de l'évêque Richard de Durham et de l'évêque Richard de Sarum. Elles méritent d'être consultées, surtout par les Anglais, qui y verront recommandé et pratiqué par leurs ancêtres ce que l'Eglise catholique n'a cessé de recommander et de faire (*Ibid.*).

L'église d'Ecosse n'ayant point de siége métropolitain, et étant d'ailleurs si éloignée de Rome, ne savait par l'autorité de qui assembler le concile provincial. D'où il arrivait que les ordonnances du concile de Latran restaient sans exécution, et de graves désordres se commettaient, qui demeuraient impunis. Consulté là-dessus par les évêques écossais, le pape Honorius leur répondit, par une lettre du 19 mai 1225, que, puisqu'ils n'avaient point de métropolitain, ils n'avaient qu'à célébrer leur concile provincial par l'autorité du Pape. Les évêques s'y conformèrent et réglèrent qu'à l'avenir chacun présiderait le concile à son tour, à commencer par l'évêque de Saint-André, et que, de plus, on nommerait un conservateur des canons, qui en punirait les violateurs. On a du concile d'Ecosse une collection de statuts semblables à ceux d'Angleterre (*Ibid.*).

En 1222, le roi d'Ecosse allait en Angleterre pour des affaires importantes de son royaume, et déjà il était arrivé sur la frontière, lorsqu'il apprit que l'évêque de Dornoc avait été tué et brûlé dans une sédition populaire. Il en fut si affligé, qu'il rompit son voyage, assembla des troupes et revint en faire justice. Les évêques en informèrent le pape Honorius, qui, à leur demande, écrivit au roi, louant son zèle pour la liberté de l'Eglise et l'exhortant à réprimer avec vigueur de pareils attentats. C'est ce qu'on voit par la lettre du Pape aux évêques d'Ecosse, datée de Rome le 13 février 1223 (Rayn., an 1223).

Dans un concile de Westminster, en 1225, le cardinal Othon proposa la même chose que le cardinal Romain avait proposée dans le concile de Bourges, pour faire cesser les plaintes contre les exigences des employés de la cour romaine, qui était de leur assigner un revenu sur les églises particulières. La proposition éprouva des difficultés comme à Bourges, et l'on se sépara sans rien conclure (Mansi, *Concil.*

Dans un autre concile de Londres, sur la proposition du Pape, on accorda au roi, qui venait de confirmer les libertés de l'Eglise et du royaume, le quinzième des revenus mobiliaires (*Ibid.*).

La gloire de l'Angleterre était alors un docte personnage, qui devait illustrer bientôt le siége de Cantorbéry par son éminente sainteté. Nous voulons parler de saint Edmond. Il était né au village d'Abingdon, dans le comté de Berk, le jour de Saint-Edmond, roi et martyr, 20 novembre. Son père s'appelait Raynald-Edouard, surnommé le Riche, et sa mère, Mabile. Ses parents étaient médiocrement pourvus des biens de la fortune; mais ils possédaient les vraies richesses, celles de la grâce. Raynald, du consentement de sa vertueuse épouse, quitta le monde et se fit religieux dans le monastère d'Evesham. Mabile se chargea de veiller à l'éducation de ses enfants. Elle n'avait pas moins d'ardeur que son mari pour la perfection chrétienne. Elle pratiquait de grandes austérités, portait sur sa châire un rude cilice, sur le cilice une cuirasse en mailles de fer, avec deux lames de fer entre la cuirasse, afin de souffrir davantage, lames de fer dont elle fit héritiers à sa mort ses deux fils, Edmond et Robert. Presque tous les jours elle assistait aux matines du monastère d'Abingdon, qui se disaient à minuit. Elle portait ses enfants, même par de petites récompenses, à suivre le même genre de vie, autant que la faiblesse de leur âge pouvait le leur permettre. Elle mourut avec une telle réputation de sainteté, qu'on mit sur son tombeau cette épitaphe : *Ci gît Mabile, la fleur des veuves.*

Par le conseil de cette pieuse mère, Edmond récitait tout le psautier à genoux, les dimanches et les fêtes, avant de prendre aucune nourriture. Le vendredi, il ne vivait que de pain et d'eau. Quels que fussent les exercices que Mabile recommandât à ses enfants, ils ne suffisaient point à la ferveur d'Edmond; il en avait de particuliers, mais qu'il cachait avec soin. En même temps il était doux, affable, docile, complaisant, et paraissait n'avoir d'autre volonté que celle de sa mère et de ses maîtres. On le voyait prévenir jusqu'à leurs désirs. L'éducation qu'il reçut lui rendit comme familière la pratique des vertus chrétiennes, de celles mêmes qui coûtent le plus à la nature.

Edmond fit ses premières études à Oxford, et y donna des preuves de la beauté et de la pénétration de son esprit. Mais il se distinguait principalement de ses condisciples par sa ferveur dans le service de Dieu. Son assiduité à la prière et son amour pour la retraite firent bientôt connaître les vertus dont son âme était ornée. Il n'avait pour amis que ceux dans lesquels il remarquait de l'inclination pour la piété. Il était encore jeune, lorsqu'on l'envoya, ainsi que son frère Robert, à Paris, afin qu'ils pussent l'un et l'autre y achever leurs études. Mabile, en se séparant d'eux, leur donna à chacun d'eux un cilice, et leur conseilla de le porter deux ou trois jours la semaine, pour se prémunir contre les attraits de la volupté, qui sont si dangereux pour la jeunesse. Lorsqu'elle leur envoyait des vêtements ou d'autres choses nécessaires à leur usage, elle y joignait quelque instrument de pénitence, pour leur rappeler la nécessité de la mortification.

Un jour qu'il s'appliquait aux études libérales, Edmond fut saisi d'un violent mal de tête qui ne le quittait point et qui lui faisait désespérer de pouvoir continuer ce genre d'études. Sa mère en souffrait avec lui; mais, douée d'une pénétration singulière, elle lui dit : Mon fils, votre tonsure cléricale ne paraît point assez régulière. Et telle est, ce semble, la cause de toute la douleur que vous souffrez. Ayez une tonsure conforme à la règle, et Dieu, je l'espère, étant adouci à votre égard, adoucira l'incommodité qui vous afflige. Edmond acquiesça de grand cœur à la remontrance de sa mère, se fit couper le trop de cheveux, et la douleur de tête, comme tranchée par les ciseaux, disparut entièrement et ne revint plus jamais, ainsi que le saint l'apprit confidemment à un de ses amis.

Ce à quoi le jeune Edmond s'appliquait le plus, c'était à aimer le Seigneur de tout son cœur et de toute son âme. Un jour, invité par ses condisciples, il se promenait avec eux dans une belle prairie; il s'écarta d'eux néanmoins assez tôt, crainte de ternir la pureté de sa conscience. Pendant qu'il marchait ainsi solitaire, livré à de pieuses méditations, il lui apparut un enfant de son âge, d'une beauté incomparable, qui lui dit avec une douceur merveilleuse : Bonjour, mon bien-aimé! Edmond, surpris, admirait, sans rien dire, cette salutation et cette beauté inconnue. Le merveilleux enfant lui demanda s'il ne le connaissait donc pas quelque peu. Edmond répondit avec une simplicité de colombe : « Je ne vous connais pas du tout, et je ne crois pas que vous me connaissiez davantage. » Le merveilleux enfant reprit : « J'admire que je vous sois tellement inconnu, d'autant plus que je suis assis à côté de vous à l'école, et que je vous suis inséparablement uni, quelque part que vous alliez. » Il ajouta : « Regardez mon visage, considérez attentivement ce qui est écrit sur mon front, et retenez-le de tout votre cœur. » Edmond y lut en toutes lettres le nom de Jésus. Il en fit l'observation et reçut cette réponse : « Je suis Jésus le Nazaréen, et c'est là mon nom, qui doit être un souvenir très-cher à votre âme; ayez soin de l'imprimer exactement sur votre front chaque nuit. Par là vous pourrez vous garantir contre la mort subite, ainsi que quiconque marquera son front de la même manière. » Cela dit, le merveilleux enfant disparut; le jeune Edmond, rempli d'une douceur ineffable, grandit en âge et en sagesse devant Dieu et devant les hommes, toujours fidèle à imprimer sur son front chaque nuit le nom divin. Il enseigna depuis cette pratique à son camérier secret, qui a écrit sa vie.

Ce biographe se nommait Bertrand, fut le secrétaire et le confident du saint homme, après la mort duquel il embrassa l'état monastique, et devint prieur de Pontigny. Nous avons encore une vie de saint Edmond, par Robert, son frère, sans compter ce qu'en disent plusieurs autres écrivains du même temps.

Après l'amour envers Jésus, venait la dévotion envers Marie. Il était encore dans les années de l'adolescence, lorsqu'il songea aux moyens de conserver son âme. Se défiant de lui-même, il alla consulter un prêtre renommé d'Oxford, qui lui dit : « Si vous voulez vaincre les attaques des tentations, supporter le fardeau des tribulations, non-seulement avec patience, mais avec joie, et vous garder exempt de tout crime, consacrez-vous à la Mère de miséricorde, attachez-vous à la Reine de la pureté, et unissez-vous à elle par une éternelle alliance. » Quelque temps après, docile à ce conseil, Edmond fit vœu de chasteté perpétuelle devant une statue de la sainte Vierge, et, pour marque de son intime et éternelle alliance, il mit au doigt de la statue un anneau dans lequel était gravée la Salutation angélique, et il en porta lui-même un pareil jusqu'à la mort. Il confessa dans ce dernier moment que jamais il n'avait invoqué la sainte Vierge, qu'il appelait sa chère épouse, sans qu'elle vînt à son secours.

Cependant arriva l'époque où sa mère Mabile devait passer de ce monde. Tombée malade et sentant que sa fin était proche, elle fit venir Edmond en Angleterre, afin de lui recommander ses deux sœurs, lui confiant aussi quelque argent pour les placer dans un monastère. Etant à l'extrémité, elle lui donna sa dernière bénédiction. Il la pria de la donner encore à ses frères absents : « Mais, mon cher fils, dit-elle, ne t'ai-je pas béni, toi? — Oui, ma mère, dit-il. — Eh bien! reprit-elle, sache qu'en toi j'ai béni tous tes frères, et que, ta bénédiction passant à eux, ils ont participé à ta grâce et à ta vertu. » C'est qu'elle n'ignorait pas quelle serait un jour sa gloire.

Après avoir rendu les derniers devoirs à sa mère défunte, Edmond s'occupa de remplir ses dernières volontés. Il s'agissait de mettre ses sœurs dans un monastère; mais il en voulait un où régnât la plus exacte régularité. « Embrasser l'état religieux, disait-il, c'est prendre un engagement particulier à la perfection; mais vivre dans cet état d'une manière imparfaite, c'est attirer sur soi une condamnation plus rigoureuse. » Edmond s'adressa d'abord à certains monastères, où, pour admettre ses sœurs, on demandait d'avance une certaine somme d'argent. Lui, qui avait en horreur toute espèce de simonie, ne voulut aucunement soumettre l'entrée de ses sœurs à une taxe. Après quelque temps, comme il se trouvait par hasard au couvent des bénédictines de Catesby, la prieure, qui ne le connaissait point, le salua la première par son nom, et, répondant à ce qu'il avait sur le cœur, le pria d'envoyer ses deux sœurs, qui furent reçues, sans pacte ni promesse, au nombre des religieuses, et y menèrent une si sainte vie, qu'elles devinrent successivement prieures l'une et l'autre, et que des miracles s'opérèrent, dit-on, à leur tombeau.

Ayant ainsi pourvu à ses sœurs, Edmond revint à Paris continuer ses études. Cette alliance de chasteté perpétuelle qu'il avait contractée avec la Reine des vierges, il la garda toute sa vie avec une fidélité parfaite; il veillait sur son cœur et sur ses sens avec une exactitude scrupuleuse, et s'interdisait tout ce qui aurait été capable d'y donner la moindre atteinte. Tous les auteurs de sa vie s'accordent à dire qu'il ne contracta jamais la plus légère souillure contre la pureté.

Au milieu de ses études, il avait soin d'élever son cœur à Dieu par de fréquentes aspirations, et, pour lui faciliter encore cet exercice, il était toujours environné d'objets de piété. Quelque ardeur qu'il eût pour les sciences, il en avait encore plus pour acquérir la sainteté. La vertu sanctifiant ainsi ses études, la pureté de son cœur communiquait à son esprit des lumières qui augmentaient sa pénétration naturelle : il trouvait la solution des questions les plus difficiles; il savait découvrir et expliquer, avec une netteté admirable, les vérités les plus sublimes. Ses maîtres le regardaient comme un prodige de science et de sainteté.

Tous les jours il assistait à l'office de la nuit dans l'église de Saint-Méri; l'office terminé, il y restait encore longtemps en prières. Il entendait la messe de grand matin, après quoi il se rendait aux écoles publiques, sans prendre de repos ou de nourriture. Il jeûnait souvent; mais les vendredis, il jeûnait au pain et à l'eau. Il portait un rude cilice, et mortifiait ses sens en toutes choses. Ce qu'il recevait pour son entretien était presque entièrement distribué en aumônes. Il vendit jusqu'à ses livres pour assister de pauvres étudiants qui étaient malades. Il passa plusieurs semaines auprès de l'un d'eux; il le gardait avec charité nuit et jour, et lui rendait les services les plus humiliants. Rarement il mangeait plus d'une fois par jour, encore mangeait-il très-peu. Il ne dormait que sur un banc ou sur la terre nue, et il fut trente ans sans se déshabiller. Il avait un lit dans sa chambre, mais il ne s'en servait jamais, et c'était uniquement pour cacher ses austérités. Plusieurs années avant que d'avoir reçu les saints ordres, il récitait chaque jour l'office de l'Eglise.

Lorsqu'il eut achevé son cours, il prit le degré de maître ès-arts, et il enseigna publiquement les mathématiques. Il redoubla de ferveur dans la prière et la méditation, pour se prémunir contre la dissipation que cette science a coutume d'entraîner. Cette ferveur cependant souffrit à la longue quelque diminution. Une nuit, il lui sembla voir sa mère en songe, qui lui demanda ce qu'il enseignait et quelles étaient ces figures de géométrie à quoi il s'appliquait tant. Sur sa réponse, elle lui traça dans la main trois cercles, les nommant le Père, le Fils, et le Saint-Esprit, et disant : « Voilà les figures qu'il faut étudier désormais, et point d'autres. Dès lors il ne voulut plus étudier que la théologie. » Il céda enfin aux importunités de ses amis, et se fit recevoir docteur en cette faculté. Les auteurs ne s'accordent point sur le lieu où il fut élevé au doctorat; ce fut à Paris, suivant les uns, à Oxford, suivant les autres. Quoi qu'il en soit, il expliqua quelque temps l'Ecriture sainte à Paris. Toutes les fois qu'il prenait dans ses mains le volume qui contenait les divins oracles, il le baisait respectueusement. Ayant été ordonné prêtre, il fut chargé de prêcher, et il s'acquitta de ce ministère avec autant de fruit que d'onction. Ses leçons publiques et même ses conversations portaient tellement l'empreinte de l'esprit de Dieu, qu'on ne pouvait l'entendre sans être édifié. Plusieurs de ses disciples devinrent célèbres par leur savoir et leur sainteté; sept quittèrent son école le même jour pour aller prendre l'habit dans l'ordre de Cîteaux. On comptait parmi eux Etienne, qui fut depuis abbé de Clairvaux, et qui fonda le monastère ou collège des Bernardins à Paris.

Edmond, de retour en Angleterre, fixa sa demeure à Oxford, et y resta depuis 1219 jusqu'en 1226. Il y enseigna la logique d'Aristote, ce que personne n'y avait encore fait jusqu'alors. Mais les travaux attachés au professorat ne l'empêchaient pas de se livrer au ministère de la prédication. Les provinces d'Oxford, de Glocester et de Worchester furent souvent le théâtre de son zèle, et il y fit des missions qui opérèrent de grands fruits. Il refusa plusieurs bénéfices qu'on lui offrit successivement. A la fin il accepta un canonicat et la trésorerie de la cathédrale de Salisbury; mais il en distribua le revenu aux pauvres, et plus d'une fois il lui arriva de ne pas se réserver même le nécessaire. Peu de temps après, le Pape le nomma pour prêcher la croisade contre les Sarrasins, et l'autorisa en même temps à recevoir un honoraire de différentes églises où il devait prêcher. Le saint remplit cette commission avec beaucoup de zèle; mais il ne voulut recevoir ni honoraires, ni même aucune espèce de présent. Comme les églises n'étaient point assez grandes pour contenir la foule, il prêchait souvent en plein air. Plusieurs fois des orages survinrent, mais qui, à sa

LIVRE LXXII. — PONTIFICAT D'HONORIUS III.

prière, épargnèrent les lieux où le peuple l'écoutait. Ses discours étaient si touchants, et il possédait si bien l'éloquence du cœur, que les pêcheurs les plus endurcis se convertissaient. Guillaume, surnommé *Longue-Epée*, comte de Salisbury, menait depuis longtemps une vie très-opposée aux maximes du christianisme. Il n'approchait même jamais des sacrements. Ayant entendu un sermon de notre saint, et conversé quelques heures avec lui, il se convertit si parfaitement, que depuis ce temps-là il ne s'occupa plus que de son salut.

Edmond forma plusieurs personnes au grand art de la prière : aussi était-il un habile maître dans les voies de la vie intérieure, et il est encore regardé comme un des plus célèbres contemplatifs de l'Eglise. Il voulait qu'on joignît à la prière l'esprit d'humilité et de mortification. Il inculquait en toute occasion la nécessité de la prière du cœur : « Cent mille personnes, disait-il, tombent dans l'illusion en multipliant leurs prières. J'aimerais mieux ne dire que cinq mots du cœur et avec dévotion, que cinq mille avec froideur et indifférence, et dont mon âme n'est point affectée. Célébrez les louanges du Seigneur avec intelligence. L'âme doit ressentir ce que dit la langue. » Saint Edmond a si bien réuni en sa personne, ce qui est très-rare, la science du cœur avec celle de l'école, la théologie mystique avec la théologie spéculative, qu'ayant fait passer dans son cœur les lumières de son esprit, il devint un parfait théologien mystique, qui n'a pas moins éclairé l'Eglise par la sainteté de sa vie, que par cet écrit admirable de spiritualité, qui a pour titre : *Le Miroir de l'Eglise*, et dans lequel on trouve plusieurs excellentes choses touchant la contemplation. Ce *Miroir* se voit dans le treizième volume de la *Bibliothèque des Pères* (Godescard et Surius, 16 nov.; Martène, *Anecdot.*, t. III).

C'est ainsi que l'Esprit de Dieu suscitait partout des hommes puissants en œuvre et en parole; saint Dominique et saint François pour toute l'Eglise, saint Edmond pour l'Angleterre, saint Ferdinand sur le trône d'Espagne, saint Louis pour le trône de France. Que le jeune Frédéric d'Allemagne, élevé par l'Eglise à la royauté et à l'empire, soit animé du même esprit, et l'Europe chrétienne, unie au dedans par la même foi, la même espérance et la même charité, rayonnante au dehors par l'éclat de ses vertus et la gloire de ses armes, pourra facilement, d'un côté, dompter l'empire antichrétien de Mahomet, et, de l'autre, refouler au fond de l'Asie la terrible invasion des Tartares de Ginguiskan; et si Dieu la veut éprouver par des revers, elle étonnera le monde et les siècles, elle excitera l'admiration de la terre et même du ciel, par des vertus plus glorieuses que toutes les victoires. Nous verrons si Frédéric II saura le comprendre et le suivre comme son contemporain, Louis de France.

Nous avons vu le jeune Frédéric, le 12 juillet 1213, reconnaître publiquement et par écrit qu'il devait tout au Pontife romain, et promettre de rendre à l'Eglise romaine toutes ses possessions, nommément les terres de la comtesse Mathilde; nous l'avons vu, le 1er juillet 1215, reconnaître publiquement et par écrit qu'il tenait le royaume de Sicile uniquement de l'Eglise romaine, à qui seule en appartenait la souveraineté, et promettre qu'il ne réunirait point ce royaume à l'empire, mais le céderait à son fils, dès qu'il aurait obtenu lui-même la couronne impériale. Voilà ce que disait alors Frédéric II.

Mais alors vivait encore son compétiteur Othon IV, élevé autrefois à l'empire par l'Eglise, puis armé contre l'Eglise, dont il tenait l'empire, et enfin privé de l'empire par l'Eglise, qui le lui avait procuré. C'était une leçon profitable. Othon tomba malade après Pâques 1218; il craignit beaucoup de mourir hors de la communion de l'Eglise. Il appela donc l'évêque d'Hildesheim, l'abbé de Valkenrid et d'autres personnages pieux, pour leur demander conseil et consolation. Comme ceux-ci hésitaient, il donna au prévôt de Saint-Burcard d'Halderstadt l'assurance générale et par serment, d'obéir aux ordres du Pape; sur quoi il fut absous de l'excommunication, ce que confirma le pape Honorius. Le jour suivant, il confessa ses péchés en détail à l'abbé de Valkenrid, ses torts envers l'Eglise et le Pape, et renouvela, au cas qu'il vînt à guérir, sa promesse d'obéissance, sauf ses droits à l'empire. Pour témoigner quel était le repentir de ses péchés, il voulut que ses garçons de cuisine lui missent les pieds sur le cou; et, pendant sa maladie, qui fut longue, il se faisait donner tous les jours la discipline par des prêtres. Il reçut le saint viatique et l'extrême-onction, et mourut le 19 mai 1218, âgé de 43 ans. Il fut enterré auprès de ses parents dans l'église de Saint-Blaise, à Brunswick. Il constitua un douaire considérable à sa femme, et lui légua de l'or, des pierreries, d'autres joyaux, et la moitié des reliques qu'il avait réunies, l'autre moitié fut donnée à l'église de Saint-Blaise. Pour le salut de son âme, il ordonna la restitution ou la compensation de plusieurs biens ecclésiastiques ou séculiers injustement occupés (Raumer, *Albert Stad.*, an 1218; Th. Cantipr., l. 2, c. 53, n. 19).

La mort de son rival réjouit sans doute Frédéric II; elle diminua probablement quelque chose de sa reconnaissance et de sa soumission envers l'Eglise, et la disposa dès lors à imiter dans son ingratitude celui qui venait de succomber. Aussi, la même année 1218, le même mois de mai que mourut Othon IV, Frédéric tint sur les fonts de baptême un enfant qui devait monter sur le trône d'Allemagne, après la ruine formidable de toute la race de son parrain. Cet enfant était Rodolphe de Hapsbourg. Ses descendants règnent encore, aussi bien que les descendants de saint Louis.

Frédéric avait pris la croix pour le secours de la terre sainte, dès son couronnement à Aix-la-Chapelle, 25 juillet 1215 (Raynald, an 1215, n. 35, avec la note de Mansi). A la fin de 1218, le pape Honorius l'informa des dangers qui menaçaient les croisés devant Damiette, et le pressa de hâter la croisade. Frédéric lui répondit de Haguenau, le 12 janvier 1219 :

« Nous reconnaissons l'urgente nécessité et le mérite de la croisade; non-seulement nous en avons traité à Fulde, mais nous y travaillerons avec plus de succès encore le 14 mars 1219, à la diète de Magdebourg, parvenu que nous sommes à une puissance considérable, et pouvant effectuer aisément auprès des princes ce qui est de l'intérêt et de la gloire de l'empire. Mais afin que le grand but soit atteint plus sûrement, veuillez vous-même, de votre part, avertir les princes et les prélats croisés qu'ils seront frappés d'excommunication, s'ils ne se mettent en route pour la Saint-Jean; ne dispensez personne du vœu, à moins que, de notre avis et de ceux des princes, il ne soit nécessaire à l'administration de l'empire; ordonnez à tous d'obéir à nos lieutenants en notre absence; excommuniez Henri, comte palatin, et la ville de Brunswick, s'ils diffèrent plus longtemps de rendre les insignes et les joyaux de l'empire. Par ces mesures, l'affaire du Christ s'effectuera sans difficulté, et tous les prétextes antérieurs disparaîtront. En général, vous pouvez vous convaincre facilement de la pureté de nos vues, en ce que nous n'avons été arrêté en Allemagne que par ceux qui font montre de bonne volonté, et qui, dans la réalité, en ont de mauvaises (*Regest. hon.*, l. 3, *Epist.* 272, *in archivis Vaticani*). »

Le Pape acquiesça sans délai à tous ces désirs: il prit le roi et sa famille sous sa protection spéciale, confirma les lieutenants qu'ils avait nommés, avertit tous les prélats de contribuer de tout leur pouvoir au repos de l'Allemagne, excommunia ceux qui seraient en retard sans cause légitime, et ordonna au comte palatin, c'était le frère d'Othon IV, de rendre les joyaux de l'empire (*Ibid., Epist.* 273, 278, 279). Il écrivit en particulier au roi, qu'à lui était réservée la gloire de délivrer la terre sainte, car les chrétiens avaient mis en lui toutes leurs espérances, et les infidèles craignaient tellement son puissant bras, qu'ils croyaient qu'à son apparition il ne leur resterait plus d'autre moyen de salut que la fuite. Quoique tout retard fût préjudiciable à ceux qui étaient prêts, le Pape voulut néanmoins prolonger le délai pour le départ, depuis la Saint-Jean jusqu'à la Saint-Michel, attendu que, d'après l'assurance de Frédéric, il était impossible que les préparatifs fussent terminés auparavant (*Ibid., Epist.* 288 et 458). Frédéric répondit à ces lettres du Pontife le 16 juin 1216, dans les termes d'une cordiale reconnaissance. Maintenant toute objection était ôtée à tous les princes et prélats, qui, à la prochaine assemblée de Nuremberg, auraient peut-être fait opposition à la croisade. Que si ceux qui aiment le trouble et le scandale rapportaient au Pape quelque chose contre lui, il ne devait point prêter l'oreille à de pareilles calomnies (*Ibid., Epist.* 531).

Que l'on fît sur son compte plus d'une plainte à Rome, Frédéric s'en était aperçu, d'abord par les avis de l'évêque de Brindes, et ensuite par les lettres mêmes du Pape (*Regest. hon.*, l. 3, *Epist.* 527; L. 4, *Epist.* 572). Sur quoi il se défendit de la manière suivante, par deux lettres du 10 mai et du 6 septembre 1219, l'une d'Ulm, l'autre de Haguenau: « Les nouvelles que j'ai reçues de l'évêque de Brindes et les lettres que m'a remises votre sous-diacre m'ont très-inquiété. J'y vois qu'on m'a calomnié d'offenser l'Eglise, elle qui, comme tout le monde sait, n'a épargné ni efforts ni dépenses pour mon bien, m'a nourri longtemps de son lait, et enfin, avec la grâce de Dieu, m'a rendu capable d'une nourriture solide. Je sais fort bien que ceux qui osent s'élever contre l'Eglise romaine boivent dans le calice de Babylone, et j'espère que jamais de ma vie on ne pourra, avec raison, m'accuser d'ingratitude envers ma sainte mère. On m'accuse, premièrement: de chercher à faire élire mon fils Henri roi des Romains, et à réunir ainsi, contre ma promesse, les royaumes d'Allemagne et de Sicile. Sur quoi je réponds avec une conscience pure: Si mon fils, de l'avis des princes, venait à être élu roi d'Allemagne, ce ne serait point pour unir les deux royaumes, mais afin qu'en mon absence, on y gouverne mieux à la gloire du Christ, et que mon fils, au cas que je vienne à mourir, puisse obtenir plus facilement l'héritage qui lui appartient en Germanie. Pour le reste, il demeurera soumis à vos ordonnances et à celles de l'Eglise romaine, qui veuille le protéger dans ses droits, comme elle m'a protégé et élevé.

» On m'accuse, deuxièmement: que je trouble la liberté des élections ecclésiastiques par une influence séculière. Jamais je n'ai gêné la liberté des élections; seulement, dans un petit nombre de cas, sans insistance et sans violence, j'ai adressé une prière ou une recommandation, soit aux électeurs, soit à vous-même. Quant à l'envoi promis de plénipotentiaires, je n'y ai point manqué par mépris, mais parce que, les affaires n'étant pas encore terminées, je ne pouvais donner de renseignements complets. C'est de la même manière que tombent diverses accusations, comme si j'avais lésé vos droits dans l'Etat de l'Eglise. Si le fils du duc de Spolète s'est intitulé *duc* dans la souscription d'un acte, il ne faut pas vous formaliser de cette coutume allemande, d'après laquelle les fils des ducs ont accoutumé de signer *duc*, quoiqu'ils n'aient pas de duché. Si des lettres royales, avec tel ou tel vœu, arrivent à des localités de l'état ecclésiastique, ne prenez point à injure ce manquement des greffiers teutoniques qui ne savent où sont ces lieux, ni quels droits nous y avons. Il en est de même de nos affaires. Mais croyez-vous avoir été lésé en détail par des lettres, des ordonnances, des concessions de fiefs, etc., un examen et une exposition détaillée lèveront sans peine les difficultés et les reproches. En somme, ces difficultés et ces reproches ne peuvent avoir d'importance, mais tomber seulement sur de petites choses, attendu que nous avons déclaré solennellement, et à vous et à tout le monde, que les mesures de souveraineté ou de féodalité qui pourraient être faites en notre nom, dans le duché de Spolète, l'Etat de l'Eglise et les terres de la comtesse Mathilde, étaient nulles (*Regest. hon.*, l. 3, *Epist.* 527; L. 4, *Epist.* 572). »

Vers le même temps, Frédéric adressa de nouveau au Pape un acte particulier, par lequel il confirme la liberté des élections ecclésiastiques, permet les appellations à Rome, renonce à ses prétentions sur la succession des ecclésiastiques, et reconnaît le domaine de l'Eglise depuis Radicofani jusqu'à Ceperano, ainsi que les droits du Pape sur la Corse et la Sardaigne (Muratori, *Antiq. Ital.*, t. VI, p. 84; Lunig., *Cod. diplom. ital.*, t. II, p. 714; Pertz, t. IV, p. 231). Il adressa encore des lettres patentes aux habitants de Spolète et de Narni, pour leur enjoindre, sous peine d'encourir sa disgrâce, d'obéir au Pape sans différer (*Reg. hon.*, l. 4, *Epist.* 593).

Honorius déclara dans sa réponse du 1er octobre: qu'il se réjouit que Frédéric réfute si sérieusement toutes les accusations, et qu'il soit si favorablement disposé envers l'Eglise; mais, non content de manifester ces sentiments au Pape, il devrait les manifester publiquement et à tout le monde. Autant eu est-il de la croisade. Si le départ effectif rencontrait des difficultés, on pouvait au moins prouver clairement sa bonne volonté par le sérieux et l'étendue des préparatifs. Conformément à ses désirs, il voulait bien, encore une fois, prolonger le terme jusqu'au 21 mars; mais il devait le presser de plus en plus de hâter le départ, et l'avertir de ne pas s'exposer, par une nouvelle négligence, à tomber dans le piége qu'il s'était tendu à lui-même, en demandant l'excommunication contre tout négligent (*Reg. hon.*, l. 4, *Epist.* 576 et 577).

Cette condescendance du Pape fut très-agréable au roi; mais il avait encore beaucoup plus à cœur de conclure une nouvelle convention touchant la possession de la Sicile et de l'Allemagne. Tout ce qu'Honorius avait accordé jusqu'alors, c'était que, si le jeune Henri venait à mourir sans héritiers ni frères, Frédéric pourrait gouverner les deux royaumes sa vie durant; mais sa proposition, de lui laisser l'Allemagne et Naples sans condition pendant sa vie, rencontra tant de difficulté auprès du Pape, que Frédéric interrompit les négociations par écrit sur ce point, mais en manifestant l'espoir de parvenir un jour au but par des représentations verbales. « Car, continue-t-il, qui jamais sera plus obéissant à l'Eglise que celui qui a sucé ses mamelles et reposé sur son sein? Qui, plus reconnaissant des bienfaits reçus, que celui qui s'efforce d'acquitter sa dette suivant le bon plaisir et les ordres de son bienfaiteur? » Quant à la croisade, dit le roi plus loin, une diète avait été tenue à Nuremberg, une seconde était convoquée à Augsbourg; mais plusieurs princes avaient de la répugnance pour l'entreprise; c'est pourquoi le Pape ferait bien, non-seulement de leur adresser une lettre générale, mais de les presser chacun par des lettres particulières, et de menacer de l'excommunication quiconque passerait le terme fixé. De son côté, si le Pape le trouve bon, Frédéric pense envoyer en avant ceux qui étaient prêts, et continuer à travailler à la sainte entreprise et suivre enfin lui-même. Que si dans ce plan il était obligé de différer quelques jours au delà du terme, le Pape voudra bien le compter d'autant moins parmi les négligents, qu'il prenait Dieu à témoin de ce qu'il agissait sans artifice et sans arrière-pensée (L. 4, *Epist.* 681).

Le Pape répondit en mars 1220 : « Votre lettre, très-cher fils, nous a causé beaucoup de joie. Puissiez-vous toute votre vie vous montrer ainsi fidèle à l'Eglise, fidèle à Dieu! Mais plus on aime quelqu'un, plus on a pour lui de sollicitude. C'est pourquoi nous n'avons cessé de vous exhorter de hâter la croisade, laquelle est de plus facile exécution pendant que le zèle est encore vivant dans le peuple. Ce que votre illustre aïeul Frédéric Ier entreprit sérieusement de toutes ses forces, vous devez, suivant son glorieux exemple, glorieusement l'accomplir. Jeunesse, puissance, vocation, exemple, tout vous oblige et vous presse. Déjà trois fois, d'après vos désirs, nous avons prolongé le terme, sans considérer que celui qui, appelé trois fois légalement, se met en retard, est condamné de négligence; j'ai interprété votre conduite, non comme adversaire, mais comme un ami, et je veux bien encore une fois prolonger le terme jusqu'au 1er mai. Toutefois considérez l'affaire dont il s'agit? Non pas de la mienne, mais de l'affaire de Jésus-Christ. De l'avantage de qui? de ceux qui le suivent! De la gloire de qui? de tous les chrétiens! Et vous pourriez négliger d'être le premier champion de la chose de Dieu! d'être le créateur de votre propre avantage? le protecteur des chrétiens dans la peine? N'êtes-vous point attiré par des récompenses, provoqué par des merveilles, instruit par des exemples? — Même les moindres, avec de moindres motifs, ont promptement pris la croix : avec les motifs plus pressants que vous avez, avec une puissance plus considérable, avec un secours plus grand que vous pouvez porter, il y a aussi moins d'excuse pour la négligence et le retard (*Regest. hon.*, l. 4, *Ep.* 692 et 693).

Vers ce même temps, Frédéric envoya l'abbé de Fulde à Rome, pour se concerter plus directement avec le Pape, touchant le couronnement impérial. Honorius déclara, le 10 avril, que, dans des cas semblables, les prédécesseurs du roi envoyaient un archevêque ou un évêque; cependant il voulait bien ne pas faire de difficultés là-dessus; car l'élévation de Frédéric était nécessaire et désirable pour la terre sainte, pour la liberté ecclésiastique, pour la répression des hérétiques et des troubles (*Ibid.*, l. 4, *Epist.* 695). De nouveau le Pape prit en protection spéciale le roi, son fils et ses terres, et lui fit part des plus récentes nouvelles de l'Egypte, qui représentaient vivement les périls des chrétiens et la nécessité d'un prompt secours (*Ibid.*, l. 4, *Epist.* 700 et 745). Jusqu'à présent, écrivit Honorius au cardinal-légat en Egypte, Frédéric a été ou empêché par d'autres, ou arrêté par sa volonté propre; cependant, à la Saint-Michel, il se mettra indubitablement en route (*Ibid.*, l. 5, *Epist.* 1).

Quant à la position des croisés en Egypte, nous l'apprenons de différentes lettres écrites vers la même époque. Jacques de Vitry dit au pape Honorius, dans une lettre du 12 avril 1220 : « Depuis la prise de Damiette, plusieurs des nôtres, abusant de la prospérité, ont attiré la colère de Dieu par leurs crimes, principalement par les fraudes commises dans le butin fait sur les infidèles, qui devait être rapporté en commun; et ils ont consumé ce bien mal acquis au jeu, en excès de bouche et en débauches avec des femmes perdues. Ils étaient médisants, séditieux et traîtres, empêchant malicieusement les progrès de la croisade, ne rendant aux prélats ni obéissance ni respect, et méprisant les excommunications. Le roi de Jérusalem a quitté l'armée avec presque toutes ses troupes; le maître du Temple s'est retiré avec la plus grande partie de ses frères; presque tous les chevaliers français en ont fait autant : le patriarche n'a pas voulu demeurer avec nous. Ceux de Chypre et presque tous les Orientaux nous ont quittés. Ceux qui nous restent sont dans une telle pauvreté, qu'à peine s'y trouve-t-il quatre ou cinq chevaliers qui puissent subsister du leur, et le légat entretient ceux qu'il peut des aumônes communes.

« Ainsi nos gens n'osent sortir ni s'exposer aux Sarrasins, qui prennent ceux qui s'écartent et en ont déjà plus de trois mille dans les fers, à Alexandrie, au Caire et à Damas. Il y en a même des nôtres qui passent volontairement au camp des infidèles et apostasient, pour vivre plus licencieusement; mais le sultan d'Egypte, connaissant leur légèreté, les envoie aux parties de son royaume les plus éloignées, d'où ils ne puissent revenir, et ils y sont si méprisés, qu'à peine leur donne-t-on de quoi soutenir une misérable vie, leur reprochant qu'ils seront aussi mauvais mahométans qu'ils ont été mauvais chrétiens. Jacques de Vitry ajoute que l'affliction ayant fait rentrer les chrétiens en eux-mêmes, leur armée semble être un cloître de moines en comparaison de ce qu'elle était. On en a chassé, dit-il, les femmes publiques; on a défendu de fréquenter les cabarets et de jouer aux jeux de hasard, et on a donné commission au maréchal du légat de punir les malfaiteurs (D'Achery, *Spicileg.*, t. VIII, p. 373, édit. in-4º). »

On connaît encore l'état où se trouvait alors la guerre du Levant, par une lettre de Pierre de Montaigu, maître des Templiers, à l'évêque d'Ely en Angleterre, datée d'Acre, le 26 septembre 1220. « Sachez, dit-il, qu'au premier passage après la prise de Damiette, c'est-à-dire au printemps, il est arrivé tant de pèlerins, qu'avec les troupes qui y sont demeurées, ils peuvent suffire pour la garnison de Damiette et la défense du camp. Le légat et le clergé, désirant le progrès du service de Jésus-Christ, ont souvent exhorté les troupes à faire une course sur les infidèles; mais les barons de l'armée n'y ont pas voulu consentir, considérant que nos troupes ne pourraient suffire à munir nos places et à marcher contre nos ennemis; car le sultan d'Égypte, avec une multitude innombrable d'infidèles, est campé devant Damiette, et a construit des ponts sur les deux bras du fleuve pour nous empêcher d'avancer. Toutefois, nous avons fortifié de tranchées la ville, notre camp et le bord de la mer, attendant que Dieu nous console par ceux qui viendront à notre secours. Mais les Sarrasins, sachant ce qui nous manque, ont armé grand nombre de galères, par lesquelles ils ont fait des maux incroyables aux chrétiens qui venaient au secours de la terre sainte. Car notre armée était tellement destituée d'argent, que nous avons été quelque temps sans pouvoir garder nos galères; mais, pour résister à celles des ennemis, nous venons de les armer avec nos autres bâtiments. Apprenez aussi que Corradin, sultan de Damas, ayant assemblé une multitude infinie de Sarrasins, et sachant que les villes d'Acre et de Tyr sont destituées de troupes qui puissent lui résister, leur fait de grands maux ouvertement et secrètement. Nous attendons depuis longtemps l'empereur avec d'autres seigneurs; mais si l'été prochain, nous sommes frustrés de ce secours, nos conquêtes de Syrie et d'Égypte, tant anciennes que nouvelles, sont en grand danger. Tous tant que nous sommes deçà la mer, nous nous trouvons tellement épuisés des dépenses de la guerre, que nous ne pouvons même suffire à celle de notre subsistance ordinaire, si nous ne recevons un prompt secours des fidèles (*Apud Matth. Paris*, an 1221). »

Le Pape reçut aussi des lettres du cardinal Pélage, évêque d'Albane et son légat en Orient, et de toute l'armée chrétienne qui était à Damiette, portant que la terre sainte avait plus besoin de secours que jamais, parce que plusieurs croisés s'étaient retirés, et que ceux qui restaient ne suffisaient pas pour se soutenir contre les infidèles (*Apud Rayn.*, an 1220).

Tout réclamait ainsi la présence de Frédéric en Orient. On ne peut pas dire qu'il n'y pensât sérieusement lui-même. Mais bien au-dessus de l'intérêt général de l'humanité chrétienne, il mettait son intérêt particulier : la couronne impériale pour lui, l'élection de son fils au royaume d'Allemagne, afin de rendre la royauté et l'empire héréditaires dans sa famille, et faire valoir le principe fondamental de la politique de ses prédécesseurs allemands : « que l'empereur est le seul maître du monde et la loi suprême de toutes les lois. »

Comme il ne pouvait espérer que le Pape secondât ce plan d'usurpation et de despotisme, il résolut d'en exécuter une partie principale à l'insu du Pape : ce fut de faire élire son fils Henri roi d'Allemagne. Il gagna les princes séculiers et les princes ecclésiastiques, avant que le Pape en eût des nouvelles et pût y mettre opposition. Il gagna les prélats par les priviléges suivants, dont l'acte fut publié le 26 avril 1220, aussitôt après l'élection de son fils.

« Ni le roi ni aucun laïque ne s'empareront des successions cléricales; s'il n'y a pas d'héritier institué par acte de dernière volonté, elles appartiennent au futur successeur. Dans les terres et les juridictions ecclésiastiques, le roi n'établira, sans leur consentement, ni nouvelles monnaies ni nouveaux péages, et ne permettra pas qu'on fausse leur monnaie ailleurs. Les serviteurs et les serfs des prélats ne seront reçus dans aucune ville du royaume, ni par aucun laïque, et les avoyers ne feront point de tort aux biens d'Église, sous prétexte de protection. Nul ne doit s'emparer des fiefs qui sont ouverts aux princes ecclésiastiques. Qui dans six semaines ne se fait point absoudre de l'excommunication, tombe aussi dans le ban de l'empire, et ne peut plus se présenter en justice, ni comme juge, ni comme plaignant, ni comme témoin; en récompense, les princes ecclésiastiques promettent de poursuivre et de punir quiconque résiste aux ordres du roi. Personne n'élèvera ni ne laissera élever des forteresses dans les terres des princes ecclésiastiques. Dans les villes de ces princes, aucun officier du roi n'a de juridiction ni d'autorité sur les monnaies, les péages et autres affaires, excepté huit jours avant, jusqu'à huit jours après une diète qui s'y sera tenue. Seulement, quand le roi arrive en personne dans une de ces villes, l'autorité des princes cesse pour le temps de son séjour, et c'est lui seul qui domine (Gudenus, *Cod. dip.*, t. I, p. 469; Godofr. Mon., *Anon. Saxo*, 121; Raumer).

Afin d'adoucir l'impression très-désagréable que devait produire à Rome l'élection de Henri et toute la conduite de cette affaire, Frédéric écrivit au Pape, le 13 juillet 1220, de Nuremberg : « Quoique nous ne l'ayons pas su par vos lettres, nous apprenons toutefois par le récit de plusieurs personnes, que l'Église, notre mère, n'a pas été peu troublée touchant la promotion de notre très-cher fils, attendu que depuis longtemps nous l'avons placé sur son giron maternel, et promis, après l'avoir totalement émancipé de la puissance paternelle, de n'avoir plus à son sujet aucune sollicitude ultérieure. L'Église est encore inquiète de ce que nous n'avons aucunement fait connaître la promotion de notre fils à Votre Sainteté apostolique, et de ce que notre départ, si souvent annoncé, se diffère toujours. Nous voulons exposer à Votre Béatitude la suite de cette affaire, avec sincérité et selon la vérité. Sous les yeux de Votre Clémence, nous ne pouvons ni ne devons disconvenir que nous n'ayons fait tous nos efforts pour procurer l'élévation de notre fils unique, que nous ne pouvons ne pas aimer avec une tendresse paternelle; mais nous n'avions pas réussi jusqu'alors. Cependant, à la diète que nous tenions à Francfort pour venir ensuite à vos pieds suivant vos ordres, se renouvela une vieille querelle entre l'archevêque de Mayence et le landgrave de Thuringe : comme on se confiait de part et d'autre sur un accroissement de puissance et d'armée, la querelle s'envenima au point que tout l'empire était menacé d'un grand péril. C'est pourquoi les princes firent serment de ne pas s'en aller du lieu, qu'ils n'eussent réconcilié amiablement les deux ennemis : ce que nous avons confirmé par nos lettres. Mais tous les efforts des médiateurs restèrent sans succès; on prévoyait au contraire que cette discorde, devenant plus vive que jamais après notre départ, serait très-funeste à l'empire. Alors, contre toute attente, les princes assemblés, particulièrement ceux qui s'étaient opposés précédemment à la promotion de notre fils, l'élurent pour roi, en notre absence et à notre insu. Quand on nous apprit son élection, comme elle avait été faite sans votre connaissance et votre mandement, sans lesquels nous ne nous permettons ni ne voulons rien entreprendre, nous avons refusé d'y consentir; mais nous avons insisté auprès des électeurs, s'ils voulaient nous faire approuver ce qui s'était fait, à ce que chacun fît un écrit scellé de son sceau, afin que Votre Sainteté agréât ensuite l'élection. En conséquence, l'évêque de Metz dut partir immédiatement pour Rome; mais il fut arrêté en route par une grave maladie : tout ceci, votre chapelain vous expliquera et vous confirmera plus en détail.

» D'ailleurs, Très-Saint-Père, à la tendre affection que vous avez pour nous et pour notre fils, il nous semble que vous n'en voyez l'élection avec déplaisir, que parce que vous craignez l'union du royaume de Sicile avec l'empire. Mais l'Église, notre mère, ne doit ni le craindre ni le soupçonner, parce que nous cherchons en toutes manières d'en assurer la séparation, et, quand nous serons en votre présence, nous accomplirons à cet égard tous vos ordres et tous vos désirs. A Dieu ne plaise que l'empire ait rien de commun avec le royaume, et qu'à l'occasion du choix de notre fils, nous voulions les unir; au contraire, nous faisons tous nos efforts pour empêcher cette union à jamais, et vous verrez par les effets qu'en ceci, comme dans tout le reste, nous nous conduirons de telle sorte envers Votre Sainteté, que l'Église pourra se réjouir à bon droit d'avoir engendré un tel fils; car, quand même l'Église n'aurait aucun droit au royaume, cependant, si nous venions à mourir sans héritier, nous en doterions plutôt l'Église romaine que l'empire. A la vérité, on nous dit souvent que toute l'affection que nous témoigne l'Église n'est point sincère, et ne sera pas constante; mais nous n'ajoutons pas foi à ces suggestions venimeuses, et attendons aussi de vous, Très-Saint-Père, que vous ne vous offenserez pas de nos mesures, et qu'en notre absence vous aurez si bien soin de l'empire, que ni l'honneur ni la dignité de notre fils ne souffrent de préjudice (*Regest. hon.*, l. 5, *Epist.* 40). »

Frédéric s'excusa de même sur le second chef, le retard de la croisade. Et le bon pape Honorius voulut bien en paraître satisfait. Il reçut de nouveau sous sa protection spéciale, et le roi et ses possessions, ordonna à tous les croisés de se mettre immédiatement en route, et menaça de l'excommunication quiconque oserait entreprendre quelque chose contre le roi (*Regest. hon.*, l. 5, *Epist.* 63 et 71).

Dans l'intervalle, Frédéric nomma pour régent de l'empire saint Engelbert, archevêque de Cologne, et, au mois de septembre 1220, suivi d'une armée puissante, traversa les Alpes et descendit en Lombardie.

Depuis bien des années les Lombards n'avaient vu d'armée impériale. Lors donc que, dans l'été 1220, on eut des nouvelles certaines que Frédéric se disposait au voyage de Rome, plusieurs cités, notamment Alexandrie, demandèrent au Pape quelle conduite elles avaient à tenir envers le roi. Honorius répondit que tous les Lombards devaient lui prêter le serment de fidélité, mais avec cette clause : Sauf les droits de l'Église (*Ibid.*, l. 4, *Epist.* 555).

Le Pape envoya au devant de Frédéric le cardinal-évêque de Tusculum avec un sous-diacre, pour s'entendre avec lui définitivement sur tous les points. On tomba d'accord de part et d'autre. Frédéric vint donc à Rome, où il fut reçu avec grand honneur. Le 22 novembre 1220, il y fut couronné empereur et sa femme Constance impératrice, par le pape Honorius, avec une joie incroyable du peuple.

Le jour même du couronnement on publia les nouvelles et importantes conventions entre l'empereur et le Pape; ce qui promettait au monde une longue paix. L'empereur prit de nouveau la croix des mains du cardinal Hugolin, promit d'envoyer en avant une partie de son armée au mois de mars de l'année suivante, et jura solennellement de suivre lui-même au mois d'août (*Ibid.*, l. 5, *Epist.* 234; Rich., 5; Germ., 692; Guill. Tyr, 691). Il confirma les droits du Pape sur toutes les terres, depuis Radicofani jusqu'à Ceperano, sur le duché de Spolète et la Marche d'Ancône. Il dégagea les tenanciers des terres de la comtesse Mathilde, du serment qu'ils lui avaient prêté, défendit à tous laïques, ecclésiastiques ou cités d'y nommer des magistrats ou de révoquer ceux qui y étaient établis. Quelques-uns qui refusaient de remettre ces biens au chancelier Conrad, pour les remettre ultérieurement au Pape, furent mis au ban de l'empire (Muratori, *Antiq. ital.*, t. I, p. 178; t. VI, p. 85; Raumer, t. III).

Enfin le nouvel empereur publia plusieurs lois en ces termes :

« Frédéric, par la grâce de Dieu, empereur des Romains, toujours auguste, aux margraves, aux comtes et à tous les peuples que gouverne l'empire de Notre Clémence, salut et grâce. Le jour que nous avons reçu de la main de notre Très-Saint-Père, le souverain Pontife, le diadème de l'empire, nous avons eu soin, pour l'honneur de Dieu et de son Église, de rendre certaines lois, que nous avons fait consigner dans ces présentes, pour être publiées par tout notre empire. Nous mandons par ces lettres impériales, que chacun les conserve religieusement dans son district.

» La première de ces lois annule tous les statuts

et coutumes que des villes, communes, magistrats, etc., auraient établi ou observeraient contre la liberté de l'Eglise, des ecclésiastiques et contre les lois canoniques ou impériales. Ces statuts et coutumes seront effacés des archives dans deux mois. Ceux qui attenteraient chose semblable à l'avenir, sont privés de leur juridiction, déclarés infâmes, leurs sentences nulles, ainsi que leurs autres actes publics : au bout de l'année, ils seront mis au ban de l'empire et leurs biens livrés au premier occupant. Le tout sans préjudice des peines décernées par le concile général.

» Par les lois suivantes, ceux qui chargeront les lieux ou les personnes ecclésiastiques de quelque imposition ou corvée, sont mis au ban de l'empire, et obligés à la restitution du triple. Quiconque reste excommunié un an pour avoir attenté à la liberté de l'Eglise, est mis au ban de l'empire, dont il ne sera libéré qu'après avoir été absous par l'Eglise. Quiconque poursuivra une personne ecclésiastique devant un juge séculier, soit au civil, soit au criminel, perdra son droit, et le juge sa juridiction. De même s'il refuse de rendre justice à un clerc après trois réquisitions.

» Les patarins, léonistes, arnaldistes et autres hérétiques sont déclarés infâmes, mis au ban de l'empire, leurs biens confisqués et leurs enfants exclus de leur succession, attendu que c'est un plus grand crime d'offenser la majesté éternelle que la majesté temporelle. Ceux qui seront seulement suspects, s'ils ne se justifient par une purgation convenable au jugement de l'Eglise, seront tenus pour infâmes et bannis ; et s'ils demeurent un an dans cet état, nous les condamnons comme hérétiques. Les magistrats prêteront serment publiquement, de chasser de leurs terres tous les hérétiques notés par l'Eglise ; autrement ils cessent d'être magistrats, et leurs sentences sont nulles. Si un seigneur temporel, admonesté par l'Eglise, néglige de purger sa terre de la perversité hérétique, un an après cette admonition, nous livrerons sa terre à l'occupation des catholiques, pour la posséder sans aucune contradiction, après en avoir expulsé l'hérésie : sauf le droit du seigneur principal, pourvu que lui-même ne mette point d'obstacle à l'exécution de ce décret. On suivra la même loi envers ceux qui n'ont point de seigneur principal. Sont également soumis au ban de l'empire, les recéleurs et les fauteurs d'hérétiques : celui d'entre eux qui, ayant été excommunié par l'Eglise, ne satisfait dans l'année, sera dès lors infâme de plein droit, et, comme tel exclu de tous les offices ou conseils publics, d'élire les officiers, porter témoignage, faire testament ou recevoir une succession. Personne ne sera obligé de lui répondre en justice, et il répondra aux autres. Si c'est un juge, sa sentence sera nulle, et on ne portera point de causes à son audience ; s'il est avocat, il ne sera point admis à plaider ; s'il est tabellion, les actes dressés par lui seront nuls.

» Défense, sous peine de confiscation des biens, de s'emparer à l'avenir de la dépouille des naufragés, à moins que ce ne soient des pirates, ou des ennemis de l'empire ou du nom chrétien. Les pèlerins et les étrangers logeront où ils jugeront à propos ; s'ils veulent faire un testament, ils en sont libres ; s'ils meurent *ab intestat*, l'hôte ne touchera point à leurs biens, mais ils seront remis, par les mains de l'évêque, aux héritiers, ou employés en œuvres pies. L'hôte qui aura pris quelque chose de leurs biens, en rendra le triple à l'évêque ; s'il les a empêchés de faire un testament, il perdra lui-même le droit d'en faire : le tout sans préjudice des autres punitions. Nul ne molestera les laboureurs occupés à la culture des champs, sous peine de restituer au quadruple, d'être déclaré infâme et de subir les autres peines de la loi impériale. »

A la fin de ces lois de Frédéric II, on lit ces paroles : « Et nous Honorius, évêque, serviteur des serviteurs de Dieu, nous louons, approuvons et confirmons, pour être à jamais valables, ces lois publiées par Frédéric, empereur des Romains, notre très-cher fils, pour l'utilité de tous les chrétiens. Si quelqu'un, par une téméraire audace, à la persuasion de l'ennemi du genre humain, tente de les enfreindre d'une manière quelconque, qu'il sache qu'il encourt l'indignation du Dieu tout-puissant, ainsi que des bienheureux apôtres Pierre et Paul (Const. Fréd., *In corp. jur. civ.*).

C'est ainsi que le Pape et l'empereur, dans un heureux accord, unissaient l'une et l'autre autorité, pour défendre l'humanité chrétienne, et contre ses ennemis du dedans, et contre ses ennemis du dehors. Tout ce qui restait à désirer, c'est que cet accord fût sincère, durable et efficace de part et d'autre.

Les villes de Lombardie, dont plusieurs consultèrent le pape Honorius sur la conduite à tenir envers Frédéric, avaient souvent des guerres entre elles. La guerre se voyait même quelquefois entre les habitants d'une même ville. Ainsi, à Plaisance, la noblesse et le peuple étaient armés l'un contre l'autre. Le pape Honorius leur envoya, comme médiateur, le cardinal Hugolin, qui termina leurs combats en 1221, par un traité de pacification ; la moitié des magistratures et les deux tiers des ambassades étaient réservées à la noblesse, tandis que le reste des emplois publics étaient abandonnés au peuple (*Chron. Placent.*; Murat., *Script. rer. Ital.*, t. XVI, p. 459). La ville de Crémone avait été agitée par des dissensions semblables ; et elle dut sa pacification à l'intervention du même Pape ; le bref qu'il lui donna dans cette occasion nous a été conservé par un historien de cette ville (Campi, *Cremona Fedele*, l. 2, p. 42).

A la pensée de ces guerres et de ces dissensions sans cesse renaissantes, on se représente naturellement l'état des villes italiennes comme bien malheureux. Il ne paraît pourtant pas que cela fût ; car à la même époque on y voit augmenter la population et la richesse ; les chroniques de chaque cité nous parlent sans cesse de la nécessité où toutes se trouvaient d'élargir l'enceinte de leurs murs ; en même temps ces chroniques nous font connaître combien d'édifices publics avait élevés chaque ville, combien de châteaux elle avait fortifiés, combien enfin elle avait donné de signes indubitables de richesse et de force. Dans les annales de la ville d'Asti, nous trouvons un indice remarquable de l'accroissement de cette richesse. Ce fut l'an 1226, nous disent-elles, que les habitants d'Asti commencèrent à prêter à intérêt en France et dans les pays au delà des monts ; ils firent dans cette espèce de commerce un profit si considérable, que, lorsqu'en 1256 le roi de France confisqua les biens des banquiers d'Asti en son royaume, la valeur en montait à plus de huit cent mille livres, qui équivaudrait à plus de vingt-sept millions de nos francs (1).

On observe qu'aujourd'hui les batailles coûtent moins d'hommes que les maladies. Dans les guerres d'Italie, tout commençait, tout finissait par la bataille : aucun soldat ne périssait autrement que par le fer ennemi ; et cependant les batailles étaient moins meurtrières que de nos jours. En calculant sur l'Europe entière, la guerre, quoique rapprochée jusqu'à la porte de chaque citoyen, coûtait à la population totale bien moins d'hommes dans le XIIIe siècle que dans le XVIIIe. Alors le soldat italien se battait devant les murs de sa ville natale, non-seulement pour la cause de sa patrie, mais pour la sienne propre, pour atteindre à un but qu'il connaissait, pour servir une passion qu'il partageait. S'il était blessé, il ne languissait point dans les hôpitaux, abandonné à la dure indifférence de chirurgiens subalternes : le soir même il était reporté dans sa propre maison ; sa femme, sa mère, ses sœurs lui prodiguaient leurs soins et lui faisaient oublier ses douleurs. Enfin, la foi chrétienne, qui animait la république comme la famille, tempérait les maux et les inconvénients de la guerre. Déjà nous avons vu, nous verrons encore plus d'une fois, de saints religieux se présenter au milieu des populations en armes et les amener à la paix par la seule puissance de la parole.

Ce qui n'est pas moins remarquable, c'est la profonde vénération que ces peuples guerroyants de l'Italie eurent pour deux pauvres servantes, parce qu'elles étaient saintes.

A Castel-Florentin, non loin de Florence, naquit Verdiane, de parents pauvres. Jeune encore, elle fuyait la compagnie des enfants de son âge, pour vaquer à la solitude, la prière et l'abstinence. Les habitants de la bourgade, admirant tant de sagesse dans un enfant, l'observaient de près, et lui donnaient le nécessaire. Elle n'avait pas encore douze ans, que déjà elle portait autour des reins une chaîne de fer avec un rude cilice, appliquée sans cesse aux veilles, aux prières et aux jeûnes. Instruite de Dieu, elle veillait si bien sur elle-même qu'on ne vit jamais rien dans ses paroles, ses actions, ses gestes, qui démentît sa haute sainteté. Ce qu'ayant considéré avec attention, un de ses parents, homme noble et riche, la prit chez lui, pour être la compagne de sa femme et la gouvernante de toute sa maison. Peu après, une grande famine vint affliger le peuple. Il y avait dans la maison de cet homme une grande caisse remplie de légumes. La pieuse vierge, émue de compassion pour les pauvres que tourmentait la faim, leur distribua ces légumes jusqu'au dernier. Cependant le maître les vendit dans l'intervalle, et amena l'acheteur pour les lui livrer. Trouvant la caisse vide, il s'emporta de manière à scandaliser tous ses domestiques et ses voisins. La servante de Dieu, ayant su la cause de ce vacarme, passa la nuit en prière. Le lendemain,

(1) *Annal. Vet. Mutin.*, an 1188, 1200, 1211, 1214, 1226, etc., p. 55-58 ; Malvecius, *Chron. Brixian.*, c. 100, 102, an 1223, p. 901 ; *Chron. Parm.*, an 1221, p. 764 ; *Memorial. Potestat. Regiens*, an 1229, t. VIII, p. 1106, etc. ; *Chron. Art. ogerii alfer.*, t. XI, p. 142 et 143.

elle trouva la caisse pleine, appela son maître et lui dit : « Cessez vos plaintes, Jésus-Christ vous a rendu les fèves qu'il avait reçues. »

Frappé d'étonnement, le maître révéra dès lors Verdiane, et ne parla pas moins de joie que précédemment de douleur. La sainteté de Verdiane fut ainsi connue de toute sa province. Mais l'humble vierge, détestant la gloire de ce monde, songeait à fuir de sa patrie. Ses compatriotes, s'en étant aperçus, en furent profondément affligés.

Cependant plusieurs dames voulant faire le pèlerinage de Saint-Jacques en Galice, Verdiane les accompagna. Ses concitoyens la conjurèrent, pour l'amour de Dieu, de revenir parmi eux le plus tôt possible. Elle le leur promit, fit ensuite la confession de ses péchés, reçut la sainte communion en viatique, et se mit en route avec la bénédiction de l'Eglise. Plusieurs de son peuple, même des principaux, allèrent avec elle par esprit de piété, et racontèrent depuis ce dont ils avaient été témoin. Pendant tout le voyage, elle ne diminua rien de ses veilles, de ses prières et de ses jeûnes accoutumés. Elle se levait de grand matin avec ses compagnes, visitait les malades dans les hôpitaux, les consolait par de douces paroles, les exhortait à la patience par ses exemples et les humbles services qu'elle leur rendait. Dans les lieux où on logeait, elle se montrait la servante assidue et infatigable de ses compagnes, leur lavait et leur essuyait les pieds à toutes.

Revenue à Castel-Florentin, elle y fut reçue avec une joie universelle, comme un trésor perdu qu'on retrouve. Tout le monde se mit à la prier de ne plus quitter sa patrie. Elle ne demanda qu'une chose, une cellule où elle pût vivre recluse et solitaire. Pendant qu'on la construisait aux frais de la commune, près de l'église de Saint-Antoine, hors de la ville, elle fit le pèlerinage de Rome avec plusieurs dames pieuses. Elle comptait y passer le carême ; mais les pieux personnages de Rome conçurent tant de vénération pour elle, qu'ils ne lui permirent plus de retourner en son pays. Elle demeura ainsi trois ans dans la capitale du monde chrétien, au grand regret de ses compatriotes, qui craignaient de ne plus jamais revoir celle qu'ils regardaient dès lors comme leur patronne. Enfin, elle sortit de Rome comme furtivement, et revint dans sa patrie, où elle fut reçue avec une allégresse publique.

Quand on eut achevé la cellule où elle voulait entrer, elle vint à l'église de la ville, y fit la confession de ses péchés, y reçut la sainte eucharistie, et fit vœu d'obéissance à Dieu et au curé ; celui-ci bénit l'habit et le voile dont il la revêtit, et ensuite la remit à un chanoine du chapitre, pour la conduire à la cellule préparée. Elle y alla aussitôt, portant une croix dans ses bras. Au moment d'y entrer, elle supplia les assistants de prier pour elle ; ils la supplièrent, de leur côté, de prier pour eux. Quand elle fut entrée, on mura la porte, n'y laissant qu'une petite fenêtre. Entrée dans cette espèce de tombeau, à la fleur de l'âge et de la beauté, Verdiane y vécut trente-quatre ans, d'une vie encore plus dure que jusqu'alors, couchant sur la terre nue, n'y mettant pendant l'hiver qu'une planche, et n'ayant pour oreiller qu'un bloc de bois.

De sa cellule, qui donnait dans l'église Saint-Antoine, elle entendit un prédicateur rappeler au peuple combien le saint patron de cette église avait eu à souffrir des démons, sous forme de bêtes farouches. Aussitôt Verdiane se sentit inspirée de demander à Dieu un martyre semblable. Après deux ans de réclusion, elle fut exaucée. Deux horribles serpents, de même grandeur, entrèrent par la fenêtre dans la cellule, y demeurèrent longtemps nuit et jour, mangeant dans la même écuelle que la sainte, et la battant cruellement de leurs queues quand il n'y avait rien. D'abord elle en eut peur ; mais bientôt, ayant fait le signe de la croix, elle souffrit tout avec patience, au souvenir des martyrs. L'évêque de Florence, instruit de sa sainteté, vint la voir et s'entretint plusieurs jours avec elle des choses célestes.

Ayant découvert qu'elle avait pour compagnie deux serpents, il voulait les faire tuer ; mais elle le supplia de lui laisser cet exercice de patience. Ce ne fut qu'après trente ans que des habitants du lieu les tuèrent, à son grand regret. Dieu fit en l'honneur de sainte Verdiane un grand nombre de miracles, et pendant sa vie et après sa mort, qui eut lieu l'an 1222. Quelques-uns de ces miracles ont eu pour témoin l'auteur même de sa vie (*Acta Sanct.*, 1 *febr.*).

Vers le même temps, Dieu glorifiait et le monde admirait à Lucques une autre servante : Zita était son nom, qui, dans l'italien de cette époque, voulait dire vierge. Elle naquit de pauvres paysans, au village de Mont-Segradi, à huit milles environ de Lucques. Elle eut un oncle et une sœur qui moururent en odeur de sainteté. Elle les surpassa l'un et l'autre. A l'âge de douze ans, elle se mit au service d'un noble habitant de Lucques, nommé Fatinelli, dont la maison était attenante à l'église de Saint-Frigipien : elle y demeura humble servante jusqu'à sa mort, près de cinquante ans de suite.

Pauvre elle-même, Zita aimait les pauvres avec une tendresse de mère. Ses modiques gages, ce qu'elle recevait d'ailleurs, tout était pour eux. Elle était volontiers marraine de leurs enfants, qui devenaient ainsi les siens. Elle visitait surtout les pauvres malades, les consolait avec une affection cordiale, se privait elle-même du nécessaire pour leur procurer quelque chose qui leur fît plaisir. Plus d'une fois, Dieu lui-même vint au secours de sa charité. Un pèlerin, brûlé de la soif de la chaleur, lui demanda un jour l'aumône. N'ayant absolument rien, elle ne savait que faire ; tout à coup elle lui dit d'attendre un instant, va puiser de l'eau dans un vase, la lui apporte et fait dessus le signe de la croix. Le pèlerin en ayant goûté, en but à longs traits : cette eau se trouvait changée en un vin des plus délicieux qu'il eût bu de sa vie. La nourriture qu'on lui assignait à la maison, elle y touchait rarement, mais réservait le tout pour quelque pauvre ou quelque malade. Elle avait un lit convenable, mais c'était pour y réchauffer les pauvres ; pour elle, sa couche ordinaire était la terre nue ou bien une planche. Toutes les misères, corporelles ou spirituelles, excitaient en elle une tendre commisération. C'était l'usage, quand les magistrats devaient condamner à mort un criminel, de l'annoncer par le son des cloches. A ce signal, la pauvre servante se mettait en prières avec larmes, pendant trois ou quatre jours, quelquefois jusqu'à sept, pour obtenir au malheureux le salut de son âme. Douce, humble, soumise envers tout le monde, Zita était d'un courage intrépide à l'égard des libertins. Un des domestiques ayant voulu attenter à sa pudeur, elle lui déchira le visage avec ses ongles. Pour conserver ce précieux trésor, elle joignit une prière presque continuelle au jeûne et à la mortification. Elle se levait à minuit, assistait à matines dans l'église voisine de Saint-Frigidien, y priait avec larmes pour soi et pour les autres.

Ces exercices de piété et de charité n'empêchaient point Zita de servir ses maîtres avec une ponctualité humble et affectueuse. Quand il leur arrivait de se fâcher contre elle ou d'autres personnes, elle se jetait à leurs pieds, quoiqu'il n'y eût rien de sa faute, et leur demandait humblement pardon. Cette humilité, jointe à ses autres vertus, leur inspira pour elle une religieuse vénération.

Une nuit de Noël, qu'il faisait extrêmement froid, Zita se disposait à se rendre à matines. Son maître lui dit : « Comment cours-tu à l'église par un temps si froid, que nous pouvons à peine nous en défendre ici avec tous nos vêtements ? toi surtout, épuisée par le jeûne, vêtue si pauvrement, et qui vas t'asseoir sur un pavé de marbre ? Ou bien reste ici, pour vaquer à tes saintes oraisons, ou bien prends sur tes épaules mon manteau à fourrures pour te garantir du froid. » Zita ne voulant pas manquer à un office aussi solennel, s'en allait avec le manteau, lorsque le maître lui dit, comme pressentant ce qui allait arriver : « Prends garde, Zita, que tu ne laisses le manteau à un autre, de peur que, s'il est perdu, je n'en souffre du préjudice, et toi de grosses fâcheries de ma part. » Elle lui répondit : « Ne craignez pas, monsieur, votre manteau vous sera bien gardé. » Entrée dans l'église, elle aperçut un pauvre demi-nu, qui murmurait tout bas, et qui, de froid, claquait des dents. Emue de compassion, Zita s'approche et lui dit : « Qu'avez-vous, mon frère, et de quoi vous plaignez-vous ? » Lui, la regardant d'un visage placide, étendit la main et toucha le manteau en question. Aussitôt Zita l'ôte de ses épaules, en revêt le pauvre et lui dit : « Tenez cette pelisse sur vous, mon frère, jusqu'à la fin de l'office, et vous me la rendrez ; n'allez nulle part, car je vous mènerai à la maison et vous chaufferai près du feu. » Cela dit, elle alla se mettre à l'endroit où elle priait d'ordinaire. Après l'office et quand tout le monde fut sorti, elle chercha le pauvre partout, au dedans et au dehors de l'église, mais ne le trouva nulle part. Elle se disait à soi-même : Où peut-il être allé ? Je crains que quelqu'un ne lui ait pris le manteau, et que, de honte, il n'ose se présenter à mes yeux. Il paraissait assez honnête et je ne crois pas qu'il ait voulu attraper le manteau et s'enfuir. C'est ainsi qu'elle excusait pieusement le pauvre. Mais enfin, ne l'ayant pu trouver, elle revenait un peu honteuse, espérant toujours néanmoins que Dieu apaiserait son maître, ou inspirerait au pauvre de rapporter le manteau. Quand elle fut de retour à la maison sans le rapporter, le maître lui dit des paroles très-dures, lui fit de vifs reproches. Elle ne répondit aucun mot ni aucun signe d'impatience, mais, lui recommandant de bien espérer, elle lui raconta comme la chose s'était passée. Il entrevit bien ce qu'il pouvait en être, mais ne laissa pas de murmurer jusqu'au dîner. A la troisième heure, voilà sur l'escalier de la maison un pauvre qui charmait tous les spectateurs par sa bonne mine, et qui, portant le manteau dans ses bras, le rendit à Zita, en la remerciant du bien qu'elle lui avait fait. Le maître voyait et entendait le pauvre. Il commençait, ainsi que Zita, à lui adresser la parole, lorsqu'il disparut comme un éclair, laissant dans leurs cœurs une joie inconnue et ineffable, qui les ravit longtemps d'admiration.

Quand la bienheureuse Zita fut avancée en âge comme en perfection, les nobles hommes qu'elle servait depuis si longtemps ne se permirent plus de la regarder comme leur servante, mais uniquement comme la servante de Dieu. Ils la laissèrent libre de faire ce qu'elle voudrait, lui fournissant libéralement, comme à une de leurs filles, tout ce qui pouvait lui convenir. Zita, qui aimait la pauvreté volontaire, étant pauvre, l'aima plus encore quand elle ne devait plus manquer de rien; laissée libre de faire ce qu'elle voulait, elle n'en servit pas moins humblement et moins affectueusement ses maîtres; ni l'infirmité de la vieillesse, ni l'infirmité du sexe, ne diminua rien de sa ferveur et de ses austérités. Dieu qui l'avait comblée de tant de faveurs depuis les premières années de sa vie, l'en combla plus encore vers la fin. Plus elle approchait du terme, plus elle se détachait de la terre et aspirait au ciel. L'an de Jésus-Christ 1272, le 27 avril, un mercredi, à la troisième heure, munie des sacrements de l'Église, entourée de pieuses femmes, sans aucun signe de douleur ni d'agonie, les yeux levés au ciel et les mains jointes, elle passa de ce monde à l'autre.

Une étoile brillante parut au-dessus de la ville de Lucques, à la vue de tout le monde. Sa clarté était telle, qu'elle ne put être éclipsée ni par la clarté des autres étoiles ni même par la clarté du soleil. Les enfants, sans que personne leur en eut appris la nouvelle, se mirent à crier incessamment dans les places et dans les rues: Allons, courons à l'église de Saint-Frigidien; car Zita, la sainte, est morte! La noble famille des Fatinelli prépara des funérailles convenables. Une multitude innombrable d'étrangers de tout âge et tout sexe remplit bientôt l'église, le cloître et les places d'alentour. Tous et chacun, à l'envi l'un de l'autre, s'efforçaient de toucher le corps de la servante de Dieu. Pendant plusieurs jours, impossible au clergé de célébrer l'office funèbre, impossible de procéder à la sépulture: jour et nuit la multitude du peuple se pressait autour du saint corps; chacun voulait avoir quelque relique de ses vêtements, à tel point que, encore que l'on y en remit de temps à autre, elle demeura plusieurs fois demi-nue. Pour que le saint corps ne fût pas mis en pièces, et pour contenir quelque peu la multitude, des hommes pieux et déterminés, tantôt sous un prétexte, tantôt sous un autre, le transportèrent dans l'enceinte du chœur, dans le cloître, dans le chapitre, dans le réfectoire, dans la chambre des hôtes et dans d'autres lieux du monastère, l'enfermant dans des caisses de bois. Mais la foule pénétrait partout, et plus d'une fois brisa les caisses.

Des miracles sans nombre vinrent augmenter la dévotion. Les aveugles voyaient, les sourds entendaient, les boiteux marchaient, les muets parlaient, les malades étaient guéris. Enfin le prieur du monastère, de l'avis des personnes sages, particulièrement des frères Prêcheurs et Mineurs, enferma le saint corps dans un sarcophage de pierre. Mais après quelques jours il en découla une liqueur qui ne cessa d'opérer des guérisons. Pour en être témoins, on vit accourir au tombeau de la sainte des cardinaux, des archevêques, des évêques, des princes, des barons, des chevaliers de toutes les parties du monde. Cent cinquante de ces miracles ont été examinés et prouvés juridiquement. Nous n'en citerons qu'un.

Le 23 février 1300, on prit à Capoue un jeune homme appelé Chécus, avec un soi-disant Martin, lesquels cherchaient à vendre une ânesse sur le marché. Cette ânesse fut reconnue et réclamée par un habitant de Sulmone, qui accusait Chécus et Martin de la lui avoir volée. Ils furent arrêtés l'un et l'autre. L'hôte chez lequel ils étaient logés apporta aux juges deux bottines, dans lesquelles se trouvaient sept clés que Chécus lui avait remises. Les deux individus ainsi suspects furent mis à la question. Martin confessa qu'il avait volé l'ânesse et commis beaucoup d'autres crimes, Chécus soutint d'abord qu'il n'était pas coupable; mais ensuite, vaincu par les tourments, il avoua qu'il avait aidé Martin dans tout ce qu'il venait d'avouer. Ils furent tous deux condamnés à être pendus. L'exécution eut lieu le dernier jour de février. Deux gardes restèrent auprès de la potence depuis le matin jusqu'au soir. Au moment qu'ils s'en retournaient chez eux, ils virent un des pendus qui les suivait, disant: *Sainte Zita, secourez-moi!* ayant encore les mains garrottées et un un bout de corde au cou. Les gardes, ayant peur, se saisirent de Chécus et le ramenèrent au juge. Interrogé sur ce que lui pouvait être, et qui avait coupé la corde, il répondit: « Une certaine dame m'apparut, me soutint les pieds tant que les gardes furent auprès de moi; mais, quand ils s'en retournèrent, cette dame coupa la corde, et me dit: Va-t-en, va-t-en! » Il n'avait d'autre mal, sinon que ses jambes étaient enflées et noires de sang. Il disait que, par la crainte de Dieu et de la bienheureuse Zita, on devait le renvoyer, parce qu'il voulait aller à Lucques se présenter à l'église de la sainte. Le juge voulut lui rendre ses hardes; mais Chécus le refusa, et dit qu'il voulait aller à Lucques tel qu'il était descendu de la potence, avec la corde au cou et les clés qu'on lui avait attachées. Les deux gardes, en présence du juge et de plusieurs témoins, prêtèrent serment sur les évangiles qu'ils avaient gardé les deux pendus depuis le matin jusqu'au soir; et acte en fut dressé.

Le 25 mars de la même année, Chécus vint à Lucques, présenta au prieur de sainte Zita le susdit acte, avec les clés et le bout de corde, déposa le tout dans le monastère en présence de plusieurs témoins, devant lesquels il assura plusieurs fois avec serment la vérité de ce qui vient d'être dit, montrant en preuve ses jambes enflées et noires. Il exposa de plus qu'il avait rencontré ledit Martin en route, sans savoir que ce fût un voleur ni que l'ânesse eût été volée; que c'était à sa prière qu'il avait porté les clés et les bottines, et à son ordre qu'il les avait remises à l'hôte; que c'était pour se récupérer de l'argent qu'il avait dépensé pour lui et pour Martin, à la prière de celui-ci, qu'il avait aidé à vendre l'ânesse. Ensuite lui arriva tout ce qui était contenu dans l'acte (*Acta Sanct.*, 27 *april.*).

La république et cité de Lucques a pris pour sa patronne sainte Zita, la pauvre servante, comme Paris a pris pour sa patronne une humble bergère, et Madrid pour son patron un pauvre laboureur. Sainte Zite ou Zita est honorée le 27 avril.

Dans le même temps, la ville de Louvain en Belgique voyait un spectacle peut-être plus rare encore : une servante d'auberge, avec son maître et sa maîtresse, donnant l'exemple de toutes les vertus chrétiennes. Marguerite était née à Louvain même, de parents peu aisés, mais très-vertueux. Lorsqu'elle fut propre à entrer en service, ses parents, qui ne vivaient que de leur travail journalier, se virent obligés de la mettre comme servante chez un parent nommé Amand, lequel tenait une auberge, et qui, guidé par des motifs religieux, se faisait un devoir de donner l'hospitalité à de pauvres pèlerins. Ce ne fut pas une légère satisfaction à Marguerite d'avoir sous ses yeux ces exemples de vertu, et de se trouver elle-même dans le cas de les imiter. Elle ne se contentait pas de remplir tous les devoirs de son service avec la plus scrupuleuse fidélité ; persuadée qu'elle servait Jésus-Christ dans ceux qui sont ses membres, elle ne se croyait jamais plus heureuse que lorsqu'elle pouvait donner des preuves de sa charité envers les pauvres et les malheureux. Elle avait fait vœu de chasteté perpétuelle, et évitait avec soin tout ce qui aurait pu y porter la plus légère atteinte ; sous ce rapport sa sévérité était si connue, qu'on l'appelait *la Fière Marguerite*, surnom qu'elle a conservé jusqu'aujourd'hui.

Amand et sa femme avaient formé le projet d'embrasser la vie monastique, et, dans cette vue, ils vendirent tout ce qu'ils possédaient. Aussitôt que Marguerite en fut informée, elle résolut de prendre le voile dans l'ordre de saint Bernard. Quelques scélérats sachant que l'argent provenant de la vente se trouvait encore dans la maison de ces personnes, prirent le costume de pèlerins, et vinrent sur le soir les prier de leur donner le logement pour une seule nuit. Amand, quoiqu'il se fût déjà proposé de partir le lendemain pour l'abbaye de Villers, ne put s'empêcher de faire encore cette œuvre de charité ; il leur accorda leur demande, et, pour mieux les traiter encore, il envoya Marguerite acheter du vin dans une cruche que l'on conserve encore aujourd'hui à Louvain. Mais à peine eut-elle quitté la maison, que ces malheureux assassinèrent sans pitié ces deux personnes hospitalières. Marguerite, à son retour, se vit également assaillie et maltraitée, et fut enfin traînée hors de la ville par ces scélérats, qui, après s'être partagé le butin qu'ils avaient pris dans la maison, se consultèrent pour savoir ce qu'ils feraient d'elle. L'un d'eux, moins barbare que ses compagnons, voulut la garder comme sa femme, afin de sauver ses jours. Mais la pieuse Marguerite, inspirée par des sentiments plus généreux, aima mieux mourir que de trahir en rien son vœu de chasteté. Un des assassins lui fit une blessure au cou, lui plongea son poignard dans le cœur, et jeta son corps dans la Dyle, le 2 septembre 1225.

Dès ce moment, Dieu voulut faire connaître combien la vie de cette vierge lui avait été agréable ; son corps n'alla pas à fond, mais flotta à la surface de l'eau et remonta la rivière jusque dans la ville ; en même temps, une lumière céleste l'entourait, et on entendait des chants harmonieux. Plusieurs personnes furent témoins de cet événement, entre autres Henri Ier, duc de Lorraine et de Brabant. Bientôt le bruit s'en répandit à Louvain ; le chapitre de Saint-Pierre, accompagné du duc et de sa femme, des nobles et du corps des magistrats, allèrent relever ce gage précieux, et le portèrent avec beaucoup de solennité dans l'église collégiale de Saint-Pierre, où il s'est opéré un grand nombre de miracles par l'intercession de cette vierge et martyre (*Acta Sanct.*, 2 *septemb.*).

Une chose peut-être plus merveilleuse encore serait de voir une fille des Huns, ces farouches compagnons d'Attila, le fléau de Dieu, de voir une princesse de Hongrie, au milieu des délices de la cour et des splendeurs du trône, pratiquer constamment l'humilité, la simplicité, la charité, l'austérité de Zita et de Verdiane. Or, cette merveille du XIIIe siècle nous est attestée par des témoins oculaires, retracée par des auteurs contemporains, chantée même en diverses langues par des poètes. Car il se trouve aujourd'hui que ces siècles, traités si longtemps d'ignorants et de barbares, abondent en poètes gracieux de toute nation, et que leurs œuvres sont une mine des plus précieuses, demeurée inconnue jusqu'à présent à la présomptueuse ignorance des siècles modernes.

Ainsi, l'an 1206, le duc Hermann de Thuringe se trouvant à son château de Wartbourg, au-dessus de la ville d'Eisenach, réunit à sa cour six des poètes les plus renommés de l'Allemagne, savoir, Henri Schreiber, Walther von den Wogelweide, Wolfram d'Eschenbach, Reinhart de Swetzen, qui étaient tous quatre des chevaliers d'ancienne lignée ; Bitterolf, officier de sa maison, et enfin Henri d'Ofterdingen, simple bourgeois d'une famille pieuse d'Eisenach. Une rivalité violente se déclara bientôt entre les cinq poètes de noble naissance et le pauvre Henri, qui était au moins leur égal en talent et en popularité. Pour vider leur différend, ils convinrent de se livrer un combat public et définitif, en présence du duc et de sa cour, et avec l'assistance du bourreau, la corde à la main, qui devait pendre, séance tenante, celui dont les chants seraient reconnus inférieurs à ceux de ses rivaux, montrant ainsi que la gloire et la vie étaient à leurs yeux inséparables. Le duc consentit à cette condition, et présida à la lutte solennelle qui retentit dans toute l'Allemagne et à laquelle vinrent assister une foule de seigneurs et de chevaliers. Ils chantèrent tour à tour, et sous les formes les plus variées, l'éloge de leurs princes favoris, les grands mystères de la religion, le mariage légitime de l'âme avec le corps après la résurrection, l'inépuisable clémence de Dieu, la puissance du repentir, l'empire de la croix, et surtout les gloires de Marie, la bien-aimée de Dieu, neuf fois plus belle que la miséricorde, qui est elle-même plus belle que le soleil. Ces chants, recueillis par l'auditoire, se sont conservés jusqu'à nos jours sous le titre de *La guerre de la Wartbourg*. Leur collection forme encore aujourd'hui un des monuments les plus importants de la littérature germanique, à la fois comme un trésor des croyances anciennes et populaires, et comme irrécusable témoignage du rôle immense que jouait la poésie dans la société, la science et la foi de ce siècle. Il fut impossible de décider du mérite des ménestrels rivaux, et il fut convenu que Henri d'Ofterdingen irait chercher en Transylvanie le célèbre maître Klingsohr, tellement expert dans les sept arts libéraux et surtout en astronomie et en nécromancie, que les esprits mêmes étaient obligés, disait-on, d'obéir à sa science, et que le roi de Hongrie lui faisait une pension de trois mille marcs d'argent pour prix de ses services. Un délai d'un an fut accordé à Henri pour faire ce voyage, et, au jour marqué, il se trouva aux portes d'Eisenach avec le grand savant.

Les seigneurs de Thuringe et les officiers du duc, réunis à Eisenach pour voir Klingsohr, lui demandèrent de leur apprendre quelque chose de nouveau; sur quoi il se leva et se mit à contempler les astres avec attention pendant longtemps, puis il leur dit : « Je vous apprendrai quelque chose de nouveau et de joyeux aussi; je vois une belle étoile qui se lève en Hongrie, et qui rayonne de là à Marbourg, et de Marbourg dans le monde entier. Sachez que cette nuit même il est né à monseigneur le roi de Hongrie une fille qui sera nommée Elisabeth, qui sera donnée en mariage au fils du prince d'ici, qui sera sainte, et dont la sainteté réjouira et consolera toute la chrétienté. » Les assistants entendirent ces paroles avec une grande joie, et le lendemain, de grand matin, les chevaliers montèrent à la Wartbourg pour les redire au landgrave, qu'ils rencontrèrent comme il allait à la messe. Ils ne voulurent pas le retenir, et l'entendirent avec lui; mais aussitôt qu'elle fut finie, ils lui racontèrent ce qui s'était passé la veille. Le prince en fut surpris, ainsi que toute sa cour, et, ayant demandé aussitôt son cheval, il alla lui-même, avec une nombreuse escorte, chercher maître Klingsohr, et le mena avec lui à la Wartbourg. On lui rendit les plus grands honneurs, surtout les prêtres, qui le traitèrent en évêque, dit un contemporain. Le landgrave le fit dîner à sa table, et, après le repas, ils parlèrent longtemps ensemble. Klingsohr présida au nouveau combat qui s'engagea, et réussit à calmer la haine des rivaux de Henri, son client, et à faire reconnaître publiquement son mérite.

En l'an 1207, au jour et à l'heure annoncés par Klingsohr, suivant la tradition poétique, la reine Gertrude, épouse du roi André de Hongrie, donna le jour à une fille, qui reçut le nom d'Elisabeth. La cérémonie de son baptême se fit avec une très-grande magnificence : on la porta à l'église sous un dais le plus beau qu'on avait pu trouver à Bude, où était alors un des principaux entrepôts du luxe oriental.

Dès le berceau, cette enfant prédestinée donna des gages de la destinée sublime que Dieu lui réservait. Les noms consacrés par la religion furent les premiers mots qui frappèrent son attention, les premiers aussi qu'elle voulut bégayer à mesure que sa langue se déliait; et, lorsqu'elle put parler, ce ne fut longtemps que pour réciter des oraisons. Elle prêtait une attention surprenante aux premiers enseignements de la foi qu'on lui donnait, bien qu'une lumière intérieure éclairât déjà pour elle ces saintes vérités. A l'âge de trois ans, à ce qu'assurent les historiens, elle exprimait sa compassion pour les pauvres, et s'efforçait de subvenir à leurs misères par des dons.

Toute sa vie était ainsi déjà en germe dans cette vie du berceau, dont le premier acte était une aumône, et la première parole une prière; aussi semble-t-elle avoir été dès lors admise par Dieu à posséder ces grâces qu'elle devait plus tard si abondamment distribuer sur la terre. A peine eut-elle vu le jour, que les guerres où était engagée la Hongrie cessèrent; les dissensions intérieures mêmes se calmèrent. Cette tranquillité passa bientôt de la vie publique à la vie privée; les violations de la loi de Dieu, les excès, les blasphèmes devinrent moins fréquents, et le roi André vit se combler tous les désirs que pouvait former un roi chrétien.

Le duc Herman, s'étant informé de tout, envoya auprès du roi de Hongrie une ambassade composée de seigneurs et de nobles dames, pour lui demander la main d'Elisabeth, au nom de son fils Louis, et pour l'amener avec eux, s'il était possible, en Thuringe. La demande fut accordée. On apporta la petite Elisabeth, qui n'avait que quatre ans, enveloppée d'une robe de soie brodée d'or et d'argent; on la coucha dans un berceau d'argent massif, et on la remit ainsi aux Thuringiens. Le roi dit au sire de Varila, l'un des ambassadeurs : Je confie à ton honneur de chevalier ma consolation suprême. La reine vint aussi en pleurant lui recommander son enfant; à quoi le chevalier répondit : Je la tiendrai volontiers en ma garde et lui serai fidèle à toujours. Il tint parole, comme nous verrons.

Elisabeth étant arrivée en Thuringe à l'âge de quatre ans, fut fiancée au duc Louis, qui en avait onze. Le landgrave Hermann avait choisi sept demoiselles des plus nobles familles de sa cour et à peu près du même âge que sa future belle-fille, parmi lesquelles était sa propre fille Agnès, pour la faire élever avec elles. Une d'elles, Guta ou Judith, qui n'avait que cinq ans, un an de plus qu'Elisabeth, resta à son service jusqu'à peu de temps avant sa mort, et, lorsque Dieu l'eût rappelée à lui et que le bruit de sa sainteté eût attiré l'attention des autorités ecclésiastiques, cette même Guta, interrogée publiquement, raconta les souvenirs de son enfance. C'est à sa déposition, soigneusement conservée et transmise au Saint-Siège, que nous devons la connaissance des détails suivants sur les premières années d'Elisabeth.

Dès cet âge si tendre, toutes ses pensées, toutes ses émotions paraissaient être concentrées dans le désir de servir Dieu et de mériter le ciel. Toutes les fois qu'elle le pouvait, elle entrait dans la chapelle du château, et là, en se couchant au pied de l'autel, elle faisait ouvrir devant elle un grand psautier, bien qu'elle ne sût pas encore lire; puis, pliant ses petites mains et levant les yeux vers le ciel, elle se livrait avec un recueillement précoce à la méditation et à la prière.

En jouant avec ses compagnes, et par exemple en sautant sur un pied, elle faisait en sorte que toutes fussent obligées de se diriger vers la chapelle, et, quand elle la trouvait fermée, elle en baisait avec ferveur la serrure, la porte et les murs extérieurs, par amour pour le Dieu voilé qui y reposait. Dans tous ses jeux, c'était toujours la pensée de Dieu qui dominait; elle espérait gagner pour lui, car elle donnait tout ce qu'elle gagnait à de pauvres filles, en leur imposant le devoir de réciter un certai nombre de *Pater* et d'*Ave*. Elle y cherchait sans cesse des occasions de se rapprocher de Dieu, et, lorsqu'elle avait éprouvé quelque obstacle à faire autant de prières et de génuflexions qu'elle aurait voulu, elle disait à ses petites compagnes : Couchons-nous par terre pour voir qui de nous est la plus grande. Puis, s'étendant successivement à côté de chacune des petites filles, elle profitait de ce moment pour s'humilier devant Dieu et réciter un *Ave*. Devenue épouse et mère, elle se plaisait à raconter ces innocentes ruses de son enfance.

Souvent aussi elle conduisait ses amies au cimetière, et leur disait : « Souvenez-vous que nous ne serons un jour rien que de la poussière. » Puis, arrivant devant le charnier, elle disait : « Voici les os des morts : ces gens ont été vivants comme nous le sommes, et sont maintenant morts comme nous le serons ; c'est pourquoi il faut aimer Dieu ; mettons-nous à genoux, et dites avec moi : *Seigneur, par votre mort cruelle et par votre chère mère Marie, délivrez ces pauvres âmes de leur peine ; Seigneur, par vos cinq plaies sacrées, faites-nous sauves.* C'étaient là, dit un auteur, ses danses et ses jeux. Ces enfants récitaient les prières après elle, et ils racontèrent que l'enfant Jésus venait souvent la trouver, la saluait tendrement et jouait avec elle. Mais elle leur défendit sévèrement de dire de pareilles choses.

Hors de ses récréations, elle cherchait à apprendre le plus de prières qu'elle pouvait. Tous ceux qui voulaient lui parler de Dieu et de sa sainte loi, lui devenaient chers par cela seul. Elle s'était assigné un certain nombre d'oraisons à réciter par jour, et lorsqu'elle avait été empêchée de remplir cet engagement volontaire avant la nuit, et que ses suivantes l'obligeaient de se mettre au lit, elle ne manquait jamais de s'en acquitter tandis qu'on la croyait endormie, se souvenant, comme David, du Seigneur, sur sa couche. Elle sentait déjà le prix de la modestie qui est ordonnée aux vierges chrétiennes, et arrangeait toujours son voile de manière qu'on vît le moins possible ses traits enfantins.

La charité sans bornes qui devait plus tard s'identifier avec sa vie même, enflammait déjà son âme prédestinée. Elle distribuait aux pauvres tout l'argent qu'elle recevait de ses parents adoptifs, ou qu'elle pouvait leur dérober sous un prétexte quelconque. Elle allait sans cesse dans les offices et les cuisines du château, pour y ramasser quelques restes qu'elle portait avec soin aux pauvres affamés, ce qui ne laissait pas que d'éveiller déjà contre elle le mécontentement des officiers de la maison ducale.

L'usage voulait à cette époque que les princesses et les jeunes filles de haut parage tirassent au sort parmi les saints apôtres un patron spécial. Elisabeth, qui avait déjà choisi la sainte Vierge pour sa protectrice et son avocate suprême, avait aussi une vénération, et, comme dit un manuscrit, une amitié toute particulière pour saint Jean l'Évangéliste, à cause de la pureté virginale dont cet apôtre était le type. Elle se mit donc à prier avec chaleur Notre Seigneur de faire en sorte que le sort lui assignât saint Jean ; après quoi elle alla humblement avec ses compagnes à l'élection. On se servait à cette fin de douze cierges, sur chacun desquels était écrit le nom d'un apôtre, et que l'on mêlait ensemble sur l'autel, où chaque postulante allait en choisir un au hasard. Le cierge qui portait le nom de saint Jean échut tout d'abord à Elisabeth ; mais, ne se contentant pas de ce premier accomplissement de ses vœux, elle fit renouveler deux fois l'épreuve, et toujours avec le même résultat. Se voyant ainsi comme recommandée à son apôtre bien-aimé par une manifestation spéciale de la Providence, elle sentit accroître sa dévotion envers lui, et fut fidèle à ce culte pendant toute sa vie ; jamais elle ne refusait ce qu'on lui demandait au nom de saint Jean, qu'il s'agît ou de pardonner une injure ou de conférer un bienfait.

Telle fut la première enfance d'Elisabeth. Au milieu des grâces dont Dieu la comblait, il lui envoyait aussi des afflictions, qui sont encore des grâces. A l'âge de six ans, elle perdit sa mère Gertrude, qui mourut victime de sa tendresse conjugale. Des conjurés cherchant à tuer son mari, elle se livra elle-même à leurs coups, pour lui donner le temps de fuir. Elisabeth avait à peine atteint sa neuvième année lorsqu'elle vit mourir, en 1216, le père de son fiancé, le landgrave Hermann. Ce fut un malheur pour elle. Ce prince illustre et pieux avait continué à l'aimer avec tendresse, à cause de sa piété précoce ; il l'avait toujours traitée comme sa propre fille, et personne, de son vivant, n'eût osé porter obstacle aux pratiques religieuses de la jeune princesse. Mais, après sa mort, il n'en fut plus de même. Bien que Louis, qu'elle regardait comme son fiancé et son seigneur, fût devenu souverain du pays, sa jeunesse le laissait en quelque sorte sous la dépendance de sa mère, la duchesse Sophie, sœur du célèbre Othon de Wittelsbach, duc de Bavière. Cette princesse voyait avec déplaisir l'extrême dévotion d'Elisabeth et lui en témoignait souvent son mécontentement. La jeune Agnès, sœur de Louis, qui était élevée avec sa future belle-sœur, et que son éclatante beauté avait rendue plus accessible aux vanités du monde, lui reprochait sans cesse avec amertume ses habitudes humbles et retirées. Elle lui disait sans détour qu'elle n'était faite que pour devenir une femme de chambre ou une servante. Les autres jeunes filles de grande maison, qui étaient les compagnes des deux princesses, voyant qu'Elisabeth prenait chaque jour moins de part à leurs jeux, à leurs danses et à leur vie gaie et frivole, répétaient ce qu'elles entendaient dire à Agnès et se moquaient ouvertement d'elle. Enfin les officiers les plus influents de la cour ducale, sans égard pour sa royale naissance, son sexe et son extrême jeunesse, ne rougissaient pas de la poursuivre par des dérisions et des injures publiques. Tous s'accordaient à dire qu'il n'y avait rien en elle qui ressemblât à une princesse.

En effet, Elisabeth montrait une sorte d'éloignement pour la société des jeunes comtesses et des nobles demoiselles qu'on lui avait données pour compagnes ; elle recherchait beaucoup plus celle des humbles filles de quelque bourgeois d'Eisenach, et même celle des filles attachées à son service. Elle aimait surtout à s'environner des enfants des pauvres femmes, à qui elle distribuait ses aumônes. Les injures dont elle était l'objet ne servirent qu'à lui rendre plus doux et plus cher cet humble entourage. Du reste, elle ne laissa surnager dans son cœur aucun sentiment d'orgueil ou d'amour-propre blessé, ni même d'impatience. Ce premier essai de l'injustice des hommes et des misères du monde devint comme un nouveau lien entre Dieu et elle; elle y puisa de nouvelles forces pour le servir et l'aimer. Comme le lis entre les épines, dit un de ses historiens, l'innocente Elisabeth fleurissait et germait au milieu des amertumes, et répandait autour d'elle le doux et pénétrant parfum de la patience et de l'humilité.

Elle donna vers ce temps un exemple de cette humilité, que tous les narrateurs de sa vie ont soigneusement rapporté. C'était le jour de l'Assomption, jour où il y avait de grandes indulgences dans les églises consacrées à la sainte Vierge, et où on lui faisait l'offrande des fruits et des grains de l'année. La duchesse Sophie dit à Agnès et à Elisabeth: « Descendons dans la ville, à Eisenach; allons à l'église de notre chère Dame, entendre la belle messe des chevaliers Teutoniques, qui l'honorent spécialement. Peut-être y entendrons-nous prêcher sur elle. Mettez vos plus beaux habits et vos couronnes d'or. » Les deux jeunes princesses s'étant parées comme elle l'avait ordonné, descendirent avec elle à la ville, et, étant entrées dans l'église, allèrent s'agenouiller sur un prie-Dieu, en face d'un grand crucifix. A la vue de cette image du Sauveur mourant, Elisabeth ôta sa couronne, et, la posant sur son banc, elle se prosterna par terre, sans autre ornement de tête que ses cheveux. La duchesse, en la voyant ainsi, lui dit brusquement: « Qu'avez-vous donc, mademoiselle Elisabeth? qu'allez-vous faire de nouveau? Voulez-vous encore faire rire tout le monde de vous? Les demoiselles doivent se tenir droites et ne pas se jeter par terre comme des folles ou de vieilles nonnes qui se laissent tomber à la manière des rosses fatiguées. Ne pouvez-vous pas faire comme nous, au lieu de faire comme les enfants mal élevés? Est-ce que votre couronne est trop lourde? A quoi sert de rester ployée en deux comme un paysan? » Elisabeth se leva et répondit humblement à sa belle-mère: « Chère Dame, ne m'en voulez pas. Voici devant mes yeux mon Dieu et mon Roi, ce doux et miséricordieux Jésus, qui est couronné d'épines aiguës, et moi, qui ne suis qu'une vile créature, je resterais devant lui couronnée de perles, d'or et de pierreries! ma couronne serait une dérision de la sienne. » Et aussitôt elle se mit à pleurer amèrement, car l'amour du Christ avait déjà blessé son tendre cœur. Elle se recoucha sur son banc comme auparavant, laissa parler Sophie et Agnès tant qu'elles voulurent, et continua à prier avec tant de ferveur, qu'ayant mis un pan de son manteau devant ses yeux, elle le trempa de ses larmes. Les deux princesses, pour éviter aux yeux du peuple un contraste fâcheux, se virent obligées de faire comme elle, et de se tirer le manteau devant les yeux; ce qui leur aurait été tout aussi agréable de ne pas faire, ajoute le chroniqueur.

De pareils traits ne pouvaient servir qu'à envenimer la haine qu'elle inspirait déjà aux âmes profanes. Cette haine semble s'être propagée de plus en plus, à mesure qu'elle grandissait; et lorsqu'enfin elle eut atteint l'âge nubile, ce fut comme une explosion générale de persécutions et d'injures de toute la cour de Thuringe. Les parents du landgrave, ses conseillers, ses principaux vassaux, tous se déclarèrent contre elle. Ils disaient hautement qu'il fallait la renvoyer à son père et reprendre la parole donnée; qu'une pareille béguine n'était pas faite pour leur prince; qu'il lui fallait une épouse bien alliée, riche et de mœurs vraiment royales; qu'il ferait beaucoup mieux de se marier à la fille d'un prince voisin qui pourrait lui donner des secours en cas de besoin, tandis que le père d'Elisabeth était trop éloigné pour cela, de même que pour venger l'injure faite à sa fille, s'il la ressentait; mais que, du reste, il paraissait déjà l'avoir oubliée, et ne lui avait point envoyé le supplément de dot que sa mère avait promis. Les compagnons intimes du jeune duc profitaient de toutes les occasions pour l'exciter à laisser là Elisabeth, à la renvoyer dans sa Hongrie, parce qu'elle était trop timide et réservée. La duchesse-mère faisait tous ses efforts pour qu'elle fût obligée de prendre le voile dans quelque couvent de femmes. Agnès surtout la poursuivait de ses mépris et de ses injures; elle lui répétait sans cesse qu'elle avait manqué sa vocation, en ne devenant pas servante. « Mademoiselle Elisabeth, lui dit-elle un jour, si vous vous figurez que monseigneur mon frère vous épousera vous vous trompez fort: ou bien il faudra que vous deveniez tout autre que vous n'êtes. »

C'étaient de pareils propos qu'il lui fallait entendre chaque jour. Elle sentit profondément toute l'amertume de sa position; elle se voyait à peine sortie de l'enfance, et déjà sans soutien, sans amis, sans consolation humaine, exilée en quelque sorte de sa patrie, privée de la protection paternelle, au milieu d'une cour étrangère, exposée sans défense aux insolences et aux persécutions des ennemis de Dieu et des siens. Elle en reconnut d'autant mieux que sa vie ne devait être qu'un pèlerinage dans ce monde instable. Elle eut recours à son Dieu, lui confiait sa douleur en silence et lui ouvrait tout son cœur. Elle cherchait à confondre sa propre volonté avec celle de ce Père céleste, et le suppliait d'accomplir cette très-aimable volonté en elle par toutes les épreuves qu'il jugerait convenables. Puis, quand elle avait retrouvé sa paix et sa résignation aux pieds du crucifix, elle venait rejoindre ses femmes de chambre et les pauvres filles qu'elle s'était choisies pour compagnes, et redoublait de caresses envers elles, ce qui, d'un autre côté, faisait redoubler les invectives et les moqueries des deux princesses et des courtisans.

Parmi ces derniers, il y en avait toutefois un qui faisait une honorable exception: c'était le sire Gauthier de Varila, un des ambassadeurs qui avaient été chercher Elisabeth en Hongrie. La pieuse princesse remarqua un jour avec une peine sensible, qu'au retour d'un voyage son fiancé ne lui avait point apporté de petit présent, comme il en avait la coutume. Tout le monde crut y voir que le prince aussi était changé pour elle. Elisabeth découvrit sa peine au vieux sire de Varila, qui promit d'en parler au prince lui-même. Il en eut bientôt l'occasion, le duc l'ayant pris avec lui à une partie de chasse dans les environs de la Wartbourg. Comme ils se reposaient ensemble couchés sur l'herbe dans un certain bois d'où l'on voyait devant soi l'Inselberg, la plus haute montagne de Thuringe, le sire Gauthier dit au duc: « Vous plaît-il, monseigneur, de répondre à une question que je vais vous faire? » A quoi le bon prince répondit : « Parle en toute confiance, et je te dirai tout ce que tu voudras. — Or donc, reprit le chevalier, que pensez-vous faire de mademoiselle Elisabeth que je vous ai amenée? La prendrez-vous pour épouse, ou bien vous dégagerez-vous de votre parole et la renverrez-vous à son père? » Alors Louis se leva aussitôt, et, étendant la main vers l'Inselberg : « Vois-tu, dit-il, cette montagne qui est devant nous? Eh bien ! si elle était d'or pur depuis la base jusqu'au sommet, et que tout cela dût m'appartenir, à condition de renvoyer mon Elisabeth, jamais je ne le ferais. Qu'on pense et qu'on dise d'elle tout ce qu'on voudra, moi je dis ceci : Je l'aime, et je n'aime rien plus ici-bas. Je veux avoir mon Elisabeth. Elle m'est plus chère par sa vertu et sa piété que toutes les terres et toutes les richesses du monde. — Je vous supplie, monseigneur, dit alors Gauthier, de me permettre de lui redire ces paroles. — Dis-les-lui, répondit le duc; dis-lui que jamais je n'écouterai ce qu'on me conseillera contre elle, et donne-lui ceci comme un nouveau gage de ma foi. » Ce disant, il fouilla dans son aumônière et en tira un petit miroir à double fond monté en argent, où se trouvait au-dessous de la glace une image de Notre Seigneur crucifié. Le chevalier se hâta d'aller retrouver Elisabeth, lui répéta ce qu'il avait entendu et lui remit le miroir. Elle se mit à sourire avec une grande joie, et remercia beaucoup le sire Gauthier de ce qu'il lui servait ainsi de père et d'ami; puis elle ouvrit le miroir, et, ayant vu l'image de Jésus-Christ, elle le baisa avec amour et le pressa contre son cœur.

Le duc Louis accomplit sa parole de chrétien et de prince en 1220, en épousant solennellement Elisabeth. Il avait alors vingt ans, Elisabeth n'en avait que treize; tous deux innocents par le cœur encore plus que par l'âge, tous deux unis par l'esprit et la foi encore plus que par la chair, ils s'aimaient en Dieu, nous disent les vieux historiens, d'un incroyable amour, et c'est pourquoi les saints anges demeuraient autour d'eux (Montalembert, *Vie de sainte Elisabeth*).

Après le saint roi Louis de France, l'histoire du XIIIe siècle n'offre pas un prince qui, si jeune encore, ait possédé à un si haut point toutes les vertus du chrétien et du souverain, que Louis de Thuringe. La noblesse et la pureté de son âme se manifestaient à tous dans son extérieur. Sa mâle beauté était célèbre parmi ses contemporains. Plusieurs croyaient voir en lui une ressemblance frappante avec le portrait que la tradition avait conservé du Fils de Dieu fait homme. Nul ne pouvait le voir sans l'aimer. Ce qui le distingua surtout dès ses plus jeunes années, ce fut une pureté d'âme et de corps, à laquelle il ne laissa jamais porter la plus légère atteinte. Il était modeste et pudique comme une jeune fille; il rougissait facilement; il observait dans ses paroles la plus grande réserve. Ce ne fut pas seulement dans ses premières et innocentes années qu'il sut préserver le trésor de cette pureté; elle n'était pas chez lui le fruit d'une jeunesse dérobée à tout danger, ou bien d'émotions fugitives, de résolutions sincères, mais destinées à s'évanouir avec le premier orage des sens; c'était une volonté ferme et enracinée, qui devint la règle de sa vie entière; c'était une résistance inflexible aux tentations les plus fréquentes et les plus dangereuses. Livré à lui-même au moment d'entrer dans l'adolescence, maître à seize ans d'une des principautés les plus riches et les plus puissantes de l'Allemagne, entouré de tous les prestiges du pouvoir, du luxe, de la vie agitée de cette époque, entouré surtout de perfides conseillers, de flatteurs avides de voir périr sa vertu, jamais il ne fléchit, jamais il ne ternit de l'ombre la plus légère la fidélité qu'il avait promise à Dieu, à lui-même et à celle qu'il aimait en Dieu.

Une vertu si rare et si constante ne pouvait avoir pour fondement que la foi la plus active et la pratique de tous les devoirs imposés par l'Eglise. On célébrait chaque jour, en sa présence, les saints mystères, et il y assistait avec une dévotion exemplaire. Il était le défenseur le plus zélé des droits de l'Eglise et des monastères. La société dans laquelle il semblait le plus se plaire était celle des religieux, et le but ordinaire de ses courses, en temps de paix, était l'abbaye des Bénédictins de Reinhartsbrunn, où il avait choisi sa sépulture. Sa première visite, en y arrivant, était à l'hospice des pauvres et des pèlerins, qui formait une partie essentielle de chaque monastère. Il cherchait à consoler les malades et les infirmes par sa présence et par de douces paroles, et leur laissait toujours, comme aumône, quelque partie de son riche costume ou d'autres petits objets. De retour dans son château, il cherchait à reproduire dans sa vie quelques-unes des privations dont la vie religieuse lui avait donné l'exemple. Par esprit de pénitence, jamais il ne mangeait de mets salés ou épicés, et, ce qui contrastait étrangement avec les usages des princes allemands de cette époque, il ne buvait jamais de bière, et buvait du vin seulement quand il était malade.

Cette fidélité simple et naïve aux devoirs les plus rigoureux de la vie chrétienne, ne servait qu'à rendre plus éclatantes en lui les qualités d'un preux chevalier et d'un prince sage et aimable. Aucun prince de son temps ne le surpassait en courage ni même en force physique et en adresse dans les exercices du corps. Il déploya ce courage dans une occasion que les historiens de l'époque ont commémorée avec soin. L'empereur lui avait fait présent d'un lion, et un matin que le duc, à peine vêtu et sans armes ni défense quelconque, se promenait dans sa cour, il vit ce lion qui s'était échappé de sa cage, courir sur lui en rugissant. Sans s'effrayer, il l'attendit de pied ferme, lui montra le poing et le menaça de la voix, en se fiant en Dieu. Le lion vint aussitôt se coucher à ses pieds, en agitant la queue. Une sentinelle qui était sur le rempart, attirée par le rugissement du lion, aperçut le danger de son maître et appela du secours. Le lion se laissa enchaîner sans résistance, et bien des gens virent, dans cet empire exercé sur les animaux féroces, un gage évident de la faveur céleste méritée par la piété du prince et la sainteté de la jeune Elisabeth.

A ce courage, il joignait au suprême degré cette noble courtoisie que saint François d'Assise, son séraphique contemporain, a nommée la sœur de la charité. Il portait à toutes les femmes un respect plein de pudeur. Il était envers tout le monde, et surtout envers ses inférieurs, d'une bienveillance, d'une affabilité qui ne se démentaient jamais. Il aimait à faire plaisir aux autres. Jamais il ne blessait ni ne repoussait personne par son orgueil ou sa froideur. Une gaîté douce et franche, une familiarité aimable présidaient à toutes ses relations intimes et domestiques. Ses chevaliers et ses écuyers le louaient de sa grande générosité; les comtes et les seigneurs qui venaient à sa cour y étaient traités par lui avec les plus grands égards et tous les honneurs dus à leur rang.

A ces vertus chevaleresques, il ajoutait toutes celles d'un souverain chrétien. La seule passion véhémente que tous ses historiens lui reconnaissent, était celle de la justice. Il l'aimait avec énergie et dévouement; et cet amour lui donnait toute la sévérité nécessaire pour punir les violateurs de ses lois. Il éloignait de sa cour et priva sans rémission de leurs charges ou emplois les seigneurs qui opprimaient leurs vassaux, ou même qui étaient orgueilleux envers les pauvres, ainsi que tous ceux qui se laissaient emporter à des actes de violence ou qui lui adressaient des dénonciations fausses ou malicieuses. Les blasphémateurs et les hommes qui ne rougissaient pas de faire entendre en sa présence des paroles impures, étaient aussitôt condamnés à porter pendant un certain temps un signe public d'ignominie. Inflexible envers ceux qui outrageaient la loi de Dieu, il était indulgent et patient envers tous ceux qui lui manquaient à lui-même. Quand quelques-uns de ses serviteurs s'oubliaient avec lui, il se bornait à leur dire : « Chers enfants, ne le faites plus, car vous affligez mon cœur. » Dans toutes ses délibérations, il apportait une prudence éprouvée; ses expéditions militaires, ses actes politiques montraient une habileté et une prévoyance qu'on n'aurait pas cru pouvoir s'allier facilement avec sa grande jeunesse et la simplicité de son caractère. Il s'occupait avec zèle et assiduité de tous les travaux que lui imposait le gouvernement de ses Etats. Sa véracité était à toute épreuve, et sa moindre parole inspirait la même sécurité que le serment le plus solennel. On pourrait bâtir sur cette parole comme sur un rocher. Plein de miséricorde et de générosité envers les pauvres, il témoignait une extrême sollicitude envers toutes les classes de son peuple. Il était aussi sévère pour les comtes et pour les plus grands seigneurs du pays, accusés de pillage ou d'oppression, que pour le moindre paysan. Tous ceux qui se trouvaient lésés par qui que ce fût, recouraient à lui en toute confiance, et ce n'était jamais en vain. On le vit plus d'une fois se mettre en campagne pour venger les torts faits à ses plus humbles sujets. Sous un prince pareil, la prospérité morale et matérielle de la Thuringe ne pouvait que s'accroître; aussi les chroniques du pays ont-elles célébré avec enthousiasme le bonheur dont il jouit pendant ce règne trop court, et les fruits abondants que porta l'exemple des vertus du souverain. La noblesse imita son chef, et l'on n'entendit plus les vassaux se plaindre des habitudes oppressives et belliqueuses auxquelles quelques seigneurs s'étaient livrés. L'union, la paix, la sécurité régnaient partout. Ce n'était au dedans du pays qu'une commune voix pour vanter et envier le bonheur que devait la Thuringe aux vertus de Louis.

En un mot, tout son caractère et toute sa vie peuvent se résumer dans la noble devise qu'il s'était choisie dès ses premières années : *Piété, chasteté,* *justice.* Il a justifié plus que personne la glorieuse croyance des siècles catholiques, qui établissait une analogie fondamentale entre la chevalerie et le sacerdoce, pour qui les véritables chevaliers étaient les prêtres armés de la justice et de la foi, comme les prêtres étaient les chevaliers de la parole et de la prière.

Un prince qui offrait un si parfait modèle du preux chrétien, ne pouvait recevoir ici-bas de récompense plus douce et plus belle que l'amour d'une sainte. Il eut cette récompense au plus haut degré, et s'en montra toujours digne. Mais ce n'était pas sur les sentiments éphémères d'une admiration et d'un attrait purement humains, que ces deux jeunes époux, l'un et l'autre d'une beauté remarquable, avaient élevé l'inaltérable union de leurs cœurs. C'était sur une foi commune et sur la sévère pratique de toutes les vertus que cette foi enseigne, de tous les devoirs qu'elle impose. Malgré sa grande jeunesse et la vivacité presque enfantine de son amour pour son mari, Elisabeth n'oubliait jamais qu'il était son chef, comme Jésus-Christ est le chef de l'Eglise, et qu'elle devait lui être soumise en tout comme l'Eglise à Jésus-Christ. Elle joignait donc à son ardente affection pour lui un grand respect; elle obéissait avec empressement au moindre signe, au moindre mot venu de lui; elle mettait un soin scrupuleux à ce qu'aucune de ses actions, de ses paroles les plus insignifiantes ne pût le blesser ou même l'impatienter. Le joug auquel elle se soumettait était du reste, comme le veut l'Eglise, un joug d'amour et de paix; car Louis lui accordait pleine liberté dans l'exercice des œuvres de piété et de miséricorde, qui seules l'intéressaient. Il l'encourageait et la soutenait même dans ces salutaires exercices avec une pieuse sollicitude, se bornant à l'arrêter quand son zèle lui semblait l'entraîner trop loin, en lui adressant des avertissements toujours dictés par une affectueuse prudence, et toujours reçus avec docilité.

Toutes les nuits la jeune épouse, profitant du sommeil vrai ou feint de son mari, ou se dérobant à ses caresses, sortait du lit conjugal et s'agenouillait à côté, priait longuement en pensant à la sainte crèche, et remerciait Dieu de ce qu'il avait daigné naître à minuit, dans le froid et la misère, pour la sauver, elle et tout le genre humain. Souvent son mari s'éveillait, et, craignant qu'elle ne fût trop délicate pour se livrer impunément à de telles pénitences, il la priait de cesser. Chère sœur, lui disait-il, ménage-toi, et repose-toi un peu. Puis il lui prenait la main, et la tenait ainsi jusqu'à ce qu'elle se fût recouchée ou que lui-même se fût endormi en laissant sa main dans celle de sa femme; et alors elle mouillait souvent des larmes de sa ferveur cette main chérie, qui semblait vouloir la retenir sur la terre. Cependant jamais il n'employa la contrainte pour l'obliger de cesser ces œuvres de piété, dont il se félicitait et se réjouissait au fond du cœur. Ysentrude, la suivante la plus confidentielle d'Elisabeth, a raconté aux juges ecclésiastiques un trait qui prouve l'indulgence de Louis. La duchesse pour ne pas s'oublier dans le sommeil et en même temps pour ne pas troubler celui de son mari, avait chargé une de ses filles d'honneur de l'éveiller à une certaine heure, en la tirant par le pied. Il arriva une fois qu'Ysentrude se trompa et tira le pied du duc qui se réveilla subitement, mais qui, devinant la cause de cette interruption, se recoucha sans donner le moindre signe d'impatience.

Il voyait bien, dit son historien, qu'elle aimait Dieu de tout son cœur, et cette pensée le rassurait; et elle, de son côté, se confiait en la piété et la sagesse de son époux, et ne lui cachait aucune de ses mortifications, sachant que jamais il n'interviendrait entre elle et son Sauveur. Aux témoignages si fréquents qu'ils se donnaient de leur mutuelle tendresse, tous deux mêlaient de douces exhortations à avancer ensemble sur le chemin de la perfection : cette sainte émulation les maintenait et les fortifiait dans le service de Dieu; ils savaient ainsi puiser, au sein de l'ardent amour qui les unissait, le sentiment et le charme de l'amour suprême.

Le caractère grave et pur de leur affection se révélait surtout par la touchante habitude qu'ils conservèrent toujours de s'appeler frère et sœur, même après leur mariage, comme pour perpétuer le souvenir de leur enfance passée ensemble, et pour confondre leur vie tout entière dans un seul attachement.

Quand son mari était absent, Elisabeth veillait toute la nuit avec Jésus, l'époux de son âme. Mais ce n'était pas seulement des pénitences de ce genre que s'infligeait la jeune et innocente princesse. Sous ses plus beaux habits, elle portait toujours contre sa peau un cilice. Tous les vendredis, en mémoire de la passion douloureuse de Notre Seigneur, et pendant le carême, tous les jours, elle se faisait donner en secret la discipline avec sévérité, « afin, dit un vieil historien, de rendre à Notre Seigneur, qui fut flagellé, aucune récompensation, » et reparaissait ensuite devant sa cour avec un visage joyeux et serein. Plus tard même ce fut la nuit que, se levant d'auprès de son époux, elle entrait dans une chambre voisine, où ses suivantes étaient obligées de la frapper durement; puis rassurée contre elle-même et sa propre faiblesse par ces austères pénitences, elle revenait auprès de son mari, avec qui elle redoublait de gaîté et d'amabilité; car elle avait pour règle de ne pas souffrir que ces secrètes austérités exerçassent une influence fâcheuse sur ses relations habituelles, ou la rendissent triste et morose. Elle ne faisait même nulle difficulté de prendre part aux fêtes et aux réunions mondaines, où sa position lui assignait en quelque sorte un rôle ; et, comme l'a dit saint François de Sales, « elle jouait et dansait parfois, se trouvant ès-assemblées de passetemps, sans intérêt de sa dévotion, laquelle était bien enracinée dedans son âme; si que, comme les rochers qui sont autour du lac de Riette, croissent étant battus des vagues, ainsi sa dévotion croissait parmi les pompes et les vanités auxquelles sa condition l'exposait (*Introduct. à la vie dévote*, 3e part., ch. 34). » Elle détestait toute exagération extérieure dans les œuvres de piété, toute affectation de douleur, et disait de ceux qui prenaient en priant un visage triste et sévère : Ils ont l'air de vouloir épouvanter le bon Dieu; qu'ils lui donnent donc ce qu'ils peuvent gaîment et de bon cœur.

Sévère à elle-même, douce et humble aux autres, Elisabeth semblait tout charité et tout miséricorde envers ses frères malheureux. La générosité envers les pauvres était un des traits les plus distinctifs de l'époque où elle vivait, notamment chez les princes; mais on remarquait que chez elle la charité ne provenait pas de l'influence de sa naissance, et moins encore du désir de mériter des éloges ou une reconnaissance purement humaine, mais bien d'une inspiration céleste et intérieure. Dès le berceau, elle n'avait jamais pu supporter la vue d'un pauvre, sans que son cœur en fût comme percé de douleur ; et maintenant que son époux lui avait accordé la liberté la plus entière pour tout ce qui touchait à l'honneur de Dieu et au bien du prochain, elle s'abandonnait sans réserve à son penchant naturel pour soulager les membres souffrants du Christ. C'était sa pensée de chaque jour, de chaque moment ; c'était aux pauvres qu'elle consacrait tout ce superflu qu'elle refusait aux habitudes de son sexe et de son rang; et malgré les ressources que la charité de son mari mettait à sa disposition, elle donnait si rapidement tout ce qu'elle avait, qu'il lui arriva souvent d'être réduite à se dépouiller elle-même de ses vêtements pour avoir de quoi soulager les malheureux.

Une si touchante abnégation de soi ne pouvait manquer de frapper le cœur et l'imagination du peuple; aussi raconte-t-on dans les anciennes chroniques, qu'un jour de jeudi que la duchesse descendait en ville, richement habillée et couronnée, elle rencontra une foule de pauvres sur son passage, et leur distribua tout ce qu'elle avait d'argent avec elle ; puis, quand elle eut tout donné, elle en vit un qui lui demanda l'aumône d'un ton plaintif; elle gémit de n'avoir rien à lui donner ; mais, pour ne pas le contrister, elle ôta un de ses gants, qui était richement brodé et orné de bijoux, et le lui donna. Un jeune chevalier qui la suivait, ayant vu cela, alla aussitôt rejoindre le pauvre et lui acheta le gant de la duchesse, qu'il attacha sur son casque en guise de cimier, comme un gage de la protection divine. Et il eut raison ; car, à dater de ce moment il s'aperçut que, dans tous les combats, dans tous les tournois, il renversait toujours ses adversaires et n'était jamais vaincu lui-même. Il alla plus tard à la croisade, où ses exploits lui acquirent un grand renom. De retour dans sa patrie et sur son lit de mort, il déclara qu'il attribuait toute sa gloire et tous ses succès au bonheur qu'il avait eu de porter toute sa vie un souvenir de sainte Elisabeth.

Mais ce n'était pas par des présents ni avec de l'argent que la jeune princesse pouvait satisfaire à son amour pour les pauvres du Christ ; c'était bien plus par ce dévouement personnel, par ces soins tendres et patients, qui sont assurément aux yeux de Dieu et à ceux des malheureux la plus sainte et la plus précieuse aumône. Elle se livrait à ces soins avec la simplicité et la gaîté extérieure qui ne la quittaient jamais. Quand les malades venaient invoquer sa charité, après qu'elle leur avait donné ce qu'elle pouvait, elle s'informait de leur demeure, afin d'aller les y voir ; et alors aucune distance, aucune difficulté de chemin ne l'arrêtait. Elle pénétrait dans les huttes les plus éloignées de son château, les plus repoussantes par la saleté et le mauvais air ; elle entrait dans les asiles de la pauvreté avec une sorte de dévotion et de familiarité à la fois; elle y apportait elle-même ce qu'elle croyait être nécessaire à leurs tristes habitants; elle les consolait bien moins encore par ses dons généreux que par ses douces et affectueuses paroles. Quand elle trouvait qu'ils étaient endettés et sans moyen de s'acquitter, elle se chargeait de payer leurs dettes avec ses propres deniers. Les pauvres femmes en couches étaient surtout l'objet de sa compassion; toutes les fois qu'elle le pouvait, elle allait se mettre à côté de leurs misérables lits, les assistait et les encourageait; elle prenait leurs nouveau-nés entre ses bras avec un amour de mère, les couvrait d'habits qu'elle avait faits elle-même, et les tenait souvent sur les fonts baptismaux, afin que cette maternité spirituelle pût lui fournir un motif de plus pour les aimer et les soigner pendant toute leur vie. Quand un de ses pauvres mourait, elle venait, dès qu'elle le pouvait, veiller auprès du corps, l'ensevelissait de ses propres mains, souvent avec des draps de son propre lit, assistait à ses obsèques, et l'on voyait avec admiration cette noble souveraine suivre avec humilité et recueillement le pauvre cercueil du dernier de ses sujets.

Rentrée chez elle, elle employait ses loisirs, non pas aux délassements délicats de la richesse, mais, comme la femme forte de l'Ecriture, à des travaux pénibles et utiles; elle filait de la laine avec ses demoiselles d'honneur, et en faisait ensuite de ses propres mains des vêtements pour ses pauvres ou pour les religieux qui vinrent à cette époque s'établir dans ses Etats. Elle se faisait souvent accommoder pour tout repas des légumes, à dessein mal cuits, sans sel, sans assaisonnement quelconque, afin de savoir par expérience comment les pauvres étaient nourris, et elle les mangeait avec une grande joie.

Elisabeth aimait à porter elle-même aux pauvres, à la dérobée, non-seulement l'argent, mais encore les vivres et les autres objets qu'elle leur destinait. Elle cheminait ainsi par les sentiers escarpés et détournés qui conduisaient de son château à la ville et aux chaumières des vallées voisines. Un jour qu'elle descendait, accompagnée d'une de ses suivantes favorites, par un petit chemin très-rude que l'on montre encore, portant dans les pans de son manteau du pain, de la viande, des œufs et d'autres mets, pour les distribuer aux pauvres, elle se trouva tout à coup en face de son mari qui revenait de la chasse. Etonné de la voir ainsi ployant sous le poids de son fardeau, il lui dit : « Voyons ce que vous portez, » et en même temps ouvrit malgré elle le manteau qu'elle serrait, tout effrayée, contre sa poitrine; mais il n'y avait plus que des roses blanches et rouges, les plus belles qu'il eût vues de sa vie; cela le surprit d'autant plus que ce n'était plus la saison des fleurs. S'apercevant du trouble d'Elisabeth, il voulut la rassurer par ses caresses, mais s'arrêta tout à coup en voyant apparaître sur sa tête une image lumineuse en forme de crucifix. Il lui dit alors de continuer son chemin sans s'inquiéter de lui, et remonta lui-même à la Wartbourg, en méditant avec recueillement sur ce que Dieu faisait d'elle. A l'endroit même où cette rencontre eut lieu, à côté d'un vieil arbre qui fut bientôt abattu, il fit élever une colonne surmontée d'une croix, pour consacrer à jamais le souvenir de celle qu'il avait vue planer sur la tête de sa femme.

Parmi tous les malheureux qui attiraient sa compassion, ceux qui occupaien la plus large place dans son cœur, étaient les lépreux que le caractère spécial et mystérieux de leur infortune rendit, pendant tout le moyen-âge, l'objet d'une sollicitude mêlée d'affection et de frayeur. Elisabeth, à l'instar de plusieurs saints et princes illustres de son temps, se plaisait à triompher de ce dernier sentiment et à mépriser toutes les précautions qui séparaient extérieurement de la société chrétienne ces êtres marqués de la main de Dieu. Partout où elle en voyait, elle allait les trouver, comme s'il n'y avait aucune contagion à craindre, s'asseyait à leurs côtés, leur tenait des discours tendres et consolants, les exhortait à la patience et à la confiance en Dieu, et ne les quittait qu'après leur avoir distribué d'abondantes aumônes. Ayant rencontré un jour un de ces infortunés qui souffrait en outre d'une maladie de tête, et dont l'aspect était repoussant au plus haut degré, elle le fit venir en secret dans un endroit retiré de son verger, et lui coupa elle-même ses affreux cheveux, lava et pansa sa tête qu'elle tenait sur ses genoux : ses demoiselles d'honneur l'ayant surprise dans cette étrange occupation, elle leur sourit sans rien dire.

Un jour de jeudi saint, elle rassembla un grand nombre de lépreux, leur lava les pieds et les mains, puis, se prosternant devant eux, elle baisa humblement leurs plaies et leurs ulcères.

Une autre fois, le landgrave étant allé passer quelques jours dans son château de Naumbourg, qui était au centre de ses possessions septentrionales et voisines de la Saxe, Elisabeth resta à la Wartbourg, et employa le temps que son mari devait être absent à soigner avec un redoublement de zèle les pauvres et les malades, à les laver elle-même, à les vêtir des habits qu'elle avait faits, malgré le mécontentement qu'en témoignait hautement la duchesse-mère Sophie, qui était restée avec son fils depuis la mort de son mari. Mais la jeune duchesse ne tenait que fort peu de compte des plaintes de sa belle-mère. Parmi ces malades, il y avait alors un pauvre petit lépreux, nommé Hélias ou Hélie, dont l'état était si déplorable, que personne ne voulait plus le soigner. Elisabeth seule, le voyant abandonné de tous, se crut obligée de faire plus pour lui que pour tout autre; elle le prit, le baigna elle-même, l'oignit d'un onguent salutaire, puis le coucha dans le lit même qu'elle partageait avec son mari. Or, il arriva justement que le duc revint au château pendant qu'Elisabeth était ainsi occupée. Aussitôt sa mère courut au devant de lui, et, comme il mettait pied à terre, elle lui dit : « Cher fils, viens avec moi, je veux te montrer une belle merveille de ton Elisabeth. — Qu'est-ce que cela veut dire? dit le duc. — Viens seulement voir, reprit-elle, tu verras quelqu'un qu'elle aime bien mieux que toi. » — Puis, le prenant par la main, elle le conduisit à sa chambre et à son lit, et lui dit : « Maintenant regarde, cher fils, ta femme met des lépreux dans ton propre lit, sans que je puisse l'en empêcher : elle veut te donner la lèpre, tu le vois toi-même. » En entendant ces paroles, le duc ne put se défendre d'une certaine irritation, et enleva brusquement la couverture de son lit. Mais au moment même, selon la belle expression de l'historien, « le Tout-Puissant lui ouvrit les yeux de l'âme, et, au lieu du lépreux, il vit la figure de Jésus-Christ crucifié, étendu dans son lit. »

A cette vue, il resta stupéfait ainsi que sa mère, et se mit à verser des larmes abondantes sans pouvoir d'abord proférer une parole. Puis, se retournant, il vit sa femme qui l'avait suivi tout doucement pour calmer sa colère contre le lépreux. « Elisabeth, dit-il aussitôt, ma bonne chère sœur, je te prie de donner souvent mon lit à de pareils hôtes, je t'en saurai toujours bon gré; ne te laisse arrêter par personne dans l'exercice de tes vertus. » Ensuite il se mit à genoux et dit à Dieu cette prière : *Seigneur, ayez pitié de moi, pauvre pécheur; je ne suis pas digne de voir toutes ces merveilles, je ne les reconnais que trop; aidez-moi à devenir un homme selon votre cœur et votre divine volonté.*

Elisabeth profita de la profonde impression qu'avait faite cette scène sur le duc, pour obtenir la permission de construire un hospice à mi-côte du rocher que domine le château de Wartbourg, sur le site occupé depuis par un couvent de franciscains. Elle y entretint, à dater de ce moment, vingt-huit pauvres malades ou infirmes, choisis parmi ceux qui étaient trop faibles pour grimper jusqu'au château même. Tous les jours elle allait les visiter et leur portait elle-même à manger et à boire.

Vivant ainsi avec les pauvres et pour eux, il n'est pas étonnant que Dieu lui ait inspiré ce saint amour de la pauvreté qui a illustré les âmes les plus riches de ses grâces. Elle s'en entretenait quelquefois naïvement avec son époux. D'autres fois, c'était avec ses suivantes, qui étaient aussi ses amies, qu'elle parlait longuement des joies de la pauvreté; et souvent, dans ses épanchements familiers avec elles, la jeune princesse, aussi enfant par le cœur que par l'âge, cherchait à réaliser, au moins en image, ses pieux désirs. Dépouillant ses habits royaux, elle se revêtait d'un misérable manteau de couleur grise, réservée aux pauvres et aux vilains, couvrait sa tête d'un voile déchiré, et marchait devant ses compagnes comme une pauvresse, en feignant de mendier son pain; puis, comme avertie par une inspiration céleste du sort que Dieu lui réservait, elle leur disait ces paroles prophétiques : *C'est ainsi que je marcherai lorsque je serai pauvre et dans la misère pour l'amour de Dieu.*

A la fête des Rogations, qui était à cette époque célébrée par des réjouissances mondaines, et surtout par un grand luxe de parure, la jeune duchesse s'adjoignait toujours à la procession, vêtue de grosse bure et nu-pieds. Pendant les sermons des prédicateurs, elle prenait toujours place parmi les plus pauvres mendiantes, et suivait en toute humilité, à travers les champs, les reliques des saints et la croix du Sauveur. Car, dit un de ses contemporains, toute sa gloire était dans la croix et la passion du Christ; le monde était crucifié pour elle, et elle était crucifiée au monde.

Aussi le Dieu qui s'est lui-même nommé le *Dieu jaloux*, ne pouvait souffrir que le cœur de sa fidèle servante fût envahi, même pour un moment, par une pensée ou par une affection purement humaine, quelque légitime que pût en être l'objet. Un trait remarquable rapporté par le chapelain Berthold, et répété par tous les historiens, nous montre jusqu'où Elisabeth et son époux portaient ces saints et délicats scrupules qui sont comme le parfum qui s'exhale des âmes élues.

Une fois tous les deux s'étaient fait saigner en même temps, et, selon la coutume d'alors, le duc avait réuni à cette occasion les chevaliers des environs, pour se réjouir avec eux et leur donner des fêtes pendant plusieurs jours. Un de ces jours, comme ils assistaient tous à une messe solennelle dans l'église de Saint-Georges d'Eisenach, la duchesse, oubliant la sainteté du sacrifice, fixa ses regards et sa pensée sur son époux bien-aimé qui était auprès d'elle, et resta longtemps à le contempler, en se laissant entraîner avec abandon à l'admiration de cette beauté et de cette amabilité qui le rendait si cher à tous. Mais quand elle fut revenue à elle-même, au moment de la consécration, le divin époux de son âme lui manifesta combien cette préoccupation purement humaine l'avait offensé; car, lorsque le prêtre éleva l'hostie consacrée pour la faire adorer au peuple, elle vit entre ses mains le Seigneur crucifié et ses plaies toutes saignantes. Consternée par cette vision, elle reconnut aussitôt sa faute, et tomba le visage contre terre, toute baignée de larmes, devant l'autel, pour en demander pardon à Dieu. La messe étant finie, le landgrave, habitué sans doute à la voir ensevelie dans ses méditations, sortit avec toute sa cour; et elle resta seule prosternée jusqu'à l'heure du dîner. Cependant le repas préparé pour les nombreux convives étant prêt, et personne n'osant troubler la duchesse dans sa prière, le duc lui-même vint la trouver et lui dit avec une grande douceur : « Chère sœur, pourquoi ne viens-tu pas à table, et pourquoi nous fais-tu attendre si longtemps ? » A sa voix, elle leva la tête et regarda sans rien dire; et lui, voyant ses yeux rouges comme le sang, à cause de l'abondance et de la violence de ses larmes, lui dit tout troublé : « Chère sœur, pourquoi as-tu tant pleuré et si amèrement ? » Et aussitôt, s'agenouillant à côté d'elle et ayant écouté son récit, il se mit à pleurer et à prier avec elle. Après un certain temps, il se leva et dit à Elisabeth : « Ayons confiance en Dieu; je t'aiderai à faire pénitence et à devenir meilleure encore que tu n'es. »

Ce fut en 1221, l'année même où saint François d'Assise publiait la règle du tiers-ordre, que ses religieux s'établirent définitivement en Allemagne. Ils ne pouvaient certes trouver nulle part plus de sympathie et d'encouragements que chez la jeune et pieuse duchesse de Thuringe. Aussi leur donna-t-elle bientôt toutes les marques d'un dévouement zélé et tout l'appui qui était en son pouvoir. Elle commença par fonder un couvent de franciscains avec son église au sein même de sa capitale, à Eisenach, dès les premiers temps de leur introduction en Allemagne. Elle choisit ensuite pour confesseur, le frère Rodinger, l'un des premiers Allemands qui eussent embrassé la règle séraphique, religieux distingué par son zèle, et qui lui conserva toute sa vie un attachement sincère. Par suite de ces relations nouvelles, tout ce qu'elle entendait raconter sur François lui-même enflamma son jeune cœur d'une ardente affection pour lui, et une sorte d'entraînement irrésistible l'excitait à marcher sur les traces de ce modèle suprême de toutes les vertus qu'elle estimait le plus. Elle le choisit dès lors pour son patron et son père spirituel. Ayant connu par ses nouveaux hôtes l'existence du tiers-ordre en Italie et dans les autres pays où la famille de saint François s'était déjà étendue, elle fut frappée à son tour des avantages qu'offre à une chrétienne fervente cette affiliation. Elle pouvait y voir une sorte de consécration spéciale donnée aux mortifications et aux pieuses pratiques qu'elle s'était imposées de son propre mouvement; elle demanda donc humblement à son mari la permission de s'y faire agréger, et, l'ayant obtenue sans peine, elle s'empressa de contracter ce premier lien avec le saint qui devait bientôt la voir venir régner à côté de lui dans le ciel. Elle fut la première en Allemagne qui s'affilia au tiers-ordre; elle en observa la règle avec une scrupuleuse fidélité, et l'on peut croire que l'exemple d'une princesse si haut placée par son rang et si renommée par sa piété, ne fut pas sans influence sur l'extension si rapide de cette institution.

François fut bientôt informé de la précieuse conquête que ses missionnaires avaient faite en la personne d'Elisabeth. Il apprit en même temps son affiliation à son ordre, et l'attachement qu'elle lui portait, et les touchantes vertus par lesquelles elle édifiait et bénissait la Thuringe. Il en fut pénétré de reconnaissance et d'admiration, et en parlait souvent avec le cardinal protecteur de son ordre, Hugolin, neveu d'Innocent III, et depuis pape lui-même sous le nom de Grégoire IX. Celui-ci, qui devait plus tard veiller à la sécurité d'Elisabeth sur la terre et consacrer sa gloire dans le ciel, lui portait déjà un affectueux intérêt, et ce sentiment ne pouvait qu'être augmenté par la sympathie qu'il trouvait chez la duchesse pour cet apôtre, dont il était le principal soutien ainsi que l'intime et tendre ami. Il ne put donc que fortifier François dans ses sentiments affectueux envers elle. L'humilité exemplaire dont cette princesse si jeune encore offrait le modèle, son austère et fervente piété, son amour de la pauvreté formaient souvent le sujet de leurs conversations familières. Un jour, le cardinal recommanda au saint de faire passer à la duchesse un gage de son affection et de son souvenir, et en même temps il lui enleva des épaules le pauvre vieux manteau dont il était couvert, en lui enjoignant de l'envoyer sur-le-champ à sa fille d'Allemagne, à l'humble Elisabeth, comme un tribut dû à l'humilité et à la pauvreté volontaire dont elle faisait profession, et en même temps comme un témoignage de reconnaissance pour les services qu'elle avait déjà rendus à l'ordre. « Je veux, dit-il, que puisqu'elle est pleine de votre esprit, vous lui laissiez un pareil héritage qu'Elie à Elisée. » Le saint obéit à son ami, et envoya à celle qu'il pouvait nommer à si bon droit sa fille, ce modeste présent, accompagné d'une lettre où il se réjouissait avec elle de toutes les grâces que Dieu lui avait conférées, et du bon usage qu'elle en faisait.

Il est facile de concevoir la reconnaissance avec laquelle Elisabeth reçut ce don si précieux à ses yeux. Elle le prouva par le prix qu'elle attacha toujours à sa possession; elle s'en revêtait toutes les fois qu'elle se mettait en prières pour obtenir du Seigneur quelque grâce spéciale; et lorsque, plus tard, elle renonça sans réserve à posséder quoi que ce fût en propre, elle trouva moyen de conserver ce cher manteau de son pauvre père jusqu'à sa mort. Elle le légua alors, comme son plus précieux bijou, à une amie. Il fut depuis, conservé avec le plus grand soin, comme une relique doublement sainte, par les chevaliers Teutoniques à Weissenfels, au diocèse de Spire, et le frère Berthold, célèbre prédicateur de ce siècle, raconta aux juges du procès d'Elisabeth, qu'il l'avait souvent vu et touché avec vénération, comme la glorieuse bannière de cette pauvreté qui avait vaincu le monde et toutes ses pompes dans tant de cœurs.

Cependant, à peine âgée de dix-sept ans, elle vit s'éloigner son confesseur franciscain, le Père Rodinger, qui avait guidé ses premiers pas sur les traces de saint François. Il fallut songer à le remplacer, et le duc, qu'Elisabeth consulta dans cet embarras, et qui était affligé de ce qu'elle ne lui paraissait pas assez instruite dans l'Ecriture sainte et la science de la religion, écrivit au pape Honorius et lui demanda un guide savant et éclairé pour sa femme. Le souverain Pontife lui répondit qu'il ne connaissait nul prêtre plus pieux ni plus docte que maître Conrad de Marbourg, qui avait étudié à Paris, et qui exerçait alors les fonctions de commissaire apostolique en Allemagne. En effet, maître Conrad jouissait alors de la plus haute estime parmi le clergé et les fidèles. Il brillait en Allemagne, disent les contemporains, comme un astre éclatant. Il joignait à une vaste science, des mœurs d'une pureté exemplaire et une pratique constante de la pauvreté évangélique. Il avait renoncé non-seulement à tous les biens temporels auxquels sa noble naissance lui donnait des droits, mais encore à toute dignité et à tout bénéfice ecclésiastique, ce qui l'a fait ranger par plusieurs historiens dans l'un des ordres mendiants qui se propageaient alors dans le monde chrétien; mais il parait plus probable qu'il resta toujours prêtre séculier. Son extérieur était simple, modeste et même austère; son costume strictement clérical; son éloquence exerçait une puissante influence sur les âmes. Monté sur un petit mulet, il parcourait toute l'Allemagne. Partout où il portait ses pas, une foule immense de prêtres et de laïques le suivaient pour recueillir de sa bouche le pain de la divine parole. Il inspirait partout l'amour ou la crainte, selon qu'il s'adressait à des chrétiens fervents ou à des populations déjà infectées de l'hérésie.

Innocent III lui avait confié les fonctions de commissaire apostolique en Allemagne, avec la mission spéciale de combattre les progrès menaçants de l'hérésie des manichéens, celle des vaudois et autres analogues, qui s'étaient introduites dans le pays d'outre-Rhin, et promettaient à l'Eglise les mêmes malheurs que dans la France méridionale. Il était en même temps chargé de prêcher la croisade, et sut plus d'une fois réchauffer la tiédeur germanique pour ces expéditions sacrées, avec une ardeur et une constance dignes d'Innocent lui-même. Les deux successeurs de ce Pontife, Honorius III et Grégoire IX, lui continuèrent ces fonctions, et il se rendit digne de toute leur confiance par la persévérance, le zèle et l'indomptable courage qui présidèrent à sa carrière. Pendant les vingt années qu'elle dura, il ne recula devant aucun obstacle, devant aucune opposition, quelque redoutable qu'elle pût être; les princes et les évêques eux-mêmes n'échappèrent pas plus que les pauvres laïques à sa sévère justice, lorsqu'ils lui parurent le mériter, et l'on peut attribuer à cette impartialité absolue la grande popularité qu'il sut acquérir dans ses pénibles fonctions.

Conrad, qui était probablement déjà connu du duc Louis avant de lui avoir été spécialement recommandé par le Pape, lui inspira bientôt tant de confiance et de vénération, qu'il investit, par un acte solennel scellé par lui et par ses frères, ce simple prêtre du soin de conférer aux sujets les plus dignes de tous les bénéfices ecclésiastiques sur lesquels il exerçait les droits de patronat ou de collation. C'était la meilleure réponse qu'il pût faire aux exhortations que Conrad lui avait adressées, sur la sollicitude scrupuleuse qu'il devait mettre à l'exercice d'un droit si important pour le salut des âmes : « Vous faites un plus grand péché, lui avait dit ce zélé prédicateur, quand vous conférez une église ou un autel à un prêtre ignorant ou indigne, que si dans un combat vous tuiez cinquante ou soixante hommes de vos propres mains. »

Louis le pria ensuite de se charger de la direction spirituelle de sa femme, et Conrad y consentit autant par égard pour la piété du prince que pour la recommandation du souverain Pontife. Bien loin de gêner les progrès de sa femme dans la voie de perfection où Conrad l'engageait, Louis y coopérait de son mieux. Il n'hésita pas à lui permettre de faire un vœu d'obéissance complète à tout ce que son confesseur lui prescrirait, et qui ne serait pas contraire aux droits et à la juste autorité du mariage. Elle y ajouta le vœu de continence absolue, dans le cas où elle deviendrait veuve. Elle fit ces deux vœux en 1225, étant âgée de dix-huit ans, avec une certaine solennité, entre les mains de maître Conrad, dans l'église des religieuses de Sainte-Catherine, à Eisenach, qu'elle affectionnait particulièrement. Elle mettait dans l'observation de ce vœu d'obéissance la plus stricte fidélité et cette humilité sans réserve qu'elle ne démentait jamais, en offrant à Dieu tous les sacrifices qui pouvaient le plus lui coûter.

Maître Conrad s'éleva contre certains impôts abusifs, dont le produit était destiné à couvrir les dépenses de la table royale; il prescrivit à sa pénitente de ne se nourrir que des mets qu'elle saurait positivement provenir des biens propres de son mari, et non pas des redevances de ses pauvres vassaux, qu'il regardait comme étant trop souvent le produit d'extorsions injustes et contraires à la volonté de Dieu. Le cœur compatissant de la jeune duchesse adopta avec empressement cette pensée, qu'elle mit à exécution avec la sévérité la plus scrupuleuse; elle en était quelquefois embarrassée, car elle tenait à rester assise auprès de son mari pendant ses repas. Ce pieux prince ne mit du reste aucun obstacle à ses désirs, et, lorsque trois des filles d'honneur de la duchesse demandèrent la permission de suivre l'exemple de leur maîtresse, il la leur accorda sur-le-champ, en ajoutant : « Je ferais très-volontiers comme vous, si je ne craignais les médisances et le scandale; mais, avec l'aide de Dieu, moi aussi je changerai bientôt de genre de vie. » Plein d'un tendre respect pour la conscience de sa femme, il l'avertissait lui-même avec un doux et affectueux empressement, quand il y avait des mets qui n'entraient pas dans sa règle, comme aussi, lorsqu'il savait que tout provenait de son propre bien, il la pressait de manger. Mais Elisabeth osait à peine toucher à un plat quelconque, craignant toujours que ce ne fût le fruit des amères sueurs du pauvre.

Dieu bénit le mariage des deux époux. En 1223, Élisabeth, étant âgée de seize ans, devint mère pour la première fois. Le 28 mars elle eut un fils, à qui Louis donna le nom de Hermann, en mémoire de son père. Un an après, elle accoucha d'une fille qui fut nommée Sophie, comme la duchesse-mère. Cette princesse épousa depuis le duc de Brabant, et fut la tige de la maison actuelle de Hesse. Elisabeth eut encore deux autres filles; la seconde fut également nommée Sophie, et la troisième, née après le mort de son père, Gertrude; toutes deux furent consacrées à Dieu dès le berceau, et prirent le voile des épouses du Seigneur.

Fidèle en tout à l'humilité et à la modestie qu'elle s'était prescrites, Elisabeth conserva scrupuleusement ces vertus au milieu des joies de la maternité, comme elle l'avait fait au milieu des magnificences souveraines. Après chacune de ses couches, quand le moment de ses relevailles était arrivé, au lieu d'en faire, comme c'était l'usage, l'occasion de fêtes et de réjouissances mondaines, elle prenait son nouveau-né entre ses bras, sortait secrètement du château, vêtue d'une simple robe de laine et nu-pieds, et se dirigeait vers une église éloignée, celle de Sainte-Catherine, située hors des murs d'Eisenach. La descente était longue et rude, le chemin rempli de pierres aiguës qui déchiraient et ensanglantaient ses pieds délicats. Elle portait elle-même, pendant le trajet, son enfant, comme avait fait la Vierge sans tache; et, arrivée à l'église, elle le posait sur l'autel avec un cierge et un agneau, en disant : « Seigneur Jésus-Christ, je vous offre, ainsi qu'à votre chère mère, Marie, ce fruit chéri de mon sein. Voici, mon Dieu et mon Seigneur, que je vous le rends de tout mon cœur, tel que vous me l'avez donné, à vous qui êtes le souverain et le père très-aimable de la mère et de l'enfant. La seule prière que je vous fais aujourd'hui et la seule grâce que j'ose vous demander, c'est qu'il vous plaise de recevoir ce petit enfant, tout baigné de mes larmes, au nombre de vos serviteurs et de vos amis, et lui donner votre sainte bénédiction. »

Dans la vie de ces deux saints époux, tout démontre la profonde sympathie qui les unissait, et à quel point ils étaient dignes l'un de l'autre. Nous avons vu la duchesse employer toute l'énergie et l'ingénieuse tendresse de son âme au soulagement des malheureux qui se trouvaient à sa portée; de son côté, le duc Louis consacrait son courage et ses talents militaires à la défense des intérêts du peuple que Dieu lui avait confié. Cet amour inné de la justice, que nous avons signalé déjà comme sa principale vertu, lui donnait un sentiment si profond des droits de ses sujets, et une sympathie si générale pour leurs injures, que ces motifs seuls le déterminaient à des expéditions lointaines et coûteuses, dont la cause étonnait profondément ses voisins et ses vassaux.

Ainsi, en 1225, le duc apprit que quelques-uns de ses sujets, qui trafiquaient avec la Pologne et les autres pays slaves, avaient été volés et dépouillés auprès du château de Lubitz, en Pologne. Il demande au duc de Pologne, pour ces infortunés, une réparation qui lui fut refusée. Aussitôt il se mit en marche avec une armée considérable, prit et rasa le château, et s'en retourna chez lui, laissant dans toute l'Allemagne orientale l'opinion la plus favorable sur sa justice, son courage et son amour du pauvre peuple.

Quelque temps après, le duc se mit en campagne pour une cause qui parut encore plus insignifiante. Deux ou trois ans auparavant, ayant remarqué à la foire annuelle d'Eisenach un pauvre colporteur avec une petite pacotille, il lui demanda s'il avait de quoi se nourrir avec ce petit négoce. « Eh ! monseigneur, répondit le colporteur, j'ai honte de mendier, et je ne suis pas assez fort pour travailler à la journée; mais si je pouvais seulement aller en sûreté d'une ville à l'autre, je pourrais, avec la grâce de Dieu, gagner ma vie avec ce petit magot, et même faire en sorte qu'au bout de l'année il vaudrait une fois plus qu'au commencement. » Le bon duc, touché de compassion, lui dit : « Eh bien ! je te donnerai mon sauf-conduit pendant un an ; tu ne paieras ni octrois, ni péages dans toute l'étendue de mon domaine. Combien estimes-tu ton paquet ? — Vingt schellings, répondit le colporteur. — Donnez-lui dix schellings, dit le prince à son trésorier qui l'accompagnait, et faites-lui expédier un sauf-conduit avec mon sceau. » — Puis se retournant vers le colporteur : « Je veux me mettre de moitié dans ton commerce : promets-moi que tu seras fidèle compagnon, et moi je te tiendrai quitte de tout dommage. » — Le pauvre colporteur fut au comble de la joie, et se remit en course avec confiance et succès. A chaque 1er jour de l'an, il revenait à la Wartbourg, pour faire part au prince des accroissements de son petit fonds, qui devint bientôt si considérable qu'il ne put plus le porter sur le dos. Aussi acheta-t-il un âne, fit deux ballots de sa marchandise, et se mit à faire des tournées de plus en plus longues et productives. Or, vers la fin de l'année 1225, revenant de Venise, en Thuringe, avec des bijoux fort précieux, qu'il les étala en passant à Wurtzbourg. Certains Franconiens les trouvèrent fort beaux et auraient bien voulu en donner à leurs femmes, mais sans les payer. Ils attendirent le colporteur dans une embuscade, lui prirent son âne et sa marchandise, malgré le sauf-conduit du landgrave, qu'il leur fit voir. Il s'en vint donc tristement à Eisenach trouver son seigneur et associé, et lui raconta son malheur. — « Mon cher compère, lui dit en riant le bon prince, ne te mets pas tant en peine de notre marchandise ; prends un peu patience, et laisse-moi le soin de la chercher. »

Aussitôt il convoqua ses comtes, les chevaliers et les écuyers des environs, et même les paysans qui combattaient à pied, se mit à leur tête, entra sans délai en Franconie, et dévasta tout le pays jusqu'aux portes de Wurtzbourg, en s'enquérant partout de son âne. A la nouvelle de cette invasion, le prince-évêque de Wurtzbourg lui envoya demander ce que voulait dire une semblable conduite. A quoi le duc répondit qu'il cherchait un certain âne à lui, que les hommes de l'évêque lui avaient volé. L'évêque fit aussitôt restituer l'âne et son bagage, et le bon duc s'en retourna tout triomphant chez lui, à la grande admiration du pauvre peuple dont il prenait ainsi la défense.

Mais pendant qu'il était ainsi occupé, il reçut de l'empereur Frédéric II l'invitation de venir le rejoindre en Italie. Il partit aussitôt et franchit les Alpes avant la fin de l'hiver. Il fit avec l'empereur toute la campagne, et se trouva à la grande diète de Crémone, à Pâques 1226.

Frédéric fut si satisfait de son courage et de son dévouement, qu'il lui accorda l'investiture du margraviat de Misnie, dans le cas où la prospérité de sa sœur Judith, veuve du dernier margrave, s'éteindrait, et en même temps celle de tout le pays qu'il pourrait conquérir en Prusse et en Lithuanie, où il nourrissait le projet d'aller porter la foi chrétienne.

A peine le duc fut-il parti pour aller se ranger sous la bannière impériale, qu'une affreuse disette se déclara dans toute l'Allemagne, et ravagea surtout la Thuringe. Le peuple, affamé, fut réduit aux plus dures extrémités; on voyait les pauvres se répandre dans les campagnes, dans les bois et sur les chemins, pour arracher les racines et les fruits sauvages qui servaient ordinairement à la nourriture des animaux. Ils dévoraient les chevaux et les ânes morts, et les bêtes les plus immondes. Mais, malgré ces tristes ressources, un grand nombre de ces malheureux moururent de faim, et les routes étaient jonchées de leurs cadavres.

A la vue de tant de misères, le cœur d'Elisabeth s'émut d'une pitié immense. Désormais son unique pensée, son unique occupation, nuit et jour, fut le soulagement de ses infortunés sujets. Le château de Wartbourg, où son mari l'avait laissée, devint comme le foyer d'une charité sans bornes, d'où découlaient sans cesse d'inépuisables bienfaits sur les populations voisines. Elle commença par distribuer aux indigents du duché tout ce qu'il y avait d'argent comptant dans le trésor ducal, ce qui se montait à la somme énorme, pour cette époque, de soixante-quatre mille florins d'or, lesquels provenaient de la vente récente de certains domaines. Puis elle fit ouvrir tous les greniers de son mari, et, malgré l'opposition des officiers de sa maison, elle en fit distribuer tout le contenu au pauvre peuple, sans en rien réserver. Il y en avait tant que, selon les récits contemporains, pour racheter seulement le blé qu'elle abandonna aux pauvres, il aurait fallu mettre en gage les deux plus grands châteaux du duché et plusieurs villes. Elle sut cependant unir la prudence à cette générosité sans bornes. Au lieu de donner le blé par grandes quantités, qui auraient pu être employées inconsidérément, elle faisait distribuer chaque jour à chaque pauvre la portion qui pouvait lui être nécessaire. Pour leur éviter toute dépense quelconque, elle faisait cuire dans les fours du château autant de farine qu'ils en pouvaient contenir, et servait elle-même le pain tout chaud aux malheureux. Neuf cents pauvres venaient ainsi chaque jour lui demander leur nourriture, et s'en retournaient chargés de ses bienfaits.

Mais il y en avait encore un plus grand nombre que la faiblesse, la maladie ou les infirmités empêchaient de gravir la montagne où était située la résidence ducale; et ce fut surtout pour ceux-ci qu'Elisabeth redoubla de sollicitude et de compassion pendant cette crise douloureuse. Elle portait elle-même au bas de la montagne, à quelques-uns qu'elle avait choisis parmi les plus infirmes, les restes de ses repas et de celui de ses suivantes, auxquels elles n'osaient presque plus toucher de peur de diminuer la part des pauvres. Dans l'hôpital de vingt-huit lits dont nous avons déjà parlé, qu'elle avait fondé à mi-côte de la montée du château, elle plaça les malades qui réclamaient des soins particuliers, et elle l'organisa de telle sorte que, à peine un des malades était-il mort, son lit se trouvait sur-le-champ occupé par un autre venu du dehors. Elle institua ensuite deux nouveaux hospices dans la ville même d'Eisenach, l'un sous l'invocation du Saint-Esprit, pour les pauvres femmes, et l'autre sous celle de Sainte-Anne, pour tous les malades en général. Ce dernier existe encore.

Tous les jours sans exception, et deux fois, le matin et le soir, la jeune duchesse descendait et remontait la longue et rude côte qui conduit de la Wartbourg à ces hospices, malgré la fatigue qu'elle en ressentait, pour y visiter ses pauvres et leur apporter ce qui leur était nécessaire ou agréable. Arrivée dans ces asiles de la misère, elle allait de lit en lit, demandait aux malades ce qu'ils désiraient, et leur rendait les services les plus rebutants avec un zèle et une tendresse que l'amour de Dieu et sa grâce spéciale pouvaient seuls lui inspirer. Elle nourrissait de ses propres mains ceux dont les maladies étaient les plus dégoûtantes, faisait elle-même leurs lits, les soulevait et les portait sur le dos ou entre les bras sur d'autres lits, essuyait leur visage, leur nez et leur bouche avec le voile qu'elle portait sur la tête, et tout cela avec une gaîté et une aménité que rien ne pouvait altérer. Bien qu'elle eût une répugnance naturelle pour le mauvais air, et qu'il lui fût ordinairement impossible de l'endurer, elle se rendait cependant au milieu de l'atmosphère méphitique des salles de malades, par les plus grandes chaleurs de l'été, sans exprimer la moindre répugnance, tandis que ses suivantes en étaient accablées et murmuraient hautement.

Elle avait fondé dans un de ses hospices, un asile particulier pour les pauvres enfants malades, abandonnés ou orphelins : ils étaient l'objet spécial de sa tendresse; elle les entourait des soins les plus doux et les plus affectueux. Leurs petits cœurs comprirent bientôt quelle douce mère le Seigneur avait daigné leur donner dans leur misère. Toutes les fois qu'elle venait au milieu d'eux, comme les petits oiseaux qui se cachent sous les ailes de leur mère, tous couraient au devant d'elle et s'attachaient à ses vêtements, en criant : Maman, maman! Elle les faisait asseoir autour d'elle, leur distribuait de petits présents, examinait l'état de chacun d'eux; elle témoignait surtout son affection et sa piété à ceux d'entre eux dont les plaies faisaient le plus horreur, en les prenant sur ses genoux et en les comblant de caresses.

Le temps qu'elle pouvait dérober à la surveillance des hospices, elle le consacrait à parcourir les environs de la Wartbourg, à distribuer des vivres et des secours aux pauvres qui ne pouvaient monter jusqu'au château, à visiter les moindres chaumières, à y rendre les services les plus bas et les plus étrangers à son rang. Elle s'efforçait de se trouver auprès du lit de mort des agonisants, afin d'adoucir leur dernière lutte, recueillait leur dernier soupir dans un baiser de fraternelle charité, et priait Dieu avec ferveur et pendant des heures entières, de sanctifier la fin de ces infortunés et de les recevoir dans sa gloire. Plus que jamais elle était fidèle à son habitude de veiller aux obsèques des pauvres, et malgré l'accroissement de la mortalité, on la voyait toujours accompagner leur dépouille au tombeau, après les avoir ensevelis de ses propres mains dans la toile qu'elle avait elle-même tissue à cet effet, ou bien qu'elle prenait parmi ses vêtements. Elle découpa pour cet usage un grand voile blanc qu'elle portait habituellement. Mais elle ne pouvait souffrir qu'on employât à ensevelir les riches des étoffes neuves ou précieuses, et exigeait qu'on employât les vieilles pour cet effet, en donnant aux pauvres la valeur des étoffes neuves.

Les pauvres prisonniers n'échappèrent pas non plus à sa sollicitude; elle allait les visiter partout où elle savait qu'il y en eût, délivrait à prix d'argent autant qu'elle pouvait de ceux qui étaient détenus pour dettes, pansait et soignait les blessures que leurs chaînes avaient produites, puis se mettait à genoux à leur côté, et demandait avec eux à Dieu de veiller sur eux et de les préserver de toute peine ou tout châtiment futur.

Toutes ces occupations si propres à faire naître dans l'âme humaine la fatigue, le dégoût et l'impatience, produisaient en elle une paix et une joie célestes. Tandis qu'elle répandait sur tant de ses pauvres frères les trésors de sa charité, elle avait le cœur et la pensée toujours élevés vers le Seigneur, et interrompait souvent ses bienfaisantes occupations pour lui dire à haute voix : « O Seigneur! je ne peux pas assez vous remercier de ce que vous me donnez l'occasion de recueillir ces pauvres gens, qui sont vos plus chers amis, et de ce que vous me permettez de les servir ainsi moi-même. »

Ce n'était pas seulement aux populations voisines de sa résidence qu'elle réservait ses soins et son amour. Les habitants de toutes les parties, même les plus éloignées, des Etats de son mari, furent également l'objet de sa souveraine et maternelle sollicitude. Elle donna des ordres exprès pour que tous les revenus des quatre principautés que possédait le duc Louis fussent exclusivement consacrés au soulagement et à l'entretien des pauvres habitants que la disette laissait sans ressources, et veilla strictement à l'exécution de cet ordre, malgré l'opposition de la plupart des officiers du duc. De plus, et comme pour tenir lieu des secours et des soins personnels que l'éloignement l'empêchait de donner elle-même à cette portion de ses sujets, elle fit vendre toutes ses pierreries, ses bijoux et objets précieux, et leur en fit distribuer le prix.

Ces dispositions furent continuées jusqu'à la moisson de 1226. Alors la duchesse réunit tous les pauvres en état de travailler, hommes et femmes, leur donna des faux, des chemises neuves, des souliers, pour que leurs pieds ne fussent pas meurtris et déchirés par le chaume resté dans les champs, et les envoya à l'ouvrage. A tous ceux qui n'étaient pas assez forts pour travailler, elle distribua des vêtements qu'elle avait fait fabriquer ou acheter au marché à cet effet. Elle faisait toutes ces distributions de ses propres mains. A chaque pauvre qui s'en allait, elle faisait des adieux pleins d'affection, en lui donnant une petite somme, et, lorsque l'argent lui manqua, elle prit ses voiles et ses robes de soie, et les partagea entre les pauvres femmes, en disant : « Je ne veux pas que vous vous serviez de ces objets comme d'une parure, mais que vous les fassiez vendre pour subvenir à vos besoins, et que vous travailliez selon vos forces, car il est écrit : *Que celui qui ne travaille point ne mange point.* » Une pauvre vieille femme à qui la duchesse avait donné des chemises, des souliers et un manteau, en eut un tel saisissement de joie, qu'après s'être écriée qu'elle n'avait jamais de sa vie éprouvé un tel bonheur, elle tomba par terre comme une morte. La bonne Elisabeth, tout effrayée, s'empressa de la relever et se reprocha comme un péché d'avoir compromis, par son imprudence, la vie de cette femme.

Cependant le duc Louis, informé sans doute des maux qui affligeaient son pays, demanda congé à l'empereur pour retourner chez lui, et l'obtint. Il partit le 22 juin 1226, et s'en vint coucher à Crémone, la veille de la Saint-Jean, comme on allumait les feux sur toutes les hauteurs. Après avoir heureusement franchi les Alpes, il vint prendre gîte chez un prince que les historiens ne nomment pas, mais qui était son proche parent et son ami. Il fut reçu avec empressement et magnificence, et, après un festin abondant, embelli par le chant et la musique, on le conduisit à sa chambre à coucher, où le prince, curieux d'éprouver la vertu de son hôte, avait fait placer dans son lit une jeune femme d'une grande beauté ; mais le jeune duc dit aussitôt à son fidèle échanson, le sire de Varila : « Eloigne tranquillement cette jeune femme et donne-lui un marc d'argent pour s'acheter un manteau neuf, afin que le besoin ne la fasse plus s'exposer au péché. Je te le dis en toute sincérité que, quand même l'adultère ne serait pas un péché contre Dieu ni un scandale aux yeux de mes frères, moi je n'y songerais jamais, uniquement par amour de ma chère Elisabeth et pour ne pas la contrister ni troubler son âme. » Le lendemain matin, comme le prince commençait à plaisanter à ce sujet, Louis lui répondit : « Sachez, mon cousin, que pour avoir l'empire romain tout entier, je ne commettrais pas un tel péché. »

Cependant la nouvelle de l'approche du prince bien-aimé avait répandu dans toute la Thuringe une immense joie. Tous ces pauvres affamés voyaient dans le retour de leur père et de leur généreux protecteur, comme le signal de la fin de leurs maux. Sa mère, ses jeunes frères se réjouirent aussi vivement ; mais la joie d'Elisabeth surpassait celle de tous les autres. C'était la première absence prolongée qu'avait faite cet époux qui lui était si cher et qui la comprenait et sympathisait avec tous les élans de son âme vers Dieu et une vie meilleure. Elle seule aussi, avec ce merveilleux instinct que Dieu donne aux âmes saintes, avait sondé toute la richesse de l'âme de son époux, tandis que le reste des hommes lui attribuait toujours des sentiments et des passions semblables à celles des autres princes de son temps.

Les principaux officiers de la maison ducale, craignant la colère de leur seigneur quand il apprendrait l'emploi qui avait été fait de ses trésors et de ses provisions, allèrent au devant de lui et lui dénoncèrent les folles largesses de la duchesse, en lui racontant comment elle avait, malgré tous leurs efforts, vidé tous les greniers de la Wartbourg et dissipé tout l'argent qu'il avait laissé à leur garde. Ces plaintes ne firent qu'irriter le duc, qui leur répondit : « Ma chère femme se porte-t-elle bien ? Voilà tout ce que je veux savoir ; que m'importe le reste ! » Puis il ajouta : « Je veux que vous laissiez ma bonne petite Elisabeth faire autant d'aumônes qu'il lui plaît, et que vous l'aidiez plutôt que de la contrarier ; laissez-lui donner tout ce qu'elle veut, pour Dieu, pourvu seulement qu'elle me laisse Eisenach, la Wartbourg et Naumbourg. Dieu nous rendra tout le reste quand il le trouvera bon. Ce n'est pas l'aumône qui nous ruinera jamais. » Et aussitôt il se hâta d'aller rejoindre sa chère Elisabeth. Quand elle le revit, sa joie ne connut plus de bornes ; elle se jeta dans ses bras et le baisa mille fois de bouche et de cœur. « Chère sœur, lui dit-il aussitôt, que sont devenus tes pauvres gens pendant cette mauvaise année ? » Elle répondit doucement : « J'ai donné à Dieu ce qui était à lui, et Dieu nous a gardé ce qui est à toi et à moi (Montalembert, *Vie de sainte Elisabeth*). »

Il y a des gens qui distinguent les beaux siècles de l'Eglise, comme s'il n'y avait de beaux que les six premiers. Mais, en vérité, y a-t-il quelque chose de plus beau que cette angélique princesse issue des Huns ? Y a-t-il quelque chose de plus beau que ce que nous avons déjà vu du XIIIe siècle ? et nous n'en avons encore vu qu'une petite partie.

Ainsi, vers l'an 1225, mourut saint Conrad, fils aîné de Henri, surnommé le Noir, second duc de Bavière, et de Vultide, fille du duc de Saxe. Il fut élevé par l'archevêque de Cologne, auquel ses parents l'avaient confié, et profita si bien des exemples de vertu qu'il trouva dans la maison de ce pieux prélat, qu'il prit la résolution d'abandonner le siècle et de passer sa vie dans l'état religieux, éloigné du monde et à l'abri des dangers qu'il ne cesse d'offrir à notre innocence. Clairvaux fut le lieu qu'il choisit pour sa retraite, et il s'y montra constamment le modèle de ses frères par son humilité, sa mortification, sa soumission parfaite à toutes les prescriptions de la règle. Il fit, avec la permission de ses supérieurs, le pèlerinage de la terre sainte, et mourut à son retour, au port de Bari en Italie, vers l'an 1225. Quelque temps après sa mort, son père et sa mère, touchés de la grâce de Dieu, quittèrent aussi le monde et embrassèrent l'état religieux (Godescard, 7 août).

Ce que la Thuringe voyait dans sainte Elisabeth, la Silésie et la Pologne le voyaient dans sa tante, sainte Hedwige. Son père était Berthold d'Andech, marquis de Méran, comte de Tyrol, prince ou duc de Carinthie et d'Istrie. Sa mère, nommée Agnès, était fille du comte de Rotlech. Ils eurent huit enfants, quatre fils et quatre filles ; deux des fils furent évêques, savoir : Berthold, patriarche d'Aquilée, et Ekbert, évêque de Bamberg ; les deux autres, Henri et Othon, suivirent la profession des armes et succédèrent au père dans ses Etats. Les filles furent Hedwige, Agnès, si fameuse par son mariage avec Philippe-Auguste, roi de France ; Gertrude, reine de Hongrie, mère d'Elisabeth ; la quatrième fut abbesse de Lutzing en Franconie, de l'ordre de saint Benoit.

Sainte Hedwige fut mise dès son enfance dans ce

monastère, et y apprit les saintes lettres, qui furent toujours depuis sa consolation. A l'âge de douze ans, elle fut mariée à Henri, duc de Silésie, et depuis encore duc de Pologne, et, dans cet état, elle garda la continence autant qu'il était possible. Dès sa première grossesse, n'ayant encore que treize ans, elle convint avec le prince, son mari, de se séparer de lui jusqu'à ses couches, ce qu'elle observa toujours depuis, outre l'abstinence de l'Avent et du Carême, ainsi que des autres jours de dévotion. Après qu'ils eurent eu six enfants, elle fit consentir le duc à garder la continence perpétuelle; ils s'y engagèrent par vœu, avec la bénédiction de l'évêque, et ils vécurent ainsi environ trente ans. La chose étant devenue publique, ils se séparèrent entièrement d'habitation et ne se voyaient plus que très-rarement et en présence de témoins, pour ne pas scandaliser les faibles. Le duc vivait en religieux, sans avoir fait profession, et laissait croître sa barbe comme les frères convers des monastères, d'où lui vint le nom de *Henri le Barbu*.

La sainte duchesse Hedwige lui persuada de fonder à Trebnitz, près de Breslau en Silésie, un monastère de religieuses de l'ordre de Citeaux, dont la première abbesse fut Pétrisse, que la duchesse avait eue pour gouvernante dans son enfance. Elle la fit venir de Bamberg avec d'autres religieuses; la fondation se fit l'an 1203, et la dédicace de l'église, en 1219. Sainte Hedwige y assembla un grand nombre de religieuses et y offrit à Dieu sa fille Gertrude, qui en fut depuis abbesse. Hedwige y élevait plusieurs jeunes filles nobles et autres, dont quelques-unes embrassaient la vie monastique, et elle mariait les autres. Elle-même s'y retirait souvent, du vivant du duc, son mari, et couchait dans le dortoir comme les religieuses; depuis elle fixa sa demeure au même lieu de Trebnitz, près du monastère, mais en dehors, et prit l'habit des religieuses, sans faire profession, pour se conserver la liberté d'assister les pauvres de ses biens. Elle supporta avec une merveilleuse patience la mort du duc Henri, son mari, qui arriva l'an 1238, et elle consolait les religieuses de Trebnitz, désolées de cette perte.

Son abstinence était telle, qu'elle ne mangea point de viande pendant environ quarante ans, quoi que pût lui dire, soit par prières, soit par reproches, l'évêque de Bamberg, son frère, pour qui elle avait beaucoup de respect et d'amitié. A la fin, Guillaume, évêque de Modène et légat du Saint-Siége, étant venu en Pologne et la trouvant malade, l'obligea par obéissance à manger de la viande. Son ordinaire était d'user de poisson et de laitage le dimanche, le mardi et le jeudi; le lundi et le samedi, des légumes secs; le mercredi et le vendredi, elle se réduisait au pain et à l'eau. Elle avait retranché de ses habits, non-seulement toute parure et toute délicatesse, mais l'utile et presque le nécessaire, ne portant qu'une tunique et un manteau, et marchant le plus souvent nu-pieds, nonobstant le froid du pays. Elle portait un cilice de crin et se donnait la discipline jusqu'au sang.

Ses prières étaient longues, ferventes et presque continuelles, et elle avait la dévotion d'entendre chaque jour plusieurs messes, à chacune desquelles elle faisait son offrande et recevait à la fin l'imposition des mains du prêtre. Elle fit plusieurs miracles et posséda le don de prophétie; et, prévoyant sa mort prochaine, se fit donner l'extrême-onction avant que d'être malade. Enfin elle mourut le 15 octobre 1243. Elle avait voulu être enterrée dans le cimetière des religieuses; mais l'abbesse, sa fille, ne put s'y résoudre, et la fit mettre, contre son inclination, dans l'église, devant le grand autel. Les religieuses en souffrirent beaucoup d'incommodités, comme la sainte l'avait prédit, par le concours du peuple qui venait en foule prier à son tombeau, où il se fit un grand nombre de miracles. C'est pourquoi les évêques et les ducs de Pologne poursuivirent auprès du Saint-Siége la canonisation d'Hedwige, qui, après les informations convenables, fut faite au bout de vingt-trois ans, par le pape Clément IV, le 27 mars 1267. Le pape Innocent IX a fixé sa fête au 17 octobre (Surius, 17 octob.).

Ainsi, dans l'Europe chrétienne, au milieu des guerres, des dissensions, des faiblesses, des abus inséparables de la condition humaine, il y avait un principe de vie, de charité, de perfection divine qui se manifestait dans tous les rangs de la société, depuis la servante jusqu'à la princesse, depuis le mendiant jusqu'au premier des rois. Cette action de l'Esprit divin sera surtout manifeste, si, à l'Europe catholique, nous comparons l'Asie non chrétienne, comparaison d'autant plus naturelle, que sainte Elisabeth de Hongrie descendait d'une de ces hordes tartares qui, réunies alors sous la main de Ginguiskan, dominaient sur toute l'Asie. Cette comparaison nous fera voir, entre autres choses, qu'en comparaison des guerres des Tartares non chrétiens, les guerres de leurs tribus devenues chrétiennes en Europe, ne sont que des jeux d'enfants.

De l'an 1215 à l'an 1227, de la Corée et de Péking jusqu'à Tauris et la Moscovie, sur une étendue de plus de mille cinq cents lieues de long, Ginguiskan ne cessa de promener la guerre et le carnage. En 1215, la capitale de la Chine, nommée alors *Khan-Balec* ou *Yen-King*, et aujourd'hui Péking, fut prise d'assaut, saccagée, et l'incendie dura un mois. Les ambassadeurs des Tartares ayant été assassinés par le roi de Karisme, Ginguiskan marcha contre lui l'an 1218, à la tête d'une armée de sept cent mille combattants. Le premier choc est terrible et le succès indécis. Les Karismiens perdent cent soixante mille hommes, et chacun se retire dans son camp. Dans le cours de 1219, Otrar, Farganah, Ourkendie et toutes les principales villes du Karisme tombent au pouvoir des Mongols, qui en font passer les habitants au fil de l'épée; ils n'ont pas besoin de l'année suivante tout entière pour conquérir la Transoxane. La résistance de Bokara et de Samarcande ne fait que les irriter et attirer sur ces deux vastes malheureuses cités toutes les horreurs du sac et du pillage. La plupart des habitants périssent par la flamme et par le fer du vainqueur. Les habitants de la ville de Karisme, après la plus opiniâtre résistance, mettent eux-mêmes le feu à leurs propres maisons et sont tous massacrés. Ginguiskan s'était placé sur une éminence, pour jouir à la fois du massacre et de l'incendie. Termed, dernière ville de la Transoxane, succombe également. Les Mongols la brûlent, et, las d'égorger, emmènent en esclavage le petit nombre d'habitants à qui ils avaient laissé la vie. Au printemps 1221, les habitants de Balk offrent de se rendre; mais Ginguiskan veut jouir du spectacle d'un assaut, la population est exterminée et la ville rasée. Un sort non moins horrible que celui qu'avait éprouvé la Transoxane est réservé au Korasan. Cette expédition est confiée à l'un des fils du vainqueur, tandis que d'autres ravagent et soumettent l'Irac et d'autres provinces occidentales de la Perse, entre autres Ragès, capitale de l'ancienne Médie. Une armée considérable est envoyée dans l'Inde, Talkhan, petite ville de la Transoxane, est emportée d'assaut par Ginguis, qui traite avec la même barbarie les habitants et la garnison. Anderab, autre ville de la Transoxane, n'est pas plus épargnée. La prise de Bomyan, située dans le voisinage de la précédente, coûte au vainqueur la vie d'un de ses petits-fils. Pour consoler la mère, il met à sa discrétion les malheureux habitants. Elle les fait tous massacrer sans distinction d'âge ni de sexe; elle pousse la cruauté jusqu'à faire ouvrir le ventre aux femmes enceintes; enfin les animaux mêmes sont égorgés. Hérat et plusieurs autres villes du Korasan, s'étant révoltées, éprouvent un sort à peu près semblable.

Ginguis apprend que le souverain de Captchac a mal parlé de lui et donné asile à quelques-uns de ses ennemis. Deux généraux qui avaient conquis Aderbaïdian et l'Arran, ont ordre de conduire une armée dans le Captchac. Ils commencent par prendre Chamakié, puis Derbend; les princes de Chaptchac font cause commune avec les princes russes, les uns et les autres sont battus et poursuivis jusqu'aux bords du Borysthène; le grand-duc de Kiow et le duc de Tchernikoff furent faits prisonniers le 6 juin 1223.

Tandis que ses généraux conquirent pour lui une immense contrée dans le nord-ouest de l'Asie et que d'autres défendent et étendent ses conquêtes dans la Chine septentrionale, Ginguiskan tient une diète où l'on détermine les mesures à prendre pour contenir et gouverner les Etats nouvellement soumis. Il s'agit en outre de remédier à la disette de soie et de riz qui se faisait sentir dans la portion soumise de la Chine. Ginguiskan propose de mettre à mort tous les habitants des campagnes, pour avoir à nourrir et à vêtir moins de personnes inutiles à la guerre, et pour convertir en pâturages les terres jusqu'alors ensemencées. Cette mesure atroce fut pourtant abandonnée, non parce qu'elle était atroce, mais inutile et même nuisible aux intérêts du conquérant.

En 1225, à l'âge de plus de soixante ans, Ginguiskan se résolut de marcher en personne contre le roi de Tangout, à la tête de toutes ses armées, dont il forma six corps. Les Mongols traversent le grand désert de Kobi pendant l'hiver de 1226, pénètrent au centre des Etats de leur ennemi, qui leur oppose une armée de cinq cent mille hommes, remarquable principalement par la richesse de ses équipages et de ses vêtements. Après différentes rencontres et affaires d'avant-postes, dont l'issue fut constamment à l'avantage des Mongols, Ginguiskan livre une grande bataille sur un lac pris par la glace: le roi de Tangout est complètement défait et perd trois cent mille hommes; peu de temps après, il succombe aux fatigues et aux chagrins. Son successeur sort de sa capitale assiégée pour implorer la clémence du conquérant; il est pris par les assiégeants et mis à mort. La ville tombe en leur pouvoir et devient le théâtre de cruautés inouïes, qui s'exercent ensuite dans toute l'étendue du royaume. On ne rencontre partout que des ruines et des cadavres; les bois, les montagnes et les cavernes sont remplies de malheureux qui cherchent à se soustraire à la fureur du vainqueur. Enfin les quatre-vingt-dix-huit centièmes de la population périssent. Cette mesure atroce avait paru indispensable au héros mongol, pour s'occuper avec sécurité de réduire et de soumettre les Nieutchés, maîtres encore d'une partie de la Chine septentrionale; mais c'est à l'un de ses petits-fils, Chi-tsou, qu'il est réservé de terminer cette grande entreprise et de fonder à la Chine une dynastie mongole.

Ginguiskan mourut dans le royaume de Tangout, le 24 août 1227, âgé de soixante-six ans, et après un règne de vingt-deux. Sa mort fut tenue secrète quelque temps: on fit même croire à l'armée qu'il était en pleine convalescence. Dans l'intervalle, arriva le fils du roi de Tangout, pour se soumettre et rentrer en grâce; il trouve les soldats livrés à la joie; la plus grande allégresse règne dans le camp à cause de la prétendue convalescence du souverain. Peu de temps après son arrivée, on conduisit au supplice, sans égard pour leur soumission, le prince nouvellement arrivé et toute sa suite, qui était nombreuse. Les funérailles, ainsi arrosées de sang, se célébrèrent ensuite avec pompe par toute l'armée. Des historiens chinois rapportent que, dans le cours des quatorze premières années de l'empire des Mongols, Ginguiskan fit périr dix-huit millions quatre cent soixante-dix mille personnes (1).

Avant de mourir, Ginguiskan avait divisé lui-même ses Etats entre les quatre princes qui lui étaient nés de la première de ses quatre femmes principales, lesquelles avaient chacune leur palais. Touchi, l'aîné de ces quatre princes, étant mort, fut représenté par son fils Batou, qui lui succéda dans la souveraineté de Captchac, et dont les descendants régnèrent en Crimée jusqu'à l'anéantissement de cet Etat en 1783, par les Russes. Diagataï ou Zagataï eut un Etat qui porta son nom, et qui était composé de la Transoxane, du pays des Uzbeks et du Turkestan, où quelques-uns de ses descendants ont encore de petites souverainetés. Touli eut le Korasan, une partie de la Perse et les bords de l'Indus. Trois des fils de ce dernier, Mangou, Holagou et Koublaï se distinguèrent particulièrement dans la suite. Octaï, que son père, le jour avant de mourir, avait désigné pour lui succéder, eut en partage la grande horde ou tribu, nommée Ordoubalek, et Oloug-youzt, dans le Cara-Kataï, dont Cara-Corom était la capitale; en outre le Mongolistan, le Kataï ou Chine septentrionale, dont la capitale est Péking, ainsi que la Corée et le détroit d'Anian. Une grande partie de ces Etats passèrent à la puissance de Koublaï, l'un de ses neveux, qu'on regarde comme le fondateur de la dynastie mongole à la Chine.

Maintenant, quelles peuvent avoir été les vues de la divine Providence, en prêtant aux Tartares de Ginguiskan cette puissance extraordinaire qui s'é-

(1) Couplet, *Tabl. Sinic. Chron.*, p. 74; *Biographie univ.*, art. DJENGUYZKHÂN; *Hist. univ. des Angl.*, t. VI et VII, partie moderne; De Guignes, *Hist. des Huns*.

tend de l'extrémité de la Corée, sur une longueur de plus de quinze cents lieues, jusqu'à la Russie et la Pologne. Voici quelques conjectures : Nous avons vu qu'à l'avénement du Christ, l'empire chinois et l'empire romain se touchaient sur les bords de la mer Caspienne, comme pour présenter les armes à l'immortel Roi des siècles. Nous avons vu qu'à la mort de Julien l'Apostat dans les champs de Babylone, la Chine était une province de l'empire persan qui touchait à l'empire romain, comme pour les faire assister l'un et l'autre au triomphe du Christ sur l'idolâtrie occidentale. Pendant six ou sept siècles, les Nabuchodonosor de Babylone, les Cyrus de Perse, les Alexandre de Macédoine, les césars de Rome, illustres instruments de la Providence, travaillent à mêler ensemble les diverses nations de l'Europe, de l'Afrique, avec l'Asie occidentale, pour les réduire à une certaine unité matérielle; ils préparent ainsi, sans le savoir, toute cette partie du monde à l'unité spirituelle, à l'empire du Christ. Mais le Christ doit régner sur toutes les nations de la terre. Pendant le XIIIe et le XIVe siècle, de nouveaux instruments, Ginguiskan et ses fils, travaillent à la préparation matérielle de ce qui reste à finir. A cette époque, malgré tous les césars de Rome païenne, malgré certains césars de l'Allemagne chrétienne, le christianisme était devenu à jamais la loi, la religion, la gloire de l'Europe, à jamais l'Europe catholique était le centre, la vie, l'esprit, le cœur et l'âme de l'humanité entière. Il fallait donc lui faire connaître pour lui unir, avec le temps, l'Asie orientale et le reste du monde. Ginguiskan et ses fils commencent la besogne, les Anglais l'achèvent de nos jours.

Maîtres de l'Asie à peu près tout entière, les Tartares la font connaître à l'Europe, déjà éveillée par les croisades. Ils y envoient des ambassadeurs, d'abord avec des menaces aux princes de la chrétienté, s'ils ne se soumettent; plus tard, avec des dispositions amicales, pour conclure des traités de paix et d'alliance; enfin, avec des demandes et des prières, pour unir leurs armes contre les mahométans, dont ils avaient détruit le califat à Bagdad. Si, à cette dernière époque, l'Occident avait eu pour empereur un Charlemagne, l'Europe et l'Asie jusqu'à la Chine n'eussent peut-être fait qu'une chrétienté.

Les Tartares n'étaient point hostiles au christianisme. La horde ou tribu des Keraïtes, tribu impériale avant Ginguiskan, était en grande partie chrétienne. Oung-Kan, chef de cette tribu et chef suprême de tous les Tartares avant Ginguiskan, son gendre, était chrétien déclaré et en correspondance avec le pape Alexandre III. Parmi les fils et les petits-fils de Ginguiskan même, il y en eut de chrétiens. Sous son petit-fils Koublaï, empereur de la Chine, nous verrons un archevêque catholique à Péking, avec deux églises, et la permission d'en fonder par tout l'empire.

Voici les réflexions que fait à ce sujet un des hommes les plus savants, les plus profonds et les plus sensés de nos jours, Abel Rémusat.

« Deux systèmes de civilisation s'étaient établis, étendus, perfectionnés aux deux extrémités de l'ancien continent, par l'effet de causes indépendantes, sans communication, par conséquent sans influence mutuelle. Tout à coup les évènements de la guerre et les combinaisons de la politique mettent en contact ces deux grands corps si longtemps étrangers l'un à l'autre. Les entrevues solennelles des ambassades ne sont pas les seules occasions où il y eut entre eux des rapprochements. D'autres, plus obscurs, mais encore plus efficaces, s'établirent par des ramifications inaperçues, mais innombrables, par les voyages d'une foule de particuliers entraînés aux deux bouts du monde, dans des vues commerciales, à la suite des envoyés ou des armées. L'irruption des Mongols, en bouleversant tout, franchit toutes les distances, combla tous les intervalles et rapprocha tous les peuples. Les événements de la guerre transportèrent des milliers d'individus à d'immenses distances des lieux où ils étaient nés. L'histoire a conservé le souvenir des voyages des rois, des ambassadeurs, de quelques missionnaires.

» Sempad l'Orbélien, Hayton, roi d'Arménie, les deux David, rois de Géorgie, et plusieurs autres, furent conduits par des motifs politiques dans le fond de l'Asie. Yeroslaf, grand-duc de Sousdal, et vassal des Mongols, comme les autres princes russes, vint à Kara-Koroum, où il mourut empoisonné, dit-on, par la main même de l'impératrice, mère de l'empereur Gayouk. Beaucoup de religieux italiens, français, flamands furent chargés de missions diplomatiques auprès du grand-khan. Des Mongols de distinction vinrent à Rome, à Barcelone, à Valence, à Lyon, à Paris, à Londres, à Northampton, et un franciscain du royaume de Naples fut archevêque de Péking. Son successeur fut un professeur de théologie de la faculté de Paris. Mais combien d'autres personnages moins connus furent entraînés à la suite de ceux-là, ou comme esclaves, ou attirés par l'appât du gain, ou guidés par la curiosité dans des contrées jusqu'alors inconnues ! Le hasard a conservé les noms de quelques-uns.

» Le premier envoyé qui vint trouver le roi de Hongrie de la part des Tartares, était un Anglais banni de son pays pour certains crimes, et qui, après avoir erré dans toute l'Asie, avait fini par prendre du service chez les Mongols. Un cordelier flamand rencontra dans le fond de la Tartarie une femme de Metz, nommée Paquette, qui avait été enlevée en Hongrie; un orfèvre parisien, dont le frère était établi à Paris sur le grand pont, et un jeune homme de Rouen, qui s'était trouvé à la prise de Belgrade. Il y vit aussi des Russes, des Hongrois et des Flamands. Un chantre, nommé Robert, après avoir parcouru l'Asie orientale, revint mourir dans la cathédrale de Chartres. Un Tartare était fournisseur de casques dans les armées de Philippe le Bel. Jean de Plan-Carpin trouva près de Gayouk un gentilhomme russe qu'il nomme Temer, qui servait d'interprète; plusieurs marchands de Breslau, de Pologne, d'Autriche, l'accompagnèrent dans son voyage en Tartarie. D'autres revinrent avec lui par la Russie ; c'étaient des Génois, des Pisans, des Vénitiens. Deux marchands de Venise, que le hasard avait conduits à Bokhara, se laissèrent aller à suivre un ambassadeur mongol qu'Houlagou envoyait à Khoubilaï. Ils séjournèrent plusieurs années tant en Chine qu'en Tartarie, revinrent avec des lettres du grand-khan pour le Pape, retournèrent auprès du grand-khan, emmenant avec eux le fils de l'un d'eux, le célèbre Marc-Pol, et quittèrent encore une fois la cour de Khoubilaï pour s'en revenir à Venise.

Des voyages de ce genre ne furent pas moins fréquents dans le siècle suivant. De ce nombre sont ceux de Jean de Mandeville, médecin anglais, d'Oderic de Frioul, de Pegoletti, de Guillaume de Bouldeselle et de plusieurs autres.

» On peut bien croire que ceux dont la mémoire s'est conservée ne sont que la moindre partie de ceux qui furent entrepris, et qu'il y eut dans ce temps plus de gens en état d'exécuter des courses lointaines que d'en écrire les relations. Beaucoup de ces aventuriers durent se fixer et mourir dans les contrées qu'ils étaient allés visiter. D'autres revinrent dans leur patrie, aussi obscurs qu'auparavant, mais l'imagination remplie de ce qu'ils avaient vu, le racontant à leur famille, l'exagérant sans doute, mais laissant autour d'eux, au milieu de fables ridicules, des souvenirs utiles et des traditions capables de fructifier. Ainsi furent déposées en Allemagne, en Italie, en France, dans les monastères, chez les seigneurs et jusque dans les derniers rangs de la société, des semences précieuses destinées à germer un peu plus tard. Tous ces voyageurs ignorés, portant les arts de leur patrie dans les contrées lointaines, en rapportaient d'autres connaissances non moins précieuses, et faisaient, sans s'en apercevoir, des échanges plus avantageux que tous ceux du commerce. Par là, non-seulement le trafic des soieries, des porcelaines, des denrées de l'Indoustan, s'étendait et devenait plus praticable; il s'ouvrait de nouvelles routes à l'industrie et à l'activité commerciale; mais, ce qui valait mieux encore, des mœurs étrangères, des nations inconnues, des productions extraordinaires venaient s'offrir en foule à l'esprit des Européens, resserré, depuis la chute de l'empire romain, dans un cercle trop étroit. On commença à compter pour quelque chose, la plus belle, la plus peuplée et la plus anciennement civilisée des quatre parties du monde. On songea à étudier les arts, les croyances, les idiomes des peuples qui l'habitaient, et il fut même question d'établir une chaire de langue tartare dans l'Université de Paris. Des relations romanesques, bientôt discutées et approfondies, répandirent de toutes parts des notions plus justes et plus variées. Le monde sembla s'ouvrir du côté de l'Orient; la géographie fit un pas immense : l'ardeur pour les découvertes devint la forme nouvelle que revêtit l'esprit aventureux des Européens. L'idée d'un autre hémisphère cessa, quand le nôtre fut mieux connu, de se présenter à l'esprit comme un paradoxe dépourvu de toute vraisemblance; et ce fut en allant à la recherche du *Zipangri* de Marc-Pol, que Christophe Colomb découvrit le Nouveau-Monde (1). »

Quant aux effets que l'irruption des Mongols produisit dans l'Orient, Abel Rémusat y compte : la destruction du califat, l'extermination des Bulgares, des Comans et d'autres peuples septentrionaux; l'épuisement de la population de la Haute-Asie, si favorable à la réaction par laquelle les Russes, jadis vassaux des Tartares, ont à leur tour subjugué tous les nomades du Nord; la soumission de la Chine à une domination étrangère; l'établissement définitif de la religion indienne au Thibet et dans la Tartarie.

(1) *Mémoires de l'Académie royale des Inscriptions et Belles-Lettres*, nouvelle série, t. VII; *Mémoires sur les relations politiques des princes chrétiens, et particulièrement des rois de France avec les empereurs mongols*, par M. Abel Rémusat.

Quant aux résultats qu'ont eus pour les nations de l'Asie orientale leurs communications avec l'Occident, Abel Rémusat met : L'introduction des chiffres indiens à la Chine, la connaissance des méthodes astronomiques des musulmans, la traduction du Nouveau Testament et des Psaumes en langue mongole, faite par l'archevêque latin de Péking, la fondation de la hiérarchie lamaïque, formée à l'imitation de la cour pontificale, et produite par la fusion qui s'opéra entre les débris du nestorianisme établi dans la Tartarie, et les dogmes des Bouddhistes. » Il ajoute la réflexion suivante :

« Avant l'établissement des rapports que les croisades d'abord, et plus encore l'irruption des Mongols, firent naître entre les nations de l'Orient et de l'Occident, la plupart de ces inventions qui ont signalé la fin du moyen-âge étaient, depuis des siècles, connues des Asiatiques. La polarité de l'aimant avait été observée et mise en œuvre à la Chine dès les temps les plus reculés. Les poudres explosives ont été de tout temps connues des Hindous et des Chinois. Ces derniers avaient, au Xe siècle, des *chars à foudre* qui paraissent avoir été des canons. Il est difficile de voir autre chose dans les *pierriers à feu* dont il est si souvent parlé dans l'histoire des Mongols. Houlagou, partant pour la Perse, avait dans son armée un corps d'artilleurs chinois. D'un autre côté, l'édition *princeps* des livres classiques, gravée en planches de bois, est de l'an 952. L'établissement du papier-monnaie avec les comptoirs pour le changer eut lieu chez les *Jou-tchis* l'an 1154. L'usage de la monnaie de papier fut adopté par les Mongols établis à la Chine; elle a été connue des Persans sous le nom même que les Chinois lui donnent. Enfin les cartes à jouer, dont tant de savants ne se seraient pas occupés de chercher l'origine, si elle ne marquait l'une des premières applications de l'art de graver en bois, furent imaginées à la Chine l'an 1120. »

Abel Rémusat observe que, dans les commencements de chacune de ces inventions, il y a des traits particuliers qui semblent propres à en faire découvrir l'origine. Les plus anciennes cartes à jouer ont une analogie marquée par leur forme, les desseins qu'elles offrent, leur grandeur, leur nombre, avec les cartes dont se servent les Chinois. Les canons furent les premières armes à feu dont on fit usage en Europe; ce sont aussi, à ce qu'il paraît, les seules que les Chinois connussent à cette époque. Les premières planches dont on s'est servi pour imprimer étaient de bois, et stéréotypes comme celles des Chinois, et rien n'est plus naturel que de supposer que quelque livre venu de la Chine a pu en donner l'idée. Enfin, si l'on a soin de mettre de côté l'impression en caractères mobiles, qui est bien certainement une invention particulière aux Européens, on ne voit pas ce qu'on pourrait opposer à une hypothèse qui offre une si grande vraisemblance.

« Mais, conclut l'auteur, cette supposition acquiert un bien plus haut degré de probabilité, si on l'applique à l'ensemble des découvertes dont il est question. Toutes avaient été faites dans l'Asie orientale; toutes étaient ignorées dans l'Occident : la communication a lieu; elle se prolonge pendant un siècle et demi, et, un autre siècle à peine écoulé, toutes se trouvent connues en Europe. Leur source est enveloppée de nuages. Le pays où elles se montrent, les hommes qui les ont produites sont également un sujet de doutes ; ce ne sont pas les contrées éclairées qui en sont le théâtre ; ce ne sont point des savants qui en sont les auteurs ; des gens du peuple, des artisans obscurs font tout à coup briller ces lumières inattendues. Rien ne semble mieux montrer l'effet d'une communication, rien n'est mieux d'accord avec ce que nous avons dit plus haut de ces canaux invisibles, de ces ramifications inaperçues, par où les connaissances des peuples orientaux avaient pu pénétrer dans notre Europe. La plupart de ces inventions se présentent d'abord dans l'état d'enfance où les ont laissées les Asiatiques, et cette circonstance nous permet à peine de conserver quelques doutes sur leur origine. Les unes sont immédiatement mises en pratique ; d'autres demeurent quelque temps enveloppées dans une obscurité qui nous dérobe leur marche, et sont prises, à leur apparition, pour des découvertes nouvelles. Toutes, bientôt perfectionnées et comme fécondées par le génie des Européens, agissent ensemble et communiquent à l'intelligence humaine le plus grand mouvement dont on ait conservé le souvenir. Ainsi, par ce choc des peuples, se dissipèrent les ténèbres du moyen-âge. Des catastrophes dont l'espèce humaine semblait n'avoir qu'à s'affliger, servirent à la réveiller de la léthargie où elle était depuis des siècles, et la destruction de vingt empires fut le prix auquel la Providence accorda à l'Europe les lumières de la civilisation actuelle (1). »

Ainsi donc, conclurons-nous, Ginguiskan et les Tartares continuent l'œuvre de Nabuchodonosor et des Assyriens, de Cyrus et des Perses, d'Alexandre et des Grecs, de César et des Romains, le rapprochement, l'*unification* matérielle et extérieure de tous les peuples de la terre. L'œuvre des uns et des autres est achevée par les Anglais, les Français et les autres peuples de l'Europe chrétienne. Avec les inventions importées, imitées ou renouvelées, mais perfectionnées de l'Inde et de la Chine, les Anglais s'emparent de l'Inde et de la Chine, et les forcent, bon gré malgré elles à entrer sans retour dans l'orbite de l'humanité chrétienne et catholique : les Français, bon gré malgré eux, forcent l'Afrique à y entrer ; et Anglais et Français, avec les autres peuples chrétiens, forcent l'empire antichrétien de Mahomet, bon gré malgré lui, à se laisser conduire. C'est à l'Eglise de Dieu à faire le reste, c'est aux nations catholiques et ferventes à envoyer partout des apôtres et des martyrs, pour continuer, étendre, achever l'œuvre des martyrs et des apôtres, le rapprochement, l'*unification* spirituelle et intérieure de toutes les nations de la terre sous l'empire du Christ.

De toutes les contrées d'Orient qui étaient restées soumises à des princes chrétiens, la Géorgie était alors la plus puissante. Défendue par sa situation au milieu des montagnes, elle n'avait jamais vu interrompre la série de ses rois. Les généraux des califes n'y avaient fait que des incursions momentanées ou des établissements précaires. Les Seldjoukides exercèrent sur la Géorgie un pouvoir plus direct et plus durable. Mais, à la fin du XIe siècle et au commencement du XIIe, David II, surnommé *le Réparateur*, sut profiter de la division qui régnait entre les princes turcs, reprit Téflis, sa capitale, qu'ils avaient occupée, et les poursuivit jusqu'à l'Araxe. Ses successeurs accrurent encore sa puissance, et comptèrent au nombre de leurs vassaux tous les princes arméniens au nord de l'Araxe, qu'ils avaient délivrés du joug des Musulmans. La famille d'Iwané ou Jean, connétable de Géorgie, qui possédait la plus grande partie du pays situé entre le Kour et l'Araxe, les princes de Schamkot, Khatchen et beaucoup d'autres reconnaissaient la suzeraineté des rois de Géorgie, qui se trouvaient ainsi, au XIIIe siècle, dominer depuis les bords de la mer Noire, entre Trébisonde et la Crimée, jusqu'au passage de Derbend et au confluent de l'Araxe et du Kour, c'est-à-dire sur la Colchide, la Mingrélie, le pays des Abkhas, la Géorgie proprement dite et l'Arménie septentrionale, sans compter plusieurs autres petits cantons limitrophes.

Une telle nation, aguerrie et enorgueillie par les avantages qu'elle avait remportés sur les Musulmans, n'avait pu rester indifférente aux expéditions des Francs en Syrie, et, si la distance des lieux l'avait empêchée d'y prendre une part active, il ne s'en était pas moins établi entre les Géorgiens et les Francs des relations d'amitié, fruit ordinaire de la communauté de croyance et d'intérêts. Au rapport de Sanut (L. 3, part. 11, p. 209), quand la nouvelle de la prise de Damiette fut connue des Géorgiens, ils écrivirent aux vainqueurs pour les féliciter, leur reprochant en même temps de n'avoir pas encore réduit Damas ou quelque autre place d'importance. Leurs dispositions étaient bien connues des Papes, qui avaient engagé Georges Lascha, roi de Géorgie, à concourir avec les autres princes chrétiens à la délivrance de la terre sainte, et ce prince se préparait à se rendre à l'invitation du Pontife, quand les Tartares, fondant sur ses Etats, l'obligèrent de songer à sa propre défense. Dans cette circonstance, la Géorgie se trouva former, si l'on peut ainsi dire, les avant-postes de la chrétienté. L'attaque dirigée contre elle, ses efforts pour y résister, les précautions qu'elle dut prendre pour s'en préserver à l'avenir, tout cela dut intéresser les Francs d'Orient et même les Occidentaux. Nous verrons par la suite que ce fut là, en effet, la première cause des négociations que les Tartares entamèrent avec les princes chrétiens (Abel Rémusat, *Mémoires*, etc., t. VI).

Roussoudan, devenue reine de Géorgie par la mort de son frère Georges, avait vu depuis quelques années approcher et grossir l'orage ; elle fut la première à en donner avis au pape Honorius III par une lettre qui nous a été conservée et qui est conçue en ces termes :

« Au très-saint Pape, père et seigneur de tous les chrétiens, occupant le Siége du bienheureux Pierre : Russutane, humble reine d'Avogine, sa dévouée servante et fille, la tête inclinée jusqu'aux pieds ; salut. J'espère du Seigneur que, comme vous êtes grand et élevé, il accomplira votre désir et votre dévotion, si, à cause des lettres que nous vous envoyons, vous nous êtes favorable et vous intéressez à notre Etat. Nous faisons connaître à Votre Sainteté

---

(1) *Mémoires de l'Académie royale des Inscriptions et Belles-Lettres*, nouvelle série, t. VII ; *Mémoires sur les relations politiques des princes chrétiens, et particulièrement des rois de France avec les empereurs Mongols*, par M. Abel Rémusat, p. 415-420.

que mon frère, le roi des Géorgiens, est mort, et que son royaume m'est demeuré. Maintenant nous vous demandons votre bénédiction et pour nous et pour tous les chrétiens qui nous sont soumis. Il nous est parvenu que par votre grand conseil et votre mandement par le légat qui est à Damiette, mon frère devait aller au secours des chrétiens : il l'avait résolu et s'y préparait. Mais, comme vous l'avez peut-être appris, ces méchants hommes, les Tartares, sont entrés dans notre pays, ont fait de grands maux à notre nation, et nous ont tué six mille hommes. Nous ne nous en donnions point de garde, parce que nous croyions qu'ils étaient chrétiens; mais quand nous avons vu qu'ils n'étaient pas bons chrétiens, nous avons rassemblé nos forces, et, les ayant attaqués, nous en avons tué vingt-cinq mille, pris un grand nombre de prisonniers et chassé le reste de notre pays, et c'est ce qui nous a empêchés de venir, suivant le mandement du légat. Maintenant nous apprenons avec grande joie que l'empereur doit venir en Syrie, par votre ordre, pour délivrer la terre sainte. Faites-nous donc savoir quand il doit passer, et nous enverrons Jean, notre connétable, avec toute notre armée, au lieu que vous marquerez, pour le secours des chrétiens et la défense du saint sépulcre. Vous saurez que le connétable et beaucoup d'autres nobles de notre royaume ont pris la croix et attendent le passage des croisés. C'est pourquoi nous supplions Votre Sainteté de nous envoyer, à nous autres chrétiens d'Orient, vos lettres et votre bénédiction. Quant au porteur des présentes, notre cher David, évêque d'Ani, veuillez l'en croire dans ce qu'il vous dira, comme si vous l'entendiez de notre bouche, et daignez vous souvenir de nous dans vos saintes oraisons (Raynald, an 1224, n. 17). »

Le connétable Jean écrivit au Pape une lettre conforme à celle de la reine. Il y marque que les Tartares, pour paraître chrétiens, avaient fait porter devant eux l'étendard de la croix. Il annonce qu'il est prêt à venir en personne, avec quarante mille chrétiens, à la défense de la terre sainte, dans l'endroit qu'il plaira au Pape. Enfin il lui demande sa bénédiction pour lui-même, pour son pays et pour un de ses neveux, qui était seigneur de quinze grandes cités (*Ibid.*, n. 19). C'est ainsi que les Géorgiens du XIII° siècle étaient unis et soumis à l'Église romaine. Puissent leurs descendants se rappeler et imiter toujours leurs pieux et vaillants ancêtres !

Les Géorgiens étaient ainsi nommés, à ce que les Latins croyaient, à cause de leur dévotion particulière à saint Georges, qu'ils invoquaient dans leurs combats contre les infidèles. Mais il paraît que ce nom est antérieur à l'époque même du saint martyr. Les Géorgiens étaient du rite grec ; les clercs portaient la tonsure ronde comme les Latins ; les laïques avaient aussi le haut de la tête rasée, mais en carré, portant au reste de grands cheveux et de grandes barbes. Quand ils allaient en pèlerinage au saint Sépulcre, ils entraient à Jérusalem, portant des enseignes élevées et sans payer de tribut ; car les Sarrasins n'osaient leur faire aucune peine, de peur que, retournés chez eux, ils ne rendissent la pareille aux Sarrasins de leur voisinage. Ils furent extrêmement indignés contre Corradin, sultan de Damas, quand ils apprirent qu'il avait fait abattre les murs de Jérusalem sans leur consentement, pendant que les Latins assiégeaient Damiette. Cette nation était belliqueuse et formidable aux infidèles des pays d'alentour ; chez eux, les femmes nobles allaient à la guerre et combattaient armées, semblables aux anciennes amazones. C'est ce que le cardinal Jacques de Vitry, historien du temps, rapporte des Géorgiens (Jac. Vitr., *Hist. orient.*, c. 79). On sait que ce peuple est du plus beau sang qu'il y ait sur la terre.

Cependant le pape Honorius travaillait de tous côtés à envoyer du secours à Damiette. L'empereur Frédéric s'était croisé de nouveau l'an 1220, le jour même de son couronnement à Saint-Pierre de Rome. L'année suivante 1221, le Pape fit prêcher la croisade en France, en Allemagne, en Italie. Dans ce dernier pays, il en chargea le cardinal-légat Hugolin, qu'il jugea le plus propre à y exciter les peuples par son zèle éclairé et sa vie exemplaire. L'empereur Frédéric écrivit lui-même au cardinal, le 10 février, que, pour favoriser une si pieuse et utile entreprise, il lui donnait plein pouvoir d'absoudre, dans les terres de sa légation, ceux qui étaient au ban de l'empire, comme n'ayant rien plus à cœur que l'affaire de la croisade. Il témoigne le même empressement dans une lettre aux Milanais, où il les exhorte, par des discours emphatiques et affectés, au secours de la terre sainte.

Cependant il différait toujours d'y aller lui-même, comme on voit par les reproches que lui en fait le Pape dans une lettre du 3 juin, où il dit : « Plût à Dieu que vous voulussiez considérer avec quelle impatience vous êtes attendu par l'Église chrétienne d'outre-mer, et quelle espérance vous avez donnée à l'Église universelle, qui croit que vous quitterez tout pour la recouvrance de Jérusalem, vu principalement que Dieu vous en a donné tous les moyens. Mais à présent plusieurs murmurent de ce que vous différez l'exécution de ce vœu, et que vous retenez les galères que vous avez armées, sous prétexte de les emmener avec vous ; au lieu que, si elles passaient à présent, elles seraient d'un grand secours à l'armée chrétienne qui en manque. » Il conclut en le conjurant, au nom de Jésus-Christ, qui est la vérité même, d'être fidèle à ses promesses et d'agir sincèrement. L'empereur répondit que, pour obéir au Pape, il avait envoyé à la terre sainte quarante galères qui se trouvaient prêtes, sous la conduite du comte de Malte et de l'évêque de Catane. A quoi le Pape répliqua que, si l'empereur avait résolu de ne point partir, il devait envoyer plus tôt les galères qui auraient été alors d'une bien plus grande utilité (*Apud Raynald.*, an 1221, n. 1-7). Elles arrivèrent en effet trop tard.

Le légat Pélage voyant à Damiette une multitude innombrable de croisés demeurer inutiles par l'absence du roi de Jérusalem, Jean de Brienne, le pria, par lettres, de revenir incessamment ; ce qu'il fit, et, par délibération commune, le roi et le légat, avec une grande partie de l'armée, sortirent de Damiette à la Saint-Pierre, ayant des vivres pour deux mois, et marchèrent sur le Caire. Étant arrivés sur le Nil, à un endroit où il se partage en trois canaux, à peu près à égale distance de Damiette et du Caire, ils se rendirent maîtres d'un pont de bateaux que les Sarrasins avaient construit, et campèrent dans la plaine sur le bord du fleuve. Le sultan Camel avait assemblé de grandes troupes de toute la Syrie, par le secours de ses frères et des autres émirs, pour retirer Damiette d'entre les mains des Francs. Mais, voyant leur audace et leur multitude, il résolut de ne point combattre, mais fit garder et fortifier les passages, afin qu'il ne leur vînt de Damiette aucun secours d'hommes ni de vivres, espérant les faire périr sans exposer ses gens.

C'est ce qui arriva; car les vivres manquèrent aux chrétiens, et le Nil, croissant à son ordinaire, inonda tout le terrain qu'ils occupaient. Se trouvant ainsi affamés et dans l'eau bourbeuse jusques aux genoux, ils furent contraints de capituler, à ces conditions qu'ils rendraient Damiette et que le sultan rendrait la portion de la vraie croix que Saladin avait emportée de Jérusalem; qu'il ferait avec eux une trêve de huit ans, et délivrerait tous les chrétiens captifs, leur donnant sauf-conduit jusqu'à Ptolémaïs ou Acre. Ainsi fut rendue Damiette, le 8 septembre 1221, après avoir été un an et dix mois au pouvoir des chrétiens.

La nouvelle en étant venue en Italie, le pape Honorius fit tous ses efforts pour presser le secours de la terre sainte, et l'année suivante 1222, étant sorti de Rome au mois de février, il vint à Anagni, et l'empereur, à sa prière, se rendit à Véroli, où ils furent en conférence pendant quinze jours du mois d'avril. Ils y résolurent d'en tenir une plus solennelle à Vérone, pour la Saint-Martin, où seraient appelés tous les princes chrétiens, tant ecclésiastiques que séculiers, afin de délibérer sur cette importante affaire du secours de la terre sainte, pour laquelle l'empereur Frédéric témoignait toujours un grand zèle. Le Pape invita à cette conférence de Vérone le roi de Jérusalem, Jean de Brienne, et Pélage, évêque d'Albane, légat en Orient, auquel il écrivit de Véroli, le 25 avril 1222 (*Apud Raynald.*, an 1222, n. 2).

Mais cette conférence, indiquée à Vérone pour la Saint-Martin de la même année, ne se tint que l'année suivante à Ferentino en Campanie. Là, se trouvèrent l'empereur Frédéric, qui était venu de son royaume de Sicile; Jean de Brienne, roi de Jérusalem, venu d'outre-mer avec le patriarche; l'évêque de Bethléhem, le maître de l'Hôpital, le commandeur du Temple, le maître des chevaliers Teutoniques. Plusieurs autres personnes de divers pays se trouvèrent à cette conférence. Le Pape, tout incommodé qu'il était d'un mal de jambe, vint aussi de Rome, et, après que l'affaire eut été mûrement examinée, l'empereur promit de passer à la terre sainte, de la Saint-Jean prochaine en deux ans, c'est-à-dire 1225, et il en fit serment. Pour plus grande sûreté de sa promesse, il s'engagea aussi, par un serment public, à épouser Yolande, fille du roi de Jérusalem; car l'impératrice Constance, sa femme, était morte l'année précédente. Le Pape écrivit aux rois de France, d'Angleterre, de Hongrie et aux autres nations, ce qui s'était passé en cette conférence, les exhortant à contribuer au secours de la terre sainte (*Apud Raynald.*, an 1223, n. 1).

Honorius III reçut vers le même temps une lettre du patriarche d'Alexandrie, conçue en ces termes :

« Au révérendissime père et seigneur Honorius, par la grâce de Dieu souverain Pontife de la sainte Église romaine et Pape universel : Nicolas, par la même grâce, humble patriarche du siége d'Alexandrie; révérence aussi prompte qu'elle est due.

» Les archevêques, évêques, prêtres, clercs et tous les chrétiens qui sont dans la terre d'Egypte supplient Votre Paternité et Votre Sainteté avec des paroles entrecoupées de soupirs et de larmes. O combien est grande la tribulation et l'angoisse que nous avons à souffrir en cette vie! Nous pensons que déjà vous le savez; cependant nous vous le découvrons encore, comme à notre seigneur, afin que cela n'arrive plus. Nous n'osons avoir un cheval dans nos maisons, ni porter nos morts par la ville avec une croix. Si une de nos églises tombe par quelque accident, nous n'osons plus la rebâtir. Chaque chrétien d'Egypte, depuis quatorze ans et au-dessus, paie le tribut d'un besan d'or, et, s'il est pauvre, on le tient en prison jusqu'à ce qu'il ait entièrement payé : ce qui produit tous les ans cent mille besans d'or, monnaie du Caire, tant il y a de chrétiens en Egypte. On les emploie aux travaux les plus sordides, même à nettoyer les rues de la ville. La désolation de Jérusalem et de son pays, nous n'avons pas besoin de vous l'écrire : quant à ce qu'il y a d'ignominieux dans l'affaire de Damiette, tout le monde le sait; mais ce qu'il y a de plus honteux, c'est qu'à cette occasion cent quinze églises ont été détruites à l'opprobre des chrétiens.

» Ayez donc pitié de nous, seigneur, venez nous délivrer, vous, notre Père spirituel. Comme les saints attendaient la venue du Christ pour les sauver, ainsi nous attendons l'arrivée de l'empereur, votre fils, et non-seulement nous, mais plus de dix mille renégats dispersés dans les terres des Sarrasins. Ceux mêmes des Sarrasins qui commandaient en Egypte avant le règne de Saladin, vous prient d'y envoyer au plus tôt, parce que tout le pays est à vous. » La lettre ajoute des avis touchant la route que doit tenir l'empereur pour entrer en Egypte (Raynald, an 1223, n. 9).

Ainsi, du fond de la Géorgie jusque dans le fond de l'Egypte, les chrétiens unis et soumis au successeur de saint Pierre attendaient de lui leur salut spirituel et temporel; ils attendaient que, d'après ses conseils et ses ordres, l'empereur Frédéric viendrait se mettre à leur tête pour achever leur délivrance. L'empereur ne cessait de le promettre avec beaucoup de rhétorique. Mais Frédéric II, allemand par son père, normand par sa mère, n'était guère franc dans ses procédés. Voici un exemple de sa dissimulation :

Après avoir épousé la fille de Jean de Brienne, roi de Jérusalem, il lui demanda de lui céder le royaume de Jérusalem et tous les droits de cette princesse. Le roi fut extrêmement surpris de cette proposition; car le maître des chevaliers Teutoniques, qui avait été le médiateur de cette alliance, lui avait fait entendre qu'il garderait le royaume toute sa vie. Toutefois, ce pauvre prince, ne pouvant résister à l'empereur, fut réduit à faire ce qu'il voulut et à dissimuler son ressentiment. Dès lors l'empereur, son gendre, ne lui témoigna plus d'affection; au contraire, il se fit rendre hommage par le seigneur de Tyr et par les autres chevaliers de Syrie, qui accompagnaient le roi Jean de Brienne, et il envoya à Ptolémaïs ou Acre l'évêque de Melfe avec deux comtes et trois cents chevaliers du royaume de Sicile, pour recevoir en son nom les hommages de tous les vassaux du royaume de Jérusalem. Ainsi le mariage avec la fille ne fut qu'un guet-à-pens envers le père. Après cela, on peut s'attendre à tout.

L'an 1222, il avait promis avec serment d'aller au secours de la terre sainte en 1225. Il n'accomplit pas mieux ce serment qu'il n'avait accompli les autres. En 1225, quelque temps avant de conclure le mariage en question, il envoya au Pape le roi et le patriarche de Jérusalem, pour obtenir un nouveau délai touchant son passage à la terre sainte. Le roi et le patriarche, ayant reçu du Pape une réponse favorable, revinrent trouver l'empereur en Apulie, et il se rendit avec eux à San-Germano, près du Mont-Cassin. Là, vinrent devers lui deux cardinaux envoyés par le Pape : Pélage, évêque d'Albane, et Galon, prêtre du titre de Saint-Martin, et l'empereur convint avec eux des articles qui suivent : Dans deux ans, finissant au mois d'août, il passera en personne à la terre sainte, et y tiendra pendant deux ans mille chevaliers à son service; il mènera avec lui cent chalandres, espèce de vaisseaux, et y tiendra cinquante galères bien armées; en même temps il donnera passage par trois fois à deux mille chevaliers avec leurs domestiques, et trois chevaux par chevalier. L'empereur jura ces articles à San-Germano, le 25 juillet 1225, se soumettant, s'il ne les accomplissait, à être excommunié et ses terres mises en interdit. Alors les deux cardinaux le déclarèrent absous du serment qu'il avait fait à Véroli, l'an 1222 (Raynald, an 1225, n. 1-8). Nous verrons contre qui Frédéric tournera finalement ses armes.

Il avait promis avec serment, bien des fois, notamment à son sacre, l'an 1220, de ne donner aucune atteinte à la liberté des élections ecclésiastiques. Dès l'année suivante, malgré tous ses serments, il disposa de plusieurs évêchés. De quoi le Pape se plaignit, le 21 août en ces termes : « Nous avons appris depuis longtemps que vous étendez vos mains aux élections des évêques, particulièrement de celui d'Averse et des sièges vacants dans la province de Salerne. Voulez-vous renouveler l'abus de vos prédécesseurs? et ne vous souvenez-vous plus du serment que vous avez fait du contraire au pape Innocent, et ensuite à nous? Penseriez-vous donc, au mépris de tous vos serments, aiguiser contre nous votre glaive?» Il l'exhorte à ne point suivre un pareil dessein, à point écouter des conseillers perfides, à ne point souiller sa gloire et sa renommée, à réfléchir combien il a été heureux dans son attachement à l'Eglise romaine, et comment ont fini mal ceux qui se sont élevés contre elle. Il le conjure donc de corriger ce qui avait été mal fait, et de laisser les élections ecclésiastiques entièrement libres. « Autrement, sachez que nous ne pourrons souffrir cela d'aucune manière au péril de notre âme; d'autant plus que, et au dedans et au dehors de l'Eglise romaine, on crie contre nous que nous vous avons cédé en plusieurs choses contre Dieu; mais ces difficultés, dans lesquelles vous vous êtes jeté jusqu'à présent et vous jetez encore, nous les amèneront à la connaissance de tout le monde, prenant à témoin le ciel et la terre que c'est à regret et malgré nous que nous nous déterminons à cette mesure (*Ibid.*, an 1221, n. 32). »

L'an 1224, voulant témoigner son zèle pour la religion, Frédéric publia trois constitutions contre les hérétiques. La première porte : Ceux qui seront condamnés par l'Eglise en quelque lieu de l'empire que ce soit, et déférés au jugement séculier, seront punis comme ils méritent. Ceux qui, étant pris et touchés de la crainte de la mort, voudront revenir à l'Eglise catholique, seront mis en prison perpétuelle pour faire pénitence. Les juges seront tenus de prendre les hérétiques trouvés par les inquisiteurs que le Saint-Siège aura députés, ou par d'autres personnes zélées pour la foi catholique, et de les garder étroitement jusqu'à ce qu'ils les fassent mourir, après que l'Eglise les aura condamnés. On punira de même les fauteurs des hérétiques, s'ils ne cessent de les protéger après avoir été admonestés. Ceux qui, étant convaincus d'hérésie dans un lieu, passent à d'autres, pour y répandre plus sûrement leur erreur, seront punis selon leur mérite. L'empereur ajoute : « Nous condamnons aussi à mort ceux qui, ayant abjuré l'hérésie pour sauver leur vie, seront retournés à l'erreur en faussant leur serment. Nous ôtons aux hérétiques, à leurs receleurs et leurs fauteurs, tout bénéfice d'appellation, et nous voulons que l'hérésie soit entièrement bannie de l'étendue de notre empire. Et comme ce crime, qui attaque Dieu même, est plus grand que celui de lèse-majesté, nous voulons que les enfants des hérétiques, jusqu'à la seconde génération, soient privés de tous bénéfices temporels et de tous offices publics, à moins qu'ils ne se rendent dénonciateurs de leurs frères. De plus, nous déclarons que les frères Prêcheurs et les frères Mineurs, députés dans notre empire pour l'affaire de la foi contre les hérétiques, sont sous notre protection spéciale. »

La seconde constitution est principalement contre les patarins ou manichéens, qui, de la Lombardie où ils étaient en grand nombre, s'étendaient dans le reste de l'Italie et jusqu'en Sicile. On les condamne au feu, et on leur applique, comme dans la constitution précédente, les peines du crime de lèse-majesté. La troisième constitution n'est que le quatrième canon du concile de Latran de 1215, réduit aux peines temporelles, mettant le bannissement au lieu de l'excommunication, et ainsi du reste. Ces trois constitutions sont datées du même jour, 22 février 1224. Elles se trouvent entre les lettres de Pierre des Vignes, chancelier de l'empereur Frédéric; ce qui montre que ce fut lui qui les composa (Petr. de Veneis, l. 1, *Epist.* 25, 26 et 27).

Il s'en trouve une quatrième du mois de mars de la même année 1224, donnée à Catane, et adressée à l'archevêque de Magdebourg, comte de la Romagne et légat en Lombardie. Elle porte que quiconque, dans cette dernière province, aura été convaincu d'hérésie par l'évêque diocésain, sera pris aussitôt par le podestat et le conseil de la ville pour être brûlé; ou, si on aime mieux le laisser en vie, pour servir d'exemple aux autres, on lui fera couper la langue avec laquelle il a blasphémé (*Apud Raynald.*, an 1231, n. 13). Telles sont les lois de l'empereur Frédéric II contre les hérétiques.

Cet empereur écrivit en même temps au Pape une lettre où il proteste de son zèle pour l'expédition de la terre sainte; mais, comme nous avons vu, ce n'étaient que de belles paroles. Il cherchait toujours, au mépris de ses serments, à confisquer la liberté des Eglises. En 1223, il envoya au Pape le juge de Bari, qui lui nomma quelques personnes entre lesquelles l'empereur désirait qu'il en choisît pour certaines églises de Capoue et d'Averse. Le Pape dit qu'il ne pouvait prendre sur cette affaire une résolution définitive à cause de l'absence de quelques cardinaux, et fit écrire des lettres pour l'empereur. Mais l'envoyé ne voulut pas s'en charger; au contraire, il demanda une audience au Pape, dans laquelle il dit, de la part de l'empereur, que le Pape lui avait donné une protection qui devait plutôt être nommée destruction, puisqu'elle tendait à la ruine de sa personne et de son royaume, et il ajouta : « Puisque vous ne voulez pas recevoir les évêques nommés par l'empereur, n'en envoyez point pour ces Eglises, il ne les recevra pas. »

Le Pape se plaignit à l'empereur de ce procédé, par une lettre du 27 juin 1223, où il dit entre autres choses : « Il semblerait par là que vous voudriez rompre avec nous. Nous désirons, très-cher fils, que toujours, mais surtout de notre temps, il y ait entre vous et l'Eglise romaine une sincère et constante dilection, parce que nous savons que cela est avantageux et à l'Eglise, et à vous, et à toute la chrétienté; et rien ne pourrait nous arriver de plus amer que de nous voir dans la nécessité soit de troubler la position que nous vous avons faite avec beaucoup de sollicitude, soit de la laisser troubler par d'autres, qui n'y manqueraient pas s'ils vous voyaient privé de la faveur apostolique; mais si, ce qu'à Dieu ne plaise, il est nécessaire que des scandales arrivent, quelle affaire vous attirerait plus de haine, et à l'Eglise plus de faveur, que de vous voir attenter, par une usurpation intolérable, à la liberté ecclésiastique, tandis que le Saint-Siège s'applique à la conserver suivant les lois divines et humaines? Ceux qui vous donnent des conseils semblables, ou se trompent par une aveugle ambition, ou vous trompent malicieusement. Vous pouvez voir aussi combien paternellement nous vous aimons, puisque non-seulement nous recevons patiemment l'insulte de vos paroles, mais nous vous prémunissons en quelque sorte contre nous-même, en vous détournant d'un dessein qui pourrait vous faire encourir la haine commune et attirer à l'Eglise la faveur publique. Quoi donc! nous n'aurons pas dans le royaume de Sicile la même juridiction et la puissance que nous avons en France, en Angleterre, en Espagne, dans les autres royaumes chrétiens et dans l'empire même? Est-ce que dans le royaume de Sicile nous aurons d'autant moins d'autorité ou de pouvoir, que nous y avons plus de droit et de juridiction, comme étant le patrimoine du Siége apostolique? Que cherchez-vous à entreprendre, séduit par de faux conseils, emporté par l'ardeur de la jeunesse? Croyez-vous donc qu'il y a une prudence, un conseil, une puissance contre Dieu? Espérez-vous prévaloir contre l'Eglise de Celui qui a promis d'être avec elle jusqu'à la consommation des siècles? Si vous dédaignez d'acquiescer à nos avertissements, acquiescez du moins aux exemples domestiques, en considérant que le bras du Seigneur n'est point raccourci, en sorte qu'il ne puisse plus élever et abaisser, perdre et sauver. Nous vous écrivons avec bienveillance et affection sincère, pour calmer paternellement les mouvements inconsidérés de votre esprit et vous porter à ce qui peut consolider votre règne temporel et vous préparer celui de l'éternité. »

Le Pape conclut en lui donnant ce conseil : « Ou désavouez votre envoyé, s'il a ainsi parlé de son propre mouvement, ou, si c'est par votre ordre, reconnaissez votre faute et faites-en des excuses convenables; certain que nous et nos frères vous aimons sincèrement dans le Seigneur, et sommes disposés à faire, autant que nous le pouvons avec Dieu et avec honneur, tout ce qui doit vous être agréable et conserver entre vous et le Saint-Siége une paix et une charité perpétuelles (Raynald, an 1223, n. 15-19). »

On ne sait point quelle fut la réponse de Frédéric, mais on a lieu de croire qu'il répara sa faute; car dans le livre des priviléges de l'Eglise romaine, on trouve la formule d'un serment par lequel Frédéric et le roi Henri, son fils, promirent, cette année même d'être en la puissance du Saint-Siége et de ne jamais rien entreprendre de mauvais contre l'Eglise romaine (*Ibid.*, n. 19). Il est possible que ce fut dans les mêmes vues que, l'année suivante, il fit les lois dont il a été parlé.

Au mois de septembre 1225, le pape Honorius, voyant la longue vacance des Eglises de Capoue, Salerne, Brindres, Compsa et Averse, y pourvut de sa propre autorité, ou, comme dit le chroniqueur Richard de San-Germano, de son propre mouvement et sans la participation de l'empereur. Il lui en donna avis par une lettre du 5 septembre, où il motive sa démarche sur la longue vacance de ces Eglise, qui attirait des reproches et à lui et à l'empereur, l'assurant d'avoir choisi de si bons sujets, qu'ils ne peuvent manquer de lui être agréables. Frédéric s'en tint très-offensé et empêcha quelque temps les nouveaux évêques de prendre possession de leurs sièges. Mais l'année suivante, comme nous l'apprend le même chroniqueur, il répara sa faute, après en avoir fait une autre (*Apud Raynald.*, an 1225, n. 15 et 16, et an 1226, n. 14).

Au commencement de l'année 1226, Frédéric assembla une grande armée, non pas précisément contre les Sarrasins, mais contre les Milanais. Il manda aux barons et aux autres chevaliers feudataires du royaume, de se disposer à le suivre en Lombardie et de s'assembler à Pescaire, où il comptait se rendre le 6 mars. Il y vint en effet, et de là dans le duché de Spolète, où il ordonna aux habitants de le suivre en Lombardie, ce qu'ils refusèrent de faire sans ordre du Pape, dont ils étaient vassaux. L'empereur réitéra son commandement par des lettres plus fortes, avec menace d'une certaine peine. Les Spolétins envoyèrent ces lettres au Pape, qui manda à l'empereur combien il était choqué de ce procédé. L'empereur, blessé de son côté, répondit au Pape comme d'égal à égal, ce qui lui attira une réplique plus dure encore (Rich. de San-Germ., *apud Raynald.*, an 1226, n. 1 et seqq.).

Par la réplique du Pape, que nous avons, on voit quelle était la réponse de l'empereur, que nous n'avons pas. Honorius disait donc à Frédéric :

« Notre lettre vous a étonné, écrivez-vous; la vôtre nous étonne beaucoup davantage. Une appréciation plus juste et moins sophistique de nos paroles vous y aurait fait trouver combien vous devez de reconnaissance à votre père et à votre mère spirituels. Votre lettre disait : *Que, contre l'opinion de tout le monde et le conseil des princes, nous vous avons trouvé prêt à suivre nos volontés, en sorte qu'il n'y a point de mémoire qu'aucun de vos prédécesseurs ait été si dévoué à l'Eglise.* Mais d'abord quant aux princes, on voit quels conseils ils vous ont donnés, par les actes authentiques scellés de leurs sceaux, qui sont dans les archives de l'Eglise romaine et repoussent l'opinion que vous voudriez nous donner d'eux. Quant à vos prédécesseurs, si vous entendez ceux de votre race, il ne fallait pas un grand effort pour surpasser leur soumission à l'Eglise; mais si vous remontez plus haut, vous vous trouverez bien au-dessous de ces princes pieux, qui ont affermi par plusieurs constitutions la liberté de l'Eglise et l'ont enrichie par de grandes libéralités. Est-ce une marque de dévouement que de chercher, comme vous faites, à révoquer en doute les bienfaits de l'Eglise, votre mère, comme si l'assertion d'un individu pouvait rendre incertain ce qui est connu de tout le monde? Cette espèce d'ingratitude qui nie les bienfaits reçus cause d'ordinaire quelque trouble, mais ce qui fait le plus de peine encore, c'est de voir que dans le bien vous soupçonnez le mal, et que vous interprétez l'amour en haine.

» A l'égard du soin que l'Eglise romaine a pris de vous conserver dans votre enfance le royaume de Sicile, jusqu'ici vous n'en avez témoigné que de la reconnaissance, avouant, dans vos nombreuses lettres, qu'après Dieu vous tenez de l'Eglise tout ce que vous êtes, et même votre vie. D'où vient donc un langage si différent? Est-ce que partout vos écrits, vos paroles, vos promesses se trouvent ainsi en contradiction avec vos sentiments? Est-ce là le secours que vous promettiez à l'Eglise dans le besoin? Souvenez-vous combien le pape Innocent vous a trouvé petit et abattu à la mort de l'impératrice, votre mère, et combien en mourant il vous a laissé grand et élevé. » Il montre comme Innocent l'a soutenu contre les entreprises de Markwald et de Diopalde, et finit par demander : « Etait-ce donc là perdre l'enfant qui lui avait été remis? était-ce donc là dépouiller l'orphelin qui lui avait été confié? Mais peut-être que la Providence a permis votre ingratitude, pour que l'Eglise soit, désormais, plus sévèrement sur ses gardes.

» A l'égard d'Othon, vous ne devez pas dire qu'il a été mis sur le trône de votre père, puisque ce trône n'est pas héréditaire, mais électif. Or, personne n'ignore qu'après la mort de l'empereur Henri, il y eut deux partis, l'un pour Philippe, l'autre pour Othon. Philippe prétendait d'abord agir pour vous, mais ensuite il se prévalut du succès pour lui-même, et, se tenant assuré de l'empire, il étendait ses espérances sur la Sicile. Le Saint-Siège s'y opposa et empêcha qu'il n'eût aucune entrée dans ce royaume; mais, après la mort de Philippe, il ne put refuser la couronne impériale à Othon, élu d'un commun consentement de tous les seigneurs. Il témoigna bientôt son ingratitude, que l'Eglise dissimula avec sa patience ordinaire; mais quand il vint vous attaquer, comme c'était la frapper à la prunelle de l'œil, elle chercha tous les moyens de vous secourir, et excita les princes chrétiens à vous prêter la main. Il tomba : vous profitâtes de sa chute, et, au lieu qu'il vous restait à peine l'extrémité de votre royaume,

vous possédez tout son empire. C'est ainsi que l'Eglise, votre mère, a pris soin de vous et dans votre enfance et dans un âge plus mûr, et voilà ce qui regarde mon prédécesseur.

» J'ai succédé à son affection pour vos intérêts, et j'ai mis le comble à votre dignité, même au préjudice de la mienne. Vous vous plaignez cependant que j'entreprends sur vos droits dans les élections des évêques; mais, si vous aviez examiné vos propres écrits et ceux de votre mère, si vous faisiez attention aux constitutions des Pères, vous verriez que l'Eglise ne fait que défendre sa liberté. Nous ne connaissons point cet usage qui assujétit à votre volonté le jugement du Saint-Siège pour le choix des évêques; mais nous ne prétendons pas en promouvoir qui vous soient suspects, pourvu que vos soupçons soient raisonnables. » Le Pape se plaint ensuite des mauvais traitements faits par l'empereur à l'archevêque de Tarente et aux évêques de Catane et de Céphalon en Sicile, et dit qu'en cette occasion et en toutes les autres, il fera son devoir pour maintenir la liberté de l'Eglise, parce que l'indulgence serait criminelle et préjudiciable à l'empereur même.

« Vous vous plaignez encore que, depuis le rétablissement de votre autorité en Apulie, l'Eglise a reçu illégitimement plusieurs rebelles. Nous nous réjouissons de la réintégration légitime de votre puissance; mais puissiez-vous y avancer de telle sorte, que vous n'empiétiez pas sur le droit des autres. Quant à la réception des bannis, vous devriez garder un absolu silence. Vous n'avez sans doute pas oublié qu'avant que le comte Thomas, Raymond d'Averse et leurs partisans vous remissent les châteaux dont vous n'aviez pu vous rendre maître par vos forces, vous leur promîtes entre autres choses, par actes authentiques, la sûreté de leurs personnes, et que, pour plus d'assurance, vous nous priâtes, nous et tous nos frères, d'approuver et de garantir ces conventions. Et malgré cette sûreté promise, vous en avez banni un grand nombre, vous en avez même condamné quelques-uns à une mort ignominieuse. Jusqu'à présent, pour ne pas donner lieu à querelle, nous avons dissimulé, quoiqu'on pût nous reprocher notre patience, comme garants de la convention susdite. Quelques autres ont trouvé un asile dans des pays étrangers; mais un prince comme vous ne devrait pas poursuivre une paille sèche ni vouloir déployer sa puissance contre une feuille que le vent emporte. Ce n'est pas là ce que vous avez appris de Jules César, qui sauva la vie à Domitius malgré lui-même, et ne voulut point se venger de Métellus venu au devant des épées. Certes, le peuple d'Israël avait des villes de refuge, et le peuple chrétien n'en aurait pas une! David était le refuge des opprimés, et le souverain Pontife, vicaire du David céleste, n'osera montrer son visage à ceux qui sont dans l'affliction, et cela quand ils ne font de mal ni à vous ni aux vôtres, à moins que vous ne leur fassiez un crime de vivre!

» De même, quant à votre illustre beau-père, s'il était venu à notre connaissance qu'il vous eût manqué en quelque chose, nous n'aurions pas omis de l'avertir, car nous désirons qu'il vous soit agréable et que vous lui soyez gracieux, à lui surtout. Comme les autres ont coutume de croître par l'alliance des grands, on s'étonne fort que celui-ci vienne à décroître par la vôtre, non sans scandale pour un grand nombre, non sans préjudice pour la terre sainte, non sans lésion pour votre renommée. Car c'est là un procédé que ne contiennent pas les gestes des grands princes, un procédé qu'ignorent les mœurs des vrais nobles, un procédé que repoussent les âmes généreuses. Ce n'est point ainsi qu'on avance les affaires de la terre sainte, ce n'est point ainsi qu'on attire de braves guerriers à sa défense.

» Quand vous vous plaignez en outre que nous vous imposons des fardeaux intolérables, pendant que nous ne voulons pas les remuer seulement du bout du doigt, vous oubliez que depuis plusieurs années vous avez pris la croix de vous-même en Allemagne; vous oubliez que l'Eglise vous a prolongé les délais, accordé les décimes et d'autres sommes; vous oubliez que nos frères et d'autres prédicateurs ont persuadé à une multitude d'hommes de tout rang de prendre la croix. — Vous vous appelez souvent l'*avocat de l'Eglise* : avocat veut dire défenseur ; remplissez-en l'office, ou n'en prenez pas le nom. Au lieu de défendre les droits de l'Eglise, vous les usurpez : témoin ceux de vos vassaux à qui vous avez donné des ordres arbitraires : témoin ceux de leurs châteaux que vous retenez injustement. Du reste, le bras du Seigneur n'est point raccourci, pour ne pouvoir plus abaisser l'orgueil de l'homme ; ne vous laissez donc point éblouir par la prospérité présente; ne soyez point ingrat, mais reconnaissant envers le Siège apostolique, qui ne cessera point de vous favoriser, si vous n'y mettez obstacle vous-même (*Apud Raynald.*, an 1226, n. 1-13). »

Frédéric eut honte d'avoir attaqué injustement un Pontife si bienveillant à son égard ; il craignit que, s'il venait à provoquer la juste indignation du Saint-Siège, il ne ruinât ses propres affaires : il changea donc de langage. En effet, Richard de San-Germano, après avoir parlé de cette lettre d'Honorius, ajoute : « C'est pourquoi l'empereur, pour apaiser son esprit, lui récrivit humblement avec une entière soumission (*Ibid.*, n. 14). »

D'ailleurs Frédéric avait en vue de réduire les Lombards, qui le reconnaissaient bien pour empereur, mais qui tenaient encore beaucoup plus à leurs anciennes franchises. Le 19 avril 1226, il célébra la fête de Pâques à Ravenne, et de là il manda au roi Henri, son fils, de venir le trouver en Lombardie, où il devait tenir une diète solennelle. Henri vint donc avec une grande armée jusqu'à Trente; mais les Véronais l'empêchèrent de passer plus avant, et il fut obligé de retourner en Allemagne, sans avoir vu l'empereur, son père. Les Lombards craignaient, non sans raison, que cette réunion formidable de l'armée d'Allemagne et de l'armée d'Italie ne fût dirigée contre eux. L'empereur ne laissa pas de tenir l'assemblée de Crémone. On y traita de l'extirpation des hérétiques d'Italie, de l'affaire de la terre sainte et de la réunion des villes de Lombardie; mais la plupart s'étaient liguées contre l'empereur, alarmées de sa venue, et ne voulurent ni lui obéir, ni même le recevoir. Nous avons vu précédemment qu'elles avaient ce droit de confédération pour maintenir leurs franchises, même contre l'empereur. Après donc avoir séjourné peu de jours à Crémone, Frédéric se retira au bourg Saint-Domnin, où Conrad, évêque d'Hildesheim,

chargé de prêcher la croisade, excommunia les Lombards rebelles à l'empereur croisé, avec l'approbation de tous les prélats de Lombardie; mais le pape Honorius révoqua depuis cette sentence, ce qui encouragea Milan et les autres villes opposées à l'empereur à maintenir leur confédération, qui fut nommée pendant longtemps *la Société de Lombardie*. Ces villes étaient au nombre de quinze, savoir : Milan, Vérone, Plaisance, Verceil, Lodi, Alexandrie, Trévise, Padoue, Vicence, Turin, Novarre, Mantoue, Bresce, Bologne et Faënza. L'empereur les défia par édit public, c'est-à-dire qu'il les déclara ennemies; puis il se retira en Apulie par la Toscane. Toutefois les prélats que le Pape avait pourvus furent reçus dans leurs sièges, savoir, les archevêques de Brindes, de Consa et de Salerne, l'évêque d'Averse et l'abbé de Saint-Laurent de la même ville (Labbe, t. XI, p. 301; Rayn., an 1226).

Le pape Honorius fut sensiblement affligé de la guerre qui s'éleva entre l'empereur Frédéric et les villes de Lombardie, comme d'un obstacle dangereux à la croisade : c'est pourquoi il envoya des légats presser les parties de s'accommoder. L'empereur lui écrivit, le 29 août 1226, une lettre où il s'en remettait pour ce différend à la disposition du Pape et des cardinaux, promettant de ratifier tout ce qu'ils auraient décidé. Le Pape craignant que, s'il acceptait la proposition, l'empereur ne se tînt pas à son jugement, lui renvoya l'archevêque de Tyr, chancelier du royaume de Jérusalem, et maître de l'ordre Teutonique, qui était venu le trouver de la part de l'empereur, et lui manda que lui et les cardinaux trouvaient cette affaire trop difficile et ne voulaient pas se charger de l'événement; mais l'empereur revint à la charge, et, protestant de la sincérité de ses intentions, il pria de nouveau le Pape d'accepter la commission et de traiter les Lombards comme ils méritaient, s'ils ne voulaient pas se soumettre à son jugement. Les Lombards, de leur côté, envoyèrent des députés au Pape et le firent arbitre de leur paix avec l'empereur; ainsi elle fut conclue aux conditions portées par une lettre du Pape aux recteurs de *la Société de Lombardie*, de la Marche et de la Romagne, où il dit :

« On nous a représenté de la part de l'empereur que votre Société l'a empêché de procéder comme il avait résolu contre l'hérésie, dont on dit que le pays est infecté; d'y relever la liberté ecclésiastique opprimée et de procurer le secours de la terre sainte; et que, contre le droit et la dignité de l'empire, on avait refusé de lui rendre les prisonniers. Sur ces remontrances et les autres, faites des deux côtés, nous avons ordonné que l'empereur, pour le respect de Jésus-Christ et le bien de la terre sainte, remettra à tous ceux de votre Société tout ressentiment des injures, et révoquera toutes les sentences et constitutions faites contre eux, particulièrement l'ordonnance contre l'école de Bologne. D'autre part, ceux de la Société, pour l'honneur de Dieu tout-puissant, de sa sainte Eglise et de l'empereur même, fourniront à celui-ci pendant deux ans, à leurs frais, quatre cents chevaliers pour le secours de la terre sainte; ils feront la paix avec les villes, les lieux et les personnes attachées à l'empereur, et révoqueront toutes sentences et ordonnances contraires. Ils observeront inviolablement toutes les constitutions et les lois publiées par l'Eglise romaine ou par les empereurs contre les hérétiques, et révoqueront tous statuts faits contre la liberté de l'Eglise. » C'est la substance de cette lettre du Pape, datée du 5 janvier 1227 (Rayn., an 1226, n. 19-29).

Pour entendre ce qui est dit dans ce traité touchant l'école de Bologne, il faut savoir que dès l'année 1224, au mois de juillet, l'empereur Frédéric, irrité contre cette ville, une des plus considérables de la confédération lombarde, voulut ruiner ou du moins affaiblir son école, qui était la principale source de sa puissance. Pour cet effet, il établit à Naples une étude générale, ou, comme nous parlons aujourd'hui, une université, en laquelle il mit pour premier recteur un docteur nommé Pierre d'Hibernie, avec une pension annuelle de douze onces d'or. Il promit d'y attirer d'excellents maîtres et de les bien récompenser, et invita les écoliers à y venir de toutes parts, leur promettant toutes sortes de commodités tant pour les logements que pour les vivres; enfin il défendit à tous ses sujets d'aller étudier ailleurs, même dans le royaume, et leur enjoignit de se rendre à Naples dans la Saint-Michel, c'est-à-dire trois mois après la publication de son ordonnance. Mais, en conséquence de la paix faite avec les Lombards, l'empereur Frédéric rendit à l'école de Bologne le droit qu'il lui avait ôté, et le fit par un édit du 1er février 1227 (Richard de San-Germ., an 1224 et 1227).

Après avoir réconcilié l'empereur Frédéric avec les villes de Lombardie, le pape Honorius s'efforça de le réconcilier avec son beau-père, le roi de Jérusalem, Jean de Brienne. Il écrivit donc à l'empereur, lui représentant qu'il avait trompé l'attente générale en dépouillant son beau-père, auquel il semblait que cette alliance dût procurer de grands avantages; que le reproche en retombait sur le Pape et les cardinaux, médiateurs de cette alliance; et que cette division entre le beau-père et le gendre avait extrêmement refroidi sa dévotion de secourir la terre sainte. C'est pourquoi il conjure l'empereur de rendre au roi Jean son affection et de la témoigner par les effets (*Apud Raynald.*, an 1227, n. 1-3). On a tout lieu de croire que l'empereur se rendit aux remontrances du Pape. Bernard le Trésorier, auteur du temps et continuateur français de Guillaume de Tyr, dit positivement que l'empereur et le roi se réconcilièrent, et qu'ensuite le Pape donna au roi Jean de quoi vivre avec honneur (*Apud Martene, Ampliss. Collectio*, t. V, col. 696, n. 86). En effet, le pape Honorius, voyant que Jean de Brienne n'avait plus que le titre de roi de Jérusalem, voulut au moins pourvoir à sa subsistance, et, pour cet effet, lui donna le gouvernement des terres de l'Eglise romaine, depuis Viterbe jusqu'à Montefiascone. La commission est du 27 janvier 1227 (*Apud Rayn.*, an 1227, n. 4 et 5, avec la note de Mansi).

Lorsque Frédéric vint en Italie, il donna pour tuteur au jeune roi son fils, et pour régent de l'empire en Allemagne, le saint archevêque de Cologne, Engelbert, dont il connaissait le mérite. Le saint prélat se montra digne de cette confiance. Il assembla les seigneurs à Aix-la-Chapelle, et sacra solennellement le jeune roi Henri le 8 mars 1222, qui était le dimanche avant l'Ascension. Il l'aimait comme son fils, l'honorait comme son roi, et n'usait de l'autorité que l'empereur lui avait confiée, que pour faire régner la justice; ce qui lui attira d'un côté la haine des méchants accoutumés au pillage, et de l'autre la bénédiction de tous les gens de bien, particulièrement des marchands. Il se servait pour réprimer les rebelles, des deux glaives qu'il avait reçus, le spirituel comme évêque, le matériel comme duc : ainsi parle le moine Césaire, auteur de sa vie. Il excommuniait les uns, il soumettait les autres par la force des armes; enfin il fut le plus puissant des archevêques de Cologne, depuis saint Brunon, frère de l'empereur Othon Ier. Engelbert retira plusieurs domaines et plusieurs fiefs soustraits depuis longtemps à son Eglise, il l'enrichit de plusieurs autres, et y fit des tours, des châteaux et d'autres bâtiments considérables. Etant repris par des religieux, de ce qu'il mettait des impositions sur le peuple, il s'excusa en disant que, sans argent, il ne pouvait maintenir la paix dans le pays.

Dans la famine qui survint en 1224 et qui était telle qu'on ne trouvait pas de blé pour de l'argent, il en acheta, qu'il fit amener par son autorité, de la province de Mayence, et distribuer aux monastères qui en avaient le plus de besoin; car il aimait les religieux et les honorait comme s'ils eussent été ses supérieurs. Il honorait aussi les prêtres, même les plus pauvres, et souvent leur donnait à manger de son assiette et à boire de sa coupe, préférablement aux nobles séculiers. Plusieurs frères des deux nouveaux ordres des Prêcheurs et des Mineurs étant venus à Cologne, quelques-uns du clergé les inquiétèrent, et proposèrent contre eux divers reproches devant l'archevêque Engelbert. Il répondit : Tant que les choses iront bien, laissez-les au même état. Les accusateurs, qui étaient des dignitaires du chapitre et des curés, ajoutèrent : Nous craignons que ce ne soient ceux dont sainte Hildegarde a prophétisé qu'ils abaisseraient le clergé et mettraient la ville en péril. L'archevêque répondit : Si cette prophétie est venue de Dieu, il est nécessaire qu'elle s'accomplisse. Et il les arrêta tous par cette réponse.

Le saint archevêque s'attira plusieurs ennemis puissants par son zèle pour la justice; mais le plus implacable fut Frédéric, comte d'Isembourg, son parent. Il était avoué ou défenseur de l'abbaye d'Esende, monastère royal de filles; mais, au lieu de la protéger, il ne travaillait qu'à la piller. Il ôta les baillis qui en dépendaient, malgré l'abbesse et les religieuses, et en établit de nouveaux; il accabla les sujets de l'abbaye d'impositions et de corvées excessives. L'abbesse vint souvent à Cologne avec ses religieuses, se plaindre de ses violences, premièrement à l'archevêque Théodoric, puis à Engelbert; mais la considération de la parenté les portait à dissimuler le mal. Quelques années après, le pape Honorius et l'empereur Frédéric, fatigués par les plaintes des religieuses, en écrivirent des lettres pressantes à Engelbert, qui avertit sérieusement le comte de se corriger, jusqu'à lui offrir une pension sur ses propres revenus, pourvu qu'il n'abusât point de son droit d'avoué. Mais, loin d'en profiter, il se plaignit à ses parents et à ses amis que l'archevêque voulait le dépouiller de son bien, et ceux-ci l'échauffèrent encore, en sorte qu'il résolut la mort du prélat, se fiant principalement à sa puissance et à ses grandes alliances, qui le mettaient, ce lui semblait-

Après la fête de la Toussaint 1225, l'archevêque vint à Soest en Westphalie, pour traiter de la paix avec le comte Frédéric, qui s'y rendit aussi accompagné de ses deux frères, Théodoric, évêque de Munster, et Engelbert, élu évêque d'Osnabruck, ainsi que de plusieurs autres parents et amis. Pendant trois jours de conférence, on ne put trouver d'expédient qui contentât Frédéric; mais l'archevêque reçut une lettre qui l'avertissait du dessein formé contre sa vie. Il la lut à l'évêque de Minden, qui était présent, et qui lui dit : « Au nom de Dieu, seigneur, soyez sur vos gardes, non-seulement pour votre intérêt, mais pour celui de notre Eglise et de tout le pays. » Il répondit : « Je suis dans un grand embarras; si je me tais, il m'arrivera malheur; si je leur en parle, ils diront que je les calomnie : je remets désormais mon corps et mon âme à la divine Providence. » Il foula aux pieds la lettre d'avis et la jeta au feu. Puis il entra dans sa chapelle avec l'évêque de Minden et lui fit la confession générale de toute sa vie avec abondance de larmes : c'était aussi pour se préparer à une dédicace d'église, qu'il devait faire le lendemain.

Alors le comte Frédéric, pour mieux cacher son mauvais dessein, feignit d'accepter la paix proposée par l'archevêque, qui lui dit : « Mon cousin, nous irons ainsi ensemble avec bien de la joie à la diète que le roi doit tenir à Nuremberg. » Le comte prit congé de lui, et, étant retourné vers ses gens, il leur donna ses ordres pour l'embuscade et l'exécution de son dessein. C'était le vendredi d'après la Toussaint, 7 novembre. L'archevêque marchant vers Swelme, qui était le lieu où il devait dédier l'église, reçut encore en chemin plusieurs avis, qui ne l'empêchèrent pas de continuer. Enfin, comme le jour commençait à manquer, il arriva au lieu de l'embuscade, qui était un chemin creux au haut d'une montagne; le signal donné, les gens de Frédéric se jetèrent sur lui, et, encouragés par leur maître, lui donnèrent quarante-sept coups d'épées et de couteaux, et le laissèrent mort sur la place. Il fut depuis rapporté à Cologne et enterré à Saint-Pierre. Un grand nombre de miracles se firent par son intercession. Il est honoré comme martyr le 7 novembre, jour de sa mort. Il est dit de lui, dans le *Martyrologe romain*, qu'il souffrit le martyre pour défendre la liberté de l'Eglise, et pour avoir obéi à l'Eglise romaine. Sa vie fut écrite, à la demande de Henri, son successeur, par le moine Césaire d'Heisterbach, de l'ordre de Citeaux (*Apud Surium*, 7 novemb.).

Comme saint Engelbert était non-seulement archevêque de Cologne, mais encore régent de l'empire, tous les ordres de l'Etat poursuivirent la vengeance de son meurtre. Le comte Frédéric fut mis au ban de l'empire et à la diète de Nuremberg et ensuite à celle de Francfort. Dans cette dernière, on présenta au roi Henri et aux princes, le corps même de l'archevêque, avec la chemise sanglante, et ceux qui marchaient devant le corps avaient l'épée à la main suivant la coutume, et criaient contre le meurtrier Frédéric. Tous les assistants furent émus de ce spectacle, principalement le jeune roi, qui regrettait Engelbert comme son père. Il renouvela le ban de Frédéric, déjà prononcé à la diète de Nuremberg, et déclara tous ses fiefs et ses autres biens confisqués, et tous ses vassaux absous de leur serment. On promit, au nom de Henri, le nouvel archevêque élu, mille marcs d'argent à quiconque livrerait le meurtrier (*Apud Surium*, 7 novemb.).

On présenta de même le corps du saint dans le concile de Mayence, que le cardinal-légat Conrad, évêque de Porto, y tint avec plusieurs évêques et abbés, pendant l'Avent de la même année 1225. Le légat qui lui-même était un saint homme, sensiblement affligé du meurtre d'Engelbert, lui donna de grandes louanges dans le sermon qu'il fit au concile, le qualifiant de martyr et le proposant pour exemple aux évêques, qui donnaient en fiefs à leurs neveux et à leurs autres parents les biens des églises, ou qui dissimulaient leurs usurpations. Ensuite il excommunia le comte Frédéric en plein concile, et ordonna que l'excommunication serait publiée tous les dimanches dans les cinq provinces de sa légation, savoir, de Mayence, de Cologne, de Trèves, de Brême et de Magdebourg (Labbe, t. XI).

Le légat Conrad tint ensuite un concile à Liège, pour entendre la justification des évêques de Munster et d'Osnabruck, soupçonnés d'être les complices de leur frère, le comte Frédéric, dans le meurtre du saint archevêque de Cologne. Par ordre du légat, les deux évêques furent amenés au concile sous escorte. Comme ils ne purent se justifier, le légat, de l'avis des Pères du concile, les envoya au Pape pour être examinés, et en attendant les déclara suspens. Ils allèrent donc à Rome et le comte Frédéric avec eux. Après qu'ils y eurent demeuré quelque temps, ils furent déposés, n'ayant pu se purger du crime dont ils étaient accusés par les procureurs de l'Eglise de Cologne et par les lettres des princes. Peu de temps après, l'évêque de Munster mourut de chagrin avant que de retourner chez lui. Quant au meurtrier Frédéric, n'ayant pu obtenir à Rome le pardon qu'il désirait, il vint à Liège déguisé; mais il y fut reconnu, puis amené à Cologne le jour de la Saint-Martin, et, trois jours après, exécuté à mort en cette manière. On l'étendit par terre, le bourreau lui cassa les bras et les jambes à coups de cognée, et il en reçut jusqu'à seize sans se plaindre, tant il était repentant de son crime, qu'il confessa plusieurs fois et en particulier et en public. Après avoir été ainsi rompu, il fut mis sur une roue élevée sur un pilier de pierre hors la ville, près d'une des portes; il y vécut jusqu'au matin, priant et se recommandant aux prières des assistants. Ainsi finit ce comte, un an après son crime, au mois de novembre 1226 (Godefr., an 1226).

Saint François d'Assise mourut la même année, mais après une vie bien différente. Un jour, dans ses courses apostoliques, il passait avec le frère Léon au pied du château de Montefeltro. Il y avait une affluence considérable de chevaliers, de marchands et de peuples des campagnes. Un jeune comte de Montefeltro devait être armé chevalier dans la chapelle de ses ancêtres. François, qui aimait naturellement ces sortes de fêtes, dit à frère Léon : Allons à cette fête; nous y ferons, Dieu aidant, un chevalier spirituel.

Après l'office solennel, François monta sur un petit mur et commença à prêcher par ces paroles : *Le bien que je désire est si grand, que toute peine m'est plaisir*. Il cita l'exemple des apôtres, qui étaient pleins de joie d'avoir reçu des outrages pour le nom de Jésus-Christ, et celui des martyrs qui s'exposaient volontiers aux tourments et à la mort pour conquérir le ciel. L'auditoire fut profondément ému, et tous les yeux étaient attachés sur le visage du prédicateur, comme s'il eût été un ange (Vital, *Chron. Mont. Alv.;* Wadding et Fioretti). Parmi les chevaliers, était le seigneur Orlando. Il avait entendu en Toscane raconter de François des choses merveilleuses, ce qui lui avait donné un grand désir de le voir. Aussitôt après la prédication, il l'aborde, et, le tirant à l'écart, il lui dit : « Père, je voudrais parler avec vous du salut de mon âme. » François répondit : « Cela me plaira beaucoup ; mais pour le moment faites honneur à vos amis qui vous ont invité à la fête ; mangez avec eux, et après le repas nous converserons ensemble tant que vous voudrez. » En effet, après le repas, il vint à François, et à la fin d'une longue et abondante causerie sur les dispositions de son âme, Orlando dit : « J'ai en Toscane une montagne vraiment religieuse ; on l'appelle Mont-de-l'Alverne ; elle est isolée, sauvage et très-convenable à ceux qui voudraient faire pénitence loin du monde et mener la vie solitaire. Si elle vous plaît, je vous la donnerai volontiers et à vos compagnons pour le salut de mon âme. » A ces paroles, François, tout joyeux, remercia Dieu dans son cœur et dit à Orlando : « Seigneur, quand vous serez retourné dans votre château, si vous envoyez quelques-uns de mes disciples, ils visiteront la montagne, et si elle est propre à la vie religieuse, j'accepte votre charitable offrande. » Puis il se leva et continua son voyage ; et le chevalier Orlando revint au Nouveau-Clusium, c'était le nom de son château.

De retour à Sainte-Marie-des-Anges, François envoya à Clusium deux de ses frères ; Orlando les reçut avec honneur et avec joie. Accompagnés de cinquante hommes armés, à cause des bêtes sauvages et des brigands, ils visitèrent la montagne. Ils choisirent, au-dessus d'immenses rochers, dans un lieu découvert, entouré de hêtres énormes, une place propre à bâtir un couvent. Avec l'aide de leurs guides, ils y construisirent des logettes en bois, en terre et en pierre, et un petit oratoire où ils récitèrent le saint office de l'Eglise. Ainsi les pauvres frères Mineurs prirent possession de la montagne par la prière.

Cette sainte retraite, si propre à la vie contemplative, fut bien chère à François ; il y alla souvent reposer son âme et son corps des fatigues de l'apostolat. Il y fit un premier voyage avec les frères Léon, Angelo et Maneo, lequel était le gardien ; car toujours il avait coutume de choisir parmi ceux qui l'accompagnaient un supérieur auquel il obéissait humblement. Il prêcha partout où il passa, et n'eut d'autres soins que l'office, la méditation et les entretiens pieux. La première nuit se passa dans un couvent de l'ordre. La deuxième nuit, la fatigue et le mauvais temps les obligèrent à chercher un abri dans une vieille église abandonnée. Les frères s'endormirent profondément ; François resta en prière. Alors il fut tourmenté par les démons avec une rudesse et une cruauté inouïes ; ils se jetèrent sur lui pleins de fureur, le traînèrent sur le pavé, le brisèrent de coups. Au milieu des douleurs, il s'écriait : « O mon Seigneur Jésus-Christ, je vous rends grâces de tant d'amour et de tous vos bienfaits ; celui-ci est une marque assurée de votre bonté pour moi ; vous punissez mes péchés en ce monde pour m'épargner dans l'autre ; je suis prêt, ô mon Dieu, à souffrir encore davantage, si c'est votre sainte volonté (Fioretti). »

Saint Bonaventure nous apprend que François fut souvent tourmenté de cette sorte par les démons ; mais que ces esprits orgueilleux, ne pouvant vaincre sa constance, se retiraient confus (*Vita S. Franc.*, c. 10).

Au matin, il se trouva dans une si extrême faiblesse, qu'il ne put continuer la route à pied : ses frères allèrent au village voisin, où un bon laboureur offrit son âne, tout joyeux de faire quelque chose pour cet homme dont il avait entendu dire tant de bien. On se mit en marche, les frères suivirent à quelque distance. François s'entretenait avec le paysan, qui lui dit dans toute sa franchise ombrienne : « Puisque vous êtes vraiment François d'Assise, appliquez-vous à être aussi bon que les gens le disent, afin qu'ils ne soient pas trompés dans leur confiance ; je vous en avertis. » François aussitôt se jette à terre, se met à genoux devant le paysan, baise ses pieds et le remercie de son bon et utile avis. En montant le sentier raide et abrupt qui conduit au sommet de l'Alverne, par une de ces chaleurs étouffantes qu'on n'éprouve que dans les montagnes, le paysan s'écria : « Je meurs, si je ne trouve à boire ! » François, après une courte prière, lui indiqua un peu d'eau dans un endroit où pourtant il n'y avait pas de fontaine.

Orlando, apprenant que François était à la montagne, y accourut avec des hommes qui portaient des pains et autres provisions. Il trouva nos pieux ermites en prières. François se leva aussitôt et reçut avec une joie bien affectueuse Orlando et sa compagnie. Il le remercia de ce beau présent de la sainte montagne, et le pria de lui faire construire une petite cellule couverte au pied d'un très-beau hêtre situé à peu près à un jet de pierre de l'endroit où étaient les cellules des frères. Cela fut immédiatement exécuté. Comme venait le soir et qu'il fallait repartir, François dit quelques paroles et bénit cette petite troupe pieuse et dévouée. Au moment du dernier adieu, Orlando tira un peu à l'écart François et ses frères, et leur dit : « Mes biens chers, je ne veux pas que, sur cette montagne sauvage, vous ayez aucune nécessité corporelle, afin que vous puissiez vous livrer entièrement à la contemplation ; je veux et je vous le dis à présent pour toujours ; je veux que vous veniez chercher dans ma maison tout ce qui vous est nécessaire ; si vous faites autrement, j'en aurai beaucoup de peine ; » et il partit.

François s'assit sur la mousse avec ses compagnons, et leur dit, en les entretenant des choses de l'âme : « Ne vous appuyez pas trop sur l'offre charitable du seigneur Orlando ; prenons garde de blesser notre profession de pauvreté. Soyez sûrs que, si nous sommes de vrais pauvres, le monde aura compassion de nous ; si nous embrassons bien étroitement la pauvreté, il nous donnera libéralement tout ce qu'il faut pour vivre. Dieu, qui nous a appelés dans la sainte religion pour le salut du monde, a fait ce pacte avec nous ; nous devons donner au monde de bons exemples, et le monde doit fournir à toutes nos nécessités. Persévérons donc dans notre pauvreté, parce qu'elle est la voie de la perfection et le gage des richesses éternelles (Fioretti). » Chacun se retira dans sa cellule. Le lendemain François voulut seul, en méditant et priant, visiter la montagne, chercher les lieux les plus retirés et les plus secrets pour s'y cacher dans l'oraison, le jeûne et les larmes.

Cependant Orlando avait amené des environs quelques pieux ouvriers qui bâtirent une petite église et un couvent, selon le plan tracé par François. Ces journées saintes et calmes furent troublées par un événement bizarre. Un Sarmate, chassé de son pays à cause de ses crimes, avait cherché un refuge dans l'Apennin. Ce Sarmate, que ses ravages et sa cruauté avaient fait surnommer *le Loup*, s'était établi au mont Alverne. Entre les masses de rochers, il y en a une plus haute et plus énorme que les autres et dont elle est séparée par des abîmes; on ne peut y parvenir que par un petit pont; elle porte encore aujourd'hui le nom de *Rocher-de-Frère-Loup*. L'établissement des frères Mineurs avait fort déplu à ce loup sarmate; plusieurs fois il les avait menacés. Furieux, il vint un jour pour les chasser avec de terribles paroles. La patience et quelques mots de François le frappèrent; sa fureur se calma, et, prosterné aux pieds des pauvres Mineurs, il leur demanda de rester avec eux. François, pleurant de joie, serra dans ses bras ce loup changé en agneau, lui donna l'habit de l'ordre et le doux nom de frère Agnello (Vital, *Chron. Mont. Alvern.*).

Dans le cours de sa vie apostolique, François fit plusieurs voyages au mont Alverne, et chaque fois il y eut avec Dieu d'intimes et ineffables communications. Mais aucune ne fut merveilleuse comme celle qu'il y eut en 1224. Il s'était retiré sur la montagne, pour y passer son carême de Saint-Michel, c'est-à-dire les quarante jours qu'il avait coutume de jeûner depuis l'Assomption de Notre-Dame jusqu'à la fin de septembre. Le saint homme y ayant longtemps prié très-ardemment, Dieu lui fit entendre qu'à l'ouverture du livre de l'Évangile, il apprendrait ce qui pouvait en lui être plus agréable à Dieu. François dit à frère Léon, qui seul l'accompagnait : « Chère petite brebis de Dieu, va, ouvre trois fois sur l'autel, en l'honneur de la sainte Trinité, le livre des Évangiles. » Et, chaque fois, frère Léon trouva la passion de Jésus-Christ. François en conclut qu'il devait, avant que de mourir, se conformer encore plus qu'il n'avait fait aux douleurs de la Passion. Et quoique son corps fût extrêmement affaibli d'austérités, il ne fut point effrayé de cette pensée, mais plus encouragé au martyre, qu'il croyait être cette conformité parfaite aux souffrances de Jésus-Christ.

Son union avec Dieu devint plus intime, sa vie n'était qu'une longue extase. Ces opérations intérieures, qui ravissaient son âme, élevaient son corps en l'air, plus ou moins haut, à proportion de leurs degrés. Quand il n'était élevé qu'à la hauteur d'un homme, frère Léon embrassait ses pieds et les arrosait de ses larmes, disant à Dieu du fond de son cœur : « Mon Dieu, soyez propice à un pécheur comme moi par les mérites de ce saint homme, et daignez me donner quelque petite portion de votre grâce. » Quand il ne pouvait l'atteindre ni l'apercevoir, il se prosternait et priait où il l'avait vu s'élever. On l'entendait parler avec Dieu, tantôt avec crainte et tremblement, tantôt comme un ami parle à son ami. Plusieurs fois frère Léon vit une lumière éclatante, et au milieu des soupirs de François, il ne distinguait que ces paroles : « Qui êtes-vous, Seigneur, et qui suis-je, moi ? » Un jour, après un de ces ravissements, le Sauveur parut assis sur une grande pierre plate qui servait de table à François. Il y eut une longue et intime communication; et François, se levant tout transporté, s'écria : « Frère Léon, prépare des parfums et du baume pour consacrer cette pierre. » Frère Léon lui apporta de l'huile qu'il versa sur la pierre, à l'exemple de Jacob, prononçant ces paroles : *Cette pierre est l'autel de Dieu* (Vital et Fioretti).

Un matin, vers la fête de l'Exaltation de la Sainte-Croix, qui est le 14 septembre, comme il priait au côté de la montagne, il vit un séraphin ayant six ailes ardentes et lumineuses, lequel descendait du haut des cieux d'un vol très-rapide. Quand il fut proche, François vit entre ses ailes la figure d'un homme ayant les mains et les pieds étendus et attachés à une croix. Deux ailes s'élevaient au-dessus de sa tête, deux étaient étendues pour voler, et deux couvraient tout son corps. Cette vision l'étonna merveilleusement; il eut le cœur saisi d'une joie mêlée de tristesse, et il comprit que ce n'était pas par le martyre corporel, mais par l'ardeur de la charité qu'il devait être transformé en la ressemblance de Jésus crucifié. La vision, disparaissant, laissa en son cœur une ardeur merveilleuse et une impression encore plus admirable en son corps; car aussitôt commencèrent à paraître à ses mains et à ses pieds les marques des clous, comme il les avait vus dans l'image du crucifix. Ses mains et ses pieds paraissaient percés de clous dans le milieu; les têtes des clous se voyaient au dedans des mains et au-dessus des pieds, et les pointes repliées de l'autre côté et enfoncées dans la chair. A son côté droit paraissait une cicatrice rouge comme d'un coup de lance, et souvent elle jetait du sang, dont sa tunique et ses fémoraux étaient arrosés.

Le serviteur de Dieu voyant que ces *stigmates*, c'est ainsi qu'on les a nommés, ne pouvaient demeurer cachés à ses compagnons les plus familiers, et craignant d'ailleurs de publier le secret de Dieu, se trouva dans un grand embarras. Il appela quelques-uns de ses frères, leur proposa la difficulté en termes généraux et leur demanda conseil. Frère Illuminé, jugeant à la manière dont il paraissait étonné qu'il avait vu quelque merveille, il lui dit : « Mon frère, sachez que ce n'est pas seulement pour vous, mais encore pour les autres, que Dieu vous découvre quelquefois des secrets; c'est pourquoi vous devez craindre d'être repris d'avoir caché votre talent. » François, touché de ces paroles, rapporta avec grande crainte la suite de sa vision, ajoutant que celui qui lui avait apparu lui avait dit des choses qu'il ne découvrirait à personne de sa vie. Après qu'il eût passé sa quarantaine dans la solitude, il descendit de la montagne à la Saint-Michel, et Dieu confirma l'impression miraculeuse de ses stigmates par plusieurs autres miracles.

Dans la province de Riéti s'était étendue une maladie contagieuse qui faisait périr les moutons et les bœufs, sans qu'on y pût apporter aucun remède. Un homme craignant Dieu fut averti en songe d'aller promptement à l'ermitage des frères Mineurs, où François demeurait alors, de prendre de l'eau dans laquelle il aurait lavé ses mains et ses pieds, et d'en asperger tout le bétail. Le matin, il vint à l'ermitage, et ayant obtenu secrètement de cette eau par le compagnon du saint, il en arrosa les bestiaux malades et couchés par terre. Dès que la moindre goutte les avait touchés, ils se levaient vigoureux et couraient aux pâturages. Ainsi toute la maladie cessa. Autour du mont Alverne, avant que le saint homme y demeurât, la grêle, formée d'un nuage qui s'élevait de la montagne, gâtait ordinairement les fruits de la terre; mais, depuis l'apparition du séraphin, cette grêle cessa, au grand étonnement des habitants. L'hiver qui suivit, François voyageait monté sur l'âne d'un pauvre homme, à cause de sa faiblesse et de la rudesse des chemins. La neige et la nuit qui approchait l'obligèrent de demeurer sous une roche, où il s'aperçut que ce pauvre homme qui l'accompagnait se plaignait et se tournait de côté et d'autre, ne pouvant reposer, parce qu'il était vêtu légèrement par ce froid très-rigoureux. François étendit le bras et toucha son guide de la main percée; aussitôt il se sentit tellement échauffé au dedans et au dehors, qu'il dormait plus doucement entre ces roches et ces neiges, qu'il n'avait jamais fait dans son lit, comme il l'assura depuis.

Quelque soin que prît François de cacher ses stigmates, il ne put empêcher qu'on ne vit ceux des pieds et des mains, quoique depuis ce temps-là il marchât chaussé et tînt presque toujours ses mains couvertes. Les stigmates furent vus de plusieurs de ses confrères, lesquels, bien que très-dignes de foi par leur sainteté, l'assurèrent depuis par serment, pour ôter tout prétexte d'en douter. Quelques cardinaux les virent par la familiarité qu'ils avaient avec le saint homme; ils ont relevé les stigmates, dit saint Bonaventure, dans les proses, les hymnes et les antiennes qu'ils ont publiées en son honneur, et ont rendu témoignage à cette vérité et de vive voix et par écrit. Enfin le pape Alexandre IV, prêchant au peuple en présence de plusieurs frères et de moi-même, assura que pendant la vie du saint, il avait vu ces sacrés stigmates de ses propres yeux. Ce sont les paroles de saint Bonaventure dans la *vie de saint François*, d'où est tiré tout ce récit. Il ajoute : « A sa mort, plus de cinquante frères les virent, et la pieuse vierge Claire avec ses sœurs, et une multitude innombrable de séculiers, dont plusieurs les baisèrent et les touchèrent de leurs mains, pour plus grande certitude. »

Quant à la plaie de son côté, il la cacha si bien, que de son vivant, personne ne la put voir qu'à la dérobée. Un frère qui le servait, nommé Jean de Lodi, lui ayant persuadé par un pieux artifice de tirer sa tunique, sous prétexte de la secouer, vit cette plaie, regardant attentivement, et en reconnut la grandeur, en y appliquant légèrement trois doigts. Frère Léon, compagnon du saint, homme d'une simplicité merveilleuse, lui maniant les épaules à cause d'un mal qu'il y sentait, passa la main par son capuce et toucha la plaie par hasard, ce qui causa au saint homme une grande douleur. Depuis ce temps, pour couvrir cette plaie, il porta des fé- moraux qui montaient jusqu'aux aisselles; mais les frères qui les lavaient ou secouaient sa tunique de temps en temps, les trouvaient ensanglantés. Enfin, après sa mort, la plaie du côté apparut comme les autres. Lucas, évêque de Tuy en Espagne, auteur du même temps, rend témoignage à la vérité des stigmates de saint François, et dit qu'ils ont été vus et touchés par beaucoup de clercs et de laïques, religieux et séculiers, cinq ans avant le temps où il écrivait (*Acta Sanct.*, 4 octobr.).

Saint François, mort au monde, mort à lui-même, absorbé en Dieu, transformé en Jésus-Christ, devait être mort pour la nature entière, la nature entière devait être morte pour lui : voilà ce que nous sommes naturellement portés à croire. Eh bien! nous nous trompons. La vérité, c'est tout le contraire.

Cela étonnera sans doute beaucoup. N'est-il pas dit qu'il faut renoncer aux créatures ? En tant qu'elles éloignent de Dieu, oui ; en tant qu'elles élèvent à Dieu, non. En effet, elles en éloignent ou en approchent, suivant la manière dont on les envisage. L'homme sensuel, en qui domine la vie animale, qui fait son dieu de son ventre, ne voit dans les créatures que ce qui peut satisfaire ses passions charnelles, et ainsi elles l'éloignent de plus en plus de Dieu. L'homme en qui domine la vie purement raisonnable ou humaine, le savant, ne voit dans les créatures qu'un objet de curiosité, d'examen, d'expérience, de calcul, de science. Il lui serait facile de s'élever jusqu'à celui qui les a faites. Mais il lui est facile aussi de n'aller pas au delà de lui-même, de se faire lui-même l'unique but de toutes ses études, et de n'envisager toutes les créatures que comme une pâture à sa curiosité, à sa vanité, à son orgueil. Le chrétien, au contraire, le saint en qui domine tellement la vie de la grâce, qu'elle pénètre en quelque manière et qu'elle s'identifie la vie purement raisonnable et la vie sensitive, voit, comme le premier et comme le second, ce que les créatures ont de beautés sensibles ou intellectuelles; mais il ne s'arrête ni à elles ni à soi, il s'élève jusqu'à Dieu; il se réjouit dans toutes les œuvres du Seigneur, et, par autant d'agréables miroirs, il monte jusqu'à la cause vivifiante. Dans ce qu'il y a de beau, il contemple celui qui est la beauté même, et aux vestiges qu'il a imprimés dans les créatures, il suit partout le bien-aimé, se faisant de tout un degré, une échelle, pour s'élever et atteindre celui qui est l'amabilité même. Voilà ce que saint Bonaventure raconte en propres termes de saint François d'Assise. Il ajoute : « Dans toutes les créatures, comme en autant de ruisseaux, ce saint goûtait, avec une dévotion ineffable, il goûtait, il savourait cette bonté souveraine, source intarissable de tout ce qu'il y a de bon. » Et comme s'il percevait une céleste harmonie dans le concert des différentes qualités et fonctions que Dieu leur a données, il les invitait amicalement à sa louange, suivant la coutume du prophète David.

Un jour, près de Bévagne, il vint à un lieu où s'était rassemblée une très-grande multitude d'oiseaux de différentes espèces. Le saint, les voyant, courut à eux et les salua, comme si c'eût été des créatures raisonnables. Tous l'attendirent, se retournèrent de son côté, les plus élevés inclinant la tête jusqu'à ce qu'il fût proche et qu'il les exhortât tous à écouter la parole de Dieu, en disant : « Mes frères les oiseaux, vous devez bien louer votre Créateur, qui vous a revêtus de plumes, vous a donné des ailes pour voler, vous accorde la pureté de l'air et vous gouverne sans que vous ayez à prendre aucune sollicitude. » Pendant qu'il leur disait ces choses et d'autres, les petits oiseaux tressaillaient de joie, allongeaient le cou, étendaient les ailes, entr'ouvraient le bec et le regardaient attentivement. Lui, plein de ferveur, passa au milieu d'eux, les touchant de sa tunique, sans que pas un changeât de place, jusqu'à ce qu'il les eût congédiés en faisant sur eux le signe de la croix; alors tous s'envolèrent tous avec sa bénédiction. Ses compagnons de voyage considéraient tout ceci de la route où ils l'attendaient. Revenu à eux, cet homme simple et pur commença à s'accuser de négligence de n'avoir point jusqu'alors prêché les oiseaux (S. Bonavent., c. 12).

Il aimait particulièrement les alouettes. Il se plaisait à remarquer dans leur plumage la couleur grise et cendrée qu'il avait choisie pour son ordre, afin que l'on pensât souvent à la mort, à la cendre et au tombeau. Montrant à ses disciples l'alouette qui s'élève dans les airs et chante dès qu'elle a pris sur la terre quelques grains : « Voyez, disait-il, avec joie, elle nous apprend à rendre grâces au Père commun qui nous donne la nourriture; à ne manger que pour sa gloire ; à mépriser la terre et à nous élever au ciel, où doit être notre conversation. »

Prêchant dans le bourg d'Alviano, et ne pouvant être entendu à cause du bruit des hirondelles qui avaient là leurs nids, il leur adressa ces paroles : « Mes sœurs les hirondelles, vous avez assez parlé, il est bien temps que je parle à mon tour. Ecoutez donc la parole de Dieu, et gardez le silence pendant que je prêcherai. » Elles ne dirent plus un seul petit mot, et ne bougèrent de l'endroit où elles étaient. Saint Bonaventure, qui raconte ce fait, ajoute qu'un bon étudiant de Paris se trouvant interrompu dans son étude par le gazouillement d'une hirondelle, dit à ses condisciples : « En voici une de celles qui troublaient le bienheureux François dans son sermon, et qu'il fit taire. » Alors il dit à l'hirondelle : « Au nom de François, serviteur de Dieu, je te commande de te taire et de venir à moi. » Elle se tut dans le moment et vint à lui. Mais, dans la surprise qu'il en eut, il la lâcha, et n'en fut plus importuné (Ibid., n. 12). C'est ainsi qu'il plaisait à Dieu d'honorer le nom de son serviteur.

Un jour, comme saint François allait prendre son repas avec le frère Léon, il se sentit intérieurement rempli de consolation au chant d'un rossignol. Il pria Léon de chanter alternativement les louanges avec l'oiseau. Celui-ci s'en étant excusé sur sa mauvaise voix, le saint se mit à répondre au rossignol, et continua jusqu'au soir, où il fut obligé de cesser, avouant avec une sainte envie que le petit oiseau l'avait vaincu. Il le fit venir sur sa main, le loua d'avoir si bien chanté, lui donna à manger, et ce ne fut que par son ordre, et après avoir reçu sa bénédiction, que le rossignol s'envola (Fioretti di S. Francesco).

Dans sa première visite au mont Alverne, il se vit environné d'une multitude d'oiseaux qui se mirent sur sa tête, sur ses épaules, sur sa poitrine et dans ses mains, battant des ailes et témoignant par le mouvement de leur petite tête tout le plaisir que leur causait l'arrivée de leur ami. « Je vois, dit-il à son compagnon, je vois qu'il faut rester ici, puisque mes petits frères les oiseaux se réjouissent. » Pendant son séjour dans ces montagnes, un faucon, dont l'aire était voisine, le prit en grande amitié ; par son cri, il annonçait au saint l'heure à laquelle il avait coutume de prier; il chantait à une heure plus avancée pour le ménager lorsqu'il était malade, et si alors, vers le point du jour, sa voix, comme une cloche intelligente, sonnait au matin, il avait soin d'en modérer et d'en affaiblir le son. C'était, dit saint Bonaventure, un divin présage des grandes faveurs qu'il devait recevoir en ce lieu (S. Bonavent., c. 8).

Tout cela nous étonne. C'est que nous n'avons peut-être jamais bien médité ce mystère dont parle saint Paul aux chrétiens de Rome : *Toute la nature, faite pour glorifier Dieu, est asservie malgré elle à la vanité de l'homme; elle en gémit, et attend que les enfants de Dieu la délivrent. Car la création même sera délivrée de cette servitude de corruption, par une certaine participation à la gloire des enfants de Dieu, à la gloire des saints* (Rom., 8, 19-22). Voilà ce qu'enseigne l'Apôtre. Il n'est donc pas étonnant pour le chrétien, que les créatures qui gémissent de l'asservissement où les tiennent les pécheurs, se réjouissent à la vue des saints qui commencent leur délivrance, qu'ils leur témoignent à leur manière un religieux respect et obéissent à leur voix, comme nous avons vu bien des fois les lions et les ours de l'amphithéâtre se coucher familièrement aux pieds des martyrs, et les animaux du désert obéir à la voix de saint Antoine.

Entre tous les animaux, saint François aimait singulièrement ceux qui lui représentaient la douceur de Jésus-Christ, ou qui étaient le symbole de quelque vertu. Les agneaux lui rappelaient ce très-doux agneau de Dieu qui s'est laissé conduire à la mort pour la rédemption des péchés du monde. Lorsqu'il passait le long des pâturages, il saluait amicalement les troupeaux, qui venaient à lui et lui faisaient fête à leur manière. Plus d'une fois il racheta des agneaux qu'on menait à la boucherie.

En même temps, il domptait la férocité des loups et faisait des pactes avec eux. Voyageant un jour entre Grecio et Cotanello avec un paysan, les loups vinrent le caresser comme font les chiens. A cette nouvelle, les habitants du voisinage supplièrent l'homme de Dieu de les délivrer de deux grands fléaux qui les tourmentaient, les loups et la grêle. Saint François leur dit : « A l'honneur et à la gloire de Dieu tout-puissant, je vous engage ma parole que, si vous voulez me croire et avoir pitié de vos âmes en faisant une bonne confession et de dignes fruits de pénitence, le Seigneur vous regardera d'un œil favorable, vous délivrera de vos calamités et vous rendra votre pays abondant en toutes sortes de biens. Mais aussi je vous déclare que, si vous êtes ingrats, si vous faites comme le chien qui retourne à son vomissement, Dieu en sera plus irrité contre vous, et il doublera vos peines et vos tribulations. » Tant que les habitants de la vallée de Grecio demeurèrent fidèles à Dieu, les loups ne mangèrent pas leurs troupeaux, et la nuée, grosse de grêle et d'orage, se détournait de leur terre et allait fondre ailleurs (S. Bonavent., c. 8).

Dans le temps que saint François demeurait dans la ville d'Eugubio, un loup ravageait tout le territoire, et les citoyens armés marchaient contre lui comme contre un ennemi public. Saint François, malgré les prières de ses frères, voulut aller seul à la rencontre du loup. Dès qu'il l'aperçut, il lui commanda, au nom de Dieu, de ne plus faire aucun ravage; et cet animal féroce, devenu doux comme un agneau, vint se coucher aux pieds du saint, qui lui parla ainsi : « Mon frère le loup, tu vas dévastant et tuant les créatures de Dieu; tu es un homicide, et toute cette contrée t'a en horreur. Mais je veux, frère loup, que tu fasses la paix avec elle. Comme c'est la faim qui t'a porté au mal, je veux que tu me promettes de ne plus le faire, si on te nourrit. » Le loup, en signe de consentement, inclina profondément la tête. — « Donne-moi un gage de ta parole, » reprit le saint homme en lui tendant la main. Le loup leva familièrement une patte de devant et la posa dans la main de son ami et de son maître, et il le suivit dans la ville. Saint François dit au peuple assemblé à cause d'une si grande merveille : « Entre autres choses, Dieu a permis ce fléau à cause des pécheurs; mais la flamme éternelle de l'enfer est plus redoutable aux damnés que la férocité d'un loup, qui ne peut tuer que le corps. Mes petits frères, convertissez-vous à Dieu et faites pénitence; Dieu vous délivrera, dans le temps, du loup, et dans l'éternité, de l'enfer. Mon frère le loup, qui est ici présent, m'a promis de faire un pacte avec vous, si de votre côté vous promettez de lui donner chaque jour la nourriture nécessaire. » Le peuple s'engagea par acclamation. Le loup renouvela ses signes de consentement, et, pendant deux années consécutives, il vint dans la ville, de maison en maison, demander sa nourriture, à la manière des animaux domestiques; lorsqu'il mourut, les citoyens eurent une grande douleur, car il était pour eux un mémorial de la vertu et de la sainteté de François (Fioretti di san Francesco, c. 20).

Par amitié pour les abeilles, François leur faisait porter, pendant l'hiver, du miel ou du bon vin pour les nourrir et les réchauffer. Il aimait l'eau, parce qu'elle est le symbole de la pénitence et qu'elle a lavé notre âme dans le baptême. Il révérait aussi les pierres, se souvenant de la pierre angulaire de l'Evangile. Il recommandait aux frères qui allaient couper le bois dans la montagne, de laisser de forts rejets en mémoire de Jésus-Christ, qui a voulu mourir pour notre salut sur le bois de la croix. Il voulait que toujours le jardinier réservât, au milieu du grand jardin, un petit jardinet tout composé de fleurs suaves, odoriférantes et belles à voir, afin qu'elles invitassent un chacun à louer Dieu par leur beauté. Ces fleurs élevaient son âme à cette fleur sortie de la tige de Jessé, et dont le parfum réjouit le monde (Thomas de Celano, l. 1, c. 10).

Cette fraternité de piété et d'affection, François l'étendait même aux éléments. Un jour que les médecins allaient lui appliquer un fer rouge aux tempes, il le bénit d'abord et lui dit : « Mon frère le feu, le Très-Haut t'a fait avant toutes choses, et t'a fait beau, utile et puissant; sois-moi donc favorable aujourd'hui, et daigne Dieu t'adoucir de telle sorte que je puisse te supporter. » Le fer fut appliqué, et le saint s'écria : « Mes frères, louez avec moi le Très-Haut; le feu même ne brûle pas, et je ne sens aucune douleur (*Chroniq. des frères Min.*, l. 2, c. 11). »

Lorsque l'amour débordait du cœur de François, il parcourait la campagne; il appelait les moissons, les vignes, les arbres, les fleurs des champs, les étoiles du ciel, tous ses frères et sœurs de la nature, à se joindre à lui pour bénir le Créateur, et sa tendresse radieuse et naïve s'élevant de degré en degré jusqu'au soleil, l'hymne suivant s'élançait de son âme :

« Seigneur très-haut, très-puissant et très-bon, à vous appartiennent la louange, la gloire, l'honneur et toute bénédiction !

» A vous seul elles sont dues, et nul homme n'est digne de prononcer votre nom.

» Loué soit Dieu, mon Seigneur, ainsi que toutes les créatures, spécialement notre frère, le soleil, qui nous donne le jour et la lumière; il est beau et rayonne avec une grande splendeur; il est votre image, ô mon Dieu !

» Loué soit mon Seigneur pour notre sœur la lune et pour les étoiles; il les a formées dans le ciel, brillantes et belles.

» Loué soit mon Seigneur pour mon frère le vent, pour l'air, soit nuageux, soit serein, pour tous les temps par lesquels il donne leur subsistance à toutes les créatures.

» Loué soit notre Seigneur pour notre sœur l'eau, qui est utile, humble, précieuse et chaste.

» Loué soit mon Seigneur pour notre frère le feu par lequel il illumine les ténèbres, et qui est beau, agréable, fort et puissant.

» Loué soit mon Seigneur pour notre mère la terre, qui nous nourrit et nous soutient, qui produit les fruits, les fleurs diaprées et les herbes. »

Saint François ayant appris que l'union était rompue entre l'évêque d'Assise et les magistrats de cette ville, ajouta ces paroles à son cantique :

« Loué soit mon Seigneur dans ceux qui pardonnent pour son amour et supportent les souffrances et les tribulations.

» Heureux ceux qui persévèrent dans la paix; car ils seront couronnés par le Très-Haut. »

Et il dit à ses compagnons : « Allez avec confiance chez les magistrats, et dites-leur de ma part de se rendre chez l'évêque. Quand ils seront en sa présence, ne craignez pas, chantres de Dieu, chantez à deux chœurs le cantique de mon frère le soleil. » — Et ces paroles si simples rétablirent la paix : les ennemis s'embrassèrent et se demandèrent mutuellement pardon.

Enfin le saint homme, ayant eu révélation que sa mort était prochaine, ajouta cette strophe à son cantique de l'amour de la nature :

« Loué soit notre Seigneur pour notre sœur la mort corporelle, à laquelle nul homme vivant ne peut échapper. Malheur à qui meurt dans le péché mortel !

» Bienheureux ceux qui se reposent dans ses très-saintes volontés; la seconde mort ne pourra les atteindre.

» Louez et bénissez mon Seigneur, rendez-lui grâces, et servez-le avec une grande humilité (S. Franc., *Opuscula*; Chavin, *Vie de S. Franç.*). »

Depuis deux ans que saint François avait reçu les stigmates, sa santé s'affaiblissait de jour en jour ; et les clous de ses pieds croissant, il ne pouvait plus marcher. Il se faisait donc porter par les villes et les villages, pour animer les autres à porter la croix de Jésus-Christ. Dans une de ces courses, il guérit un petit enfant de Bagnara. Cet enfant fut saint Bonaventure. François avait un grand désir de revenir à ses premières pratiques d'humilité, servir les lépreux et réduire son corps en servitude, comme au commencement de sa conversion. La ferveur de l'esprit suppléait à la faiblesse du corps ; mais les infirmités vinrent à tel point qu'à peine y avait-il aucune partie où il ne sentît de très-grandes douleurs ; et, toute la chair étant consumée, il ne lui restait plus que la peau et les os. Ses frères croyaient voir un autre Job, tant pour la souffrance que pour la patience. Il se fit porter à Notre-Dame-des-Anges, pour rendre l'âme au même lieu où il avait reçu l'esprit de grâce.

Dans ces derniers moments, il dicta une lettre adressée à tous les supérieurs, les prêtres et les frères de l'ordre, principalement pour leur recommander le respect envers le très-saint sacrement de l'autel. Il dicta de même son testament, où il recommande particulièrement son respect envers les prêtres, l'observation de la règle et le travail des mains.

Sentant approcher sa dernière heure, il se fit coucher sur la terre nue, ôta même sa tunique, pour rendre plus sensible son parfait dépouillement ; puis, levant les yeux au ciel, il couvrit de la main gauche la plaie de son côté droit, et dit à ses frères : « J'ai fait ce qui me regarde ; Notre Seigneur vous apprendra ce que vous devez faire. » Ils fondaient tous en larmes : l'un d'eux, qu'il nommait son gardien, devinant son intention, se leva promptement, prit une tunique avec une corde, les lui présenta et lui dit : « Je vous prête cet habit comme à un pauvre, prenez-le par obéissance. » Le saint homme leva les mains au ciel, et loua Dieu de ce qu'il allait à lui déchargé de tout. Ensuite il fit appeler tous les frères qui étaient en ce lieu-là, et les exhorta à conserver l'amour de Dieu, la patience, la pauvreté, avec la foi de l'Eglise romaine ; puis, étendant sur eux ses bras mis l'un sur l'autre en forme de croix, il donna sa bénédiction tant aux absents qu'aux présents. Frère Léon et frère Ange, suivant son désir, chantèrent en chœur le cantique de son frère le soleil et de sa sœur la mort. Ce cantique fini, il se fit lire la Passion de Notre Seigneur, selon saint Jean. Après cette lecture, il commença lui-même à réciter d'une voix mourante ce psaume de David :

Ma voix a crié vers le Seigneur ; je lui ai adressé mes vœux ! Je répands mes prières en sa présence ; je lui dis mes douleurs, et mon esprit est près de défaillir. Seigneur, vous avez connu mes sentiers ! Je regardais à ma droite, et je ne voyais personne qui me connût ; la fuite m'était fermée, et nul ne défendait ma vie. C'est vous que j'implore, ô mon Dieu ; et j'ai dit : Vous êtes mon espérance et mon partage dans la terre des vivants. Ecoutez ma prière, car je suis profondément humilié ; délivrez-moi de ceux qui me poursuivent, car ils se sont fortifiés contre moi. Délivrez mon âme de sa prison, afin que je puisse vous glorifier ; voilà que les justes attendent votre jugement sur moi (Psalm. 141).

A ces derniers mots, sa bouche se ferma pour toujours : François n'était plus de ce monde. C'était la nuit du samedi au dimanche, 4 octobre 1226, la quarante-cinquième année de son âge, la vingtième de sa conversion, la dix-huitième de l'institution de son ordre.

Après sa mort, on vit librement ses stigmates, qui étaient, dit saint Bonaventure, des clous formés miraculeusement de sa chair, et tellement adhérents que, quand on les poussait d'un côté, ils avançaient de l'autre, comme des nerfs durs et tout d'une pièce. Ces clous étaient noirs comme du fer ; mais la plaie du côté était rouge et retirée en rond comme une espèce de rose. Ce spectacle si nouveau, affermissait la foi de ses enfants, excitait leur amour et leur donnait une sainte joie qui tempérait leur affliction, quand ils baisaient ces merveilleuses plaies. Le peuple, ayant appris la mort du saint, accourut en foule pour les voir, chacun voulant s'en assurer par lui-même et prendre part à cette joie. On permit à plusieurs citoyens d'Assise d'approcher, de voir et de baiser ces stigmates, et un d'entre eux, nommé Jérôme, chevalier et lettré, homme de sens et de réputation, ayant peine à croire cette merveille, l'examina plus hardiment et plus curieusement en présence des frères et des autres citoyens. Il toucha de ses mains les pieds, les mains et le côté du corps saint, fit mouvoir les clous et s'assura si bien de la vérité, qu'il fut depuis un des témoins, et déposa avec serment. En portant le corps à Assise, le convoi passa à l'église de Saint-Damien, où était sainte Claire avec ses compagnes ; on s'y arrêta quelque peu, pour leur donner la consolation de voir et de baiser le corps saint avec ses stigmates. Enfin on l'enterra dans la ville, à l'église de Saint-Georges, où il avait commencé à étudier dans son enfance, et où il avait prêché la première fois. Dieu commença dès lors à faire éclater sa sainteté par un grand nombre de miracles. Nous le verrons solennellement canonisé par son ami, le cardinal Hugolin, devenu pape sous le nom de Grégoire IX, après la mort d'Honorius III, arrivée le 18 mars 1227 (Voir les *Vies de S. François d'Assise*, Acta Sanct., 4 octob., Chavin ; Chalippe, etc.).

LIVRE SOIXANTE-TREIZIÈME.

Les Papes défendent et affermissent contre le césar allemand, Frédéric II, l'indépendance spirituelle de l'Eglise catholique, et, par suite, l'indépendance temporelle de tous les rois et peuples chrétiens.

(De l'an 1227 à l'an 1250 de l'ère chrétienne.)

§ Ier.

Pontificats de Grégoire IX et de Célestin IV.

Les césars païens étaient à la fois dieux, souverains pontifes et empereurs. Le philosophe Pline condamne au dernier supplice les chrétiens de Bithynie, parce qu'ils refusaient de sacrifier à l'image de Trajan. Adrien fait un dieu de son compagnon de débauche. Antonin et Marc-Aurèle ont pour femmes de vraies prostituées. Au lieu de réprimer leur libertinage, ils récompensent leurs complices ; mortes, ils en font les déesses tutélaires des époux, leur consacrent des temples et des pontifes, et obligent les jeunes mariées à leur offrir des sacrifices.

Dieux, souverains pontifes et empereurs, les césars païens étaient encore la loi vivante et suprême. Leur bon plaisir avait force de loi (1). Cette loi obligeait les autres, mais ne les obligeait pas eux-mêmes. Maîtres du droit, ou plutôt étant eux-mêmes le droit principal, ils étaient maîtres de tout, de la propriété comme du reste : rien n'était à autrui que sous leur bon plaisir. Nulle place à l'indépendance d'aucun roi, d'aucun peuple.

On en voit un échantillon dans l'empereur Caligula. Fils d'un excellent père, Germanicus, ses commencements annonçaient un excellent prince. Mais bientôt l'idée païenne du césar païen se réalisa tout entière dans sa personne. Lui-même se déclara dieu, se consacra un temple, des pontifes et des sacrifices. Sa sœur, Drusille, avec laquelle il avait commis plus d'un inceste, étant morte, il en fit une déesse et jurait publiquement par sa divinité. Quand il lui en prenait envie, il envoyait dire à tel ou tel sénateur qu'il se gardât de toucher encore à sa femme, attendu que l'empereur daignait la prendre pour la sienne. Lorsqu'il eut conduit l'armée romaine à travers les Gaules, jusque sur le bord de l'Océan, pour ramasser des coquillages, il écrivit à ses intendants de Rome de lui préparer un triomphe qui n'eût point eu son pareil, attendu qu'ils avaient droit sur les biens de tous les hommes (2). Souvenez-vous, disait-il à sa grand'mère, que tout m'est permis, et envers tout le monde (3). Et il ne se bornait pas à le dire. Ainsi, ayant donné à Naples le spectacle d'un combat naval, il fit jeter les spectateurs dans la mer. Plût aux dieux, s'écria-t-il une autre fois, que le peuple romain n'eût qu'une tête (1) ! C'était pour avoir le plaisir de la lui abattre d'un seul coup.

Tout ceci est atroce, mais naturel et légal ; car le dieu légal Caligula pouvait naturellement et légalement faire tout ce qu'avait fait le parricide et l'infanticide Saturne, l'adultère, l'incestueux, le sodomite Jupiter, le voleur Mercure, l'homicide Mars ; le dieu Caligula, le dieu Néron, pouvaient commettre légalement et impunément tous les crimes attribués à tous les dieux et à toutes les déesses du paganisme. Que dis-je ? En imitant ainsi tous les dieux et toutes les déesses, ils en devenaient d'autant plus dieux pour les païens, ils en devenaient pour eux d'autant plus adorables !

Telle était donc cette effroyable bête, aux dents de fer et aux ongles d'airain, qui, après avoir broyé et dévoré toute la terre, foulé le reste aux pieds, se faisait adorer des peuples et des rois dans la personne de ses empereurs (Daniel, *Apocalyps.*).

Qui donc a tiré le genre humain de ce profond aveuglement, de cette effroyable tyrannie ?

Ce ne sont pas les savants ni les philosophes du paganisme. Nous avons vu le philosophe Sénèque enseigner à son élève, le dieu Néron, que la compassion, la miséricorde, autrement l'humanité, était un vice dont il devait se garder en qualité de sage. Nous l'avons vu, quand son digne élève eut tué son frère, accepter les dépouilles de la victime ; nous l'avons vu, quand Néron eut tué sa mère, faire publiquement l'apologie de ce parricide.

A qui donc le monde doit-il de ne plus être foulé, broyé aux pieds de cette bête ?

Peuples et rois de la terre, bénissez l'Eglise de Dieu ! C'est à elle que vous devez votre délivrance. Ces césars, à la fois dieux, souverains pontifes et empereurs, elle les dépose, et à jamais, de leur divinité et de leur pontificat suprême ; avec leur divinité et leur souverain pontificat, elle anéantit leurs dieux et leur culte ; elle les déclare eux-mêmes, avec leur sénat, justiciables d'un Dieu que ne font point les empereurs, mais qui lui-même les fait et les défait à son gré, subordonne les lois romaines à la loi chrétienne, organise l'empire romain tout entier, pour le gouvernement des intelligences, comme une province de l'empire du Christ ; elle détermine les limites du pouvoir temporel des césars, à l'égard de leurs sujets en tant qu'individus ; elle les

(1) *Quod Principi placuit, legis habet vigorem* (Ulpian, l. 1 ; Inst. Digest., l. 1, tit. 4, § 1.
(2) *Quando in omnium bona jus haberent* (Suet., *Caligula*)
(3) *Memento omnia mihi et in omnes licere.*

(1) *Utinam populus romanus unam cervicem haberet* (Suet., *Caligula*).

détermine par la loi de Dieu, qu'elle imprime dans le cœur des chrétiens et qu'elle leur explique au besoin.

Telle est la cause principale de ces guerres, de ces persécutions, que l'Eglise catholique ne cesse d'avoir à souffrir de la part des empereurs idolâtres, hérétiques ou schismatiques, jusqu'à la ruine de l'empire romain en Occident et de l'empire grec en Orient. Des hommes à courte vue n'y voient que des idoles de bois, de pierre ou de métal, renversées par l'Eglise. Le principal de l'affaire était les idoles de chair et d'os, les empereurs eux-mêmes qui voulaient plus ou moins être adorés.

Le mahométisme n'est qu'une phase de cette guerre, qui ne finira tout à fait qu'à la fin du monde. Ce n'est plus proprement le paganisme, c'est l'hérésie armée, l'hérésie antichrétienne qui veut régner à la place du Christ, par le droit du sabre.

Dans cette lutte des siècles, l'Eglise se créa, par l'établissement de l'empire chrétien en Occident, des défenseurs armés contre les infidèles, les hérétiques, les schismatiques et autres séditieux. Elle choisit ses premiers défenseurs parmi les princes des Francs. Le plus illustre fut Charlemagne, qui n'a point eu son pareil. Il acheva ce qu'avaient commencé son père, Pepin le Bref, et son grand-père, Charles-Martel : il acheva de chasser les mahométans de France, de les repousser en Espagne, d'où les chrétiens d'Espagne les repousseront en Afrique; il acheva de consolider l'indépendance, même temporelle, de l'Eglise romaine, nécessaire pour maintenir l'unité spirituelle dans la variété politique des diverses nations chrétiennes. Quelle idée Charlemagne avait de sa haute fonction, on le voit par ce préambule de son code législatif : « Notre Seigneur Jésus-Christ régnant à jamais : moi, Charles, par la grâce et la miséricorde divine, roi et recteur du royaume des Francs, dévot défenseur et humble auxiliaire de la sainte Eglise de Dieu (*Capitul. reg. Franc.*, t. I, p. 209). » Toutes les histoires et annales contemporaines attribuent au pape saint Léon III le rétablissement de l'empire d'Occident en la personne de Charlemagne. Nous avons vu l'arrière-petit-fils de ce prince, l'empereur Louis II, répondre à Basile de Constantinople que le titre d'empereur n'était pas nouveau dans sa famille, mais que son aïeul, Charlemagne, l'avait déjà eu, non par usurpation, mais par autorité du souverain Pontife, et le jugement de l'Eglise, de laquelle sa famille avait reçu d'abord l'autorité de la royauté et ensuite celle de l'empire (*Epist. Lud. II, ad Basil. imp., apud Baron.*, an 871, n. 60 et 63).

Ni la dignité impériale ni même la dignité royale n'était alors héréditaire parmi les Francs; ni l'une ni l'autre ne se transmettait de père en fils, par ordre de primogéniture, mais par l'élection du peuple, sous la ratification du Pape, pour la dignité d'empereur.

Ainsi, en 806, Charlemagne fait une charte de partage pour diviser l'empire des Francs entre ses trois fils, Charles, Louis et Pepin. Cette charte, jurée par les grands de l'empire, est envoyée au pape Léon III, afin qu'il la confirme de son autorité apostolique. Le Pape, l'ayant lue, y donne son assentiment et la souscrit de sa main. C'est ce que rapporte l'historien Eginhard, témoin oculaire, envoyé à Rome pour ce sujet. Dans cette charte ainsi jurée et confirmée, Charlemagne règle l'ordre dans lequel ses fils, Charles, Louis et Pepin, devaient se succéder, au cas que l'un ou deux des trois vinssent à mourir avant l'autre. L'article cinquième de cette charte est conçu en ces termes : « Si l'un des trois frères laisse un fils, que le peuple veuille élire pour succéder à son père dans l'héritage du royaume, nous voulons que les oncles de l'enfant y consentent, et laissent régner le fils de leur frère dans la portion du royaume qu'a eue leur frère, son père (1). » Cet article est, comme on voit, une preuve authentique qu'au temps et dans l'esprit de Charlemagne, les fils d'un roi ne succédaient point de droit à leur père, ni par ordre de primogéniture, mais qu'il dépendait du peuple d'en choisir un.

Ainsi encore, en 817, l'empereur Louis le Débonnaire, alors tranquille sur son trône, respecté et obéi de tout le monde, convoque à Aix-la-Chapelle la généralité de son peuple, suivant son expression (*Generalitatem populi nostri*), afin de partager l'empire des Francs entre ses trois fils, Lothaire, Louis et Pepin; d'en élever un à la dignité d'empereur, pour maintenir l'unité de l'empire; de régler les rapports entre le nouvel empereur et les deux rois ses frères; de fixer la part d'autorité qu'aurait l'assemblée de la nation pour juger leurs différends et pour élire des rois parmi leurs descendants. Et afin que tout cela se fît, non par une présomption humaine, mais d'après la volonté divine, on indiqua et on observa religieusement, comme disposition préalable, trois jours de prières, de jeûnes et d'aumônes. Après ces préliminaires, nous avons vu une charte constitutionnelle proposée, délibérée, consentie, jurée en 817; relue, confirmée et jurée de nouveau en 821; envoyée enfin à Rome et ratifiée par le pape Pascal.

Louis le Débonnaire déclare donc, dans le préambule de cette charte, que son suffrage et les suffrages de tout le peuple s'étant portés sur son fils Lothaire pour la dignité impériale, cette unanimité fut regardée comme un signe manifeste de la volonté divine, et Lothaire associé en conséquence à l'empire. Le quatorzième article de cette charte porte : « Si l'un de nos fils laisse en mourant des enfants légitimes, la puissance ne sera point divisée entre eux, mais le peuple assemblé choisira celui qu'il plaira au Seigneur (2). » On lit dans le dix-huitième et dernier article : « Si celui de nos fils qui, par la volonté divine, doit nous succéder, meurt sans enfant légitime, nous recommandons à tout notre peuple fidèle, pour le salut de tous, pour la tranquillité de l'Eglise et pour l'unité de l'empire, de choisir l'un de nos fils survivants, de la même manière que nous avons choisi le premier, afin qu'il soit constitué, non par la volonté humaine, mais par la volonté divine (Baluz., art. 18, col. 578). »

---

(1) Quod si talis filius cuilibet istorum trium fratrum natus fuerit, quem eligere populus velit ut patri suo succedat in regni hæreditate, volumus ut hoc consentiant patrui ipsius pueri et regnare permittant filium fratris sui in portione regni quam pater ejus frater eorum habuit (Baluz., *Capitul. reg. Franc.*, t. I, col. 442).

(2) Si vero aliquis eorum decedens legitimos filios reliquerit, non inter eos potestas ipsa dividetur, sed potius populus pariter conveniens unum ex eis, quem Dominus voluerit, eligat (Baluz., t. I, col. 577, art. 14).

Tel était donc le caractère électif de l'empire et de la royauté parmi les Francs, au IXe siècle. La même chose se voyait chez les autres peuples de la chrétienté. De plus, on reconnaissait partout comme un des articles fondamentaux de toute constitution, qu'une nation chrétienne ne pouvait être gouvernée que par un roi catholique, et que tout roi qui devenait hérétique ou apostat perdait par là même le droit et la capacité de régner sur une nation chrétienne. Nous avons vu le roi de Germanie, Henri IV, reconnaître cette loi fondamentale. C'est comme qui dirait aujourd'hui, qu'un roi barbare, qui nie les droits de l'humanité, ne peut régner sur une nation civilisée; car la civilisation véritable, qui par l'unité de foi, d'espérance et de charité, fait de tous les hommes et de tous les peuples une seule cité, une seule société d'intelligences, n'est autre que la religion et Eglise catholique. S'en séparer ou lui résister opiniâtrement, c'est professer en principe la barbarie et l'anarchie. Aussi les nations chrétiennes avaient encore pour article fondamental de leur constitution, que quiconque restait excommunié, séparé de l'Eglise, un an et un jour, perdait tout droit politique, notamment celui de commander à des chrétiens. C'est comme on dit aujourd'hui, quiconque est frappé de mort civile, perd tous ses droits civils et politiques, et ne saurait plus commander à des citoyens.

Cependant les princes de Germanie, auxquels les Papes transportèrent la dignité impériale après l'extinction de la ligne masculine de Charlemagne, méconnurent peu à peu l'idée chrétienne de cette dignité, pour reprendre peu à peu l'idée païenne de Néron et de Caligula. Nous l'avons vu dans les rois ou empereurs Henri IV, Henri V et Frédéric II ou Barberousse. Ils ne se disaient pas encore dieux ou souverains pontifes, mais ils y tendaient; et parce que les Papes s'opposaient à cette tendance, ils entreprirent de défaire les Papes légitimes et d'en faire de leur fabrique. S'ils ne se donnaient pas encore pour souverains pontifes et pour dieux, comme Caligula, ils se donnaient dès lors pour la loi vivante et souveraine. « L'empereur, disaient-ils dès lors, telle est la loi vivante qui commande aux rois. Sous cette loi vivante sont tous les droits possibles. C'est elle qui les dompte, qui les dissout, qui les lie. L'empereur est l'auteur de la loi, et n'y est tenu qu'autant qu'il veut bien. Son bon plaisir est la règle du droit (1). » Voilà comme l'idée de l'*impérialité* païenne se reproduisait sous Henri V. Frédéric Barberousse, avec ses légistes de Bologne, en tirait les conséquences naturelles : que l'empereur allemand était le seul maître du monde, le seul propriétaire; que ni rois, ni particuliers n'avaient rien que sous son bon plaisir; que les souverains d'Espagne, d'Angleterre et de France n'étaient que des rois provinciaux, destituables au gré de l'empereur. La grande affaire était d'exécuter ce plan. Comme Barberousse était plus fort, il y travaillait avec plus de violence. Frédéric II, son petit-fils, se sentant moins fort, joignait à la brutalité allemande de Barberousse, la perfidie des Grecs et la chicanerie des Normands. Voici comme un écrivain protestant signale son caractère.

« Il tenait des princes de la maison de Souabe l'amour de la guerre et une valeur quelquefois brutale; mais, comme son premier aïeul maternel, Robert Guiscard, et comme les Normands auxquels il succédait, il savait allier la bravoure à une politique astucieuse et à une dissimulation profonde. Il opposait aux pièges des Pontifes, qui longtemps avaient prétendu être ses amis, la souplesse et souvent la mauvaise foi; ses paroles n'étaient jamais l'indication de ses pensées, et ses promesses garantissaient rarement ses actions futures (Sismondi, *Republ. ital.*, t. II, p. 437). »

Voilà comme cet auteur protestant nous dépeint le caractère de Frédéric II. Ce qu'il appelle *les pièges des Pontifes*, ce sont les précautions que prirent les Papes pour n'être pas dupes de cet homme de mauvaise foi, dont les paroles n'indiquaient jamais ses pensées, et dont les promesses garantissaient rarement les actions. Telle est l'équité de cet auteur envers les Papes. Voici qui n'est pas moins curieux.

Marchant sur les traces de ses prédécesseurs, Frédéric II aspire à être le seul souverain, le seul propriétaire, la seule loi du monde; il prétend réduire les rois de Suède, de Danemark, d'Angleterre, d'Espagne et de France, au rang de vassaux, de roitelets de provinces; il prétend faire de l'Europe chrétienne ce que les sultans ont fait de l'Afrique et de l'Asie; il prétend que les Papes lui serviront d'instruments pour cela, comme les califes de Bagdad ou les muftis de Stamboul en servent au Grand-Turc. Les Papes s'opposent à son entreprise avec un courage invincible; leur prudence déjoue tous ses artifices, leur fermeté brise toute sa violence; seuls, ils maintiennent la liberté et l'indépendance de l'Eglise, et avec elle la liberté et l'indépendance de tous les rois et peuples de l'Europe. Naturellement, à la vue de cet immense bienfait, les historiens, les poètes, les orateurs de l'Europe reconnaissante, Anglais, Français, Allemands même, surtout au siècle des lumières, élèveront la voix, battront des mains, pour célébrer à l'envi les bienfaiteurs. Ce n'est pas tout à fait cela. Si ces habiles gens élèvent la voix, écrivent des volumes, c'est pour blâmer, c'est pour condamner les Papes de s'être opposés avec tant de courage et de succès à ces intéressants despotes d'Allemagne, qui voulaient tout simplement asservir l'Eglise et le monde. En vérité, des hommes si clairvoyants mériteraient de vivre quelques années sous le sabre du janissaire ou du Bédouin, sous le knout du Moscovite ou du Tartare, ou bien sous le bâton du kaiserlic, pour apprendre à ses dépens, si ce n'est à voir, du moins à sentir, ce qu'eux et leur patrie doivent de bienfaits à ces Pontifes qu'ils outragent. Toutefois, le jour commence à se faire, même au siècle des lumières, la justice commence à luire, même pour les Papes, et, chose bien remarquable, elle commence par les protestants, et par les protestants d'Allemagne. C'est un protestant d'Allemagne, Jean de Muller, qui a écrit ces paroles : « Sans les Papes,
» Rome n'existerait plus. Grégoire, Alexandre, In-
» nocent, opposèrent une digue au torrent qui me-
» naçait toute la terre; leurs mains paternelles éle-

---

(1) Cæsar lex viva stat regibus imperativa,
Legeque sub vivâ sunt omnia jura dativa,
Lex ea castigat, solvit, et ipsa ligat.
Conditor est legis, neque debet lege teneri,
Sed sibi complacuit sub lege libenter haberi;
Quidquid ei placuit, juris ad instar erit.

(Godfr. Viterb.; *Chron.*, part. 17, *apud Baron.*, an 1111, n. 25).

» vèrent la hiérarchie, et à côté d'elle la liberté de
» tous les Etats (*Voyages des Papes*, an 1782). »

Espérons que les catholiques finiront par être aussi équitables envers les Papes, que ces honnêtes protestants, ne fût-ce que pour comprendre quelque chose à l'histoire de l'humanité. Dans cette grande lutte entre le sacerdoce et l'empire, les auteurs myopes ne voient au moins d'un côté que de petits intérêts, des vues mesquines, d'ignobles motifs. Ils ne se doutent même pas de l'immense question qu'il s'agissait de résoudre, savoir : l'Eglise de Dieu, l'Europe catholique, l'humanité chrétienne seront-elles libres sous la loi de Dieu seul, ou bien seront-elles asservies au despote allemand, comme la Turquie l'est au Turc?

Le pape Honorius III était mort le 18 mars 1227. Le lendemain de ses funérailles, les cardinaux s'assemblèrent pour lui donner un successeur. Leur choix tomba d'abord sur le bienheureux Conrad, cardinal-évêque de Porto, fils du comte de Seyne; mais il refusa constamment (Voir sa vie, *Acta Sanct.*, et Godescard, 30 sept.). Alors toutes les voix se réunirent sur le cardinal Hugolin, évêque d'Ostie. Il résista longtemps avec larmes; mais les électeurs le pressèrent avec de si vives instances, qu'ils lui déchirèrent ses vêtements. Il consentit enfin, prit le nom de Grégoire IX, et fut couronné le dimanche 21 mars.

Le jour de Pâques, 11 avril, il célébra la messe à Sainte-Marie-Majeure, et revint la couronne sur la tête. Le lundi, ayant dit la messe à Saint-Pierre, il revint portant deux couronnes, monté sur un cheval richement caparaçonné, environné des cardinaux revêtus de pourpre et d'un clergé nombreux. Les rues étaient tendues de tapisseries rehaussées d'or et d'argent, des plus beaux ouvrages d'Egypte et des plus belles couleurs de l'Inde ; divers aromates embaumaient l'air sur son passage; le peuple chantait à haute voix des litanies et des cantiques d'allégresse, accompagnés du son des trompettes; les juges et les officiers brillaient avec des habits dorés et des manteaux de soie; les Grecs et les Juifs chantaient les louanges du Pontife, chacun dans sa langue; un peuple innombrable marchait devant, portant des palmes et des fleurs; le sénateur et le préfet de Rome étaient à pied, aux deux côtés du Pape, tenant les rênes à son cheval. C'est ainsi qu'il fut conduit au palais de Latran.

Grégoire IX, jusqu'alors cardinal Hugolin, était des comtes de Ségni et neveu d'Innocent III ; sa mère était issue d'une des plus nobles maisons d'Anagni. Depuis bientôt vingt-huit ans, son oncle l'avait élevé à la dignité de cardinal, et, depuis cette époque, il n'avait cessé d'être occupé des affaires les plus importantes. Ce qui lui faisait encore plus d'honneur que cette confiance, c'était la manière dont il y répondait. Ce fut sa fermeté qui empêcha une convention honteuse que des négociateurs intimidés allaient conclure d'après les exigences de Markwald ; il dirigea les difficiles négociations avec le roi Philippe de Souabe; il sut amener les orgueilleux Milanais à l'obéissance envers le Siège apostolique; il réconcilia Pise avec Gênes et rétablit la paix dans plusieurs autres villes d'Italie : c'est de ses mains que Frédéric II prit la croix; il fut chargé en Italie de tout ce qui regardait la croisade. Aussi Honorius n'était-il ni envieux ni ingrat envers un pareil collaborateur, mais il témoignait publiquement : « Hugolin est un homme selon mon cœur, sur lequel je puis m'appuyer et me fier en toutes choses. Peut-être plus remarquable encore était l'éloge de l'empereur, qui se réjouit quand Hugolin reçut la commission de travailler à la croisade, et lui écrivit entre autres qu'il était un homme d'une renommée sans tache, d'une vie pure, distingué par la piété, la science et l'éloquence; que, sans préjudice des autres, il brillait parmi eux comme une étoile plus resplendissante, et qu'il avancerait mieux que personne une affaire souhaitée par l'empereur plus ardemment que toute autre (*Regest. honor.*, l. 5, *Epist.* 447).

Un seul doute pouvait naître : un homme de plus de quatre-vingts ans était-il encore en état de marcher à la tête de l'univers chrétien ? Mais son corps naturellement vigoureux s'était maintenu dans sa force par une vie réglée, et comme Grégoire avait été jadis un bel homme, ainsi il passait encore à bon droit pour un beau et robuste vieillard. Sa mémoire était encore fidèle et sûre ; ses connaissances variées, sa profonde habileté dans le droit canon se manifestèrent encore plus depuis son élévation que dans les conjonctures précédentes. Enfin il déploiera une activité infatigable sur le Siége de saint Pierre, jusqu'à l'âge de près de cent ans.

Ami intime et protecteur zélé, comme cardinal Hugolin, des deux illustres patriarches, saint Dominique et saint François d'Assise, il eut la consolation et la gloire, comme pape Grégoire IX, de les canoniser l'un et l'autre. Le dernier lui avait écrit plus d'une fois en ces termes : *Au révérendissime père et seigneur Hugolin, futur évêque de tout le monde et père des nations.* Cette salutation prophétique s'étant accomplie, Grégoire IX se rendit dans la ville d'Assise pour canoniser celui-là même qui la lui avait adressée.

Avant d'entrer dans la ville, le nouveau Pontife s'arrêta au monastère de Saint-Damien, où il visita sainte Claire et lui représenta que, pour obvier à divers inconvénients, elle devait recevoir des biens-fonds; il offrit même de lui en donner en suffisance. Elle lui répondit constamment que la sainte pauvreté valait mieux que tous les biens, et qu'elle ne trouvait point de trésor plus assuré. Le Pape ajouta : « Si c'est votre vœu qui vous retient, ma fille, je vous en donne l'absolution. — Saint-Père, répondit-elle, je ne désire point d'autre absolution que de mes péchés (*Vita sanctæ Claræ*, 12 *aug.*; *Acta Sanct.*). »

Le Pape étant entré dans Assise, alla droit au tombeau de saint François, où il pria longtemps, et lui recommanda l'Eglise, agitée alors de bien des troubles. Puis il tint conseil avec les cardinaux qui l'accompagnaient, sur la procédure de cette canonisation. Il fit faire une information exacte des miracles du saint, tant dans la ville que dans le pays d'alentour ; les témoins furent ouïs et leurs dépositions rédigées par écrit, et l'information examinée par les cardinaux qui paraissaient les moins favorables à la canonisation. Le Pape, retourné à Pérouse, y fit examiner en plein consistoire la validité de la procédure, et la canonisation étant résolue d'un commun accord, il revint avec toute sa cour à Assise. Sur la nouvelle de cette cérémonie, il s'y était assemblé une grande multitude de prélats, de seigneurs et de peuple de diverses provinces. Enfin, le dimanche 16 juillet 1228, dans l'église de Saint-Georges, où le saint était enterré, le Pape, étant sur un trône élevé, fit un sermon, où il prit pour texte ces paroles de l'Ecclésiastique : *Il a brillé dans le temple de Dieu comme l'étoile du matin, comme la lune en son plein et comme le soleil* (Eccl., 1, 6). Puis un cardinal-diacre lut publiquement la relation des miracles, un autre prononça un discours pour appuyer cette relation. C'était le cardinal Rainier, qui avait eu des rapports intimes avec saint Dominique et saint François : il raconta tout ce qu'il savait de cet homme admirable. Sa voix était entrecoupée de vifs transports de tendresse; l'auditoire était ému jusqu'aux larmes. Enfin le souverain Pontife se lève au milieu de l'attention silencieuse, et, les bras étendus, il prononce ces paroles : « A la gloire de Dieu tout-puissant, Père, Fils, et Saint-Esprit, de la glorieuse vierge Marie, et des bienheureux apôtres saint Pierre et saint Paul, et à l'honneur de l'Eglise romaine, nous avons résolu, avec le conseil de nos frères et des autres prélats, d'inscrire au catalogue des saints le bienheureux père François, que Dieu a glorifié dans le ciel et que nous vénérons sur la terre. Sa fête sera célébrée le jour de sa mort. »

Aussitôt les cardinaux entonnèrent le *Te Deum*; le peuple répondit par de grandes acclamations de joie, et les trompettes guerrières, placées à l'extérieur de l'église, sonnèrent le triomphe. Descendu de son trône, Grégoire IX était prosterné devant le tombeau et y déposait son offrande. Tous les cardinaux et les chevaliers l'imitèrent; le cercueil découvert fut placé au milieu du sanctuaire, décoré avec la plus somptueuse magnificence. Le Pape commença la messe. Lui-même avait composé, en l'honneur du saint, la prose suivante : « La dernière tête du dragon, portant le glaive des vengeances, agite le septième étendard; il s'élève contre le ciel, et cherche à entraîner une grande partie des astres au nombre des réprouvés. Mais voilà que, du côté du Christ, est envoyé un nouveau légat; sur son corps béni brille l'image de la croix. François, noble prince, porte l'étendard royal; il rassemble les peuples dans tous les pays du monde : contre la haine schismatique du dragon, il organise trois milices de chevaliers armés à la légère, pour disperser les hordes infernales sur lesquelles s'appuyait le dragon. »

A l'orient d'Assise était un rocher nommé la Colline-d'Enfer : c'était le lieu où l'on exécutait les arrêts de la justice humaine. Saint François, à sa dernière heure, avait témoigné le désir de reposer en ce lieu. Frère Elie, ministre général, en ayant fait la proposition à l'assemblée des citoyens, il s'éleva une réclamation universelle; on trouvait ce lieu trop vil pour y déposer un si grand trésor. « Choisissez plutôt, lui disait-on, une place honorable dans la cité; nous sommes prêts pour cela à vous céder nos propres maisons. » Mais tous, sur les observations de frère Elie, déclarèrent la Colline-d'Enfer fief du Saint-Siège. Aussitôt le frère ouvrit un concours entre tous les artistes italiens et étrangers, et, après avoir examiné tous les plans, il choisit Jacques, célèbre entre tous les architectes d'Allemagne. Le 15 mai 1228, on commença les travaux. Presque chaque ville de l'Ombrie avait envoyé des ouvriers; les frères Mineurs eux-mêmes, encouragés par frère Elie, se mirent au travail avec une incroyable ardeur. On nivela d'abord le rocher, et on forma une immense surface propre à recevoir les constructions. Or, au moment de la canonisation, tous ces premiers préparatifs étaient achevés, et le lendemain du jour de la solennité, le Pape, revêtu des ornements pontificaux, suivi de toute sa cour et entouré d'une foule innombrable, vint bénir la première pierre de l'édifice et la montagne, qu'il nomma Colline-du-Paradis.

Après avoir examiné les plans, Grégoire IX autorisa frère Elie à recevoir des aumônes extraordinaires; il accorda des indulgences à tous ceux qui contribueraient à ce monument, ou de leurs bras ou de leurs richesses. Presque tous les princes du monde envoyèrent leur offrande; les Allemands surtout se distinguèrent par leurs libéralités; la cité d'Assise donna de magnifiques carrières de marbre, d'où l'on tira une grande partie des matériaux.

Au commencement du mois de mai 1230, une grande partie du couvent et l'église inférieure étaient entièrement achevées. Frère Elie y convoqua le chapitre général pour la fête de la Pentecôte, et après avoir pris les ordres de Grégoire IX, il fit annoncer partout que le saint corps du patriarche serait à la même époque porté dans la nouvelle église. Le nombre des pèlerins fut si considérable, qu'ils campèrent en plein air dans toute la plaine et sur le penchant de la colline d'Assise. Grégoire IX fut privé d'assister à cette fête, à cause de la gravité des événements politiques; il envoya trois légats pour le représenter et porter en offrande sur ce glorieux tombeau une croix d'or enrichie de pierreries, renfermant un morceau de la croix de Jésus-Christ; des vases sacrés, en or et en argent; un rétable d'autel en or, semé de pierres précieuses; des ornements sacerdotaux d'une grande richesse, et somme d'argent considérable pour l'achèvement de l'édifice (*Conventus Assis. Histor.*). Le 25 mai, veille de la Pentecôte, la cérémonie commença. Frère Elie lut publiquement au peuple les lettres apostoliques données à cette occasion. Grégoire IX y laissait parler son cœur.

« Au milieu des maux dont nous sommes accablés, nous trouvons un sujet de joie et d'actions de grâces dans la gloire que Dieu répand sur le bienheureux François, notre père et le vôtre, et peut-être plus le nôtre que de vous tous. Outre les merveilles éclatantes dont il a été l'instrument, nous avons des preuves authentiques que, depuis peu, un mort est ressuscité en Allemagne par son intercession. C'est ce qui nous anime de plus en plus à publier de toutes nos forces les louanges de ce grand saint, avec cette confiance que, nous ayant si tendrement aimés lorsqu'il était dans le monde, où il vivait comme hors du monde, il nous aime encore davantage maintenant qu'il est plus uni à Jésus-Christ, qui est amour, et ne cesse point d'intercéder pour nous. Espérant aussi que vous, qu'il a engendrés en Jésus-Christ et qu'il a laissés héritiers des richesses de son extrême pauvreté, vous que nous portons dans les entrailles de notre amour avec un désir ardent de procurer le bien de votre ordre, vous emploierez vos prières pour obtenir de Dieu que nos tribulations soient utiles à notre salut (*Apud Wadding*). » Cette bulle est du 16 mai 1230.

Après que lecture en eût été faite, le saint corps fut levé de terre, au bruit des trompettes et des acclamations du peuple, et porté, par les trois légats et frère Elie, sur un char décoré avec une variété merveilleuse, et traîné par des bœufs couverts de caparaçons d'écarlate, sur lesquels étaient brodés en or des plantes et des oiseaux. Toutes ces draperies avaient été envoyées, l'année précédente, par l'empereur de Constantinople; on en fit plus tard des ornements sacrés. Les frères Mineurs marchaient sur deux longues files, portant des palmes et des flambeaux. Autour du char étaient les trois légats, et frère Elie, les évêques, le clergé, et ceux des frères spécialement désignés par le Pape pour être ses vicaires apostoliques dans cette glorieuse circonstance. Les magistrats, suivis d'une troupe de citoyens armés, fermaient la marche et comprimaient les flots du peuple qui se pressait de toutes parts. On chanta des psaumes et des hymnes composées par le Pape lui-même :

« Une race est sortie du ciel, faisant de nouveaux prodiges ; elle découvre le soleil aux aveugles, elle ouvre des chemins dans la mer desséchée.

» Dépouillés sont les Egyptiens ; le riche devient pauvre, sans perdre ses biens et son nom ; il est heureux dans le malheur.

» François avec ses apôtres monte, comme le Christ, sur la montagne de la lumière nouvelle dans les richesses de la pauvreté.

» Suivant le vœu de Simon, faites trois tentes où résidera éternellement le Très-Haut.

» A la loi, au prophète, à la grâce, rendant un hommage de reconnaissance dans une fête solennelle, il célèbre l'office de la Trinité.

» Tandis que l'hôte par ses vertus, répare le triple hospice, et consacre au Christ le temple des esprits bienheureux.

» O François ! notre père, visitez la maison, la porte et le tombeau, et arrachez au sommeil de la mort l'infortunée race d'Eve.

» Saint François, hâtez-vous ! venez, ô père ! venez secourir ce peuple qui gémit sous le fardeau, est accablé par la boue, la paille et la brique ; ensevelissez l'Egypte sous le sable, amortissez nos vices et délivrez-nous (Chavin, *Hist. de S. François*). »

Arrivés à la Colline-du-Paradis, au milieu de ces cantiques de joie, les habitants d'Assise virent un certain mouvement, un certain empressement de la foule ; ils crurent qu'on allait enlever leur trésor. Ils se précipitèrent sur le char, prirent tumultueusement le saint corps, entrèrent dans l'église, fermèrent les portes et placèrent ce sacré dépôt dans le lieu où il devait être, sans qu'il fût permis aux prêtres, aux frères et au peuple de lui rendre aucun honneur (1). Le Pape informé de ce grave désordre, en témoigna une vive indignation dans sa lettre aux évêques de Pérouse et de Spolète. Mais la ville d'Assise envoya aussitôt des députés à Rome pour faire satisfaction, et tout fut pardonné.

Cet événement, peu important par lui-même, a jeté un voile mystérieux et impénétrable sur la vraie position du corps de saint François d'Assise. Ce n'est que dans notre siècle qu'on a connu l'exacte vérité. En 1818, Pie VII permit au général des Mineurs conventuels de faire des recherches sous le maître-autel. Paul V l'avait autrefois défendu expressément. Le travail fut entrepris en secret, prolongé pendant cinquante-deux nuits, et poussé avec une vigueur incroyable. Après avoir brisé et rompu des roches, des massifs, des murs, on trouva une grille en fer qui renfermait un squelette humain, couché dans un cercueil de pierre, et dont il s'exhalait une odeur très-suave. Le souverain Pontife délégua les évêques d'Assise, de Nocera, de Spolète, de Pérouse et de Foligno, pour en faire l'examen juridique et en constater l'authenticité ; et ensuite, conformément au décret du concile de Trente, il nomma une commission de cardinaux et de théologiens, et le 5 septembre 1820, il déclara dans un bref solennel :

« Bénissant le Père de toute consolation, et animé de la vive confiance que la merveilleuse découverte du corps de saint François nous est un éclatant témoignage et une nouvelle assurance de la protection et de l'assistance salutaire que ce grand saint nous accordera dans des circonstances aussi difficiles ; de notre autorité apostolique, nous déclarons, par la teneur des présentes, qu'il conste de l'identité du corps récemment trouvé sous le maître-autel de la basilique inférieure d'Assise, que ce corps est véritablement de saint François, fondateur de l'ordre des frères Mineurs (Chavin, *Hist. de S. Franç.*, et Godescard, 2 octobr.). »

Trois ans après la translation de saint François d'Assise, eut lieu la canonisation de saint Dominique, par le même pape Grégoire IX, ami intime de l'un et de l'autre.

Douze ans s'étaient écoulés depuis que Dominique avait quitté ce monde. Dieu avait manifesté la sainteté de son serviteur par une foule de miracles opérés à son tombeau ou dus à l'invocation de son nom. On voyait sans cesse des malades entourer la pierre qui couvrait ses restes, y passer le jour et la nuit, et s'en retourner en lui rendant gloire de leur guérison. Des images se voyaient suspendues aux murs voisins en souvenir des bienfaits reçus de lui, et les signes de la vénération populaire ne se démentaient point avec le temps. Cependant un nuage couvrait les yeux des frères, et tandis que le peuple exaltait leur fondateur, eux, ses enfants, loin de prendre soin de sa mémoire, semblaient travailler à en obscurcir l'éclat. Non-seulement ils laissaient sa sépulture sans ornement, mais, de peur qu'on ne les accusât de chercher une occasion de gain dans le culte qu'on lui rendait déjà, ils arrachaient des murs les simulacres qu'on y attachait. Quelques-uns souffraient de cette conduite, sans oser aller jamais jusqu'à la contradiction. Il arriva même que, le nombre des frères croissant toujours, on fut obligé de détruire la vieille église de Saint-Nicolas pour en bâtir une nouvelle, et le tombeau du saint patriarche demeura en plein air, exposé à la pluie et à toutes les injures des saisons.

---

(1) Frère Elie ne pouvait ignorer l'emplacement du saint tombeau, puisqu'il avait présidé à tout le travail, mais il garda peut-être son secret à l'égard de ses frères ; ce qui fit supposer qu'il s'était entendu avec les consuls, dans la crainte que l'on ne cherchât plus tard à diviser le saint corps pour en distribuer des parcelles à toutes les maisons de l'ordre (Cf. Daurignac. p ,260) .x. h.

Ce spectacle toucha plusieurs des frères; ils délibérèrent entre eux sur la manière de transporter ces précieuses reliques dans un sépulcre plus convenable, et ils ne croyaient pas pouvoir le faire sans l'autorité du Pontife romain. « Des fils avaient sans doute le droit d'ensevelir leur père, dit le bienheureux Jourdain de Saxe, mais Dieu permettait qu'ils recherchassent, pour remplir cet office de piété, l'appui d'un plus grand qu'eux, afin que la translation du glorieux Dominique prît un caractère de canonicité (*Acta Sanct.*, 4 *aug.*). » Les frères préparèrent donc un nouveau sépulcre plus digne de leur père, et ils envoyèrent plusieurs d'entre eux au souverain Pontife pour le consulter. Grégoire IX les reçut très-durement et leur reprocha d'avoir négligé si longtemps l'honneur dû à leur patriarche. « J'ai connu, ajouta-t-il, cet homme tout apostolique, et je ne doute pas qu'il ne soit associé dans le ciel à la gloire des saints apôtres. » Il eût même souhaité venir en personne à sa translation; mais, retenu par les devoirs de sa charge, il écrivit à l'archevêque de Ravenne de se rendre à Bologne avec ses suffragants pour assister à la cérémonie.

On était à la Pentecôte de l'an 1233. Le chapitre général de l'ordre était assemblé à Bologne, sous la présidence de Jourdain de Saxe, successeur immédiat de saint Dominique dans le généralat. L'archevêque de Ravenne, obéissant aux ordres du Pape, les évêques de Bologne, de Brescia, de Modène et de Tournai étaient présents dans la ville. Plus de trois cents frères y étaient venus de tous pays; un grand nombre de seigneurs et de citoyens honorables des villes voisines se pressaient dans les hôtelleries; tout le peuple était dans l'attente. « Cependant, dit le bienheureux Jourdain de Saxe, dans la lettre encyclique qu'il écrivit sur cet événement à tout son ordre, les frères sont livrés à l'angoisse; ils prient, ils pâlissent, ils tremblent; ils ont peur que le corps de saint Dominique, longtemps exposé à la pluie et à la chaleur, dans une vile sépulture, n'apparaisse rongé de vers et n'exhale une odeur qui diminue l'opinion de sa sainteté (*Ibid.*). » Dans le tourment que leur causait cette pensée, ils songèrent à ouvrir en secret la tombe du saint; mais Dieu ne permit pas qu'il en fût ainsi. Soit qu'on eût quelques soupçons, soit pour constater davantage l'authenticité des reliques, le podestat de Bologne fit garder jour et nuit le sépulcre par des chevaliers armés.

Toutefois, afin d'avoir plus de liberté pour la reconnaissance du corps, et d'éviter au premier moment la confusion du peuple immense qui remplissait Bologne, on convint de faire la nuit l'ouverture du tombeau. Le 24 mai, surlendemain de la Pentecôte, avant l'aurore, l'archevêque de Ravenne et les autres évêques, le maître général de l'ordre avec les définiteurs du chapitre, le podestat de Bologne, les principaux seigneurs et citoyens, tant de Bologne que des villes voisines, se réunirent, à la lueur des flambeaux, autour de l'humble pierre qui couvrait depuis douze ans les restes de saint Dominique.

Lorsqu'on souleva la dernière pierre qui recouvrait le cercueil, il se répandit une odeur d'une suavité ineffable. L'archevêque, les évêques et tous ceux qui étaient présents, remplis de stupeur et de joie, tombèrent à genoux en pleurant et en louant Dieu. Le bienheureux Jourdain de Saxe transporta le saint corps dans un cercueil nouveau, fait de bois de mélèse. Pline dit que ce bois résiste à l'action du temps. Le cercueil fut fermé de trois clés, dont une fut remise au podestat de Bologne, l'autre à Jourdain de Saxe, la troisième au prieur provincial de Lombardie. Il fut ensuite porté dans la chapelle où s'élevait le monument destiné à en garder le dépôt; ce monument était de marbre, mais sans aucun ornement sculpté. Quand le jour fut venu, les évêques, le clergé, les frères, les magistrats, les seigneurs se rendirent de nouveau à l'église de Saint-Nicolas, déjà remplie d'une foule innombrable de peuple et d'hommes de toutes les nations. L'archevêque de Ravenne chanta la messe du jour, après laquelle les évêques déposèrent sous le marbre le saint corps, pour y attendre le signal de la résurrection.

Les miracles éclatants qui avaient accompagné cette translation du corps de saint Dominique déterminèrent Grégoire IX à ne pas retarder l'affaire de sa canonisation solennelle. Par une lettre du 11 juillet 1233, il commit, pour procéder à une enquête sur sa vie, trois ecclésiastiques éminents, savoir : Tancrède, archidiacre de Bologne; Thomas, prieur de Sainte-Marie-du-Rhin, et Palmeri, chanoine de la Sainte-Trinité. L'enquête eut lieu du 6 au 30 août. Les commissaires apostoliques entendirent dans cet intervalle, et sous la foi du serment, la déposition de neuf frères Prêcheurs, choisis parmi ceux qui avaient eu avec saint Dominique les plus intimes relations. Les commissaires établirent une autre enquête, en Languedoc, sur les premières années du saint. Vingt-six témoins furent entendus, et, en outre, plus de trois cents personnes honorables confirmèrent par leur serment et leur signature tout ce que ces témoins avaient dit des vertus de saint Dominique et des miracles opérés par son intercession. Les dépositions de Bologne et de Toulouse ayant été envoyées à Rome, Grégoire IX en délibéra avec le sacré collège et rendit la bulle de canonisation où il dit entre autres :

« La source de la sagesse, le Verbe du Père, dont la nature est bonté, dont l'œuvre est miséricorde, qui rachète et régénère ceux qu'il a créés, et veille jusqu'à la consommation des siècles sur la vigne qu'il a tirée de l'Église : Notre Seigneur Jésus-Christ, fait paraître de lui de nouveaux signes à cause de l'instabilité des esprits, et change les miracles à cause de la défiance de l'incrédulité. A la mort de Moïse, c'est-à-dire à l'expiration de la Loi, il monte sur le char à quatre chevaux de l'Évangile, accomplissant les serments qu'il avait jurés à nos pères, et, ayant en main cet arc de la parole sainte qu'il avait tenu bandé pendant tout le règne des Juifs, il s'avance au milieu des flots de la mer, dans cette vaste étendue des nations dont le salut était figuré par Rahab; il va fouler aux pieds la confiance de Jéricho, la gloire du monde, et celui que, à l'étonnement des peuples, il a déjà vaincu par le premier frémissement de la prédication. Le prophète Zacharie avait vu ce char à quatre chevaux sortir quatre fois d'entre deux montagnes d'airain (Zach., c. 6).

» Le premier char avait des chevaux roux, et en eux étaient représentés les maîtres des nations, les forts de la terre, ceux qui se soumettant par la foi au Dieu d'Abraham, le père des croyants, ont à l'exemple de leur chef et pour assurer les fondements de la foi, teint leurs habits dans Bosra, c'est-à-dire dans les eaux de la tribulation, et rougi de leur sang tous les étendards de leur milice; ceux-là à qui la joie de la gloire future a fait mépriser le glaive temporel, et qui, devenus martyrs, c'est-à-dire témoins, ont souscrit, par leur confession, le livre de la nouvelle loi, ajouté à leur confession le poids des miracles, consacré le livre et le tabernacle, ouvrage de Dieu et non de l'homme, et tous les vases du ministère évangélique, par le sang d'hosties raisonnables substitué au sang des animaux, et, jetant enfin le filet de la prédication sur la vaste étendue des mers, ont formé l'Eglise de Dieu de toutes les nations qui sont sous le ciel.

» Mais parce que la multitude a engendré la présomption, et que la malice est née de la liberté, le second char a paru avec des chevaux de couleur noire, symbole de deuil et de pénitence, et en eux nous était représenté ce bataillon conduit par l'esprit au désert, sous la direction du très-saint Benoît, nouvel Elisée du nouvel Israël, bataillon qui rendit aux enfants des prophètes le bien perdu de la vie commune, rétablit le filet rompu de l'unité, et se répandit par les bonnes œuvres jusqu'en cette terre de l'Aquilon, d'où vient tout le mal, et fit reposer dans les cœurs contrits Celui qui n'habite point dans les corps soumis au péché.

» Après cela, comme pour récréer les troupes fatiguées et faire succéder la joie aux lamentations, le troisième char est venu avec des chevaux blancs, c'est-à-dire avec les frères des ordres de Citeaux et de Flore, qui, semblables à des brebis tondues et chargées du lait de la charité, sont sorties du bain de la pénitence, ayant à leur tête saint Bernard, ce bélier revêtu d'en-haut de l'Esprit de Dieu, qui les a menés dans l'abondance des vallées, afin que les passants délivrés par eux crient avec force au Seigneur, chantant des hymnes, et asseoient sur les flots le camp du Dieu des batailles. C'est avec ces trois armées que le nouvel Israël s'est défendu contre un pareil nombre d'armées de Philistins.

» Mais, à la onzième heure, lorsque le jour penchait déjà vers le soir, et que la charité s'étant refroidie dans l'iniquité, le soleil de justice descendait lui-même au couchant, le père de famille a voulu rassembler une milice plus propre encore à protéger la vigne qu'il avait plantée de sa main, et cultivée par des ouvriers loués en différents temps, laquelle néanmoins n'était plus seulement embarrassée de ronces et d'épines, mais presque démolie par une multitude ennemie de petits renards. C'est pourquoi, comme nous le voyons présentement, à la suite des trois premiers chars, différents par leurs symboles, Dieu a suscité, sous la figure du quatrième char, attelé de chevaux forts et de couleur variée, les légions des frères Prêcheurs et Mineurs, avec leurs chefs élus pour le combat (*Acta Sanct.*, 4 *aug.*) »

Ce langage figuré du pape Grégoire nous étonne, peut-être même qu'il nous paraît difficile à comprendre. C'est que ce n'est qu'un tissu de paroles, des images, des idées de l'Ecriture sainte. Dans le XIIIe siècle, on était beaucoup plus familiarisé avec ces choses que dans le nôtre; on y était beaucoup plus familiarisé avec cette unité vivante et ces liaisons mystérieuses entre l'ancienne et la nouvelle alliance, entre la Synagogue et l'Eglise, entre Adam et le Christ, entre la terre et le ciel. Aujourd'hui cette profonde intelligence de l'Ecriture divine paraît au-dessus de notre portée. Nous nous en dédommageons en appelant ces siècles *les siècles d'ignorance*, et le nôtre *le siècle des lumières*.

Dans le temps que Grégoire IX, nouvellement Pape, se préparait à canoniser saint François d'Assise, il reçut d'heureuses nouvelles touchant un peuple barbare qui habitait vers la Moldavie et l'embouchure du Danube : c'étaient les Cumans ou Comans. L'archevêque de Strigonie lui manda qu'il trouvait ouverture à les convertir. « Déjà, disait-il, j'ai baptisé quelques nobles de cette nation, et un seigneur du pays nommé Boriz, désirant embrasser la foi chrétienne avec tous ses sujets, m'a envoyé son fils unique avec des frères Prêcheurs qui sont en mission sur les lieux, et me prie instamment de venir chez lui en personne, pour lui donner la connaissance du vrai Dieu. J'étais en chemin pour l'exécution du vœu que j'ai fait d'aller à la terre sainte; mais j'ai cru devoir différer mon voyage dans la vue de gagner tant d'âmes à Dieu, et je vous envoie l'archidiacre de Zala, vous suppliant humblement de m'en donner la permission. Et parce que je pourrai faire plus de fruit en ce pays-là avec la qualité de légat du Saint-Siège, dont l'autorité y est fort respectée, je vous prie de vouloir bien me l'accorder, en sorte que je puisse en votre nom prêcher, baptiser, bâtir des églises, ordonner des clercs, créer des évêques et faire généralement tout ce qui regarde la propagation de la foi. » Le Pape, par une bulle du dernier juillet 1227, accorda volontiers à l'archevêque tout ce qu'il demandait (Raynald, an 1227, n. 50).

Cette mission apostolique de l'archevêque de Strigonie eut un heureux succès. La nation des Cumans, avec son chef, embrassa la religion chrétienne. Grégoire IX en ayant été informé, leur écrivit en 1229, pour leur témoigner toute sa joie; il les reçut en la protection spéciale du Siége apostolique, et décréta que leur évêque ne serait soumis qu'au Pontife romain (*Ibid.*, an 1229, n. 60).

La religion chrétienne florissait tellement alors dans les régions septentrionales, que les rois de Russie envoyèrent des ambassadeurs à l'évêque de Modène, légat apostolique dans le Nord, pour le prier de venir jusque chez eux, leur annoncer la pureté de l'Evangile, disposés qu'ils étaient à quitter les erreurs dans lesquelles ils étaient tombés, faute de prédicateurs. Le pape Honorius III, qui mourut peu après, leur écrivit le 17 janvier 1227 une lettre où il les félicite de leurs bonnes dispositions, les engage à y persévérer, pour ne pas s'attirer de la part de Dieu des tribulations encore plus grandes que celles qu'ils venaient de subir. S'ils veulent avoir un légat de l'Eglise romaine, ils n'ont qu'à lui envoyer une députation et des lettres pour en faire la demande, qui ne manquera pas d'être accueillie favorablement. En attendant, il les exhorte à garder la paix avec les chrétiens de Livonie et d'Esthonie (*Ibid.*, an 1226, n. 8, 9).

En 1231, un roi de Russie, déjà chrétien, mais engagé dans le schisme des Grecs, témoignait le désir de se soumettre à l'Eglise romaine. Pour l'y déterminer tout à fait, Grégoire IX lui écrivit, le 18 juillet de la même année, la lettre suivante : « Nous apprenons du Seigneur dans l'Evangile, qu'il n'y a qu'un bercail et qu'un pasteur, et que le Christ a constitué gardien spécial et principal de ses brebis le bienheureux Pierre, lorsque, par un privilège singulier, il lui a conféré, avec les clés du royaume des cieux, le pouvoir de lier et de délier, et qu'il lui a dit, à lui seul, jusqu'à trois fois : *Pais mes brebis.* Or, c'est se montrer hors de ce bercail et étranger au troupeau du Seigneur, que de ne vouloir pas se soumettre ni obéir humblement au vicaire du Christ, c'est-à-dire au successeur du bienheureux Pierre, qui a été élevé à la plénitude de la puissance, tandis que les autres n'ont été appelés qu'au partage de la sollicitude, et pour lequel, en la personne de Pierre, le Christ a prié son Père, afin que sa foi ne défaille point. C'est pourquoi l'on a raison de penser que ceux-là s'égarent, qui sont d'une opinion contraire et qui s'écartent de son obéissance. Ayant donc appris par notre vénérable frère, l'évêque des Prussiens, que vous êtes un prince chrétien, mais gardant les mœurs et les rites des Prussiens et des Grecs, et les faisant garder dans votre royaume par les autres; que toutefois, inspiré par la grâce divine, vous vouliez vous porter à la dévotion et l'obéissance du Siège apostolique et à la nôtre : nous, désirant du fond de nos entrailles le salut de votre âme, votre progrès, votre avantage et votre honneur, nous avertissons votre Sérénité et l'exhortons dans le Seigneur à ne pas repousser la saine doctrine, mais à religieusement embrasser les rites et les mœurs des Latins, soumettant votre personne et votre royaume à la suave domination de l'Eglise romaine, la mère de tous les fidèles, laquelle se propose de vous traiter comme un grand prince dans l'Eglise de Dieu, et de vous aimer comme son fils spécial; car vous sentirez plus abondamment la grâce du Siège apostolique et la nôtre, si, quittant le sentier détourné, vous marchez dans le chemin droit que l'on vous montre, et si nous déployons efficacement envers vous et envers votre royaume le secours de notre bienveillance (Raynald, an 1231, n. 43). »

Nous verrons, en 1246, les suites de ces bonnes dispositions : le prince Daniel de Russie envoyer des ambassadeurs à Rome, se soumettre avec son peuple à l'Eglise romaine, demander un légat pour l'instruire dans la foi catholique et lui conférer en même temps le titre et la couronne de roi; et, pour satisfaire à ses désirs, le Pape lui enverra, comme légat apostolique, le prélat Albert, archevêque de Prusse et de Livonie (*Ibid.*, an 1246, n. 28-30, avec la note de Mansi).

Ce qui suit est peut-être encore plus remarquable. Un roi de Norwège venait d'être élu. Comme il devait être couronné par l'autorité du Pape, il envoya des lettres et une ambassade à Rome. Le pape Grégoire IX chargea successivement les archevêques de Lunden et de Nidrosie d'examiner l'élection royale et de lui en faire leur rapport. Les deux prélats étant morts avant d'avoir terminé l'affaire, le pape Grégoire, sur les instances du roi, leur en substitua d'autres, par la lettre suivante du 9 septembre 1231. Les Norwégiens peuvent y voir quelle était l'autorité du Siége apostolique près de leurs ancêtres.

« Aux évêques de Berg et de Stavengre, ainsi qu'à l'abbé de Sainte-Marie de Staulei, ordre de Citeaux. Notre très-cher fils en Jésus-Christ, l'illustre roi de Norwége, nous ayant autrefois humblement supplié pour son couronnement, nous mandâmes par nos lettres à l'archevêque de Lunden et à l'évêque de Scare, de faire une diligente enquête sur l'élection, la condition et l'état dudit roi, ainsi que sur l'état du royaume et sur toutes les autres circonstances dont la connaissance peut paraître nécessaire pour sa promotion ou pour la décision de l'affaire; ensuite, de nous faire par écrit une relation fidèle de tout ce qu'ils auront trouvé, afin que, pleinement instruit par leur relation, nous puissions procéder avec plus d'assurance. Ensuite le roi nous ayant appris que l'archevêque et l'évêque n'avaient pu exécuter leur commission, prévenus qu'ils furent par la mort, nous confiâmes l'exécution de cette affaire à l'archevêque de Nidrosie et à vous, notre frère, l'évêque de Berg; mais comme l'archevêque de Nidrosie a été enlevé de ce monde et que vous ne pouviez tout seul exécuter la commission, ledit roi nous pria humblement de donner des ordres pour qu'elle soit exécutée par vous et par d'autres. Acquiesçant donc avec bienveillance à la demande du roi, nous vous mandons par ces lettres apostoliques de procurer la conclusion de cette affaire, selon la teneur du premier mandat (Raynald, an 1231, n. 44). »

Le 9 juillet de la même année 1231, par une lettre pleine d'affection paternelle, le même pape Grégoire IX reçut en la protection spéciale de saint Pierre, les Poméraniens qui venaient de se convertir par la prédication des enfants de saint Dominique. Le Pape bénit Dieu de leur conversion, il les exhorte à aimer de tout leur cœur ce Dieu de bonté qu'ils ont appris à connaître, et à persévérer dans la foi de Jésus-Christ, en s'attachant à la saine doctrine de prédicateurs qui leur étaient si chers (*Ibid.*, n. 42).

Tout ceci est bien remarquable. Sans aucun doute, si ces bonnes dispositions des peuples du Nord avaient rencontré dans l'empereur d'Occident un autre Charlemagne, pour les seconder de concert avec le chef de l'Eglise, la civilisation chrétienne aurait pu pénétrer jusqu'au fond de la Russie, jusque chez les Tartares, arrêter ainsi les irruptions de ces derniers, ou bien les tourner, par une croisade universelle, contre les mahométans affaiblis alors par leurs divisions, affermir pour des siècles les royaumes chrétiens de Géorgie, d'Arménie, de Jérusalem et de Chypre, et enfin l'empire latin de Constantinople. Ce plan, fortement conçu et exécuté avec ensemble et vigueur par les forces réunies du sacerdoce et de l'empire, eût occupé, absorbé l'activité surabondante des populations européennes, et mis fin à toutes les guerres privées; mais Frédéric II, avec tous ses talents, n'était pas un Charlemagne. S'il fut grand, ce n'est que parmi les princes médiocres. Au lieu de voir Dieu et l'humanité unis dans l'Eglise catholique, il ne voyait que soi et sa famille; il se perdra par là même, et sa famille entière avec soi.

Depuis une douzaine d'années, à savoir, depuis 1214, où il avait pris la croix, il amusait ou plutôt il jouait le Pape et l'Eglise, les rois et les peuples, l'Orient et l'Occident, par des promesses et des serments qu'il n'accomplissait pas. Sur ses assurances réitérées de marcher à la tête de la chrétienté en armes, l'Eglise prêchait la croisade, le clergé et le peuple payaient la décime, les croisés se mettaient en route, les uns prenaient les devants et arrivaient en Egypte ou en Palestine, comme l'avant-garde de l'empereur, les autres se rassemblaient dans l'Italie méridionale et dans d'autres contrées maritimes, attendant que l'empereur vînt se mettre à leur tête ; des mois, des années entières se passaient à attendre, et l'empereur n'arrivait jamais. Dans cette vaine attente, les croisés d'Egypte se virent contraints de rendre Damiette aux infidèles ; ceux de Palestine ne savaient que faire, non plus que ceux d'Europe, qui finissaient par tomber malades ou par retourner chez eux. Ce mauvais jeu ne pouvait durer toujours.

Aussitôt après les solennités de son élection et de son couronnement, c'est-à-dire dès le 23 mars 1227, le pape Grégoire IX en fit part, suivant la coutume, à tous les prélats de la chrétienté, se recommandant à leurs prières ; et dans la même lettre il leur ordonne de presser tous les croisés de marcher à la terre sainte, en les menaçant des censures ecclésiastiques. La lettre à l'empereur, et c'est la remarque d'un auteur protestant (Raumer, t. III, p. 267, seconde édition), s'expliquait d'une manière plus circonstanciée, plus polie et plus pressante. Grégoire lui rappelait, comme à son très-cher fils, de combien d'affaires et de travaux il s'était chargé autrefois pour lui, et il le suppliait de diligenter sérieusement la croisade et d'accomplir enfin le vœu auquel il s'était engagé. « Nous voulons bien, concluait-il, porter envers vous la condescendance aussi loin que le comporteront nos devoirs, mais nous espérons aussi que vous ne vous mettrez pas, non plus que nous, dans un embarras tel, que nous ne pourrions peut-être pas vous en tirer, lors même que nous le voudrions (Raynald, an 1227, n. 18). »

L'empereur, de son côté, par l'évêque de Reggio et le grand-maître de l'ordre Teutonique, Herman de Salza, envoya au Pape des lettres de félicitation des plus obligeantes, et, ce qui paraissait encore plus important, dès le mois de février, avait adressé à Rome les pièces complètes qui remettaient aux Lombards toutes les peines, levaient le ban de l'empire, proclamaient la liberté de tous les captifs et promettaient le consentement du roi Henri (*Apud Raumer*, p. 267). Les Lombards, au contraire, montraient toujours beaucoup de lenteur ; c'est pourquoi Grégoire leur fit, le 24 mars, de sévères reproches, et ajouta : « Des envoyés de l'empereur ont apporté les actes dans la forme prescrite, et attendu longtemps vos plénipotentiaires, tandis que vous voulez excuser votre négligence et votre mépris des conventions par des messages de nulle importance, et que vous cherchez quelques ineptes et frivoles prétextes, pour lesquels naguère vous avez été blâmés sévèrement par le pape Honorius. Maintenant donc, satisfaites à tous les ordres et envoyez bien promptement les actes, de peur qu'il n'arrive à la connaissance de l'empereur que vous avez si longtemps négligé votre devoir, et qu'il a fallu tant de remontrances de la part du Saint-Siège. Vous savez combien, dans notre précédente légation en Lombardie, nous vous aimions ; nous vous aimerons encore beaucoup plus, si vous obéissez. C'est pourquoi préparez tout pour la croisade, afin que vous ne donniez ni prétexte ni occasion à l'empereur, de retarder davantage, et que vous n'indisposiez pas contre vous et Dieu et les hommes. Du reste, sachez bien que si, dans cette affaire si importante de Dieu, vous méprisez, dédaignez ou éludez nos commandements, nous n'avons plus qu'à invoquer le ciel et la terre contre votre insolence (*Reg. Greg.*, l. 1, *Epist.* 13). »

A la vérité, un jour avant cette lettre, les Lombards complétèrent le document en question à Brescia, et l'envoyèrent à Rome ; mais Grégoire trouva que les sceaux du marquis de Montferrat et de beaucoup d'autres villes y manquaient ; en conséquence, il ordonna de remédier sans retard à ces défauts de forme, afin qu'on n'y soupçonnât point du dessein ou de la tromperie. Toutefois, pour que ces défauts et les motifs du retard pussent demeurer cachés en attendant, Grégoire n'envoya à l'empereur qu'une copie de l'acte, donnant pour raison qu'il ne voulait confier l'original à aucun messager. Enfin arrivèrent les documents, irréprochables pour le fond et pour la forme. Mais le Pape avait encore d'autres reproches à faire aux Lombards : leur connivence pour les partisans de l'hérésie, et en second lieu la ruine des libertés ecclésiastiques. On publiait des lois contre les hérétiques, mais on ne les exécutait pas sérieusement ; on condamnait quelquefois des hérétiques avec grand bruit à des amendes ou même à l'exil, mais sous main on leur rendait l'argent et on les laissait rentrer dans les villes, tandis qu'on violait tous les droits à l'égard des clercs. Grégoire IX, par une lettre du 29 avril 1227, menace de l'excommunication les magistrats et les villes de Lombardie, s'ils ne corrigent ces abus (*Reg. Greg.*, l. 1, *Epist.* 119).

Quand un Pape relevait avec tant de sévérité toute espèce de manquements dans ceux mêmes qu'il devait regarder en quelque manière comme ses alliés, l'empereur pouvait s'attendre beaucoup moins à ce que ses défauts et ses crimes passeraient inaperçus et sans réprimande. Aussi Grégoire avait-il l'œil, non-seulement sur les affaires publiques de l'empire, mais encore sur la conduite privée de Frédéric. La cour était livrée aux plaisirs du corps et de l'esprit, et lui-même en était l'âme. Mais, dit un historien protestant (Raumer, t. III, p. 270), ses admirateurs eux-mêmes ne peuvent nier qu'il n'observait pas strictement les préceptes de la morale chrétienne par rapport au sexe féminin, et que, à côté des magnifiques productions d'une vie librement poétique, on ne vit pousser de licencieuses monstruosités. Beaucoup plus qu'à un observateur mondain ou indifférent, des défauts de cette espèce devaient paraître scandaleux au chef suprême de l'Eglise chrétienne, et même, indépendamment de ceci, le vieillard octogénaire pouvait se croire autorisé et obligé d'avertir et d'admonester un jeune homme pour lequel, encore enfant, il avait déjà travaillé avec tant de zèle. Grégoire écrivit donc une lettre à Frédéric, où il relève extraordinairement ses talents, ses connaissances, sa force intellectuelle, sa puissance, sa position extérieure, mais en même temps lui rappelle l'obligation d'autant plus grande où il est de n'user de tout cela que d'une manière qui plaise à Dieu. « Il faut, continue le Pape, il faut surtout prendre garde que l'esprit et l'amour que vous avez de commun avec les anges, vous ne les tourniez à ce que les hommes ont de commun avec les animaux et les plantes, savoir, les sens et la nourriture. Car l'attachement aux choses sensibles énerve l'esprit, et le corps, rendu délicat par la nourriture, méconnaît et corrompt le vrai amour. Si donc l'esprit et l'amour, ces deux lumières, venaient à s'éteindre; si ces aigles, qui planent victorieux dans les hauteurs, venaient à tomber et à s'empêtrer dans les voluptés terrestres, comment pourriez-vous montrer le chemin du salut à ceux qui vous suivent? Loin de vous un pareil malheur! Quant à nous, qui vous aimons depuis votre enfance, nous voudrions graver ces principes dans votre cœur avec un style d'airain, pour vous préserver du péril de la mort éternelle, et vous faire acquérir la grâce de Dieu et de Jésus-Christ. »

A ce qui précède, le Pape ajoute une explication symbolique des insignes impériaux. « On porte devant vous dans les processions, la croix où se trouve du bois du Seigneur, et la lance où est son clou; vous portez sur la tête la couronne d'or avec des pierres précieuses, le sceptre à la main droite, la pomme d'or à la main gauche, afin que la croix du Seigneur et le souvenir de sa passion soient continuellement devant vos yeux, pour vous rappeler combien vous devez faire pour Celui qui a tant fait et souffert pour vous. Considérez attentivement la lance qui, en ouvrant le côté du Christ, en a fait jaillir les sacrements de votre salut : c'est la porte étroite qui mène à la vie. Vous êtes couronné d'une triple couronne, comme le Christ l'a été d'un triple diadème par sa mère, par sa marâtre, par son père : par sa mère, d'une couronne de grâce, quand il s'est uni la faiblesse de notre mortalité; par sa marâtre (la Synagogue), d'une couronne de justice, quand il a racheté le genre humain au prix de son sang; par son Père, d'une couronne de gloire, quand il s'est assis à sa droite dans la gloire du royaume. De même vous recevez de la Germanie, votre mère, une couronne de grâce, qui n'est pas de justice, mais de libre élection; vous recevez de la Lombardie, qui fait quelquefois la marâtre, une couronne de justice qui vous est due de droit; enfin de votre père, c'est-à-dire du souverain Pontife, vous recevez une couronne de gloire, qui vous élève et vous honore par-dessus toutes les puissances et tous les princes du monde. Ayez donc soin de porter la couronne de grâce en cet exil, de telle sorte que la couronne de justice vous soit réservée au jugement; que, dans votre examen devant le juge, vous trouviez de quoi répondre à votre accusateur, et que vous soyez enfin couronné de la couronne de gloire immarcessible, dans ce royaume à jamais impérissable. Vous portez le sceptre de la justice dans la main droite, laquelle doit s'appesantir pour punir les méchants; dans la main gauche la pomme d'or, symbole de la miséricorde; main qui doit s'étendre pour délivrer les opprimés et consoler les misérables; car un jugement sans miséricorde est bien défectueux, et réciproquement (Raynald, an 1227, n. 21-23).

Le porteur de la lettre était frère Galon, de l'ordre des Prédicateurs, que le Pape autorisait à tous les commentaires de vive voix.

Cependant approchait le mois d'août 1227, où l'empereur, suivant le traité de San-Germano, devait partir pour la terre sainte, sous peine d'encourir l'excommunication par le fait même. Ses tergiversations précédentes, ses interminables retardements avaient ralenti le zèle de bien des croisés. Ceux de France et d'Allemagne, qui étaient ainsi obligés d'attendre à Otrante et Brindes, peu habitués qu'ils étaient aux chaleurs excessives de cette portion de l'Italie, se virent exposés à des maladies épidémiques. Plusieurs personnages illustres, entre autres les évêques d'Augsbourg et d'Angers, en furent les victimes. Le duc Louis de Thuringe, époux de sainte Elisabeth de Hongrie, et le principal chef de la croisade après l'empereur, fut saisi d'une fièvre froide au moment de s'embarquer, et mourut à Otrante, le 11 septembre. Le bruit public accusa l'empereur de l'avoir empoisonné; mais il n'y a guère d'apparence. Enfin l'empereur s'embarqua lui-même; mais, après trois jours de navigation, il revint à terre, se retira dans les bains de Pouzzoles, pour se guérir d'une maladie feinte ou réelle. A cette nouvelle, les croisés qui attendaient à Brindes et Otrante, et qui s'attendaient à avoir l'empereur pour chef, perdirent tout à fait courage et se dispersèrent de tous côtés, au nombre de plus de quarante mille. Dès lors il était aisé de prévoir que ceux qui étaient passés isolément en Asie n'y feraient rien de solide; conséquemment on pouvait regarder tous les efforts qu'on avait faits jusqu'alors pour l'Orient, comme infructueux et anéantis. Ce fait de l'empereur, dit dès lors Matthieu Paris, tourna, avec un dommage incalculable, à la honte et au préjudice de toute l'affaire du Crucifix et de la croisade (1). Et Matthieu Paris est bien plus favorable qu'hostile à Frédéric.

En vertu de la convention qu'il avait jurée et signée à San-Germano, l'empereur avait encouru l'excommunication par le fait même. En outre le pape Grégoire, indigné de tant de délais après des promesses si solennelles, le déclara excommunié en cette sorte. Le jour de Saint-Michel, 29 septembre 1227, dans la grande église d'Anagni, étant revêtu pontificalement et assisté des cardinaux, des évêques et des autres prélats, il fit un sermon où il prit pour texte : *Il est nécessaire qu'il arrive des scandales*; puis, après avoir parlé du triomphe de saint Michel sur le dragon, il déclara publiquement excommunié l'empereur Frédéric, comme refusant d'exécuter son vœu après plusieurs monitions, et comme ayant encouru la sentence du pape Honorius, à laquelle il s'était volontairement soumis, s'il ne passait à la terre sainte au terme convenu. Le Pape vint ensuite à Rome, où l'empereur lui envoya faire ses excuses. Mais comme, d'après le jugement même qu'en a porté l'auteur protestant cité plus haut, les paroles de Frédéric n'étaient jamais l'indication de ses pensées, le pape Grégoire n'y crut point. Au contraire, ayant assemblé à Rome autant de prélats qu'il put d'Italie et même du royaume de Sicile, il réitéra, le 18 novembre, l'excommunication de l'empereur. En conséquence, le souverain Pontife écrivit une

(1) Matth. Pâris, an 1227 : *Quod factum imperatoris damnose nimis redundavit in dedecus et in præjudicium totius negotii Crucifixi.*

lettre-circulaire à tous les évêques, où il rapporte toutes les promesses et toutes les remises de l'empereur Frédéric, qui avait pris pour dernier terme ce passage d'août 1227. Puis il ajoute :

« Voyez comment il a accompli ces promesses. Sur ses fréquentes instances, plusieurs milliers de croisés s'étaient rendus à Brindes au terme prescrit, pressés par la menace d'excommunication, et ils étaient venus à ce port, parce que la plupart des autres villes maritimes avaient perdu les bonnes grâces de l'empereur. Mais il a retenu si longtemps les croisés pendant la plus grande ardeur de l'été, en ce pays malsain et cet air corrompu, qu'une grande partie, non-seulement du peuple, mais encore des nobles et des seigneurs, y sont morts de peste, de soif, de chaleur et d'autres incommodités, entre autres les évêques d'Angers et d'Augsbourg. Une grande partie, s'en retournant, ont péri dans les chemins, les bois, les montagnes. Les autres, en ayant à peine obtenu la permission, se sont embarqués, quoiqu'il n'y eût pas de bâtiments suffisants pour le transport; encore ne l'ont-ils fait qu'à la Notre-Dame, lorsque le temps ordinaire du retour était proche. Ils se sont donc exposés au péril pour l'amour de Jésus-Christ, croyant que l'empereur les suivrait incessamment; mais lui, méprisant la dévotion de ce peuple, ses promesses ainsi que les censures de l'Eglise, est retourné aux délices ordinaires de son royaume, sous un vain prétexte de maladie.

» Considérez donc quelle est la douleur de l'Eglise romaine, de se voir si cruellement trompée par un fils qu'elle a élevé dès le berceau et comblé de tant de bienfaits, et en qui elle a mis son espérance pour cette entreprise. Afin de ne pas lui donner occasion de s'en détourner, elle a dissimulé les exils des prélats, les spoliations, les prisons et les maux sans nombre qu'il a faits aux églises, au clergé et aux religieux, sans compter les plaintes des peuples et des nobles du patrimoine de l'Eglise. » Le Pape conclut en déclarant que l'empereur Frédéric a encouru l'excommunication à laquelle il s'était volontairement soumis, et menace de procéder plus rigoureusement contre lui, si sa contumace l'exige. Il finit toutefois par exprimer la confiance que Dieu lui ferait la grâce de reconnaître sa faute et de recourir à l'Eglise, sa mère, pour y trouver le remède (*Apud Raynald.*, an 1227).

Frédéric chercha, de son côté, à se justifier auprès des rois et des princes, particulièrement auprès des princes d'Allemagne. Ses lettres consistent principalement en déclamations banales sur l'ambition et l'avarice du clergé, spécialement de l'Eglise romaine. Quant aux preuves de ses accusations, il se trouve en contradiction avec lui-même. Ainsi, nous l'avons vu déclarer publiquement et plus d'une fois, qu'il devait tout à l'Eglise romaine, et l'empire, et le royaume de Sicile, et l'honneur, et même la vie : maintenant il l'accuse de tout le contraire. Cette contradiction s'explique pourtant. Rien ne pèse tant à certains hommes que la reconnaissance pour de grands bienfaits; et Frédéric était de ces hommes. Un autre mobile encore le poussait à secouer ce fardeau. Dans sa lettre au roi d'Angleterre, il donne pour preuve de l'ambition de l'Eglise romaine, la conduite qu'elle a tenue envers le père du roi et envers le comte de Toulouse. Or, nous avons vu quel homme c'était que Jean Sans-Terre, tyran sans foi ni loi, qui mendiait l'alliance et la protection du sultan de Maroc, prêt à embrasser le mahométisme, pour se jouer plus impunément de son peuple et de l'Eglise. Nous avons vu Raymond de Toulouse, soit persuasion, soit légèreté, fauteur incorrigible du manichéisme, autrement, de l'anarchie civile et religieuse. Comme ces deux hommes, Frédéric couvait au fond de son cœur l'athéisme politique, qui ne reconnaît d'autre dieu, d'autre religion, d'autre loi, d'autre morale que son intérêt. Nous en verrons de nouvelles preuves, à mesure que nous avancerons.

Cependant le Pape reçut des nouvelles de la terre sainte par une lettre patente écrite au nom du patriarche de Jérusalem, des archevêques de Césarée, de Nazareth et de Narbonne, des évêques de Winchester et d'Excester, ainsi que des trois maîtres de l'Hôpital, du Temple et de l'ordre Teutonique. « Nous sommes, disaient-ils, dans une extrême désolation de ce que l'empereur n'est point venu en Syrie au passage d'août. Sur cette nouvelle, les pèlerins qui avaient pris les devants au nombre de quarante mille braves, sont retournés sur les mêmes vaisseaux qui les avaient amenés. Toutefois, après leur départ, il est demeuré environ huit cents chevaliers, qui criaient tout d'une voix : Ou rompons la trêve, ou retournons tous ensemble. On aurait eu grande peine à les retenir, sans le duc de Limbourg, qui devait commander l'armée au nom de l'empereur. Nous tînmes conseil sur ce sujet; et le duc ayant déclaré qu'il voulait rompre la trêve, on lui représenta qu'il était dangereux de le faire, et même malhonnête, puisqu'elle était confirmée par serment. On répliqua de la part du duc que le Pape avait excommunié tous les croisés qui n'iraient point en ce passage quoiqu'il sût bien que la trêve devait encore durer deux ans : d'où ils concluaient que l'intention du Pape n'était pas que la trêve fût gardée. D'ailleurs les pèlerins ne voulaient point demeurer oisifs; et plusieurs disaient : S'ils se retirent, les Sarrasins viendront ensuite fondre sur nous, nonobstant la trêve. Après donc une longue délibération, il fut résolu d'aller à Jérusalem, et, pour en approcher plus facilement, de commencer par fortifier Césarée et Joppé; ce que l'on croyait pouvoir faire avant le passage d'août prochain. Cette résolution fut publiée dans la ville d'Acre, vers la fête de Saint-Simon et de Saint-Jude, avec ordre à tous les pèlerins de se tenir prêts pour marcher à Césarée le lendemain de la Toussaint. » La conclusion de la lettre est de demander instamment du secours à toute la chrétienté; le Pape l'adressa à tous les fidèles, insérée dans la sienne du 23 décembre 1227 (Matth. Paris, an 1227).

Nous apprenons de cette lettre que plus de quarante mille braves guerriers quittèrent la Palestine, quand on vit que l'empereur n'arrivait pas. Nous avons vu que la même nouvelle fit repartir d'Otrante plus de quarante mille autres. Si à ces deux nombres on ajoute ceux qui restèrent soit en Italie, soit en Palestine, soit en Egypte, surtout ceux qui seraient encore partis d'Europe, car, d'après Matthieu Paris, plus de soixante mille s'étaient croisés en Angleterre, on voit que l'empereur Frédéric, s'il avait voulu, serait vu à la tête de plus de cent mille hommes.

Aussi le pape Grégoire renouvela-t-il l'excommunication dans un concile de Rome, le jeudi saint, 23 mars 1228, comme il le marque dans une lettre à tous les évêques de la Pouille, où il dit : « Voyant que l'empereur Frédéric négligeait son salut en refusant d'accomplir le vœu qu'il avait confirmé par serment, nous avons tiré contre lui le glaive médicinal de saint Pierre, publiant en esprit de douceur la sentence d'excommunication à laquelle il s'était lui-même soumis, s'il ne passait à la terre sainte au terme fixé. Mais, loin de profiter de la correction, il ajoute de nouveaux péchés aux anciens, et, au mépris des clés de l'Eglise, il fait célébrer devant lui le service divin. C'est pourquoi, afin de ne paraître pas déférer à l'homme contre Dieu, le jeudi saint dernier, nous avons prononcé contre lui solennellement la sentence d'excommunication, tant pour n'avoir pas passé à la terre sainte ni fourni les troupes et l'argent qu'il avait promis, que pour avoir empêché l'archevêque de Tarente d'aller à son Eglise et de visiter son peuple; pour avoir dépouillé les Templiers et les Hospitaliers des biens qu'ils avaient dans le royaume de Sicile; pour n'avoir pas gardé la composition faite entre lui et le comte de Célano et Rainald d'Averse, dont l'Eglise romaine s'était rendue caution à sa prière; pour avoir dépouillé de ses terres le comte Roger, croisé et reçu sous la protection du Saint-Siège, et avoir refusé de délivrer de prison son fils, suivant notre mandement souvent réitéré.

» Nous avons ajouté à l'excommunication de l'empereur que tous les lieux où il arrivera seront soumis à l'interdit ecclésiastique; en sorte que, tant qu'il y sera présent, on n'y célèbre aucun office divin, sous peine de privation de tout office et bénéfice à quiconque osera le célébrer devant lui; et si Frédéric assiste désormais au service divin, nous procéderons contre lui comme contre un hérétique qui méprise le pouvoir de l'Eglise. Enfin s'il ne cesse d'opprimer l'Eglise et de fouler aux pieds sa liberté, ou s'il continue de mépriser l'excommunication, nous absoudrons de leur serment tous ceux qui lui ont juré fidélité, particulièrement les vassaux du royaume de Sicile, parce que, suivant le décret du pape Urbain II, on n'est point obligé de garder la foi que l'on a jurée à un prince chrétien, quand il s'oppose à Dieu et à ses saints et méprise leurs commandements. Et si l'empereur ne cesse d'opprimer les orphelins, les veuves, les nobles et les autres sujets du royaume, qui appartient spécialement à l'Eglise romaine, et dont il lui a fait hommage, il pourra craindre d'être privé du droit de fief. En conséquence, nous vous mandons et ordonnons de publier ladite sentence tous les dimanches et fêtes (*Apud Raynald.*, an 1228, n. 1-4). »

Frédéric II, comme la plupart des empereurs tudesques, était plus propre à faire la guerre au Pape qu'aux Sarrasins et aux Tartares. Il eut donc si peu d'égard à cette excommunication, qu'il célébra avec grande magnificence, à Barlette, la fête de Pâques, qui, cette année 1228, fut le 26 mars. Sa joie fut d'autant plus grande en cette fête, qu'il apprit la mort de Coradin, sultan de Damas. C'est pourquoi il envoya en Palestine Richard, maréchal de la principauté, avec cinq cents chevaliers.

Cependant, pour attaquer le Pape chez lui-même, il avait fait venir les Frangipane et d'autres Romains des plus nobles et des plus puissants, pour les engager à lui prêter serment comme vassaux de l'empire et le servir en toutes rencontres. Il leur fit donc estimer à un certain prix tout ce qu'ils avaient de biens immeubles à Rome, en maisons et en terres, puis il les acheta d'eux et les leur rendit à titre de fief. Ceux-ci, étant retournés à Rome, excitèrent le peuple contre le Pape, en sorte que le lundi de Pâques, comme il célébrait la messe à Saint-Pierre, suivant la coutume, ils vinrent lui insulter avec de grands cris, mêlés de menaces, même pendant le canon de la messe. Ainsi le Pape, ne se croyant plus en sûreté à Rome, en sortit au mois d'avril, et vint avec une bonne escorte à Riéti, d'où il passa ensuite à Spolète et à Pérouse. Il demeura plus longtemps en cette dernière, afin de réconcilier les habitants entre eux. Ce fut pendant ces voyages hors de Rome, que Grégoire IX canonisa saint François d'Assise, ainsi que nous avons vu.

Quant à l'empereur Frédéric, il se disposait tout de bon à passer en Palestine, même avec peu de monde. Longtemps on a ignoré les vrais mobiles de sa conduite en cette occasion. La connaissance des historiens arabes vient enfin d'éclaircir ce mystère. Voici comme ils nous l'apprennent :

Pendant le siège de Damiette, le danger avait réuni les enfants de Malek-Adhel, frère de Saladin. Après la victoire, l'ambition reprit la place de la crainte : les princes ayoubites se disputèrent les villes et les provinces que leur union avait sauvées de l'invasion des chrétiens. Coradin, prince de Damas, redoutant les entreprises de son frère Malek-Kamel, sultan d'Egypte, venait d'appeler à son secours Gelal-Eddin, souverain du vaste empire du Karisme. Le sultan du Caire craignit pour lui-même les suites de cette alliance, et tourna ses regards vers les princes de l'Occident. Depuis plusieurs années, le seul bruit des préparatifs de Frédéric jetait l'effroi parmi les puissances musulmanes. L'empereur d'Allemagne était regardé dans l'Orient comme le chef de toutes les nations de l'Europe. Le sultan d'Egypte mettait le plus grand prix à désarmer une armée formidable; et, comme les plaintes du Pape, comme le bruit des discordes qui avaient éclaté parmi les chrétiens étaient parvenus jusqu'à lui, il conçut l'espoir de trouver dans Frédéric un allié sincère, un auxiliaire puissant.

Malek-Kamel envoya des présents et des ambassadeurs à l'empereur d'Allemagne; il invitait Frédéric à se rendre en Orient, et promettait de lui livrer Jérusalem. Cette proposition causa autant de joie que de surprise à l'empereur, qui envoya à son tour en Egypte un ambassadeur chargé de connaître les intentions du sultan du Caire et de lui offrir son amitié. L'envoyé de Frédéric fut reçu à la cour du sultan avec de grands honneurs, et revint annoncer à son maître que Malek-Kamel était prêt à le seconder dans son expédition d'outre-mer.

Cette négociation, qui fut ignorée du Pape et de tous les chrétiens de l'Occident, détermina Frédéric à poursuivre le projet de la croisade; il avait plusieurs autres motifs pour ne point renoncer à son expédition d'Orient. Il savait que son beau-père, Jean de Brienne, était sur le point de retourner en Palestine et de se remettre en possession du royaume de Jérusalem. Le Pape continuait à le représenter comme l'ennemi du Christ et le fléau des chrétiens. Pour faire échouer le projet de Jean de Brienne et répondre au souverain Pontife d'une manière victorieuse, Frédéric résolut de s'embarquer pour la terre sainte.

Il voulut même proclamer son dessein avec le plus grand appareil, et fit placer dans la plaine de Barlette un trône magnifique, sur lequel il monta en présence d'une foule innombrable de spectateurs. Dans tout l'éclat de la magnificence impériale, il parut revêtu de la croix des pèlerins, et lui-même annonça au peuple assemblé qu'il allait partir pour la Syrie. Afin de donner plus de solennité à cette pompeuse cérémonie, et pour toucher les cœurs de la multitude, l'empereur fit lire à haute voix son testament; les barons et les seigneurs jurèrent au pied de son trône de faire exécuter ses dernières volontés, s'il venait à perdre la vie au milieu des périls de la mer et de la guerre d'Orient.

Cette manière toute profane de proclamer une guerre sainte ne devait point réveiller l'enthousiasme dans les esprits. Ce qui étonne le plus au milieu d'une cérémonie si nouvelle dans l'histoire des croisades, dit leur historien moderne, c'est l'absence même de la religion, qu'on avait la prétention de servir, et le silence de cette foule de croisés prosternés devant les trônes de la terre, osant à peine invoquer le Dieu pour lequel ils allaient combattre. Qu'on se reporte par la pensée au concile de Clermont, présidé par Urbain, et qu'on juge la différence des temps, des mœurs et des opinions (Michaud, *Hist. des croisades*, t. III; *Biblioth. des croisades*, t. IV).

Frédéric arriva d'abord dans l'île de Chypre, dont le roi était le jeune Henri de Lusignan, sous la tutelle de sa mère Alix et des seigneurs d'Ibelim, ses oncles. Nous avons vu Frédéric, après avoir épousé Yolande, fille de Jean de Brienne, roi de Jérusalem, contraindre son beau-père à lui céder ses droits sur ce royaume. Arrivé en Chypre, il prétendit que les revenus du royaume de Chypre devaient lui appartenir comme suzerain, pendant la minorité du jeune roi. Sur le refus de celui-ci et de ses oncles, Frédéric les assiégea dans Nicosie, et les força de souscrire à ses prétentions (Sanut, p. 212; Guill. Nang., *Art de vérifier les dates*; Raumer, t. III). C'était un pas de plus dans l'exécution de ce plan : l'empereur allemand est le seul maître de l'univers, et l'empire allemand est héréditaire dans la famille de Souabe; pour l'exécution de ce plan, tous les moyens sont bons.

Après avoir ainsi opprimé un roi pupille, Frédéric fit voile pour Acre ou Ptolémaïs : il y fut reçu avec de grands honneurs par le clergé et le peuple. Mais bientôt on apprit que celui qu'on avait reçu comme un libérateur de la chrétienté d'Orient, était excommunié par le chef de l'Eglise; que le Pape lui avait défendu de passer la mer comme croisé, jusqu'à ce qu'il fût délié des censures qu'il avait encourues. On ne pouvait s'expliquer d'ailleurs qu'après s'être fait attendre sept à huit ans, il vint avec si peu de monde, à peine dix mille hommes. Enfin arrivèrent deux frères Mineurs, qui présentèrent des lettres de la part du Pape au patriarche de Jérusalem, par lesquelles il lui ordonnait de dénoncer l'empereur excommunié et parjure. Il défendait aussi aux Hospitaliers, aux Templiers et aux chevaliers Teutoniques de lui obéir ni d'avoir aucun égard pour lui. Le grand-maître de l'ordre Teutonique devait commander les Allemands et les Lombards; Richard Filangiéri et Othon de Montbélliard, les troupes de Syrie et de Chypre (Richard S.-Germ., an 1012).

Quand cette nouvelle inattendue vint en Orient, Frédéric tâcha de se justifier et de rejeter toute la faute sur le Pape; mais il n'y eut que les Allemands, les Pisans et les Génois qui reconnurent ses ordres. Les autres l'évitaient comme un excommunié; les Templiers montraient le plus d'opposition. L'empereur fut réduit à proposer cet expédient : que les ordres ne se donneraient plus en son nom, mais au nom de Dieu et de la chrétienté, moyennant quoi tous le suivirent au milieu du mois de novembre à Joppé, et fortifièrent cette place. Cependant, d'après le témoignage de Matthieu Pâris, ils ne communiquaient avec l'empereur, ni pour le repas, ni pour la prière, et ils le pressaient de se réconcilier avec le souverain Pontife. L'armée chrétienne ne comptait que huit cents chevaliers et dix mille fantassins. L'empereur croyait peut-être n'avoir pas besoin d'un plus grand nombre pour prendre possession de la ville de Jérusalem, que le sultan d'Egypte lui avait secrètement offerte. Mais les circonstances n'étaient plus tout à fait les mêmes.

Au moment où Frédéric arrivait en Syrie, Coradin, souverain de Damas, venait de mourir, laissant ses Etats aux mains d'un jeune prince incapable de les défendre. L'esprit de licence qu'on remarquait déjà dans les dernières guerres parmi les troupes de Syrie et d'Egypte, faisait chaque jour de nouveaux progrès, et mettait en péril tous les trônes musulmans. Le sultan du Caire était venu à la tête d'une armée, dans la Palestine, pour en dépouiller le fils de Coradin. La renommée annonçait qu'il venait pour défendre Jérusalem et pour combattre les chrétiens; mais son véritable dessein était de profiter des événements de la guerre et des discordes qui éclataient de toutes parts, pour s'emparer de Damas et triompher des ennemis que la jalousie et l'ambition lui avaient suscités parmi les Musulmans et les princes de sa propre famille.

L'empereur d'Allemagne sortit de Ptolémaïs avec son armée, et vint camper entre Césarée et Joppé. Il avait envoyé auprès de Malek-Kamel le seigneur de Sidon et le comte Thomas de Célano, pour lui rappeler ses promesses et lui dire que, maître des plus vastes provinces de l'Occident, il ne venait point en Asie pour faire des conquêtes, qu'il n'avait d'autre projet que de visiter les saints lieux et de prendre possession du royaume de Jérusalem, qui lui appartenait.

Lorsque les ambassadeurs chrétiens arrivèrent auprès de l'armée musulmane, campée dans le voisinage de la ville sainte, les circonstances qui avaient engagé Malek-Kamel à solliciter le secours de Frédéric étaient changées et le sultan se trouvait dans une position embarrassante. On ne redoutait plus l'invasion des Karismiens, mais celle des guerriers de l'Occident. Naguère il avait promis de livrer Jérusalem à l'empereur des Francs; alors, pour obtenir la possession de Damas, il venait de promettre aux princes musulmans de conserver la Judée sous les lois de l'islamisme. Le sultan reçut avec distinction les députés de Frédéric, mais il ne répondit point à leurs propositions ; toutefois, il envoya à l'empereur une ambassade, chargée d'exprimer son désir de la paix et son estime particulière pour sa personne. Il s'établit entre les deux des relations si amicales et si intimes, qu'elles scandalisaient les chrétiens.

Frédéric écrivit au sultan la lettre suivante, qui nous a été conservée par un auteur arabe. « Je suis ton ami. Tu n'ignores pas combien je suis au-dessus de tous les princes de l'Occident. C'est toi qui m'as engagé à venir ici ; les rois et le Pape sont instruits de mon voyage ; si je m'en retournais sans avoir rien obtenu, je perdrais toute considération à leurs yeux. Après tout, cette Jérusalem, n'est-ce pas elle qui a donné naissance à la religion chrétienne ? n'est-ce pas vous qui l'avez détruite ? Elle est maintenant réduite à la dernière misère. De grâce, rends-la moi dans l'état où elle est, afin qu'à mon retour je puisse lever la tête parmi les rois. Je renonce d'avance à tous les avantages que je pourrais en retirer (Michaud, *Bibl. des crois.*, t. IV, p. 429). » Telle est la lettre de Frédéric au sultan d'Egypte, que nous a conservée l'Arabe Déhébi.

Un autre Arabe, Makrisi, rapporte que Frédéric s'était d'abord montré plus exigeant ; il voulait qu'on lui remit, outre Jérusalem, toutes les villes anciennement possédées par les Francs ; il demandait aussi qu'on exemptât de tout tribut les marchands de ses Etats qui venaient commercer à Alexandrie et à Rosette. A la fin il se borna aux premières propositions. « Je n'aurais pas tant insisté, dit-il à l'émir Fakr-Eddin, l'un des principaux négociateurs, si je n'avais craint de perdre tout crédit en Occident. Au reste, ajouta-t-il, mon but, en venant ici, n'a pas été de délivrer la ville sainte ni rien de semblable ; j'ai voulu conserver l'estime des Francs. » De son côté, le sultan eut beaucoup de peine à sacrifier Jérusalem ; mais il avait à craindre les attaques d'un ennemi redoutable. « D'ailleurs, disait-il, nous ne cédons aux Francs que des églises et des maisons en ruine (*Ibid.*, p. 430). »

Le sultan déclara, selon Yafeï, que c'était le seul motif qui le décidait, et qu'une fois l'empereur parti, ou même avant son départ, s'il manquait à un seul de ses engagements, il s'emparerait de nouveau de la ville sainte.

La vérité est qu'en ce moment Jérusalem se trouvait sans rempart et sans fortifications, et que le sultan ne s'étant obligé à remettre que les villages qui mènent de la ville sainte à la ville d'Acre, les Musulmans demeuraient maîtres du pays. Il était convenu que Jérusalem serait laissée dans l'état de faiblesse où elle était, et que les chrétiens ne pourraient élever aucune nouvelle fortification. Les Musulmans devaient rester en possession de la mosquée d'Omar et de la chapelle de la Sacra ; ils devaient conserver le libre exercice de leur religion. On laissait entre leurs mains les environs de la ville sainte. Les chrétiens ne devaient occuper que la route d'Acre. Tout étant donc réglé, la paix fut jurée entre les deux nations pour dix ans et quelques jours, à partir du 28 de rébi premier (24 février 1229) (Michaud, *Bibl. des crois.*, t. IV, p. 430).

Frédéric, avant de retourner dans ses Etats, voulut visiter Jérusalem. Il nous reste, sur ce voyage, le récit d'un témoin oculaire ; c'est celui du desservant de la mosquée d'Omar, qui accompagna Frédéric. Voici comme il parle :

« L'empereur était roux et chauve, il avait la vue faible ; s'il avait été esclave, on n'en aurait pas donné deux cents drachmes. Ses discours montraient assez qu'il ne croyait pas à la religion chrétienne ; quand il en parlait, c'était pour s'en railler. Ayant jeté les yeux sur l'inscription en lettres d'or que Saladin avait fait placer au haut de la chapelle de la Sacra, et où on lisait ces paroles : *Saladin purgea en telle année la ville sainte de la présence de ceux qui adorent plusieurs dieux*, il se la fit expliquer. Ensuite il demanda pourquoi on avait mis des grillages aux fenêtres de la chapelle, et, comme on lui dit que c'était pour écarter les souillures des passereaux et des bêtes du ciel, il répliqua : Vous vous êtes délivrés des passereaux ; mais, en place, Dieu vous envoie les cochons (c'est-à-dire les chrétiens). Quand l'heure de midi fut venue, nous nous mîmes en devoir de faire la prière, et les Musulmans de la suite du prince firent de même, sans qu'il cherchât à les empêcher ; au nombre de ces derniers était l'ancien précepteur de Frédéric, homme originaire de Sicile, lequel lui avait enseigné la dialectique.

» C'est l'émir Schems-Eddin, cadi de Naplouse, qui fut chargé par le sultan d'accompagner l'empereur à Jérusalem. Il avait ordre de veiller à ce qu'on ne fît rien de ce qui pouvait déplaire au prince, entre autres choses, qu'on ne prêchât pas dans la mosquée d'Omar, et qu'on ne proclamât pas la prière du haut des minarets. Le premier jour, le cadi oublia de donner les ordres nécessaires ; aussi les crieurs des mosquées s'acquittèrent de leurs fonctions comme à l'ordinaire ; un d'eux même affecta de réciter à haute voix les passages de l'Alcoran dirigés contre les chrétiens, entre autres celui-ci : Comment serait-il possible que Dieu eût pour fils Jésus, fils de Marie ? Or, l'empereur était logé chez le cadi, à côté même du minaret, et il dut entendre ces paroles. Le cadi, très-affligé, se hâta d'appeler le crieur pour lui faire des reproches, et il défendit, la nuit suivante, qu'aucun cri ne se fît entendre ; mais le lendemain l'empereur fit venir le cadi, et lui dit : Qu'est donc devenu celui qui, il y a deux jours, a fait entendre du haut du minaret telle et telle chose ? Le cadi s'excusa, disant qu'on avait craint de déplaire à l'empereur. Le prince répliqua : Vous avez eu tort ; pourquoi manquer ainsi, à cause de moi, à votre devoir, à votre loi, à votre religion ? Eh ! par Dieu, si vous veniez avec moi dans mes Etats (Michaud, *Bibl. des crois.*, p. 431 et 432)... »

Le texte arabe est ici mutilé ; on aperçoit seulement en marge quelques mots isolés qui semblent dire qu'au fond Frédéric méprisait la religion où il était né, et que, s'il n'avait pas craint de soulever ses sujets, il aurait manifesté ses véritables sentiments.

Quant à Makrisi, il se contente de faire dire à Frédéric qu'une des choses qui l'avaient engagé de venir à Jérusalem, c'était le désir d'entendre appeler les Musulmans à la prière. Ce même auteur ajoute que la vue de la mosquée d'Omar frappa l'empereur d'admiration ; puis il continue ainsi : « L'empereur voulut voir par ses yeux la chaire où les imans prononcent leurs sermons. Pendant qu'il y était, il vit entrer dans la mosquée un prêtre chrétien, l'Evangile à la main. Or, il avait été convenu que les Musulmans seraient à l'abri de toute insulte dans leurs mosquées, et qu'on ne pourrait, en aucun cas, les troubler dans leurs cérémonies religieuses. Cette hardiesse irrita l'empereur, et il défendit au prêtre d'avancer, jurant de punir sévèrement tout chrétien qui entrerait dans la mosquée sans une permission spéciale; car, ajouta-t-il, nous sommes tous les serviteurs du sultan : c'est par grâce qu'il nous a rendu nos églises; nous ne devons pas en abuser (Michaud, *Bibl. des Crois.*, p. 432). »

Un autre mahométan a dit de Frédéric, qui l'avait vu de près : « Son inclination le portait vers l'islamisme, vu qu'il avait été élevé en Sicile, où il y avait beaucoup de Musulmans (*Ibid.*, p. 433). »

Voilà ce que les historiens arabes nous apprennent de Frédéric II, de sa conduite en Palestine et à Jérusalem, de ses relations avec le sultan d'Egypte. Les récits des chrétiens s'y accordent et y trouvent leur complète justification; car voici le résumé de ce qu'ils contiennent.

Après une négociation très-secrète, le traité entre l'empereur et le sultan fut conclu et rédigé en ces termes : 1° Le sultan livre Jérusalem à l'empereur et à ses lieutenants, pour en disposer et la fortifier à sa volonté; 2° l'empereur ne touchera point à la Gemlate, qui est le temple de Salomon, ni à tout ce qui est compris dans son enceinte, et ne souffrira pas qu'aucun Franc s'en empare; mais elle demeurera, sans aucun changement, entre les mains des Musulmans, pour y faire leurs prières et l'exercice public et libre de leur religion; les clés des portes de cette enceinte seront gardées par ceux qui y demeurent, pour avoir soin de la mosquée; 3° on n'empêchera aucun Musulman d'aller en pèlerinage à Bethléhem; 4° si quelque Franc croit fermement la majesté et la dignité du temple (la mosquée d'Omar), il pourra y entrer pour faire ses prières, sinon, on ne le souffrira pas même dans toute l'enceinte; 5° si, à Jérusalem, un Musulman fait tort à un autre Musulman, il sera appelé devant les juges de sa religion; 6° l'empereur ne donnera aucun secours à aucun Franc ni Musulman pour faire la guerre aux Musulmans pendant cette trève, ne les y excitera point et n'y prendra aucune part; 7° l'empereur rappellera tous ceux qui entreprendront de porter quelque dommage aux terres de Malek-Kamel, et il le défendra à ses troupes et à tous ses sujets, de toute l'étendue de son pouvoir; 8° si quelques Francs prétendent contrevenir aux conventions comprises en cette trève, l'empereur sera tenu de défendre le sultan contre eux; 9° Tripoli et son territoire, Carac, Castelblanc, Tortose, Margat et Antioche, avec tout ce qui s'y trouve, demeureront au même état pendant la trève que pendant la guerre, et l'empereur défendra à tous les siens de donner aucun secours aux seigneurs de ces places. De plus, on rendit aux chrétiens Bethléhem et le territoire entre cette ville et Jérusalem; Nazareth, avec le chemin jusqu'à Acre; le territoire de Touron; Sidon ou Saïd avec ses dépendances. Cette trève, qui devait durer dix ans, fut jurée de part et d'autre le dimanche 18 février 1229.

Mais Gérold, patriarche de Jérusalem, les Templiers et les Hospitaliers n'y prirent aucune part, la regardant comme honteuse et désavantageuse à la chrétienté, et tenant l'empereur pour excommunié. Le patriarche alla même jusqu'à défendre de réconcilier les saints lieux à Jérusalem et d'y célébrer le service divin. Il refusa aussi à tous les pèlerins indifféremment la permission d'y entrer et de visiter le saint Sépulcre, alléguant la défense que le Pape en avait faite, et qui n'était point révoquée.

L'empereur ne laissa pas d'entrer à Jérusalem le samedi 17 mars, et le lendemain, qui était le troisième dimanche de carême, il vint en habits royaux à l'église du Saint-Sépulcre, accompagné des chevaliers Teutoniques, de quantité de noblesse et de peuple. Et comme il ne se trouva point d'évêque pour lui donner la couronne, il la prit lui-même sur l'autel. Alors le maître de l'ordre Teutonique se leva et fit un long discours, premièrement en allemand, puis en français, adressant la parole à la noblesse et au peuple; dans son discours il loua l'empereur et se plaignit des ecclésiastiques. Il finit en invitant les nobles à contribuer aux fortifications de la ville, et l'empereur fit recevoir par des séculiers les oblations du saint Sépulcre et des autres églises, pour être employées aux mêmes ouvrages; mais il partit de Jérusalem dès le lendemain matin, et retourna promptement à Acre, sans avoir donné ordre à ces fortifications; au contraire, il refusa de le faire lorsque les chevaliers du Temple et de l'Hôpital s'offrirent à y travailler avec zèle (*Apud Raynald.*, an 1229, n. 14). C'est qu'il s'était engagé envers le sultan d'Egypte à ne pas les relever, comme nous l'apprennent les historiens arabes; et les exhortations à la noblesse pour y contribuer de son argent, n'étaient qu'une feinte pour tromper les chrétiens. Mais voici qui achève l'impériale comédie. Pendant les deux jours qu'il fut à Jérusalem, il écrivit des lettres triomphantes pour remercier Dieu de l'heureux succès qu'il avait donné à son voyage, et relever en paroles magnifiques l'avantage qu'il avait procuré aux chrétiens, de rentrer dans la sainte cité. Nous avons deux de ces lettres : l'une, au pape Grégoire, qui ne contient que des discours généraux; l'autre, au roi d'Angleterre, Henri, qui entre plus dans le détail; et l'on peut juger que l'empereur écrivit de même à d'autres princes.

Mais le patriarche écrivit sur le même sujet des lettres d'une teneur bien différente, l'une au Pape, l'autre à tous les fidèles. Dans sa lettre au Pape, il relève plusieurs choses qui avaient extrêmement scandalisé les chrétiens. Frédéric envoya au sultan d'Egypte les armes qu'il avait reçues comme empereur chrétien, à Saint-Pierre de Rome. Il passait les nuits à boire avec des jongleurs musulmans et des danseuses musulmanes, vêtu lui-même à leur mode.

Son traité avec le sultan d'Egypte ne faisait aucune mention ni de l'Eglise ni des chrétiens; en sorte que le sultan pouvait les chasser quand il voudrait.

D'ailleurs le sultan de Damas, à qui appartenait Jérusalem, refusait d'accéder au traité. Frédéric, de son côté, non-seulement négligeait de fortifier la ville, mais en refusait la permission aux Templiers. Après avoir conclu secrètement une convention aussi honteuse et qui n'offrait aucune garantie, il avait invité le patriarche à l'accompagner à Jérusalem, pour y régler les affaires ensemble. C'était une ruse.

La ville, laissée sans défense, ne pouvait manquer de retomber entre les mains des infidèles. Frédéric cherchait à pouvoir dire en Occident : « Voyez, c'est moi qui ai conquis Jérusalem ; c'est le patriarche, c'est l'Eglise qui l'a perdue. » Et voilà pourquoi le patriarche s'y refusa constamment (Raynald, an 1229, n. 3-14).

A cette lettre, le patriarche joignit les articles, avec les observations pour en montrer les défauts. En voici la substance.

Dans la cession que le sultan fait de Jérusalem, il n'est parlé que de l'empereur et de ses lieutenants, sans aucune mention ni de l'Eglise, ni de la chrétienté, ni des pèlerins ; en sorte que, d'après le traité même, nul ne peut fortifier la ville, ni même la retenir, que l'empereur et ses lieutenants. Ensuite le sultan d'Egypte n'a pu faire cette cession au préjudice du sultan de Damas, son neveu, qui était en possession de Jérusalem, et qui n'a voulu ni jurer ni ratifier le traité. C'est un abus intolérable, de céder aux infidèles le temple de Dieu, qui est le siège patriarcal, sans même permettre aux chrétiens d'entrer dans l'enceinte, s'ils n'ont la même opinion de ce lieu que les Sarrasins, et cela, tandis qu'on permet à ceux-ci d'entrer à Bethléhem librement et sans aucun examen. D'ailleurs, comme tous les villages voisins de Jérusalem demeurent au pouvoir des infidèles, et qu'ils viendront faire leurs prières au temple en bien plus grand nombre que les chrétiens ne viendront au saint Sépulcre, comment les chrétiens pourront-ils demeurer maîtres de Jérusalem pendant dix ans, sans querelles et sans péril de leur vie ? D'autant plus qu'on donne aux Sarrasins juridiction dans cette ville comme aux chrétiens. L'empereur s'engage, par ce traité, à n'exercer aucun acte d'hostilité directement ni indirectement pendant la trêve ; comment accorder ce serment avec celui qu'il a fait à l'Eglise, de tenir à la terre sainte pendant deux ans, mille chevaliers et cinquante galères, et qui lui a attiré l'excommunication, pour ne l'avoir pas accompli. L'empereur s'engage, non-seulement à détourner, mais à combattre les chrétiens qui voudraient faire la guerre au sultan. N'eût-il commis que cette faute, non-seulement Dieu, à qui il s'est spécialement obligé, mais tout l'univers devrait s'élever contre lui ; car c'est un attentat contre la chrétienté entière, c'est l'opprobre de la dignité impériale, le déshonneur de tous les chrétiens. La promesse de ne pas secourir les seigneurs d'Antioche, de Tripoli et des autres places, est nouvelle et inouïe. Jusqu'ici, lorsqu'il y avait trêve au royaume de Jérusalem, les chevaliers du royaume et les autres chrétiens ne laissaient pas de défendre ces places. Tels sont les justes reproches du patriarche contre le traité de l'empereur (Raynald, an 1229, n. 15-21).

Dans la lettre à tous les fidèles, il commence par dire que l'empereur s'est conduit misérablement, depuis le commencement jusqu'à la fin, dans tout son voyage, au grand préjudice de la croisade et au mépris de la religion. Il est venu excommunié, amenant à peine avec lui quarante chevaliers, et sans argent, espérant suppléer à son indigence par les dépouilles de la Syrie. Arrivé en Chypre, il invite à sa table le seigneur d'Ibelim et ses fils, et les y arrête prisonniers ; il attire de même le roi et le retient comme captif : par cette violence et cette fraude, il s'empare de tout le royaume.

Ayant ensuite rapporté son traité avec le sultan, le patriarche ajoute : « Le quatrième dimanche de carême, il vint à Acre. Le temps du passage était proche, et tous les pèlerins, ayant visité le saint Sépulcre, se préparaient à partir. Comme nous n'avions point de trêve avec le sultan de Damas, voyant le pays abandonné, nous avions résolu de retenir des troupes sur le fonds de l'aumône du roi de France Philippe. Ce que l'empereur ayant appris, il nous fit dire qu'il s'étonnait de cette résolution, puisqu'il avait fait la trêve avec le sultan d'Egypte. Nous lui répondîmes que le sultan de Damas n'y étant point compris, pouvait nous attaquer, malgré celui d'Egypte. L'empereur répliqua que, puisqu'il était roi de Jérusalem, on ne devait point, sans sa permission, retenir des troupes en armes dans son royaume. Puis ayant fait assembler hors de la ville les prélats, les religieux et tous les pèlerins qui étaient à Acre, il leur parla, se plaignant fortement de nous et nous chargeant de calomnies ; ensuite, s'adressant au maître du Temple, il s'efforça de noircir sa réputation, voulant s'excuser aux dépens des autres. Enfin il défendit à tous les chevaliers étrangers de demeurer dans le pays après ce jour-là, et commanda au comte Thomas, qu'il laissait pour son lieutenant, d'user de punition corporelle contre le premier qu'il y trouverait, pour servir d'exemple.

» Considérant donc sa malice, nous assemblâmes les prélats et les pèlerins, et excommuniâmes, tous ceux qui donneraient aide ou conseil à l'empereur contre l'Eglise, contre les Templiers et autres religieux, ou les pèlerins. De quoi l'empereur, plus irrité, fit garder toutes les entrées, défendant de nous porter des vivres, et mettant partout des arbalétriers et des archers, pour insulter les Templiers et les pèlerins. Le dimanche des Rameaux, des frères Prêcheurs et des Mineurs s'étant rendus aux lieux destinés pour y prêcher la parole de Dieu, il les fit enlever par ses gens, qui, les ayant tirés de leurs chaires et jetés par terre, les fustigèrent par la ville comme des voleurs. Ensuite, voyant que ces violences étaient inutiles, il traita de la paix avec nous ; mais, comme il n'en exécutait pas les conditions, nous mîmes la ville en interdit. Alors il résolut de ne pas faire un plus long séjour dans le pays ; et, comme s'il eût voulu tout détruire, il fit charger secrètement sur les vaisseaux les armes que l'on gardait à Acre depuis longtemps, pour la défense du pays, et en envoya la plus grande partie au sultan d'Egypte, son bon ami. Enfin il s'embarqua en cachette le jour de Saint-Jacques et de Saint-Philippe, c'est-à-dire le 1er mai, et partit sans dire adieu à personne (Matth. Paris, an 1229). »

Ce manifeste du patriarche de Jérusalem étant parvenu en Occident, ne ternit pas peu la renommée de l'empereur, et lui enleva beaucoup de partisans (Matth. Paris, an 1229). Pour ce qui est de plus grave, le fond même des reproches, le peu de respect pour la foi chrétienne et l'autorité ecclésiastique, la préférence donnée aux Musulmans sur les chrétiens, ce manifeste se trouve plus que confirmé par les auteurs arabes. Quant aux accusations en détail, il y en a sur lesquelles les apologies subséquentes de Frédéric ne disent pas un mot, comme d'avoir négligé de donner des ordres, de l'avoir même refusé aux chevaliers du Temple, pour relever les fortifications de Jérusalem. Sur d'autres, il fait des réponses plus spécieuses que solides, comme de n'avoir fait aucune trêve avec le sultan de Damas, pour garantir les chrétiens de ce côté. Il répond que, les deux sultans étant en guerre, on ne pouvait les faire accéder tous deux au même traité, et qu'il était plus naturel d'en faire avec le plus puissant, celui de l'Egypte. Mais qui l'empêchait d'en faire un autre avec le plus faible, de l'y contraindre même par les armes, et de convaincre ainsi tout le monde de son dévouement sincère pour la cause chrétienne? Quant à ses récriminations contre ses adversaires, comme s'ils avaient voulu attenter ou faire attenter à sa vie, les historiens arabes n'en disent rien : lui seul ou son parti l'avance. Mais comme, d'après l'auteur protestant que nous avons vu, ses paroles n'indiquaient jamais ses pensées, on peut douter qu'il y crût lui-même. Finalement, quand on compare et qu'on médite les relations et les jugements si étonnamment conformes des Musulmans et des chrétiens, Frédéric II apparaît comme jouant une mauvaise comédie, où il a l'air de se moquer de tous les rois et peuples de la chrétienté, principalement de l'Eglise et du Pape, et cela au profit de sa personne et de sa famille; et l'on ne serait pas étonné que la Providence fît tourner cette mauvaise comédie en tragédie formidable et pour lui et pour sa famille entière.

Pendant que l'empereur Frédéric était en Palestine pour faire aux Sarrasins une guerre fictive, ses lieutenants en faisaient une réelle au Pape en Italie. Avant de s'embarquer, en 1228, Frédéric écrivit au pape Grégoire qu'il avait laissé pleins pouvoirs à Rainald, duc de Spolète, de traiter de la paix avec l'Eglise, et il envoya cette lettre par l'archevêque de Bari et Henri, comte de Malte. Quoique le Pape fût persuadé que cette ambassade ne tendait qu'à l'amuser, il ne laissa pas d'écouter l'archevêque et le comte en tout ce qu'ils voulurent proposer; mais, voyant qu'ils n'avaient autre charge que d'offrir Rainald pour négociateur de la paix, le Pape répondit que c'était un persécuteur de l'Eglise, et qu'il ne pouvait ni ne devait traiter avec lui. Les envoyés se retirèrent aussitôt, et Rainald ne songea plus qu'à faire la guerre au Pape. Il attaqua donc le patrimoine de saint Pierre, ayant dans ses troupes des Sarrasins de Sicile, sujets de l'empereur, son maître; et, dans cette guerre, il y eut des prêtres et d'autres clercs pris, mutilés, aveuglés et même pendus. Rainald attaqua ensuite la Marche-d'Ancône et le duché de Spolète, où il détourna plusieurs sujets de l'obéissance du Pape, et ses Sarrasins y commirent encore de grands excès d'impiété et de cruauté.

Le Pape, après avoir employé en vain l'excommunication contre Rainald et ses gens, vit bien qu'il fallait opposer à ce mal des remèdes plus sensibles, et crut qu'il lui était permis d'employer le glaive matériel et de repousser la force par la force. Il envoya donc contre Rainald de la cavalerie et de l'infanterie, sous le commandement de Jean de Brienne, roi de Jérusalem, irrité comme nous l'avons vu contre l'empereur, son gendre; et il lui adjoignit pour la conduite de cette guerre le cardinal Jean Colonne. Comme il s'agissait de défendre non-seulement les biens temporels de l'Eglise romaine, mais encore son indépendance spirituelle, ces troupes se nommaient simplement l'armée de l'Eglise, et prétendaient servir la religion comme les croisés, prétention qui n'était pas mal fondée; mais, au lieu de croix, ils portaient sur leurs habits des clés, symbole de la puissance de l'Eglise. Ensuite le Pape, voyant que Rainald ne se désistait point de son entreprise, résolut de faire diversion et d'entrer dans les terres de l'empereur. Ayant donc assemblé une autre armée de Campanie et de la côte maritime, il l'envoya sous la conduite de Pandolfe d'Anagni, son chapelain, et, pour capitaines, les comtes Thomas de Célano et Roger d'Aquila, chassés du royaume de Sicile. Cette armée entra dans les terres du royaume au mois de janvier de l'année suivante 1229.

Le pape Grégoire vit arriver à son secours, du fond de la France, les évêques de Beauvais et de Clermont, avec des troupes d'élite. Mais Grégoire les remercia de leur affection et de leur zèle, et les renvoya chez eux, ne croyant pas avoir besoin de secours étrangers pour vaincre ses ennemis (*Apud Raynald*, 1228, n. 13). En effet, les troupes du Pape se permirent de battre celles de l'empereur et de faire la guerre avec succès. Ce qui étonna beaucoup, scandalisa même Thomas d'Aquin, comte d'Acerra, que l'empereur avait établi un des gouverneurs du royaume de Sicile en son absence. Il écrivit donc à son maître, se plaignant du Pape et de ses troupes de ce que, pour repousser la force par la force, ils osaient bien battre les troupes impériales, faire des prisonniers, prendre des châteaux et des bourgades; en un mot, faire la guerre en hommes qui s'y entendent (Matth. Paris, 1229).

Le Pape, de son côté, se plaignait du même Thomas, comme on le voit par une lettre qu'il écrivit au cardinal Romain, légat en France, en date du 5 août 1228. « L'empereur, dit-il, se sert des Sarrasins pour ruiner les maisons des Hospitaliers et des Templiers, qui ont jusqu'ici conservé les restes de la terre sainte. Les Templiers ayant recouvré le butin que les Sarrasins leur avaient enlevé jusqu'à la valeur de six mille marcs d'argent, Thomas, comte d'Acerra, à leur retour, le leur a ôté par violence et l'a rendu aux Sarrasins, parce que les Templiers, suivant les statuts de leur ordre, n'osaient employer les armes contre les chrétiens. Thomas, persécutant les deux ordres militaires, les a dépouillés par violence de plusieurs terres, et veut anéantir les priviléges qu'ils ont du Saint-Siège, pour les soumettre à la juridiction de l'empereur. Il a rendu aux Sarrasins cent esclaves que les Hospitaliers et les Templiers avaient en Sicile et en Pouille, sans leur en donner aucun dédommagement. Sachez encore que, bien que l'empereur se soit embarqué avec peu de troupes, il a envoyé contre le patrimoine de l'Eglise une grande armée de chrétiens et de Sarrasins. C'est pourquoi nous vous mandons de publier tout ceci dans l'étendue de votre légation; et d'exhorter les fidèles à défendre la foi et la religion, comme ils soutiendraient leurs intérêts particuliers (*Ibid.*

Le 19 mai de l'année 1229, le Pape écrivit la lettre suivante au cardinal Pélage, son légat à l'armée d'Italie. « Dieu veut tellement conserver la liberté de son Eglise, que l'humilité ne nous empêche pas de la défendre, et que cette défense n'excède pas les bornes de l'humanité. D'où il suit que le défenseur de la liberté ecclésiastique ne doit user du glaive matériel contre les tyrans qui persécutent l'Eglise, que rarement et à regret; qu'il ne doit pas être avide de sang ni chercher à s'enrichir aux dépens d'autrui; mais plutôt à ramener au droit chemin ceux qui s'égarent, et les conserver dans leur liberté. Il est indigne, dans l'armée de Jésus-Christ, de tuer ceux à qui l'on peut conserver la vie, ou de les mutiler en défigurant l'image du Créateur, comme nous avons appris avec douleur qu'il est arrivé ces jours passés. Ah! mon frère, il ne nous convient pas, à nous qui rappelons au sein de l'Eglise ses enfants égarés, de les irriter en prenant plaisir à répandre le sang. L'Eglise, qui donne sa protection aux criminels pour les délivrer de la mort, doit être bien éloignée de tuer et de mutiler. C'est pourquoi nous vous ordonnons de faire garder exactement ceux qui tomberont désormais entre les mains de nos troupes, sans leur faire autre mal, en sorte qu'ils aient sujet de se réjouir de leur captivité, plutôt que de la mauvaise liberté dont ils jouissaient auparavant. Et vous défendrez à ceux qui commandent l'armée d'user de pareilles violences, sous peine de notre indignation et d'amende pécuniaire telle que vous jugerez à propos. Ainsi nous mettrons à couvert des reproches la réputation de l'Eglise et la nôtre (*Apud Raynald.*, 1229, n. 44). »

Fleury dit à ce propos : « Je laisse aux gens de guerre à juger si ces tempéraments sont faciles à pratiquer (L. 79, n. 55). » Il nous semble pourtant, malgré la méfiance de Fleury, que cet esprit de douceur, recommandé par Grégoire IX aux troupes pontificales, est devenu l'esprit général de toutes les armées chrétiennes, savoir, hors le moment de la bataille, non-seulement de ne faire aucun mal aux prisonniers, mais de les traiter avec humanité et générosité.

L'armée du Pape avait conquis un grand nombre de places en Campanie, en Pouille et dans toutes les provinces d'Italie qui dépendaient du royaume de Sicile. Mais quand la nouvelle se répandit que l'empereur Frédéric était revenu de la terre sainte et arrivé à Brindes, ses partisans reprirent courage, et, en peu de temps, il regagna ce qu'il avait perdu, à l'exception de quelques forteresses. Jean de Brienne lui-même quitta l'Italie et s'en retourna en France, pour se préparer au voyage de Constantinople. Car l'empereur Robert de Courtenai était mort l'année précédente 1228, laissant pour successeur son frère Baudouin, âgé seulement de neuf à dix ans. Pour gouverner l'empire pendant son bas âge, les seigneurs français de Romanie crurent ne pouvoir mieux faire que d'appeler Jean de Brienne, dépouillé par son gendre de son royaume de Jérusalem. On convint qu'une fille qu'il avait encore, épouserait le jeune Baudouin quand ils seraient en âge; que le roi Jean serait couronné empereur et en aurait le titre et l'autorité toute sa vie; et que, quand Baudouin aurait atteint l'âge de vingt ans, il serait investi du royaume de Nicée et de tout ce que les Latins possédaient en Asie. Ce traité fut confirmé par le Pape le 9 avril 1229 (*Apud Raynald.*, 1229).

Jusque-là le pape Grégoire s'était contenté d'excommunier Frédéric, sans exécuter les menaces qu'il avait faites de passer plus avant; mais, cette année, après avoir réitéré l'excommunication, il y ajouta cette clause : « Et parce que, méprisant l'excommunication, il n'est point venu se soumettre aux ordres du Saint-Siége, nous déclarons absous de leur serment tous ceux qui lui auront juré fidélité, particulièrement les sujets du royaume de Sicile, parce que personne ne doit garder fidélité à celui qui s'oppose à Dieu et à ses saints, et qui foule aux pieds ses commandements. » Maxime ancienne et fondamentale du droit public parmi les nations chrétiennes, d'après laquelle un prince apostat, hérétique ou excommunié plus d'un an, perdait tous ses droits politiques et féodaux, et ne pouvait plus régner sur une nation catholique. Nous en avons vu plus d'une preuve, surtout dans le droit public de l'Allemagne. Dans ces cas, la décision canonique du chef de l'Eglise dirigeait la conscience des nations, qui alors en avaient une, et prévenait les révoltes, c'est-à-dire les soulèvements contre une autorité légitime. Dans le même acte, qui est du 20 août 1229, le pape Grégoire excommunie ensuite Rainald, duc de Spolète, Berthold, son frère, et plusieurs autres, entre lesquels est Théodore Comnène, prince d'Epire. Ce dernier recherchait l'amitié de Frédéric, et lui envoya, vers l'automne de cette année, un ambassadeur avec des troupes et de grands présents (*Apud Raynald.*, 1229, n. 37).

Pendant que l'empereur Frédéric était en Apulie assemblant ses troupes pour repousser celles du Pape, il ne laissa pas de lui envoyer faire des propositions de paix par les archevêques de Reggio et de Bari, et le maître des chevaliers Teutoniques, Hermann de Salza. En même temps, dans ses manifestes, il désavoua Rainald, duc de Spolète, qui avait commencé la guerre contre le Pape, et protesta que c'était contre ses ordres et ses intentions. On remarqua de plus que, dans les avantages qu'il eut sur les troupes pontificales, il ne les poursuivait point au delà des frontières de son royaume. On conçut donc l'espoir d'un accommodement. Les ambassadeurs étant arrivés à Cajace, assiégée par l'armée du Pape, ils prirent les lettres de l'évêque d'Albane et du cardinal de Sainte-Praxède, et allèrent à la cour de Rome; mais ils revinrent, pour le moment, sans rien faire. Il s'agissait de concilier le différend, non-seulement entre le Pape et l'empereur, mais encore entre l'empereur et les cités ou républiques de Lombardie : ce qui n'était point aisé. Toutefois, au mois de novembre, l'empereur étant à Aquin, le maître des chevaliers Teutoniques, qui était singulièrement estimé de tout le monde, lui apporta de bonnes nouvelles de son traité avec le Pape, et, ayant été au devant de Thomas de Capoue, cardinal de Sainte-Sabine, il l'amena à l'empereur avec le projet du traité. En même temps l'empereur fit venir en Italie plusieurs seigneurs d'Allemagne pour être arbitres de ses différends avec le Pape, savoir : Bernard, patriarche d'Aquilée; Eberard, archevêque de Salzbourg; Sigfrid, évêque de Ratisbonne; Léopold, duc d'Autriche, et le duc de Dalmatie et d'Istrie. Il y eut aussi plusieurs autres médiateurs, tant de la cour de Rome que du reste de l'Italie; mais la paix ne put être conclue que l'année suivante.

Pendant l'hiver, le Tibre déborda extraordinairement, en sorte que, le 1ᵉʳ février 1230, l'eau gagna les maisons dans Rome jusqu'à Saint-Pierre et à Saint-Paul. Il y périt plusieurs hommes et plusieurs bêtes ; on perdit quantité de blé, de vin et de meubles, et, quand l'inondation fut diminuée, il resta dans la ville beaucoup de grands serpents, qui causèrent une infection horrible et des maladies. Les Romains en furent si effrayés que, craignant de périr tous, aussitôt, par délibération commune, ils envoyèrent des députés à Pérouse supplier le Pape de revenir. Il y consentit, et, la première semaine de carême, qui était la fin du même mois de février, il rentra à Rome, où il fut reçu à grand honneur et à grande joie. Il y fit apporter les vivres, dont on avait grand besoin (Raynald, an 1230, n. 2).

Cependant la négociation de paix entre le Pape et l'empereur continuait toujours. Dès le 3 juillet 1230, l'empereur jura, en présence des deux légats, les cardinaux Jean et Thomas, de se soumettre aux ordres de l'Eglise, précisément et sans aucune condition. On prit des mesures pour faire rentrer sous l'obéissance de l'empereur les places du royaume de Sicile qui s'étaient soumises au Pape, sans que l'honneur de l'Eglise romaine fût blessé par cette restitution ; et l'empereur, pour sûreté de ses promesses, mit en sequestre plusieurs places entre les mains de Hermann de Salza, maître de l'ordre Teutonique. Enfin, le mercredi, 28 août, fête de saint Augustin, l'empereur étant à son camp, près Céperano en Campanie, dans la chapelle de Saint-Juste, fut absous de l'excommunication par les deux légats, qui, de l'autorité du Pape, imposèrent à l'empereur les conditions suivantes :

« Il n'empêchera, ni par lui ni par un autre, que les élections, postulations et confirmations des églises ni des monastères, dans le royaume de Sicile, n'agissent librement à l'avenir, suivant les décrets du concile général. Il satisfera aux comtes de Célano, selon le traité dont l'Eglise a promis la garantie. Il réparera les dommages qu'ont soufferts les Templiers, les Hospitaliers et les autres personnes ecclésiastiques, dans les termes que l'Eglise prescrira. Il donnera, dans huit mois, des cautions suffisantes à l'Eglise, de l'accomplissement de ce traité, savoir : des seigneurs d'Allemagne, des villes de Lombardie, de Toscane, de la Marche et de la Romagne, ainsi que des seigneurs des mêmes provinces, que l'Eglise nommera. Le tout sans préjudice des sûretés que l'empereur a déjà données pour l'affaire de la terre sainte, à laquelle il satisfera selon qu'il sera ordonné par l'Eglise. Nous déclarons que le Pape veut être remboursé des dépenses qu'il a été contraint de faire hors du royaume, pour conserver la liberté de l'Eglise et le patrimoine de Saint-Pierre. Que si l'empereur n'accomplit point de bonne foi ce qu'il a promis en ce traité, il encourra par le seul fait l'excommunication, dont nous le frappons dès à présent par l'autorité du Pape. « L'acte est daté du même jour, 28 août 1230. Il fut certifié par trois prélats étrangers qui s'y trouvèrent présents, savoir : l'archevêque d'Arles, l'évêque de Winchester et l'évêque de Beauvais, ainsi que par plusieurs prélats allemands et italiens.

Le dimanche, 1ᵉʳ septembre, l'empereur, invité par le Pape, vint le trouver à Anagni, auprès de laquelle il était campé. Il entra dans la ville, accompagné magnifiquement par les cardinaux et les plus nobles du lieu. Etant venu devant le Pape, il ôta son manteau, se mit à ses pieds, et reçut le baiser de paix. Ils mangèrent ensemble à une même table, et plusieurs seigneurs dans le même lieu. Après le repas, le Pape et l'empereur eurent une longue conversation dans la chambre du Pape. Aucun cardinal n'y fut admis, mais seulement Hermann de Salza, maître de l'ordre Teutonique, preuve éclatante de la haute estime que le Pape et l'empereur avaient pour ses lumières, sa droiture et sa sévère impartialité. Le lendemain, le Pontife et le prince se séparèrent, extrêmement satisfaits l'un de l'autre, à tel point que Grégoire rejetait les fautes antérieures sur de mauvais conseillers, et qu'il écrivait aux Lombards : « J'ai déjà obtenu beaucoup pour vous auprès de l'empereur ; mais, à l'avenir, la moindre offense qui lui serait faite, je la punirai comme une grave injure faite à ma propre personne (Raumer, t. III, p. 314). » Frédéric, de son côté, communiqua aux rois de la chrétienté l'heureuse nouvelle de la paix conclue, et ajouta : « Le Pape, dans une entrevue que nous avons eue ensemble, a exposé ses vues et ses intentions avec beaucoup de douceur et de bienveillance, sans passer aucun article litigieux ou douteux ; mais il a si sensément éclairci chaque chose, que, quoique le passé nous eût vivement ému et irrité, sa bienveillance paternelle nous a complètement apaisé et délivré entièrement de ce qui pouvait encore nous rester d'aigreur. Le passé ne doit donc plus être rappelé à la mémoire, afin que le bien, sorti du mal, produise une joie d'autant plus grande (*Apud Raynald.*, an 1230, n. 16). »

Dans le temps que Frédéric II, pour conquérir à soi et à sa famille l'empire de la terre, paraissait aux chrétiens et aux Musulmans flotter entre Jésus-Christ et Mahomet ; dans le temps que, pour cette ambition terrestre, il risquait le sort temporel de sa renommée et le sort éternel de son âme ; dans le temps qu'il se réconciliait avec le chef de l'Eglise de Dieu avec une sincérité plus ou moins durable, une jeune femme, veuve à l'âge de vingt ans, tombée des splendeurs du trône dans les horreurs de la mendicité, avec quatre orphelins en bas âge, cette femme, si jeune et si malheureuse, refuse de devenir l'épouse de l'empereur Frédéric, refuse de monter sur le trône impérial, et préfère vivre et mourir pauvre pour l'amour de Dieu. Nous parlons de sainte Elisabeth de Hongrie, duchesse de Thuringe.

Le duc Louis, son époux bien-aimé, était mort en 1227 à Otrante, au moment de s'embarquer avec l'empereur pour la terre sainte. Il était mort le 11 septembre. Les seigneurs qu'il avait chargés en mourant d'aller annoncer sa mort en Thuringe, n'y arrivèrent que l'hiver déjà commencé. La jeune duchesse avait, pendant cet intervalle, donné le jour à son quatrième enfant, Gertrude, et ne put voir les messagers lorsqu'ils arrivèrent. Ce fut donc à Sophie, la duchesse-mère, et aux jeunes princes Conrad et Henri qu'ils apprirent la perte si cruelle et si inattendue qui les avait frappés. Au milieu de la consternation générale que cette nouvelle répandit dans la famille et le peuple de l'illustre défunt, des hommes pieux et prudents s'occupèrent de l'ef-

LIVRE LXXIII. — PONTIFICATS DE GRÉGOIRE IX ET DE CÉLESTIN IV.

fet qu'elle pourrait produire sur la jeune mère, veuve sans le savoir. Sophie elle-même retrouva un cœur de mère pour celle que son fils avait tant aimée ; elle donna les ordres les plus sévères pour que personne ne laissât soupçonner à sa belle-fille le malheur qui l'avait frappée, et prit toutes les précautions nécessaires pour que ces ordres fussent fidèlement exécutés.

Cependant le temps nécessaire s'étant écoulé depuis ses couches, il fallut bien apprendre à cette tendre et fidèle épouse le malheur dont Dieu l'avait frappée, et ce fut la duchesse Sophie qui se chargea de cette douloureuse mission. Accompagnée de plusieurs nobles et discrètes dames, elle alla trouver sa belle-fille dans son appartement. Elisabeth les reçut avec respect et affection, et les fit asseoir autour du lit de repos sur lequel elle était couchée, sans se douter le moins du monde de l'objet de leur visite. Quand elles eurent toutes pris place, la duchesse Sophie lui dit : « Prenez courage, ma fille bien-aimée, et ne vous laissez pas troubler par ce qui est arrivé à votre mari, mon fils, par la volonté de Dieu, à qui, comme vous le savez, il s'était entièrement abandonné. » Elisabeth, voyant le calme de sa belle-mère qui lui disait ces mots sans pleurer, ne soupçonna pas toute l'étendue de son malheur, et s'imaginant que son mari avait été fait prisonnier, elle répondit : « Si mon frère est captif, avec l'aide de Dieu et de nos amis, il sera bientôt racheté. Mon père, j'en suis sûre, viendra à notre secours, et je serai bientôt consolée. » Mais la duchesse Sophie reprit aussitôt : «.O ma bien chère fille, soyez patiente, et prenez cette bague qu'il vous a envoyée ; car, pour notre malheur, il est mort ! — Ah ! madame, s'écria la jeune duchesse, que dites-vous ? — Il est mort, répéta la mère. »

A ces mots, Elisabeth devint pâle, puis toute rouge ; laissant tomber ses bras sur ses genoux et joignant ses mains avec violence, elle dit d'une voix étouffée : « Ah ! Seigneur, mon Dieu ! Seigneur, mon Dieu ! voilà que le monde entier est mort pour moi, et tout ce qu'il renferme de doux. » Puis, se levant éperdue, elle se mit à courir de toutes ses forces à travers les salles et les corridors du château, en criant : Il est mort, mort, mort ! Elle ne s'arrêta que dans le réfectoire, où elle trouva devant elle un mur contre lequel elle resta collée et baignée de larmes. Elle était comme folle. La duchesse Sophie et les autres dames la suivirent, la détachèrent de la muraille qu'elle tenait embrassée, la firent asseoir, et essayèrent de la consoler. Mais aussitôt elle recommença à pleurer et à sangloter avec violence, en prononçant des paroles entrecoupées : « Maintenant, répétait-elle sans cesse, maintenant j'ai tout perdu ; ô mon bien-aimé frère, ô l'ami de mon cœur, ô mon bon et pieux mari, tu es donc mort, et tu m'as laissée dans la misère ! Comment vivrai-je sans toi ? Ah ! pauvre veuve abandonnée, malheureuse femme que je suis ! Que celui-là me console, qui n'abandonne pas les veuves et les orphelins ! O mon Dieu, consolez-moi ! ô Jésus, fortifiez-moi dans ma faiblesse ! »

Peu de jours après, sainte Elisabeth se trouvait auprès de sa belle-mère, la duchesse Sophie, lorsque des courtisans du nouveau landgrave Henri, frère du défunt, se présentèrent tout à coup. Ils commencèrent par accabler Elisabeth d'injures, lui reprochèrent d'avoir ruiné le pays, prodigué et épuisé les trésors de l'Etat, trompé et déshonoré son mari, et lui annoncèrent que, pour châtiment de ses crimes, elle était dépouillée de toutes ses possessions, et que le duc Henri, désormais souverain, lui ordonnait de sortir à l'instant même du château. Elisabeth, étonnée de ces insultes et de ce message, essaya de fléchir ses grossiers ennemis, et les supplia humblement de lui accorder un délai. La duchesse Sophie, révoltée de tant de brutalité, prit sa belle-fille entre ses bras, et s'écria : Elle restera avec moi, personne ne me l'arrachera. Où sont mes fils ? Je veux leur parler. Mais les émissaires lui répondirent : Non, il faut qu'elle sorte d'ici à l'instant et ils se mirent en devoir de séparer les deux princesses. Voyant que toute résistance était vaine, la duchesse Sophie voulut du moins accompagner la pauvre Elisabeth jusqu'à la porte extérieure du château. On refusa même à la souveraine détrônée la faculté d'emporter quoi que ce fût avec elle ; mais elle trouva dans la cour ses petits enfants et deux de ses filles d'honneur qui devaient être expulsées en même temps, et qui nous ont conservé le récit de cette scène douloureuse. Arrivées à la porte du château, la duchesse Sophie embrassa de nouveau Elisabeth en versant d'abondantes larmes, et ne pouvait se décider à la détacher de son sein. La vue des enfants du fils qu'elle avait perdu, de ces orphelins condamnés à partager le sort de leur innocente mère, redoublait l'affliction et l'indignation de leur aïeule. Elle demanda de nouveau, et avec les plus vives instances, à voir ses fils Henri et Conrad, persuadée qu'ils ne résisteraient pas à ses supplications. Mais on lui répondit qu'ils n'étaient pas là ; et, en effet, ils s'étaient cachés pendant l'exécution de leurs ordres, et n'avaient osé affronter les pleurs et les prières de leur mère, ni le spectacle des maux auxquels ils condamnaient leur belle-sœur.

Elisabeth, la fille des rois, descendit donc seule et à pied, en pleurant, le sentier rude et escarpé qui menait à la ville. Elle portait elle-même entre ses bras l'enfant dont elle venait d'accoucher ; les trois autres étaient conduits par ses filles d'honneur, qui la suivaient. C'était en plein hiver, et le froid était très-rigoureux. Arrivée au bas de la montagne de Wartbourg, et étant entrée dans cette ville d'Eisenach, qu'elle avait comme inondée de sa charité, elle y trouva des cœurs non moins impitoyables qu'au château, parmi les chevaliers et les nobles. En effet, le duc Henri avait fait proclamer dans la ville, que quiconque accueillerait la duchesse Elisabeth ou ses enfants, encourrait son très-grand déplaisir ; et, par une ingratitude plus révoltante encore que la cruauté de cet ordre, tous les habitants d'Eisenach y obéirent : le désir de complaire au nouveau maître, peut-être aussi cette conscience des bienfaits reçus qui pèse si lourdement sur les âmes viles, l'emporta chez eux sur toutes les lois de l'humanité, de la piété, de la justice. En vain l'infortunée princesse allait-elle, toujours entourée de ses quatre petits enfants, frappant et pleurant à toutes les portes, à celles surtout des gens qui lui avaient auparavant témoigné le plus d'affection, elle ne fut admise nulle part. Enfin elle s'en vint à une misérable taverne, d'où l'hôte-

Tome VII. — 33

lier ne put ou ne voulut pas la chasser; car elle déclara que cet endroit était commun à tout le monde, et qu'elle voulait y rester : « On m'a pris tout ce que j'avais, disait-elle toujours en pleurant; je n'ai plus qu'à prier Dieu! » L'hôtelier lui assigna pour asile pendant la nuit, à elle et aux siens, une masure qui renfermait ses ustensiles de ménage, et où étaient logés ses pourceaux. Il les fit sortir pour donner place à la duchesse de Thuringe, à la princesse royale de Hongrie.

Mais, comme si ce dernier degré d'humiliation avait ramené subitement le calme dans son âme, à peine se trouva-t-elle seule dans ce réduit impur, que ses pleurs séchèrent, et qu'une joie surnaturelle descendit en elle et la pénétra tout entière. Elle resta dans cette disposition jusqu'à minuit, lorsqu'à cette heure elle entendit la cloche qui sonnait matines au couvent des Franciscains, qu'elle avait elle-même fondé du vivant de son mari. Elle se rendit sur-le-champ à leur église, et, après avoir assisté à l'office, elle les pria de chanter le *Te Deum*, pour rendre grâces à Dieu des grandes tribulations qu'il lui envoyait. Son ardente piété, sa soumission absolue à la volonté divine, la sainte joie de l'âme chrétienne que son Père céleste daigne éprouver, son ancien amour de la pauvreté évangélique, reprirent alors sur elle tout leur empire pour ne le reperdre jamais. Prosternée au pied des autels, pendant qu'au milieu des ténèbres de cette triste nuit, le chant d'allégresse si incompréhensible au monde montait vers le ciel, elle édifiait ses fidèles suivantes par la ferveur et l'humilité des élans de son âme vers Dieu. Elle le remerciait à haute voix de ce qu'elle était maintenant pauvre et dépouillée de tout, comme il l'était lui-même dans la crèche de Bethléhem.

Elle resta assise dans cette église, entourée des siens, pendant tout le reste de la nuit et une partie du jour suivant. Cependant l'intensité du froid et la faim dont se plaignaient ses enfants l'obligèrent d'en sortir et d'aller de nouveau mendier un gîte et quelques aliments. Elle erra longtemps en vain dans cette ville où tant d'hommes avaient été nourris, soignés, guéris, enrichis par elle; enfin un prêtre, très-pauvre lui-même, eut pitié de cette sainte et royale misère, et, bravant la colère du landgrave Henri, il offrit à la veuve et aux enfants de son défunt souverain de partager son humble logis. Elisabeth accepta avec reconnaissance cette charité; il leur prépara des lits avec de la paille et les traita selon sa pauvreté; mais, afin d'obtenir quelque chétive nourriture pour ses enfants et elle-même, elle fut obligée de mettre en gage quelques objets qu'elle avait sans doute sur elle au moment de son expulsion de la Wartbourg.

Cependant ses persécuteurs ayant appris qu'elle avait trouvé un asile, et persévérant dans leur acharnement, lui intimèrent l'ordre d'aller loger chez un des seigneurs de la cour qui lui avait témoigné le plus d'inimitié, et qui possédait à Eisenach une vaste habitation avec de grandes dépendances. Cet homme ne rougit pas d'assigner à la duchesse un réduit étroit où il la renferma avec toute sa famille, en la traitant avec une grossièreté révoltante, et en lui refusant toute nourriture et même de quoi se chauffer : sa femme et ses serviteurs imitaient son exemple. Elisabeth passa la nuit dans cet indigne lieu, toujours désolée par le spectacle des souffrances de ses enfants, que la faim et le froid tourmentaient. Le lendemain matin elle ne voulut plus rester dans ce gîte inhospitalier; en s'en allant, elle dit : « Je vous remercie, ô murailles! qui m'avez protégée pendant cette nuit autant que vous le pouviez contre la pluie et le vent; je voudrais, du fond de mon cœur, remercier vos maîtres, mais en vérité je ne sais pas de quoi. »

Elle alla regagner l'ignoble asile qu'elle avait trouvé dans la taverne où elle était entrée la première nuit : c'était le seul que ses ennemis ne lui enviassent point. Elle passait du reste la plus grande partie du jour et même des nuits dans les églises. De là, du moins, disait-elle, personne n'osera me chasser; car elles sont à Dieu, et Dieu seul y est mon hôte.

Cependant des personnes sûres, dont l'histoire ne nous dit pas le nom, ayant appris le sort où elle était réduite, lui offrirent de se charger de ses enfants; et elle dut accepter cette offre, sous peine de les voir chaque jour exposés à manquer des aliments qu'elle n'avait pas le moyen de leur assurer. Mais ce qui la décida surtout à cette séparation douloureuse, dit un historien contemporain, ce fut la crainte d'être amenée à pécher contre l'amour de Dieu par la vue des souffrances de ces êtres si ardemment aimés; car, ajoute-t-il, elle aimait ses enfants à l'excès. Ils lui furent donc enlevés et cachés séparément en des lieux éloignés. Rassurée sur leur sort, elle n'en devint que plus résignée au sien. Ayant mis en gage tout ce qu'elle avait d'objets précieux, elle chercha à gagner le prix de sa frugale nourriture en filant. Quoique tombée elle-même dans une si profonde misère, elle ne pouvait s'habituer à ne pas soulager les misères d'autrui, et tranchait quelque chose de ses chétifs repas pour en faire une aumône aux pauvres qu'elle rencontrait.

Une si héroïque patience, une douceur si inaltérable semblent avoir calmé la fureur de ses puissants persécuteurs, mais ne suffirent pas pour ouvrir à la piété ou à la reconnaissance les cœurs des habitants d'Eisenach. Aucun trait de compassion ou de sympathie de leur part ne se fait jour à travers les récits si détaillés qui nous sont restés de ces circonstances touchantes. On y trouve même le contraire. Il y avait à Eisenach une vieille mendiante, affligée de plusieurs infirmités graves, qui avait été pendant longtemps l'objet de la générosité et des soins empressés et minutieux de la duchesse, devenue aujourd'hui mendiante à son tour. Un jour que celle-ci traversait un ruisseau bourbeux qui coule encore dans une des rues d'Eisenach, et sur lequel on avait jeté quelques pierres étroites pour aider aux passants à le franchir, elle y rencontra cette même vieille, qui, s'avançant en même temps qu'elle sur ces pierres, ne voulut pas lui céder le pas, et, heurtant rudement la jeune et faible femme, la fit tomber tout de son long dans cette eau infecte. Puis ajoutant la dérision à cette brutale ingratitude, la vieille lui cria : « Te voilà bien ! tu n'as pas voulu vivre en duchesse pendant que tu l'étais; te voilà pauvre et couchée dans la boue; ce n'est pas moi qui te ramasserai. » Elisabeth, toujours patiente et douce, se releva de son mieux et se mit à rire de sa propre chute, en disant : « Voilà pour l'or et les pierreries que je portais autrefois; » puis elle s'en alla, dit son historien, pleine de résignation et d'une joie sans mélange, laver ses vêtements souillés dans une eau voisine, et son âme pure dans le sang de l'Agneau (1).

Au milieu de tant de tribulations, Elisabeth n'oublia pas un seul instant que c'était la main de Dieu qui les lui envoyait, et jamais son cœur ne s'ouvrit au murmure ni à la plainte. Tout au contraire, uniquement livrée à la prière et à toutes les pieuses pratiques que l'Eglise offre avec une si maternelle générosité aux âmes affligées, elle y cherchait sans cesse le Seigneur, et ne tarda pas à le trouver. Il vint à elle avec la tendresse d'un père, prêt à transformer les épreuves qu'elle avait si noblement acceptées en ineffables consolations.

Pendant qu'elle priait nuit et jour au pied des autels, des visions bienheureuses, de fréquentes révélations de la gloire et de la miséricorde célestes vinrent récréer et rafraîchir son âme. Ysentrude, la plus chérie de ses filles d'honneur, qui ne la quittait jamais et qui avait voulu partager sa misère après avoir partagé sa splendeur, a raconté aux juges ecclésiastiques tous les souvenirs qu'elle avait conservés de ces merveilleuses consolations. Souvent elle remarquait que sa maîtresse entrait dans une sorte d'extase dont elle ne savait pas d'abord se rendre compte. Un jour surtout, pendant le carême, la duchesse étant allée assister à la messe et s'étant agenouillée dans l'église, se renversa tout à coup contre le mur, et resta longtemps comme absorbée et élevée au-dessus de la vie temporelle, dans une contemplation profonde, les yeux immobiles et fixés sur l'autel jusqu'après la communion. Lorsqu'elle revint à elle, sa figure portait l'empreinte d'un bonheur extrême. Ysentrude, qui avait suivi de l'œil tous ses mouvements, profita de la première occasion pour la supplier de lui révéler la vision que sans doute elle avait eue. Elisabeth, toute joyeuse, lui répondit : « Je n'ai pas le droit de raconter aux hommes ce que Dieu a daigné me révéler; mais je ne veux pas te cacher que mon esprit a été inondé de la plus douce joie, et que le Seigneur m'a permis de voir par les yeux de l'âme d'admirables secrets. »

Après la dernière bénédiction, rentrée dans son chétif domicile, elle prit une très-légère collation, et, se sentant accablée de faiblesse et de lassitude, elle se coucha sur un banc en face de sa fenêtre, et appuya sa tête sur le sein de sa chère et fidèle Ysentrude. Celle-ci crut que la duchesse était malade et qu'elle voulait dormir; mais en restant ainsi couchée, elle tenait les yeux ouverts et regardait fixement le ciel. Bientôt Ysentrude vit son visage s'animer; une sérénité céleste, une joie profonde et extrême, s'y peignaient, un doux et tendre sourire animait ses lèvres. Mais peu après ses yeux se fermèrent, et il en coula des ruisseaux de larmes; puis ils se rouvrirent; la joie et le sourire reparurent pour faire de nouveau place aux pleurs, et elle resta ainsi jusqu'à l'heure de complies, toujours la tête appuyée sur le cœur de son amie, et plongée dans ces alternatives de joie et de tristesse où cependant la joie semblait l'emporter de beaucoup. Vers la fin de cette extase silencieuse, elle s'écria avec un accent d'ineffable tendresse : « Oui, certes, Seigneur, si tu veux être avec moi, je veux être avec toi et n'être jamais séparée de toi. »

Un instant après elle revint à elle, et Ysentrude la conjura de lui dire pourquoi elle avait ainsi ri et pleuré tour à tour, et ce que signifiaient les paroles qu'elle avait prononcées. Elisabeth, toujours pleine d'humilité, chercha encore à taire les grâces qu'elle avait reçues de Dieu. Enfin, cédant aux prières de celle qui l'aimait avec un si fidèle dévouement, et qui lui était depuis longtemps si chère : « J'ai vu, dit-elle, le ciel entr'ouvert, et mon Seigneur, le très-miséricordieux Jésus, a daigné s'abaisser vers moi et me consoler de toutes les tribulations dont je suis accablée. Il m'a parlé avec une extrême douceur; il m'a appelée sa sœur et son amie. Il m'a fait voir sa très-chère mère Marie, et aussi son bien-aimé apôtre, saint Jean, qu'il avait avec lui. A la vue de mon divin Sauveur, j'ai dû montrer ma joie et mon sourire; quelquefois il détournait son visage de moi, comme pour se retirer, et alors je pleurais de ce que mes mérites étaient trop faibles pour me permettre de le voir longtemps. Mais lui, ayant eu pitié de moi, tourna encore une fois ses regards célestes sur moi, et me dit : Elisabeth, si tu veux être avec moi, je veux bien être avec toi, et n'être jamais séparé de toi. Et aussitôt je lui ai répondu : Oui, oui, Seigneur, je veux être avec toi, et n'être jamais séparée de toi, ni en heur, ni en malheur. »

Et dès lors ces paroles divines se gravèrent dans son cœur en traits de flamme et l'éclairèrent d'une splendeur céleste. Dans ce pacte sacré, dans cette intime et affectueuse union avec Jésus, le Dieu de la paix, le père des pauvres et des malheureux, elle put voir comme la fin de son veuvage et comme de nouvelles et indissolubles fiançailles avec un époux immortel.

Cette première apparition du Sauveur fut suivie de plusieurs autres. Cependant l'âme si délicate et si humble d'Elisabeth, loin de puiser dans ces insignes faveurs de son Dieu une confiance profonde, semble au contraire n'y avoir vu qu'un motif de plus pour se mépriser elle-même, pour se défier de ses forces, pour exagérer à ses propres yeux son indignité. Pendant qu'elle foulait aux pieds les épreuves extérieures et les persécutions si cruelles dont elle venait d'être l'objet, elle trouvait en elle-même, dans les scrupules et les terreurs de son humilité, une source abondante d'amertume. Mais le Dieu à qui elle avait fait le don exclusif de sa vie et de son cœur veillait toujours sur ce trésor, et comme s'il avait voulu lui faire goûter successivement toutes les consolations qui sont l'apanage de ses enfants de prédilection, comme s'il avait voulu l'amener et l'unir à lui par les liens les plus doux et les plus puissants à la fois, il chargea celle que nous nommons chaque jour la Santé des malades, le Refuge des pécheurs, la Consolatrice des affligés, de guérir toutes les plaies de cette jeune âme toute languissante, malade et désolée d'un excès d'amour, et que cet excès même entraînait dans des fautes contre l'espérance et la foi. La Reine du ciel devint désormais l'intermédiaire de toutes les grâces et de toutes les lumières que son divin Fils voulut répandre sur l'épouse qu'il s'était réservée depuis le berceau.

Rien ne saurait surpasser la douce clémence qui

(1) Voir les citations détaillées dans l'excellente *Histoire de sainte Elisabeth*, par M. le comte de Montalembert.

présida à l'origine de ces célestes communications avec Marie. Un jour que la veuve affligée cherchait intérieurement son bien-aimé avec ferveur et anxiété, sans pouvoir le trouver, sa pensée vint s'arrêter sur les causes de la fuite de Jésus en Egypte, et elle conçut un vif désir d'en être instruite par quelque saint moine. Tout à coup la très-sainte Vierge lui apparut et lui dit : « Si tu veux être mon élève, moi je serai ta maîtresse ; si tu veux être ma servante, je serai ta dame. » Elisabeth, n'osant se croire digne de tant d'honneur, dit : « Mais qui êtes-vous, qui me demandez pour élève et pour servante ? » Marie répondit aussitôt : « Je suis la Mère du Dieu vivant, et je te dis qu'il n'y a point de moine qui puisse mieux t'instruire là-dessus que moi. » A ces mots, Elisabeth joignit les mains et les étendit vers la Mère des miséricordes, qui les prit entre les siennes et lui dit : « Si tu veux être ma fille, moi je veux être ta mère, et quand tu seras bien instruite et obéissante comme une bonne élève, une servante fidèle et une fille dévouée, je te remettrai entre les mains de mon Fils. Evite toutes les discussions et ferme les oreilles à toutes les injures qu'on dit de toi. Souviens-toi enfin que mon Fils s'est enfui en la terre d'Egypte pour échapper aux embûches d'Hérode. »

Cependant une si éclatante faveur ne suffit point pour tranquilliser complètement Elisabeth, si défiante d'elle-même ; mais la mère qui l'avait si généreusement adoptée ne devait plus l'abandonner. Le jour de Sainte-Agathe, 5 février, probablement de l'année 1228, comme elle pleurait amèrement sa désobéissance aux instructions de sa divine maîtresse, cette douce consolatrice se trouva tout à coup à ses côtés et lui dit : « O ma fille ! pourquoi cette vive affliction ! je ne t'ai pas choisie pour ma fille, afin de te faire tant de mal ; ne te désespère pas, parce que tu n'as pas entièrement observé mes préceptes ; je savais bien d'avance que tu y manquerais. Dis une fois ma salutation, et cette offense te sera entièrement remise. »

Une nuit, pendant qu'Elisabeth récitait la Salutation angélique, celle à qui elle adressait cette prière bénie lui apparut et lui dit entre autres choses : « Je veux t'apprendre toutes les prières que je faisais pendant que j'étais dans le temple..... Je demandais surtout à Dieu de l'aimer lui-même et de haïr son ennemi. Il n'y a pas de vertu sans cet amour absolu de Dieu, par lequel la plénitude de la grâce descend dans l'âme ; après y être descendue, elle n'y reste pas, mais s'écoule comme de l'eau, à moins que l'âme ne haïsse ses ennemis, c'est-à-dire les péchés et les vices. Celui donc qui veut bien conserver la grâce d'en-haut, doit savoir coordonner cet amour et cette haine dans son cœur. Je veux que tu fasses tout ce que je faisais. Je me levais au milieu de chaque nuit, et j'allais me prosterner devant l'autel, où je demandais à Dieu d'observer tous les préceptes de sa loi, et je le suppliais de m'accorder les grâces dont j'avais besoin pour lui être agréable. Je lui demandais surtout de voir le temps où vivrait cette Vierge très-sainte qui devait enfanter son fils ; afin que je pusse consacrer tout mon être à la servir et à la vénérer. » Elisabeth l'interrompit pour lui dire : « O très-douce dame, n'étiez-vous donc pas déjà pleine de grâces et de vertus ? » Mais la sainte Vierge lui répondit : « Sois sûre que je me croyais aussi coupable et aussi misérable que tu te crois toi-même ; c'est pourquoi je demandais à Dieu de m'accorder sa grâce. »

« Le Seigneur, ajouta la très-sainte Vierge, faisait de moi ce que fait de sa harpe le musicien, qui en ordonne et en dispose toutes les cordes pour qu'elles rendent un son agréable et harmonieux, et qui ensuite en joue pendant qu'il chante. C'est ainsi que Dieu avait mis d'accord avec son bon plaisir mon âme, mon cœur, mon esprit et tous mes sens. Ainsi réglée par sa sagesse, j'étais souvent emportée jusque dans le sein de Dieu par les anges, et là je goûtais tant de joie, de douceur et de consolation, que je ne me ressouvenais plus d'avoir vu le jour dans ce monde. J'étais, en outre, si familière avec Dieu et les anges, qu'il me semblait avoir toujours vécu avec cette cour glorieuse. Puis, quand il plaisait à Dieu le Père, les anges me reportaient au lieu où je m'étais mise en prière. Lorsque je me retrouvais sur la terre, et que je me rappelais où j'avais été, ce souvenir m'enflammait d'un tel amour de Dieu, que j'embrassais la terre, les pierres, les arbres et toutes les choses créées, par affection pour leur créateur. Je voulais être la servante de toutes les saintes femmes qui habitaient le temple ; je souhaitais d'être soumise à toutes les créatures, par amour pour le Père suprême, et ceci m'arrivait sans cesse. Tu devrais faire de même. Mais toi, tu discutes toujours, en disant : Pourquoi m'arrive-t-il de telles faveurs, quand je suis indigne de les recevoir ? Et puis tu tombes dans une sorte de désespoir, et tu ne crois pas aux bienfaits de Dieu. Aie soin de ne plus parler ainsi, car cela déplaît beaucoup à Dieu : il peut donner, comme un bon maître, ses bienfaits à qui il veut, et comme un sage père, il sait bien à qui ils conviennent. Enfin, lui dit en terminant la divine institutrice, je suis venue à toi par une grâce spéciale ; je te suis donnée cette nuit ; interroge-moi en toute sécurité, je répondrai à tout. »

Elisabeth n'osa d'abord pas user de cette faculté ; mais Marie l'ayant une seconde fois exhortée à la questionner, elle hasarda cette question : « Dites-moi donc, madame, pourquoi vous aviez un si violent désir de voir la Vierge qui devait enfanter le Fils de Dieu ? »

La sainte Vierge répondit : « Un jour, pensant à ma résolution de ne jamais me séparer du Seigneur, je me levai pour lire, afin de trouver quelque chose pour fortifier mon âme. Ayant donc ouvert le livre, je tombai sur cette parole d'Isaïe : *Voici que la Vierge concevra.* Je compris que le Fils de Dieu devait choisir une Vierge pour tirer d'elle son origine, et aussitôt je résolus dans mon cœur, pour le respect et la grâce de cette Vierge, de garder la virginité, et de me donner à elle pour servante, et de la servir, et de ne jamais me séparer d'elle, quand même il faudrait avec elle parcourir tout l'univers. Or, une nuit, prosternée en oraison, je suppliais ardemment le Seigneur de vouloir bien me prolonger la vie jusqu'à ce que je pusse voir cette Vierge de mes yeux, la servir de mes mains, incliner ma tête pour la vénérer, et m'appliquer tout entière à son service. Et voilà une splendeur plus éclatante que le soleil, et du milieu de cette splendeur, j'entendis une voix me disant : « Prépare-toi à enfanter mon Fils ! » Et elle ajouta très-distinctement : « Sache

LIVRE LXXIII. — PONTIFICATS DE GRÉGOIRE IX ET DE CÉLESTIN IV.

que la soumission que tu veux faire à une autre pour l'amour de moi, je veux qu'elle te soit faite par les autres; je veux que tu sois la mère, la dame et la dominatrice de mon Fils, en sorte que non-seulement tu l'aies, mais encore que tu puisses le donner à quiconque il te plaira. Il n'aura point ma grâce ni mon amour, ni la grâce et l'amour de mon Fils, quiconque ne vous aimera pas; et quiconque ne vous aura pas confessée la mère de mon Fils, il n'entrera pas dans mon royaume. Tu m'as demandé que je te rende agréable à cette Vierge qui doit l'enfanter, afin qu'elle ait assez de confiance pour te prêter mon Fils, et que ton affection trouve en lui sa plénitude : et moi je te dis que tu l'auras lui-même, et qu'il te sera donné par moi et non par un autre, et quiconque n'implorera pas ta faveur, ne pourra avoir aucune consolation de mon Fils. » Lorsque j'entendis ces choses, je m'évanouis de crainte et tombai la face contre terre sans pouvoir me soutenir; mais les anges vinrent et me fortifièrent. Dès ce moment, je m'abandonnai totalement aux louanges divines, de telle sorte que nuit et jour je ne pouvais me rassasier de louer Dieu et de lui rendre grâces (1).

Ces deux entretiens terminés, Elisabeth vit un jour un superbe tombeau couvert de fleurs, d'où sortit sa divine consolatrice pour s'élever au ciel au milieu d'anges innombrables qui la conduisirent entre les bras de son Fils; un ange vint lui expliquer cette vision de l'Assomption, qui devait être à la fois une faveur d'en-haut pour la soutenir dans ses malheurs actuels, et un doux présage de la gloire que Dieu lui réservait, comme à Marie, si elle restait jusqu'à la fin fidèle et docile à sa volonté.

L'humble servante du Christ, en racontant toutes ces merveilles, disait qu'elle les avait vues et entendues avec une évidence si intime et si claire de leur réalité, qu'elle aimerait bien mieux mourir que de nier leur existence.

Cependant la triste position à laquelle avait été réduite une princesse d'une naissance si illustre et alliée aux plus puissantes maisons de l'empire, ne pouvait manquer d'exciter la compassion et l'intervention de ses parents, dès qu'elle leur serait connue. La duchesse Sophie, après avoir fait de vains efforts auprès de ses fils pour adoucir le sort de la pauvre Elisabeth, fit annoncer en secret ses malheurs à sa tante, Mathilde, abbesse de Kitzing, sœur de la reine de Hongrie, sa mère. Cette pieuse princesse, pénétrée de douleur par ce récit, envoya sur-le-champ des messagers affidés avec deux voitures, pour chercher sa nièce ainsi que ses enfants, et les conduire à l'abbaye. Elisabeth, heureuse surtout de pouvoir se réunir à ses enfants qu'elle aimait si ardemment, accepta l'offre de sa tante, que ses persécuteurs n'osèrent sans doute pas contrarier, et se rendit, à travers les vastes forêts et les montagnes qui séparent la Thuringe de la Franconie, à Kitzing, sur le Mein. L'abbesse la reçut avec une bonté maternelle et d'abondantes larmes; elle lui assigna un logement convenable à son rang, et chercha à lui faire oublier les cruelles douleurs d'âme et de corps qu'elle avait eues à subir.

Cependant Egbert, prince-évêque de Bamberg,

oncle maternel d'Elisabeth, ayant appris ses malheurs et son arrivée à Kitzing, crut que son séjour prolongé dans ce monastère, avec sa famille, ne convenait ni à sa position ni aux habitudes d'une maison religieuse, et l'invita à venir dans ses Etats. La docile princesse lui obéit, peut-être à regret, et en laissant aux soins de sa tante sa seconde fille, Sophie, à peine âgée de deux ans, laquelle prit ensuite le voile dans l'abbaye qui avait été le berceau de sa propre enfance. Le prélat fit à sa nièce un accueil qui dut la convaincre et de son affection pour elle et du respect que lui inspiraient de si grands malheurs. Il lui proposa de la faire conduire en Hongrie, auprès du roi son père; mais elle refusa, probablement à cause du triste souvenir de la mort de sa mère Gertrude. Il lui assigna alors pour résidence le château de Bottenstein, en lui donnant une maison montée selon son rang, et dont elle devait disposer à son gré. Elle s'y rendit avec ses enfants et ses fidèles suivantes, Ysentrude et Guta, qui avaient noblement partagé avec elle toutes ses épreuves, et dans ce tranquille asile elles reprirent nuit et jour leurs exercices de piété.

Mais l'évêque, voyant que la duchesse était encore toute jeune, puisqu'elle n'avait que vingt ans, et en outre d'une beauté remarquable, se souvenant d'ailleurs du précepte de saint Paul, de remarier les jeunes veuves, conçut le projet de la remarier. Selon plusieurs auteurs, il espérait la faire épouser à l'empereur Frédéric II, qui venait de perdre sa seconde femme, Yolande de Jérusalem. L'empereur lui-même, d'après un récit contemporain, nourrissait un vif désir d'épouser Elisabeth. L'évêque se rendit auprès d'elle pour lui communiquer ce dessein; il lui dit qu'il voulait la marier à un seigneur bien autrement illustre et puissant que son défunt époux. Elle lui répondit avec une grande douceur, mais avec une constance inébranlable, qu'elle préférait rester seule pendant le reste de sa vie, et servir Dieu seul (Montalembert, c. 20).

Cependant les chevaliers de Thuringe qui avaient accompagné le duc Louis à la croisade, et qui, après sa mort, avaient fait le voyage de Jérusalem, repassèrent à Otrante, exhumèrent le corps de leur duc, en déposèrent les ossements dans un cercueil précieux qu'ils placèrent sur un cheval, et mirent en route pour leur pays. Ils faisaient précéder le cercueil d'une grande croix d'argent ornée de pierreries, comme une marque de leur propre piété et de leur attachement envers leur maître. Dans toutes les villes où ils s'arrêtaient pour passer la nuit, ils déposaient le cercueil dans une église; ils le faisaient veiller par des religieux ou par des personnes pieuses, qui chantaient les vigiles des morts et d'autres oraisons pendant toute la nuit. Ils ne repartaient le lendemain matin qu'après avoir fait célébrer une messe, et y avoir fait leur offrande. Pour peu que l'église fût cathédrale ou conventuelle, ils lui laissaient la draperie de pourpre qui recouvrait le cercueil, afin que le produit en fût appliqué à l'intention de l'âme du défunt. De mémoire d'homme on n'avait vu des obsèques plus solennelles.

Ils traversèrent ainsi toute l'Italie et l'Allemagne méridionale. Arrivés à quelque distance de Bamberg, ils firent prévenir de leur approche l'évêque, qui envoya aussitôt chercher la duchesse à Botten-

(1) Voir le texte latin dans l'*Histoire de sainte Elisabeth*, par le comte de Montalembert, p. 362, 3e édition, in-8o.

stein. Il ordonna en même temps à tous les seigneurs et aux dignitaires de sa cour de se disposer à l'accueillir avec une bienveillance sympathie, et à l'entourer pendant la triste cérémonie du lendemain, de peur que ses forces ne l'abandonnassent. Lui-même se rendit alors au devant du corps, accompagné de tout son clergé, des religieux des divers monastères de la ville, des enfants des écoles, et suivi d'une foule immense de peuple dont la voix se mêlait aux chants funèbres des prêtres et au son de toutes les cloches de la ville épiscopale. Plusieurs seigneurs et comtes des environs s'étaient joints au cortège, qui rentra dans la ville et conduisit le corps jusqu'à la célèbre cathédrale où reposaient les corps sacrés de l'empereur saint Henri et de sainte Cunégonde. On célébra pendant toute la nuit l'office des morts.

Le lendemain, Elisabeth, toujours accompagnée de sa fidèle Ysentrude et de Guta, fut conduite auprès de ces dépouilles chéries : on ouvrit le cercueil et on lui permit de contempler les restes de son époux. Ce qu'il y eut alors, dit un pieux narrateur de cette scène, ce qu'il y eut alors de douleur et d'amour dans son cœur, Celui-là seul peut le savoir, qui est dans tous les cœurs des enfants des hommes. Toute l'affliction des premiers moments où elle apprit son malheur se renouvela dans son âme; elle se précipita sur ces ossements et les baisa avec transport; ses larmes furent si abondantes, son agitation si cruelle, que l'évêque et les seigneurs qui assistaient à ce douloureux spectacle crurent devoir la calmer et essayer de l'en détourner. Mais elle se souvint de Dieu, et aussitôt toute sa force lui revint : « Je vous rends grâces, Seigneur, dit-elle, de ce que vous avez daigné écouter votre servante, et exaucer le désir immense que j'avais de contempler les restes de mon bien-aimé, qui était aussi le vôtre. Je vous rends grâces d'avoir ainsi miséricordieusement consolé mon âme affligée et désolée. Il s'était offert lui-même, et moi aussi je vous l'avais offert pour la défense de votre terre sainte; et je ne reviens pas sur ce sacrifice, bien que je l'aie aimé de toutes les forces de mon cœur. Vous savez, ô mon Dieu! combien j'ai aimé cet époux qui vous aimait tant; vous savez que j'aurais préféré à toutes les joies du monde sa présence qui m'était si délicieuse, si votre bonté me l'avait accordée; vous savez que j'aurais voulu vivre toute ma vie avec lui dans la misère, lui pauvre et moi pauvresse, et mendier avec lui de porte en porte à travers le monde entier, seulement pour avoir le bonheur d'être avec lui, si vous l'aviez permis, ô mon Dieu! Maintenant je l'abandonne et m'abandonne moi-même à votre volonté. Et je ne voudrais pas, quand même je le pourrais, racheter sa vie au prix d'un seul cheveu de ma tête, à moins que ce ne fût votre volonté, ô mon Dieu (Montalembert, c. 20). »

Enfin Elisabeth suivit les restes de son époux en Thuringe, au monastère de Reinhartsbrunn, qu'il avait choisi pour sa sépulture. Les obsèques furent célébrées dans l'église de l'abbaye, en présence de deux duchesses, Elisabeth et Sophie, l'épouse et la mère, ainsi que des deux jeunes landgraves; devant les restes de Louis, une douleur commune et également sincère les réunit. Toute la magnificence des cérémonies ecclésiastiques fut déployée, et se prolongea pendant plusieurs jours; les regrets et les pleurs du peuple y furent comme une pompe nouvelle et la plus belle de toutes. De généreuses offrandes à l'église, d'abondantes aumônes distribuées aux pauvres, furent un dernier hommage rendu à celui qui avait tant aimé les pauvres et tant respecté l'Eglise. Ses ossements, renfermés dans une châsse, furent placés dans une tombe de pierre, exhaussés de manière à rester exposés, par la suite, aux regards des fidèles. Ils furent l'objet de nombreux pèlerinages. L'amour du peuple et la reconnaissance des religieux lui valurent le surnom de *Louis le Saint*, sous lequel il est connu dans l'histoire, et que justifiait un grand nombre de guérisons miraculeuses à son tombeau et par son intercession. Il en résulta qu'il fut pendant près de trois siècles l'objet d'un culte populaire qui n'a cependant jamais été confirmé par l'autorité ecclésiastique (Montalembert, c. 21).

Les nobles croisés de Thuringe, après avoir, aussi magnifiquement que pieusement, rendu les derniers devoirs à leur prince défunt, songèrent à faire rendre honneur et justice à leur princesse vivante. Ils avaient appris comment elle avait été traitée; ils avaient juré de défendre sa cause. Aussitôt la cérémonie des obsèques terminée, ils résolurent d'aller faire de vigoureuses remontrances au landgrave Henri et à son frère. Quatre chevaliers furent chargés spécialement de cette difficile mission. Deux des quatre étaient les seigneurs de Varila, père et fils. Le père était celui-là même qui avait été chercher Elisabeth en Hongrie, et qui avait promis au roi, son père, d'être son fidèle défenseur. Précédés par ces quatre, tous les chevaliers se rendent auprès des jeunes princes, qu'ils trouvent auprès de leur mère, et qu'ils entourent. Rodolphe de Varila, le fils, se tournant vers le duc Henri, lui adressa les paroles suivantes, qui ont été soigneusement et à juste titre enregistrées dans les chroniques du pays..

« Monseigneur! mes amis et vos vassaux, qui sont ici présents, m'ont prié de vous parler en leur nom. Nous avons appris en Franconie et ici, en Thuringe, des choses tellement blâmables sur votre compte, que nous en avons été consternés, et que nous avons dû rougir de ce que, dans notre pays et chez nos princes, il se soit trouvé tant d'impiété, un tel oubli de l'honneur! Eh! jeune prince, qu'avez-vous donc fait et qui vous a donné de tels conseils? Quoi! vous avez chassé ignominieusement de vos châteaux et de vos villes, comme une femme perdue, l'épouse de votre frère, la pauvre veuve désolée, la fille d'un roi illustre, que vous auriez dû au contraire honorer et consoler. Au mépris de votre propre renommée, vous l'avez livrée à la misère et laissée errer dans les rues comme une mendiante. Pendant que votre frère va donner sa vie pour l'amour de Dieu, ses petits orphelins, que vous deviez défendre et nourrir avec l'affection et le dévouement d'un fidèle tuteur, sont cruellement repoussés loin de vous, et vous les forcez de se séparer même de leur mère, pour ne pas mourir de faim avec elle! Est-ce là votre piété fraternelle? est-ce là ce que vous a appris votre frère, ce vertueux prince, qui n'aurait pas voulu en agir ainsi avec le dernier de ses sujets? Non, un grossier paysan ne serait pas aussi félon envers un de ses pareils, et vous, prince, vous l'avez été envers votre frère, pendant qu'il était allé mourir pour l'amour de Dieu ! Comment nous flerons-nous désormais à votre fidélité et à votre honneur ? Vous savez cependant que, comme chevalier, vous êtes tenu de protéger les veuves et les orphelins, et c'est vous-même qui outragez les orphelins et la veuve de votre frère. Je vous le dis tout bonnement, cela crie vengeance à Dieu. »

La duchesse Sophie, en entendant ces reproches trop bien mérités qu'on adressait à son fils, fondit en pleurs. Le jeune duc, troublé et honteux, baissa la tête sans répondre. Rodolphe de Varila, qui avait la dignité héréditaire de grand échanson, reprit aussitôt :

« Monseigneur, qu'aviez-vous à craindre d'une pauvre femme malade, abandonnée et désespérée, seule, sans amis et sans alliés dans ce pays? que vous aurait fait cette sainte et vertueuse dame, quand elle serait restée maîtresse de tous vos châteaux? Que va-t-on dire maintenant de nous dans les autres pays? Fi ! quelle honte ! je rougis d'y penser. Sachez que vous avez offensé Dieu, vous avez déshonoré tout le pays de Thuringe, vous avez terni votre propre renommée et celle de votre propre maison, et je crains, en vérité, que la colère de Dieu ne s'appesantisse sur le pays, à moins que vous ne fassiez pénitence devant lui, que vous ne vous réconciliiez avec cette pieuse dame, et que vous ne restituiez aux fils de votre frère tout ce que vous leur avez enlevé. »

Ainsi parlait l'orateur de la noblesse chrétienne de Thuringe.

Tous les assistants s'étonnaient de l'extrême hardiesse des paroles du noble chevalier ; mais Dieu sut s'en servir pour toucher un cœur depuis longtemps inaccessible aux inspirations de la justice et de la pitié. Le jeune prince, qui était resté muet jusque-là, fondit en larmes et pleura longtemps sans répondre ; puis il dit : « Je me repens sincèrement de ce que j'ai fait ; je n'écouterai plus jamais ceux qui m'ont conseillé d'agir ainsi ; rendez-moi votre confiance et votre amitié, je ferai volontiers tout ce que ma sœur Elisabeth exigera de moi ; je vous donne plein pouvoir de disposer pour cela de ma vie et de mes biens. » Le sire de Varila lui répondit : « C'est bien ! c'est le seul moyen d'échapper à la colère de Dieu. » Cependant Henri ne put s'empêcher d'ajouter à voix basse : « Si ma sœur Elisabeth avait à elle toute la terre d'Allemagne, il ne lui en resterait rien ; car elle la donnerait tout entière pour l'amour de Dieu. »

Mais Varila alla aussitôt, avec ses compagnons d'armes, raconter à la duchesse Elisabeth le résultat de ses remontrances et lui annoncer que son beau-frère voulait se réconcilier avec elle et lui rendre justice à tout prix. Lorsqu'ils commencèrent à parler des conditions qu'il fallait imposer au duc Henri, elle s'écria : « Je ne veux ni de ses châteaux, ni de ses villes, ni de ses terres, ni de rien de ce qui peut m'embarrasser et me distraire ; mais je serai très-reconnaissante envers mon beau-frère, s'il veut bien me donner, sur ce qui m'est dû de ma dot, de quoi pourvoir aux dépenses que je veux faire pour le salut de mon bien-aimé qui est mort, et pour le mien. »

Les chevaliers allèrent alors chercher le duc Henri et l'amenèrent auprès d'Elisabeth. Il vint accompagné de sa mère, Sophie, et de son frère, Conrad. En la voyant, il la supplia de lui pardonner tout le mal qu'il lui avait fait, et lui dit qu'il en avait de grands remords, et qu'il lui en ferait bonne et fidèle compensation. Sophie et Conrad joignirent leurs prières aux siennes. Pour toute réponse, Elisabeth se jeta dans les bras de son beau-frère et se mit à pleurer. Les deux frères et la duchesse Sophie mêlèrent leurs larmes aux siennes, et les vaillants guerriers ne purent non plus retenir les leurs à la vue de ce spectacle touchant et au souvenir du doux et gracieux prince qui avait été le lien commun de toute cette famille, et qu'ils avaient perdu sans retour.

Les droits de ses enfants furent également assurés, notamment ceux du jeune landgrave Hermann, son premier-né, héritier légitime des duchés de Thuringe et de Hesse, dont la régence devait rester de droit, pendant sa minorité, entre les mains de l'aîné de ses oncles, le landgrave Henri. Tous ces arrangements étant conclus, les chevaliers croisés se séparèrent pour retourner dans leurs châteaux, et Elisabeth, ainsi que ses enfants, se mit en route, accompagnée de la duchesse Sophie, sa belle-mère, et des jeunes ducs, pour rentrer à la Wartbourg, dont elle avait été si indignement chassée (Montalembert, *Hist. de sainte Elisabeth*, c. 22).

Le duc Henri fut fidèle à sa parole, et, pendant tout le temps qu'Elisabeth resta près de lui, il chercha, par une conduite pleine d'affection et d'égards, à lui faire oublier les injures qu'il lui avait auparavant infligées. Il lui fit rendre tous les honneurs dus à son rang, et lui laissa pleine liberté pour tous ses exercices de piété et ses œuvres de charité. Elle les reprit avec son ancienne ardeur. C'est à cette époque qu'on rapporte la fondation de l'hospice de Sainte-Marie-Madeleine, à Gotha, dont elle s'était déjà occupée du vivant de son mari, et qu'elle accomplit lors de son retour dans ses Etats. Comme autrefois, son amour pour les pauvres remplissait dans sa vie toute la place que n'occupaient pas déjà la prière et la contemplation. Affranchie par son veuvage, de l'obligation de paraître dans les fêtes et les cérémonies publiques, elle évitait également toutes les occasions de se trouver dans les assemblées des seigneurs et dans les réjouissances de la cour, qu'elle savait être trop souvent le fruit de l'oppression et des durs labeurs des malheureux. Elle préférait au faste des puissants du siècle, l'humiliation du pauvre peuple de Dieu, et cherchait à s'associer à lui autant que possible, par une pauvreté volontaire.

Les courtisans, qui avaient poussé ses deux beaux-frères à la traiter si indignement, ne pouvant rien comprendre à une pareille vie, se permirent de nouveau de lui insulter, en l'appelant sotte et folle. Elle le souffrait non-seulement avec patience, mais avec une si grande joie, qu'ils lui reprochèrent qu'elle était insensible à la mort de son mari. Les malheureux ! dit un auteur du temps, ils ignoraient qu'elle possédât cette joie qui n'est pas donnée aux impies. Elisabeth ne s'en émut pas, car le Seigneur, qui était tout pour elle, lisait dans son cœur.

D'un autre côté, les âmes pieuses et vraiment sages dont elle était connue, appréciaient et admiraient son humilité. Elle reçut en outre, à cette époque, l'encouragement le plus doux pour une âme chrétienne, la protection la plus puissante pour une femme méconnue. Du haut de ce Saint-Siége, qui était alors le refuge assuré des faibles et des persécutés, une parole de père et d'ami vint la soutenir. Le pape Grégoire IX ayant appris ses malheurs et sa fidélité inébranlable dans les voies de Dieu, lui adressa plusieurs lettres où il lui prodiguait toutes les consolations apostoliques. Il l'exhortait, par l'exemple des saints et les promesses de la vie éternelle, à persévérer dans la continence et la patience; il lui enjoignit de mettre toute sa confiance en lui, parce qu'il ne l'abandonnerait jamais tant qu'il vivrait; qu'au contraire, il la regarderait toujours comme sa fille, et prenait dès lors sa personne et ses biens sous sa protection spéciale. Il lui accorda en même temps le privilége d'une église et d'un cimetière sur son hôpital de Sainte-Marie-Madeleine, à Gotha. Enfin, ce père tendre et vigilant ordonna à maître Conrad de Marbourg, qui était toujours investi des pouvoirs apostoliques en Allemagne, et qui venait alors de rentrer en Thuringe, de se charger absolument, et plus spécialement encore qu'il ne l'avait fait, de la direction spirituelle de la duchesse Elisabeth, et en même temps de sa défense contre tous ceux qui tenteraient de la persécuter.

Après avoir ainsi passé environ une année au sein de sa famille, Elisabeth supplia le duc Henri de lui assigner une résidence où elle pût être entièrement livrée à elle-même et à son Dieu, et où rien ne pût la distraire de ses œuvres de piété et de charité. Henri, après avoir pris l'avis de sa mère et de son frère, lui céda en toute propriété la ville de Marbourg, en Hesse, avec toutes ses dépendances et les divers revenus qui s'y rattachaient, à titre de douaire. Pénétrée de reconnaissance, elle remercia tendrement son beau-frère et sa belle-mère, en leur disant qu'ils faisaient beaucoup plus pour elle qu'elle ne méritait, et que cela était plus que suffisant pour tous ses besoins. Mais le landgrave lui promit en outre qu'il lui enverrait cinq cents marcs d'argent pour ses frais de premier établissement.

A son arrivée à Marbourg, et après qu'elle eût nommé, en se conformant aux avis du maître Conrad, les officiers et les baillis qui devaient administrer en son nom, le peuple de la ville se montra si empressé de rendre honneur à sa jeune souveraine, que son humilité en fut grandement blessée, et qu'elle se retira aussitôt dans un petit village, à une lieue de la ville. En y entrant, elle choisit au hasard une chaumière abandonnée et en ruines pour lui servir d'habitation, afin de n'être à charge à aucun des pauvres habitants du village; car toute sa tendre sollicitude s'était déjà éveillée à l'égard de ses nouveaux sujets. Pendant ce temps elle se faisait construire à Marbourg, auprès du couvent des frères Mineurs, une maisonnette de bois et de terre glaise, comme une cabane de pauvre, afin de montrer ainsi à tous les yeux que ce n'était point une riche princesse qui venait s'établir dans sa capitale, mais bien une simple et patiente veuve qui venait y servir le Seigneur en toute humilité. Dès que ce palais de l'abjection chrétienne fut achevé, elle alla s'y installer avec ses enfants et ses fidèles suivantes.

Elle aspirait sans cesse à une perfection plus divine. Elle racontait à son amie Ysentrude qu'elle suppliait le Seigneur sans cesse de lui accorder trois dons : d'abord le mépris complet de toutes les choses temporelles, puis le courage de dédaigner les injures et les calomnies des hommes; enfin, et surtout, la diminution de l'amour excessif qu'elle portait à ses enfants. Après avoir longtemps prié dans cette intention, elle vint un jour, resplendissant d'une joie qui n'était plus de cette terre, trouver ses compagnes, et leur dit : « Le Seigneur a exaucé ma prière; voici que toutes les richesses et tous les biens du monde, que j'aimais jadis, ne sont plus que comme de la boue à mes yeux. Quant aux calomnies des hommes, aux mensonges des méchants, au mépris que j'inspire, je m'en sens toute fière et heureuse. Mes petits enfants bien-aimés, les enfants de mon sein, que j'aimais tant, que j'embrassais avec une si grande tendresse, eh bien ! ces chers enfants eux-mêmes ne sont plus que des étrangers pour moi, j'en prends Dieu à témoin. C'est à lui que je les offre, que je les confie; qu'il en fasse sa sainte volonté en tout. Je n'aime plus rien, plus aucune créature; je n'aime plus que mon Créateur. »

Enflammée de cet héroïque amour, Elisabeth se crut assez bien disposée pour faire ses vœux dans le tiers-ordre et prendre l'habit consacré par ses glorieux modèles, saint François et sainte Claire. « Si je pouvais, disait-elle, trouver un habit plus pauvre que celui de Claire, je le prendrais pour me consoler de ce que je ne puis entrer tout à fait dans son saint ordre; mais je n'en connais pas. » Elle choisit pour cette cérémonie la chapelle qu'elle avait donnée aux frères Mineurs, et le jour du vendredi saint. C'est le jour où Jésus, dépouillé de tout pour l'amour de nous, fut attaché nu sur la croix, et où les autels, nus et dépouillés comme lui, rappellent aux fidèles la mémoire du sacrifice suprême; c'était aussi le jour où sainte Elisabeth voulait, à son tour, se dépouiller de tout et briser les derniers liens qui l'attachaient à la terre, afin de s'élancer plus légère à la suite de l'époux de son âme, dans le chemin de la pauvreté et de la charité. Ainsi donc, en ce jour sacré, elle vint, en présence de ses enfants, de ses amis et de plusieurs religieux franciscains, poser ses saintes mains sur la pierre nue de l'autel, et jura de renoncer à sa propre volonté, à ses parents, à ses enfants, à ses alliés, à toutes les pompes et à toutes les joies de ce monde. Pendant que maître Conrad célébrait la messe, le frère Burcard, gardien des frères Mineurs de la province de Hesse, qui la regardait comme sa fille spirituelle, lui coupa les cheveux, la revêtit de la tunique grise, et la ceignit du cordon qui était la marque distinctive de l'ordre de saint François. Elle conserva ce costume, allant en outre toujours nu-pieds jusqu'à sa mort (Montalembert, c. 23).

Elisabeth, restée seule avec son Dieu, voulut que la pauvreté volontaire qu'elle s'était imposée fût aussi réelle et aussi complète que possible; elle voulut que tout dans sa vie fût d'accord avec la hutte de bois et de terre qu'elle avait choisie pour demeure. Elle consacra donc tous les revenus, sans exception, dont maître Conrad l'avait forcée de garder la propriété nominale, au soulagement des pauvres et à des institutions charitables. N'ayant pu obtenir de son confesseur la permission de mendier son pain, elle résolut de gagner sa vie par le travail de ses mains. Pour cela, elle ne pouvait que filer; encore ne savait-elle pas filer le lin, mais seulement la laine. A peine arrivée à Marbourg, son premier soin fut d'y construire un hôpital, elle le consacra à la mémoire de saint François d'Assise, d'après l'injonction du pape Grégoire, qui venait de le canoniser. Dès que cet hôpital fut achevé, Elisabeth y plaça le plus grand nombre possible de pauvres malades. Puis, chaque jour, accompagnée de ses deux fidèles amies et sœurs en religion, Guta et Ysentrude, elle y allait passer de longues heures à les panser, à les soigner, à leur administrer les remèdes prescrits, surtout à les consoler par les affectueuses exhortations adaptées au genre de souffrance et à l'état spirituel de chaque malade. Ceux des malades qui étaient les plus faits pour inspirer le dégoût, qui éloignaient et révoltaient tout le monde, particulièrement les lépreux, devenaient aussitôt l'objet de sa sollicitude et de sa tendresse, et recevaient de ses royales mains les soins les plus rebutants (Montalembert, c. 24).

Cependant le roi de Hongrie, le père riche et puissant de cette pauvre infirmière, avait reçu, par des pèlerins hongrois qui se rendaient à Aix-la-Chapelle et à d'autres sanctuaires du Rhin, la nouvelle de l'état de pauvreté et d'abandon où sa fille se trouvait réduite. Ils lui racontèrent combien ils avaient été choqués d'apprendre que leur princesse vivait sans honneurs, sans cour et dans un dénuement complet. Le roi fut consterné et ému jusqu'aux larmes par leur récit; il se plaignit à son conseil de l'injure qu'on faisait à sa fille, et résolut d'envoyer un ambassadeur pour la ramener auprès de lui.

L'ambassadeur qui était le comte Banfi, se rendit en Thuringe avec une suite nombreuse, et s'en vint d'abord à la Wartbourg. Il y trouva le landgrave Henri, à qui il demanda compte de la position extraordinaire de la duchesse. Le jeune prince lui répondit : « Ma sœur est devenue tout à fait folle, tout le monde le sait; vous la verrez vous-même. » Il lui raconta ensuite comment elle s'était retirée à Marbourg, et toutes les extravagances qu'elle y faisait, ne vivant qu'avec des mendiants et des lépreux, et autres détails de cette sorte. Il démontra à l'ambassadeur que la pauvreté d'Élisabeth était tout à fait volontaire, et que, pour sa part, il lui avait garanti la possession de tout ce qu'elle pouvait désirer. Le comte, profondément étonné, se mit en route pour Marbourg.

Lorsqu'il y fut arrivé, il demanda à l'aubergiste chez qui il était descendu, ce qu'il fallait penser de la dame qu'on nommait Elisabeth, et qui était venue de Hongrie dans ce pays; pourquoi elle vivait dans la misère; pourquoi elle avait quitté les princes de la famille de son mari; s'il y avait pour cela quelque raison qui ne fût pas à son honneur? » C'est une dame très-pieuse, lui répondit l'hôte, et pleine de vertus; elle est aussi riche qu'on peut désirer l'être, car cette ville et tout son canton, qui n'est pas petit, lui appartiennent en toute propriété; et, si elle avait voulu, elle aurait trouvé bien des princes pour l'épouser. Mais, par sa grande humilité, elle veut vivre ainsi misérablement; elle ne veut habiter aucune des maisons de la ville, pour demeurer auprès de l'hôpital qu'elle a bâti; car elle méprise tous les biens du monde. Dieu nous a fait une grande grâce en nous envoyant une si pieuse dame; tous ceux qui ont affaire à elle en profitent pour leur salut. Elle ne se repose jamais dans ses œuvres de charité; elle est très-chaste, très-douce, très-miséricordieuse, mais surtout plus humble que qui que ce soit. »

Le comte se fit aussitôt conduire auprès d'elle par l'aubergiste. Celui-ci entra d'abord et lui dit : « Madame, voilà vos amis qui sont venus vous chercher, à ce que je crois, et qui veulent vous parler. » L'ambassadeur étant entré dans la hutte, et voyant la fille de son roi occupée à filer et tenant sa quenouille à la main, fut tellement saisi à ce spectacle, qu'il fit le signe de la croix et fondit en larmes; puis il s'écria : « A-t-on jamais vu la fille d'un roi filer de la laine? » S'étant ensuite assis à côté d'elle, il lui dit comment le roi, son père, l'avait envoyé pour la chercher et la ramener dans le pays où elle avait vu le jour; il lui promit qu'elle y serait traitée avec tout l'honneur qui lui était dû, et que le roi la regardait toujours comme sa très-chère fille. Mais elle repoussa toutes ses prières. « Pour qui me prenez-vous? lui dit-elle; je ne suis qu'une pauvre pécheresse, qui n'ai jamais obéi à la loi de mon Dieu, comme je le devais. — Qui vous a réduite à cet état de misère? lui demanda le comte. — Personne, répondit-elle, si ce n'est le Fils infiniment riche de mon Père céleste, qui m'a appris, par son exemple, à mépriser la richesse et à chérir la pauvreté par-dessus tous les royaumes de ce monde. » — Et alors elle lui raconta toute sa vie depuis son veuvage, et ses intentions pour le reste de sa vie, et l'assura qu'elle n'avait à se plaindre de personne, qu'elle ne manquait de rien, et qu'elle était parfaitement heureuse.

Cependant le comte insistait toujours : « Venez, lui dit-il, noble reine, venez avec moi auprès de votre cher père, venez posséder son royaume et votre héritage. — J'espère bien, répliqua-t-elle, que je possède déjà l'héritage de mon Père, c'est-à-dire la miséricorde éternelle de notre cher Seigneur Jésus-Christ. » Enfin l'ambassadeur le supplia de ne pas faire à son père l'injure de mener une vie aussi méprisable, de ne pas l'affliger par une conduite aussi indigne de sa naissance. — « Dites à mon seigneur père, lui répondit Elisabeth, que je me trouve plus heureuse dans cette vie méprisable qu'il ne peut l'être dans sa pompe royale, et que, bien loin de s'affliger à cause de moi, il doit plutôt se réjouir de ce qu'il a un enfant au service du grand Roi des cieux et de la terre. Je ne lui demande qu'une seule chose au monde : c'est de prier et de faire prier Dieu pour moi; et moi je prierai pour lui tant que je vivrai. »

Le comte, voyant que tous ses efforts étaient inutiles, la quitta avec une profonde douleur. Mais elle reprit sa quenouille, heureuse de pouvoir réaliser d'avance les sublimes paroles que, dans le Bréviaire romain, l'Eglise consacre au culte de celles qui, comme elle, ont renoncé à tout pour Jésus : *J'ai méprisé le royaume du monde et toute la pompe du siècle pour l'amour de mon Seigneur Jésus-Christ; c'est lui que j'ai vu, que j'ai aimé, que j'ai cru et que j'ai préféré* (Montalembert, c. 25).

Quelque persuadé que pût être le landgrave Henri de la folie de sa belle-sœur, il n'en crut pas moins devoir tenir les promesses qu'il lui avait faites de son propre mouvement; la crainte du Pape, qui s'était constitué le protecteur d'Elisabeth, et l'influence de Conrad de Marbourg, qui était aussi grande sur lui qu'elle l'avait été sur son frère Louis, purent bien contribuer à cette fidélité. Il lui envoya donc les cinq cents marcs d'argent qu'il lui avait promis lors de son départ de la Wartbourg, pour servir à ses frais d'établissement dans sa nouvelle résidence.

Cet accroissement de richesses ne parut à la charitable princesse qu'une occasion favorable pour réaliser un projet qu'elle nourrissait depuis longtemps, celui de se décharger définitivement du poids de tous ses biens, dont elle avait dû conserver la propriété tout en se privant d'en jouir. Elle réalisa tous les biens dotaux que son beau-frère avait été obligé de lui restituer lors du retour des chevaliers croisés, et qui produisirent la somme très-considérable alors de deux mille marcs. Elle fit de même vendre tous les bijoux et tous les ornements qui lui restaient de ceux que ses parents avaient envoyés avec elle de Hongrie, entre autres des vases d'or et d'argent, des étoffes brodées d'or, et divers objets garnis de pierreries du plus haut prix. Tout l'argent qui provenait de cette vente, ainsi que de celle de ses domaines, fut entièrement distribué par elle aux pauvres en diverses fois, mais avec une profusion qui lui valut les injures d'un grand nombre de ceux qui n'avaient pas besoin de ses secours; on la traitait hautement de prodigue, de dissipatrice, et surtout de folle. Mais elle n'était nullement émue de ces discours, et trouvait que c'était acheter à bon compte le salut éternel de son âme, que de lui sacrifier ces périssables richesses.

Quand elle eut reçu les cinq cents marcs que le duc Henri lui envoyait, elle résolut de les distribuer aussitôt aux pauvres en une seule fois et le même jour. Pour donner à sa charité une extension proportionnée à la grandeur de la somme dont elle voulait disposer, elle fit publier dans tous les lieux, à vingt-cinq lieues à l'entour de Marbourg, que tous les pauvres eussent à se réunir, au jour fixé, dans une plaine près de Wehrda, ce village où elle avait elle-même passé les premiers temps de sa pauvreté volontaire. Au jour indiqué, on vit paraître plusieurs milliers de mendiants, d'aveugles, d'estropiés, d'infirmes et de pauvres des deux sexes. Moyennant de sages mesures, la distribution des aumônes annoncées se fit avec une grande régularité à toute cette multitude. Elisabeth elle-même présidait à cette répartition, passait de rang en rang et servait tous ces pauvres, les reins ceints d'un linge, comme Jésus-Christ avait servi ses disciples. Elle semblait une reine au milieu de sa cour.

Les cinq cents marcs étant épuisés à l'approche de la nuit, et la lune s'étant levée avec éclat, les pauvres valides se remirent en marche pour retourner dans leurs différents foyers; mais un grand nombre de ceux qui étaient faibles ou malades ne purent repartir aussitôt, et se disposèrent à passer la nuit dans divers recoins de l'hôpital et des bâtiments voisins. Elisabeth les aperçut en rentrant, et, toujours dominée par son inépuisable compassion, elle dit aussitôt à ses suivantes : Ah! voilà que les plus faibles sont restés; donnons-leur encore quelque chose! Sur cela, elle fit donner à chacun d'eux six deniers de Cologne, et ne voulut pas que les petits enfants qui se trouvaient parmi eux reçussent moins que les autres. Puis elle fit apporter du pain en grande quantité et le distribua entre eux. Enfin elle dit : Je veux donner à ces pauvres gens une fête complète; qu'on leur fasse donc du feu! D'après ses ordres, on alluma de grands feux partout où ils étaient couchés, et on vint leur laver les pieds et les parfumer. Les pauvres, se voyant si bien traités, commencèrent à se réjouir hautement et se mirent à chanter. Elisabeth, ayant entendu leur chant de chez elle, fut émue jusqu'au fond de son cœur simple et tendre, et s'écria, toute joyeuse : Je vous l'avais bien dit; il faut rendre les hommes aussi heureux que possible. Et aussitôt elle sortit pour aller prendre part à leur joie (Montalembert, c. 26).

Maître Conrad, son directeur spirituel, à qui elle avait fait vœu d'obéissance, la mettait aux plus fortes épreuves pour briser sa volonté en toutes manières; entre autres, il l'obligea de renvoyer ses deux chères et saintes amies, Ysentrude et Guta, et de prendre à leur place deux autres femmes d'un genre fort différent. L'une était une fille du peuple, assez dévote, mais rude et grossière à l'excès, et si horriblement laide, qu'elle servait d'épouvantail aux enfants. L'autre était une veuve âgée, sourde, d'un caractère acariâtre et revêche, toujours mécontente et en colère. Elisabeth se résigna à ce changement si pénible dans ses habitudes avec une parfaite docilité, pour l'amour du Christ (Montalembert, c. 27).

La charité d'Elisabeth croissant toujours au milieu des épreuves de toute espèce, Dieu lui fit la grâce de servir les pauvres et les malades, non plus seulement de ses mains, mais par ses miracles.

Il ne se passait pas de jours qu'elle n'allât deux fois visiter ses pauvres malades dans son hôpital, et leur porter les secours et les vivres qu'elle leur destinait. Un matin, à l'entrée de cet hôpital, elle vit couché sur le seuil de la porte un jeune garçon, estropié et difforme, étendu sans mouvement. C'était un pauvre enfant sourd-muet, dont tous les membres avaient été tordus et contrefaits par une maladie cruelle, de sorte qu'il ne pouvait que se traîner sur ses pieds et ses mains, comme un animal. Sa mère, qui en rougissait, l'avait porté en ce lieu et l'y avait abandonné, dans l'espoir que la bonne duchesse aurait pitié de lui.

En effet, dès qu'elle l'aperçut, elle le regarda avec anxiété et se sentit pénétrée de douleur; elle lui dit, en se baissant vers lui : Dis-moi, cher enfant, où sont tes parents? qui t'a amené ici? Mais, comme l'enfant n'avait pas l'air de l'entendre, elle répéta sa question d'une voix très-douce, en le caressant et en lui disant : Mais de quoi souffres-tu donc; ne veux-tu pas me parler? L'enfant la regarda alors, mais sans répondre. Elisabeth, ne sachant pas qu'il était muet, se figura qu'il était possédé de quelque démon, et, sentant redoubler sa pitié, elle lui dit à haute voix : « Au nom de Notre Seigneur, je t'ordonne, à toi et à celui qui est en toi, de me répondre et de dire d'où tu viens. »

Aussitôt l'enfant se releva tout droit devant elle; la parole lui fut tout à coup rendue, et il lui dit : C'est ma mère qui m'a amené. Il lui raconta ensuite qu'il n'avait jamais parlé ni entendu jusqu'alors, qu'il était né tel qu'elle l'avait vu, estropié et perclus de tout son corps. Mais voilà, dit-il en étendant tous ses membres l'un après l'autre, voilà que Dieu m'a donné le mouvement, la parole et l'ouïe ; je dis des mots que je n'ai jamais appris ni entendus de personne. Puis il se mit à pleurer et à remercier Dieu : « Je ne connaissais pas Dieu, disait-il, tous mes sens étaient morts ; je ne savais pas ce que c'était qu'un homme. Maintenant, seulement, je sens que je ne suis plus comme une bête ; je sais maintenant parler de Dieu. Bénie soit cette question de votre bouche, qui m'a obtenu de Dieu la grâce de ne pas mourir comme j'ai vécu jusqu'à présent. »

A ces mots, qui peignaient d'une manière si touchante les premières émotions d'une âme qu'une parole toute-puissante venait de rendre au sentiment de Dieu et d'elle-même, Elisabeth vit bien que Dieu avait agi miraculeusement par son entremise ; mais, toute troublée et effrayée de ce redoutable ministère, elle tomba aussitôt à genoux et mêla ses pleurs en abondance à ceux de l'enfant qu'elle avait sauvé. Après avoir remercié Dieu avec lui de cette faveur, elle lui dit : « Retourne maintenant bien vite chez tes parents, et ne dis pas ce qui t'est arrivé ; surtout ne parle de moi à personne : dis seulement que Dieu t'a secouru, et garde-toi bien nuit et jour de tout péché mortel ; car autrement tu pourrais bien retomber dans ta maladie. Souviens-toi toujours de ce que tu as souffert jusqu'ici, et prie Dieu toujours pour moi, comme je le prierai pour toi. »

Aussitôt elle s'échappa, comme pour fuir cette gloire imprévue ; mais la mère de l'enfant survint à l'instant, et toute stupéfaite de le voir debout et parlant, s'écria : Qui t'a rendu la parole ? A quoi l'enfant répondit : Une douce dame en robe grise m'a ordonné de lui parler au nom de Jésus-Christ, et j'ai trouvé la parole pour lui répondre. La mère se mit alors à courir dans la direction qu'avait prise Elisabeth, et, l'ayant aperçue qui fuyait de loin, elle la reconnut bien et publia partout le miracle.

Aussi, malgré la modestie d'Elisabeth, le bruit de la puissance dont Dieu l'avait rendue dépositaire se propagea au loin, et lui attira les supplications de l'infortune et de la douleur. Son invincible compassion l'empêchait de se refuser jamais aux désirs des pauvres qui l'invoquaient ; mais jamais non plus les grâces éclatantes que le Tout-Puissant répandait par ses mains ne la firent devenir infidèle à cette profonde et fervente humilité qui la rendait surtout agréable devant lui.

Un jour un malade vint lui demander de le guérir, au nom du cher apôtre saint Jean, pour qui elle avait, comme nous avons vu, une dévotion toute spéciale. Après qu'elle eût prié pour lui, il se sentit guéri, et se jeta sur-le-champ à genoux devant elle pour la remercier ; mais elle s'agenouilla aussitôt à côté de lui et se mit à remercier ardemment Dieu de ce qu'il avait exaucé les prières de son cher apôtre saint Jean. Et cependant, dit l'écrivain à qui nous empruntons ce trait, c'étaient les siennes que Dieu avait exaucées, tout aussi bien que celles de l'apôtre.

Une autre fois, un malheureux estropié des mains et des pieds lui cria : O brillant soleil de clarté parmi toutes les femmes, je suis de Reinhartsbrunn, où ton mari repose ; pour l'amour de son âme, viens à mon secours et guéris-moi. — Au nom de son mari, émue par le souvenir de son doux et saint amour, elle s'arrêta et regarda avec une infinie tendresse celui qui l'invoquait ainsi ; et au moment même, par ce seul regard, le pauvre estropié se trouva guéri. Elle en remercia aussitôt le Seigneur.

Enfin, un autre jour, elle s'était rendue à l'église qu'elle avait fait bâtir pour son hôpital, vers midi, son heure préférée, parce que c'était celle où le soin des repas éloignait tous les fidèles, et où elle pouvait se livrer en toute liberté à sa dévotion. Elle y vit un pauvre aveugle tout seul, qui marchait à tâtons autour de l'église : ses yeux étaient ouverts, comme ceux de tout le monde ; mais ses prunelles étaient flétries et vides. Elle alla aussitôt à lui et lui demanda ce qu'il faisait là tout seul, et pourquoi il errait ainsi dans l'église. Il lui répondit : Je voulais aller à cette chère dame qui console les pauvres gens, pour lui demander de me faire quelque aumône au nom de Dieu ; mais je suis d'abord venu faire ma prière dans cette église, et j'en fais le tour afin de savoir comment elle est grande et large, puisque j'ai le malheur de ne pas pouvoir la voir de mes yeux. — Aimerais-tu la voir, cette église ? lui dit alors la compatissante Elisabeth. — Si Dieu voulait, répondit l'aveugle, j'aimerais beaucoup la voir, mais j'ai perdu la vue en naissant ; je n'ai jamais vu la lumière du soleil, je suis devenu le prisonnier de Dieu. — Puis il se mit à lui raconter toutes ses misères : J'aurais bien voulu pouvoir travailler comme un autre, disait-il, car je ne sers de rien à personne, ni à moi-même ; les heures les plus courtes me paraissent bien longues ; quand je suis avec les autres hommes qui ont leurs yeux, je ne peux pas me défendre du péché d'envie : si je reste tout seul, je pleure mon malheur ; car je ne peux pas prier toujours, et même en priant je ne puis m'empêcher d'y songer sans cesse. — C'est pour ton bien, répondit Elisabeth, que Dieu t'a envoyé ce malheur : tu aurais peut-être été entraîné à des excès, tu aurais plus péché qu'à présent. — Oh ! non, reprit l'aveugle, je me serais bien gardé du péché ; je me serais livré pour vivre à de durs travaux ; je n'aurais pas eu mes tristes pensées d'aujourd'hui. — Elisabeth, vaincue par la pitié, lui dit alors : Prie Dieu de te rendre la lumière, et moi je le prierai pour toi.

A ces mots, l'aveugle comprit tout à coup que c'était la sainte duchesse Elisabeth qui lui parlait, et, tombant la face contre terre devant elle, il s'écria : Ah ! noble et miséricordieuse dame, ayez pitié de moi! Mais elle lui enjoignit de nouveau de prier Dieu avec une entière confiance, et, s'agenouillant elle-même à quelque distance, se mit aussi à prier avec ferveur. Aussitôt la vue fut rendue à l'aveugle, et des yeux d'une beauté céleste vinrent remplir ses orbites creux et vides. Il se leva, regarda autour de lui et s'empressa d'aller vers Elisabeth : Madame, dit-il, Dieu soit loué ! sa grâce m'a favorisé : je vois tout bien et clair ; vos paroles sont vérifiées. — Mais la pieuse princesse, qui savait unir toujours la prudente sollicitude d'une mère chrétienne à sa charité, lui dit : Maintenant que la vue t'est rendue, songe à servir Dieu et à éviter le péché ; travaille et sois honnête homme, humble et loyal en tout (Montalembert, c. 28).

Deux années s'étaient à peine écoulées depuis que l'humble Elisabeth avait revêtu, avec l'habit de saint

François, la force de mépriser toutes les joies de la vie et de marcher vers le ciel par un chemin semé de tant d'épines ; et déjà le Seigneur avait trouvé l'épreuve assez longue, la tâche laborieuse qu'elle s'était imposée suffisamment achevée. Comme le divin époux du cantique inspiré, il vint annoncer à sa bien-aimée que le triste hiver de sa vie, avec tous ses orages, était passé, et que l'aurore du printemps éternel allait se lever pour elle. L'année 1231 tirait à sa fin. Une nuit qu'Elisabeth était couchée, partagée entre le sommeil et la prière, le Christ lui apparut au milieu d'une lumière délicieuse, et lui dit d'une voix très-douce : « Viens, Elisabeth, ma fiancée, ma tendre amie, ma bien-aimée ; viens avec moi dans le tabernacle que je t'ai préparé de toute éternité ; c'est moi-même qui t'y conduirai. » Dès son réveil, toute joyeuse de cette prochaine délivrance, elle se hâta de faire tous ses préparatifs pour cet heureux voyage ; elle disposa tout pour son ensevelissement et son enterrement. Elle alla visiter une dernière fois tous ses pauvres et tous ses malades ; elle les bénit tous avec une joie immense, et partagea entre eux et ses suivantes tout ce qui lui restait à donner. Maître Conrad était en ce moment même atteint d'une grave maladie, qui lui faisait souffrir les plus violentes douleurs. Il fit prévenir sa docile pénitente, et aussitôt elle courut chez lui, fidèle jusqu'au bout à sa mission de consolatrice et d'amie des malades. Il la reçut avec beaucoup d'affection, et elle se lamenta beaucoup de le voir ainsi souffrant. — Que deviendrez-vous, dit-il alors, madame et chère fille, lorsque je serai mort ? comment arrangerez-vous votre vie ? qui sera votre protecteur contre les méchants, et qui vous dirigera vers Dieu ? — Mais elle lui répondit aussitôt : Votre question est inutile ; c'est moi qui mourrai avant vous ; croyez-m'en, je n'aurai pas besoin d'un autre protecteur que vous.

Le quatrième jour après cet entretien, elle sentit la première atteinte du mal qui devait mettre un terme à la longue mort de son existence terrestre, et la conduire à la vie véritable et éternelle. Elle se vit forcée de se mettre au lit, et y languit pendant douze ou quinze jours, en proie à une fièvre ardente, mais toujours joyeuse et gaie, occupée sans cesse à prier. Au bout de temps, un jour qu'elle semblait dormir, et retournée contre la muraille de sa chambre, une de ses femmes, nommée comme elle Elisabeth, qui était assise à côté de son lit, entendit comme une douce et exquise mélodie qui s'échappait du gosier de la malade. Un moment après, la duchesse changea de place, et, se tournant vers sa compagne, elle dit : Où es-tu, ma bien-aimée ? — Me voici, répondit la suivante, en ajoutant : Oh ! madame, que vous avez délicieusement chanté ! — Quoi ! lui dit Elisabeth, as-tu aussi entendu quelque chose ? — Et sur sa réponse affirmative, la malade reprit : Je te dirai qu'un charmant petit oiseau est venu se reposer entre moi et la paroi, et il m'a chanté pendant longtemps d'une manière si douce et si suave, et il a tellement réjoui mon cœur et mon âme, qu'il m'a bien fallu chanter aussi. Il m'a révélé que je mourrai dans trois jours. — C'était sans doute, dit un ancien narrateur, son ange gardien qui venait sous la forme de ce petit oiseau lui annoncer la joie éternelle.

Le troisième jour, après avoir reçu l'extrême-onction et communié, elle resta immobile et silencieuse pendant toute la journée, jusqu'à l'heure de vêpres, absorbée dans la contemplation, et comme enivrée de ce sang de vie dont elle venait de s'abreuver pour la dernière fois sur la terre. Puis tout à coup ses lèvres s'ouvrirent pour laisser échapper un torrent de pieuses et ferventes paroles. Sa langue auparavant si retenue à parler, répandait ses lumières avec profusion ; mais avec telle prudence et telle efficace, que bien que jamais elle n'eût tant discouru, il n'y avait pas une de ses paroles de perdues. On remarqua que tout ce qu'elle avait appris des prédicateurs, ou dans les bons livres, ou compris dans ses ravissements, lui revint en mémoire pour en faire part à ses filles avant que de mourir. Une source inconnue d'éloquence et de savoir avait tout à coup jailli dans cette âme, au moment où elle prenait son vol vers les cieux.

En reportant son esprit sur les saintes Ecritures, elle y choisit le récit le plus propre peut-être à charmer la mémoire d'une âme aimante comme la sienne. Elle se mit à réciter tout au long l'évangile de la résurrection de Lazare, et s'épancha avec une abondance merveilleuse sur la visite que fit Jésus aux bienheureuses sœurs Marthe et Marie, lorsqu'il daigna s'associer à leur douleur, aller avec elles au tombeau de leur frère, et leur montrer sa tendre et sincère compassion en mêlant à leurs larmes ses larmes divines. Arrêtant là sa pensée, elle se mit à disserter profondément, et à la grande admiration des assistants, sur ces larmes du Christ, ainsi que sur celles qu'il versa à la vue de Jérusalem, et pendant qu'il était en croix ; ses paroles furent si vives, si poignantes, si enflammées, si propres à remuer jusqu'au fond des cœurs, que bientôt un torrent de pleurs s'échappa des yeux de tous ceux qui l'entouraient. La mourante s'en aperçut, et, comme pour leur donner un doux avertissement, elle répéta les paroles qu'avait dites le Seigneur en marchant à la mort : *Filles de Jérusalem, ne pleurez pas sur moi, pleurez sur vous-mêmes*. Son cœur, toujours tout plein de compassion et de sympathie, tout en s'élançant vers le ciel, restait encore ouvert à ceux qu'elle avait aimés ; elle songeait encore à soulager la douleur de ses suivantes, leur adressait les consolations les plus affectueuses, les appelait sans cesse : Mes amies, mes bien-aimées ! Après tous ces discours elle se tut, baissa la tête et garda longtemps un complet silence.

Cependant, après un certain temps, sans qu'on vît ses lèvres s'entr'ouvrir, une harmonie d'une exquise suavité et doucement voilée se fit de nouveau entendre dans sa gorge. Comme on la questionnait à cet égard, elle répondit : Ne les avez-vous pas entendus, ceux qui chantaient avec moi ? j'ai chanté comme j'ai pu avec eux. — Aucune âme fidèle n'en doutera, dit son historien, elle mêlait déjà sa douce voix aux chants de triomphe et aux délicieux concerts de l'armée céleste, qui attendait l'instant où elle entrerait dans ses rangs ; elle chantait déjà la gloire du Seigneur avec ses anges.

Elle resta depuis la chute du jour jusqu'au premier chant du coq dans un état de joie expansive, d'exaltation pieuse unie à la plus fervente dévotion. Au moment de la victoire, elle célébrait à bon droit les combats à jamais terminés. Déjà sûre de sa glorieuse couronne, elle dit à ses amies, un peu avant minuit : Que ferions-nous si notre ennemi le diable venait à paraître ? Un instant après, elle s'écria d'une voix très-haute et claire : Fuis, fuis, méchant ! je t'ai renié. Bientôt elle dit : Or, il s'en va; parlons maintenant de Dieu et de son Fils; que cela ne vous ennuie pas, ce ne sera pas long.

Vers minuit, son visage devint tellement resplendissant, qu'on pouvait à peine le regarder. Au premier chant du coq, elle dit : Voici l'heure où la vierge Marie mit au monde le Seigneur et le présenta aux assistants. Parlons de Dieu et de l'enfant Jésus, car voici minuit quand Jésus naquit, quand il fut couché dans la crèche et qu'il créa une nouvelle étoile que nul n'avait encore vue; voici l'heure où il vint racheter le monde : il me rachètera aussi; voici l'heure où il ressuscita des morts et où il délivra des âmes enchaînées : il délivrera aussi la mienne de ce monde misérable. — Sa joie et son bonheur croissaient à chaque instant. Je suis faible, disait-elle, mais je ne sens aucune douleur, pas plus que si je n'étais pas malade..... Je vous recommande tous à Dieu. — Elle parla encore beaucoup, tout enflammée par l'Esprit-Saint; mais ses paroles, qui respiraient le plus tendre amour de Dieu, ne sont pas venues jusqu'à nous. Enfin elle dit : O Marie! viens à mon secours..... Le moment arrive où Dieu appelle ses amis à ses noces..... L'époux vient chercher son épouse. — Puis, à voix basse : Silence !..... silence !..... En prononçant ces mots, elle baissa la tête comme dans un doux sommeil, et rendit le dernier soupir (Montalemb., c. 29).

C'était la nuit du 19 novembre de l'année 1231; la sainte avait à peine accompli sa vingt-quatrième année. Pour satisfaire la dévotion du peuple qui affluait de toute part, elle resta exposée quatre jours entiers dans l'église, au milieu de la multitude des fidèles qui chantaient de pieux cantiques. On l'enterra dans la chapelle même de son hospice. D'éclatants miracles attestèrent bientôt sa haute sainteté. Conrad de Marbourg en écrivit au pape Grégoire, qui le commit avec l'archevêque de Mayence et un abbé de Citeaux, pour en faire des informations juridiques. Trente-sept guérisons subites et surnaturelles furent constatées, avec les détails les plus précis sur les lieux, les dates et les personnes, ainsi que sur les formules de prières qui avaient été employées. Mais, pour le moment, ces procédures n'eurent point de suite.

Il s'était formé dans le nord de l'Allemagne une nouvelle secte de révolutionnaires religieux et politiques, sous le nom de *Stadingues*. Pour le fond de la doctrine, ils étaient manichéens. Conrad de Marbourg procéda contre eux et contre leurs fauteurs avec un courage indomptable et une sévérité, dit-on, quelquefois excessive. Il n'épargnait ni les seigneurs, ni les princes les plus puissants ; ce qui excita contre lui des haines redoutables. Le 30 juillet 1233, comme il revenait de Mayence à Marbourg, il fut surpris, près du village de Kappel, par plusieurs chevaliers et vassaux du comte de Sayn, qu'il venait d'accuser d'hérésie : ils fondirent sur lui et l'égorgèrent. Les assassins voulurent épargner son disciple et compagnon, frère Gérard, franciscain; mais celui-ci s'opposa à leur dessein, et embrassa si fortement le corps de son maître,

qu'il leur fut impossible de tuer l'un sans l'autre. Les corps de Conrad, de son ami et de douze autres prêtres et laïques, victimes des hérétiques, furent transportés à Marbourg, au milieu des regrets du peuple. Il fut enterré dans la même chapelle que la sainte duchesse, sa fille en Jésus-Christ, et à peu de distance de sa pierre sépulcrale.

La mort de Conrad, qui avait veillé aussi fidèlement à la gloire posthume d'Elisabeth qu'à son salut pendant qu'elle vivait encore, fut un grand obstacle pour la canonisation que beaucoup de fidèles avaient désirée et espérée. Les pièces qu'il avait rassemblées furent négligées ou perdues, et le zèle qu'on avait témoigné pour cet intérêt populaire commença à se ralentir.

Toutefois le Seigneur ne tarda pas à susciter un nouveau et zélé défenseur de la gloire de son humble servante, et là même où cette protection semblait la plus inattendue. Des deux frères que le duc Louis, mari d'Elisabeth, avait laissés, et dont nous avons vu l'indigne conduite envers leur belle-sœur, l'un, Henri, gouvernait les duchés pendant la minorité du jeune Hermann, fils de Louis; l'autre, Conrad, se livrait sans frein aux violences que pouvaient lui suggérer toutes les passions de la jeunesse. En 1232, à l'occasion d'une pénitence infligée par l'archevêque de Mayence à l'abbé de Reinhartzbrunn, protégé naturel de la maison de Thuringe, le landgrave Conrad fut tellement irrité contre le prélat, qu'il courut sur lui en plein chapitre, à Erfurt, le prit par les cheveux, le renversa par terre, et l'aurait certainement poignardé, si ses serviteurs ne l'en eussent empêché. Mais non content de ces excès, il se mit à ravager les possessions du siège de Mayence, et assiégea, entre autres, la ville de Fritzlar. Il la prit d'assaut, et pour se venger des dérisions grossières qu'il avait eues à essuyer de la part des femmes de la ville pendant le siège, il y fit mettre le feu, qui consuma la ville tout entière, avec ses églises, ses monastères et une grande partie des habitants.

Il se retira ensuite en son château de Tenneberg, près Gotha, où la main de Dieu ne devait par tarder à le toucher. Un jour il y vit arriver une fille de mauvaise vie, qui semblait tombée dans la plus profonde misère, et qui venait lui demander l'aumône. Le landgrave lui ayant reproché très-durement l'infamie de sa profession, l'infortunée lui répondit que c'était la misère seule qui l'y avait forcée, et lui fit un tableau si déchirant de cette misère, qu'il en fut ému au point de lui promettre de subvenir désormais à tous ses besoins, à condition qu'elle renoncerait à sa vie criminelle. Cet incident produisit une profonde impression sur son âme; il passa la nuit suivante tout entière dans une agitation extrême, en réfléchissant combien il était plus coupable que cette malheureuse qu'il avait insultée, et que la seule pauvreté avait poussée dans le vice, tandis que lui, riche et puissant, faisait un si grand abus des dons de Dieu. Le lendemain matin il communiqua ses pensées à plusieurs de ses compagnons d'armes et de violence, et apprit avec surprise qu'ils avaient été agités par les mêmes réflexions : ils regardèrent aussitôt cette voix intérieure et simultanée comme un avertissement du ciel, et résolurent de faire pénitence et de changer de vie. Ils s'en allèrent d'abord pieds nus à un pèlerinage voisin, à Gladenbach, et de là à Rome, pour obtenir du Pape même l'absolution de leurs péchés.

Arrivé à Rome en 1133, le duc donna l'exemple de la pénitence la plus sincère et d'une fervente piété. Tous les jours il recevait à sa table vingt-quatre pauvres, qu'il servait lui-même. Le Pape lui donna l'absolution, en lui imposant pour condition de se réconcilier avec l'archevêque de Mayence et tous ceux à qui il avait fait tort, de construire et de doter un monastère au lieu de ceux qu'il avait brûlés, de faire publiquement amende honorable sur les ruines de Fritzlar, et enfin d'entrer lui-même dans un ordre religieux. Pendant qu'il se rapprochait ainsi de Dieu, le souvenir de son humble et sainte belle-sœur, de cette Elisabeth qu'il avait méconnue et persécutée, lui revint aussi dans la mémoire : il résolut d'expier ses torts envers elle en travaillant à propager sa gloire, et dans les entretiens qu'il eut avec le souverain Pontife, il lui parla en détail de sa grande sainteté, et demanda vivement sa canonisation.

A peine revenu en Allemagne, l'année 1234, il s'empressa d'accomplir toutes les conditions de son absolution. Il se rendit à Fritzlar, où ceux qui avaient échappé au massacre des habitants étaient revenus chercher un refuge auprès des ruines du principal monastère ; il se prosterna tout de son long devant eux et les supplia, pour l'amour de Dieu, de lui pardonner tout le mal qu'il leur avait fait. Il fit ensuite une procession pieds nus et une discipline à la main ; il s'agenouilla devant la porte de l'église, et tendit la discipline à la foule des assistants, en invitant tous ceux qui voudraient à la prendre et à l'en frapper. Une seule vieille femme accepta cette invitation, et lui donna sur le dos plusieurs coups, qu'il endura avec patience. Il fit immédiatement reconstruire le monastère et l'église, et y établit des chanoines, en même temps qu'il concédait à la ville de Fritzlar d'importants priviléges. Il se rendit ensuite à Eisenach, où, de concert avec son frère Henri, il fonda un couvent de frères Prêcheurs, sous l'invocation de saint Jean, mais à l'intention spéciale de sa belle-sœur Elisabeth, et pour se purifier ainsi d'avoir été complice des cruelles douleurs qu'elle avait eues à souffrir dans cette même ville d'Eisenach, lors de son expulsion de la Wartbourg.

A dater de ce moment, il se dévoua aux intérêts de sa gloire avec le même zèle que le défunt Conrad. On pouvait croire d'ailleurs que c'étaient les prières de sa belle-sœur, unies à celles de son frère, qui lui avaient mérité la grâce de comprendre ses fautes, et de mépriser, comme on disait alors, le monde dans sa fleur. S'étant décidé à entrer dans l'ordre Teutonique, il prit l'habit et la croix de l'ordre dans l'église même de l'hôpital de Saint-François, fondé par Elisabeth à Marbourg ; il fit confirmer par son frère la donation qu'Elisabeth avait faite de cet hôpital et des biens qui en dépendaient à ces moines-chevaliers, et y ajouta toutes ses propres possessions en Hesse et en Thuringe. Il obtint en outre que cette donation fût sanctionnée par le Pape, et que cet hôpital, devenu un des chefs-lieux de l'ordre Teutonique, fût exempt de toute juridiction épiscopale et doté de plusieurs autres droits et prérogatives, le tout en l'honneur de la duchesse Elisabeth qui y reposait, afin, était-il dit dans sa supplique au Pape, que ce corps sacré, déjà célèbre par la vénération des fidèles, jouisse du privilége de la liberté.

Cependant il insistait surtout auprès du Pontife pour obtenir une reconnaissance solennelle de la sainteté de sa belle-sœur et des grâces nombreuses que Dieu accordait chaque jour à son intercession. Le Pape céda enfin à ses instances, et, par un bref du 13 octobre 1234, commit l'évêque de Hildesheim et deux abbés pour procéder à un nouvel examen des miracles. Les commissaires ayant publié le bref apostolique dans tous les diocèses circonvoisins, et marqué le jour où ils entendraient les témoins à Marbourg, y trouvèrent plusieurs milliers de personnes venues de toutes les parties de l'Europe. Ils s'adjoignirent plusieurs abbés de Cîteaux et de Prémontré, un grand nombre de prieurs et de frères Mineurs et Prêcheurs, de chanoines réguliers, de religieux de l'ordre Teutonique, et d'autres hommes doctes et prudents. Les témoins vinrent déposer, après avoir prêté serment, devant cet imposant tribunal ; leurs dires furent scrupuleusement pesés et examinés par des légistes et des professeurs de droit.

On ne trouve pas les noms des témoins qui se présentèrent cette fois, à l'exception des quatre suivantes de la duchesse, Guta, qui lui avait été attachée alors qu'elle n'avait encore que cinq ans ; Ysentrude, sa confidente et sa meilleure amie ; Elisabeth et Irmengarde, qui l'avaient servie pendant son séjour à Marbourg. Ce fut alors qu'elles vinrent raconter toutes les quatre ce qu'elles savaient sur la vie de leur maîtresse. Ces inappréciables récits nous ont été conservés dans leur entier, et ont fourni à un excellent et pieux écrivain de nos jours, allié à la noble postérité de sainte Elisabeth, beaucoup des traits intimes et touchants de sa narration. Les dépositions de la plupart des autres témoins portaient sur les miracles obtenus par son intercession ; parmi le nombre immense qu'on en rapporte, il faut remarquer la résurrection de plusieurs morts. Cent vingt-neuf dépositions furent jugées dignes d'être recueillies, transcrites et munies des sceaux de l'évêque de Hildesheim et des autres prélats et abbés, pour être envoyées à Rome. Trois personnages, dont l'un était frère Conrad, de l'ordre Teutonique, ci-devant landgrave et beau-frère de la défunte, furent désignés pour porter au Pape le résultat de l'examen qu'il avait prescrit, ainsi que de celui qu'avait fait trois ans auparavant maître Conrad. Ils étaient en même temps porteurs des lettres d'un grand nombre d'évêques et d'abbés, de princes, de princesses et de nobles seigneurs, qui suppliaient humblement le Père commun des fidèles d'assurer la vénération de la terre à celle qui recevait déjà les félicitations des anges, et de ne pas souffrir que cette vive flamme de céleste charité, allumée par la main de Dieu pour servir d'exemple au monde, fût obscurcie par les nuages du mépris, ni étouffée sous le boisseau de l'hérésie (Montalembert, c. 31).

Au printemps de l'année 1235, le Pape était à Pérouse, dans la ville même où sept années auparavant il avait canonisé saint François d'Assise, lorsque le pénitent Conrad revint auprès de lui, avec les autres envoyés, le supplier d'inscrire dans le ciel, à côté du Père Séraphique, la jeune et humble femme qui avait été en Allemagne sa fille première-née et la plus ardente de ses disciples. Le bruit de leur arrivée fit beaucoup d'impression sur le clergé et le peuple. Le Pontife ouvrit leurs lettres en présence des cardinaux et des principaux prélats de la cour romaine et d'une foule de prêtres qui s'étaient assemblés pour les entendre : il leur communiqua tous les détails transmis sur la vie d'Elisabeth et sur les miracles qui lui étaient attribués. Ils furent grandement émerveillés et émus jusqu'aux larmes par tant d'humilité, tant d'amour des pauvres et de la pauvreté, tant de prodiges émanés de la grâce d'en-haut.

Cependant le Pape résolut de mettre la plus grande sévérité dans l'examen de ces miracles. Il y fit procéder avec toute la maturité qui le caractérisait, et en observant scrupuleusement toutes les formalités requises pour dissiper le moindre vestige de doute. Le soin et l'exactitude que l'on apporta à cette discussion furent si remarquables, qu'elle a mérité d'être citée comme modèle à cinq siècles de distance, par un des plus illustres successeurs de Grégoire IX, par Benoît XIV. Mais toutes ces précautions ne servirent qu'à rendre la vérité plus incontestable et plus éclatante ; plus l'examen fut sévère, tant à l'égard des faits que des personnes, et plus la certitude fut complète.

Dans un consistoire présidé par le souverain Pontife, et auquel assistaient les patriarches d'Antioche et de Jérusalem, et un grand nombre de cardinaux, on donna lecture des pièces officiellement constatées sur la vie et la sainteté d'Elisabeth, et tous, d'un commun accord, déclarèrent qu'il ne fallait plus tarder à inscrire authentiquement dans le catalogue des saints sur la terre, ce glorieux nom, déjà inscrit dans le livre de vie, comme l'avait magnifiquement prouvé le Seigneur.

On fit ensuite cette même lecture devant le peuple, dont la piété fut profondément émue, et qui, ravi d'admiration, s'écria tout d'une voix : Canonisation, très-saint Père ; canonisation, et sans délai ! Le Pape n'eut pas de peine à céder à cette pressante unanimité, et, pour donner plus d'éclat à la cérémonie, il décida qu'elle aurait lieu le jour même de la Pentecôte, 26 mai 1235.

Le duc Conrad, dont le zèle ne pouvait être que redoublé par le succès de ses efforts, se chargea de tous les préparatifs nécessaires pour cette imposante solennité.

Le jour de cette grande fête étant arrivé, le Pape, accompagné des patriarches, des cardinaux et des prélats, et suivi de plusieurs milliers de fidèles, se rendit en procession au couvent des Dominicains, à Pérouse ; des trompettes et d'autres instruments annonçaient cette marche solennelle ; tous ceux qui y prirent part, depuis le Pape jusqu'aux derniers du peuple, portaient des cierges que le landgrave avait fait distribuer à ses frais. La procession étant arrivée à l'église et les cérémonies préparatoires étant accomplies, le cardinal-diacre, assistant du Pape, lut à haute voix aux fidèles un récit de la vie et des miracles de sainte Elisabeth, au milieu des acclamations du peuple et des larmes de sainte joie et de pieux enthousiasme qui coulaient par torrents des yeux de tous ces fervents chrétiens, heureux et transportés d'avoir une si tendre et si puissante amie de plus dans le ciel. Ensuite le Pape exhorta tous les assistants à prier, comme il allait prier lui-même, pour que Dieu ne lui permît point de se tromper dans cette affaire. Après que tout le monde se fût agenouillé et eût prié à cette intention, le Pape entonna l'hymne *Veni Creator*, qui fut chantée en entier par l'assemblée. L'hymne terminée, le cardinal-diacre, à droite du Pape, dit : *Flectamus genua*, et aussitôt le Pape et tout le peuple s'agenouillèrent et prièrent à voix basse pendant un certain temps. Le cardinal-diacre de gauche dit ensuite : *Levate*, et alors le Pape, étant assis sur son trône, la mitre en tête, déclara sainte la chère Elisabeth, en ces termes :

« En l'honneur de Dieu tout-puissant, le Père, le Fils, et le Saint-Esprit, pour l'exaltation de la foi catholique et l'accroissement de la religion chrétienne ; par l'autorité de ce même Dieu tout-puissant, par celle des bienheureux apôtres Pierre et Paul, et par la nôtre, et avec le conseil de nos frères, nous déclarons et définissons qu'Elisabeth, d'heureuse mémoire, en son vivant duchesse de Thuringe, est sainte et doit être inscrite au catalogue des saints ; nous l'y inscrivons, et nous ordonnons en même temps que l'Eglise universelle célèbre sa fête et son office avec solennité et dévotion chaque année, au jour de sa mort, le treize des calendes de décembre. En outre, par la même autorité, nous accordons à tous les fidèles vraiment pénitents et confessés, qui visiteront son tombeau à pareil jour, une indulgence d'une année et quarante jours. »

Le son des orgues et de toutes les cloches accueillit les dernières paroles du Pontife, qui bientôt, ayant déposé sa mitre, entonna le cantique de joie, *Te Deum laudamus*, qui fut chanté par l'assistance avec une harmonie et un enthousiasme propres à émouvoir les cieux. Un cardinal-diacre dit ensuite à haute voix : *Priez pour nous, sainte Elisabeth, alleluia*, et le Pape récita en l'honneur de la nouvelle sainte la collecte ou l'oraison qu'il avait composée lui-même. Enfin le cardinal-diacre dit le *Confiteor*, en insérant le nom d'Elisabeth immédiatement après ceux des apôtres, et le Pape donna l'absolution et la bénédiction habituelles, en faisant également mention d'elle au lieu où il est parlé des mérites et des prières des saints. La messe solennelle fut aussitôt célébrée ; à l'offertoire, trois des cardinaux-juges firent successivement les offrandes mystérieuses des cierges, du pain et du vin, avec deux tourterelles, comme symbole de la vie contemplative et solitaire ; deux colombes, comme symbole de la vie active, mais pure et fidèle, et, en dernier lieu, une cage de petits oiseaux qu'on laissa s'envoler en liberté vers le ciel, comme symbole de l'essor des âmes saintes vers Dieu.

Dans le couvent même des Dominicains de Pérouse, où cette cérémonie avait été célébrée, on éleva aussitôt, en l'honneur de la sainte nouvelle, un autel que le souverain Pontife dota d'une indulgence de trente jours pour tous ceux qui viendraient y prier. Ce fut ainsi le premier lieu du monde où le culte de sainte Elisabeth de Thuringe fut officiellement célébré, et, depuis, les religieux de ce couvent ont toujours honoré par de très-grandes solennités le jour de sa fête, en y chantant son office avec les mêmes mélodies que l'office de leur père, saint Dominique.

Pour fêter encore cet heureux jour, le bon duc Conrad invita à sa table trois cents religieux, et envoya du pain, du vin, des poissons et des laitages à beaucoup de couvents des environs, aux ermites, aux recluses et notamment aux pauvres clarisses, à qui la nouvelle sainte semblait devoir servir de patrone spéciale dans le ciel, après avoir été leur rivale sur la terre. En outre, il fit distribuer à plusieurs milliers de pauvres, à tous ceux, sans distinction, qui lui demandaient l'aumône, des secours abondants en viande, en pain, en vin et en argent, non pas en son propre nom, mais au nom de l'ordre Teutonique, et spécialement en l'honneur de celle qui avait été envers tous les pauvres d'une générosité si prodigue. Cette générosité de Conrad plut tellement au Pape, qu'il l'invita à sa table, ce qui était une très-grande distinction, et le plaça à ses côtés, tandis qu'il le faisait traiter magnifiquement toute sa suite. Lorsqu'il prit ensuite congé pour retourner en Allemagne, le Pontife lui accorda toutes les grâces qu'il demandait au nom de beaucoup de pétitionnaires depuis longtemps en instance; puis il lui donna sa bénédiction et l'embrassa en pleurant beaucoup.

Le 1er juin de la même année 1235, le Pape publia la bulle de canonisation, qui fut aussitôt envoyée aux princes et aux évêques de toute l'Eglise. Elle contient en abrégé la vie, les vertus, les miracles de sainte Elisabeth, ainsi que la procédure pour les constater.

La bulle, arrivée promptement en Allemagne, y fut reçue avec enthousiasme. Il paraît qu'elle fut d'abord publiée à Erfurt, où l'on célébra à cette occasion, une fête qui dura dix jours, et pendant laquelle on fit aux pauvres d'immenses distributions. L'archevêque Sigfrid de Mayence fixa aussitôt un jour pour l'exaltation et la translation du corps de la sainte, et on différa l'époque jusqu'au printemps suivant, pour donner aux évêques et aux fidèles d'Allemagne le temps de se rendre à Marbourg et d'y assister. Le 1er mai 1236 fut désigné à cet effet.

Aux approches de ce jour, la petite ville de Marbourg et ses environs furent inondés par une foule immense de fidèles de tous les rangs. S'il faut en croire les historiens contemporains, douze cent mille chrétiens se trouvèrent réunis par la foi et la ferveur autour du tombeau de l'humble Elisabeth. Toutes les nations, toutes les langues y semblaient représentées. Beaucoup de pèlerins des deux sexes étaient venus de la France, de la Bohême et de sa patrie, la lointaine Hongrie. Ils s'émerveillaient eux-mêmes de leur grand nombre en s'abordant, et se disaient que, pendant des siècles, on n'avait jamais vu tant d'hommes réunis que pour honorer la chère sainte Elisabeth. Toute la famille de Thuringe y était naturellement assemblée : la duchesse Sophie, sa belle-mère, les ducs Henri et Conrad, ses beaux-frères, heureux de pouvoir expier ainsi solennellement les torts qu'elle leur avait si noblement pardonnés. Ses quatre petits enfants y étaient aussi, avec une foule de princes, de seigneurs, de prêtres, de religieux et de prélats. On remarquait parmi ceux-ci, outre l'archevêque Sigfrid de Mayence, qui présidait à la cérémonie, les archevêques de Cologne, de Trèves et de Brême, les évêques de Hambourg, de Halberstadt, de Mersebourg, de Bamberg, de Worms, de Spire, de Paderborn et de Hildesheim. Enfin l'empereur Frédéric II, alors au comble de sa puissance et de sa gloire, réconcilié avec le Pape, récemment uni à la jeune Isabelle d'Angleterre, si célèbre par sa beauté, l'empereur lui-même suspendit toutes ses occupations et ses expéditions militaires pour céder à l'attrait qui entraînait à Marbourg tant de ses sujets, et vint rendre publiquement hommage à celle qui avait dédaigné sa main pour se donner à Dieu.

Les chevaliers Teutoniques ayant appris l'arrivée de l'empereur, crurent qu'il serait impossible de déterrer le corps de la sainte en sa présence, et résolurent de devancer le jour fixé. Trois jours auparavant, le prieur Ulric, accompagné de sept frères, entra de nuit dans l'église où elle reposait, et, après avoir soigneusement fermé toutes les portes, ils ouvrirent le caveau où était la tombe. A peine la pierre qui fermait eut-elle été soulevée, qu'un délicieux parfum s'exhala de ses dépouilles sacrées; les religieux furent pénétrés d'admiration pour ce gage de miséricorde divine, d'autant plus qu'ils savaient qu'on l'avait ensevelie sans aromates ni parfums quelconques. Ils trouvèrent ce saint corps tout entier, sans l'apparence de corruption, quoiqu'il eût été près de cinq ans sous terre. Elle avait encore les mains pieusement jointes en forme de croix sur la poitrine. Ils se disaient les uns aux autres que sans doute ce corps délicat et précieux ne répandait aucune odeur de corruption dans la mort, parce que, vivant, il n'avait reculé devant aucune infection, devant aucune souillure pour soulager les pauvres. Ils le retirèrent ensuite du cercueil, et, l'ayant enveloppé d'une draperie de soie, ils le déposèrent dans une châsse de plomb qu'ils replacèrent ensuite dans le caveau, sans le fermer, de manière à ce qu'on n'éprouvât aucune difficulté pour l'enlever lors de la cérémonie.

Enfin, le 1er mai, au point du jour, la multitude s'assembla autour de l'église, et l'empereur ne put qu'avec difficulté fendre les flots du peuple pour entrer dans l'enceinte. Il semblait pénétré de dévotion et d'humilité; il était pieds nus et vêtu d'une pauvre robe grise, comme l'avait été la glorieuse sainte qu'il allait honorer; cependant il avait sur la tête sa couronne impériale : autour de lui étaient les princes et les électeurs de l'empire, également couronnés, et les évêques et les abbés en mitres. Cette pompeuse procession se dirigea vers la tombe de l'humble Elisabeth. L'empereur voulut descendre le premier dans le caveau et soulever la pierre qui le recouvrait. Le même pur et céleste parfum qui avait déjà surpris et charmé les religieux, se répandit aussitôt sur tous les assistants et augmenta les sentiments de fervente piété qui les animaient. Les évêques voulurent eux-mêmes exhausser le corps sacré de sa fosse; l'empereur les aida aussi; il baisa avec ferveur la châsse dès qu'il la vit, et la souleva en même temps qu'eux. Elle fut sur-le-champ scellée avec les sceaux des évêques, puis transportée solennellement, au milieu d'un concert de voix et d'instruments, par eux et par l'empereur, au lieu qui avait été préparé pour l'exposer au peuple.

Cependant une ardente impatience dévorait les

cœurs de ces milliers de fidèles qui se pressaient autour de l'enceinte ; qui attendaient la vue des saintes reliques ; qui brûlaient du désir de les contempler, de les toucher, de les baiser à leur aise. « O heureuse terre ! disaient-ils, sanctifiée par un tel dépôt, gardienne d'un tel trésor ! ô heureux temps où ce trésor s'est révélé ! » Enfin, quand la procession arriva au milieu du peuple, quand ils virent ce corps précieux porté sur les épaules de l'empereur, des princes et des prélats ; quand ils respirèrent le doux parfum qui s'en exhalait, l'enthousiasme n'eut plus de bornes. « O petit corps très-sacré, s'écriait-on, qui avez tant de poids auprès du Seigneur, et tant de vertus pour guérir les hommes ! qui pourrait n'être pas attiré par ce fragrant parfum ? comment ne pas courir après la nouvelle sainteté et la merveilleuse beauté de cette sainte femme ? Que les hérétiques tremblent, que les perfides Juifs s'épouvantent ! la foi d'Elisabeth les a confondus. Voilà celle que l'on regardait comme folle, et dont la folie a confondu toute la sagesse de ce monde ! Les anges ont honoré son tombeau, et voilà tous les peuples qui y accourent ; les grands seigneurs et l'empereur romain lui-même s'abaissent pour la visiter ! Voyez l'aimable miséricorde de la Majesté divine ! voilà celle qui, vivante, a méprisé la gloire du monde, qui a fui la société des grands, la voilà honorée magnifiquement par la souveraine majesté du Pape et de l'empereur ! Celle qui a toujours choisi la dernière place, qui s'est assise par terre, qui a dormi dans la poussière, la voilà portée, exaltée par des mains royales !… Et c'est bien justement, puisqu'elle s'était faite pauvresse et qu'elle a vendu tout ce qu'elle avait pour acheter l'inappréciable perle de l'éternité ! »

Le corps saint ayant été exposé à la vénération publique, on célébra solennellement l'office en son honneur ; la messe propre de la sainte fut chantée par l'archevêque de Mayence. A l'offrande, l'empereur s'approcha de la châsse et plaça sur la tête de la chère Elisabeth une couronne d'or, en disant : Puisque je n'ai pu la couronner vivante comme mon impératrice, je veux au moins la couronner aujourd'hui comme une reine immortelle dans le royaume de Dieu. Il y ajouta une coupe en or dont il avait coutume de se servir dans ses festins, et où fut renfermé plus tard le crâne de la sainte. Il mena ensuite lui-même à l'offrande le jeune duc Hermann, fils de la sainte ; l'impératrice y mena également les jeunes princesses Sophie et Gertrude. La vieille duchesse Sophie, ses fils Henri et Conrad s'approchèrent aussi des restes glorifiés de celle qu'ils avaient trop longtemps méconnue, prièrent longtemps auprès d'eux et offrirent de riches présents en leur honneur. La noblesse et le peuple se pressaient à la fois au pied de l'autel où ils voyaient sa châsse, pour lui faire hommage de leurs offrandes ; les fidèles de chacun des pays différents qui s'y trouvaient assemblés, voulurent y célébrer l'office à leur manière, avec les cantiques de chaque pays ; ce qui fit durer infiniment la cérémonie. Les offrandes furent d'une richesse et d'une abondance incroyables ; rien ne semblait suffire à ses âmes pieuses pour orner et embellir ce lit tout fleuri de miracles, où dormait la chère Elisabeth. Les femmes donnaient leurs bagues, les ornements de leur poitrine et toutes sortes de bijoux ; d'autres offraient déjà des calices, des missels, des ornements sacerdotaux pour la belle et grande église qu'ils demandaient qu'on élevât sur-le-champ en son honneur, afin qu'elle pût y reposer avec l'honneur qui lui était dû, et que son âme en fût d'autant plus disposée à invoquer Dieu pour ses frères.

Mais bientôt une nouvelle merveille vint ajouter encore à la vénération publique et prouver la constante sollicitude du Seigneur pour la gloire de sa sainte. Dès le lendemain matin, en ouvrant la châsse, scellée du sceau des évêques, où reposait le saint corps, on la trouva inondée d'une huile extrêmement subtile et délicate, et qui répandait un parfum semblable à celui du nard le plus précieux. Cette huile coulait goutte à goutte des ossements de la sainte, comme une bienfaisante rosée du ciel ; à mesure qu'on recueillait ces gouttes ou qu'on les essuyait, il en reparaissait aussitôt d'autres presque imperceptibles et formant comme une sorte de transpiration vaporeuse. Cette huile précieuse fut recueillie avec un soin religieux et un zèle immense par le peuple, et beaucoup de guérisons furent obtenues par son emploi dans de graves maladies ou pour des blessures dangereuses.

Tant de célestes faveurs consacrées par le suffrage suprême de l'Eglise, et les honneurs qu'elle avait si solennellement décernés à la nouvelle sainte, ne pouvaient qu'accroître le nombre et la ferveur des fidèles qui venaient chercher auprès de sa tombe soit un aliment à leur piété, soit un remède à leurs maux. Sa gloire se répandit bientôt dans tout l'univers chrétien ; elle attirait à Marbourg une foule de pèlerins aussi grande que celle qui se rendait de tous les pays de l'Europe au tombeau de saint Jacques de Compostelle (Montalembert, c. 32).

La même année que sainte Elisabeth recevait les hommages publics de l'Allemagne ou plutôt de l'Europe entière réunie à Marbourg, sa tante maternelle, la bienheureuse Agnès de Bohême, donnait un grand exemple au monde en se consacrant à Dieu, sous la règle de saint François. Elle était fille de Primislas Ottocar, roi de Bohême, et de Constance, sœur d'André, roi de Hongrie, et naquit à Prague l'an 1205. Dès l'âge de trois ans elle fut promise en mariage à Boleslas, fils de Henri, duc de Silésie, et de sainte Hedwige, et on l'envoya dans le pays au monastère de Trebnitz, pour y être élevée par les religieuses ; mais trois ans après, le prince auquel on la destinait étant mort, elle fut ramenée en Bohême et mise dans le monastère de Doxane, où elle demeura jusqu'à l'âge de neuf ans. Alors l'empereur Frédéric II la demanda pour Henri, son fils, et les fiançailles ayant été célébrées par procureur, la jeune princesse fut envoyée en Autriche, pour y apprendre la langue et les mœurs allemandes : car les Bohêmes étaient de la nation des Sclaves. Dès lors elle passait l'Avent dans une rigoureuse abstinence, ne vivant que d'un peu de pain et de vin ; ce qu'elle observait aussi le Carême, quoique les ducs d'Autriche eussent dispense de manger des laitages, contre l'usage de ce temps-là. La veille de l'Annonciation, Agnès conçut un grand désir de garder la virginité, toute fiancée qu'elle était ; elle en forma la résolution, et, pour l'accomplir, se mit sous la protection de la sainte Vierge. Le mariage fut différé ; on la renvoya en Bohême, et Henri épousa la fille de Léopold, duc d'Autriche.

Ensuite l'empereur Frédéric lui-même, se trouvant veuf pour la seconde fois par la mort d'Yolande, fille du roi de Jérusalem, Jean de Brienne, demanda en mariage Agnès de Bohême, qui fut aussi demandée en même temps par le roi d'Angleterre, Henri III. L'empereur fut préféré, et le mariage conclu, contre l'inclination de la princesse, par le roi Primislas, son père; mais il mourut en 1230, et Wenceslas IV, son frère, lui succéda. Cependant Agnès se préparait à l'état qu'elle prétendait embrasser. Sous ses habits de princesse, ornés d'or et de pierreries, elle portait un cilice et une ceinture de fer. Son lit, magnifique au dehors, était semé de cailloux pointus, son abstinence était grande et ses jeûnes fréquents, sans que le roi, son frère, s'en aperçût. Elle passait la matinée à entendre des messes en différentes églises, et souvent y allait avant le jour en habit de bourgeoise, pour n'être pas connue; elle passait des heures entières à prier à genoux.

Elle avait 28 ans l'année 1233, lorsque l'empereur Frédéric envoya des ambassadeurs à Prague pour l'amener et célébrer son mariage, et le roi, son frère, y consentait avec joie. Mais pendant que les ambassadeurs faisaient de grands préparatifs pour conduire la princesse avec plus de magnificence, elle envoya secrètement au pape Grégoire, pour implorer son secours et son autorité contre ce mariage, auquel on voulait l'engager contre son gré. Or, ce qui augmentait sa répugnance, c'est qu'elle était bien avertie de la vie débordée que menait l'empereur pendant son veuvage. Le Pape entra dans les sentiments de la pieuse princesse, et envoya un nonce extraordinaire en Bohême, avec charge d'empêcher ce mariage, ménageant autant qu'il serait possible le ressentiment que l'empereur pourrait en concevoir. Agnès alla trouver le roi, son frère, lui montra la bulle du Pape, et le supplia d'appuyer sa résolution. Il en avertit les ambassadeurs, qui le firent savoir à l'empereur. Celui-ci en fut d'abord irrité, mais se rendit ensuite et donna un décret par lequel il déchargeait Agnès des promesses qu'elle lui avait faites par le traité de mariage. « Si elle m'avait quitté pour un homme mortel, disait-il dans ce décret, j'en aurais tiré vengeance par les armes; mais je ne puis trouver mauvais qu'elle me préfère l'Époux céleste. »

La princesse, se trouvant ainsi libre, accomplit son pieux dessein. S'étant bien informée de l'institut de saint François et de la manière de vivre de sainte Claire et de ses filles, elle résolut de l'embrasser, par le conseil des frères Mineurs, qui étaient venus s'établir de Mayence à Prague dès le temps du roi Primislas, son père. Elle acheva de bâtir leur monastère, et en fonda un nouveau, sous le nom de Saint-Sauveur, pour les filles de sainte Claire, qui lui en envoya cinq. Il était achevé dès l'an 1234, comme il paraît par la lettre du pape Grégoire, qui approuve et confirme cette fondation. Agnès avait déjà fondé à Prague un hôpital pour les malades sous le nom de Saint-François, servi par des religieux de la règle de saint Augustin, qui portaient sur leur habit une croix avec une étoile rouge. Enfin, le jour de la Pentecôte, 18 mai 1236, elle prit solennellement l'habit des pauvres clarisses avec sept autres filles de grande naissance. Elle était âgée de trente et un ans, et en vécut encore quarante-cinq.

On voit, par les lettres que le Pape lui écrivit les deux années suivantes, qu'elle était abbesse de ce monastère, et que dès lors il portait le nom de Saint-François. Nous avons aussi quatre lettres de sainte Claire à la bienheureuse Agnès, où elle la félicite sur sa vocation, et l'exhorte à la persévérance, surtout à l'amour de la sainte pauvreté, mais tout cela avec une tendresse et une amitié séraphiques, que le monde ne soupçonne guère dans des âmes qui le renoncent, qui refusent un trône, qui repoussent les richesses et les plaisirs pour aller mourir à elles-mêmes dans la pauvreté. Voici la quatrième de ces lettres :

« A la moitié de mon âme, au sanctuaire particulier du cordial amour, à la sérénissime reine Agnès, ma très-chère mère et fille spécialement chérie par-dessus toutes : Clara, indigne servante du Christ, et servante inutile de ses servantes, qui demeurent au monastère de Saint-Damien; salut, et la grâce de chanter avec les autres vierges saintes devant le trône de Dieu et de l'Agneau, le nouveau cantique, et de suivre l'Agneau quelque part qu'il aille.

» O mère et fille, épouse du roi de tous les siècles! si je ne vous ai pas écrit aussi souvent que l'eussent désiré mon âme et la vôtre, ne vous en étonnez pas; ne vous persuadez aucunement que l'incendie d'amour dont je suis embrasée pour vous ait aucunement diminué. Comme vous aimaient les entrailles de votre mère, c'est ainsi que je vous aime. La seule chose qui a mis obstacle a été la rareté des messagers et les grands périls des routes. Maintenant donc, ayant trouvé une occasion d'écrire à Votre Charité, j'en jubile avec vous, et je m'en conjouis avec vous dans la joie du Saint-Esprit, ô épouse du Christ! Car comme la première sainte Agnès a été conjointe à l'Agneau sans tache, qui ôte les péchés du monde, de même il vous a été donné, ô la bienheureuse! de jouir de l'union céleste de cette conjonction, que les armées des cieux regardent avec admiration, dont le désir ravit tout à soi, dont le souvenir rassasie, la bonté remplit de toute douceur, l'odeur ressuscite les morts; dont la glorieuse vue rend heureux tous les citoyens de la Jérusalem supercéleste; qui est la splendeur de la gloire, la lumière de l'éternelle lumière, et le miroir sans tache.

» Regardez chaque jour dans ce miroir, ô reine et épouse de Jésus-Christ, contemplez-y bien souvent votre face, afin de vous parer au dehors et au dedans des vertus des fleurs les plus diverses, et de vous revêtir des ornements qui conviennent à la fille et à l'épouse du Roi suprême. O la bien-aimée! il vous sera permis de vous complaire avec la grâce divine à regarder ce miroir. Venez et voyez-y d'abord Jésus couché dans une crèche, dans la plus grande pauvreté, et enveloppé de chétifs langes, O l'admirable humilité! ô la pauvreté surprenante! Le Roi des anges, le Maître du ciel et de la terre est posé dans une crèche. Au milieu de ce miroir, regardez la bienheureuse pauvreté de la sainte humilité, pour l'amour de laquelle il a souffert beaucoup d'incommodités pour la rédemption du genre humain. Enfin, au bout du miroir, regardez l'ineffable amour par lequel il a voulu souffrir sur le bois de la croix, et y mourir d'une mort infâme. Ce miroir, attaché à la croix, avertissait les passants et disait : « O vous tous qui passez par le chemin, regardez et voyez, s'il est une douleur comme ma douleur. Répondons à celui qui appelle et qui gémit, répondons-lui d'une même voix et d'un même esprit : Sans cesse je me souviendrai de vous, et mon esprit sera affligé au dedans de moi. Embrasez-vous, ô reine, dans cette ferveur de l'amour, et rappelez-vous en même temps les ineffables délices, les richesses et les honneurs éternels du Roi céleste, et soupirant avec un désir immense, écriez-vous de tout l'amour de votre cœur : Attirez-moi après vous, je courrai à l'odeur de vos parfums, ô céleste Epoux ! je courrai, et ne cesserai, jusqu'à ce que vous m'introduisiez dans les celliers du vin, que votre main gauche soutienne ma tête, que votre main droite m'embrasse délicieusement, et que vous me donniez le baiser de votre bouche.

» Au milieu de cette contemplation, souvenez-vous de votre pauvre mère, et sachez que moi, j'ai écrit inséparablement votre bienheureux souvenir dans les tables de mon cœur, vous ayant très-chère par-dessus toutes. Que dirai-je encore? la langue du corps doit se taire, quand il s'agit de vous aimer, c'est à la langue de l'esprit à parler, ô fille bénie ! car l'amour que j'ai pour vous, la langue corporelle ne saurait l'exprimer. C'est pourquoi, ce que j'ai écrit insuffisamment, recevez-le avec bienveillance et bonté, reconnaissez-y au moins l'amour maternel, dont je m'enflamme chaque jour pour vous et vos filles. Notre digne sœur Agnès, je me recommande instamment dans le Seigneur, moi et mes filles, à vos prières. Adieu, ô la bien-aimée! adieu avec vos filles, jusqu'au trône de gloire du grand Dieu, et priez-le pour nous (*Acta Sanct.*, 6 mart.). »

Quant au roi d'Angleterre, Henri III, que la bienheureuse Agnès de Bohème refusa d'épouser dans le même temps qu'elle refusa l'empereur Frédéric II, voici ce qu'en dit le plus judicieux des historiens anglais, Lingard :

« Facile et crédule, ferme dans ses affections et oublieux dans ses inimitiés, sans vices, mais aussi sans énergie, c'était un homme bon, mais un faible monarque. Dans un siècle plus tranquille, lorsque l'empire des lois eut été fortifié par l'habitude de l'obéissance, il eût occupé le trône avec défense, peut-être avec honneur; mais le sort le fit naître à l'une des époques les plus turbulentes de notre histoire, sans les talents nécessaires pour commander le respect ou l'énergie qui force à la soumission. Cependant son incapacité lui causa plus de maux personnels qu'elle ne produisit de misère pour ses sujets. Sous son faible, mais pacifique gouvernement, les richesses et les propriétés de la nation s'accrurent plus rapidement que sous aucun de ses ancêtres guerriers. Quoique son règne eût duré cinquante-six années, une très-petite portion en fut marquée par les calamités de la guerre; il entraîna rarement les tenanciers de la couronne dans les contrées étrangères, et ne les appauvrit point par de nombreux impôts pour l'entretien des armées mercenaires. Les propriétaires, privés de deux sources de fortune, le pillage sur l'ennemi et la rançon des captifs, reportèrent leur attention vers l'amélioration de leurs terres; des règlements salutaires encouragèrent l'esprit de commerce, et il y eut à peine un seul port, de la côte de Norwége à celle de l'Italie, qui ne fût annuellement visité par les marchands anglais. Ces faits surprendront peut-être les personnes qui n'ont fait attention qu'aux barons factieux ou aux plaintes des historiens mécontents; mais il est certain que, de tous les souverains qui avaient régné depuis la conquête, Henri fut celui qui leva le moins d'argent sur les tenanciers de la couronne. Suivant les calculs les plus exacts, la quotité réelle de ses dépenses n'excédait pas vingt-quatre mille marcs par an, et l'on peut s'assurer que, dans le cours d'un règne qui dura plus d'un demi-siècle, les seuls subsides extraordinaires levés sur la nation furent deux quinzièmes, un trentième et un quarantième pour lui-même, et un vingtième pour le rachat de la terre sainte. Il trouva sa principale ressource dans le dixième des revenus ecclésiastiques qu'il reçut pendant quelques années; impôt qui, bien qu'insuffisant pour l'affranchir des maux qu'entraîne la pénurie, était de nature, par les formes illégales de la perception, à exaspérer l'esprit de ceux qui étaient forcés de le payer. Le clergé s'agita en vain pour se délivrer de ce fardeau; ses écrivains ont travaillé avec plus de succès à intéresser en leur faveur l'opinion de la postérité, par la description probablement exagérée des dommages qu'il éprouvait (Lingard, *Hist. d'Angleterre*, t. III, p. 241-243). »

« De ces écrivains, celui qui se plaint le plus est Matthieu Paris, moine de Saint-Alban, en partie auteur, en partie compilateur du lourd volume qui, avec la continuation de Rishanger, a été publié sous son nom. Cet ouvrage contient plusieurs documents originaux; mais l'écrivain, accoutumé à attaquer les personnes élevées, laïques et ecclésiastiques, semble avoir réuni et conservé toutes les anecdotes malicieuses et scandaleuses qui satisfaisaient ses dispositions critiques. Il pourrait paraître odieux de parler trop rigoureusement de cet historien favori; mais ce que je puis dire, c'est que lorsque j'ai pu confronter le contenu de son ouvrage avec des recueils authentiques ou avec des écrivains contemporains, j'ai, dans beaucoup de circonstances, trouvé assez de différence entre eux pour donner à sa narration l'apparence d'un roman plutôt que celle d'une histoire (*Ibid.*, p. 243, note). »

Tel est le jugement que l'Anglais Lingard, par suite d'un examen approfondi et réitéré, a été conduit à porter sur le moine anglais Matthieu Paris, historien favori et pour ainsi dire unique de Fleury. Une preuve entre autres de la crédulité avec laquelle Paris accueillit toute espèce d'anecdotes et de fables, c'est la sérieuse persuasion avec laquelle il rapporte le conte du Juif-Errant. L'an 1228, un archevêque de la Grande-Arménie étant venu en Angleterre, fit quelque séjour au monastère de Saint-Alban, où Matthieu Paris était moine. Entre autres choses, on demanda au pèlerin arménien ce qu'il savait d'un certain Joseph dont on parlait beaucoup, que l'on disait avoir été présent à la passion de Notre Seigneur, et encore vivant, pour preuve de la religion chrétienne. Un chevalier d'Antioche, qui était à la suite de l'archevêque et lui servait d'interprète :

répondit en français : « Monseigneur connaît très-bien ce Joseph ; et, peu de temps avant que de partir pour l'Occident, il le reçut à sa table, en Arménie. Quand Jésus-Christ fut pris par les Juifs et mené devant Pilate, cet homme, nommé alors Cartaphile, était portier de Pilate; et comme les Juifs tiraient Jésus hors du prétoire après l'avoir fait condamner, Cartaphile le poussa rudement du poing dans le dos, et lui dit avec insulte : « Va-t-en, Jésus, va-t-en vite, que tardes-tu ? » Jésus le regarda d'un visage sévère, et lui dit : « Je m'en vais, et tu attendras que je vienne. » En conséquence de cette parole, Cartaphile attend encore. Il avait environ trente ans à la passion du Sauveur; chaque fois qu'il atteint la centaine, il tombe dans une maladie qui paraît incurable et pendant laquelle il est ravi comme en extase; puis il entre en convalescence, et revient au même âge où il était à la passion du Seigneur. La foi catholique ayant commencé à croître après la résurrection, Cartaphile reçut le baptême de la main d'Ananias, qui baptisa saint Paul, et prit le nom de Joseph. Il demeure souvent en Arménie et dans les autres pays d'Orient, vivant avec les autres prélats; c'est un homme pieux et de sainte vie, qui parle peu et seulement pour répondre aux questions qu'on lui adresse sur les faits de l'antiquité. Il refuse les présents, se contentant du nécessaire pour le vêtement et la nourriture. Il répand beaucoup de larmes, et attend avec crainte le dernier avénement du Christ, espérant toutefois miséricorde, parce qu'il l'a offensé par ignorance (Matth. Paris, an 1228). » Tel est le conte que Matthieu Paris rapporte sérieusement dans son histoire.

Le cardinal-archevêque de Cantorbéry, Etienne de Langton, mourut le 9 juillet 1228, après avoir tenu ce siège vingt-deux ans. Depuis qu'il eût repris le gouvernement de son diocèse, sous Henri III, il borna toute son attention aux affaires ecclésiastiques; le fruit de ses travaux fut un code de discipline en quarante-deux articles ou canons, qu'il publia dans un concile d'Oxford. Les écrits qu'il laissa paraissent être perdus.

Après sa mort, les moines de Cantorbéry élurent, pour lui succéder, le docteur de Hemesham, l'un d'entre eux; mais, sur les poursuites du roi et des évêques de la province, le pape Grégoire IX cassa cette élection l'an 1229, se réservant la provision de cette Eglise. Alors les envoyés du roi et des évêques suffragants de Cantorbéry ayant montré au Pape leurs pouvoirs, proposèrent pour archevêque le docteur Richard, chancelier de l'Eglise de Lincoln, assurant que c'était un homme d'un savoir éminent, de bonnes mœurs, et capable de rendre de grands services à l'Eglise romaine et au royaume d'Angleterre. Ils firent donc consentir le Pape et les cardinaux à le leur donner pour archevêque. Le Pape écrivit une bulle aux évêques de la province, où il leur ordonne de recevoir l'archevêque qu'il leur a donné, comme s'il l'avait choisi de son propre mouvement (*Apud Raynald. et Matth. Paris*). Richard fut sacré le jour de la Trinité, 10 juin de la même année 1229.

Deux ans après, en 1231, il alla en cour de Rome, et proposa devant le Pape plusieurs sujets de plaintes contre le roi Henri. Premièrement, qu'il ne gouvernait son Etat que par les conseils de Hubert du Bourg, son grand justicier, au mépris des autres seigneurs; que Hubert avait épousé la parente de sa première femme et usurpé des droits de l'Eglise de Cantorbéry; que quelques évêques, ses suffragants, négligeaient le soin de leur troupeau pour prendre séance à l'échiquier, où ils examinaient des affaires temporelles, même au criminel; que quelques ecclésiastiques, même au-dessous des ordres sacrés, possédaient plusieurs bénéfices à charge d'âmes, et s'occupaient d'affaires temporelles, à l'exemple des évêques. Le roi avait aussi envoyé des clercs qui parlèrent pour lui et pour le justicier; mais le Pape ne goûta point leurs raisons, et l'archevêque obtint tout ce qu'il demanda : car, outre la bonté de sa cause, il était distingué par sa science et sa vertu, merveilleusement éloquent et bien fait de sa personne. Mais, en revenant, il mourut à trois journées en deçà de Rome, le 3 août 1231. Ainsi, tout ce qu'il avait obtenu demeura sans effet.

Les moines de Cantorbéry élurent à sa place Raoul de Neuville, évêque de Chichester et chancelier du roi; mais le Pape cassa cette élection, en permettant aux moines d'élire un autre archevêque. Leur choix tomba sur le prieur de leur église, nommé Jean. Il vint à Rome. Le Pape le renvoya au cardinal Jean Colonne et à quelques autres, qui, l'ayant soigneusement examiné, pendant trois jours, sur dix-neuf articles, déclarèrent qu'ils n'avaient point trouvé de cause pour le refuser. Le Pape, toutefois, le trouva trop vieux et trop simple pour soutenir une telle dignité; et, lui ayant persuadé d'y renoncer, il permit aux moines de procéder à une troisième élection.

Vers ce temps, les Romains établis en Angleterre étaient exposés à de grandes violences. Des gens armés, mais ayant la tête couverte pour n'être pas reconnus, entraient de force chez eux, leur enlevaient leurs blés, les vendaient à bon marché et en faisaient de grandes largesses aux pauvres. Les clercs romains se tenaient cachés dans les abbayes et n'osaient même se plaindre, aimant mieux perdre les biens que la vie. Les auteurs de la violence étaient environ quatre-vingts hommes et quelquefois moins, ayant pour chef Robert de Thinge, jeune chevalier et de bonne famille, qui se faisait nommer Witzam. Le pape Grégoire ayant appris ces désordres peu de temps après, en fut extrêmement indigné et envoya au roi d'Angleterre des lettres piquantes, où il lui faisait de grands et justes reproches de souffrir que des ecclésiastiques fussent ainsi pillés dans son royaume, sans avoir égard au serment de son sacre. Il lui ordonnait donc, sous peine d'excommunication et d'interdit, de faire informer de la violence et d'en punir sévèrement les auteurs. Il donna commission à Pierre, évêque de Winchester, et à l'abbé de Saint-Edmond, d'en faire la recherche dans la partie méridionale d'Angleterre, et de dénoncer les coupables excommuniés, jusqu'à ce qu'ils vinssent à Rome se faire absoudre. Pour la partie septentrionale, il donna la même commission à l'archevêque d'York, à l'évêque de Durham, et à Jean, chanoine d'York, mais romain de naissance.

Dans une lettre à l'archevêque d'York et aux autres évêques, le Pape se plaint que l'on a foulé aux pieds une médaille portant l'image de saint Pierre et de saint Paul; que l'on a déchiré ses bulles;

qu'un de ses courriers a été mis en pièces et un autre laissé demi-mort. Il se plaint que l'on n'a point dénoncé excommuniés ces voleurs et ces incendiaires publics, ni mis les églises en interdit; enfin il ordonne de les dénoncer solennellement. La lettre est du 9 juin 1232.

Roger, évêque de Londres, avait prévenu les ordres du Pape. Ces violences étant venues à sa connaissance, il assembla dix autres évêques le 11 février, et excommunia à Saint-Paul de Londres tous les auteurs de ces violences, avec ceux qui avaient maltraité Cencio, chanoine de Londres, et enfin avec tous les conjurés.

Cependant on informa, tant de la part du Pape que de la part du roi, au sujet des violences commises, et l'on en trouva plusieurs coupables, comme auteurs ou comme complices, même des évêques, des clercs du roi, des archidiacres et des doyens; d'un autre côté, des chevaliers et grand nombre d'autres laïques. Le roi fit arrêter pour ce sujet des vicomtes, avec leurs prévôts et leurs officiers; d'autres s'absentèrent. Le grand justicier fut trouvé coupable d'avoir donné à ces voleurs des lettres, tant au nom du roi qu'au sien, afin qu'on n'empêchât point leurs violences. Robert de Thinge, leur chef, vint entre autres devant le roi, déclarant que ce qu'il avait fait était en haine des Romains, qui, par une fraude manifeste, s'efforçaient de le dépouiller d'un seul bénéfice qu'il avait, et que, plutôt que de le perdre, il avait mieux aimé être excommunié pour un temps. Les commissaires du Pape lui conseillèrent d'aller à Rome représenter son droit et se faire absoudre, et le roi lui donna des lettres de recommandation (*Apud Raynald. et Pâris*).

Pendant la vacance du siége de Cantorbéry, le pape Grégoire IX envoya aux évêques de la province une bulle pour la réforme des monastères; il en envoya de pareilles par la chrétienté. Il y disait en substance : « Nous avons appris que les monastères de votre province sont extrêmement déchus, et, comme nous ne voulons pas nous rendre coupables de ce relâchement, nous avons assigné des visiteurs à ceux qui dépendent immédiatement de l'Eglise romaine, pour les réformer tant au chef qu'aux membres. C'est pourquoi nous vous enjoignons de visiter aussi de votre côté, soit par vous-mêmes, soit par des personnes capables, les monastères qui vous sont soumis, et d'y corriger tout ce que vous trouverez le devoir être. » La bulle est datée de Spolète, le 9 juin 1232. Quant aux monastères qui dépendaient immédiatement de Rome, le Pape leur donna pour visiteurs, non des évêques, mais des abbés, principalement de Citeaux et de Prémontré, où la régularité s'était le mieux maintenue. Mais plus la réforme était nécessaire, plus elle était difficile; les vieux moines tenaient aux vieux abus, bien qu'à la règle de saint Benoit, dont ils faisaient profession de bouche, et à laquelle on voulait les ramener par les œuvres. L'abbé de Saint-Alban et ses moines, parmi lesquels Matthieu Pâris, se fondant sur leurs priviléges, demandèrent jusqu'à deux fois des délais pour éluder la réforme. Cette antipathie de Matthieu Pâris pour la réforme de son monastère ordonnée par le Pape, explique très-naturellement ses insinuations malveillantes contre la cour de Rome et ses visiteurs. Matthieu Pâris est ici le coupable qui se plaint de son juge et de son correcteur (Matth. Pâris, an 1232).

Cependant les moines de Cantorbéry choisirent en troisième lieu pour archevêque, Jean Le Blond, théologien d'Oxford. Mais comme il s'était rendu suspect de brigue et de simonie, que de plus il possédait sans dispense deux bénéfices à charge d'âmes, contre la disposition du concile de Latran, le Pape cassa encore son élection. Voulant donc terminer la longue vacance du siége de Cantorbéry, qui durait depuis deux ans, Grégoire IX accorda aux moines venus avec Le Blond, la faculté d'élire pour archevêque saint Edmond, que nous avons déjà appris à connaître, et qui était alors chanoine et trésorier de l'église de Salisbury. Le Pape, qui s'était bien informé de son mérite, lui envoya même le *pallium* d'avance, afin qu'il pût entrer plus tôt en fonctions.

L'élection ayant été célébrée canoniquement, les députés du chapitre partirent aussitôt avec les lettres. Ils ne le trouvèrent point à Salisbury pour le moment. Mais le doyen de cette cathédrale ayant su l'objet de leur arrivée, dit : Vous êtes les bienvenus et les mal venus : bien, parce que vous faites honneur à notre Eglise en y choisissant un archevêque; mal, parce vous voulez prendre pour pontife de votre Eglise, non pas tant le trésorier de la nôtre que son trésor. Edmond était dans un petit village qu'il desservait, et s'y livrait à la contemplation. Un de ses domestiques, ne pouvant contenir sa joie, s'en vint lui dire : « Voici que les moines de Cantorbéry sont venus vous apporter l'élection qu'ils ont faite unanimement de votre personne pour leur archevêque. » Il espérait recevoir quelque chose pour cette bonne nouvelle, comme c'était la coutume. Mais le saint homme lui commanda de se taire, le renvoya confus, et ne se soucia point de ses paroles. Le domestique étant ainsi sorti tout honteux, nul n'osait entrer pour lui parler du même sujet. Les députés n'étaient pas peu étonnés de voir qu'il n'eût pas plus d'empressement à venir à leur rencontre. Il vint à eux, mais à l'heure ordinaire de ses audiences, pas plus tôt, pas plus tard.

Quand il les eut salués, ils lui exposèrent la cause de leur voyage. A cet exposé, le saint homme, poussant de profonds soupirs et fondant en larmes, leur dit : « Je suis un ver et non pas un homme; je n'ai ni le mérite ni la science que vous croyez : vous vous y trompez, aussi bien que le monde. » Et il les suppliait instamment de porter leurs suffrages sur un autre, et de ne pas le contraindre à subir un tel fardeau; mais ils persistèrent dans leur proposition, et le prièrent d'y acquiescer. Le lendemain ils vont avec lui trouver l'évêque de Salisbury, et lui apprennent comme tout s'était passé. L'évêque décide qu'il doit obéir, et le lui enjoint en vertu de la sainte obéissance; tous ses confrères les chanoines, ainsi que ses autres amis, l'y engagent en même temps. Toutefois il demeure inébranlable, et ne veut aucunement y consentir. Le troisième jour on revient au village, les députés s'efforcent d'arracher son consentement, en lui soutenant que sans cela il commettrait un péché mortel, attendu qu'on pourrait mettre quelqu'un à sa place, qui porterait un grand préjudice à l'Eglise de Cantorbéry. A la fin, vaincu par leurs prières, ou plutôt convaincu par leurs raisons, il dit : « Celui qui n'ignore rien sait que, si je ne croyais pécher mortellement, je ne consentirais aucunement à l'élection qui a été faite de moi. » Dès qu'ils ont arraché de sa bouche ce consentement imparfait, ils le conduisent devant l'autel, se prosternent humblement avec lui jusqu'à terre, et entonnent le *Te Deum*. Eux chantaient de joie, lui se lamentait tout haut. Etant arrivé à Cantorbéry, il fut sacré dans l'église du Christ, le quatrième dimanche de carême, 2 avril 1234, par les mains de Roger, évêque de Londres, en présence du roi Henri et de treize évêques. Le même jour il célébra la messe avec le *pallium*, que le Pape avait eu la précaution de lui envoyer d'avance (*Vita S. Edmundi, apud Surium, 16 novemb.; et apud Martene, Thesaur.*, t. III, p. 1802, c. 48; Raynald et Matth. Paris).

Devenu ainsi primat de l'Angleterre; Edmond parut le modèle des pasteurs et du troupeau. Il ne diminua rien de ses premières austérités; sa charité ne devint que plus grande. En voyage, si quelqu'un, fût-ce le plus pauvre, voulait se confesser à lui, aussitôt il descendait de cheval et l'écoutait avec une paternelle bienveillance. Il en usait de même avec les jeunes gens qui demandaient à être confirmés. Sa charité le portait surtout à doter les filles pauvres; il y consacrait les amendes judiciaires. Un chevalier en devait une de quatre-vingts livres sterlings : l'archevêque le fit payer, mais les lui rendit après pour servir de dot à ses quatre filles. Il y avait encore en Angleterre cette coutume : quand un père de famille venait à mourir, le seigneur prenait la meilleure bête du défunt, comme marque de seigneurie. Les veuves, connaissant la miséricorde de l'archevêque, venaient à lui pour ravoir leur bête. Il avait coutume de leur répondre en anglais : Mais, ma bonne femme, c'est la loi du pays, c'est la coutume. Puis, se tournant vers d'autres, il disait en latin ou en français : Vraiment, c'est une loi du diable et non pas de Dieu. Quand une malheureuse a perdu son mari, on lui enlève encore le meilleur de ce qu'il lui a laissé : cette coutume n'est pas bonne. Après quoi, se retournant vers la veuve, il lui disait en sa langue maternelle : Femme, si je vous prête votre bête, me la garderez-vous bien? Oh! oui, seigneur, répliquait la femme, je vous la garderai aussi bien que si elle était à moi. Et aussitôt il ordonnait à son bailli de la lui rendre. Ce qu'il détestait surtout dans les juges et les autres supérieurs, c'était de recevoir des présents. Il disait souvent aux personnes de cette sorte : *Prendre* et *pendre* ne diffèrent que d'une lettre : ce qui montre que celui-là est près de la potence qui aime à recevoir des présents, à moins que ce ne soit de la bonne manière. Pour lui, il n'en acceptait jamais aucun (*Vita S. Edmundi, apud Martene, Thesaur.*, t. III).

Saint Edmond sut trouver un autre saint pour le seconder : ce fut saint Richard, depuis évêque de Chichester. Il était second fils de Richard et d'Alice de Wic, à quatre milles de Worcester. Il parut, dès son enfance, fort porté à la vertu. Il était ennemi des bagatelles et de tous ces amusements pour lesquels on est si passionné dans le premier âge. Tout son temps était employé aux exercices de la religion ou à l'étude des sciences. Jamais il n'avait plus de plaisir que quand il trouvait l'occasion d'obliger les autres.

La fortune de son frère ayant été dérangée, il se chargea de faire valoir ses terres, et, à force de soins et d'industrie, il vint à bout de raccommoder ses affaires et de le mettre en état de subsister honnêtement. Après cette bonne œuvre, il se rendit à Paris pour y continuer ses études, qu'il avait commencées à Oxford. Il vécut en France, avec deux amis choisis, d'une manière très-austère. Du pain bis et de l'eau étaient sa nourriture ordinaire, excepté que les dimanches et les principales fêtes, il mangeait un peu de viande et de poisson, par complaisance pour ceux qui venaient le visiter. De retour en Angleterre, il prit à Oxford le grade de maître ès-arts; il alla ensuite à Bologne, en Italie, pour y étudier le droit canonique. Il fit tant de progrès dans cette science, qu'on le chargea d'en donner des leçons publiques : son professeur fut si charmé de son enseignement, qu'il lui offrit sa fille unique avec tous ses biens. Richard, qui avait d'autres pensées, le remercia humblement, prétexta quelque voyage, promettant de faire leur volonté à son retour. Il revint à Oxford, où son mérite et sa vie sainte lui attirèrent l'estime et la vénération de toute l'université, qui le choisit unanimement pour son chancelier.

Saint Edmond, qui le connaissait depuis longtemps, l'engagea à venir dans son diocèse, et, à force d'instances, obtint enfin ce qu'il demandait. Il le fit chancelier de l'Eglise de Cantorbéry et lui confia le soin des plus importantes affaires de son diocèse. Richard répondit parfaitement à l'opinion que le saint archevêque avait conçue de lui. Il vivait dans une grande simplicité et consacrait à des œuvres de charité tous ses revenus. Comme son maître et son ami, il était d'un désintéressement invincible et ne recevait jamais aucun présent (*Acta Sanct.*, 3 *april*.).

En 1235, saint Edmond de Cantorbéry sacra le célèbre évêque de Lincoln, Robert Grosse-Tête. Voici ce qu'en dit l'historien Lingard, qui, plus qu'aucun écrivain moderne, a été dans le cas de bien apprécier ce personnage :

« Le troisième prélat dont je ferai mention, est un de ceux à l'histoire desquels la partialité des écrivains modernes a attaché un grand intérêt. Robert Grosse-Tête fut redevable de son éducation à la charité du maire de Lincoln, et il récompensa amplement par ses progrès le discernement de son bienfaiteur. Il professa d'abord à Oxford, au milieu des plus vifs applaudissements. On trouve dans le catalogue de ses ouvrages des traités sur presque toutes les branches de nos connaissances, et le moine Bacon, juge compétent pour le siècle, le déclara parfait en science divine et humaine (*Anglia sacra*, l. 2, p. 344 et 345). De sa stalle de chanoine, il fut élevé, l'an 1235, au trône épiscopal de l'Eglise de Lincoln, et un vaste diocèse lui offrit un champ fertile pour l'exercice de ses talents et les efforts de son zèle. Avec les mêmes vues que son métropolitain, il apporta dans la lutte un caractère bien différent et une force d'esprit que ne pouvaient effrayer les difficultés ni subjuguer les défaites. Quand le bon archevêque lui conseilla de se désister d'une entreprise impraticable et d'attendre avec patience un temps plus favorable, il répondit qu'il ferait son devoir, et qu'il en laisserait les conséquences au ciel. Il pensait que tous les désordres qui agitaient le troupeau devaient être en fin de cause attribués à la négligence ou à l'incapacité du pasteur, et, basant sa conduite sur ce principe, il refusa constamment l'institution à tout ecclésiastique qui possédait plusieurs bénéfices; à tout ecclésiastique employé dans les cours judiciaires ou à la levée des impôts; à tous ceux enfin qui, par inclination ou par circonstances, ne voulaient ou ne pouvaient résider dans leurs bénéfices. Les personnes présentées à ces places se plaignirent, les protecteurs s'irritèrent, les ministres de la couronne menacèrent; mais ni plaintes, ni reproches, ni menaces ne purent changer ses résolutions (Gross., l. 2, *Epist.* 53, 108, 124, 125, 128; Dunst., 252).

» Il éprouva les plus grandes difficultés en visitant son diocèse. Les laïques se mirent à l'abri de ses enquêtes sous la protection des cours civiles; les communautés cléricales et monastiques firent valoir d'anciennes coutumes ou des exemptions du Pape, et toutes les parties en appelèrent à la protection du roi et à l'équité du Pontife. Pour détruire ou surmonter l'opposition qui s'était formée contre lui, il en coûta à l'évêque beaucoup de peines et de dépenses, plusieurs procès désagréables, et deux voyages en cour de Rome (1245 et 1250). Innocent IV le traita avec respect; il lui accorda ses principales demandes et lui délégua les pouvoirs que Grosse-Tête jugeait nécessaires à la réforme de son diocèse.

» A son second voyage à Lyon, Grosse-Tête présenta un mémoire sur les maux de l'Eglise, qui prouve combien peu il était disposé à flatter, lors même qu'il sollicitait une faveur. On peut le diviser en trois parties. Dans la première, il décrit les maux causés par de mauvais pasteurs, maux qu'il rejette, en définitive, sur la cour papale, parce qu'elle pourrait les prévenir, si elle le voulait, et qu'elle les encourage par ses collations et concessions irréfléchies; dans la seconde, il énumère les obstacles qui s'opposent au zèle des évêques, tels que les exemptions, les appels, les juges séculiers, les finesses des hommes de loi et l'hostilité ouverte des ministres; dans la troisième, il dépeint les abus qui ne peuvent être réprimés que par la cour du Pape elle-même, la conduite irrégulière de la plus basse classe des gens d'église, la vénalité des juges et l'usage immodéré de la clause *nonobstante*. A sa gloire, Innocent ordonna que ce mémoire serait lu dans le consistoire des cardinaux, et il donna à l'évêque des marques réitérées de son estime.

» Les chapitres du diocèse de Lincoln furent obligés de reconnaître non-seulement la juridiction nominale de leur évêque, mais encore sa juridiction effective. Il visita les couvents et les monastères, déposa les supérieurs négligents ou incapables, et rétablit l'observance des règles monastiques avec un soin qui lui mérita l'honneur d'être injurié par l'historien de Saint-Alban, Matthieu Paris (Gross., *Epist.* 77, 80, 81, 90, 95, 121).

» Dans ses discussions avec la cour de Rome, Grosse-Tête montra une égale inflexibilité de caractère. Personne, à la vérité, ne professait une vénération plus profonde pour les successeurs de saint Pierre, ou n'entretenait d'idées plus exaltées de leurs prérogatives. Il paraît, d'après ses ouvrages, qu'il donnait aux décrétales force de loi parmi toutes les nations chrétiennes; qu'il regardait toutes les immunités qu'elles conféraient au clergé comme la cause de Dieu, et qu'il soutenait avec une véhémence extraordinaire la doctrine que depuis on a appelée la supériorité *indirecte* du pouvoir spirituel sur le temporel (*Epist.* 23, 35, 111). Cependant, avec des sentiments de cette nature, il contestait souvent l'exercice de cette autorité. Aucun Pape, aucun légat n'obtenait de lui qu'il donnât l'institution à des ecclésiastiques étrangers, présentés aux bénéfices de son diocèse. Quand le nonce lui envoya une provision qui nommait Frédéric de Louvain, neveu d'Innocent IV, à une prébende de l'Eglise de Lincoln, Grosse-Tête répondit dans un langage singulièrement énergique, que cette provision était contraire au bien de l'Eglise et au salut des âmes; qu'il ne pouvait la considérer comme émanée du Pontife, et qu'il ne croirait jamais de son devoir de la mettre à exécution. Cette réponse, toute hardie qu'elle paraisse, n'était qu'une répétition de la doctrine qu'il avait autrefois émise en présence d'Innocent lui-même; et elle fut si loin d'exciter la colère ou le ressentiment de ce Pontife, qu'aussitôt que son agent lui en eut rendu compte, il écrivit une lettre pour disculper sa conduite, et il proposa, pour obvier à l'abus de ces provisions, le remède dont on a déjà parlé dans cet ouvrage.

» Ce remède se bornait simplement à dire que des priviléges fondés sur la prescription des temps devaient être respectés, et laissait conséquemment à l'évêque ou au plus ancien collateur, qu'il fût moine ou laïque, la faculté de disposer des bénéfices auxquels il avait anciennement nommé, soit par le droit que lui en conféraient ses fonctions ecclésiastiques, soit par la fondation du bénéfice même, quand le fondateur avait réservé la nomination à sa famille.

» L'annaliste contemporain de Burton nous assure que la lettre d'Innocent fut écrite à l'occasion d'une réplique de Grosse-Tête à son agent (Burt., 326, 330); réfutation suffisante des contes ridicules que nous fait Paris et que Fleury a soin de répéter.

» Grosse-Tête choisit ses principaux conseillers au sein de deux nouveaux ordres monastiques introduits depuis peu en Angleterre, celui des frères Prêcheurs, institué par saint Dominique, et celui des frères Mineurs, établi par saint François. Leurs fondateurs les avaient créés pour aider le clergé paroissial dans ses nombreuses fonctions; et ils s'acquittèrent de ce devoir avec le zèle qui accompagne toujours l'enfance des institutions religieuses. Leur nourriture était sobre, leurs vêtements simples et grossiers; la pratique aussi bien que le vœu de pauvreté excluaient pour eux tout soupçon d'intérêt personnel; et le peuple recevait avec plaisir l'instruction de la part de ces hommes, qui ne pouvaient être mus par d'autre motif que par l'espérance du bonheur céleste. Les membres les plus distingués de ces ordres furent appelés par Grosse-Tête dans son conseil; il s'en faisait accompagner dans ses visites épiscopales; il les engageait à prêcher en sa présence; il stimulait leurs efforts et y applaudissait (Gross., *Epist.* 40, 41, 114). Il employa ainsi vingt-huit années à l'administration et à l'amélioration de son diocèse. Sa mort, arrivée le 14 octobre 1253, fut pleurée comme une perte publique; et ses vertus sont gravées dans le souvenir de la postérité

(Ling., *Hist. d'Anglet.*, t. III, règne de Henri III). »

Voilà ce que l'historien Lingard dit du célèbre évêque de Lincoln, Robert Grosse-Tête. Quant aux paroles schismatiques que lui prête Matthieu Paris au lit de la mort, et que Fleury accueille comme une bonne fortune, tout ce qu'elles prouvent, c'est l'imagination satirique du moine de Saint-Alban, et la critique peu judicieuse de son copiste Fleury.

Aidé sans doute de son chancelier saint Richard et de l'évêque de Lincoln, saint Edmond de Cantorbéry publia, vers l'an 1236, des constitutions provinciales, pour réformer ou prévenir certains abus parmi le clergé et le peuple. Voici ce que l'on y trouve de plus particulier : « Quand une femme est morte dans l'enfantement et que la mort est bien constatée, il faut lui faire la section, en lui tenant la bouche ouverte, si l'on croit que l'enfant est vivant. Il faut avertir les femmes de nourrir leurs enfants avec précaution, et de ne pas les coucher la nuit auprès d'elles, de peur de les étouffer; de ne pas non plus les laisser seuls auprès du feu ou de l'eau: et il faut leur dire cela tous les dimanches. Pour porter l'eucharistie à un malade, le prêtre doit avoir une boîte propre et convenable, garnie d'un linge très-blanc, recouverte d'un autre très-propre; et, à moins que le malade ne soit trop éloigné, être précédé d'une lanterne, d'une croix et d'une sonnette, pour réveiller la dévotion des fidèles; enfin porter avec soi le surplis et l'étole, avec un vase d'argent ou d'étain, pour y faire boire au malade l'eau dont il se sera purifié les doigts. Dans chaque doyenné, il y aura deux ou trois hommes craignant Dieu qui dénonceront à l'archevêque ou à son official les désordres publics des prélats et des clercs (Can. 14, 15, 25 et 21; Labbe, t. XI; Mansi, t. XXIII). »

L'année suivante 1237, le cardinal Othon, que Grégoire IX avait envoyé légat en Angleterre à la demande du roi Henri III, tint un concile à Londres. On y publia trente et un décrets. Dans la préface, c'est le légat seul qui parle et dit qu'il en a ordonné l'observation par la puissance qui lui est commise, avec le suffrage et le consentement du concile. Dans le premier chapitre, il ordonne que toutes les églises dont la construction est achevée, seront consacrées dans deux ans, et, jusque-là, seront interdites de la célébration de la messe. Quelques-uns s'imaginaient qu'il était dangereux de baptiser les enfants aux deux jours solennels, le samedi de Pâques et celui de la Pentecôte : ce que le légat traite d'erreur contre la foi ; et il ajoute que le Pape fait cette fonction en personne, baptisant solennellement en ces deux jours, et que l'Eglise l'observe dans toutes les parties du monde. Il condamne, comme un abus horrible, l'avarice de quelques prêtres qui refusaient d'entendre les confessions ou d'administrer les autres sacrements, jusqu'à ce qu'ils eussent reçu quelque rétribution. En chaque doyenné, l'évêque établira des confesseurs pour les curés et les autres clercs qui ont peine à se confesser aux doyens. Ceux-ci étaient donc les confesseurs ordinaires du clergé.

On avait inventé deux sortes de fraudes pour garder ensemble deux bénéfices à charge d'âmes, les vicariats et les fermes. Celui qui était pourvu d'une cure comme *personne*, c'est-à-dire curé en titre, en prenait encore une autre comme vicaire, à la charge d'en tirer tout le revenu, de concert avec la *personne*, à qui il donnait une modique rétribution. Ou bien il prenait à ferme perpétuelle le revenu de la cure, mais à si vil prix, qu'il n'en revenait presque rien au titulaire; ou, pour avoir plus de revenant-bon, il faisait sur le peuple des exactions simoniaques. Ces abus étaient devenus si communs, que le légat n'osa plus les condamner absolument. Il se contenta de défendre que l'on donnât à ferme les doyennés, les archidiaconés et les dignités semblables, ou les revenus de la juridiction spirituelle et de l'administration des sacrements. Il défendit aussi d'affermer jamais les églises à des laïques ni à des ecclésiastiques, pour plus de cinq ans, et ordonna que les baux se feraient en présence des évêques ou des archidiacres. Quant aux vicariats, il défendit d'y admettre un sujet qui ne fût prêtre ou en état de l'être aux premiers quatre-temps; ou, s'il était déjà vicaire, il devait se faire ordonner dans l'année. Il devait aussi renoncer à tout autre bénéfice à charge d'âmes, et promettre par serment de résider dans sa cure.

Défense de donner un bénéfice sur le bruit incertain de la mort ou de la démission du titulaire absent : le collateur doit attendre qu'il soit pleinement instruit; autrement, le nouveau titulaire, intrus sous ce prétexte, sera condamné à la restitution des fruits et aux dommages et intérêts de l'absent, et d'ailleurs suspens de plein droit de tout office et bénéfice. Pareille peine contre celui qui s'empare, de son autorité propre, du bénéfice dont un autre est en possession, ou qui se défend à main armée dans la possession dont il a été débouté juridiquement.

On donnait quelquefois une même église à plusieurs clercs, sous prétexte qu'elle avait plusieurs patrons. Souvent une église demeurait sans être desservie, parce qu'il n'y avait ni titulaire ni vicaire, mais seulement un simple prêtre, sans aucun droit au bénéfice; et quand le titulaire y résidait, il n'était capable d'y faire aucun fruit, n'ayant ni la science, ni les mœurs, ni l'ordre de prêtrise, ni même l'habit clérical. Quelquefois aussi les patrons ou les collateurs ne donnaient leur présentation ou leur institution, qu'en retenant une partie des fruits pour eux et pour quelque autre. Le concile condamne tous ces abus. Quant à la résidence et à la pluralité des bénéfices à charge d'âmes, il ne fait aucun nouveau règlement, mais il ordonne l'exécution des anciens, principalement du dernier concile de Latran.

Plusieurs clercs, après avoir contracté des mariages clandestins, ne laissaient pas d'obtenir des bénéfices et de recevoir les ordres sacrés. Puis les enfants venus de ces conjonctions s'efforçaient, quand ils y trouvaient leur avantage, de prouver par titre ou par témoins que leurs parents avaient été mariés. Le concile ordonne que ceux qui seront trouvés avoir contracté de tels mariages, et en général tous clercs mariés, seront de plein droit privés de leurs bénéfices; que les biens qu'ils auront acquis depuis ces mariages appartiendront aux églises qu'ils auront possédées, et que les enfants seront incapables d'être promus aux ordres ou pourvus de bénéfices. Il renouvelle aussi les décrets contre les clercs concubinaires, et la défense aux enfants, même légitimes, de succéder aux bénéfices de leurs pères. Il ordonne d'excommunier ceux qui protégeaient les voleurs publics dont l'Angleterre était pleine.

« Nous avons appris avec joie, dit le légat, que les abbés de l'ordre de saint Benoît qui sont en Angleterre, s'étant assemblés depuis peu dans leur chapitre général, ont ordonné que l'abstinence de la viande sera désormais observée selon la règle. Ce que nous approuvons et voulons qui soit inviolablement observé. Nous ajoutons que les novices doivent être obligés de faire profession aussitôt l'année de probation finie, suivant la décrétale du pape Honorius : ce que nous étendons aux chanoines réguliers et aux religieuses. Aucun ne sera reçu abbé ou prieur, qu'il n'ait fait profession. » Le légat promet ensuite de travailler plus amplement à la réforme des réguliers.

Il recommande aux archidiacres de faire leurs visites, mais sans être à charge aux églises, et leur défend d'exiger leur droit de procuration, s'ils ne visitent en effet, et de mener avec eux des étrangers. Ils ne prendront rien pour exempter de la visite ou de la correction, et ne comprendront personne injustement dans leurs sentences pour en exiger de l'argent. Ils assisteront souvent aux conférences des doyennés, et y prendront soin que les prêtres entendent les paroles du canon de la messe et de l'administration du baptême, qui sont essentielles à l'un et à l'autre sacrement. Défense aux archidiacres et généralement à tous les juges ecclésiastiques, d'empêcher les parties de s'accommoder à l'amiable. Comme la juridiction ecclésiastique était alors très-étendue, le reste de ces décrets regarde cette matière, savoir : le choix des juges, le serment des avocats, les constitutions des procureurs, la forme des citations, les sceaux authentiques (Labbe, t. XI, col. 528 et seqq.; Mansi, t. XXIII). Ce que nous verrons dans la plupart des conciles de ce siècle et du suivant, et cela par la raison toute simple que l'Eglise cherche toujours à remédier aux maux présents, et non pas à ceux qui sont passés.

Lorsque, dans ce concile de Londres, on vint à lire l'article contre ceux qui possédaient plusieurs bénéfices au préjudice de la défense du concile de Latran, Gauthier de Chanteloup, évêque de Worchester, se leva au milieu de l'assemblée, ôta sa mitre, et dit au légat : « Saint Père, il y a quantité de nobles, nos parents, qui possèdent plusieurs bénéfices, sans avoir encore obtenu de dispense. Quelques-uns sont avancés en âge et ont jusqu'à présent vécu honorablement, exerçant l'hospitalité selon leur pouvoir, et distribuant de grandes aumônes. Il serait bien dur de les dépouiller de leurs bénéfices et de les réduire à une pauvreté honteuse. D'ailleurs, il y a de jeunes hommes fiers et courageux qui s'exposeraient aux plus grands périls avant que de se laisser réduire à un seul bénéfice : ce que je sens par moi-même. Car avant que je fusse appelé à cette dignité, j'ai bien résolu de tout perdre, si je perdais un seul bénéfice sous prétexte de ce décret; et il est à craindre que plusieurs ne persistent dans la même résolution. Nous supplions donc Votre sainte Paternité, pour votre salut et le nôtre, à cause de la multitude de ceux qui sont dans le même cas, de consulter le Pape sur ce décret, ainsi que sur celui qui regarde la règle de saint Benoît touchant l'abstinence. Comme il s'étend également à tous, il sera bien dur pour un grand nombre, soit à cause de la pénurie des lieux, soit à cause de l'infirmité, du sexe ou de l'âge : il faudrait donc en tempérer discrètement la rigueur. » Gauthier était fils de Guillaume, baron de Chanteloup, et n'avait été fait évêque de Worchester que cette année 1237. Le légat répondit à sa remontrance : « Si tous ces prélats qui sont ici présents, archevêques et évêques, écrivent avec vous au Pape sur ce sujet, j'y consentirai volontiers (Mansi, col. 445). »

Le Pape, ayant été consulté là-dessus, répondit au légat en ces termes : « Nous avons appris qu'il y a des clercs en Angleterre qui ont plusieurs bénéfices, et qu'à cause du pouvoir de leurs parents on ne pourrait procéder contre eux suivant le décret du concile général, sans troubler le royaume et donner occasion de répandre du sang. Or, nous considérons que, encore qu'on ne doive jamais commettre de péché pour éviter le scandale, on peut toutefois pour ce sujet différer le bien que l'on doit faire. C'est pourquoi nous vous mandons de surseoir, si vous ne pouvez procéder contre ces clercs sans trop de scandale (Matth. Paris, an 1238). »

L'année 1238, le légat Othon manda, par l'autorité du Pape, à tous les abbés de l'ordre noir, c'est-à-dire de saint Benoît, de se rendre à Londres dans l'église de Saint-Martin, afin de traiter des décrets que le souverain Pontife avait faits avec mûre délibération, pour la réforme de l'ordre monastique. Les abbés étant réunis, le cardinal leur parla en ces termes : « Comme c'est une entreprise importante et difficile, de prémunir par des boulevards nouveaux ou renouvelés la cité de Dieu, qui est la religion, contre les embûches d'un ennemi rusé, qui s'efforce sans cesse de la vaincre par des machines tant anciennes que nouvelles : Nous, Othon, par la miséricorde divine, cardinal-diacre, légat du Siége apostolique, d'après l'office de légation qui nous a été enjoint, nous croyant obligé de promouvoir de toutes nos forces une œuvre si excellente, nous avons fait recueillir et noter certains articles, tant de la règle du saint père Benoît, que des canons des conciles, ainsi que des statuts des abbés du même ordre de saint Benoît : articles tels que, si on les observe, ils seront à la sainte religion un secours et une défense. » Viennent ensuite dix-sept articles, dont voici les principaux : « On n'admettra désormais personne à la profession avant vingt ans accomplis, ni au noviciat avant dix-neuf. Sitôt que l'année de probation sera fixée, le novice fera profession ou sera mis dehors : sinon, il passera pour profès. On n'exigera rien pour l'entrée en religion, et on ne fera aucune convention pour ce sujet. Les officiers rendront compte au supérieur de leur administration, au moins trois fois l'année, et lui remettront de bonne foi ce qu'ils auront de reste. On observera toujours le silence aux lieux et aux temps marqués par la règle. Le statut du chapitre général d'Angleterre, touchant l'abstinence de la viande, sera inviolablement observé. Les habits et les lits des moines seront conformes à la règle; ils ne porteront point de linge et coucheront en même dortoir; ils assisteront à tout l'office divin, particulièrement à la conférence et à complies; ils pratiqueront l'hospitalité charitablement et agréablement; ils feront écrire, avec la règle, les constitutions des Papes qui les regardent et qui sont dans le recueil de Grégoire IX, et ils seront soigneux de les apprendre. » Ces constitutions sont ensuite rapportées textuellement. Lecture en ayant été faite, les abbés réunis reçurent unanimement cette réforme comme venue du ciel, et la firent publier dans tous leurs chapitres, châtiant rigoureusement les contrevenants. Plusieurs même la firent transcrire sur les martyrologes, afin qu'on la lût plus fréquemment, comme la règle de saint Benoit (Matth. Paris, 1238).

Quelque temps après, le légat étant venu à Oxford, y fut reçu avec grand honneur et logé dans une abbaye près de la ville. Les écoliers lui envoyèrent, avant le dîner, un présent honnête pour sa table, et vinrent après le dîner pour le saluer. Mais ils se prirent de querelle avec les domestiques du cardinal; on se battit à coups de poing et de bâton; le frère du légat fut tué d'un coup de flèche; le combat ne cessa qu'avec la nuit. Le légat lui-même, montant à cheval, alla se plaindre au roi, qui envoya un comte avec main forte. Le légat, de son côté, ayant assemblé quelques évêques, mit en interdit la ville d'Oxford, suspendit tous les exercices de l'université, et excommunia tous ceux qui avaient pris part à cette violence; ensuite les prisonniers furent transférés à Londres et dépouillés de leurs biens.

Le légat voulant avoir satisfaction de cette insulte, convoqua tous les évêques d'Angleterre pour s'assembler à Londres le 17 mai 1238. Les évêques considérèrent attentivement l'importance de conserver l'université d'Oxford, qui était en Angleterre comme une seconde Eglise, et ils représentèrent au légat que la querelle avait commencé par ses domestiques, et qu'à la fin les écoliers avaient été les plus maltraités. Ceux-ci convinrent toutefois de lui faire satisfaction; et, en effet, s'étant assemblés à Saint-Paul, ils en vinrent à pied jusqu'au logis du légat, à près d'un mille de distance, et se présentèrent devant lui sans manteaux, sans ceintures et pieds nus, lui demandant humblement pardon. Il le leur accorda, rétablit l'université d'Oxford, dont il leva l'interdit, et leur donna des lettres pour empêcher que cet accident ne leur attirât aucun reproche d'infamie (Ibid.).

Le 26 juillet 1240, l'évêque de Worchester, Guillaume de Chanteloup, tint son synode diocésain, où il publia des constitutions, pour faire exécuter celles du concile de Latran et du concile de Londres. « Nous devons aimer la beauté de la maison du Seigneur, à l'exemple de notre Sauveur même, qui chassa du temple les vendeurs et les acheteurs. Les églises doivent donc être nettes de toute espèce d'ordure, couvertes décemment, conservées dans toute leur intégrité, et pourvues d'ornements convenables, à savoir, dans chaque église, pour le service de l'autel, trois aubes, avec les amicts, les étoles et les manipules; deux surplis et deux rochets, deux chasubles; deux paires de corporaux, quatre linges bénits, deux palles d'autel, deux calices d'argent dans les grandes églises, et un d'étain non bénit pour l'administration des malades; deux boîtes, l'une d'argent ou d'ivoire ou en émail de Limoges, pour y conserver les hosties consacrées; l'autre, décente et honnête, pour y placer les hosties non consacrées; deux burettes, l'une pour le vin, l'autre pour l'eau; une paire de chandeliers, un encensoir, un vase convenable pour le saint chrême; deux croix, l'une pour les processions, l'autre pour l'office des morts; une bannière, un voile pour le carême, un tabernacle immobile, une lanterne et deux clochettes; un brancard pour la sépulture des morts, pour l'usage duquel on ne demandera rien; enfin un vase pour l'eau bénite. Dans les églises plus opulentes, ces mêmes choses seront en plus grand nombre. Chaque église aura un missel, un bréviaire, un antiphonier, un graduel, un livre des versets et des proses, un manuel, un psautier, un ordinal ou ordo. Tous ces livres doivent être bien corrects.

» Comme les cimetières renferment les corps de ceux qui doivent être sauvés, parmi lesquels déjà un grand nombre, purifiés de toute tache, attendent le vêtement de leur glorification, il est inconvenant qu'ils soient salis par les ordures des animaux : nous ordonnons en conséquence qu'ils soient décemment clos d'une haie ou d'un mur, et qu'on y contraigne par les censures ecclésiastiques ceux que cette clôture concerne. On n'y laissera point paître ni même entrer d'animaux. On n'y tiendra ni marché, ni procès criminel, ni jeux déshonnêtes. On n'y élèvera aucun édifice, si ce n'est momentanément, par nécessité, et en temps de guerre.

» Les hosties consacrées ne doivent pas être conservées au delà de sept jours, et aussi bien que les saintes huiles et le saint chrême, seront enfermées sous clés. A la messe, quand le prêtre élève le Corps du Seigneur, on sonnera la clochette, afin de réveiller la dévotion des tièdes, et d'enflammer encore davantage la ferveur des autres. Ceux qui portent l'eucharistie à un malade, doivent être revêtus d'un surplis, précédés d'une clochette et d'une lanterne, à moins que les mauvais temps ou l'éloignement n'y mette obstacle, afin d'augmenter ainsi la dévotion des fidèles, qui doivent, en chemin, malgré la boue, adorer à genoux leur Sauveur, et leurs prêtres doivent les en avertir avec soin. Lorsque l'éloignement ou le mauvais temps s'y oppose, le prêtre portera à son cou, dans une bourse convenable, la boîte où repose l'eucharistie, et il n'ira pas sans être accompagné, afin d'éviter plus facilement les périls, s'il s'en présente. Dans les églises, au moins dans celles qui ont d'amples revenus, une lampe brûlera nuit et jour devant ce gage sacré de notre rédemption (C. 7, 8, 9, 10). »

Dans chaque doyenné, les clercs auront des confesseurs désignés, que nous voulons qu'ils choisissent eux-mêmes dans le présent synode. Si quelqu'un veut se confesser à un autre qu'à son propre prêtre, il lui en demandera la permission, laquelle étant demandée modestement, ne sera pas refusée (C. 17). Les clercs ne nourriront pas leurs cheveux, mais seront tondus circulairement, et auront une couronne proportionnée à leur ordre. Les prêtres et les autres qui ont charge d'âmes porteront partout dans leurs paroisses des chapes fermées, comme il a été ordonné au concile de Londres : cela formait une ample soutane. Les bénéficiers qui y manquent, perdront la dixième partie de leurs revenus, au profit de la cathédrale de Worchester, et les autres ne pourront monter à des ordres supérieurs tant qu'ils n'auront pas porté la tonsure compétente assez longtemps pour réparer le scandale passé (C. 21).

Aux fêtes déjà existantes dans son diocèse, l'évêque de Worcester ajoute celles de saint Dominique et de saint François, avec neuf leçons, mais sans obligation pour les fidèles de s'abstenir de leurs travaux ordinaires (C. 54). Enfin on a retrouvé de lui une explication mystique de l'ordre dans lequel est distribuée l'Ecriture sainte dans l'office divin pendant toute l'année (Mansi, t. XXIII).

Vers l'an 1237, Alexandre, évêque de Coventri, et vers l'an 1229, Guillaume, évêque de Bleys, avaient adressé à leur clergé des constitutions semblables et dans le même but, pour exécuter les ordonnances du concile général de Latran (*Ibid.*).

D'après le premier article des statuts de Bleys, les oublies ou pains eucharistiques doivent être de pur froment. Les ministres de l'Eglise, quand ils les font, doivent être revêtus du surplis et assis dans un lieu honnête. L'instrument où on les cuit ne doit être frotté que de cire, et non d'huile ou d'autre graisse : on n'offrira sur l'autel que les oublies ayant une blancheur et une rondeur convenables.

Comme nous l'avons déjà vu, le roi d'Angleterre, Henri III, était bon, mais faible, du moins pour les circonstances difficiles où il eut à régner. Son père avait octroyé et juré, malgré lui, la *grande charte* ; Henri l'avait également jurée et confirmée, mais elle n'était pas encore bien enracinée dans les mœurs publiques : la couronne cherchait à la restreindre ; la noblesse, qui formait alors le peuple législatif ou le parlement, cherchait à l'étendre : de là une lutte politique entre la noblesse et le roi. Le chef de la noblesse était Simon de Montfort, comte de Leicester, fils d'Amauri de Montfort, connétable de France, et petit-fils du célèbre chef de la croisade contre les Albigeois. Le comte de Leicester est représenté par les historiens de son parti, non-seulement comme un guerrier plein de valeur, mais comme un chrétien d'une piété exemplaire ; les autres l'accusent d'ambition. Nous savons par expérience que, dans les partis politiques, il peut y avoir de part et d'autre des hommes de bien et des chrétiens sincères. L'impartiale histoire, qui est comme le jugement de Dieu en première instance, n'épouse point les animosités contemporaines, mais juge les uns et les autres avec la même équité, avec le même calme.

Henri III était peu riche de son domaine. Souvent donc il recourait à son parlement ou à sa noblesse pour avoir de l'argent. L'opposition en profitait, non-seulement pour obtenir la confirmation de la charte, mais encore pour en étendre les garanties : ce qui ne plaisait guère au roi, ni surtout à ses ministres. Henri s'adressait plus volontiers au Pape, son suzerain, qui, en effet, lui accorda pour plusieurs années la dixième partie des revenus ecclésiastiques. Mais les clercs sont encore hommes, ils n'aiment guère plus à payer que les autres : d'ailleurs les ministres du roi abusaient souvent de cette condescendance de l'Eglise contre elle-même. Saint Edmond, archevêque de Cantorbéry, s'était plaint au pape Grégoire, par lettres touchantes et des envoyés considérables, de la mauvaise coutume par laquelle les rois opprimaient les églises vacantes, soit évêchés, soit monastères, et empêchaient les élections canoniques par les chicanes de quelques électeurs qu'ils tenaient à leurs gages. Edmond demandait que quand une Eglise aurait vaqué six mois, il y fût pourvu par le métropolitain ; et le Pape lui avait promis de le soutenir dans cette entreprise par des lettres qu'il avait obtenues à grands frais, dit Matthieu Paris. Mais le roi d'Angleterre se plaignant, de son côté, que c'était attaquer la dignité de sa couronne, le Pape céda, et l'entreprise du saint archevêque fut sans effet. Il trouva même de l'opposition dans sa propre Eglise.

Craignant donc de paraître approuver des abus que son autorité ne pouvait combattre, Edmond se condamna à un exil volontaire, et passa en France. Il vint à la cour, où il fut très-bien reçu de saint Louis et de toute la famille royale. La ville de Paris rendit aussi un témoignage éclatant à ses vertus. Il se retira dans l'abbaye de Pontigny, dans le diocèse d'Auxerre, la même où s'étaient retirés avant lui ses deux prédécesseurs, saint Thomas et Etienne de Langton. Il se livra dans cette retraite à l'exercice de la prière et aux pratiques de la plus austère pénitence. Il ne sortait que pour aller prêcher dans les villages voisins. Il composa, pour l'édification des moines, un ouvrage de piété sous le titre de *Miroir de l'Eglise*. C'est comme une introduction à la vie dévote et contemplative. Mais sa santé fut bientôt si dérangée, que les médecins jugèrent qu'il devait changer d'air. Il obéit, et se retira chez les chanoines réguliers de Soissy, près Provins, en Champagne. Les moines de Pontigny fondirent en larmes en le voyant partir ; mais il les consola, en leur disant qu'il retournerait chez eux à la fête de saint Edmond, martyr.

Comme sa maladie augmentait de jour en jour, il demanda à recevoir le saint viatique. Quand on l'eut apporté, il étendit les mains et dit avec une grande confiance : « C'est vous, Seigneur, en qui j'ai cru, vous que j'ai prêché, vous que j'ai véritablement enseigné, et vous m'êtes témoin que je n'ai cherché que vous seul sur la terre. » Les assistants croyaient que son esprit s'égarait ; car il parlait comme s'il eût eu devant lui Jésus-Christ crucifié. Après avoir reçu le viatique, il fut tout le jour dans une telle joie, qu'il ne semblait pas malade ; et il parut de même quand il eut reçu l'extrême-onction. Depuis ce moment, il voulut toujours avoir devant lui un crucifix, avec les images de la sainte Vierge et de saint Jean, et il ne cessait de baiser amoureusement les plaies du Sauveur. Ses larmes et ses soupirs attendrissaient tous les spectateurs, qui ne pouvaient douter, en le voyant, qu'il ne goûtât de grandes consolations intérieures. Il expira tranquillement à Soissy, le 16 novembre 1240. On laissa son cœur et ses entrailles à Soissy, mais on porta son corps à Pontigny, où il arriva le jour de saint Edmond, suivant sa promesse. Un grand nombre de miracles ayant attesté sa sainteté, Innocent IV le canonisa l'an 1247. L'année suivante, on leva de terre son corps, qui fut trouvé en entier, et dont les jointures étaient encore flexibles ; il fut mis dans une châsse d'or envoyée par le roi Henri d'Angleterre. On en fit solennellement la translation, en présence du roi saint Louis, de la reine Blanche, sa mère, des princes, ses frères : Robert, comte d'Artois ; Alphonse, comte de Poitiers ; Charles, qui fut depuis comte de Provence et d'Anjou, et roi de Sicile ; de la bienheureuse Isabelle de France, sœur du saint roi; du cardinal Pierre, évêque d'Albane; du cardinal Eudes, évêque de Frascati, légat du Saint-Siège; des archevêques de Bourges, de Sens, de Bordeaux et d'Armagh; de son ami saint Richard, qui l'avait suivi dans son exil, mais qui était alors évêque de Chichester, ainsi que d'un grand nombre de prélats, d'abbés et d'autres personnes de distinction (*Vita S. Edmundi, apud Surium*, 16 nov.; Martène, *Thesaur.*, t. III; Godescard, 16 nov.).

En France, comme en Angleterre, il y avait plus d'un seigneur puissant qui aimait à profiter de l'occasion pour devenir plus puissant encore. A l'avènement de Louis IX, l'occasion leur parut très-favorable : c'était un roi de douze ans sur le trône, et une femme à la tête du gouvernement, et encore une femme étrangère. Aussi les plus puissants d'entre eux se liguèrent-ils ensemble; au lieu d'assister, comme ils auraient dû, au sacre du roi, ils prirent les armes. On comptait parmi eux le comte de Boulogne, oncle du jeune roi; le comte de Bretagne, Pierre Mauclerc, prince du sang royal; Hugues de Lusignan, comte de la Marche; Thibault, comte de Champagne, qui fut depuis roi de Navarre. Le but de leur ligue était d'ôter la régence a la reine Blanche, pour la donner au comte de Boulogne, par la raison que jamais femme n'avait gouverné le royaume de France.

La reine ne perdit pas de temps. Elle se mit avec son fils à la tête d'une armée, et entra en Champagne, où elle eut bientôt ramené Thibault à son devoir. Ce premier acte de vigueur en imposa tellement aux confédérés, qu'ils se retirèrent tous dans leurs Etats. Revenus cependant de leurs premières alarmes, ils formèrent le complot de se rendre maîtres de la personne du roi, et peu s'en fallut qu'ils ne l'exécutassent un jour sur le chemin d'Orléans à Paris. Heureusement la reine fut avertie par le comte de Champagne; Louis se réfugia dans le château de Montlhéri. Lorsque les habitants de Paris et des environs surent le danger qu'il avait couru, ils arrivèrent en corps d'armée pour lui servir d'escorte, et le ramenèrent à Paris au milieu des acclamations les plus touchantes. Les troubles qu'excitèrent à l'envi les grands vassaux, ne cessèrent presque pas durant sa minorité. Mais la prudence et l'activité de la reine déconcertèrent tous leurs projets. Occupée tour à tour à négocier au dehors et à pacifier le royaume au dedans, elle employa la force quand elle ne put réprimer autrement les ennemis. Jamais régence plus glorieuse ni même plus virile que la régence de cette femme.

En 1228, le comte de Toulouse, Raymond VII, fut obligé de se soumettre aux conditions que le jeune roi et le cardinal-légat de Saint-Ange voulurent bien lui prescrire. Le traité est en forme de lettres patentes, qui commencent ainsi : « Au nom de la sainte et indivisible Trinité. Louis, par la grâce de Dieu, roi des Francs. Sachent tous, présents et à venir, que Raymond, fils de Raymond, autrefois comte de Toulouse, après avoir persisté longtemps dans l'excommunication et dans sa rébellion envers Dieu et son Eglise, rentré enfin en lui-même par la grâce du Seigneur, et obéissant aux ordres de notre très-cher ami le cardinal Romain de Saint-Ange, légat du Siège apostolique, est venu humblement implorer son absolution, en demandant, non pas justice, mais grâce, à l'Eglise et à nous, et promettant d'être désormais fidèle jusqu'à la mort, à l'Eglise, à nous et à nos héritiers. Il chassera de toutes ses terres les hérétiques et leurs fauteurs, et en fera une exacte recherche suivant l'ordonnance qui sera faite à cet égard par le légat. Et pour que les hérétiques soient plus facilement découverts, il paiera pendant deux années deux marcs d'argent, et un marc à perpétuité, à quiconque aura pris un hérétique condamné par l'évêque. Il chassera aussi les routiers. Il restituera aux églises tous leurs immeubles, et leur fera payer les dîmes, même de ses domaines. Il paiera plusieurs sommes spécifiées en détail, pour réparer les dommages des guerres passées. Il paiera six mille marcs d'argent pour fortifier le château de Narbonne et d'autres, que le roi tiendra pendant dix ans pour la sûreté de l'Eglise et la sienne. Il donnera quatre mille marcs pour entretenir des maîtres à Toulouse pendant dix ans, savoir : deux docteurs en théologie, deux décrétistes ou canonistes expliquant le décret de Gratien, six maîtres des arts libéraux et deux de grammaire. » C'est l'institution de l'Université de Toulouse.

« Aussitôt après son absolution, Raymond recevra la croix des mains du légat, pour aller dans deux ans outre-mer contre les Sarrasins; il y demeurera cinq ans continuels, et ce sera sa pénitence. Il remettra Jeanne, sa fille unique, entre les mains du roi, qui la fera épouser à un de ses frères, moyennant quoi le roi lui laissera tout le diocèse de Toulouse, excepté la terre du maréchal, c'est-à-dire de Gui de Lévi, maréchal de la foi. Après la mort de Raymond, toutes ses terres appartiendront au frère du roi qui aura épousé sa fille, et à leurs enfants, et, s'ils n'en laissent point, ces terres reviendront au roi et à ses successeurs. » Ces lettres patentes, datées du mois d'avril 1228, avaient été précédées d'un traité conclu entre les commissaires de part et d'autre, au mois de janvier de la même année (Mansi, *Concil.*, t. XXIII, col. 163-174). Comme les Français commençaient alors l'année à Pâques, ces dates indiquent l'année 1229. Ainsi fut terminée la guerre des Albigeois, sous un roi de quatorze ans, gouverné par une femme.

Le vendredi saint, 13 avril, le comte Raymond reçut, de la main du légat Romain, cardinal de Saint-Ange, l'absolution solennelle des censures ecclésiastiques, avec ceux qui les avaient encourues comme lui. Ce fut un spectacle touchant, dit son chapelain, Guillaume de Puy-Laurens, de voir ce prince, si puissant autrefois, être conduit à l'autel, nu-pieds et en simple tunique (Guill. Puy-Laur. c. 39). A cette cérémonie assistait encore le cardinal Othon, légat en Angleterre.

Dans le même temps, le roi adressa une ordonnance adressée à tous ses sujets, dans les diocèses de Narbonne, de Cahors, de Rodez, d'Agen, d'Arles et de Nîmes, contenant dix articles, avec ce préambule : « Louis, par la grâce de Dieu, roi des Francs, à tous les citoyens et ses autres fidèles du diocèse de Narbonne, salut et dilection. Souhaitant avec ardeur, dès le premier début de nos années et de notre règne, servir Celui de qui nous tenons et le royaume et l'existence, nous désirons, pour l'honneur de Celui qui nous a donné le comble de l'honneur, que l'Eglise de Dieu, qui dans vos quartiers a été longtemps affligée et désolée par des tribulations innombrables, soit honorée dans notre domaine et heureusement gouvernée. En conséquence, de l'avis des grands et des sages, nous statuons que les églises et les ecclésiastiques desdits pays jouiront des libertés et immunités dont jouit l'Eglise gallicane, et qu'ils en jouiront pleinement selon la coutume de ladite Eglise. » C'est la première fois que l'on trouve ce nom des libertés de l'Eglise gallicane. Elles signifient ici une véritable liberté, par opposition à la servitude où avaient gémi les églises du Languedoc sous l'oppression des manichéens. Ce sens est très-français, c'est-à-dire clair et raisonnable. Mais quand, plus tard, certains légistes appelleront *libertés de l'Eglise gallicane* les servitudes séculières qu'ils voudront lui imposer, et sous lesquelles elle gémit encore, ceci ne sent plus la loyauté franque ou française de Charlemagne et de saint Louis, mais bien les sophistes grecs du Bas-Empire.

Ce qui montre surtout en quel sens on entendait les libertés de l'Eglise gallicane dans l'ordonnance de saint Louis, c'est qu'il y est ordonné que les hérétiques condamnés par l'évêque du lieu ou par une autre personne ecclésiastique ayant pouvoir, seront punis sans délai. La peine des recéleurs ou fauteurs d'hérétiques, sera l'infamie et la confiscation des biens. Les seigneurs des lieux et les baillis royaux seront tenus de rechercher exactement les hérétiques, et de les représenter aux juges ecclésiastiques. Quiconque aura pris un hérétique, recevra deux marcs pour récompense les deux premières années, après que l'hérétique aura été condamné, et un marc les années suivantes. Celui qui sera demeuré excommunié pendant un an, sera contraint, par saisie de tous ses biens, de revenir à l'Eglise. On restituera à l'Eglise les dîmes retenues depuis longtemps. Les barons, vassaux, bonnes villes et baillis royaux jureront d'observer et de faire exécuter cette ordonnance. Le frère même du roi, quand il prendra possession du pays, fera le même serment pour lui et pour ses sujets. Tel est le premier recueil et par là même le fonds originel des libertés gallicanes. Bien des légistes en parlent, qui ne se doutent guère de ce que c'est. Dans l'origine, on le voit, ce n'était ni plus ni moins que l'inquisition contre les hérétiques (Labbe, t. XI, col. 423; Mansi, t. XXIII, col. 185).

En exécution de ce traité de paix, la ville de Toulouse fut réconciliée, au mois de juillet de la même année 1229, par Pierre de Colmieu, vice-gérant du cardinal-légat de Saint-Ange, qui y vint ensuite lui-même. Au mois de septembre il y tint un concile, où assistèrent les trois archevêques de Narbonne, de Bordeaux et d'Auch, avec plusieurs évêques et autres prélats. Le comte de Toulouse, Raymond, s'y trouva aussi avec les autres seigneurs, et deux consuls de Toulouse, l'un de la cité, l'autre du bourg, qui jurèrent, au nom de toute la commune, l'observation de la paix. En ce concile on publia quarante-cinq canons, que le légat dit avoir faits par le conseil des évêques et des prélats, des barons et des chevaliers; et ils tendent tous à éteindre l'hérésie et à rétablir la paix et la sûreté publique. En voici la substance :

« Les évêques choisiront en chaque paroisse, un prêtre et deux ou trois laïques de bonne réputation, auxquels ils feront faire serment de rechercher exactement et fréquemment les hérétiques, dans les maisons, les caves et tous les lieux où ils pourraient se cacher; et, après avoir pris leurs précautions pour qu'ils ne puissent s'enfuir, ils en avertiront promptement l'évêque, le seigneur du lieu ou son bailli. Les seigneurs seront soigneux aussi de rechercher les hérétiques dans les villages, les maisons et les bois; et si quelqu'un d'entre eux est convaincu d'avoir permis à un hérétique, pour de l'argent ou autrement, de demeurer dans sa terre, il la perdra, et sa personne sera en la main de son seigneur pour en faire justice. Le bailli qui ne sera pas très-soigneux de rechercher les hérétiques du lieu où il réside, perdra ses biens et ne pourra plus être bailli ni là ni ailleurs. La maison où on aura trouvé un hérétique sera abattue et la place confisquée. Mais, pour ne pas donner lieu aux calomnies, personne ne sera puni comme hérétique, qu'il n'ait été jugé tel par l'évêque ou par un ecclésiastique ayant pouvoir. Chacun pourra rechercher et prendre les hérétiques sur la terre d'autrui, et le bailli du lieu sera tenu de lui prêter la main.

» Les hérétiques convertis d'eux-mêmes ne demeureront point dans leur ville, si elle est suspecte; et, pour marque qu'ils détestent leur ancienne erreur, ils porteront au haut de leurs habits deux croix de couleurs différentes, l'une à droite, l'autre à gauche; et ils ne seront point admis aux charges publiques, s'ils n'ont été restitués en entier par le Pape ou par son légat. Mais les hérétiques qui se sont convertis par la crainte de la mort ou autrement, et non de leur propre mouvement, seront enfermés, à la diligence de l'évêque, en sorte qu'ils ne puissent corrompre personne. Ceux qui possèderont leurs biens, leur fourniront leur subsistance; s'ils n'ont point de bien, l'évêque y pourvoira. On écrira en chaque paroisse le nom de tous les habitants; et tous les hommes, depuis quatorze ans, les femmes depuis douze, feront serment, devant l'évêque ou ses délégués, de renoncer à toute hérésie, de tenir la foi catholique, et de poursuivre et dénoncer les hérétiques. On tiendra pour suspect d'hérésie celui qui ne prêtera pas ce serment; et il sera renouvelé tous les deux ans. Tous les fidèles de l'un et l'autre sexe se confesseront trois fois l'année à leur propre prêtre, ou à un autre de son consentement, et communieront trois fois, à Noël, à Pâques et à la Pentecôte. Celui qui y manquera, sera suspect d'hérésie.

» On ne permettra point aux laïques d'avoir des livres de l'Ancien et du Nouveau Testament, si ce n'est que quelqu'un veuille avoir, par dévotion, un Psautier, un Bréviaire, ou les Heures de la sainte Vierge. Mais nous défendons très-étroitement qu'ils aient les livres susdits traduits en langue vulgaire. » C'est ici une défense locale, pour des raisons particulières au pays et au temps. Trente ans avant ce concile, nous avons entendu dire au pape Innocent III que le désir d'entendre les saintes Ecritures est plutôt louable que répréhensible; et qu'il fallait seulement s'informer quels étaient les auteurs d'une version en langue vulgaire, et à quelle intention ils l'avaient faite. Le concile de Toulouse continue : « Quiconque sera diffamé ou suspect d'hérésie, ne pourra désormais exercer la médecine; et quand un malade aura reçu la communion de la main du prêtre, on le gardera soigneusement jusqu'au jour de sa mort ou de sa convalescence, de peur que quelque hérétique ne puisse en approcher; car nous savons les inconvénients énormes qui en sont arrivés. Les testaments se feront en présence du curé, ou, à son défaut, d'un autre ecclésiastique, sous peine de nullité. Tous les paroissiens chefs de famille seront tenus de venir à l'église tous les dimanches et les fêtes chômées, pour y entendre l'office divin, la prédication et la messe entière. S'ils y manquent sans excuse légitime, ils paieront chacun douze deniers tournois, applicables moitié au seigneur, moitié à l'église (Labbe, t. XI; Mansi, t. XXIII). »

Plusieurs canons regardent les libertés et les immunités des églises et du clergé, abolies et altérées par les hérétiques. Les autres regardent la paix et la sûreté publique, et prescrivent plusieurs moyens pour la conserver. Il est ordonné aux juges de rendre la justice gratuitement, sans rien exiger des parties, même sous prétexte de coutume.

Foulque, le célèbre évêque de Toulouse, mourut le jour de Noël 1231, et fut enterré à l'abbaye de Grand-Selve, dont il avait été moine. Peu de jours après, le chapitre de Toulouse élut pour lui succéder frère Raymond, provincial des frères Prêcheurs en Provence, et l'élection fut approuvée par Gauthier, évêque de Tournai, légat du Pape. L'évêque Raymond fut sacré le quatrième dimanche de carême, 21 mars 1232, et il continua de poursuivre vivement les hérétiques, comme avait fait son prédécesseur. Le comte Raymond l'aidait quelquefois; et quelquefois aussi se relâchait dans cette poursuite. C'est pourquoi le légat, prenant avec lui l'archevêque de Narbonne et quelques-uns de ses suffragants, vint à Melun, où le comte, mandé par le roi, se trouva aussi. En cette assemblée, le légat se plaignit au comte, en présence du roi, qu'il n'avait pas observé, comme il devait, plusieurs articles de la paix faite à Paris en 1229; et enfin il fut réglé que le comte réparerait le tout, de l'avis de l'évêque de Toulouse et d'un chevalier que le roi enverrait avec l'évêque pour cet effet. Ce fut Gilles de Flajac, qui, étant arrivé à Toulouse, reçut de l'évêque communication des articles qu'il avait dressés; et, après qu'ils eurent été expliqués au comte, il en forma ses statuts, qui contiennent en substance :

« Au nom de la sainte et indivisible Trinité. Pour l'exaltation de la foi chrétienne et l'extirpation de la malice hérétique, pour la conservation de la paix et du bon ordre, et l'amélioration de tout notre pays, nous Raymond, par la grâce de Dieu comte de Toulouse; de l'avis des évêques et autres prélats, des comtes, barons, chevaliers et plusieurs autres hommes prudents de notre terre, après une mûre et diligente délibération, nous statuons ce qui suit, avec la ferme résolution de purger notre pays de toute hérésie :

» Tous nos barons, chevaliers, baillis et autres, nos vassaux, feront toute diligence pour rechercher, prendre et punir les hérétiques. On informera incessamment contre les meurtriers de ceux qui recherchent les hérétiques et contre leurs complices, et on en fera bonne justice. Les villes ou villages où l'on aura trouvé des hérétiques paieront un marc d'argent, pour chacun, à ceux qui les auront pris. On abattra toutes les maisons où, depuis la paix de Paris, on aura trouvé un hérétique vif ou mort, ou dans lesquelles il aura prêché; et les biens de ceux qui y demeurent seront confisqués. On bouchera les cavernes fortifiées et les autres lieux suspects. Tous les biens de ceux qui se seront faits hérétiques seront confisqués, sans qu'il en puisse rien passer à leurs héritiers. On punira aussi de confiscation de biens ceux qui empêchent la capture des hérétiques, qui n'y aideront pas, pouvant le faire, ou favoriseront leur évasion. Quiconque sera suspect d'hérésie, fera profession de la foi catholique avec serment, sous peine d'être puni comme hérétique. Ceux qui ont abjuré l'hérésie porteront sur leurs habits des croix apparentes, sous peine de confiscation ou autre punition convenable. La confiscation aura lieu, nonobstant les aliénations faites en fraude pour la prévenir. Pour empêcher que les clés de l'Eglise ne soient méprisées, nous voulons que celui qui sera demeuré un an excommunié soit contraint à rentrer dans l'Eglise par la saisie de ses biens. » Le reste de ces statuts, publiés à Toulouse le 18 février 1233, regarde la paix; et on y défend, entre autres choses, de faire aucune violence aux maisons religieuses, particulièrement de l'ordre de Cîteaux, qui était le plus odieux aux hérétiques, ni de les vexer, sous prétexte de logement (Labbe, t. XI; Mansi, t. XXIII).

Vers le même temps, le légat tint un concile à Béziers, où il publia des statuts compris en vingt-six articles, et contenant plusieurs règlements semblables contre les hérétiques. Il y en a d'autres pour le bon choix des ordinands, la bonne vie des clercs et des moines (Labbe, t. XI).

Cependant le pape Grégoire confirma l'établissement de l'université de Toulouse, commencée par le traité fait à Paris en 1229; car il regardait cette institution comme un moyen très-efficace pour maintenir la foi dans ce pays, après l'avoir délivré de l'hérésie. Le Pape accorde donc aux écoliers de Toulouse la même liberté dont jouissent ceux de Paris, et ordonne que les bourgeois seront obligés de leur louer des maisons à un prix raisonnable, suivant la taxe réglée par deux clercs et deux laïques. Les maîtres, les écoliers ni leurs serviteurs ne pourront être jugés pour crime par aucun séculier, si ce n'est que, par jugement ecclésiastique, ils soient abandonnés à la cour séculière. Mais les laïques pourront être poursuivis par les écoliers devant le juge ecclésiastique, suivant la coutume de l'Eglise gallicane. Le comte de Toulouse, ses officiers et ses barons seront tenus de donner sûreté aux écoliers et à leurs messagers. Le comte sera tenu d'accomplir sa promesse touchant le salaire des maîtres pendant dix ans. C'est ce que porte la bulle adressée au comte, en date du 31 avril 1233. Une autre bulle, adressée à l'université même, ajoute que les écoliers de théologie et tous les maîtres jouiront du revenu de leurs bénéfices, comme s'ils résidaient, excepté les distributions quotidiennes; et que les maîtres, qui auront été approuvés en quelque faculté, pourront régenter partout sans autre examen (*Ibid.*; Duboulai, t. III). Il faut se souvenir que les écoliers des universités d'alors n'étaient pas des enfants, mais des hommes faits, venus de tous les pays.

L'année suivante 1234, le pape Grégoire se plaignit au roi saint Louis des lieutenants qu'il avait envoyés dans l'Albigeois. « Nous avons, dit-il, appris avec étonnement qu'ils oppriment les églises et les personnes ecclésiastiques, au lieu de les protéger. Ils chargent leurs sujets de tailles, de collectes et de corvées ; et, s'ils font quelque faute, ils les punissent arbitrairement, sans respect pour les seigneurs. Ils saisissent les fiefs et les autres biens pour contraindre les possesseurs à reconnaître leur juridiction. De plus, ils s'attribuent les biens dont les églises avaient été dépouillées par les Albigeois, et refusent d'observer les transactions faites par le concile de Montfort, et de jurer la paix, suivant les statuts du comte de Toulouse (c'est celui de 1229). Ils défendent par cri public plusieurs pratiques de piété, comme d'offrir les prémices et les décimes, ou de faire des legs pieux. Ils chargent de calomnies les évêques de Béziers et d'Agde, retiennent les châteaux et les biens de leurs églises, et les obligent à plaider en votre cour, contre l'ordre du droit et la coutume des églises de la province. « Le Pape ajoute plusieurs autres griefs, et conclut en priant le roi d'envoyer un commissaire autorisé pour terminer ces différends, conjointement avec l'archevêque de Vienne, légat du Saint-Siége. La lettre est du 2 mai 1234.

L'archevêque de Vienne était Jean de Burnin, recommandable par sa science et sa vertu, qui tint ce siége au moins trente-cinq ans. Le pape Grégoire lui donna la légation contre les Albigeois, après en avoir déchargé l'évêque de Tournai, et manda aux archevêques de Lyon et de Bourges, et aux autres évêques de France, au roi d'Aragon et au comte Amauri de Montfort, de l'aider dans l'exercice de sa légation. Le légat était aussi chargé d'informer contre l'évêque d'Orange, accusé de plusieurs crimes, et d'examiner les circonstances de la mort de Raymond le Vieux, comte de Toulouse, pour savoir s'il avait donné des signes de pénitence et s'il méritait la sépulture ecclésiastique.

Or, encore que l'archevêque eût reçu du Pape d'amples instructions, et qu'il fût malade de la fièvre quarte, il ne laissa pas d'aller en personne trouver le Pape, pour l'instruire plus particulièrement de l'état de la province. Ensuite il fit plusieurs règlements pour l'exercice de l'inquisition ou de l'enquête contre les hérétiques ; entre autres, que ceux qui se convertiraient sincèrement et diraient la vérité, tant par rapport à eux-mêmes qu'aux autres, obtiendront des pénitences modérées, sans craindre pour leurs personnes ou pour leurs biens, pourvu qu'ils évitent la rechute.

La même année 1234, le 8 juillet, Jean de Baussan, archevêque d'Arles, tint un concile provincial. Il avait été archidiacre de Marseille, puis évêque de Toulon, d'où, en 1232, il fut transféré au siége d'Arles, qu'il tint vingt-cinq ans. En ce concile il publia vingt-quatre canons, la plupart contre les hérétiques, en exécution du concile de Latran de 1213, et de celui de Toulouse de 1229. Il est ordonné aux évêques de prêcher fréquemment la foi catholique, par eux-mêmes et par d'autres. Les confréries sont défendues, si elles ne se font par autorité de l'évêque, parce que, sous ce nom, on faisait des conspirations contre la tranquillité publique. L'excommunié qui ne satisfera pas dans un mois, paiera pour chaque mois de retardement cinquante sous d'amende, avant de recevoir l'absolution. Les évêques s'appliqueront soigneusement à la correction des mœurs, principalement du clergé, et mettront pour cela des inspecteurs chacun dans son diocèse. Si les privilégiés refusent d'obéir aux sentences et aux censures des prélats, on refusera aussi de leur rendre justice. Parce que ceux qui favorisaient les hérétiques faisaient des legs à leur profit, le concile défend à qui que ce soit de faire son testament, sinon en présence de son curé. Et telle était la raison de ce statut si fréquent dans les conciles de ce temps-là (Labbe, t. XI, append.; Mansi, t. XXIII).

Pendant la légation de l'évêque de Tournai, le Pape avait donné l'inquisition aux frères Prêcheurs, savoir : à Pierre Cellan et à Guillaume Arnaud. Tant qu'ils ne procédèrent que contre des gens du peuple, les choses se passèrent assez tranquillement ; mais lorsque, sans respect humain, ils commencèrent à procéder contre les puissants et les riches, il s'éleva une opposition furieuse. Le comte, par ordonnance publique, fit interdire aux frères Prêcheurs tout commerce dans la ville, jusqu'à mettre des gardes à leurs portes pour empêcher qu'on ne leur vendît ou qu'on ne leur donnât des vivres, pas même de l'eau de la Garonne. Il finit par chasser Guillaume Arnaud, et après lui tout ce qu'il y avait de frères Prêcheurs à Toulouse. L'évêque, qui était du même ordre, fut aussi chassé, et les chanoines de la cathédrale reçurent beaucoup d'outrages. Les frères Prêcheurs donnèrent, en sortant de la ville, le spectacle d'une grande modestie et d'une édification capable de toucher bien des gens. Ils marchèrent processionnellement deux à deux, chantant le *Credo* et le *Salve Regina*. Ce fut deux ans après leur établissement, le 6 novembre 1235. Guillaume Arnaud était sorti la veille et s'était retiré à Carcassonne ; l'évêque l'y suivit, et, dès le 10 du même mois, Guillaume, de l'avis des évêques de Toulouse et de Carcassonne, excommunia nommément onze capitouls de Toulouse, comme fauteurs des hérétiques. Le comte Raymond fut compris dans cet anathème, et la procédure envoyée au Pape.

Le 28 avril 1236, Grégoire IX en écrivit à ce comte. Sa lettre commence par un précis de tout ce qui s'était fait jusque-là pour extirper l'hérésie des manichéens : la croisade, les diverses légations, l'érection de l'université de Toulouse, l'établissement de l'inquisition dans cette ville. Le Pape raconte ensuite ce qu'on lui avait rapporté des mauvais traitements faits à l'évêque, à l'inquisiteur, aux chanoines, aux religieux de saint Dominique ; et il ajoute, en adressant la parole au comte Raymond :

« Tout cela, comme on l'assure, a été commis par votre ordre, malgré les règlements du concile de Toulouse et les conventions du traité de Paris, qui vous obligeaient à défendre les églises et les ecclésiastiques, à conserver en entier leurs droits et leurs libertés, à procurer efficacement la punition des hérétiques, à destiner une certaine somme pour ceux qui saisiraient les coupables, à donner tous les ans, jusqu'à un terme fixé, un honoraire aux professeurs de l'université de Toulouse, à secourir la terre sainte avec un nombre de gens de guerre tirés de vos Etats et armés à vos frais. Tous ces articles sont la matière des reproches qu'on vous fait aujourd'hui. Vous avez supprimé le salaire des professeurs; on dit que cela est la cause de la ruine totale des études dans votre ville. Vous avez établi des règles iniques, contraires au droit et à nos ordonnances, et toutes propres à favoriser les hérétiques, au lieu d'en procurer la recherche par toutes les voies possibles. Vous permettez à plusieurs des hérétiques, déjà condamnés, d'habiter dans le pays; et vous donnez un asile sur vos terres à ceux des cantons voisins. Vous avez, parmi vos conseillers et vos officiers, des gens suspects ou diffamés pour cause d'hérésie. Vous osez leur confier les offices publics, quoique cela soit positivement contre les règlements et les traités dont vous avez juré l'observation. Enfin il est aisé de juger, par l'examen de vos actions, que vous ne craignez pas de vous montrer fauteur et protecteur des hérétiques : on vous a averti plusieurs fois; et il ne paraît pas que vous vous soyez mis en peine de changer de conduite. »

Le pape Grégoire trouve là le principe de tous les malheurs qui sont arrivés : accroissement de l'erreur, outrages faits aux ecclésiastiques et aux religieux, mépris des censures, révolte ouverte contre la puissance ecclésiastique, déclarations injustes contre tous ceux qui voudraient publier les sentences de l'inquisiteur : « Voilà, conclut-il, ce qui résulte de l'appui que vous donnez à l'hérésie et à ses partisans. Nous ne pouvons dissimuler plus longtemps ces attentats; c'est pourquoi nous vous enjoignons de les réparer selon les ordres de notre légat, et de les faire réparer par les consuls de Toulouse et vos autres sujets; de ne pas différer au delà du mois de mars prochain votre départ pour la terre sainte, et d'y servir, selon les conventions, pendant cinq années : sinon, nous recommandons au légat de vous y contraindre par les censures ecclésiastiques, qui seront exécutées sans appel et publiées tous les dimanches et toutes les fêtes dans les églises de sa légation, au son des cloches et avec la cérémonie des cierges éteints, jusqu'à ce que vous ayez fait une satisfaction convenable. »

Cette lettre du Pape fut suivie de deux autres : l'une était adressée à l'archevêque de Vienne, légat du Saint-Siége en Languedoc. Grégoire IX le chargeait de rétablir l'université de Toulouse, de casser toutes les ordonnances contraires à la liberté ecclésiastique, d'éloigner des offices publics les gens notés d'hérésie, de renouveler toutes les censures contre les hérétiques. L'autre lettre était pour le roi saint Louis. Le Pape lui rappelait les grands services que les rois de France, ses ancêtres, avaient rendus à l'Église, surtout l'application que son père Louis VIII avait apportée à l'extirpation de l'hérésie des Albigeois. Il le priait d'user de toute sa puissance, pour forcer le comte de Toulouse et les Toulousains à réparer le passé. Obligez, ajoutait-il, le comte Raymond de passer au mois de mars prochain dans la Palestine, et envoyez votre frère Alphonse prendre l'administration du comte de Toulouse. C'était parler en conséquence du mariage arrêté depuis sept ans entre Alphonse et Jeanne, fille unique de Raymond. Le Pape, pour en presser l'exécution, accorda la dispense dont ils avaient besoin, étant parents au quatrième degré.

Cependant le comte de Toulouse se mit en devoir d'exécuter les ordres du Pape. Il commença par rétablir dans sa capitale l'évêque Raymond et les frères Prêcheurs; mais comme il redoutait toujours le zèle des inquisiteurs de cet ordre, il pria saint Louis d'interposer son crédit auprès du souverain Pontife, pour obtenir de lui la révocation des pouvoirs accordés aux Dominicains, en ce qui regardait l'inquisition. Le roi se prêta aux désirs du comte, et le Pape aux remontrances du roi. L'archevêque de Vienne, légat apostolique, reçut ordre d'ôter le gouvernement de l'inquisition aux Dominicains, s'il était vrai qu'on eût contre eux des soupçons bien fondés. Le légat prit un milieu qu'il jugea propre à satisfaire le comte de Toulouse, sans faire grâce aux hérétiques. Il donna un collègue à Guillaume Arnaud, inquisiteur de Toulouse; et ce fut un frère Mineur, nommé Étienne de Saint-Tibéry. Toutefois il paraît que, depuis le mois d'octobre 1237 jusqu'en 1241, l'inquisition fut suspendue dans le comté de Toulouse, même avec l'assentiment du Pape; car, en 1238, le comte lui envoya une ambassade pour faire sa paix avec lui en entier, lui offrir toutes sortes de satisfactions, et lui demander en même temps plusieurs grâces, dont les principales étaient l'absolution des censures et la dispense du voyage d'outre-mer. Ce que le Pape lui accorda moyennant certaines conditions, comme on le voit par la bulle du 9 juin 1238, au nouveau légat en France, le cardinal-évêque de Palestrine (Raynald, an 1237 et 1238, *Hist. de l'Égl. gallicane*, l. 31).

En Angleterre, nous avons vu, l'an 1238, une querelle d'écoliers et de domestiques amener l'interdit sur l'université d'Oxford; en France, une querelle d'écoliers et de bourgeois faillit amener, en 1229, la ruine de l'université de Paris. Le lundi et le mardi-gras de cette année, quelques écoliers clercs, originaires de Picardie, allèrent prendre l'air et se divertir au faubourg Saint-Marceau, alors séparé de la ville. Après avoir joué quelque temps, ils s'arrêtèrent dans un cabaret où ils trouvèrent de bon vin; mais ayant pris querelle avec l'hôte sur le prix, ils commencèrent de part et d'autre à se donner des soufflets et à s'arracher les cheveux. Les gens du quartier accoururent délivrer le cabaretier d'entre les mains des clercs, qu'ils mirent en fuite, après les avoir bien battus et même blessé ceux qui résistaient le plus. Étant rentrés dans la ville, tout déchirés, ils excitèrent leurs camarades à les venger; en sorte que le lendemain, plusieurs sortirent armés d'épées et de bâtons, entrèrent par force dans un cabaret, y brisèrent tous les vases, et répandirent le vin sur le pavé; puis s'avançant dans les rues, ils se jetèrent sur tous ceux qu'ils rencontrèrent, hommes et femmes, et en blessèrent plusieurs.

Le doyen du chapitre de Saint-Marcel porta plainte au cardinal-légat de Saint-Ange, et à l'évêque de Paris, qui allèrent ensemble trouver la reine Blanche, alors régente, la priant de réprimer ce désordre. Elle commanda au prévôt de Paris et à quelques-uns de ses gens d'aller promptement châtier les auteurs de cette violence, sans épargner personne. Étant sortis, ils trouvèrent hors des murs de la ville quantité de clercs qui s'amusaient, mais qui n'avaient point eu part à la violence précédente; car ceux qui l'avaient commise étaient des Picards. On nommait dès lors ainsi les peuples les plus voisins

LIVRE LXXIII. — PONTIFICATS DE GREGOIRE IX ET DE CELESTIN IV.

de la Flandre. Les archers du prévôt se jetèrent sur ceux qu'ils trouvèrent, quoiqu'ils fussent sans armes, en blessèrent, en dépouillèrent et en tuèrent quelques-uns; les autres s'enfuirent et se cachèrent dans les carrières et les vignes. On trouva parmi les morts deux clercs considérables par leurs richesses et leur autorité, l'un Flamand et l'autre Normand. Alors les professeurs de l'université suspendirent toutes les leçons et les conférences, et allèrent en corps trouver la reine et le légat, demandant justice, et remontrant qu'il n'était pas raisonnable que la faute de quelques écoliers méprisables portât préjudice à toute l'université; mais qu'il fallait se contenter de punir les coupables.

L'université n'ayant pas eu satisfaction de la reine, du légat, ni de l'évêque de Paris, tous les maîtres et les écoliers se dispersèrent; en sorte qu'il ne demeura pas à Paris un seul docteur fameux. La plus grande partie se retira à Angers, quelques-uns à Orléans, et l'on croit que ce fut l'origine de ces deux universités. D'autres allèrent à Reims, plusieurs à Toulouse, quelques-uns en Espagne, en Italie et en d'autres pays étrangers; plusieurs en Angleterre, où le roi Henri III les invita à venir tous, leur offrant telle ville qu'ils voudraient choisir, et toute liberté et sûreté. La lettre est du 16 juillet 1229, la 13ᵉ année de son règne.

Les écoles de Paris restèrent donc désertes; les maîtres et les écoliers, dispersés en divers lieux, avaient même fait serment de ne point revenir qu'on ne leur eût donné satisfaction. Les frères Prêcheurs profitèrent de la circonstance, et, du consentement de l'évêque Guillaume et du chancelier de l'Eglise de Paris, ils établirent chez eux une chaire de théologie, à quoi ne servit pas peu l'estime que s'était attirée le bienheureux Jourdain, leur général, et le grand nombre de docteurs et d'étudiants qui étaient entrés dans cet ordre; car ces docteurs, après avoir changé d'habit, ne laissaient pas de continuer leurs leçons.

Sitôt que le pape Grégoire IX fut informé du désordre arrivé à Paris, et de la retraite des étudiants, il s'occupa d'y porter remède; et, pour cet effet, il écrivit aux deux évêques du Mans et de Senlis, et à l'archidiacre de Châlons, leur donnant commission d'interposer leurs bons offices entre le roi et l'université, en sorte qu'elle reçût satisfaction pour les torts et les insultes qu'elle avait souffertes, qu'on la fît jouir de la liberté accordée par Philippe-Auguste, et qu'on la rappelât à Paris. La lettre est du 24 novembre 1229. L'évêque du Mans était Maurice, que le Pape transféra à l'archevêché de Rouen l'année 1231. L'évêque de Senlis était encore Guérin, autrefois chevalier du Temple et confident de Philippe-Auguste, qui mourut le 19 avril 1230.

En même temps le Pape écrivit au roi Louis et à la reine Blanche, sa mère, une lettre qui commence ainsi : « Le royaume de France se distingue depuis longtemps par les trois vertus que l'on attribue par appropriation aux personnes de la sainte Trinité, savoir : la puissance, la sagesse et la bonté. Il est puissant par la valeur de la noblesse; sage par la science du clergé, et bon par la clémence des princes. Mais si les deux extrêmes de ces trois qualités sont destituées de celle du milieu, elles dégénèrent en vices; car, sans la sagesse, la puissance devient insolente, et la bonté imbécille. » Le Pape conclut en exhortant le roi et la reine à écouter favorablement les trois commissaires qu'il a nommés, et à exécuter promptement leurs conseils. « De peur, ajoute-t-il, que vous ne sembliez avoir rejeté la sagesse et la bonté, sans lesquelles la puissance ne peut subsister, et, ne pouvant souffrir que votre royaume perde cette gloire, nous serions obligé d'y pourvoir autrement (Duboulai, p. 135 et seqq). « Le Pape écrivit aussi à Guillaume d'Auvergne, évêque de Paris, le reprenant vivement de ce qu'il favorisait la discorde. Car c'était de lui principalement que les docteurs de Paris s'étaient plaints au Pape, disant qu'au lieu de les protéger comme il devait, il les avait abandonnés. En effet, l'évêque, le chancelier et le chapitre de Paris souffraient avec peine les bornes que l'université voulait mettre à leur juridiction, et auraient mieux aimé qu'elle fût transférée ailleurs; aussi s'opposèrent-ils longtemps à son rétablissement.

Le Pape, voyant que l'affaire n'avançait point, écrivit, l'année suivante 1230, aux docteurs de Paris, de lui envoyer quelques-uns des leurs pour y travailler efficacement. Cependant le cardinal-légat de Saint-Ange et l'évêque de Paris publiaient des censures contre les absents, et l'archevêque de Sens, dans un concile provincial, ordonna que ceux qui s'étaient retirés en conséquence de leur serment, seraient privés pendant deux ans du fruit de leurs bénéfices, et ceux qui n'en avaient point, déclarés indignes d'en obtenir, s'ils ne revenaient dans le temps prescrit. Le roi donnait aussi des ordonnances contre eux. Les docteurs que l'université envoya, suivant l'ordre du Pape, furent Geoffroi de Poitiers et Guillaume d'Auxerre, qui lui demandèrent un règlement pour leur servir de loi après leur rétablissement, et de préservatif contre des inconvénients pareils. Ils négocièrent si bien, qu'ils obtinrent de Grégoire IX une bulle adressée aux maîtres et aux écoliers de Paris, et datée du 13 avril 1231; elle commence ainsi :

« Paris, la mère des sciences, est un autre Cariath-Sépher, ville des lettres; c'est le laboratoire où la sagesse met en œuvre les métaux tirés de ses mines : l'or et l'argent dont elle compose les ornements de l'Eglise, le fer dont elle fabrique ses armes. » Venant au sujet, le Pape donne ces règlements :

« Le chancelier de l'Eglise de Paris, entrant en charge, jurera devant l'évêque, en présence de deux docteurs pour l'université, qu'il ne donnera la licence de régenter en théologie et en décret qu'à des hommes dignes, sans acception de personnes ni de nations, et, avant que de donner la licence, s'informera soigneusement des mœurs, de la doctrine et du talent de celui qui la demande. Les docteurs en théologie ou en décret, avant que de commencer leurs leçons, jureront de rendre fidèle témoignage de ce que dessus. Le chancelier jurera d'examiner de même les physiciens et les artistes. « Nous vous donnons pouvoir, ajoute-t-il, de faire des règlements touchant la manière et les heures des leçons des bacheliers, la taxe des logements, la correction des rebelles. Que si on vous faisait quelque insulte notable, et que dans quinze jours on ne vous donnât point satisfaction, il vous sera permis de suspendre vos leçons jusqu'à ce que vous l'ayez reçue. »

« L'évêque de Paris, en réprimant les désordres, aura égard à l'honneur des écoliers, en sorte que les fautes ne demeurent pas impunies, et qu'on ne prenne pas les innocents à l'occasion des coupables. Les écoliers ne seront point emprisonnés pour dettes, et l'évêque n'exigera point d'amende pour lever les censures. Le chancelier n'exigera rien non plus pour accorder la licence. Les vacances d'été ne dureront pas plus d'un mois, et, pendant ces vacances, les bacheliers pourront continuer leurs leçons. Nous défendons expressément aux écoliers de marcher armés par la ville, et à l'université, de soutenir ceux qui troublent la paix et l'étude. Ceux qui feignent d'être écoliers sans fréquenter les écoles ni être attachés à aucun maître, ne jouiront point de la franchise des écoliers. Les maîtres ès-arts feront des leçons de Priscien (c'était pour la grammaire); mais ils ne se serviront point à Paris de ces livres de physique, qui ont été défendus pour cause, au concile provincial, jusqu'à ce qu'ils aient été examinés et purgés de tout soupçon d'erreur. » C'est la physique d'Aristote, défendue généralement par le règlement que fit, en 1215, le cardinal-légat Robert de Courçon. Le Pape adoucit par cette bulle la défense, qui d'ailleurs ne tombait que sur l'enseignement public de cette partie d'Aristote, et non pas sur la lecture ou l'étude en particulier.

Toutefois, trois ans auparavant, le pape Grégoire avait écrit aux professeurs de Paris, pour leur faire des reproches de ce que quelques-uns d'entre eux, enflés de vanité, donnant trop à la science des choses naturelles, confondant même la grâce et la nature, et introduisant une nouveauté profane, expliquaient l'Ecriture sainte d'après la doctrine physique des philosophes païens, au lieu de l'expliquer suivant la tradition des Pères. Il leur ordonne de rejeter absolument cette méthode abusive, et d'enseigner la théologie dans sa pureté, sans aucun levain de cette science mondaine, et sans altérer la parole de Dieu par les inventions des philosophes qui ne connaissaient pas Dieu (Raynald, an 1228, n. 29). Dans cette lettre, qui est du 7 juillet 1228, le Pape ne condamne nullement l'étude des sciences naturelles, mais la prétention insensée qui, à ces sciences plus ou moins imparfaites de la nature, voudrait soumettre la science de ce qui est au-dessus de la nature, la science des vérités surnaturelles et que Dieu a immédiatement révélées par les patriarches, les prophètes et le Christ; il ne condamne point l'étude de la philosophie naturelle, mais la prétention insensée de faire de cette philosophie la règle et la maîtresse de la théologie chrétienne, au lieu d'en être la servante. Quand on sait combien la physique d'Aristote était imparfaite et erronée, on ne peut que louer le pape Grégoire, même dans l'intérêt de la bonne physique.

Conformément à cette défense, le règlement de l'année 1231 continue ainsi : « Les maîtres et les étudiants en théologie s'y appliqueront avec zèle, sans y faire ostentation de philosophie, et ne traiteront, dans les écoles, que les questions qui peuvent être décidées par les livres théologiques et par les traités des Pères. Il règle ensuite la disposition des biens des étudiants décédés à Paris sans avoir fait de testament, et marque les précautions nécessaires pour les conserver et les rendre à leurs héritiers. S'il n'en paraît point, les biens seront employés en œuvres pies. » Enfin le Pape dispense les docteurs et les étudiants du serment qu'ils avaient fait de ne point retourner à Paris (Duboulai, t. III).

En conséquence de cette bulle, il écrivit au jeune roi saint Louis une lettre où il dit entre autres : « Il importe à votre honneur et à votre salut, que les études soient rétablies à Paris comme auparavant, et de faire observer le privilège qui leur a été accordé par le roi Philippe, votre aïeul, de glorieuse mémoire. Ordonnez que les logements soient taxés par deux docteurs et deux bourgeois, afin que les écoliers ne soient pas contraints à les louer trop cher. » La lettre est du 14 avril, et fut suivie d'une autre, par laquelle le Pape recommande au roi les deux docteurs Geoffroi de Poitiers et Guillaume d'Auxerre, qui avaient sollicité, à Rome, la cause de l'université, et craignaient qu'à leur retour à Paris on ne leur rendît de mauvais offices auprès du roi. Il y a une lettre semblable à la reine, sa mère (*Ibid.*, p. 143, 145). Voilà comme l'université de Paris fut protégée, rétablie et réglée par les soins paternels du pape Grégoire IX.

Sous Philippe-Auguste et Louis VIII, le clergé de France payait une décime pour la croisade contre les manichéens du Languedoc. Sous Louis IX, roi mineur, bien des chapitres s'y refusèrent, malgré les injonctions du cardinal-légat de Saint-Ange, et en appelèrent, en 1227, au pape Grégoire. Leurs raisons principales étaient qu'ils n'avaient accordé cette subvention au feu roi, qu'autant que ce prince ouvrirait la campagne en personne; maintenant ils avaient à craindre de voir tourner en obligation et en servitude ce qui n'avait été originairement qu'une gratification volontaire. Ces plaintes, surtout celles du chapitre de Paris, furent présentées d'une manière si pathétique, et paraissaient d'abord si légitimes, qu'elles attirèrent au légat une réprehension mortifiante, avec un commandement exprès de révoquer au plus tôt ses premiers ordres. Grégoire mêlait à sa réponse un juste éloge de la piété du feu roi, et ce qu'il pouvait ajouter de plus agréable aux chanoines, en faveur de l'Eglise de France. « Nous reconnaissons et nous confessons, disait-il, qu'après le Siège apostolique, l'Eglise gallicane est pour toute la chrétienté, comme son modèle et sa règle dans la pratique constante des devoirs de la foi. Que les autres Eglises nous permettent de le dire, celle de France ne va point à leur suite; elle les devance, et leur donne à toutes l'exemple d'une foi fervente et d'un dévouement au Siège apostolique, que nous croyons inutile de vanter par des paroles, puisqu'il est manifeste par des traits éclatants. » Toutefois, le légat donna de si bonnes raisons de sa conduite, qu'elles prévalurent sur les plaintes des chapitres : la décime fut continuée. La principale raison était que, si on ne voulait pas perdre tous les avantages qu'on avait obtenus en Languedoc, il fallait les poursuivre avec vigueur (*Apud Raynald.*, an 1227).

Sous la minorité de Louis IX, il y eut quelques autres différends de nature semblable. En 1227, Thibaud d'Amiens, archevêque de Rouen, prélat édifiant, pieux, libéral, et d'une fermeté inflexible, y faisait venir de sa forêt de Louviers une quantité de bois à bâtir. L'officier du roi, à Vaudreuil, s'avisa de faire arrêter les voitures. L'excommunication de l'officier suivit de près. L'archevêque fut cité à la cour de l'échiquier, qui était la justice royale de

Normandie, établie sous les anciens ducs, comme ayant fait excommunier un bailli du roi sans lui en demander la permission. On ajoutait que l'archevêque ne devait couper du bois dans sa forêt de Louviers que pour sa maison de Louviers, et non pour les autres. L'archevêque refusa de comparaître devant la justice normande. Il fut cité devant le roi, qui tenait sa cour à Vernon. Interrogé pourquoi il n'avait pas satisfait au premier ordre, il dit simplement qu'il n'y était point obligé, attendu que plusieurs des points sur lesquels on l'avait mis en cause regardaient le spirituel, et que, pour le reste, il ne tenait du roi aucun fief qui l'obligeât de répondre en sa justice. Cette réponse irrita le roi et la régente, et l'archevêque partit sans les avoir apaisés. Sur quoi le prince ou plutôt son conseil, après avoir consulté plusieurs fois ses barons, fit saisir le temporel de l'archevêque, qui, de l'avis de ses suffragants, mit en interdit tous les domaines et les châteaux que le roi avait dans son archevêché, excepté les villes. Ce coup porté, il ne pensa plus qu'à s'aller réfugier à Rome, mais une maladie ne lui permit pas de s'y rendre. Il y députa de Reims, où il était resté, et le Pape consentit qu'il remît au cardinal de Saint-Ange l'examen de cette affaire, avec cette clause, qu'il serait préalablement rétabli dans ses biens. La conclusion du procès lui fut encore plus favorable : le légat prononça en rigueur de justice à son avantage ; il lui adjugea une pleine restitution de ses meubles et immeubles avec les fruits, et enfin, le bois même saisi à Vaudreuil fut rendu et ramené à Rouen. Thibaud gouverna ce diocèse depuis le 4 septembre 1222. On place sa mort au 25 du même mois 1229.

Il y eut bien de la division parmi les chanoines pour lui donner un successeur. La plus grande partie s'attendait à élire le doyen du chapitre, Thomas de Freauville ; mais il se trouva un grand nombre d'opposants, qui alléguaient pour raison que, malgré la défense expresse du dernier concile de Latran, Thomas se maintenait dans la jouissance de plusieurs bénéfices à charge d'âmes. Les causes de récusation étant portées au pape Grégoire IX, il nomma des commissaires, qui furent Guérin, évêque de Senlis, et Jean de Montmirail, archidiacre de Paris. Le projet d'élection en faveur du doyen fut reconnu défectueux ; les commissaires du Pape, suivant le pouvoir qu'ils en avaient, procédèrent à l'élection d'un nouveau sujet ; et leur choix tomba sur Maurice, évêque du Mans. Il y eut cependant un appel interjeté ; mais le Pape n'y eut point égard. Il n'avait plus qu'à prononcer définitivement contre le doyen, lorsque celui-ci prévint la sentence, et leva, par sa renonciation, l'unique obstacle qui retardait la pleine élection de Maurice. Ce que Thomas de Freauville avait eu de mortifiant à essuyer dans cette concurrence, fut heureusement effacé peu de temps après. Il s'était mis en règle en se défaisant de deux cures incompatibles avec son doyenné. Ainsi, rien d'illégitime ne traversa, cette même année, la bonne volonté du chapitre de Bayeux, qui l'élut pour évêque (*Hist. des archevêques de Rouen*, p. 453 ; *Gallia christiana* ; *La France pontificale*).

Maurice, devenu archevêque de Rouen, fut un des grands exemples que l'histoire nous fournit pour nous apprendre ce que peut quelquefois le mérite aidé du travail et de l'application. On le dit originaire de Champagne, d'une famille si obscure et si pauvre, qu'il ne subsista dans sa jeunesse que des charités d'un monastère de filles, qui prenaient soin de l'entretenir aux études. Admis ensuite dans le clergé de l'Église de Troyes et promu à la dignité d'archidiacre, il y joignit le ministère de la prédication, ou plutôt les fonctions d'un missionnaire, aussi occupé de la sanctification des paroisses qu'il visitait à pied, que de l'inspection des prêtres et des autres emplois plus particuliers à sa charge. Entre les bonnes œuvres auxquelles il s'attachait, il pensa que la reconnaissance l'obligeait à un saint retour envers les religieuses qui l'avaient nourri ; et il rétablit parmi elles toute la perfection de leur institut. Elles étaient Bénédictines.

Pendant qu'une vie également laborieuse et retirée éloignait de lui jusqu'à l'ombre des brigues et des mouvements qu'on se donne pour s'avancer, le chapitre du Mans était en feu sur la succession de l'évêque. Le doyen d'une part, le prévôt de l'autre, partageaient entre eux toutes les voix. A la fin, ils convinrent tous les deux de céder à un troisième, qui fut Maurice, archidiacre de Troyes. Il gouverna le diocèse du Mans environ douze années, depuis 1219 jusqu'en 1231, comme si Dieu l'eût destiné à mettre deux fois d'accord des prétendants ambitieux à deux évêchés. Les degrés par où il avait passé annonçaient d'avance des talents et des vertus ; ses nouveaux diocésains le trouvèrent encore supérieur à sa renommée. Trois ans et demi seulement qu'ils le possédèrent, furent assez pour lui mériter l'éloge qu'en fait Thomas de Cantimpré, auteur contemporain, savoir, qu'au jugement de ceux qui vivaient dans ce temps-là, depuis cinq cents ans on n'avait pas vu son pareil dans l'épiscopat.

Aussi eut-il à lutter contre les ministres du roi.

L'an 1232, après la mort d'Alix, abbesse de Monti-Villiers, diocèse de Rouen, les religieuses furent partagées au moment de l'élection entre deux élues. L'archevêque Maurice, après un mûr examen, ayant trouvé qu'on n'avait pas gardé la forme prescrite par le concile de Latran, cassa cette élection, priva pour cette fois la communauté du droit d'élire, et donna une abbesse de son choix. Plusieurs religieuses s'adressèrent au roi, qui s'opposa avec elles à cette nomination. Maurice excommunia ces religieuses opposantes. Il avait excommunié la même année, pour faute manifeste, l'abbé et quelques religieux de Saint-Vandrille, qui trouvèrent aussi protection auprès du roi. Pour tout cela, le roi cita l'archevêque à comparaître devant lui. L'archevêque le refusa, comme avait fait son prédécesseur, soutenant qu'après Dieu il n'avait d'autre juge que le Pape, tant au temporel qu'au spirituel, suivant l'ancienne liberté de l'Église de Rouen et la coutume observée jusqu'alors. Sur ce refus, le roi fit saisir tous les domaines de l'Église de Rouen. L'archevêque, après l'avoir averti plusieurs fois, et prié de lui donner main-levée, mit en interdit : premièrement, toutes les chapelles du domaine du roi dans le diocèse de Rouen, excepté quand le roi y serait présent ou la reine ; de plus, tous les baillis et sous-baillis du roi, avec leurs familles, et tous les cimetières de son domaine. L'interdit s'étendait à toutes les églises du domaine soumises à la juridiction de l'archevêque, mais seulement pour y défendre de sonner les cloches et de chanter l'office en note, de peur que, si l'interdit était plus rigoureux, il ne causât des hérésies et l'endurcissement du peuple.

Comme il n'obtenait pas ce qu'il avait espéré, il ordonna à ses doyens de faire cesser partout l'office divin et l'administration des sacrements, hormis le baptême pour les enfants et la pénitence pour les personnes mourantes. Il permit une fois la semaine la lecture de l'introït, de l'épître et de l'évangile, la distribution du pain bénit et l'explication des commandements de l'Eglise; le tout à portes fermées et à l'exclusion des personnes interdites. Témoignant, au reste, la douleur qu'il ressentait d'être obligé d'en venir à cet interdit, non pour offenser, disait-il, le seigneur roi, mais pour défendre la liberté de l'Eglise de Rouen. Après quelques autres remontrances inutiles à la cour, Maurice ordonna encore, durant l'interdit, que, dans toutes les églises de son diocèse, on ôtât de leur place les statues de la sainte Vierge, que l'Eglise de Rouen regarde comme sa patrone; qu'on les mît dans la nef, en un lieu décent, non à terre; qu'on les entourât d'épines et de bancs, et que l'on en fît de même pour les statues de Notre Seigneur.

Maurice enfin se plaignit au pape Grégoire IX, qui écrivit au roi, le 29 novembre 1232, une lettre pressante, mais pleine d'égards, pour le prier de donner main-levée à l'archevêque : ce qui fut exécuté après l'interdit levé, au bout d'environ un an. Outre la jeunesse du roi, qui n'avait alors que dix-sept ans, une preuve que la sévérité de la cour partait, non de ce prince, mais de ses ministres, c'est que le Pape avait chargé les évêques de Paris et de Senlis d'obliger ces ministres, par censure, à procurer la restitution du temporel à Maurice (*Hist. de l'Egl. gall.*, l. 31; Labbe, *Nova Biblioth.*, *Chron., Rotom.*, t. I, p. 375; *Spicileg.*, t. III, p. 714; Raynald). Le pieux archevêque mourut en odeur de sainteté au mois de janvier 1234. Il avait tenu un concile provincial en 1231, ainsi que Juhel, archevêque de Tours, l'un et l'autre pour appliquer aux besoins de leurs provinces les règlements généraux du concile de Latran.

D'autres faits du même genre arrivèrent encore pendant la minorité de saint Louis. Beauvais avait été une des premières villes de France à jouir du droit de commune, par une concession de ses évêques, qui avait été confirmée par Louis le Gros. En 1232, le corps des bourgeois s'assembla donc pour procéder à l'élection annuelle des magistrats municipaux. La nomination des douze pairs et des échevins eut lieu sans aucun trouble; mais lorsqu'il s'agit de désigner le maire, les opinions furent partagées, et une grande dispute s'éleva à ce sujet entre la classe des riches marchands et le reste du peuple. Dans ces cas, l'évêque de Beauvais prétendait que c'était à lui de nommer le maire, sur la présentation de deux candidats; d'un autre côté, le conseil de régence, qui gouvernait au nom du roi, élevait déjà contre les libertés des villes les prétentions absolues qui, plus tard, se sont réalisées. Le roi ou ceux qui gouvernaient en son nom créèrent de leur chef un maire, et envoyèrent à Beauvais, pour remplir cet office, un homme étranger à la ville, un bourgeois de Senlis : ce qui était contraire aux usages de toutes les communes. Le peuple s'insurgea, une vingtaine de personnes furent tuées et le maire royal fort maltraité. L'évêque Milon, qui était absent, revint sur les entrefaites; mais, bientôt après, y arriva aussi le jeune roi avec un corps de troupes. L'évêque l'ayant salué, lui dit : Très-redouté sire, je vous demande conseil, comme à mon seigneur, sur ce qu'il me convient de faire en cette fâcheuse occurrence. Le roi lui répondit qu'il prenait sur lui de faire prompte et bonne justice. Mais, très-cher sire, reprit l'évêque, c'est moi qui ai dans la ville toute justice haute, basse et moyenne. Et, comme le roi ne répondait rien, il répéta jusqu'à trois fois la même remontrance.

Le lendemain, le roi se rendit à la halle, où les pairs et les échevins étaient réunis en conseil, et dit au peuple assemblé qu'il voulait connaître de l'affaire. Les échevins, moins hardis que l'évêque, n'objectèrent rien relativement à leur droit de juridiction municipale; et aussitôt les parents de ceux qui avaient été tués ou blessés dans l'émeute se mirent à genoux devant le roi, en criant : Sire, faites-nous justice! Sur l'ordre du roi, ses officiers ouvrirent les prisons de l'évêque, où plusieurs des accusés étaient détenus; ils en arrêtèrent ensuite un grand nombre dans leurs maisons, et les amenèrent avec les autres à la halle, où ils furent enfermés jusqu'à ce qu'on eût statué sur leur sort. Tous furent bannis, et leurs maisons démolies, au nombre de quinze cents. Le maire étranger frappait un premier coup de marteau, et ensuite les gens du roi sont partis et des ouvriers payés faisaient le reste. L'évêque Milon ne manqua pas de protester contre cette sentence, au nom du privilège de juridiction appartenant à son Eglise. Il demanda que les officiers du roi lui rendissent les bannis comme jugés illégalement; mais le roi, ou plutôt celui qui le dirigeait, n'eut aucun égard à sa requête, et n'y répondit qu'en faisant à l'évêque la demande de quatre-vingts livres pour son droit de gîte : l'évêque dit qu'il en délibérerait. Sur cette réponse, le roi mit garnison dans le palais épiscopal, et en fit saisir le mobilier, qui fut vendu à l'enchère.

L'évêque porta sa plainte à un concile qui se tenait à Noyon, la première semaine de carême 1233, et son official y parla ainsi : « L'évêque de Beauvais vous représente, saints Pères, que, bien que la justice et la juridiction de la ville lui appartiennent, et que lui et ses prédécesseurs en aient toujours joui paisiblement, toutefois, à l'occasion d'un crime commis à Beauvais, le seigneur roi y est venu avec des troupes; et, après plusieurs prières et admonitions de l'évêque, il n'a pas laissé de faire publier son ban dans la ville, prendre des hommes, en bannir d'autres, et abattre jusqu'à quinze cents maisons. En partant, il demandait à l'évêque, pour droit de gîte pendant cinq jours, quatre-vingts livres parisis; sur quoi l'évêque dit que cette prétention était nouvelle, et demanda un peu de temps pour en délibérer avec son chapitre. Mais le seigneur roi le lui refusa, fit saisir toutes les dépendances de l'évêché, et y mit garnison. C'est pourquoi l'évêque vous demande conseil et aide. »

Alors l'évêque de Beauvais se retira avec son conseil, et le concile, ayant délibéré sur son affaire, conclut d'envoyer à Beauvais les trois évêques de Soissons, de Laon et de Châlons, pour informer du droit de l'évêque et des torts qu'il prétendait avoir soufferts : ce qui fut exécuté. Ensuite les trois évêques firent le rapport de leur enquête la semaine d'avant la Passion, au concile qui se tenait à Laon, et qui ordonna que l'on ferait encore au roi deux monitions, outre la première, faite avant l'information. Pour cet effet furent députés trois autres évêques, Anselme de Laon, Geoffroi de Cambrai et Azon d'Arras. Ils firent au roi une sommation de rendre à l'évêque de Beauvais les habitants qu'il avait fait prendre, et de lui donner main-levée de ses régales. La monition est datée de Poissi, le 20 mars 1233. Le roi, ou plutôt son conseil, n'ayant pas accordé la main-levée, Milon mit tout son diocèse en interdit, ce que les autres évêques étendirent à toute la province.

Au commencement de septembre, la même année 1233, ils s'assemblèrent à Saint-Quentin, et y résolurent qu'ils iraient tous à Rome, si l'archevêque de Reims le jugeait à propos, ou du moins ceux qu'il y enverrait, pour conserver les libertés de leurs Eglises. Les chapitres des cathédrales de la province se plaignirent des évêques, prétendant qu'ils n'avaient pu ordonner l'interdit sans leur participation; et le chapitre de Laon fut remercié par le roi de n'avoir point gardé l'interdit. Sur ce sujet on tint un autre concile à Saint-Quentin, le troisième dimanche de l'avent de la même année, et on y appela les chapitres des cathédrales, afin qu'ils n'eussent point de prétexte d'en rejeter l'autorité. En ce concile, l'interdit fut révoqué sur la remontrance de Simon d'Arci, doyen d'Amiens ; et on déclara en général que les évêques ne pouvaient rien ordonner sans la participation de leurs chapitres. L'évêque de Beauvais se plaignit hautement de cette conclusion : il en appela et alla poursuivre son appel à Rome. Le Pape voulut accommoder l'affaire, et nomma pour médiateur entre le roi et l'évêque, Pierre de Colmieu, doyen de Saint-Omer, comme on voit dans sa lettre au roi du 6 avril 1234 (*Apud Raynald.*, an 1234, n. 12). Mais Milon, évêque de Beauvais, mourut la même année, le 6 de septembre, à Camerino en Italie.

Sa mort ne rendit point la paix à la province de Reims. Les laïques, de leur côté, avaient tiré avantage de la mésintelligence entre le clergé et le gouvernement du roi. Les bourgeois de Reims, entre les autres, renouvelèrent plus violemment que jamais ce qu'ils avaient si souvent tenté au préjudice de l'autorité ecclésiastique. Elle avait alors un défenseur zélé dans la personne de Thomas de Baumez, prévôt de la cathédrale, qui fut élevé depuis sur le siège métropolitain. Le mal fut pour lui, qu'ayant été plus ardent qu'il ne devait l'être dans la contestation de l'évêque de Beauvais, il s'attira un ordre de quitter la ville; ce que les bourgeois ne manquèrent pas de lui faire exécuter aussi promptement et aussi durement qu'ils le purent. D'un autre côté, les échevins se brouillèrent avec l'archevêque Henri de Braine, sur certains droits qu'il prétendait justement, comme les autres seigneurs temporels. Le chapitre, uni au prélat, contesta aux bourgeois le droit de commune; ceux-ci, irrités, fatiguèrent l'archevêque et les chanoines par tant de vexations, qu'ils les obligèrent de demander au Pape des commissaires pour casser les procédures des échevins, et pour les obliger de répondre de leur administration en présence de ces juges nommés par le Saint-Père. On ne dit pas comment les Papes avaient acquis le droit de connaître du gouvernement de ces magistrats; mais à quelque violence qu'on en vînt à Reims, quand on y apprit que Grégoire allait entreprendre les échevins, cette autorité ne fut point contestée.

Cependant l'animosité se changea en fureur, et tout l'orage tomba sur l'archevêque et sur les chanoines qui avaient réclamé la protection du Pape. Outre les insultes et les coups de main, par où le peuple a coutume de se montrer dans une émeute, il s'en prit, dans celle-ci, plus particulièrement aux maisons du prélat et des chanoines, qui furent attaquées et renversées à force de machines, comme dans les sièges en forme. C'est ainsi que s'exprime le Pape dans la lettre que nous allons citer. On y parle de barricades, de fossés, de murs construits avec le pavé des rues, et d'une église des frères Mineurs envahie pour servir de fort aux assiégeants. Les séditieux allèrent à Pont-Favergé et à Cormici, deux maisons de campagne de l'archevêque, mais plus déterminément au château qu'on appelait Porte-Mars, qui fut assiégé dans les règles. Ils pillèrent tout et firent quelques meurtres. L'archevêque mis en fuite et toujours poursuivi, malgré l'excommunication qu'il lançait indistinctement, et par là sans effet, sur le gros des coupables, implora une seconde fois la protection de Grégoire IX. Le Pape, non plus que lui, ne pouvait que parler et menacer.

Il commit l'affaire à deux députés, l'un doyen et archidiacre du chapitre de Bar, l'autre le docteur Ferri, chanoine de Langres. La lettre où tout ce tumulte est peint des plus vives couleurs, est datée du 3 octobre 1235. Elle charge l'archidiacre et le chanoine de faire publier dans le diocèse de Reims et ailleurs, et de soutenir de toutes leurs forces, l'excommunication lancée par Henri de Braine, en saisissant les biens de ceux qui n'en tiendraient compte, et en invoquant, s'il le fallait, le secours du bras séculier pour les réprimer. L'archevêque l'avait peut-être déjà fait. Il y revint dans un nouveau concile qu'il tint le 23 juillet 1235, à Saint-Quentin, où assistèrent avec lui les évêques de Soissons, de Laon, de Châlons, de Noyons, de Senlis, de Térouanne ; les procureurs des évêques d'Amiens, d'Arras, de Tournai, de Cambrai, et les députés de tous les chapitres. Aussi était-il question d'une affaire qui regardait le chapitre de la métropole.

Ce concile déclara que l'Eglise se trouvait blessée dans les articles suivants. Le bannissement de Thomas de Beaumez, chanoine de Reims; la saisie des biens du chapitre de Soissons faite au nom du roi ; le refus que faisait le prince de donner main-levée des régales à l'abbesse élue de Notre-Dame de Soissons, confirmée par l'évêque, sans défense à lui de la bénir, et l'enlèvement des reliques et des vases sacrés de ce monastère par le bailli du roi. Le roi, disaient-ils, nous oblige à plaider en cour séculière avec des excommuniés. Il veut que les ecclésiastiques prouvent par le duel que leurs serfs sont réellement à eux. Quant à l'affaire de l'Eglise de Reims, le roi doit s'en rapporter à l'archevêque pour les sentences rendues contre les bourgeois par autorité du Pape, sans faire enquêtes des causes de l'excommunication; et, sans entrer dans cette connaissance, le roi est tenu de donner secours à l'archevêque, s'il en est requis, pour la réparation des excès commis par les bourgeois. Mais l'archevêque n'est point tenu de répondre, dans la cour du roi, aux bourgeois, ses vassaux et ses justiciables, ni sur homicide, ni sur autre crime dont il soit accusé personnellement. Enfin le concile de Saint-Quentin résolut que les évêques qui y assistaient iraient en personne trouver le roi avec les députés des chapitres, le samedi suivant, pour lui faire leur remontrance au nom du concile, et qu'ils se rassembleraient ensuite à Compiègne, pour traiter de la même affaire, le dimanche après la Saint-Pierre-aux-Liens.

Suivant cette résolution, l'archevêque et les six évêques vinrent à Melun trouver le roi saint Louis, le 29 juillet 1235, et lui firent leurs remontrances sur tous les articles précédents. Le roi dit qu'il en prendrait conseil, et leur donna jour à la quinzaine après l'Assomption. Les évêques s'y accordèrent; mais dès lors ils firent au roi une monition sur deux articles : l'affaire de l'Eglise de Reims et le bannissement de Thomas de Beaumez. Le concile se rassembla à Compiègne le 5 août, et donna commission à trois abbés de faire au roi la troisième monition le 17 septembre. En attendant, le 1er jour de ce dernier mois, les évêques allèrent eux-mêmes à Saint-Denys trouver le roi, et lui firent la seconde monition.

Alors plusieurs seigneurs de France écrivirent au Pape pour se plaindre des prélats et des ecclésiastiques. La lettre porte les noms de plus de trente, dont les premiers sont : Hugues, duc de Bourgogne; Pierre Mauclerc, comte de Bretagne; Hugues, comte de la Marche, et Amauri, comte de Montfort, connétable de France. Ils disent au Pape : « Quoique le roi, ses ancêtres et les nôtres aient toujours conservé fidèlement les droits de l'Eglise, en quoi nous prenons soin de les imiter, maintenant les prélats et les autres ecclésiastiques s'élèvent contre le roi par de nouvelles entreprises, lui refusent les devoirs qu'ils ont rendus depuis longtemps à lui et à ses prédécesseurs, et veulent extorquer de nouveaux droits de lui et de ses sujets. L'archevêque de Reims et l'évêque de Beauvais sont ses vassaux et ses hommes-liges, et tiennent de lui leur temporel en pairie et en baronie; et toutefois ils ont l'audace de ne vouloir plus répondre en sa cour touchant leur temporel, et ne permettent pas que l'archevêque de Tours ni les abbés de sa province répondent en la cour du roi et des autres seigneurs, comme ils ont fait sous les rois précédents. Ces prélats et les autres ecclésiastiques veulent nous charger, nous et nos vassaux, de nouvelles coutumes que nous ne pouvons souffrir. C'est pourquoi nous vous supplions de vouloir bien conserver en leur entier les droits du royaume et les nôtres, comme ils ont été observés du temps de nos prédécesseurs, sachant que ni le roi ni nous ne pourrions plus supporter de telles entreprises. Fait à Saint-Denys, l'an 1235, au mois de septembre. » La lettre est scellée de vingt-huit sceaux.

Le Pape, homme sensé et pénétrant, concevait assez que, des deux côtés, on aurait pu ne pas se tenir toujours dans les bornes d'une discussion juste et modérée. Les laïques, qui étaient les plus forts, l'assuraient de leur zèle pour tout ce qu'ils regardaient comme autorisé et anciennement fondé en faveur des ecclésiastiques. Mais comme il apprenait qu'on attribuait au roi d'avoir récemment publié deux lois à leur instigation : l'une, que les laïques ne seraient pas toujours obligés de répondre aux juges d'église, et qu'ils pourraient quelquefois se pourvoir contre les excommunications par la saisie du temporel; l'autre, que les prélats, les ecclésiastiques et leurs vassaux clercs seraient contraints de comparaître devant les juges séculiers pour toutes les causes civiles, Grégoire fut sensible à l'abus qu'on pouvait craindre des expressions vagues et indéfinies sous lesquelles il entendait que ces deux lois étaient conçues. Ainsi, profitant de ce qu'il trouvait d'avantageux dans les bonnes dispositions des laïques, au lieu de s'embarrasser dans un dédale infini de cas particuliers, il élève la pensée du roi et des seigneurs jusqu'à la destination providentielle de la royauté et de la puissance chrétiennes, leur rappelle l'exemple et la législation de Charlemagne. Voici comme il parle au roi de France :

« Le Roi éternel de tout royaume, qui a établi l'Eglise sur le fondement de la foi catholique, invite les rois et les princes de la terre à la servir avec dévouement, et ordonne aux mortels de l'honorer : elle, pour qui lui-même, prenant la forme d'esclave, n'a pas craint de subir la mort de la croix. Il exalte celui qui rend service à ses ministres, et perpétue le royaume à qui seconde avec zèle les vœux de son épouse. Vous pouvez, très-cher fils, le voir clairement dans vos ancêtres, principalement dans Charlemagne, d'illustre mémoire. Obéissant au Pontife romain, vicaire de Jésus-Christ et successeur de saint Pierre, à qui le Seigneur a confié les droits tout ensemble, et de l'empire terrestre, et de l'empire céleste, combien n'a-t-il pas entrepris de travaux et de difficultés pour la défense de l'Eglise? et combien aussi n'en a-t-il pas remporté d'honneur, de louange et de gloire?

» Mais peut-être n'est-il pas venu à votre connaissance que plusieurs fois ce même Charlemagne assembla de grandes armées contre les persécuteurs de l'Eglise, et en triompha magnifiquement; que l'empereur de Constantinople, négligeant de défendre la liberté ecclésiastique, l'Eglise, qui a reçu du Seigneur l'un et l'autre glaive, pour tirer l'un et faire tirer l'autre, conféra l'empire au même Charlemagne, qui réprima non-seulement les violateurs de la liberté de l'Eglise, mais encore les perturbateurs des choses ecclésiastiques; elle continua ainsi sur sa personne la grâce que le pape Zacharie avait déjà faite à son père Pepin, en l'élevant sur le trône des Francs. C'est pourquoi, voulant honorer l'Eglise de laquelle il avait reçu tous les honneurs, Charlemagne décréta, par une loi perpétuelle (*Capitul. reg. Franc.*, l. 6, cap. 366) que tous ses sujets observeraient inviolablement l'édit de l'empereur Théodose (*Cod. Theod.*, l. 7, post. titul.), à savoir : *Quiconque, ayant un procès soit comme demandeur ou comme défendeur, en quel état de cause que ce soit, aura choisi le jugement de l'évêque, lui sera aussitôt envoyé, nonobstant l'opposition de la partie adverse; et ce que l'évêque aura décidé sera exécuté, sans qu'il soit permis de se pourvoir contre son jugement.* Après cela, combien n'est-il pas injuste et absurde que l'Eglise, gratifiée du privilége d'une liberté aussi grande, soit dépouillée, de votre temps, d'immunités beaucoup moindres? »

Le Pape ajoute que les successeurs de Charlemagne, les ancêtres de Louis, bien loin de diminuer les priviléges et les libertés de l'Eglise, y ajoutèrent encore, ou plutôt la conservèrent dans la liberté qui lui est due, après en avoir reçu eux-mêmes toute leur puissance. Louis, leur descendant et leur successeur, ne devait point dégénérer de cet esprit de famille, non plus qu'un rameau, de la sève de l'arbre. Or, les deux lois en question, au lieu de favoriser la liberté de l'Eglise, tendent à la réduire en servitude. Elles sont dues à la suggestion de certains hommes qui veulent pêcher en eau trouble et gagner par le déshonneur du roi. Celui-ci, outre l'exemple de ses ancêtres, fera bien de méditer cette parole de l'empereur Valentinien aux suffragants de l'Eglise de Milan : *Placez sur le trône pontifical un pasteur tel, que nous, qui gouvernons l'empire, nous lui soumettions nos têtes, et que, quand nous péchons comme hommes, nous recourions nécessairement à lui pour recevoir les remèdes de nos fautes.* Au lieu d'écouter encore de mauvais conseils, le jeune roi devait réparer les maux présents et en prévenir le retour; d'autant plus que le pape Honorius III, au couronnement de l'empereur Frédéric II, avait excommunié tous ceux qui feraient observer des statuts et des coutumes abusives contre la liberté de l'Eglise, s'ils ne les abrogeaient dans deux mois.

Voilà comme, dès le 15 février 1236, le pape Grégoire IX combattait la tendance des légistes français à soumettre l'Eglise gallicane au roi de France, tout comme les légistes allemands prétendaient soumettre l'Eglise catholique et le monde entier, y compris la France, à l'empereur d'Allemagne. Les uns et les autres partaient du même principe, tendaient au même but; tendance que nous verrons se développer avec les siècles, et y engendrer des révolutions de plus d'une espèce.

Le roi Louis IX entrait alors dans sa majorité; devenu maître de sa conduite, il se montra beaucoup plus disposé à céder aux demandes des évêques. Pour s'entendre avec eux sur la paix, il n'attendit point de nouveaux messages ou des visites de leur part, et lui-même, à plusieurs reprises, se rendit en Champagne. Lorsqu'il eut pris une connaissance suffisante de l'affaire, il publia une ordonnance en forme de règlement sur les articles capitaux, mais toute à la satisfaction de l'archevêque de Reims sur les principaux articles, et dressée de telle manière, en ce qu'elle avait de plus favorable à la bourgeoisie, que le prélat paraissait se relâcher et céder volontairement ce qu'il pouvait absolument exiger. Outre ce jugement donné par le roi, à Paris, dans le mois de janvier, en l'année 1236, Eudes Clément, abbé de Saint-Denys, et Pierre de Colmieu, prévôt de Saint-Omer, qu'il députa à Reims pour la discussion des détails, en donnèrent un autre au mois de février suivant. Le choix qu'il avait fait s'était trouvé si agréable aux deux parties, qu'elles ne voulurent pas même souffrir qu'ils procédassent judiciairement. Les bourgeois furent condamnés à des réparations et à des amendes très-considérables. Il fut réglé que les censures et les excommunications seraient levées, le tout après les serments réciproques portés pour l'exécution des engagements contractés de part et d'autre.

Pierre de Colmieu était originaire, à ce que l'on conjecture, de la ville de Colmieu, dans la Campagne de Rome. Mais s'il fut Italien de naissance, il était tout Français par l'éducation. Il fit toutes ses études à Paris, où il fut recteur de l'université. Quant à sa jeunesse, il en passa une partie en Angleterre, à la suite du légat Pandolphe, depuis évêque de Norwic. Son grand mérite était rehaussé par une modestie plus grande encore. Il jouissait de la confiance des Papes, des rois et des peuples. On lui offrit successivement l'évêché de Térouanne, l'archevêché de Tours; mais jamais on ne put le résoudre à accepter aucun autre bénéfice que celui qu'il possédait à Saint-Omer. Encore le quitta-t-il pour embrasser la profession religieuse dans l'abbaye du Mont-Saint-Eloi, près d'Arras. L'archevêque Maurice de Rouen étant mort le 10 janvier 1235, le chapitre élut pour lui succéder Guillaume de Nelme, qui déclara ne point accepter. Alors tous les suffrages se réunirent sur Pierre de Colmieu; mais il refusa obstinément. Les chanoines, sensiblement mortifiés de sa résistance, le demandèrent au souverain Pontife. Leur demande ne pouvait être que fort agréable à Grégoire IX, qui le considérait et l'aimait. Il lui enjoignit de se rendre; et, rappelant pour l'y contraindre l'autorité qu'il avait sur lui, il lui ordonna de venir à Rome, afin qu'il eût la joie de le sacrer de ses mains. Pierre de Colmieu pria le Pape de le dispenser du voyage de Rome; et il l'obtint. Peut-être se flatta-t-il qu'avec le temps il parviendrait à être dispensé de subir le joug qu'on voulait lui imposer; car il différa son sacre plus de quinze mois, quoique toujours appliqué au gouvernement de son diocèse. Enfin, le 9 août 1237, il fut sacré par l'évêque d'Avranches, en présence de trois autres évêques de Normandie, de deux métropolitains et de huit évêques des provinces de Reims et de Sens (*Hist. de l'Egl. gall.*, l. 31). Nous verrons Pierre de Colmieu devenir cardinal-évêque d'Albane.

L'archevêque de Reims, Henri de Braine ou de Dreux, frère de Pierre Mauclerc, comte de Bretagne, mourut lui-même le 6 juillet 1240. Ce fut un prélat pieux et magnanime. En mourant, il travaillait encore pour la délivrance du prévôt de son Eglise, Thomas de Beaumez, exilé d'abord par le roi, et ensuite détenu dans les fers par trois gentilshommes. Des auteurs modernes ont reproché à cet archevêque de n'avoir pas toujours été d'accord avec le roi saint Louis. Ce qui suppose que ce roi, parce qu'il est devenu saint, voyait tout avec justesse et faisait tout avec justice, qu'il était pour ainsi dire la vérité et la justice même. Mais qui ne voit que ceci ne convient qu'à Dieu seul? Pour les hommes, si vertueux, si parfaits qu'ils soient, Dieu permet qu'ils ignorent beaucoup de choses, qu'ils fassent beaucoup de fautes, qu'ils deviennent souvent les uns pour les autres des épreuves et des croix, pour s'exercer à la patience et se sanctifier réciproquement. Nous en avons vu des exemples dans saint Cyprien et le pape saint Etienne, dans saint Chrysostome et saint Epiphane. Il est bon de se rappeler toujours ceci, afin de juger équitablement tout le monde, les vivants et les morts.

Henri de Braine, par suite de difficultés en l'élection, n'eut de successeur au siège de Reims qu'en 1244. Ce fut Juhel de Mayenne, transféré de Tours. Il avait beaucoup de zèle pour le maintien de la discipline et la réforme des abus. Il tint pour cet effet plusieurs conciles, entre autres à Laval, à Château-Gonthier et à Tours, qui, comme ceux que nous avons vus en Angleterre, semblent tous inspirés par le concile général de Latran. Dans celui de Château-Gonthier, tenu l'an 1231, les mariages clandestins sont déclarés ne devoir plus être tolérés, mais rompus sans délai; et, pour les prévenir, il est défendu de contracter par paroles de présent, sans avoir auparavant publié les bans dans l'église, suivant la coutume. Les archiprêtres ni les doyens ruraux ne s'attribueront point juridiction pour les causes de mariages; et les archidiacres, les archiprêtres ni les autres, ayant juridiction, n'auront point d'officiaux hors la ville épiscopale, mais ils y feront leur charge en personne. Les juges feront serment de ne pas recevoir de présents, et d'ouïr et de décider les causes de bonne foi; les avocats, de ne point favoriser sciemment de causes injustes, ni d'y employer aucun moyen frauduleux. Les laïques ne céderont point leurs actions à des clercs, pour les faire passer à la juridiction ecclésiastique (Labbe, t. XI, p. 384; Mansi, t. XXIII, p. 223, Can. 1, 34, 2, 12, 35, 19).

Les recteurs ou curés, présentés par les patrons, feront serment de n'avoir rien donné ni promis pour obtenir la cure; et, après que l'évêque leur aura conférée, ils feront encore serment de lui obéir et de conserver les droits de l'Eglise. Le patron qui aura présenté un ignorant, perdra son droit pour cette fois. On ne donnera une cure qu'à celui qui entend et parle la langue du lieu : cette règle regarde la Basse-Bretagne, où le peuple conserve encore sa langue particulière, qui est celle des anciens Gaulois ou Celtes. On ne pourvoira point à l'avenir, dans une église cathédrale de chanoines, pour la première place vacante. Les clercs débauchés, principalement ceux que l'on a nommés *goliards* (c'étaient des bouffons), seront entièrement rasés par ordre des prélats, en sorte qu'il n'y paraisse plus de tonsure cléricale. Les croisés convaincus d'homicide ou d'autre crime énorme, seront dépouillés de la croix et privés de leurs privilèges par le juge ecclésiastique. Il y a plusieurs canons contre certains abus qui s'introduisaient chez les moines. On leur défend entre autres de demeurer seuls dans les prieurés où la conventualité avait cessé. On recommande l'observation des statuts faits au concile de Laval. Défense de conférer aux Juifs aucune magistrature sur les fidèles. Ordre de réprimer ceux de cette nation qui diraient ou feraient quelque chose au mépris de la foi chrétienne. Le témoignage des Juifs ne sera point reçu contre les chrétiens; le juge séculier sera contraint par les censures ecclésiastiques, à observer ce canon. Quant aux tyrans suspects qui emploient des gens sans aveu pour prendre des ecclésiastiques ou piller leurs biens, l'évêque leur déférera là purgation canonique; s'ils ne veulent ou ne peuvent la fournir, ils seront tenus pour convaincus, et on s'en rapportera contre eux au serment de ceux qui ont souffert le dommage, et à la taxation du juge (Can. 3, 15, 16, etc., 31, 32).

Dans le concile de Tours, tenu l'an 1236, il est dit : Nous défendons étroitement aux croisés et aux autres chrétiens de tuer ou battre les Juifs, de leur ôter leurs biens ou de leur faire quelque autre tort, puisque l'Eglise les souffre, ne voulant pas la mort du pécheur, mais sa conversion. Les évêques auront soin de la subsistance des nouveaux convertis, depeur qu'ils ne retournent à leurs erreurs sous prétexte de pauvreté. Les faux témoins seront fustigés, si le juge ne trouve à propos de les en dispenser pour une amende. Ceux qui ont deux femmes en même temps, seront publiquement dénoncés infâmes et mis sur l'échelle publique, puis fustigés, s'ils ne se rachètent par une amende. On punira de même ceux qui seront convaincus de sortilège. Enfin on insiste sur l'observation des règlements de Château-Gonthier (Labbe, t. XI, p. 504; Mansi, t. XXIII, p. 411, Can. 1, 13, 12, 8, 14).

Dans un autre concile, tenu à Tours l'an 1239, les évêques de la province témoignent ainsi leur zèle pour la réforme des abus dans le clergé et le peuple: « Nous nous portons à cette réforme de toute l'étendue de notre cœur; et c'est afin d'en venir plus aisément à bout que, avec l'approbation du concile, nous statuons que l'archevêque fera choix dans chaque paroisse de trois personnes qui méritent notre confiance. Ce seront trois ecclésiastiques, s'il se peut, sinon trois laïques de probité, dont on prendra le serment pour déclarer ce qu'ils savent sur les fautes qui, dans leur paroisse ou dans les paroisses voisines, auraient été un sujet de scandale; soit que ces fautes regardent la foi, soit quelque autre matière dont l'Eglise ait à connaître, ils seront prêts, étant interrogés, d'en informer, selon leur conscience, ou l'évêque ou l'archidiacre. » Après ce premier canon en viennent douze autres qui signalent en détail quelques abus, et qui ont beaucoup de rapport avec ceux de Château-Gonthier, dont ils prescrivent l'observation. Le troisième défend aux prêtres de se montrer en public, sinon en chape fermée, autrement en soutane, et cela sous peine de cinq sous d'amende pour la fabrique (Labbe, p. 565; Mansi, p. 497). La même année 1239, Gérauld de Malemont, archevêque de Bordeaux, tint un concile à Cognac, où il publia des règlements semblables à ceux des trois conciles de l'archevêque de Tours. L'année suivante 1240, le duc Jean de Bretagne, fils et successeur de Pierre Mauclerc, à la prière des évêques et des seigneurs, chassa les Juifs absolument de toutes les terres de son obéissance, par un édit du 10 avril; et aujourd'hui encore (1843) les Bretons ne connaissent les Juifs que par ouï-dire.

Pierre de Dreux, frère de l'archevêque Henri de Reims, et père du duc Jean de Bretagne, était de la maison royale de France, comme descendant du roi Louis le Gros. Dans sa jeunesse, il étudia longtemps à Paris, étant destiné à l'état ecclésiastique; mais il le quitta pour suivre la profession des armes, d'où lui vint le surnom de *Mauclerc* ou mauvais clerc, comme qui dirait aujourd'hui mauvais séminariste : surnom qu'il justifia très-bien par toute sa vie.

Il se signala d'abord en divers combats contre les Anglais. Philippe-Auguste lui fit épouser, en 1212, Alix, fille de Gui de Thouars, héritière de Bretagne, à condition qu'il se reconnaîtrait son homme-lige. Alix étant morte l'an 1221, Pierre n'avait plus de droits sur la Bretagne que comme tuteur de ses enfants. Il devint, en 1226, avec Thibaut, comte de Champagne, l'un des chefs de la ligue des grands vassaux contre Blanche de Castille, à qui la régence du royaume avait été déférée pendant la minorité de son fils. La défection du comte de Champagne l'obligea de se soumettre; et, ayant obtenu un sauf-conduit, il se rendit à Vendôme pour renouveler son hommage entre les mains du roi. Ce prince le reçut avec bonté, lui accorda des conditions plus avantageuses qu'il ne pouvait espérer, et lui demanda la main de sa fille Yolande pour son frère le duc d'Anjou. Mais Pierre méditait déjà une nouvelle révolte. L'année suivante 1227, il veut enlever le roi, sous le prétexte de le soustraire à la domination de sa mère; ce projet échoue par la connaissance que le comte de Champagne en donne à la reine Blanche. Pierre, ne pouvant plus compter sur cet allié, se ligue, en 1228, avec Richard, duc de Guienne, frère du roi Henri d'Angleterre, et se jette à l'improviste sur l'Anjou, où il exerce de grands ravages. Il est privé de tous les avantages que lui assurait le traité de Vendôme; et le roi vient mettre le siège devant Bellesme, qui lui ouvre ses portes. Abandonné dans le danger par le duc de Guienne, Pierre jure d'être à jamais fidèle au roi, et il obtient son pardon; mais il passe presque aussitôt à Londres, pour exciter Henri III à déclarer la guerre à la France; il fait hommage à ce prince de la Bretagne, sur laquelle ni l'un ni l'autre n'avaient de droit, et pousse l'insolence jusqu'à adresser un défi à son souverain légitime. Saint Louis rassemble des troupes et s'empare d'Ancenis, sans que les Anglais tentent rien pour s'y opposer. Il convoque une assemblée des évêques et des barons de cette province, qui déclarent Pierre Mauclerc privé du titre de duc de Bretagne et déchu de la tutelle de ses enfants. Pierre obtient une trève de quelques mois, et s'engage, s'il n'est pas secouru dans ce délai, à livrer toutes les villes qu'il a en sa possession. Il espérait que le roi d'Angleterre ferait un effort en sa faveur; mais ce prince ayant déclaré qu'il ne pouvait lui fournir ni troupes ni argent, Pierre fit sa paix avec saint Louis, en s'obligeant à remettre la Bretagne à son fils aussitôt qu'il aurait atteint sa majorité : ce qui arriva l'an 1237. Telle fut la conduite de Pierre Mauclerc à l'égard du roi de France.

Sa conduite envers les églises de Bretagne eut quelque chose encore de plus odieux. Le clergé de cette province fut exposé, sous le gouvernement de Mauclerc, à des pillages et à des vexations si criantes, qu'on le comparait, à certaines extrémités près, aux anciennes persécutions du christianisme naissant (*Chron. Turon.*, apud *Martene*, t. V). En 1217, il souleva tout le clergé de Nantes, au point d'obliger l'évêque Etienne, si recommandable par sa vertu, à employer hautement les peines canoniques. Quoique le comte n'y fût pas au fond très-sensible, il n'osa pourtant pas les mépriser ouvertement; et, après quelques paroles données, qu'il ne garda pas, il interjeta appel au Saint-Siège de tout ce qu'on avait entrepris contre lui dans la métropole de Tours, c'est-à-dire de l'interdit jeté sur ses terres et de l'excommunication portée contre sa personne. Le Pape, qui était Honorius III, ayant ordonné un accommodement, le comte y acquiesça; mais il ne fut pas plus scrupuleux sur l'observation de sa parole qu'il l'avait été jusque-là dans de pareilles réconciliations : les voies de fait continuèrent de sa part. Chaque jour c'était quelque nouvelle vexation, quelque nouvelle injustice qu'il fallait dévorer ou repousser, selon le plus ou le moins de forces ou de courage qui se trouvait dans le clergé.

Etienne de Nantes, le plus maltraité de tous les évêques, lui résistait aussi plus vigoureusement qu'aucun autre. Il fit deux fois le voyage de Rome, pour en obtenir raison par les voies de droit; mais quand il se fut convaincu que les serments mêmes n'étaient plus dans sa bouche qu'une misérable défaite ou un jeu sacrilége de la religion, il se résolut à casser ses ordonnances, autant que le comte en portait au préjudice des personnes d'église, surtout quand les formalités n'y étaient pas régulièrement observées. Le comte était trop faible en mille occasions, pour faire passer partout ses volontés en loi; cependant il réussit à détacher la noblesse du clergé, et à fasciner les seigneurs de ses maximes schismatiques, qu'on vit peu après se répandre dans plusieurs provinces : du moins l'accusa-t-on au siége d'Avignon d'y avoir entretenu des correspondances avec les Albigeois qui défendaient cette ville.

Etant revenu en Bretagne, il montra qu'il avait pris de ces hérétiques un nouveau degré de haine contre le clergé. Il déclara encore la guerre aux ecclésiastiques, et il la poussa si vivement que, malgré le peu de fruit qu'on tirait avec lui des censures, Joscelin de Montauban, évêque de Rennes, se vit contraint d'essayer encore quelque chose par cet endroit. Evêques, chapitres, simples prêtres, tout ce qui appartenait à l'état clérical éprouvait sa violence et sa cruauté. On voyait des bénéficiers et leurs vassaux recourir aux églises pour se soustraire aux extorsions qu'il faisait sur eux; mais ces asiles si respectables leur devenaient souvent plus funestes que les prisons mêmes; dès que le comte les y savait retirés, il ordonnait impitoyablement de fermer toutes les issues avec du mortier et des pierres, afin de les y laisser périr de faim. L'excommunication, qui n'était pas un frein pour le réprimer, lui enlevait du moins une partie des satellites qu'il avait à ses ordres. Il s'enhardit et franchit encore cette barrière, forçant les pasteurs à recevoir les excommuniés, et les remettant de son autorité dans les droits dont ils étaient privés.

Etienne, évêque de Nantes, était mort le 10 octobre 1226. Mais tout ce que l'épiscopat avait après lui de plus respectable dans la province, les évêques de Rennes, de Dol, de Tréguier, de Saint-Malo, et particulièrement le saint homme Guillaume Pinchon, évêque de Saint-Brieuc, réunirent leurs représentations et leurs instances pour détourner le comte d'un projet qui, d'usurpation en usurpation, tendait à ne laisser pas même aux ministres de Jésus-Christ le pouvoir des clés, exercé par les apôtres dès la fondation de l'Eglise. Pierre de Dreux comprenait que c'était en ruiner la principale force, et il n'en devint que plus opiniâtre à vouloir entraîner les peuples dans son impiété. Les Bretons, heureusement, avaient des principes de religion qu'ils ne perdaient pas aisément. Quelque complaisance que les nobles lui témoignassent dans l'assemblée de Redon, qu'il tint exprès pour les pervertir sur le point des excommunications, il n'en obtint qu'une partie de ce qu'il prétendait; le plus grand nombre de ceux qu'il gagna ne s'aheurta pas à épouser toutes ses maximes. Cependant le serment qu'il proposa fut accepté. La noblesse jura de ne point éviter les excommuniés, de ne point user de l'autorité temporelle pour les contraindre à se faire absoudre; enfin de conserver ses biens contre l'attentat prétendu des ecclésiastiques. Mais la généralité des termes sur les premiers articles, comme sur les autres qu'il obligea les seigneurs de jurer, fit au moins que les plus honnêtes gens y accommodèrent leur conscience le moins mal qu'il leur fut possible. Pour lui, rien ne l'arrêtait; il ne se mit en repos du côté des évêques qu'en s'appropriant leurs revenus et en les chassant de leurs diocèses.

Ces prélats, dépouillés et dispersés, ne pouvaient espérer de grands secours de la cour de France pendant la minorité de saint Louis. Ils recoururent de nouveau à la protection du pape Grégoire IX. Le pontife ne se contenta pas de confirmer tout ce que les prélats avaient déjà lancé d'anathèmes, chacun en particulier, contre Pierre Mauclerc; il commit encore des personnes en son nom pour les publier hors des lieux de la dépendance du comte. Ce fut l'évêque du Mans, Maurice, depuis archevêque de Rouen, avec deux chanoines de sa cathédrale, à qui l'ordre était signifié. Le Pape ajoutait aux censures ce qu'elles avaient d'ordinaire d'accompagnements les plus rigoureux. Il annulait le serment exigé à l'assemblée de Redon, et ne donnait au comte que quatre mois de délai après les formalités usitées, pour faire éclater sur sa tête toutes les peines portées par la jurisprudence des canons contre les indociles et les contumaces.

Les trois commissaires du Saint-Siège ne désespérèrent pas d'amener le comte à un commencement de négociation, pour peu que son intérêt le demandât. La lenteur affectée de leurs poursuites l'avait préparé à se flatter d'un accueil rebutant, aux premières démarches qu'il se résoudrait d'essayer envers le Pape. Les nobles, que ses caprices avaient soulevés à leur tour, l'y déterminèrent en effet; mais il agit en prince rusé qui sait qu'on l'attend, et pleinement convaincu que, dans quelque temps qu'il revînt, il serait toujours le maître de faire les conditions. Les évêques bretons n'eurent pas plus tôt appris qu'il entrait en pourparlers par ses députés, qu'ils déléguèrent de leur corps Joscelin de Montauban, évêque de Rennes, et Guillaume Pinchon, de Saint-Brieuc, les plus commodes et les plus intègres conciliateurs qu'ils pussent choisir, pour ne refuser au comte, dans les conventions, que ce que la seule conscience ne permettrait pas de lui accorder. Les prétentions réciproques étaient extrêmement brouillées, comme elles le sont toujours en ces sortes de discussions. Le comte en alléguait qu'il disait tenir de sa dignité, mais que les évêques appelaient tyranniques; et les évêques en alléguaient pareillement qu'ils voulaient être d'une possession imprescriptible, mais que le comte traitait d'innovations et d'envahissements. Le premier plan que le comte avait présenté en sa faveur, n'avait été approuvé du Pape qu'à certaines conditions capables de satisfaire les évêques. On dressa les articles à Rome, et on les envoya à Juhel de Mayenne, archevêque de Tours, avec ordre de lever les censures, si le comte remplissait les clauses de l'accommodement; mais ce prince ne se pressa pas. Il différa même longtemps encore, jusqu'à ce que, les troubles de la noblesse augmentant toujours, il plia malgré lui. On sentit que le cœur n'avait point de part à la réconciliation; mais de l'humeur dont il était, on compta pour beaucoup qu'il parût se désister de ses prétentions passées. Il y eut, après tout, de quoi s'applaudir de la tranquillité qu'il accordait à l'Eglise. Le capital pour elle y fut sauvé, les saisies restituées, les dommages réparés, les serments qu'il avait exigés à son préjudice tenus pour nuls, et l'obéissance qu'il lui devait, promise et jurée de nouveau par une attestation solennelle, surtout à l'égard des excommunications. Cette paix passagère et fourrée plut aux deux partis : le comte gagna du temps et l'Eglise du repos. Tout ceci se passa dans l'année 1230, au bout de trois ans de persécution, dont les monuments ne s'expliquent qu'en traitant le prince de Bretagne comme un second Décius et un autre Dacien (*Chron. Turon.*, Martene *ubi suprà*; *Hist. de l'Egl. gall.*, l. 31).

Saint Guillaume, évêque de Saint-Brieuc, était un modèle de toutes les vertus épiscopales. Avec un extérieur très-gracieux et beaucoup d'affabilité dans l'usage du monde, il conserva une innocence d'âme et une pureté de mœurs qui le rendirent respectable à tous ceux que leur malignité, jointe à leur propre corruption, engageait à l'examiner de plus près; il garda sa virginité, nonobstant deux dangereuses épreuves où il se trouva exposé. Entre autres vertus, sa tendresse pour les pauvres ne connaissait point de bornes; dans une année de disette, après avoir donné tout son blé, il emprunta encore celui des chanoines, afin de mettre les pauvres en état d'attendre la moisson. Outre l'office canonial, il disait tous les jours le psautier par cœur, mortifiait son corps, et couchait souvent à terre, quoiqu'il eût un lit convenable à sa dignité.

Les guerres de Bretagne contre saint Louis pendant sa minorité, et les violences souvent exercées par les officiers du comte Pierre de Dreux, avaient ouvert une ample matière à la charité du saint évêque. Quiconque se présentait à lui dans le territoire de sa ville épiscopale, ami ou ennemi, citoyen ou soldat, en recevait sur-le-champ le soulagement à ses besoins. Dans une de ces guerres, la ville de Saint-Brieuc étant attaquée, le saint évêque allait par les rues, consolant les habitants, et se jeta même souvent au milieu des ennemis, pour arrêter le pillage au péril de sa vie. Si quelquefois, pressé par son clergé, il se croyait obligé d'excommunier les pillards et les autres criminels, pour ne paraître pas faible et négligent, il le faisait avec une extrême douleur et répandait beaucoup de larmes. Il s'opposa avec une grande fermeté aux entreprises de la noblesse de Bretagne sur les droits et la liberté de l'Eglise; en sorte qu'il fut obligé de sortir de la province. Il se retira auprès de l'évêque de Poitiers, qui, pour ses infirmités continuelles, ne pouvait exercer ses fonctions. L'évêque de Saint-Brieuc lui servit de vicaire ou plutôt de suffragant pendant quelques années, faisant les ordinations, les dédicaces d'églises, les consécrations d'autels, donnant la confirmation et remplissant tous les devoirs du ministère épiscopal d'une manière qui lui attirait l'estime et l'affection de tout le monde. L'orage étant passé, vers l'an 1230, il revint dans son diocèse.

Au mois d'octobre 1233, l'archevêque de Tours tenant à Saint-Brieuc un synode de visite, saint Guillaume, de concert avec son chapitre, y fit régler quelques articles touchant l'office divin de sa cathédrale. On y remarque qu'il cherchait soigneusement les moyens de réduire les bénéfices à l'égalité, et que l'assiduité aux assistances étant, disait-il, également requise, il était raisonnable, selon Dieu, que l'honoraire fût aussi égal. Dans cet esprit, il ne négligeait pas les distributions manuelles. L'avent et le carême surtout, il avait fort à cœur qu'on le fît. Le temps qu'on appliquait à l'étude dans une université était, selon lui, une légitime raison pour autoriser l'absence ou la non résidence de six mois ; mais on devait demander la permission au chapitre, qui ne pouvait la refuser (Labbe, t. XI).

Saint Guillaume avait commencé la construction de sa cathédrale ; mais l'édifice n'était pas encore prêt à finir, lorsqu'on prit pour prophétie un mot qu'il dit un jour : « C'était que, vif ou mort, il y mettrait la dernière pierre. » Étant en effet mort le 29 juillet 1234, et inhumé dans une des parties de l'édifice saint, qu'il avait laissé imparfait, il y demeura deux années entières avant que Dieu fît parler la voix des miracles en sa faveur. Cependant un évêque nommé Philippe, qui lui avait succédé, continua l'ouvrage ; et, tandis qu'on fouillait pour avoir des matériaux, un pur hasard, selon les apparences, donna lieu à découvrir le saint corps, mais ce fut avec des signes qui ne laissaient point douter que le Seigneur, toujours admirable dans ses saints, ne l'eût destiné à devenir l'objet de la vénération publique. Nulle marque d'altération dans le corps depuis deux ans qu'il était demeuré enfoui dans la terre ; au contraire, tout y paraissait entier et dans un état de consistance qui ne paraissait pas naturel. Il s'en exhalait une odeur exquise, qu'on prit pour une preuve sensible du pouvoir attaché à ces précieuses reliques. Il y eut plusieurs guérisons miraculeuses. La multitude de ceux qui réclamaient le pouvoir de saint Guillaume, augmenta si fort depuis, qu'on trouva de quoi non-seulement décorer son tombeau, mais réaliser ce qu'il avait prédit de l'achèvement de sa cathédrale. Onze ans après, tous les faits qui passaient alors pour miraculeux, furent si diligemment examinés, et plusieurs si authentiquement attestés avec ceux qu'on lui attribuait d'avoir opérés pendant sa vie, que la confirmation qu'y donna le pape Innocent IV, en l'année 1247, fit partie de la bulle publiée alors solennellement pour sa canonisation (*Acta Sanct.*, 29 *julii*; *Hist. de l'Eglise gall.*, l. 31).

Avant ce temps, le comte Pierre de Dreux, témoin des premiers honneurs que l'on commençait de rendre en Bretagne à un zélé défenseur de la liberté ecclésiastique, ne s'était pas cru plus obligé à se relâcher pour cela de ces anciennes prétentions. Il est vrai qu'il n'usait pas contre les évêques de persécution ouverte ni de guerre déclarée ; mais, toujours rusé, pour parvenir à ses fins, il les fatiguait, et donnait au moins occasion à des plaintes amères portées contre lui au Saint-Siége. Bien ou mal fondées, Grégoire IX ne les jugea pas de nature à devoir y déférer beaucoup, ou bien il eut ses raisons pour ne pas pousser le comte davantage sur ces sortes de discussions, qui étaient toujours très-épineuses. L'an 1237, le comte remit la jouissance de ses domaines à Jean, surnommé le Roux, son fils aîné, devenu majeur, et il ne réserva plus d'autre qualité que celle de simple chevalier. Dépouillé par cette abdication de tout ce qu'il possédait, il n'en fut pas sur un moindre pied ni moins considéré dans le monde, étant estimé un des premiers capitaines qu'il y eût alors en Europe, et une des meilleures têtes dans le maniement des affaires.

Aussi le pape Grégoire IX lui témoigna-t-il une confiance très-singulière. Comme il projetait une croisade qu'on prêchait depuis 1235, il le destina, l'an 1239, à prendre la conduite des troupes déjà ramassées de tous côtés contre les Sarrasins, et lui abandonna l'argent des contributions que ses légats avaient recueilli dans cette vue. D'ailleurs le zèle de la religion, mais entendue à sa manière, ne manquait point à Pierre de Dreux. Les magnifiques offres qu'il fit au Pape après la mort de Jean de Brienne, sur le danger où était Constantinople, montrent qu'il ne fallait quelquefois que le savoir prendre, pour le tourner habilement au but où on le voulait. Le procédé de Grégoire à son égard, quelque chose qu'il lui ait proposé, fut donc un procédé sage, que les évêques bretons eux-mêmes eurent lieu de ne pas désapprouver ; mais ce projet n'eut point de suite.

Dans le même temps que saint Guillaume de Saint-Brieuc, la France possédait un autre saint prélat, le bienheureux Philippe Berruyer, archevêque de Bourges. Né à Tours d'une maison distinguée par sa noblesse, il y avait passé dès son premier âge pour un enfant de bénédiction, dont le souffle du siècle n'avait jamais terni la candeur. Les exemples domestiques lui avaient été depuis des leçons de la plus sublime piété. Neveu de saint Guillaume, archevêque de Bourges, il trouvait un modèle qu'il s'était proposé de suivre invariablement. Giraud Berruyer, son père, qui en mourant le laissait très-jeune avec deux frères, ses aînés, avait voulu savoir de sa propre bouche vers quel état de vie la nature ou la grâce le faisait incliner, et il avait appris avec admiration que c'était l'état ecclésiastique, préférablement à tout autre. Il mourut satisfait d'avoir découvert tant de religion et d'élévation de sentiments mêlés à la naïveté d'un âge si tendre. Le temps d'embrasser ce parti ne fut pas plus tôt arrivé, que Mathée, sa mère, alla elle-même le présenter à l'autel, et fit célébrer le saint sacrifice, afin d'attirer les bénédictions de Dieu sur son offrande et sur celle de son fils.

Revenu à Tours après avoir fait ses études à Paris, il se tenait rigidement en garde contre tout ce qu'il ne croyait bon qu'à charger sa conscience, en multipliant ses titres dans l'Eglise. Borné, par sa réserve en matière de bénéfice, à une place de chanoine et d'archidiacre, il avait refusé la chantrerie du Mans, et depuis, l'archevêché de Tours. C'était lui envier son bonheur, disait-il, que de le tirer d'un ordre inférieur qui lui donnait tout le loisir nécessaire pour vaquer librement au service de Dieu et aux œuvres de charité. Ce refus ne fit qu'irriter le désir qu'on avait conçu de l'avoir pour évêque à

Orléans, lorsqu'on y demandait un prélat qui pût faire revivre Manassès de Seignelai, mort en l'année 1221. Les capitulants craignaient qu'il ne se prêtât pas à leurs vœux; mais leur persévérance l'emporta sur son humilité. Il céda aux instances réitérées. Durant un pontificat de quatorze ans, il avait répondu à l'attente publique. Son peuple goûtait la satisfaction de le posséder, et, de son côté, il n'avait nul autre objet que la paix et la sanctification de ses diocésains. Mais ses vertus lui avaient acquis trop d'estime, et le pape Grégoire IX en particulier connaissait trop ses talents et sa religion pour ne pas jeter les yeux sur lui, à la première occasion de lui donner un poste plus élevé.

Le chapitre de Bourges avait été fort agité pour l'élection d'un sujet qui pût remplacer l'archevêque Simon de Sulli, mort l'an 1232. Pierre de Châteauroux, le dernier nommé, après quelques élections défectueuses, n'avait pu se soustraire à l'obligation de se désister en 1234. La provision étant déjà dévolue au Pape, il se souvint de l'évêque d'Orléans, et lui envoya un bref de translation à l'archevêché de Bourges, trois années environ après que Simon de Sulli l'eût laissé vacant. Voici en quels termes ce bref était conçu : « Il y a déjà longtemps, disait le Pape, que le droit de pourvoir par dévolution à l'Eglise de Bourges nous était tombé. Le rang que cette Eglise tient entre les principales métropoles du monde chrétien, nous obligeait à ne proposer, pour la remplir, qu'une personne capable d'en soutenir la prééminence, et de répondre dignement à l'étendue des devoirs qui y sont attachés. C'est ce que nous nous flattons d'avoir trouvé dans notre vénérable frère l'évêque d'Orléans, que des témoignages infiniment au-dessus de tout ce que l'on peut dire, nous ont rendu très-recommandable, et à qui nous accordons, pour sa translation au siége métropolitain de Bourges, toute la liberté et tous les pouvoirs qui dépendent de nous, soit au spirituel, soit au temporel (Labbe, *Biblioth.*, t. II). »

Philippe illustra ce siége pendant vingt-quatre ans, marchant sur les traces de son oncle saint Guillaume. Il eut grand soin que sa famille fût bien réglée, et ne souffrait à son service aucun homme vicieux. Il priva de leurs bénéfices quelques prêtres scandaleux, leur donnant à ses dépens de quoi subsister, afin de ne pas les réduire à mendier, et choisissait pour les bénéfices, des hommes vertueux et instruits. Il attira auprès de lui plusieurs doctes personnages pour l'aider par la prédication et l'administration de la pénitence; et ce fut à ce dessein qu'il fit venir à Bourges les frères Prêcheurs en 1239, et leur bâtit un couvent par la libéralité du seigneur de Bourbon et de Blanche, dame de Vierzon, fille du comte de Joigni.

L'archevêque était lui-même un des grands prédicateurs de son temps, et tellement aimé du peuple, qu'à la fin de ses sermons, les uns lui présentaient leurs enfants pour les bénir, les autres tiraient des fils de ses habits, les autres grattaient la place où il s'était tenu en prêchant.

Sa vie était très-austère. Il commençait son Avent dès la mi-novembre, et ne mangeait alors que des mets de Carême. Il jeûnait au pain et à l'eau tous les vendredis et les veilles des fêtes de la Vierge. Il se confessait tous les soirs, couchait tout vêtu sur un cilice, se relevait à minuit, se donnait rudement la discipline, et faisait cent génuflexions, puis il se prosternait et priait pour toute l'Eglise. Il vécut de la sorte jusqu'à ce que le pape Innocent IV, ayant appris qu'il était incommodé notablement d'une chute de cheval, lui ordonna de coucher sur un lit ordinaire, et de manger de la viande pour ne pas se mettre hors d'état de remplir ses devoirs.

Ses aumônes étaient grandes. On en faisait une générale tous les jours à Bourges dans sa maison, et trois fois la semaine dans trois de ses terres : trente pauvres mangeaient toujours en sa présence pendant ses repas. Faisant ses visites, il entrait souvent dans leurs maisons, cherchait les malades, subvenait à leurs besoins et les servait lui-même; puis, ayant ouï leurs confessions, il les consolait, leur donnait sa bénédiction, et quelquefois les guérissait : car on lui attribue plusieurs guérisons miraculeuses. Quelquefois, rencontrant des pauvres transis de froid, il se dépouilla pour les revêtir. En une année de famine, il fit distribuer dans Bourges jusqu'à quatorze mesures de froment par jour; et comme son économe lui représentait que les vivres manqueraient, il lui dit : Si les revenus de l'Eglise ne suffisent pas, j'y suppléerai de mon patrimoine (1). Tel était le saint archevêque de Bourges, Philippe Berruyer.

Un exemple plus illustre encore édifiait et charmait alors toute la France : c'était l'exemple de son jeune roi. Une douceur charmante, une égalité d'âme inaltérable, un grand amour pour la justice, une attention singulière à prévenir les troubles ou à les dissiper dans leur naissance, mais surtout la piété la plus tendre, lui gagnaient tous les cœurs.

Magnifique quand il fallait l'être, le jeune prince aimait cependant l'économie, et préférait en toutes choses la simplicité. Ses habits, sa table, sa cour, tout annonçait un prince vraiment ennemi du faste. Après avoir donné la plus grande partie de son temps aux affaires de l'Etat, il se plaisait à converser avec des personnes pieuses. Un bon prêtre, un saint religieux, lui paraissaient dignes de respect et d'amour. On l'eût pris pour un ange prosterné devant le Très-Haut, lorsqu'il était aux pieds des autels, tant son recueillement était profond. Il consacrait chaque jour plusieurs heures aux exercices de la religion; et, comme on lui reprochait d'y employer trop de temps, il répondit avec douceur : « Les hommes sont étranges; on me fait un crime de mon assiduité à la prière : on ne dirait mot, si j'employais les heures que j'y donne à jouer aux jeux de hasard, à courre la bête fauve, ou à chasser aux oiseaux. »

Que dirait notre siècle, si nous insistions sur ce que les historiens de saint Louis rapportent unanimement de ses austérités? Quel contraste en effet entre les mœurs présentes et celles d'un jeune roi couvert d'un cilice, livrant son corps à tous les exercices de la pénitence, visitant les hôpitaux, servant quelquefois lui-même les malades avec une bonté et une charité que la religion seule peut inspirer et nourrir! Louis, animé par les grandes vues de l'éternité, et supérieur à toutes les fausses délicatesses, suivait avec ardeur les mouvements de son âme compatissante.

Aux qualités qui forment les grands rois, Louis

(1) Labbe, *Biblioth.*, ubi suprà; *Gall. Christ.*, t. II. p. 252; Alberic an 1232 et 1234; *Acta Sanct.*, 9 jan., in prætermissis.

unissait les qualités les plus aimables. Sa vertu n'était point une vertu austère et farouche. Il était plein d'agréments dans la conversation. La paix de son âme répandait sur sa personne, ces grâces, ce charme céleste qui en imposent au vice. Naturellement vif et gai, son esprit se portait volontiers au badinage. Il eut des amis, et le choix qu'il en fit prouva son discernement. En un mot, tout ce qui peut lui mériter une place distinguée parmi les héros, tout ce qui peut consacrer sa mémoire dans les fastes de la religion, Louis le posséda à un degré éminent.

La reine, sa mère, débarrassée des factions et des troubles, songea à marier son fils. Elle jeta les yeux sur Marguerite, fille aînée du comte de Provence. Cette princesse surpassait ses trois sœurs en beauté, en esprit et en piété. Louis alla la recevoir à Sens, où son mariage fut célébré le 27 mai 1234. Quelques jours après, la jeune reine fut couronnée dans la même ville.

L'exemple du jeune Tobie servit de modèle aux deux époux; ils eurent d'abord recours à la prière, pour sanctifier leurs engagements et pour attirer sur eux les grâces du ciel. Ils gardaient la continence pendant tout le carême, les autres jours de jeûne et les fêtes indiquées par les anciens canons; pratique qui n'est plus obligatoire, mais qui toutefois est fortement recommandée aux fidèles par saint Charles Borromée et par le Catéchisme romain.

Cependant, après dix ans de mariage, les deux époux n'avaient encore eu que deux filles, dont la première était morte en naissant. Leur vœu le plus ardent, pour le bien de la France, était donc d'avoir un fils. Ils adressaient à Dieu, pour cet effet, des prières ferventes. Ils se recommandèrent en particulier aux prières de saint Thibaud de Montmorency, et obtinrent, en 1244, un fils, qui fut suivi de plusieurs autres.

Thibaud ou Théobald, né au château de Marly, a été, par ses vertus, le principal ornement de l'illustre famille de Montmorency. Bouchard de Montmorency, son père, le fit élever d'une manière conforme à sa naissance, et l'engagea depuis dans la profession des armes, à laquelle sa maison avait fourni un grand nombre de héros. Il eut le bonheur, dès ses premières années, de craindre l'air empesté du monde, et il se crut redevable de cette grâce à la dévotion qu'il avait toujours eue pour la sainte Vierge. Il donnait un temps considérable à la prière, et allait souvent visiter l'église de l'abbaye de Port-Royal, fondée en 1204 par Matthieu de Montmorency, et libéralement dotée par son père, ce qui l'en a fait regarder comme le second fondateur.

Le saint, dégoûté du siècle de plus en plus, se retira chez les cisterciens de Vaulx-de-Cernay, et y prit l'habit monastique en 1220. Ses éminentes vertus le rendirent l'admiration de la communauté, qui l'élut abbé en 1234. Il gouverna ses frères avec autant de sagesse que de charité; il leur inspirait par ses exemples l'amour de la pauvreté, du silence, de la prière et des autres vertus religieuses. Il fut singulièrement estimé du roi saint Louis, du célèbre Guillaume, évêque de Paris, et de plusieurs autres personnages illustres. La réputation qu'il s'était acquise par son gouvernement lui fit donner la supériorité générale sur plusieurs abbayes. Ce fut donc aux prières de ce saint vieillard que la France attribua la naissance d'un prince. Saint Thibaud de Montmorency mourut le 8 décembre 1247 (Godescard, 8 juillet; Lenain, *Hist. de Citeaux*, t. IX).

Dans l'intervalle, saint Louis, ayant atteint l'âge de vingt ans accomplis, qui était alors l'âge de majorité pour les rois comme pour les sujets, prit en main les rênes du gouvernement. Mais il avait une telle déférence pour sa mère, qu'il ne faisait rien sans la consulter. Quoique Blanche eût cessé à cette époque de prendre le titre de régente, elle n'en eut pas moins d'autorité sous le règne de son fils. Ils vécurent toujours l'un et l'autre dans la plus parfaite intelligence, au point que quelques personnes reprochèrent au fils d'être trop soumis à sa mère : reproche bien injuste, quand une soumission si naturelle ne tend qu'au bien, et qu'elle est fondée sur un mérite aussi éminent que celui de Blanche.

Louis VIII avait ordonné, par son testament, que le prix de ses bijoux fût employé à fonder un monastère. Son fils exécuta fidèlement ses volontés. Il fit bâtir, avec la somme léguée, qu'il augmenta beaucoup par ses libéralités, la célèbre abbaye de Royaumont. Quelquefois même, autant par dévotion que par délassement, il se joignait aux ouvriers pour travailler à la construction de l'église. Ce lieu devint pour lui, par la suite, une retraite où il allait de temps en temps respirer cette liberté innocente, cette solitude délicieuse qui plaisent tant à ceux dont l'esprit est fatigué du tracas des passions et du tumulte des affaires. Là, saintement occupé de son Dieu, il implorait avec larmes son secours et son appui. Le jeûne, la prière et les mortifications y faisaient ses délices. Mais le bien du royaume ne souffrit jamais de son amour pour la retraite. On le verra bientôt à la tête des armées, avec toutes les qualités des héros.

Parcourons auparavant quelques autres monuments de sa piété. Les hôpitaux de Pontoise, de Compiègne et de Vernon; celui des Quinze-Vingts, à Paris; la Chartreuse, les couvents des Dominicains, des Cordeliers et des Carmes de la même ville; celui des Trinitaires, à Fontainebleau; les abbayes de Longchamp, du Lys et de Maubuisson : tous ces établissements reconnaissent saint Louis pour leur fondateur. Outre les aumônes immenses qu'il distribuait de tous côtés, il faisait nourrir chaque jour dans son palais, et souvent il servait à table, cent vingt, quelquefois deux cents pauvres. L'Hôtel-Dieu de Paris fut enrichi de ses pieuses libéralités, et il confia aux administrateurs de cette maison le soin de veiller à ce que les aumônes que ses prédécesseurs ne faisaient distribuer qu'en carême, fussent distribuées avec fidélité pendant toute l'année. Sa charité était ingénieuse à lui suggérer des moyens de pourvoir aux besoins d'une foule de malheureux, et spécialement des veuves et des orphelins qui appartenaient aux Juifs ou aux infidèles. Il ne bornait pas ses secours aux pauvres de ses Etats. Les chrétiens de la Palestine, et en général tous ceux de l'Orient, se ressentirent plus d'une fois de ses pieuses largesses.

Ce fut pour lui témoigner sa reconnaissance, que Baudouin II, empereur de Constantinople, lui offrit, en 1239, la couronne d'épines. L'extrême détresse à laquelle cet empereur se trouva réduit pendant le siège de Constantinople, l'avait forcé à mettre en gage, pour ainsi dire, cette précieuse couronne, entre les mains des Vénitiens, qui lui avaient prêté une somme considérable. Il fallait les rembourser, et Louis, acceptant l'offre de Baudouin, fournit l'argent nécessaire pour retirer de leurs mains cet auguste monument.

Lorsqu'il sut que les religieux dominicains, qui en étaient chargés, approchaient, il alla au devant d'eux jusqu'à cinq lieues au delà de Sens, accompagné de sa cour et d'un clergé nombreux. A l'aspect de la sainte couronne, il fondit en larmes, au point que tout le monde en fut attendri; puis, s'étant chargés, son frère Robert et lui, de ce précieux dépôt, à l'entrée de Sens, et marchant nu-pieds, ils le portèrent, au milieu d'une foule innombrable de peuple, à l'église Saint-Etienne de cette ville. Il le reçut avec les mêmes sentiments et la même pompe dans Paris, et le fit placer dans la chapelle de son palais.

Parmi plusieurs autres reliques qu'il reçut de Constantinople, en 1241, il y avait un morceau considérable de la vraie croix : c'était probablement celui que l'impératrice sainte Hélène avait apporté de Jérusalem. Pour le placer honorablement, il fit bâtir dans son palais, à Paris, une chapelle célèbre, connue depuis sous le nom de *Sainte-Chapelle*. On en fit la dédicace avec beaucoup de solennité, et ce fut le lieu ordinaire où le roi vaquait aux exercices de piété, y passant quelquefois les nuits en prières.

Aimant Dieu comme David, comme David aussi Louis aimait son peuple. Constamment il porta son attention sur toutes les branches du gouvernement; et son assiduité à rendre la justice, à maintenir les lois anciennes ou à en faire de nouvelles, assiduité que constatent beaucoup de monuments de son règne, prouve qu'il était au moins aussi digne du trône qu'aucun de ses ancêtres. Rien, au reste, ne le prouve mieux que ce cri général élevé par les mécontents sous les règnes suivants. Ils ne demandaient autre chose, sinon que les abus fussent réprimés, et que la justice fût rendue comme elle l'avait été sous le règne de saint Louis.

Ce prince porta des lois très-sévères contre les usuriers et les blasphémateurs. Il obligea les Juifs à restituer les sommes qu'ils avaient extorquées par des usures criantes; et, lorsqu'on ne trouvait pas les personnes à qui cet argent devait être restitué, il l'employait à de bonnes œuvres. Dans un édit qu'il publia contre le blasphème, il ordonna que les personnes coupables de ce crime fussent marquées d'un fer rouge sur les lèvres. Il fit exécuter cette loi sur un des principaux habitants de Paris, qu'on avait entendu blasphémer dans la rue. Il voulait par là faire un exemple et mettre le coupable dans le cas de rappeler sans cesse ce qui lui avait attiré ce châtiment. Le peuple murmura de cette sévérité, et s'emporta même en termes très-injurieux; mais Louis défendit de faire aucune recherche, en disant : « Ce n'est que contre moi qu'ils ont parlé. Plût à Dieu qu'en subissant moi-même la peine portée par ma loi, je pusse bannir le blasphème de mon royaume. » Quelque temps après, entendant les acclamations du peuple, à l'occasion de la charité et de la magnificence qu'il avait fait éclater dans certains ouvrages publics, il s'écria : « J'espère que le Ciel me récompensera beaucoup plus pour les malédictions dont on m'a chargé à cause des châtiments que j'ai infligés aux blasphémateurs. » Il retira cependant la loi dont il s'agit, sur les remontrances du pape Clément IV ; et ayant fait, dans une assemblée de son parlement, tenue en 1269, un discours sur l'énormité du blasphème, il publia une nouvelle loi, dans laquelle il ordonna que les blasphémateurs fussent à l'avenir condamnés à une amende pécuniaire, ou punis de la prison et du fouet, suivant l'espèce de leur crime, et suivant leur âge et leur qualité (Voir Guill. de Nangis et de Laurière, *Ordonn. des rois de France*, t. I, p. 90-100).

C'était encore un usage parmi les seigneurs, de se faire des guerres sanglantes pour leurs querelles particulières. Louis commença d'y mettre un terme. Le comte de la Marche, Hugues de Lusignan, avait formé le projet de réduire en cendres la ville d'Orléans, pour venger la mort de quelques-uns de ses vassaux étudiant dans cette ville; et déjà il s'était mis à la tête d'une armée pour l'exécuter. Louis, par sa douceur, calma les esprits et dissipa l'orage. Aussi fidèle d'ailleurs à sa parole que la plupart des princes l'étaient ou le sont peu, il s'était attiré la confiance de tout le monde. Plus d'une fois il fut pris pour arbitre par différentes puissances; et dans toutes les négociations on remarqua toujours en lui une fidélité à toute épreuve et la plus grande intégrité. Il n'y avait point, au rapport de Joinville, de meilleure tête dans son conseil ; il était actif, plein de sagesse et de ressource dans les affaires les plus épineuses; il réunissait enfin toutes les qualités propres à le rendre cher à son peuple, redoutable aux ennemis, et digne de l'admiration des étrangers.

Ses talents militaires n'y avaient pas peu contribué. Les comtes de la Marche, de Bretagne, de Toulouse et de Champagne, ainsi que le roi d'Angleterre, avaient déjà senti le poids de ses armes. Tour à tour capitaine et soldat, il avait donné des preuves de sa capacité dans le métier de la guerre, et de son courage au milieu des dangers. Il avait réduit à l'obéissance le comte de la Marche, en prenant successivement ses places les plus fortes, après que ce seigneur eût refusé de rendre hommage à son frère Alphonse, comte de Poitiers. La ville de Fontenai, entre autres, avait été emportée d'assaut après un siège opiniâtre ; et, suivant les lois, toute la garnison, qui comptait quarante chevaliers, et qui était commandée par un fils du comte de la Marche, aurait dû périr de la mort des rebelles. Mais Louis représenta à son armée qu'un pareil châtiment était trop rigoureux pour un fils et des vassaux qui avaient obéi aux ordres d'un père et d'un seigneur. Il se contenta de les envoyer prisonniers en différentes places du royaume.

Hugues de Lusignan, c'était le nom du comte rebelle, avait épousé la veuve de Jean Sans-Terre, père de Henri III, roi d'Angleterre, et il suivait toutes les impressions de cette femme impétueuse. C'était elle qui l'avait précipité dans la révolte, et qui, désespérée du mauvais succès de ses armes, avait inutilement eu recours au poison pour faire mourir le roi vainqueur. Les scélérats qu'elle avait employés furent découverts à temps, arrêtés et punis. Ce moyen ne lui ayant pas réussi, elle mit tout en œuvre pour engager Henri, son fils, à passer en France avec une armée puissante. Mais Henri ne put rien obtenir de ses barons. Le souvenir encore récent de sa malheureuse expédition de Bretagne, et le mécontentement général des Anglais, furent la cause du refus d'hommes et d'argent qu'il essuya. Il vint néanmoins avec trois cents chevaliers en France, dans l'espoir que le roi d'Aragon, le comte de Toulouse et d'autres seigneurs lui fourniraient les troupes que sa mère et son beau-père lui avaient annoncées.

Louis vit d'un œil tranquille tous ces mouvements, et il disposa tout pour pousser avec encore plus de vivacité la guerre contre Lusignan. Henri, cependant, soupirait après une occasion de reprocher au monarque français l'infraction des traités ; mais Louis, observateur exact de toutes les clauses, ne lui laissa pas même le plus léger prétexte de rupture. Alors Henri, impatient de secourir les rebelles, lui envoya déclarer la guerre. Ce fut un nouveau motif pour les Français de redoubler de courage ; ils eurent bientôt soumis tout le pays jusqu'à Taillebourg, place forte sur la Charente, où Louis se logea avec ses officiers. Le reste de son armée se rangea en présence de celle de Henri.

A quelque distance de là était un pont, défendu par plusieurs tours dont les Anglais s'étaient emparés. Ce pont était d'ailleurs si étroit, qu'on ne pouvait y faire passer que quatre hommes de front. Il fallait le forcer pour aller aux ennemis. Louis ordonna l'attaque. Les Anglais eurent d'abord l'avantage, mais leur triomphe ne fut pas long. Louis met pied à terre, et, suivant l'impétuosité de son courage, il se jette au plus fort de la mêlée, renverse tout ce qui s'oppose à son passage, et emporte le pont. Quant il fut sur la rive opposée, il eut à combattre contre des ennemis frais et nombreux. Il en soutint cependant presque seul le choc, jusqu'à ce que son exemple et le danger auquel il était exposé, faisant faire des prodiges de valeur à ses troupes, il fut entouré de toutes parts de seigneurs et de soldats français, qui bientôt mirent en déroute l'armée de Henri. Tel était au milieu des batailles le prince le plus doux et le plus pieux.

Cependant les vaincus fuyaient en désordre, et on les poursuivait avec chaleur ; heureusement pour eux, la ville de Saintes leur servit de point de ralliement. Louis envoya le lendemain plusieurs détachements jusqu'aux portes de la ville, pour fourrager sous les yeux mêmes de l'ennemi. Lusignan fit une sortie, et les maltraita. Ils reçurent du renfort ; Lusignan en reçut aussi, et bientôt une simple escarmouche se changea en une action générale. Louis et Henri se trouvèrent au milieu des combattants. Enfin la victoire se déclara pour les Français. Ils enfoncèrent de tous côtés les rebelles et leurs alliés, et les poursuivirent jusqu'aux portes de Saintes. La nuit suivante, Henri tout consterné, s'enfuit précipitamment vers Bordeaux. La ville de Saintes ouvrit ses portes, et les vainqueurs firent un riche butin. Lusignan n'ayant plus de ressource que dans la clémence du roi, se soumit à lui sans réserve. Louis le traita avec bonté, mais il lui imposa des conditions assez dures, pour intimider quiconque aurait pu être tenté de l'imiter.

Raymond, comte de Toulouse, était plus que personne disposé à suivre son exemple. Déjà il s'était assuré des rois de Navarre, de Castille et d'Aragon, ainsi que des comtes de Foix, d'Armagnac, de de Comminges et de Rodez ; et il devait faire une puissante diversion de son côté, pendant que le comte de la Marche se joindrait au roi d'Angleterre. Déjà même il s'était emparé d'une assez grande étendue de pays, lorsque Louis détacha une partie de son armée victorieuse pour le mettre à la raison. Le comte demanda grâce, et il l'obtint.

Pendant qu'on négociait la paix, le roi d'Angleterre demanda une trève, offrant cinq mille livres sterlings pour dédommagement des frais de la guerre. Le roi la lui accorda pour cinq ans. Les seigneurs de la suite de Henri se hâtèrent de retourner en Angleterre, et on leur accorda tous les passeports dont ils avaient besoin. Ainsi finit une guerre qui semblait devoir ensevelir la France sous ses propres ruines. Tout cela se passa en 1242 et en 1243, Louis n'ayant pas encore vingt-huit ans (Godescard, 25 août ; *Acta Sanct.*, 25 *aug.*).

L'année qui précéda cette guerre, c'est-à-dire en 1241, Louis IX tint à Saumur une cour plénière, qui fut appelée *la non-pareille*, à cause de sa magnificence. Parmi les grands seigneurs se voyait le comte de Champagne, devenu roi de Navarre, et revenu depuis peu de la Palestine. Le sire de Joinville, jeune encore, lui servait d'écuyer tranchant à la table du roi saint Louis. La table de la reine Blanche était servie par trois seigneurs : le comte de Boulogne, qui devint roi de Portugal, et le comte de Saint-Paul ; le troisième était un jeune prince allemand, âgé de dix-huit ans, que de temps à autre la reine Blanche baisait dévotement au front. Or, les assistants se répétaient à l'envi, en s'émerveillant, que c'était là le fils de sainte Elisabeth de Thuringe, et que la reine Blanche le baisait ainsi par dévotion, parce qu'elle entendait dire que sa mère l'avait ainsi baisé maintes fois (Joinville, *Hist. de saint Louis*). C'était en effet le fils de sainte Elisabeth, Hermann II, landgrave de Thuringe, qui venait d'épouser la fille du duc de Brunswick, mais qui mourut avant la fin de l'année.

En Espagne, saint Ferdinand, roi de Castille et de Léon, semblait rivaliser de vertus et de gloire avec son cousin, le saint roi Louis de France. Ce fut en 1225 qu'il marcha pour la première fois contre les infidèles. Il alla les attaquer dans le royaume de Baëça. Aben-Mahomet, prince issu des miramolins d'Afrique, vint lui offrir d'être son vassal aux conditions qu'il voudrait lui imposer. En 1230, le roi de Castille emporta près de vingt des meilleures places de l'Andalousie, ainsi que des royaumes de Cordoue et de Jaën. Aben-Mahomet ayant été massacré par ses sujets, qui ne pouvaient souffrir qu'il se fût rendu vassal d'un prince chrétien, Ferdinand profita de cette occasion pour conquérir tout le royaume de Baëça et pour ériger un évêché dans la capitale. On ne peut douter de la pureté des motifs qui le faisaient agir dans ces guerres. « Seigneur ! disait-il, vous qui sondez les cœurs, vous savez que je cherche votre gloire et non la mienne ; je ne me propose point d'acquérir des royaumes périssables, mais d'étendre la connaissance de votre nom. »

Rodrigue, archevêque de Tolède, faisait dans l'armée de Castille toutes les fonctions pastorales. La maladie l'en ayant empêché pendant une année, l'évêque de Palencia prit sa place. Ferdinand voulait qu'on inspirât à ses soldats les sentiments d'une tendre piété, et il leur donnait lui-même l'exemple de toutes les vertus. Il jeûnait strictement et portait un cilice fait en forme de croix. Il passait souvent la nuit en prières, surtout lorsqu'il se préparait à livrer bataille, et il attribuait à Dieu tous ses succès. Il y avait toujours dans son armée une image de la Vierge, afin que les troupes, en la voyant, s'excitassent à la confiance en la Mère de Dieu. Outre cette image qu'il faisait exposer à la vénération des fidèles, il en portait une petite sur sa poitrine, et il la mettait à l'arçon de sa selle quand il allait au combat. Il employa les dépouilles enlevées aux infidèles à rebâtir la cathédrale de Tolède, dont il posa la première pierre. Plusieurs villes prises sur les Maures furent données aux chevaliers de Calatrava, à d'autres ordres militaires et à l'archevêché de Tolède, mais à condition qu'ils les défendraient contre les mahométans. Et c'est là l'origine des grandes richesses que possèdent ou qu'ont possédées l'archevêque de Tolède et les ordres militaires d'Espagne.

Ferdinand se préparant, en 1230, à former le siège de Jaën, apprit la mort de son père, Alphonse IX. Dans le même temps, sa mère lui manda de venir prendre possession du royaume de Léon, qui depuis a toujours été uni à celui de Castille. Ce ne fut qu'au bout de trois ans qu'il se vit paisible possesseur de ses nouveaux États.

En 1234, il reprit les armes contre les Maures et fit le siège d'Ubeda, qui ne fut emportée qu'après une très-longue résistance. Dans le même temps, son fils Alphonse, à la tête de quinze cents hommes, battit à Xérès l'armée formidable d'Abenhut, roi de Séville, divisée en sept corps, dont chacun était plus nombreux que toute l'armée chrétienne. On ne douta point que le Ciel ne fût intervenu dans cette affaire. En effet, plusieurs prisonniers déposèrent qu'ils avaient vu, à la tête de leurs ennemis, l'apôtre saint Jacques, monté sur un cheval blanc et avec l'armure d'un cavalier. Plusieurs chrétiens attestèrent aussi qu'ils avaient eu la même vision. D'ailleurs il ne périt du côté de ceux-ci que dix soldats, avec un chevalier qui avait refusé de pardonner une injure.

La joie que causaient tant de victoires fut troublée au commencement de l'année 1236, par la mort de la reine Béatrix. Ferdinand ressentit ce coup avec une grande sensibilité. Lorsqu'il eut donné de justes larmes à sa vertueuse épouse, il continua le cours de ses premières opérations, et tandis que Jacques d'Aragon enlevait aux Maures le royaume de Majorque, il acheva la conquête de ceux de Baëça et de Cordoue. Cette dernière ville était dans les mains des infidèles depuis cinq cent vingt-quatre ans, et elle avait été longtemps la capitale de leur empire en Espagne. On y comptait trois cent mille habitants. Saint Fernand y fit son entrée le jour de Saint-Pierre et de Saint-Paul, en 1236. La grande mosquée fut purifiée par Jean, évêque d'Osma, et convertie en une église sous l'invocation de la Mère de Dieu. Le saint roi y rétablit l'évêché qui y avait été autrefois. Les cloches de Compostelle, que le sultan Almansor y avait fait apporter, 239 ans auparavant, sur les épaules des chrétiens, furent reportées sur celles des Maures, par l'ordre de Ferdinand.

L'année suivante, le roi de Castille et de Léon se remaria. Il s'y était déterminé par les conseils de sa mère, et surtout par les sollicitations de sa tante, la reine Blanche, douairière de France. Il épousa Jeanne de Ponthieu, qui lui donna deux fils et une fille. Jeanne vécut toujours dans une intelligence parfaite avec Ferdinand et Bérengère, la mère du roi, et imita leur ferveur dans les exercices de piété. Ils passaient tous les hivers ensemble. Lorsqu'au printemps le roi se mettait à la tête de ses armées, Jeanne aidait ordinairement Bérengère dans l'administration des affaires intérieures de l'État.

Dans les campagnes qui suivirent la prise de Cordoue, Ferdinand s'empara de vingt-quatre places, dont Eciza fut la première, et la dernière Moron, qui se rendit. Aben-Dudiel, roi de Murcie, se soumit volontairement, ne se réservant que quelques places pour lui et pour certains seigneurs du pays, qui avaient un droit de fief sur plusieurs cantons. Ferdinand envoya son fils Alphonse prendre possession de la ville de Murcie. Il le chargea aussi d'y établir un évêché et de faire purifier les mosquées. Trois ans après, les villes de Lorca, de Mula, et de Carthagène furent emportées. Celles d'Arjona et de Jaën, qui d'abord se défendirent courageusement, tombèrent aussi entre les mains de Ferdinand, ainsi que Alcala, Réal, Ivora et plusieurs autres places qui dépendaient de Jaën.

La prise de cette dernière ville effraya singulièrement Bénalhamar, roi de Grenade. Il se rendit au camp de Ferdinand; puis, s'étant jeté à ses pieds, il s'offrit à se faire son vassal et à lui payer un tribut annuel de cent cinquante mille maravédis. Ces conditions furent acceptées, et Bénalhamar mérita, par sa fidélité, qui ne se démentit jamais, que son royaume passât à ses descendants.

Après la mort d'Abenhut, la ville de Séville s'était érigée en république. Ferdinand résolut de l'attaquer avec toutes ses forces. La prise de cette place l'intéressait d'autant plus qu'elle était la plus importante que les Maures eussent dans toute l'Espagne; mais cette expédition fut retardée par la mort de Bérengère, mère du roi, qui suivit de près celle de l'archevêque Rodrigue. Ferdinand ne trouva de consolation à sa douleur que dans les principes de la foi. Il n'eut pas plus tôt pourvu à la sûreté de la Castille, qu'il marcha contre Séville. Le siège dura seize mois. On n'en sera point surpris si l'on considère que cette ville était la plus forte et la plus peuplée de l'Espagne. Elle avait une double enceinte de murailles fort hautes et fort épaisses, et elle était flanquée de cent soixante-six tours. Le Guadalquivir défendait la partie occidentale; au pied du mur intérieur, était un fossé large et profond. Les assiégés tiraient d'ailleurs tous les vivres dont ils avaient besoin du fameux jardin d'Hercule, auquel ils ont donné le nom d'*Axarafa*. C'est le plus agréable et le plus délicieux canton de l'ancienne Bétique. Il a dix lieues de long, cinq de large et trente de circuit. Outre un grand nombre de bourgs et de châteaux, on y compte cent mille fermes ou métairies. Il est à la droite du Guadalquivir, et sa communication avec la ville était défendue par le château Triana. Cette communication se faisait par un pont de bateaux et par le moyen d'une grosse chaîne de fer, qui, d'un côté, tenait au château, et, de l'autre, à la tour de la ville, qu'on appelait la *Tour d'or*.

La flotte de Ferdinand défit celle des Maures, et remonta le fleuve à la vue de Triana. Le saint roi, avec ses forces de terre, empêchait l'arrivée des secours envoyés d'Afrique, et remportait tous les jours de nouveaux avantages sur ses ennemis. Quoiqu'on fût au dixième mois du siège, le succès paraissait toujours incertain. Cependant l'amiral de la flotte chrétienne lança deux gros navires, qui rompirent le pont. On assiégea Triana, qui ne put tenir contre les efforts redoublés des machines. Enfin, la ville elle-même se rendit le 23 novembre 1249. Les Maures ou Sarrasins d'Afrique obtinrent un mois pour disposer de leurs effets. Trois cent mille se retirèrent à Xérès, et cent mille passèrent en Afrique. Axataf, gouverneur des infidèles, à Séville, étant arrivé sur une hauteur d'où l'on découvrait la mer d'un côté et la ville de l'autre, fixa les yeux sur cette dernière, et dit en pleurant : Il n'y a qu'un saint qui ait pu, avec si peu de troupes, s'emparer d'une ville si forte et si peuplée. Ce n'est peut-être que par une suite des décrets éternels du ciel qu'elle a été enlevée aux Maures.

Le saint roi rendit à Dieu de solennelles actions de grâces, et implora la protection de la sainte Vierge devant sa célèbre image que l'on voit encore à Séville. Il fit rebâtir la cathédrale avec une telle magnificence, qu'elle ne le cède à aucune église de la chrétienté, si l'on en excepte celle de Tolède. S'étant acquitté de ce que la religion exigeait de lui, il établit des tribunaux pour administrer la justice, et régla les affaires de sa nouvelle conquête. Il ajouta, dans le même temps, à ses domaines, Xérès, Médina-Sidonia, Cadix, et un grand nombre d'autres places.

Le pape Grégoire IX secondait de son mieux les glorieuses expéditions des rois d'Espagne. Dès l'an 1229, il y avait envoyé le cardinal Jean d'Abbeville, évêque de Sabine, prêcher la croisade. Ayant appris, l'an 1230, les heureux succès des armes chrétiennes, il écrivit aux croisés du royaume de Léon, les exhortant à conserver et à étendre leurs conquêtes, et leur promettant les plus grandes indulgences. Il écrivit aussi à Grégoire, archevêque de Compostelle, lui donnant commission, pour cette fois seulement, d'établir des chanoines et d'ordonner des évêques aux deux anciennes cités de Mérida et de Badajos, qu'on venait de reprendre, à la charge qu'à l'avenir, l'élection de ces évêques appartiendrait au chapitre, suivant le droit commun (*Apud Raynald.*, an 1230, n. 34 et 35).

En 1234, ayant appris les nouveaux succès de saint Ferdinand et de son fils Alphonse, il écrivit à l'archevêque Rodrigue de Tolède, d'établir, par autorité du Saint-Siège, des évêques, selon qu'il le trouverait expédient, dans les villes qui en avaient eu anciennement, et qui étaient encore dignes d'un siège épiscopal (*Ibid.*, an 1234, n. 50).

Deux ans après, en 1236, ayant appris la conquête de Cordoue, il écrivit aux prélats d'Espagne d'encourager le roi Ferdinand à poursuivre ses conquêtes sur les infidèles, et tous les peuples de leurs diocèses à l'y aider, soit de leurs personnes, soit de leurs biens, leur promettant la même indulgence que pour le voyage de la terre sainte. La lettre est du 4 septembre. En même temps, à la prière du roi, il ordonna à l'archevêque de Tolède et aux évêques de Burgos et d'Osma, de lui faire payer, trois années durant, un subside de mille pièces d'or sur les revenus des églises et des monastères, pour les frais de cette guerre (Rayn., an 1236, n. 58, 60).

La conduite de Ferdinand prouve que les devoirs de la piété ne sont point incompatibles avec ceux de la royauté. Ce bon prince, dur à lui-même, était plein de douceur et de compassion pour les autres. Toujours il sut commander à ses passions. Il tomba dans la maladie dont il mourut, lorsqu'il se préparait à une expédition contre les Maures d'Afrique. Averti que sa fin approchait, il fit une confession de toute sa vie, et demanda le saint viatique, qui lui fut apporté par l'évêque de Ségovie, suivi du clergé et de la cour. Quand il vit le Saint-Sacrement dans sa chambre, il se jeta hors de son lit pour se mettre à genoux. Il avait une corde au cou, et tenait dans ses mains un crucifix qu'il baisait et arrosait de ses larmes. Dans cette posture, il s'accusa tout haut de ses péchés, qui n'étaient autres que ces fautes légères dont les plus justes ne sont pas exempts. Il fit ensuite un acte de foi, et reçut le corps du Sauveur avec les sentiments de la plus tendre dévotion. Il envoya chercher ses enfants avant de mourir, pour leur donner sa bénédiction avec quelques avis salutaires. Durant son agonie, il dit au clergé de réciter les litanies et le *Te Deum*. A peine ces prières furent-elles achevées, qu'il expira tranquillement, le 30 mai 1252, dans la cinquante-troisième année de son âge et la trente-cinquième de son règne. On l'enterra devant l'image de la sainte Vierge, dans la grande église de Séville, où l'on garde encore son corps dans une magnifique châsse. Il a été honoré de plusieurs miracles. Clément X le canonisa l'an 1671 (Godescard, et *Acta Sanct.*, 30 *maii*; *Chron. de l'archev. Rodrigue*, etc.).

La gloire du martyre vint encore illustrer l'Espagne. Dès l'année 1220, deux disciples de saint François d'Assise, Jean, prêtre, et Pierre, laïque, partirent de Sarragosse pour aller à Valence prêcher la foi aux Sarrasins. Ils arrivèrent à la petite ville de Teruel, et, s'y trouvant fort aimés, ils bâtirent deux pauvres cellules près l'église de Saint-Barthélemy; ils y demeurèrent dix ans. Ensuite ils passèrent à Valence, où ils se cachèrent dans l'église du Saint-Sépulcre, et firent amitié avec deux seigneurs castillans, dom Blasco et dom Artald de Alagon, qui étaient charmés de leur vertu. Comme ils prêchaient la foi de Jésus-Christ, ils furent menés devant le roi ou sultan, nommé Zeit-abou-Zeit, qui leur demanda pourquoi ils étaient venus. Ils répondirent que ce n'était à autre dessein que de le tirer de l'erreur, lui et son peuple. Le roi leur commanda de renoncer à leur religion pour embrasser la sienne, et, comme ils le refusèrent constamment, il leur fit couper la tête dans le jardin même où il se promenait. Avant l'exécution, les deux religieux se mirent à genoux, et demandèrent à Dieu que pour récompense du bien que ce prince leur procurait, il se convertît lui-même un jour : ce qui arriva en effet. Ils furent martyrisés le jour de la Décollation de saint Jean-Baptiste, 29 août 1231 (Wadding).

L'an 1230, le roi Jacques d'Aragon conquit l'île de Majorque, et pria le pape Grégoire d'y établir un évêché, ce qui se fit l'an 1237. Aussitôt après cette conquête, et dès l'an 1232, Jacques entreprit celle du royaume de Valence. Il prit plusieurs places les années suivantes, et avança jusqu'à la capitale, qu'il commença d'assiéger après Pâques, c'est-à-dire au mois d'avril 1238. Il avait d'abord peu de troupes; mais il lui en vint ensuite, non-seulement d'Aragon et de Catalogne, mais de Provence, de France et d'Angleterre; l'archevêque de Narbonne, Pierre Amelin, y vint en personne, accompagné de treize chevaliers et de cinq cents hommes de pied.

Le roi mahométan qui commandait à Valence était Zaïn, auparavant seigneur de Denia. Zeit-abou-Zeit, qu'il avait chassé, se fit chrétien, suivant la prière qu'avaient faite pour lui les deux frères Mineurs, Jean et Pierre, martyrisés en 1231. Zeit fut nommé Vincent au baptême; mais il tint sa conversion secrète, pour ne pas se rendre odieux aux Musulmans; car il espérait remonter sur le trône, et avait toujours un parti très-considérable.

Après six mois de siége, Zaïn fut réduit à rendre Valence, à condition que les habitants auraient la vie sauve, et sûreté pour se retirer avec ce qu'ils pourraient emporter sur eux. Ainsi le roi Jacques d'Aragon y entra victorieux la veille de Saint-Michel, 28 septembre 1238. On fut occupé pendant trois jours à nettoyer et purifier les mosquées pour en faire des églises. Après avoir distribué les maisons de la ville et les terres d'alentour, le roi s'appliqua à donner des lois à ce nouveau royaume, par le conseil des prélats et des seigneurs qui l'avaient suivi en cette guerre. Les prélats étaient Pierre, archevêque de Tarragone; Bérenger, évêque de Barcelone; Vital d'Huesca, Bernard de Sarragosse, Ponce de Tortose, Garcia de Taraçone et Bernard de Vic: sept en tout. Entre autres lois, le roi défendit aux Mahométans et aux Juifs d'avoir des esclaves ou autres serviteurs chrétiens, ni des nourrices chrétiennes pour leurs enfants; de tenir leurs boutiques ouvertes ni de travailler les dimanches et les fêtes; mais il permit aux Mahométans de travailler à leurs terres tous les jours indifféremment, excepté les quatre plus grandes fêtes de l'année. Pour ne point scandaliser les infidèles, il défendit de tailler en public les images de pierre de Jésus-Christ et des saints, afin qu'on ne les vît point ébauchées et difformes, ni de les vendre dans les rues, non plus que les images en peinture. Il accorda l'immunité, c'est-à-dire le droit d'asile, à la grande église de Valence, à celle du martyr saint Vincent, patron de la ville, et à toutes les principales églises du royaume.

Sitôt qu'il eut changé en église la grande mosquée, il s'appliqua à y établir un évêque, des chanoines, des dignités et un clergé. L'élection de l'évêque fut différée quelque temps, à cause de la contestation qui survint entre les deux archevêques de Tolède et de Tarragone, pour savoir lequel serait métropolitain du nouveau siége de Valence. Avant l'invasion des Sarrasins, Valence était de la métropole de Tolède; mais actuellement Tolède était du royaume de Castille, et Tarragone de celui d'Aragon, dont dépendait Valence par la nouvelle conquête. Le roi écrivit sur ce sujet au pape Grégoire, qui, sur sa prière, érigea l'Eglise de Valence en cathédrale suffragante de Tarragone, et lui assigna un diocèse, par sa bulle du 9 octobre de l'année suivante 1239. Alors on procéda à l'élection d'un évêque. Du consentement de l'archevêque et des grands, et avec l'approbation du Pape, on élut Ferrier de Saint-Martin, prévôt de l'Eglise de Tarragone. Pour doter celle de Valence, le roi lui donna toutes les dîmes du diocèse, qui lui appartenaient en vertu de la concession faite par Grégoire VII et Urbain II aux rois d'Aragon, ses prédécesseurs, de toutes les dîmes des terres qu'ils conquerraient sur les Sarrasins. Le roi Jacques donna à Vincent de Belvis, autrefois le roi Zeit, un revenu honnête avec un palais dans Valence, que trois mois après les deux princes donnèrent aux frères Mineurs pour y établir un couvent (Escolano, l. 3, c. 4, 5, 6, 7; Wadding, an 1238 et 1239).

La pauvre Afrique, qui reçut dès lors le triste nom de *Barbarie*, continuait à voir sur ses bords désolés les héroïques rédempteurs des ordres de la Merci et de la Trinité, brisant les fers des esclaves chrétiens, et se mettant plus d'une fois à leur place. Un des plus illustres de ces héros de la charité à cette époque, fut saint Raymond Nonnat.

Il naquit en 1204, à Portel, au diocèse d'Urgel, en Catalogne. On lui donna le surnom de Nonnat, *qui-n'est-pas-né*, parce que sa mère étant morte avant sa naissance, on le tira de son corps par l'opération césarienne. Ses parents étaient d'une famille noble, mais peu favorisés des biens de la fortune. Dès son enfance, il ne témoignait de goût que pour les exercices de piété et pour l'accomplissement de ses devoirs. La pénétration de son esprit lui fit parcourir, avec autant de rapidité que de succès, la carrière des belles-lettres. Son père, qui remarquait en lui de l'inclination pour la vie monastique ou du moins pour l'état ecclésiastique, l'envoya à la campagne pour y faire valoir une ferme. Son intention était de le détourner de sa vocation et de l'étude. Le saint obéit sans répliquer, et par amour de la solitude, il se chargea lui-même du soin de garder le troupeau. Il imitait, sur les montagnes et dans les forêts, la vie des anciens anachorètes.

Or, dans la campagne où le jeune Raymond faisait paître ses brebis, il y avait une petite église ou ermitage dédiée à Saint-Nicolas de Myre, et dans cette église une très-belle image de la mère de Dieu. Le jeune Raymond, qui avait perdu sa mère avant de venir au monde, allait souvent prier avec ferveur devant cette image. Un jour qu'il y eût épanché tout son cœur, la sainte Vierge lui apparut et lui dit avec une ineffable douceur : « Ne crains point, Raymond, » dès maintenant je te reçois pour mon fils ; tu » pourras donc, à pleine bouche, m'appeler ta mère, » et t'assurer sur ma protection pour l'avenir. » Dès lors, quoiqu'il se regardât comme le plus humble serviteur de la Reine des cieux, il ne pouvait s'empêcher de l'appeler tout haut sa mère, et de protester que jamais il n'en avait eu, que jamais il n'en aurait d'autre. Chaque jour il récitait le rosaire aux pieds de la sainte image.

Jaloux d'une jeunesse aussi pure, l'esprit de ténèbres lui apparut sous la forme d'un berger, s'efforçant de lui persuader qu'à un jeune homme de sa noblesse il ne convenait point de mener cette vie rustique et solitaire, mais qu'il devait fréquenter les lieux plus célèbres. Le jeune homme répondit qu'il ne suivrait d'autres conseils que ceux de sa très-douce mère, la vierge Marie. A ce nom, le démon s'enfuit avec un fracas horrible. Raymond alla dans son asile accoutumé, remercia sa divine libératrice, et, en son honneur, consacra à Dieu sa virginité. Marie lui témoigna sa maternelle satisfaction, et lui conseilla d'entrer dans l'ordre de la Rédemption des captifs, dont elle avait inspiré depuis peu la fondation à saint Pierre Nolasque. Raymond ne demandait pas mieux, mais il craignait l'opposition de son père. Le comte de Cardone, inspiré par la sainte Vierge, lui en obtint le consentement. C'était un seigneur de ses parents, qui venait souvent en pèlerinage à l'ermitage de Saint-Nicolas. Raymond alla donc à Barcelone, et fit ses vœux entre les mains de saint Pierre Nolasque, fondateur de l'ordre de la Merci.

Le nouveau religieux devint le modèle de ses frères par sa ferveur, sa mortification et ses autres vertus. Ses progrès dans la perfection furent si surprenants, qu'après deux ou trois ans de profession, on le jugea digne d'exercer l'office de rédempteur, et de remplacer à cet égard saint Pierre Nolasque. Ayant été envoyé en Barbarie, il obtint des Algériens la liberté d'un grand nombre d'esclaves. Lorsque ses fonds furent épuisés, il se donna lui-même en otage pour la rançon de ceux des chrétiens dont la situation était la plus rude, et dont la foi courait le plus de risques. Le sacrifice généreux qu'il faisait de sa liberté ne servit qu'à irriter les Mahométans. Ils le traitèrent avec tant d'inhumanité, qu'il serait mort entre leurs mains, si la crainte de perdre la somme stipulée n'eût engagé le cadi ou magistrat de la ville à donner des ordres pour qu'on l'épargnât. On le laissa donc respirer, et on lui permit d'aller où il voudrait.

Il profita de la permission qu'on lui accordait, pour visiter les chrétiens et les consoler. Il ouvrit les yeux à plusieurs Musulmans, qui reçurent le baptême. Le gouverneur, en ayant été informé, le condamna à être empalé. Mais ceux qui étaient intéressés au paiement de la rançon des captifs pour lesquels il était en otage, obtinrent une commutation de peine, et il souffrit une cruelle bastonnade. Ce supplice ne ralentit point son courage ; il croyait n'avoir rien fait tant qu'il voyait ses frères en danger de périr éternellement : aussi ne laissait-il échapper aucune occasion de venir à leur secours. « Quand un homme, disait-il avec saint Chrysostome, donnerait aux pauvres des trésors immenses, cette bonne œuvre n'approche point de celle d'un homme qui contribue au salut d'une âme. Cette aumône est préférable à la distribution de dix mille talents ; elle vaut mieux que le monde entier, quelque grand qu'il paraisse à vos yeux ; car un homme est plus précieux que tout l'univers. »

Le saint n'avait plus d'argent pour racheter les captifs ; d'un autre côté, c'était un crime capital chez les Musulmans de parler de religion à ceux de leur secte. S'il se laissait aller à l'espérance de quelque succès, il se voyait exposé à mourir victime de sa charité. Il reprit cependant sa première méthode, d'exhorter les chrétiens et d'instruire les infidèles. Le gouverneur, informé de sa conduite, en fut extrêmement irrité ; il le fit fouetter aux coins de toutes les rues de la ville, après quoi on lui perça les lèvres avec un fer rouge, dans la place publique, et on lui ferma la bouche avec un cadenas, que l'on n'ouvrait que quand il fallait le faire manger. Ensuite on le chargea de chaînes et on le renferma dans un cachot. Il y resta huit mois, et il n'en sortit que quand les Pères de la Merci eurent apporté la rançon qu'envoyait saint Pierre Nolasque. Voyant qu'on ne voulait point le laisser en prison, il demanda qu'il lui fût au moins permis de vivre au milieu des esclaves, qui avaient un pressant besoin de secours. Mais les ordres de son général, qui le rappelaient, l'obligèrent de partir.

En arrivant en Espagne, il fut nommé cardinal par le pape Grégoire IX. Sa nomination à cette dignité ne changea rien à ses sentiments ; il conserva toujours son habit et sa première manière de vivre. Il préféra sa cellule à un palais qu'on lui offrait ; il ne voulut point avoir de riches ameublements, et se contenta de ce qui suffisait aux besoins de la nature. Le Pape le demanda à Rome, dans l'espérance qu'il lui serait fort utile pour le gouvernement de l'Eglise. Il se mit en route, et voyagea avec la simplicité d'un pauvre religieux ; mais à peine fut-il arrivé à Cardone, qui n'est qu'à six milles de Barcelone, qu'il fut attaqué d'une fièvre violente. On vit bientôt en lui des symptômes qui annoncèrent sa fin. Il mourut le 31 août 1240, à l'âge de trente-sept ans. On l'enterra dans cette même chapelle de Saint-Nicolas, où il avait commencé son noviciat de sainteté dans sa jeunesse. Saint Pierre Nolasque y fit bâtir un couvent de son ordre en 1255, et l'on y conserve encore les reliques de saint Raymond. L'histoire de ses miracles a été insérée dans le recueil des Bollandistes. Le pape Alexandre VII fit mettre son nom dans le Martyrologe romain, l'an 1657 (Godescard et *Acta Sanct.*, 31 août).

Débiteur envers tout le monde, chrétiens et infidèles, le pape Grégoire IX étendait sa sollicitude pastorale jusque sur les Mahométans, pour les engager à ouvrir les yeux à la lumière. Dans cette vue, il envoya, l'an 1233, des religieux de saint François avec des lettres au sultan de Damas, au calife de Bagdad et au miramolin d'Afrique. Comme les Mahométans reconnaissent la divinité des saintes Ecritures, le Pape y fait voir comment Dieu a graduellement développé la religion véritable par les patriarches, par les prophètes et par les apôtres, comme par trois luminaires qui nous révèlent un Dieu en trois personnes, Père, Fils et Saint-Esprit, avec l'incarnation du Fils, ses miracles sans nombre, sa mort pour le salut du monde, sa résurrection et son ascension glorieuses, pour revenir un jour du ciel juger les vivants et les morts. Les apôtres, ce troisième luminaire qu'il a établi pour continuer l'œuvre de la rédemption humaine, ont fait, par le pouvoir qu'il leur en a donné, des miracles non moindres que lui ; et chaque jour, tant par leurs saintes reliques que par ceux qui imitent leur foi et leurs œuvres, l'Eglise catholique, notre mère, est glorifiée de miracles semblables, lorsque les aveugles voient, les boiteux marchent, les lépreux sont guéris, les énergumènes délivrés, et les morts ressuscités : ce qui n'est arrivé et n'arrivera jamais dans aucune autre religion.

Le Pape est le serviteur des serviteurs de Celui qui ne veut pas qu'aucun périsse ; il a pour les trois princes la charité de l'Apôtre des nations, qui se faisait tout à tous pour les gagner tous au Seigneur : d'ailleurs, les nations doivent entrer dans l'Eglise avant la conversion finale d'Israël ; il leur envoie donc ses lettres et ses ministres pour leur annoncer Jésus-Christ, vrai Dieu et fils du vrai Dieu. « Peut-être que le Tout-Puissant fera luire dans leurs cœurs cette lumière qu'il fit luire autrefois dans le cœur des mages, lumière qu'ont repoussée les Juifs, mais qu'a reçue, par la prédication de saint Paul, le peuple qui marchait dans les ténèbres. Nous prenons donc à témoin toute la cour céleste, et le ciel et la terre ; car si, ce qu'à Dieu ne plaise, vous négligez de recevoir et de garder une croyance continuellement confirmée par tant de preuves, de témoignages, de signes et de miracles, vous n'aurez aucune excuse devant Celui qui viendra, avec grande puissance et majesté, juger le monde par le feu. »

Du reste, ce que le Pape désire, ce n'est pas ce qui est à eux, mais eux-mêmes, mais leurs âmes. Il les exhorte donc, élevés qu'ils sont au-dessus du peuple, non moins par l'intelligence que par la puissance, de lui donner l'exemple et de marcher à sa tête dans la voie de la vérité, comme ont fait plusieurs chefs de nations, qui, devenus ainsi pour leurs sujets une cause de salut, ont mérité, sans perdre la gloire temporelle, de recevoir encore le royaume qui ne finit jamais. Enfin il les prie d'accueillir et d'écouter favorablement les religieux qu'il leur envoie (*Apud Raynald.*, an 1233, n. 16).

On ne sait pas quel fut l'effet de ces lettres, écrites d'ailleurs avec sagesse, et où il n'y a pas un mot qui puisse choquer des princes musulmans. Nous voyons seulement par l'exemple du sultan de Valence en Espagne, que des exhortations de cette nature ne demeuraient pas toujours sans fruit. De plus, à cette même époque, les chrétiens se multipliaient à Maroc, en Afrique, sous la domination du miramolin. Le sang que nous y avons vu verser à plusieurs disciples de saint François, rendait cette Eglise féconde après une si longue stérilité. Pour affermir et faire croître ces bons commencements, le pape Grégoire lui donna un évêque. Il choisit pour cette pauvre et lointaine Eglise, frère Agnel, homme sage et lettré, qui avait quitté le monde pour se consacrer à Dieu dans l'ordre de saint François. Grégoire IX le sacra de sa main, comme il le témoigne dans sa bulle du 12 juin 1237 (*Apud Raynald.*, an 1237, n. 28; Wadding, an 1246, n. 9).

Vers le même temps, les humbles disciples de saint François, avec les enfants de saint Dominique, donnaient occasion aux Grecs schismatiques et aux autres chrétiens dévoyés de l'Orient, de se rapprocher du centre de l'unité catholique, et même de s'y réunir.

Cinq frères Mineurs, qui étaient allés en Natolie travailler au salut des âmes, furent pris par les Turcs et retenus en prison. Sortis de là, ils vinrent à Nicée, où Germain, patriarche grec de Constantinople, faisait sa résidence, aussi bien que l'empereur Jean Vatace. Les cinq frères vinrent trouver le patriarche qui les reçut humainement et fut édifié de leur pauvreté et de leur zèle. Etant entrés en conversation, ils parlèrent de diverses choses et s'arrêtèrent principalement sur le schisme qui divisait l'Eglise depuis longtemps. Ils lui proposèrent de travailler à la paix et à l'union entre les Grecs et les Latins, et ils furent favorablement écoutés. Le patriarche rendit compte de leur proposition à l'empereur Vatace, qui avait alors intérêt de se concilier le Pape, pour détourner l'orage qui le menaçait de la part de Jean de Brienne, empereur latin de Constantinople. Il permit donc au patriarche d'écrire au Pape pour la réunion, et il lui écrivit lui-même.

La lettre du patriarche Germain au pape Grégoire commence par une prière à Jésus-Christ, qu'il invoque en qualité de pierre angulaire, qui a réuni les diverses nations en une même Eglise. Puis s'adressant au Pape, il reconnaît qu'il a reçu en partage la primauté du Siège apostolique, et le prie de descendre un peu de son élévation pour l'écouter favorablement. Il répète encore ensuite qu'il ne prétend point préjudicier à la primauté du Pape. Dans le corps de la lettre, dont nous verrons assez la substance par la réponse qu'y fera le Pape, il proteste de ses vœux sincères pour la réunion, et il accuse l'Eglise romaine d'y mettre obstacle par sa tyrannie, particulièrement en Chypre. C'est que dans cette île, dont les catholiques d'Occident étaient les maîtres, il y avait eu quelquefois des collisions entre eux et les Grecs schismatiques. Mais la principale cause en était à ce même patriarche Germain. On a de lui une lettre adressée aux Cypriotes, l'an 1229, dans laquelle il les exhorte à persévérer dans la foi qu'ils ont reçue, c'est-à-dire dans le schisme ; car il y reproche aux Latins, qu'au mépris du Christ, ils donnaient au Pontife le nom et le droit de chef, et les accuse de tyrannie de ce qu'ils obligent les Grecs à reconnaître le Pape pour leur pontife (*Apud Coteler., Monumenta græca*). Par ce seul trait, on voit quelle espèce de sincérité le patriarche grec désirait la réunion.

Il écrivit dans le même esprit aux cardinaux, pour les exhorter à procurer la paix, comme étant le conseil du Pape. Permettez-nous, dit-il, de dire la vérité ; notre division est venue de l'oppression que vous exercez, et des exactions de l'Eglise romaine, qui, de mère, est devenue une marâtre, et foule les autres d'autant plus qu'ils s'abaissent davantage devant elle. Il propose ensuite l'exemple de la répréhension de saint Paul, que saint Pierre prit en bonne part, en sorte qu'elle ne produisit point de division, mais un examen plus soigneux touchant les cérémonies légales. Puis il ajoute : Nous sommes scandalisés de vous voir uniquement attachés aux biens de la terre, amasser de tous côtés de l'or et de l'argent, et vous rendre les royaumes tributaires. Et ensuite : Plusieurs nations nombreuses nous sont unies et parfaitement d'accord avec nous : les Ethiopiens, les Syriens, les Ibériens, les Lazes, les Alains, les Goths, les Chazares, le peuple innombrable de Russie, les Bulgares.

Voilà ce que dit le patriarche grec, du moins voilà ce que lui fait dire Matthieu Paris ou ses éditeurs protestants ; car ces imputations, injurieuses au Pape et aux cardinaux, ne se trouvent point dans les lettres du patriarche, conservées dans les archives de l'Eglise romaine (*Apud Raynald.*, an 1232, n. 46).

Il est remarquable que parmi les nations schismatiques, il ne compte ni les Arméniens, ni les Géorgiens, ni les Maronites ; preuve que ces peuples étaient alors unis et soumis à l'Eglise romaine. Nous verrons plus tard ce qu'il en était réellement des autres. Quant à l'or et à l'argent que l'Eglise amassait en Occident, comme c'était en grande partie pour soutenir l'empire latin et catholique de Constantinople, on conçoit que les Grecs schismatiques le trouvassent mauvais.

Le 26 juillet 1232, le pape Grégoire répondit aux deux lettres du patriarche en ces termes : « Grégoire, évêque, serviteur des serviteurs de Dieu, au vénérable frère Germain, archevêque des Grecs, salut et bénédiction apostolique. Ayant reçu, avec la bienveillance qui convient, les lettres de Votre Fraternité, que nous a présentées votre nonce, à nous et à nos frères, et en ayant bien compris la teneur, nous avons résolu de vous envoyer des hommes d'une religion et d'une science éprouvées, pour vous porter des paroles de vie et vous faire connaître plus pleinement notre volonté et celle de nos frères. En attendant, nous répondrons quelques mots à ce que vous avez écrit.

» Encore que le Christ, comme vous nous le rappelez dans vos lettres, soit le premier et le principal fondement de la foi, hors lequel on ne peut en poser d'autre, que nous confessons, toutefois nous lisons que les apôtres et les prophètes en sont les fondements secondaires, et que les citoyens de la céleste Jérusalem ont été édifiés sur les fondements des apôtres et des prophètes. Ce n'est pas sans cause, mais par une prérogative spéciale, que le premier et le principal d'entre eux, le bienheureux Pierre, a mérité d'entendre le Seigneur lui dire : *Tu t'appelleras Céphas*, ce qui veut dire Pierre. Afin que, comme la plénitude des sens réside dans la tête et que de là elle se partage dans chacun des membres, de même les trois ordres de l'Eglise, les prélats, les continents et les gens mariés, reçoivent les remèdes du salut de Pierre, sur qui le Seigneur a bâti son Eglise.

» Quant à la répréhension faite à saint Pierre par saint Paul, le Pape fait voir qu'elle ne regardait nullement la doctrine, sur laquelle ils étaient tous deux d'accord, mais l'opportunité d'une condescendance temporaire, pour gagner plus facilement les Juifs et les gentils; sur quoi il suppose, comme autrefois saint Jérôme, qu'ils agissaient encore de concert. Quoique Pierre eût la sollicitude spéciale des Juifs, et Paul celle des gentils, toutefois, en diverses langues, ils ont prêché l'un et l'autre le même Seigneur, la même foi, le même baptême, et dans le même esprit. Paul était compris dans cette parole du Seigneur, disant généralement à Pierre et aux autres apôtres : *Ceux à qui vous remettrez les péchés, ils leur seront remis; ceux à qui vous les retiendrez, ils leur seront retenus*. Il exerçait avec Pierre le mystère de la dignité, en vertu de ces paroles du même Seigneur à Pierre en particulier : *Tout ce que tu lieras sur la terre sera lié dans les cieux, et tout ce que tu délieras sur la terre sera délié dans les cieux*. Il reconnaissait en Pierre l'office de l'autorité; c'est pour cela qu'il vint le voir à Jérusalem, comme le primat et la source de la prédication évangélique, et que, plus tard, d'après une révélation, il conféra avec lui et avec les autres de l'Evangile qu'il prêchait, afin de ne pas courir en vain. Ce qui est confirmé encore par la parole du Seigneur, quand il dit à Pierre seul, *que si son frère pèche contre lui, il lui pardonne jusqu'à septante fois sept fois;* quand il lui confie, à lui seul, ses brebis sans distinction : Pierre, en qui la vertu des miracles était si grande, qu'on apportait les malades dans les rues, afin que son ombre les guérît en passant. Son autorité parait encore en ce que le Seigneur lui dit à lui seul : *Conduis la barque dans la haute mer*, et qu'il ajoute au pluriel : *Jetez les filets pour la capture*. Pierre, à cause de l'excellence de la foi avec laquelle, reconnaissant dans le même Christ deux natures, il a dit : *Tu es le Christ, Fils du Dieu vivant;* Pierre a donc reçu seul sur la terre les clés du royaume céleste. Or, il n'y a qu'un Seigneur, qu'une foi, qu'un baptême, qu'un principe, qu'un corps de l'Eglise militante; un corps à plusieurs têtes serait un monstre, un corps sans tête serait acéphale. Donc le Seigneur, par les promesses qu'il lui a faites, montre évidemment que Pierre est le chef ou la tête de l'Eglise, qu'il est son successeur en remplaçant pour le gouvernement de l'Eglise universelle que, de concert avec Paul et les autres, il a rassemblée d'entre les nations, les Grecs, les Latins, les Barbares.

» Or, prévoyant que l'Eglise de Dieu serait foulée par les tyrans, déchirée par les hérétiques, divisée par les schismatiques, le Seigneur a dit : *J'ai prié pour toi, Pierre, afin que ta foi ne défaille point; lors donc que tu seras converti, affermis tes frères*. D'où il résulte évidemment que toute question de la foi doit être déférée au siége de Pierre. Mais, nous le disons avec douleur, pour nous servir des paroles de votre lettre, la robe sans couture du vrai Joseph a essuyé une déchirure, non par les mains présomptueuses des soldats, mais par les sentiments présomptueux de personnes ecclésiastiques; mais il faut voir qui l'a ainsi déchirée. Aussitôt que l'Eglise des Grecs s'est retirée de l'unité de la Chaire romaine, elle a perdu le privilége de la liberté ecclésiastique; de libre qu'elle était, elle est devenue l'esclave de la puissance séculière, afin que par le juste jugement de Dieu, celle qui n'a pas voulu reconnaître la primauté divine dans Pierre, endure la domination séculière malgré elle. Dans cet état, méprisant des choses qui ne sont pas médiocres, continuant à déchoir, professant une foi informe, s'attiédissant dans la charité fraternelle, elle s'émancipe toujours plus librement dans le champ d'une licence effrénée, mêlant ce qui est licite avec ce qui ne l'est pas, afin que personne ne la reprenne. Se séparant du temple de Pierre, elle est devenue ce parvis extérieur que l'Eglise rejette, et qu'il défend à son disciple dans l'Apocalypse, de mesurer avec sa toise, parce qu'il est livré aux nations : ce qui se voit déjà visiblement consommé. Samarie en était la figure, lorsque, s'éloignant du temple de Dieu, du peuple de Juda, de la confession de la vraie foi, et devenue idolâtre, quoique Elie et Elisée resplendissent au milieu d'elle comme de grands luminaires dans un lieu ténébreux, elle a été ravagée par des guerres continuelles, accablée sous le poids de ses crimes, livrée aux nations et jetée dehors en punition de la fornication et de l'idolâtrie par lesquelles elle s'est séparée du Seigneur. »

Voilà ce que disait le Pape au mois de juillet 1232. Aujourd'hui que, depuis des siècles, l'Eglise schismatique des Grecs, comme la plus servile des esclaves, croupit sous le cimeterre des Turcs ou le knout des Moscovites, ces paroles de Grégoire IX apparaissent comme une prophétie formidable, on croirait voir Ananie et Saphire, pour lui avoir menti, expirer à la voix de Pierre.

Le patriarche avait remarqué dans sa lettre, que Pierre avait failli trois fois. Le Pape observe que c'était pour qu'il apprît le mystère de sa charge. Comme, d'après cette parole que le Seigneur lui dit trois fois, *pais mes brebis*, et non pas *paissez*, il devait être le supérieur de tous, il était bon qu'il sût par expérience dans quel esprit de douceur, à l'exemple du Bon Pasteur dont il tient la place, il doit corriger les excès de ceux qui reviennent à l'unité de l'Eglise. « Si donc vous revenez avec un cœur sincère, nous n'avons pour vous que des entrailles de miséricorde. Vous nous invitez à prendre pour règle l'Ecriture et les Pères. Regardez vous-même dans ce miroir, avec des yeux non prévenus, et vous trouverez que l'Eglise romaine, la tête et la maîtresse de toutes les Églises, n'a rien ordonné qui, eu égard à la diversité des temps et des circonstances, ne s'y accorde dans l'unité de la foi et de l'esprit. Vous trouverez que le Pontife romain se fait tout à tous pour sauver tout le monde; qu'appelé, non pour un lucre sordide, ni par sa volonté propre, mais par ses frères divinement inspirés, il devient aussitôt le serviteur des serviteurs de Dieu; que pour ses frères et ses coévêques, ainsi que pour les peuples qui leur sont soumis, il s'oppose avec ses frères comme un boulevard contre les hérétiques, les schismatiques et les tyrans, pour la défense de la liberté ecclésiastique. Et quoiqu'il y en ait encore quelques-uns qui l'attaquent en cachette, publiquement toutefois l'Eglise romaine respire aujourd'hui des assauts de tout le monde. Mais si l'Eglise des Grecs, pour me servir de vos expressions, voulait supporter avec patience des paroles piquantes, outre les périls des âmes que son schisme a produits et produit encore, ses calamités auraient dû lui ouvrir l'intelligence. Car entre les mains des Grecs, l'ordre ecclésiastique est déchiré et confondu entre les diverses nations de l'Orient, la liberté de l'Eglise opprimée, la dignité sacerdotale foulée aux pieds, sans qu'il y ait aucun de ses amis pour la consoler, parce que, comme des hommes qui n'ont point de chef, ils ont dédaigné de revenir au chef de l'Eglise. » Le Pape finit par exhorter paternellement le patriarche à revenir, comme l'enfant prodigue, au sein de l'Eglise, sa mère, sûr d'y être reçu avec joie et tendresse (*Apud Raynald.*, an 1232, n. 5; Matth. Paris, an 1237).

En exécution de sa promesse, le Pape envoya, l'année suivante 1233, quatre religieux en Natolie : deux frères Prêcheurs, Hugues et Pierre; deux frères Mineurs, Haimon et Raoul. Il les chargea d'une lettre, du 18 mai 1233, à l'archevêque des Grecs, dans laquelle il résume sa lettre précédente. « Nous ajoutons seulement, dit-il, que, d'après l'Evangile, l'un et l'autre glaive appartiennent au Pontife romain; car Jésus ayant parlé à ses disciples du glaive spirituel qu'il fallait acquérir, ils lui en montrèrent deux. Le Seigneur dit que cela suffisait, savoir, pour la répression de l'offense et spirituelle et corporelle. Si vous prétendez que le glaive matériel appartient à la puissance temporelle, faites attention à ce que le Seigneur dit à Pierre : *Remets ton glaive en son fourreau;* en disant ton glaive, il désignait le glaive matériel avec lequel Pierre avait coupé l'oreille au serviteur du grand-prêtre. Quant au glaive spirituel, personne ne doute qu'il n'ait été commis spécialement à Pierre dans le pouvoir de lier et de délier. L'un et l'autre glaive sont ainsi donnés à l'Eglise, mais l'un pour être tiré par l'Eglise même, l'autre, pour l'Eglise, par la main du prince séculier; l'un par le Pontife, l'autre, au signal du Pontife, par le guerrier. »

Cette interprétation des deux glaives, que nous avons vue entre autres dans saint Bernard, paraît étrange à quelques personnes. Elle est cependant fort simple. Car c'est dire que la force ne doit être employée qu'au service de la vérité et de la justice, et que, dans le doute, il faut s'en rapporter au meilleur interprète de la justice et de la vérité : deux points sur lesquels tout le monde est d'accord. Seulement, pour les catholiques, cet interprète est l'Eglise, dont le Pape est l'organe; pour d'autres, c'est l'opinion publique, dont les oracles contradictoires sont les journalistes.

Les quatre religieux envoyés par le Pape, arrivèrent en Natolie au commencement de l'année 1234. Ils entrèrent à Nicée le dimanche après l'octave de l'Epiphanie, qui était le 15 janvier, vers le soir; mais, avant que d'y entrer, ils rencontrèrent plusieurs Grecs, envoyés les uns par l'empereur Jean Vatace, les autres par le patriarche Germain, pour les complimenter; et enfin les chanoines de la grande église, qui vinrent au devant d'eux loin de la ville, et les y amenèrent avec honneur. Les quatre nonces demandaient qu'on les menât à la grande église pour faire leur prière; mais on les mena dans celle où avait été célébré le premier concile général, l'an 325, et on leur montra dans une peinture murale les Pères qui y avaient assisté. Ensuite, après leur avoir fait faire un long circuit dans la ville, accompagnés d'un grand clergé, et suivis d'une grande multitude de peuple, on les conduisit au logement que l'empereur leur avait fait préparer honorablement, où ils trouvèrent tous les soulagements nécessaires pour se remettre de leurs fatigues.

Le lendemain lundi, le patriarche les fit appeler. L'ayant trouvé avec son clergé réuni, ils le saluèrent, premièrement de la part du Pape, puis de la leur, et le remercièrent de l'honneur et des grâces qu'il leur avait faites. Ils lui présentèrent la bulle du Pape : le patriarche en baisa le sceau, et, regardant son clergé, dit en grec : *Petros, Paulos*, pour marquer les têtes des apôtres qui y étaient représentées. Ensuite il demanda aux frères s'ils étaient légats du Pape, et s'ils voulaient être honorés comme tels. Ils déclarèrent que non, et qu'ils n'étaient que de simples nonces. Considérant ensuite ce clergé si nombreux, et voulant éviter toute surprise, ils ajoutèrent qu'ils n'étaient envoyés qu'au patriarche et non à un concile. Le patriarche déclara qu'on devait un grand respect au moindre nonce du Pape; et, après plusieurs discours de l'un et de l'autre, son clergé les reconduisit avec honneur à leur logis.

Le jour suivant, 17 janvier, l'empereur les fit appeler à son palais, et leur donna audience en présence du patriarche et d'une grande partie du clergé. Après les politesses convenables de part et d'autre, les nonces proposèrent le sujet de leur voyage, et dirent que le patriarche avait reçu la bulle où le tout était plus amplement expliqué. On leur demanda quels étaient leurs pouvoirs ; ils dirent qu'on le voyait par la bulle, et que l'Eglise romaine ratifierait tout ce qu'ils feraient de bien touchant cette affaire. Entrons donc en matière, dirent les Grecs. Après plusieurs raisons proposées de part et d'autre, pour savoir qui d'eux ou des Latins commencerait la dispute, les nonces dirent : « Nous ne sommes pas envoyés pour discuter avec vous sur quelque article de foi dont l'Eglise romaine soit en doute, mais pour conférer amiablement sur les points dont vous doutez. C'est donc à vous de les proposer. » Les Grecs répondirent : « Dites vous-mêmes quels ils sont. » Les nonces, voyant qu'ils ne cherchaient qu'à gagner du temps, répliquèrent : « Quoique ce ne soit pas à nous à proposer vos questions, toutefois, pour ne pas perdre inutilement le temps, voici ce dont l'Eglise romaine s'étonne le plus : Puisqu'il est certain que l'Eglise grecque lui a été soumise autrefois, comme toutes les autres nations chrétiennes, quelle raison a-t-elle eue de se soustraire à son obéissance ? » Les Grecs ne voulurent point répondre à cette question, mais ils prièrent les nonces de leur dire eux-mêmes la cause de la séparation. Les nonces, voyant leurs chicanes, et sachant qu'ils aimaient les comparaisons, leur proposèrent cet exemple. « Voilà un créancier et un débiteur : celui-ci nie la dette ; lequel des deux doit rendre raison à l'autre de ce que la dette n'est pas payée ? »

Les Grecs, confondus par cette comparaison, répondirent, après en avoir délibéré : « Nous disons qu'il y a deux causes de séparation : l'une, la procession du Saint-Esprit ; l'autre, le sacrement de l'autel. » Les nonces répliquèrent : « S'il n'y a point d'autres causes, pourquoi vous êtes-vous soustraits à l'obéissance de l'Eglise romaine ? Voyons si ce sont là des raisons suffisantes. » Ils ajoutèrent : « Cette matière est difficile, et nous ne pourrons la traiter dignement sans le secours de Dieu. C'est pourquoi demain nous vaquerons à la prière et nous célébrerons la messe, invoquant le Saint-Esprit, afin qu'il nous découvre la vérité de sa procession ; mais, comme nous n'avons point d'oratoire, nous prions le seigneur patriarche de nous en assigner un. »

Il leur donna une église assez commode près de leur logis, et le lendemain, comme ils faisaient l'office, plusieurs Latins, Français, Anglais et d'autres nations vinrent l'entendre. L'office terminé, un Latin vint les trouver en pleurant, et disant que son pappas grec l'avait frappé de censure, parce qu'il avait assisté à leur messe. Les nonces en furent affligés, et, ayant tenu conseil, ils envoyèrent deux d'entre eux au patriarche, pour se plaindre de cette injure faite à Dieu et à toute son Eglise. Le patriarche voulait dissimuler la chose ; mais, voyant que les nonces en étaient extrêmement offensés, il leur envoya ce pappas avec ses confrères, qui le dépouillèrent de ses habits sacerdotaux, et le ramenèrent ainsi par la ville jusqu'à la maison du patriarche. Et comme les autres pappas protestèrent que celui-ci ne l'avait fait que par simplicité et non par malice, les nonces, ne voulant pas paraître impitoyables dans le commencement de leur négociation, prièrent le patriarche même de lui pardonner.

Pour cette raison, le jeudi, étant venus au palais de l'empereur pour la conférence, ils voulaient commencer par la question du saint sacrement de l'autel, pour savoir ce que les Grecs croyaient de celui que consacrent les Latins ; mais les Grecs insistèrent opiniâtrément à commencer par la procession du Saint-Esprit. On entra donc ainsi en conférence. Les Grecs demandèrent si les nonces voulaient objecter ou répondre. Les nonces dirent : « C'est à vous de proposer vos difficultés sur cet article, et à nous d'y satisfaire. » Le patriarche dit : Vous les entendez.

Alors le cartophylax, qui était comme le trésorier de l'église patriarcale, se leva au milieu de l'assemblée, et, par ordre du patriarche et de l'empereur, il dit : « Croyez-vous qu'il y a un Dieu en trois personnes ? » Les nonces répondirent : « Nous le croyons. — Croyez-vous le Père non-engendré, le Fils seul engendré, le Saint-Esprit procédant du Père ? — Nous le croyons comme vous le dites. » Alors le cartophylax, qui paraissait d'une merveilleuse simplicité, levant les mains au ciel, commença de bénir Dieu à haute voix. Il répéta les mêmes paroles une seconde et une troisième fois, et, voyant que les nonces y faisaient la même réponse, il ajouta : « Nous ne trouvons ici aucune dispute entre vous et nous ; Dieu soit béni de tout ! » Les nonces dirent : « Si vous ne trouvez point de différend sur ces articles entre l'Eglise romaine et la grecque, nous croyons que, par la grâce de Dieu, vous n'en trouverez pas plus sur le sacrement de l'autel : cependant il n'y a point eu d'autres causes du schisme. C'est donc sans sujet que l'Eglise grecque s'est soustraite à l'obéissance de l'Eglise romaine. »

L'empereur ayant consulté les savants, dit aux nonces : « Nous avons entendu que vous dites comme nous ; mais le seigneur patriarche demande si vous ne dites rien de plus ; car nous avons ouï dire que vous avez ajouté quelque chose au Symbole composé par les Pères, qui ont défendu, sous peine d'anathème, d'y ajouter ou d'y changer une syllabe. Les nonces demandèrent que le patriarche leur montrât le Symbole écrit. Le patriarche dit : « Je vous prie de m'excuser pour aujourd'hui, je suis fatigué et malade ; demain, s'il plaît à Dieu, je me porterai mieux, et je vous montrerai ce que j'ai promis. » Et ainsi ils se séparèrent.

Le mercredi 20 janvier, après avoir célébré la messe et le reste de l'office, les nonces vinrent à la conférence et commencèrent à prier le patriarche d'acquitter sa promesse. Il ordonna à un de ses savants de lire la lettre de saint Cyrille à Jean d'Antioche après leur réconciliation, qui commence ainsi : *Que les cieux se réjouissent.* On y lut ces paroles : « Nous parlerons de l'incarnation du Fils de Dieu, sans rien ajouter du tout à l'exposition de foi faite à Nicée. Il est dit ici, ajouta le lecteur, qu'il ne faut rien ajouter à la foi de Nicée : pourquoi donc y avez-vous ajouté ? » Les nonces répondirent : « Saint Cyrille ne dit pas ici que personne ne doit rien ajouter, mais que lui-même n'ajoutera rien : ainsi le patriarche ne s'est pas acquitté de sa promesse. »

Les Grecs, voulant prouver ce qu'ils avaient avancé, lurent dans la suite de la lettre : « Nous ne permettrons à personne d'ébranler en aucune manière le Symbole de Nicée, ni d'y changer une parole. » Les nonces répondirent : « Nous n'y changeons rien, pas même une syllabe ou un iota, et nous ne disons rien de contraire; mais saint Cyrille ne défend pas d'y ajouter. » Les Grecs leur demandèrent : « Avez-vous ajouté quelque chose à ce Symbole? » Les nonces répondirent : « Qu'on le lise, et vous le saurez. » Quelqu'un commença donc à lire le Symbole de Constantinople; mais les nonces, qui voulaient tirer de la bouche des Grecs la raison de notre addition, firent cette remarque : « Le Symbole de Nicée a été auparavant, et vous dites qu'il n'y faut rien ajouter et que saint Cyrille défend d'y rien changer : nous voulons entendre ce premier Symbole. » Les Grecs résistèrent tant qu'ils purent; mais enfin les nonces insistant, on lut le Symbole de Nicée tout au long, puis celui de Constantinople.

Alors les nonces reprirent : « S'il est vrai, comme vous soutenez, que vos saints ont défendu de rien ajouter au Symbole de Nicée, qui est-ce qui a osé ajouter ce que le Symbole de Constantinople contient de plus? Les Grecs, craignant de répondre à cette question, s'efforçaient de détourner ailleurs la dispute; mais les nonces les pressèrent d'autant plus vivement. Enfin, après plusieurs consultations et plusieurs subterfuges, ils répondirent : « Ce n'est pas une addition, c'est une explication de la vérité. » Les nonces demandèrent si cette explication faisait que le Symbole fût autre que le premier. Les Grecs répondirent que non, et que cette explication ne faisait ni addition ni changement.

Ainsi les nonces tirèrent d'eux ce qu'ils prétendaient, car ils pouvaient dire de même que le *Filioque* n'est ni une addition au Symbole, ni un changement, et ils n'avaient plus autre chose à prouver, sinon qu'il est vrai au fond que le Saint-Esprit procède du Fils.

Les Grecs continuèrent de leur demander ce qu'ils avaient ajouté au Symbole. Les nonces auraient pu répondre qu'ils n'avaient rien ajouté, suivant l'explication que les Grecs leur avaient donnée eux-mêmes. Toutefois, pour plus grande sûreté, ils leur firent cette question : « Nous est-il permis de croire ce qui est de nécessité de foi ? » Les Grecs répondirent : « Cela est permis. — Et ce qu'il nous est permis de croire, nous est-il permis de l'écrire, de le chanter, de le prêcher? » Les Grecs en convinrent. Or, ajoutèrent les nonces, c'est une vérité de foi que le Saint-Esprit procède du Fils. — Prouvez-le, dirent les Grecs. — Vos saints le prouveront, répliquèrent les nonces. Ecoutons saint Cyrille dans le premier livre de l'*Adoration*, où il dit : « L'esprit n'est aucunement changeant, ou, s'il est sujet au changement, le défaut retombe sur la nature divine, puisqu'il est du Père et même du Fils, étant une effusion substantielle de l'un et de l'autre (*De adorat. in Spirit.*, t. I). » Et dans la lettre qui commence par ces mots : *Puisque le Sauveur dit*, et qui est adressée à Nestorius : « Quoique le Saint-Esprit ait son hypostase propre, et soit connu en lui-même en tant qu'il est Esprit et non pas Fils, toutefois il ne lui est pas étranger; car il est nommé l'Esprit de la vérité, et Jésus-Christ est la vérité, et il vient de lui par effusion, comme de Dieu le Père (Labbe, t. III, p. 405; *Conc. Ephes.*, part. 1, c. 26, n. 10).

A ces passages les Grecs répondirent que l'effusion n'est pas la procession ; mais les nonces les réfutèrent par saint Cyrille même, qui dit dans l'exposition du Symbole de Nicée : « Après avoir parlé de Jésus-Christ, les bienheureux Pères font aussi mention du Saint-Esprit, et ils disent qu'ils croient en lui, comme au Père et au Fils; car il leur est consubstantiel, et en est une effusion, c'est-à-dire il en procède (*Conc. Ephes.*, part. 3, c. 45). » Et saint Athanase, à la fin de l'exposition du Symbole de Nicée : « Le Saint-Esprit, procédant du Père, est toujours entre les mains du Père qui l'envoie et du Fils qui le porte et par lequel il remplit tout (Athan., t. I, édit. 1698). » Ces passages disent clairement que le Saint-Esprit vient du Fils comme du Père. Ainsi se termina la conférence du vendredi.

Le samedi 21 janvier, les Grecs remirent la conférence après dîner, parce qu'ils ne jeûnaient pas ce jour-là, et ils envoyèrent quérir les nonces par les officiers de l'empereur. Or, les Grecs firent réflexion que le jour précédent les nonces avaient cité plusieurs passages des Pères, ayant grande quantité de livres grecs qu'ils avaient apportés de Constantinople. C'est pourquoi ils concertèrent de les surprendre par de petites questions et des disputes de mots ; car la vérité ne leur tenait pas fort à cœur. Ils firent donc paraître dans l'assemblée un de leurs philosophes, qui, après un grand préambule, s'adressant aux nonces, leur dit : « Vénérables apocrisiaires du très-saint Pape de l'ancienne Rome, nous savons que vous êtes des hommes saints et savants, et que vous aimez la paix et la vérité ; or, il n'y a point de catholique qui ait honte de confesser sa foi. Dites-nous donc par qui, quand, où et pour quelle raison votre *Filioque* a été ajouté au Symbole ? » Les nonces virent leur finesse, et que, ne croyant pas qu'ils pussent répondre à cette question, ils voulaient les confondre dans cette assemblée. Ils retournèrent donc la question contre les Grecs, et leur dirent : « Vous avez dit, et fort bien, qu'un catholique doit confesser publiquement ce qu'il croit. Vous devez donc nous dire si vous croyez que le Saint-Esprit ne procède pas du Fils. » Ils répondirent : « Nous ne croyons pas qu'il procède du Fils. — Ce n'est pas là, dirent les nonces, ce que nous vous demandons, mais si vous croyez et si vous dites qu'il ne procède pas du Fils. »

Les Grecs ne voulurent point l'avouer précisément; mais ils pressèrent les nonces de répondre à leur question. Ceux-ci, voyant qu'il était nuit, ne croyaient pas devoir entamer une si grande matière; mais les Grecs insistèrent, et firent allumer dans le palais, des flambeaux de cire et des lampes. Les nonces, ainsi pressés, répondirent : « Afin que vous sachiez que la foi de l'Église romaine ne cherche point de subterfuge, et que nous ne rougissons point de confesser notre foi, nous répondons à vos questions de cette manière. La première est de savoir qui a fait cette addition ? — Nous disons que c'est Jésus-Christ. — Où ? — Dans l'Evangile, lorsqu'il a dit : *Quand l'Esprit de vérité sera venu, il vous enseignera toute vérité*. — Pourquoi ? — Pour l'instruction des fidèles et la confusion des hérétiques qui devaient nier cet article; car quiconque ne le croit pas est en voie de perdition. Et ce que nous avons dit, nous en prouvons la vérité par l'Evangile, par les Epîtres de saint Paul, par les écrits

de vos Pères, par les nôtres, si vous vouliez les recevoir, comme saint Augustin, saint Grégoire, saint Jérôme, saint Ambroise, saint Hilaire et plusieurs autres. »
A ces mots, tous les Grecs demeurèrent interdits. Comme tous gardaient le silence, l'empereur dit en grec : *Calôs*, c'est-à-dire, fort bien ! Puis, après avoir longtemps consulté avec ses savants, il dit aux nonces : Montrez-nous où il est dit dans l'Evangile que le Saint-Esprit procède du Fils. Un d'eux lut ce passage de saint Jean : *Quand l'Esprit de vérité sera venu, il vous enseignera toute vérité;* et il ajouta : En disant *l'Esprit de vérité*, il dit que le Saint-Esprit procède de la vérité, et c'est ce que nous voulons prouver. » Les Grecs firent entrer un de leurs philosophes pour répondre, et les nonces lui demandèrent : « L'*Esprit*, en ce passage, pour quel esprit se prend-il ? » Il répondit : « Pour le Saint-Esprit. — Et *la vérité* se prend-elle ici pour Jésus-Christ, ou non ? Il répondit : « La vérité est de plusieurs sortes, l'une des propositions complexes, l'autre des propositions incomplexes ; puis, étant pressé, il dit qu'en ce passage *la vérité* ne signifiait pas Jésus-Christ, mais la vérité créée. » D'où les nonces inférèrent qu'elle était une créature, et que l'Esprit de vérité était l'esprit d'une créature : ce qui impliquait l'hérésie de Macédonius, condamné au deuxième concile. Le philosophe épouvanté, fut contraint de se dédire et d'avouer que le Saint-Esprit est l'esprit de Jésus-Christ. Les nonces demandèrent pourquoi il est nommé l'*Esprit du Fils de Dieu.* Les Grecs, ayant consulté, répondirent : « Parce qu'il est de même substance que le Fils. — Donc, reprirent les nonces, le Père, étant consubstantiel au Fils, doit aussi être nommé l'Esprit du Fils ; ce qui est faux. » Alors ils se séparèrent, et il était près de minuit.
Le dimanche, les nonces s'occupèrent à l'office divin ; et le lundi de la seconde semaine, 23 janvier, ils vinrent le matin au palais. Comme ils commençaient à disputer contre les philosophes des Grecs, l'empereur leur dit par manière de reproche : « Vous devriez montrer simplement la vérité de cette question, sans philosophie et sans syllogismes ; cette manière de disputer ne produit que des contestations et des querelles. » Les nonces répondirent : « *Un serviteur de Dieu*, comme dit saint Paul, *ne doit point se quereller*. Aussi aimons-nous beaucoup mieux montrer la vérité simplement ; mais nous pouvons dire, avec le même apôtre, que c'est vous qui nous avez contraints de n'être pas sages, en nous réduisant par vos réponses sophistiques à nous écarter de notre simplicité. Mais dès que vous désirerez connaitre la vérité simplement, nous la manifesterons facilement et brièvement à tous. — Fort bien ! répondit l'empereur. — Nous demandâmes hier à vos philosophes, reprirent les nonces, pourquoi le Saint-Esprit est nommé l'*Esprit du Fils de toute éternité*. Il semble qu'on ne peut en donner que trois raisons : ou parce qu'il est de même substance, comme répondit votre docteur, ou parce que le Fils envoie le Saint-Esprit dans les créatures, ou parce que le Saint-Esprit procède de lui. Nous avons réfuté la première raison ; nous détruisons la seconde, en disant que le Saint-Esprit est l'esprit du Fils de toute éternité, et toutefois le Fils ne l'a pas envoyé de toute éternité dans les créatures. Reste donc la troisième, qu'il est nommé l'*Esprit du Fils, parce qu'il procède de lui.* »

Les Grecs, ayant ouï cette raison, demandèrent qu'on la leur donnât par écrit ; et les nonces l'ayant d'abord donnée en latin, ils demandèrent qu'on la leur traduisît en grec : ce qui fut fait. Ensuite ils demandèrent du temps pour délibérer, et on leur accorda le jour même, lundi, et le mardi. Le mardi au soir, on manda les nonces pour venir chez le patriarche, où ils trouvèrent son clergé assemblé. Le patriarche fit apporter un écrit long et prolixe, qui contenait, disait-il, la réponse à leur opinion. Les nonces, en ayant ouï la lecture, y trouvèrent plusieurs faussetés et plusieurs puérilités ridicules. Ils délibérèrent s'ils le recevraient, et ils s'y résolurent, plutôt pour la confusion des Grecs que pour leur propre consolation. Mais les Grecs, considérant que les nonces faisaient peu de cas de leur écrit, leur dirent : « Retirez-vous avec la grâce de Dieu, et nous vous enverrons cet écrit incontinent après. » Eux étant partis, les Grecs résolurent de composer un écrit nouveau, où ils changèrent la plus grande partie de ce qui était dans le premier, et y ajoutèrent plusieurs propositions nouvelles. Ils y employèrent tant de temps, qu'ils l'envoyèrent aux nonces lorsque ceux-ci allaient se mettre au lit ; c'est pourquoi ils remirent au lendemain à le traduire.

Le mercredi, après la messe et l'office, ils s'appliquèrent à cette traduction du grec en latin. Cependant le patriarche envoya s'excuser d'assister ce jour à la conférence, parce qu'il était indisposé ; mais, après leur repas, l'empereur les manda et on s'assembla chez le patriarche. Les Grecs demandèrent d'abord aux nonces s'ils avaient vu leur écrit. Les nonces commencèrent par dévoiler devant tout le monde la supercherie dont on avait usé à leur égard par rapport à l'écrit en question, et répondirent que la traduction n'était pas encore écrite, comme il était vrai. Toutefois, pour ne pas perdre de temps, ils dirent : « Qu'on lise l'écrit devant nous, et nous y répondrons. » Un des philosophes se leva, et commença à lire l'écrit, qui était long et plein de syllogismes et de termes de dialectique, contrairement à la défense de l'empereur. Les Grecs prétendaient examiner à la rigueur, selon les règles de cet art, ce que les nonces avaient avancé simplement et sans raisonner en forme.

Les nonces répondirent donc fortement à cet écrit, y relevant entre autres une altération assez grave de leurs paroles que les Grecs s'y étaient permise. L'empereur, voyant la peine qu'avaient les siens à se défendre, dit : « Laissons cet écrit, qui ne produit que des disputes ; avançons, et montrez-nous par les Pères la vérité de ce que vous soutenez. » Alors un des nonces, bien instruit dans les livres des Grecs, ouvrit saint Cyrille et lut le neuvième de ses anathèmes, où il condamne quiconque dit que Jésus-Christ a reçu du Saint-Esprit une puissance étrangère pour faire des miracles, au lieu de dire qu'il les opérait par celle qui lui était propre. Et dans l'explication de cet anathème, saint Cyrille dit que le Saint-Esprit est du Verbe, et substantiellement en lui. « Or, ajoutaient les nonces, une personne ne peut être d'une autre que par génération ou par procession : le Saint-Esprit ne vient pas du

Fils par génération ; c'est donc par procession. » Les Grecs chicanèrent encore un peu sur cette preuve, après quoi on se retira.

Le jeudi, 26 janvier, comme les Grecs cherchaient par de nouvelles chicanes à pallier leur défaite précédente, les nonces déclarèrent qu'ils ne voulaient plus disputer sur l'article du Saint-Esprit ; car, disaient-ils, si vous ne voulez pas acquiescer à la vérité manifeste, que pouvons-nous vous proposer de plus ? Or, l'empereur doit partir demain de cette ville, et nous voulons parler en sa présence de la seconde cause de votre séparation. » Les Grecs consentirent donc, quoique avec peine, qu'on traitât du sacrement de l'autel, et voulurent que les nonces commençassent. Ceux-ci déclarèrent qu'ils procéderaient simplement, sans argumenter en forme ; de quoi les Grecs témoignèrent être fort contents. Toutefois ils voulurent détourner la dispute à d'autres questions sur l'azyme et le pain levé, et consumèrent le temps en discours frivoles jusqu'à l'heure du dîner. Enfin le patriarche dit : « Montrez-nous comment et en quelle manière vous consacrez, et nous vous répondrons. » Ils le firent ; et le patriarche fit trêve jusqu'après le repas.

Ils s'assemblèrent donc encore l'après-dîner, et le patriarche dit : « Nous avons nos frères, le patriarche de Jérusalem, celui d'Alexandrie et celui d'Antioche, sans le conseil desquels il ne nous est pas permis de répondre à vos propositions. Nous convoquerons un concile pour la mi-mars : nous vous prions d'y assister, et vous entendrez ce qu'on vous répondra sur ce que vous nous avez proposé. » Les nonces répondirent : « Nous vous avons assez déclaré que le Pape, notre maître, ne nous a envoyés ni à un concile ni à aucun autre patriarche qu'à vous. C'est pourquoi nous ne voulons en rien excéder ses ordres, au préjudice de Sa Sainteté ou de l'Eglise romaine. Nous vous conseillons toutefois d'assembler vos frères, et de prendre avec eux promptement un bon conseil pour la paix et la réformation de l'Eglise. Vous nous écrirez donc à Constantinople, où nous comptons demeurer jusqu'à la mi-mars, comme vous demandez ; et nous attendrons votre réponse, afin d'avoir quelque chose de certain à mander au Pape sur cette affaire. Et Dieu veuille que nous en donnions des nouvelles qui soient à sa gloire et à la joie commune de l'une et l'autre Eglise. » Ayant ainsi parlé, ils se retirèrent.

Le vendredi 27 janvier, après avoir dit la messe, ils allèrent au palais prendre congé de l'empereur qui allait partir, et ils trouvèrent le patriarche avec lui. L'empereur commença à conférer avec les nonces, de la forme en laquelle le patriarche et l'Eglise grecque pourraient se réconcilier avec l'Eglise romaine. Les nonces dirent : « Ce serait en croyant et enseignant ce qu'elle croit ; mais nous estimons qu'elle n'insisterait pas beaucoup à obliger les Grecs de le chanter. Il faudrait encore que l'Eglise grecque obéît à l'Eglise romaine, comme avant le schisme. » L'empereur ajouta : « Si le patriarche veut obéir à l'Eglise romaine, le Pape lui rendra-t-il son droit ? » Les nonces répondirent : « Si le patriarche rend à sa mère l'obéissance et tout ce qu'il lui doit, nous croyons qu'il trouvera plus de grâce qu'il n'y pense devant le Pape et toute l'Eglise romaine. » Ensuite, ayant pris congé, ils partirent de Nicée et revinrent à Constantinople (Mansi, t. XXIII, *apud Raynald.*, an 1233 et 1234).

Vers la mi-mars, le patriarche Germain leur envoya, non point la réponse qu'il avait promise, mais un courrier avec une lettre, pour les prier de se trouver à Lescare, maison de campagne de l'empereur Vatace, dans laquelle il promettait d'assembler les prélats et les patrices, et d'y convoquer le concile, supposant que les nonces en étaient convenus, et qu'ils ne manqueraient pas d'y venir. Ils furent surpris de cet ordre, et marquèrent leur étonnement dans leur lettre, en ce que, au lieu d'une réponse positive, le patriarche leur mandait seulement qu'il allait assembler un concile et qu'il les y invitait. Ils ajoutèrent que, « pour ne pas perdre leur peine et pour agir suivant le mouvement de la charité, qui préfère l'utilité commune à l'intérêt particulier, ils attendraient jusqu'à la fin de mars, le priant de faire le plus de diligence qu'il pourrait. » A la fin de mars, le patriarche leur manda : « J'ai reçu votre lettre, qui m'a sensiblement affligé. Je suis seul à Nicée, et ne puis rien vous répondre de décisif, parce que le traité d'union et d'examen de la foi est une affaire générale. Si vous vous retirez, nous croirons que vous n'êtes pas venus pour faire la paix, mais seulement pour nous sonder. »

Le patriarche écrivit aussi à deux frères Mineurs, qui étaient alors à Constantinople, savoir, Benoît d'Arezzo, ministre de Romanie, et Jacques de Rossane, missionnaire de Géorgie, les priant de persuader aux nonces ce qu'il désirait, et promettant que, s'ils venaient au concile, ils retourneraient à Rome avec une grande joie. Les nonces reçurent aussi une lettre de l'empereur Vatace, qui les priait de venir le trouver à Lescare sans y manquer, parce qu'il leur avait préparé un vaisseau, avec tout ce qui était nécessaire pour leur passage et celui des ambassadeurs qu'il voulait envoyer au Pape.

Cependant les Latins de Constantinople étaient presque destitués de tout secours. L'empereur Jean de Brienne était pauvre ; tous les chevaliers qu'il avait à sa solde s'étaient retirés ; les vaisseaux des Vénitiens, des Pisans, de ceux d'Ancône et des autres nations étaient prêts à partir, quelques-uns même déjà partis. Les Latins étaient environnés d'ennemis de tous côtés ; c'est pourquoi les nonces résolurent de retourner chez Vatace, et de négocier une trêve d'un an entre lui et Jean de Brienne ; mais pour ne pas prendre de leur seule autorité une telle résolution, ils consultèrent le chapitre de Sainte-Sophie, les prélats du pays et l'empereur Jean de Brienne lui-même, qui tous leur conseillèrent de retourner.

Ils partirent donc le troisième dimanche de carême, qui, cette année 1234, était le dernier dimanche du mois de mars ; et, ayant passé la mer, ils arrivèrent le lundi à un lieu nommé Chalongore, d'où ils envoyèrent, par différents courriers, deux copies de la même lettre au patriarche Germain à Nicée, le priant de se rendre au plus tôt à Lescare, où ils les trouverait prêts. Ils écrivirent aussi à l'empereur Vatace, pour lui faire savoir leur venue, et arrivèrent à Lescare le 3 avril, lundi de la quatrième semaine de carême. Le jeudi, ils reçurent une lettre de l'empereur, qui les priait de venir à Nymphée, où il les attendrait. Eux-mêmes attendirent des nouvelles du patriarche, et, en ayant reçu, ils se rendirent à Nymphée, où il arriva de son côté le jeudi de la Passion.

Le vendredi 4 avril, ils allèrent le trouver, le priant de les expédier au plus tôt. Il répondit : Je suis prêt, et voilà les prélats assemblés qui demandent aussi d'être expédiés, afin de pouvoir être dans leurs églises à ces jours solennels. Les nonces, comptant sur la parole du patriarche, retournèrent joyeux à leur logis.

Le lundi de la semaine sainte, voyant qu'on ne les mandait point, ils envoyèrent deux d'entre eux au patriarché en demander raison. Il répondit que ses prélats n'étaient pas encore assemblés. Les nonces, voyant qu'il cherchait à traîner l'affaire en longueur, le pressaient plus vivement de les expédier. Sur quoi il répondit en colère : « Je vous admire : nous avons trente articles à proposer contre vous, et vous voulez être expédiés en un moment ? » Puis il ajouta : « Que vos frères viennent, s'ils veulent, et on disputera. » Les nonces rapportèrent le tout à l'empereur, croyant qu'il obligerait les prélats grecs à tenir leur parole. Mais il commença par les excuser de n'être pas assemblés, disant que quelques-uns venaient de loin, et que le patriarche d'Antioche n'était pas encore arrivé. « De plus, ajouta-t-il, nous sommes dans un temps de dévotion et de pénitence, et vous ne devez pas vous étonner s'ils ont répugnance d'assister ces jours-ci à une dispute. Je vous prie d'attendre jusqu'après la fête : les prélats et les patriarches s'assembleront cependant, et ils vous répondront le lundi de Pâques. » Les nonces lui accordèrent ce délai.

Le 24 avril, qui était le lundi de Pâques, les prélats s'assemblèrent après le dîner au logis du patriarche. On envoya quérir les nonces, et il leur dit : « Nous avons eu une conférence à Nicée sur le Saint-Esprit, mais alors j'étais seul ; les prélats, qui sont maintenant présents, seraient bien aises d'entendre comment fut traitée cette question. » Les nonces virent par ce discours qu'il voulait éviter de traiter la question des azymes et les ramener à celle du Saint-Esprit. C'est pourquoi ils commencèrent à exposer le sujet de leur voyage, la conférence faite à Nicée, la promesse du patriarche de leur envoyer vers la mi-mars sa réponse au sacrement de l'autel, et combien de fois il avait changé les conditions dont il était convenu avec eux. Puis ils ajoutèrent : « Nous avons bien voulu néanmoins paraître devant vous, sans y être obligés par aucune promesse de notre part, ni par l'ordre de nos supérieurs, mais de bonne volonté et pour amour de la paix et de l'union, fondés sur la promesse du patriarche qu'il nous renverrait contents à celui qui nous a envoyés. C'est l'espérance d'un si grand bien et la charité fraternelle qui nous ont fait mépriser les périls de la mer, la fatigue et l'ennui d'un voyage, avec la perte du temps, pour vous satisfaire. Nous sommes donc venus pour entendre votre réponse. »

« Sur quelle question ? dirent les Grecs. — Sur celle, reprirent les nonces, sur laquelle le patriarche a promis de vous consulter. » Les Grecs répondirent : « Nous n'y étions pas, nous n'avons pas ouï cette question. » Les nonces dirent : « La voici, nous vous la proposons encore : *Si nous pouvons consacrer le Corps de Jésus-Christ avec du pain azyme ou non.* » Les Grecs répondirent : « Il y avait deux questions entre nous : sur la procession du Saint-Esprit, et sur le Corps de Notre Seigneur. Il faut donc premièrement traiter devant tout le concile la question du Saint-Esprit, qui est la première. » Les nonces répliquèrent : « Vous avez répondu à cette question, et nous savons fort bien ce qui s'est passé sur ce sujet ; mais nous n'avons point encore eu de réponse touchant le Corps de Jésus-Christ, c'est pourquoi nous le demandons maintenant au concile. » Les Grecs, ne cherchant qu'un subterfuge, répondirent : « Ce serait confondre l'ordre de la théologie, de ne pas commencer par la matière la plus relevée. » Ils répétèrent plusieurs fois cette raison, ils firent même entrer un philosophe pour l'exposer avec plus d'emphase. Mais les nonces ne s'y laissèrent pas prendre. Après donc qu'on eût disputé quelque temps, le patriarche dit : « Puisque vous nous y contraignez, nous écrirons notre réponse à l'une et à l'autre question, et nous vous la donnerons. » Les nonces, voyant qu'ils ne cherchaient qu'à éluder, répondirent : « Nous ne nous soucions pas de votre écrit ; répondez de vive voix, puisque nous sommes présents : l'écriture est pour les absents. » Le patriarche reprit : « Si vous voulez rapporter devant le concile la suite de toute la conférence de Nicée, nous répondrons aussi à votre question. » Les nonces dirent : « Vous nous répondrez à la question des azymes, et, quand vous nous aurez satisfaits sur ce point, nous vous rapporterons la suite de la dispute sur le Saint-Esprit. » Le patriarche se leva et se retira à part avec les autres prélats, pour tenir conseil. Puis, étant revenus, ils dirent : « Nous demandons du temps jusqu'à mercredi, et alors nous vous répondrons, comme nous avons promis. » Les nonces, craignant d'être encore trompés, répétèrent les conditions qu'ils avaient proposées, et ainsi on se sépara.

Le mercredi 26 avril, les nonces vinrent dès le matin chez le patriarche, où le concile était assemblé. L'archevêque de Samastro ou Amastris, en Paphlagonie, leur proposa une difficulté qu'il disait avoir sur la lettre du Pape au patriarche Germain, où il trouvait que le Pape parlait de l'eucharistie des Grecs et de celle des Latins, comme de deux sacrements. Les nonces, voyant l'artifice des Grecs pour éluder la question des azymes et détourner la dispute, dirent : « C'est au Pape à expliquer sa lettre, et vous pouvez lui en écrire. » Les Grecs insistèrent, et cette vaine dispute dura jusqu'à midi. Alors les nonces, ennuyés et indignés de leur mauvais procédé, leur dirent : « Nous voyons bien que vous ne cherchez qu'à gagner du temps, et que vous évitez de répondre à notre question, n'osant déclarer votre créance : nous vous parlerons à cœur ouvert. Nous savons que vous avez mauvaise opinion de notre sacrement en azymes ; nous le savons, premièrement par vos écrits, qui sont pleins de cette hérésie, et c'est de peur de la découvrir que vous n'osez répondre à notre question. De plus, vos actions le prouvent : vous lavez vos autels quand les latins y ont célébré ; quand les Latins viennent pour recevoir vos sacrements, vous leur faites abjurer ceux de l'Église romaine ; vous avez ôté le Pape de vos diptyques, et nous savons que vous n'en ôtez que des excommuniés ou des hérétiques ; enfin vous l'excommuniez une fois l'an, comme nous l'ont rapporté ceux qui l'ont entendu. »

Le cartophylax de Constantinople se leva au milieu du concile, et dit : « Ce que vous dites que nous excommunions le Pape, est faux : quiconque le dit, qu'il sorte, ou il s'en trouvera mal. Pour le reste de ce que nous faisons, ne vous en étonnez pas. Vos Latins, quand ils prirent Constantinople, brisèrent les églises, renversèrent les autels, emportèrent l'or et l'argent, jetèrent les reliques dans la mer, foulèrent aux pieds les images des saints, et changèrent les églises en étables. » Le patriarche ajouta : « Si vous vous étonnez de ce que nous avons ôté le Pape de nos diptyques, je vous demande pourquoi il m'a ôté des siens. » Les nonces répondirent : « Le Pape ne vous a jamais ôté de ses diptyques, parce que vous n'y avez jamais été ; mais, si vous vous informez de ce qui regarde vos prédécesseurs, vous verrez si c'est le Pape qui vous en a ôté le premier. » A quoi on ne répliqua rien. « Quant aux violences que vous imputez à l'Eglise romaine, elle n'y a aucune part. Si elles ont été commises, c'est par des laïques, des pécheurs, des excommuniés ; mais ce que nous vous reprochons, vous le témoignez vous-même par vos discours et vos actions : ce sont vos prélats qui le font et qui l'enseignent, et, comme nous ne voyons en vous aucune volonté de vous corriger, nous nous en retournons à celui qui nous a envoyés. » Ayant ainsi parlé, ils sortirent du concile.

Le même jour, après dîner, les nonces allèrent trouver l'empereur et lui racontèrent fidèlement tout ce qui s'était passé, puis ils lui demandèrent une escorte jusque hors de ses terres. L'empereur Vatace, adroit et politique, commença par excuser les Grecs et promettre qu'ils se corrigeraient, ajoutant que, si la conférence se fût tenue devant lui, on n'en serait pas venu aux injures. « Mais, continua-t-il, je ne veux pas que vous vous sépariez ainsi mécontents les uns des autres. Je veux vous entendre, vous et eux, sur votre question, et, quand vous aurez terminé l'affaire amiablement, vous vous en retournerez. Voilà mes galères prêtes pour vous mener en Apulie, ainsi que mes ambassadeurs que j'enverrai avec vous au Pape ; car je veux l'honorer comme il convient et lui faire des présents, afin qu'il me tienne pour son ami et pour son fils. »

Les nonces répondirent : « Seigneur, nous ne voulons pas vous céler la vérité. Vous ne vous rendrez pas agréable au Pape par vos présents ; mais quand vous lui serez agréable par l'unité de la foi, alors vos présents le seront aussi. Sans cela, il ne vous recevra jamais pour ami ni pour fils, et nous n'oserions lui présenter vos ambassadeurs ; au contraire, nous serions obligés de nous opposer à eux. » Alors l'empereur montrant un visage triste, leur dit : « J'ai vu que Manuel, Théodore et plusieurs autres empereurs étaient en liaison d'amitié avec le Pape durant le schisme ; mais puisque vous me défendez d'envoyer mes ambassadeurs, je ne les enverrai pas. » Les nonces répondirent : « Nous ne vous empêchons ni ne vous engageons ; seulement, nous ne nous chargeons pas de les conduire sous espérance de paix. — Je ne les enverrai donc pas, repartit l'empereur, car je ne veux pas les exposer aux ennemis ni mes gens ni mes vaisseaux. Le schisme a déjà duré près de trois siècles, il ne peut être ôté en si peu de temps. Attendez ! je parlerai demain aux prélats, et les prierai de répondre à votre question. » Alors les nonces se retirèrent.

Les trois cents ans de schisme que compte ici l'empereur, remontent vers le milieu du Xe siècle, entre Photius et Michel Cérulaire. Mais, comme nous l'avons vu en temps et lieu, le schisme n'était ni contenu ni bien formel ; il y a eu des intervalles d'union certaine, ou du moins douteuse. C'était une branche mourante qui se détachait peu à peu du tronc de l'arbre.

Le jeudi 27 avril, au soir, l'empereur et le patriarche envoyèrent prier les nonces de se trouver le lendemain au palais. Ils s'y rendirent donc le vendredi matin, et y trouvèrent le concile assemblé. Le patriarche, après avoir consulté l'empereur et les autres prélats, dit aux nonces : « Nous répondrons à votre question. » Puis l'archevêque de Samastro commença ainsi : « Vous demandez si on peut consacrer le Corps de Jésus-Christ en pain azyme, et nous répondons que non. » Les nonces demandèrent s'il voulait dire qu'on ne le pût de droit, ou qu'il fût impossible absolument. L'archevêque répondit : « Absolument ; car nous savons que le Seigneur l'a fait en pain levé, et l'a enseigné de même aux apôtres. » Sur quoi il cita le passage de saint Paul aux Corinthiens, et ajouta : « Saint Pierre et les autres apôtres l'ont enseigné aux quatre Eglises patriarcales, comme ils l'avaient appris du Seigneur. C'est pourquoi nous disons qu'on ne peut y employer d'autre matière que le pain dont Jésus-Christ s'est servi, c'est-à-dire du pain levé. » Les nonces demandèrent à chacun des prélats en particulier, si telle était leur créance. Ils répondirent tous l'un après l'autre qu'ils croyaient ainsi. Les nonces ajoutèrent : « Nous demandons que vous nous donniez cette créance par écrit. » Le patriarche répondit : « Donnez-nous aussi par écrit que le Saint-Esprit procède du Fils, et que qui ne le croit pas est en voie de perdition. » Les nonces l'accordèrent. On donna jusqu'au lendemain pour dresser ces écrits, et on se retira.

Le samedi 29 avril, après dîner, les nonces furent appelés au concile, et on présenta les écrits de part et d'autre. Celui des Grecs ne contenait que ce qu'ils avaient dit le jour précédent, savoir, le passage de saint Paul et leur prétendue tradition. A quoi ils ajoutaient : « Nous écrivons ceci en abrégé, selon la volonté des apocrisiaires, qui n'ont pas la patience d'en entendre davantage. Mais si on nous demande des autorités et des preuves, nous les donnerons plus au long, de l'Ancien et du Nouveau Testament. » Cette profession de foi des Grecs fut lue dans le concile, puis donnée aux nonces. Ceux-ci firent ensuite lire la leur touchant la procession du Saint-Esprit. Elle était beaucoup plus ample, et commençait ainsi : « Le Père est Dieu parfait en soi-même ; le Fils est Dieu parfait engendré du Père ; le Saint-Esprit est Dieu parfait procédant du Père et du Fils. Or, il procède du Fils immédiatement, et du Père par le Fils ; car le Fils tient du Père que le Saint-Esprit procède de lui. C'est pourquoi quiconque croit que le Saint-Esprit ne procède pas du Fils est en voie de perdition. »

La première autorité qu'ils apportent est celle du symbole de saint Athanase, qu'ils disent avoir été composé en latin par ce saint docteur pendant son exil en Occident. Ils rapportèrent ensuite l'exposition de foi que saint Grégoire Thaumaturge reçut par révélation; puis ils citent Grégoire de Nysse, saint Ambroise, saint Augustin, saint Jérôme, et enfin saint Cyrille d'Alexandrie, particulièrement le neuvième de ses douze anathèmes approuvés au concile d'Ephèse. Cette profession fut souscrite par les quatre apocrisiaires du Pape, qui la donnèrent aux Grecs, en leur langue, et nous l'avons des deux manières, en latin et en grec (Labbe, t. II, append., p. 2336; Wadding, n. 6; Labbe, t. XI, p. 326).

Les nonces dirent ensuite : « Vous nous avez donné votre écrit, qui contient une hérésie; mais comme c'est la défense de l'erreur qui fait l'hérétique, nous voulons savoir si c'est par ignorance ou par malice que vous avancez celle-ci. Et comme nous n'avons point de juges, consultons les livres, l'Ancien et le Nouveau Testament, et les Pères. » On chercha dans les livres; mais, entre tous les assistants, on ne trouva pas un seul exemplaire de l'Ecriture sainte : de quoi les nonces furent surpris. C'est, en effet, une chose assez surprenante que des gens qui prétendent en remonter au Pape et à l'Eglise romaine, sur l'Ecriture et les Pères, n'aient pas seulement parmi eux tous un exemplaire des Pères, ni même de l'Ecriture. Les nonces leur demandèrent donc pourquoi ils disaient que Notre Seigneur avait fait son corps avec du pain levé. Les Grecs répondirent : « Parce que nous trouvons dans l'Evangile qu'il prit du pain, *arton ;* or, *artos* signifie du pain parfait, du pain levé. » Mais les nonces leur firent voir, entre autres par le treizième chapitre du Lévitique, que le mot grec *artos* s'applique et au pain sans levain et au pain levé : donc ce mot est générique et convient indifféremment aux deux espèces.

« Mais ajoutèrent-ils, nous prouvons, au contraire, par l'Evangile, que Notre Seigneur fit son corps avec du pain sans levain; car il est dit dans saint Matthieu que le premier jour des azymes les disciples vinrent lui demander où il voulait qu'ils lui préparassent la pâque. Or, dites-nous quel était ce premier jour des azymes ? » Les Grecs répondirent, suivant l'explication de saint Chrysostome : « C'était le premier jour avant les azymes. Les nonces répliquèrent avec un merveilleux à-propos : Saint Chrysostome dit en cet endroit : *Les disciples vinrent trouver Jésus le jour de devant les azymes, au soir duquel on immolait la pâque* (Chrysost., *in Matth.*, homél. 11, n. 1). Donc ce soir-là c'était déjà le temps de la pâque et des azymes, pendant lequel il était défendu aux Juifs d'avoir chez eux ni levain ni pain levé, comme on lit dans l'Exode. Jésus-Christ fit donc la Pâque avec du pain sans levain; « car il observa la loi jusqu'à la fin de sa vie, comme disent saint Chrysostome et saint Epiphane (*Ibid.*, hom. 81 et hom. 82, *ad vers.* 26 ; Epiph., *hær.* 30, n. 22, et *hær.* 42, refut. 61). Il fit donc son corps en azyme. Or, vous prétendez qu'on ne peut le faire qu'avec le même pain dont il l'a fait; d'où il suivrait que vous ne pourrez le faire avec du pain levé, ce que toutefois nous ne disons pas. »

L'argument était décisif. Les Grecs se voyaient battus par celui-là même de leurs Pères qu'ils avaient invoqué à leur défense. Mais les nonces avaient cité de mémoire, ils n'avaient pas en main les livres pour montrer les passages cités, et cela par l'incroyable négligence du concile, où, parmi tant d'évèques grecs, il n'y avait pas même un exemplaire de l'Ecriture sainte. Les Grecs profitèrent de cette circonstance, et ne voulurent pas convenir de ces témoignages des Pères. Ils objectèrent l'évangile de saint Jean, qui dit que *les Juifs n'entrèrent point dans le prétoire, afin de n'être point souillés et de pouvoir manger la pâque.* Les nonces répondirent : « Il ne faut pas croire que saint Jean ait dit le contraire des autres évangélistes; il a nommé pâque les viandes pascales, comme nous lisons qu'elles sont nommées dans l'Ancien Testament ; et les Juifs parlaient ainsi le quinzième de la lune. »

Comme la nuit était bien avancée, l'empereur consentit qu'on terminât la conférence. Il n'y en eut point le dimanche 30 avril, ni les trois jours suivants, lundi, mardi et mercredi. Les nonces, ne sachant ce que les Grecs attendaient, envoyèrent à l'empereur pour obtenir la permission de se retirer. Mais il envoya les sonder si l'on ne pouvait pas trouver quelque accommodement pour faire la paix entre l'Eglise romaine et la grecque. Ils dirent à son envoyé : « Quand nous serons devant l'empereur, nous savons ce que nous devons lui répondre. Il les fit donc venir au palais le lendemain, et leur dit : « Quand les rois ou les princes ont quelque différend sur une place ou sur une province, c'est l'usage que chacun relâche quelque chose de ses prétentions, pour parvenir à la paix. C'est ainsi, ce me semble, qu'il en faut user entre votre Eglise et la nôtre. Il y a deux questions : de la procession du Saint-Esprit, et de l'eucharistie; si vous voulez la paix, relâchez-vous sur l'une des deux. Nous approuverons et révèrerons votre Saint-Sacrement; abandonnez-nous votre Symbole : dites-le comme nous, en retranchant votre addition, puisqu'elle nous scandalise. » Ils répondirent : « Sachez que le Pape et l'Eglise romaine ne retranchera pas un iota de sa foi et de ce que nous disons dans notre Symbole. »

« Et comment donc, reprit l'empereur, pourrons-nous faire la paix ? » Les nonces répondirent : « Si vous voulez en savoir la manière, la voici. Vous devez croire fermement et enseigner aux autres qu'on peut consacrer le Corps de Notre Seigneur avec des azymes comme avec du pain levé, et condamner et brûler tous les livres que les vôtres ont écrits au contraire. Quant au Saint-Esprit, vous devez croire qu'il procède du Fils comme du Père, et il est nécessaire de l'enseigner au peuple; mais le Pape ne vous obligera pas à le chanter à votre Symbole, si vous ne voulez : seulement, tous les livres écrits au contraire seront condamnés et brûlés. » L'empereur fut extrêmement choqué de cette réponse, et dit : « Je ne vois point de moyen de paix. » Il assembla donc les prélats et leur rapporta ce que les nonces lui avaient dit. Les Grecs en furent indignés contre les nonces et cherchèrent à les confondre par quelque artifice.

Le mercredi de la troisième semaine d'après Pâques, qui était le 10 mai, les nonces furent avertis de se trouver le lendemain au concile, pour en voir la conclusion et se séparer amiablement les uns des autres. Ils trouvèrent que la séance était chez le patriarche, dans une grande salle à portes ouvertes et remplie d'une foule de peuple. Quand ils furent assis, le patriarche dit : « Tant que nous avons espéré la paix, nous vous avons témoigné toute sorte d'affection; maintenant, frustrés de notre espérance, écoutez-nous paisiblement, et cette seule journée consommera l'affaire. » Puis il ajouta : « Vous nous avez donné par écrit la créance de l'Eglise romaine; nous l'avons vue et nous voulons la publier dans nos provinces. Mais, parce qu'elle nous est inconnue, nous voulons que tout le monde l'entende; en êtes-vous contents? » Les nonces répondirent : « Nous en sommes contents, et nous souhaitons que vous et toute l'Eglise orientale connaissiez et suiviez la foi de l'Eglise romaine, que nous vous avons remise par écrit. »

Alors un Grec se leva au milieu du concile, tenant un grand papier, où il lut la profession de foi des nonces, la finissant par ces mots : *Et quiconque ne croit pas cela, est en voie de perdition.* Les nonces répondirent que ces dernières paroles n'étaient pas d'eux. En effet, on trouva qu'ils avaient écrit : *Quiconque croit que le Saint-Esprit ne procède pas du Fils, est en voie de perdition.* Mais pas un des Grecs ne put comprendre la différence des deux propositions. Il paraît que Fleury ne l'a pas comprise davantage; car, malgré la réclamation des nonces, il a traduit comme les Grecs (Fleury, l. 80, n. 37).

Après cette lecture, les Grecs citèrent quelques autorités en faveur de leur opinion; le sens général de ces autorités était que le Saint-Esprit procède du Père. D'abord un passage du pape saint Damase, qui dit : *Quiconque ne croit pas que le Saint-Esprit procède proprement du Père, qu'il soit anathème.* Les nonces répondirent : « Nous croyons que le Saint-Esprit procède proprement du Père, et anathème à qui ne le croit pas. Mais nous disons aussi que le Saint-Esprit procède proprement du Fils, comme le dit saint Cyrille; anathème donc aussi à qui ne le croit pas! » Les Grecs avancèrent encore cette proposition, tirée de saint Basile, *que le Saint-Esprit procède du Père, et non d'ailleurs :* ce que les nonces admirent volontiers, puisqu'il ne procède pas d'une autre substance. Les Grecs citèrent plusieurs autres passages des Pères; mais ceux-ci paraissaient les plus contraires aux Latins.

Voyant donc qu'ils n'avaient rien avancé, le patriarche imposa silence de la main et de la voix; car le peuple faisait grand bruit. Les nonces crurent que le dessein du prélat était de profiter de ce silence pour émouvoir le peuple contre eux. C'est pourquoi ils le prévinrent, et, voyant le peuple fort attentif, ils dirent : « Croyez-vous que le Saint-Esprit procède du Fils, ou non? » Le patriarche répondit : « Nous croyons qu'il ne procède pas du Fils. — Mais, reprirent les nonces, saint Cyrille, qui présida au troisième concile, a anathématisé tous ceux qui ne le croient pas : donc vous êtes sous l'anathème. De plus, vous dites qu'on ne peut consacrer le Corps de Jésus-Christ avec des azymes : mais c'est une hérésie; donc vous êtes hérétiques. Vous trouvant donc hérétiques et excommuniés, nous vous laissons comme tels. » Ayant ainsi parlé, ils sortirent du concile, les Grecs criant après eux : C'est vous-mêmes qui êtes hérétiques!

Les nonces convinrent entre eux de ne point manger ce jour-là qu'ils n'eussent obtenu de l'empereur la permission de se retirer. Ils l'obtinrent; mais l'empereur leur montra un visage triste, comme étant affligé de ce qu'ils s'étaient séparés mécontents les uns des autres.

Ils partirent donc de Nymphée le matin du samedi 13 mai, et, continuant leurs journées, ils arrivèrent un dimanche au village de Calame, où survinrent tout au soir des envoyés de l'empereur et du patriarche. L'empereur les saluait et témoignait être fâché qu'ils se fussent ainsi retirés brusquement, sans avoir pris le congé et la bénédiction du patriarche et du concile. Les nonces répondirent : « Dieu conserve l'empereur pour le bien de son Eglise! il ne doit pas se plaindre de nous, puisque nous sommes partis avec son congé. Quant au congé et à la bénédiction du patriarche, nous ne nous en soucions pas, l'empereur en sait les raisons. » L'envoyé du concile répéta le même discours que l'autre, et ajouta : « Voilà l'écrit que vous avez donné au concile; le patriarche vous le renvoie et vous prie de lui renvoyer celui qu'il vous a donné touchant les azymes. Il vous envoie aussi ses lettres, qu'il vous prie de porter au très-saint Pape; tout le concile vous envoie aussi sa profession de foi sur la procession du Saint-Esprit, pour la présenter au même seigneur Pape. »

Les nonces répondirent : « Nous avons présenté notre écrit au concile, pour être comme un miroir où tout le monde pût voir la foi de l'Eglise romaine, afin que ceux qui l'auront lu croient et enseignent ce qu'il contient, et que nous parlions tous le même langage; c'est pourquoi nous ne voulons point reprendre cet écrit. De même, l'écrit que les Grecs nous ont donné est à nous : c'est un miroir scandaleux de leur créance. C'est pourquoi nous ne voulons point vous le rendre; nous le montrerons au Pape et à l'Eglise, en témoignage de l'erreur des Grecs, si vous ne le révoquez du consentement de tout le concile. » Les Grecs ne contestent pas davantage et laissèrent en paix les nonces cette nuit-là. Mais le matin ils revinrent à la charge et menacèrent les nonces de ne point les laisser sortir du pays, s'ils ne rendaient l'écrit de bon gré. Ils les retinrent ainsi jusqu'à l'heure de tierce; enfin, après bien des contestations, les nonces dirent : « Nous sommes dans votre pays; vous pouvez nous ôter de force ce que vous demandez, mais vous ne l'aurez pas de bon gré. » Et, ayant ainsi parlé, ils se retirèrent : c'était l'heure de dîner.

Comme ils dînaient les uns et les autres, les nonces délibérèrent entre eux de ce qu'ils feraient; et ayant fait appeler l'officier qui était venu de la part de l'empereur, ils lui demandèrent s'il avait ordre d'empêcher leur voyage. Il répondit : « A Dieu ne plaise, non plus qu'à mon maître! je suis venu plutôt pour le faciliter. » Alors ils appelèrent les gens que l'empereur leur avait donnés pour les accompagner, et leur commandèrent de préparer les chevaux, parce qu'ils voulaient partir. Les gens l'exécutèrent. Mais le cartophylax l'ayant appris, fit aux nonces une monition de rendre l'écrit; puis il prononça excommunication contre les gens de leur escorte, s'ils continuaient de leur rendre quelque service. Alors ces gens déchargèrent les livres des nonces et cessèrent de les servir. Les nonces prirent sur eux les livres les plus portatifs, et, laissant les autres en garde à l'officier de l'empereur, ils partirent seuls à pied.

Le pays était désert, et ils avaient encore six journées à faire jusqu'à la mer de Constantinople; mais se confiant à la grâce de Dieu, ils se mirent hardiment en chemin. Les gens renvoyèrent après eux, leur déclarant la difficulté des chemins et le péril où ils exposaient leur vie, et les assurant, avec serment, que, s'ils allaient plus loin sans guide, ils trouveraient dans les montagnes et dans les bois des paysans en embuscade qui les tueraient. Les nonces ne s'arrêtèrent pas pour ces avis. Ils avaient marché six ou sept milles, qui font environ deux lieues, quand l'officier de l'empereur les joignit. Descendant de cheval, il se jeta à leurs pieds, les conjurant de retourner au village d'où ils venaient, et promettant de faire révoquer l'excommunication et de réparer tout ce qui avait été dit ou fait contre eux. Ils s'arrêtèrent donc d'un commun consentement à un village voisin, et renvoyèrent de leurs frères chercher les livres. Quand ils furent venus au village où on les avait laissés, le cartophylax s'approcha et fouilla tous les livres et le bagage des nonces. Il prit même ceux qui étaient revenus, et, les ayant menés à part dans une chambre, il délia leurs ballots. Enfin il trouva l'écrit des Grecs, et dit : J'ai ce que je cherchais. Mais les nonces en avaient fait une traduction, qu'ils gardèrent par devers eux et qu'ils apportèrent au Pape. Les Grecs, ayant obtenu ce qu'ils désiraient, revinrent aux paroles d'honnêteté, et laissèrent aller en paix les nonces, après leur avoir donné une lettre adressée au Pape, au nom des deux patriarches et du concile de Nymphée, qui est une très-longue explication de leur créance sur l'article du Saint-Esprit (Labbe, t. XI; Mansi, t. XXIII).

Ou plutôt c'est une compilation de longs passages de plusieurs Pères de l'Eglise, entre autres des papes saint Damase, saint Célestin, saint Grégoire le Grand. Mais tous ces passages n'établissent que deux choses : la première, que le Saint-Esprit procède proprement du Père; la seconde, qu'il n'y a pas en Dieu deux principes, mais un seul : deux choses que les Latins croyaient et enseignaient comme eux.

La question était de savoir si le Saint-Esprit ne procède pas et du Père et du Fils, non comme de deux principes, mais d'un seul. Or, ils ne citent pas un Père qui le nie. Eux-mêmes n'osent plus le nier, et rétractent par là implicitement la parole téméraire de leur patriarche en la dernière conférence. Quant à leur écrit contre le pain azyme, ils le rétractent encore bien plus expressément, puisqu'ils emploient les violences les plus étranges pour le ravoir.

Pour ce qui est des quatre religieux de saint François et de saint Dominique, leur conduite et leur science nous paraissent admirables. Répondre à des Grecs astucieux, leur répondre sur les questions les plus ardues avec tant de justesse et d'à-propos, et cela dans leur langue et par leurs Pères, nous paraît un miracle de science et de sang-froid. Il est à regretter que, pour compléter leur triomphe ou plutôt le triomphe de la vérité, ils n'aient pas connu ou n'aient pas eu présentes deux pièces : 1° la lettre de Photius à l'archevêque d'Aquilée, où ce père du schisme grec reconnaît lui-même qu'il y a pour le moins dix et même vingt Pères de l'Eglise qui, avec saint Ambroise, saint Jérôme et saint Augustin, enseignent expressément que le Saint-Esprit procède à la fois du Père et du Fils, sans qu'il y ait un seul Père qui le nie; 2° L'*Ancora* de saint Epiphane, où cet illustre Père de l'Eglise d'Orient répète au moins dix fois que le Saint-Esprit est de la substance du Père et du Fils, qu'il est du Père et du Fils, qu'il procède du Père et du Fils, qu'il procède du Père et reçoit du Fils, qu'il procède de l'un et de l'autre (Epiph., t. II, édit. Petavii). Les catholiques qui ont affaire aux Grecs schismatiques ne doivent pas oublier surtout saint Epiphane.

D'autres religieux de saint Dominique exerçaient l'apostolat dans d'autres parties de l'Orient. L'année 1237, le pape Grégoire reçut la lettre suivante de Philippe, prieur des frères Prêcheurs dans la terre sainte :

« Au très-saint Père et seigneur Grégoire, par la vocation divine, souverain pontife, frère Philippe, prieur inutile des frères Prêcheurs; obéissance due et dévouée en toutes choses. Béni soit Dieu, le Père de Notre Seigneur Jésus-Christ, qui, dans sa clémence, ramène au pasteur des brebis depuis longtemps égarées; car de nos jours il ramène à votre obéissance et à l'unité de la sainte mère Eglise, des nations qui depuis longtemps s'en étaient écartées.

» En effet, le patriarche des Jacobites orientaux, homme vénérable par son âge, sa science et sa vertu, est venu cette année faire ses prières à Jérusalem, avec une suite nombreuse d'évêques et de moines de sa nation. Nous lui avons expliqué la foi catholique, et, avec la grâce de Dieu, nous l'avons amené à ce point, que le dimanche des Rameaux, à la procession solennelle qui se fait du mont des Oliviers à Jérusalem, il a promis obéissance à l'Eglise romaine, abjurant toute sorte d'hérésie, et nous a donné sa confession de foi écrite en chaldéen et en arabe : il a même pris notre habit en partant. Sous son obéissance, sont : les Chaldéens, les Mèdes, les Perses et les Arméniens, dont les pays sont déjà ravagés par les Tartares, pour une grande partie. Son obéissance s'étend sur soixante-dix provinces, habitées d'une multitude innombrable de chrétiens, sujets toutefois et tributaires des Sarrasins, excepté les moines, qui ne paient point de tribut.

» Deux archevêques ont fait la même soumission, l'un Jacobite d'Egypte, l'autre Nestorien d'Orient, qui nous sont reconnus pour supérieurs en Syrie et en Phénicie; et nous avons déjà envoyé quatre de nos frères en Arménie, pour apprendre la langue, voulant satisfaire aux instantes prières du roi et des seigneurs.

» Nous avons reçu plusieurs lettres du patriarche des Nestoriens, dont l'obéissance s'étend dans la Grande-Inde, dans le royaume du prêtre Jean, et les Etats les plus proches de l'Orient; et il a promis à frère Guillaume de Montferrat, qui a quelque temps demeuré auprès de lui, de se réunir à l'Eglise.

» Nous avons encore envoyé de nos frères en Egypte, vers le patriarche des Jacobites du pays, dont les erreurs sont plus grandes que celles des Orientaux, et ils y ajoutent la circoncision, comme les Sarrasins. Ce patriarche nous a aussi témoigné vouloir revenir à l'unité de l'Eglise. Il a déjà retranché plusieurs erreurs et défendu de circoncire ceux de son obédience. Elle s'étend dans la petite Inde, l'Ethiopie et la Libye, outre l'Egypte; mais les Ethiopiens et les Lybiens ne sont point sujets des Sarrasins.

» Quant aux Maronites du mont Liban, ils sont revenus depuis longtemps à l'obéissance de l'Eglise, et ils y persévèrent.

» Toutes ces nations acquiescent à la doctrine de la Trinité et à nos prédications : les Grecs sont les seuls qui persévèrent dans leur malice, et qui s'opposent partout à l'Eglise romaine, en cachette et à découvert. Ils blasphèment tous nos sacrements, et traitent de mauvaise et d'hérétique toute secte différente de la leur.

» Voyant donc une si grande porte ouverte à l'Evangile, nous nous sommes mis à apprendre les langues; nous en avons établi une école en chacun de nos couvents, et nous avons déjà des frères qui prêchent en des langues diverses, principalement en arabe, qui est la plus commune du pays. »

La lettre finit par l'annonce de la mort du bienheureux Jourdain, général de l'ordre, qui périt le 13 février 1237, dans une tempête, en revenant du pèlerinage de la terre sainte. Il se fit plusieurs miracles par son intercession. On lui donna pour successeur saint Raymond de Pegnafort.

Frère Philippe écrivit en même temps à frère Godefroi, pénitencier du Pape, qui fit part de ces heureuses nouvelles aux prieurs de l'ordre en France et en Angleterre; et le Pape écrivit au patriarche des Jacobites une lettre datée du 28 juillet, où il témoigne une joie extrême de sa réunion (Raynald, an 1237, n. 87 et 88; Matth. Paris, an 1237).

De toutes les nations mentionnées dans la lettre du bon frère, les Maronites se sont montrés les plus fidèles. Toujours ils ont persévéré dans l'obéissance de l'Eglise romaine. Aujourd'hui, inviolable dans son orthodoxie comme dans son indépendance, cette nation descend du mont Liban, son berceau et son asile, pour se répandre sur les côtes de Syrie, où elle donne partout le consolant spectacle de sa foi, de son intelligence et de son courage. C'est la nation modèle de l'Orient.

Après eux viennent les Arméniens. Les premiers de tous les peuples ils embrassèrent le christianisme en corps de nation, dès la fin du IIIe siècle, et le conservent dans sa pureté deux siècles durant. Ils se laissent ensuite infecter des hérésies de Nestorius et d'Eutychès. Mais, à la suite des croisades, ils se réunissent à l'Eglise romaine. Nous voyons ici, l'an 1237, leur roi et leurs seigneurs demander des frères Prêcheurs pour les instruire. L'année suivante 1238, leur patriarche ayant voulu se soustraire à la juridiction du patriarche d'Antioche, qui l'était de tout l'Orient, le pape Grégoire nomma deux archevêques pour accommoder l'affaire et lui en faire leur rapport (Ibid., an 1238, n. 34). En l'année 1239, le même Pape accorda au roi et à la reine d'Arménie plusieurs priviléges; il confirma, sur leur demande, les coutumes que saint Grégoire l'Illuminateur, l'apôtre de la nation, avait obtenues du pape saint Silvestre; il leur accorda de plus des indulgences considérables pour ceux de leurs sujets qui mourraient en combattant contre les Sarrasins; enfin il envoya à leur patriarche un nouveau *pallium*, avec les autres ornements pontificaux, comme une marque de son attachement à l'Eglise romaine (Raynald, an 1239, n. 82 et 83).

De nos jours, les Arméniens catholiques ont montré en masse un héroïsme peut-être unique dans l'histoire. En 1829, on les a vus sortir de Constantinople au nombre de trente mille, et partir pour l'exil avec leurs femmes et leurs enfants, en abandonnant leurs biens, leurs maisons et leur commerce, plutôt que de communiquer avec le patriarche schismatique qui avait provoqué contre eux cette violence du sultan. Dieu a récompensé leur fidélité. Depuis cette époque, ils ont à Constantinople même un archevêque catholique à eux. Ils ont de plus un archevêque catholique qui réside au mont Liban. Unis par eux à la source de vie, à la Chaire de saint Pierre, ils semblent destinés à servir d'instrument à la Providence dans la régénération de l'Orient.

Il n'y a pas jusqu'aux Grecs, dont se plaignait si fort le bon frère Philippe, qui ne soient revenus à de meilleures dispositions. On s'imagine vulgairement que les Grecs répandus dans la Syrie, la Palestine et l'Egypte, sont à peu près tous séparés de l'Eglise romaine. C'est une erreur. Voici ce qu'on lit dans un document authentique, publié l'an 1840, sous le nom de *Mémoire sur l'état actuel de l'Eglise grecque catholique dans le Levant* : « Les trois patriarches grecs schismatiques d'Antioche, d'Alexandrie et de Jérusalem, ainsi que tous leurs coreligionnaires, dans toute la Syrie et dans toute l'Egypte, peuvent à peine former le tiers de la nation grecque catholique, et cependant ils persécutent celle-ci avec force ! »

Le chrétien se demande quelquefois quel pouvait être le but providentiel de ce mélange de l'Occident avec l'Orient par les croisades. En embrassant d'un coup d'œil l'ensemble des siècles, on entrevoit que c'était moins de faire la conquête matérielle de certains pays, que de réveiller et d'entretenir parmi toutes les nations de la terre la grande idée de l'unité chrétienne, dont Rome est le centre, vers lequel gravite plus ou moins l'humanité entière. Constantinople s'est appelée dès l'origine *la nouvelle Rome*, et prétendait être un nouveau centre, et diviser par là ce que Dieu a uni. Constantinople sera châtiée, humiliée, jusqu'à ce que les Grecs eux-mêmes reconnaissent de fait et de droit que l'humanité chrétienne n'a qu'un centre, qu'un chef spirituel, que Dieu même lui a donné en la personne de saint Pierre. Jamais, même au plus fort de leurs disputes, ils ne l'ont nié formellement. Le difficile pour eux, plus encore que pour les autres Orientaux, c'est de le reconnaître dans la pratique, et de le reconnaître constamment.

La réunion des Orientaux, en 1237, reparaît encore dix ans après. En 1247, le pape Innocent IV, successeur de Grégoire IX, donna commission de légat à Laurent, de l'ordre des frères Mineurs, son pénitencier, pour aller en Arménie, à Icône et en Turquie, en Grèce, au royaume de Babylone ou du Caire, c'est-à-dire en Egypte, et pour exercer ses pouvoirs sur tous les Grecs des patriarcats d'Antioche, de Jérusalem et du royaume de Chypre, ainsi que sur les Jacobites, les Maronites et les Nestoriens. Le but de cette commission était principalement de protéger les Grecs contre les vexations des Latins. La date est du 5 juin 1237. Le patriarche de Jérusalem se plaignit au Pape que les Grecs qui lui étaient soumis prenaient prétexte de la commission de frère Laurent pour se soustraire entièrement à sa juridiction; mais le Pape déclara au légat que ce n'était pas son intention, et lui défendit de restreindre la juridiction du patriarche.

Frère Laurent travaillait aussi à la réunion du patriarche des Grecs et de ses suffragants. Ce qu'ayant appris, le Pape lui manda de prendre garde que les prélats grecs, qui étaient soumis aux patriarches latins d'Antioche et de Jérusalem, ne leur fussent point soustraits à cette occasion. « Vous exhorterez, ajoute-t-il, le patriarche des Grecs à venir au Saint-Siége pour être reçu à son unité et à sa grâce entière. Que s'il ne peut venir vers nous en personne, qu'il nous envoie, pour lui et pour ses suffragants, des hommes munis de pouvoirs suffisants. Et, s'ils n'ont pas de quoi faire le voyage, vous en fournirez les frais aux dépens de notre chambre (Raynald, an 1243, n. 30 et 33). »

FIN DU TOME SEPTIÈME.

TABLE DES MATIÈRES DU TOME SEPTIÈME.

LIVRE SOIXANTE-NEUVIÈME.

L'Eglise de Dieu, en maintenant sa liberté et son indépendance contre les hommes qui mettent la force au-dessus de la vérité et de la justice, maintient la liberté et l'indépendance de tous les peuples chrétiens.

De la mort de saint Bernard, 1153, à la mort du pape Alexandre III, 1181.

§ Ier.

Pontificats d'Anastase IV et d'Adrien IV.

Sur le mot et la méthode *scholastique*, 1.
Ce que c'est que cette méthode, et ce qu'on peut penser des reproches qu'on lui fait, 2.
Quand a commencé cette méthode en théologie? Quelle est l'autorité des docteurs de l'école? 2.
Différence entre les sophistes et les docteurs de l'Eglise, 3.
Pierre Lombard, dit le *Maître des sentences*. Sa vertu, 3.
Son cours de théologie, 4.
Ses autres ouvrages, 4.
Son successeur dans l'évêché de Paris, Maurice de Suly, 6.
Gratien et son *Décret* ou corps de droit canon, 7.
Que penser des doléances de Fleury sur les fausses decrétales et les nouvelles prétentions de la cour de Rome, 7.
Qui, de Fleury ou de Gratien, connaît le mieux et suit le plus fidèlement la doctrine des huit premiers siècles, touchant l'autorité de l'Eglise et de son chef, 8.
Election de Magdebourg. Lettre du pape Eugène III à ce sujet, 11.
Autres affaires d'Allemagne, 12.
Mort d'Anastase IV et élection d'Adrien IV, 12.
Histoire curieuse d'Adrien, 12.
Discours séditieux d'Arnaud de Bresce à Rome, 13.
Lettre du roi d'Angleterre au nouveau Pape, anglais de naissance, 13.
Pierre de Blois. Ses commencements, 13.
Jean de Salisbury, depuis évêque de Chartres. Ses études, 14.
Ses entretiens avec le pape Adrien IV, 14.
Le roi d'Angleterre demande et le Pape lui accorde l'autorisation de conquérir l'Irlande, 15.
Quels droits tout le monde reconnaissait alors au Pape, 16.
Histoire de Gilbert Becket et de sa femme, 16.
Commencements de leur fils, Thomas Becket, 17.
Thomas Becket devient chancelier d'Angleterre, 17.
Relations assez singulières entre les cours d'Angleterre et de France, 17.
Etat de maison du chancelier Thomas Becket, 18.
Jean de Salisbury lui adresse son *Polycratique* ou *amusements des courtisans*. Ce que c'est. Sa doctrine sur le tyrannicide, 18.
Le même adresse au même sa *Métalogique*, 20.
Mort de Pierre le Vénérable, 20.
Commencements, mérite et ouvrages de Pierre de Celle, 20.
Activité intellectuelle des chrétiens pendant ces siècles, 22.
Elle se communique même aux Juifs. — Les rabbins Iarchi, Kimchi, Aben-Ezra, Maïmonide, 23.
Découverte récente sur Maïmonide, 24.
Philosophes musulmans. Averroès, Avicebron, Algazel, Avicenne, Alfarabi. A quoi se borne leur mérite, 24.
Le christianisme seul est une science véritable, 24.
Etat politique de l'Italie, 24.

Première expédition de Frédéric Barberousse en ce pays. Sa conduite peu généreuse envers la ville de Tortone, 25.
Mot significatif d'Othon de Frisingue sur la pensée de Frédéric, 26.
Exécution d'Arnaud de Bresce, 26.
Négociations de Frédéric avec le Pape, au sujet de son couronnement comme empereur, 26.
Harangue des Romains à Frédéric. Sa réponse, 27.
Couronnement de Frédéric, suivi d'une bataille avec les Romains, 27.
Affaire des Tiburtins, 28.
Frédéric retourne en Allemagne après avoir ruiné la ville de Spolète. Il se trompe en croyant, par ses rigueurs sanglantes, dompter les Italiens, 28.
Guillaume le Mauvais, roi de Sicile. Ses relations avec le Pape, 28.
Adrien IV travaille à la réunion de Constantinople. Réponse favorable de l'archevêque de Thessalonique, se regardant comme uni à l'Eglise romaine, 29.
Jean Zonare, 30.
Divers conciles à Constantinople, 30.
Puissance de la république de Venise, 30.
Différend des évêques de Palestine avec les chevaliers de l'Hôpital, 30.
Singulière punition infligée par l'empereur Frédéric à quelques seigneurs, 31.
Frédéric Barberousse fait une querelle d'allemand au pape Adrien IV, au sujet d'une lettre, 31.
Ce que les évêques et les princes allemands auraient dû savoir ou se rappeler, 32.
Vrai fond de cette querelle. Tendance de Frédéric à la domination universelle, 33.
Son manifeste contre le Pape, 33.
Lettre du Pape aux évêques d'Allemagne sur ce sujet, 33.
Réponse des évêques allemands. Ce qui manquait à ces évêques, 35.
Seconde expédition de Frédéric en Italie. Les légats du Pape expliquent aux Allemands le mot qu'ils avaient pris de travers, 35.
Mort d'Othon de Frisingue. Ses ouvrages, 36.
Conduite courageuse des Milanais, 36.
Reglement de Frédéric sur la discipline militaire, 36.
Les Milanais assiégés par l'empereur. Traité entre les deux partis, 37.
Frédéric assemble la diète de Roncaille pour y faire valoir son titre de maître du monde, par les arguments des légistes et des épées, 37.
Manière barbare dont il use de son prétendu droit, notamment envers la ville de Crême, 38.
Lettres brutales de Frédéric au Pape. Il raisonne comme les Bédouins et les Juifs, 40.
L'évêque de Bamberg s'efforce d'adoucir les esprits, 4.
Suite du différend entre Frédéric Barberousse et Adrien IV. Lettre remarquable de ce dernier, 42.
Relations affectueuses du Pape avec le roi de France, Louis le Jeune, 43.
Nouveaux ordres militaires en Espagne :
  de Calatrava, 43.
  d'Alcantara, 43.
  d'Evora et d'Avis, 44.
  de Saint-Michel, 44.
  de Saint-Jacques, 45.
Le pape Adrien IV prend sous sa protection spéciale le comte de Barcelone, roi d'Aragon, 45.
Mort du pape Adrien IV, 45.
Mesures de Frédéric pour avoir un pape à sa dévotion, 45.

§ II.

Pontificat d'Alexandre III.

Alexandre III est élu par tous les cardinaux, excepté trois, desquels deux font du troisième un antipape. Détails de cette affaire, 46.
Frédéric se pose comme juge de cette affaire, qui n'avait pas besoin d'être jugée. Il se prononce pour l'antipape, élu par deux cardinaux, et qui n'était reconnu que de quatre, contre Alexandre III, élu le premier à la presque unanimité, et qui était reconnu de vingt-deux cardinaux. Belle conduite de ceux-ci, 49.
Lettre remarquable d'Arnoul, évêque de Lisieux, au pape Alexandre III, 50.
Le pape Alexandre envoie des légats de toutes parts, 51.
Leur succès en France, 52.
Disposition de l'Angleterre, 52.
Les évêques de Palestine reconnaissent Alexandre et lui écrivent, 53.
Amauri, patriarche de Jérusalem. Mort du roi Baudouin III, 53.
Conciliabule impérial de Pavie. Ses actes, remplis de faussetés manifestes, 54.
Lettres de l'empereur et de son conciliabule en faveur de l'antipape, qu'il ordonne de reconnaître sous peine de bannissement, 55.
Alexandre III excommunie l'empereur schismatique avec son antipape, et délie ses sujets du serment de fidélité, 55.
Vertus de saint Eberard, archevêque de Salzbourg. Sa fermeté à reconnaître le pape Alexandre III, 56.
Vertus et miracles de saint Pierre, archevêque de Tarentaise.
Comme saint Eberard, il reconnaît Alexandre II avec tout l'ordre de Citeaux, malgré l'empereur, 58.
Saint Anthelme, évêque de Belley, le reconnaît également avec l'ordre des Chartreux. Vie et vertus de saint Anthelme, 60.
Lettres de deux cardinaux contre le conciliabule de Pavie, 61.
Lettre remarquable du pape Alexandre à l'évêque Arnoul de Lisieux, 62.
Lettre d'Arnoul de Lisieux aux évêques d'Angleterre. Bel éloge qu'il y fait de l'Eglise de France, 62.
Jugement de Jean de Salisbury sur le conciliabule impérial de Pavie, 63.
Zèle de l'abbé Philippe pour la bonne cause, 64.
L'Angleterre se déclare définitivement pour Alexandre III, 65.
L'Angleterre et la France reconnaissent Alexandre plus solennellement encore au concile de Toulouse, 65.
Conciliabule impérial de Lodi, 66.
Cruelle vengeance de Frédéric Barberousse sur Milan, 66.
Alexandre III arrive à Montpellier, en France, 67.
Mort de Thibaut, archevêque de Cantorbéry, 67.
Le chancelier Thomas Becket lui succède, 68.
Changement merveilleux dans le nouvel archevêque, 68.
Saint Godric, ermite en Angleterre, 68.
Saint Robert, abbé de Neuminster, 69.
Saint Laurent, archevêque de Dublin, 70.
Ruses de Frédéric Barberousse pour attirer à son schisme le roi de France. Elles ne lui réussissent pas, 70.
Les deux rois de France et d'Angleterre rendent en personne les plus grands honneurs au pape Alexandre, 72.
Le Pape tient un concile à Tours, 72.
Saint Thomas de Cantorbéry auprès du Pape, 74.
Les évêques d'Allemagne écrivent au pape Alexandre. Modération et espérance du Pape à l'égard de l'empereur Frédéric, 74.
Le roi Waldemar de Danemarck, 74.
Conciliabule de l'antipape sur ou contre les rois de provinces, c'est-à-dire les rois de France et d'Angleterre, 74.
Le roi Waldemar demande au pape Alexandre la canonisation de son père saint Canut. Canonisation de sainte Hélène, martyre en Suède, 75.
Conversion de l'île de Rugen par les soins du roi Waldemar. Ce qu'était l'île de Santovit, 75.
Foulque, évêque d'Esthonie. Lettres du Pape en sa faveur, 76.
Lettres du Pape à l'archevêque d'Upsal et à ses suffragants pour la répression de plusieurs abus, 76.
Autres lettres du pape Alexandre pour les royaumes du Nord, qui lui restent soumis malgré l'empereur Frédéric, 77.
L'empereur Manuel de Constantinople reconnaît également Alexandre pour pape légitime, 77.
Concile de Constantinople contre les erreurs d'un certain Démétrius, 77.
Conférence de Théorien avec les évêques d'Arménie sur les points par où les Arméniens différaient des Grecs. Le succès en est heureux, 79.
Concile à Tarse sur le même sujet, par Nersès, patriarche des Arméniens, 81.

Etat politique des Arméniens, 81.
Ambassade de l'empereur grec au pape Alexandre, pour lui offrir son secours contre l'empereur Frédéric, 82.
Mort de l'antipape Octavien. Frédéric, continuant le schisme, lui reconnaît pour successeur l'un des deux cardinaux schismatiques qui restaient encore, 82.
Les Romains rappellent le pape Alexandre. Les Lombards se liguent contre l'empereur Frédéric, 83.
Retour du pape Alexandre à Rome, 83.
Les Lombards rétablissent la ville de Milan, 83.
Ce qui les y détermina, 84.
Saint Galdin, archevêque de Milan, 84.
Saint Ubald, évêque de Gubbio, 85.
Efforts de l'empereur Frédéric pour prendre Rome et y introduire son antipape. Au moment où il pense triompher, la peste l'oblige à se retirer honteusement, 86.
Pour se tirer du milieu des Lombards, Frédéric fait semblant de vouloir reconnaître le pape Alexandre, 87.
Les Lombards fondent une nouvelle ville, et, en l'honneur du pape Alexandre, la nomment *Alexandrie*, 87.
Différend de saint Thomas de Cantorbéry avec le roi d'Angleterre Henri II, au sujet des coutumes royales. Equivoque et danger de ces coutumes, vraies ou prétendues. Lâcheté de la plupart des évêques à l'assemblée de Clarendon. Saint Thomas de Cantorbéry, redressé par son porte-croix. Le Pape lui en écrit, 88.
Caractère violent et artificieux du roi Henri II, 90.
L'archevêque de Cantorbéry soumet l'affaire au Pape. Conduite du Pape en cette circonstance, 90.
Le roi fait citer l'archevêque à Northampton. Servilité de la plupart des évêques, surtout de celui de Londres. L'archevêque s'y montre en vrai pontife et se réfugie en France, 90.
Belle conduite du roi de France Louis le Jeune, 93.
Les envoyés de l'archevêque et du roi devant le Pape, à Sens, 93.
Saint Thomas lui-même devant le Pape, auquel il remet son anneau pastoral, mais qui lui ordonne de le reprendre, et lui assigne pour retraite l'abbaye de Pontigny, 94.
Persécutions du roi d'Angleterre contre tous les parents et amis du saint archevêque, 94.
Saint Gilbert de Simpringham, 95.
Vie de saint Thomas à Pontigni, 95.
Mesures violentes et astucieuses du roi d'Angleterre pour intimider le Pape, qui n'en est que plus ferme, 95.
Lettres du saint archevêque au roi, 96.
Le roi, qui avait défendu l'appellation au Pape, appelle lui-même du Pape contre l'archevêque, 96.
Le saint archevêque excommunie un envoyé du roi pour avoir participé au schisme, et exhorte le roi lui-même à faire pénitence, 96.
A Londres, plusieurs évêques interjettent appel au Pape contre l'archevêque, 97.
L'ordre de Citeaux, menacé par le roi d'Angleterre, n'ose continuer l'hospitalité au saint archevêque, 97.
Le roi de France, au contraire, se montre vraiment roi et vraiment chrétien. Saint Thomas prévoit son martyre, 97.
Le Pape envoie deux légats pour négocier la réconciliation entre le roi et l'archevêque. Ce que l'archevêque pense de leur conduite, 98.
Conférence des rois d'Angleterre et de France et du saint archevêque de Cantorbéry dans le Maine, 99.
Le roi de France reconnaît la prudence et le bon droit de l'archevêque, 100.
Saint Thomas excommunie nommément plusieurs personnes qui agissaient contre l'Eglise, 100.
Le roi d'Angleterre agit contre lui auprès des Italiens. Lettres que le saint écrit à ce sujet, 101.
Deux nonces du Pape au roi d'Angleterre. Leur belle conduite, 101.
Guillaume, archevêque de Sens, 101.
Violences du roi en Angleterre. Fermeté de plusieurs évêques, 102.
Le roi Henri affecte quelque velléité de se réconcilier avec l'archevêque, 102.
Le Pape presse le roi avec plus de fermeté d'accomplir ses promesses, 103.
Prédictions de saint Godric à saint Thomas de Cantorbéry, 104.
Le roi Henri fait sacrer son fils par l'archevêque d'York, contre le droit de l'archevêque de Cantorbéry, et malgré la défense du Pape. Lettre du saint à ce sujet, 104.
Réconciliation du roi et de l'archevêque, 104.
Retour de saint Thomas de Cantorbéry en Angleterre, 108.
Conduite peu honorable de l'archevêque d'York et des officiers du roi. Conduite bien différente du peuple, 108.
Saint Thomas prédit sa mort prochaine, 109.
Il est assassiné dans son église par des courtisans, 109.

Paroles de Bossuet sur son martyre, 110.
Suites du meurtre de saint Thomas de Cantorbéry. Efforts du roi pour s'en disculper, 110.
Affliction du Pape à la mort de saint Thomas. Il reçoit une députation de chaque côté, 111.
L'évêque de Winchester, sur son lit de mort, prédit de grandes calamités au roi, qui passe en Irlande, où se tient un concile, 112.
Le roi Henri II reçoit l'absolution des légats, 'et jure avec son fils de tenir du Pape le royaume d'Angleterre, 113.
Concile en Normandie, 114.
Canonisation de saint Thomas de Cantorbéry, 114.
Sort funeste de ses meurtriers, 114.
Il a pour successeur Richard, prieur de Douvres, 115.
Les fils de Henri II se révoltent contre leur père, qui en écrit au Pape comme à son seigneur suzerain, 115.
Légation de saint Pierre de Tarentaise pour réconcilier les rois d'Angleterre et de France. Ses derniers miracles et sa mort, 116.
Richard, nouvel archevêque de Cantorbéry, est sacré par le Pape, 117.
Pénitence de Henri II au tombeau de saint Thomas de Cantorbéry. Il en est merveilleusement récompensé, 117.
Pèlerinage du roi de France, Louis le Jeune, à Saint-Thomas de Cantorbéry. Il obtient la guérison de Philippe-Auguste, son fils, qu'il fait couronner à son retour, 118.
Guillaume de Champagne, archevêque de Reims, 118.
Etat de l'Allemagne, où le pape Alexandre est reconnu d'une partie des évêques. Elévation du corps de Charlemagne. Sa canonisation par l'antipape. Mort du saint archevêque de Salzbourg, Conrad. Affaires touchant son successeur, 119.
Eglise de Liége. Zèle du prêtre Lambert. Etablissement des Béguines, 120.
Défense héroïque des habitants d'Ancône, assiégés par une armée d'impérialistes, 120.
Frédéric II, obligé de lever le siége d'Alexandrie, 121.
Pendant les négociations pour la paix, il veut surprendre les Milanais, qui le battent complètement, 122.
Il pense sérieusement à se réconcilier avec le pape Alexandre. Histoire détaillée de cette réconciliation à Venise. Circonstances fabuleuses, 122.
Retour du pape Alexandre à Rome, sur la prière du peuple et du sénat, 127.
L'antipape Jean de Strum, autrement Calixte, se soumet au Pape véritable, 127.
Etat équivoque des Grecs de Constantinople, par rapport à l'Eglise romaine. Ouvrage de Hugues Etérien à ce sujet, 127.
Instruction apostolique du pape Alexandre III au sultan d'Icône, sur la doctrine chrétienne, 128.
Origine de la secte musulmane des *assassins*, 131.
Inclination d'un prince des assassins pour le christianisme. Conduite exécrable des Templiers en cette circonstance. Mort du roi Amauri de Jérusalem, 131.
Relations amicales du pape Alexandre III avec le grand khan des Tartares, le roi et prêtre Jean, qui était chrétien, et qui demandait et obtint une église à Jérusalem et à Rome, 132.
Etienne III, roi de Hongrie, par les exhortations du légat d'Alexandre, rend une ordonnance pour réformer les abus du royaume, 133.
Casimir en fait autant, et en demande la confirmation au Pape, 133.
Abdication d'Eskil, archevêque de Lunden en Danemarck, pour aller mourir moine auprès du tombeau de saint Bernard. Il est remplacé par Absalom, évêque de Rotschild, que le Pape oblige d'accepter, 133.
Saint Guillaume, abbé en Danemarck, 134.
Derniers moments et ouvrages de sainte Hildegarde, 135.
Sainte Elisabeth de Schoenaug et ses révélations, 135.
Le bienheureux Gerhoé de Reichersperg, 136.
Le bienheureux Gerlach, ermite en Belgique, 136.
Le bienheureux Frédéric, abbé de Mariengarten, en Frise, 137.
Saint Barthélemi, ermite dans l'île de Farn, 137.
Saint Aelred en Ecosse. Ses ouvrages, 137.
Saint Walthen, dans le même pays, 139.
Légats du pape Alexandre en divers pays, 141.
Jean de Salisbury, élu évêque de Chartres, 141.
Diverses branches de manichéens, surtout dans le pays de Toulouse. Leurs doctrines destructives de toute société. Les princes implorent le secours de l'Eglise contre eux, 141.
Troisième concile général de Latran, onzième œcuménique. Ses divers canons, entre autres sur l'élection des papes, 144.
Le Pape use d'indulgence envers ceux qui avaient été ordonnés par des schismatiques, 147.
Il nomme saint Laurent, archevêque de Dublin, son légat en Irlande. Derniers travaux et mort de ce saint, 147.
Fermeté, charité, mort de saint Anthelme, évêque de Belley, 48.

Mort du roi Louis le Jeune, 149.
— de Jean de Salisbury, 149.
— de l'empereur Manuel, 149.
— du patriarche Amauri de Jérusalem, 150.
Triste état de la chrétienté en Palestine, 150.
Le pape Alexandre III s'applique à y porter remède, et meurt, 150.

LIVRE SOIXANTE-DIXIÈME.

Caractère et mouvement général des différents peuples de l'univers, à la fin du XII° siècle.

De la mort du pape Alexandre III, 1181, à l'avénement du pape Innocent III, 1198.

Tempêtes dans l'Eglise, comme sur l'Océan. Leur utilité, 151.
Commencement d'une grande révolution en Asie, qui continue encore, 151.
Origine des Tartares et des Mongols, suivant eux, 152.
Vie et conquêtes de Ginguiskhan, 152.
La Syrie et la Palestine, champ de bataille entre les mahométans et les chrétiens, 153.
Commencements de Saladin, 154.
Faiblesse toujours plus grande du royaume de Jérusalem, 154.
Mauvaise conduite de Bohémond, prince d'Antioche, 154.
Les Maronites se réunissent complètement à l'Eglise romaine. Leur état actuel, 155.
Etat actuel des Syriens et des Grecs catholiques en Syrie, en Palestine et en Egypte, 155.
Les Arméniens se rapprochent également du centre de l'unité. Leur état actuel. Leur fidélité héroïque en 1829.
Les Grecs se détachent de plus en plus du centre de l'unité et de la vie, par la perfidie et le meurtre. — Massacre des Latins à Constantinople. Leurs représailles. — Règne sanguinaire d'Andronic. Nouvelles révolutions. Isaac l'Ange, empereur. Fin cruelle d'Andronic, 156.
Ce qu'Andronic avait encore de bon. Il était plus humain envers les naufragés que son peuple, 162.
Juifs accusés et convaincus d'avoir crucifié des enfants chrétiens, 163.
Ces crimes sont autorisés, commandés même par le Talmud. Preuves par deux rabbins convertis, 164.
Fait analogue arrivé de nos jours dans le meurtre du Père Thomas, capucin, et de son domestique, par les principaux Juifs de Damas. Conduite des Juifs d'Europe en cette circonstance, 164.
Philippe-Auguste expulse les Juifs de France, 165.
Calamités causées en France par les albigeois et les cottereaux, 166.
Origine des Vaudois, 166.
Ordre des Humiliés en Lombardie, 166.
Election du pape Lucius III. Il nomme un légat, et réconcilie l'Ecosse, 167.
Correspondance de Lucius III avec Saladin et son frère, 167.
Conduite des Romains envers le Pape, 168.
Paix de Constance entre Frédéric Barberousse et les villes ou républiques des Lombards, 168.
Conférences du Pape et de l'empereur à Vérone. Conciliation de plusieurs affaires particulières, 169.
Constitution du pape Lucius instituant, avec le concert des princes, une inquisition contre les hérésies manichéennes, qui attaquaient tout ensemble et la foi chrétienne et l'ordre social, 169.
Sous un nom ou sous un autre, l'inquisition existe dans toute société qui veut sa propre conservation. Elle doit donc exister dans la société universelle, 170.
Affaire des chrétiens de Palestine. Leurs envoyés auprès du Pape et auprès des rois de France et d'Angleterre, 171.
Mort du roi Baudouin IV et du pape Lucius III. Election d'Urbain III, 172.
Entreprises équivoques de l'empereur Frédéric. Son fils, le roi Henri, s'annonce encore plus mal. Le différend se termine par un concordat, 172.
Triste état des chrétiens en Palestine. Ils perdent la bataille de Tibériade contre Saladin. Perte de la vraie croix. Captivité du roi Lusignan, 174.
Saladin, après avoir pris plusieurs villes, échoue devant Tyr, par l'arrivée du marquis Conrad de Monferrat, 175.
Les chrétiens d'Ascalon ne rendent leur ville à Saladin que sous la condition que le roi Gui de Lusignan recouvrerait sa liberté, 176.
Saladin assiège et prend Jérusalem. Conduite damnable du dernier patriarche de Jérusalem en cette occasion, 176.

A la nouvelle de ce malheur, le roi Guillaume de Sicile prend le deuil et le cilice, le pape Urbain III en meurt de douleur, 178.
Election de Grégoire VIII. Son zèle pour le recouvrement de la terre sainte. Ses lettres pleines de cordialité. Il meurt, 178.
Election de Clément III. Accord avec les Romains au sujet de Tusculum. Il envoie un légat en Palestine, 179.
Les rois de France et d'Angleterre se réconcilient et prennent la croix, 180.
Lettre de Pierre de Blois sur la levée de la décima saladine. Réflexions peu judicieuses de Fleury sur cette lettre, 180.
L'empereur Frédéric prend la croix à la diète de Mayence, des mains du légat, 181.
La guerre éclate de nouveau entre les rois d'Angleterre et de France. Le fils aîné du premier meurt. Henri II, obligé de combattre un second Richard, se voit abandonné des siens et forcé de subir toutes les conditions du roi de France. Il meurt après avoir maudit ses fils, et trouve à peine qui veuille l'enterrer, 181.
Richard Cœur-de-Lion lui succède. Emeutes contre les Juifs en Angleterre, 183.
Départ de Richard pour la croisade, 184.
Règlements et départ de Philippe-Auguste, 184.
Mort de Guillaume le Bon, roi de Sicile. Il a pour successeur Tancrède, 185.
L'abbé Joachim de Calabre, 185.
Siége mémorable de Ptolémaïs ou Saint-Jean-d'Acre par les chrétiens, en présence de Saladin et de toute son armée, 187.
Marche de l'empereur Frédéric vers Constantinople. Piéges que lui tend l'empereur grec, Isaac l'Ange, d'intelligence avec Saladin. Est obligé de combattre le sultan d'Icône, qui lui avait promis des vivres. Montre un courage héroïque et chrétien. Se noie en voulant passer une rivière, 189.
Consternation que cause sa mort, non-seulement dans son armée, mais dans toute l'Europe chrétienne, 193.
Alternative de succès et de revers des chrétiens devant Ptolémaïs, 194.
Origine de l'ordre militaire et hospitalier des chevaliers Teutoniques, 194.
Saint Jean de Matha et saint Félix de Valois, fondateurs des Trinitaires pour la rédemption des captifs, 194.
Philippe-Auguste arrive devant Ptolémaïs, 196.
Richard Cœur-de-Lion y arrive également, après avoir conquis en passant le royaume de Chypre, 196.
De quoi il s'agissait dans les plaines de Ptolémaïs, 196.
Relations de politesse entre les chrétiens et les musulmans, 196.
Arrangement pour la royauté de Jérusalem, 197.
Prise de Ptolémaïs par les chrétiens, 197.
Retour de Philippe-Auguste en Europe, 197.
Saladin peu fidèle à la capitulation, 197.
Les chrétiens marchent de Ptolémaïs vers Joppé. Batailles sans cesse renaissantes. Valeur prodigieuse de Richard. Terreur que son seul nom inspire aux Musulmans, 197.
Conrad, marquis de Tyr, est élu roi de Jérusalem. Peu après il est tué par deux assassins du *Vieux de la Montagne*, à la demande de Saladin, 199.
Henri, comte de Champagne, est élu à sa place, 199.
Richard, incertain s'il veut rester en Palestine ou revenir en Angleterre. Il n'en continue pas moins ses prodigieux exploits, 199.
Il conclut une trève de trois ans huit mois avec Saladin, et donne le royaume de Chypre à Gui de Lusignan, ex-roi de Jérusalem, 200.
Saladin meurt au milieu de ses projets de conquêtes. Ce qu'il était à la chrétienté, et ce qu'a fait la troisième croisade, 201.
A son retour, Richard Cœur-de-Lion est arrêté par le duc Léopold d'Autriche, qui le vend à l'empereur Henri VI, qui le revend aux Anglais, 201.
Le pape Célestin III excommunie le vendeur de Roi. La Providence appuie la sentence du Pontife. Mort funeste de Léopold, 202.
Lettres de la reine Eléonore pour invoquer l'autorité du Pape contre les geôliers de son fils Richard, 202.
Philippe-Auguste répudie la reine Ingelburge. Elle en appelle au Pape, qui prend sa cause en main, 203.
Retour de Richard en Angleterre, 204.
Saint Hugues, évêque de Lincoln. Sa fermeté avec le roi. Histoire de sa vie et de ses vertus, 204.
Saint Albert, évêque de Liége, 207.
Grand nombre de saintes femmes dans le même diocèse, 207.
Sainte Marie d'Oignies, 208.
Saint Homobon, marchand à Crémone, 209.
Le bienheureux Pierre Acotanto à Venise, 210.
Saint Guillaume et son fils saint Pérégrin, d'Antioche, 210.
Saint Drogon, patron des bergers, 211.
Progrès du christianisme en Livonie et dans les pays environnants, 211.

Progrès des chrétiens en Espagne, 212.
Politique peu honorable de l'empereur Henri VI. Fin des rois Normands en Sicile, 212.
Etat des chrétiens en Palestine, 213.
Mort de l'empereur Henri VI et des principaux personnages de son temps, 214.

LIVRE SOIXANTE ET ONZIÈME.

Pontificat d'Innocent III. — Ce que c'était que le Pape au moyen-âge.

De l'an 1198 à l'an 1216.

§ I.

Commencements d'Innocent III.

Prédiction d'Isaïe sur le changement des nations, 215.
Famille d'Innocent III, 215.
Etat de l'Université de Paris à la fin du XIIe siècle, 216.
Etudes et connaissances qu'y fait le jeune Lothaire, depuis Innocent III, 217.
Son pèlerinage à Saint-Thomas de Cantorbéry, et son séjour à Bologne, 218.
Ses premiers emplois et ses premiers écrits, 218.
Il est élu pape. Sa résistance, son intronisation, son sermon dans cette circonstance, 221.

§ II.

Sollicitude générale d'Innocent III sur tous les pays de l'Europe.

Etat général du monde, 223.
Lettre d'Innocent III au roi d'Angleterre, Richard Cœur-de-Lion, 223.
Sollicitude d'Innocent III pour la réforme de son palais, du gouvernement de Rome et des alentours, 224.
Sollicitude d'Innocent III pour les autres provinces d'Italie, 226.
Sollicitude d'Innocent III pour le royaume de Sicile et son roi mineur, Frédéric, 228.
Sollicitude d'Innocent III pour l'Espagne, sur le mariage des princes. Observations du comte de Maistre à ce sujet, 231.
Pierre d'Aragon vient se faire couronner à Rome, et rend son royaume tributaire du Saint-Siége, 233.
Progrès des chrétiens d'Espagne. Victoire mémorable des rois de Castille, d'Aragon et de Navarre sur les Sarrasins, à Navès de Tolosa, 234.
Sollicitude du Pape sur la Norwége, la Suède, le Danemarck et l'Islande, 238.
Progrès du christianisme en Prusse, Livonie, Esthonie, 242.
Soins du Pape pour la Hongrie, 243.
— pour la Servie et la Bosnie, 244.
— pour la Bulgarie, dont le souverain lui demande le titre de roi, 248.
Ce qui fait que l'humanité en est une, 248.
Pensée dominante des empereurs Teutoniques. Quel en eût été le résultat pour l'Eglise et les peuples chrétiens, 248.
Situation de l'Allemagne à la mort de l'empereur Henri VI. Triple élection de Frédéric de Sicile, de Philippe de Souabe et d'Othon de Saxe. Les trois compétiteurs recourent au Pape, 248.
Mort de Richard Cœur-de-Lion. Son frère Jean lui succède, 250.
Décision d'Innocent III sur la triple élection d'Allemagne. Réflexion du protestant Hurter à ce sujet, 251.
Lettres du Pape aux princes d'Allemagne sur le même sujet, 253.
Comment le protestant Hurter apprécie la conduite d'Innocent III dans l'affaire du divorce de Philippe-Auguste, roi de France, 254.
Différentes démarches et lettres du Pape dans cette affaire, où il finit par réussir, 254.
Efforts du Pape pour la pacification de l'Allemagne, 259.
Quel était le grand péril de l'Eglise et de l'Europe, 262.
Philippe de Souabe, réconcilié à l'Eglise, l'emporte sur son compétiteur, lorsqu'il est tué par un des siens, 263.
Othon de Saxe est reconnu de tout le monde, 264.

§ III.

Sollicitude particulière d'Innocent III sur l'Orient.

Etat de l'empire grec sous Isaac l'Ange et sous son frère Alexis, qui le détrône. Caractère de ces deux princes, 265.

Le clergé grec, non moins dégénéré que les empereurs. Bassesse de Théodore Balsamon, le plus savant canoniste des Grecs, 266.
Ouvrages de Balsamon sur le droit canonique. Son texte de la donation de Constantin. Ses aveux sur l'autorité des pontifes romains. Ses bévues et ses contradictions, 266.
Correspondance d'Innocent avec les empereurs Isaac l'Ange et Alexis, 268.
Son instruction pastorale au patriarche de Constantinople et à l'empereur, 268.
Nouvelles lettres du Pape à l'un et à l'autre, 271.
Soumission filiale des Arméniens à l'Eglise romaine, 272.
Caractère universel de la papauté, 273.
Efforts d'Innocent III pour la croisade de la terre sainte, 274.
Le curé Foulque de Neuilly. Succès de ses prédications, et pour la réforme des mœurs, et pour la croisade, 276.
Supression de la *fête des fous* dans l'Eglise de Paris, 277.
Innocent III protége les Juifs. Leur état en Europe, 278.
Baudouin de Flandre et autres croisés du même pays. Leur éloge, 278.
Succès des prédications de l'abbé Martin dans le sud-ouest de l'Allemagne, 279.
Grand nombre d'écrivains à cette époque, 279.
Thibault de Champagne élu chef de la croisade. Négociation avec les Vénitiens pour le transport de l'armée, 279.
Mort de Thibault de Champagne. Boniface de Montferrat est élu à sa place pour généralissime. Légats nommés par le Pape. Préparatifs de la croisade, 280.
Mort de Foulque de Neuilly, 281.
Arrivée des croisés à Venise. Leur embarras, parce qu'ils ne s'y trouvent pas tous, 281.
Le jeune Alexis survient et complique l'affaire, 282.
Les Vénitiens entraînent les croisés à la conquête de Zara, malgré eux et malgré le Pape. Les croisés se divisent à ce sujet. Conduite du Pape en cette conjoncture, 282.
Le jeune Alexis se trouve au milieu des croisés, qui se divisent de nouveau par délicatesse de conscience. Leur réunion et leur marche sur Constantinople, pour rétablir le jeune prince, 285.
Arrivée des croisés devant Constantinople. L'usurpateur Alexis s'enfuit. Isaac l'Ange est rétabli avec son fils, Alexis le Jeune. Lettres des uns et des autres au Pape, 286.
Nouveau traité du jeune Alexis avec les croisés, qui l'accompagnent dans une expédition contre les Bulgares, 289.
Incendie à Constantinople, 290.
Nouvelle révolution à Constantinople, qui oblige les croisés, malgré eux, à se rendre maîtres de la ville, 290.
Si dans cette prise de Constantinople il arrive plus de désordres que dans d'autres villes. Respect des croisés pour les reliques des saints, 293.
Baudouin de Flandre est élu empereur de Constantinople. Lettres du nouvel empereur et des autres croisés au Pape, 295.
Fin des deux usurpateurs Alexis et Murzufle, 297.
Lettres et conduite d'Innocent touchant la conquête de Constantinople par les Latins. Ses soins pour l'établissement du nouveau patriarche et le règlement des affaires ecclésiastiques, 298.

§ IV.

Sollicitude d'Innocent III pour défendre la chrétienté d'Occident contre la corruption de l'hérésie manichéenne.

Parenté probable entre les manichéens du moyen-âge et les modernes francs-maçons. Parenté originelle de toutes les erreurs et de toutes les sectes, 300.
Le manichéisme, sataniquement destructeur de toute religion, de toute morale, de toute justice, de toute société, 301.
Premiers soins d'Innocent III pour arrêter ce mal et y porter remède. Vie plus édifiante dans le clergé, plus de zèle à instruire les peuples, 302.
Sa lettre aux habitants de Metz sur une traduction de l'Ecriture sainte en langue vulgaire. Observations remarquables du protestant Hurter à cet égard, 303.
Résumé de le même historien fait des principes d'après lesquels Innocent III se conduisait en ces affaires, 303.
Soins du Pape pour extirper l'hérésie manichéenne dans les Etats de l'Eglise. Martyre de saint Pierre Parenzo, 304.
La France septentrionale préservée de l'hérésie par ses bons évêques. Saint Guillaume de Bourges. Saint Etienne de Die, 305.
Mort de saint Hugues, évêque de Lincoln, 307.
Fâcheux état de la France méridionale. Evêques négligents, nobles, dissolus, littérature frivole, soldats mercenaires, 308.
Efforts d'Innocent III pour y porter remède. Le bienheureux Pierre de Castelnau, Foulque, évêque de Toulouse, 309.
Arrivée en Languedoc de l'évêque d'Osma et de saint Dominique. Leur histoire, leurs travaux, leurs succès. Mort du premier, 311.
Assassinat du légat, le bienheureux Pierre de Castelnau. Lettres du Pape à ce sujet. Réflexions peu judicieuses de Fleury. Soumission, pénitence et engagements de Raymond VI, comte de Toulouse, 315.
Croisade contre les manichéens du Languedoc. Elle est conduite par le comte de Toulouse. Prise de Béziers par les goujats de l'armée. Résolution des chefs de la croisade touchant les places qu'il faudrait prendre d'assaut. Reddition de Carcassonne, 318.
Les chefs de la croisade choisissent le comte Simon de Montfort pour seigneur de Carcassonne et de leurs autres conquêtes. Son portrait par le protestant Hurter. Observations à ce sujet, 321.
Conduite peu franche du comte de Toulouse et du roi Pierre d'Aragon. Concile de Lavaur, 322.
Position difficile de Simon de Montfort. Sa valeur héroïque. Sa prodigieuse victoire à Muret sur le roi d'Aragon, qui y est tué, 324.

§ V.

Secours nouveau que Dieu envoie à son Eglise.

Quel est le plus grand ennemi de Dieu. Comment le Sauveur nous apprend à le combattre. Hurter, protestant, ne le comprenait pas encore, 327.
Commencements de saint François d'Assise, 328.
Ses premiers disciples. Bernard de Quintavalle et Pierre de Catane, 332.
Le bienheureux Egidius ou Gille, 333.
Le prêtre Silvestre. Premiers travaux des disciples de saint François; instructions qu'il leur fait, 334.
Règle de saint François. Il va trouver le pape Innocent, qui lui donne une approbation verbale, 335.
Frère Léon, 336.
Sainte Claire, 337.
Saint François, indécis entre la vie contemplative et la vie active, se décide pour la vie apostolique. Conversion du poète lauréat de Frédéric II. Instructions de François à ses frères. Sa lettre à tous les chrétiens, 339.
Il envoie des frères en Espagne et au Maroc, et blâme les somptueux édifices dans son ordre, 340.

§ VI.

Affaire de l'empire et de Jean Sans-Terre.

Othon IV, à peine empereur, oublie ses serments à l'Eglise. Il est déposé spirituellement et temporellement, et meurt sans postérité et sans gloire, 340.
Jean Sans-Terre, roi d'Angleterre, en guerre avec le roi de France. Innocent III s'interpose comme pape. Sa lettre à Philippe-Auguste. Réflexions peu judicieuses de Fleury à cet égard, 341.
Jean Sans-Terre se brouille avec le Pape pour l'élection à l'archevêché de Cantorbéry. Après deux élections nulles, le Pape nomme Etienne Langton. Résistance du roi, lettres du Pape, suites graves de cette affaire, 344.
Jean Sans-Terre implore l'alliance du sultan du Maroc. Mépris que fait de lui le sultan, 348.
Suite de l'affaire du roi Jean. Il finit, du conseil de ses barons, par se déclarer vassal de l'Eglise romaine, avec plus de solennité que n'avaient fait ses prédécesseurs, 349.
Différend du roi Jean avec les barons d'Angleterre. Le Pape soutient le roi, et lève l'interdit du royaume, 352.
Victoire de Bouvines remportée par le roi de France, Philippe-Auguste, 353.

§ VII.

Affaires d'Orient.

Gentilshommes français, empereur, roi ou seigneurs en Grèce et en Asie. Théodore Lascaris, empereur grec de Bithynie. Alexis Comnène, empereur de Trébisonde. Les Vénitiens, maîtres de plusieurs îles grecques, 355.
Les Grecs, ligués avec les Bulgares, font un massacre général des Latins. Désastre, captivité et mort de l'empereur Baudouin. Efforts du Pape pour diminuer ces malheurs et radoucir le roi des Bulgares, 357.
Les Grecs, plus maltraités par les Bulgares que par les Latins, reviennent à ceux-ci. Les Bulgares éprouvent des revers. Leur roi meurt. Punition providentielle de la ville qui avait commencé

le massacre des Latins. Couronnement et premiers actes de l'empereur Henri, 360.
Correspondance de l'empereur Théodore Lascaris avec le Pape, 362.
Application du Pape à régler les affaires ecclésiastiques dans l'empire latin de Constantinople. Difficulté des circonstances; état maladif des Grecs, 363.
Peste, famine, tremblements de terre en Egypte, 365.
Touchante correspondance du patriarche d'Alexandrie et des pauvres chrétiens d'Egypte avec le Pape, 366.
Saint Albert, patriarche de Jérusalem, 366.
Lettres du Pape pour les affaires de la terre sainte. Jean de Brienne, roi de Jérusalem, 368.
Religieux du Mont-Carmel. Règle que leur donne le patriarche Albert, 369.
Croisade d'enfants, 370.
Convocation d'un concile général. Prédication d'une nouvelle croisade. Election d'un patriarche de Constantinople, 370.

§ VIII.

Affaires d'Occident. Quatrième concile général de Latran.

Université de Paris, 373.
Consécration du Val-des-Ecoliers, 373.
Erreurs graves de quelques membres de l'Université de Paris, qui se reproduisent au XIXᵉ siècle, 374.
Règlements du cardinal-légat de Courçon pour le rétablissement de la discipline ecclésiastique et religieuse en France, 375.
Règlement du même légat pour les études de l'Université, 376.
Etat du Languedoc. Le comte de Toulouse fait mourir son frère, parce qu'il s'est déclaré pour les catholiques. Concile de Montpellier. Le prince Louis de France exécute sa croisade en Languedoc, 376.
Le roi Jean d'Angleterre, ayant fait une trève avec la France, trouve chez lui la guerre civile avec les barons révoltés. Sage conduite d'Innocent III dans ces conjonctures difficiles. Peu de créance que mérite Matthieu Paris, 377.
Arrivée des prélats pour le concile général. L'archevêque Rodrigue de Tolède. Mort de saint Albert de Jérusalem, 382.
Dispositions et engagements de Frédéric II envers le Saint-Siège l'an 1215, 382.
Ouverture du quatrième concile général de Latran. Discours du Pape, 383.
Canons du concile touchant la foi, 384.
Troisième canon. Les hérétiques mis au ban spirituel et temporel de la chrétienté. Raisons de cette loi, 385.
Règlements du concile et du Pape pour les Eglises de Grèce et d'Orient, 385.
Canons sur l'administration de la justice, 387.
Canons pour l'instruction chrétienne des fidèles et l'instruction théologique des clercs, pour opérer et assurer le bien, 387.
Canons touchant les sacrements. Le propre prêtre. Les malades, les empêchements de mariage, la clandestinité, 388.
Canons pour réformer divers abus, 389.
Canons pour rétablir la discipline dans les monastères, 389.
Quelque chose de mieux que des canons, 390.
Travaux et succès de saint Dominique, 390.
Dévotion du saint Rosaire, 392.
Commencement de l'ordre des frères Prêcheurs, 392.
Rencontre à Rome de saint Dominique et de saint François, 393.
Innocent III règle l'affaire du comte de Toulouse, 393.
Canons du concile touchant les Juifs et la croisade, 393.
Guerre civile entre le roi Jean d'Angleterre et ses barons révoltés. Prétentions de Louis de France sur le royaume d'Angleterre. Il envoie des ambassadeurs à Rome. Le pape Innocent III réfute ses prétentions, témoigne une grande affection pour sa personne et meurt, 394.

LIVRE SOIXANTE-DOUZIÈME.

L'Esprit de Dieu, qui est toujours avec son Eglise, y réforme le clergé et le peuple, par saint Dominique et saint François.

De la mort du pape Innocent III, 1216, à la mort du pape Honorius III, 1227.

Vie de l'Eglise au milieu du monde qui toujours meurt, 396.
Promotion d'Honorius III, 396.
Mort du roi Jean d'Angleterre. Son fils Henri, âgé de neuf ans, triomphe des barons rebelles et de Louis de France, par son innocence et la protection du Saint-Siège. Paix entre Louis de France et le jeune Henri III, à qui Honorius III tient lieu de père et de mère, 397.
Mort de l'empereur Henri de Constantinople. Aventures et mort de Pierre de Courtenai, son successeur, remplacé par son fils Robert. Sollicitude d'Honorius III pour le bien temporel et spirituel de l'empire latin, 399.
Soins du pape Honorius pour la croisade. Départ du roi André de Hongrie, 401.
Départ de Guillaume de Hollande et d'autres croisés d'Allemagne, qui remportent une grande victoire et font une importante conquête en Portugal sur les mahométans d'Espagne, 401.
Saint Ferdinand, roi de Castille, 402.
Rodrigue Ximenès, archevêque de Tolède. Luc, évêque de Tuy, 403.
Zèle du pape Honorius pour propager le christianisme en Prusse, en Livonie, Courlande, Danemarck, Suède et Norwége, 404.
Affaires de la terre sainte, 405.
Les croisés arrivent devant Damiette, l'assiégent et la prennent, 406.
Etat des ordres religieux militaires, 407.
Règle de saint Dominique. Son ordre est approuvé par le Pape, 408.
Travaux, succès, miracles, fondations de saint Dominique, 409
Notre-Dame des Vertus de Ligny-en-Barrois (note), 413.
Saint Ceslas et saint Hyacinthe, 416.
Autres disciples de saint Dominique, 417.
Dernières actions et mort du comte Simon de Montfort, 419.
Voyages de saint Dominique en France, en Espagne et en Italie, 419.
Saint François d'Assise envoie ses disciples prêcher par tout le monde, choisit le cardinal Hugolin pour protecteur de son ordre, dont il tient le deuxième chapitre général, 421.
Frères Mineurs envoyés au Maroc, y souffrent le martyre; d'autres à Ceuta. Réflexions indiscrètes de Fleury à ce sujet, 421.
Commencements de saint Antoine de Padoue, 426.
Saint François devant le sultan d'Egypte, 427.
Ce que Jacques de Vitry dit des frères Mineurs, 428.
Prédications de saint François en Italie. Instructions à ses frères, 428.
Il envoie de nouveau de ses religieux en Allemagne. Progrès qu'ils y font, 429.
Premières prédications de saint Antoine de Padoue, 431.
Alexandre de Halès entre dans l'ordre des frères Mineurs, 431.
Institution du tiers-ordre de saint François, 432.
Nouveaux disciples de saint Dominique, qui veut réunir son ordre à celui de saint François. Il institue pareillement un tiers-ordre, 433.
Derniers travaux et mort de saint Dominique, 436.
Le bienheureux Jourdain de Saxe lui succède comme supérieur général, 437.
Commencements de saint Raymond de Pegnafort, 438.
Saint Pierre Nolasque, fondateur de l'ordre de Notre-Dame-de-la-Merci pour la rédemption des captifs, 439.
Charité de la France, 440.
Mort de Philippe-Auguste, 441.
Précautions du pape Honorius III et du roi de France, Louis VIII, contre les manichéens du Languedoc, 441.
Mort de Raymond VI, comte de Toulouse. Dispositions de son fils, 442.
Soins du Pape pour concilier les différends entre la France et l'Angleterre, ainsi que les affaires du Languedoc, 443.
Emeute d'écoliers à Paris, etc., 445.
Croisade de Louis VIII contre les manichéens du Languedoc. Il meurt martyr de la chasteté conjugale, 445.
Premières années et éducation du saint roi Louis IX, 447.
Conciles d'Angleterre et d'Ecosse pour le rétablissement de la discipline, 447.
Commencements de saint Edmond de Cantorbéry, 448.
Mort d'Othon IV. Conduite équivoque de Frédéric II depuis ce moment, 451.
Lois de Frédéric II contre les hérétiques, 455.
Honorius III s'efforce de pacifier l'Italie. Remarques sur les guerres d'alors, 456.
Sainte Verdiane, servante et recluse, 457.
Sainte Zita de Lucques, servante toute sa vie, 458.
La bienheureuse Marguerite de Louvain, servante d'auberge, 460.
Commencements de sainte Elisabeth de Hongrie, 460.
Ses épreuves à la cour de Thuringe, 463.
Elle épouse le duc de Thuringe. Vertus de ce prince, 464.
Vie sainte des deux époux. Mortifications d'Elisabeth; sa charité et son amour pour les pauvres, sa grande dévotion et humilité, 465.
Comment sainte Elisabeth fut connue de saint François, et eut pour directeur maître Conrad de Marbourg, 468.
Sainte Elisabeth devenue mère, 470.

Comment le duc Louis protége le pauvre peuple, 470.
Famine en Thuringe. Charités d'Elisabeth, 471.
Saint Conrad de Bavière, 473.
Sainte Hedwige, duchesse de Pologne, 473.
Parallèle entre l'Europe chrétienne et l'Asie infidèle, ravagée par Ginguiskhan et ses fils, 474.
Quelles ont pu être les vues de la Providence dans les conquêtes des Tartares. Effets déjà réalisés, 475.
Les Géorgiens unis à l'Eglise romaine. Lettre de leur reine au pape Honorius III, 478.
Efforts du Pape et négligence de Frédéric II pour procurer du secours aux croisés de Damiette, qui sont obligés de capituler, 479.
Lettre du patriarche d'Alexandrie au pape Honorius, 480.
Conduite peu loyale de Frédéric II envers son beau-père, Jean de Brienne, et envers l'Eglise. Ses constitutions contre les hérétiques. Sa correspondance avec le Pape, qui le réconcilie avec les Lombards et avec son beau-père, 481.
Saint Engelbert, archevêque de Cologne. Son martyre. Supplice et repentir de son meurtrier, 485.
Dernières actions de saint François d'Assise. Ses stigmates, 486.
Affection surnaturelle de saint François pour toutes les créatures, 487.
Son invitation à toutes les créatures de louer Dieu, 490.
Ses souffrances, son testament, sa sainte mort, 492.

LIVRE SOIXANTE-TREIZIÈME.

Les Papes défendent et affermissent, contre le césar allemand, Frédéric II, l'indépendance spirituelle de l'Eglise catholique, et, par suite, l'indépendance temporelle de tous les rois et peuples chrétiens.

De l'an 1227 à l'an 1289.

§ 1er.

Pontificats de Grégoire IX et de Célestin IV.

Ce qu'étaient les césars païens, 493.
Qui a tiré le genre humain de leur tyrannie, 493.
Ce qu'était l'empire de Charlemagne à l'Eglise, 494.
Si la royauté et l'empire étaient alors héréditaires parmi les Francs et les autres peuples chrétiens, 494.
Les césars de Germanie ramènent l'idée païenne de l'empire. Sort qu'ils préparaient à l'humanité. Qui l'en a préservée, 495.
Election de Grégoire IX, 496.
Canonisation de saint François d'Assise, 496.
Canonisation de saint Dominique, 498.
Conversion des Comans, 500.
Les Russes demandent des missionnaires apostoliques pour les instruire. Les Norwégiens soumettent au Pape l'élection de leur roi. Les Poméraniens se placent sous la protection du Saint-Siége, 501.
Ce qui serait arrivé si Frédéric II eût été Charlemagne, 501.
Lettres et actes de Grégoire IX pour la croisade, 502.
L'empereur Frédéric II, manquant à toutes ses promesses, cause la ruine de la croisade et encourt l'excommunication, que prononce d'ailleurs solennellement Grégoire IX, 504.
Frédéric II, secrètement allié avec le sultan d'Egypte, fait la guerre au Pape, s'en va en Palestine avec peu de monde, dépouille le roi chrétien de Chypre. Son expédition n'est qu'une comédie pour amuser l'Europe. Chrétiens et mahométans le jugent plus mahométan que chrétien, 505.
Guerres des impérialistes contre l'Eglise. Grégoire IX recommande la modération dans la défense, 510.
Jean de Brienne, empereur français de Constantinople, 511.
Grégoire IX, en excommuniant de nouveau Frédéric II, délie ses sujets du serment de fidélité, 511.
Réconciliation de l'empereur avec le Pape, 511.
Suite de la vie de sainte Elisabeth de Thuringe. Apprend la mort de son époux, est chassée de sa maison, abandonnée des hommes, consolée de Dieu, refuse de se marier une seconde fois, reçoit les ossements de son époux, 512.
Ses beaux-frères réparent leurs torts envers elle. Elle renonce à la vie du siècle, prend l'habit de saint François, refuse de rentrer dans le royaume de son père, pratique la pauvreté et la mortification, opère des miracles et meurt saintement, 513.

Mort de maître Conrad, directeur spirituel de Ste Elisabeth, 525.
Conversion de Conrad de Thuringe. Il travaille à faire canoniser sa belle-sœur, sainte Elisabeth. Pompe de cette canonisation à Pérouse et à Marbourg, 525.
Sainte Agnès de Bohême. Lettres que lui écrit sainte Claire, 529.
Caractère du roi d'Angleterre, Henri III, 531.
Autorité très-médiocre de Matthieu Paris. Son historiette du Juif-Errant, 531.
Elections pour le siége de Cantorbéry, 532.
Violences contre les Romains établis en Angleterre, 532.
Lettres de Grégoire IX pour la réforme des monastères, 533
Saint Edmond, archevêque de Cantorbéry, 533.
Son ami saint Richard, 534.
Robert Grosse-Tête, évêque de Lincoln, 534.
Constitutions provinciales de saint Edmond, 536.
Concile de Londres, tenu par le légat Othon, pour la réforme du clergé. Consultation au Pape, sa réponse, 536.
Règlements du même légat, pour la réformation des moines, 537.
Trouble dans l'université d'Oxford, 538.
Statuts synodaux de Guillaume, évêque de Worchester, d'Alexandre de Coventri et de Guillaume de Bleys, 538.
Dernières actions et mort de saint Edmond de Cantorbéry, 539.
Commencements du règne de saint Louis. Régence virile de sa mère, 540.
Soumission du comte de Toulouse, Raymond VII, 540.
Pour la première fois, saint Louis parle des libertés de l'Eglise gallicane. Ce qu'il entendait par là, 541.
Règlements du concile de Toulouse, pour l'extirpation de l'hérésie, 541.
Nouveaux statuts du comte de Toulouse à la même fin, 542.
Le pape Grégoire IX confirme l'université de Toulouse, 542.
Autres actes du Pape et des évêques, pour extirper l'hérésie dans le Languedoc, y réformer les mœurs et retenir le comte de Toulouse dans le devoir, 543.
Troubles et périls de l'université de Paris, laquelle se voit protégée, rétablie et réglée par les soins paternels de Grégoire IX, 544.
Eloge que le Pape fait de l'Eglise de France, 545.
Thibaut, archevêque de Rouen, 546.
Maurice, son successeur, 547.
Affaire de Beauvais, sur le conflit du roi avec les libertés de la commune et les droits de l'évêque, 548.
L'affaire s'étend à toute la province de Reims. Les seigneurs se plaignent des prélats au Pape. Réponse de Grégoire IX, 549.
Saint Louis, entré dans sa majorité, concilie tout, 551.
Pierre de Colmieu, évêque d'Avranches, 551
Succession au siége de Reims. Conciles tenus par Juhel de Mayenne, transféré de Tours à Reims, 552.
Pierre de Dreux, surnommé Mauclerc. Ses brouilleries avec les évêques de Bretagne, 552.
Saint Guillaume, évêque de Saint-Brieuc, 554.
Le pape Grégoire IX parvient à gagner Pierre de Dreux, 555.
Le bienheureux Philippe Berruyer, archevêque de Bourges, 555.
Vertus chrétiennes de saint Louis. Il épouse Marguerite de Provence, 556.
Saint Thibaud de Montmorency, 557.
Fondations pieuses de saint Louis. La couronne d'épines. La Sainte-Chapelle, 557.
Son amour pour son peuple. Ses lois contre les usuriers et les blasphémateurs, 558.
Ses talents et exploits militaires. Sa valeur au pont de Taillebourg, 558.
Sa cour plénière à Saumur, 559.
Piété et conquêtes de saint Ferdinand, roi de Castille, secondé par l'archevêque Rodrigue de Tolède et par le pape Grégoire IX. Sa sainte mort, 559.
Martyre de deux disciples de saint François, 561.
Le roi Jacques d'Aragon fait la conquête de Majorque et de Valence, 562.
Saint Raymond Nonnat, 562.
Lettres de Grégoire IX aux princes mahométans, 563.
Grégoire IX établit un évêque au Maroc, 564.
Correspondance du patriarche grec Germain, et du pape Grégoire sur la réunion, 564.
Conférences entre les Grecs et quatre religieux envoyés par le Pape, 566.
Soumission des jacobites, nestoriens, maronites, arméniens. Leur état actuel, 575.
Etat actuel des Grecs de Syrie, 576.
Quel pouvait être le but providentiel des croisades, 576.

ERRATA AU TOME VI

Le titre *Concile œcuménique de Latran de 1123* et le dernier paragraphe de la 2ᵉ note de la p. 639, 1ʳᵉ col., appartiennent à une autre note mêlée par erreur avec celle-ci.

Le corps de la note, relatif au Concile dit *universel* de Latran du 6 mars 1116, dans lequel Pascal II condamna le *privilège* que lui avait extorqué l'empereur Henri V, fait partie d'une note sur la querelle des Investitures omise dans le tome VI et que nous donnons ci-dessous.

LA QUERELLE DES INVESTITURES (pp. 196, 203, 208, 213, 220, 228, 233, 286, 354, 367, 376, 380, 382, 411, 422, 425, 432).

En comparant, dans Rohrbacher et dans les historiens antérieurs, surtout les allemands, l'exposé de la lutte entre Grégoire VII et Henri IV et leurs successeurs, on peut constater le progrès que Rohrbacher a fait faire à l'histoire dans le sens des idées catholiques. En Allemagne le préjugé national, les traditions césariennes ont amené des historiens même catholiques, comme Mœhler, Dœllinger et aussi Alzog, à présenter sous un jour quelque peu faux, cette grande querelle du sacerdoce et de l'empire. Ils sont trop favorables aux empereurs, trop portés à donner des torts à la papauté. L'influence de Rohrbacher s'est fait heureusement sentir jusqu'en Allemagne. Damberger, Hergenröther et Héfélé sont beaucoup plus corrects dans l'exposé de la lutte entre les deux pouvoirs (1).

Ainsi, en remontant au point de départ de ce conflit, à la querelle des investitures, Mœhler dit : « Grégoire VII défendit aux ecclésiastiques de recevoir l'investiture des laïques aux laïques de la recevoir des ecclésiastiques... Il interdit aux laïques de nommer des évêques et des abbés; d'installer dans leurs fonctions des évêques, des abbés et autres ecclésiastiques par le symbole de la crosse et de l'anneau ; aux évêques et aux abbés de prêter au souverain le serment de fidélité. Tous ces points étaient contenus dans la défense de l'investiture laïque. Jamais prédécesseur de Grégoire n'avait eu l'idée d'aller si loin, et à vrai dire, ce dernier avait dépassé les bornes, car non content d'interdire les empiètements des rois et des seigneurs sur les droits réels de l'Eglise, il défendit encore qu'à l'avenir les princes exerçassent des droits sur les affaires purement civiles des ecclésiastiques et porta une profonde atteinte à l'établissement féodal (1). »

Tout en faisant des restrictions sur l'étendue des revendications de Grégoire VII, Héfélé apprécie plus exactement la question quand il dit : « Il est évident que la défense portée par le pape contre l'investiture laïque était fondée et légitime... Néanmoins, si en prohibant les investitures laïques, on avait l'intention d'enlever au roi toute participation à la nomination aux évêchés, c'était là, surtout pour l'Allemagne, une prétention trop exorbitante; car, dans ce pays, les évêques et les abbés étaient en même temps princes temporels... La difficulté de restreindre dans ses justes bornes et sans violer les principes ecclésiastiques cette intervention du roi ou de l'empereur, occasionna la longue querelle des investitures et les violences qui l'accompagnèrent, jusqu'au moment où le différend fut aplani par le concordat de Worms (2). »

Avec cette différence de point de vue sur la cause de la querelle, Héfélé en apprécie mieux aussi les divers incidents, notamment à propos de la diète de Tribur de 1076 (3) et du Concordat de Worms (4). Il y a intérêt à le rapprocher de Rohrbacher pour les détails, où il est plus complet et quelquefois plus exact (5).

A propos de l'entrevue de Canossa, où il réduit à leur juste valeur les déclamations des historiens opposés à Grégoire VII, tels que Floto et Sugenheim, sur l'humiliation infligée à Henri IV par l'orgueil du pape, Héfélé prouve très bien aussi que c'est une fable de prétendre que le pape en donnant la communion au roi, après sa pénitence, avait voulu faire sur lui l'épreuve eucharistique (6).

Tel est aussi, d'ailleurs, le sentiment de Dœllinger (*Lehrbuch der Kirchengeschichte*, t. II, p. 145,

---

(1) Mœhler, *Hist. de l'Eglise*, t. II, p. 321, Paris, 1869.
(2) *Hist. des Conc.*, t. VI, p. 502-3. (Nous avons dû faire quelques modifications à la traduction de M. Delarc.)
(3) *Hist. des Conc.*, t. VI, p. 541. Cf. G. Philips, *Die grosse Synode von Tribur*, Vienne, 1865; Schœfer, *Der Furstentag zu Tribur im J. 1076*, dans Sybel, *Hist. Zeitschrift*, t. VIII, p. 141.
(4) *Hist. des Conc.*, t. VII, p. 167, sqq.
(5) Comme Rohrbacher, Héfélé, dans une dissertation spéciale, *Hat Gregor VII, bei Henrich IV, um Bestætigung seiner Wahl nachgesucht ?*, (*Tub. theol. Quartalschrift*, 1861), dit contre Papencord (*Geschichte der Stadt Rom. in Mittelalter*, Padoue, 1857, p. 208) et Damberger (*Synchronist. Gesch.*, t. VI, p. 797), que Grégoire VII demanda à l'empereur la confirmation de son élection, mais que ce fut le dernier pape qui fit cette démarche.
(6) Héfélé, *Gregor. VII und Henrich IV zu Canossa*, dans *Tüb. theolog. Quartalschrift*, 1861, IIIᵉ liv., p. 411, sqq. Cf. *Die Busse Kaiser Heinrich's IV, vor dem Papst. Gregor VII zu Canossa, dargestellt nach Lambert von Aschaffenburg*, Leipsig, 1851.

(1) Pour Hergenröther, voir la note du tome VI, p. 625.

et de Giesebrecht (*o. c.*, t. III, p. 391). En donnant la communion au roi, le pape l'exhorta à ne pas la recevoir si sa soumission n'était pas sincère et s'il ne rejetait pas loyalement les décrets de Worms. Héfélé maintient aussi, contrairement à Damberger (*o. c.*, p. 178), que dans le synode du carême de 1076, Grégoire VII interdit à Henri IV le gouvernement de l'empire d'Allemagne et d'Italie et délia ses sujets du serment de fidélité (*Hist. des Conc.*, t. VI, p. 528). Contre cet historien, trop porté à l'hypercritique, il défend encore l'authenticité de la lettre que Grégoire VII adressa aux évêques et aux princes allemands pour les informer de l'issue des négociations de Canossa (*l. c.*, p. 555); il renvoie à la véritable leçon donnée par Hugo de Flavigny (Pertz, *Monum.*, t. X, p. 445) et par le *Codex vaticanus* du *Regeste* de Grégoire. Héfélé, à la suite de Voigt (*Hildebrand als Papst Gregor. VII*, 2ᵉ édit., p. 530) et de Gfrorer (*Papst Gregorius VII, und sein Zeitalter*, t. VII, p. 730) révoque en doute l'histoire de la Couronne envoyée par le pape, après la déposition d'Henri IV, au nouveau roi Rodolphe, à Rome, avec cette inscription :

Petra dedit Petro, Petrus diadema Rodulpho.

Il ne se prononce pas sur l'authenticité du discours tenu par le pape au synode du 7 mars 1080, dans lequel Henri IV fut excommunié et déposé, et Rodolphe de Souabe reconnu roi. Rohrbacher le reproduit en entier tel qu'il est donné dans Mansi (t. XX, p. 594), Hardouin (t. VI, p. 1589), Pertz, t. X (*Script.* VIII, p. 454), Damberger (t. VI, p. 1003) tient ce discours du pape pour faux et l'appelle même « un modèle de falsification éhontée. » Il est certain que plusieurs des documents relatifs à la rivalité du sacerdoce et de l'empire sont des pièces fabriquées.

Pour compléter Rohrbacher dans les détails, nous indiquerons ou nous rappellerons ici les principaux ouvrages à consulter sur la lutte du sacerdoce et de l'empire sous Grégoire VII et ses successeurs. Rohrbacher en a connu une partie, d'autres sont postérieurs à lui.

Pour les traités généraux, on peut s'en tenir à ceux du cardinal Noris, *Istoria delle investiture delle dignità Ecclesia*; de Pierre de Marca, *De Concordia sacerdotii et imperii*.

Après le grand ouvrage de Voigt, *Hildebrand als Papst Gregorius VII*, le pontificat de Grégoire VII a été l'objet de nouveaux travaux, dont le plus important est de Gfrorer, *Papst Gregorius und sein Zeitalter*. Schaffhouse, 1859-1861, 7 vol. Le dernier volume surtout est à consulter sur la querelle des investitures. Il faut consulter aussi les différents travaux de Giesebrecht, *Geschichte der deutschen Kaiserzeit*, Brunswick, 1862, 3 vol. ; id. *Erhebung des Papsthums*, Br. 1855; id. *Die Gesetzgebung der ræmischen Kirche zur Zeit Gregor's VII* dans *Munchner Hist. Jahrbuch fur* 1866, p. 91-193, Voir encore Sœltl, *Gregor VII*. Leipsig, 1847; Frantin, *Grégoire VII et Henri IV*. Dijon, 1849; Helfenstein, *Gregors VII Bestrebungen nach den Streitschriften seiner Zeit*. Francfort, 1856; Davin, *Saint Grégoire VII et son temps*. Paris, 1864.

Watterich a réuni toutes les biographies de Grégoire VII contemporaines de lui et extraites de divers ouvrages dans son grand recueil : *Vitæ (Gregorii) ab æqualibus conscriptæ* (1).

Rohrbacher n'apprécie pas l'incident relatif au Concile de Latran du 6 mars 1116, mais son opinion ressort suffisamment de l'exposé des affaires. Le passage qu'il cite de ce concile confirme sans restriction le raisonnement de M. l'abbé J.-S. Darras, à propos de la bulle des investitures. Pascal II, dit cet historien, captif, chargé de fers, cède à la violence, et signe la reconnaissance des investitures. L'homme a succombé à la faiblesse humaine, mais il n'y a rien dans ce fait qui détruise l'infaillibilité dogmatique du pape, enseignant en liberté, *ex cathedra*, une vérité de foi. Pascal II n'était pas libre, et *tout acte extorqué par la violence*, comme le dit Bossuet, *est nul de plein droit*. La reconnaissance des investitures était-elle une hérésie formelle? Oui, si cette reconnaissance entraînait celle de la collation de la puissance spirituelle par le pouvoir temporel; non, si cette reconnaissance n'allait qu'à permettre au roi de recevoir, par la crosse et l'anneau, l'hommage que les évêques devaient au suzerain, pour les domaines qu'ils tenaient de lui en qualité de vassaux. C'est évidemment dans ce dernier sens que Pascal II signa la reconnaissance du droit d'investiture, et ce double point de vue de la question explique pourquoi, pendant que les conciles condamnaient les investitures comme une hérésie, Yves de Chartres et d'autres évêques soutenaient la thèse contraire. En sorte que Pascal II, en les reconnaissant, succombait à une faiblesse qu'il déplora plus tard, mais qui ne constituait pas, à proprement parler, une hérésie (2).

Rohrbacher présente bien les négociations et les divers incidents du concordat de Sutri arraché par violence à Pascal II; néanmoins on trouvera un

---

(1) Quelques-unes ne sont que des pamphlets, inspirés par la passion politique, notamment le *Panegyricus rhythmicus in Henricum IV* de Benzo, évêque d'Albe, adulateur effronté d'Henri IV, et le *Vita et Gesta Hildebrandi*, du cardinal Benno (antipape). Pour la Chronique de Bonizo, évêque de Sutri, ami et biographe fidèle de Grégoire VII, voir OEfélé, *Rerum. Boic. Script.* t. II, p. 810, sqq. La Chronique de Paul de Bernvied, également dévoué au pape, se trouve dans Migne. *Patr. lat.*, t. CXLVIII, p. 55, sqq. ; celle de Bernold, une des plus importantes, est publiée très correctement dans Pertz, *Monum.*, t. VII (*Script.*, t. V), p. 385, sqq. et dans Migne, *l. c.*, p.1062,sqq. Les lettres de Grégoire VII, sont aussi une des sources importantes à consulter. *Gregorii VII Registrum* dans Mansi. *Coll. Conc. max*, t. XX, p. 60, 891 ; dans Harduin, t. VI, pars. I, p. 1195-1515 ; dans Migne, *Patrol. lat.*, t. CXLVIII, p. 285, sqq. Cf. W. Giesebrecht, *de Gregorii VII Registro emendando*. Brunswick 1858 ; id., dans Jaffé, *Regesta pontif. romanor.* Berlin, 1850, p 403-5 ; Jaffé, *Bibliotheca rerum Germanicarum*, t. II, *Monumenta gregoriana*, Berlin 1865 (*Gregorii VII, Registrum*, lib. I-VIII, p. 1-519 ; *Gregorii VII epistolæ collectæ*, p. 520-576) ; cette dernière partie comprend les lettres inédites. (Voir la note du tome VI, sur les *Dictatus papæ*, p. 524). Consulter encore Druffel, *Heinrich IV, und seine sæhne*, Ratisbonne 1862, et pour les dernières années de ce prince, Giesebrecht, *o. c.*, t. III, p. 716-743.

Pour la lutte sous les successeurs de Grégoire VII, dignes héritiers de sa fermeté, et de ses vertus, voir parmi les auteurs modernes, Hirsch *Ueber Desiderius . . alt Papst Victor III*, dans *Forschungen z. deutsch. Geschichte*, t. VII (1ʳᵉ livrais.), Gœttingue, 1867. Cf. Tosti, *Storia della Badia di monte Cassino*, Naples, 1849, t. I, p. 307-428 (Victor III, avant d'être élu pape, était abbé du Mont-Cassin); Giesebrecht, *o. c.*, t. III, p. 571-577. — C. Gruenhagen, *Vita Urbani II*, Hall., 1848 ; Laubert, *Vita Urbani II*, Breslau, 1858 ; de Brimont, *Un Pape au moyen âge, Urbain II*, Paris, 1862. —Une des principales sources à consulter pour l'époque de Pascal II, sont les *Acta coronationis* (Actes du couronnement de Henri II), écrits par le pape lui-même ou quelqu'un de son entourage, dans Baronius, *Annales*, ad an.1111, 2 sqq. et mieux dans Pertz, *Monum.*, etc., t. VIII (*Script.* t. V), p.244 (*Leg. II*), p. 65 et II. VII (*Script.*, t. V), p. 479 ; t. IX (*Script.* t. V), p. 778. Voir aussi la vie de Pascal II, par le cardinal Pierre Pisan, dans Watterich, *o. c.*, t. II, p. 1-17.

(2) *Hist. génér. de l'Église*, 1859, p. 173. Cf. Héfélé, *Hist. des Conc.*, t. VII, p. 180.

exposé plus clair et plus circonstancié dans Héfélé(1). Le point de vue de Rohrbacher dans cette affaire est plus juste que celui de Mœlher qui sacrifie trop aisément le principe de la propriété ecclésiastique et tend à faire de l'Eglise une société purement spirituelle (2).

Les tentatives peu sincères de réconciliation de Henri V avec Pascal II firent continuer quelque temps la querelle, comme Rohrbacher le raconte en détail, sous les deux successeurs de ce pape jusqu'à la conclusion du concordat de Worms de 1122 qui marqua la fin de la querelle des investitures (3).

Rohrbacher est trop court sur le concordat de Worms; il en définit assez inexactement les conditions. Mœlher le résume mieux en ces termes : « Le Concordat portait en substance : 1° que l'empereur d'Allemagne restituerait les biens ravis à l'Eglise en Allemagne et en Italie ; 2° qu'il ne donnerait plus aux évêques et aux abbés l'investiture par la crosse et l'anneau. Il lui fut accordé en retour : 1° d'investir par le sceptre les évêques et les abbés qui devaient entrer en possession des fiefs impériaux (regales) ; 2° d'assister en personne ou par ses délégués aux élections d'évêques; 3° d'appuyer dans les élections litigieuses l'avis des métropolitains et de ses évêques. »

(1) *Das Concordat von Sutri und sein Bruch durch Kaiser Heinrich V, im Jahre* 1111 (dans *Tübing. theol. Quartalschrift*, 1861, p 177-204) : id., *Hist. des Conciles*, t. VII, p. 104, sqq. Cf. G. Schœne, *Der Cardinatlegat Kuno, Bischof von Prœneste*. Weimar, 1857.
Héfélé a coordonné les renseignements fournis par les *Acta coronationis* avec ceux des chroniqueurs Ecchard, Guillaume de Malmesbury et Léon d'Ostie; Cf. Pertz, *Monum.*, t. VII (*Script. V*), p. 474 sqq.; t. VIII (VI), p. 244, sqq. ; t. IX (VII), p. 750, sqq. ; *Leg.*, t. II, p. 69-78 ; Baron., *ad an*. 1111, 8, sqq; Migne, *Patr. lat.*, t. CLXXIX.
Contrairement à Pagi (*ad an*. 1111, 4), à Rohrbacher et à d'autres historiens, Héfélé dit avec les *Acta coronationis*, que le couronnement de Henri V eut lieu le jeudi 13 avril et non le dimanche de *Quasimodo*.
Voir encore pour le Concordat de Sutri : Papencordt, *Gesch. der Stadt. Rom.*, p. 237 ; Muratori, *Historia d'Italia*, t. VI, p. 559 ; Gervais, *Polit. Gesch. Deutschland unter Heinrich V und Lothar III*. Leipsig, 1841, t. 1, p. 39 sqq.
(2) *Hist. de l'Eglise*, t. II, p. 336.
(3) Voir *Gelasii II vita a Pandulfo conscripta* dans Watterich, *o.c.* t. II, p. 91-104 ; *De Gelasii rebus Æquatium annales, ibid.*, p. 105-114 ; *Vita Calixti a Pandulfo conscripta, ibid.*, p. 115-118, *Vita*... a ?otonus .... p. 118-121 : *Calixti II... Annales*, p. 121-153.

Pour les détails, voir Héfélé, *Hist. des Conciles*, t. VII, p. 167-180.

CONCILE ŒCUMÉNIQUE DE LATRAN DE 1123 (p. 433).

Le concordat de Worms entre Pascal II et Henri V fut confirmé au neuvième concile œcuménique, premier de Latran, tenu du 18 au 27 mars 1123 (1), et dont les actes n'existent plus. Ce concile marqua la fin de la querelle des investitures.

Voici ce qu'en dit Héfélé : « Comme le concile dont il s'agit présentement n'a pas laissé d'actes proprement dits, nous sommes réduit à glaner çà et là des renseignements. Suger, abbé de Saint-Denis, qui assista lui-même au synode, raconte que plus de trois cents évêques y prirent part; et dans sa biographie du pape Calixte, Pandulfe va même jusqu'à parler de neuf cents évêques et abbés. Mais ainsi que Pagi l'a présumé, il y a peut-être dans le chiffre une faute de copiste. Suger et Foulques de Bénévent racontent ensuite que la fin de la querelle des investitures et la conclusion du concordat de Worms avaient été le principal objet de cette grande réunion ecclésiastique. Les pièces du traité furent lues en public, approuvées solennellement par tous et enfin déposées dans les archives de l'Eglise romaine.

« Dans sa lettre de convocation le pape Calixte avait dit expressément que le synode aurait d'autres questions à régler. Il entendait par là toute une série d'abus que, d'après les anciennes traditions, on voulait extirper par la promulgation de canons obligatoires, sous peine de censures ecclésiastiques. »

Rohrbacher résume les principaux canons promulgués par le concile de Latran. Héfélé les donne d'après Mansi (2).

Le concile général de Latran de 1123 est le premier des conciles œcuméniques tenus en Occident.

(1) Baronius, dit Héfélé, place à tort ce concile en l'année 1122 Cf. Pagi, *ad an*. 1123, 1.
(2) T. XXI, p. 255, 290, 298, 501 (Migne, t. CCXXIII, p. 1128).

NOTES RECTIFICATIVES ET COMPLEMENTAIRES

GRATIEN ET LA PRIMAUTÉ DE ROME (p. 9, col. 1).

A propos du *Décret de Gratien*, Rohrbacher revient sur la primauté de doctrine et de juridiction du chef de l'Eglise.

Aux textes cités ici par lui pour établir que les Pères de l'Eglise ont toujours enseigné qu'après Jésus-Christ et en vertu de son institution l'épiscopat, l'autorité ecclésiastique tout entière réside principalement dans le pape, il faut ajouter le texte récemment découvert de saint Clément de Rome et compléter cette nomenclature avec l'ouvrage précédemment cité de Mgr de La Tour d'Auvergne, *la Tradition sur l'infaillibilité pontificale* (1).

Ecrivant à l'Eglise de Corinthe au nom de l'Eglise romaine, saint Clément, pape, termine ainsi cette lettre : « Ces choses, nous vous les avons rappelées avec d'autant plus de confiance que nous savions écrire à des hommes de foi, versés dans la science et l'étude des enseignements divins. Il est donc juste que vous accédiez à de si grands et si nobles exemples (les exemples tirés de l'Ancien et du Nouveau Testament sur la conduite des fidèles de Corinthe), que vous inclinez la tête et vous vous montriez obéissants, afin que, terminant cette vaine querelle, nous arrivions sans aucune tache au but qui nous est proposé dans la vérité. Vous nous causerez joie et plaisir, si, *obéissant à ce que nous vous écrivons par l'Esprit-Saint*, vous coupez court cet inique transport de votre jalousie, suivant l'exhortation à la paix et à la concorde que nous vous avons faite dans cette lettre, etc. »

On voit ici quelle autorité, dès les temps apostoliques, l'Eglise de Rome s'adresse dans cette épître à l'Eglise de Corinthe.

ADRIEN IV (p. 12).

Adrien IV, élu à l'unanimité, le lendemain même de la mort d'Anastase IV, le 4 décembre 1154 (et non le 3, comme dit Rohrbacher), est le premier et jusqu'ici le seul pape anglais. Il s'appelait, avant son élévation, Nicolas Breakspear (en français : Briselance; Rohrbacher a écrit à la française Breck-spère), et était fils d'un pauvre clerc devenu plus tard moine de Saint-Alban. Il vint étudier en France et finit par être élu abbé du couvent de Saint-Rufus, à Avignon. Nommé plus tard par Eugène III cardinal évêque d'Albano, il fut envoyé comme légat dans les pays scandinaves, où il fonda l'archevêché de Drontheim pour la Norvège, et travailla à faire d'Upsal la métropole de la Suède.

Adrien IV fut un grand pape ; il défendit énergiquement le pouvoir temporel et spirituel de la papauté tant contre la faction d'Arnaud de Brescia que contre les entreprises de Frédéric Barberousse (1). A sa mort, la rupture entre le sacerdoce et l'empire était devenue imminente.

LA PAPAUTÉ ET L'IRLANDE (p. 15).

On a reproché à la papauté d'avoir livré l'Irlande aux Anglais. M. Henri Martin, entre autres, formule l'accusation en ces termes : « En 1156, le pape anglais Adrien IV, celui-là même qui avait autorisé Henri II au parjure contre son frère (2), lui avait octroyé la seigneurie d'Irlande, afin, était-il dit dans la bulle papale, d'y rétablir le christianisme dans sa pureté et d'assujettir les Irlandais à l'impôt du denier de Saint-Pierre... Ainsi c'est la papauté qui a livré l'Irlande à l'Angleterre. La papauté a peu mérité de l'Irlande le dévouement opiniâtre que celle-ci lui a témoigné dans les temps modernes (3). »

A quoi M. H. de l'Epinois répond : « Je sais que le docteur Lynch en 1660 (4), le P. Alford en 1663 (5), que l'abbé Mac-Geoghegan en 1758 (6), ont nié énergiquement l'authenticité de la bulle d'Adrien IV; mais, comme tous les historiens de notre temps

---

(1) Voir la note du t. IV, p. 595. Voir aussi pour le texte la *Revue du Monde catholique*, juin 1877, et la *Revue des Sciences ecclésiastiques*, avril 1880.

(1) Voir : card. Aragon. *Vita Hadriani IV*, dans Muratori, *Rer. ital. script.*, t. III, p. 441, et dans Migne, *Patr. lat.*, t. CLXXXVIII, p. 1351 sqq.; H. Raby, *pope Adrian IV, an historical Sketch*. Londres, 1849. Cf. Waterich, t. II, p. 327-373. On ne connaissait autrefois du pape Adrien IV que 55 lettres; Migne en a publié 258 (*Patr. lat.*, t. CLXXXVIII, p. 1360-1640) d'après Jaffé (*Regest. Pontif. rom.*), qui en indique 350.
(2) Ce qui est complètement erroné.
(3) *Hist. populaire*, t. I, p. 218.
(4) *Cambrensis eversus*, 1662, in-f°.
(5) *Annales ecclesiastici et civiles*, 4 vol.
(6) *Hist. d'Irlande*, 3 vol. in-4°, Paris, 1758.

Plowden (1), Lingard (2), Lanigan (3), Kelly (4), Haverty (5), l'acceptent, je veux bien l'admettre. Peu importe du reste, puisque les papes, cela est certain, ont, au XIIIᵉ siècle, employé leurs efforts pour amener l'obéissance des Irlandais aux rois d'Angleterre. Le point de départ de cette conduite doit donc être, malgré les difficultés qu'elle soulève, cette bulle, vraie ou fausse, accordée par Adrien IV aux exigences d'Henri II (6), selon qu'il est rapporté par Jean de Salisbury, si ce passage n'est pas interpolé, comme plusieurs le prétendent. D'après les idées ayant cours alors, ce pape pouvait avoir le droit d'agir ainsi ; mais tout en admettant la bonne foi, il ne m'en coûte nullement d'avouer que cet acte serait, à mes yeux, regrettable. Au premier abord, en effet, il paraîtrait contraire à l'équité de croire les calomnies proférées par un prince dissolu et impie contre un peuple et un clergé qui produisaient alors des saints et honoraient Dieu d'un culte public ; il paraîtrait contraire à la justice d'avoir permis à ce prince, avant toute vérification des faits invoqués, de s'emparer de l'Irlande ; je dis avant toute vérification, car l'enquête ordonnée par Adrien IV n'a pas eu lieu, comme Grégoire IX le déclara le 4 janvier 1235, en ordonnant à l'archevêque de Dublin d'ouvrir une nouvelle enquête (7).

« Je puis donc regretter la bulle d'Adrien IV, mais il m'est impossible d'ignorer que cette bulle s'appuyait sur le droit reconnu en ce temps; je me souviens aussi, et des recommandations adressées par le pape au roi : *Stude gentem istam bonis moribus informare*, et des manœuvres employées pour arracher le consentement du souverain pontife (8).

« Quant à la seconde partie de la phrase de M. Henri Martin : « La papauté a peu mérité le dé-« vouement de l'Irlande, » je ne saurais l'accepter ; car les souverains pontifes n'ont jamais cessé de réclamer contre la dureté de l'oppression anglaise et les abus introduits dans ce pays. Honorius III, le 9 mai 1224 (9); Grégoire IX, le 4 janvier 1235 (10); Innocent IV, le 20 juillet 1252 (11); et surtout Jean XXII, le 30 mai 1318 (12), ont fait entendre à ce sujet les plus énergiques protestations. J'entends encore la voix de ce Jean XXII rappelant que, si son prédécesseur Adrien a concédé la seigneurie de l'Irlande — *concessisse* DICITUR, — « ce fut à « des conditions spéciales et formelles, qu'aucun roi « d'Angleterre n'a observées et que tous ont violées, « en infligeant injustement à ce pays de cruels traite-« ments, en l'accablant par des excès inouïs, en sorte

(1) *Historical review of the progress of the catholic association*, 1822, t. I, p. 27.
(2) *History of England*, 1823, t. III, p. 360.
(3) *Ecclesiastical history of Irlande*, 1829, t. IV, pp. 165, 242.
(4) *Cambrensis eversus*, éd. de 1850, dernière note.
(5) *History of England*, Dublin, 1860, pp. 205 et 206. Cependant l'opinion de la non-authenticité de la bulle d'Adrien IV conserve encore aujourd'hui des partisans très érudits.
(6) Labbe, *Concil.*, t. X, p. 1143.
(7) Theiner, *Vetera monumenta Hibernorum et Scotorum historiam illustrantia*, t. I, p. 23. Cette circonstance militerait, ce me semble, en faveur de l'opinion sur la non-authenticité de la bulle.
(8) Ces manœuvres ont été très bien exposées par M. l'abbé Vervorst, dans son *Histoire ecclésiastique* (collection Migne, t. XXI, p. 293).
(9) Theiner, *Vet. Mon.*, t. I, p. 23.
(10) *Ib.*, p. 80.
(11) *Ib.*, p. 56.
(12) *Ib.*, p. 201.

« que par des charges insupportables et une inhu-« maine tyrannie, il s'est trouvé plus malheureux et « dans une position plus intolérable. » Je recueille avec bonheur ces paroles du souverain Pontife, car elles sont à mes yeux, s'il en est besoin, la réparation et, j'oserai le dire, l'expiation des bulles d'Adrien IV et de ses successeurs. Depuis lors la voix de la papauté n'a pas manqué à la cause de l'Irlande; le « dévouement opiniâtre » de ce noble pays ne l'a pas oublié, et vainement M. Henri Martin voudrait amener aujourd'hui les Irlandais à maudire, comme lui, la conduite de la papauté à leur égard. On ne maudit pas une mère, et tous les fils de saint Patrice savent quels liens les attachent à la sainte Église romaine. »

L'INSTRUCTION AU XIIIᵉ SIÈCLE (p. 22).

L'instruction, conservée dans les écoles du clergé séculier et régulier, se propagea, de plus en plus, dans le cours du XIIIᵉ siècle et des écoles nouvelles se créèrent insensiblement (1). La direction de la haute surveillance resta aux mains de l'écolâtre, c'est-à-dire d'un prêtre spécialement désigné à cet effet par les chapitres des cathédrales et des collégiales. L'histoire montre que tout l'enseignement nous vient de l'Église et que le même zèle qui a élevé des universités dans toute l'Europe, fondait des écoles jusque dans les villages.

Le douzième Concile œcuménique pourvoit à l'instruction en ordonnant qu'il y eût dans chaque église cathédrale et, autant que possible, dans toutes les églises, un maître pour instruire gratuitement les écoliers pauvres (2).

Dans le synode tenu à Béziers, en 1233, par Gautier de Tournay, légat du pape, il fut statué que « dans chaque couvent il y aura un maître chargé d'enseigner la grammaire (3). »

Le concile d'Arles, tenu en 1260, décréta que : « Les moines et les chanoines réguliers doivent, sous peine de suspense, ne rien demander à leurs élèves pas plus qu'aux communes où ils enseignent (4). »

La raison de cette sollicitude de l'Église pour l'instruction est donnée par un synode postérieur de Cambrai : « C'est que le devoir de donner de l'éducation à ses enfants, n'étant pas moindre pour un père et pour une mère que celui de les nourrir et de les élever, il est juste que l'Église forme aussi ceux qu'elle enfante à Jésus-Christ par le baptême, et les instruise de toute espèce de sciences et de leçons salutaires. » C'est-à-dire, qu'en matière d'enseignement et d'éducation, la religion fait aux évêques et aux curés une obligation semblable à celle que la nature impose aux familles.

Dès le XIIIᵉ siècle, il existait à Reims un collège pour les enfants pauvres, dit collège des Bons-

(1) Voir : Léon Maître, *Des écoles épiscopales et monastiques de l'Occident depuis Charlemagne jusqu'à Philippe-Auguste*. Paris et Le Mans, 1866.
(2) Cap. XI, inséré dans le *Corp. juris canon.* c. 4, X, *de magistris* (v. 5).
(3) Cap. XXI, dans Mansi, t. XXIII, p. 269, sqq.; Hard., t. VII, p. 207, sqq.
(4) Cap. X, dans Mansi, *l. c.*, p. 1001, sqq.; Hard., *l. c.*, p. 510, sqq.

Enfants (1). Ces sortes d'institutions se répandirent rapidement dans les diverses villes et nous voyons au xiv° siècle Jean de T'Serclaes, archidiacre de Cambrai, léguer à l'une d'elles plusieurs revenus, sa maison et ses effets mobiliers, afin d'y loger douze pauvres écoliers (2).

Bruxelles, qui possédait onze écoles disséminées dans les divers quartiers de la ville, avait un écolâtre. Un diplôme de Jean I, duc de Brabant, du 3 septembre 1273, relatif aux prébendes du chapitre de Sainte-Gudule, nous apprend que le prince nommait l'écolâtre..... *Scholastria cujus etiam collatio ad nos dinoscitur pertinere* (3).

A Anvers, les fonctions d'écolâtre furent créées dès 1117; on en constate l'existence en 1225 et 1251. L'évêque de Cambrai, Nicolas de Fontanis, décida que le droit de conférer la direction des écoles dans la ville d'Anvers devait appartenir aux chanoines en commun (4).

A Gand, l'enseignement public était dirigé par les chanoines de Sainte-Pharaïlde, et à Ypres, le droit d'établir des écoles appartenait aux chanoines de l'église de Saint-Martin. Il résulte d'une bulle du pape Innocent IV, du 9 février 1253, que le prévôt et le chapitre de Saint-Martin avaient obtenu un privilège par lequel il était interdit à toute personne d'ériger des écoles sans l'autorisation expresse du chapitre (5).

A Liège, l'instruction publique était dirigée par le grand écolâtre de la cathédrale et les écolâtres des collégiales, sous la surveillance du chapitre. L'écolâtre de la cathédrale de Saint-Feuillians, à Fosses, exerçait sa juridiction sans conteste aucune, dans toute la terre de Fosses.

Partout le clergé séculier et régulier remplissait alors, comme aujourd'hui, avec dévouement et abnégation, le devoir d'instruire et surtout d'élever la jeunesse. En vrais missionnaires de la seule civilisation qui puisse rendre les peuples heureux, les prêtres et les moines formaient d'abord et surtout le cœur de l'enfant et faisaient utilement concourir l'esprit à cette œuvre. C'est ainsi que la société est redevable à l'Eglise catholique de tous ces hommes éminents, de tous ces génies qui ont marqué dans les siècles passés.

Par là même que l'Eglise catholique n'a jamais en vue que le vrai bien-être de toutes les classes de la société, elle a toujours répandu les bienfaits de l'éducation sur le pauvre comme sur le riche, sans froisser le pauvre et sans exiger de lui ces humiliantes formalités inscrites dans plus d'un règlement de nos jours; elle avait résolu de la meilleure manière ce problème de l'instruction gratuite que les civilisations modernes poursuivent.

Des recherches assez nombreuses ont été faites en ces derniers temps pour la France, qui montrent qu'au xiii° siècle l'instruction était répandue jusque dans les moindres villages (6).

En Allemagne aussi, les écoles étaient nombreuses et à la portée de tous (1)

AVERROËS (p. 24, col. 1).

Pour compléter ce que dit Rohrbacher d'Averroës et de son disciple Maïmonide, on peut lire une savante réfutation par le docteur Frédault du livre de M. Renan, sur *Averroës et l'Averroïsme* (2).

A propos de la propagation de l'Averroïsme dans la scolastique, M. Frédault réfute très bien l'opinion de M. Renan et des autres qui prétendent que saint Thomas d'Aquin, comme philosophe, doit tout à Averroës, et il établit l'impossibilité de rattacher le scottisme et le thomisme à Averroës, lequel a été combattu aussi bien par Duns Scott et les franciscains que par Albert le Grand et Thomas d'Aquin (3).

L'ENTREVUE DE SUTRI DE 1155 (p. 27, col. 1).

Les détails de cette célèbre entrevue où le pape Adrien soutint si énergiquement devant le roi Frédéric Barberousse la suprématie de la puissance pontificale, ne sont rapportés qu'en abrégé par Rohrbacher, d'après Baronius (*ad an.* 1155). On les trouve tout au long dans la *Vie d'Adrien IV* (4).

Quelques auteurs ont dit que la scène de l'étrier avait été amplifiée, s'appuyant pour cela sur Othon de Freisingen qui ne la mentionne même pas; mais il faut remarquer que ce chroniqueur est l'historien de Frédéric (5).

LE TRAITÉ DE 1156 ENTRE ADRIEN IV ET GUILLAUME DE SICILE (p. 28, col. 2).

Ce traité, conclu au mois de juin 1156 et imposé au pape par les circonstances, confirma en partie les concessions précédemment faites par Urbain II qui constituent ce qu'on a appelé *les droits de la Monarchie de Sicile* (Jura Monarchiæ Siculæ).

Rohrbacher les énumère un peu vaguement. Il résulte des conditions du traité que les clercs de la Sicile ne pouvaient pas en appeler immédiatement au pape, qu'aucun légat ecclésiastique n'avait le droit d'aller dans ce pays, enfin que c'était au roi et non au pape à confirmer l'élection des évêques nommés par le clergé.

Par la suite, les cardinaux du parti gibelin reprochèrent vivement au pape ce compromis qui, en reconnaissant Guillaume comme roi de Sicile, déran-

---

(1) *Hist. litt. de Fr.*, t. XVI, p. 39-47.
(2) Ms. de la Bibl. royale de Bourgogne, n° 16575, fol. 3 et 4.
(3) Arch. du roy. de Belg. Conseil privé, Cart. 1727.
(4) Ch. Stallaert et Ph. van der Haeghen, *De l'instruction publique au moyen âge.* Bruxelles, 1853, p. 82.
(5) Ph. van der Haeghen, *Notice sur les écoles.* Bruxelles, 1872, p. 17-20.
(6) On trouvera l'indication de la plupart de ces travaux dans Alain, *l'Instruction primaire avant 89.* Paris, 1879.

(1) Meiners, *Geschichte der Entstehung und Entwickelung der hohen Schulen unsers Erdtheils*, Gœttingue, 1802-3.
(2) Paris, 1860.
(3) *Revue du monde catholique*, t. IX, p. 361 et suiv., p. 549 et suiv. Cf. *Annales de philosophie chrétienne*, t XVI, p. 371, pour la réfutation des erreurs d'Averroës.
(4) Card. Aragon, *Vita Hadriani IV* dans Muratori, *Rer. ital. script.*, t. III, p. 441, et dans Migne, *Patr. lat.*, t. CLXXXVIII, p. 1351, sqq.
(5) Otto Freisingen, *De gestis Frider.*, lib. II, c. (xx dans Muratori, t. VI, p. 635, sqq.).

geait les plans de domination de l'empereur Frédéric sur tout le royaume des Deux-Siciles (1).

RÉUNION DE L'ÉGLISE GRECQUE A L'ÉGLISE ROMAINE (p. 29).

En 1872, le père Auguste Theiner et Franz Miklosich ont publié une série de pièces fort intéressantes concernant les différentes tentatives de réunion, sous ce titre : *Monumenta spectantia ad unionem ecclesiarum Græcæ et Romanæ majorem partem e sanctioribus Vaticani tabularibus edita* (2). Quelques-uns de ces documents sont nouveaux. Trois d'entre eux datent de la première moitié du XIIe siècle, les quatre suivants appartiennent à l'histoire de l'union opérée à Lyon, trois autres concernent l'empereur Jean Paléologue. Ce petit volume contient, en outre, le fac-similé d'une ordonnance impériale de 1145, écrite en lettres d'or avec ornements.

LUTTE DU SACERDOCE ET DE L'EMPIRE (p. 33).

Il faudrait répéter ici au sujet de l'esprit nouveau communiqué par Rohrbacher à l'histoire de l'Eglise, l'observation faite sur les historiens allemands (3) dans la note relative à la querelle des investitures.
Il n'y a rien d'essentiel à ajouter à son récit. Nous rectifions ci-après (note de la p. 42) la méprise dans laquelle il est tombé à propos d'une correspondance supposée entre Frédéric Ier et Adrien IV.
Les principaux documents et ouvrages récents à consulter sur cette phase de la lutte des deux pouvoirs spirituel et temporel sont, outre ceux précédemment indiqués : Jaffé, *Geschichte der deutschen Reiches unter Konrad III*, Hanovre, 1845; Raumer, *Geschichte der Hohenstaufen*, Leipsig, 1857; de Cherrier, *Histoire de la lutte des papes et des empereurs de la maison de Souabe*, 2e édit. Paris, 1858; *Constitutiones Friderici I* dans Pertz, *Mon.*, IV, p. 89-135; Bœhmer, *Fontes rer. german.*, t. III, p. 581-640, Stuttingue, 1853; Otto Freising., *De Gestis Friderici*. Voir aussi les notes sur Adrien IV (p. 12), Alexandre III (p. 46), Raynal de Dassel (p. 38) (4).

---

(1) Voir Radevicus (Ragewin, continuateur d'Othon de Freisingen) *De Gestis Frider.*, lib. II, c. LII; Baron., *ad an.* 1166, 3-10, et la lettre des évêques allemands dans Mansi, t. XXI, p. 793.
(2) Vienne, 1872.
(3) Les sources où ils ont puisé sont souvent suspectes. La principale, pour le temps de Frédéric I, est la chronique d'Othon de Freisingen (*De Gestis Friderici I*), continuée de 1156 à 1160 par Ragewin, et au delà par Othon de Saint-Blaise (*Ap.* Muratori, t. VI, p. 635-938, 858, et Ussermann, *Prodrom. Germaniæ sacræ*, t. II, p. 453-514). Cette chronique, inspirée par Frédéric Ier lui-même et par son chancelier Raynal de Dassel, ne peut inspirer entière confiance dans le conflit entre le pape et l'empereur (Voir Wattembach, *Deutschlands geschichtsquellen*, p. 423; Reuter, *Gesch. Alexanders III*, (t. I, p. 28). Ainsi, elle ne mentionne même pas la scène de l'étrier lors de l'entrevue de Sutri, où l'amour-propre de l'empereur reçut une cruelle blessure.
(4) Comme ouvrage général sur la lutte du sacerdoce et de l'empire on peut aussi consulter : *Le Gouvernement des papes et les révolutions dans les Etats de l'Eglise d'après les documents authentiques, extraits des archives secrètes du Vatican et autres sources italiennes*. Paris, 1868, 2e édit.

RAYNAL DE DASSEL (p. 38).

Dans la lutte du sacerdoce et de l'empire, qui occupa une grande partie des XIe et XIIe siècles, les empereurs allemands furent principalement excités à revendiquer contre les papes l'omnipotence du pouvoir civil par leurs conseillers et ministres, laïques ou ecclésiastiques, légistes césariens de l'école de Bologne et courtisans.
Il en fut ainsi pour Henri IV (1), Henri V (2), Frédéric Barberousse et, comme on le verra, pour Frédéric II.
Le principal conseiller de Frédéric Ier fut le chancelier Raynal de Dassel, archevêque de Cologne. Il succédait à l'abbé Wibald, qui remplit, avec assez de modération, le rôle de premier ministre sous les empereurs Lothaire III, Conrad III, et dans les premières années de Frédéric Ier (3). Son influence fut funeste.

DÉMÊLÉS DE FRÉDÉRIC Ier AVEC ADRIEN IV. LETTRES SUPPOSÉES (p. 42, col. 2).

Les démêlés de Frédéric Ier Barberousse avec Adrien IV, déjà si vifs, ont encore été grossis par des historiens désireux d'en rejeter l'odieux sur le pontife. Des lettres fausses ont été produites et ont passé dans les histoires; Rohrbacher s'y est laissé prendre aussi ; il en a donné une, qui aurait été adressée par le pape aux archevêques des bords du Rhin, et qui excède le ton de la réprimande à l'égard de l'empereur. Quoiqu'il ne cite pas tout le texte et qu'il en ait supprimé la fin, par trop violente, il n'en a pas moins eu tort d'accepter toute la première partie. Sans doute, les récriminations de part et d'autre pouvaient aller loin : mais l'examen des pièces authentiques prouve que le pape usa de condescendance et de lenteur, qu'il fut constamment maître de lui-même et ne s'écarta point des règles de la prudence.
Après la diète de Besançon, où les légats du pape avaient été injuriés et chassés, Frédéric feignant de croire à une provocation du Saint-Siège pour le réduire au rang de vassal de l'Eglise, écrivit à tous les Etats du royaume pour leur dénoncer des entreprises qui rompaient l'harmonie entre le sacerdoce et l'empire (*concordia sacerdotii et imperii*), et menaçaient le monde chrétien des plus grands malheurs. Il y racontait à sa manière ce qui s'était passé à Besançon, les *paroles sacrilèges* que contenait la lettre du pape et le massacre certain auquel avaient échappé les légats par son intervention. Il y exprimait en termes énergiques sa manière de voir sur la question : « Par suite de l'élection des « princes, il ne tenait le royaume et l'empire (*re-* « *gnum et imperium*) que de Dieu seul... Celui-là « était un menteur qui osait soutenir que Frédéric

---

(1) Voir Ed. Roehrig, *De sæcularibus consiliariis Henrici IV*, Hal., 1867.
(2) G. Huperz, *De Alberto, archiepiscopo Moguntino*. Munster, 1858. (L'archevêque Albert revint au parti du pape.)
(3) J. Janssen, *Wibald von Stablo und Corvey*. Munster, 1854. Cf. Jaffé, *Biblioth. rer. Germanic.* Berlin, 1864, 1. I (*Epistolæ Wibaldi*); J. Ficker, *Rainal von Dassel Reichskanzler*, 1850.

« avait reçu la couronne impériale des mains du
« pape comme un *beneficium* (fief ou bienfait)... Il
« demandait à son tour que l'on fût unanime à dé-
« plorer l'injure faite au royaume et à ne pas sup-
« porter que la dignité de l'empire fût abaissée par
« une nouveauté inouïe et par un empiétement
« aussi orgueilleux (1). » De son côté le pape écrivit
aux évêques allemands pour se plaindre de l'injure
faite à ses légats et leur demander d'obtenir de l'empereur une réparation. Les évêques répondirent en
communiquant au pape la propre réponse de l'empereur à leurs exhortations, réponse qu'ils jugeaient
digne d'un prince catholique et dans laquelle Frédéric, en s'efforçant de rattacher les évêques à sa
cause par des protestations hypocrites, maintenait
ses prétentions, justifiait sa conduite, et ne reconnaissait au pape, dans son élection à l'empire,
qu'une participation honorifique, sans influence immédiate. « Nous sommes prêt, disait-il, à rendre
« à notre père (le pape) le respect qui lui est dû;
« mais, quant à la libre couronne de l'empire,
« nous ne la devons qu'à la grâce de Dieu (*divino*
« *beneficio adscribimus*). Lors de l'élection, c'est
« l'archevêque de Mayence qui a la première voix;
« après lui viennent les autres princes; c'est ensuite
« à l'archevêque de Cologne à sacrer le roi, et
« c'est au pape à sacrer l'empereur. Tout ce qui
« est en dehors de cela est mauvais, etc... (2) »
Devant ces déclarations approuvées des évêques et
des princes, il n'eût pas été possible de s'engager
plus avant dans une lutte inégale. Adrien n'avait
garde de le faire et de heurter de front la nation
allemande rangée tout entière du côté du prince.
Cependant on a prétendu qu'il avait envenimé la
querelle, et que, pour arriver à des fins ambitieuses, il avait joué un rôle imprudent et déraisonnable, poussant à bout Frédéric et s'attirant sans
résultat toute sa colère. C'est ici que l'on invoque
trois lettres qui en seraient la preuve à un certain
degré, mais qui sont évidemment supposées.

Dans la première adresse à Hillin, archevêque de
Trèves, l'empereur accuse le pape de s'être attaqué
à la dignité de l'empire, et il se plaint que la lettre
du pontife, lue à la diète de Besançon, fût pleine de
faussetés. « Il était faux qu'Adrien l'eût couronné
et Hillin était témoin qu'il s'était lui-même placé la
couronne sur la tête, et qu'il n'avait reçu du pape
que l'onction; c'est de Dieu et non pas du pape qu'il
tenait sa couronne. Le pape ne lui avait pas non plus
donné de *beneficia* (*fiefs ou bienfaits*); au contraire, Adrien s'était approprié, sans l'assentiment
de l'empereur, des bénéfices qui appartenaient au
royaume. C'est ainsi qu'il avait fait sa résidence de
Viterbe, qui était un bien impérial, préférant ainsi
la queue à la tête, la servante à la maîtresse (Rome).
Nulle part Dieu n'était moins servi qu'à Rome, où
la maison de Pierre était devenue une caverne de
voleurs et l'habitation des démons, et où le second
des hérésiarques mettait tout à vendre. Lui, l'empereur, le jugerait pour ce motif et réclamerait
comme lui appartenant les villes, les châteaux, etc.

(1) Radevicus (Ragewin), *De Gestis Friderici*, lib. I, c. x (continuation d'Othon de Freisingen); Pertz, *Leg.*, t. II.
(2) Radevic., *l. c.*, lib. I, c. xvi; Mansi, t. XXI, p. 792; Raumer,
Gesch. d. Hohenstaufen, t. II, p. 77; Reuter, *Gesch. Alexanders III*,
t. I, p. 29.

de toute l'Apulie. Quant à son excommunication, il
ne la craignait pas, car en Italie on n'en tenait plus
nul compte... Or, continue Frédéric, comme vous
(Hillin) êtes le primat de ce côté-ci des Alpes et que
votre métropole est le cœur du royaume, cette illustre ville de Trèves, qui possède la robe sans
couture du Seigneur, je veux avec votre conseil et
votre secours, délivrer le vêtement mystique du
Christ, l'Eglise, des mains de cet Amorrhéen, qui a
déchiré cette robe et l'a vendue aux Egyptiens; car
il est un larron et n'est pas entré par la porte dans
la bergerie. Puisque vous présidez à la seconde
Rome, afin de fortifier les frères, si l'un d'eux vient
à tomber; puisque vous et vous seul avez reçu de
Pierre la verge, afin d'être son représentant, nous
vous confions, en vertu de l'autorité impériale, le
gouvernement de l'Eglise à la place de Pierre (c'est-
à-dire du pape), de telle sorte que tous ceux qui
font partie de mon empire de ce côté-ci des Alpes
devront traiter leurs affaires non pas avec Viterbe ou
la nouvelle Rome, mais avec Trèves qui est la
Roma secunda... La dignité apostolique vous revient
par droit d'héritage. Comme héritier de Pierre, vous
devez vous élever avec moi contre celui qui se prétend faussement le vicaire de Pierre. Travaillez dans
ce sens vos suffragants de Metz, de Verdun et de Toul. »

A cette prétendue lettre de l'empereur s'en rattachent deux autres : l'une de Hillin à Adrien IV,
l'autre d'Adrien IV aux archevêques des bords du
Rhin. Dans la première, Hillin, qui a le ton très
haut et ne parle de lui-même qu'au pluriel (*nos*),
commence par rappeler qu'il communique au pape
la lettre précédente, et il l'engage à céder et à faire
sa paix avec l'empereur irrité. Il ajoute que Sa
Majesté impériale a écrit aux archevêques de Mayence
et de Cologne (au sujet de la primauté de l'Eglise de
Trèves transformée en papauté). Dans la seconde,
qui est citée en grande partie par Rohrbacher, le
pape répond aux archevêques des bords du Rhin en
des termes qui auraient rendu tout arrangement
impossible avec l'empereur.

Outre le passage rapporté par notre historien, la
lettre dit en substance que « l'élu des princes allemands était simplement roi, il n'obtenait le titre
d'*imperator augustus* et de *Cæsar* que par le sacre
du pape. Celui-ci avait transporté l'empire des Grecs
aux Allemands ; mais si cela était nécessaire, il le
reporterait aux Grecs. Frédéric n'était pas un protecteur, mais un oppresseur de l'Eglise. Il était faux
que lui, le pape, eût pris à l'empire la ville de Viterbe :
toute l'Apulie se trouvait en effet sous son autorité.
L'empereur se vantait de sa grande puissance, mais
il ne pouvait seulement pas maintenir ses propres
princes ou avoir raison du roi de Sicile. C'est de lui
qu'on pouvait dire : *Parturiunt montes*.... etc. » —
La lettre se termine par cette conclusion : « Les
évêques doivent maintenant travailler le cœur du
roi, car il n'est plus possible de s'adresser à son esprit (*qui nunc mente excessit*). » — Cette seule in-
cartade de la fin suffirait pour montrer la fausseté de
la lettre attribuée au pontife.

II

Évidemment ces trois lettres contiennent des idées
qui avaient cours des deux côtés; elles sont une

expression des extrémités auxquelles on aurait pu arriver en poursuivant la lutte à outrance; mais ni le pape ni l'empereur ne pouvaient ni ne voulaient en venir là, comme la suite des événements l'a prouvé. Ce qui a pu tromper des historiens, d'ailleurs enclins à les adopter de confiance, c'est qu'on les retrouve dans des manuscrits anciens. La lettre de l'empereur publiée au XVIIe siècle par Melchior Goldast, et après lui par Hontheim, a été souvent contestée; mais elle avait repris crédit dans ces derniers temps. En 1822, M. Rits a retrouvé cette pièce ainsi que les deux autres dans les archives de l'ancien couvent de Malmédy, et Pertz les a publiées (1). Une copie du XIIIe siècle, provenant du couvent de Niederaltaich, a été insérée dans le recueil de Wattenbach (t. XIV, p. 86). Mais Jaffé et Wattenbach ont démontré (2) que c'étaient des compositions d'un clerc du moyen âge, qui voulait donner à ses élèves des modèles de style épistolaire. De pareilles collections renfermant un fond de vérité n'étaient pas rares.

En les examinant de près, on s'assure qu'elles proviennent toutes trois d'une seule et même plume; elles sont rédigées dans un style uniforme, avec des expressions semblables et une certaine préoccupation d'imiter les tournures bibliques, ce qui n'est pas du tout le caractère de la chancellerie impériale ou de la chancellerie pontificale de ce temps. L'étiquette de l'époque y est grandement méconnue. L'empereur, s'adressant à l'archevêque Hillin, lui dit vous (*vos*), tandis que dans ses lettres authentiques, Frédéric Barberousse, parlant à ses évêques, leur dit *tu* (te). En revanche, lorsque l'évêque Hillin écrit au pape, il parle de lui-même au pluriel, ce que ne fait jamais un évêque en écrivant au souverain pontife. C'est de Viterbe et non de Bénévent, qu'est datée la lettre d'Adrien, lequel place Viterbe en Apulie, quand cette ville est au nord de Rome. Enfin ce n'était pas Trèves, mais Mayence, qui était le premier siège de l'Allemagne, et Frédéric aurait jeté les yeux sur l'archevêque de Mayence, pour être chef de son Église, s'il avait eu le dessein de se séparer de Rome.

A ces raisons déjà très plausibles Mgr Héfélé en ajoute d'autres également concluantes. L'auteur fait dire à l'empereur qu'il n'a pas été couronné par le pape, mais qu'il a placé lui-même la couronne sur sa tête, et qu'il n'a reçu du pape que l'onction, absolument comme Napoléon Ier, le 2 décembre 1804. Ceci est contredit par Othon de Freisingen (II-22) et par la pratique universelle du moyen âge. — Le pape ne saurait avoir dit : « Dès son avènement au pouvoir, Frédéric nous a fait connaître Hillin de Trèves et Arnold de Cologne. » Le prince ayant été élu roi le 5 mars 1152, lorsque le pape Eugène III vivait encore, n'avait pu informer de son élection, dès les premiers temps, *ab introitu suo*, le pape Adrien, promu seulement au souverain pontificat au mois de décembre 1154. — Enfin, après des lettres de cette nature, tout rapport eût été brisé entre le pape et l'empereur, et dès lors l'empereur aurait travaillé à réaliser le plan aussi extravagant que schismatique de l'institution d'un pape allemand, plan que cette correspondance suppose et dont il n'y a pas de trace dans l'histoire (1).

Au lieu de ces blessantes provocations, il y eut un raccommodement dont le pontife prit l'initiative. Allant droit au fond du débat, il leva par une franche explication tous les sujets de discorde qu'avait occasionnés le mot *beneficium* depuis la diète de Besançon. Il lui envoya les deux cardinaux Hyacinthe et Henri, qui, après de graves difficultés pour traverser la haute Italie, le joignirent à Augsbourg, selon Ragerson et le cardinal Henri, et lui remirent la lettre suivante, où le pape lui disait : « Depuis que nous avons accepté de veiller aux intérêts de l'Église tout entière, nous avons toujours songé à honorer Ta Magnificence. Aussi avons-nous été grandement surpris d'apprendre que tu as traité nos deux excellents frères, les cardinaux Roland et Bernard (à Besançon) d'une manière qui ne convient guère à la majesté impériale. Tu t'es ému, paraît-il, du mot *beneficium*. Il est vrai qu'il est quelquefois employé dans un sens qu'il n'a pas d'après son étymologie; mais, quant à nous, nous l'avons pris dans son sens primitif et naturel. Ce mot vient de *bonum* et de *factum*, et signifie *bienfait* et non pas *fief*. C'est dans ce sens qu'il est constamment employé dans la sainte Écriture... Il n'y a que ceux qui veulent troubler la paix entre l'État et l'Église qui expliquent maintenant ce mot dans un autre sens. De même par l'expression *contulimus tibi insigne imperialis coronæ*, nous voulions seulement dire *imposuimus* (nous t'avons mis la couronne sur la tête)... » En terminant, le pape reproche à l'empereur la défense qu'il a faite de se rendre en Italie; il proteste de la droiture de ses sentiments et engage l'empereur à se réconcilier avec l'Église (2). L'empereur se calma à la suite de cette déclaration; néanmoins, ajoute Héfélé, il n'y eut plus d'entente cordiale entre eux, et l'on peut dire que le feu, toujours prêt à éclater, continua à couver sous la cendre.

ALEXANDRE III (p. 46).

En mourant, Adrien IV laissait à son successeur à achever ce qu'il avait commencé pour la sauvegarde des droits du Saint-Siège et de la liberté de l'Église. La lutte éclata avec Alexandre III. Du vivant d'Adrien IV, le parti impérial avait tout préparé pour être maître de la prochaine élection à la papauté et reprendre ce qui avait été gagné par Grégoire VII et Calixte II.

L'élection d'Alexandre III eut lieu le 7 septembre 1159, trois jours après les funérailles d'Adrien IV, à Saint-Pierre, où il avait été enterré. Ce qui se passa à cette élection est très diversement raconté par les deux partis du pape et de l'antipape Victor IV. Du moins les partisans d'Alexandre III sont d'accord

---

(1) Pertz, *Archiv. für deutsche Geschichtskunde*, t. IV, p. 418.
(2) *Archiv. für österreichische Geschichte*, t. XIV, p. 60 sqq.

(1) Héfélé, *Hist. des Conciles*, t. VII, p. 347 sqq.
(2) Radevicus, lib. I, 22; Pertz, *Leg*., t. II, p. 106; Pertz place cette lettre, qui n'est pas datée, au mois de juin 1158, parce que, au rapport de Ragewin, l'empereur la reçut à Augsbourg ; Jaffé, *Conrad III*, p. 672, la date à tort du mois de janvier de la même année.

entre eux sur les divers incidents de l'élection, tandis que les autres se contredisent (1).

D'après les témoignages unanimes, vingt-deux cardinaux prirent part à l'élection. Incontestablement aussi, la majorité se prononça pour Alexandre; il n'y a de divergence que sur le chiffre de la minorité qu'on porte de deux à neuf membres. Le point litigieux serait que la valeur de l'élection eût dû, d'après un traité préliminaire, dépendre de l'unanimité des votants. Mais la meilleure preuve qu'il n'en a pas été ainsi, c'est que Victor lui-même, dans sa lettre de notification à la cour impériale, ne fait pas mention de cette circonstance décisive contre son compétiteur. Le synode ou conciliabule de Pavie, qui rejeta l'élection d'Alexandre, n'en parle pas non plus. D'ailleurs une telle convention est absolument invraisemblable, dans les circonstances de l'élection, où les cardinaux dévoués à l'Église devaient tenir à conserver, contre le candidat de l'empereur, le droit de prépondérance que leur assurait la majorité.

Rohrbacher expose très bien cette affaire du schisme Victorin. Il fait remarquer avec raison que plusieurs des souscriptions de la lettre synodale du conciliabule de Pavie sont certainement fausses. Héfélé donne à ce sujet des détails très précis.

Notre historien fixe à l'année 1161 le synode général que les deux rois Henri II d'Angleterre et Louis VII de France réunirent, après s'être réconciliés, pour régler l'obédience de leurs royaumes. Héfélé le place au mois d'octobre 1160, en faisant observer que l'époque n'en est indiquée nulle part d'une manière précise.

A la mort de l'antipape Victor (20 avril 1164), il est certain, quoique Rohrbacher paraisse en douter, que Frédéric voyant les progrès que l'autorité d'Alexandre faisait, malgré ses efforts, en Allemagne même, hésita, avant de tenter l'aventure d'un nouvel antipape, s'il ne saisirait pas cette occasion pour se réconcilier avec Alexandre. A cet effet, il prescrivit à l'archevêque Rainald, qui se trouvait alors à Lucques, de ne pas procéder immédiatement à une nouvelle élection; mais le chancelier, plus décidé que son maître à poursuivre la politique byzantino-césarienne suivie jusqu'alors, voulut arracher celui-ci à ses hésitations et le pousser quand même en avant par un fait accompli. Il prétendit par la suite que les instructions impériales lui étaient arrivées trop tard. En conséquence, il fit procéder à l'élection de l'intrus le jour même de l'enterrement de Victor. Deux cardinaux seulement y prirent part avec deux évêques, l'un Allemand, l'autre Lombard, et le préfet de la ville de Rome.

A la mort de l'antipape Pascal (20 septembre 1168), l'empereur Frédéric Barberousse, malgré la malheureuse issue de sa quatrième expédition contre Rome, ne montra pas la même hésitation, car il se hâta de faire élever, sous le nom de Calixte III,

Jean, abbé de Struma. Peut-être espérait-il ainsi amener le pape à lui faire des conditions plus favorables. Peu de temps après, en effet, il lui fit proposer de conclure la paix, mais sans vouloir y comprendre les Lombards, alliés du pape. Ce n'est qu'après la défaite de Legnano (29 mai 1176), que Frédéric songea sérieusement à faire la paix avec Alexandre. Cette fois, les négociations aboutirent au célèbre synode de Venise et à la conclusion solennelle de la paix, le 1ᵉʳ août 1177. (En un endroit du récit de Rohrbacher, p. 125, col. 2, il y a, par suite d'une faute d'impression, 1174.)

Quant au résultat de cette lutte mémorable, « on peut, comme le fait observer Mœhler, dont les conclusions sont excellentes, le résumer en deux mots, en disant que la liberté, l'indépendance et l'autonomie de l'Église romaine n'étaient rien moins alors que la liberté et l'indépendance de l'Église tout entière. L'intérêt du conflit n'était pas seulement local, il était universel. Si le pape fût devenu le surbordonné de l'empereur, l'Église elle-même serait retombée vis-à-vis de chaque souverain dans une dépendance semblable à celle que nous avons déplorée aux Xe et XIe siècles (1). »

DE LA CANONISATION DES SAINTS DANS LES DIFFÉRENTS SIÈCLES (p. 72).

I

Le pape Alexandre III étant venu à Paris en 1163, le roi, les évêques, les seigneurs lui demandèrent de canoniser saint Bernard; mais il n'acquiesça pas tout de suite à leurs prières. Il ordonna, ainsi que le fit après lui Innocent III, que personne ne fût désormais honoré comme saint sans l'autorisation du Saint-Siège. Les canonisations entrèrent alors dans une quasi phase nouvelle déjà bien éloignée des déclarations spontanées des premiers siècles, mais encore très sommaire en comparaison de la procédure du XVIIe.

Ce fut Dieu lui-même qui donna, dès l'origne, le signal de la canonisation des saints en opérant des miracles à leur tombeau. Des foules se portèrent auprès des corps de saint Pierre et de saint Paul, aussitôt après leur mort, pour en obtenir des grâces

---

(1) Radevicus, *De gestis Frider.*, lib. II, c. 53 : Theiner, *Disquisitiones criticæ*, etc., p. 211, sqq.; et la *Vita Alexandri* à Bosone card. conscr. dans Muratori, *Rer. Ital. script.*, t. III, p. 448, dans Migne, t. CC, p. 12, sqq.; et mieux dans Watterich, t. II, p. 377–454. Cf. Baronius, *ad an.* 1159, 28 sqq. Les récits des cardinaux partisans d'Alexandre III concordent avec les lettres écrites par le pape lui-même à différents évêques. (Voir Radevicus, l. II, c. 51; Harzheim, t. III, p. 328; Muratori, t. VI, p. 272, et Rubei, *Hist. Raven.*, p. 841). Cf. Héfélé, t. VII, p. 360 sqq.

(1) *Hist. de l'Église*, t. II, p. 374. Les ouvrages récents à consulter sont : *Alexandri Vita*, à Bosone card. conscripta dans Migne, t. CC, p. 12 sqq.; et mieux dans Watterich, o. c., t. II, p. 377–451; H. Reuter, *Geschichte Papst Alexander's III und seiner Zeit*. Leipsig. 1860-1864,3 vol. (l'ouvrage le plus important sur la question), à compléter en plusieurs points par les *Annales S. Petri Erphesfurd.*, publiées dans Pertz, *Monum.*, t. XVI, p. 221. Cf. Tengnagel, *Vetera monumenta*, p. 405, 415, 422, etc., et Stulz, *Archiv fur Kunde ostr. Geschichtsquellen*. Vienne, 1858, t. XX, p. 127, 145, 152; H. Kerner, *Papst Alexander III*, Fribourg en Brisgau, 1874. Consulter aussi les lettres d'Alexandre III dans Migne, *Patr. lat.*, t. CC. (Migne en a publié 1521; Jaffé, *Regest. Pontif.* en signale 2246; d'autres auparavant inconnues se trouvent dans Villanueva, *Viage litterario a las Iglesias de España*, passim; Theiner, *Disq. critic.*

Sur le traité de Venise en particulier voir :
Romual Salern. *Chron.* dans Pertz, *Monum.*, t. XIX, p. 453, et le récit d'un anonyme *De pace Veneta relatio*, publié pour la première fois par Pertz, l. c., p. 461-463; Pichler, *Kaiser Friedrich Barbarossa und Papst Alexander III, versehnen sich zu Venedig in: Jahre 1177* (dans *Tub. theol. Quartalschrift*, 1862, p. 365-383, et *Hist. des Conc.*, t. VII, p. 483-496.) Cf. Anon. *Der cardinal und Erzbischof von Mainz Conrad I, Pfalzgraf von Scheyern-Wittelsbach*, Munich, 1860; Pagi, *ad an.* 1076, 5 sqq.; Baron., *ad an.* 1177, 41-46.

extraordinaires et leur culte commandé par cet élan des fidèles, ratifié par le ciel même, ne pouvait offrir l'objet d'un doute aux évêques et aux souverains pontifes, dès qu'il s'agissait des apôtres du Sauveur. Il n'était pas plus discuté à l'égard des premiers martyrs, dont le sang versé pour Jésus-Christ et la patience invincible au milieu des tourments étaient des attestations d'héroïque sainteté. Les fêtes et les anniversaires se célébraient en leur honneur, quelquefois pendant huit jours, sans qu'il vînt à la pensée de personne, prêtres ou fidèles, que l'on outrepassait la limite des honneurs dus à leur mémoire. Il en fut ainsi pendant les persécutions; les noms des plus illustres martyrs furent insérés dans le canon de la messe et dans les dyptiques sacrés, pendant que leurs actes étaient lus dans les assemblées du peuple (1). L'approbation de l'Église se joignait à l'enthousiasme des chrétiens pour établir ces canonisations. Il fut toujours d'usage de placer des corps des martyrs sous les autels.

Les persécutions finies, les confesseurs furent aussi vénérés et priés publiquement à l'égal des martyrs; mais à quelle époque précisément? on ne saurait le déterminer à quelques années près; mais on en a des exemples dès le IV° siècle. Saint Ephrem de Syrie, mort en 378, conjure ses frères « de ne « pas le mettre dans la maison de Dieu, ni sous « l'autel et de ne pas prendre ses dépouilles pour « des reliques (2). » Il avait peur des honneurs qu'il avait vu décerner à d'autres, ce qui n'empêcha pas son culte sur-le-champ, car saint Grégoire de Nysse, avant 394, prononçait son panégyrique le jour de sa fête (3).

Les martyrs étaient à peu près les seuls saints reconnus dans l'Église; le catalogue des bienheureux s'appelait martyrologe, et ce nom lui est resté. Un souvenir de l'époque même des persécutions atteste cependant que l'on allait prier au tombeau de sainte Praxède et de saint Pudent, au cimetière de Préseilla, quoiqu'ils fussent décédés de mort naturelle vers le commencement du second siècle (4). Saint Cyprien parle en termes élogieux, dans le courant du troisième, de cette couronne méritée en dehors du temps des persécutions par ces vainqueurs qui ont triomphé dans des combats nombreux et variés (5).

S'il ne dit pas expressément qu'on rendait des honneurs publics aux chrétiens vainqueurs de leurs passions, cette couronne qu'ils ont méritée prouve qu'il les eût honorés volontiers, et peut-être le faisait-il à l'égard des plus célèbres, tels que sainte Madeleine. Mais il reste incertain à quelle époque fut précisément introduit dans l'Église, le culte des saints confesseurs (6).

On le trouve florissant au IV° siècle, et il ne paraît pas que son introduction fût sans précédents; elle n'était que la continuation des usages anciens, la conséquence de cette foi qui poussait les fidèles à invoquer les serviteurs de Dieu, dès qu'elle avait vu briller en eux les vertus héroïques et le pouvoir d'opérer des miracles. C'est ainsi que dans le cours des persécutions l'on appelait quelquefois martyrs ceux qui avaient souffert pour la cause de Jésus-Christ, quoiqu'ils ne fussent pas morts dans les supplices. On ne remarque pas, au IV° siècle, d'hésitation ni de temps d'arrêt dans la coutume de canoniser les saints, et l'on a lieu d'adopter cette opinion d'un auteur cité par Benoît XIV : « Il est certain que « dès le commencement les confesseurs furent aussi « comptés au rang des saints; mais, comme on le voit, « l'on ne tient compte que des martyrs, parce qu'il y « en a des armées innombrables et qu'il y a très peu « de confesseurs, et, en outre, parce que les martyrs « sont plus célèbres, eux qui répandirent leur sang « pour Jésus-Christ. C'est pourquoi les martyrologes « sont ainsi appelés de leur nom, et l'on dit « qu'Eusèbe a écrit les histoires des martyrs (1). »

II

Quelques écrivains, comme M. Alfred Maury (2), se sont imaginé qu'à l'origine les canonisations étaient faites sans contrôle et abandonnées à l'enthousiasme des populations.

L'Église fut au contraire dès l'origine, très soigneuse de n'accorder les honneurs du culte qu'aux martyrs dont les supplices et la mort pour Jésus-Christ étaient bien constatés. Ce fut une des principales fins de l'institution des *notaires apostoliques* par le pape saint Clément. Il avait partagé entre eux la ville de Rome en sept quartiers où ils devaient prendre des informations exactes sur le jour et les circonstances du trépas des martyrs, du lieu de leur mort et de quelques particularités remarquables; les peintures des grandes basiliques de Rome ont gardé longtemps des inscriptions en mémoire des plus glorieux défenseurs de la foi; quelques tombeaux en présentaient aussi dans les catacombes. C'est sur ces données diverses que furent composés les premiers martyrologes avant l'époque de saint Jérôme, qui passe pour avoir transcrit l'un des plus anciens; et ceux qui n'étaient pas inscrits dans le martyrologe n'étaient pas officiellement reconnus comme saints, pas invoqués en public par l'Église romaine.

Dans les époques suivantes, à l'entrée du moyen âge et pendant la période carlovingienne, lorsqu'un personnage d'une éminente sainteté, fondateur d'ordre, évêque, thaumaturge, était mort, dans les provinces comme à Rome, la foule se portait à son tombeau par un élan spontané sans que personne songeât à l'arrêter; les évêques y allaient prier eux-mêmes et par là donnaient leur approbation, en attendant qu'ils insérassent son nom dans les prières de leur église et lui consacrassent un jour pour être spécialement honoré. En 460, saint Romain, fondateur de l'abbaye de Condat (saint Claude) dans les monts Jura, sentant sa fin approcher, dit à son frère saint Lupicin : « Tu sais que malgré mon indi-« gnité j'ai guéri beaucoup de personnes, soit par « l'imposition des mains, soit en faisant sur elles le

---

(1) Voir Ed. Leblant sur les *Acta Martyrum* dans *Comptes rendus des séances de l'Académie des inscriptions et belles-lettres*, juillet et août 1873.
(2) In suo testamento apud *Acta SS.* ad diem I^{am} Febr., cap. II — n° 5.
(3) S. Grégoire de Nysse, *Opera*, t. II, *De servorum Dei beatificatione*, lib. 1, cap. v.
(4) *De servorum Dei beatificatione*, lib. 1, cap. v. n° 3.
(5) S. Cyprien, *Opera*, *De selo et livore*.
(6) Bellarmin, *De Eucharistia*, lib. VI.

(1) Benoît XIV, *De servorum Dei beatificatione*, lib. 1, cap. v, n° 8.
(2) *Essai sur les légendes pieuses du moyen âge*.

« signe de la croix, s'il plaît donc au seigneur que
« ces grâces continuent d'être accordées sur mon
« tombeau, il s'y fera un grand concours de peuple
« après ma mort; et je ne veux pas que les femmes,
« à qui l'entrée du couvent est interdite, ne puissent
« prendre part aux dons du Seigneur... Ne m'en-
« terre pas dans le couvent (1). » La chose arriva
comme le saint l'avait prévu. Un grand concours se
fit à son tombeau; la vénération commençait à la
joie du clergé et des évêques, empressés à s'y associer et à y donner une consécration qui ne fut point
discutée.

Mais les évêques étaient loin d'approuver tous les
honneurs que les fidèles voulaient rendre aux
saints; ils défendaient d'élever des autels à ceux qui
n'étaient pas suffisamment connus et prévenaient
les empressements d'une aveugle crédulité. Au
concile de Cologne (2), on interdit toute espèce de
culte non autorisé par l'évêque, à l'égard des prétendus corps saints que l'on aurait retrouvés, et que
l'on voudrait entourer d'hommages extraordinaires,
soit comme ayant été préservés de la corruption,
soit en raison des souvenirs vagues qui feraient
supposer qu'ils avaient appartenu à tel personnage
d'une éminente vertu. Les masses populaires étaient
portées à cet abus; les pasteurs le comprirent et
eurent l'œil ouvert pour y remédier. Dans les Capitulaires de Charlemagne il y a des décisions dans
ce sens. Celui de 805 porte « qu'à l'égard des
« églises ou des saints nouvellement découverts, on
« ne doit les vénérer qu'avec l'approbation de
« l'évêque, et en se conformant pour cela comme
« pour toutes les églises aux prescriptions du droit
« canonique (3). » On voit saint Anselme, au
XIe siècle, s'armer de sévérité pour proscrire les
honneurs rendus à un défunt dont la sainteté n'était
point reconnue (4).

Le droit des évêques dans la canonisation des
saints est énergiquement affirmé par lui, et l'on sent
qu'il est respecté. C'étaient eux qui présidaient aux
translations solennelles des reliques ou les autorisaient lorsqu'on plaçait un nouveau bienheureux
sur les autels. Othmar, abbé de Saint-Gall, avait jeté
un vif éclat de ses vertus au VIIIe siècle; son corps
fut levé de terre par Salomon, évêque de Constance;
Ison, moine de Saint-Gall, en fut témoin (5). Il a
raconté quelles mesures de prudence présidèrent à
la cérémonie.

Cette canonisation qui appartenait aux évêques et
dont ils furent les juges dans leurs diocèses jusqu'à
une époque avancée du moyen âge, était bien plutôt
une béatification qu'une canonisation proprement
dite, et elle ne s'étendait pas à l'Eglise universelle,
à moins d'un consentement général ou d'une approbation de l'Eglise elle-même; car, dit Benoît XIV,
les décrets de l'évêque ne pouvaient pas avoir force
de loi hors des limites de sa propre juridiction (6).

Ainsi, au IXe siècle, les évêques ne s'en rapportaient pas aveuglément aux bruits de miracles, aux
récits des religieux; ils voulaient le témoignage des
contemporains et procédaient à un rigoureux examen (1).

III

Si cette béatification faite par les évêques était,
pour ainsi dire, seule en usage dans la première
partie du moyen âge, selon la remarque de Mabillon
(*particularis sola in usu erat (canonisatio) quæ
tamen*) (2), le droit des souverains pontifes de la
rendre générale pour l'Eglise entière n'était pas
nié, et ils en usèrent dès les premiers temps. On
envoyait à Rome les actes des martyrs des provinces
pour les faire revêtir de l'approbation du pape, et
dès lors le nom du bienheureux passait dans le
martyrologe et était l'objet de la vénération publique.
On lit dans les actes de saint Vigile, évêque de
Trente, martyrisé au IVe siècle :
« Les actes du bienheureux furent écrits par
« ceux qui avaient assisté à son martyre, et ils
« furent envoyés au pape de Rome pour être con-
« firmés, comme c'était l'usage, afin qu'ils fussent
« insérés dans les archives sacrées des martyrs. Le
« vénérable évêque apostolique les ayant reçus,
« jugea que tout méritait d'être transmis à la pos-
« térité (3). »

L'évêque saint Kilian, massacré avec ses compagnons en 689 par Gosbert, duc de Franconie, fut
solennellement levé de terre par saint Boniface,
archevêque de Mayence, d'après les conseils et les
ordres du pape Zacharie en 752. Son épitaphe rappelle qu'ils furent canonisés dans les règles (4).
Castellini et Mabillon, tout en reconnaissant qu'ils
furent placés sur les autels par l'autorité du pape
Zacharie, ne mentionnent point de bulle donnée à
cette occasion (5).

Il est rappelé dans une lettre de l'évêque saint
Ludger (6), que Pépin, roi des Francs, pria le pape
Etienne III de canoniser saint Swibert, et le pontife
étant malade, chargea des évêques de s'enquérir de
ses vertus et de ses miracles et, en 804, le pape
Léon III le plaça solennellement au nombre des
saints dans la ville de Werden. Quand même
cette lettre de saint Ludger serait apocryphe, selon
l'opinion de Brower, elle atteste du moins les
coutumes de l'époque.

En 984, le pape Benoît VI autorisa l'évêque
Hugues à faire la translation du corps de saint Burchard, ainsi que l'atteste Egilward (7). Une demande
fut adressée à Benoît VIII ou plutôt à Benoît VII,
qui fut pape de 975 à 984, pour élever une Eglise
et y placer le corps de saint Siméon, moine et ermite,
dans le voisinage de Mantoue (*in cænobio Pado-
linense*). Le pape répondit : « s'il fait autant de mi-
« racles étonnants que votre envoyé nous l'affirme,

---

(1) Cette vie de saint Romain publiée par les Bollandistes, 23 février, est dans un manuscrit du Xe siècle, à la Bibliothèque nationale, n° 11748. *Vitæ sanctorum Patrum Jurensium*, fol. 103 v°.
(2) Ivo, *part. Decreti*, cap. LIV.
(3) *Ex capit.* Caroli Magni ann. 805, dans Migne, C. M. *Opera*,
t. I, c. XVII.
(4) S. Anselme, *Epist. LI*, lib. III.
(5) Mabillon. *In Acta SS. Ordinis S. Benedicti*, sæc. III, pars II,
p. 164, n° 5.
(6) *De beatificatione servorum Dei*, lib. I, n° 9.

(1) Le Concile de Mayence avait déjà statué en 813 (cap. L), qu'il
serait défendu de transférer les corps des saints d'un endroit dans un
autre sans l'avis du prince ou des évêques, ou sans la permission du
synode.
(2) Mabill., *Acta SS. Ordinis S. Benedicti*, sæc. v, præf., § 6,
n° 92.
(3) Apud Bolland., 26 Junii, *Acta S. Vigilii*, cap. II, n° 11.
(4) *De servorum Dei beatificatione*, lib. I, cap. VII.
(5) Mabill. *Acta SS. Ordinis S. Benedicti*, sæc. II, p. 2, n° 12.
(6) *In Appendice ad vitam S. Swiberti, apud Surium*, Ia Martii,
t. II.
(7) *Acta SS. Ordinis S. Benedicti*, sæc III, p. 700.

« construisez une église, mettez-y son corps, et
« traitez-le comme un saint (1).
Beaucoup d'autorisations de ce genre furent accordées par les souverains pontifes dans le courant du X° et du XI° siècle. Pour plus de solennité ils réunirent souvent, à partir du X°, un synode d'évêques, dans lequel était prononcée la canonisation. Une bulle était donnée à cette occasion : la première qui soit citée, concerne saint Udalric, évêque d'Augsbourg ; sa cause fut instruite au concile de Latran, célébré par Jean XV en 993. Luitolphe, successeur du saint, lut dans l'assemblée le livre de sa vie et des miracles qu'il avait opérés de son vivant et après sa mort. Le souverain pontife dit que tout cela était bien, et déclara de l'avis de tous les évêques, de tous les prêtres et de tous les diacres rassemblés, que le bienheureux devait être honoré avec beaucoup de piété, et frappa d'anathème quiconque oserait contrevenir à sa décision (2). Toute solennelle qu'était cette manière d'élever un serviteur de Dieu aux honneurs de la sainteté, elle était relativement simple et expéditive ; les Bollandistes pensent que c'est alors ou peu auparavant que l'on commença de procéder ainsi (3).

Cet usage ne fut pas toujours suivi : les papes continuèrent d'accorder de leur simple autorité la permission de rendre les honneurs publics à des bienheureux. Cinq ans après la mort de saint Romuald, le Saint-Siège permit à ses religieux, vers 1027, d'élever un autel sur son corps, ainsi que le rapporte saint Pierre Damien au dernier chapitre de sa vie.

Pour saint Adelard, abbé de Corbie, Richard, un de ses successeurs, rapporte qu'on alla demander l'autorisation au Saint-Siège de l'honorer publiquement, et qu'on obtint non seulement une permission mais un ordre de le faire (vers 1040 — sous Benoît IX) (4). Pour Gerhard, évêque de Toul, dans le X° siècle, le pape publia une bulle au synode romain de 1050 (5).

Les papes se montrèrent dans la suite de plus en plus difficiles pour décerner les honneurs suprêmes aux serviteurs de Dieu. Alexandre III étant venu en France en 1162, comme on l'a dit, les évêques, les princes, la noblesse le prièrent de les accorder à saint Bernard. La réputation du grand moine de Clairvaux avait rempli l'Europe ; ce n'était qu'une voix pour solliciter sa canonisation. Cependant le pape différa, donnant pour raison qu'il ne pouvait satisfaire toutes les demandes de ce genre, et que, pour ne blesser personne, il jugeait à propos d'attendre. Il fallut que de nouvelles sollicitations lui fussent adressées à Rome, alors il inscrivit saint Bernard au nombre des saints. La bulle a été conservée. Pour saint Edouard, roi d'Angleterre, le pape avait aussi temporisé, des lettres avaient déjà été écrites à ce sujet au pape Innocent II, qui s'en était occupé, et n'avait pas voulu prononcer sur-le-champ ; alors Alexandre III céda devant les instantes prières des évêques et des archevêques de la Grande-Bretagne. La circonspection se remarque dans la bulle qui leur adressa.

On entrait dans une nouvelle phase pour les canonisations des saints. Alexandre III, et après lui Innocent III, frappés des abus qu'une pieuse crédulité engendrait, et que les ténèbres de l'antiquité ne permettaient pas toujours de redresser, réservèrent au Saint-Siège le droit d'approuver le culte des nouveaux serviteurs de Dieu (1).

IV

L'instruction des procès de canonisation se fit, dès le XIII° siècle, avec beaucoup de lenteur et avec un rigoureux examen, les papes se faisant toujours prier instamment de commencer l'enquête et ordonnant qu'elle portât sur la vie, les vertus et les miracles. Le pape Jean XXII traça en peu de mots la marche à suivre, dans sa réponse à Thomas, comte de Lancastre, qui le priait de canoniser Robert, archevêque de Cantorbéry : « Il faut que
« vous sachiez que l'Église romaine, notre mère,
« n'a pas l'habitude d'agir avec précipitation, surtout dans une affaire si grave ; elle y apporte un
« sérieux et solennel examen. Si vous voulez donc
« faire réussir cette cause, vous devez nous la déférer publiquement par l'entremise de personnes
« de distinction, spécialement choisies à cet effet,
« et venant de la part des prélats, du clergé et du
« peuple anglais, lesquelles confirment de leur attestation la vie, les vertus et les miracles de l'archevêque. Vous y joindrez une supplique nous
« demandant de procéder à une enquête sur sa vie
« admirable, sur ses miracles et ses mérites glorieux, par les soins de commissaires recommandables, afin que selon les résultats la canonisation
« ait lieu ou soit écartée. » Cette lettre est datée du VI des calendes de janvier 1318 (2). C'était là ce qu'on avait observé dans les canonisations de saint Didace, de saint Raymond, de sainte Elisabeth de Hongrie. Pour celle-ci le pape Grégoire IX avait non seulement prescrit que les témoins de ses miracles fussent interrogés, mais qu'on leur demandât des détails sur les guérisons obtenues par son intercession ; par exemple, s'ils avaient connu les malades avant et après leur guérison. Le même pape refusait d'inscrire saint Antoine de Padoue au catalogue des saints, parce qu'il y avait seulement une année qu'il n'était plus, lorsqu'on eut achevé les informations sur ses vertus et ses miracles (1252) ; ce ne fut qu'après les déclarations du cardinal promoteur de la cause qu'il céda.

Dans les procès les plus activement conduits, l'on n'aboutissait qu'après plusieurs années. Blanche de Castille, Philippe, prince de Tarente, Jean, comte de Graveline, l'académie de Naples, avaient sollicité du pape Jean XXII la canonisation de saint Thomas d'Aquin en 1318 ; des cardinaux avaient été chargés de s'enquérir de la vérité des faits miraculeux ; après leur réponse favorable, l'archevêque de Naples

---

(1) Benoît XIV, *De Servorum Dei beatificatione*, lib. I, cap. VIII.
(2) Labbe, *Concil.*, t. IX, anno 993.
(3) Mabillon dit aussi : « Solemnis est hic qui nunc exponitur primus actus. » (*Acta. SS. Ordinis S. Bened.*, sæc. v.)
(4) Benoît XIV, *De servorum Dei beatific.*, lib. I, cap. VIII, n° 5.
(5) Héfélé, *Histoire des Conciles*, t. VI, p. 326.

(1) Bellarmin dit : « Quod olim licuit, modo non licet : siquidem Alexander III et postea Innocentius III, videntes abusus qui oriebantur circa sanctorum cultum, prohibuerunt ne deinceps aliquis pro sancto coli inciperet sine Romani pontificis approbatione. (*De SS. beatitudine*, lib. I, cap. VIII, n° 2.)
(2) Baronius, *Annales*, ad an. 1618, n° 29.

et Pandulphe avaient eu ordre d'interroger dans les formes prescrites les témoins des miracles. Ce n'est qu'au bout de cinq ans, lorsque l'évêque d'Albano eut dirigé une seconde enquête auprès de témoins dignes de foi, que la définition fut portée. La bulle de canonisation est du mois de septembre 1333, elle est adressée par Jean XXII aux patriarches, archevêques, évêques du monde entier. Elle contient d'abord, en abrégé, la vie du saint docteur, et le pape y enjoint de célébrer et de faire célébrer la fête de saint Thomas aux *nones* de mars, avec la dévotion convenable. C'est dans cette forme que furent données dans la suite les bulles de canonisation. L'*Ordo* romain, publié par le cardinal Cajétan, renferme la suite des prescriptions à observer dans les canonisations d'autrefois, c'est-à-dire depuis le pontificat d'Alexandre III à celui d'Urbain VIII (1180 à 1626).

Au XVIe siècle, la Réforme ayant accumulé toutes les calomnies et tous les blasphèmes contre le culte des Saints, pendant qu'elle jetait leurs cendres au vent et leurs châsses dans les flammes, le Saint-Siège trouva bon d'user d'une extrême sévérité pour en placer de nouveaux sur les autels, et pour extirper les abus introduits dans le moyen âge. Urbain VIII y mit la main par un célèbre décret du 13 mars 1625, dans lequel il défend de garder dans les chapelles ou les oratoires publics ou particuliers les images entourées d'un limbe ou des rayons lumineux, quand ceux qu'elles représentent n'ont pas été canonisés ou béatifiés par le Saint-Siège (1). Il publia, en outre, des ordonnances sur le culte rendu de temps immémorial à des saints en particulier, et en 1631 (12 mars) il défendit à tout autre qu'aux évêques de prendre l'initiative des procès de canonisation. Innocent XI envoya, le 12 mars 1642, une encyclique aux évêques du monde entier pour leur tracer la ligne à suivre dans les causes qui se présentaient. Il commençait par leur rappeler avec quelle sollicitude ils devaient produire et interroger les témoins dans une affaire de si haute importance. Il ne voulait pas que les informations générales sur la vie du serviteur de Dieu, fussent commencées avant que l'on eût la certitude de quelque vertu pratiquée à un degré éminent ou de quelque miracle éclatant. C'est l'évêque lui-même ou son vicaire général délégué par lui qui doit faire cet examen, assisté d'un maître en théologie et d'un autre gradué. Il faut que les témoins donnent au long leurs dépositions et avec toutes les explications nécessaires, qu'ils ne s'en rapportent pas à des récits faits par d'autres personnes ; et on ne devra pas leur lire ce qu'ils auraient eux-mêmes déposé ailleurs. Lorsque toutes les pièces du procès seront au complet, on les gardera en secret, après avoir fait jurer aux notaires et aux témoins de ne rien dire de ce qu'ils auront écrit ou déposé. L'évêque instruira aussitôt le Saint-Siège de tout ce qui a été fait, et il transmettra à la Sacrée Congrégation des Rites une copie authentique de toutes les informations, après y avoir apposé son sceau. Il revêtira pareillement les originaux de l'empreinte de son sceau, et les gardera aux archives de l'évêché, dans une cassette à plusieurs clefs.

(1) *De servorum Dei beatific.*, lib. II, cap. 11

Ce n'était que la reproduction du décret d'Urbain VII, du 12 mars. Innocent XI y ajouta diverses prescriptions pour interdire aux évêques de se mêler des causes de canonisation, dont le Saint-Siège était saisi, et pour interdire également l'impression de toutes les pièces avant que la cause de béatification et de canonisation soit terminée. Le promoteur de la foi est tenu d'exposer par écrit les objections qui s'élèvent dans chaque procès.

Le grand ouvrage de Benoît XIV sur les béatifications et les canonisations des saints, est comme le code qui régit la matière. Il y expose l'historique des coutumes suivies par l'Église à cet égard dans les différents siècles, les pouvoirs primitivement laissés aux évêques, les réserves apportées dans la suite par les souverains pontifes, et l'attribution à eux seuls des causes qui se présentent depuis la fin du XIIe siècle jusqu'au XVIIe, où une sévérité plus rigoureuse fut commandée par Urbain VII et Innocent XI.

On s'est efforcé de retourner contre l'Église même cette excessive sévérité ; l'on y a vu des calculs pour échapper à l'examen des contemporains, tandis que rien n'est autant recommandé dans les décrets pontificaux que les dépositions circonstanciées des témoins oculaires. S'il faut cinquante ans depuis la mort du serviteur de Dieu pour que sa canonisation puisse être définitive, ce n'est pas pour que ses vertus et ses miracles n'aient été vus de personne ; au contraire, les procès qui ont le plus de chance de succès sont ceux qui sont commencés peu de temps après la mort, car les témoins ont bien plus de poids et répondent avec bien plus de précision et de netteté aux questions qui leur sont faites.

La vérité se présente donc avec toutes les garanties désirables dans les canonisations des Saints (1).

LE DISCOURS D'ARNOUL AU CONCILE DE TOURS DE 1163
(p. 72, col. 2).

L'éloquent discours de l'évêque de Lisieux, dont Rohrbacher cite une partie, nous est resté tout entier ; il constitue un document intéressant de l'art oratoire à cette époque. Comme le grand nombre des auditeurs ne lui permettait pas de se faire entendre de tous, l'orateur communiqua son discours écrit. C'est à cette circonstance qu'on a dû de le conserver.

Dans les collections de Mansi et d'Hardouin, le discours d'Arnoul est donné en un seul tout (2), tandis que dans les éditions des œuvres d'Arnoul publiées par Giles et Migne (3), il forme deux discours prononcés à des jours différents.

---

(1) Pour tous les détails sur la procédure de la béatification et de la canonisation, voir : Januarius Trama, *Manuale theorico-praticum pro conficiandis processibus sive ordinariis sive apostolicis in causis beatificationis et canonisationis servorum Dei ex doctrina Benedicti PP. XIV et praxi. S. R. C. exceptum.* Naples, 1876, in-4.
(2) Mansi, t. XXI, p. 1167, sqq. ; Hard., t. VI, p. II, p. 1589, sqq.
(3) Migne, *Patr. lat.*, t. CCI, pp. 151 et 157.

CONCILE DE TOURS DE 1163 (p. 73, col. 2).

L'authenticité du 10° canon du Concile de Tours, rapporté en partie par Rohrbacher, a été quelquefois contestée ; il manque en effet dans la *Vita Alexandri III* (1). Néanmoins on doit plutôt le tenir pour authentique (2).

LES CROYANCES DOGMATIQUES DES ARMÉNIENS (p. 79).

En 1800, les religieux méchitaristes de Saint-Lazare ont publié en arménien, avec une version latine en regard, un opuscule qui contient des documents importants sur l'histoire dogmatique de l'Eglise arménienne (3). Ils constatent, siècle par siècle, la reconnaissance de saint Pierre, comme *pierre d'appui de toutes les Eglises* ; des successeurs de saint Pierre et de la primauté de l'Eglise romaine ; de la confession auriculaire, de l'extrême-onction, du culte des reliques des saints, de la communion des saints, des anges gardiens, du purgatoire.

Quant au dogme de la procession du Saint-Esprit, il est demeuré la matière des plus graves controverses entre les Arméniens, malgré la dissertation spéciale du P. Gabriel Avédikhian (4), un des plus savants méchitaristes de Venise. Pour élucider cette grave question, M. F. Nève a recherché ce que l'Eglise arménienne a enseigné de temps immémorial sur le Saint-Esprit, et comment s'est fait dans ses offices l'invocation de la troisième personne de la sainte Trinité ; il a donc examiné une série de chants liturgiques qui remontent tous au delà du XIII° siècle et qui sont restés communs jusqu'au nôtre aux deux communions entre lesquelles les Arméniens restent partagés.

Le lecteur pourra trouver les résultats de cet examen dans la *Revue catholique* de Louvain (5) : nous nous bornerons à en extraire le passage suivant.

D'une part, depuis le IVe siècle jusqu'au XIIIe, toute une série d'écrivains célèbres, depuis saint Grégoire l'Illuminateur (6), jusqu'à Vardan dit le Grand et Jean d'Erzingha, ont rendu témoignage au dogme de la Procession dans un langage conforme à la tradition. Ceux d'entre eux qui ne l'ont pas défini expressément en termes brefs et clairs, en ont laissé apercevoir l'affirmation sous les formes un peu prolixes de leur langage, et presque toujours ils ont eu recours à des images et des comparaisons symboliques ; la lumière, l'eau, la végétation, la parole, le rapport des lettres, soit dans l'écriture, soit dans la formation des mots, leur ont servi également à donner des éclaircissements sur le sens du mystère.

D'autre part, les anciens conciles du clergé arménien n'ont jamais prononcé de sentence contraire à la Procession. Le premier des conciles nationaux où la question fut soulevée, le second concile de Schiravagan, tenu en 862 sous le patriarche Zacharie, a indiqué d'une manière assez claire la nature de la Procession dans l'anathème porté contre ceux qui ne confesseraient pas les trois personnes de la sainte Trinité (1) : « Le Père sans principe, le Fils (issu) du Père, et le Saint-Esprit *de leur essence*, absolument égal et (d'un principe) commun. » Les mots *de leur essence*, qui se trouvent encore dans d'autres monuments théologiques (2), ne peuvent être entendus uniquement de la consubstantialité, mais conviennent à l'idée de procession.

Les deux autres conciles nationaux, où la même question fut examinée, furent tenus beaucoup plus tard dans la ville de Sis en Cilicie, l'un en 1251 sous le catholicos Constantin Ier, l'autre en 1342 sous le catholicos Méchitar. Bien qu'il ne soit pas possible d'établir aujourd'hui d'une manière définitive l'histoire de ces conciles, ils n'ont pas infirmé une doctrine que les plus instruits des Arméniens savaient être conforme à celle de leurs anciens Pères. Les membres du clergé arménien réunis à Sis en 1251, ayant pris connaissance d'une lettre du pape Innocent IV, relative à la procession du Saint-Esprit, admirent la justesse de ses réclamations, et, d'après un historien contemporain, Guiragos ou Ciracos, ils reconnurent la conformité des opinions des *Romains* avec les SS. Ecritures et les SS. Pères (3). On oppose, il est vrai, à cette version un passage de l'*Histoire universelle* de Vardan le Grand qui, d'après le texte original (4), assure que les Arméniens, aussi bien que les Grecs et les Géorgiens, n'ont pas accédé au désir du pape, voulant s'en tenir à la foi de leurs ancêtres : et cependant le docteur Jean Vanagan, qui les aurait exhortés à la résistance, est l'auteur d'un discours rapporté tout entier par Guiragos, discours qui avait pour but de faire accepter le dogme. Il s'agit après tout d'un fait qu'on parviendra sans doute à éclaircir et à fixer quelque jour. Quant au concile de Sis en 1342, son attitude est beaucoup mieux connue. Il adressa au pape Clément une réponse détaillée sur les points

---

(1) Dans Migne, *Patrol. lat.*, t. CC, p. 23.
(2) Cf. Reuter, *Alexander III*, t. I, p. 547.
(3) *Ecclesiae Armeniae, ejusdemque doctorum de S. Rom. Sedis suprema auctoritate, deque S. Petri apostolorum principis ejusque successorum Rom. Pont. primatu selecta testimonia quae S. D. N. Pio VII P. O. M. in gratiarum actionem et devotiss. observantiae argumentum ediderunt monachi Armeni O. S. Antonii abb. congreg. Michitaristarum, sub regula S. Benedicti militantes, cum idem beatiss. S. Pater singulari humanitate dignatus est splendido comitatu eorum cænobium Sancti Lazari in insula ad Venetias invisere, et monachos ad pedum oscula peramanter admittere VII Idus maii anno MDCCC.*
(4) *Dissertazione sopra la processione dello Spirito santo dal Padre e dal Figlio.* Venezia, 1824.
(5) T. XX (oct. VIIe série.)
(6) Cité par Agathangelos son historien : « Pater a semet, Filius a Patre, Spiritus ab eis, in eis. » (*Dissert.*, pp. 11-14).

(1) Avédikhian, *Dissertazione*, pp. 66-70.
(2) On lit dans la Ire Homélie de Sévère de Gabales, une doxologie finale où l'Esprit, glorifié après le Père et le Fils, est dit « procédant de leur essence » (*ex illorum essentia*). (*Homiliae Severi ex antiqua versione armena*, ed. J.B. Aucher, Venetiis, 1897, p. 16-17.)
(3) Voir les preuves qu'en a données Tchamitch, au t. III de sa grande *Histoire d'Arménie* (pp. 236 et suiv.), et le résumé qu'en a fait Avédikhian, (*Dissert.*, pp. 71-74.)
(4) Edition de M. J.-B. Emin, Moscou, 1861, in-8, p. 144. En traduisant antérieurement d'après un ms., le même passage de Vardan, M. Brosset a suivi une leçon analogue, contraire à l'assentiment du Concile. (*Eclaircissements sur l'histoire de la Géorgie*, Saint-Pétersbourg, 1851, addition XVIII, p. 299.) D'après la leçon reçue dans l'histoire de Tchamitch, Avédikhian a interprété dans un sens affirmatif le chapitre très court de Vardan, qui aura subi aisément des altérations dans les copies manuscrites. Vardan s'est du reste prononcé à cette même époque pour l'indépendance du patriarcat d'Arménie, dans un traité polémique qui s'est conservé. (Ancien fonds arménien de la Biblioth. nat. de Paris, n° 12

fort nombreux où il avait été invité à justifier l'orthodoxie des Arméniens; il soutint, en rappelant les actes de l'assemblée de 1251, que leur Eglise ne s'était jamais opposée à la Procession du Père et du Fils, qu'elle n'avait jamais refusé de la proclamer, et qu'elle le ferait d'autant mieux à l'avenir, en se trouvant unie à l'Eglise de Rome. Des pièces acquises à l'histoire témoignent de la sincérité et de l'intelligence portées alors par les prélats arméniens dans l'examen de ce point de controverse et dans tous les autres (1). Mais la polémique s'envenima peu à peu, à cause de l'animosité des chrétiens orientaux, aussi bien que des Grecs contre les Latins, dont ils redoutaient la domination politique.

Dès le XIIIᵉ siècle, et plus encore dans le XIVᵉ, les écoles de plusieurs provinces arméniennes se défendirent d'accepter le dogme tel que les catholiques le définissaient, et cela sans s'inquiéter du démenti qu'elles donnaient au sentences de leurs anciens docteurs et aux actes des récents conciles : dans les siècles suivants, leur opposition fut encore plus formelle, en ce sens qu'elles voulaient faire croire que le dogme était absolument une nouveauté, et même une invention des Latins au concile de Florence. C'est donc l'esprit de secte et l'esprit de nationalité qui ont fait mettre chez elles en oubli la tradition de la haute antiquité et l'enseignement des maîtres dont elles invoquaient d'ailleurs constamment l'autorité. Alors aussi on a pratiqué trop souvent l'altération des manuscrits et ces fraudes littéraires qui causent d'incroyables difficultés dans l'usage des sources arméniennes. Il est évident que, dans l'avenir, l'erreur elle-même doit être attaquée dans ses sources, et combattue dans ses véritables promoteurs : comme il est juste, les efforts des théologiens et des polémistes d'Occident doivent se porter sur l'argumentation spécieuse des schismatiques grecs qui ont employé à la défense de leur thèse de si nombreux traités mis au jour presque sans exception. Les dissidents arméniens d'aujourd'hui, il est permis de le croire, céderont plus facilement sur cet article de croyance, quand la science et la critique européenne auront forcé les théologiens grecs et russes à reconnaître la fausseté de leur doctrine ou plutôt l'inanité de leurs prétentions.

THOMAS BECKET, ARCHEVÊQUE DE CANTORBÉRY
(p. 88).

Les causes du conflit entre Thomas Becket et Henri II sont bien indiquées par Rohrbacher. Ce n'était en aucune façon une lutte entre la vieille nationalité anglo-saxonne, alors opprimée, et la royauté normande, ainsi que l'a prétendu M. Augustin Thierry (2). Thomas Becket était en effet Normand lui-même d'origine. Ce n'était pas non plus la lutte de l'Eglise nationale anglaise contre le droit ecclésiastique ; car ce qu'Henri II demandait c'était quelque chose de nouveau en Angleterre, c'était l'absolutisme du pouvoir royal, comme les empereurs d'Allemagne le voulaient dans le même temps, de leur côté.

L'origine du conflit vint de la prétention du roi de restreindre, sinon d'abolir le *privilegium fori*, d'après lequel les clercs n'étaient justiciables, même pour les délits civils, que des tribunaux ecclésiastiques. Mais, comme le fait observer Héfélé, le désaccord entre le primat et le roi ne concernait pas seulement ce point particulier ; il y avait entre eux une question de principe, et la lutte était entre le droit canonique et le néo-byzantinisme du droit romain, entre la liberté de l'Église et l'absolutisme de la couronne.

A l'assemblée de Westminster, Henri II fit semblant de céder; mais, sous prétexte qu'il faisait des concessions sur la question de l'immunité des clercs, il demanda comme compensation que l'on se conformât aux *consuetudines avitæ*, autrement dit aux prétendus droits traditionnels de la couronne vis-à-vis de l'Eglise. Les évêques, sur les exhortations de Thomas Becket, répondirent qu'ils ne reconnaissaient ces coutumes qu'avec cette clause *salvo ordine nostro et jure ecclesiæ*, c'est-à-dire sous la réserve du droit du clergé et de l'Église.

C'est de là que naquit cette haine d'Henri II contre son ancien chancelier, qui se changea en persécution. Rohrbacher n'a pas marqué assez nettement ces deux phases de l'origine du conflit. Il n'est pas assez précis non plus dans le récit de la réunion subséquente de Clarendon. Après que l'archevêque de Cantorbéry eût cru devoir, dans une pensée de conciliation, abandonner la clause *salvo ordine nostro*, et promettre d'observer *bona fide* les *consuetudines*, ce n'est pas lui qui demanda au roi, à ce moment-là seulement, ainsi que le dit notre historien, en quoi consistaient ces coutumes non définies, c'est le roi qui manquant de bonne foi et alléguant la nécessité de constater (*recognitio*) de nouveau quelles étaient ces coutumes souvent mises en doute jusque-là par l'Eglise, en ordonna la codification immédiate, afin de l'opposer comme un nouveau *corpus juris civilis* au droit canonique. Les diverses prétentions émises contre les droits de l'Église en des temps très différents par l'un ou l'autre des rois d'Angleterre, furent alors réunies et condensées ; ce qui n'avait été qu'un empiétement momentané et un précédent sans autorité, fut alors mis en loi afin de former à tout jamais un droit certain et incontestable.

Après lecture de la nouvelle constitution, le roi demanda à tous les évêques présents, non pas de jurer d'y être fidèles, mais de remplacer ce serment par l'apposition de leur sceau. Les documents contemporains varient sur la manière dont Thomas Becket se conduisit en cette circonstance. Tandis que ses adversaires, et même un de ses admirateurs, Guillaume Fitz Stephan, racontent que par peur de la mort et pour apaiser le roi, il avait cédé et mis son sceau, l'archevêque déclare lui-même qu'il ne l'avait jamais fait. Ses amis, ses biographes, Herbert de Boscham, Roger de Pontigny l'attestent

---

(1) Tchamitch, *Hist. de l'Arménie*, t. III, pp. 339-316]; G. Avédikhian, *Dissertazione*, pp. 74-84. Voir les pièces traduites du latin dans Mansi, *Concil.*, t. XXV, p. 1186 et suiv.
(2) *Histoire de la conquête d'Angleterre par les Normans et de ses suites, et de ses causes.* Paris, 1860.

aussi (1). Il y eut néanmoins quelque faute de sa part puisqu'il en fit aussitôt pénitence. La lettre *Etsi* adressée, le 27 février 1164, au saint confesseur de la foi par Alexandre III, fait allusion à une lettre antérieure de l'archevêque, en faveur des statuts de Clarendon (2) : « Pour obtenir plus facilement de nous ce qu'il demande, le roi m'a envoyé une de tes lettres, ô frère, et une autre de l'archevêque d'York, et il nous a demandé avec instances de confirmer les *consuetudines*, d'autant mieux que toi et les autres évêques vous avez promis, il y a quelque temps, de les observer. Nous n'avons cependant pas accordé ce qu'il nous demandait, etc. »

Ce fut probablement, comme le conjecture Héfélé, la lettre écrite en faveur des 16 articles de Clarendon, par Thomas Becket à Alexandre III, qui donna lieu à la sévère pénitence que l'archevêque s'imposa lui-même (3).

Les glorieuses luttes du saint confesseur de la foi pour la liberté de l'Eglise sont bien racontées dans Rohrbacher (4).

L'admirable caractère de Thomas Becket a trouvé des détracteurs parmi les historiens. Dans la vie d'Alexandre III, Reuter accuse l'illustre archevêque de Cantorbéry d'ambition. Tout chez lui, d'après cet historien, était l'objet d'un calcul réfléchi et procédait du désir de s'élever au plus haut degré d'honneur et de puissance. Son intelligence froide gouvernait tous les mouvements de son cœur, et l'enthousiasme qui parut l'animer parfois, n'était qu'un moyen pour mieux dissimuler ses calculs et ses plans. Il accommoda ses principes à sa situation présente, fut tour à tour mondain et ascète, selon qu'il occupait la charge de chancelier ou de primat d'Angleterre, et s'il parut un moment adopter les idées du césarisme pontifical rêvé par le roi, son maître, ce ne fut que pour mieux se faire plus tard le champion des idées opposées, c'est-à-dire d'une théocratie à la façon de Grégoire VII (1).

La vie et le martyre de saint Thomas réfutent suffisamment ce jugement tudesque. Il y eut deux parties distinctes dans la vie de Thomas Becket, celle où il fut chancelier, et celle où il fut primat. Chancelier, il servit le roi, et primat, l'Eglise. Il n'y a point là contradiction ni calcul. En changeant de condition, Thomas Becket changea aussi de manière de voir et de conduite. Sacré évêque, malgré lui, il s'éleva tout de suite à la hauteur de ses nouveaux devoirs.

Un historien anglais assez connu, M. Froude, l'apologiste de Henri VIII et le calomniateur de Marie Stuart, a renchéri de beaucoup sur les accusations de Reuter. Il fait de l'illustre chancelier et martyr un personnage odieux (2). Ses diatribes mêlées d'erreurs et d'inepties de toutes sortes, ont été relevées avec autorité en Angleterre même (3).

Il suffira de donner un exemple de la mauvaise foi de cet historien.

« Le moine Grim, dit-il, le biographe admirateur et adorateur qui assista au martyre de Thomas à Becket, trace de son administration le tableau le plus défavorable, et l'accuse même de cruauté et de férocité. Personne ne saurait énumérer, dit-il, les gens qu'il dépouilla de leurs biens et qu'il mit à mort. Accompagné d'une nombreuse suite de cavaliers, il attaquait des communautés entières, détruisant villes, bourgs, fermes et villages, et les abandonnant sans remords ni pitié aux flammes dévorantes. Un témoignage pareil jette un nouveau jour sur l'invitation qui lui fut faite plus tard de rendre compte de sa conduite comme chevalier, et il explique son refus. A cette époque, la seule vertu qu'il avait, dit Grim, c'est la chasteté. »

M. Froude cite, à l'appui, sous forme de note, l'extrait suivant du texte de Grim :

« Quantis autem necem, quantis rerum omnium proscriptionem intulerit, quis enumeret ? Valida namque stipatus militum manu civitatis aggressus est. Delevit urbes et oppida ; villas atque prædia absque miserationis intuitu voraci consumpsit incendio. »

En s'appuyant sur ce témoignage, M. Froude a voulu représenter l'archevêque de Cantorbéry comme habituellement coupable, en sa qualité de chancelier, des crimes les plus odieux. Mais il est facile de voir par le texte même de Grim, que le passage auquel se réfère M. Froude a une signification toute différente de celle qu'il voudrait lui donner, quand on le rattache à ce qui précède et à ce qui suit. La citation a été manipulée de la manière la plus perfide et d'après un système que l'on aimerait à regarder comme particulier à M. Froude. Sans transcrire ici le passage d'Edouard Grim, on peut

---

(1). S. Thom. Cant. *Opp.*, ed. Giles, t. I. p. 127, 217 ; t. VI, p. 243; t. VII, p. 125 ; Migne, *Patr. lat.*, t. CXC, p. 77, 133, 1024, 1143.
(2) S. Thom. *Opp.* t. IV; *epist.*, t. II, p. 1383. Deux biographes de Thomas Becket, Edouard Grim, et Guillaume de Cantorbéry, parlent aussi de cette lettre (dans *Opp. S. Thomæ*, t. I, p. 32; t. II, p. 10, et dans Migne, t. CXC, p. 20 et p. 239). L'assertion de ces deux biographes qui semblent reporter cette lettre au temps de la pénitence de Thomas Becket, a induit en erreur plusieurs historiens qui se sont embrouillés dans leur récits. Sans parler de l'invraisemblance du fait, la chronologie fournit un moyen sûr de s'y reconnaître. En effet la réponse du pape à la lettre de Thomas Becket est du 27 février 1164, et la pénitence du saint confesseur de la foi commença vers le 1er mars de la même année, pour durer quarante jours, car la lettre du pape qui y mit fin est datée du 1er avril et ne dut arriver qu'une dizaine de jours après. (Mansi, *l. c.*, p. 1193; Hard., *l. c.*, p. 1606).
(3) *Hist. des Conciles*, t. VII, p. 419.
(4) Pour plus de détails voir Giles, *Thomæ Cantuarensis et aliorum epistolæ, et vitæ sancti Thomæ variorum auctorum*, etc. Londres, 1845, 5 vol. (dans Migne, *Patr. lat.*, t. CXC et CXCIX), id., *The life and lettres of Thomas Becket, now first gattred from the contemporany historians*. Londres, 1846; Stolberg-Brischar, *Geschichte d. Religion. J. Chr.*, t. XLVII, Mayence, 1852, p. 89-428 ; Reuter, *Papst Alexander III*, t. 1, p. 17-80. t. II. p. 287-571, t. III, p. 101-133 ; (avec des réserves sur les appréciations) Walter Map., *Beitrage zur Geschichte Heinrich's II von England*, von G. Philipps, Vienne, 1853; Buss, *Der heilige Thomas, Erzbischof von Canterbury*. Mayence, 1856. (On y trouve une bibliographie complète à cette date des ouvrages sur l'illustre archevêque de Cantorbéry. Cf. pour la bibliographie. Reuter *Papst Alexander III*, t. I, p. 237; Zarnke *(dans Literar. Centralblatt*, 1856, n° 5); Darboy, *Histoire de Saint Thomas de Cantorbéry* d'après le R. P. A. Giles, Paris, 1858; Robertson, *Becket archbishop of Canterbury, a biography*. Londres, 1859; P. Balan, *Storia di San Thommaso di Cantorbéry, e dei suoi tempi*. Modene, 1867, 2 vol. (c'est la première histoire de Saint Thomas qui ait paru en Italie. A la fin de chaque volume se trouve un choix de documents parmi lesquels les lettres du saint archevêque, celles du pape, les constitutions de Clarendon, etc. On y trouve aussi l'hymne *Cleri gemma clare Thoma*, qu'une ancienne tradition attribue à S. Thomas d'Aquin, et que l'on chantait autrefois dans les églises d'Angleterre).

(1) Mœhler se montre également injuste envers le grand martyr d'Angleterre quand il dit : « D'autre part, il faut avouer aussi que Thomas Becket n'est pas précisément un des grands héros de l'Eglise contemporaine. Sa fermeté, nonobstant la rigueur de ses pénitences, n'était pas rehaussée par cette humilité intérieure et ces sages tempéraments dont un pasteur de l'Eglise ne doit jamais se départir. » *Hist. de l'Eglise*, t. II, p. 380.
(2) Son travail a paru dans le *Nineteenth Century*, livr. de juillet 1877.
(3) Voir la *Dublin Review* (anonyme) et la *Contemporary Review* (article de M. Freeman), mars et avril 1878.

se borner à dire : 1° que les personnes auxquelles s'applique l'expression *necem et rerum omnium proscriptionem inferre*, étaient les ennemis du roi, et que Thomas Becket, comme tout autre juge, avait le droit de les condamner à mort et à la confiscation de leurs biens ; 2° que nonobstant ce que M. Froude interprète comme des actes d'une cruauté injustifiable, le chancelier *tantam quoque gratiam adeptus est a rege et a regno universo, ut tot solum beatos reputaret opinio, qui in ejus oculis complacere et regis consiliario et cancellario obsecundare in aliquo potuissent.* Il n'est guère probable que le roi et le royaume consentissent à honorer de leurs faveurs un incendiaire, un assassin et un voleur de grands chemins ; 3° enfin, d'après tout ce que l'on sait de l'histoire de Thomas Becket pendant qu'il remplissait les fonctions de chancelier, on est en mesure d'affirmer que le fameux passage d'Edouard Grim se rapporte, non pas à la conduite de l'archevêque en Angleterre, mais à ses actes en France, et cette opinion est singulièrement confirmée par le témoignage de Garnier de Pont-Sainte-Maxence. Edouard Grim regrette que Thomas ait cédé à la tentation d'oublier son caractère ecclésiastique pour prendre le rôle du soldat ; le blâme peut être juste, mais il n'est pas fondé sur les raisons mises en avant par M. Froude.

Comme chancelier d'Angleterre seulement, Thomas Becket, on peut le dire, s'est déjà illustré. Grâce à lui des réformes importantes eurent lieu dans le gouvernement du royaume ; par l'établissement du *scutage*, il porta un coup nécessaire au système féodal ; enfin, l'administration de la justice se ressentit de son initiative éclairée.

M. Freeman, qui a pris M. Froude à partie dans la *Contemporary Review*, établit ces faits d'après des documents qu'il n'est pas possible de révoquer en doute, et son témoignage est d'autant plus précieux qu'il vient d'un anglican.

L'INQUISITION (p. 109).

Le mot *inquisition*, pris dans son sens primitif, dit M. de l'Epinois (1), désigne un système de procédure introduit dans le droit ecclésiastique et civil ; plus tard, ce mot désigna les tribunaux chargés, au XIIIᵉ siècle, d'appliquer cette procédure à la recherche des actes d'hérésie, actes qualifiés crimes par la société d'alors.

La procédure d'enquête (*inquisitio*) repose sur le témoignage ; or tous les criminalistes et historiens jurisconsultes ont loué le droit canonique d'avoir ramené à sa véritable valeur la preuve testimoniale en la régularisant, et personne n'a reproché à cet élément de preuves, qui fait encore le fondement de notre procédure, d'être *moins loyal* que celui du fer rouge ou de l'eau bouillante. L'enquête par commission remplaça les gages de bataille, et l'Eglise, en adoptant la preuve testimoniale, fit rentrer la justice dans la véritable voie, celle qui conduit à la vérité matérielle. Voilà le progrès accompli par la procédure d'inquisition (1) ; cette procédure adopta d'ailleurs les formes de la procédure romaine, les principes du droit romain.

L'emprisonnement était la peine adoptée par l'Église. M. Guizot dit à ce sujet (2) : « Il y a dans les institutions de l'Eglise un fait en général trop peu remarqué, c'est son système pénitencier, système d'autant plus curieux à étudier aujourd'hui qu'il est, quant aux principes et aux applications du droit général, presque complètement d'accord avec les idées de la philosophie moderne. »

La procédure de l'Inquisition ne fut peut-être pas toujours irréprochable ici-bas ; mais son adoption au XIIIᵉ siècle constitue une amélioration, fut un progrès sur les temps antérieurs, et cela suffit pour la justifier aux yeux de l'histoire. « Lorsqu'il s'agit de juger une institution, fait observer avec raison M. Pardessus, c'est d'après le bien ou le mal qu'elle a fait à l'époque et dans la situation où elle s'est produite, qu'il faut l'apprécier (3). »

Quant à la raison qui a fait établir des tribunaux pour punir les actes d'hérésie, elle est naturelle, étant donnés les rapports de l'Église et de l'Etat au moyen-âge. En ce temps-là, l'empereur Frédéric II lui-même, prince très peu religieux, édictait les lois les plus dures contre les hérétiques : prison perpétuelle, mort, etc. « Les hérétiques, disaient les légistes, doivent être punis plus sévèrement que les criminels de lèse-majesté, car ils pèchent à la fois contre Dieu, contre leurs semblables et contre eux-mêmes (4) ». Telle était l'opinion du pouvoir laïque, telles étaient les règles suivies par les tribunaux laïques ; il faut se les rappeler pour juger équitablement les actes des tribunaux ecclésiastiques.

Quant à l'application qui a été faite de la procédure inquisitoriale dans les tribunaux ecclésiastiques, on peut ne pas tout approuver, ni tout excuser, mais il faut au moins ne rien exagérer non plus.

Le docte éditeur de l'*Inventaire* inédit concernant les archives de l'Inquisition de Carcassonne, M. Germain, a justement écrit : « En relatant d'une manière parfois minutieuse les incidents de la procédure, le document montre avec quelle lenteur et quelle maturité se comportait cette justice inquisitoriale prétendue si expéditive (5) ». Parle-t-on de la question ? Mais la question, la torture dont l'usage devint général, fut un legs de la double procédure romaine et germanique fait au monde moderne elle ne vint pas du droit canonique (6). Lorsqu'à la suite des études sur le droit romain on admit la

---

(1) « La supériorité, dit M. Faustin Hélie, dans son *Traité de l'Instruction criminelle*, t. I, p. 408, était évidemment du côté des justices ecclésiastiques. » Le savant M. Pardessus, dans un mémoire sur le droit coutumier (*Mém. de l'Académie des Inscript.*, t. X, p. 666 et suiv.), fait l'éloge de cette procédure qui, dit-il, est encore la base de toutes celles qu'on suit dans les tribunaux modernes, p. 697 et 698.
(2) *Hist. de la Civilisat.*, VIᵉ leçon.
(3) *Recueil des ordonnances des rois de France*, t. XXI, préface : *de l'administration de la justice en France*.
(4) Pertz, *Mon. Germ.* (*Leg.*), t. II, p. 285.
(5) *Inventaire*, etc., p. 24, publié en 1856, réimprimé dans le tome II des *Mélanges académiques d'histoire et d'archéologie*, par M. A. Germain, 3 vol. in-4, Montpellier, 1868.
(6) Ce sont les royaux, très enclins à appliquer le droit romain, qui furent les premiers à employer la question. Cf. M. Faustin Hélie, *Traité de l'instruction criminelle*, t. I, p. 544; M. d'Espinay, dans la *Revue de législation*

question, l'Eglise la repoussa d'abord, puis en limita l'usage, comme précédemment elle avait repoussé et limité l'usage des ordalies. Les tribunaux ecclésiastiques adoptèrent la question; mais si ces supplices sont aussi contraires aux règles de l'humanité qu'aux véritables besoins de la répression sociale, tous les tribunaux qui l'ont employée doivent encourir le même reproche.

La rigueur des peines envers les hérétiques, fait observer Mœhler (1), dépend évidemment de la rigueur des lois pénales admises par la société de ce temps. M. Germain dit très bien : « Les inquisiteurs préféraient la miséricorde au sacrifice (2). » En dehors de la question philosophique, et historiquement parlant, on ne doit pas être plus reçu à blâmer l'inquisition, à cause des rigueurs de sa justice pareilles aux rigueurs de la justice civile, qu'on ne saurait être reçu à reprocher, par exemple, aux tribunaux du XIXᵉ siècle, l'usage de la détention préventive, de la mort civile, etc., prescriptions légales dont l'opinion a réclamé la suppression, et qui dans cinquante ou cent ans paraîtront peut-être d'une iniquité révoltante.

Il faut blâmer partout les abus, et on peut le faire d'autant plus librement que l'Eglise n'est nullement engagée dans le débat. Tant qu'elle vivra, dans le temps, elle pourra, dans ses rapports avec les hommes et les choses, en subir la corruption. Ce sera un malheur assurément, mais un malheur dont elle n'est point seule responsable. Personne ne peut demander à qui que ce soit d'avoir plus de lumière et de sagesse que les plus intelligents de ses contemporains. « Quel tribunal, quelle réunion de juges, écrit M. Germain, n'a jamais rien eu à se reprocher (3) ? »

Quant à l'origine de l'inquisition, voici ce qu'en dit Gams : « On peut trouver les commencements de l'inquisition dans le décret de Lucius III, rendu de concert avec l'empereur Frédéric Iᵉʳ (1184) au concile de Vérone, contre les cathares, les patavins, les humiliants ou pauvres de Lyon, les passagiens, les joséphins, les arnoldistes (4). Après la guerre des Albigeois, le concile de Montpellier (1215) prit des mesures plus précises (5). Le canon III du quatrième concile de Latran organisa ensuite l'inquisition espagnole d'une manière plus exacte (6). D'autres mesures furent prises par le concile de Narbonne en 1227. Louis VIII, mort (1226), une nouvelle guerre des Albigeois éclata, qui fut définitivement terminée par la paix de Paris (12 avril 1229). Raymond VIII, de Toulouse, se soumit sans condition; il devint vassal du roi de France et perdit les deux tiers de ses terres. Comme gage de la paix, sa fille épousa Alphonse, frère de Louis IX. Louis IX se chargea de purger d'hérétiques la France méridionale par les voies de l'inquisition.

« Frédéric II, lors de son couronnement à Rome (22 novembre 1220), avait rendu un édit où tous les cathares étaient déclarés infâmes, mis au ban de l'empire, frustrés de leurs biens; tous les magistrats devaient jurer qu'ils expulseraient les hérétiques. Ces décrets furent renouvelés à Ravenne (nov. 1231). Dans un autre édit, il prenait les dominicains sous sa particulière protection, comme *inquisiteurs de la corruption hérétique* (inquisitores hæreticæ pravitatis) pour toute l'Allemagne. » Il reconnaissait comme un devoir sacré de poursuivre *vipereos perfidiæ filios*, et de ne pas laisser vivre plus longtemps ces pervers. Tous ceux qui sont condamnés par l'Eglise et livrés au bras séculier doivent mourir par le feu, et s'ils veulent faire pénitence, par crainte de la mort, ils seront condamnés à une prison perpétuelle (1).

« Vers le même temps, Grégoire IX confia l'inquisition du midi de la France aux dominicains. Innocent IV les maintint dans cette charge par un bref du 10 juillet 1243. Le concile de Narbonne (juillet 1243), traça une règle précise aux inquisiteurs; il leur était interdit d'imposer des peines pécuniaires, de condamner sans preuve évidente ou sans l'aveu du coupable (2). »

L'inquisition établie en Allemagne, par Frédéric II, disparut avec Conrad de Marbourg, tué en 1233; il ne subsista qu'une espèce d'inquisition, moitié religieuse, moitié politique, au sujet des sorciers, et reçue dans les pays protestants comme dans les pays catholiques (3).

On distingue souvent l'inquisition espagnole de l'inquisition romaine établie en Italie, en France et en Allemagne (4). La première est un établissement politique et non ecclésiastique, né de circonstances historiques particulières à l'Espagne qui avait à défendre à l'intérieur sa nationalité et son unité contre les Juifs et les Maures à la fois. Le rôle de la papauté fut d'en modérer l'action.

LE ROI HENRI II RECONNAIT LA SUZERAINETÉ DU PAPE SUR L'ANGLETERRE ET L'IRLANDE (p. 113).

Le pape Adrien IV avait accordé au roi Henri II la possession héréditaire de l'Irlande, qui avait été offerte au Saint-Siège, ainsi que toutes les autres îles, par la donation de Constantin. Quand ce prince y débarqua pour la soumettre, il vit venir à lui tous les principaux personnages de l'ordre civil et ecclésiastique, et, au bout de quatorze jours, il avait reçu sans difficulté leurs protestations de fidélité. Les historiens n'ont pas eu de peine à reconnaître qu'il avait prêté l'hommage de vassalité au souverain Pontife pour la possession de cette île; mais

---

(1) *Hist. de l'Eglise*, t. II, p. 580.
(2) *Inventaire*, etc., p. 7. — M. Albert du Boys (*Correspondant*, 25 avril 1857) a dit avec raison que les rigueurs de la procédure et de la pénalité usitées dans l'Inquisition du XIIIᵉ siècle, furent plus tard aggravées sous l'influence des lois civiles. On n'a, dit-il, qu'à comparer à ce sujet le *Directorium* d'Eymeric (1360) avec le commentaire de Pegna en 1586.
(3) *Une consultation inquisitoriale au XIVᵉ siècle*, p. 7.
(4) Voir *Corp. jur. can.*, c. 9, X, *De hæreticis*, V, 7.
(5) Cf. Hurter, *o. e.*, t. II, p. 587, et Brischar., *o. c.*, t. VI, p. 420.
(6) *Corp. jur. can.*, c. 13, X, *De hæreticis*, V, 7.

(1) Pertz., *Mon. (Leg.)*, t. II, p. 285.
(2) Voir Mœhler, *Hist. de l'Egl.*, t. 11, p. 578.
(3) J.-T. Biener, *Beitræge zur Geschichte des inquisitions processes.* Leipzig, 1827.
(4) Llorente, *Histoire critique de l'Inquisition d'Espagne*, Paris, 1817 (il y a beaucoup de réserves à faire sur cet ouvrage); J. de Maistre, *Lettre à un gentilhomme russe sur l'inquisition espagnole*, Lyon, 1837; Héfelé, *Der cardinal Ximénès*, 2ᵉ édit., Tubingue, 1852 (traduit par Ch. Sainte-Foy). M. l'abbé J. Morel conteste avec force cette distinction entre les deux inquisitions romaine et espagnole (voir *Lettre sur l'inquisition* dans *Somme contre le catholicisme libéral*, Paris, 1876, t. 1, pp. 85-188.)

quelques-uns ont hésité à croire qu'il en ait fait autant pour son royaume d'Angleterre. La violence de son caractère, les susceptibilités jalouses dont il avait fait preuve à l'égard de saint Thomas Becket, excitaient naturellement la défiance au sujet du serment qu'il prononça devant les deux légats du pape Alexandre III, dans la ville d'Avranches, le 22 mai 1172. Il y déclarait sa vassalité en ces termes : « Moi et le roi, mon fils aîné, nous jurons « que nous recevrons et tiendrons le royaume d'An-« gleterre du seigneur pape Alexandre et de ses « successeurs catholiques, et que nous et nos suc-« cesseurs à perpétuité nous ne nous réputerons « rois d'Angleterre qu'autant qu'ils nous tiendront « rois catholiques (1). »

C'était rendre l'Angleterre un véritable fief du pape. Toutefois telle n'était pas l'intention d'Alexandre III ; le procès-verbal de l'absolution donnée par les légats ne contient rien à cet égard, quoique les autres points sur lesquels Henri donne pleine satisfaction s'y trouvent énumérés. C'est ce qui a fait considérer comme apocryphe cette partie de la déclaration du roi, telle que l'a rapportée Baronius. Mais lui-même la renouvela au printemps de l'année 1173 ; la guerre civile ayant éclaté entre lui et son fils aîné, Henri III, à qui il refusait toute participation dans le gouvernement du royaume, tous deux s'adressèrent au Saint-Siège, pour avoir une réponse favorable à leur cause. C'est alors qu'Henri II affirma encore la suzeraineté du pape sur l'Angleterre. Qu'il y attachât plus ou moins d'importance, ou qu'il n'y vît qu'une simple politesse envers l'autorité spirituelle du vicaire de Jésus-Christ, cela n'empêcha pas son acte de déférence d'avoir été fait en bonne forme. Il ne s'agissait nullement pour le roi d'une dépendance absolue de la puissance temporelle du pape, comme Pauli s'efforce bien inutilement de le démontrer, en cherchant à amoindrir le sens de la formule de serment du roi, telle que la donne Baronius (2) ; il est incontestable, en effet, qu'elle a trait uniquement à la suzeraineté souveraine du pays. Son titre de roi catholique était le grand lien qu'Henri invoquait pour se rattacher au chef de la religion catholique et pour se dire son vassal. Aux yeux de ses sujets d'Angleterre, qui avaient été si vivement blessés des persécutions dirigées contre saint Thomas Becket et de sa mort violente sous les pieds des soldats, c'était faire un acte de profonde soumission à Dieu et à l'Église, et travailler à effacer une tache qu'il sentait empreinte sur son front.

BÉGUINES (p. 120).

Les Béguines sont des femmes, filles ou veuves, menant la vie commune, portant un habit gris-blanc et un voile blanc sur la tête, vivant sous une règle, mais sans faire aucun vœu. Elles furent répandues principalement en Belgique et dans les Pays-Bas. Les uns font remonter leur origine à Pierre le Bègue, qui vivait à Liège vers l'an 1173 (1) ; les autres à la princesse Beggue, fille de Pépin de Landen et sœur de sainte Gertrude, morte en 697 (2). Chaque maison a une supérieure à qui toutes les sœurs doivent obéissance ; elles promettent de vivre dans la chasteté tant qu'elles resteront dans la maison et de suivre quelques autres pratiques de dévotion. Quoique dispersées pour la plupart par l'invasion française de 1794, il en existe encore plusieurs maisons en Belgique, entre autres celle de Gand, qui compte deux béguinages renfermant environ quinze cents béguines consacrées au service des différents hôpitaux et à l'instruction gratuite des petites filles.

L'ÉPISCOPAT ET LE CLERGÉ AU XIIᵉ SIÈCLE (p. 141).

Dans son *Manuel d'histoire générale de l'Église* (3), le cardinal Hergenröther donne, sur l'épiscopat et le clergé un aperçu qui complète ici Rohrbacher et fait voir l'état général de l'Église.

Durant cette époque, dit l'éminent historien, les canons adoptés par plusieurs conciles, depuis Grégoire VII, relativement aux évêques et aux prêtres, furent plus rigoureusement observés qu'auparavant. L'incontinence surtout fut réprimée avec sévérité. L'exemple des papes, tous d'une vertu éminente, fit surgir une foule d'évêques remarquables par la sainteté de leur vie; tels furent : Guillaume de Rouen et Guillaume de Bourges, Otton de Bamber, Bernard de Hildegheim, Norbert de Magdebourg, Engelbert de Pologne, Anselme, Thomas et Edmond de Cantorbéry, Malachie d'Irlande, Pierre de Tarantaise, Amédée de Lausanne, Guillaume de Saint-Brienc, Pierre de Moustier, Hugues de Lincoln. Quelques prélats, il est vrai, faisaient ombre dans ce tableau consolant ; mais le soin que Rome prenait de choisir des prélats pieux et instruits, restreignait le nombre des sujets peu dignes des fonctions épiscopales. Aussi arrivait-il souvent que des choix inconséquents étaient annulés, et que des évêques indignes étaient obligés de quitter leur siège. Parfois les désirs des princes étaient pris en considération dans les promotions; bien plus souvent ils étaient virtuellement repoussés. Cette partie de l'administration de l'Eglise fut réglée d'une manière fort salutaire par Grégoire X en 1274 à Lyon : le luxe et la dépense des visites épiscopales y furent supprimés, ce qui allégea de beaucoup les charges des communautés.

Les évêques administraient leurs diocèses, de concert avec les chapitres, qui avaient généralement le droit d'élire leur prélat. Les papes et les évêques firent de nombreux efforts pour introduire la vie commune dans les chapitres, mais ils n'eurent pas grand succès : les chanoines séculiers continuèrent à exister en même temps que les réguliers. Les premiers formaient une sorte de corporations, qui administraient leurs biens en commun, limitaient

---

(1) Baronius, *Annales*, ad an, 1172, nº 5.
(2) *Histoire d'Angleterre*, t. III, p. 103.

(1) Berault-Bercastal. *Hist.* t. XII, p. 151; Moreri, Fleury, *Hist.*, liv. V, nº 52 ; Le Mayeur. *Gloire belg.*, t. II, p. 532.
(2) *Acta SS. Belgii*, auctore P. Smet, t. V, p. 99.
(3) T. I, p. 842 et suiv., *Die Bischöfe, ihr Clerus und die geistlichen Orden*.

le nombre de leurs membres, déterminaient les conditions d'admission : c'est ainsi qu'en Allemagne ils exigeaient une extraction noble et même un certain nombre de quartiers de noblesse. C'est ce qui donna lieu à Grégoire IX de blâmer le chapitre de Strasbourg et de lui faire observer que la noblesse des vertus était plus agréable à Dieu que la noblesse de naissance.

On se permettait aussi à cette époque de réunir en une seule personne plusieurs bénéfices ecclésiastiques et d'en faire remplir les obligations par des vicaires (conductitii). Cet abus formellement contraire aux prescriptions de l'Église, fut vivement combattu par les papes qui prirent les plus sages dispositions pour l'extirper.

Les principales dignités chapitrales étaient celles de prévôt et de doyen : cette dernière seule était connue en France. Quelques chapitres avaient aussi un primicier, un trésorier et un chantre. Les anciens archidiacres avaient considérablement étendu leur juridiction et ils en abusaient au point de soulever contre eux l'évêque, le chapitre et les fidèles. Pour combattre cet abus, les fonctions des archidiacres furent restreintes et soumises à la surveillance épiscopale; on ordonna même qu'elles ne seraient plus viagères.

Les qualités requises des membres du clergé, les devoirs qui leur étaient imposés, étaient minutieusement réglés. Le curé devait avoir 25 ans, l'évêque 30 : naissance légitime, science, vertu, étaient des conditions indispensables. Les bénéfices de leurs fonctions devaient faire retour à l'Église.

Depuis les croisades, les biens des églises s'étaient considérablement accrus, et celles les avaient consacrés à la fondation d'écoles et d'établissements charitables pour le soulagement des pauvres; ceux-ci, du reste, étaient également l'objet de la sollicitude des ordres religieux et de confraternités formées par les fidèles.

Ce noble et religieux emploi de biens justement acquis ne préserva pas l'Église de la haine et de l'envie. Ses richesses excitèrent la cupidité de l'autorité civile, qui chercha à les restreindre et même à interdire aux églises la possession de biens immobiliers, comme on en vit en plusieurs villes d'Italie. Cette tendance, jointe aux difficultés que faisait naître le système féodal, donna lieu aux luttes les plus déplorables qui, continuées jusqu'à nos jours, ont abouti aux spoliations que chacun connaît.

ONZIÈME CONCILE GÉNÉRAL, TROISIÈME DE LATRAN (p. 144).

On ne possède que peu de renseignements sur ce concile. Guillaume de Tyr qui y assistait dit dans son *Histoire des croisades* (ch. XVI) : « Celui qui voudra connaître les décisions de ce concile, le nom, le nombre et le titre des évêques, n'aura qu'à lire l'écrit que j'ai composé à la demande des membres du Synode et qui est déposé dans les archives de notre église à Tyr. » Cet écrit est aujourd'hui perdu. On ne connaît donc pas les débats du concile; on sait seulement que dans la troisième et dernière session, il promulgua 27 décrets ou *capitula* que Rohrbacher résume d'après les collections (1).

Quelques auteurs ont supposé que les Vaudois étaient au nombre des hérétiques énumérés dans le 27e canon, en s'appuyant sur le passage suivant du chroniqueur contemporain anglais Walter Mappes : *vidimus in concilio Romano sub Alexandro III, celebrato, Valdesios... a primate ipsorum Valde dictos,* etc. (2). Mais, comme l'a prouvé M. Dieckhoff, ces mots *sub Alexandro III celebrato* sont une interpolation, ou à leur place il faut lire *Innocentio III,* car : 1° le récit de Walter Mappes est, pour le fond et pour la forme, identique à ce que raconte la chronique d'Usperg à l'année 1212, et, 2°, un autre contemporain, Etienne de Borbone, dit expressément que les Vaudois étaient venus au concile *quod fuerit Romœ ante Lateranense,* c'est-à-dire au quatrième concile de Latran. Il résulte de là que ce qui est rapporté sur les Vaudois par Walter Mappes, s'applique non au troisième concile de Latran de 1179, mais à un synode romain de 1210.

Héfélé démontre contre Baronius et d'autres historiens, qu'il ne faut pas comprendre parmi les actes du troisième concile de Latran la lettre adressée par le pape à Guillaume archevêque de Sens, pour l'inviter à tenir avec ses suffragants un synode à Paris, afin d'y censurer la proposition de Pierre Lombard : *Christus secundum quod est homo, non est aliquid.* Cette lettre est incontestablement d'une époque antérieure (3).

JEAN DE SALISBURY, ÉVÊQUE DE CHARTRES (p. 149).

Jean de Salisbury, disciple de Bernard de Chartres, un des plus illustres docteurs du XIIe siècle (4), et de Pierre de Celles, abbé de Saint-Remy de Reims, fut à son tour le maître du célèbre Pierre de Blois. Jean de Salisbury est un des caractères remarquables de son époque. Sa science et ses vertus lui acquirent toute la confiance du pape Adrien IV et de Henri II, roi d'Angleterre. Il avait courageusement confessé la foi, en partageant l'exil et les souffrances de saint Thomas de Cantorbéry. Elevé au siége épiscopal de Chartres, il gouverna son diocèse avec un zèle et une prudence vraiment admirables. On le vit figurer avec éclat au concile général de Latran, tenu par le pape Alexandre I, en 1179. Il mourut l'année suivante, laissant une *Vie de saint Thomas de Cantorbéry* et plusieurs autres ouvrages, parmi lesquels sa *Métalogique,* sa *Polycratique* et un recueil de lettres (5). On peut consulter à son sujet M. de Pastoret, dans l'*Histoire littéraire de la France,* t. XIV, p. 112 (6).

(1) Voir Mansi, t. XXII, p. 213, 231, 239, 242, 458; Hard., t. VI, p. 1691; Pagi, *ad an.* 1179, 1, 2, 3, 5; Jaffé, *Regesta,* p. 783.
(2) Diechkoff, *Die Waldenser.* 1851, p. 182 et 343 sqq.
(3) *Hist. des Conciles,* t. VII, p. 512.
(4) B. Hauréau, *Bernard et Thierry de Chartres,* Paris, 1872.
(5) La meilleure édition des œuvres de Jean de Salisbury est celle de J.-A. Giles., *Joan. Salisb. Opera omnia,* Oxoue, 1848, 5 vol. in-8° (dans Migne, *Patrol. lat.,* t. CXCIX, pp. 1-1040).
(6) Voir encore Herm. Reutter, *Joannes von Salisbury. Zur Geschichte der christlichen Wissenschaft im zwælften Jahrhundert,* Berlin, 1842; C. Schaarschmidt, *Joannes Salesberiensis, nach Leben und Studien, Schriften Philosophie.* Leipzig, 1862.

PRINCIPES JUDAIQUES (p. 163).

Les juifs étaient divisés en deux sectes principales : les caraïtes et les talmudistes ou rabbiniques. Les premiers s'en tenaient exclusivement à la lettre de la Bible ; ils s'étaient répandus en Orient, d'où ils passèrent en Russie, en Gallicie, en Pologne. La seconde secte suivait, comme l'indique le nom de ses partisans, les maximes du Talmud et les rêveries des rabbins : les juifs occidentaux étaient talmudistes.

L'excellence des doctrines talmudiques est hautement prônée par les juifs : il en est même qui placent cette loi orale au-dessus de la loi écrite, l'Écriture sainte. Maimonides, célèbre rabbin juif qui mourut en 1205, défendit vigoureusement l'autorité du Talmud, dont il donna un abrégé sous le titre de *Jad Chazakah*, ou la *Main Forte*. Les paroles de ce savant scribe étaient des oracles, et rien ne lui était comparable à en croire ce dicton : « Depuis Moïse (qui reçut la loi sur le Sinaï) jusqu'à Moïse (Maimonides), il n'y a pas d'homme semblable à Moïse. »

Chez les juifs, la valeur dogmatique du Talmud et des écrits des rabbins égale au moins celle de la sainte Ecriture.

Les docteurs juifs appellent *goïms* toutes les nations de la terre qui ne sont pas juives, et par conséquent les chrétiens ; c'est le *barbarus* des Romains.

« Personne n'est obligé de tirer les *goïms* d'un puits, ou d'un autre endroit où leur vie est en danger, lors même qu'on offrirait une récompense (1). »

« Les *goïms* et un pasteur du petit troupeau ne doivent pas être retirés du précipice. »

« Les *goïms*, dit Salomon Jarchi, un des plus célèbres docteurs talmudistes, et les pasteurs du petit troupeau, comme aussi les voleurs, qui sont comme des *goïms*, ne doivent pas être retirés des précipices, lorsqu'ils y sont tombés, mais on les y abandonne afin qu'ils y meurent (2) ; car tous les gentils sont des enfants impurs et méritent d'être détruits (3). »

Ailleurs les *goïms* deviennent des idolâtres, dont Maimonides défend aux juifs d'avoir pitié (4), et au sujet desquels le traité talmudique Sophérim dit en deux mots : « Tuez le plus juste d'entre eux (5). »

Les paroles du Décalogue : Vous ne tuerez pas, dit Lévi ben Gersom, signifient : Vous ne tuerez pas parmi les Israélites, car il vous est permis de tuer les animaux (6).

Quels sont ces animaux ? Le diable, nous apprend l'*Emek hammalich*, et les nations du monde sont comptées parmi les brutes (7) ; et, pour ne laisser aucun doute, le *Bava mezia* ajoute que les juifs seuls seront appelés hommes, mais que les autres peuples ne seront pas appelés hommes, mais brutes (8).

(1) R. Jacob, dans *Edzardus*, p. 271.
(2) Eisenmenger, *Avoda Zara*, t. II, p. 190.
(3) Rabbi Bachaï, Comment. sur les 5 livr. de Moïse, fol. 136, col. 4, dans la *Parascha Mezora*.
(4) *Jad Chazaka*, tit. *Hilchoth Achum*, Ire part., c. x, n° 1, fol. 4, col. 1.
(5) Edzardus, t. II, p. 215 ; Basnage, p. 19, t. VII, vol. II.
(6) Comment. sur le *Pentat.*, fol. 77, col. 4, dans le *Vaischma Jethro*.
(7) Ensenmenger, t. I, p. 594.
(8) Eisenm., Fol. 114, col. 2, *Jalkut Rubeni*, t. I, p. 595.

Le meurtre des brutes, au premier rang desquelles le Talmud met naturellement les chrétiens (1), était une obligation de conscience pour les juifs, car « lorsqu'on délivre un infidèle, lit-on dans le *Tosephas*, il se trouve qu'on conserve un homme à l'idolâtrie (2). »

Et Eisenmenger rapporte les aveux de plusieurs juifs convertis, qui ont déclaré que, pour empêcher la propagation de ceux que les juifs appelaient idolâtres, la synagogue massacrait des enfants volés ou achetés (3).

Parmi les *goïms*, les chrétiens sont spécialement désignés sous le nom de *minins*, hérétiques (4), au rang desquels Maimonides met ceux qui prétendent que Dieu a pris un corps et qui adorent, outre le Seigneur, un médiateur entre lui et nous, c'est-à-dire Jésus-Christ (5).

R. Jacob pose ce principe bien clair :

« Quant aux hérétiques et aux traîtres, aux apostats et aux épicuriens, il faut les précipiter de sa main dans les puits, ou dans l'endroit où leur vie est en danger. »

Et les notes marginales du Talmud portent :

« On peut dire que le précepte des gémaristes, de précipiter les hérétiques et apostats dans un puits (6), doit s'entendre du temps où nous sommes les plus forts ; et celui de ne point les en retirer concerne le temps où d'autres dominent (7). »

Les juifs maudissent aussi les chrétiens sous le nom de Cuttéens.

« Il est défendu, dit Maimonides, de sauver les cuttéens lorsqu'ils sont sur le point de mourir. Ainsi, lorsqu'on en voit un près de se noyer dans la mer, on se gardera bien de l'en retirer (8) ; » et ailleurs :

« Un Israélite qui a tué un étranger habitant parmi nous, ne peut en aucune manière être condamné à mort. Il est inutile de dire qu'il ne doit pas être mis à mort à cause d'un cuttéen (9). »

Les Israélites étaient intimement persuadés que celui qui répand le sang des impies fait une action aussi bonne que s'il offrait un sacrifice à Dieu (10). Et les impurs, les impies ne sont autres que les chrétiens, qu'il faut tuer à tout prix (11).

La fureur des juifs était extrême contre ceux qui désertaient la synagogue. C'est une maxime attribuée à Maimonides, qu'on doit poursuivre jusqu'aux enfers ceux qui abandonnent la loi. Cette fureur s'est manifestée à diverses époques par des vengeances cruelles:

Lorsqu'en 1862, un certain Baruch Lévi, juif

(1) *Avoda Zara*, fol. 20, col. 1, livr. Beer, haggola, fol. 44, col. 2.
(2) Tom. II, p. 225.
(3) *Riti e costumi degli Ebrei confutati*, in Dissertazione apologitica sul martirio di beato Simone da Trento nell' anno MCCCCLXXV dagli Ebrei ucciso, Trente, 1747, p. 19 ; *Talm. Ord. I*, tract. 8, in *Bibliotheca sacra*, Paris, 1610, p. 124. Ce dernier ouvrage est de Sixte de Sienne, juif converti qui entra dans l'ordre de Saint-Dominique : il était très-versé dans les antiquités hébraïques.
(4) Edzardus, p. 255 et 260 ; Eisenmenger, t. I, p. 691.
(5) Edzardus, p. 253.
(6) Notes de G.-E. Edzardus, sur le traité talmudique *Avoda Zara*, Hambourg, 1710, p. 271.
(7) *Talm. Ord. IV*, tract. 8, in *Biblioth. sacr.*, p. 124.
(8) *Jad. Chazaka*, c. IV, n° 11, fol. 49, col. 2.
(9) Eisenmenger, *Jad Chazaka*, t. II, p. 214.
(10) *Jalkut Schimoni*, fol. 245, col. 3, n° 772 ; *Bammidar rabba*, fol. 229, col. 3, au 21e parascha.
(11) *Talm. Ord. IV*, tract. 4 et 9, in *Bibl. sacr.* p. 214.

de Hayenau, fit sommer juridiquement le curé de Saint-Sulpice de le baptiser, il disait dans sa supplique à l'archevêque de Paris : « Si je réjoins les juifs, je suis sûr d'être empoisonné (1). »

Le peuple déicide porte le délire jusqu'à justifier ces maximes atroces par l'Ecriture sainte : « Dieu, dit R. Raf, a donné le sang de toutes les nations et leurs biens aux Israélites. Il a donné leur sang, comme il est écrit : Vous n'épargnerez personne. Il leur a donné leurs biens, comme il est écrit : Vous vous nourrirez des dépouilles de vos ennemis (2). »

Le juif égaré croyait donc pouvoir impunément disposer de la vie, et à plus forte raison des biens et des peuples non juifs, et le meurtre et l'usure à leur égard étaient de précepte.

L'usure judaïque n'a pas disparu avec le moyen âge ; elle est restée vivace en Alsace jusqu'à des temps très rapprochés de nous. L'auteur de l'*Essai sur la régénération des juifs*, qui s'est constitué leur défenseur sur la fin du siècle dernier, s'indigne, à bon droit, de la conduite des Israélites, et s'écrie :

« Habitants infortunés du Sundgau ! répondez, si vous en avez encore la force ; cet effrayant tableau n'est-il pas celui de l'état auquel plusieurs juifs vous ont réduits ? Votre contrée jadis fertile et qui enrichissait vos pères, produit à peine un pain grossier à une foule de leurs neveux, et des créanciers aussi impitoyables que fripons vous disputent encore le prix de vos sueurs. Avec quoi les cultiverez-vous désormais ces champs, dont vous n'avez plus qu'une jouissance précaire ? Vos bestiaux, vos instruments d'agriculture ont été vendus pour assouvir des vipères, pour acquitter seulement une partie des dettes usuraires accumulées sur vos têtes. Ne pouvant plus solliciter la fécondité de la terre, vous êtes réduits à maudire vos femmes et vos enfants. On ne vous a laissé que des bras desséchés par la douleur et la faim, et s'il vous reste encore des haillons pour attester votre misère et les baigner de vos larmes, c'est que le juif usuraire a dédaigné de vous les arracher. »

On voit, — continue Bail, après avoir rapporté ce passage, — par un tableau mis sous les yeux du Ministre de l'Intérieur, et cité dans le discours de M. Portalis, le 3 avril 1802, qu'à cette époque la situation des cultivateurs alsaciens, relativement aux juifs, n'avait pas changé.

En 1808, le mal est encore aggravé : le gouvernement est obligé d'en venir à des mesures coercitives. Le décret du 17 mars place pendant dix ans les juifs d'Alsace sous un régime d'exception, et annule les créances usuraires. Il est dit, dans le rapport qui précède ce décret, que les juifs avaient en portefeuille pour plus de neuf millions de titres exigibles. Le régime d'exception fut éludé ; on se servit de chrétiens qui prêtaient leurs noms, et qui paraissaient comme de véritables créanciers ; ainsi les juifs furent soumis à une simple formalité et le peuple ne fut pas soulagé.

Enfin, l'année 1818 voit se reproduire les plaintes éternelles contre les juifs d'Alsace ; plaintes accablantes, car ce n'est point une récrimination isolée, une opinion individuelle, une accusation hasardée, où la passion peut avoir prise : c'est l'autorité administrative, ce sont des citoyens notables, propriétaires, désintéressés, indépendants par leur position, les conseils généraux du haut et du bas Rhin, qui expriment leurs craintes et leurs vœux sur la multitude immense de billets extorqués (1).

Poursuivant l'examen des doctrines judaïques, nous trouvons que le Talmud oblige les juifs à détruire les temples des chrétiens qui ne sont que des maisons de perdition et des lieux d'idolâtrie, et à brûler les Évangiles des chrétiens, que l'on peut inscrire : *l'iniquité révélée et le péché manifeste* (2).

C'est encore le Talmud qui ordonne aux juifs de maudire trois fois par jour tout le peuple chrétien et de prier Dieu de le confondre et de l'exterminer avec ses rois et ses princes, et aux prêtres surtout de faire cela en priant tous les jours dans la synagogue, en haine de Jésus le Nazaréen (3).

L'aversion du juif est donc une haine profonde, érigée en devoir religieux ; une haine héréditaire, telle qu'il s'en retrouve entre certaines tribus sauvages ; une haine qui dans le fils s'augmente de la haine du père, et dans l'un et l'autre de celle de l'aïeul ; « une haine enfin, disait un célèbre médecin juif converti, que les paroles ne peuvent exprimer (4). »

Il leur fallait du sang : « Procurez-vous du sang, disaient les docteurs ; car le sang des enfants chrétiens est très-utile au salut des âmes. Faites tout ce qui est en votre pouvoir pour obtenir ce sang ; si vous ne pouvez y parvenir, ayez patience (5). » Le salut des âmes pouvait être le principal motif de cette soif, mais il paraît qu'il y en avait d'autres qui font horreur, tant ils sont abominables (6).

L'assassinat d'enfants chrétiens par les juifs, dont parle Rohrbacher, est donc un fait conforme aux principes que nous venons d'exposer d'après les sources authentiques.

---

(1) Mém. imprimé à Paris, 1752, *Essai sur la régénération*, etc. p. 69, ap. Bail, pp. 54,55 et 166,167.
(2) Eisenmenger, t. II, p. 206. Cf. *De judaicis erroribus ex Talmuth* de Girolamo. On lit cette imprécation au livre III, relativement aux *seccheз* (choses immondes) ou enfants chrétiens : « In matricibus minorentur parvuli et amplius non resurgant. »(Cf. *Acta SS.*, t. II, de mars, p. 497.)

(1) On peut consulter à cet égard les ouvrages suivants : *Essai sur la régénération physique et morale des juifs*, Metz, 1789; *Observations d'un Alsacien sur l'affaire présente des juifs d'Alsace*, Francfort, 1779; *Quelques idées sur l'usure des juifs en Alsace*,Paris,1818. *Vœux des Conseils généraux des haut et bas Rhin*, 1818 ; *Rapport du Ministre de l'Intérieur*, 1808; *Discours de M. Portalis*, 1802, etc.
(2) Ord. II, tr. I, dist. 2, in *Bibl. sacr.*, p. 124.
(3) Ord. I, tr. I, dist. 4, *ibid*.
(4) *Riti e costumi*, in *Dissertazione*, p. 19.
(5) *Diss. apolog.*, p. 43, note *a*.
(6) « Cum a senibus causas tanti patrandi facinoris (un infanticide commis par les juifs en 1494, à Tyrnau en Hongrie) per tormentorum cruciatum eruerent, quatuor esse reperiebant, quibus Tyrnaviae tum, et alias saepe in aliis regionibus, eo se judaei flagitio astrinxissent. Unam quod ita majorum auctoritate persuasum haberent, christiani hominis sanguinem praeputiis in circumcisione appositione, sis tendo sanguinem esse remedium. Alteram quod eumdem ad conciliandum inter se amorem plurimum valere in cibo datum, existimarent. Tertiam quod cum viri ac mulieres aequi apud eos flux et mestrui laborarent, sanguinem hominis christiani epotum, idoneam ad id morbi cesse medicam, expert erant. Quartam, ut vetus apud se, sed recondilum decretum exequerentur quo quotidianis sacrificiis in aliqua religione christianum Deo sanguinem libare coguntur : quod factum sese dictitabant, in ea forma et ex sors judaeis tyrnaviensibus obligissct. » Antonio Bonfinio, *Rerum Hungar. Doc. V*, lib. IX, p. 718. Francfort., 1581, in *Dissert. apolog.*, p. 41, note *a*.)

LES VAUDOIS (p. 166).

D'après les *Recherches historiques sur la véritable origine des Vaudois*, publiées à Paris en 1838 (1), il est hors de doute que Pierre Valdo, riche marchand à Lyon, est bien le père et le fondateur de l'hérésie vaudoise, et que les Vaudois, appelés autrement *sabbates* ou *insabattes*, à cause d'une chaussure particulière, ou bien encore *Pauvres de Lyon* ou *Léonistes* (*de Leona*, ancien nom de la ville de Lyon), prirent naissance dans cette ville, vers l'an 1160.

L'étymologie du nom de *Vaudois*, dérive bien de Valdo (*Valdensis*), et nullement de leur situation géographique, au milieu des vallées (*vals* ou *vaux*) du Piémont. Si le nom de *Vaudois* a été employé quelquefois d'une manière trop générale, comme s'appliquant indifféremment à d'autres sectes, il faut l'attribuer soit à ce qu'elles avaient un certain nombre d'erreurs communes à toutes, soit à l'alliance qu'elles avaient contractée dans l'intérêt de leur propagation, alliance qu'un auteur contemporain, Rainier Sacco, qui avait été évêque dans la secte des Cathares, compare aux renards de Samson, qui avaient la tête tournée en un sens opposé, quoiqu'ils fussent unis entre eux par la queue. « Ainsi, dit-il, les hérétiques sont divisés entre eux et opposés les uns aux autres, bien qu'ils se montrent unis quand il s'agit d'attaquer l'Eglise romaine. »

Pierre Valdo, frappé de cette pensée qu'il ne restait plus de trace de l'esprit apostolique sur la terre et que l'attachement aux biens de ce monde avait produit tous les désordres dont il avait été témoin, fut conduit peu à peu, et par le refus que fit l'Eglise d'adopter les idées bizarres ou condamnables du nouveau réformateur, d'abord à déclamer violemment contre le clergé, et particulièrement contre Rome, à soutenir que l'Eglise avait forfait à sa mission, qu'il n'y avait plus de vraie Eglise. De là les blasphèmes que ses sectateurs proféraient contre elle, au dire de tous les auteurs contemporains; de là leur refus de reconnaître ses ministres pour les successeurs des apôtres; de là, enfin, leur prétention à être seuls l'Eglise de Jésus-Christ et à exercer exclusivement le pouvoir et les fonctions du ministère sacerdotal. Telles furent les principales erreurs et prétentions des Vaudois, jusque vers l'an 1215. A cette époque, ils s'unirent à d'autres hérétiques, pour attaquer de concert l'Eglise romaine, et ils empruntèrent un grand nombre de nouvelles erreurs à leurs nouveaux alliés. Parmi ces erreurs on retrouve celles des Donatistes, sur la nature de l'Eglise et sur la nullité des sacrements administrés par de mauvais prêtres; celles de Vigilance, sur le culte des saints et des reliques et sur la hiérarchie de l'Eglise; celles des Iconoclastes.

---

(1) L'auteur de ces excellentes *Recherches* est Mgr Charvaz, évêque de Pignerol. Cf. F. Bender, *Geschichte der Waldenser*, Ulm, 1850; A. Dieckhoff, *Die Waldenser im Mittelalter*. Gœttingue, 1858; Friedrich, *Die Verfælschung der Lehre der Waldenser*, dans *OEsterr. Vierteljahrschrift*, 1866, p. 41-82.

LA RÉPRESSION DE L'HÉRÉSIE DES ALBIGEOIS (p. 170, col. 2).

Les hérésies des Vaudois et des Albigeois avaient un caractère spécial; leurs partisans, loin de se restreindre dans les limites de la sphère spirituelle, tiraient de leur opposition dogmatique des principes qui allaient contre toute société. Ces sectes semblaient n'avoir d'autre but que de détruire l'Eglise elle-même. Or l'Eglise catholique étant la seule voie de salut, le pape devait dans sa sollicitude pour les peuples, après avoir agi avec douceur et par la persuasion, user de la plus grande sévérité envers ces ennemis de l'Eglise, qui étaient aussi les destructeurs de la société. Le pouvoir temporel, alors intimement uni à la puissance spirituelle, se fit un devoir de seconder l'Eglise, lorsqu'il vit qu'il y allait de ses propres intérêts. Cette étroite alliance de l'Etat et de l'Eglise explique comment le droit politique du moyen âge considérait l'hérésie comme un délit politique. C'est ainsi que, dans le code sicilien de Frédéric II, les peines les plus sévères sont décrétées contre les hérétiques (1).

Saint Bernard déplorait en ces termes les tristes conséquences des mêmes hérétiques : « Les églises sont vides, les peuples sans prêtres, les sacrements sans honneur. Le peuple meurt sans service religieux, sans pénitence, sans conversion. »

Le vieux comte Raymond de Toulouse avait fait entendre les mêmes plaintes en 1177 au chapitre général de l'ordre de Cîteaux : « Les hérésies, y disait-il, ont tellement prévalu, qu'elles ont divisé le mari et la femme, le père et le fils; les prêtres eux-mêmes sont séduits; les églises sont abandonnées et tombent en ruine; on ne baptise même plus les enfants. Je suis trop faible pour rien entreprendre contre ce fléau, car les premiers de mes vassaux sont entraînés et entraînent après eux la masse du peuple; les censures ecclésiastiques sont vaines désormais; il n'y a plus de remède que dans le bras séculier et par le glaive de l'Etat. J'invoquerai le secours du roi de France et je le seconderai jusqu'à la dernière goutte de mon sang, pour extirper cette déplorable hérésie (2). »

M. Louis Domairon a publié une série d'articles fort intéressants sur le code pénal de l'albigéisme, d'après les documents originaux et notamment d'après le fonds *Doat*, de la Bibliothèque nationale de Paris (3). On y voit que la peine de la détention fut celle que le tribunal de l'Inquisition appliqua le plus. Les sentences du saint-office contiennent presque toutes l'énonciation de l'emprisonnement; dans le langage inquisitorial, les hérétiques qui eurent à subir cette peine furent appelés *emmurés* (*immurati*). Dans le XVIIe siècle, d'après dom Vaissette, on appelait encore à Toulouse, par corruption, *lous armurats*, les prisons qui servaient à cet usage. « Il y avait une certaine gradation dans l'application de la peine de détention. Dans les sentences, on trouve les dénominations suivantes : *Carcerem largum, carcerem perpetuum et strictum*

---

(1) Schirrmacher, *Kaiser Friedrich II*, t. II, p. 250.
(2) Alzog, *Hist. universelle de l'Eglise*, t. II, § 237.
(3) Dans le *Cabinet historique* (années 1863-1866).

et bassam fossam. La prison spacieuse était destinée à la détention temporaire des condamnés de cinq à dix ans. Ces hérétiques étaient dispensés de la petite cellule séparée et avaient plus de liberté dans leur réclusion. La détention perpétuelle amenait sur le prisonnier les rigueurs et les austérités de la petite cellule. Constamment à l'étroit, le détenu n'avait qu'un espace très circonscrit et l'air extérieur ne lui arrivait que par une lucarne.

La basse-fosse était un cachot sous terre où le prisonnier, constamment attaché au pilori, avait les fers aux pieds et ne pouvait se livrer à aucune espèce de locomotion. C'était ce que les Italiens de nos jours appellent l'*in carcere duro.* Le prisonnier temporaire avait l'usage des aliments substantiels ; le captif à perpétuité n'avait pour toute nourriture que le pain, et pour boisson que l'eau. Le prisonnier de la basse-fosse avait le même régime.

Quant à l'excommunication, ajoute M. Domairon, depuis Grégoire IX, on distingua l'excommunication majeure, qui privait de la participation aux prières publiques, du droit d'administrer et de recevoir les sacrements, de l'assistance aux offices divins, de la sépulture ecclésiastique, de l'exercice de la juridiction spirituelle, et de toute communication avec les fidèles, sauf les cas déterminés ; et l'excommunication mineure qu'on encourait en fréquentant un excommunié, et qui enlevait seulement le droit de recevoir les sacrements et d'être pourvu d'un bénéfice.

Pour fulminer une excommunication, on lisait la sentence à la lueur des flambeaux dans le plus sombre appareil ; puis les assistants renversaient leurs flambeaux et en éteignaient la flamme sous leurs pieds, image de la vie spirituelle qui s'était éteinte dans l'âme du coupable. L'excommunication avait des suites terribles : l'excommunié ne pouvait ni boire ni manger avec les autres chrétiens ; on passait par le feu tout ce qu'il avait touché ; à son approche, l'église se voilait de deuil, les chants cessaient, l'orgue était muet et les cloches immobiles ; parfois on plaçait à la porte de l'excommunié un cercueil.

Les excommunications prononcées par le tribunal de l'Inquisition dans le Languedoc, contre les hérétiques albigeois, furent du nombre de celles dites majeures et mineures. Elles étaient tantôt prononcées en séance publique du tribunal, tantôt devant une église, tantôt sur l'emplacement d'un marché. Ces excommunications parfois précédaient la sentence, parfois elles en étaient la conséquence. Les registres de l'Inquisition de Carcassonne et de Toulouse contiennent beaucoup d'excommunications.

L'Inquisition se montra souvent tolérante et bienveillante pour la remise des peines prononcées. Elle fut facile dans l'exemption des croix jaunes et la cessation de l'incarcération.

Tantôt la captivité cessait moyennant le port de deux croix et la pratique de certains pèlerinages ; tantôt l'abandon du port des croix s'opérait sur simple demande, après certaines précautions.

La bonne conduite des condamnés, durant leur captivité, amenait souvent le juge inquisiteur à prononcer la mise en liberté des détenus. Plusieurs cas se présentèrent où ce juge se montra d'une bienveillance extrême. Ainsi, un inculpé d'hérésie avait été condamné à porter des croix jaunes sur ses habits. Cette pénitence nuisait à sa famille ; durant l'accomplissement de cette formalité, on avait éprouvé de graves difficultés pour l'établissement des filles du condamné. Celles-ci se pourvurent auprès du Saint-Office, pour obtenir l'exonération du port des croix, infligé à leur père. Le juge inquisiteur, afin de venir en aide à l'union en mariage des enfants du pénitent, prononça la libération définitive du port des croix (1). Un autre hérétique avait des enfants en bas âge ; il ne pouvait trouver du travail, à cause du port des croix. Dans cette conjoncture de réprobation, il était hors d'état de pourvoir à la subsistance et à l'éducation de sa progéniture. Sur une simple supplique, le juge inquisiteur mit un terme à la pénitence, dans l'intérêt des enfants du condamné (2).

Un hérétique, soumis à une détention temporaire, avait laissé sa famille livrée à la mendicité. La femme du condamné réclama auprès du Saint-Office, et fit part de sa misère. Le juge inquisiteur n'hésita point, sur le récit de cette infortune, de rendre à la liberté, sans restriction, le malheureux condamné (3). Ces exemples de tolérance sainement entendue furent fréquents, et l'inquisition se montra toujours facile à accorder la grâce sollicitée.

LA TROISIÈME CROISADE (p. 189, col. 1).

A propos de la troisième grande croisade, la plus brillante de toutes par le nombre et l'importance des princes qui y prirent part, nous ferons seulement remarquer que la lettre de Frédéric Barberousse à Saladin, ainsi que la réponse de celui-ci à l'empereur, données l'une et l'autre par Baronius (*ad an.* 1188, nos 17 et 19), et admises également par Wilken, sont regardées aujourd'hui comme apocryphes en Allemagne, depuis les travaux de MM. Riezler et de Fischer. C'est aussi l'opinion de Mgr Héfélé. (*Hist. des Conc.*, t. VII, p. 529 en note.) Rohrbacher a suivi Baronius.

LA SCIENCE JURIDIQUE AU XIIIe SIÈCLE (p. 217).

La constitution impériale insérée au liv. III, tit. XIII, de la *Quinta compilatio* (4), c'est-à-dire revêtue par Honorius III de la sanction canonique, est d'autant plus remarquable que, généralement, on attribue, du moins en France, à la Révolution

---

(1) *Fonds Doat.* Vol. 29, p. 80.
(2) *Ibid.*, p. 80, vº.
(3) *Ibid.*, p. 81.
(4) Voici le texte de cette disposition : « Omnes vero peregrini et advenæ libere hospitentur et hospitati, si testari voluerint, de rebus suis liberam habeant facultatem, quorum ordinatio inconcussa servetur. Si vero intestati decesserint ad hospitem nihil perveniat, sed bona ipsorum per manus episcopi loci tradantur, si fieri potest, heredibus, vel in pias causas erogentur ; hospites vero, si aliquid de bonis talium contra hanc nostram constitutionem habuerint, triplum episcopo restituant, quibus visum fuerit assignandum ; non obstante statuto aliquo, aut consuetudine, seu etiam privilegio, quæ hactenus contrarium inducebant. Si qui autem contra præsumpserint, eis de rebus suis testandi interdicimus facultatem, ut in eo puniantur in quo deliquerint, aliis prout culpæ qualitas exigerit puniendi. »

française, l'amélioration du sort des étrangers et de leur condition civile, notamment au point de vue de la transmission des biens, par héritage, ou *mortis causa*. Le nombre des auteurs qui ont écrit des ouvrages et des thèses spécialement destinés à faire ressortir ce soi-disant bienfait de la Révolution française est assez considérable. M. l'abbé Horoy en cite une vingtaine et démontre leur complète erreur (1).

Du reste l'importance du droit ecclésiastique au xiii° siècle est un fait historique qui ne saurait être nié, et l'influence que l'Eglise catholique a exercée, à cette époque, par la science juridique, a été aussi importante que durable. Hurter a particulièrement fait ressortir ce côté de l'histoire du moyen âge. Voici comment il s'exprime à ce sujet.

« Lothaire, c'est-à-dire, Innocent III, se rendit de Paris à Bologne où depuis longtemps florissaient les écoles de droit; on y venait de toute l'Italie et de pays lointains. Il paraît qu'à toutes les époques la science du droit romain y fut cultivée, et que jamais on n'avait complètement cessé de l'appliquer et de l'enseigner dans cette ville. On y professait aussi la théologie et les arts libéraux; mais, comme dans le petit nombre d'universités de ce siècle, chacune était consacrée de préférence à une science particulière, pour l'enseignement de laquelle elle surpassait les autres écoles et attirait un plus grand concours d'étudiants, ainsi Bologne passait, dans toute la chrétienté, pour la meilleure institutrice des sciences du droit. Une école de droit romain, ouverte par Irnerius, sans qu'il y eût été publiquement invité, et sans autre mission que celle de communiquer ses connaissances à un grand nombre d'auditeurs, tel fut le premier germe de cet enseignement dont la renommée et l'influence se répandirent bientôt, au delà des Alpes, dans tous les royaumes chrétiens. L'étude des lois romaines fut surtout encouragée par Frédéric I.

« L'enseignement du droit civil ayant pris un si grand essor, il devait arriver que, dans une époque où les lois ecclésiastiques exerçaient une si vaste influence sur toutes les relations de la vie, où l'Eglise elle-même possédait une existence si puissante et si indépendante, le clergé serait excité à montrer d'autant plus de zèle pour recueillir les décrets et les décisions ecclésiastiques, pour les expliquer et en établir la science sur des bases plus solides. Il est vrai que jusqu'à ce jour, on n'avait pas manqué d'hommes qui recueillaient et commentaient les lois de l'Eglise. Mais ce qu'Irnerius avait été pour le droit civil, Gratien, le Bénédictin, professeur de droit canon à l'école du couvent de Saint-Félix, le devint pour le droit ecclésiastique. Après avoir consacré plusieurs années à recueillir les lois de l'Eglise, il en soumit la collection, le jour de saint Benoît 1151, à l'examen des professeurs de Bologne et au pape Eugène III, pour en obtenir l'approbation, laquelle fut accordée un an après. L'exemple de Gratien encouragea d'autres savants à suivre la même carrière, et on ne tarda pas à faire de nouveaux recueils. Celui de Gratien fut le sujet d'une foule d'explications et d'annotations. Le nombre des professeurs augmenta; ils obtinrent le privilège de délivrer les mêmes grades pour le droit canon que pour le droit civil. Les papes attachaient la plus grande importance au droit canon; ils y conformaient leurs décisions et leurs actes. Enfin le goût pour cette nouvelle science devint si général que beaucoup de savants négligeaient entièrement la théologie pour le droit canon. C'est alors que Bologne vit s'accroître encore sa réputation européenne. Le droit romain ne pouvait avoir de valeur que dans le pays où il avait pris naissance, et d'où il n'avait jamais été complètement banni, ou bien dans celui au sein duquel la puissance impériale voulait le ressusciter (1). Le droit canon, au contraire, avait la même force de loi dans tous les royaumes qui reconnaissaient le pape pour chef spirituel. Partout il existait des questions innombrables qu'il fallait décider d'après le texte du droit canon. Partout cette science ouvrait la carrière aux dignités, car on avait besoin d'hommes versés dans la connaissance et l'application de ce droit, et le recueil de ces lois se répandait en un très grand nombre de pays, aussitôt que son authenticité avait été reconnue par le pape. Quoique l'école de Bologne fût déjà très fréquentée, le nombre des étudiants s'éleva bientôt, pendant les années qui suivirent le séjour de Lothaire (Innocent III), à dix mille, venus de tous les pays de l'Europe.

« Les professeurs de droit civil parvenaient rapidement à la fortune. Ils ouvraient des tribunaux, à côté de leurs écoles, y rendaient des jugements, donnaient des réponses aux questions litigieuses. Les professeurs de droit canon recevaient des bénéfices, étaient élevés aux dignités ecclésiastiques, ou particulièrement choisis par les papes pour diverses missions. Plusieurs réunissaient la science et l'enseignement du droit civil et du droit canon; et, peu à peu, s'enracina fortement ce principe, que le jurisconsulte du droit canon doit être également versé dans le droit civil, et que sans la connaissance du droit canon, personne ne peut se distinguer dans le droit civil. C'est dans la ville de Bologne qu'Innocent III fit la connaissance de Pierre Collivacinus, qu'il chargea de la collection de ses ordonnances ecclésiastiques, et nous voyons clairement, par les nombreuses ordonnances, décisions et réponses qui attestent la connaissance du droit canon, que les professeurs de Bologne, comme ceux de Paris, ont dû rencontrer en lui un élève qui savait recueillir leurs leçons avec intelligence, s'approprier le riche trésor de leur érudition et l'appliquer ensuite (2). »

---

(1) *De la compétence des tribunaux français à l'égard des étrangers*.

(1) Voir un article de M. Ad. Tardif, dans la *Nouvelle Revue historique du droit français* (mars-avril 1880) sur une Bulle d'Honorius III, relative à l'enseignement du droit romain dans l'Université de Paris. On avait pris acte de ce document mal interprété pour incriminer une fois de plus les Papes et la Papauté ; on en avait conclu que la « curie romaine » était contraire à l'enseignement du droit romain. Rien de moins fondé. Le savant professeur à l'École des Chartes rend à cette Bulle sa véritable signification. C'est sur les instances de Philippe-Auguste que le Pape avait défendu d'enseigner à Paris le droit romain, que Rome favorisait ailleurs. Le roi de France ne croyait pas qu'il fût nécessaire d'enseigner ce droit dans la capitale d'un royaume qui était, comme l'a dit plus tard Philippe le Bel, « principalement régi par la coutume et par l'usage. »

(2) Hurter, *Hist. d'Innocent III*, trad. par Saint-Chéron, t. I, p. 28.

LE PANTHÉISME ENSEIGNÉ A PARIS DE 1200 A 1210 (p. 217).

Il est curieux de constater qu'au milieu du mouvement des doctrines et des opinions, le panthéisme, qui a fait tant de bruit de nos jours, fut enseigné à Paris au commencement du XIIIe siècle, et mit en émoi toute l'Université. Un de ses docteurs, Amalric, répétait souvent dans ses leçons de théologie : « Tout chrétien doit se regarder comme un membre « de Jésus-Christ, et celui qui n'a pas cette croyance « ne sera pas sauvé. » Il prenait ces paroles tellement à la lettre, qu'il s'attira le blâme d'un grand nombre, et fut obligé d'aller à Rome soumettre ses opinions au jugement du pape qui lui donna tort. Il se rétracta en pleine Université, mais des lèvres seulement et mourut de chagrin en 1204. Ses disciples relevèrent la tête après sa mort et firent des adeptes. Leur panthéisme, emprunté à Joachim de Flores et compliqué d'une théorie sur les trois âges du monde, se résumait ainsi : Tout ce qui existe est un et cet un est Dieu; il est tout et ce tout est Dieu; il est l'être et la substance de tous les êtres; le Créateur et la créature ne font qu'un. Tout homme est l'esprit de Dieu. Dieu a parlé aussi bien par Ovide que par saint Augustin. Dieu se réalise dans les trois âges du monde ou périodes. Il y a eu une période du Père dans laquelle a régné la loi mosaïque ; elle s'est terminée à la période du Fils, qui a substitué au culte judaïque les sacrements, la pénitence, le baptême et l'eucharistie. Ces sacrements avaient atteint leur but au commencement de la période du Saint-Esprit, qui s'inaugurait en ce moment par Amalric et ses disciples. Le Saint-Esprit est l'âme d'un chacun ; il s'incarne dans tous; c'est pour cela que chacun est Dieu, de même que le Christ était Dieu. Or toute personne dominée par le Saint-Esprit ne peut plus pécher, quelque chose qu'elle fasse avec son corps ; il ne saurait plus être question dans cette période de la punition des pécheurs. De là cette proposition : dans la troisième période, Dieu n'est plus qu'amour, il a cessé d'être justice.

Lorsque Pierre, évêque de Paris, et Guérin, conseiller du roi et plus tard chancelier, eurent vent de ces doctrines, ils recherchèrent adroitement les adeptes de l'hérésie et y trouvèrent des clercs et des laïques, des hommes et des femmes. Arrêtés et conduits à Paris, ceux-ci furent cités à comparaître devant un synode en 1209 ou en 1210, et enfin livrés à Philippe-Auguste, qui en fit brûler un certain nombre le 20 décembre 1210. Le synode défendit en même temps les écrits de physique et de métaphysique d'Aristote comme pernicieux à l'orthodoxie (1).

LE CHRISTIANISME EN SUÈDE AU XIIe SIECLE (p. 238).

Les commencements de l'histoire de Suède sont fort obscurs. M. O. Montelius, qui dans ces derniers temps les a étudiés avec soin (1), nous les montre comme n'existant que sous forme de chronique rimée; les documents latins sont très maigres, même en ce qui concerne l'Eglise; quant aux documents suédois, les plus anciens datent du XIVe siècle. Le christianisme ne domine vraiment qu'à partir de saint Erik (1150-1160), qui le porta en Finlande et unit ce pays à la Suède ; c'est seulement en 1164 que ce royaume fut pourvu d'un archevêque. Les plus belles églises de Suède datent de cette période qui fut marquée par des événements importants : la constitution d'une classe militaire privilégiée qui devint la noblesse (1280), l'union passagère de la Suède avec la Norvège (1319-1343), enfin la terrible peste noire (1350), qui enleva en diverses localités le tiers de la population. A ces faits il faut ajouter la rédaction des anciennes lois provinciales après l'an 1200 et la composition, en vieux suédois, de la *Chronique rimée d'Erik* et du traité du *Gouvernement des rois et des chefs*.

LES BOGOMILES EN BOSNIE ET EN BULGARIE (p. 244).

L'histoire des hérésies cathare et patarine a été l'objet de nombreux travaux; mais jusqu'ici on ne s'est guère attaché à la suivre qu'en France et en Italie. Les Patarins du Midi n'ont été jusqu'à présent connus que par les lettres pontificales des archives du Vatican publiées en partie par Raynaldi dans la continuation des *Annales ecclésiastiques* de Baronius, et que le Père Augustin Theiner a éditées en entier dans les *Monumenta historica Hungariæ* (2). Mais ces documents n'apprennent pas l'histoire externe des Patarins bosniaques ; leur doctrine et leur organisation ne sont signalées qu'en passant. Aussi savait-on mal jusqu'ici, dans quel rapport ces Patarins sont, d'une part, vis-à-vis des Bogomiles, de l'autre, vis-à-vis des homonymes occidentaux. Il appartenait à un historien slave de combler cette lacune, en mettant en lumière des documents jusqu'ici inconnus ou inaccessibles à ses confrères de l'Occident. Nul ne pouvait mieux remplir cette tâche délicate que M. Raczki, chanoine d'Agram, théologien érudit et slaviste tout à sa fois. Son *Histoire des Apôtres slaves*, ses publications de textes paléoslaves, les nombreux mémoires qu'il a publiés dans le Recueil de l'Académie des Slaves méridionaux, constituent une œuvre remarquable qui a fixé l'attention en France, et dont M. Louis Leger a donné un compte rendu substantiel (3), qui va nous aider à faire connaître au lecteur cette partie de l'histoire de l'Eglise.

M. Leger a divisé son étude en quatre parties. Voici les conclusions de la première :

1° Le berceau de la secte manichéo-gnostique, à laquelle se rattachent les Bogomiles d'Orient, les Cathares et les Patarins d'Occident, ne doit pas être cherché ailleurs qu'en Bulgarie. Les traditions

---

(1) Mansi, t. XXII, p. 801, sqq. et 809; Hard., t. VI, P. II, p. 1991. Cf. Hahn., *Gesch. der Ketzer im M. A.*, t. III, p. 176 sqq.

(1) O. Montelius, *Sveriges historia från äldsta tid till våra dagar*. Stockholm. in-8, Ve et VIe livr. : *Sveriges hednatid och medeltid till Digerdøden*. 1877.
(2) Rome, 1863.
(3) *Revue des questions historiques*, XVIe livr., pp. 479 et suivantes.

confuses conservées par les Grecs et les Latins, sont éclaircies par les documents slaves, suivant lesquels le fondateur de la secte fut le pope Bogomile, au temps du tzar Pierre, dans la deuxième partie du x⁰ siècle.

2° Dès le début de la secte se fondirent deux églises, l'une en Bulgarie, l'autre en Macédoine, dans le pays des Dragoviciens. Là se formèrent de très bonne heure les communes de Plovdiv et de Constantinople, où se trouvèrent d'abord des Pauliciens. D'autre part, la doctrine passa en Italie, et de là en France, où elle se rencontre au début du xɪᵉ siècle.

3° Les sectateurs du pope Bogomile s'appelaient partout, en Bulgarie, en France, en Italie, chrétiens, κατ'ἐξοχήν. Les autres noms sous lesquels on les rencontre dans l'histoire leur furent donnés par leurs adversaires.

Dans la seconde partie, M. Leger recherche quelles furent les destinées des Bogomiles dans le pays où leur secte avait pris naissance.

Le bogomilisme eut des destinées diverses dans la Bulgarie, tour à tour libre ou soumise aux Grecs. Ses adhérents, que l'opinion publique plaçait au rang des anciens hérétiques Arius et Macédonius, tout en prêchant la révolte contre l'autorité, étaient parvenus à recruter des prosélytes jusque dans la famille royale. Lorsqu'en 1019, la Bulgarie retomba aux mains des Grecs, une grande partie de ces hérétiques passa en Albanie et dans le Monténégro ; cinquante ans après, nous les trouvons aux bords de l'Adriatique ; les Bogomiles s'établirent jusque dans Constantinople, où, bien que presque constamment poursuivis, ils se maintenaient encore vers le milieu du xɪɪᵉ siècle. A cette époque, un schisme qui éclata parmi ces hérétiques en Bulgarie, en poussa un nombre assez considérable en Italie et de là en France, et même jusqu'à Rome et à Cologne.

L'hérésie des Bogomiles n'eut pas une longue existence en Serbie. Après y avoir fleuri quelque temps à la fin du xɪɪᵉ siècle, elle fut vivement attaquée par le grand Joupan Stéphane Nemania, qui assembla un concile pour les juger. Après que le concile eut achevé son enquête, des condamnations furent prononcées : les livres des hérétiques furent brûlés ; on coupa la langue à leur chef : l'un fut condamné au bûcher, l'autre banni. On confisqua les biens des hérétiques et on les partagea entre les orthodoxes.

Le bogomilisme ne reparut plus en Serbie ; mais il devait trouver en Bosnie un sol plus propice : c'est là que M. Leger l'étudie dans la troisième partie de son travail.

Il est probable que l'hérésie pénétra en ces régions sous le règne de Miroslaw, frère de Stéphane Nemania. Nemania venait de chasser les Bogomiles de Serbie ; les pays les plus voisins étaient Chum et la Bosnie. Les Bogomiles devaient d'autant plus facilement trouver accueil auprès de Miroslav, que celui-ci était en lutte avec son frère. Nous savons d'ailleurs par une lettre d'Innocent III que la Bosnie était pleine de Cathares (1). Le Saint-Siège identifiait les hérétiques de Bosnie à ceux d'Italie et de France. C'est le nom qu'une foule d'autres documents leur prêtent (1). Eux-mêmes, comme nous l'avons dit, se donnaient le nom de *chrétiens* (2).

Vouk, roi de Dalmatie et de Dioclée, dans une lettre au pape Innocent, évalue le nombre des hérétiques à dix mille, dont plusieurs appartenaient à la famille du ban de Bosnie (3).

Innocent III, qui déploya tant d'énergie pour combattre les Patarins d'Italie et les Cathares de France, ne pouvait rester indifférent vis-à-vis de leurs coreligionnaires bosniaques. La situation lui paraissait d'autant plus grave que la famille même du prince avait embrassé l'hérésie ; le ban Kulin, lui écrivait-on, non seulement offrait un refuge aux hérétiques, mais il les soutenait ouvertement ; il les honorait plus que les catholiques et les appelait les vrais chrétiens. Le pape s'adressa d'abord à Mirko, roi de Hongrie, suzerain de la Bosnie ; il l'invitait à l'aider à déraciner l'hérésie (4). « Nous t'invitons, lui disait-il en terminant, à venger le tort fait au Christ et aux chrétiens ; si le ban Kulin ne chasse pas les hérétiques du pays qui lui est soumis et ne confisque pas leurs biens, tu les chasseras de son pays et de tout le royaume de Hongrie ; tu confisqueras ses biens ; n'aie point d'égards pour lui ; accomplis tes devoirs de souverain, si l'on ne peut autrement le ramener dans le chemin de la vérité. »

Réprimé au moment où la guerre allait éclater contre les Albigeois, le bogomilisme releva la tête sous Honorius III, mais étouffé de nouveau sous Grégoire IX, il se répandit dans un pays voisin, la Slavonie, entre la Save, la Drave et le Danube, mais il y fut réprimé par les armes.

Quant à la Bosnie, après de longues querelles religieuses, elle fut conquise et son souverain tué par les Ottomans, dont les Patarins mécontents avaient appelé les armes. Que devinrent ces derniers après l'asservissement de leur patrie ? Tandis que les catholiques et les orthodoxes subsistaient, malgré la domination étrangère, les Patarins disparurent. M. Raczki conjecture, avec beaucoup de vraisemblance, qu'ils abandonnèrent leur foi pour la religion des vainqueurs. Ainsi s'expliquerait ce nombre considérable de Serbes musulmans que l'on rencontre encore aujourd'hui en Bosnie : ils descendent des anciens Patarins : seulement ils dominent là où leurs ancêtres ont dû jadis lutter.

Dans la quatrième partie de sa critique, M. Leger nous fait connaître la fin du bogomilisme en Bulgarie ; un concile réuni à Tarnov, en 1310, condamna l'hérésie, prononça des peines sévères contre ses adhérents dont beaucoup se convertirent. En 1366 un autre concile fut tenu à Tarnov. Le tsar y vint avec ses deux fils et un grand nombre de dignitaires ecclésiastiques. Le concile s'occupa d'abord des juifs qu'il condamna à la perte de leurs droits civils, puis on condamna « l'immonde et impie doctrine bogomilienne ou massaliote, » et il fut décidé que ses adhérents seraient bannis du pays. Trente ans après, la Bulgarie tombait aux

---

(1) Theiner, *Monum. Slav. merid.*, t. I, p. 6.

(1) Theiner, *Monum.*, t. I, p. 20. Cf. *Dict. paléoserbe* de Danicic, v° Kristianin.
(2) Id., t. I, p. 6.
(3) Id., t. I, p. 12 et 13.
(4) Id., t. I, p. 15.

mains des musulmans (1382); depuis cette époque l'histoire n'offre plus en Bulgarie, la moindre trace des Bogomiles ni de leur hérésie.

LA MORT DE RICHARD CŒUR DE LION (p. 250).

M. l'abbé Arbellot a démontré (1) que le récit de la mort du roi Richard, reproduit par tous les historiens d'après Roger de Hoveden, était de tout point inexact. S'appuyant sur les témoignages de quatre contemporains : Geoffroy de Vigeoison, plus probablement Bernard Itder; Raoul de Dicète, l'annaliste de l'abbaye de Margan, et Mathieu Paris, M. l'abbé Arbellot établit : 1° que Richard a été blessé par un chevalier nommé Pierre Basile et non par Bertrand de Gourdon ; 2° que l'expédition de Richard contre les vicomtes de Limoges et d'Angoulême était motivée, non par un trésor qui n'a jamais existé, mais par l'alliance de ces deux vassaux de Richard avec Philippe-Auguste. Un fait reste vrai cependant, c'est que Richard mourut chrétiennement, pardonnant à son meurtrier.

LES DROITS DU PAPE DANS L'ÉLECTION DE L'EMPEREUR (p. 250, col. 2).

C'est à tort que Rohrbacher donne le nom de bulle à l'acte dans lequel Innocent III expose les raisons qui l'empêchaient de se déclarer pour le jeune Frédéric II de Sicile et Philippe de Souabe, compétiteurs d'Othon au trône d'Allemagne, et fait connaître comment il juge devoir se conduire dans toute cette affaire. Ce document qui ne revêtait pas les formes diplomatiques de la chancellerie pontificale, est resté célèbre sous le nom de *Deliberatio* (2).

Comme tous les historiens antérieurs et postérieurs à lui, Rohrbacher place la composition de cet écrit à la fin de l'année 1200 ou au commencement de l'année suivante ; mais Héfélé fait remarquer avec raison qu'au commencement de l'année 1201, il n'était plus question de Frédéric II comme roi d'Allemagne (3). La *Deliberatio* doit donc être de la fin de 1199, à l'époque où Conrad, archevêque de Mayence, et les autres princes de la croisade allemande venaient de se prononcer pour le jeune Frédéric de Sicile.

Deux ans plus tard (mai 1202), Innocent III exposa plus catégoriquement encore, dans une lettre au duc de Zahringen, lettre insérée ensuite au *Corpus juris canonici*, le rôle du Saint-Siège dans la nomination de l'empereur. Rohrbacher ne cite pas cette pièce importante. Le pape y disait qu'« il n'avait aucunement voulu mettre en doute le droit qu'avaient les princes allemands de choisir un roi,

---

(1) *La Vérité sur la mort de Richard Cœur de Lion, roi d'Angleterre*, Paris, 1878.
(2) Cf. *Registrum de negot. Rom. imp.*, n° 29, dans Baluze, *Innocenti III. Epist.*, t. 1, p. 697; dans Migne, t. CCXVI, p. 1027 ; dans Huillard-Bréholles, *Histor. diplomatica Friderici II*, t. I, P. I, p. 70.
(3) Héfélé, *Hist. des Conciles*, t. VIII, p. 18.

auquel revenait ensuite la couronne impériale. Il savait, en effet, que depuis longtemps ce droit leur appartenait, et grâce surtout au siège apostolique, qui avait transféré l'empire romain des Grecs aux Germains. Mais les princes devaient reconnaître, de leur côté, que c'était au pape à apprécier la personne choisie pour être roi, et qui, par le fait même, allait devenir empereur. C'était le pape, en effet, qui avait ensuite à oindre, à sacrer, à couronner le candidat. En principe général, l'appréciation était toujours réservée à celui qui devait imposer les mains (par exemple, lorsqu'il s'agit de l'ordination des prêtres) ; dans le cas contraire, il pourrait arriver que le pape fût obligé d'oindre, de sacrer et de couronner un sacrilège, un excommunié, un hérétique ou un païen, si les princes l'avaient élu. Son légat ne s'était donc pas interposé comme électeur, il n'avait élu personne et n'avait occasionné l'élection de personne. Il ne s'était pas non plus interposé comme juge ; car il n'avait pas plus confirmé ou rejeté de fait l'élection d'Othon que celle de Philippe ; il avait simplement rempli les fonctions de rapporteur (*denunciatoris*), en se plaçant, non au point de vue du vote, mais uniquement au point de vue des qualités personnelles du candidat ; il s'était borné à déclarer que le duc de Souabe était indigne et que le roi était digne (d'occuper le pouvoir). Que dans une élection incertaine le pape ait le droit, après avoir exhorté à la concorde, après avoir longtemps attendu, d'accorder ses préférences à un candidat, surtout lorsqu'on lui demande d'être sacré par lui — Philippe et Othon lui avaient fait plusieurs fois cette demande, — c'est ce qui résultait du droit et de la pratique (*ex jure et exemplo*). « En effet, si les « princes, restant sourds à toutes les exhortations « qui leur étaient adressées, ne parvenaient pas à « s'entendre entre eux, le Siège apostolique ne de- « vait pas en supporter les conséquences, car il « avait besoin d'un avocat et d'un défenseur. C'était « ainsi qu'antérieurement déjà le pape avait fait « choix entre Lothaire et Conrad III, et avait pris « parti pour ce dernier (1). »

Ainsi le droit des princes allemands de choisir leur roi, destiné à être empereur, reste tout entier. Mais comme c'est au pape à couronner l'élu, c'est à lui à voir s'il est, oui ou non, digne de la couronne impériale. Dans le cas où le jugement du pape serait défavorable au prince nommé par les électeurs, ceux-ci devraient en élire un autre, ou bien s'ils s'y refusaient, le pape serait libre d'offrir à un roi chrétien la dignité impériale, parce que l'Eglise avait besoin d'un avocat ou d'un défenseur.

Lorsque les électeurs ne s'entendent pas entre eux, le pape doit avant tout les inviter à porter leurs suffrages sur le même candidat ; s'il n'y peut réussir, il se décide pour l'un des prétendants, par la raison que l'Eglise ne peut être indéfiniment privée de son appui naturel. Dans ce cas le pape ne supplante pas les électeurs ; il n'examine pas quelle est l'élection la plus légitime relativement au nombre des voix ; il envisage uniquement la qualité des personnes et donne la préférence à celui qui paraît

---

(1) *Regist. de neg. imp.*, n° 62 ; *Corpus juris canon.*, c. 34, X, de *electione* (1-6).

devoir être pour l'Eglise le plus utile défenseur. Son intervention toute spirituelle et toute pacifique devait à la fin triompher de la force et des résistances. Innocent III ne se renfermait pas dans une inflexible décision doctrinale ; il écrivit aux rois d'Angleterre et de France pour les rendre favorables à son candidat, et à partir de ce moment la cause d'Othon gagna du terrain. Celui-ci avait senti lui-même de quel poids l'autorité du pape était dans la balance ; il lui avait écrit dans l'automne de 1199, qu'il comptait sur lui comme sur son unique soutien. Un peu plus tard, quand Othon reçut du pape la confirmation de son titre de roi, il releva promptement sa fortune chancelante, et il avoua que sans lui « sa cause serait tombée en poussière, » et que c'était par sa grâce qu'il avait pu revêtir la pourpre comme manteau spécial de l'Eglise romaine. Il alla même jusqu'à mettre en tête des lettres qu'il écrivait au pape : « Roi des Romains par la grâce de « Dieu et par la tienne (1). » Ces expressions, inouïes jusqu'alors, furent amèrement relevées dans le camp des adversaires et au dire de Philippe : « La liberté de l'Allemagne et en particulier celle « de l'élection des rois était mise en péril par la « conduite du pape ; il n'avait encouru lui-même la « malveillance d'Innocent que pour avoir osé gou- « verner sans son assentiment (2). » Cette plainte eut de l'écho en Allemagne ; beaucoup de partisans de Philippe, réunis à la diète de Bamberg, où fut exposé le corps de sainte Cunégonde, épouse d'Henri II, protestèrent avec énergie contre ce qui s'était fait, disant « que jamais un pape ou un légat ne « s'était posé en juge de la valeur des voix pour « l'élection d'un roi, ou comme électeur pour « choisir le roi d'Allemagne. » On transportait la question un peu en dehors de son véritable terrain, et l'on essayait de réveiller les haines et les préventions toujours promptes à renaître au sein du clergé contre le Saint-Siège. Des archevêques, des évêques, des abbés en assez grand nombre signèrent cette protestation avec le roi de Bohême, les ducs de Zähringen, de Saxe, d'Autriche, le landgrave de Thuringe, et elle fut envoyée à Rome par une ambassade à la tête de laquelle était l'archevêque Eberhard II de Salzbourg (3). Mais Innocent III avait montré trop de prudence et ménagé avec trop d'attention les droits des électeurs allemands pour ne pas décider lui-même de la victoire (4).

INNOCENT III ET OTHON IV (p. 251).

A la mort de Henri VI, fils et successeur de Frédéric Ier, qui ne laissait pour héritier qu'un enfant de deux ans (Frédéric II), l'Allemagne se divisa, et chacun des deux partis procéda à l'élection d'un empereur. Les Gibelins, partisans de la famille des Hohenstaufen, choisirent Philippe de Souabe, frère de Henri VI, et les Guelfes offrirent le sceptre à Othon de Brunswick, fils de Henri le Lion. Innocent III réclama contre ces actes irréguliers au nom de l'indivisibilité de la couronne impériale, et supplia les deux prétendants de s'entendre pour ne pas troubler une fois de plus la paix de l'Allemagne. Philippe de Souabe qui, par sa conduite comme prince, s'était déjà attiré une excommunication, ne répondit pas aux invitations du pape, tandis qu'Othon se montra prêt à tout. Enfin, après avoir attendu vainement que les princes d'Allemagne se missent d'accord, Innocent III se prononça pour Othon IV (1). Cependant celui-ci succomba sous les efforts de Philippe de Souabe qui attira presque tous les seigneurs de l'Empire dans son parti, après avoir entamé franchement des négociations avec le pape. C'est alors qu'Othon de Wittelsbach se vengea par un assassinat d'une injure personnelle qu'il avait reçue de Philippe, et Innocent III parvint à faire reconnaître Othon IV par toute l'Allemagne. En 1209, le nouvel empereur s'engagea formellement à Spire à ne pas se mêler des élections ecclésiastiques, à laisser l'Eglise romaine en possession de son patrimoine et de ses dépendances, et à lui restituer les biens allodiaux que la comtesse Mathilde lui avait légués par testament et tout ce que ses prédécesseurs avaient usurpé. Il confirma ces mêmes promesses par un serment solennel, prêté entre les mains d'Innocent III, à Viterbe, et il jura de ne plus jamais étendre ses prétentions sur le royaume de Naples, que le pape voulait conserver à Frédéric II. Mais à peine eut-il reçu la couronne impériale, qu'il oublia tous ses engagements et ses serments ; il s'empara de plusieurs territoires appartenant à l'Eglise et envahit le royaume de Naples. Innocent III l'avertit de changer de conduite et de tenir ses promesses ; l'empereur refusa d'obéir et se prépara à attaquer la Sicile où s'était retiré Frédéric II. Le pape, outré de tant d'ingratitude, de mauvaise foi et d'audace, se décide enfin à lancer l'excommunication, et comme Othon persévère obstinément dans ses desseins, il le déclare déposé et défend de lui obéir. Les seigneurs de l'Empire, d'accord avec Innocent III, se prononcent en grand nombre pour Frédéric II. Othon, accouru en Allemagne, essaye d'abord de lutter contre son jeune rival, mais c'est en vain : son parti diminue de jour en jour, et enfin il se voit abandonné de tout le monde, après avoir été battu par le roi de France à Bouvines (1214) (2).

---

(1) *Regist. imp.*, n°s 53, 81, 106.
(2) *Ibid.*, n° 52.
(3) Regist. imper, n°s 52 et 61.
(4) Sur cette affaire de l'élection d'Othon à la couronne impériale, consulter, outre les histoires et les lettres d'Innocent III, le *Registrum de negotio imperii Romani* dans Baluze et Migne ; Huillard-Bréholles, *Historia diplomatica Frederici II*. Paris, 1852, sqq. ; Abel. *König Philip Hohenst*. Berlin, 1852 ; Böhmer, *Regesten des Kaiserreichs unter Philipp, Otto*, etc., Stuttgard, 1849 ; Phillips, *Die deutsche Kœnigswahl bis an goldenen Bulle*; Héfélé, *Wie dachte sich Innocenz III das Verhältniss des Papstes zur Kaiserwahl ?* (dans *Tüb. theol. Quartalschrift*, 1862, p. 603-623).

(1) Cf. Innocentii *Deliberatio*, etc. (voir la note précédente.)
(2) Dollinger, t. III, p. 534 et suiv. ; Hurter, *Innocent III*, t. III, pp. 173, 316, 354 ; Cf. Th. Tœche, *Kaiser Heinrich IV*. Leipzig, 1866 ; Cohn, *De rebus inter Henricum VI, imper., et Henricum Leonem actis*. Vratisl., 1856 ; Wiederhold, *De bello quod Otto IV gessit cum Friderico II*, Kœnigsberg, 1857 ; H. Prutz. *Historia Henrici Leonis Saxoniæ Bavariæque ducis*, Sedin., 1863 ; Id., *Heinrich der Löwe, Herzog von Baiern und Sachsen*, Leipzig, 1865 ; Otto Abel, *Kœnig Philipp, der Hohenstaufe*, Berlin, 1852 ; Böhmer, *Regesten des Kaiserreichs unter Philipp, Otto*, etc., Stuttgard, 1849 ; Winkelmann, *Philippe de Souabe et Otton IV de Brunswick*, Leipzig, 1873. (La puissante personnalité du pape Innocent III est traitée avec respect dans cet ouvrage, et les futurs historiens du grand pape y trouveront d'utiles indications. De nombreux documents, la plupart inédits, sont imprimés à la suite du volume).

LA QUATRIÈME CROISADE (p. 293).

La quatrième croisade a été sérieusement étudiée par M. Riant (1).

L'auteur y a réuni et méthodiquement classé et analysé une foule de documents propres à faire connaître cet événement dans tous ses détails, et il serait à souhaiter que le savant et consciencieux écrivain étudiât avec le même soin et la même méthode les trois premières croisades.

Pour montrer tout ce qui reste encore à faire dans cet ordre de travaux, dit très bien M. Riant, il suffit de prendre une croisade, dont le cercle d'action très précis, la durée très limitée, le retentissement exceptionnel dans les annales contemporaines semblent promettre, à priori, un terrain mieux préparé que celui de toutes les autres à la rédaction d'un récit définitif. Or, pour la quatrième des guerres saintes, pour celle qui amena la chute de l'empire grec, le premier travail préliminaire — celui de la réunion des sources — bien que déjà mené très loin par Du Cange, a, de nos jours, successivement absorbé, et peut-être abrégé l'existence de deux érudits opiniâtres, dont les noms resteront inséparablement attachés au sujet qu'ils ont enrichi de leurs découvertes, de Buchon en France, et de Karl Hopf en Allemagne. Et cependant, malgré la somme considérable de matériaux que l'un et l'autre ont su amasser, il semble encore impossible de tenir pour terminée cette première partie des études préparatoires.

C'est-à-dire, en même temps, que la seconde partie — celle de la critique et de la classification des textes recueillis — n'a pu encore produire que des essais imparfaits. Il faut, bien entendu, mettre ici de côté les dissertations spéciales consacrées au plus important de ces textes, à Villehardouin, et en particulier, le commentaire magistral de M. de Wailly (2) qui, pas plus que ses devanciers, n'avait la prétention de donner une histoire littéraire de la quatrième croisade. Mais, plus hardis que l'éminent éditeur, deux écrivains d'outre-Rhin ont voulu récemment tenter cette entreprise, et n'ont abouti, malgré les titres pleins de promesses de leurs mémoires, le premier, M. Streit (3), qu'à une courte bibliographie des documents imprimés, le second, M. Klimke (4), qu'à une étude comparative incomplète, bien que souvent ingénieuse, d'une partie seulement de ces mêmes documents. Quant à Karl Hopf qui, plusieurs années auparavant, avait mis la main à un travail analogue, quoique plus restreint et d'allures plus modestes (5), il s'est chargé de prouver lui-même, par l'importance de sa dernière collection de textes (6), l'inutilité — au moment où il le publiait — de son petit mémoire critique sur les sources de l'histoire du duché d'Athènes. Karl Hopf, d'ailleurs, pas plus que MM. Streit et Klimke, ne saurait être tenu pour entièrement responsable de cet insuccès : ils sont venus trop tôt, et toute autre expérience ne fût point arrivée, dans l'état actuel des matériaux réunis, à un meilleur résultat.

Que dire maintenant des essais tentés dans un domaine encore plus voisin de l'histoire définitive? M. de Muralt, qui avait — grâce à une patience dont les travailleurs doivent lui savoir gré — réussi à classer dans un cadre chronologique suffisamment rigoureux les faits embrouillés des premiers siècles de l'histoire byzantine (1), n'a point été aussi heureux, dès qu'il a voulu aborder, avec la période des guerres saintes, la discussion des témoignages latins (2), et la partie de son livre, consacrée à la quatrième croisade, est entièrement inférieure au reste. M. Klimke vient de faire, sur les événements de 1201-1205, un travail semblable, mais beaucoup plus sérieux (3), et qui cependant, pas plus que l'étude critique du même auteur, ne saurait prétendre à être regardé comme définitif. Qui sait, en effet, si, dans l'avenir, à des études analogues à celle de M. Klimke, ne s'offriront point des matériaux deux fois plus nombreux que ceux que nous ont laissés successivement Du Cange, Buchon et Karl Hopf lui-même? Ce n'est pas à un moment où la facilité des communications littéraires, et la publication imminente des inventaires de tant de dépôts publics va permettre d'étudier, au point de vue des croisades, une foule de documents encore inexplorés, qu'il convient de tenter autre chose que quelques discussions de détail, circonscrites dans des limites chronologiques très étroites, — toute étude de longue haleine devant forcément être remise au temps où la recherche des sources pourra être considérée comme définitivement épuisée, et les résultats de cette recherche, publiés et bien publiés. Il faut, jusque-là, se borner à continuer avec modestie et persévérance l'œuvre commencée par Du Cange et continuée par Buchon et Karl Hopf. Seulement, il n'est point interdit de chercher d'avance à déterminer le champ précis de ces futures investigations et à indiquer la méthode qui doit y présider.

C'est la tâche dont M. le comte Riant s'est acquitté avec succès, au grand profit de l'histoire, dans ses *Exuviæ sacræ Constantinopolitanæ* (4).

Postérieurement, M. le comte Riant a plus spécialement étudié le changement de direction de la quatrième croisade, dans un travail publié par la *Revue des questions historiques* (5).

L'auteur examine avec soin les faits principaux et les circonstances accessoires de l'événement, il entre dans les détails les plus complets et s'aide des autorités qui peuvent lui servir d'appui. Nous ne pouvons nécessairement pas suivre M. Riant dans la suite de ses développements trop étendus ; nous devons nous borner à extraire de son travail un ou deux passages qui ont plus directement trait à l'histoire de l'Église.

---

(1) *Exuviæ sacræ Constantinopolitanæ*. (2 vol. in-8.) Genève, 1877.
(2) *Eclaircissements à Villehardouin*, à la suite de l'édition de ce chroniqueur. Paris, 1874, pp. 429-532.
(3) *Commentatio de auctoribus IV sacræ expeditionis*. Putbusii, 1863.
(4) *Die Quellen zur Geschichte des vierten Kreuzzuges*. Breslau, 1875.
(5) *De historiæ ducatus Atheniensis fontibus*. Bonn, 1852.
(6) *Chroniques gréco-romanes*. Berlin, 1873.

(1) *Essai de chronologie byzantine*. 1re partie, Saint-Pétersbourg, 1855.
(2) *Ibid.*, 2e part. Bâle, 1871.
(3) *Op. cit.*, pp. 80-106.
(4) Voir aussi *Revue des questions historiques*, oct. 1873, p. 674.
(5) T. XXIII, janv. 1878, p. 71 et suiv.

On a accusé — comme chacun sait — le pape Innocent III de complicité dans la modification radicale du but de la quatrième croisade. M. Riant démontre à l'évidence qu'Innocent avant, pendant et après la croisade, n'a jamais, de près ni de loin, trempé dans les intrigues qui amenèrent la chute de l'empire grec. Il traite, non sans motif fondé, de fable plus ou moins vénérable tout ce que les textes secondaires pourront apporter, sur ce point, de contradictoire à la réponse du grand Pontife, l'extrême limite que l'on puisse assigner à une déviation quelconque, en ce sens, de la politique d'Innocent III, semblant donnée par l'appréciation si impartiale de l'auteur anonyme de la *Chronique de Novgorod* (1).

M. le comte Riant aborde ensuite la question de savoir si les Vénitiens ont trahi la chrétienté en 1202.

Il étudie ce fait avec la plus grande attention et l'examine dans tous ses détails.

Venise, plus soucieuse de ses intérêts matériels que du triomphe de la croix, avait conclu des traités particuliers avec les Musulmans. Voici ce que M. le comte Riant dit à ce sujet :

« Sans poser la question de savoir si le véritable intérêt de Venise résidait dans ces alliances perpétuelles avec les ennemis de la foi, alliances qui lui créaient tant d'embarras en Europe; si, obtenue par un concours loyal aux projets du Saint-Siège, une conquête solide de l'Egypte n'eût pas offert à la République des résultats matériels plus pratiques et plus durables que les alliances secrètes et fragiles avec le Croissant, si même elle ne fût pas tentée plus d'une fois, et en particulier au XIVe siècle, sous la sage influence de Sanudo (2), de renoncer à cette politique séculaire, et de revenir tardivement à celle d'Innocent III, — sans entrer enfin dans des considérations qui m'entraîneraient trop loin, — je reconnaîtrai que les origines de la politique commerciale de Venise excusaient jusqu'à un certain point ces alliances traditionnelles; j'ajouterai qu'elle a su les perpétuer du Xe au XVIe siècle, les resserrant *immédiatement avant chaque croisade*, stipulant pour ses nationaux la neutralité en temps de guerre sainte, *salvi sint tempore guerri* (3); — toujours oublieuse, à l'égard des infidèles, de ses rancunes les plus légitimes, et, au lendemain de la prise d'Acre, qui ruinait, au milieu des horreurs que l'on sait, ses antiques comptoirs de Syrie, s'empressant de mendier un traité de commerce (4) auprès de ses spoliateurs de la veille, — par contre, toujours prête à abandonner les Latins d'Orient, quand elle n'avait plus rien à en attendre, *cum potentia Gallorum evanesceret*, pour parler le langage impudemment naïf d'André Dandolo — en un mot, n'obéissant jamais qu'à ce qu'elle pensait être ses intérêts.

Mais ce qui, dans les temps modernes... peut s'appeler, par euphémisme, *esprit de politique traditionnelle*, n'avait-on pas, au moyen âge, et en 1204 tout particulièrement, quand la croisade était la grande affaire de l'Europe et que la guerre de religion par excellence passait avant toutes les autres, le droit de l'appeler *trahison*?

Si, pour les autres croisades, les Vénitiens n'étaient que les *voituriers* des croisés, et, à ce titre, peuvent, dans une certaine mesure et, quelques bénéfices qu'ils aient toujours su exiger de leurs nolisants, pour prix d'un concours tout matériel, être regardés comme excusables d'avoir veillé au maintien de leurs relations d'affaires avec le monde musulman, — dans la quatrième, au contraire, ils étaient, non plus de simples entrepreneurs de transport, mais bien partie prenante et, jusqu'à un certain point, dirigeante dans l'expédition : c'est cette situation spéciale qui rendait coupable de leur part toute entente, même purement commerciale, avec l'ennemi; c'est là que pouvait être et que, si l'on en croit Ernoul, fut leur trahison.

M. le comte Riant termine en faisant ressortir la prépondérance du rôle joué par la politique allemande dans toutes les intrigues qui surgirent autour de la quatrième croisade.

LES CROISADES ET L'AFFRANCHISSEMENT DES SERFS
(p. 298).

Nous avons indiqué ailleurs les influences diverses que les croisades ont exercées sur l'état social en leur temps; il en est une sur laquelle il convient d'insister ici parce que ses résultats, généralement passés sous silence, n'en furent pas moins importants et considérables; nous voulons parler de l'affranchissement des esclaves et des serfs.

A l'époque où ces grandes entreprises s'exécutèrent, dit M. J. Jaquemet, trois sortes de droits étaient exercés par les seigneurs sur les serfs : 1° le *droit de poursuite*, qui attachait le serf à la glèbe, et l'empêchait d'abandonner le sol auquel il était pour ainsi dire inhérent; 2° le droit de *formariage*, qui l'obligeait à ne se marier que dans le ressort de la seigneurie à laquelle il appartenait; et 3° celui de *mainmorte*, qui interdisait au serf la libre disposition de ses biens. Il existait pourtant un droit d'hérédité sur les biens du serf décédé; mais il ne pouvait être exercé que par de très proches parents. Il en résultait que fort souvent les successions se trouvaient dévolues au seigneur.

Quand les guerres saintes commencèrent, ce fut comme un appel que la religion adressait aux chrétiens; tous étaient convoqués, l'assistance de tout ce qui portait la croix dans son cœur était réclamée sans distinction, sans exception : la religion sollicitait des bras et des épées; il n'y avait,

---

(1) Sic Isaaci filius aufugit, et ad Philippum, Germanorum imperatorem sororemque suam pervenit. Germanorum imperator eum Romam ad papam misit, quocum consuleret an Constantinopoli bellum inferendum esset, et Isaacides : Tota urbs, inquit, me imperatorem cupit ; Papa vero Francis dixit : Si ita res se habet, cum in solio collocetis, et postea Hierosolymam abeatis, Terræ Sanctæ opem laturi; quodsi vero eum accipere nolueritis, ad me redeatis, neve Græcorum terram lædatis. Franci autem omnesque eorum duces, auri argentique cupidi erant, quæ Isaacides se iis daturum promisit ; et mox imperatoris et papæ præcepta obliti sunt (Chron. Novg., apud Hopf, Chron. greco-rom., p. 94).

(2) Sanutus, Secr. fid Crucis, lib. I, p. 1, c. 1 (dans Bongars, t. II, p. 22); Andreæ Dandoli *Commissio Cretæ*. éd. Thomas, pp. 45, 51 (Prohibition du commerce avec l'Egypte en 1309 et 1302).

(3) Traité de 1254 avec Malek (dans Mas Latrie, Supp. aux tr. de paix), p. 77.

(4) Traité de sept. 1304, entre Venise et l'émir du Safed et de Saint-Jean-d'Acre, au nom du Sultan d'Egypte (Archiv. de Venise, *Libr. Pact.*, t. IV, f° 95, v°), communiqué par M. de Mas Latrie.

pour elle ni maîtres ni serfs, il n'y avait que des chrétiens. *Dieu le veut! Dieu le veut!..* ce cri d'enthousiasme pieux qui a retenti jusqu'à nous, sortait également de la bouche du puissant seigneur féodal, du bourgeois des cités et du vilain des campagnes qui se présentaient ensemble pour recevoir la croix des mains du pape Urbain, de Pierre l'Hermite ou de saint Bernard, dans ces fameuses réunions de Clermont et de Vezelay, où la chrétienté tout entière semblait s'être donné rendez-vous pour se ruer sur l'empire du Croissant, et lui enlever la cité sainte.

Le serf, en se croisant, renonçait donc à demeurer plus longtemps attaché à cette terre ingrate qu'il arrosait de tant de sueurs pour ne recueillir qu'une si faible portion des fruits qu'il tirait de son sein : sa foi, d'accord ici avec son intérêt, lui faisait préférer consacrer ses forces au service de la Croix en faisant ce *sainct véage*. Le serf *tréfoncier* (ou attaché au sol) était donc affranchi de fait par la détermination spontanée qui l'entraînait en Asie.

Quoique d'une manière moins prompte et moins directe, les croisades influèrent aussi sur la servitude plus spécialement inhérente à la personne. Les croisés étaient des soldats et des soldats privilégiés; c'étaient les soldats de Dieu. Or il paraît certain qu'en général, la milice affranchissait l'homme qui s'enrôlait. D'après le droit romain, l'esclave qui, au su de son maître, servait quelque temps dans les armées, devenait libre. Or les descendants de Clovis et de ses compagnons n'estimaient pas moins la profession des armes que ne faisaient ceux de Romulus; ils devaient lui accorder les mêmes privilèges. Et puis pour un peuple plein de foi, quelle force n'ajoutait pas à cette considération la croix empreinte sur les armures ? Aurait-on pu, sans une sorte de profanation, charger de nouveau des fers de la servitude des mains qui venaient de délivrer la cité sainte ? Ne se serait-on pas cru coupable d'un véritable sacrilège, en réclamant des droits sur les restes de ce sang qui avait coulé pour Jésus-Christ sur les champs de bataille de la Palestine? Guerriers généreux que l'Église comblait de ses faveurs les plus abondantes, sur qui se fixait l'admiration de la chrétienté, auraient-ils pu, de retour dans la patrie, être replongés dans l'abjection de l'esclavage ? L'esprit du temps ne permet pas de le penser. On ne trouve, il est vrai, aucune ordonnance qui enjoigne positivement aux seigneurs d'accorder à leurs serfs la faculté de se croiser, et de leur départir la liberté au retour de la croisade ; mais les mœurs de l'époque rendaient cette injonction superflue. « Le père, dit un contemporain, n'osait s'opposer au départ de son fils ; la femme, retenir son mari; le seigneur, arrêter son serf. Le chemin de Jérusalem était libre à tous par la crainte et l'amour de Dieu. » De telle sorte que si les seigneurs voyant leurs serfs abandonner la culture des terres pour la croisade, tentèrent de les retenir, ce fut sans succès, comme le prouve suffisamment cette immense multitude de croisés qui, durant deux siècles, couvrirent la route de l'Orient.

Une preuve, d'un autre genre, qui établit le même fait, résulte de ce qui se passait à l'assemblée du Mans, à l'époque de la troisième croisade. On signifia aux habitants des villes et des campagnes, que ceux qui prendraient la croix sans l'autorisation de leur seigneur, ne se trouveraient point par là dispensés de lui payer la dîme (1) : déclaration qui suppose le serf croisé sans la permission du seigneur, déchargé de tout ce qu'il doit à ce seigneur par l'acquit de la dîme à laquelle il était obligé. C'était une conséquence forcée du principe qui faisait considérer l'acte de prendre la croix comme une œuvre spirituelle placée hors des limites de l'autorité temporelle des seigneurs, qui ne pouvaient point intervenir pour l'empêcher.

Avant les croisades, il résultait, on doit le reconnaître, de la combinaison d'une règle portée par les canons des plus anciens conciles avec l'état social à cette époque, pour les serfs ecclésiastiques, une difficulté plus grande que pour les autres, d'arriver à la liberté. En effet, les canons défendaient en principe d'aliéner les biens ecclésiastiques ; or, les serfs étant, à cette époque, considérés comme faisant partie des biens, on tirait cette conséquence rigoureuse, que les auteurs de ces canons n'avaient pas entrevue (du moins l'esprit général de l'Eglise doit porter à le penser), que les ordonnances ecclésiastiques elles-mêmes défendaient l'affranchissement. Les croisades mirent un terme à ce fâcheux état de choses, en offrant aux serfs, comme nous le disions plus haut, un affranchissement tacite auquel on ne pouvait s'opposer. Avant les croisades, enfin, le besoin poussait souvent les fidèles à présenter leurs têtes à ce joug qui se rivait si fortement, mais qui, du moins, leur assurait le pain de chaque jour. Depuis le commencement de ces guerres, cette oblation de sa personne dut prendre une autre direction : on aima mieux servir Dieu lui-même dans les hasards de la croisade que de s'assujettir même aux ministres de son Eglise, possesseurs de fiefs, sous des conditions toujours plus pénibles.

Aux considérations générales que nous avons présentées jusqu'ici, on peut en joindre d'autres qui font voir, quoique d'une manière moins directe, l'essor inconnu jusque-là qui fut imprimé par ces croisades à l'abolition de la servitude chez nos pères.

Il existait certaines villes gratifiées de privilèges extraordinaires qu'elles avaient obtenus des princes : c'est principalement en Allemagne qu'elles se trouvaient. Un des plus précieux de ces droits, fut celui en vertu duquel le serf qui était venu chercher un asile dans leur sein, pouvait en sortir homme libre après un an de séjour, si, durant cet intervalle, son maître ne l'avait pas réclamé. Les croisades donnant prétexte aux serfs de quitter la terre et le manoir auxquels ils étaient attachés, un grand nombre saisirent une occasion si favorable pour se jeter dans les villes libres et y acquérir par une courte prescription cette liberté objet de leurs désirs.

Ainsi encore les seigneurs féodaux, à la veille d'entreprendre un voyage lointain, semé de dangers de toutes sortes que leur imagination grossissait encore, s'occupaient-ils de les écarter en s'assurant une protection dans le ciel ; ils songeaient aux œuvres

(1) Roger de Hoveden, *Annales*, pars II.

de charité par eux négligées peut-être jusque-là, et ils offraient à Dieu la liberté d'un certain nombre de serfs du manoir féodal.

Ces causes diverses, créées par l'esprit religieux des croisades, finirent par amener la publication de ces fameuses lettres d'affranchissement général, que donnait le roi Henri le Hutin, quarante ans après saint Louis, pour assurer l'émancipation de tous les serfs de la couronne.

Ainsi s'effaçaient peu à peu les derniers vestiges de l'esclavage, sous l'influence du christianisme, et, à l'exemple de ce qui avait eu lieu en France, le servage avait disparu de presque toute l'Europe vers le xv° siècle (1).

DOCTRINE DES CATHARES, OU PATARINS ET ALBIGEOIS
(p. 301).

A propos des Cathares ou Albigeois, Rohrbacher fait justement remarquer que tous ceux qui tiennent de près ou de loin à l'impiété, à l'hérésie, au schisme ou à des préjugés qui en viennent, font mentir l'histoire plus ou moins, contre l'Eglise de Dieu et en faveur de ses ennemis. C'est ainsi que l'extension des sectes manichéennes aux xii° et xiii° siècles a été l'occasion, pour les historiens protestants et rationalistes, d'injustes accusations contre les mœurs du clergé et des chrétiens de ce temps (2). On doit repousser dans ce qu'elle a d'excessif et de trop général cette thèse dont plusieurs historiens catholiques même ne se sont pas assez gardés, que l'apparition de l'albigéisme, notamment dans le Midi, ne fut que la conséquence de la dissolution et de l'ignorance des ecclésiastiques, des moines et des riches.

Il faut remonter au manichéisme pour trouver la filiation de cette hérésie des Cathares qui avait pénétré au commencement du xiii° siècle, dans toute l'Europe centrale, depuis l'embouchure du Danube jusqu'au delà des Pyrénées, et de Rome jusqu'en Angleterre (3). S'il y a quelque exagération à dire avec Héfélé que l'islamisme lui-même

fut moins redoutable au viii° siècle, il est certain que cette secte se propageait terriblement et menaçait une grande partie de la chrétienté.

Au moment où le pape Innocent III jeta contre ses adeptes le cri d'alarme, et provoqua une croisade pour les réduire par la force armée, ils s'appelaient eux-mêmes *Cathares* (καθαροί), c'est-à-dire les purs. Cependant on les désignait autrement, selon les différents pays : *Pauliciens* (παυλικιανοι, publicani) au nord de la France et en Angleterre, et parfois *textores* (tisserands) ; *Runkeler* ou *Runkarier* en Allemagne ; *Patarins* en Italie, et *Albigeois* dans le midi de la France. A partir du xiii° siècle, on les désigna sous le nom de Bulgares par allusion au pays d'où était partie la secte.

Dès les xi° et xii° siècles, plusieurs synodes avaient essayé de couper le mal par la racine, sans y pouvoir réussir. Alexandre III porta un édit rigoureux contre la secte des *Cathares* dans le onzième concile œcuménique, et il fit prêcher par le cardinal Henri, auparavant abbé de Clairvaux, une croisade contre ceux d'Albi et des provinces voisines en 1480. Mais ils ne cédèrent à la force que pour reparaître plus nombreux et plus déterminés. Le pape Innocent III (*Epist.* lib. I, 94) reconnaissait avec stupeur que Manès comptait plus de disciples que le Christ dans le midi de la France. Des milliers de villes en étaient remplies ; un grand nombre de seigneurs de ces contrés leur étaient affiliés, soit comme membres, soit comme protecteurs de la secte. Raymond VI, comte de Toulouse, leur était à peu près dévoué, dans l'espoir de tourner leur puissance au profit de son ambition. Raymond Roger, vicomte de Béziers et de Carcassonne, et les comtes de Béarn, d'Armagnac, de Comminges et de Foix, montraient une grande ardeur pour la même cause. Souvent les châteaux servaient à la célébration du culte, ou bien donnaient asile à ceux qui étaient poursuivis. Dans d'autres étaient installés des écoles et des établissements d'éducation pour les filles des frères les plus pauvres, des séminaires pour la formation de ceux qui étaient appelés *parfaits* et qui étaient soigneusement distingués des simples *fidèles* ou des croyants. Les provinces du Languedoc et des alentours étaient particulièrement favorables aux rêveries de ces hommes exaltés.

Malgré cette effervescence, l'on ne voit cependant pas qu'ils eussent des relations bien actives avec les Cathares de l'Italie, de la Bulgarie, des Flandres et de l'Angleterre ; mais un grand succès de leur part les eût établies et eût amené une conflagration générale. Les alarmes d'Innocent III n'étaient que trop fondées.

Rohrbacher marque en quelques traits la doctrine des Albigeois. Par l'examen plus détaillé de cette pernicieuse erreur, on comprend mieux pourquoi il dit qu'elle était destructive de toute morale, de toute justice, de toute société.

En partant du principe de l'éternité et de la perfection absolue de Dieu, les néo-manichéens prétendaient que le monde visible n'avait pas été créé par lui, car il est transitoire et imparfait, et l'effet a toujours pleine analogie avec la cause et en porte la marque ineffaçable. Aussi, d'après eux, ce monde imparfait et mauvais serait l'œuvre d'un principe mauvais, dont parle la Bible en l'appelant

---

(1) La France fut la première à donner l'exemple de l'abolition du servage. Dès le x° siècle il commence peu à peu à disparaître ; au xiii° on n'en trouve plus de trace dans plusieurs provinces. Voir L. Delisle, *Etude sur la condition de la classe agricole en Normandie*, Paris, 1855, Préf. ; Littré, *Les Barbares et le Moyen-Age*, Paris, 1867 ; B. Guérard, *Le Polyptique de l'abbé Irminon*, Paris, 1844, t. I, pp. 277, 393 ; Id., *Cartulaire de l'abbaye de Saint-Père de Chartres*, 1840, passim ; H. Doniol, *Le Cartulaire de Brioude*, 1863 ; Id., *Cartulaire de Sauxillanges* ; Natalis de Wailly, *Cartulaire de Saint-Victor de Marseille* et la plupart des Cartulaires publiés en grand nombre depuis quarante ans.

(2) Dans ce sens : Hortuns, *Geschichte des Mittelalters*. Berlin 1836, t. I, p. 456 ; Schmidt, *Grundriss der Geschichte des Mittelalters* Berlin, 1828, p. 81 ; Ellendt, *Lehrbuch der Geschichte für die Oberen Classen der Gymnasien*. Kœnigsberg, 1834 ; Leo, *Geschichte des Mittelalters*. Halle, 1830. (Il s'est en partie rectifié lui-même, dans *Lehrbuch der Universalgeschichte*, Halle, 1836.) On trouve ces préjugés et ces injustices, à côté de sérieuses recherches historiques, dans Schmidt, *Histoire et doctrine de la secte des Cathares ou Albigeois*. Paris, 1849, 2 vol.

(3) On peut, avec Schmidt, aller chercher chez les Gréco-Slaves, la première origine de la secte des Cathares ; mais prétendre qu'elle a pris naissance par suite de l'antipathie des moines gréco-slaves contre le culte latin qui faisait invasion, c'est ajouter aux documents. M. Schmidt lui-même pour expliquer comment leurs idées finirent par se réduire à un système dualiste, dit obligé de faire intervenir les Pauliciens qui, depuis le ix° siècle, s'étaient fixés en Bulgarie. Il est plus vraisemblable d'admettre que le principe fondamental du dualisme manichéen a passé des Pauliciens aux Gréco-Slaves et que ceux-ci l'ont ensuite propagé à leur tour en Europe

« prince de ce monde. » C'est là le dogme primitif et universellement adopté de tous les sectaires : plus tard, il y en eut qui firent des restrictions et soutinrent que le principe mauvais était bon en sortant des mains de Dieu et qu'il s'était dépravé volontairement. Chacun des deux principes créa son monde à lui : le Dieu bon créa le monde invisible des esprits et le Dieu mauvais créa le monde visible. C'est de celui-ci que proviennent tous les phénomènes, ordinaires ou terribles, les tremblements de terre, les orages, les inondations... etc.; c'est par lui également que grandissent les herbes et les fruits; et il est cause de tous les malheurs moraux, des mauvaises lois, des persécutions, des cruautés. Tout cela a été inspiré par la haine contre le Dieu bon et contre ses adorateurs. Le Dieu mauvais a aussi créé le corps de l'homme et il est par là même la première cause du péché, car le péché provient non pas de l'esprit, mais de la matière. Lorsque le Christ dit : « Mon royaume n'est « pas de ce monde » (Saint Jean, XVIII, 36), il veut signifier par là que le Dieu mauvais ou Lucifer est le prince de ce monde. Le Dieu bon a peuplé son monde avec des hommes célestes, possédant des corps immatériels.

Par quelle déduction en venaient-ils à prétendre que l'Ancien Testament provenait du Dieu mauvais, le Nouveau, du Dieu bon ? Il n'est pas facile de le déterminer. Tous d'ailleurs n'étaient pas d'accord sur ce premier point. Plusieurs pensaient qu'on ne retrouvait pas la trace du Dieu mauvais dans les livres prophétiques, dans les psaumes, dans Job et dans d'autres; mais seulement dans les livres historiques... La terre est un lieu de pénitence et un enfer; même il n'y en a pas d'autre... Un Dieu qui ne sauverait pas tout le monde serait un Dieu perfide.

Le Dieu bon envoya son fils Jésus-Christ sur la terre, afin de délivrer les âmes célestes du pouvoir de Lucifer. Afin d'empêcher l'œuvre de la rédemption, le baptiseur Jean, serviteur du Dieu mauvais, précéda Jésus-Christ. Celui-ci est plus élevé en dignité que tous les anges; il n'est cependant qu'une créature de Dieu, la sagesse tout à fait subordonnée à Dieu. Le dogme de l'Incarnation de Dieu est une folie. Le Sauveur ne peut s'unir à un corps matériel; car, s'il le faisait, il tomberait par là même au pouvoir du Dieu mauvais. Son corps est céleste comme celui de tous les habitants du ciel. C'est avec ce corps qu'il est descendu dans Marie (par son oreille), et c'est avec ce même corps qu'il a semblé naître d'elle (également par son oreille). Marie elle-même était un ange, revêtu d'un corps céleste et sans aucune distinction de sexe : elle semblait seulement être une femme. Le corps céleste du Christ ne ressentit évidemment aucune douleur; ce n'est qu'en apparence qu'il fut tué, et c'est tout à fait par exception et par une disposition toute spéciale de Dieu qu'il parut aux disciples être un corps véritable. C'est avec ce corps céleste qu'après sa mort le Christ est remonté aux cieux. Il était venu sur la terre pour détacher de l'adoration de Jéhovah ou du Dieu mauvais, les âmes prisonnières, et pour leur indiquer les moyens de se délivrer de ce Jéhovah et de la tyrannie de la matière. La Rédemption consiste donc dans un enseignement qui nous a été donné; aussi la mort du Christ n'occupe-t-elle qu'une place restreinte dans l'économie du système des Cathares. Jésus-Christ fut une victime, dans ce sens que les juifs le tuèrent à cause de son opposition à leur Dieu. Quelques Cathares allèrent si loin dans leurs extravagances, qu'ils ne craignirent pas d'affirmer que le Christ historique, celui qui avait paru en Palestine, était une créature du Dieu mauvais venue pour tromper les âmes. Le Christ véritable est en même temps un Christ idéal, qui n'a parlé que par ses disciples, en particulier par saint Paul, et qui n'a paru qu'en eux.

Enfin, quant au Saint-Esprit, ils le subordonnaient au Christ et en faisaient également une créature; ils le plaçaient à la tête des esprits célestes, qu'ils désignaient aussi sous le nom de *Spiritus Sancti*; il n'était que le premier d'entre eux.

Quiconque veut être racheté doit accepter la doctrine du Christ (c'est-à-dire celle des Cathares) et entrer dans l'Eglise du Christ. C'est là qu'à la suite de l'acte du *sacre*, c'est-à-dire par l'imposition des mains précédée d'exercices de pénitence et d'un jeûne de trois jours, l'âme est purifiée de toutes ses fautes, y compris la faute originelle qu'elle avait commise dans le ciel, et que sa pénitence est terminée. Si le corps terrestre vient à mourir, l'âme ainsi purifiée retourne au ciel. Il ne saurait être question de la résurrection de la chair, puisque toute chair est à leurs yeux marquée du cachet de Satan. Quand ils parlent de la résurrection du corps, ils entendent la réunion de l'âme au corps céleste qu'elle possédait auparavant.

Dans la pratique, le point de vue général d'où découlaient leurs actes, c'est que la matière est mauvaise, et toutes les fautes actuelles consistent dans les faiblesses à l'égard de la matière. Tout contact avec elle est coupable; ainsi la possession de biens terrestres, le commerce avec les gens du monde, la guerre, l'emploi du glaive en vertu de l'autorité civile, toute pénitence, même la plus juste, la mort d'un animal, à l'exception des serpents, le fait de manger de la viande, des œufs, de boire du lait, etc..., et surtout le mariage. La morale n'était qu'une liste de prohibitions. Ces pratiques, du reste, n'étaient obligatoires que pour les Cathares des classes supérieures, pour ceux qui avaient reçu l'acte du sacre, baptême spirituel, unissant l'âme au Saint-Esprit et lui donnant la perfection, tandis que le baptême d'eau est une institution du Dieu mauvais.

L'Eglise voyait les hérétiques surtout dans ces *Cathares* d'un ordre supérieur; elle les appelait quelquefois *vêtus* (vestiti), parce qu'en recevant l'imposition des mains, ils n'avaient autour de leur corps complètement nu qu'une corde ou un lien de laine, comme habit symbolique. Leur vie était une série d'abstinences, ils ne mangeaient que du pain, des fruits et du poisson, qui leur étaient offerts par les *croyants*, c'est-à-dire les *cathares* de la classe inférieure. Ils observaient des jeûnes longs et sévères, renonçaient à la famille et à toute propriété, abandonnaient à la caisse commune leurs biens, leurs revenus et tous les présents qu'ils recevaient pour la collation du sacre ou qu'ils avaient reçus de la part des adeptes. Ils portaient constamment, hommes et femmes, des manteaux noirs munis d'un sac de cuir, qui contenait un exemplaire du Nouveau Testament. Ils vivaient le plus souvent dans des cabanes solitaires, dans les forêts, ou bien, si les persécutions ne les en empêchaient pas, dans des maisons communes, où ils travaillaient de leurs mains, élevaient des jeunes filles ou soignaient des malades. Le nombre des *parfaits* ne fut jamais considérable; celui des *croyants*, au contraire, était fort grand. Tout en adhérant à la doctrine parfaite, ces derniers vivaient dans le monde et dans le mariage, possédaient des biens terrestres, faisaient la guerre; ils étaient toutefois obligés de promettre de recevoir *l'imposition* des mains avant leur mort. Quelques signes, que l'on retrouvait sur leurs maisons, leur permettaient de se reconnaître entre eux.

L'âme des *parfaits* retourne au ciel aussitôt après la mort; celle des simples *croyants*, ainsi que celle des hommes étrangers à la secte, doit passer par des corps de bêtes, jusqu'à ce qu'enfin elle soit jugée digne de recevoir l'imposition des mains. Quand un parfait mange de la viande ou tue un animal, il se trouve alors de nouveau en la puissance de Satan; toutefois il peut être sauvé si, après une sévère pénitence, il reçoit *l'imposition des mains*. Plusieurs se donnèrent la mort ou se laissèrent périr de faim pour ne plus pécher, et ces divers suicides leur paraissaient très méritoires et la preuve d'une grande sainteté. Ils célébraient leur culte en tout lieu, et quoiqu'ils affectassent de ne le pratiquer que dans les endroits secrets, il ne se passait rien d'inconvenant dans leurs assemblées. On y voyait une table couverte d'un linge blanc et supportant le Nouveau Testament ouvert au premier chapitre de Saint Jean. Ils rejetaient les images, comme une invention des démons et ne pouvaient comprendre qu'un chrétien exposât une croix, qui ne rappelle que le triomphe du Dieu mauvais sur bon. Leurs cérémonies commençaient par la lecture du Nouveau Testament; venaient ensuite le sermon et la bénédiction. Les *croyants* se prosternaient devant les *parfaits* et leur demandaient de les bénir. Puis on passait au *Pater noster*, comme étant la seule prière permise, et la séance se terminait par une nouvelle bénédiction. On avait aussi la *bénédiction du pain*, mais non pas du vin. Un des parfaits bénissait le pain, dont chacun avalait ensuite une bouchée, en signe de communion, quoique ce fût une communion très différente de l'Eucharistie. On devait aussi se confesser tous les mois; les grands pécheurs, en secret, et les autres, tous ensemble. Un clerc mettait le Nouveau Testament sur la tête du pénitent et *les parfaits* tous ensemble prononçaient les paroles de l'absolution. Ils avaient des fêtes, mais n'y attachaient pas le même sens qu'aux fêtes catholiques : ainsi la Pentecôte était pour eux le souvenir de la fondation de l'Eglise des *Cathares*. Chaque évêque avait deux vicaires généraux, dont l'ancien (*filius major*) était son héritier présomptif.

Devant cet exposé sommaire des doctrines et des pratiques des Cathares, on s'explique que le pape Innocent III ait dit : « Les Cathares sont pires que les Sarrasins. » Leurs principes étaient un renversement complet de la religion chrétienne et de la société civile. La lutte contre eux fut poursuivie avec activité et se termina surtout par les travaux et les prédications de saint Dominique. Rohrbacher en retrace les phases les plus importantes.

Sur cette question l'on pourra consulter avec fruit le récent ouvrage de M. l'abbé Douais, qui, après un aperçu historique et doctrinal des diverses hérésies auxquelles a donné naissance le grand problème de l'origine du mal, expose les transformations successives de l'albigéisme, les efforts des papes pour arrêter ses progrès et son organisation définitive au XIIe siècle (1). La suite de l'ouvrage promet une histoire complète de cette erreur.

RAYMOND VI, COMTE DE TOULOUSE (p. 315).

Au moment où Raymond agissait à l'égard de Pierre de Castelnau de la manière que rapporte Rohrbacher, il lassait et persécutait le clergé de ses domaines et notamment l'évêque de Viviers. Cependant, sous la terrible appréhension des suites que pouvait lui attirer la double accusation d'assassinat et d'hérésie, le comte de Toulouse se rapprocha de Bernon, qui occupait alors le siège épiscopal de Viviers, et le 13 août 1210 il se rendit au Pont-Saint-Esprit sur le Rhône, où il avait consenti à avoir une entrevue avec le prélat et les chanoines de Viviers, en présence de Hugues, évêque de Riez et légat du Saint-Siège et de maître Théodise, délégué par la pape. Il y fut conclu une convention, à la suite de laquelle Raymond se rendit, une chaîne au cou, à la cathédrale de Viviers et y fit hommage à Saint-Vincent, dont il baisait l'autel, tandis que l'évêque tenait la chaîne (2).

Pour le comte de Toulouse, cet acte de soumission ne fut pas plus sincère que ceux qu'il avait précédemment signés; Raymond, du reste, saisi d'une sorte d'esprit de vertige, ne songeait en aucune façon aux moyens d'affermir son autorité et courait à grands pas dans la voie qui devait aboutir à sa ruine. Comme hérétique et fauteur d'hérésie, il attira sur lui les foudres de l'Eglise et les armées des croisés commandées par Louis, fils aîné de Philippe-Auguste, et par Simon de Montfort.

« Louis, disent les auteurs de l'*Hist. génér. de Languedoc*, s'arrêta à Saint-Gilles avec ses troupes: il y vit les députés que le concile de Montpellier avait envoyés à Rome et qui apportaient la réponse du pape, datée du 2 avril 1315. Par cette réponse, qui était adressée au légat, aux évêques et à Simon de Montfort, Innocent III commettait à ce général la garde de tous les biens et domaines que le comte de Toulouse avait possédés, de toutes les terres que les croisés avaient conquises, et de celles que le légat tenait en otage, jusqu'à ce qu'il ait été ordonné autrement au concile général qu'il avait convoqué à Rome, pour le 1er novembre suivant. Il donna de

---

(1) *Les Albigeois, leurs origines, action de l'Eglise au* XIIe *siècle*. Paris, 1879, in-8.
(2) Ph. van der Haeghen, *Recherches historiques concernant la souveraineté des empereurs d'Allemagne sur le Vivarais*, Paris, 1860, pp. 36-37.

plus à Simon tous ces domaines, avec l'exercice de la justice et la juridiction jusqu'à ce temps-là. ».

Il en résulta que Simon de Montfort reçut en fief, à son passage à Lauréol sur le Rhône, des mains de Bernon, évêque de Viviers, tant pour lui que pour ses héritiers, le 4 du mois de juillet 1215, le château de Fanjau dans le pays de l'Argentière en Vivarais, et la moitié de tous les revenus de ce château, *qui étaient tombés en commise par le délit du comte de Toulouse*. Bernon lui céda de plus la moitié du commun de paix dans le diocèse de Viviers, « à condition, ajouta-t-il, parlant à Simon, que vous vous chargerez d'obtenir un ordre du pape qui m'enjoigne de vous donner ces domaines. »

LE MASSACRE DE BÉZIERS (p. 320).

Entre autres calomnies, lancées contre le clergé à propos du siège de Béziers, les historiens anticatholiques reprochent à Arnaad, abbé de Cîteaux, d'avoir voué les assiégés à la mort par cette brève et terrible sentence : *Tuez-les tous, car Dieu connaît ceux qui sont à lui!*

La ville de Béziers fut prise et livrée aux flammes et ses habitants passés au fil de l'épée, le jour de sainte Marie-Madeleine, 12 juillet 1209 ; cet événement est un des principaux et des plus sanglants épisodes de la guerre soulevée par l'hérésie albigeoise dans le midi de la France.

L'histoire renferme peu de faits dont les circonstances principales et accessoires puissent être fixées plus exactement et plus sûrement, et c'est beaucoup dire, quand il s'agit d'événements que six ou sept siècles séparent de nous. Il existe, en effet, cinq relations contemporaines, bien distinctes, du siège qui renversa Béziers en 1209, elles émanent : la première d'Arnaad, abbé de Cîteaux et de Milon, secrétaire du pape, légat du Saint-Siège ; la deuxième, de Pierre, moine de Vaux-Cernay ; la troisième d'un anonyme provençal ; la quatrième, de Guillaume de Puilaurens, et la cinquième de Césarius, moine de l'abbaye de Heisterbach, au diocèse de Cologne.

Nous n'entrerons pas ici dans la discussion de ces sources, qui a été développée par M. Ph. van der Haeghen, dans son opuscule *le Siège de Béziers* (1). Cet auteur prouve, d'une façon irréfutable, que les paroles : — « Tuez-les tous, car Dieu connaît ceux qui sont à lui! » — ne sont qu'une invention (2). Quant au nombre des victimes, que différents historiens se sont plu à porter jusqu'au chiffre de cent mille, on ne saurait affirmer qu'une seule chose, c'est que, dans la prise de Béziers de 1209, il périt au plus sept à huit mille habitants. Ce dernier chiffre est confirmé dans une communication faite par M. L. Domairon à la Société archéologique de Béziers. Voici en effet ce qui se lit dans le bulletin de cette société (3) : « M. Domairon fixe à sept ou huit mille le nombre des malheureux qui périrent dans ce massacre, réduisant ainsi de beaucoup le chiffre le plus faible proposé par les historiens. Son argumentation est appuyée sur une étude topographique fort intéressante au point de vue archéologique. Une autre difficulté se présentait, et M. Domairon a su, selon nous, la résoudre dans le sens le plus favorable. Quelle fut des deux églises, de la Madeleine ou de Saint-Nazaire, celle dans laquelle eut lieu cette effroyable tuerie... L'auteur, après avoir pesé et discuté les diverses autorités, conclut que le massacre a eu à la fois pour théâtre les deux églises. La raison en est, dit-il, qu'étant l'une et l'autre un lieu de refuge, il est très probable que les habitants cherchèrent asile et protection partie dans l'une et partie dans l'autre, et qu'il est impossible que les sept ou huit mille victimes aient pu trouver place dans l'église de la Madeleine et dans le cimetière qui l'avoisinait. »

INNOCENT III ET JEAN SANS TERRE (p. 341).

Jean sans Terre fut un des rois les plus odieux de l'Angleterre, mélange bizarre de ruse et de maladresse, d'emportement et d'hésitation, d'avarice et de prodigalité, d'humeur guerrière et de lâcheté, de cruauté et de faiblesse, d'impiété et de superstition. Il se révolta contre son père Henri II ; il chercha à supplanter sur le trône son frère Richard Cœur de Lion durant sa croisade, offrit même de l'argent au duc d'Autriche pour qu'il le retint prisonnier ; il enleva la couronne à son neveu Arthur de Bretagne et l'assassina, dit-on, de sa propre main. Philippe-Auguste, roi de France, le déclara déchu des fiefs qu'il possédait dans ce pays, envahit ses provinces avec une puissante armée et les lui enleva toutes, à l'exception de la Guyenne, qu'il lui laissa sur les instances du pape Innocent III. Irrité de ces revers, Jean s'en vengea sur ses sujets, en se livrant sans retenue aucune à toute la brutalité de ses instincts. Il va sans dire qu'un pareil prince ne respectait pas la liberté et les droits de l'Église ; ce fut là ce qui le mit aux prises avec Innocent III. L'archevêque de Cantorbéry étant mort, Jean se promettait bien de ne laisser conférer la primatie d'Angleterre qu'à une âme vendue, à un évêque courtisan, dont il connaissait la servilité, et qui s'appelait Jean Gray. Il se fit l'une après l'autre, deux élections également irrégulières : la première plus libre, la seconde imposée par le roi. Le pape les cassa toutes deux, ordonna aux membres du chapitre d'envoyer à Rome, investis de pleins pouvoirs, seize d'entre eux, et engagea le roi à désigner, de son côté, des représentants. L'élection se fit donc régulièrement, à Rome même, et toutes les voix, une seule exceptée, se portèrent sur le cardinal Etienne Langton, homme recommandable par ses vertus et l'une des célébrités du temps pour sa science. Mais Jean sans Terre jura qu'il ne le recevrait jamais, et qu'il ne reconnaîtrait comme archevêque de Cantorbéry que le seul Jean Gray. Innocent III insista pour lui montrer l'injustice de ses prétentions, il écrivit et envoya des légats, mais tous ses efforts furent inutiles. Le roi, toujours obstiné et plus tyrannique,

---
(1) Paris, 1863.
(2) M. Tamizey de Larroque a prouvé également que cette parole : *Tuez-les tous, car Dieu connaît ceux qui sont à lui*, ou avec cette variante : *Frappez, Dieu reconnaîtra les siens*, n'a jamais été dite. (*Annales de philosophie chrétienne*, V° série, t. III, p. 154, et t. VI, p. 165.)
(3) II° série, t. II, pp. 312 et 313.

se mit à persécuter les parents et les amis de Langton, les évêques, les religieux et même les laïques qui tenaient le parti du nouvel archevêque. Le pape se vit donc forcé de lancer l'interdit sur l'Angleterre ; mais, loin de s'en montrer effrayé, Jean sans Terre redoubla d'audace et de cruauté ; la persécution devint atroce ; des milliers de personnes durent s'expatrier et laisser leur fortune entre les mains du tyran, pour sauver leur vie et leur honneur. Une armée de mercenaires, à la solde du roi, exécutait ses ordres barbares, et comprimait la révolte prête à éclater. En 1209, Innocent III excommunia nominativement l'indigne successeur de Richard Cœur de Lion, mais il ne trouva pas d'évêque pour publier la bulle, et un simple juge paya de sa vie le crime d'en avoir révélé l'existence. Aussitôt, recrudescence de pillages, de cruauté et de scandales ; Jean envoya même des ambassadeurs à l'empereur de Maroc, avec promesse d'embrasser la religion de Mahomet et de lui donner son royaume, s'il voulait le défendre contre le pape. Enfin la mesure était remplie : Innocent III déclara Jean sans Terre indigne de gouverner plus longtemps des sujets chrétiens, et ceux-ci déliés du serment de fidélité. Le roi de France, Philippe-Auguste, fut chargé d'exécuter la sentence, et déjà les barons anglais se préparaient à le recevoir comme un libérateur. Le tyran ne pouvant pas compter sur un seul de ses 60,000 soldats, prit enfin le parti de se soumettre. Innocent III avait ordonné à son légat Pandolfe de le réconcilier avec l'Église, et de lui rendre ses droits royaux, aussitôt qu'il promettrait de s'amender. C'est là ce qui eut lieu le 13 mai 1213. Jean jura de réparer ses injustices passées, d'observer les lois de l'Église, et fut relevé de l'excommunication, malgré les réclamations du roi de France, qui perdait l'espoir de conquérir ce royaume. Le roi d'Angleterre ne se borna pas, dans sa soumission, à promettre simplement obéissance au Saint-Siège, il alla jusqu'à donner son royaume au pape, de manière à faire de l'Angleterre un vrai fief de l'Église (1).

CÉLESTIN III ET PHILIPPE DE DREUX (p. 355).

Le pape Célestin III, qu'on voit intervenir ici dans l'affaire du roi Richard et dans celle de la reine Ingelburge, refusa de le faire pour délivrer Philippe de Dreux, évêque de Beauvais, qui était tombé dans les mains de Richard :

« En 1197, dit Guillaume de Neubridge, l'évêque de Beauvais, homme d'un caractère bouillant, et célèbre par sa parenté avec le roi — il était petit-fils de Louis le Gros — ayant appris que l'on assiégeait la ville de Milly, s'élança audacieusement, à la tête d'une multitude armée, contre les ennemis et combattit vaillamment, se montrant en ces circonstances prélat bien moins pieux que belliqueux. Mais la fortune trahit ses efforts. Vaincu par le jugement de Dieu, il fut fait captif et fut chargé de chaînes.... Le belliqueux prélat était traité plus durement qu'il ne convenait à un évêque et plus doucement pourtant qu'il ne méritait. Il fit prier par les siens le Souverain Pontife d'employer son influence à le tirer des mains de Richard. Mais le pape, considérant prudemment que le roi d'Angleterre avait pris l'évêque non prêchant mais combattant et qu'il tenait dans les liens plutôt un très dangereux ennemi qu'un pacifique prélat, ne voulut point demander qu'on le relâchât : il répondit sagement et discrètement à celui qui réclamait son appui en faveur du prisonnier, blâmant Philippe d'avoir préféré la milice séculière à la milice ecclésiastique, d'avoir pris la lance pour le trésor épiscopal, le casque pour la mitre, la cuirasse pour l'aube, et le bouclier pour l'étole, refusant d'exiger du roi d'Angleterre sa mise en liberté, mais promettant toutefois de la lui demander avec prières en temps opportun. »

A cette version si simple, dit M. Ph. Tamizey de Larroque, si vraisemblable, d'un chroniqueur contemporain toujours exact, on a préféré la version d'un chroniqueur du siècle suivant, très souvent inexacte, de Mathieu Paris, version d'après laquelle Célestin III aurait sollicité de Richard la délivrance de l'évêque de Beauvais et aurait reçu du roi l'armure de Philippe de Dreux avec ces mots : « Vois si c'est là la tunique de ton fils. » A quoi le pape aurait répondu : « Non, c'est l'habit d'un soldat de Mars, plutôt que d'un soldat du Christ. » Presque tous les historiens, non seulement Daniel et Veley, mais encore les auteurs de l'*Art de vérifier les dates*, le docteur Lingard, Sismondi et bien d'autres ont répété, avec diverses enjolivures, l'anecdote que M. Géraud (1) croit avoir été imaginée par Mathieu Paris, et la prétendue casaque ensanglantée continue, dans bien des livres, d'être tous les jours envoyée au pape Célestin III. On a droit de s'étonner, dirons-nous avec M. Géraud, en voyant de pareilles imputations reproduites encore après cinq ou six siècles, à une époque où l'esprit de critique est considéré comme un des principaux éléments de l'histoire, et par des écrivains directement intéressés à ne pas les reproduire sans en avoir discuté la valeur.

Quoi qu'il en soit, si les chroniqueurs français n'ont pas, comme les auteurs anglais, blâmé la part prise par l'évêque de Beauvais aux opérations militaires, le Saint-Siège ne témoigna pas la même indulgence : ce fut, semble-t-il, le motif qui, quelques années plus tard, porta Innocent III à ne pas ratifier l'élection de Philippe au siège archiépiscopal de Reims.

ARISTOTE ET L'UNIVERSITÉ DE PARIS (p. 374).

En 1209 ou 1210, un concile assemblé à Paris condamna ceux qui avaient repris et adopté les erreurs qu'Amaury, professeur à l'Université de Paris, avait enseignées, mais qu'il avait abjurées avant de mourir. Amaury, égaré par les subtilités

---

(1) Von Raumer, *Geschichte der Hohenstaufen*, t. III, p. 110 ; Lingard, *Hist. d'Angleterre*; Hurter, *Innocent III*; Pauli, *Geschichte von England*, t. III, pp. 318-338, 340-876, 884.

(1) Le *Comte-évêque*, dans la *Bibliothèque de l'École des chartes*, t. V, p. 8-36.

philosophiques d'Aristote, avait soutenu « que tout chrétien, pour être sauvé, doit se croire aussi fermement membre de Jésus-Christ, qu'il est obligé de croire que Jésus-Christ est né et a opéré pour lui, à sa passion et à sa mort, le mystère de la rédemption. »

Mais l'erreur comdamnée avait survécu.

« En ce temps-là, dit Rigord, moine de Saint-Denis, on lisait publiquement dans les écoles de Paris certains ouvrages qui enseignaient la métaphysique, composés, à ce qu'on disait, par Aristote, apportés tout récemment de Constantinople, et traduits du grec en latin ; et parce que ces ouvrages non seulement avaient donné lieu, par la subtilité de leurs règles, à l'hérésie d'Amaury, mais pouvaient dans la suite donner lieu à d'autres qui n'étaient pas encore nées, ils furent tous condamnés au feu, et le concile défendit, sous peine d'excommunication, de les transcrire ou de les lire, ou de les garder désormais en son pouvoir (1).

Pour expliquer les raisons de cette sentence, il ne sera pas inutile de jeter un coup d'œil sur l'enseignement de l'Université de Paris à cette époque.

L'Université de Paris, écrit M. Bonnetty, était alors la plus célèbre qui existât. « Nous ne lisons point, dit un historien contemporain, que ni Athènes ni l'Egypte, ni aucune autre école du monde aient jamais eu un concours d'étudiants plus nombreux ni plus florissant. On devait ce concours au talent des professeurs, à l'esprit d'émulation, que le reveil des études avait répandu dans toutes les classes, et surtout aux nombreux privilèges que les évêques et les souverains pontifes avaient attachés à la simple qualité d'étudiant ou de clerc. » Pour n'en citer qu'un seul que pourraient envier les étudiants de nos cours modernes, et qui peut être regardé comme une institution admirable, dans des temps de trouble et de féodalité, c'est que ni sergent d'armes, ni homme quelconque ne pouvait porter la main sur eux sans encourir une sentence d'excommunication dont le pape s'était réservé à lui seul l'absolution. Or, comme la plupart de ces étudiants étaient des hommes tirés des rangs du peuple, c'est sans aucun doute ici qu'il faut chercher la cause première de l'affranchissement et de la civilisation complète de cette classe jusqu'alors négligée.

La théologie ou science de la religion, était le principal objet de l'enseignement, mais elle n'excluait pas les autres sciences : les arts libéraux y avaient une place distinguée. Depuis les croisades, la plupart des livres grecs étaient parvenus à la connaissance des Occidentaux ; ceux-ci s'étaient jetés dans la science grecque et latine avec un enthousiasme difficile à concevoir. Dès qu'un ouvrage était retrouvé, il était tout de suite traduit en latin, et de nombreux et passionnés admirateurs se chargeaient de le faire connaître.

Parmi les arts des Grecs, il était impossible que la dialectique, cet art de prédilection des sophistes grecs ou des rhéteurs romains, cet art qui se donne comme la clef des autres sciences, ne fût pas remarquée.

Cependant il ne paraît pas qu'on en eut fait tout de suite usage dans les écoles. Peu de temps avant cette époque, comme on n'osait expliquer à des étudiants chrétiens l'ouvrage d'un païen, le petit traité de dialectique que saint Augustin avait composé pour son frère Adéodat, était seul reçu dans les écoles. Mais peu après l'autorité d'Aristote prévalut, et non seulement le texte de la *dialectique*, mais encore les autres ouvrages de physique et de métaphysique furent publiquement expliqués dans les cours de l'université. C'était même par ces ouvrages que commençaient les études, lesquelles se terminaient par la théologie.

La plupart des Pères, et Tertullien en particulier, avaient pourtant prémuni les chrétiens contre cet abus. Nous lisons même que le sixième concile général refusa d'entendre la lecture d'un discours qui aurait été composé d'après la méthode dialectique, « ayant, dit le concile, cet ordre d'opposition de phrases ou des syllogismes d'Aristote, et s'éloignant tout-à-fait des formes des cinq conciles généraux et des SS. Pères (1). »

Malgré cette défense, les livres d'Aristote s'étaient glissés dans l'enseignement ecclésiastique. Il avait déjà été reconnu, dans les questions soulevées par Gilbert de la Porée et par Amaury et ses disciples, que c'était à cette source qu'ils avaient puisé la plupart de leurs erreurs ; les évêques du concile crurent donc devoir défendre absolument, sous peine d'excommunication, les livres de métaphysique et de dialectique d'Aristote. Les livres de physique générale ne furent défendus que pour deux ans.

Il ne paraît pas que cette défense fut d'un grand effet ; car dès 1215, un légat du pape fit encore défense de lire les livres de métaphysique et de philosophie naturelle. Mais, on ne sait pourquoi, la *Dialectique* fut exceptée.

Malgré la condamnation qui frappait les œuvres d'Aristote, sa *Physique* et sa *Métaphysique* étaient partout lues et commentées vers l'année 1230, et jusque dans ces derniers temps on ne s'expliquait pas trop comment la double prohibition avait été oubliée par tout le monde. Le fait a été expliqué par M. Hauréau, dans son opuscule *Grégoire IX et la philosophie d'Aristote* (1). L'auteur a retrouvé parmi les pièces que La Porte du Theil tira des archives historiques du Vatican, et qui sont conservées à la Bibliothèque nationale, une lettre du pape Grégoire IX, « un digne neveu d'Innocent III, datée du 23 avril 1231, par laquelle il abroge les statuts de 1210 et 1215. M. Hauréau traduit cette lettre et il ajoute : « C'est donc un pape lettré, zélé pour la cause des lettres qui, malgré les alarmes des prélats français, a remis entre les mains des écoliers de Paris, ces deux livres où commence, où finit toute science, la *Physique* et la *Métaphysique* d'Aristote. Voilà un grand fait qu'il convient de signaler. »

Cependant les témérités des maîtres et des disciples allèrent si loin, que le bruit en parvint aux oreilles du souverain pontife. Dans une lettre datée

(1) Rigordus, *Vita Philippi Augusti*

(1) Habentem ordinem oppositionum et Aristotelis syllogismos et dissonantem omnino a sanctis quinque universalibus conciliis et sanctis probabilibus Patribus
(2) Paris, 1870.

du 28 janvier 1277, le pape écrivit à Etienne Tempier, évêque de Paris, de faire une enquête sévère sur l'enseignement de l'Université. L'évêque s'occupa de cette tâche avec zèle, et le 7 mars suivant, il publia une censure remarquable dont nous croyons devoir donner l'extrait suivant :

« Nous avons appris, est-il dit dans le préambule de cette censure, que quelques étudiants aux arts, passant les bornes de leur faculté, osent soutenir des erreurs manifestes, ou plutôt des chimères extravagantes. Ils trouvent ces propositions dans les livres des païens, et elles leur paraissent si démonstratives qu'ils n'y savent pas répondre. En voulant les pallier, ils tombent dans un autre écueil ; car ils disent qu'elles sont vraies selon la philosophie, c'est-à-dire selon Aristote, mais non selon la foi catholique : comme s'il existait deux vérités contradictoires. »

Viennent ensuite plus de deux cents propositions condamnées comme erreurs par la sentence de l'évêque de Paris.

INNOCENT III ET LA GRANDE CHARTE D'ANGLETERRE (p. 378).

Les ennemis de la papauté ont accusé Innocent III d'avoir été, en Angleterre, ennemi de la liberté et ami des despotes. S'il est vrai, dit M. H. de l'Epinois, qu'Innocent III cassa la grande Charte d'Angleterre, charte qui, prise en son ensemble, était excellente, puisqu'elle réprimait des abus choquants, faut-il en conclure avec M. Martin, que « la papauté prenait parti pour le despotisme, à condition que les despotes fussent les serviteurs ? » Non ; car M. Martin présente ici les faits d'une manière trop incomplète. Toute l'argumentation du pape en cette circonstance est celle-ci : le souverain pontife est suzerain de l'Angleterre (c'était la croyance du temps, admise pour tous les Anglais) (1) ; la Charte a été extorquée, par violence, à un prince vassal de l'Eglise et qui, s'étant engagé à se rendre à la croisade, était plus spécialement sous la garde de l'Eglise ; à ce double point de vue, l'autorité du Saint-Siège se trouverait amoindrie si tout ce qui a été fait sans lui, par voie de rébellion, contre le prince, n'était révoqué. C'est donc surtout une question de forme : le pape défend aux barons la rébellion, *ne igitur ipsius bonum propositum hujusmodi occasionibus volueritis impedire*. Le pape ne touche pas au fond de la question, ou, s'il l'examine, c'est pour se ranger du côté des barons : « De même, leur écrit-il, que nous ne voulons pas voir le roi privé de son droit, nous voulons aussi que le roi cesse de vous nuire et d'opprimer l'Angleterre, par des coutumes mauvaises et des actes iniques. Ne réclamez donc pas avec insolence, mais avec respect ; nous supplierons le roi d'après vos justes demandes (2). »

Voilà donc cet acte du pape naturellement expliqué, comme l'histoire doit l'expliquer. Ajoutons, ce que M. Martin n'a pas dit, que si Innocent III déclara nul le serment que les barons avaient forcé le roi de prêter, et excommunia les barons rebelles au souverain (1) (conséquence du vice de forme dont l'acte était entaché), ce pontife mourut lorsqu'il venait d'envoyer en Angleterre un légat pour examiner à fond l'affaire. Suppléons encore au silence de M. Henri Martin, en disant que ce légat leva l'excommunication portée contre les barons, et donna à l'acte constitutif des libertés du royaume une approbation confirmée par le pape Honorius. Innocent IV, successeur d'Honorius, fit de même, et confirma solennellement la sentence d'excommunication portée par les évêques anglais contre tous ceux qui violeraient les libertés contenues dans la grande Charte (2) ; fait notoire en Angleterre et rappelé dans une occasion solennelle, en 1341, par l'archevêque Stratford au roi Edouard III. M. Henri Martin, qui tire de l'acte d'Innocent III des conséquences fausses, aurait pu rappeler ces faits, afin d'être exact. Mais s'il les eût rappelés, comment eût-il établi sa thèse que « la papauté abdiquait le patronage populaire et permettait la tyrannie aux rois, pourvu que ces tyrans fussent les esclaves de Rome (3) ? »

Toute l'histoire proteste contre cette assertion.

LE DOUZIÈME CONCILE ŒCUMÉNIQUE, QUATRIÈME DE LATRAN (p. 383, col. 1).

Parvenu à l'apogée de la puissance pontificale et sentant sa fin venir, Innocent III convoqua à Rome un concile général, qui est le douzième par ordre. Ce concile est un des plus brillants qui aient été réunis et un des plus importants pour la discipline.

Ouvert le 11 novembre 1215, il n'eut que trois sessions, les 11, 20 et 30 novembre.

On a de ce concile 70 *capitula* ou canons, dont la plupart ont été insérés dans le *Corpus juris canonici*, les autres sont perdus. Le concile rendit aussi un décret pour la défense de la Terre sainte, *Expeditio pro recuperanda Terra sancta* (4).

Saint Dominique y assista avec l'archevêque de Toulouse, et y fit approuver la règle du couvent des Frères prêcheurs qu'il venait d'établir dans cette ville. Le pape se conformant au 13e décret du Concile, prescrivit d'introduire dans la petite communauté naissante la règle d'un ordre déjà existant. Pour se conformer à cette disposition, saint Dominique choisit la règle de saint Augustin avec les additions de saint Norbert.

Saint François d'Assise vint également à Rome, pendant le Concile de Latran, faire approuver de nouveau son institut, qui n'avait été autorisé jusque-là que de vive voix par Innocent III.

---

(1) Cela résultait du serment fait à Douvres par Jean sans Terre le 13 mai 1213 et des stipulations qui furent ensuite conclues entre le pape et le roi. Voir Pauli, *Geschichte von England*, t. III, pp. 340-376.

(2) Raynaldi *Ann. eccles.*, ad an. 1215, § 81 ; Rymer et Sanderson, *Fœdera*, etc. Londres, 1816, in-f., t. I, p. 127.

(1) Rymer, *l. c.*, p. 135. Les lettres du roi au pape ont pu donner le change au pontife. *Ibid.*, p. 66, 67-69.
(2) Rymer, *l. c.*, p. 293.
(3) *Hist. de Fr.*, t. IV, p. 90.
(4) Mansi, t. XXII, p. 955, sqq. ; Hard., t. VII, *init*. On a une traduction grecque des canons du concile auquel assistaient plusieurs évêques d'Orient.

LE PAPE INNOCENT III (p. 394).

Avec Innocent III, le plus grand peut-être des papes, la papauté atteignit son plus haut degré de puissance et de splendeur. Rohrbacher a mis à profit l'excellent ouvrage d'Hurter qui a renouvelé l'histoire sur ce point (1). D'autres travaux ont achevé de mettre en lumière la grande figure de ce pontife, ou ont ouvert une nouvelle source de documents qui viennent enrichir l'histoire déjà si féconde de cet incomparable règne (2).

Innocent III fut, en même temps qu'un grand pape, un des plus savants hommes et un des premiers écrivains de son siècle, théologien, canoniste et jurisconsulte. Il a laissé des œuvres remarquables, surtout des lettres dont la collection s'augmente tous les jours (3). Rohrbacher ne cite que les premiers écrits de ce pape et ne fait pas assez ressortir l'importance et l'intérêt, pour l'histoire, le dogme, la morale et la discipline, de son immense correspondance (4).

LES ACCUSATIONS PORTÉES CONTRE INNOCENT III (p. 395).

« Parmi trois cents papes ou antipapes, dont l'histoire nous offre les noms, nous n'en connaissons pas de plus important qu'Innocent III ; son règne est la plus brillante époque de la puissance papale. »

Ainsi s'exprime Daunou, dans son *Essai historique sur la puissance temporelle des papes.*

Et cependant il y a peu de papes qui aient été aussi violemment attaqués qu'Innocent III, Fleury s'est approprié toutes ces accusations et les a reproduites et soutenues dans son *Histoire*, mais Hurter en a fait bonne justice dans son *Histoire d'Innocent III.*

Voici comment M. de Saint-Chéron résume ce débat dans son Introduction à l'histoire d'Innocent III (5). Après avoir signalé les principales accusations portées par Fleury contre Innocent III, l'auteur continue :

« Elles ont servi à alimenter la haine anticatholique de tous les historiens du dernier siècle ; elles ont été partout vulgairement répétées et sont tombées en quelque sorte dans le domaine historique, il n'en est pas une seule qui ne soit réfutée par Hurter, à l'aide des témoignages les plus irrécusables. Les voici :

« 1. Innocent, par son extension exagérée de l'autorité pontificale, préférait l'utilité de sa personne ou de son siège à l'utilité de l'Eglise universelle. Le désintéressement constant et parfait du pape a été prouvé par Hurter à presque toutes les pages de son livre.

« 2. Innocent a déployé trop de rigueur contre les hérétiques. L'écrivain protestant s'attache à démontrer que le pape n'a jamais conseillé ni autorisé aucune cruauté.

« 3. Innocent n'a pas hésité à autoriser les translations d'évêques, malgré la défense des anciens canons, quand il l'a cru utile à l'autorité de son siège. On verra les faits dans Hurter.

« 4. L'intervention d'Innocent dans les affaires d'Allemagne n'a été que la suite des fausses maximes d'usurpation formulées par Grégoire VII. Hurter prouve qu'Innocent a attendu jusqu'au dernier moment, avant de se mêler à l'élection de l'empereur, et s'il est intervenu, c'est que les intérêts les plus sacrés de l'Eglise et de l'Empire le lui commandaient.

« 5. Fleury adresse à Innocent un reproche singulier de la part d'un membre de l'Eglise, celui d'avoir interprété la constitution de l'Empire dans un sens qui enlevait à l'empereur le droit de confirmer l'élection des souverains pontifes. Notre écrivain protestant démontre que la liberté du Saint-Siège et de l'Eglise était intéressée à l'intervention du pape.

« 6. Fleury reproche encore à Innocent d'avoir eu la prétention d'être l'arbitre de la paix entre les princes et les rois. Quelle plus belle mission pouvait appartenir à la papauté ? Tout le moyen âge lui accordait ce droit de pacifique intervention.

« 7. Dans presque toute son exposition du pontificat d'Innocent, l'abbé Fleury renouvelle, soit directement, soit indirectement, cette accusation d'envahissement de la cour de Rome sur la puissance temporelle. Le savant historien a fait cependant une observation qui aurait dû l'éclairer et lui apprendre que la conduite d'Innocent était conforme au droit et aux usages de la société féodale. Un des plus célèbres conciles, le quatrième de Latran, fut convoqué et présidé par Innocent III. Là se trouvèrent quatre cent douze évêques, soixante-onze primats ou métropolitains, plus de huit cents abbés, un grand nombre de procureurs pour les absents, des ambassadeurs des principales puissances de l'Europe ; la société tout entière de cette époque était donc représentée dans cette imposante assemblée. Rien n'y pouvait se décider qui fût en opposition avec les idées et les sentiments de ce siècle. Parmi les questions débattues ne manqua pas de se présenter celle des hérétiques : le concile prononça que si le seigneur temporel, étant admonesté, néglige de purger sa terre des hérétiques, il sera excommunié par le métropolitain et ses comprovinciaux, et s'il ne satisfait pas dans l'an, on en avertira le pape, afin qu'il déclare les vassaux absous du serment de fidélité, et il exposera sa terre à la conquête catholique. L'Eglise, ajoute Fleury, semble ici entreprendre sur la puissance séculière ; mais il faut se souvenir qu'à ce concile assistaient les ambassadeurs de plusieurs souverains, qui con-

---

(1) Fr. Hurter. *Geschichte Papst Innocenz des dritten und seiner Zeitgenossen.* Hambourg, 1834-1842, 4 vol.
(2) L. Delisle, *Mémoire sur les actes d'Innocent III.* Paris, 1857, (Cf. *Gesta Innocentii III* ap. Migne *Patr. lat.*, t. CCXIV). On trouvera des indications bibliographiques très-complètes dans le *Journal des savants,* juillet, août et septembre 1873 (*Innocent III, ses actes et son temps.*
(3) Migne a publié dans son *Cursus patrologiæ latinæ* (t. CCXIV-CCXVII), une édition, complète pour le temps (1855), des œuvres d'Innocent III. M. l'abbé Cayren a publié pour la première fois une traduction française *Du Sacré Mystère de l'autel* (Paris, 1875), traité fort intéressant au point de vue de la liturgie, de la théologie et de la mystique.
(4) En publiant, à la suite de Baluze et de Bréquigny, de nouvelles lettres d'Innocent III, M. Léopold Delisle a fait une étude remarquable de la correspondance de ce pape. Il y a là des données nouvelles pour l'histoire. *Bibliothèque de l'École des Chartes,* 1868.
(5) I. l, p vi.

sentaient à ces décrets au nom de leurs maîtres. Pourquoi donc accuser Innocent d'un pouvoir dont l'exercice, dans une circonstance aussi solennelle, n'excitait pas même la plus légère réclamation de la part des représentants des souverains de la chrétienté ? »

« Michelet lui-même, ajoute M. de Saint-Chéron, a très bien vu l'influence d'Innocent sur son siècle, la conformité de ses doctrines avec celle des contemporains, l'enthousiasme populaire de la croisade contre les Albigeois, la férocité de ceux que Hume appelle les plus innocents et les plus pacifiques des hommes. Il nous montre Innocent arrêtant les rigueurs et prenant la défense du comte de Toulouse et de son fils. »

La Porte du Theil, bien qu'écrivant à une époque qui n'était guère favorable à la papauté, rend également justice au grand et noble caractère d'Innocent III. On lit dans le *Recueil des chartes, actes et diplômes relatifs à l'Histoire de France*, qu'il publia en 1791 : « Le nom d'Innocent III réveillera toujours le souvenir d'un des personnages qui ont figuré avec le plus d'éclat sur la scène du monde, et dont l'impartiale philosophie aura le plus de peine à définir exactement les vertus et les défauts. Je dis les défauts, non que j'ignore combien ce terme paraîtra doux à ceux qui ont lu les écrits tant historiques que polémiques où ce pape a été accusé formellement et taxé de véritables vices. Mais lorsqu'on s'est livré à une étude réfléchie de son pontificat, on ne sait quel degré de croyance tout lecteur équitable doit accorder à des imputations qui, la plupart, à l'examen, paraissent avoir été visiblement dans l'origine dictées ou du moins exagérées par l'esprit de parti. »

M. Capefigue a très bien constaté dans son *Histoire de Philippe-Auguste* (1) l'activité et l'influence immense d'Innocent III sur son époque prodigieuse. « Innocent III, dit-il, est le seul pontife contemporain de Philippe-Auguste qui ait montré cette vaste et active capacité embrassant l'univers catholique. Il n'est pas une question domestique, se rattachant à des têtes couronnées, à des barons, à des châtelains, pas une querelle privée ou publique entre les rois, pas un différend entre les barons, les abbayes et les monastères qui n'appelle sa vigilance. Sa correspondance est encore un des grands monuments du moyen âge. Ses légats, ses cardinaux parcouraient les empires, prescrivaient des lois, jetaient des interdits, semaient des anathèmes, et tout courbait la tête devant les foudres apostoliques. On ne peut se faire une idée de cette autorité levant des armes par une bulle et des indulgences, dirigeant la politique des États, se mêlant du gouvernement de la France, de l'Angleterre, de l'Empire, et tout cela par le seul ascendant des opinions. Partout où je rencontre une grande capacité, j'aime à la saluer, et, disons-le, Innocent III domine son siècle bien autrement que Philippe-Auguste et les princes contemporains. »

---

(1) Paris, 1842. 3ᵉ édit.

HONORIUS III ET SON ÉPOQUE (p. 306).

Le pontificat si remarquable d'Innocent III a trouvé un historien dans Hurter, qui a exposé sous leur vrai jour tous les actes de ce pape si remarquable, et mis à profit les pièces de sa vaste correspondance ; Honorius III pourra, lui aussi, être apprécié désormais à sa juste valeur par la nouvelle publication de M. l'abbé Horoy (1). Innocent, dit cet auteur, excommunie et dépose le guelfe Othon IV, qu'il avait couronné et soutenu contre Philippe de Souabe ; il retire la Grande-Bretagne à Jean, que l'histoire surnomma Jean sans Terre ; il la donne à Philippe-Auguste, il reprend ses dons, l'Angleterre devient vassale du Saint-Siège ; il excommunie ce même Philippe-Auguste, qui avait répudié Ingelburge ; il fait rompre son mariage avec Agnès de Méranie. A son tour, Honorius donne une couronne impériale, celle de Constantinople à Pierre de Courtenay, il couronne également Frédéric II, puis il accorde à plusieurs constitutions de ce prince la haute distinction de l'insertion dans le *Corpus juris* de l'Église, c'est-à-dire dans le recueil de ses propres Décrétales. Il réprimande les rois de Castille et de Portugal ; il casse, annule et déclare dépourvus de toute force et valeur les statuts des villes, les serments qu'il juge contraires à la liberté de l'Église et suspects d'affinité avec les doctrines hérétiques.

Pour légitimer la conduite des papes au moyen âge et notamment celle d'Innocent III et d'Honorius III, est-il nécessaire de leur reconnaître un pouvoir de juridiction, au moins indirecte, sur les choses temporelles ? C'est l'avis de plusieurs docteurs catholiques, entre autres, Bellarmin, Bianchi, Roncaglia, Rohrbacher, etc. D'autres comme Fénelon, sans attribuer aux papes aucune juridiction quelconque sur le temporel des princes, leur reconnaissent cependant à cet égard, outre le droit humain, une puissance indirecte ou de conséquence, découlant de leur pouvoir divin de gouverner l'Église et de diriger les consciences (2).

Quoi qu'il en soit la conduite des papes est suffisamment légitimée, leur pouvoir politique reposant sur le droit public des temps, c'est-à-dire sur l'assentiment universel de la société. L'existence de ce droit public est prouvée à l'évidence par les lois

---

(1) *Medii Ævi bibliotheca patristica, ab anno MCCXVI usque ad concilii Tridentini tempora*, t. I ; *Honorii III*, t. I, Paris, 1879.
Le premier volume donne les quelques notices connues sur Honorius III extraites de Muratori, Rer. ital. script., t. III, p. 388 et p. 187 ; de Potthast, *Regesta Pont. rom.*, fasc. III, p. 468 ; la notice bibliographique de Fabricius, *Bibl. med. et inf. latinitatis*, t. II, p. 276.
En tête du deuxième volume se trouve une vie d'Honorius III de l'évêque Simon Majolus, éditée pour la première fois par dom Bottino. Les œuvres comprennent, outre l'*Ordo romanus*, la *Quinta compilatio*, l'*Ordo ad coronandum* et le *Liber Censuum*, les *Sermones per anni Circulum*, un grand nombre de sermons trouvés par dom Bottino (sur les sermons inédits du pape Honorius voir, pour compléter l'abbé Horoy, *le Monde* 8 septembre 1865) ; enfin, plusieurs milliers de lettres réunies pour la première fois et qui constituent la source la plus abondante pour l'histoire du pontificat d'Honorius III. Sous ce dernier rapport, la publication de l'abbé Horoy est incomplète, comme il le dit lui-même, puisqu'il n'a pas consulté les archives du Vatican. La collection des *Epistolæ* pourra donc s'enrichir de nouveaux et nombreux documents.
(2) Fénelon, *De summi pontificis auctoritate*, c. XXXIX, *Étude historique sur la déposition des princes*, Louvain, Gosselin, t. II, pp. 208-292.

écrites, par des faits notoires, par l'aveu même des adversaires du pouvoir politique des papes : tout constate donc l'existence d'une conviction universelle, d'un droit public reconnaissant aux pontifes une sorte de dictature sur les peuples et les rois au moyen âge. En exerçant cette dictature, ils ne furent ni plus ambitieux, ni plus coupables que ne l'est aujourd'hui un roi constitutionnel qui use des pouvoirs que lui confère la constitution.

Le pouvoir modéré et pondérateur, providentiellement concentré dans les mains du pape, était une arme puissante pour la défense personnelle, non seulement de la religion et de ses dogmes, mais aussi de la société et de ses lois.

Non content d'organiser, de soutenir et de diriger les luttes colossales des fidèles contre les musulmans; non content de réprimer la révolte religieuse et politique des Vaudois et des Albigeois; non content de maintenir intact le principe du pouvoir sur les trônes et celui de la foi dans les temples, le chef de l'Église, alors surtout réellement militant, devait pourvoir avec la sollicitude d'un père aux besoins les plus divers des parties les plus distantes de la chrétienté. Aussi voyons-nous dans les documents de l'époque que cette sollicitude constante appelait presque à la fois son attention à Constantinople, à Venise, à Cantorbéry, en Campanie, à Tolède, en Hollande, en Hongrie, à Crémone, à Antioche, en Angleterre.

Cette préoccupation s'explique par la situation sociale de l'époque. En effet, sous Honorius III, les peuples, comme les villes et les souverains, n'oubliaient que trop souvent encore, comme on le voit par les données historiques fournies par la *Quinta Compilatio*, le respect du droit.

C'est ainsi que le roi de Castille chasse l'évêque de Ségovie et s'empare de ses biens, uniquement parce qu'il le veut et le peut : *sicut voluit et valuit*. Le souverain du Portugal n'est guère moins tyrannique, en exigeant du clergé la corvée avec bêtes de somme, la construction ou la réfection des forteresses, les gardes montées, l'impôt de la taille et les patrouilles.

Certaines villes d'Italie orgueilleuses de leur prospérité matérielle et de leur situation politique, contestaient aux églises la propriété des biens temporels, et il fallut la confirmation solennelle des pontifes pour en assurer le maintien. Les novateurs fabriquaient des étendards sur lesquels ils inscrivaient en grandes lettres le mot *Libertas*. Bologne était l'une de ces villes. A Padoue on décrétait une constitution civile sous le nom de *Statut*, que les membres du clergé devaient jurer, sous peine de mise hors la loi. Soit à l'insu des meneurs, soit qu'ils s'en rendent compte, ils obéissent, dit Honorius : à l'inspiration des hérétiques contemporains. *Regimen civitatis secum afferens fermentum hæreticæ pravitatis*. A Pise, le clerc ou le laïque qui se prévalait de lettres apostoliques obtenues ou qui s'adressait au juge ecclésiastique, était condamné à une amende de 1,000 sous, privé de ses revenus et dépossédé de ses terres. A Florence on prétendait soumettre les clercs au duel judiciaire pour dirimer leurs procès : *Rem inauditam et tam juri scripto quam æquitati contrariam*.

Cette époque est marquée par plusieurs traits de violence. C'est ainsi que nous voyons l'évêque de Ferlinpopoli lancer un interdit, et aussitôt l'envoyé épiscopal être saisi, dépouillé de ses vêtements, battu de verges, blessé, c'est-à-dire traité comme un voleur, avec menace d'en faire autant à l'évêque et à ses conseillers, s'ils se présentent. A Corneto, la discussion est engagée sur une vigne, et l'un des contendants invoque l'autorité apostolique : à l'instant sa maison est démolie et lui-même condamné à cent livres de Pise et à mille sous.

Il ne fallait rien moins que l'autorité réunie du souverain pontife et de l'empereur pour empêcher le pillage des biens des naufragés et même pour interdire d'enlever au cultivateur, sous peine d'amende du quadruple, ses bœufs et ses instruments de labour. Les Anglais avaient peut-être poussé plus loin que tous les autres peuples, le mépris de la justice et du droit. Ils avaient en effet inventé et mis en pratique ce procédé commode pour trancher les différends survenus entre eux et les Irlandais : Si un Anglais jure que telle chose lui a été permise par un Irlandais, il est cru en justice; et si l'Irlandais fait jurer son innocence par trente témoins et davantage, ce serment n'est pas admis. Le droit odieux du plus fort est ainsi caractérisé par Honorius III : *Quod detestandæ consuetudinis vitium per Anglorum insolentiam inolevit.*

D'ailleurs le clergé lui-même n'était pas sans reproche; aussi le Saint-Siège travaillait-il constamment à le réformer bien des siècles avant que le mot de réforme devînt un cri de guerre. Ici l'on choisit pour évêque un noble sans instruction aucune, *qui nescit Donatum*, ou l'on ordonne diacre un enfant de treize ans; là les religieux dilapident les biens de leur couvent et vont même jusqu'à fabriquer de la fausse monnaie; ailleurs des chanoines suppriment les titulaires du chapitre afin de s'approprier les revenus, ou des religieux engagent des rixes tellement graves, que les règles monastiques sont dans la nécessité de prohiber les couteaux d'une façon absolue à l'intérieur du couvent. Dans l'Église grecque, réunie momentanément après l'établissement de l'empire latin de Constantinople, les désordres sont plus graves.

Au milieu de ces excès et de ces abus dans le peuple chrétien, la papauté, armée du pouvoir que des historiens ignorants ou prévenus lui reprochent à tort, défendait fermement la religion et la société (1).

HONORIUS III ET LE *LIBER CENSUUM* (p. 396).

M. l'abbé Horoy, qui vient de publier le *Liber Censuum* dans la *Medii Ævi Bibliotheca patristica*, fait une remarque fort juste au sujet de la valeur de ce monument historique, au point de vue de la géographie.

Le *Liber Censuum*, dit-il, sans avoir été destiné par Honorius à demeurer comme monument géographique de l'Occident chrétien durant le moyen âge, n'en sera pas moins utilement consulté par ceux qui voudront établir la correspondance des noms des anciens évêchés ou des monastères du XIII siècle

(1) *Medi. ...vi Bibl. patrist.*, t. I, pp. 404-406.

avec les noms modernes. De même que les savants appuient leurs dissertations sur l'*Itinéraire* d'Antonin, il sera permis aux géographes de citer comme autorité irréfragable le *Liber Censuum*. L'éditeur des *Opera Honorii III*, en ce qui concerne l'État pontifical, aujourd'hui absorbé par l'Italie une, reproduit les divisions ecclésiastiques d'après le *Specchio geographico-storico-politico di tutte le nazioni del globo*, opera di Pietro Castellano, t. VI. Roma, 1837, p. 671 :

Tavola della divisione ecclesiastica dello Stato :

Roma, sede del Sommo Pontefice, di cui un cardinale è vicario generale per l'episcopale ministero.

Vescovati Suburbicari di : 1. Ostia e Velletri (Ostiens. et Veliternen.) goduto dal Cardinale Decano ; 2. Porto, S. Rufina e Civitavecchia (Portuen., S. Rufinæ et Centumcellarum) goduto dal cardinale Soto-Decano ; 3. Frascati (Tusculanus) ; 4. Albano (Albanus) ; 5. Palestrina (Praenestinus) ; 6. Sabina (Sabinus.).

Arcivescovati di : 1. Benevento (Beneventan.) : 2. Bologna (Bononien.) ; 3. Camerino (Camerinen.), coll'amministraz. perpetua della Chiesa di Treia (Trejen.) ; 4. Fermo (Firman.) ; 5. Ferrara (Ferrarius) ; 6. Perugia (Perusin.) ; 7. Ravenna (Ravennaten.) ; 8. Spoleto (Spoletan.) ; 9. Urbino (Urbinaten.).

Vescovati di : 1. Aguapendente|; 2. Alatri; 3. Amelia; 4. Anagni ; 5. Ancona ed Umana; 6. S. Angelo in Vado ed Urbania ; 7. Ascoli ; 8. Asisi ; 9. Bagnorea ; 10. Bertinoro e Sarsina ; 11. Cagli e Pergola ; 12. Cervia ; 13. Cesena ; 14. Cita di Castello ; 15. Cita della Pieve ; 16. Civita-Castellana, Orte e Gallese ; 17. Comacchio ; 18. Fabriano e Matelica ; 19. Faenza ; 20. Fano ; 21. Ferentino ; 22. Foligno ; 23. Forli ; 24. Fossembrone ; 25. Gubbio ; 26. Jessi ; 27. Imola ; 28. Loreto e Recanati ; 29. Macerata e Tolentino ; 30. Montalto ; 31. Montefeltre ; 32. Montefiascone e Corneto ; 33. Narni ; 34. Nocera ; 35. Norcia ; 36. Orvieto ; 37. Orsimo e Cingoli ; 38. Pesaro ; 39. Pontecorvo con Aquino e Sora diocesi Napolitane ; 40. Rieti ; 41. Rimino ; 42. Ripatransone ; 43. Segni ; 44. Senigallia ; 45. S. Severino ; 46. Sutri e Nepi ; 47. Terni ; 48. Terracina, Sezze e Piperno ; 49. Tivoli ; 50. Todi ; 51. Veroli ; 52. Viterbo e Toscanella.

Pietro Castellano ajoute (p. 238) que la délimitation de l'État pontifical est véritablement l'œuvre du prédécesseur d'Honorius III. Ce fut Innocent III, dit-il, qui fixa les limites géographiques du patrimoine de Saint-Pierre. Aussi, d'après le même auteur, le pape Honorius III, libre de tout souci pour la possession de ses états, put s'occuper avec une plus grande sollicitude des grands intérêts de la chrétienté, et même des guerres de ce temps, entreprises pour le bien de la chrétienté.

Bien que, dans un |sens large, tout le territoire des Etats de l'Eglise soit dénommé assez fréquemment « Patrimoine de saint Pierre », en donnant au tout le nom de la partie éminente, on ne doit pas confondre les deux appellations. Nous empruntons au même ouvrage (p. 67), une nomenclature qui est, à l'heure actuelle, un souvenir seulement du passé :

« Prima della revoluzione francese, tal era la nomenclatura de paesi soggetti alla Chiesa : Il Lazio, la Maritima, e Campagna, il Patrimonio di S. Pietro, il ducato di Castro, l'Orvietano, la Sabina, l'Umbrina, il Perugino, la marca di Ancona, la Romagna, il Bolognese, il Ferrarese, ed *i ducati* di Benevento di Pontecorvo.

« Oggi pero lo Stato Pontificio, per Legge Sovrana, dopo i torbidi del 1831, emanata, vien diviso in provincie, la prima delle quali, ove è racchiusa la Capitale, si denomina Comarca, le altre diconsi *Legazioni*, quando son rette da un Cardinale, e *Delegazioni*, se un prelato le administra.

« Ogni provincia, qualunque denominazione si abbia, si suddivide in distretti, e questi in governi, ogun de quali si parte in communi, che talora han soggetti taluni appodiati. Il capo della magistratura municipale dices gonfaloniere nelle città, priore in tutte le altre communii sindaco ne villagi appodiati. Il gonfaloniere è assistito da proporziato munero di anziani, ed il priore da duegagiunti. »

LA PAPAUTÉ ET LA CIVILISATION DANS LE NORD
DE L'ALLEMAGNE (p. 404).

Frédéric II, résidant plutôt en Italie qu'en Allemagne, ne paraît pas avoir soupçonné qu'une transformation importante s'accomplissait au sein de la nation allemande, à l'époque à laquelle il vécut. Là où il voulait transformer, il échoua. Là où la nation se transformait, par suite de l'énergie inhérente à une société douée de vitalité, il ne vint point en aide.

Honorius fut certainement plus clairvoyant que Frédéric II.

On a reproché même au pontife, à tort néanmoins, d'avoir divisé les forces et l'action de la chrétienté par les croisades de Prusse et de Livonie. Ces croisades de Prusse et de Livonie n'avaient point pour objectif, comme les croisades de Palestine, la conquête du tombeau de Jésus-Christ. Il n'était pas non plus question de ce côté, comme en Espagne, du refoulement d'une religion et d'une race, l'une et l'autre envahissantes, qu'il fallait obliger à repasser le détroit. Ces croisades étaient donc sans but utile ? Voci la réponse :

Honorius a provoqué, encouragé les missions, autant et plus que les croisades, dans les pays situés au nord de l'Allemagne, devançant, pour obtenir des résultats plus décisifs, et par une sorte d'intuition, l'institution de la Propagande, et les œuvres de la Sainte-Enfance et de la Propagation de la foi par l'aumône. Ses efforts tendaient tout à la fois, dans les régions voisines de la mer du Nord et de la Baltique, à l'établissement d'un état social, conservant la nationalité des populations, mais cessant d'être une menace pour les pays chrétiens, et à la diffusion de la doctrine de l'Evangile, c'est-à-dire à l'entrée des peuplades encore barbares dans le sein de la fraternité européenne et chrétienne.

Or, c'était le temps où le travail intérieur des peuples amenait l'établissement de la Hanse, comme puissance commerciale, puissance maritime, et même puissance politique. Il fallait à cette puissance nouvelle en voie d'organisation, la paix sur les frontières. L'alliance de Hambourg, de Lubeck, à laquelle accédèrent successivement les autres villes, est rapportée à l'an 1241, c'est-à-dire moins de quinze ans après la mort d'Honorius III. Mais déjà, avant cette date de 1241, donnée comme le commencement de la Hanse, Nuremberg avait des traités avec Worms, Ratisbonne et Spire (1). Ses traités avec ces dernières villes dataient de 1249 ; ils étaient conclus en plein pontificat d'Honorius III (2). Cologne avait eu de bonne heure sa hanse particulière; et ses relations commerciales avec l'Angleterre lui avaient valu une grande prospérité. Les relations de Ratisbonne avec Venise, d'une part, et de l'autre avec les pays riverains du Danube, en avaient fait une ville florissante : ce fut au milieu du XIIIe siècle, du siècle d'Honorius III, qu'après une longue prospérité, elle perdit les éléments de sa splendeur, alors que Nuremberg, Augsbourg, Francfort commençaient à s'élever plus haut. Mais, suivant la remarque de Duesberg (3), à aucune autre époque, les rois d'Allemagne n'ont su tirer parti de la liberté et de la puissance des villes, et la plus considérable parmi les associations commerciales, la ligue hanséatique, n'obtint jamais des empereurs des franchises générales.

La prospérité et la richesse du pays purent aller croissant, par suite de la seule vitalité propre du commerce, et tout était dû à la seule infatigable activité des marchands. Lors donc que les empereurs ne voyaient rien poindre à l'horizon dans les régions du Nord, la sollicitude de la papauté était seule à chercher une organisation sociale dans ces contrées (4).

RAYMOND VII, COMTE DE TOULOUSE (p. 443).

L'avènement de Raymond VII au comté de Toulouse, en 1222, ne changea guère la face des choses. Après avoir rapporté que Raymond était en instance auprès du pape Honorius III, pour se réconcilier avec l'Eglise, les auteurs de l'*Hist. générale de Languedoc* ajoutent : « Quelques prélats, qui durant les troubles avaient profité des dépouilles du comte de Toulouse, dans la crainte de lui rendre ses domaines, mirent obstacle d'un autre côté à sa réconciliation avec Rome, et firent entendre au pape qu'il n'était pas sincèrement catholique, puisqu'il détenait toujours les biens qu'ils prétendaient qu'il avait usurpés sur les églises, au lieu de les restituer comme il l'avait promis. De ce nombre fut l'évêque de Viviers, qui s'était emparé du château de l'Argentière (1). »

Ces allégations sont complètement inexactes, notamment en ce qui concerne l'évêque de Viviers. Raymond VI lui avait violemment arraché le château de l'Argentière, malgré les contrats les plus formels : Raymond VII n'aurait donc fait qu'un acte de justice et d'équité en restituant ce que son père avait injustement enlevé. Mais il n'était plus en son pouvoir de faire un tel acte : déchu de ses droits en vertu de la législation de l'époque sur le fait d'hérésie, il avait vu Fanjau passer également aux mains des évêques de Viviers.

Le 19 juillet 1223, le pape avait écrit à Conrad, évêque de Porto et légat du Saint-Siège apostolique :

« Nous croyons que vous avez naturellement à cœur la conservation des droits des églises. Cependant nous avons jugé utile de vous écrire afin que, si la paix se conclut entre le noble comte Amauri de Montfort et Raymond, ci-devant comte de Toulouse, fils de Raymond, vous y fassiez garantir le droit de l'évêque de Viviers en toutes choses, et spécialement en ce qui concerne le château de Fanjau ou de l'Argentière, comme vous savez que ce droit lui a été concédé par le Siège apostolique (2). »

Telle n'était pas l'intention du comte de Toulouse, qui continua à vexer l'évêque de Viviers. Celui-ci s'en plaignit au pape Honorius, qui chargea le doyen et le chantre de Valence, et le sacristain de Romans, de veiller aux intérêts de l'évêque.

« Raymond, fils de Raymond, autrefois comte de Toulouse, leur écrivait le pape, sous la date du 24 août 1224, nous a dit qu'il souhaitait de faire satisfaction à Dieu et à l'Eglise pour ses crimes, et de rentrer dans l'unité ecclésiastique, dont il a été séparé à cause de ses excès ; mais ses œuvres démentent ses phrases. Il a offensé si gravement Dieu et l'Eglise, que quand il donnerait même tout son bien, il ne saurait donner une satisfaction convenable : il ajoute excès sur excès, en sorte qu'il vexe actuellement, comme nous l'avons appris, l'évêque de Viviers, pour ne pas parler des autres ; et qu'il s'est emparé de la ville de l'Argentière, qui est un des principaux domaines de cette église, sous prétexte que son père en a possédé autrefois une partie ; il commet cette vexation, après que le Siège apostolique, ayant privé entièrement son père de tous ses états pour crime d'hérésie, a confirmé cette ville à l'église de Viviers, qui l'avait unie à son domaine par droit de commise. C'est pourquoi nous vous ordonnons d'avertir ce noble d'être attentif à ne pas commettre de nouveaux excès, mais plutôt de réparer les anciens, et à discontinuer de persécuter cette église, nommément dans ce domaine et dans tous les autres ; et de lui déclarer que, s'il ne se rend pas à nos remontrances et s'il persiste à inquiéter l'évêque de Viviers, c'est vainement qu'il se flatte d'obtenir sa réconciliation. Enfin s'il ne se corrige pas, vous n'avez qu'à user de censure envers lui et ses complices, nonobstant tout appel, car celui qui est déjà lié, peut l'être encore davantage (3). »

---

(1) En 1247, Brunswick se ligua avec Lubeck et Hambourg, l'année suivante avec Stade, en 1256 avec Brême. C'est ainsi que la Hanse s'accrut successivement. Dès 1260, on convoqua une diète, *Hanselag*, à Lubeck. A partir de cette époque, la ligue s'étendit et se ramifia de plus en plus. Bientôt elle prit une attitude formidable; elle avait des armées et des flottes.
(2) Il résulte d'anciens documents que déjà, en 1243, les marchands de Lubeck et de Hambourg arrivaient, par la Hollande, en Flandre. Les marchands de Dortmund y viennent en 1248. Puis, ceux de Brême et de Stade, en 1252, ceux de Soest, ainsi que les sujets des Margraves Jean et Othon de Brandebourg. Cette année, la compagnie des négociants allemands obtenait des lettres de franchises.
(3) *Hist. du commerce*. Paris, 1849.
(4) *Medii Ævi Bibliotheca patristica*, t. III, col. 905 et suiv.

(1) *Medii Ævi Bibliotheca patristica*, t. III, pp. 345-346.
(2) *Hist. génér. de Lang.*, t. III, p. 282.
(3) *Id.*, p. 346 ; pr., p. 284.

Le 26 février suivant, le souverain Pontife s'adressait dans les mêmes termes aux mêmes dignitaires (1), mais sa voix devait se perdre au milieu des graves événements qui s'accomplirent de 1225 à 1229. On sait ce qui arriva alors : Raymond fit la paix, mais « il perdit la plus grande partie de ses domaines, ayant abandonné à l'Église romaine tout ce qui lui appartenait au delà du Rhône, et au roi de France tous les droits qui lui appartenaient depuis les limites du diocèse de Toulouse... et depuis la rivière de Tarn jusqu'au Rhône (2). »

ORIGINE SÉCULIÈRE DES CHATIMENTS CORPORELS INFLIGÉS AUX HÉRÉTIQUES (p. 456).

Ce n'est qu'à une époque relativement avancée du moyen âge que l'on commença d'infliger des peines corporelles aux hérétiques. L'Église se contentait d'employer les châtiments spirituels, qui prenaient, il est vrai, un caractère terrible par l'appareil dont elle entourait les excommunications. C'est à Frédéric II que remonte l'origine des châtiments corporels infligés aux hérétiques. M. César Cantù a établi ce fait, à l'aide des documents originaux, en racontant l'histoire des hérétiques italiens au XIIe et au XIIIe siècle (3).

« Frédéric II, dit-il, à l'époque de son couronnement, fulmina des peines temporelles contre les hérétiques et les reproduisit à Padoue dans quatre édits, où faisant usage de son épée, que Dieu lui avait donnée contre les ennemis de la foi, il veut que les nombreux hérétiques soient arrêtés, au nom des évêques, et livrés aux flammes vengeresses ou privés de la langue.

« Cette loi est la première dans les temps modernes qui ait porté la peine de mort contre les hérétiques, et, chose digne de remarque, elle eut pour auteur un souverain accusé d'hérésie par ses contemporains et présenté par les hommes de nos jours comme un modèle de libéralisme anti-ecclésiastique. Ce même prince chargea en son nom le pape Honorius III de blâmer les villes lombardes pour l'avoir empêché de procéder, ainsi qu'il l'avait résolu, contre l'hérésie (4). Il ordonna à l'archevêque de Magdebourg, légat en Lombardie, d'user contre elle de la plus grande rigueur. — Voici comment Frédéric prétendait avoir reçu de Dieu la mission de combattre l'hérésie : « Comme nous
« avons été établi par le Seigneur pour conserver
« et maintenir la tranquillité de l'Église, quand le
« gouvernail de l'empire nous a été confié, nous
« remarquons avec une juste douleur que l'hérésie
« ennemie se répand et qu'elle infecte, hélas! bien
« des esprits en Lombardie... Assurément le Sei-
« gneur nous reprocherait notre ingratitude et notre
« négligence, lui qui nous a donné le glaive maté-
« riel contre les ennemis de sa foi et nous a confié
« la plénitude du pouvoir... Nous avons décidé que
« quiconque serait formellement convaincu d'héré-
« sie par l'évêque de la cité ou le chef du diocèse
« dans lequel il se trouve, et qui aurait été con-
« damné comme hérétique par le pouvoir, le con-
« seil ou les catholiques de la ville... serait aussitôt
« arrêté pour être livré au feu par notre autorité ou
« pour avoir la langue coupée... Nous recomman-
« dons à votre vigilance de faire publier cette cons-
« titution dans toute la Lombardie (1) »

« Dans ces constitutions du royaume de Sicile, il réunit en une ordonnance toutes les mesures portées contre les hérétiques, en se plaignant que les Patarins de la Lombardie, où se trouvait leur foyer principal, eussent pénétré en grand nombre à Rome et en Sicile. (Constitution *Inconsutilem.*) Il envoya pour les poursuivre l'archevêque de Reggio et le maréchal Ricardo di Principato. Othon IV rendit contre eux des édits non moins rigoureux, faisant détruire leurs maisons et confisquer leurs biens. Aussi Jacques, évêque de Turin, effrayé de voir les Vaudois s'étendre au milieu des Alpes, obtint de cet empereur plein pouvoir pour les expulser de son diocèse. D'après l'exemple et l'autorité des décrets impériaux, les différentes villes firent des statuts contre les hérétiques.

« Leur centre était à Toulouse, et ils s'attaquaient à la justice, à la propriété, à la famille, au droit de punir, aux bases de la société. On les considérait donc comme des ennemis de la société, et Frédéric II, dans la constitution ci-dessus relatée, qui passa dans le droit commun de toute l'Italie, ordonne à ses officiers de faire des enquêtes contre les hérétiques, même sans dénonciation préalable et sur de simples soupçons, quelque légers qu'ils fussent, mettant l'hérésie au nombre des crimes publics (*inter cætera publica crimina*); il va même plus loin, en la considérant comme plus horrible que le crime de lèse-majesté. Enfin les ecclésiastiques sont obligés, par son ordre, d'examiner si quelqu'un s'est rendu coupable d'injure, même contre un seul article de la foi (*a viris ecclesiasticis et prælatis examinari jubemus*).

« A la diète de Roncaglia, Martin Gosia établit en principe que l'empereur est non seulement maître de tout le monde, mais encore de toutes les fortunes particulières... Le fameux jurisconsulte Barthole déclara hérétique quiconque professerait l'opinion contraire.

« L'hérésie était donc civilement un délit, et Luca di Penna, pour ne citer qu'un auteur entre cent autres, déclare que l'hérésie est un délit très grave et public parce qu'il offense la majesté divine et trouble l'unité de l'Église; qu'on doit, en ce qui le concerne, procéder par voie d'inquisition, que ceux qui en ont été reconnus coupables par les juges ecclésiastiques, à moins d'aveu de leur faute et de retour au sein de l'Église, doivent être livrés au bras séculier, pour être par lui condamnés au bûcher, et avoir leurs biens confisqués, comme s'il s'agissait du crime de lèse-majesté. »

---

(1) *Hist. gén. du Languedoc*, pr. p. 285.
(2) *Art de vérifier les dates*, t. IX, p. 395.
(3) *Les Hérétiques italiens*, dans la *Revue des Questions historiques*, t. II, p. 502.
(4) Raynaldi, *ad ann.* 1226, n° 26.

(1) Le texte de cette lettre est reproduit tout entier par M. Cantù.

INFLUENCE DES ORDRES MENDIANTS SUR LES ÉTUDES HISTORIQUES (p. 492).

Les progrès rapides des ordres mendiants pendant la vie et après la mort de saint François d'Assise, introduisirent dans l'histoire un élément nouveau, qui a été justement apprécié par M. docteur Louis Pastor (1). Au commencement du moyen âge, dit-il, les moines n'écrivaient l'histoire que pour eux-mêmes, au point de vue du monastère et du diocèse auquel ils appartenaient. Il n'en est plus de même des religieux mendiants et qui n'avaient aucune propriété foncière. C'est pour instruire, pour servir à leurs disputes et à leurs sermons, que ces derniers, surtout les dominicains, composaient leurs livres d'histoire : de là ces nombreux abrégés d'histoire générale (2). Ils aimaient à mettre en parallèle les papes et les empereurs. Parmi ces œuvres, la plus célèbre est celle de Martin de Troppau (*Martinus Polonus*) (3) : on sait qu'elle n'a qu'une importance littéraire ; comme source historique, elle n'a de valeur que dans ses continuations. Deux continuateurs de Martin de Troppau, Ptolomée de Lucque (4) et Bernard Guidonis, sont aussi deux dominicains. Le premier, élève de saint Thomas d'Aquin et bibliothécaire du pape Jean XXII, a fait une *Historia ecclesiastica* ; le second, mort en 1331, évêque de Lodève, a donné les *Flores cronicarum*, dont on n'a imprimé que des fragments. On trouvera une esquisse des ouvrages historiques de ces auteurs dans une recherche critique du docteur Kœnig (5). Ce travail se divise en quatre chapitres : le premier, sur l'histoire ecclésiastique de Ptolomée ; le second, sur les rapports entre les *Flores cronicarum* et l'histoire ecclésiastique ou les annales de Ptolomée. Le résultat de cette étude est que Bernard s'est servi pour ses *Flores* de l'ouvrage de Ptolomée et de ses continuateurs jusqu'à la capitulation de Brescia (18 septembre 1311). Dans le récit de l'expédition de Henri VII, en Italie, Ptolomée est impartial, il donne des détails qu'on chercherait vainement ailleurs : son histoire est à cet égard l'une des sources les plus sûres. Bernard Guidonis lui est inférieur en tous points : il emploie d'abord Martin de Troppau, et c'est plus tard seulement qu'il se sert de Ptolomée. Il n'a en propre que quelques notices sur Toulouse. Bernard ne s'élève guère au-dessus des historiens dominicains de son temps. Il n'en est pas moins devenu une autorité de premier ordre ; dans le troisième chapitre, le docteur Kœnig en donne la raison. Il y parle des copistes de Bernard, notamment d'Amalric de Béziers, et de Pepin de Bologne. Dans le quatrième chapitre, le docteur Kœnig s'occupe de l'histoire des empereurs de Mussatus, insérée dans l'histoire ecclésiastique de Ptolomée.

SAINT FRANÇOIS D'ASSISE ET SAINT DOMINIQUE (p. 492, col. 2).

Les considérations de Rohrbacher marquent très bien la mission des ordres mendiants et de leurs saints fondateurs au commencement du XIIIe siècle. A un point de vue particulier, Ozanam a exposé l'influence de saint François d'Assise sur les arts et les lettres (1).
La vie de saint François d'Assise a été publiée par Chalippe, en 1727, in-4° (nouvelle édition, *Vie de saint François d'Assise*, Paris, 1867), et par Chavin de Malan, Paris, 1841, in-8° (4e édition 1855). Voir aussi Karl Hase, *Franz von Assisi, ein Heiligenbild*, Leipzig, 1856 ; Daurignac, *Histoire de saint François d'Assise*, Paris, 1861 ; A. de Ségur, *Vie populaire de saint Françoise d'Assise*, Paris, 1863 ; anon. *Vie intime de saint François d'Assise*, 2e édition, 1861 (2).
De nos jours, la vie de saint Dominique a été écrite par le R. P. Lacordaire (Paris, 1840). Pour plus de détails voir Chirat, *Vie de saint Dominique*, Paris, 1865.

LA CROISADE DE FRÉDÉRIC II (p. 503, col. 2).

L'histoire de la sixième croisade est un des épisodes les plus importants du règne de Frédéric II et de ses luttes avec le Saint-Siège. Une nouvelle étude en a été faite dernièrement en Allemagne par M. Fischer, qui complète Rohrbacher et les précédents historiens pour les détails (3).

DE L'EXCOMMUNICATION (p. 504).

Goschler (4) commente la constitution de Frédéric II dans les termes suivants :
« Au moyen âge, les États se reconnaissaient, en leur qualité d'États chrétiens, obligés d'appuyer en général l'exécution des peines ecclésiastiques par le bras séculier, comme on le voit déjà dans le *Decretum Childeberti* (596), c. II ; dans Pepin, *Cap. Vern.* (755), c. IX ; dans la *Const. Lothar.* (825), c. I, et c'est ainsi que le droit civil de cette époque mit l'excommunié au ban de l'empire.

---

(1) *Revue des questions historiques*, 48 liv., p. 624.
(2) Cf. *Deutschlands Geschichtsquellen im Mettelalter*, v. Wattenbach, Berlin, 1866, p. 508. — M. Gabriel Monod, à son cours de l'École pratique des hautes études, a su tirer un excellent parti de cet ouvrage, pour faire ressortir le caractère local des premiers documents historiques du moyen âge.
(3) Cf. *Fontes rerum Germanicarum*, v. J.-F. Bohmer, t. II, pp. XLIII et 457-464.
(4) *Des Ptolomaus Lucensis Leben und Werke*, v. K. Krüger Gottingen, 1874.
(5) *Ptolomaus von Lucca und die Flores cronicarum des Bernardus Guidonis, ein Quellen Untersuchung*, v. Dr Dietrich Kœnig, Wurzburg, A. Stuber, 1875, in-8. Cf. *Notice sur les Manuscrits de Bernard Gui*, par L. Delisle, Paris, 1879.

(1) *Les poètes franciscains* en Italie au XIIIe siècle (1852, in-8°).
(2) Deux nouvelles *Vies de saint François d'Assise* sont en préparation : l'une d'un P. Franciscain français, l'autre de M. l'abbé Lemonnier, de Paris.
(3) G. Fischer, *Geschichte des Kreuzzuges Kaiser Friederich's II*. Leipzig, 1870. J. Reinaud, *Histoire de la croisade de Frédéric II*, Paris, 1829 ; Wilken, *Geschichte der Kreuzzuge*, t. VI, p. 400, sqq. ; Brischar Stolberg (t. VII) *Friedrich's II Kreuzzug* ; Schirmacher, *Kaiser Friedrich II*, t. II, notamment pp. 198-205, 210-231 ; Héfélé, *Papst Gregor IX und Kaiser Friedrich II, der Kreuzzug des Letztern*, dans *Tub. theol. Quartalschrift*, 1863, pp. 252-282.
(4) C. v, XI, *de Exc.* (II, 25) ; c. VII, X, *de Judic.* (II, 1) ; c. XXXVI X, *de Test.* (II, 20).

« C'est d'après ce principe que la Constitution de Frédéric II (1220), c. VII, dit : *Et quia gladius materialis constitutus est in subsidium gladii spiritualis, excommunicationem, si excommunicatos in ea ultra sex septimanas perstitisse prædictorum modorum aliquo nobis constiterit, nostra proscriptio subsequetur, non revocanda nisi prius excommunicatio revocetur.* Cependant, pour que l'excommunication majeure eût tous ses effets civils et qu'ainsi l'excommunié, mis au ban de l'Empire, fût privé de toute capacité légale, du droit de poursuivre en justice, de rendre témoignage et de juger, il fallait qu'elle eût été prononcée par un jugement public. C'est pourquoi la Constitution de Frédéric, citée plus haut, dit encore : *Item, sicut justum est, excommunicatos eorum, dum tamen ab ipsis viva voce, vel per litteras eorum, vel per honestos nuntios fide dignos, nobis denunciati fuerint, vitabimus, et nisi prius absolvantur, non concedimus eis personam standi in judicio,* etc. Comme cela se comprend de soi-même, l'Église pouvait aussi exclure de ses propres tribunaux les excommuniés, en tant que demandeurs, témoins, mandataires ; les déclarer incapables de tester (parce que le bras ecclésiastique était nécessaire pour l'institution et l'exécution d'un testament). C'était tellement la règle, au moyen âge, que l'excommunié fût au ban de l'Empire, que les Conciles, en prononçant l'anathème, proclamaient en même temps la mise au ban de l'Empire, comme par un mandat tacite de la puissance civile (1).

« Du reste l'Église avait déjà aboli, pour toute une série de cas, la défense d'entrer en rapport volontaire avec un excommunié, défense qui portait beaucoup de trouble dans la vie civile. Martin V, dans une constitution particulière rendue au concile de Constance, qui fut adoptée dans le concordat provisoire de la nation allemande, comme § 1er, restreignit la défense de communiquer avec les excommuniés au cas où l'excommunication avait été promulguée par le juge, et le jugement rendu public. C'est sur cette constitution que les auteurs fondent la distinction entre les excommuniés à éviter et ceux que l'on peut tolérer, *excommunicati vitandi et tolerati.*

« La Constitution de Frédéric II tient ainsi une place dans l'histoire de l'excommunication, que la bulle *Apostolicæ sedis,* de Pie IX, est venue réglementer à nouveau. »

CONRAD DE MARBOURG ET LES STADINGUES
(p. 525, col. 1).

Rohrbacher résume en quelques lignes seulement cet épisode de l'histoire religieuse d'Allemagne ; mais avec son sens critique ordinaire il fait des réserves sur les reproches adressés à Conrad de Marbourg dans l'exercice de ses fonctions d'inquisiteur. En Allemagne comme en Italie, tout ce qui tient à l'inquisition a été singulièrement faussé par les hérétiques. Héfélé a accepté beaucoup trop facilement certains récits qui feraient de Conrad un monstre sanguinaire (1). Les chroniques allemandes ont besoin d'être soigneusement contrôlées sur ce point.

Il est certain que les édits de Frédéric II de 1220 contre les hérétiques inaugurèrent des poursuites rigoureuses et purent donner lieu à quelques excès dans la répression ; mais la partialité évidente de certains chroniqueurs a dénaturé les faits et présenté les choses sous un faux jour. Héfélé, sur la foi des *Annales de Worms,* dit que ce furent surtout de simples particuliers, n'ayant aucune mission officielle, qui, en 1231, commencèrent en Allemagne à persécuter les hérétiques. Mais est-il vraisemblable que les édits de Frédéric II soient restés onze ans sans sanction? Et comment croire surtout que les deux particuliers qu'il cite, un frère lai de l'ordre des dominicains, Conrad Dorso, conjointement avec un laïque du nom de Jean, aient pu s'attribuer la mission dont il parle et commettre, au su et au vu des autorités ecclésiastiques et civiles, des excès tels qu'au dire d'un chroniqueur tout le pays trembla devant eux (2) ?

Les *Gesta Trevirensium archiepiscoporum* racontent aussi qu'en 1231 une grande persécution éclata dans toute l'Allemagne contre les hérétiques et que l'on procéda contre les suspects d'une manière sommaire et brutale. Les faits cités à l'appui sont fort peu précis et sentent manifestement la crédulité populaire et la passion. Un fait réfute suffisamment les erreurs et les exagérations des *Annales de Worms* et des *Gestes des archevêques de Trèves* sur le caractère des poursuites entreprises contre les hérétiques et sur l'étendue de la répression. Dans un synode convoqué cette même année 1231, à Trèves, par l'archevêque de cette ville, trois hérétiques seulement comparurent; deux furent renvoyés et un seul condamné (3).

Ces hérétiques étaient des espèces de gnostiques manichéens, dont la conduite n'était pas moins abominable que la doctrine (4). Outre un grand nombre d'erreurs très mêlées, ils professaient généralement le culte de Lucifer (5). Trèves, Mayence, Cologne, étaient le siège de ces hérétiques.

L'annaliste de Worms dit que pour fortifier leur autorité, Dorso et Jean s'unirent au frère Conrad de Marbourg qui avait le prestige d'un prophète. Les rigueurs de la répression auraient redouté, la procédure envers les hérétiques serait devenue de plus en plus sommaire. Peu de temps après un synode de juillet 1233 qui amena la justification du comte de Sayn, un des principaux inculpés d'hérésie, les archevêques de Mayence et de Spire envoyèrent un délégué au pape pour se plaindre de la conduite de Conrad envers les prétendus hérétiques. Deux choses sont à noter ici. D'abord Conrad de Marbourg

---

(1) *Conc. Crid.,* sess. XXV, c. XIX, *de Reform.*

(1) *Hist. des Conciles,* t. VIII, p. 264 sqq.
(2) Bœhmer, *Fontes rer. germ.,* t. II, p. 175 sqq.
(3) Martène et Durand, *Veter. script. ampl. collect.,* t. IV, p. 242 sqq. ; Mansi, t. XXIII, p. 241, 244 ; Harzheim, t. III, p. 539.
(4) Raynaldi, *ad ann.* 1232, n° 8 ; id. *ad ann.* 1232, nos 41-45. Cf. Pertz, *Monum.,* t. XVI, p. 361. Héfélé met à part les Stadingues (peuple frison des environs de Brême) qu'il distingue des autres hérétiques de la vallée du Rhin. (Cf. Pertz, *Monum.,* t. XVII, p. 843). Ceux-ci auraient été coupables seulement de rébellion envers l'Église en refusant de payer les dîmes et en méprisant l'excommunication.
(5) *Gest. trev. archiep.,* dans Martène et Durand, *l. c.;* Albéric, *Chronic.,* dans Leibnitz, *Access. hist.,* t. II, p. 543.

avait une grande réputation de sainteté, et à ce titre il était le confesseur de sainte Elisabeth de Thuringe; en second lieu, il paraît dès la fin de 1232 avec le titre de *inquisitor hæreticæ pravitatis*. La conduite du Saint-Siège en cette affaire n'est pas moins digne de remarque. Sur le rapport qui lui fut fait par l'envoyé des évêques de Mayence et de Spire, le pape désapprouva la conduite de Conrad et prescrivit dans une lettre adressée à ces archevêques ainsi qu'au provincial des dominicains en Allemagne, que dans la recherche des hérétiques on se conformât à l'ordonnance du quatrième concile de Latran. Mais sur ces entrefaites ayant appris la mort de Conrad, assassiné par un parti d'hérétiques, il déchira la lettre et en remit une autre dans laquelle, déplorant amèrement la mort de Conrad, il demande qu'on prêche une nouvelle croisade contre les hérétiques (1).

La lettre du pape, produite dans l'assemblée de Francfort du 2 février 1234, à laquelle assistèrent le roi Henri, ainsi qu'un grand nombre de princes, d'évêques, d'abbés et des religieux, y fut vivement discutée. Héfélé dit qu'on ne peut constater nulle part le jugement qui fut porté à Francfort sur cette ordonnance du pape; mais il ajoute que la chronique d'Erfurt permet de conclure qu'elle mécontenta beaucoup de monde, car elle raconte que le roi Henri blâma l'évêque de Mildesheim, parce que, continuant les traditions de Conrad de Marbourg, il avait prêché une croisade contre les hérétiques. Les évêques furent partagés de sentiment au sujet de Conrad. Quelques semaines après l'assemblée de Francfort eut lieu un nouveau synode à Mayence, dans lequel le comte de Sayn et tous ses coaccusés furent réintégrés dans leur honneur et leurs biens, les accusateurs injustes déférés au pape, et les meurtriers de Conrad excommuniés. Vers la même époque, l'archevêque de Worms, le duc de Brabant et le comte de Hollande organisèrent une croisade contre les Stadingues; un grand nombre de ceux-ci périrent à la bataille d'Altenech le 2 juin 1234, les autres furent relevés de l'excommunication après avoir fait pénitence. Quant aux meurtriers de Conrad, le pape ordonna qu'ils fussent soumis à une pénitence publique et les obligea à faire partie de la prochaine croisade en Palestine.

LE LÉGAT DE GRÉGOIRE IX EN ANGLETERRE
(p. 536, col. 1).

Des abus régnaient dans le clergé d'Angleterre au XIIIᵉ siècle, sous le pontificat de Grégoire IX. Les cures et autres bénéfices ecclésiastiques y étaient trop souvent donnés à des clercs qui n'y remplissaient pas les fonctions sacerdotales, et en abandonnaient le soin à d'autres, moyennant de modiques redevances. Beaucoup de laïques touchaient les revenus des églises, et marchandaient un faible salaire aux prêtres qu'ils étaient tenus d'y entretenir ou se dispensaient d'y faire célébrer l'office divin. Les prélats cumulaient les bénéfices; les membres du clergé s'efforçaient d'en obtenir plusieurs à leur exemple, et vivaient dans un déplorable relâchement de mœurs. Ce mal était plus ou moins caché, lorsque l'arrivée du cardinal Othon, légat de Grégoire IX en Angleterre, vint en révéler toute l'étendue par l'opposition qui se manifesta à la nouvelle du synode convoqué par lui dans la ville de Londres. Rohrbacher n'insiste pas sur cette situation et ne dit rien de la réception faite au légat, ni des causes qui l'avaient amené au milieu des Anglais.

Henri III, roi d'Angleterre, monarque à tendances absolues avait hérité de son père Jean sans Terre d'une profonde aversion contre la grande charte et contre les barons et les hauts dignitaires ecclésiastiques, en qui il voyait des adversaires de ses prérogatives royales. Afin de les dominer tous plus sûrement, il chercha un appui dans le Saint-Siège, et demanda un légat spécial à Grégoire IX, qui lui envoya, au mois de juin 1237, le cardinal-diacre Othon pour répondre à ses désirs, lesquels n'avaient, sans doute, pas été formulés; car, dans la pensée du roi, ce devait être un instrument pour tenir en échec les barons et les prélats, sans excepter saint Edmond de Cantorbéry. L'accueil de la cour, des grands du royaume et des évêques ne laissa d'abord rien à désirer. On admirait surtout dans le cardinal son désintéressement. Cette impression favorable cessa quand il annonça l'intention de délibérer avec les prélats dans un synode sur les moyens de réformer l'Eglise d'Angleterre. Par son entremise, un accord fut conclu entre Henri III et le roi d'Ecosse; mais celui-ci ne voulut pas que le représentant du pape se rendît dans son royaume.

Dès le début du synode de Londres, 19 novembre 1237, les difficultés surgirent. Le légat ne comparut pas le premier jour, parce que les évêques voulaient d'abord examiner ses pouvoirs et se consultaient entre eux pour se soustraire à ses remontrances. Le lendemain, il se rendit de grand matin dans l'église de Saint-Paul, et put à peine se frayer un passage à travers la foule. Suivant son désir, deux cents hommes, soldats ou serviteurs, avaient été, par ordre du roi, distribués en divers endroits, car il redoutait des explosions de colère au moment où il serait question d'une réforme dans les habitudes et les mœurs du clergé. Son intention était de se montrer sévère à l'égard du cumul des bénéfices et du concubinage des clercs. Etant arrivé dans l'église, il revêtit les habits pontificaux. A sa droite dut s'asseoir l'archevêque de Cantorbéry, et à sa gauche, celui d'York, lequel témoigna son mécontentement. Le légat lui imposa silence, prononça un discours sur un texte de l'Apocalypse, qui lui servit à rappeler aux évêques qu'ils devaient être comme les animaux dont parle saint Jean, tout couverts d'yeux, afin de voir partout ce qui se passe. Ensuite il fit la lecture des statuts qu'il avait apportés et la continua les jours suivants. Rohrbacher rapporte l'incident relatif au cumul des bénéfices, et fait connaître les principaux décrets publiés dans ce concile (1).

---

(1) Les *Annales de Worms* et la *Chronique d'Erfurt* sont ici en contradiction. D'après le premier récit, le pape avait immédiatement renvoyé les messagers allemands chez eux avec cette lettre ; d'après le second, plus fondé, le pape apprit la nouvelle du meurtre de Conrad avant que les envoyés fussent repartis. Cf. Bœhmer. *Fontes*, t. II, pp. 177 et 391, nᵒ 2; Würdtvein, *Nova subsidia diplomatica*, t. VI, p. 36, sqq.

(1) Voir Mansi, t. XXIII, p. 447 sqq.; Hard., t. VII, p. 201 sqq.

Ces plaies du clergé anglais au XIIIe siècle, laissent à penser ce qu'il était au XVIe siècle, et donnent l'idée des convoitises honteuses que Henri VIII sut rallier autour de sa cause, quand il prêcha la séparation d'avec Rome, le mariage des prêtres et des moines et qu'il fit entrevoir la confiscation des riches abbayes aux grands de son royaume. Les siècles précédents lui avaient singulièrement frayé le chemin.

SAINT EDMOND ET LE CONCILE DE CANTORBÉRY (p. 536, col. 1).

Saint Edmond se montra zélé pour la discipline, réformateur des abus, législateur sage, gardien vigilant des saints canons.

Un concile tenu à Cantorbéry en 1236, sous sa présidence, édicta un assez grand nombre de prescriptions. Rohrbacher n'en cite que quelques-unes; plusieurs autres offrent de l'intérêt pour l'histoire de l'Eglise en Angleterre; voici les principales :

3. Les officiants, doyens, etc., doivent faire exécuter très exactement l'ordonnance du Concile de Latran contre les clercs et assistants.

8. Il est défendu d'acheter des messes... Tout prêtre qui aura accepté un trop grand nombre d'intentions de messes devra, sous peine de suspense, en remettre une partie à un confrère et lui donner les honoraires.

9. L'eau baptismale et les saintes huiles doivent être enfermées.

10. Toute église où l'on baptise doit avoir un baptistère de pierre qui sera constamment couvert. L'eau servant à baptiser un enfant ne devra pas rester plus de sept jours dans le baptistère. Si un enfant a été baptisé par un laïque à la maison, l'eau dont on s'est servi doit être jetée au feu ou versée dans le baptistère. Quant au vase qu'on a employé, il sera brûlé ou donné à l'église.

13. Si une femme vient à mourir au moment de l'enfantement, et si l'on a lieu de croire que l'enfant vit encore, la mère doit être ouverte et on aura soin que sa bouche ne reste pas fermée.

15. Les femmes ne doivent pas coucher la nuit avec leurs enfants, lorsqu'ils sont tout petits, car elles courent risque de les étouffer. On ne doit pas non plus laisser les enfants sans gardien près du feu ou près de l'eau. On aura soin de faire aux femmes ces recommandations tous les dimanches.

18. Une fois l'an, à Pâques, à la Pentecôte et à Noël on devra se confesser et communier. Celui qui ne remplit pas ce devoir au moins une fois l'an à Pâques, sera exclu de l'Eglise, et s'il vient à mourir, on lui refusera la sépulture ecclésiastique.

25. Lorsqu'on apporte l'eucharistie à un malade, on ne le fera que dans une pyxide propre, convenable et garnie d'un rideau. — Si le malade est éloigné, on fera porter devant des lumières et la croix, et une petite sonnette avertira le peuple. Le clerc aura sur lui une étole, et si le malade n'est pas trop loin, un surplis de chœur. Le prêtre aura également un vase d'argent ou d'étain, qu'il prendra pour aller voir les malades, afin de leur faire boire, après la reception de l'eucharistie, la *lotura digitorum suorum*.

37. Les femmes enceintes doivent se confesser avant de faire leurs couches.

Au moment des couches, on préparera de l'eau, en cas qu'il faille baptiser immédiatement.

39. Les prêtres exhorteront souvent les fidèles à faire confirmer leurs enfants, après qu'ils auront reçu le baptême. Si le confirmand a déjà atteint l'âge de raison, il devra se confesser avant de recevoir ce sacrement. On ne doit pas attendre, pour faire confirmer un enfant, que l'évêque vienne dans l'endroit même, mais on le lui amènera.

41. Les laïques ne devront pas s'emparer des biens de l'Eglise.

CONSÉQUENCES POLITIQUES DE L'HÉRÉSIE DES ALBIGEOIS (p. 540, col. 2).

Aux considérations de Rohrbacher sur les origines et les agissements de l'albigéisme, il convient d'ajouter quelques réflexions sur les résultats sociaux et politiques de cette erreur. M. E. Boutaric, a traité cette matière dans son étude : *La guerre des Albigeois et Alphonse de Poitiers*, et nous allons emprunter quelques passages à ce travail.

L'erreur des Albigeois, politique autant que religieuse, avait trouvé un ferme appui dans les comtes de Toulouse, et l'on sait qu'au commencement du XIIIe siècle la plus grande partie des provinces du Midi obéissait à la puissante maison de Saint-Gilles. Au comté de Toulouse, elle joignait le domaine direct du duché de Narbonne, du Querci du Rouergue, de l'Agenais, de l'Albigeois, de la vicomté de Nimes, du comtat Venaissin. Les vicomtes de Béziers et de Carcassonne, les comtes de Foix, les seigneurs de Montpellier reconnaissaient sa suzeraineté. Cependant les comtes de Toulouse étaient bien moins puissants qu'on ne le pense, car ils avaient de dangereux voisins dans les rois d'Angleterre, les ducs de Guyenne et les rois d'Aragon. Faible au dehors, la maison de Toulouse n'était pas plus forte au dedans. Le système féodal n'avait pas jeté de profondes racines dans le Midi; un grand nombre de vassaux ne devaient pas le service militaire; beaucoup de terres étaient des aleux, la liberté de la terre était même de droit commun. D'un autre côté, le régime municipal y était puissant et empreint d'une intelligente vitalité, car il n'était pas exclusif comme dans le Nord. Le clergé n'y jouissait pas de l'autorité qu'il avait ailleurs justement acquise ; les couvents étaient peu nombreux et assez relâchés; les évêques pris dans les grandes familles étalaient une existence assez fastueuse, l'Eglise n'exerçait pas dans le Midi cette influence morale, souveraine dans d'autres provinces. En un mot, le principe d'autorité était compromis et sans force ; il y avait anarchie.

Cet état de choses ne pouvait durer plus longtemps. Les comtes de Toulouse n'étaient pas assez puissants pour dominer la situation en prenant la direction suprême ; ils devaient disparaître et être absorbés ; par qui ? Telle était la question.

A ce moment les idées religieuses prirent une voie

qui n'était pas celle de l'Eglise, et le clergé local fut impuissant à combattre les nouveautés hérétiques. De zélés missionnaires vinrent du Nord essayer de ranimer la foi éteinte ou chancelante. L'ordre de Cîteaux surtout fit d'énergiques efforts pour reconquérir les âmes égarées, mais les armes de la persuasion furent vaines. Le Saint-Siège s'émut. Innocent III, trouvant les évêques tièdes à réprimer l'hérésie, confia aux inquisiteurs de la foi le soin de punir les atteintes portées aux dogmes. En même temps, les légats parcoururent les provinces pour rappeler le clergé à ses devoirs.

Dans son ouvrage : *Les Albigeois, leurs origines, action de l'Eglise au XIIIe siècle* (1), M. l'abbé C. Douais examine la conduite tenue par l'Eglise pour empêcher l'erreur des Albigeois de se développer et pour l'éteindre. Il n'y a point d'accusation qu'on n'ait accumulée contre les papes et leurs représentants dans le midi de la France, à l'occasion de la lutte qu'ils soutinrent contre cette renaissance du manichéisme. M. Douais montre parfaitement qu'en jugeant l'action ecclésiastique dans son ensemble, une critique impartiale la trouve non seulement irréprochable, mais digne d'éloges : l'Eglise fut le champion de la civilisation comme de la vérité contre la corruption albigeoise : pendant un siècle, elle n'employa contre elle que les armes de la persuasion et ce ne fut pas sa faute si elle ne put prévenir la lutte à main armée contre l'hérésie.

Le comte de Toulouse ayant refusé de faire la paix avec les vassaux du marquisat de Provence, et de tourner ses armes contre les hérétiques, fut excommunié par Pierre de Castelnau. A la fin de l'année 1207, le pape invita le roi de France et les grands feudataires à faire la guerre aux Albigeois; il promit à ceux qui participeraient à cette expédition les mêmes indulgences qu'aux croisés de Terre sainte. Sur ces entrefaites, Pierre de Castelnau ayant été assassiné, sur les bords du Rhône, Innocent accusa le comte de Toulouse de ce meurtre, prêcha la croisade et exhorta Philippe-Auguste à y prendre part.

M. Delisle a publié la réponse faite par le roi à Innocent. Philippe-Auguste déplorait la mort de Castelnau, et déclarait avoir lui-même à se plaindre du comte de Toulouse ; mais il lui était impossible de prendre les armes pour la cause de l'Eglise, attendu qu'il se mettait en marche contre les Anglais. Il avait répondu aux évêques qui l'avaient entretenu de cet objet, que si les barons et le clergé lui accordaient un secours suffisant et que la paix fût conclue avec les Anglais, il pourrait donner une aide en argent et en troupes. Il terminait ainsi : « Quant à la résolution que vous avez prise d'exposer la terre du comte de Toulouse au premier occupant, sachez que nous avons appris d'hommes instruits et éclairés que vous n'avez pas le droit de le faire, tant qu'il n'aura pas été condamné comme hérétique. Quand il le sera, vous devez le signifier et le mander pour que nous exposions cette terre nous-même, attendu qu'elle relève de notre fief. Or vous ne nous avez pas encore signifié sa condamnation. Ce que nous en disons, n'est pas pour l'excuser ; car nous sommes plutôt porté à l'accuser, ainsi, qu'avec la volonté de Dieu, nous le prouverons, quand le moment sera venu (1). »

Après la mort de Simon de Montfort, qui avait péri au siège de Toulouse de 1218, le pape implora en faveur d'Amaury, fils de Simon, le secours de Philippe-Auguste, qui envoya son fils aîné, Louis, avec une armée. Honorius III lui accorda, en faveur de cette expédition, le vingtième des revenus du clergé dans les provinces d'Arras, de Vienne, de Narbonne, d'Auch, d'Embrun et d'Aix (2). Cette intervention, dont le résultat fut fatal à la cause des Montfort, n'empêcha pas Raymond VI et son fils de regagner pied à pied ses anciens domaines. Amaury, repoussé par Philippe, conclut une trêve avec Raymond VII, qui avait perdu son père en 1222.

On convoqua un grand concile à Sens pour mettre fin à cette épineuse question du Languedoc. C'était au mois de juillet 1223 : Philippe-Auguste mourut le 14 de ce même mois.

Le pape renouvela ses instances auprès du nouveau roi, mais Louis ne consentit à intervenir qu'à de dures conditions : Amaury de Montfort devait lui céder toutes les conquêtes de son père, le pape était tenu d'accorder au roi les privilèges les plus étendus et un subside annuel de six mille livres parisis que l'Eglise lui devait payer pendant dix ans. Ces conditions parurent inacceptables au Saint-Père ; il se rapprocha de Raymond VII, dont le catholicisme ne pouvait être suspect et qui promettait une entière soumission aux lois de l'Eglise ; puis il suspendit la croisade contre les Albigeois. Louis, irrité, signifia au légat qu'il ne voulait plus entendre parler des affaires du Midi, et lui défendit de l'en jamais entretenir. Raymond était sur le point de rentrer en grâce, mais il trouva dans le clergé français une opposition redoutable (3).

Cette hostilité se fit jour dans un concile convoqué, à Bourges, au mois de novembre 1225. Le résultat de ce concile fut que le légat pressa le roi d'entreprendre en son nom l'expédition contre les Albigeois, et offrit, pendant cinq ans, le décime des revenus ecclésiastiques, dans le royaume. Louis VIII convoqua à Paris une assemblée des prélats et des barons, qui l'engagèrent à se charger de cette entreprise, et promirent de l'y aider jusqu'à ce que l'affaire fût menée à bien (4). Le roi, qui avait provoqué cette manifestation, feignit de se rendre à un avis, puis déposa entre les mains du légat une protestation portant qu'il ne s'engageait pas à rester en Albigeois, mais qu'il se réservait la liberté d'en revenir quand cela lui plairait.

La guerre entre alors dans une phase exclusivement politique. Amaury cède ses droits au roi.

(1) Paris, 1879.

(1) Cf. L. Delisle, *Catalogue des Actes de Philippe-Auguste*, Appendice, p. 512. *Secunda responsio quam rex fecit domino papæ de Albigeis*, d'après un manuscrit du Vatican, publié par Fauriel, dans la *Collection des Documents inédits*.
(2) Les bulles d'Honorius III relatives à cette période de la croisade contre les Albigeois se trouvent dans la *Medii ævi bibliotheca patristica*, Paris, 1879, t. III. Consulter aussi Mathieu Witche, *Les Albigeois devant l'Histoire*. Auteuil-Paris 1878.
(3) D. Vaissète, *Histoire générale du Languedoc*, t. III, Preuves, année 1224, d'après le *Registrum curie francie*.
(4) Original, Archives de l'Empire, J. 428, n° 1 *bis*, et Teulet, *Layettes du Trésor des Chartes*, t. III, p. 68 (janvier 1226).

À la tête d'une armée de cinquante mille hommes, Louis VIII entreprend la conquête des Etats de Raymond VII, avec l'intention avouée de les garder : à la nouvelle de son approche, un grand nombre de villes, surtout dans le bas Languedoc, font leur soumission. Avignon, qui résiste, est obligé de capituler après un long siège; mais Toulouse reste fidèle à Raymond. Louis, après avoir organisé administrativement les provinces, se dispose à retourner en France : il meurt à Montpensier, en Auvergne (9 novembre 1226). Cette mort remet tout en question. Raymond VII, soutenu par la sympathie de ses peuples, se livre avec succès à une guerre de partisans contre les Français, commandés par Imbert de Beaujeu. Blanche de Castille, régente du royaume, comprend que mieux vaut s'assurer une partie du Languedoc que de risquer de ne rien garder en voulant tout avoir : l'abbé de Grandselve et le comte de Champagne tentent un rapprochement, auquel le légat donne les mains. Les conférences s'ouvrent à Meaux, et le 12 avril 1229 est signé à Paris un traité qui réconcilie Raymond avec l'Eglise, attribue immédiatement à la royauté une partie du Languedoc, lui assure le reste à l'avenir et met fin à la guerre des Albigeois (1) qui disparaissent de l'histoire.

La coalition des Albigeois avec la maison de Saint-Gilles fut donc bien loin de consolider la situation des comtes de Toulouse, de les aider à former une nationalité, ou tout au moins une monarchie nouvelle ; car, soutenus par tout autre allié que l'hérésie, rien n'eût empêché ces seigneurs puissants de ceindre la couronne royale.

Mais, aveuglés par l'erreur, les comtes de Toulouse coururent rapidement à leur perte, en provoquant contre eux et contre les Albigeois, leurs protégés, l'invasion de la croisade, ils finirent par provoquer la colère des rois de France et par amener la réunion des provinces du Midi à la couronne, réunion qui fut un des événements les plus considérables de l'histoire de France.

(1) Voir le texte le plus pur du traité de Paris dans Teulet, *Layettes du Trésor des Chartes*, t. II, p. 147, d'après l'original conservé aux archives de l'Empire.

PHILIPPE-AUGUSTE (p. 551).

Pour compléter ce que Rohrbacher dit du règne de ce prince, nous signalerons le docte travail de M. Léon Gautier, professeur à l'École des chartes, dont voici la conclusion (1) : « Philippe-Auguste, saint Louis, Philippe le Bel, voilà, dit l'auteur, trois noms inséparables dans notre histoire. Le premier, c'est le seigneur féodal, encore grossier et déjà subtil ; le dernier c'est un Machiavel sur le trône. Entre eux deux se tient celui que nous allons faire connaître, l'honnête homme, le saint roi, saint Louis. » Vient d'abord le portrait physique et moral de saint Louis, celui de la reine Blanche, le tableau des vertus *surnaturelles* et des vertus *naturelles* du saint roi : « roi dans toute la force du mot, il savait remplacer, quand il le fallait, son économie ordinaire par une véritable magnificence; ce saint cuirassé de haire et qui se macérait si énergiquement, surpassa ses prédécesseurs en libéralités de tout genre, tant dans la dépense de sa maison que lorsqu'il assemblait la noblesse. Il était d'ailleurs généreux de toute manière, et l'humanité frémissait toujours dans sa poitrine. Respectant les petits, il respecta les vaincus et il ne permit jamais que l'on plaisantât en sa présence le roi d'Angleterre, dont il avait triomphé. Sa bonté néanmoins ne faisait aucun tort à sa fierté..... saint Louis fut le plus courageux chevalier de son temps. » Puis l'auteur passe en revue les événements du règne de saint Louis, et montre que saint Louis ne fut pas seulement le *continuateur* de Philippe-Auguste, mais le *réparateur* du règne et des fautes de son grand-père.

(1) *La France sous Philippe-Auguste* (dans *Revue des questions historiques*, Paris, Octobre 1872).

FIN DU TOME SEPTIÈME.

www.ingramcontent.com/pod-product-compliance
Lightning Source LLC
Chambersburg PA
CBHW071159230426
43668CB00009B/1007